D1918635

Michaela Reichler-Baldini
Via della Statua, 27
I-33050 Terenzano (UD)
☎ 🖷 +39 0432 562158
e-mail: barei@inwind.it

Silvia Vigiani

Dizionario tedesco compatto

Tedesco – Italiano

■

Italiano – Tedesco

a cura di *Alberto Nocentini*

Le Monnier
www.lemonnier.it

Il Sistema Qualità di Edumond Le Monnier S.p.A. (settore Le Monnier) è certificato secondo la Norma UNI EN ISO 9001 (Edizione 1994) per le attività di progettazione, realizzazione e commercializzazione di testi scolastici, di supporti e di dizionari.

ISBN 88-00-51018-3

REALIZZAZIONE EDITORIALE

CAPOREDATTORE	Eugenia Citernesi
Coordinamento redazionale	Biancamaria Gismondi
Redazione	Giulia Poggiali e Claudia Geraci
Impaginazione	Anna Gangale
PROGETTO GRAFICO	Patrizia Innocenti
CONTROLLO QUALITÀ E FOTOLITO	Luciano Begali
COORDINAMENTO STAMPA E CONFEZIONE	Mauro Machetti
SEGRETERIA EDITORIALE	Rosa Agostino

CONTRIBUTI

Sezione tedesco-italiano

Trascrizione fonetica e pronuncia	Claudia Geraci
Revisione e rilettura del testo	Elisabeth Weitkämper Collini, Paolo Scotini, Marianne Kirchner Zazo

Sezione italiano-tedesco

Revisione lemmario e stesura voci	Giulia Poggiali, con la collaborazione di Alessio Bencini, Claudia Geraci, Fabrizio Gonnelli, Beatrice Manetti, Paolo Scotini
Revisione e rilettura del testo	Giulia Poggiali, Biancamaria Gismondi, Fabrizio Gonnelli

COPERTINA

Progetto grafico e realizzazione	Patrizia Innocenti

Prima edizione: luglio 2003

La Tipografica Varese S.p.A. – Stabilimento di Firenze – luglio 2003

prefazione

Secondo l'arguta definizione di un grande maestro della lessicografia italiana i vocabolari sono "cimiteri di parole". Questa definizione nasce da due motivi fondamentali: il primo è il rinnovamento incessante del lessico in quanto riflesso dei mutamenti culturali dell'ambiente circostante in perpetua ridefinizione; il secondo è la pigrizia dei compilatori di vocabolari, che trovano più comodo rifarsi ai vocabolari precedenti piuttosto che specchiarsi nella lingua contemporanea. Può accadere così che un vocabolario nasca già vecchio.

Questo è il rischio che abbiamo cercato di evitare nel progettare la serie di dizionari bilingui che si continua col tedesco. Prima di tutto i significati delle voci sono dati partendo da quello più immediato e centrale nel tedesco (e nell'italiano) contemporaneo, corredati delle informazioni grammaticali utili al loro inserimento nel discorso e arricchiti da una fraseologia che rispecchia l'uso corrente e corrisponde a situazioni comunicative concrete e quotidiane. In secondo luogo abbiamo cercato di far tesoro dei progressi raggiunti nello studio teorico della semantica lessicale. Solo l'utente distratto o superficiale può pensare che l'elaborazione di un vocabolario bilingue consista nella registrazione passiva dei dati, in un lavoro da ragionieri della lingua, diligenti e precisi, ma poco creativi.

I lessici di due lingue diverse, come l'italiano e il tedesco, anche se avvicinati da uno scambio continuo fra mondo latino e mondo germanico, sono fatti di unità incommensurabili, che hanno come termini di riferimento gli oggetti concreti dell'esperienza. Quando però si passa ai concetti astratti, alle azioni, alle qualità, i riferimenti diventano vaghi e il lavoro del lessicografo acquista un ruolo decisivo. I significati della lingua di partenza vanno analizzati e scomposti secondo i significati della lingua di arrivo, in modo che l'utente possa comprenderli agevolmente senza avvertire forzature e squilibri, restando ignaro della manipolazione sapiente e della selezione mirata che sta dietro alla voce consultata.

Questa scomposizione di un lessico in quello di un'altra lingua può essere operata in maniera soddisfacente soltanto in una direzione: nel nostro caso a vantaggio dell'utente italiano. Ed è per questo che un buon vocabolario bilingue è necessariamente unidirezionale.

Una volta elaborata la parte tedesco-italiano, dal suo rovesciamento si è ricavata la parte italiano-tedesco in modo da ottenere due metà simmetriche e coerenti. Questo non significa che le due parti debbano avere lo stesso numero di lemmi, prima di tutto perché fra le unità dei due lessici non c'è corrispondenza di uno a uno e poi perché all'utente italiano sono state risparmiate le informazioni scontate relative alla propria lingua. La sproporzione fra le due parti del vocabolario è accentuata dalla peculiarità strutturale del tedesco, che per mezzo della composizione include nel lessico molte voci che in italiano corrispondono a gruppi nominali o verbali.

Le dimensioni del dizionario sono concepite per una consultazione immediata, agile e frequente e comportano qualche rinuncia che non dovrebbe essere dolorosa. I termini rari, gli arcaismi letterari, i tecnicismi dei settori più specialistici ed esclusivi del lessico sono ritenuti un lusso superfluo.

D'altra parte limitarsi al lessico di base equivale a impoverire drasticamente le risorse espressive e a rendere angusto l'orizzonte comunicativo: sono tanti i termini dei settori specialistici, quali l'arte, lo sport, l'economia, la medicina, l'informatica, che sono entrati a far parte della lingua comune. La selezione di questi termini è avvenuta in base alla nostra sensibilità di parlanti esercitati a riflettere sulla nostra competenza linguistica e convinti che la scelta operata da un filtro pensante, per quanto arbitraria, è sempre preferibile a quella, imparziale, affidata ad una macchina.

Un'ultima considerazione riguarda la stesura del dizionario: a Silvia Vigiani si deve la parte del tedesco, quella che costituisce "lo spirito del vocabolario", mentre la parte dell'italiano e il conseguente riequilibrio delle due facce della medaglia (lavoro impari per un lessicografo solitario) sono dovuti ad un'affiatata triade redazionale composta da Biancamaria Gismondi, Claudia Geraci e Giulia Poggiali.

ALBERTO NOCENTINI

abbreviazioni
Abkürzungen

abbrev	abbreviazione
Acc	accusativo
aeron	aeronautica, aeronautico
agg	aggettivo
alloc	allocutivo
anat	anatomia
archit	architettura
art	articolo, articolato
assol	assoluto
astrol	astrologia
astron	astronomia
attr	attributo, attributivo
aux	ausiliare
avv	avverbio, avverbiale
biol	biologia
bot	botanica
burocr	burocrazia, burocratico
catt	cattolico
cfr	confronta
chim	chimica
cinem	cinema
comm	commercio
compar	comparativo
compl	complemento
concr	concreto
congiunz	congiunzione
cong	congiuntivo
coord	coordinativo
correl	correlativo
Dat	dativo
det	determinativo
dimostr	dimostrativo
dir	diritto
ecc	eccetera
econ	economia
edil	edilizia
edit	editoria
elab	elaborazione dati, informatica, computer
elettr	elettricità
esclam	esclamativo
estens	estensivo, estensivamente
f, femm	femminile
fam	familiare
fig	figurato, figurativamente
filos	filosofia
fis	fisica
fon	fonetica
fotogr	fotografia, fotografico
generic	generico, genericamente
gastr	gastronomia
Gen	genitivo
geogr	geografia
geol	geologia
geom	geometria
gramm	grammatica
imperat	imperativo
impers	impersonale
ind	indicativo
indecl	indeclinabile
indef	indefinito
indet	indeterminativo
inf	infinito
interiez	interiezione
interr	interrogativo
invar	invariabile
irr	irregolare
jmd	jemand
jmdm	jemandem
jmdn	jemanden
jmds	jemandes
lett	letteratura, letterario
ling	linguistica
loc	locuzione/i
m, masch	maschile
mat	matematica
mecc	meccanica
med	medicina
meteor	meteorologia
mil	militare
miner	mineralogia
mitol	mitologia

mod	modale	*qcs*	qualcosa
mus	musica	*recipr*	reciproco
n	neutro	*reg*	regolare
naut	nautica, nautico	*region*	regionale
neg	negazione, negativo	*rel*	relativo
Nom	nominativo	*relig*	religione
np	nome proprio	*rifl*	riflessivo
num	numerale	*sim*	simile/i
ord	ordinale	*sing*	singolare
ortogr	ortografia	*sogg*	soggetto
part	participio	*sost*	sostantivo, sostantivato
pass	passato	*spec*	specialmente
pers	persona, personale	*spreg*	spregiativo
pl	plurale	*stor*	storia, storico
poet	poetico	*subord*	subordinativo
pol	politica, politico	*superl*	superlativo
posp	posposizione, posposto	*teatr*	teatro
poss	possessivo	*tecn*	tecnica, tecnico
pred	predicativo	*tel*	telefonia
prep	preposizione, preposto	*tipogr*	tipografia, tipografico
pres	presente	*v*	verbo
pret	preterito	*vi*	verbo intransitivo
pron	pronome	*volg*	volgare
prov	proverbio	*vr*	verbo riflessivo
psicol	psicologia	*vt*	verbo transitivo
qcn	qualcuno	*zool*	zoologia

=	lo stesso che, equivale a
*	segnala i verbi e gli aggettivi tedeschi irregolari
†	precede le forme non più consentite dopo la riforma ortografica
<u>Kuss</u>	la sottolineatura indica la nuova grafia introdotta dalla riforma ortografica

Avvertenze sulla trascrizione fonetica

Della pronuncia è data una trascrizione semplificata, in base ai principi seguenti:
– non è segnalata, dandola per sottintesa, la presenza del colpo di glottide all'inizio delle parole che cominciano per vocale;
– tranne in casi particolari, per la pronuncia dei verbi separabili si rimanda a quella dei singoli componenti (l'accento principale cade sul primo elemento);
– quando due o più lemmi consecutivi (anche non omografi) hanno la stessa pronuncia, la trascrizione è data solo una volta, nel primo lemma della serie;
– il trattino indica che per la prima parte della trascrizione si rimanda alla pronuncia data per esteso nel primo lemma della serie.

Tedesco
Italiano

a

a, A [aː] *(n; -/-s, -/-s)* ~ a, A *(prima lettera dell'alfabeto tedesco)*.

a [aː] *(n; -) **1** (mus)* la. ***2*** abbrev di **a-Moll**.

A *(n; -) **1** (mus)* la. ***2*** abbrev di **A-Dur**.

Aal [aːl] *(m;* -(e)s, -e*)* ~ anguilla.

a.a.O. *(abbrev di* **am angeführten Ort***)* ~ loc. cit.; op. cit.

Aas [aːs] *(n;* -es, Aase/Äser*) **1** (pl* Aase*)* carogna. ***2*** *(pl* Äser*) (fig)* carogna.

ab[1] [ap] *(prep +* Dat*) **1** (tempo)* da, a partire da ♦ *ab dem zweiten Juli* a partire dal 2 luglio ♦ *ab heute* a partire da oggi ♦ *ab morgen* a partire da domani. ***2*** *(età)* da ♦ *Kinder ab sechs Jahren* bambini dai sei anni (in su). ***3*** *(luogo)* da (nel commercio e trasporti).

ab[2] *(avv)* ~ **ab sein** († **absein**) ***1*** *(fam)* essere staccato ♦ *der Handgriff ist ab* il manico è staccato. ***2*** *(fam)* essere sfinito. ◆ **weit ab von etwas** lontano da ♦ *nicht weit ab von hier* non lontano da qui. ◆ **ab und zu**/*(region)* **ab und an** di quando in quando, a volte. ◆ **ab ins Bett!** a letto!

ab|ändern *(vt,* hat*)* ~ modificare.

Abänderung [-ˌʔɛndərʊŋ] *(f;* -, -en*) **1*** modifica. ***2*** emendamento.

ab|arbeiten *(vt,* hat*) **1*** estinguere lavorando (debiti). ***2*** logorare (lavorando). ◆ **sich abarbeiten** *(vr)* logorarsi, sfinirsi (lavorando).

Abart [-ˌʔaːɐt] *(f;* -, -en*)* ~ varietà.

abartig [-ˌʔaːɐtɪç] *(agg) **1*** anormale *(spec sessualmente)*. ***2*** perverso, mostruoso.

Abbau [-ˌbau] *(m;* -(e)s, -e*) **1*** demolizione. ***2*** riduzione (di prezzi, forze lavoro, ecc). ***3*** estrazione (di minerali).

ab|bauen *(vt,* hat*) **1*** demolire; smantellare. ***2*** ridurre (prezzi, forze lavoro, ecc). ***3*** estrarre (minerali).

ab|beißen *(vt,* hat; *irr/ortogr* beißen*)* ~ staccare (con un morso) ♦ *er hat ein großes Stück Brot abgebissen* ha staccato un grosso pezzo di pane con un morso.

ab|bekommen *(vt,* hat; *irr* kommen*) **1*** riportare, subire (danno, ferita, ecc) ♦ *beim Unfall hat er nur ein paar Kratzer abbekommen* nell'incidente si è fatto solo un paio di graffi. ***2*** (riuscire a) togliere, staccare ♦ *ich bekomme den Deckel nicht ab* non riesco a togliere il coperchio. ***3*** ricevere (una parte di qcs). ◆ **sein(en) Teil abbekommen** ricevere la propria parte.

ab|berufen *(vt,* hat; *irr* rufen*)* ~ richiamare, rimuovere (da incarichi e sim) ♦ *jmdn von einem Amt abberufen* rimuovere qcn da una carica.

ab|bestellen *(vt,* hat*)* ~ disdire (la prenotazione di qcs) ♦ *ein Hotelzimmer abbestellen* disdire una camera d'albergo.

ab|bezahlen *(vt,* hat*) **1*** pagare a rate. ***2*** estinguere (debito).

ab|biegen[1] *(vi,* ist; *irr* biegen*)* ~ svoltare, curvare ♦ *nach rechts abbiegen* svoltare a destra.

ab|biegen[2] *(vt,* hat; *irr* biegen*) **1** (fam)* evitare, sviare ♦ *eine Frage abbiegen* sviare

una domanda. **2** curvare, piegare ♦ *einen Draht abbiegen* piegare un filo metallico.
ab|bilden *(vt,* hat*)* ~ raffigurare.
Abbild [-ˌbɪlt] *(n;* -(e)s, -er*)* ~ ritratto, riproduzione fedele *(anche fig)*.
Abbildung [-ˌbɪldʊŋ] *(f;* -, -en*)* **1** raffigurazione, rappresentazione. **2** illustrazione, figura.
ab|binden *(vt,* hat; *irr* binden*)* **1** sciogliere, slegare. **2** {*sich* (Dat) *etwas* ~} togliersi sciogliendo ♦ *ich habe mir die Schürze abgebunden* mi sono tolta il grembiule. **3** fasciare, comprimere (ferita).
Abbitte [-ˌbɪtə] *(f;* -*)* ~ *(lett)* scusa. ◆ **Abbitte tun** scusarsi.
ab|blasen *(vt,* hat; *irr* blasen*)* **1** soffiare via ♦ *den Staub abblasen* soffiare via la polvere. **2** *(fam)* annullare (eventi).
ab|blenden *(vt,* hat*)* ~ abbassare, schermare (una fonte di luce) ♦ *die Scheinwerfer abblenden* abbassare i fari.
ab|blitzen *(vi,* ist*)* ~ {*(bei jmdm)* ~} *(fam)* non avere successo (con qcn), essere respinto (da qcn). ◆ **jmdn abblitzen lassen** rispondere picche a qcn.
ab|brechen[1] *(vi,* ist; *irr* brechen*)* **1** rompersi ♦ *mir ist ein Zahn abgebrochen* mi si è rotto un dente. **2** interrompersi, terminare (bruscamente) ♦ *die Musik brach plötzlich ab* la musica si interruppe all'improvviso.
ab|brechen[2] *(vt,* hat; *irr* brechen*)* **1** rompere (staccando) ♦ *einen Zweig abbrechen* stroncare un ramo. **2** interrompere (bruscamente), troncare ♦ *eine Beziehung, ein Gespräch abbrechen* troncare una relazione, un discorso. **3** demolire.
ab|brennen[1] *(vi,* ist; *irr* brennen*)* ~ bruciare completamente, ridursi in cenere, consumarsi (bruciando) ♦ *die Scheune ist abgebrannt* il fienile è bruciato completamente.
ab|brennen[2] *(vt,* hat; *irr* brennen*)* **1** bruciare completamente qcs. **2** incendiare.
ab|bringen *(vt,* hat; *irr* bringen*)* ~ {*jmdn von etwas* ~} dissuadere, distogliere qcn da qcs. ◆ **jmdn vom rechten Weg abbringen** distogliere qcn dalla retta via, traviare qcn.
Abbruch [-ˌbrʊx] *(m;* -(e)s, -brüche*)* **1** distruzione, demolizione. **2** *(fig)* interruzione (improvvisa), rottura ♦ *der Abbruch einer Beziehung, einer Reise* l'interruzione di una relazione, di un viaggio.
ab|bürsten *(vt,* hat*)* **1** spazzolare via, togliere (con la spazzola). **2** spazzolare (indumenti e sim).
ab|dampfen *(vi,* ist*)* ~ *(fam)* partire.
ab|danken *(vi,* hat*)* **1** abdicare (sovrani). **2** dimettersi ♦ *der Minister hat abgedankt* il ministro si è dimesso.
ab|decken *(vt,* hat*)* **1** scoprire (togliere una copertura); scoperchiare (edifici) ♦ *den Tisch abdecken* sparecchiare la tavola. **2** coprire; mettere una copertura protettiva ♦ *eine Mauer abdecken* rivestire un muro.
ab|dichten *(vt,* hat*)* ~ impermeabilizzare, rendere stagno, isolare (porte, finestre, ecc).
Abdichtung [-ˌdɪçtʊŋ] *(f;* -, -en*)* **1** impermeabilizzazione, isolamento (di porte o finestre). **2** rivestimento impermeabile, stagno.
ab|drängen *(vt,* hat*)* ~ spingere via, spingere da una parte.
ab|drehen[1] *(vi,* hat/ist*)* ~ cambiare direzione; virare ♦ *das Flugzeug hat/ist abgedreht* l'aereo ha virato.
ab|drehen[2] *(vt,* hat*)* **1** chiudere (girando) ♦ *das Gas abdrehen* chiudere il gas. **2** staccare (girando) ♦ *einem Huhn den Hals abdrehen* tirare il collo a un pollo. ◆ **sich abdrehen** *(vr)* girarsi, voltarsi da un'altra parte.
Abdruck[1] [-ˌdrʊk] *(m;* -(e)s, -e*)* ~ stampa (riproduzione tipografica); ristampa.
Abdruck[2] *(m;* -(e)s, -drücke*)* ~ impronta, calco.
ab|drucken *(vt,* hat*)* ~ stampare (pubblicare).
ab|drücken *(vi,* hat*)* ~ sparare un colpo (con armi da fuoco), premere il grilletto. ◆ **sich abdrücken** *(vr)* lasciare un'impronta (in un materiale). ◆ **es drückt ihm das Herz ab** *(fig)* gli si stringe il cuore.
ab|dunkeln *(vt,* hat*)* **1** oscurare ♦ *die Fenster abdunkeln* oscurare le finestre. **2** scurire (colore).
Abend ['aːbənt] *(m;* -s, -e*)* **1** sera. **2** serata ♦ *ein gemütlicher Abend* una serata piace-

vole. ◆ **am Abend** di sera. ◆ **am Abend vorher; am Abend zuvor** la sera prima. ◆ **eines Abends** una sera. ◆ **guten Abend** buona sera ♦ *jmdm guten Abend sagen* dare la buona sera a qcn. ◆ **der heilige Abend** la vigilia di Natale. ◆ **gestern/morgen Abend** († **abend**) ieri/domani sera. ◆ **heute Abend** († **abend**) stasera. ◆ **zu Abend essen** cenare.

Abendbrot [-ˌbroːt] *(n; -(e)s)* ~ cena.

Abendessen [-ˌˀɛsən] *(n; -s, -)* ~ cena ♦ *ein Abendessen geben* dare una cena.

Abendmahl [-ˌmaːl] *(n; -s, -e)* ~ *(relig)* eucarestia, comunione (nella Chiesa evangelica).

abends [ˈaːbənts] *(avv)* ~ la sera, di sera ♦ *abends (um) 8 Uhr; (um) 8 Uhr abends* alle 8 di sera. ◆ **von morgens bis abends** da mattina a sera.

Abenteuer [ˈaːbəntɔyɐ] *(n; -s, -)* ~ avventura.

abenteuerlich [-lɪç] *(agg)* ~ avventuroso.

aber [ˈaːbɐ] *(congiunz)* **1** ma, però ♦ *ich werde kommen, kann aber nicht lange bleiben* verrò, ma non posso restare a lungo. **2** *(escl) (fam)* davvero ♦ *das ist aber schön!* questo è proprio bello! ◆ **oder aber** oppure. ◆ **aber gern!** volentieri! ◆ **aber ja!/aber sicher!** ma certo! ◆ **aber nein!** assolutamente no!

Aberglaube [-ˌglaubə] *(m; -ns)* ~ superstizione.

abergläubisch [-ˌglɔybɪç] *(agg)* ~ superstizioso.

aberhundert *(anche* **Aberhundert***)* [-ˈhʊndɐt] *(num)* ~ centinaia, centinaia e centinaia ♦ *aberhundert Menschen* centinaia di persone. ◆ **zu Aberhunderten** a centinaia.

ab|erkennen *(vt, hat; irr kennen)* ~ non riconoscere (diritti, richieste, titoli). ◆ **jmdm die bürgerlichen Rechte aberkennen** privare qcn dei diritti civili.

abermalig [-ˌmaːlɪç] *(agg)* ~ reiterato, ripetuto.

abermals [-ˌmaːls] *(avv)* ~ di nuovo, un'altra volta, ancora.

abertausend *(anche* **Abertausend***)* [-ˈtauzənt] *(num)* ~ migliaia, migliaia e migliaia ♦ *abertausend Menschen* migliaia di persone. ◆ **zu Abertausenden** a migliaia.

ab|fahren[1] *(vi, ist; irr fahren)* **1** partire (in auto, treno, nave) ♦ *wir fahren morgen mit dem Zug ab* partiamo domani con il treno ♦ *unser Bus fährt in fünf Minuten ab* il nostro autobus parte fra cinque minuti. **2** {*auf jmdn/etwas ~*} *(fig/fam)* stravedere per qcn, essere partito per qcn/qcs; essere un fanatico, patito di qcn/qcs.

ab|fahren[2] *(vt, hat; irr fahren)* **1** portare via (con un veicolo). **2** consumare (viaggiando) ♦ *die Reifen abfahren* consumare i pneumatici. **3** *(aux hat/ist)* percorrere; perlustrare (con un veicolo) ♦ *die Soldaten haben/sind die Grenze abgefahren* i soldati hanno perlustrato il confine.

Abfahrt [ˈapˌfaːɐt] *(f; -, -en)* **1** partenza. **2** discesa (nello sci).

Abfall [ˈapˌfal] *(m; -(e)s, -fälle)* **1** residuo, prodotto di scarto ♦ *radioaktive Abfälle* scorie radioattive. **2** immondizia. **3** calo, diminuzione (di temperature, rendimento, ecc). **4** *(fig)* defezione.

ab|fallen *(vi, ist; irr fallen)* **1** cadere (staccandosi) ♦ *die Blätter fallen ab* cadono le foglie. **2** avanzare, rimanere. **3** declinare (pendii). **4** {*von etwas ~*} abbandonare, rinnegare qcs (fede, credo, ecc).

abfällig [ˈapˌfɛlɪç] *(agg)* **1** sfavorevole, negativo (giudizio, opinione, ecc). **2** sprezzante (sorriso, ecc).

ab|fangen *(vt, hat; irr fangen)* **1** aspettare (e bloccare) al varco ♦ *er hat den Chef vor dem Büro abgefangen* ha aspettato il capo davanti all'ufficio. **2** intercettare (comunicazioni, lettere, ecc).

ab|färben *(vi, hat)* ~ scolorire, stingere.

ab|fertigen *(vt, hat)* **1** spedire (merci, pacchi, ecc). **2** {*jmdn ~*} *(fam)* trattare qcn sbrigativamente, liquidare qcn.

ab|finden *(vt, hat; irr finden)* ~ indennizzare (creditori, parti lese, ecc). ◆ **sich mit etwas abfinden** *(vr)* accontentarsi (con rassegnazione) di qcs ♦ *ich muss mich mit diesem Gehalt abfinden* mi devo accontentare di questo stipendio.

Abfindung [ˈapˌfɪndʊŋ] *(f; -, -en)* ~ indennizzo.

ab|flauen [ˈapˌflauən] *(vi, ist)* **1** calmarsi, placarsi ♦ *der Wind flaut ab* il vento si calma. **2** *(fig)* allentarsi, calare, diminuire ♦ *das Interesse flaute ab* l'interesse diminuì.

ab|fliegen *(vi,* ist; *irr* fliegen*)* ***1*** decollare (aereo). ***2*** partire (con l'aereo) ♦ *wir fliegen von München ab* partiamo con l'aereo da Monaco.

ab|fließen *(vi,* ist; *irr/ortogr* fließen*)* ~ defluire (liquidi).

Abflug ['ap,flu:k] *(m;* -(e)s, -flüge*)* ~ decollo (di aereo).

Abfluss († **Abfluß**) ['ap,flʊs] *(m;* -es, -flüsse*)* ***1*** deflusso, scolo. ***2*** scarico (del lavandino). ***3*** *(econ)* fuga (di capitali).

ab|fragen *(vt,* hat*)* ~ interrogare, esaminare (studenti).

Abfuhr ['ap,fu:ɐ] *(f;* -, -en*)* ~ rimozione.

ab|führen *(vt,* hat*)* ***1*** portare via, tradurre (arrestati). ***2*** {*jmdn von etwas* ~} allontanare, sviare ♦ *das führt uns vom Thema ab* questo ci allontana dall'argomento.

Abführmittel ['apfy:ɐ,mɪtəl] *(n;* -s, -*)* ~ purgante.

Abgabe ['ap,ga:bə] *(f;* -, -n*)* ***1*** consegna ♦ *die Abgabe der Hausarbeiten* la consegna dei compiti (svolti a casa). ***2*** *(spec pl)* tassa, tasse.

Abgang ['ap,gaŋ] *(m;* -(e)s, -gänge*)* ***1*** partenza, invio ♦ *der Abgang des Zuges, der Post* la partenza del treno, della posta. ***2*** *(fig)* uscita (di scena), ritiro. ◆ **sich** (Dat) **einen guten Abgang verschaffen** lasciare una buona impressione. ◆ **einen guten Abgang haben** *(econ)* vendersi bene, avere un buono smercio.

Abgas ['ap,ga:s] *(n;* -es, -e*)* ~ gas di scarico.

abgearbeitet ['apgə,ˀarbaitət] *(agg)* ~ logorato dal lavoro.

ab|geben *(vt,* hat; *irr* geben*)* ***1*** consegnare ♦ *einen Brief abgeben* consegnare una lettera. ***2*** vendere (a poco prezzo), dare via. ***3*** abbandonare (attività) ♦ *ein Amt (an jmdn) abgeben* lasciare una carica (a qcn). ***4*** emettere, emanare ♦ *Wärme abgeben* emanare calore. ***5*** esprimere (voto, opinione, ecc). ***6*** {*jmdn/etwas* ~} *(fam)* essere bravo, adatto a fare qcs ♦ *er gibt einen guten Vater/Lehrer ab* è bravo a fare il padre/l'insegnante. ◆ **sich mit jmdm/etwas abgeben** *(vr) (fam)* perdere tempo con qcn/qcs.

abgebrannt ['apgə,brant] *(agg)* ***1*** bruciato (completamente), arso. ***2*** *(fig/fam)* al verde, squattrinato.

abgebrüht ['apgə,bry:t] *(agg)* ~ *(fam)* insensibile, cinico ♦ *gegen etwas abgebrüht sein* essere insensibile a qcs.

abgedroschen ['apgə,drɔʃən] *(agg)* ~ trito, banale.

ab|gehen *(vi,* ist; *irr* gehen*)* ***1*** partire (mezzi di trasporto, posta, ecc). ***2*** staccarsi ♦ *der Knopf ist abgegangen* il bottone si è staccato. ***3*** {*von etwas* ~} ritirarsi da qcs (scuola, incarico, ecc); abbandonare qcs, rinunciare a qcs (abitudini, intenzioni, opinioni). ***4*** *(fam)* terminare; andare a finire ♦ *es ist noch mal gut abgegangen* anche questa volta è andata bene. ***5*** *(econ)* smerciarsi, vendersi. ***6*** {*jmdm* ~} mancare, fare difetto a qcn ♦ *ihm geht der Mut ab* gli manca il coraggio. ◆ **sich** (Dat) **nichts abgehen lassen** non farsi mancare niente.

abgelegen ['apgə,le:gən] *(agg)* ~ distante, fuori mano.

abgemacht ['apgə,maxt] *(agg)* ~ concordato. ◆ **abgemacht!** d'accordo!

abgemagert ['apgə,ma:gɐt] *(agg)* ~ smagrito.

abgeneigt ['apgə,naikt] *(agg)* ~ contrario, sfavorevole (persona). ◆ **einer Sache** (Dat) **abgeneigt sein** essere contrario a una cosa.

abgenutzt ['apgə,nʊtst] *(agg)* ~ logoro, consunto, consumato.

Abgeordnete(r) ['apgə,ˀɔrdnətə (-tɐ)] *(m/f;* -n, -n*)* ***1*** deputato/a (membro del Parlamento). ***2*** delegato/a.

abgerissen ['apgə,rɪsən] *(agg)* ***1*** lacero (vestito). ***2*** sconnesso (discorso, frase, ecc).

Abgesandte(r) ['apgə,zantə (-tɐ)] *(m/f;* -n, -n*)* ~ inviato/a (diplomatico).

abgeschmackt ['apgə,ʃmakt] *(agg)* ~ insulso, sciocco, privo di spirito.

abgesehen ['apgə,ze:ən] *(avv)* ~ **abgesehen von etwas** a prescindere da qcs; eccetto qcs ♦ *abgesehen von den letzten Ergebnissen* a prescindere dagli ultimi risultati ♦ *abgesehen davon, dass* a prescindere dal fatto che. ◆ **abgesehen davon/davon abgesehen** inoltre, a parte questo.

abgespannt ['apgəʃpant] *(agg)* ~ sfinito, esausto.

abgestanden ['apgəʃtandən] *(agg)* ***1*** stantio (cibo, bevanda). ***2*** *(fig)* stantio, insulso.

ab|gewöhnen *(vt,* hat*)* ***1*** {*sich* (Dat) *etwas* ~} perdere la cattiva abitudine di qcs ♦ *ich habe mir das Rauchen abgewöhnt* ho smesso di fumare. ***2*** {*jmdm etwas* ~} far perdere a qcn la cattiva abitudine di qcs.

abgezählt ['apgəˌtsɛːlt] *(agg)* ~ contato, preciso (somma) ♦ *das Geld abgezählt bereithalten* tenere pronti i soldi contati.

abgezehrt ['apgəˌtseːɐt] *(agg)* ~ emaciato.

ab|gießen *(vt,* hat; *irr* gießen*)* ~ scolare (liquidi, cibi cotti), versare ♦ *die Nudeln abgießen* scolare la pasta.

Abgott ['apˌgɔt] *(m;* -es, -götter*)* ~ idolo.

abgöttisch ['apˌgœtɪʃ] *(agg)* ***1*** smisurato, esagerato ***2*** *(avv)* esageratamente. ◆ **jmdn abgöttisch lieben** *(fam)* adorare qcn.

ab|graben *(vt,* hat; *irr* graben*)* ~ deviare (corsi d'acqua). ◆ **jmdm das Wasser abgraben** *(fig)* togliere a qcn il terreno da sotto i piedi.

ab|grasen *(vt,* hat*)* ~ {*etwas nach etwas* ~} *(fig/fam)* perlustrare, esplorare qcs in cerca di qcs.

ab|grenzen *(vt,* hat*)* ***1*** delimitare (terreni). ***2*** *(fig)* delimitare, definire esattamente (concetti, mansioni, ecc).

Abgrund ['apˌgrʊnt] *(m;* -(e)s, -gründe*)* ~ abisso *(anche fig)* ♦ *zwischen uns liegt ein Abgrund* fra noi c'è un abisso. ◆ **am Rande des Abgrundes stehen** *(fig)* essere sull'orlo dell'abisso.

abgründig ['apˌgrʏndɪç] *(agg)* ***1*** abissale, enorme. ***2*** enigmatico, misterioso.

Abguss († **Abguß**) ['apˌgʊs] *(m;* -es, -güsse*)* ~ calco (in gesso, ecc).

ab|haken *(vt,* hat*)* ***1*** sganciare (staccare da un gancio). ***2*** spuntare (nomi da una lista). ◆ **unser Streit ist schon abgehakt** la nostra lite è già dimenticata.

ab|halten *(vt,* hat; *irr* halten*)* ***1*** tenere lontano (spec qcs di dannoso o fastidioso) ♦ *die Fliegen, die Hitze abhalten* tenere lontano le mosche, l'afa. ***2*** ostacolare, impedire di fare qcs ♦ *nichts kann mich davon abhalten, abzufahren* niente può impedirmi di partire. ***3*** tenere (riunioni, cerimonie, esami, ecc).

abhanden [ˌap'handən] *(avv)* ~ **abhanden kommen** andare perduto.

Abhandlung ['apˌhandlʊŋ] *(f;* -, -en*)* ~ trattato (trattazione scientifica).

Abhang ['apˌhaŋ] *(m;* -(e)s, -hänge*)* ~ pendio.

ab|hängen[1] *(vi,* hat; *irr* hängen[1]*)* ~ {*von jmdm/etwas* ~} dipendere da ♦ *sie hängt finanziell von ihrem Mann ab* dipende finanziariamente da suo marito ♦ *das hängt davon ab, wie lange du bleiben kannst* dipende da quanto puoi restare.

ab|hängen[2] *(vt,* hat*)* ***1*** staccare (qcs che è appeso) *ein Bild von der Wand abhängen* staccare un quadro dalla parete. ***2*** *(fam)* distanziare (concorrenti); seminare (inseguitori).

abhängig ['apˌhɛŋɪç] *(agg)* ~ dipendente, subordinato ♦ *in abhängiger Stellung arbeiten* avere un lavoro dipendente. ◆ **von jmdm/etwas abhängig sein** dipendere da qcn/qcs.

Abhängigkeit [-ˌkait] *(f;* -*)* ~ dipendenza *(anche med)*, subordinazione.

ab|härten *(vt,* hat*)* ~ irrobustire, temprare ♦ *den Körper abhärten* temprare il fisico. ◆ **sich abhärten** *(vr)* irrobustirsi, temprarsi.

ab|hauen[1] *(vi,* ist; *irr* hauen[1]*)* ~ *(fam)* scappare, svignarsela. ◆ **hau ab!** *(interiez fam)* levati di mezzo! sparisci!

ab|hauen[2] *(vt,* hat; *irr* hauen[2]*)* ~ tagliare, abbattere (alberi).

ab|heben *(vt,* hat; *irr* heben*)* ***1*** togliere (sollevando), alzare ♦ *den Deckel abheben* togliere il coperchio ♦ *den Hörer abheben* alzare la cornetta. ***2*** prelevare (soldi). ***3*** *(vi) (aeron)* decollare. ◆ **sich abheben** *(vr)* distinguersi, risaltare, spiccare *(anche fig)*.

Abhebung ['apˌheːbʊŋ] *(f;* -, -en*)* ~ *(econ)* prelievo.

ab|helfen *(vi,* hat; *irr* helfen*)* ~ {*einer Sache* (Dat) ~} rimediare, ovviare a qcs ♦ *einem Übelstand abhelfen* rimediare a un inconveniente.

ab|hetzen *(vt,* hat*)* ~ stancare, sfiancare, sfinire (animali). ◆ **sich abhetzen** *(vr)* affannarsi.

Abhilfe ['apˌhɪlfə] *(f;* -*)* ~ rimedio, soluzione. ◆ **(gegen etwas) Abhilfe schaffen** porre rimedio (a qcs).

ab|holen *(vt,* hat*)* ***1*** ritirare ♦ *einen Brief von/auf der Post abholen* ritirare una lettera alla posta. ***2*** {*jmdn ~*} andare (o venire) a prendere qcn ♦ *ich hole dich morgen vom Bahnhof ab* ti vengo a prendere domani alla stazione.

ab|horchen *(vt,* hat*)* ***1*** intercettare (ascoltare di nascosto) ♦ *ein Gespräch abhorchen* intercettare un dialogo. ***2*** *(med)* auscultare.

ab|hören *(vt,* hat*)* ***1*** ascoltare. ***2*** intercettare (spec telefonate). ***3*** risentire (lezione).

Abitur [abi'tuːɐ] *(n;* -s, *raro* -e*)* ~ esame di maturità (liceale).

Abiturient [abitu'rjɛnt] *(m;* -en, -en; *f* **-in***)* ***1*** maturando. ***2*** diplomato (che ha superato l'esame di maturità).

ab|kapseln ['apˌkapsəln] *(vr,* hat*)* ~ **sich abkapseln** isolarsi (dal mondo).

ab|kaufen *(vt,* hat*)* ***1*** {*jmdm etwas ~*} comprare qcs da qcn ♦ *sie hat ihrer Freundin das Auto abgekauft* ha comprato l'auto dalla sua amica. ***2*** {*jmdm etwas ~*} *(fam)* credere (ingenuamente) a una cosa detta da qcn, bere qcs ♦ *das kaufe ich dir nicht ab* questa non te la bevo.

ab|klappern *(vt,* hat*)* ~ *(fam)* battere, percorrere (in cerca di qcs) ♦ *alle Geschäfte abklappern* battere tutti i negozi.

ab|klären *(vt,* hat*)* ~ chiarire (completamente).

ab|klingen *(vi,* ist; *irr* **klingen***)* ~ smorzarsi (suono) *(anche fig)*.

ab|klopfen *(vt,* hat*)* ***1*** togliere (battendo con la mano). ***2*** pulire (battendo).

ab|knallen *(vt,* hat*)* ~ *(fam)* uccidere (sparando), freddare.

ab|knöpfen *(vt,* hat*)* ~ sbottonare, togliere sbottonando.

ab|kochen *(vt,* hat*)* ***1*** cuocere (per bene), lessare, bollire. ***2*** sterilizzare bollendo.

ab|kommen *(vi,* ist; *irr* kommen*)* ***1*** {*von etwas ~*} allontanarsi *(anche fig)*; divagare ♦ *vom Weg(e) abkommen* allontanarsi dalla strada ♦ *vom Thema abkommen* divagare dall'argomento. ***2*** liberarsi (dal lavoro).

Abkommen ['apˌkɔmən] *(n;* -s, -*)* ~ patto, intesa, accordo *(anche pol)* ♦ *langfristiges, zweiseitiges Abkommen* accordo a lungo termine, bilaterale ♦ *ein Abkommen brechen* rompere un accordo ♦ *ein Abkommen treffen/schließen* raggiungere un accordo, concludere un patto.

abkömmlich ['apˌkœmlɪç] *(agg)* ~ disponibile, libero (persona).

ab|kratzen *(vt,* hat*)* ***1*** grattare via, raschiare. ***2*** pulire (raschiando). ***3*** *(aux* ist*)* *(volg)* morire, crepare.

ab|kriegen *(vt,* hat*)* *(fam)* ~ vedi **abbekommen**.

ab|kühlen[1] *(vi,* ist*)* ~ raffreddarsi *(anche fig)* ♦ *die Suppe ist abgekühlt* la minestra si è raffreddata. ◆ **es kühlt ab** *(meteor)* si raffresca.

ab|kühlen[2] *(vt,* hat*)* ~ raffreddare *(anche fig)*. ◆ **sich abkühlen** *(vr)* raffreddarsi *(anche fig)*.

ab|kürzen *(vt,* hat*)* ~ accorciare; abbreviare ♦ *den Weg abkürzen* accorciare la strada ♦ *ein Wort abkürzen* abbreviare una parola.

Abkürzung ['apˌkʏrtsʊŋ] *(f;* -, -en*)* ***1*** abbreviazione. ***2*** abbreviazione, sigla ♦ *„Pkw" ist die Abkürzung für „Personenkraftwagen"* "Pkw" è l'abbreviazione di "Personenkraftwagen". ***3*** scorciatoia ♦ *eine Abkürzung gehen, nehmen* prendere una scorciatoia.

ab|laden *(vt,* hat; *irr* laden*)* ***1*** scaricare (veicoli, merci, ecc). ***2*** {*etwas auf jmdn ~*} *(fig)* scaricare qcs su qcn ♦ *die Schuld auf jmdn abladen* scaricare la colpa su qcn. ***3*** {*etwas bei jmdm ~*} *(fig)* sfogare (sentimenti), sfogarsi con qcn ♦ *er lud seine Sorgen bei mir ab* si è sfogato con me delle sue preoccupazioni.

ab|lagern[1] *(vi,* hat*)* ~ invecchiare, stagionare.

ab|lagern[2] *(vt,* hat*)* ***1*** depositare (sedimenti e sim). ***2*** immagazzinare. ◆ **sich ablagern** *(vr)* depositarsi (sedimenti e sim).

Ablass († **Ablaß**) ['apˌlas] *(m;* -es, -lässe*)* ~ *(relig)* indulgenza.

ab|lassen *(vt,* hat; *irr/ortogr* lassen*)* ***1*** lasciar defluire, far uscire (liquidi, gas, ecc). ***2*** {*jmdm etwas ~*} vendere qcs a qcn a poco prezzo. ***3*** {*von etwas ~*} *(vi)* desistere da qcs.

Ablauf ['apˌlauf] *(m;* -es, -läufe*)* ***1*** corso, decorso ♦ *der Ablauf der Ereignisse* il corso degli eventi. *2* scadenza. ◆ **nach Ablauf** al termine di, alla scadenza di ♦ *nach Ablauf von drei Tagen* trascorsi tre giorni ♦ *nach Ablauf der Frist* alla scadenza del termine.

ab|laufen *(vi,* ist; *irr* laufen*)* *1* scorrere, procedere, svolgersi (eventi) ♦ *die Veranstaltung lief problemlos ab* la manifestazione si svolse senza problemi. *2* essere proiettato (film); essere suonato (nastro magnetico). *3* scadere (documenti e sim) ♦ *mein Abonnement ist abgelaufen* il mio abbonamento è scaduto. *4* terminare, andare a finire ♦ *alles lief gut ab* è andato tutto bene. *5* defluire, scorrere.

Ableben ['ap,le:bən] *(n;* -s, -*)* ~ decesso, trapasso.

ab|lecken *(vt,* hat*)* *1* leccare via, togliere (leccando). *2* pulire (leccando).

ab|legen *(vt,* hat; *irr* legen*)* *1* posare, deporre. *2* togliere, togliersi, smettere di portare (indumenti). ◆ **die Maske ablegen** gettare la maschera ♦ *die Trauer ablegen* smettere il lutto. *3* *(fig)* abbandonare, liberarsi di ♦ *eine Gewohnheit ablegen* abbandonare un'abitudine. ◆ **einen Eid ablegen** prestare un giuramento.

ab|lehnen *(vt,* hat*)* *1* rifiutare ♦ *ein Angebot ablehnen* rifiutare un'offerta ♦ *eine Antwort ablehnen* negare una risposta. *2* disapprovare.

ablehnend ['ap,le:nənt] *(agg)* ~ contrario, negativo. ◆ **ablehnend antworten** rispondere negativamente.

Ablehnung ['ap,le:nʊŋ] *(f;* -, -en*)* ~ rifiuto.

ab|leiten *(vt,* hat*)* *1* deviare (corsi d'acqua, traffico, ecc). *2* *(ling)* derivare (ricostruire un'etimologia).

ab|lenken *(vt,* hat*)* *1* {*jmdn von etwas* ~} distrarre, distogliere qcn da qcs ♦ *lenk mich nicht ab!* non mi distrarre! *2* deviare. ◆ **sich ablenken** *(vr)* distrarsi, svagarsi.

Ablenkung ['ap,lɛŋkʊŋ] *(f;* -, -en*)* *1* distrazione ♦ *Ablenkung brauchen* avere bisogno di distrarsi. *2* deviazione.

ab|lesen *(vt,* hat; *irr* lesen*)* *1* leggere in pubblico (discorsi, annunci, ecc). *2* {*jmdm etwas von/an etwas* (Dat) ~} *(fig)* leggere (interpretare sentimenti) ♦ *ich las ihm die Enttäuschung vom/am Gesicht an* gli ho letto sul volto la delusione. *3* rilevare (temperature e sim).

ab|leugnen *(vt,* hat*)* ~ negare, contestare (energicamente).

ab|liefern *(vt,* hat*)* ~ consegnare (nei modi e nei termini stabiliti).

ab|lösen *(vt,* hat*)* *1* staccare (con delicatezza) ♦ *eine Briefmarke ablösen* staccare un francobollo. *2* {*jmdn* ~} sostituire, subentrare al posto di qcn. ◆ **sich ablösen** *(vr)* staccarsi.

Ablösung ['ap,lø:sʊŋ] *(f;* -, -en*)* *1* distacco, separazione. *2* sostituzione. *3* sostituto.

ab|machen *(vt,* hat*)* *1* concordare ♦ *einen Preis abmachen* concordare un prezzo ♦ *wir haben abgemacht, uns am Montag zu treffen* abbiamo concordato di incontrarci lunedì. *2* *(fam)* togliere.

Abmachung ['ap,maxʊŋ] *(f;* -, -en*)* ~ accordo.

ab|magern ['ap,ma:gɐn] *(vi,* ist*)* ~ dimagrire (molto).

ab|melden *(vt,* hat*)* *1* disdire (qcs che non si usa più) ♦ *das Telefon abmelden* disdire il telefono. *2* ritirare (comunicare il ritiro) ♦ *die Eltern haben ihre Tochter von der Schule abgemeldet* i genitori hanno ritirato la figlia dalla scuola. ◆ **sich abmelden** *(vr)* ritirarsi (dalla partecipazione a qcs).

ab|messen *(vt,* hat; *irr/ortogr* messen*)* ~ misurare (con una precisa unità di misura) *(anche fig)*.

Abmessung ['ap,mɛsʊŋ] *(f;* -, -en*)* *1* misurazione. *2* *(spec pl)* dimensioni.

ab|mühen ['ap,my:ən] *(vr,* hat*)* ~ **sich abmühen** affaticarsi, stancarsi.

Abnahme ['ap,na:mə] *(f;* -, -n*)* *1* diminuzione ♦ *eine leichte Abnahme des Gewichts* una leggera diminuzione del peso. *2* rimozione ♦ *die Abnahme eines Verbandes* la rimozione di una fasciatura.

ab|nehmen¹ *(vi,* hat; *irr* nehmen*)* *1* diminuire, calare ♦ *das Fieber hat abgenommen* la febbre è calata. *2* dimagrire ♦ *sie hat an den Hüften abgenommen* è dimagrita sui fianchi.

ab|nehmen² *(vt,* hat; *irr* nehmen*)* *1* togliere, togliersi ♦ *den Deckel abnehmen* togliere il coperchio ♦ *die Brille abnehmen* togliersi gli occhiali. **2** {*jmdm etwas ~*} sottrarre, portare via qcs a qcn ♦ *der Dieb nahm ihr die Handtasche ab* il ladro le portò via la borsa. **3** {*jmdm etwas ~*} comprare qcs da qcn. **4** dimagrire ♦ *er hat drei Kilo abgenommen* è dimagrito di tre chili ♦ *er muss noch viel abnehmen* deve dimagrire ancora molto.

Abnehmer ['apˌneːmɐ] *(m;* -s, -; *f* **-in***)* ~ acquirente ♦ *Abnehmer finden* trovare acquirenti.

Abneigung ['apˌnaigʊŋ] *(f;* -, -en*)* ~ avversione; antipatia. ◆ **eine Abneigung gegen jmdn/etwas haben, empfinden** avere, provare avversione per qcn/qcs.

abnorm [ap'nɔrm] *(agg)* ~ anormale, abnorme.

ab|nutzen *(region* **ab|nützen***)* *(vt,* hat*)* ~ logorare (con l'uso). ◆ **sich abnutzen** *(vr)* logorarsi.

Abo ['abo] *(n;* -s, -s*)* ~ abbrev di **Abonnement**.

Abonnement [abɔnə'mãː] *(n;* -s, -s*)* ~ abbonamento ♦ *ein Abonnement erneuern* rinnovare un abbonamento ♦ *ein Abonnement auf etwas* (Acc) *haben* avere un abbonamento a qcs.

Abonnent [abɔ'nɛnt] *(m;* -en, -en; *f* **-in***)* ~ abbonato (titolare di abbonamento).

abonnieren [abɔ'niːrən] *(vt,* hat*)* ~ abbonarsi ♦ *eine Zeitschrift abonnieren* abbonarsi a una rivista. ◆ **auf etwas** (Acc) **abonniert sein** essere abbonato a qcs *(anche fig)*.

ab|ordnen *(vt,* hat*)* ~ delegare.

Abordnung ['apˌʔɔrdnʊŋ] *(f;* -, -en*)* ~ delegazione.

Abort[1] [ab'ɔrt] *(m;* -(e)s, -e*)* ~ gabinetto.

Abort[2] *(m;* -s, -e*)* ~ *(med)* aborto (spontaneo).

ab|pflücken *(vt,* hat*)* ~ cogliere (da una pianta).

ab|plagen *(vr,* hat*)* ~ **sich abplagen** affaticarsi, sgobbare.

Abprall ['apˌpral] *(m;* -(e)s, -e*)* ~ rimbalzo.

ab|prallen *(vi,* ist*)* **1** rimbalzare. **2** {*an jmdm ~*} *(fig)* non toccare, lasciare indifferente ♦ *das prallt an ihr ab* questo non la tocca minimamente.

ab|quälen *(vr,* hat*)* ~ **sich abquälen** sforzarsi, affaticarsi.

ab|raten *(vi,* hat; *irr* raten*)* ~ {*jmdm (von etwas) ~*} sconsigliare qcs a qcn ♦ *man hat mir von dieser Investition abgeraten* mi hanno sconsigliato questo investimento ♦ *sie riet ihm ab, das Auto zu kaufen* gli ha sconsigliato di comprare quella macchina.

ab|räumen *(vt,* hat*)* ~ sgombrare (superfici; oggetti da una superficie).

ab|reagieren (vt, hat*)* ~ {*etwas an jmdm/etwas ~*} sfogare qcs su qcn/qcs. ◆ **sich abreagieren** *(vr)* calmarsi, sfogarsi.

ab|rechnen *(vt,* hat*)* ~ detrarre. ◆ **mit jmdm abrechnen** *(vi)* regolare i conti con qcn *(anche fig)*.

Abrechnung ['apˌrɛçnʊŋ] *(f;* -, -en*)* **1** detrazione. **2** conto finale. **3** *(fig)* resa dei conti. ◆ **mit jmdm Abrechnung halten** venire alla resa dei conti con qcn.

Abrede ['apˌreːdə] *(f;* -, -en*)* ~ accordo. ◆ **nach Abrede** secondo gli accordi. ◆ **etwas in Abrede stellen** mettere in dubbio, contestare qcs.

ab|reiben *(vt,* hat; *irr* reiben*)* **1** togliere (sfregando), strofinare via. **2** pulire (strofinando). **3** asciugare (strofinando).

Abreise ['apˌraizə] *(f;* -, -n*)* ~ partenza (per un viaggio).

ab|reisen *(vi,* ist*)* ~ partire (per un viaggio) ♦ *wir reisen morgen nach Spanien ab* partiamo domani per la Spagna.

ab|reißen[1] *(vi,* ist; *irr/ortogr* reißen*)* **1** strapparsi; staccarsi ♦ *mir ist ein Knopf abgerissen* mi si è staccato un bottone. **2** interrompersi.

ab|reißen[2] *(vt,* hat; *irr/ortogr* reißen*)* **1** strappare; staccare strappando ♦ *ein Blatt von einem Block abreißen* strappare un foglio da un blocco. **2** demolire (edifici).

ab|richten *(vt,* hat*)* **1** addestrare (animali). **2** {*jmdn zu etwas ~*} istruire qcn a fare qcs.

ab|riegeln ['apˌriːgəln] *(vt,* hat*)* **1** chiudere (con un catenaccio). **2** bloccare (strade).

Abriss († **Abriß**) ['apˌrɪs] *(m;* -es, -e*)* **1** demolizione. **2** abbozzo, schizzo.

ab|rücken[1] *(vi,* ist*)* **1** *(mil)* partire. **2** {*von jmdm/etwas ~*} allontanarsi da qcn/qcs; *(fig)* prendere le distanze da qcn/qcs.

ab|rücken[2] *(vt,* hat*)* ~ {*etwas von etwas ~*} spostare qcs da qcs altro ♦ *den Tisch von* *der Wand abrücken* spostare il tavolo dalla parete.

Abruf ['apˌruːf] *(m; -(e)s, -e)* ~ chiamata, richiamo. ◆ **auf Abruf** a richiesta.

ab|rufen *(vt, hat)* ***1*** richiamare, rimuovere qcn (da un incarico). ***2*** *(elab)* richiamare (dati).

ab|runden *(vt, hat)* ***1*** arrotondare, smussare (forme). ***2*** *(fig)* arrotondare (cifre, spec per difetto). ***3*** *(fig)* perfezionare.

abrupt [ap'rʊpt] *(agg)* ***1*** improvviso, repentino. ***2*** sconnesso (discorsi e sim). ***3*** *(avv)* improvvisamente, bruscamente; in modo sconnesso.

ab|rüsten *(vi, hat)* ~ procedere al disarmo.

Abrüstung ['apˌrʏstʊŋ] *(f; -)* ~ disarmo.

ab|rutschen *(vi, ist)* ***1*** scivolare (perdere l'equilibrio); slittare (auto). ***2*** *(fig)* perdere colpi, peggiorare. ***3*** *(fig)* finire su una cattiva strada.

Absage ['apˌzaːgə] *(f; -, -n)* ~ risposta negativa, rifiuto.

ab|sagen¹ *(vi, hat)* ~ {*(jmdm) ~*} comunicare (a qcn) la propria assenza, ritirare la propria partecipazione a qcs ◆ *er hat (mir) im letzten Augenblick abgesagt* (mi) ha comunicato all'ultimo momento che non sarebbe venuto.

ab|sagen² *(vt, hat)* ~ disdire, annullare (eventi) ◆ *das Konzert wurde abgesagt* il concerto è stato annullato.

ab|sahnen ['apˌzaːnən] *(vt, hat)* ~ *(fam)* prendersi, riservare per sé.

Absatz ['apˌzats] *(m; -es, -sätze)* ***1*** tacco ◆ *hohe, flache, spitze Absätze* tacchi alti, bassi, a spillo. ***2*** paragrafo, capoverso ◆ *einen Absatz machen* andare a capo. ***3*** *(comm)* vendita, smercio. ◆ **Absatz finden** vendersi, trovare smercio.

ab|saugen *(vt, hat; irr saugen)* ***1*** aspirare, togliere (aspirando). ***2*** pulire con l'aspirapolvere.

ab|schaffen *(vt, hat)* ***1*** abolire ◆ *die Todesstrafe abschaffen* abolire la pena di morte. ***2*** mandare via, liberarsi di ◆ *das Personal abschaffen* licenziare il personale.

ab|schalten *(vt, hat)* ***1*** spegnere (luce, radio, ecc). ***2*** *(vi) (fam)* distrarsi, staccare la spina.

ab|schätzen *(vt, hat)* ~ valutare.

abschätzig ['apʃɛtsɪç] *(agg)* ~ sprezzante.

Abschaum ['apʃaum] *(m; -(e)s)* ~ feccia, rifiuto della società.

Abscheu ['apʃɔy] *(m; -(e)s)* ~ ribrezzo ◆ *vor jmdm/etwas (gegen jmdn/etwas) Abscheu haben, empfinden* avere, provare ribrezzo di qcn ◆ *bei/in jmdm Abscheu erregen* fare ribrezzo a qcn.

abscheulich [-lɪç] *(agg)* ***1*** ripugnante. ***2*** orribile, riprovevole (azione, pensiero, ecc).

ab|schicken *(vt, hat)* ~ spedire, mandare.

ab|schieben *(vt, hat; irr schieben)* ***1*** spostare (spingendo). ***2*** espellere (da istituzioni, stati, ecc).

Abschied ['apʃiːt] *(m; -(e)s, raro -e)* ***1*** separazione, commiato, addio. ***2*** congedo ◆ *jmdm den Abschied geben* congedare qcn (funzionari, militari). ◆ **von jmdm Abschied nehmen** congedarsi, accomiatarsi da qcn.

ab|schießen *(vt, hat; irr/ortogr schießen)* ***1*** sparare, lanciare (missile), scoccare (freccia). ***2*** uccidere (sparando); abbattere (aerei). ***3*** *(fig/fam)* {*jmdn ~*} licenziare qcn, silurare qcn.

ab|schirmen *(vt, hat)* ~ {*jmdn gegen etwas ~*} riparare; proteggere qcn (da qcs). ◆ **sich gegen etwas abschirmen** *(vr)* ripararsi, proteggersi da qcs.

Abschlag ['apʃlaːk] *(m; -(e)s, -schläge)* ***1*** rata. ***2*** ribasso (di prezzi). ◆ **auf Abschlag** a rate.

ab|schlagen *(vt, hat; irr schlagen)* ***1*** staccare (a forza di colpi). ***2*** {*jmdm etwas ~*} rifiutare qcs a qcn ◆ *jmdm eine Bitte abschlagen* rifiutare un favore a qcn.

abschlägig ['apʃlɛːgɪç] *(agg)* ~ negativo ◆ *abschlägige Antwort* risposta negativa.

ab|schleppen *(vt, hat)* ***1*** rimorchiare; trainare ◆ *ein Auto abschleppen* rimorchiare un'auto; rimuovere un'auto (in divieto di sosta). ***2*** {*jmdn ~*} *(fig/fam)* trascinare di peso qcn.

Abschleppwagen ['apʃlɛpˌvaːgən] *(m; -s, -)* ~ carro attrezzi.

ab|schließen¹ *(vi, hat; irr/ortogr schließen)* ~ {*mit jmdm/etwas ~*} farla finita con qcn/qcs ◆ *mit der Vergangenheit abschließen* farla finita con il passato.

ab|schließen² *(vt, hat; irr/ortogr schließen)* ***1*** chiudere (a chiave) ◆ *die Tür, das*

Zimmer abschließen chiudere a chiave la porta, la stanza. **2** concludere, portare a termine ♦ *eine Arbeit, ein Geschäft abschließen* concludere un lavoro, un affare. **3** separare, isolare.

Abschluss († **Abschluß**) ['apˌʃlʊs] *(m;* -es, -schlüsse*)* **1** conclusione (termine) ♦ *der Abschluss des Studiums* la conclusione degli studi universitari. **2** stipulazione, firma ♦ *der Abschluss eines Vertrags* la firma di un contratto.

Abschlussprüfung (†**Abschluß-**) [-ˌpryːfʊŋ] *(f;* -, -en*)* ~ esame finale.

ab|schmecken *(vt,* hat*)* ~ assaggiare.

ab|schmieren *(vt,* hat*)* ~ lubrificare, ingrassare.

ab|schminken *(vt,* hat*)* **1** struccare ♦ *ich habe mir das Gesicht abgeschminkt* mi sono struccata il viso. **2** {*sich* (Dat) *etwas* ~} *(fam)* rinunciare a qcs, scordarsi qcs, togliersi dalla testa qcs ♦ *das kannst du dir abschminken* questo te lo puoi togliere dalla testa. ◆ **sich abschminken** *(vr)* struccarsi, togliersi il trucco.

ab|schneiden[1] *(vi,* hat; *irr* schneiden*)* **1** tagliare (abbreviare un percorso) ♦ *wir schneiden hier ab* tagliamo per di qua. **2** *(fam)* riuscire, cavarsela ♦ *sie hat bei der Prüfung sehr gut abgeschnitten* è andata molto bene all'esame.

ab|schneiden[2] *(vt,* hat; *irr* schneiden*)* **1** tagliare ♦ *Blumen, Haare, eine Scheibe Brot abschneiden* tagliare dei fiori, i capelli, una fetta di pane. **2** tagliare fuori, isolare (città, truppe, ecc). **3** bloccare (strada e sim). ◆ **jmdm den Weg abschneiden** tagliare la strada a qcn *(anche fig)*.

Abschnitt ['apˌʃnɪt] *(m;* -(e)s, -e*)* **1** pezzo, parte. **2** brano (di un testo) ♦ *ein Abschnitt aus einem Kapitel* un brano di un capitolo. **3** tagliando. **4** ritaglio (di giornale). **5** periodo di tempo, fase. **6** territorio.

ab|schnüren *(vt,* hat*)* **1** legare stretto. **2** *(fig)* frenare, soffocare. ◆ **jmdm die Luft abschnüren** *(fig)* rovinare qcn (finanziariamente).

ab|schöpfen *(vt,* hat*)* ~ togliere (schiuma e sim). ◆ **den Rahm abschöpfen** *(fig)* tenere il meglio per sé.

ab|schrauben *(vt,* hat*)* ~ svitare.

ab|schrecken *(vt,* hat*)* ~ scoraggiare; intimorire ♦ *ich lasse mich durch nichts abschrecken* non mi lascio scoraggiare da niente.

abschreckend ['apˌʃrɛkənt] *(agg)* ~ scoraggiante; intimidatorio.

Abschreckung ['apˌʃrɛkʊŋ] *(f;* -, -en*)* ~ intimidazione.

ab|schreiben[1] *(vi,* hat; *irr* schreiben*)* ~ {*jmdm* ~} comunicare (per iscritto) una disdetta, la propria rinuncia a partecipare a qcs ♦ *ich musste ihm leider abschreiben* purtroppo ho dovuto scrivergli che non potevo venire (partecipare).

ab|schreiben[2] *(vt,* hat; *irr* schreiben*)* ~ copiare, ricopiare ♦ *Notizen abschreiben* ricopiare degli appunti.

Abschrift ['apˌʃrɪft] *(f;* -, -en*)* ~ copia (scritta) ♦ *eine Abschrift von einer Urkunde anfertigen* fare una copia di un documento.

Abschürfung ['apˌʃyrfʊŋ] *(f;* -, -en*)* ~ escoriazione.

Abschuss († **Abschuß**) ['apˌʃʊs] *(m;* -es, -schüsse*)* **1** sparo; lancio (di missili). **2** abbattimento (spec di aerei).

abschüssig ['apˌʃʏsɪç] *(agg)* ~ scosceso, ripido.

ab|schütteln *(vt,* hat*)* **1** scuotere, far cadere (scuotendo) ♦ *den Schnee, Äpfel abschütteln* scuotere la neve, le mele. **2** *(fig)* scuotersi di dosso, liberarsi di (persone, cose spiacevoli).

ab|schwächen *(vt,* hat*)* ~ attenuare, smorzare ♦ *eine Bemerkung abschwächen* attenuare una critica.

ab|schweifen *(vi,* ist*)* **1** {*von etwas* ~} deviare, allontanarsi da qcs. **2** *(fig)* {*von etwas* ~} divagare, allontanarsi ♦ *vom Thema abschweifen* divagare dall'argomento.

ab|schwören *(vi,* hat*)* ~ {*etwas* (Dat) ~} rinnegare, abiurare qcs ♦ *einem Glauben abschwören* rinnegare una fede.

absehbar ['apˌzeːbaːɐ] *(agg)* ~ prevedibile. ◆ **in absehbarer Zeit** prossimamente, in tempi brevi.

ab|sehen[1] *(vi,* hat; *irr* sehen*)* **1** {*von etwas* ~} desistere da qcs, rinunciare a fare qcs ♦ *von einer Anzeige absehen* rinunciare a sporgere denuncia. **2** {*von etwas* ~} prescindere da qcs ♦ *wenn man davon absieht, dass* se si prescinde dal fatto che.

ab|sehen[2] *(vt,* hat; *irr* sehen*)* ***1*** *{jmdm etwas ~}* imparare qcs da qcn osservandolo ♦ *er hat dem Maler diese Technik abgesehen* ha imparato questa tecnica osservando il pittore. ***2*** prevedere, valutare ♦ *die Folgen dieser Katastrophe lassen sich noch nicht absehen* le conseguenze di questa catastrofe non si possono ancora valutare. ◆ **es auf jmdn/etwas abgesehen haben** ***1*** *(fam)* mirare a qcn/qcs ♦ *sie hat es nur auf sein Geld abgesehen* mira solo ai soldi di lui. ***2*** *(fam)* prendere di mira, tormentare qcn, avercela con qcn.

ab|sein ~ **ab sein** (vedi **ab**[2]).

abseits ['ap͵zaits] *(avv)* ~ in disparte, lontano da ♦ *abseits von der Stadt* lontano dalla città. ◆ **sich abseits halten** tenersi in disparte. ◆ **abseits stehen** stare in disparte.

Abseits *(n; -, -)* ~ *(sport)* fuorigioco.

ab|senden *(vt,* hat; *reg/irr* senden*)* ~ mandare, spedire.

Absender ['ap͵zɛndɐ] *(m; -s, -)* ~ mittente.

ab|setzen[1] *(vi,* hat*)* ~ interrompersi, fermarsi ♦ *sie trank, ohne abzusetzen* beveva senza fermarsi.

ab|setzen[2] *(vt,* hat*)* ***1*** togliere, togliersi ♦ *den Hut absetzen* togliersi il cappello. ***2*** posare in terra, deporre ♦ *einen Koffer absetzen* posare una valigia. ***3*** deporre, destituire (qcn da una carica). ***4*** interrompere, sospendere (cura). ***5*** *{jmdn ~}* *(fam)* far scendere qcn (da un mezzo), lasciare qcn (in un posto) ♦ *er hat mich am Bahnhof abgesetzt* mi ha lasciato alla stazione.

Absicht ['ap͵zɪçt] *(f; -, -en)* ~ intenzione ♦ *eine gute, böse Absicht* una buona, cattiva intenzione ♦ *die Absicht haben, etwas zu tun* avere l'intenzione di fare qcs ♦ *es war nicht meine Absicht, das zu tun* non era mia intenzione fare questo ♦ *in/mit der Absicht, etwas zu tun* con l'intenzione di fare qcs ♦ *das war keine Absicht* non l'ho fatto apposta. ◆ **mit Absicht** di proposito.

absichtlich [-lɪç] *(agg)* ***1*** intenzionale. ***2*** *(avv)* intenzionalmente, apposta ♦ *etwas absichtlich tun* fare qcs apposta.

ab|sitzen[1] *(vi,* ist; *irr* sitzen*)* ~ smontare da cavallo.

ab|sitzen[2] *(vt,* hat; *irr* sitzen*)* ~ *(fam)* scontare (una pena detentiva).

absolut [apzo'lu:t] *(agg)* ***1*** assoluto ♦ *die absolute Monarchie* la monarchia assoluta ♦ *absolute Ruhe* riposo assoluto. ***2*** *(avv)* assolutamente.

absolvieren [apzɔl'vi:rən] *(vt,* hat*)* ~ portare a termine, terminare (corso di studi); superare (esame finale).

absonderlich [ap'zɔndɐlɪç] *(agg)* ~ singolare, strano (persona o cosa).

ab|sondern *(vt,* hat*)* ***1*** separare, isolare ♦ *die kranken Tiere absondern* isolare gli animali malati. ***2*** secernere.

Absonderung ['ap͵zɔndərʊŋ] *(f; -, -en)* ***1*** separazione, isolamento. ***2*** secrezione.

absorbieren [apzɔr'bi:rən] *(vt,* hat*)* ***1*** assorbire (liquidi e sim). ***2*** *{jmdn ~}* *(fig)* assorbire, impegnare qcn.

ab|spalten *(vt,* hat; *irr* spalten*)* ~ staccare (scindendo). ◆ **sich von jmdm/etwas abspalten** *(vr)* *(fig)* staccarsi, scindersi da qcn/qcs.

ab|speisen *(vt,* hat*)* ~ liquidare qcn ♦ *er hat mich mit einem kurzen Entschuldigungsschreiben abgespeist* mi ha liquidato con una breve lettera di scuse.

abspenstig ['apʃpɛnstɪç] *(agg)* ~ **jmdm jmdn abspenstig machen** rendere estraneo, allontanare qcn da qcn altro ♦ *sie haben ihm seine Freundin abspenstig gemacht* hanno allontanato la sua ragazza da lui.

ab|sperren *(vt,* hat*)* ***1*** chiudere a chiave, serrare. ***2*** chiudere al traffico ♦ *der Unfallort wurde abgesperrt* il luogo dell'incidente è stato chiuso al traffico.

ab|spielen *(vt,* hat*)* ~ (far) suonare (dischi, nastri, ecc). ◆ **sich abspielen** *(vr)* verificarsi, svolgersi ♦ *die Szene spielte sich vor meinen Augen ab* la scena si svolse sotto i miei occhi.

Absprache ['apʃpra:xə] *(f; -, -n)* ~ accordo ♦ *eine Absprache treffen* trovare un accordo.

ab|sprechen *(vt,* hat; *irr* sprechen*)* ***1*** *{etwas (mit jmdm) ~}* concordare qcs con qcn. ***2*** *{jmdm etwas ~}* non riconoscere, mettere in discussione ♦ *jmdm ein*

Recht, eine Fähigkeit absprechen non riconoscere a qcn un diritto, una capacità. ◆ **sich mit jmdm absprechen** *(vr)* mettersi d'accordo con qcn.

ab|springen *(vi, ist; irr springen) **1*** saltare giù (da veicolo, cavallo, ecc). ***2*** staccarsi (in frammenti), schizzare via ♦ *die Farbe springt ab* la vernice si stacca. ***3*** *(fig/fam)* andarsene, ritirarsi.

Absprung ['apʃprʊŋ] *(m; -(e)s, -sprünge)* ~ salto (spec verso il basso).

ab|stammen *(vi, ist) **1*** {*von jmdm* ~} discendere da, essere un discendente di. ***2*** {*von etwas* ~} derivare da ♦ *dieses Wort stammt vom Griechischen ab* questa parola deriva dal greco.

Abstammung ['apʃtamʊŋ] *(f; -)* ~ origine discendenza ♦ *von edler Abstammung sein* essere di nobili origini.

Abstand ['apʃtant] *(m; -(e)s, -stände) **1*** distanza ♦ *in 100 Meter Abstand, im Abstand von 100 Meter(n)* a una distanza di 100 metri. ***2*** *(sport)* distacco. ***3*** intervallo. ◆ **von jmdm/etwas Abstand halten** mantenere le distanze da qcn/qcs *(anche fig)*. ◆ **mit Abstand** *(fam)* di gran lunga.

ab|stauben *(vt, hat)* ~ spolverare.

ab|stechen *(vt, hat; irr stechen) **1*** staccare (con oggetto appuntito), tagliare via. ***2*** spillare (vino, birra). ***3*** macellare, scannare. ***4*** {*von jmdm/etwas* ~} *(vi)* distinguersi da qcn/qcs, spiccare rispetto a qcn/qcs. ***5*** {*gegen etwas* ~} spiccare, risaltare da qcs (colori).

Abstecher ['apʃtɛçɐ] *(m; -s, -)* ~ salto (breve deviazione durante un viaggio) ♦ *auf dem Weg nach Venedig wollen wir einen Abstecher nach Padua machen* andando a Venezia vogliamo fare un salto a Padova.

ab|stecken *(vt, hat)* ~ segnare, delimitare (con paletti).

ab|stehen *(vi, hat; irr stehen) **1*** stare lontano ♦ *der Stuhl steht zu weit vom Tisch ab* la sedia sta troppo lontana dal tavolo. ***2*** sporgere, non aderire ♦ *die Haare stehen ihm ab* i capelli gli stanno ritti. ◆ **abstehende Ohren** orecchie a sventola.

ab|steigen *(vi, ist; irr steigen) **1*** scendere (da veicolo e sim) ♦ *vom Fahrrad, vom Pferd absteigen* scendere dalla bicicletta, smontare da cavallo. ***2*** scendere a valle. ***3*** *(sport)* retrocedere.

ab|stellen *(vt, hat) **1*** mettere giù, posare ♦ *ein Glas auf dem Tisch abstellen* posare un bicchiere sul tavolo. ***2*** riporre, conservare ♦ *alte Sachen im Keller abstellen* riporre delle vecchie cose in cantina. ***3*** spegnere (radio, tv, ecc); chiudere (acqua, gas, ecc). ***4*** {*etwas auf etwas* (Acc) ~} orientare qcs secondo qcs ♦ *die Produktion ist auf die Nachfrage abgestellt* la produzione è orientata sulla domanda del mercato.

Abstellraum ['apʃtɛlˌraum] *(m; -(e)s, -räume)* ~ ripostiglio.

ab|stempeln *(vt, hat) **1*** timbrare (documenti, lettere, ecc). ***2*** {*jmdn/etwas als jmdn/etwas (zu jmdm/etwas)* ~} bollare, etichettare qcn/qcs come qcn/qcs.

ab|sterben *(vi, ist; irr sterben) **1*** morire (lentamente) ♦ *der Baum stirbt ab* quell'albero sta morendo. ***2*** intorpidirsi, perdere la sensibilità (arti) ♦ *meine Füße sind abgestorben* ho i piedi intorpiditi.

Abstieg ['apʃtiːk] *(m; -(e)s, -e) **1*** discesa ♦ *ein steiler Abstieg* una discesa ripida. ***2*** *(fig)* declino ♦ *wirtschaftlicher Abstieg* declino economico. ***3*** *(sport)* retrocessione.

ab|stillen *(vt, hat)* ~ svezzare.

ab|stimmen[1] *(vi, hat)* ~ {*über etwas* ~} votare qcs ♦ *über einen Gesetzentwurf abstimmen* votare un disegno di legge.

ab|stimmen[2] *(vt, hat) **1*** accordare (strumenti musicali); sintonizzare (radio). ***2*** *(fig)* armonizzare; conciliare (interessi, esigenze, ecc).

Abstimmung ['apʃtɪmʊŋ] *(f; -, -en) **1*** voto (votazione). ***2*** armonizzazione ♦ *die Abstimmung der Farben, der Interessen* l'armonizzazione dei colori, degli interessi.

ab|stoppen *(vi/vt, hat) **1*** *(vi)* fermarsi, arrestarsi. ***2*** *(vt)* fermare, arrestare (veicoli, macchine, ecc). ***3*** *(vt)* cronometrare.

ab|stoßen *(vt, hat; irr stoßen) **1*** spingere via, allontanare con una spinta. ***2*** {*jmdn* ~} *(fig)* disgustare ♦ *sein Benehmen stößt mich ab* il suo comportamento mi disgusta.

abstoßend ['apʃtoːsənt] *(agg)* ~ disgustoso; ripugnante.

ab|stottern *(vt,* hat*)* ~ *(fam)* pagare a rate.
abstrakt [ap'strakt] *(agg)* ~ astratto.
ab|streiten *(vt,* hat; *irr* streiten*)* ***1*** negare, non riconoscere ♦ *er streitet ab, das Geld gestohlen zu haben* nega di aver rubato il denaro. ***2*** {*jmdm etwas* ~} non riconoscere qcs a qcn, mettere in discussione qcs di qcn.
Abstrich ['apʃtrɪç] *(m;* -(e)s, -e*)* ~ riduzione, taglio (alle spese).
ab|stufen ['apʃtu:fən] *(vt,* hat*)* ~ graduare.
ab|stumpfen[1] ['apʃtʊmpfən] *(vi,* ist*)* ***1*** smussarsi, spuntarsi. ***2*** *(fig)* diventare insensibile, apatico.
ab|stumpfen[2] *(vt,* hat*)* ***1*** smussare, spuntare. ***2*** {*jmdn* ~} rendere insensibile, apatico.
Absturz ['abʃtʊrts] *(m;* -es, -stürze*)* ***1*** caduta (nel vuoto). ***2*** dirupo. ***3*** *(fig)* crollo.
ab|stürzen *(vi,* ist*)* ~ precipitare *(anche fig)* ♦ *das Flugzeug ist abgestürzt* l'aereo è precipitato.
absurd [ap'zʊrt] *(agg)* ~ assurdo.
Absurdität [apzʊrdi'tɛ:t] *(f;* -, -en*)* ~ assurdità.
Abszess († **Abszeß**) [aps'tsɛs] *(m;* -es, -e*)* ~ *(med)* ascesso.
Abt [apt] *(m;* -(e)s, Äbte*)* ~ abate.
ab|tauen[1] *(vi,* ist*)* ~ sciogliersi (neve, ghiaccio e sim).
ab|tauen[2] *(vt,* hat*)* ~ far sciogliere (ghiaccio e sim); sbrinare (frigorifero).
Abtei [ap'tai] *(f;* -, -en*)* ~ abbazia.
Abteil [-'-] *(n;* -(e)s, -e*)* ~ scompartimento (treno).
Abteilung ['ap,tailʊŋ] *(f;* -, -en*)* reparto, settore (di ospedale, ufficio, negozio, esercito); dipartimento ♦ *Personalabteilung* ufficio del personale.
ab|töten *(vt,* hat*)* ***1*** uccidere, distruggere (batteri). ***2*** *(fig)* soffocare (sentimenti). ***3*** *(med)* devitalizzare.
ab|tragen *(vt,* hat; *irr* tragen*)* ***1*** consumare, logorare (indumenti) ♦ *abgetragene Schuhe* scarpe consumate. ***2*** spianare, sterrare. ***3*** asportare (terra).
abträglich ['ap,trɛ:klɪç] *(agg)* ~ svantaggioso, nocivo ♦ *jmdm/etwas abträglich sein* essere svantaggioso, nocivo per qcn/qcs.
ab|transportieren *(vt,* hat*)* ~ trasportare via (con un veicolo).
ab|treiben *(vt,* hat; *irr* treiben*)* ***1*** spingere via, mandare alla deriva. ***2*** *(vt/vi)* abortire (volontariamente).
Abtreibung ['ap,traibʊŋ] *(f;* -, -en*)* ~ aborto (volontario).
ab|trennen *(vt,* hat*)* ***1*** staccare ♦ *einen Scheck abtrennen* staccare un assegno. ***2*** scucire ♦ *die Ärmel (von der Bluse) abtrennen* scucire le maniche (della camicia). ***3*** dividere, separare.
ab|treten[1] *(vi,* ist; *irr* treten*)* ~ dimettersi; ritirarsi ♦ *der Bürgermeister ist abgetreten* il sindaco si è dimesso.
ab|treten[2] *(vt,* hat; *irr* treten*)* ***1*** consumare (calpestando) *einen Teppich abtreten* consumare un tappeto. ***2*** {*jmdm etwas* ~} cedere qcs a qcn ♦ *ich habe ihm meinen Platz abgetreten* gli ho ceduto il mio posto.
Abtreter ['ap,tre:tɐ] *(m;* -s, -*)* ~ zerbino.
Abtretung ['ap,tre:tʊŋ] *(f;* -, -en*)* ~ cessione.
Abtritt ['ap,trɪt] *(m;* -(e)s, -e*)* ~ ritiro, uscita di scena.
ab|trocknen[1] *(vi,* ist*)* ~ asciugarsi.
ab|trocknen[2] *(vt,* hat*)* ~ asciugare ♦ *das Geschirr abtrocknen* asciugare i piatti.
Abtropfbrett ['aptrɔpf,brɛt] *(n;* -(e)s, -er*)* ~ scolapiatti.
abtrünnig ['ap,trʏnɪç] *(agg)* ***1*** infedele. ***2*** *(relig)* apostata. ◆ **von etwas abtrünnig werden** rinnegare qcs (fede, partito).
ab|tun *(vt,* hat; *irr* tun*)* ***1*** *(fam)* togliere, togliersi ♦ *den Hut abtun* togliersi il cappello. ***2*** {*jmdn/etwas* ~} trattare qcn sbrigativamente; liquidare qcn/qcs, concludere qcs.
ab|wägen *(vt,* hat; *reg/irr* wägen*)* ~ soppesare, ponderare. ◆ **das Für und Wider abwägen** soppesare i pro e i contro.
ab|wälzen *(vt,* hat*)* ~ {*etwas auf jmdn* ~} scaricare qcs su qcn (responsabilità, lavoro, spese).
ab|wandeln *(vt,* hat*)* ~ modificare, variare.
ab|wandern *(vi,* ist*)* ***1*** emigrare. ***2*** *(fig)* trasferirsi, cambiare settore (lavoratori).
Abwand(e)lung ['ap,vand(ə)lʊŋ] *(f;* -, -en*)* ***1*** modificazione, variazione. ***2*** variante.
ab|warten[1] *(vi,* hat*)* ~ aspettare, avere pazienza ♦ *warten wir noch ab* aspettiamo ancora un po' ♦ *warte mal ab! (fam)* aspetta un attimo! ◆ **abwarten und Tee trinken!** *(fam)* chi vivrà vedrà!

ab|warten² *(vt,* hat*)* ~ aspettare ♦ *den richtigen Augenblick, den Briefträger abwarten* aspettare il momento giusto, il postino.

abwärts ['apvɛrts] *(avv)* ~ giù, verso il basso. ◆ **abwärts gehen** *1* andare giù. *2* († **abwärtsgehen**) *(fig)* andar male (situazioni, affari, ecc).

ab|waschen *(vt,* hat; *irr* waschen*)* *1* lavare ♦ *das Auto, das Geschirr abwaschen* lavare l'auto, i piatti. *2* lavare via ♦ *den Schmutz abwaschen* lavare via lo sporco.

Abwasser ['ap,vasɐ] *(n;* -s, -wässer*)* ~ acqua di scarico.

ab|wechseln *(vr,* hat*)* ~ **sich abwechseln** alternarsi, avvicendarsi, darsi il cambio ♦ *sich bei der Arbeit abwechseln* darsi il cambio nel lavoro.

abwechselnd ['ap,vɛksəlnt] *(agg)* *1* alternativo. *2* *(avv)* alternativamente.

Abwechs(e)lung ['ap,vɛks(ə)lʊŋ] *(f;* -, -en*)* *1* svago, divertimento. *2* varietà, variazione. ◆ **zur Abwechslung** per svago, per cambiare.

abwechslungsreich [-s,raiç] *(agg)* ~ vario, svariato.

Abweg ['ap,ve:k] *(m;* -(e)s, -e*)* ~ *(spec pl)* cattiva strada ♦ *auf Abwege geraten* finire su una cattiva strada.

abwegig ['ap,ve:gɪç] *(agg)* ~ sbagliato.

Abwehr ['ap,ve:ɐ] *(f;* -*)* *1* difesa. *2* resistenza, rifiuto ♦ *auf Abwehr stoßen* incontrare resistenza.

ab|wehren *(vt,* hat*)* *1* respingere ♦ *den Feind, einen Vorwurf abwehren* respingere il nemico, un rimprovero. *2* tenere lontano ♦ *eine unerwünschte Person abwehren* tener lontana una persona indesiderata.

ab|weichen *(vi,* ist; *irr* weichen*)* *1* {*von etwas* ~} allontanarsi, discostarsi, divergere ♦ *vom Kurs, vom Thema abweichen* allontanarsi dalla rotta, dall'argomento. *2* {*von jmdm/etwas* ~} essere diverso da qcn/qcs, divergere ♦ *unsere Meinungen weichen voneinander ab* le nostre opinioni divergono.

Abweichung ['ap,vaiçʊŋ] *(f;* -, -en*)* ~ *1* differenza, divergenza. *2* deviazione.

ab|weisen *(vt,* hat; *irr* weisen*)* *1* {*jmdn* ~} respingere, mandare via qcn. *2* respingere (richiesta, offerta, attacco).

ab|wenden *(vt,* hat; *reg/irr* wenden*)* *1* distogliere ♦ *den Blick abwenden* distogliere lo sguardo. *2* impedire, evitare (pericoli, danni, ecc). ◆ **sich abwenden** *(vr)* *1* voltarsi. *2* {*sich (von jmdm/etwas)* ~} allontanarsi da qcn/qcs *(anche fig)*.

ab|werfen *(vt,* hat; *irr* werfen*)* *1* lanciare (dall'alto), gettare a terra. *2* gettare via, liberarsi di ♦ *die Bettdecke abwerfen* gettare via le coperte. *3* *(econ)* fruttare ♦ *Zinsen abwerfen* fruttare interessi.

ab|werten *(vt,* hat*)* *1* sottovalutare. *2* svalutare (moneta).

abwertend ['ap,ve:ɐtənt] *(agg)* ~ sfavorevole; spregiativo.

abwesend ['ap,ve:zənt] *(agg)* ~ assente *(anche fig)* ♦ *heute sind drei Schüler abwesend* oggi sono assenti tre alunni ♦ *ein abwesender Blick* uno sguardo assente ♦ *er wirkt abwesend* ha un'aria assente.

Abwesenheit ['apve:zən,hait] *(f;* -, *raro* -en*)* ~ assenza. ◆ **jmdn in Abwesenheit verurteilen** condannare qcn in contumacia.

ab|wickeln *(vt,* hat*)* ~ svolgere *(anche fig)*.

ab|wiegen *(vt,* hat; *irr* wiegen*)* ~ pesare (esattamente).

ab|wimmeln *(vt,* hat*)* *1* {*jmdn* ~} *(fam)* togliersi qcn dai piedi. *2* {*etwas* ~} *(fam)* scansare, allontanare qcs.

ab|wischen *(vt,* hat*)* *1* togliere (strofinando). *2* pulire (strofinando).

Abwurf ['ap,vʊrf] *(m;* -(e)s, -würfe*)* *1* lancio, sgancio (di bombe). *2* *(sport)* rinvio.

ab|würgen *(vt,* hat*)* ~ *(fig/fam)* reprimere, soffocare (protesta).

ab|zahlen *(vt,* hat*)* ~ pagare a rate.

ab|zählen *(vt,* hat*)* ~ contare. ◆ **etwas an den Fingern abzählen** contare qcs sulle dita. ◆ **das kannst du dir an den fünf Fingern abzählen** questo puoi capirlo da solo.

Abzahlung ['ap,tsa:lʊŋ] *(f;* -, -en*)* *1* pagamento rateale. *2* rata. ◆ **etwas auf Abzahlung kaufen** comprare qcs a rate.

ab|zapfen *(vt,* hat*)* *1* spillare (birra, vino). *2* *(fig/fam)* spillare ♦ *jmdm Geld abzapfen* spillare soldi a qcn.

Abzeichen ['ap,tsaiçən] *(n;* -s, -*)* ~ distintivo.

ab|zeichnen *(vt,* hat*)* ~ disegnare, ritrarre. ◆ **sich von etwas abzeichnen** *(vr)* stagliarsi contro qcs, profilarsi, delinearsi *(anche fig)*.

ab|ziehen[1] *(vi*, ist; *irr* ziehen*)* ~ andarsene, ritirarsi. ◆ **zieh ab!** *(fam)* va' via!

ab|ziehen[2] *(vt*, hat; *irr* ziehen*)* ***1*** togliere, sfilare ♦ *den Schlüssel abziehen* sfilare la chiave. ***2*** detrarre ♦ *die Steuern vom Lohn abziehen* detrarre le tasse dallo stipendio. ***3*** sbucciare; scuoiare. ***4*** imbottigliare. ***5*** *(fot)* stampare.

ab|zielen *(vi*, hat*)* ~ {*auf etwas* (Acc) ~} *(fig)* mirare a qcs, avere di mira qcs.

ab|zocken ['ap͵tsɔkən] *(vt*, hat*)* ~ *(fam)* fregare (rubare) ♦ *(jmdm) Geld abzocken* fregare soldi (a qcn).

Abzug ['ap͵tsu:k] *(m*; -(e)s, -züge*)* ***1*** detrazione. ***2*** *(fotogr)* stampa, copia. ***3*** grilletto (di armi). ◆ **ohne Abzug** senza detrazioni.

ab|zweigen ['ap͵tsvaigən] *(vi*, hat*)* ~ diramarsi (strade e sim). ◆ **sich abzweigen** *(vr)* biforcarsi.

Abzweigung ['ap͵tsvaigʊŋ] *(f*; -, -en*)* ~ diramazione (di strade e sim), bivio.

ach [ax] *(interiez)* ~ ah! oh! ◆ **ach so!** ah, ho capito! ◆ **ach was?** davvero? ◆ **ach was!** non se ne parla nemmeno! ◆ **mit Ach und Krach** a malapena.

Achse ['aksə] *(f*; -, -n*)* ~ *(mecc/fis/mat)* asse ♦ *Achse Berlin-Rom* asse Roma-Berlino. ◆ **(immer) auf Achse sein** *(fam)* essere (sempre) in viaggio.

Achsel [-l] *(f*; -, -n*)* ~ spalla. ◆ **etwas auf die leichte Achsel nehmen** prendere qcs alla leggera. ◆ **die Achseln/mit den Achseln zucken** fare spallucce, stringersi nelle spalle.

Achselhöhle [-l͵hø:lə] *(f*; -, -n*)* ~ ascella.

acht[1] [axt] *(num)* ~ otto. ◆ **acht Tage** una settimana ♦ *in acht Tagen* fra una settimana.

acht[2] ~ vedi **Acht**[2].

Acht[1] *(f*; -, -en*)* ***1*** il numero 8. ***2*** *(fam)* l'autobus, il tram numero 8.

Acht[2] *(f*; -*)* ~ attenzione, premura. ◆ **auf jmdn/etwas Acht geben** († **achtgeben**) badare, star dietro, fare attenzione a qcn/qcs ♦ *auf die Kinder Acht geben* badare ai bambini. ◆ **etwas außer Acht** († **acht**) **lassen** non prendere in considerazione qcs. ◆ **etwas in Acht** († **acht**) **nehmen** stare attento, aver cura di. ◆ **sich vor jmdm/etwas in Acht** († **acht**) **nehmen** guardarsi da qcn/qcs.

Acht[3] *(f*; -*)* ~ bando (cacciata).

achte(r, -s) [-ə (-ɐ, -əs)] *(num ord)* ~ ottavo ♦ *heute ist der achte (8.) Mai* oggi è l'8 maggio.

Achtel [-əl] *(n*; -s, -*)* ***1*** ottavo (ottava parte). ***2*** *(mus)* ottava.

achten [-ən] *(vt*, hat*)* ***1*** stimare ♦ *jmdn hoch, gering achten* stimare molto, poco qcn. ***2*** rispettare (leggi, opinioni). ***3*** {*auf jmdn/etwas* ~} *(vi)* badare, fare attenzione a qcn/qcs ♦ *auf die Kinder achten* badare ai bambini.

Achterbahn [-ɐ͵ba:n] *(f*; -, -en*)* ~ montagne russe, ottovolante.

acht|geben ~ **Acht geben** (vedi **Acht**[2]).

achthundert [-'hʊndɐt] *(num)* ~ ottocento.

achtlos [-͵lo:s] *(agg)* ~ sbadato, distratto.

achttausend [-'tauzənt] *(num)* ~ ottomila.

Achtung [-ʊŋ] *(f*; -*)* ***1*** stima, considerazione ♦ *jmdm Achtung erweisen* dimostrare stima a qcn ♦ *eine hohe Achtung vor jmdm haben* avere una grande stima di qcn ♦ *sich* (Dat) *Achtung verschaffen* conquistarsi stima. ***2*** attenzione. ◆ **Achtung!** *(interiez)* attenzione! *(mil)* attenti! ◆ **alle Achtung!** i miei complimenti!

achtzehn ['ax͵tse:n] *(num)* ~ diciotto.

achtzehnhundert [-'hʊndɐt] *(num)* ~ milleottocento.

achtzig ['axtsɪç] *(num)* ~ ottanta. ◆ **auf achtzig sein, kommen** *(fam)* essere, andare su tutte le furie.

achtziger ['axtsɪgɐ] *(agg indecl)* ~ ottanta ♦ *die achtziger Jahre* gli anni ottanta.

Achtziger *(m*; -s, -; *f* **-in***)* ~ ottantenne.

Achtzigerjahre [-ja:rə] *(pl)* ~ anni ottanta ♦ *in den Achtzigerjahren* negli anni ottanta.

ächzen ['ɛçtsən] *(vi*, hat*)* ***1*** gemere. ***2*** lamentarsi.

Acker ['akɐ] *(m*; -s, Äcker*)* ~ campo (coltivato) ♦ *auf dem Acker* nel campo (stato).

Ackerbau [-͵bau] *(m*; -s*)* ~ agricoltura.

ackern [-n] *(vt*, hat*)* ***1*** arare. ***2*** *(fig)* sgobbare, lavorare sodo.

addieren [a'di:rən] *(vt*, hat*)* ~ addizionare.

Addition [adi'tsjo:n] *(f; -, -en)* ~ addizione, somma.
Adel ['a:dəl] *(m; -s)* ***1*** nobiltà, aristocrazia. ***2*** titolo nobiliare.
adelig ['a:dəlɪç] ~ vedi **adlig**.
adeln ['a:dəln] *(vt,* hat*)* ***1*** insignire di un titolo nobiliare. ***2*** *(fig/lett)* nobilitare.
Ader ['a:dɐ] *(f; -, -n)* ***1*** vena; venatura. ***2*** *(fig)* vena, talento ♦ *poetische Ader* vena poetica.
Aderlass († **-laß**) [-ˌlas] *(m; -es, -lässe)* ***1*** salasso *(anche fig).* ***2*** *(fig)* perdita.
Aderung, Äderung ['a:dərʊŋ, 'ɛ:dərʊŋ] *(f; -, -en)* ~ venatura.
adieu [a'djø:] *(interiez)* ~ arrivederci.
Adjektiv ['atjɛkti:f] *(n; -s, -e)* ~ *(gramm)* aggettivo.
Adler ['a:dlɐ] *(m; -s, -)* ~ aquila.
adlig ['a:dlɪç] *(anche* **adelig***)* *(agg)* ***1*** nobile, aristocratico. ***2*** *(fig/lett)* nobile.
Administration [atminɪstra'tsjo:n] *(f; -, -en)* ~ amministrazione.
Admiral [atmi'ra:l] *(m; -s, -e)* ~ ammiraglio.
adoptieren [adɔp'ti:rən] *(vt,* hat*)* ~ adottare (figli).
Adressat [adrɛ'sa:t] *(m; -en, -en)* ~ destinatario (di lettera).
Adresse [a'drɛsə] *(f; -, -n)* ~ indirizzo, recapito ♦ *meine Adresse ist/lautet...* il mio indirizzo è... ♦ *schicken Sie den Brief an folgende Adresse* spedisca la lettera al seguente indirizzo ♦ *Drohungen an jmds Adresse richten (fig)* rivolgere minacce all'indirizzo di qcn. ◆ **an die falsche/verkehrte Adresse kommen** *(fig)* capitare nel posto sbagliato.
adrett [a'drɛt] *(agg)* ~ curato (nell'aspetto), carino.
Adria ['a:dria] *(np f)* ~ *(geogr)* Adriatico ♦ *an der Adria* sull'Adriatico (stato).
A-Dur ['a:'du:ɐ] *(n; -)* *(abbrev* **A***)* ~ *(mus)* la maggiore.
Advent [at'vɛnt] *(m; -(e)s)* ~ Avvento; domenica dell'Avvento.
Adverb [at'vɛrp] *(n; -s, -ien)* ~ *(gramm)* avverbio.
Affäre [a'fɛ:rə] *(f; -, -n)* ***1*** affare, faccenda (spec spiacevole). ***2*** relazione amorosa.
Affe ['afə] *(m; -n, -n)* ***1*** scimmia. ***2*** scemo, cretino, stupido. ◆ **den Affen machen** *(fam)* fare lo stupido. ◆ **einen Affen haben** *(fam)* avere una sbornia.
Affekt [a'fɛkt] *(m; -(e)s, -e)* ~ eccitazione ♦ *etwas im Affekt tun* fare qcs in stato di eccitazione.
affektiert [afɛk'ti:ɐt] *(agg)* ~ affettato, lezioso.
affig ['afɪç] *(agg)* ~ *(fam)* vanitoso.
After ['aftɐ] *(m; -s, -)* ~ ano.
Aftershave *(anche* **After-Shave***)* ['ɑ:ftəʃeɪv] *(n; -s, -s)* ~ dopobarba.
AG [ˌa:'ge:] *(abbrev di* **Aktiengesellschaft***)* ~ s.p.a.
Agent [a'gɛnt] *(m; -en, -en; f* **-in***)* ***1*** agente, rappresentante. ***2*** spia.
Agentur [agɛn'tu:ɐ] *(f; -, -en)* ~ agenzia.
Aggression [agrɛ'sjo:n] *(f; -, -en)* ~ aggressione.
aggressiv [agrɛ'si:f] *(agg)* ~ aggressivo.
Ahn [a:n] *(m; -en, -en; f* **Ahne***)* ~ *(lett)* antenato, avo.
ahnden [-dən] *(vt,* hat*)* ~ *(lett)* punire.
Ahne [-ə] *(m; -n, -n; f -, -n)* ~ *(lett)* antenato, avo.
ähneln ['ɛ:nəln] *(vi,* hat*)* ~ {*jmdm/etwas ~*} somigliare a qcn/qcs ♦ *sie ähnelt sehr ihrer Mutter* somiglia molto a sua madre.
ahnen ['a:nən] *(vt,* hat*)* ~ presentire; intuire; immaginare ♦ *etwas Böses ahnen* avere un cattivo presentimento ♦ *die Wahrheit ahnen* intuire la verità.
ähnlich ['ɛ:nlɪç] *(agg)* ~ simile ♦ *jmdm/etwas ähnlich sein* essere simile a qcn/qcs. ◆ **etwas Ähnliches** qualcosa di simile. ◆ **auf ähnliche Weise** in modo simile. ◆ **oder ähnlich** (**Ähnliches**) *(abbrev* **o.ä., o.Ä.***)* o simili. ◆ **oder so ähnlich** o qualcosa del genere. ◆ **und Ähnliches** († **und ähnliches**) e simili.
Ähnlichkeit [-ˌkait] *(f; -, -en)* ~ somiglianza.
Ahnung ['a:nʊŋ] *(f; -, -en)* ***1*** presentimento ♦ *eine böse Ahnung* un brutto presentimento. ***2*** idea ♦ *hast du eine Ahnung, wo er hingegangen ist?* hai idea di dove sia andato? ♦ *ich habe keine blasse Ahnung/nicht die geringste Ahnung, wie...* non ho la più pallida idea/la minima idea di come... ◆ (**ich habe**) **keine Ahnung!** non lo so.
ahnungslos [-sˌlo:s] *(agg)* ~ ignaro.
Ahorn ['a:hɔrn] *(m; -s, -e)* ~ *(bot)* acero.

Ähre ['ɛːrə] *(f; -, -n)* ~ spiga.
ais ['aːɪs] *(n; -)* ***1*** *(mus)* la diesis. ***2*** *(mus)* abbrev di **ais-Moll**.
Ais *(n; -)* ***1*** *(mus)* la diesis. ***2*** abbrev di **Ais-Dur**.
Ais-Dur [-'duːɐ] *(n; -) (abbrev* **Ais***)* ~ *(mus)* la diesis maggiore.
ais-Moll [-'mɔl] *(n; -) (abbrev* **ais***)* ~ *(mus)* la diesis minore.
Akademie [akade'miː] *(f; -, -n)* ~ accademia.
Akademiker [aka'deːmikɐ] *(m; -s, -)* ~ accademico.
akademisch [aka'deːmɪʃ] *(agg)* ~ accademico ♦ *akademisches Viertel* quarto d'ora accademico.
Akazie [a'kaːtsjə] *(f; -, -n)* ~ acacia.
akklimatisieren [aklimati'ziːrən] *(vr, hat)* ~ **sich akklimatisieren** acclimatarsi.
Akkord [a'kɔrt] *(m; -(e)s, -e)* ***1*** *(mus)* accordo. ***2*** cottimo. ◆ **im Akkord arbeiten** lavorare a cottimo.
Akkordeon [a'kɔrdeɔn] *(n; -s, -s)* ~ fisarmonica.
Akku ['aku] *(m; -s, -s)* ~ abbrev di **Akkumulator**.
Akkumulator [akumu'laːtoːɐ] *(m; -s, -en)* ~ accumulatore, caricabatteria.
akkurat [aku'raːt] *(agg)* ~ accurato, preciso.
Akkusativ ['akuzatiːf] *(m; -s, -e)* ~ *(gramm)* accusativo.
Akne ['aknə] *(f; -, -n)* ~ acne.
Akrobat [akro'baːt] *(m; -en, -en ; f* **-in***)* ~ acrobata.
Akt [akt] *(m; -(e)s, -e)* ***1*** atto, azione. ***2*** *(teatr)* atto. ***3*** nudo (in pittura). ***4*** atto sessuale.
Akte [ə] *(f; -, -n)* ~ atto (documento scritto); incartamento. ◆ **etwas zu den Akten legen** mettere qcs agli atti *(anche fig)*.
Aktenkoffer [-ən,kɔfɐ] *(m; -s, -)* ~ valigetta portadocumenti.
Aktentasche [-ən,taʃə] *(f; -, -n)* ~ borsa portadocumenti.
Aktie ['aktsjə] *(f; -, -n)* ~ *(econ)* azione.
Aktiengesellschaft [-ngə'zɛlʃaft] *(f; -, -en) (abbrev* **AG***)* ~ società per azioni.
Aktion [ak'tsjoːn] *(f; -, -en)* ~ azione; iniziativa ♦ *eine gemeinsame Aktion* un'iniziativa comune. ◆ **in Aktion sein, treten** essere, entrare in azione.
Aktionär [aktsjo'nɛːɐ] *(m; -s, -e)* ~ *(econ)* azionista.
aktiv [ak'tiːf] *(agg)* ***1*** attivo. ***2*** *(avv)* attivamente.
Aktiv *(n; -s)* ~ *(gramm)* attivo.
Aktivität [aktivi'tɛːt] *(f; -, -en)* ~ attività.
Aktualität [aktwali'tɛːt] *(f; -, -en)* ~ attualità ♦ *ein Problem von brennender Aktualität* un problema di scottante attualità.
aktuell [ak'twɛl] *(agg)* ~ attuale, d'attualità ♦ *ein aktuelles Thema* un tema d'attualità.
Akupunktur [akupʊŋk'tuːɐ] *(f; -, -en)* ~ agopuntura.
Akustik [a'kʊstɪk] *(f; -)* ~ acustica.
akustisch [a'kʊstɪʃ] *(agg)* ~ acustico.
akut [a'kuːt] *(agg)* ***1*** scottante, impellente ♦ *eine akute Frage* una questione scottante. ***2*** *(med)* acuto.
Akzent [ak'tsɛnt] *(m; -s, -e)* ***1*** accento, accentazione. ***2*** accento; pronuncia ♦ *sie spricht mit italienischem Akzent* parla con accento italiano. ***3*** *(fig)* accento, rilievo ♦ *auf etwas* (Acc) *besonderen Akzent legen* mettere un particolare accento su qcs.
akzeptabel [aktsɛp'taːbəl] *(agg)* ~ accettabile.
Akzeptanz [aktsɛp'tants] *(f; -)* ~ disponibilità ad accettare ♦ *die Akzeptanz der Bürger für einen neuen Schuttabladeplatz* la disponibilità dei cittadini ad accettare una nuova discarica.
akzeptieren [aktsɛp'tiːrən] *(vt, hat)* ~ accettare.
Alarm [a'larm] *(m; -(e)s, -e)* ~ allarme. ◆ **falscher Alarm** falso allarme. ◆ **Alarm geben/schlagen** dare l'allarme.
alarmieren [alar'miːrən] *(vt, hat)* ~ avvisare, chiamare (polizia, vigili del fuoco).
alarmierend [-t] *(agg)* ~ allarmante.
Albdrücken *(anche* **Alpdrücken***)* ['alp,drʏkən] *(n; -s)* ~ incubo notturno.
albern[1] ['albɐn] *(agg)* ~ stupido; infantile.
albern[2] *(vi, hat)* ~ fare lo stupido.
Albtraum *(anche* **Alptraum***)* ['alp,traum] *(m; -(e)s, -träume)* ~ incubo *(anche fig)*.
Album ['albʊm] *(n; -s, Alben)* ~ album.
Alge ['algə] *(f; -, -n)* ~ alga.
Alibi ['aːlibi] *(n; -s, -s)* ~ alibi ♦ *ein Alibi beibringen* fornire un alibi.

Alkohol ['alkoho:l] *(m; -s, -e)* ***1*** alcol. ***2*** bevanda alcolica ♦ *keinen Alkohol vertragen* non reggere l'alcol. ◆ **etwas im/in Alkohol ertränken** *(fig)* affogare qcs nell'alcol. ◆ **unter Alkohol stehen** essere sotto l'effetto dell'alcol.

alkoholisch [alko'ho:lɪʃ] *(agg)* ~ alcolico ♦ *alkoholische Getränke* bevande alcoliche.

all [al] *(agg; davanti ad articoli e possessivi non si declina)* ***1*** tutto ♦ *alle Länder* tutti i paesi ♦ *alle Leute* tutta la gente ♦ *alle guten Kinder* tutti i bambini buoni ♦ *all das Geld* tutti i soldi ♦ *all meine Bücher* tutti i miei libri ♦ *alle drei* tutti e tre. ***2*** tutto; ogni ♦ *alle Tage* tutti i giorni ♦ *alle fünf Minuten* ogni cinque minuti ♦ *alle zwei Tage* ogni due giorni ♦ *alle 100 Meter* ogni 100 metri. ◆ **all das** tutto questo.

alle[1] ['alə] *(pron pl)* ***1*** tutti ♦ *alle sind damit einverstanden* sono tutti d'accordo ♦ *alle, die gekommen sind, haben sich amüsiert* tutti quelli che sono venuti si sono divertiti ♦ *diese Bücher habe ich alle gelesen* questi libri li ho letti tutti. ◆ **alle zusammen** tutti insieme. ***2*** *(pron sing)* tutto (vedi **alles**).

alle[2] *(agg solo pred)* ***1*** *(fam)* finito ♦ *das Geld, der Kuchen ist alle* il denaro, il dolce è finito. ***2*** *(fam)* sfinito, distrutto. ◆ **etwas alle machen** finire (di mangiare) qcs.

alledem [-'de:m] *(pron; solo con prep)* ~ tutto questo ♦ *trotz alledem* nonostante tutto questo ♦ *zu alledem* oltre a tutto questo.

Allee [a'le:] *(f; -, -n)* ~ viale.

allein [a'lain] *(avv)* ~ solo, da solo ♦ *jmdn allein lassen* lasciare qcn da solo ♦ *etwas allein machen* fare qcs da solo ♦ *allein zu Hause sein* essere solo in casa. ◆ **allein erziehend** († **alleinerziehend**) genitore che cresce da solo i figli ♦ *allein erziehende Mutter* ragazza madre. ◆ **allein stehend** († **alleinstehend**) celibe; nubile. ◆ **(schon) allein** solo; di per sé; già solo ♦ *schon allein deswegen bin ich sauer* già solo per questo sono arrabbiata. ◆ *(fam)* **von allein(e)** da sé.

alleinerziehend ~ **allein erziehend** (vedi **allein**).

alleinig [-ɪç] *(agg)* ~ unico.

alleinstehend ~ **allein stehend** (vedi **allein**).

allemal ['alə'ma:l] *(avv)* ~ ogni volta. ◆ **ein für allemal** una volta per tutte.

allenfalls ['alən'fals] *(avv)* ***1*** forse, eventualmente. ***2*** al massimo, tutt'al più.

aller- ['alɐ-] *(pref + superl)* ~ (il) più... di tutti ♦ *das allerschönste Mädchen* la ragazza più bella di tutte.

allerbeste(r, -s) [-'bɛstə (-tɐ, -təs)] *(agg superl assol)* ~ migliore di tutti ♦ *von der allerbesten Sorte* della migliore qualità.

allerdings [-'dɪŋs] *(avv)* ***1*** tuttavia ♦ *man muss allerdings zugeben, dass* si deve tuttavia ammettere che. ***2*** in realtà, a dire il vero. ◆ **allerdings!** *(escl)* ma certo!

Allergie [alɛr'gi:] *(f; -, -n)* ~ allergia ♦ *eine Allergie gegen etwas haben* avere un'allergia a qcs.

allergisch [a'lɛrgɪʃ] *(agg)* ~ allergico. ◆ **allergisch gegen etwas sein** essere allergico a qcs ♦ *ich bin allergisch gegen Erdbeeren* sono allergica alle fragole. ◆ **gegen jmdn/etwas allergisch sein** *(fig)* essere allergico a qcn/qcs.

allerhand ['alɐ'hant] *(agg indecl)* ***1*** di ogni tipo; ogni tipo di ♦ *allerhand Geschenke* regali di ogni tipo. ***2*** parecchio, molto.

Allerheiligen ['alɐ'hailɪgən] *(n)* ~ Ognissanti.

allerlei ['alɐ'lai] *(agg indecl)* ~ di ogni tipo ♦ *allerlei Neuigkeiten* novità di ogni tipo.

allerletzte(r, -s) ['alɐ'lɛtstə (-tɐ, -təs)] *(agg superl assol)* ***1*** ultimo; ultimissimo ♦ *im allerletzten Augenblick* all'ultimissimo momento. ***2*** *(fam)* orrendo.

allerseits ['alɐ'zaits] *(avv)* ~ a tutti ♦ *guten Tag allerseits!* buon giorno a tutti!

alles ['aləs] *(pron)* ~ tutto ♦ *das ist alles* questo è tutto ♦ *ich habe schon alles, was ich will* ho già tutto ciò che voglio. ◆ **alles andere als** tutt'altro che ♦ *das ist alles andere als schlecht* è tutt'altro che cattivo. ◆ **alles das** tutto questo. ◆ **alles in allem** tutto sommato, in fin dei conti. ◆ **alles Mögliche** tutto il possibile. ◆ **vor allem** *(abbrev* **v.a.***)* soprattutto.

allgemein ['algə'main] *(agg)* ***1*** comune; generale ♦ *allgemeine Zustimmung* consenso generale ♦ *das liegt im allgemeinen Interesse* questo è nell'interesse generale.

2 generale; generico ♦ *allgemeine Medizin* medicina generale. ◆ **im Allgemeinen** († **im allgemeinen**) in generale.

Allgemeinheit [-ˌhait] *(f; -) 1* comunità; collettività. *2* luogo comune.

Allianz [aˈljants] *(f; -, -en)* ~ alleanza.

Alliierte(r) [aliˈiːɐtə (-tɐ)] *(m/f; -n, -n)* ~ alleato.

allmächtig [alˈmɛçtɪç] *(agg)* ~ onnipotente.

allmählich [alˈmɛːlɪç] *(agg) 1* graduale. *2 (avv)* gradualmente, a poco a poco.

allseitig [ˈalˌzaitɪç] *(agg) 1* multilaterale, vasto, poliedrico ♦ *eine allseitige Bildung* una cultura vasta. *2* generale. *3 (avv)* da ogni parte, sotto ogni aspetto.

allseits [ˈalzaɪts] *(avv)* ~ ovunque; da ogni parte.

Alltag [ˈaltaːk] *(m; -(e)s, -e) 1* giorno feriale. *2 (solo sing)* vita quotidiana ♦ *der graue Alltag* la routine quotidiana.

alltäglich [ˈalˈtɛːklɪç] *(agg) 1* quotidiano. *2 (fig)* quotidiano; ordinario. *3 (avv)* quotidianamente, tutti i giorni.

Allüren [aˈlyːrən] *(pl)* ~ modi di fare, atteggiamenti (strani), capricci.

allwissend [ˈalˈvɪsənt] *(agg)* ~ onnisciente.

allzu [ˈaltsuː] *(avv)* ~ troppo, fin troppo ♦ *das ist allzu schwer für dich* è fin troppo difficile per te ♦ *es waren allzu viele Leute da* c'era fin troppa gente. ◆ **allzu viel** († **allzuviel**) troppo, fin troppo ♦ *du isst allzu viel* mangi troppo. ◆ **allzu viel ist ungesund** *(prov)* il troppo stroppia.

Alm [alm] *(f; -, -en)* ~ alpe, pascolo alpino.

Almosen [ˈalmoːzən] *(n; -s, -)* ~ elemosina.

Alpdrücken ~ vedi **Albdrücken**.

Alpenrose [-ˌroːzə] *(f; -, -n)* ~ *(bot)* rododendro.

Alpenveilchen [-ˌfailçən] *(n; -s, -)* ~ *(bot)* ciclamino.

Alphabel [alfaˈbeːt] *(n; -(s), -e)* ~ alfabeto.

alphabetisch [-ɪʃ] *(agg)* ~ alfabetico ◆ **in alphabetischer Reihenfolge** in ordine alfabetico.

alpin [alˈpiːn] *(agg)* ~ alpino.

Alptraum ~ vedi **Albtraum**.

als[1] [als] *(congiunz)* ~ quando (al passato) ♦ *als ich ein Kind war, wohnten wir in Rom* quando ero bambino abitavamo a Roma ♦ *als er sie sah, ging er ihr entgegen* quando la vide le andò incontro. ◆ **als (ob)/als wenn** come se ♦ *er behandelt uns, als ob wir Fremde wären/als wären wir Fremde* ci tratta come se fossimo estranei. ◆ **so tun, als ob...** fare come se, fare finta di ♦ *er tut so, als ob er nichts davon wüsste/als wüsste er nichts davon* fa finta di non saperne niente. ◆ **zu** *(+ agg)* **als dass** troppo... per ♦ *er ist zu fair, als dass er so etwas tun könnte* è troppo corretto per fare una cosa simile.

als[2] *(congiunz) 1 (+ compar)* di, che ♦ *er ist größer als ich* è più alto di me ♦ *das ist besser als nichts* questo è meglio di niente ♦ *sie ist älter, als sie aussieht* è più anziana di quanto sembri ♦ *es dauerte länger, als ich dachte* ci è voluto/è durato più di quanto pensassi. *2* come, in qualità di; essendo ♦ *als Zeuge* come, in qualità di testimone ♦ *er ist besser als Klavierspieler denn als Sänger* è meglio come pianista che come cantante ♦ *als dein Vater muss ich dir sagen, dass* essendo tuo padre ti devo dire che. *3* come, per ♦ *er benutzt einen Stuhl als Nachttisch* usa una sedia come comodino. ◆ **sowohl... als auch...** sia... sia..., sia... che ♦ *sowohl Mädchen als auch Jungen* sia ragazze che ragazzi. ◆ **als da sind** per esempio ♦ *wir haben viele Bäume im Garten, als da sind Eichen, Linden, usw.* abbiamo moti alberi in giardino, per esempio querce, tigli, ecc. ◆ **als Kind** da bambino, nell'infanzia. ◆ **sich als... erweisen** rivelarsi (in un certo modo) ♦ *die Nachricht erwies sich als falsch* la notizia si rivelò falsa.

also [ˈalzo] *(congiunz) 1* perciò, quindi, dunque ♦ *ich bin krank, also kann ich nicht kommen* sono malata, perciò non posso venire. *2* cioè, ovvero ♦ *berühmte deutsche Autoren, also Goethe, Schiller, Lessing...* famosi autori tedeschi, ovvero Goethe, Schiller, Lessing... ◆ **also doch!** vedi che ho ragione io! ◆ **also gut!/also schön!** e va bene! e sia! ◆ **also los!** forza! suvvia! ◆ **na also!** io l'avevo detto subito!

alt [alt] *(agg;* **älter, am ältesten***) 1* vecchio; anziano ♦ *eine alte Frau* una donna anziana. *2* vecchio; antico ♦ *ein alter Schrank* un vecchio armadio, un armadio antico. **3** vecchio; di lunga data ◆ *ein alter Freund* un vecchio amico. **4** *(in espressioni di età)* ◆ *er ist 30 Jahre alt* ha trent'anni ◆ *wie alt bist du?* quanti anni hai? ◆ *wir sind gleich alt* abbiamo la stessa età ◆ *ein 3 Jahre altes Kind* un bambino di tre anni. ◆ **Alt und Jung** († **alt und jung**) tutti; giovani e vecchi. ◆ **immer der Alte** († **alte**) **bleiben, sein** rimanere, essere sempre lo stesso; non cambiare mai. ◆ **beim Alten** († **alten**) **bleiben** non cambiare; rimanere uguale ◆ *alles bleibt beim Alten* non cambia nulla. ◆ **alt werden** invecchiare.

Altar [al'taːɐ] *(m; -(e)s, Altäre)* ~ altare.

altbacken ['altˌbakən] *(agg)* **1** raffermo, secco (pane e sim). **2** *(fig)* vecchio, antiquato.

Alte(r) ['altə (-tɐ)] *(m/f; -n, -n)* **1** vecchio/a. **2** *(fam)* genitore; coniuge ◆ *mein Alter* mio padre/mio marito. **3** *(fam)* capo, principale.

Alter ['altɐ] *(n; -s)* **1** età ◆ *eine Dame mittleren Alters* una signora di mezza età ◆ *im Alter von vierzig Jahren* all'età di quarant'anni ◆ *in seinem Alter kann er das nicht mehr tun* alla sua età non lo può più fare ◆ *er ist in meinem Alter* ha la mia età. **2** vecchiaia. **3** persone anziane.

altern [-n] *(vi, ist)* ~ invecchiare.

alternativ [altɛrna'tiːf] *(agg)* ~ alternativo.

Alternative [altɛrna'tiːvə] *(f; -, -n)* ~ alternativa ◆ *es gibt keine Alternative* non ci sono alternative.

Altersgenosse ['altɐsgəˌnɔsə] *(m; -n, -n; f* **-genossin***)* ~ coetaneo.

Altersheim ['altɐsˌhaim] *(n; -(e)s, -e)* ~ ospizio, casa di riposo per anziani.

Altersschwäche ['altɐsˌʃvɛçə] *(f; -)* ~ vecchiaia; senilità ◆ *er ist an Altersschwäche gestorben* è morto di vecchiaia.

Altertum ['altɐˌtuːm] *(n; -s, -tümer)* **1** antichità (mondo antico) ◆ *das klassische Altertum* l'antichità classica. **2** *(solo pl)* antichità (oggetti antichi).

altertümlich ['altɐˌtyːmlɪç] *(agg)* **1** antico. **2** antiquato; all'antica.

altklug ['alt'kluːk] *(agg)* ~ saccente.

altmodisch ['altˌmoːdɪʃ] *(agg)* ~ fuori moda; antiquato ◆ *altmodische Kleidung* abbigliamento fuori moda.

Altstadt ['altˌʃtat] *(f; -, -städte)* ~ centro storico.

Altweibersommer [alt'vaibɐzɔmɐ] *(m; -s, -)* ~ estate di San Martino.

Alufolie ['aːluˌfoːlje] *(f; -, -n)* ~ abbrev di **Aluminiumfolie**.

Aluminium [alu'miːnjum] *(n; -s)* ~ alluminio.

Aluminiumfolie [-ˌfoːlje] *(f; -, -n)* ~ rotolo di alluminio.

am [am] *(prep art)* **1** = **an dem** (vedi **an**[1]). **2** *(+ superl)* ◆ *das ist am besten* questa è la cosa migliore ◆ *er arbeitet am schnellsten* lavora più veloce di tutti. **3** *(+ inf) (region) (fam)* ◆ *ich bin am Schreiben* sto scrivendo.

Amateur [ama'tøːɐ] *(m; -s, -e)* ~ amatore; dilettante.

Amboss († **Amboß**) ['ambɔs] *(m; -es, -e)* ~ incudine.

ambulant [ambu'lant] *(agg)* **1** ambulante ◆ *ambulantes Gewerbe* commercio ambulante. **2** ambulatoriale. **3** *(avv)* in ambulatorio ◆ *sie wurde ambulant operiert* è stata operata in ambulatorio.

Ameise ['aːmaizə] *(f; -, -n)* ~ formica.

Amen ['aːmɛn] *(n; -s, -)* ~ *(relig)* amen. ◆ **zu allem Ja und Amen** *(anche* **ja und amen***)* **sagen** *(fig)* dire di sì a tutto, acconsentire a tutto.

Amme ['amə] *(f; -, -n)* ~ balia.

Amnestie [amnɛs'tiː] *(f; -, -n)* ~ amnistia ◆ *eine Amnestie erlassen* concedere un'amnistia.

Amok ['aːmɔk] *(m; -s)* ~ **Amok laufen** fare una strage in un attacco di follia ◆ *der Ausbrecher ging in eine Kneipe und lief Amok* l'evaso entrò in una birreria e fece una strage.

a-Moll ['aː'mɔl] *(n; -) (abbrev* **a***)* ~ *(mus)* la minore.

Ampel ['ampəl] *(f; -, -n)* ~ semaforo.

Amphibie [am'fiːbjə] *(f; -, -n)* ~ animale anfibio.

Amputation [amputa'tsjoːn] *(f; -, -en)* ~ amputazione.

amputieren [ampu'tiːrən] *(vt, hat)* ~ amputare.

Amsel ['amzəl] *(f; -, -n)* ~ merlo.

Amt [amt] *(n; -(e)s, Ämter)* **1** ufficio (pubblico). **2** carica (pubblica) ◆ *ein Amt an-*

treten, bekleiden assumere, rivestire una carica ♦ *im Amt sein* essere in carica. ***3*** *(fig)* compito; incarico. ◆ **von Amts wegen** d'ufficio.

amtieren [am'ti:rən] *(vi*, hat*)* ~ {*als etwas* ~} essere in carica come ♦ *der amtierende Bürgermeister* il sindaco in carica.

amtlich ['amtlɪç] *(agg)* ***1*** ufficiale (rilasciato da un ufficio pubblico); d'ufficio ♦ *eine amtliche Bescheinigung* un certificato ufficiale. ***2*** ufficiale (in funzione ufficiale) ♦ *amtlicher Auftrag* incarico ufficiale. ◆ **halb amtlich** vedi **halb**.

Amtsblatt ['amts,blat] *(n*; -(e)s, -blätter*)* ~ gazzetta ufficiale.

Amtsgericht ['amtsgə,rɪçt] *(n*; -(e)s, -e*)* ~ pretura.

Amtssprache ['amts,ʃpra:xə] *(f*; -, -n*)* ***1*** lingua ufficiale. ***2*** linguaggio burocratico, burocratese.

Amtszeit ['amts,tsait] *(f*; -, -en*)* ~ durata della carica, mandato.

Amulett [amu'lɛt] *(n*; -(e)s, -e*)* ~ amuleto.

amüsant [amy'zant] *(agg)* ~ divertente (persona o cosa).

amüsieren [amy'zi:rən] *(vt*, hat*)* ~ divertire. ◆ **sich amüsieren** *(vr)* ***1*** divertirsi ♦ *ich habe mich gestern abend gut amüsiert* mi sono divertita molto ieri sera. ***2*** {*sich über jmdn/etwas* ~} ridere di qcn/qcs.

an[1] [an] *(prep* + Dat/Acc; *prep art* **am** = **an dem**; **ans** = **an das***)* ***1*** *(stato* + Dat; *moto* + Acc*)* a; in ♦ *das Bild hängt an der Wand* il quadro è appeso alla parete ♦ *er klopfte an die Tür* bussò alla porta ♦ *ans Meer fahren* andare al mare ♦ *am Himmel* in cielo ♦ *an dieser Stelle* in questo punto. ***2*** (+ Dat) il (data), di ♦ *am Montag* (di) lunedì ♦ *er ist am zehnten August 1970 geboren* è nato il dieci agosto 1970. ***3*** (+ Dat) a ♦ *am Anfang* all'inizio ♦ *am Ende* alla fine ♦ *an deiner Stelle würde ich das nicht tun* al posto tuo non lo farei. ***4*** (+ Dat) su (fiume) ♦ *Frankfurt am Main* Francoforte sul Meno. ***5*** (+ Acc) a (destinatario) ♦ *ein Brief an einen Freund* una lettera a un amico. ***6*** *(+ num* Acc*)* circa ♦ *es kamen an die hundert Leute* vennero circa cento persone.

an[2] *(avv)* ~ **an sein** († **ansein**) essere acceso ♦ *das Licht ist an* la luce è accesa. ◆ **an die** (+ Num) circa ♦ *das kostet an die 50 Euro* costa circa 50 euro ♦ *sie kommen mit an die zehn Leuten* vengono con circa dieci persone. ◆ **an sich** in sé, di per sé, in realtà. ◆ **von... an** da... in poi ♦ *von hier an* da qui in poi ♦ *von nun an* d'ora in poi ♦ *von Kindheit an* dall'infanzia.

analog [ana'lo:k] *(agg)* ***1*** analogo; simile. ***2*** *(elab)* analogico. ◆ **analog zu etwas** analogamente a qcs.

Analogie [analo'gi:] *(f*; -, -n*)* ~ analogia.

Analphabet ['anˀalfa,be:t] *(m*; -en, -en; *f* **-in***)* ~ analfabeta.

Analyse [ana'ly:zə] *(f*; -, -n*)* ~ analisi.

analysieren [analy'zi:rən] *(vt*, hat*)* ~ analizzare.

analytisch [ana'ly:tɪʃ] *(agg)* ~ analitico.

Ananas ['ananas] *(f*; -, -/-se*)* ~ ananas.

Anarchie [anar'çi:] *(f*; -, -n*)* ~ anarchia.

anarchisch [a'narçɪʃ] *(agg)* ~ anarchico.

Anatomie [anato'mi:] *(f*; -, -n*)* ~ anatomia.

an|bahnen *(vt*, hat*)* ~ avviare (contatti, relazioni, ecc). ◆ **sich anbahnen** *(vr)* profilarsi.

an|bändeln ['an,bɛndəln] *(vi*, hat*)* ~ {*mit jmdm* ~} *(fam)* avere un flirt con qcn.

Anbau ['an,bau] *(m*; -(e)s, -bauten*)* ***1*** *(solo sing)* coltivazione (estesa); coltura. ***2*** annesso (edificio).

an|bauen *(vt*, hat*)* ***1*** coltivare (estesamente). ***2*** aggiungere (parti a un edificio).

an|behalten *(vt*, hat; *irr* halten*)* ~ *(fam)* tenere addosso, non togliersi ♦ *ich habe meine Jacke anbehalten* ho tenuto addosso la giacca.

anbei [an'bai] *(avv)* ~ in allegato ♦ *anbei schicke ich dir unsere Fotos* ti allego le nostre foto.

an|beißen *(vt/vi*, hat; *irr/ortogr* beißen*)* ***1*** *(vt)* dare un morso a qcs ♦ *einen Apfel anbeißen* dare un morso a una mela. ***2*** *(vi)* abboccare all'amo *(anche fig)*.

an|belangen *(vt*, hat*)* ~ **was jmdn/etwas anbelangt** per quanto riguarda qcn/qcs.

an|beraumen ['anbə,raumən] *(vt*, hat*)* ~ stabilire, fissare ♦ *einen Termin anberaumen* fissare un appuntamento.

an|beten *(vt*, hat*)* ***1*** adorare (divinità). ***2*** {*jmdn* ~} *(fig)* adorare qcn.

Anbetracht ['anbəˌtraxt] *(m)* ~ **in Anbetracht** (+ Gen) in considerazione di ♦ *in Anbetracht der kritischen Verhältnisse* in considerazione della situazione critica ♦ *in Anbetracht dessen, dass* in considerazione del fatto che.

an|biedern *(vr,* hat*)* ~ **sich bei jmdm anbiedern** cercare di arruffianarsi qcn.

an|bieten *(vt,* hat; *irr* bieten*)* ~ {*jmdm etwas* ~} offrire, proporre qcs a qcn ♦ *jmdm ein Glas Wein, seine Hilfe anbieten* offrire a qcn un bicchiere di vino, il proprio aiuto. ◆ **sich anbieten** *(vr)* offrirsi ♦ *er hat sich freiwillig angeboten* si è offerto spontaneamente.

an|binden *(vt,* hat; *irr* binden*)* ~ legare ♦ *einen Hund an einem Baum anbinden* legare un cane a un albero.

Anblick ['anˌblɪk] *(m;* -(e)s, -e*)* ***1*** vista ♦ *beim ersten Anblick* a prima vista. ***2*** visione, vista, spettacolo.

an|blicken *(vt,* hat*)* ~ guardare, osservare.

an|brechen *(vt,* hat; *irr* brechen*)* ***1*** rompere (non completamente). ***2*** iniziare (a consumare) ♦ *das Brot, eine Schachtel Zigaretten anbrechen* iniziare il pane, un pacchetto di sigarette.

an|brennen[1] *(vi,* ist; *irr* brennen*)* ***1*** accendersi; prendere fuoco. ***2*** attaccarsi (nella cottura) ♦ *das Essen ist angebrannt* il cibo si è attaccato.

an|brennen[2] *(vt,* hat; *irr* brennen*)* ~ accendere; dare fuoco a.

an|bringen *(vt,* hat; *irr* bringen*)* ***1*** fissare; installare ♦ *eine Lampe an der Decke anbringen* fissare una lampada al soffitto. ***2*** apportare (modifiche). ***3*** esprimere; presentare ♦ *eine Bitte, eine Klage anbringen* presentare una richiesta, una lamentela.

Anbruch ['anˌbrʊx] *(m;* -(e)s*)* ~ *(lett)* inizio, principio.

Andacht ['anˌdaxt] *(f;* -, -en*)* ***1*** *(solo sing)* raccoglimento. ***2*** preghiera.

an|dauern *(vi,* hat*)* ~ continuare ♦ *der Regen dauert an* la pioggia continua.

andauernd ['anˌdauɐnt] *(agg)* ***1*** continuo ♦ *andauernder Regen* pioggia continua. ***2*** *(avv)* continuamente.

Andenken ['anˌdɛŋkən] *(n;* -s, -*)* ***1*** *(solo sing)* ricordo. ***2*** ricordo; souvenir ♦ *etwas als Andenken behalten* tenere qcs per ricordo ♦ *das Buch ist ein Andenken an meine Schulzeit* questo libro è un ricordo dei miei anni di scuola. ◆ **zum Andenken** per ricordo. ◆ **zum Andenken an jmdn/etwas** in ricordo, in memoria di qcs/qcn.

andere(r, -s) ['andərə (-rɐ, -rəs)] *(agg/pron)* ~ altro; diverso ♦ *ein anderer Film* un altro film ♦ *ein anderes Mal* un'altra volta (non adesso) ♦ *mit anderen Worten* in altre parole ♦ *ein anderer würde das tun* un altro lo farebbe ♦ *das ist eine ganz andere Sache* questa è tutta un'altra cosa ♦ *ein Fehler nach dem anderen* un errore dopo l'altro. ◆ **der/das eine oder andere** l'uno o l'altro. ◆ **etwas Anderes** *(anche* **anderes***)* qualcos'altro. ◆ **nichts anderes als...** nient'altro che... ♦ *mir blieb nichts anderes übrig, als zu bezahlen* non mi rimase altro da fare che pagare. ◆ **alles andere als...** tutt'altro che ♦ *das ist alles andere als einfach* è tutt'altro che semplice. ◆ **und andere** *(abbrev* **u.a.***)* e altri. ◆ **und anderes** *(abbrev* **u.a.***)* e altro, e altre cose. ◆ **unter anderem** *(abbrev* **u.a.***)* fra l'altro. ◆ **zum einen... zum anderen...** da una parte... dall'altra...

anderenfalls ['andərənˈfals] *(anche* **andernfalls***)* *(avv)* ~ in caso contrario; altrimenti.

andererseits ['andərɐˈzaits] *(anche* **anderseits***)* *(avv)* ~ d'altra parte; d'altro canto, d'altronde. ◆ **einerseits... andererseits...** da una parte... dall'altra...

andermal ['andɐˈmaːl] *(avv)* ~ **ein andermal** un'altra volta, non ora.

ändern ['ɛndɐn] *(vt,* hat*)* ~ cambiare, mutare ♦ *seine Ansichten, einen Plan ändern* cambiare le proprie opinioni, un progetto ♦ *ich kann es nicht ändern* non posso farci niente ♦ *das ist nicht zu ändern* non c'è niente da fare. ◆ **sich ändern** *(vr)* cambiare ♦ *du hast dich sehr geändert* sei cambiato molto.

andernfalls ['andɐnˈfals] ~ vedi **anderenfalls**.

anders ['andɐs] *(avv)* ~ diversamente ♦ *ich würde mich anders verhalten* io mi comporterei diversamente ♦ *ich denke anders als du* io penso diversamente da te. ◆ **irgendwo anders** da qualche altra parte (stato). ◆ **nicht anders** non diversamente; non... altrimenti ♦ *ich kann nicht anders* non posso fare altrimenti.

andersartig [-ˌʔaːɐtɪç] *(agg)* ~ diverso.

anderseits [ˈandɐˈzaits] ~ vedi **andererseits**.

anderswo [ˈandɐsˈvoː] *(avv)* ~ altrove; da un'altra parte (stato).

anderswoher [ˈandɐsvoˈheːɐ] *(avv)* ~ da un'altra parte; da un'altra direzione (moto da luogo).

anderswohin [ˈandɐsvoˈhɪn] *(avv)* ~ altrove; da un'altra parte (moto a luogo).

anderthalb [ˈandɐtˈhalp] *(num)* ~ uno e mezzo ♦ *anderthalb Monate* un mese e mezzo.

Änderung [ˈɛndərʊŋ] *(f; -, -en)* ~ cambiamento; modifica ♦ *eine Änderung vornehmen* effettuare una modifica. ◆ **Änderungen vorbehalten** salvo cambiamenti.

anderweitig [ˈandɐˈvaitɪç] *(avv)* ~ diversamente; altrimenti.

an|deuten *(vt, hat)* **1** {*etwas* ~} accennare a qcs; alludere a qcs. **2** accennare; tratteggiare (esporre brevemente). **3** accennare; abbozzare ♦ *ein Lächeln andeuten* accennare un sorriso.

Andeutung [ˈanˌdɔytʊŋ] *(f; -, -en)* **1** accenno; allusione. **2** accenno; segno.

Andrang [ˈanˌdraŋ] *(m; -(e)s)* **1** afflusso. **2** ressa ♦ *an der Kasse herrscht großer Andrang* alla cassa c'è una grande ressa.

an|drehen *(vt, hat)* **1** accendere; aprire (radio, gas, ecc). **2** {*jmdm etwas* ~} *(fam)* appioppare qcs a qcn.

an|ecken [ˈanˌʔɛkən] *(vi, ist)* **1** {*an etwas* (Dat) ~} urtare contro qcs (spigoli e sim). **2** {*bei jmdm* ~} *(fig/fam)* offendere, urtare qcn.

an|eignen *(vt, hat)* ~ {*sich* (Dat) *etwas* ~} impossessarsi di qcs. ◆ **sich** (Dat) **eine Sprache aneignen** imparare una lingua.

aneinander [anʔaiˈnandɐ] *(avv)* ~ l'uno accanto all'altro; l'un l'altro; l'uno all'altro ♦ *aneinander denken* pensare l'uno all'altro. ◆ **mit jmdm** **<u>aneinander</u> <u>geraten</u>** († **aneinandergeraten**) litigare con qcn.

aneinander|... ~ vedi **aneinander**.

anerkannt [ˈanʔɛɐˌkant] *(agg)* **1** riconosciuto; stimato. **2** riconosciuto (legalmente); valido.

an|erkennen *(vt, hat; irr kennen)* **1** riconoscere; convalidare ♦ *ein Diplom, ein Kind anerkennen* riconoscere un diploma universitario, un figlio. **2** riconoscere; apprezzare.

Anerkennung [ˈanʔɛɐˌkɛnʊŋ] *(f; -)* **1** riconoscimento ♦ *staatliche Anerkennung* riconoscimento statale. **2** riconoscimento; approvazione ♦ *Anerkennung finden* riscuotere approvazione.

an|fahren[1] *(vi, ist; irr fahren)* ~ mettersi in moto, avviarsi (veicoli).

an|fahren[2] *(vt, hat; irr fahren)* **1** trasportare (con un veicolo). **2** investire (con un veicolo). **3** *(fig)* investire; apostrofare ♦ *sie hat mich grob angefahren* mi ha apostrofato sgarbatamente. **4** avviare (fabbrica, produzione).

Anfahrt [ˈanˌfaːɐt] *(f; -, -en)* **1** trasporto. **2** strada, viaggio; tragitto.

Anfall [ˈanˌfal] *(m; -(e)s, -fälle)* **1** attacco (di malattia) ♦ *ein Anfall von Fieber* un attacco di febbre ♦ *einen Anfall bekommen* avere un attacco. **2** *(fig)* accesso ♦ *in einem Anfall von Wut* in un accesso d'ira.

an|fallen[1] *(vi, ist; irr fallen)* **1** derivare, formarsi, risultare ♦ *bei der Herstellung fallen giftige Abfallprodukte an* nella produzione si formano residui velenosi. **2** *(econ)* maturare (interessi).

an|fallen[2] *(vt, hat; irr fallen)* ~ aggredire *(anche fig)*.

anfällig [ˈanˌfɛlɪç] *(agg)* ~ predisposto ♦ *für etwas anfällig sein* essere predisposto a qcs (spec malattie).

Anfälligkeit [-ˌkait] *(f; -)* ~ predisposizione (spec a malattie) ♦ *die Anfälligkeit für eine Krankheit* la predisposizione a una malattia.

Anfang [ˈanˌfaŋ] *(m; -(e)s, -fänge)* ~ inizio ♦ *Anfang Mai* all'inizio di maggio ♦ *am Anfang des Jahres* all'inizio dell'anno. ◆ **am Anfang** all'inizio. ◆ **von Anfang bis (zu) Ende** dall'inizio alla fine. ◆ **aller Anfang ist schwer** *(prov)* gli inizi sono sempre difficili.

an|fangen[1] *(vi, hat; irr fangen)* **1** cominciare; avere inizio ♦ *die Schule fängt am 1. September an* la scuola comincia il primo settembre ♦ *es hat angefangen zu regnen* è cominciato a piovere. **2** {*mit* *etwas ~*} cominciare qcs; cominciare da qcs ♦ *wann fängst du mit der Arbeit an?* quando cominci il lavoro? ♦ *womit soll ich anfangen?* da dove devo cominciare? ◆ **von vorn(e) anfangen** cominciare dall'inizio.

an|fangen[2] *(vt,* hat; *irr* fangen*)* ~ cominciare; iniziare ♦ *eine Arbeit anfangen* iniziare un lavoro. ◆ **(mit einer Sache) etwas anfangen können/sollen** fare; combinare qcs (con qcs) ♦ *was soll ich mit diesem Buch anfangen?* cosa ne faccio di questo libro? ♦ *mit dem PC kann ich nichts anfangen* con il PC non sono capace di combinare niente.

Anfänger ['anˌfɛŋɐ] *(m;* -s, -; *f* **-in***)* ~ principiante.

anfänglich ['anˌfɛŋlɪç] *(agg)* ~ iniziale.

anfangs ['anˌfaŋs] *(avv)* ~ inizialmente.

Anfangsbuchstabe [-ˌbuːxʃtaːbə] *(m;* -n, -n*)* ~ iniziale, lettera iniziale.

Anfangszeit [-ˌtsait] *(f;* -, -en*)* ~ inizio, periodo iniziale. ◆ **in der Anfangszeit** all'inizio, per i primi tempi.

an|fassen *(vt,* hat; *ortogr* fassen*)* **1** toccare; prendere ♦ *fass mich nicht an!* non mi toccare! **2** fare; intraprendere ♦ *ihr gelingt alles, was sie anfasst* riesce bene in tutto quello che fa. **3** trattare; affrontare ♦ *ein Problem richtig anfassen* affrontare un problema nel modo giusto. ◆ **mit anfassen** dare una mano ♦ *fass doch mal mit an!* dammi una mano! ◆ **zum Anfassen** *(fam)* vicinissimo; così vicino da poterlo toccare.

an|fechten *(vt,* hat; *irr* fechten*)* ~ impugnare, contestare.

an|fertigen *(vt,* hat*)* **1** fare, preparare (a regola d'arte). **2** produrre, fabbricare. **3** stendere, redigere.

an|feuern *(vt,* hat*)* **1** accendere. **2** *(fig)* incitare; incoraggiare.

an|flehen *(vt,* hat*)* ~ implorare.

an|fliegen[1] *(vi,* ist; *irr* fliegen*)* ~ {*jmdm fliegt etwas an*} qcn impara al volo qcs.

an|fliegen[2] *(vt,* hat; *irr* fliegen*)* **1** puntare su, avvicinarsi a (in volo) ♦ *wir fliegen die Stadt an* ci avviciniamo alla città (in volo). **2** fare scalo a, toccare.

Anflug ['anˌfluːk] *(m;* -(e)s, -flüge*)* **1** volo (verso una meta). **2** fase di atterraggio (di aereo). **3** *(fig)* traccia; velo; ombra ♦ *ein Anflug von Schwermut* un velo di malinconia.

an|fordern *(vt,* hat*)* ~ richiedere; esigere.

Anforderung ['anˌfɔrdərʊŋ] *(f;* -, -en*)* **1** richiesta. **2** aspettativa; pretesa. ◆ **hohe Anforderungen stellen** richiedere, pretendere molto.

Anfrage ['anˌfraːgə] *(f;* -, -n*)* ~ domanda; richiesta di informazioni. ◆ **auf Anfrage** su richiesta ♦ *Näheres auf Anfrage* ulteriori informazioni su richiesta.

an|fragen *(vi,* hat*)* ~ {*(wegen einer Sache) bei jmdm ~*} domandare; informarsi di qcs presso qcn (spec istituzioni).

an|fügen *(vt,* hat*)* ~ {*einer Sache* (Dat) *etwas ~*} aggiungere, allegare qcs a qcs ♦ *einem Brief Fotos anfügen* allegare foto a una lettera.

an|fühlen *(vt,* hat*)* ~ toccare (per esaminare) ♦ *einen Stoff anfühlen* toccare una stoffa. ◆ **sich anfühlen** *(vr)* presentarsi al tatto ♦ *dieser Stoff fühlt sich weich an* questa stoffa è morbida al tatto ♦ *mein Arm fühlt sich geschwollen an* il mio braccio è gonfio a toccarlo.

an|führen *(vt,* hat*)* **1** guidare (gruppi di persone). **2** portare; addurre ♦ *einen Grund anführen* addurre un motivo. **3** citare. **4** *(fam)* prendere in giro. ◆ **am angeführten Ort** *(abbrev* **a.a.O.***)* op. cit.; loc.cit.

Anführer ['anˌfyːrɐ] *(m;* -s, -*)* ~ capo, capobanda.

Anführung ['anˌfyːrʊŋ] *(f;* -, -en*)* **1** guida, comando ♦ *unter jmds Anführung* sotto la guida di qcn. **2** citazione, elencazione.

Anführungszeichen [-sˌtsaiçən] *(n;* -s, -*)* *(spec pl)* ~ virgolette ♦ *in Anführungszeichen setzen* mettere fra virgolette.

Angabe ['anˌgaːbə] *(f;* -, -n*)* **1** indicazione, informazione; dichiarazione ♦ *eine genaue Angabe* un'indicazione precisa ♦ *nähere Angaben (über etwas) machen* fornire i particolari (su qcs). **2** indicazione, disposizione. **3** *(pl)* dati ♦ *statistische Angaben* dati statistici.

an|geben *(vt,* hat; *irr* geben*)* **1** indicare; fornire ♦ *eine Adresse, einen Grund angeben* indicare un indirizzo, un motivo. **2** *(vi)* *(fam)* vantarsi, darsi arie.

Angeber ['an,ge:bɐ] *(m; -s, -)* ~ *(fam)* spaccone, fanfarone.

angeblich ['an,ge:plɪç] *(agg)* ***1*** preteso; presunto. ***2*** *(avv)* a quanto si dice ♦ *er ist angeblich nach Bonn gezogen* dicono che si sia trasferito a Bonn.

angeboren ['angə,bo:rən] *(agg)* ~ innato; congenito.

Angebot ['angə,bo:t] *(n; -(e)s, -e)* ~ offerta *(anche econ)* ♦ *Angebot und Nachfrage* la domanda e l'offerta ♦ *ein Angebot annehmen, ablehnen* accettare, rifiutare un'offerta ♦ *das Angebot von/an Möbeln* l'offerta di mobili.

angebracht ['angə,braxt] *(agg)* ~ opportuno.

angebunden ['angə,bʊndən] *(agg)* ~ **kurz angebunden** brusco, sgarbato.

angeheitert ['angə,haitɐt] *(agg)* ~ *(fam)* brillo, alticcio.

an|gehen[1] *(vi, ist; irr gehen)* ***1*** *(fam)* cominciare. ***2*** *(fam)* accendersi ♦ *das Licht geht nicht an* la luce non si accende. ***3*** {*gegen etwas ~*} lottare contro qcs.

an|gehen[2] *(vt, hat; irr gehen)* ***1*** attaccare; affrontare ♦ *ein Problem angehen* affrontare un problema. ***2*** {*jmdn um etwas ~*} chiedere qcs a qcn. ***3*** riguardare ♦ *das geht dich nichts an* questo non ti riguarda. ◆ **was... angeht** per quanto riguarda ♦ *was deine Frage angeht* per quanto riguarda la tua domanda.

angehend ['an,ge:ənt] *(agg)* ~ futuro; in erba ♦ *ein angehender Maler* un pittore in erba, un futuro pittore.

an|gehören *(vi, hat)* ~ {*einer Sache* (Dat) ~} appartenere a; far parte di ♦ *einem Verein angehören* far parte di un'associazione.

Angehörige(r) ['angə,hø:rɪgə (-gɐ)] *(m/f; -n, -n)* ***1*** parente, familiare ♦ *meine Angehörigen* i miei familiari. ***2*** appartenente, membro.

Angeklagte(r) ['angə,kla:ktə (-tɐ)] *(m/f; -n, -n)* ~ accusato/a.

Angel[1] ['aŋəl] *(f; -, -n)* ~ cardine (di porta o finestra) ♦ *eine Tür aus den Angeln heben* scardinare una porta. ◆ **etwas aus den Angeln heben** *(fig)* scardinare.

Angel[2] *(f; -, -n)* ~ canna da pesca (con lenza e amo).

Angelegenheit ['angə,le:gən,hait] *(f; -, -en)* ~ faccenda; questione. ◆ **sich in fremde Angelegenheiten mischen** immischiarsi in faccende altrui.

Angelhaken ['aŋəl,ha:kən] *(m; -s, -)* ~ amo.

angeln ['aŋəln] *(vt, hat)* ***1*** pescare. ***2*** {*sich* (Dat) *jmdn ~*} *(fig/fam)* accalappiare.

Angelrute ['aŋəl,ru:tə] *(f; -, -n)* ~ canna da pesca.

Angelsachse ['aŋəl,zaksə] *(m; -n, -n)* ~ anglosassone.

angelsächsisch ['aŋəl,zɛksɪç] *(agg)* ~ anglosassone.

Angelschein ['aŋəl,ʃain] *(m; -(e)s, -e)* ~ licenza di pesca.

Angelschnur ['aŋəl,ʃnu:ɐ] *(f; -, -schnüre)* ~ lenza.

angemessen ['angə,mɛsən] *(agg)* ~ adeguato, appropriato.

angenehm ['angə,ne:m] *(agg)* ***1*** piacevole. ***2*** *(avv)* piacevolmente ♦ *von etwas angenehm überrascht sein* essere piacevolmente sorpreso da qcs. ◆ **(ich wünsche dir) angenehme Reise!** (ti auguro) buon viaggio! ◆ **das Angenehme mit dem Nützlichen verbinden** unire l'utile al dilettevole.

angenommen ['angə,nɔmən] ~ vedi **annehmen.**

angeregt ['angə,re:kt] *(agg)* ~ vivace, animato (conversazione).

angesagt ['angə,za:kt] *(agg)* ~ **angesagt sein** ***1*** *(fam)* essere di moda. ***2*** *(fam)* essere all'ordine del giorno, essere da fare.

angesehen ['angə,ze:ən] *(agg)* ~ stimato; in vista.

angesichts ['angə,zɪçts] *(prep + Gen)* ~ in considerazione di ♦ *angesichts der Lage* vista la situazione.

Angestellte(r) ['angəʃtɛltə (-tɐ)] *(m/f; -n, -n)* ~ impiegato/a (di ditta e sim) ♦ *leitender Angestellter* dirigente.

angestrengt ['angəʃtrɛŋt] *(agg)* ~ affaticato, spossato.

angetrunken ['angə,trʊŋkən] *(agg)* ~ alticcio, brillo.

angewiesen ['angə,vi:zən] *(agg)* ~ **auf jmdn/etwas angewiesen sein** dipendere da qcn/qcs ♦ *ich bin auf deine Hilfe angewiesen* dipendo dal tuo aiuto.

an|gewöhnen *(vt,* hat*)* ***1*** {*jmdm etwas ~*} abituare qcn a qcs. ***2*** {*sich* (Dat) *etwas ~*} abituarsi a qcs, prendere l'abitudine a qcs ♦ *sich Pünktlichkeit angewöhnen* abituarsi ad essere puntuale.

Angewohnheit ['angə,vo:nhait] *(f;* -, -en*)* ~ abitudine (spec cattiva).

an|gleichen *(vt,* hat; *irr* gleichen*)* ~ {*etwas einer Sache* (Dat) *~*}, {*etwas an eine Sache ~*} adattare, adeguare qcs a qcs altro. ◆ **sich jmdm/etwas angleichen** *(vr)* adattarsi a qcn/qcs.

Angler ['aŋlɐ] *(m;* -s, -*)* ~ pescatore (all'amo).

an|gliedern *(vt,* hat*)* ~ {*einer Sache* (Dat) *etwas ~*} annettere, incorporare qcs a una cosa.

an|greifen *(vt,* hat; *irr* greifen*)* ***1*** aggredire; attaccare. ***2*** iniziare, intraprendere ♦ *eine Arbeit angreifen* intraprendere un lavoro. ***3*** intaccare; mettere mano a (risparmi, provviste).

Angreifer ['an,graifɐ] *(m;* -s, -; *f* **-in***)* ~ aggressore.

Angriff ['an,grɪf] *(m;* -(e)s, -e*)* ***1*** attacco, assalto, aggressione ♦ *zum Angriff übergehen* passare all'attacco. ***2*** *(fig)* attacco, polemica ♦ *ein Angriff auf (gegen) jmdn/etwas* un attacco a (contro) qcn/qcs. ◆ **etwas in Angriff nehmen** porre mano a qcs, intraprendere qcs.

angst ~ vedi <u>**Angst**</u>.

Angst ['aŋst] *(f;* -, Ängste*)* ~ paura. ◆ **aus (lauter) Angst** dalla paura. ◆ **etwas aus Angst tun** fare qcs per paura. ◆ **Angst haben, bekommen** avere paura ♦ *ich habe Angst* ho paura ♦ *ich habe Angst bekommen* ho avuto paura. ◆ **jmdm <u>Angst</u>** († **angst**) **machen** fare paura a qcn. ◆ **jmdm ist angst (und bange)** *(impers)* avere paura ♦ *mir ist angst* ho paura. ◆ **Angst um jmdn/etwas haben** preoccuparsi per qcn/qcs. ◆ **Angst vor jmdm/etwas haben** avere paura di qcn/qcs.

Angsthase [-,ha:zə] *(m;* -n, -n*)* ~ *(fam)* fifone.

ängstigen ['ɛŋstɪgən] *(vt,* hat*)* ~ impaurire; spaventare. ◆ **sich vor jmdm/etwas ängstigen** *(vr)* avere paura di qcn/qcs. ◆ **sich um jmdn/etwas ängstigen** *(vr)* preoccuparsi per qcn/qcs.

ängstlich ['ɛŋstlɪç] *(agg)* ***1*** pauroso; impaurito. ***2*** timoroso; timido.

angstvoll ['aŋst,fɔl] *(agg)* ~ pieno di paura, angosciato.

an|gucken *(vt,* hat*)* ~ *(fam)* guardare.

an|gurten ['an,gʊrtən] *(vr,* hat*)* ~ **sich angurten** allacciarsi le cinture di sicurezza.

an|haben *(vt,* hat*)* ***1*** indossare (portare addosso) ♦ *sie hat neue Schuhe an* indossa delle scarpe nuove. ***2*** {*jmdm/einer Sache etwas ~*} *(solo con verbi modali, spec neg)* nuocere ♦ *das kann uns nichts anhaben* questo non ci può nuocere.

an|haften *(vi,* hat*)* ~ rimanere attaccato; aderire.

an|halten[1] *(vi,* hat*)* ***1*** fermarsi ♦ *das Auto hielt an* la macchina si fermò. ***2*** continuare; perdurare ♦ *der kritische Zustand hält an* lo stato critico perdura ♦ *anhaltender Regen* pioggia persistente.

an|halten[2] *(vt,* hat*)* ***1*** fermare ♦ *den Atem anhalten* trattenere il respiro ♦ *ein Auto anhalten* fermare una macchina. ***2*** {*jmdn zu etwas ~*} esortare qcn a qcs.

anhaltend ['an,haltənt] *(agg)* ~ persistente ♦ *anhaltender Regen* pioggia persistente.

Anhalter ['an,haltɐ] *(m;* -s, -; *f* **-in***)* ~ autostoppista.

Anhaltspunkt ['anhalts,pʊŋkt] *(m;* -(e)s, -e*)* ~ punto d'appoggio, indizio.

anhand [an'hant] *(prep +* Gen*)* ~ sulla base di ♦ *anhand der Zeugnisse* sulla base delle testimonianze.

Anhang ['an,haŋ] *(m;* -(e)s, -hänge*)* ***1*** appendice. ***2*** *(fig)* gruppo di sostenitori; seguito.

an|hängen *(vt,* hat; **hängte an, angehängt***)* ***1*** {*etwas ~*} attaccare, appendere; aggiungere ♦ *ein Bild anhängen* appendere un quadro ♦ *ein Kapitel anhängen* aggiungere un capitolo. ***2*** {*jmdm etwas ~*} appioppare qcs a qcn.

Anhänger ['an,hɛŋɐ] *(m;* -s, -; *f* **-in***)* ***1*** seguace. ***2*** rimorchio. ***3*** ciondolo.

anhänglich ['an,hɛŋlɪç] *(agg)* ~ affezionato; fedele.

an|häufen *(vt,* hat*)* ~ ammucchiare, ammassare. ◆ **sich anhäufen** *(vr)* ammucchiarsi, accumularsi.

an|heben *(vt,* hat; *irr* heben*)* ***1*** alzare, sollevare (un po') ♦ *den Tisch anheben* sollevare il tavolo. *2 (fig)* rialzare, aumentare ♦ *die Preise anheben* alzare i prezzi.

an|heizen *(vt,* hat*)* ***1*** accendere (forno, stufa, ecc). ***2*** *(fig)* stimolare; incitare; aizzare.

Anhieb ['an,hi:p] *(m)* ~ **auf Anhieb** al primo colpo, al primo tentativo.

Anhöhe ['an,hø:ə] *(f;* -, -n*)* ~ altura, collina.

an|hören *(vt,* hat*)* ***1*** {*etwas* ~}, {*sich* (Dat) *etwas* ~} ascoltare ♦ *(sich) ein Lied, eine Rede anhören* ascoltare una canzone, un discorso. ***2*** {*jmdm etwas* ~} notare qcs di qcn dal suo modo di parlare ♦ *man hörte ihm die Ungeduld an* si sentiva che era impaziente ♦ *man hört ihr nicht an, dass sie Italienerin ist* non si sente che è italiana. ◆ **sich anhören** *(vr)* suonare *(vi)* ♦ *dein Vorschlag hört sich gar nicht schlecht an* la tua proposta non suona affatto male ♦ *das Lied hört sich so an* la canzone fa così.

animieren [ani'mi:rən] *(vt,* hat*)* ~ {*jmdn zu etwas* ~} incitare qcn a qcs.

an|kämpfen *(vi,* hat*)* ~ {*gegen jmdn/etwas* ~} lottare contro qcs/qcn.

Ankauf ['an,kauf] *(m;* -(e)s, -käufe*)* ~ acquisto ♦ *Ankäufe machen* fare acquisti.

an|kaufen *(vt,* hat*)* ~ acquistare (in grandi quantità). ◆ **sich ankaufen** *(vr)* comprarsi una casa ♦ *er hat sich in der Toskana angekauft* si è comprato una casa in Toscana.

Anker ['aŋkɐ] *(m;* -s, -*)* ~ àncora ♦ *den Anker lichten* levare l'ancora *(anche fig)* ♦ *Anker werfen/vor Anker gehen* gettare l'ancora *(anche fig)*.

Anklage ['an,kla:gə] *(f;* -, -n*)* ~ accusa ♦ *gegen jmdn Anklage erheben* muovere un'accusa contro qcn ♦ *unter Anklage stehen* essere sotto accusa ♦ *jmdn unter Anklage stellen* mettere sotto accusa qcn.

an|klagen *(vt,* hat*)* ~ {*jmdn wegen etwas* ~} accusare qcn di qcs ♦ *er wurde wegen Diebstahls angeklagt* fu accusato di furto.

Ankläger ['an,klɛ:gɐ] *(m;* -s, -; *f* **-in***)* ~ accusatore.

an|klammern *(vt,* hat*)* ~ attaccare, fissare (con mollette e sim) ♦ *ein Passfoto an einem/einen Brief anklammern* spillare una foto a una lettera. ◆ **sich an jmdn/etwas anklammern** *(vr) (fig)* attaccarsi, aggrapparsi a qcn/qcs.

Anklang ['an,klaŋ] *(m)* ~ **Anklang finden** incontrare favore.

an|kleben[1] *(vi,* ist*)* ~ {*an etwas* (Dat) ~} incollarsi, rimanere incollato a qcs.

an|kleben[2] *(vt,* hat*)* ~ incollare, attaccare.

an|klicken *(vt,* hat*)* ~ {*etwas* ~} *(elab)* cliccare su qcs.

an|klingeln *(vt/vi,* hat*)* ~ {*jmdn* ~}, {*bei jmdm* ~} *(fam)* telefonare a qcn, dare un colpo di telefono a qcn.

an|klingen *(vi,* hat; *irr* klingen*)* ~ {*an etwas* (Acc) ~} *(lett)* rievocare qcs.

an|klopfen *(vi,* hat*)* ~ bussare. ◆ **bei jmdm um etwas anklopfen** *(fig)* andare a bussare da qcn per qcs.

an|knipsen *(vt,* hat*)* ~ *(fam)* accendere (con un pulsante o sim).

an|knüpfen *(vt,* hat*)* ***1*** annodare. ***2*** *(fig)* annodare; iniziare ♦ *eine Beziehung anknüpfen* annodare una relazione. ***3*** {*an etwas* (Acc) ~} *(vi)* riallacciarsi, richiamarsi a qcs.

an|kommen *(vi,* ist; *irr* kommen*)* ***1*** arrivare ♦ *am Bahnhof, in Florenz, zu Hause ankommen* arrivare alla stazione, a Firenze, a casa. ***2*** {*gegen jmdn/etwas* ~} fronteggiare qcn/qcs. ***3*** {*auf jmdn/etwas* ~} *(impers)* dipendere da qcn/qcs ♦ *das kommt nur auf dich an* dipende solo da te ♦ *das kommt darauf an, wann/ob/wie...* dipende da quando/se/come... ♦ *es kommt darauf an* dipende. ◆ **gut/schlecht (bei jmdm) ankommen** essere accolto ♦ *der Film kam sehr gut beim Publikum an* il film fu accolto molto bene dal pubblico.

an|kotzen *(vt,* hat*)* ***1*** *(volg)* disgustare, fare schifo a. ***2*** *(volg)* rimproverare; fare una partaccia a qcn.

an|kreiden ['an,kraidən] *(vt,* hat*)* ~ {*jmdm etwas* ~} non perdonare qcs a qcn, rimproverare qcs a qcn.

an|kreuzen *(vt,* hat*)* ~ segnare con una crocetta.

an|kündigen *(vt,* hat*)* ~ annunciare. ◆ **sich ankündigen** *(vr)* annunciarsi.

Ankündigung ['an,kʏndɪgʊŋ] *(f;* -, -en*)* ~ annuncio.

Ankunft ['an,kʊnft] *(f;* -*)* ~ arrivo.

an|kurbeln *(vt,* hat*)* ***1*** mettere in moto. ***2*** *(fig/fam)* dare impulso a qcs.

an|lachen *(vt,* hat*)* ***1*** {*jmdn ~*} guardare qcn ridendo. ***2*** *(fig)* allettare, attirare.

Anlage ['an,la:gə] *(f; -, -n)* ***1*** costruzione (il costruire); impianto. ***2*** impianto ♦ *elektrische Anlage* impianto elettrico ♦ *sanitäre Anlagen* servizi igienici ♦ *öffentliche, städtische Anlagen* parchi cittadini, verde pubblico. ***3*** predisposizione *(anche med)*; talento ♦ *eine Anlage zu etwas haben* avere una predisposizione per qcs. ***4*** *(econ)* investimento. ***5*** allegato *(a lettera, E-mail)*. ◆ **in der Anlage** in allegato.

Anlass († **Anlaß**) ['an,las] *(m; -es, -lässe)* ***1*** motivo ♦ *jmdm Anlass zu etwas geben* dare motivo di qcs a qcn. ***2*** occasione ♦ *ein besonderer, trauriger Anlass* un'occasione particolare, triste.

an|lassen *(vt,* hat; *irr/ortogr* lassen*)* ***1*** mettere in moto. ***2*** lasciare acceso ♦ *lass das Licht an!* lascia la luce accesa! ***3*** *(fam)* tenere addosso, non togliersi (indumenti) ♦ *er ließ den Hut an* tenne addosso il cappello.

Anlasser ['an,lasɐ] *(m; -s, -)* ~ dispositivo d'avviamento.

anlässlich († **anläßlich**) ['an,lɛslɪç] *(prep + Gen)* ~ in occasione di ♦ *anlässlich meines Geburtstages* in occasione del mio compleanno.

Anlauf ['an,lauf] *(m; -(e)s, -läufe)* ***1*** rincorsa ♦ *Anlauf nehmen* prendere la rincorsa. ***2*** tentativo ♦ *beim ersten Anlauf* al primo tentativo. ***3*** inizio.

an|laufen *(vi,* ist; *irr* laufen*)* ***1*** prendere la rincorsa. ***2*** {*gegen jmdn/etwas ~*} urtare contro qcn/qcs. ***3*** entrare in moto; avviarsi (macchine). ***4*** *(fig)* iniziare. ***5*** aumentare, accumularsi (capitali o sim). ***6*** appannarsi. ◆ **angelaufen kommen** arrivare di corsa.

an|legen[1] *(vi,* hat*)* ~ attraccare ♦ *das Schiff hat im Hafen angelegt* la nave ha attraccato nel porto.

an|legen[2] *(vt,* hat*)* ***1*** mettere; appoggiare. ***2*** elaborare; realizzare (secondo un progetto). ***3*** investire (denaro). ***4*** {*auf jmdn/etwas ~*} mirare a qcs ♦ *er legte alles darauf an, mich zu betrügen* ha fatto di tutto per ingannarmi. ◆ **sich mit jmdm anlegen** *(vr)* litigare con qcn. ◆ **Feuer anlegen** appiccare il fuoco.

an|lehnen *(vt,* hat*)* ~ appoggiare; accostare ♦ *die Leiter an die Wand anlehnen* appoggiare la scala al muro ♦ *die Tür anlehnen* accostare la porta. ◆ **sich an jmdn/etwas anlehnen** *(vr)* ***1*** appoggiarsi a qcs *(anche fig)*. ***2*** rifarsi, ispirarsi a qcn/qcs (modelli, teorie, ecc).

Anlehnung ['an,le:nʊŋ] *(f; -, raro -en)* ***1*** appoggio *(anche fig)*. ***2*** imitazione. ◆ **in (unter) Anlehnung an jmdn/etwas** sul modello di qcn/qcs.

Anleihe ['an,laiə] *(f; -, -n)* ~ prestito (consistente). ◆ **eine Anleihe bei jmdm machen** ***1*** contrarre un debito con qcn. ***2*** *(fig)* imitare qcn (artisti, intellettuali, ecc).

an|leiten *(vt,* hat*)* ***1*** istruire. ***2*** {*jmdn zu etwas ~*} insegnare qcs a qcn (comportamenti e sim).

Anleitung ['an,laitʊŋ] *(f; -, -en)* ***1*** guida ♦ *unter (der) Anleitung eines anderen* sotto la guida di un altro. ***2*** libretto d'istruzioni.

an|lernen *(vt,* hat*)* ~ istruire (in un lavoro).

an|liegen *(vi,* hat; *irr* liegen*)* ***1*** vestire *(vi)* ♦ *die Hose liegt eng an* i pantaloni vestono stretti. ***2*** *(fam)* rimanere da fare ♦ *was liegt heute noch an?* cosa rimane da fare oggi?

Anliegen ['an,li:gən] *(n; -s, -)* ~ desiderio; richiesta ♦ *ein Anliegen vorbringen* esprimere una richiesta.

anliegend [-t] *(agg)* ***1*** confinante, adiacente. ***2*** allegato.

Anlieger ['an,li:gɐ] *(m; -s, -)* ~ confinante, frontista. ◆ **frei für Anlieger** parcheggio gratuito per i residenti.

an|locken *(vt,* hat*)* ~ attirare; allettare.

an|lügen *(vt,* hat*)* ~ {*jmdn ~*} mentire a qcn.

an|machen *(vt,* hat*)* ***1*** attaccare ♦ *ein Schild an die Tür anmachen* attaccare una targhetta alla porta. ***2*** accendere (luce, tv, fuoco, ecc). ***3*** condire ♦ *den Salat anmachen* condire l'insalata. ***4*** *(fam)* entusiasmare, coinvolgere. ***5*** {*jmdn ~*} *(fam)* fare avances a qcn.

an|malen *(vt,* hat*)* ~ dipingere, tinteggiare.

Anmarsch ['an,marʃ] *(m; -(e)s)* ***1*** marcia (di avvicinamento). ***2*** *(fam)* tragitto. ◆

im Anmarsch sein essere in marcia, avvicinarsi.

an|maßen ['an,ma:sən] *(vt,* hat*)* ~ {*sich* (Dat) *etwas* ~} attribuirsi illegittimamente, arrogarsi qcs (capacità, diritti, ecc). ◆ **sich** (Dat) **anmaßen, etwas zu tun** permettersi di fare qcs ♦ *ich maße mir nicht an, darüber zu entscheiden* non mi permetto di decidere.

anmaßend [-t] *(agg)* ~ arrogante, presuntuoso.

Anmaßung ['an,ma:sʊŋ] *(f; -, -en)* ~ presunzione, arroganza.

an|melden *(vt,* hat*)* **1** annunciare. **2** iscrivere ♦ *ein Kind in der/zur Schule anmelden* iscrivere un bambino a scuola. **3** denunciare; notificare; registrare ♦ *ein Patent anmelden* registrare un brevetto. ◆ **sich anmelden** *(vr)* **1** annunciarsi. **2** iscriversi ♦ *sich zu einem Kurs anmelden* iscriversi a un corso. ◆ **sich polizeilich anmelden** *(vr)* comunicare il proprio cambio di residenza.

Anmeldung ['an,mɛldʊŋ] *(f; -, -en)* **1** annuncio. **2** iscrizione. **3** denuncia; notifica; registrazione.

an|merken *(vt,* hat*)* **1** {*jmdm etwas* ~} accorgersi, notare qcs di qcn ♦ *ich merkte ihm sofort seine Besorgnis an* mi accorsi subito che era preoccupato. **2** segnare, annotare ♦ *einen Tag im Kalender rot anmerken* segnare in rosso un giorno sul calendario. ◆ **sich** (Dat) **etwas anmerken lassen** lasciar trapelare qcs, far capire qcs ♦ *lass dir deine Unsicherheit nicht anmerken!* non far trapelare la tua insicurezza!

Anmerkung ['an,mɛrkʊŋ] *(f; -, -en)* **1** osservazione ♦ *eine Anmerkung über etwas* (Acc) *machen* fare un'osservazione su qcs. **2** annotazione.

Anmut ['an,mu:t] *(f; -)* ~ *(lett)* leggiadria.

an|muten ['an,mu:tən] *(vt,* hat*)* ~ {*jmdn* ~} sembrare, parere a qcn, dare a qcn l'impressione di ♦ *das mutet mich seltsam an* questo mi pare strano.

anmutig ['an,mu:tɪç] *(agg)* ~ *(lett)* grazioso, bello, leggiadro.

an|nähen *(vt,* hat*)* ~ cucire (fissare cucendo) ♦ *einen Knopf annähen* cucire un bottone.

an|nähern *(vt,* hat*)* ~ {*etwas einer Sache* (Dat) ~} avvicinare; adattare qcs a qcs. ◆ **sich jmdm/etwas annähern** *(vr)* avvicinarsi *(anche fig)*; adattarsi ♦ *sich einer anderen Denkweise annähern* avvicinarsi a un altro modo di pensare.

annähernd ['an,nɛ:ɐnt] *(avv)* ~ approssimativamente.

Annäherung ['an,nɛ:ərʊŋ] *(f; -, -en)* ~ avvicinamento *(anche fig)*.

Annahme ['an,na:mə] *(f; -, -n)* **1** accettazione. **2** ufficio accettazione. **3** supposizione, ipotesi. ◆ **der Annahme sein, dass** supporre che ♦ *ich bin der Annahme, dass er krank sei* suppongo che sia malato. ◆ **in der Annahme, dass** nell'ipotesi che.

an|nehmen *(vt,* hat; *irr* nehmen*)* **1** accettare. **2** prendere, assumere (nomi, abitudini, opinioni, ecc). **3** supporre, ipotizzare ♦ *nehmen wir an, dass es so sei* supponiamo che sia così. ◆ **angenommen, dass** supponendo che.

Annehmlichkeit ['anne:mlɪç,kait] *(f; -, -en)* *(spec pl)* ~ comodità, agio.

Annonce [a'nõ:sə] *(f; -, -n)* ~ inserzione ♦ *sich auf eine Annonce melden* rispondere a un'inserzione.

annoncieren [anõ'si:rən] *(vt,* hat*)* **1** annunciare. **2** *(vi)* fare un'inserzione.

anonym [ano'ny:m] *(agg)* ~ anonimo.

Anorak ['anorak] *(m; -s, -s)* ~ giacca a vento.

an|ordnen *(vt,* hat*)* ~ ordinare, disporre (mettere in ordine; comandare).

Anordnung ['an,ʔɔrdnʊŋ] *(f; -, -en)* **1** disposizione, ordinamento ♦ *die Anordnung der Bücher im Regal* la disposizione dei libri sulla scaffale. **2** disposizione, ordine ♦ *Anordnung geben, etwas zu tun* dare ordine di fare qcs.

anormal ['anɔrma:l] *(agg)* ~ anormale.

an|packen *(vt,* hat*)* **1** afferrare. **2** trattare; affrontare ♦ *jmdn grob anpacken* trattare qcn sgarbatamente ♦ *ein Problem anpacken* affrontare un problema. ◆ **mit anpacken** *(vi)* aiutare, dare una mano.

an|passen *(vt,* hat*)* ~ {*etwas jmdm/etwas* ~} adattare qcs a qcn, a qcs ♦ *seine Handlungen den Verhältnissen anpassen* adattare le proprie azioni alla situazione. ◆ **sich jmdm/etwas anpassen** *(vr)* adattarsi a qcn/qcs.

Anpassung ['an͵pasʊŋ] *(f; -, -en)* ~ adattamento ♦ *die Anpassung an die neuen Bedingungen* l'adattamento alle nuove condizioni.

Anpfiff ['an͵pfɪf] *(m; -(e)s, -e)* ***1*** *(sport)* fischio d'inizio. ***2*** *(fam)* sgridata.

an|pflanzen *(vt, hat)* ~ piantare.

an|pöbeln ['an͵pøːbəln] *(vt, hat)* ~ *(fam)* insultare, offendere.

Anprall ['an͵pral] *(m; -(e)s)* ~ urto (violento).

an|prallen *(vi, ist)* ~ {*an/gegen etwas* (Acc) ~} urtare (violentemente) contro qcs.

an|preisen *(vt, hat; irr* preisen*)* ~ elogiare, tessere le lodi di qcn/qcs.

Anprobe ['an͵proːbə] *(f; -, -n)* ~ prova (di indumenti).

an|probieren *(vt, hat)* ~ provare (indumenti).

an|pumpen *(vt, hat)* ~ {*jmdn* ~} *(fam)* farsi prestare soldi da qcn.

Anrainer ['an͵rainɐ] *(m; -s, -; f* **-in***)* ~ vedi **Anlieger**.

an|raten *(vt, hat; irr* raten*)* ~ {*jmdm etwas* ~} consigliare qcs a qcn, raccomandare qcs a qcn (prudenza, attenzione, ecc).

an|rechnen *(vt, hat)* ***1*** {*jmdm etwas* ~} mettere in conto qcs a qcn. ***2*** {*jmdm etwas* ~} riconoscere qcs a qcn (meriti o demeriti) ♦ *jmdm etwas als Verdienst, als strafmildernd anrechnen* riconoscere a qcn il merito, l'attenuante di qcs ♦ *jmdm etwas hoch anrechnen* apprezzare molto qcs di qcn.

Anrecht ['an͵rɛçt] *(n; -(e)s, -e)* ~ diritto ♦ *ein Anrecht auf etwas* (Acc) *haben* avere diritto a qcs.

Anrede ['an͵reːdə] *(f; -, -n)* ~ appellativo; titolo (con cui ci si rivolge a qcn) ♦ *„Sie" ist eine höfliche Anrede* il "Lei" è un appellativo di cortesia.

an|reden *(vt, hat)* ~ {*jmdn* ~} rivolgere la parola a qcn. ◆ **jmdn mit „du"/„Sie" anreden** dare del tu/Lei a qcn.

an|regen *(vt, hat)* ***1*** stimolare, incitare ♦ *zum Nachdenken anregen* indurre alla riflessione. ***2*** stimolare *(anche med)*; eccitare ♦ *Kaffee regt an* il caffè è un eccitante.

Anregung ['an͵reːgʊŋ] *(f; -, -en)* ***1*** stimolo, impulso ♦ *jmdm die Anregung zu etwas geben* dare a qcn lo stimolo per fare qcs. ***2*** suggerimento, proposta ♦ *auf Anregung von* su proposta di.

Anreise ['an͵raizə] *(f; -, -n)* ***1*** viaggio (di andata). ***2*** arrivo.

an|reißen *(vt, hat; irr/ortogr* reißen*)* ***1*** (iniziare a) strappare. ***2*** *(fig)* affrontare brevemente (argomenti). ***3*** *(fig/fam)* iniziare a consumare.

Anreiz ['an͵raits] *(m; -es, -e)* ~ stimolo, sprone.

an|reizen *(vt, hat)* ***1*** stimolare ♦ *die Neugier anreizen* stimolare la curiosità. ***2*** {*jmdn zu etwas* ~} stimolare, incitare qcn a qcs.

an|rempeln *(vt, hat)* ***1*** {*jmdn* ~} *(fam)* urtare, dare una spinta a qcn (apposta). ***2*** {*jmdn* ~} *(fig/fam)* insultare qcn, apostrofare qcn.

an|rennen[1] *(vi, ist; irr* rennen*)* ***1*** {*an/gegen etwas* (Acc) ~} *(fam)* urtare contro qcs (nel correre) ♦ *ich bin mit dem Knie gegen den Tisch angerannt* nel correre ho urtato contro il tavolo con il ginocchio. ***2*** {*gegen jmdn/etwas* ~} scagliarsi contro qcn/qcs *(anche fig)* ♦ *gegen den Feind, gegen Vorurteile anrennen* scagliarsi contro il nemico, i pregiudizi. ◆ **angerannt kommen** arrivare di corsa.

an|rennen[2] *(vt, hat; irr* rennen*)* ~ {*sich* (Dat) *etwas* ~} *(fam)* battere qcs (parti del corpo) nel correre ♦ *ich habe mir ein Knie angerannt* correndo ho battuto un ginocchio.

an|richten *(vt, hat)* ***1*** preparare (pietanze). ***2*** causare, combinare (qcs di negativo) ♦ *da hast du ja etwas Schönes angerichtet! (fam)* l'hai combinata bella!

anrüchig ['an͵rʏçɪç] *(agg)* ***1*** malfamato. ***2*** sconveniente.

Anruf ['an͵ruːf] *(m; -(e)s, -e)* ~ telefonata, chiamata.

Anrufbeantworter [-bə͵ˀantvɔrtɐ] *(m; -s, -)* ~ segreteria telefonica.

an|rufen *(vt, hat; irr* rufen*)* ~ {*jmdn* ~} telefonare a qcn; chiamare qcn ♦ *ich rufe dich heute Abend an* ti telefono stasera.

an|rühren *(vt, hat)* ***1*** mescolare. ***2*** toccare *(anche fig)* ♦ *das Essen nicht anrühren* non toccare cibo.

ans [ans] *(prep art)* ~ = **an das** (vedi **an**[1]).

Ansage ['anˌzaːgə] *(f; -, -n)* ~ annuncio, presentazione (spec di spettacoli).

an|sagen *(vt, hat)* ~ annunciare ♦ *seinen Besuch ansagen* annunciare la propria visita. ◆ **sich ansagen** *(vr)* annunciare la propria visita.

Ansager ['anˌzaːgɐ] *(m; -s, -; f* **-in***)* ~ annunciatore (radio, tv).

an|sammeln *(vt, hat)* ~ accumulare. ◆ **sich ansammeln** *(vr)* **1** accumularsi ♦ *die Korrespondenz sammelt sich an* la corrispondenza si accumula. **2** adunarsi.

Ansammlung ['anˌzamlʊŋ] *(f; -, -en)* **1** accumulo, ammasso. **2** assembramento; folla.

ansässig ['anˌzɛsɪç] *(agg)* ~ residente ♦ *in Bonn ansässig sein* essere residente a Bonn.

Ansatz ['anˌzats] *(m; -es, -sätze)* **1** inizio, principio (primi passi) ♦ *in den Ansätzen stecken bleiben* bloccarsi agli inizi. **2** traccia, accenno, primo segnale ♦ *der Ansatz eines Bartes* un accenno di barba. **3** *(mecc)* prolunga, aggiunta. **4** *(anat)* attaccatura. **5** strato, deposito. **6** *(econ)* stima, preventivo.

an|schaffen *(vt, hat)* ~ **sich** (Dat) **etwas anschaffen** procurarsi, comprarsi qcs.

Anschaffung ['anʃafʊŋ] *(f; -, -en)* ~ acquisto.

an|schalten *(vt, hat)* ~ mettere in moto, accendere (elettricamente) ♦ *den Motor, den Fernseher anschalten* accendere il motore, il televisore.

an|schauen *(vt, hat)* **1** guardare, osservare. **2** {*sich* (Dat) *etwas* ~} osservare qcs (attentamente).

anschaulich ['anʃaulɪç] *(agg)* ~ chiaro, evidente.

Anschauung ['anʃauʊŋ] *(f; -, -en)* **1** opinione, punto di vista. **2** *(solo sing)* osservazione, esperienza (diretta) ♦ *aus eigener Anschauung* per esperienza diretta. **3** *(solo sing)* meditazione, contemplazione.

Anschein ['anʃain] *(m; -(e)s)* ~ apparenza ♦ *es hat den Anschein, als ob (impers)* sembra che, è come se. ◆ **allem Anschein nach** apparentemente, a quanto pare.

anscheinend [-ənt] *(avv)* ~ apparentemente, a quanto pare.

an|schicken *(vr, hat)* ~ **sich zu etwas anschicken** *(lett)* accingersi, apprestarsi a qcs.

an|schießen *(vt, hat; irr/ortogr* schießen*)* ~ ferire (con arma da fuoco). ◆ **angeschossen kommen** *(fig/fam)* arrivare sparato.

Anschlag ['anʃlaːk] *(m; -(e)s, -schläge)* **1** attentato ♦ *einen Anschlag auf jmdn verüben* compiere un attentato contro qcn. **2** manifesto. **3** *(tip)* battuta. **4** *(econ)* preventivo. ◆ **das Gewehr im Anschlag halten** tenere il fucile spianato.

an|schlagen[1] *(vi, hat; irr* schlagen*)* **1** {*an etwas* ~} urtare, sbattere contro qcs. **2** suonare, rintoccare. **3** aver effetto, giovare ♦ *die Kur hat angeschlagen* la cura ha avuto effetto.

an|schlagen[2] *(vt, hat; irr* schlagen*)* **1** attaccare, affiggere. **2** battere (tasti); suonare (strumenti a corde o a percussione). **3** ammaccare.

an|schließen *(vt, hat; irr/ortogr* schließen*)* **1** {*etwas an etwas* (Dat/Acc) ~} legare (con lucchetto), incatenare qcs a qcs ♦ *ein Fahrrad an einem/einen Zaun anschließen* legare la bicicletta a una staccionata. **2** {*etwas an etwas* (Acc) ~} collegare qcs a qcs. **3** *(tecn)* allacciare, collegare (telefono, computer, ecc). ◆ **sich anschließen** *(vr)* **1** {*sich an etwas* (Acc) ~} seguire, venire immediatamente dopo qcs ♦ *an den Film schloss sich eine Konferenz an* al film seguì una conferenza. **2** {*sich jmdm/etwas* ~} unirsi a qcn/qcs ♦ *sich einer Partei anschließen* diventare membro di un partito.

anschließend ['anʃliːsənt] *(avv)* ~ in seguito, poi.

Anschluss († **Anschluß**) ['anʃlʊs] *(m; -es, -schlüsse)* **1** collegamento, connessione, allacciamento. **2** adesione ♦ *der Anschluss an eine Partei* l'adesione a un partito. **3** coincidenza (di treni) ♦ *den Anschluss verpassen* perdere la coincidenza. **4** *(tel)* linea ♦ *keinen Anschluss bekommen* non riuscire a prendere la linea. **5** contatto, conoscenza ♦ *Anschluss finden* fare conoscenze. **6** *(stor)* annessione ♦ *der Anschluss Österreichs* l'annessione dell'Austria (al terzo Reich). ◆

im Anschluss an etwas (Acc) dopo, in seguito a qcs.
an|schnallen *(vt,* hat*)* ~ legare, allacciare. ◆ **sich anschnallen** *(vr)* allacciarsi la cintura di sicurezza (auto, aereo).
an|schnauzen ['anʃnautsən] *(vt,* hat*)* ~ *(fam)* sgridare.
an|schneiden *(vt,* hat; *irr* schneiden*)* ***1*** iniziare a tagliare ♦ *das Brot anschneiden* iniziare a tagliare il pane. ***2*** *(fig)* intavolare (argomenti e sim).
an|schrauben *(vt,* hat*)* ~ avvitare.
an|schreiben *(vt,* hat; *irr* schreiben*)* ***1*** scrivere (su lavagna e sim). ***2*** mettere, segnare sul conto. ◆ **bei jmdm gut angeschrieben sein** *(fam)* essere nelle grazie di qcn, godere della stima di qcn.
an|schreien *(vt,* hat; *irr* schreien*)* ~ sgridare.
Anschrift ['anʃrɪft] *(f;* -, -en*)* ~ indirizzo, recapito.
an|schuldigen ['anʃʊldɪgən] *(vt,* hat*)* ~ {*jmdn einer Sache* (Gen) ~}, {*jmdn wegen etwas* ~} *(dir)* accusare qcn di qcs ♦ *er wurde des Mordes/wegen eines Mordes angeschuldigt* fu accusato di omicidio.
Anschuldigung ['anʃʊldɪgʊŋ] *(f;* -en*)* ~ *(dir)* accusa.
an|schwellen[1] *(vi,* ist; *irr* schwellen*)* ***1*** gonfiarsi, ingrossarsi. ***2*** *(fig)* gonfiarsi, aumentare, crescere.
an|schwellen[2] *(vt,* hat*)* ***1*** gonfiare. ***2*** *(fig)* gonfiare, ingigantire, esagerare.
an|schwindeln *(vt,* hat*)* ~ abbindolare.
an|sehen *(vt,* hat; *irr* sehen*)* ***1*** guardare ♦ *jmdn freundlich ansehen* guardare qcn amichevolmente ♦ *sieh mich an!* guardami! ***2*** *(fig)* giudicare, vedere. ***3*** {*jmdn/etwas als/für etwas* ~} considerare, ritenere qcn/qcs in un certo modo ♦ *etwas als beendet ansehen* considerare qcs come finito. ***4*** {*jmdm/einer Sache etwas* ~} notare qcs di qcn/qcs ♦ *man sieht ihm sein Alter nicht an* non gli si darebbe l'età che ha ♦ *man sah ihm an, dass er enttäuscht war* si vedeva che era deluso. ***5*** {*sich* (Dat) *jmdn/etwas* ~} osservare (attentamente), esaminare qcn/qcs ♦ *sich eine Stadt, eine Kirche ansehen* visitare una città, una chiesa. ◆ **etwas mit ansehen/sich** (Dat) **etwas mit ansehen** ***1*** vedere, assistere a qcs. ***2*** *(fig)* tollerare, sopportare ♦ *das kann ich nicht mehr mit ansehen* questo non posso tollerarlo più. ◆ **etwas ist... anzusehen** qcs è... a vedersi ♦ *das ist lustig anzusehen* è buffo a vedersi.
Ansehen ['anˌzeːən] *(n;* -s*)* ~ prestigio ♦ *sich* (Dat) *Ansehen verschaffen* acquistare prestigio. ◆ **jmdn nur vom Ansehen kennen** conoscere qcn solo di vista.
ansehnlich ['anˌzeːnlɪç] *(agg)* ***1*** bello, di bell'aspetto (cosa o persona). ***2*** *(fig)* considerevole, notevole.
ansein ~ **an sein** (vedi **an**[2]).
an|setzen[1] *(vi,* hat*)* ***1*** iniziare. ***2*** {*zu etwas* ~} accingersi a qcs ♦ *zum Sprung, zum Sprechen ansetzen* accingersi al salto, a parlare.
an|setzen[2] *(vt,* hat*)* ***1*** mettere, applicare ♦ *eine Tasche an einem/einen Mantel ansetzen* applicare una tasca a un cappotto. ***2*** portare alla bocca. ***3*** stabilire, fissare (appuntamenti). ***4*** formare, produrre ♦ *Fett ansetzen* mettere su grasso. ***5*** mescolare. ◆ **sich ansetzen** *(vr)* ***1*** formarsi, depositarsi. ***2*** attaccarsi (nella cottura).
Ansicht ['anˌzɪçt] *(f;* -, -en*)* ***1*** visione ♦ *jmdm etwas zur Ansicht schicken* mandare qcs a qcn in visione. ***2*** immagine. ***3*** vista, panorama. ***4*** *(fig)* opinione, parere ♦ *meiner Ansicht nach* secondo me ♦ *der Ansicht sein, dass* essere dell'opinione che ♦ *der gleichen Ansicht sein* essere dello stesso parere ♦ *verschiedener Ansicht sein* essere di parere diverso.
an|siedeln *(vt,* hat*)* ***1*** insediare, stabilire. ***2*** *(fig)* collocare, classificare. ◆ **sich ansiedeln** *(vr)* stabilirsi ♦ *sich in der Stadt ansiedeln* stabilirsi in città.
Ansiedlung ['anˌziːdlʊŋ] *(f;* -, -en*)* ~ insediamento, colonia.
Ansinnen ['anˌzɪnən] *(n;* -s, -*)* ~ *(lett)* pretesa ♦ *ein Ansinnen an jmdn stellen* pretendere qcs da qcn.
ansonsten [an'zɔnstən] *(avv)* ***1*** per il resto ♦ *ansosten habe ich nichts Neues zu erzählen* per il resto non ho niente di nuovo da raccontare. ***2*** altrimenti.
an|spannen *(vt,* hat*)* ***1*** attaccare (animali da tiro). ***2*** tendere, tirare. ***3*** *(fig)* sforzare, impegnare.

Anspannung ['anʃpanʊŋ] *(f; -, -en)* ~ sforzo, impegno.
an|spielen *(vi, hat)* ~ {*auf jmdn/etwas* ~} alludere a qcn/qcs.
Anspielung ['anʃpiːlʊŋ] *(f; -, -en)* ~ allusione ♦ *eine Anspielung auf jmdn/etwas machen* fare un'allusione a qcn/qcs.
Ansporn ['anʃpɔrn] *(m; -(e)s)* ~ sprone, stimolo.
an|spornen *(vt, hat)* ~ spronare *(anche fig)*.
Ansprache ['anʃpraːxə] *(f; -, -n)* ~ (breve) discorso.
an|sprechen *(vt, hat; irr* sprechen*)* ***1*** {*jmdn* ~} rivolgere la parola a qcn. ***2*** {*jmdn auf etwas* (Acc) ~} chiedere a qcn un parere su qcs ♦ *ich sprach ihn auf diese Angelegenheit an* gli chiesi il suo parere su questa faccenda. ***3*** coinvolgere ♦ *sich angesprochen fühlen* sentirsi toccato, coinvolto da vicino. ***4*** {*auf etwas* (Acc) ~} *(vi)* reagire a qcs.
an|springen[1] *(vi, ist; irr* springen*)* ~ entrare in moto, avviarsi.
an|springen[2] *(vt, hat; irr* springen*)* ~ {*jmdn* ~} saltare addosso a qcn; aggredire ♦ *der Hund sprang den Dieb an* il cane saltò addosso al ladro.
Anspruch ['anʃprʊx] *(m; -(e)s, -sprüche)* ***1*** richiesta, pretesa. ***2*** diritto ♦ *einen Anspruch auf etwas* (Acc) *haben* avere diritto a qcs ♦ *einen Anspruch geltend machen* far valere un diritto. ◆ **Anspruch auf etwas** (Acc) **erheben** pretendere, accampare pretese su qcs ♦ *diese Arbeit erhebt keinen Anspruch auf Vollständigkeit* questo lavoro non ha pretese di completezza. ◆ **in Anspruch nehmen** ***1*** {*jmdn in ~ nehmen*} occupare, impegnare qcn. ***2*** {*etwas in ~ nehmen*} ricorrere a qcs ♦ *ich muss Ihre Hilfe noch mal in Anspruch nehmen* devo ricorrere di nuovo al Suo aiuto. ***3*** {*etwas in ~ nehmen*} richiedere, esigere qcs ♦ *dieses Verfahren nimmt viel Zeit in Anspruch* questo processo richiede molto tempo.
anspruchslos [-sˌloːs] *(agg)* ~ senza pretese; modesto.
anspruchsvoll [-sˌfɔl] *(agg)* ***1*** esigente. ***2*** impegnativo (attività).
an|stacheln ['anʃtaxəln] *(vt, hat)* ~ {*jmdn (zu etwas)* ~} spronare, stimolare qcn (a qcs).
Anstalt ['anʃtalt] *(f; -, -en)* ***1*** istituzione (spec pubblica). ***2*** istituto (spec di cura). ***3*** *(pl)* preparativi. ◆ **Anstalten zu etwas machen, treffen** accingersi a qcs, fare preparativi per qcs. ◆ **keine Anstalten zu etwas machen** non accennare a fare qcs.
Anstand ['anʃtant] *(m; -(e)s, -stände)* ***1*** *(solo sing)* decenza, buona educazione ♦ *den Anstand verletzen* offendere la decenza. ***2*** *(pl) (region)* difficoltà, *(pl)* noie.
anständig ['anʃtɛndɪç] *(agg)* ***1*** decente. ***2*** *(fig/fam)* decente, ragionevole, accettabile ♦ *ein anständiger Lohn, Preis* una paga, un prezzo decente. ***3*** *(fam)* notevole. ***4*** *(avv)* decentemente; *(fam)* notevolmente.
anstandslos ['anʃtantsˌloːs] *(avv)* ~ *(fam)* senza esitazione, senza difficoltà.
an|starren *(vt, hat)* ~ fissare, guardare fisso.
anstatt[1] [an'ʃtat] *(prep* + Gen*)* ~ al posto di, invece di ♦ *anstatt seines Bruders* al posto di suo fratello ♦ *anstatt seiner* al posto suo.
anstatt[2] *(congiunz)* ~ invece di ♦ *das Kind spielt, anstatt zu lernen* il bambino gioca invece di studiare.
an|stecken *(vt, hat)* ***1*** applicare, appuntare (con spilli). ***2*** infilare (anelli). ***3*** contagiare *(anche fig)*. ◆ **sich bei jmdm anstecken** *(vr)* contagiarsi, essere contagiato da qcn.
ansteckend ['anʃtɛkənt] *(agg)* ~ contagioso *(anche fig)*.
Anstecknadel ['anʃtɛkˌnaːdəl] *(f; - ,-n)* ~ spilla.
Ansteckung ['anʃtɛkʊŋ] *(f; -, -en)* ~ contagio.
an|stehen *(vi, hat; irr* stehen*)* ***1*** aspettare in coda, fare la coda. ***2*** essere in programma, essere stabilito. ◆ **etwas anstehen lassen** rimandare qcs.
an|steigen *(vi, ist; irr* steigen*)* ***1*** salire (essere in salita). ***2*** *(fig)* salire, crescere ♦ *die Preise steigen an* i prezzi salgono.
anstelle *(anche* an Stelle*)* ['anʃtɛlə] *(prep* + Gen*)* ~ invece, al posto di. ◆ **anstelle von** invece, al posto di.

an|stellen *(vt,* hat*)* ***1*** appoggiare, accostare. ***2*** accendere, aprire ♦ *die Heizung anstellen* accendere il riscaldamento. ***3*** assumere (lavoratori). ***4*** fare, combinare (danni e sim) ♦ *was hast du da wieder angestellt?* cosa hai combinato stavolta? ***5*** fare, tentare ♦ *alles Mögliche anstellen* tentare tutto il possibile. ◆ **sich anstellen** *(vr)* ***1*** mettersi in coda. ***2*** *(fam)* comportarsi ♦ *sich dumm anstellen* essere maldestro.

Anstellung ['anʃtɛlʊŋ] *(f;* -, -en*)* ***1*** assunzione. ***2*** impiego, posto di lavoro.

Anstieg ['anʃti:k] *(m;* -(e)s, -e*)* ***1*** salita. ***2*** *(fig)* aumento.

an|stiften *(vt,* hat*)* ***1*** {*jmdn zu etwas ~*} istigare qcn a qcs. ***2*** causare, provocare (mali).

an|stimmen *(vt,* hat*)* ***1*** intonare. ***2*** prorompere in ♦ *ein Gelächter anstimmen* prorompere in una risata.

Anstoß ['anʃto:s] *(m;* -(e)s, -stöße*)* ***1*** impulso ♦ *den ersten Anstoß zu etwas geben* dare il primo impulso a qcs. ***2*** *(lett)* disapprovazione, scandalo. ◆ **(bei jmdm) Anstoß erregen** suscitare scandalo presso qcn. ◆ **an etwas** (Dat) **Anstoß nehmen** scandalizzarsi di qcs.

an|stoßen[1] *(vi,* ist/hat; *irr* stoßen*)* ***1*** *(aux* ist*)* urtare. ***2*** {*bei jmdm (mit etwas) ~*} *(aux* ist*)* *(fig)* urtare, scandalizzare qcn (con qcs). ***3*** {*auf etwas* (Acc) *~*} *(aux* hat*)* brindare a qcs ♦ *auf jmds Gesundheit anstoßen* brindare alla salute di qcn.

an|stoßen[2] *(vt,* hat; *irr* stoßen*)* ***1*** urtare, colpire. ***2*** {*jmdn ~*} dare un colpetto a qcn (in segno d'intesa). ***3*** mettere in movimento (con un piccolo colpo).

anstößig ['anʃtø:sɪç] *(agg)* ~ scandaloso, indecente.

an|streichen *(vt,* hat; *irr* streichen*)* ***1*** verniciare, imbiancare. ***2*** segnare, notare, marcare ♦ *Fehler anstreichen* segnare gli errori.

Anstreicher ['anʃtraiçɐ] *(m;* -s, -*)* ~ imbianchino.

an|strengen ['anʃtrɛŋən] *(vt,* hat*)* ***1*** sforzare, impegnare. ***2*** affaticare. ◆ **sich anstrengen** *(vr)* sforzarsi, impegnarsi.

anstrengend [-t] *(agg)* ~ faticoso.

Anstrengung ['anʃtrɛŋʊŋ] *(f;* -, -en*)* ~ sforzo; strapazzo, fatica.

Anstrich ['anʃtrɪç] *(m;* -(e)s, -e*)* ***1*** pittura, verniciatura, imbiancatura. ***2*** *(solo sing)* *(fig)* aspetto, apparenza.

Ansturm ['anʃtʊrm] *(m;* -(e)s, -stürme*)* ***1*** assalto, attacco *(anche mil)*. ***2*** *(fig)* ressa; assalto, caccia (a qcs) ♦ *der Ansturm auf die letzten Theaterkarten* la caccia agli ultimi biglietti per il teatro.

an|stürmen *(vi,* ist*)* ***1*** accalcarsi. ***2*** {*gegen jmdn/etwas ~*} scagliarsi contro, attaccare, assalire qcn/qcs. ◆ **angestürmt kommen** arrivare di gran carriera.

an|tasten *(vt,* hat*)* ***1*** toccare. ***2*** toccare, intaccare ♦ *die Ersparnisse nicht antasten* non toccare i risparmi. ***3*** *(fig)* violare, offendere ♦ *ein Recht antasten* violare un diritto ♦ *jmds Würde antasten* offendere la dignità di qcn.

Anteil ['an,tail] *(m;* -(e)s, -e*)* ***1*** quota spettante a qcn. ***2*** *(solo sing)* partecipazione, interesse. ◆ **an etwas** (Dat) **Anteil haben** avere una parte in qcs ♦ *er hat an diesem Misserfolg keinen Anteil* non ha nessuna parte in questo insuccesso. ◆ **an jmdm/etwas Anteil nehmen** mostrare partecipazione verso qcn/qcs.

Anteilnahme [-,na:mə] *(f;* -*)* ***1*** partecipazione. ***2*** *(fig)* partecipazione, interesse; compassione.

Antenne [an'tɛnə] *(f;* -, -n*)* ~ antenna.

Antibiotikum [anti'bjo:tikʊm] *(n;* -s, Antibiotika*)* ~ antibiotico.

Antike [an'ti:kə] *(f;* -, -n*)* ~ antichità (mondo antico); *(solo pl)* antichità (oggetti antichi).

Antikörper ['anti,kœrpɐ] *(m;* -s, -*)* ~ anticorpo.

Antipathie [antipa'ti:] *(f;* -, -n*)* ~ antipatia ♦ *eine Antipathie gegen jmdn haben, hegen* avere, nutrire un'antipatia per qcn.

an|tippen *(vt,* hat*)* ***1*** toccare leggermente ♦ *jmdn an der Schulter antippen* dare a qcn un leggero colpo sulla spalla. ***2*** *(fig)* toccare, accennare (questioni e sim).

Antiquität [antikvi'tɛ:t] *(f;* -, -en*)* ~ pezzo d'antiquariato.

Antiquitätenhandel [-ən,handəl] *(m;* -s*)* ~ antiquariato (commercio di oggetti antichi).

Antrag ['an,tra:k] *(m; -(e)s, -träge)* ***1*** richiesta (formale), istanza ♦ *einen Antrag einreichen* presentare un'istanza. ***2*** mozione.

an|treffen *(vt, hat; irr* treffen*)* ~ trovare qcn (in qualche luogo) ♦ *dienstags treffen Sie mich im Büro an* tutti i martedì mi trova in ufficio.

an|treiben *(vt, hat; irr* treiben*)* ***1*** spronare. ***2*** mettere in moto. ***3*** *(fig)* {*jmdn zu etwas* ~} spronare, incitare, spingere qcn a qcs. ***4*** spingere a riva.

an|treten[1] *(vi, ist; irr* treten*)* ***1*** {*zu etwas* ~} arrivare, presentarsi a qcs ♦ *zur Arbeit antreten* presentarsi al lavoro ♦ *zum Dienst antreten* entrare in servizio. ***2*** mettersi in fila.

an|treten[2] *(vt, hat; irr* treten*)* ***1*** iniziare, intraprendere ♦ *eine Reise antreten* intraprendere un viaggio. ***2*** mettere in moto (con un pedale).

Antrieb ['an,tri:p] *(m; -(e)s, -e)* ***1*** trazione, propulsione. ***2*** *(fig)* impulso ♦ *jmdm/etwas neuen Antrieb geben* dare nuovo impulso a qcn/qcs. ◆ **aus eigenem, freiem Antrieb** spontaneamente.

Antritt ['an,trɪt] *(m; -(e)s)* ***1*** inizio ♦ *bei Antritt der Reise* all'inizio del viaggio. ***2*** assunzione ♦ *der Antritt eines Amtes* l'assunzione di una carica.

an|tun *(vt, hat; irr* tun*)* ~ {*jmdm etwas* ~} fare, causare qcs a qcn ♦ *jmdm Gutes, Böses antun* fare del bene, del male a qcn. ◆ **es jmdm angetan haben** piacere a qcn/affascinare qcn.

Antwort ['ant,vɔrt] *(f; -, -en)* ***1*** risposta ♦ *die Antwort auf eine Frage, auf einen Brief* la risposta a una domanda, a una lettera ♦ *(jmdm) die Antwort schuldig bleiben* lasciare qcn senza risposta. ***2*** *(fig)* risposta, reazione. ◆ **keine Antwort ist auch eine Antwort** *(prov)* chi tace, acconsente.

antworten [-ən] *(vi/vt, hat)* ~ rispondere ♦ *auf eine Frage antworten* rispondere a una domanda ♦ *was hat er dir geantwortet?* cosa ti ha risposto?

an|vertrauen *(vt, hat)* ***1*** {*jmdm jmdn/etwas* ~} affidare qcn/qcs a qcn. ***2*** {*jmdm etwas* ~} confidare qcs a qcn. ◆ **sich anvertrauen** *(vr)* ***1*** {*sich jmdm/etwas* ~} affidarsi a qcn/qcs, mettersi nelle mani di qcn. ***2*** {*sich jmdm* ~} confidarsi con qcn.

an|wachsen *(vi, ist; irr* wachsen*)* ***1*** attaccarsi, attecchire. ***2*** *(fig)* crescere, aumentare.

Anwalt ['an,valt] *(m; -(e)s, -wälte; f* **Anwältin***)* ***1*** avvocato. ***2*** *(fig)* difensore ♦ *sich für jmdn/etwas zum Anwalt machen* ergersi a difensore di qcn/qcs.

an|wandeln *(vt, hat)* ~ {*jmdn* ~} *(lett)* assalire, prendere qcn (sensazioni, dubbi, ecc).

Anwandlung ['an,vandlʊŋ] *(f; -, -en)* ~ impeto, impulso, estro.

Anwärter ['an,vɛrtɐ] *(m; -s, -; f* **-in***)* ~ pretendente, candidato, aspirante ♦ *Anwärter auf den Thron* pretendente al trono.

Anwartschaft ['an,vart∫aft] *(f; -, -en)* ~ candidatura ♦ *die Anwartschaft auf ein Amt* la candidatura a una carica.

an|weisen *(vt, hat; irr* weisen*)* ***1*** {*jmdn* ~, *etwas zu tun*} ordinare a qcn, incaricare qcn di fare qcs. ***2*** {*jmdm etwas* ~} assegnare qcs a qcn. ◆ **auf etwas angewiesen sein** vedi **angewiesen**.

Anweisung ['an,vaizʊŋ] *(f; -, -en)* ***1*** ordine, istruzione ♦ *strikte Anweisung haben, etwas zu tun* avere l'ordine tassativo di fare qcs. ***2*** istruzione (spiegazione). ***3*** *(econ)* vaglia (postale o bancario).

an|wenden *(vt, hat; reg/irr* wenden*)* ***1*** usare, utilizzare ♦ *Gewalt anwenden* usare violenza. ***2*** applicare, mettere in pratica ♦ *eine Methode, eine Regel anwenden* applicare un metodo, una regola.

Anwendung ['an,vɛndʊŋ] *(f; -, -en)* ~ utilizzo, impiego. ◆ **Anwendung finden** trovare impiego, applicazione. ◆ **zur Anwendung bringen** mettere in pratica, applicare.

an|werben *(vt, hat; irr* werben*)* ***1*** reclutare, arruolare. ***2*** assumere.

an|werfen *(vt, hat; irr* werfen*)* ~ *(tecn)* avviare (motore).

Anwesen ['an,ve:zən] *(n; -s, -)* ~ podere, tenuta.

anwesend [-t] *(agg)* ~ presente ♦ *die Anwesenden* i presenti.

Anwesenheit [-,hait] *(f; -)* ~ presenza ♦ *in jmds Anwesenheit* in presenza di qcn, alla presenza di qcn.

an|widern ['an,vi:dɐn] *(vt,* hat*)* ~ disgustare, nauseare *(anche fig)*.
Anwohner ['an,vo:nɐ] *(m;* -s, -*)* ~ confinante.
Anwurf ['an,vʊrf] *(m;* -(e)s, -würfe*)* ~ accusa.
an|wurzeln *(vi,* ist*)* ~ mettere radici.
Anzahl ['an,tsa:l] *(f;* -*)* ~ numero (impreciso), quantità ♦ *die Anzahl der Teilnehmer* il numero dei partecipanti. ◆ **eine Anzahl** un certo numero, alcuni ♦ *eine Anzahl Kinder* alcuni bambini.
an|zahlen *(vt,* hat*)* ~ dare in acconto.
an|zapfen *(vt,* hat*)* ***1*** spillare. ***2*** {*jmdm* ~} *(fig/fam)* spillare soldi a qcn.
Anzeichen ['an,tsaiçən] *(n;* -s, -*)* ***1*** segno, segnale, indizio, avvisaglia ♦ *das Anzeichen eines Gewitters* il segnale di un temporale ♦ *es gibt keine Anzeichen für eine Krise* non ci sono avvisaglie di una crisi. ***2*** *(med)* sintomo.
Anzeige ['an,tsaigə] *(f;* -, -n*)* ***1*** annuncio (scritto), avviso, inserzione ♦ *eine Anzeige bei/in der Zeitung aufgeben* mettere un annuncio sul giornale. ***2*** *(dir)* denuncia.
an|zeigen *(vt,* hat*)* ***1*** denunciare ♦ *einen Dieb, einen Diebstahl anzeigen* denunciare un ladro, un furto. ***2*** annunciare. ***3*** segnare, indicare (di strumenti di misurazione).
an|zetteln ['an,tsɛtəln] *(vt,* hat*)* ***1*** ordire (tessuto). ***2*** *(fig)* ordire, tramare.
an|ziehen[1] *(vi,* hat; *irr* ziehen*)* ***1*** muoversi, mettersi in moto. ***2*** *(econ)* salire (azioni).
an|ziehen[2] *(vt,* hat; *irr* ziehen*)* ***1*** indossare, mettersi ♦ *die Schuhe anziehen* mettersi le scarpe. ***2*** vestire ♦ *ein Kind anziehen* vestire un bambino. ***3*** attirare *(anche fig)*. ***4*** tirare (freno); stringere (viti). ◆ **sich anziehen** *(vr)* vestirsi.
anziehend ['an,tsi:ənt] *(agg)* ~ attraente.
Anziehung ['an,tsi:ʊŋ] *(f;* -, -en*)* ***1*** attrazione *(anche fig)*. ***2*** *(fig)* fascino.
Anziehungskraft [-s,kraft] *(f;* -*)* ***1*** forza di gravità. ***2*** *(fig)* fascino; attrattiva.
Anzug[1] ['an,tsu:k] *(m)* ~ **im Anzug sein** avvicinarsi, essere in avvicinamento ♦ *ein Gewitter ist im Anzug* si avvicina un temporale.
Anzug[2] *(m;* -(e)s, -züge*)* ~ vestito (da uomo).
anzüglich ['an,tsy:klɪç] *(agg)* ~ insinuante, malizioso.
an|zünden *(vt,* hat*)* ~ accendere (con il fuoco); dare fuoco a qcs ♦ *sich* (Dat) *eine Zigarette anzünden* accendersi una sigaretta.
an|zweifeln *(vt,* hat*)* ~ dubitare di qcs, mettere in dubbio qcs.
Apfel ['apfəl] *(m;* -s, Äpfel*)* ~ mela. ◆ **der Apfel fällt nicht weit vom Stamm** *(prov)* tale padre, tale figlio.
Apfelbaum [-,baum] *(m;* -(e)s, -bäume*)* ~ melo.
Apfelsine [-'zi:nə] *(f;* -, -n*)* ~ arancia.
Apostel [a'pɔstəl] *(m;* -s, -*)* ~ apostolo.
Apostroph [apo'stro:f] *(m;* -s, -e*)* ~ apostrofo.
Apotheke [apo'te:kə] *(f;* -, -n*)* ~ farmacia.
Apotheker [apo'te:kɐ] *(m;* -s, -; *f* **-in***)* ~ farmacista.
Apparat [apa'ra:t] *(m;* -(e)s, -e*)* ***1*** apparecchio. ***2*** apparecchio, telefono ♦ *bleiben Sie bitte am Apparat* rimanga in linea, prego ♦ *wer ist am Apparat?* chi parla? ***3*** macchina fotografica. ***4*** apparato ♦ *kritischer Apparat* apparato critico ♦ *der Apparat der Verwaltung* l'apparato amministrativo.
Appell [a'pɛl] *(m;* -s, -e*)* ~ appello *(anche mil)* ♦ *einen Appell an jmdn richten* rivolgere un appello a qcn.
appellieren [apɛ'li:rən] *(vi,* hat*)* ~ {*an jmdn/etwas* ~} appellarsi a qcn/qcs.
Appetit [ape'ti:t] *(m;* -(e)s, *raro* -e*)* ~ appetito ♦ *keinen Appetit haben* non avere appetito ♦ *mir ist der Appetit vergangen* mi è passato l'appetito. ◆ **guten Appetit !** buon appetito! ◆ **der Appetit kommt beim Essen** *(prov)* l'appetito vien mangiando.
appetitlich [-lɪç] *(agg)* ***1*** appetitoso. ***2*** *(fig)* carino, grazioso (persona).
applaudieren [aplau'di:rən] *(vi,* hat*)* ~ {*jmdm/etwas* ~} applaudire qcn/qcs.
Applaus [a'plaus] *(m;* -es*)* ~ applauso.
Aprikose [apri'ko:zə] *(f;* -, -n*)* ~ albicocca.
Aprikosenbaum [-n,baum] *(m;* -(e)s, -bäume*)* ~ albicocco.
April [a'prɪl] *(m;* -/-s, -e*)* ~ aprile ♦ *im April* in aprile. ◆ **jmdn in den April schicken** *(fig)* fare un pesce d'aprile a qcn.

apropos [apro'poː] *(avv)* ~ a proposito di ♦ *apropos Urlaub* a proposito di vacanze.

Aquarell [akva'rɛl] *(n; -s, -e)* ~ acquerello; colore ad acquerello.

Aquarium [a'kvaːrjum] *(n; -s, -rien)* ~ acquario.

Äquator [ɛ'kvaːtoːɐ] *(m; -s, raro -en)* ~ equatore.

Ära ['ɛːra] *(f; -, Ären)* ~ era, epoca.

Arbeit ['arbait] *(f; -, -en)* ***1*** lavoro ♦ *eine anstrengende, leichte, schwere Arbeit* un lavoro faticoso, leggero, pesante ♦ *an die Arbeit gehen, sich an die Arbeit machen* mettersi al lavoro ♦ *an der Arbeit sein* essere al lavoro ♦ *zur Arbeit gehen* andare al lavoro ♦ *Arbeit finden, suchen* trovare, cercare lavoro. ***2*** lavoro, opera, prodotto ♦ *eine wissenschaftliche Arbeit* un lavoro scientifico. ***3*** compito (scolastico). ***4*** lavoro, fatica ♦ *das kostet viel Arbeit* questo costa molta fatica. ***5*** lavorazione ♦ *in Arbeit sein* essere in lavorazione ♦ *etwas in Arbeit geben* dare in lavorazione qcs.

arbeiten [-ən] *(vi, hat)* ***1*** lavorare ♦ *er arbeitet als Friseur* fa il parrucchiere ♦ *bei einer Firma arbeiten* lavorare presso una ditta. ***2*** {*an etwas* (Dat) ~} lavorare a qcs ♦ *wir arbeiten an einem neuen Projekt* lavoriamo a un nuovo progetto. ***3*** funzionare (macchinari e sim).

Arbeiter [-ɐ] *(m; -s, -; f* **-in***)* ***1*** lavoratore. ***2*** operaio ♦ *qualifizierter, ungelernter Arbeiter* operaio qualificato, non specializzato.

Arbeiterschaft [-ɐʃaft] *(f; -)* ~ maestranze.

Arbeitgeber [-ˌgeːbɐ] *(m; -s, -)* ~ datore di lavoro.

Arbeitnehmer [-ˌneːmɐ] *(m; -s, -)* ~ lavoratore (dipendente).

Arbeitsamt ['arbaitsˌʔamt] *(n; -(e)s, -ämter)* ~ ufficio di collocamento.

Arbeitskraft ['arbaitsˌkraft] *(f; -, -kräfte)* ***1*** *(solo sing)* capacità lavorativa. ***2*** lavoratore; *(pl)* manodopera ♦ *wir brauchen neue Arbeitskräfte* abbiamo bisogno di nuova manodopera.

arbeitslos ['arbaitsˌloːs] *(agg)* ~ disoccupato.

Arbeitslosengeld ['arbaitsˌloːzənˌgɛlt] *(n; -(e)s)* ~ sussidio di disoccupazione.

Arbeitslose(r) ['arbaitsˌloːzə (-zɐ)] *(m/f; -n, -n)* ~ disoccupato/a.

Arbeitslosigkeit ['arbaitsˌloːzɪçkait] *(f; -)* ~ disoccupazione.

Arbeitsplatz ['arbaitsˌplats] *(m; -(e)s, -plätze)* ***1*** luogo di lavoro. ***2*** posto di lavoro, occupazione.

Arbeitsspeicher ['arbaitsˌʃpaiçɐ] *(m; -s, -)* ~ *(elab)* memoria RAM.

Arbeitszeit ['arbaitsˌtsait] *(f; -, -en)* ~ orario di lavoro.

archaisch [ar'çaːɪʃ] *(agg)* ~ arcaico.

Archäeologe [arçɛo'loːgə] *(m; -n, -n; f* **-login***)* ~ archeologo.

Archäeologie [arçɛolo'giː] *(f; -)* ~ archeologia.

Architekt [arçi'tɛkt] *(m; -en, -en)* ~ architetto.

Architektur [arçitɛk'tuːɐ] *(f; -, -en)* ~ architettura.

Archiv [ar'çiːf] *(n; -s, -e)* ~ archivio.

Areal [are'aːl] *(n; -s, -e)* ~ area.

Arena [a'reːna] *(f; -, Arenen)* ~ arena (anfiteatro; arena sportiva).

arg [ark] *(agg;* **ärger, am ärgsten***)* ***1*** grave. ***2*** cattivo ♦ *arge Gedanken* pensieri cattivi. ***3*** *(region) (fam)* grosso, grande ♦ *ein arger Angeber* un grande spaccone. ***4*** *(avv) (region)* molto ♦ *das ist arg wichtig* è molto importante.

Ärger ['ɛrgɐ] *(m; -s)* ***1*** indignazione, rabbia ♦ *seinen Ärger an jmdm/etwas auslassen* sfogare la propria rabbia su qcn/qcs ♦ *jmdm Ärger bereiten* far arrabbiare qcn. ***2*** noie, seccature ♦ *mit jmdm Ärger haben* avere delle noie con qcn. ◆ **grün und gelb vor Ärger werden** *(fig/fam)* diventare verde di bile.

ärgerlich [-lɪç] *(agg)* ***1*** arrabbiato, contrariato ♦ *auf jmdn, über jmdn/etwas ärgerlich sein* essere arrabbiato con qcn/per qcs. ***2*** spiacevole, seccante, irritante.

ärgern [-n] *(vt, hat)* ~ {*jmdn* ~} far arrabbiare qcn, irritare qcn ♦ *es ärgert mich, dass* mi irrita il fatto che. ◆ **sich über jmdn/etwas ärgern** *(vr)* arrabbiarsi con qcn/per qcs.

Ärgernis [-nɪs] *(n; -ses, -se)* ***1*** noia, seccatura. ***2*** scandalo ♦ *Erregung öffentlichen Ärgernisses (dir)* oltraggio al pudore.

Arglist ['arkˌlɪst] *(f; -)* ~ malignità, malizia.

arglistig [-ɪç] *(agg)* ~ maligno, malizioso.

arglos ['ark,lo:s] *(agg)* ***1*** innocente (senza malizia). ***2*** ingenuo. ***3*** *(avv)* ingenuamente, senza malizia.
Argument [argu'mɛnt] *(n; -(e)s, -e)* ~ argomento, prova ♦ *Argumente für/gegen etwas finden, anführen* trovare, portare argomenti a favore di/contro qcs.
argumentieren [argumɛn'ti:rən] *(vi, hat)* ~ {*über etwas* ~} argomentare su qcs, dimostrare qcs.
Argwohn ['ark,vo:n] *(m; -(e)s)* ~ *(lett)* sospetto, diffidenza.
argwöhnisch ['ark,vø:nɪʃ] *(agg)* ~ *(lett)* sospettoso, diffidente.
Arie ['a:rjə] *(f; -, -n)* ~ *(mus)* aria.
Aristokrat [arɪsto'kra:t] *(m; -en, -en)* ~ aristocratico.
Aristokratie [arɪstokra'ti:] *(f; -, -n)* ~ aristocrazia.
aristokratisch [arɪstokra:'tɪʃ] *(agg)* ~ aristocratico.
arm [arm] *(agg)* ~ povero *(anche fig)* ♦ *armer Kerl* poveraccio ♦ *du Armer!* povero te! ♦ *du Arme!* povera te! ◆ **an etwas** (Dat) **arm sein** essere povero di ♦ *dieses Gericht ist arm an Vitaminen* questa pietanza è povera di vitamine.
Arm *(m; -(e)s, -e)* ***1*** braccio ♦ *die Arme ausbreiten, ausstrecken, heben, kreuzen* allargare, allungare, sollevare, incrociare le braccia. ***2*** braccio (di candelabro, bilancia, ecc); ramo (di fiume). ◆ **jmdn am/beim Arm nehmen** prendere qcn per un braccio. ◆ **jmdn auf den Arm nehmen** ***1*** prendere qcn in braccio. ***2*** *(fig/fam)* prendere in giro qcn. ◆ **jmdn unter den Arm nehmen** prendere qcn sottobraccio. ◆ **jmdm in die Arme laufen** imbattersi in, incontrare per caso qcn. ◆ **Arm in Arm gehen** camminare a braccetto. ◆ **jmdn mit offenen Armen aufnehmen** accogliere qcn a braccia aperte.
Armatur [arma'tu:ɐ] *(f; -, -en)* ***1*** attrezzatura (di macchinari e sim). ***2*** *(spec pl)* strumenti indicatori. ***3*** *(spec pl)* rubinetti.
Armaturenbrett [arma'tu:rən,brɛt] *(n; -(e)s, -er)* ***1*** cruscotto. ***2*** *(tecn)* quadro di comando.
Armband ['arm,bant] *(n; -(e)s, -bänder)* ~ bracciale, braccialetto.
Armbanduhr [-,ʔu:ɐ] *(f; -, -en)* ~ orologio da polso.
Armbrust ['arm,brʊst] *(f; -, -bruste/-brüste)* ~ balestra.
Armee [ar'me:] *(f; -, -n)* ~ armata, esercito *(anche fig)*.
Ärmel ['ɛrməl] *(m; -s, -)* ~ manica ♦ *kurze, lange Ärmel* maniche corte, lunghe. ◆ **sich** (Dat) **die Ärmel hochkrempeln** *(fig)* rimboccarsi le maniche.
ärmlich ['ɛrmlɪç] *(agg)* ~ povero, misero.
armselig ['arm,ze:lɪç] *(agg)* ~ povero, misero *(anche fig)*.
Armsessel ['arm,zɛsəl] *(m; -s, -)* ~ poltrona (con braccioli).
Armut ['armu:t] *(f; -)* ***1*** povertà, miseria *(anche fig)* ♦ *geistige Armut* povertà spirituale ♦ *in Armut geraten, leben* cadere, vivere in povertà. ***2*** penuria, scarsità ♦ *die Armut an Rohstoffen* la scarsità di materie prime.
Aroma [a'ro:ma] *(n; -s, -s/Aromen)* ~ aroma.
aromatisch [aro'ma:tiʃ] *(agg)* ~ aromatico.
arrangieren [arã'ʒi:rən] *(vt, hat)* ***1*** organizzare, arrangiare ♦ *ein Fest, ein Treffen arrangieren* organizzare una festa, un incontro. ***2*** disporre (artisticamente). ***3*** *(mus)* arrangiare. ◆ **sich arrangieren** *(vr)* ***1*** {*sich (mit jmdm)* ~} mettersi d'accordo, trovare un accordo (con qcn). ***2*** {*sich (mit etwas)* ~} arrangiarsi (con qcs).
Arrest [a'rɛst] *(m; -(e)s, -e)* ~ arresto (di persone); sequestro (di beni) ♦ *etwas unter Arrest stellen* porre qcs sotto sequestro.
arrogant [aro'gant] *(agg)* ~ arrogante.
Arroganz [aro'gants] *(f; -)* ~ arroganza.
Arsch ['arʃ] *(m; -es, Ärsche)* ~ *(volg)* culo ♦ *jmdm in den Arsch kriechen (fig/volg)* leccare il culo a qcn ♦ *jmdm in den Arsch treten (volg)* prendere qcn a calci nel culo. ◆ **leck mich am Arsch!** *(volg)* vaffanculo!
Arschloch [-,lɔx] *(n; -(e)s, -löcher)* ***1*** *(volg)* buco del culo. ***2*** *(fig/volg)* stronzo.
Art ['a:ɐt] *(f; -, -en)* ***1*** tipo, specie *(anche biol)*, genere, sorta ♦ *diese Art von Rosen* questo tipo di rose ♦ *Blumen aller Art(en)* fiori di ogni tipo ♦ *einzig in seiner Art* unico nel suo genere. ***2*** modo (di fare),

comportamento; *(fam)* buona educazione ♦ *eine höfliche, gewinnende Art* un modo di fare gentile, che conquista ♦ *eine Art zu sprechen, zu singen* un modo di parlare, di cantare ♦ *was ist denn das für eine Art?* ma che modi sono questi? ◆ **Art und Weise** modo, maniera. ◆ **eine Art** (**von**) una sorta di, una specie di ♦ *eine Art Samt* una specie di velluto ♦ *eine Art weicher Samt* una specie di velluto morbido ♦ *mit einer Art weichem Samt/von weichem Samt* con una specie di velluto morbido. ◆ **auf diese Art** (**und Weise**) in questo modo. ◆ **auf andere Art** in un altro modo. ◆ **auf meine, seine Art** a modo mio, suo. ◆ **nach Art** alla maniera ♦ *nach italienischer Art* all'italiana ♦ *Braten nach Art des Hauses* arrosto della casa.

Arterie [ar'te:rjə] *(f; -, -n)* ~ *(med)* arteria.

artig ['a:ɐtɪç] *(agg)* ~ obbediente, bravo ♦ *sich artig benehmen* comportarsi bene.

Artikel [ar'ti:kəl] *(m; -s, -)* ~ articolo.

Artillerie ['artɪləri:] *(f; -, -n)* ~ *(mil)* artiglieria.

Artischocke [arti'ʃɔkə] *(f; -, -n)* ~ carciofo.

Artist [ar'tɪst] *(m; -en, -en; f* **-in***)* ~ artista (di circo o varietà).

Arznei [a:ɐts'nai] *(f; -, -en)* ~ medicinale, farmaco ♦ *eine Arznei einnehmen* assumere un medicinale.

Arzneimittel [-ˌmɪtəl] *(n; -s, -)* ~ farmaco, medicinale.

Arzt ['a:ɐtst] *(m; -es, Ärzte; f* **Ärztin***)* ~ medico, dottore ♦ *zum Arzt gehen* andare dal medico ♦ *den Arzt holen* chiamare il medico.

Arzthelferin [-ˌhɛlfərɪn] *(f; -, -nen)* ~ assistente, segretaria in uno studio medico.

ärztlich ['ɛ:ɐtstlɪç] *(agg)* ~ medico.

as [as] *(n; -)* ***1*** *(mus)* la bemolle. ***2*** *(mus)* abbrev di **as-Moll**.

As *(n; -)* ***1*** *(mus)* la bemolle. ***2*** abbrev di **As-Dur**.

As ~ vedi **Ass**.

Asbest [-'bɛst] *(m; -es, -e)* ~ amianto.

Asche ['aʃə] *(f; -, -n)* ~ cenere. ◆ **sich** (Dat) **Asche aufs Haupt streuen** *(fig)* cospargersi il capo di cenere.

Aschenbecher [-nˌbɛçɐ] *(m; -s, -)* ~ portacenere.

Aschenkrug [-nˌkru:k] *(m; -(e)s, -krüge)* ~ urna cineraria.

Aschenputtel [-nˌpʊtəl] *(n; -s, -)* ~ Cenerentola.

Aschermittwoch [ˌaʃɐ'mɪtvɔx] *(m; -(e)s, -e)* ~ mercoledì delle ceneri.

As-Dur ['as'du:ɐ] *(n; -) (abbrev* **As***)* ~ *(mus)* la bemolle maggiore.

as-Moll ['as'mɔl] *(n; -) (abbrev* **as***)* ~ *(mus)* la bemolle minore.

Aspekt [as'pɛkt] *(m; -(e)s, -e)* ~ aspetto *(anche gramm)*, punto di vista ♦ *unter diesem Aspekt* sotto questo aspetto.

Asphalt [as'falt] *(m; -(e)s, -e)* ~ asfalto.

aß [a:s] ~ pret di **essen**.

Ass († **As**) [as] *(n; -es, -e)* ~ asso *(anche fig)*.

Assistent [asɪs'tɛnt] *(m; -en, -en ; f* **-in***)* ~ assistente.

assoziieren [asotsi'i:rən] *(vi/vt, hat)* ***1*** *(vi)* associarsi, fondare un'associazione. ***2*** *(vt)* associare (concetti). ◆ **sich assoziieren** *(vr)* associarsi.

Ast [ast] *(m; -(e)s, Äste)* ~ ramo (principale); nodo (nel legno). ◆ **auf dem absteigenden Ast sein** *(fig)* essere in una parabola discendente, passarsela male. ◆ **sich** (Dat) **einen Ast lachen** *(fig)* ridere a crepapelle. ◆ **den Ast absägen, auf dem man sitzt** *(fig)* darsi la zappa sui piedi.

Ästhetik [ɛs'te:tɪk] *(f; -)* ~ estetica.

ästethisch [ɛs'te:tɪʃ] *(agg)* ~ estetico.

Asthma ['astma] *(n; -s)* ~ asma.

Astrologe [astro'lo:gə] *(m; -n, -n; f* **-login***)* ~ astrologo.

Astrologie [astrolo'gi:] *(f; -)* ~ astrologia.

Astronaut [astro'naut] *(m; -en, -en ; f* **-in***)* ~ astronauta.

Astronom [astro'no:m] *(m; -en, -en ; f* **-in***)* ~ astronomo.

Astronomie [astrono'mi:] *(f; -)* ~ astronomia.

astronomisch [astro'no:mɪʃ] *(agg)* ~ astronomico *(anche fig)*.

Asyl [a'zy:l] *(n; -s, -e)* ~ *(pol)* asilo ♦ *um politisches Asyl bitten* chiedere asilo politico ♦ *jmdm Asyl gewähren* concedere asilo a qcn.

Asylant [azy'lant] *(m; -en, -en ; f* **-in***)* ~ rifugiato politico.

Atem ['aːtəm] *(m; -s)* ~ respiro ♦ *schneller, keuchender Atem* respiro veloce, affannoso ♦ *mit verhaltenem Atem* trattenendo il respiro ♦ *(tief) Atem holen* fare un respiro (profondo) ♦ *außer Atem sein* avere il fiatone ♦ *wieder zu Atem kommen* riprendere fiato *(anche fig)*.

atemberaubend [-bəˌraubənt] *(agg)* ~ mozzafiato, che toglie il respiro, vertiginoso.

atemlos [-ˌloːs] *(agg)* ***1*** affannato, ansimante, trafelato. ***2*** veloce, vertiginoso ♦ *atemloses Tempo* ritmo vertiginoso. ***3*** teso, eccitato.

Atemzug [-ˌtsuːk] *(m; -(e)s, -züge)* ~ respiro (singolo). ◆ **im nächsten Atemzug** un istante dopo. ◆ **in einem, im selben Atemzug** contemporaneamente, nello stesso istante.

Äther ['ɛːtɐ] *(m; -s)* ***1*** etere (cielo). ***2*** *(chim)* etere.

Atheist [ate'ɪst] *(m; -en, -en; f* **-in***)* ~ ateo.

Athlet [at'leːt] *(m; -en, -en; f* **-in***)* ~ atleta.

Athletik [-ɪk] *(f; -)* ~ atletica.

athletisch [-ɪʃ] *(agg)* ~ atletico.

atlantisch [at'lantɪʃ] *(agg)* ~ atlantico.

Atlas ['atlas] *(m; -/-ses,* Atlanten/Atlasse*)* ~ atlante.

atmen ['aːtmən] *(vi/vt,* hat*)* ***1*** *(vi)* respirare ♦ *durch den Mund atmen* respirare attraverso la bocca. ***2*** *(vt)* respirare. ◆ **(wieder) frei atmen können** *(fig)* tornare a respirare.

Atmosphäre [atmo'sfɛːrə] *(f; -, -n)* ~ atmosfera *(anche fig)* ♦ *eine Atmosphäre des Vertrauens* un'atmosfera di fiducia.

Atmung ['aːtmʊŋ] *(f; -, raro -en)* ~ respirazione.

Atom [a'toːm] *(n; -(e)s, -e)* ~ atomo.

Atom- *(nei composti)* ~ atomico, nucleare ♦ *Atomkraftwerk* centrale nucleare.

atomar [ato'maːɐ] *(agg)* ~ atomico, nucleare.

Attacke [a'takə] *(f; -, -n)* ~ attacco *(anche med)*.

attackieren [ata'kiːrən] *(vt,* hat*)* ~ attaccare, assalire *(anche fig)*.

Attentat ['atəntaːt] *(n; -(e)s, -e)* ~ attentato ♦ *ein Attentat auf jmdn verüben* compiere un attentato contro qcn ♦ *einem Attentat zum Opfer fallen* cadere vittima di un attentato.

Attentäter ['atəntɛːtɐ] *(m; -s, -; f* **-in***)* ~ attentatore.

Attest [a'tɛst] *(n; -es, -e)* ~ attestato, certificato *(med)* ♦ *ein Attest vorlegen* presentare un certificato.

attraktiv [atrak'tiːf] *(agg)* ***1*** allettante. ***2*** attraente (persona).

Attribut [atri'buːt] *(n; -(e)s, -e)* ~ attributo *(anche gramm)*, proprietà.

ätzen ['ɛtsən] *(vt,* hat*)* ~ *(chim)* corrodere.

ätzend [-t] *(agg)* ***1*** corrosivo, caustico *(anche fig)* ♦ *ätzende Ironie* ironia pungente. ***2*** *(fig/fam)* noioso, palloso.

Aubergine [obɛr'ʒiːnə] *(f; -, -n)* ~ melanzana.

auch [aux] *(congiunz)* ***1*** anche ♦ *kommst du auch mit?* vieni anche tu? ♦ *ich habe auch keine Zeit* neanch'io ho tempo ♦ *ich auch* anch'io ♦ *ich auch nicht* nemmeno io. ***2*** anche, persino ♦ *auch ein Kind würde das verstehen!* anche un bambino lo capirebbe! ***3*** effettivamente, in effetti, realmente ♦ *er sieht müde aus und er ist es auch* appare stanco e in effetti lo è. ◆ **nicht nur..., sondern auch...** non solo..., ma anche... ◆ **wenn... auch, auch wenn** anche se, sebbene ♦ *er irrt sich, auch wenn er es nicht zugeben will* si sbaglia, anche se non vuole ammetterlo. ◆ **wer auch immer** chiunque ♦ *wer auch immer kommt* chiunque venga. ◆ **was auch immer** qualunque cosa ♦ *was auch immer geschieht* qualunque cosa accada. ◆ **wo auch immer** ovunque ♦ *wo auch immer er ist* ovunque sia.

Audienz [au'djɛnts] *(f; -, -en)* ~ udienza ♦ *jmdn um eine Audienz bitten* chiedere un'udienza a qcn.

auf[1] [auf] *(prep +* Dat/Acc; **aufs = auf das***)* ***1*** *(stato +* Dat; *moto +* Acc*)* su, sopra ♦ *das Buch liegt auf dem Schreibtisch* il libro è sulla scrivania ♦ *sie hat die Flasche auf den Küchentisch gestellt* ha messo la bottiglia sul tavolo di cucina ♦ *er lag auf dem Rücken* stava sdraiato sulla schiena ♦ *auf einer einsamen Insel* su un'isola deserta (stato). ***2*** *(stato +* Dat; *moto +* Acc*)* a, in (luoghi e istituzioni pubbliche; nomi di isole) ♦ *auf die Bank, auf den Markt, auf die Post gehen* andare alla banca, al mercato, alla posta ♦ *sie geht* *schon auf die Universität* va già all'università ♦ *auf Mallorca* a Maiorca (stato/moto) ♦ *auf Sizilien* in Sicilia (stato/moto). ***3*** *(stato* + Dat; *moto* + Acc*)* per; in ♦ *auf der Straße* per la strada, in strada (stato) ♦ *er lebt auf dem Land* vive in campagna ♦ *im Sommer fahren wir aufs Land* in estate andiamo in campagna. ***4*** (+ Acc) per (durata) ♦ *auf immer* per sempre ♦ *er ist auf eine Woche verreist* è andato in viaggio per una settimana. ***5*** (+ Acc) in (modo; lingua) ♦ *auf diese Weise* in questo modo ♦ *auf jeden Fall* in ogni caso ♦ *wie sagt man das auf Deutsch?* come si dice questo in tedesco? ***6*** (+ Acc) su, dopo ♦ *Erfolg auf Erfolg* successo dopo successo. ***7*** (+ Acc) su (consiglio, richiesta, ecc) ♦ *auf ihren Wunsch (hin)* su suo desiderio. ***8*** (+ Dat) da ♦ *auf der einen Seite... auf der anderen...* da una parte... dall'altra.... ***9*** (+ Dat) in, a, durante (attività) ♦ *auf der Flucht* in fuga, durante la fuga ♦ *auf der Hochzeit* alle nozze.

auf[2] *(avv)* ~ **auf sein** († **aufsein**) ***1*** *(fam)* essere aperto ♦ *die Tür ist auf* la porta è aperta. ***2*** *(fam)* essere sveglio, in piedi ♦ *bist du schon auf?* ti sei già alzato? ◆ **auf und ab** su e giù ♦ *die Straße auf und ab gehen* andare su e giù per la strada ♦ *das Auf und Ab des Lebens* gli alti e bassi della vita. ◆ **auf und davon sein** *(fam)* dileguarsi, sparire. ◆ **auf!** su! avanti! ♦ *auf, geht's!* su, via! avanti, si parte!

auf|arbeiten *(vt,* hat*)* ***1*** sbrigare ♦ *die Korrespondenz aufarbeiten* sbrigare la corrispondenza. ***2*** rinnovare, rimodernare. ***3*** rielaborare, tirare le somme di qcs.

auf|atmen *(vi,* hat*)* ***1*** respirare, fare un respiro. ***2*** *(fig)* tirare un sospiro di sollievo.

Aufbau ['aufˌbau] *(m;* -(e)s, -bauten*)* ***1*** *(solo sing)* costruzione, ricostruzione ♦ *der Aufbau eines Hauses* la costruzione di una casa. ***2*** *(solo sing)* fondazione (di imprese e sim). ***3*** costruzione, strutturazione (di opere d'arte e sim). ***4*** carrozzeria. ◆ **im Aufbau** in costruzione.

auf|bauen *(vt,* hat*)* ***1*** costruire, edificare; ricostruire ♦ *ein Haus aufbauen* costruire una casa ♦ *eine Stadt wieder aufbauen* ricostruire una città. ***2*** mettere, disporre, allestire. ***3*** strutturare (opere d'arte e sim). ***4*** fondare (imprese e sim). ***5*** {*auf etwas* (Dat) ~} *(vi)* fondarsi, essere basato su qcs. ◆ **sich aufbauen** *(vr)* ***1*** formarsi. ***2*** {*sich vor jmdm* ~} *(fam)* piantarsi (minacciosamente) davanti a qcn.

auf|bäumen *(vr,* hat*)* ~ **sich aufbäumen** ***1*** impennarsi (cavalli). ***2*** {*sich gegen etwas* ~} *(fig)* ribellarsi contro qcs.

auf|bauschen *(vt,* hat*)* ***1*** gonfiare ♦ *der Wind bauscht die Segel auf* il vento gonfia le vele. ***2*** *(fig)* gonfiare, esagerare.

auf|bekommen *(vt,* hat; *irr* kommen*)* ***1*** *(fam)* aprire (a fatica) ♦ *endlich habe ich die Dose aufbekommen* finalmente sono riuscita ad aprire la scatoletta. ***2*** *(fam)* ricevere (compiti scolastici). ***3*** *(fam)* finire di mangiare.

auf|bereiten *(vt,* hat*)* ~ preparare (spec materie prime, per la lavorazione).

auf|bessern *(vt,* hat*)* ***1*** migliorare. ***2*** aumentare (stipendi).

auf|bewahren *(vt,* hat*)* ~ conservare, mettere da parte, custodire ♦ *kühl und trocken aufbewahren* conservare in luogo fresco e asciutto.

Aufbewahrung ['aufbəˌvaːrʊŋ] *(f;* -*)* ~ custodia, deposito ♦ *jmdm etwas zur Aufbewahrung geben* dare qcs a qcn in custodia.

auf|bieten *(vt,* hat; *irr* bieten*)* ***1*** raccogliere, impiegare ♦ *all seine Kräfte aufbieten* impiegare tutte le proprie forze. ***2*** schierare, mobilitare (truppe e sim).

auf|blasen *(vt,* hat; *irr* blasen*)* ~ gonfiare (soffiando) ♦ *einen Luftballon aufblasen* gonfiare un palloncino. ◆ **sich aufblasen** *(vr) (fig/fam)* vantarsi, essere un pallone gonfiato.

auf|bleiben *(vi,* ist; *irr* bleiben*)* ***1*** rimanere alzato (non andare a dormire). ***2*** *(fam)* rimanere aperto (negozio).

auf|blicken *(vi,* hat*)* ***1*** alzare lo sguardo, guardare (in alto). ***2*** {*zu jmdm* ~} *(fig)* ammirare qcn, guardare a qcn con ammirazione.

auf|blitzen *(vi,* ist*)* ~ balenare, lampeggiare *(anche fig)* ♦ *plötzlich blitzte eine Idee in ihm auf* all'improvviso gli balenò un'idea.

auf|blühen *(vi,* ist*)* ***1*** sbocciare. ***2*** *(fig)* svilupparsi, fiorire, espandersi. ***3*** *(fig)* rifiorire, rigenerarsi.
auf|brauchen *(vt,* hat*)* ~ consumare fino in fondo, esaurire.
auf|brausen *(vi,* ist*)* ***1*** spumeggiare, ribollire (liquidi). ***2*** risuonare, scrosciare (applausi). ***3*** *(fam)* andare su tutte le furie.
aufbrausend ['auf,brauzənt] *(agg)* ~ irascibile.
auf|brechen[1] *(vi,* ist; *irr* brechen*)* ***1*** aprirsi, spaccarsi, screpolarsi. ***2*** partire, andarsene.
auf|brechen[2] *(vt,* hat; *irr* brechen*)* ~ scassinare, forzare ♦ *ein Schloss aufbrechen* forzare un lucchetto.
auf|bringen *(vt,* hat; *irr* bringen*)* ***1*** mettere insieme, raccogliere (soldi, mezzi, ecc). ***2*** introdurre (moda); mettere in giro (dicerie). ***3*** *(fam)* (riuscire ad) aprire. ***4*** *(fam)* irritare (persona). ◆ **Mut aufbringen** trovare il coraggio.
Aufbruch ['auf,brʊx] *(m;* -(e)s, -brüche*)* ~ partenza. ◆ **im Aufbruch begriffen sein** stare per partire, essere sul punto di partire.
auf|decken *(vt,* hat*)* ***1*** scoprire, scoperchiare ♦ *die Karten aufdecken* scoprire le carte *(anche fig)*. ***2*** *(fig)* scoprire, svelare. ***3*** *(anche vi)* apparecchiare (la tavola).
Aufdeckung ['auf,dɛkʊŋ] *(f;* -, -en*)* ~ scoperta, smascheramento.
auf|drängen *(vt,* hat*)* ~ {*jmdm etwas* ~} offrire qcs a qcn (con insistenza). ◆ **sich jmdm aufdrängen** *(vr)* essere invadente con qcn, offrire i propri servizi con invadenza.
auf|drehen[1] *(vi,* hat*)* ***1*** *(fam)* accelerare, andare forte (in auto). ***2*** *(fam)* andare su di giri, essere allegro.
auf|drehen[2] *(vt,* hat*)* ***1*** aprire (girando); svitare. ***2*** caricare (orologi).
aufdringlich ['auf,drɪŋlɪç] *(agg)* ~ insistente, invadente.
Aufdruck ['auf,drʊk] *(m;* -(e)s, -drücke*)* ~ scritta, intestazione (stampata).
auf|drücken *(vt,* hat*)* ***1*** aprire (spingendo o premendo). ***2*** {*etwas auf etwas* (Acc) ~} apporre su qcs qcs (timbri e sim) ♦ *einen Stempel (auf ein Dokument) aufdrücken* apporre un timbro (su un documento). ◆ **jmdm einen Kuss aufdrücken** *(fam)* dare, stampare un bacio a qcn.
aufeinander [auf'ai'nandɐ] *(avv)* ***1*** uno sull'altro, uno sopra l'altro ♦ *Hefte aufeinander legen* mettere dei quaderni uno sopra l'altro. ***2*** l'un l'altro, reciprocamente ♦ *aufeinander warten* aspettarsi. ◆ **aufeinander folgen** († **aufeinanderfolgen**) susseguirsi, succedersi. ◆ **aufeinander folgend** († **aufeinanderfolgend**) successivo, di seguito ♦ *mehrere aufeinander folgende Tage* più giorni di seguito.
Aufenthalt ['auf'ɛnt,halt] *(m;* -(e)s, -e*)* ~ soggiorno, permanenza; sosta (spec di treni) ♦ *während meines Aufenthalts in Köln* durante la mia permanenza a Colonia.
Aufenthaltserlaubnis ['auf'ɛnthalts'ɛɐ,laupnis] *(f;* -, -se*)* ~ permesso di soggiorno.
auf|erlegen ['auf'ɛɐ,le:gən] *(vt,* hat*)* ~ {*jmdm etwas* ~} *(lett)* accollare, addossare qcs a qcn *(anche fig)*.
auf|erstehen *(vi,* ist; *irr* stehen*)* ~ *(relig)* risorgere.
Auferstehung ['auf'ɛɐ,ʃte:ʊŋ] *(f;* -*)* ~ *(relig)* risurrezione.
auf|essen *(vt,* hat; *irr/ortogr* essen*)* ~ mangiare tutto, finire.
auf|fahren *(vi,* ist; *irr* fahren*)* ***1*** {*auf etwas* (Acc) ~} urtare, cozzare contro qcs. ***2*** balzare su, sobbalzare ♦ *aus dem Schlaf auffahren* svegliarsi di soprassalto. ***3*** *(fig)* arrabbiarsi, andare su tutte le furie.
Auffahrt ['auf,fa:ɐt] *(f;* -, -en*)* ***1*** salita, tragitto in salita (con un veicolo). ***2*** entrata, svincolo (di autostrada e sim).
auf|fallen *(vi,* hat; *irr* fallen*)* ~ {*jmdm* ~} saltare all'occhio, dare nell'occhio, farsi notare ♦ *mir war dieser Fehler nicht aufgefallen* non mi aveva dato nell'occhio questo errore ♦ *mir ist aufgefallen, dass* ho notato che.
auffallend ['auf,falənt] *(agg)* ~ appariscente, vistoso. ◆ **sich auffallend kleiden** vestirsi in modo appariscente.
auffällig ['auf,fɛlɪç] *(agg)* ~ appariscente, vistoso ♦ *in auffälliger Weise* in modo vistoso.
auf|fangen *(vt,* hat; *irr* fangen*)* ***1*** prendere, afferrare al volo; parare (colpi e sim).

2 raccogliere (liquidi). 3 intercettare, captare.

auf|fassen *(vi,* hat; *ortogr* fassen*)* **1** {*etwas (als etwas)* ~} interpretare, prendere ◆ *er hat meine Worte als Vorwurf aufgefasst* ha preso le mie parole come un rimprovero. **2** capire, comprendere.

Auffassung ['auf,fasʊŋ] *(f;* -, -en*)* ~ opinione, parere, concezione ◆ *der Auffassung sein, dass* essere dell'opinione che ◆ *seine Auffassung der Arbeit/von der Arbeit* la sua concezione del lavoro.

auf|finden *(vt,* hat; *irr* finden*)* ~ trovare, ritrovare, rinvenire ◆ *er wurde tot aufgefunden* fu ritrovato morto.

Auffindung ['auf,fɪndʊŋ] *(f;* -, -en*)* ~ ritrovamento, rinvenimento.

auf|fliegen *(vi,* ist; *irr* fliegen*)* **1** alzarsi (in volo). **2** spalancarsi. **3** *(fam)* saltare, sfumare; saltare fuori (essere scoperto).

auf|fordern *(vt,* hat*)* **1** {*jmdn zu etwas* ~} esortare, invitare qcn a qcs ◆ *jmdn zur Teilnahme auffordern/jmdn auffordern teilzunehmen* invitare qcn a partecipare. **2** {*jmdn (zu etwas)* ~} ordinare, intimare ◆ *eine Stadt zur Übergabe auffordern* intimare la resa a una città. **3** {*jmdn* ~} invitare qcn a ballare.

Aufforderung ['auf,fɔrdərʊŋ] *(f;* -, -en*)* ~ richiesta, esortazione, invito (insistente).

auf|frischen[1] ['auf,frɪʃən] *(vi,* hat*)* ~ rafforzarsi, raffrescarsi (vento).

auf|frischen[2] *(vt,* hat*)* **1** rinnovare, rimodernare. **2** rinfrescare, rispolverare (spec lingue) ◆ *ich muss meine Deutschkenntnisse auffrischen* devo rispolverare le mie conoscenze di tedesco.

auf|führen *(vt,* hat*)* **1** rappresentare (a teatro e sim). **2** elencare, indicare ◆ *Beispiele aufführen* portare esempi. ◆ **sich (gut, schlecht) aufführen** *(fam)* comportarsi (bene, male).

Aufführung ['auf,fy:rʊŋ] *(f;* -, -en*)* **1** rappresentazione (teatrale e sim). **2** indicazione, elencazione ◆ *die Aufführung der Ausgaben* l'indicazione delle spese. ◆ **zur Aufführung bringen** rappresentare, mettere in scena.

Aufgabe ['auf,ga:bə] *(f;* -, -n*)* **1** *(solo sing)* consegna. **2** *(solo sing)* rinuncia, cessazione (di attività). **3** compito, dovere ◆ *eine leichte, schwere, schwierige Aufgabe* un compito facile, pesante, difficile ◆ *es ist meine Aufgabe, das zu tun* è compito mio fare questo.

auf|gabeln *(vt,* hat*)* **1** infilzare (con forchetta e sim). **2** *(fam)* trovare, incontrare per caso.

Aufgang ['auf,gaŋ] *(m;* -(e)s, -gänge*)* **1** *(solo sing)* il sorgere (di astri). **2** scala; salita (via in salita).

auf|geben *(vt,* hat; *irr* geben*)* **1** spedire, inoltrare. **2** pubblicare (inserzioni). **3** {*jmdm etwas* ~} dare, assegnare qcs a qcn ◆ *den Schülern einen Aufsatz aufgeben* assegnare un tema agli alunni. **4** abbandonare, rinunciare a ◆ *die Hoffnung, eine Partie, eine Tätigkeit aufgeben* abbandonare la speranza, una partita, un'attività. **5** {*jmdn* ~} dare per spacciato qcn. ◆ **den Geist aufgeben** *(fig)* morire, rendere l'anima.

aufgeblasen ['aufgə,bla:zən] *(agg)* ~ presuntuoso, borioso.

Aufgebot ['aufgə,bo:t] *(n;* -(e)s, -e*)* **1** dispiego, impiego, schieramento (di truppe, mezzi, ecc) ◆ *ein starkes Aufgebot von Polizisten* un grande spiegamento di poliziotti ◆ *ein ungeheures Aufgebot an Menschen und Material* un enorme dispiego di uomini e mezzi. **2** pubblicazioni (di matrimonio). **3** *(mil)* chiamata alle armi.

aufgebracht ['aufgə,braxt] *(agg)* ~ adirato ◆ *über etwas* (Acc) *aufgebracht sein* essere adirato per qcs.

aufgedreht ['aufgə,dre:t] *(agg)* ~ animato, vivace, allegro.

aufgedunsen ['aufgə,dʊnzən] *(agg)* ~ gonfio, tumefatto.

auf|gehen *(vi,* ist; *irr* gehen*)* **1** aprirsi ◆ *die Tür ging plötzlich auf* la porta si aprì all'improvviso. **2** sciogliersi (nodi), scucirsi. **3** schiudersi, sbocciare, germogliare. **4** lievitare. **5** {*jmdm* ~} essere chiaro, chiarirsi a qcn ◆ *erst jetzt geht mir der Sinn seiner Worte auf* solo adesso mi è chiaro il senso delle sue parole. ◆ **in etwas** (Dat) **aufgehen** *1* dissolversi ◆ *in Rauch aufgehen* andare in fumo *(anche fig)*. **2** *(fig)* essere inglobato, assorbito ◆ *der Betrieb ging in einem größeren auf* l'azienda è stata assorbita da una più grande. *3* dedicarsi anima e corpo a qcs ♦ *er geht in der Familie völlig auf* si dedica anima e corpo alla famiglia.

aufgeklärt ['aufgəˌklɛːɐt] *(agg)* ~ senza pregiudizi, illuminato.

aufgekratzt ['aufgəˌkratst] *(agg)* ~ *(fam)* allegro, di buon umore.

aufgelegt ['aufgəˌleːkt] *(agg)* ~ di un certo umore ♦ *gut, schlecht aufgelegt sein* essere di buono, di cattivo umore. ◆ **zu etwas aufgelegt sein** essere in vena di ♦ *nicht zum Scherzen aufgelegt sein* non essere in vena di scherzi.

aufgeregt ['aufgəˌreːkt] *(agg)* ~ agitato, eccitato.

Aufgeregtheit [-ˌhait] *(f; -, -en)* ~ agitazione, eccitazione.

aufgeschlossen ['aufgəˌʃlɔsən] *(agg)* ~ *(fig)* aperto, interessato.

aufgeweckt ['aufgəˌvɛkt] *(agg)* ~ *(fig)* sveglio, intelligente.

auf|greifen *(vt,* hat; *irr* greifen*)* *1* catturare (criminali). *2* *(fig)* riprendere, riallacciarsi a (argomenti, concetti, ecc).

aufgrund *(anche* **auf Grund***)* ['aufˌgrʊnt] *(prep* + Gen*)* ~ a causa di; sulla base di ♦ *Aufgrund des Regens* a causa della pioggia.

Aufguss († **Aufguß**) ['aufˌgʊs] *(m; -es, -güsse)* *1* infuso, tisana. *2* *(fig)* imitazione scadente.

auf|haben[1] *(vi,* hat*)* ~ *(fam)* essere aperto ♦ *die Post hat bis 13 Uhr auf* la posta è aperta fino alle 13.

auf|haben[2] *(vt,* hat*)* *1* portare (occhiali, cappello). *2* *(fam)* avere aperto ♦ *die Augen aufhaben* avere gli occhi aperti.

auf|halten *(vt,* hat; *irr* halten*)* *1* fermare, trattenere (persone o cose) ♦ *ich will Sie nicht länger aufhalten* non voglio trattenerla oltre. *2* tenere aperto ♦ *jmdm die Tür aufhalten* tenere aperta la porta a qcn. ◆ **sich aufhalten** *(vr)* trattenersi, soggiornare, abitare. ◆ **sich über jmdn/etwas aufhalten** *(vr)* criticare qcn/qcs.

auf|hängen *(vt,* hat*)* *1* appendere ♦ *den Mantel an einem Haken aufhängen* appendere il cappotto a un gancio. *2* stendere (bucato). *3* impiccare. *4* *(region)* *(tel)* riappendere, riattaccare ♦ *(den Hörer) aufhängen* riattaccare (la cornetta). *5* {*jmdm etwas ~*} appioppare, affibbiare qcs a qcn. ◆ **sich aufhängen** *(vr)* impiccarsi.

auf|heben *(vt,* hat; *irr* heben*)* *1* alzare, sollevare, raccogliere ♦ *den Blick aufheben* alzare lo sguardo. *2* conservare, mettere da parte ♦ *alte Spielzeuge aufheben* conservare dei vecchi giocattoli. *3* annullare, abolire. *4* sciogliere, terminare (riunioni e sim). ◆ **sich aufheben** *(vr)* *(fig)* annullarsi, compensarsi (valori, forze, ecc). ◆ **bei jmdm gut/schlecht aufgehoben sein** essere in buone/cattive mani. ◆ **aufgeschoben ist nicht aufgehoben** *(prov)* quel che si rimanda non si nega.

Aufheben ['aufˌheːbən] *(n; -s)* ~ *(lett)* scalpore. ◆ **viel Aufheben(s) von jmdm/etwas machen** *(fig)* creare scalpore su qcn/qcs. ◆ **ohne (großes) Aufheben** senza fare scalpore.

Aufhebung ['aufˌheːbʊŋ] *(f; -, -en)* *1* annullamento, abolizione. *2* scioglimento (di riunioni e sim).

auf|heitern ['aufˌhaitɐn] *(vt,* hat*)* ~ rasserenare. ◆ **sich aufheitern** *(vr)* rasserenarsi *(anche meteor)*.

auf|hellen ['aufˌhɛlən] *(vt,* hat*)* *1* schiarire ♦ *das Haar aufhellen* schiarire i capelli. *2* *(fig)* far luce su qcs, chiarire ♦ *ein Rätsel aufhellen* chiarire un enigma. *3* *(fig)* rasserenare, allietare. ◆ **sich aufhellen** *(vr)* *1* schiarirsi; rasserenarsi *(anche meteor)*. *2* chiarirsi ♦ *das Rätsel hat sich aufgehellt* l'enigma si è chiarito.

auf|hetzen *(vt,* hat*)* ~ sobillare, istigare.

auf|holen[1] *(vi,* hat*)* ~ riguadagnare terreno, farsi sotto.

auf|holen[2] *(vt,* hat*)* ~ riprendere, recuperare (distacco, ritardo).

auf|hören *(vi,* hat*)* *1* finire, terminare, cessare ♦ *der Regen hat aufgehört* la pioggia è cessata. *2* {*mit etwas ~*} smettere, terminare di fare qcs ♦ *mit der Arbeit aufhören* terminare il lavoro, smettere di lavorare ♦ *mit dem Rauchen aufhören* smettere di fumare. ◆ **da hört (sich) doch alles auf!** questo è inaudito! è il colmo! ◆ **hör auf!** smettila! piantala!

Aufkauf ['auf,kauf] *(m; -(e)s, -käufe)* ~ incetta, accaparramento.

auf|kaufen *(vt, hat)* ~ fare incetta di qcs, comprare in blocco qcs.

auf|klappen *(vt, hat)* ~ aprire ♦ *ein Buch, einen Liegestuhl aufklappen* aprire un libro, una sdraio.

auf|klären *(vt, hat)* ***1*** chiarire ♦ *einen Fall aufklären* chiarire un caso. ***2*** {*jmdn über etwas* (Acc) ~} istruire qcn su qcs, spiegare qcs a qcn; fornire un'educazione sessuale a qcn. ◆ **sich aufklären** *(vr)* ***1*** *(meteor)* rischiararsi. ***2*** *(fig)* chiarirsi.

Aufklärer ['auf,klɛːrɐ] *(m; -s, -)* ~ illuminista.

aufklärerisch ['auf,klɛːrərɪʃ] *(agg)* ~ illuministico.

Aufklärung ['auf,klɛːrʊŋ] *(f; -, -en)* ***1*** chiarimento, spiegazione. ***2*** Illuminismo. ◆ **sexuelle Aufklärung** educazione sessuale.

auf|kleben *(vt, hat)* ~ {*etwas auf etwas* (Acc) ~} attaccare, incollare qcs su qcs altro.

auf|knöpfen *(vt, hat)* ~ sbottonare ♦ *sich* (Dat) *das Hemd aufknöpfen* sbottonarsi la camicia.

auf|kommen *(vi, ist; irr kommen)* ***1*** svilupparsi, nascere, sorgere ♦ *Zweifel kommen auf* sorgono dei dubbi. ***2*** ristabilirsi, guarire. ***3*** {*für jmdn/etwas* ~} garantire per qcn/qcs, rispondere di qcn/qcs. ***4*** {*gegen jmdn/etwas* ~} opporsi a qcn/qcs, competere contro qcn/qcs ♦ *gegen die Konkurrenz nicht aufkommen können* non poter competere con la concorrenza. ◆ **neben jmdm aufkommen** *(spec neg)* far carriera (all'ombra di qcn) ♦ *neben ihm kann keiner aufkommen* accanto a lui nessuno ha la possibilità di far carriera.

Aufkommen ['auf,kɔmən] *(n; -s, -)* ~ *(econ)* gettito.

-aufkommen [-,ˀaufkɔmən] *(n; -s, -)* *(nei composti)* ~ numero, quantità (di qcs) ♦ *Zuschaueraufkommen* numero di spettatori.

auf|krempeln ['auf,krɛmpəln] *(vt, hat)* ~ rimboccare (maniche o pantaloni).

auf|kündigen *(vt, hat)* ~ disdire. ◆ **jmdm die Freundschaft aufkündigen** rompere l'amicizia con qcn.

Aufkündigung ['auf,kʏndɪgʊŋ] *(f; -, -en)* ~ disdetta, annullamento.

auf|laden *(vt, hat; irr laden)* ***1*** caricare *(anche elettr)* ♦ *Heu auf einen Karren aufladen* caricare fieno su un carro. ***2*** {*jmdm/sich etwas* ~} caricare sulle spalle, addossare qcs a qcn *(anche fig)* ♦ *jmdm die Verantwortung für etwas aufladen* addossare a qcn la responsabilità di qcs.

Auflage ['auf,laːgə] *(f; -, -n)* ***1*** tiratura; edizione ♦ *überarbeitete Auflage* edizione riveduta ♦ *eine Auflage von 5000 Exemplaren* una tiratura di 5000 esemplari. ***2*** strato, rivestimento, copertura.

auf|lassen *(vt, hat; irr/ortogr lassen)* ***1*** *(fam)* lasciare aperto ♦ *lass die Tür auf!* lascia aperta la porta! ***2*** *(fam)* lasciarsi in testa (cappello).

auf|lauern *(vt, hat)* ~ appostare (per tendere un'imboscata).

Auflauf ['auf,lauf] *(m; -(e)s, -läufe)* ***1*** assembramento (di folla). ***2*** *(gastr)* sformato.

auf|laufen *(vi, ist; irr laufen)* ***1*** {*auf jmdn/etwas* ~} urtare (correndo) contro qcn/qcs; arenarsi (imbarcazioni). ***2*** aumentare, accumularsi (spec capitali).

auf|leben *(vi, ist)* ***1*** ravvivarsi, rianimarsi *(anche fig)*. ***2*** rianimarsi (conflitti, discussioni, ecc).

auf|legen *(vt, hat)* ***1*** {*etwas auf etwas* (Acc) ~} mettere, appoggiare, applicare qcs su qcs altro. ***2*** *(tel)* riattaccare ♦ *(den Hörer) auflegen* riattaccare la cornetta. ◆ **ein Buch** (**neu**) **auflegen** pubblicare (una nuova edizione di) un libro.

auf|lehnen *(vr, hat)* ~ **sich auf etwas** (Acc) **auflehnen** appoggiarsi, sorreggersi a qcs. ◆ **sich gegen jmdn/etwas auflehnen** *(fig)* ribellarsi contro qcn/qcs.

Auflehnung ['auf,leːnʊŋ] *(f; -, -en)* ~ ribellione, sollevazione, rivolta.

auf|lesen *(vt, hat; irr lesen)* ~ raccogliere, raccattare.

auf|leuchten *(vi, ist/hat)* ~ accendersi, illuminarsi (all'improvviso) *(anche fig)* ♦ *eine Lampe leuchtete auf* si accese una lampada.

auf|liegen *(vi, hat; irr liegen)* ***1*** {*auf etwas* (Dat) ~} giacere, poggiare sopra a qcs. ***2*** essere esposto, essere in mostra.

auf|lockern *(vt,* hat*)* ***1*** smuovere, dissodare (terra). ***2*** *(fig)* vivacizzare. ***3*** *(fig)* rilassare.

auf|lösen *(vt,* hat*)* ***1*** sciogliere, liquefare ♦ *Zucker im Wasser auflösen* sciogliere lo zucchero nell'acqua. ***2*** annullare, rompere, sciogliere (contratti, riunioni, ecc). ◆ **sich auflösen** *(vr)* sciogliersi (liquefarsi), dissolversi ♦ *der Nebel hat sich aufgelöst* la nebbia si è dissolta.

auflösbar ['auf,lø:sba:ɐ] *(agg)* ***1*** solubile. ***2*** revocabile, rescindibile. ***3*** risolubile, risolvibile.

Auflösung ['auf,lø:zʊŋ] *(f; -, raro -en)* ***1*** scioglimento, annullamento. ***2*** soluzione *(anche chim)*. ***3*** dissoluzione, decomposizione.

auf|machen *(vt/vi,* hat*)* ***1*** aprire ♦ *das Fenster, die Augen aufmachen* aprire la finestra, gli occhi. ***2*** sciogliere (nodi). ***3*** aprire, inaugurare (negozi). ***4*** preparare, confezionare (con cura). ◆ **sich aufmachen** *(vr)* mettersi in cammino.

Aufmachung ['auf,maxʊŋ] *(f; -, -en)* ***1*** presentazione, confezione (spec di merci). ***2*** modo di presentarsi; *(fam)* abbigliamento.

aufmerksam ['aufmɛrk,za:m] *(agg)* ***1*** attento ♦ *ein aufmerksamer Schüler* uno scolaro attento. ***2*** premuroso, gentile. ***3*** *(avv)* attentamente. ◆ **jmdn auf jmdn/etwas aufmerksam machen** far notare qcs a qcn ♦ *er machte sie auf ihren Fehler aufmerksam* le fece notare il suo errore ♦ *er machte mich darauf aufmerksam, dass* mi fece notare che.

Aufmerksamkeit [-,kait] *(f; -, -en)* ***1*** *(solo sing)* attenzione ♦ *die Aufmerksamkeit auf etwas* (Acc) *richten* rivolgere l'attenzione a qcs ♦ *jmdm/etwas Aufmerksamkeit schenken* prestare attenzione a qcn/qcs. ***2*** attenzione, premura. ***3*** *(fam)* piccolo regalo, pensierino.

auf|muntern ['auf,mʊntɐn] *(vt,* hat*)* ***1*** rallegrare, mettere di buon umore. ***2*** {*jmdn zu etwas* ~} incoraggiare qcn a qcs.

Aufnahme ['auf,na:mə] *(f; -, -n)* ***1*** accoglienza; ammissione ♦ *Aufnahme finden* trovare accoglienza, essere accolto ♦ *die Aufnahme in eine Schule* l'ammissione a una scuola. ***2*** ripresa, registrazione ♦ *eine Aufnahme auf Video* una registrazione su video. ***3*** fotografia. ***4*** *(solo sing)* inizio, avvio.

auf|nehmen *(vt,* hat; *irr* nehmen*)* ***1*** tirare su, sollevare. ***2*** iniziare, avviare, inaugurare ♦ *eine Arbeit, ein Gespräch aufnehmen* iniziare un lavoro, una conversazione ♦ *mit jmdm Kontakt aufnehmen* entrare in contatto con qcn ♦ *Beziehungen zu jmdm aufnehmen* avviare relazioni con qcn. ***3*** accogliere, ricevere; ammettere ♦ *jmdn kühl aufnehmen* accogliere qcn freddamente ♦ *ein Kind in die Schule aufnehmen* ammettere un bambino a scuola ♦ *einen Vorschlag mit Interesse aufnehmen* accogliere una proposta con interesse. ***4*** contenere ♦ *der Bus nimmt 50 Personen auf* il bus può contenere 50 persone. ***5*** prendere in prestito; contrarre, sottoscrivere (prestiti). ***6*** registrare (video o audio), filmare; fotografare. ◆ **es mit jmdm aufnehmen** tener testa a qcn.

auf|opfern *(vt,* hat*)* ~ *(fig)* sacrificare. ◆ **sich für jmdn/etwas aufopfern** *(vr)* sacrificarsi per qcn/qcs.

auf|passen *(vt,* hat; *ortogr* passen*)* ***1*** {*auf jmdn/etwas* ~} fare attenzione a qcn/qcs ♦ *pass auf!* attento! ***2*** {*auf jmdn* ~} badare a, star dietro a ♦ *auf die Kinder aufpassen* badare ai bambini. ◆ **aufgepasst!** attenzione!

auf|peitschen *(vt,* hat*)* ***1*** agitare, sollevare (onde e sim). ***2*** *(fig)* agitare, eccitare.

auf|pflanzen *(vt,* hat*)* ~ piantare (bandiere e sim). ◆ **sich vor jmdm/etwas aufpflanzen** *(vr) (fam)* piantarsi davanti a qcn/qcs (per sfida o difesa).

auf|platzen *(vi,* ist*)* ~ scoppiare, aprirsi (scoppiando).

auf|plustern ['auf,plu:stɐn] *(vt,* hat*)* ~ gonfiare (le penne). ◆ **sich aufplustern** *(vr)* gonfiare le penne *(anche fig/fam)*.

auf|prägen *(vt,* hat*)* ***1*** {*etwas auf etwas* (Acc) ~} imprimere qcs su qcs. ***2*** {*jmdm/etwas etwas* ~} *(fig)* imprimere qcs a qcn/qcs. ◆ **einer Sache** (Dat) **seinen Stempel aufprägen** dare la propria impronta a qcs.

auf|prallen *(vi,* ist*)* ~ {*auf jmdn/etwas* ~} urtare, cozzare contro qcn/qcs.

Aufprall ['auf,pral] *(m; -(e)s, -e)* ~ urto.

Aufpreis ['auf̩prais] *(m; -es, -e)* ~ sovrapprezzo.
auf|pumpen *(vt, hat)* ~ gonfiare (con una pompa). ◆ **sich aufpumpen** *(vr) (fam)* fare il gradasso.
auf|putschen ['auf̩pʊtʃən] *(vt, hat)* ***1*** {*jmdn zu etwas ~*} aizzare, istigare qcn a qcs. ***2*** eccitare, sovreccitare.
auf|raffen *(vt, hat)* ***1*** arraffare. ***2*** alzare (gonne e sim). ◆ **sich aufraffen** *(vr)* ***1*** tirarsi su (a fatica). ***2*** *(fig)* tirarsi su, scuotersi; decidersi (a fatica) a fare qcs ♦ *schließlich raffte er sich dazu auf, die Tür aufzumachen* alla fine si decise ad aprire la porta.
auf|räumen *(vt, hat)* ***1*** mettere in ordine, riordinare ♦ *ein Zimmer aufräumen* riordinare una stanza. ***2*** {*mit jmdm/etwas ~*} *(vi)* farla finita con qcn; far piazza pulita di qcs, eliminare qcs.
aufrecht ['auf̩rɛçt] *(agg)* ***1*** diritto, in posizione eretta ♦ *in aufrechter Haltung* in posizione eretta. ***2*** *(fig)* onesto, retto ♦ *ein aufrechter Mensch* una persona onesta. ***3*** *(avv)* diritto, in posizione eretta ♦ *aufrecht gehen, sitzen* camminare, stare seduto diritto.
aufrecht|erhalten *(vt, hat)* ~ mantenere, portare avanti ♦ *eine Behauptung aufrechterhalten* portare avanti, insistere su un'affermazione.
auf|regen *(vt, hat)* ***1*** eccitare, emozionare, agitare ♦ *die Nachricht hat sie aufgeregt* la notizia l'ha agitata. ***2*** far arrabbiare, irritare ♦ *reg mich nicht auf!* non mi far arrabbiare! ◆ **sich aufregen** *(vr)* ***1*** eccitarsi, emozionarsi, agitarsi. ***2*** {*sich über jmdn/etwas ~*} arrabbiarsi con qcn/per qcs ♦ *reg dich nicht auf!* non ti arrabbiare!
aufregend ['auf̩re:gənt] *(agg)* ~ eccitante, emozionante.
Aufregung ['auf̩re:gʊŋ] *(f; -, -en)* ***1*** eccitazione, agitazione ♦ *ich konnte vor lauter Aufregung nicht schlafen* non sono riuscito a dormire per l'agitazione. ***2*** confusione. ◆ **in Aufregung bringen** mettere in agitazione. ◆ **in Aufregung geraten** emozionarsi, mettersi in agitazione.
auf|reiben *(vt, hat; irr reiben)* ***1*** scorticare, escoriare. ***2*** *(fig)* logorare, estenuare (persone o cose). ***3*** *(fig)* annientare. ◆ **sich aufreiben** *(vr)* logorarsi.
auf|reißen[1] *(vi, ist; irr/ortogr reißen)* ~ spaccarsi, fendersi, screpolarsi.
auf|reißen[2] *(vt, hat; irr/ortogr reißen)* ***1*** aprire (strappando) ♦ *einen Brief aufreißen* aprire una lettera. ***2*** spaccare, squarciare, lacerare. ***3*** *(fig)* spalancare ♦ *die Augen, die Tür aufreißen* spalancare gli occhi, la porta.
aufreizend ['auf̩raitsənt] *(agg)* ~ provocante, eccitante.
auf|richten *(vt, hat)* ***1*** sollevare, rialzare, aiutare ad alzarsi ♦ *einen Kranken aufrichten* aiutare un malato ad alzarsi. ***2*** erigere, costruire. ***3*** *(fig)* tirare su, fare coraggio a qcn. ◆ **sich aufrichten** *(vr)* ***1*** rialzarsi, tirarsi su. ***2*** *(fig)* tirarsi su, farsi coraggio.
aufrichtig ['auf̩rɪçtɪç] *(agg)* ~ sincero, leale. ◆ **aufrichtig zu jmdm/gegen jmdn sein** essere sincero, leale verso qcn.
Aufrichtigkeit [-̩kait] *(f; -)* ~ sincerità, lealtà.
auf|rollen *(vt, hat)* ***1*** arrotolare. ***2*** srotolare. ***3*** *(fig)* sollevare, aprire (questioni e sim). ◆ **sich aufrollen** *(vr)* srotolarsi.
Aufruf ['auf̩ru:f] *(m; -(e)s, -e)* ***1*** chiamata. ***2*** appello ♦ *ein Aufruf an die Bevölkerung* un appello alla popolazione.
auf|rufen *(vt, hat; irr rufen)* ***1*** chiamare (in un appello). ***2*** {*jmdn zu etwas ~*} chiamare, esortare qcn a qcs. ◆ **einen Zeugen (zur Aussage) aufrufen** citare un testimone, chiamare un testimone a deporre.
Aufruhr ['auf̩ru:ɐ] *(m; -(e)s, raro -e)* ***1*** rivolta, tumulto, insurrezione ♦ *einen Aufruhr anstiften, unterdrücken* provocare, reprimere una rivolta. ***2*** *(fig)* tumulto ♦ *sein Herz war in Aufruhr* il suo cuore era in tumulto.
auf|rühren *(vt, hat)* ***1*** rimescolare. ***2*** *(fig)* rivangare, disseppellire.
Aufrührer ['auf̩ry:rɐ] *(m; s, -; f* **-in***)* ~ rivoltoso, agitatore.
aufrührerisch ['auf̩ry:rərɪʃ] *(agg)* ~ sedizioso, ribelle.
auf|runden *(vt, hat)* ~ arrotondare (cifre, per eccesso).
auf|rüsten *(vt, hat)* ~ *(mil)* riarmare.

Aufrüstung ['aufˌrʏstʊŋ] *(f; -, -en)* ~ riarmo.
auf|rütteln *(vt, hat)* ~ svegliare, scuotere dal sonno *(anche fig)*.
auf|sagen *(vt, hat)* ~ recitare, dire.
aufs [aufs] *(prep art)* ~ = **auf das** (vedi **auf**[1]).
aufsässig ['aufˌzɛsɪç] *(agg)* *1* disubbidiente, ricalcitrante, cocciuto. *2* ribelle.
Aufsatz ['aufˌzats] *(m; -es, -sätze)* *1* tema (scolastico). *2* saggio, articolo.
auf|saugen *(vt, hat; irr saugen)* ~ assorbire *(anche fig)*.
auf|schauen *(vi, hat)* *1* levare lo sguardo, guardare in alto. *2* {*zu jmdm ~*} ammirare qcn, guardare qcn con ammirazione.
auf|scheuchen *(vt, hat)* *1* scacciare, spaventare (animali). *2* *(fam)* disturbare, agitare. ◆ **jmdn aus dem Schlaf aufscheuchen** svegliare qcn bruscamente.
auf|schichten *(vt, hat)* *1* disporre a strati, stratificare. *2* accatastare.
auf|schieben *(vt, hat; irr schieben)* *1* aprire (spingendo) ♦ *eine Schiebtür aufschieben* aprire una porta scorrevole. *2* rimandare, rinviare ♦ *etwas auf den nächsten/bis zum nächsten Tag aufschieben* rimandare qcs al giorno dopo.
auf|schießen *(vi, ist; irr/ortogr schießen)* *1* levarsi (improvvisamente) in alto, in volo ♦ *hohe Flammen schossen auf* si levarono alte fiamme. *2* *(fig)* crescere (rapidamente).
Aufschlag ['aufʃlaːk] *(m; -(e)s, -schläge)* *1* urto, impatto. *2* aumento (di prezzi), rincaro. *3* risvolto (di indumenti).
auf|schlagen[1] *(vi, ist/hat; irr schlagen)* *1* *(aux ist)* urtare, battere ♦ *auf dem/den Boden aufschlagen* battere sul pavimento. *2* *(aux hat)* rincarare (diventare più caro).
auf|schlagen[2] *(vt, hat; irr schlagen)* *1* rompere, spaccare; aprire (rompendo) ♦ *eine Nuss aufschlagen* aprire una noce. *2* ferirsi, spaccarsi (cadendo) ♦ *sich* (Dat) *ein Knie aufschlagen* spaccarsi un ginocchio. *3* aprire ♦ *ein Buch aufschlagen* aprire un libro. *4* montare ♦ *ein Zelt aufschlagen* montare una tenda. *5* aumentare (prezzi), rincarare.
auf|schließen *(vt, hat; irr/ortogr schließen)* ~ aprire con una chiave *(anche fig)* ♦ *jmdm sein Herz aufschließen* aprire il proprio cuore a qcn. ◆ **sich jmdm aufschließen** *(vr)* *(fig)* aprirsi, confidarsi con qcn.
Aufschluss († **Aufschluß**) ['aufʃlʊs] *(m; -es, -schlüsse)* ~ spiegazione, chiarimento ♦ *über etwas* (Acc) *Aufschluss erhalten* ricevere spiegazioni su qcs ♦ *jmdm über etwas* (Acc) *Aufschluss geben* dare spiegazioni a qcn su qcs.
aufschlussreich († **aufschluß-**) [-ˌraiç] *(agg)* ~ istruttivo, chiarificatore.
auf|schnappen[1] *(vi, ist)* ~ aprirsi (di scatto).
auf|schnappen[2] *(vt, hat)* *1* azzannare al volo. *2* *(fig/fam)* afferrare (ascoltare per caso).
auf|schneiden *(vt, hat; irr schneiden)* *1* tagliare, aprire (tagliando). *2* affettare. *3* *(fig/fam)* vantarsi, fare lo spaccone.
Aufschneider ['aufʃnaidɐ] *(m; -s, -)* ~ *(fam)* spaccone.
Aufschnitt ['aufʃnɪt] *(m; -(e)s)* ~ *(gastr)* affettato.
auf|schrauben *(vt, hat)* ~ aprire (svitando).
auf|schrecken[1] *(vi, ist; er* **schreckt auf**, **schreckte/schrak auf**, **aufgeschreckt**) ~ sobbalzare (per la paura) ♦ *aus dem Schlaf aufschrecken* svegliarsi di soprassalto.
auf|schrecken[2] *(vt, hat)* *1* far sobbalzare (per la paura). *2* stanare (animali).
auf|schreiben *(vt, hat; irr schreiben)* *1* scrivere, buttare giù. *2* {*sich* (Dat) *etwas ~*} annotare, prendere nota di qcs ♦ *ich schrieb mir die Adresse auf einem/einen Zettel auf* mi annotai l'indirizzo su un foglietto.
auf|schreien *(vi, hat; irr schreien)* ~ cacciare un urlo.
Aufschrift ['aufʃrɪft] *(f; -, -en)* ~ scritta (sopra a qcs) ♦ *eine Aufschrift auf einem T-Shirt* una scritta su una maglietta.
Aufschub ['aufʃuːp] *(m; -(e)s, -schübe)* ~ proroga, rinvio ♦ *jmdm Aufschub geben, gewähren* dare, concedere una proroga a qcn.
auf|schwingen *(vr, hat; irr schwingen)* ~ **sich aufschwingen** alzarsi, levarsi in alto (in volo). ◆ **sich zu etwas aufschwingen** *(fig/fam)* decidersi (a fatica) a fare qcs.

Aufschwung ['aufʃvʊŋ] *(m; -(e)s, -schwünge)* **1** *(lett)* impeto, impulso, slancio. **2** *(econ)* impulso, sviluppo, incremento.

auf|sehen *(vi, hat; irr sehen)* **1** alzare lo sguardo, guardare in alto. **2** {*zu jmdm ~*} guardare qcn ♦ *zu jmdm fragend aufsehen* guardare qcn interrogativamente. **3** {*zu jmdm ~*} *(fig)* ammirare qcn, guardare qcn con ammirazione.

Aufsehen ['aufˌzeːən] *(n; -)* ~ sensazione, scalpore ♦ *Aufsehen erregen* suscitare scalpore. ◆ **Aufsehen erregend** *(anche* **aufsehenerregend***)* sensazionale.

Aufseher ['aufˌzeːɐ] *(m; -s, -; f* **-in***)* ~ custode (di musei e sim).

aufseln ~ **auf sein** (vedi **auf**[2]).

aufseiten, **auf Seiten** († **auf seiten**) [ˌauf'zaitən] *(prep +* Gen*)* ~ dalla parte di ♦ *aufseiten der Opposition stehen* essere all'opposizione.

auf|setzen[1] *(vi, hat)* ~ toccare terra.

auf|setzen[2] *(vt, hat)* **1** mettere, porre (sopra a qcs) ♦ *die Brille, den Hut aufsetzen* mettersi gli occhiali, il cappello. **2** assumere (atteggiamenti e sim) ♦ *eine feierliche Miene aufsetzen* assumere un'aria solenne. **3** scrivere, buttare giù. ◆ **sich aufsetzen** *(vr)* alzarsi a sedere (sul letto). ◆ **jmdm Hörner aufsetzen** *(fig)* mettere le corna a qcn.

Aufsicht ['aufˌzɪçt] *(f; -, -en)* **1** *(solo sing)* controllo, sorveglianza ♦ *etwas unter jmds Aufsicht stellen* mettere qcs sotto la sorveglianza di qcn. **2** *(fam)* (personale di) sorveglianza.

auf|sitzen *(vi, ist; irr sitzen)* ~ montare in sella (su cavallo, moto, ecc). ◆ **jmdn aufsitzen lassen** *(fam)* piantare in asso qcn, tirare un bidone a qcn.

auf|spalten *(vt, hat; part pass* **aufgespaltet/aufgespalten***)* ~ spaccare, fendere. ◆ **sich aufspalten** *(vr)* spaccarsi, dividersi *(anche fig)*.

Aufspaltung ['aufʃpaltʊŋ] *(f; -, -en)* ~ spaccatura *(anche fig)*.

auf|spannen *(vt, hat)* ~ aprire (distendendo); dispiegare, distendere ♦ *einen Schirm, einen Stadtplan aufspannen* aprire un ombrello, una piantina.

auf|sperren *(vt, hat)* ~ *(fam)* aprire, spalancare.

auf|spielen *(vi, hat)* ~ fare musica. ◆ **sich aufspielen** *(vr) (fig/fam)* darsi arie, vantarsi. ◆ **sich als etwas aufspielen** *(vr)* atteggiarsi ♦ *sich als Opfer aufspielen* atteggiarsi a vittima.

auf|springen *(vi, ist)* **1** saltare, balzare su ♦ *aus dem Bett aufspringen* balzare su dal letto. **2** aprirsi (di scatto). **3** screpolarsi.

auf|spüren *(vt, hat)* ~ stanare, scovare *(anche fig)*.

Aufstand ['aufʃtant] *(m; -(e)s, -stände)* ~ rivolta, sollevazione.

aufständisch ['aufʃtɛndɪʃ] *(agg)* ~ ribelle, insorto.

auf|stapeln *(vt, hat)* ~ ammassare, accatastare.

auf|stauen *(vt, hat)* ~ arginare. ◆ **sich aufstauen** *(vr)* raccogliersi, ammassarsi.

auf|stecken *(vt, hat)* **1** infilare, fissare (in alto); tirare su (capelli). **2** *(fig/fam)* rinunciare a.

auf|stehen *(vi, ist; irr stehen)* **1** alzarsi (in piedi; dal letto) ♦ *früh aufstehen* alzarsi presto. **2** {*gegen etwas ~*} ribellarsi, insorgere contro qcs. **3** *(aux hat)* poggiare, stare ♦ *der Tisch steht nur auf drei Beinen auf* il tavolo poggia solo su tre gambe.

auf|steigen *(vi, ist; irr steigen)* **1** montare (a cavallo, sulla moto, ecc). **2** salire ♦ *auf einen Berg aufsteigen* salire su una montagna. **3** salire, alzarsi, levarsi in alto (o in volo) ♦ *Rauch steigt auf* si leva del fumo ♦ *das Flugzeug steigt auf* l'aereo si alza in volo. **4** avanzare, essere promosso (nella carriera o nello sport).

auf|stellen *(vt, hat)* **1** mettere in piedi, innalzare, montare ♦ *ein Zelt, ein Bett aufstellen* montare una tenda, un letto ♦ *ein Denkmal aufstellen* erigere un monumento. **2** mettere insieme, formare, schierare ♦ *eine Mannschaft aufstellen* schierare una squadra. **3** candidare ♦ *jmdn als Kandidaten aufstellen* proporre qcn come candidato. **4** compilare, stendere, elaborare ♦ *eine Liste aufstellen* compilare una lista ♦ *eine Theorie aufstellen* elaborare una teoria. **5** fare, esprimere, enunciare ♦ *eine Behauptung aufstellen* fare un'affermazione. ◆ **einen Rekord aufstellen** stabilire un record.

Aufstellung ['aufʃtɛlʊŋ] *(f; -, -en)* ***1*** costruzione, innalzamento, montaggio ◆ *die Aufstellung eines Denkmals* la costruzione di un monumento. ***2*** schieramento. ***3*** candidatura, nomina. ***4*** lista. ***5*** elaborazione, formulazione (di teorie e sim).

Aufstieg ['aufʃti:k] *(m; -(e)s, -e)* ***1*** salita. ***2*** *(fig)* ascesa, promozione *(anche sport)*, avanzamento.

auf|stocken *(vt,* hat*)* ***1*** soprelevare, rialzare. ***2*** *(econ)* aumentare (capitale).

auf|stoßen[1] *(vi,* ist; *irr* stoßen*)* ***1*** {*auf etwas* (Acc) ~} urtare contro qcs. ***2*** {*jmdm* ~} saltare all'occhio di qcn, essere notato ◆ *mir ist aufgestoßen, dass* ho notato che.

auf|stoßen[2] *(vt,* hat; *irr* stoßen*)* ***1*** aprire (con una spinta). ***2*** {*etwas auf etwas* (Acc) ~} sbattere qcs su qcs altro. ***3*** *(vi)* ruttare.

aufstrebend ['aufʃtre:bənt] *(agg)* ***1*** fiorente. ***2*** ambizioso.

Aufstrich ['aufʃtrɪç] *(m; -(e)s, -e)* ~ strato (steso, spalmato).

auf|stützen *(vt,* hat*)* ~ appoggiare ◆ *die Arme auf den/dem Tisch aufstützen* appoggiare le braccia sul tavolo. ◆ **sich aufstützen** *(vr)* appoggiarsi.

auf|suchen *(vt,* hat*)* ***1*** andare a trovare, far visita a qcn ◆ *einen Freund aufsuchen* far visita a un amico. ***2*** frequentare (luoghi). ***3*** cercare (in un posto preciso); raccogliere ◆ *eine Nummer im Telefonbuch aufsuchen* cercare un numero sull'elenco telefonico ◆ *die Scherben vom Boden aufsuchen* raccogliere i cocci dal pavimento.

Auftakt ['auf,takt] *(m; -(e)s, -e)* ~ inizio, introduzione, avvio.

auf|tauchen *(vi,* ist*)* ***1*** riemergere (dall'acqua). ***2*** *(fig)* apparire, presentarsi (inaspettatamente); sorgere ◆ *er ist nach drei Jahren wieder aufgetaucht* si è rifatto vivo dopo tre anni ◆ *Zweifel tauchen auf* sorgono dei dubbi.

auf|tauen[1] *(vi,* ist*)* ***1*** sciogliersi, sgelarsi. ***2*** *(fig)* sciogliersi, rompere il ghiaccio.

auf|tauen[2] *(vt,* hat*)* ~ sgelare, scongelare.

auf|teilen *(vt,* hat*)* ~ suddividere, ripartire, distribuire ◆ *eine Summe unter die Gewinner aufteilen* ripartire una somma fra i vincitori ◆ *die Teilnehmer in mehrere Gruppen aufteilen* suddividere i partecipanti in più gruppi.

Aufteilung ['auf,tailʊŋ] *(f; -, -en)* ~ suddivisione, ripartizione, distribuzione.

auf|tischen ['auf,tɪʃən] *(vt,* hat*)* ***1*** mettere in tavola. ***2*** {*jmdm etwas* ~} *(fig/fam)* dare a bere qcs a qcn.

Auftrag ['auf,tra:k] *(m; -(e)s, -träge)* ***1*** incarico, compito ◆ *jmdm einen Auftrag erteilen, geben* affidare, dare un incarico a qcn ◆ *einen Auftrag bekommen, übernehmen* ricevere, assumere un incarico. ***2*** ordinazione. ◆ **im Auftrag von jmdm** per conto di, su incarico di qcn. ◆ **im Auftrag** *(abbrev* **i.A.**) per conto di.

Auftraggeber [-,ge:bɐ] *(m; -s, -)* ~ committente, mandante.

auf|tragen *(vt,* hat; *irr* tragen*)* ***1*** stendere, spalmare. ***2*** *(lett)* servire, portare in tavola. ***3*** logorare con l'uso (indumenti). ***4*** {*jmdm etwas* ~} incaricare qcn di qcs, affidare qcs a qcn ◆ *er hat mir die Lösung dieses Problems aufgetragen* mi ha affidato la risoluzione di questo problema.

auf|treffen *(vi,* ist; *irr* treffen*)* ~ {*auf etwas* (Acc) ~} cadere sopra a qcs, rimbalzare sopra a qcs.

auf|treiben *(vt,* hat; *irr* treiben*)* ***1*** sollevare (polvere e sim). ***2*** *(fig)* gonfiare. ***3*** {*jmdn/etwas* ~} *(fig/fam)* scovare, procurare qcs a qcn.

auf|trennen *(vt,* hat*)* ~ scucire.

auf|treten *(vi,* ist; *irr* treten*)* ***1*** camminare. ***2*** mostrarsi, apparire, comparire (in pubblico); esibirsi (in teatro e sim) ◆ *als Zeuge auftreten* comparire come testimone ◆ *zum ersten Mal auftreten* debuttare. ***3*** manifestarsi, comparire, presentarsi ◆ *es sind unerwartete Schwierigkeiten aufgetreten* si sono presentate delle difficoltà inattese. ***4*** comportarsi.

Auftrieb ['auf,tri:p] *(m; -(e)s, -e)* ~ impulso, slancio.

Auftritt ['auf,trɪt] *(m; -(e)s, -e)* ***1*** entrata in scena. ***2*** *(teatr)* scena. ***3*** *(fig)* lite, scenata.

auf|trumpfen ['auf,trʊmpfən] *(vi,* hat*)* ~ {*mit etwas* ~} ostentare qcs.

auf|tun *(vt,* hat; *irr* tun*)* ***1*** *(lett)* aprire. ***2*** *(fam)* trovare (spec qcs di conveniente). ***3*** {*jmdm etwas* ~} *(fam)* servire, mettere qcs nel piatto a qcn.

auf|wachen *(vi,* ist*)* ~ svegliarsi, destarsi *(anche fig)*.

auf|wachsen *(vi,* ist; *irr* wachsen*)* ~ crescere (persona) ♦ *er ist auf dem Land aufgewachsen* è cresciuto in campagna.

Aufwand ['auf,vant] *(m;* -(e)s*)* ***1*** dispendio ♦ *ein großer Aufwand an Energie, Zeit* un grosso dispendio di energia, di tempo. ***2*** spesa. ***3*** lusso, sperpero.

aufwändig *(anche* **aufwendig***)* ['auf,vɛndɪç] *(agg)* ~ dispendioso.

auf|wärmen *(vt,* hat*)* ***1*** riscaldare (cibi o bevande). ***2*** *(fig)* rivangare. ◆ **sich aufwärmen** *(vr) (sport)* riscaldarsi.

auf|warten *(vi,* hat*)* ~ {*jmdm mit etwas* ~} servire, offrire qcs a qcn *(anche fig)*.

aufwärts ['auf,vɛrts] *(avv)* ~ in alto, verso l'alto. ◆ **aufwärts gehen** († **aufwärtsgehen**) salire, andare in alto *(anche fig)*.

Aufwasch ['auf,vaʃ] *(m;* -(e)s*)* ***1*** rigovernatura. ***2*** stoviglie (da lavare). ◆ **das geht in einem Aufwasch** *(fig/fam)* questo si fa tutto in una volta.

auf|waschen *(vt,* hat; *irr* waschen*)* ~ rigovernare, lavare (i piatti).

auf|wecken *(vt,* hat*)* ~ svegliare.

auf|weichen *(vt,* hat*)* ***1*** inzuppare, ammollare. ***2*** *(fig)* indebolire, minare dall'interno. ◆ **sich aufweichen** *(vr)* sciogliersi, squagliarsi.

auf|weisen *(vt,* hat; *irr* weisen*)* ~ mostrare, indicare. ◆ **etwas aufzuweisen haben** avere qcs (di buono) da mostrare, da esibire ♦ *sie hat keine Referenzen aufzuweisen* non ha referenze da esibire.

auf|wenden *(vt,* hat; *reg/irr* wenden*)* ~ impiegare, adoperare (per uno scopo) ♦ *viel Mühe, Zeit für eine Arbeit aufwenden* impiegare molta fatica, molto tempo per un lavoro.

aufwendig ~ vedi **aufwändig**.

Aufwendung ['auf,vɛndʊŋ] *(f;* -, -en*)* ***1*** *(solo sing)* impiego, uso. ***2*** *(solo pl)* spese, costi.

auf|werfen *(vt,* hat; *irr* werfen*)* ***1*** lanciare in alto. ***2*** scavare (buche); innalzare (dighe, argini, ecc). ◆ **sich zu etwas aufwerfen** *(vr)* erigersi ♦ *sich zum Richter aufwerfen* erigersi a giudice. ◆ **eine Frage aufwerfen** sollevare una questione.

auf|werten *(vt,* hat*)* ~ rivalutare.

auf|wickeln *(vt,* hat*)* ***1*** {*etwas auf etwas* (Acc) ~} arrotolare, avvolgere qcs su qcs. ***2*** aprire, svolgere, scartare.

auf|wiegeln ['auf,viːgəln] *(vt,* hat*)* ~ {*jmdn gegen jmdn/etwas* ~} istigare, sobillare qcn contro qcn/qcs.

auf|wiegen *(vt,* hat; *irr* wiegen*)* ~ compensare, bilanciare ♦ *die Vorteile wiegen die Nachteile auf* i vantaggi bilanciano gli svantaggi. ◆ **nicht mit Gold aufzuwiegen sein** *(fig/fam)* non avere prezzo, essere inestimabile.

auf|wirbeln[1] *(vi,* ist*)* ~ mulinare.

auf|wirbeln[2] *(vt,* hat*)* ~ alzare, far mulinare. ◆ **Staub aufwirbeln** *(fig/fam)* sollevare un polverone.

auf|wischen *(vt,* hat*)* ~ pulire (strofinando).

auf|wühlen *(vt,* hat*)* ~ smuovere, razzolare (terra); dissotterrare. ◆ **jmdn aufwühlen** *(fig)* sconvolgere, impressionare.

auf|zählen *(vt,* hat*)* ~ elencare, enumerare.

Aufzählung ['auf,tsɛːlʊŋ] *(f;* -, -en*)* ~ enumerazione, elencazione.

auf|zeichnen *(vt,* hat*)* ***1*** {*etwas auf etwas* (Acc) ~} disegnare qcs su qcs altro. ***2*** scrivere, annotare. ***3*** registrare (su video).

auf|zeigen *(vt,* hat*)* ~ mostrare, esporre, evidenziare.

auf|ziehen[1] *(vi,* ist; *irr* ziehen*)* ***1*** avvicinarsi ♦ *ein Gewitter zieht auf* si avvicina un temporale. ***2*** arrivare (marciando).

auf|ziehen[2] *(vt,* hat; *irr* ziehen*)* ***1*** tirare su, sollevare ♦ *eine Zugbrücke aufziehen* tirare su un ponte levatoio. ***2*** aprire (tirando) ♦ *eine Schublade, einen Vorhang aufziehen* aprire un cassetto, una tenda. ***3*** caricare (orologio). ***4*** crescere, allevare, tirar su (bambini, animali); coltivare (piante). ***5*** *(fam)* organizzare. ***6*** {*jmdn (mit etwas/wegen etwas)* ~} *(fam)* prendere in giro qcn per qcs. ◆ **wie aufgezogen reden** *(fig)* parlare come un motorino.

Aufzug ['auf,tsuːk] *(m;* -(e)s, -züge*)* ***1*** ascensore; montacarichi. ***2*** corteo. ***3*** aspetto esteriore; abbigliamento.

auf|zwingen *(vt,* hat; *irr* zwingen*)* ~ {*jmdm etwas* ~} imporre qcs a qcn ♦

jmdm seinen Willen aufzwingen imporre a qcn la propria volontà.

Augapfel ['auk,ˀapfəl] *(m; -s, -äpfel)* ~ bulbo oculare. ◆ **jmdn/etwas wie seinen Augapfel hüten** *(fig)* proteggere qcn/qcs come la pupilla dei propri occhi.

Auge ['augə] *(n; -s, -n)* ***1*** occhio ♦ *blaue, braune, grüne Augen* occhi azzurri, castani, verdi ♦ *die Augen öffnen, aufschlagen* aprire, spalancare gli occhi. ***2*** punto (su dadi, carte, ecc). ***3*** *(bot)* occhio, gemma. ◆ **ein** (**sicheres**) **Auge haben** *(fig)* avere occhio. ◆ **die Augen offen halten** *(fig)* tenere gli occhi aperti. ◆ **große Augen machen** sgranare gli occhi. ◆ **jmdm die Augen öffnen** *(fig)* aprire gli occhi a qcn. ◆ **so weit das Auge reicht** a perdita d'occhio. ◆ **sich** (Dat) **die Augen aus dem Kopf weinen** *(fig)* piangere a dirotto. ◆ **ein Auge zudrücken** *(fig)* chiudere un occhio. ◆ **kein Auge zutun** *(fig)* non chiudere occhio, non dormire. ◆ **jmdn nicht aus den Augen lassen** non perdere di vista qcn. ◆ **jmdn aus den Augen verlieren** perdere di vista qcn. ◆ **aus den Augen, aus dem Sinn** *(prov)* lontano dagli occhi, lontano dal cuore. ◆ **in die Augen fallen/springen** *(fig)* saltare all'occhio. ◆ **in meinen Augen** ai miei occhi. ◆ **etwas im Auge haben** avere in progetto, in mente qcs. ◆ **Auge in Auge** faccia a faccia. ◆ **etwas mit anderen Augen ansehen** guardare qcs con occhi diversi. ◆ **jmdm etwas unter vier Augen sagen** dire qcs a qcn a quattr'occhi. ◆ **vor, unter meinen Augen** davanti, sotto ai miei occhi. ◆ **vor aller Augen** davanti agli occhi di tutti.

Augenarzt [-n,ˀa:ɐtst] *(m; -es, -ärzte)* ~ oculista.

Augenblick [-n,blɪk] *(m; -(e)s, -e)* ~ attimo, istante, momento ♦ *alles geschah in einem Augenblick* tutto accadde in un attimo ♦ *in einem schwachen Augenblick* in un attimo di debolezza. ◆ **einen** (**kleinen**) **Augenblick, bitte!** un attimo, per favore! ◆ **jeden Augenblick** in qualsiasi momento, da un momento all'altro. ◆ **im Augenblick** in questo momento. ◆ **im ersten Augenblick** in un primo momento. ◆ **im letzten Augenblick** all'ultimo momento. ◆ **in dem Augenblick, als** nel momento in cui.

augenblicklich [-n,blɪklɪç] *(agg)* ***1*** attuale, presente; momentaneo. ***2*** *(avv)* attualmente; momentaneamente.

Augenbraue [-n,brauə] *(f; -, -n)* ~ sopracciglio.

augenfällig [-n,fɛlɪç] *(agg)* ~ evidente.

Augenhöhle [-n,hø:lə] *(f; -, -n)* ~ orbita, cavità oculare.

Augenlid [-n,li:t] *(n; -(e)s, -er)* ~ palpebra.

Augenringe [-n,rɪŋə] *(pl)* ~ occhiaie.

Augenschatten [-n∫atən] *(pl)* ~ occhiaie.

Augenschein [-n∫ain] *(m; -es)* ~ *(lett)* apparenza.

Augentropfen [-n,trɔpfən] *(pl)* ~ collirio.

Augenzeuge [-n,zɔygə] *(m; -n, -n)* ~ testimone oculare ♦ *Augenzeuge bei einem Unfall sein* essere testimone oculare di un incidente.

August [au'gʊst] *(m; -(e)s, -e)* ~ agosto ♦ *im August* in Agosto.

Auktion [auk'tsjo:n] *(f; -, -en)* ~ asta, incanto.

Aula ['aula] *(f; -, Aulen)* ~ aula magna.

Aupairmädchen *(anche* **Aupair-Mädchen***)* [o'pɛ:r,mɛ:tçən] *(n; -s, -)* ~ ragazza alla pari.

aus[1] [aus] *(prep + Dat)* ***1*** da (dall'interno di, fuori da) ♦ *er ging aus dem Zimmer* uscì dalla stanza ♦ *sie holte ein Buch aus der Tasche* prese un libro dalla borsa ♦ *aus der Flasche trinken* bere dalla bottiglia ♦ *etwas aus dem Fenster werfen* buttare qcs dalla finestra. ***2*** *(provenienza, origine, epoca)* da, di ♦ *ein Brief aus Deutschland* una lettera dalla Germania ♦ *ich komme aus Florenz* sono di Firenze ♦ *ein Junge aus guter Familie* un ragazzo di buona famiglia ♦ *ein Gedicht aus dem Mittelalter* una poesia del medioevo. ***3*** *(materiale)* di ♦ *ein Ring aus Gold* un anello d'oro. ***4*** *(motivo, causa)* per ♦ *aus diesem Grund* per questo motivo ♦ *aus Angst, dass* per paura che.

aus[2] *(avv)* ~ **aus sein** († **aussein**) ***1*** essere spento ♦ *das Licht ist aus* la luce è spenta. ***2*** essere finito ♦ *die Schule ist aus* la scuola è finita. ***3*** *(fam)* essere uscito. ***4*** [*(mit jmdm/etwas) ist es* ~] *(impers)* è finita ♦ *zwischen uns ist es aus* fra noi è finita. ◆ **von... aus** da ♦ *von hier aus kann man das Meer sehen* da qui si vede il mare ♦ *er hat mich von London aus angerufen* mi ha telefonato da Londra. ◆ **von mir aus** *(fam)* per me, per conto mio, se dipende da me ♦ *von mir aus kannst du das ruhig tun* per me puoi farlo tranquillamente. ◆ **von Natur aus** per natura. ◆ **weder ein noch aus wissen** non sapere che pesci prendere. ◆ **auf etwas** (Acc) **aus sein** andare pazzo per qcs.

aus|handeln *(vt,* hat*)* patteggiare, concordare.

aus|arbeiten *(vt,* hat*)* ***1*** redigere, stendere. ***2*** elaborare; perfezionare.

aus|arten [-ˌʔaːɐtən] *(vi,* ist*)* ***1*** {*in etwas* (Acc)/*zu etwas* ~} degenerare in qcs. ***2*** comportarsi male.

aus|atmen *(vt,* hat*)* ~ espirare.

aus|baden *(vt,* hat*)* ~ *(fam)* scontare (errori altrui).

Ausbau [-ˌbau] *(m;* -es, -bauten*)* ***1*** smontaggio. ***2*** ampliamento, ingrandimento. ***3*** trasformazione (di edifici).

aus|bauen *(vt,* hat*)* ***1*** smontare ♦ *einen Motor ausbauen* smontare un motore. ***2*** ampliare, ingrandire *(anche fig)* ♦ *ein Gebäude ausbauen* ampliare un edificio. ***3*** *(fig)* sviluppare ♦ *eine Theorie ausbauen* sviluppare una teoria.

aus|bedingen *(vt,* hat; *irr* bedingen[1]*)* ~ {*sich* (Dat) *etwas* ~} *(lett)* riservarsi qcs (diritti, facoltà, ecc).

aus|bessern *(vt,* hat*)* ***1*** riparare, aggiustare. ***2*** rammendare. ***3*** restaurare.

Ausbeute [-ˌbɔytə] *(f;* -, *raro* -en*)* ~ guadagno, utile.

aus|beuten [-ˌbɔytən] *(vt,* hat*)* ~ sfruttare (risorse naturali) *(anche fig)*.

Ausbeuter [-ˌbɔytɐ] *(m;* -s, -; *f* **-in***)* ~ sfruttatore.

Ausbeutung [-ˌbɔytʊŋ] *(f;* -*)* ~ sfruttamento *(anche fig)*.

aus|bezahlen *(vt,* hat*)* ~ {*(jmdm) etwas* ~} pagare qcs a qcn (interamente).

aus|bilden *(vt,* hat*)* ***1*** istruire, educare, formare. ***2*** sviluppare, perfezionare. ◆ **sich als/zu etwas ausbilden lassen** studiare da.

Ausbilder [-ˌbɪldɐ] *(m;* -s, -; *f* **-in***)* ~ istruttore, educatore.

Ausbildung [-ˌbɪldʊŋ] *(f;* -, -en*)* ~ istruzione, formazione ♦ *eine gute Ausbildung haben* avere una buona istruzione.

aus|bleiben *(vi,* ist; *irr* bleiben*)* ***1*** non venire, mancare; *(fig)* disertare ♦ *die Kunden bleiben aus* i clienti non vengono più. ***2*** non verificarsi ♦ *die erhoffte Verbesserung blieb aus* il miglioramento sperato non si verificò.

aus|bleichen *(vt,* hat*)* ~ sbiadire, scolorire.

Ausblick [-ˌblɪk] *(m;* -(e)s, -e*)* ***1*** vista, panorama ♦ *vom Hügel hat man einen schönen Ausblick auf das Tal* dalla collina si ha una bella vista sulla valle. ***2*** *(fig)* prospettiva.

aus|bluten *(vi,* ist*)* ***1*** dissanguarsi, morire dissanguato. ***2*** *(fig)* dissanguarsi, svenarsi (per le spese).

aus|borgen *(vt,* hat*)* ***1*** {*jmdm etwas* ~} prestare qcs a qcn. ***2*** {*sich* (Dat) *bei/von jmdm etwas* ~} prendere in prestito qcs da qcn.

aus|brechen[1] *(vi,* ist; *irr* brechen*)* ***1*** scappare, fuggire, evadere. ***2*** scoppiare (incendi, guerre, epidemie, ecc). ***3*** *(fig)* scoppiare ♦ *in Gelächter, in Tränen ausbrechen* scoppiare a ridere, in lacrime.

aus|brechen[2] *(vt,* hat; *irr* brechen*)* ***1*** rompere, spaccare. ***2*** vomitare.

aus|breiten [-ˌbraitən] *(vt,* hat*)* ***1*** stendere, distendere, dispiegare *(anche fig)* ♦ *eine Karte ausbreiten* aprire una cartina ♦ *ein Tuch ausbreiten* distendere un telo. ***2*** stendere, allungare (braccia, ali, ecc). ***3*** esporre (merci). ***4*** *(fig)* esporre, raccontare. ◆ **sich ausbreiten** *(vr)* ***1*** estendersi ♦ *der Wald breitet sich bis zum Fluss aus* il bosco si estende fino al fiume. ***2*** *(fig)* estendersi, diffondersi, propagarsi ♦ *eine Nachricht hat sich ausgebreitet* si è diffusa una notizia.

aus|brennen[1] *(vi,* ist; *irr* brennen*)* ~ bruciare completamente, ridursi in cenere ♦ *die Baracke ist ausgebrannt* la baracca è bruciata completamente.

aus|brennen[2] *(vt,* hat; *irr* brennen*)* ~ *(med)* bruciare, cauterizzare.

Ausbruch [-ˌbrʊx] *(m;* -(e)s, -brüche*)* ***1*** evasione. ***2*** *(fig)* scoppio ♦ *der Ausbruch einer Seuche, einer Revolution* lo scoppio di un'epidemia, di una rivoluzione. ***3*** impeto, moto ♦ *ein Ausbruch des Zorns/von Zorn* un moto d'ira.

aus|brüten *(vt,* hat*)* ***1*** covare (uova; malattia). ***2*** *(fam)* escogitare, almanaccare.

Ausbund [-ˌbʊnt] *(m;* -(e)s*)* ~ modello, esempio (anche negativo) ♦ *ein Ausbund an Ehrlichkeit* un modello di sincerità.

aus|bürgern [-ˌbʏrgɐn] *(vt,* hat*)* ~ privare della cittadinanza.

Ausbürgerung [-ˌbʏrgərʊŋ] *(f;* -, -en*)* ~ privazione della cittadinanza.

aus|bürsten *(vt,* hat*)* ~ spazzolare, spazzolare via.

Ausdauer [-ˌdauɐ] *(f;* -*)* ~ perseveranza, tenacia.

ausdauernd [-ˌdauɐnt] *(agg)* ***1*** perseverante, costante, tenace. ***2*** *(bot)* perenne.

aus|dehnen *(vt,* hat*)* ***1*** allargare, dilatare, estendere *(anche fig)* ♦ *seinen Einfluss ausdehnen* estendere il proprio influsso. ***2*** prolungare (nel tempo) ♦ *einen Aufenthalt ausdehnen* prolungare un soggiorno. ◆ **sich ausdehnen** *(vr)* ***1*** estendersi, dilatarsi *(anche fig)*. ***2*** prolungarsi, durare.

Ausdehnung [-ˌdeːnʊŋ] *(f; raro* -en*)* ***1*** dilatazione, estensione, ampliamento, diffusione *(anche fig)* ♦ *die Ausdehnung der Macht* l'estensione del potere. ***2*** prolungamento.

aus|denken *(vt,* hat; *irr* denken*)* ***1*** {*(sich)* (Dat) *etwas* ~} escogitare ♦ *einen Plan, einen Scherz, eine Ausrede ausdenken* escogitare un piano, uno scherzo, una scusa. ***2*** immaginare. ◆ **nicht auszudenken sein** essere inimmaginabile, inconcepibile.

aus|drehen *(vt,* hat*)* ~ spegnere, chiudere (girando) ♦ *das Radio ausdrehen* spegnere la radio ♦ *das Gas ausdrehen* chiudere il gas.

Ausdruck [-ˌdrʊk] *(m;* -(e)s, -drücke*)* ***1*** *(solo sing)* espressione (modo di esprimersi). ***2*** *(solo sing)* espressione, manifestazione ♦ *seinen Gefühlen Ausdruck geben* dare espressione ai propri sentimenti. ***3*** espressione (del volto). ***4*** *(solo sing)* espressività. ***5*** espressione, parola, modo di dire ♦ *ein derber, mundartlicher, treffender Ausdruck* un'espressione volgare, dialettale, calzante. ◆ **etwas zum Ausdruck bringen** esprimere, manifestare qcs. ◆ **in etwas** (Dat) **zum Ausdruck kommen** esprimersi, manifestarsi in qcs ♦ *in seinen Schriften kommen seine politischen Überzeugungen deutlich zum Ausdruck* nei suoi scritti sono espresse chiaramente le sue convinzioni politiche.

aus|drucken *(vt,* hat*)* ~ *(elab)* stampare.

aus|drücken *(vt,* hat*)* ***1*** strizzare, spremere ♦ *einen Schwamm ausdrücken* strizzare una spugna ♦ *eine Zitrone ausdrücken* spremere un limone. ***2*** {*(jmdm etwas)* ~} esprimere, manifestare qcs (a qcn) ♦ *seine Gefühle ausdrücken* esprimere i propri sentimenti ♦ *jmdm seine Hochachtung ausdrücken* esprimere a qcn la propria stima ♦ *einfach ausgedrückt* in parole povere. ◆ **sich ausdrücken** *(vr)* esprimersi ♦ *sich derb, gewählt, klar ausdrücken* esprimersi in modo volgare, ricercato, chiaro.

ausdrücklich [-ˌdrʏklɪç] *(agg)* ***1*** espresso, esplicito ♦ *auf ausdrücklichen Wunsch* su espressa richiesta. ***2*** *(avv)* espressamente.

ausdruckslos [-drʊksˌloːs] *(agg)* ~ inespressivo, vuoto.

ausdrucksvoll [-drʊksˌfɔl] *(agg)* ~ espressivo, intenso, appassionato.

Ausdrucksweise [-drʊksˌvaizə] *(f;* -, -n*)* ~ stile, modo di esprimersi ♦ *eine gewählte Ausdrucksweise* uno stile ricercato.

aus|dunsten [-ˌdʊnstən] *(anche* **aus|dünsten** [-ˌdʏnstən]*)* *(vt,* hat*)* ~ esalare, emanare (odori sgradevoli).

auseinander [-ˀaiˈnandɐ] *(avv)* ~ separato, diviso, lontano l'uno dall'altro (nel tempo o nello spazio) ♦ *wir wohnen weit auseinander* abitiamo lontani ♦ *die beiden Kinder sind drei Jahre auseinander* fra i due bambini ci sono tre anni di differenza. ◆ **auseinander brechen** († **auseinanderbrechen**) *(vt)* rompere, spezzare (in due). ◆ **auseinander bringen** († **auseinanderbringen**) *(vt)* separare. ◆ **auseinander fallen** († **auseinanderfallen**) *(vi)* cadere a pezzi. ◆ **auseinander gehen** († **auseinandergehen**) *(vi)* ***1*** separarsi, dividersi. ***2*** divergere, differenziarsi ♦ *darüber gehen* *unsere Meinungen auseinander* su questo le nostre opinioni divergono. ***3*** rompersi; *(fig)* rompersi, finire (legami) ♦ *der Schemel ist auseinander gegangen* lo sgabello si è rotto. ***4*** *(fam)* ingrassare. ◆ **auseinander halten** († **auseinanderhalten**) *(vt)* distinguere, tenere distinto. ◆ **auseinander nehmen** († **auseinandernehmen**) *(vt)* ***1*** smontare. ***2*** {*jmdn* ~} sconfiggere, annientare. ◆ **auseinander setzen** († **auseinandersetzen**) *(vt)* ***1*** {*jmdm etwas ~ setzen*} spiegare, esporre qcs a qcn. ***2*** {*sich mit jmdm ~ setzen*} *(vr)* chiarirsi, spiegarsi con qcn. ***3*** {*sich mit etwas ~ setzen*} occuparsi di qcs, riflettere su qcs.

auseinander|... ~ vedi **auseinander**.

Auseinandersetzung [-ˀaiˈnandɐˌzɛtsʊŋ] *(f; -, en)* ***1*** spiegazione, chiarimento. ***2*** discussione, scambio di opinioni. ***3*** diverbio, litigio.

auserlesen [-ɛɐˌleːzən] *(agg)* ~ scelto, eccellente.

aus|fahren[1] *(vi, ist; irr fahren)* ***1*** uscire (con un veicolo o un'imbarcazione). ***2*** partire, uscire (navi dal porto). ***3*** fare una gita (in auto).

aus|fahren[2] *(vt, hat; irr fahren)* ***1*** {*jmdn* ~} portare a passeggio (con un veicolo e sim) ♦ *ein Kind im Wagen ausfahren* portare a spasso un bambino con il passeggino. ***2*** consumare, danneggiare (strade e sim). ◆ **eine Kurve ausfahren** prendere larga una curva.

Ausfahrt [-ˌfaːɐt] *(f; -, -en)* ***1*** uscita, partenza (di o con un veicolo). ***2*** gita (in auto). ***3*** uscita (di autostrada) ♦ *die Ausfahrt Mannheim-Süd nehmen* uscire a Mannheim-Süd. ◆ **Ausfahrt freihalten!** passo carrabile; lasciare libero il passo.

Ausfall [-ˌfal] *(m; -(e)s, -fälle)* ***1*** caduta (di capelli, denti, ecc). ***2*** *(econ)* ammanco, deficit. ***3*** invettiva, insulto.

aus|fallen *(vi, ist; irr fallen)* ***1*** cadere (capelli, denti, ecc). ***2*** essere annullato, essere cancellato, decadere ♦ *die Sitzung fiel aus* la seduta fu annullata. ***3*** {*gut/schlecht* ~} andare bene/male ♦ *wie ist deine Prüfung ausgefallen?* come ti è andato l'esame?

ausfallend [-ˌfalənt] *(agg)* ~ offensivo.

aus|feilen *(vt, hat)* ***1*** limare. ***2*** *(fig)* limare, perfezionare ♦ *eine Rede ausfeilen* limare un discorso.

aus|fertigen *(vt, hat)* ***1*** redigere. ***2*** rilasciare (documenti).

Ausfertigung [-ˌfɛrtɪgʊŋ] *(f; -, -en)* ***1*** redazione, stesura. ***2*** rilascio (di documenti). ***3*** copia ♦ *in einfacher, doppelter Ausfertigung* in copia singola, doppia.

ausfindig [-ˌfɪndɪç] *(agg)* ~ **jmdn/etwas ausfindig machen** trovare ♦ *nach langem Suchen habe ich ihn endlich ausfindig gemacht* dopo tanto cercare, finalmente l'ho trovato.

aus|fliegen[1] *(vi, ist; irr fliegen)* ~ volare via.

aus|fliegen[2] *(vt, hat; irr fliegen)* ~ portare via (in aereo).

aus|fließen *(vi, ist; irr/ortogr fließen)* ~ scorrere via, colare, sgorgare.

aus|flippen [-ˌflɪpən] *(vi, ist)* ***1*** sballare (con le droghe). ***2*** andare in tilt, partire, dare di fuori (per stanchezza, gioia).

Ausflucht [-ˌflʊxt] *(f; -, -flüchte)* ***1*** scusa, pretesto ♦ *Ausflüchte machen* accampare scuse. ***2*** scappatoia.

Ausflug [-ˌfluːk] *(m; -(e)s, -flüge)* ***1*** volo, partenza (in volo). ***2*** gita, girata ♦ *einen Ausflug nach Pisa, aufs Land machen* fare una gita a Pisa, in campagna.

Ausfluss († **-fluß**) [-ˌflʊs] *(m; -es, -flüsse)* ***1*** scolo, sbocco (di fiumi, canali, ecc). ***2*** emissario (di laghi).

aus|fragen *(vt, hat)* ~ {*jmdn über etwas* (Acc) ~} interrogare (minuziosamente) qcn su qcs.

aus|fressen *(vt, hat; irr/ortogr fressen)* ~ *(fam)* combinare (guai).

Ausfuhr [-ˌfuːɐ] *(f; -)* ***1*** esportazione. ***2*** merci esportate.

aus|führen *(vt, hat)* ***1*** portare fuori, a spasso ♦ *den Hund ausführen* portare a spasso il cane. ***2*** esportare. ***3*** eseguire, portare a termine. ***4*** esporre, spiegare, esprimere ♦ *eine Theorie ausführen* esporre una teoria.

ausführlich [-ˌfyːɐlɪç] *(agg)* ***1*** esauriente, dettagliato. ***2*** *(avv)* dettagliatamente.

Ausführung [-ˌfyːrʊŋ] *(f; -, -en)* ***1*** esecuzione, attuazione, realizzazione ♦ *die Ausführung eines Plans, einer Arbeit* l'esecuzione di un progetto, di un lavoro. ***2***

qualità, fattura (di prodotti). ***3*** *(spec pl)* esposizione, spiegazione, argomentazione. ◆ **etwas zur Ausführung bringen** realizzare, portare a compimento qcs.

aus|füllen *(vt,* hat*)* ***1*** {*etwas (mit etwas) ~*} riempire, colmare ♦ *eine Grube ausfüllen* riempire una fossa ♦ *eine Lücke ausfüllen* colmare una lacuna. ***2*** riempire, compilare (questionari e sim). ***3*** riempire, impiegare (tempo). ***4*** rivestire (carica). ***5*** *(fig)* riempire, assorbire, occupare. ***6*** *(fig)* appagare, soddisfare.

Ausgabe [-ˌgaːbə] *(f;* -, -n*)* ***1*** spesa, uscita ♦ *laufende Ausgaben* spese correnti ♦ *Ausgaben und Einnahmen* entrate e uscite. ***2*** *(abbrev* **Ausg.***)* edizione ♦ *erweiterte, gekürzte Ausgabe* edizione ampliata, ridotta. ***3*** distribuzione, consegna.

Ausgang [-ˌgaŋ] *(m;* -(e)s, -gänge*)* ***1*** uscita ♦ *hinterer Ausgang* uscita posteriore ♦ *den Ausgang versperren* sbarrare l'uscita. ***2*** fine, conclusione, esito ♦ *eine Krankheit mit tödlichem Ausgang* una malattia dall'esito mortale. ◆ **von etwas seinen Ausgang nehmen** cominciare, prendere le mosse da qcs (da situazioni, fenomeni, ecc).

Ausgangspunkt [-gaŋsˌpʊŋkt] *(m;* -(e)s, -e*)* ~ punto di partenza.

aus|geben *(vt,* hat; *irr* geben*)* ***1*** spendere ♦ *viel Geld für etwas ausgeben* spendere molti soldi per qcs. ***2*** distribuire, consegnare. ***3*** mettere in circolazione (monete). ***4*** {*jmdn/etwas als (für) jmdn/etwas ~*} spacciare qcn/qcs per qcn/qcs ♦ *er gibt ihn als/für seinen Bruder aus* lo spaccia per suo fratello. ◆ **sich als jmd/etwas, für jmdn/etwas ausgeben** spacciarsi per qcn/qcs ♦ *er gibt sich für den Manager des Schauspielers aus* si spaccia per il manager dell'attore ♦ *er gibt sich als Deutscher aus* si spaccia per tedesco.

ausgedehnt [-gəˌdeːnt] *(agg)* ~ esteso, vasto.

ausgefallen [-gəˌfalən] *(agg)* ~ strano, stravagante.

ausgeglichen [-gəˌglɪçən] *(agg)* ~ equilibrato, armonioso ♦ *ein ausgeglichener Charakter* un carattere equilibrato.

Ausgeglichenheit [-gəglɪçənˌhait] *(f;* -*)* ~ equilibrio, armonia.

aus|gehen *(vi,* ist; *irr* gehen*)* ***1*** uscire (spec per divertimento) ♦ *wollen wir heute abend ausgehen?* vogliamo uscire stasera? ♦ *ein- und ausgehen* entrare e uscire (di continuo). ***2*** diminuire, esaurirsi. ***3*** finire, andare a finire ♦ *die Sache ist zum Glück gut ausgegangen* per fortuna la cosa è finita bene. ***4*** finire, terminare ♦ *das Wort geht auf einen Vokal aus* la parola finisce per vocale. ***5*** {*auf etwas* (Acc) *~*} andare in cerca di, mirare a ♦ *er geht nur auf seinen Vorteil aus* mira solo al suo vantaggio. ***6*** {*von jmdm/etwas ~*} partire, dipartirsi ♦ *von dem Platz gehen vier Straßen aus* da quella piazza si dipartono quattro strade ♦ *die Initiative geht von ihm aus* l'iniziativa parte da lui. ***7*** {*von jmdm/etwas ~*} essere emanato, emanarsi, diffondersi *(anche fig)* ♦ *von seinem Blick geht Ruhe aus* il suo sguardo emana tranquillità. ***8*** {*von etwas ~*} partire da (un presupposto), dare per scontato qcs ♦ *ich war von der Annahme ausgegangen, dass* ero partita dal presupposto che ♦ *wenn wir davon ausgehen, dass* se partiamo dal presupposto che.

ausgelassen [-gəˌlasən] *(agg)* ~ scatenato, sfrenato (persona o cosa).

ausgemacht [-gəˌmaxt] *(agg)* ~ sicuro, certo ♦ *als ausgemacht gelten* esser dato per certo.

ausgenommen [-gəˌnɔmən] *(posp* + Acc*)* ***1*** eccetto ♦ *Anwesende ausgenommen* esclusi i presenti ♦ *alle, mich ausgenommen* tutti eccetto me. ***2*** *(congiunz)* eccetto, a meno che ♦ *es kamen alle, ausgenommen mein Bruder* vennero tutti, eccetto mio fratello ♦ *er half allen, ausgenommen meinem Bruder* aiutò tutti, eccetto mio fratello ♦ *ich werde kommen, ausgenommen es regnet* verrò, a meno che non piova.

ausgeprägt [-gəˌprɛːkt] *(agg)* ~ marcato, spiccato.

ausgerechnet [-gəˌrɛçnət] *(avv)* ~ *(fam)* proprio, per l'appunto ♦ *ausgerechnet mir musste das passieren!* proprio a me doveva capitare!

ausgeschlossen [-gəˌʃlɔsən] *(agg)* ~ escluso, impossibile ♦ *eine Gehaltserhöhung*

ist ausgeschlossen un aumento di stipendio è escluso.
ausgeschnitten [-gəʃnɪtən] *(agg)* ~ scollato (abito).
ausgesprochen [-gəʃprɔxən] *(agg)* ***1*** spiccato, pronunciato ♦ *er hat eine ausgesprochene Begabung für Musik* ha un talento spiccato per la musica. ***2*** *(avv) (fam)* molto, estremamente.
ausgesucht [-gəˌzuːxt] *(agg)* ***1*** *(fig)* scelto, ricercato, di qualità. ***2*** grande, particolare ♦ *er empfing uns mit ausgesuchter Freundlichkeit* ci accolse con grande cortesia. ***3*** scarso, poco assortito (merci). ***4*** *(avv)* molto.
Ausgewanderte(r) [-gəˌvandərtə (-tɐ)] *(m/f; -n, -n)* ~ emigrato.
ausgewachsen [-gəˌvaksən] *(agg)* ***1*** adulto. ***2*** *(fam)* enorme.
ausgewogen [-gəˌvoːgən] *(agg)* ~ equilibrato, armonioso.
ausgezeichnet [-gəˌtsaiçnət] *(agg)* ***1*** ottimo, eccellente ♦ *dieser Wein ist ausgezeichnet* questo vino è eccellente. ***2*** ottimo (voto scolastico). ***3*** *(avv)* benissimo ♦ *sie kann ausgezeichnet Deutsch sprechen* parla benissimo il tedesco.
ausgiebig [-ˌgiːbɪç] *(agg)* ***1*** abbondante ♦ *ein ausgiebiges Essen* un pasto abbondante ♦ *ausgiebigen Gebrauch von etwas machen* fare ampio uso di qcs. ***2*** *(avv)* abbondantemente.
Ausgiebigkeit [-giːbɪçˌkait] *(f; -)* ~ abbondanza.
aus|gießen *(vt,* hat; *irr/ortogr* gießen*)* ***1*** versare ♦ *den Wein aus der Flasche ausgießen* versare il vino dalla bottiglia. ***2*** svuotare (un recipiente da un liquido). ***3*** spegnere (con acqua). ***4*** {*etwas mit etwas ~*} riempire (con gesso, cemento, ecc). ***5*** *(fig)* rivolgere (sentimenti negativi) ♦ *Zorn, Verachtung über jmdn ausgießen* rivolgere ira, disprezzo verso qcn.
Ausgleich [-ˌglaiç] *(m; -(e)s, -e)* ***1*** accomodamento, accordo. ***2*** compensazione, compenso, risarcimento. ***3*** *(econ)* saldo, pagamento. ***4*** *(sport)* pareggio (gol del pareggio). ◆ **als Ausgleich, zum Ausgleich** per compensazione.
aus|gleichen *(vt,* hat; *irr* gleichen*)* ***1*** livellare, spianare, appianare *(anche fig)*; equilibrare ♦ *Spannungen ausgleichen* appianare delle tensioni. ***2*** *(econ)* saldare.
aus|graben *(vt,* hat; *irr* graben*)* ***1*** dissotterrare, disseppellire; esumare. ***2*** *(fig)* riportare alla luce, riesumare, rispolverare ♦ *ein altes Buch ausgraben* riportare alla luce un vecchio libro ♦ *einen alten Streit ausgraben* rivangare una vecchia lite.
Ausgrabung [-ˌgraːbʊŋ] *(f; -, -en)* ~ scavo (archeologico).
Ausguss († **-guß**) [-ˌgʊs] *(m; -es, -güsse)* ~ scarico (di lavandino e sim).
aus|haben *(vt,* hat*)* ***1*** *(fam)* aver finito di leggere, di mangiare, di bere, ecc ♦ *ich habe meinen Tee schon aus* ho già finito di bere il mio tè. ***2*** *(fam)* aver tolto (indumenti) ♦ *er hat die Jacke noch nicht aus* non si è ancora tolto la giacca. ***3*** *(fam)* uscire (dal lavoro, da scuola, ecc) ♦ *um wie viel Uhr hast du heute aus?* a che ora esci oggi (dal lavoro, da scuola)?
aus|halten *(vt,* hat; *irr* halten*)* ***1*** sopportare ♦ *Schmerzen, Hunger aushalten* sopportare dolori, la fame ♦ *das ist nicht auszuhalten* questo è insopportabile ♦ *ich halte es nicht mehr aus* non ce la faccio più. ***2*** *(fam/spreg)* mantenere. ◆ **den Vergleich (mit etwas) aushalten** reggere il paragone con qcs.
aus|händigen [-ˌhɛndɪgən] *(vt,* hat*)* ~ {*jmdm etwas ~*} consegnare qcs a qcn.
Aushang [-ˌhaŋ] *(m; -(e)s, -hänge)* ~ annuncio (appeso), avviso, manifesto.
aus|hängen[1] *(vi,* hat; *irr* hängen[1]*)* ~ essere esposto, affisso.
aus|hängen[2] *(vt,* hat*)* ***1*** affiggere, appendere, esporre (annunci e sim) ♦ *einen Fahrplan aushängen* appendere un orario. ***2*** esporre (merci). ***3*** scardinare.
aus|harren *(vi,* hat*)* ~ *(lett)* resistere.
aus|heben *(vt,* hat; *irr* heben*)* ***1*** scavare ♦ *einen Graben ausheben* scavare un fossato. ***2*** dissotterrare. ***3*** scardinare (porte, finestre, ecc). ***4*** *(fig)* stanare, scovare, scoprire (criminali).
aus|helfen *(vi,* hat; *irr* helfen*)* ***1*** {*jmdm ~*} aiutare qcn (temporaneamente). ***2*** lavorare, dare una mano, sostituire (temporaneamente) ♦ *er hilft im Sommer auf dem Lande aus* d'estate dà una mano in campagna.

Aushilfe [-ˌhɪlfə] *(f; -, -n)* ***1*** aiuto. ***2*** sostituto ♦ *Aushilfe gesucht* cercasi sostituto.
Aushilfskraft [-hɪlfsˌkraft] *(f; -, -kräfte)* ~ aiuto temporaneo, sostituto.
aus|höhlen [-ˌhøːlən] *(vt, hat)* ***1*** svuotare, rendere cavo ♦ *einen Baumstamm, einen Kürbis aushöhlen* svuotare un tronco d'albero, una zucca. ***2*** *(fig)* minare, indebolire dall'interno (persone o cose).
aus|holen *(vt, hat)* ***1*** alzare il braccio (per colpire) ♦ *zum Wurf ausholen* prepararsi per il lancio. ***2*** *(vi)* andare indietro, rifarsi da lontano (in una narrazione).
aus|horchen *(vt, hat)* ~ {*jmdn ~*} *(fam)* interrogare qcn (cercando di scoprire qcs).
aus|kennen *(vr, hat; irr* kennen*)* ~ **sich in etwas** (Dat) (**gut**) **auskennen** intendersi di qcs, conoscere bene qcs, essere pratico di qcs ♦ *sich (gut) in einer Stadt auskennen* conoscere bene una città ♦ *sich in einem Fach auskennen* intendersi di una materia.
aus|klammern *(vt, hat)* ~ {*jmdn/etwas ~*} *(fig)* escludere, non prendere in considerazione, mettere tra parentesi.
Ausklang [-ˌklaŋ] *(m; -(e)s)* ***1*** *(mus)* finale. ***2*** *(fig)* fine, conclusione (lenta).
aus|klingen *(vi, ist; irr* klingen*)* ***1*** *(lett)* smorzarsi, spegnersi (suoni). ***2*** *(fig/lett)* finire, terminare.
aus|klopfen *(vt, hat)* ~ pulire (battendo) ♦ *eine Pfeife ausklopfen* pulire una pipa.
Ausklopfer [-ˌklɔpfɐ] *(m; -s, -)* ~ battipanni.
aus|klügeln [-ˌklyːgəln] *(vt, hat)* ~ escogitare.
aus|kochen *(vt, hat)* ***1*** bollire a lungo. ***2*** *(med)* sterilizzare.
aus|kommen *(vi, hat; irr* kommen*)* ***1*** {*mit jmdm (gut) ~*} andare d'accordo con qualcuno ♦ *wir kommen sehr gut miteinander aus* andiamo molto d'accordo. ***2*** {*mit etwas ~*} avere abbastanza di qcs, farsi bastare qcs ♦ *mit diesem Geld musst du bis Ende des Monats auskommen* questi soldi devi farteli bastare fino alla fine del mese. ***3*** {*ohne jmdn/etwas ~*} fare senza, fare a meno di qcn/qcs ♦ *ich kann auch ohne dich auskommen* posso anche fare senza di te.
Auskommen [-ˌkɔmən] *(n; -)* ~ vita, tenore di vita ♦ *ein bescheidenes Auskommen haben* fare una vita modesta. ◆ **ein gutes Auskommen haben** avere di che vivere.
aus|kosten *(vt, hat)* ~ godere, godersi, assaporare.
aus|kramen *(vt, hat)* ***1*** *(fam)* tirar fuori, scovare. ***2*** *(fig/fam)* ritirare fuori, rivangare.
aus|kratzen *(vt, hat)* ***1*** grattare via, togliere (grattando, raschiando). ***2*** pulire (grattando, raschiando). ***3*** *(fam)* svignarsela.
aus|kundschaften [-ˌkʊntˌʃaftən] *(vt, hat)* ~ {*jmdn/etwas ~*} indagare, investigare su qcn/qcs.
Auskunft [-ˌkʊnft] *(f; -, -künfte)* ***1*** informazione ♦ *eine Auskunft über etwas geben* dare un'informazione su qcs ♦ *um Auskunft bitten* chiedere informazioni. ***2*** ufficio informazioni.
aus|kurieren *(vt, hat)* ~ curare completamente, guarire ♦ *einen Patienten, eine Krankheit auskurieren* guarire completamente un paziente, una malattia.
aus|lachen *(vt, hat)* ~ deridere ♦ *er wird oft wegen seiner altmodischen Kleidung ausgelacht* viene spesso deriso per il suo abbigliamento fuori moda.
aus|laden *(vt, hat; irr* laden*)* ***1*** scaricare (veicoli; merci da un veicolo). ***2*** {*jmdn ~*} *(fam)* ritirare un invito a qcn ♦ *wir mussten die Gäste leider ausladen* purtroppo dovemmo ritirare l'invito.
Ausladung [-ˌlaːdʊŋ] *(f; -, -en)* ***1*** scaricamento (di veicoli, di merci da un veicolo). ***2*** *(fam)* disdetta di un invito.
Auslage [-ˌlaːgə] *(f; -, -n)* ***1*** esposizione (di merce); merce esposta. ***2*** vetrina. ***3*** *(solo pl)* spese.
Ausland [-ˌlant] *(n; -(e)s)* ~ estero ♦ *ins Ausland fahren* andare all'estero ♦ *ins Ausland gehen* trasferirsi all'estero, emigrare ♦ *im Ausland leben* vivere all'estero ♦ *ein Brief aus dem Ausland* una lettera dall'estero.
Ausländer [-ˌlɛndɐ] *(m; -s, -; f* **-in***)* ~ straniero ♦ *er ist Ausländer* è straniero.
ausländisch [-ˌlɛndɪʃ] *(agg)* ~ straniero, estero.
aus|lassen *(vt, hat; irr/ortogr* lassen*)* ***1*** omettere, tralasciare ♦ *einen Satz auslassen* tralasciare una frase. ***2*** lasciarsi

scappare, farsi sfuggire ♦ *eine Gelegenheit auslassen* lasciarsi scappare un'opportunità. ***3*** lasciar uscire, far scorrere via. ***4*** allargare, allungare (abiti). ***5*** sciogliere, struggere (burro e sim). ***6*** {*etwas (an jmdm) ~*} sfogare, dare sfogo a qcs (su qcn) ♦ *er lässt seinen Frust an seinen Kindern aus* sfoga la sua frustrazione sui figli. ◆ **sich über jmdn/etwas auslassen** *(vr)* pronunciarsi, prendere posizione su qcs ♦ *er hat sich über diesen Vorschlag noch nicht ausgelassen* non si è ancora pronunciato su questa proposta.

Auslassung [-ˌlasʊŋ] *(f; -, -en)* ***1*** omissione. ***2*** *(spec pl)* dichiarazioni (spec negative).

Auslassungspunkte [-lasʊŋsˌpʊŋktə] *(pl)* ~ puntini di sospensione.

Auslassungszeichen [-lasʊŋsˌtsaiçən] *(n; -s, -)* ~ apostrofo.

aus|lasten *(vt, hat)* ***1*** {*etwas ~*} sfruttare (appieno) qcs. ***2*** {*jmdn ~*} impiegare, occupare (appieno). ***3*** appagare.

Auslastung [-ˌlastʊŋ] *(f; -)* ***1*** sfruttamento (di macchinari). ***2*** impiego, utilizzazione (di personale e sim).

Auslauf [-ˌlauf] *(m; -(e)s, -läufe)* ***1*** scarico, scolo. ***2*** libertà di movimento ♦ *Kinder, Tiere brauchen Auslauf* i bambini, gli animali hanno bisogno di potersi muovere liberamente.

aus|laufen *(vi, ist; irr* laufen*)* ***1*** colare, fuoriuscire. ***2*** svuotarsi (recipienti). ***3*** spandersi (colori, inchiostro, ecc). ***4*** salpare. ***5*** finire, terminare ♦ *die Sache ist gut ausgelaufen* la cosa è finita bene. ***6*** arrestarsi, fermarsi (motori e sim). ◆ **sich auslaufen** *(vr) (fam)* fare del moto.

aus|leeren *(vt, hat)* ~ (s)vuotare (completamente) ♦ *das Glas ausleeren* vuotare il bicchiere.

aus|legen *(vt, hat)* ***1*** posare, sistemare ♦ *Kabel auslegen* posare dei cavi. ***2*** esporre (merci). ***3*** rivestire, coprire, tappezzare. ***4*** anticipare (somme) ♦ *ich habe dir schon 100 Euro ausgelegt* ti ho già anticipato 100 euro. ***5*** spiegare, interpretare ♦ *einen Text auslegen* interpretare un testo.

Auslegung [-ˌleːgʊŋ] *(f; -, -en)* ***1*** sistemazione, collocazione, posa. ***2*** rivestimento, copertura. ***3*** interpretazione, spiegazione.

Ausleihe [-ˌlaiə] *(f; -, -n)* ***1*** prestito (il prendere in prestito). ***2*** banco prestito (in biblioteca).

aus|leihen *(vt, hat; irr* leihen*)* ***1*** {*jmdm etwas ~*} prestare qcs a qcn ♦ *ich habe ihr mein Buch ausgeliehen* le ho prestato il mio libro. ***2*** {*sich* (Dat) *(von jmdm) etwas ~*} prendere in prestito ♦ *ich habe mir von ihr ein Buch ausgeliehen* ho preso in prestito da lei un libro.

Auslese [-ˌleːzə] *(f; -, -n)* ***1*** scelta, selezione ♦ *eine Auslese treffen* operare una selezione. ***2*** selezione (gruppo scelto). ***3*** vino da uve selezionate.

aus|lesen *(vt, hat; irr* lesen*)* ***1*** selezionare, scegliere. ***2*** *(fam)* finire di leggere ♦ *ich habe das Buch schon ausgelesen* ho già finito di leggere il libro.

aus|liefern *(vt, hat)* ***1*** consegnare (merci). ***2*** *(dir)* consegnare, estradare. ◆ **jmdm/etwas ausgeliefert sein** *(fig)* essere abbandonato a, essere in balìa di qcn/qcs.

Auslieferung [-ˌliːfərʊŋ] *(f; -, -en)* ***1*** consegna (di merci). ***2*** *(dir)* estradizione.

aus|liegen *(vi, hat)* ~ essere esposto, essere in mostra.

aus|löschen *(vt, hat)* ***1*** cancellare *(anche fig)*. ***2*** spegnere ♦ *das Feuer auslöschen* spegnere il fuoco.

aus|losen *(vt, hat)* ~ sorteggiare, tirare a sorte ♦ *einen Preis, einen Kandidaten auslosen* tirare a sorte un premio, sorteggiare un candidato.

aus|lösen *(vt, hat)* ***1*** riscattare (prigionieri, pegni). ***2*** avviare, azionare (meccanismi). ***3*** *(fig)* suscitare, provocare ♦ *Begeisterung auslösen* suscitare entusiasmo.

Auslöser [-ˌløːzɐ] *(m; -s, -)* ***1*** *(tecn)* dispositivo di scatto. ***2*** *(fig)* fattore scatenante.

Auslosung [-ˌloːzʊŋ] *(f; -, -en)* ~ sorteggio, estrazione a sorte.

Auslösung [-ˌløːzʊŋ] *(f; -, -en)* ***1*** riscatto. ***2*** causa.

aus|machen *(vt, hat)* ***1*** spegnere (fuoco, luce, ecc). ***2*** stabilire, fissare, concordare ♦ *einen Termin ausmachen* fissare un appuntamento ♦ *wir haben ausgemacht, dass* abbiamo concordato che. ***3*** rappresentare, costituire, essere. *4* ammontare, fare (somme di denaro) ♦ *wie viel macht es aus?* quant'è? *5* {*(jmdm) etwas/nichts* ~} seccare, dare fastidio a qcn ♦ *das macht mir nichts aus* questo non mi secca ♦ *macht es dir etwas aus, wenn* ti secca se.

aus|malen *(vt,* hat*)* *1* colorare, verniciare, dipingere (superfici e sim). *2 (fig)* dipingere, descrivere (a tinte vivaci).

Ausmaß [-ˌmaːs] *(n;* -es, -e*)* ~ estensione, dimensione, proporzioni *(anche fig)* ♦ *das Ausmaß einer Katastrophe* le proporzioni di una catastrofe ♦ *in/von großem, geringem Ausmaß* in/di grandi, minime proporzioni.

aus|merzen [-ˌmɛrtsən] *(vt,* hat*)* ~ eliminare, estirpare.

aus|messen *(vt,* hat; *irr/ortogr* messen*)* ~ misurare (esattamente).

Ausmessung [-ˌmɛsʊŋ] *(f;* -, -en*)* ~ misurazione.

Ausnahme [-ˌnaːmə] *(f;* -, -n*)* ~ eccezione ♦ *eine Ausnahme machen, bilden* fare, costituire un'eccezione. ◆ **mit Ausnahme von** a eccezione di ♦ *mit Ausnahme von zwei Kindern/zweier Kinder* a eccezione di due bambini. ◆ **die Ausnahme bestätigt die Regel** *(prov)* l'eccezione conferma la regola.

ausnahmsweise [-naːmsˌvaizə] *(avv)* ~ eccezionalmente, in via eccezionale.

aus|nehmen *(vt,* hat; *irr* nehmen*)* *1* escludere, esentare (vedi anche **ausgenommen**). *2* sbuzzare (animali). *3 (fam)* spennare (sottrarre soldi).

ausnehmend [-neːmənt] *(agg)* ~ *(lett)* straordinario.

aus|nutzen *(region* **ausnützen***)* *(vt,* hat*)* *1* sfruttare, approfittare di ♦ *eine Gelegenheit ausnutzen* sfruttare un'occasione. *2* sfruttare, approfittarsi di ♦ *jmds Geduld ausnutzen* approfittarsi della pazienza di qcn ♦ *er nutzt seine Arbeiter aus* sfrutta i suoi operai.

aus|packen[1] *(vi,* hat*)* *1* disfare la valigia. *2 (fig/fam)* vuotare il sacco.

aus|packen[2] *(vt,* hat*)* *1* disfare, scartare (valigia, pacco). *2* togliere, estrarre (da un pacco e sim).

aus|plaudern *(vt,* hat*)* ~ *(fam)* spifferare.

aus|prägen *(vt,* hat*)* *1* coniare. *2 (fig)* coniare, creare. ◆ **sich ausprägen** *(vr)* *1* {*sich in etwas* (Dat) ~} *(fig)* essere impresso, mostrarsi/manifestarsi in qcs ♦ *Schmerz prägte sich in seinem Gesicht aus* il dolore era impresso sul suo volto. *2* formarsi, delinearsi.

aus|probieren *(vt,* hat*)* ~ provare, sperimentare.

aus|pressen *(vt,* hat; *ortogr* pressen*)* *1* spremere. *2 (fig)* spremere (economicamente); pressare (con domande).

Auspuff [-ˌpʊf] *(m;* (e)s, -e*)* ~ scappamento.

Auspufftopf [-pʊfˌtɔpf] *(m;* -(e)s, -töpfe*)* ~ marmitta.

aus|radieren *(vt,* hat*)* ~ cancellare.

aus|rangieren *(vt,* hat*)* ~ scartare, togliere di mezzo.

aus|rasten *(vi,* ist*)* *1 (tecn)* saltare, sganciarsi. *2 (fig/fam)* perdere il controllo.

aus|räumen *(vt,* hat*)* *1* svuotare, sgomberare. *2 (fig/fam)* svaligiare. *3* togliere di mezzo, rimuovere, eliminare *(anche fig)* ♦ *Vorurteile, Zweifel ausräumen* sgombrare il campo da pregiudizi, dubbi.

aus|rechnen *(vt,* hat*)* *1* calcolare. *2* {*sich* (Dat) *etwas* ~} calcolare, stimare ♦ *ich habe mir meine Chancen ausgerechnet* ho calcolato le mie possibilità. ◆ **sich** (Dat) **etwas ausrechnen können** potersi (facilmente) immaginare qcs.

Ausrede [-ˌreːdə] *(f;* -, -n*)* ~ scusa, pretesto ♦ *immer eine Ausrede bereit haben* aver sempre una scusa pronta ♦ *faule Ausreden (fam)* scuse da quattro soldi.

aus|reden *(vi,* hat*)* *1* finire di parlare. *2* {*jmdm etwas* ~} dissuadere qcn da qcs, far cambiare idea a qcn ♦ *das lasse ich mir nicht ausreden* su questo non cambio idea.

aus|reichen *(vi,* hat*)* *1* bastare ♦ *das Geld, das Essen reicht aus* il denaro, il cibo basta. *2* {*mit etwas* ~} *(fam)* cavarsela, farcela con qcs, farsi bastare qcs.

ausreichend [-ˌraiçənt] *(agg)* *1* sufficiente (anche voto scolastico) ♦ *ausreichende Deutschkenntnisse* sufficienti conoscenze di tedesco. *2 (avv)* abbastanza, sufficientemente, a sufficienza ♦ *ausreichend Geld* denaro a sufficienza.

Ausreise [-ˌraizə] *(f; -, -n)* **1** viaggio all'estero; espatrio. **2** attraversamento del confine.

aus|reisen *(vi, ist)* ~ andare all'estero; espatriare.

aus|reißen[1] *(vi, ist; irr/ortogr* reißen*)* **1** strapparsi, staccarsi ♦ *die Naht ist ausgerissen* la cucitura si è strappata. **2** *(fam)* scappare, tagliare la corda.

aus|reißen[2] *(vt, hat; irr/ortogr* reißen*)* ~ strappare, togliere (strappando) ♦ *Unkraut ausreißen* strappare le erbacce.

aus|renken [-ˌrɛŋkən] *(vt, hat)* ~ {*jmdm/sich etwas* ~} slogare, slogarsi qcs ♦ *ich habe mir den linken Fuß ausgerenkt* mi sono slogato il piede sinistro. ◆ **sich** (Dat) **den Hals nach jmdm/etwas ausrenken** torcersi il collo nel tentativo di vedere qcn/qcs.

aus|richten *(vt, hat)* **1** allineare, mettere in linea. **2** *(fig)* allineare, orientare ♦ *anarchisch ausgerichtete Gruppen* gruppi di orientamento anarchico. **3** trasmettere, comunicare ♦ *eine Nachricht ausrichten* comunicare una notizia ♦ *ich soll dir einen Gruß von Anna ausrichten* ti porto i saluti di Anna. **4** raggiungere, ottenere. **5** organizzare, allestire (a proprie spese).

aus|rotten [-ˌrɔtən] *(vt, hat)* **1** sterminare. **2** *(fig)* eliminare, sradicare, estirpare ♦ *das Übel an der Wurzel ausrotten* estirpare il male alla radice.

aus|rücken *(vi, ist)* **1** *(mil)* mettersi in marcia. **2** *(fig/fam)* svignarsela, sgattaiolare via.

Ausruf [-ˌru:f] *(m; -(e)s, -e)* ~ esclamazione ♦ *ein Ausruf der Freude* un'esclamazione di gioia.

aus|rufen *(vt, hat; irr* rufen*)* **1** {*jmdn/etwas* ~} annunciare (pubblicamente). **2** esclamare ♦ *„Was?" rief sie aus* "Cosa?" esclamò. **3** {*jmdn zu etwas* ~} proclamare ♦ *jmdn zum König ausrufen* proclamare re qcn.

Ausrufezeichen [-ru:fəˌtsaiçən] *(n; -s, -)* ~ punto esclamativo.

aus|ruhen *(vt, hat)* ~ riposare ♦ *die Beine ausruhen* riposare le gambe. ◆ **sich ausruhen** *(vr)* riposarsi. ◆ **sich auf seinen Lorbeeren ausruhen** *(vr) (fig)* riposare sugli allori.

aus|rüsten *(vt, hat)* ~ equipaggiare, attrezzare.

Ausrüstung [-ˌrʏstʊŋ] *(f; -, -en)* ~ equipaggiamento, attrezzatura.

aus|rutschen *(vi, ist)* ~ scivolare, sdrucciolare ♦ *das Glas ist mir ausgerutscht* il bicchiere mi è scivolato (di mano) ♦ *er ist auf einer Bananenschale ausgerutscht* è scivolato su una buccia di banana.

Ausrutscher [-ˌrʊtʃɐ] *(m; -s, -)* **1** *(fam)* scivolone. **2** *(fam)* gaffe.

Aussaat [-ˌza:t] *(f; -, -en)* **1** semina. **2** semente.

aus|säen *(vt, hat)* ~ seminare *(anche fig)* ♦ *Hass aussäen* seminare odio.

Aussage [-ˌza:gə] *(f; -, -n)* **1** dichiarazione, affermazione, asserzione. **2** *(dir)* deposizione ♦ *eine Aussage vor Gericht machen* fare una deposizione davanti a un tribunale. **3** *(gramm)* predicato. ◆ **laut Aussage von, nach Aussage von** su affermazione di.

aus|sagen *(vt, hat)* **1** dichiarare, affermare. **2** *(dir)* deporre ♦ *unter Eid aussagen* deporre sotto giuramento.

Aussatz [-ˌzats] *(m; -es)* ~ lebbra.

aussätzig [-ˌzɛtsɪç] *(agg)* ~ lebbroso.

aus|schalten *(vt, hat)* **1** spegnere (elettricamente), chiudere, staccare ♦ *den Strom ausschalten* staccare la corrente. **2** *(fig)* eliminare (cose o persone).

Ausschank [-ʃaŋk] *(m; -(e)s, -schänke)* ~ mescita.

Ausschau [-ʃau] *(f)* ~ **nach jmdm/etwas Ausschau halten** cercare con lo sguardo qcn/qcs ♦ *im Bahnhof hielt er nach seiner Frau Ausschau* nella stazione cercava sua moglie con lo sguardo.

aus|scheiden[1] *(vi, ist; irr* schneiden*)* **1** essere fuori discussione ♦ *diese Möglichkeit scheidet aus* questa possibilità è fuori discussione. **2** dimettersi, ritirarsi ♦ *aus einem Amt ausscheiden* dimettersi da una carica ♦ *aus einem Wettbewerb ausscheiden* ritirarsi da una competizione.

aus|scheiden[2] *(vt, hat; irr* scheiden*)* **1** scartare, eliminare (cose o persone). **2** *(med)* espellere, secernere.

Ausscheidung [-ʃaidʊŋ] *(f; -, -en)* **1** *(med)* eliminazione, secrezione; *(spec pl)* escrementi. **2** *(sport)* eliminazione.

aus|schenken *(vt,* hat*)* ***1*** versare, mescere. ***2*** vendere (spec alcolici).

aus|schlachten *(vt,* hat*)* ***1*** macellare, squartare. ***2*** *(fig/spreg)* sfruttare, approfittare di qcn/qcs.

aus|schlafen *(vi,* hat*)* ***1*** dormire (quanto è necessario), fare una bella dormita ♦ *ich will morgen einmal richtig ausschlafen* domani voglio proprio fare una bella dormita. ***2*** smaltire con il sonno (sbornie e sim). ◆ **sich ausschlafen** *(vr)* fare una bella dormita.

Ausschlag [-ʃla:k] *(m;* -(e)s, -schläge*)* ***1*** eruzione cutanea. ***2*** oscillazione. ◆ **den Ausschlag (für etwas) geben** essere decisivo, essere il fattore decisivo (per qcs).

aus|schlagen[1] *(vi,* ist/hat; *irr* schlagen*)* ***1*** *(aux* hat*)* scalpitare. ***2*** *(aux* ist/hat*)* oscillare ♦ *das Pendel ist/hat dreimal ausgeschlagen* il pendolo ha oscillato tre volte. ***3*** *(aux* ist/hat*)* germogliare, spuntare.

aus|schlagen[2] *(vt,* hat; *irr* schlagen*)* ***1*** rompere (con un colpo). ***2*** rivestire, tappezzare. ***3*** respingere, declinare (offerte e sim).

ausschlaggebend [-ʃla:kˌge:bənt] *(agg)* ~ decisivo.

aus|schließen *(vt,* hat; *irr/ortogr* schließen*)* ***1*** chiudere fuori. ***2*** *(fig)* escludere ♦ *er wurde von der Mannschaft ausgeschlossen* fu escluso dalla squadra ♦ *das würde ich von vorherein ausschließen* questo lo escluderei subito.

ausschließlich[1] [-ʃli:slɪç] *(agg)* ***1*** esclusivo ♦ *ausschließliches Recht* diritto esclusivo. ***2*** *(avv)* esclusivamente.

ausschließlich[2] *(prep* + Gen; *al plurale* + Dat, *se il* Gen *non è marcato)* ~ escluso, eccetto ♦ *ausschließlich Mehrwertsteuer* IVA esclusa ♦ *ausschließlich der Fahrkosten* esclusi i costi del viaggio ♦ *ausschließlich Getränken* bevande escluse.

Ausschluss († **Ausschluß**) [-ʃlʊs] *(m;* -es, -schlüsse*)* ***1*** esclusione, espulsione ♦ *der Ausschluss aus einer Partei* l'espulsione da un partito ♦ *unter Ausschluss der Öffentlichkeit* a porte chiuse. ***2*** *(tip)* spazio.

aus|schmücken *(vt,* hat*)* ***1*** addobbare (locali). ***2*** *(fig)* abbellire (racconti e sim).

aus|schneiden *(vt,* hat; *irr* schneiden*)* ***1*** ritagliare ♦ *einen Artikel aus der Zeitung ausschneiden* ritagliare un articolo dal giornale. ***2*** scollare (abiti). ***3*** potare.

Ausschnitt [-ʃnɪt] *(m;* -(e)s, -e*)* ***1*** ritaglio; parte; brano ♦ *ein Ausschnitt aus einer Zeitung* un ritaglio di un giornale ♦ *ein Ausschnitt aus einem Film* una sequenza di un film ♦ *ein Ausschnitt aus einem Kapitel* un brano di un capitolo. ***2*** scollo, scollatura ♦ *ein Kleid mit tiefem, spitzem Ausschnitt* un abito con uno scollo profondo, a V. ***3*** potatura.

aus|schreiben *(vt,* hat; *irr* schreiben*)* ***1*** scrivere per esteso; scrivere in lettere (cifre). ***2*** rilasciare (documenti e sim). ***3*** indire, pubblicare, rendere pubblico ♦ *einen Wettbewerb ausschreiben* indire un concorso ♦ *Steuern ausschreiben* imporre tasse.

Ausschreibung [-ʃraibʊŋ] *(f;* -, -en*)* ~ pubblicazione, indizione, bando.

Ausschreitung [-ʃraitʊŋ] *(f;* -, -en*)* ~ *(spec pl)* violenze, scontri violenti.

Ausschuss († **Ausschuß**) [-ʃʊs] *(m;* -es, -schüsse*)* ***1*** commissione, comitato ♦ *ständiger Ausschuss* comitato permanente ♦ *ein Ausschuss tritt zusammen* una commissione si riunisce. ***2*** *(solo sing)* scarto, merce di scarto.

aus|schütten *(vt,* hat*)* ***1*** versare, rovesciare ♦ *das schmutzige Wasser ausschütten* gettare via l'acqua sporca. ***2*** scuotere, svuotare (contenitori) ♦ *den Aschenbecher ausschütten* svuotare il portacenere. ***3*** distribuire (somme). ***4*** {*jmdm etwas* ~} *(fig)* confidare qcs a qcn. ◆ **sich vor Lachen ausschütten** *(vr)* sganasciarsi dal ridere. ◆ **jmdm sein Herz ausschütten** sfogarsi con qcn.

aus|schweifen *(vi,* ist*)* ~ eccedere, esagerare.

ausschweifend [-ʃvaifənt] *(agg)* ~ eccessivo, dissoluto, sfrenato.

Ausschweifung [-ʃvaifʊŋ] *(f;* -, -en*)* ***1*** *(spec pl)* eccesso. ***2*** *(spec pl)* dissolutezza, libertinaggio.

aus|sehen *(vi,* hat; *irr* sehen*)* ***1*** essere (esteriormente); avere un aspetto ♦ *schön, hässlich aussehen* essere bello, brutto ♦ *ein gut aussehender Mann* un uomo di bell'aspetto. ***2*** sembrare, apparire ♦ *er sieht jünger aus (als er ist)* sembra più giovane (di quanto non sia) ♦ *er sieht alt, krank, müde aus* sembra vecchio, malato, stanco. **3** {*wie jmd/etwas* ~} sembrare qcn/qcs, somigliare a qcn/qcs ♦ *er sieht aus wie sein Vater* somiglia a suo padre ♦ *sie sieht wie eine Schauspielerin aus* sembra un'attrice. **4** {*nach etwas* ~} *(impers)* sembrare, aver l'aria di ♦ *das sieht nach Betrug aus* questa ha l'aria di essere una truffa ♦ *es sieht danach aus, als ob* sembra che, ha l'aria di. **5** {*nach etwas* ~} *(fam)* fare un dato effetto ♦ *nach nichts aussehen* non dire niente, essere insignificante. **6** *(impers)* andare (in un certo modo) ♦ *mit meinem Studium sieht es gerade nicht so gut aus* i miei studi non stanno andando molto bene.

Aussehen [-ˌzeːən] *(n; -s)* ~ aspetto (esteriore), apparenza ♦ *dem Aussehen nach* all'apparenza.

aus|sein ~ **aus sein** (vedi **aus**²).

außen [ˈausən] *(avv)* ~ fuori, di fuori, all'esterno. ◆ **von außen** da fuori, dall'esterno. ◆ **nach außen** verso l'esterno.

Außenhandel [-ˌhandəl] *(m; -s)* ~ commercio con l'estero.

Außenminister [-miˌnɪstɐ] *(m; -s, -)* ~ ministro degli Esteri.

Außenministerium [-minɪsˌteːrjum] *(n; -s, -rien)* ~ ministero degli Esteri.

Außenpolitik [-poliˈtiːk] *(f; -)* ~ politica estera.

Außenseiter [-ˌzaitɐ] *(m; -s, -)* ~ emarginato; outsider *(anche sport)*.

außer [ˈausɐ] *(prep +* Dat*)* **1** eccetto, salvo, tranne ♦ *niemand außer mir weiß es* nessuno tranne me lo sa ♦ *ich kann jederzeit kommen, außer dienstags* posso venire in qualsiasi momento, eccetto di martedì. **2** oltre a, in aggiunta a ♦ *außer meinem Lohn bekomme ich auch noch Trinkgeld* oltre al mio stipendio ricevo anche la mancia. ◆ **außer, dass** *(congiunz)* tranne che, eccetto che, solo che ♦ *die Arbeit gefällt mir, außer dass ich viele Überstunden machen muss* il lavoro mi piace, solo che devo fare molti straordinari. ◆ **außer Atem sein** avere il fiatone. ◆ **außer Dienst** fuori servizio. ◆ **außer Gefahr** fuori pericolo. ◆ **außer Stande** vedi **außerstande**. ◆ **außer Zweifel** fuori di dubbio. ◆ **außer sich** (Dat) **sein** essere fuori di sé, essere infuriato.

außerdem [-ˌdeːm] *(congiunz)* ~ inoltre, oltre a ciò ♦ *er musste eine Geldstrafe bezahlen, und außerdem wurde ihm der Führerschein entzogen* dovette pagare una multa e oltre a ciò gli fu ritirata la patente.

äußere(r, -s) [ˈɔysərə (-rɐ, -rəs)] *(agg)* **1** esterno, esteriore ♦ *der äußere Anschein* l'apparenza esteriore. **2** estero ♦ *die äußeren Angelegenheiten* affari esteri.

Äußere *(n; -n)* **1** esterno ♦ *das Äußere eines Gebäudes* l'esterno di un edificio. **2** *(fig)* aspetto (esteriore), esteriorità ♦ *ein gepflegtes Äußeres* un aspetto curato ♦ *(nur) nach dem Äußeren urteilen* giudicare solo dall'aspetto.

außergewöhnlich [ˈausɐgəˌvøːnlɪç] *(agg)* **1** straordinario; insolito, inusuale. **2** *(avv)* straordinariamente.

außerhalb [ˈausɐˌhalp] *(prep/avv)* **1** *(prep +* Gen*)* fuori da, al di fuori di ♦ *außerhalb Italiens* fuori dall'Italia ♦ *außerhalb der Stadt* fuori dalla città ♦ *außerhalb der Arbeitszeit* fuori dall'orario di lavoro. **2** *(avv)* fuori; fuori città ♦ *ich komme von außerhalb* vengo da fuori città.

außerirdisch [ˈausɐˌʔɪrdɪʃ] *(agg)* ~ extraterrestre.

äußerlich [ˈɔysɐlɪç] *(agg)* **1** esterno, esteriore, superficiale ♦ *eine äußerliche Verletzung* una ferita superficiale ♦ *nur äußerlich; nur zur äußerlichen Anwendung* solo per uso esterno (medicinali). **2** *(fig)* superficiale, esteriore. **3** *(avv)* esternamente, esteriormente.

Äußerlichkeit [-ˌkait] *(f; -, -en)* **1** esteriorità, formalità. **2** *(pl)* formalità, dettagli formali.

äußern [ˈɔysɐn] *(vt,* hat*)* ~ esprimere, manifestare ♦ *eine Bitte, eine Meinung äußern* esprimere una richiesta, un'opinione. ◆ **sich über jmdn/etwas äußern** *(vr)* **1** {*sich über jmdn/etwas* ~}, {*sich zu jmdm/etwas* ~} esprimersi su qcn/qcs, esprimere il proprio parere su qcn/qcs. **2** {*sich durch etwas/in etwas* (Dat) ~} manifestarsi attraverso/in qcs ♦ *die Krankheit äußert sich durch hohes Fieber* la malattia si manifesta con febbre alta.

außerordentlich ['ausɐˌʔɔrdəntlɪç] *(agg)* *1* straordinario ♦ *eine außerordentliche Versammlung* una riunione straordinaria. *2 (avv)* straordinariamente.

äußerst ['ɔysɐst] *(agg; solo attr)* *1* estremo *(anche fig)* ♦ *im äußersten Süden* all'estremo sud ♦ *ein Fall von äußerster Wichtigkeit* un caso di estrema importanza. *2* ultimo ♦ *der äußerste Termin* il termine ultimo ♦ *ist das Ihr äußerstes Angebot?* è questa la sua ultima offerta? *3 (avv)* estremamente. ◆ **auf das/aufs Äußerste** († **äußerste**) molto, estremamente.

außerstande *(anche* __außer Stande__*)* [ˌausɐ'ʃtandə] *(avv)* ~ **außerstande sein (etwas zu tun)** non essere in grado (di fare qcs). ◆ **sich außerstande fühlen (etwas zu tun)** *(vr)* non sentirsi in grado (di fare qcs). ◆ **jmdn außerstande setzen (etwas zu tun)** rendere impossibile qcs a qcn.

Äußerung ['ɔysərʊŋ] *(f; -, -en)* *1* espressione, manifestazione. *2* dichiarazione; osservazione. ◆ **sich jeder Äußerung enthalten** astenersi dal fare dichiarazioni.

aus|setzen[1] *(vi,* hat*)* *1* interrompersi, fermarsi ♦ *der Motor setzte aus* il motore si fermò. *2* {*mit etwas ~*} interrompere qcs, sospendere; fare una pausa ♦ *mit dem Unterricht aussetzen* interrompere la lezione ♦ *mit der Pille aussetzen* sospendere la pillola.

aus|setzen[2] *(vt,* hat*)* *1* abbandonare ♦ *ein Kind aussetzen* abbandonare un bambino. *2* {*jmdn/etwas einer Sache* (Dat) *~*} esporre qcn/qcs a qcs ♦ *jmdn einer Gefahr aussetzen* esporre qcn a un pericolo. *3* stabilire, fissare (premi, ricompense, ecc). *4* interrompere, sospendere. ◆ **sich einer Sache** (Dat) **aussetzen** *(vr)* esporsi a qcs ♦ *sich dem Spott der Leute aussetzen* esporsi allo scherno della gente. ◆ **etwas an jmdm/etwas auszusetzen haben** avere da criticare qcs di qcn/qcs.

Aussetzung ['ausˌzɛtsʊŋ] *(f; -, -en)* *1* abbandono. *2* istituzione (di premi, ricompense, ecc). *3 (dir)* sospensione.

Aussicht ['ausˌzɪçt] *(f; -, -en)* *1* vista, panorama ♦ *von hier hat man eine herrliche Aussicht auf die Stadt* da qui si ha una vista meravigliosa sulla città. *2 (fig)* prospettiva, possibilità, speranza ♦ *eine Aussicht auf Erfolg* (Acc) una prospettiva di successo. ◆ **etwas in Aussicht haben** avere in vista qcs. ◆ **in Aussicht stehen** essere in vista, essere probabile. ◆ **jmdm etwas in Aussicht stellen** promettere qcs a qcn.

aussichtslos ['auszɪçtsˌloːs] *(agg)* ~ disperato (situazioni e sim).

aussichtsreich ['auszɪçtsˌraiç] *(agg)* ~ promettente (situazioni o persone).

aus|siedeln *(vt,* hat*)* ~ evacuare, sfollare.

Aussiedler ['ausˌziːdlɐ] *(m; -s, -; f* **-in***)* ~ sfollato, persona evacuata.

aus|söhnen ['ausˌzøːnən] *(vt,* hat*)* ~ {*jmdn (mit jmdm) ~*} riconciliare qcn (con qcn). ◆ **sich mit jmdm aussöhnen** *(vr)* riconciliarsi con qcn.

aus|sondern *(vt,* hat*)* ~ scartare, eliminare.

aus|sortieren *(vt,* hat*)* *1* selezionare, scegliere. *2* scartare, eliminare.

aus|spähen *(vi/vt,* hat*)* *1* {*nach jmdm/etwas ~*} *(vi)* cercare qcn/qcs con lo sguardo. *2 (vt)* spiare.

aus|spannen[1] *(vi,* hat*)* ~ rilassarsi, riposarsi.

aus|spannen[2] *(vt,* hat*)* *1* tendere, stendere, distendere ♦ *ein Seil ausspannen* tendere una fune ♦ *ein Tuch ausspannen* distendere un telo. *2* staccare (animali da tiro). *3* {*jmdm jmdn ~*} *(fam)* portare via qcn a qcn altro ♦ *sie hat ihr den Freund ausgespannt* le ha soffiato il ragazzo.

Ausspannung ['ausʃpanʊŋ] *(f; -)* ~ riposo, rilassamento.

aus|sperren *(vt,* hat*)* *1* chiudere fuori ♦ *du hast gestern Abend den Hund ausgesperrt* hai chiuso fuori il cane ieri sera. *2 (fig/econ)* sospendere (scioperanti dal lavoro).

Aussperrung ['ausˌʃpɛrʊŋ] *(f; -, -en)* ~ *(econ)* serrata.

aus|spielen *(vt,* hat*)* *1* giocare (carte) ♦ *den letzten Trumpf ausspielen (anche fig)* calare l'ultimo asso, giocare l'ultima carta. *2* mettere in palio. *3* {*jmdn gegen jmdn ~*} mettere qcn contro qcn altro (per trarne un vantaggio). ◆ **ausgespielt haben** *(fig)* essere fuori dal gioco, non avere più niente da dire.

Aussprache ['ausˌʃpraːxə] *(f; -, -n)* *1* pronuncia ♦ *eine gute, schlechte Aussprache* *haben* avere una buona, cattiva pronuncia. **2** discussione, colloquio (chiarificatore).

aus|sprechen *(vt,* hat; *irr* sprechen*)* **1** pronunciare ♦ *wie spricht man dieses Wort aus?* come si pronuncia questa parola? **2** pronunciare, esprimere ♦ *ein Urteil aussprechen* pronunciare una sentenza ♦ *eine Bitte, einen Zweifel aussprechen* esprimere una richiesta, un dubbio. **3** finire di parlare ♦ *lass mich doch aussprechen!* lasciami finire di parlare! ◆ **sich aussprechen** *(vr)* **1** {*sich (bei jmdm) ~*} confidarsi (con qcn). **2** {*sich (mit jmdm) ~*} chiarirsi, chiarire le proprie posizioni ♦ *ich habe mich schon mit ihm ausgesprochen* mi sono già chiarita con lui. **3** {*sich (über jmdn/etwas) ~*} pronunciarsi, esprimersi su qcn/qcs ♦ *darüber kann ich mich nicht aussprechen* su questo non mi posso pronunciare. **4** {*sich für/gegen etwas ~*} *(vr)* pronunciarsi a favore di/contro qcs.

Ausspruch ['ausʃprʊx] *(m;* -(e)s, -sprüche*)* ~ detto, modo di dire.

Ausstand ['ausˌʃtant] *(m;* -(e)s, *raro* -stände*)* ~ sciopero ♦ *im Ausstand sein* essere in sciopero ♦ *in den Ausstand treten* entrare in sciopero.

aus|statten ['ausʃtatən] *(vt,* hat*)* **1** {*jmdn mit etwas ~*} fornire, dotare, corredare qcn di qcs ♦ *jmdn mit Geldmitteln ausstatten* dotare qcn di mezzi finanziari. **2** arredare.

Ausstattung ['ausʃtatʊŋ] *(f;* -, -en*)* **1** dotazione, corredo, equipaggiamento. **2** arredamento. **3** corredo, dote. **4** veste (tipografica); allestimento (teatrale).

aus|stechen *(vt,* hat; *irr* stechen*)* **1** scavare (con attrezzi appuntiti). **2** estrarre (con attrezzi appuntiti). **3** *(fig)* superare, surclassare, battere.

aus|stehen¹ *(vi,* hat; *irr* stehen*)* **1** mancare, essere in sospeso ♦ *die Entscheidung steht noch aus* la decisione è ancora in sospeso. **2** essere esposto, essere in mostra.

aus|stehen² *(vt,* hat; *irr* stehen*)* ~ sopportare, patire, soffrire ♦ *jmdn/etwas nicht ausstehen können* non poter sopportare qcn/qcs.

aus|steigen *(vi,* ist; *irr* steigen*)* **1** scendere (da un veicolo) ♦ *aus dem Auto aussteigen* scendere dalla macchina. **2** *(fam)* ritirarsi (da attività, progetti, ecc). **3** *(fig/fam)* ritirarsi in solitudine, tagliare i ponti con la società.

Aussteiger ['ausʃtaigɐ] *(m;* -s, -*)* ~ *(fam)* chi abbandona tutto, tagliando i ponti con la società.

aus|stellen *(vt,* hat*)* **1** esporre, mettere in mostra ♦ *Kleider im Schaufenster, Bilder ausstellen* esporre abiti in vetrina, quadri. **2** redigere, rilasciare (documenti e sim). **3** piazzare; sistemare ♦ *Fallen, Schilder ausstellen* sistemare trappole, segnali.

Ausstellung ['ausʃtɛlʊŋ] *(f;* -, -en*)* **1** mostra, esposizione ♦ *in eine Ausstellung gehen* andare a una mostra. **2** stesura, rilascio (di documenti e sim).

aus|sterben *(vi,* ist; *irr* sterben*)* ~ estinguersi (piante, animali, popoli, lingue, ecc). ◆ **die Stadt war wie ausgestorben** la città era deserta.

Aussteuer ['ausʃtɔyɐ] *(f;* -, n*)* ~ dote, corredo.

Ausstieg ['ausʃtiːk] *(m;* -(e)s, -e*)* **1** discesa (lo scendere). **2** discesa, uscita (su autobus e sim).

aus|stopfen *(vt,* hat*)* **1** imbottire. **2** impagliare, imbalsamare (animali).

Ausstoß ['ausʃtoːs] *(m;* -es, -stöße*)* ~ espulsione, emissione.

aus|stoßen *(vt,* hat; *irr* stoßen*)* **1** emettere, mandare ♦ *einen Seufzer ausstoßen* emettere un sospiro. **2** eruttare (vulcani). **3** espellere, bandire ♦ *jmdn aus einer Partei ausstoßen* espellere qcn da un partito.

Ausstoßung [-ʊŋ] *(f;* -, -en*)* ~ espulsione, bando.

aus|strahlen¹ *(vi,* ist*)* **1** irradiarsi, emanarsi *(anche fig)*. **2** {*auf jmdn/etwas ~*} trasmettersi a qcn/qcs, influenzare qcn/qcs ♦ *seine Ruhe strahlte auch auf die anderen aus* la sua tranquillità influenzava positivamente anche gli altri.

aus|strahlen² *(vt,* hat*)* **1** emettere, emanare, diffondere, irradiare *(anche fig)* ♦ *der Herd strahlt Wärme aus* il focolare emana calore ♦ *ihr Gesicht strahlte Freude* *aus* il suo volto irradiava gioia. **2** trasmettere (tv e radio).

Ausstrahlung ['ausʃtraːlʊŋ] *(f; -, -en)* **1** irradiazione, emanazione, diffusione. **2** influenza, fascino, carisma. **3** trasmissione, messa in onda (tv o radio).

aus|strecken *(vt, hat)* ~ stendere, allungare (braccia, gambe, ecc) ♦ *die Hand nach jmdm/etwas ausstrecken* tendere la mano verso qcn/qcs. ◆ **sich ausstrecken** *(vr)* stendersi, distendersi ♦ *sie streckte sich auf dem Bett aus* si distese sul letto.

aus|streichen *(vt, hat; irr streichen)* **1** cancellare, cassare ♦ *einen Namen, eine Zeile ausstreichen* cancellare un nome, una riga. **2** otturare, riempire, pareggiare ♦ *Risse ausstreichen* riempire delle crepe. **3** lisciare, spianare (pieghe).

aus|strömen[1] *(vi, ist)* **1** defluire, sgorgare, fuoriuscire (di acqua, gas, ecc). **2** *(fig)* diffondersi, emanarsi.

aus|strömen[2] *(vt, hat)* ~ diffondere, emanare *(anche fig)*.

Ausströmung ['ausʃtrøːmʊŋ] *(f; -, -en)* **1** fuoriuscita. **2** emanazione, diffusione.

aus|suchen *(vt, hat)* ~ {*(sich)* (Dat) *jmdn/etwas* ~} scegliere, sceglersi qcn/qcs ♦ *ich habe mir ein Paar Schuhe ausgesucht* mi sono scelta un paio di scarpe.

Austausch ['aus,tauʃ] *(m; -(e)s)* **1** cambio ♦ *etwas im Austausch für etwas anderes geben, erhalten* dare, ottenere qcs in cambio di qcs altro. **2** scambio (di opinioni, esperienze, ecc).

aus|tauschen *(vt, hat)* **1** {*etwas (mit jmdm)* ~} scambiare, scambiarsi con qcn ♦ *Geschenke, Meinungen, Informationen austauschen* scambiarsi regali, opinioni, informazioni. **2** cambiare, sostituire ♦ *einen Motor austauschen* sostituire un motore. ◆ **sich mit jmdm über etwas austauschen** *(vr)* confrontarsi, scambiare le proprie opinioni su qcs con qcn.

aus|teilen *(vt, hat)* ~ distribuire ♦ *die Großmutter teilte den Enkelkindern die Geschenke/die Geschenke an die Enkelkinder aus* la nonna distribuì i regali ai nipoti. ◆ **Prügel austeilen** *(fig)* menare botte. ◆ **mit vollen Händen austeilen** elargire a piene mani.

Auster ['austɐ] *(f; -, -n)* ~ ostrica.

aus|toben *(vt, hat)* ~ scatenare, sfogare (sentimenti). ◆ **sich austoben** *(vr)* scatenarsi, sfogarsi ♦ *die Kinder toben sich im Garten aus* i bambini si scatenano nel giardino.

aus|tragen *(vt, hat; irr tragen)* **1** consegnare (a casa), recapitare ♦ *jmdm die Zeitung austragen* consegnare il giornale a casa a qcn. **2** *(fig)* diffondere. **3** decidere, risolvere (controversie, competizioni, ecc). ◆ **ein Kind austragen** portare a termine una gravidanza. ◆ **ein Fußballspiel, eine Meisterschaft austragen** disputare una partita di calcio, un campionato.

aus|treiben[1] *(vi, hat; irr treiben)* ~ germogliare, spuntare.

aus|treiben[2] *(vt, hat; irr treiben)* **1** cacciare, scacciare. **2** {*jmdm etwas* ~} far perdere a qcn l'abitudine/il vizio di qcs.

aus|treten[1] *(vi, ist; irr treten)* **1** uscire, fuoriuscire. **2** {*aus etwas* ~} uscire da, abbandonare (associazioni e sim).

aus|treten[2] *(vi, ist; irr treten)* **1** spegnere (calpestando) ♦ *eine Zigarette austreten* spegnere una sigaretta con il piede. **2** consumare (calpestando). **3** spianare, battere (sentieri) ♦ *ausgetretene Wege gehen (fig)* percorrere strade battute.

aus|trinken *(vt, hat)* ~ finire di bere, bere fino in fondo ♦ *hast du die Milch noch nicht ausgetrunken?* non hai ancora finito il latte?

Austritt ['aus,trɪt] *(m; -(e)s, -e)* **1** uscita, fuoriuscita. **2** uscita, ritiro (da associazioni e sim).

aus|trocknen[1] *(vi, ist)* ~ asciugarsi, prosciugarsi ♦ *meine Kehle ist ausgetrocknet* ho la gola secca.

aus|trocknen[2] *(vt, hat)* **1** asciugare. **2** disseccare, essiccare, prosciugare.

aus|üben *(vt, hat)* **1** esercitare, praticare ♦ *einen Beruf, die Macht ausüben* esercitare una professione, il potere. **2** {*etwas auf jmdn/etwas* ~} esercitare qcs su qcn/qcs ♦ *einen Druck, einen Einfluss, eine Wirkung auf jmdn/etwas ausüben* esercitare una pressione, un'influenza, un effetto su qcn/qcs.

Ausübung ['aus,ʔyːbʊŋ] *(f; -)* ~ esercizio (l'esercitare qcs); pratica.

Ausverkauf ['ausfɛɐ̯ˌkauf] *(m; -(e)s, -käufe)* ~ liquidazione, svendita; saldi di fine stagione ◆ *etwas im Ausverkauf erwerben* acquistare qcs ai saldi.

aus|verkaufen *(vt, hat)* ***1*** liquidare, svendere. ***2*** vendere (tutto), esaurire ◆ *die Karten sind ausverkauft* i biglietti sono esauriti.

aus|wachsen[1] *(vi; irr wachsen)* ~ *(fam)* perdere la pazienza; annoiarsi.

aus|wachsen[2] *(vr; irr wachsen)* ~ **sich zu etwas auswachsen** diventare, trasformarsi in ◆ *das Mädchen hat sich zu einer schönen jungen Frau ausgewachsen* la ragazzina è diventata una bella donna.

Auswahl ['ausˌvaːl] *(f; -)* ***1*** scelta, selezione ◆ *eine Auswahl treffen* fare una scelta ◆ *die Auswahl unter mehreren Sachen haben* avere la scelta fra più cose. ***2*** scelta, assortimento. ***3*** scelta, selezione (campione rappresentativo); antologia ◆ *eine Auswahl von Erzählungen* un'antologia di racconti.

aus|wählen *(vt, hat)* ***1*** {*(sich)* (Dat) *etwas* ~} scegliere, scegliersi qcs ◆ *ich habe mir/für mich das Beste ausgewählt* ho scelto il meglio per me. ***2*** scegliere, selezionare.

aus|wandern *(vi, ist)* ~ emigrare ◆ *er ist nach dem Krieg nach Amerika ausgewandert* è emigrato in America dopo la guerra.

Auswanderer ['ausˌvandərɐ] *(m; -s, -)* ~ emigrante.

Auswanderung ['ausˌvandərʊŋ] *(f; -, -en)* ~ emigrazione.

auswärtig ['ausˌvɛrtɪç] *(agg)* ***1*** esterno, che viene da fuori ◆ *auswärtige Kunden* clienti da fuori. ***2*** estero, straniero ◆ *auswärtiges Amt* ministero degli (affari) esteri ◆ *auswärtige Politik* politica estera.

auswärts ['ausˌvɛrts] *(avv)* ***1*** fuori casa ◆ *auswärts schlafen* dormire fuori casa. ***2*** fuori, fuori residenza, fuori sede ◆ *auswärts essen* mangiare fuori ◆ *auswärts spielen* giocare in trasferta. ***3*** verso l'esterno.

aus|waschen *(vt, hat; irr waschen)* ***1*** togliere, rimuovere (lavando), lavare via. ***2*** lavare, pulire lavando. ***3*** erodere.

aus|wechseln *(vt, hat)* ~ cambiare, sostituire ◆ *die Batterie auswechseln* cambiare la pila ◆ *einen Spieler auswechseln* sostituire un giocatore.

Auswechslung ['ausˌvɛkslʊŋ] *(f; -, -en)* ~ cambio, sostituzione.

Ausweg ['ausˌveːk] *(m; -(e)s, -e)* ~ via d'uscita, scappatoia ◆ *es gibt keinen anderen Ausweg, als zu fliehen* non c'è altra via d'uscita che fuggire.

ausweglos [-ˌloːs] *(agg)* ~ *(fig)* senza via d'uscita.

aus|weichen *(vi, ist; irr weichen)* ***1*** {*jmdm/etwas* ~} scansare, schivare, evitare ◆ *einem Stoß ausweichen* scansare un colpo. ***2*** {*jmdm/etwas* ~} *(fig)* evitare, scansare ◆ *einer Frage, jmds Blick ausweichen* evitare una domanda, lo sguardo di qcn ◆ *eine ausweichende Antwort geben* dare una risposta evasiva. ***3*** {*auf etwas* (Acc) ~} ripiegare su qcs.

Ausweis ['ausˌvais] *(m; -es, -e)* ***1*** documento, carta d'identità ◆ *einen Ausweis vorzeigen* esibire un documento. ***2*** tessera (di associazioni e sim).

aus|weisen *(vt, hat; irr weisen)* ~ espellere, esiliare, cacciare. ◆ **sich ausweisen** *(vr)* ***1*** provare la propria identità. ***2*** mostrarsi, dimostrarsi ◆ *sich als guter Student ausweisen* dimostrarsi un bravo studente.

Ausweisung ['ausˌvaizʊŋ] *(f, -, -en)* ~ espulsione (da un paese).

aus|weiten *(vt, hat)* ***1*** allargare, slargare (indumenti). ***2*** estendere, allargare, ampliare *(anche fig)* ◆ *einen Grundbesitz ausweiten* ampliare una proprietà ◆ *seinen Einfluss ausweiten* estendere il proprio influsso. ◆ **sich ausweiten** *(vr)* allargarsi, espandersi (spec situazioni negative o pericolose).

auswendig ['ausˌvɛndɪç] *(agg/avv)* ~ a memoria ◆ *ein Gedicht auswendig lernen* imparare una poesia a memoria ◆ *etwas auswendig können/wissen* sapere qcs a memoria.

aus|werfen *(vt, hat; irr werfen)* ***1*** gettare (àncora, reti, ecc). ***2*** espellere; eruttare. ***3*** scavare (fosse e sim). ***4*** mettere a disposizione, stanziare (somme di denaro).

aus|werten *(vt, hat)* ~ analizzare (per sfruttare) ◆ *Statistiken auswerten* analizzare delle statistiche.

aus|wirken *(vr*, hat*)* ~ **sich auf etwas auswirken** influire, avere un effetto su qcs.
aus|wischen[1] *(vi*, ist; *irr* wischen*)* ~ {*jmdm* ~} sfuggire a qcn.
aus|wischen[2] *(vt*, hat; *irr* wischen*)* ***1*** pulire (strofinando). **2** togliere (strofinando). ◆ **jmdm eins auswischen** *(fam)* giocare un brutto scherzo a qcn.
Auswuchs ['aus,vu:ks] *(m*; -es, -wüchse*)* ***1*** escrescenza. **2** *(fig)* eccesso, abuso.
Auswurf ['aus,vʊrf] *(m*; -(e)s, -würfe*)* ***1*** espulsione, emissione. **2** *(fig)* feccia.
aus|zahlen *(vt*, hat*)* ***1*** {*jmdm etwas* ~} pagare qcs a qcn ♦ *jmdm seinen Lohn auszahlen* pagare lo stipendio a qcn. **2** {*jmdn* ~} indennizzare qcn. ◆ **sich auszahlen** *(vr) (fam)* valere la pena.
aus|zählen *(vt*, hat*)* ~ contare (uno a uno).
Auszahlung ['aus,tsa:lʊŋ] *(f*; -, -en*)* ~ pagamento.
Auszählung ['aus,tsɛ:lʊŋ] *(f*; -, -en*)* ~ conta, conteggio; spoglio (di voti).
aus|zeichnen *(vt*, hat*)* ***1*** contrassegnare, munire di prezzo. **2** *(fig)* contrassegnare, contraddistinguere ♦ *seine Ehrlichkeit zeichnet ihn aus* la sua sincerità lo contraddistingue. **3** {*jmdn* ~} onorare, lodare qcn. **4** {*jmdn mit etwas* ~} insignire qcn con qcs (titoli e sim) ♦ *er wurde mit dem Nobelpreis ausgezeichnet* fu insignito del premio Nobel. ◆ **sich durch etwas auszeichnen** *(vr)* distinguersi per qcs, contraddistinguersi per qcs ♦ *er zeichnet sich durch Ehrlichkeit aus* si distingue per la sincerità.
Auszeichnung ['aus,tsaiçnʊŋ] *(f*; -, -en*)* ***1*** contrassegno, distinzione. **2** onore, lode ♦ *eine Prüfung mit Auszeichnung bestehen* superare un esame con lode. **3** ordine, titolo, onorificenza. **4** cartellino con il prezzo.
aus|ziehen[1] *(vi*, hat; *irr* ziehen*)* ***1*** andare via, partire, trasferirsi ♦ *sie sind vor einem Jahr ausgezogen* si sono trasferiti un anno fa. **2** {*auf etwas* (Acc) ~}, {*zu etwas* ~} partire in cerca, a caccia di qcs.
aus|ziehen[2] *(vt*, hat; *irr* ziehen*)* ***1*** {*(sich)* (Dat) *etwas* ~} togliere, togliersi (abiti) ♦ *ich habe mir den Pullover ausgezogen* mi sono tolta il golf. **2** {*jmdn* ~} spogliare qcn. **3** estrarre, tirare fuori. **4** allungare, tendere. ◆ **sich ausziehen** *(vr)* spogliarsi.
Auszubildende(r) ['austsu,bɪldəndə (-dɐ)] *(fam* **Azubi***)* *(m/f*; -n, -n*)* ~ apprendista.
Auszug ['aus,tsu:k] *(m*; -(e)s, -züge*)* ***1*** partenza, trasloco. **2** emigrazione, esodo. **3** estratto (estratto conto; estratto medicinale). **4** riassunto, compendio, sintesi ♦ *ein Auszug aus einer Dissertation* un riassunto di una dissertazione.
Auto ['auto] *(n*; -s, -s*)* ~ auto, macchina. ◆ **Auto fahren** guidare (la macchina) ♦ *er kann gut Auto fahren* guida bene.
Autobahn [-,ba:n] *(f*; -, -en*)* ~ autostrada.
Autobahnkreuz [-ba:n,krɔyts] *(n*; -es, -e*)* ~ svincolo autostradale.
Autobiografie *(anche* **Autobiographie***)* [-biogra'fi:] *(f*; -, -n*)* ~ autobiografia.
Autofahren [-,fa:rən] *(n*; -*)* ~ guida, il guidare.
Autofahrer [-,fa:rɐ] *(m*; -s, -; *f* **-in***)* ~ automobilista.
Autogramm [-'gram] *(n*; -(e)s, -e*)* ~ autografo ♦ *Autogramme geben* rilasciare autografi.
Autokennzeichen [-,kɛntsaiçən] *(n*, -s, -*)* ~ (numero di) targa.
Automat [-'ma:t] *(m*; -en, -en*)* ***1*** distributore automatico ♦ *die Fahrkarten habe ich am Automaten gekauft* i biglietti li ho comprati al distributore automatico. **2** automa, robot.
automatisch [-'ma:tɪʃ] *(agg)* ***1*** automatico. **2** *(avv)* automaticamente.
Automobil [-mo'bi:l] *(n*; -s, -s*)* ~ automobile.
Autonummer [-,nʊmɐ] *(f*, -, -n*)* ~ numero di targa.
Autor ['auto:ɐ] *(m*; -s, -en; *f* **-in***)* ~ autore.
autoritär [autori'tɛ:ɐ] *(agg)* ~ autoritario.
Autorität [autori'tɛ:t] *(f*; -, -en*)* ***1*** *(solo sing)* autorità, potere. **2** autorità (persona autorevole).
Autostopp ['auto∫tɔp] *(m*; -s*)* ~ autostop ♦ *per/mit Autostopp fahren* viaggiare in autostop.
Axt [akst] *(f*; -(e)s, Äxte*)* ~ ascia, accetta.
Azalee [atsa'le:ə] *(f*; -, -n*)* ~ azalea.
Azubi [a'tsu:bi] *(m*; -s, -s*)* ~ abbrev fam di **Auszubildende(r)**.

b

b, B [beː] *(n; -/-s, -/-s)* ~ b, B *(seconda lettera dell'alfabeto tedesco)*.

b *(n; -)* ***1*** *(mus)* si bemolle. ***2*** bemolle. ***3*** abbrev di **b-Moll**.

B *(n; -)* ***1*** *(mus)* si bemolle. ***2*** abbrev di **B-Dur**.

Baby [ˈbeːbi] *(n; -s, -s)* ~ bambino, neonato ♦ *sie hat ein Baby bekommen* ha avuto un bambino.

Babysitter [ˈbeːbiˌzɪtɐ] *(m; -s, -; f* **-in***)* ~ babysitter.

Bach [bax] *(m; -(e)s, Bäche)* ***1*** ruscello. ***2*** *(fig)* rivolo ♦ *ein Bach von Schweiß* un rivolo di sudore. ◆ **den Bach runtergehen** *(fig/fam)* fallire.

Backe [ˈbakə] *(f; -, -n)* ***1*** guancia ♦ *dicke Backen* guance paffute. ***2*** natica. ***3*** *(tecn/mecc)* ganascia. ◆ **über beide Backen strahlen** essere raggiante di gioia.

backen[1] [-n] *(vi,* hat; er **bäckt/backt**, **backte/buk**, **gebacken***)* ~ cuocere (in forno) ♦ *der Kuchen muss noch 10 Minuten backen* la torta deve cuocere ancora 10 minuti.

backen[2] *(vt,* hat; er **bäckt/backt**, **backte/buk**, **gebacken***)* ***1*** cuocere (in forno) ♦ *Brot, Plätzchen backen* cuocere il pane, i biscotti. ***2*** friggere. ***3*** essiccare (frutta). ◆ **frisch gebacken** († **frischgebacken**) vedi **frisch**.

Backenzahn [-nˌtsaːn] *(m; -(e)s, -zähne)* ~ molare.

Bäcker [ˈbɛkɐ] *(m; -s, -; f* **-in***)* ~ fornaio.

Bäckerei [bɛkəˈrai] *(f; -, -en)* ~ forno, panetteria.

Backobst [ˈbakˌˀoːpst] *(n; -(e)s)* ~ frutta secca.

Backofen [ˈbakˌˀoːfən] *(m; -s, -öfen)* ~ forno.

Backpulver [ˈbakˌpʊlvɐ] *(n; -s, -)* ~ lievito in polvere (per dolci).

Backstein [ˈbakˌʃtain] *(m; -(e)s, -e)* ~ mattone.

Backwaren [ˈbakˌvaːrən] *(pl)* ~ prodotti di forno (pane, pasticcini, ecc).

Bad [baːt] *(n; -(e)s, Bäder)* ***1*** bagno ♦ *ein Bad nehmen* fare un bagno. ***2*** bagno (stabilimento balneare); piscina. ***3*** bagno (stanza da bagno). ***4*** località termale. ◆ **ein Bad in der Menge nehmen** *(fig)* fare un bagno di folla.

Badeanzug [ˈbaːdəˌˀantsuːk] *(m; -(e)s, -züge)* ~ costume da bagno (intero, da donna).

Badehose [ˈbaːdəˌhoːzə] *(f; -, -n)* ~ costume da bagno (da uomo).

Badekappe [ˈbaːdəˌkapə] *(f; -, -n)* ~ cuffia da bagno.

Bademantel [ˈbaːdeˌmantəl] *(m; -s, -mäntel)* ~ accappatoio.

Bademeister [ˈbaːdeˌmaistɐ] *(m; -s, -; f* **-in***)* ~ bagnino.

baden[1] [ˈbaːdən] *(vi,* hat*)* ~ fare il bagno ♦ *im Meer baden* fare il bagno nel mare.

baden[2] *(vt,* hat*)* ~ {*jmdn/etwas* ~} fare il bagno a qcn/qcs.

Badeort [ˈbaːdeˌˀɔrt] *(m; -(e)s, -e)* ~ stazione balneare; stazione termale.

Badetuch ['ba:de,tu:x] *(n; -(e)s, -tücher)* ~ asciugamano.

Badewanne ['ba:de,vanə] *(f; -, -n)* ~ vasca da bagno.

Badezimmer ['ba:de,tsɪmɐ] *(n; -s, -)* ~ bagno, stanza da bagno.

baff [baf] *(agg)* ~ **baff sein** *(fam)* rimanere a bocca aperta, rimanere di stucco.

BAföG, Bafög ['ba:fœk] *(n; -s) (abbrev di* **B**undes**a**usbildungs**fö**rderungs**g**esetz*)* ~ legge federale per la promozione dell'istruzione; legge per il diritto allo studio.

Bagger ['bagɐ] *(m; -s, -)* ~ escavatore, ruspa, draga.

baggern [-n] *(vt, hat)* ***1*** scavare (con ruspa e sim). ***2*** dragare.

Bahn [ba:n] *(f; -, -en)* ***1*** strada, via, passaggio *(anche fig)* ♦ *sich eine Bahn durch den Schnee schaffen* aprirsi un passaggio nella neve. ***2*** corsia (di strada o pista); pista ♦ *eine Straße mit vier Bahnen* una strada a quattro corsie. ***3*** *(abbrev di* **Eisenbahn***)* ferrovia; treno; stazione ♦ *mit der Bahn fahren, reisen* viaggiare in treno ♦ *jmdn an die/zur Bahn bringen* portare qcn alla stazione ♦ *jmdn von der Bahn abholen* andare a prendere qcn alla stazione. ***4*** *(fam)* le ferrovie tedesche. ***5*** *(abbrev di* **Straßenbahn***)* tranvia; tram. ***6*** orbita (di corpi celesti); traiettoria (di proiettili). ***7*** telo (grossa striscia di stoffa). ◆ **einer Sache Bahn brechen** *(fig/fam)* aprire la strada a qcs. ◆ **sich** (Dat) **Bahn brechen** *(fig)* farsi strada, affermarsi. ◆ **jmdm/etwas die Bahn ebnen** *(fig/lett)* spianare la strada a qcn/qcs. ◆ **auf die schiefe Bahn geraten/kommen** *(fig)* finire su una cattiva strada.

bahnbrechend [-,brɛçənt] *(agg)* ~ innovativo, rivoluzionario *(fig)* ♦ *eine bahnbrechende Erfindung* un'invenzione rivoluzionaria.

bahnen [-ən] *(vt, hat)* ~ aprire, spianare (strada). ◆ **jmdm/etwas/sich** (Dat) **einen Weg bahnen** aprire una strada a qcn/qcs, aprirsi una strada *(anche fig)*.

Bahnhof [-,ho:f] *(m; -(e)s, -höfe)* ~ stazione ♦ *jmdn vom Bahnhof abholen* andare a prendere qcn alla stazione ♦ *der Zug hält auf/an allen Bahnhöfen* il treno ferma in tutte le stazioni.

Bahnhofsvorsteher [-ho:fs,fo:ɐʃte:ɐ] *(m; -s, -; f* **-in***)* ~ capostazione.

Bahnschranke [-ʃraŋkə] *(f; -, -n)* ~ sbarra (di passaggio a livello).

Bahnsteig [-ʃtaik] *(m; -(e)s, -e)* ~ marciapiede, binario, piattaforma.

Bahnübergang [-,ˀy:bɐgaŋ] *(m; -(e)s, -gänge)* ~ passaggio a livello.

Bahnwärter [-,vɛrtɐ] *(m; -s, -; f* **-in***)* ~ casellante.

Bahre ['ba:rə] *(f; -, -n)* ***1*** barella ♦ *jmdn auf einer Bahre wegtragen* portare via qcn in barella. ***2*** bara.

Bakterie [bak'te:rjə] *(f; -, -n)* ~ batterio.

balancieren[1] [balã'si:rən] *(vi, hat)* ~ tenersi in equilibrio.

balancieren[2] *(vt, hat)* ~ tenere in equilibrio.

bald [balt] *(avv)* ***1*** presto, fra poco ♦ *ich bin bald fertig* fra poco ho finito. ***2*** quasi, per poco non ♦ *bald wäre ich gestolpert* per poco non ho inciampato. ◆ **bald... bald...** ora... ora... ♦ *bald hier, bald da* ora qui, ora lì. ◆ **bald darauf** poco dopo. ◆ **so bald wie möglich, möglichst bald** più presto possibile, prima possibile. ◆ **wird's bald!** sbrigati! ◆ **auf bald!/bis bald!** a presto!

baldig ['baldɪç] *(agg)* ~ pronto, veloce, sollecito ♦ *eine baldige Antwort* una risposta sollecita ♦ *jmdm baldige Genesung wünschen* augurare pronta guarigione a qcn. ◆ **auf baldiges Widersehen!** arrivederci a presto!

baldigst [-st] *(avv)* ~ più presto possibile, prima possibile.

Balg [balk] *(m; -(e)s, Bälge)* ***1*** pelle (di animali). ***2*** mantice (di organo, fisarmonica, ecc).

balgen ['balgən] *(vr, hat)* ~ **sich balgen** azzuffarsi.

Balken ['balkən] *(m; -s, -)* ~ trave ♦ *tragender Balken* trave portante. ◆ **lügen, dass sich die Balken biegen** *(fam)* spararle grosse.

Balkon [bal'kɔŋ] *(m; -s, -s/-e)* ***1*** balcone, terrazzino. ***2*** balconata, galleria (a teatro).

Ball[1] [bal] *(m; -(e)s, Bälle)* ~ palla, pallone ♦ *Ball spielen* giocare a palla. ◆ **am Ball bleiben** essere attivo, perseverare in qcs.

◆ **jmdm die Bälle zuwerfen/zuspielen** assecondare qcn (in una conversazione).

Ball[2] *(m; -(e)s, Bälle)* ~ ballo ◆ *einen Ball geben, veranstalten* dare, organizzare un ballo ◆ *auf einen Ball gehen* andare a un ballo.

Ballade [ba'la:də] *(f; -, -n)* ~ ballata.

Ballast ['balast] *(m; -(e)s, raro -e)* ~ zavorra *(anche fig)*.

ballen ['balən] *(vt, hat)* **1** chiudere, stringere (mano, pugno) ◆ *die Hand zur Faust ballen* chiudere la mano a pugno. **2** appallottolare (carta e sim). ◆ **sich ballen** *(vr)* ammassarsi, addensarsi *(anche fig)*. ◆ **geballte Ladung** carica di esplosivo, *(fig)* carica esplosiva.

Ballen *(m; -s, -)* ~ balla (sacco; contenuto).

Ballett [ba'lɛt] *(n; -(e)s, -e)* **1** balletto. **2** corpo di ballo.

Balletttänzer *(anche* **Ballett-Tänzer***)* († **Ballettänzer**) [-ˌtɛntsɐ] *(m; -s, -; f* **-in***)* ~ ballerino, danzatore.

Ballon [ba'lɔn] *(m; -s, -s/-e)* **1** mongolfiera, pallone aerostatico. **2** palloncino. **3** damigiana.

Ballung ['balʊŋ] *(f; -, -en)* ~ addensamento, concentrazione.

Ballungsgebiet [-sgə'bi:t] *(n; -(e)s, -e)* ~ bacino industriale.

Bambus ['bambʊs] *(m; -ses, -se)* ~ *(bot)* bambù.

banal [ba'na:l] *(agg)* ~ banale.

Banane [ba'na:nə] *(f; -, -n)* **1** *(bot)* banana. **2** *(bot)* banano.

band [bant] ~ pret di **binden**.

Band[1] *(n; -(e)s, Bänder)* **1** nastro (anche magnetico) ◆ *das kleine Mädchen trägt ein rotes Band im Haar* quella bambina ha un nastro rosso fra i capelli ◆ *etwas auf Band aufnehmen* registrare qcs su nastro. **2** *(anat)* legamento. **3** *(abbrev di* **Fließband***)* catena di montaggio. **4** banda radio. ◆ **am laufenden Band** *(fig/fam)* continuamente, ininterrottamente.

Band[2] *(m; -(e)s, Bände)* ~ volume ◆ *ein Lexikon in zehn Bänden* un'enciclopedia in dieci volumi.

Bandage [ban'da:ʒə] *(f; -, -n)* ~ fasciatura, bendaggio.

bandagieren [banda'ʒi:rən] *(vt, hat)* ~ fasciare, bendare.

Bande ['bandə] *(f; -, -n)* **1** banda (di malviventi). **2** *(fig/fam)* gruppo, banda (spec di giovani).

bändigen ['bɛndɪgən] *(vt, hat)* **1** domare, addomesticare (animali). **2** *(fig)* domare, sottomettere, ridurre all'ubbidienza (persone). **3** dominare, frenare (sentimenti).

Bändiger ['bɛndɪgɐ] *(m; -s, -; f* **-in***)* ~ domatore.

Bandit [ban'di:t] *(m; -en, -en)* ~ bandito, malvivente.

Bandwurm ['bantˌvʊrm] *(m; -es, -würmer)* ~ *(zool)* tenia.

bange ['baŋə] *(agg;* **banger**, am **bangsten**; *anche* **bänger**, am **bängsten***)* **1** angoscioso, angosciante (situazioni e sim) ◆ *bange Stunden* ore angoscianti. **2** *(solo pred)* pauroso; preoccupato, angosciato, spaventato. ◆ **jmdm ist um jmdn bange** *(impers)* qcn sta in pensiero per qcn ◆ *mir war bange um ihn* stavo in pensiero per lui. ◆ **jmdm ist vor jmdm bange** *(impers)* qcn ha paura di qcn ◆ *mir ist bange vor ihm* ho paura di lui.

bangen [-n] *(vi, hat)* **1** *(lett)* {*um jmdn/etwas ~*} essere preoccupato per qcn/qcs. **2** *(lett)* {*jmdm bangt vor etwas*} *(impers)* qcn ha paura di qcs.

Bank[1] [baŋk] *(f; -, Bänke)* **1** panca, panchina ◆ *sich auf eine Bank setzen* sedersi su una panchina. **2** banco (di scuola, di lavoro, ecc) ◆ *er sitzt auf/in der ersten Bank* è seduto al primo banco. **3** banco (di sabbia, nubi, molluschi, ecc). ◆ **etwas auf die lange Bank schieben** *(fig/fam)* rimandare, mandare qcs per le lunghe. ◆ **durch die Bank** *(fig/fam)* tutti indistintamente, senza eccezione.

Bank[2] *(f; -, -en)* **1** banca ◆ *auf der Bank* in banca (stato) ◆ *auf die/zur Bank* in banca (moto) ◆ *bei der Bank arbeiten* lavorare in banca ◆ *Geld auf der Bank haben* avere dei soldi in banca ◆ *ein Konto bei der Bank eröffnen* aprire un conto in banca. **2** banco (nei giochi d'azzardo e sim) ◆ *die Bank sprengen* far saltare il banco.

Bankautomat [-ˀautoˌma:t] *(m; -en, -en)* ~ sportello bancomat.

Bankier [baŋ'kje:] *(m; -s, -s)* ~ banchiere.

Bankfach ['baŋkˌfax] *(n; -(e)s, -fächer)* ~ cassetta di sicurezza.

Bankkonto ['baŋkˌkɔnto] *(n; -s, -s)* ~ conto in banca.
Bankleitzahl ['baŋkˌlaittsa:l] *(f; -, -en) (abbrev* **BLZ***)* ~ coordinate bancarie.
Banknote ['baŋkˌno:tə] *(f; -, -n)* ~ banconota.
bankrott [baŋ'krɔt] *(agg)* ~ in bancarotta, fallito ♦ *die Firma ist bankrott* la ditta è in bancarotta.
Bankrott *(m; -s, -e)* ***1*** *(econ)* bancarotta, fallimento ♦ *seinen Bankrott erklären* dichiarare bancarotta ♦ *Bankrott gehen, machen* andare in, fare bancarotta ♦ *betrügerischer Bankrott* bancarotta fraudolenta. ***2*** *(fig)* fallimento, rovina.
Banküberfall ['baŋkˌʔy:bɐfal] *(m; -(e)s, -fälle)* ~ rapina in banca.
Banküberweisung ['baŋkʔy:bɐˌvaizʊŋ] *(f; -, -en)* ~ bonifico bancario.
Bann [ban] *(m; -(e)s, -e)* ***1*** bando, esilio (nel medioevo); *(relig)* scomunica. ***2*** *(lett)* incantesimo, magia. ◆ **den Bann brechen** rompere l'incantesimo. ◆ **jmdn in seinen Bann zwingen**, **ziehen** avvincere, incantare qcn.
bannen [-ən] *(vt, hat)* ***1*** bandire (nel medioevo); allontanare. ***2*** *(relig)* scomunicare. ***3*** incantare.
Banner [-ɐ] *(n; -s, -)* ~ stendardo, vessillo.
bar ['ba:ɐ] *(agg)* ~ contante, in contanti ♦ *bares Geld* denaro contante ♦ *(in) bar bezahlen* pagare in contanti.
Bar *(f; -, -en)* ~ locale (notturno), bar, night.
Bär ['bɛ:ɐ] *(m; -en, -en)* ***1*** orso. ***2*** *(astron)* Orsa ♦ *Großer, Kleiner Bär* Orsa Maggiore, Minore.
Baracke [ba'rakə] *(f; -, -n)* ~ baracca.
Barbar [bar'ba:ɐ] *(m; -en, -en; f* **-in***)* ~ barbaro.
barbarisch [bar'ba:rɪʃ] *(agg)* ~ barbarico.
Bärenhunger ['bɛ:rənˌhʊŋɐ] *(m; -s)* ~ *(fam)* fame da lupi.
barfuß ['ba:ɐˌfu:s] *(avv)* ~ a piedi nudi, scalzo ♦ *barfuß gehen, laufen* andare, camminare a piedi nudi.
barfüßig ['ba:ɐˌfy:sɪç] *(agg)* ~ scalzo, a piedi nudi.
barg [bark] ~ pret di **bergen**.
Bargeld ['ba:ɐˌgɛlt] *(n; -(e)s)* ~ denaro contante.
barmherzig [barm'hɛrtsɪç] *(agg)* ~ misericordioso, compassionevole, pietoso ♦ *eine barmherzige Lüge* una pietosa bugia. ◆ **barmherziger Himmel**, **Gott!** *(escl)* santo cielo! santo Dio!
Barmherzigkeit [-ˌkait] *(f; -)* ~ misericordia, compassione.
barock [ba'rɔk] *(agg)* ~ barocco.
Barock *(n/m; -s)* ~ barocco.
Barometer [baro'me:tɐ] *(n; -s, -)* ~ barometro.
Baron [ba'ro:n] *(m; -s, -e; f* **-in***)* ~ barone.
Barren ['barən] *(m; -s, -)* ***1*** barra (di metallo); lingotto. ***2*** *(sport)* parallele.
Barriere [ba'rje:rə] *(f; -, -n)* ~ barriera.
Barrikade [bari'ka:də] *(f; -, -n)* ~ barricata ♦ *auf die Barrikaden gehen, steigen* andare, salire sulle barricate *(anche fig)*.
barsch ['ba:ɐʃ] *(agg)* ~ rozzo, sgarbato (parole e sim).
Barscheck ['ba:ɐʃɛk] *(m; -s, -s)* ~ assegno circolare.
barst [barst] ~ pret di **bersten**.
Bart ['ba:ɐt] *(m; -(e)s, Bärte)* ~ barba ♦ *ein langer, struppiger, drei Tage alter Bart* una barba lunga, ispida, di tre giorni ♦ *sich* (Dat) *den Bart abnehmen/schneiden* tagliarsi la barba ♦ *sich* (Dat) *einen Bart stehen (wachsen) lassen* lasciarsi crescere la barba. ◆ **der Bart ist ab** *(fig/fam)* è finita; ormai è finita. ◆ **jmdm um den Bart gehen** *(fig/fam)* adulare qcn.
bärtig [-ɪç] *(agg)* ~ barbuto.
Barzahlung ['ba:ɐˌtsa:lʊŋ] *(f; -, -en)* ~ pagamento in contanti.
basieren [ba'zi:rən] *(vi, hat)* ~ {*auf etwas* (Dat) ~} basarsi, fondarsi su.
Basilika [ba'zi:lika] *(f; -, -ken)* ~ basilica.
Basilikum [ba'zi:likʊm] *(n; -s, -s)* ~ basilico.
Basis ['ba:zɪs] *(f; -, Basen)* ~ base *(generic)*, fondamento ♦ *die Basis für etwas bilden* costituire la base di qcs. ◆ **auf der Basis** (+ Gen) sulla base di ♦ *auf der Basis meiner Untersuchungen* sulla base delle mie ricerche ♦ *auf dieser Basis* su questa base.
Baskenmütze ['baskənˌmʏtsə] *(f; -, -n)* ~ basco (berretto basco).
Basketball ['ba:skətˌbal] *(m; -(e)s, -bälle)* ***1*** *(solo sing)* basket, pallacanestro. ***2*** pallone da basket.

Bass († **Baß**) [bas] *(m; -es, Bässe) 1 (mus)* basso (voce di basso). *2 (mus) (abbrev di* **Kontrabass***)* contrabbasso. *3 (mus)* basso elettrico.
Bassgeige († **Baß-**) [-ˌgaigə] *(f; -, -n)* ~ contrabbasso.
Bassin [ba'sɛ̃:] *(n; -s, -s)* ~ bacino idrico (artificiale).
Bastard ['bastart] *(m; -(e)s, -e)* ~ bastardo.
basteln ['bastəln] *(vi/vt, hat) 1 (vi)* fare bricolage. *2 (vt)* fare, costruire per passatempo ♦ *Weihnachtskarten basteln* fare biglietti di Natale.
bat [ba:t] ~ pret di **bitten**.
Batterie [batə'ri:] *(f; -, -n)* ~ batteria, pila.
Bau[1] [bau] *(m; -(e)s, Bauten) 1 (solo sing)* costruzione, fabbricazione, edificazione ♦ *der Bau einer Kirche* la costruzione di una chiesa ♦ *im Bau* in costruzione. *2* costruzione, edificio. *3* corporatura, costituzione fisica ♦ *von kräftigem, schlankem Bau sein* essere di corporatura robusta, snella. *4 (fig)* struttura. ◆ **vom Bau sein** *(fig/fam)* essere del mestiere.
Bau[2] *(m; -(e)s, -e) 1* tana (sotterranea). *2* escavazione (di miniere).
Bauch [baux] *(m; -(e)s, Bäuche) 1* pancia, ventre, addome ♦ *auf dem Bauch liegen* stare sdraiato sul ventre ♦ *mir tut der Bauch weh* mi fa male la pancia. *2* interno (di navi); pancia (di bottiglie). ◆ **sich** (Dat) **vor Lachen den Bauch halten** *(fig/fam)* ridere a crepapelle. ◆ **vor jmdm auf dem Bauch kriechen** *(fig)* strisciare ai piedi di qcn.
bauchig [-ɪç] *(agg)* ~ panciuto (persona od oggetto).
bäuchlings ['bɔyçˌlɪŋs] *(avv)* ~ sulla pancia, bocconi.
Bauchschmerz ['bauxˌʃmɛrts] *(m; -es, -en)* ~ *(spec pl)* mal di pancia ♦ *ich habe Bauchschmerzen* ho mal di pancia.
Bauchspeicheldrüse ['bauxʃpaiçəlˌdry:zə] *(f; -, -en)* ~ *(anat)* pancreas.
Bauchweh ['bauxˌve:] *(n; -s)* ~ *(fam)* mal di pancia.
bauen ['bauən] *(vt, hat) 1* costruire, edificare, fabbricare. *2* {*an etwas* (Dat) ~} *(vi)* costruire qcs, lavorare alla costruzione di qcs. *3 (fig)* fondare. *4* {*etwas* ~} *(fam)* fare, causare qcs ♦ *den Doktor bauen* laurearsi ♦ *einen Unfall bauen* avere un incidente. *5* {*auf jmdn/etwas* ~} contare, fare affidamento su qcn.
Bauer ['bauɐ] *(m; -n, -n; f* **Bäuerin***) 1* contadino, agricoltore. *2* pedone (negli scacchi).
bäuerlich ['bɔyɐlɪç] *(agg)* ~ contadino, rustico.
Bauernhaus ['bauɐnˌhaus] *(n; -es, -häuser)* ~ casa colonica.
Bauernhof ['bauɐnˌho:f] *(m; -(e)s, -höfe)* ~ podere, fattoria.
baufällig ['bauˌfɛlɪç] *(agg)* ~ pericolante (edifici e sim).
Baukasten ['bauˌkastən] *(m; -s, -kästen)* ~ costruzioni (giocattolo).
Bauland ['bauˌlant] *(n; -(e)s)* ~ terreno edificabile.
baulich ['baulɪç] *(agg)* ~ edilizio.
Baum [baum] *(m; -(e)s, Bäume) 1* albero ♦ *einen Baum fällen, pflanzen, veredeln* abbattere, piantare, innestare un albero ♦ *auf einen Baum klettern* arrampicarsi su un albero. *2 (abbrev di* **Weihnachtsbaum***)* albero di Natale.
baumeln [-əln] *(vi, hat)* ~ dondolare, stare appeso (dondolando) ♦ *mit den Beinen baumeln* dondolare le gambe.
bäumen ['bɔymən] *(vr, hat)* ~ **sich bäumen** *1* alzarsi di scatto, impennarsi. *2 (fig/lett)* ribellarsi.
Baumwolle ['baumˌvɔlə] *(f; -)* ~ cotone (pianta, tessuto).
baumwollen [-n] *(agg)* ~ di cotone.
Bauplatz ['bauˌplats] *(m; -(e)s, -plätze)* ~ area edificabile.
Bausch [bauʃ] *(m; -es, Bäusche)* ~ batuffolo, fiocco. ◆ **in Bausch und Bogen** *(fig)* in blocco ♦ *in Bausch und Bogen kaufen, verurteilen* comprare, giudicare in blocco.
bauschen [-ən] *(vt, hat)* ~ gonfiare, rigonfiare (vele, tende, ecc) ♦ *der Wind bauscht die Vorhänge* il vento gonfia le tende. ◆ **sich bauschen** *(vr)* gonfiarsi, rigonfiarsi (vele, tende, ecc).
Baustein ['bauˌʃtain] *(m; -(e)s, -e) 1* pietra da costruzione. *2 (fig)* contributo ♦ *ein Baustein zum Gelingen eines Unternehmens* un contributo alla riuscita di un'impresa.

Baustelle ['bauˌʃtɛlə] *(f; -, -n)* ~ cantiere; (su strada) lavori in corso.
Bauwerk ['bauˌvɛrk] *(n; -(e)s, -e)* ~ edificio (di importanza artistica) ◆ *ein gothisches Bauwerk* un edificio gotico.
Bauwesen ['bauˌveːzən] *(n; -)* ~ edilizia.
B-Dur ['beː'duːɐ] *(n; -) (abbrev* **B***)* ~ *(mus)* si bemolle maggiore.
beabsichtigen [bəˈʔapˌzɪçtɪgən] *(vt, hat)* ~ intendere (avere intenzione), proporsi ◆ *ich beabsichtige, über Weihnachten nach Deutschland zu fahren* ho intenzione di andare in Germania per Natale.
beabsichtigt [bəˈʔapˌzɪçtɪçt] *(agg)* ***1*** previsto. ***2*** intenzionale.
beachten [bəˈʔaxtən] *(vt, hat)* ***1*** osservare, seguire, tenere conto di (regole, consigli, ecc). ***2*** considerare, prestare attenzione (a qcn/qcs) ◆ *sie hat mich gestern abend überhaupt nicht beachtet* non mi ha considerato per niente ieri sera.
beachtlich [bəˈʔaxtlɪç] *(agg)* ***1*** considerevole, notevole. ***2*** *(avv)* notevolmente, considerevolmente.
Beachtung [bəˈʔaxtʊŋ] *(f; -)* ***1*** osservazione (di regole e sim). ***2*** attenzione ◆ *jmdm/etwas Beachtung schenken* prestare attenzione a qcn/qcs ◆ *Beachtung verdienen* meritare attenzione.
Beamte(r) [bəˈʔamtə (-tɐ)] *(m; -n, -n; f* **Beamtin***)* ~ impiegato (nell'amministrazione pubblica); funzionario.
beängstigen [bəˈʔɛŋstɪgən] *(vt, hat)* ~ spaventare, impaurire, inquietare.
beängstigend [-t] *(agg)* ***1*** spaventoso, inquietante, preoccupante. ***2*** *(avv)* in modo preoccupante.
beanspruchen [bəˈʔanʃprʊxən] *(vt, hat)* ***1*** pretendere, esigere. ***2*** esigere, richiedere ◆ *viel Platz, Zeit beanspruchen* richiedere molto spazio, tempo. ***3*** impegnare, occupare ◆ *stark beansprucht sein* essere molto impegnato. ***4*** consumare, usurare. ***5*** approfittare di ◆ *jmds Gastfreundschaft beanspruchen* approfittare dell'ospitalità di qcn.
Beanspruchung [bəˈʔanʃprʊxʊŋ] *(f; -, -en)* ***1*** impegno (l'impegnare; l'essere impegnato). ***2*** logorio, usura; sollecitazione. ◆ **zulässige Beanspruchung** portata massima (di ascensori e sim).
beanstanden [bəˈʔanʃtandən] *(vt, hat)* ***1*** criticare, avere da ridire su, lamentarsi di qcs. ***2*** contestare ◆ *eine Wahl beanstanden* contestare un'elezione.
Beanstandung [bəˈʔanʃtandʊŋ] *(f; -, -en)* ~ critica, reclamo.
beantragen [bəˈʔanˌtraːgən] *(vt, hat)* ***1*** richiedere (formalmente), fare richiesta di qcs ◆ *ein Visum beantragen* richiedere un visto. ***2*** proporre (formalmente).
beantworten [bəˈʔantˌvɔrtən] *(vt, hat)* ***1*** rispondere a qcs ◆ *einen Brief, eine Frage beantworten* rispondere a una lettera, a una domanda. ***2*** *(fig)* rispondere, reagire a qcs.
Beantwortung [bəˈʔantˌvɔrtʊŋ] *(f; -, -en)* ~ risposta ◆ *die Beantwortung einer Frage* la risposta a una domanda.
bearbeiten [bəˈʔarbaitən] *(vt, hat)* ***1*** lavorare; modellare ◆ *Holz, das Land bearbeiten* lavorare il legno, la terra. ***2*** *(fig)* lavorare a, elaborare, rielaborare (testi e sim) ◆ *neu bearbeitete Auflage* nuova edizione rivista. ***3*** *{jmdn ~} (fig/fam)* martellare qcn (per convincerlo).
Bearbeitung [bəˈʔarbaitʊŋ] *(f; -, -en)* ***1*** *(solo sing)* lavorazione. ***2*** elaborazione, rielaborazione; versione rielaborata.
beatmen [bəˈʔaːtmən] *(vt, hat)* ~ *(med)* sottoporre a respirazione artificiale.
Beatmung [bəˈʔaːtmʊŋ] *(f; -, -en)* ~ *(med)* respirazione artificiale.
beaufsichtigen [bəˈʔaufˌzɪçtɪgən] *(vt, hat)* ~ sorvegliare, controllare (persone o cose).
Beaufsichtigung [bəˈʔaufˌzɪçtɪgʊŋ] *(f; -, -en)* ~ sorveglianza, controllo.
beauftragen [bəˈʔaufˌtraːgən] *(vt, hat)* ~ *{jmdn mit etwas ~}* incaricare qcn di qcs ◆ *jmdn beauftragen, etwas zu tun* incaricare qcn di fare qcs.
Beauftragte(r) [bəˈʔaufˌtraːktə (-tɐ)] *(m/f; -n, -n)* ~ incaricato/a.
bebauen [bə'bauən] *(vt, hat)* ***1*** *{etwas (mit etwas) ~}* coltivare (terreni) ◆ *einen Acker mit Kartoffeln bebauen* coltivare un campo a patate. ***2*** *{etwas (mit etwas) ~}* edificare (terreni).
Bebauung [bə'bauʊŋ] *(f; -, -en)* ***1*** coltivazione (di terreni). ***2*** edificazione (di terreni), urbanizzazione.

beben ['be:bən] *(vi, hat)* ***1*** tremare (per terremoti e sim) ♦ *die Wände bebten* le pareti tremarono. ***2*** *(lett)* tremare (persona).

Beben *(n; -s, -)* ***1*** tremito, scossa (per terremoti e sim). ***2*** terremoto. ***3*** *(lett)* tremore, tremito (di persona).

Becher ['bɛçɐ] *(m; -s, -)* ~ calice, tazza (senza manico), coppa ♦ *ein Becher Eis* una coppa di gelato ♦ *ein Becher Milch* una tazza di latte ♦ *ein Becher Wein* un calice di vino. ◆ **zu tief in den Becher geschaut haben** *(fig/fam)* aver alzato il gomito, essere brillo.

Becken ['bɛkən] *(n; -s, -)* ***1*** lavabo, lavandino. ***2*** catino. ***3*** vasca (di piscina e sim). ***4*** *(geol)* conca, bacino. ***5*** *(anat)* bacino. ***6*** *(mus)* piatti.

bedacht [bə'daxt] *(agg)* ***1*** avveduto, accorto, ponderato ♦ *bedachtes Benehmen* comportamento accorto. ***2*** *(avv)* in modo accorto, con accortezza. ◆ **auf etwas** (Acc) **bedacht sein** mirare a qcs ♦ *er ist nur auf seinen Vorteil bedacht* mira solo al proprio vantaggio.

Bedacht *(m)* ~ **mit Bedacht**, **voll Bedacht** *(lett)* avvedutamente, cautamente. ◆ **ohne Bedacht** *(lett)* avventatamente, incautamente.

bedächtig [bə'dɛçtɪç] *(agg)* ***1*** avveduto, accorto, prudente. ***2*** lento, compassato.

bedachtsam [bə'daxt,za:m] *(agg)* ~ vedi **bedächtig**.

bedanken [bə'daŋkən] *(vr, hat)* ~ **sich bei jmdm für etwas bedanken** ringraziare qcn per qcs ♦ *ich möchte mich bei dir für das Geschenk bedanken* vorrei ringraziarti per il regalo.

Bedarf [bə'darf] *(m; -(e)s, -e)* ***1*** bisogno, necessità, esigenza. ***2*** necessità, richiesta, fabbisogno ♦ *der Bedarf an Lebensmitteln* il fabbisogno di generi alimentari. ◆ **bei Bedarf** in caso di necessità. ◆ **nach Bedarf** su richiesta ♦ *der Zug hält nur nach (bei) Bedarf* il treno ferma solo su richiesta.

bedauerlich [bə'dauɐlɪç] *(agg)* ~ deplorevole, spiacevole, deprecabile.

bedauerlicherweise [-ɐ'vaizə] *(avv)* ~ disgraziatamente, purtroppo.

bedauern [bə'dauɐn] *(vt, hat)* ***1*** {*jmdn* ~} compatire, commiserare. ***2*** {*etwas* ~} deplorare, deprecare; dispiacersi di qcs ♦ *ich bedauere (sehr), dass ich nicht kommen kann* mi dispiace (molto) di non poter venire.

Bedauern *(n; -s)* ***1*** compassione, commiserazione. ***2*** dispiacere, rincrescimento ♦ *mit Bedauern* con dispiacere ♦ *zu meinem großen Bedauern* con mio grande rincrescimento.

bedauernswert [-s,ve:ɐt] *(agg)* ~ compassionevole (che merita compassione).

bedecken [bə'dɛkən] *(vt, hat)* ~ coprire, ricoprire; nascondere (coprendo) *(anche fig)* ♦ *ein Sofa mit einem Tuch bedecken* coprire un divano con un telo ♦ *Schnee bedeckt die Erde* la neve ricopre la terra ♦ *jmdn mit Küssen bedecken* ricoprire qcn di baci.

bedeckt [bə'dɛkt] *(agg)* ~ *(meteor)* coperto, nuvoloso.

Bedeckung [bə'dɛkʊŋ] *(f; -, -en)* ***1*** copertura. ***2*** scorta (di polizia).

bedenken [bə'dɛŋkən] *(vt, hat; irr* denken*)* ***1*** {*etwas* ~} ponderare, riflettere su qcs. ***2*** considerare, tenere conto di qcs ♦ *die Folgen bedenken* tenere conto delle conseguenze ♦ *bedenken Sie bitte, dass* per favore, tenga conto che ♦ *jmdm zu bedenken geben, dass* far notare a qcn che.

Bedenken *(n; -s, -)* ***1*** riflessione ♦ *nach langem Bedenken* dopo lunga riflessione. ***2*** dubbio, obiezione, scrupolo ♦ *Bedenken (gegen etwas) äußern, haben* esprimere, avere dubbi/obiezioni (contro qcs) ♦ *jmds Bedenken zerstreuen* dissipare i dubbi di qcn ♦ *Bedenken hegen, etwas zu tun (lett)* farsi degli scrupoli a fare qcs.

bedenklich [bə'dɛŋklɪç] *(agg)* ***1*** serio, preoccupante. ***2*** sospetto, dubbio ♦ *ein bedenkliches Licht auf etwas werfen* gettare una luce sospetta su qcs. ***3*** dubbioso, scettico, esitante.

Bedenkzeit [bə'dɛŋk,tsait] *(f; -)* ~ tempo per riflettere ♦ *um Bedenkzeit bitten* chiedere del tempo per riflettere.

bedeuten [bə'dɔytən] *(vt, hat)* ***1*** significare, voler dire ♦ *was bedeutet dieses Wort?* cosa significa questa parola? ***2*** significare, essere, costituire ♦ *das bedeutet einen wichtigen Fortschritt in unserer Arbeit* questo costituisce un progresso importante nel nostro lavoro. *3* {*(jmdm/für jmdn) etwas* ~} significare qcs per qcn, essere importante ♦ *du bedeutest mir viel* sei molto importante per me ♦ *hundert Euro bedeuten viel für ihn* cento euro sono molto per lui. ◆ **was soll das eigentlich bedeuten?** e questo cosa vorrebbe dire? ◆ **das hat nichts zu bedeuten** questo è irrilevante.

bedeutend [-t] *(agg)* *1* significativo, considerevole, importante ♦ *ein bedeutender Fortschritt* un progresso significativo. *2* importante, famoso. *3* *(avv)* significativamente, notevolmente, molto.

bedeutsam [bəˈdɔytˌzaːm] *(agg)* *1* importante ♦ *eine bedeutsame Erfindung* un'invenzione importante. *2* eloquente ♦ *ein bedeutsamer Blick* uno sguardo eloquente.

Bedeutung [bəˈdɔytʊŋ] *(f; -, -en)* *1* significato ♦ *die Bedeutung eines Wortes* il significato di una parola ♦ *übertragene, wörtliche Bedeutung* significato traslato, letterale. *2* *(solo sing)* significato, importanza, portata ♦ *ein Ereignis von geschichtlicher Bedeutung* un avvenimento di importanza storica ♦ *ein Mann von Bedeutung* un uomo importante ♦ *einer Sache* (Dat) *keine Bedeutung beimessen* non attribuire importanza a una cosa.

bedeutungslos [-sˌloːs] *(agg)* ~ insignificante.

bedeutungsvoll [-sˌfɔl] *(agg)* *1* significativo, importante. *2* eloquente ♦ *ein bedeutungsvoller Blick* uno sguardo eloquente.

bedienen [bəˈdiːnən] *(vt,* hat*)* *1* servire ♦ *die Kunden bedienen* servire i clienti. *2* {*jmdn mit etwas* ~} fornire qcs a qcn, rifornire qcn di qcs. *3* manovrare, azionare (macchine, attrezzi, ecc). ◆ **sich (mit etwas) bedienen** *(vr)* servirsi (a tavola). ◆ **sich einer Sache** (Gen) **bedienen** *(vr) (lett)* servirsi di una cosa. ◆ **bedient sein** *(fig/fam)* essere servito, averne abbastanza.

Bedienung [bəˈdiːnʊŋ] *(f; -, -en)* *1* servizio ♦ *schlechte, schnelle Bedienung* un servizio scadente, veloce ♦ *die Bedienung ist inbegriffen* il servizio è compreso. *2* personale di servizio (commessi, camerieri, ecc). *3* azionamento, uso, maneggiamento (di macchine, attrezzi, ecc). ◆ **zur freien Bedienung** a disposizione gratis.

Bedienungsanleitung [-sˌʔanlaitʊŋ] *(f; -, -en)* ~ istruzioni per l'uso, libretto d'istruzioni.

bedingen *(vt,* hat*)* *1* causare, comportare, determinare ♦ *die hohen Produktionskosten haben die Krise bedingt* gli alti costi di produzione hanno determinato la crisi. *2* presupporre, implicare.

bedingt [bəˈdɪŋt] *(agg)* *1* limitato. *2* condizionato ♦ *eine bedingte Erlaubnis* un permesso condizionato.

Bedingung [bəˈdɪŋʊŋ] *(f; -, -en)* *1* condizione, presupposto ♦ *unter jeder, keiner Bedingung* a qualsiasi, a nessuna condizione ♦ *unter der Bedingung, dass* a condizione che. *2* condizione, richiesta ♦ *jmdm eine Bedingung stellen* porre una condizione a qcn ♦ *etwas zur Bedingung machen* porre qcs come condizione. *3* *(spec pl)* condizioni, situazione.

bedingungslos [-sˌloːs] *(agg)* *1* incondizionato ♦ *bedingungslose Kapitulation* resa incondizionata. *2* *(fig)* incondizionato, totale, illimitato ♦ *bedingungsloses Vertrauen* fiducia incondizionata. *3* *(avv)* incondizionatamente, senza condizioni.

bedrängen [bəˈdrɛŋən] *(vt,* hat*)* *1* {*jmdn (mit etwas)* ~} assillare, pressare ♦ *jmdn mit einer Bitte bedrängen* assillare qcn con una richiesta. *2* *(fig)* opprimere, assillare ♦ *ein Zweifel bedrängt mich* un dubbio mi opprime. *3* *(mil)* assaltare, assalire.

Bedrängnis [bəˈdrɛŋnɪs] *(f; -, -se)* ~ *(lett)* pena, assillo.

bedrängt [bəˈdrɛŋt] *(agg)* *1* difficile ♦ *eine bedrängte Lage* una situazione difficile. *2* oppresso (spiritualmente).

bedrohen [bəˈdroːən] *(vt,* hat*)* ~ minacciare ♦ *er bedrohte ihn mit einer Pistole* lo minacciò con una pistola ♦ *ein Erdrutsch bedroht das Dorf* una frana minaccia il villaggio. ◆ **jmdn mit dem Tode bedrohen** minacciare di morte qcn.

bedrohlich [bəˈdroːlɪç] *(agg)* *1* minaccioso, pericoloso ♦ *einen bedrohlichen Eindruck machen* fare un'impressione minacciosa. *2* *(avv)* minacciosamente, con fare minaccioso.

Bedrohung [bəˈdroːʊŋ] *(f; -, -en)* ~ minaccia.

bedrücken [bəˈdrʏkən] *(vt, hat)* *1* opprimere. *2* *(fig)* opprimere, deprimere, abbattere.

bedrückend [-t] *(agg)* ~ opprimente *(anche fig)*.

bedrückt [bəˈdrʏkt] *(agg)* ~ abbattuto, depresso.

Bedrücktheit [-ˌhait] *(f; -)* ~ depressione, abbattimento.

bedürfen [bəˈdʏrfən] *(vi, hat; irr* dürfen*)* ~ *(lett)* {*jmds/etwas* ~} avere bisogno di qcn/qcs, necessitare di qcn/qcs ♦ *eines Arztes bedürfen* aver bisogno di un medico.

Bedürfnis [bəˈdʏrfnɪs] *(n; -ses, -se)* ~ bisogno, necessità ♦ *es besteht ein großes Bedürfnis nach etwas* c'è un grande bisogno di qcs ♦ *ein Bedürfnis nach etwas verspüren* sentire il bisogno di qcs.

bedürftig [bəˈdʏrftɪç] *(agg)* ~ bisognoso, povero, indigente. ◆ **jmds/etwas bedürftig sein** *(lett)* essere bisognoso, avere bisogno di qcn/qcs.

Beefsteak [ˈbiːfˌsteːk] *(n; -s, -s)* ~ bistecca.

beeilen [bəˈʔailən] *(vr, hat)* ~ **sich beeilen** affrettarsi, sbrigarsi ♦ *beeil dich doch!* sbrigati! ♦ *sich beeilen, etwas zu tun* affrettarsi a fare qcs.

beeindrucken [bəˈʔainˌdrʊkən] *(vt, hat)* ~ impressionare, fare impressione a qcn ♦ *seine Worte haben mich sehr beeindruckt* le sue parole mi hanno molto impressionato.

beeinflussbar († **-flußbar**) [bəˈʔainflʊsˌbaːɐ] *(agg)* ~ influenzabile.

beeinflussen [bəˈʔainflʊsən] *(vt, hat; ortogr pres* du/er/ihr beeinflusst, *pret* ich beeinflusste, ecc; *imperat* beeinfluss!, *part pass* beeinflusst*)* ~ influenzare, avere influenza su (persona o cosa) ♦ *das wird meine Entscheidung nicht beeinflussen* questo non influenzerà la mia decisione.

beeinträchtigen [bəˈʔainˌtrɛçtɪgən] *(vt, hat)* ~ danneggiare, pregiudicare, compromettere ♦ *der Hagelschlag hat die Ernte beeinträchtigt* la grandinata ha compromesso il raccolto.

Beeinträchtigung [bəˈʔainˌtrɛçtɪgʊŋ] *(f; -, -en)* *1* danneggiamento, pregiudizio, compromissione. *2* peggioramento.

beenden [bəˈʔɛndən] *(vt, hat)* ~ finire, terminare, concludere ♦ *eine Arbeit beenden* terminare un lavoro.

beendigen [bəˈʔɛndɪgən] *(vt, hat)* ~ vedi **beenden**.

Beendigung [bəˈʔɛndɪgʊŋ] *(f; -)* ~ vedi **Beendung**.

Beendung [bəˈʔɛndʊŋ] *(f; -)* ~ conclusione (il concludere), termine.

beerdigen [bəˈʔeːɐdɪgən] *(vt, hat)* ~ seppellire (cadavere).

Beerdigung [bəˈʔeːɐdɪgʊŋ] *(f; -, -en)* *1* sepoltura. *2* funerale ♦ *auf eine Beerdigung gehen* andare a un funerale.

Beerdigungsinstitut [-sʔɪnstiˌtuːt] *(n; -(e)s, -e)* ~ impresa di pompe funebri.

Beere [ˈbeːrə] *(f; -, -n)* ~ bacca.

Beet [beːt] *(n; -(e)s, -e)* ~ aiola.

befähigen [bəˈfɛːɪgən] *(vt, hat)* *1* {*jmdn zu etwas* ~} rendere qcn adatto a qcs ♦ *seine Erfahrung befähigt ihn zu dieser Arbeit* la sua esperienza lo rende adatto per questo lavoro. *2* abilitare (a una professione).

befähigt [bəˈfɛːɪçt] *(agg)* *1* abile, capace. *2* abilitato (a una professione).

Befähigung [bəˈfɛːɪgʊŋ] *(f; -)* *1* capacità, attitudine. *2* abilitazione (a una professione).

befahl [bəˈfaːl] ~ pret di **befehlen**.

befahrbar [bəˈfaːɐˌbaːɐ] *(agg)* ~ transitabile, percorribile.

befahren [bəˈfaːrən] *(vt, hat; irr* fahren*)* ~ percorrere, transitare (strade) *(spec passivo)*.

befallen [bəˈfalən] *(vt, hat; irr* fallen*)* ~ *(fig)* assalire, colpire ♦ *Furcht befiel ihn* lo assalì la paura.

befangen [bəˈfaŋən] *(agg)* *1* timido, imbarazzato. *2* *(spec dir)* parziale, di parte.

Befangenheit [-ˌhait] *(f; -)* *1* imbarazzo, timidezza. *2* *(spec dir)* parzialità.

befassen [bəˈfasən] *(vr, hat; ortogr* fassen*)* ~ **sich mit jmdm/etwas befassen** occuparsi di qcn/qcs ♦ *ich hatte mich noch nie mit dieser Frage befasst* non mi ero mai occupata di questa questione.

Befehl [bəˈfeːl] *(m; -(e)s, -e)* *1* ordine, comando ♦ *einen Befehl ausführen, befol-*

gen, bekommen eseguire, seguire, ricevere un ordine ♦ *einem Befehl gehorchen* obbedire a un ordine. **2** *(mil)* comando ♦ *den Befehl über jmdn/etwas haben* avere il comando su qcn/qcs ♦ *unter jmds Befehl stehen* essere sotto il comando di qcn. ◆ **zu Befehl!** *(mil)* agli ordini!

befehlen [-ən] *(vt,* hat; er **befiehlt**, **befahl**, **befohlen***)* ~ {*(jmdm) etwas* ~} ordinare, comandare qcs (a qcn) ♦ *jmdm befehlen, etwas zu tun* ordinare a qcn di fare qcs.

befehlerisch [-ərɪʃ] *(agg)* ~ imperioso.

Befehlsform [-sˌfɔrm] *(f; -)* ~ *(gramm)* imperativo.

befestigen [bəˈfɛstɪgən] *(vt,* hat*)* **1** {*etwas an etwas* (Dat) ~} fissare, attaccare qcs a qcs altro ♦ *ein Schild an der Tür befestigen* fissare una targhetta alla porta. **2** rafforzare, rinforzare, consolidare (argini, strade, ecc). **3** *(fig)* rafforzare, rinforzare.

Befestigung [bəˈfɛstɪgʊŋ] *(f; -, -en)* **1** fissaggio. **2** rafforzamento, consolidamento (di argini, strade, ecc). **3** *(fig)* rafforzamento.

befeuchten [bəˈfɔyçtən] *(vt,* hat*)* ~ inumidire.

befinden [bəˈfɪndən] *(vt,* hat; *irr* finden*)* ~ {*jmdn/etwas für etwas* ~} *(lett)* ritenere, giudicare qcn/qcs in un certo modo. ◆ **sich befinden** *1* trovarsi *(anche fig)*, essere situato ♦ *Siena befindet sich in der Toskana* Siena si trova in Toscana ♦ *sich in Schwierigkeiten befinden* trovarsi in difficoltà. **2** *(lett)* trovarsi, sentirsi ♦ *sich wohl befinden* sentirsi bene.

Befinden *(n; -s)* **1** salute, stato di salute. **2** *(lett)* giudizio, opinione.

befindlich [bəˈfɪntlɪç] *(agg)* ~ sito, situato; che è, che si trova ♦ *das im Bau befindliche Gebäude* l'edificio (che è) in costruzione.

beflecken [bəˈflɛkən] *(vt,* hat*)* **1** macchiare, sporcare ♦ *ein Tischtuch mit Soße beflecken* macchiare una tovaglia di salsa. **2** *(fig)* macchiare, sporcare ♦ *seinen Ruf beflecken* macchiare la propria fama.

beflissen [bəˈflɪsən] *(agg)* ~ zelante.

befohlen [bəˈfoːlən] ~ part pass di **befehlen**.

befolgen [bəˈfɔlgən] *(vt,* hat*)* ~ seguire, dare retta a ♦ *einen Befehl, einen Vorschlag befolgen* seguire un ordine, un suggerimento.

Befolgung [bəˈfɔlgʊŋ] *(f; -)* ~ osservanza ♦ *die Befolgung des Gesetzes* l'osservanza della legge.

befördern [bəˈfœrdɐn] *(vt,* hat*)* **1** trasportare (cose o persone). **2** {*jmdn zu etwas* ~} promuovere qcn a qcs ♦ *er wurde zum Direktor befördert* fu promosso direttore.

Beförderung [bəˈfœrdərʊŋ] *(f; -, -en)* **1** trasporto (di cose o persone). **2** promozione (in carriera).

befragen [bəˈfraːgən] *(vt,* hat*)* ~ interrogare, consultare; chiedere qcs a qcn ♦ *den Arzt befragen* consultare il medico ♦ *jmdn nach seiner Meinung befragen* chiedere a qcn la sua opinione ♦ *jmdn über einen Vorfall befragen* interrogare qcn su un fatto ♦ *jmdn um seinen Rat befragen* chiedere consiglio a qcn.

Befragung [bəˈfraːgʊŋ] *(f; -, -en)* **1** interrogazione, consultazione. **2** intervista, inchiesta.

befreien [bəˈfraiən] *(vt,* hat*)* **1** {*jmdn/etwas von etwas* ~} liberare qcn/qcs da qcs ♦ *Gefangene befreien* liberare dei prigionieri ♦ *jmdn von Angst, Schmerzen befreien* liberare qcn dalla paura, dai dolori. **2** {*jmdn von etwas* ~} esentare, esonerare ♦ *jmdn vom Militärdienst befreien* esentare qcn dal servizio militare. ◆ **sich (von etwas) befreien** *(vr)* liberarsi di qcs.

Befreiung [bəˈfraiʊŋ] *(f; -)* **1** liberazione *(anche fig)*. **2** esenzione, esonero.

befremden [bəˈfrɛmdən] *(vt,* hat*)* ~ stupire (negativamente), sconcertare.

befremdend [-t] *(agg)* ~ strano, sconcertante.

befreunden [bəˈfrɔyndən] *(vr,* hat*)* ~ **sich mit jmdm befreunden** fare amicizia con qcn. ◆ **sich mit etwas befreunden** abituarsi a qcs, familiarizzarsi con qcs ♦ *sich mit einem Gedanken befreunden* abituarsi a un'idea.

befreundet [bəˈfrɔyndət] *(agg)* ~ amico, legato da amicizia ♦ *befreundete Staaten* stati amici. ◆ **mit jmdm befreundet sein** essere amico di qcn.

befrieden [bəˈfriːdən] *(vt,* hat*)* ~ pacificare.

befriedigen [bəˈfriːdɪgən] *(vt,* hat*)* ~ soddisfare, appagare, gratificare ♦ *seine Neu-*

gier, einen Wunsch befriedigen soddisfare la propria curiosità, un desiderio ♦ *seine Arbeit befriedigt ihn nicht* il suo lavoro non lo soddisfa. ◆ **sich (selbst) befriedigen** *(vr)* masturbarsi.

befriedigend [-t] *(agg)* ***1*** soddisfacente. ***2*** discreto (voto scolastico).

Befriedigung [bəˈfriːdɪgʊŋ] *(f; -)* ~ soddisfazione (il soddisfare), appagamento ♦ *die Befriedigung eines Wunsches* la soddisfazione di un desiderio ♦ *jmdm (volle) Befriedigung bereiten/gewähren* dare piena soddisfazione a qcn.

befristet [bəˈfrɪstət] *(agg)* ~ a tempo determinato, a termine ♦ *befristeter Arbeitsvertrag* contratto di lavoro a termine ♦ *jmdn befristet einstellen* assumere qcn a tempo determinato.

befruchten [bəˈfrʊxtən] *(vt,* hat*)* ~ fecondare.

Befruchtung [bəˈfrʊxtʊŋ] *(f; -, -en)* ~ fecondazione ♦ *künstliche Befruchtung* fecondazione artificiale.

befugen [bəˈfuːgən] *(vt,* hat*)* ~ {*jmdn zu etwas* ~} autorizzare qcn a qcs ♦ *zu etwas befugt sein* essere autorizzato a qcs.

Befugnis [bəˈfuːknɪs] *(f; -, -se)* ~ autorizzazione, competenza ♦ *seine Befugnisse überschreiten* andar oltre le proprie competenze.

Befund [bəˈfʊnt] *(m; -(e)s, -e)* ~ reperto; referto. ◆ **ohne Befund** negativo (nessuna patologia rilevata).

befürchten [bəˈfʏrçtən] *(vt,* hat*)* ~ temere ♦ *das Schlimmste befürchten* temere il peggio ♦ *ich befürchte, dass* temo che.

Befürchtung [bəˈfʏrçtʊŋ] *(f; -, -en)* ~ timore ♦ *meine Befürchtungen waren begründet* i miei timori erano fondati.

befürworten [bəˈfyːɐ̯ˌvɔrtən] *(vt,* hat*)* ~ appoggiare, sostenere, caldeggiare ♦ *einen Vorschlag befürworten* appoggiare una proposta.

Befürwortung [bəˈfyːɐ̯ˌvɔrtʊŋ] *(f; -, -en)* ~ appoggio, sostegno.

begabt [bəˈgaːpt] *(agg)* ~ dotato, pieno di talento ♦ *für etwas begabt sein* avere talento per qcs.

Begabung [bəˈgaːbʊŋ] *(f; -, -en)* ~ talento, predisposizione ♦ *musikalische Begabung* talento musicale ♦ *eine Begabung für Sprachen haben* essere portato per le lingue.

begann [bəˈgan] ~ pret di **beginnen**.

begatten [bəˈgatən] *(vt,* hat*)* ~ accoppiarsi con, montare (animali). ◆ **sich begatten** *(vr)* accoppiarsi (animali).

Begattung [bəˈgatʊŋ] *(f; -, -en)* ~ accoppiamento (di animali).

begeben [bəˈgeːbən] *(vr,* hat; *irr* geben*)* ~ **sich begeben** *(lett)* recarsi ♦ *sich nach Hause begeben* recarsi a casa.

Begebenheit [-ˌhait] *(f; -, -en)* ~ avvenimento, fatto, evento.

begegnen [bəˈgeːgnən] *(vi,* ist*)* ***1*** {*jmdm* ~} incontrare qcn (per caso) ♦ *ich bin ihm im Supermarkt begegnet* l'ho incontrato al supermercato. ***2*** {*jmdm* ~} *(lett)* trattare qcn (in un certo modo) ♦ *jmdm höflich begegnen* trattare qcn cortesemente.

Begegnung [bəˈgeːgnʊŋ] *(f; -, -en)* ~ incontro (anche sportivo).

begehbar [bəˈgeːˌbaːɐ̯] *(agg)* ~ percorribile.

begehen [bəˈgeːən] *(vt,* hat; *irr* gehen*)* ***1*** percorrere (a piedi). ***2*** commettere, fare, compiere (qcs di male) ♦ *einen Diebstahl, einen Fehler begehen* commettere un furto, un errore. ◆ **Selbstmord begehen** suicidarsi.

begehren [bəˈgeːrən] *(vt,* hat*)* ~ *(lett)* desiderare, bramare.

Begehren *(n; -s, -)* ~ *(lett)* desiderio, brama.

begeistern [bəˈgaistɐn] *(vt,* hat*)* ~ {*jmdn (für etwas)* ~} entusiasmare qcn (per qcs). ◆ **sich (für etwas) begeistern** *(vr)* entusiasmarsi (per qcs), essere appassionato di qcs.

begeisternd [-t] *(agg)* ~ entusiasmante.

begeistert [bəˈgaistɐt] *(agg)* ***1*** entusiasta ♦ *von jmdm/etwas begeistert sein* essere entusiasta di qcn/qcs. ***2*** appassionato ♦ *ein begeisterter Sportler* uno sportivo appassionato.

Begeisterung [bəˈgaistərʊŋ] *(f; -)* ~ entusiasmo, passione.

Begierde [bəˈgiːɐ̯də] *(f; -, -n)* ~ desiderio, brama ♦ *große Begierde nach etwas haben* avere una grande brama di qcs.

begierig [bəˈgiːrɪç] *(agg)* ~ desideroso, bramoso, avido ♦ *auf etwas* (Acc) *begierig sein* essere desideroso di qcs.

begießen [bə'giːsən] *(vt,* hat; *irr* gießen*)* ***1*** annaffiare. ***2*** *(fam)* festeggiare con una bevuta.

Beginn [bə'gɪn] *(m;* -(e)s*)* ~ inizio, principio. ◆ **bei/zu Beginn** all'inizio ♦ *zu Beginn einer Veranstaltung* all'inizio di una manifestazione. ◆ **seit Beginn** dall'inizio ♦ *seit Beginn des Krieges* dall'inizio della guerra.

beginnen[1] [bə'gɪnən] *(vi,* hat; **begann, begonnen***)* ~ iniziare, cominciare ♦ *die Schule hat am 14. September begonnen* la scuola è iniziata il 14 settembre ♦ *wer beginnt?* chi comincia? ♦ *es beginnt zu regnen* comincia a piovere ♦ *sie hat zu weinen begonnen* ha cominciato a piangere ♦ *sie hat begonnen, heftig zu weinen* ha cominciato a piangere a dirotto.

beginnen[2] *(vt,* hat; **begann, begonnen***)* ***1*** iniziare, cominciare ♦ *hast du die Arbeit schon begonnen?* hai già cominciato il lavoro? ***2*** fare ♦ *ich weiß nicht, was ich beginnen soll* non so che fare. ◆ **mit einer Sache etwas beginnen können (sollen)** farsene qcs di qcs; usare qcs ♦ *was soll ich mit diesem Fahrrad beginnen?* che me ne faccio di questa bicicletta? ♦ *ich kann mit dem Videorecorder nichts beginnen* non so usare il videoregistratore. ◆ **von vorn, von neuem beginnen** ricominciare da capo.

beglaubigen [bə'glaubɪgən] *(vt,* hat*)* ***1*** autenticare. ***2*** accreditare (diplomatici).

Beglaubigung [bə'glaubɪgʊŋ] *(f;* -, -en*)* ***1*** autenticazione. ***2*** accreditamento (di diplomatici e sim).

begleichen [bə'glaiçən] *(vt,* hat; *irr* gleichen*)* ~ *(lett)* saldare (conto).

begleiten [bə'glaitən] *(vt,* hat*)* ~ accompagnare *(anche fig/mus)* ♦ *jmdn nach Hause begleiten* accompagnare qcn a casa ♦ *seine Worte mit Gesten begleiten* accompagnare le proprie parole con dei gesti.

Begleiter [bə'glaitɐ] *(m;* -s, -; *f* **-in***)* ~ accompagnatore.

Begleitschein [bə'glaitʃain] *(m;* -(e)s, -e*)* ~ *(econ)* bolla di accompagnamento.

Begleitung [bə'glaitʊŋ] *(f;* -, -en*)* ~ accompagnamento *(anche mus)*, compagnia ♦ *in Begleitung seines besten Freundes* in compagnia del suo migliore amico.

beglücken [bə'glʏkən] *(vt,* hat*)* ~ *(lett)* rendere felice, rallegrare.

beglückwünschen [bə'glʏkˌvʏnʃən] *(vt,* hat*)* ~ *{jmdn zu etwas ~}* congratularsi con qcn per qcs ♦ *sie hat mich zur bestandenen Prüfung beglückwünscht* si è congratulata con me per il superamento dell'esame.

begnadet [bə'gnaːdət] *(agg)* ~ molto dotato, pieno di talento.

begnadigen [bə'gnaːdɪgən] *(vt,* hat*)* ~ graziare.

Begnadigung [bə'gnaːdɪgʊŋ] *(f;* -, -en*)* ~ *(dir)* grazia.

begnügen [bə'gnyːgən] *(vr,* hat*)* ~ **sich mit etwas begnügen** accontentarsi di qcs ♦ *ich begnüge mich mit dem, was ich habe* mi accontento di quello che ho.

begonnen [bə'gɔnən] ~ part pass di **beginnen**.

begraben [bə'graːbən] *(vt,* hat; *irr* graben*)* ~ seppellire *(anche fig)* ♦ *einen Toten begraben* seppellire un morto ♦ *die Hoffnung begraben* seppellire la speranza.

Begräbnis [bə'grɛːpnɪs] *(n;* -ses, -se*)* ~ funerale.

Begräbnisfeier [-ˌfaiɐ] *(f;* -, -en*)* ~ esequie.

begreifen [bə'graifən] *(vt,* hat; *irr* greifen*)* ~ comprendere, capire.

begreiflich [bə'graiflɪç] *(agg)* ~ comprensibile, chiaro.

begreiflicherweise [-ɐ'vaizə] *(avv)* ~ comprensibilmente.

begrenzen [bə'grɛntsən] *(vt,* hat*)* ***1*** delimitare ♦ *einen Garten durch einen Zaun begrenzen* delimitare un giardino con una recinzione. ***2*** *(fig)* limitare, restringere ♦ *einen Bericht auf das Wesentliche begrenzen* limitare un resoconto all'essenziale.

begrenzt [bə'grɛntst] *(agg)* ~ limitato.

Begrenzung [bə'grɛntsʊŋ] *(f;* -, -en*)* ***1*** limitazione. ***2*** limite ♦ *eine Begrenzung überschreiten* oltrepassare un limite.

Begriff [bə'grɪf] *(m;* -(e)s, -e*)* ***1*** concetto. ***2*** concezione, idea ♦ *ein neuer Begriff von Freiheit* una nuova concezione di libertà ♦ *sich* (Dat) *einen Begriff von etwas machen* farsi un'idea di qcs ♦ *einen Begriff von etwas haben* avere un'idea di qcs. ◆ **(jmdm) ein Begriff sein** essere noto a qcn ♦ *ist dir dieser Name ein Begriff?* ti dice niente questo nome? ◆ **im Begriff sein, etwas zu tun** stare per fare qcs, essere in procinto di fare qcs. ◆ **schwer/langsam von Begriff sein** *(fam)* essere duro di comprendonio.

begriffen [bə'grɪfən] *(agg)* ~ **in etwas** (Dat) **begriffen sein** essere in procinto di fare qcs; stare facendo qcs ♦ *er war in der Arbeit begriffen* stava lavorando ♦ *sie ist in der Heilung begriffen* è in fase di guarigione.

begrifflich [bə'grɪflɪç] *(agg)* ***1*** concettuale, astratto. ***2*** *(avv)* concettualmente.

Begriffsbestimmung [bə'grɪfsbəʃtɪmʊŋ] *(f; -, -en)* ~ definizione.

begründen [bə'grʏndən] *(vt, hat)* ***1*** fondare *(spec fig)* ♦ *eine Lehre begründen* fondare una dottrina. ***2*** motivare, spiegare.

Begründer [bə'grʏndɐ] *(m; -s, -; f* **-in***)* ~ fondatore (di dottrine e sim).

Begründung [bə'grʏndʊŋ] *(f; -, -en)* ***1*** fondazione (di dottrine). ***2*** motivazione ♦ *eine Begründung für etwas vorbringen* fornire una motivazione per qcs.

begründet [bə'grʏndət] *(agg)* ~ fondato, motivato. ◆ **in/durch etwas begründet sein** essere fondato, trovare spiegazione in qcs ♦ *seine Schwierigkeiten sind in seiner mangelhaften Ausbildung begründet* le sue difficoltà si spiegano con la sua scarsa istruzione.

begrüßen [bə'gry:sən] *(vt, hat)* ***1*** dare il benvenuto, salutare (quando ci si incontra). ***2*** *(fig)* accogliere (favorevolmente), salutare.

Begrüßung [bə'gry:sʊŋ] *(f, -, -en)* ~ saluto (spec ufficiale), accoglienza.

begünstigen [bə'gʏnstɪgən] *(vt, hat)* ***1*** favorire. ***2*** favorire (con parzialità); *(dir)* favoreggiare ♦ *einen Kandidaten begünstigen* favorire un candidato.

Begünstigung [bə'gʏnstɪgʊŋ] *(f; -, -en)* ***1*** favore, agevolazione. ***2*** *(dir)* favoreggiamento.

begutachten [bə'gu:tˌˀaxtən] *(vt, hat)* ~ esaminare, valutare, sottoporre a perizia ♦ *die Qualität einer Ware begutachten* valutare la qualità di una merce.

begütert [bə'gy:tɐt] *(agg)* ~ benestante, facoltoso.

behaart [bə'ha:ɐt] *(agg)* ~ peloso, ricoperto di peli.

behäbig [bə'hɛ:bɪç] *(agg)* ***1*** corpulento. ***2*** comodo, ampio. ***3*** lento, placido, flemmatico (movimento).

behaftet [bə'haftət] *(agg)* ~ {*mit etwas* ~} gravato da qcs ♦ *diese Arbeit ist mit einem Fehler behaftet* questo lavoro è gravato da un errore.

behagen [bə'ha:gən] *(vi, hat)* ~ *(lett)* {*jmdm* ~} piacere a qcn.

Behagen *(n; -s)* ~ *(lett)* piacere, gusto.

behaglich [bə'ha:klɪç] *(agg)* ***1*** comodo, accogliente, confortevole ♦ *ein behagliches Zimmer* una stanza accogliente. ***2*** *(avv)* comodamente. ◆ **sich behaglich fühlen** sentirsi a proprio agio. ◆ **es sich** (Dat) **behaglich machen** mettersi a proprio agio.

behalten [bə'haltən] *(vt, hat; irr* halten*)* ***1*** trattenere, tenere per sé, serbare ♦ *du darfst die Fotos behalten* puoi tenerti le foto. ***2*** lasciare, tenere ♦ *den Hut auf dem Kopf behalten* tenere il cappello in testa. ***3*** mantenere, conservare ♦ *seine gute Laune behalten* conservare il buonumore. ***4*** ricordare ♦ *eine Adresse behalten* ricordare un indirizzo. ◆ **etwas für sich behalten** *(fig)* tenere per sé qcs (non raccontare).

Behälter [bə'hɛltɐ] *(m; -s, -)* ~ contenitore.

behänd, **behände** († **behend**, **behende**) [bə'hɛnt, bə'hɛndə] *(agg)* ~ agile.

behandeln [bə'handəln] *(vt, hat)* ***1*** trattare ♦ *jmdn gut, schlecht behandeln* trattare qcn bene, male ♦ *jmdn als Freund behandeln* trattare qcn come un amico. ***2*** trattare, maneggiare, lavorare ♦ *Pflanzen mit Insektengift behandeln* trattare le piante con l'insetticida. ***3*** curare (malati, malattie). ***4*** *(fig)* trattare (argomenti).

Behandlung [bə'handlʊŋ] *(f; -, -en)* ***1*** *(generic)* trattamento. ***2*** lavorazione. ***3*** cura, terapia. ***4*** trattazione, svolgimento (di argomenti).

beharren [bə'harən] *(vi, hat)* ***1*** {*auf/bei etwas* (Dat) ~} insistere, perseverare ♦ *auf/bei einer Meinung beharren* insistere su un'opinione. ***2*** {*in etwas* (Dat) ~} perseverare in qcs.

beharrlich [bə'harlɪç] *(agg)* ~ perseverante, tenace, ostinato.
Beharrlichkeit [-ˌkait] *(f, -)* ~ perseveranza, tenacia, ostinazione.
behaupten [bə'hauptən] *(vt, hat)* ***1*** sostenere, affermare, asserire ♦ *sie behauptet, nicht dort gewesen zu sein* sostiene di non essere stata là ♦ *sie behauptet, dass ihr Mann nicht dort gewesen sei* sostiene che suo marito non è stato là. ***2*** *(lett)* sostenere, difendere (opinioni, posizioni, ecc). ◆ **sich behaupten** *(vr)* affermarsi ♦ *sich beruflich behaupten* affermarsi professionalmente.
Behauptung [bə'hauptʊŋ] *(f; -, -en)* ~ affermazione, asserzione ♦ *eine Behauptung aufstellen, vorbringen* fare un'affermazione.
Behausung [bə'hauzʊŋ] *(f; -, -en)* ~ *(lett)* abitazione, alloggio, dimora (misera).
beheben [bə'heːbən] *(vt, hat; irr heben)* ~ eliminare, rimuovere (problemi, carenze, ecc).
Behebung [bə'heːbʊŋ] *(f; -)* ~ eliminazione, rimozione (di problemi, carenze, ecc).
beheimatet [bə'haimaːtət] *(agg)* ***1*** domiciliato ♦ *sie ist in Mailand beheimatet* è domiciliata a Milano. ***2*** originario (flora, fauna).
behelfen [bə'hɛlfən] *(vr, hat; irr helfen)* ~ **sich mit etwas behelfen** accontentarsi di qcs ♦ *für heute Nacht musst du dich mit einem Schlafsack behelfen* per stanotte ti devi accontentare di un sacco a pelo. ◆ **sich ohne jmdn/etwas behelfen** fare a meno di qcn/qcs, cavarsela senza qcn/qcs.
behelfsmäßig [bə'hɛlfsˌmɛːsɪç] *(agg)* ~ provvisorio, di fortuna.
behelligen [bə'hɛlɪgən] *(vt, hat)* ~ {*jmdn mit etwas* ~} disturbare qcn, dare fastidio a qcn con qcs.
behend, **behende** ~ **behänd**, **behände**.
beherbergen [bə'hɛrbɛrgən] *(vt, hat)* ~ alloggiare, ospitare, dare alloggio a qcn ♦ *einen Freund über Nacht beherbergen* alloggiare un amico per la notte.
beherrschen [bə'hɛrʃən] *(vt, hat)* ***1*** dominare, sovrastare *(anche fig)* ♦ *ein Land beherrschen* dominare un paese ♦ *der Turm beherrscht das Dorf* la torre domina il villaggio. ***2*** *(fig)* dominare, tenere a freno, controllare ♦ *seinen Zorn beherrschen* dominare la propria ira. ***3*** *(fig)* dominare, avere padronanza di qcs ♦ *eine Sprache beherrschen* avere padronanza di una lingua. ◆ **sich beherrschen** *(vr)* dominarsi, controllarsi.
Beherrschung [bə'hɛrʃʊŋ] *(f; -)* ***1*** dominio. ***2*** dominio (di sé), controllo, autocontrollo. ***3*** padronanza, conoscenza.
beherzigen [bə'hɛrtsɪgən] *(vt, hat)* ***1*** prendere a cuore. ***2*** seguire, ascoltare (consigli e sim).
beherzt [bə'hɛrtst] *(agg)* ~ coraggioso.
behilflich [bə'hɪlflɪç] *(agg)* ~ **jmdm behilflich sein** essere d'aiuto a qcn ♦ *wie kann ich Ihnen behilflich sein?* in cosa posso esserle d'aiuto?
behindern [bə'hɪndɐn] *(vt, hat)* ~ ostacolare, intralciare (persone o cose).
behindert [bə'hɪndɐt] *(agg)* ~ disabile, handicappato ♦ *körperlich, seelisch behindert sein* essere handicappato fisicamente, mentalmente.
Behinderte(r) [-ə (-ɐ)] *(m/f; -n, -n)* ~ handicappato, disabile.
Behinderung [bə'hɪndərʊŋ] *(f; -, -en)* ***1*** ostacolo, intralcio. ***2*** handicap.
Behörde [bə'høːɐdə] *(f; -, -n)* ***1*** autorità, organo amministrativo ♦ *ein Gesuch an die zuständige Behörde richten* presentare una domanda all'autorità competente. ***2*** *(concr)* sede, ufficio di un organo amministrativo.
behördlich [bə'høːɐtlɪç] *(agg)* ~ ufficiale ♦ *behördliche Genehmigung* autorizzazione ufficiale.
behüten [bə'hyːtən] *(vt, hat)* ***1*** custodire, sorvegliare (persone o cose). ***2*** {*jmdn/etwas vor jmdm/etwas* ~} proteggere qcn/qcs da qcn/qcs. ◆ **Gott behüte!** Dio ce ne scampi!
behutsam [bə'huːtˌzaːm] *(agg)* ***1*** cauto, prudente. ***2*** delicato, discreto ♦ *eine behutsame Frage* una domanda discreta. ***3*** *(avv)* con cautela, prudentemente; con delicatezza ♦ *behutsam vorgehen* procedere con cautela.
Behutsamkeit [-ˌkait] *(f; -)* ~ cautela, prudenza.

bei [bai] *(prep* + Dat; **beim** = **bei dem***)* ***1*** *(stato in luogo)* presso; nei pressi di ♦ *bei einer Firma arbeiten* lavorare presso una ditta ♦ *Rastatt liegt bei Karlsruhe* Rastatt si trova presso Karlsruhe ♦ *bei Naturvölkern gibt es diesen Brauch* presso i popoli primitivi c'è questa usanza. ***2*** *(persona; stato in luogo)* da ♦ *ich war beim Arzt* sono stato dal medico ♦ *sie wohnt bei ihren Großeltern* abita dai suoi nonni ♦ *möchtet ihr bei uns Weihnachten feiern?* vorreste festeggiare il Natale da noi? ♦ *wir haben beim Italiener gegessen (fam)* abbiamo mangiato al ristorante italiano. ***3*** durante; *(+ inf)* nel, mentre (*si traduce anche col gerundio*) ♦ *bei der Arbeit* durante il lavoro ♦ *ich habe mich beim Kochen verbrannt* mi sono bruciato facendo da mangiare. ***4*** *(causa, motivo)* con, a ♦ *bei diesem Wetter kann man nichts unternehmen* con questo tempo non si può fare niente ♦ *bei deinen Deutschkenntnissen solltest du keine Schwierigkeiten haben* con le tue conoscenze di tedesco non dovresti avere difficoltà ♦ *bei diesen Worten fing sie an zu weinen* a queste parole cominciò a piangere. ***5*** *(parte del corpo)* per ♦ *jmdn bei der Hand nehmen* prendere qcn per mano. ◆ **bei Tage** di giorno. ◆ **bei Nacht** di notte. ◆ **bei offenem Fenster** con la finestra aperta. ◆ **bei weitem** di gran lunga. ◆ **etwas bei sich haben** avere qcs con sé. ◆ **bei sich sein** essere in sé.

bei|behalten *(vt,* hat; *irr* halten*)* ~ mantenere, conservare.

bei|bringen *(vt,* hat; *irr* bringen*)* ***1*** *{jmdm etwas ~}* insegnare qcs a qcn ♦ *sie hat mir ein neues Kartenspiel beigebracht* mi ha insegnato un nuovo gioco con le carte. ***2*** *{jmdm etwas ~}* comunicare, spiegare qcs a qcn (con tatto) ♦ *wir haben ihm schonend beigebracht, dass sein Auto gestohlen worden ist* gli abbiamo spiegato con tatto che la sua auto è stata rubata. ***3*** *{jmdm etwas ~}* procurare, causare, fare qcs a qcn (danni e sim). ***4*** fornire, produrre (dimostrazioni e sim) ♦ *einen Zeugen beibringen* produrre un testimone.

Beichte ['baiçtə] *(f;* -, -n*)* ~ *(relig)* confessione *(anche fig)*.

beichten [-n] *(vt,* hat*)* ***1*** *(relig)* confessare *(anche fig)*. ***2*** *(vi)* confessarsi.

Beichtstuhl ['baiçtʃtu:l] *(m;* -(e)s, -stühle*)* ~ confessionale.

beide ['baidə] *(agg/pron pl)* ***1*** *(+ art)* due ♦ *die beiden Kinder* quei due bambini ♦ *seine beiden Kinder* i suoi due figli ♦ *die beiden ersten Kapitel* i primi due capitoli (di due libri diversi) ♦ *die ersten beiden Kapitel* i primi due capitoli (dello stesso libro). ***2*** *(senza art)* entrambi, tutti e due ♦ *mit beiden Händen* con entrambe le mani ♦ *beide Häuser* entrambe le case ♦ *beide alten Häuser* tutte e due le vecchie case ♦ *beide Angestellten* entrambi gli impiegati ♦ *beide arbeiten in der Stadt* lavorano tutti e due in città ♦ *sie sind beide Italiener* sono tutti e due italiani ♦ *„Möchtest du Kaffee oder Tee?" „Keins von beiden"* "Vuoi del caffè o del tè?" "Nessuno dei due". ***3*** *(pron sing)* vedi **beides**. ◆ **die beiden** quei due. ◆ **alle beide** tutti e due. ◆ **ihr beide** *(anche* **ihr beiden***)* voi due. ◆ **wir beide** (più raro **wir beiden**) noi due. ◆ **beide Mal(e)** († **beidemal**) entrambe le volte.

beiderlei ['baidɐ'lai] *(agg indecl)* ~ di entrambi, di tutti e due ♦ *Kinder beiderlei Geschlechts* bambini di entrambi i sessi.

beiderseitig ['baidɐˌzaitɪç] *(agg)* ~ bilaterale, reciproco, mutuo.

beiderseits ['baidɐ'zaits] *(prep* + Gen*)* ***1*** da/su entrambi i lati ♦ *beiderseits des Flusses* su entrambi i lati del fiume. ***2*** *(avv)* da/su entrambi i lati.

beides ['baidəs] *(pron)* ~ entrambe le cose, tutte e due le cose ♦ *„Möchtest du Milch oder Zucker?" „Beides"* "Vuoi latte o zucchero?" "Tutti e due".

beieinander [baiˀai'nandɐ] *(avv)* ~ l'uno accanto all'altro, l'uno vicino all'altro; l'uno presso l'altro ♦ *beieinander liegen, sitzen, stehen* († *beieinanderliegen, beieinandersitzen, beieinanderstehen*) stare sdraiato, seduto, in piedi l'uno vicino all'altro. ◆ **etwas beieinander haben** († **beieinanderhaben**) ***1*** avere insieme, avere raccolto ♦ *hast du deine Hefte beieinander?* hai raccolto tutti i tuoi quaderni? ***2*** *(fig)* raccogliere (idee), concentrarsi ♦ *seine Gedanken beieinander haben* raccogliere i propri pensieri. ◆ **gut, schlecht** **beieinander** **sein** († **beieinandersein**) *(fam)* stare bene, male (di salute). ◆ **nicht alle beieinander haben, nicht ganz beieinander sein** *(fig/fam)* non avere tutte le rotelle a posto.

beieinander|... ~ vedi **beieinander**.

Beifahrer ['bai,faːrɐ] *(m; -s, -; f* **-in***)* ~ passeggero (in auto).

Beifall ['bai,fal] *(m; -s)* ***1*** applauso ◆ *viel Beifall bekommen, ernten* ricevere, raccogliere molti applausi ◆ *jmdm Beifall klatschen* applaudire qcn. ***2*** approvazione, plauso ◆ *(keinen) Beifall finden* (non) incontrare approvazione.

beifällig ['bai,fɛlɪç] *(agg)* ***1*** di approvazione ◆ *ein beifälliges Gemurmel* un mormorio d'approvazione. ***2*** *(avv)* in segno di approvazione.

bei|fügen ['bai,fyːgən] *(vt,* hat*)* ~ {*einer Sache* (Dat) *etwas* ~} allegare, accludere qcs a qcs altro.

beige [beːʃ] *(agg)* ~ beige.

bei|geben *(vt,* hat; *irr* geben*)* ***1*** {*einer Sache* (Dat) *etwas* ~} aggiungere qcs a qcs altro. ***2*** {*jmdm jmdn* ~} dare, assegnare qcn a qcn altro (come aiuto o guida) ◆ *jeder Gruppe einen Begleiter beigeben* assegnare a ogni gruppo un accompagnatore. ◆ **klein beigeben** darsi per vinto.

Beigeschmack ['baigəʃmak] *(m; -(e)s)* ***1*** sapore (strano o sgradevole). ***2*** *(fig)* aspetto (negativo), connotazione (negativa).

Beiheft ['bai,hɛft] *(n; -(e)s, -e)* ~ supplemento (di libro o rivista).

Beihilfe ['bai,hɪlfə] *(f; -, -n)* ***1*** sussidio (spec statale). ***2*** *(dir)* complicità ◆ *Beihilfe zu einem Mord leisten* essere complice di un omicidio.

bei|kommen *(vi,* ist; *irr* kommen*)* ***1*** {*jmdm* ~} spuntarla con qcn ◆ *ihm kann man nicht beikommen* con lui è impossibile spuntarla. ***2*** {*einer Sache* (Dat) ~} risolvere (problemi, difficoltà, ecc).

Beil ['bail] *(n; -(e)s, -e)* ~ scure.

Beilage ['bai,laːgə] *(f; -, -n)* ***1*** aggiunta. ***2*** allegato, supplemento (di giornali o riviste). ***3*** *(gastr)* contorno.

beiläufig ['bai,lɔyfɪç] *(agg)* ***1*** incidentale, marginale, casuale ◆ *eine beiläufige Frage* una domanda marginale. ***2*** *(avv)* incidentalmente, a margine.

bei|legen *(vt,* hat*)* ***1*** {*einer Sache* (Dat) *etwas* ~} allegare qcs a qcs altro ◆ *einem Brief Fotos beilegen* allegare delle foto a una lettera. ***2*** {*jmdm/etwas etwas* ~} dare, attribuire qcs a qcn/qcs ◆ *einer Sache keine Bedeutung beilegen* non attribuire importanza a una cosa. ***3*** eliminare, appianare, risolvere (controversie e sim).

beileibe ['bai,laibə] *(avv) (rafforzativo di neg)* ~ assolutamente, affatto ◆ *das habe ich beileibe nicht gesagt* questo non l'ho detto assolutamente.

Beileid ['bai,lait] *(n; -(e)s)* ~ condoglianze ◆ *jmdm sein Beileid ausdrücken/aussprechen/bezeigen* esprimere/fare le proprie condoglianze a qcn. ◆ **(mein) herzliches Beileid!** sentite condoglianze!

bei|liegen *(vi,* hat; *irr* liegen*)* ~ {*einer Sache* (Dat) ~} essere allegato a qcs ◆ *dem Brief liegt das Rückporto bei* alla lettera è allegato il francobollo per la risposta.

beiliegend ['bai,liːgənt] *(avv)* ~ in allegato ◆ *beiliegend sende ich Ihnen einen Prospekt* Le allego un dépliant.

beim [baim] *(prep art)* ***1*** = **bei dem** (vedi **bei**). ***2*** *(fam) (+ inf sost)* ◆ *sie ist (gerade) beim Kochen* sta cucinando.

bei|mengen ['bai,mɛŋən] *(vt,* hat*)* ~ {*einer Sache* (Dat) *etwas* ~} mescolare, miscelare qcs a qcs altro.

bei|messen *(vt,* hat; *irr/ortogr* messen*)* ~ {*jmdm/etwas etwas* ~} attribuire ◆ *einer Tatsache Wichtigkeit beimessen* attribuire importanza a un fatto.

bei|mischen *(vt,* hat*)* ~ {*einer Sache* (Dat) *etwas* ~} aggiungere qcs a qcs (mescolando).

Beimischung ['bai,mɪʃʊŋ] *(f; -, -en)* ~ mescolamento; aggiunta.

Bein ['bain] *(n; -, -e)* ***1*** gamba ◆ *ein gebrochenes Bein* una gamba rotta ◆ *dicke, kurze, lange, schlanke Beine* gambe grasse, corte, lunghe, snelle ◆ *die Beine ausstrecken* allungare le gambe ◆ *mit gekreuzten, übergeschlagenen Beinen sitzen* sedere con le gambe incrociate, accavallate. ***2*** zampa (di animali); gamba (di mobili). ◆ **die Beine in die Hand/unter die Arme nehmen** *(fig)* scappare a gambe levate. ◆ **sich** (Dat) **die Beine vertreten** sgranchirsi le gambe. ◆ **jmdn/etwas wieder auf die Beine bringen** *(fam)* rimettere in piedi qcn/qcs *(anche fig)*. ◆ **wieder auf die Beine kommen** *(fam)* rimettersi in piedi *(anche fig)*. ◆ **sich auf die Beine machen** *(fam)* andarsene (alla svelta). ◆ **auf den Beinen sein** *(fig/fam)* essere in movimento ♦ *die ganze Stadt war auf den Beinen* tutta la città era in movimento. ◆ **jmdm ein Bein stellen** fare lo sgambetto a qcn. ◆ **etwas auf die Beine stellen** *(fig/fam)* mettere su, mettere in piedi qcs. ◆ **mit einem Bein im Grabe stehen** *(fig)* stare con un piede nella fossa.

beinah(e) ['bai͵naː(ə)] *(avv)* ***1*** quasi ♦ *beinah(e) in allen Fällen, in beinah(e) allen Fällen* in quasi tutti i casi. ***2*** quasi, per poco non ♦ *beinahe wäre ich gestürzt* per poco non sono caduta.

Beiname ['bai͵naːmə] *(m; -n, -n)* ~ soprannome.

Beinbruch ['bain͵brʊx] *(m; -(e)s, -brüche)* ~ frattura di una gamba. ◆ **Hals- und Beinbruch!** *(fam)* in bocca al lupo!

bei|pflichten ['bai͵pflɪçtən] *(vi, hat)* ~ {*jmdm/etwas* ~} dare ragione a, concordare con qcn/qcs.

beisammen [bai'zamən] *(avv)* ~ insieme. ◆ **gut beisammen sein** *(fam)* essere in forma, essere in salute.

Beischlaf ['bai͵ʃlaːf] *(m; -(e)s)* ~ *(dir)* rapporto sessuale, coito.

beiseite [bai'zaitə] *(avv)* ***1*** via, da parte, da una parte. ***2*** in disparte. ◆ **etwas beiseite lassen** lasciare da parte, tralasciare qcs. ◆ **etwas beiseite bringen/schaffen** sottrarre (e nascondere) qcs. ◆ **etwas beiseite legen** ***1*** mettere via, mettere da parte qcs (soldi, ecc). ***2*** accantonare. ◆ **jmdn beiseite nehmen** *(fig)* prendere qcn da parte. ◆ **jmdn beiseite schaffen** uccidere, eliminare qcn. ◆ **Scherz beiseite!** scherzi a parte!

bei|setzen *(vt, hat)* ~ {*jmdn* ~} *(lett)* seppellire qcn (solennemente).

Beispiel ['bai͵ʃpiːl] *(n; -(e)s, -e)* ***1*** esempio, modello ♦ *jmdm als Beispiel dienen* servire da esempio a qcn. ***2*** esempio ♦ *ein Beispiel geben, nennen* fare, citare un esempio. ◆ **sich** (Dat) **ein Beispiel an jmdm nehmen** prendere esempio da qcn. ◆ **zum Beispiel** *(abbrev* **z.B.***)* per esempio.

beispielhaft [-͵haft] *(agg)* ~ esemplare.

beispiellos [-͵loːs] *(agg)* ~ senza precedenti, inaudito.

beispielsweise [-s͵vaizə] *(avv)* ~ per esempio.

bei|springen *(vi, ist)* ~ {*jmdm* ~} soccorrere qcn, correre in aiuto di qcn.

beißen ['baisən] *(vt, hat;* **biss, gebissen**; *ortogr pres* ich beiße, ecc; *pret* ich/er biss, du/ihr bisst, *imperat* biss!*)* ***1*** mordere, addentare ♦ *ins Brot beißen* addentare il pane ♦ *ein Hund hat mich gebissen* mi ha morso un cane ♦ *sich* (Dat/Acc) *auf die Zunge beißen* mordersi la lingua *(anche fig)*. ***2*** *(fig)* bruciare, essere pungente ♦ *dieser Geruch beißt* questo odore è pungente. ◆ **sich beißen** *(vr) (fam)* cozzare, fare a pugni (colori).

beißend [-t] *(agg)* ~ *(fig)* pungente, offensivo.

Beistand ['bai͵ʃtant] *(m; -(e)s, -stände)* ***1*** aiuto, sostegno ♦ *jmdm Beistand leisten* prestare aiuto a qcn. ***2*** *(dir)* avvocato, consulente legale.

bei|stehen *(vi, hat)* ~ {*jmdm* ~} aiutare, sostenere qcn.

Beitrag ['bai͵traːk] *(m; -(e)s, -träge)* ***1*** contributo ♦ *seinen Beitrag zu etwas leisten* prestare il proprio contributo per qcs. ***2*** *(concr)* contributo, articolo, saggio. ***3*** *(econ)* contributo, versamento.

bei|tragen *(vi, hat; irr* tragen*)* ~ {*zu etwas* ~} contribuire a qcs.

bei|treten *(vi, ist; irr* treten*)* ~ {*einer Sache* (Dat) ~} diventare membro di, aderire a (associazioni e sim) ♦ *einem Klub beitreten* aderire a un club.

Beitritt ['bai͵trɪt] *(m; -(e)s, -e)* ~ adesione, iscrizione.

Beiwerk ['bai͵vɛrk] *(n; -(e)s)* ~ accessori, ornamenti (superflui).

beizeiten ['bai͵tsaitən] *(avv)* ~ in tempo, per tempo.

bejahen [bə'jaːən] *(vt, hat)* ***1*** rispondere affermativamente, dire di sì a qcs ♦ *eine Frage bejahen* rispondere di sì a una domanda. ***2*** *(fig)* approvare.

bejahend [-t] *(agg)* ~ affermativo.

bejahrt [bə'ja:ɐt] *(agg)* ~ anziano, avanti negli anni.
bekämpfen [bə'kɛmpfən] *(vt,* hat*)* ~ {*jmdn/etwas* ~} lottare, combattere contro qcn/qcs *(anche fig)* ♦ *Vorurteile bekämpfen* lottare contro i pregiudizi.
Bekämpfung [bə'kɛmpfʊŋ] *(f; -)* ~ lotta (contro qcn/qcs) ♦ *die Bekämpfung der Vorurteile* la lotta contro i pregiudizi.
bekannt [bə'kant] *(agg)* ***1*** noto, risaputo. ***2*** noto, famoso, conosciuto. ◆ **(jmdm) etwas bekannt geben** († **bekanntgeben**) rendere noto, comunicare qcs (a qcn). ◆ **bekannt machen** († **bekanntmachen**) ***1*** rendere noto, comunicare qcs. ***2*** {*jmdn/sich mit etwas* ~} informare qcn su qcs; informarsi su qcs. ***3*** {*jmdn/sich mit jmdm* ~} presentare qcn a qcn; presentarsi a qcn.
Bekannte(r) [-ə (-ɐ)] *(m/f;* -n, -n*)* ~ conoscente.
bekanntlich [-lɪç] *(avv)* ~ notoriamente, come tutti sanno.
Bekanntgabe [-ˌga:bə] *(f;* -, -n*)* ~ vedi **Bekanntmachung**.
bekannt|geben ~ **bekannt geben** (vedi **bekannt**).
Bekanntheit [-ˌhait] *(f; -)* ~ notorietà.
bekannt|machen ~ **bekannt machen** (vedi **bekannt**).
Bekanntmachung [-ˌmaxʊŋ] *(f;* -, -en*)* ***1*** comunicazione, annuncio, comunicato; avviso. ***2*** *(concr)* manifesto.
Bekanntschaft [-ʃaft] *(f;* -, -en*)* ***1*** *(solo sing)* conoscenza ♦ *bei näherer Bekanntschaft* conoscendo più da vicino (qcn/qcs). ***2*** conoscenza, cerchia di conoscenze ♦ *sie hat viele Bekanntschaften* ha molte conoscenze. ◆ **jmds Bekanntschaft machen** fare la conoscenza di qcn. ◆ **mit etwas Bekanntschaft machen** *(fam)* fare la conoscenza di qcs (di spiacevole).
bekehren [bə'ke:rən] *(vt,* hat*)* ~ {*jmdn (zu etwas)* ~} *(relig)* convertire qcn a qcs *(anche fig)*. ◆ **sich (zu etwas) bekehren** *(vr)* convertirsi (a qcs).
Bekehrung [bə'ke:rʊŋ] *(f;* -, -en*)* ~ *(relig)* conversione.
bekennen [bə'kɛnən] *(vt,* hat; *irr* kennen*)* ***1*** confessare, ammettere, riconoscere ♦ *einen Fehler bekennen* riconoscere un errore. ***2*** professare (fede). ◆ **sich schuldig bekennen** *(vr)* riconoscersi colpevole. ◆ **sich zu jmdm/etwas bekennen** *(vr)* schierarsi dalla parte di qcn/qcs. ◆ **Farbe bekennen** scoprire le carte *(anche fig)*.
Bekenntnis [bə'kɛntnɪs] *(n;* -ses, -se*)* ***1*** confessione, ammissione. ***2*** testimonianza (pubblica); presa di posizione (a favore di qcs). ***3*** professione (di fede). ***4*** confessione religiosa.
beklagen [bə'kla:gən] *(vt,* hat*)* ~ {*jmdn/etwas* ~} *(lett)* piangere qcn/qcs. ◆ **sich über jmdn/etwas, wegen etwas beklagen** *(vr)* lamentarsi di, per qcn/qcs ♦ *die Nachbarn beklagen sich über den Lärm* i vicini si lamentano per il rumore ♦ *„Wie geht's?" „Ich kann mich nicht beklagen"* "Come va?" "Non mi posso lamentare".
Beklagte(r) [bə'kla:ktə (-tɐ)] *(m/f;* -n, -n*)* ~ imputato/a.
beklecksen [bə'klɛksən] *(vt,* hat*)* ~ macchiare, imbrattare.
bekleiden [bə'klaidən] *(vt,* hat*)* ***1*** {*jmdn* ~} vestire qcn. ***2*** *(lett)* rivestire (carica). ***3*** {*jmdn mit etwas* ~} investire qcn di qcs (cariche e sim). ◆ **sich bekleiden** *(vr)* vestirsi ♦ *leicht bekleidet sein* essere vestito leggero.
Bekleidung [bə'klaidʊŋ] *(f;* -, -en*)* ~ abbigliamento.
beklemmen [bə'klɛmən] *(vt,* hat*)* ~ opprimere, angosciare.
beklemmend [-t] *(agg)* ~ opprimente, angosciante.
Beklemmung [bə'klɛmʊŋ] *(f;* -, -en*)* ~ oppressione, angoscia.
beklommen [bə'klɔmən] *(agg)* ~ angosciato.
bekloppt [bə'klɔpt] *(agg)* ~ *(fam)* tonto, suonato.
bekommen[1] [bə'kɔmən] *(vt,* hat; *irr* kommen*)* ***1*** ricevere, ottenere, avere ♦ *ein Geschenk, Post, eine Ohrfeige bekommen* ricevere un regalo, posta, uno schiaffo ♦ *Besuch bekommen* avere visite ♦ *etwas zu essen bekommen* ricevere qcs da mangiare. ***2*** trovare, ottenere (qcs che si cercava) ♦ *ich habe das Buch in keiner Buchhandlung bekommen* non

ho trovato il libro in nessuna libreria ♦ *eine neue Stelle bekommen* trovare un nuovo posto (di lavoro). ***3*** avere, prendere (stati d'animo, malattie, ecc) ♦ *Angst, Hunger, eine Gänsehaut bekommen* avere paura, fame, la pelle d'oca ♦ *Fieber, Schnupfen bekommen* prendere la febbre, il raffreddore. ***4*** {*jmd/etwas bekommt etwas*} a qcn/qcs viene qcs ♦ *er hat graue Haare bekommen* gli sono venuti i capelli bianchi ♦ *die Decke hat Löcher bekommen* sono venuti dei buchi nella coperta. ***5*** essere creditore (di una certa somma) ♦ *du bekommst noch 20 Euro von mir* ti devo ancora 20 euro ♦ *was bekommen Sie?* quanto Le devo? ***6*** *(+ part pass)* ricevere qcs in un certo modo ♦ *etwas geborgt, geschickt, geschenkt bekommen* ricevere qcs in prestito, per posta, in regalo. ***7*** aspettare, avere (figli); produrre, mettere (frutti e sim) ♦ *sie bekommt ein Kind* aspetta un bambino ♦ *sie hat ein Kind bekommen* ha avuto un bambino ♦ *der Baum hat Blätter bekommen* l'albero ha messo le foglie. ***8*** riuscire a mettere; riuscire a togliere ♦ *hast du alle Bücher in den Rucksack bekommen?* sei riuscito a mettere tutti i libri nello zaino? ◆ **etwas fertig bekommen** riuscire a terminare qcs.

bekommen[2] *(vi, ist; irr* kommen*)* ~ {*jmdm* ~} far bene, giovare a qcn.

bekömmlich [bə'kœmlɪç] *(agg)* ~ sano, salutare, leggero (spec alimenti).

bekräftigen [bə'krɛftɪgən] *(vt, hat)* ***1*** confermare, ribadire. ***2*** *(fig/lett)* rafforzare, sostenere (un progetto; qcn in un progetto).

bekreuzigen [bə'krɔytsɪgən] *(vr, hat)* ~ **sich bekreuzigen** farsi il segno della croce.

bekriegen [bə'kri:gən] *(vt, hat)* ~ {*jmdn/etwas* ~} fare la guerra contro qcn/qcs. ◆ **sich bekriegen** *(vr) (fig)* contrastarsi, farsi la guerra.

bekritzeln [bə'krɪtsəln] *(vt, hat)* ~ scarabocchiare, imbrattare.

bekümmern [bə'kʏmɐn] *(vt, hat)* ~ preoccupare, impensierire.

bekümmert [bə'kʏmɐt] *(agg)* ***1*** preoccupato. ***2*** afflitto, avvilito.

beladen [bə'la:dən] *(vt,* hat; *irr* laden*)* ~ {*jmdn/etwas (mit etwas)* ~} caricare qcn/qcs (di qcs), caricare qcs di qcs *(anche fig)* ♦ *einen Lkw mit Möbeln beladen* caricare mobili su un camion ♦ *jmdn mit seinen Sorgen beladen* (s)caricare le proprie preoccupazioni addosso a qcn.

Belag [bə'la:k] *(m;* -(e)s, -läge*)* ***1*** strato, velo, patina. ***2*** copertura, rivestimento. ***3*** ripieno.

belagern [bə'la:gɐn] *(vt, hat)* ~ assediare; tenere sotto assedio *(anche fig/fam)*.

Belang [bə'laŋ] *(m;* -(e)s, -e*) (solo pl)* ~ interessi ♦ *jmds Belange vertreten* rappresentare gli interessi di qcn. ◆ **von Belang** di una certa importanza. ◆ **nicht von Belang**, **ohne Belang** senza importanza.

belangen [-ən] *(vt, hat)* ~ *(dir)* citare. ◆ **was jmdn/etwas (an)belangt** per quanto riguarda qcn/qcs ♦ *was mich (an)belangt* per quanto mi riguarda.

belanglos [-ˌlo:s] *(agg)* ~ insignificante, senza importanza.

belassen [bə'lasən] *(vt,* hat; *irr/ortogr* lassen*)* ~ {*jmdn/etwas* ~} lasciare qcn/qcs così com'è, al proprio posto. ◆ **es dabei belassen** lasciar perdere qcs, non andare oltre.

belasten [bə'lastən] *(vt, hat)* ***1*** caricare (veicoli e sim). ***2*** {*jmdn/etwas mit etwas* ~} *(fig)* stressare, gravare qcn con qcs ♦ *jmdn mit seinen Sorgen belasten* stressare qcn con le proprie preoccupazioni. ***3*** *(fig)* opprimere, affliggere. ***4*** *(dir)* accusare. ***5*** *(econ)* gravare (con tasse, ipoteche, ecc) ♦ *ein Haus mit einer Hypothek belasten* mettere un'ipoteca su una casa. ◆ **erblich belastet sein** avere una tara ereditaria.

belästigen [bə'lɛstɪgən] *(vt, hat)* ***1*** {*jmdn mit etwas* ~} disturbare, infastidire qcn con qcs. ***2*** molestare, importunare.

Belästigung [bə'lɛstɪgʊŋ] *(f;* -, -en*)* ***1*** disturbo, seccatura. ***2*** molestia.

Belastung [bə'lastʊŋ] *(f;* -, -en*)* ***1*** caricamento; carico, portata ♦ *zulässige Belastung* portata massima. ***2*** *(econ)* carico; addebito ♦ *steuerliche Belastung* carico fiscale. ***3*** *(fig)* carico, peso.

belaufen [bəˈlaufən] *(vt,* hat*)* ~ percorrere, perlustrare. ◆ **sich auf etwas** (Acc) **belaufen** *(vr)* ammontare, assommare a ♦ *der Preis beläuft sich auf 100 Euro* il prezzo ammonta a 100 euro.
beleben [bəˈleːbən] *(vt,* hat*)* ~ animare, rianimare *(anche fig)*; vivacizzare ♦ *die Stimmung beleben* animare l'atmosfera ♦ **sich beleben** *(vr)* animarsi, rianimarsi *(anche fig)*.
belebt [bəˈleːpt] *(agg)* ~ animato, vivace (luogo, atmosfera, ecc).
Beleg [bəˈleːk] *(m;* -(e)s, -e*)* ***1*** dimostrazione, prova ♦ *Belege vorzeigen* esibire delle prove. ***2*** ricevuta, scontrino.
belegen [bəˈleːgən] *(vt,* hat*)* ***1*** ricoprire, rivestire; imbottire ♦ *den Fußboden mit Fliesen belegen* rivestire il pavimento di piastrelle. ***2*** occupare, prenotare, riservare ♦ *einen Platz belegen* occupare, prenotare un posto (al ristorante, in treno, ecc). ***3*** dimostrare, attestare (con una prova scritta) ♦ *eine Bezahlung durch eine Quittung belegen* attestare un pagamento con una ricevuta. ***4*** {*jmdn/etwas mit etwas* ~} imporre qcs a qcn/qcs; infliggere (pena) ♦ *eine Ware mit einem Zoll belegen* imporre un dazio a una merce. ◆ **ein Seminar belegen** iscriversi a un seminario.
Belegschaft [bəˈleːkʃaft] *(f;* -, -en*)* ~ personale, dipendenti.
belegt [bəˈleːkt] *(agg)* ***1*** ricoperto. ***2*** occupato (posto; linea telefonica) ♦ *das Hotel ist voll belegt* l'hotel è al completo. ◆ **eine belegte Stimme** una voce rauca. ◆ **eine belegte Zunge** una lingua impastata. ◆ **belegtes Brötchen** panino imbottito.
belehren [bəˈleːrən] *(vt,* hat*)* ***1*** {*jmdn über etwas* (Acc) ~} istruire qcn su qcs, insegnare qcs a qcn. ***2*** {*jmdn* ~} far cambiare idea a qcn. ◆ **jmdn eines Besseren** (**eines anderen**) **belehren** far ricredere qcn.
beleibt [bəˈlaipt] *(agg)* ~ corpulento.
beleidigen [bəˈlaidɪgən] *(vt,* hat*)* ~ offendere.
beleidigend [-t] *(agg)* ~ offensivo.
beleidigt [bəˈlaidɪçt] *(agg)* ~ offeso.
Beleidigung [bəˈlaidɪgʊŋ] *(f;* -, -en*)* ~ offesa.
belesen [bəˈleːzən] *(agg)* ~ istruito, colto.
beleuchten [bəˈlɔyçtən] *(vt,* hat*)* ***1*** illuminare. ***2*** *(fig)* osservare, analizzare (temi, questioni, ecc).
Beleuchtung [bəˈlɔyçtʊŋ] *(f;* -, -en*)* ~ illuminazione.
beleumdet [bəˈlɔymdət] *(agg)* ~ avente una certa reputazione ♦ *gut beleumdet* rinomato, di buona reputazione ♦ *schlecht beleumdet* malfamato, di cattiva reputazione.
belichten [bəˈlɪçtən] *(vt,* hat*)* ~ esporre (foto, pellicola).
Belichtung [bəˈlɪçtʊŋ] *(f;* -, -en*)* ~ esposizione (di foto, pellicola).
belieben [bəˈliːbən] *(vi,* hat*)* ~ {*etwas beliebt jmdm*} *(impers) (lett)* piacere a qcn ♦ *wie es dir beliebt* come ti pare, come preferisci.
Belieben *(n;* -s*)* ~ piacere, piacimento. ◆ **nach Belieben** a piacere, a piacimento.
beliebig [bəˈliːbɪç] *(agg)* ***1*** uno qualsiasi, uno a scelta ♦ *ein beliebiges Beispiel* un esempio qualsiasi. ***2*** *(avv)* a piacere, a piacimento ♦ *beliebig oft* ogni volta che si vuole ♦ *beliebig viel* quanto si vuole. ◆ **jeder Beliebige** († **beliebige**) chiunque.
beliebt [bəˈliːpt] *(agg)* ***1*** amato, stimato, popolare. ***2*** frequente, diffuso, in voga.
beliefern [bəˈliːfɐn] *(vt,* hat*)* ~ {*jmdn mit etwas* ~} fornire qcs a qcn (regolarmente).
Belieferung [bəˈliːfərʊŋ] *(f;* -, -en*)* ~ fornitura (regolare).
bellen [ˈbɛlən] *(vi,* hat*)* ~ abbaiare.
belohnen [bəˈloːnən] *(vt,* hat*)* ~ {*jmdn (für etwas)* ~} ricompensare qcn (per qcs).
Belohnung [bəˈloːnʊŋ] *(f;* -, -en*)* ~ ricompensa ♦ *eine Belohnung für etwas aussetzen* stabilire una ricompensa per qcs ♦ *als (zur) Belohnung* come ricompensa.
belügen [bəˈlyːgən] *(vt,* hat*)* ~ {*jmdn* ~} mentire a qcn.
belustigen [bəˈlʊstɪgən] *(vt,* hat*)* ~ rallegrare, divertire. ◆ **sich über jmdn/etwas belustigen** *(vr) (lett)* prendere in giro qcn/qcs.
bemächtigen [bəˈmɛçtɪgən] *(vr,* hat*)* ~ {*sich einer Sache* (Gen) ~} *(lett)* impadronirsi, impossessarsi di qcs *(anche fig)* ♦ *Angst bemächtigte sich seiner* la paura si impadronì di lui.

bemalen [bəˈmaːlən] *(vt, hat)* ~ dipingere, pitturare, colorare (superfici e sim).

bemängeln [bəˈmɛŋəln] *(vt, hat)* ~ criticare, avere da ridire su qcs ♦ *sie hat an allem etwas zu bemängeln* ha da ridire su tutto.

bemänteln [bəˈmɛntəln] *(vt, hat)* ~ *(fig/lett)* nascondere, mascherare.

bemerkbar [bəˈmɛrkˌbaːɐ] *(agg)* ~ percettibile. ◆ **sich bemerkbar machen** farsi notare.

bemerken [bəˈmɛrkən] *(vt, hat)* **1** notare, percepire. **2** dire, osservare ♦ *ich möchte dazu bemerken, dass* vorrei osservare in proposito che. ◆ **nebenbei bemerkt** detto per inciso.

Bemerkung [bəˈmɛrkʊŋ] *(f; -, -en)* **1** osservazione, considerazione ♦ *eine ironische, unpassende Bemerkung* un'osservazione ironica, fuori luogo. **2** annotazione.

bemessen [bəˈmɛsən] *(vt, hat; irr/ortogr messen)* ~ calcolare, misurare, dosare. ◆ **meine Zeit ist kurz (knapp) bemessen** ho il tempo contato.

Bemessung [bəˈmɛsʊŋ] *(f; -, -en)* ~ misurazione, calcolo, dosaggio.

bemitleiden [bəˈmɪtˌlaidən] *(vt, hat)* ~ compatire, commiserare.

bemühen [bəˈmyːən] *(vr, hat)* ~ **sich bemühen, etwas zu tun** sforzarsi di fare qcs; darsi da fare, adoperarsi per fare qcs ♦ *ich habe mich bemüht, ihr zu helfen* mi sono dato da fare per aiutarla ♦ *bitte, bemühen Sie sich nicht!* prego, non si disturbi! ◆ **sich um etwas bemühen** aspirare a qcs, cercare di ottenere qcs. ◆ **sich um jmdn bemühen** occuparsi, prendersi cura di qcn.

Bemühung [bəˈmyːʊŋ] *(f; -, -en)* **1** *(spec pl)* sforzo, fatica ♦ *vergebliche Bemühungen* sforzi inutili. **2** *(pl)* assistenza, prestazione (spec di medico o avvocato).

bemuttern [bəˈmʊtɐn] *(vt, hat)* ~ {*jmdn* ~} fare da madre a qcn.

benachbart [bəˈnaxˌbaːɐt] *(agg)* ~ confinante, vicino ♦ *im benachbarten Dorf* nel villaggio vicino (stato).

benachrichtigen [bəˈnaːxˌrɪçtɪgən] *(vt, hat)* ~ {*jmdn (von etwas)* ~} informare, avvisare qcn (di qcs).

Benachrichtigung [bəˈnaːxˌrɪçtɪgʊŋ] *(f; -, -en)* **1** l'informare, l'avvisare. **2** *(concr)* informazione, notizia, comunicazione.

benachteiligen [bəˈnaːxˌtailɪgən] *(vt, hat)* ~ sfavorire, svantaggiare, danneggiare ♦ *einen Kandidaten (zugunsten eines anderen) benachteiligen* danneggiare un candidato (a favore di un altro).

benachteiligt [bəˈnaːxˌtailɪçt] *(agg)* ~ sfavorito, svantaggiato, danneggiato.

Benachteiligung [bəˈnaːxˌtailɪgʊŋ] *(f; -, -en)* ~ danneggiamento, svantaggio, discriminazione.

benehmen [bəˈneːmən] *(vr, hat; irr nehmen)* ~ **sich benehmen 1** comportarsi ♦ *sich gut, schlecht benehmen* comportarsi bene, male. **2** comportarsi bene ♦ *er weiß sich zu benehmen* conosce le buone maniere.

Benehmen *(n; -s)* ~ comportamento, condotta.

beneiden [bəˈnaidən] *(vt, hat)* ~ {*jmdn (um etwas/wegen etwas)* ~} invidiare qcn (per qcs), invidiare qcs a qcn ♦ *er beneidet ihn um seinen Erfolg* gli invidia il suo successo.

beneidenswert [-sˌveːɐt] *(agg)* ~ invidiabile.

benennen [bəˈnɛnən] *(vt, hat; irr nennen)* **1** {*jmdn/etwas nach jmdm/etwas* ~} chiamare, battezzare, denominare, intitolare ♦ *die Straße wurde nach einem berühmten Schriftsteller benannt* la strada fu intitolata a uno scrittore famoso. **2** nominare, designare.

Benennung [bəˈnɛnʊŋ] *(f; -, -en)* ~ denominazione; nome.

Bengel [ˈbɛŋəl] *(m; -s, -/(fam) -s)* ~ monello, discolo.

benommen [bəˈnɔmən] *(agg)* ~ stordito, intontito.

benötigen [bəˈnøːtɪgən] *(vt, hat)* ~ necessitare, avere bisogno di (persona o cosa).

benutzbar [bəˈnʊtsˌbaːɐ] *(agg)* ~ utilizzabile.

benutzen [bəˈnʊtsən] *(region* **benützen** *[-nʏts-])* *(vt, hat)* **1** usare, utilizzare. **2** sfruttare, approfittare di (tempo, occasioni, ecc). **3** prendere, usare (mezzi di trasporto).

Benutzer [bəˈnʊtsɐ] *(m; -s, -; f* **-in***)* ~ utente.

Benutzung [bəˈnʊtsʊŋ] *(f; -)* ~ uso, utilizzazione, impiego.

Benzin [bɛn'tsiːn] *(n; -s, -e)* ~ benzina.
beobachten [bə'ʔoːˌbaxtən] *(vt, hat)* **1** osservare ♦ *etwas aus der Nähe beobachten* osservare qcs da vicino. **2** {*(an jmdm/etwas) etwas* ~} osservare, notare, accorgersi di ♦ *ich habe etwas Seltsames an ihm beobachtet* ho notato qualcosa di strano in lui. **3** *(lett)* osservare (leggi e sim).
Beobachter [bə'ʔoːˌbaxtɐ] *(m; -s, -)* ~ osservatore.
Beobachtung [bə'ʔoːˌbaxtʊŋ] *(f; -, -en)* **1** osservazione (l'osservare); sorveglianza ♦ *die Beobachtung der Sterne* l'osservazione delle stelle ♦ *unter Beobachtung stehen* essere sotto osservazione. **2** osservazione, constatazione.
bequem [bə'kveːm] *(agg)* **1** comodo *(anche fig)* ♦ *bequeme Schuhe* scarpe comode ♦ *eine bequeme Ausrede* una scusa comoda. **2** agevole, agiato ♦ *ein bequemer Weg* una strada agevole ♦ *ein bequemes Leben* una vita agiata. **3** indolente, pigro. **4** *(avv)* comodamente, agevolmente.
bequemen [-ən] *(vr, hat)* ~ **sich zu etwas bequemen** degnarsi di fare qcs.
Bequemlichkeit [-lɪçˌkait] *(f; -, -en)* **1** comodità, comfort. **2** *(solo sing)* indolenza, pigrizia.
beraten [bə'raːtən] *(vt, hat; irr raten)* **1** {*jmdn* ~} consigliare qcn ♦ *jmdn gut, schlecht beraten* consigliare bene, male qcn. **2** {*etwas* ~}, {*über etwas* (Acc) ~} discutere (di) qcs (insieme) ♦ *ein Projekt beraten* discutere insieme un progetto. ◆ **sich mit jmdm über etwas beraten** *(vr)* consigliarsi con qcn su qcs.
Berater [bə'raːtɐ] *(m; -s, -; f* **-in***)* ~ consulente.
Beratung [bə'raːtʊŋ] *(f; -, -en)* **1** consulenza. **2** discussione, dibattito.
Beratungsstelle [-sˌʃtɛlə] *(f; -, -n)* ~ consultorio.
berauben [bə'raubən] *(vt, hat)* **1** {*jmdn einer Sache* (Gen) ~} derubare qcn di qcs ♦ *jmdn seines Geldes berauben* derubare qcn del suo denaro. **2** {*jmdn einer Sache* (Gen) ~} *(fig)* privare qcn di qcs ♦ *jmdn seines Glücks berauben* privare qcn della sua felicità.
berauschen [bə'rauʃən] *(vt, hat)* **1** ubriacare. **2** *(fig)* inebriare, esaltare, entusiasmare. ◆ **sich berauschen** *(vr)* **1** ubriacarsi. **2** {*sich an etwas* (Dat) ~} esaltarsi, entusiasmarsi per qcs.
berauschend [-t] *(agg)* ~ inebriante.
berechenbar [bə'rɛçənˌbaːɐ] *(agg)* ~ calcolabile, prevedibile.
berechnen [bə'rɛçnən] *(vt, hat)* **1** calcolare. **2** *(fig)* calcolare, prevedere. **3** {*jmdm etwas* ~} mettere in conto qcs a qcn ♦ *er hat mir 10 Euro zuviel berechnet* mi ha messo in conto 10 euro in più.
berechnend [-t] *(agg)* ~ calcolatore, opportunista.
Berechnung [bə'rɛçnʊŋ] *(f; -, -en)* **1** calcolo ♦ *genaue, ungefähre Berechnung* calcolo esatto, approssimativo. **2** *(fig)* calcolo, previsione ♦ *nach meiner Berechnung/meiner Berechnung nach* secondo i miei calcoli. **3** *(fig)* calcolo, opportunismo.
berechtigen [bə'rɛçtɪgən] *(vt, hat)* ~ {*jmdn zu etwas* ~} autorizzare qcn a fare qcs, dare a qcn il diritto di fare qcs.
berechtigt [bə'rɛçtɪçt] *(agg)* **1** autorizzato; avente diritto ♦ *berechtigt sein, etwas zu tun* essere autorizzato a fare qcs; avere il diritto di fare qcs. **2** giustificato ♦ *ein berechtigter Protest* una protesta giustificata.
Berechtigung [bə'rɛçtɪgʊŋ] *(f; -, -en)* **1** diritto, autorizzazione ♦ *Berechtigung zum Eintritt* autorizzazione ad entrare. **2** legittimità ♦ *die Berechtigung einer Forderung* la legittimità di una richiesta.
beredsam [bə'reːtˌzaːm] ~ vedi **beredt**.
Beredsamkeit [-ˌkait] *(f; -)* ~ eloquenza, abilità oratoria.
beredt [bə'reːt] *(agg)* **1** comunicativo, eloquente. **2** *(fig)* eloquente, espressivo.
Bereich [bə'raiç] *(m; -(e)s, -e)* **1** zona, area, territorio. **2** *(fig)* campo, ambito, settore, dominio ♦ *der Bereich der Musik* il campo della musica ♦ *das fällt nicht in meinen Bereich* questo non rientra nel mio campo (di competenze). ◆ **im Bereich des Möglichen liegen** essere possibile. ◆ **im grünen Bereich** *(fam)* a posto.
bereichern [-ɐn] *(vt, hat)* ~ {*jmdn/etwas* ~} arricchire qcn/qcs *(anche fig)* ♦ *eine Bibliothek um einen wertvollen Band bereichern* arricchire una biblioteca con un volume di valore ♦ *diese Erfahrung*

hat mich sehr bereichert questa esperienza mi ha arricchito molto. ◆ **sich an jmdm/etwas bereichern** *(vr)* arricchirsi alle spalle di qcn/sfruttando qcs.

Bereicherung [-ərʊŋ] *(f; -, raro -en)* ~ arricchimento *(anche fig)*.

bereinigen [bə'rainɪgən] *(vt, hat)* ~ chiarire, risolvere, sistemare (controversie e sim). ◆ **sich bereinigen** *(vr)* chiarirsi, risolversi.

Bereinigung [bə'rainɪgʊŋ] *(f; -, -en)* ~ chiarimento, risoluzione.

bereisen [bə'raizən] *(vt, hat)* ~ percorrere, visitare (viaggiando) ◆ *die Welt bereisen* girare il mondo.

bereit [bə'rait] *(agg)* **1** pronto ◆ *bist du schon bereit?* sei già pronto? ◆ *wir sind bereit zu gehen* siamo pronti ad andare. **2** disposto ◆ *wärest du bereit, mir zu helfen?* saresti disposto ad aiutarmi? ◆ *sich bereit erklären, etwas zu tun* dichiararsi pronto (disposto) a fare qcs.

bereiten [-ən] *(vt, hat)* **1** {*jmdm etwas* ~} preparare qcs a qcn ◆ *jmdm das Essen bereiten* preparare il pranzo a qcn. **2** {*jmdm etwas* ~} causare, procurare qcs a qcn ◆ *jmdm Freude, Schwierigkeiten bereiten* procurare gioia, difficoltà a qcn. ◆ **sich** (**zu etwas**) **bereiten** *(vr)* prepararsi (a qcs).

bereit|haben *(vt, hat)* ~ avere pronto, preparato.

bereit|halten *(vt, hat; irr halten)* ~ tenere pronto. ◆ **sich** (**zu etwas**) **bereithalten** *(vr)* tenersi pronto (a qcs).

bereit|legen *(vt, hat)* ~ preparare (e mettere in un dato posto).

bereit|liegen *(vi, hat; irr liegen)* ~ essere a disposizione.

bereit|machen *(vt, hat)* ~ preparare. ◆ **sich bereitmachen** *(vr)* prepararsi.

bereits [bə'raits] *(avv)* ~ già ◆ *ich habe bereits geduscht* ho già fatto la doccia.

Bereitschaft [bə'raitʃaft] *(f; -, -en)* **1** l'essere pronto; disponibilità ◆ *seine Bereitschaft erklären, etwas zu tun* dichiarare la propria disponibilità a fare qcs. **2** servizio di guardia (di medici o polizia). ◆ **jmdn/etwas in Bereitschaft halten** tenere pronto qcn/qcs. ◆ **in Bereitschaft liegen, sein, stehen** stare pronto.

bereit|stehen *(vi, hat; irr stehen)* ~ {*(zu etwas)* ~} essere pronto per qcs, essere a disposizione.

bereit|stellen *(vt, hat)* ~ preparare, mettere a disposizione.

bereitwillig [bə'rait͵vɪlɪç] *(agg)* ~ disponibile, sollecito.

bereuen [bə'rɔyən] *(vt, hat)* ~ {*etwas* ~} pentirsi di qcs ◆ *eine Entscheidung bereuen* pentirsi di una decisione ◆ *ich bereue es, nicht mitgefahren zu sein* mi pento di non essere andata (con loro).

Berg [bɛrk] *(m; -(e)s, -e)* **1** monte, montagna ◆ *einen Berg besteigen, auf einen Berg steigen* salire su una montagna. **2** *(solo pl)* montagna, monti ◆ *in den Bergen* in montagna (stato) ◆ *in die Berge* in montagna (moto). **3** *(fig)* montagna, mucchio ◆ *ein Berg Briefe* una montagna di lettere. ◆ **über alle Berge sein** *(fig)* essere irraggiungibile. ◆ **über den Berg sein** *(fig)* aver superato il difficile.

bergab [-͵ʔap] *(avv)* ~ in discesa ◆ *bergab gehen* scendere, andare in discesa. ◆ **es geht** (**mit jmdm/etwas**) **bergab** *(impers) (fig)* la situazione (di qcn/qcs) va male, va a rotoli.

bergan [-͵ʔan] *(avv)* ~ in salita.

bergauf [-͵ʔauf] *(avv)* ~ in salita ◆ *bergauf gehen* salire, andare in salita. ◆ **es geht** (**mit jmdm/etwas**) **bergauf** *(impers) (fig)* la situazione (di qcn/qcs) va bene, migliora.

Bergarbeiter [-͵ʔarbaitɐ] *(m; -s, -)* ~ minatore.

Bergbau [-͵bau] *(m; -s)* ~ industria mineraria.

bergen ['bɛrgən] *(vt, hat; er* **birgt**, **barg**, **geborgen***)* **1** {*jmdn/etwas* ~} salvare, mettere in salvo, portare al sicuro. **2** *(lett)* nascondere, celare *(anche fig)*.

bergig ['bɛrgɪç] *(agg)* ~ montuoso.

Bergmann ['bɛrk͵man] *(m; -(e)s, -leute)* ~ minatore.

Bergsport ['bɛrkʃpɔrt] *(m; -(e)s, -sportarten)* ~ alpinismo.

bergsteigen ['bɛrkʃtaigən] *(vi; solo inf e part pass)* ~ fare alpinismo.

Bergsteiger ['bɛrkʃtaigɐ] *(m; -s, -; f* **-in***)* ~ alpinista.

Bergung ['bɛrgʊŋ] *(f; -, -en)* ~ salvataggio.

Bergwerk ['bɛrkˌvɛrk] *(n; -(e)s, -e)* ~ miniera.

Bericht [bə'rɪçt] *(m; -(e)s, -e)* ***1*** resoconto, rapporto, relazione. ***2*** servizio (televisivo), reportage. ◆ **jmdm (über etwas) Bericht erstatten** fare rapporto a qcn (su qcs).

berichten [-ən] *(vi/vt, hat)* ***1*** {*(jmdm) von jmdm/etwas* ~}, {*(jmdm) über jmdn/etwas* ~} *(vi)* raccontare, riferire, fare un resoconto a qcn su qcn/qcs ♦ *der Fachmann hat über den Stand der Forschung berichtet* l'esperto ha riferito sullo stato della ricerca. ***2*** {*(jmdm) etwas* ~} *(vt)* raccontare, riferire, riportare qcs (a qcn) ♦ *was hat er dir berichtet?* cosa ti ha riferito? ♦ *er hat berichtet, dass* ha riferito che.

Berichterstatter [-ˀɛɐʃtatɐ] *(m; -s, -; f* **-in***)* ~ corrispondente (di giornale, tv, ecc).

berichtigen [-ɪgən] *(vt, hat)* ~ correggere, rettificare ♦ *einen Fehler berichtigen* correggere un errore. ◆ **sich berichtigen** *(vr)* correggersi.

Berichtigung [-ɪgʊŋ] *(f; -, -en)* ~ correzione, rettifica, smentita.

beritten [bə'rɪtən] *(agg)* ~ a cavallo ♦ *berittene Polizei* polizia a cavallo.

Bernstein [-ʃtain] *(m; -(e)s)* ~ ambra.

bersten ['bɛrstən] *(vi, ist; er* **birst**, **barst**, **geborsten***)* ***1*** *(lett)* spaccarsi, scoppiare. ***2*** {*vor etwas* (Dat) ~} *(fig)* scoppiare di/da qcs ♦ *vor Lachen, Wut bersten* scoppiare dal ridere, dalla rabbia. ◆ **(bis) zum Bersten voll sein** *(fig)* essere pieno da scoppiare.

berüchtigt [bə'rʏçtɪç] *(agg)* ~ malfamato, famigerato (persona o cosa).

berücksichtigen [bə'rʏkˌzɪçtɪgən] *(vt, hat)* ~ considerare, tenere conto di, tenere in conto (persona o cosa).

Berücksichtigung [bə'rʏkˌzɪçtɪgʊŋ] *(f; -)* ~ considerazione, valutazione. ◆ **in/unter Berücksichtigung** (+ Gen) in considerazione di ♦ *in/unter Berücksichtigung der außerordentlichen Situation* in considerazione della situazione straordinaria.

Beruf [bə'ruːf] *(m; -(e)s, -e)* ~ lavoro, professione, mestiere ♦ *einen Beruf ausüben* esercitare una professione ♦ *er ist Koch von Beruf* di professione fa il cuoco ♦ *was sind Sie von Beruf?* cosa fa Lei di mestiere?, qual è la Sua professione?

berufen[1] [-ən] *(vt, hat; irr rufen)* ***1*** {*jmdn* ~} nominare qcn (a un'alta carica) ♦ *jmdn zum Nachfolger berufen* nominare qcn successore ♦ *einen Professor an eine Universität berufen* nominare un professore in un'università. ***2*** *(fam)* portare sfortuna, gufare. ◆ **sich auf jmdn/etwas berufen** *(vr)* appellarsi a qcn/qcs.

berufen[2] *(agg)* ~ dotato, capace; predestinato ♦ *ein berufener Dichter* un poeta per vocazione. ◆ **zu etwas berufen sein** avere la vocazione per qcs.

beruflich [-lɪç] *(agg)* ***1*** professionale. ***2*** *(avv)* per lavoro ♦ *beruflich verreisen* viaggiare per lavoro.

Berufsschule [-sʃuːlə] *(f; -, -n)* ~ scuola professionale.

berufstätig [-ʃtɛːtɪç] *(agg)* ~ che esercita una professione, che lavora ♦ *berufstätig sein* lavorare, svolgere un'attività lavorativa.

Berufung [-ʊŋ] *(f; -, -en)* ***1*** nomina. ***2*** *(fig)* vocazione. ***3*** *(dir)* appello, ricorso ♦ *Berufung einlegen* fare ricorso.

Berufungsgericht [-ʊŋsgəˌrɪçt] *(n; -(e)s, -e)* ~ *(dir)* corte d'appello.

Berufungsverfahren [-ʊŋsfɛɐˌfaːrən] *(n; -s, -)* ~ *(dir)* processo d'appello.

beruhen [bə'ruːən] *(vi, hat)* ~ {*auf etwas* (Dat) ~} fondarsi, basarsi su qcs, essere fondato su qcs ♦ *auf einem Irrtum beruhen* essere fondato su un errore. ◆ **auf Gegenseitigkeit beruhen** essere reciproco. ◆ **etwas auf sich beruhen lassen** lasciare stare qcs, lasciar perdere.

beruhigen [bə'ruːɪgən] *(vt, hat)* ~ calmare, tranquillizzare. ◆ **sich beruhigen** *(vr)* ***1*** calmarsi, tranquillizzarsi. ***2*** placarsi (tempeste e sim). ◆ **beruhigt sein** stare tranquillo.

Beruhigungsmittel [bə'ruːɪgʊŋsˌmɪtəl] *(n; -s, -)* ~ tranquillante, sedativo.

berühmt [bə'ryːmt] *(agg)* ~ famoso, celebre (persona o cosa).

Berühmtheit [-ˌhait] *(f; -, -en)* ***1*** *(solo sing)* celebrità, fama ♦ *Berühmtheit erlangen* ottenere fama. ***2*** celebrità, personaggio famoso.

berühren [bə'ryːrən] *(vt, hat)* ***1*** toccare ♦ *die Waren bitte nicht berühren!* per favore, non toccare la merce! **2** *(fig)* toccare, tangere ♦ *das berührt mich nicht* questo non mi tange. **3** *(fig)* toccare, commuovere. **4** *(fig)* toccare, accennare (argomenti); toccare (località durante un viaggio).

Berührung [bə'ryːrʊŋ] *(f; -, -en)* **1** tocco, sfioramento, contatto. **2** *(fig)* contatto ♦ *mit jmdm/etwas in Berührung kommen* entrare in contatto con qcn/qcs. **3** *(fig)* accenno (ad argomenti e sim).

besäen [bə'zɛːən] *(vt, hat)* ~ seminare (terreni e sim) ♦ *ein Beet mit Blumen besäen* seminare di fiori un'aiuola.

besagen [bə'zaːgən] *(vt, hat)* ~ significare, voler dire.

besagt [bə'zaːkt] *(agg)* ~ citato, suddetto ♦ *besagter Zeuge* il suddetto testimone.

besänftigen [bə'zɛnftɪgən] *(vt, hat)* ~ calmare, placare, mitigare (persone o cose).

Besatz [bə'zats] *(m; -es, -sätze)* ~ guarnizione (di abiti).

Besatzung [-ʊŋ] *(f; -, -en)* **1** *(mil)* truppe di stanza; truppe di occupazione. **2** equipaggio (di navi, aerei, ecc). **3** *(solo sing)* *(mil)* occupazione.

besaufen [bə'zaufən] *(vr, hat; irr saufen)* ~ **sich besaufen** *(vr)* *(volg)* ubriacarsi.

beschädigen [bə'ʃɛdɪgən] *(vt, hat)* ~ danneggiare, sciupare, rovinare.

Beschädigung [bə'ʃɛdɪgʊŋ] *(f; -, -en)* **1** danneggiamento. **2** *(concr)* danno ♦ *die Beschädigung an einem Dach* il danno a un tetto.

beschaffen[1] [bə'ʃafən] *(vt, hat)* ~ {*jmdm etwas* ~} procurare, fornire qcs a qcn. ◆ **sich** (Dat) **etwas beschaffen** procurarsi qcs.

beschaffen[2] *(agg spec pred)* ~ fatto (in un dato modo). ◆ **so beschaffen sein, dass** essere fatto in modo da ♦ *das Fenster ist so beschaffen, dass man nicht reinschauen kann* la finestra è fatta in un modo per cui non si può guardare dentro. ◆ **mit jmdm/etwas ist es schlecht beschaffen** a qcn/con qcs va male.

Beschaffenheit [-ˌhait] *(f; -)* ~ natura, carattere, caratteristica (spec di cose).

beschäftigen [bə'ʃɛftɪgən] *(vt, hat)* **1** occupare; dare lavoro a qcn ♦ *der Unternehmer beschäftigt 200 Arbeiter* quell'imprenditore dà lavoro a 200 operai. **2** tenere occupato, dare qcs da fare a qcn. **3** *(fig)* preoccupare, dare da pensare. ◆ **sich mit jmdm/etwas beschäftigen** *(vr)* occuparsi di qcn/qcs.

beschäftigt [bə'ʃɛftɪçt] *(agg)* ~ occupato, impegnato.

Beschäftigung [bə'ʃɛftɪgʊŋ] *(f; -, -en)* **1** occupazione, attività ♦ *eine interessante Beschäftigung* un'attività interessante. **2** lavoro, occupazione. **3** *(solo sing)* l'occuparsi di qcs ♦ *die Beschäftigung mit einem Problem* l'occuparsi di un problema.

beschämen [bə'ʃɛːmən] *(vt, hat)* ~ far vergognare qcn; umiliare.

beschämend [-t] *(agg)* **1** umiliante. **2** vergognoso. **3** *(avv)* vergognosamente.

Beschämung [bə'ʃɛːmʊŋ] *(f; -, -en)* ~ vergogna, umiliazione ♦ *mit Beschämung, zu meiner Beschämung* con mia vergogna.

beschatten [bə'ʃatən] *(vt, hat)* **1** ombreggiare, riparare dal sole. **2** {*jmdn* ~} spiare, pedinare qcn.

beschaulich [bə'ʃaulɪç] *(agg)* **1** placido, pacifico, tranquillo. **2** meditativo; *(relig)* contemplativo.

Beschaulichkeit [-ˌkait] *(f; -)* **1** tranquillità, placidità. **2** contemplazione, meditazione.

Bescheid [bə'ʃait] *(m; -(e)s, -e)* **1** risposta, informazione ♦ *auf Bescheid warten* aspettare una risposta ♦ *jmdm Bescheid geben* dare un'informazione a qcn, informare qcn. **2** risposta (ufficiale), sentenza. ◆ **jmdm Bescheid sagen** *1* informare qcn, comunicare qcs a qcn ♦ *sag mir bitte Bescheid, wann du kommst* per favore, fammi sapere quando vieni. **2** *(fam)* dirne quattro a qcn. ◆ **Bescheid wissen** *1* essere al corrente, essere informato. **2** essere pratico ♦ *in einem Fach, in einer Stadt Bescheid wissen* essere pratico di una materia, di una città.

bescheiden [bə'ʃaidən] *(agg)* **1** modesto, semplice ♦ *ein bescheidener Mensch* una persona modesta ♦ *bescheidene Lebensverhältnisse* condizioni di vita modeste. **2** modesto, mediocre.

Bescheidenheit [-ˌhait] *(f; -)* **1** modestia ♦ *falsche Bescheidenheit* falsa modestia. **2** modestia, sobrietà.

bescheinigen [bə'ʃainɪgən] *(vt,* hat*)* ~ {*jmdm etwas* ~} certificare, attestare qcs a qcn.
Bescheinigung [bə'ʃainɪgʊŋ] *(f;* -, -en*)* ***1*** certificazione, attestazione. ***2*** certificato, attestato ♦ *eine Bescheinigung vorlegen* presentare un certificato.
bescheißen [bə'ʃaisən] *(vt,* hat; *irr/ortogr* scheißen*)* ~ *(volg)* fregare, bidonare, inculare.
beschenken [bə'ʃɛŋkən] *(vt,* hat*)* ~ {*jmdn (mit etwas)* ~} regalare qcs a qcn ♦ *jmdn reichlich beschenken* riempire qcn di regali.
bescheren [bə'ʃe:rən] *(vt,* hat*)* ***1*** {*jmdm etwas* ~} regalare qcs a qcn per Natale. ***2*** *(vi)* distribuire, scambiarsi i regali di Natale. ***3*** {*jmdm etwas* ~} destinare, riservare (in sorte) ♦ *jmdm eine böse Überraschung bescheren* riservare una brutta sorpresa a qcn.
Bescherung [bə'ʃe:rʊŋ] *(f;* -, -en*)* ***1*** scambio dei regali di Natale. ***2*** *(fig/fam)* sorpresa (spiacevole).
bescheuert [bə'ʃɔyɐt] *(agg)* ***1*** *(fam)* imbecille, deficiente, cretino. ***2*** *(fam)* cretino, stupido (cosa).
beschießen [bə'ʃi:sən] *(vt,* hat; *irr/ortogr* schießen*)* ***1*** {*jmdn/etwas* ~} sparare contro qcn/qcs. ***2*** *(fis)* bombardare (atomi).
beschimpfen [bə'ʃɪmpfən] *(vt,* hat*)* ~ insultare, offendere.
Beschimpfung [bə'ʃɪmpfʊŋ] *(f;* -, -en*)* ***1*** insulto, l'insultare. ***2*** *(concr)* insulto, offesa.
beschissen [bə'ʃɪsən] *(agg)* ~ *(volg)* schifoso, di merda ♦ *beschissenes Wetter* tempo schifoso.
Beschlag [bə'ʃla:k] *(m;* -(e)s, -schläge*)* ***1*** *(spec pl)* gancio (metallico); borchia. ***2*** patina (su metalli o superfici lisce). ***3*** *(dir)* sequestro, confisca. ◆ **etwas in Beschlag nehmen** sequestrare, confiscare qcs. ◆ **jmdn/etwas in Beschlag nehmen, jmdn/etwas mit Beschlag belegen** *(fig)* occupare qcn/qcs solo per sé, monopolizzare qcn/qcs.
beschlagen[1] [bə'ʃla:gən] *(vi,* ist*)* ***1*** ricoprirsi di una patina (metalli); appannarsi (vetri). ***2*** ammuffire. ◆ **sich beschlagen** *(vr)* appannarsi.
beschlagen[2] *(vt,* hat*)* ***1*** appannare (vetri). ***2*** ferrare (animali da tiro).
beschlagen[3] *(agg)* ***1*** esperto, ferrato. ***2*** appannato.
Beschlagnahme [bə'ʃla:kˌna:mə] *(f;* -, -n*)* ~ sequestro, confisca.
beschlagnahmen [-n] *(vt,* hat*)* ~ sequestrare, confiscare.
beschleunigen [bə'ʃlɔynɪgən] *(vt,* hat*)* ~ accelerare *(anche fig/fis)*. ◆ **den Schritt beschleunigen** affrettare il passo. ◆ **beschleunigtes Verfahren** *(dir)* processo per direttissima.
Beschleunigung [bə'ʃlɔynɪgʊŋ] *(f;* -, -en*)* ~ accelerazione *(anche fis)*, velocizzazione.
beschließen [bə'ʃli:sən] *(vt,* hat; *irr/ortogr* schließen*)* ***1*** decidere ♦ *die Einführung einer neuen Regel beschließen* decidere l'introduzione di una nuova regola ♦ *ich habe beschlossen, eine Pause einzulegen* ho deciso di fare una pausa. ***2*** terminare, portare a termine, concludere ♦ *eine Rede beschließen* concludere un discorso. ◆ **seine Tage beschließen** *(fig)* finire i propri giorni, morire.
Beschluss († **Beschluß**) [bə'ʃlʊs] *(m;* -es, -schlüsse*)* ~ decisione (presa in comune) ♦ *einen Beschluss fassen* prendere una decisione (comune).
beschmieren [bə'ʃmi:rən] *(vt,* hat*)* ***1*** spalmare (pane e sim). ***2*** imbrattare.
beschmutzen [bə'ʃmʊtsən] *(vt,* hat*)* ***1*** sporcare, insudiciare. ***2*** {*sich* (Dat) *etwas* ~} sporcarsi qcs ♦ *ich habe mir die Jacke beschmutzt* mi sono sporcata la giacca. ***3*** *(fig)* sporcare, macchiare, infangare ♦ *jmds Ehre beschmutzen* macchiare l'onore di qcn. ◆ **sich beschmutzen** *(vr)* sporcarsi.
beschneiden [bə'ʃnaidən] *(vt,* hat; *irr* schneiden*)* ***1*** tagliare, pareggiare i bordi di qcs (fogli, foto, ecc). ***2*** *(fig)* tagliare, ridurre, limitare ♦ *die Ausgaben beschneiden* tagliare le spese. ***3*** circoncidere.
Beschneidung [bə'ʃnaidʊŋ] *(f;* -, -en*)* ***1*** taglio. ***2*** *(fig)* taglio, riduzione, limitazione. ***3*** circoncisione.
beschönigen [bə'ʃø:nɪgən] *(vt,* hat*)* ~ abbellire, mascherare, camuffare (qcs di sbagliato, spiacevole, ecc). ◆ **beschönigender Ausdruck** eufemismo.
beschränken [bə'ʃrɛŋkən] *(vt,* hat*)* ***1*** {*etwas (auf etwas)* (Acc) ~} limitare qcs

(a qcs) ♦ *die Ausgaben beschränken* limitare le spese ♦ *die Teilnehmerzahl auf 50 beschränken* limitare a 50 il numero dei partecipanti. **2** {*jmdn in etwas* (Dat) ~} limitare qcn in qcs ♦ *jmdn in seiner Freiheit beschränken* limitare qcn nella sua libertà. ◆ **sich auf jmdn/etwas beschränken** *(vr)* **1** limitarsi a qcn/qcs ♦ *sich auf das Wesentliche beschränken* limitarsi all'essenziale. **2** limitarsi, essere ristretto a qcn/qcs ♦ *diese Vorschrift beschränkt sich auf die Arbeitslosen* questa norma è ristretta ai disoccupati.

beschränkt [bəˈʃrɛŋkt] *(agg)* **1** limitato (nel tempo o nello spazio); scarso, misero ♦ *unsere Aussichten sind beschränkt* le nostre prospettive sono limitate ♦ *in beschränkten Verhältnissen leben* vivere in condizioni di ristrettezza. **2** *(fig)* limitato (intellettualmente).

Beschränktheit [-ˌhait] *(f; -)* **1** limitatezza, scarsità. **2** *(fig)* limitatezza, ristrettezza di vedute.

Beschränkung [bəˈʃrɛŋkʊŋ] *(f; -, -en)* ~ limitazione; limite ♦ *die Beschränkung der Ausgaben* la limitazione delle spese ♦ *jmdm Beschränkungen auferlegen* imporre delle limitazioni a qcn.

beschreiben [bəˈʃraibən] *(vt,* hat; *irr* schreiben*)* **1** descrivere ♦ *ein Bild, ein Gefühl, eine Person beschreiben* descrivere un quadro, una sensazione, una persona. **2** riempire scrivendo ♦ *eine ganze Seite beschreiben* riempire una pagina intera. ◆ **nicht zu beschreiben sein** essere indescrivibile. ◆ **einen Kreis, eine Kurve beschreiben** descrivere un cerchio, una curva.

Beschreibung [bəˈʃraibʊŋ] *(f; -, -en)* ~ descrizione. ◆ **jeder Beschreibung spotten** *(fam)* essere indescrivibile.

beschriften [bəˈʃrɪftən] *(vt,* hat*)* ~ apporre una scritta, un'etichetta su qcs.

beschuldigen [bəˈʃʊldɪgən] *(vt,* hat*)* ~ {*jmdn einer Sache* (Gen) ~} accusare qcn di qcs ♦ *jmdn des Mordes beschuldigen* accusare qcn di omicidio ♦ *jmdn beschuldigen, etwas getan zu haben* accusare qcn di aver fatto qcs. ◆ **sich einer Sache** (Gen) **beschuldigen** *(vr)* accusarsi di qcs.

Beschuldigung [bəˈʃʊldɪgʊŋ] *(f, -, -en)* ~ accusa ♦ *Beschuldigungen gegen jmdn erheben* muovere delle accuse contro qcn.

Beschuss († **Beschuß**) [bəˈʃʊs] *(m; -es)* ~ *(mil)* fuoco, tiro. ◆ **unter Beschuss** sotto tiro *(anche fig)* ♦ *unter Beschuss geraten* finire sotto tiro *(anche fig)* ♦ *etwas unter Beschuss nehmen (fig)* prendere qcs di mira, sotto tiro.

beschützen [bəˈʃʏtsən] *(vt,* hat*)* ~ {*jmdn vor etwas* (Dat) ~} proteggere qcn da qcs.

Beschützer [bəˈʃʏtsɐ] *(m; -s, -; f* **-in***)* **1** protettore. **2** protettore, mecenate. **3** protettore, magnaccia.

Beschwerde [bəˈʃveːɐdə] *(f; -, -n)* **1** *(solo pl)* disturbi (di salute), dolori. **2** protesta (formale), reclamo ♦ *Beschwerde (gegen jmdn, über etwas) führen* reclamare (contro qcn/su qcs) ♦ *Beschwerde einreichen, einlegen (dir)* fare reclamo.

beschweren [bəˈʃveːrən] *(vt,* hat*)* **1** fermare, tenere fermo con un peso ♦ *Papierblätter beschweren* tenere fermi dei fogli di carta con un peso. **2** *(fig)* opprimere, affliggere. ◆ **sich (bei jmdm über jmdn/etwas) beschweren** *(vr)* protestare (ufficialmente), reclamare presso qcn per qcn/qcs.

beschwerlich [bəˈʃveːɐlɪç] *(agg)* ~ faticoso, stancante.

beschwichtigen [bəˈʃvɪçtɪgən] *(vt,* hat*)* ~ calmare, placare (persona o sentimento).

beschwindeln [bəˈʃvɪndəln] *(vt,* hat*)* ~ {*jmdn* ~} *(fam)* mentire a qcn.

beschwingt [bəˈʃvɪŋt] *(agg)* ~ allegro, dinamico ♦ *ein beschwingter Rhythmus* un ritmo allegro.

beschwipst [bəˈʃvɪpst] *(agg)* ~ *(fam)* brillo, alticcio.

beschwören [bəˈʃvøːrən] *(vt,* hat*)* **1** giurare. **2** implorare ♦ *jmdn beschwören, etwas (nicht) zu tun* implorare qcn di (non) fare qcs. **3** stregare, evocare *(anche fig)* ♦ *Erinnerungen beschwören* evocare ricordi. **4** scacciare, esorcizzare (fantasmi).

Beschwörung [bəˈʃvøːrʊŋ] *(f; -, -en)* **1** implorazione. **2** evocazione (di fantasmi). **3** esorcismo. **4** formula magica (contro gli spiriti).

besehen [bə'ze:ən] *(vt,* hat; *irr* sehen*)* ~ {*(sich)* (Dat) *etwas* ~} osservare, guardare attentamente qcs. ◆ **sich im Spiegel besehen** rimirarsi allo specchio.

beseitigen [bə'zaitɪgən] *(vt,* hat*)* ***1*** togliere, rimuovere, eliminare *(anche fig)* ♦ *Flecken, Hindernisse beseitigen* eliminare delle macchie, degli ostacoli. ***2*** *(fig)* uccidere, eliminare.

Beseitigung [bə'zaitɪgʊŋ] *(f; -)* ~ rimozione, eliminazione.

Besen ['be:zən] *(m; -s, -)* ***1*** scopa. ***2*** *(fig/fam)* donna acida, befana. ◆ **mit eisernem Besen (aus)kehren** fare piazza pulita.

besessen [bə'zɛsən] *(agg)* ***1*** posseduto, indemoniato, ossesso. ***2*** *(fig)* invasato, ossessionato, esaltato ♦ *von einer Idee besessen sein* essere ossessionato da un'idea.

besetzen [bə'zɛtsən] *(vt,* hat*)* ***1*** occupare *(anche mil)* ♦ *einen Platz im Abteil, ein Land, ein Haus besetzen* occupare un posto nello scompartimento, un paese, una casa. ***2*** assegnare (posto di lavoro, ruolo teatrale, ecc). ***3*** ornare, guarnire (indumenti).

besetzt [bə'zɛtst] *(agg)* ~ occupato (cosa).

Besetzung [bə'zɛtsʊŋ] *(f; -, -en)* ***1*** occupazione *(anche mil)*. ***2*** assegnazione (di posti di lavoro, ruoli teatrali, ecc). ***3*** *(sport)* formazione, schieramento; *(teatr)* compagnia, gruppo di attori, cast.

besichtigen [bə'zɪçtɪgən] *(vt,* hat*)* ***1*** visitare (città, musei, ecc). ***2*** ispezionare.

Besichtigung [bə'zɪçtɪgʊŋ] *(f; -, -en)* ~ visita (di città, musei, ecc).

besiedeln [bə'zi:dəln] *(vt,* hat*)* ~ colonizzare, popolare.

Besied(e)lung [bə'zi:d(ə)lʊŋ] *(f; -, -en)* ~ colonizzazione, popolamento.

besiegen [bə'zi:gən] *(vt,* hat*)* ~ vincere, sconfiggere, superare *(anche fig)* ♦ *die Angst besiegen* vincere la paura. ◆ **sich für besiegt erklären** dichiararsi vinto.

besinnen [bə'zɪnən] *(vr,* hat; *irr* sinnen*)* ~ **sich besinnen** riflettere ♦ *sich anders (eines Besseren) besinnen* cambiare idea. ◆ **sich auf jmdn/etwas besinnen** ricordarsi di qcn/qcs ♦ *wenn ich mich recht besinne* se non ricordo male.

besinnlich [bə'zɪnlɪç] *(agg)* ***1*** pensieroso. ***2*** riflessivo, meditativo ♦ *besinnliche Stunden* ore di riflessione.

Besinnung [bə'zɪnʊŋ] *(f; -)* ***1*** coscienza, conoscenza, sensi ♦ *die Besinnung verlieren* perdere conoscenza ♦ *wieder zu Besinnung kommen* riprendere conoscenza. ***2*** riflessione (il riflettere), meditazione. ***3*** ricordo ♦ *die Besinnung auf jmdn/etwas* il ricordo di qcn/qcs.

Besitz [bə'zɪts] *(m; -es)* ***1*** possesso, proprietà. ***2*** *(concr)* proprietà terriera. ***3*** detenzione (di armi) ♦ *unerlaubter Besitz* detenzione abusiva. ◆ **in den Besitz einer Sache** (Gen) **kommen** entrare in possesso di una cosa. ◆ **in jmds Besitz kommen, übergehen** diventare proprietà di qcn. ◆ **im Besitz einer Sache** (Gen) **sein** essere in possesso di una cosa. ◆ **von etwas Besitz ergreifen/nehmen** prendere possesso di qcs.

besitzen [-ən] *(vt,* hat; *irr* sitzen*)* ***1*** possedere ♦ *Geld, ein Haus besitzen* possedere soldi, una casa. ***2*** *(fig)* avere, possedere ♦ *Talent besitzen* avere talento.

Besitzer [-ɐ] *(m; -s, -; f* **-in***)* ~ proprietario.

Besitzergreifung [-ɐˌgraifʊŋ] *(f; -)* ~ presa di possesso.

Besitznahme [-ˌna:mə] *(f; -)* ~ presa di possesso.

Besitzung [-ʊŋ] *(f; -, -en)* ~ possedimento, proprietà terriera.

besoffen [bə'zɔfən] *(agg)* ~ *(fam)* ubriaco, sbronzo.

besohlen [bə'zo:lən] *(vt,* hat*)* ~ risuolare.

besondere(r, -s) [bə'zɔndərə (-rɐ, -rəs)] *(agg)* ***1*** particolare, distinto, separato ♦ *ein besonderes Zimmer* una camera separata. ***2*** particolare, straordinario, speciale ♦ *eine besondere Gelegenheit* un'occasione speciale ♦ *besondere Kennzeichen* segni particolari. ◆ **nichts Besonderes** niente di particolare, niente di speciale. ◆ **im Besonderen** († **besonderen**) in particolare.

Besonderheit [bə'zɔndɐˌhait] *(f; -, -en)* ~ particolarità.

besonders [bə'zɔndɐs] *(avv)* ***1*** separatamente, a parte. ***2*** in particolare, soprattutto. ***3*** particolarmente, molto ♦ *besonders gut, schön* particolarmente buono, bello ♦ *es geht mir nicht besonders* non sto molto bene.

besonnen [bə'zɔnən] *(agg)* ~ riflessivo, prudente, avveduto.

besorgen [bə'zɔrgən] *(vt,* hat*)* ***1*** eseguire, sbrigare (affari, incarichi, ecc). ***2*** {*jmdm etwas ~*} procurare qcs a qcn ♦ *sie hat mir das Buch besorgt* lei mi ha procurato il libro. ***3*** {*jmdn/etwas ~*} occuparsi di qcn/qcs ♦ *den Haushalt, Kinder besorgen* occuparsi della casa, dei bambini. ◆ **es jmdm besorgen** *(fam)* farla pagare a qcn; dirne quattro a qcn.

Besorgnis [bə'zɔrknɪs] *(f; -, -se)* ~ preoccupazione, timore. ◆ **Besorgnis erregend** *(anche* **besorgniserregend***)* preoccupante, che desta preoccupazione.

besorgt [bə'zɔrkt] *(agg)* ~ preoccupato. ◆ **um jmdn/etwas besorgt sein** essere preoccupato per qcn/qcs, stare in pensiero per qcn/qcs.

bespannen [bə'ʃpanən] *(vt,* hat*)* ~ ricoprire, rivestire; dotare di una intelaiatura.

Bespannung [bə'ʃpanʊŋ] *(f; -, -en)* ***1*** rivestimento. ***2*** intelaiatura.

bespiegeln [bə'ʃpi:gəln] *(vt,* hat*)* ~ *(fig)* riflettere, rispecchiare, rappresentare. ◆ **sich bespiegeln** *(vr)* specchiarsi (per vanità).

bespielen [bə'ʃpi:lən] *(vt,* hat*)* ~ registrare (nastri magnetici).

besprechen [bə'ʃprɛçən] *(vt,* hat; *irr* sprechen*)* ***1*** {*(mit jmdm) etwas ~*} discutere qcs con qcn ♦ *ein Problem mit jmdm besprechen* discutere un problema con qcn. ***2*** recensire. ***3*** registrare, incidere (dischi o nastri). ***4*** {*jmdn/etwas ~*} pronunciare scongiuri per guarire qcn/qcs. ◆ **sich mit jmdm besprechen** *(vr)* consultarsi con qcn.

Besprechung [bə'ʃprɛxʊŋ] *(f; -, -en)* ***1*** colloquio, discussione, riunione. ***2*** recensione. ***3*** scongiuro, formula magica (per curare qcn).

bespritzen [bə'ʃprɪtsən] *(vt,* hat*)* ~ schizzare, bagnare (sporcare) schizzando ♦ *mit Blut bespritzt* schizzato di sangue.

bespülen [bə'ʃpy:lən] *(vt,* hat*)* ~ lambire (di acque).

besser ['bɛsɐ] *(agg, superl rel di* **gut***)* ***1*** migliore ♦ *ein besseres Produkt* un prodotto migliore ♦ *diese Äpfel sind besser als die anderen* queste mele sono migliori delle altre. ***2*** *(avv)* meglio ♦ *sie kann besser kochen als ich* lei sa cucinare meglio di me ♦ *es geht mir besser* sto meglio ♦ *dieses Kleid gefällt mir besser (als das andere)* questo vestito mi piace di più (dell'altro) ♦ *es ist besser, dass du ihm nichts sagst* è meglio che tu non gli dica niente ♦ *es wäre besser, wenn du ihm nichts sagen würdest* sarebbe meglio se tu non gli dicessi niente. ◆ **etwas Besseres** qualcosa di meglio. ◆ **nichts Besseres** niente di meglio ♦ *hast du nichts Besseres zu tun?* non hai niente di meglio da fare? ◆ **meine bessere Hälfte** *(fam)* la mia dolce metà. ◆ **besser werden** *(vi)* migliorare. ◆ **alles besser wissen** fare il saccente. ◆ **besser gesagt** per meglio dire, o meglio. ◆ **es kommt noch besser!** ora viene il bello! ◆ **umso besser!** tanto meglio!

Bessere(r, -s) ['bɛsərə (-rɐ, -rəs)] *(m/f/n; -n, -n)* ***1*** il migliore (fra due) ♦ *unsere Mannschaft war die Bessere* la nostra squadra è stata la migliore (delle due). ***2*** *(n)* (qualcosa di) meglio ♦ *ich habe Besseres zu tun* ho di meglio da fare ♦ *eine Wendung zum Besseren* un cambiamento in meglio. ◆ **sich eines Besseren besinnen** ricredersi. ◆ **jmdn eines Besseren belehren** far ricredere qcn.

bessern ['bɛsɐn] *(vt,* hat*)* ~ migliorare (persona o cosa). ◆ **sich bessern** *(vr)* migliorare, migliorarsi.

Besserung ['bɛsərʊŋ] *(f; -, -en)* ~ miglioramento. ◆ **sich auf dem Wege der Besserung befinden** essere in via di guarigione. ◆ **jmdm gute Besserung wünschen** augurare a qcn una pronta guarigione. ◆ **gute Besserung!** guarisci presto!

Besserwisser ['bɛsɐˌvɪsɐ] *(m; -s, -)* ~ saccente, sapientone.

Bestand [bə'ʃtant] *(m; -(e)s, -stände)* ***1*** *(solo sing)* durata, stabilità ♦ *keinen Bestand haben, nicht von Bestand sein* non essere duraturo. ***2*** quantità, consistenza, scorta ♦ *der Bestand an Büchern* la quantità di libri ♦ *der Bestand an Vorräten* la scorta di provviste. ◆ **eiserner Bestand** scorta di emergenza.

beständig [bəˈʃtɛndɪç] *(agg)* ***1*** continuo, ininterrotto. ***2*** resistente ♦ *gegen etwas beständig sein* essere resistente a qcs (materiali e sim). ***3*** costante, perseverante. ***4*** *(avv)* continuamente, ininterrottamente.

Bestandsaufnahme [bəˈʃtants,ˀaufna:mə] *(f; -, -n)* ~ inventario.

Bestandteil [bəˈʃtant,tail] *(m; -(e)s, -e)* ~ parte, componente ♦ *etwas in seine Bestandteile zerlegen* smontare qcs in tutti i suoi componenti ♦ *notwendiger Bestandteil von etwas sein* essere parte integrante di qcs.

bestärken [bəˈʃtɛrkən] *(vt,* hat*)* ***1*** {*jmdn in etwas* (Dat) ~} sostenere, qcn in qcs ♦ *jmdn in einem Vorhaben bestärken* sostenere qcn in un proposito. ***2*** rafforzare, confermare (sospetti, convinzioni, ecc).

bestätigen [bəˈʃtɛ:tɪgən] *(vt,* hat*)* ~ confermare. ◆ **sich bestätigen** *(vr)* trovare conferma, rivelarsi giusto ♦ *die Nachricht hat sich bestätigt* la notizia ha trovato conferma ♦ *mein Verdacht hat sich bestätigt* il mio sospetto si è rivelato giusto.

Bestätigung [bəˈʃtɛ:tɪgʊŋ] *(f; -, -en)* ~ conferma.

bestatten [bəˈʃtatən] *(vt,* hat*)* ~ seppellire (solennemente).

Bestattung [bəˈʃtatʊŋ] *(f; -, -en)* ~ sepoltura (solenne).

bestaunen [bəˈʃtaunən] *(vt,* hat*)* ~ ammirare, guardare con stupore.

beste(r, -s) [ˈbɛstə (-tɐ, -təs)] *(agg superl assol di* **gut***)* ~ il migliore (di tutti), ottimo ♦ *meine beste Freundin* la mia migliore amica ♦ *der beste Sportler des Jahres* il migliore sportivo dell'anno. ◆ **am besten** *(avv)* meglio (di tutto, di tutti) ♦ *sie kann am besten singen* canta meglio di tutti ♦ *dieses Kleid gefällt mir am besten* questo vestito mi piace più di tutti. ◆ **beim besten Willen nicht** neanche con tutta la buona volontà. ◆ **bei bester Laune sein** essere di ottimo umore. ◆ **in besten Händen sein** essere in ottime mani. ◆ **im besten Sinne des Wortes** nel senso migliore del termine. ◆ **mit den besten Grüßen** con i migliori saluti (formula epistolare).

Beste(r, -s) *(m/f/n; -n, -n)* ***1*** il migliore (di tutti) ♦ *er ist der Beste* è il migliore (di tutti). ***2*** *(n)* la cosa migliore (di tutte), il meglio ♦ *ich will immer das Beste* voglio sempre il meglio ♦ *es ist zu deinem Besten* è per il tuo bene ♦ *sein Bestes geben* dare il massimo ♦ *sein Bestes tun* fare del proprio meglio. ◆ **der/die/das erste <u>Beste</u>** († **beste**) il primo che capita, il primo venuto. ◆ **aufs <u>Beste</u>** († **beste**) nel migliore dei modi. ◆ **jmdn zum <u>Besten</u>** († **besten**) **haben**, **halten** prendere in giro qcn.

bestechen [bəˈʃtɛçən] *(vt,* hat; *irr* stechen*)* ***1*** corrompere. ***2*** *(fig)* affascinare, conquistare.

bestechlich [bəˈʃtɛçlɪç] *(agg)* ~ corruttibile.

Bestechung [bəˈʃtɛçʊŋ] *(f; -, -en)* ~ corruzione.

Besteck [bəˈʃtɛk] *(n; -(e)s, -e)* ***1*** posata, *(pl)* posate ♦ *das Besteck auflegen* mettere in tavola le posate. ***2*** *(solo sing)* ferri (chirurgici e sim).

bestehen[1] [bəˈʃte:ən] *(vi,* hat; *irr* stehen*)* ***1*** esistere, sussistere, esserci ♦ *der Verein besteht schon seit vierzig Jahren* l'associazione esiste ormai da quarant'anni ♦ *es besteht der Verdacht, dass* c'è il sospetto che. ***2*** {*auf etwas* (Dat) ~} insistere su qcs ♦ *ich bestehe auf meinem Anspruch* insisto sulla mia pretesa ♦ *er besteht darauf, dass* insiste (a dire) che. ***3*** {*aus etwas* ~} essere fatto di qcs, essere composto da qcs ♦ *aus Gold, Holz bestehen* essere (fatto) d'oro, di legno ♦ *diese Sammlung besteht aus alten Gemälden* questa raccolta è composta da vecchi dipinti. ***4*** {*in etwas* (Dat) ~} consistere, stare in qcs ♦ *seine Aufgabe besteht in der Überprüfung der Daten* il suo compito consiste nel controllo dei dati ♦ *der Unterschied besteht darin, dass* la differenza sta nel fatto che. ***5*** {*vor jmdm* ~} tener testa a qcn. ◆ **<u>bestehen</u> <u>bleiben</u>** († **bestehenbleiben**) durare, continuare. ◆ **auf seinem Kopf bestehen** *(fam)* essere ostinato.

bestehen[2] *(vt,* hat; *irr* stehen*)* ~ superare (prove, esami, ecc).

bestehen|bleiben ~ **<u>bestehen</u> <u>bleiben</u>** (vedi **bestehen**[1]).

bestehlen [bəˈʃteːlən] *(vt,* hat; *irr* stehlen*)* ~ {*jmdn um etwas ~*} derubare qcn di qcs *(anche fig)*.

besteigen [bəˈʃtaigən] *(vt,* hat; *irr* steigen*)* ~ scalare, salire su ♦ *einen Berg besteigen* scalare una montagna. ◆ **den Thron besteigen** *(fig)* salire al trono.

bestellen [bəˈʃtɛlən] *(vt,* hat*)* ***1*** ordinare, prenotare. ***2*** {*jmdn ~*} far venire qcn, dare appuntamento a qcn ♦ *jmdn auf/für Dienstag bestellen* dare appuntamento a qcn per martedì. ***3*** {*jmdm etwas ~*} portare qcs a qcn (notizie, saluti, ecc) ♦ *ich soll dir einen Gruß von Sandra bestellen* ti porto i saluti di Sandra. ***4*** nominare (ufficialmente) ♦ *jmdn zum Gutachter bestellen* nominare qcn come perito. ***5*** lavorare, coltivare (terreni).

Bestellung [bəˈʃtɛlʊŋ] *(f;* -, -en*)* ***1*** ordinazione, commissione ♦ *eine Bestellung aufgeben, annehmen* fare, prendere un'ordinazione. ***2*** ordinazione, merce ordinata. ***3*** notizia, ambasciata ♦ *(jmdm) eine Bestellung ausrichten* fare un'ambasciata (a qcn). ***4*** nomina. ***5*** coltivazione, lavorazione (di terreni).

bestenfalls [ˈbɛstənˈfals] *(avv)* ~ nel migliore dei casi, per bene che vada.

bestens [ˈbɛstəns] *(avv)* ~ ottimamente, al meglio ♦ *„Wie geht's dir?" „bestens!"* "Come va?" "Benone". ◆ **jmdm bestens danken** ringraziare di cuore qcn.

besteuern [bəˈʃtɔyɐn] *(vt,* hat*)* ~ tassare.

Besteuerung [bəˈʃtɔyərʊŋ] *(f;* -, -en*)* ~ tassazione.

bestialisch [bɛsˈtjaːlɪʃ] *(agg)* ~ bestiale *(anche fig)*, brutale.

Bestie [ˈbɛstjə] *(f;* -, -n*)* ***1*** bestia (feroce), belva. ***2*** *(fig)* bestia, bruto, mostro.

bestimmen [bəˈʃtɪmən] *(vt,* hat*)* ***1*** decidere, stabilire, determinare ♦ *einen Termin bestimmen* stabilire un appuntamento. ***2*** determinare, stabilire, definire (scientificamente). ***3*** {*jmdm etwas ~*}, {*etwas für jmdn/etwas ~*} destinare qcs a qcn/qcs ♦ *eine Summe für den Umbau eines Hauses bestimmen* destinare una somma alla ristrutturazione di una casa. ***4*** {*jmdn zu etwas/als etwas ~*} destinare, designare qcn a qcs ♦ *jmdn zum/als Nachfolger bestimmen* designare qcn come successore. ***5*** influenzare (persona o cosa). ***6*** {*jmdn zu etwas ~*} spingere, indurre qcn a qcs. ***7*** {*über jmdn/etwas ~*} *(vi)* disporre di qcn/qcs ♦ *über eine Geldsumme bestimmen* disporre di una somma di denaro.

bestimmt [bəˈʃtɪmt] *(agg)* ***1*** stabilito ♦ *ein bestimmter Ort* un luogo stabilito. ***2*** determinato, certo, preciso ♦ *ein bestimmtes Buch* un determinato libro ♦ *in bestimmten Fällen* in determinati casi, in certi casi. ***3*** deciso, energico (modo di fare e sim). ***4*** *(avv)* certamente, sicuramente; con certezza ♦ *ich komme (ganz) bestimmt* vengo sicuramente. ◆ **bestimmter Artikel** *(gramm)* articolo determinativo. ◆ **bestimmtes Pronomen** *(gramm)* pronome definito.

Bestimmung [bəˈʃtɪmʊŋ] *(f;* -, -en*)* ***1*** determinazione (il determinare); definizione. ***2*** disposizione, prescrizione, norma. ***3*** *(solo sing)* scopo, destinazione (d'uso). ***4*** *(solo sing)* destino, sorte; compito, missione.

bestrafen [bəˈʃtraːfən] *(vt,* hat*)* ~ punire.

Bestrafung [bəˈʃtraːfʊŋ] *(f;* -, -en*)* ***1*** punizione. ***2*** *(concr)* punizione, pena.

bestrahlen [bəˈʃtraːlən] *(vt,* hat*)* ***1*** illuminare (intensamente). ***2*** *(med)* curare con i raggi.

Bestrahlung [bəˈʃtraːlʊŋ] *(f;* -, -en*)* ***1*** illuminazione (intensa). ***2*** *(med)* radioterapia, trattamento con i raggi.

bestreben [bəˈʃtreːbən] *(vr,* hat*)* ~ **sich bestreben, etwas zu tun** *(lett)* sforzarsi di fare qcs. ◆ **bestrebt sein, etwas zu tun** sforzarsi, darsi da fare per fare qcs.

Bestrebung [bəˈʃtreːbʊŋ] *(f;* -, -en*)* ~ *(spec pl)* sforzo.

bestreichen [bəˈʃtraiçən] *(vt,* hat; *irr* streichen*)* ***1*** {*etwas mit etwas ~*} spalmare qcs di qcs ♦ *ein Brötchen mit Marmelade bestreichen* spalmare di marmellata un panino. ***2*** tingere, dipingere.

bestreiten [bəˈʃtraitən] *(vt,* hat*)* ***1*** mettere in dubbio; negare, contestare ♦ *eine Aussage bestreiten* mettere in dubbio un'affermazione ♦ *er bestreitet, dort gewesen zu sein* nega di essere stato là. ***2*** finanziare; sostenere (spese) ♦ *sein Studium bestreiten* finanziare i propri studi. ***3*** portare avanti, sostenere (spettacoli, gare, ecc).

bestreuen [bəˈʃtrɔyən] *(vt,* hat*)* ~ cospargere ♦ *einen Kuchen mit Vanillenzucker bestreuen* cospargere un dolce di zucchero vanigliato.
bestürmen [bəˈʃtʏrmən] *(vt,* hat*)* ***1*** attaccare, assalire *(anche mil)*. ***2*** {*jmdn mit etwas* ~} *(fig)* tempestare, assalire qcn di qcs ♦ *jmdn mit Fragen bestürmen* tempestare qcn di domande.
bestürzen [bəˈʃtʏrtsən] *(vt,* hat*)* ~ sconvolgere, costernare, sconcertare, lasciare sgomento.
bestürzt [bəˈʃtʏrtst] *(agg)* ~ sconvolto, costernato, sgomento.
Bestürzung [bəˈʃtʏrtsʊŋ] *(f; -)* ~ sconcerto, sgomento, costernazione.
Besuch [bəˈzuːx] *(m;* -(e)s, -e*)* ***1*** visita ♦ *jmdm einen Besuch machen* fare una visita a qcn. ***2*** partecipazione, il frequentare ♦ *der Besuch der Messe* la partecipazione alla messa ♦ *der Besuch der Schule* il frequentare la scuola. ***3*** visite, ospiti ♦ *Besuch erwarten, haben* aspettare, avere visite. ◆ (**bei jmdm**) **auf/zu Besuch sein** essere in visita da qcn.
besuchen [-ən] *(vt,* hat*)* ***1*** andare a trovare, visitare ♦ *einen Freund besuchen* andare a trovare un amico ♦ *jmdn im Krankenhaus besuchen* andare a trovare qcn in ospedale ♦ *wann kommst du mich besuchen?* quando vieni a trovarmi? ***2*** frequentare ♦ *die Schule besuchen* frequentare la scuola. ***3*** visitare; andare a, partecipare a ♦ *ein Konzert besuchen* andare a un concerto ♦ *ein Museum besuchen* visitare un museo.
Besucher [-ɐ] *(m;* -s, -; *f* **-in***)* ***1*** visitatore; ospite. ***2*** spettatore, partecipante.
betagt [bəˈtaːkt] *(agg)* ~ attempàto.
betätigen [bəˈtɛːtɪgən] *(vt,* hat*)* ~ azionare ♦ *einen Hebel betätigen* azionare una leva. ◆ **sich betätigen** *(vr)* lavorare, essere attivo ♦ *sich politisch betätigen* essere attivo politicamente.
Betätigung [bəˈtɛːtɪgʊŋ] *(f;* -, -en*)* ***1*** *(solo sing)* azionamento. ***2*** attività ♦ *politische Betätigung* attività politica.
betäuben [bəˈtɔybən] *(vt,* hat*)* ***1*** anestetizzare, narcotizzare. ***2*** stordire, intontire. ***3*** *(fig)* reprimere, mettere a tacere (pensieri, sentimenti, ecc).
betäubend [-t] *(agg)* ***1*** inebriante; che stordisce. ***2*** assordante.
Betäubung [bəˈtɔybʊŋ] *(f;* -, -en*)* ***1*** anestesia, narcosi ♦ *örtliche Betäubung* anestesia locale. ***2*** stordimento, intontimento.
Betäubungsmittel [-sˌmɪtəl] *(n;* -s, -*)* ~ anestetico, narcotico.
beteiligen [bəˈtailɪgən] *(vt,* hat*)* ~ {*jmdn an etwas* (Dat) ~} far partecipare qcn a qcs. ◆ **an etwas** (Dat) **beteiligt sein** ***1*** partecipare a qcs; essere socio di qcs ♦ *an einer Firma beteiligt sein* essere socio di una ditta. ***2*** essere coinvolto in qcs (reati e sim). ◆ **sich an etwas** (Dat) **beteiligen** *(vr)* contribuire, partecipare a qcs.
Beteiligte(r) [bəˈtailɪçtə (-tɐ)] *(m/f;* -n, -n*)* ~ interessato/a.
Beteiligung [bəˈtailɪgʊŋ] *(f;* -, -en*)* ~ partecipazione (anche economica) ♦ *die Beteiligung an etwas* (Dat) la partecipazione a qcs.
beten [ˈbeːtən] *(vi/vt,* hat*)* ***1*** {*(für jmdn)* ~} *(vi)* pregare (per qcn). ***2*** *(vt)* dire (preghiere) ♦ *das Vaterunser beten* dire il padrenostro. ◆ **zu Gott beten** pregare Dio.
beteuern [bəˈtɔyɐn] *(vt,* hat*)* ~ {*(jmdm) etwas* ~} dichiarare, ribadire qcs (a qcn) ♦ *seine Unschuld beteuern* dichiarare la propria innocenza.
Beton [beˈtɔŋ] *(m;* -s, -s*)* ~ calcestruzzo ♦ *armierter Beton* cemento armato.
betonen [bəˈtoːnən] *(vt,* hat*)* ***1*** *(fon)* accentare. ***2*** *(fig)* sottolineare, porre l'accento su qcs ♦ *ich möchte betonen, dass* vorrei sottolineare che.
Betonung [bəˈtoːnʊŋ] *(vt,* hat*)* ***1*** *(fon)* accentazione; accento ♦ *die Betonung liegt auf der zweiten Silbe* l'accento è sulla seconda sillaba. ***2*** *(fig)* accento, risalto, messa in risalto.
betören [bəˈtøːrən] *(vt,* hat*)* ~ {*jmdn* ~} sedurre qcn, far perdere la testa a qcn.
Betracht [bəˈtraxt] *(m;* -s*)* ~ **außer Betracht bleiben** essere fuori discussione. ◆ **jmdn/etwas außer Betracht lassen** non tener conto di qcn/qcs. ◆ **in Betracht kommen** essere preso in considerazione. ◆ **jmdn/etwas in Betracht ziehen** prendere in considerazione.
betrachten [-ən] *(vt,* hat*)* ***1*** {*jmdn/etwas* ~} guardare (attentamente), osservare

qcn/qcs ♦ *etwas aus der Nähe betrachten* osservare qcs da vicino. ***2*** {*jmdn/etwas als etwas* (Acc) ~} considerare qcn/qcs in un certo modo ♦ *ich betrachte ihn als meinen besten Freund* lo considero il mio migliore amico. ***3*** *(fig)* valutare, considerare ♦ *etwas objektiv betrachten* valutare oggettivamente qcs. ◆ **sich im Spiegel betrachten** *(vr)* guardarsi allo specchio.

Betrachter [-ɐ] *(m; -s, -; f* **-in***)* ~ osservatore.

beträchtlich [bəˈtrɛçtlɪç] *(agg)* ***1*** considerevole, notevole. ***2*** *(avv)* considerevolmente, notevolmente, molto. ◆ **um ein Beträchtliches** († **beträchtliches**) notevolmente.

Betrachtung [bəˈtraxtʊŋ] *(f; -, -en)* ***1*** osservazione (l'osservare) ♦ *bei genauerer Betrachtung* a un'osservazione più attenta. ***2*** *(fig)* riflessione, considerazione ♦ *Betrachtungen über etwas* (Acc) *anstellen* riflettere su qcs.

Betrag [bəˈtraːk] *(m; -(e)s, -träge)* ~ somma (di denaro), importo ♦ *eine Rechnung im Betrag(e) von 100 Euro* un conto dell'importo di 100 euro.

betragen [bəˈtraːgən] *(vt, hat; irr tragen)* ~ ammontare, essere (di una certa cifra) ♦ *der Preis beträgt 100 Euro* il prezzo ammonta a 100 euro ♦ *die Höhe beträgt 10 Meter* l'altezza è di 10 metri. ◆ **sich betragen** *(vr)* comportarsi ♦ *sich gut, schlecht betragen* comportarsi bene, male.

Betreff [bəˈtrɛf] *(m; -(e)s, -e)* ~ *(comm)* oggetto, contenuto.

betreffen [-ən] *(vt, hat; irr treffen)* ***1*** riguardare, concernere ♦ *was mich betrifft* per quanto mi riguarda. ***2*** {*jmdn* ~} *(fig/lett)* colpire qcn (calamità, disgrazie, ecc).

betreffend [-ənt] *(agg)* ***1*** riguardante, concernente ♦ *die unser Gespräch betreffende Mitteilung* la comunicazione riguardante il nostro colloquio. ***2*** in questione; competente ♦ *der betreffende Beamte* il funzionario competente.

betreiben [bəˈtraibən] *(vt, hat; irr treiben)* ***1*** esercitare, praticare (attività) ♦ *Ackerbau betreiben* praticare l'agricoltura. ***2*** portare avanti, sollecitare (progetti, opere, ecc). ***3*** azionare, avviare (macchinari). ◆ **auf jmds Betreiben (hin)**, **auf Betreiben von jmdm** su iniziativa di qcn.

betreten[1] [bəˈtreːtən] *(vt, hat; irr treten)* ***1*** calpestare ♦ *den Rasen nicht betreten* vietato calpestare il prato. ***2*** entrare in ♦ *ein Zimmer betreten* entrare in una stanza.

betreten[2] *(agg)* ~ imbarazzato, confuso ♦ *über etwas* (Acc) *betreten sein* essere imbarazzato per qcs.

betreuen [bəˈtrɔyən] *(vt, hat)* ~ {*jmdn/etwas* ~} occuparsi di qcn/qcs, seguire, assistere qcn/qcs ♦ *einen Kranken betreuen* assistere un malato.

Betreuer [bəˈtrɔyɐ] *(m; -s, -; f* **-in***)* ~ assistente.

Betreuung [bəˈtrɔyʊŋ] *(f; -)* ~ assistenza ♦ *ärztliche Betreuung* assistenza medica.

Betrieb [bəˈtriːp] *(m; -(e)s, -e)* ***1*** impresa, azienda ♦ *ein privater, staatlicher Betrieb* un'azienda privata, statale. ***2*** funzionamento (di macchinari e sim) ♦ *außer Betrieb sein, setzen* essere, mettere fuori servizio ♦ *in Betrieb sein, setzen* essere, mettere in funzione. ***3*** traffico, viavai, movimento.

betrieblich [-lɪç] *(agg)* ~ aziendale.

betriebsam [-ˌzaːm] *(agg)* ~ laborioso, operoso.

Betriebssystem [-szʏsˌteːm] *(n; -s, -e)* ~ *(elab)* sistema operativo.

Betriebsunfall [-sˌʔʊnfal] *(m; -(e)s, -fälle)* ***1*** incidente sul lavoro, infortunio. ***2*** *(fam)* incidente di percorso (gravidanza indesiderata).

betrinken [bəˈtrɪŋkən] *(vr, hat; irr trinken)* ~ **sich betrinken** ubriacarsi.

betroffen [bəˈtrɔfən] *(agg)* ~ costernato, colpito, toccato.

Betroffene(r) [-ə (-ɐ)] *(m/f; -n, -n)* ~ chi è coinvolto, colpito da qcs ♦ *nach dem Erdbeben wurden Zelte für die Betroffenen aufgestellt* dopo il terremoto furono montate delle tende per la popolazione colpita.

betrüben [bəˈtryːbən] *(vt, hat)* ~ rattristare, affliggere.

betrüblich [bəˈtryːplɪç] *(agg)* ~ triste (notizia, fatto, ecc).

betrübt [bə'try:pt] *(agg)* ~ rattristato, afflitto ♦ *über etwas* (Acc) *betrübt sein* essere rattristato per qcs.

Betrug [bə'tru:k] *(m; -(e)s, -trüge)* ~ inganno, imbroglio, truffa ♦ *Betrug begehen* compiere una truffa. ◆ **ein frommer Betrug** *(fig)* una pia illusione.

betrügen [bə'try:gən] *(vt, hat; irr trügen) 1* ingannare, imbrogliare, truffare. *2* barare ♦ *beim/im Spiel betrügen* barare al gioco. *3* tradire (partner). *4* {*jmdn um etwas ~*} sottrarre qcs a qcn con l'inganno ♦ *er hat ihn um sein ganzes Vermögen betrogen* gli ha sottratto tutto il suo patrimonio con l'inganno. ◆ **sich betrügen** *(vr)* illudersi.

Betrüger [bə'try:gɐ] *(m; -s, -; f* **-in***)* ~ imbroglione, truffatore.

betrunken [bə'trʊŋkən] *(agg)* ~ ubriaco ♦ *sinnlos/völlig betrunken* ubriaco fradicio.

Betrunkenheit [-ˌhait] *(f; -)* ~ ubriachezza.

Bett [bɛt] *(n; -(e)s, -en) 1* letto ♦ *das Bett machen* rifare il letto ♦ *ins Bett gehen* andare a letto ♦ *mit jmdm ins Bett gehen (fam)* andare a letto con qcn ♦ *sich ins Bett legen* mettersi a letto ♦ *im Bett liegen* essere a letto ♦ *zu Bett gehen* andare a dormire. *2* letto, alveo (di fiume).

Bettdecke [-ˌdɛkə] *(f; -, -n)* ~ coperta.

betteln [-əln] *(vi, hat) 1* {*(um etwas) ~*} mendicare, elemosinare (qcs); chiedere l'elemosina. *2* {*um etwas ~*} *(fig)* elemosinare, chiedere con insistenza qcs.

betten [-ən] *(vt, hat)* ~ adagiare, distendere ♦ *einen Verletzten auf eine Bahre betten* distendere un ferito su una barella. ◆ **sich betten** *(vr)* distendersi, sdraiarsi.

Bettlaken [-ˌla:kən] *(n; -s, -)* ~ lenzuolo.

Bettler [-lɐ] *(m; -s, -; f* **-in***)* ~ mendicante, accattone.

Betttuch, **Bett-Tuch** († **Bettuch**) [-ˌtu:x] *(n; -(e)s, -tücher)* ~ lenzuolo.

Bettung [-ʊŋ] *(f; -, -en)* ~ massicciata.

Bettvorleger [-fo:ɐˌle:gɐ] *(m; -s, -)* ~ scendiletto.

Bettwäsche [-ˌvɛʃə] *(f, -)* ~ biancheria per il letto (lenzuola e federe).

beugen ['bɔygən] *(vt, hat) 1* piegare, curvare, incurvare ♦ *den Arm, den Kopf beugen* piegare il braccio, la testa. *2 (fig)* {*jmdn/etwas ~*} piegare, sottomettere. *3 (ling)* flettere. ◆ **sich beugen** *(vr) 1* piegarsi, curvarsi ♦ *sich nach vorn beugen* piegarsi in avanti. *2* {*sich (vor) jmdm/etwas ~*} *(fig)* piegarsi di fronte a qcn/qcs, sottomettersi a qcn/qcs.

Beugung ['bɔygʊŋ] *(f; -, -en)* ~ piegamento, flessione *(anche ling)*.

Beule ['bɔylə] *(f; -, -n) 1* gonfiore, bernoccolo ♦ *eine Beule am Kopf* un bernoccolo sulla testa. *2* ammaccatura.

beunruhigen [bə'ʔʊnˌru:ɪgən] *(vt, hat)* ~ inquietare, preoccupare. ◆ **sich um jmdn/etwas (wegen jmds/etwas) beunruhigen** *(vr)* inquietarsi, preoccuparsi per qcn/qcs.

beurlauben [bə'ʔu:ɐˌlaubən] *(vt, hat) 1* {*jmdn ~*} concedere un periodo di ferie a qcn. *2* sospendere (temporaneamente) da una carica.

beurteilen [bə'ʔʊrˌtailən] *(vt, hat)* ~ {*jmdn/etwas (nach etwas) ~*} giudicare qcn/qcs (sulla base di qcs) ♦ *jmdn/etwas falsch, richtig, streng beurteilen* giudicare qcn/qcs in modo sbagliato, giusto, severo ♦ *das ist schwer zu beurteilen* questo è difficile da giudicare.

Beurteilung [bə'ʔʊrˌtailʊŋ] *(f; -, -en)* ~ giudizio, valutazione.

Beute ['bɔytə] *(f; -) 1* bottino ♦ *fette Beute machen* fare un ricco bottino. *2* preda. *3 (fig/lett)* vittima, preda ♦ *jmdm/etwas zur Beute fallen* cadere preda di qcn/qcs. ◆ **auf Beute ausgehen** *1* andare in cerca di bottino (ladri). *2* andare in cerca di preda (animali).

Beutel [-l] *(m; -s, -) 1* borsa, sacchetto (spec di stoffa). *2* borsellino, portafogli ♦ *den Beutel ziehen* metter mano al portafogli. *3* bustina (di tè e sim). *4 (zool)* marsupio. ◆ **tief in den Beutel greifen (müssen)** *(fig/fam)* (dovere) pescare a fondo nelle tasche, spendere molto.

Beuteltier [-lˌti:ɐ] *(n; -(e)s, -e)* ~ marsupiale.

bevölkern [bə'fœlkɐn] *(vt, hat) 1* popolare, abitare, colonizzare ♦ *ein Gebiet bevölkern* popolare un territorio. *2 (fig)* animare, affollare ♦ *eine Straße, einen Urlaubsort bevölkern* affollare una strada, una località di vacanza. ◆ **sich (mit jmdm/etwas) bevölkern** *(vr)* popolarsi, affollarsi (di qcn/qcs) *(anche fig)* ♦ *jeden*

Sommer bevölkern sich die Urlaubsorte mit Touristen wieder ogni estate le località di vacanza si popolano di nuovo di turisti.

Bevölkerung [bəˈfœlkərʊŋ] *(f; -, -en)* ~ popolazione (popolo), abitanti ♦ *die einheimische Bevölkerung* la popolazione nativa.

bevollmächtigen [bəˈfɔlˌmɛçtɪgən] *(vt, hat)* ~ {*jmdn zu etwas* ~} delegare qcn a fare qcs ♦ *jmdn bevollmächtigen, etwas zu tun* conferire a qcn la delega per fare qcs.

Bevollmächtigung [bəˈfɔlˌmɛçtɪgʊŋ] *(f; -, -en)* ~ delega, conferimento di una delega.

bevor [bəˈfoːɐ] *(congiunz)* ~ prima di ♦ *bevor ich abreise, möchte ich noch ein paar Sachen erledigen* prima di partire vorrei sbrigare ancora un paio di cose.

bevormunden [-ˌmʊndən] *(vt, hat)* **1** porre sotto tutela (persone). **2** {*jmdn* ~} *(fig)* decidere per qcn ♦ *sich von niemandem bevormunden lassen* non permettere che altri decidano per noi.

Bevormundung [-ˌmʊndʊŋ] *(f; -, -en)* **1** tutela. **2** *(fig)* influenza.

bevor|stehen *(vi, hat; irr stehen)* **1** essere imminente. **2** {*jmdm* ~} attendere qcn (eventi del destino e sim) ♦ *ihm steht eine harte Prüfung bevor* lo attende una dura prova.

bevorstehend [-ʃteːənt] *(agg)* ~ imminente.

bevorteilen [-ˌtailən] *(vt, hat)* ~ favorire, avvantaggiare.

bevorzugen [-ˌtsuːgən] *(vt, hat)* **1** preferire ♦ *ich bevorzuge Olivenöl* preferisco l'olio d'oliva. **2** {*jmdn (vor jmdm)* ~} favorire, privilegiare qcn (a scapito di qcn altro).

bevorzugt [-ˌtsuːkt] *(agg)* **1** privilegiato. **2** preferenziale (trattamento). **3** *(avv)* preferibilmente; con trattamento preferenziale.

Bevorzugung [-ˌtsuːgʊŋ] *(f; -, -en)* ~ preferenza, trattamento preferenziale, favoritismo.

bewachen [bəˈvaxən] *(vt, hat)* ~ {*jmdn/etwas* ~} sorvegliare, fare la guardia a qcn/qcs.

Bewachung [bəˈvaxʊŋ] *(f; -, -en)* **1** sorveglianza ♦ *jmdn/etwas unter Bewachung stellen* mettere qcn/qcs sotto sorveglianza. **2** *(concr)* sorveglianza, sorveglianti.

bewaffnen [bəˈvafnən] *(vt, hat)* ~ armare ♦ *bis an die Zähne bewaffnet* armato fino ai denti. ◆ **sich bewaffnen** *(vr)* **1** armarsi. **2** {*sich mit etwas* ~} *(fig/fam)* armarsi, munirsi di qcs.

bewahren [bəˈvaːrən] *(vt, hat)* **1** {*jmdn/etwas vor etwas* (Dat) ~} proteggere qcn/qcs da qcs ♦ *jmdn vor einer Gefahr bewahren* proteggere qcn da un pericolo. **2** conservare, custodire. **3** mantenere, conservare ♦ *über etwas* (Acc) *Stillschweigen bewahren* mantenere il silenzio su qcs. ◆ **sich bewahren** *(vr)* conservarsi, matenersi, perpetuarsi. ◆ **etwas im Gedächtnis bewahren** tenere a mente qcs. ◆ **(Gott) bewahre!** *(fam)* nemmeno per idea! Dio ce ne scampi!

bewähren [bəˈvɛːrən] *(vr, hat)* ~ **sich bewähren** *(vr)* **1** dimostrarsi adatto, affidabile. **2** {*sich als etwas* (Nom) ~} rivelarsi ♦ *sich als guter Freund bewähren* rivelarsi un buon amico.

bewahrheiten [bəˈvaːɐˌhaitən] *(vr, hat)* ~ **sich bewahrheiten** *(vr)* rivelarsi giusto/esatto, avverarsi.

Bewahrung [bəˈvaːrʊŋ] *(f; -)* **1** protezione. **2** conservazione.

Bewährung [bəˈvɛːrʊŋ] *(f; -, -en)* **1** prova, dimostrazione (di una capacità). **2** *(dir)* condizionale ♦ *eine Strafe auf/zur Bewährung aussetzen* concedere la condizionale.

bewältigen [bəˈvɛltɪgən] *(vt, hat)* **1** superare, risolvere (difficoltà); sbrigare, portare a termine (compiti, lavori, ecc) ♦ *ein Problem bewältigen* risolvere un problema. **2** *(fig)* superare (psicologicamente) ♦ *die Vergangenheit bewältigen* superare il passato.

Bewältigung [bəˈvɛltɪgʊŋ] *(f; -, -en)* **1** superamento (di difficoltà). **2** disbrigo, esecuzione (di compiti, lavori, ecc).

bewandert [bəˈvandɐt] *(agg)* ~ esperto, navigato ♦ *in etwas* (Dat), *auf einem Gebiet bewandert sein* essere esperto in qcs, in un campo.

Bewandtnis [bəˈvantnɪs] *(f)* ~ **mit jmdm/etwas hat es eine besondere/(s)eine ei-**

gene/folgende Bewandtnis con qcn/qcs le cose stanno in un modo particolare/nel modo seguente ♦ *was hat es damit für eine Bewandtnis?* come stanno le cose?

bewässern [bə'vɛsɐn] *(vt,* hat*)* ~ irrigare.

Bewässerung [bə'vɛsərʊŋ] *(f;* -, -en*)* ~ irrigazione.

bewegen[1] [bə've:gən] *(vt,* hat*)* ***1*** muovere ♦ *einen Arm bewegen* muovere un braccio. ***2*** *(fig)* commuovere. ◆ **sich bewegen** *(vr)* muoversi *(anche fig)*; fare del moto ♦ *sich langsam, schnell bewegen* muoversi lentamente, velocemente.

bewegen[2] *(vt,* hat; **bewog**, **bewogen***)* ~ {*jmdn zu etwas* ~}, {*jmdn* ~, *etwas zu tun*} indurre, spingere qcn a fare qcs ♦ *sie hat ihn zur sofortigen Abreise bewogen; sie hat ihn dazu bewogen, sofort abzureisen* l'ha spinto a partire subito.

Beweggrund [bə've:kˌgrʊnt] *(m;* -(e)s, -gründe*)* ~ movente, motivo.

beweglich [bə've:klɪç] *(agg)* ***1*** mobile *(anche econ)* ♦ *bewegliche Güter* beni mobili. ***2*** *(fig)* vivace, sveglio.

Beweglichkeit [-ˌkait] *(f;* -*)* ***1*** mobilità. ***2*** *(fig)* vivacità.

bewegt [bə've:kt] *(agg)* ***1*** mosso (mare). ***2*** turbolento, movimentato. ***3*** *(fig)* commosso.

Bewegung [bə've:gʊŋ] *(f;* -, -en*)* ***1*** movimento, moto ♦ *eine plötzliche Bewegung machen* fare un movimento improvviso ♦ *sich in Bewegung setzen* mettersi in moto ♦ *sich* (Dat) *Bewegung machen* fare del moto. ***2*** *(fig)* commozione. ***3*** movimento ♦ *politische, religiöse Bewegung* movimento politico, religioso.

bewegungslos [-sˌlo:s] *(agg)* ~ immobile.

beweinen [bə'vainən] *(vt,* hat*)* ~ {*jmdn* ~} piangere qcn.

Beweis [bə'vais] *(m;* -(e)s, -e*)* ***1*** dimostrazione, prova ♦ *einen Beweis für etwas beibringen/führen/liefern* fornire, addurre una prova di qcs. ***2*** prova, segno, dimostrazione ♦ *jmdm einen Beweis seiner Hochachtung geben* dare a qcn una dimostrazione della propria stima.

beweisen [bə'vaizən] *(vt,* hat; *irr* weisen*)* ~ {*(jmdm) etwas* ~} dimostrare, provare qcs (a qcn) ♦ *seine Unschuld beweisen* dimostrare la propria innocenza ♦ *ich kann dir beweisen, dass du dich geirrt hast* sono in grado di dimostrarti che ti sei sbagliato ♦ *es ist bewiesen, dass* è dimostrato che.

Beweisstück [bə'vaisˌʃtʏk] *(n;* -(e)s, -e*)* ~ prova (elemento di prova).

bewenden [bə'vɛndən] *(v)* ~ **es bei/mit etwas bewenden lassen** accontentarsi di qcs. ◆ **damit mag es sein Bewenden haben** la cosa finisce qui.

bewerben [bə'vɛrbən] *(vr,* hat; *irr* werben*)* ~ **sich bewerben** ***1*** {*sich (um etwas)* ~} candidarsi, aspirare a qcs ♦ *sich um eine Stelle bewerben* candidarsi, fare domanda per un posto. ***2*** {*sich (als etwas)* ~} candidarsi, fare domanda per essere assunto (in qualità di) ♦ *sie hat sich als Bürokauffrau beworben* ha fatto domanda per essere assunta come segretaria d'azienda.

Bewerbung [bə'vɛrbʊŋ] *(f;* -, -en*)* ***1*** candidatura. ***2*** domanda di assunzione.

bewerfen [bə'vɛrfən] *(vt,* hat; *irr* werfen*)* ***1*** {*jmdn/etwas mit etwas* ~} gettare, tirare qcs addosso a qcn/qcs ♦ *jmdn mit Konfetti bewerfen* tirare i coriandoli a qcn ♦ *jmdn mit Steinen bewerfen* prendere qcn a sassate. ***2*** intonacare. ◆ **jmdn mit Schmutz bewerfen** *(fig)* gettar fango addosso a qcn.

bewerkstelligen [bə'vɛrkˌʃtɛlɪgən] *(vt,* hat*)* ~ realizzare, attuare, eseguire.

bewerten [bə've:ɐtən] *(vt,* hat*)* ***1*** {*etwas* ~} valutare, stimare; dare un voto a qcs ♦ *ein Haus mit 300.000 Euro bewerten* stimare una casa 300.000 euro ♦ *ein Referat mit einer „1" bewerten* dare "ottimo" a una relazione. ***2*** {*jmdn nach etwas* ~} giudicare qcn sulla base di qcs.

Bewertung [bə've:ɐtʊŋ] *(f;* -, -en*)* ***1*** valutazione, stima. ***2*** giudizio, voto.

bewilligen [bə'vɪlɪgən] *(vt,* hat*)* ~ concedere, accordare, autorizzare (ufficialmente).

Bewilligung [bə'vɪlɪgʊŋ] *(f;* -, -en*)* ~ concessione, autorizzazione (ufficiale).

bewirken [bə'vɪrkən] *(vt,* hat*)* ~ provocare, causare, determinare.

bewirten [bə'vɪrtən] *(vt,* hat*)* ~ {*jmdn mit etwas* ~} offrire qcs a qcn (cibo, bevande).

bewirtschaften [bəˈvɪrtʃaftən] *(vt, hat)* ***1*** gestire (spec ristoranti e sim), amministrare, dirigere. ***2*** coltivare (terreni). ***3*** razionare.

bewog [bəˈvoːk] ~ pret di **bewegen²**.

bewogen [bəˈvoːgən] ~ part pass di **bewegen²**.

bewohnen [bəˈvoːnən] *(vt, hat)* ~ abitare ♦ *ein Haus, eine Insel bewohnen* abitare una casa, un'isola.

Bewohner [bəˈvoːnɐ] *(m; -s, -; f* **-in***)* ~ abitante.

bewölken [bəˈvœlkən] *(vr, hat)* ~ **sich bewölken** rannuvolarsi *(anche fig)*.

bewölkt [bəˈvœlkt] *(agg)* ~ nuvoloso ♦ *leicht, stark bewölkt* poco, molto nuvoloso.

Bewölkung [bəˈvœlkʊŋ] *(f; -, -en)* ~ rannuvolamento; nuvolosità.

bewundern [bəˈvʊndɐn] *(vt, hat)* ~ ammirare.

bewundernswert [-sˌveːɐt] *(agg)* ~ ammirevole.

Bewunderung [bəˈvʊndərʊŋ] *(f; -, raro -en)* ~ ammirazione.

bewusst († **bewußt**) [bəˈvʊst] *(agg)* ***1*** consapevole, cosciente (persona). ***2*** consapevole, intenzionale (gesti, azioni, ecc). ***3*** citato, in questione ♦ *das bewusste Lokal* il locale in questione. ***4*** *(avv)* consapevolmente; intenzionalmente. ◆ **jmdm etwas bewusst machen** († **bewußtmachen**) rendere chiaro qcs a qcn. ◆ **jmdm bewusst sein, werden** essere, diventare chiaro a qcn ♦ *mir ist mein Fehler bewusst geworden* ho riconosciuto il mio errore. ◆ **sich** (Dat) **einer Sache** (Gen) **bewusst sein** essere consapevole di una cosa ♦ *ich bin mir meines Fehlers bewusst* sono consapevole del mio errore.

Bewusstheit († **Bewußtheit**) [-ˌhait] *(f; -)* ~ consapevolezza, coscienza.

bewusstlos († **bewußtlos**) [-ˌloːs] *(agg)* ~ incosciente, svenuto, privo di sensi.

Bewusstlosigkeit († **Bewußt-**) [-ˌloːzɪçkait] *(f; -)* ~ stato d'incoscienza, svenimento ♦ *in tiefer Bewusstlosigkeit liegen* giacere in uno stato di profonda incoscienza.

bewußtmachen ~ **bewusst machen** (vedi **bewusst**).

Bewusstsein († **Bewußt-**) [-ˌzain] *(n; -s)* ***1*** coscienza, conoscenza, sensi ♦ *das Bewusstsein verlieren, wiedererlangen* perdere, riprendere conoscenza. ***2*** consapevolezza ♦ *das Bewusstsein seiner Stärke* la consapevolezza della sua forza. ◆ **bei/mit vollem Bewusstsein** in piena consapevolezza. ◆ **jmdm zum Bewusstsein kommen** diventare chiaro a qcn.

bezahlen [bəˈtsaːlən] *(vt, hat)* ***1*** pagare (persona, cosa o somma) ♦ *etwas (in) bar, mit Kreditkarte, mit Scheck bezahlen* pagare qcs in contanti, con la carta di credito, con un assegno ♦ *den Anstreicher bezahlen* pagare l'imbianchino ♦ *100 Euro bezahlen* pagare 100 euro. ***2*** {*jmdm etwas ~*} pagare qcs a qcn ♦ *jmdm das Essen, 100 Euro bezahlen* pagare il pranzo, 100 euro a qcn. ***3*** *(fig)* pagare ♦ *etwas teuer, mit dem Leben bezahlen müssen* dover pagare qcs a caro prezzo, con la vita. ◆ **sich bezahlt machen** ripagarsi, valere la pena.

Bezahlung [bəˈtsaːlʊŋ] *(f; -, -en)* ***1*** pagamento. ***2*** paga, stipendio.

bezähmen [bəˈtsɛːmən] *(vt, hat)* ~ dominare, frenare (sentimenti). ◆ **sich bezähmen** *(vr)* dominarsi, frenarsi.

bezaubern [bəˈtsaubɐn] *(vt, hat)* ~ affascinare, incantare.

bezaubernd [-t] *(agg)* ~ affascinante, incantevole.

bezeichnen [bəˈtsaiçnən] *(vt, hat)* ***1*** {*jmdn/etwas als etwas ~*} definire, qualificare, chiamare qcn/qcs in un certo modo ♦ *jmdn als seinen Freund, als Lügner bezeichnen* definire qcn un amico, un bugiardo. ***2*** designare, denominare ♦ *das Wort „Brezel" bezeichnet ein salziges Gebäck* la parola "Brezel" designa un prodotto da forno salato.

bezeichnend [-t] *(agg)* ~ caratteristico, tipico ♦ *für jmdn/etwas bezeichnend sein* essere tipico di qcn/qcs.

Bezeichnung [bəˈtsaiçnʊŋ] *(f; -, -en)* ***1*** indicazione (l'indicare). ***2*** definizione, concetto ♦ *die passende Bezeichnung für etwas* la definizione adatta per qcs.

bezeigen [bəˈtsaigən] *(vt, hat)* ~ {*jmdm etwas ~*} *(lett)* manifestare, esprimere qcs a qcn (sentimenti e sim). ◆ **sich bezeigen** *(vr) (lett)* mostrarsi, dimostrarsi ♦ *sich dankbar bezeigen* dimostrarsi grato.

Bezeigung [bə'tsaigʊŋ] *(f; -, -en)* ~ *(lett)* manifestazione, espressione (di sentimenti e sim).
bezeugen [bə'tsɔygən] *(vt,* hat*)* ***1*** testimoniare ♦ *ich kann seine Unschuld bezeugen* posso testimoniare la sua innocenza ♦ *ich kann bezeugen, dass er unschuldig ist* posso testimoniare che è innnocente. ***2*** attestare, documentare. ***3*** {*jmdm etwas* ~} manifestare, esprimere qcs a qcn (sentimenti e sim).
Bezeugung [bə'tsɔygʊŋ] *(f; -, -en)* ***1*** testimonianza. ***2*** manifestazione (di sentimenti e sim).
bezichtigen [bə'tsɪçtɪgən] *(vt,* hat*)* ~ accusare, incolpare.
beziehen [bə'tsiːən] *(vt,* hat; *irr* ziehen*)* ***1*** rivestire, ricoprire (con teli e sim). ***2*** trasferirsi in, andare ad abitare in ♦ *eine Wohnung beziehen* trasferirsi in un appartamento. ***3*** ricevere (regolarmente); percepire (stipendi e sim). ◆ **sich auf jmdn/etwas beziehen** *(vr)* ***1*** riferirsi a qcn/qcs ♦ *ich beziehe mich auf Ihre letzte Mitteilung* mi riferisco alla Sua ultima comunicazione. ***2*** riferirsi a, riguardare qcn/qcs ♦ *meine Bemerkung bezieht sich nicht auf dich* la mia osservazione non si riferisce a te.
Beziehung [bə'tsiːʊŋ] *(f; -, -en)* ~ rapporto, relazione ♦ *eine freundschaftliche Beziehung* un rapporto amichevole ♦ *die Beziehungen zu jmdm abbrechen* interrompere i rapporti con qcn ♦ *Beziehungen zu jmdm anknüpfen* stringere rapporti con qcn. ◆ **etwas zu etwas in Beziehung bringen/setzen** mettere qcs in relazione con qcs altro. ◆ **mit jmdm/etwas in Beziehung stehen** essere in relazione con qcn/qcs, avere a che fare con qcn/qcs. ◆ **in dieser Beziehung** sotto questo aspetto. ◆ **in jeder Beziehung** sotto ogni aspetto. ◆ **in mancher Beziehung** sotto molti aspetti.
beziehungsweise [-sˌvaizə] *(congiunz) (abbrev* **bzw.***)* ***1*** o meglio, più esattamente ♦ *sie ist meine Tante beziehungsweise meine Großtante* è mia zia, o meglio la mia prozia. ***2*** rispettivamente ♦ *sie haben eins beziehungsweise zwei Kinder* hanno rispettivamente uno e due figli.
Bezirk [bə'tsɪrk] *(m; -(e)s, -e)* ~ distretto; distretto amministrativo.
Bezug [bə'tsuːk] *(m; -(e)s, -züge)* ***1*** consegna, recapito (regolare); riscossione (di stipendio e sim). ***2*** *(solo pl)* entrate, reddito. ***3*** rivestimento, fodera. ◆ **in Bezug** († **bezug**) **auf etwas** (Acc) rispetto a qcs, riguardo a qcs. ◆ **auf etwas** (Acc) **Bezug nehmen** riferirsi a qcs.
bezüglich[1] [bə'tsyːklɪç] *(agg)* ~ {*(auf jmdn/etwas)* ~} relativo, riguardante, concernente (qcn/qcs) ♦ *Ihre darauf bezügliche Mitteilung* la Sua comunicazione in proposito. ◆ **bezügliches Fürwort** *(gramm)* pronome relativo.
bezüglich[2] *(prep* + Gen; *al plurale* + Dat, *se il* Gen *non è marcato)* ~ riguardo a, relativamente a ♦ *bezüglich Ihres Angebotes* riguardo alla Sua offerta.
bezwecken [bə'tsvɛkən] *(vt,* hat*)* ~ {*etwas* ~} mirare a qcs.
bezweifeln [bə'tsvaifəln] *(vt,* hat*)* ~ {*etwas* ~} dubitare di qcs, mettere in dubbio qcs ♦ *die Richtigkeit einer Aussage bezweifeln* mettere in dubbio l'esattezza di un'affermazione ♦ *das bezweifle ich* ne dubito ♦ *ich bezweifle, dass* dubito che.
bezwingen [bə'tsvɪŋən] *(vt,* hat; *irr* zwingen*)* ***1*** vincere, sconfiggere. ***2*** *(fig)* vincere, dominare, superare (difficoltà, sentimenti, ecc). ◆ **sich bezwingen** *(vr)* dominarsi.
Bezwingung [bə'tsvɪŋʊŋ] *(f; -, raro -en)* ***1*** vittoria (su qcn/qcs), sottomissione (di qcn/qcs). ***2*** *(fig)* superamento (di difficoltà, sentimenti, ecc).
BH [ˌbeː'haː] *(m; -s, -s)* ~ *(fam)* abbrev di **Büstenhalter**.
Bibel ['biːbəl] *(f; -, -n)* ***1*** Bibbia. ***2*** *(fig)* bibbia, vangelo. ◆ **das steht schon in der Bibel** *(fig/fam)* questo lo sanno tutti.
Biber ['biːbɐ] *(m; -s, -)* ~ castoro.
Bibliografie *(anche* **Bibliographie***)* [bibliogra'fiː] *(f; -, -n)* ~ bibliografia.
bibliografisch *(anche* **bibliographisch***)* [biblio'graːfɪʃ] *(agg)* ~ bibliografico.
Bibliothek [biblio'teːk] *(f; -, -en)* ~ biblioteca.
biblisch ['biːblɪʃ] *(agg)* ~ biblico.
bieder ['biːdɐ] *(agg)* ~ *(spesso iron)* retto, onesto, perbene; conformista.

biegen[1] ['bi:gən] *(vi*, ist; **bog, gebogen***)* ~ curvare, svoltare.
biegen[2] *(vt*, hat; **bog, gebogen***)* ~ curvare, piegare. ◆ **sich biegen** *(vr)* curvarsi, piegarsi ♦ *sich vor Lachen biegen* piegarsi in due dal ridere. ◆ **auf Biegen oder Brechen** *(fam)* ad ogni costo; o la va o la spacca. ◆ **es geht auf Biegen oder Brechen** *(fam)* si fa sul serio, non si guarda in faccia nessuno.
biegsam ['bi:kˌza:m] *(agg)* ***1*** flessibile, elastico. ***2*** *(fig)* flessibile, malleabile (carattere).
Biegung ['bi:gʊŋ] *(f*; -, -en*)* ~ curva, curvatura.
Biene ['bi:nə] *(f*; -, -n*)* ~ ape.
Bienenstock [-nˌʃtɔk] *(m*; -(e)s, -stöcke*)* ~ arnia.
Bier ['bi:ɐ] *(n*; -(e)s, -e*)* ~ birra ♦ *helles, dunkles Bier* birra chiara, scura ♦ *Bier vom Fass* birra alla spina ♦ *ein Krug, ein Liter Bier* un boccale, un litro di birra ♦ *Bier brauen* produrre birra. ◆ **das ist (nicht) mein Bier** *(fam)* questi (non) sono fatti miei.
Bierdeckel [-ˌdɛkəl] *(m*; -s, -*)* ~ sottobicchiere.
Biergarten [-ˌgartən] *(m*; -s, -gärten*)* ~ birreria all'aperto.
Biest [bi:st] *(n*; -(e)s, -er*)* ***1*** bestiaccia. ***2*** *(fig)* bestia, carogna. ***3*** *(fig/spreg)* affare, arnese.
bieten ['bi:tən] *(vt*, hat; **bot**, **geboten***)* ***1*** {*jmdm etwas (für etwas)* ~} offrire qcs a qcn (per qcs) ♦ *jmdm Gelegenheit bieten, etwas zu tun* offrire a qcn l'occasione di fare qcs ♦ *er hat mir 100 Euro für die Karte geboten* mi ha offerto 100 euro per il biglietto. ***2*** {*jmdm etwas* ~} *(lett)* offrire, porgere qcs a qcn ♦ *jmdm die Hand bieten* porgere la mano a qcn. ***3*** *(fig)* presentare, offrire (spec spettacoli, immagini, ecc) ♦ *Schwierigkeiten bieten* presentare difficoltà. ◆ **sich (jmdm) bieten** *(vr) (fig)* offrirsi (a qcn) ♦ *uns bot sich eine tolle Gelegenheit* ci si offrì un'occasione fantastica. ◆ **das lasse ich mir nicht bieten** questo non lo tollero, questo non me lo lascio fare.
Bikini [bi'ki:ni] *(m*; -s, -s*)* ~ bikini.
Bilanz [bi'lants] *(f*; -, -en*)* ***1*** *(econ)* bilancio ♦ *eine Bilanz aufstellen* fare un bilancio. ***2*** risultato. ***3*** *(fig)* bilancio ♦ *die Bilanz (aus etwas) ziehen* fare il bilancio di qcs.
Bild [bɪlt] *(n*; -(e)s, -er*)* ***1*** immagine, figura, illustrazione. ***2*** quadro, dipinto, ritratto ♦ *ein Bild aufhängen, malen* appendere, dipingere un quadro. ***3*** fotografia ♦ *ein scharfes, verwackeltes Bild* una foto nitida, mossa ♦ *ein Bild aufnehmen* fare una fotografia. ***4*** vista, immagine, scena ♦ *ein schreckliches Bild* una scena terribile. ***5*** *(fig)* immagine, idea ♦ *sich* (Dat) *ein Bild von jmdm/etwas machen* farsi un'idea di qcn/qcs. ***6*** *(fig)* immagine, metafora ♦ *in Bildern sprechen* parlare per metafore. ◆ **jmdn über etwas** (Acc) **ins Bild setzen** informare qcn su qcs, mettere qcn a conoscenza di qcs. ◆ **über etwas** (Acc) **im Bild sein** essere informato su qcs, essere a conoscenza di qcs.
bilden ['bɪldən] *(vt*, hat*)* ***1*** fare, formare ♦ *einen Kreis bilden* formare un cerchio ♦ *sich* (Dat) *eine Meinung über etwas* (Acc) *bilden* formarsi un'opinione su qcs. ***2*** formare, plasmare. ***3*** costituire, rappresentare, essere ♦ *eine Ausnahme bilden* costituire un'eccezione. ***4*** educare, istruire. ◆ **sich bilden** *(vr)* ***1*** formarsi, svilupparsi. ***2*** istruirsi, educarsi. ◆ **bildende Kunst** arte figurativa.
Bilderrätsel ['bɪldɐˌrɛtsəl] *(n*; -s, -*)* ~ rebus.
Bildfläche ['bɪltˌflɛçə] *(f*; -, -n*)* ~ schermo. ◆ **auf der Bildfläche erscheinen** *(fig/fam)* comparire (all'improvviso). ◆ **von der Bildfläche verschwinden** *(fig/fam)* scomparire (all'improvviso).
Bildhauer ['bɪltˌhauɐ] *(m*; -s, -; *f* **-in***)* ~ scultore.
Bildhauerei [bɪlthauəˌrai] *(f*; -*)* ~ scultura (arte).
Bildhauerkunst ['bɪlthauɐˌkʊnst] *(f*; -*)* ~ scultura (arte).
Bildhauerwerk ['bɪlthauɐˌvɛrk] *(n*; -, -e*)* ~ scultura (opera scolpita).
bildlich ['bɪltlɪç] *(agg)* ***1*** rappresentato tramite immagini, figurativo. ***2*** *(fig)* figurato, metaforico ♦ *ein bildlicher Ausdruck* un'espressione metaforica. ***3*** *(avv)* metaforicamente.

Bildschirm ['bɪltʃɪrm] *(m; -(e)s, -e)* **1** schermo, monitor (di tv, PC, ecc). **2** *(fam)* televisore.

Bildung ['bɪldʊŋ] *(f; -, -en)* **1** *(solo sing)* formazione, costituzione ♦ *Bildung von Wolken* formazione di nuvole ♦ *die Bildung einer Regierung* la formazione di un governo. **2** forma, figura, struttura. **3** *(solo sing)* cultura, formazione (culturale) ♦ *ein Mann von Bildung* un uomo di cultura.

Bildungsroman [-sroˌmaːn] *(m; -s, -e)* ~ romanzo di formazione.

Bildunterschrift ['bɪltˌʔʊntɐʃrɪft] *(f; -, -en)* ~ didascalia (di immagini).

Billard ['bɪljart] *(n; -s, -e)* ~ biliardo (gioco; tavolo da biliardo).

billig ['bɪlɪç] *(agg)* **1** economico, a buon mercato ♦ *ein billiges Produkt* un prodotto a buon mercato ♦ *dieser Käse ist billig* questo formaggio costa poco ♦ *dieser Käse ist billiger (als der andere)* questo formaggio costa meno (dell'altro). **2** *(fig)* vuoto, insulso ♦ *eine billige Ausrede* una scusa da quattro soldi. **3** *(avv)* a buon mercato.

billigen ['bɪlɪgən] *(vt, hat)* ~ approvare.

billigermaßen ['bɪlɪgɐ'maːsən] *(avv)* ~ giustamente, di diritto.

billigerweise ['bɪlɪgɐ'vaizə] *(avv)* ~ vedi **billigermaßen**.

Billigung ['bɪlɪgʊŋ] *(f; -, raro -en)* ~ approvazione ♦ *jmds (volle) Billigung finden* incontrare la piena approvazione di qcn.

Billigware ['bɪlɪçˌvaːrə] *(f; -, -n)* ~ merce a buon prezzo.

bimsen ['bɪmzən] *(vt, hat)* **1** levigare (con la pietra pomice). **2** *(fam)* studiare sodo (qcs), sgobbare (su qcs).

Bimsstein ['bɪmsˌʃtain] *(m; -(e)s, -e)* ~ pomice, pietra pomice.

bin [bɪn] ~ I pers sing pres di **sein**.

Binde ['bɪndə] *(f; -, -n)* **1** fascia, benda ♦ *den Arm in der Binde tragen* portare un braccio al collo. **2** *(abbrev di* **Damenbinde***)* *(fam)* assorbente igienico.

Bindehaut [-ˌhaut] *(f; -, -häute)* ~ *(anat)* congiuntiva.

Bindehautentzündung [-hautʔɛntˌtsʏndʊŋ] *(f; -, -en)* ~ *(med)* congiuntivite.

binden [-n] *(vt, hat;* **band**, **gebunden***)* **1** legare; legare insieme ♦ *ein Boot an einen Pflock binden* legare una barca a un palo ♦ *Blumen zu einem Strauß binden* legare dei fiori in un mazzo ♦ *mir sind die Hände gebunden (fig)* ho le mani legate. **2** *(fig)* legare, vincolare qcn ♦ *jmdn durch ein Versprechen binden* legare qcn con una promessa. **3** rilegare. ◆ **sich an jmdn binden** *(vr) (fig)* legarsi a qcn; fidanzarsi con qcn.

Binder ['bɪndɐ] *(m; -s, -)* **1** legatore; rilegatore. **2** cravatta.

Bindestrich ['bɪndəʃtrɪç] *(m; -(e)s, -e)* ~ lineetta, trattino.

Bindewort ['bɪndəˌvɔrt] *(n; -(e)s, -wörter)* ~ *(gramm)* congiunzione.

Bindfaden ['bɪntˌfaːdən] *(m; -s, -fäden)* ~ filo, spago. ◆ **es regnet Bindfäden** *(fig/fam)* piove a catinelle.

Bindung ['bɪndʊŋ] *(f; -, -en)* ~ legame, vincolo, impegno ♦ *politische Bindungen* legami politici ♦ *eine enge Bindung zu jmdm haben* avere uno stretto legame con qcn.

binnen ['bɪnən] *(prep* + Dat, *raro* + Gen*)* ~ entro ♦ *binnen zwei Monaten* entro due mesi.

Binnenmarkt [-ˌmarkt] *(m; -(e)s, -märkte)* ~ mercato interno.

Binse ['bɪnzə] *(f; -, -n)* ~ giunco. ◆ **in die Binsen gehen** *(fig/fam)* andare a rotoli.

Binsenwahrheit [-nˌvaːɐhait] *(f; -, -en)* ~ verità lapalissiana.

Biografie *(anche* **Biographie***)* [biogra'fiː] *(f; -, -n)* ~ biografia.

biografisch *(anche* **biographisch***)* [bio'graːfɪʃ] *(agg)* ~ biografico.

Biologe [bio'loːgə] *(m; -n, -n; f* **-login***)* ~ biologo.

Biologie [biolo'giː] *(f; -)* ~ biologia.

biologisch [bio'loːgɪʃ] *(agg)* ~ biologico.

Biomüll ['biːoˌmʏl] *(m; -(e)s)* ~ rifiuti biologici.

Biotonne ['biːoˌtɔnə] *(f; -, -n)* ~ bidone per i rifiuti biologici.

Birke ['bɪrkə] *(f; -, -n)* ~ betulla.

Birnbaum ['bɪrnˌbaum] *(m; -(e)s, -bäume)* ~ pero.

Birne ['bɪrnə] *(f; -, -n)* **1** pera. **2** pero. **3** lampadina ♦ *die Birne ist durchgebrannt* la lampadina è bruciata ♦ *eine Birne einschrauben* avvitare una lampadina. ***4*** *(fig/fam)* testa, zucca.

bis[1] [bɪs] *(prep + Acc; + prep + Acc/Dat)* ***1*** *(tempo, luogo)* fino ♦ *bis nächsten Freitag* fino a venerdì prossimo ♦ *von drei bis fünf Uhr* dalle tre alle cinque ♦ *bis nach Ostern* fino dopo Pasqua ♦ *bis nach München* fino a Monaco ♦ *bis dahin* fino a là ♦ *ich habe sie bis zum Bahnhof begleitet* li ho accompagnati fino alla stazione ♦ *er steckt bis über die Ohren in Schulden* è sommerso dai debiti fino al collo. ***2*** *(fam)* a, arrivederci a (saluti) ♦ *bis bald* a presto ♦ *bis morgen* a domani ♦ *bis Samstag* a sabato ♦ *bis dahin* a dopo. ***3*** *(in correlazione)* ♦ *morgen sonnig bis leicht bewölkt* domani da sereno a poco nuvoloso ♦ *eine Summe von fünfzig bis siebzig Euro* una somma fra i cinquanta e i settanta euro. ◆ **bis auf** (+ Acc) ***1*** eccetto, salvo, tranne ♦ *sie hat alle eingeladen, bis auf ihre Schwiegermutter* ha invitato tutti, tranne sua suocera. ***2*** *(fig)* fino a ♦ *bis auf den letzten Cent* fino all'ultimo centesimo.

bis[2] *(congiunz subord)* ~ finché (non) ♦ *ich muss im Büro bleiben, bis diese Arbeit erledigt ist* devo rimanere in ufficio finché questo lavoro non è sbrigato.

Bischof ['bɪʃɔf] *(m; -(e)s, Bischöfe)* ~ vescovo.

bisher [bɪs'heːɐ] *(avv)* ~ finora.

bisherig [bɪs'heːrɪç] *(agg)* ~ che è esistito, durato finora ♦ *seine bisherigen Leistungen* le sue prestazioni fino ad ora.

bislang [bɪs'laŋ] *(avv) (region)* ~ finora.

Bison ['biːzɔn] *(m; -s, -s)* ~ bisonte.

biss († **biß**) [bɪs] ~ pret di **beißen**.

Biss († **Biß**) *(m; -es, -e)* ~ morso, morsicatura.

bisschen († **bißchen**) ['bɪsçən] *(num indef)* ~ poco ♦ *dieses bisschen Geld* questi pochi soldi. ◆ **ein bisschen** un po' ♦ *ein bisschen Wasser* un po' d'acqua ♦ *ich möchte ein bisschen fernsehen* vorrei guardare un po' la televisione ♦ *sprich ein bisschen leiser!* parla un po' più piano! ♦ *ein kleines bisschen* un pochino. ◆ **kein bisschen** per niente.

Bissen ['bɪsən] *(m; -s, -)* ***1*** boccone ♦ *ein Bissen Fleisch* un boccone di carne. ***2*** *(fig)* boccone, pasto veloce. ◆ **sich** (Dat) (**für jmdn**) **jeden Bissen/den letzten Bissen vom Mund**(**e**) **absparen** togliersi il pane di bocca (per qcn). ◆ **jmdm bleibt der Bissen im Hals stecken** qcn rimane di stucco.

bissig ['bɪsɪç] *(agg)* ***1*** mordace. ***2*** *(fig)* pungente, velenoso (critica e sim).

bist [bɪst] ~ II pers sing pres di **sein**.

Bistum ['bɪstuːm] *(n; -s, -tümer)* ~ diocesi.

bisweilen [bɪs'vailən] *(avv)* ~ *(lett)* talvolta, a volte, di tanto in tanto.

bitte ['bɪtə] *(avv)* ***1*** per favore, per piacere ♦ *bitte, gib mir die Zeitung!/gib mir die Zeitung, bitte!/gib mir bitte die Zeitung!* per favore, dammi il giornale!/dammi il giornale, per favore! ♦ *entschuldigen Sie bitte!* scusi! ***2*** prego ♦ *„Vielen Dank!" „Bitte (sehr/schön)!"* "Molte grazie!" "Prego!". ***3*** prego! tieni! tenga! ♦ *bitte, nehmen Sie Platz!* prego, si accomodi! ♦ *„Könnten Sie mir die Zeitung geben?" „Bitte!"* "Mi potrebbe dare il giornale?" "Prego!/Tenga!". ***4*** sì, grazie! ♦ *„Möchtest du noch Kaffee?" „Bitte (ja)!"* "Vuoi ancora caffè?" "Sì, grazie!". ◆ **wie bitte?** come? come ha(i) detto?

Bitte *(f; -, -n)* ~ richiesta (cortese), preghiera ♦ *eine Bitte um Hilfe* una richiesta d'aiuto ♦ *eine Bitte äußern, gewähren* esprimere, soddisfare una richiesta ♦ *ich hätte eine Bitte an dich* avrei una richiesta da farti.

bitten [-n] *(vt,* hat; **bat**, **gebeten***)* ***1*** {*jmdn um etwas* ~} chiedere qcs a qcn (per ottenere), pregare qcn ♦ *ich habe ihn mehrmals um Hilfe gebeten* gli ho chiesto più volte aiuto ♦ *ich habe ihn mehrmals gebeten, mir zu helfen* gli ho chiesto più volte di aiutarmi. ***2*** {*jmdn zu etwas* ~} *(lett)* invitare qcn a qcs, chiamare qcn a qcs ♦ *jmdn zu Tisch bitten* chiamare a tavola qcn. ***3*** chiamare, far venire qcn ♦ *jmdn ins Zimmer bitten* chiamare qcn nella stanza ♦ *jmdn zu sich bitten* chiamare a sé qcn, far venire qcn.

bitter ['bɪtɐ] *(agg)* ***1*** amaro *(anche fig)* ♦ *bittere Tränen weinen* versare lacrime amare. ***2*** *(fig)* inasprito, infelice (persona). ***3*** *(avv)* molto; amaramente ♦ *etwas*

bitter bereuen pentirsi amaramente di qcs.
Bittere ['bɪtərə] *(m*; -n, -n*)* ~ amaro (liquore).
Bitterkeit ['bɪtɐˌkait] *(f*; -*)* ***1*** gusto amaro. ***2*** *(fig)* amarezza.
bitterlich ['bɪtɐlɪç] *(agg)* ***1*** amarognolo. ***2*** *(fig)* amaro, doloroso, duro.
blähen ['blɛːən] *(vt*, hat*)* ~ gonfiare (rendere teso, tirato). ◆ **sich blähen** *(vr)* gonfiarsi.
Blamage [bla'maːʒə] *(f*; -, -n*)* ~ figuraccia.
blamieren [bla'miːrən] *(vt*, hat*)* ~ {*jmdn* ~} far fare una figuraccia a qcn. ◆ **sich blamieren** *(vr)* fare una figuraccia.
blank [blaŋk] *(agg)* ***1*** lucido, lucente; pulito ♦ *blankes Metall* metallo lucente. ***2*** *(fam)* nudo, scoperto ♦ *mit blanken Armen* a braccia nude. ***3*** *(fam)* liso, consunto. ***4*** *(fam)* assoluto, puro e semplice, evidente. ◆ **blank sein** *(fig/fam)* essere al verde. ◆ **etwas blank polieren/putzen/reiben** lucidare, lustrare qcs.
blanko [-o] *(agg indecl/avv)* ~ *(econ)* in bianco ♦ *einen Scheck blanko unterschreiben* firmare un assegno in bianco.
Blankoscheck [-oʃɛk] *(m*; -s, -s*)* ~ assegno in bianco.
Blase ['blaːzə] *(f*; -, -n*)* ***1*** bolla (d'acqua, di sapone, ecc). ***2*** *(anat)* vescica. ***3*** *(med)* vescica, bolla ♦ *sich* (Dat) *Blasen an den Füßen laufen* farsi venire le vesciche ai piedi a forza di camminare. ***4*** *(fig/fam)* banda, combriccola. ◆ **Blasen ziehen** avere delle conseguenze spiacevoli.
blasen[1] [-n] *(vi*, hat; er **bläst**, **blies**, **geblasen***)* ***1*** soffiare ♦ *der Wind bläst* il vento soffia ♦ *ins Feuer blasen* soffiare sul fuoco. ***2*** suonare strumenti a fiato. ***3*** {*zu etwas* ~} suonare il segnale di qcs ♦ *zum Angriff blasen* suonare la carica.
blasen[2] *(vt*, hat; er **bläst**, **blies**, **geblasen***)* ***1*** soffiare, soffiare via. ***2*** suonare (strumenti a fiato; melodie su strumenti a fiato). ***3*** soffiare (vetro).
Blasenentzündung [-nˀɛntˌtsʏndʊŋ] *(f*; -, -en*)* ~ cistite.
blasiert [bla'ziːɐt] *(agg)* ~ presuntuoso, arrogante.
Blasinstrument ['blaːsˀɪnstruˌmɛnt] *(n*; -(e)s, -e*)* ~ strumento a fiato.
Blasrohr ['blaːsˌroːɐ] *(n*; -(e)s, -e*)* ~ cerbottana.
blass († **blaß**) [blas] *(agg)* ***1*** pallido, smorto, sbiadito. ***2*** *(fig)* pallido, sbiadito ♦ *eine blasse Erinnerung* un ricordo sbiadito. ◆ **blass werden** impallidire.
Blässe ['blɛsə] *(f*; -*)* ~ pallore, pallidezza.
Blatt [blat] *(n*; -(e)s, Blätter*)* ***1*** foglia ♦ *ein frisches, trockenes, verwelktes Blatt* una foglia fresca, secca, appassita. ***2*** foglio (di carta). ***3*** giornale, foglio. ***4*** lamina; lama (di sega, ascia, ecc). ***5*** carta (da gioco); mano (nei giochi di carte). ◆ **kein Blatt vor den Mund nehmen** *(fig)* non avere peli sulla lingua. ◆ **das steht auf einem anderen Blatt** *(fig/fam)* questo è un altro paio di maniche. ◆ **das Blatt hat sich gewendet** *(fig/fam)* è girato il vento.
blättern[1] ['blɛtɐn] *(vi*, hat*)* ~ {*in etwas* (Dat) ~} *(aux* hat*)* sfogliare qcs ♦ *in einem Buch blättern* sfogliare un libro.
blättern[2] *(vt*, hat*)* ~ calare, posare uno per uno (carte e sim).
Blätterteig ['blɛtɐˌtaik] *(m*; -(e)s, -e*)* ~ pasta sfoglia.
Blattgrün ['blatˌgryːn] *(n*; -s*)* ~ clorofilla.
blau [blau] *(agg)* ***1*** blu, azzurro ♦ *blaue Augen* occhi azzurri. ***2*** livido, blu ♦ *ein blaues Auge* un occhio nero ♦ *ein blauer Fleck* un livido. ***3*** *(fig/fam)* ubriaco. ◆ **mit einem blauen Auge davonkommen** *(fig)* cavarsela a buon mercato. ◆ **das Blaue vom Himmel herunter lügen/reden** *(fig/fam)* spararle grosse. ◆ **jmdm das Blaue vom Himmel versprechen** *(fig)* promettere a qcn mari e monti.
Blau *(n*; -s, -s*)* ~ colore blu ♦ *in Blau gekleidet sein* essere vestito di blu.
blauäugig [-ˌˀɔygɪç] *(agg)* ***1*** con gli occhi azzurri. ***2*** *(fig)* ingenuo.
Blaubeere [-ˌbeːrə] *(f*; -, -n*)* ~ mirtillo.
bläulich ['blɔylɪç] *(agg)* ~ bluastro, azzurrognolo.
blau|machen *(vi*, hat*)* ~ *(fam)* marinare la scuola; non andare al lavoro.
Blech [blɛç] *(n*; -(e)s, -e*)* ***1*** latta; foglio di latta; lamiera. ***2*** piastra del forno. ***3*** *(solo sing)* *(mus)* ottoni. ***4*** *(solo sing)* *(fig/fam)* stupidaggini.
Blechbläser [-ˌblɛːzɐ] *(m*; -s, -; *f* **-in***)* ~ suonatore di strumento d'ottone.

Blechblasinstrument [-blaːsʔɪnstruˌmɛnt] *(n; -(e)s, -e)* ~ strumento a fiato in ottone.

blechern [-ɐn] *(agg)* ***1*** di latta. ***2*** *(fig)* metallico (suono).

Blei [blai] *(n; -(e)s, -e)* ***1*** piombo ♦ *schwer wie Blei* pesante come il piombo. ***2*** piombino, filo a piombo.

Bleibe [-bə] *(f; -)* ~ *(fam)* alloggio, *(fig)* tetto ♦ *keine Bleibe haben* non avere un tetto.

bleiben [-bən] *(vi, ist;* **blieb**, **geblieben***)* ***1*** rimanere, restare ♦ *wach bleiben* rimanere sveglio ♦ *Freunde bleiben* restare amici ♦ *zu Hause bleiben* rimanere a casa. ***2*** {*bei etwas* ~} non cambiare qcs; insistere su qcs (opinioni, scelte, ecc) ♦ *ich bleibe bei diesem Schal* ho deciso: compro questa sciarpa ♦ *ich bleibe dabei, dass* insisto (a dire) che. ***3*** rimanere, restare, avanzare ♦ *mir bleibt keine andere Wahl* non mi resta altra scelta. ◆ **etwas bleiben lassen** († **bleibenlassen**) *(fam)* lasciar perdere qcs, smetterla con qcs. ◆ **am Leben bleiben** rimanere in vita. ◆ **im Krieg bleiben** cadere in guerra. ◆ **es bleibt dabei!** *(impers)* d'accordo! ◆ **wo bleibst du denn?** che fine hai fatto? perché non vieni?

bleibend [-bənt] *(agg)* ~ duraturo.

bleibenlassen ~ **bleiben lassen** (vedi **bleiben**).

bleich [-ç] *(agg)* ~ pallido, slavato. ◆ **bleich werden** impallidire.

bleichen[1] [-çən] *(vi, ist)* ~ schiarirsi, scolorirsi ♦ *in der Sonne bleichen* schiarirsi al sole.

bleichen[2] *(vt, hat)* ~ candeggiare (abiti); schiarire (capelli).

bleiern [-ɐn] *(agg)* ***1*** di piombo. ***2*** grigio come il piombo, plumbeo. ***3*** *(fig)* pesantissimo, di piombo.

bleifarben [-ˌfarbən] *(agg)* ~ plumbeo.

Bleifrei [-ˌfrai] *(n; -s)* ~ benzina senza piombo.

Bleistift [-ʃtɪft] *(m; -(e)s, -e)* ~ lapis, matita.

Bleistiftspitzer [-ʃtɪftsˌʃpɪtsɐ] *(m; -s, -)* ~ temperamatite, appuntalapis.

Blende [ˈblɛndə] *(f; -, -n)* ***1*** schermo; paravento. ***2*** *(fotogr)* diaframma.

blenden [-n] *(vt, hat)* ***1*** abbagliare *(anche fig)* ♦ *ihre Schönheit hat ihn geblendet* la sua bellezza l'ha abbagliato. ***2*** accecare, rendere cieco. ***3*** schermare.

blendend [-nt] *(agg)* ***1*** *(fig)* abbagliante, splendido; brillante, affascinante ♦ *blendende Schönheit* bellezza abbagliante ♦ *ein blendender Redner* un brillante oratore. ***2*** *(avv)* moltissimo, benissimo.

Blick [blɪk] *(m; -(e)s, -e)* ***1*** sguardo, occhiata ♦ *ein böser, freundlicher Blick* uno sguardo cattivo, amichevole ♦ *den Blick abwenden* distogliere lo sguardo ♦ *den Blick auf jmdn/etwas richten* rivolgere lo sguardo a qcn/qcs ♦ *jmdn/etwas mit den Blicken verfolgen* seguire qcn/qcs con lo sguardo ♦ *einen Blick auf jmdn/etwas werfen* dare un'occhiata a qcn/qcs ♦ *jmdn/etwas keines Blickes würdigen* non degnare di uno sguardo qcn/qcs. ***2*** vista, panorama. ***3*** occhiata, cenno (d'intesa). ◆ **auf den ersten Blick** a prima vista ♦ *Liebe auf den ersten Blick* amore a prima vista. ◆ **einen guten/keinen Blick für etwas haben** avere/non avere occhio per qcs. ◆ **jmdn mit seinen Blicken verschlingen** *(fig)* divorare qcn con gli occhi.

blicken [-ən] *(vi, hat)* ***1*** guardare, rivolgere lo sguardo ♦ *aus dem Fenster, nach oben, zu Boden blicken* guardare dalla finestra, in alto, a terra. ***2*** apparire, fare capolino; *(fig)* trasparire ♦ *Enttäuschung blickte aus ihrem Gesicht* dal suo volto traspariva la delusione. ◆ **sich blicken lassen** *(fam)* farsi vedere, farsi vivo.

Blickfeld [-ˌfɛlt] *(n; -(e)s, -er)* ~ campo visivo.

Blickpunkt [-ˌpʊŋkt] *(m; -(e)s, -e)* ~ punto di vista ♦ *vom religiösen Blickpunkt (aus)* dal punto di vista religioso. ◆ **im Blickpunkt der Öffentlichkeit stehen** stare al centro dell'interesse di tutti.

Blickwinkel [-ˌvɪŋkəl] *(m; -s, -)* ***1*** angolo visuale. ***2*** *(fig)* punto di vista, visuale ♦ *unter diesem Blickwinkel* sotto questa visuale.

blieb [bliːp] ~ pret di **bleiben**.

blies [bliːs] ~ pret di **blasen**.

blind [blɪnt] *(agg)* ***1*** cieco. ***2*** *(fig)* cieco, accecato, irragionevole (persona); cieco, irrazionale (sentimenti e sim) ♦ *blind vor Wut* accecato dall'ira ♦ *blinder Hass* odio cieco ♦ *blindes Vertrauen* fiducia cieca. ***3*** appannato. ***4*** *(fig)* cieco, falso ♦ *blindes Fenster* finestra cieca. ***5*** *(avv)* alla cieca; *(fig)* ciecamente ♦ *blind auf der Maschine schreiben* scrivere a macchina alla cieca ♦ *jmdm blind gehorchen* obbedire ciecamente a qcn. ◆ **blinder Passagier** passeggero clandestino.

Blinddarm [-ˌdarm] *(m; -(e)s, -därme)* ***1*** *(anat)* intestino cieco. ***2*** *(anat) (fam)* appendice.

Blinddarmentzündung [-darmʔɛntˌtsʏndʊŋ] *(f; -, -en)* ~ appendicite.

Blinde(r) ['blɪndə (-dɐ)] *(m/f; -n, -n)* ~ cieco, non vedente. ◆ **von etwas reden, wie der Blinde von der Farbe** *(fig)* parlare di qcs senza cognizione di causa.

Blindekuh ['blɪndəˌku:] *(f; -)* ~ mosca cieca.

Blindenschrift ['blɪndənˌʃrɪft] *(f; -)* ~ scrittura Braille.

Blindheit ['blɪntˌhait] *(f; -)* ~ cecità *(anche fig)*.

blindlings ['blɪntˌlɪŋs] *(avv)* ~ alla cieca *(anche fig)*.

blinken ['blɪŋkən] *(vi, hat)* ***1*** brillare, scintillare. ***2*** lampeggiare, fare segnali luminosi. ***3*** mettere la freccia ♦ *links, rechts blinken* mettere la freccia a sinistra, a destra.

Blinker ['blɪŋkɐ] *(m; -s, -)* ~ freccia, indicatore di direzione.

Blinkleuchte ['blɪŋkˌlɔyçtə] *(f; -, -n)* ~ vedi **Blinker**.

blinzeln ['blɪntsəln] *(vi, hat)* ***1*** sbattere gli occhi. ***2*** fare l'occhiolino, ammiccare.

Blitz [blɪts] *(m; -es, -e)* ~ lampo; fulmine ♦ *der Blitz hat in den Turm eingeschlagen* il fulmine è caduto sulla torre. ◆ **wie ein Blitz** *(fig)* (veloce) come un lampo. ◆ **wie ein Blitz aus heiterem Himmel** *(fig)* come un fulmine a ciel sereno. ◆ **wie vom Blitz getroffen** *(fig)* come folgorato, impietrito.

Blitzableiter ['blɪtsˌʔaplaitɐ] *(m; -s, -)* ~ parafulmine.

blitzen ['blɪtsən] *(vi, hat)* ***1*** brillare, scintillare, luccicare *(anche fig)* ♦ *Wut blitzte aus seinen Augen* nei suoi occhi brillava la rabbia. ***2*** *(meteor)* lampeggiare.

Blitzlicht ['blɪtsˌlɪçt] *(n; -(e)s, -e)* ~ flash (di macchina fotografica).

Blitzschlag ['blɪtsˌʃla:k] *(m; -(e)s, -schläge)* ~ fulmine.

blitzschnell ['blɪtsˌʃnɛl] *(agg)* ***1*** fulmineo, veloce come un lampo. ***2*** *(avv)* in un baleno.

Block[1] [blɔk] *(m; -(e)s, Blöcke)* ***1*** blocco (di pietra, metallo, ecc), ceppo (di legno). ***2*** *(pol)* blocco, alleanza. ***3*** gogna; ceppo (per le decapitazioni).

Block[2] *(m; -(e)s, -s)* ***1*** *(pl anche* Blöcke*)* blocco (per appunti). ***2*** blocco (di edifici).

Blockade [blɔ'ka:də] *(f; -, -n)* ~ *(mil)* blocco, isolamento.

Blockflöte ['blɔkˌflø:tə] *(f; -, -n)* ~ piffero; flauto dolce.

blockieren [blɔ'ki:rən] *(vt, hat)* ~ bloccare *(anche fig)*.

Blockierung [blɔ'ki:rʊŋ] *(f; -, -en)* ~ blocco, bloccaggio.

Blockschrift ['blɔkˌʃrɪft] *(f; -, -en)* ~ stampatello.

blöd(e) ['blø:t (-də)] *(agg)* ***1*** *(fam)* stupido, scemo, sciocco (persona o cosa). ***2*** *(fam)* irritante, spiacevole, stupido ♦ *echt blöd(e), dass ich nicht daran gedacht habe!* che rabbia non averci pensato! ***3*** *(avv)* stupidamente, da stupido.

blödeln ['blø:dəln] *(vi, hat)* ~ *(fam)* dire stupidaggini.

Blödheit ['blø:tˌhait] *(f; -, -en)* ~ stupidaggine, scemenza, sciocchezza.

Blödsinn ['blø:tˌzɪn] *(m; -(e)s)* ~ *(fam)* stupidaggine, scemenza, cavolata.

blöken ['blø:kən] *(vi, hat)* ~ belare; muggire.

blond [blɔnt] *(agg)* ~ biondo.

Blondine [blɔn'di:nə] *(f; -, -n)* ~ bionda.

bloß [blo:s] *(agg)* ***1*** nudo, scoperto ♦ *mit bloßen Füßen* a piedi nudi ♦ *mit bloßem Kopf* a capo scoperto. ***2*** solo, il solo ♦ *der bloße Gedanke macht mir Angst* il solo pensiero mi fa paura. ***3*** *(avv)* solo, soltanto (rafforzativo) ♦ *wenn ich es bloß früher gewusst hätte!* se solo l'avessi saputo prima! ♦ *was soll ich bloß machen?* ma che devo fare? ***4*** *(avv) (fam)* solo, soltanto.

Blöße ['blø:sə] *(f; -, -n)* ***1*** nudità. ***2*** *(fig)* punto debole ♦ *jmdm eine Blöße geben* offrire un punto debole a qcn, esporsi. ◆ **sich** (Dat) **eine Blöße geben** fare una figuraccia.

bloß|liegen *(vi,* ist; *irr* liegen*)* ~ essere, trovarsi scoperto *(anche fig)*. ◆ **meine Nerven liegen bloß** *(fig)* ho i nervi a fior di pelle.

bloß|stellen *(vt,* hat*)* ~ {*jmdn* ~} far fare una figuraccia a qcn. ◆ **sich bloßstellen** *(vr)* fare una figuraccia.

blubbern ['blʊbn̩] *(vi,* hat*)* ***1*** *(fam)* gorgogliare. ***2*** *(fig/fam)* borbottare.

blühen ['bly:ən] *(vi,* hat*)* ***1*** fiorire. ***2*** *(fig)* fiorire, prosperare.

blühend [-t] *(agg)* ***1*** in fiore. ***2*** *(fig)* in fiore, fiorente (aspetto, età). ***3*** *(fig)* esagerato, esuberante ◆ *eine blühende Fantasie* una fantasia esuberante.

Blume ['blu:mə] *(f;* -, -n*)* ~ fiore ◆ *eine frische, verwelkte Blume* un fiore fresco, appassito ◆ *Blumen gießen, pflanzen, pflücken* annaffiare, piantare, cogliere i fiori. ◆ **etwas durch die Blumen sagen** *(fig)* dire qcs metaforicamente.

Blumenkohl [-nˌko:l] *(m;* -(e)s, -e*)* ~ cavolfiore.

Blumenkrone [-nˌkro:nə] *(f;* -, -n*)* ~ corolla.

Blumenstrauß [-nˌʃtraus] *(m;* -es, -sträusse*)* ~ mazzo di fiori.

Blumentopf [-nˌtɔpf] *(m;* -(e)s, -töpfe*)* ~ vaso da fiori; *(fam)* vaso di fiori.

Bluse ['blu:zə] *(f;* -, -n*)* ~ camicetta (da donna).

Blut [blu:t] *(n;* -(e)s, *pl solo med* -e*)* ***1*** sangue ◆ *jmdm Blut abnehmen* fare un prelievo di sangue a qcn ◆ *Blut spenden* donare il sangue. ***2*** *(fig)* sangue, stirpe ◆ *von edlem Blut* di sangue nobile. ◆ **kaltes Blut bewahren** *(fig)* mantenere il sangue freddo. ◆ **Blut vergießen** spargere sangue. ◆ **das Blut steigt/schießt jmdm in den Kopf (zu Kopfe)** *(fig)* a qcn sale il sangue alla testa. ◆ **(nur) ruhig Blut!** *(escl/fam)* calma e sangue freddo!

blutarm [-ˌʔarm] *(agg)* ***1*** anemico. ***2*** *(fig/fam)* povero in canna.

Blutarmut [-ˌʔarmu:t] *(f;* -*)* ~ anemia.

Blutdruck [-ˌdrʊk] *(m;* -(e)s*)* ~ pressione sanguigna ◆ *hohen, niedrigen Blutdruck haben* avere la pressione alta, bassa.

Blüte ['bly:tə] *(f;* -, -n*)* ***1*** *(bot)* fiore ◆ *die Obstbäume tragen schon Blüten* gli alberi da frutto sono già in fiore. ***2*** fioritura *(anche fig)* ◆ *in (voller) Blüte stehen* essere in (piena) fioritura ◆ *die Blüte der Malerei im Mittelalter* la fioritura della pittura nel medioevo. ***3*** *(fam)* banconota falsa.

Blutegel ['blu:tˌʔe:gəl] *(m;* -s, -*)* ~ sanguisuga, mignatta.

bluten ['blu:tən] *(vi,* hat*)* ~ sanguinare ◆ *aus der Nase bluten* sanguinare dal naso ◆ *meine Nase blutet* mi sanguina il naso.

Blütenblatt ['bly:tənˌblat] *(n;* -(e)s, -blätter*)* ~ petalo.

Blütenstaub ['bly:tənʃtaup] *(m;* -(e)s, -stäube*)* ~ *(bot)* polline.

Bluterguss († **-erguß**) ['blu:tʔɛɐˌgʊs] *(m;* -es, -güsse*)* ~ *(med)* ematoma.

Blutgefäß ['blu:tgəˌfɛ:s] *(n;* -es, -e*)* ~ vena, vaso sanguigno.

Blutgruppe ['blu:tˌgrʊpə] *(f;* -, -n*)* ~ gruppo sanguigno.

blutig ['blu:tɪç] *(agg)* ***1*** insanguinato. ***2*** sanguinoso, cruento. ***3*** *(fig/fam)* assoluto, totale ◆ *ein blutiger Anfänger* un principiante assoluto. ◆ **jmdn blutig schlagen** picchiare qcn a sangue.

Blutkörperchen ['blu:tˌkœrpeçən] *(n;* -s, -*)* ~ globulo sanguigno ◆ *rote, weiße Blutkörperchen* globuli rossi, bianchi.

Blutkrebs ['blu:tˌkre:ps] *(m;* -es*)* ~ leucemia.

Blutkreislauf ['blu:tˌkraislauf] *(m;* -es, -läufe*)* ~ circolazione sanguigna.

blutleer ['blu:tˌle:ɐ] *(agg)* ~ esangue.

Blutplättchen ['blu:tˌplɛtçən] *(n;* -s, -*)* *(med)* ~ piastrina (del sangue).

blutrünstig ['blu:tˌrʏnstɪç] *(agg)* ~ sanguinario; truculento.

Blutschande ['blu:tˌʃandə] *(f;* -*)* ~ incesto.

Bluttransfusion ['blu:ttransfuˌzjo:n] *(f;* -, -en*)* ~ trasfusione di sangue.

Blutübertragung ['blu:tʔy:beˌtra:gʊŋ] *(f;* -, -en*)* ~ trasfusione di sangue.

Blutung ['blu:tʊŋ] *(f;* -, -en*)* ***1*** emorragia. ***2*** mestruazione.

Blutuntersuchung ['blu:tʔʊnteˌzu:xʊŋ] *(f;* -, -en*)* ~ analisi del sangue.

Blutvergiftung ['blu:tfɛɐˌgɪftʊŋ] *(f;* -, -en*)* ~ *(med)* setticemia.

BLZ [ˌbeːˀɛlˈtsɛt] ~ abbrev di **Bankleitzahl**.

b-Moll [ˈbeːˈmɔl] *(n; -) (abbrev* **b***)* ~ *(mus)* si bemolle minore.

Bö [bøː] *(anche* **Böe***) (f; -, -en)* ~ raffica, folata.

Bock [bɔk] *(m; -(e)s, Böcke) **1*** montone, ariete; caprone; cervo maschio. ***2*** cavalletto. ***3*** cavallina (attrezzo ginnico). ***4*** cassetta (sedile del cocchiere). ***5*** *(mil)* ariete. ◆ **stur wie ein Bock** testardo come un mulo. ◆ **(keinen) Bock auf etwas** (Acc) **haben** *(fig/fam)* (non) aver voglia di qcs. ◆ **den Bock zum Gärtner machen** *(fig/fam)* mettere il lupo a guardia delle pecore. ◆ **einen Bock schießen** *(fig/fam)* prendere un granchio.

bocken [-ən] *(vi, hat) **1*** impennarsi; ricalcitrare. ***2*** *(fig)* impuntarsi. ***3*** *(fig/fam)* bloccarsi, incepparsi (macchinari e sim).

bockig [-ɪç] *(agg)* ~ ricalcitrante, cocciuto, testardo (animale, persona o azione).

Boden [ˈboːdən] *(m; -s, Böden) **1*** terra, terreno, suolo ◆ *fruchtbarer Boden* terreno fertile ◆ *den Boden bebauen* coltivare la terra ◆ *auf den Boden fallen* cadere per terra ◆ *auf dem Boden liegen* giacere per terra. ***2*** pavimento. ***3*** *(pol)* suolo, territorio ◆ *auf deutschem Boden* sul suolo tedesco. ***4*** fondo (del mare, di contenitori, ecc). ***5*** *(fig)* base, fondamento. ◆ **am Boden zerstört sein** *(fig/fam)* essere esausto, distrutto. ◆ **(an) Boden gewinnen, verlieren** guadagnare, perdere terreno. ◆ **den Boden für jmdn/etwas vorbereiten** *(fig)* preparare il terreno per qcn/qcs. ◆ **jmdm den Boden unter den Füßen wegziehen** *(fig)* togliere il terreno da sotto i piedi a qcn.

bodenlos [-ˌloːs] *(agg) **1*** profondissimo, senza fondo. ***2*** *(fig/fam)* inaudito, abissale.

Bodensatz [-ˌzats] *(m; -es)* ~ deposito, fondo, sedimento.

Bodenschätze [-ʃɛtsə] *(pl)* ~ risorse del sottosuolo.

Bodensee [-ˌzeː] *(np m)* ~ *(geogr)* lago di Costanza.

bodenständig [-ʃtɛndɪç] *(agg) **1*** locale, indigeno. ***2*** radicato.

Böe [ˈbøːə] ~ vedi **Bö**.

bog [boːk] ~ pret di **biegen**.

Bogen [ˈboːgən] *(m; -s, Bogen/region Bögen) **1*** *(generic)* arco. ***2*** foglio di carta (per scrivere o da imballaggio). ◆ **einen Bogen um jmdn/etwas machen** *(fig/fam)* girare alla larga da qcn/qcs. ◆ **den Bogen überspannen** *(fig)* tirare troppo la corda.

Bogenschütze [-ʃʏtsə] *(m; -n, -n)* ~ arciere.

Bohle [ˈboːlə] *(f; -, -n)* ~ asse, tavola (da costruzione).

böhmisch [ˈbøːmɪʃ] *(agg)* ~ **das sind für mich böhmische Dörfer** *(fig/fam)* questo per me è arabo.

Bohne [ˈboːnə] *(f; -, -n) **1*** fagiolo, fava. ***2*** chicco (di caffè o cacao).

Bohner [ˈboːnɐ] *(m; -s, -)* ~ spazzolone.

Bohnerbesen [-ˌbeːzən] *(m; -s, -)* ~ spazzolone.

Bohnerwachs [-ˌvaks] *(n; -es)* ~ cera da pavimenti.

bohnern [-n] *(vt, hat)* ~ lucidare (pavimenti).

bohren [ˈboːrən] *(vt, hat) **1*** trapanare, forare; lavorare con il trapano ◆ *Holz bohren* trapanare il legno. ***2*** fare (buchi e sim) con trapano, trivella, ecc ◆ *ein Loch in die Wand bohren* fare un buco nella parete con il trapano. ***3*** {*etwas in etwas* (Acc) ~} infilare, conficcare qcs in qcs altro (con il trapano o sim) ◆ *jmdm ein Messer in den Leib bohren* conficcare un coltello in pancia a qcn. ***4*** {*nach etwas* ~} *(vi)* trivellare alla ricerca di qcs ◆ *nach Erdöl bohren* trivellare alla ricerca di petrolio. ***5*** *(fig)* tormentare (dolore, dubbi, ecc). ***6*** *(fig/fam)* rompere le scatole.

Bohrer [ˈboːrɐ] *(m; -s, -) **1*** trapano, trivella; punta del trapano. ***2*** trapanatore, trivellatore.

Bohrung [ˈboːrʊŋ] *(f; -, -en) **1*** trivellazione, trapanazione. ***2*** foro di trivellazione.

Boiler [ˈbɔylɐ] *(m; -s, -)* ~ scaldabagno.

Boje [ˈboːjə] *(f; -, -n)* ~ boa (segnale galleggiante).

Bollwerk [ˈbɔlˌvɛrk] *(n; -(e)s, -e)* ~ baluardo *(anche fig)*.

Bolzen [ˈbɔltsən] *(m; -s, -) **1*** bullone. ***2*** freccia (di balestra).

Bombardement [bɔmbardəˈmãː] *(n; -s, -s)* ~ bombardamento *(anche fig)*.

bombardieren [bɔmbar'di:rən] *(vt, hat)* ~ bombardare *(anche fig)* ♦ *jmdn mit Fragen bombardieren* bombardare qcn di domande.

Bombast [bɔm'bast] *(m; -es)* ~ ampollosità.

bombastisch [-ɪʃ] *(agg)* ~ ampolloso, altisonante.

Bombe ['bɔmbə] *(f; -, -n)* ***1*** bomba ♦ *eine Bombe abwerfen* sganciare una bomba ♦ *eine Stadt mit Bomben belegen* bombardare una città. ***2*** *(fig)* bomba, notizia bomba.

bombenfest [-nˌfɛst] *(agg)* ~ vedi **bombensicher**.

bombensicher [-nˌzɪçɐ] *(agg)* ***1*** a prova di bomba. ***2*** *(fam)* sicurissimo, certissimo.

Bonbon [bɔŋ'bɔŋ] *(n; -s, -s)* ~ caramella.

Boot [bo:t] *(n; -(e)s, -e)* ~ barca; scialuppa ♦ *in einem/mit einem Boot fahren* andare in barca. ◆ **alle in einem Boot sitzen** *(fig/fam)* essere tutti nella stessa barca.

Bord[1] [bɔrt] *(n; -(e)s, -e)* ~ mensola.

Bord[2] *(m; -(e)s, -e)* ***1*** bordo (spec delimitato da pietre e sim). ***2*** *(mar)* bordo ♦ *über Bord fallen/gehen* cadere in mare. ◆ **an Bord sein**, **gehen**, **nehmen** essere, salire, prendere a bordo (di navi o aerei). ◆ **etwas über Bord werfen** gettare a mare qcs *(anche fig)*.

Bordell [bɔr'dɛl] *(n; -s, -s)* ~ bordello.

borgen ['bɔrgən] *(vt, hat)* ***1*** {*jmdm etwas* ~} prestare qcs a qcn. ***2*** {*sich* (Dat) *(von jmdm) etwas* ~} prendere a prestito qcs (da qcn) ♦ *ich habe mir den Rock von meiner Schwester geborgt* ho preso in prestito la gonna da mia sorella.

Borke ['bɔrkə] *(f; -, -n)* ~ corteccia (d'albero).

borniert [bɔr'ni:ɐt] *(agg)* ~ limitato (intellettualmente), ottuso.

Börse ['bœrzə] *(f; -, -n)* ***1*** *(econ)* borsa; *(concr)* edificio della borsa ♦ *an der Börse handeln, spekulieren* operare, speculare in borsa. ***2*** *(lett)* borsellino, portafoglio.

börsengängig [-nˌgɛŋɪç] *(agg)* ~ quotato in borsa.

Börsenkurs [-nˌkʊrs] *(m; -es, -e)* ~ *(econ)* quotazione in borsa.

Borste ['bɔrstə] *(f; -, -n)* ~ setola.

borstig ['bɔrstɪç] *(agg)* ***1*** setoloso; ispido, irsuto. ***2*** *(fig/fam)* scontroso, ruvido.

bösartig ['bø:sˌʔa:ɐtɪç] *(agg)* ~ maligno *(anche med)*, perfido.

Böschung ['bœʃʊŋ] *(f; -, -en)* ~ pendio, scarpata.

böse ['bø:zə] *(agg)* ***1*** cattivo, maligno (persona o azione); peccaminoso ♦ *eine böse Tat* un'azione cattiva ♦ *etwas Böses sagen, tun* dire, fare qcs di male. ***2*** grave, spiacevole, *(fig)* brutto ♦ *eine böse Angelegenheit* una brutta faccenda ♦ *böses Wetter* brutto tempo. ***3*** arrabbiato ♦ *mit jmdm/auf jmdn böse sein* essere arrabbiato con qcn, avercela con qcn ♦ *sei mir nicht böse!* non avercela con me! ***4*** *(fam)* infiammato (ferite e sim). ***5*** *(avv)* *(fam)* molto.

Böse *(n; -n, -n)* ~ male; peccato ♦ *im Guten wie im Bösen* nel bene e nel male.

boshaft ['bo:sˌhaft] *(agg)* ~ maligno, perfido.

Bosheit ['bo:sˌhait] *(f; -, -en)* ~ cattiveria, malignità.

Boss († **Boß**) [bɔs] *(m; -(e)s, -e)* ~ *(fam)* principale, capo, boss.

böswillig ['bø:sˌvɪlɪç] *(agg)* ***1*** maligno, malintenzionato. ***2*** *(dir)* volontario, intenzionale.

bot [bo:t] ~ pret di **bieten**.

Botanik [bo'ta:nɪk] *(f; -)* ~ botanica.

Botaniker [-ɐ] *(m; -s, -; f* **-in**) ~ botanico.

botanisch [bo'ta:nɪʃ] *(agg)* ~ botanico.

Bote ['bo:tə] *(m; -n, -n; f* **Botin**) ***1*** messaggero. ***2*** fattorino.

Botschaft ['bo:tʃaft] *(f; -, -en)* ***1*** *(lett)* notizia, messaggio, ambasciata. ***2*** *(pol)* ambasciata.

Botschafter [-ɐ] *(m; -s, -; f* **-in**) ~ ambasciatore.

Böttcher ['bœtçɐ] *(m; -s, -)* ~ bottaio.

Bottich ['bɔtɪç] *(m; -(e)s, -e)* ~ tino; tinozza.

Box [bɔks] *(f; -, -en)* ***1*** box (di stalla o garage). ***2*** scatola. ***3*** cassa (di stereo).

boxen [-ən] *(vi/vt, hat)* ***1*** *(vi)* praticare il pugilato, boxare. ***2*** *(vt)* picchiare, prendere a pugni.

Boxer [-ɐ] *(m; -s, -)* ***1*** pugile, boxeur. ***2*** boxer (cane).

Boykott [bɔy'kɔt] *(m; -(e)s, -e)* ~ boicottaggio ♦ *jmdn/etwas mit Boykott belegen, den Boykott über jmdn/etwas verhängen* imporre il boicottaggio a qcn/qcs.

boykottieren [bɔykɔ'tiːrən] *(vt, hat)* ~ boicottare.
brach [braːx] ~ pret di **brechen**.
brachte ['braxtə] ~ pret di **bringen**.
Branche ['brãːʃə] *(f; -, -n)* ~ branca, ramo.
Brand [brant] *(m; -(e)s, Brände)* ***1*** incendio ♦ *einen Brand löschen, stiften* spengere, appiccare un incendio. ***2*** *(fam)* sete. ◆ **in Brand stehen** essere in fiamme. ◆ **etwas in Brand stecken/setzen** appiccare il fuoco a qcs.
Brandgeruch ['brantgəˌrʊx] *(m; -(e)s; -rüche)* ~ puzzo di bruciato.
brandheiß ['brantˌhais] *(agg)* ~ *(fig)* scottante, di scottante attualità.
brandmarken ['brantˌmarkən] *(vt, hat)* ~ *(fig)* marchiare a fuoco, bollare, stigmatizzare (persona).
Brandstifter ['brantʃtɪftɐ] *(m; -s, -; f* **-in***)* ~ incendiario, piromane.
Brandstiftung ['brantʃtɪftʊŋ] *(f; -, -en)* ~ incendio ♦ *fahrlässige, vorsätzliche Brandstiftung* incendio colposo, doloso.
Brandwunde ['brantˌvʊndə] *(f; -, -n)* ~ scottatura, ustione.
brannte ['brantə] ~ pret di **brennen**.
Branntwein ['brantˌvain] *(m; -(e)s, -e)* ~ acquavite.
braten[1] ['braːtən] *(vi, hat; er* **brät**, **briet**, **gebraten***)* ***1*** arrostirsi, cuocere. ***2*** *(fig/fam)* arrostirsi al sole, abbronzarsi.
braten[2] *(vt, hat; er* **brät**, **briet**, **gebraten***)* ***1*** arrostire, cuocere arrosto. ***2*** friggere.
Braten *(m; -s, -)* ~ arrosto. ◆ **ein fetter Braten** *(fig/fam)* un affarone. ◆ **den Braten riechen** sentire puzza di bruciato.
Bratfisch ['braːtˌfɪʃ] *(m; -es, -e)* ~ pesce fritto.
Brathähnchen ['braːtˌhɛːnçən] *(n; -s, -)* ~ pollo arrosto.
Bratkartoffeln ['braːtkarˌtɔfəln] *(pl)* ~ patate arrosto.
Bratpfanne ['braːtˌpfanə] *(f; -, -n)* ~ teglia, padella.
Bräu [brɔy] *(n; -(e)s, -e/-s)* ***1*** birra (come prodotto di birreria). ***2*** birreria, mescita di birra.
Brauch [braux] *(m; -(e)s, Bräuche)* ~ usanza, costume ♦ *das ist bei uns so Brauch* da noi usa così ♦ *außer Brauch kommen* cadere in disuso.
brauchbar ['brauxˌbaːɐ] *(agg)* ***1*** utilizzabile. ***2*** utile.
brauchen ['brauchən] *(vt, hat)* ***1*** {*jmdn/etwas ~*} avere bisogno di qcn/qcs ♦ *ich brauche dich, deine Hilfe* ho bisogno di te, del tuo aiuto. ***2*** impiegare, metterci (tempo) ♦ *der Zug braucht drei Stunden bis Mailand* il treno ci mette tre ore fino a Milano ♦ *wie viel Zeit hast du für diese Arbeit gebraucht?* quanto tempo ci hai messo a fare questo lavoro? ***3*** usare, utilizzare; servire ♦ *das kann ich gut brauchen* questo mi può servire ♦ *das kann ich nicht mehr brauchen* questo non mi serve più. ***4*** {*etwas nicht zu tun ~*} *(fam anche senza* zu*)* non dovere, non avere bisogno di fare qcs ♦ *du brauchst mir nicht zu helfen* non c'è bisogno che tu mi aiuti (faccio da solo).
Brauchtum ['brauchˌtuːm] *(n; -s)* ~ tradizioni, usanze, usi e costumi.
Braue ['brauə] *(f; -, -n)* ~ sopracciglio ♦ *die Brauen runzeln* aggrottare le sopracciglia.
brauen [-n] *(vt, hat)* ***1*** fare, produrre (birra). ***2*** *(fam)* preparare (bevande).
Brauerei [-'rai] *(f; -, -en)* ***1*** produzione della birra. ***2*** fabbrica di birra.
braun [braun] *(agg)* ***1*** marrone; castano ♦ *braunes Haar* capelli castani. ***2*** abbronzato. ***3*** nazista.
Braun *(n; -s)* ~ il colore marrone.
Bräune ['brɔynə] *(f; -, -n)* ***1*** colorito bruno. ***2*** abbronzatura.
bräunen[1] [-n] *(vi, ist)* ***1*** diventare marrone. ***2*** abbronzarsi. ***3*** rosolarsi.
bräunen[2] *(vt, hat)* ***1*** abbronzare. ***2*** rosolare. ◆ **sich bräunen** *(vr)* abbronzarsi.
bräunlich ['brɔynlɪç] *(agg)* ~ brunastro, marroncino.
Brause ['brauzə] *(f; -, -n)* ~ doccia; cipolla (dell'annaffiatoio).
brausen[1] [-n] *(vi, ist)* ~ sfrecciare.
brausen[2] *(vi, hat)* ~ scrosciare, mugghiare (acque); fischiare, sibilare (vento). ◆ **sich brausen** *(vr)* fare la doccia.
Braut [braut] *(f; -, Bräute)* ***1*** sposa. ***2*** fidanzata.
Bräutigam ['brɔytɪgam] *(m; -s, -e)* ***1*** sposo. ***2*** fidanzato.
Brautleute ['brautˌlɔytə] *(pl)* ~ sposi.

Brautpaar ['braut͵paːɐ] *(n; -(e)s, -e)* ~ coppia di sposi, sposi.

brav [braːf] *(agg)* ***1*** bravo, ubbidiente, buono (bambino). ***2*** bravo, valoroso, coraggioso. ***3*** *(avv)* da bravo; diligentemente.

BRD [͵beːˀɛrˈdeː] ~ abbrev non ufficiale di **Bundesrepublik Deutschland**.

Brechbohne ['brɛç͵boːnə] *(f; -, -n)* ~ fagiolino.

Brecheisen ['brɛç͵ˀaizən] *(n; -s, -)* ~ leva, piede di porco.

brechen¹ ['brɛçən] *(vi,* ist/hat; er **bricht**, **brach**, **gebrochen***)* ***1*** *(aux* ist*)* rompersi, spezzarsi, spaccarsi ♦ *der Zweig ist gebrochen* il ramo si è rotto. ***2*** {*mit jmdm/etwas ~*} *(aux* hat*)* rompere, farla finita con qcn/qcs. ***3*** {*aus/durch etwas ~*} *(aux* ist*)* *(lett)* uscire, balzare fuori, erompere da/attraverso qcs ♦ *die Sonne bricht durch die Wolken* il sole esce fuori dalle nuvole. ◆ **mit gebrochener Stimme** *(fig)* con voce rotta. ◆ **jmdm bricht das Herz** *(fig)* a qcn si spezza il cuore.

brechen² *(vt,* hat; er **bricht**, **brach**, **gebrochen***)* ***1*** rompere, spezzare, spaccare. ***2*** {*sich* (Dat) *etwas ~*} fratturarsi qcs ♦ *ich habe mir einen Arm gebrochen* mi sono rotto un braccio. ***3*** *(fig)* rompere, superare, vincere ♦ *jmds Widerstand brechen* vincere la resistenza di qcn ♦ *einen Rekord brechen* battere un record. ***4*** *(fig)* rompere, violare (patti e sim). ***5*** *(fig)* rompere, interrompere ♦ *das Schweigen brechen* rompere il silenzio. ◆ **sich an etwas** (Dat) **brechen** *(vr)* rompersi, infrangersi contro qcs ♦ *die Wellen brechen sich an den Felsen* le onde si infrangono sugli scogli. ◆ **zum Brechen voll sein** *(fig)* essere pieno da scoppiare.

Brei [brai] *(m; -(e)s, -e)* ***1*** *(gastr)* pappa, passato. ***2*** poltiglia. ◆ **um den (heißen) Brei herumreden** *(fig/fam)* girare attorno a un argomento. ◆ **jmdn zu Brei schlagen** *(fig)* riempire qcn di botte.

breit [-t] *(agg)* ***1*** largo, ampio, esteso, vasto ♦ *eine breite Straße* una strada larga ♦ *die Straße ist 10 Meter breit* la strada è larga 10 metri. ***2*** *(fig)* grande, largo, ampio ♦ *die breite Öffentlichkeit* il grande pubblico ♦ *ein breites Interesse finden* incontrare un grande interesse. ***3*** dettagliato, prolisso. ◆ **sich breit machen** († **breitmachen**) *(vr)* ***1*** *(fam)* spaparanzarsi. ***2*** *(fig/fam)* estendersi, prendere piede. ◆ **breit gefächert** († **breitgefächert**) vario, ampio, differenziato.

breitbeinig [-t͵bainɪç] *(avv)* ~ a gambe larghe, divaricate.

Breite [-tə] *(f; -, -n)* ***1*** larghezza; ampiezza, estensione ♦ *die Straße hat eine Breite von 10 Metern* la strada ha una larghezza di 10 metri. ***2*** *(fig)* prolissità. ***3*** *(geogr)* latitudine. ◆ **in aller Breite, in großer Breite** prolissamente, con dovizia di particolari. ◆ **in die Breite gehen** *(fig/fam)* ingrassare.

Breitenkreis [-tən͵krais] *(m; -es, -e)* ~ *(geogr)* parallelo.

breitgefächert ~ **breit gefächert** (vedi **breit**).

breitmachen ~ **breit machen** (vedi **breit**).

breit|schlagen *(vt,* hat; *irr* schlagen*)* ~ *(fig/fam)* convincere.

breit|treten *(vt,* hat; *irr* treten*)* ~ *(fam)* spiegare, raccontare in tutti i particolari.

Bremse ['brɛmzə] *(f; -, -n)* ***1*** freno ♦ *die Bremse betätigen, anziehen* azionare, tirare il freno ♦ *auf die Bremse treten* pigiare il pedale del freno. ***2*** *(fig)* freno, ostacolo, intralcio.

bremsen [-n] *(vi/vt,* hat*)* ***1*** frenare. ***2*** *(fig)* frenare, ostacolare, limitare.

Bremspedal ['brɛmspə͵daːl] *(n; -s, -e)* ~ pedale del freno.

brennen¹ ['brɛnən] *(vi,* hat; **brannte**, **gebrannt***)* ***1*** bruciare, ardere *(anche fig)*; scottare, essere rovente ♦ *die Baracke brennt* la baracca sta bruciando ♦ *vor Leidenschaft brennen* ardere di passione. ***2*** essere acceso ♦ *in dem Haus brennt ein Licht* in quella casa è accesa una luce. ***3*** bruciare, dare bruciore ♦ *mir brennen die Augen* mi bruciano gli occhi. ***4*** {*auf etwas* (Acc) *~*} bruciare dal desiderio di qcs. ◆ **jmdm brennt der Boden unter den Füßen** *(fig)* a qcn scotta il terreno sotto i piedi. ◆ **es brennt!** al fuoco! ◆ **wo brennt's denn?** *(fam)* ma cosa è successo mai?

brennen² *(vt,* hat; **brannte**, **gebrannt***)* ***1*** bruciare, ardere. ***2*** tostare (caffè), abbrustolire (frutta secca). ***3*** fondere (vetro); cuocere (mattoni, porcellana). ***4*** distillare (grappa).

brennend [-t] *(agg)* ***1*** in fiamme, acceso. ***2*** *(fig)* scottante. ***3*** *(fig)* ardente.

Brennnessel, **Brenn-Nessel** († **Brennessel**) ['brɛn,nɛsəl] *(f; -, -n)* ~ ortica.

Brennpunkt ['brɛn,pʊŋkt] *(m; -(e)s, -e)* ***1*** *(fis)* fuoco. ***2*** *(fig)* centro, punto focale ♦ *im Brennpunkt des Interesses stehen* essere al centro dell'interesse.

Brennstoff ['brɛn∫tɔf] *(m; -(e)s, -e)* ~ combustibile; carburante.

brenzlig ['brɛntslɪç] *(agg)* ***1*** che puzza di bruciato. ***2*** *(fig/fam)* preoccupante, pericoloso.

Bresche ['brɛ∫ə] *(f; -, -n)* ~ breccia *(anche fig)*. ◆ **für jmdn/etwas eine Bresche schlagen** aprire una breccia per qcn/qcs *(anche fig)*. ◆ **für jmdn/etwas in die Bresche springen** *(fig)* venire in aiuto, prendere le difese di qcn/qcs.

Brett [brɛt] *(n; -(e)s, -er)* ***1*** asse, tavola. ***2*** mensola. ***3*** tavola da gioco; scacchiera. ***4*** *(solo pl) (teatr)* scena, palcoscenico ♦ *über die Bretter gehen* andare in scena (opere) ♦ *auf den Brettern stehen* essere sulla scena. ***5*** *(solo pl) (sport)* tappeto (nel pugilato). ***6*** *(solo pl)* sci. ◆ **schwarzes Brett** bacheca (per affissioni).

Brezel ['bre:tsəl] *(f; -, -n)* ~ brezel, ciambella (spec salata) dalla caratteristica forma intrecciata.

Brief [bri:f] *(m; -(e)s, -e)* ***1*** lettera ♦ *jmdm einen Brief schreiben, einen Brief an jmdn schreiben* scrivere una lettera a qcn. ***2*** *(econ)* titolo; *(abbrev di* **Briefkurs***)* corso, quotazione. ◆ **blauer Brief** *(fam)* lettera di licenziamento; lettera ai genitori di un alunno. ◆ **jmdm Brief und Siegel (auf etwas) geben** *(fig)* garantire qcs a qcn con assoluta certezza.

Briefkasten [-,kastən] *(m; -s, -kästen)* ***1*** buca delle lettere. ***2*** cassetta delle lettere.

Briefkurs [-,kʊrs] *(m; -es, -e)* ~ *(econ)* corso, quotazione.

brieflich [-lɪç] *(agg)* ***1*** epistolare, per lettera ♦ *wir stehen in brieflichem Kontakt* siamo in contatto epistolare. ***2*** *(avv)* per lettera.

Briefmarke [-,markə] *(f; -, -n)* ~ francobollo ♦ *eine Briefmarke zu 56 (sechsundfünfzig) Cent* un francobollo da 56 centesimi.

Brieföffner [-,ʔœfnɐ] *(m; -s, -)* ~ tagliacarte.

Briefpapier [-pa,pi:ɐ] *(n; -(e)s, -e)* ~ carta da lettere.

Brieftasche [-,ta∫ə] *(f; -, -n)* ~ portafoglio; portadocumenti.

Briefträger [-,trɛgɐ] *(m; -s, -; f* **-in***)* ~ postino.

Briefumschlag [-,ʔʊm∫la:k] *(m; -(e)s, -schläge)* ~ busta (per lettera).

Briefwechsel [-,vɛksəl] *(m; -s, -)* ~ corrispondenza; carteggio.

briet [bri:t] ~ pret di **braten**.

brillant [brɪl'jant] *(agg)* ~ brillante, ottimo.

Brille ['brɪlə] *(f; -, -n)* ~ occhiali ♦ *die Brille abnehmen, aufsetzen* togliersi, mettersi gli occhiali ♦ *eine Brille tragen* portare gli occhiali. ◆ **etwas durch eine gefärbte Brille/durch seine eigene Brille sehen** *(fig)* vedere qcs da un punto di vista soggettivo. ◆ **alles durch eine rosa (schwarze) Brille sehen** vedere tutto roseo (nero).

Brillengestell [-ngə∫tɛl] *(n; -(e)s, -e)* ~ montatura degli occhiali.

bringen ['brɪŋən] *(vt, hat;* **brachte**, **gebracht***)* ***1*** {*jmdm etwas* ~} portare, recare qcs a qcn *(anche fig)* ♦ *jmdm ein Buch bringen* portare un libro a qcn ♦ *jmdm Hilfe bringen* portare aiuto a qcn. ***2*** portare, accompagnare, condurre ♦ *jmdn nach Hause bringen* portare qcn a casa. ***3*** pubblicare; offrire, mettere in scena (spettacoli, programmi, ecc). ***4*** {*jmdm etwas* ~} *(fig)* portare, causare, arrecare qcs a qcn ♦ *jmdm Schaden bringen* arrecare danno a qcn ♦ *jmdm Glück bringen* portare fortuna a qcn. ***5*** rendere (guadagni e sim). ***6*** *(fig)* mettere in una data condizione ♦ *jmdn in Aufregung, in Verlegenheit bringen* mettere qcn in agitazione, in imbarazzo. ***7*** {*jmdn auf etwas* (Acc) ~} suggerire qcs a qcn. ***8*** {*jmdn um etwas* ~} portare via qcs a qcn, rubare qcs a qcn *(anche fig)* ♦ *er hat sie um ihr ganzes Geld gebracht* le ha portato via tutti i suoi soldi ♦ *jmdn ums Leben brin-*

gen uccidere qcn. **9** {*jmdn zu etwas ~*} far fare qcs a qcn, portare qcn a fare qcs ♦ *jmdn zum Schweigen bringen* far tacere qcn. ◆ **es auf etwas** (+ *num*) **bringen** arrivare a qcs, raggiungere qcs (un alto numero di qcs) ♦ *sie hat es auf 90 Jahre gebracht* è arrivata a novant'anni. ◆ **etwas hinter sich** (Acc) **bringen** portare a termine qcs. ◆ **etwas mit sich bringen** comportare qcs. ◆ **es zu etwas bringen** *(fig)* arrivare a qcs ♦ *so wirst du es zu nichts bringen* così non arriverai a niente.

brisant [bri'zant] *(agg)* ~ esplosivo *(anche fig)*.

Brisanz [bri'zants] *(f; -, -en)* ~ forza esplosiva *(anche fig)* ♦ *eine Frage von großer Brisanz* una questione di grande attualità.

Brise ['bri:zə] *(f; -, -n)* ~ brezza.

bröckeln[1] ['brœkəln] *(vi, ist)* ~ sbriciolarsi, sgretolarsi.

bröckeln[2] *(vt, hat)* ~ sbriciolare.

Brocken ['brɔkən] *(m; -s, -)* **1** pezzo, frammento; boccone. **2** *(fig/fam)* omaccione. ◆ **ein fetter Brocken** *(fig/fam)* un affarone. ◆ **ein harter Brocken** *(fig/fam)* un osso duro. ◆ **nur ein paar Brocken Deutsch können** sapere solo qualche parola di tedesco.

brodeln ['bro:dəln] *(vi, hat)* ~ ribollire. ◆ **es brodelt** *(impers) (fig)* essere in fermento, in agitazione ♦ *in der Masse brodelt es* la massa è in agitazione.

Brombeere ['brɔm,be:rə] *(f; -, -n)* **1** mora. **2** rovo.

Bronchie ['brɔnçjə] *(f; -, -n)* ~ *(anat)* bronco.

Bronchitis [brɔn'çi:tɪs] *(f; -, Bronchitiden)* ~ *(med)* bronchite.

Bronze ['brõ:sə] *(f; -, -n)* **1** bronzo. **2** oggetto di bronzo. **3** colore bronzeo.

Brosche ['brɔʃə] *(f; -, -n)* ~ spilla.

Broschüre [brɔ'ʃy:ɐ] *(f; -, -n)* ~ dépliant.

Brösel ['brø:zəl] *(m; -s, -)* **1** briciola. **2** *(pl)* pangrattato.

Brot [bro:t] *(n; -(e)s, -e)* **1** pane ♦ *frisches, hausbackenes Brot* pane fresco, fatto in casa ♦ *eine Scheibe Brot* una fetta di pane. **2** panino, fetta di pane ♦ *belegtes Brot* panino imbottito. **3** *(fig)* pane, mantenimento ♦ *sein Brot verdienen* guadagnarsi il pane. ◆ **ein hartes/schweres Brot** *(fig)* un lavoro duro.

Brotaufstrich [-,ʔaufʃtrɪç] *(m; -(e)s, -e)* ~ alimento spalmabile.

Brötchen ['brø:tçən] *(n; -s, -)* ~ panino; sandwich ♦ *belegtes Brötchen* panino imbottito, sandwich.

Bruch [brʊx] *(m; -(e)s, Brüche)* **1** rottura, frattura *(anche fig)* ♦ *der Bruch einer Freundschaft* la rottura di un'amicizia. **2** *(med)* frattura; ernia. **3** merce danneggiata, scadente. **4** *(mat)* frazione. ◆ **in die Brüche gehen** andare in frantumi *(anche fig)*. ◆ **zu Bruch gehen** rom persi.

bruchfest [-,fɛst] *(agg)* ~ a prova di rottura, infrangibile.

brüchig ['brʊçɪç] *(agg)* **1** fragile *(anche fig)*. **2** incrinato (voce).

bruchsicher ['brʊx,zɪçɐ] *(agg)* ~ vedi **bruchfest**.

Bruchstück ['brʊx,ʃtʏk] *(n; -(e)s, -e)* ~ *(generic)* frammento.

Bruchteil ['brʊx,tail] *(m; -(e)s, -e)* ~ frazione, piccola parte *(anche fig)*. ◆ **im Bruchteil einer Sekunde** *(fig)* in una frazione di secondo.

Brücke ['brʏkə] *(f; -, -n)* ~ ponte (anche dentario) ♦ *eine Brücke über einen Fluss* un ponte su un fiume ♦ *über eine Brücke fahren/gehen* attraversare un ponte. ◆ **alle Brücken hinter sich** (Dat) **abbrechen** *(fig)* tagliare i ponti dietro di sé. ◆ **jmdm eine (goldene) Brücke/(goldene) Brücken bauen** *(fig)* fare ponti d'oro a qcn.

Bruder ['bru:dɐ] *(m; -s, Brüder)* **1** fratello ♦ *mein älterer, jüngerer Bruder* mio fratello maggiore, minore. **2** frate. **3** *(fam/spreg)* tipo, soggetto. ◆ **warmer Bruder** *(fam/spreg)* finocchio, omosessuale.

brüderlich ['bry:dɐlɪç] *(agg)* **1** fraterno. **2** *(avv)* fraternamente.

Brüderschaft ['bry:dɐʃaft] *(f; -, -en)* **1** fratellanza. **2** rapporto di amicizia in cui ci si dà del tu ♦ *jmdm die Brüderschaft anbieten* offrire il "tu" a qcn. ◆ **mit jmdm Brüderschaft trinken** bere insieme quando si passa a darsi del tu.

Brühe ['bry:ə] *(f; -, -n) 1* brodo. *2 (fam)* brodaglia.
Brühewürfel [-ˌvʏrfəl] *(m; -s, -)* ~ dado per il brodo.
brüllen ['brʏlən] *(vi,* hat*) 1* muggire; ruggire. *2* urlare, gridare. ◆ **das ist zum Brüllen** *(fig/fam)* questa è da ridere.
brummen ['brʊmən] *(vi,* hat*) 1* muggire; bramire (dell'orso); ronzare. *2 (fig)* brontolare, bofonchiare, mugugnare. *3 (fam)* essere in gattabuia.
Brummer ['brʊmɐ] *(m; -s, -) 1* moscone. *2* autotreno.
brünett [bry'nɛt] *(agg)* ~ bruno (colorito); castano.
Brunnen ['brʊnən] *(m; -s, -) 1* pozzo ◆ *einen Brunnen graben* scavare un pozzo. *2* fonte. *3* fontana ◆ *Wasser am/vom Brunnen holen* prendere l'acqua alla fontana. *4* acqua (spec di sorgente minerale). ◆ **den Brunnen (erst) zudecken, wenn das Kind hineingefallen ist** *(fig)* chiudere la stalla quando i buoi sono già scappati.
Brunst [brʊnst] *(f; -,* Brünste*)* ~ *(zool)* calore, fregola.
brünstig ['brʏnstɪç] *(agg)* ~ *(zool)* in calore.
brüsk [brʏsk] *(agg) 1* brusco, sgarbato. *2 (avv)* bruscamente.
Brust [brʊst] *(f; -,* Brüste*) 1* petto ◆ *jmdn an die Brust drücken* stringere qcn al petto. *2 (anat)* seno, petto; mammella. *3 (fig)* petto, cuore, seno. ◆ **sich** (Dat) **an die Brust schlagen** *(fig)* battersi il petto. ◆ **schwach auf der Brust sein** *1 (fam)* essere debole di polmoni. *2 (fam)* essere al verde. ◆ **sich in die Brust werfen** *(fig)* darsi arie.
brüsten ['brʏstən] *(vr,* hat*)* ~ **sich mit etwas brüsten** vantarsi di qcs.
Brustfell ['brʊstˌfɛl] *(n; -(e)s, -e)* ~ *(anat)* pleura.
Brustfellentzündung [-ən?ɛntˌtsʏndʊŋ] *(f; -, -en)* ~ *(med)* pleurite.
Brustkorb ['brʊstˌkɔrp] *(m; -(e)s, -körbe)* ~ cassa toracica.
Brüstung ['brʏstʊŋ] *(f; -, -en)* ~ parapetto, spalletta, balaustra, ringhiera.
Brustwarze ['brʊstˌvartsə] *(f; -, -n)* ~ *(anat)* capezzolo.
Brut [bru:t] *(f; -, -en) 1 (solo sing)* cova. *2* covata. *3 (fam)* marmaglia.
brutal [bru'ta:l] *(agg)* ~ brutale, violento.
Brutalität [brutali'tɛ:t] *(f; -, -en)* ~ brutalità, violenza.
brüten ['bry:tən] *(vt,* hat*) 1* covare *(anche fig)* ◆ *Rache brüten* covare vendetta. *2 (fig)* opprimere, pesare (afa e sim). *3* {*über etwas* (Dat) ~} *(fig)* rimuginare su qcs. ◆ **brütend heiß** (†**brütendheiß**) torrido.
Bruthenne ['bru:tˌhɛnə] *(f; -, -n)* ~ chioccia.
Brutkasten ['bru:tˌkastən] *(m; -s, -kästen)* ~ *(med)* incubatrice.
brutto ['brʊto] *(agg)* ~ *(econ)* lordo (peso; cifra di denaro).
Bruttoeinkommen [-ˌ?ainkɔmən] *(n; -s, -)* ~ reddito lordo.
Bruttogewicht [-gə'vɪçt] *(n; -(e)s, -e)* ~ peso lordo.
Bruttosozialprodukt [-zo'tsja:lproˌdʊkt] *(n; -(e)s, -e)* ~ prodotto interno lordo.
Bube ['bu:bə] *(m; -n, -n) 1 (region) (lett)* ragazzo, fanciullo. *2* fante (nelle carte).
Buch [bu:x] *(n; -(e)s,* Bücher*) 1* libro. *2 (cinem/teatr)* copione. *3 (econ)* libro contabile ◆ *über etwas* (Acc) *Buch führen* tenere la contabilità di qcs. ◆ **wie es im Buch steht** *(fig)* come si deve, come Dio comanda. ◆ **für jmdn ein Buch mit sieben Siegeln sein** *(fig)* essere arabo per qcn.
Buchbinder [-ˌbɪndɐ] *(m; -s, -; f* **-in***)* ~ rilegatore.
Buche ['bu:xə] *(f; -, -n)* ~ faggio.
buchen [-n] *(vt,* hat*) 1 (econ)* registrare (somme e sim) ◆ *eine Summe auf ein Konto buchen* registrare una somma su un conto bancario. *2* {*etwas (als etwas)* ~} *(fig)* registrare, considerare qcs (in un certo modo) ◆ *etwas als Erfolg buchen* considerare qcs come un successo. *3* prenotare (viaggi o posti per un viaggio).
Bücherei [by:çə'rai] *(f; -, -en)* ~ biblioteca pubblica (piccola).
Bücherregal ['by:çɐreˌga:l] *(n; -s, -e)* ~ scaffale per i libri.
Bücherschrank ['by:çɐʃraŋk] *(m; -(e)s, -schränke)* ~ libreria (mobile per libri).

Buchführung ['buːxˌfyːrʊŋ] *(f; -, -en)* ~ contabilità ♦ *doppelte Buchführung (econ)* partita doppia.

Buchhalter ['buːxˌhaltɐ] *(m; -s, -; f* **-in***)* ~ contabile, addetto alla contabilità.

Buchhaltung ['buːxˌhaltʊŋ] *(f; -, raro -en)* ~ contabilità.

Buchhändler ['buːxˌhɛndlɐ] *(m; -s, -; f* **-in***)* ~ libraio.

Buchhandlung ['buːxˌhandlʊŋ] *(f; -, -en)* ~ libreria (negozio di libri).

Buchladen ['buːxˌlaːdən] *(m; -s, -läden)* ~ libreria (negozio di libri).

Büchse ['bʏksə] *(f; -, -n)* **1** scatola, barattolo; lattina. **2** fucile (spec da caccia).

Büchsenöffner [-sˌʔœfnɐ] *(m; -s, -)* ~ apriscatole.

Buchstabe ['buːxˌʃtaːbə] *(m; -ns, -n)* **1** lettera dell'alfabeto ♦ *großer, kleiner Buchstabe* lettera maiuscola, minuscola ♦ *eine Zahl in Buchstaben schreiben* scrivere un numero in lettere. **2** *(fig)* lettera, prescrizione formale ♦ *sich an den Buchstaben halten* attenersi alla lettera.

Buchstabenrätsel [-nˌrɛtsəl] *(n; -s, -)* ~ anagramma.

buchstabieren [ˌbuːxʃta'biːrən] *(vt, hat)* **1** sillabare. **2** decifrare a fatica (una scritta).

buchstäblich ['buːxʃtɛːplɪç] *(agg)* **1** letterale. **2** *(avv)* letteralmente *(anche fig)* ♦ *etwas buchstäblich übersetzen* tradurre qcs letteralmente ♦ *er hat ihn buchstäblich weggeschleppt* l'ha letteralmente trascinato via.

Bucht [bʊxt] *(f; -, -en)* **1** baia, insenatura. **2** *(region)* porcile.

Buchung ['buːxʊŋ] *(f; -, -en)* **1** *(econ)* registrazione (di somme e sim). **2** prenotazione (di un viaggio).

Buckel ['bʊkəl] *(m; -s, -)* **1** gobba. **2** *(fam)* schiena, groppone, spalle. **3** *(fig/fam)* gobba, gibbosità; collina. ◆ **den Buckel voll kriegen** *(fig/fam)* prendere una scarica di botte. ◆ **einen breiten Buckel haben** *(fig/fam)* avere le spalle larghe. ◆ **etwas auf dem Buckel haben** *(fig/fam)* avere qcs sulle spalle ♦ *sie hat schon 90 Jahre auf dem Buckel* ha già novant'anni sulle spalle.

buckelig [-ɪç] ~ vedi **bucklig**.

bücken ['bʏkən] *(vr, hat)* ~ **sich bücken** chinarsi, piegarsi ♦ *sich zu Boden bücken* chinarsi a terra.

bucklig ['bʊklɪç] *(anche* **buckelig***)* *(agg)* **1** gobbo. **2** *(fig/fam)* gibboso, irregolare (strada, terreno, ecc).

Bückling ['bʏklɪŋ] *(m; -s, -e)* **1** inchino, riverenza. **2** aringa affumicata.

buddeln ['bʊdəln] *(vi/vt, hat)* ~ *(fam)* scavare.

Bude ['buːdə] *(f; -, -n)* **1** baracca. **2** bancarella, chiosco. **3** *(fam)* casa, appartamento, stanza ♦ *eine sturmfreie Bude haben (fam)* avere la casa a disposizione (per feste, inviti). **4** *(fam)* negozio, bottega. ◆ **die Bude auf den Kopf stellen** *(fam)* mettere a soqquadro la casa (con feste e sim). ◆ **jmdm die Bude einlaufen/einrennen** *(fam)* andare da qcn per seccarlo con continue richieste. ◆ **jmdm auf die Bude rücken** *(fam)* piombare in casa a qcn.

Büfett [by'fɛt] *(n; -(e)s, -e/-s)* **1** credenza. **2** banco (di bar e sim). **3** buffet, rinfresco.

Büffel ['bʏfəl] *(m; -s, -)* ~ bufalo.

büffeln [-n] *(vi/vt, hat)* ~ *(fam)* sgobbare (sui libri).

Bügel ['byːgəl] *(m; -s, -)* **1** *(abbrev di* **Kleiderbügel***)* gruccia (per abiti) ♦ *die Jacke auf/über den Bügel hängen* appendere la giacca alla gruccia. **2** *(abbrev di* **Steigbügel***)* staffa. **3** stanghetta (di occhiali). **4** chiusura (di borsa e sim).

Bügelbrett [-ˌbrɛt] *(n; -(e)s, -er)* ~ asse da stiro.

Bügeleisen [-ˌʔaɪzən] *(n; -s, -)* ~ ferro da stiro.

bügeln [-n] *(vt, hat)* ~ stirare (abiti).

Bühne ['byːnə] *(f; -, -n)* **1** palcoscenico ♦ *ein Stück auf die Bühne bringen* portare in scena un'opera teatrale. **2** *(fig)* scena, palcoscenico ♦ *die politische Bühne* la scena politica. **3** teatro. **4** podio, palco. ◆ **etwas über die Bühne bringen** *(fig/fam)* realizzare, portare a termine qcs. ◆ **über die Bühne gehen** *(fig/fam)* svolgersi, procedere. ◆ **von der Bühne abtreten** *(fig)* sparire dalla scena.

Bühnenaussprache [-nˌʔausʃpraːxə] *(f; -, -n)* ~ pronuncia normativa del tedesco.

Bühnenautor [-nˌˀautoːɐ] *(m;* -s, -autoren; *f* **-in***)* ~ autore teatrale, drammaturgo.
Bühnenbild [-nˌbɪlt] *(n;* -, -er*)* ~ *(teatr)* scena, scenografia.
buk [buːk] ~ pret di **backen**.
Bullauge [ˈbʊlˌˀaugə] *(n;* -s, -n*)* ~ oblò.
Bulle [ˈbʊlə] *(m;* -n, -n*)* ***1*** toro. ***2*** *(spreg)* sbirro.
Bummel [ˈbʊməl] *(m;* -s, -*)* ~ *(fam)* passeggiata, girata.
bummeln [-n] *(vi,* ist/hat*)* ***1*** *(aux* ist*)* fare una passeggiata, passeggiare. ***2*** *(aux* hat*)* perdere tempo, gingillarsi; oziare.
bumsen[1] [ˈbʊmzən] *(vi,* ist*)* ~ {*an/gegen etwas* ~} cozzare, sbattere (rumorosamente) contro qcs.
bumsen[2] *(vi/vt,* hat*)* ~ *(volg)* scopare.
Bund[1] [bʊnt] *(m;* -(e)s, Bünde*)* ***1*** legame (fra persone); lega, patto, alleanza *(anche pol)* ♦ *einen Bund lösen, schließen* sciogliere, concludere un patto ♦ *mit jmdm im Bunde sein* essere alleato con qcn. ***2*** lega, associazione. ***3*** *(pol)* lo stato federale tedesco ♦ *der Bund und die Länder* lo stato e i Länder. ***4*** *(fam)* esercito federale tedesco; servizio militare ♦ *er ist beim Bund* sta facendo il militare. ***5*** vita, cintura (di gonna o pantaloni).
Bund[2] *(n;* -(e)s, -e*)* ***1*** fascio, fascina. ***2*** mazzo (di chiavi; di verdure).
Bündel [ˈbʏndəl] *(n;* -s, -s*)* ***1*** fascio, fascina. ***2*** pacchetto, fagotto. ◆ **sein Bündel schnüren** *(fig/fam)* fare fagotto.
bündeln [-n] *(vt,* hat*)* ~ legare in un fascio, in un pacchetto, affastellare.
Bundes-, **bundes-** [ˈbʊndəs-] *(nei composti)* ~ federale.
Bundeskanzler [-ˌkantslɐ] *(m;* -s, -*)* ~ cancelliere federale.
Bundesland [-ˌlant] *(n;* -(e)s, -länder*)* ~ stato federale ♦ *die neuen Bundesländer* i nuovi stati federali (i cinque Länder tedeschi orientali).
Bundesliga [-ˌliːga] *(f;* -, -ligen*)* ~ *(sport)* serie A ♦ *(erste) Bundesliga* serie A, prima divisione.
Bundespräsident [-prɛziˌdɛnt] *(m;* -en, -en*)* ~ presidente federale.
Bundesrat [-ˌraːt] *(m;* -(e)s*)* ~ consiglio federale, camera dei rappresentanti dei Länder.
Bundesrepublik Deutschland [-repuˌbliːk ˈdɔytʃlant] *(f;* -*)* *(abbrev* **BRD***)* ~ Repubblica Federale Tedesca.
Bundestag [-ˌtaːk] *(m;* -*)* ~ parlamento, dieta federale (Germania).
Bundesverfassungsgericht [-fɛɐˈfasʊŋsgəˌrɪçt] *(n;* -*)* ~ corte costituzionale federale (Germania).
Bundeswehr [-ˌveːɐ] *(f;* -*)* ~ esercito federale tedesco ♦ *er ist bei der Bundeswehr (fam)* sta facendo il militare.
bündig [ˈbʏndɪç] *(agg)* ***1*** conciso. ***2*** chiaro, convincente.
Bündnis [ˈbʏntnɪs] *(n;* -ses, -se*)* ~ lega, patto, coalizione *(anche pol)*.
Bunker [ˈbʊŋkɐ] *(m;* -s, -*)* ***1*** bunker, fortino; rifugio antiaereo. ***2*** silos (per cereali e sim).
bunkern [-n] *(vt,* hat*)* ~ stivare; immagazzinare.
bunt [bʊnt] *(agg)* ***1*** colorato, variopinto; pezzato (animali). ***2*** *(fig)* vario, svariato ♦ *bunter Abend* serata di varietà. ***3*** disordinato, confuso. ◆ **wie ein bunter Hund bekannt sein** *(fig)* essere famosissimo. ◆ **es zu bunt treiben** *(fig/fam)* passare il limite, esagerare.
Buntstift [-ʃtɪft] *(m;* -(e)s, -e*)* ~ matita colorata.
Bürde [ˈbʏrdə] *(f;* -, -n*)* ~ *(lett)* carico, peso *(anche fig)*.
Burg [bʊrk] *(f;* -, -en*)* ~ fortezza, rocca, castello.
Bürge [ˈbʏrgə] *(m;* -n, -n*)* ~ garante *(anche dir)*; mallevadore ♦ *für jmdn/etwas Bürge sein* garantire per qcn, essere garante di qcs.
bürgen [-n] *(vi,* hat*)* ~ {*für jmdn/etwas* ~} garantire per qcn, farsi garante di qcs *(anche dir)*.
Bürger [ˈbʏrgɐ] *(m;* -s, -; *f* **-in***)* ***1*** cittadino. ***2*** borghese.
Bürgerkrieg [-ˌkriːk] *(m;* -(e)s, -e*)* ~ guerra civile.
bürgerlich [-lɪç] *(agg)* ***1*** civile ♦ *bürgerliche Ehe* matrimonio civile. ***2*** borghese. ***3*** *(fig/spreg)* piccolo borghese.
Bürgermeister [-ˌmaistɐ] *(m;* -s, -; *f* **-in***)* ~ sindaco; borgomastro.
Bürgerrecht [-ˌrɛçt] *(n;* -(e)s, -e*)* ~ *(spec pl)* diritti civili, diritto di cittadinanza ♦

jmdm das Bürgerrecht/die Bürgerrechte verleihen conferire a qcn la cittadinanza.
Bürgersteig [-ʃtaik] *(m; -(e)s, -e)* ~ marciapiede.
Bürgertum [-ˌtuːm] *(n; -s)* ~ borghesia.
Bürgschaft ['bʏrkˌʃaft] *(f; -, -en)* ***1*** *(dir)* garanzia, malleveria ♦ *für jmdn/etwas Bürgschaft leisten* garantire per qcn/qcs. ***2*** *(dir)* cauzione. ***3*** cittadinanza (di uno Stato).
Büro [by'roː] *(n; -s, -s)* ~ ufficio (privato; di ditta privata) ♦ *im Büro* in ufficio (stato) ♦ *ins Büro* in ufficio (moto).
Bürokauffrau [-ˌkauffrau] *(f; -, -en)* ~ impiegata commerciale, segretaria d'azienda.
Bürokaufmann [-ˌkaufman] *(m; -(e)s, -leute)* ~ impiegato commerciale.
Büroklammer [-ˌklamɐ] *(f; -, -n)* ~ fermaglio da ufficio.
Bürokrat [byro'kraːt] *(m; -en, -en)* ~ burocrate.
Bürokratie [byrokra'tiː] *(f; -, -n)* ~ burocrazia.
bürokratisch [byro'kraːtɪʃ] *(agg)* ~ burocratico.
Bursche ['bʊrʃə] *(m; -n, -n)* ***1*** ragazzo, adolescente; giovanotto. ***2*** *(fam)* monello.
Bürste ['bʏrstə] *(f; -, -n)* ~ spazzola.
bürsten [-n] *(vt, hat)* ~ spazzolare ♦ *jmdm/sich die Haare bürsten* spazzolare i capelli a qcn, spazzolarsi i capelli.
Bus [bʊs] *(m; -ses, -se)* ~ bus, autobus ♦ *den Bus nehmen/mit dem Bus fahren* prendere l'autobus.
Busch [bʊʃ] *(m; -(e)s, Büsche)* ***1*** cespuglio. ***2*** boscaglia (tropicale). ***3*** mazzo (grosso). ◆ **(bei jmdm) auf den Busch klopfen** *(fig/fam)* sondare il terreno con qcn. ◆ **sich (seitwärts) in die Büsche schlagen** *(fig/fam)* darsi alla macchia.
Büschel ['bʏʃəl] *(n; -s, -)* ~ ciuffo, ciocca (di capelli, erba, ecc).
buschig ['bʊʃɪç] *(agg)* ***1*** folto (capelli, barba, ecc). ***2*** cespuglioso.
Buschmann ['bʊʃˌman] *(m; -(e)s, -männer)* ~ boscimano.
Busen ['buːzən] *(m; -s, -)* ***1*** seno. ***2*** *(fig/lett)* seno, petto, cuore. ***3*** baia, insenatura.
Buße ['buːsə] *(f; -, -n)* ***1*** *(relig)* penitenza ♦ *Buße tun* fare penitenza. ***2*** *(relig)* pentimento. ***3*** *(dir)* ammenda; multa, risarcimento ♦ *jmdn für etwas mit einer Buße belegen* infliggere a qcn un'ammenda per qcs.
büßen ['byːsən] *(vi/vt, hat)* ***1*** *(relig)* fare penitenza. ***2*** {*(für) etwas* ~} *(fig)* pagare per qcs, scontare qcs.
Buß- und Bettag [ˌbuːsʔʊnt'beːtˌtaːk] ~ *(relig)* giorno della penitenza (festività evangelica).
Bußgeld ['buːsˌgɛlt] *(n; -(e)s)* ~ ammenda, multa (traffico; fisco).
Büste ['bʏstə] *(f; -, -n)* ~ busto (scultura).
Büstenhalter [-nˌhaltɐ] *(m; -s, -)* *(abbrev* **BH***)* ~ reggipetto, reggiseno.
Bütte ['bʏtə] *(f; -, -n)* ***1*** tinozza, mastello. ***2*** bigoncia.
Butter ['bʊtɐ] *(f; -)* ~ burro ♦ *frische, ranzige Butter* burro fresco, rancido. ◆ **jmdm die Butter vom Brot nehmen** *(fig)* mettere i piedi in capo a qcn. ◆ **jmdm fällt die Butter vom Brot** *(fig/fam)* qcn rimane a bocca aperta, di stucco.
Butterbrot [-ˌbroːt] *(n; -(e)s, -e)* ***1*** panino imburrato. ***2*** *(fig/fam)* tozzo di pane ♦ *etwas für ein Butterbrot kaufen* comprare qcs per un tozzo di pane. ◆ **jmdm etwas aufs Butterbrot schmieren** *(fig/fam)* rinfacciare continuamente qcs a qcn.
buttern [-n] *(vi/vt, hat)* ***1*** fare il burro. ***2*** imburrare.
b.w. ~ abbrev di **bitte wenden!** (vedi **wenden**).
bzw. ~ abbrev di **beziehungsweise**.

C

c, C [tseː] *(n; -/-s, -/-s)* ~ c, C *(terza lettera dell'alfabeto tedesco)*.

c *(n; -)* ***1*** *(mus)* do. ***2*** abbrev di **c-Moll**.

C *(n; -)* ***1*** *(mus)* do. ***2*** abbrev di **C-Dur**.

ca. ~ abbrev di **circa**.

Café [kaˈfeː] *(n; -s, -s)* ~ caffè (locale).

Camp [kɛmp] *(n; -s, -s)* ***1*** campo vacanze, campeggio. ***2*** *(mil)* campo, accampamento.

campen [-ən] *(vi, hat)* ~ fare campeggio, campeggiare.

Camping [-ɪŋ] *(n; -s)* ~ campeggio, camping (attività del campeggio).

Campingplatz [-ɪŋˌplats] *(m; -es, -plätze)* ~ campeggio, camping (area per il campeggio).

Cappuccino [kapʊˈtʃiːno] *(m; -/-s, -/-s)* ~ cappuccino (bevanda).

CB-Funk [tseːˈbeːˌfʊŋk] *(m; -s)* ~ ricetrasmittente.

CD [ˌtseːˈdeː] *(f; -, -s) (abbrev di* **Compact Disc***)* ~ CD.

CD-Brenner [-ˌbrɛnɐ] *(m; -s, -)* ~ *(elab)* masterizzatore CD.

CD-Player [-ˌpleɪə] *(m; -s, -)* ~ lettore per CD.

CD-ROM [-ˌrɔm] *(f; -, -s)* ~ CD-ROM.

CD-Spieler [-ʃpiːlɐ] *(m; -s, -)* ~ lettore per CD.

CDU [ˌtseːdeːˈʔuː] *(abbrev di* **Christlich-Demokratische Union***)* ~ Unione Democratico-Cristiana tedesca (tedesca).

C-Dur [ˈtseːˈduːɐ] *(n; -) (abbrev* **C***)* ~ *(mus)* do maggiore.

Cellist [tʃɛˈlɪst] *(m; -en, -en; f* **-in***)* ~ *(mus)* violoncellista.

Cello [ˈtʃɛlo] *(n; -s, -s)* ~ *(mus)* violoncello.

CH [ˌtseːˈhaː] ~ abbrev di **Confoederatio Helvetica**.

Champagner [ʃamˈpanjɐ] *(m; -s, -)* ~ champagne.

Chance [ˈʃãːsə] *(f; -, -n)* ***1*** occasione, opportunità (favorevole), chance ♦ *eine Chance ausnutzen, verpassen* sfruttare, perdere un'occasione. ***2*** chance, probabilità di successo ♦ *Chancen auf etwas* (Acc) *haben* avere delle probabilità di successo in qualcosa. ◆ **bei jmdm** (**keine**) **Chancen haben** *(fig/fam)* (non) avere possibilità di successo con qcn.

Chaos [ˈkaːɔs] *(n; -s)* ~ caos.

chaotisch [kaˈoːtɪʃ] *(agg)* ~ caotico.

Charakter [kaˈraktɐ] *(m; -s, -e)* ***1*** *(solo sing)* carattere, caratteristica, particolarità ♦ *das Gespräch trug vertraulichen Charakter* il colloquio ha avuto carattere confidenziale. ***2*** carattere, personalità ♦ *ein guter, schlechter, starker Charakter* un carattere buono, brutto, forte ♦ *ein Mann von Charakter* un uomo di carattere ♦ *Charakter beweisen* dimostrare carattere ♦ *keinen Charakter haben* non avere carattere. ***3*** *(tipogr)* carattere.

charakterfest [-ˌfɛst] *(agg)* ~ fermo di carattere.

Charakterfestigkeit [-ˌfɛstɪçkait] *(f; -)* ~ fermezza di carattere.

charakterisieren [karakteri'zi:rən] *(vt, hat)* *1* caratterizzare, contraddistinguere. *2* caratterizzare, definire.

Charakterisierung [karakteri'zi:rʊŋ] *(f; -, -en)* ~ caratterizzazione.

Charakteristik [karakte'rɪstɪk] *(f; -, -en)* ~ caratterizzazione, descrizione.

charakteristisch [karakte'rɪstɪʃ] *(agg)* ~ caratteristico ♦ *für jmdn/etwas charakteristisch sein* essere caratteristico di qcn/ qcs.

charakterlich [ka'raktɐlɪç] *(agg)* ~ caratteriale.

charmant [ʃar'mant] *(agg)* ~ affascinante.

Charme [ʃarm] *(m; -s)* ~ fascino, charme.

Check [ʧɛk] *(m; -s, -s)* ~ controllo.

checken ['ʧɛkən] *(vt, hat)* *1* controllare. *2* *(fam)* capire.

Chef [ʃɛf] *(m; -s, -s; f* **-in***)* ~ principale, capo, direttore.

Chemie [çe'mi:] *(f; -)* ~ chimica.

Chemikalie [çemi'ka:ljə] *(f; -, -n)* ~ sostanza chimica, additivo chimico.

Chemiker ['çe:mikɐ] *(m; -s, -; f* **-in***)* ~ chimico.

chemisch ['çe:mɪʃ] *(agg)* ~ chimico. ◆ **chemische Reinigung** pulitura a secco.

Chicorée *(anche* **Schikoree***)* ['ʃɪkore] *(m; -s; anche f; -)* ~ insalata belga.

Chiffre ['ʃɪfrə] *(f; -, -n)* *1* cifra (numero; monogramma). *2* codice, segno segreto. *3* numero di riferimento (di annunci economici e sim).

chiffrieren [ʃɪ'fri:rən] *(vt, hat)* ~ cifrare, scrivere in codice.

Chimäre [çi'mɛ:rə] *(f; -, -n)* ~ chimera, illusione.

Chip [ʧɪp] *(m; -s, -s)* *1* gettone (di roulette). *2* *(spec pl)* patatina, patatine fritte. *3* *(elab)* chip.

Chirurg [çi'rʊrk] *(m; -en, -en)* ~ chirurgo.

Chirurgie [çirʊr'gi:] *(f; -)* *1* chirurgia. *2* reparto di chirurgia.

chirurgisch [çi'rʊrgɪʃ] *(agg)* ~ chirurgico.

Chlor ['klo:ɐ] *(n; -s)* ~ cloro.

Chlorophyll [kloro'fʏl] *(n; -s)* ~ clorofilla.

Cholera ['ko:lera] *(f; -)* ~ colera.

Choleriker [ko'le:rikɐ] *(m; -s, -)* ~ collerico, persona collerica.

cholerisch [ko'le:rɪʃ] *(agg)* ~ collerico.

Cholesterin [çolɛste'ri:n] *(n; -s)* ~ *(med)* colesterolo.

Cholesterinspiegel [-ʃpi:gəl] *(m; -s, -)* ~ *(med)* livello di colesterolo ♦ *einen hohen Cholesterinspiegel haben* avere il colesterolo alto.

Chor ['ko:ɐ] *(m; -(e)s, Chöre)* *1* *(mus)* coro. *2* corale, canto corale. *3* *(teatr)* coro.

Choral [ko'ra:l] *(m; -(e)s, Choräle)* ~ corale.

Choreograf *(anche* **Choreograph***)* [koreo'gra:f] *(m; -en; -en; f* **-in***)* ~ coreografo/a.

Choreografie *(anche* **Choreographie***)* [koreogra'fi:] *(f; -, -n)* ~ coreografia.

choreografisch *(anche* **choreographisch***)* [koreo'gra:fɪʃ] *(agg)* ~ coreografico.

Chorist [ko'rɪst] *(m; -en, -en; f* **-in***)* ~ corista.

Chorsänger ['ko:ɐˌzɛŋɐ] *(m; -s, -; f* **-in***)* ~ corista.

Christ [krɪst] *(m; -en, -en; f* **-in***)* ~ cristiano.

Christentum [-ənˌtú:m] *(n; -s)* ~ cristianesimo, fede cristiana.

Christkind [-ˌkɪnt] *(n; -(e)s)* ~ Gesù Bambino.

christlich [-lɪç] *(agg)* *1* cristiano ♦ *der christliche Glaube* la fede cristiana ♦ *die christliche Moral* la morale cristiana. *2* *(avv)* cristianamente.

Christus [-ʊs] *(m; -)* ~ Cristo. ◆ **nach, vor Christus** *(abbrev* **n. Chr.**, **v. Chr.***)* dopo, avanti Cristo.

Chrom [kro:m] *(n; -s)* ~ cromo.

chromatisch [kro'ma:tɪʃ] *(agg)* ~ cromatico.

Chromosom [kromo'zo:m] *(n; -s, -en)* ~ cromosoma.

Chronik ['kro:nɪk] *(f; -, -en)* ~ cronaca, resoconto.

chronisch ['kro:nɪʃ] *(agg)* ~ cronico.

Chronist [kro'nɪst] *(m; -en, -en; f* **-in***)* ~ cronista.

Chronologie [kronolo'gɪ:] *(f; -, -n)* ~ cronologia.

chronologisch [krono'lo:gɪʃ] *(agg)* ~ cronologico ♦ *in chronologischer Reihenfolge* in ordine cronologico.

circa *(abbrev* **ca***)* ~ vedi **zirka**.

cis [tsɪs] *(n; -)* *1* *(mus)* do diesis. *2* *(mus)* abbrev di **cis-Moll**.

Cis *(n; -)* *1* *(mus)* do diesis. *2* abbrev di **Cis-Dur**.

Cis-Dur [-'duːɐ] *(n; -) (abbrev* **Cis***) ~ (mus)* do diesis maggiore.
cis-Moll [-'mɔl] *(n; -) (abbrev* **cis***) ~ (mus)* do diesis minore.
Clan *(anche* **Klan***)* [klaːn] *(m; -s, -s/-e) ~* clan.
clever ['klɛvɐ] *(agg) ~* bravo, abile, intelligente.
Clique ['klɪkə] *(f; -, -n)* ***1*** banda, cricca. ***2*** cerchia di amici, compagnia (spec di giovani).
Clon *(m; -s, -e) ~* vedi **Klon**.
clonen *(vt,* hat*) ~* vedi **klonen**.
Clou [kluː] *(m; -s, -s) ~* culmine, punto culminante, clou ◆ *der Clou des Abends* il clou della serata.
Clown [klaun] *(m; -s, -s; f* **-in***) ~* clown.
c-Moll ['tseː'mɔl] *(n; -) (abbrev* **c***) ~ (mus)* do minore.
Cocktail ['kɔkteːl] *(m; -s, -s) ~* cocktail.
Cocktailparty [-ˌpaːɐti] *(f; -, -s/*† *-parties) ~* rinfresco, cocktail.
Code ~ vedi **Kode**.
Codex ~ vedi **Kodex**.
Cognac ~ vedi **Kognak**.
Coitus ~ vedi **Koitus**.
Comic ['kɔmɪk] *(m; -s, -s) (spec pl) ~* fumetti.
Comicheft [-ˌhɛft] *(n; -(e)s, -e) ~* giornalino a fumetti, fumetto.
Compactdisc *(anche* **Compact Disc***)* ['kɔmpaktˌdɪsk] *(f; -, -/-s) (abbrev* **CD***) ~* compact disc.
Computer [kɔm'pjuːtɐ] *(m; -s, -) ~* computer.
Computerspiel [-ʃpiːl] *(n; -(e)s, -e) ~* gioco elettronico, videogioco.
Confoederatio Helvetica [kɔnføde'raːtsjo hɛl'veːtika] *(f; -) (abbrev* **CH***) ~* Confederazione Svizzera.
Container [kɔn'teːnɐ] *(m; -s, -) ~* container.
cool [kuːl] *(agg)* ***1*** *(fam)* forte, ganzo. ***2*** *(fam)* impassibile, tranquillo.
Corps ~ vedi **Korps**.
Couch [kautʃ] *(f; -, -es) ~* divano.
Countdown ['kaunt'daun] *(m/n; -s, -s) ~* conto alla rovescia *(anche fig)* ◆ *der Countdown läuft* il conto alla rovescia è partito.
Courage [ku'raːʒə] *(f; -) ~ (fam)* coraggio, fegato.
Cousin [ku'zɛ̃ː] *(m; -s, -s) ~* cugino.
Creme *(anche* **Krem***)* [kreːm] *(f; -, -s) ~* crema (cosmetica; alimentare).
CSU [ˌtseːˀɛsˈˀuː] *(abbrev di* **Christlich-Soziale Union***) ~* Unione Cristiano-Sociale.

d, D [deː] *(n; -/-s, -/-s)* ~ d, D *(quarta lettera dell'alfabeto tedesco).*

d *(n; -)* ***1*** *(mus)* re. ***2*** abbrev di **d-Moll**.

D *(n; -)* ***1*** *(mus)* re. ***2*** abbrev di **D-Dur**.

da[1] [daː] *(avv generico di stato in luogo)* ***1*** lì, là, qui, qua, ci ◆ *das Buch da* quel libro lì ◆ *das Buch ist da* il libro è lì ◆ *da draußen, drinnen* là fuori, là dentro ◆ *da oben, unten* lassù, laggiù ◆ *von da* da lì/là. ***2*** allora, in quel momento ◆ *da sagte er...* allora lui disse... ***3*** ecco ◆ *da kommt Claudia* ecco che arriva Claudia. ***4*** in questo/quel caso ◆ *da hast du Recht* in questo caso hai ragione. ➜ **da hast du's!** *(fam)* eccoti servito! ➜ **hier und da**; **da und dort** qua e là. ➜ **von da an** da allora in poi. ➜ **nichts da!** *(fam)* non se ne parla nemmeno! ➜ **da sein** († **dasein**) esistere; esserci; essere in casa ◆ *es ist kein Wein mehr da* non c'è più vino ◆ *ich habe geklingelt, aber es war niemand da* ho suonato il campanello, ma non c'era nessuno ◆ *ich bin gleich wieder da* torno subito ◆ *wer ist da?* chi è?

da[2] *(congiunz)* ~ poiché, siccome, giacché, dal momento che ◆ *da ich sehr beschäftigt bin, kann ich nicht kommen* essendo molto occupata, non posso venire. ➜ **jetzt, da** ora che, adesso che ◆ *jetzt, da sie ein Kind hat, hat sie weniger Freizeit* ora che ha un bambino ha meno tempo libero.

da|behalten *(vt,* hat; *irr* halten*)* ~ trattenere (con sé), tenersi.

dabei [da'bai] *(avv; in sostituzione di complementi introdotti da* bei*; in correlazione con frasi dipendenti)* ***1*** vicino, accanto, insieme a questo/quello (cosa) ◆ *ein Geschäft mit Parkplatz dabei* un negozio con il parcheggio accanto. ***2*** *(fig)* contemporaneamente, nel frattempo; oltre a ciò, oltretutto, per giunta ◆ *sie arbeitet und hört dabei Musik* lavora e contemporaneamente ascolta la musica ◆ *er ist arbeitslos und dabei krank* è disoccupato e oltretutto malato. ***3*** *(fig)* a questo, a tale proposito ◆ *wichtig dabei ist, dass* la cosa importante a questo proposito è che. ***4*** *(fig)* eppure, tuttavia ◆ *sie hat mir nicht Bescheid gesagt, dabei hatte ich sie mehrmals darum gebeten* non mi ha informato, eppure l'avevo pregata più volte. ➜ **dabei bleiben** († **dabeibleiben**) insistere ◆ *ich bleibe dabei, dass* insisto che. ➜ **es bleibt dabei!** *(impers)* siamo d'accordo così! ➜ **dabei finden** *(fam)* trovarci (qcs di grave, di male, ecc) ◆ *ich finde nichts dabei* non ci trovo niente di male. ➜ **dabei sein** († **dabeisein**) ***1*** esserci, essere presente, partecipare ◆ *ich war dabei, als es geschah* ero presente quando è successo ◆ *wirst du auch heute Abend (mit) dabei sein?* ci sarai anche tu stasera? ***2*** {~ *sein, etwas zu tun*} stare per fare qcs; stare facendo qcs ◆ *ich war (gerade) dabei, ihn anzurufen, als er an die Tür klopfte* stavo per telefonargli, quando bussò alla porta. ***3*** *(fam)* esserci (di grave, di male, ecc) ♦ *was ist denn dabei?* ma che c'è di male?

dabei|bleiben *(vi*, ist; *irr* bleiben*)* *1* continuare (con attività e sim). *2* **dabei bleiben** (vedi **dabei**).

dabei|haben *(vt*, hat*)* ~ *(fam)* avere con sé, avere dietro.

dabeisein ~ **dabei sein** (vedi **dabei**).

dabei|sitzen *(vi*, hat; *irr* sitzen*)* ~ assistere (seduto), essere presente.

da|bleiben *(vi*, ist; *irr* bleiben*)* ~ rimanere, restare (in un luogo).

Dach [dax] *(n*; -(e)s, Dächer*)* ~ *(generic)* tetto. ◆ **jmdm aufs Dach steigen** *(fam)* rimproverare qcn. ◆ **eins aufs Dach bekommen** *(fam)* ricevere un rimprovero. ◆ **jmdm eins/etwas aufs Dach geben** *(fam)* rimproverare qcn. ◆ **etwas unter Dach und Fach bringen** concludere qcs (con successo). ◆ **unter Dach und Fach sein** essere concluso (con successo).

Dachboden [-ˌboːdən] *(m*; -s, -böden*)* ~ soffitta, solaio.

Dachfenster [-ˌfɛnstɐ] *(n*; -s, -*)* ~ abbaino.

Dachgeschoss († **-geschoß**) [-gəʃɔs] *(n*; -es, -e*)* ~ soffitta abitabile, mansarda.

Dachluke [-ˌluːkə] *(f*; -, -n*)* ~ abbaino.

Dachrinne [-ˌrɪnə] *(f*; -, -n*)* ~ grondaia.

Dachs [daks] *(m*; -es, -e*)* *1* *(zool)* tasso. *2* *(fam)* giovane inesperto, sbarbatello. ◆ **schlafen wie ein Dachs** *(fig)* dormire come un ghiro.

Dachshund [-ˌhʊnt] *(m*; -(e)s, -e*)* ~ bassotto.

dachte ['daxtə] ~ pret di **denken**.

Dachwohnung ['daxˌvoːnʊŋ] *(f*; -, -en*)* ~ mansarda.

Dachziegel ['daxˌtsiːgəl] *(m*; -s, -*)* ~ tegola.

Dackel ['dakəl] *(m*; -s, -*)* ~ bassotto.

dadurch [da'dʊrç] *(avv; in sostituzione di complementi introdotti da* durch; *in correlazione con frasi dipendenti)* *1* ['daːˌdʊrç] attraverso questo/quello (cosa) ♦ *siehst du die Tür? dadurch musst du gehen* vedi quella porta? da quella devi passare. *2* *(fig)* con, per, grazie a ciò; in questo/quel modo, così ♦ *dadurch kann er sich selbst nur Schaden zufügen* in quel modo può soltanto danneggiare se stesso ♦ *er hat das Problem dadurch gelöst, dass er in eine andere Wohnung umgezogen ist* ha risolto il problema trasferendosi in un altro appartamento. ◆ **dadurch, dass** poiché, per il fatto che, a causa del fatto che ♦ *dadurch, dass wir nicht informiert wurden, konnten wir nicht kommen* poiché non siamo stati informati, non siamo potuti venire.

dafür [da'fyːɐ] *(avv; in sostituzione di complementi introdotti da* für; *in correlazione con frasi dipendenti)* *1* per, di questo/quello (cosa), per ciò, di ciò, ne ♦ *dafür ist er nicht gut genug* per questo non è abbastanza bravo ♦ *interessierst du dich auch dafür?* te ne interessi anche tu? ♦ *ich habe ihm dafür gedankt, dass er mir geholfen hat* l'ho ringraziato per avermi aiutato. *2* in cambio ♦ *was möchtest du dafür haben?* cosa vorresti avere in cambio? *3* in compenso ♦ *sie ist klein, dafür aber sehr hübsch* è bassa, ma in compenso è molto carina. ◆ **nichts dafür können** *(fam)* non aver colpa (di qcs) ♦ *ich kann nichts dafür!* io non ne ho colpa! ◆ **dafür sein** essere d'accordo, acconsentire, starci. ♦ *alle sind dafür, dass* tutti sono d'accordo che.

dagegen [da'geːgən] *(avv; in sostituzione di complementi introdotti da* gegen; *in correlazione con frasi dipendenti)* *1* contro questo/quello (cosa), addosso a questo/quello (cosa) ♦ *er hat lange dagegen gekämpft* ha combattuto a lungo contro (quella cosa). *2* al contrario, invece ♦ *er ist ein guter Schüler, dagegen ist sein Bruder ein Faulenzer* lui è un bravo scolaro, suo fratello al contrario è un fannullone. *3* a confronto, in paragone ♦ *diese Übung ist sehr schwierig, dagegen war die andere kinderleicht* questo esercizio è molto difficile, l'altro a confronto era elementare. *4* in cambio (di questo/quello). ◆ **etwas dagegen haben** avere qcs in contrario. ◆ **dagegen sein** essere contrario (a qcs) ♦ *er war dagegen, dass* era contrario a che.

dagegen|halten *(vt*, hat; *irr* halten*)* *1* raffrontare, mettere a confronto. *2* {*(jmdm) etwas* ~} ribattere, replicare qcs (a qcn).

daheim [da'haim] *(avv)* *1* a casa (stato) ♦ *daheim bleiben, sein* rimanere, essere a casa ♦ *von daheim* da casa (moto da luogo). *2* nel luogo natio (città o stato).

daher [da'heːɐ] *(avv)* ***1*** da lì/là ♦ *(von) daher* da là. ***2*** ['daːˌheːɐ] *(fig)* da ciò, in conseguenza di ciò ♦ *daher kommen all seine Probleme* da ciò vengono tutti i suoi problemi. ***3*** *(congiunz)* perciò ♦ *er ist krank, daher kann er nicht kommen* è malato, perciò non può venire.

dahergelaufen [da'heːɐgəˌlaufən] *(agg)* ~ *(spreg)* (uno) qualunque, qualsiasi (persona).

Dahergelaufene(r) [-ə (-ɐ)] *(m/f; -n, -n)* ~ *(spreg)* uno qualunque, persona che non conta niente.

daher|kommen *(vi, ist; irr kommen)* ***1*** *(fam)* avvicinarsi, arrivare. ***2*** *(fig/fam)* presentarsi, mostrarsi, andare in giro.

daher|reden *(vi, hat)* ~ *(fam/spreg)* parlare a vanvera.

dahin [da'hɪn] *(avv)* ***1*** lì, là; ci (moto a luogo) ♦ *geh dahin!* vai lì! ♦ *er geht nie dahin* non ci va mai. ***2*** *(fig)* in questa/quella direzione, a questo/quello, a ciò (obiettivi e sim) ♦ *unsere Bemühungen gingen dahin, dass* i nostri sforzi miravano a che ♦ *jmdn dahin bringen, dass er etwas tut* indurre qcn a fare qcs. ◆ **dahin gehend** († **dahingehend**) *(fig)* in tale direzione, in tal senso. ◆ **dahin sein** *(fig)* essere finito, essere andato ♦ *mein Geld ist dahin* il mio denaro è finito. ◆ **bis dahin** ***1*** fino a questo/quel momento ♦ *bis dahin dauert es noch eine Zeit lang* fino ad allora c'è ancora un po' di tempo. ***2*** per allora ♦ *der Chef kommt am Montag zurück, bis dahin muss die Arbeit erledigt sein* il principale torna lunedì, per allora il lavoro deve essere finito. ***3*** per adesso, intanto ♦ *ich freue mich auf deinen Brief, bis dahin liebe Grüße* aspetto con impazienza la tua lettera, intanto (ti faccio) tanti saluti.

dahinab [dahɪ'nap] *(avv)* ~ giù di qui/lì (moto a luogo).

dahinauf [dahɪ'nauf] *(avv)* ~ su di qui/lì (moto a luogo).

dahinaus [dahɪ'naus] *(avv)* ~ fuori di qui/lì (moto a luogo, da luogo).

dahin|eilen *(vi, ist)* ***1*** allontanarsi in fretta. ***2*** *(fig)* volare (tempo e sim).

dahinein [dahɪ'nain] *(avv)* ~ qui/lì dentro (moto a luogo).

dahin|gehen *(vi, ist; irr gehen)* ***1*** *(lett)* passare (camminando). ***2*** *(fig/lett)* passare (tempo e sim). ***3*** *(lett)* morire, trapassare.

dahingehend ~ **dahin gehend** (vedi **dahin**).

dahingestellt [da'hɪngəʃtɛlt] *(part pass)* ~ **dahingestellt bleiben**, **sein** rimanere, essere in sospeso, aperto (questioni e sim). ◆ **etwas dahingestellt sein lassen** lasciare aperto, lasciare in sospeso qcs (questioni e sim).

dahin|sagen *(vt, hat)* ~ **etwas nur so dahinsagen** dire qcs tanto per dire.

dahin|schleppen *(vr, hat)* ***1*** trascinarsi. ***2*** *(fig)* protrarsi, trascinarsi.

dahinten [dahɪ'ntən] *(avv)* ***1*** lì/là dietro (stato). ***2*** laggiù (in lontananza).

dahinter [dahɪ'ntɐ] *(avv; in sostituzione di complementi introdotti da* hinter*)* ~ dietro a questo/quello (cosa), dietro (stato o moto) ♦ *ein Haus mit einem Garten dahinter* una casa con un giardino dietro. ◆ **dahinter stecken** *(fig/fam)* nascondersi, esserci dietro (persona o cosa) ♦ *ich möchte wissen, was dahinter steckt* vorrei sapere cosa c'è dietro.

dahinter|kommen *(vi, ist; irr kommen)* ~ *(fig/fam)* scoprire ♦ *ich werde dahinterkommen, wer es war* scoprirò chi è stato.

Dahlie ['daːljə] *(f; -, -n)* ~ *(bot)* dalia.

da|lassen *(vt, hat; irr/ortogr lassen)* ~ *(fam)* lasciare ♦ *ich habe ihm mein Buch dagelassen* gli ho lasciato il mio libro.

da|liegen *(vi, hat; irr liegen)* ***1*** giacere, stare lì disteso. ***2*** stare lì pronto, stare in bella vista (cose).

damalig ['daːˌmaːlɪç] *(agg)* ~ di allora ♦ *der damalige Innenminister* l'allora ministro degli Interni.

damals ['daːˌmaːls] *(avv)* ~ allora (a quel tempo) ♦ *damals war er noch jung* allora era ancora giovane.

Dame ['daːmə] *(f; -, -n)* ***1*** signora; donna ♦ *eine alte, junge Dame* una signora anziana, giovane ♦ *die Dame des Hauses* la padrona di casa ♦ *eine Dame von Welt* una donna di mondo. ***2*** dama, nobildonna. ***3*** regina (scacchi); donna (carte); dama (gioco della dama). ◆ **meine Damen und Herren!** signore e signori! ◆ **Damen** donne (toilette).

Damenbinde [-nˌbɪndə] *(f; -, -n)* ~ assorbente igienico.

Damenfriseur [-nˌfri'zøːɐ] *(m; -s, -e; f* **-in***)* ~ parrucchiere per signora.

Damespiel [-ʃpiːl] *(n; -(e)s, -e)* ~ dama, gioco della dama.

Damhirsch ['damˌhɪrʃ] *(m; -es, -e)* ~ daino.

damit[1] [da'mɪt] *(avv; in sostituzione di complementi introdotti da* mit; *in correlazione con frasi dipendenti)* ***1*** ['daːˌmɪt] con questo/quello (cosa), con ciò, ci, ne ♦ *ich habe zu wenig Geld, damit kann ich die Reise nicht bezahlen* ho troppo poco denaro, non ci posso pagare il viaggio. ***2*** *(fig)* con ciò, di ciò, ne ♦ *ich kann mich nicht damit beschäftigen* non me ne posso occupare ♦ *er wird nie damit aufhören* non la smetterà mai ♦ *ich hatte nicht damit gerechnet, dass er mich so im Stich lassen würde* non avevo previsto che mi piantasse in asso così. ***3*** *(fig)* perciò, dunque, quindi ♦ *die Dauerkarte ist alt und damit ungültig* l'abbonamento è vecchio e perciò non valido. ◆ **her damit!** *(fam)* qua! dammelo! ◆ **weg damit!** *(fam)* via (quella cosa)!

damit[2] [da'mɪt] *(congiunz)* ~ affinché, perché ♦ *das sage ich dir, damit du deinen Irrtum einsiehst* questo te lo dico perché tu riconosca il tuo errore.

dämlich ['dɛːmlɪç] *(agg)* ~ *(fam)* tonto, stupido (persona o cosa).

Damm [dam] *(m; -(e)s, Dämme)* ***1*** diga; argine ♦ *einen Damm aufschütten, bauen* innalzare, costruire una diga. ***2*** terrapieno. ***3*** *(fig)* argine, diga, resistenza. ◆ **jmdn wieder auf den Damm bringen** *(fig/fam)* rimettere in sesto qcn (guarire). ◆ **nicht auf dem Damm sein** *(fig/fam)* non essere in forma. ◆ **wieder auf dem Damm sein** *(fig/fam)* essere di nuovo in forma.

dämmen ['dɛmən] ~ vedi **eindämmen**.

dämmerig ['dɛmərɪç] ~ vedi **dämmrig**.

dämmern ['dɛmɐn] *(vị, hat)* ***1*** *(impers)* albeggiare; imbrunire ♦ *es dämmert* fa giorno/sera. ***2*** spuntare (mattino); calare (sera) ♦ *der Morgen, der Abend dämmert* spunta il mattino, cala la sera. ***3*** essere in uno stato di dormiveglia. ***4*** {*jmdm* ~} *(fig/fam)* diventare chiaro a qcn.

Dämmerung ['dɛmərʊŋ] *(f; -, -en)* ***1*** alba; crepuscolo. ***2*** penombra.

dämmrig ['dɛmrɪç] *(anche* **dämmerig***)* *(agg)* ***1*** albeggiante; crepuscolare. ***2*** in penombra (locali); cupo, fosco (aria). ◆ **es wird dämmrig** sta albeggiando/cala il crepuscolo.

Dämon ['dɛːmɔn] *(m; -s, -en)* ***1*** demone, spirito. ***2*** *(fig)* demone, estro, passione.

dämonisch [dɛ'moːnɪʃ] *(agg)* ~ demoniaco, diabolico *(anche fig)*.

Dampf [dampf] *(m; -(e)s, Dämpfe)* ***1*** vapore; esalazione. ***2*** *(fig)* tensione, energia, impeto. ◆ **Dampf ablassen** *(fig/fam)* sfogarsi. ◆ **jmdm Dampf machen** *(fig/fam)* pressare, tenere qcn sotto pressione. ◆ **Dampf hinter etwas machen/setzen** *(fig/fam)* sollecitare qcs (energicamente).

dampfen [-ən] *(vi, ist/hat)* ***1*** *(aux* hat*)* fumare, esalare vapore ♦ *die Suppe dampft noch* la minestra fuma ancora. ***2*** *(aux* ist*)* partire, viaggiare (mezzi a vapore).

dämpfen ['dɛmpfən] *(vt, hat)* ***1*** trattare con il vapore; stirare a vapore; cuocere a vapore. ***2*** smorzare, attutire (luce, suoni, colpi). ***3*** *(fig)* placare, moderare (sentimenti, aspettative, ecc).

Dampfer ['dampfɐ] *(m; -s, -)* ~ piroscafo, nave a vapore. ◆ **auf dem falschen Dampfer sein/sitzen** *(fig/fam)* sbagliarsi, aver fatto male i conti.

Dämpfer ['dɛmpfɐ] *(m; -s, -)* ***1*** ammortizzatore. ***2*** *(mus)* sordina. ◆ **jmdm einen Dämpfer aufsetzen** *(fig/fam)* raffreddare gli entusiasmi di qcn.

Dampfkochtopf ['dampfˌkɔxtɔpf] *(m; -(e)s, -töpfe)* ~ pentola a pressione.

Dämpfung ['dɛmpfʊŋ] *(f; -, -en)* ~ attenuazione, smorzamento.

danach [da'naːx] *(avv; in sostituzione di complementi introdotti da* nach; *in correlazione con frasi dipendenti)* ***1*** verso questo/quello (cosa), a ciò, di ciò, verso ciò, ne ♦ *hast du ihn schon danach gefragt?* glielo hai già chiesto? ♦ *er hat schon immer danach gestrebt* ha sempre aspirato a questo ♦ *ich habe mich danach erkundigt, wann es einen Zug gibt* mi sono informata di quando c'è un treno ♦ *es sieht danach aus, als ob* (+ *cong*) pare che, ha l'aria di. **2** dopo, poi, in seguito ♦ *gleich, kurz danach* subito, poco dopo. ◆ **mir ist nicht danach** *(fam)* non ne ho voglia, non mi va.

daneben [da'ne:bən] *(avv; in sostituzione di complementi introdotti da* neben*)* **1** accanto, vicino a questo/quello (cosa), accanto, vicino (stato o moto) ♦ *in der Mitte stand ein Tisch und daneben ein Stuhl* nel mezzo c'era un tavolo e accanto una sedia. **2** *(fig)* inoltre, in aggiunta, oltre a ciò. **3** a confronto. ◆ **daneben sein** († **danebensein**) *(fam)* **1** non sentirsi bene. **2** essere di cattivo umore. **3** essere di fuori.

daneben|benehmen *(vr, hat; irr* nehmen*)* ~ **sich danebenbenehmen** *(fam)* comportarsi male.

daneben|gehen *(vi, ist; irr* gehen*)* **1** mancare il bersaglio. **2** *(fig/fam)* fallire.

daneben|hauen *(vi, hat; irr* hauen[1]*)* ~ *(fig/fam)* sbagliare il tiro, sbagliare.

daneben|liegen *(vi, hat; irr* liegen*)* ~ {*mit etwas* ~} sbagliare qcs (previsioni e sim).

danebensein ~ **daneben sein** (vedi **daneben**).

dank [daŋk] *(prep* + Gen/Dat, *al pl spec* + Gen*)* ~ grazie a ♦ *dank seinem Mut/seines Muts* grazie al suo coraggio.

Dank *(m; -(e)s)* **1** ringraziamento. **2** gratitudine, riconoscenza ♦ *jmdm seinen Dank aussprechen* esprimere la propria gratitudine a qcn ♦ *etwas mit Dank annehmen* accettare qcs con piacere. ◆ **Gott sei Dank!** *(escl)* grazie a Dio! meno male! ◆ **hab vielen Dank/haben Sie vielen Dank!** ti/La ringrazio molto! ◆ **besten Dank!/vielen Dank!/herzlichen Dank!** *(escl)* tante grazie! ◆ **tausend Dank!** *(escl/fam)* grazie mille! ◆ **jmdm (für etwas) Dank sagen** ringraziare qcn (per qcs).

dankbar [-ˌba:ɐ] *(agg)* **1** grato, riconoscente ♦ *jmdm (für etwas) dankbar sein* essere grato a qcn (per qcs). **2** *(fig)* soddisfacente, gratificante. **3** *(fam)* resistente. **4** *(avv)* con gratitudine, con riconoscenza.

Dankbarkeit [-ba:ɐˌkait] *(f; -)* ~ gratitudine, riconoscenza.

danke [-ə] *(escl)* ~ grazie. ◆ **danke schön/sehr/vielmals** *(escl)* molte grazie. ◆ **danke der Nachfrage** grazie per l'interessamento.

danken [-ən] *(vi, hat)* **1** {*jmdm (für etwas)* ~} ringraziare qcn (per qcs) ♦ *jmdm herzlich, im Voraus danken* ringraziare qcn sentitamente, anticipatamente ♦ *ich dankte ihm für seine Hilfe* lo ringraziai per il suo aiuto. **2** {*jmdm etwas* ~} ricompensare qcn per qcs, ripagare qcn di qcs ♦ *niemand hat mir meine Mühe gedankt* nessuno mi ha ricompensato per la mia fatica.

Dankeschön [-əʃø:n] *(n; -s)* **1** parole di ringraziamento. **2** piccolo regalo di ringraziamento, pensierino.

Danksagung [-ˌza:gʊŋ] *(f; -, -en)* ~ ringraziamento (formale).

dann [dan] *(avv)* **1** poi, dopo, allora, in seguito. **2** inoltre, poi. **3** in quel caso, allora (spesso non tradotto) ♦ *wenn du zu Hause ankommst, dann ruf mich bitte an* quando arrivi a casa, telefonami. ◆ **dann und wann** di quando in quando, a volte, di tanto in tanto. ◆ **dann und dann** in un dato momento ♦ *sie sagte, sie würde mich dann und dann besuchen* disse che sarebbe venuta a trovarmi il tal giorno. ◆ **bis dann!** *(escl) (fam)* a dopo! alla prossima!

daran [da'ran] *(fam anche* **dran***) (avv; in sostituzione di complementi introdotti da* an; *in correlazione con frasi dipendenti)* ~ a ciò, di ciò, ci, ne ♦ *ich zweifle daran* ne dubito ♦ *ich hatte nicht daran gedacht* non ci avevo pensato ♦ *allein der Gedanke daran bereitet mir Sorgen* anche solo il pensiero di quella cosa mi preoccupa ♦ *wirst du dich daran erinnern, mir das Buch zu schicken?* ti ricorderai di spedirmi il libro? ◆ **es ist nichts daran** *(fig/fam)* non c'è niente di vero.

daran|gehen *(vi, ist; irr* gehen*)* ~ {~, *etwas zu tun*} cominciare, accingersi a fare qcs.

daran|machen *(vr, hat)* ~ **sich daranmachen, etwas zu tun** *(fam)* cominciare, mettersi a fare qcs.

daran|setzen *(vt, hat)* ~ impiegare, impegnare (energie e sim).

darauf [da'rauf] *(fam anche* **drauf***) (avv; in sostituzione di complementi introdotti da* auf; *in correlazione con frasi dipendenti)* **1** su, sopra a questo/quello (cosa), sopra (stato o moto) ♦ *ein Teller mit einer*

Schüssel darauf un piatto con una scodella sopra ♦ *räum den Tisch ab und stell die Vase darauf* sgombera il tavolo e mettici sopra il vaso. **2** *(fig)* a ciò, di ciò, ci, ne ♦ *er hat darauf verzichtet* ci ha rinunciato ♦ *ich habe lange darauf gewartet* ho aspettato a lungo (questa cosa) ♦ *er hat nicht darauf geachtet, ob...* non ha fatto attenzione se... **3** dopo, poi, in seguito ♦ *am Tag darauf* il giorno dopo ♦ *gleich, kurz, ein Jahr darauf* subito, poco, un anno dopo. ◆ **darauf folgend** († **darauffolgend**) seguente ♦ *am darauf folgenden Tag* il giorno seguente.

daraufhin [ˌdaraufˈhɪn] *(avv)* **1** sotto questo/quell'aspetto, in considerazione di ciò, in prospettiva di ciò. **2** perciò, in conseguenza di ciò.

daraus [daˈraus] *(fam anche* **draus***) (avv; in sostituzione di complementi introdotti da* aus; *in correlazione con frasi dipendenti)* ~ da questo/quello (cosa), da ciò, ne ♦ *er nahm die Flasche und trank daraus* prese la bottiglia e bevve da quella ♦ *dieses Holz ist gut, daraus kann man Balken machen* questo legno è buono, se ne possono fare delle travi ♦ *daraus folgt, dass* ne consegue che. ◆ **daraus werden** conseguire, essere fatto, venire ♦ *es wird sowieso nichts daraus werden* tanto non se ne farà di nulla.

dar|bieten *(vt,* hat; *irr* bieten*)* **1** {*jmdm etwas* ~} *(lett)* offrire, porgere qcs a qcn. **2** offrire, eseguire, recitare (spettacoli e sim). ◆ **sich jmdm darbieten** *(vr)* mostrarsi, offrirsi, presentarsi a qcn ♦ *uns bot sich eine herrliche Aussicht dar* ci si presentò un panorama stupendo.

Darbietung [ˈdaːɐ̯ˌbiːtʊŋ] *(f;* -, -en*)* **1** spettacolo, rappresentazione. **2** interpretazione, esecuzione (di spettacoli, brani musicali, ecc).

darein [daˈrain] *(fam anche* **drein***) (avv)* ~ *(lett)* dentro a questo/quello (cosa), in questo/quello (cosa), dentro.

darein|reden *(vi,* hat*)* **1** {*jmdm* ~} metterci bocca con qcn. **2** interrompere (mentre si parla).

darein|setzen *(vt,* hat*)* ~ *(lett)* impiegare, impegnare (energie e sim).

darf [darf] ~ I e III pers sing pres di **dürfen**.

darfst [-st] ~ II pers sing pres di **dürfen**.

darin [daˈrɪn] *(fam anche* **drin***) (avv; in sostituzione di complementi introdotti da* in; *in correlazione con frasi dipendenti)* **1** in, dentro questo/quello (cosa), dentro, lì dentro, ci (stato) ♦ *nimm meine Tasche: die Schlüssel sind darin* prendi la mia borsa, le chiavi sono lì dentro. **2** *(fig)* in ciò ♦ *du irrst dich darin* ti sbagli in questo ♦ *der Unterschied besteht darin, dass* la differenza consiste nel fatto che.

dar|legen *(vt,* hat*)* ~ esporre, chiarire.

Darlegung [ˈdaːɐ̯ˌleːgʊŋ] *(f;* -, -en*)* ~ esposizione, chiarimento.

Darlehen [ˈdaːɐ̯ˌleːən] *(n;* -s, -*)* ~ *(econ)* prestito ♦ *ein Darlehen aufnehmen, gewähren* contrarre, concedere un prestito.

Darm [darm] *(m;* -(e)s, Därme*)* ~ *(anat)* intestino.

Darmverschluss († **-verschluß**) [-fɛɐ̯ʃlʊs] *(m;* -es, -schlüsse*)* ~ occlusione, blocco intestinale.

dar|stellen *(vt,* hat*)* **1** descrivere. **2** raffigurare, rappresentare ♦ *das Gemälde stellt eine Jagdszene dar* il dipinto raffigura una scena di caccia. **3** *(fig)* rappresentare, significare ♦ *das stellt einen wichtigen Fortschritt dar* questo rappresenta un progresso importante. **4** *(teatr)* interpretare (ruoli). ◆ **sich darstellen** *(vr)* mostrarsi, presentarsi, apparire. ◆ **etwas darstellen** *(fig/fam)* fare figura. ◆ **nichts darstellen** *(fig/fam)* non fare figura.

Darsteller [ˈdaːɐ̯ʃtɛlɐ] *(m;* -s, -; *f* **-in***)* ~ *(teatr)* attore, interprete.

darstellerisch [ˈdaːɐ̯ʃtɛlərɪʃ] *(agg)* ~ *(teatr)* rappresentativo, interpretativo.

Darstellung [ˈdaːɐ̯ʃtɛlʊŋ] *(f;* -, -en*)* **1** descrizione. **2** raffigurazione, rappresentazione. **3** *(teatr)* interpretazione.

darüber [daˈryːbɐ] *(fam anche* **drüber***) (avv; in sostituzione di complementi introdotti da* über; *in correlazione con frasi dipendenti)* **1** sopra a questo/quello (cosa), sopra (stato o moto) ♦ *an der Wand steht ein Tisch und darüber hängt eine Uhr* accostato alla parete c'è un tavolo e sopra è appeso un orologio. **2** *(fig)* di ciò, su ciò, sopra, ci, ne ♦ *er hat ein Buch darüber geschrieben* ci ha scritto un libro sopra ♦ *wir haben darüber gesprochen, wann wir* *uns treffen können* abbiamo parlato di quando possiamo incontrarci. ***3*** nel frattempo, intanto. ***4*** oltre (un dato limite); in ritardo. ◆ **darüber hinaus** inoltre.

darüber|stehen *(vi,* hat; *irr* stehen*)* ~ essere superiore a qcn/qcs (intellettualmente, spiritualmente) ♦ *sein Benehmen war nicht fair, trotzdem solltest du darüberstehen* il suo comportamento non è stato corretto, ma tu dovresti essere superiore.

darum [da'rʊm] *(fam anche* **drum***)* *(avv; in sostituzione di complementi introdotti da* um; *in correlazione con frasi dipendenti)* ***1*** intorno a questo/quello, intorno, tutto intorno ♦ *ein Garten mit einem Zaun darum (herum)* un giardino con un recinto intorno. ***2*** di ciò, per ciò, ci, ne ♦ *ich kann mich nicht darum kümmern* non me ne posso occupare ♦ *ich habe mich darum bemüht, ihm zu helfen* mi sono sforzato di aiutarlo ♦ *es handelt sich darum, dass* si tratta del fatto che. ***3*** per questo, perciò. ◆ **darum nicht** non per questo ♦ *er ist jung, aber darum nicht unerfahren* è giovane, ma non per questo inesperto. ◆ **„Warum?" „Darum!"** *(fam)* "Perché?" "Perché sì!".

darum|kommen *(vi,* ist; *irr* kommen*)* ~ *{um etwas ~}* *(fam)* perdere qcs, perdersi qcs (occasioni e sim).

darunter [da'rʊntɐ] *(fam anche* **drunter***)* *(avv; in sostituzione di complementi introdotti da* unter; *in correlazione con frasi dipendenti)* ***1*** sotto a questo/quello (cosa), sotto (stato o moto) ♦ *eine Schüssel mit einem Teller darunter* una scodella con un piatto sotto. ***2*** *(fig)* per ciò, di ciò, con ciò, ci, ne ♦ *der Lärm ist unerträglich und sie leidet darunter* il rumore è insopportabile e lei ne soffre ♦ *was verstehst du darunter?* cosa intendi con questo? ***3*** fra questi, insieme ♦ *ich habe viele Briefe bekommen, darunter auch deinen* ho ricevuto molte lettere, fra cui anche la tua.

das[1] [das] ~ Nom/Acc n sing di **der**[1-2-3].

das[2] *(pron dimostr;* vedi anche **der**[2]*)* ~ questo/a, quello/a; ciò ♦ *ist das dein Buch?* è questo/quello il tuo libro? ♦ *das ist meine Schwester* questa/quella è mia sorella ♦ *wer hat dir das gesagt?* chi ti ha detto questo? ◆ **das alles**; **all(es) das** tutto ciò. ◆ **das, was** ciò che, quello che ♦ *das, was du gesehen hast, darfst du niemandem erzählen* quello che hai visto non devi raccontarlo a nessuno.

dasein ~ **<u>da sein</u>** (vedi **da**[1]).

Dasein ['daːˌzain] *(n;* -s*)* ***1*** vita, esistenza ♦ *ein elendes Dasein führen* condurre un'esistenza misera. ***2*** esistenza (l'esistere) ♦ *das Dasein Gottes* l'esistenza di Dio. ***3*** presenza.

Daseinsberechtigung [-sbəˌrɛçtɪgʊŋ] *(f;* -, -en*)* ~ ragione di essere ♦ *in etwas* (Dat)*/durch etwas seine Daseinsberechtigung finden* avere la propria ragion d'essere in qcs.

da|sitzen *(vi,* hat; *irr* sitzen*)* ***1*** stare lì (seduto). ***2*** *(fig/fam)* ritrovarsi (in una situazione spiacevole), fare una figura.

dasjenige ['dasˌjeːnɪgə] ~ Nom/Acc n sing di **derjenige**.

<u>dass</u> († **daß**) [das] *(congiunz)* ***1*** che ♦ *ich weiß, dass sie verheiratet ist* so che è sposata ♦ *dass du mir helfen willst, ist sehr nett von dir/es ist sehr nett von dir, dass du mir helfen willst* è molto gentile da parte tua che tu voglia aiutarmi. ***2*** perché, affinché. ***3*** *(con valore di imperativo o ottativo)* *(fam)* ♦ *dass du mir jetzt keine Geschichten machst!* ora non mi fare storie!

dasselbe [das'zɛlbə] ~ Nom/Acc n sing di **derselbe**.

da|stehen *(vi,* hat; *irr* stehen*)* ***1*** stare lì (in piedi). ***2*** *(fig)* ritrovarsi (in una situazione spiacevole), fare una figura. ◆ **blöd dastehen** fare una figuraccia.

Date [deɪt] *(n;* -s, -s*)* ~ *(fam)* appuntamento.

Datei [da'tai] *(f;* -, -en*)* ***1*** archivio. ***2*** *(elab)* file.

Daten ['daːtən] *(pl)* ***1*** dati *(anche elab)*. ***2*** pl di **Datum**.

Datenbank [-ˌbaŋk] *(f;* -, -en*)* ~ banca dati, *(elab)* database.

Datenschutz [-ʃʊts] *(m;* -(e)s*)* ~ tutela dei dati personali.

Datenschutzgesetz [-ʃʊtsgəˌzɛts] *(n;* -(e)s, -e*)* ~ legge sulla privacy.

Datenverarbeitung [-fɛɐˌˀarbaitʊŋ] *(f;* -, -en*)* ~ elaborazione di dati. ◆ **elektro-**

nische Datenverarbeitung *(abbrev* **EDV***)* elaborazione elettronica di dati, informatica.

datierbar [da'tiːɐ̯ˌbaːɐ̯] *(agg)* ~ databile.

datieren [da'tiːrən] *(vi/vt,* hat*)* ***1*** *{von/aus etwas ~} (vi)* datare, esistere da ♦ *das Gebäude datiert aus der mittelalterlichen Zeit* quell'edificio è di epoca medievale. ***2*** *(vt)* datare.

Dativ ['daːtiːf] *(m;* -s, -e*)* ~ *(gramm)* dativo.

Dattel ['datəl] *(f;* -, -n*)* ~ dattero.

Datum ['daːtʊm] *(n;* -s, Daten*)* ~ data ♦ *unter dem heutigen Datum* in data odierna. ◆ **neueren Datums** recente ♦ *eine Entdeckung neueren Datums* una scoperta recente.

Dauer ['dauɐ] *(f;* -*)* ***1*** durata ♦ *für die Dauer eines Monats/von einem Monat* per la durata di un mese. ***2*** durevolezza. ◆ **auf die Dauer** a lungo andare. ◆ **von Dauer sein** essere durevole ♦ *von kurzer Dauer sein* essere di breve durata.

Dauer- *(nei composti)* ~ permanente ♦ *Dauerschaden* danno permanente.

Dauergast [-ˌgast] *(m;* -(e)s, -gäste*)* ***1*** cliente fisso. ***2*** ospite fisso (di hotel).

dauerhaft [-ˌhaft] *(agg)* ***1*** duraturo, durevole. ***2*** resistente (materiali e sim).

Dauerhaftigkeit [-haftɪçˌkait] *(f;* -*)* ***1*** durevolezza. ***2*** resistenza (di materiali e sim).

Dauerkarte [-ˌkartə] *(f;* -, -n*)* ~ abbonamento (per mezzi pubblici, spettacoli, ecc).

dauern [-n] *(vi,* hat*)* ***1*** durare ♦ *der Film hat zwei Stunden gedauert* il film è durato due ore. ***2*** durare, persistere. ◆ **lange dauern, (bis...)** volerci molto (perché...) ♦ *es dauerte nicht lange, bis ihm alles klar wurde* non ci volle molto perché lui capisse tutto.

dauernd [-nt] *(agg)* ***1*** continuo, ininterrotto. ***2*** duraturo, permanente. ***3*** *(avv)* continuamente, ininterrottamente.

Dauerwelle [-ˌvɛlə] *(f;* -, -n*)* ~ permanente (pettinatura).

Daumen ['daumən] *(m;* -s, -*)* ~ pollice ♦ *ich habe mich in den Daumen geschnitten* mi sono tagliato un pollice. ◆ **Daumen/Däumchen drehen** *(fig)* girarsi i pollici. ◆ **jmdm den Daumen** *(anche* **die Daumen***)* **drücken/halten** *(fig/fam)* tenere le dita incrociate per qcn. ◆ **etwas über den Daumen peilen** *(fig)* calcolare qcs a occhio.

Daune ['daunə] *(f;* -, -n*)* ~ piuma.

Daunendecke [-nˌdɛkə] *(f;* -, -n*)* ~ piumino (coperta di piume).

davon [da'fɔn] *(avv; in sostituzione di complementi introdotti da* von; *in correlazione con frasi dipendenti)* ***1*** da questo/quello (cosa), da lì ♦ *das Bild hängt an der Wand, aber ich möchte es davon abhängen* il quadro è appeso alla parete, ma vorrei staccarlo da lì. ***2*** *(fig)* da ciò, di ciò, ne ♦ *er hat mir schon davon erzählt* me ne ha già parlato ♦ *das hängt davon ab, wer kommen kann* questo dipende da chi può venire. ***3*** di questo/quello, ne (partitivo) ♦ *hier ist der Kuchen, möchtest du auch ein Stück davon?* ecco il dolce, ne vuoi un pezzo anche tu?

davon|gehen *(vi,* ist; *irr* gehen*)* ~ andarsene.

davon|kommen *(vi,* ist; *irr* kommen*)* ~ cavarsela, scamparla. ◆ **mit einem blauen Auge davonkommen** *(fig/fam)* cavarsela a buon mercato.

davon|laufen *(vi,* ist; *irr* laufen*)* ***1*** scappare via, correre via. ***2*** sfuggire al controllo (cose). ◆ **zum Davonlaufen sein** *(fam)* essere insopportabile (situazioni e sim).

davon|machen *(vr,* hat*)* ~ **sich davonmachen** andarsene, svignarsela.

davon|tragen *(vt,* hat; *irr* tragen*)* ***1*** portare via (persone o cose). ***2*** *(lett)* ottenere, riportare (successi e sim). ***3*** *(lett)* subire, riportare (danni e sim).

davor [da'foːɐ̯] *(avv; in sostituzione di complementi introdotti da* vor; *in correlazione con frasi dipendenti)* ***1*** davanti a questo/quello (cosa), davanti (stato o moto) ♦ *ein Haus mit einem Garten davor* una casa con un giardino davanti ♦ *nimm eine Flasche und stell ein Glas davor* prendi una bottiglia e mettici davanti un bicchiere. ***2*** *(fig)* ♦ *ich habe Angst davor* ne ho paura ♦ *sie hatte mich davor gewarnt, dass* mi aveva messo in guardia dal fatto che. ***3*** prima (di ciò) ♦ *kurz davor* poco prima.

dazu [da'tsuː] *(avv; in sostituzione di complementi introdotti da* zu; *in correlazione* *con frasi dipendenti)* ***1*** a questo/quello, di questo/quello (cosa), a ciò, di ciò, ne ♦ *was sagst du dazu?* che ne dici? ♦ *ich habe dazu keine Lust* non ne ho voglia ♦ *er hat mir dazu geraten, mir einen Job zu suchen* mi ha consigliato di cercarmi un lavoro. ***2*** in aggiunta a ciò, insieme, inoltre ♦ *sie arbeitet und hört dazu Musik* lavora ascoltando la musica.

dazu|geben *(vt,* hat; *irr* geben*)* ~ aggiungere ♦ *gib noch etwas Milch dazu* aggiungi ancora un po' di latte.

dazu|gehören *(vi,* hat*)* ~ appartenere, fare parte (di qcs).

dazugehörig [-gəˌhøːrɪç] *(agg)* ~ appartenente, relativo ♦ *der Fernseher und die dazugehörige Fernbedienung* il televisore e il relativo telecomando.

dazu|kommen *(vi,* ist; *irr* kommen*)* ***1*** arrivare (nel mezzo di un avvenimento), sopraggiungere. ***2*** aggiungersi ♦ *im letzten Augenblick sind noch drei Teilnehmer dazugekommen* all'ultimo momento si sono aggiunti altri tre partecipanti.

dazu|rechnen *(vt,* hat*)* ~ aggiungere (in un calcolo).

dazu|sagen *(vt,* hat*)* ~ aggiungere (in un discorso), soggiungere.

dazu|schreiben *(vt,* hat; *irr* schreiben*)* ~ aggiungere (scrivendo).

dazu|setzen *(vt,* hat*)* ~ aggiungere. ◆ **sich dazusetzen** *(vr)* aggiungersi, aggregarsi.

dazu|tun *(vt,* hat; *irr* tun*)* ~ *(fam)* aggiungere.

dazwischen [da'tsvɪʃən] *(avv; in sostituzione di complementi introdotti da zwischen)* ***1*** fra queste cose, nel/in mezzo (stato o moto) ♦ *zwei Bäume mit einer Bank dazwischen* due alberi con una panchina nel mezzo. ***2*** nel frattempo, nel mezzo (tempo) ♦ *ich habe heute zwei Vorlesungen mit einer Stunde Pause dazwischen* oggi ho due lezioni con un'ora di pausa nel mezzo. ***3*** fra questi, insieme ♦ *hier liegen viele Briefe, Ihrer ist aber nicht dazwischen* qui ci sono molte lettere, la sua però non è fra queste.

dazwischen|fahren *(vi,* ist; *irr* fahren*)* ~ intromettersi, immischiarsi.

dazwischen|funken *(vi,* hat*)* ~ *(fam)* immischiarsi.

dazwischen|kommen *(vi,* ist; *irr* kommen*)* ***1*** finire in mezzo. ***2*** succedere, capitare (contrattempi). ◆ **wenn (mir) nichts dazwischenkommt, ...** se non c'è niente di nuovo, ...

dazwischen|reden *(vi,* hat*)* ~ {*jmdm* ~} interrompere qcn (mentre parla).

dazwischen|stehen *(vi,* hat; *irr* stehen*)* ~ stare nel mezzo *(anche fig)* ♦ *er stand mit seiner Meinung dazwischen* con la sua opinione stava nel mezzo (fra le due parti).

dazwischen|treten *(vt,* hat; *irr* treten*)* ~ intervenire, mettersi nel mezzo (in liti e sim, per mettere pace).

DB [ˌdeː'beː] ~ abbrev di **Deutsche Bahn** (vedi **deutsch**).

DDR [ˌdeːdeː'ʔɛːr] ~ abbrev di **Deutsche Demokratische Republik** (vedi **deutsch**).

D-Dur ['deː'duːɐ] *(n; -) (abbrev* **D***)* ~ *(mus)* re maggiore.

Debatte [de'batə] *(f;* -, -n*)* ~ dibattito (anche parlamentare), discussione. ◆ **zur Debatte stehen** essere in discussione. ◆ **etwas zur Debatte stellen** mettere a dibattito qcs.

debattieren [deba'tiːrən] *(vi/vt,* hat*)* ~ {*etwas* ~}, {*über etwas* (Acc) ~} dibattere, discutere (di) qcs.

Debüt [de'byː] *(n;* -s, -s*)* ~ debutto. ◆ **sein Debüt geben** debuttare.

debütieren [deby'tiːrən] *(vi,* hat*)* ~ debuttare.

Deck [dɛk] *(n;* -(e)s, -s/*raro* -e*)* ***1*** *(mar)* ponte. ***2*** *(mar)* coperta ♦ *auf, unter Deck* sopra, sotto coperta.

Decke [-ə] *(f;* -, -n*)* ***1*** coperta ♦ *eine warme Decke* una coperta calda. ***2*** tovaglia. ***3*** soffitto. ***4*** strato, copertura. ***5*** copertina (di libro). ◆ **an die Decke gehen** *(fig/fam)* andare su tutte le furie. ◆ **sich nach der Decke strecken** *(fig/fam)* adattarsi (alle condizioni economiche). ◆ **mit jmdm unter einer Decke stecken** *(fig/fam)* essere in combutta con qcn.

Deckel [-əl] *(m;* -s, -*)* ***1*** coperchio ♦ *den Deckel aufklappen/öffnen* aprire il coperchio ♦ *den Deckel schließen/zuklappen* chiudere il coperchio. ***2*** copertina. ◆ **jmdm eins auf den Deckel geben** *(fig/fam)* fare una lavata di testa a qcn.

◆ **eins auf den Deckel kriegen** *(fig/fam)* prendersi una lavata di testa.

decken [-ən] *(vt, hat)* ***1*** coprire, ricoprire. ***2*** apparecchiare (tavola). ***3*** {*etwas über jmdn/etwas* ~} mettere, stendere qcs su qcn/qcs; coprire qcn/qcs con qcs. ***4*** *(fig)* proteggere, coprire *(anche mil)* ◆ *seine Komplizen haben ihn gedeckt* i suoi complici l'hanno coperto. ***5*** coprire, soddisfare (richieste, esigenze, ecc). ***6*** *(econ)* coprire ◆ *der Scheck ist nicht gedeckt* l'assegno non è coperto. ***7*** *(zool)* montare. ◆ **sich decken** *(vr)* concordare, collimare ◆ *unsere Ansichten decken sich nicht* le nostre opinioni non concordano.

Deckmantel [-ˌmantəl] *(m; -s)* ~ pretesto, copertura ◆ *unter dem Deckmantel der Solidarität* con il pretesto della solidarietà.

Deckname [-ˌnaːmə] *(m; -ns, -n)* ~ nome di copertura, pseudonimo.

Deckung [-ʊŋ] *(f; -, -en)* ***1*** *(spec mil)* protezione, copertura. ***2*** copertura, soddisfacimento (di richieste, esigenze, ecc). ***3*** *(econ)* copertura; saldo ◆ *als/zur Deckung von* a saldo di. ***4*** concordanza, coincidenza ◆ *verschiedene Ansichten zur Deckung bringen* far coincidere diverse opinioni. ***5*** *(zool)* monta.

Decoder [de'koːdɐ] *(m; -s, -)* ~ decoder, decodificatore.

defekt [de'fɛkt] *(agg)* ~ difettoso, danneggiato, guasto.

Defekt *(m; -(e)s, -e)* ***1*** guasto. ***2*** *(med)* difetto (fisico o psicologico).

defensiv [defɛn'ziːf] *(agg)* ~ difensivo.

definieren [defi'niːrən] *(vt, hat)* ~ definire.

Definition [defini'tsjoːn] *(f; -, -en)* ~ definizione.

definitiv [defini'tiːf] *(agg)* ***1*** definitivo. ***2*** *(avv)* definitivamente.

Defizit ['deːfitsɪt] *(n; -(e)s, -e)* ***1*** mancanza, carenza ◆ *ein Defizit an etwas* (Dat) una carenza di qcs. ***2*** *(econ)* deficit.

defizitär [defitsi'tɛːɐ] *(agg)* ~ deficitario.

Deformation [defɔrma'tsjoːn] *(f; -, -en)* ***1*** *(fis)* deformazione. ***2*** *(med)* deformità.

deftig ['dɛftɪç] *(agg)* ***1*** sostanzioso, nutriente. ***2*** volgare, grezzo, grossolano. ***3*** *(fam)* grande, grosso, notevole.

Degen ['deːgən] *(m; -s, -)* ~ spada *(anche sport)*.

Degeneration [degenera'tsjoːn] *(f; -, -en)* ~ degenerazione.

degenerieren [degene'riːrən] *(vi, ist)* ~ degenerare.

dehnbar ['deːnˌbaːɐ] *(agg)* ***1*** elastico, estensibile; allungabile, allargabile (tirando). ***2*** *(fig)* elastico, flessibile.

Dehnbarkeit [-ˌkait] *(f; -)* ~ elasticità *(anche fig)*.

dehnen ['deːnən] *(vt, hat)* ***1*** tendere, tirare; allungare, allargare (tirando) ◆ *ein Gummiband dehnen* tendere un elastico. ***2*** stirare (arti). ◆ **sich dehnen** *(vr)* ***1*** allungarsi, allargarsi; estendersi. ***2*** stirarsi.

Dehnung ['deːnʊŋ] *(f; -, -en)* ***1*** estensione, dilatazione; allungamento, allargamento. ***2*** *(fon)* allungamento.

Deich [daiç] *(m; -(e)s, -e)* ~ diga, argine.

Deichsel ['daiksəl] *(f; -, -n)* ~ stanga, timone (di carro).

deichseln [-n] *(vt, hat)* ~ *(fig/fam)* sistemare.

dein [dain] *(agg poss)* ~ tuo ◆ *dein Hut* il tuo cappello.

DEIN, DEINE, DEIN

	MASCH	FEMM	NEUTRO
NOM *sing*	dein	deine	dein
pl	deine	deine	deine
GEN *sing*	deines	deiner	deines
pl	deiner	deiner	deiner
DAT *sing*	deinem	deiner	deinem
pl	deinen	deinen	deinen
ACC *sing*	deinen	deine	dein
pl	deine	deine	deine

deine(r, -s) [-ə (-ɐ, -əs)] *(pron poss)* ~ tuo ◆ *das ist nicht mein Hut, sondern deiner* questo non è il mio cappello, ma il tuo. ◆ **das deine** *(anche* **das Deine***)* il tuo (le tue cose) ◆ *du sollst das Deine tun* devi fare il tuo (dovere). ◆ **die deinen** *(anche* **die Deinen***)* i tuoi (parenti).

deinerseits [-ɐ'zaits] *(avv)* ~ da parte tua.

deinesgleichen [-əs'glaiçən] *(pron indecl)* ~ i tuoi pari ◆ *du und deinesgleichen* tu e i tuoi pari.

deinetwegen [-ət'veːgən] *(avv)* ~ per te, a causa tua.
deinetwillen [-ət'vɪlən] *(avv)* ~ **um deinetwillen** per il tuo bene, per amor tuo.
Dekade [de'kaːdə] *(f; -, -n)* ***1*** decade. ***2*** decina.
dekadent [deka'dɛnt] *(agg)* ~ decadente.
Dekadenz [deka'dɛnts] *(f; -)* ~ decadenza.
Deklaration [deklara'tsjoːn] *(f; -, -en)* ***1*** dichiarazione. ***2*** *(econ)* dichiarazione dei redditi; dichiarazione doganale.
deklarieren [dekla'riːrən] *(vt, hat)* ***1*** dichiarare. ***2*** *(econ)* dichiarare (redditi; merci alla dogana).
deklassieren [dekla'siːrən] *(vt, hat)* ~ declassare.
Deklination [deklina'tsjoːn] *(f; -, -en)* ~ *(ling)* declinazione.
Dekor [de'koːɐ] *(n/m; -s, -s/-e)* ***1*** decorazione (spec su porcellana e sim). ***2*** *(teatr)* messa in scena.
Dekoration [dekora'tsjoːn] *(f; -, -en)* ***1*** decorazione. ***2*** *(teatr)* messa in scena. ***3*** decorazione, onorificenza.
Dekorateur [dekora'tøːɐ] *(m; -s, -e; f* **-in***)* ~ decoratore.
dekorativ [dekora'tiːf] *(agg)* ~ decorativo.
dekorieren [deko'riːrən] *(vt, hat)* ***1*** decorare. ***2*** decorare, conferire un'onorificenza.
Dekret [de'kreːt] *(n; -(e)s, -e)* ~ decreto ♦ *ein Dekret erlassen* promulgare un decreto.
dekretieren [dekre'tiːrən] *(vt, hat)* ~ decretare.
Delegation [delega'tsjoːn] *(f; -, -en)* ***1*** delegazione. ***2*** delega, affidamento.
delegieren [dele'giːrən] *(vt, hat)* ***1*** delegare, incaricare. ***2*** delegare, affidare.
Delegierte(r) [dele'giːɐtə (-tɐ)] *(m/f; -n, -n)* ~ delegato.
Delfin *(anche* **Delphin***)* [dɛl'fiːn] *(m; -s, -e)* ~ delfino.
delikat [deli'kaːt] *(agg)* ***1*** delicato, squisito (cibo). ***2*** *(fig)* delicato, scabroso. ***3*** *(fig)* delicato, discreto.
Delikatesse [delika'tɛsə] *(f; -, -n)* ***1*** leccornia. ***2*** *(solo pl)* specialità gastronomiche. ***3*** *(fig/lett)* delicatezza, discrezione.
Delikt [de'lɪkt] *(n; -(e)s, -e)* ~ *(dir)* reato, crimine, delitto.
Delle ['dɛlə] *(f; -, -n)* ~ ammaccatura.
Delphin ~ vedi **Delfin**.
dem [deːm] ~ Dat m/n sing di **der**[1-2-3].
demaskieren [demas'kiːrən] *(vt, hat)* ~ smascherare, togliere la maschera a *(anche fig)*. ◆ **sich demaskieren** *(vr)* smascherarsi, togliersi la maschera.
Dementi [de'mɛnti] *(n; -s, -s)* ~ smentita (ufficiale).
dementieren [demɛn'tiːrən] *(vt, hat)* ~ smentire (ufficialmente).
dementsprechend ['deːmˀɛnt'ʃprɛçənt] *(agg)* ***1*** corrispondente. ***2*** *(avv)* in modo corrispondente. ***3*** *(avv)* quindi, perciò ♦ *er hat keine Erfahrung und wird dementsprechend wenig bezahlt* non ha esperienza e perciò viene pagato poco.
demgegenüber ['deːmgeːgən'ˀyːbɐ] *(avv)* ~ in confronto (a ciò), rispetto a ciò.
Demission [demɪ'sjoːn] *(f; -, -en)* ~ dimissioni (di ministri o governi).
demissionieren [demɪsjo'niːrən] *(vi, hat)* ~ dimettersi (ministri o governi).
demjenigen ['deːmjeːnɪgən] ~ Dat m/n sing di **derjenige**.
demnach ['deːm'naːx] *(avv/congiunz)* ~ dunque, perciò, di conseguenza.
demnächst ['deːm'nɛːçst] *(avv)* ~ prossimamente, presto.
Demo ['deːmo] *(f; -, -s)* ~ abbrev di **Demonstration** ***2***.
Demographie [demogra'fiː] *(f; -, -n)* ~ demografia.
demographisch [demo'graːfɪʃ] *(agg)* ~ demografico.
Demokrat [demo'kraːt] *(m; -en, -en; f* **-in***)* ~ democratico.
Demokratie [demokra'tiː] *(f; -, -n)* ~ democrazia.
demokratisch [demo'kraːtɪʃ] *(agg)* ~ democratico.
Demonstrant [demɔn'strant] *(m; -en, -en; f* **-in***)* ~ dimostrante, manifestante.
Demonstration [demɔnstra'tsjoːn] *(f; -, -en)* ***1*** *(lett)* dimostrazione, prova. ***2*** dimostrazione, manifestazione (di massa).
demonstrativ [demɔnstra'tiːf] *(agg)* ***1*** dimostrativo, chiaro. ***2*** insistito, evidente, intenzionale. ***3*** *(gramm)* dimostrativo.
demonstrieren [demɔn'striːrən] *(vi/vt, hat)* ***1*** *(vi)* dimostrare, manifestare (partecipare a una manifestazione). ***2*** *(vt)* dimostrare, provare.

Demontage [demɔn'taːʒə] *(f; -, -n)* ~ demolizione, smantellamento; smontaggio.
demontieren [demɔn'tiːrən] *(vt, hat)* ***1*** demolire, smantellare; smontare. ***2*** *(fig)* smontare (reputazione), abbattere (pregiudizi).
demselben [deːm'zɛlbən] ~ Dat m/n sing di **derselbe**.
Demut ['deːˌmuːt] *(f; -)* ~ umiltà, sottomissione.
demütig ['deːˌmyːtɪç] *(agg)* ~ umile, sottomesso.
demütigen ['deːˌmyːtɪgən] *(vt, hat)* ~ umiliare. ◆ **sich demütigen** *(vr)* umiliarsi.
Demütigung ['deːˌmyːtɪgʊŋ] *(f; -, -en)* ~ umiliazione.
demzufolge ['deːmtsu'fɔlgə] *(avv)* ~ perciò, pertanto.
den [deːn] ***1*** Acc m sing di **der**[1-2-3]. ***2*** Dat pl di **der**[1].
denen [-ən] ~ Dat pl di **der**[2-3].
denjenigen [-jeːnɪgən] ~ Acc m sing, Dat pl di **derjenige**.
Denkart ['dɛŋkˌʔaːɐt] *(f; -, -en)* ~ modo di pensare, mentalità.
denkbar ['dɛŋkˌbaːɐ] *(agg)* ***1*** pensabile, concepibile, possibile. ***2*** *(avv)* molto, estremamente ♦ *eine denkbar gute Gelegenheit* un'occasione molto buona.
denken ['dɛŋkən] *(vt/vi, hat;* **dachte, gedacht***)* ***1*** pensare, riflettere. ***2*** pensare, credere, ritenere ♦ *ich denke, dass* penso che ♦ *er denkt, ein großer Künstler zu sein* pensa di essere un grande artista ♦ *ich denke schon* penso di sì ♦ *ich denke nicht/nein* penso di no. ***3*** {*an jmdn/etwas ~*} pensare a qcn/qcs ♦ *er denkt immer an seine Familie* pensa sempre alla sua famiglia ♦ *ich denke nicht daran!* non ci penso nemmeno! ***4*** {*sich* (Dat) *etwas ~*} immaginarsi qcs ♦ *ich kann mir das schon denken* me lo posso immaginare. ◆ **denkste!** *(fam)* illuso che non sei altro! ◆ **wer hätte das gedacht!** chi l'avrebbe mai detto! ◆ **seinen Teil dabei denken** *(fam)* avere la propria opinione in proposito. ◆ **jmdm zu denken geben** dare da pensare a qcn.
Denken *(n; -s)* ~ pensiero (il pensare).
Denkform ['dɛŋkˌfɔrm] *(f; -, -en)* ~ forma mentale, forma del pensiero.
Denkmal ['dɛŋkˌmaːl] *(n; -(e)s, -mäler)* ***1*** monumento, statua ♦ *jmdm ein Denkmal setzen* fare un monumento a qcn. ***2*** *(fig)* monumento (opera o persona di grande valore). ◆ **sich** (Dat) **ein Denkmal setzen** *(fig)* fare qcs di memorabile.
Denkpause ['dɛŋkˌpauzə] *(f; -, -n)* ~ pausa di riflessione.
Denkschrift ['dɛŋkˌʃrɪft] *(f; -, -en)* ~ memoriale, cronaca.
Denkweise ['dɛŋkˌvaizə] *(f; -, -n)* ~ modo di pensare, mentalità.
denkwürdig ['dɛŋkˌvʏrdɪç] *(agg)* ~ memorabile.
Denkzettel ['dɛŋkˌtsɛtəl] *(m; -s, -)* ~ *(fig/fam)* lezione (ammonimento) ♦ *jmdm einen Denkzettel geben* dare una lezione a qcn.
denn[1] [dɛn] *(avv; in frasi interr)* ~ ma, e, allora ♦ *wie geht's dir denn?* allora, come va? ♦ *was ist denn mit dir los?* ma che ti succede? ♦ *was machst du denn da?* ma che cavolo fai? ♦ *was soll das denn?* e questo che vuol dire? ♦ *wieso denn?* e perché mai? ◆ **es sei denn, .../es sei denn, dass** a meno che, eccetto se ♦ *ich werde kommen, es sei denn, ich muss arbeiten (es sei denn, dass ich arbeiten muss)* verrò, a meno che non debba lavorare.
denn[2] *(congiunz coord)* ~ perché ♦ *ich konnte nicht kommen, denn ich musste arbeiten* non sono potuto venire perché dovevo lavorare.
denn[3] *(congiunz compar; al posto di* als*, quando ci siano già altri* als *nella frase)* ~ che ♦ *er ist besser als Sänger denn als Klavierspieler* è più bravo come cantante che come pianista. ◆ **mehr denn je** più che mai. ◆ **besser denn je** meglio che mai.
dennoch ['dɛˌnɔx] *(avv)* ~ tuttavia, ciononostante, lo stesso ♦ *er war krank, dennoch wollte er mitkommen* era malato, ma volle venire con noi lo stesso.
dennschon ['dɛnˌʃoːn] *(avv)* ~ vedi **wennschon**.
denselben [deːn'zɛlbən] ~ Acc m sing/Dat pl di **derselbe**.
Deo ['deːo] *(n; -s, -s)* ~ abbrev di **Deodorant**.
Deodorant [deʔodo'rant] *(n; -s, -s/-e)* *(abbrev* **Deo***)* ~ deodorante.

deplatziert († **deplaziert**) [depla'tsiːɐt] *(agg)* ~ fuori luogo, inopportuno.
Deponie [depo'niː] *(f; -, -n)* ~ discarica.
deponieren [-rən] *(vt,* hat*)* ***1*** depositare ♦ *Geld bei der Bank deponieren* depositare soldi in banca. **2** deporre, appoggiare.
Deportation [depɔrta'tsjoːn] *(f; -, -en)* ~ deportazione.
deportieren [depɔr'tiːrən] *(vt,* hat*)* ~ deportare.
Deportierte(r) [depɔr'tiːɐtə (-ɐ)] *(m/f; -n, -n)* ~ deportato/a.
Depot [de'poː] *(n; -s, -s)* ***1*** deposito (di merci, di mezzi pubblici, ecc). **2** *(econ)* deposito (bancario).
Depp [dɛp] *(m; -en/-s, -en/-e) (region)* ~ cretino, idiota.
Depression [deprɛ'sjoːn] *(f; -, -en)* ***1*** *(spec pl)* depressione (psicologica) ♦ *an/unter Depressionen leiden* soffrire di depressione. **2** *(econ/geol)* depressione.
depressiv [deprɛ'siːf] *(agg)* ***1*** depresso (psicologicamente). **2** depressivo.
Depressivität [deprɛsivi'tɛːt] *(f; -)* ~ depressività, depressione (psicologica).
deprimieren [depri'miːrən] *(vt,* hat*)* ~ deprimere; scoraggiare. ◆ **deprimiert sein** essere depresso.
deprimierend [-t] *(agg)* ~ deprimente.
der[1] (**die**, **das**) [deːɐ (diː, das)] *(art det)* ~ il, lo, la ♦ *der Student* lo studente ♦ *der Stuhl* la sedia ♦ *die Butter* il burro ♦ *das Buch* il libro ♦ *er nahm den Hut* prese il cappello ♦ *sie schenkte dem Kind einen Ball* regalò una palla al bambino.

DER[1], DIE, DAS

		MASCH	FEMM	NEUTRO
NOM	*sing*	der	die	das
	pl	die	die	die
GEN	*sing*	des	der	des
	pl	der	der	der
DAT	*sing*	dem	der	dem
	pl	den	den	den
ACC	*sing*	den	die	das
	pl	die	die	die

der[2] (**die**, **das**) *(agg dimostr, declinato come* **der**[1]*; pron dimostr; pron pers)* ***1*** *(agg/pron dimostr)* questo, quello, lo ♦ *„Kennst du diese Jungen?" „Ja, die kenne ich gut"* "Conosci questi ragazzi?" "Sì, li conosco bene" ♦ *„Welcher Mann?" „Der mit der großen Nase"* "Quale uomo?" "Quello con il naso grosso" ♦ *„Welche Schuhe?" „Die unter dem Bett"* "Quali scarpe?" "Quelle sotto il letto". **2** *(pron pers) (fam)* lui, lei, loro ♦ *die wissen schon alles, denen kann man nichts verschweigen* sanno già tutto, a loro non si può tacere niente. ◆ **dessen**, **deren** *(Gen, usato spec per evitare ambiguità col possessivo)* di lui, di lei, (di) loro ♦ *gestern kam Paul mit seinem Freund und dessen Vater* ieri venne Paul con il suo amico e il padre di lui (il padre dell'amico) ♦ *gestern kam Maria mit ihren Kollegen und deren Freunden* ieri venne Maria con i suoi colleghi e i loro amici. ◆ **derer** *(Gen pl, antecedente di una frase rel)* di quelli, di coloro ♦ *die Erwartungen derer, die an der Reise teilgenommen haben, waren ganz anders* le aspettative di quelli che hanno partecipato al viaggio erano completamente diverse. ◆ **der** (**die**, **das**)... **hier** questo ♦ *die Schere hier ist kaputt* queste forbici sono rotte ♦ *„Welche Schere?" „Die hier"* "Quali forbici?" "Queste". ◆ **der** (**die**, **das**)... **da** questo/quello (lì/là) ♦ *gib mir die Flasche da* dammi quella bottiglia ♦ *„Welche Flasche?" „Die da"* "Quale bottiglia?" "Questa/quella". ◆ **der** (**die**, **das**)... **dort** quello/a (lì/là) ♦ *bring mir den Stuhl dort* portami quella sedia ♦ *„Welche Flasche?" „Die dort"* "Quale bottiglia?" "Quella".

DER[2], DIE, DAS

		MASCH	FEMM	NEUTRO
NOM	*sing*	der	die	das
	pl	die	die	die
GEN	*sing*	dessen	deren	dessen
	pl	deren/derer	deren/derer	deren/derer
DAT	*sing*	dem	der	dem
	pl	denen	denen	denen
ACC	*sing*	den	die	das
	pl	die	die	die

der[3] (**die**, **das**) *(pron rel)* ~ che, il/la quale, i/le quali ♦ *die Schuhe, die ich gekauft habe, sind zu eng* le scarpe che ho comprato sono troppo strette ♦ *die Frau, der er einen Kuss gegeben hat, ist seine Freundin* la donna a cui ha dato un bacio è la sua ragazza ♦ *der Mann, mit dem sie gekommen ist, ist ihr Verlobter* l'uomo con cui è venuta è il suo fidanzato.

DER[3], DIE, DAS

		MASCH	FEMM	NEUTRO
NOM	*sing*	der	die	das
	pl	die	die	die
GEN	*sing*	dessen	deren	dessen
	pl	deren	deren	deren
DAT	*sing*	dem	der	dem
	pl	denen	denen	denen
ACC	*sing*	den	die	das
	pl	die	die	die

der[4] ***1*** Gen/Dat f sing di **der**[1]. ***2*** Dat f sing di **der**[2-3]. ***3*** Gen pl di **der**[1].

derart ['deːɐ'ˀaːɐt] *(avv)* ~ così, in modo tale.

derartig ['deːɐ'ˀaːɐtɪç] *(agg)* ~ tale ♦ *eine derartige Frechheit ist unglaublich* una tale sfacciataggine è incredibile.

derb [dɛrp] *(agg)* ***1*** ruvido, grezzo, grossolano, robusto (materiali e sim). ***2*** robusto, vigoroso. ***3*** *(fig)* volgare, rozzo, grezzo, grossolano ♦ *ein derber Witz* una barzelletta volgare. ***4*** *(fig)* brusco, sgarbato ♦ *jmdn derb anfahren* apostrofare qcn sgarbatamente.

Derbheit [-ˌhait] *(f; -, -en)* ***1*** *(solo sing)* ruvidezza, grossolanità. ***2*** *(fig)* volgarità, rozzezza.

dereinst [deːɐ'ˀainst] *(avv)* ~ *(lett)* in futuro.

deren ['deːrən] ***1*** Gen f sing di **der**[2-3]. ***2*** Gen pl di **der**[2-3].

derentwegen [-t'veːgən] *(avv)* ~ per loro, a causa loro, per quelli/e, a causa di quelli/e.

derentwillen [-t'vɪlən] *(avv)* ~ **um derentwillen** per il loro bene, per amor loro.

derer ['deːrɐ] ~ Gen pl di **der**[2] (antecedente di una frase rel).

dergleichen ['deːɐ'glaiçən] *(agg/pron dimostr indecl)* ***1*** *(agg)* tale, simile ♦ *dergleichen Dinge* simili cose. ***2*** *(pron)* qualcosa di simile, qualcosa del genere ♦ *nichts dergleichen* niente di simile. ◆ **und dergleichen mehr** e simili.

derjenige ['deːɐ̯jeːnɪgə] *(pron/agg dimostr; f* **diejenige**, *n* **dasjenige**, *pl* **diejenigen***)* ***1*** *(agg)* quel, quello/a (che) ♦ *diejenige Frau, die gestern angerufen hat* quella donna che ha telefonato ieri. ***2*** *(pron)* quello/a (che) ♦ *du sollst mit denjenigen sprechen, die alles organisiert haben* devi parlare con quelli che hanno organizzato tutto.

DERJENIGE, DIEJENIGE, DASJENIGE

		MASCH	FEMM	NEUTRO
NOM	*sing*	derjenige	diejenige	dasjenige
	pl	diejenigen	diejenigen	diejenigen
GEN	*sing*	desjenigen	derjenigen	desjenigen
	pl	derjenigen	derjenigen	derjenigen
DAT	*sing*	demjenigen	derjenigen	demjenigen
	pl	denjenigen	denjenigen	denjenigen
ACC	*sing*	denjenigen	diejenige	dasjenige
	pl	diejenigen	diejenigen	diejenigen

derjenigen [-n] ~ Gen/Dat f sing, Gen pl di **derjenige**.

dermaßen ['deːɐ'maːsən] *(avv)* ~ così, a tal punto ♦ *ich war dermaßen empört, dass* ero così adirato, che.

Dermatitis [dɛrma'tiːtɪs] *(f; -, -tiden)* ~ *(med)* dermatite.

Dermatologe [dɛrmato'loːgə] *(m; -n, -n; f* **-login***)* ~ dermatologo/a.

Dermatologie [dɛrmatolo'giː] *(f; -)* ~ dermatologia.

dermatologisch [dɛrmato'loːgɪʃ] *(agg)* ~ dermatologico.

derselbe [deːɐ'zɛlbə] *(agg/pron dimostr)* ***1*** lo stesso, la stessa (la medesima persona o cosa) ♦ *derselbe Mann, der auch gestern angerufen hat* lo stesso uomo che ha telefonato ieri ♦ *sie trägt dieselbe Bluse wie gestern* porta la stessa camicetta di ieri ♦ *wir teilen dasselbe Zimmer* dividiamo la stessa camera. ***2*** *(fam)* al posto di **der, die, das Gleiche** (vedi **gleich**[1]).

DERSELBE, DIESELBE, DASSELBE				
		MASCH	FEMM	NEUTRO
NOM	sing	derselbe	dieselbe	dasselbe
	pl	dieselben	dieselben	dieselben
GEN	sing	desselben	derselben	desselben
	pl	derselben	derselben	derselben
DAT	sing	demselben	derselben	demselben
	pl	denselben	denselben	denselben
ACC	sing	denselben	dieselbe	dasselbe
	pl	dieselben	dieselben	dieselben

derzeit ['de:ɐ'tsait] *(avv)* ~ attualmente, in questo momento.
derzeitig [-ɪç] *(agg)* ~ attuale, presente ♦ *die derzeitige Lage* la situazione attuale.
des[1] [dɛs] ~ Gen m/n sing di **der**[1].
des[2] *(n; -)* ***1*** *(mus)* re bemolle. ***2*** *(mus)* abbrev di **des-Moll**.
Des *(n; -)* ***1*** *(mus)* re bemolle. ***2*** abbrev di **Des-Dur**.
Des-Dur [-'du:ɐ] *(n; -) (abbrev* **Des***)* ~ *(mus)* re bemolle maggiore.
desertieren [dezɛr'ti:rən] *(vi, ist/hat)* ~ *(mil)* disertare; passare al nemico.
desgleichen ['dɛs'glaiçən] *(avv)* ~ altrettanto, ugualmente.
deshalb ['dɛs'halp] *(congiunz/avv)* ~ perciò ♦ *er ist krank, deshalb kann er nicht kommen* è malato, perciò non può venire ♦ *das sage ich dir nur deshalb, weil ich dich warnen möchte* questo lo dico solo perché vorrei metterti in guardia.
Desinfektion [dɛsʔɪnfɛk'tsjo:n] *(f; -, -en)* ~ disinfezione.
Desinfektionsmittel [-sˌmɪtəl] *(n; -s, -)* ~ disinfettante.
desinfizieren [dɛsʔɪnfi'tsi:rən] *(vt, hat)* ~ disinfettare.
Desinteresse [dɛsʔɪntə'rɛsə] *(n, -)* ~ disinteresse.
desinteressiert [dɛsʔɪntərɛ'si:ɐt] *(agg)* ~ non interessato, indifferente.
desjenigen ['dɛsˌje:nɪgə] ~ Gen m/n sing di **derjenige**.
des-Moll ['dɛs'mɔl] *(n; -) (abbrev* **des***)* ~ *(mus)* re bemolle minore.
Desorganisation [dɛsʔɔrganiza'tsjo:n] *(f; -)* ~ disorganizzazione.

Despot [dɛs'po:t] *(m; -en, -en)* ~ despota.
despotisch [-ɪʃ] *(agg)* ~ dispotico.
Despotismus [dɛspo'tɪsmʊs] *(m; -)* ~ dispotismo.
dessen ['dɛsən] ~ Gen m/n sing di **der**[2-3].
dessentwegen [-t've:gən] *(avv)* ~ per/a causa di ciò; per/a causa del quale.
dessentwillen [-t'vɪlən] *(avv)* ~ **um dessentwillen** per questo, per il bene di ciò.
Dessert [dɛ'se:ɐ] *(n; -s, -s)* ~ dessert.
Dessous [dɛ'su:] *(n; -, -) (spec pl)* ~ biancheria intima femminile.
destillieren [dɛstɪ'li:rən] *(vt, hat)* ~ distillare ♦ *destilliertes Wasser* acqua distillata.
desto ['dɛsto] *(congiunz)* ~ **je** (+ *compar*)**... desto** (+ *compar*)**...** quanto più... tanto più... ♦ *je schneller wir fahren, desto früher kommen wir an* più veloci andiamo, prima arriviamo. ◆ **je eher, desto besser** prima è, meglio è. ◆ **desto besser!** tanto meglio!
deswegen ['dɛs've:gən] *(congiunz/avv)* ~ perciò, per questo ♦ *er war krank, deswegen konnte er nicht kommen* era malato, perciò non potè venire.
Detail [de'tai(j)] *(n; -s, -s)* ~ dettaglio, particolare ♦ *ins Detail gehen* entrare nel dettaglio ♦ *bis ins kleinste Detail von etwas berichten* riferire qcs fin nei minimi particolari.
detailliert [deta'ji:ɐt] *(agg)* ~ dettagliato.
Detektiv [detɛk'ti:f] *(m; -en, -en; f* **-in***)* ~ detective.
deuten ['dɔytən] *(vt, hat)* ***1*** interpretare ♦ *etwas falsch, richtig deuten* interpretare qcs in modo sbagliato, giusto ♦ *ein Gedicht deuten* interpretare una poesia. ***2*** *{auf jmdn/etwas ~}* indicare qcn/qcs ♦ *mit dem Finger auf jmdn/etwas deuten* indicare qcn/qcs con il dito, additare qcn.
deutlich ['dɔytlɪç] *(agg)* ***1*** chiaro, comprensibile, inequivocabile ♦ *eine deutliche Antwort* una risposta chiara. ***2*** chiaro, leggibile (calligrafia). ***3*** *(fig)* chiaro, franco, sincero. ***4*** *(avv)* chiaramente; in modo evidente, in modo comprensibile; francamente ♦ *etwas deutlich erklären, sehen* spiegare, vedere qcs chiaramente ♦ *deutlich sprechen* parlare chiaramente *(anche fig)*. ◆ **jmdm etwas deutlich machen** spiegare qcs a qcn.

Deutlichkeit [-ˌkait] *(f; -, -en)* ***1*** chiarezza, comprensibilità, inequivocabilità. ***2*** chiarezza, franchezza, sincerità ♦ *etwas in aller Deutlichkeit sagen* dire qcs in tutta franchezza.

deutsch ['dɔytʃ] *(agg)* ~ tedesco. ◆ **Deutsche Bahn AG** *(abbrev* **DB***)* Ferrovie Tedesche. ◆ **Deutsche Demokratische Republik** *(abbrev* **DDR***)* Repubblica Democratica Tedesca. ◆ **Deutsche Mark** *(abbrev* **DM***)* marco tedesco. ◆ **Deutsche Post** *(abbrev* **DP***)* Poste Tedesche. ◆ **Deutsches Reich** Impero tedesco. ◆ **Deutscher** († **deutscher**) **Schäferhund** *(zool)* pastore tedesco. ◆ **deutsch sprechen** parlare in tedesco (in un dato momento).

Deutsch *(n; -)*, das **Deutsche** [-tʃə] *(n; -n)* ~ tedesco, la lingua tedesca ♦ *wie sagt man auf Deutsch?* come si dice in tedesco? ♦ *ich lerne Deutsch* studio il tedesco ♦ *sein Deutsch ist einwandfrei* il suo tedesco è perfetto ♦ *etwas aus dem Deutschen/vom Deutschen ins Italienische übersetzen* tradurre qcs dal tedesco all'italiano. ◆ **Deutsch sprechen** parlare il tedesco (sapere la lingua). ◆ **auf/in/zu Deutsch** († **deutsch**) in tedesco. ◆ **auf gut Deutsch** († **deutsch**) *(fig/fam)* senza giri di parole.

Deutsche(r) [-ə (-ɐ)] *(m/f; -n, -n)* ~ tedesco ♦ *die Deutschen* i tedeschi ♦ *er ist Deutscher* è tedesco ♦ *sie ist Deutsche* è tedesca ♦ *sie sind Deutsche* sono tedeschi ♦ *sie hat einen Deutschen geheiratet* ha sposato un tedesco.

deutschsprachig [-ʃpraːxɪç] *(agg)* ~ di lingua tedesca, germanofono.

Deutschtum [-ˌtuːm] *(n; -s)* ***1*** cultura tedesca, germanesimo. ***2*** gruppi etnici tedeschi all'estero.

Deutung ['dɔytʊŋ] *(f; -, -en)* ~ interpretazione ♦ *die Deutung eines Traums* l'interpretazione di un sogno.

Devisen [de'viːzən] *(pl)* ~ *(econ)* valuta estera, divisa.

Dezember [de'tsɛmbɐ] *(m; -s, -)* ~ dicembre ♦ *im Dezember* a dicembre.

dezent [de'tsɛnt] *(agg)* ***1*** sobrio, non appariscente (aspetto e sim). ***2*** discreto, dotato di tatto. ***3*** *(avv)* sobriamente; con discrezione ♦ *sich dezent kleiden* vestirsi sobriamente.

dezimal [detsi'maːl] *(agg)* ~ decimale.

Dezimalsystem [-zʏsˌteːm] *(n; -s)* ~ sistema decimale.

Dezimalzahl [-ˌtsaːl] *(f; -, -en)* ~ numero decimale.

dezimieren [detsi'miːrən] *(vt, hat)* ~ decimare.

DGB [ˌdeːgeː'beː] ~ abbrev di **Deutscher Gewerkschaftsbund** (vedi **Gewerkschaftsbund**).

d.h. ~ abbrev di **das heißt** (vedi **heißen**[1]).

Dia ['diːa] *(n; -s, -s)* ~ abbrev di **Diapositiv**.

Diabetes [dia'beːtɛs] *(m; -)* ~ *(med)* diabete.

Diabetiker [dia'beːtikɐ] *(m; -s, -; f* **-in***)* ~ *(med)* diabetico.

Diagnose [dia'gnoːzə] *(f; -, -n)* ~ *(med)* diagnosi ♦ *eine Diagnose stellen* fare una diagnosi.

diagnostizieren [diagnɔsti'tsiːrən] *(vt, hat)* ~ {*bei jmdm etwas* ~} diagnosticare qcs a qcn.

diagonal [diago'naːl] *(agg)* ***1*** diagonale. ***2*** *(avv)* in diagonale. ◆ **etwas diagonal lesen** *(fig/fam)* leggere qcs superficialmente, dare una scorsa a qcs.

Diagramm [dia'gram] *(n; -(e)s, -e)* ~ diagramma.

Dialekt [dia'lɛkt] *(m; -(e)s, -e)* ~ dialetto.

dialektal [dialɛk'taːl] *(agg)* ~ dialettale.

Dialog [dia'loːk] *(m; -(e)s, -e)* ~ dialogo.

Dialyse [dia'lyːzə] *(f; -, -n)* ~ *(med)* dialisi.

Diamant [dia'mant] *(m; -en, -en)* ~ diamante.

Diapositiv [diapozi'tiːf] *(n; -s, -e)* ~ diapositiva.

Diät [di'ɛːt] *(f; -, -en)* ~ dieta ♦ *eine Diät (ein)halten, machen* seguire, fare una dieta ♦ *jmdn auf Diät setzen* mettere qcn a dieta.

Diät- *(nei composti)* ~ dietetico ♦ *Diätküche* cucina dietetica.

dich [dɪç] *(pron, II pers sing Acc)* ***1*** ti, te ♦ *ich sehe dich* ti vedo/vedo te ♦ *wenn ich dich wäre* se io fossi in te. ***2*** *(rifl)* ti ♦ *du solltest dich waschen* dovresti lavarti.

dicht [-t] *(agg)* ***1*** fitto, folto, denso ♦ *ein dichter Wald* un bosco fitto ♦ *ein dichter Nebel* una nebbia fitta. ***2*** impermeabile, ermetico; isolato (porte, finestre, ecc). ***3***

(avv) vicino, a stretto contatto ♦ *dicht neben dem Haus* vicinissimo alla casa. **4** *(avv)* fittamente, densamente; ermeticamente ♦ *ein dicht bevölkertes Gebiet* un'area densamente popolata. ◆ **dicht an dicht; dicht bei dicht** vicinissimo, a stretto contatto. ◆ **nicht ganz dicht sein** *(fig/fam)* dare i numeri.

Dichte [-tə] *(f; -)* ~ densità *(anche fis)*, concentrazione ♦ *die Dichte des Nebels, der Bevölkerung* la densità della nebbia, della popolazione.

dichten[1] [-tən] *(vt,* hat*)* **1** scrivere (poesie e sim). **2** *(vi)* poetare, scrivere poesie.

dichten[2] *(vt,* hat*)* ~ impermeabilizzare, isolare.

Dichter [-tɐ] *(m; -s, -; f* **-in***)* ~ poeta; *(f)* poetessa.

dichterisch [-tərɪʃ] *(agg)* ~ poetico ♦ *dichterische Freiheit* licenza poetica.

dicht|halten *(vi,* hat; *irr* halten*)* ~ *(fam)* tenere la bocca chiusa, tenere l'acqua in bocca.

Dichtkunst [-ˌkʊnst] *(f; -)* ~ poesia, arte poetica.

Dichtung[1] [-ʊŋ] *(f; -, -en)* ~ poesia (arte poetica; produzione poetica; componimento poetico) ♦ *die romantische Dichtung* la poesia romantica.

Dichtung[2] *(f; -, -en)* ~ guarnizione.

dick [dɪk] *(agg)* **1** grosso, spesso, alto ♦ *ein dicker Baumstamm* un grosso tronco d'albero ♦ *ein dickes Buch* un libro alto ♦ *das Brett ist fünf cm dick* l'asse è spessa cinque cm. **2** grasso, corpulento, paffuto. **3** denso ♦ *eine dicke Suppe* una minestra densa. **4** *(fam)* gonfio, tumefatto. **5** *(fam)* fitto, folto. **6** *(fig/fam)* grosso, grande, ricco ♦ *ein dickes Gehalt* un grosso stipendio ♦ *ein dicker Fehler* un grosso errore. ◆ **wir sind dicke Freunde** siamo amici per la pelle. ◆ **mit jmdm durch dick und dünn gehen** *(fig)* sostenere qcn in tutto. ◆ **etwas dick haben** *(fig/fam)* averne abbastanza di qcs. ◆ **es nicht so dick haben** *(fig/fam)* non avere molti soldi.

Dickdarm [-ˌdarm] *(m; -(e)s)* ~ *(anat)* intestino crasso, colon.

Dickdarmentzündung [-darmˀɛntˌtsʏndʊŋ] *(f; -, -en) (med)* ~ colite.

Dicke [-ə] *(f; -, -n)* **1** spessore, grossezza. **2** grassezza. **3** densità.

dickflüssig [-ˌflʏsɪç] *(agg)* ~ denso, viscoso.

Dickhäuter [-ˌhɔytɐ] *(m; -s, -)* ~ pachiderma.

Dickicht [-ɪçt] *(n; -s, -e)* **1** boscaglia, sterpaglia, macchia. **2** *(fig)* intrico.

Dickkopf [-ˌkɔpf] *(m; -(e)s, -köpfe)* ~ *(fam)* testardo, testone.

dickköpfig [-ˌkœpfɪç] *(agg)* ~ *(fam)* testardo, cocciuto.

Didaktik [di'daktɪk] *(f; -, en)* ~ didattica.

didaktisch [di'daktɪʃ] *(agg)* ~ didattico.

die [diː] **1** Nom/Acc f sing di **der**[2-3]. **2** Nom/Acc pl di **der**[2-3].

Dieb [diːp] *(m; -(e)s, -e; f* **-in***)* ~ ladro. ◆ **haltet den Dieb!** *(escl)* al ladro!

diebisch ['diːbɪʃ] *(agg)* **1** ladro, ladresco; che ruba. **2** *(fig/fam)* maligno, che gode del male altrui.

Diebstahl ['diːpʃtaːl] *(m; -(e)s, -stähle)* ~ furto ♦ *einen Diebstahl begehen* compiere un furto. ◆ **geistiger Diebstahl** plagio.

diejenige ['diːˌjeːnɪgə] ~ Nom/Acc f sing di **derjenige**.

diejenigen [-n] ~ Nom/Acc pl di **derjenige**.

Diele ['diːlə] *(f; -, -n)* **1** asse (del pavimento). **2** ingresso, anticamera.

dienen ['diːnən] *(vi,* hat*)* **1** {*jmdm/etwas ~*} servire qcn/qcs ♦ *der Allgemeinheit, dem Staat dienen* servire la comunità, lo stato. **2** fare il militare, prestare il servizio militare. **3** {*(jmdm) als/zu etwas ~*} servire (a qcn) da ♦ *das Gebaude dient als Lager* l'edificio serve da magazzino ♦ *jmdm als/zum Zeitvertreib dienen* servire da passatempo a qcn ♦ *jmdm als/zur Warnung dienen* servire da monito a qcn. **4** {*jmdm mit etwas ~*} servire, essere utile a qcn con qcs ♦ *womit kann ich Ihnen dienen?* in che cosa posso servirla? ♦ *damit ist mir nicht gedient (impers)* questo non mi serve.

Diener ['diːnɐ] *(m; -s, -; f* **-in***)* **1** domestico, servitore. **2** *(fig)* servitore ♦ *ein Diener des Staates* un servitore dello stato. **3** inchino.

Dienerschaft [-ʃaft] *(f; -)* ~ servitù (domestici).

dienlich ['diːnlɪç] *(agg)* ~ **jmdm/etwas dienlich sein** essere utile a qcn/qcs, essere di utilità per qcn/qcs.

Dienst ['di:nst] *(m; -(e)s, -e)* ***1*** servizio, lavoro (dipendente) ♦ *in jmds Dienst(e) treten* entrare al servizio di qcn ♦ *in jmds Dienst(en) stehen/bei jmdm in Dienst stehen* essere al servizio di qcn. ***2*** servizio, funzione ♦ *etwas in Dienst stellen* mettere qcs in funzione, usare qcs. ***3*** riuscita ♦ *der Schirm hat mir einen guten Dienst geleistet* l'ombrello mi ha fatto una buona riuscita. ***4*** servizio, organizzazione ♦ *der öffentliche Dienst* il servizio pubblico. ***5*** servizio, aiuto ♦ *jmdm seine Dienste anbieten* offrire i propri servizi a qcn. ◆ **jmdn in Dienst nehmen** assumere qcn. ◆ **außer Dienst** fuori servizio; in pensione (dipendenti pubblici, militari). ◆ **im Dienst** ***1*** in servizio. ***2*** (+ Gen) al servizio di ♦ *im Dienst der Menschheit* al servizio dell'umanità. ◆ **Dienst haben** essere di servizio, di turno ♦ *diese Apotheke hat heute Dienst* questa farmacia oggi è di turno. ◆ **Dienst habend** († **diensthabend**) di servizio, di turno ♦ *der Dienst habende Arzt* il medico di turno. ◆ **Dienst ist Dienst und Schnaps ist Schnaps** *(prov)* il lavoro è una cosa e la vita privata è un'altra.

Dienstag ['di:ns,ta:k] *(m; -(e)s, -e)* ~ martedì ♦ *am Dienstag* (di) martedì ♦ *am kommenden/nächsten Dienstag* il martedì che viene, martedì prossimo ♦ *heute ist Dienstag* oggi è martedì.

Dienstagabend [-,ʔa:bənt] *(m; -(e)s, -e)* ~ martedì sera ♦ *wir trafen uns am Dienstagabend* ci siamo incontrati martedì sera.

dienstagabends [-,ʔa:bənts] *(anche* **dienstags abends***)* *(avv)* ~ tutti i martedì sera.

Dienstagmittag [-,mɪta:k] *(m; -(e)s, -e)* ~ martedì verso mezzogiorno ♦ *am Dienstagmittag* martedì verso mezzogiorno.

dienstagmittags [-,mɪta:ks] *(anche* **dienstags mittags***)* *(avv)* ~ tutti i martedì verso mezzogiorno.

Dienstagmorgen [-,mɔrgən] *(m; -s, -)* ~ martedì mattina ♦ *ich sollte sie am Dienstagmorgen erreichen* dovrei raggiungerla martedì mattina.

dienstagmorgens [-,mɔrgəns] *(anche* **dienstags morgens***)* *(avv)* ~ tutti i martedì mattina.

Dienstagnachmittag [-,na:xmɪta:k] *(m; -(e)s, -e)* ~ martedì pomeriggio ♦ *am Dienstagnachmittag* martedì pomeriggio.

dienstagnachmittags [-,na:xmɪta:ks] *(anche* **dienstags nachmittags***)* *(avv)* ~ ogni martedì pomeriggio.

Dienstagnacht [-,naxt] *(f; -, -nächte)* ~ martedì notte ♦ *in der Dienstagnacht* martedì notte.

dienstagnachts [-,naxts] *(anche* **dienstags nachts***)* *(avv)* ~ tutti i martedì notte.

Dienstagvormittag [-,fo:ɐmɪta:k] *(m; -(e)s, -e)* ~ martedì mattina ♦ *am Dienstagvormittag* martedì mattina.

dienstagvormittags [-,fo:ɐmɪta:ks] *(anche* **dienstags vormittags***)* *(avv)* ~ tutti i martedì mattina.

dienstags [-s] *(avv)* ~ tutti i martedì.

Dienstalter ['di:nst,ʔaltɐ] *(n; -s, -)* ~ anzianità di servizio.

dienstbeflissen ['di:nstbə,flɪsən] *(agg)* ~ servizievole, zelante.

dienstbereit ['di:nstbə,rait] *(agg)* ***1*** servizievole. ***2*** di turno (farmacie).

Dienstbote ['di:nst,bo:tə] *(m; -n, -n)* ~ domestico.

dienstfrei ['di:nst,frai] *(agg)* ~ libero (dal lavoro) ♦ *sich* (Dat) *dienstfrei nehmen* prendere ferie ♦ *dienstfrei sein, haben* essere libero.

diensthabend ['di:nst,ha:bənt] ~ **Dienst habend** (vedi **Dienst**).

Dienstleistung ['di:nst,laistʊŋ] *(f; -, -en)* ***1*** servizio, prestazione d'opera. ***2*** *(spec pl)* *(econ)* servizi, lavori del settore terziario.

Dienstleistungsgewerbe [-sgə'vɛrbə] *(n; -s, -)* ~ *(econ)* settore terziario, dei servizi.

dienstlich ['di:nstlɪç] *(agg)* ***1*** di servizio, ufficiale. ***2*** *(avv)* per ragioni di servizio.

Dienstpflicht ['di:nst,pflɪçt] *(f; -, -en)* ***1*** servizio obbligatorio (militare e sim). ***2*** doveri di servizio.

Dienststelle ['di:nst,ʃtɛlə] *(f; -, -en)* ~ ufficio, autorità (pubblica).

Dienstzeit ['di:nst,tsait] *(f; -, -en)* ***1*** orario di servizio. ***2*** periodo di servizio (di militari e dipendenti pubblici), ferma.

dies [di:s] *(pron dimostr indecl)* ~ questo, ciò. ◆ **dies und das** questo e quello, diverse cose.

diesbezüglich [-bəˌtsyːklɪç] *(agg)* ***1*** riguardante ciò, in merito. ***2*** *(avv)* riguardo a ciò, a questo proposito, in merito.
Diesel ['diːzəl] *(m; -s, -)* ~ diesel (motore; carburante; auto).
dieselbe [diː'zɛlbə] ~ Nom/Acc f sing di **derselbe**.
Dieselkraftstoff ['diːzəlˌkraftˑʃtɔf] *(m; -(e)s, -e)* ~ carburante diesel.
Dieselmotor ['diːzəlˌmoːtoːɐ] *(m; -s, -en)* ~ motore diesel.
diese(r, -s) ['diːzə (-zɐ, -zəs)] *(agg/pron dimostr)* ~ questo/a ♦ *dieses Buch* questo libro ♦ *in diesem Zimmer* in questa stanza ♦ *Hier ist der Pulli, gerade diesen hatte ich gesucht* ecco il golf, proprio questo cercavo. ◆ **diese(r, -s) hier, diese(r, -s) da** questo/a ♦ *dieser Bleistift hier/da* questo lapis ♦ *„Welcher Bleistift?" „Dieser hier/da"* "Quale lapis?" "Questo". ◆ **dieses und jenes** questo e quello, alcune cose. ◆ **dieser und jener** questo e quello, alcuni. ◆ **von diesem und jenem sprechen** parlare del più e del meno.

DIESER, DIESE, DIESES

		MASCH	FEMM	NEUTRO
NOM	*sing*	dieser	diese	dies(es)
	pl	diese	diese	diese
GEN	*sing*	dieses	dieser	dieses
	pl	dieser	dieser	dieser
DAT	*sing*	diesem	dieser	diesem
	pl	diesen	diesen	diesen
ACC	*sing*	diesen	diese	dies(es)
	pl	diese	diese	diese

dieserart ['diːzɐ'ˀaːɐt] *(agg indecl)* ~ tale, di tal fatta.
diesig ['diːzɪç] *(agg)* ~ caliginoso, nebbioso.
diesjährig ['diːsˌjɛːrɪç] *(agg)* ~ di quest'anno, relativo a quest'anno ♦ *die diesjährige Ernte* il raccolto di quest'anno.
diesmal ['diːsˌmaːl] *(avv)* ~ stavolta, questa volta.
diesseitig ['diːsˌzaitɪç] *(agg)* ~ (che si trova) da questa parte; riguardante questa parte.
diesseits ['diːsˌzaits] *(avv)* ~ di qua, da questa parte (stato).
Diesseits *(n; -)* ~ l'aldiquà.
Dietrich ['diːtrɪç] *(m; -s, -e)* ~ grimaldello.
Differenz [dɪfə'rɛnts] *(f; -, -en)* ***1*** differenza *(anche mat/econ)*. ***2*** divergenza, differenza di opinioni.
differenzieren [dɪfərɛn'tsiːrən] *(vt, hat)* ~ differenziare. ◆ **sich differenzieren** *(vr)* differenziarsi.
Differenzierung [dɪfərɛn'tsiːrʊŋ] *(f; -, -en)* ~ differenziazione.
digital [digi'taːl] *(agg)* ~ *(anat/tecn)* digitale.
Diktat [dɪk'taːt] *(n; -s, -e)* ***1*** dettato ♦ *nach Diktat schreiben* scrivere sotto dettatura. ***2*** ordine, diktat.
Diktator [-oːɐ] *(m; -s, -en)* ~ dittatore.
Diktatur [dɪkta'tuːɐ] *(f; -, -en)* ~ dittatura.
diktieren [dɪk'tiːrən] *(vt, hat)* ***1*** {*jmdm etwas ~*} dettare qcs a qcn. ***2*** {*jmdm etwas ~*} *(fig)* dettare qcs a qcn (ordini, condizioni, ecc).
Diktion [dɪk'tsjoːn] *(f; -, -en)* ~ dizione.
Dilemma [di'lɛma] *(n; -s, -s/-ta)* ~ dilemma.
Dill [dɪl] *(m; -s, -e)* *(bot)* ~ aneto.
Dimension [dimɛn'zjoːn] *(f; -, -en)* ***1*** *(fig)* dimensioni, proporzioni. ***2*** *(lett)* dimensione.
Ding [dɪŋ] *(n; -(e)s, -e/fam -er)* ***1*** cosa; oggetto. ***2*** *(spec pl)* cosa, fatto, faccenda ♦ *unangenehme Dinge* cose spiacevoli ♦ *das sind private Dinge* queste sono cose private ♦ *ich muss noch ein paar Dinge erledigen* devo sistemare ancora un paio di cose. ***3*** *(pl -er)* *(fam)* coso, affare ♦ *gib mir mal das Ding da!* dammi un po' quell'affare ***4*** *(pl -er)* *(fam)* ragazzina. ◆ **persönliche Dinge** effetti personali. ◆ **unverrichteter Dinge** senza aver concluso nulla. ◆ **vor allen Dingen** sopra ogni altra cosa. ◆ **ein Ding drehen** *(fam)* combinare qcs (di male, spec furto). ◆ **das geht nicht mit rechten Dingen zu** qui gatta ci cova. ◆ **ein Ding der Unmöglichkeit sein** essere impossibile. ◆ **aller guten Dinge sind drei** *(prov)* non c'è due senza tre. ◆ **gut Ding will Weile haben** *(prov)* ogni cosa ha bisogno di tempo.
dingfest [-ˌfɛst] *(agg)* ~ **jmdn dingfest machen** arrestare qcn.
dinglich [-lɪç] *(agg)* ~ reale, concreto, materiale.
Dings [-s] *(m/f/n; -)* ***1*** *(fam)* vattelappesca ♦ *Herr Dings* il signor Vattelappesca. ***2***

(n) (fam) coso, affare ♦ *gib mir mal das Dings da!* dammi un po' quell'affare.
Dingsbums [-sˌbʊms] *(m/f/n; -)* ~ *(fam)* vedi **Dings**.
Dingsda [-sˌdaː] *(m/f/n; -)* ~ *(fam)* vedi **Dings**.
Dinosaurier [dino'zaurjɐ] *(m; -s, -)* ~ dinosauro.
Diözese [diø'tseːzə] *(f; -, -n)* ~ *(relig)* diocesi.
Diphtong [dif'tɔŋ] *(m; -(e)s, -e)* ~ dittongo.
Diplom [di'ploːm] *(n; -s, -e)* ~ diploma; diploma di laurea. ◆ **sein Diplom in etwas** (Dat) **machen** laurearsi in qcs.
Diplomarbeit [-ˌʔarbait] *(f; -, -en)* ~ tesi di laurea.
Diplomat [diplo'maːt] *(m; -en, -en; f* **-in**) ***1*** *(pol)* diplomatico. ***2*** *(fig)* persona diplomatica.
Diplomatie [diploma'tiː] *(f; -)* ~ diplomazia *(anche fig)* ♦ *mit Diplomatie handeln* agire con diplomazia.
diplomatisch [diplo'maːtɪʃ] *(agg)* ~ diplomatico *(anche fig)*.
Diplomprüfung [di'ploːmˌpryːfʊŋ] *(f; -, -en)* ~ esame di diploma, di laurea.
dir ['diːɐ] *(pron, II pers sing Dat)* ***1*** ti, a te, te ♦ *soll ich dir mein Buch leihen?* ti devo prestare il mio libro? ♦ *ich danke dir* ti ringrazio. ***2*** *(rifl)* ti ♦ *kauf dir doch ein Wörterbuch!* comprati un vocabolario!
direkt [di'rɛkt] *(agg)* ***1*** diretto ♦ *direkte Verbindung* collegamento diretto ♦ *direkte Rede* discorso diretto ♦ *direkte Wahl* elezione diretta. ***2*** *(avv)* direttamente, direttamente vicino ♦ *ich komme direkt vom Bahnhof* vengo direttamente dalla stazione ♦ *direkt am Bahnhof* direttamente alla stazione. ***3*** *(avv)* in diretta.
Direktheit [-ˌhait] *(f; -, -en)* ***1*** *(solo sing)* chiarezza, l'essere diretto, esplicito. ***2*** espressione diretta, esplicita.
Direktion [dirɛk'tsjoːn] *(f; -, -en)* ~ direzione, dirigenza.
Direktor [di'rɛktoːɐ] *(m; -s, -en; f* **-in**) ~ direttore.
Dirigent [diri'gɛnt] *(m; -en, -en; f* **-in**) ~ *(mus)* direttore (di coro od orchestra).
dirigieren [diri'giːrən] *(vt, hat)* ***1*** dirigere, guidare. ***2*** *(mus)* dirigere.
Dirne ['dɪrnə] *(f; -, -n)* ~ *(spreg)* puttana.
dis [dɪs] *(n; -)* ***1*** *(mus)* re diesis. ***2*** *(mus)* abbrev di **dis-Moll**.
Dis *(n; -)* ***1*** *(mus)* re diesis. ***2*** *(mus)* abbrev di **Dis-Dur**.
Dis-Dur [-'duːɐ] *(n; -) (abbrev* **Dis**) ~ *(mus)* re diesis maggiore.
Diskette [dɪs'kɛtə] *(f; -, -n)* ~ *(elab)* dischetto.
Disko ['dɪsko] *(f; -, -s)* ~ abbrev di **Diskothek**.
Diskont [dɪs'kɔnt] *(m; -s, -e)* ~ *(econ)* sconto; tasso di sconto.
Diskontsatz [-ˌzats] *(m; -(e)s, -sätze)* ~ *(econ)* tasso di sconto.
Diskothek [dɪsko'teːk] *(f; -, -en)* ~ discoteca ♦ *in die Diskothek gehen* andare in discoteca.
diskret [dɪs'kreːt] *(agg)* ***1*** discreto, riguardoso, pieno di tatto. ***2*** *(avv)* con discrezione, con tatto.
Diskretion [dɪskre'tsjoːn] *(f; -)* ~ discrezione, tatto.
diskriminieren [dɪskrimi'niːrən] *(vt,* hat*)* ~ discriminare.
Diskriminierung [dɪskrimi'niːrʊŋ] *(f; -, -en)* ~ discriminazione.
Diskurs [dɪs'kʊrs] *(m; -es, -e)* ~ discorso, discussione, dibattito.
Diskussion [dɪskʊ'sjoːn] *(f; -, -en)* ~ discussione, dibattito.
diskutabel [disku'taːbəl] *(agg)* ~ degno di considerazione, valutabile.
diskutieren [disku'tiːrən] *(vi/vt,* hat*)* ~ discutere ♦ *über etwas* (Acc) *diskutieren* discutere di qcs.
dis-Moll ['dɪs'mɔl] *(n; -) (abbrev* **dis**) ~ *(mus)* re diesis minore.
Dispens [dɪs'pɛns] *(f; -, -en)* ~ *(relig)* dispensa.
dispensieren [dɪspɛn'ziːrən] *(vt,* hat*)* ~ {*jmdn von etwas* ~} dispensare qcn da qcs.
disponieren [dɪspo'niːrən] *(vt,* hat*)* ***1*** disporre, stabilire, ordinare. ***2*** {*über etwas* (Acc) ~} disporre di qcs.
Disposition [dɪspozi'tsjoːn] *(f; -, -en)* ***1*** disposizione, ordinamento, piano. ***2*** disposizione, ordine. ***3*** predisposizione. ◆ **jmdm zur Disposition stehen** essere a disposizione di qcn.
Disput [dɪs'puːt] *(m; -(e)s, -e)* ~ *(lett)* disputa, discussione.

disputieren [dɪspu'tiːrən] *(vi, hat)* ~ {*über etwas* (Acc) ~} disputare, discutere di qcs.
disqualifizieren [diskvalifi'tsiːrən] *(vt, hat)* ~ squalificare. ◆ **sich für etwas disqualifizieren** *(vr)* screditarsi, dimostrarsi inadatto a qcs.
Dissens [dɪ'sɛns] *(m; -es, -e)* ~ dissenso.
Dissertation [dɪsɛrta'tsjoːn] *(f; -, -en)* ~ dissertazione, tesi di dottorato.
Dissident [disi'dɛnt] *(m; -en, -en; f* **-in***)* ~ dissidente (politico o religioso).
dissonant [diso'nant] *(agg)* ~ *(mus)* dissonante *(anche fig)*.
Dissonanz [diso'nants] *(f; -, -en)* ~ *(mus)* dissonanza *(anche fig)*.
Distanz [dɪs'tants] *(f; -, -en)* ***1*** *(lett)* distanza *(anche fig)* ◆ *von/zu jmdm Distanz wahren* mantenere le distanze da qcn. ***2*** *(sport)* distanza, percorso.
distanzieren [distan'tsiːrən] *(vt, hat)* ~ distanziare (concorrenti e sim), distaccare. ◆ **sich von jmdm/etwas distanzieren** *(vr)* *(fig)* dissociarsi, prendere le distanze da qcn/qcs.
distanziert [distan'tsiːɐt] *(agg)* ***1*** distaccato, freddo. ***2*** *(avv)* in modo distaccato.
Distel ['dɪstəl] *(f; -, -n)* ~ *(bot)* cardo.
Distelfink [-ˌfɪŋk] *(m; -(e)s, -e)* ~ *(zool)* cardellino.
distinguiert [dɪstɪŋ'giːɐt] *(agg)* ~ distinto, raffinato.
distinkt [dɪs'tɪŋkt] *(agg)* ***1*** distinto. ***2*** *(avv)* distintamente.
Distinktion [dɪstɪŋk'tsjoːn] *(f; -, -en)* ~ distinzione.
Distribution [dɪstribu'tsjoːn] *(f; -, -en)* ~ *(tecn)* distribuzione.
Distrikt [dɪs'trɪkt] *(m; -(e)s, -e)* ~ distretto amministrativo.
Disziplin [dɪstsi'pliːn] *(f; -, -en)* ***1*** *(solo sing)* disciplina, ordine ◆ *eine strenge Disziplin* una disciplina severa ◆ *Disziplin halten* mantenere la disciplina. ***2*** disciplina, materia, scienza. ***3*** *(sport)* disciplina, specialità.
disziplinarisch [dɪstsipli'naːrɪʃ] *(agg)* ~ disciplinare.
disziplinieren [dɪstsipli'niːrən] *(vt, hat)* ~ disciplinare, imporre una disciplina.
Disziplinlosigkeit [dɪstsi'pliːnˌloːzɪçkait] *(f; -)* ~ indisciplina.

dito ['diːto] *(avv)* ~ *(burocr/fam)* come sopra, altrettanto.
divergent [divɛr'gɛnt] *(agg)* ~ divergente *(anche mat)*.
Divergenz [divɛr'gɛnts] *(f; -, -en)* ~ divergenza *(anche mat/fis)*.
divers [di'vɛrs] *(agg, solo attr)* ***1*** diverso, disparato, svariato ◆ *ich habe die diversesten Angebote bekommen* ho ricevuto le offerte più disparate. ***2*** *(pl)* diversi, svariati, parecchi ◆ *diverse Angebote* diverse offerte. ◆ **Diverses** diverse cose.
Diversifikation [divɛrzifika'tsjoːn] *(f; -, -en)* ~ diversificazione.
diversifizieren [divɛrzifi'tsiːrən] *(vt, hat)* ~ *(econ)* diversificare (produzione e sim).
Dividende [divi'dɛndə] *(f; -, -n)* ~ *(econ)* dividendo ◆ *Dividenden ausschütten* distribuire, pagare i dividendi.
Dividendenausschüttung [-nˌˀausʃʏtʊŋ] *(f; -, -en)* ~ *(econ)* distribuzione, pagamento dei dividendi.
dividieren [divi'diːrən] *(vt, hat)* ~ *(mat)* dividere.
Division [divi'zjoːn] *(f; -, -en)* ~ *(mat/mil/naut)* divisione.
DM [ˌdeː'ˀɛm] ~ abbrev di **Deutsche Mark** (vedi **deutsch**).
D-Mark ['deːˌmark] *(f; -)* ~ marco tedesco.
d-Moll ['deː'mɔl] *(n; -)* *(abbrev* **d***)* ~ *(mus)* re minore.
doch[1] [dɔx] *(congiunz coord)* ~ ma, però ◆ *ich wollte dich anrufen, doch ich hatte keine Zeit* ti volevo telefonare, ma non ho avuto tempo.
doch[2] [con enfasi] *(avv)* ***1*** ma, eppure ◆ *er sprach freundlich und doch entschieden* parlò in modo amichevole eppure deciso. ***2*** *(come risposta affermativa a domande contenenti una negazione)* sì invece, invece sì ◆ *„Hast du keine Geschwister?" „Doch!"* "Non hai fratelli?" "Sì, invece". ***3*** *(avversativo, riferito a qcs che non si credeva possibile)* invece ◆ *er ist dann doch auch gekommen* non credevo, invece poi è venuto anche lui.
doch[3] [atono] *(avv)* ***1*** *(con valore rafforzativo; per lo più non tradotto)* ◆ *du wusstest doch schon, dass* tu lo sapevi già che ◆ *das hatte ich doch gleich gesagt!* io l'avevo detto subito! ***2*** *(in frasi imperative)*

dai, su, allora ♦ *komm doch mal, bitte!* dai, vieni, per favore! ♦ *pass doch auf!* ma vuoi stare attento? ♦ *warte doch!* e aspetta! ***3*** *(in frasi negative)* mica ♦ *das ist doch nicht dein Ernst, oder?* non dici mica sul serio, vero? ♦ *ich will doch nicht alles verderben!* non voglio mica rovinare tutto! ♦ *es wird doch nichts passiert sein?* non sarà mica successo niente? ***4*** *(in frasi esclam, esprime malumore, incredulità, ecc; per lo più non tradotto)* ♦ *was man doch alles mit ansehen muss!* cosa non si deve vedere! ♦ *es wäre doch gelacht, wenn es nicht klappen würde!* sarebbe proprio da ridere se non andasse in porto! ***5*** *(in frasi esclam, con valore ottativo)* magari ♦ *wenn ich doch gewinnen könnte!* magari potessi vincere! ***6*** *(in richieste, quando si spera in una risposta affermativa)* vero? ♦ *du kommst doch auch mit?* vieni anche tu, vero? ***7*** *(in frasi interr, quando non si ricorda qcs)* come (chi, quando, ecc) è che... ♦ *wie hieß er doch?* com'è che si chiamava?

Docht [-t] *(m; -(e)s, -e)* ~ stoppino.

Dock [dɔk] *(n; -(e)s, -s/-e)* ~ darsena, bacino (in porti o cantieri navali).

Dogge ['dɔgə] *(f; -, -n)* ~ *(zool)* alano.

Dogma ['dɔgma] *(n; -s, Dogmen)* ~ dogma.

dogmatisch [dɔ'gmaːtɪʃ] *(agg)* ~ dogmatico *(anche fig)*.

Doktor ['dɔktoːɐ] *(m; -s, -en; f* **-in***)* *(abbrev* **Dr.***)* ***1*** dottore (titolo accademico) ♦ *Doktor der Ingenieurwissenschaften* (abbrev *Dr.-Ing.*) dottore in ingegneria ♦ *Doktor der Medizin* (abbrev *Dr. med.*) dottore in medicina ♦ *Doktor der Philosophie* (abbrev *Dr. phil.*) dottore in filosofia. ***2*** *(fam)* esame di laurea ♦ *den Doktor machen* laurearsi. ***3*** *(fam)* medico.

Doktorand [dɔkto'rant] *(m; -en, -en; f* **-in***)* ~ dottorando.

Doktorarbeit ['dɔktoːɐˌʔarbait] *(f; -, -en)* ~ tesi di dottorato.

Doktorprüfung ['dɔktoːɐˌpryːfʊŋ] *(f; -, -en)* ~ esame di dottorato.

Doktrin [dɔk'triːn] *(f; -, -en)* ~ dottrina (politica, scientifica, ecc).

Dokument [doku'mɛnt] *(n; -(e)s, -e)* ***1*** documento, certificato. ***2*** documento, testimonianza.

Dokumentarfilm [dokumɛn'taːɐˌfɪlm] *(m; -(e)s, -e)* ~ documentario (televisivo e sim).

Dokumentation [dokumɛnta'tsjoːn] *(f; -, -en)* ***1*** documentazione, raccolta di documenti. ***2*** dimostrazione, prova.

dokumentieren [dokumɛn'tiːrən] *(vt,* hat*)* ~ documentare.

Dolch [dɔlç] *(m; -(e)s, -e)* ~ pugnale.

Dolchstoß [-ʃtoːs] *(m; -es, -stöße)* ~ pugnalata.

Dollar ['dɔlar] *(m; -s, -s)* ~ dollaro.

dolmetschen ['dɔlmɛtʃən] *(vt,* hat*)* ***1*** tradurre (oralmente). ***2*** *(vi)* lavorare come interprete; fare da interprete.

Dolmetscher ['dɔlmɛtʃɐ] *(m; -s, -; f* **-in***)* ~ interprete.

Dom [doːm] *(m; -(e)s, -e)* ~ duomo, cattedrale.

Domäne [do'mɛːnə] *(f; -, -n)* ***1*** demanio. ***2*** *(fig)* sfera di competenza, campo ♦ *das ist nicht meine Domäne* questo non è il mio campo.

dominant [domi'nant] *(agg)* ~ dominante *(anche biol)*.

dominieren [domi'niːrən] *(vi/vt,* hat*)* ~ dominare, governare, comandare.

Domizil [domi'tsiːl] *(n; -s, -e)* ~ domicilio.

Dompteur [dɔmp'tøːɐ] *(m; -s, -e)* ~ domatore.

Dompteuse [dɔmp'tøːzə] *(f; -, -n)* ~ domatrice.

Döner ['dønɛr] *(m; -s, -)* ~ abbrev di **Dönerkebab**.

Dönerkebab [ˌdønɛrke'bap] *(m; -/-s, -)* ~ panino con carne (di agnello) allo spiedo.

Donner ['dɔnɐ] *(m; -s, -)* ***1*** tuono ♦ *der Donner grollt/rollt* il tuono rimbomba. ***2*** *(fig)* fragore, frastuono. ◆ **wie vom Donner gerührt dastehen** *(fig)* rimanere di sasso.

donnern¹ [-n] *(vi,* hat*)* ***1*** *(meteor)* tuonare ♦ *es donnert* tuona. ***2*** *(fig)* tuonare, rimbombare, risuonare. ***3*** *(fam)* imprecare. ***4*** *(vt)* scaraventare (rumorosamente).

donnern² *(vi,* ist*)* ***1*** avanzare (rumorosamente), sferragliare. ***2*** cozzare.

Donnerschlag [-ʃlaːk] *(m; -(e)s, -schläge)* ~ tuono (secco). ◆ **mit einem Donnerschlag** *(fig)* in un baleno.

Donnerstag [-sˌtaːk] *(m; -es, -e)* ~ giovedì.
Donnerstag-, **donnerstag-** ~ vedi **Dienstag-**, **dienstag-**.
donnerstags [-sˌtaːks] *(avv)* ~ tutti i giovedì.
Donnerwetter [-ˌvɛtɐ] *(n; -s, -)* ~ *(fam)* sfuriata, scenata. ◆ **Donnerwetter!** *(escl)* perbacco! accipicchia! ◆ **zum Donnerwetter!** *(escl)* porca miseria!
doof [doːf] *(agg)* ***1*** *(fam)* scemo, tonto, stupido (persona o cosa). ***2*** *(region)* *(fam)* noioso, palloso (persona o cosa).
Doppel ['dɔpəl] *(n; -s, -)* ***1*** copia, duplicato. ***2*** doppio (nel tennis).
Doppelband [-ˌbant] *(m; -(e)s, -bände)* ~ volume doppio.
Doppelbett [-ˌbɛt] *(n; -(e)s, -en)* ~ letto a due piazze, letto matrimoniale.
doppeldeutig [-ˌdɔytɪç] *(agg)* ~ ambiguo, equivoco, a doppio senso.
Doppeldeutigkeit [-dɔytɪçˌkait] *(f; -, -en)* ~ ambiguità, equivocità, doppio senso.
Doppelehe [-ˌʔeːə] *(f; -)* ~ bigamia.
Doppelgänger [-ˌgɛŋɐ] *(m; -s, -; f* **-in***)* ~ sosia.
Doppelkinn [-ˌkɪn] *(n; -(e)s, -e)* ~ doppio mento.
Doppellaut [-ˌlaut] *(m; -(e)s, -e)* ***1*** *(fon)* consonante doppia; vocale doppia. ***2*** *(fon)* dittongo.
Doppelleben [-ˌleːbən] *(n; -s)* ~ doppia vita. ◆ **ein Doppelleben führen** avere una doppia vita.
Doppelpunkt [-ˌpʊŋkt] *(m; -(e)s, -e)* ~ *(gramm)* due punti.
doppelseitig [-ˌzaitɪç] *(agg)* ***1*** di due pagine. ***2*** *(abbigliamento)* double-face. ***3*** *(avv)* da entrambe le parti.
Doppelsinn [-ˌzɪn] *(m; -(e)s, -e)* ***1*** doppio significato. ***2*** *(fig)* doppio senso, ambiguità.
Doppelspiel [-ʃpiːl] *(n; -(e)s, -e)* ~ doppiogioco. ◆ **mit jmdm ein Doppelspiel treiben** fare il doppiogioco con qcn.
doppelstöckig [-ʃtœkɪç] *(agg)* ~ a due piani.
doppelt ['dɔpəlt] *(agg)* ***1*** doppio ♦ *eine doppelte Verneinung* una doppia negazione. ***2*** *(fig)* doppio, ambiguo ♦ *doppelte Moral* doppia morale. ***3*** *(avv)* il doppio, due volte tanto. ◆ **doppelt so** *(+ agg)* due volte, il doppio ♦ *doppelt so groß* grande il doppio. ◆ **doppelt so viel** il doppio (di) ♦ *doppelt so viel Geld* il doppio dei soldi. ◆ **etwas doppelt besitzen, haben** possedere, avere qcs doppio (in doppia copia), avere un doppione di qcs. ◆ **doppelt sehen** *(fig)* vederci doppio; essere ubriaco. ◆ **doppelt gemoppelt** *(fam)* detto una volta di troppo. ◆ **doppelt genäht hält besser** *(prov)* la prudenza non è mai troppa.
Doppelte [-ə] *(n; -n)* ~ doppio.
Doppelung ['dɔpəlʊŋ] *(anche* **Dopplung***)* *(f; -, -en)* ~ raddoppiamento.
Doppelzentner ['dɔpəlˌtsɛntnɐ] *(m; -s, -)* ~ quintale.
Doppelzimmer ['dɔpəlˌtsɪmɐ] *(n; -s, -)* ~ camera doppia, camera matrimoniale (in albergo).
doppelzüngig ['dɔpəlˌtsʏŋɪç] *(agg)* ~ *(fig)* falso, dalla lingua biforcuta.
Doppelzüngigkeit [-ˌkait] *(f; -, -en)* ~ falsità, doppiezza.
Dopplung ['dɔplʊŋ] ~ vedi **Doppelung**.
Dorf [dɔrf] *(n; -(e)s, Dörfer)* ***1*** villaggio, paese, paesino ♦ *auf dem Dorf wohnen* abitare in un paesino. ***2*** villaggio, abitanti del villaggio.
Dorfbewohner [-bəˌvoːnɐ] *(m; -s, -; f* **-in***)* ~ abitante del villaggio, paesano.
Dörfler ['dœrflɐ] *(m; -s, -)* ~ abitante di un villaggio, persona di campagna, paesano.
dörflich ['dœrflɪç] *(agg)* ~ paesano, rustico, rurale, del villaggio.
Dorftrottel ['dɔrfˌtrɔtəl] *(m; -s, -)* ~ scemo del villaggio.
Dorn [dɔrn] *(m; -(e)s, -en/fam* Dörner*)* ~ spina. ◆ **jmdm ein Dorn im Auge sein** *(fig)* essere una spina nel fianco per qcn.
Dornbusch [-ˌbʊʃ] *(m; -es, -büsche)* ~ pruno.
dornig ['dɔrnɪç] *(agg)* ***1*** spinoso. ***2*** *(fig/lett)* difficile, spinoso.
dörren[1] ['dœrən] *(lett* **dorren** ['dɔ-]*)* *(vi,* ist*)* ~ seccarsi, appassire.
dörren[2] *(vt,* hat*)* ~ seccare, essiccare.
Dörrobst ['dœrˌʔoːpst] *(n; -es)* ~ frutta secca.
Dorsch [dɔrʃ] *(m; -es, -e)* ~ *(zool)* merluzzo.
dort [dɔrt] *(avv)* ~ lì, là; ci (stato in luogo) ♦ *mein Auto steht dort* la mia auto è là ♦ *ich kenne Bonn, ich habe dort gewohnt* conosco Bonn, ci ho abitato. ◆ **dort hin-**

ten, **oben**, **unten**, **vorn** là dietro, sopra, sotto, davanti. ◆ **von dort** da lì, da là.

dorther [-'heːɐ] *(avv)* ~ **von dorther** da lì, da là ◆ *ich komme gerade von dorther* sto venendo da là.

dorthin [-'hɪn] *(avv)* ~ lì, là; ci (moto a luogo) ◆ *geh dorthin!* vai là!

dortig [-ɪç] *(agg)* ~ di lì, di là, di quel luogo, locale ◆ *die dortigen Bräuche* gli usi locali.

dortzulande [-tsuˌlandə] *(avv)* ~ in quella regione.

Dose ['doːzə] *(f; -, -n)* *1* barattolo, scatola (spec rotonda). *2* scatoletta, lattina. *3* *(abbrev di* **Steckdose***)* presa di corrente.

dösen ['døːzən] *(vi,* hat*)* *(fam)* ~ sonnecchiare.

Dosenfleisch ['doːzənˌflaiʃ] *(n; -es)* ~ carne in scatola.

Dosenöffner ['doːzənˌˀœfnɐ] *(m; -s, -)* ~ apriscatole.

dosieren [do'ziːrən] *(vt,* hat*)* ~ dosare.

Dosierung [do'ziːrʊŋ] *(f; -, -en)* ~ dosaggio.

Dosis ['doːzɪs] *(f; -,* Dosen*)* ~ dose ◆ *in kleinen Dosen* a piccole dosi *(anche fig)*.

dotiert [do'tiːɐt] *(agg)* ~ retribuito, remunerato (posti di lavoro importanti).

Dotter ['dɔtɐ] *(m/n; -s, -)* ~ tuorlo, rosso d'uovo.

downloaden ['daʊnˌloʊdən] *(vt,* hat*)* ~ *(elab)* scaricare.

Dozent [do'tsɛnt] *(m; -en, -en; f* **-in***)* ~ docente (di università).

DP [ˌdeː'peː] ~ abbrev di **Deutsche Post** (vedi **deutsch**).

Dr. ~ abbrev di **Doktor**.

Drache ['draxə] *(m; -n, -n)* ~ drago.

Drachen [-n] *(m; -s, -)* *1* aquilone. *2* *(fam)* strega, befana, arpia. *3* deltaplano (attrezzo).

Drachenfliegen [-nˌfliːgən] *(n; -s)* ~ deltaplano (sport).

Dragee *(anche* **Dragée***)* [dra'ʒeː] *(n; -s, -s/f; -, -n)* ~ confetto, caramella ripiena.

Draht [draːt] *(m; -(e)s,* Drähte*)* *1* filo metallico, fil di ferro. *2* filo del telefono/del telegrafo. ◆ **zu jmdm einen guten Draht haben** *(fam)* essere in buoni rapporti con qcn. ◆ **auf Draht sein** *(fam)* essere sveglio (attento); essere in gamba.

Drahtgeflecht [-gəˌflɛçt] *(n; -(e)s, e)* ~ rete metallica.

drahtig [-ɪç] *(agg)* *1* ruvido, irto. *2* *(fig/fam)* muscoloso, nerboruto.

drahtlos [-ˌloːs] *(agg)* ~ senza fili. ◆ **drahtloses Telefon** (telefono) cordless.

Drahtseil [-ˌzail] *(n; -(e)s, -e)* ~ fune metallica.

Drahtseilakt [-zailˌˀakt] *(m; -(e)s, -e)* *1* fune (numero del circo). *2* *(fig)* impresa rischiosa.

Drahtzange [-ˌtsaŋə] *(f; -, -n)* ~ pinza, tenaglia.

Drahtzaun [-ˌtsaun] *(m; -(e)s, -zäune)* ~ reticolato, rete metallica.

Drahtzieher [-ˌtsiːɐ] *(m; -s, -)* ~ regista (occulto), chi tiene le fila di qcs.

Drainage ~ vedi **Dränage**.

Drama ['draːma] *(n; -s,* **Dramen***)* ~ dramma (genere letterario; opera teatrale); *(anche fig)* ◆ *machen wir daraus kein Drama!* non facciamone un dramma!

Dramatik [dra'maːtɪk] *(f; -)* *1* drammaticità. *2* arte drammatica.

Dramatiker [-ɐ] *(m; -s, -; f* **-in***)* ~ drammaturgo.

dramatisch [dra'maːtɪʃ] *(agg)* *1* drammatico *(anche fig)*. *2* *(avv)* in modo drammatico, drammaticamente.

Dramaturg [drama'tʊrk] *(m; -en, -en)* ~ consulente artistico (in teatro, cinema, tv, ecc).

Dramaturgie [dramatʊr'giː] *(f; -, -n)* ~ drammaturgia.

dramaturgisch [drama'tʊrgɪʃ] *(agg)* ~ drammaturgico.

dran [dran] *(avv)* *(fam)* ~ vedi **daran**. ◆ **dran sein** *(fam)* toccare *(impers)* ◆ *ich bin dran* tocca a me.

Dränage *(anche* **Drainage***)* [drɛ'naːʒə] *(f; -, -n)* ~ *(geol/med)* drenaggio.

drang [draŋ] ~ pret di **dringen**.

Drang *(m; -(e)s, raro* Dränge*)* ~ impulso, impeto, spinta, moto (interiore); desiderio, anelito ◆ *ein Drang nach Freiheit* un anelito di libertà ◆ *der Drang, etwas zu tun* l'impulso di fare qcs.

drängeln ['drɛŋəln] *(vi/vt,* hat*)* *1* *(fam)* spingere (nella folla, in coda, ecc). *2* [*(jmdn)* ~] *(fig/fam)* spingere (qcn), fare pressione (a qcn perché faccia qcs). ◆

sich drängeln *(vr)* farsi avanti, farsi largo (a spinte).

drängen[1] ['drɛŋən] *(vi, hat)* ~ spingere (nella folla, in coda), accalcarsi ♦ *die Kunden drängen an die Kasse* i clienti si accalcano alla cassa.

drängen[2] *(vt, hat)* **1** spingere ♦ *jmdn an die Wand drängen* spingere qcn verso la parete. **2** {*jmdn (zu etwas) ~*} *(fig)* spingere, incitare qcn (a qcs), fare pressione a qcn (perché faccia qcs) ♦ *jmdn zur Bezahlung drängen* spingere qcn a pagare ♦ *jmdn drängen, etwas zu tun* fare pressione a qcn perché faccia qcs. **3** {*auf etwas* (Acc) *~*} spingere, insistere per qcs, richiedere qcs. **4** essere urgente, stringere ♦ *es drängt nicht* non è urgente. ◆ **sich drängen** *(vr)* spingere, infilarsi, farsi avanti, farsi largo (a spinte) ♦ *sich durch die Menge drängen* farsi largo fra la folla.

dran|halten *(vr, hat; irr halten)* ~ **sich dranhalten** *(fam)* affrettarsi, sbrigarsi, spicciarsi.

dran|kommen *(vi, ist; irr kommen)* **1** *(fam)* toccare, raggiungere il proprio turno ♦ *wann komme ich dran?* quando è che tocca a me? **2** *(fam)* essere interrogato (a scuola).

dran|kriegen *(vt, hat)* ~ *(fig/fam)* tirare dentro qcn, mettere nel mezzo qcn.

dran|nehmen *(vt, hat; irr nehmen)* *(fam)* ~ servire (clienti), interrogare (alunni).

dran|setzen *(vt, hat)* ~ impiegare (energie, mezzi, ecc). ◆ **alles dransetzen etwas zu tun** mettercela tutta per fare qcs.

drastisch ['drastɪʃ] *(agg)* **1** drastico. **2** *(avv)* drasticamente.

drauf [drauf] *(avv)* *(fam)* ~ vedi **darauf**. ◆ **gut drauf sein** **1** essere di buon umore. **2** essere in forma. ◆ **drauf und dran sein, etwas zu tun** essere lì lì per fare qcs, essere sul punto di fare qcs (di negativo).

drauf|bekommen *(vt, hat; irr kommen)* ~ **eins draufbekommen** prendersi una strigliata.

Draufgänger [-ˌgɛŋɐ] *(m; -s, -; f* **-in***)* ~ persona temeraria, incosciente.

draufgängerisch [-ˌgɛŋərɪʃ] *(agg)* ~ temerario, audace.

drauf|geben *(vt, hat; irr geben)* ~ *(fam)* aggiungere. ◆ **jmdm eins draufgeben** **1** *(fam)* dare uno scappellotto a qcn. **2** *(fam)* fare una strigliata a qcn.

drauf|gehen *(vi, ist; irr gehen)* **1** *(fam)* finire, consumarsi. **2** *(fam)* sciuparsi, rovinarsi. **3** *(fam)* rimanerci (morire).

Draufgeld [-ˌgɛlt] *(n; -(e)s)* ~ sovrapprezzo, extra.

drauf|haben *(vt, hat)* **1** {*etwas ~*} *(fam)* saperci fare in qcs. **2** *(fam)* fare (di velocità).

drauf|kriegen *(vt, hat)* ~ **eins draufkriegen** **1** *(fam)* prendersi una strigliata. **2** *(fam)* essere sconfitto.

drauf|legen *(vt, hat)* ~ *(fam)* aggiungere (soldi).

drauflos [-ˌloːs] *(avv)* **1** senza riflettere, avventatamente. **2** senza esitare.

drauflos|gehen *(vi, ist; irr gehen)* ~ *(fam)* tirare dritto per la propria strada.

drauflos|reden *(vi, hat)* ~ *(fam)* parlare a vanvera.

drauf|stehen *(vi, hat; irr stehen)* ~ *(fam)* esserci, esserci scritto ♦ *was steht drauf?* che c'è scritto?

drauf|zahlen *(vt, hat)* ~ *(fam)* pagare in più, rimetterci.

draus [draus] *(avv)* *(fam)* ~ vedi **daraus**.

draußen ['drausən] *(avv)* **1** fuori (stato in luogo). **2** lontano (stato in luogo). ◆ **da draußen** là fuori. ◆ **von draußen** da fuori.

drechseln ['drɛksəln] *(vt, hat)* ~ tornire.

Drechsler ['drɛkslɐ] *(m; -s, -)* ~ tornitore.

Drechslerbank [-ˌbaŋk] *(f; -, -bänke)* ~ tornio.

Dreck [drɛk] *(m; -(e)s)* **1** *(fam)* sporcizia, sporco, sudiciume, fango. **2** *(fig/fam)* difficoltà, noia, guaio. **3** *(fig/fam)* inezia, sciocchezza, cavolata ♦ *ich kann mich nicht um jeden Dreck kümmern* non posso occuparmi di ogni cavolata. ◆ **jmdn mit Dreck bewerfen** *(fig)* gettare fango addosso a qcn. ◆ **ein Dreck/der letzte Dreck sein** essere l'ultima ruota del carro. ◆ **jmdn aus dem Dreck ziehen** *(fam)* tirare fuori qcn dai pasticci. ◆ **im Dreck sitzen** *(fam)* essere nei pasticci. ◆ **einen Dreck** *(volg)* per niente, un tubo. ◆ **das geht dich einen Dreck an** *(fam)* fatti i cavoli tuoi. ◆ **in/mit Dreck und Speck** *(fam)* tutto sporco, non lavato.

dreckig [-ɪç] *(agg)* **1** *(fam)* sporco, sudicio, lercio. **2** *(fig/fam)* sporco, osceno ♦ *ein dreckiger Witz* una barzelletta sporca. **3** *(fig/fam)* brutto, cattivo, schifoso. **4** *(avv)* *(fig/fam)* male, schifosamente ♦ *„Wie geht's?" „Dreckig!"* "Come va?" "Uno schifo!".

Dreckskerl [-sˌkɛrl] *(m; -(e)s, -e)* ~ *(volg)* pezzo di merda, stronzo.

Drecksack [-ˌzak] *(m; -(e)s, -säcke)* ~ *(volg)* vedi **Dreckskerl**.

Dreh [dreːl] *(m; -(e)s, -e/-e)* ~ *(fam)* trucco, trovata ♦ *den Dreh heraushaben/finden* trovare il verso giusto.

Drehachse [-ˌˀaksə] *(f; -, -n)* ~ asse di rotazione.

Drehbank [-ˌbaŋk] *(f; -, -bänke)* ~ tornio.

drehbar [-ˌbaːɐ] *(agg)* ~ girevole.

Drehbewegung [-bəˌveːgʊŋ] *(f; -, -en)* ~ movimento rotatorio.

Drehbuch [-ˌbuːx] *(n; -(e)s, -bücher)* ~ copione, sceneggiatura (di film).

drehen [-ən] *(vi/vt, hat)* **1** *(vi)* girare, svoltare, virare ♦ *das Schiff hat gedreht* la nave ha virato. **2** {*an etwas* (Dat) ~} *(vi)* girare qcs (manopole e sim) ♦ *am Radio drehen* girare la manopola della radio. **3** *(vt)* girare, ruotare, volgere, voltare, far girare (persona o cosa) ♦ *den Kopf drehen* voltare la testa. **4** *(vt)* *(fig)* girare, distorcere (discorsi e sim). **5** *(vt)* girare (film). **6** *(vt)* arrotolare, rollare (sigarette). ◆ **sich drehen** *(vr)* **1** girarsi, voltarsi, girare, ruotare ♦ *sich im Kreise drehen* girare in circolo *(anche fig)* ♦ *der Wind hat (sich) gedreht* il vento è girato. **2** {*sich um etwas* ~} *(fam)* trattare di qcs, vertere su qcs ♦ *es dreht sich darum, dass* si tratta del fatto che. ◆ **jmdm den Rücken drehen** voltare le spalle a qcn. ◆ **jmdn durch den Wolf drehen** *(volg)* picchiare qcn a sangue. ◆ **wie man es auch dreht und wendet** *(fig)* comunque la si rigiri, gira e rigira.

Dreher [-ɐ] *(m; -s, -)* ~ tornitore.

Drehknopf [-ˌknɔpf] *(m; -(e)s, -knöpfe)* ~ manopola.

Drehorgel [-ˌˀɔrgəl] *(f; -, -n)* ~ organetto a manovella.

Drehscheibe [-ʃaibə] *(f; -, -n)* **1** piattaforma girevole (per veicoli su rotaia). **2** tornio del vasaio.

Drehsessel [-ˌzɛsəl] *(m; -s, -)* ~ poltrona girevole.

Drehstuhl [-ʃtuːl] *(m; -(e)s, -stühle)* ~ sgabello, sedia girevole.

Drehtür [-ˌtyːɐ] *(f; -, -en)* ~ porta girevole.

Drehung [-ʊŋ] *(f; -, -en)* ~ rotazione, torsione, giro.

drei [drai] *(num)* ~ tre. ◆ **Drei viertel** († **dreiviertel**) tre quarti ♦ *drei viertel voll* pieno per tre quarti ♦ *es ist drei viertel elf* *(region)* è un quarto alle undici, sono le undici meno un quarto.

Drei *(f; -, -en)* **1** il numero tre. **2** *(fam)* l'autobus (tram, ecc) numero tre. **3** discreto (voto scolastico) ♦ *sie hat eine Drei bekommen* ha preso "discreto".

Dreibund [-ˌbʊnt] *(m; -(e)s)* ~ *(stor)* triplice alleanza.

dreidimensional [-dimɛnzjoˌnaːl] *(agg)* ~ tridimensionale.

Dreieck [-ˌˀɛk] *(n; -(e)s, -e)* ~ triangolo.

dreieckig [-ˌˀɛkɪç] *(agg)* ~ triangolare.

dreierlei [-ɐˈlai] *(agg indecl)* ~ di tre specie.

dreifach [-ˌfax] *(agg)* **1** triplo, triplice ♦ *in dreifacher Ausfertigung* in triplice copia. **2** *(avv)* tre volte, in tre ♦ *etwas dreifach falten* piegare qcs in tre.

Dreifache [-ˌfaxə] *(n; -n)* ~ triplo, il triplo.

Dreifaltigkeit [-ˈfaltɪçkait] *(f; -)* ~ *(relig)* Trinità.

dreifarbig [-ˌfarbɪç] *(agg)* ~ tricolore.

dreihundert [-ˈhʊndɐt] *(num)* ~ trecento.

dreijährig [-ˌjɛːrɪç] *(agg)* ~ di tre anni; triennale ♦ *ein dreijähriges Kind* un bambino di tre anni.

dreijährlich [-ˌjɛːɐlɪç] *(agg)* ~ triennale.

Dreikönigsfest [-ˈkøːnɪçsˌfɛst] *(n; -(e)s, -e)* ~ Epifania.

Dreiländereck [-ˈlɛndɐˌˀɛk] *(n; -(e)s, -e)* ~ regione in cui confinano tre stati.

dreimal [-ˌmaːl] *(avv)* ~ tre volte, per tre volte.

dreimonatlich [-ˌmoːnatlɪç] *(agg)* ~ trimestrale.

drein [-n] *(avv)* *(fam)* ~ vedi **darein**.

drein|reden *(vi, hat)* ~ {*jmdm* ~} *(fam)* immischiarsi, mettere bocca negli affari di qcn.

Dreirad [-ˌraːt] *(n; -(e)s, -räder)* ~ triciclo.
dreißig [-sɪç] *(num)* ~ trenta.
Dreißig *(f; -)* ~ il numero trenta.
dreißiger [-sɪgɐ] *(agg indecl)* ~ trenta ♦ *die dreißiger Jahre* gli anni trenta.
Dreißigerjahre [-sɪgɐjaːrə] *(pl)* ~ anni trenta.
dreist [-st] *(agg)* ***1*** sfacciato, impertinente, sfrontato. ***2*** *(avv)* sfacciatamente.
dreistellig [-ʃtɛlɪç] *(agg)* ~ a tre cifre ♦ *eine dreistellige Zahl* un numero a tre cifre.
Dreistigkeit [-stɪçˌkait] *(f; -, -en)* ~ sfacciataggine, impertinenza, sfrontatezza.
dreiviertel ~ **drei viertel** (vedi **drei**).
Dreiviertelstunde [-ˌfɪrtəl'ʃtʊndə] *(f; -, -n)* ~ tre quarti d'ora ♦ *der Unterricht dauert eine Dreiviertelstunde* la lezione dura tre quarti d'ora.
dreizehn [-ˌtseːn] *(num)* ~ tredici. ◆ **jetzt schlägt's dreizehn!** *(escl/fam)* ora basta! ora ne ho abbastanza!
dreizehnhundert [-tseːn'hʊndɐt] *(num)* ~ milletrecento.
Dresche ['drɛʃə] *(f; -)* ~ *(fam)* botte, legnate. ◆ **Dresche bekommen** buscarle.
dreschen [-n] *(vt, hat; er* **drischt**, **drosch**, **gedroschen***)* ***1*** trebbiare, battere il grano. ***2*** *(fig/fam)* picchiare, prendere a botte. ***3*** {*auf etwas* (Acc) ~} *(vi) (fam)* picchiare, battere violentemente su qcs.
dressieren [drɛ'siːrən] *(vt, hat)* ~ ammaestrare, addestrare.
Dressman ['drɛsˌmən] *(m; -s, -men)* ~ indossatore, modello.
Dressur [drɛ'suːɐ] *(f; -, -en)* ~ addestramento, ammaestramento.
Drill [drɪl] *(m; -(e)s)* ~ addestramento severo (di persone), *(fig)* educazione militaresca.
drillen [-ən] *(vt, hat)* ***1*** addestrare (reclute). ***2*** educare in modo severo.
Drilling [-ɪŋ] *(m; -(e)s, -e)* ~ gemello (di tre) ♦ *sie hat Drillinge bekommen* ha avuto tre gemelli.
drin [drɪn] *(avv) (fam)* ~ vedi **darin**. ◆ **drin sein** *(fig)* essere possibile ♦ *es ist noch alles drin* è ancora tutto possibile.
dringen ['drɪŋən] *(vi, ist;* **drang**, **gedrungen***)* ***1*** {*in etwas* (Acc) ~} penetrare, entrare, farsi strada, arrivare in/dentro qcs. ***2*** {*auf etwas* (Acc) ~} *(aux hat)* esigere qcs. ◆ **sich gedrungen fühlen**, **etwas zu tun** sentire l'esigenza di fare qcs.
dringend [-t] *(agg)* ***1*** urgente ♦ *ein dringender Brief* una lettera urgente ♦ *ein dringender Appell* un appello urgente. ***2*** insistente. ***3*** *(avv)* urgentemente; insistentemente.
dringlich ['drɪŋlɪç] *(agg)* ***1*** urgente. ***2*** insistente. ***3*** *(avv)* urgentemente; insistentemente.
Dringlichkeit [-ˌkait] *(f; -)* ***1*** urgenza. ***2*** insistenza.
drinnen ['drɪnən] *(avv)* ~ dentro (stato in luogo). ◆ **da**, **dort**, **hier drinnen** lì, là, qui dentro. ◆ **von drinnen** da dentro.
drin|sitzen *(vi, hat; irr* sitzen*)* ~ *(fam)* esserci dentro (in una brutta situazione).
drin|stecken *(vi, hat)* ***1*** {*in etwas* (Dat) ~} *(fig/fam)* essere immerso in qcs, essere completamente occupato da qcs. ***2*** {*in jmdm/etwas* ~} esserci, essere nascosto in qcn/qcs (potenziale, capacità, ecc).
drin|stehen *(vi, hat; irr* stehen*)* ~ esserci, esserci scritto (in libri, giornali, ecc) ♦ *hast du die Zeitung gelesen? Was steht drin?* hai letto il giornale? Che c'è scritto?
dritt [drɪt] *(num)* ~ **zu dritt** in tre ♦ *wir sind zu dritt* siamo in tre.
dritt- *(nei composti)* ~ terzo in ordine di ♦ *drittältest-* terzo in ordine di età ♦ *dritthöchst-* terzo in ordine di altezza ♦ *drittlängst-* terzo in ordine di lunghezza.
dritte(r, -s) [-ə (-ɐ, -əs)] *(num ord)* ***1*** terzo ♦ *der dritte Versuch* il terzo tentativo ♦ *der dritte Teil von etwas* la terza parte di qcs ♦ *der (die, das) Dritte* († *dritte*) il terzo, la terza ♦ *er wurde Dritter* è arrivato terzo. ***2*** *(fig)* terzo, estraneo ♦ *etwas von dritter Seite erfahren* apprendere qcs da terzi. ◆ **die dritte/Dritte Welt** il terzo mondo.
drittel [-əl] *(num)* ~ un terzo di ♦ *ein drittel Liter* un terzo di litro.
Drittel *(n; -s, -)* ~ terzo, terza parte ♦ *ein Drittel der Studenten* un terzo degli studenti.
drittens [-əns] *(avv)* ~ in terzo luogo.
drittletzte(r, -s) [-'lɛtstə (-tɐ, -təs)] *(agg)* ~ terzultimo.
Droge ['droːgə] *(f; -, -n)* ***1*** droga, spezia. ***2*** droga, stupefacente.

drogenabhängig [-nˌʔaphɛŋɪç] *(agg)* ~ tossicodipendente, drogato.
Drogenabhängige(r) [-nˌʔaphɛŋɪgə (-gɐ)] *(m/f; -n, -n)* ~ tossicodipendente, drogato.
Drogenabhängigkeit [-nˌʔaphɛŋɪçkait] *(f; -)* ~ tossicodipendenza.
Drogenhandel [-nˌhandəl] *(m; -s)* ~ traffico di droga.
Drogerie [drogə'riː] *(f; -, -n)* ~ emporio (che vende cosmetici, detersivi, ecc).
drohen ['droːən] *(vi, hat)* ***1*** {*jmdm ~*} minacciare qcn ♦ *er hat mir gedroht* mi ha minacciato. ***2*** {*jmdm ~*} *(fig)* minacciare, incombere ♦ *ihm droht die Lebensstrafe* rischia l'ergastolo ♦ *der Fluss droht überzutreten* il fiume minaccia di straripare.
drohend [-t] *(agg)* ~ minaccioso.
Drohne ['droːnə] *(f; -, -n)* ***1*** *(zool)* fuco. ***2*** *(fig)* parassita, fannullone.
dröhnen ['drøːnən] *(vi, hat)* ***1*** rombare (motori), rimbombare, risuonare. ***2*** risuonare (stanze e sim) ♦ *das Theater dröhnt von Beifall* il teatro risuona di applausi.
Drohung ['droːʊŋ] *(f; -, -en)* ~ minaccia ♦ *eine Drohung ausstoßen* proferire una minaccia.
drollig ['drɔlɪç] *(agg)* ~ buffo, divertente (persona o cosa).
Dromedar [drome'daːɐ] *(n; -s, -e)* ~ *(zool)* dromedario.
drosch [drɔʃ] ~ pret di **dreschen**.
Droschke [-kə] *(f; -, -n)* ~ carrozzella (a cavalli).
Drossel ['drɔsəl] *(f; -, -n)* ~ *(zool)* tordo.
drosseln [-n] *(vt, hat)* ***1*** ridurre (vapore, potenza, ecc). ***2*** *(fig)* ridurre, limitare.
Drosselung [-ʊŋ] *(f; -, -en)* ***1*** riduzione (di vapore, potenza, ecc). ***2*** *(fig)* riduzione, limitazione.
drüben ['dryːbən] *(avv)* ***1*** di là, dall'altra parte ♦ *da drüben steht eine Kirche* dall'altra parte c'è una chiesa. ***2*** dall'altra parte dell'oceano. ***3*** *(fam, non più usato)* nella DDR.
drüber ['dryːbɐ] *(avv)* *(fam)* ~ vedi **darüber**.
Druck[1] [drʊk] *(m; -(e)s, Drücke)* ***1*** pressione *(anche fis)* ♦ *ein Druck auf einen Knopf* una pressione su un pulsante. ***2*** *(fig)* pressione, oppressione ♦ *jmdn unter Druck halten, setzen* tenere, mettere qcn sotto pressione ♦ *unter Druck stehen* essere sotto pressione. ◆ **in/im Druck sein** *(fam)* avere fretta, essere sotto pressione.
Druck[2] *(m; -(e)s, -e)* ***1*** stampa ♦ *in Druck geben, gehen* dare, andare in stampa. ***2*** *(concr)* stampa, opera stampata. ***3*** qualità di stampa; carattere di stampa.
Drückeberger ['drʏkəˌbɛrgɐ] *(m; -s, -)* ~ *(fam)* scansafatiche.
drucken ['drʊkən] *(vt, hat)* ~ stampare.
drücken ['drʏkən] *(vt, hat)* ***1*** premere, pigiare, spingere ♦ *(auf) einen Knopf drücken* premere un bottone. ***2*** {*etwas aus etwas ~*} spremere, strizzare qcs da qcs ♦ *den Saft aus einer Zitrone drücken* strizzare il succo da un limone. ***3*** {*etwas auf/in etwas* (Acc) ~} spingere qcs dentro qcs, imprimere qcs su qcs *(anche fig)* ♦ *einen Stempel auf einen Brief drücken* imprimere un timbro su una lettera. ***4*** {*jmdn ~*} stringere qcn ♦ *jmdn an die Brust drücken* stringere qcn al petto. ***5*** *(vi)* stringere ♦ *der Schuh drückt mich* la scarpa mi stringe. ***6*** *(vi)* *(fig)* opprimere, pesare ♦ *die Hitze drückt* l'afa è opprimente. ◆ **sich drücken** *(vr)* ***1*** imprimersi *(anche fig)* ♦ *diese Erinnerung hat sich mir tief ins Herz gedrückt* questo ricordo mi si è impresso profondamente nel cuore. ***2*** *(fam)* svignarsela. ***3*** {*sich von etwas/vor etwas* (Dat)/*um etwas ~*} evitare, scansare qcs ♦ *sich von der Arbeit/vor der Arbeit/um die Arbeit drücken* scansare il lavoro.
drückend [-t] *(agg)* ~ opprimente, asfissiante ♦ *drückende Hitze* afa opprimente ♦ *drückend heiß* caldo asfissiante.
Drucker ['drʊkɐ] *(m; -s, -)* ***1*** stampatore, tipografo. ***2*** *(elab)* stampante.
Drücker ['drʏkɐ] *(m; -s, -)* ***1*** maniglia (di porta). ***2*** saliscendi. ***3*** grilletto. ***4*** bottone, pulsante. ◆ **am Drücker sitzen** *(fig/fam)* stare nella stanza dei bottoni. ◆ **auf den letzten Drücker** *(fig/fam)* all'ultimo momento.
Druckerei [drʊkə'rai] *(f; -, -en)* ~ tipografia, stamperia.
Druckerlaubnis ['drʊkʔɛɐˌlaupnɪs] *(f; -, -se)* ~ licenza di stampa, imprimatur.

Druckfahne ['drʊkˌfaːnə] *(f; -, -n)* ~ bozza di stampa.
Druckfehler ['drʊkˌfeːlɐ] *(m; -s, -)* ~ errore di stampa.
Druckknopf ['drʊkˌknɔpf] *(m; -(e)s, -knöpfe)* **1** bottone, pulsante. **2** bottone automatico.
Druckluft ['drʊkˌlʊft] *(f; -)* ~ *(fis)* aria compressa.
Druckmittel ['drʊkˌmɪtəl] *(n; -s, -)* ~ mezzo coercitivo.
Druckort ['drʊkˌˀɔrt] *(m; -(e)s, -e)* ~ luogo di pubblicazione.
Drucksache ['drʊkˌzaxə] *(f; -, -n)* ~ stampa, stampe (tipo di invio postale).
Druckschrift ['drʊkˌʃrɪft] *(f; -, -en)* **1** carattere di stampa. **2** stampato. **3** stampatello ♦ *etwas in Druckschrift schreiben* scrivere qcs in stampatello.
Druckstock ['drʊkˌʃtɔk] *(m; -(e)s, -stöcke)* ~ *(tipogr)* cliché.
drum [drʊm] *(avv) (fam)* ~ vedi **darum**. ◆ **sei's drum!** non fa niente! ◆ **das Drum und Dran** tutti gli annessi e connessi. ◆ **mit allem, was drum und dran hängt** con tutti gli annessi e connessi. ◆ **drum herum reden** girare attorno a un argomento.
Drumherum ['drʊmhɛ'rʊm] *(n; -s)* ~ *(fam)* tutto il contorno, gli annessi e connessi.
drunten ['drʊntən] *(avv)* ~ laggiù.
drunter ['drʊntɐ] *(avv) (fam)* ~ vedi **darunter**. ◆ **es geht alles drunter und drüber** va tutto sottosopra.
Drüse ['dryːzə] *(f; -, -n)* ~ ghiandola.
Dschungel ['dʒʊŋəl] *(m; -s, -)* ~ giungla.
du [duː] *(pron, II pers sing Nom; Gen* **deiner**, *Dat* **dir**, *Acc* **dich***)* **1** tu ♦ *bist du krank?* sei malato? ♦ *ruf du an!* telefona tu! ♦ *du Glückliche(r)!* beato/a te! **2** *(fam)* tu, uno, si ♦ *wenn du glaubst, dass* se uno crede che. ◆ **zu jmdm du sagen** dare del tu a qcn. ◆ **mit jmdm auf <u>Du</u> und <u>Du</u>** († **du und du**) **stehen** essere in confidenza con qcn.
Dübel ['dyːbəl] *(m; -s, -)* ~ tassello.
dubios [du'bjoːs] *(anche* **dubiös** [-øːs]*)* *(agg)* ~ dubbio, sospetto (persona o cosa).
ducken ['dʊkən] *(vt, hat)* ~ umiliare. ◆ **sich ducken** *(vr)* **1** chinarsi, abbassarsi (per schivare qcs, per nascondersi). **2** {*sich vor jmdm/etwas* ~} *(fig)* sottomettersi, piegarsi di fronte a qcn/qcs.
Duckmäuser ['dʊkˌmɔyzɐ] *(m; -s, -)* ~ *(fam/spreg)* ipocrita, vigliacco.
dudeln ['duːdəln] *(vt, hat)* **1** *(fam)* suonare in modo monotono; canticchiare in modo monotono. **2** *(vi)* suonare ininterrottamente (strumenti, radio, ecc).
Dudelsack ['duːdəlˌzak] *(m; -(e)s, -säcke)* ~ cornamusa, zampogna.
Duell [du'ɛl] *(n; -s, -e)* ~ duello ♦ *ein Duell auf Pistolen* un duello con le pistole.
Duellant [duɛ'lant] *(m; -en, -en)* ~ duellante.
Duett [du'ɛt] *(n; -(e)s, -e)* ~ *(mus)* duetto.
Duft [dʊft] *(m; -(e)s, Düfte)* ~ profumo, fragranza, odore (gradevole), olezzo ♦ *ein angenehmer, zarter Duft* un profumo gradevole, delicato ♦ *der Duft eines Parfüms* l'odore di un profumo.
duften ['dʊftən] *(vi, hat)* ~ {*(nach etwas)* ~} profumare, odorare (di qcs) ♦ *das Handtuch duftet nach Seife* l'asciugamano profuma di sapone.
duftend [-t] *(agg)* ~ profumato, odoroso.
duftig ['dʊftɪç] *(agg)* ~ lieve, delicato.
dulden ['dʊldən] *(vt, hat)* **1** sopportare, soffrire, patire *(anche vi)*. **2** sopportare, tollerare ♦ *ich kann nicht dulden, dass* non posso tollerare che. **3** {*jmdn* ~} tollerare la presenza di qcn.
duldsam ['dʊltˌzaːm] *(agg)* ~ tollerante, indulgente.
Duldsamkeit [-ˌkait] *(f; -)* ~ tolleranza, indulgenza.
dumm [dʊm] *(agg;* **dümmer**, **am dümmsten***)* **1** stupido, sciocco, scemo (persona o cosa). **2** stupido, irritante, seccante, spiacevole ♦ *eine dumme Angelegenheit* una faccenda seccante. **3** *(avv)* stupidamente, da stupido. ◆ **sich dumm stellen** fare il finto tonto. ◆ **sich nicht für dumm verkaufen lassen** non lasciarsi abbindolare. ◆ **immer der Dumme sein** *(fam)* essere quello che ci rimette sempre. ◆ **jmdm ist/wird etwas zu dumm** qcn ne ha abbastanza/è stufo di qcs.
dummerweise ['dʊmɐ'vaizə] *(avv)* **1** stupidamente. **2** purtroppo.
Dummheit ['dʊmˌhait] *(f; -, -en)* **1** *(solo sing)* stupidità, imbecillità. **2** stupidaggine, cretinata.

Dummkopf ['dʊm,kɔpf] *(m; -(e)s, -köpfe)* ~ stupido, sciocco, cretino, scemo.
dumpf [dʊmpf] *(agg)* ***1*** cupo, sordo (rumore). ***2*** ammuffito, stantio. ***3*** soffocante, opprimente (afa). ***4*** indefinito, indistinto, vago (sensazioni e sim). ***5*** ottuso, ebete, imbambolato, apatico. ***6*** intorpidito, intontito ♦ *mir ist dumpf im Kopf* ho la testa intorpidita. ***7*** *(avv)* cupamente, sordamente; ottusamente, apaticamente.
Dumpfheit [-,hait] *(f; -)* ***1*** tono cupo, sordo (rumore). ***2*** odore di muffa. ***3*** ottusità, apatia, inerzia.
Düne ['dy:nə] *(f; -, -n)* ~ duna.
Dung [dʊŋ] *(m; -(e)s)* ~ letame, concime.
düngen ['dʏŋən] *(vt, hat)* ~ concimare.
Dünger ['dʏŋɐ] *(m; -s, -)* ~ concime (naturale o chimico).
dunkel ['dʊŋkəl] *(agg)* ***1*** oscuro, buio, cupo ♦ *ein dunkles Zimmer* una stanza buia. ***2*** scuro (colore) ♦ *dunkle Augen* occhi scuri. ***3*** cupo (voce, suono, ecc). ***4*** *(fig)* oscuro, confuso ♦ *der Sinn seiner Worte ist mir dunkel* il senso delle sue parole mi è oscuro. ***5*** *(fig)* oscuro, sospetto, misterioso (attività e sim). ***6*** *(fig)* buio, oscuro, triste (momenti e sim). ***7*** *(avv)* oscuramente, confusamente. ◆ **dunkel werden** *(impers)* farsi notte, fare buio. ◆ **im <u>Dunkeln</u>** († **im dunkeln**) al buio. ◆ **jmdn im Dunkeln lassen** *(fig)* lasciare qcn all'oscuro. ◆ **im Dunkeln liegen** *(fig)* essere incerto, dubbio. ◆ **im Dunkeln tappen** *(fig)* brancolare nel buio.
Dünkel ['dʏŋkəl] *(m; -s)* ~ presunzione, boria.
Dunkelheit ['dʊŋkəl,hait] *(f; -)* ~ oscurità, buio. ◆ **bei einbrechender Dunkelheit/bei Einbruch der Dunkelheit** all'imbrunire.
Dunkelkammer ['dʊŋkəl,kamɐ] *(f; -, -n)* ~ camera oscura.
dunkeln ['dʊŋkəln] *(vt, ist)* ***1*** scurirsi (colori, tonalità). ***2*** *(aux* hat*)* *(impers)* *(lett)* annottare, fare buio.
Dunkelziffer ['dʊŋkəl,tsɪfɐ] *(f; -, -n)* ~ cifra non ufficiale.
dünken ['dʏŋkən] *(vi, hat)* ~ {*jmdm* ~} *(lett)* sembrare a qcn. ◆ **sich dünken** *(vr)* credersi, ritenersi.
dünn [dʏn] *(agg)* ***1*** sottile ♦ *ein dünner Faden* un filo sottile ♦ *ein dünner Regen* una pioggia sottile. ***2*** magro, snello, esile. ***3*** rarefatto. ***4*** rado, scarso. ***5*** liquido, acquoso ♦ *eine dünne Soße* una salsa acquosa. ***6*** *(fig)* debole, sottile, esile ♦ *eine dünne Stimme* una voce sottile. ***7*** *(fam)* inconsistente, povero di contenuti. ***8*** *(avv)* scarsamente; in ordine sparso, sporadicamente ♦ *<u>dünn</u> <u>besiedelt</u>* († *dünnbesiedelt*) scarsamente popolato. ◆ **sich dünn(e) machen** ***1*** stringersi (per occupare meno spazio). ***2*** *(fam)* filarsela.
Dünndarm [-,darm] *(m; -(e)s, -därme)* ~ *(anat)* intestino tenue.
Dünne [-ə] *(f; -)* ***1*** sottigliezza. ***2*** magrezza. ***3*** scarsità. ***4*** acquosità.
dünne|machen *(vr, hat)* ~ **sich dünnemachen** *(fam)* tagliare la corda, svignarsela.
Dünnheit [-,hait] *(f; -)* ~ vedi **Dünne**.
Dunst [dʊnst] *(m; -es, Dünste)* ***1*** foschia, caligine, nebbia ♦ *über der Stadt liegt ein feiner Dunst* sulla città c'è una leggera foschia. ***2*** fumo. ***3*** vapori. ◆ **keinen (blassen) Dunst von etwas haben** *(fam)* non avere la più pallida idea di qcs.
dünsten ['dʏnstən] *(vi/vt, hat)* ~ stufare (cibi).
Dunstglocke ['dʊnst,glɔkə] *(f; -, -n)* ~ cappa di foschia.
dunstig ['dʊnstɪç] *(agg)* ***1*** nebbioso, caliginoso. ***2*** fumoso; pieno di vapori.
Duo ['du:o] *(n; -s, -s)* ***1*** *(mus)* duo. ***2*** *(mus)* duetto.
Duplikat [dupli'ka:t] *(n; -(e)s, -e)* ~ duplicato, copia.
durch[1] [dʊrç] *(prep +* Acc*)* ***1*** *(luogo)* attraverso, per ♦ *er ging durch die Tür* passò attraverso la (dalla) porta ♦ *wir sind durch den Park spazieren gegangen* siamo andati a passeggio per il parco. ***2*** *(mezzo, strumento, causa)* con, tramite, per mezzo di ♦ *durch die richtige Kur wurde er geheilt* con la cura giusta fu guarito ♦ *ich habe ihn durch seine Freundin kennengelernt* l'ho conosciuto tramite la sua ragazza ♦ *er hat durch die Veröffentlichung einer Anzeige eine Wohnung gefunden* ha trovato un appartamento con un'inserzione. ***3*** *(agente inanimato)* da ♦ *das Haus wurde durch das Erdbeben zer-*

stört la casa fu distrutta dal terremoto. **4** *(tempo) (anche posp)* per, durante ♦ *durch viele Jahre* per molti anni ♦ *den ganzen Nachmittag durch* per tutto il pomeriggio. **5** *(mat)* diviso ♦ *sechs durch zwei ist drei* sei diviso due fa tre.

durch[2] *(avv)* **1** *(fam)* passato (nel tempo o nello spazio) ♦ *es ist 11 (Uhr) durch* sono le undici passate ♦ *der Zug ist schon durch* il treno è già passato. **2** *(fam)* in vigore (leggi). **3** *(fam)* cotto (cibi). **4** *(fam)* logoro, usurato (indumenti). ◆ **durch etwas durch sein** *(fam)* aver passato, aver superato qcs (difficoltà, prove, ecc). ◆ **mit etwas durch sein** avere finito (di fare) qcs. ◆ **bei jmdm unten durch sein** *(fam)* essersi giocato la stima di qcn ♦ *der ist bei mir unten durch!* con quello ho chiuso! ◆ **durch und durch** *(fam)* completamente.

durch|arbeiten *(vi/vt,* hat*)* **1** *(vi)* lavorare senza interruzione. **2** *(vt)* studiare a fondo. **3** *(vt)* elaborare. ◆ **sich durch etwas durcharbeiten** *(vr)* farsi strada, farsi largo attraverso qcs.

durch|atmen *(vi,* hat*)* ~ respirare profondamente, riprendere fiato *(anche fig)*.

durchaus [-ˈʔaus] *(avv)* **1** assolutamente, senz'altro ♦ *das ist durchaus richtig* questo è senz'altro giusto. **2** a tutti i costi.

durch|backen *(vt,* hat; *reg/irr* backen*)* ~ cuocere bene (al forno).

durch|beißen *(vt,* hat; *irr/ortogr* beißen*)* ~ rompere in due (con un morso). ◆ **sich durchbeißen** *(vr)* *(fig/fam)* farsi strada, farsi largo con le unghie e coi denti.

durch|blättern [-ˌblɛtɐn] *(anche* **durchblättern** [-ˈblɛtɐn]*)* *(vt,* hat*)* ~ sfogliare, dare una scorsa a.

Durchblick [-ˌblɪk] *(m;* -(e)s, -e*)* **1** visione, vista. **2** *(fam)* idea, visione d'insieme. ◆ **den Durchblick verlieren** non capirci più niente.

durch|blicken *(vt,* hat*)* **1** {*durch etwas* ~} guardare (attraverso qcs) ♦ *durch ein Fernglas durchblicken* guardare attraverso un cannocchiale. **2** *(fam)* capire, raccapezzarsi.

durch|bluten *(vi,* hat*)* ~ sanguinare.

durchblutet [-ˈbluːtət] *(agg)* ~ irrorato (di sangue).

durch|bohren[1] [-ˌboːrən] *(vt,* hat*)* ~ trapanare, perforare ♦ *ein Brett durchbohren* trapanare un'asse.

durchbohren[2] [-ˈboːrən] *(vt,* hat*)* ~ trapassare, trafiggere ♦ *er durchbohrte seinen Leib mit einem Messer* gli trapassò la pancia con un coltello. ◆ **jmdn mit Blicken durchbohren** *(fig)* trapassare qcn con lo sguardo.

durch|boxen *(vt,* hat*)* ~ *(fam)* affermare, imporre (energicamente). ◆ **sich durchboxen** *(vr)* *(fam)* affermarsi, imporsi (energicamente).

durch|braten *(vt,* hat; *irr* braten*)* ~ arrostire bene (carne).

durch|brechen[1] [-ˌbrɛçən] *(vi,* ist; *irr* brechen*)* **1** rompersi in due, spezzarsi, spaccarsi. **2** *(fig)* farsi strada, farsi largo. **3** *(fig)* apparire, comparire, manifestarsi.

durch|brechen[2] *(vt,* hat; *irr* brechen*)* **1** rompere in due, spezzare, spaccare ♦ *er hat den Stab durchgebrochen* ha spezzato in due il bastone. **2** aprire (varco in una parete).

durchbrechen[3] [-ˈbrɛçən] *(vt,* hat; *irr* brechen*)* **1** rompere, sfondare (ostacoli e sim) ♦ *sie haben die Absperrung durchbrochen* hanno sfondato il posto di blocco. **2** *(fig)* trasgredire, violare.

durch|brennen *(vi,* ist; *irr* brennen*)* **1** fulminarsi ♦ *die Birne ist durchgebrannt* la lampadina si è fulminata. **2** essere incandescente, bruciare (fino a divenire incandescente). **3** *(fam)* svignarsela ♦ *von zu Hause durchbrennen* scappare da casa.

durch|bringen *(vt,* hat; *irr* bringen*)* **1** {*jmdn* ~} *(fam)* aiutare qcn (a superare qcs). **2** {*jmdn* ~} mantenere, sostentare qcn, dar da mangiare a qcn. **3** affermare, imporre. **4** *(fig)* sperperare, scialacquare.

Durchbruch [-ˌbrʊx] *(m;* -(e)s, -brüche*)* **1** irruzione, sfondamento *(anche mil)*; apertura, varco, breccia. **2** apparizione, manifestazione, comparsa ♦ *der Durchbruch der Zähne, einer Krankheit* la comparsa dei denti, di una malattia. **3** *(fig)* affermazione, successo ♦ *zum Durchbruch kommen* affermarsi, imporsi.

durchdacht [-ˈdaxt] *(agg)* ~ ponderato, meditato.

durchdenken [-ˈdɛŋkən] *(vt,* hat; *irr* denken*)* ~ ponderare, meditare.

durch|drehen¹ *(vi,* hat/ist*)* ~ *(fam)* impazzire, perdere la testa.

durch|drehen² *(vt,* hat*)* ~ tritare.

durch|dringen¹ [-ˌdrɪŋən] *(vi,* ist; *irr* dringen*)* ***1*** passare, penetrare. ***2*** trapelare (notizie e sim). ***3*** *(fig)* passare, affermarsi, imporsi (superando ostacoli).

durchdringen² [-ˈdrɪŋən] *(vt,* hat; *irr* dringen*)* ***1*** penetrare, attraversare. ***2*** {*jmdn* ~} *(fig)* pervadere qcn (sentimenti, idee, ecc).

durchdringend [-ˌdrɪŋənt] *(agg)* ~ penetrante *(anche fig)* ♦ *ein durchdringender Blick, Geruch, Verstand* uno sguardo, un odore, un'intelligenza penetrante.

Durchdringung [-ˈdrɪŋʊŋ] *(f; -)* ***1*** penetrazione; *(fig)* compenetrazione, acume. ***2*** comprensione.

durch|drücken *(vt,* hat*)* ***1*** passare (cibi). ***2*** allungare, distendere (gomiti, ginocchia). ***3*** *(fam)* affermare, imporre.

durchdrungen [-ˈdrʊŋən] *(agg)* ~ pervaso ♦ *von etwas durchdrungen sein* essere pervaso da qcs (sentimenti, idee, ecc).

durcheinander [-ˀaiˈnandɐ] *(avv)* ~ sottosopra, in disordine, a soqquadro; disordinatamente. ◆ **durcheinander bringen** († **durcheinanderbringen**) ***1*** mettere in disordine, a soqquadro. ***2*** confondere (disorientare; scambiare). ◆ **durcheinander laufen** († **durcheinanderlaufen**) correre qua e là (folla). ◆ **durcheinander reden** († **durcheinanderreden**) parlare tutti insieme. ◆ **durcheinander sein** *(fam)* essere sottosopra, essere confuso, essere in agitazione. ◆ **durcheinander werfen** († **durcheinanderwerfen**) buttare all'aria.

durcheinander|... ~ vedi **durcheinander**.

Durcheinander *(n; -s)* ~ disordine, confusione.

durch|fahren¹ [-ˌfa:rən] *(vi,* ist; *irr* fahren*)* ***1*** attraversare, passare attraverso (con un veicolo). ***2*** viaggiare (senza fare soste).

durchfahren² [-ˈfa:rən] *(vt,* hat; *irr* fahren*)* ***1*** percorrere (tragitto, territorio, ecc). ***2*** {*jmdn* ~} *(fig)* pervadere, assalire qcn ♦ *plötzlich durchfuhr mich ein furchtbarer Verdacht* all'improvviso mi assalì un terribile sospetto.

Durchfahrt [-ˌfa:ɐt] *(f; -, -en)* ***1*** passaggio, transito (con veicoli) ♦ *Durchfahrt verboten* divieto di transito ♦ *freie Durchfahrt haben* avere libero transito. ***2*** *(concr)* passaggio, accesso. ◆ **auf der Durchfahrt sein** essere di passaggio.

Durchfall [-ˌfal] *(m; -(e)s, -fälle)* ***1*** *(med)* diarrea ♦ *Durchfall bekommen, haben* prendere, avere la diarrea. ***2*** *(fig)* insuccesso, fiasco; bocciatura.

durch|fallen *(vi,* ist; *irr* fallen*)* ***1*** cadere giù (attraverso un'apertura). ***2*** *(fig)* fallire, non avere successo, fare fiasco; essere bocciato (a scuola).

durch|fechten *(vt,* hat*)* ~ {*etwas* ~} lottare, combattere per qcs, difendere qcs (lottando). ◆ **sich durchfechten** *(vr)* affermarsi, imporsi (lottando).

durch|finden *(vi,* hat; *irr* finden*)* ~ *(fam)* orientarsi, trovare la strada *(anche fig)*. ◆ **sich durchfinden** *(vr)* ***1*** capire, raccapezzarsi. ***2*** orientarsi.

durch|fliegen¹ [-ˌfli:gən] *(vi,* ist; *irr* fliegen*)* ***1*** passare (volando), volare attraverso. ***2*** volare senza fare scalo. ***3*** *(fig/fam)* essere bocciato, volare fuori.

durchfliegen² [-ˈfli:gən] *(vt,* hat; *irr* fliegen*)* ***1*** percorrere volando (tragitto); attraversare volando. ***2*** *(fig)* leggere (superficialmente), dare una scorsa.

durch|fließen¹ [-ˌfli:sən] *(vi,* ist; *irr/ortogr* fließen*)* ~ passare, scorrere attraverso (liquidi).

durchfließen² [-ˈfli:sən] *(vt,* hat; *irr/ortogr* fließen*)* ~ bagnare, percorrere (territori e sim) ♦ *die Donau durchfließt Österreich* il Danubio bagna l'Austria.

durchfluten [-ˈflu:tən] *(vt,* hat*)* ~ *(fig)* inondare, riempire.

durchforschen [-ˈfɔrʃən] *(vt,* hat*)* ***1*** esaminare, studiare (a fondo). ***2*** esplorare.

durch|frieren *(vi,* ist; *irr* frieren*)* ***1*** gelare, ghiacciarsi. ***2*** congelarsi, intirizzirsi ♦ *ich bin beinahe durchgefroren* mi sono quasi congelata.

durch|führen *(vt,* hat*)* ***1*** {*jmdn* ~} accompagnare, guidare qcn (attraverso qcs). ***2*** eseguire, attuare, realizzare; portare a termine.

Durchführung [-ˌfyːrʊŋ] *(f; -, -en)* ~ esecuzione, attuazione, realizzazione.

Durchgang [-ˌgaŋ] *(m; -(e)s, -gänge)* ***1*** *(solo sing)* passaggio, transito ♦ *Durchgang verboten!* passaggio vietato. ***2*** passaggio, strada. ***3*** turno; (sport) manche.

durchgängig [-ˌgɛŋɪç] *(agg)* ***1*** corrente, comune, usuale. ***2*** *(avv)* comunemente, usualmente.

durchgedreht [-gəˌdreːt] *(agg)* ~ impazzito, fuori di testa.

durch|gehen *(vi, ist; irr gehen)* ***1*** {*(durch etwas)* ~} passare (attraverso qcs), attraversare; penetrare (attraverso qcs). ***2*** *(fig)* passare, essere approvato (leggi). ***3*** scappare. ***4*** {*mit jmdm* ~} sopraffare, pervadere qcn (sentimenti e sim). ***5*** {*etwas* ~} *(aux ist/hat)* esaminare (dettagliatamente). ◆ **jmdm gehen die Nerven durch** a qcn saltano i nervi. ◆ **(jmdm) etwas durchgehen lassen** lasciar passare qcs (a qcn), passar sopra a qcs (errori e sim).

durchgehend [-ˌgeːənt] *(agg)* ***1*** ininterrotto, continuo. ***2*** *(avv)* ininterrottamente, continuamente.

durch|greifen *(vi, hat; irr greifen)* ***1*** passare la mano (attraverso qcs). ***2*** *(fig)* intervenire (energicamente), prendere in mano la situazione.

durchgreifend [-ˌgraifənt] *(agg)* ~ drastico.

durch|halten *(vi/vt, hat; irr halten)* ***1*** *(vi)* resistere, tenere duro. ***2*** *(vt)* sostenere, sopportare, reggere.

durch|hängen *(vi, hat; irr hängen¹)* ~ *(fam)* essere giù di corda.

durch|hauen *(vt, hat; irr hauen¹)* ***1*** spaccare, tagliare (colpendo). ***2*** *(fam)* picchiare, menare.

durch|helfen *(vi, hat; irr helfen)* ~ {*jmdm* ~} aiutare qcn a superare (difficoltà e sim).

durch|kämmen¹ [-ˌkɛmən] *(vt, hat)* ***1*** pettinare (energicamente); strigliare. ***2*** vedi **durchkämmen²**.

durchkämmen² [-ˈkɛmən] *(vt, hat)* ~ perlustrare, rastrellare.

durch|kämpfen *(vt, hat)* ~ imporre, affermare (lottando). ◆ **sich durchkämpfen** *(vr)* ***1*** farsi strada, farsi largo (lottando). ***2*** *(fig)* affermarsi, imporsi, farsi strada.

durch|kommen *(vi, ist; irr kommen)* ***1*** passare (da un luogo, attraverso un luogo). ***2*** *(fig/fam)* cavarsela, farcela, uscirne. ***3*** *(fam)* essere promosso. ***4*** *(fam)* prendere la linea (al telefono). ***5*** {*mit etwas* ~} cavarsela con qcs, farsi bastare qcs.

durch|kreuzen¹ [-ˌkrɔytsən] *(vt, hat)* ~ depennare, cancellare.

durchkreuzen² [-ˈkrɔytsən] *(vt, hat)* ~ ostacolare (progetti).

Durchlass († **-laß**) [-ˌlas] *(m; -es, -lässe)* ***1*** *(solo sing)* passaggio, transito. ***2*** passaggio (stretto).

durch|lassen *(vt, hat; irr lassen)* ***1*** far passare, lasciar passare (a confini, posti di blocco, ecc). ***2*** far passare, lasciar passare, filtrare (luce, acqua, ecc). ***3*** *(fam)* lasciar correre, tollerare, passare sopra a.

durchlässig [-ˌlɛsɪç] *(agg)* ~ trasparente, permeabile, che lascia passare luce (acqua, aria, ecc).

Durchlaucht [-ˌlauxt] *(f; -, -en)* ~ Altezza (titolo) ♦ *Seine Durchlaucht, der Prinz* sua Altezza il principe.

Durchlauf [-ˌlauf] *(m; -(e)s, -läufe)* ***1*** *(elab)* passaggio completo (di un programma). ***2*** *(sport)* manche.

durch|laufen¹ [-ˌlaufən] *(vi, ist; irr laufen)* ***1*** {*durch etwas* ~} passare di corsa attraverso qcs, attraversare di corsa qcs. ***2*** passare, colare giù (liquidi). ***3*** correre (senza fermarsi).

durch|laufen² *(vt, hat; irr laufen)* ~ consumare, logorare camminando (scarpe, calze, ecc).

durchlaufen³ [-ˈlaufən] *(vt, hat; irr laufen)* ***1*** percorrere (di corsa, in fretta). ***2*** {*jmdn* ~} *(fig)* pervadere, invadere qcn (sentimenti e sim). ***3*** compiere, terminare (ciclo di studi).

durchleben [-ˈleːbən] *(vt, hat)* ~ vivere, trascorrere, sperimentare.

durch|lesen *(vt, hat)* ~ leggere (da cima a fondo).

durch|leuchten¹ [-ˌlɔyçtən] *(vi, hat)* ~ {*durch etwas* ~} passare, filtrare attraverso qcs (luce).

durchleuchten² [-ˈlɔyçtən] *(vt, hat)* ***1*** radiografare, sottoporre a radiografia. ***2*** *(fig)* esaminare (dettagliatamente), fare luce su qcs.

durchlöchern [-ˈlœçɐn] *(vt, hat)* ~ bucherellare, sforacchiare.

durch|machen *(vt, hat)* ***1*** *(fam)* passare; sopportare, soffrire, patire ♦ *sie hat schon viel durchgemacht* ne ha già passate tante. ***2*** *(fam)* compiere, terminare (ciclo di studi). ***3*** *(vi/vt)* continuare, andare avanti (senza interruzione). ◆ **die Nacht durchmachen** festeggiare tutta la notte.

Durchmarsch [-ˌmarʃ] *(m; -(e)s, -märsche)* ***1*** *(mil)* marcia, attraversamento in marcia. ***2*** *(fam)* diarrea.

durch|marschieren *(vi, ist)* ~ {*durch etwas* ~} *(mil)* attraversare marciando, passare marciando attraverso qcs.

Durchmesser [-ˌmɛsɐ] *(m; -s, -)* ~ *(geom)* diametro.

durch|müssen *(vi, hat)* ***1*** {*(durch etwas)* ~} *(fam)* dover passare (attraverso qcs). ***2*** {*durch etwas* ~} *(fig/fam)* dover affrontare, dover sopportare qcs.

durchnässt († **-näßt**) [-ˈnɛst] *(agg)* ~ fradicio, bagnato fradicio, inzuppato.

durch|nehmen *(vt, hat; irr* nehmen*)* ~ trattare (argomenti).

durch|peitschen *(vt, hat)* ***1*** frustare. ***2*** *(fam)* far passare, approvare frettolosamente (leggi, decisioni, ecc).

durch|prügeln *(vt, hat)* ~ picchiare di santa ragione.

durchqueren [-ˈkveːrən] *(vt, hat)* ~ attraversare (in linea retta) ♦ *ein Land, einen See durchqueren* attraversare un paese, un lago.

durch|rasen *(vi, ist)* ~ passare a tutta velocità (attraverso qcs).

durch|rechnen *(vt, hat)* ***1*** calcolare. ***2*** rivedere, rifare (conti).

Durchreise [-ˌraizə] *(f; -, -n)* ~ passaggio (durante un viaggio). ◆ **auf der Durchreise sein** essere di passaggio (durante un viaggio).

durch|reisen[1] [-ˌraizən] *(vi, ist)* ***1*** {*(durch etwas)* ~} passare da, attraversare (luoghi, durante un viaggio). ***2*** viaggiare senza fare soste.

durchreisen[2] [-ˈraizən] *(vt, hat)* ~ attraversare (viaggiando), viaggiare per ♦ *er hat ganz Italien durchreist* ha viaggiato per tutta l'Italia.

durch|reißen[1] *(vi, ist; irr/ortogr* reißen*)* ~ strapparsi in due.

durch|reißen[2] *(vt, hat; irr/ortogr* reißen*)* ~ strappare in due.

durch|ringen *(vr, hat)* ~ **sich zu etwas durchringen** decidersi a qcs (dopo un conflitto interiore).

durchs [-s] *(prep art)* ~ = **durch das** (vedi **durch**[1]).

Durchsage [-ˌzaːgə] *(f; -, -n)* ~ comunicato, annuncio (tv, radio).

durchschaubar [-ˈʃaubaːɐ] *(agg)* ~ chiaro, comprensibile.

durchschauen [-ˈʃauən] *(vt, hat)* ~ {*jmdn/etwas* ~} capire, comprendere qcn/qcs (le vere intenzioni, il vero scopo), intuire, vederci chiaro in qcs.

durch|scheinen[1] [-ʃainən] *(vi, hat; irr* scheinen*)* ~ trasparire, penetrare (luce).

durchscheinen[2] [-ˈʃainən] *(vt, hat; irr* scheinen*)* ~ illuminare.

durchscheinend [-ʃainənt] *(agg)* ~ trasparente.

durch|schießen *(vt, hat; irr* schießen*)* ~ {*etwas durch etwas* ~} sparare (pallottole), scoccare (frecce) attraverso qcs.

Durchschlag [-ʃlaːk] *(m; -(e)s, -schläge)* ***1*** passaverdura. ***2*** copia (battuta a macchina con la carta carbone).

durch|schlafen *(vi, hat; irr* schlafen*)* ~ dormire senza interruzione.

durch|schlagen[1] [-ʃlaːgən] *(vi, ist; irr* schlagen*)* ***1*** {*durch etwas* ~} sfondare qcs, passare attraverso qcs sfondandolo. ***2*** attraversare la carta (inchiostro). ***3*** bruciare, fondersi (fusibili). ***4*** {*bei/in jmdm* ~} affiorare, manifestarsi in qcn (caratteri ereditari). ◆ **sich durchschlagen** *(vr)* ***1*** farsi strada, farsi largo. ***2*** *(fig)* tirare avanti, tirare a campare.

durch|schlagen[2] *(vt, hat; irr* schlagen*)* ***1*** spaccare, spezzare (in due). ***2*** sfondare. ***3*** passare (cibi).

durchschlagen[3] [-ˈʃlaːgən] *(vt, hat; irr* schlagen*)* ~ sfondare, trapassare.

durchschlagend [-ʃlaːgənt] *(agg)* ~ determinante; convincente ♦ *ein durchschlagender Erfolg* un successo pieno.

durch|schleppen *(vt, hat)* ~ {*jmdn (mit)* ~} *(fig/fam)* mantenere qcn (a forza di sacrifici); aiutare qcn a raggiungere un traguardo (spec scolastico). ◆ **sich durchschleppen** *(vr) (fam)* tirare avanti, tirare a campare.

durch|schleusen *(vt,* hat*)* ***1*** far passare attraverso una chiusa (imbarcazioni). ***2*** *(estens) (fam)* far passare, fare scorrere (auto e sim). ***3*** {*jmdn* ~} controllare qcn (in posti di blocco e sim).

Durchschlupf [-ʃlʊpf] *(m;* -(e)s, -e*)* ~ passaggio stretto.

durch|schlüpfen *(vi,* hat*)* ***1*** {*durch etwas* ~} sgattaiolare attraverso qcs. ***2*** *(fig)* svignarsela.

durch|schmuggeln *(vt,* hat*)* ~ {*etwas* ~} passare qcs di contrabbando.

durch|schneiden[1] [-ʃnaidən] *(vt,* hat; *irr* schneiden*)* ~ tagliare, dividere (in due).

durchschneiden[2] [-ˈʃnaidən] *(vt,* hat; *irr* schneiden*)* ~ attraversare, penetrare (tagliando).

Durchschnitt [-ʃnɪt] *(m;* -(e)s, -e*)* ***1*** taglio. ***2*** *(solo sing) (fig)* media ◆ *über/unter dem Durchschnitt liegen* essere sopra/sotto la media. ◆ **im Durchschnitt** in media, mediamente.

durchschnittlich [-ʃnɪtlɪç] *(agg)* ***1*** medio, nella media ◆ *der durchschnittliche Preis* il prezzo medio. ***2*** mediocre ◆ *eine durchschnittliche Leistung* una prestazione mediocre. ***3*** *(avv)* mediamente, in media.

Durchschnitts- [-ʃnɪts-] *(nei composti)* ~ medio ◆ *Durchschnittsalter* età media.

Durchschnittsbürger [-ʃnɪtsˌbʏrgɐ] *(m;* -s, -*)* ~ uomo medio, uomo comune.

Durchschnittsmensch [-ʃnɪtsˌmɛnʃ] *(m;* -en, -en*)* ~ uomo medio, uomo comune.

Durchschrift [-ʃrɪft] *(f;* -, en*)* ~ copia (scritta con carta carbone).

durch|schütteln *(vt,* hat*)* ~ agitare, scuotere (bene, energicamente).

durch|schwitzen *(vt,* hat*)* ~ bagnare di sudore.

durch|sehen *(vt,* hat; *irr* sehen*)* ***1*** {*(durch etwas)* ~} vedere attraverso (qcs). ***2*** esaminare, controllare, rivedere.

durchsein ~ **durch sein** (vedi **durch**[2]).

durch|setzen[1] [-ˌzɛtsən] *(vt,* hat*)* ~ imporre, affermare; realizzare. ◆ **sich durchsetzen** *(vr)* imporsi, affermarsi. ◆ **seinen Dickkopf durchsetzen** *(fam)* spuntarla.

durchsetzen[2] [-ˈzɛtsən] *(vt,* hat*)* ~ {*etwas mit etwas* ~} mescolare qcs in mezzo a qcs; frammischiare, inframezzare qcs con qcs.

Durchsicht [-ˌzɪçt] *(f;* -*)* ***1*** esame, controllo, revisione. ***2*** vista, visione.

durchsichtig [-ˌzɪçtɪç] *(agg)* ***1*** trasparente. ***2*** *(fig)* pallido, vitreo (colorito). ***3*** *(fig)* trasparente, chiaro ◆ *seine Absicht ist durchsichtig* la sua intenzione è trasparente.

durch|sieben *(vt,* hat*)* ~ passare al setaccio *(anche fig)*.

durch|spielen *(vt,* hat*)* ***1*** provare per intero (brani musicali, pezzi teatrali); suonare, recitare per intero. ***2*** *(vi/vt)* giocare fino alla fine.

durch|sprechen *(vi/vt,* hat; *irr* sprechen*)* ***1*** {*durch etwas* ~} *(vi)* parlare attraverso (qcs). ***2*** *(vt)* discutere (a fondo).

durchstechen [-ˈʃtɛçən] *(vt,* hat; *irr* stechen*)* ~ forare, bucare (con ago e sim) ◆ *sich* (Dat) *die Ohrläppchen durchstechen lassen* farsi bucare le orecchie.

durch|stehen *(vt,* hat; *irr* stehen*)* ~ sopportare.

durch|stellen *(vt,* hat*)* ~ passare (una telefonata).

durch|stoßen[1] [-ʃtoːsən] *(vi,* ist; *irr* stoßen*)* ~ farsi largo, farsi strada (con violenza), avanzare *(anche mil)*.

durch|stoßen[2] *(vt,* hat; *irr* stoßen*)* ***1*** {*etwas durch etwas* ~} spingere qcs attraverso qcs. ***2*** logorare, consumare.

durchstoßen[3] [-ˈʃtoːsən] *(vt,* hat; *irr* stoßen*)* ~ trapassare, trafiggere, sfondare, attraversare (persona o cosa).

durch|streichen *(vt,* hat; *irr* streichen*)* ***1*** cancellare, depennare. ***2*** passare (cibi).

durchstreifen [-ˈʃtraifən] *(vt,* hat*)* ~ percorrere; perlustrare.

durch|strömen[1] [-ʃtrøːmən] *(vi,* ist*)* ~ {*(durch etwas)* ~} scorrere (attraverso qcs).

durchströmen[2] [-ˈʃtrøːmən] *(vt,* hat*)* ***1*** attraversare (scorrendo). ***2*** *(fig)* pervadere.

durchsuchen [-ˈzuːxən] *(vt,* hat*)* ~ perquisire (persona o cosa).

Durchsuchung [-ˈzuːxʊŋ] *(f;* -, -en*)* ~ perquisizione.

durchtränken [-ˈtrɛŋkən] *(vt,* hat*)* ~ impregnare, inzuppare.

durchtrieben [-'tri:bən] *(agg)* ~ *(spreg)* astuto, scaltro.
Durchwahl [-ˌva:l] *(f; -)* ~ numero telefonico diretto, interno.
durch|wandern[1] [-ˌvandɐn] *(vi, ist)* ~ camminare (senza sosta) ♦ *wir sind die ganze Nacht durchgewandert* abbiamo camminato tutta la notte.
durchwandern[2] [-'vandɐn] *(vt, hat)* ~ percorrere, attraversare (a piedi).
durch|waschen *(vt, hat; irr* waschen*)* ~ *(fam)* dare una lavata a qcs.
durchweg [-ˌvɛk] *(avv)* ~ senza eccezione, in ogni caso.
durch|winden *(vr, hat; irr* winden*)* ~ **sich durchwinden** *1* snodarsi (percorsi e sim). *2* divincolarsi, sgusciare (via).
durch|wühlen[1] [-ˌvy:lən] *(vr, hat)* ~ **sich** (**durch etwas**) **durchwühlen** *(fam)* aprirsi un varco (scavando, razzolando).
durchwühlen[2] [-'vy:lən] *(vt, hat)* *1* scavare, razzolare. *2* rovistare.
durch|zählen *(vt, hat)* ~ contare (dal primo all'ultimo).
durch|ziehen[1] [-ˌtsi:ən] *(vi, ist; irr* ziehen*)* ~ {*(durch etwas)* ~} passare (attraverso qcs).
durch|ziehen[2] *(vt, hat; irr* ziehen*)* ~ {*etwas durch etwas* ~} passare, infilare qcs in/attraverso qcs. ◆ **sich durchziehen** *(vr)* essere presente in ogni parte, essere presente dall'inizio alla fine.
durchziehen[3] [-'tsi:ən] *(vt, hat; irr* ziehen*)* *1* percorrere, attraversare (territori). *2* *(fig)* pervadere, permeare (persona o cosa). *3* *(fam)* portare a termine.
durchzucken [-'tsʊkən] *(vt, hat)* *1* attraversare, percorrere (in un lampo) ♦ *ein Blitz durchzuckte den Himmel* un lampo attraversò il cielo. *2* {*jmdn* ~} *(fig)* attraversare, pervadere qcn (sensazioni, pensieri, ecc).
Durchzug [-ˌtsu:k] *(m; -(e)s, -züge)* *1* passaggio, attraversamento *(anche mil)*. *2* *(solo sing)* corrente d'aria.
dürfen ['dʏrfən] *(v mod;* er **darf**, **durfte**, **gedurft***)* *1* potere, avere il permesso ♦ *darf ich eintreten?* posso entrare? ♦ *ich darf in diesem Monat nicht Urlaub nehmen* in questo mese non posso prendere ferie. *2* *(+ neg)* non dovere, non potere ♦ *ich darf keinen Kaffee trinken* non posso bere caffè (il dottore me lo ha proibito) ♦ *das darfst du nicht weitererzählen* questo non devi raccontarlo in giro. *3* *(cong) (esprime probabilità)* ♦ *das dürfte möglich sein* questo dovrebbe essere possibile ♦ *er dürfte morgen zurückkommen* dovrebbe tornare domani. ◆ **das darf doch nicht wahr sein!** *(fam)* non può essere vero!
durfte ['dʏrftə] ~ pret di **dürfen**.
dürftig ['dʏrftɪç] *(agg)* *1* misero, povero (cosa) ♦ *eine dürftige Kleidung* un abbigliamento misero. *2* *(fig)* misero, scarso, insufficiente. *3* *(avv)* miseramente, poveramente ♦ *dürftig leben* vivere miseramente.
dürr [dʏr] *(agg)* *1* secco, appassito ♦ *ein dürrer Ast* un ramo secco. *2* arido, sterile, improduttivo *(anche fig)*. *3* magro, secco, smagrito.
Dürre [-ə] *(f; -, -n)* *1* *(solo sing)* aridità *(anche fig)* ♦ *geistige Dürre* aridità spirituale. *2* siccità.
Durst [dʊrst] *(m; -(e)s)* *1* sete ♦ *Durst haben* avere sete ♦ *ich habe Durst bekommen* mi è venuta sete ♦ *Durst auf etwas haben* avere sete di qcs (bevande). *2* *(fig/lett)* sete ♦ *der Durst nach Rache* la sete di vendetta.
durstig [-ɪç] *(agg)* ~ assetato ♦ *ich bin durstig* ho sete.
durstlöschend [-ˌlœʃənt] *(agg)* ~ dissetante.
durststillend [-ʃtɪlənt] *(agg)* ~ dissetante.
Durststrecke [-ʃtrɛkə] *(f; -, -n)* ~ periodo di magra.
Dusche ['dʊʃə] *(f; -, -n)* ~ doccia ♦ *eine kalte Dusche* una doccia fredda *(anche fig)* ♦ *eine Dusche nehmen* fare una doccia.
duschen [-n] *(vi/vt, hat)* *1* *(vi)* fare la doccia ♦ *hast du schon geduscht?* hai già fatto la doccia? *2* {*jmdn* ~} fare la doccia a qcn. ◆ **sich duschen** *(vr)* fare la doccia.
Duschgel [-ˌge:l] *(n; -s, -e/-s)* ~ docciaschiuma.
Düse ['dy:zə] *(f; -, -n)* ~ reattore.
Dusel ['du:zəl] *(m; -s)* ~ *(fam)* fortuna (immeritata), culo.
düsen ['dy:zən] *(vi, ist)* ~ *(fam)* andare (velocemente), volare ♦ *wir sind nach Rom gedüst* siamo volati a Roma.

Düsenflugzeug [-ˌfluːktsɔyk] *(n; -(e)s, -e)* ~ aereo a reazione, reattore.

Düsenmotor [-ˌmoːtoːɐ] *(m; -s, -en)* ~ motore a reazione.

dusselig ['dʊsəlɪç] *(agg)* ~ *(fam)* tonto, sciocco.

düster ['dyːstɐ] *(agg)* ***1*** buio, oscuro, tetro. ***2*** *(fig)* cupo, oscuro, inquietante. ***3*** depresso, malinconico, abbattuto.

dutzend ~ vedi **Dutzend**.

Dutzend ['dʊtsənt] *(n; -s, -e)* ***1*** dozzina ♦ *ein Dutzend frische Eier* una dozzina di uova fresche ♦ *ein Dutzend Eier kostet/kosten* una dozzina di uova costa/costano. ***2*** *(pl)* *(fig)* dozzine, decine ♦ *Dutzende* (anche *dutzende*) *neuer Filme/von neuen Filmen* decine di nuovi film ♦ *Dutzend(e)/dutzend(e) Mal(e)* decine di volte. ◆ **zu/in Dutzenden** *(anche* **dutzenden***)* a dozzine.

dutzendweise [-ˌvaizə] *(avv)* ~ a dozzine.

duzen ['duːtsən] *(vt, hat)* ~ {*jmdn* ~} dare del tu a qcn ♦ *darf ich Sie duzen?* posso darle del tu?

Dynamik [dy'naːmɪk] *(f; -)* ***1*** *(fis)* dinamica. ***2*** *(fig)* dinamismo, vivacità, energia.

dynamisch [dy'naːmɪʃ] *(agg)* ***1*** *(fis)* dinamico. ***2*** *(fig)* dinamico, vivace.

Dynamit [dyna'miːt] *(n; -s)* ~ dinamite.

Dynamo [dy'naːmo] *(m; -s, -s)* ~ abbrev di **Dynamomaschine**.

Dynamomaschine [-maʃiːnə] *(f; -, -n)* ~ dinamo, generatore.

Dynastie [dynas'tiː] *(f; -, -n)* ~ dinastia.

dynastisch [dy'naːstɪʃ] *(agg)* ~ dinastico.

Dysfunktion [dʏsfʊŋk'tsjoːn] *(f; -, -en)* ~ disfunzione.

D-Zug ['deːˌtsuːk] *(m; -(e)s, -züge)* *(abbrev di* **Durchgangszug***)* ~ espresso, treno espresso.

e

e, E [eː] *(n; -/-s, -/-s)* ~ e, E *(quinta lettera dell'alfabeto tedesco)*.

e *(n; -)* ***1*** *(mus)* mi. ***2*** *(mus)* abbrev di **e-Moll**.

E *(n; -)* ***1*** *(mus)* mi. ***2*** *(mus)* abbrev di **E-Dur**.

Ebbe [ˈɛbə] *(f; -, -n)* ~ bassa marea.

ebd. ~ abbrev di **ebenda**.

eben[1] [ˈeːbən] *(agg)* ***1*** piano, in pianura, spianato ◆ *eine ebene Straße* una strada in pianura. ***2*** *(fig)* regolare.

eben[2] *(avv)* ***1*** appena, poco fa, or ora ◆ *sie hat mich eben angerufen* mi ha appena telefonato. ***2*** appunto, proprio ◆ *eben das wollen wir vermeiden* è proprio questo che vogliamo evitare. ***3*** appena, a mala pena ◆ *das reicht eben aus* questo basta a mala pena. ***4*** [atono] *(esprime rassegnazione di fronte a qcs)* non c'è niente da fare ◆ *das ist eben sein Charakter* è il suo carattere, non c'è niente da fare ◆ *er will eben nicht mitkommen* non c'è niente da fare, non vuole venire. ◆ **nicht eben** non proprio, non esattamente, non particolarmente ◆ *sie ist nicht eben klug, aber ein sehr gutmütiger Mensch* non è proprio intelligente, ma è una persona molto buona. ◆ **(ja) eben!** appunto! è quello che dico anch'io!

Ebenbild [-ˌbɪlt] *(n; -(e)s, -er)* ~ *(fig)* ritratto ◆ *er ist das Ebenbild seines Vaters* è il ritratto vivente di suo padre.

ebenbürtig [-ˌbʏrtɪç] *(agg)* ~ di pari valore (materiale o morale), degno ◆ *ein ebenbürtiger Gegner* un degno avversario. ◆ **jmdm ebenbürtig sein** essere di pari valore con qcn.

ebenda [-ˈdaː] *(avv)* ***1*** proprio lì, proprio là (stato in luogo). ***2*** *(abbrev **ebd.**)* ibidem.

ebendarum [-daˈrʊm] *(avv)* ~ appunto perciò.

ebendeshalb [-dɛsˈhalp] *(avv)* ~ appunto perciò.

Ebene [ˈeːbənə] *(f; -, -n)* ***1*** pianura, piano. ***2*** *(geom/fis)* piano. ◆ **auf... Ebene** a livello... ◆ *auf theoretischer, wissenschaftlicher Ebene* a livello teorico, scientifico ◆ *auf höchster Ebene* ai massimi livelli (di importanza). ◆ **auf die schiefe Ebene geraten/kommen** *(fig)* deviare, allontanarsi dalla retta via.

ebenerdig [ˈeːbənˌʔeːɐdɪç] *(agg/avv)* ***1*** al pari con la strada, a livello del terreno. ***2*** a pianterreno.

ebenfalls [ˈeːbənˌfals] *(avv)* ***1*** anche, pure, parimenti ◆ *er ist ebenfalls arbeitslos* anche lui è disoccupato. ***2*** altrettanto. ◆ **danke, ebenfalls!** *(escl)* grazie, altrettanto!

Ebenmaß [ˈeːbənˌmaːs] *(n; -es)* ~ proporzione, armonia (di forme e sim).

ebenmäßig [ˈeːbənˌmɛːsɪç] *(agg)* ~ proporzionato, armonioso, regolare (forme e sim).

ebenso [ˈeːbənˌzoː] *(avv)* ~ ugualmente, lo stesso, altrettanto ◆ *in diesem Laden gibt es ebenso gute Produkte* in questo negozio ci sono prodotti altrettanto buoni. ◆

ebenso... wie... tanto... quanto, così... come... ♦ *das Essen war ebenso gut wie reichlich* il pranzo è stato tanto buono quanto abbondante. ◆ **ebenso gut** († **ebensogut**) *(avv)* altrettanto bene, non meno bene.

Eber ['e:bɐ] *(m; -s, -)* **1** cinghiale. **2** verro.

ebnen ['e:bnən] *(vt, hat)* ~ spianare. ◆ **jmdm den Weg ebnen** *(fig)* spianare la strada a qcn.

Echo ['ɛço] *(n; -s, -s)* **1** eco. **2** *(fig)* eco, risonanza; consenso ♦ *die Nachricht fand ihr Echo in den Medien* la notizia ebbe risonanza nei media.

Echse ['ɛksə] *(f; -, -n)* ~ rettile (con zampe).

echt ['ɛçt] *(agg)* **1** vero, autentico, originale, puro ♦ *ein echtes Dokument* un documento autentico. **2** vero, sincero ♦ *ein echter Freund* un vero amico ♦ *echte Gefühle* sentimenti sinceri. **3** tipico ♦ *ein echter Deutscher* un tipico tedesco. **4** indelebile (colore). **5** *(avv)* autenticamente, veramente; tipicamente. **6** *(avv)* *(fam)* proprio, davvero ♦ *das ist echt unverschämt!* questa è proprio una vergogna! ◆ **echt golden** *(anche* **echtgolden***)* d'oro vero. ◆ **echt!** *(escl)* è vero! dico sul serio! ◆ **echt?** davvero? dici sul serio?

Echtheit [-ˌhait] *(f; -)* **1** autenticità, originalità, purezza. **2** sincerità.

Eck [ɛk] *(n; -(e)s, -e/-en)* *(region)* ~ vedi **Ecke**.

Eckball [-ˌbal] *(m; -(e)s, -bälle)* ~ *(sport)* calcio d'angolo, angolo, corner.

Ecke [-ə] *(f; -, -n)* **1** angolo; spigolo, canto, cantonata ♦ *die vier Ecken eines Tisches* i quattro spigoli di un tavolo ♦ *die vier Ecken eines Zimmers* i quattro angoli di una stanza. **2** *(fam)* regione, zona. ◆ **an allen Ecken (und Enden)** *(fam)* dappertutto. ◆ **etwas in die Ecke stellen** mettere qcs in un angolo *(anche fig)*; accantonare qcs. ◆ **um die Ecke** dietro l'angolo *(anche fig)*. ◆ **jmdn um die Ecke bringen** *(fam)* uccidere, far fuori qcn.

eckig [-ɪç] *(agg)* **1** con angoli, quadro ♦ *ein eckiger Tisch* un tavolo rettangolare/quadrato (non rotondo). **2** angoloso, spigoloso *(anche fig)*. **3** maldestro, goffo (movimenti). ◆ **eckige Klammern** parentesi quadre.

Eckpfeiler [-ˌpfailɐ] *(m; -s, -)* **1** pilastro angolare. **2** *(fig)* pilastro, fondamento (di teorie e sim).

Eckstein [-ʃtain] *(m; -(e)s, -e)* **1** pietra angolare. **2** cippo di confine. **3** *(fig)* pietra miliare, fondamento.

Eckzahn [-ˌtsa:n] *(m; -(e)s, -zähne)* ~ *(anat)* canino.

edel ['e:dəl] *(agg)* **1** nobile, pregiato (legno, vino, metallo, ecc); di razza. **2** nobile (d'animo), magnanimo. **3** *(lett)* nobile, aristocratico.

Edelmann [-ˌman] *(m; -(e)s, -leute)* ~ *(lett)* nobile, aristocratico.

Edelmetall [-meˌtal] *(n; -(e)s, -e)* ~ metallo prezioso, metallo nobile.

edelmütig [-ˌmy:tɪç] *(agg)* ~ *(lett)* d'animo nobile.

Edelstahl [-ʃta:l] *(m; -(e)s, -stähle)* ~ acciaio inossidabile.

Edelstein [-ʃtain] *(m; -(e)s, -e)* ~ pietra preziosa.

Edelweiß [-ˌvais] *(n; -es, -e)* ~ *(bot)* stella alpina, edelweiss.

Edikt [e'dɪkt] *(n; -(e)s, -e)* ~ editto ♦ *ein Edikt verkünden* emanare un editto.

Edition [edi'tsjo:n] *(f; -, -en)* **1** edizione (spec critica o scientifica). **2** pubblicazione.

Editorial [edito'rja:l] *(n; -s, -s)* ~ editoriale, articolo di fondo.

E-Dur ['e:'du:ɐ] *(n; -)* *(abbrev* **E***)* ~ *(mus)* mi maggiore.

EDV [ˌe:de:'fau] ~ abbrev di **e**lektronische **D**aten**v**erarbeitung (vedi **Datenverarbeitung**).

EEG [ˌe:'e:'ge:] ~ abbrev di **Elektroenzephalogramm**.

Efeu ['e:fɔy] *(m; -s)* ~ *(bot)* edera.

Effekt [ɛ'fɛkt] *(m; -(e)s, -e)* **1** effetto, conseguenza, risultato. **2** effetto (acustico, luminoso, ecc).

Effekten [ɛ'fɛktən] *(pl)* ~ titoli bancari.

Effektenbörse [-ˌbœrzə] *(f; -, -n)* ~ *(econ)* borsa valori.

effektiv [ɛfɛk'ti:f] *(agg)* **1** effettivo, reale, concreto. **2** efficace.

effektvoll [ɛ'fɛktˌfɔl] *(agg)* ~ di grande effetto.

EG [ˌe:'ge:] ~ abbrev di **Europäische Gemeinschaft** (vedi **europäisch**).

egal [e'ga:l] *(agg solo pred; fam anche attr)* ~ indifferente, uguale ♦ *das ist mir egal* questo per me è indifferente, è uguale. ◆ **egal was** (**wer**, **wie**, ecc)**...** non importa cosa (chi, come)... ♦ *ich mache das nicht; egal, was du sagst* questo non lo faccio, non importa quello che dici tu.

Egalität [egali'tɛ:t] *(f; -)* ~ uguaglianza (politica o sociale).

Egge ['ɛgə] *(f; -, -n)* ~ erpice.

Egoismus [ego'ɪsmʊs] *(m; -, Egoismen)* ~ egoismo.

Egoist [ego'ɪst] *(m; -en, -en; f* **-in***)* ~ egoista.

egoistisch [ego'ɪstɪʃ] *(agg)* ~ egoista, egoistico.

eh[1] [e:] *(congiunz) (fam)* ~ vedi **ehe**.

eh[2] *(avv) (region)* ~ *(fam)* tanto, comunque ♦ *er wird sich eh nie ändern* tanto non cambierà mai. ◆ **seit eh und je** *(fam)* da sempre. ◆ **wie eh und je** *(fam)* come sempre.

eh., **e.h.** ~ abbrev di **ehrenhalber**.

ehe ['e:ə] *(anche fam* **eh***) (congiunz)* ~ prima di ♦ *ehe ich abreise, muss ich noch ein paar Sache kaufen* prima di partire devo comprare ancora un paio di cose.

Ehe *(f; -, -n)* ~ matrimonio, unione coniugale ♦ *die Ehe schließen* contrarre matrimonio ♦ *Kinder aus erster Ehe* figli di un primo matrimonio ♦ *in zweiter Ehe verheiratet* sposato in seconde nozze. ◆ **die Ehe brechen** commettere adulterio. ◆ **die Ehe scheiden** divorziare.

Ehebett [-ˌbɛt] *(n; -(e)s, -en)* ~ letto matrimoniale.

Ehebrecher [-ˌbrɛçɐ] *(m; -s, -; f* **-in***)* ~ adultero.

ehebrecherisch [-ˌbrɛçərɪʃ] *(agg)* ~ adultero, adulterino.

Ehebruch [-ˌbrʊx] *(m; -(e)s, -brüche)* ~ adulterio.

ehedem [-'de:m] *(avv)* ~ *(lett)* prima; in passato, una volta.

Ehefrau [-ˌfrau] *(f; -, -en)* ~ moglie.

Ehegatte [-ˌgatə] *(m; -n, -n)* ~ *(lett)* coniuge, marito.

Ehegattin [-ˌgatɪn] *(f; -, -nen)* ~ *(lett)* coniuge, moglie.

Eheleute [-ˌlɔytə] *(pl)* ~ coniugi, coppia sposata, coppia di sposi.

ehelich [-lɪç] *(agg)* ***1*** matrimoniale, coniugale. ***2*** legittimo (figlio).

ehelos [-ˌlo:s] *(agg)* ~ celibe; nubile.

ehemalig [-ˌma:lɪç] *(agg)* ***1*** ex ♦ *der ehemalige Schulleiter* l'ex preside. ***2*** vecchio, di un tempo ♦ *mein ehemaliger Freund* il mio amico di un tempo.

ehemals [-ˌma:ls] *(avv)* ~ *(lett)* un tempo, una volta, in passato.

Ehemann [-ˌman] *(m; -(e)s, -männer)* ~ marito.

Ehepaar [-ˌpa:ɐ] *(n; -(e)s, -e)* ~ coniugi, coppia sposata ♦ *das Ehepaar Schmidt* i coniugi Schmidt.

Ehepartner [-ˌpartnɐ] *(m; -s, -; f* **-in***)* ~ coniuge, sposo.

eher ['e:ɐ] *(avv)* ***1*** prima, più presto ♦ *ich konnte mich nicht eher melden* non ho potuto farmi vivo prima ♦ *je eher, desto besser* prima è, meglio è. ***2*** piuttosto, preferibilmente ♦ *eher nachmittags als vormittags* preferibilmente di pomeriggio piuttosto che di mattina. ***3*** piuttosto, anzi, più che ♦ *er ist eher schüchtern als unfreundlich* è timido più che scortese. ***4*** più probabilmente.

Ehering ['e:əˌrɪŋ] *(m; -(e)s, -e)* ~ fede, anello nuziale.

ehern ['e:ɐn] *(agg)* ~ *(poet)* ferreo, di ferro *(anche fig)*.

Eheschließung ['e:əʃli:sʊŋ] *(f; -, -en)* ~ matrimonio, celebrazione del matrimonio.

ehrbar ['e:əˌba:ɐ] *(agg) (lett)* ***1*** onorevole, onorato, stimato, rispettabile (persona o cosa). ***2*** *(avv)* onorevolmente.

Ehre ['e:rə] *(f; -, -n)* ***1*** *(solo sing)* onore, prestigio ♦ *ein Mann von Ehre* un uomo d'onore ♦ *jmdm Ehre machen* fare onore a qcn (comportamenti, azioni, ecc). ***2*** *(solo sing)* onore, senso dell'onore, dignità ♦ *bei meiner Ehre!* (lo giuro) sul mio onore! ♦ *keine Ehre im Leibe haben* non avere il senso dell'onore ♦ *jmdn bei seiner Ehre packen* fare appello al senso dell'onore di qcn. ***3*** onori, onorificenze ♦ *militarische Ehren* onori militari. ***4*** onore, piacere, privilegio ♦ *das ist eine große Ehre für mich* questo è un grande onore per me ♦ *mit wem habe ich die Ehre?* con chi ho il piacere di parlare? ◆ **auf Ehre und Gewissen** in tutta sincerità. ◆ **der**

Wahrheit die Ehre geben rendere onore alla verità. ◆ **jmdn/etwas in Ehren halten** tenere qcn/qcs in grande considerazione.

ehren ['eːrən] *(vt,* hat*)* ***1*** onorare, rispettare. ***2*** onorare ◆ *Ihr Angebot ehrt mich* la Sua offerta mi onora. ***3*** {*jmdn* ~} fare onore a qcn ◆ *deine Aufrichtigkeit ehrt dich* la tua sincerità ti fa onore.

Ehren- *(nei composti)* ~ onorifico, d'onore ◆ *Ehrenamt* carica onorifica ◆ *Ehrenwort* parola d'onore.

ehrenamtlich [-ˌˀamtlɪç] *(agg)* ~ onorario (chi detiene una carica onorifica).

Ehrenbürger [-ˌbʏrgɐ] *(m; -s, -; f* **-in***)* ~ cittadino onorario.

Ehrenbürgerrecht [-bʏrgɐˌrɛçt] *(n; -(e)s, -e)* ~ cittadinanza onoraria.

Ehrendoktor [-ˌdɔktoːɐ] *(m; -s, -en)* ~ dottore honoris causa.

ehrenhaft [-ˌhaft] *(agg)* ***1*** onorato, onorevole (persona o cosa). ***2*** *(avv)* onorevolmente.

ehrenhalber [-ˌhalbɐ] *(avv) (abbrev* **eh., e.h.***)* ~ honoris causa.

Ehrenmal [-ˌmaːl] *(n; -(e)s, -mäler)* ~ monumento.

Ehrenmitglied [-ˌmɪtgliːt] *(n; -(e)s, -er)* ~ membro onorario.

Ehrenrechte [-ˌrɛçtə] *(pl)* ~ **bürgerliche Ehrenrechte** diritti civili.

Ehrensache [-ˌzaxə] *(f; -, -n)* ~ questione d'onore.

ehrenvoll [-ˌfɔl] *(agg)* ***1*** onorevole, onorato (cosa). ***2*** *(avv)* onorevolmente.

ehrenwert [-ˌveːɐt] *(agg)* ~ onorevole, onorato, rispettabile.

Ehrenzeichen [-ˌtsaiçən] *(n; -s, -)* ~ onorificenza, decorazione.

ehrerbietig ['eːɐˀɛɐˌbiːtɪç] *(agg)* ~ *(lett)* deferente, ossequioso.

Ehrerbietung ['eːɐˀɛɐˌbiːtʊŋ] *(f; -)* ~ deferenza, ossequio.

Ehrfurcht ['eːɐˌfʊrçt] *(f; -)* ~ rispetto (profondo), riverenza ◆ *vor jmdm/etwas (keine) Ehrfurcht haben* (non) avere rispetto di qcn/qcs.

ehrfürchtig ['eːɐˌfʏrçtɪç] *(agg)* ~ rispettoso, riverente.

Ehrgeiz ['eːɐˌgaits] *(m; -es)* ~ ambizione ◆ *keinen Ehrgeiz haben* non avere ambizione ◆ *den Ehrgeiz haben, etwas zu tun* avere l'ambizione di fare qcs.

ehrgeizig [-ɪç] *(agg)* ~ ambizioso.

ehrlich ['eːɐlɪç] *(agg)* ***1*** onesto. ***2*** sincero. ***3*** *(avv)* onestamente; sinceramente ◆ *ehrlich gesagt* sinceramente, a dire il vero.

Ehrlichkeit [-ˌkait] *(f; -)* ***1*** onestà. ***2*** sincerità.

ehrlos ['eːɐˌloːs] *(agg)* ~ disonesto, disonorevole.

Ehrlosigkeit ['eːɐˌloːzɪçkait] *(f; -)* ~ disonestà.

Ehrung ['eːrʊŋ] *(f; -, -en)* ***1*** onore, l'onorare. ***2*** onore, riconoscimento. ◆ **die Ehrung des Siegers** la premiazione del vincitore.

ehrwürdig ['eːɐˌvʏrdɪç] *(agg)* ***1*** *(lett)* rispettabile. ***2*** venerando (persona, età). ***3*** *(relig)* venerabile.

Ehrwürdigkeit [-ˌkait] *(f; -)* ~ rispettabilità.

Ei [ai] *(n; -, -er)* ***1*** uovo ◆ *frische Eier* uova fresche ◆ *ein Ei kochen* assodare un uovo ◆ *die Henne hat ein Ei gelegt* la gallina ha fatto l'uovo. ***2*** *(biol)* ovulo. ***3*** *(pl) (fam)* soldi. ***4*** *(pl) (volg)* coglioni, palle ◆ *jmdm auf die Eier gehen (volg)* stare sui coglioni a qcn. ◆ **wie auf Eiern gehen** *(fig)* camminare sulle uova. ◆ **sich/einander wie ein Ei dem anderen gleichen** somigliarsi come due gocce d'acqua.

Eibe ['aibə] *(f; -, -n)* ~ *(bot)* tasso.

Eiche ['aiçə] *(f; -, -n)* ~ *(bot)* quercia.

Eichel ['aiçəl] *(f; -, -n)* ~ *(bot)* ghianda.

Eichhörnchen ['aiçˌhœrnçən] *(n; -s, -)* ~ *(zool)* scoiattolo.

Eid [ait] *(m; -(e)s, -e)* ***1*** giuramento ◆ *einen Eid ablegen, leisten* fare, prestare un giuramento ◆ *einen Eid brechen* rompere un giuramento. ◆ **unter Eid** *(dir)* sotto giuramento. ◆ **einen Eid auf etwas** (Acc) **schwören** giurare su qcs.

Eidbruch [-ˌbrʊx] *(m; -(e)s, -brüche)* ~ spergiuro (giuramento falso).

eidbrüchig [-ˌbrʏçɪç] *(agg)* ~ spergiuro (persona). ◆ **eidbrüchig werden** spergiurare.

Eidechse ['aiˌdɛksə] *(f; -, -n)* ~ lucertola.

eidlich ['aitlɪç] *(agg)* ~ giurato (dichiarazioni).

Eidotter ['aiˌdɔtɐ] *(m/n; -s, -)* ~ tuorlo, rosso d'uovo.

Eierbecher ['aiɐˌbɛçɐ] *(m; -s, -)* ~ portauovo.

Eierkuchen ['aiɐˌkuːxən] *(m; -s, -)* ~ frittata, omelette.

Eierschale ['aiɐˌʃaːlə] *(f; -, -n)* ~ guscio d'uovo.

Eierstock ['aiɐˌʃtɔk] *(m; -(e)s, -stöcke)* ~ *(anat)* ovaia.

Eiertanz ['aiɐˌtants] *(m)* ~ **einen Eiertanz (um jmdn/etwas) aufführen** *(fig/fam)* andare con i piedi di piombo (con qcn/qcs).

Eifer ['aifɐ] *(m; -s)* ***1*** zelo, solerzia. ***2*** slancio, entusiasmo, fervore. ◆ **im Eifer des Gefechts** nella foga del momento.

Eifersucht [-ˌzʊxt] *(f; -)* ~ gelosia.

eifersüchtig [-ˌzʏçtɪç] *(agg)* ~ geloso. ◆ **auf jmdn eifersüchtig sein** essere geloso di qcn.

eifrig ['aifrɪç] *(agg)* ***1*** zelante, solerte. ***2*** appassionato, pieno di slancio. ***3*** *(avv)* con zelo; appassionatamente, con slancio.

Eigelb ['aiˌgɛlp] *(n; -s, -e)* ~ tuorlo, rosso d'uovo.

eigen ['aigən] *(agg)* ***1*** proprio, individuale ♦ *eine eigene Meinung haben* avere un'opinione propria ♦ *auf eigene Gefahr* a proprio rischio e pericolo ♦ *aus eigener Kraft* con le proprie forze ♦ *etwas aus eigener Tasche bezahlen* pagare qcs di tasca propria *(anche fig)* ♦ *etwas mit (seinen) eigenen Augen sehen* vedere qcs con i propri occhi. ***2*** proprio, personale, privato ♦ *sie haben ein eigenes Haus* hanno una casa propria. ***3*** separato, a sé, indipendente ♦ *eine Wohnung mit eigenem Eingang* un appartamento con un ingresso indipendente. ***4*** proprio, caratteristico, peculiare ♦ *jmdm eigen sein* essere proprio di qcn ♦ *mit der ihm eigenen Pünktlichkeit* con la puntualità che gli è propria.

Eigen († **eigen**) *(n; -s)* ~ **etwas sein Eigen nennen**; **etwas zu Eigen († eigen) haben** possedere qcs. ◆ **jmdm etwas zu Eigen geben** dare, regalare qcs a qcn. ◆ **sich (Dat) etwas zu Eigen machen** impossessarsi, impadronirsi di qcs.

Eigenart [-ˌʔaːɐt] *(f; -, -en)* ~ caratteristica, particolarità, peculiarità.

eigenartig [-ˌʔaːɐtɪç] *(agg)* ***1*** caratteristico, peculiare. ***2*** strano, singolare ♦ *ein eigenartiger Mensch* una persona singolare. ***3*** *(avv)* in modo strano, singolare.

eigengesetzlich [-gəˌzɛtslɪç] *(agg)* ~ autonomo.

Eigengesetzlichkeit [-gəzɛtslɪçˌkait] *(f; -)* ~ autonomia.

eigenhändig [-ˌhɛndɪç] *(agg/avv)* ~ (fatto) con le proprie mani, di propria mano, di proprio pugno ♦ *etwas eigenhändig schreiben* scrivere qcs di proprio pugno.

Eigenheim [-ˌhaim] *(n; -s, -e)* ~ casa, villetta (di proprietà).

Eigenheit [-ˌhait] *(f; -, -en)* ~ peculiarità, caratteristica, particolarità.

Eigenliebe [-ˌliːbə] *(f; -)* ~ egoismo, narcisismo.

eigenmächtig [-ˌmɛçtɪç] *(agg)* ***1*** arbitrario, di propria iniziativa, non autorizzato. ***2*** assoluto ♦ *eigenmächtiger Herrscher* sovrano assoluto. ***3*** *(avv)* arbitrariamente, di propria iniziativa, senza autorizzazione.

Eigenmächtigkeit [-mɛçtɪçˌkait] *(f; -, -en)* ***1*** arbitrarietà (di azioni e sim). ***2*** azione arbitraria.

Eigenname [-ˌnaːmə] *(m; -ns, -n)* ~ nome proprio.

Eigennutz [-ˌnʊts] *(m; -es)* ***1*** tornaconto. ***2*** egoismo.

eigennützig [-ˌnʏtsɪç] *(agg)* ~ interessato, egoista.

eigens [-s] *(avv)* ~ apposta, appositamente ♦ *ich bin eigens gekommen, um mit dir zu sprechen* sono venuta apposta per parlare con te ♦ *das ist eigens für dich vorbereitet worden* questo è stato preparato apposta per te.

Eigenschaft [-ʃaft] *(f; -, -en)* ~ qualità, caratteristica, proprietà ♦ *eine gute Eigenschaft* una buona qualità, un pregio ♦ *eine schlechte Eigenschaft* una cattiva qualità, un difetto. ◆ **in seiner Eigenschaft als** in qualità di ♦ *in meiner Eigenschaft als Personalleiter möchte ich sagen, dass* in qualità di capo del personale vorrei dire che.

Eigenschaftswort [-ʃaftsˌvɔrt] *(n; -(e)s, -wörter)* ~ *(gramm)* aggettivo (qualificativo).

Eigensinn [-ˌzɪn] *(m; -(e)s)* ~ testardaggine, cocciutaggine, caparbietà.

eigensinnig [-ˌzɪnɪç] *(agg)* ~ testardo, cocciuto, caparbio.

eigenständig [-ʃtɛndɪç] *(agg)* ~ autonomo, indipendente.

Eigenständigkeit [-ʃtɛndɪçˌkait] *(f; -)* ~ autonomia, indipendenza.

eigentlich[1] [-tlɪç] *(agg)* ***1*** vero, vero e proprio ♦ *sein eigentlicher Name* il suo vero nome ♦ *das ist kein eigentlicher Urlaub* questa non è una vacanza vera e propria. ***2*** *(avv)* in realtà, veramente, a dire il vero, propriamente ♦ *eigentlich heißt er nicht Schmidt* in realtà non si chiama Schmidt ♦ *eigentlich wollte ich nicht kommen, aber...* a dire il vero non volevo venire, ma... ***3*** in fondo ♦ *eigentlich hast du Recht* in fondo hai ragione. ◆ **nicht eigentlich** non esattamente ♦ *das ist nicht eigentlich das, was ich mir gewünscht hatte* questo non è esattamente quello che desideravo.

eigentlich[2] *(avv; esprime partecipazione, curiosità, ecc; spesso non tradotto)* ~ di'/dica un po', si può sapere... ♦ *was bist du eigentlich von Beruf?* (dimmi un po') che lavoro fai? ♦ *was willst du eigentlich von mir?* ma (si può sapere) cosa vuoi da me?

Eigentum [-ˌtu:m] *(n; -s)* ~ proprietà ♦ *das Grundstück ist mein Eigentum* il terreno è di mia proprietà ♦ *geistiges Eigentum* proprietà intellettuale.

Eigentümer [-ˌtʏmɐ] *(m; -s, -; f* **-in***)* ~ proprietario.

eigentümlich [-ˌty:mlɪç] *(agg)* ***1*** proprio, tipico, caratteristico ♦ *der ihm eigentümliche Sinn für Humor* il senso dell'umorismo che gli è proprio. ***2*** strano, singolare.

Eigentümlichkeit [-ˌty:mlɪçkait] *(f; -, -en)* ***1*** peculiarità, particolarità, caratteristica. ***2*** stranezza, singolarità.

eigenwillig [-ˌvɪlɪç] *(agg)* ~ caparbio, testardo, cocciuto.

eignen ['aignən] *(vr, hat)* ~ **sich als/zu/für etwas eignen** adattarsi bene, essere adatto per qcs ♦ *du eignest dich gut als/zum Koch* sei adatto a fare il cuoco ♦ *er eignet sich nicht zu dieser (für diese) Arbeit* non è adatto per questo lavoro.

Eignung ['aignʊŋ] *(f; -, raro -en)* ~ attitudine, capacità ♦ *(keine) Eignung für etwas haben* (non) avere attitudine per qcs.

Eignungstest [-sˌtɛst] *(m; -(e)s, -e/-s)* ~ test attitudinale.

Eilbote ['ailˌbo:tə] *(m; -n, -n)* ~ corriere espresso; fattorino.

Eilbrief ['ailˌbri:f] *(m; -(e)s, -e)* ~ espresso, lettera espresso.

Eile ['ailə] *(f; -, -n)* ~ fretta ♦ *Eile haben* avere fretta ♦ *in der Eile habe ich vergessen...* nella fretta ho dimenticato... ◆ **(keine) Eile haben** (non) essere urgente ♦ *das hat keine Eile* non è urgente. ◆ **in aller Eile** in tutta fretta.

eilen [-n] *(vi, ist/hat)* ***1*** *(aux* ist*)* affrettarsi, andare in fretta, precipitarsi ♦ *nach Hause eilen* andare in fretta (di corsa) a casa. ***2*** *(aux* hat*)* essere urgente ♦ *damit eilt es nicht* non c'è fretta. ◆ **eilt!** urgente! (su lettere e sim).

eilends [-nts] *(avv)* ~ in fretta, in tutta fretta.

eilig ['ailɪç] *(agg)* ***1*** frettoloso, affrettato ♦ *eilige Schritte* passi frettolosi. ***2*** urgente. ***3*** *(avv)* frettolosamente, in fretta, di fretta. ◆ **es eilig haben** avere fretta.

Eilsendung ['ailˌzɛndʊŋ] *(f; -, -en)* ~ spedizione per espresso.

Eilzug ['ailˌtsu:k] *(m; -(e)s, -züge)* ~ diretto, treno diretto.

Eimer ['aimɐ] *(m; -s, -)* ~ secchio ♦ *ein Eimer schmutziges Wasser/schmutzigen Wassers* un secchio d'acqua sporca. ◆ **es gießt wie aus Eimern** *(fig/fam)* piove a catinelle. ◆ **im Eimer sein** *(fig/fam)* essere rovinato, perduto (cose) *(anche fig)*.

ein[1] [ain] *(art indet)* ***1*** un, uno, una ♦ *ein Tisch* un tavolo ♦ *mit einer Freundin* con un'amica ♦ *ein Freund von mir* un mio amico. ***2*** [con enfasi] uno, uno solo, una sola; unico, solo ♦ *sein einer Sohn* il suo unico figlio ♦ *einer Meinung sein* essere dello stesso parere. ***3*** *(pron indef)* vedi **eine(r, -s)**. ◆ **um ein Uhr** all'una. ◆ **ein für alle Mal** una volta per tutte.

EIN[1], EINE, EIN			
	MASCH	FEMM	NEUTRO
NOM	ein	eine	ein
GEN	eines	einer	eines
DAT	einem	einer	einem
ACC	einen	eine	ein

ein² *(avv)* ~ **ein und aus** dentro e fuori, avanti e indietro. ◆ **bei jmdm ein und aus gehen** *(fig)* essere in confidenza con qcn. ◆ **nicht/weder ein noch aus wissen** non sapere che pesci prendere.

einander [ai'nandɐ] *(pron recipr)* ~ *(lett)* l'un l'altro, si, reciprocamente, a vicenda ◆ *sie helfen einander* si aiutano l'un l'altro ◆ *wir lieben einander* ci amiamo.

ein|arbeiten *(vt, hat)* ***1*** {*jmdn* ~} inserire qcn in un lavoro, far impratichire qcn in un lavoro. ***2*** {*etwas in etwas* (Acc) ~} inserire qcs in qcs (lavori, opere, ecc) ◆ *ein neues Kapitel in ein Buch einarbeiten* inserire un nuovo capitolo in un libro. ◆ **sich einarbeiten** *(vr)* inserirsi in un lavoro, far pratica.

einarmig ['ain,ˀarmɪç] *(agg)* ~ con un braccio solo; monco.

ein|äschern ['ain,ˀɛʃɐn] *(vt, hat)* ***1*** incenerire, ridurre in cenere. ***2*** cremare.

Einäscherung ['ain,ˀɛʃərʊŋ] *(f; -, -en)* ***1*** incenerimento. ***2*** cremazione.

ein|atmen *(vi/vt, hat)* ~ inspirare, aspirare, respirare.

einäugig ['ain,ˀɔygɪç] *(agg)* ***1*** con un occhio solo, cieco da un occhio, orbo. ***2*** *(fig)* miope, parziale.

Einbahnstraße ['ainba:n,ʃtra:sə] *(f; -, -n)* ~ strada a senso unico.

Einband ['ain,bant] *(m; -(e)s, -bände)* ~ rilegatura ◆ *ein lederner Einband* una rilegatura in pelle.

ein|bauen *(vt, hat)* ***1*** {*etwas in etwas* (Acc) ~} montare, installare qcs in qcs. ***2*** {*etwas in etwas* (Acc) ~} aggiungere, inserire.

Einbaum ['ain,baum] *(m; -(e)s, -bäume)* ~ piroga.

Einbauschrank ['ainbauʃraŋk] *(m; -(e)s, -schränke)* ~ armadio a muro.

einbegriffen ['ainbə,grɪfən] *(agg)* ~ incluso, compreso. ◆ **in etwas** (Dat) **(mit) einbegriffen sein** essere incluso in qcs ◆ *im Preis ist die Bedienung (mit) einbegriffen* nel prezzo è incluso il servizio.

ein|berufen *(vt, hat; irr* rufen*)* ***1*** convocare. ***2*** *(mil)* chiamare alle armi.

Einberufung ['ainbə,ru:fʊŋ] *(f; -)* ***1*** convocazione. ***2*** *(mil)* chiamata alle armi.

ein|betten *(vt, hat)* ~ posare, installare (cavi e sim); collocare.

ein|beziehen *(vt, hat; irr* ziehen*)* ~ {*jmdn/etwas in etwas* (Acc) *(mit)* ~} includere qcn/qcs in qcs; coinvolgere qcn/qcs in qcs ◆ *ich möchte dieses Thema in meinen Bericht (mit) einbeziehen* vorrei includere questo argomento nella mia relazione ◆ *sie haben mich in die Diskussion (mit) einbezogen* mi hanno coinvolto nella discussione.

Einbeziehung ['ainbə,tsi:ʊŋ] *(f; -)* ~ inclusione.

ein|biegen¹ *(vi, ist; irr* biegen*)* ~ curvare, voltare, svoltare.

ein|biegen² *(vt, hat; irr* biegen*)* ~ piegare (verso l'interno); incurvare.

ein|bilden *(vt, hat)* ***1*** {*sich* (Dat) *etwas* ~} mettersi in testa, immaginarsi, credere (cose non vere) ◆ *er hat sich eingebildet, ein guter Sänger zu sein* si è messo in testa di essere un bravo cantante ◆ *was bildest du dir da ein?* ma cosa ti sei messo in testa? ***2*** {*sich* (Dat) *etwas auf jmdn/etwas* ~} vantarsi (esageratamente) di qcn/qcs.

Einbildung ['ain,bɪldʊŋ] *(f; -, -en)* ***1*** immaginazione, fantasia ◆ *das gibt es nur in deiner Einbildung* questo esiste solo nella tua immaginazione. ***2*** *(fam)* presunzione, boria.

Einbildungskraft [-s,kraft] *(f; -)* ~ immaginazione, fantasia (capacità immaginativa).

ein|bläuen († **einbleuen**) ['ain,blɔyən] *(vt, hat)* ~ {*jmdm etwas* ~} inculcare qcs a qcn.

Einblick ['ain,blɪk] *(m; -(e)s, raro -e)* ~ sguardo, occhiata (a qcs, dentro qcs); accesso (alla visione di qcs) ◆ *jmdm Einblick in etwas* (Acc) *gewähren* lasciare che qcn dia un'occhiata a qcs ◆ *ich habe keinen Einblick in die Unterlagen* non ho accesso alla documentazione.

ein|brechen *(vi, ist)* ***1*** {*bei jmdm/in etwas* (Acc) ~} rubare, entrare per rubare (scassinando) ◆ *bei uns ist letzte Nacht eingebrochen worden* da noi la notte scorsa sono entrati i ladri. ***2*** iniziare, arrivare (stagioni e sim); calare (buio) ◆ *der Winter ist eingebrochen* è arrivato l'inverno. ***3*** cadere, sprofondare (spaccando qcs).

Einbrecher ['ain,brɛçɐ] *(m; -s, -; f* **-in***)* ~ scassinatore, ladro.

ein|brennen *(vt,* hat; *irr* brennen*)* ~ imprimere (marchi a fuoco e sim). ◆ **sich jmdm einbrennen** *(vr) (fig/lett)* imprimersi indelebilmente in qcn (ricordi, immagini, ecc).

ein|bringen *(vt,* hat; *irr* bringen*)* ***1*** portare dentro, mettere al riparo ♦ *das Heu einbringen* portare dentro il fieno (nel fienile). ***2*** fruttare, rendere *(anche fig)*. ***3*** recuperare (perdite). ***4*** portare (dote, capitali, ecc). ***5*** *(pol)* presentare, proporre (leggi e sim).

Einbringung ['ain,brɪŋʊŋ] *(f; -)* ***1*** apporto (di capitali). ***2*** *(pol)* presentazione, proposta (di leggi).

ein|brocken ['ain,brɔkən] *(vt,* hat*)* ~ {*jmdm/sich etwas* ~} *(fig/fam)* combinare qcs a qcn; mettere qcn nei guai, mettersi nei guai.

Einbruch ['ain,brʊx] *(m;* -(e)s, -brüche*)* ***1*** irruzione *(anche mil)*. ***2*** irruzione, furto (con scasso). ***3*** *(fig)* inizio (di stagioni); calare (del buio) ♦ *bei Einbruch der Dämmerung* al calar della sera.

Einbruch(s)diebstahl [-(s),di:pʃta:l] *(m;* -s, -stähle*)* ~ furto con scasso.

ein|bürgern ['ain,bʏrgɐn] *(vt,* hat*)* ***1*** naturalizzare, concedere la nazionalità. ***2*** *(fig)* adottare (usi). ◆ **sich einbürgern** *(vr)* venire adottato, diventare consuetudine (usanze, parole, ecc).

Einbürgerung ['ain,bʏrgərʊŋ] *(f;* -, -en*)* ***1*** naturalizzazione. ***2*** *(fig)* adozione, introduzione (di usanze, parole, ecc).

Einbuße ['ain,bu:sə] *(f;* -, -n*)* ~ perdita; danno ♦ *Einbußen erleiden* subire perdite ♦ *Einbuße an Ansehen* perdita di prestigio.

ein|büßen *(vt,* hat*)* ***1*** perdere *(anche fig)* ♦ *sein Kapital, sein Leben einbüßen* perdere il proprio capitale, la vita. ***2*** {*an etwas* (Dat) ~} *(lett)* perdere qcs.

ein|checken *(vi/vt,* hat*)* ***1*** *(vi)* fare il check-in. ***2*** *(vt)* controllare (passeggeri), far fare il check-in.

ein|cremen ['ain,kre:mən] *(vt,* hat*)* ~ spalmare (di crema) ♦ *ich habe mir die Hände eingecremt* mi sono spalmata la crema sulle mani.

ein|dämmen ['ain,dɛmən] *(vt,* hat*)* ***1*** arginare (fiume, piena, ecc). ***2*** *(fig)* arginare, contenere, frenare.

Eindämmung ['ain,dɛmʊŋ] *(f;* -, -en*)* ***1*** arginamento, l'arginare; *(concr)* diga. ***2*** *(fig)* contenimento.

ein|decken *(vt,* hat*)* ***1*** coprire (a scopo protettivo). ***2*** {*jmdn/etwas mit etwas* ~} *(fig/fam)* ricoprire, riempire qcn/qcs di qcs. ◆ **sich mit etwas eindecken** *(vr)* rifornirsi di qcs (provviste), fare provvista di qcs.

eindeutig ['ain,dɔytɪç] *(agg)* ~ chiaro, univoco, inequivocabile, esplicito.

Eindeutigkeit [-,kait] *(f;* -, -en*)* ~ chiarezza, univocità, certezza.

ein|deutschen ['ain,dɔytʃən] *(vt,* hat*)* ~ germanizzare.

ein|dringen *(vi,* ist; *irr* dringen*)* ***1*** {*in etwas* (Acc) ~} penetrare, entrare, infilarsi (con forza, violenza, ecc) in qcs ♦ *das Wasser ist in unseren Keller eingedrungen* l'acqua è entrata nella nostra cantina ♦ *der Dieb ist durch das Kellerfenster ins Haus eingedrungen* il ladro è entrato in casa attraverso la finestra della cantina. ***2*** {*in etwas* (Acc) ~} *(mil)* penetrare in qcs, invadere qcs. ***3*** {*in etwas* (Acc) ~} *(fig)* indagare qcs, addentrarsi in qcs. ***4*** {*(mit etwas) auf jmdn* ~} assalire qcn con qcs *(anche fig)*, pressare, assillare qcn con qcs.

eindringlich ['ain,drɪŋlɪç] *(agg)* ***1*** insistente, assillante. ***2*** *(avv)* insistentemente.

Eindringling ['ain,drɪŋlɪŋ] *(m;* -s, -e*)* ~ intruso.

Eindruck ['ain,drʊk] *(m;* -(e)s, -drücke*)* ***1*** impressione ♦ *einen guten, schlechten Eindruck auf jmdn machen* fare una buona, cattiva impressione a qcn. ***2*** *(concr)* impronta, orma.

ein|drücken *(vt,* hat*)* ***1*** sfondare, rompere, schiacciare (spingendo). ***2*** {*etwas in etwas* (Acc) ~} calcare, imprimere qcs in qcs. ***3*** ammaccare.

eindrucksvoll [-s,fɔl] *(agg)* ~ impressionante, suggestivo.

eineinhalb ['ain'ain'halp] *(num)* ~ uno e mezzo ♦ *eineinhalb Stunden* un'ora e mezzo ♦ *eineinhalb Jahre* un anno e mezzo.

ein|engen ['ain,ˀɛŋən] *(vt,* hat*)* ***1*** stringere, restringere. ***2*** stringere, costringere (indumenti) ♦ *diese Bluse engt mich ein* questa camicetta mi stringe. ***3*** *(fig)* restringere, limitare.

eine(r, -s) ['ainə (-nɐ, -nəs)] *(pron indef)* ***1*** uno, una ♦ *einer von ihnen* uno di loro ♦ *einer meiner Freunde* uno dei miei amici ♦ *einer (eines) nach dem anderen* uno dopo l'altro ♦ *„Hast du noch deine Hunde?" „Ich habe nur noch einen"* "Hai ancora i tuoi cani?" "Ne ho ancora solo uno" ♦ *ein(e)s will ich dir sagen* una cosa voglio dirti. ***2*** uno, qualcuno ♦ *das tut einem leid* questo dispiace. ◆ **der eine, die eine, das eine** *(agg/pron dimostr) (fam)* quello/a. ◆ **die einen... die anderen...** gli uni... gli altri...

EINER, EINE, EINES			
	MASCH	FEMM	NEUTRO
NOM	einer	eine	ein(e)s
GEN	eines	einer	eines
DAT	einem	einer	einem
ACC	einen	eine	ein(e)s

Einer ['ainɐ] *(m; -s, -)* ~ *(mat)* unità.

einerlei [-'lai] *(agg indecl)* ***1*** *(fam)* indifferente, uguale ♦ *das ist mir einerlei* questo per me è indifferente. ***2*** *(fam)* di un solo tipo; *(fig)* ripetitivo, monotono.

einerseits [-'zaits] *(avv)* ~ da un lato, da una parte. ◆ **einerseits... andererseits...** da un lato... dall'altro... ♦ *einerseits möchte ich das tun, andererseits wäre das nicht fair* da un lato vorrei farlo, dall'altro non sarebbe corretto.

einesteils ['ainəs'tails] *(avv)* ~ da un lato, da una parte.

einfach ['ain,fax] *(agg)* ***1*** semplice, singolo ♦ *ein einfacher Knoten* un nodo semplice. ***2*** semplice, facile ♦ *eine einfache Aufgabe* un compito semplice. ***3*** semplice, modesto, sobrio (persona o cosa). ***4*** semplice, di sola andata ♦ *einfache Fahrkarte* biglietto di sola andata, biglietto di corsa semplice ♦ *einfache Fahrt* viaggio di sola andata. ***5*** *(avv)* semplicemente (anche rafforzativo) ♦ *das ist einfach unglaublich* questo è semplicemente incredibile. ◆ **einfache Mehrheit** maggioranza relativa. ◆ **aus dem einfachen Grund, weil** per il semplice motivo che.

ein|fahren[1] *(vi, ist; irr fahren)* ~ entrare (veicoli, navi, ecc) ♦ *der Zug fährt (in den Bahnhof) ein* il treno entra in stazione.

ein|fahren[2] *(vt, hat; irr fahren)* ***1*** mettere dentro, portare dentro (veicoli; qcs con un veicolo) ♦ *das Auto in die Garage einfahren* mettere l'auto in garage. ***2*** sfondare (con un veicolo) ♦ *das Auto hat das Schaufenster eingefahren* l'auto ha sfondato la vetrina. ◆ **sich auf/in eingefahrenen Bahnen/Gleisen bewegen** *(fig)* muoversi su binari consueti.

Einfahrt ['ain,fa:ɐt] *(f; -, -en)* ***1*** entrata (l'entrare), arrivo ♦ *die Einfahrt des Zuges in den Bahnhof* l'entrata del treno in stazione. ***2*** entrata, accesso ♦ *Einfahrt freihalten!* lasciare libero l'accesso; passo carrabile.

Einfall ['ain,fal] *(m; -, -fälle)* ***1*** idea (improvvisa), trovata ♦ *ein genialer Einfall* un'idea geniale. ***2*** invasione, irruzione. ***3*** penetrazione (della luce).

ein|fallen *(vi, ist; irr fallen)* ***1*** {*jmdm* ~} venire in mente a qcn ♦ *mir ist eingefallen, dass* mi è venuto in mente che. ***2*** {*in etwas* (Acc) ~} irrompere in qcs, invadere qcs. ***3*** penetrare (luce). ◆ **sich** (Dat) **etwas einfallen lassen** farsi venire un'idea.

einfallslos [-s,lo:s] *(agg)* ~ povero di idee.

einfallsreich [-s,raiç] *(agg)* ~ ricco di inventiva, fantasioso.

Einfalt ['ain,falt] *(f; -)* ***1*** dabbenaggine, semplicioneria. ***2*** *(lett)* semplicità, ingenuità, candore.

einfältig ['ain,fɛltɪç] *(agg)* ***1*** sempliciotto, semplicione. ***2*** semplice, ingenuo, candido.

Einfamilienhaus ['ainfamiljən,haus] *(n; -es, -häuser)* ~ casa, villetta unifamiliare.

einfarbig ['ain,farbɪç] *(agg)* ~ monocromatico, a tinta unita.

ein|fassen *(vt, hat; ortogr fassen)* ***1*** {*etwas mit etwas* ~} cingere, recingere, recintare qcs con qcs ♦ *einen Garten mit einer Mauer einfassen* cingere un giardino con un muro. ***2*** incastonare (pietre preziose). ***3*** bordare, listare (abiti).

Einfassung ['ain,fasʊŋ] *(f; -, -en)* ***1*** recinzione, cinta. ***2*** incastonatura (di pietre preziose). ***3*** bordo, guarnizione (di abiti).

ein|finden *(vr, hat; irr finden)* ~ **sich einfinden** radunarsi, ritrovarsi, incontrarsi.

ein|flechten *(vt, hat; irr flechten)* ***1*** {*etwas in etwas* (Acc) ~} intrecciare qcs in qcs. ***2***

(fig) aggiungere, osservare (incidentalmente in un discorso), buttare lì.

ein|fließen *(vi, ist; irr fließen)* ***1*** scorrere, colare (dentro qcs). **2** *(meteor)* affluire (correnti fredde). ◆ **etwas einfließen lassen** *(fig)* accennare qcs, notare marginalmente qcs.

ein|flößen ['ainˌfløːsən] *(vt, hat)* ***1*** {*jmdm etwas* ~} somministrare qcs a qcn (liquidi). **2** {*jmdm etwas* ~} *(fig)* instillare, infondere, incutere qcs a qcn ◆ *jmdm Angst einflößen* incutere paura a qcn.

Einfluss († **-fluß**) ['ainˌflʊs] *(m; -es, -flüsse)* ~ influsso, influenza ◆ *Einfluss auf jmdn/etwas ausüben, haben* esercitare, avere influenza su qcn/qcs ◆ *unter jmds Einfluss/unter dem Einfluss von etwas stehen* essere sotto l'influenza di qcn/qcs ◆ *der Einfluss der Steuern auf die Preise* l'influenza delle tasse sui prezzi.

einflussreich [-ˌraiç] *(agg)* ~ influente, potente.

ein|fordern *(vt, hat)* ~ reclamare, esigere (pagamenti, consegne, ecc).

Einforderung ['ainˌfɔrdərʊŋ] *(f; -, -en)* ~ richiesta (di pagamenti, consegne, ecc).

einförmig ['ainˌfœrmɪç] *(agg)* ~ uniforme, monotono.

Einförmigkeit [-ˌkait] *(f; -, -en)* ~ uniformità, monotonia.

ein|frieren[1] *(vi, ist; irr frieren)* ***1*** congelare, congelarsi, gelare (anche cibi). **2** rimanere imprigionato nel ghiaccio (imbarcazioni).

ein|frieren[2] *(vt, hat; irr frieren)* ***1*** congelare (cibi). **2** *(fig)* sospendere, interrompere. **3** *(econ)* congelare.

ein|fügen *(vt, hat)* ~ {*etwas in etwas* (Acc) ~} inserire, introdurre *(anche fig)*, aggiungere. ◆ **sich in etwas** (Acc) **einfügen** *(vr)* inserirsi in qcs; adattarsi a qcs, adeguarsi a qcs.

Einfügung ['ainˌfyːgʊŋ] *(f; -, -en)* ***1*** inserimento, introduzione *(anche fig)*. **2** adattamento, adeguamento (l'adattarsi, l'adeguarsi).

ein|fühlen *(vr, hat)* ~ **sich in jmdn/etwas einfühlen** immedesimarsi in qcn/qcs, mettersi nei panni di qcn.

Einfühlung ['ainˌfyːlʊŋ] *(f; -)* ~ immedesimazione.

Einfuhr ['ainˌfuːɐ] *(f; -, raro -en)* ~ importazione.

ein|führen *(vt, hat)* ***1*** {*etwas in etwas* (Acc) ~} introdurre qcs in qcs *(anche fig)* ◆ *ein neues System einführen* introdurre un nuovo sistema. **2** avviare, introdurre (qcn in un lavoro). **3** lanciare, introdurre (moda). **4** *(econ)* importare. **5** {*jmdn bei jmdm* ~} presentare qcn a qcn (ufficialmente), introdurre qcn ◆ *jmdn in die Gesellschaft einführen* introdurre qcn in società.

Einführung ['ainˌfyːrʊŋ] *(f; -, -en)* ***1*** introduzione. **2** avviamento, introduzione (a un lavoro). **3** presentazione. **4** introduzione, prefazione.

Einführungspreis [-sˌprais] *(m; -es, -e)* ~ prezzo promozionale.

Einfuhrzoll ['ainfuːɐˌtsɔl] *(m; -(e)s, -zölle)* ~ dazio.

Eingabe ['ainˌgaːbə] *(f; -, -n)* ***1*** somministrazione (di medicine). **2** domanda, richiesta (formale), istanza ◆ *eine Eingabe an jmdn richten* inoltrare una richiesta a qcn. **3** *(elab)* immissione (di dati).

Eingabetaste [-ˌtastə] *(f; -, -n)* ~ *(elab)* invio, enter (tasto).

Eingang ['ainˌgaŋ] *(m; -es, -gänge)* ***1*** entrata, ingresso ◆ *ein seitlicher Eingang* un'entrata laterale. **2** arrivo (di posta, merci, ecc). **3** *(anat)* bocca (dello stomaco).

ein|geben *(vt, hat; irr geben)* ***1*** {*jmdm etwas* ~} somministrare qcs a qcn. **2** {*jmdm etwas* ~} *(fig/lett)* infondere, incutere qcs a qcn. **3** *(elab)* immettere ◆ *Daten in einen Computer eingeben* immettere dati in un computer.

eingebildet ['aingəˌbɪldət] *(agg)* ~ presuntuoso, borioso, montato.

eingeboren ['aingəˌboːrən] *(agg)* ***1*** nativo, indigeno, originario. **2** *(lett)* innato, connaturato (qualità).

Eingeborene(r) [-ə (-ɐ)] *(m/f; -n, -n)* ~ indigeno, aborigeno, nativo.

Eingebung ['ainˌgeːbʊŋ] *(f; -, -en)* ~ *(lett)* idea (improvvisa), intuizione, ispirazione.

eingefallen ['aingəˌfalən] *(agg)* ~ incavato, smunto (lineamenti).

eingefleischt ['aingəˌflaiʃt] *(agg)* ***1*** incallito, impenitente, incorreggibile (persona)

♦ *ein eingefleischter Optimist* un incorreggibile ottimista. *2* incallito, inveterato (abitudini e sim).

ein|gehen *(vi,* ist; *irr* gehen*)* *1* {*in etwas* (Acc) ~} *(fig)* entrare in qcs, trovar posto in qcs ♦ *in die Geschichte eingehen* entrare nella storia. *2* arrivare (posta, merci, ecc). *3* restringersi (abiti) ♦ *die Hose ist beim Waschen eingegangen* i pantaloni si sono stretti nel lavarli. *4* morire (animali, piante). *5 (fam)* chiudere, fallire (negozi, imprese). *6 (fam)* rimetterci, subire danni o perdite. *7* {*auf jmdn/etwas* ~} occuparsi di qcn/qcs. *8* {*auf etwas* (Acc) ~} pronunciarsi su qcs, reagire a qcs ♦ *auf einen Vorschlag eingehen* pronunciarsi su una proposta. *9* {*jmdm* ~} *(fam)* entrare in testa a qcn ♦ *es will ihm nicht eingehen, dass* non gli vuole entrare in testa che. ◆ **eine Ehe eingehen** contrarre matrimonio. ◆ **ein Geschäft eingehen** concludere un affare. ◆ **ein Risiko eingehen** correre un rischio. ◆ **eine Wette eingehen** fare una scommessa.

eingehend ['ainˌgeːənt] *(agg)* *1* minuzioso, accurato, approfondito. *2 (avv)* a fondo, minuziosamente, accuratamente, approfonditamente.

eingemacht ['aingəˌmaxt] *(agg)* ~ conservato (alimenti); sott'olio, sott'aceto, in salamoia, sciroppato, ecc. ◆ **eingemachtes Obst** frutta sciroppata.

Eingemachte [-e] *(n;* -n*)* ~ alimenti conservati (sott'olio, sott'aceto, sciroppati, ecc); sottaceti.

eingenommen ['aingəˌnɔmən] *(agg)* ~ **von jmdm eingenommen sein** essere conquistato, affascinato da qcn. ◆ **gegen jmdn/etwas eingenommen sein** essere contrario a qcn/qcs, essere prevenuto verso qcn/qcs.

eingerostet ['aingəˌrɔstet] *(agg)* ~ arrugginito.

eingeschlossen ['aingəʃlɔsən] *(agg/posp* + Acc*)* ~ incluso ♦ *ist die Bedienung im Preis auch (mit) eingeschlossen?* nel prezzo è incluso anche il servizio? ♦ *alle, mich eingeschlossen* tutti incluso me.

eingesessen ['aingəˌzɛsən] *(agg)* *1* residente. *2* locale, del luogo.

eingestandenermaßen [ˌaingəʃtandənɐ'maːsən] *(avv)* ~ per propria ammissione.

Eingeständnis ['aingəʃtɛntnis] *(n;* -ses, -se*)* ~ ammissione, confessione.

ein|gestehen *(vt,* hat; *irr* stehen*)* ~ ammettere, riconoscere, confessare ♦ *einen Irrtum eingestehen* riconoscere un errore.

eingestellt ['aingəʃtɛlt] *(agg)* ~ orientato; di idee, di tendenze ♦ *fortschrittlich eingestellt sein* essere di tendenze progressiste.

eingetragen ['aingəˌtraːgən] *(agg)* ~ registrato ♦ *eingetragenes Warenzeichen* marchio registrato.

Eingeweide ['aingəˌvaidə] *(n;* -s, -*)* ~ *(anat, zool)* viscere; intestini, budella.

Eingeweidebruch [-ˌbrʊx] *(m;* -(e)s, -brüche*)* ~ *(med)* ernia intestinale.

Eingeweihte(r) ['aingəˌvaitə (-tɐ)] *(m/f;* -n, -n*)* ~ iniziato.

ein|gewöhnen *(vr,* hat*)* ~ **sich an etwas** (Acc) **eingewöhnen** adattarsi a qcs, ambientarsi.

eingewurzelt ['aingəˌvʊrtsəlt] *(agg)* ~ radicato (usanze, sentimenti, ecc).

ein|gießen *(vt,* hat; *irr/ortogr* gießen*)* ~ versare ♦ *ich goss ihm ein Glas Wein ein* gli versai un bicchiere di vino.

ein|gipsen *(vt,* hat*)* ~ *(med)* ingessare.

ein|gliedern *(vt,* hat*)* ~ {*jmdn/etwas einer Sache* (Dat) ~}, {*jmdn/etwas in etwas* (Acc) ~} incorporare, inserire qcn/qcs in qcs *(anche fig)*.

ein|graben *(vt,* hat; *irr* graben*)* *1* interrare, piantare ♦ *einen Pfahl eingraben* piantare un palo. *2* sotterrare. ◆ **sich in etwas** (Acc) **eingraben** *(vr)* *1* infiltrarsi, penetrare in qcs. *2 (fig)* imprimersi in qcs.

ein|greifen *(vi,* hat; *irr* greifen*)* *1* {*in etwas* (Acc) ~} intervenire (energicamente) in qcs ♦ *in einen Streit eingreifen* intervenire in una lite. *2 (tecn)* ingranare. *3 (med)* intervenire, operare. ◆ **in jmds Rechte eingreifen** ledere i diritti di qcn.

eingreifend ['ainˌgraifənt] *(agg)* ~ decisivo, determinante.

Eingriff ['ainˌgrɪf] *(m;* -(e)s, -e*)* *1* intervento (indebito), intromissione, ingerenza. *2 (med)* operazione, intervento ♦ *ein chirurgischer Eingriff* un intervento chirurgico.

ein|haken *(vt,* hat*)* ***1*** agganciare, fissare con un gancio. ***2*** prendere a braccetto. ***3*** *(vi) (fam)* intromettersi (in un discorso), metter bocca. ◆ **sich bei jmdm einhaken** *(vr)* prendere a braccetto qcn.

Einhalt ['ain͵halt] *(m)* ~ **jmdm/etwas Einhalt gebieten/tun** *(lett)* fermare, arrestare qcn/qcs.

ein|halten *(vt,* hat; *irr* halten*)* ***1*** rispettare, seguire, attenersi a ◆ *eine Frist einhalten* rispettare una scadenza ◆ *eine Diät einhalten* seguire una dieta. ***2*** mantenere ◆ *den Kurs einhalten* mantenere la rotta. ***3*** {*mit etwas/in etwas* (Dat) ~} *(vi) (lett)* smettere, interrompere qcs.

ein|handeln *(vt,* hat*)* ***1*** {*etwas gegen/für etwas* ~} barattare, scambiare qcs con qcs. ***2*** {*sich* (Dat) *etwas* ~} *(fam)* beccarsi qcs.

ein|hängen *(vt,* hat*)* ***1*** appendere (spec porte o finestre nei cardini). ***2*** *(tel)* riappendere, riagganciare.

ein|hauen *(vt,* hat; *irr* hauen[1]*)* ***1*** incidere, scolpire ◆ *eine Inschrift in einen Grabstein einhauen* scolpire un'iscrizione su una pietra tombale. ***2*** sfondare (colpendo), fracassare. ***3*** {*auf jmdn* ~} *(vi)* menare, pestare, bastonare qcn.

einheimisch ['ain͵haimɪʃ] *(agg)* ***1*** indigeno, nativo, autoctono, nostrano. ***2*** locale.

Einheimische(r) [-ə (-ɐ)] *(m/f;* -n, -n*)* ~ indigeno, nativo; persona del luogo.

Einheit ['ain͵hait] *(f;* -, -en*)* ***1*** *(solo sing)* unità *(anche mil)*, unione ◆ *politische Einheit* unità politica ◆ *eine Einheit bilden* costituire un tutto unico. ***2*** unità di misura. ***3*** scatto (telefonico). ◆ **die deutsche Einheit** l'unità tedesca, la riunificazione della Germania ◆ *Tag der deutschen Einheit* festa della riunificazione tedesca.

Einheits- ['ain͵haits] *(nei composti)* ~ unitario ◆ *Einheitsgewerkschaft* sindacato unitario ◆ *Einheitspreis* prezzo unitario.

einheitlich ['ain͵haitlɪç] *(agg)* ***1*** unito, unitario. ***2*** unitario, omogeneo, coerente. ***3*** uniforme, uguale per tutti ◆ *einheitliche Kleidung* abbigliamento uniforme.

ein|heizen *(vt,* hat*)* ***1*** riscaldare ◆ *ein Zimmer einheizen* riscaldare una stanza. ***2*** {*jmdm* ~} *(vi) (fam)* dirne quattro a qcn, strigliare qcn. ◆ **den Ofen einheizen** accendere la stufa.

einhellig ['ain͵hɛlɪç] *(agg)* ***1*** unanime. ***2*** *(avv)* all'unanimità.

ein|holen *(vt,* hat*)* ***1*** ammainare ◆ *eine Fahne, ein Segel einholen* ammainare una bandiera, una vela. ***2*** {*jmdn* ~} raggiungere, riprendere, rimontare qcn. ***3*** recuperare, riguadagnare (perdite e sim). ***4*** chiedere, farsi dare (informazioni, consigli, ecc). ***5*** *(fam)* comprare; *(vi)* fare la spesa.

Einhorn ['ain͵hɔrn] *(n;* -(e)s, -hörner*)* ~ unicorno.

ein|hüllen *(vt,* hat*)* ~ {*jmdn/etwas in etwas* (Acc) ~} avvolgere qcn/qcs in qcs ◆ *sie hüllte das Kind in eine Decke ein* avvolse il bambino in una coperta.

einig ['ainɪç] *(agg)* ***1*** unito, unitario. ***2*** concorde, d'accordo. ◆ **(sich)** (Dat) **mit jmdm in etwas** (Dat)**/über etwas** (Acc) **einig sein**, **werden** essere, mettersi d'accordo con qcn su qcs ◆ *ich bin (mir) mit ihnen schon darin einig, dass* sono già d'accordo con loro (sul fatto) che.

einige(r, -s) ['ainɪgə (-gɐ, -gəs)] *(agg/pron indef)* ***1*** *(sing)* un po', un certo ◆ *nach einiger Zeit* dopo un po' di tempo ◆ *einige Erfahrung haben* avere una certa esperienza. ***2*** *(pl)* alcuni, diversi, qualche ◆ *ich muss noch einige Geschenke kaufen* devo comprare ancora qualche regalo ◆ *einige meiner Kollegen* alcuni dei miei colleghi ◆ *einige sagen, dass* alcuni dicono che. ◆ **einiges** qualcosa, diverse cose, un bel po' ◆ *ich muss noch einiges erledigen* devo sbrigare ancora diverse cose.

einigen ['ainɪgən] *(vt,* hat*)* ~ unire, unificare *(spec pol)*; mettere d'accordo. ◆ **sich mit jmdm auf/über etwas** (Acc) **einigen** *(vr)* mettersi d'accordo, trovare un accordo con qcn su qcs ◆ *wir haben uns mit ihnen auf einen Kompromiss geeinigt* abbiamo trovato un compromesso con loro.

einigermaßen [͵ainɪgɐ'maːsən] *(avv)* ***1*** piuttosto, abbastanza ◆ *einigermaßen gute Qualität* qualità piuttosto buona. ***2*** abbastanza bene, discretamente ◆ *„Wie geht's?" „Einigermaßen"* "Come va?" "Abbastanza bene/non c'è male".

Einigkeit ['ainɪç,kait] *(f; -)* ~ unità, concordia. ◆ **Einigkeit macht stark** *(prov)* l'unione fa la forza.
Einigung ['ainɪgʊŋ] *(f; -, -en)* **1** accordo, intesa. **2** *(pol)* unificazione, unione.
ein|impfen *(vt, hat)* **1** iniettare (vaccino). **2** {*jmdm etwas* ~} *(fam)* inculcare qcs a qcn.
ein|jagen *(vt, hat)* ~ *(fam)* mettere, far prendere (paura e sim) ♦ *jmdm Angst einjagen* mettere paura a qcn ♦ *jmdm einen Schreck einjagen* far prendere uno spavento a qcn.
einjährig ['ain,jɛːrɪç] *(agg)* ~ di un anno ♦ *ein einjähriges Kind* un bambino di un anno.
ein|kassieren *(vt, hat)* ~ incassare.
Einkauf ['ain,kauf] *(m; -(e)s, -käufe)* ~ acquisto (l'acquistare, cosa acquistata) ♦ *Einkäufe machen* fare acquisti.
ein|kaufen *(vt, hat)* **1** comprare, acquistare (in grossa quantità). **2** *(vi)* far la spesa.
Einkaufsbummel [-s,bʊməl] *(m; -s, -)* ~ giro per negozi, shopping.
Einkaufspreis [-s,prais] *(m; -es, -e)* ~ *(econ)* prezzo di costo.
Einkaufstasche [-s,taʃə] *(f; -, -n)* ~ borsa della spesa.
Einkaufswagen [-s,vaːgən] *(m; -s, -)* ~ carrello (del supermercato).
Einkaufszentrum [-s,tsɛntrʊm] *(n; -s, -zentren)* ~ centro commerciale.
ein|kehren *(vi, ist)* **1** *(region)* fare una sosta (in trattoria o albergo). **2** *(lett)* comparire, presentarsi.
ein|kesseln ['ain,kɛsəln] *(vt, hat)* ~ *(mil)* accerchiare.
ein|klagen *(vt, hat)* ~ *(dir)* reclamare (il pagamento di qcs).
ein|klammern *(vt, hat)* ~ mettere fra parentesi.
Einklang ['ain,klaŋ] *(m; -(e)s, -klänge)* **1** *(mus)* unisono. **2** *(fig)* accordo, concordia, unisono ♦ *im/in Einklang mit jmdm/etwas stehen* essere in accordo con qcn/qcs. ◆ **etwas mit etwas in Einklang bringen** conciliare qcs con qcs.
ein|kleiden *(vt, hat)* **1** {*jmdn* ~} vestire qcn (a nuovo). **2** {*etwas in etwas* (Acc) ~} esprimere qcs sotto forma di qcs. ◆ **sich (neu) einkleiden** *(vr)* vestirsi (a nuovo), rifarsi il guardaroba.
Einkommen ['ain,kɔmən] *(n; -s, -)* ~ reddito ♦ *ein festes, gutes, hohes Einkommen* un reddito fisso, buono, alto ♦ *Einkommen aus Grundbesitz* reddito fondiario.
einkommensschwach [-s,ʃvax] *(agg)* ~ a basso reddito.
einkommensstark [-s,ʃtark] *(agg)* ~ ad alto reddito.
Einkommen(s)steuer [-(s),ʃtɔyɐ] *(f; -, -n)* ~ imposta sul reddito.
Einkommen(s)steuererklärung [-(s)ʃtɔyɐ-ˀɛɐ,klɛːrʊŋ] *(f; -, -en)* ~ dichiarazione dei redditi.
ein|kreisen *(vt, hat)* **1** accerchiare, circondare *(anche mil)*. **2** cerchiare ♦ *ein Datum rot einkreisen* cerchiare una data in rosso. **3** *(fig)* circoscrivere (un tema).
Einkünfte ['ain,kʏnftə] *(pl)* ~ entrate, guadagni.
ein|laden *(vt, hat; irr* laden*)* **1** invitare ♦ *jmdn zum Essen, ins Kino, ins Restaurant einladen* invitare qcn a pranzo, al cinema, al ristorante ♦ *heute bin ich bei Verwandten eingeladen* oggi sono invitata a casa di parenti. **2** invitare, esortare ♦ *jmdn einladen, etwas zu tun* invitare qcn a fare qcs. **3** caricare (merci).
einladend ['ain,laːdənt] *(agg)* **1** invitante, allettante ♦ *das Restaurant sieht nicht sehr einladend aus* quel ristorante non ha un aspetto molto invitante. **2** appetitoso, invitante (cibi).
Einladung ['ain,laːdʊŋ] *(f; -, -en)* **1** invito ♦ *eine Einladung ablehnen, annehmen, bekommen* rifiutare, accettare, ricevere un invito. **2** ricevimento.
Einladungskarte [-s,kartə] *(f; -, -n)* ~ invito, biglietto d'invito.
Einlage ['ain,laːgə] *(f; -, -n)* **1** plantare, suola ortopedica. **2** numero extra, fuori programma (in spettacoli e sim). **3** *(econ)* deposito.
ein|lagern *(vt, hat)* ~ immagazzinare.
Einlass († **-laß**) ['ain,las] *(m; -es, -lässe)* ~ entrata, accesso, permesso di entrare ♦ *jmdm Einlass gewähren* dare a qcn il permesso di entrare.
ein|lassen *(vt, hat; irr* lassen*)* **1** lasciar entrare (persone o cose). **2** incastrare, inserire, incastonare ♦ *einen Haken in die Wand einlassen* inserire un gancio nel

muro ♦ *einen Edelstein in einen Ring einlassen* incastonare una pietra preziosa in un anello. ◆ **sich mit jmdm einlassen** *(vr) (spreg)* avere a che fare con qcn, bazzicare qcn ♦ *mit ihm solltest du dich nicht einlassen* non dovresti aver a che fare con lui. ◆ **sich auf/in etwas** (Acc) **einlassen** *(vr)* partecipare a qcs, entrare in qcs, intervenire in qcs ♦ *sich in ein Gespräch einlassen* intervenire in un discorso.

Einlauf ['ain,lauf] *(m;* -(e)s, -läufe*)* ***1*** arrivo (di treni o navi). ***2*** *(sport)* arrivo, taglio del traguardo. ***3*** *(med)* clistere.

ein|laufen *(vi,* ist; *irr* laufen*)* ***1*** arrivare (treni o navi; posta e sim). ***2*** scorrere dentro, colare dentro. ***3*** restringersi (abiti). ***4*** *(sport)* scendere in campo. ***5*** ritirare, restringersi (nel lavaggio). ◆ **jmdm die Bude/das Haus einlaufen** *(fam)* piombare in casa a qcn, invadere la casa di qcn.

ein|leben *(vr,* hat*)* ~ **sich in etwas** (Dat) **einleben** abituarsi a qcs, ambientarsi ♦ *ich habe mich in dieser Stadt noch nicht eingelebt* non mi sono ancora ambientata in questa città.

ein|legen *(vt,* hat*)* ***1*** mettere, inserire ♦ *eine CD einlegen* mettere un CD ♦ *den ersten Gang einlegen* inserire la prima (marcia) ♦ *einen Film in die Kamera einlegen* mettere un rullino nella macchina fotografica. ***2*** conservare (alimenti); mettere sott'olio, sott'aceto, ecc. ***3*** intarsiare. ***4*** *(econ)* depositare. ***5*** esprimere ufficialmente, presentare (proteste e sim) ♦ *Berufung einlegen* fare ricorso. ***6*** mettere in piega (capelli). ◆ **eine Pause einlegen** fare una pausa.

ein|leiten *(vt,* hat*)* ***1*** iniziare, avviare (procedimenti e sim). ***2*** introdurre, presentare, inaugurare (eventi e sim).

einleitend ['ain,laitənt] *(agg)* ~ introduttivo, d'introduzione ♦ *einige einleitende Worte sprechen* dire alcune parole d'introduzione.

Einleitung ['ain,laitʊŋ] *(f;* -, -en*)* ***1*** introduzione, presentazione, inaugurazione. ***2*** introduzione, prefazione (di libri).

ein|lenken *(vi,* ist/hat*)* ***1*** *(aux* ist*)* curvare, svoltare. ***2*** *(aux* hat*)* cedere, accondiscendere, mostrarsi conciliante.

ein|leuchten *(vi,* hat*)* ~ *{jmdm ~}* apparire chiaro a qcn ♦ *das will mir nicht einleuchten* questo non riesco a capirlo.

einleuchtend ['ain,lɔyçtənt] *(agg)* ~ chiaro, evidente.

ein|liefern *(vt,* hat*)* ***1*** consegnare (nel luogo di competenza) ♦ *einen Brief bei der Post einliefern* consegnare una lettera all'ufficio postale. ***2*** tradurre, trasferire (arrestati) ♦ *jmdn ins Gefängnis einliefern* trasferire qcn in prigione. ***3*** ricoverare (malati) ♦ *jmdn ins Krankenhaus einliefern* ricoverare qcn in ospedale.

Einlieferung ['ain,li:fərʊŋ] *(f;* -, -en*)* ***1*** consegna, invio. ***2*** trasferimento, traduzione (in carcere). ***3*** ricovero (in ospedale).

ein|lösen *(vt,* hat*)* ***1*** riscuotere, incassare ♦ *einen Scheck einlösen* riscuotere un assegno. ***2*** riscattare (pegni).

Einlösung ['ain,lø:zʊŋ] *(f;* -, -en*)* ***1*** riscossione, incasso. ***2*** riscatto (di pegni).

ein|machen *(vt,* hat*)* ~ conservare (alimenti); sciroppare (frutta); mettere sott'olio, sott'aceto, ecc.

einmal ['ain,ma:l] *(avv)* ***1*** una volta, una sola volta ♦ *das werde ich dir nur einmal sagen* te lo dirò una volta sola. ***2*** una volta, allora, in passato ♦ *es war einmal ein König* c'era una volta un re. ***3*** *(con valore esortativo)* dai, su ♦ *komm doch einmal her!* dai, vieni qui! ◆ **einmal... einmal...** ora... ora..., una volta... una volta... ◆ **auf einmal** ***1*** all'improvviso. ***2*** in una volta, tutto in una volta ♦ *er hat alles auf einmal gegessen* ha mangiato tutto in una volta. ◆ **erst einmal** per prima cosa. ◆ **nicht einmal** nemmeno, neppure ♦ *ich will nicht einmal daran denken* non ci voglio nemmeno pensare ♦ *er hat sich nicht einmal bedankt* non ha nemmeno ringraziato. ◆ **noch einmal** di nuovo, ancora una volta, ancora ♦ *lies es noch einmal* leggilo ancora una volta. ◆ **noch einmal so** (+ *agg*) il doppio, doppiamente ♦ *noch einmal so schön* doppiamente bello. ◆ **nun einmal** non c'è niente da fare ♦ *es ist nun einmal so* è così, non c'è niente da fare.

Einmaleins [-,ˀains] *(n;* -*)* ~ tavola pitagorica, tabelline ♦ *das Einmaleins aufsagen* recitare le tabelline.

einmalig [-ɪç] *(agg)* ***1*** unico, singolo ♦ *einmalige Zahlung* pagamento unico. ***2*** *(fig)* unico, irripetibile, eccezionale ♦ *ein einmaliges Erlebnis* un'esperienza unica.

Einmaligkeit [-ɪçˌkait] *(f; -)* ***1*** unicità. ***2*** *(fig)* unicità, eccezionalità.

ein|marschieren *(vi,* ist*)* ~ entrare (marciando).

ein|mengen [ˈainˌmɛŋən] *(vr,* hat*)* ~ **sich in etwas** (Acc) **einmengen** immischiarsi in qcs.

ein|mischen *(vt,* hat*)* ~ mescolare. ◆ **sich in etwas** (Acc) **einmischen** *(vr)* immischiarsi in qcs, intromettersi in qcs ♦ *du mischst dich immer in fremde Angelegenheiten ein* ti immischi sempre in faccende altrui.

Einmischung [ˈainˌmɪʃʊŋ] *(f; -, -en)* ~ intromissione, ingerenza.

ein|münden *(vi,* hat/ist*)* ~ sfociare.

einmütig [ˈainˌmyːtɪç] *(agg)* ***1*** concorde, unanime. ***2*** *(avv)* all'unanimità.

Einnahme [ˈainˌnaːmə] *(f; -, -n)* ***1*** guadagno, profitto, utile. ***2*** *(mil)* conquista ♦ *die Einnahme einer Stadt* la conquista di una città.

Einnahmequelle [-ˌkvɛlə] *(f; -, -n)* ~ fonte di guadagno.

ein|nehmen *(vt,* hat; *irr* nehmen*)* ***1*** guadagnare. ***2*** prendere, assumere (medicine) ♦ *Tabletten einnehmen* prendere delle pastiglie. ***3*** *(lett)* fare, consumare (pasti). ***4*** *(mil)* conquistare. ***5*** occupare, detenere (posti, cariche). ***6*** prendere, occupare (spazio) ♦ *dieser Tisch nimmt zu viel Platz ein* questo tavolo prende troppo posto. ***7*** assumere (atteggiamento). ***8*** {*jmdn für jmdn/sich* ~} conquistare qcn, accattivarsi qcn ♦ *durch ihren Charakter nimmt sie alle für sich ein* con il suo carattere conquista tutti. ◆ **seinen Platz einnehmen** occupare il proprio posto.

einnehmend [ˈainˌneːmənt] *(agg)* ~ attraente, simpatico, che conquista.

Einöde [ˈainˌˀøːdə] *(f; -, -n)* ~ landa desolata, *(fig)* deserto.

ein|ölen *(vt,* hat*)* ~ oliare, ungere, lubrificare.

ein|ordnen *(vt,* hat*)* ~ ordinare, classificare. ◆ **sich einordnen** *(vr)* ***1*** inserirsi ♦ *sich in die Gemeinschaft einordnen* inserirsi nella comunità. ***2*** immettersi in una corsia (di strada).

Einordnung [ˈainˌˀɔrdnʊŋ] *(f; -, -en)* ~ classificazione, ordinamento.

ein|packen *(vt,* hat*)* ***1*** impacchettare; imballare. ***2*** mettere in valigia ♦ *ich muss noch meine Hose einpacken* devo ancora mettere in valigia i pantaloni. ***3*** *(vi)* fare le valigie. ◆ **einpacken können** *(fam/spreg)* fallire, chiudere bottega.

Einpackung [ˈainˌpakʊŋ] *(f; -, -en)* ~ imballaggio.

ein|parken *(vi,* hat*)* ~ parcheggiare.

ein|passen *(vt,* hat; *ortogr* passen*)* ~ {*etwas in etwas* (Acc) ~} incastrare, adattare qcs in qcs.

ein|pauken *(vt,* hat*)* ~ {*jmdm etwas* ~} *(fam)* mettere in testa, inculcare qcs a qcn.

ein|pennen *(vi,* ist*)* ~ *(fam)* appisolarsi, addormentarsi.

ein|pflanzen *(vt,* hat*)* ***1*** piantare. ***2*** *(med)* impiantare, trapiantare.

ein|planen *(vt,* hat*)* ~ preventivare, prevedere.

ein|prägen *(vt,* hat*)* ***1*** {*einer Sache* (Dat) *etwas* ~} imprimere qcs in qcs. ***2*** {*jmdm etwas* ~} *(fig)* inculcare, imprimere qcs a qcn. ***3*** {*sich* (Dat) *etwas* ~} imprimersi nella memoria qcs. ◆ **sich jmdm einprägen** *(vr)* imprimersi in qcn, colpire qcn ♦ *das Bild hat sich mir tief eingeprägt* quell'immagine mi ha colpito profondamente.

ein|quartieren [ˈainkvarˌtiːrən] *(vt,* hat*)* ***1*** *(mil)* acquartierare, accampare. ***2*** *(estens)* alloggiare. ◆ **sich bei jmdm einquartieren** *(vr)* alloggiare presso qcn, trovare alloggio da qcn.

ein|rahmen *(vt,* hat*)* ~ incorniciare *(anche fig)*.

ein|räumen *(vt,* hat*)* ***1*** riporre, mettere a posto, disporre ♦ *Bücher in ein Regal einräumen* disporre dei libri su uno scaffale. ***2*** arredare. ***3*** {*jmdm etwas* ~} concedere qcs a qcn; ammettere.

einräumend [ˈainˌrɔymənt] *(agg)* ~ *(gramm)* concessivo.

Einräumung [ˈainˌrɔymʊŋ] *(f; -, -en)* ***1*** disposizione (il disporre). ***2*** concessione, ammissione.

ein|reden *(vt,* hat*)* ***1*** {*jmdm etwas ~*} persuadere qcn di qcs, far credere qcs a qcn, mettere in testa qcs a qcn ◆ *wer hat dir das eingeredet?* chi te lo ha messo in testa? **2** {*sich* (Dat) *etwas ~*} autoconvincersi di qcs, mettersi in testa qcs. ***3*** {*auf jmdn ~*} parlare ininterrottamente a qcn, riempire qcn di discorsi.

ein|reichen *(vt,* hat*)* ~ inoltrare, trasmettere, presentare (documenti, istanze, ecc) ◆ *einen Antrag einreichen* inoltrare un'istanza ◆ *Beschwerde einreichen* fare reclamo.

Einreichung ['ain͵raiçʊŋ] *(f; -, raro -en)* ~ presentazione, inoltro (di documenti, istanze, ecc).

ein|reihen *(vr,* hat*)* ~ **sich einreihen** inserirsi (in un dato posto), mettersi in fila.

Einreise ['ain͵raizə] *(f; -, -n)* ~ entrata (in un paese straniero).

ein|reisen *(vi,* ist*)* ~ entrare (in un paese straniero) ◆ *nach Deutschland, in die USA einreisen* entrare in Germania, negli USA.

ein|reißen[1] *(vi,* ist; *irr/ortogr* reißen*)* ***1*** strapparsi ◆ *das Blatt ist eingerissen* il foglio si è strappato. **2** *(fig)* diffondersi, prendere piede (cattivi costumi o abitudini).

ein|reißen[2] *(vt,* hat; *irr/ortogr* reißen*)* ***1*** demolire, abbattere. **2** strappare, fare uno strappo in.

ein|renken ['ain͵rɛŋkən] *(vt,* hat*)* ***1*** rimettere a posto (arti slogati) ◆ *der Arzt renkte ihm den Fuß ein* il medico gli rimise a posto il piede. **2** *(fig)* mettere a posto, sistemare (faccende).

ein|rennen *(vt,* hat; *irr* rennen*)* ***1*** sfondare (correndo contro). **2** {*sich* (Dat) *etwas an etwas* (Dat) ~} battere qcs in qcs correndo (parti del corpo); farsi male correndo ◆ *ich habe mir den Ellbogen an der Tür eingerannt* correndo ho battuto il gomito nella porta. ◆ **jmdm die Bude/das Haus einrennen** *(fig/fam)* piombare in casa a qcn.

ein|richten *(vt,* hat*)* ***1*** arredare. **2** istituire, fondare (qcs di pubblica utilità). **3** sistemare, organizzare, allestire. **4** *(med)* rimettere a posto (arti fratturati); ricomporre (fratture). ◆ **es so einrichten, dass** fare in modo di ◆ *kannst du es so einrichten, dass alle telefonisch benachrichtigt werden?* puoi fare in modo che tutti siano avvertiti per telefono? ◆ **sich einrichten** *(vr)* ***1*** metter su casa. **2** adattarsi, cavarsela (con pochi mezzi). **3** {*sich auf jmdn/etwas ~*} prepararsi a qcn/qcs ◆ *sich auf Gäste einrichten* prepararsi a ricevere ospiti.

Einrichtung ['ain͵rɪçtʊŋ] *(f; -, -en)* ***1*** *(solo sing)* arredamento, allestimento. **2** arredamento, mobili. **3** istituzione, ente (pubblico). **4** impianto.

ein|rollen *(vt,* hat*)* ~ arrotolare, avvolgere. ◆ **sich einrollen** *(vr)* arrotolarsi, avvolgersi.

ein|rosten *(vi,* ist*)* ~ arrugginire *(anche fig)* ◆ *das Schloss ist eingerostet* la serratura è arrugginita.

ein|rücken *(vi,* ist*)* ***1*** *(mil)* marciare, entrare marciando. **2** *(mil)* essere chiamato alle armi.

ein|rühren *(vt,* hat*)* ~ mescolare, aggiungere (qcs che si scioglie) ◆ *Käse in die Suppe einrühren* mettere il formaggio nella minestra.

eins[1] ['ains] *(num)* ~ uno. ◆ **um eins** all'una. ◆ **nach/vor eins** dopo, prima dell'una. ◆ **eins a** *(sigla* **Ia***)* di prima qualità. ◆ **eins, zwei, drei** *(fig/fam)* in un batter d'occhio.

eins[2] *(agg solo pred)* ***1*** concorde, d'accordo ◆ *mit jmdm über jmdn/etwas eins sein, werden* essere, mettersi d'accordo con qcn su qcn/qcs. **2** indifferente ◆ *das ist mir eins* questo mi è indifferente.

Eins *(f; -, -en)* ***1*** il numero uno. **2** *(fam)* l'autobus numero uno. **3** ottimo (voto scolastico) ◆ *eine Eins schreiben* prendere "ottimo" in un compito scritto.

einsam ['ain͵za:m] *(agg)* ***1*** solo, abbandonato (persona) ◆ *ich fühle mich einsam* mi sento solo. **2** solitario, deserto, sperduto (luogo).

Einsamkeit [-͵kait] *(f; -)* ***1*** solitudine. **2** luogo solitario.

ein|sammeln *(vt,* hat*)* ***1*** raccogliere ◆ *Äpfel in einen Korb einsammeln* raccogliere mele in un cestino. **2** raccogliere, ritirare ◆ *der Schaffner hat die Pässe eingesammelt* il controllore ha ritirato i passaporti.

Einsammlung ['ain,zamlʊŋ] *(f; -, -en)* ~ raccolta, ritiro.
Einsatz ['ain,zats] *(m; -es, -sätze)* ***1*** aggiunta, pezzo aggiunto. ***2*** puntata, posta, giocata. ***3*** pegno, deposito, cauzione. ***4*** *(solo sing)* intervento, azione *(anche mil)*; uso, impiego ◆ *mit/unter Einsatz der letzten Kräfte* impiegando le ultime forze. ***5*** rischio, il mettere a rischio ◆ *unter Einsatz des eigenen Lebens* mettendo a rischio la propria vita. ***6*** *(mus)* attacco.
einsatzbereit [-bə,rait] *(agg)* ***1*** pronto all'azione, pronto a intervenire *(anche mil)*. ***2*** disponibile, pronto ad adoperarsi.
Einsatzbereitschaft [-bə,rait·ʃaft] *(f; -)* ***1*** l'essere pronto a intervenire, all'azione *(anche mil)*. ***2*** impegno, disponibilità.
einsatzfähig [-,fɛ:ɪç] *(agg)* ~ utilizzabile, impiegabile.
Einsatzkommando [-kɔ,mando] *(n; -s, -s)* *(mil)* ~ nucleo operativo.
Einsatztruppe [-,trʊpə] *(f; -, -n)* ~ *(mil)* truppa operativa.
ein|säumen *(vt, hat)* ~ bordare, orlare, fare l'orlo a ◆ *eine Hose einsäumen* fare l'orlo a un paio di pantaloni.
ein|schalten *(vt, hat)* ***1*** accendere (luce, tv, ecc). ***2*** ingranare, mettere (marcia) ◆ *den zweiten Gang einschalten* mettere la seconda. ***3*** *(fig)* inserire ◆ *eine Erklärung, eine Pause einschalten* inserire una spiegazione, una pausa. ***4*** {*jmdn* ~} chiamare, far intervenire qcn ◆ *Fachleute einschalten* far intervenire degli esperti. ◆ **sich einschalten** *(vr)* ***1*** accendersi, azionarsi (elettricamente). ***2*** {*sich in etwas* (Acc) ~} *(fig)* intervenire in qcs; immischiarsi, intromettersi in qcs.
Einschaltquote ['ainʃalt,kvo:tə] *(f; -, -n)* ~ indice d'ascolto (radio, tv).
Einschaltung ['ain,ʃaltʊŋ] *(f; -, -en)* ~ accensione.
ein|schärfen *(vt, hat)* ~ {*jmdm etwas* ~} inculcare qcs a qcn; raccomandare qcs a qcn (comportamenti e sim).
ein|schätzen *(vt, hat)* ~ valutare, giudicare, stimare (persona o cosa) ◆ *jmdn/etwas hoch, niedrig einschätzen* stimare qcn/qcs molto, poco.
Einschätzung ['ain,ʃɛtsʊŋ] *(f; -, -en)* ~ valutazione, giudizio, stima.
ein|schenken *(vt, hat)* ~ {*jmdm etwas* ~} versare qcs a qcn (bevande).
ein|schicken *(vt, hat)* ~ mandare, inviare, spedire (per uno scopo preciso).
ein|schieben *(vt, hat; irr* schieben*)* ***1*** {*etwas in etwas* (Acc) ~} spingere qcs dentro qcs; infilare, introdurre qcs in qcs (spingendo). ***2*** {*jmdn/etwas in etwas* (Acc) ~} inserire, aggiungere qcn/qcs in qcs.
ein|schiffen ['ain,ʃɪfən] *(vt, hat)* ~ imbarcare (persone o cose). ◆ **sich einschiffen** *(vr)* imbarcarsi; partire (in nave) ◆ *er hat sich nach Amerika eingeschifft* è partito per l'America in nave.
Einschiffung ['ain,ʃɪfʊŋ] *(f; -, -en)* ~ imbarco.
ein|schlafen *(vi, ist; irr* schlafen*)* ***1*** addormentarsi ◆ *er ist sofort eingeschlafen* si è addormentato subito. ***2*** *(fig)* morire, chiudere gli occhi. ***3*** *(fam)* finire, terminare (progressivamente); esaurirsi.
ein|schläfern ['ain,ʃlɛ:fɐn] *(vt, hat)* ***1*** addormentare, assopire. ***2*** *(med)* addormentare, narcotizzare. ***3*** sopprimere con l'eutanasia (animali). ***4*** *(fig)* mettere a tacere (persona o cosa).
Einschlag ['ain,ʃla:k] *(m; -(e)s, -schläge)* ***1*** caduta, impatto (di fulmini, proiettili, ecc). ***2*** *(fig)* parte, aggiunta, componente ◆ *eine Bevölkerung mit deutschem Einschlag* una popolazione con una componente tedesca.
ein|schlagen[1] *(vi, hat; irr* schlagen*)* ***1*** cadere, colpire (fulmini, proiettili, ecc). ***2*** {*auf jmdn* ~} picchiare, percuotere qcn. ***3*** accettare (con una stretta di mano) ◆ *als ich ihm das Angebot machte, schlug er sofort ein* quando gli feci l'offerta, accettò subito dandomi la mano. ***4*** sterzare, curvare. ***5*** *(fig)* avere successo, riuscire, sfondare.
ein|schlagen[2] *(vt, hat; irr* schlagen*)* ***1*** conficcare, piantare ◆ *Nägel in ein Brett einschlagen* piantare dei chiodi in un'asse. ***2*** rompere (colpendo), spaccare. ***3*** {*etwas in etwas* (Acc) ~} avvolgere, impacchettare qcs in qcs. ***4*** scegliere, prendere (strada, direzione, ecc) ◆ *eine Richtung einschlagen* prendere una direzione.
einschlägig ['ain,ʃlɛ:gɪç] *(agg)* ~ relativo, attinente (a qcs) ◆ *ein Roman und die*

einschlägige Literatur un romanzo e la relativa letteratura critica. ◆ **einschlägig vorbestraft** *(dir)* pregiudicato, recidivo.

ein|schleichen *(vr,* hat; *irr* schleichen*)* ~ **sich einschleichen** *1* intrufolarsi, penetrare, infilarsi (di nascosto) ♦ *ein Dieb hat sich in der Nacht in den Laden eingeschlichen* un ladro si è intrufolato nel negozio la notte. *2 (fig)* diffondersi, insinuarsi ♦ *ein Verdacht schlich sich ein* si insinuò un sospetto. *3 (fig)* scappare, sfuggire (errori) ♦ *in die Rechnung hat sich ein Fehler eingeschlichen* nel calcolo è sfuggito un errore.

ein|schleppen *(vt,* hat*)* *1* rimorchiare (navi). *2* importare, portare (malattie, parassiti).

ein|schleusen *(vt,* hat*)* ~ far passare, introdurre (clandestinamente) ♦ *Drogen, Spione einschleusen* introdurre droghe, spie. ◆ **sich einschleusen** *(vr)* passare, introdursi (clandestinamente).

ein|schließen *(vt,* hat; *irr/ortogr* schließen*)* *1* {*jmdn/etwas in etwas* (Dat) ~} chiudere dentro, rinchiudere qcn/qcs (dentro qcs) ♦ *den Hund im Keller einschließen* chiudere il cane in cantina. *2* circondare, accerchiare (persona o cosa) ♦ *den Feind einschließen* accerchiare il nemico ♦ *eine Mauer schließt den Garten ein* un muro circonda il giardino. *3* comprendere, includere (vedi anche **eingeschlossen**). ◆ **sich in etwas** (Dat) **einschließen** *(vr)* chiudersi dentro, chiudersi a chiave ♦ *er schloss sich in seinem Zimmer ein* si chiuse a chiave in camera sua.

einschließlich ['ainʃli:slɪç] *(prep* + Gen, *al pl* + Dat, *se il genitivo non è marcato)* *1* incluso, compreso ♦ *einschließlich der Reisekosten* comprese le spese di viaggio ♦ *einschließlich Getränken* bevande incluse. *2 (avv)* compreso ♦ *bis einschließlich Sonntag* fino a domenica compresa ♦ *bis einschließlich 3. Juni; bis zum 3. Juni einschließlich* fino al 3 giugno compreso.

Einschluss († **-schluß**) ['ainʃlʊs] *(m;* -es, -schlüsse*)* *1* il rinchiudere (spec carcerati), reclusione. *2* inclusione. ◆ **mit/unter Einschluss** (+ Gen); **mit/unter Einschluss von jmdm/etwas** incluso, compreso qcn/qcs.

ein|schmeicheln *(vr,* hat*)* ~ **sich** (**bei jmdm**) **einschmeicheln** arruffianarsi con qcn, accattivarsi qcn.

ein|schmieren *(vt,* hat*)* ~ lubrificare, ingrassare, ungere.

ein|schmuggeln *(vt,* hat*)* ~ contrabbandare, introdurre di contrabbando.

ein|schnappen *(vi,* ist*)* *1* chiudersi di scatto. *2* {*wegen etwas* ~} *(fig)* offendersi, prendersela per qcs.

ein|schneiden *(vt,* hat; *irr* schneiden*)* *1* {*etwas in etwas* (Acc) ~} incidere, intagliare qcs in qcs. *2 (vi)* tagliare, penetrare tagliando *(anche fig)*.

einschneidend ['ainʃnaidənt] *(agg)* ~ energico, radicale; incisivo, decisivo (cambiamenti, provvedimenti, ecc).

Einschnitt ['ainʃnɪt] *(m;* -(e)s, -e*)* *1* taglio, incisione. *2 (fig)* svolta, cambiamento radicale.

ein|schränken ['ainʃrɛŋkən] *(vt,* hat*)* *1* limitare, ridurre, contenere ♦ *jmds Freiheit einschränken* limitare la libertà di qcn. *2* {*jmdn in etwas* (Dat) ~} limitare, contenere qcn in qcs ♦ *jmdn in seiner Freiheit einschränken* limitare qcn nella sua libertà. ◆ **sich einschränken** *(vr)* limitarsi, contenersi (economicamente).

Einschränkung ['ainʃrɛŋkʊŋ] *(f;* -, -en*)* *1* limitazione, riduzione, contenimento. *2* riserva ♦ *ohne Einschränkungen* senza riserve.

ein|schreiben *(vt,* hat; *irr* schreiben*)* *1* scrivere (in qcs). *2* iscrivere; immatricolare ♦ *jmdn in eine Liste einschreiben* iscrivere qcn in una lista. ◆ **sich einschreiben** *(vr)* iscriversi; immatricolarsi ♦ *sich an einer Universität einschreiben* immatricolarsi a un'università. ◆ **einen Brief einschreiben lassen** fare una raccomandata.

Einschreiben ['ainʃraibən] *(n;* -s, -*)* ~ raccomandata (tipo di invio postale).

ein|schreiten *(vi,* ist*)* ~ {*gegen jmdn/etwas* ~} intervenire contro qcn/qcs.

ein|schüchtern *(vt,* hat*)* ~ intimidire, intimorire.

Einschüchterung ['ainʃʏçtərʊŋ] *(f;* -, -en*)* ~ intimidazione.

ein|schulen *(vt,* hat*)* ~ mandare a scuola (alla prima elementare) ♦ *das Kind* *wird erst nächstes Jahr eingeschult* il bambino comincia la scuola solo l'anno prossimo.

Einschuss († **-schuß**) ['ain,ʃʊs] *(m;* -es, -schüsse*)* ~ foro d'entrata del proiettile.

ein|schwenken *(vi,* ist*)* ~ girare, svoltare ♦ *links einschwenken* svoltare a sinistra.

ein|sehen *(vt,* hat; *irr* sehen*)* ***1*** dominare con lo sguardo. ***2*** esaminare, rileggere (testi). ***3*** comprendere, capire; riconoscere (errori) ♦ *ich sehe nicht ein, warum...* non capisco perché...

Einsehen ['ain,ze:ən] *(n)* ~ **(k)ein Einsehen haben** (non) essere comprensivo, (non) essere condiscendente.

ein|seifen ['ain,zaifən] *(vt,* hat*)* ***1*** insaponare. ***2*** *(fig/fam)* abbindolare.

einseitig ['ain,zaitɪç] *(agg)* ***1*** unilaterale, da un solo lato, da una parte sola ♦ *einseitige Lungenentzündung* polmonite unilaterale ♦ *einseitige Entscheidung* decisione unilaterale. ***2*** soggettivo, parziale. ***3*** limitato, ristretto. ***4*** *(avv)* da un solo lato, da una parte sola; soggettivamente, parzialmente.

Einseitigkeit [-,kait] *(f;* -, *raro* -en*)* ***1*** unilateralità. ***2*** soggettività, parzialità. ***3*** limitatezza, ristrettezza (mentale e sim).

ein|senden *(vt,* hat; *reg/irr* senden*)* ~ {*jmdm etwas* ~} inviare, spedire, mandare qcs a qcn (uffici o istituzioni).

Einsendung ['ain,zɛndʊŋ] *(f;* -, -en*)* ~ invio, spedizione.

Einsendeschluss († **-schluß**) ['ainzɛndəʃlʊs] *(m;* -es, -schlüsse*)* ~ termine ultimo per l'invio.

Einser ['ainzɐ] *(m;* -s, -*)* ***1*** *(fam)* il numero uno. ***2*** *(fam)* ottimo (voto scolastico). ***3*** *(fam)* autobus, tram numero uno.

ein|setzen[1] *(vi,* hat*)* ***1*** cominciare, iniziare, ricominciare. ***2*** *(mus)* attaccare.

ein|setzen[2] *(vt,* hat*)* ***1*** {*etwas in etwas* (Acc) ~} mettere, applicare, aggiungere qcs in/a qcs. ***2*** piantare, interrare. ***3*** nominare, designare. ***4*** impiegare, utilizzare, usare ♦ *all seine Kräfte, eine neue Maschine, Polizei einsetzen* impiegare tutte le proprie energie, una nuova macchina, la polizia. ***5*** puntare, scommettere. ***6*** rischiare, mettere in gioco ♦ *sein Leben einsetzen* rischiare la vita. ◆ **sich (für jmdn/etwas) einsetzen** *(vr)* impegnarsi a favore di qcn/qcs.

Einsicht ['ain,zɪçt] *(f;* -, -en*)* ***1*** visione, presa d'atto di qcs. ***2*** comprensione, cognizione, convincimento. ***3*** comprensione, indulgenza. ***4*** senno, ragionevolezza. ◆ **in etwas** (Acc) **Einsicht nehmen** prendere visione di qcs. ◆ **zu der Einsicht kommen, dass** convincersi che. ◆ **mit jmdm Einsicht haben** essere comprensivo con qcn. ◆ **zur Einsicht kommen** essere ragionevole.

einsichtig ['ain,zɪçtɪç] *(agg)* ***1*** comprensivo, indulgente. ***2*** assennato, ragionevole. ***3*** comprensibile, semplice.

Einsiedler ['ain,zi:dlɐ] *(m;* -s, -; *f* **-in***)* ~ eremita.

einsilbig ['ain,zɪlbɪç] *(agg)* ***1*** monosillabo ♦ *einsilbiges Wort* monosillabo, parola monosillaba. ***2*** *(fig)* di poche parole, laconico ♦ *eine einsilbige Antwort* una risposta laconica. ***3*** *(avv)* laconicamente.

ein|sinken *(vi,* ist*)* ***1*** {*in etwas* (Dat) ~} affondare, sprofondare in qcs ♦ *im Schnee einsinken* sprofondare nella neve. ***2*** affossarsi, avvallarsi; incavarsi, infossarsi ♦ *hier ist der Boden eingesunken* qui il terreno si è affossato ♦ *eingesunkene Wangen* guance infossate.

ein|sortieren *(vt,* hat*)* ~ classificare; sistemare.

ein|spannen *(vt,* hat*)* ***1*** {*etwas in etwas* (Acc) ~} mettere, inserire qcs in qcs (tendendolo) ♦ *ein Blatt in die Schreibmaschine, einen Film in die Kamera einspannen* inserire un foglio nella macchina da scrivere, un rullino nella macchina fotografica. ***2*** {*jmdn für etwas* ~} *(fig/fam)* far lavorare sodo qcn, mettere qcn sotto torchio per qcs.

ein|sperren *(vt,* hat*)* ***1*** {*jmdn in etwas* (Dat/Acc) ~} chiudere, rinchiudere qcn (in una stanza e sim). ***2*** *(fig/fam)* mettere in gattabuia. ◆ **sich einsperren** *(vr)* chiudersi, rinchiudersi dentro ♦ *er sperrte sich in seinem Zimmer ein* si chiuse in camera sua.

ein|spielen *(vt,* hat*)* ~ *(mus)* accordare. ◆ **sich einspielen** *(vr)* ***1*** {*sich aufeinander* ~} *(fig)* affiatarsi. ***2*** assestarsi, stabilizzarsi; funzionare (ritmi, metodi, ecc).

einsprachig ['ainʃpraːxɪç] *(agg)* ~ monolingue ♦ *einsprachiges Wörterbuch* vocabolario monolingue.

ein|sprechen *(vi,* hat; *irr* sprechen*)* ~ {*auf jmdn* ~} parlare insistentemente a qcn, sommergere qcn di discorsi.

ein|springen *(vi,* ist; *irr* springen*)* ~ {*für jmdn* ~} sostituire, rimpiazzare qcn (temporaneamente).

ein|spritzen *(vt,* hat*)* ~ iniettare.

Einspritzmotor ['ainʃprɪtsˌmoːtoːɐ] *(m,* -s, -en*)* ~ *(tecn)* motore a iniezione.

Einspruch ['ainʃprʊx] *(m;* -(e)s, -sprüche*)* ***1*** obiezione, protesta ♦ *gegen etwas Einspruch erheben* sollevare un'obiezione contro qcs. ***2*** *(dir)* ricorso ♦ *gegen etwas Einspruch erheben (dir)* fare ricorso contro qcs.

einspurig ['ainʃpuːrɪç] *(agg/avv)* ~ a una (sola) corsia, su una (sola) corsia.

einst ['ainst] *(avv)* ***1*** *(lett)* una volta, in passato. ***2*** *(lett)* un giorno, in un (lontano) futuro.

ein|stampfen *(vt,* hat*)* ***1*** {*etwas in etwas* (Acc) ~} pigiare qcs dentro qcs. ***2*** macerare (carta).

Einstand ['ainʃtant] *(m;* -(e)s, -stände*)* ***1*** *(region)* entrata in servizio (ufficiale); festa per l'entrata in servizio. ***2*** *(sport)* parità (nel tennis).

ein|stecken *(vt,* hat*)* ***1*** mettere dentro, infilare (in borsa, in tasca) ♦ *hast du den Reiseführer eingesteckt?* hai messo dentro (in borsa) la guida turistica? ***2*** *(fam)* guadagnare, intascare. ***3*** *(fig/fam)* incassare, mandar giù.

ein|stehen *(vi,* hat; *irr* stehen*)* ~ {*für jmdn/etwas* ~} garantire per qcn/qcs, rispondere di qcn/qcs.

ein|steigen *(vi,* ist; *irr* steigen*)* ***1*** salire (su un veicolo) ♦ *ins Auto, in den Bus, in den Zug einsteigen* salire in macchina, sul l'autobus, sul treno. ***2*** {*in etwas* (Acc) ~} *(fam)* partecipare a qcs (affari e sim).

ein|stellen *(vt,* hat*)* ***1*** mettere, mettere a posto, sistemare ♦ *das Auto in die Garage, die Bücher ins Regal einstellen* mettere l'auto in garage, i libri sullo scaffale. ***2*** assumere (lavoratori). ***3*** regolare ♦ *die Lautstärke einstellen* regolare il volume. ***4*** terminare, finire, sospendere (attività). ***5*** eguagliare (record). ◆ **sich einstellen** *(vr)* ***1*** arrivare, presentarsi (persona o cosa) ♦ *er stellte sich vorzeitig bei uns ein* si presentò da noi in anticipo ♦ *Probleme haben sich eingestellt* si sono presentati dei problemi. ***2*** {*sich auf jmdn/etwas* ~} prepararsi a qcn/qcs.

Einstellung ['ainʃtɛlʊŋ] *(f;* -, -en*)* ***1*** assunzione (di lavoratori), reclutamento. ***2*** termine, fine, sospensione. ***3*** regolazione (di strumenti e sim). ***4*** *(fig)* atteggiamento, opinione, modo di pensare ♦ *er hat eine negative Einstellung zur Politik* ha un atteggiamento negativo nei confronti della politica. ***5*** cessazione (di attività).

Einstieg ['ainʃtiːk] *(m;* -(e)s, -e*)* ***1*** salita (il salire; apertura da cui si sale). ***2*** *(fig)* approccio (a un tema).

einstig ['ainstɪç] *(agg)* ~ di una volta, ex.

ein|stimmen *(vi,* hat) ***1*** *(vi) (mus)* intonare, accordarsi ♦ *in den Gesang einstimmen* unirsi al canto. ***2*** {*in etwas* (Acc) ~} *(fig)* aderire a qcs, unirsi a qcs. ◆ **sich auf etwas** (Acc) **einstimmen** *(vr)* prepararsi (spiritualmente) a qcs, mettersi nella disposizione d'animo per qcs.

einstimmig ['ainʃtɪmɪç] *(agg)* ***1*** *(mus)* per una sola voce. ***2*** *(fig)* unanime, concorde. ***3*** *(avv)* a una sola voce; all'unanimità, concordemente.

ein|streichen *(vt,* hat; *irr* streichen*)* ~ *(fam/spreg)* intascare, incassare.

ein|studieren *(vt,* hat*)* ~ studiare, provare (parti teatrali e sim).

ein|stufen ['ainʃtuːfən] *(vt,* hat*)* ~ classificare, valutare.

Einstufung ['ainʃtuːfʊŋ] *(f;* -, -en*)* ~ classificazione, valutazione.

ein|stürmen *(vi,* ist*)* ~ {*auf jmdn* ~} assalire qcn *(anche fig)*.

Einsturz ['ainʃtʊrts] *(m;* -es, -stürze*)* ~ crollo, rovina ♦ *der Einsturz eines Hauses* il crollo di una casa.

ein|stürzen *(vi,* ist*)* ***1*** crollare, rovinare ♦ *das Haus ist eingestürzt* la casa è crollata. ***2*** {*auf jmdn* ~} *(fig)* assalire qcn ♦ *Erinnerungen stürzten auf mich ein* i ricordi mi assalirono.

einstweilen ['ainstˈvailən] *(avv)* ~ provvisoriamente, temporaneamente, per il momento.

einstweilig ['ainst'vailɪç] *(agg)* ~ provvisorio, temporaneo.
ein|tauchen *(vt,* hat*)* ~ immergere, intingere.
ein|tauschen *(vt,* hat*)* ~ {*etwas gegen etwas* ~} cambiare, scambiare qcs con qcs.
ein|teilen *(vt,* hat*)* ***1*** dividere, suddividere. ***2*** distribuire, organizzare, gestire (mezzi, tempo, ecc) ♦ *(sich)* (Dat) *seine Zeit einteilen* organizzare il proprio tempo. ***3*** {*jmdn für etwas/zu etwas* ~} assegnare qcn a qcs ♦ *jmdn für die/zur Nachtschicht einteilen* assegnare qcn al turno di notte.
Einteilung ['ain,tailʊŋ] *(f;* -, -en*)* ***1*** divisione, suddivisione. ***2*** distribuzione, organizzazione, gestione (di mezzi, tempo, ecc). ***3*** assegnazione (di qcn a gruppi e sim).
eintönig ['ain,tø:nɪç] *(agg)* ~ monotono, ripetitivo, noioso.
Eintopf ['ain,tɔpf] *(m;* -(e)s, -töpfe*)* ~ abbrev di **Eintopfgericht**.
Eintopfgericht [-gə,rɪçt] *(m;* -(e)s, -e*)* ~ stufato (di carne e verdure).
Eintracht ['ain,traxt] *(f;* -*)* ~ concordia, armonia.
einträchtig ['ain,trɛçtɪç] *(agg)* ***1*** concorde, armonico. ***2*** *(avv)* in concordia, in armonia.
Eintrag ['ain,tra:k] *(m;* -(e)s, -träge*)* ~ nota, annotazione, registrazione.
ein|tragen *(vt,* hat; *irr* tragen*)* ***1*** annotare, registrare, iscrivere, inserire ♦ *jmdn in eine Liste eintragen* inserire qcn in una lista. ***2*** {*jmdm etwas* ~} portare, recare qcs a qcn (guadagni; conseguenze). ◆ **sich eintragen** *(vr)* registrarsi, iscriversi.
einträglich ['ain,trɛ:klɪç] *(agg)* ~ remunerativo, vantaggioso, redditizio.
Eintragung ['ain,tra:gʊŋ] *(f;* -, -en*)* ~ registrazione, iscrizione.
ein|treffen *(vi,* ist; *irr* treffen*)* ***1*** arrivare. ***2*** avverarsi (previsioni, timori, ecc).
ein|treiben *(vt,* hat; *irr* treiben*)* ***1*** piantare (chiodi, pali, ecc). ***2*** riscuotere, incassare.
Eintreibung ['ain,traibʊŋ] *(f;* -, -en*)* ~ riscossione.
ein|treten[1] *(vi,* ist; *irr* treten*)* ***1*** {*in etwas* (Acc) ~} entrare in qcs *(anche fig)* ♦ *in ein Zimmer, in eine Diskussion, in einen Verein eintreten* entrare in una stanza, in una discussione, in un'associazione. ***2*** *(fig)* presentarsi, verificarsi, accadere ♦ *wenn der Fall eintritt, dass* nel caso che. ***3*** {*für jmdn/etwas* ~} prendere le difese di qcn/qcs.
ein|treten[2] *(vt,* hat; *irr* treten*)* ~ sfondare a calci ♦ *eine Tür eintreten* sfondare una porta a calci.
Eintritt ['ain,trɪt] *(m;* -(e)s, -e*)* ~ entrata, ingresso ♦ *Eintritt verboten!* ingresso vietato! ♦ *was kostet der Eintritt?* quanto costa l'entrata?
Eintrittskarte ['aintrɪts,kartə] *(f;* -, -n*)* ~ biglietto d'ingresso.
ein|trocknen *(vi,* ist*)* ~ seccarsi (piante, frutti, ecc); asciugarsi.
ein|trudeln *(vi,* ist*)* ~ *(fam)* arrivare (lentamente) ♦ *dein Brief ist erst heute bei mir eingetrudelt* la tua lettera mi è arrivata solo oggi.
ein|üben *(vt,* hat*)* ~ studiare (con esercizi), provare; imparare (facendo esercizio).
ein|verleiben ['ainfɛɐ,laibən] *(anche* **einverleiben** [,ainfɛɐ'laibən]*)* *(vt,* hat*)* ***1*** {*einer Sache* (Dat) *etwas* ~} incamerare, incorporare qcs a qcs; *(pol)* annettere qcs a qcs. ***2*** {*sich* (Dat) *etwas* ~} *(fam)* mangiare qcs.
Einvernehmen ['ainfɛɐ,ne:mən] *(n;* -s*)* ~ concordia, armonia, accordo ♦ *mit jmdm im Einvernehmen leben, stehen* vivere, essere in accordo con qcn.
einverstanden ['ainfɛɐ,ʃtandən] *(agg solo pred)* ~ d'accordo ♦ *mit jmdm/etwas einverstanden sein* essere d'accordo con qcn/qcs ♦ *sich mit etwas einverstanden erklären* dichiararsi d'accordo con qcs. ◆ **einverstanden!** *(escl)* d'accordo!
Einverständnis ['ainfɛɐ,ʃtɛntnɪs] *(n;* -ses, -se*)* ***1*** intesa, accordo. ***2*** approvazione, consenso ♦ *etwas mit jmds Einverständnis tun* fare qcs con il consenso di qcn.
Einwand ['ain,vant] *(m;* -(e)s, -wände*)* ~ obiezione, protesta ♦ *einen Einwand erheben, geltend machen* sollevare, far valere un'obiezione.
Einwanderer ['ain,vandərɐ] *(m,* -s, -; *f* **-in***)* ~ immigrante, immigrato.

ein|wandern *(vi,* ist*)* ~ immigrare.

Einwanderung ['ain,vandərʊŋ] *(f; -, en)* ~ immigrazione.

einwandfrei ['ainvant,frai] *(agg)* ***1*** eccellente, ottimo, perfetto ♦ *sein Deutsch ist einwandfrei* il suo tedesco è perfetto. ***2*** irreprensibile, ineccepibile. ***3*** certo, chiaro, indubbio. ***4*** *(avv)* ottimamente, in modo eccellente; in modo irreprensibile. ***5*** *(avv)* in modo certo, con certezza ♦ *es ist einwandfrei bewiesen, dass* è dimostrato con certezza che.

einwärts ['ain,vɛrts] *(avv)* ~ verso l'interno ♦ *etwas einwärts biegen* piegare qcs verso l'interno.

ein|wechseln *(vt,* hat*)* ~ cambiare (soldi).

Einweg- ['ain,ve:k-] *(nei composti)* ~ monouso, usa e getta ♦ *Einwegspritze* siringa monouso.

Einwegflasche [-,flaʃə] *(f, -, -en)* ~ vuoto a perdere.

ein|weichen *(vt,* hat*)* ~ mettere a mollo, mettere a bagno.

ein|weihen *(vt,* hat*)* ***1*** inaugurare (solennemente); consacrare ♦ *ein Krankenhaus einweihen* inaugurare un ospedale. ***2*** {*jmdn in etwas* (Acc) ~} introdurre qcn a qcs (confidenzialmente); iniziare qcn a qcs (arti) ♦ *jmdn in einen Plan einweihen* introdurre qcn a un progetto.

Einweihung ['ain,vaiʊŋ] *(f; -, -en)* ***1*** inaugurazione (solenne). ***2*** iniziazione.

ein|weisen *(vt,* hat; *irr* weisen*)* ***1*** avviare, iniziare, introdurre (a un lavoro). ***2*** ricoverare, fare ricoverare ♦ *der Arzt hat den Patienten ins Krankenhaus eingewiesen* il medico ha fatto ricoverare il paziente in ospedale.

Einweisung ['ain,vaizʊŋ] *(f; -, -en)* ***1*** avviamento, introduzione (a un lavoro). ***2*** ricovero.

ein|wenden *(vt,* hat; *reg/irr* wenden*)* ~ obiettare ♦ *ich habe nichts dagegen einzuwenden* non ho niente da obiettare.

Einwendung ['ain,vɛndʊŋ] *(f; -, -en)* ~ obiezione.

ein|werfen *(vt,* hat; *irr* werfen*)* ***1*** gettare dentro; imbucare (lettera); introdurre, inserire (monete e sim). ***2*** rompere, infrangere (lanciando qcs). ***3*** *(fig)* accennare, buttare lì.

ein|wickeln *(vt,* hat*)* ***1*** {*jmdn/etwas in etwas* (Acc) ~} avvolgere qcn/qcs in qcs. ***2*** *(fig/fam)* abbindolare.

ein|willigen *(vi,* hat*)* ~ {*in etwas* (Acc) ~} acconsentire, consentire a qcs.

Einwilligung ['ain,vɪlɪgʊŋ] *(f; -, -en)* ~ consenso ♦ *seine Einwilligung zu etwas geben* dare il proprio consenso a qcs.

ein|wirken *(vi,* hat*)* ~ {*auf jmdn/etwas* ~} agire, avere effetto, influire su qcn/qcs.

Einwirkung ['ain,vɪrkʊŋ] *(f; -, -en)* ~ azione, effetto.

Einwohner ['ain,vo:nɐ] *(m; -s, -; f* **-in***)* ~ abitante.

Einwurf ['ain,vʊrf] *(m; -(e)s, -würfe)* ***1*** introduzione; invio (di lettera). ***2*** *(concr)* fessura (di buca delle lettere, di distributore automatico, ecc). ***3*** *(fig)* obiezione, osservazione (breve).

Einzahl ['ain,tsa:l] *(f; -)* ~ *(gramm)* singolare ♦ *in der Einzahl* al singolare.

ein|zahlen *(vt,* hat*)* ~ versare (denaro) ♦ *eine Summe auf ein Konto einzahlen* versare una somma su un conto.

Einzahlung [-ʊŋ] *(f; -, -en)* ~ versamento (di denaro).

Einzahlungsbeleg [-ʊŋsbə,le:k] *(m; -(e)s, -e)* ~ ricevuta di versamento.

ein|zäunen ['ain,tsɔynən] *(vt,* hat*)* ~ recintare.

Einzel ['aintsəl] *(n; -s, -)* ~ *(sport)* singolo (nel tennis).

Einzelabteil [-ˀap,tail] *(n; -s, -e)* ~ scompartimento singolo.

Einzelbett [-,bɛt] *(n; -(e)s, -en)* ~ letto a una piazza, letto singolo.

Einzelerscheinung [-ˀɛɐ,ʃainʊŋ] *(f; -, -en)* ~ fenomeno isolato.

Einzelfall [-,fal] *(m; -(e)s, -fälle)* ~ caso particolare.

Einzelgänger [-,gɛŋɐ] *(m; -s, -; f* **-in***)* ~ persona solitaria.

Einzelhandel [-,handəl] *(m; -s)* ~ commercio al dettaglio.

Einzelhändler [-,hɛndlɐ] *(m; -s, -; f* **-in***)* ~ commerciante al dettaglio.

Einzelheit [-,hait] *(f; -, -en)* ~ dettaglio, particolare ♦ *etwas in allen Einzelheiten erzählen* raccontare qcs fin nei minimi particolari ♦ *auf Einzelheiten eingehen* scendere nei dettagli.

Einzelkind [-ˌkɪnt] *(n; -(e)s, -er)* ~ figlio unico.
einzeln [-n] *(agg)* ***1*** singolo, solo. ***2*** *(avv)* singolarmente, a uno a uno.
Einzelne(r) († **einzelner**) [-ə (-ɐ)] *(m/f; -n, -n)* ***1*** singolo, individuo ♦ *der Einzelne* († *einzelne) ist für uns sehr wichtig* il singolo per noi è molto importante. ***2*** *(pl)* alcuni. ◆ **das Einzelne** († **einzelne**) particolare, dettaglio ♦ *im Einzelnen* († *einzelnen)* nei particolari ♦ *bis ins Einzelne* († *einzelne) gehen* scendere nei particolari ♦ *vom Einzelnen* († *einzelnen) zum Allgemeinen* dal particolare al generale. ◆ **Einzelnes** († **einzelnes**) qualcosa.
Einzelpreis [-ˌprais] *(m; -es, -e)* ~ prezzo singolo, prezzo di un oggetto singolo.
Einzelrichter [-ˌrɪçtɐ] *(m; -s, -)* ~ giudice unico.
Einzelstück [-ʃtʏk] *(n; -(e)s, -e)* ~ pezzo unico.
Einzelteil [-ˌtail] *(n; -s, -e)* ~ pezzo singolo, parte.
Einzelzimmer [-ˌtsɪmɐ] *(n, -s, -)* ~ camera singola.
ein|ziehen[1] *(vi, ist; irr ziehen)* ***1*** {*in etwas* (Acc) ~} penetrare in qcs, essere assorbito da qcs. ***2*** entrare, arrivare (schierati in gruppo) *(anche fig)* ♦ *die Mannschaft zieht ins Stadion ein* la squadra entra nello stadio. ***3*** trasferirsi, andare ad abitare ♦ *wer ist in die Wohnung nebenan eingezogen?* chi si è trasferito nell'appartamento accanto?
ein|ziehen[2] *(vt, hat; irr ziehen)* ***1*** infilare, inserire ♦ *einen Faden in das Nadelöhr einziehen* infilare un filo nella cruna. ***2*** tirare in dentro, ritrarre ♦ *den Schwanz einziehen* mettere la coda fra le gambe *(anche fig)*. ***3*** ammainare. ***4*** inspirare. ***5*** chiamare sotto le armi, arruolare. ***6*** riscuotere, incassare. ***7*** confiscare. ***8*** mettere fuori corso, ritirare dalla circolazione (soldi).
Einziehung [ˈainˌtsiːʊŋ] *(f; -, -en)* ***1*** riscossione. ***2*** confisca. ***3*** ritiro; messa fuori corso. ***4*** chiamata alle armi, arruolamento.
einzig [ˈaintsɪç] *(agg)* ***1*** unico ♦ *das ist die einzige Lösung* è l'unica soluzione ♦ *du bist der Einzige* († *einzige), der das machen kann* sei l'unico che possa farlo. ***2*** *(solo pred)* unico, irripetibile ♦ *einzig in seiner Art* unico nel suo genere. ***3*** *(avv)* unicamente, solamente, solo ♦ *das ist die einzig mögliche Lösung* questa è l'unica soluzione possibile. ◆ **das Einzige** († **einzige**) l'unica cosa ♦ *das war das Einzige, was ich tun konnte* era l'unica cosa che potessi fare. ◆ **einzig und allein** solo ed esclusivamente, solo e soltanto.
einzigartig [-ˌˀaːɐtɪç] *(agg)* ***1*** unico, irripetibile. ***2*** straordinario, incomparabile.
Einzimmerwohnung [ˌainˈtsɪmɐˌvoːnʊŋ] *(f; -, -en)* ~ monolocale.
Einzug [ˈainˌtsuːk] *(m; -(e)s, -züge)* ***1*** trasferimento (in una nuova casa), trasloco. ***2*** entrata, ingresso (in schiera), marcia ♦ *der Einzug der Soldaten in die Stadt* l'ingresso dei soldati in città. ***3*** *(fig/lett)* arrivo, inizio ♦ *der Einzug des Winters* l'arrivo dell'inverno. ***4*** *(tipogr)* rientro.
ein|zwängen *(vt, hat)* ~ {*jmdn/etwas in etwas* (Acc) ~} far entrare a forza qcn/qcs in qcs; stipare qcn/qcs ♦ *sie standen eingezwängt im Bus* stavano stipati come sardine nell'autobus.
Eis [ais] *(n; -es)* ***1*** ghiaccio ♦ *das Eis bricht, schmilzt* il ghiaccio si spacca, si scioglie ♦ *eine Flasche Sekt auf Eis legen* mettere una bottiglia di spumante in ghiaccio. ***2*** gelato ♦ *ein Becher, eine Tüte/ein Hörnchen Eis* una coppetta, un cono di gelato. ◆ **das Eis brechen** *(fig)* rompere il ghiaccio. ◆ **Eis laufen** († **eislaufen**) pattinare sul ghiaccio. ◆ **etwas auf Eis legen** *(fig)* congelare qcs (interrompere, rimandare).
Eisbär [-ˌbɛːɐ] *(m; -en, -en)* ~ *(zool)* orso polare.
Eisberg [-ˌbɛrk] *(m; -(e)s, -e)* ~ iceberg.
Eisbeutel [-ˌbɔytəl] *(m; -s, -)* ~ borsa del ghiaccio.
Eisbrecher [-ˌbrɛçɐ] *(m; -s, -)* ~ nave rompighiaccio.
Eiscreme [-ˌkreːm] *(f; -, -n)* ~ gelato.
Eisdiele [-ˌdiːlə] *(f; -, -n)* ~ gelateria.
Eisen [ˈaizən] *(n; -s, -)* ~ ferro ♦ *geschmiedetes Eisen* ferro battuto ♦ *Eisen gießen* fondere il ferro. ◆ **Eisen schaffend** († **eisenschaffend**), **Eisen verarbeitend** († **eisenverarbeitend**) siderurgico ♦ *Eisen*

schaffende/verarbeitende Industrie industria siderurgica. ◆ **aus Eisen** *(fig)* di ferro, robusto. ◆ **ein heißes Eisen anfassen** *(fig)* toccare una questione scottante. ◆ **zum alten Eisen gehören/zählen** *(fig/fam)* essere un ferro vecchio, essere un rottame. ◆ **man muss das Eisen schmieden, solange es heiß ist** *(prov)* bisogna battere il ferro finché è caldo.

Eisenbahn [-ˌbaːn] *(f; -, -en)* ***1*** ferrovia. ***2*** treno (come mezzo di trasporto) ♦ *mit der Eisenbahn fahren* andare in treno. ***3*** trenino giocattolo.

Eisenbahnstrecke [-baːnˌʃtrɛkə] *(f; -, -n)* ~ linea ferroviaria.

Eisenbahnunglück [-baːnˌˀʊnglʏk] *(n; -(e)s, -e)* ~ disastro ferroviario.

Eisenbahnwesen [-baːnˌveːzən] *(n; -s)* ~ ferrovie.

Eisenbahnzug [-baːnˌtsuːk] *(m; -(e)s, -züge)* ~ treno.

Eisenbeton [-beˌtɔŋ] *(m, -s)* ~ cemento armato.

Eisendraht [-ˌdraːt] *(m; -(e)s, -drähte)* ~ filo di ferro.

Eisengießerei [-giːsəˌrai] *(f; -, -en)* ~ fonderia.

eisenhaltig [-ˌhaltɪç] *(agg)* ~ ferroso, contenente ferro.

Eisenhütte [-ˌhʏtə] *(f; -, -n)* ~ ferriera.

Eisenindustrie [-ˀɪndʊsˌtriː] *(f; -, -n)* ~ industria siderurgica.

eisenschaffend ~ **Eisen schaffend** (vedi **Eisen**).

eisenverarbeitend ~ **Eisen verarbeitend** (vedi **Eisen**).

Eisenwaren [-ˌvaːrən] *(pl)* ~ ferramenta.

Eisenwarenhandlung [-vaːrənˌhandlʊŋ] *(f; -, -en)* ~ negozio di ferramenta.

eisern [ˈaizɐn] *(agg)* ***1*** di ferro ♦ *eiserne Ketten* catene di ferro. ***2*** *(fig)* ferreo, inflessibile, irremovibile ♦ *ein eiserner Wille* una volontà ferrea ♦ *eiserne Disziplin* disciplina ferrea. ***3*** fermo, impassibile, imperturbabile. ◆ **eiserner Bestand** provviste d'emergenza. ◆ **eiserne Lunge** *(med)* polmone d'acciaio. ◆ **der Eiserne Vorhang** *(pol)* la cortina di ferro.

eisgekühlt [ˈaisgəˌkyːlt] *(agg)* ~ ghiacciato, con ghiaccio (bibita).

Eisgetränk [ˈaisgəˌtrɛŋk] *(n; -(e)s, -e)* ~ bevanda ghiacciata.

Eishockey [ˈaisˌhɔki] *(n; -s)* ~ *(sport)* hockey su ghiaccio.

eisig [ˈaizɪç] *(agg)* ***1*** gelido, gelato, ghiaccio ♦ *ein eisiger Wind* un vento gelido ♦ *es ist eisig kalt* fa un freddo gelido. ***2*** *(fig)* gelido, freddo, glaciale ♦ *ein eisiger Blick* uno sguardo gelido. ***3*** *(avv)* *(fig)* gelidamente, freddamente.

eiskalt [ˈaisˈkalt] *(agg)* ***1*** gelido, freddissimo. ***2*** *(fig)* freddo, insensibile, spietato.

Eiskunstlauf [ˈaiskʊnstˌlauf] *(m; -(e)s)* ~ pattinaggio artistico (su ghiaccio).

eislaufen ~ **Eis laufen** (vedi **Eis**).

Eistüte [ˈaisˌtyːtə] *(f; -, -n)* ~ cono gelato.

Eisvogel [ˈaisˌfoːgəl] *(m; -s, -vögel)* ~ *(zool)* martin pescatore.

Eiswürfel [ˈaisˌvʏrfəl] *(m; -s, -)* ~ cubetto di ghiaccio.

Eiszapfen [ˈaisˌtsapfən] *(m; -s, -)* ~ ghiacciolo.

Eiszeit [ˈaisˌtsait] *(f; -)* ~ era glaciale.

eitel [ˈaitəl] *(agg)* ***1*** vanitoso. ***2*** *(lett)* vano, futile.

Eitelkeit [-ˌkait] *(f; -, raro -en)* ~ vanità.

Eiter [ˈaitɐ] *(m; -s)* ~ *(med)* pus.

Eiterbeule [-ˌbɔylə] *(f; -, -n)* ~ *(med)* ascesso, foruncolo.

eitern [-n] *(vi, hat)* ~ formare pus.

eiternd [-nt] *(agg)* ~ purulento.

Eiweiß [ˈaiˌvais] *(n; -es, -e)* ***1*** albume, chiara d'uovo. ***2*** *(chim)* proteina.

Ekel [ˈeːkəl] *(m; -s)* ~ schifo, ribrezzo, disgusto ♦ *vor jmdm/etwas Ekel empfinden* provare ribrezzo per qcn/qcs ♦ *bei/in jmdm Ekel erregen* destare ribrezzo in qcn.

ekelhaft [-ˌhaft] *(agg)* ***1*** schifoso, disgustoso. ***2*** *(avv)* schifosamente, in modo disgustoso; *(fam)* molto, schifosamente ♦ *es ist ekelhaft kalt* fa un freddo cane.

ekeln [-n] *(vt, hat)* ~ disgustare, fare schifo a ♦ *dieser Geruch ekelt mich* quest'odore mi disgusta. ◆ **sich vor jmdm/etwas ekeln** *(vr)* provare schifo per qcn/qcs ♦ *ich ekle mich vor Schlangen* i serpenti mi fanno schifo. ◆ **jmdm/jmdn ekelt es vor jmdm/etwas** *(impers)* a qcn fa schifo qcn/qcs, qcn/qcs disgusta qcn ♦ *es ekelt mich vor dir* mi fai schifo.

EKG [ˌeːkaːˈgeː] ~ abbrev di **Elektrokardiogramm**.
Eklat [eˈklaː] *(m; -s, -s)* ~ scalpore, clamore; scandalo.
eklig [ˈeːklɪç] *(agg)* ***1*** schifoso, disgustoso, ributtante. ***2*** *(avv) (fam)* molto, schifosamente.
Ekzem [ɛkˈtseːm] *(n; -s, -e)* ~ *(med)* eczema.
Elan [eˈlaːn] *(m; -s)* ~ slancio, entusiasmo.
elastisch [eˈlastɪʃ] *(agg)* ~ elastico.
Elastizität [elastitsiˈtɛːt] *(f; -)* ~ elasticità.
Elch [ɛlç] *(m; -(e)s, -e)* ~ *(zool)* alce.
Elefant [eleˈfant] *(m; -en, -en)* ~ *(zool)* elefante.
Elefantenkuh [-ənˌkuː] *(f; -, -kühe)* ~ *(zool)* elefantessa.
Elefantenzahn [-ənˌtsaːn] *(m; -(e)s, -zähne)* ~ zanna d'elefante.
elegant [eleˈgãː] *(agg)* ***1*** elegante. ***2*** *(avv)* elegantemente.
Eleganz [eleˈgants] *(f; -)* ~ eleganza.
Elektrik [eˈlɛktrɪk] *(f; -)* ~ abbrev di **Elektrotechnik**.
Elektriker [eˈlɛktrikɐ] *(m; -s, -; f* **-in***)* ~ elettricista.
elektrisch [eˈlɛktrɪʃ] *(agg)* ~ elettrico ♦ *elektrischer Strom* corrente elettrica.
elektrisieren [elɛktriˈziːrən] *(vt,* hat*)* ~ elettrizzare *(anche fig)*.
Elektrizität [elɛktritsiˈtɛːt] *(f; -)* ~ elettricità.
Elektrizitätsgesellschaft [elɛktritsiˈtɛːtsgəˌzɛlʃaft] *(f; -, -en)* ~ società fornitrice di elettricità.
Elektrizitätswerk [elɛktritsiˈtɛːtsˌvɛrk] *(n; -(e)s, -e)* ~ centrale elettrica.
Elektrizitätszähler [elɛktritsiˈtɛːtsˌtsɛːlɐ] *(m; -s, -)* ~ contatore (di energia elettrica).
Elektrodienst [eˈlɛktroˌdiːnst] *(m; -(e)s, -e)* ~ elettrauto.
Elektroenzephalogramm [eˌlɛktroˀɛntsefaloˈgram] *(n; -(e)s, -e) (abbrev* **EEG***)* ~ *(med)* elettroencefalogramma.
Elektrogerät [eˈlɛktrogəˌrɛːt] *(n; -(e)s, -e)* ~ elettrodomestico.
Elektroherd [eˈlɛktroˌheːɐt] *(m; -(e)s, -e)* ~ cucina elettrica.
Elektrokardiogramm [eˌlɛktrokardjoˈgram] *(n; -(e)s, -e) (abbrev* **EKG***)* ~ *(med)* elettrocardiogramma.
Elektron [ˈeːlɛktrɔn] *(n; -s, -en)* ~ elettrone.
Elektronik [elɛkˈtroːnɪk] *(f; -)* ~ elettronica.
elektronisch [elɛkˈtroːnɪʃ] *(agg)* ~ elettronico.
Elektrotechnik [eˌlɛktroˈtɛçnɪk] *(f; -)* ~ elettrotecnica.
Elektrotechniker [eˌlɛktroˈtɛçnikɐ] *(m; -s, -; f* **-in***)* ~ elettrotecnico, ingegnere elettrotecnico.
elektrotechnisch [eˌlɛktroˈtɛçnɪʃ] *(agg)* ~ elettrotecnico.
Element [eleˈmɛnt] *(n; -(e)s, -e)* ***1*** elemento *(anche chim)*, componente. ***2*** elemento, fondamento, principio (di scienze, teorie, ecc). ***3*** *(pl) (fam/spreg)* elementi, tipacci ♦ *schlechte Elemente* cattivi elementi.
elementar [elemɛnˈtaːɐ] *(agg)* ***1*** elementare, basilare, essenziale ♦ *elementare Kenntnisse* nozioni elementari. ***2*** elementare, naturale, primordiale.
elend [ˈeːlɛnt] *(agg)* ***1*** misero, povero; miserabile. ***2*** *(fig/spreg)* miserabile, spregevole. ***3*** *(avv)* miseramente, poveramente. ◆ **sich elend fühlen** sentirsi male, sentirsi uno straccio.
Elend *(n; -s)* ***1*** miseria, povertà ♦ *ins Elend geraten* finire in miseria ♦ *im Elend leben* vivere in miseria. ***2*** infelicità, disperazione.
elf [ɛlf] *(num)* ~ undici.
Elf[1] *(f; -, -en)* ***1*** il numero undici. ***2*** squadra (di calcio), undici.
Elf[2] *(m; -en, -en)* ~ elfo.
Elfenbein [-ənˌbain] *(n; -(e)s, raro -e)* ~ avorio.
Elferwette [-ɐˌvɛtə] *(f; -, -n)* ~ totocalcio.
Elfmeter [-ˌmeːtɐ] *(m; -s, -)* ~ *(sport)* rigore.
elfte(r, -s) [ˈɛlftə (-tɐ, -təs)] *(agg)* ~ undicesimo.
Elimination [eliminaˈtsjoːn] *(f; -, -en)* ~ eliminazione.
eliminieren [elimiˈniːrən] *(vt,* hat*)* ~ eliminare.
Eliminierung [elimiˈniːrʊŋ] *(f; -, -en)* ~ eliminazione.
elitär [eliˈtɛːɐ] *(agg)* ~ elitario.
Elite [eˈliːtə] *(f; -, -n)* ~ élite.
Ell(en)bogen [ˈɛl(ən)ˌboːgən] *(m; -s, -)* ~ *(anat)* gomito ♦ *sich auf die Ellbogen stützen* appoggiarsi sui gomiti. ◆ **seine**

Ellbogen gebrauchen *(fig)* farsi strada sgomitando.
ellenlang ['ɛlən,laŋ] *(agg)* ~ *(fam)* lunghissimo, interminabile.
Ellipse [ɛ'lɪpsə] *(f; -, -n)* ~ ellissi.
elliptisch [ɛ'lɪptɪʃ] *(agg)* ~ ellittico.
Elster ['ɛlstɐ] *(f; -, -n)* ~ *(zool)* gazza. ◆ **diebische Elster** gazza ladra.
elterlich ['ɛltɐlɪç] *(agg)* ~ genitoriale, dei genitori ◆ *elterliche Liebe* amore dei genitori.
Eltern ['ɛltɐn] *(solo pl)* ~ genitori ◆ *meine Eltern* i miei genitori. ◆ **nicht von schlechten Eltern sein** *(fig/fam)* non essere male.
Elternhaus [-,haus] *(n; -es, -häuser)* *1* casa paterna. *2* *(estens)* famiglia d'origine.
Elternteil [-,tail] *(m; -(e)s, -e)* ~ genitore.
E-Mail ['i:,meɪl] *(f; -, -s)* ~ *(elab)* e-mail, posta elettronica.
E-Mail-Adresse [-ˀa,drɛsə] *(f; -, -n)* ~ *(elab)* indirizzo e-mail.
Email [e'mai] *(n; -s, -s)* ~ vedi **Emaille**.
Emaille [e'maljə] *(f; -, -n)* ~ smalto.
Emanzipation [emantsipa'tsjo:n] *(f; -, -en)* ~ emancipazione.
emanzipieren [emantsi'pi:rən] *(vr, hat)* ~ **sich emanzipieren** emanciparsi.
Embargo [ɛm'bargo] *(n; -s, -s)* ~ embargo.
Emblem [ɛm'ble:m] *(n; -s, -e)* ~ emblema *(anche fig)*.
Embryo ['ɛmbryo] *(m; -s, -s/-nen)* ~ *(med)* embrione.
Emigrant [emi'grant] *(m; -en, -en; f* **-in***)* ~ emigrante.
Emigration [emigra'tsjo:n] *(f; -, -en)* ~ emigrazione.
emigrieren [emi'gri:rən] *(vi, ist)* ~ emigrare.
Eminenz [emi'nɛnts] *(f; -, -en)* ~ *(relig)* eminenza.
Emission [emɪ'sjo:n] *(f; -, -en)* *1* *(econ)* emissione (di titoli, francobolli, ecc). *2* emissione (di agenti inquinanti).
e-Moll ['e:'mɔl] *(n; -)* *(abbrev* **e***)* ~ *(mus)* mi minore.
Emotion [emo'tsjo:n] *(f; -, -en)* ~ emozione, sentimento.
emotional [emotsjo'na:l] *(agg)* *1* emozionale. *2* emotivo, sentimentale.
empfahl [ɛm'pfa:l] ~ pret di **empfehlen**.
Empfang [ɛm'pfaŋ] *(m; -(e)s, -fänge)* *1* *(solo sing)* ricevimento, il ricevere ◆ *zahlbar nach Empfang der Ware* pagabile dopo il ricevimento della merce. *2* *(solo sing)* accoglienza ◆ *jmdm einen freundlichen Empfang bereiten* riservare un'accoglienza amichevole a qcn. *3* ricevimento, festa. *4* ricezione (radio, tv). *5* *(solo sing)* reception. ◆ **etwas in Empfang nehmen** ricevere qcs, prendere in consegna qcs.
empfangen [-ən] *(vt, hat; irr fangen)* *1* ricevere. *2* accogliere, ricevere ◆ *einen Gast herzlich empfangen* accogliere cordialmente un ospite. *3* ricevere, prendere (radio, tv) ◆ *diesen Sender empfangen wir nicht* questo canale non lo prendiamo. *4* *(lett)* concepire (figlio).
Empfänger [ɛm'pfɛŋɐ] *(m; -s, -)* *1* destinatario. *2* *(tecn)* apparecchio ricevente.
empfänglich [ɛm'pfɛŋlɪç] *(agg)* *1* ricettivo, sensibile. *2* predisposto (a malattie). ◆ **für etwas empfänglich sein** *1* essere sensibile a qcs. *2* essere predisposto a qcs (malattie).
Empfängnis [ɛm'pfɛŋnɪs] *(f; -, raro -se)* ~ concepimento. ◆ **die Unbefleckte Empfängnis** *(relig)* l'Immacolata Concezione.
empfängnisverhütend [-fɛɐ,hy:tənt] *(agg)* ~ anticoncezionale, contraccettivo.
Empfängnisverhütung [-fɛɐ,hy:tʊŋ] *(f; -, -en)* ~ contraccezione.
Empfängnisverhütungmittel [-fɛɐhy:tʊŋs,mɪtəl] *(n; -s, -)* ~ anticoncezionale, contraccettivo.
Empfangsbestätigung [ɛm'pfaŋsbəʃtɛ:tɪgʊŋ] *(f; -, -en)* ~ ricevuta.
Empfangsgerät [ɛm'pfaŋsgə'rɛ:t] *(n; -(e)s, -e)* ~ (apparecchio) ricevitore (radio, tv).
empfehlen [ɛm'pfe:lən] *(vt, hat; er* **empfiehlt**, **empfahl**, **empfohlen***)* ~ {*jmdm etwas* ~} consigliare, raccomandare qcs a qcn ◆ *könnten Sie mir ein gutes Hotel empfehlen?* mi potrebbe consigliare un buon albergo? ◆ *er empfahl mir, nichts zu sagen* mi consigliò di non dire niente. ◆ **sich empfehlen** *(vr)* *1* congedarsi, accomiatarsi. *2* {*sich jmdm* ~} *(lett)* porgere i propri saluti a qcn. ◆ **es empfiehlt sich, etwas zu tun** *(impers)* è consigliabile fare qcs.

empfehlenswert [-sˌveːɐt] *(agg)* ~ consigliabile, raccomandabile.
Empfehlung [ɛmˈpfeːlʊŋ] *(f; -, -en) 1* consiglio, raccomandazione ♦ *auf jmds Empfehlung* su consiglio di qcn. *2* referenza, raccomandazione. *3 (lett)* ossequi, omaggi.
Empfehlungsschreiben [-sʃraibən] *(n; -s, -)* ~ lettera di referenze.
empfinden [ɛmˈpfɪndən] *(vt,* hat; *irr* finden*)* ~ sentire, provare (sensazioni o sentimenti) ♦ *Hunger, Kälte empfinden* sentire fame, freddo ♦ *Hass, Liebe empfinden* provare odio, amore.
empfindlich [ɛmˈpfɪntlɪç] *(agg) 1* sensibile, delicato ♦ *eine empfindliche Haut* una pelle sensibile. *2* sensibile, notevole ♦ *eine empfindliche Verbesserung* un sensibile miglioramento. *3* permaloso, suscettibile. *4* sensibile, emotivo. *5 (avv)* sensibilmente; molto.
Empfindlichkeit [-ˌkait] *(f; -) 1* sensibilità, delicatezza. *2* permalosità, suscettibilità; emotività.
empfindsam [ɛmˈpfɪntˌzaːm] *(agg) 1* sensibile (persona). *2* sentimentale, emotivo.
Empfindsamkeit [-ˌkait] *(f; -) 1* sensibilità (d'animo). *2* emotività.
Empfindung [ɛmˈpfɪndʊŋ] *(f; -, -en) 1* percezione. *2* sensazione (dell'animo); sentimento.
empfindungslos [-sˌloːs] *(agg) 1* insensibile, inerte. *2 (fig)* insensibile, senza cuore.
Empfindungslosigkeit [-sˌloːzɪçkait] *(f; -)* ~ insensibilità (fisica o spirituale).
empfohlen [ɛmˈpfoːlən] ~ part pass di **empfehlen**.
Emphase [ɛmˈfaːzə] *(f; -)* ~ enfasi.
emphatisch [ɛmˈfaːtɪʃ] *(agg)* ~ enfatico.
empor [ɛmˈpoːɐ] *(avv)* ~ *(lett)* su, in alto, verso l'alto.
empören [ɛmˈpøːrən] *(vt,* hat*)* ~ indignare, far adirare. ◆ **sich empören** *(vr) 1* {*sich über etwas* (Acc) ~} indignarsi, adirarsi per qcs. *2* {*sich gegen jmdn* ~} ribellarsi contro qcn.
empor|kommen *(vi,* ist; *irr* kommen*)* ~ far carriera, avanzare.
Emporkömmling [ɛmˈpoːɐˌkœmlɪŋ] *(m; -s, -e)* ~ arrivista, arrampicatore.
empor|ragen *(vi,* hat*)* ~ *(lett)* ergersi.
Empörung [ɛmˈpøːrʊŋ] *(f; -, -en) 1 (solo sing)* indignazione, ira. *2* ribellione, rivolta.
emsig [ˈɛmzɪç] *(agg)* ~ solerte, instancabile.
Emsigkeit [-ˌkait] *(f; -)* ~ solerzia.
Ende [ˈɛndə] *(n; -s, -n) 1* fine, termine ♦ *Ende des Monats, der Woche* alla fine del mese, della settimana ♦ *Ende Mai* alla fine di maggio. *2* fine, capo, fondo, estremità ♦ *am Ende der Straße* in fondo alla strada ♦ *am anderen Ende des Telefons* all'altro capo del telefono. *3* fine, finale, conclusione (di romanzi, film, ecc). *4* fine, morte. ◆ **ein gutes, böses Ende nehmen** finire bene, male. ◆ **am Ende** alla fine. ◆ **am Ende sein** *1* essere alla fine. *2* essere sfinito. *3* {*mit etwas am ~ sein*} avere esaurito qcs, essere agli sgoccioli con qcs. ◆ **von Anfang bis Ende** dall'inizio alla fine. ◆ **zu Ende** (+ *inf*) finire di, fare qcs fino in fondo ♦ *ein Buch zu Ende lesen* finire di leggere un libro. ◆ **etwas zu Ende bringen, führen** portare, condurre a termine qcs. ◆ **zu Ende gehen** stare per finire. ◆ **zu Ende sein** essere finito. ◆ **Ende gut, alles gut** *(prov)* tutto è bene ciò che finisce bene.
Endeffekt [ˈɛntˀɛˌfɛkt] *(m)* ~ **im Endeffekt** in fondo, alla fine.
enden [ˈɛndən] *(vi,* hat*) 1* finire, terminare ♦ *der Vortrag endete um 11 Uhr* la conferenza terminò alle undici. *2* finire, morire.
Endergebnis [ˈɛntˀɛɐˌgeːpnɪs] *(n; -, -se)* ~ risultato finale.
endgültig [ˈɛntˌgʏltɪç] *(agg) 1* definitivo. *2 (avv)* definitivamente.
Endhaltestelle [ˈɛntˌhaltəʃtɛlə] *(f; -, -n)* ~ capolinea.
Endivie [ɛnˈdiːvjə] *(f; -, -n)* ~ *(bot)* indivia.
endlich [ˈɛntlɪç] *(agg) 1* limitato, finito ♦ *eine endliche Größe* una grandezza finita. *2 (avv)* finalmente ♦ *endlich habe ich es geschafft!* finalmente ce l'ho fatta!
endlos [ˈɛntˌloːs] *(agg) 1* senza fine, sterminato, sconfinato ♦ *eine endlose Wüste* un deserto sterminato. *2* infinito, interminabile. *3 (avv)* all'infinito, per un tempo interminabile.
Endpunkt [ˈɛntˌpʊŋkt] *(m; -(e)s, -e) 1* termine. *2* estremità.

Endspiel ['ɛntʃpiːl] *(n; -(e)s, -e)* ~ *(sport)* finale.

Endstation ['ɛnt·ʃtaˌtsjoːn] *(f; -, -en)* ~ capolinea, stazione finale.

Endsumme ['ɛntˌzʊmə] *(f; -, -n)* ~ somma totale, totale.

Endung ['ɛndʊŋ] *(f; -, -en)* ~ *(gramm)* desinenza.

Endursache ['ɛntˌʔuːɐzaxə] *(f; -, -n)* ~ causa ultima.

Endurteil ['ɛntˌʔʊrtail] *(n; -s, -e)* ~ *(dir)* sentenza definitiva.

Endziel ['ɛntˌtsiːl] *(n; -(e)s, -e)* ~ meta ultima, traguardo.

Endzweck ['ɛntˌtsvɛk] *(n; -(e)s, -e)* ~ scopo finale, fine ultimo.

Energie [enɛr'giː] *(f; -, -n)* **1** *(chim/fis)* energia. **2** *(fig)* energia, vigore, forza, determinazione.

energielos [-ˌloːs] *(agg)* ~ fiacco, svigorito, senza energia.

energisch [e'nɛrgɪʃ] *(agg)* **1** energico, drastico. **2** energico, deciso, risoluto. **3** *(avv)* energicamente, con decisione.

eng [ɛŋ] *(agg)* **1** stretto ♦ *eine enge Gasse* un vicolo stretto. **2** stretto; attillato ♦ *ein enges Kleid* un vestito stretto/attillato. **3** ristretto, limitato *(anche fig)* ♦ *einen engen Horizont haben* avere un orizzonte limitato. **4** intimo, stretto (amico). **5** *(avv)* strettamente. **6** *(avv)* fitto, fittamente, strettamente ♦ *eng beieinander sitzen* stare seduti stretti l'uno accanto all'altro. ◆ **im engeren Sinne** in senso stretto. ◆ **eng befreundet** († **engbefreundet**) intimo, stretto (amico).

Engagement [ãgaʒə'mã] *(n; -s, -s)* **1** ingaggio, scrittura (di artisti). **2** *(solo sing)* impegno (politico, ideologico, ecc).

engagieren [ãga'ʒiːrən] *(vt, hat)* ~ ingaggiare, scritturare (artisti). ◆ **sich für etwas engagieren** *(vr)* impegnarsi per qcs.

engbefreundet ~ **eng befreundet** (vedi **eng**).

Enge ['ɛŋə] *(f; -, -n)* **1** strettezza, angustia. **2** *(solo sing)* *(fig)* ristrettezza, limitatezza (di vedute). **3** gola; stretto. ◆ **jmdn in die Enge treiben** *(fig)* mettere qcn alle strette.

Engel [-l] *(m; -s, -)* ~ angelo.

engelhaft [-lˌhaft] *(agg)* ~ angelico.

Engelsgeduld [-lsgəˌdʊlt] *(f; -)* ~ *(fam)* pazienza di un santo.

englischsprachig ['ɛŋlɪʃʃpraːxɪç] *(agg)* ~ anglofono, di lingua inglese.

Engpass († **-paß**) ['ɛŋˌpas] *(m; -es, -pässe)* **1** gola; passo, valico (stretto); strettoia. **2** *(fig/fam)* mancanza, penuria, ristrettezza ♦ *Autos sind zurzeit ein Engpass* attualmente c'è penuria di auto.

en gros [ã'gro] *(avv)* ~ *(econ)* all'ingrosso.

engstirnig ['ɛŋʃtɪrnɪç] *(agg)* ~ di vedute limitate, di idee ristrette.

Enkel ['ɛŋkəl] *(m; -s, -; f -in)* **1** nipote (di nonno). **2** *(pl)* *(fig)* nipoti, posteri.

Enkelkind [-ˌkɪnt] *(n; -(e)s, -er)* ~ nipote, nipotino (di nonno).

enorm [e'nɔrm] *(agg)* **1** enorme. **2** *(avv)* enormemente.

entarten [ɛnt'ˌʔaːɐtən] *(vi, ist)* ~ degenerare.

entartet [ɛnt'ˌʔaːɐtət] *(agg)* ~ degenerato, degenere, depravato.

Entartung [ɛnt'ˌʔaːɐtʊŋ] *(f; -, -en)* ~ degenerazione.

entbehren [ɛnt'beːrən] *(vt/vi, hat)* **1** {*jmdn/etwas* ~} sentire la mancanza di qcn/qcs. **2** {*einer Sache* (Gen) ~} *(lett)* essere privo di qcs. ◆ **jmdn/etwas** (**nicht**) **entbehren können**, **müssen**, **sollen** (non) poter, dover fare a meno di qcn/qcs.

entbehrlich [ɛnt'beːɐlɪç] *(agg)* ~ superfluo, non indispensabile.

Entbehrung [ɛnt'beːrʊŋ] *(f; -, -en)* ~ privazione ♦ *Entbehrungen leiden* patire privazioni.

entbinden [ɛnt'bɪndən] *(vt, hat; irr binden)* **1** {*jmdn von etwas* ~}, {*jmdn einer Sache* (Gen) ~} *(lett)* sciogliere, dispensare qcn da qcs (promesse, impegni, ecc). **2** assistere durante il parto. **3** *(vi)* partorire.

Entbindung [ɛnt'bɪndʊŋ] *(f; -, -en)* **1** dispensa, esenzione. **2** parto.

Entbindungsabteilung [-sˌʔaptailʊŋ] *(f; -, -en)* ~ maternità, reparto maternità.

entblößen [ɛnt'bløːsən] *(vt, hat)* ~ scoprire, denudare ♦ *mit entblößtem Kopf* a capo scoperto.

entbrennen [ɛnt'brɛnən] *(vi, ist; irr brennen)* **1** *(lett)* scoppiare (guerra, lite, ecc). **2** {*in/von etwas* ~} *(fig)* ardere, bruciare di qcs (sentimenti) ♦ *in/von Leidenschaft entbrennen* ardere di passione.

entdecken [ɛnt'dɛkən] *(vt,* hat*)* ~ scoprire ♦ *Kolumbus hat Amerika entdeckt* Colombo ha scoperto l'America ♦ *einen Dieb entdecken* scoprire un ladro.

Entdecker [ɛnt'dɛkɐ] *(m;* -s, -; *f* **-in***)* ~ scopritore.

Entdeckung [ɛnt'dɛkʊŋ] *(f;* -, -en*)* ~ scoperta ♦ *die Entdeckung Amerikas* la scoperta dell'America ♦ *eine Entdeckung machen* fare una scoperta.

Ente ['ɛntə] *(f;* -, -n*)* ***1*** *(zool)* anatra. ***2*** *(fam)* fandonia, notizia falsa.

entehren [ɛnt'ˀeːrən] *(vt,* hat*)* ~ disonorare.

Entehrung [ɛnt'ˀeːrʊŋ] *(f;* -, -en*)* ~ disonore.

enteignen [ɛnt'ˀaignən] *(vt,* hat*)* ~ espropriare.

Enteignung [ɛnt'ˀaignʊŋ] *(f;* -, -en*)* ~ esproprio.

enteisen [ɛnt'ˀaizən] *(vt,* hat*)* ~ sbrinare.

enterben [ɛnt'ˀɛrbən] *(vt,* hat*)* ~ diseredare.

Enterich ['ɛntərɪç] *(m;* -(e)s, -e*)* ~ *(zool)* anatra maschio.

entern ['ɛntɐn] *(vt,* hat*)* ~ arrembare, assalire, andare all'arrembaggio contro.

entfachen [ɛnt'faxən] *(vt,* hat*)* ~ *(fig/lett)* suscitare, accendere, scatenare (sentimenti).

entfahren [ɛnt'faːrən] *(vi,* ist; *irr* fahren*)* ~ {*jmdm* ~} sfuggire, scappare (di bocca) a qcn ♦ *ihm ist ein Schimpfwort entfahren* gli è scappata una parolaccia.

entfallen [ɛnt'falən] *(vi,* ist; *irr* fallen*)* ***1*** {*jmdm* ~} *(lett)* cadere (di mano) a qcn. ***2*** {*jmdm* ~} sfuggire a qcn (dalla memoria). ***3*** {*auf jmdn* ~} toccare a qcn (quote di qcs). ***4*** non avere luogo ♦ *das Programm von 6 Uhr entfällt* il programma delle sei non verrà trasmesso.

entfalten [ɛnt'faltən] *(vt,* hat*)* ***1*** spiegare, dispiegare, distendere, aprire ♦ *eine Landkarte entfalten* spiegare una cartina. ***2*** *(fig)* esporre, spiegare. ***3*** sviluppare. ***4*** svolgere (attività). ◆ **sich entfalten** *(vr)* ***1*** dispiegarsi, aprirsi. ***2*** svilupparsi.

Entfaltung [ɛnt'faltʊŋ] *(f;* -, -en*)* ***1*** spiegamento, apertura. ***2*** sviluppo.

entfärben [ɛnt'fɛrbən] *(vt,* hat*)* ~ decolorare, stingere (stoffe). ◆ **sich entfärben** *(vr)* scolorirsi.

entfernen [ɛnt'fɛrnən] *(vt,* hat*)* ~ allontanare, eliminare, togliere, rimuovere, asportare ♦ *einen Fleck entfernen* togliere una macchia ♦ *jmdn aus einem Amt entfernen* rimuovere qcn da una carica ♦ *ihm wurde die Milz entfernt* gli è stata asportata la milza. ◆ **sich entfernen** *(vr)* allontanarsi *(anche fig)*.

entfernt [ɛnt'fɛrnt] *(agg)* ***1*** lontano, distante, remoto ♦ *bis in die entferntesten Teile des Landes* fino alle parti più remote del paese. ***2*** lontano, alla lontana (parente). ◆ **nicht im Entferntesten** († **entferntesten**) nemmeno per idea. ◆ **weit entfernt** (**von etwas**) **liegen** essere lontano, distante da qcs ♦ *das Restaurant liegt nicht weit von hier entfernt* il ristorante non è lontano da qui. ◆ **weit davon entfernt sein, etwas zu tun** *(fig)* essere ben lungi dal fare qcs.

Entfernung [ɛnt'fɛrnʊŋ] *(f;* -, -en*)* ***1*** distanza, lontananza ♦ *die Entfernung beträgt zwei Kilometer* la distanza è di due chilometri. ***2*** allontanamento, eliminazione, rimozione.

entfesseln [ɛnt'fɛsəln] *(vt,* hat*)* ~ scatenare.

entfetten [ɛnt'fɛtən] *(vt,* hat*)* ~ sgrassare.

entflammbar [ɛnt'flamˌbaːɐ] *(agg)* ~ infiammabile.

entflammen [ɛnt'flamən] *(vt,* hat*)* ***1*** *(fig)* infiammare, accendere, scatenare (sentimenti e sim). ***2*** *(fig)* entusiasmare. ◆ **sich entflammen** *(vr)* accendersi, ardere, infiammarsi *(anche fig)*.

entfliegen [ɛnt'fliːgən] *(vi,* ist; *irr* fliegen*)* ~ prendere il volo, volare via, scappare (volando).

entfliehen [ɛnt'fliːən] *(vi,* ist; *irr* fliehen*)* ***1*** scappare, fuggire ♦ *er ist aus dem Gefängnis entflohen* è fuggito di prigione. ***2*** {*einer Sache* (Dat) ~} *(fig)* sfuggire a qcs; scampare a qcs ♦ *dem Stress entfliehen* sfuggire allo stress ♦ *dem Tod entfliehen* scampare alla morte.

entfremden [ɛnt'frɛmdən] *(vt,* hat*)* ~ {*jmdn jmdm* ~} estraniare qcn da qcn, rendere estraneo qcn a qcn, allontanare qcn da qcn ♦ *die Entfernung hat sie ihm entfremdet* la lontananza glielʼha resa estranea. ◆ **sich jmdm/etwas entfremden** *(vr)* diventare estraneo a qcn/qcs, allontanarsi da qcn/qcs. ◆ **etwas seinem Zweck entfremden** usare qcs per un altro scopo, destinare qcs a un altro uso.

Entfremdung [ɛnt'frɛmdʊŋ] *(f; -, -en)* ~ estraniamento, alienazione.

entführen [ɛnt'fyːrən] *(vt,* hat*)* ~ rapire, sequestrare (persona); dirottare (aerei).

Entführung [ɛnt'fyːrʊŋ] *(f; -, -en)* ~ rapimento, ratto, sequestro di persona; dirottamento.

entgegen [ɛnt'geːgən] *(posp/prep +* Dat*)* ***1*** *(posp)* verso, contro, incontro ♦ *dem Feind entgegen* contro al nemico ♦ *der Sonne entgegen* incontro al sole. ***2*** *(prep)* contro, in contrasto con, contrariamente a ♦ *entgegen meinem Rat* contrariamente al mio consiglio. ◆ **dem entgegen** al contrario di ciò.

entgegen|bringen *(vt,* hat; *irr* bringen*)* ***1*** {*jmdm etwas* ~} portare qcs a qcn (andandogli incontro). ***2*** {*jmdm etwas* ~} *(fig)* mostrare, dimostrare qcs a qcn ♦ *jmdm Freundschaft entgegenbringen* dimostrare amicizia a qcn.

entgegen|fahren *(vi,* ist; *irr* fahren*)* ~ {*jmdm/etwas* ~} andare incontro a qcn/qcs (con un veicolo).

entgegen|gehen *(vi,* ist; *irr* gehen*)* ~ {*jmdm/etwas* ~} andare incontro a qcn/qcs *(anche fig)* ♦ *einer Gefahr entgegengehen* andare incontro a un pericolo.

entgegengesetzt [-gəˌzɛtst] *(agg)* ***1*** opposto, contrario *(anche fig)* ♦ *in die entgegengesetzte Richtung gehen* andare nella direzione opposta ♦ *entgegengesetzter Meinung sein* essere di opinioni opposte. ***2*** *(avv)* allʼopposto, in modo opposto.

entgegen|halten *(vt,* hat; *irr* halten*)* ***1*** {*jmdm etwas* ~} porgere, tendere qcs a qcn ♦ *jmdm die Hand entgegenhalten* tendere la mano a qcn. ***2*** {*jmdm/etwas etwas* ~} controbattere, obiettare qcs a qcn/qcs.

entgegen|kommen *(vi,* ist; *irr* kommen*)* ***1*** {*jmdm/etwas* ~} venire incontro a qcn/qcs. ***2*** {*jmdm/etwas* ~} *(fig)* venire incontro a qcn/qcs, accondiscendere a qcn/qcs ♦ *jmds Wünschen entgegenkommen* venire incontro ai desideri di qcn. ***3*** {*jmdm/etwas* ~} *(fig)* corrispondere a, confarsi a qcn/qcs ♦ *diese Arbeit kommt seiner Begabung entgegen* questo lavoro si confà alle sue doti.

Entgegenkommen [-ˌkɔmən] *(n; -s)* ~ accondiscendenza.

entgegenkommend [-ˌkɔmənt] *(agg)* ~ accondiscendente.

entgegen|nehmen *(vt,* hat; *irr* nehmen*)* ***1*** accettare. ***2*** ricevere.

entgegen|sehen *(vi,* hat; *irr* sehen*)* ***1*** {*jmdm* ~} guardare arrivare qcn, aspettare qcn (con lo sguardo) ♦ *das Kind sah seiner Mutter vom Fenster entgegen* il bambino guardava dalla finestra arrivare la mamma. ***2*** {*einer Sache* (Dat) ~} aspettare qcs, attendere qcs.

entgegen|setzen *(vt,* hat*)* ~ {*jmdm/etwas etwas* ~} opporre qcs a qcn/qcs, contrapporre qcs a qcn/qcs. ◆ **sich jmdm/etwas entgegensetzen** *(vr)* opporsi a qcn/qcs.

entgegen|stehen *(vi,* hat; *irr* stehen*)* ***1*** {*jmdm/etwas* ~} opporsi a qcn/qcs. ***2*** {*jmdm/etwas* ~} essere in contrasto con qcn/qcs.

entgegen|stellen *(vt,* hat*)* ~ {*jmdm/etwas etwas* ~} opporre qcs a qcn/qcs, contrapporre qcs a qcn/qcs. ◆ **sich jmdm/etwas entgegenstellen** *(vr)* ***1*** intralciare il passo a qcn. ***2*** *(fig)* opporsi a qcn/qcs.

entgegen|treten *(vi,* ist; *irr* treten*)* ***1*** {*jmdm/etwas* ~} andare incontro a qcn/qcs, affrontare qcn/qcs *(anche fig)*. ***2*** {*jmdm/etwas* ~} opporsi a qcn/qcs.

entgegnen [ɛnt'geːgnən] *(vt/vi,* hat*)* ***1*** {*(jmdm) etwas* ~} replicare, ribattere qcs (a qcn). ***2*** {*auf etwas* (Acc) ~} *(vi)* replicare a qcs, ribattere a qcs.

Entgegnung [ɛnt'geːgnʊŋ] *(f; -, -en)* ~ replica, risposta.

entgehen [ɛnt'geːən] *(vi,* ist; *irr* gehen*)* ***1*** {*jmdm/etwas* ~} sfuggire a qcn/qcs; scampare a qcs (pericoli e sim) ♦ *einem Verfolger entgehen* sfuggire a un inseguitore ♦ *dem Tod entgehen* scampare alla morte. ***2*** {*jmdm* ~} sfuggire a qcn (passare inosservato) ♦ *dieser Druckfehler ist allen entgangen* questo errore di stampa è sfuggito a tutti. ◆ **sich**

(Dat) **etwas entgehen lassen** lasciarsi sfuggire qcs (occasioni e sim) ♦ *ich habe mir eine gute Gelegenheit entgehen lassen* mi sono lasciato sfuggire una buona occasione.

entgeistert [ɛnt'gaistɐt] *(agg)* ~ costernato, attonito.

Entgelt [ɛnt'gɛlt] *(n; -(e)s, raro -e)* **1** paga, retribuzione. **2** ricompensa. ◆ **ohne Entgelt arbeiten** lavorare gratis.

entgelten [-ən] *(vt, hat; irr gelten)* **1** {*jmdm etwas ~*} *(lett)* ricompensare qcn per qcs, ripagare qcs a qcn. **2** *(lett)* pagare, scontare (errori e sim).

entgiften [ɛnt'gɪftən] *(vt, hat)* ~ disintossicare, depurare. ◆ **sich von etwas entgiften** *(vr)* disintossicarsi da qcs.

entgleisen [ɛnt'glaizən] *(vi, ist)* **1** deragliare. **2** *(fig)* mancare di tatto; fare una gaffe.

Entgleisung [ɛnt'glaizʊŋ] *(f; -, -en)* **1** deragliamento. **2** *(fig)* caduta di stile, mancanza di tatto; gaffe.

entgleiten [ɛnt'glaitən] *(vi, ist; irr gleiten)* **1** {*jmdm ~*} scivolare (di mano) a qcn. **2** {*jmdm ~*} *(fig)* sfuggire al controllo di qcn.

enthaaren [ɛnt'ha:rən] *(vt, hat)* ~ depilare.

enthalten[1] [ɛnt'haltən] *(vt, hat; irr halten)* ~ contenere ♦ *diese Flasche enthält einen Liter Öl* questa bottiglia contiene un litro d'olio.

enthalten[2] *(vr, hat; irr halten)* ~ **sich einer Sache** (Gen) **enthalten** astenersi da qcs, rinunciare a qcs ♦ *sich des Rauchens enthalten* astenersi dal fumo ♦ *sich der Stimme enthalten* astenersi dal voto. ◆ **sich einer Sache** (Gen) **nicht enthalten können** non poter evitare qcs, non poter fare a meno di qcs ♦ *ich konnte mich des Lachens nicht enthalten, ich konnte mich nicht enthalten, zu lachen* non potei trattenermi dal ridere.

enthaltsam [ɛnt'halt,za:m] *(agg)* ~ moderato, morigerato, sobrio; astemio.

Enthaltsamkeit [-,kait] *(f; -)* ~ moderazione, morigeratezza, sobrietà, astinenza.

Enthaltung [ɛnt'haltʊŋ] *(f; -, -en)* ~ *(pol)* astensione.

enthaupten [ɛnt'hauptən] *(vt, hat)* ~ decapitare.

enthäuten [ɛnt'hɔytən] *(vt, hat)* ~ spellare, scuoiare.

entheben [ɛnt'he:bən] *(vt, hat; irr heben)* **1** {*jmdn einer Sache* (Gen) ~} dispensare, sollevare, liberare qcn da qcs. **2** {*jmdn einer Sache* (Gen) ~} destituire qcn da qcs (cariche e sim).

Enthebung [ɛnt'he:bʊŋ] *(f; -, -en)* **1** dispensa, esenzione. **2** destituzione.

enthüllen [ɛnt'hʏlən] *(vt, hat)* **1** scoprire (liberare da una copertura) ♦ *ein Denkmal enthüllen* scoprire un monumento. **2** {*(jmdm) etwas ~*} *(fig/lett)* rivelare, svelare qcs (a qcn). **3** {*jmdn als etwas ~*} smascherare qcn come ♦ *jmdn als Lügner enthüllen* smascherare qcn come un bugiardo. ◆ **sich enthüllen** *(vr)* svelarsi.

Enthüllung [ɛnt'hʏlʊŋ] *(f; -, -en)* **1** scoprimento. **2** rivelazione, disvelamento. **3** smascheramento.

Enthusiasmus [ɛntu'zjasmʊs] *(m; -)* ~ entusiasmo.

Enthusiast [ɛntu'zjast] *(m; -en, -en; f* **-in***)* ~ entusiasta.

enthusiastisch [-ɪʃ] *(agg)* ~ entusiastico.

entjungfern [ɛnt'jʊŋfɐn] *(vt, hat)* ~ sverginare.

entkleiden [ɛnt'klaidən] *(vt, hat)* **1** *(lett)* spogliare, svestire, denudare. **2** {*jmdn/etwas einer Sache* (Gen) ~} *(fig)* spogliare qcn/qcs di qcs, privare qcn/qcs di qcs.

entknoten [ɛnt'kno:tən] *(vt, hat)* **1** snodare, aprire. **2** *(fig)* districare.

entkommen [ɛnt'kɔmən] *(vi, ist; irr kommen)* **1** fuggire, scappare. **2** {*jmdm/etwas ~*} sfuggire a qcn/qcs, scampare a qcs (pericoli e sim).

entkräften [ɛnt'krɛftən] *(vt, hat)* **1** spossare, indebolire. **2** *(fig)* confutare, inficiare.

entladen [ɛnt'la:dən] *(vt, hat; irr laden)* ~ scaricare (mezzo di trasporto, arma, batteria). ◆ **sich entladen** *(vr)* **1** *(elettr)* scaricarsi. **2** scatenarsi, abbattersi (temporali). **3** {*sich auf/über jmdn/etwas ~*} *(fig)* scaricarsi, sfogarsi su qcn (sentimenti) ♦ *sein Zorn entlud sich auf mich* la sua ira si scatenò su di me.

Entladung [ɛnt'la:dʊŋ] *(f; -, -en)* **1** scaricamento, scarico (di mezzo di trasporto, arma, batteria); scoppio (di temporale). *2* *(fig)* scoppio, esplosione (di sentimenti).

entlang [ɛnt'laŋ] *(posp* + Acc; *prep* + Dat/Gen*)* *1* *(posp)* lungo ♦ *den Fluss entlang stehen viele Bäume* lungo il fiume ci sono molti alberi. *2* *(prep)* lungo ♦ *entlang dem Fluss/des Flusses* lungo il fiume. ◆ **an etwas** (Dat) **entlang** lungo qcs ♦ *eine Straße am Ufer entlang* una strada lungo la riva.

entlang|fahren *(vi,* ist; *irr* fahren*)* ~ {*an etwas* (Dat) ~} andare lungo qcs, viaggiare lungo qcs, costeggiare qcs (con un veicolo).

entlang|gehen *(vi,* ist; *irr* gehen*)* ~ {*etwas* ~} andare lungo qcs, camminare lungo qcs, costeggiare qcs ♦ *wir gingen die Straße entlang* andammo lungo la strada.

entlang|laufen *(vi,* ist; *irr* laufen*)* ~ {*etwas* ~} *(fam)* andare lungo qcs, camminare lungo qcs, costeggiare qcs.

entlarven [ɛnt'larfən] *(vt,* hat*)* ~ smascherare.

entlassen [ɛnt'lasən] *(vt,* hat; *irr/ortogr* lassen*)* *1* *(mil)* congedare. *2* dimettere (da ospedale); scarcerare. *3* licenziare.

Entlassung [ɛnt'lasʊŋ] *(f;* -, -en*)* *1* *(mil)* congedo. *2* dimissione (da ospedale); scarceramento. *3* licenziamento.

entlasten [ɛnt'lastən] *(vt,* hat*)* *1* {*jmdn/etwas (von etwas)* ~} alleggerire, liberare qcn/qcs (da qcs) *(anche fig)* ♦ *den Chef im Büro entlasten* alleggerire il lavoro del capo in ufficio ♦ *den Verkehr entlasten* alleggerire il traffico ♦ *sein Gewissen entlasten* alleggerire la propria coscienza. *2* *(dir)* deporre in difesa di qcn, scagionare qcn.

entlastend [-t] *(agg)* ~ *(dir)* attenuante. ◆ **entlastender Umstand** *(dir)* attenuante, circostanza attenuante.

Entlastung [ɛnt'lastʊŋ] *(f;* -, -en*)* *1* alleggerimento *(anche fig)*; liberazione (da oneri e sim), sgravio. *2* *(dir)* difesa, discolpa, scagionamento.

entlaufen [ɛnt'laufən] *(vi,* ist; *irr* laufen*)* *1* {*(jmdm)* ~} sfuggire a qcn. *2* {*aus etwas* ~} scappare da qcs (prigione e sim).

entledigen [ɛnt'le:dɪgən] *(vr,* hat*)* ~ **sich jmds/einer Sache entledigen** *(lett)* *1* liberarsi, disfarsi, sbarazzarsi di qcn/qcs. *2* svolgere (incarichi).

entleeren [ɛnt'le:rən] *(vt,* hat*)* ~ vuotare, svuotare. ◆ **sich entleeren** *(vr)* evacuare; orinare.

Entleerung [ɛnt'le:rʊŋ] *(f;* -, -en*)* ~ svuotamento.

entlegen [ɛnt'le:gən] *(agg)* ~ lontano, remoto, fuori mano.

entlehnen [ɛnt'le:nən] *(vt,* hat*)* ~ *(ling)* prendere in prestito.

Entlehnung [ɛnt'le:nʊŋ] *(f;* -, -en*)* ~ *(ling)* prestito.

entleihen [ɛnt'laiən] *(vt,* hat*)* ~ {*etwas (von jmdm)* ~} prendere in prestito qcs (da qcn).

entlocken [ɛnt'lɔkən] *(vt,* hat*)* *1* {*jmdm etwas* ~} carpire, strappare qcs a qcn (segreti e sim). *2* trarre (musica da uno strumento) ♦ *einem Klavier wunderschöne Melodien entlocken* trarre bellissime melodie da un pianoforte.

entlohnen [ɛnt'lo:nən] *(vt,* hat*)* ~ {*jmdn* ~} pagare, retribuire, rimunerare qcn (per singole prestazioni).

Entlohnung [ɛnt'lo:nʊŋ] *(f;* -, -en*)* ~ paga, retribuzione, rimunerazione (per singole prestazioni).

entmachten [ɛnt'maxtən] *(vt,* hat*)* ~ esautorare.

entmannen [ɛnt'manən] *(vt,* hat*)* *1* evirare, castrare. *2* *(fig)* indebolire, infiacchire.

entmenscht [ɛnt'mɛnʃt] *(agg)* ~ abbrutito, disumano.

entminen [ɛnt'mi:nən] *(vt,* hat*)* ~ sminare.

entmündigen [ɛnt'mʏndɪgən] *(vt,* hat*)* ~ *(dir)* interdire.

Entmündigung [ɛnt'mʏndɪgʊŋ] *(f;* -, -en*)* ~ *(dir)* interdizione.

entmutigen [ɛnt'mu:tɪgən] *(vt,* hat*)* ~ scoraggiare, demoralizzare, avvilire.

entmutigend [-t] *(agg)* ~ scoraggiante, demoralizzante, avvilente.

Entmutigung [ɛnt'mu:tɪgʊŋ] *(f;* -, -en*)* ~ scoraggiamento, avvilimento.

Entnahme [ɛnt'na:mə] *(f;* -, -n*)* ~ prelievo *(anche econ)*.

entnehmen [ɛnt'ne:mən] *(vt,* hat*)* *1* {*etwas einer Sache* (Dat) ~}, {*etwas aus etwas* ~} prelevare, prendere qcs da qcs ♦ *sie entnahm (aus) der Kasse 1000 Euro* prelevò mille euro dalla cassa ♦ *er hat diese Verse einem Gedicht entnommen* ha preso questi versi da una poesia. ***2*** {*etwas einer Sache* (Dat) ~}, {*etwas aus etwas* ~} desumere, dedurre qcs da qcs.

entpuppen [ɛnt'pʊpən] *(vr,* hat*)* ~ **sich als jmd/etwas entpuppen** rivelarsi, dimostrarsi ♦ *er hat sich als großes Talent entpuppt* si è rivelato un grande talento.

enträtseln [ɛnt'rɛːtsəln] *(vt,* hat*)* ~ decifrare; spiegare (misteri e sim).

entrechten [ɛnt'rɛçtən] *(vt,* hat*)* ~ privare dei diritti.

entreißen [ɛnt'raisən] *(vt,* hat; *irr/ortogr* reißen*)* ~ {*jmdm/etwas jmdn/etwas* ~} strappare qcn/qcs a qcn/qcs *(anche fig)* ♦ *jmdn dem Tod entreißen* strappare qcn alla morte.

entrichten [ɛnt'rɪçtən] *(vt,* hat*)* ~ {*etwas (an jmdn)* ~} pagare, versare qcs (a qcn) (una somma prestabilita).

Entrichtung [ɛnt'rɪçtʊŋ] *(f;* -, -en*)* ~ pagamento, versamento (di una somma prestabilita).

entrinnen [ɛnt'rɪnən] *(vi,* ist; *irr* rinnen*)* ***1*** sgorgare, scorrere. ***2*** volare (tempo). ***3*** {*jmdm/etwas* ~} sfuggire a qcn/qcs; scampare a qcs (pericoli e sim).

entrollen [ɛnt'rɔlən] *(vt,* hat*)* ~ srotolare, svolgere.

entrüsten [ɛnt'rʏstən] *(vt,* hat*)* ~ indignare, sdegnare, far adirare. ◆ **sich über etwas** (Acc) **entrüsten** *(vr)* indignarsi, sdegnarsi, adirarsi per qcs.

Entrüstung [ɛnt'rʏstʊŋ] *(f;* -, -en*)* ~ indignazione, sdegno, ira.

entsagen [ɛnt'zaːgən] *(vi,* hat*)* ~ {*einer Sache* (Dat) ~} *(lett)* rinunciare a qcs.

Entsagung [ɛnt'zaːgʊŋ] *(f;* -, -en*)* ~ *(lett)* rinuncia.

entschädigen [ɛnt'ʃɛːdɪgən] *(vt,* hat*)* ~ {*jmdn für etwas* ~} risarcire, indennizzare qcn per qcs.

Entschädigung [ɛnt'ʃɛːdɪgʊŋ] *(f;* -, -en*)* ~ risarcimento, indennizzo.

entschärfen [ɛnt'ʃɛrfən] *(vt,* hat*)* ~ disinnescare *(anche fig)*.

Entscheid [ɛnt'ʃait] *(m;* -(e)s, -e*)* ~ *(dir)* sentenza.

entscheiden [ɛnt'ʃaidən] *(vi/vt,* hat; *irr* scheiden*)* ***1*** {*über etwas* (Acc) ~} decidere (di) qcs ♦ *der Arzt wird über die Kur entscheiden* il medico deciderà la cura. ***2*** *(vt)* decidere, essere decisivo per ♦ *ein Elfmeter entschied das Spiel* un rigore decise la partita. ***3*** *(vi/vt) (dir)* giudicare. ◆ **sich entscheiden** *(vr)* ***1*** decidersi, decidere ♦ *ich kann mich nicht entscheiden, ob ich mitkommen soll* non riesco a decidermi se venire o no. ***2*** {*sich für jmdn/etwas* ~} scegliere qcn/qcs, decidersi per qcn/qcs (al posto di qcs altro) ♦ *ich habe mich für eine Reise entschieden* ho scelto di fare un viaggio.

entscheidend [-t] *(agg)* ~ decisivo, determinante.

Entscheidung [ɛnt'ʃaidʊŋ] *(f;* -, -en*)* ***1*** decisione ♦ *eine Entscheidung treffen* prendere una decisione ♦ *wann soll die Entscheidung fallen?* quando deve essere presa la decisione? ***2*** scelta ♦ *vor einer Entscheidung stehen* essere di fronte a una scelta. ***3*** *(dir)* giudizio, sentenza.

Entscheidungsspiel [-sʃpiːl] *(n;* -(e)s, -e*)* ~ *(sport)* spareggio.

entschieden [ɛnt'ʃiːdən] *(agg)* ***1*** deciso, risoluto; fermo, categorico. ***2*** *(avv)* decisamente, con decisione, fermamente, risolutamente ♦ *er lehnt das entschieden ab* lo rifiuta fermamente.

entschlacken [ɛnt'ʃlakən] *(vt,* hat*)* ~ depurare, disintossicare. ◆ **sich entschlacken** *(vr)* disintossicarsi.

entschließen [ɛnt'ʃliːsən] *(vr,* hat; *irr/ortogr* schließen*)* ~ **sich** (**zu etwas**) **entschließen** decidersi a (fare) qcs, risolversi a (fare) qcs ♦ *schließlich entschloss ich mich zur Teilnahme; schließlich entschloss ich mich teilzunehmen* alla fine mi decisi a partecipare.

entschlossen [ɛnt'ʃlɔsən] *(agg)* ***1*** deciso, risoluto, energico, determinato ♦ *ein entschlossener Charakter* un carattere deciso. ***2*** *(avv)* con decisione, energicamente. ◆ **zu allem entschlossen sein** essere deciso a tutto.

Entschluss († **Entschluß**) [ɛnt'ʃlʊs] *(m;* -es, -schlüsse*)* ~ decisione, risoluzione (ponderata) ♦ *einen Entschluss fassen* prendere una decisione.

entschlüsseln [ɛnt'ʃlʏsən] *(vt,* hat*)* ~ decifrare.

Entschlussfreudigkeit († **Entschluß-**) [ɛnt'ʃlʊsˌfrɔydɪçkait] *(f; -)* ~ risolutezza, determinazione.
Entschlusskraft († **Entschluß-**) [ɛnt'ʃlʊsˌkraft] *(f; -)* ~ risolutezza, forza di volontà.
entschlusslos († **entschluß-**) [ɛnt'ʃlʊsˌlo:s] *(agg)* ~ indeciso, irresoluto.
Entschlusslosigkeit († **Entschluß-**) [ɛnt'ʃlʊsˌlo:zɪçkait] *(f; -)* ~ indecisione, irresolutezza.
entschuldigen [ɛnt'ʃʊldɪgən] *(vt, hat)* ~ scusare, giustificare ♦ *ich kann seine Frechheit nicht entschuldigen* non posso scusare la sua sfacciataggine ♦ *seine Müdigkeit entschuldigt seine Fehler* la sua stanchezza giustifica i suoi errori ♦ *entschuldige bitte!* scusa! ♦ *entschuldigen Sie (bitte)!* scusi! ◆ **sich bei jmdm für etwas entschuldigen** *(vr)* scusarsi con qcn di qcs, giustificarsi con qcn per qcs ♦ *ich möchte mich bei Ihnen für die Verspätung entschuldigen* vorrei scusarmi con lei per il ritardo ♦ *ich möchte mich (dafür) entschuldigen, dass ich so spät angekommen bin* vorrei scusarmi per essere arrivata così tardi. ◆ **wer sich entschuldigt, klagt sich an** *(prov)* scusa non richiesta, accusa manifesta.
Entschuldigung [ɛnt'ʃʊldɪgʊŋ] *(f; -, -en)* ~ scusa, giustificazione ♦ *jmdn um Entschuldigung bitten* chiedere scusa a qcn ♦ *etwas zu seiner Entschuldigung anführen* addurre qcs a propria giustificazione. ◆ **ohne Entschuldigung fehlen** essere assente ingiustificato.
entschwinden [ɛnt'ʃvɪndən] *(vi, ist; irr schwinden)* **1** sparire, scomparire (dalla vista) ♦ *jmds Blicken entschwinden* scomparire dalla vista di qcn. **2** {*jmdm* ~} sfuggire a qcn (dalla memoria). **3** fuggire, volare (tempo).
entsenden [ɛnt'zɛndən] *(vt, hat;* **entsandte**, **entsandt**) ~ *(lett)* mandare, inviare.
entsetzen [ɛnt'zɛtsən] *(vt, hat)* ~ spaventare, atterrire. ◆ **sich entsetzen** *(vr)* **1** spaventarsi. **2** scandalizzarsi.
Entsetzen *(n; -s)* ~ spavento, terrore, orrore ♦ *zu meinem größten Entsetzen* con mio grande spavento.
entsetzt [ɛnt'zɛtst] *(agg)* ~ spaventato; inorridito.
entsetzlich [ɛnt'zɛtslɪç] *(agg)* **1** spaventoso, terribile, orribile. **2** *(avv)* spaventosamente, terribilmente, orribilmente *(anche fig)*.
entsichern [ɛnt'zɪçɐn] *(vt, hat)* ~ togliere la sicura a.
entsinnen [ɛnt'zɪnən] *(vr, hat; irr sinnen)* ~ **sich jmds/einer Sache entsinnen** ricordarsi, rammentarsi di qcn/qcs.
entsorgen [ɛnt'zɔrgən] *(vt, hat)* ~ smaltire (rifiuti).
Entsorgung [ɛnt'zɔrgʊŋ] *(f; -, -en)* ~ smaltimento (di rifiuti).
entspannen [ɛnt'ʃpanən] *(vt, hat)* ~ distendere, rilassare (membra). ◆ **sich entspannen** *(vr)* distendersi, rilassarsi *(anche fig)* ♦ *die Beziehungen zwischen den beiden Staaten haben sich entspannt* le relazioni fra i sue stati si sono distese.
entspannend [-t] *(agg)* ~ distensivo, rilassante.
Entspannung [ɛnt'ʃpanʊŋ] *(f; -, -en)* ~ rilassamento, relax, distensione *(anche fig)* ♦ *die Entspannung der politischen Beziehnungen* la distensione delle relazioni politiche.
entsprechen [ɛnt'ʃprɛçən] *(vi, hat; irr sprechen)* ~ {*einer Sache* (Dat) ~} corrispondere a qcs ♦ *der Wahrheit entsprechen* corrispondere alla verità.
entsprechend[1] [-t] *(agg)* **1** adeguato, corrispondente ♦ *eine der Schuld entsprechende Strafe* una punizione adeguata alla colpa. **2** *(avv)* adeguatamente, in modo adeguato, in modo corrispondente.
entsprechend[2] *(prep/posp* + Dat*)* ~ adeguatamente a, conformemente a ♦ *jmdn seiner Schuld entsprechend bestrafen* punire qcn in modo adeguato alla sua colpa ♦ *entsprechend seinem Rat* conformemente al suo consiglio.
Entsprechung [ɛnt'ʃprɛçʊŋ] *(f; -, -en)* **1** corrispondenza, conformità. **2** analogia, corrispondenza.
entspringen [ɛnt'ʃprɪŋən] *(vi, ist; irr springen)* **1** sorgere, nascere (fiumi) ♦ *der Rhein enspringt in den Alpen* il Reno nasce dalle Alpi. **2** {*einer Sache* (Dat) ~} *(fig)* nascere, scaturire da una cosa.

entstammen [ɛnt'ʃtamən] *(vi,* ist*)* ~ {*einer Sache* (Dat) ~} discendere da, essere originario di, avere origine in qcs (luogo, epoca, ceto sociale, ecc).

entstehen [ɛnt'ʃteːən] *(vi,* ist; *irr* stehen*)* ***1*** nascere, sorgere, formarsi, originarsi ♦ *wie ist dieses Unternehmen entstanden?* come è nata quest'impresa? ♦ *es entsteht der Verdacht, dass* sorge il sospetto che. ***2*** {*aus etwas* ~} derivare, risultare da qcs ♦ *daraus wird sicherlich kein Schaden entstehen* sicuramente non ne deriverà alcun danno.

Entstehung [ɛnt'ʃteːʊŋ] *(f;* -, -en*)* ~ nascita, formazione, origine ♦ *die Entstehung einer politischen Bewegung* la nascita di un movimento politico.

entstellen [ɛnt'ʃtɛlən] *(vt,* hat*)* ***1*** sfigurare, deturpare (lineamenti). ***2*** *(fig)* falsare, distorcere, travisare.

Entstellung [ɛnt'ʃtɛlʊŋ] *(f;* -, -en*)* ***1*** deturpazione, deformazione (dei lineamenti). ***2*** *(fig)* falsificazione, distorsione, travisamento.

entströmen [ɛnt'ʃtrøːmən] *(vi,* ist*)* ~ {*einer Sache* (Dat) ~} fuoriuscire da qcs, provenire da qcs ♦ *den Blumen entströmte ein süßer Duft* dai fiori proveniva un dolce profumo.

enttäuschen [ɛnt'tɔyʃən] *(vt,* hat*)* ~ deludere ♦ *von jmdm/etwas enttäuscht sein* essere deluso da qcn/qcs.

enttäuschend [-t] *(agg)* ~ deludente.

Enttäuschung [ɛnt'tɔyʃʊŋ] *(f;* -, -en*)* ~ delusione ♦ *eine bittere, große Enttäuschung* una delusione amara, grande.

entvölkern [ɛnt'fœlkɐn] *(vt,* hat*)* ~ spopolare.

entwaffnen [ɛnt'vafnən] *(vt,* hat*)* ~ disarmare *(anche fig)*.

entwaffnend [-t] *(agg)* ~ disarmante.

Entwaffnung [ɛnt'vafnʊŋ] *(f;* -*)* ~ disarmo.

entwässern [ɛnt'vɛsɐn] *(vt,* hat*)* ~ prosciugare (terreni e sim).

entweder [ɛnt'veːdɐ] *(congiunz)* ~ **entweder... oder...** o... o... ♦ *ich komme entweder heute oder morgen* vengo o oggi o domani ♦ *entweder komme ich heute abend, oder ich rufe dich an* o vengo stasera o ti telefono. ◆ **entweder alles oder nichts** o tutto o niente.

entweichen [ɛnt'vaiçən] *(vi,* ist; *irr* weichen*)* ***1*** uscire, fuoriuscire (gas, vapori, ecc). ***2*** fuggire, scappare.

entweihen [ɛnt'vaiən] *(vt,* hat*)* ~ profanare.

entwerfen [ɛnt'vɛrfən] *(vt,* hat; *irr* werfen*)* ***1*** abbozzare, schizzare, delineare. ***2*** progettare.

entwerten [ɛnt'vɛrtən] *(vt,* hat*)* ***1*** deprezzare, svalutare *(anche fig)*. ***2*** obliterare, timbrare, annullare.

Entwertung [ɛnt'vɛrtʊŋ] *(f;* -, -en*)* ***1*** deprezzamento, svalutazione *(anche fig)*. ***2*** obliterazione, timbro, annullamento.

entwickeln [ɛnt'vɪkəln] *(vt,* hat*)* ***1*** sviluppare ♦ *eine Theorie entwickeln* sviluppare una teoria ♦ *einen Film entwickeln (lassen)* (far) sviluppare un rullino. ***2*** realizzare, produrre. ◆ **sich entwickeln** *(vr)* ***1*** {*sich (aus etwas)* ~} svilupparsi, formarsi (da qcs). ***2*** {*sich zu etwas* ~} evolversi in qcs, svilupparsi in qcs, diventare qcs ♦ *die Stadt hat sich zu einer Metropole entwickelt* la città è diventata una metropoli.

Entwicklung [ɛnt'vɪklʊŋ] *(f;* -, -en*)* ***1*** sviluppo, formazione, evoluzione ♦ *die Entwicklung einer Theorie, eines Films* lo sviluppo di una teoria, di una pellicola. ***2*** realizzazione, produzione.

Entwicklungshilfe [-sˌhɪlfə] *(f;* -*)* ~ aiuto ai paesi in via di sviluppo.

Entwicklungsland [-sˌlant] *(n;* -(e)s, -länder*)* ~ paese in via di sviluppo.

Entwicklungsprozess († **-prozeß**) [-spro'tsɛs] *(m;* -es, -e*)* ~ processo evolutivo, processo di sviluppo.

Entwicklungsstufe [-sˌʃtuːfə] *(f;* -, -n*)* ~ stadio, livello di sviluppo.

entwirren [ɛnt'vɪrən] *(vt,* hat*)* ~ sbrogliare *(anche fig)*.

entwischen [ɛnt'vɪʃən] *(vi,* ist*)* ~ {*(jmdm)* ~} *(fam)* sfuggire (a qcn), scappare, svignarsela.

entwöhnen [ɛnt'vøːnən] *(vt,* hat*)* ***1*** svezzare. ***2*** {*jmdn einer Sache* (Gen) ~} *(lett)* disabituare qcn a qcs, far perdere a qcn l'abitudine di qcs. ◆ **sich einer Sache** (Gen) **entwöhnen** *(vr) (lett)* disabituarsi a qcs, perdere l'abitudine di qcs.

Entwurf [ɛnt'vʊrf] *(m;* -(e)s, -würfe*)* ***1*** abbozzo, schizzo. ***2*** progetto.

entwurzeln [ɛnt'vʊrtsəln] *(vt,* hat*)* ~ sradicare *(anche fig)*.

entziehen [ɛnt'tsi:ən] *(vt,* hat; *irr* ziehen*)* **1** {*jmdm etwas* ~} togliere, sottrarre qcs a qcn; ritirare (patente). **2** {*jmdm etwas* ~} negare, rifiutare qcs a qcn (aiuto, permesso, ecc). ◆ **sich jmdm/etwas entziehen** sfuggire, sottrarsi a qcn/qcs *(anche fig)* ♦ *sich einer Umarmung entziehen* sottrarsi a un abbraccio.

Entziehung [ɛnt'tsi:ʊŋ] *(f; -, -en)* **1** privazione, il togliere, il sottrarre. **2** ritiro (di patente). **3** rifiuto (di aiuto, permesso, ecc). **4** disintossicazione.

Entziehungskur [-s,ku:ɐ] *(f; -, -en)* ~ cura di disintossicazione (da droga o alcol).

entziffern [ɛnt'tsɪfɐn] *(vt,* hat*)* ~ decifrare.

Entzifferung [ɛnt'tsɪfərʊŋ] *(f; -, en)* ~ decifrazione.

entzücken [ɛnt'tsʏkən] *(vt,* hat*)* ~ incantare, affascinare.

entzückend [-t] *(agg)* ~ incantevole, delizioso.

Entzückung [ɛnt'tsʏkʊŋ] *(f; -, -en)* ~ incanto.

Entzug [ɛnt'tsu:k] *(m; -(e)s)* **1** ritiro, revoca. **2** rifiuto (di aiuto, permesso, ecc). **3** cura di disintossicazione ♦ *auf Entzug sein* essere in cura per disintossicarsi.

Entzugserscheinung [-sˀɛɐʃainʊŋ] *(f; -, -en)* ~ crisi di astinenza.

entzünden [ɛnt'tsʏndən] *(vt,* hat*)* **1** accendere (fiamma). **2** *(fig/lett)* suscitare, accendere, provocare (sentimenti). ◆ **sich entzünden** *(vr)* **1** accendersi (fiamma). **2** *(fig)* accendersi, infiammarsi (sentimenti). **3** *(med)* infiammarsi.

Entzündung [ɛnt'tsʏndʊŋ] *(f; -, -en)* **1** accensione (di una fiamma). **2** *(med)* infiammazione.

Entzündungsherd [-s,he:ɐt] *(m; -(e)s, -e)* ~ *(med)* focolaio.

entzwei [ɛnt'tsvai] *(agg solo pred)* ~ *(lett)* rotto ♦ *das Glas ist entzwei* il bicchiere è rotto.

entzwei|brechen *(vi,* ist; *irr* brechen*)* ~ *(lett)* rompersi, andare in pezzi ♦ *das Glas ist entzweigebrochen* il bicchiere è andato in pezzi.

entzwei|gehen *(vi,* ist; *irr* gehen*)* ~ *(fam)* rompersi; guastarsi ♦ *mein Wecker ist entzweigegangen* la mia sveglia si è guastata.

Epidemie [epide'mi:] *(f; -, -n)* ~ epidemia.

epidemisch [epi'de:mɪʃ] *(agg)* ~ epidemico.

Epik ['e:pɪk] *(f; -)* ~ epica, poesia epica.

Epilepsie [epilɛ'psi:] *(f; -, -n)* ~ *(med)* epilessia.

Epileptiker [epi'lɛptikɐ] *(m; -s, -; f* **-in***)* ~ epilettico.

epileptisch [epi'lɛptɪʃ] *(agg)* ~ epilettico.

Epilog [epi'lo:k] *(m; -s, -e)* ~ epilogo.

episch ['e:pɪʃ] *(agg)* ~ epico.

Episode [epi'zo:də] *(f; -, -n)* ~ episodio.

Epizentrum [epi'tsɛntrʊm] *(n; -s, -zentren)* ~ *(geol)* epicentro.

Epoche [e'pɔxə] *(f; -, -n)* ~ epoca. ◆ **Epoche machend** *(anche* **epochemachend***)* che fa epoca, epocale, sensazionale.

Epos ['e:pɔs] *(n; -, Epen)* ~ epos, poema epico.

er ['e:ɐ] *(pron, III pers sing m Nom; Gen* **seiner**, *Dat* **ihm**, *Acc* **ihn***)* ~ lui, egli ♦ *er kommt nicht* non viene.

erachten [ɛɐ'ˀaxtən] *(vt,* hat*)* ~ {*jmdn/etwas als/für etwas* ~} ritenere, considerare qcn/qcs come ♦ *ich erachte das als unentbehrlich* questo lo considero indispensabile.

Erachten *(n; -s)* ~ **meinem Erachten nach**; **nach meinem Erachten**; **meines Erachtens** secondo me, a parer mio.

erarbeiten [ɛɐ'ˀarbaitən] *(vt,* hat*)* **1** elaborare (in gruppo). **2** {*sich* (Dat) *etwas* ~} conquistarsi qcs, acquisire qcs con il lavoro (patrimonio, nozioni, ecc).

Erbanlage ['ɛrp,ˀanla:gə] *(f; -, -n)* ~ carattere ereditario.

Erbanteil ['ɛrp,ˀantail] *(m; -(e)s, -e)* ~ parte, quota di eredità.

erbarmen [ɛɐ'barmən] *(vt,* hat*)* ~ {*jmdn* ~} muovere a compassione a qcn, impietosire qcn. ◆ **sich jmds erbarmen** *(vr)* *(lett)* muoversi a compassione per qcn, impietosirsi per qcn.

Erbarmen *(n; -s)* ~ compassione, pietà, misericordia ♦ *mit jmdm Erbarmen haben* avere pietà di qcn. ◆ **zum Erbarmen** *(fig/fam)* pietoso; pietosamente.

erbärmlich [ɛɐ'bɛrmlɪç] *(agg)* **1** pietoso, miserabile, misero ♦ *ein erbärmlicher Zustand* uno stato pietoso ♦ *eine erbärm-*

liche Hütte una misera capanna. **2** miserabile, indegno, riprovevole. **3** *(avv)* pietosamente, miseramente. **4** *(avv)* miserabilmente, indegnamente, in modo riprovevole. **5** *(avv)* molto, terribilmente.

erbarmungslos [ɛɐ'barmʊŋsˌloːs] *(agg)* ~ spietato.

erbarmungsvoll [ɛɐ'barmʊŋsˌfɔl] *(agg)* ~ pietoso, compassionevole, caritatevole, misericordioso (persona).

erbauen [ɛɐ'bauən] *(vt,* hat*)* ~ costruire, edificare. ◆ **sich an etwas** (Dat) **erbauen** *(vr)* edificarsi, elevarsi (spiritualmente) con qcs.

Erbauer [ɛɐ'bauɐ] *(m;* -s, -*)* ~ costruttore.

Erbauung [ɛɐ'bauʊŋ] *(f;* -, -en*)* **1** costruzione, edificazione. **2** *(fig)* edificazione, elevazione (spirituale).

Erbauungsliteratur [-slɪtəraˌtuːɐ] *(f;* -*)* ~ letteratura edificante.

Erbe[1] ['ɛrbə] *(m;* -n, -n; *f* **Erbin***)* ~ erede ♦ *jmdn als/zum Erben einsetzen* nominare qcn erede.

Erbe[2] *(n;* -s*)* **1** *(lett)* eredità. **2** *(fig)* eredità (culturale) ♦ *das romantische Erbe* l'eredità romantica.

erben [-n] *(vt,* hat*)* ~ ereditare (beni; caratteristiche) ♦ *er hat das Haus, seine Sprachbegabung von seinem Vater geerbt* ha ereditato la casa, il suo talento per le lingue da suo padre.

erbeuten [ɛɐ'bɔytən] *(vt,* hat*)* ~ *(mil)* catturare, fare bottino di.

Erbfehler ['ɛrpˌfeːlɐ] *(m;* -s, -*)* ~ tara ereditaria.

Erbfolge ['ɛrpˌfɔlgə] *(f;* -, -n*)* ~ successione.

Erbfolgekrieg [-ˌkriːk] *(m;* -(e)s, -e*)* ~ guerra di successione.

Erbgut ['ɛrpˌguːt] *(n;* -(e)s, -güter*)* **1** eredità terriera. **2** patrimonio genetico.

erbieten [ɛɐ'biːtən] *(vr,* hat; *irr* bieten*)* ~ **sich erbieten, etwas zu tun** *(lett)* offrirsi di fare qcs.

erbitten [ɛɐ'bɪtən] *(vt,* hat; *irr* bitten*)* ~ *(lett)* chiedere, richiedere (gentilmente).

erbittern [ɛɐ'bɪtɐn] *(vt,* hat*)* ~ esasperare.

erbittert [ɛɐ'bɪtɐt] *(agg)* **1** esasperato. **2** esasperato, violento, all'ultimo sangue (lotta e sim).

Erbitterung [ɛɐ'bɪtərʊŋ] *(f;* -*)* ~ esasperazione.

erblassen [ɛɐ'blasən] *(vi,* ist*)* ~ impallidire.

erbleichen [ɛɐ'blaiçən] *(vi,* ist*)* ~ impallidire.

erblich ['ɛrplɪç] *(agg)* ~ ereditario ♦ *erbliche Krankheit* malattia ereditaria ♦ *erblicher Titel* titolo ereditario. ◆ **erblich belastet sein** avere una tara ereditaria.

Erblichkeit [-ˌkait] *(f;* -*)* ~ ereditarietà.

erblicken [ɛɐ'blɪkən] *(vt,* hat*)* **1** *(lett)* scorgere, vedere. **2** {*in jmdm/etwas jmdn/etwas* ~} *(fig)* scorgere, vedere qcn/qcs in qcn/qcs ♦ *sie erblickten in ihm ihren Retter* vedevano in lui il loro salvatore. ◆ **das Licht der Welt erblicken** venire al mondo, vedere la luce.

erbosen [ɛɐ'boːzən] *(vt,* hat*)* ~ irritare, far adirare qcn. ◆ **sich erbosen** *(vr)* irritarsi, adirarsi.

Erbprinz ['ɛrpˌprɪnts] *(m;* -en, -en*)* ~ principe ereditario.

erbrechen [ɛɐ'brɛçən] *(vt/vi,* hat; *irr* brechen*)* ~ vomitare. ◆ **sich erbrechen** *(vr)* vomitare *(senza oggetto)*.

Erbrecht ['ɛrpˌrɛçt] *(n;* -(e)s, -e*)* ~ diritto di successione.

erbringen [ɛɐ'brɪŋən] *(vt,* hat; *irr* bringen*)* **1** portare, fruttare (guadagni). **2** portare, fornire, addurre (prove e sim).

Erbschaft ['ɛrpʃaft] *(f;* -, -en*)* ~ eredità ♦ *eine Erbschaft machen* ricevere un'eredità.

Erbschaft(s)steuer [-(s)ʃtɔyɐ] *(f;* -, -n*)* ~ tassa di successione.

Erbse ['ɛrpsə] *(f;* -, -n*)* *(bot)* ~ pisello.

Erbsünde ['ɛrpˌzʏndə] *(f;* -, -n*)* ~ *(relig)* peccato originale.

Erbteil ['ɛrpˌtail] *(m;* -(e)s, -e*)* **1** parte di eredità. **2** *(fig)* eredità, qualità ereditaria.

Erdachse ['eːɐtˌʔaksə] *(f;* -*)* ~ asse terrestre.

erdacht [ɛɐ'daxt] *(agg)* ~ inventato, immaginario.

Erdapfel ['eːɐtˌʔapfəl] *(m;* -s, -äpfel*)* *(region)* ~ patata.

Erdbahn ['eːɐtˌbaːn] *(f;* -*)* ~ orbita terrestre.

Erdbeben ['eːɐtˌbeːbən] *(n;* -s, -*)* ~ terremoto.

Erdbebenforscher [-ˌfɔrʃɐ] *(m;* -s, -; *f* **-in***)* ~ sismologo.

Erdbebenforschung [-ˌfɔrʃʊŋ] *(f;* -*)* ~ sismologia.

Erdbeere ['eːɐtˌbeːrə] *(f; -, -n)* ~ *(bot)* fragola.

Erdboden ['eːɐtˌboːdən] *(m; -s)* ~ suolo, terra, terreno. ◆ **da wäre ich am liebsten in den Erdboden versunken** *(fig)* avrei voluto sprofondare. ◆ **etwas dem Erdboden gleichmaßen** radere al suolo qcs.

Erdbrocken ['eːɐtˌbrɔkən] *(m; -s, -)* ~ zolla di terra.

Erde ['eːɐdə] *(f; -, raro -en)* **1** terra, terreno, suolo ♦ *fruchtbare, trockene Erde* terra fertile, arida. **2** terra, mondo; pianeta terra ♦ *das ist die schönste Stadt auf Erden* questa è la città più bella del mondo. **3** *(fis)* terra, massa. ◆ **unter der Erde** sottoterra (nella tomba). ◆ **auf die Erde fallen, zur Erde fallen** cadere a terra.

erdenken [ɛɐ'dɛŋkən] *(vt, hat; irr denken)* ~ escogitare, inventare (progetti e sim).

erdenklich [ɛɐ'dɛŋklɪç] *(agg)* ~ immaginabile, pensabile ♦ *ich wünsche dir alles erdenklich(e) Gute* ti auguro tutto il bene immaginabile ♦ *alles Erdenkliche tun* fare tutto ciò che è immaginabile.

erdfarben ['eːɐtˌfarbən] *(agg)* ~ terreo.

Erdgas ['eːɐtˌgaːs] *(n; -es)* ~ gas naturale, metano.

Erdgeschichte ['eːɐtgəʃɪçtə] *(f; -)* ~ geologia.

erdgeschichtlich ['eːɐtgəʃɪçtlɪç] *(agg)* ~ geologico.

Erdgeschoss († **-geschoß**) ['eːɐtgəʃɔs] *(n; -es, -e)* ~ pianterreno, pianoterra ♦ *ich wohne im Erdgeschoss* abito al pianterreno.

erdig ['eːɐdɪç] *(agg)* ~ terroso.

Erdkruste ['eːɐtˌkrʊstə] *(f; -)* ~ crosta terrestre.

Erdkugel ['eːɐtˌkuːgəl] *(f; -)* ~ globo terrestre.

Erdkunde ['eːɐtˌkʊndə] *(f; -)* ~ geografia (spec materia scolastica).

Erdmaus ['eːɐtˌmaus] *(f; -, -mäuse)* ~ *(zool)* topo campagnolo.

Erdnuss († **-nuß**) ['eːɐtˌnʊs] *(f; -, -nüsse)* ~ arachide, nocciolina americana.

Erdöl ['eːɐtˌʔøːl] *(n; -)* ~ petrolio.

Erdölförderung [-ˌfœrdərʊŋ] *(f; -)* ~ estrazione di petrolio.

Erdölleitung [-ˌlaitʊŋ] *(f; -, -en)* ~ oleodotto.

Erdölvorkommen [-ˌfoːɐkɔmən] *(n; -s, -)* ~ giacimento petrolifero.

Erdreich ['eːɐtˌraiç] *(n; -(e)s)* ~ terra, terreno, suolo (per coltivazioni).

erdreisten [ɛɐ'draistən] *(vr, hat)* ~ **sich erdreisten, etwas zu tun** osare, avere la sfacciataggine di fare qcs.

erdrosseln [ɛɐ'drɔsəln] *(vt, hat)* **1** strangolare. **2** *(fig)* soffocare, ostacolare.

erdrücken [ɛɐ'drʏkən] *(vt, hat)* **1** schiacciare, uccidere (schiacciando), seppellire ♦ *der Erdrutsch hat zwei Menschen erdrückt* la frana ha seppellito due persone. **2** *(fig)* soffocare, opprimere, schiacciare.

erdrückend [-t] *(agg)* ~ schiacciante ♦ *erdrückende Beweise* prove schiaccianti.

Erdrutsch ['eːɐtˌrʊtʃ] *(m; -(e)s, -e)* ~ frana.

Erdscholle ['eːɐtʃɔlə] *(f; -, -n)* ~ zolla di terra.

Erdstoß ['eːɐtʃtoːs] *(m; -es, -stöße)* ~ scossa di terremoto.

Erdteil ['eːɐtˌtail] *(m; -(e)s, -e)* ~ continente.

erdulden [ɛɐ'dʊldən] *(vt, hat)* ~ sopportare, patire.

Erdumdrehung ['eːɐtʔʊmˌdreːʊŋ] *(f; -)* ~ rotazione della terra.

Erdumfang ['eːɐtʔʊmˌfaŋ] *(m; -(e)s)* ~ circonferenza terrestre.

Erdumlaufbahn ['eːɐtˌʔʊmlaufbaːn] *(f; -, -en)* ~ orbita (di satelliti, missili, ecc).

ereifern [ɛɐ'ʔaifɐn] *(vr, hat)* ~ **sich ereifern** accalorarsi, infervorarsi.

ereignen [ɛɐ'ʔaignən] *(vr, hat)* ~ **sich ereignen** accadere, verificarsi.

Ereignis [ɛɐ'ʔaignɪs] *(n; -es, -se)* **1** avvenimento, fatto, accadimento, evento ♦ *ein frohes, trauriges Ereignis* un avvenimento felice, triste. **2** *(fam)* evento (memorabile) ♦ *das Konzert war ein Ereignis* il concerto è stato un evento.

Erektion [erɛk'tsjoːn] *(f; -, -en)* ~ *(anat)* erezione.

Eremit [ere'miːt] *(m; -en, -en)* ~ eremita.

erfahren[1] [ɛɐ'faːrən] *(vt, hat; irr fahren)* **1** apprendere, venire a sapere, sapere ♦ *eine Nachricht erfahren* apprendere una notizia ♦ *ich habe durch die Zeitung, durch Zufall erfahren, dass* ho saputo dal giornale, per caso che. **2** *(lett)* provare, fare esperienza di. **3** *(+ sost, con valore* *passivo)* subire ♦ *eine Behandlung erfahren* subire un trattamento, essere trattato ♦ *eine Änderung erfahren* subire una modifica, essere modificato.

erfahren^{2} *(agg)* ***1*** esperto, pratico. ***2*** capace, abile.

Erfahrung [ɛɐ'fa:rʊŋ] *(f*; -, -en*)* ***1*** esperienza, vicenda ♦ *eine gute, schlechte Erfahrung machen* fare una bella, una brutta esperienza. ***2*** esperienza, competenza, pratica ♦ *er hat keine Erfahrung auf diesem Gebiet* non ha esperienza in questo campo. ◆ **aus eigener Erfahrung** per esperienza diretta.

erfahrungsgemäß [-sgəˌmɛ:s] *(avv)* ~ per esperienza, secondo l'esperienza.

erfahrungsmäßig [-sˌmɛ:sɪç] *(agg)* ~ sperimentale, empirico.

erfassen [ɛɐ'fasən] *(vt*, hat; *ortogr* fassen*)* ***1*** investire, travolgere. ***2*** {*jmdn* ~} *(fig)* cogliere, prendere qcn, impadronirsi di qcn (sentimenti e sim) ♦ *Angst erfasste ihn* la paura si impadronì di lui. ***3*** *(fig)* capire, comprendere, afferrare. ***4*** includere, comprendere, iscrivere, registrare (in liste, statistiche e sim).

Erfassung [ɛɐ'fasʊŋ] *(f*; -, -en*)* ***1*** comprensione. ***2*** inclusione, iscrizione, registrazione (in liste, statistiche e sim).

erfinden [ɛɐ'fɪndən] *(vt*, hat; *irr* finden*)* ***1*** inventare ♦ *Braille hat die Blindenschrift erfunden* Braille ha inventato l'alfabeto per ciechi. ***2*** *(fig)* inventare, escogitare, architettare ♦ *eine Ausrede erfinden* inventare una scusa.

Erfinder [ɛɐ'fɪndɐ] *(m*; -s, -; *f* **-in***)* ~ inventore, ideatore.

erfinderisch [ɛɐ'fɪndərɪʃ] *(agg)* ~ inventivo, creativo

Erfindung [ɛɐ'fɪndʊŋ] *(f*; -, -en*)* ***1*** invenzione ♦ *die Erfindung des Telefons* l'invenzione del telefono. ***2*** invenzione, bugia.

Erfindungsgabe [-sˌga:bə] *(f*; -*)* ~ inventiva.

erfindungsreich [-sˌraiç] *(agg)* ~ inventivo, creativo.

Erfolg [ɛɐ'fɔlk] *(m*; -(e)s, -e*)* ***1*** esito, risultato, riuscita ♦ *die Initiative hatte keinen Erfolg* l'iniziativa non ha avuto esito. ***2*** successo ♦ *im Beruf, im Leben (keinen) Erfolg haben* (non) avere successo nel lavoro, nella vita ♦ *gute Aussichten auf Erfolg haben* avere buone prospettive di successo. ◆ **Erfolg versprechend** *(anche* **erfolgversprechend***)* promettente, che ha buone probabilità di successo.

erfolgen [ɛɐ'fɔlgən] *(vi*, ist*)* ***1*** seguire, avvenire, esserci (come conseguenza di qcs) ♦ *darauf erfolgte eine Schießerei* seguì una sparatoria. ***2*** aver luogo, esserci ♦ *die Auslosung erfolgt morgen* il sorteggio c'è domani.

erfolglos [ɛɐ'fɔlkˌlo:s] *(agg)* ***1*** senza successo, vano. ***2*** *(avv)* senza successo, invano.

erfolgreich [ɛɐ'fɔlkˌraiç] *(agg)* ***1*** di successo, che ha successo (persona o cosa) ♦ *ein erfolgreicher Manager* un manager di successo. ***2*** efficace. ***3*** *(avv)* con successo; efficacemente.

Erfolgskurs [ɛɐ'fɔlksˌkʊrs] *(m*; -es*)* ~ *(fam)* via del successo, strada per il successo ♦ *auf Erfolgskurs sein* essere sulla via del successo.

erfolgssicher [ɛɐ'fɔlksˌzɪçɐ] *(agg)* ***1*** promettente, di sicuro successo. ***2*** sicuro del proprio successo, sicuro di sé.

erfolgversprechend ~ anche **Erfolg versprechend** (vedi **Erfolg**).

erforderlich [ɛɐ'fɔrdɐlɪç] *(agg)* ~ necessario, richiesto ♦ *das erforderliche Alter* l'età necessaria ♦ *die erforderlichen Kenntnisse* le conoscenze necessarie.

erfordern [ɛɐ'fɔrdɐn] *(vt*, hat*)* ~ richiedere, necessitare, esigere ♦ *diese Arbeit erfordert viel Geduld* questo lavoro richiede molta pazienza.

Erfordernis [ɛɐ'fɔrdɐnɪs] *(n*; -ses, -se*)* ~ presupposto, requisito.

erforschen [ɛɐ'fɔrʃən] *(vt*, hat*)* ***1*** indagare, studiare, ricercare. ***2*** esplorare.

Erforscher [ɛɐ'fɔrʃɐ] *(m*; -s, -; *f* **-in***)* ***1*** studioso, ricercatore. ***2*** esploratore.

Erforschung [ɛɐ'fɔrʃʊŋ] *(f*; -, -en*)* ***1*** indagine, studio, ricerca (scientifica). ***2*** esplorazione.

erfreuen [ɛɐ'frɔyən] *(vt*, hat*)* ~ rallegrare, allietare ♦ *jmdn mit einer Überraschung erfreuen* allietare qcn con una sorpresa. ◆ **sich an etwas** (Dat) **erfreuen** *(vr)* rallegrarsi di qcs, essere contento di qcs. ◆ **sich einer Sache** (Gen) **erfreuen** *(vr)* *(lett)* godere di qcs ♦ *sich eines guten Rufs erfreuen* godere di una buona fama ♦ *sich bester Gesundheit erfreuen* godere di ottima salute. ◆ **über etwas** (Acc) **erfreut sein** rallegrarsi di qcs, essere contento di qcs.

erfreulich [ɛɐ'frɔylɪç] *(agg)* ~ lieto, piacevole, bello ♦ *eine erfreuliche Nachricht* una bella notizia.

erfrieren [ɛɐ'fri:rən] *(vi,* ist; *irr* frieren*)* ***1*** morire di freddo, morire assiderato ♦ *ich bin fast erfroren* sono quasi morto di freddo. ***2*** gelare (piante).

Erfrierung [ɛɐ'fri:rʊŋ] *(f;* -, -en*)* ~ *(med)* assideramento.

erfrischen [ɛɐ'frɪʃən] *(vt,* hat*)* ~ rinfrescare (cosa o persona) ♦ *der Regen hat die Wiesen erfrischt* la pioggia ha rinfrescato i prati. ◆ **sich erfrischen** *(vr)* rinfrescarsi.

erfrischend [-t] *(agg)* ***1*** rinfrescante. ***2*** *(fig)* rasserenante.

Erfrischung [ɛɐ'frɪʃʊŋ] *(f;* -, -en*)* ***1*** refrigerio, rinfrescata. ***2*** bevanda rinfrescante.

Erfrischungsgetränk [-sgəˌtrɛŋk] *(n;* -es, -e*)* ~ bibita (fresca).

Erfrischungsraum [-sˌraum] *(m;* -(e)s, -räume*)* ~ bar (in teatri, aziende, ecc).

erfüllen [ɛɐ'fʏlən] *(vt,* hat*)* ***1*** {*etwas mit etwas* ~} riempire, pervadere qcs di qcs (rumori, odori, ecc) *(anche fig)* ♦ *die Musik erfüllte den Saal* la musica riempiva la sala. ***2*** {*jmdn/etwas mit etwas* ~} *(fig)* riempire, colmare qcn/qcs di qcs (sentimenti e sim) ♦ *ihr Sohn hat ihr Leben mit Sorgen erfüllt* suo figlio le ha riempito la vita di preoccupazioni ♦ *sein Besuch erfüllte mich mit Freude* la sua visita mi riempì di gioia. ***3*** impegnare, occupare (persona) ♦ *die Arbeit erfüllt ihn ganz* il lavoro lo occupa completamente. ***4*** assolvere, svolgere, adempiere (compiti, doveri, ecc). ◆ **sich erfüllen** *(vr)* avverarsi, realizzarsi (desideri, sogni).

Erfüllung [ɛɐ'fʏlʊŋ] *(f;* -, -en*)* ***1*** realizzazione (di desideri, sogni). ***2*** adempimento, svolgimento (di compiti, doveri, ecc). ***3*** soddisfazione, appagamento. ◆ **in Erfüllung gehen** realizzarsi, avverarsi (desideri, sogni).

ergänzen [ɛɐ'gɛntsən] *(vt,* hat*)* ***1*** completare, integrare ♦ *eine Sammlung ergänzen* completare una collezione. ***2*** aggiungere, integrare (osservazioni e sim). ◆ **sich ergänzen** *(vr)* completarsi (caratterialmente).

Ergänzung [ɛɐ'gɛntsʊŋ] *(f;* -, -en*)* ***1*** completamento, integrazione. ***2*** aggiunta, integrazione ♦ *Ergänzungen zu einem Artikel* integrazioni a un articolo. ***3*** *(gramm)* complemento.

Ergänzungsband [-sˌbant] *(m;* -(e)s, -bände*)* ~ supplemento (a libro o rivista).

Ergänzungsheft [-sˌhɛft] *(n;* -(e)s, -e*)* ~ supplemento (a libro o rivista).

ergattern [ɛɐ'gatɐn] *(vt,* hat*)* ~ *(fam)* procurarsi, ottenere.

ergeben[1] [ɛɐ'ge:bən] *(vt,* hat; *irr* geben*)* ~ dare (come risultato) ♦ *die Umfrage ergab, dass* il sondaggio ha dato come risultato che. ◆ **sich ergeben** *(vr)* ***1*** {*sich (aus etwas)* ~} risultare, derivare (da qcs) ♦ *aus dem Verkauf hat sich ein Gewinn von 1000 Euro ergeben* dalla vendita è derivato un guadagno di mille euro ♦ *bei der Umfrage hat sich ergeben, dass* dal sondaggio è risultato che. ***2*** arrendersi. ***3*** {*sich in etwas* (Acc) ~} *(fig)* arrendersi a qcs, piegarsi a qcs (destino e sim). ***4*** {*sich jmdm/etwas* ~} dedicarsi (completamente) a qcn/qcs, votarsi a qcn/qcs; essere dedito a qcs ♦ *sich der Arbeit ergeben* votarsi al lavoro ♦ *sich dem Spiel ergeben* essere dedito al gioco.

ergeben[2] *(agg)* ***1*** arrendevole, sottomesso. ***2*** devoto ♦ *jmdm bedingungslos ergeben sein* essere incondizionatamente devoto a qcn. ***3*** dedito ♦ *dem Trunk ergeben* dedito al bere. ***4*** *(avv)* arrendevolmente, senza obiezioni.

Ergebenheit [-ˌhait] *(f;* -*)* ***1*** arrendevolezza, sottomissione. ***2*** devozione, dedizione. ***3*** rassegnazione.

Ergebnis [ɛɐ'ge:pnɪs] *(n;* -es, -se*)* ~ risultato, esito ♦ *ein befriedigendes, gutes, schlechtes Ergebnis* un risultato soddisfacente, buono, cattivo ♦ *das Ergebnis einer Prüfung, einer Rechnung, eines Fußballspiels, einer Untersuchung* il risultato di un'esame, di un calcolo, di una partita di calcio, di un'indagine.

ergebnislos [-ˌlo:s] *(agg)* ~ senza risultato, vano.

ergehen [ɛɐ'ge:ən] *(vi,* ist; irr gehen*)* ***1*** {*an jmdn* ~} *(lett)* essere emanato nei confronti di qcn (ordini, leggi, ecc). ***2*** {*jmdm* ~ (+ *avv*)} *(impers)* andare a qcn ◆ *es ergeht ihm gut, schlecht* gli va bene, male. ◆ **sich in etwas** (Dat) **ergehen** *(vr)* dilungarsi in qcs ◆ *sich in langen Vermutungen über einen Vorfall ergehen* dilungarsi in lunghe congetture su un avvenimento. ◆ **ergehen lassen** ***1*** emanare (ordini, leggi, ecc) ◆ *einen Befehl ergehen lassen* emanare un ordine. ***2*** {*etwas über sich* (Acc) ~ *lassen*} sopportare qcs, subire qcs (senza protestare) ◆ *einen Vorwurf über sich ergehen lassen* subire un rimprovero.

ergiebig [ɛɐ'gi:bɪç] *(agg)* ***1*** fertile, ricco, produttivo (terreno e sim) *(anche fig)* ◆ *ein ergiebiges Gespräch* un colloquio produttivo. ***2*** che rende molto, che ha una buona resa (prodotto, materiale, ecc).

ergießen [ɛɐ'gi:sən] *(vr,* hat; *irr/ortogr* gießen*)* ~ **sich ergießen** ***1*** versarsi, gettarsi ◆ *der Fluss ergießt sich in einen See* il fiume si getta in un lago. ***2*** {*sich über jmdn* ~} *(fig)* riversarsi su qcn, piovere addosso a qcn ◆ *Pfiffe ergossen sich über ihn* gli piovvero addosso fischi.

ergreifen [ɛɐ'graifən] *(vt,* hat; *irr* greifen*)* ***1*** {*jmdn/etwas* ~} prendere, afferrare qcn/qcs. ***2*** prendere, catturare (malviventi). ***3*** {*jmdn* ~} *(fig)* prendere qcn, cogliere, impadronirsi di qcn (sentimenti e sim). ***4*** impressionare, toccare, commuovere ◆ *das Buch, der Film hat mich tief ergriffen* il libro, il film mi ha commosso profondamente. ***5*** scegliere, intraprendere (professione). ◆ **von etwas Besitz ergreifen** prendere possesso di qcs. ◆ **die Gelegenheit (beim Schopf) ergreifen** cogliere (al volo) l'occasione. ◆ **die Macht ergreifen** prendere il potere. ◆ **das Wort ergreifen** prendere la parola.

Ergreifung [ɛɐ'graifʊŋ] *(f;* -, *raro* -en*)* ***1*** presa, il prendere ◆ *die Ergreifung der Macht* la presa del potere. ***2*** cattura (di malviventi).

ergriffen [ɛɐ'grɪfən] *(agg)* ~ impressionato, toccato, commosso.

Ergriffenheit [-ˌhait] *(f;* -, -en*)* ~ commozione.

ergründen [ɛɐ'grʏndən] *(vt,* hat*)* ~ indagare, andare al fondo di.

Erguss († **Erguß**) [ɛɐ'gʊs] *(m;* -es, -güsse*)* ***1*** sfogo, effusione; *(spreg)* fiume di parole ◆ *ein Erguss des Herzens* uno sfogo del cuore. ***2*** eiaculazione.

erhaben [ɛɐ'habən] *(agg)* ***1*** sublime, elevato. ***2*** solenne. ◆ **über etwas** (Acc) **erhaben sein** *(fig)* essere al di sopra di qcs, non essere toccato da qcs ◆ *über jeden Verdacht erhaben sein* essere al di sopra di ogni sospetto.

Erhalt [ɛɐ'halt] *(m;* -(e)s*)* ~ ricevimento ◆ *nach Erhalt der Ware* dopo il ricevimento della merce.

erhalten [ɛɐ'haltən] *(vt,* hat; *irr* halten*)* ***1*** ricevere ◆ *einen Auftrag, einen Brief, eine Nachricht, eine Ohrfeige, einen Tadel erhalten* ricevere un incarico, una lettera, una notizia, uno scapaccione, un rimprovero. ***2*** mantenere, conservare ◆ *einen Brauch erhalten* conservare un'usanza. ***3*** mantenere, sostentare. ***4*** ottenere (prodotti). ◆ **sich erhalten** *(vr)* mantenersi, conservarsi.

erhältlich [ɛɐ'hɛltlɪç] *(agg)* ~ acquistabile, in vendita, reperibile (sul mercato) ◆ *dieses Buch ist nicht mehr erhältlich* questo libro non è più in vendita.

Erhaltung [ɛɐ'haltʊŋ] *(f;* -*)* ***1*** conservazione, mantenimento. ***2*** mantenimento, sostentamento.

erhängen [ɛɐ'hɛŋən] *(vt,* hat*)* ~ impiccare. ◆ **sich erhängen** *(vr)* impiccarsi.

erhärten [ɛɐ'hɛrtən] *(vt,* hat*)* ~ confermare, rafforzare (affermazioni, ipotesi, ecc).

erheben [ɛɐ'he:bən] *(vt,* hat; *irr* heben*)* ***1*** levare, sollevare *(anche fig)* ◆ *den Arm, das Glas erheben* sollevare il braccio, il bicchiere ◆ *Protest erheben* sollevare una protesta. ***2*** {*jmdn/etwas zu etwas* ~} elevare qcn/qcs a qcs (al rango di qcs); nominare qcn ◆ *jmdn in den Adelsstand erheben* elevare qcn al rango nobiliare. ***3*** *(fig)* elevare (spiritualmente), edificare. ***4*** imporre (tasse, pagamenti, ecc). ***5*** *(mat)* elevare (a potenza) ◆ *eine Zahl ins Quadrat erheben* elevare un numero al quadrato. ◆ **sich erheben** *(vr)* ***1*** alzarsi, levarsi, sollevarsi *(anche fig)* ◆ *er erhob sich langsam von seinem Stuhl* si alzò lentamente dalla sua sedia ♦ *ein Sturm, ein Streit hat sich erhoben* si è levata una tempesta, una protesta. **2** {*sich über etwas* (Acc) ~} elevarsi, ergersi sopra qcs, sovrastare qcs *(anche fig)*. **3** {*sich (gegen jmdn/etwas)* ~} ribellarsi (contro qcn/qcs). ◆ **Anspruch auf etwas** (Acc) **erheben** accampare pretese su qcs.

erhebend [-t] *(agg)* ~ edificante.

erheblich [ɛɐ'heːplɪç] *(agg)* **1** notevole, considerevole, ragguardevole, grande ♦ *eine erhebliche Entfernung* una distanza considerevole. **2** *(avv)* notevolmente, considerevolmente, molto.

Erhebung [ɛɐ'heːbʊŋ] *(f; -, -en)* **1** rilievo, altura; monte, montagna. **2** elevazione, nomina ♦ *jmds Erhebung in den Adelsstand* l'elevazione di qcn al rango nobiliare. **3** *(fig/lett)* elevazione (spirituale), edificazione. **4** imposizione (di tasse, pagamenti, ecc). **5** ribellione, sollevazione. **6** rilevamento, indagine, accertamento ♦ *Erhebungen anstellen/machen* svolgere indagini.

erheitern [ɛɐ'haitɐn] *(vt, hat)* ~ rasserenare, allietare, rallegrare. ◆ **sich erheitern** *(vr)* rasserenarsi *(anche fig)* ♦ *der Himmel, sein Ausdruck erheiterte sich* il cielo, la sua espressione si rasserenò.

erhellen [ɛɐ'hɛlən] *(vt, hat)* **1** rischiarare, illuminare *(anche fig)*. **2** *(fig)* chiarire, illuminare. ◆ **sich erhellen** *(vr)* rischiararsi, illuminarsi *(anche fig)*. ◆ **sich aus etwas erhellen** *(impers)* risultare, risultare chiaro ♦ *daraus erhellt sich, dass* ne risulta chiaro che.

erhitzen [ɛɐ'hɪtsən] *(vt, hat)* ~ riscaldare, scaldare. ◆ **sich erhitzen** *(vr)* **1** riscaldarsi, scaldarsi. **2** congestionarsi, accaldarsi ♦ *er hat sich beim Laufen erhitzt* si è accaldato correndo. **3** *(fig)* scaldarsi, eccitarsi.

erhoffen [ɛɐ'hɔfən] *(vt, hat)* ~ {*(sich)* (Dat) *etwas* ~} sperare qcs, aspettarsi qcs ♦ *von der neuen Stelle erhoffe ich mir bessere Arbeitsverhältnisse* dal nuovo posto mi aspetto condizioni di lavoro migliori ♦ *die erhoffte Verbesserung blieb aus* il miglioramento sperato non si verificò.

erhöhen [ɛɐ'høːən] *(vt, hat)* **1** alzare, rialzare, elevare ♦ *eine Mauer um zwei Meter erhöhen* rialzare di due metri un muro. **2** aumentare, accrescere, innalzare ♦ *die Steuern erhöhen* aumentare le tasse. **3** elevare (di rango). **4** *(mus)* aumentare.

erhöht [ɛɐ'høːt] *(agg)* **1** rialzato, elevato. **2** *(fig)* aumentato. ◆ **erhöhte Temperatur** febbre (lieve), alterazione della temperatura.

Erhöhung [ɛɐ'høːʊŋ] *(f; -, -en)* **1** rialzamento. **2** *(fig)* aumento, rialzo, innalzamento ♦ *die Erhöhung der Steuern* l'aumento delle tasse.

erholen [ɛɐ'hoːlən] *(vr, hat)* ~ **sich erholen** **1** riposarsi, rilassarsi, riprendersi ♦ *im Urlaub konnte ich mich endlich erholen* in vacanza mi sono potuto finalmente riposare. **2** {*sich von etwas* ~} rimettersi da qcs, riprendersi da qcs (malattia, sforzo, spavento, ecc).

erholsam [ɛɐ'hoːlˌzaːm] *(agg)* ~ riposante, rilassante.

Erholung [ɛɐ'hoːlʊŋ] *(f; -, -en)* **1** riposo, relax ♦ *zur Erholung ans Meer fahren* andare al mare per riposarsi. **2** ripresa, convalescenza.

Erholungsgebiet [-sgəˌbiːt] *(n; -(e)s, -e)* ~ zona di vacanza.

Erika ['eːrika] *(f; -, Eriken)* ~ *(bot)* erica.

erinnern [ɛɐ'ˀɪnɐn] *(vt, hat)* ~ {*jmdn an etwas* (Acc) ~} ricordare qcs a qcn ♦ *er erinnert mich an seinen Vater* mi ricorda suo padre ♦ *erinnere mich bitte (daran), dir das Buch zu bringen* ricordami di portarti il libro. ◆ **sich an jmdn/etwas** *(lett* **jmds/einer Sache***)* **erinnern** ricordarsi di qcn/qcs, rammentarsi di qcn/qcs, ricordare qcn/qcs ♦ *erinnerst du dich noch an unseren alten Kollegen?* ti ricordi ancora del nostro vecchio collega? ♦ *ich erinnere mich, dass* mi ricordo che ♦ *wirst du dich daran erinnern, mir das Buch zu bringen?* ti ricorderai di portarmi il libro?

Erinnerung [ɛɐ'ˀɪnərʊŋ] *(f; -, -en)* **1** *(solo sing)* memoria ♦ *wenn mich die Erinnerung nicht täuscht* se la memoria non m'inganna. **2** ricordo ♦ *die Erinnerung an diese Sache macht mich heute noch traurig* il ricordo di questa cosa mi rattrista ancora oggi ♦ *alte, schöne Erinne-*

rungen vecchi, bei ricordi. ***3*** *(pl)* memorie, libro di memorie. ◆ **zur Erinnerung an jmdn/etwas** in ricordo di qcn/qcs (formula di dedica).

Erinnerungsfeier [-sˌfaiɐ] *(f; -, -n)* ~ festa commemorativa.

Erinnerungslücke [-sˌlʏkə] *(f; -, -n)* ~ vuoto di memoria.

Erinnerungsstück [-sˌʃtʏk] *(n; -(e)s, -e)* ~ ricordo (oggetto) ♦ *sie sammelt alte Erinnerungsstücke in einer Schachtel* raccoglie vecchi ricordi in una scatola.

Erinnerungsvermögen [-sfɛɐˌmøːgən] *(n; -s)* ~ facoltà mnemonica, memoria.

Erinnerungswert [-sˌveːɐt] *(m; -(e)s)* ~ valore affettivo, valore di ricordo.

erkalten [ɛɐ'kaltən] *(vi,* ist*)* ~ raffreddarsi *(anche fig)*.

erkälten [ɛɐ'kɛltən] *(vr,* hat*)* ~ **sich erkälten** raffreddarsi, prendere il raffreddore.

Erkältung [ɛɐ'kɛltʊŋ] *(f; -, -en)* ~ raffreddore, infreddatura ♦ *sich* (Dat) *eine Erkältung zuziehen* prendersi un raffreddore.

erkämpfen [ɛɐ'kɛmpfən] *(vt,* hat*)* ~ ottenere lottando, conquistare.

erkennbar [ɛɐ'kɛnˌbaːɐ] *(agg)* ~ riconoscibile.

erkennen [ɛɐ'kɛnən] *(vt,* hat; *irr* kennen*)* ***1*** riconoscere, distinguere ♦ *im Dunkeln konnte ich nichts erkennen* al buio non riuscivo a distinguere niente. ***2*** riconoscere ♦ *ich habe ihn an der Stimme erkannt* l'ho riconosciuto dalla voce. ***3*** riconoscere, ammettere ♦ *seinen Fehler erkennen* riconoscere il proprio errore. ***4*** {*auf etwas* (Acc) ~} *(vi) (dir)* emettere una sentenza di/una condanna a ♦ *der Richter erkannte auf zehn Jahre Gefängnis* il giudice emise una condanna a dieci anni di prigione. ◆ **sich als jmd/etwas zu erkennen geben** farsi riconoscere come qcn/qcs. ◆ **etwas zu erkennen geben** dare a vedere qcs ♦ *er gab nicht zu erkennen, dass er enttäuscht war* non dette a vedere che era deluso.

erkenntlich [ɛɐ'kɛntlɪç] *(agg)* ~ **sich bei jmdm erkenntlich zeigen** mostrarsi riconoscente con qcn.

Erkenntnis [ɛɐ'kɛntnɪs] *(f; -, -se)* ***1*** ammissione. ***2*** *(solo sing)* conoscenza, comprensione. ***3*** cognizione, nozione. ◆ **zu der Erkenntnis kommen, dass** giungere alla conclusione che, convincersi che.

Erkennung [ɛɐ'kɛnʊŋ] *(f; -, -en)* ~ riconoscimento, identificazione.

Erkennungsdienst [-sˌdiːnst] *(m; -(e)s, -e)* ~ polizia scientifica.

Erkennungszeichen [-sˌtsaiçən] *(n; -s, -)* ~ segno di riconoscimento.

Erker ['ɛrkɐ] *(m; -s, -)* ~ veranda chiusa.

erkiesen [ɛɐ'kiːzən] *(vt,* hat; **erkor**, **erkoren***)* ~ *(lett; oggi solo al pret e part pass)* eleggere, scegliere.

erklären [ɛɐ'klɛːrən] *(vt,* hat*)* ***1*** spiegare, chiarire ♦ *einen Begriff, eine Theorie erklären* spiegare un concetto, una teoria ♦ *er hat mir erklärt, wie dieses Gerät funktioniert* mi ha spiegato come funziona questo strumento. ***2*** dichiarare ♦ *er erklärte, dass* dichiarò che ♦ *einem Staat den Krieg erklären* dichiarare guerra a uno stato. ***3*** {*jmdn/etwas für etwas* ~} dichiarare qcn/qcs (in un certo modo) ♦ *er wurde für tot erklärt* fu dichiarato morto. ◆ **sich erklären** *(vr)* ***1*** {*sich aus etwas* ~} spiegarsi, trovare una giustificazione in qcs ♦ *das erklärt sich aus der Tatsache, dass* questo si spiega con il fatto che. ***2*** dichiararsi ♦ *sich bereit erklären, etwas zu tun* dichiararsi pronto a fare qcs.

erklärlich [ɛɐ'klɛːɐrlɪʃ] *(agg)* ~ spiegabile.

Erklärung [ɛɐ'klɛːrʊŋ] *(f; -, -en)* ***1*** spiegazione ♦ *ich verlange eine Erklärung für diese Verspätung* pretendo una spiegazione per questo ritardo. ***2*** dichiarazione ♦ *eine offizielle Erklärung* una dichiarazione ufficiale.

erklimmen [ɛɐ'klɪmən] *(vt,* hat; er **erklimmt**, **erklomm**, **erklommen***)* ~ scalare *(anche fig)* ♦ *einen Berg, die Leiter des Erfolgs erklimmen* scalare una montagna, la scala del successo.

erklingen [ɛɐ'klɪŋən] *(vi,* ist; *irr* klingen*)* ~ risuonare.

erkor [ɛɐ'koːɐ] ~ pret di **erkiesen**.

erkoren [ɛɐ'koːrən] ~ part pass di **erkiesen**.

erkranken [ɛɐ'kraŋkən] *(vi,* ist*)* ~ ammalarsi ♦ *er ist an einem Tumor erkrankt* si è ammalato di tumore.

Erkrankung [ɛɐ'kraŋkʊŋ] *(f; -, -en)* ~ malattia (stato di malattia).

erkunden [ɛɐ'kʊndən] *(vt,* hat*)* ~ esplorare *(spec mil).*

erkundigen [ɛɐ'kʊndɪgən] *(vr,* hat*)* ~ **sich nach jmdm/etwas erkundigen** informarsi di qcn/qcs, chiedere notizie di qcn/qcs.

Erkundung [ɛɐ'kʊndʊŋ] *(f;* -, -en*)* ~ *(spec mil)* esplorazione, ricognizione.

erlahmen [ɛɐ'la:mən] *(vi,* ist*)* ~ *(fig)* diminuire, calare, venir meno.

erlangen [ɛɐ'laŋən] *(vt,* hat*)* ~ ottenere, raggiungere, conseguire.

Erlass († **Erlaß**) [ɛɐ'las] *(m;* -es, -e*)* ***1*** decreto. ***2*** condono.

erlassen [-ən] *(vt,* hat; *irr/ortogr* lassen*)* ***1*** decretare, sancire; emanare (leggi). ***2*** {*jmdm etwas ~*} dispensare, esentare qcn da qcs; condonare qcs a qcn ♦ *jmdm die Antwort erlassen* esentare qcn dal rispondere ♦ *jmdm eine Strafe erlassen* condonare una pena a qcn.

erlauben [ɛɐ'laubən] *(vt,* hat*)* ~ {*jmdm etwas ~*} permettere qcs a qcn ♦ *er hat mir erlaubt, sein Auto zu benutzen* mi ha permesso di usare la sua auto ♦ *erlauben Sie?* permette? ◆ **sich** (Dat) **etwas erlauben** permettersi qcs, prendersi la libertà di qcs ♦ *ich habe mir erlaubt, deine Post zu öffnen* mi sono permessa di aprire la tua posta.

Erlaubnis [ɛɐ'laupnɪs] *(f;* -*)* ~ permesso, autorizzazione ♦ *jmdm die Erlaubnis geben, etwas zu tun* dare a qcn il permesso di fare qcs ♦ *jmdn um Erlaubnis bitten* chiedere il permesso a qcn.

erläutern [ɛɐ'lɔytɐn] *(vt,* hat*)* ~ spiegare, chiarire; commentare.

erläuternd [-t] *(agg)* ~ esplicativo, chiarificatore.

Erläuterung [ɛɐ'lɔytərʊŋ] *(f;* -, -en*)* ~ spiegazione, chiarimento; commento.

Erle ['ɛrlə] *(f;* -, -n*)* ~ *(bot)* ontano.

erleben [ɛɐ'le:bən] *(vt,* hat*)* ***1*** vivere, sperimentare, conoscere, provare ♦ *eine Enttäuschung erleben* provare una delusione ♦ *einen großen Erfolg erleben* conoscere un grande successo. ***2*** vivere, vedere (vivere abbastanza per vedere) ♦ *er hat die Geburt seines Urenkels noch erlebt* è vissuto abbastanza da vedere la nascita del suo pronipote.

Erlebnis [ɛɐ'le:pnɪs] *(n;* -es, -se*)* ~ esperienza (che influenza profondamente qcn) ♦ *ein schönes, schweres, trauriges Erlebnis* un'esperienza bella, difficile, triste.

erledigen [ɛɐ'le:dɪgən] *(vt,* hat*)* ***1*** sbrigare, eseguire, terminare ♦ *einen Auftrag erledigen* sbrigare un incarico ♦ *die Post erledigen* sbrigare la posta. ***2*** {*jmdn ~*} *(fig/fam)* distruggere qcn, rovinare qcn (fisicamente, moralmente, economicamente).

Erledigung [ɛɐ'le:dɪgʊŋ] *(f;* -, -en*)* ***1*** *(solo sing)* disbrigo, esecuzione, svolgimento ♦ *die Erledigung der Post, der letzten Einkäufe* il disbrigo della posta, degli ultimi acquisti. ***2*** commissione, incombenza.

erleichtern [ɛɐ'laiçtɐn] *(vt,* hat*)* ***1*** alleggerire. ***2*** {*jmdm etwas ~*} *(fig)* alleggerire, facilitare; alleviare ♦ *jmdm die Arbeit erleichtern* alleggerire il lavoro a qcn ♦ *jmdm seine Schmerzen erleichtern* alleviare i dolori a qcn. ***3*** *(fig)* sgravare, liberare da un peso (coscienza). ***4*** {*jmdn um etwas ~*} *(fig/fam)* alleggerire qcn di qcs (derubare). ◆ **sich erleichtern** *(vr)* sfogarsi, confidarsi.

erleichtert [ɛɐ'laiçtɐt] *(agg)* ~ *(fig)* sollevato, risollevato, tranquillizzato.

Erleichterung [ɛɐ'laiçtərʊŋ] *(f;* -, -en*)* ***1*** sollievo. ***2*** alleggerimento, facilitazione.

erleiden [ɛɐ'laidən] *(vt,* hat; *irr* leiden*)* ~ *(lett)* subire, patire ♦ *Verluste erleiden* subire perdite.

erlernen [ɛɐ'lɛrnən] *(vt,* hat*)* ~ imparare (bene, a fondo) ♦ *eine Sprache erlernen* imparare bene una lingua.

erlesen [ɛɐ'le:zən] *(agg)* ~ scelto, pregiato, raffinato; squisito ♦ *ein erlesener Wein* un vino pregiato ♦ *ein erlesenes Publikum* un pubblico raffinato.

erleuchten [ɛɐ'lɔyçtən] *(vt,* hat*)* ***1*** illuminare, rischiarare. ***2*** {*jmdn ~*} *(fig/lett)* illuminare qcn (la mente).

Erleuchtung [ɛɐ'lɔyçtʊŋ] *(f;* -, -en*)* ~ *(fig)* illuminazione, lampo, intuizione.

erliegen [ɛɐ'li:gən] *(vi,* ist; *irr* liegen*)* ~ {*jmdm/etwas ~*} soccombere a qcn/qcs, cedere a qcn/qcs *(anche fig)* ♦ *dem Gegner erliegen* soccombere all'avversario ♦ *einer Versuchung erliegen* cedere a una tentazione ♦ *einer Krankheit erliegen* soccombere a una malattia, morire. ◆ **etwas zum Erliegen bringen** arrestare qcs. ◆ **zum Erliegen kommen** arrestarsi, fermarsi.

erlogen [ɛɐ'loːgən] *(agg)* ~ falso, inventato.

Erlös [ɛɐ'løːs] *(m; -es, -e)* ~ guadagno, ricavo, ricavato.

erlosch [ɛɐ'lɔʃ] ~ pret di **erlöschen**.

erloschen [-ən] ~ part pass di **erlöschen**.

erlöschen [ɛɐ'lœʃən] *(vi, ist;* er **erlischt, erlosch, erloschen***)* *1* spegnersi, estinguersi (fiamma). *2 (fig)* spegnersi, esaurirsi, venir meno ♦ *der Hass ist erloschen* l'odio si è spento. *3 (fig)* estinguersi.

erlösen [ɛɐ'løːzən] *(vt, hat) 1* {*jmdn von/aus etwas ~*} liberare, salvare qcn da qcs ♦ *jmdn von den Schmerzen, aus einer schwierigen Lage erlösen* liberare qcn dai dolori, da una situazione difficile. *2* ricavare, guadagnare (dalla vendita di qcs).

Erlöser [ɛɐ'løːzɐ] *(m; -s, -) 1* salvatore, liberatore. *2 (relig)* Salvatore.

Erlösung [ɛɐ'løːzʊŋ] *(f; -, raro -en)* ~ salvezza, liberazione ♦ *jmds Erlösung von den Schmerzen, aus einer schwierigen Lage* la liberazione di qcn dai dolori, da una situazione difficile.

ermächtigen [ɛɐ'mɛçtɪgən] *(vt, hat)* ~ {*jmdn zu etwas ~*} autorizzare qcn a qcs; delegare qcn a qcs.

Ermächtigung [ɛɐ'mɛçtɪgʊŋ] *(f; -, -en) 1* autorizzazione. *2* delega.

ermahnen [ɛɐ'maːnən] *(vt, hat)* ~ {*jmdn zu etwas ~*} esortare (con forza) qcn a qcs; ammonire qcn a qcs ♦ *jmdn zur Vorsicht ermahnen* esortare qcn alla prudenza.

Ermahnung [ɛɐ'maːnʊŋ] *(f; -, -en)* ~ esortazione, ammonimento.

ermäßigen [ɛɐ'mɛːsɪgən] *(vt, hat)* ~ ridurre, scontare (prezzi, tariffe, ecc).

ermäßigt [ɛɐ'mɛːsɪçt] *(agg)* ~ ridotto (prezzo, tariffa, ecc) ♦ *ermäßigte Fahrkarte* biglietto ridotto.

Ermäßigung [ɛɐ'mɛːsɪgʊŋ] *(f; -, -en) 1* riduzione. *2* riduzione, sconto ♦ *für Kinder gibt es eine Ermäßigung von 20%* per i bambini c'è una riduzione del 20%.

ermatten[1] [ɛɐ'matən] *(vi, ist)* ~ *(lett)* infiacchirsi, spossarsi.

ermatten[2] *(vt, hat)* ~ *(lett)* fiaccare, spossare.

ermessen [ɛɐ'mɛsən] *(vt, hat; irr/ortogr messen)* ~ valutare, calcolare, comprendere ♦ *die Bedeutung von etwas ermessen* valutare l'importanza di qcs.

Ermessen *(n; -s) 1* giudizio, valutazione. *2* discrezione. ◆ **nach eigenem Ermessen** a propria discrezione. ◆ **etwas in jmds Ermessen stellen** lasciare qcs alla discrezione di qcn.

ermitteln [ɛɐ'mɪtəln] *(vt, hat) 1* rintracciare, trovare; identificare (autore di crimini). *2* determinare, stabilire; calcolare. *3* {*gegen jmdn wegen etwas ~*} *(dir)* condurre un'istruttoria contro qcn per qcs, inquisire qcn.

Ermittler [ɛɐ'mɪtlɐ] *(m; -s, -; f* **-in***)* ~ *(dir)* inquirente.

Ermittlung [ɛɐ'mɪtlʊŋ] *(f; -, -en) 1* determinazione, accertamento, individuazione. *2* inchiesta, indagine, accertamenti. *3 (dir)* istruttoria ♦ *Ermittlungen anstellen, durchführen* fare, svolgere indagini istruttorie.

Ermittlungsrichter [-sˌrɪçtɐ] *(m; -s, -; f* **-in***)* ~ *(dir)* giudice istruttore.

Ermittlungsverfahren [-sfɛɐˌfaːrən] *(n; -s, -)* ~ *(dir)* istruttoria.

ermöglichen [ɛɐ'møːklɪçən] *(vt, hat)* ~ {*(jmdm) etwas ~*} rendere possibile qcs (a qcn); permettere qcs (a qcn) ♦ *die finanzielle Lage ermöglicht der Firma neue Investitionen* la situazione finanziaria consente alla ditta nuovi investimenti.

ermorden [ɛɐ'mɔrdən] *(vt, hat)* ~ assassinare, uccidere, ammazzare (persona).

ermüden[1] [ɛɐ'myːdən] *(vi, ist)* ~ stancarsi, affaticarsi, spossarsi.

ermüden[2] *(vt, hat)* ~ stancare, affaticare.

ermuntern [ɛɐ'mʊntɐn] *(vt, hat)* ~ {*jmdn zu etwas ~*} incoraggiare, invogliare, stimolare qcn a qcs ♦ *der Erfolg ermunterte ihn zu neuen Herausforderungen* il successo lo stimolò a nuove sfide. ◆ **sich ermuntern** *(vr)* farsi coraggio.

ermunternd [-t] *(agg)* ~ incoraggiante, stimolante.

Ermunterung [ɛɐ'mʊntərʊŋ] *(f; -, -en) 1* incoraggiamento, stimolo. *2* rallegramento (il rallegrare).

ermutigen [ɛɐ'muːtɪgən] *(vt, hat)* ~ {*jmdn zu etwas ~*} incoraggiare qcn a qcs ♦ *sie* *ermutigte mich zum Sprechen* mi incoraggiò a parlare.

ermutigend [-t] *(agg)* ~ incoraggiante.

Ermutigung [ɛɐ'mu:tɪgʊŋ] *(f; -, -en)* ~ incoraggiamento.

ernähren [ɛɐ'nɛ:rən] *(vt, hat)* ***1*** alimentare, nutrire, dar da mangiare. ***2*** *(fig)* mantenere, sostentare.

Ernährung [ɛɐ'nɛ:rʊŋ] *(f; -)* ***1*** alimentazione, nutrimento. ***2*** *(fig)* mantenimento, sostentamento.

ernennen [ɛɐ'nɛnən] *(vt, hat; irr* nennen*)* ~ *{jmdn zu etwas ~}* nominare, eleggere qcn ♦ *jmdn zum Vorsitzenden ernennen* nominare qcn presidente.

erneuern [ɛɐ'nɔyɐn] *(vt, hat)* ***1*** riparare, restaurare, rimettere a nuovo. ***2*** sostituire (pezzi di ricambio). ***3*** *(fig)* rinnovare ♦ *ein Abkommen, ein Abonnement, die Freundschaft erneuern* rinnovare un patto, un abbonamento, l'amicizia.

Erneuerung [ɛɐ'nɔyərʊŋ] *(f; -, -en)* ***1*** riparazione, restauro, ristrutturazione. ***2*** sostituzione (di pezzi di ricambio). ***3*** rinnovo; *(fig)* rinnovamento, conferma ♦ *die Erneuerung eines Passes* il rinnovo di un passaporto ♦ *die Erneuerung eines Versprechens* il rinnovamento di una promessa.

erneut [ɛɐ'nɔyt] *(agg)* ***1*** rinnovato, ripetuto, nuovo ♦ *ein erneuter Versuch* un nuovo tentativo. ***2*** *(avv)* nuovamente, di nuovo.

erniedrigen [ɛɐ'ni:drɪgən] *(vt, hat)* ***1*** umiliare. ***2*** *(mus)* abbassare.

erniedrigend [-t] *(agg)* ~ umiliante.

Erniedrigung [ɛɐ'ni:drɪgʊŋ] *(f; -, -en)* ***1*** umiliazione. ***2*** *(mus)* abbassamento.

ernst [ɛrnst] *(agg)* ***1*** serio, grave, accigliato ♦ *ein ernster Gesichtsausdruck* un'espressione seria. ***2*** serio, sincero ♦ *eine ernste Absicht* un'intenzione seria. ***3*** serio, grave ♦ *die Lage ist sehr ernst* la situazione è molto seria. ***4*** serio, impegnativo ♦ *ein ernster Roman* un romanzo serio. ***5*** *(avv)* seriamente, con serietà; sinceramente; gravemente. ◆ **es ernst meinen** fare sul serio. ◆ **jmdn/etwas ernst nehmen** prendere sul serio qcn/qcs. ◆ **ernst gemeint** († **ernstgemeint**) serio, inteso seriamente.

Ernst *(m; -es)* ***1*** serietà, gravità; solennità. ***2*** serietà, sincerità. ***3*** serietà, gravità, pericolosità. ◆ **Ernst machen** fare sul serio. ◆ **ist das dein Ernst?** dici sul serio? ◆ **es ist mein bitterer Ernst damit** non sto affatto scherzando. ◆ **allen Ernstes, in allem/vollem Ernst** in tutta serietà. ◆ **im Ernst** sul serio ♦ *etwas im Ernst meinen* dire qcs sul serio ♦ *im Ernst sprechen* parlare sul serio.

Ernstfall [-ˌfal] *(m; -(e)s, -fälle)* ~ emergenza ♦ *im Ernstfall* in caso di emergenza.

ernstgemeint ~ **ernst gemeint** (vedi **ernst**).

ernsthaft [-ˌhaft] *(agg)* ***1*** serio, sincero ♦ *ernsthafte Absichten* intenzioni serie. ***2*** serio, grave ♦ *eine ernsthafte Lage* una situazione seria. ***3*** *(avv)* seriamente, con serietà; sinceramente; gravemente.

ernstlich [-lɪç] *(agg)* ***1*** serio, grave. ***2*** serio, sincero. ***3*** *(avv)* seriamente; gravemente.

Ernte ['ɛrntə] *(f; -, -n)* ~ raccolto; mietitura; vendemmia.

ernten [-n] *(vt, hat)* ***1*** raccogliere (prodotti della terra); mietere ♦ *Kartoffeln ernten* raccogliere le patate. ***2*** *(fig)* raccogliere, ricevere ♦ *die Früchte seiner Arbeit ernten* raccogliere i frutti del proprio lavoro. ◆ **Wein ernten** vendemmiare.

ernüchtern [ɛɐ'nʏçtɐn] *(vt, hat)* ***1*** *{jmdn ~}* far smaltire la sbornia a qcn. ***2*** *(fig)* disilludere, disincantare.

Ernüchterung [ɛɐ'nʏçtərʊŋ] *(f; -, -en)* ~ disincanto, delusione, disinganno.

Eroberer [ɛɐ'ˀo:bərɐ] *(m; -s, -; f* **Eroberin***)* ~ conquistatore.

erobern [ɛɐ'ˀo:bɐn] *(vt, hat)* ~ conquistare *(anche fig)*.

Eroberung [ɛɐ'ˀo:bərʊŋ] *(f; -, -en)* ~ conquista *(anche fig)*.

eröffnen [ɛɐ'ˀœfnən] *(vt, hat)* ***1*** inaugurare, aprire, iniziare ♦ *ein Kino, eine Sitzung eröffnen* inaugurare un cinema, una seduta. ***2*** *{jmdm etwas ~}* rivelare qcs a qcn. ◆ **sich eröffnen** *(vr)* aprirsi, presentarsi, prospettarsi ♦ *neue Aussichten haben sich eröffnet* si sono aperte nuove prospettive. ◆ **das Feuer, ein Konto, ein Testament eröffnen** aprire il fuoco, un conto, un testamento.

Eröffnung [ɛɐ'ˀœfnʊŋ] *(f; -, -en)* ~ inaugurazione, apertura, inizio ♦ *die Eröff-*

nung eines Theaters, einer Konferenz l'inaugurazione di un teatro, di una conferenza.

Eröffnungs- *(nei composti)* ~ inaugurale ♦ *Eröffnungsfeier* festa inaugurale.

erörtern [ɛɐ'ˀœrtɐn] *(vt,* hat*)* ~ discutere, dibattere ♦ *einen Plan, ein Problem erörtern* discutere un progetto, un problema.

Erörterung [ɛɐ'ˀœrtərʊŋ] *(f;* -, -en*)* ~ discussione, dibattito.

Erosion [ero'zjo:n] *(f;* -, -en*)* ~ erosione.

Erotik [e'ro:tɪk] *(f; -)* ~ erotismo.

erotisch [e'ro:tɪʃ] *(agg)* ~ erotico.

erpicht [ɛɐ'pɪçt] *(agg)* ~ **auf etwas** (Acc) **erpicht sein** *(fig/fam)* essere avido di qcs.

erpressen [ɛɐ'prɛsən] *(vt,* hat; *ortogr* pressen*)* ***1*** ricattare. ***2*** estorcere ♦ *jmdm Geld, ein Geständnis erpressen* estorcere soldi, una confessione a qcn.

Erpresser [ɛɐ'prɛsɐ] *(m;* -s, -; *f* **-in***)* ~ ricattatore, estorsore.

Erpressung [ɛɐ'prɛsʊŋ] *(f;* -, -en*)* ***1*** ricatto. ***2*** estorsione.

erproben [ɛɐ'pro:bən] *(vt,* hat*)* ~ mettere alla prova, provare (persona o cosa).

erprobt [ɛɐ'pro:pt] *(agg)* ***1*** provato, collaudato. ***2*** provato, provetto.

erraten [ɛɐ'ra:tən] *(vt,* hat; *irr* raten*)* ~ indovinare.

errechnen [ɛɐ'rɛçnən] *(vt,* hat*)* ~ calcolare.

erregbar [ɛɐ're:kˌba:ɐ] *(agg)* ~ eccitabile; irritabile.

erregen [ɛɐ're:gən] *(vt,* hat*)* ***1*** eccitare (sessualmente). ***2*** destare, suscitare, causare, provocare ♦ *Besorgnis, Interesse erregen* destare preoccupazione, interesse. ◆ **sich über jmdn/etwas erregen** *(vr)* arrabbiarsi, irritarsi, agitarsi per qcn/qcs.

erregt [ɛɐ're:kt] *(agg)* ~ eccitato, agitato.

Erregung [ɛɐ're:gʊŋ] *(f;* -, -en*)* ***1*** eccitazione (anche sessuale), agitazione ♦ *in Erregung geraten* andare in agitazione. ***2*** il causare, il provocare. ◆ **Erregung des öffentlichen Ärgernisses** *(dir)* oltraggio al pudore.

erreichbar [ɛɐ'raiçˌba:ɐ] *(agg)* ~ raggiungibile.

erreichen [ɛɐ'raiçən] *(vt,* hat*)* ***1*** raggiungere, arrivare a *(anche fig)* ♦ *wir erreichten Bonn um 9 Uhr* raggiungemmo Bonn alle nove ♦ *ich kann das Buch da oben nicht erreichen* non riesco ad arrivare a quel libro lassù ♦ *das Auto erreicht eine Geschwindigkeit von 180 km/h* quell'auto raggiunge una velocità di 180 km/h ♦ *er hat alles erreicht, was er sich vorgenommen hatte* ha raggiunto tutto quello che si era prefisso. ***2*** arrivare (in tempo) ♦ *mein Anruf hat ihn nicht mehr erreicht* la mia telefonata non gli è arrivata in tempo. ***3*** raggiungere, rintracciare, trovare ♦ *Sie können mich unter dieser Nummer erreichen* mi può rintracciare a questo numero.

Erreichung [ɛɐ'raiçʊŋ] *(f; -)* ~ raggiungimento.

errichten [ɛɐ'rɪçtən] *(vt,* hat*)* ***1*** erigere, costruire, innalzare. ***2*** *(fig)* fondare. ◆ **ein Testament errichten** *(dir)* stendere un testamento.

Errichtung [ɛɐ'rɪçtʊŋ] *(f;* -, -en*)* ***1*** erezione, costruzione, innalzamento. ***2*** fondazione (il fondare).

erringen [ɛɐ'rɪŋən] *(vt,* hat; *irr* ringen*)* ~ conquistare, ottenere (a fatica) ♦ *den ersten Platz, einen Preis, jmds Vertrauen erringen* conquistare il primo posto, un premio, la fiducia di qcn.

erröten [ɛɐ'rø:tən] *(vi,* ist*)* ~ arrossire.

Errungenschaft [ɛɐ'rʊŋənˌʃaft] *(f;* -, -en*)* ~ conquista, progresso (sociale, scientifico, ecc).

Ersatz [ɛɐ'zats] *(m;* -es*)* ***1*** sostituto, supplente ♦ *für jmdn als Ersatz einspringen* subentrare come sostituto di qcn ♦ *für jmdn Ersatz schaffen* trovare un sostituto per qcn. ***2*** pezzo di ricambio; surrogato. ***3*** indennizzo, risarcimento, rimborso ♦ *Ersatz für etwas beantragen/fordern* richiedere un risarcimento per qcs ♦ *für etwas Ersatz geben, leisten* dare, versare un indennizzo per qcs.

Ersatzdienst [-ˌdi:nst] *(m;* -es*)* ~ *(mil)* servizio civile.

Ersatzmann [-ˌman] *(m;* -(e)s, -männer/-leute*)* ***1*** sostituto. ***2*** *(mil, sport)* riserva.

Ersatzmittel [-ˌmɪtəl] *(n;* -s, -*)* ~ surrogato.

Ersatzreifen [-ˌraifən] *(m;* -s, -*)* ~ ruota di scorta.

Ersatzteil [-ˌtail] *(n;* -(e)s, -e*)* ~ pezzo di ricambio.

ersatzweise [-ˌvaizə] *(avv)* ~ in sostituzione.

ersaufen [ɛɐ'zaufən] *(vi*, ist; *irr* saufen*)* ~ *(fam)* affogare.

ersäufen [ɛɐ'zɔyfən] *(vt*, hat*)* ~ *(fam)* affogare, annegare *(anche fig)*.

erschaffen [ɛɐ'ʃafən] *(vt*, hat; *irr* schaffen*)* ~ *(lett)* creare ♦ *Gott hat den Menschen erschaffen* Dio ha creato l'uomo.

erscheinen [ɛɐ'ʃainən] *(vi*, ist; *irr* scheinen*)* ***1*** apparire, comparire, mostrarsi ♦ *in der Ferne erscheint schon die Küste* in lontananza appare già la costa. ***2*** mostrarsi, farsi vedere, comparire (in pubblico) ♦ *sie erschien erst am Ende der Fete* si fece vedere solo alla fine della festa ♦ *vor Gericht erscheinen* comparire in tribunale. ***3*** {*jmdm* ~} sembrare, parere a qcn ♦ *das erscheint mir sinnvoll* questo mi sembra sensato. ***4*** uscire (pubblicazioni).

Erscheinung [ɛɐ'ʃainʊŋ] *(f*; -, -en*)* ***1*** apparizione, comparsa. ***2*** fenomeno *(anche filos)*. ***3*** visione. ***4*** uscita (di pubblicazioni). ◆ **in Erscheinung treten** apparire, comparire.

erschießen [ɛɐ'ʃiːsən] *(vt*, hat; *irr* schießen*)* ***1*** {*jmdn* ~} uccidere qcn (sparando), sparare a qcn (e ucciderlo) ♦ *der Polizist hat den Räuber erschossen* il poliziotto ha sparato al rapinatore e l'ha ucciso. ***2*** fucilare. ◆ **sich erschießen** *(vr)* uccidersi (sparandosi), spararsi.

Erschießung [ɛɐ'ʃiːsʊŋ] *(f*; -, -en*)* ~ fucilazione.

erschlaffen [ɛɐ'ʃlafən] *(vi*, ist*)* ***1*** afflosciarsi. ***2*** rilassarsi.

erschlagen[1] [ɛɐ'ʃlaːgən] *(vt*, hat; *irr* schlagen*)* ***1*** uccidere (con percosse e sim) ♦ *er hat den Hund mit einem Knüppel erschlagen* ha ucciso il cane a bastonate. ***2*** uccidere (precipitando) ♦ *er wurde vom Blitz, vom fallenden Baum erschlagen* è stato ucciso dal fulmine, dall'albero che è caduto.

erschlagen[2] *(agg)* ~ *(fam)* esausto, stremato, distrutto. ◆ **(wie) erschlagen sein** *(fig/fam)* rimanere sbigottito, essere come fulminato.

erschleichen [ɛɐ'ʃlaiçən] *(vt*, hat; *irr* schleichen*)* ~ {*sich* (Dat) *etwas* ~} procurarsi qcs con l'inganno.

erschließen [ɛɐ'ʃliːsən] *(vt*, hat; *irr/ortogr* schließen*)* ***1*** aprire, rendere accessibile ♦ *neue Märkte erschließen* aprire nuovi mercati. ***2*** sfruttare (risorse del sottosuolo, fonti di energia, ecc).

Erschließung [ɛɐ'ʃliːsʊŋ] *(f*; -, -en*)* ***1*** apertura, accesso. ***2*** sfruttamento (di risorse del sottosuolo, fonti di energia, ecc).

erschöpfen [ɛɐ'ʃœpfən] *(vt*, hat*)* ~ esaurire *(anche fig)* ♦ *die Vorräte, alle Alternativen, ein Thema erschöpfen* esaurire le provviste, tutte le alternative, un argomento. ◆ **sich erschöpfen** *(vr)* esaurirsi.

erschöpfend [-t] *(agg)* ~ esauriente.

erschöpft [ɛɐ'ʃœpft] *(agg)* ~ esausto, sfinito.

Erschöpfung [ɛɐ'ʃœpfʊŋ] *(f*; -, *raro* -en*)* ***1*** esaurimento *(anche fig)*. ***2*** sfinimento, sfiancamento.

erschossen [ɛɐ'ʃɔsən] *(agg)* ~ *(fam)* esausto, stremato, distrutto.

erschrak [ɛɐ'ʃraːk] ~ pret di **erschrecken**[1].

erschrecken[1] [ɛɐ'ʃrɛkən] *(vi*, ist; er **erschrickt**, **erschrak**, **erschrocken***)* ~ {*vor jmdm/über etwas* (Acc) ~} spaventarsi di fronte a qcn/per qcs.

erschrecken[2] *(vt*, hat*)* ~ spaventare, far paura a.

erschreckend [-t] *(agg)* ~ spaventoso.

erschrocken [ɛɐ'ʃrɔkən] ~ part pass di **erschrecken**[1].

erschüttern [ɛɐ'ʃʏtɐn] *(vt*, hat*)* ***1*** scuotere, far tremare ♦ *das Erdbeben hat die Stadt erschüttert* il terremoto ha fatto tremare la città. ***2*** *(fig)* far vacillare, mettere in crisi ♦ *dieser Schicksalschlag hat seinen Optimismus erschüttert* questa disgrazia ha fatto vacillare il suo ottimismo. ***3*** *(fig)* commuovere, scuotere.

Erschütterung [ɛɐ'ʃʏtərʊŋ] *(f*; -, -en*)* ***1*** scossa, scossone. ***2*** crisi, messa in discussione. ***3*** commozione *(anche med)*.

erschweren [ɛɐ'ʃveːrən] *(vt*, hat*)* ~ {*(jmdm) etwas* ~} ostacolare, rendere difficile qcs (a qcn) ♦ *der Schnee erschwerte den Soldaten den Marsch* la neve rendeva difficile la marcia ai soldati. ◆ **erschwerende Umstände** *(dir)* circostanze aggravanti.

erschwindeln [ɛɐ'ʃvɪndəln] *(vt*, hat*)* ~ {*(sich)* (Dat) *etwas* ~} *(fam)* ottenere qcs con l'inganno.

erschwinglich [ɛɐ'ʃvɪŋlɪç] *(agg)* ~ accessibile, modico, abbordabile (prezzo).
ersehen [ɛɐ'ze:ən] *(vt,* hat; *irr* sehen*)* ~ {*etwas aus etwas* ~} desumere qcs da qcs; riconoscere qcs da qcs.
ersehnen [ɛɐ'ze:nən] *(vt,* hat*)* ~ {*jmdn/etwas* ~} desiderare qcn/qcs, bramare qcs, agognare qcs.
ersetzen [ɛɐ'zɛtsən] *(vt,* hat*)* ***1*** sostituire, rimpiazzare (persona); sostituire, cambiare (cosa). ***2*** rimborsare, risarcire.
Ersetzung [ɛɐ'zɛtsʊŋ] *(f; -)* ***1*** sostituzione. ***2*** rimborso, risarcimento.
ersichtlich [ɛɐ'zɪçtlɪç] *(agg)* ~ evidente, visibile.
erspähen [ɛɐ'ʃpɛ:ən] *(vt,* hat*)* ~ *(lett)* scorgere, intravedere *(anche fig)*.
ersparen [ɛɐ'ʃpa:rən] *(vt,* hat*)* ***1*** risparmiare. ***2*** {*jmdm etwas* ~} *(fig)* risparmiare qcs a qcn ♦ *erspare mir deine faulen Ausreden!* risparmiami le tue scuse da quattro soldi! ***3*** {*sich* (Dat) *etwas* ~} risparmiarsi qcs ♦ *diese Bemerkung hättest du dir ersparen können* questa osservazione avresti potuto risparmiartela.
Ersparnis [ɛɐ'ʃpa:rnɪs] *(f; -, -se)* ~ risparmio (soldi risparmiati; il risparmiare) ♦ *meine letzten Ersparnisse* i miei ultimi risparmi ♦ *die Ersparnis an Arbeit, an Zeit* il risparmio di lavoro, di tempo.
erst ['e:ɐst] *(avv)* ***1*** prima, per prima cosa ♦ *ich möchte mich erst einmal vostellen* prima mi vorrei presentare. ***2*** solo, non prima di ♦ *wir kommen erst morgen an* arriviamo solo domani ♦ *ich kam erst, als es schon zu spät war* arrivai quando già era troppo tardi ♦ *ich komme erst dann, wenn...* verrò solo quando... ***3*** solo, non più di ♦ *er ist erst zwanzig Jahre alt* ha solo vent'anni. ◆ **nun erst recht** ora più che mai. ◆ **nun erst recht nicht** ora meno che mai. ◆ **nur erst** (in frasi esclam) solo ♦ *wenn er nur erst vernünftiger wäre!* se solo fosse più ragionevole! ◆ **erst die Arbeit und dann das Vergnügen** *(prov)* prima il dovere, poi il piacere.
erstarken [ɛɐ'ʃtarkən] *(vi,* ist*)* ~ irrobustirsi, rinvigorirsi, rafforzarsi *(anche fig)*.
erstarren [ɛɐ'ʃtarən] *(vi,* ist*)* ***1*** coagularsi, solidificarsi. ***2*** intirizzirsi. ***3*** *(fig)* rimanere sbalordito, impietrito ♦ *ich erstarrte, als er es mir erzählte* rimasi impietrito quando me lo raccontò. ***4*** *(fig)* irrigidirsi, sclerotizzarsi, fossilizzarsi (cultura, mentalità, ecc). ◆ **zu Eis erstarren** congelarsi.
Erstarrung [ɛɐ'ʃtarʊŋ] *(f; -, -en)* ***1*** coagulazione, solidificazione; congelamento. ***2*** intirizzimento. ***3*** *(fig)* irrigidimento, fossilizzazione (di cultura, mentalità, ecc).
erstatten [ɛɐ'ʃtatən] *(vt,* hat*)* ~ {*(jmdm) etwas* ~} rimborsare, risarcire qcs (a qcn). ◆ **eine Anzeige gegen jmdn erstatten** sporgere denuncia contro qcn. ◆ **über etwas** (Acc) **Bericht erstatten** fare rapporto su qcs, riferire su qcs.
Erstattung [ɛɐ'ʃtatʊŋ] *(f; -, -en)* ***1*** rimborso, risarcimento. ***2*** *(dir)* denuncia (atto).
Erstaufführung ['e:ɐst,ʔauffy:rʊŋ] *(f; -, -en)* ~ *(teatr, cinem)* prima (rappresentazione).
erstaunen[1] [ɛɐ'ʃtaunən] *(vi,* ist*)* ~ {*über etwas* (Acc) ~} stupirsi di qcs, meravigliarsi di qcs (positivamente), rimanere stupefatto.
erstaunen[2] *(vt,* hat*)* ~ stupire, meravigliare.
Erstaunen *(n; -s)* ~ stupore, meraviglia ♦ *zu meinem großen Erstaunen* con mio grande stupore.
erstaunlich [ɛɐ'ʃtaunlɪç] *(agg)* ***1*** stupefacente, sorprendente, straordinario. ***2*** *(avv)* sorprendentemente.
erstaunt [ɛɐ'ʃtaunt] *(agg)* ~ stupito, meravigliato.
erstbeste(r, -s) ['e:ɐst'bɛstə (-tɐ, -təs)] *(agg)* ~ il primo che capita ♦ *die erstbeste Gelegenheit* la prima occasione che capita; vedi anche **erste**(**r**, **-s**).
erste(r, -s) ['e:ɐstə (-tɐ, -təs)] *(num ord)* ~ primo ♦ *ich wohne im ersten Stock* abito al primo piano ♦ *der erste/Erste Weltkrieg* la prima guerra mondiale ♦ *das erste Mal* la prima volta ♦ *am ersten des Monats* il primo del mese ♦ *am ersten Mai* il primo maggio ♦ *an erster Stelle* in primo luogo ♦ *eine Ware von erster Qualität* una merce di prima qualità ♦ *erster Klasse fahren* viaggiare in prima classe. ◆ **erste** († **Erste**) **Hilfe** pronto soccorso, primi soccorsi ♦ *erste Hilfe leisten* prestare i primi soccorsi. ◆ **der**, **die**, **das**

Erste († **erste**) il primo, la prima. ◆ **das Erste** († **erste**) la prima cosa ♦ *das Erste, was ich machte, war...* la prima cosa che feci fu... ◆ **der, die, das erste beste** il primo che capita ♦ *die erste beste Gelegenheit* la prima occasione che capita. ◆ **fürs Erste** († **erste**) per il momento. ◆ **in erster Linie** in primo luogo, principalmente.

erstechen [ɛɐ'ʃtɛçən] *(vt,* hat; *irr* stechen*)* ~ accoltellare, pugnalare.

erstehen[1] [ɛɐ'ʃte:ən] *(vi,* ist; *irr* stehen*)* ~ *(lett)* rinascere, risorgere.

erstehen[2] *(vt,* hat; *irr* stehen*)* ~ acquistare, comprare (con fortuna).

erstellen [ɛɐ'ʃtɛlən] *(vt,* hat*)* ~ redigere, compilare, stendere (documenti, progetti).

Erstellung [ɛɐ'ʃtɛlʊŋ] *(f;* -, -en*)* ~ stesura, redazione, compilazione.

erstens ['e:ɐstəns] *(avv)* ~ per prima cosa, prima di tutto.

erstere(r, -s) ['e:ɐstərə (-rɐ, -rəs)] *(agg/pron)* ~ il primo (di due) ♦ *er besitzt ein Auto und ein Motorrad, Ersteres († ersteres) benutzt er aber selten* possiede un'auto e una moto, ma la prima la usa di rado.

Erstgeborene(r) ['e:ɐstgə,bo:rənə (-nɐ)] *(m/f;* -n, -n*)* ~ primogenito.

ersticken[1] [ɛɐ'ʃtɪkən] *(vi,* ist*)* ~ soffocare, morire soffocato.

ersticken[2] *(vt,* hat*)* ***1*** soffocare, uccidere soffocando. ***2*** *(fig)* soffocare, reprimere ♦ *einen Aufruhr ersticken* reprimere una sommossa. ***3*** spegnere (fiamme).

Erstickung [ɛɐ'ʃtɪkʊŋ] *(f;* -*)* ~ soffocamento.

erstklassig ['e:ɐst,klasɪç] *(agg)* ***1*** di prima classe, di ottima qualità. ***2*** *(avv)* benissimo, ottimamente.

Erstkommunion ['e:ɐstkɔmu,njo:n] *(f;* -*)* ~ *(relig)* prima comunione.

Erstling ['e:ɐstlɪŋ] *(m;* -es, -e*)* ~ opera prima.

erstmalig ['e:ɐst,ma:lɪç] *(agg)* ~ primo, che avviene per la prima volta.

erstmals ['e:ɐst,ma:ls] *(avv)* ~ per la prima volta.

erstrahlen [ɛɐ'ʃtra:lən] *(vi,* ist*)* ~ risplendere.

erstrebenswert [ɛɐ'ʃtre:bəns,ve:ɐt] *(agg)* ~ auspicabile.

erstrecken [ɛɐ'ʃtrɛkən] *(vr,* hat*)* ~ **sich erstrecken** ***1*** estendersi ♦ *der Wald erstreckt sich bis zu den Hügeln* la foresta si estende fino alle colline. ***2*** {*sich auf jmdn/etwas* ~} estendersi a qcn/qcs, riguardare qcn/qcs ♦ *diese Maßnahmen erstrecken sich auf alle Arbeiter* questi provvedimenti si estendono a tutti i lavoratori.

ersuchen [ɛɐ'zu:xən] *(vt,* hat*)* ~ {*jmdn um etwas* ~} chiedere qcs a qcn (cortesemente), pregare qcn di qcs.

Ersuchen *(n;* -s, -*)* ~ richiesta (cortese, formale) ♦ *ein Ersuchen an jmdn richten/stellen* rivolgere una richiesta a qcn.

ertappen [ɛɐ'tapən] *(vt,* hat*)* ~ cogliere, sorprendere ♦ *jmdn auf frischer Tat ertappen* cogliere qcn in flagrante.

erteilen [ɛɐ'tailən] *(vt,* hat*)* ~ {*jmdm etwas* ~} concedere qcs a qcn (permessi e sim); dare, impartire qcs a qcn (ordini, lezioni, ecc) ♦ *jmdm einen Befehl erteilen* impartire un ordine a qcn ♦ *Befehl erteilen, etwas zu tun* dare ordine di fare qcs ♦ *Unterricht in Latein erteilen* impartire lezioni di latino. ◆ **jmdm eine Lektion erteilen** *(fig/fam)* dare una lezione a qcn.

ertönen [ɛɐ'tø:nən] *(vi,* ist*)* ~ risuonare (voci, musica, ecc).

Ertrag [ɛɐ'tra:k] *(m;* -(e)s, -träge*)* ***1*** ricavo, rendimento (spec agricolo). ***2*** guadagno, provento, profitto ♦ *einen Ertrag abwerfen, erzielen* fruttare, realizzare un guadagno.

ertragen [ɛɐ'tra:gən] *(vt,* hat; *irr* tragen*)* ~ {*jmdm/etwas* ~} sopportare, tollerare qcn/qcs.

ertragfähig [ɛɐ'tra:k,fɛ:ɪç] *(agg)* ~ produttivo, redditizio.

Ertragfähigkeit [-,kait] *(f;* -*)* ~ produttività.

erträglich [ɛɐ'trɛ:klɪç] *(agg)* ***1*** sopportabile, tollerabile. ***2*** decente, passabile. ***3*** *(avv)* passabilmente, abbastanza bene.

ertränken [ɛɐ'trɛŋkən] *(vt,* hat*)* ~ affogare *(anche fig)* ♦ *seine Sorgen im Alkohol ertränken* affogare le proprie preoccupazioni nell'alcol. ◆ **sich ertränken** *(vr)* affogarsi, annegarsi.

erträumen [ɛɐ'trɔymən] *(vt,* hat*)* ~ {*sich* (Dat) *jmdn/etwas* ~} sognare, desiderare qcn/qcs.

ertrinken [ɛɐ'trɪŋkən] *(vi,* ist; *irr* trinken*)* ~ affogare ♦ *er ist im Fluss ertrunken* è affogato nel fiume.

ertüchtigen [ɛɐ'tʏçtɪgən] *(vt,* hat*)* ~ irrobustire (fisico).

erübrigen [ɛɐ'ˀyːbrɪgən] *(vt,* hat*)* ~ risparmiare. ◆ **sich erübrigen** *(vr)* essere superfluo. ◆ **Zeit für jmdn/etwas erübrigen** trovare il tempo per qcn/qcs.

erwachen [ɛɐ'vaxən] *(vi,* ist*)* ~ svegliarsi, destarsi *(anche fig)*.

erwachsen[1] [ɛɐ'vaksən] *(vi,* ist; *irr* wachsen*)* ~ {*(jmdm) aus etwas* ~} derivare, risultare (a qcn) da qcs ♦ *daraus ist ihm kein Vorteil erwachsen* non gliene è derivato alcun vantaggio.

erwachsen[2] *(agg)* ~ adulto (persona).

Erwachsene(r) [-ə (-ɐ)] *(m/f;* -n, -n*)* ~ adulto, persona adulta.

erwägen [ɛɐ'vɛːgən] *(vt,* hat; *irr* wägen*)* ~ ponderare, considerare, soppesare.

Erwägung [ɛɐ'vɛːgʊŋ] *(f;* -, -en*)* ~ riflessione, considerazione ♦ *nach reiflicher Erwägung* dopo matura riflessione. ◆ **etwas in Erwägung ziehen** ponderare, considerare, soppesare qcs.

erwähnen [ɛɐ'vɛːnən] *(vt,* hat*)* ~ citare, menzionare ♦ *etwas nebenbei erwähnen* menzionare qcs di sfuggita. ◆ **wie oben erwähnt** come già ricordato.

erwärmen [ɛɐ'vɛrmən] *(vt,* hat*)* ~ riscaldare, scaldare. ◆ **sich erwärmen** *(vr)* ***1*** riscaldarsi, scaldarsi. ***2*** {*sich für jmdn/etwas* ~} *(fig)* entusiasmarsi per qcn/qcs, appassionarsi a qcn/qcs.

erwarten [ɛɐ'vartən] *(vt,* hat*)* ***1*** aspettare, attendere ♦ *ich erwarte Besuch, Gäste* aspetto visite, ospiti ♦ *ein Baby/ein Kind erwarten* aspettare un bambino (essere incinta). ***2*** aspettarsi ♦ *ich erwarte von dir, dass* mi aspetto da te che ♦ *es ist zu erwarten, dass* c'è da aspettarsi che. ◆ **etwas kaum erwarten können** non vedere l'ora di qcs ♦ *ich kann Weihnachten kaum erwarten* non vedo l'ora che sia Natale ♦ *ich kann es kaum erwarten, in Urlaub zu gehen* non vedo l'ora di andare in vacanza.

Erwartung [ɛɐ'vartʊŋ] *(f;* -, -en*)* ***1*** attesa (l'attendere) ♦ *in Erwartung einer Antwort* in attesa di una risposta. ***2*** aspettativa, attesa ♦ *gegen alle Erwartungen* contro ogni aspettativa ♦ *die Erwartungen übertreffen* superare le aspettative. ◆ **voller Erwartung sein** attendere impaziente.

erwecken [ɛɐ'vɛkən] *(vt,* hat*)* ***1*** svegliare, destare. ***2*** *(fig)* destare, ridestare, suscitare ♦ *Interesse erwecken* destare interesse. ***3*** *(relig)* resuscitare.

erweichen[1] [ɛɐ'vaiçən] *(vi,* ist*)* ***1*** ammorbidirsi, ammollirsi. ***2*** *(fig)* ammorbidirsi, intenerirsi.

erweichen[2] *(vt,* hat*)* ***1*** ammorbidire, ammollire, rendere molle. ***2*** *(fig)* ammorbidire, intenerire.

erweisen [ɛɐ'vaizən] *(vt,* hat; *irr* weisen*)* ~ {*jmdm etwas* ~} tributare, rendere qcs a qcn ♦ *jmdm einen Dienst erweisen* rendere un servizio a qcn ♦ *er hat mir die Ehre erwiesen, neben ihm zu sitzen* mi ha concesso l'onore di sedere accanto a lui. ◆ **sich als jmd/etwas erweisen** *(vr)* dimostrarsi, rivelarsi ♦ *du hast dich als ein wahrer Freund erwiesen* ti sei dimostrato un vero amico ♦ *es hat sich als falsch erwiesen, dass* si è rivelato falso che.

erweitern [ɛɐ'vaitɐn] *(vt,* hat*)* ~ allargare, ampliare, estendere *(anche fig)*. ◆ **sich erweitern** *(vr)* allargarsi, ampliarsi, estendersi *(anche fig)*.

Erweiterung [ɛɐ'vaitərʊŋ] *(f;* -, -en*)* ***1*** allargamento, ampliamento, estensione *(anche fig)*. ***2*** *(med)* dilatazione.

Erwerb [ɛɐ'vɛrp] *(m;* -(e)s, -e*)* ***1*** guadagno (il guadagnare; cosa guadagnata). ***2*** lavoro (come fonte di guadagno). ***3*** acquisto, acquisizione *(anche fig)*.

erwerben [ɛɐ'vɛrbən] *(vt,* hat; *irr* werben*)* ***1*** guadagnare ♦ *seinen Lebensunterhalt erwerben* guadagnarsi da vivere. ***2*** acquistare, acquisire *(anche fig)* ♦ *etwas käuflich erwerben* comprare qcs. ***3*** {*(sich)* (Dat) *etwas* ~} guadagnarsi qcs, acquisire qcs ♦ *sich* (Dat) *Kenntnisse, Ruhm erwerben* acquisire conoscenze, fama.

Erwerber [ɛɐ'vɛrbɐ] *(m;* -s, -; *f* **-in***)* ~ acquirente, compratore.

erwerbsfähig [ɛɐ'vɛrpsˌfɛːɪç] *(agg)* ~ abile al lavoro.

Erwerbsleben [ɛɐ'vɛrpsˌleːbən] *(n;* -s*)* ~ attività professionale, vita lavorativa.

erwerbslos [ɛɐ'vɛrps,lo:s] *(agg)* ~ disoccupato.

erwerbstätig [ɛɐ'vɛrps,ʃtɛ:tɪç] *(agg)* ~ attivo, che lavora ♦ *erwerbstätige Bevölkerung* popolazione attiva.

erwerbsunfähig [ɛɐ'vɛrps,ʔʊnfɛ:ɪç] *(agg)* ~ inabile al lavoro.

erwidern [ɛɐ'vi:dɐn] *(vt, hat)* ***1*** {*(jmdm) etwas* ~} rispondere, replicare qcs (a qcn) ♦ *er erwiderte (mir), dass* mi rispose che ♦ *auf eine Frage erwidern* replicare a una domanda. ***2*** contraccambiare, ricambiare ♦ *einen Besuch erwidern* contraccambiare una visita ♦ *jmds Gefühle erwidern* ricambiare i sentimenti di qcn. ◆ **das Feuer erwidern** *(mil)* rispondere al fuoco.

erwirken [ɛɐ'vɪrkən] *(vt, hat)* ~ ottenere (a fatica).

erwirtschaften [ɛɐ'vɪrt,ʃaftən] *(vt, hat)* ~ conseguire (un utile).

erwischen [ɛɐ'vɪʃən] *(vt, hat)* ***1*** *(fam)* beccare, sorprendere, cogliere ♦ *der Lehrer hat ihn beim Abschreiben erwischt* il professore l'ha beccato a copiare. ***2*** *(fam)* acchiappare, prendere. ***3*** *(fam)* prendere appena in tempo (mezzi pubblici) ♦ *ich konnte den Zug gerade noch erwischen* sono riuscita a prendere il treno appena in tempo. ***4*** *(fam)* ottenere (per caso o per fortuna), toccare *(impers)* ♦ *ich habe die besten Plätze erwischt* mi sono toccati i posti migliori. ◆ **jmdn hat's erwischt** *(impers) (fam)* ***1*** qcn è morto, ci è rimasto secco; qcn è gravemente malato. ***2*** qcn è innamorato pazzo, si è preso una sbandata.

erwünscht [ɛɐ'vʏnʃt] *(agg)* ***1*** atteso, desiderato ♦ *er hat jetzt die erwünschte Gelegenheit, das zu tun* ora ha l'occasione tanto attesa di farlo. ***2*** gradito; benvenuto ♦ *Deutschkenntnisse erwünscht* è gradita la conoscenza del tedesco .

erwürgen [ɛɐ'vʏrgən] *(vt, hat)* ~ strangolare.

Erz ['e:ɐts] *(n; -es, -e)* ~ minerale metallifero.

erzählen [ɛɐ'tsɛ:lən] *(vt, hat)* ***1*** {*(jmdm) etwas* ~} raccontare qcs a qcn, narrare qcs (a qcn) ♦ *sie hat den Kindern ein Märchen erzählt* ha raccontato una favola ai bambini ♦ *er hat mir erzählt, dass* mi ha raccontato che. ***2*** {*(jmdm) etwas von jmdm/etwas* ~}, {*(jmdm) etwas über jmdn/etwas* ~} raccontare (a qcn) qcs di qcn/qcs, parlare a qcn di qcn/qcs ♦ *er hat uns viel über sein Leben in Amerika erzählt* ci ha raccontato molte cose della sua vita in America.

Erzähler [ɛɐ'tsɛ:lɐ] *(m; -s, -; f* **-in***)* ~ narratore.

Erzählung [ɛɐ'tsɛ:lʊŋ] *(f; -, -en)* ***1*** racconto, narrazione. ***2*** racconto, novella.

Erzbischof ['ɛrts,bɪʃɔf] *(m; -(e)s, -bischöfe)* ~ *(relig)* arcivescovo.

erzeugen [ɛɐ'tsɔygən] *(vt, hat)* ***1*** produrre (spec prodotti agricoli, energia, ecc). ***2*** produrre, provocare, causare ♦ *Wärme erzeugen* produrre calore.

Erzeuger [ɛɐ'tsɔygɐ] *(m; -s, -; f* **-in***)* ***1*** produttore. ***2*** genitore (naturale).

Erzeugerpreis [-,prais] *(m; -es, -e)* ~ prezzo di fabbrica.

Erzeugnis [ɛɐ'tsɔyknɪs] *(n; -ses, -se)* ~ prodotto *(anche fig)* ♦ *landwirtschaftliches Erzeugnis* prodotto agricolo ♦ *Erzeugnis der Fantasie* prodotto della fantasia.

Erzeugung [ɛɐ'tsɔygʊŋ] *(f; -, -en)* ~ produzione.

Erzfeind ['ɛrts,faint] *(m; -(e)s, -e)* ~ nemico numero uno, nemico giurato.

erziehen [ɛɐ'tsi:ən] *(vt, hat; irr* ziehen*)* ***1*** educare, tirare su ♦ *ein Kind gut, schlecht erziehen* educare bene, male un bambino. ***2*** {*jmdn zu etwas* ~} educare qcn a qcs, insegnare qcs a qcn ♦ *er hat seine Kinder zur Sparsamkeit erzogen* ha educato i suoi figli alla parsimonia.

Erzieher [ɛɐ'tsi:ɐ] *(m; -s, -; f* **-in***)* ~ educatore.

erzieherisch [ɛɐ'tsi:ərɪʃ] *(agg)* ~ educativo, pedagogico.

Erziehung [ɛɐ'tsi:ʊŋ] *(f; -)* ***1*** educazione ♦ *eine gute Erziehung haben* avere una buona educazione ♦ *jmdm eine strenge Erziehung geben* dare a qcn un'educazione severa ♦ *die Erziehung zur Sparsamkeit* l'educazione alla parsimonia. ***2*** educazione, buone maniere ♦ *ihm fehlt jede Erziehung* è molto maleducato.

Erziehungsgeld [-s,gɛlt] *(n; -es)* ~ sussidio per donne in maternità.

Erziehungsurlaub [-sˌʔuːɐlaup] *(m; -(e)s, -e)* ~ congedo parentale.
Erziehungswesen [-sˌveːzən] *(n; -s)* ~ pubblica istruzione.
Erziehungswissenschaft [-sˌvɪsənʃaft] *(f; -)* ~ pedagogia.
erzielen [ɛɐ'tsiːlən] *(vt, hat)* ~ ottenere, raggiungere (successi, guadagni, ecc). ◆ **ein Tor erzielen** *(sport)* segnare un gol.
erzürnen [ɛɐ'tsʏrnən] *(vt, hat)* ~ *(lett)* (far) adirare. ◆ **sich erzürnen** *(vr)* adirarsi.
erzwingen [ɛɐ'tsvɪŋən] *(vt, hat)* ~ {*etwas (von jmdm)* ~} ottenere qcs (da qcn) con la forza, estorcere qcs (a qcn) ♦ *ein Geständnis, ein Versprechen von jmdm erzwingen* estorcere una confessione, una promessa a qcn.
es[1] [ɛs] *(pron, III pers sing n Nom/Acc; Gen* **seiner**, *Dat* **ihm**) *1* egli, lui, esso/a; ciò, questa cosa ♦ *„kennst du das Kind?" „Ja, ich kenne es"* "Conosci quel bambino?" "Sì, lo conosco" ♦ *„Wusstest du, dass..." „Ja, mein Freund hatte es mir schon gesagt"* "Sapevi che..." "Sì, il mio amico me lo aveva già detto". **2** *(impers; pronome vuoto)* non tradotto ♦ *es ist dunkel, kalt* è buio, è freddo ♦ *es regnet* piove ♦ *es ist unglaublich, dass* è incredibile che ♦ *es wundert mich, dass* mi meraviglio che ♦ *es geht mir gut* sto bene ♦ *es waren viele Leute da* c'erano molte persone. **3** *(come predicato; non tradotto)* lo ♦ *ich bin's* sono io ♦ *„Ist er alt?" „Ja, er ist es"* "È vecchio?" "Sì, lo è".
es[2] *(n; -, -)* **1** *(mus)* mi bemolle. **2** *(mus)* abbrev di **es-Moll**.
Es *(n; -, -)* **1** *(mus)* mi bemolle. **2** *(mus)* abbrev di **Es-Dur**.
Esche ['ɛʃə] *(f; -, -n)* ~ *(bot)* frassino.
Es-Dur ['ɛs'duːɐ] *(n; -) (abbrev* **E**) ~ *(mus)* mi bemolle maggiore.
Esel ['eːzəl] *(m; -s, -)* ~ asino *(anche fig)*. ◆ **störrisch wie ein Esel** testardo come un mulo.
Eselsbrücke [-sˌbrʏkə] *(f; -, -n)* ~ associazione mentale (per ricordare qcs) ♦ *sich* (Dat) *eine Eselsbrücke bauen* crearsi un'associazione mentale.
Eselsohr [-sˌʔoːɐ] *(n; -(e)s, -en)* ~ *(fig/fam)* orecchio (di quaderno, libro, ecc).
Eskalation [ɛskala'tsjoːn] *(f; -, -en)* ~ intensificazione, escalation.
Eskimo ['ɛskimo] *(m; -/-s, -/-s)* **1** eschimese. **2** eschimo.
Eskorte [ɛs'kɔrtə] *(f; -, -n)* ~ scorta (di polizia e sim).
es-Moll ['ɛs'mɔl] *(n; -) (abbrev* **e**) ~ *(mus)* mi bemolle minore.
Espe ['ɛspə] *(f; -, -n)* ~ *(bot)* pioppo tremulo.
Espenlaub ['ɛspənˌlaup] *(n; -(e)s)* ~ fogliame di pioppo. ◆ **wie Espenlaub zittern** *(fig/fam)* tremare come una foglia.
Essay ['ɛse] *(m/n; -s, -s)* ~ saggio, trattato.
essbar († **eßbar**) ['ɛsˌbaːɐ] *(agg)* ~ commestibile.
Essbesteck († **Eß-**) ['ɛsbəʃtɛk] *(n; -(e)s, -e)* ~ posate.
essen ['ɛsən] *(vt, hat; er* **isst**, **aß**, **gegessen**; *ortogr pres* du/er isst, ihr esst, *imperat* iss!) ~ mangiare ♦ *einen Apfel essen* mangiare una mela ♦ *viel, wenig essen* mangiare poco, molto. ◆ **etwas (nicht) gern essen** (non) mangiare volentieri qcs; piacere ♦ *ich esse gerne Fleisch* mi piace la carne. ◆ **den Teller leer essen** vuotare il piatto, mangiare tutto. ◆ **sich satt essen** rimpinzarsi. ◆ **essen gehen** andare a mangiare al ristorante ♦ *italienisch essen gehen* andare al ristorante italiano. ◆ **zu Abend essen** cenare. ◆ **zu Mittag essen** pranzare. ◆ **es wird nicht so heiß gegessen, wie es gekocht wird** *(prov)* il diavolo non è brutto come lo si dipinge.
Essen *(n; -s, -)* **1** cibo, pietanza, vivanda. **2** pasto; pranzo; cena ♦ *das Essen ist fertig* il pranzo è pronto/la cena è pronta ♦ *jmdn zum Essen einladen* invitare qcn a pranzo/a cena. **3** pranzo, cena (ufficiale) ♦ *ein Essen geben* dare un pranzo. ◆ **das Essen kochen/machen** far da mangiare.
essentiell ~ vedi **essenziell**.
Essenz [ɛ'sɛnts] *(f; -, -en)* **1** *(solo sing)* essenza. **2** essenza, profumo.
essenziell *(anche* **essentiell**) [ɛsɛn'tsjɛl] *(agg)* ~ essenziale.
Essgier († **Eß-**) ['ɛsˌgiːɐ] *(f; -)* ~ ingordigia.
essgierig († **eß-**) ['ɛsˌgiːrɪç] *(agg)* ~ ingordo.
Essig ['ɛsɪç] *(m; -(e)s, -e)* ~ aceto. ◆ **etwas in Essig legen** mettere qcs sottaceto. ◆

es ist Essig mit etwas *(fig/fam)* qcs è andato in fumo, è andato a farsi friggere.
Esslöffel († **Eß-**) ['ɛsˌlœfəl] *(m; -s, -)* ~ cucchiaio da minestra.
Esszimmer († **Eß-**) ['ɛsˌtsɪmɐ] *(n; -s, -)* ~ sala da pranzo.
Eszett [ɛs'tsɛt] *(n; -, -)* ~ la lettera "ß".
etablieren [eta'bliːrən] *(vt, hat)* ~ fondare, costituire, stabilire. ◆ **sich etablieren** *(vr)* **1** stabilirsi; affermarsi. **2** sistemarsi (professionalmente).
etabliert [eta'bliːɐt] *(agg)* ~ affermato; influente, prestigioso (socialmente).
Etage [e'taːʒə] *(f; -, -n)* ~ piano (di edificio).
Etagenbett [-nˌbɛt] *(n; -(e)s, -en)* ~ letto a castello.
Etappe [e'tapə] *(f; -, -n)* **1** tappa *(anche sport)*. **2** *(mil)* retrovia.
etappenweise [-nˌvaizə] *(avv)* ~ a tappe, gradualmente.
Etat [e'taː] *(m; -s, -s)* **1** bilancio. **2** possibilità finanziarie, budget.
Ethik ['eːtɪk] *(f; -)* ~ etica.
ethisch ['eːtɪʃ] *(agg)* ~ etico.
Ethnie [ɛt'niː] *(f; -, -n)* ~ etnia.
ethnisch ['ɛtnɪʃ] *(agg)* ~ etnico.
Ethos ['eːtɔs] *(n; -)* ~ ethos.
Etikett [eti'kɛt] *(n; -(e)s, -e/-s)* ~ etichetta, cartellino, targhetta.
Etikette [-ə] *(f; -, -n)* ~ etichetta, cerimoniale; buone maniere.
etliche ['ɛtlɪçə] *(agg/pron indef)* ~ *(lett)* qualche, alcuni; molti, parecchi ◆ *etliche gute Bücher* alcuni/molti buoni libri ◆ *die Autoren etlicher guter Bücher* gli autori di alcuni/molti buoni libri.
Etui [ɛt'viː] *(n; -s, -s)* ~ astuccio, custodia (per occhiali, sigarette, penne, ecc).
etwa ['ɛtva] *(avv)* **1** circa, all'incirca, pressappoco ◆ *der Film dauert etwa zwei Stunden* il film dura circa due ore. **2** per esempio. **3** per caso ◆ *wenn er etwa anrufen sollte* se per caso dovesse telefonare. **4** *(in frasi interr)* forse, per caso ◆ *hattest du das etwa vergessen?* l'avevi forse dimenticato? **5** *(in frasi neg)* mica ◆ *nicht etwa, dass du denkst...* non penserai mica... ◆ **etwa nicht?** non è forse così? ◆ **in etwa** all'incirca, sotto certi aspetti.
etwaig ['ɛtvaɪç] *(agg)* ~ eventuale, possibile.
etwas[1] ['ɛtvas] *(pron indef)* **1** *(abbrev* **was***)* qualcosa *brauchst du etwas?* hai bisogno di qualcosa? ◆ *ich möchte noch etwas sagen* vorrei dire ancora qualcosa ◆ *etwas Neues* qualcosa di nuovo ◆ *mit etwas Neuem* con qualcosa di nuovo. **2** un po' ◆ *etwas Brot* un po' di pane ◆ *er spricht etwas Deutsch* parla un po' di tedesco. ◆ **so etwas** qualcosa di simile, una cosa del genere ◆ *so etwas hatte ich noch nie gesehen* una cosa del genere non l'avevo mai vista.
etwas[2] *(avv)* ~ un po' ◆ *etwas mehr* un po' di più ◆ *so ist es etwas besser* così è un po' meglio ◆ *ich möchte noch etwas schlafen* vorrei dormire ancora un po'.
Etwas *(n; -, -)* ~ un qualcosa, un che ◆ *ein gewisses Etwas* un certo non so che.
Etymologie [etymolo'giː] *(f; -, -n)* ~ etimologia.
EU [ˌeːˈʔuː] ~ abbrev di **Europäische Union** (vedi **europäisch**).
euch [ɔyç] *(pron, II pers pl Dat/Acc)* **1** vi, ve; voi, a voi ◆ *ich möchte euch einladen* vorrei invitarvi ◆ *wer hat euch die Karte geschrieben?* chi vi ha scritto la cartolina? ◆ *darf ich zu euch kommen?* posso venire da voi? **2** *(rifl)* vi ◆ *kennt ihr euch schon?* vi conoscete già?
Eucharistie [ɔyçarɪs'tiː] *(f; -)* ~ eucarestia.
euer[1] ['ɔyɐ] *(agg poss)* **1** vostro ◆ *euer Bruder* vostro fratello ◆ *eure Stadt* la vostra città. **2** vostro (in titoli onorifici) ◆ *Eure Majestät* vostra maestà.

EUER[1], EUERE, EUER

		MASCH	FEMM	NEUTRO
NOM	*sing*	euer	euere	euer
	pl	euere	euere	euere
GEN	*sing*	eueres	euerer	eueres
	pl	euerer	euerer	euerer
DAT	*sing*	euerem	euerer	euerem
	pl	eueren	eueren	eueren
ACC	*sing*	eueren	euere	euer
	pl	euere	euere	euere

euer[2] *(pron, II pers pl Gen)* ~ di voi ◆ *ich erinnere mich euer* mi ricordo di voi.
euere(r, -s) ['ɔyərə (-rɐ, -rəs)] *(pron poss)* ~ vostro. ◆ **das eu(e)re** *(anche* **das Eu-**

ere) la vostra proprietà. ◆ **die eu(e)ren** (*anche* **die Eueren**) i vostri (parenti).

euerseits ['ɔyɐ'zaits] (*avv*) ~ vedi **eurerseits**.

euersgleichen [-s'glaiçən] (*pron indecl*) ~ vedi **euresgleichen**.

euertwegen [-t've:gən] (*avv*) ~ vedi **euretwegen**.

euertwillen ['ɔyɐt'vɪlən] (*avv*) ~ vedi **euretwillen**.

Eule ['ɔylə] (*f*; -, -n) ~ (*zool*) civetta.

Euphorie [ɔyfo'ri:] (*f*; -) ~ euforia.

eure(r, -s) ['ɔyrə (-rɐ, -rəs)] (*pron poss*) ~ vedi **euere(r, -s)**.

eurerseits ['ɔyre'zaits] (*anche* **euerseits**) (*avv*) ~ da parte vostra.

euresgleichen ['ɔyrəs'glaiçən] (*anche* **euersgleichen**) (*pron indecl*) ~ vostro pari, qualcuno come voi.

euretwegen ['ɔyrət've:gən] (*anche* **euertwegen**) (*avv*) ~ a causa vostra, per colpa vostra, per voi.

euretwillen ['ɔyrət'vɪlən] (*anche* **euertwillen**) (*avv*) ~ **um euretwillen** per amor vostro.

Euro ['ɔyro] (*m*; -/-s, -/-s) ~ euro.

europäisch [ɔyro'pɛ:ɪʃ] (*agg*) ~ europeo. ◆ **europäische Gemeinschaft** (*abbrev* **EG**) Comunità Europea. ◆ **Europäische Union** (*abbrev* **EU**) Unione Europea.

Europameisterschaft [ɔy'ro:pa,maistɐʃaft] (*f*; -, -en) ~ (*sport*) campionato europeo.

Europarat [ɔy'ro:pa,ra:t] (*m*; -(e)s) ~ (*pol*) Consiglio Europeo.

Euter ['ɔytɐ] (*n*; -) ~ (*zool*) mammella (di mucca, pecora, capra, ecc).

Euthanasie [ɔytana'zi:] (*f*; -) ~ eutanasia.

evakuieren [evaku'i:rən] (*vt*, hat) ~ evacuare (territorio, popolazione da un territorio).

Evakuierung [evaku'i:rʊŋ] (*f*; -, -en) ~ evacuazione (di territorio, di popolazione da un territorio).

evangelisch [evaŋ'ge:lɪʃ] (*agg*) **1** evangelico. **2** (*relig*) evangelico, protestante. ◆ **evangelisch-lutherisch** evangelico-luterano, luterano. ◆ **evangelisch-reformiert** evangelico-riformato, riformato, calvinista.

Evangelium [evaŋ'ge:ljum] (*n*; -s, -lien) ~ vangelo (*anche fig*) ◆ *das Evangelium nach Markus* il vangelo secondo Marco ◆ *das Evangelium des Markus* il vangelo di Marco.

eventuell [evɛn'twɛl] (*agg*) **1** eventuale, possibile. **2** (*avv*) eventualmente, casomai ◆ *ich werde dich eventuell vorher anrufen* eventualmente ti telefonerò prima.

Evolution [evolu'tsjo:n] (*f*; -, -en) ~ evoluzione (*anche biol*).

ewig ['e:vɪç] (*agg*) **1** eterno, perenne ◆ *das ewige Leben* la vita eterna ◆ *ewige Liebe* amore eterno ◆ *ewiger Schnee* nevi eterne ◆ *die Ewige Stadt* la città eterna. **2** (*fig/fam*) eterno, continuo. **3** (*avv*) eternamente, in eterno; (*fig/fam*) in eterno, un'eternità ◆ *ich habe ewig lange gewartet* ho aspettato un'eternità. ◆ **ewig und drei Tage** (*fig/fam*) per moltissimo tempo, per un'eternità.

Ewigkeit [-,kait] (*f*; -, -en) ~ eternità (*anche fig/fam*) ◆ *ich habe eine (halbe) Ewigkeit auf dich gewartet* ti ho aspettato per un'eternità. ◆ **in (alle) Ewigkeit** in eterno, per l'eternità.

Ex- [ɛks-] (*pref*) ~ ex ◆ *Exminister* ex ministro ◆ *die Ex-DDR* la ex DDR.

exakt [ɛ'ksakt] (*agg*) **1** esatto, preciso (persona o cosa) ◆ *die exakten Wissenschaften* le scienze esatte. **2** (*avv*) esattamente, precisamente. ◆ **exakt!** esatto!

Examen [ɛ'ksa:mən] (*n*; -s, -/Examina) ~ esame (di laurea) ◆ *ein/sein Examen ablegen/machen* dare un esame/l'esame di laurea.

Examensarbeit [-s,ʔarbait] (*f*; -, -en) ~ esame di laurea scritto.

Examensnote [-s,no:tə] (*f*; -, -n) ~ voto finale, voto complessivo.

Exekutive [ɛkseku'ti:və] (*f*; -) ~ esecutivo, potere esecutivo.

Exempel [ɛ'ksɛmpəl] (*n*; -s, -) ~ (*lett*) esempio. ◆ **ein Exempel an jmdm statuieren** infliggere una punizione esemplare a qcn.

Exemplar [ɛksem'pla:ɐ] (*n*; -s, -e) ~ esemplare.

exerzieren [ɛksɛr'tsi:rən] (*vi*, hat) ~ (*mil*) fare esercitazioni.

Exil [ɛ'ksi:l] (*n*; -s, -e) ~ esilio ◆ *ins Exil gehen* andare in esilio ◆ *im Exil leben* vivere in esilio.

exilieren [ɛksiˈliːrən] *(vt, hat)* ~ esiliare, mandare in esilio.

existentiell ~ vedi **existenziell**.

Existenz [ɛksɪsˈtɛnts] *(f; -, -en)* ***1*** esistenza ♦ *die Existenz Gottes* l'esistenza di Dio. ***2*** esistenza, vita.

existenziell *(anche* **existentiell***)* [ɛksɪstɛnˈtsjɛl] *(agg)* ~ esistenziale.

existieren [ɛksɪsˈtiːrən] *(vi, hat)* ***1*** esistere, esserci. ***2*** esistere, vivere.

exklusiv [ɛkskluˈziːf] *(agg)* ***1*** esclusivo, ristretto, elitario. ***2*** esclusivo, coperto da esclusiva. ***3*** *(avv)* in esclusiva.

exklusive [ɛkskluˈziːvə] *(prep + Gen)* ~ escluso, eccetto.

Exlusivinterview [ɛkskluˈziːfˌˈɪntɐvjuː] *(n; -s, -s)* ~ intervista esclusiva, esclusiva.

Exlusivität [ɛkskluziviˈtɛːt] *(f; -)* ~ esclusività.

Exklusivrecht [ɛkskluˈziːfˌrɛçt] *(n; -(e)s, -e)* ~ esclusiva, diritto di esclusiva.

Exkrement [ɛkskreˈmɛnt] *(n; -(e)s, -e)* ~ escremento.

Exkursion [ɛkskʊrˈzjoːn] *(f; -, -en)* ~ escursione, gita ♦ *eine Exkursion ins Gebirge* un'escursione in montagna ♦ *auf (eine) Exkursion gehen* andare a fare un'escursione.

Exotik [ɛˈksoːtɪk] *(f; -)* ~ esotismo.

exotisch [ɛˈksoːtɪʃ] *(agg)* ~ esotico.

expandieren [ɛkspanˈdiːrən] *(vi, hat)* ~ espandersi.

Expansion [ɛkspanˈzjoːn] *(f; -, -en)* ***1*** espansione. ***2*** *(pol)* espansione, espansionismo.

Expedition [ɛkspediˈtsjoːn] *(f; -, -en)* ***1*** spedizione, esplorazione ♦ *eine Expedition ins Himalaya-Gebirge* una spedizione sull'Himalaya. ***2*** spedizione, delegazione. ***3*** spedizioni, reparto spedizioni.

Experiment [ɛksperiˈmɛnt] *(n; -(e)s, -e)* ~ esperimento *(anche fig)* ♦ *Experimente an/mit Tieren* esperimenti sugli animali ♦ *ein Experiment durchführen* condurre un esperimento ♦ *Experimente machen (fig)* fare esperimenti.

experimentieren [ɛksperimɛnˈtiːrən] *(vi, hat)* ~ fare esperimenti *(anche fig)*.

Experte [ɛksˈpɛrtə] *(m; -n, -n; f* **Expertin***)* ~ esperto.

explodieren [ɛksploˈdiːrən] *(vi, ist)* ~ esplodere *(anche fig/fam)*.

Explosion [ɛksploˈzjoːn] *(f; -, -en)* ~ esplosione.

Explosionsmotor [-sˌmoːtoːɐ] *(m; -s, -en)* ~ motore a scoppio.

explosiv [ɛksploˈziːf] *(agg)* ~ esplosivo.

Exponent [ɛkspoˈnɛnt] *(m; -en, -en)* ~ *(mat)* esponente.

Export [ɛksˈpɔrt] *(m; -(e)s, -e)* ~ esportazione, export.

Exporteur [ɛkspɔrˈtøːɐ] *(m; -(e)s, -e)* ~ esportatore.

exportieren [ɛkspɔrˈtiːrən] *(vt, hat)* ~ esportare.

Exportland [ɛksˈpɔrtˌlant] *(n; -(e)s, -länder)* ~ paese esportatore.

expressiv [ɛksprɛˈsiːf] *(agg)* ~ espressivo.

Expressivität [ɛksprɛsiviˈtɛːt] *(f; -)* ~ espressività.

exquisit [ɛkskviˈziːt] *(agg)* ~ squisito.

extra [ˈɛkstra] *(avv)* ***1*** extra, particolarmente ♦ *extra starke Zigaretten* sigarette extra forti. ***2*** extra, a parte. ***3*** extra, apposta ♦ *das ist extra für dich* questo è apposta per te. ***4*** *(agg indecl) (fam)* extra (di qualità superiore; supplementare) ♦ *ein extra Trinkgeld* una mancia extra.

extravagant [ɛkstravaˈgant] *(agg)* ~ stravagante.

Extravaganz [ɛkstravaˈgants] *(f; -, -en)* ~ stravaganza.

extrem [ɛksˈtreːm] *(agg)* ***1*** estremo *(anche pol)* ♦ *die extreme Linke, Rechte* l'estrema sinistra, destra. ***2*** *(avv)* estremamente.

Extremismus [ɛkstreˈmɪsmʊs] *(m; -, -mismen)* ~ estremismo.

Extremist [ɛkstreˈmɪst] *(m; -en, -en; f* **-in***)* ~ estremista.

extremistisch [ɛkstreˈmɪstɪʃ] *(agg)* ~ estremista, estremistico.

extrovertiert [ɛkstrovɛrˈtiːɐt] *(agg)* ~ estroverso.

exzellent [ɛkstsɛˈlɛnt] *(agg)* ***1*** eccellente, ottimo. ***2*** *(avv)* benissimo.

Exzentriker [ɛksˈtsɛntrikɐ] *(m; -s,-; f* **-in***)* ~ eccentrico.

Exzess († **Exzeß**) [ɛksˈtsɛs] *(m; -es, -e)* ~ eccesso, esagerazione, smodatezza. ♦ **bis zum Exzess** fino all'eccesso.

f

f, F [ɛf] *(n; -/-s, -/-s)* ~ f, F *(sesta lettera dell'alfabeto tedesco)*.

f *(n; -)* ***1*** *(mus)* fa. ***2*** *(mus)* abbrev di **f-Moll**.

F *(n; -)* ***1*** *(mus)* fa. ***2*** *(mus)* abbrev di **F-Dur**.

Fa. ~ abbrev di **Firma**.

Fabel ['fa:bəl] *(f; -, -n)* ***1*** favola. ***2*** trama (di romanzo e sim).

fabelhaft [-ˌhaft] *(agg)* ***1*** *(fam)* favoloso, straordinario. ***2*** *(avv)* favolosamente, straordinariamente; molto.

Fabrik [fa'bri:k] *(f; -, -en)* ~ fabbrica.

Fabrikant [fabri'kant] *(m; -en, -en)* ~ proprietario di una fabbrica, produttore.

Fabrikat [fabri'ka:t] *(n; -(e)s, -e)* ***1*** fabbricato. ***2*** prodotto, articolo.

Fabrikation [fabrika'tsjo:n] *(f; -, -en)* ~ fabbricazione, produzione (industriale).

Fabrikationsfehler [-sˌfe:lɐ] *(m; -s, -)* ~ difetto di fabbricazione.

Fabrikmarke [fa'bri:kˌmarkə] *(f; -, -n)* ~ marchio di fabbrica.

fabrikmäßig [fa'bri:kˌmɛ:sɪç] *(agg)* ***1*** prodotto in serie. ***2*** *(avv)* in serie.

Fabrikpreis [fa'bri:kˌprais] *(m; -es, -e)* ~ prezzo di fabbrica.

Fabrikware [fa'bri:kˌva:rə] *(f; -, -n)* ~ prodotto di fabbrica.

fabrizieren [fabri'tsi:rən] *(vt, hat)* ~ fabbricare, produrre (industrialmente).

Facette ~ vedi **Fassette**.

Fach [fax] *(n; (e)s, Fächer)* ***1*** scomparto ◆ *die Hemden sind im unteren Fach des Schrankes* le camicie sono nello scomparto in basso dell'armadio. ***2*** materia (anche scolastica), disciplina, settore. ◆ **vom Fach sein** essere del mestiere.

Facharbeiter [-ˌˀarbaitɐ] *(m; -s, -; f* **-in***)* ~ operaio specializzato.

Facharzt [-ˌˀa:ɐtst] *(m; -es, -ärzte; f* **-ärztin***)* ~ specialista (medico).

Fachausbildung [-ˌˀausbɪldʊŋ] *(f; -, -en)* ~ specializzazione.

Fachausdruck [-ˌˀausdrʊk] *(m; -(e)s, -drücke)* ~ termine tecnico.

Fachbuch [-ˌbu:x] *(n; -(e)s, -bücher)* ~ testo specialistico.

fächeln ['fɛçəln] *(vi/vt, hat)* ***1*** *(vi)* soffiare (brezza); muoversi al vento (foglie e sim). ***2*** *(vt)* sventolare, rinfrescare (con ventaglio e sim). ◆ **sich fächeln** *(vr)* sventolarsi.

Fächer ['fɛçɐ] *(m; -s, -)* ~ ventaglio ◆ *den Fächer aufklappen* aprire il ventaglio.

Fachfrau ['faxˌfrau] *(f; -, -en)* ~ f di **Fachmann**.

fachgemäß, **fachgerecht** ['faxgəˌmɛ:s, 'faxgəˌrɛçt] *(agg/avv)* ~ a regola d'arte.

Fachgeschäft ['faxgəʃɛft] *(n; -(e)s, -e)* ~ negozio specializzato.

Fachhochschule ['faxˌho:xʃu:lə] *(f; -, -n)* ~ politecnico.

Fachkenntnis ['faxˌkɛntnɪs] *(f; -, -se)* ~ conoscenza specialistica.

Fachleute ['faxˌlɔytə] ~ pl di **Fachmann**.

fachlich ['faxlɪç] *(agg)* ***1*** professionale. ***2*** specialistico, tecnico.

Fachliteratur ['faxlɪtəraˌtuːɐ] *(f; -, -en)* ~ letteratura specialistica.
Fachmann ['faxˌman] *(m; -(e)s, -männer/-leute; f* **Fachfrau***)* ~ esperto, specialista.
fachmännisch ['faxˌmɛnɪʃ] *(agg)* ~ specialistico, tecnico, da esperto ♦ *ein fachmännischer Rat* un consiglio da esperto.
fachsimpeln ['faxˌzɪmpəln] *(vi, hat)* ~ {*über etwas* (Acc) ~} *(fam)* discutere di qcs (questioni specialistiche e sim).
Fachsprache ['faxʃpraːxə] *(f; -, -en)* ~ linguaggio tecnico, linguaggio settoriale.
Fackel ['fakəln] *(f; -, -n)* ~ fiaccola.
fad(e) [faːt ('faːdə)] *(agg)* ***1*** insipido, scipito. ***2*** *(fig/fam)* insulso, vuoto, noioso.
Faden ['faːdən] *(m; -s, Fäden)* ***1*** filo; filamento. ***2*** *(fig)* filo, legame ♦ *die Fäden wieder anknüpfen* riallacciare i legami. ***3*** *(fig)* filo (del discorso) ♦ *den Faden verlieren* perdere il filo. ***4*** *(pl)* fila ♦ *alle Fäden laufen in jmds Hände zusammen* qcn regge le fila ♦ *die/alle Fäden (von etwas) in der Hand haben* avere in mano le fila (di qcs). ***5*** *(pl) (med)* punti ♦ *jmdm die Fäden ziehen* togliere i punti a qcn. ◆ **an einem Faden hängen** essere appeso a un filo. ◆ **keinen guten Faden miteinander spinnen** *(fig/fam)* non andare d'accordo, non filare bene insieme.
fadendünn [-ˌdʏn] *(agg)* ~ sottilissimo.
fadenförmig [-ˌfœrmɪç] *(agg)* ~ filiforme.
fadenscheinig [-ʃainɪç] *(agg)* ***1*** liso, consunto. ***2*** *(fig)* inattendibile, non credibile.
Fagott [fa'gɔt] *(n; -(e)s, -e)* ~ *(mus)* fagotto.
fähig ['fɛːɪç] *(agg)* ~ capace, abile, dotato. ◆ **zu etwas fähig sein/***(lett)* **einer Sache** (Gen) **fähig sein** essere capace di qcs ♦ *er ist zu allem fähig* è capace di tutto.
Fähigkeit [-ˌkait] *(f; -, -en)* ***1*** *(solo sing)* capacità ♦ *ihm fehlt die Fähigkeit, seine Mitmenschen zu verstehen* gli manca la capacità di comprendere il prossimo. ***2*** capacità, abilità, dote ♦ *sie besitzt große musikalische Fähigkeiten* possiede grandi doti musicali.
fahl [faːl] *(agg)* ~ pallido, smorto.
fahnden ['faːndən] *(vi, hat)* ~ {*nach jmdm/etwas* ~} ricercare qcn/qcs (malviventi; oggetti rubati, ecc).
Fahndung ['faːndʊŋ] *(f; -, -en)* ~ ricerca, indagine.
Fahne ['faːnə] *(f; -, -n)* ***1*** bandiera, insegna, gonfalone ♦ *die schwarzrotgoldene Fahne* la bandiera oro rosso nera (la bandiera tedesca) ♦ *die Fahne einholen, hissen, auf halbmast setzen* ammainare, issare, mettere a mezz'asta la bandiera. ***2*** banderuola. ***3*** *(fig)* insegna, ideale. ***4*** *(tipogr)* bozza (in colonna). ◆ **die Fahne nach dem Winde drehen** *(fig)* agire a seconda di come tira il vento. ◆ **eine Fahne haben** *(fam)* puzzare di alcol. ◆ **die weiße Fahne zeigen** *(mil)* alzare bandiera bianca.
Fahnenflucht [-nˌflʊxt] *(f; -)* ~ *(mil)* diserzione.
Fahnenflüchtige(r) [-nˌflʏçtɪgə (-gɐ)] *(m; -n, -n)* ~ *(mil)* disertore.
Fahrausweis ['faːɐˌʔausvais] *(m; -(e)s, -e)* ~ biglietto (di mezzi pubblici).
Fahrbahn ['faːɐˌbaːn] *(f; -, -en)* ~ carreggiata.
Fähre ['fɛːrə] *(f; -, -n)* ~ traghetto.
fahren¹ ['faːrən] *(vi, ist; er* **fährt**, **fuhr**, **gefahren***)* ***1*** andare (mezzi di trasporto) ♦ *wohin fährt dieser Zug?* dove va questo treno? ♦ *das Auto, das Schiff fährt schnell* l'auto, la nave va veloce. ***2*** partire, passare (mezzi di trasporto) ♦ *der nächste Bus fährt in zehn Minuten* il prossimo autobus passa fra dieci minuti. ***3*** andare (con un veicolo) ♦ *mit dem Auto, dem Bus, dem Fahrrad, dem Schiff, dem Zug fahren* andare in auto, in autobus, in bicicletta, in nave, in treno ♦ *wir fahren nach Hause, ans Meer, nach Rom, in Urlaub* andiamo a casa, al mare, a Roma, in vacanza (in auto, treno, ecc). ***4*** balzare, saltare ♦ *in die Höhe fahren* balzar su. ***5*** {*durch/über etwas* (Acc) ~} passare sopra a qcs (con la mano, con un oggetto) ♦ *jmdm durchs Haar/über das Haar fahren* passare la mano fra i capelli/sui capelli di qcn ♦ *mit einem Putzlappen über den Tisch fahren* passare uno strofinaccio sul tavolo. ◆ **mit etwas gut/schlecht fahren** *(fig/fam)* andar bene con qcs, trovarsi male con qcs.
fahren² *(vt, hat; er* **fährt**, **fuhr**, **gefahren***)* ***1*** guidare ♦ *einen LKW fahren* guidare un camion. ***2*** mettere (guidando); portare (con un veicolo) ♦ *das Auto in die Ga-*

rage fahren mettere l'auto in garage ♦ *jmdn nach Hause fahren* portare, accompagnare qcn a casa (in auto). ***3*** percorrere (distanze).

Fahrer ['fa:rɐ] *(m; -s, -; f* **-in***)* ***1*** conducente, autista. ***2*** guidatore; automobilista; motociclista; ciclista.

Fahrgast ['fa:ɐˌgast] *(m; -(e)s, -gäste)* ~ passeggero.

Fahrgeschwindigkeit ['fa:ɐgəʃvɪndɪçkait] *(f; -, -en)* ~ velocità di marcia.

Fahrgeld ['fa:ɐˌgɛlt] *(n; -(e)s)* ~ prezzo della corsa, prezzo del biglietto.

Fahrgestell ['fa:ɐgəʃtɛl] *(n; -(e)s, -e)* ~ telaio (di veicolo).

fahrig ['fa:rɪç] *(agg)* ***1*** incontrollato ♦ *fahrige Bewegungen* movimenti incontrollati. ***2*** *(fig)* distratto, svagato.

Fahrkarte ['fa:ɐˌkartə] *(f; -, -n)* ~ biglietto (di treno, autobus, ecc).

Fahrkartenschalter [-nˌʃaltɐ] *(m; -s, -)* ~ biglietteria.

fahrlässig ['fa:ɐˌlɛsɪç] *(agg)* ***1*** negligente, trascurato. ***2*** *(dir)* colposo ♦ *fahrlässige Tötung* omicidio colposo.

Fahrlässigkeit [-ˌkait] *(f; -, -en)* ***1*** trascuratezza, negligenza. ***2*** *(dir)* colpa.

Fahrlehrer ['fa:ɐˌle:rɐ] *(m; -s, -; f* **-in***)* ~ istruttore di guida.

Fährmann ['fɛ:ɐˌman] *(m; -(e)s, -männer/-leute)* ~ battelliere, barcaiolo.

Fahrplan ['fa:ɐˌplan] *(m; -(e)s, -pläne)* ***1*** orario (di mezzi pubblici). ***2*** *(fam)* piano, piani, progetti.

fahrplanmäßig [-ˌmɛ:sɪç] *(agg/avv)* ~ in orario.

Fahrpreis ['fa:ɐˌprais] *(m; -es, -e)* ~ prezzo della corsa, prezzo del biglietto.

Fahrprüfung ['fa:ɐˌpry:fʊŋ] *(f; -, -en)* ~ esame di guida.

Fahrrad ['fa:ɐˌra:t] *(n; -(e)s, -räder)* ~ bicicletta. ◆ **Fahrrad fahren** andare in bicicletta.

Fahrradfahrer [-ˌfa:rɐ] *(m; -s, -; f* **-in***)* ~ ciclista.

Fahrschein ['fa:ɐʃain] *(m; -(e)s, -e)* ~ biglietto (di treno, autobus, ecc).

Fahrschule ['fa:ɐʃu:lə] *(f; -, -n)* ~ scuola guida.

Fahrstraße ['fa:ɐʃtra:sə] *(f; -, -n)* ~ strada carrozzabile.

Fahrstuhl ['fa:ɐʃtu:l] *(m; -(e)s, -stühle)* ~ ascensore.

Fahrt ['fa:ɐt] *(f; -, -en)* ***1*** viaggio, tragitto, corsa ♦ *die Fahrt dauerte fünf Stunden* il viaggio è durato cinque ore ♦ *gute Fahrt!* buon viaggio! ***2*** gita, escursione. ***3*** velocità (di veicoli). ◆ **jmdn in Fahrt bringen** *(fig/fam)* mandare qcn su di giri (renderlo euforico; farlo arrabbiare). ◆ **in Fahrt kommen** *(fig/fam)* andare su di giri (essere euforico; arrabbiarsi). ◆ **auf der Fahrt sein** essere in viaggio ♦ *sie sind auf der Fahrt nach Köln* sono in viaggio per Colonia.

Fährte ['fɛ:ɐtə] *(f; -, -n)* ***1*** traccia (di selvaggina). ***2*** *(fig)* traccia, pista ♦ *eine Fährte verfolgen* seguire una pista.

Fahrtrichtung ['fa:ɐtˌrɪçtʊŋ] *(f; -, -en)* ~ direzione di marcia.

Fahrverbot ['fa:ɐfɛɐˌbo:t] *(n; -(e)s, -e)* ~ sospensione della patente.

Fahrwasser ['fa:ɐˌvasɐ] *(n; -s, -)* ***1*** canale navigabile. ***2*** *(fig)* ambito, elemento ♦ *in seinem Fahrwasser sein (fam)* essere nel proprio elemento.

Fahrzeug ['fa:ɐˌtsɔyk] *(n; -(e)s, -e)* ***1*** veicolo, vettura. ***2*** imbarcazione.

fair ['fɛ:ɐ] *(agg)* ***1*** corretto, onesto, leale ♦ *ein fairer Preis* un prezzo onesto ♦ *ein faires Spiel* una partita corretta. ***2*** *(avv)* correttamente, onestamente, lealmente.

Fairness († **-neß**) [-nɛs] *(f; -)* ~ correttezza, onestà.

Fäkalien [fɛ'ka:ljən] *(pl)* ~ feci, escrementi.

Fakt [fakt] *(n/m; -(e)s, -en)* ~ vedi **Faktum**.

faktisch [-ɪʃ] *(agg)* ***1*** effettivo, reale. ***2*** *(avv)* effettivamente, realmente, di fatto.

Faktor ['fakto:ɐ] *(m; -s, -en)* ~ fattore *(anche mat)*, elemento ♦ *ein entscheidender Faktor* un fattore decisivo.

Faktum ['faktʊm] *(anche* **Fakt***)* *(n; -s, Fakten)* ~ fatto.

Fakultät [fakʊl'tɛ:t] *(f; -, -en)* ~ facoltà (universitaria) ♦ *juristische, medizinische, philosophische Fakultät* facoltà di legge, di medicina, di filosofia.

Falke ['falkə] *(f; -, -n)* ~ *(zool)* falco.

Fall [fal] *(m; -(e)s, Fälle)* ***1*** caduta. ***2*** *(fig)* caduta, rovina, decadenza. ***3*** caso, eventualità, evenienza ♦ *in diesem Fall* in questo caso ♦ *im besten, schlimmsten Fall* nel migliore, peggiore dei casi. ***4*** caso, situazione, faccenda ♦ *ein hoffnungsloser Fall* un caso senza speranza. ***5*** *(dir/med/gramm)* caso ♦ *erster Fall* nominativo ♦ *zweiter Fall* genitivo ♦ *dritter Fall* dativo ♦ *vierter Fall* accusativo. ◆ **auf alle Fälle/auf jeden Fall** in tutti i casi, in ogni caso. ◆ **auf keinen Fall** in nessun caso. ◆ **für alle Fälle** per precauzione. ◆ **für den Fall, dass** (+ *ind*)**/im Fall(e), dass** (+ *ind*) nel caso che. ◆ **von Fall zu Fall** caso per caso. ◆ **(nicht) der Fall sein** (non) essere il caso (di qcn/qcs) ♦ *das ist bei mir nicht der Fall* questo non è il mio caso. ◆ **den Fall setzen** porre il caso ♦ *setzen wir den Fall/gesetzt den Fall, dass er uns nicht helfen könnte* poniamo il caso/posto il caso che lui non possa aiutarci. ◆ **jmdn/etwas zu Fall bringen** ***1*** far cadere qcn/qcs. ***2*** *(fig)* mandare in rovina qcn/qcs. ◆ **zu Fall kommen** ***1*** cadere. ***2*** *(fig)* andare in rovina. ◆ **klarer Fall!** *(fam)* ovviamente! è chiaro!

Fallbeil [-ˌbail] *(n; -(e)s, -e)* ~ ghigliottina.

Fallbrücke [-ˌbrʏkə] *(f; -, -n)* ~ ponte levatoio.

Falle [ˈfalə] *(f; -, -n)* ~ trappola *(anche fig)* ♦ *eine Falle aufstellen* mettere una trappola. ◆ **jmdm eine Falle stellen** *(fig)* tendere una trappola a qcn. ◆ **in der Falle sitzen** *(fig)* essere in trappola.

fallen [-n] *(vi, ist; er* **fällt, fiel, gefallen***)* ***1*** cadere, ricadere *(anche fig)* ♦ *er ist vom Dach gefallen* è caduto dal tetto ♦ *der Schnee fällt* cade la neve ♦ *die Haare fallen ihr bis auf die Schultern* i capelli le ricadono fino alle spalle ♦ *mein Blick fiel auf die Zeitung* mi cadde lo sguardo sul giornale ♦ *der Verdacht, die Wahl fiel auf sie* il sospetto, la scelta cadde su di lei. ***2*** scendere, calare, diminuire ♦ *die Temperatur ist gefallen* la temperatura è scesa. ***3*** *(fig)* cadere, morire. ***4*** *(fig)* cadere, essere conquistato ♦ *auch die letzte Festung ist gefallen* anche l'ultima fortezza è caduta. ***5*** *(fig)* decadere, non essere più valido ♦ *das Verbot ist gefallen* questo divieto è decaduto. ***6*** {*unter etwas* (Acc) *~*} rientrare in qcs ♦ *unter eine Kathegorie fallen* rientrare in una categoria. ***7*** cadere, venire (festività e sim) ♦ *Ostern fällt dieses Jahr in den April* quest'anno la Pasqua cade in aprile ♦ *mein Geburtstag fällt dieses Jahr auf einen Mittwoch* quest'anno il mio compleanno viene di mercoledì. ***8*** {*an jmdn ~*} toccare, spettare a qcn. ***9*** essere fatto, venire; essere preso (decisione); essere detto, pronunciato ♦ *es ist noch keine Entscheidung gefallen* non è stata presa ancora nessuna decisione ♦ *bei dem Streit sind böse Worte gefallen* nel litigio sono state dette parole cattive ♦ *in der Nachspielzeit ist der Ausgleich gefallen* nel recupero è venuto il pareggio. ◆ **fallen lassen** (†**fallenlassen**) ***1*** lasciar cadere. ***2*** *(fig)* lasciar perdere.

fällen [ˈfɛlən] *(vt, hat)* ***1*** abbattere, tagliare (alberi). ***2*** *(mil)* spianare (armi). ***3*** prendere (decisione); dare, pronunciare (giudizio e sim) ♦ *ein Urteil über jmdn/etwas fällen* pronunciare un giudizio su qcn/qcs.

fallen|lassen ~ **fallen lassen** (vedi **fallen**).

fällig [ˈfɛlɪç] *(agg)* ***1*** in scadenza, che scade ♦ *der Wechsel ist am Ende des Monats fällig* la cambiale scade alla fine del mese. ***2*** *(interessi)* maturato, maturo. ***3*** in arrivo, che deve arrivare, atteso ♦ *der Schiedsspruch ist morgen fällig* la sentenza è attesa per domani. ***4*** necessario, da fare ♦ *die Umbauarbeiten waren schon längst fällig* i lavori di ristrutturazione erano necessari già da tempo.

Fälligkeit [-ˌkait] *(f; -, -en)* ~ scadenza.

falls [fals] *(congiunz)* ~ se, in caso che ♦ *falls es regnet* se piove ♦ *falls es regnen sollte* se dovesse piovere.

Fallschirm [ˈfalʃɪrm] *(m; -(e)s, -e)* ~ paracadute.

Fallschirmjäger [-jɛːgɐ] *(m; -s, -)* ~ *(mil)* paracadutista.

Fallschirmspringen [-ʃprɪŋən] *(n; -s)* ~ paracadutismo.

Fallschirmspringer [-ʃprɪŋɐ] *(m; -s, -)* ~ paracadutista *(anche mil)*.

Fallstrick [ˈfalsˌtrɪk] *(m; -(e)s, -e)* ~ *(fig)* tranello, trappola ♦ *jmdm Fallstricke legen* tendere tranelli a qcn.

Fallsucht [ˈfalˌzʊxt] *(f; -)* ~ epilessia.

fallsüchtig [ˈfalˌzʏçtɪç] *(agg)* ~ epilettico.

Falltür [ˈfalˌtyːɐ] *(f; -, -en)* ~ botola.

falsch [falʃ] *(agg)* ***1*** sbagliato, errato ♦ *eine falsche Antwort* una risposta sbagliata ♦ *ein falscher Eindruck* un'impressione sbagliata. ***2*** falso, finto, posticcio. ***3*** falso (denaro, documenti, ecc) ♦ *falsches Geld* denaro falso ♦ *unter falschem Namen* sotto falso nome. ***4*** falso, insincero, bugiardo (anche persona) ♦ *falsche Bescheidenheit* falsa modestia ♦ *ein falsches Versprechen* una falsa promessa. ***5*** *(avv)* erroneamente, in modo sbagliato, male ♦ *ich habe falsch verstanden* ho capito male. ***6*** *(avv)* falsamente, slealmente ♦ *falsch schwören* giurare il falso. ◆ **falsch spielen** († **falschspielen**) barare *(anche fig)*.

fälschen [ˈfɛlʃən] *(vt, hat)* ~ falsificare, contraffare.

Fälscher [ˈfɛlʃɐ] *(m; -s, -; f* **-in***)* ~ falsario.

Falschgeld [ˈfalʃˌgɛlt] *(n; -(e)s)* ~ denaro falso.

Falschheit [ˈfalʃˌhait] *(f; -)* ~ falsità, insincerità, slealtà.

fälschlich [ˈfɛlʃlɪç] *(agg)* ***1*** errato, erroneo, sbagliato. ***2*** *(avv)* erroneamente.

fälschlicherweise [-ɐˈvaizə] *(avv)* ~ erroneamente, per sbaglio.

Falschmeldung [ˈfalʃˌmɛldʊŋ] *(f; -, -en)* ~ notizia falsa.

falsch|spielen ~ **falsch spielen** (vedi **falsch**).

Falschspieler [ˈfalʃʃpiːlɐ] *(m; -s, -; f* **-in***)* ~ baro.

Fälschung [ˈfɛlʃʊŋ] *(f; -, -en)* ***1*** falsificazione, contraffazione. ***2*** falso, copia.

Falsett [falˈzɛt] *(n; -(e)s, -e)* ~ *(mus)* falsetto ♦ *Falsett singen* cantare in falsetto.

faltbar [ˈfaltˌbaːɐ] *(agg)* ~ pieghevole.

Faltblatt [ˈfaltˌblat] *(n; -(e)s, -blätter)* ~ pieghevole, dépliant.

Falte [ˈfaltə] *(f; -, -n)* ***1*** piega, grinza (di stoffa, carta, ecc). ***2*** ruga. ◆ **die Stirn in Falten legen/ziehen** corrugare la fronte.

falten [-n] *(vt, hat)* ~ piegare (stoffa, carta). ◆ **die Hände falten** congiungere le mani (in gesto di preghiera e sim). ◆ **die Stirn falten** corrugare la fronte.

Falter [ˈfaltɐ] *(m; -s, -)* ~ *(zool)* farfalla.

faltig [ˈfaltɪç] *(agg)* ***1*** a pieghe. ***2*** grinzoso, raggrinzito, sgualcito. ***3*** rugoso, grinzoso.

Falttür [ˈfaltˌtyːɐ] *(f; -, -en)* ~ porta a soffietto.

familiär [famiˈljɛːɐ] *(agg)* ~ familiare *(anche fig)*.

Familie [faˈmiːljə] *(f; -, -n)* ~ famiglia ♦ *eine vierköpfige Familie* una famiglia di quattro persone ♦ *eine Familie gründen* metter su famiglia. ◆ **das bleibt in der Familie** *(fig/fam)* questo deve restare tra noi.

Familienbetrieb [-nbəˌtriːp] *(m; -(e)s, -e)* ~ azienda a conduzione familiare.

Familienkreis [-nˌkrais] *(m; -(e)s, -e)* ~ cerchia familiare.

Familienmitglied [-nˌmɪtgliːt] *(n; -(e)s, -er)* ~ membro della famiglia.

Familienname [-nˌnaːmə] *(m; -ns, -n)* ~ cognome.

Familienoberhaupt [-nˌʔoːbɐhaupt] *(n; -(e)s, -häupter)* ~ capofamiglia.

Familienstand [-nˌʃtant] *(m; -(e)s)* ~ stato civile.

famos [faˈmoːs] *(agg)* ***1*** *(fam)* straordinario, eccellente, formidabile. ***2*** *(avv)* *(fam)* in modo straordinario, benissimo.

Fan [fɛn] *(m; -s, -s)* ~ fan, tifoso.

Fanatiker [faˈnaːtikɐ] *(m; -s, -; f* **-in***)* ~ fanatico.

fanatisch [faˈnaːtɪʃ] *(agg)* ~ fanatico.

fand [fant] ~ pret di **finden**.

Fanfare [fanˈfaːrə] *(f; -, -n)* ~ *(mus)* fanfara.

Fang [faŋ] *(m; -(e)s, Fänge)* ***1*** presa (il prendere). ***2*** caccia, pesca, cattura (di animali). ***3*** *(fig)* bottino, caccia ♦ *einen guten Fang machen* fare buona caccia.

Fangarm [-ˌʔarm] *(m; -(e)s, -e)* ~ *(zool)* tentacolo.

fangen [-ən] *(vt, hat; er* **fängt, fing, gefangen***)* ***1*** prendere, catturare ♦ *die Katze hat eine Maus gefangen* il gatto ha preso un topo ♦ *einen Dieb fangen* catturare un ladro. ***2*** prendere, afferrare. ***3*** *(fig)* avvincere, affascinare. ***4*** *(fig)* ingannare. ◆ **sich fangen** *(vr)* ***1*** rimanere intrappolato *(anche fig)*. ***2*** *(fig)* rimettersi in piedi, riprendere l'equilibrio *(anche fig)*. ◆ **Fangen spielen** giocare ad acchiapparsi.

Fangfrage [-ˌfraːgə] *(f; -, -n)* ~ domanda a trabocchetto.

Fangokur [ˈfaŋgoˌkuːɐ] *(f; -, -en)* ~ (cura dei) fanghi.

Fantasie *(anche* **Phantasie***)* [fantaˈziː] *(f; -, -n)* ***1*** *(solo sing)* fantasia, immaginazione. ***2*** fantasia, fantasticheria.

fantasielos *(anche* **phantasielos***)* [-ˌloːs] *(agg)* ~ privo di fantasia, senza fantasia.
fantasieren *(anche* **phantasieren***)* [-rən] *(vi,* hat*)* ***1*** {*von etwas* ~} fantasticare di/su qcs. ***2*** *(med)* delirare. ***3*** *(mus)* improvvisare.
fantasievoll *(anche* **phantasievoll***)* [-ˌfɔl] *(agg)* ~ fantasioso, pieno di fantasia.
fantastisch *(anche* **phantastisch***)* [fanˈtastɪʃ] *(agg)* ***1*** fantastico, straordinario, eccezionale. ***2*** *(avv)* in modo fantastico, straordinariamente.
Farbdruck [ˈfarpˌdrʊk] *(m;* -(e)s, -e*)* ~ stampa a colori.
Farbe [ˈfarbə] *(f;* -, -n*)* ***1*** colore ♦ *eine dunkle, helle, lebhafte, satte Farbe* un colore scuro, chiaro, vivace, intenso ♦ *ein Schal in der Farbe Rot* una sciarpa di colore rosso. ***2*** tono, tonalità (di colore). ***3*** colorito. ***4*** colore, tinta, pittura. ***5*** *(fig)* colore, espressività. ***6*** seme (di carte). ◆ **Farbe bekennen** *(fig)* mettere le carte in tavola. ◆ **die Farbe verlieren** impallidire. ◆ **die Farbe wechseln** *(fig)* cambiare bandiera. ◆ **etwas in den leuchtendsten/schwarzesten Farben schildern** *(fig)* dipingere qcs a tinte brillanti/fosche.
farbecht [ˈfarpˌˀɛçt] *(agg)* ~ (colore) indelebile, che non stinge, che non scolorisce.
Farbeffekt [ˈfarpˀɛˌfɛkt] *(m;* -(e)s, -e*)* ~ effetto cromatico.
färben [ˈfɛrbən] *(vt,* hat*)* ***1*** colorare, tingere ♦ *einen Stoff färben* tingere una stoffa ♦ *ich habe meine Haare blond gefärbt* mi sono tinta i capelli di biondo. ***2*** *(fig)* colorire (narrazioni e sim). ◆ **sich färben** *(vr)* colorarsi, tingersi.
farbenblind [ˈfarbənˌblɪnt] *(agg)* ~ daltonico.
Farbenblindheit [-hait] *(f;* -*)* ~ daltonismo.
farbenfreudig [ˈfarbənˌfrɔydɪç] *(agg)* ~ variopinto, dai colori vivaci.
Farbenpalette [ˈfarbənpaˌlɛtə] *(f;* -, -n*)* ~ tavolozza.
farbenreich [ˈfarbənˌraiç] *(agg)* ~ variopinto, multicolore.
Farbenspiel [ˈfarbənˌʃpiːl] *(m;* -(e)s, -e*)* ~ gioco di colori, gioco cromatico.
Färber [ˈfɛrbɐ] *(m;* -s, -; *f* **-in***)* ~ tintore.
Färberei [fɛrbəˈrai] *(f;* -, -en*)* ~ tintoria (officina per la tintura di stoffe).
Farbfernsehen [ˈfarpˌfɛrnzeːən] *(n;* -s*)* ~ televisione a colori.
Farbfernseher [ˈfarpˌfɛrnzeːɐ] *(m;* -s, -*)* ~ televisore a colori.
Farbfilm [ˈfarpˌfɪlm] *(m;* -(e)s, -e*)* ***1*** rullino, pellicola a colori. ***2*** film a colori.
farbig [ˈfarbɪç] *(agg)* ***1*** colorato, a colori. ***2*** di colore, nero (persona). ***3*** *(fig)* colorito, vivace (narrazione e sim).
Farbige [ˈfarbɪgə] *(m/f;* -n, -n*)* ~ persona di colore, nero.
farblos [ˈfarpˌloːs] *(agg)* ***1*** pallido, smorto; incolore. ***2*** *(fig)* inespressivo, incolore.
Farbstift [ˈfarpˌʃtɪft] *(m;* -(e)s, -e*)* ~ matita colorata.
Farbton [ˈfarpˌtoːn] *(m;* -(e)s, -töne*)* ~ tono, tonalità (di colore).
Färbung [ˈfɛrbʊŋ] *(f;* -, -en*)* ***1*** colorazione, tintura. ***2*** tinta, tonalità, sfumatura *(anche fig)* ♦ *eine Rede mit einer polemischen Färbung* un discorso con una tinta polemica.
Farce [ˈfarsə] *(f;* -, -n*)* ***1*** *(teatr)* farsa *(anche fig)*. ***2*** ripieno, farcitura.
Farm [farm] *(f;* -, -en*)* ~ fattoria.
Farn [farn] *(m;* -(e)s, -e*)* ~ *(bot)* felce.
Färse [ˈfɛrzə] *(f;* -, -n*)* ~ *(zool)* giovenca.
Fasan [faˈzaːn] *(m;* -(e)s, -e/-en*)* ~ fagiano.
Fasching [ˈfaʃɪŋ] *(m;* -s, -e/-s*)* *(region)* ~ carnevale.
Faschismus [faˈʃɪsmʊs] *(m;* -*)* ~ fascismo.
Faschist [faˈʃɪst] *(m;* -en, -en*)* ~ fascista.
faschistisch [-ɪʃ] *(agg)* ~ fascista.
faseln [ˈfaːzəln] *(vt,* hat*)* ~ *(fam)* farfugliare, blaterare.
Faser [ˈfaːzɐ] *(f;* -, -n*)* ~ fibra.
fasern [-n] *(vi,* ist*)* ~ sfilacciarsi.
Faserschreiber [-ʃraibɐ] *(m;* -s, -*)* ~ pennarello.
Fass († **Faß**) [fas] *(n;* -es, Fässer*)* ~ botte ♦ *Bier vom Fass* birra alla spina. ◆ **ein Fass ohne Boden** *(fig)* un pozzo senza fondo. ◆ **voll wie ein Fass sein** *(fig/fam)* essere ubriaco fradicio. ◆ **das schlägt dem Fass den Boden aus!** *(fig/fam)* questo è il colmo!
Fassade [faˈsaːdə] *(f;* -, -n*)* ~ facciata.
fassbar († **faßbar**) [ˈfasˌbaːɐ] *(agg)* ***1*** concreto. ***2*** *(fig)* comprensibile.
Fassbier († **Faß-**) [ˈfasˌbiːɐ] *(n;* -(e)s, -e*)* ~ birra alla spina.

Fassdaube († **Faß-**) ['fas,daubə] *(f; -, -n)* ~ doga.

fassen[1] ['fasən] *(vi,* hat; *ortogr pres* du/er/ihr fasst, *pret* ich fasste, ecc; *imperat* fass!, *part pass* gefasst*)* ~ ingranare, innestarsi, fare presa.

fassen[2] *(vt,* hat; *ortogr pres* du/er/ihr fasst, *pret* ich fasste, ecc; *imperat* fass!, *part pass* gefasst*)* ***1*** afferrare, prendere, cogliere *(anche fig)* ♦ *jmdn am/beim Arm fassen* afferrare qcn per il braccio ♦ *eine Gelegenheit beim Schopf fassen* cogliere al volo un'occasione. ***2*** prendere, catturare (malviventi). ***3*** {*jmdn* ~} assalire, impadronirsi di qcn (sentimenti e sim) ♦ *Angst fasste ihn* la paura lo assalì. ***4*** contenere, avere una capienza di ♦ *das Stadion fasst 60.000 Zuschauer* lo stadio può contenere 60.000 spettatori. ***5*** nutrire, provare (sentimenti). ***6*** *(fig)* comprendere, concepire, capacitarsi ♦ *ich kann immer noch nicht fassen, warum...* non riesco ancora a comprendere perché... ***7*** {*etwas in etwas* (Acc) ~} incastonare qcs in qcs. ***8*** esprimere, formulare ♦ *etwas in Worte fassen* esprimere qcs a parole. ◆ **sich fassen** *(vr)* ***1*** esprimersi ♦ *sich kurz fassen* essere breve. ***2*** riprendersi, calmarsi, ricomporsi.

Fassette ~ *(anche* **Facette***)* [fa'sɛtə] *(f; -, -n)* ~ sfaccettatura *(anche fig)*.

fasslich († **faßlich**) ['faslɪç] *(agg)* ***1*** comprensibile. ***2*** *(avv)* comprensibilmente.

Fassung ['fasʊŋ] *(f; -, -en)* ***1*** montatura (di occhiali, pietre preziose, ecc). ***2*** portalampada. ***3*** *(fig)* forma, versione, stesura (spec di opere d'arte) ♦ *die erste Fassung eines Romans* la prima stesura di un romanzo ♦ *die deutsche Fassung eines Films* la versione tedesca di un film. ***4*** calma, autocontrollo ♦ *die Fassung bewahren, verlieren* mantenere, perdere la calma ♦ *jmdn aus der Fassung bringen* far perdere la calma a qcn.

fassungslos [-s,lo:s] *(agg)* ***1*** fuori di sé. ***2*** sconcertato, sbalordito, sbigottito.

Fassungslosigkeit [-s,lo:zɪçkait] *(f; -)* ~ sbalordimento, sbigottimento, sconcerto.

Fassungsvermögen [-sfɛɐ,mø:gən] *(n; -s)* ***1*** capacità, capienza ♦ *das Fassungsvermögen einer Flasche* la capacità di una bottiglia. ***2*** capacità di comprendere, intelligenza.

fast [fast] *(avv)* ***1*** quasi ♦ *fast alles* quasi tutto ♦ *fast immer* quasi sempre ♦ *sie haben fast hundert Leute eingeladen* hanno invitato quasi cento persone. ***2*** quasi, per poco non ♦ *fast wäre ich gestolpert* per poco non sono inciampato.

fasten [-ən] *(vi,* hat*)* ~ digiunare.

Fasten *(pl)* ~ *(relig)* digiuno.

Fastfood, **Fast Food**, **Fast food** ['fɑ:st 'fu:d] *(n; -/-s)* ~ fast food.

Fastnacht ['fast,naxt] *(f; -)* ***1*** carnevale. ***2*** martedì grasso.

Faszination [fastsina'tsjo:n] *(f; -, -en)* ~ fascino.

faszinieren [fastsi'ni:rən] *(vt,* hat*)* ~ affascinare.

fatal [fa'ta:l] *(agg)* ***1*** fatale, funesto, avverso. ***2*** spiacevole, penoso.

Fatalismus [fata'lɪsmʊs] *(m; -)* ~ fatalismo.

Fatalist [fata'lɪst] *(m; -en, -en; f* **-in***)* ~ fatalista.

fatalistisch [-ɪʃ] *(agg)* ~ fatalista, fatalistico.

fauchen ['fauxən] *(vi,* hat*)* ~ soffiare (spec animali).

faul [faul] *(agg)* ***1*** marcio, guasto, andato a male; cariato ♦ *faules Obst* frutta marcia ♦ *ein fauler Geruch* un puzzo di marcio ♦ *faule Zähne* denti cariati. ***2*** pigro, indolente, svogliato. ***3*** *(fig/fam)* marcio, sospetto, sporco. ***4*** *(avv)* di marcio ♦ *faul riechen, schmecken* puzzare, sapere di marcio. ◆ **faul werden** ***1*** marcire, guastarsi, andare a male. ***2*** impigrirsi. ◆ **nicht faul** *(avv)* prontamente.

faulen [-ən] *(vi,* ist/hat*)* ***1*** marcire, guastarsi, andare a male. ***2*** cariarsi.

faulenzen [-ɛntsən] *(vi,* hat*)* ~ oziare, bighellonare, stare in panciolle.

Faulenzer [-ɛntsɐ] *(m; -s, -; f* **-in***)* ~ pigrone, fannullone, bighellone.

Faulheit [-,hait] *(f; -)* ~ pigrizia, svogliatezza, indolenza. ◆ **vor Faulheit stinken** *(fig/fam)* essere un gran pigrone.

Fäulnis ['fɔylnɪs] *(f; -)* ~ marcio, marciume. ◆ **in Fäulnis übergehen** marcire.

Faulpelz ['faul,pɛlts] *(m; -es, -e)* ~ vedi **Faulenzer**.

Fauna ['fauna] *(f; -, Faunen)* ~ fauna.

Faust [faust] *(f; -, Fäuste)* ~ pugno (mano) ♦ *die Faust/die Hand zur Faust ballen* serrare il pugno/la mano a pugno. ◆ **auf eigene Faust** *(fig)* di propria iniziativa. ◆ **mit eiserner Faust** *(fig)* col pugno di ferro. ◆ **mit den Fäusten auf jmdn losgehen** prendere a pugni qcn. ◆ **mit der Faust auf den Tisch schlagen** battere i pugni sul tavolo *(anche fig)*. ◆ **das passt wie die Faust aufs Auge** *(fig/fam)* questo è un pugno in un occhio.

faustdick [-ˌdɪk] *(agg)* ~ grosso come un pugno. ◆ **eine faustdicke Lüge** *(fig/fam)* una bugia grossolana. ◆ **es faustdick hinter den Ohren haben** *(fig)* essere un furbo di tre cotte.

Faustregel [-ˌreːgəl] *(f; -, -n)* ~ regola generale.

Faustschlag [-ʃlaːk] *(m; -(e)s, -schläge)* ~ pugno, cazzotto ♦ *jmdm einen Faustschlag versetzen* dare un pugno a qcn.

favorisieren [favoriˈziːrən] *(vt, hat)* ~ favorire, privilegiare.

Favorit [favoˈriːt] *(m; -en, -en ; f* **-in***)* ***1*** favorito, beniamino. ***2*** *(sport)* favorito.

Fax [faks] *(n; -, -e)* ~ fax.

Faxe [-ə] *(f; -, -n)* ~ *(fam)* smorfia, boccaccia ♦ *Faxen machen/schneiden* fare smorfie. ◆ **mach keine Faxen!** *(fam)* non fare storie!

faxen [-ən] *(vt, hat)* ~ mandare per fax, faxare.

Faxnummer [-ˌnʊmɐ] *(f; -, -n)* ~ numero di fax.

Fazit [ˈfaːtsɪt] *(n; -s, -e/-s)* ~ risultato, conclusione. ◆ **das Fazit ziehen** *(fig)* tirare le somme.

FCKW [ˌɛftseːkaːˈveː] ~ abbrev di **Fluorchlorkohlenwasserstoffe**.

FDP [ˌɛfdeːˈpeː] *(abbrev di* **Freie Demokratische Partei***)* ~ Partito Liberaldemocratico.

F-Dur [ˈɛfˈduːɐ] *(n, -) (abbrev* **F***)* ~ *(mus)* fa maggiore.

Februar [ˈfeːbruaːɐ] *(m; -/-(e)s, -e)* ~ febbraio ♦ *im Februar* a febbraio.

fechten [ˈfɛçtən] *(vi, hat; er* **ficht, focht, gefochten***)* ***1*** tirare di scherma. ***2*** *(lett)* lottare, combattere.

Fechten *(n; -s)* ~ scherma.

Fechter [ˈfɛçtɐ] *(m; -s, -; f* **-in***)* ~ schermidore.

Fechtkampf [ˈfɛçtˌkampf] *(m; -(e)s, -kämpfe)* ~ incontro di scherma.

Fechtsport [ˈfɛçtʃpɔrt] *(m; -(e)s)* ~ scherma.

Feder [ˈfeːdɐ] *(f; -, -n)* ***1*** penna; piuma ♦ *die Federn sträuben* arruffare le penne ♦ *leicht wie eine Feder (fig)* leggero come una piuma. ***2*** penna (per scrivere) ♦ *zur Feder greifen* prendere in mano la penna, cominciare a scrivere. ***3*** *(pl) (fam)* letto, lenzuola ♦ *er liegt noch in den Federn* è ancora fra le lenzuola. ***4*** molla ♦ *die Feder ist gesprungen* la molla è saltata. ◆ **die Federn lassen** *(fig/fam)* lasciarci le penne, rimetterci.

Federball [-ˌbal] *(m; -(e)s, -bälle)* ***1*** palla del volano. ***2*** *(sport)* volano, badminton.

Federbett [-ˌbɛt] *(n; -(e)s, -en)* ~ piumone, trapunta.

federführend [-ˌfyːrənt] *(agg)* ~ responsabile, competente (spec a livello politico o amministrativo).

Federführung [-ˌfyːrʊŋ] *(f; -)* ~ responsabilità, competenza (spec politica o amministrativa).

Federhalter [-ˌhaltɐ] *(m; -s, -)* ***1*** penna (per scrivere). ***2*** cannello della penna.

Federlesen [-ˌleːzən] *(n; -s)* ~ **nicht viel Federlesen(s) mit jmdm/etwas machen** *(fig/fam)* non fare troppi complimenti con qcn/qcs. ◆ **ohne viel Federlesen(s)** *(fig/fam)* senza troppi complimenti.

federn [-n] *(vi/vt, hat)* ***1*** *(vi)* essere elastico, molleggiare. ***2*** *(vt)* molleggiare, dotare di molle. ◆ **sich federn** *(vr)* mutare le penne.

Federstrich [-ʃtrɪç] *(m; -(e)s, -e)* ~ tratto di penna. ◆ **er hat noch keinen Federstrich getan** *(fig)* per ora non ha mosso un dito. ◆ **mit einem Federstrich** *(fig)* senza esitare, senza tante storie.

Federung [ˈfeːdərʊŋ] *(f; -, -en)* ~ sospensione, sospensioni, molle.

Federvieh [ˈfeːdɐˌfiː] *(n; -(e)s)* ~ *(fam)* pennuti (da cortile).

Fee [feː] *(f; -, -n)* ~ fata.

Feeling [ˈfiːlɪŋ] *(n; -s, -s)* ***1*** sensazione. ***2*** senso, sensibilità ♦ *er hat kein Feeling für Musik* non ha nessuna sensibilità per la musica. ***3*** *(fig)* atmosfera.

Fegefeuer [ˈfeːgəˌfɔyɐ] *(n; -s)* ~ *(relig)* purgatorio.

fegen[1] [-n] *(vi, ist) 1* soffiare, spazzare (vento e sim). *2* sfrecciare.

fegen[2] *(vt, hat) 1* spazzare, scopare ♦ *die Küche fegen* spazzare la cucina ♦ *den Schmutz fegen* spazzare lo sporco. *2* spazzare via.

Fehde ['fe:də] *(f; -, -n)* ~ faida.

Fehdehandschuh [-ˌhantˈʃu:] *(m; -(e)s, -e)* ~ guanto di sfida, sfida. ◆ **den Fehdehandschuh aufnehmen** *(fig/lett)* raccogliere la sfida.

fehl [fe:l] *(agg, solo pred)* ~ **fehl am Platz sein** essere fuori luogo.

Fehl *(m)* ~ **ohne Fehl (und Tadel)** senza macchia, irreprensibile.

Fehlanzeige [-ˌˀantsaigə] *(f; -, -n)* ~ *(fam)* risultato negativo.

Fehlbetrag [-bəˌtra:k] *(m; -(e)s, -träge)* ~ *(econ)* ammanco, deficit.

Fehldiagnose [-diaˌgno:zə] *(f; -, -n)* ~ diagnosi sbagliata.

fehlen [-ən] *(vi, hat) 1* mancare, essere assente ♦ *in der Schule fehlen* mancare a scuola ♦ *ein Teil von dem Puzzle fehlt* manca un pezzo del puzzle. *2* {*jmdm ~*} mancare a qcn (persona o cosa) ♦ *du wirst mir fehlen* mi mancherai ♦ *mir fehlt nur noch deine Telefonnummer* mi manca solo il tuo numero di telefono. ◆ **jmdm fehlen** *(impers) (fam)* sentirsi (in un certo modo) ♦ *was fehlt dir denn?* come stai? cosa ti senti? ♦ *mir fehlt nichts* non ho niente, sto bene. ◆ **es fehlt jmdm an etwas** (Dat) *(impers)* a qcn manca qcs, a qcn fa difetto qcs ♦ *es fehlt ihm an Mut* gli manca il coraggio. ◆ **es fehlte nicht viel, und** *(impers)* ci è mancato poco che ♦ *es fehlte nicht viel, und ich hätte den Zug verpasst* ci è mancato poco che non perdessi il treno.

Fehlentscheidung [-ˀɛntˌʃaidʊŋ] *(f; -, -en)* ~ decisione sbagliata.

Fehler [-ɐ] *(m; -s, -) 1* errore, sbaglio ♦ *ein grammatischer Fehler* un errore grammaticale. *2* difetto ♦ *dieser Stoff hat einen Fehler* questa stoffa ha un difetto ♦ *jeder hat seine Fehler* ognuno ha i suoi difetti.

fehlerfrei [-ɐˌfrai] *(agg) 1* senza errori, esatto, corretto. *2* senza difetti, perfetto. *3 (avv)* senza errori, esattamente, correttamente; senza difetti, perfettamente.

fehlerhaft [-ɐˌhaft] *(agg) 1* errato, sbagliato, scorretto. *2* difettoso.

Fehlgeburt [-gəˌbu:ɐt] *(f; -, -en)* ~ *(med)* aborto (spontaneo).

fehl|gehen *(vi, ist; irr* gehen*)* ~ sbagliarsi.

Fehlgriff [-ˌgrɪf] *(m; -(e)s, -e)* ~ mossa falsa, mossa sbagliata *(anche fig)*; passo falso.

Fehlinvestition [-ˀɪnvɛstiˌtsjo:n] *(f; -, -en)* ~ investimento sbagliato.

Fehlkauf [-ˌkauf] *(m; -(e)s, -käufe)* ~ acquisto sbagliato.

Fehlleistung [-ˌlaistʊŋ] *(f; -, -en)* ~ *(psic)* lapsus ♦ *freudsche Fehlleistung* lapsus freudiano.

Fehlschlag [-ʃla:k] *(m; -(e)s, -schläge) 1* colpo fallito, tiro a vuoto. *2 (fig)* insuccesso, fallimento.

fehl|schlagen *(vi, ist; irr* schlagen*)* ~ andar male, fallire, far fiasco.

Fehlstart [-ʃtart] *(m; -(e)s, -s)* ~ *(sport)* falsa partenza.

Fehltritt [-ˌtrɪt] *(m; -(e)s, -e) 1* passo falso. *2 (fig/lett)* errore, fallo (morale).

Feier ['faiɐ] *(f; -, -n) 1* festa, cerimonia. *2* celebrazione.

Feierabend [-ˌˀa:bənt] *(m; -(e)s, -e) 1* orario di chiusura, chiusura (di negozi e sim). *2* riposo serale. ◆ **Feierabend haben/machen** *(fam)* smontare dal lavoro.

feierlich [-lɪç] *(agg) 1* solenne. *2 (avv)* solennemente.

Feierlichkeit [-lɪçˌkait] *(f; -, -en) 1* solennità. *2 (pl)* festività.

feiern [-n] *(vt, hat) 1* festeggiare ♦ *einen Geburtstag, Weihnachten feiern* festeggiare un compleanno, il Natale. *2 (fam) (vi)* non lavorare, fare festa.

Feierstunde [-ʃtʊndə] *(f; -, -n)* ~ cerimonia, commemorazione.

Feiertag [-ˌta:k] *(m; -(e)s, -e) 1* giorno festivo. *2* festa, festività ♦ *kirchlicher, staatlicher Feiertag* festività religiosa, civile.

feiertags [-ˌta:ks] *(avv)* ~ nei giorni festivi.

feig [faik] ~ vedi **feige**.

feige ['faigə] *(agg) 1* vigliacco, vile, codardo. *2 (avv)* vigliaccamente, vilmente.

Feige *(f; -, -n)* ~ *(bot)* fico (frutto; albero).

Feigenbaum [-nˌbaum] *(m; -(e)s, -bäume)* ~ *(bot)* fico (albero).

Feigheit ['faikˌhait] *(f; -)* ~ vigliaccheria, viltà, codardia.

Feigling ['faik,lɪŋ] *(m; -s, -e)* ~ vigliacco, codardo.
feil|bieten *(vt, hat; irr bieten)* ~ *(lett)* offrire in vendita, vendere.
Feile ['failə] *(f; -, -n)* ~ lima.
feilen [-n] *(vt, hat)* **1** limare. **2** {*an etwas* (Dat) ~} *(fig)* limare qcs, ritoccare qcs ♦ *ich muss an dem Bericht noch feilen* devo ancora ritoccare il resoconto.
feilschen ['failʃən] *(vi, hat)* ~ tirare sul prezzo, mercanteggiare, contrattare. ◆ **um den Preis feilschen** tirare sul prezzo.
fein [fain] *(agg)* **1** fine, sottile. **2** fitto, a maglia fitta ♦ *ein feiner Regen* una pioggia fitta, una pioggerellina ♦ *ein feines Sieb* un colino a maglia fitta. **3** fine, delicato, minuto, grazioso (lineamenti e sim). **4** *(fig)* sottile, minimo ♦ *ein feiner Unterschied* una sottile differenza. **5** sensibile, fine, preciso (strumento, senso, ecc) ♦ *ein feines Gehör* un udito fine. **6** eccellente, ottimo (qualità); squisito ♦ *das Feinste vom Feinen (fig)* il meglio del meglio. **7** fine, raffinato, elegante (persona, comportamento, ecc). **8** *(fam)* elegante; bello ♦ *sich fein machen* farsi bello. **9** *(avv)* finemente, sottilmente; fittamente. **10** *(avv)* sensibilmente, con precisione. **11** *(avv) (fam)* bene; molto. ◆ **eine feine Nase für etwas haben** *(fig/fam)* avere naso per qcs.
Feinarbeit [-,ʔarbait] *(f; -, -en)* ~ lavoro di precisione.
Feinbäcker [-,bɛkɐ] *(m; -s, -)* ~ pasticciere.
Feinbäckerei [-bɛkə,rai] *(f; -, -en)* ~ pasticceria.
Feind [faint] *(m; -(e)s, -e f* **-in***)* ~ nemico ♦ *mein ärgster, schlimmster Feind* il mio acerrimo, peggior nemico ♦ *sich* (Dat) *jmdn zum Feind machen* inimicarsi qcn ♦ *jmdm Feind* († feind) *sein, werden* essere, diventare nemico di qcn.
feindlich [-lɪç] *(agg)* **1** nemico, del nemico. **2** ostile, contrario, avverso ♦ *eine feindliche Einstellung* un atteggiamento ostile.
Feindlichkeit [-lɪç,kait] *(f; -, -en)* ~ inimicizia, ostilità.
Feindschaft [-ʃaft] *(f; -, -en)* ~ inimicizia, ostilità, odio ♦ *eine alte, unversöhnliche Feindschaft* un'ostilità antica, insanabile.
feindselig [-,ze:lɪç] *(agg)* ~ ostile ♦ *feindselige Blicke* sguardi ostili.
Feindseligkeit [-ze:lɪç,kait] *(f; -, -en)* ~ ostilità *(anche mil)* ♦ *die Feindseligkeiten eröffnen, einstellen* aprire, chiudere le ostilità.
feinfühlig ['fain,fy:lɪç] *(agg)* **1** sensibile, delicato; discreto. **2** *(avv)* delicatamente, con sensibilità; discretamente, con discrezione.
Feingefühl ['faingə,fy:l] *(n; -s)* **1** sensibilità, delicatezza. **2** discrezione, tatto.
Feinheit ['fain,hait] *(f; -, -en)* **1** finezza, sottigliezza. **2** delicatezza. **3** finezza, perfezione, accuratezza. **4** *(fig)* finezza, sottigliezza, sfumatura. **5** finezza, eleganza.
Feinkost ['fain,kɔst] *(f; -)* ~ specialità gastronomiche.
Feinschmecker ['fain,ʃmɛkɐ] *(m; -s, -; f* **-in***)* ~ buongustaio.
feinsinnig ['fain,zɪnɪç] *(agg)* ~ sensibile, raffinato (spec artisticamente).
Feinsinnigkeit [-,kait] *(f; -)* ~ sensibilità (spec artistica).
feist [faist] *(agg)* ~ *(spreg)* grasso.
feixen ['faiksən] *(vi, hat)* ~ *(fam)* ghignare.
Feld [fɛlt] *(n; -(e)s, -er)* **1** campo, terreno (lavorato), terra ♦ *das Feld bebauen* coltivare il campo ♦ *auf dem Feld arbeiten* lavorare nel campo ♦ *aufs Feld gehen* andare nel campo. **2** quadrato, casella, riquadro. **3** campo (di bandiera) ♦ *ein rotes Kreuz auf weißem Feld* una croce rossa su campo bianco. **4** *(abbrev di* **Spielfeld***)* *(sport)* campo di gioco. **5** *(mil)* campo di battaglia, fronte ♦ *das Feld behaupten* rimanere padrone del campo *(anche fig)* ♦ *das Feld räumen* ritirarsi, lasciare libero il campo *(anche fig)*. **6** *(fig)* campo, disciplina, settore, ambito. ◆ **magnetisches Feld** campo magnetico. ◆ **jmdm das Feld streitig machen** *(fig)* fare concorrenza a qcn.
Feldarbeit [-,ʔarbait] *(f; -, -en)* ~ lavoro nei campi.
Feldbett [-,bɛt] *(n; -(e)s, -en)* ~ branda, letto da campo.
Feldblume [-,blu:mə] *(f; -, -n)* ~ fiore di campo.
Feldflasche [-,flaʃə] *(f; -, -n)* ~ borraccia.
Feldforschung [-,fɔrʃʊŋ] *(f; -, -en)* ~ ricerca sul campo.

Feldhase [-ˌhaːzə] *(m; -n, -n)* ~ *(zool)* lepre comune.

Feldhuhn [-ˌhuːn] *(n; -(e)s, -hühner)* ~ *(zool)* pernice.

Feldküche [-ˌkʏçə] *(f; -, -n)* ~ cucina da campo.

Feldmaus [-ˌmaus] *(f; -, -mäuse)* ~ *(zool)* topo campagnolo.

Feldstecher [-ʃtɛçɐ] *(m; -s, -)* ~ binocolo (portatile).

Feldwebel [-ˌveːbəl] *(m; -s, -)* ~ *(mil)* maresciallo.

Feldweg [-ˌveːk] *(m; -(e)s, -e)* ~ sentiero di campagna, viottolo.

Feldzug [-ˌtsuːk] *(m; -(e)s, -züge)* **1** campagna militare. **2** *(fig)* campagna ♦ *ein Feldzug gegen Drogen* una campagna contro le droghe.

Felge [-ˌfɛlgə] *(f; -, -n)* ~ cerchione.

Fell [fɛl] *(n; -(e)s, -e)* **1** pelo, pelliccia, mantello ♦ *ein glänzendes, langes, struppiges Fell* un pelo lucente, lungo, ispido ♦ *einem Kaninchen das Fell abziehen* scuoiare un coniglio. **2** *(fig/fam)* pelle. ◆ **jmdm das Fell gerben** *(fig/fam)* conciare qcn per le feste. ◆ **ein dickes Fell haben** *(fig)* avere la pelle dura. ◆ **seine Felle wegschwimmen sehen** *(fig/fam)* veder sfumare i propri progetti. ◆ **das Fell des Bären verkaufen, ehe man ihn hat** *(fig)* vendere la pelle dell'orso prima di averlo ucciso. ◆ **jmdm das Fell über die Ohren ziehen** *(fig/fam)* farla in barba a qcn.

Fels [-s] *(m; -en, -en)* ~ roccia, massa rocciosa.

Felsblock [-sˌblɔk] *(m; -(e)s, -blöcke)* ~ macigno, masso, blocco roccioso.

Felsen [ˈfɛlzən] *(m; -s, -)* **1** roccia ♦ *ein Bach fließt zwischen den Felsen* un ruscello scorre fra le rocce. **2** scoglio.

felsenfest [-ˌfɛst] *(agg)* **1** fermo, saldo come la roccia. **2** *(avv)* fermamente.

Felsenklippe [-ˌklɪpə] *(f; -, -n)* ~ scoglio.

Felsenküste [-ˌkʏstə] *(f; -, -n)* ~ costa rocciosa.

Felsenriff [-ˌrɪf] *(n; -(e)s, -e)* ~ scogliera.

felsig [ˈfɛlzɪç] *(agg)* ~ roccioso.

Felsmassiv [ˈfɛlsmaˌsiːf] *(n; -s, -e)* ~ massiccio roccioso.

Felsspalte [ˈfɛlsˌʃpaltə] *(f; -, -n)* ~ crepaccio.

Felswand [ˈfɛlsˌvant] *(f; -, -wände)* ~ parete rocciosa.

feminin [femiˈniːn] *(agg)* **1** femminile ♦ *feminine Kleidung* abbigliamento femminile. **2** effeminato. **3** *(gramm)* femminile.

Femininum [ˈfeːminiːnʊm] *(n; -s, Feminina)* **1** *(gramm)* femminile, genere femminile. **2** *(gramm)* sostantivo femminile.

Feminismus [femiˈnɪsmʊs] *(m; -)* ~ femminismo.

feministisch [femiˈnɪstɪʃ] *(agg)* ~ femminista.

Feministin [femiˈnɪstɪn] *(f; -, -nen)* ~ femminista.

Fenchel [ˈfɛnçəl] *(m; -s)* ~ *(bot)* finocchio.

Fenster [ˈfɛnstɐ] *(n; -s, -)* **1** finestra *(anche elab)* ♦ *das Fenster öffnen, schließen* aprire, chiudere la finestra ♦ *sich aus dem Fenster hinauslehnen* sporgersi dalla finestra ♦ *aus dem Fenster schauen* guardar fuori dalla finestra ♦ *unsere Fenster gehen auf die Straße* le nostre finestre danno sulla strada. **2** finestrino (di auto, treno, ecc) ♦ *das Fenster herunterkurbeln* abbassare il finestrino. ◆ **weg vom Fenster sein** *(fam)* esser finito nell'ombra, esser caduto nel dimenticatoio (persona).

Fensterbank [-ˌbaŋk] *(f; -, -bänke)* ~ davanzale.

Fensterheber [-ˌheːbɐ] *(m; -s)* ~ alzacristallo.

Fensterladen [-ˌlaːdən] *(m; -s, -läden)* ~ imposta (di finestra).

Fensterrahmen [-ˌraːmən] *(m; -s, -)* ~ telaio della finestra.

Fensterscheibe [-ʃaibə] *(f; -, -n)* ~ vetro della finestra.

Ferien [ˈfeːrjen] *(pl)* **1** vacanze (scolastiche); ferie. **2** villeggiatura, vacanza ♦ *in die Ferien fahren* andare in villeggiatura.

Ferienarbeit [-ˌʔarbait] *(f; -, -en)* ~ vedi **Ferienjob**.

Feriengast [-ˌgast] *(m; -es, -gäste)* ~ villeggiante.

Ferienhaus [-ˌhaus] *(n; -es, -häuser)* ~ casa di villeggiatura.

Ferienjob [-ˌdʒɔp] *(m; -s, -s)* ~ *(fam)* lavoro temporaneo (durante le vacanze scolastiche).

Ferienkurs [-ˌkʊrs] *(m; -es, -e)* ~ corso estivo.

Ferienort [-ˌʔɔrt] *(m; -(e)s, -e)* ~ luogo di villeggiatura.

Ferientag [-ˌtaːk] *(m; -(e)s, -e)* ~ giorno di vacanza.

Ferkel [ˈfɛrkəl] *(n; -s, -)* ***1*** *(zool)* porcellino. ***2*** *(fig/fam)* porcellone, sudicione; porco.

fern[1] [fɛrn] *(agg)* ***1*** lontano, distante, remoto (nel tempo o nello spazio) ♦ *ferne Länder* paesi lontani ♦ *in fernen Zeiten* in tempi remoti ♦ *in ferner Zukunft* in un lontano futuro. ***2*** *(avv)* lontano ♦ *von fern* da lontano. ◆ **der Ferne Osten** l'Estremo Oriente. ◆ **das sei fern von mir!** lungi da me! ◆ **fern halten** († **fernhalten**) tenere lontano, tenere a distanza ♦ *sich fern halten († fernhalten) (vr)* tenersi lontano, tenersi a distanza. ◆ **fern liegen** († **fernliegen**) ***1*** trovarsi lontano, trovarsi distante. ***2*** {*jmdm ~ liegen*} *(fig)* non essere intenzione di qcn ♦ *es lag mir fern, dich zu enttäuschen* non era mia intenzione deluderti ♦ *das liegt mir völlig fern!* lungi da me!

fern[2] *(prep + Dat)* ~ *(lett)* lontano da.

fernab [-ˈʔap] *(avv)* ~ *(lett)* lontano (stato).

Fernbedienung [-bəˌdiːnʊŋ] *(f; -, -en)* ~ telecomando.

fern|bleiben *(vi, ist; irr* bleiben*)* ~ {*einer Sache* (Dat) ~} mancare a qcs, non partecipare a qcs.

Ferne [-ə] *(f; -, -n)* ***1*** distanza, lontananza ♦ *in der Ferne* in lontananza ♦ *etwas aus der Ferne beobachten* osservare qcs da lontano. ***2*** tempo lontano; passato; futuro. ◆ **in weiter Ferne liegen** essere ancora lontano (nel futuro).

ferner [-ɐ] *(congiunz/avv)* ***1*** inoltre, oltre a ciò. ***2*** *(avv)* in futuro. ◆ **unter „ferner liefen" sein** *(fig/fam)* non essere importante, non contare.

Ferngespräch [-gəʃprɛːç] *(n; -(e)s, -e)* ~ interurbana, telefonata interurbana.

Fernglas [-ˌglaːs] *(n; -es, -er)* ~ binocolo.

fernhalten ~ **fern halten** (vedi **fern**).

Fernkurs [-ˌkʊrs] *(m; -es, -e)* ~ corso per corrispondenza.

Fernlicht [-ˌlɪçt] *(n; -(e)s)* ~ (fari) abbaglianti.

fernliegen ~ **fern liegen** (vedi **fern**).

Fernmeldewesen [ˈfɛrnmɛldəˌveːzən] *(n; -s)* ~ telecomunicazioni.

Fernost [-ˌʔɔst] *(senza art, indecl)* ~ estremo Oriente ♦ *aus Fernost* dall'estremo Oriente ♦ *in Fernost* in estremo Oriente (stato) ♦ *nach Fernost* in estremo Oriente (moto).

Fernrohr [-ˌroːɐ] *(n; -(e)s, -e)* ~ cannocchiale.

Fernschreiber [-ʃraibɐ] *(m; -s, -)* ~ telescrivente.

Fernsehapparat [-zeːʔapaˌraːt] *(m; -(e)s, -e)* ~ apparecchio televisivo, televisore.

fern|sehen *(vi,* hat; *irr* sehen*)* ~ guardare la televisione ♦ *ich sehe gerade fern* sto guardando la televisione.

Fernsehen [-ˌzeːən] *(n; -s)* ~ televisione ♦ *im Fernsehen* in televisione ♦ *Fernsehen gucken/schauen (fam)* guardare la televisione.

Fernseher [-ˌzeːɐ] *(m; -s, -)* ~ *(fam)* televisore.

Fernsehgerät [-zeːgəˌrɛːt] *(n; -(e)s, -e)* ~ apparecchio televisivo, televisore.

Fernsehkamera [-zeːˌkaməra] *(f; -, -s)* ~ telecamera (di studio tv).

Fernsehkanal [-zeːkaˌnaːl] *(m; -s, -kanäle)* ~ canale televisivo.

Fernsehprogramm [-zeːproˌgram] *(n; -s, -e)* ~ programma televisivo.

Fernsehsendung [-zeːˌzɛndʊŋ] *(f; -, en)* ~ trasmissione televisiva.

Fernsehserie [-zeːˌzeːrjə] *(f; -, -n)* ~ serie televisiva, telefilm.

Fernsehstudio [-zeːʃtuːdjo] *(n; -s, -s)* ~ studio televisivo.

Fernsehteilnehmer [-zeːˌtailneːmɐ] *(m; -s, -; f* **-in***)* ~ abbonato alla tv.

Fernsicht [-ˌzɪçt] *(f; -)* ~ vista, panorama.

Fernsprecher [-ʃprɛçɐ] *(m; -s, -)* ~ telefono.

Fernstraße [-ʃtraːsə] *(f; -, -n)* ~ strada di grande comunicazione.

Fernverkehr [-fɛɐˌkeːɐ] *(m; -s)* ~ traffico sulle grandi distanze.

Ferse [ˈfɛrzə] *(f; -, -n)* ~ tallone, calcagno. ◆ **jmdn auf den Fersen haben** *(fig)* avere qcn alle calcagna. ◆ **jmdm dicht auf den Fersen sein** *(fig)* stare alle calcagna di qcn. ◆ **jmdm die Fersen zeigen** *(fig)* fuggire da qcn, alzare i tacchi.

fertig [ˈfɛrtɪç] *(agg)* ***1*** *(solo pred)* pronto, finito ♦ *das Essen ist fertig* il pranzo è pronto ♦ *die Arbeit ist fertig* il lavoro è finito. *2* *(solo pred)* pronto ♦ *ich bin fertig zur Abreise* sono pronto per partire. *3* esperto, maturo. *4* *(fig/fam)* esausto, distrutto, cotto ♦ *ich bin so fertig!* sono proprio stanco. ◆ **Achtung, fertig, los** pronti, attenti, via. ◆ **fertig bringen** († **fertigbringen**) *1* portare a termine, concludere. *2* {*es ~ bringen, etwas zu tun*} riuscire a fare qcs. ◆ **fertig kriegen** († **fertigkriegen**) *(fam)* portare a termine, concludere. ◆ **fertig lesen** († **fertiglesen**) finire di leggere, leggere fino in fondo. ◆ **fertig machen** († **fertigmachen**) *(fam)* *1* finire, terminare, portare a termine. *2* {*jmdn/sich zu etwas ~ machen*} *(fam)* preparare qcn/prepararsi per qcs. *3* {*jmdn ~*} *(fam)* rimproverare, strigliare qcn. *4* {*jmdn ~*} *(fam)* distruggere, sfinire qcn. ◆ **fertig schreiben** († **fertigschreiben**) finire di scrivere. ◆ **fertig sein** *1* {*mit etwas ~ sein*} aver finito qcs ♦ *bist du mit deiner Arbeit fertig?* hai finito il tuo lavoro? *2* {*mit jmdm ~ sein*} *(fig/fam)* aver chiuso con qcn, non voler avere più niente a che fare con qcn. ◆ **fix und fertig sein** vedi **fix**. ◆ **fertig stellen** († **fertigstellen**) finire, terminare, concludere. ◆ **mit etwas fertig werden** superare qcs (difficoltà e sim), venire a capo di qcs ♦ *ich kann mit diesem Problem nicht allein fertig werden* non posso superare questo problema da solo.

Fertigbau [-ˌbau] *(m; -(e)s, -bauten)* ~ prefabbricato.

fertigbringen ~ **fertig bringen** (vedi **fertig**).

fertigen [ˈfɛrtɪɡən] *(vt,* hat*)* ~ fare, fabbricare.

Fertigkeit [ˈfɛrtɪçˌkait] *(f; -, -en)* ~ abilità, capacità ♦ *handwerkliche Fertigkeiten* abilità manuali.

fertigkriegen ~ **fertig kriegen** (vedi **fertig**).

fertiglesen ~ **fertig lesen** (vedi **fertig**).

fertigmachen ~ **fertig machen** (vedi **fertig**).

fertigschreiben ~ **fertig schreiben** (vedi **fertig**).

fertigstellen ~ **fertig stellen** (vedi **fertig**).

Fertigstellung [ˈfɛrtɪçʃtɛlʊŋ] *(f; -, -en)* ~ conclusione, completamento.

Fertigung [ˈfɛrtɪɡʊŋ] *(f; -)* ~ fabbricazione, produzione.

Fertigungskosten [-sˌkɔstən] *(pl)* ~ costi di produzione.

fesch [fɛʃ] *(agg)* ~ *(fam)* elegante, chic.

Fessel [ˈfɛsəl] *(f; -, -n)* *1* catena (per tenere prigioniero qcn) ♦ *jmdm Fesseln anlegen* mettere le catene a qcn. *2* *(anat)* caviglia. *3* *(pl)* *(fig)* vincoli, obblighi.

fesseln [-n] *(vt,* hat; *ortogr pres* ich fessle/fessele*)* *1* incatenare. *2* *(fig)* avvincere, coinvolgere, affascinare.

fesselnd [-nt] *(agg)* ~ avvincente, coinvolgente.

fest [fɛst] *(agg)* *1* solido, sodo, duro, compatto ♦ *feste Nahrung* alimenti solidi ♦ *ein fester Stoff* una stoffa compatta. *2* saldo, fissato, fermo *(anche fig)* ♦ *der Haken ist nicht fest* il gancio non è saldo ♦ *ein fester Glauben* una fede salda ♦ *eine feste Meinung* un'opinione ferma. *3* forte, robusto, energico *(anche fig)* ♦ *ein fester Schlag* un colpo forte. *4* *(fig)* fermo, deciso ♦ *eine feste Stimme* una voce ferma ♦ *mit festen Schritten/festen Schrittes* con un passo deciso. *5* fisso, regolare, stabile ♦ *feste Preise* prezzi fissi ♦ *eine feste Stellung* un posto di lavoro fisso ♦ *eine feste Regel* una regola fissa ♦ *feste Kunden* clienti fissi. *6* *(avv)* solidamente. *7* *(avv)* saldamente, fermamente, fortemente, energicamente *(anche fig)* ♦ *du musst das Päckchen fester binden* devi legare più saldamente il pacchetto ♦ *ich glaube fest daran* ci credo fermamente ♦ *ich bin fest davon überzeugt, dass* sono fermamente convinto che. *8* *(avv)* regolarmente, con continuità, in modo fisso. ◆ **fest werden** solidificarsi, indurirsi. ◆ **in festen Händen sein** *(fig/fam)* essere impegnato (sentimentalmente).

Fest *(n; -(e)s, -e)* *1* festa, ricevimento, party ♦ *er gab ein Fest zu seinem Geburtstag* dette una festa per il suo compleanno ♦ *wir sind zu einem Fest eingeladen* siamo invitati a una festa. *2* festa, festività ♦ *frohes Fest!* buone feste! ♦ *bewegliche, unbewegliche Feste* feste mobili, fisse.

fest|binden *(vt,* hat; *irr* binden*)* ~ {*etwas an etwas* (Dat) *~*} legare saldamente qcs a qcs, fissare qcs a qcs.

fest|fahren *(vi,* ist; *irr* fahren*)* ~ bloccarsi, rimanere bloccato, arenarsi, impantanarsi *(anche fig)* ♦ *das Auto ist im Sand festgefahren* l'auto è rimasta bloccata nella sabbia ♦ *unser Plan ist festgefahren* il nostro progetto si è arenato. ◆ **sich festfahren** *(vr)* bloccarsi, rimanere bloccato, arenarsi, impantanarsi *(anche fig)* ♦ *das Auto hat sich im Schlamm festgefahren* l'auto si è impantanata nel fango.

fest|halten[1] *(vi,* hat; *irr* halten*)* ~ {*an etwas* (Dat) ~} *(fig)* restare fedele, attaccato a qcs (tradizioni, opinioni, ecc).

fest|halten[2] *(vt,* hat; *irr* halten*)* **1** trattenere, tenere fermo (persona o cosa). **2** *(fig)* raffigurare, rappresentare. **3** *(fig)* ricordare, tenere a mente. ◆ **sich (an jmdm/ etwas) festhalten** *(vr)* tenersi, reggersi, tenersi fermo, tenersi forte (a qcn/qcs) ♦ *halt dich an mir fest* reggiti a me ♦ *halt dich fest! (fig/fam)* reggiti forte! (c'è una novità).

festigen [-ɪgən] *(vt,* hat*)* ~ *(fig)* consolidare, rafforzare ♦ *seine Position festigen* consolidare la propria posizione. ◆ **sich festigen** *(vr) (fig)* rafforzarsi, consolidarsi.

Festigkeit [-ɪçˌkait] *(f;* -, -en*)* **1** solidità, resistenza. **2** *(fig)* fermezza, costanza, stabilità.

Festigung [-ɪgʊŋ] *(f;* -, -en*)* ~ *(fig)* consolidamento, rafforzamento.

Festival [-ivəl] *(n;* -s, -s*)* ~ festival.

fest|klammern *(vt,* hat*)* ~ fissare con mollette (bucato). ◆ **sich an jmdm/etwas festklammern** *(vr)* aggrapparsi a qcn/ qcs *(anche fig)*.

fest|kleben *(vt,* hat*)* ~ fissare con la colla, incollare.

Festland [-ˌlant] *(n;* -(e)s*)* **1** terraferma. **2** continente.

fest|legen *(vt,* hat*)* **1** stabilire, fissare ♦ *ein Datum festlegen* fissare una data. **2** *(econ)* vincolare ♦ *einen Betrag auf zehn Jahre festlegen* vincolare una somma per dieci anni. ◆ **sich festlegen** *(vr)* impegnarsi, vincolarsi.

Festlegung [-ˌleːgʊŋ] *(f;* -, -en*)* **1** fissazione (il fissare), determinazione. **2** investimento vincolato.

festlich [-lɪç] *(agg)* **1** festoso, di festa; solenne ♦ *eine festliche Stimmung* un'atmosfera festosa. **2** *(avv)* a festa; solennemente ♦ *sich festlich anziehen* vestirsi a festa.

Festlichkeit [-lɪçˌkait] *(f;* -, -en*)* **1** solennità. **2** festa, evento festoso.

fest|liegen *(vi,* hat; *irr* liegen*)* **1** essere fissato, essere stabilito ♦ *der Termin für unser Gespräch liegt schon fest* la data per il nostro colloquio è già fissata. **2** essere arenato, essere incagliato (imbarcazioni). **3** *(econ)* essere vincolato (capitale).

fest|machen *(vt,* hat*)* **1** {*etwas an etwas* (Dat) ~} *(fam)* fissare qcs a qcs, attaccare qcs a qcs. **2** *(fig/fam)* stabilire, fissare.

Festmahl [-ˌmaːl] *(n,* -(e)s, -mähler/-mahle*)* ~ *(lett)* banchetto.

fest|nageln *(vt,* hat*)* **1** inchiodare, fissare (con chiodi). **2** {*jmdn auf etwas* (Acc) ~} *(fig/fam)* impegnare, vincolare qcn a qcs.

fest|nehmen *(vt,* hat; *irr* nehmen*)* ~ catturare, arrestare.

Festplatte [-ˌplatə] *(f;* -, -n*)* ~ *(elab)* disco rigido.

Festpreis [-ˌprais] *(m;* -es, -e*)* ~ prezzo fisso.

fest|schnallen *(vr,* hat*)* ~ **sich festschnallen** allacciarsi (con cinture di sicurezza).

fest|schreiben *(vt,* hat; *irr* schreiben*)* ~ stabilire, fissare (per scritto).

Festschrift [-ʃrɪft] *(f;* -, en*)* ~ miscellanea, raccolta di scritti.

fest|setzen *(vt,* hat*)* **1** stabilire, fissare ♦ *einen Termin festsetzen* fissare un appuntamento. **2** arrestare (malviventi). ◆ **sich festsetzen** *(vr)* **1** raccogliersi, accumularsi (sporcizia). **2** *(fig)* insinuarsi, annidarsi (idee e sim). **3** *(fam)* stabilirsi, andare ad abitare ♦ *er hat sich vor fünf Jahren hier festgesetzt* si è stabilito qui cinque anni fa.

Festsetzung [-ˌzɛtsʊŋ] *(f;* -, -en*)* **1** fissazione (il fissare), determinazione. **2** arresto (di malviventi).

fest|sitzen *(vi,* hat; *irr* sitzen*)* **1** {*(an etwas)* (Dat) ~} essere attaccato; aderire saldamente (a qcs), essere saldo. **2** essere bloccato (veicoli); essere arenato, essere incagliato (imbarcazioni) ♦ *der Wagen saß im Schlamm fest* la macchina era bloccata nel fango.

Festspiele [-ʃpiːlə] *(pl)* ~ festival (di teatro, musica, ecc).

fest|stehen *(vi,* hat; *irr* stehen*)* ***1*** essere fissato, stabilito, deciso ♦ *der Tag der Prüfung steht noch nicht fest* il giorno dell'esame non è ancora fissato. ***2*** essere sicuro, essere certo ♦ *eines steht fest* una cosa è certa.

feststehend [-ʃteːənt] *(agg)* ~ fisso, immutabile.

fest|stellen *(vt,* hat*)* ***1*** rilevare, osservare, riscontrare, verificare ♦ *die Ärzte haben eine Gehirnerschütterung festgestellt* i medici hanno riscontrato una commozione cerebrale. ***2*** determinare, individuare, accertare, trovare ♦ *jmds Aufenthaltsort feststellen* trovare il luogo di residenza di qcn. ***3*** notare, constatare ♦ *leider habe ich festgestellt, dass* purtroppo ho notato che. ***4*** dichiarare.

Feststellung [-ʃtɛlʊŋ] *(f;* -, -en*)* ***1*** rilievo, osservazione, riscontro, verifica. ***2*** constatazione. ***3*** determinazione (il determinare). ***4*** dichiarazione.

Festtag [-ˌtaːk] *(m;* -(e)s, -e*)* ~ giorno festivo.

Festung [-ʊŋ] *(f;* -, -en*)* ~ *(mil)* fortezza, cittadella.

fetal [feˈtaːl] *(anche* **fötal***)* *(agg)* ~ fetale.

Fete [ˈfeːtə] *(f;* -, -n*)* *(fam)* ~ festa, party.

Fetisch [ˈfeːtɪʃ] *(m;* -es, -e*)* ~ feticcio *(anche fig)*.

fett [fɛt] *(agg)* ***1*** grasso ♦ *fette Speisen* cibi grassi. ***2*** *(spreg)* grasso, obeso. ***3*** *(tipogr)* in grassetto, in neretto. ***4*** ricco, fertile, grasso (terreno). ◆ **fett gedruckt** († **fettgedruckt**) stampato in neretto, in grassetto.

Fett *(n;* -(e)s, -e*)* ***1*** grasso; lardo, strutto ♦ *pflanzliche, tierische Fette* grassi vegetali, animali. ***2*** adipe, grasso ♦ *Fett ansetzen* metter su grasso. ◆ **sein Fett (ab)kriegen** *(fig/fam)* beccarsi una strigliata. ◆ **im Fett schwimmen/sitzen** *(fig/fam)* sguazzare nell'abbondanza.

fettarm [-ˌʔarm] *(agg)* ~ povero di grassi, magro (alimento).

Fettdruck [-ˌdrʊk] *(m;* -(e)s, -e*)* ~ *(tipogr)* grassetto, neretto.

fetten [-ən] *(vt,* hat*)* ***1*** ingrassare, lubrificare *die Scharniere fetten* ingrassare i cardini. ***2*** *(vi)* ungere ♦ *diese Salbe fettet* questa pomata unge.

fettgedruckt ~ **fett gedruckt** (vedi **fett**).

Fettgewebe [-gəˌveːbə] *(n;* -s, -*)* ~ tessuto grasso, tessuto adiposo.

fetthaltig [-ˌhaltɪç] *(agg)* ~ contenente grassi, grasso (alimento).

fettig [-ɪç] *(agg)* ***1*** grasso. ***2*** unto, untuoso.

Fettpolster [-ˌpɔlstɐ] *(n;* -s, -*)* ~ strato di grasso, cuscinetto adiposo.

Fettnäpfchen [-ˌnɛpfçən] *(n)* ~ **bei jmdm ins Fettnäpfchen treten** *(fig/fam)* fare una gaffe con qcn.

Fetus [ˈfeːtʊs] *(anche* **Fötus***)* *(m;* -/-ses, -se/Feten*)* ~ *(med)* feto.

Fetzen [ˈfɛtsən] *(m;* -s, -*)* ***1*** straccio, brandello ♦ *etwas in Fetzen reißen* fare qcs a brandelli ♦ *in Fetzen gekleidet* vestito di stracci. ***2*** *(fig)* brano, brandello.

feucht [ˈfɔyçt] *(agg)* ~ umido ♦ *feuchte Luft* aria umida. ◆ **ein feuchter Abend** una serata in cui si è bevuto molto.

feuchtfröhlich [-ˌfrøːlɪç] *(agg)* ~ *(fam)* allegro, in cui si beve molto ♦ *ein feuchtfröhlicher Abend* una serata allegra.

Feuchtigkeit [-ɪçˌkait] *(f;* -, -en*)* ~ umidità.

Feuchtigkeitscreme [-ɪçkaitsˌkreːm] *(f;* -, -n*)* ~ crema idratante.

feudal [fɔyˈdaːl] *(agg)* ~ feudale.

Feudalismus [fɔydaˈlɪsmʊs] *(m;* -*)* ~ feudalesimo.

Feuer [ˈfɔyɐ] *(n;* -s, -*)* ***1*** fuoco; fiamme, incendio ♦ *das Feuer anzünden, löschen* accendere, spegnere il fuoco ♦ *Feuer fangen* prendere fuoco ♦ *an ein Gebäude Feuer legen* appiccare il fuoco a un edificio ♦ *das Feuer ist ausgegangen* il fuoco si è spento. ***2*** fuoco, fornello ♦ *einen Topf aufs Feuer stellen* mettere una pentola sul fuoco. ***3*** fuoco, qualcosa per accendere ♦ *um Feuer bitten* chiedere da accendere ♦ *haben Sie Feuer?* ha da accendere? ***4*** *(mil)* fuoco, tiro ♦ *das Feuer auf jmdn/etwas eröffnen* aprire il fuoco su qcn/qcs. ***5*** *(fig)* splendore, lucentezza, scintillio. ***6*** *(fig)* fuoco, ardore, entusiasmo, fervore. ◆ **Feuer fangen** *(fig)* appassionarsi, entusiasmarsi. ◆ **Feuer!** al fuoco! ◆ **für jmdn durchs Feuer gehen** *(fig)* gettarsi nel fuoco per qcn. ◆ **zwischen zwei Feuer geraten** *(fig)* finire fra due fuochi. ◆ **wie Feuer und Wasser sein** *(fig)* essere come cane e gatto. ◆

mit dem Feuer spielen *(fig)* scherzare col fuoco.

feuerbeständig [-bəʃtɛndɪç] *(agg)* ~ refrattario.

Feuerbestattung [-bəʃtatʊŋ] *(f; -, -en)* ~ cremazione.

Feuereinstellung [-ˌʔainʃtɛlʊŋ] *(f; -, -en)* ~ *(mil)* cessate il fuoco.

feuerfest [-ˌfɛst] *(agg)* ~ refrattario, resistente al fuoco.

Feuerfestigkeit [-fɛstɪçˌkait] *(f; -)* ~ refrattarietà.

feuerhemmend [-ˌhɛmənt] *(agg)* ~ ignifugo, antifiamma.

Feuerholz [-ˌhɔlts] *(n; -es)* ~ legna da ardere.

Feuerlöscher [-ˌlœʃɐ] *(m; -s, -)* ~ estintore.

feuern[1] [-n] *(vi, hat)* **1** fare fuoco, accendere il fuoco. **2** {*(auf jmdn/etwas)* ~} *(mil)* fare fuoco su qcn.

feuern[2] *(vt, hat)* **1** *(fam)* buttare, scaraventare. **2** *(fam)* licenziare, silurare, segare.

Feuerprobe [-ˌpro:bə] *(f; -, -n)* ~ *(fig)* prova del fuoco ♦ *die Feuerprobe bestehen* superare la prova del fuoco.

Feuerschutz [-ʃʊts] *(m; -es)* ~ protezione antincendio.

feuersicher [-ˌzɪçɐ] *(agg/avv)* ~ a prova di fuoco.

Feuerspritze [-ʃprɪtsə] *(f; -, -n)* ~ pompa antincendio.

Feuerstein [-ʃtain] *(m; -(e)s, -e)* ~ pietra focaia; acciarino.

Feuerung ['fɔyərʊŋ] *(f; -, -en)* **1** *(solo sing)* accensione (di stufa e sim). **2** *(solo sing)* combustibile. **3** impianto di accensione (di stufa e sim).

Feuerversicherung ['fɔyɐfɛɐˌzɪçərʊŋ] *(f; -, -en)* ~ assicurazione antincendio.

Feuerwaffe ['fɔyɐˌvafə] *(f; -, -n)* ~ arma da fuoco.

Feuerwasser ['fɔyɐˌvasɐ] *(n; -s)* ~ *(fam)* acquavite.

Feuerwehr ['fɔyɐˌve:ɐ] *(f; -, raro -en)* ~ pompieri, vigili del fuoco ♦ *die Feuerwehr alarmieren* chiamare i pompieri.

Feuerwehrmann [-ˌman] *(m; -(e)s, -männer/-leute)* ~ pompiere, vigile del fuoco.

Feuerwerk ['fɔyɐˌvɛrk] *(n; -(e)s, -e)* ~ fuochi d'artificio ♦ *ein Feuerwerk abbrennen* fare i fuochi d'artificio.

Feuerzeug ['fɔyɐˌtsɔyk] *(n; -(e)s, -e)* ~ accendino.

feurig ['fɔyrɪç] *(agg)* **1** focoso, ardente. **2** acceso, appassionato.

Fiasko ['fjasko] *(n; -s, -s)* ~ fiasco, insuccesso.

Fibel ['fi:bəl] *(f; -, -n)* **1** manuale. **2** sillabario.

Fichte ['fɪçtə] *(f; -, -n)* ~ *(bot)* abete rosso.

ficken ['fɪkən] *(vt, hat)* ~ *(volg)* scopare.

fidel [fi'de:l] *(agg)* ~ allegro, sereno.

Fieber ['fi:bɐ] *(n; -s, -)* **1** febbre ♦ *Fieber bekommen, haben* prendere, avere la febbre ♦ *38 Grad Fieber haben* avere la febbre a 38° ♦ *hohes Fieber haben* avere la febbre alta. **2** *(fig)* febbre, eccitazione, trasporto.

fieberhaft [-ˌhaft] *(agg)* ~ febbrile *(anche fig)*.

fieberig ['fi:bərɪç] *(agg)* ~ febbrile, febbricitante *(anche fig)*.

fiebern ['fi:bɐn] *(vi, hat)* **1** avere la febbre. **2** {*vor etwas* (Dat) ~} *(fig)* bruciare per qcs ♦ *vor Aufregung fiebern* bruciare dall'eccitazione. **3** {*nach etwas* ~} *(fig)* bramare qcs, agognare qcs, desiderare ardentemente qcs.

fiebersenkend ['fi:bɐˌzɛŋkənt] *(agg)* ~ antipiretico.

fiel [fi:l] ~ pret di **fallen**.

fiepen ['fi:pən] *(vi, hat)* ~ *(fam)* guaire, mugolare.

fies [fi:s] *(agg)* **1** schifoso, ripugnante. **2** *(fig)* schifoso, odioso, antipatico.

Figur [fi'gu:ɐ] *(f; -, -en)* **1** figura, fisico, corporatura ♦ *eine schlanke Figur* un fisico snello. **2** figura *(anche geom)*, immagine, statuetta ♦ *eine geschnitzte Figur* un'immagine intagliata. ◆ **eine gute, schlechte Figur machen** *(fig)* fare una bella, una brutta figura.

Fiktion [fɪk'tsjo:n] *(f; -, -en)* ~ finzione.

fiktiv [fɪk'ti:f] *(agg)* ~ fittizio.

Filet [fi'le:] *(n; -s, -s)* ~ *(gastr)* filetto.

Filiale [fi'lja:lə] *(f; -, -n)* ~ filiale.

Film [fɪlm] *(m; -es, -e)* **1** film ♦ *einen Film drehen* girare un film. **2** pellicola, strato. **3** pellicola (fotografica); rullino ♦ *einen Film entwickeln (lassen)* (far) sviluppare un rullino. **4** cinema, cinematografia, mondo del cinema. ◆ **bei mir ist der**

Film gerissen *(fig/fam)* ho un vuoto di memoria.

Film- *(nei composti)* ~ cinematografico ♦ *Filmindustrie* industria cinematografica ♦ *Filmproduzent* produttore cinematografico.

Filmaufnahme [-ˌʔaufnaːmə] *(f; -, -n)* ~ ripresa filmata, ripresa cinematografica.

filmen [-ən] *(vi/vt,* hat*)* ***1*** filmare. ***2*** *(vi)* girare un film.

Filmfestival [-ˌfɛstivəl] *(n; -s, -s)* ~ festival del cinema.

Filmmusik [-muˌziːk] *(f; -, -en)* ~ colonna sonora.

Filmriss († **-riß**) [-ˌrɪs] *(m)* ~ **einen Filmriss haben** *(fam)* avere un vuoto di memoria.

Filter [ˈfɪltɐ] *(m; -s, -)* ~ filtro.

filtern [-n] *(vt,* hat*)* ~ filtrare.

Filz [fɪlts] *(m; -es, -e)* ***1*** feltro. ***2*** *(fam)* clientelismo, intrighi.

filzen [-ən] *(vi/vt,* hat*)* ***1*** infeltrire, infeltrirsi. ***2*** essere spilorcio. ***3*** *(vt) (fam)* perquisire.

Filzschreiber [-ʃraibɐ] *(m; -s, -)* ~ pennarello.

Filzstift [-ʃtɪft] *(m; -(e)s, -e)* ~ pennarello.

Fimmel [ˈfɪməl] *(m; -s, -)* ~ *(fig/fam)* fissazione, fisima.

final [fiˈnaːl] *(agg)* ~ finale, conclusivo.

Finale [-ə] *(n; -s, -)* ***1*** fine, conclusione, finale. ***2*** *(mus/sport)* finale.

Finalist [finaˈlɪst] *(m; -en, -en)* ~ *(sport)* finalista.

Finanz [fiˈnants] *(f ; -)* ~ finanza, mondo della finanza.

Finanz- *(nei composti)* ~ finanziario ♦ *Finanzkraft* possibilità finanziarie ♦ *Finanzlage* situazione finanziaria.

Finanzamt [-ˌʔamt] *(n; -(e)s, -ämter)* ~ ufficio delle imposte.

Finanzen [-ən] *(pl)* ***1*** finanze; risorse finanziarie. ***2*** *(fam)* finanze, soldi.

finanziell [finanˈtsjɛl] *(agg)* ~ finanziario.

Finanzier [finanˈtsjeː] *(m; -s, -)* ~ finanziatore.

finanzieren [finanˈtsiːrən] *(vt,* hat*)* ~ finanziare.

Finanzierung [finanˈtsiːrʊŋ] *(f; -, -en)* ~ finanziamento.

Finanzminister [fiˈnantsmiˌnɪstɐ] *(m; -s, -; f* **-in***)* ~ ministro delle finanze.

Finanzministerium [fiˈnantsminɪsˌteːrjʊm] *(n; -s, -rien)* ~ ministero delle finanze.

Finanzwesen [fiˈnantsˌveːzən] *(n; -s)* ~ sistema finanziario, finanze.

Findelkind [ˈfɪndəlˌkɪnt] *(n; -(e)s, -er)* ~ trovatello.

finden [ˈfɪndən] *(vt,* hat; **fand**, **gefunden***)* ***1*** trovare, rinvenire, scovare (persona o cosa) ♦ *ich kann die Zeitung nicht finden* non riesco a trovare il giornale ♦ *er hat eine Lösung gefunden* ha trovato una soluzione. ***2*** *(vi)* trovare la strada. ***3*** trovare, ritenere ♦ *das finde ich lächerlich* questo lo trovo ridicolo ♦ *wie findest du diesen Roman?* come trovi questo romanzo? ♦ *ich finde, dass* trovo che ♦ *ich finde nichts Schlimmes dabei* non ci trovo niente di male. ***4*** *(in costruzioni fraseologiche)* trovare ♦ *Gehör finden* trovare ascolto, essere ascoltato ♦ *Verwendung finden* trovare impiego, essere impiegato. ◆ **sich finden** *(vr)* ***1*** essere trovato, trovarsi ♦ *für das Bergwerk finden sich nicht genug Arbeiter* per la miniera non si trovano abbastanza operai. ***2*** essere ritrovato, saltar fuori ♦ *dein Ring wird sich wieder finden* il tuo anello salterà fuori. ***3*** {*sich in etwas* (Acc) ~} *(lett)* rassegnarsi a qcs. ***4*** *(impers)* chiarirsi; sistemarsi ♦ *es wird sich alles finden* si chiarirà tutto; si sistemerà tutto.

Finderlohn [ˈfɪndɐˌloːn] *(m; -(e)s, -löhne)* ~ ricompensa (per un oggetto smarrito).

findig [ˈfɪndɪç] *(agg)* ~ ingegnoso, astuto, furbo (persona).

Findling [ˈfɪntˌlɪŋ] *(m; -s, -e)* ~ trovatello.

Finesse [fiˈnɛsə] *(f; -, -n)* ***1*** finezza, raffinatezza. ***2*** finezza, astuzia, sottigliezza. ***3*** *(spec pl)* particolare, dettaglio.

fing [fɪŋ] ~ pret di **fangen**.

Finger [ˈfɪŋɐ] *(m; -s, -)* ~ dito (della mano) ♦ *sich* (Dat) *einen Finger klemmen* schiacciarsi un dito ♦ *einen Ring am Finger tragen* portare un anello al dito ♦ *etwas an den Fingern abzählen* contare qcs con le dita, *(fig)* contare qcs sulla punta delle dita. ◆ **der kleine Finger** il mignolo, il dito mignolo ♦ *das hat mir mein kleiner Finger gesagt (fig/fam)* me lo ha detto un uccellino. ◆ **sich** (Dat) **etwas an den (fünf/zehn) Fingern abzäh-**

len können *(fam)* potersi immaginare facilmente qcs. ◆ **die Finger im Spiel haben** *(fig/fam)* avere le mani in pasta. ◆ **die Finger von etwas lassen** *(fig/fam)* lasciar perdere qcs. ◆ **den Finger auf die Wunde legen** *(fig)* mettere il dito sulla piaga. ◆ **keinen Finger krumm machen**; **keinen Finger rühren** *(fig/fam)* non muovere un dito. ◆ **lange/krumme Finger machen**; **klebrige Finger haben** *(fig/fam)* avere la mano lesta, rubare.

Fingerabdruck [-ˌʔapdrʊk] *(m; -(e)s, -drücke)* ~ impronta digitale.

fingerfertig [-ˌfɛrtɪç] *(agg)* ~ abile, agile (con le dita).

Fingerglied [-ˌgliːt] *(n; -(e)s, -er)* ~ falange.

Fingerhut [-ˌhuːt] *(m; -(e)s, -hüte)* ~ ditale ♦ *einen Fingerhut aufsetzen* mettersi un ditale.

fingern [-n] *(vi, hat)* ***1*** {*an etwas* (Dat) ~} tastare, toccare qcs (ripetutamente); gingillarsi con qcs. ***2*** *(vt) (fam)* concludere, combinare.

Fingernagel [-ˌnaːgəl] *(m; -s, -nägel)* ~ unghia (della mano) ♦ *sich* (Dat) *einen Fingernagel abbrechen* rompersi un'unghia ♦ *sich* (Dat) *die Fingernägel lackieren* darsi lo smalto alle unghie.

Fingerspitze [-ʃpɪtsə] *(f; -, -n)* ~ punta delle dita. ◆ **bis in die Fingespitzen** *(fig/fam)* fino alla punta dei piedi. ◆ **das muss man in den Fingerspitzen haben** *(fig)* per questo bisogna avere una sensibilità particolare. ◆ **jmdm kribbelt es in den Fingerspitzen** *(fig/fam)* qcn non sta nella pelle (per l'impazienza).

Fingerspitzengefühl [-ʃpɪtsəngəˌfyːl] *(n; -(e)s)* ~ sensibilità particolare.

Fingerzeig [-ˌtsaik] *(m; -(e)s, -e)* ~ cenno, segnale, indicazione.

fingieren [fɪŋ'giːrən] *(vt, hat)* ~ fingere, simulare.

finit [fi'niːt] *(agg)* ~ *(gramm)* finito.

Fink [fɪŋk] *(m; -en, -en)* ~ *(zool)* fringuello.

finster ['fɪnstɐ] *(agg)* ***1*** scuro, oscuro, buio. ***2*** *(fig)* cupo, tetro, rabbuiato (sguardo e sim). ***3*** *(fig)* oscuro, ambiguo, sospetto.

Finsternis ['fɪnstɐnɪs] *(f; -, -se)* ***1*** oscurità, buio. ***2*** eclissi.

Finte ['fɪntə] *(f; -, -n)* ~ finta, simulazione.

Firlefanz ['fɪrləˌfants] *(m; -es, raro -e)* ***1*** cianfrusaglie. ***2*** stupidaggini, sciocchezze.

firm [fɪrm] *(agg)* ~ bravo, pratico, esperto ♦ *in etwas* (Dat) *firm sein* essere esperto di qcs, essere bravo in qcs.

Firma ['fɪrma] *(f; -, Firmen) (abbrev* **Fa.***)* ~ ditta.

Firmament [-'mɛnt] *(n; -(e)s, -e)* ~ firmamento.

firmen ['fɪrmən] *(vt, hat)* ~ *(relig catt)* cresimare.

Firmeninhaber [-ˌʔɪnhaːbɐ] *(m; -s, -; f* **-in***)* ~ titolare di una ditta.

Firmenzeichen [-ˌtsalçən] *(n; -s, -)* ~ marchio di fabbrica.

Firmung ['fɪrmʊŋ] *(f; -, -en)* ~ *(relig catt)* cresima.

fis [fɪs] *(n; -)* ***1*** *(mus)* fa diesis. ***2*** *(mus)* abbrev di **fis-Moll**.

Fis *(n; -)* ***1*** *(mus)* fa diesis. ***2*** *(mus)* abbrev di **Fis-Dur**.

Fisch [fɪʃ] *(m; -es, -e)* ***1*** pesce ♦ *Fische fangen* pescare/prendere pesci ♦ *gebratener, gekochter Fisch* pesce arrosto, lesso. ***2*** *(pl) (astrol)* Pesci. ◆ **stumm wie ein Fisch** *(fig/fam)* muto come un pesce. ◆ **sich fühlen, wie ein Fisch auf dem Trocknen** *(fig)* sentirsi un pesce fuor d'acqua. ◆ **weder Fisch noch Fleisch sein** *(fig/fam)* non essere né carne né pesce.

fischen [-ən] *(vt, hat)* ***1*** *(vi/vt)* pescare. ***2*** {*jmdn/etwas aus etwas* ~} *(fig/fam)* pescare, prendere, tirare fuori qcn/qcs da qcs. ◆ **im Trüben** († **trüben**) **fischen** *(fig/fam)* pescare nel torbido.

Fischen *(n; -s)* ~ pesca.

Fischer [-ɐ] *(m; -s, -)* ~ pescatore.

Fischerboot [-ɐˌboːt] *(n; -(e)s, -e)* ***1*** barca da pesca. ***2*** peschereccio.

Fischerei [-ə'rai] *(f; -, -en)* ~ pesca (professionale; industria della pesca).

Fischfang [-ˌfaŋ] *(m; -(e)s)* ~ pesca (cattura dei pesci).

Fischgeschäft [-gəʃɛft] *(n; -(e)s, -e)* ~ pescheria.

Fis-Dur ['fɪs'duːɐ] *(n; -) (abbrev* **Fis***)* ~ *(mus)* fa diesis maggiore.

Fiskus ['fɪskʊs] *(m; -)* ***1*** fisco. ***2*** erario.

fis-Moll ['fɪs'mɔl] *(n; -) (abbrev* **fis***)* ~ *(mus)* fa diesis minore.

Fistelstimme ['fɪstəl,ʃtɪmə] *(f; -, -n)* **1** *(mus)* falsetto. **2** *(estens)* falsetto, voce stridula (maschile).
fit [fɪt] *(agg;* **fitter**, am **fittesten***)* ~ allenato, in forma ♦ *ein fitter Sportler* uno sportivo allenato.
Fitness († **-neß**) [-nɛs] *(f; -)* ~ fitness.
Fittich [-ɪç] *(m; -(e)s, -e)* ~ *(lett)* ala. ◆ **jmdn unter seine Fittiche nehmen** *(fig/fam)* prendere qcn sotto le proprie ali.
fix [fɪks] *(agg)* **1** fisso ♦ *fixe Kosten* costi fissi ♦ *eine fixe Idee* un'idea fissa. **2** *(fam)* lesto, svelto. **3** *(avv) (fam)* alla svelta, in fretta. ◆ **fix und fertig sein** **1** essere fuso, cotto, distrutto. **2** essere concluso ♦ *mit etwas fix und fertig sein* aver finito qcs.
fixen [-ən] *(vt, hat)* **1** *(fam)* drogarsi, bucarsi. **2** speculare (in borsa).
Fixer [-ɐ] *(m; -s, -; f* **-in***)* **1** drogato, eroinomane. **2** speculatore (di borsa).
fixieren [fɪ'ksi:rən] *(vt, hat)* **1** fissare (pettinatura; disegni; foto). **2** fissare, stabilire. **3** fissare, guardar fisso.
Fixstern ['fɪks,ʃtɛrn] *(m; -(e)s, -e)* ~ stella fissa.
Fjord [fjɔrt] *(m; -(e)s, -e)* ~ fiordo.
FKK [,ɛfka:'ka:] ~ abbrev di **Freikörperkultur**.
flach [flax] *(agg)* **1** piano, piatto, appiattito; pianeggiante. **2** basso; poco profondo ♦ *flache Absätze* tacchi bassi ♦ *an dieser Stelle ist das Wasser flach* in questo punto l'acqua è bassa. **3** *(fig)* piatto, monotono; superficiale, banale. ◆ **die flache Hand** la mano aperta.
Fläche ['flɛçə] *(f; -, -n)* **1** superficie, area. **2** faccia (di dado e sim). **3** *(geom)* superficie.
Flächenmessung [-n,mɛsʊŋ] *(f; -)* ~ planimetria.
flach|fallen *(vi, ist; irr* **fallen***)* ~ *(fig/fam)* andare a monte.
Flachheit ['flax,hait] *(f; -, -en)* **1** piattezza. **2** *(fig)* piattezza, monotonia; superficialità, banalità.
Flachland ['flax,lant] *(n; -(e)s)* ~ area pianeggiante, piana, pianura.
flach|legen *(vt, hat)* ~ {*jmdn* ~} *(fam)* buttare a terra, stendere qcn.
Flachs [flaks] *(m; -es)* **1** *(bot)* lino. **2** *(fig/fam)* scherzi, prese in giro.
flachsen [-ən] *(vi, hat)* ~ *(fam)* scherzare.
flackern ['flakɐn] *(vi, hat)* **1** tremolare (fiamma). **2** *(fig/lett)* tremolare.
Flagge ['flagə] *(f; -, -n)* ~ bandiera (spec di navi) ♦ *das Schiff fährt unter deutscher Flagge* la nave batte bandiera tedesca.
flagrant [fla'grant] *(agg)* ~ evidente, palese, manifesto (spec di contrasto, contraddizione, ecc).
Flair ['flɛ:ɐ] *(n; -s)* ~ *(fig)* aria (affascinante), atmosfera.
Flakon [fla'kõ:] *(n/m; -s, -s)* ~ flacone (di profumo).
Flamingo [fla'mɪŋgo] *(m; -s, -s)* ~ *(zool)* fenicottero.
Flamme ['flamə] *(f; -, -n)* **1** fiamma ♦ *etwas in Flammen setzen* incendiare qcs, dar fuoco a qcs ♦ *in Flammen stehen* essere in fiamme. **2** *(fig/lett)* fiamma, impeto, ardore. **3** *(fig/fam)* fiamma, innamorata.
flammend [-nt] *(agg)* **1** *(fig)* fiammeggiante (colore). **2** *(fig)* infiammato, acceso, appassionato.
Flanell [fla'nɛl] *(m; -s, -e)* ~ flanella.
flanieren [fla'ni:rən] *(vi, hat/ist)* ~ passeggiare, fare lo struscio.
Flanke ['flaŋkə] *(f; -, -n)* **1** lato, fianco *(anche mil)*. **2** *(sport)* cross, traversone. **3** *(sport)* volteggio.
flankieren [flaŋ'ki:rən] *(vt, hat)* ~ {*jmdn/etwas* ~} stare ai fianchi di qcn/qcs, procedere ai fianchi di qcn/qcs.
Flasche ['flaʃə] *(f; -, -n)* **1** bottiglia, boccia; fiasco ♦ *aus der Flasche trinken* bere dalla bottiglia. **2** biberon, poppatoio. **3** *(fam)* rammollito, schiappa, brocco.
Flaschenhals [-n,hals] *(m; -es, -hälse)* **1** collo di bottiglia. **2** *(fig)* strettoia.
Flaschenöffner [-n,ˀœfnɐ] *(m; -s, -)* ~ apribottiglie.
Flaschenzug [-n,tsu:k] *(m; -(e)s, -züge)* ~ paranco.
flattern ['flatɐn] *(vi, ist/hat)* **1** svolazzare. **2** sventolare. **3** *(fig)* tremare, tremolare. **4** *(med)* palpitare.
flau [flau] *(agg)* **1** debole, fiacco. **2** *(econ)* fiacco, stagnante.
Flaum [-m] *(m; -(e)s)* **1** piuma. **2** peluria, lanugine *(anche bot)*. **3** sugna.
Flaumfeder [-m,fe:dɐ] *(f; -, -n)* ~ piuma.

Flausen ['flauzən] *(pl)* ***1*** *(fam)* discorsi a vanvera, cavolate. ***2*** scuse, fandonie.

Flaute ['flautə] *(f; -, -n)* ***1*** bonaccia. ***2*** *(fig)* fiacca, ristagno *(anche econ)*.

Flechte ['flɛçtə] *(f; -, -n)* ***1*** lichene. ***2*** *(med)* herpes.

flechten [-n] *(vt,* hat; er **flicht**, **flocht**, **geflochten***)* ~ intrecciare, legare (in una treccia) ♦ *einen Korb flechten* intrecciare una cesta ♦ *das Haar zu einem Zopf flechten* legare i capelli in una treccia.

Fleck [flɛk] *(m; -(e)s, -e)* ***1*** *(anche* **Flecken***)* macchia ♦ *dein Hemd hat einen Fleck* c'è una macchia sulla tua camicia ♦ *das Tischtuch hat Flecke bekommen* la tovaglia si è macchiata. ***2*** *(fam)* posto, punto. ◆ **blauer Fleck** livido. ◆ **einen Fleck auf der** (**weißen**) **Weste haben** *(fig)* avere una macchia sulla reputazione. ◆ **nicht vom Fleck kommen** *(fig/fam)* non fare progressi, rimanere arenato.

flecken [-ən] *(vi,* hat*)* ***1*** macchiarsi, sporcarsi. ***2*** macchiare (lasciare macchie) ♦ *Schweiß fleckt* il sudore macchia.

Flecken *(m; -s, -)* ***1*** borgo, paese. ***2*** macchia (vedi **Fleck** ***1***).

fleckenlos [-ən,lo:s] *(agg)* ~ pulito, immacolato *(anche fig)*.

Fledermaus ['fle:dɐ,maus] *(f; -, -mäuse)* ~ *(zool)* pipistrello.

Flegel ['fle:gəl] *(m; -s, -)* ~ villano, cafone, maleducato; ragazzaccio.

Flegeljahre [-ja:rə] *(pl)* ~ anni della pubertà.

flehen ['fle:ən] *(vi,* hat*)* ***1*** {*um etwas* ~} implorare qcs ♦ *um Hilfe flehen* implorare aiuto. ***2*** {*zu jmdm* ~} implorare, supplicare qcn.

flehentlich [-tlɪç] *(agg)* ***1*** implorante, supplichevole. ***2*** *(avv)* supplichevolmente.

Fleisch [flaiʃ] *(n; -(e)s)* ***1*** carne ♦ *frisches, gebratenes, rohes Fleisch* carne fresca, arrosto, cruda. ***2*** *(fig)* carne, sensi. ***3*** *(bot)* polpa. ◆ **Fleisch fressend** († **fleischfressend**) carnivoro. ◆ **vom Fleisch fallen** *(fig/fam)* dimagrire (molto), ridursi pelle e ossa. ◆ **sich ins eigene Fleisch schneiden** *(fig)* tirarsi la zappa sui piedi. ◆ **jmdm in Fleisch und Blut übergehen** *(fig)* entrare nel sangue a qcn.

Fleischer [-ɐ] *(m; -s, -; f* **-in***)* ~ macellaio.

Fleischerei [-ə'rai] *(f; -, -en)* ~ macelleria.

Fleischeslust [-əs,lʊst] *(f; -)* ~ *(lett)* piacere dei sensi, piacere della carne.

fleischfarben [-,farbən] *(agg)* ~ color carne.

fleischfressend ~ **Fleisch fressend** (vedi **Fleisch**).

Fleischfresser [-,frɛsɐ] *(m; -s, -)* ~ animale carnivoro.

fleischig [-ɪç] *(agg)* ~ carnoso, grasso.

fleischlich [-lɪç] *(agg)* ***1*** di carne. ***2*** *(fig/lett)* carnale, sensuale.

fleischlos [-,lo:s] *(agg)* ***1*** senza carne (pietanze). ***2*** scarno, ossuto.

Fleischwolf [-,vɔlf] *(m; -(e)s, -wölfe)* ~ tritacarne.

Fleiß [flais] *(m; -es)* ~ diligenza, zelo. ◆ **ohne Fleiß kein Preis** *(prov)* chi non semina non raccoglie.

fleißig [-ɪç] *(agg)* ***1*** diligente, coscienzioso, zelante ♦ *ein fleißiger Schüler* un alunno diligente. ***2*** *(avv)* diligentemente, coscienziosamente, con zelo. ***3*** *(avv)* *(fam)* spesso, di frequente.

fletschen ['flɛtʃən] *(vt,* hat*)* ~ digrignare.

flexibel [flɛ'ksi:bəl] *(agg)* ~ flessibile.

Flexibilität [flɛksibili'tɛ:t] *(f; -)* ~ flessibilità.

Flexion [flɛ'ksjo:n] *(f; -, -en)* ~ *(ling)* flessione.

flicken ['flɪkən] *(vt,* hat*)* ~ rattoppare, rammendare.

Flicken *(m; -s, -)* ~ toppa ♦ *einen Flicken aufsetzen/einsetzen* mettere una toppa.

Flieder ['fli:dɐ] *(m; -s, -)* ~ *(bot)* lillà.

Fliege ['fli:gə] *(f; -, -n)* ***1*** *(zool)* mosca. ***2*** farfallino, papillon. ◆ **zwei Fliegen mit einer Klappe schlagen** *(fig/fam)* prendere due piccioni con una fava. ◆ **keiner Fliege etwas zuleide tun** *(fig)* non far male a una mosca.

fliegen[1] [-n] *(vi,* ist; **flog**, **geflogen***)* ***1*** volare ♦ *die Taube ist auf das Dach geflogen* il piccione è volato sul tetto. ***2*** andare (in aereo) ♦ *er ist nach Australien geflogen* è andato in Australia. ***3*** volare, svolazzare. ***4*** *(fam)* cadere, volare giù. ***5*** *(fig/fam)* essere licenziato, essere bocciato, volare fuori ♦ *durch die Prüfung fliegen* volare fuori all'esame. ***6*** {*auf jmdn/etwas* ~} *(fig/fam)* andare pazzo per qcn/qcs. ◆ **in die Luft fliegen** *(fig/fam)* esplodere, saltare in aria.

fliegen[2] *(vt,* hat; **flog**, **geflogen***)* ***1*** guidare (aerei). ***2*** trasportare (in aereo).

fliegend [-nt] *(agg)* ***1*** volante. ***2*** ambulante ♦ *fliegender Händler* venditore ambulante. ***3*** di volo, di bordo ♦ *das fliegende Personal* il personale di volo. ***4*** sciolto, volante (foglio). ◆ **in fliegender Eile/Hast** in tutta fretta.

Flieger ['fli:gɐ] *(m;* -s, -*)* ***1*** pilota (di aerei), aviatore. ***2*** *(mil)* aviere. ***3*** *(fam)* aereo.

Fliegerstaffel [-ʃtafəl] *(f;* -, -n*)* ~ *(mil)* squadriglia aerea.

fliehen ['fli:ən] *(vi,* ist; **floh**, **geflohen***)* ***1*** {*(vor jmdm/etwas)* ~} fuggire, scappare (da qcn/qcs) ♦ *vor dem Krieg fliehen* scappare dalla guerra ♦ *ins Ausland fliehen* fuggire all'estero. ***2*** {*jmdn/etwas* ~} *(vt, aux* hat*)* *(lett)* sfuggire a qcn/qcs, evitare qcn/qcs.

Fliehkraft ['fli:ˌkraft] *(f;* -*)* ~ *(fis)* forza centrifuga.

Fliese ['fli:zə] *(f;* -, -n*)* ~ piastrella, mattonella ♦ *Fliesen legen* mettere le piastrelle. ◆ **einen Raum mit Fliesen auslegen** piastrellare una stanza.

Fließband ['fli:sˌbant] *(n;* -(e)s, -bänder*)* ~ catena di montaggio; nastro trasportatore.

fließen ['fli:sən] *(vi,* ist; **floss**, **geflossen**; *ortogr pres* ich fließe, ecc; *pret* ich floss, ihr flosst, *imperat* fließ!*)* ***1*** scorrere, sgorgare ♦ *der Fluss fließt durch das Tal* il fiume scorre attraverso la valle ♦ *Tränen flossen ihm über die Wangen* sulle sue guance scorrevano le lacrime. ***2*** sfociare, sboccare ♦ *der Fluss fließt ins Meer* il fiume sfocia nel mare. ***3*** *(fig)* scorrere, sgorgare, affluire ♦ *die Spenden fließen reichlich* le donazioni affluiscono abbondanti.

fließend [-t] *(agg)* ***1*** scorrevole ♦ *fließender Verkehr* traffico scorrevole. ***2*** corrente (acqua) ♦ *fließendes Wasser* acqua corrente. ***3*** *(avv)* scorrevolmente, correntemente ♦ *eine Sprache fließend sprechen* parlare correntemente una lingua.

flimmern ['flɪmɐn] *(vi,* hat*)* ***1*** luccicare ♦ *die Sterne flimmern* le stelle luccicano. ***2*** tremolare (luce, aria).

flink [flɪŋk] *(agg)* ***1*** lesto, svelto. ***2*** abile, agile, destro. ***3*** *(avv)* lestamente, con sveltezza; abilmente, agilmente.

Flinte ['flɪntə] *(f;* -, -n*)* ~ fucile, schioppo. ◆ **die Flinte ins Korn werfen** *(fig/fam)* gettare la spugna, arrendersi.

Flirt [flœrt] *(m;* -s, -s*)* ~ flirt.

flirten [-ən] *(vi,* hat*)* ~ {*mit jmdm* ~} *(fam)* flirtare con qcn.

Flittchen ['flɪtˌçən] *(n;* -s, -*)* ~ *(fam/spreg)* civetta, puttanella.

Flitter ['flɪtɐ] *(m;* -s, -*)* ***1*** lustrini, paillettes. ***2*** *(fig)* apparenza, falso splendore.

Flitterwochen [-ˌvɔxən] *(pl)* ~ luna di miele ♦ *in die Flitterwochen fahren* andare in luna di miele.

flitzen ['flɪtsən] *(vi,* ist*)* ~ *(fam)* correre, sfrecciare.

flocht ['flɔxt] ~ pret di **flechten**.

Flocke ['flɔkə] *(f;* -, -n*)* ***1*** fiocco (di neve). ***2*** fiocco, batuffolo (di cotone e sim). ***3*** *(pl)* fiocchi (di cereali).

flog ['flo:k] ~ pret di **fliegen**.

floh ['flo:] ~ pret di **fliehen**.

Floh *(m;* -(e)s, Flöhe*)* ***1*** *(zool)* pulce. ***2*** *(pl)* *(fam)* soldi. ◆ **jmdm einen Floh ins Ohr setzen** *(fig/fam)* mettere una pulce nell'orecchio a qcn.

flöhen ['flø:ən] *(vt,* hat*)* ~ spulciare, spidocchiare.

Flohmarkt ['flo:ˌmarkt] *(m;* -(e)s, -märkte*)* ~ mercato delle pulci.

Floppydisk, **Floppy Disk** *(anche* **Floppy disk***)* ['flɔpi 'dɪsk] *(f;* -, -s*)* ~ *(elab)* floppy disk, dischetto.

Flora ['flo:ra] *(f;* -, Floren*)* ~ flora.

Florett [flo'rɛt] *(n;* -(e)s, -e*)* ~ *(sport)* fioretto.

florieren [flo'ri:rən] *(vi,* hat*)* ~ *(fig)* fiorire, essere fiorente.

Florist [flo'rɪst] *(m;* -en, -en; *f* -**in***)* ~ fiorista, fioraio.

Floskel ['flɔskəl] *(f;* -, -n*)* ~ frase fatta, espressione vuota.

floss († **floß**) [flɔs] ~ pret di **fließen**.

Floß *(n;* -es, Flöße*)* ~ zattera.

Flosse [-ə] *(f;* -, -n*)* ***1*** pinna (di pesce; attrezzo sportivo). ***2*** *(fig/fam)* mano.

Flöte ['flø:tə] *(f;* -, -n*)* ~ flauto ♦ *(die/auf der) Flöte spielen* suonare il flauto.

flöten [-n] *(vi/vt,* hat*)* ***1*** fischiettare, fischiare. ***2*** parlare con voce stridula. ◆ **flöten gehen** († **flötengehen**) ***1*** andare perduto, andare a monte. ***2*** rompersi, andare in pezzi.

flötengehen ~ **flöten gehen** (vedi **flöten**).
flott [flɔt] *(agg)* ***1*** *(fam)* svelto, veloce; abile ♦ *eine flotte Bedienung* un servizio veloce. ***2*** *(fam)* vivace, vivo, animato ♦ *flotte Musik* musica vivace. ***3*** *(fam)* elegante, chic. ***4*** *(fam)* leggero, spensierato ♦ *ein flottes Leben führen* fare una vita spensierata. ***5*** *(avv)* velocemente, alla svelta; vivacemente; spensieratamente ♦ *mach ein bisschen flott!* fa' alla svelta!
Flotte [-ə] *(f; -, -n)* ~ flotta.
Flottenbasis [-ənˌbaːzɪs] *(f ; -, -basen)* ~ *(mil)* base navale.
Flottenstützpunkt [-ənʃtʏtspʊŋkt] *(m; -(e)s, -e)* ~ *(mil)* base navale.
flottlmachen *(vt, hat)* ***1*** disincagliare. ***2*** *(fig)* rimettere in sesto, rimettere in piedi (affari e sim).
Fluch [fluːx] *(m; -(e)s, Flüche)* ***1*** imprecazione; bestemmia ♦ *lästerlicher Fluch* imprecazione sacrilega, bestemmia. ***2*** *(solo sing)* maledizione ♦ *ein Fluch lastet auf dieser Familie* una maledizione grava su questa famiglia.
fluchen [-ən] *(vi, hat)* ***1*** imprecare; bestemmiare. ***2*** {*auf/über jmdn/etwas* ~} imprecare, inveire contro qcn/qcs.
Flucht [flʊxt] *(f; -, -en)* ***1*** *(solo sing)* fuga ♦ *die Flucht vor dem Feind* la fuga dal nemico ♦ *die Flucht ergreifen* darsi alla fuga, fuggire ♦ *jmdn in die Flucht schlagen* mettere in fuga qcn, far fuggire qcn ♦ *auf der Flucht sein* essere in fuga. ***2*** fila (di edifici).
flüchten [ˈflʏçtən] *(vi, ist)* ~ fuggire, scappare ♦ *er ist ins Ausland geflüchtet* è fuggito all'estero. ◆ **sich flüchten** *(vr)* rifugiarsi, trovare riparo ♦ *sie flüchteten sich auf das Dach* si rifugiarono sul tetto.
flüchtig [ˈflʏçtɪç] *(agg)* ***1*** fuggitivo, fuggiasco, in fuga. ***2*** veloce, frettoloso ♦ *ein flüchtiger Besuch* una visita frettolosa. ***3*** superficiale, vago ♦ *einen flüchtigen Eindruck von jmdm/etwas haben* avere un'impressione vaga di qcn/qcs. ***4*** *(avv)* velocemente, frettolosamente; superficialmente.
Flüchtling [ˈflʏçtˌlɪŋ] *(m; -s, -e)* ***1*** fuggiasco. ***2*** profugo, rifugiato ♦ *politischer Flüchtling* rifugiato politico.
Flug [fluːk] *(m; -(e)s, Flüge)* ***1*** volo *(anche fig)* ♦ *im Flug* in volo. ***2*** volo, viaggio aereo ♦ *einen Flug nach London buchen* prenotare un volo per Londra ♦ *er ist auf dem Flug von Rom nach Berlin* è in volo da Roma a Berlino. ◆ **(wie) im Flug(e)** *(fig)* alla svelta, in un lampo ♦ *die schöne Zeit verging wie im Fluge* quel bel periodo è passato in un lampo.
Flugbahn [-ˌbaːn] *(f; -, -en)* ~ traiettoria.
Flugblatt [-ˌblat] *(n; -(e)s, -blätter)* ~ volantino ♦ *Flugblätter verteilen* distribuire volantini, volantinare.
Flügel [ˈflyːgəl] *(m; -s, -)* ***1*** ala ♦ *mit den Flügeln schlagen* sbattere le ali. ***2*** ala (di aereo; di edificio). ***3*** battente, sportello (di finestra, armadio, ecc). ***4*** *(mil)* ala, fianco. ***5*** *(mus)* pianoforte a coda. ***6*** *(sport)* ala. ◆ **jmdm die Flügel beschneiden** *(fig)* tarpare le ali a qcn. ◆ **die Flügel hängen lassen** *(fig/fam)* abbattersi, scoraggiarsi.
Flügelschlag [-ʃlaːk] *(m; -(e)s, -schläge)* ~ battito d'ala.
flügge [ˈflʏgə] *(agg)* ***1*** capace di volare (uccelli giovani). ***2*** *(fig/fam)* indipendente, adulto.
Fluggesellschaft [ˈfluːkgəˌzɛlʃaft] *(f; -, -en)* ~ compagnia aerea.
Flughafen [ˈfluːkˌhaːfən] *(m; -s, -häfen)* ~ aeroporto.
Flugleiter [ˈfluːkˌlaitɐ] *(m; -s, -; f* **-in***)* ~ controllore di volo.
Fluglinie [ˈfluːkˌliːnjə] *(f; -, -n)* ~ linea aerea.
Fluglotse [ˈfluːkˌloːtsə] *(m; -n, -n)* ~ vedi **Flugleiter**.
Flugplatz [ˈfluːkˌplats] *(m; -es, -plätze)* ~ aeroporto (piccolo); campo d'aviazione.
Flugreise [ˈfluːkˌraizə] *(f; -, -n)* ~ viaggio in aereo, volo.
Flugstunde [ˈfluːkʃtʊndə] *(f; -, -n)* ~ ora di volo.
Flugverkehr [ˈfluːkfɛɐˌkeːɐ] *(m; -s)* ~ traffico aereo.
Flugwesen [ˈfluːkˌveːzən] *(n; -s)* ~ aviazione, aeronautica.
Flugzeug [ˈfluːkˌtsɔyk] *(m; -(e)s, -e)* ~ aereo, aeroplano.
Flugzeugabsturz [-ˌʔapʃtʊrts] *(m; -(e)s, -stürze)* ~ disastro aereo.
Flugzeugführer [-ˌfyːrɐ] *(m; -s, -; f* **-in***)* ~ pilota (d'aereo), aviatore.
Flugzeughalle [-ˌhalə] *(f; -, -n)* ~ hangar.

Flugzeugträger [-ˌtrɛːgɐ] *(m; -s, -)* ~ portaerei.
Flugzeugunglück [-ˌˀʊnglʏk] *(n; -(e)s, -e)* ~ disastro aereo, sciagura aerea.
Fluidum [ˈfluːidʊm] *(n; -s, Fluida)* ~ *(fig)* fluido, fascino.
flunkern [ˈflʊŋkɐn] *(vi, hat)* ~ *(fam)* raccontare balle, spararle grosse.
Fluor [ˈfluːoːɐ] *(n; -s)* ~ *(chim)* fluoro.
Fluorid [fluoˈriːt] *(n; -(e)s, -e)* ~ *(chim)* fluoruro.
Flur[1] [ˈfluːɐ] *(m; -(e)s, -e)* ~ corridoio, andito; ingresso ♦ *auf dem/im Flur* nel corridoio (stato).
Flur[2] *(f; -, -en)* ~ *(lett)* campagna (campi e pascoli).
Fluss († **Fluß**) [flʊs] *(m; -es, Flüsse)* ***1*** fiume ♦ *ein breiter, reißender, schmaler Fluss* un fiume largo, impetuoso, stretto. ***2*** *(solo sing) (fig)* flusso, fluire ♦ *der Fluss der Rede* il flusso del discorso. ◆ **etwas in Fluss bringen** *(fig)* mettere in moto qcs ♦ *Verhandlungen in Fluss bringen* mettere in moto delle trattative. ◆ **in Fluss kommen** *(fig)* muoversi, mettersi in moto, prendere il via. ◆ **im Fluss sein** *(fig)* essere in divenire.
flussab(wärts) († **fluß-**) [-ˈˀap(ˌvɛrts)] *(avv)* ~ a valle, secondo la corrente.
Flussarm († **Fluß-**) [-ˌˀarm] *(m; -(e)s, -e)* ~ braccio di fiume.
flussauf(wärts) († **fluß-**) [-ˈˀauf(ˌvɛrts)] *(avv)* ~ a monte, contro corrente.
Flussbett († **Fluß-**) [-ˌbɛt] *(n; -(e)s, -en)* ~ letto di fiume.
flüssig [ˈflʏsɪç] *(agg)* ***1*** liquido. ***2*** *(fig)* scorrevole ♦ *ein flüssiger Stil* uno stile scorrevole ♦ *der Verkehr ist flüssig* il traffico è scorrevole. ***3*** *(avv)* in modo scorrevole. ◆ **flüssige Gelder** denaro liquido. ◆ **flüssige Kristalle** cristalli liquidi. ◆ **flüssig machen** († **flüssigmachen**) *(econ)* procurare (contanti).
Flüssigkeit [-ˌkait] *(f; -, -en)* ***1*** liquido, fluido. ***2*** *(solo sing) (fig)* scorrevolezza, fluidità ♦ *die Flüssigkeit des Stils* la scorrevolezza dello stile.
flüssigmachen ~ **flüssig machen** (vedi **flüssig**).
Flusspferd († **Fluß-**) [ˈflʊsˌpfeːɐt] *(n; -(e)s, -e)* ~ *(zool)* ippopotamo.
flüstern [ˈflʏstɐn] *(vt, hat)* ***1*** sussurrare, bisbigliare ♦ *jmdm etwas ins Ohr flüstern* sussurrare qcs all'orecchio di qcn. ***2*** {*jmdm etwas* ~} *(fam)* dirne quattro a qcn.
Flut [fluːt] *(f; -, -en)* ***1*** alta marea. ***2*** *(spec pl)* flutti, acque, onde. ***3*** *(fig)* marea ♦ *eine Flut von Briefen* una marea di lettere.
Flutlicht [-ˌlɪçt] *(n; -(e)s)* ~ riflettori (di stadio e sim).
f-Moll [ˈɛfˈmɔl] *(n; -)* *(abbrev* **f**) ~ *(mus)* fa minore.
focht [ˈfɔxt] ~ pret di **fechten**.
Föderation [føderaˈtsjoːn] *(f; -, -en)* ~ federazione, confederazione.
föderativ [føderaˈtiːf] *(agg)* ~ federale.
föderiert [ødeˈriːɐt] *(agg)* ~ federato, confederato.
Fohlen [ˈfoːlən] *(n; -s, -)* ~ *(zool)* puledro.
Föhn [føːn] *(m; -(e)s, -e)* ***1*** föhn; vento caldo. ***2*** *(anche* **Fön**) asciugacapelli, fon.
föhnen († **fönen**) [-ən] *(vt, hat)* ~ asciugare con il fon, fonare.
Fokus [ˈfoːkʊs] *(m; -, -se)* ***1*** fuoco (ottico). ***2*** *(med)* focolaio.
Folge [ˈfɔlgə] *(f; -, -n)* ***1*** conseguenza ♦ *schlimme, unangenehme, unerwartete Folgen* conseguenze gravi, spiacevoli, inattese ♦ *etwas zur Folge haben* avere qcs come conseguenza. ***2*** sequenza, successione, serie; ordine ♦ *in bunter Folge* in ordine sparso ♦ *in rascher Folge* in rapida successione. ***3*** serie (di riviste e sim); puntata (di telefilm, storie, ecc). ***4*** futuro ♦ *in der Folge, für die Folge* in futuro, in seguito, successivamente. ◆ **die Folgen von etwas tragen** ***1*** assumersi la responsabilità di qcs. ***2*** subire le conseguenze di qcs, fare le spese di qcs. ◆ **in Folge** di seguito, consecutivamente ♦ *drei Niederlagen in Folge* tre sconfitte consecutive.
Folgeerscheinung [-ˀɛɐˌʃainʊŋ] *(f; -, -en)* ~ conseguenza, effetto.
folgen [-n] *(vi, ist)* ***1*** {*jmdm/etwas* ~} seguire qcn/qcs, andar dietro a qcn/qcs *(anche fig)* ♦ *der Hund ist mir bis nach Hause gefolgt* il cane mi ha seguito fino a casa ♦ *jmdm mit den Augen folgen* seguire qcn con lo sguardo ♦ *einem Beispiel, der Mode, einem Rat folgen* seguire un esempio, la moda, un consiglio. ***2*** {*jmdm/etwas* ~} *(fig)* seguire, comprendere qcn/

qcs ♦ *ich kann dir nicht folgen* non ti seguo. ***3*** {*jmdm ~*} *(fig)* obbedire a qcn, seguire qcn. ***4*** {*jmdm/etwas ~*}, {*auf jmdn/etwas ~*} *(fig)* seguire qcn/qcs, venire dopo qcn/qcs; succedere a qcn/qcs ♦ *dem/auf den Sturm folgte der Regenbogen* alla tempesta seguì l'arcobaleno ♦ *der Prinz folgte seinem Vater auf dem/den Thron* il principe successe a suo padre sul trono. ***5*** {*aus etwas ~*} *(fig)* derivare da qcs, conseguire da qcs ♦ *daraus folgt, dass* ne consegue che. ◆ **wie folgt** come segue, così ♦ *die Verordnung lautet wie folgt* il regolamento dice così.

folgend [-nt] *(agg)* ~ seguente, successivo ♦ *am folgenden Tag* il giorno seguente, dopo ♦ *folgende Athleten haben sich qualifiziert* i seguenti atleti si sono qualificati. ◆ **Folgendes** († **folgendes**) ciò che segue, questo ♦ *ich möchte Folgendes sagen* vorrei dire questo. ◆ **im Folgenden** († **folgenden**) in seguito.

folgendermaßen [-ndɐ'maːsən] *(avv)* ~ come segue, nel modo seguente.

folgenlos [-nˌloːs] *(agg)* ~ senza conseguenze.

folgenreich [-nˌraiç] *(agg)* ~ ricco di conseguenze.

folgenschwer [-nʃveːɐ] *(agg)* ~ gravido di conseguenze (negative).

folgerichtig [-ˌrɪçtɪç] *(agg)* ***1*** coerente, conseguente, logico (pensiero, comportamento, ecc). ***2*** *(avv)* coerentemente, conseguentemente.

folgern ['fɔlgɐn] *(vt,* hat*)* ~ {*etwas aus etwas ~*} dedurre, concludere qcs da qcs.

Folgerung ['fɔlgərʊŋ] *(f;* -, -en*)* ~ deduzione, conclusione ♦ *die Folgerungen ziehen* trarre le conclusioni.

folgewidrig ['fɔlgəˌviːdrɪç] *(agg)* ***1*** incoerente, inconseguente, illogico (pensiero, comportamento, ecc). ***2*** *(avv)* incoerentemente, contro la logica.

Folgezeit ['fɔlgəˌtsait] *(f;* -, -en*)* ~ seguito, periodo seguente ♦ *in der Folgezeit* in seguito.

folglich ['fɔlklɪç] *(avv)* ~ di conseguenza, perciò, quindi ♦ *ich hatte schon eine Verabredung, folglich konnte ich nicht kommen* avevo già un appuntamento, di conseguenza non sono potuto venire.

folgsam ['fɔlkˌzaːm] *(agg)* ***1*** ubbidiente, docile. ***2*** *(avv)* docilmente.

Folie ['foːljə] *(f;* -, -n*)* ***1*** foglio, lamina, pellicola (di plastica o metallo). ***2*** lucido (per lavagne luminose).

Folklore [fɔlk'loːrə] *(f; -)* ~ folclore.

folkloristisch [fɔlklo'rɪstɪʃ] *(agg)* ~ folcloristico.

Folter ['fɔltɐ] *(f;* -, -n*)* ***1*** *(solo sing)* tortura, torture ♦ *jmdn der Folter unterwerfen* sottoporre qcn a torture. ***2*** strumento di tortura. ***3*** *(fig/lett)* tortura, tormento. ◆ **jmdn auf die Folter spannen** *(fig)* tenere qcn sulla corda.

foltern [-n] *(vt,* hat*)* ***1*** torturare. ***2*** *(fig)* torturare, tormentare.

Fön ~ vedi **Föhn** ***2***.

Fond [fõː] *(m;* -s, -s*)* ***1*** sedile posteriore ♦ *im Fond sitzen* stare seduto sul sedile posteriore. ***2*** fondo di cottura. ***3*** *(pl) (econ)* fondi, capitale.

fönen ~ vedi **föhnen**.

Fono-, **fono-** ~ vedi **Phono-**, **phono-**.

foppen ['fɔpən] *(vt,* hat*)* ~ *(fam)* prendere in giro (raccontando cose non vere).

forcieren [fɔr'siːrən] *(vt,* hat*)* ***1*** forzare; aumentare, accelerare (a forza) ♦ *einen Entwicklungsprozess forcieren* forzare un processo di sviluppo. ***2*** forzare, ottenere con la forza.

Förderband ['fœrdɐˌbant] *(n;* -(e)s, -bänder*)* ~ nastro trasportatore.

Förderer ['fœrdərɐ] *(m;* -s, -; *f* **-in***)* ~ promotore.

Förderland ['fœrdɐˌlant] *(n;* -(e)s, -länder*)* ~ paese produttore (di petrolio, materie prime, ecc).

förderlich ['fœrdɐlɪç] *(agg)* ~ utile, vantaggioso, giovevole ♦ *die Kur war seinem Gesundheitszustand sehr förderlich* la cura ha giovato molto al suo stato di salute.

fordern ['fɔrdɐn] *(vt,* hat*)* ***1*** richiedere, pretendere, esigere. ***2*** fare (vittime) ♦ *der Unfall forderte drei Opfer* l'incidente fece tre vittime. ***3*** sfidare (a duello). ◆ **jmdn vor Gericht fordern** citare qcn in tribunale.

fördern ['fœrdɐn] *(vt,* hat*)* ***1*** promuovere, favorire, incentivare, sovvenzionare ♦ *dieses Gesetz fördert den Kleinhandel* questa legge incentiva il piccolo commercio. ***2*** estrarre (minerali).

Forderung ['fɔrdərʊŋ] *(f; -, -en)* ***1*** richiesta, pretesa, rivendicazione ♦ *eine Forderung geltend machen* accampare una pretesa ♦ *eine Forderung an jmdn stellen* presentare una richiesta a qcn. ***2*** esigenza. ***3*** sfida (a duello). ***4*** *(comm)* credito ♦ *Forderungen eintreiben/einziehen* riscuotere crediti.

Förderung ['fœrdərʊŋ] *(f; -)* ***1*** promozione, incentivazione, sovvenzione. ***2*** estrazione (di minerali).

Forelle [fo'rɛlə] *(f; -, -n)* ~ *(zool)* trota.

Form [fɔrm] *(f; -, -en)* ***1*** forma, figura, contorno, sagoma. ***2*** forma, aspetto, modo, tipo ♦ *die Formen eines Substantivs* le forme di un sostantivo ♦ *die Formen der Politik, der Wirtschaft* le forme della politica, dell'economia. ***3*** forma, esteriorità, formalità ♦ *auf Formen achten, halten* badare, tenere alla forma. ***4*** forma, stampo. ***5*** *(fam)* forma, condizione fisica ♦ *in Form kommen, sein* entrare, essere in forma ♦ *gut in Form sein* essere in una buona forma. ◆ **etwas aus der Form bringen** deformare qcs. ◆ **aus der Form geraten, die Form verlieren** deformarsi. ◆ **in aller Form** formalmente, solennemente. ◆ **in Form von etwas, in Form einer Sache** (Gen) in forma di, sotto forma di ♦ *eine Belohnung in Form von Geld* una ricompensa sotto forma di denaro. ◆ **Form/feste Formen annehmen** *(fig)* prendere forma, concretizzarsi.

formal [fɔr'maːl] *(agg)* ***1*** formale. ***2*** *(avv)* formalmente.

formalisieren [fɔrmali'ziːrən] *(vt, hat)* ***1*** formalizzare. ***2*** formulare (teorie e sim).

Formalität [fɔrmali'tɛːt] *(f; -, -en)* ***1*** formalità ♦ *alle Formalitäten erledigen* sbrigare tutte le formalità. ***2*** formalità, esteriorità.

Format [fɔr'maːt] *(n; -(e)s, -e)* ***1*** formato. ***2*** *(fig)* spessore, levatura, livello ♦ *ein Mensch von Format* una persona di spessore.

Formation [fɔrma'tsjoːn] *(f; -, -en)* ***1*** formazione, costituzione. ***2*** *(mil)* formazione, schieramento.

formbar ['fɔrmˌbaːɐ] *(agg)* ~ malleabile.

Formel ['fɔrməl] *(f; -, -n)* ***1*** formula *(chim/mat)*. ***2*** formula, formulazione. ***3*** *(sport)* formula ♦ *Formel-1* formula uno. ◆ **etwas auf eine einfache Formel bringen** formulare qcs in modo semplice.

formelhaft [-ˌhaft] *(agg)* ~ stereotipato.

formell [fɔr'mɛl] *(agg)* ***1*** formale ♦ *ein formeller Besuch* una visita formale. ***2*** *(avv)* formalmente, in modo formale ♦ *sich formell benehmen* comportarsi in modo formale.

formen ['fɔrmən] *(vt, hat)* ***1*** formare, modellare. ***2*** *(fig)* formare, plasmare. ◆ **sich formen** *(vr)* formarsi.

Formfehler ['fɔrmˌfeːlɐ] *(m; -s, -)* ~ errore di forma; vizio di forma.

-förmig [-ˌfœrmɪç] *(agg) (nei composti)* ~ di forma, a forma di ♦ *herzförmig* a forma di cuore ♦ *keilförmig* cuneiforme.

förmlich ['fœrmlɪç] *(agg)* ***1*** formale ♦ *eine förmliche Einladung* un invito formale. ***2*** formale, convenzionale. ***3*** *(avv)* formalmente, in modo formale. ***4*** *(avv)* letteralmente ♦ *er ist förmlich durchgedreht* è letteralmente impazzito.

Förmlichkeit [-ˌkait] *(f; -, -en)* ***1*** formalità, convenzione. ***2*** formalità, cerimoniale, etichetta.

formlos ['fɔrmˌloːs] *(agg)* ***1*** informe. ***2*** *(fig)* disinvolto, informale. ***3*** *(avv)* disinvoltamente, senza formalità.

Formular [fɔrmu'laːɐ] *(n; -s, -e)* ~ modulo ♦ *ein Formular ausfüllen* riempire un modulo.

formulieren [fɔrmu'liːrən] *(vt, hat)* ~ formulare.

Formulierung [fɔrmu'liːrʊŋ] *(f; -, -en)* ~ formulazione.

forsch [fɔrʃ] *(agg)* ***1*** *(fam)* energico, deciso, risoluto. ***2*** *(avv) (fam)* energicamente, risolutamente.

forschen [-ən] *(vi, hat)* ***1*** {*nach jmdm/etwas* ~} cercare, ricercare qcn/qcs ♦ *nach den Ursachen forschen* ricercare le cause ♦ *die Polizei forscht nach den Tätern* la polizia ricerca i colpevoli. ***2*** ricercare, fare ricerche, studiare ♦ *auf einem Gebiet forschen* fare ricerche in un settore.

forschend [-ənt] *(agg)* ~ indagatore, critico ♦ *ein forschender Blick* uno sguardo indagatore.

Forscher [-ɐ] *(m; -s, -; f* **-in***)* ~ ricercatore, studioso.

Forschung [-ʊŋ] *(f; -, -en)* ***1*** ricerca, indagine ♦ *die Forschung nach den Tätern, nach den Ursachen* la ricerca dei colpevoli, delle cause. ***2*** ricerca, studio. ***3*** *(solo sing)* ricerca (scientifica).

Forschungsgebiet [-ʊŋsgəˌbiːt] *(n; -(e)s, -e)* ~ campo di ricerche.

Forschungsinstitut [-ʊŋsˀɪnstiˌtuːt] *(n; -(e)s, -e)* ~ istituto di ricerca.

Forschungsreise [-ʊŋsˌraizə] *(f; -, -n)* ~ spedizione scientifica; viaggio d'esplorazione.

Forschungszentrum [-ʊŋsˌtsɛntrʊm] *(n; -s, -zentren)* ~ centro di ricerche.

Forst [fɔrst] *(m; -(e)s, -e/-en)* ~ bosco, foresta (demaniale).

Förster [ˈfœrstɐ] *(m; -s, -; f* **-in***)* ~ guardia forestale.

fort [fɔrt] *(avv)* ***1*** via, lontano ♦ *er ist schon fort* è già (andato) via ♦ *fort von hier!* via da qui! ♦ *fort mit dir!* vattene! ***2*** via, sparito ♦ *meine Tasche ist fort* la mia borsa è sparita. ***3*** ancora, avanti. ◆ **und so fort** *(abbrev* **usf.***)* e così via, e via dicendo. ◆ **in einem fort** ininterrottamente, continuamente.

Fort [ˈfoːɐ] *(n; -s, -s)* ~ forte, fortino.

Fortbestand [ˈfɔrtbəˌʃtant] *(m; -(e)s)* ~ continuità, durata ♦ *der Fortbestand der Regierung* la durata del governo.

fort|bestehen *(vi, hat; irr stehen)* ~ perdurare, continuare ad esistere.

fort|bewegen *(vt, hat)* ~ allontanare, rimuovere, togliere. ◆ **sich fortbewegen** *(vr)* muoversi, avanzare, procedere.

Fortbewegung [ˈfɔrtbəˌveːgʊŋ] *(f; -, raro -en)* ~ avanzamento, spostamento.

fort|bilden *(vt, hat)* ~ specializzare (nello studio o nella professione). ◆ **sich fortbilden** *(vr)* specializzarsi, prendere una specializzazione, aggiornarsi.

Fortbildung [ˈfɔrtˌbɪldʊŋ] *(f; -, -en)* ~ specializzazione, aggiornamento (nello studio o nella professione).

Fortbildungskurs [-sˌkʊrs] *(m; -es, -e)* ~ corso di specializzazione, corso di aggiornamento.

fort|bleiben *(vi, ist; irr bleiben)* ~ rimanere assente, restare via.

fort|bringen *(vt, hat; irr bringen)* ***1*** portare via. ***2*** spostare, rimuovere.

fort|dauern *(vi, hat)* ~ continuare, perdurare.

fort|fahren[1] *(vi, ist/hat; irr fahren)* ***1*** *(aux ist)* andare via, partire (con un veicolo). ***2*** *(aux hat)* continuare, riprendere (dopo un'interruzione) ♦ *fahren Sie bitte fort (zu reden)* continui (a parlare), prego.

fort|fahren[2] *(vt, hat; irr fahren)* ~ portare via (con un veicolo).

fort|führen *(vt, hat)* ***1*** condurre via, portare via. ***2*** continuare, proseguire, portare avanti ♦ *eine Arbeit fortführen* continuare un lavoro.

Fortgang [ˈfɔrtˌgaŋ] *(m; -(e)s)* ~ sviluppo, progresso, andamento. ◆ **seinen Fortgang nehmen** progredire, procedere.

fort|gehen *(vi, ist; irr gehen)* ***1*** andare via, andarsene, partire. ***2*** *(fig)* continuare.

fortgeschritten [ˈfɔrtgəˌʃrɪtən] *(agg)* ***1*** progredito, avanzato ♦ *eine Krankheit im fortgeschrittenen Stadium* una malattia in stadio avanzato ♦ *ein Mann im fortgeschrittenen Alter* un uomo in età avanzata. ***2*** progredito, evoluto.

Fortgeschrittene(r) [-ə (-ɐ)] *(m/f; -n, -n)* ~ avanzato, progredito ♦ *Kurs für Fortgeschrittene* corso di livello avanzato, corso per avanzati.

fortgesetzt [ˈfɔrtgəˌzɛts] *(agg)* ***1*** continuo, ininterrotto. ***2*** *(avv)* continuamente, ininterrottamente.

fort|jagen[1] *(vi, ist)* ~ scappar via, correr via.

fort|jagen[2] *(vt, hat)* ~ cacciare via.

fort|kommen *(vi, ist; irr kommen)* ***1*** andare avanti, procedere, progredire *(anche fig)*. ***2*** *(fam)* andare via, andarsene ♦ *mach, dass du fortkommst!* vedi di andartene! ***3*** sparire, andare perduto.

Fortkommen [ˈfɔrtˌkɔmən] *(n; -s)* ***1*** avanzamento, il procedere. ***2*** *(fig)* avanzamento (in carriera). ***3*** sostentamento, mantenimento.

fort|können *(vi, hat; irr können)* ~ poter andare via.

fort|lassen *(vt, hat; irr/ortogr lassen)* ***1*** lasciar andare. ***2*** tralasciare.

fort|laufen *(vi, ist; irr laufen)* ***1*** correre via, scappare via. ***2*** proseguire, continuare.

fortlaufend [ˈfɔrtˌlaufənt] *(agg)* ***1*** progressivo (numerazione e sim). ***2*** continuo, ininterrotto. **3** *(avv)* progressivamente; continuamente, ininterrottamente.

fort|leben *(vi,* hat*)* ~ *(fig)* sopravvivere (nella memoria).

fort|müssen *(vi,* hat; *irr/ortogr* müssen*)* ~ dover andare via.

fort|pflanzen *(vr,* hat*)* ~ **sich fortpflanzen** **1** riprodursi, prolificare, moltiplicarsi. **2** diffondersi, propagarsi.

Fortpflanzung [ˈfɔrtˌpflantsʊŋ] *(f;* -, -en*)* **1** riproduzione, procreazione, prolificazione. **2** diffusione, propagazione.

Fortpflanzungstrieb [-sˌtriːp] *(m;* -(e)s, -e*)* ~ istinto di procreazione.

fort|reißen *(vt,* hat; *irr/ortogr* reißen*)* **1** strappare via, portare via, trascinare via ♦ *die Strömung riss die Brücke fort* la corrente trascinò via il ponte. **2** *(fig)* trascinare, avvincere.

fort|rennen *(vi,* ist; *irr* rennen*)* ~ correr via.

fort|rühren *(vr,* hat*)* ~ **sich fortrühren** muoversi (andare via) *(spec neg)* ♦ *rühr dich nicht fort!* non ti muovere!

fort|schleppen *(vt,* hat*)* ~ trascinare via. ◆ **sich fortschleppen** *(vr)* **1** trascinarsi, procedere a fatica. **2** *(fig)* trascinarsi ♦ *die Verhandlungen schleppten sich tagelang fort* le trattative si trascinarono per giorni.

fort|schreiten *(vi,* ist; *irr* schreiten*)* **1** andare avanti, procedere, progredire, fare progressi. **2** passare (tempo).

Fortschritt [ˈfɔrtʃrɪt] *(m;* -(e)s, -e*)* ~ progresso ♦ *Fortschritte machen* fare progressi.

fortschrittlich [-lɪç] *(agg)* **1** progressista. **2** progredito, avanzato.

fort|setzen *(vt,* hat*)* ~ continuare, proseguire, portare avanti ♦ *die Arbeit fortsetzen* continuare il lavoro. ◆ **sich fortsetzen** *(vr)* estendersi, continuare ♦ *die Wüste setzt sich nach Süden fort* il deserto si estende verso sud.

Fortsetzung [ˈfɔrtˌzɛtsʊŋ] *(f;* -, -en*)* **1** continuazione, prosecuzione. **2** seguito, puntata (seguente) ♦ *Fortsetzung folgt* continua (scritta alla fine di una puntata).

fort|stehlen *(vr,* hat; *irr* stehlen*)* ~ **sich fortstehlen** sgattaiolare via.

fort|tragen *(vt,* hat; *irr* tragen*)* ~ portare via, trasportare via (a mano, a spalla, ecc).

fort|treiben[1] *(vi,* ist; *irr* treiben*)* ~ essere trascinato via (dalla corrente).

fort|treiben[2] *(vt,* hat; *irr* treiben*)* **1** cacciare via, scacciare. **2** trascinare via ♦ *der Strom trieb das Boot fort* la corrente trascinò via la barca. **3** continuare.

fortwährend [ˈfɔrtˌvɛːrənt] *(agg)* **1** continuo, ininterrotto (spec qcs di fastidioso). **2** *(avv)* continuamente, ininterrottamente.

fort|werfen *(vt,* hat; *irr* werfen*)* ~ gettar via.

fort|ziehen[1] *(vi,* ist; *irr* ziehen*)* **1** andarsene, partire. **2** trasferirsi, cambiare casa.

fort|ziehen[2] *(vt,* hat; *irr* ziehen*)* ~ tirare via, trascinare via ♦ *er zog seine Hand fort* tirò via la mano ♦ *ich zog sie fort* la trascinai via.

Forum [ˈfoːrʊm] *(n;* -s, Foren/Fora*)* **1** *(pl* Foren/Fora*)* foro ♦ *Forum Romanum* foro romano. **2** *(pl* Foren*)* forum, discussione.

fossil [fɔˈsiːl] *(agg)* ~ fossile.

Fossil *(n;* -s, Fossilien*)* ~ fossile.

fötal [føˈtaːl] ~ vedi **fetal**.

Foto *(anche* **Photo***)* [ˈfoːto] *(n;* -s, -s*)* ~ foto.

Fotoalbum [-ˌˀalbʊm] *(n;* -s, -alben*)* ~ album di fotografie.

Fotoarchiv [-ˀarˌçiːf] *(n;* -s, -e*)* ~ archivio fotografico.

Fotoapparat *(anche* **Photo-***)* [-ˀapaˌraːt] *(m;* -(e)s, -e*)* ~ macchina fotografica.

fotogen [fotoˈgeːn] *(agg)* ~ fotogenico.

Fotograf *(anche* **Photograph***)* [fotoˈgraːf] *(m;* -en, -en; *f* **-in***)* ~ fotografo.

Fotografie *(anche* **Photographie***)* [fotograˈfiː] *(f;* -, -n*)* **1** *(solo sing)* fotografia. **2** fotografia, foto.

fotografieren [fotograˈfiːrən] *(vt,* hat*)* ~ fotografare, fare una foto a.

Fotokopie [fotokoˈpiː] *(f;* -, -n*)* ~ fotocopia.

fotokopieren [fotokoˈpiːrən] *(vt,* hat*)* ~ fotocopiare.

Fotokopierer [fotokoˈpiːrɐ] *(m;* -s, -*)* ~ *(fam)* fotocopiatrice.

Fotokopiergerät [fotokoˈpiːɐgəˌrɛːt] *(n;* -(e)s, -e*)* ~ fotocopiatrice.

Fotomodell [ˈfoːtomoˌdɛl] *(n;* -s, -e*)* ~ fotomodello, fotomodella.

Fotomontage [ˈfotomɔnˌtaːʒə] *(f;* -, -n*)* ~ fotomontaggio.

Fötus [ˈføːtʊs] ~ vedi **Fetus**.

Fotze [ˈfɔtsə] *(f;* -, -n*)* ~ *(volg)* fica.

Foul [faul] *(n; -s, -s)* ~ *(sport)* fallo.
foulen [-ən] *(vt, hat)* ~ {*jmdn ~*} *(sport)* fare fallo contro qcn.
Fr. ~ abbrev di **Frau**, **Franken²**.
Fracht [fraxt] *(f; -, -en)* ***1*** merce, carico. ***2*** porto, spese di trasporto.
Frachter [-ɐ] *(m; -s, -)* ~ mercantile, nave mercantile, cargo.
Frachtgut [-ˌguːt] *(n; -(e)s, -güter)* ~ merce (trasportata).
Frachtschiff [-ʃɪf] *(n; -(e)s, -e)* ~ mercantile, cargo.
Frachtstück [-ʃtʏk] *(n; -(e)s, -e)* ~ collo (pacco).
Frack [frak] *(m; -s, Fräcke)* ~ frac.
Frage [ˈfraːgə] *(f; -, -n)* ***1*** domanda ♦ *eine Frage bejahen, verneinen* rispondere affermativamente, negativamente a una domanda ♦ *eine Frage beantworten* rispondere a una domanda ♦ *eine Frage an jmdn richten* rivolgere una domanda a qcn ♦ *eine Frage stellen* fare una domanda ♦ *was soll diese Frage!* che domande! ***2*** questione, problema ♦ *eine politische Frage* una questione politica ♦ *eine Frage anschneiden* intavolare una questione ♦ *es ist nur eine Frage der Zeit* è solo questione di tempo. ***3*** *(fam)* dubbio ♦ *das steht außer Frage* questo è fuor di dubbio. ◆ **in Frage kommen**, **stellen** vedi **infrage**.
Fragebogen [-ˌboːgən] *(m; -s, -)* ~ questionario.
fragen [-n] *(vt, hat)* ***1*** {*(jmdn) etwas ~*} chiedere qcs (a qcn), domandare qcs (a qcn) ♦ *„Warum?", fragte er* "Perché?", chiese ♦ *er hat mich gefragt, wann ich kommen kann* mi ha chiesto quando posso venire. ***2*** {*jmdn ~*} interrogare qcn. ***3*** {*(jmdn) nach jmdm/etwas ~*} chiedere (a qcn) di qcn/qcs, informarsi di qcn/qcs (presso qcn) ♦ *jmdn nach seiner Meinung fragen* chiedere a qcn la sua opinione ♦ *hat heute jemand nach mir gefragt?* qualcuno ha chiesto di me oggi? ◆ **sich fragen** *(vr)* chiedersi, domandarsi ♦ *ich frage mich, ob das stimmt* mi chiedo se sia vero ♦ *das habe ich mich auch gefragt* questo me lo sono chiesto anch'io. ◆ **Fragen kostet nichts** *(prov)* chiedere non costa nulla.
fragend [-nt] *(agg)* ***1*** interrogativo ♦ *ein fragender Blick* uno sguardo interrogativo. ***2*** *(avv)* interrogativamente, con aria interrogativa ♦ *jmdn fragend ansehen* guardare qcn con aria interrogativa.
Fragesatz [-ˌzats] *(m; -es, -sätze)* ~ *(gramm)* frase interrogativa.
Fragestellung [-ʃtɛlʊŋ] *(f; -, -en)* ***1*** formulazione di una domanda. ***2*** problematica, questione.
Fragewort [-ˌvɔrt] *(n; -(e)s, -wörter)* ~ *(gramm)* parola interrogativa, pronome interrogativo.
Fragezeichen [-ˌtsaiçən] *(n; -s, -)* ~ punto interrogativo *(anche fig)*.
fraglich [ˈfraːklɪç] *(agg)* ***1*** dubbio, incerto ♦ *es ist fraglich, ob* è incerto se. ***2*** citato, in questione.
Fragment [fraˈgmɛnt] *(n; -(e)s, -e)* ~ frammento (spec di opera letteraria e sim).
fragwürdig [ˈfraːkˌvʏrdɪç] *(agg)* ***1*** dubbio, incerto. ***2*** sospetto, malfamato, equivoco.
Fraktion [frakˈtsjoːn] *(f; -, -en)* ~ *(pol)* frazione.
Fraktur [frakˈtuːɐ] *(f; -, -en)* ***1*** scrittura gotica, Fraktur. ***2*** *(med)* frattura.
frank [fraŋk] *(agg)* ~ **frank und frei** in tutta franchezza.
Franken *(m; -s, -)* *(abbrev* **Fr.**, **sFr.***)* ~ *(econ)* franco svizzero.
frankieren [fraŋˈkiːrən] *(vt, hat)* ~ affrancare.
Frappee *(anche* **Frappé***)* [fraˈpeː] *(n; -s, -s)* ~ frappé.
Fräse [ˈfrɛːzə] *(f; -, -n)* ~ fresa.
fraß [fraːs] ~ pret di **fressen**.
Fraß *(m; -es, raro -e)* ***1*** pasto (di animali, spec feroci). ***2*** *(fam)* schifezza, porcheria (cibo cattivo). ◆ **jmdm etwas zum Fraß vorwerfen** *(fig)* gettare qcs in pasto a qcn.
Fratze [ˈfratsə] *(f; -, -n)* ***1*** smorfia, boccaccia ♦ *Fratzen schneiden* fare smorfie. ***2*** *(fam)* faccia, muso.
Frau [frau] *(f; -, -en)* *(abbrev* **Fr.***)* ***1*** donna, signora ♦ *eine ältere Frau* una donna di mezza età. ***2*** moglie ♦ *zur Frau nehmen* prendere in moglie. ***3*** signora ♦ *Frau Schmidt* la signora Schmidt ♦ *Frau Doktor Maier* la dottoressa Maier. ◆ **Unsere Liebe Frau** Nostra Signora, Madonna.

Frauchen [-çən] *(f; -, -)* ~ padrona (di cane e sim).

Frauenarzt [-ən,ˀa:ɐtst] *(m; -(e)s, -ärzte; f* **-ärztin***)* ~ ginecologo.

Frauenbewegung [-ənbə,ve:gʊŋ] *(f; -, -en)* ~ femminismo, movimento femminista.

Frauenheld [-ən,hɛlt] *(m; -en, -en)* ~ *(fam)* donnaiolo.

Frauenklinik [-ən,kli:nɪk] *(f; -, -en)* ~ clinica ginecologica.

Fräulein [ˈfrɔylain] *(n; -s, -)* ***1*** signorina. ***2*** *(solo alloc)* signorina (commessa); cameriera.

fraulich [ˈfraulɪç] *(agg)* ***1*** femminile, da donna. ***2*** *(avv)* in modo femminile.

Freak [fri:k] *(m; -s, -s)* ***1*** *(fam)* persona stravagante, freak. ***2*** *(fam)* maniaco, fanatico.

frech [frɛç] *(agg)* ***1*** sfacciato, sfrontato, spudorato; insolente, impertinente. ***2*** *(avv)* sfacciatamente, sfrontatamente, spudoratamente ♦ *jmdn frech anlügen* mentire spudoratamente a qcn.

Frechdachs [-,daks] *(m; -es, -e)* ~ *(fam)* sfacciato, sfrontato.

Frechheit [-,hait] *(f; -, -en)* ~ sfacciataggine, sfrontatezza, spudoratezza; insolenza, impertinenza.

frei [frai] *(agg)* ***1*** libero; indipendente ♦ *freier Beruf* libera professione ♦ *freie Übersetzung* traduzione libera ♦ *freier Wille* libera volontà ♦ *freier Mitarbeiter* collaboratore indipendente (esterno) ♦ *freie Wahl haben* avere libera scelta ♦ *der Weg ist frei!* via libera! ***2*** libero, liberale ♦ *freie Ansichten* opinioni liberali. ***3*** libero, disponibile ♦ *gibt es noch freie Plätze?* ci sono ancora posti liberi? ♦ *Zimmer frei* camere libere. ***4*** libero, privo, esente ♦ *frei von Sorgen, Verpflichtungen, Vorurteilen* libero da preoccupazioni, impegni, pregiudizi ♦ *frei von Schuld* esente da colpe. ***5*** libero, senza impegni ♦ *einen freien Tag haben* avere una giornata libera ♦ *in meiner freien Zeit sehe ich fern* nel tempo libero guardo la televisione. ***6*** libero, aperto (spazio) ♦ *auf freiem Feld* in aperta campagna ♦ *unter freiem Himmel nächtigen* dormire sotto le stelle. ***7*** aperto, sincero. ***8*** libero, gratis ♦ *Eintritt frei!* ingresso libero! ♦ *freien Zutritt zu etwas haben* avere libero accesso a qcs ♦ *die Broschüren sind frei* gli opuscoli sono gratis. ***9*** *(avv)* liberamente. ***10*** *(avv)* a braccio, improvvisando ♦ *frei sprechen* parlare a braccio, improvvisare. ◆ **im Freien** (stato), **ins Freie** (moto) all'aperto. ◆ **auf freiem Fuß sein** *(dir)* essere a piede libero. ◆ **jmdn auf freien Fuß setzen** *(dir)* rimettere qcn in libertà. ◆ **frei ausgehen** passarla liscia. ◆ **einer Sache** (Dat) **freien Lauf lassen** *(fig)* lasciare libero corso a qcs. ◆ **jmdm freie Hand lassen** *(fig)* lasciare mano libera a qcn. ◆ **sich von etwas frei machen** liberarsi da qcs.

Freibad [-,ba:t] *(n; -(e)s, -bäder)* ~ piscina all'aperto.

frei|bekommen *(vt, hat; irr* kommen*)* ***1*** liberare, riscattare (prigionieri e sim). ***2*** *(fam)* ottenere libero, ottenere un permesso ♦ *einen Tag freibekommen* ottenere un giorno di permesso.

freiberuflich [-bə,ru:flɪç] *(agg)* ~ da/di libero professionista. ◆ **freiberuflich tätig sein** lavorare come libero professionista.

Freibetrag [-bə,tra:k] *(m; -(e)s, -träge)* ~ *(econ)* reddito non imponibile.

Freibeuter [-,bɔytɐ] *(m; -s, -)* ***1*** pirata, corsaro. ***2*** *(fig)* persona senza scrupoli.

Freibrief [-,bri:f] *(m; -(e)s, -e)* ***1*** *(stor)* privilegio. ***2*** *(fig)* autorizzazione, carta bianca ♦ *jmdm einen Freibrief für etwas geben/ausstellen* dare carta bianca a qcn per qcs ♦ *einen Freibrief für etwas haben* avere carta bianca per qcs. ◆ **kein Freibrief für etwas sein** non essere una buona ragione per qcs.

Freidenker [-,dɛŋkɐ] *(m; -s, -; f* **-in***)* ~ libero pensatore.

Freifrau [-,frau] *(f; -, -en)* ~ baronessa.

Freigabe [-,ga:bə] *(f; -, -n)* ***1*** liberazione, rilascio. ***2*** svincolamento (da un incarico). ***3*** apertura, sbloccamento.

frei|geben *(vt, hat; irr* geben*)* ***1*** liberare, rilasciare (prigionieri). ***2*** svincolare, lasciar libero (da un incarico). ***3*** {*jmdm* ~} dare un permesso (dal lavoro), dare libero ♦ *könnten Sie mir morgen freigeben?* mi potrebbe dare libero domani? ***4*** liberare, aprire, sbloccare ♦ *eine gesperrte Straße freigeben* aprire una strada chiusa al traffico.

Freigeist [-ˌgaist] *(m; -(e)s, -e)* ~ spirito libero.

freigebig [-ˌgeːbɪç] *(agg)* ~ generoso, munifico.

frei|haben *(vt, hat)* ~ *(fam)* avere libero, avere ferie, avere vacanza ♦ *im August habe ich drei Wochen frei* in agosto ho tre settimane di ferie.

frei|halten *(vt, hat)* *1* {*(jmdm) etwas ~*} tener libero qcs (per qcn) ♦ *kannst du mir einen Platz freihalten?* mi puoi tener libero un posto? *2* {*jmdn ~*} offrire a qcn, pagare a qcn (pranzo e sim). *3* {*etwas von etwas ~*} tenere libero qcs da qcs, tenere sgombro qcs da qcs ♦ *man muss den Bürgersteig vom Schnee freihalten* il marciapiede deve essere tenuto libero dalla neve.

freihändig [-ˌhɛndɪç] *(agg/avv)* ~ a mano libera; senza mani ♦ *freihändig Rad fahren* andare in bicicletta senza mani ♦ *freihändig zeichnen* disegnare a mano libera.

Freiheit [-ˌhait] *(f; -, -en)* *1* libertà ♦ *jmdn in Freiheit setzen* mettere qcn in libertà ♦ *sich* (Dat) *die Freiheit nehmen, etwas zu tun* prendersi la libertà di fare qcs. *2 (pl)* libertà, privilegi ♦ *sich* (Dat) *Freiheiten erlauben* prendersi delle libertà.

freiheitlich [-ˌhaitlɪç] *(agg)* ~ liberale.

Freiheitskrieg [-haitsˌkriːk] *(m; -(e)s, -e)* ~ guerra di liberazione.

Freiheitsstatue [-haitsˌʃtaːtwə] *(f; -, -n)* ~ statua della libertà.

Freiheitsstrafe [-haitsˌʃtraːfə] *(f; -, -n)* ~ pena detentiva.

freiheraus [-hɛˈraus] *(avv)* ~ francamente, sinceramente.

Freikarte [-ˌkartə] *(f; -, -n)* ~ biglietto gratuito, biglietto omaggio.

Freikörperkultur [-kœrpɐkʊlˌtuːɐ] *(f; -)* *(abbrev* **FKK***)* ~ nudismo.

frei|lassen *(vt, hat; irr/ortogr lassen)* ~ liberare, rilasciare, scarcerare.

Freilassung [-ˌlasʊŋ] *(f; -)* ~ liberazione, rilascio, scarcerazione.

frei|legen *(vt, hat)* ~ scoprire, portare alla luce, dissotterrare ♦ *römische Gräber freilegen* portare alla luce tombe romane.

freilich [-lɪç] *(avv)* *1* tuttavia, però ♦ *freilich muss man zugeben, dass* tuttavia bisogna ammettere che. *2* sì, certamente ♦ *(ja) freilich!* certamente!

frei|machen *(vt, hat)* ~ affrancare (posta). ◆ **sich freimachen** *(vr) (fam)* liberarsi, tenersi libero (dal lavoro).

Freimut [-ˌmuːt] *(m; -(e)s)* ~ franchezza.

freimütig [-ˌmyːtɪç] *(agg)* *1* franco. *2 (avv)* francamente, con franchezza.

frei|nehmen *(vi/vt, hat; irr nehmen)* ~ *(fam)* prendere ferie ♦ *der Artz hat sich einen Tag freigenommen* il medico ha preso un giorno di ferie.

frei|sprechen *(vt, hat; irr sprechen)* ~ *(dir)* assolvere ♦ *jmdn von einer Anklage freisprechen* assolvere qcn da un'accusa ♦ *jmdn mangels Beweises, wegen erwiesener Unschuld freisprechen* assolvere qcn per insufficienza di prove, per non aver commesso il fatto.

Freispruch [-ʃprʊx] *(m; -(e)s, -sprüche)* ~ *(dir)* assoluzione.

frei|stehen *(vi, hat; irr stehen)* ~ {*jmdm ~*} *(impers)* essere in potere di qcn; essere libero di ♦ *es steht dir frei zu entscheiden* sei libero di decidere.

freistehend [-ʃteːənt] *(agg)* ~ libero, disponibile ♦ *ein freistehendes Zimmer* una camera libera.

frei|stellen *(vt, hat)* *1* {*jmdm etwas ~*} lasciare a qcn la libertà di qcs ♦ *es wurde mir freigestellt zu entscheiden* mi fu lasciata la libertà di decidere. *2* {*jmdn von etwas ~*} *(mil)* dispensare, esonerare qcn da qcs.

Freistoß [-ʃtoːs] *(m; -es, -stöße)* ~ *(sport)* calcio di punizione.

Freitag [-ˌtaːk] *(m; -(e)s, -e)* ~ venerdì ♦ *am Freitag* venerdì, di venerdì.

Freitag-, **freitag-** ~ vedi **Dienstag-**, **dienstag-**.

freitags [-ˌtaːks] *(avv)* ~ di venerdì, tutti i venerdì.

Freitod [-ˌtoːt] *(m; -(e)s)* ~ suicidio.

freiwillig [-ˌvɪlɪç] *(agg)* *1* volontario, libero, spontaneo. *2 (avv)* volontariamente, liberamente, spontaneamente.

Freiwillige(r) [-ˌvɪlɪgə (-gɐ)] *(m/f; -n, -n)* ~ volontario *(anche mil)*.

Freizeit [-ˌtsait] *(f; -, -en)* ~ tempo libero ♦ *in meiner Freizeit lese ich gerne* nel tempo libero mi piace leggere.

freizügig [-ˌtsyːgɪç] *(agg)* *1* libero di circolare, libero di risiedere. *2 (fig)* licenzioso. *3 (fig)* elastico, permissivo, libero (eccessivamente) ♦ *freizügige Erziehung* educazione permissiva.

Freizügigkeit [-tsy:gɪç,kait] *(f; -)* *1* libertà di circolare, libertà di risiedere. *2 (fig)* licenziosità. *3 (fig)* elasticità, permissività, libertà (eccessiva).

fremd [frɛmt] *(agg)* *1* straniero, forestiero ♦ *fremde Länder* paesi stranieri. *2* altrui. *3* sconosciuto, estraneo ♦ *Betrug ist ihm fremd* l'inganno gli è sconosciuto ♦ *sich fremd fühlen* sentirsi estraneo. *4* strano ♦ *das kommt mir fremd vor* questo mi sembra strano. ◆ **ich bin hier fremd** non sono di qui.

Fremdarbeiter [-,ˀarbaitɐ] *(m; -s, -; f* **-in***)* ~ lavoratore straniero.

Fremde ['frɛmdə] *(f; -, -n)* ~ estero ♦ *in der Fremde leben* vivere all'estero ♦ *in die Fremde ziehen* trasferirsi all'estero.

Fremde(r) ['frɛmdə (-dɐ)] *(m/f; -n, -n)* *1* straniero. *2* estraneo, sconosciuto.

Fremdenverkehr [-nfɛɐ,ke:ɐ] *(m; -s, -)* ~ turismo.

Fremdenzimmer [-n,tsɪmɐ] *(n; -s, -)* ~ camera per gli ospiti.

fremd|gehen *(vi, ist; irr gehen)* ~ *(fam)* avere una scappatella.

Fremdkörper ['frɛmt,kœrpɐ] *(m; -s, -)* ~ *(med)* corpo estraneo *(anche fig)*.

Fremdsprache ['frɛmt,ʃpra:xə] *(f; -, -n)* ~ lingua straniera.

fremdsprachig ['frɛmt,ʃpra:xɪç] *(agg)* *1* di lingua straniera ♦ *fremdsprachige Studenten* studenti di lingua straniera. *2* in lingua straniera ♦ *fremdsprachiger Unterricht* lezione in lingua staniera.

fremdsprachlich ['frɛmt,ʃpra:xlɪç] *(agg)* ~ straniero, di una lingua straniera ♦ *ein fremdsprachliches Wort* una parola straniera ♦ *fremdsprachlicher Unterricht* lezione di lingua straniera.

Fremdwort ['frɛmt,vɔrt] *(n; -(e)s, -wörter)* ~ parola straniera.

frenetisch [fre'ne:tɪʃ] *(agg)* ~ frenetico.

Frequenz [fre'kvɛnts] *(f; -, -en)* *1* frequenza *(anche fis)*. *2* frequenza, affluenza.

Freske ['frɛskə] *(f; -, -n)* ~ vedi **Fresko**.

Fresko ['frɛsko] *(n; -s, Fresken)* ~ affresco.

Fresse ['frɛsə] *(f; -, -n)* ~ *(volg)* bocca; faccia, muso. ◆ **eine große Fresse haben** *(fig/volg)* fare lo spaccone. ◆ **die Fresse halten** *(volg)* tenere chiuso il becco. ◆ **(ach) du meine Fresse!** *(escl) (volg)* porca miseria!

fressen [-n] *(vt, hat; er* **frisst, fraß, gefressen**; *ortogr pres* du/er frisst, ihr fresst, *imperat* friss!*)* *1* mangiare (di animali), divorare ♦ *Hühner fressen Mais* i polli mangiano il granturco. *2 (volg)* mangiare, divorare. *3* {*jmdn ~*} *(fig/fam)* divorare, mangiare vivo qcn (per la rabbia). *4 (fig)* divorare, inghiottire, bere (risorse, capitali, ecc) ♦ *dieses Auto frisst viel Benzin* questa macchina beve molta benzina. ◆ **zum Fressen sein** *(fig/fam)* essere delizioso, essere da morsi.

Fressen *(n; -s)* ~ cibo, il mangiare (per animali).

Frettchen ['frɛtçən] *(n; -s, -)* ~ *(zool)* furetto.

Freude ['frɔydə] *(f; -, -n)* ~ gioia, piacere ♦ *jmdm eine Freude bereiten/machen* dare una gioia a qcn ♦ *die kleinen Freuden des Lebens* le piccole gioie della vita ♦ *es ist eine Freude, das zu hören* è un piacere sentire questo ♦ *es ist mir eine Freude, Ihnen mitzuteilen, dass* ho il piacere di comunicarLe che. ◆ **geteilte Freude ist doppelte Freude** *(prov)* una gioia condivisa è una gioia doppia.

Freudenhaus [-n,haus] *(n; -es, -häuser)* ~ casa di piacere, casa di tolleranza.

freudestrahlend [-ʃtra:lənt] *(agg)* ~ raggiante di gioia.

freudig ['frɔydɪç] *(agg)* *1* gioioso, lieto ♦ *ein freudiges Gesicht* un viso gioioso ♦ *eine freudige Nachricht* una lieta notizia ♦ *ein freudiges Ereignis* un lieto evento (nascita). *2 (avv)* lietamente, con gioia. *3 (avv)* volentieri.

freudlos ['frɔyt,lo:s] *(agg)* ~ triste, senza gioia.

freuen ['frɔyən] *(vt, hat)* ~ {*jmdn ~*} rallegrare qcn, far piacere a qcn ♦ *dein Besuch hat mich gefreut* la tua visita mi ha fatto piacere ♦ *es freut mich zu wissen, dass* mi fa piacere sapere che ♦ *es freut mich (Sie kennen zu lernen)* piacere (di conoscerla). ◆ **sich freuen** *(vr)* *1* essere contento, rallegrarsi. *2* {*sich über jmdn/etwas ~*} essere contento di qcn/qcs (che si ha già, che si è ricevuto) ♦ *ich habe mich über deinen Brief, dein Geschenk sehr gefreut* sono stata molto contenta di ricevere la tua lettera, il tuo regalo. **3** {*sich auf jmdn/etwas* ~} aspettare con impazienza qcn/qcs, non vedere l'ora di di avere (che venga) qcn/qcs ♦ *ich freue mich schon auf deinen Besuch, auf deinen Brief* aspetto con impazienza la tua visita, la tua lettera ♦ *ich freue mich auf Weihnachten* non vedo l'ora che sia Natale. ◆ **sich wie ein Schneekönig freuen** *(vr) (fig/fam)* essere contento come una pasqua. ◆ **sich zu früh freuen** *(vr)* cantare vittoria troppo presto.

Freund [frɔynt] *(m; -(e)s, -e; f* **-in***)* **1** amico ♦ *ein alter, guter Freund* un vecchio, buon amico ♦ *ein Freund von mir* un mio amico ♦ *unter Freunden* fra amici ♦ *dicke Freunde sein (fam)* essere amici per la pelle ♦ *jmdn zum Freund haben* avere qcn per amico ♦ *sich* (Dat) *jmdn zum Freund machen* farsi amico qcn. **2** *(fam)* ragazzo, fidanzato ♦ *seine Freundin hat ihn verlassen* la sua ragazza l'ha lasciato. **3** amante, appassionato ♦ *ein Freund der Natur* un amante della natura. ◆ **Freund und Feind** tutti, chiunque. ◆ **jmdm Freund bleiben, sein, werden** rimanere, essere, diventare amico di qcn. ◆ **Freunde in der Not gehen tausend auf ein Lot** *(prov)* gli amici si riconoscono nel momento del bisogno.

freundlich [-lɪç] *(agg)* **1** gentile, cortese ♦ *eine freundliche Aufnahme* un'accoglienza cortese. **2** accogliente, piacevole (luogo); sereno (tempo). **3** *(avv)* gentilmente, cortesemente. ◆ **mit freundlichen Grüßen** cordiali saluti.

Freundlichkeit [-lɪç,kait] *(f; -, -en)* **1** gentilezza, cortesia. **2** piacevolezza, accoglienza (di luogo).

Freundschaft [-ʃaft] *(f; -, -en)* ~ amicizia ♦ *eine langjährige Freundschaft* un'amicizia di lunga data ♦ *mit jmdm Freundschaft schließen* stringere amicizia con qcn.

freundschaftlich [-ʃaftlɪç] *(agg)* **1** amichevole. **2** *(avv)* amichevolmente.

Frevel ['fre:fəl] *(m; -s, -)* ~ *(lett)* sacrilegio.

frevelhaft [-,haft] *(agg)* ~ *(lett)* sacrilego.

Frieden ['fri:dən] *(m; -s, -)* **1** *(solo sing)* pace ♦ *Frieden schließen* concludere la pace. **2** pace, trattato di pace ♦ *der Westfälische Frieden* la pace di Vestfalia ♦ *den Frieden unterzeichnen* firmare la pace. **3** *(solo sing)* pace, armonia, concordia. ◆ **jmdn in Frieden lassen** lasciare in pace qcn.

Friedensbewegung [-sbə,ve:gʊŋ] *(f; -, -en)* ~ movimento pacifista.

Friedensnobelpreis [-sno,bɛlprais] *(m; -es, -e)* ~ premio Nobel per la pace.

Friedensrichter [-s,rɪçtɐ] *(m; -s, -; f* **-in***)* ~ *(dir)* giudice di pace.

Friedensschluss († **-schluß**) [-s,ʃlʊs] *(m; -es, -schlüsse)* ~ conclusione della pace.

Friedensstifter [-s,ʃtɪftɐ] *(m; -s, -; f* **-in***)* ~ pacificatore.

Friedensvertrag [-sfɛɐ,tra:k] *(m; -(e)s, -träge)* ~ trattato di pace.

friedfertig ['fri:t,fɛrtɪç] *(agg)* ~ pacifico.

Friedhof ['fri:t,ho:f] *(m; -(e)s, -höfe)* ~ cimitero ♦ *auf dem Friedhof* al cimitero (stato) ♦ *auf den Friedhof* al cimitero (luogo).

friedlich ['fri:t,lɪç] *(agg)* **1** pacifico ♦ *friedliches Zusammenleben* convivenza pacifica. **2** pacifico, tranquillo, calmo (persona o cosa). **3** *(avv)* pacificamente, in modo pacifico, tranquillamente.

frieren[1] ['fri:rən] *(vi,* hat/ist; **fror, gefroren***)* **1** *(aux* hat*)* avere freddo ♦ *ich friere (an den Füßen)* ho freddo (ai piedi). **2** *(aux* ist*)* congelarsi.

frieren[2] *(impers,* hat; **fror, gefroren***)* **1** avere freddo ♦ *es friert mich an den Füßen/mich friert an den Füßen* ho freddo ai piedi. **2** gelare ♦ *heute Nacht hat es gefroren* stanotte ha gelato.

Frikadelle [frika'dɛlə] *(f; -, -n)* ~ polpetta.

frisch [frɪʃ] *(agg)* **1** fresco *(anche fig)* ♦ *frisches Obst* frutta fresca ♦ *frische Luft* aria fresca ♦ *frisches Wasser* acqua fresca ♦ *die Erinnerung ist noch frisch* il ricordo è ancora fresco. **2** nuovo *(anche fig)*; fresco, pulito ♦ *frische Betttücher* lenzuola pulite ♦ *frischen Mut fassen* prendere nuovo coraggio. **3** fresco, sano ♦ *ein frisches Aussehen* un aspetto fresco. **4** *(avv)* di fresco, appena ♦ *frisch gefallener Schnee* neve appena caduta. ◆ **frisch gebacken** († **frischgebacken**) appena sfornato, fresco *(anche fig)* ♦ *frisch gebackenes Brot* pane appena sfornato ♦ *ein frisch gebackener Ingenieur* un ingegnere fresco di studi. ◆ **frisch gestrichen!** vernice fresca! ◆ **frisch und munter** *(fam)* in salute.

Frische [-ə] *(f; -)* ~ freschezza *(anche fig)*.

frischgebacken ~ **frisch gebacken** (vedi **frisch**).

frischweg [ˌfrɪʃ'vɛk] *(avv)* ~ *(fam)* senza esitazione.

Friseur *(anche* **Frisör***)* [fri'zøːɐ] *(m; -s, -e; f* **-in***)* ~ parrucchiere.

Friseuse *(anche* **Frisöse***)* [fri'zøːzə] *(f; -, -n)* ~ parrucchiera.

frisieren [fri'ziːrən] *(vt, hat)* **1** pettinare, acconciare. **2** *(fig/fam)* abbellire, aggiustare, manipolare (statistiche, bilanci, ecc); truccare (motori).

Frisör, **Frisöse** ~ vedi **Friseur**, **Friseuse**.

Frist [frɪst] *(f; -, -en)* **1** scadenza, termine; tempo (fissato) ♦ *die Frist läuft Ende des Monats ab* il tempo scade alla fine del mese ♦ *noch eine Woche Frist haben* avere ancora una settimana di tempo ♦ *eine Frist um eine Woche verlängern* prolungare di una settimana una scadenza ♦ *zu dieser Frist muss die Arbeit erledigt sein* per questa scadenza il lavoro deve essere finito. **2** proroga, dilazione. ◆ **innerhalb kürzester Frist** entro brevissimo tempo.

fristen [-ən] *(vt, hat)* ~ prorogare. ◆ **sein Leben fristen** portare avanti a fatica la propria vita.

fristgemäß [-gəˌmɛːs] *(agg)* **1** puntuale, entro il termine. **2** *(avv)* entro il termine, puntualmente.

fristlos [-ˌloːs] *(agg/avv)* ~ in tronco, senza preavviso ♦ *eine fristlose Kündigung* un licenziamento in tronco ♦ *jmdm fristlos kündigen* licenziare qcn in tronco.

Frisur [fri'zuːɐ] *(f; -, -en)* ~ pettinatura.

Fritteuse († **Friteuse**) [fri'tøːzə] *(f; -, -n)* ~ friggitrice.

frittieren († **fritieren**) [fri'tiːrən] *(vt, hat)* ~ friggere.

Frittüre († **Fritüre**) [fri'tyːrə] *(f; -, -n)* ~ frittura.

froh [froː] *(agg)* **1** contento, felice, lieto ♦ *ein frohes Gesicht* un viso contento ♦ *über etwas* (Acc) *froh sein* essere contento di qcs, per qcs ♦ *ich bin froh, dass du gekommen bist* sono contento che tu sia venuto. **2** lieto, bello (evento, notizia). ◆ **frohe Weihnachten!** buon Natale! ◆ **frohe Ostern!** buona Pasqua!

fröhlich ['frøːlɪç] *(agg)* **1** allegro, gaio, contento. **2** *(avv)* allegramente.

Fröhlichkeit [-ˌkait] *(f; -)* ~ allegria, gaiezza, contentezza.

frohlocken ['froːˌlɔkən] *(vi, hat)* ~ {*(über etwas)* (Acc) ~} *(lett)* gioire, esultare (per il male altrui).

fromm [frɔm] *(agg)* **1** pio, devoto, religioso. **2** ubbidiente, docile, mansueto (animali).

frömmeln ['frœməln] *(vi, hat)* ~ essere bigotto.

Fron [froːn] *(f; -, -en)* **1** *(stor)* corvè. **2** *(fig)* corvè, lavoro ingrato.

Frondienst [-ˌdiːnst] *(m; -(e)s, -e)* ~ *(stor)* corvè.

frönen ['frøːnən] *(vi, hat)* ~ {*einer Sache* (Dat) ~} *(lett)* essere schiavo di qcs (vizi e sim).

Fronleichnam [ˌfroːn'laiçˌnaːm] *(m; -(e)s)* ~ *(relig)* Corpus Domini.

Front [frɔnt] *(f; -, -en)* **1** fronte, facciata (di edifici). **2** *(mil/pol)* fronte ♦ *an die Front gehen* andare al fronte ♦ *an der Front stehen* essere al fronte ♦ *ein Kampf an/nach zwei Fronten* una battaglia su due fronti *(anche fig)*. ◆ **gegen jmdn/etwas Front machen** *(fig)* fare fronte comune contro qcn/qcs.

frontal [frɔn'taːl] *(agg)* **1** frontale. **2** *(avv)* frontalmente.

fror ['froːɐ] ~ pret di **frieren**.

Frosch [frɔʃ] *(m; -(e)s, Frösche)* ~ *(zool)* rana. ◆ **einen Frosch im Hals haben** *(fam)* essere rauco.

Froschperspektive [-pɛrspɛkˌtiːvə] *(f; -, -n)* ~ *(fam)* prospettiva dal basso. ◆ **etwas aus der Froschperspektive betrachten** guardare qcs dal basso verso l'alto.

Frost [frɔst] *(m; -(e)s, Fröste)* **1** gelo, gelata. **2** brividi (di febbre).

frösteln[1] ['frœstəln] *(vi, hat)* ~ tremare (dal freddo), avere i brividi *(anche fig)*.

frösteln[2] *(impers, hat)* ~ avere freddo; essere freddoloso ♦ *es fröstelt mich/mich fröstelt (es)* ho freddo.

frostig ['frɔstɪç] *(agg)* ~ gelido, freddo *(anche fig)* ♦ *frostige Luft* aria gelida.
Frottee [frɔ'te:] *(m/n; -/s, -s)* ~ spugna, tessuto di spugna.
frottieren [frɔ'ti:rən] *(vt,* hat*)* ~ asciugare (con una spugna).
Frucht [frʊxt] *(f; -,* Früchte*)* ***1*** frutto, prodotto (della terra) ♦ *die Früchte des Gartens* i frutti dell'orto ♦ *Früchte tragen* dare frutti. ***2*** *(fig)* frutto, risultato ♦ *die Früchte der Arbeit ernten* raccogliere i frutti del lavoro.
fruchtbar [-ˌba:ɐ] *(agg)* ***1*** fruttifero, fertile, fecondo. ***2*** prolifico, fecondo, fertile. ***3*** *(fig)* fruttuoso, fertile, fecondo.
Fruchtbarkeit [-ba:ɐˌkait] *(f; -)* ~ fertilità, fecondità *(anche fig)*.
fruchtbringend [-ˌbrɪŋənt] *(agg)* ***1*** fruttifero, fertile. ***2*** *(fig)* fruttuoso, fertile, fecondo.
fruchten [-ən] *(vt,* hat*)* ***1*** *(bot)* dare frutti. ***2*** *(fig)* fruttare, servire.
Fruchtfleisch [-ˌflaiʃ] *(n; -es)* ~ polpa (di un frutto).
fruchtig [-ɪç] *(agg)* ***1*** al sapore di frutta, all'aroma di frutta. ***2*** aromatico.
fruchtlos [-ˌlo:s] *(agg)* ~ *(fig)* sterile, infruttuoso.
Fruchtlosigkeit [-ˌlo:zɪçkait] *(f; -)* ~ sterilità, infruttuosità *(anche fig)*.
Fruchtpresse [-ˌprɛsə] *(f; -, -n)* ~ spremitore, spremifrutta.
Fruchtsaft [-ˌzaft] *(m; -(e)s, -säfte)* ~ succo di frutta, spremuta di frutta.
früh [fry:] *(agg)* ***1*** primo, presto ♦ *am frühen Morgen* di primo mattino ♦ *in früher Kindheit* nella prima infanzia. ***2*** precoce, anticipato, prematuro ♦ *ein früher Tod* una morte prematura ♦ *ein früher Winter* un inverno precoce. ***3*** *(avv)* presto, di primo mattino ♦ *heute früh* stamattina presto ♦ *früh aufstehen* alzarsi presto ♦ *möglichst früh; so früh wie möglich* prima possibile, più presto possibile. ◆ **früh verstorben** († **frühverstorben**) prematuramente scomparso.
frühauf [-ˌʔauf] *(avv)* ~ **von frühauf** fin dall'infanzia, fin da bambino.
Frühe [-ə] *(f; -)* ***1*** *(lett)* mattina, mattino presto ♦ *in aller Frühe* di prima mattina. ***2*** *(fig/lett)* inizio, mattino.
früher [-ɐ] *(agg)* ***1*** *(compar di* **früh***)* prima ♦ *könntest du früher kommen?* potresti venire prima? ***2*** precedente, passato ♦ *in früheren Zeiten* in tempi passati. ***3*** ex, di una volta, di prima ♦ *der frühere Präsident* l'ex presidente. ***4*** *(avv)* prima, allora, un tempo ♦ *früher lebten wir auf dem Land* un tempo vivevamo in campagna. ◆ **früher oder später** prima o poi, presto o tardi.
frühestens [-əstəns] *(avv)* ~ al più presto, non prima di ♦ *ich werde frühestens um 11 kommen* verrò non prima delle undici.
Frühgeborene(r) [-gəˌbo:rənə (-nɐ)] *(m/f; -n, -n)* ~ prematuro, neonato prematuro.
Frühgeburt [-gəˌbu:ɐt] *(f; -, -en)* ~ parto prematuro.
Frühjahr [-ˌja:ɐ] *(n; -(e)s, -e)* ~ primavera, inizio dell'anno.
Frühling [-ˌlɪŋ] *(m; -s, -e)* ***1*** primavera ♦ *im Frühling* in primavera. ***2*** *(fig)* primavera, inizi.
frühlings [-ˌlɪŋs] *(avv)* ~ di primavera, in primavera.
frühreif [-ˌraif] *(agg)* ~ precoce (persona; frutto).
Frühreife [-ˌraifə] *(f, -)* ~ precocità.
Frühstück [-ˌʃtʏk] *(n; -(e)s, -e)* ~ colazione ♦ *das Frühstück machen* preparare la colazione ♦ *zum Frühstück esse ich ein Brötchen* a colazione mangio un panino.
frühstücken [-ˌʃtʏkən] *(vi,* hat*)* ~ fare colazione ♦ *hast du schon gefrühstückt?* hai già fatto colazione?
frühverstorben ~ **früh verstorben** (vedi **früh**).
frühzeitig [-ˌtsaitɪç] *(agg)* ***1*** precoce, prematuro ♦ *ein frühzeitiger Frühling* una primavera precoce. ***2*** *(avv)* presto, per tempo; precocemente, prematuramente, prima del tempo.
Frühzeitigkeit [-tsaitɪçˌkait] *(f; -)* ~ precocità.
Frust [frʊst] *(m; -)* ~ *(fam)* frustrazione.
frustrierend [frʊs'tri:rənt] *(agg)* ~ frustrante.
frustriert [frʊs'tri:ɐt] *(agg)* ~ *(fam)* frustrato.
Fuchs [fʊks] *(m; -es,* Füchse*)* ***1*** *(zool)* volpe. ***2*** *(fig)* volpe, furbacchione.
fuchteln ['fʊxtəln] *(vi,* hat*)* ~ {*mit etwas ~*} *(fam)* agitare, dimenare qcs ♦ *mit den Armen fuchteln* agitare le braccia.

Fug [fu:k] *(m)* ~ **mit Fug und Recht** *(lett)* a buon diritto.

Fuge ['fu:gə] *(f; -, -n)* ***1*** giuntura. ***2*** fessura. ***3*** *(mus)* fuga. ◆ **aus den Fugen gehen/geraten** scardinarsi, disgregarsi, scompaginarsi.

fugen [-n] *(vt,* hat*)* ~ congiungere, connettere (parti di una costruzione).

fügen ['fy:gən] *(vt,* hat*)* ***1*** connettere, collegare, congiungere. ***2*** *(lett)* disporre, volere, far sì che ♦ *der Zufall fügte es, dass* il caso ha voluto che. ◆ **sich fügen** *(vr)* ***1*** {*sich jmdm/etwas* ~} ubbidire, sottomettersi a qcn/qcs. ***2*** {*sich in etwas* (Acc) ~} rassegnarsi a qcs. ***3*** *(impers)* verificarsi, accadere, avvenire ♦ *es fügte sich, dass* avvenne che.

fügsam ['fy:k,za:m] *(agg)* ~ docile, arrendevole.

Fügung ['fy:gʊŋ] *(f; -, -en)* ***1*** volere (superiore), destino ♦ *die Fügung des Schicksals* il volere del destino. ***2*** *(gramm)* costrutto.

fühlbar ['fy:l,ba:ɐ] *(agg)* ~ *(fig)* sensibile, notevole, tangibile ♦ *eine fühlbare Verbesserung* un sensibile miglioramento.

fühlen ['fy:lən] *(vt,* hat*)* ***1*** sentire, provare (sensazioni o sentimenti) ♦ *Freude, Liebe fühlen* provare gioia, amore. ***2*** toccare, tastare ♦ *jmdm den Puls fühlen* tastare il polso a qcn. ◆ **sich fühlen** *(vr)* sentirsi (fisicamente o spiritualmente) ♦ *sich beleidigt, glücklich, traurig fühlen* sentirsi offeso, felice, triste ♦ *ich fühle mich wieder gut* mi sento di nuovo bene ♦ *hier fühle ich mich wie zu Hause* qui mi sento a casa.

Fühler ['fy:lɐ] *(m; -s, -)* ~ *(zool)* antenna. ◆ **seine/die Fühler ausstrecken** *(fig/fam)* tastare, sondare il terreno.

Fühlung ['fy:lʊŋ] *(f; -)* ~ contatto ♦ *mit jmdm in Fühlung bleiben, sein* rimanere, essere in contatto con qcn.

fuhr ['fu:ɐ] ~ pret di **fahren**.

Fuhre ['fu:rə] *(f; -, -n)* ***1*** carico (di camion e sim). ***2*** trasporto (con un veicolo).

führen ['fy:rən] *(vt,* hat*)* ***1*** condurre, portare, accompagnare ♦ *jmdn durch die Stadt führen* accompagnare qcn per la città ♦ *die Gabel zum Mund führen* portare la forchetta alla bocca. ***2*** guidare, condurre ♦ *eine Armee, ein Unternehmen führen* guidare un esercito, un'impresa. ***3*** guidare, condurre (veicoli). ***4*** *(vi)* portare, condurre (strade) *(anche fig)* ♦ *dieser Weg führt zu einer Hütte* questo sentiero porta a una capanna ♦ *das führt zu nichts* questo non porta a niente. ***5*** trasportare, portare con sé. ***6*** tenere (regolarmente) ♦ *mit jmdm einen Briefwechsel führen* tenere una corrispondenza con qcn ♦ *ein Tagebuch führen* tenere un diario ♦ *eine Ware führen* tenere (vendere regolarmente) una merce. ***7*** condurre (vita). ***8*** *(vi) (sport)* condurre, essere in vantaggio ♦ *wir führen mit eins zu Null* siamo in vantaggio uno a zero. ◆ **sich führen** *(vr)* comportarsi.

führend [-t] *(agg)* ~ di primo piano, preminente ♦ *eine führende Persönlichkeit* una personalità di primo piano ♦ *eine führende Rolle* un ruolo di primo piano.

Führer ['fy:rɐ] *(m; -s, -; f* **-in***)* ***1*** direttore, guida, capo, comandante. ***2*** guida turistica (persona; libro). ***3*** *(stor)* Führer.

Führerrolle [-,rɔlə] *(f; -, -n)* ~ ruolo guida, ruolo di primo piano.

Führerschaft [-ʃaft] *(f; -, -en)* ***1*** direzione, comando, guida. ***2*** gruppo dirigente, dirigenza.

Führerschein [-ʃain] *(m; -(e)s, -e)* ~ patente ♦ *den Führerschein machen (fam)* prendere la patente ♦ *jmdm den Führerschein entziehen* ritirare la patente a qcn.

Führersitz [-,zɪts] *(m; -es, -e)* ~ sedile del guidatore.

Fuhrpark ['fu:ɐ,park] *(m; -(e)s, -s)* ~ parco macchine.

Führung ['fy:rʊŋ] *(f; -, -en)* ***1*** direzione, guida, comando ♦ *jmdm die Führung überlassen* lasciare il comando a qcn ♦ *die Führung übernehmen* assumere il comando. ***2*** gruppo dirigente, dirigenza. ***3*** comportamento, condotta ♦ *jmdn wegen guter Führung entlassen* scarcerare qcn per buona condotta. ***4*** visita guidata. ***5*** *(sport)* vantaggio ♦ *in Führung gehen, liegen* andare, essere in vantaggio.

Führungskraft [-s,kraft] *(f; -, -kräfte)* ~ dirigente, direttore.

Führungsschicht [-s,ʃɪçt] *(f; -, -en)* ~ classe dirigente.

Führungsspitze [-s,ʃpɪtsə] *(f; -, -n)* ~ direzione, vertice.

Fuhrwerk ['fuːɐ̯,vɛrk] *(n; -(e)s, -e)* ~ carro.

Fülle ['fʏlə] *(f; -)* ***1*** pienezza. ***2*** *(fig)* abbondanza, grande quantità ♦ *eine Fülle von Material* un'abbondanza di materiale. ***3*** pinguedine.

füllen [-n] *(vt, hat)* ***1*** riempire ♦ *eine Flasche mit Wasser füllen* riempire d'acqua una bottiglia. ***2*** {*etwas in etwas* (Acc) ~} mettere qcs in qcs; imbottigliare ♦ *Tomaten in Körbe füllen* mettere i pomodori nelle ceste ♦ *Wein in Flaschen füllen* imbottigliare il vino. ***3*** farcire, riempire (cibi). ***4*** otturare (denti). ◆ **sich mit etwas füllen** *(vr)* riempirsi di qcs ♦ *das Theater füllte sich mit Zuschauern* il teatro si riempì di spettatori.

Füller ['fʏlɐ] *(m; -s, -)* ~ *(fam)* penna stilografica.

Füllfederhalter ['fʏl,feːdɐhaltɐ] *(m; -s, -)* ~ penna stilografica.

füllig ['fʏlɪç] *(agg)* ~ grassoccio.

Füllsel ['fʏlzəl] *(n; -s, -)* ***1*** riempitivo. ***2*** ripieno.

Füllung ['fʏlʊŋ] *(f; -, -en)* ***1*** riempimento (il riempire; ciò con cui si riempie). ***2*** ripieno, farcitura. ***3*** otturazione (di denti).

fummeln ['fʊməln] *(vi, hat)* ***1*** {*an etwas* (Dat) ~} *(fam)* toccare, tastare qcs, armeggiare a qcs. ***2*** {*an jmdm* ~} *(fam)* accarezzare qcn, pomiciare.

Fund [fʊnt] *(m; -(e)s, -e)* ***1*** ritrovamento, rinvenimento, scoperta. ***2*** *(concr)* oggetto ritrovato, reperto (archeologico).

Fundament [fʊnda'mɛnt] *(n; -(e)s, -e)* ***1*** fondamenta. ***2*** *(fig)* fondamento, base.

Fundbüro ['fʊnt,byroː] *(n; -s, -s)* ~ ufficio oggetti smarriti.

Fundgrube ['fʊnt,gruːbə] *(f; -, -n)* ~ *(fig)* miniera, fonte inesauribile.

fundiert [fʊn'diːɐt] *(agg)* ~ *(econ)* consolidato ♦ *fundierte Schuld* debito consolidato.

fündig ['fʏndɪç] *(agg)* ~ **fündig werden** trovare qcs (dopo lunga ricerca).

Fundort ['fʊnt,ʔɔrt] *(m; -(e)s, -e)* ~ luogo di ritrovamento.

fünf [fʏnf] *(num)* ~ cinque. ◆ **fünf gerade sein lassen** *(fam)* lasciar correre, non sottilizzare.

Fünf *(f; -, -en)* ***1*** il numero cinque. ***2*** *(fam)* l'autobus numero cinque. ***3*** insufficiente (voto scolastico).

Fünfeck [-,ʔɛk] *(n; -(e)s, -e)* ~ *(geom)* pentagono.

Fünfer [-ɐ] *(m; -s, -)* ***1*** *(fam)* il numero cinque. ***2*** *(fam)* l'autobus numero cinque. ***3*** *(fam)* insufficiente (voto scolastico).

fünffach [-,fax] *(agg)* ***1*** quintuplo. ***2*** *(avv)* (moltiplicato per) cinque volte.

Fünffache [-,faxə] *(n; -n)* ~ quintuplo.

fünfhundert [-'hʊndɐt] *(num)* ~ cinquecento.

fünfjährig [-jɛːrɪç] *(agg)* ~ di cinque anni ♦ *ein fünfjähriges Kind* un bambino di cinque anni.

fünfjährlich [-jɛːɐlɪç] *(agg)* ~ di cinque anni, quinquennale ♦ *ein fünfjährlicher Vertrag* un contratto di cinque anni.

Fünfkampf [-,kampf] *(m; -(e)s)* ~ *(sport)* pentathlon.

fünftausend [-'tauzənt] *(num)* ~ cinquemila.

fünfte(r, -s) [-tə (-tɐ, -təs)] *(num ord)* ~ quinto.

fünftel [-təl] *(agg indecl)* ~ un quinto.

Fünftel *(n; -s, -)* ~ quinto, quinta parte.

fünfzehn [-,tseːn] *(num)* ~ quindici.

fünfzig [-tsɪç] *(num)* ~ cinquanta.

fünfziger [-tsɪgɐ] *(agg indecl)* ~ cinquanta ♦ *in den fünfziger Jahren* negli anni cinquanta.

Fünfziger *(m; -s, -)* ***1*** *(fam)* moneta da cinquanta pfennig/centesimi. ***2*** cinquantenne.

Fünfzigerjahre [-tsɪgɐ,jaːrə] *(pl)* ~ anni cinquanta.

fungieren [fʊŋ'giːrən] *(vi, hat)* ~ {*als etwas* (Nom) ~} fungere da.

Funk [fʊŋk] *(m; -s)* ~ radio, radiodiffusione ♦ *über Funk* via radio.

Funke [-ə] *(anche* **Funken***)* *(m; -n, -n)* ***1*** scintilla ♦ *Funken sprühen* sprizzare scintille. ***2*** *(fig)* scintilla, motivo scatenante. ***3*** *(fig)* scintilla, illuminazione, ispirazione. ◆ **(k)ein Funken** (nemmeno) un briciolo ♦ *er hatte keinen Funken Verständnis* non ebbe un briciolo di comprensione.

funkeln [-əln] *(vi, hat)* ~ scintillare, brillare, luccicare.

funken[1] [-ən] *(vi,* hat*)* ~ mandare scintille. ◆ **es funkt (bei jmdm)** *(impers)* ***1*** *(fig/fam)* qcn capisce, ci arriva ♦ *bei ihm hat es endlich gefunkt* finalmente ci è arrivato. ***2*** scoppiano scintille, c'è una lite ♦ *bei ihm zu Hause hat es schon wieder gefunkt* a casa sua ci sono state di nuovo scintille. ***3*** scoppia la scintilla, l'amore ♦ *zwischen den beiden hat es gefunkt* fra i due è scoppiata la scintilla.

funken[2] *(vt,* hat*)* ~ trasmettere via radio.

Funken *(m;* -s, -*)* ~ vedi **Funke**.

Funker [-ɐ] *(m;* -s, -*)* ~ radiotelegrafista, marconista.

Funkgerät [-gəˌrɛːt] *(n;* -(e)s, -e*)* ~ apparecchio radio.

Funkhaus [-ˌhaus] *(n;* -(e)s, -er*)* ~ studi (di una radio).

Funkspruch [-ʃprʊx] *(m;* -(e)s, -sprüche*)* ~ notizia (via radio).

Funkstille [-ʃtɪlə] *(f;* -*)* ***1*** interruzione delle trasmissioni radiofoniche. ***2*** *(fig)* silenzio, gelo.

Funktion [fʊŋk'tsjoːn] *(f;* -, -en*)* ***1*** funzione, attività ♦ *in Funktion treten* entrare in funzione. ***2*** funzione, ruolo, carica. ***3*** *(mat)* funzione.

Funktionär [fʊŋktsjo'nɛːɐ] *(m;* -s, -e; *f* **-in***)* ~ funzionario.

funktionieren [fʊŋktsjo'niːrən] *(vi,* hat*)* ~ funzionare.

Funzel ['fʊntsəl] *(f;* -, -n*)* ~ *(fam/spreg)* lampada fioca, lumicino.

für ['fyːɐ] *(prep* + Acc; **fürs** = **für das***)* ***1*** per (a favore di, a beneficio di) ♦ *die Blumen sind für dich* i fiori sono per te ♦ *ein Rezept für vier Personen* una ricetta per quattro persone ♦ *gehst du bitte für mich zur Post?* vai per me alla posta, per favore? ***2*** per, in rapporto a ♦ *er ist sehr vernünftig für sein Alter* è molto giudizioso per la sua età. ***3*** *(tempo previsto)* per ♦ *ich will für zwei Jahre in Deutschland bleiben* voglio restare in Germania (per) due anni ♦ *für heute* per oggi ♦ *für immer* per sempre. ***4*** *(prezzo)* per ♦ *was hast du für das neue Motorrad bezahlt?* quanto hai pagato (per) la moto nuova? ***5*** per, dopo ♦ *Wort für Wort* parola per parola ♦ *Schritt für Schritt* passo dopo passo. ◆ **für sich** in sé, in sé e per sé. ◆ **das Für und Wider** i pro e i contro.

Furche ['fʊrçə] *(f;* -, -n*)* ***1*** solco; scia (di nave) ♦ *Furchen ziehen* tracciare solchi. ***2*** ruga, solco.

Furcht ['fʊrçt] *(f;* -*)* ***1*** paura, timore ♦ *die Furcht vor dem Tode* la paura della morte ♦ *jmdm Furcht einjagen* incutere timore, metter paura a qcn. ***2*** timore ♦ *die Furcht Gottes* il timor di Dio. ◆ **Furcht erregend** († **furchterregend**) spaventoso, che incute paura.

furchtbar [-ˌbaːɐ] *(agg)* ***1*** spaventoso, terribile, tremendo *(anche fig)*. ***2*** *(avv)* spaventosamente, terribilmente, tremendamente *(anche fig)* ♦ *es ist furchtbar spät* è tremendamente tardi.

fürchten ['fʏrçtən] *(vt,* hat*)* ***1*** {*jmdn/etwas* ~} temere, aver paura di qcn/qcs. ***2*** temere, prevedere ♦ *ich fürchte, nicht kommen zu können/dass ich nicht kommen kann* temo di non poter venire ♦ *ich fürchte, er will nicht mehr kommen* temo che non voglia più venire. ***3*** {*für jmdn/etwas* ~} *(vi)* preoccuparsi per qcn/qcs, temere per qcn/qcs. ◆ **sich vor jmdm/etwas fürchten** *(vr)* temere qcn/qcs, avere paura di qcn/qcs.

fürchterlich ['fʏrçtɐlɪç] *(agg)* ***1*** terribile, spaventoso, tremendo. ***2*** *(avv)* terribilmente, spaventosamente, tremendamente.

furchterregend ~ **Furcht erregend** (vedi **Furcht**).

furchtsam ['fʊrçtˌzaːm] *(agg)* ~ timoroso, pauroso.

füreinander [ˌfyːɐʔai'nandɐ] *(avv)* ~ l'uno per l'altro.

Furie ['fuːrjə] *(f;* -, -n*)* ~ *(mitol)* furia *(anche fig)* ♦ *wie eine Furie* come una furia ♦ *wie von Furien gejagt* come inseguito dalle furie.

Furore [fu'roːrə] *(f;* -; *anche n,* -/-s*)* ~ successo, furore ♦ *Furore machen* fare furore, furoreggiare.

fürs ['fyːɐs] *(prep art)* ~ = **für das** (vedi **für**).

Fürsorge ['fyːɐˌzɔrgə] *(f;* -*)* ***1*** assistenza sociale. ***2*** cura, premure.

Fürsorger ['fyːɐˌzɔrgɐ] *(m;* -s, -; *f* **-in***)* ~ assistente sociale.

fürsorglich ['fyːɐˌzɔrklɪç] *(agg)* ~ premuroso.

Fürsprache [ˈfyːɐʃpraːxə] *(f; -, -n)* ~ intercessione ♦ *bei jmdm für jmdn Fürsprache einlegen* intercedere presso qcn per qcn.
Fürsprecher [ˈfyːɐʃprɛçɐ] *(m; -s, -)* ~ intercessore.
Fürst [fʏrst] *(m; -en, -en; f* **-in***)* ~ principe.
Fürstentum [-ənˌtuːm] *(n; -s, -tümer)* ~ principato.
fürstlich [-lɪç] *(agg)* ~ principesco.
Furt [fʊrt] *(f; -, -en)* ~ guado.
Furunkel [fuˈrʊŋkəl] *(m/n; -s, -)* ~ foruncolo.
Fürwort [ˈfyːɐˌvɔrt] *(n; -(e)s, -wörter)* ~ *(gramm)* pronome.
Furz [fʊrts] *(m; -es, Fürze)* ~ *(volg)* scorreggia, peto ♦ *einen Furz lassen* fare una scorreggia.
furzen [-ən] *(vi,* hat*)* ~ *(volg)* scoreggiare.
Fusion [fuˈzjoːn] *(f; -, -en)* ~ fusione *(anche biol/chim)*.
Fuß [fuːs] *(m; -es, Füße)* ***1*** piede ♦ *mit bloßen Füßen* a piedi nudi ♦ *ich habe mir einen Fuß gebrochen* mi sono rotto un piede ♦ *sich jmdm zu Füßen werfen* gettarsi ai piedi di qcn. ***2*** zampa. ***3*** piede, base, piedi ♦ *am Fuß des Berges, des Bettes* ai piedi della montagna, del letto. ***4*** piede (metrico; unità di misura). ◆ **(festen) Fuß fassen** *(fig)* prendere piede, affermarsi. ◆ **auf die Füße fallen** *(fig)* cadere in piedi. ◆ **jmdm auf dem Fuße folgen** *(fig)* stare alle calcagna a qcn. ◆ **mit jmdm auf gutem Fuß stehen** *(fig)* essere in buoni rapporti con qcn. ◆ **jmdm auf die Füße treten** *(fig)* pestare i piedi a qcn. ◆ **mit einem Fuß im Grabe stehen** *(fig)* avere un piede nella fossa. ◆ **zu Fuß gehen** andare a piedi. ◆ **jmdm zu Füßen liegen** essere ai piedi di qcn.
Fußangel [-ˌˀaŋəl] *(f; -, -n)* ~ tagliola.
Fußbad [-ˌbaːt] *(n; -(e)s, -bäder)* ~ pediluvio.
Fußball [-ˌbal] *(m; -(e)s, -bälle)* ***1*** *(solo sing) (sport)* calcio. ***2*** pallone da calcio.
Fußballer [-ˌbalɐ] *(m; -s, -)* ~ *(fam)* calciatore.
Fußballmannschaft [-balˌmanʃaft] *(f; -, -en)* ~ squadra di calcio.
Fußballspiel [-balʃpiːl] *(n; -(e)s, -e)* ~ partita di calcio.
Fußboden [-ˌboːdən] *(m; -s, -böden)* ~ pavimento.
Fußbremse [-ˌbrɛmzə] *(f; -, -n)* ~ freno a pedale.
Fussel [ˈfʊsəl] *(f; -, -n; anche m, -s/-, -n)* ~ *(fam)* filo, peluzzo (di stoffa).
fusselig [-ɪç] *(agg)* ~ *(fam)* che fa peluzzi. ◆ **sich** (Dat) **den Mund fusselig reden** *(fig)* parlare al vento.
fußen [ˈfuːsən] *(vi,* hat*)* ~ {*auf etwas* (Dat) ~} basarsi su qcs, fondarsi su qcs.
Fußgänger [ˈfuːsˌgɛŋɐ] *(m; -s, -; f* **-in***)* ~ pedone.
Fußgängerzone [-ˌtsoːnə] *(f; -, -n)* ~ zona pedonale.
Fußmatte [ˈfuːsˌmatə] *(f; -, -n)* ~ zerbino.
Fußnote [ˈfuːsˌnoːtə] *(f; -, -n)* ~ nota a piè di pagina.
Fußpflege [ˈfuːsˌpfleːgə] *(f; -, -n)* ~ pedicure.
Fußsohle [ˈfuːsˌzoːlə] *(f; -, -n)* ~ pianta del piede.
Fußsoldat [ˈfuːszɔlˌdaːt] *(m; -en, -en)* ~ *(mil)* fante, soldato di fanteria.
Fußspitze [ˈfuːsʃpɪtsə] *(f; -, -n)* ~ punta del piede.
Fußstapfe [ˈfuːsʃtapfə] *(f; -, -n)* ~ vedi **Fußstapfen**.
Fußstapfen [-n] *(m; -s, -)* ~ orma.
Fußtritt [ˈfuːsˌtrɪt] *(m; -(e)s, -e)* ~ calcio, pedata.
Fußweg [ˈfuːsˌveːk] *(m; -(e)s, -e)* ***1*** strada pedonale. ***2*** cammino, percorso a piedi.
futsch [fʊtʃ] *(agg; solo pred)* ***1*** *(fam)* rotto. ***2*** *(fam)* perduto, passato, finito ♦ *mein ganzes Geld ist futsch* tutti i miei soldi sono andati a farsi benedire.
Futter[1] [ˈfʊtɐ] *(n; -s)* ***1*** mangime; foraggio; becchime. ***2*** *(fam)* cibo.
Futter[2] *(n; -s, -)* ~ fodera (interna).
Futteral [fʊtəˈraːl] *(n; -s, -e)* ~ astuccio, custodia.
füttern [ˈfʏtɐn] *(vt,* hat*)* ***1*** dar da mangiare a (animali), foraggiare ♦ *die Hühner füttern* dar da mangiare ai polli. ***2*** imboccare ♦ *ein Kind füttern* imboccare un bambino. ***3*** foderare.
Fütterung [ˈfʏtərʊŋ] *(f; -, -en)* ***1*** *(solo sing)* foderatura, rivestimento. ***2*** fodera.
Futur [fuˈtuːɐ] *(n; -s, -e)* ~ *(gramm)* futuro.

g, G [geː] *(n; -/-s, -/-s)* ~ g, G *(settima lettera dell'alfabeto tedesco)*.

g *(n; -)* ***1*** *(mus)* sol. ***2*** *(mus)* abbrev di **g-Moll**.

G *(n; -)* ***1*** *(mus)* sol. ***2*** *(mus)* abbrev di **G-Dur**.

gab [gaːp] ~ pret di **geben**.

Gabe ['gaːbə] *(f; -, -n)* ***1*** dono, regalo; offerta. ***2*** *(fig)* dono, talento, dote.

Gabel [-l] *(f; -, -n)* ***1*** forchetta. ***2*** forca, forcone.

gabeln [-ln] *(vr, hat)* ~ **sich gabeln** biforcarsi.

Gabelung [-lʊŋ] *(f; -, -en)* ~ biforcazione.

gackern ['gakɐn] *(vi, hat)* ***1*** fare coccodè. ***2*** *(fam)* chiacchierare, ciarlare.

gaffen ['gafən] *(vi, hat)* ~ {*(auf jmdn/etwas)* ~} guardare a bocca aperta (qcn/qcs).

Gag [gɛːk] *(m; -s, -s)* ~ *(fam)* gag, battuta.

Gage ['gaːʒə] *(f; -, -n)* ~ cachet, compenso (di artisti).

gähnen ['gɛːnən] *(vi, hat)* ~ sbadigliare.

Gala ['gala] *(f; -, -s)* ***1*** *(solo sing)* gala, abbigliamento di gala ♦ *in Gala gekleidet* vestito di gran gala, in abito da sera. ***2*** gala, serata di gala.

galant [ga'lant] *(agg)* ~ galante.

Galavorstellung [-ˌfoːɐʃtɛlʊŋ] *(f; -, -en)* ~ gala, spettacolo di gala.

Galaxis [ga'laksɪs] *(f; -, Galaxien)* ~ *(astron)* galassia.

Galeere [ga'leːrə] *(f; -, -n)* ~ galera (nave).

Galerie [galə'riː] *(f; -, -n)* ***1*** corridoio, galleria. ***2*** galleria, museo.

Galgen ['galgən] *(m; -s, -)* ~ forca, patibolo ♦ *jmdn an den Galgen bringen* mandare qcn al patibolo.

Galgenfrist [-ˌfrɪst] *(f; -, raro -en)* ~ *(fig/fam)* dilazione, tempo che rimane, tempo che separa (da qcs di spiacevole).

Galgenhumor [-huˌmoːɐ] *(m; -s)* ~ umorismo nero.

Galle ['galə] *(f; -, -n)* ***1*** bile. ***2*** *(anat)* cistifellea. ***3*** *(fig)* bile, rabbia. ◆ **jmdm läuft die Galle über** *(fig/fam)* qcn ha un travaso di bile. ◆ **seine Galle verspritzen** *(fig/fam)* sfogare la propria rabbia.

gallenbitter [-nˌbɪtɐ] *(agg)* ~ amaro come il fiele.

Gallenblase [-nˌblaːzə] *(f; -, -n)* ~ *(anat)* cistifellea.

Gallenstein [-nˌʃtain] *(m; -(e)s, -e)* ~ calcolo biliare.

Gallert ['galɐt] *(n; -(e)s, -e)* ~ *(gastr)* gelatina.

Galopp [ga'lɔp] *(m; -s, -e/-s)* ~ galoppo ♦ *Galopp reiten* andare al galoppo, galoppare. ◆ **im Galopp** *(fig)* al galoppo.

galoppieren [galɔ'piːrən] *(vi, ist)* ~ galoppare.

galt [galt] ~ pret di **gelten**.

Gamasche [ga'maʃə] *(f; -, -n)* ~ ghetta.

gammeln ['gaməln] *(vi, hat)* ~ *(fam)* poltrire, fare il fannullone.

Gammler ['gamlɐ] *(m; -s, -)* ~ *(fam)* fannullone; capellone.

Gämse († **Gemse**) ['gɛmzə] *(f; -, -n)* ~ *(zool)* camoscio.

gang [gaŋ] *(agg)* ~ **gang und gäbe sein** essere comune, essere in uso.

Gang[1] *(m; -(e)s, Gänge)* *1* andatura, passo ♦ *ein schwerer Gang* un'andatura pesante. *2* movimento, moto ♦ *einen Motor in Gang bringen/setzen* mettere in moto un motore ♦ *in Gang kommen* entrare in moto ♦ *in Gang sein* essere in moto. *3* *(fig)* corso, percorso, decorso ♦ *die Sache geht ihren Gang* la cosa segue il suo corso. *4* giro, girata. *5* commissione, incombenza ♦ *einen Gang machen* svolgere una commissione ♦ *einen schweren Gang tun* avere un'incombenza gravosa. *6* marcia (di auto) ♦ *den ersten Gang einlegen* mettere/ingranare la prima. *7* portata, piatto. *8* passaggio (coperto), corridoio, cunicolo. ◆ **im Gang(e) sein** *1* *(fig)* essere in azione, essere in corso. *2* *(fig)* esserci sotto, bollire in pentola.

Gang[2] [gɛŋ] *(f; -, -s)* ~ gang, banda.

gängeln ['gɛŋəln] *(vt, hat)* ~ *(fig)* tenere al guinzaglio.

gängig ['gɛŋɪç] *(agg)* *1* comune, diffuso. *2* richiesto, che si vende bene (merce). *3* utilizzabile, funzionante. *4* in corso (monete). ◆ **etwas wieder gängig machen** riparare qcs.

Gangrän [gaŋ'grɛ:n] *(f; -, en; anche n; -s, -e)* ~ *(med)* cancrena.

Ganove [ga'no:və] *(m; -n, -n)* ~ furfante.

Gans [gans] *(f; -es, Gänse)* *1* oca. *2* *(fig)* oca, donna stupida.

Gänseblümchen ['gɛnzə,bly:mçən] *(n; -s, -)* ~ margherita di campo.

Gänsefüßchen ['gɛnzə,fy:sçən] *(pl)* ~ *(fam)* virgolette.

Gänsehaut ['gɛnzə,haut] *(f; -)* ~ *(fig)* pelle d'oca ♦ *ich habe eine Gänsehaut bekommen* mi è venuta la pelle d'oca.

Gänsemarsch ['gɛnzə,marʃ] *(m; -(e)s, -märsche)* ~ fila indiana ♦ *im Gänsemarsch gehen* andare in fila indiana.

Gänserich ['gɛnzərɪç] *(m; -(e)s, -e)* ~ *(zool)* oca maschio.

ganz [gants] *(agg)* *1* *(solo sing; fam anche pl)* tutto, intero ♦ *die ganze Welt* tutto il mondo ♦ *die ganze Wahrheit* tutta la verità ♦ *mein ganzes Geld* tutti i miei soldi ♦ *den ganzen Tag* per tutto il giorno ♦ *in ganz Deutschland* in tutta la Germania ♦ *ich musste ganze drei Stunden warten* dovetti aspettare per tre ore intere ♦ *die ganzen Gäste (fam)* tutti gli ospiti. *2* *(fam)* intero, non rotto ♦ *die Brille ist noch ganz* gli occhiali sono ancora interi. *3* *(fam)* solo, in tutto ♦ *mir sind ganze zehn Euro geblieben* mi sono rimasti dieci euro in tutto. *4* *(mat)* intero ♦ *ganze Zahl* numero intero. *5* *(avv)* completamente, del tutto ♦ *das ist etwas ganz Anderes* questa è una cosa completamente diversa ♦ *ich bin mir nicht ganz sicher* non sono del tutto sicura. *6* *(avv)* abbastanza ♦ *der Film hat mir ganz gut gefallen* il film mi è piaciuto abbastanza. *7* *(avv)* molto, parecchio, proprio ♦ *eine ganz schlechte Lage* una situazione molto grave. ◆ **eine ganze Menge** una gran quantità. ◆ **ganz schön** (+ *agg*) molto, parecchio ♦ *die Karte war ganz schön teuer!* il biglietto era molto caro! ◆ **ganz und gar** completamente, del tutto. ◆ **ganz und gar nicht** assolutamente, affatto. ◆ **im <u>Ganzen</u>** († **ganzen**) all'ingrosso. ◆ **im (<u>Großen</u> und) <u>Ganzen</u>** († **im großen und ganzen**) nel complesso, in generale. ◆ **im <u>Ganzen</u>** († **ganzen**) **genommen** tutto sommato.

Ganze(s) [-ə (-əs)] *(n; -n)* ~ unità, intero, tutto ♦ *ein einheitliches Ganzes* un tutto unico. ◆ **aufs Ganze gehen** *(fam)* giocare il tutto per tutto. ◆ **jetzt geht es ums Ganze** *(fam)* qui ci giochiamo tutto.

Ganzheit [-,hait] *(f; -)* ~ interezza, unità, unitarietà.

ganzjährig [-jɛ:rɪç] *(agg)* *1* di un anno, che dura per tutto l'anno. *2* *(avv)* per tutto l'anno.

gänzlich ['gɛntslɪç] *(agg)* *1* completo, totale. *2* *(avv)* completamente, totalmente.

ganzseitig ['gants,zaitɪç] *(agg/avv)* ~ a tutta pagina.

ganztägig ['gants,tɛ:gɪç] *(agg)* *1* di un giorno, che dura tutto il giorno. *2* *(avv)* per tutto il giorno.

ganztags ['gants,ta:ks] *(avv)* ~ tutto il giorno, a tempo pieno ♦ *ganztags arbeiten* lavorare a tempo pieno.

Ganztagsschule [-ʃu:lə] *(f; -, -n)* ~ scuola a tempo pieno.

gar[1] ['ga:ɐ] *(agg)* ~ cotto, pronto (cibo).

gar² *(avv)* ***1*** addirittura, perfino. ***2*** *(+ neg)* assolutamente, affatto ♦ *das ist gar nicht wahr* questo non è assolutamente vero ♦ *gar nichts* assolutamente niente. ***3*** *(dubitativo)* forse.

Garage [ga'ra:ʒə] *(f; -, -n)* ~ garage.

Garagentor [-nˌto:ɐ] *(n ; -(e)s, -e)* ~ porta del garage.

Garantie [garan'ti:] *(f; -, -n)* ***1*** garanzia ♦ *die Garantie für etwas übernehmen* assumersi la garanzia di qcs, garantire per qcs. ***2*** garanzia (di merci) ♦ *ein Jahr Garantie auf ein Gerät* un anno di garanzia su un apparecchio.

garantieren [-rən] *(vi/vt,* hat*)* ***1*** {*(jmdm) für etwas ~*} *(vi)* garantire qcs (a qcn), farsi garante di qcs (con qcn) ♦ *wir garantieren für die Qualität der Ware* garantiamo la qualità della merce. ***2*** {*(jmdm) etwas ~*} *(vt)* garantire qcs (a qcn), assicurare qcs (a qcn) ♦ *ich garantiere dir, dass* ti garantisco che.

garantiert [-ɐt] *(avv)* ~ sicuramente, certamente, di sicuro.

Garaus ['ga:ɐˌˀaus] *(m)* ~ **jmdm den Garaus machen** *(fam)* accoppare qcn. ◆ **einer Sache** (Dat) **den Garaus machen** *(fam)* farla finita con qcs.

Garbe ['garbə] *(f; -, -n)* ***1*** covone, fascio. ***2*** raffica (di spari).

Garde ['gardə] *(f; -, -n)* ~ *(mil)* guardia ♦ *königliche Garde* guardia reale. ◆ **die alte Garde** *(fig)* la vecchia guardia.

Garderobe [gardə'ro:bə] *(f; -, -n)* ***1*** guardaroba, vestiti. ***2*** guardaroba (in teatro e sim). ***3*** camerino.

Gardine [gar'di:nə] *(f; -, -n)* ~ tenda (di finestra).

garen ['ga:rən] *(vi/vt,* hat*)* ***1*** *(vi)* cuocere, cuocersi. ***2*** *(vt)* cuocere.

gären ['gɛ:rən] *(vi,* ist/hat; **gor/gärte, gegoren/gegärt***)* ***1*** fermentare; lievitare ♦ *der Most gärt* il mosto fermenta. ***2*** (**gärte, gegärt**) *(fig)* fermentare, ribollire ♦ *die Wut gärte in ihm* l'ira fermentava in lui. ***3*** {*es gärt*} *(impers) (fig)* c'è fermento ♦ *in der Masse gärt es* la massa è in fermento.

Garn [garn] *(n; -(e)s, -e)* ~ filo (da cucito). ◆ **ein Garn spinnen** *(fig/fam)* raccontar frottole. ◆ **jmdm ins Garn gehen** *(fig)* finire nella rete di qcn.

Garnele [gar'ne:lə] *(f; -, -n)* ~ *(zool)* gamberetto.

garnieren [gar'ni:rən] *(vt,* hat*)* ~ guarnire, decorare (vestiti; cibi).

Garnison [garni'zo:n] *(f; -, -en)* ~ *(mil)* guarnigione.

Garnitur [garni'tu:ɐ] *(f; -, -en)* ***1*** guarnizione, guarnitura. ***2*** completo (di abbigliamento). ***3*** servizio, servito (di posate, piatti, ecc).

garstig ['garstɪç] *(agg)* ***1*** brutto, schifoso, repellente. ***2*** maleducato; screanzato.

Garten ['gartən] *(m; -s,* Gärten*)* ~ giardino; orto; frutteto ♦ *einen Garten anlegen* coltivare un giardino (orto, frutteto).

Gartenbau [-ˌbau] *(m; -(e)s)* ***1*** giardinaggio, floricoltura. ***2*** orticoltura.

Gärtner ['gɛrtnɐ] *(m; -s, -; f* **-in***)* ~ giardiniere.

Gärtnerei [gɛrtnə'rai] *(f; -, -en)* ***1*** azienda di floricoltura; azienda ortofrutticola. ***2*** *(solo sing)* giardinaggio; orticoltura.

Gärung ['gɛ:rʊŋ] *(f; -, -en)* ***1*** fermentazione. ***2*** *(fig)* fermento.

Gärungserreger [-ɛɐˌre:gɐ] *(m; -s, -)* ~ *(biol)* fermento.

Gärungsmittel [-ˌmɪtəl] *(n; -s, -)* ~ fermento.

Gas [ga:s] *(n; -es, -e)* ***1*** gas. ***2*** gas, fornello a gas ♦ *den Topf aufs Gas stellen* mettere la pentola sul gas. ◆ **Gas geben** dare gas *(anche fig)*.

Gasanzünder [-ˌˀantsʏndɐ] *(m; -s, -)* ~ accendigas.

Gasflasche [-ˌflaʃə] *(f; -, -n)* ~ bombola di gas.

Gasherd [-ˌhe:ɐt] *(m; -(e)s, -e)* ~ cucina a gas.

Gaskammer [-ˌkamɐ] *(f; -, -n)* ~ camera a gas.

Gasmaske [-ˌmaskə] *(f; -, -n)* ~ maschera antigas.

Gasmesser [-ˌmɛsɐ] *(m; -s, -)* ~ contatore del gas.

Gasöl [-ˌˀø:l] (*n*; -s, -e) ~ gasolio.

Gaspedal [-peˌda:l] *(n; -s, -e)* ~ acceleratore.

Gasse ['gasə] *(f; -, -n)* ~ vicolo, stradina ♦ *auf der Gasse* nel vicolo (stato) ♦ *auf die Gasse* nel vicolo (moto).

Gast [gast] *(m; -es,* Gäste*)* ***1*** ospite, invitato ♦ *bei jmdm zu Gast sein* essere ospite di qcn ♦ *jmdn zu Gast haben* avere ospite qcn. **2** cliente (di ristorante, hotel, ecc).

Gastarbeiter [-ˌʔarbaitɐ] *(m; -s, -; f* **-in***)* ~ lavoratore straniero.

gastfreundlich [-ˌfrɔyntlɪç] *(agg)* ~ ospitale.

Gastfreundlichkeit [-frɔyntlɪçˌkait] *(f; -)* ~ ospitalità (l'essere ospitale).

Gastfreundschaft [-ˌfrɔyntˑʃaft] *(f; -)* ~ ospitalità (l'ospitare) ♦ *jmdm Gastfreundschaft gewähren* dare ospitalità a qcn.

Gastgeber [-ˌgeːbɐ] *(m; -s, -; f* **-in***)* ~ ospite, padrone di casa.

Gasthaus [-ˌhaus] *(n; -es, -häuser)* ~ locanda, albergo.

Gasthof [-ˌhoːf] *(m; -(e)s, -höfe)* ~ locanda, pensione.

gastieren [gas'tiːrən] *(vi, hat)* ~ esibirsi (di fronte a un pubblico straniero).

gastlich ['gastlɪç] *(agg)* ~ ospitale.

Gastmahl ['gastˌmaːl] *(n; -(e)s, -mähler/-mahle)* ~ *(lett)* banchetto.

Gastritis [gas'triːtɪs] *(f; -, ...tiden)* ~ *(med)* gastrite.

Gastronomie [gastrono'miː] *(f; -)* ~ gastronomia.

Gaststätte ['gastˌʃtɛtə] *(f; -, -n)* ~ trattoria, ristorante.

Gastwirt ['gastˌvɪrt] *(m; -(e)s, -e; f* **-in***)* ~ ristoratore.

Gaswerk ['gaːsˌvɛrk] *(n; -(e)s, -e)* ~ impresa fornitrice di gas.

Gaszähler ['gaːsˌtsɛːlɐ] *(m; -s, -)* ~ contatore del gas.

Gatte ['gatə] *(m; -n, -n; f* **Gattin***)* ~ *(lett)* consorte, coniuge (non il proprio) ♦ *grüßen Sie Ihre Gattin von mir* saluti la Sua signora da parte mia.

Gatter ['gatɐ] *(n; -s, -)* ~ recinto.

Gattung ['gatʊŋ] *(f; -, -en)* **1** genere *(anche bot/zool)*, tipo, specie. **2** genere letterario.

Gau [gau] *(m; -(e)s, -e)* ~ distretto, territorio.

Gaudi [-di] *(f; -; anche n; -s)* ~ *(fam)* divertimento, piacere.

Gaukler [-klɐ] *(m; -s, -; f* **-in***)* **1** prestigiatore, giocoliere. **2** imbroglione.

Gaul [-l] *(m; -(e)s, Gäule)* ~ *(spreg)* cavallo, ronzino. ◆ **einem geschenkten Gaul schaut man nicht ins Maul** *(prov)* a caval donato non si guarda in bocca.

Gaumen [-mən] *(m; -s, -)* ~ *(anat)* palato.

Gaumenmandel [-mənˌmandəl] *(f; -, -n)* ~ *(anat)* tonsilla.

Gaumenzäpfchen [-mənˌtsɛpfçən] *(n; -s, -)* ~ *(anat)* ugola.

Gauner [-nɐ] *(m; -s, -; f* **-in***)* **1** imbroglione. **2** furfante, briccone.

Gaunersprache [-nɐʃpraːxə] *(f; -, -n)* ~ lingua furbesca; gergo della malavita.

Gaze ['gaːzə] *(f; -)* ~ tessuto di garza, garza.

Gazelle [ga'tsɛlə] *(f; -, -n)* ~ *(zool)* gazzella.

G-Dur ['geː'duːɐ] *(n; -) (abbrev* **G***)* ~ *(mus)* sol maggiore.

geartet [gə'ʔaːɐtət] *(agg)* ~ di indole ♦ *gutmütig geartet sein* essere di indole bonaria.

geb. ~ abbrev di **geboren**[2].

Gebäck [gə'bɛk] *(n; -s, raro -e)* **1** biscotto, pasticcino. **2** prodotto da forno.

gebacken [ge'bakən] ~ part pass di **backen**.

Gebälk [gə'bɛlk] *(n; -(e)s)* ~ impalcatura (del tetto), travatura. ◆ **es knistert/kracht im Gebälk** *(fig/fam)* la baracca sta per crollare.

gebar [gə'baːɐ] ~ pret di **gebären**.

Gebärde [gə'bɛːɐdə] *(f; -, -n)* ~ gesto ♦ *sich durch Gebärden verständigen* farsi capire a gesti.

gebärden [-n] *(vr, hat)* ~ **sich gebärden** comportarsi.

gebären [gə'bɛːrən] *(vt, hat;* **gebar**, **geboren***)* **1** partorire, mettere al mondo. **2** *(fig)* partorire, creare. ◆ **geboren (worden) sein** vedi **geboren**[2].

Gebaren [gə'baːrən] *(n; -s)* ~ comportamento.

Gebärmutter [gə'bɛːɐˌmʊtɐ] *(f; -, -mütter)* ~ *(anat)* utero.

Gebäude [gə'bɔydə] *(n; -s, -)* **1** edificio. **2** *(fig)* edificio, struttura.

Gebeine [gə'bainə] *(pl)* ~ ossa, scheletro (di un morto).

geben ['geːbən] *(vt, hat; er* **gibt**, **gab**, **gegeben***)* **1** {*jmdm etwas* ~} dare qcs a qcn; offrire qcs a qcn; regalare qcs a qcn ♦ *sie gab ihrem Kind ein Bonbon* dette una caramella al suo bambino ♦ *jmdm einen Kuss, eine Ohrfeige geben* dare un bacio, uno schiaffo a qcn. ***2*** {*jmdm etwas ~*} dare, porgere, passare qcs a qcn ♦ *jmdm die Hand geben* dare la mano a qcn ♦ *gib mir das Salz, bitte!* per favore, passami il sale. ***3*** {*jmdm etwas ~*} dare, assegnare qcs a qcn (compiti e sim). ***4*** {*jmdm etwas ~*} dare, concedere qcs a qcn. ***5*** dare (prodotti e sim), produrre. ***6*** fare, dare (cenni e sim) ♦ *jmdm einen Wink geben* fare un cenno a qcn. ***7*** *(mat)* fare ♦ *zwei mal zwei gibt vier* due per due fa quattro. ***8*** dare, organizzare (feste e sim); dare (film, rappresentazioni, ecc). ◆ **etwas auf jmdn/etwas geben** dar valore a qcn/qcs, tenere a qcn/qcs ♦ *ich gebe nichts auf seine Meinung* non do valore alla sua opinione. ◆ **etwas für/um etwas geben** dare qcs in cambio di qcs; pagare qcs per qcs ♦ *was hast du für den Fernseher gegeben?* quanto hai pagato per il televisore? ◆ **etwas von sich** (Dat) **geben** emettere, dare ♦ *keinen Laut von sich geben* non emettere suono ♦ *kein Lebenszeichen von sich geben* non dare segni di vita. ◆ **zu** + inf + **geben** dare da, dare a ♦ *jmdm zu essen geben* dare da mangiare a qcn ♦ *jmdm zu denken geben* dare da pensare a qcn ♦ *jmdm etwas zu verstehen geben* dare a intendere qcs a qcn. ◆ **es gibt** *(impers)* c'è, ci sono; esiste, esistono ♦ *gibt es jemanden, der mir helfen kann?* c'è qualcuno che mi può aiutare? ♦ *es gibt Leute, die denken, dass* ci sono persone che pensano che ♦ *was gibt's?* che c'è? che succede? ♦ *den Weihnachtsmann gibt es nicht* Babbo Natale non esiste.

Gebet [gə'be:t] *(n; -s, -e)* ~ preghiera ♦ *ein Gebet sprechen, verrichten* dire, recitare una preghiera.

gebeten [-ən] ~ part pass di **bitten**.

Gebiet [gə'bi:t] *(n; -(e)s, -e)* ***1*** regione, area, territorio. ***2*** *(fig)* campo, ambito ♦ *er ist sehr erfahren auf seinem Gebiet* è molto esperto nel suo campo.

gebieten [-ən] *(vt,* hat; *irr* bieten*)* ***1*** {*jmdm etwas ~*} *(lett)* ordinare, comandare qcs a qcn. ***2*** {*über etwas* (Acc) *~*} comandare, governare su qcs. ***3*** richiedere, esigere ♦ *die Situation gebietet, dass* la situazione richiede che.

Gebieter [-ɐ] *(m; -s, -; f* **-in***)* ~ sovrano; signore, padrone.

gebieterisch [-ərɪʃ] *(agg)* ***1*** imperioso. ***2*** *(avv)* imperiosamente.

Gebilde [gə'bɪldə] *(n; -s, -)* ~ forma, sagoma, oggetto, struttura (non ben definita).

gebildet [-t] *(agg)* ~ colto, istruito.

Gebirge [gə'bɪrgə] *(n; -s, -)* ~ montagna, monti ♦ *ins Gebirge fahren* andare in montagna ♦ *den Urlaub im Gebirge verbringen* passare le vacanze in montagna.

Gebirgskette [gə'bɪrks,kɛtə] *(f; -, -n)* ~ catena montuosa.

Gebiss († **-biß**) [gə'bɪs] *(n; -es, -e)* ***1*** dentatura. ***2*** dentiera, protesi. ***3*** morso (di cavallo).

gebissen [-ən] ~ part pass di **beißen**.

Gebläse [gə'blɛ:zə] *(n; -s, -)* ~ mantice.

geblasen [gə'bla:zən] ~ part pass di **blasen**.

geblieben [gə'bli:bən] ~ part pass di **bleiben**.

geblümt [gə'bly:mt] *(agg)* ~ a fiori.

gebogen [gə'bo:gən] ~ part pass di **biegen**.

geboren[1] [gə'bo:rən] ~ part pass di **gebären**.

geboren[2] *(agg)* ***1*** nativo, di nascita ♦ *ein geborener Deutscher* un tedesco di nascita. ***2*** *(abbrev* **geb.***)* nata (precede il cognome da ragazza) ♦ *Frau Müller geborene Schmidt* la signora Müller, nata Schmidt. ***3*** nato, di talento ♦ *er ist ein geborener Schauspieler* è un attore nato. ◆ **geboren** (**worden**) **sein** essere nato ♦ *er ist 1960 in Deutschland geboren (worden)* è nato nel 1960 in Germania.

geborgen [gə'bɔrgən] *(agg)* ***1*** sicuro, protetto ♦ *sich geborgen fühlen* sentirsi protetto. ***2*** part pass di **bergen**.

Geborgenheit [-,hait] *(f; -)* ~ sicurezza, (senso di) protezione.

geborsten [gə'bɔrstən] ~ part pass di **bersten**.

Gebot [gə'bo:t] *(n; -(e)s, -e)* ***1*** precetto, norma (morale). ***2*** ordine, comando. ***3*** *(relig)* comandamento ♦ *die zehn Gebote* i dieci comandamenti.

geboten [-ən] ~ part pass di **bieten**.

gebracht [gə'braxt] ~ part pass di **bringen**.

gebrannt [gə'brant] ~ part pass di **brennen**.

gebraten [gə'bra:tən] ~ part pass di **braten**.

Gebrauch [gə'braux] *(m; -(e)s, Gebräuche)* *1* uso, utilizzazione ♦ *nach, vor Gebrauch* dopo, prima dell'uso. *2 (pl)* usi, costumi, usanze. ◆ **außer Gebrauch sein** essere fuori uso. ◆ **etwas im/in Gebrauch haben** usare qcs, utilizzare qcs. ◆ **in Gebrauch kommen** entrare in uso. ◆ **im/in Gebrauch sein** essere in uso. ◆ **von etwas Gebrauch machen** far uso di qcs.

gebrauchen [-ən] *(vt,* hat*)* ~ usare, utilizzare. ◆ **das kann ich gut gebrauchen** questo mi può servire.

gebräuchlich [gə'brɔyçlɪç] *(agg)* ~ consueto, usuale, comune.

Gebrauchsanweisung [gə'brauxs,ˀanvaizʊŋ] *(f; -, -en)* ~ istruzioni per l'uso.

Gebrauchsartikel [gə'brauxsˀar,ti:kəl] *(m; -s, -)* ~ articolo di consumo.

gebraucht [gə'brauxt] *(agg)* ~ usato ♦ *ein gebrauchtes Motorrad* una moto usata.

gebrechen [gə'brɛçən] *(impers,* hat; *irr* brechen*)* ~ **es gebricht jmdm an etwas** (Dat) *(lett)* a qcn manca qcs.

Gebrechen *(n; -s, -)* ~ *(lett)* mancanza, difetto.

gebrochen [gə'brɔxən] *(agg)* *1* rotto. *2* part pass di **brechen**.

Gebrüder [gə'bry:dɐ] *(pl)* ~ *(lett/comm)* fratelli ♦ *Gebrüder Grimm* i fratelli Grimm.

Gebrüll [gə'brʏl] *(n; -(e)s)* ~ urla, grida.

Gebühr [gə'by:ɐ] *(f; -, -en)* ~ tassa; tariffa ♦ *eine Gebühr bezahlen, entrichten* pagare, versare una tassa. ◆ **nach Gebühr** adeguatamente. ◆ **über Gebühr** oltre misura, eccessivamente.

gebühren [gə'by:rən] *(vi,* hat*)* ~ [*jmdm* ~] *(lett)* spettare, essere dovuto a qcn (riconoscimenti e sim). ◆ **es gebührt sich, etwas zu tun** *(impers)* si deve, si conviene fare qcs ♦ *wie es sich gebührt* come si conviene.

gebührend [-t] *(agg)* ~ adeguato, meritato, dovuto (riconoscimenti, meriti, ecc).

Gebührenerlass († **-erlaß**) [-ˀɛɐ,las] *(m; -es, -e)* ~ franchigia, esenzione dal pagamento (di una tariffa, di una tassa).

gebührenfrei [-,frai] *(agg)* ~ esente da tasse; gratuito.

gebunden [gə'bʊndən] ~ part pass di **binden**.

Geburt [gə'bu:ɐt] *(f; -, -en)* *1* nascita. *2* parto. *3 (fig)* nascita, parto, creazione. *4* nascita, origine ♦ *sie ist von Geburt Deutsche* è tedesca di nascita.

Geburtenzahl [-ən,tsa:l] *(f; -, -en)* ~ natalità.

gebürtig [gə'bʏrtɪç] *(agg)* ~ nativo; oriundo ♦ *er ist ein gebürtiger Römer; er ist aus Rom gebürtig* è nativo di Roma ♦ *ein gebürtiger Italiener* un oriundo italiano.

Geburtsdatum [gə'bu:ɐts,da:tʊm] *(n; -s, -daten)* ~ data di nascita.

Geburtshelfer [gə'bu:ɐts,hɛlfɐ] *(m; -s, -; f* **-in***)* ~ ostetrico.

Geburtsland [gə'bu:ɐts,lant] *(n; -(e)s, -länder)* ~ paese di nascita.

Geburtsort [gə'bu:ɐts,ˀɔrt] *(m; -(e)s, -e)* ~ luogo di nascita.

Geburtsschein [gə'bu:ɐtsʃain] *(m; -(e)s, -e)* ~ certificato di nascita.

Geburtstag [gə'bu:ɐts,ta:k] *(m; -(e)s, -e)* ~ compleanno ♦ *alles Gute zum Geburtstag!* buon compleanno! ♦ *jmdm etwas zum Geburtstag schenken* regalare qcs a qcn per il suo compleanno ♦ *jmdm zum Geburtstag gratulieren* fare gli auguri di compleanno a qcn.

Geburtstagskind [-s,kɪnt] *(n; -(e)s, -er)* ~ *(fam)* festeggiato (in un compleanno).

Geburtsurkunde [gə'bu:ɐts,ˀu:ɐkʊndə] *(f; -, -n)* ~ certificato di nascita.

Gebüsch [gə'bʏʃ] *(n; -(e)s, -e)* ~ cespugli, macchia.

Geck [gɛk] *(m; -en, -en)* ~ *(spreg)* elegantone, gagà.

gedacht [gə'daxt] ~ part pass di **denken**.

Gedächtnis [gə'dɛçtnɪs] *(n; -ses, -se)* *1* memoria ♦ *ein gutes, schlechtes Gedächtnis haben* avere buona, cattiva memoria ♦ *ein kurzes Gedächtnis haben* avere la memoria corta. *2* memoria, ricordo ♦ *ein Denkmal zum Gedächtnis an die Gefallenen* un monumento in memoria dei caduti. ◆ **etwas im Gedächtnis behalten** ricordare qcs, tenere a mente qcs. ◆ **etwas aus dem Gedächtnis hersagen** recitare qcs a memoria.

Gedanke [gəˈdaŋkə] *(m; -ns, -n)* ***1*** pensiero, idea ♦ *in (tiefe) Gedanken versunken sein* essere immerso nei (in profondi) pensieri ♦ *der Gedanke daran macht mir Angst* il pensiero di ciò mi fa paura. ***2*** *(pl)* idee, opinioni. ◆ **sich** (Dat) **über jmdn/etwas Gedanken machen** preoccuparsi per qcn/qcs. ◆ **jmdn auf den Gedanken bringen, etwas zu tun** dare a qcn l'idea di fare qcs. ◆ **jmdn auf andere Gedanken bringen** distrarre qcn. ◆ **auf den Gedanken kommen, etwas zu tun** avere l'idea di fare qcs ♦ *wie bist du auf diesen Gedanken gekommen?* come ti è venuta questa idea? ◆ **auf andere Gedanken kommen** distrarsi.

Gedankenaustausch [-nˌˀaustauʃ] *(m; -es, -e)* ~ scambio di opinioni.

Gedankenblitz [-nˌblɪts] *(m; -es, -e)* ~ *(fam)* lampo di genio.

Gedankengang [-nˌgaŋ] *(m; -(e)s, -gänge)* ~ ragionamento.

gedankenlos [-nˌloːs] *(agg)* ***1*** sconsiderato. ***2*** distratto, disattento. ***3*** *(avv)* sconsideratamente; distrattamente.

Gedankenlosigkeit [-nˌloːzɪçkait] *(f; -, -en)* ***1*** sconsideratezza. ***2*** distrazione, disattenzione.

Gedankenstrich [-nˌʃtrɪç] *(m; -(e)s, -e)* ~ trattino, lineetta.

gedankenvoll [-nˌfɔl] *(agg)* ~ pensieroso, pensoso.

gedanklich [gəˈdaŋklɪç] *(agg)* ~ intellettuale, mentale.

Gedeck [gəˈdɛk] *(n; -(e)s, -e)* ***1*** coperto ♦ *ein weiteres Gedeck auflegen* aggiungere un coperto. ***2*** menù fisso.

Gedeih [gəˈdai] *(m)* ~ **auf Gedeih und Verderb** nella buona e nella cattiva sorte.

gedeihen [-ən] *(vi, ist;* **gedieh**, **gediehen***)* ***1*** crescere (bene); essere rigoglioso. ***2*** prosperare, procedere bene.

gedenken [gəˈdɛŋkən] *(vi, hat; irr denken)* ~ {*jmds/einer Sache ~*} *(lett)* pensare a qcn/qcs; ricordarsi di qcn/qcs; commemorare qcn/qcs. ◆ **gedenken, etwas zu tun** pensare di fare qcs, avere intenzione di fare qcs.

Gedenkstein [gəˈdɛŋkˌʃtain] *(m; -(e)s, -e)* ~ lapide (commemorativa).

Gedicht [gəˈdɪçt] *(n; -(e)s, -e)* ***1*** poesia. ***2*** *(fam)* sogno, bellezza, cosa bellissima.

gediegen [gəˈdiːgən] *(agg)* ***1*** di buona fattura (oggetto); accurato (lavoro). ***2*** *(fig)* affidabile, onesto. ***3*** *(fig)* solido (cultura). ***4*** puro (minerale, metallo).

gedieh [gəˈdiː] ~ pret di **gedeihen**.

gediehen [-ən] ~ part pass di **gedeihen**.

Gedränge [gəˈdrɛŋə] *(n; -s)* ~ calca, ressa ♦ *es herrschte ein großes Gedränge* c'era una gran ressa. ◆ **ins Gedränge kommen** *(fig)* ***1*** finire nei guai. ***2*** essere alle strette, avere il tempo contato.

gedrängt [gəˈdrɛŋt] *(agg)* ~ conciso, stringato. ◆ **gedrängt voll** pieno zeppo.

gedroschen [gəˈdrɔʃən] ~ part pass di **dreschen**.

gedrückt [gəˈdrʏkt] *(agg)* ~ depresso, abbattuto.

gedrungen [gəˈdrʊŋən] *(agg)* ***1*** tozzo, tarchiato. ***2*** part pass di **dringen**.

Geduld [gəˈdʊlt] *(f; -)* ~ pazienza ♦ *die Geduld verlieren* perdere la pazienza. ◆ **sich in Geduld fassen** armarsi di pazienza. ◆ **jmdm reißt die Geduld** a qcn scappa la pazienza. ◆ **mir geht die Geduld aus** sto perdendo la pazienza.

gedulden [gəˈdʊldən] *(vr, hat)* ~ **sich gedulden** avere pazienza, portare pazienza.

geduldig [gəˈdʊldɪç] *(agg)* ***1*** paziente. ***2*** *(avv)* pazientemente. ◆ **geduldig sein** essere paziente, avere pazienza.

Geduldsfaden [gəˈdʊltsˌfaːdən] *(m)* ~ **jmdm reißt der Geduldsfaden** *(fam)* a qcn scappa la pazienza. ◆ **einen langen Geduldsfaden haben** *(fam)* avere una grande pazienza.

gedunsen [gəˈdʊnzən] *(agg)* ~ gonfio, enfiato, tumefatto.

gedurft [gəˈdʊrft] ~ part pass di **dürfen**.

geehrt [gəˈˀeːɐt] *(agg)* ~ egregio ♦ *sehr geehrter Herr Schwarz* egregio Sig. Schwarz.

geeignet [gəˈˀaignət] *(agg)* ~ adatto, idoneo ♦ *für etwas gut geeignet sein* essere adatto per qcs ♦ *für etwas schlecht/nicht geeignet sein* non essere adatto per qcs.

Gefahr [gəˈfaːɐ] *(f; -, -en)* ~ pericolo, rischio ♦ *eine drohende Gefahr* pericolo incombente ♦ *eine öffentliche Gefahr* un pericolo pubblico ♦ *jmdn/sich einer Gefahr aussetzen* esporre qcn/esporsi a un pericolo ♦ *einer Gefahr entgehen* scampare a un pericolo ♦ *es besteht die Gefahr, dass* c'è il rischio che. ◆ **auf die Gefahr hin, dass** anche se, a rischio di ♦ *ich muss so handeln, auf die Gefahr hin, dass ich alles verderbe* devo agire così, anche a rischio di rovinare tutto. ◆ **auf eigene Gefahr** a proprio rischio e pericolo. ◆ **Gefahr laufen, etwas zu tun** correre il rischio di fare qcs. ◆ **außer Gefahr sein** essere fuori pericolo.

gefahren [gəˈfaːrən] ~ part pass di **fahren**.

gefährden [gəˈfɛːɐdən] *(vt,* hat*)* ~ {*jmdn/etwas* ~} mettere in pericolo qcn/qcs, mettere a rischio qcn/qcs.

gefährdet [gəˈfɛːɐdət] *(agg)* ~ in pericolo, a rischio, compromesso.

gefährlich [gəˈfɛːɐlɪç] *(agg)* ***1*** pericoloso, rischioso. ***2*** *(avv)* pericolosamente.

gefahrlos [gəˈfaːɐˌloːs] *(agg)* ***1*** privo di pericolo, sicuro. ***2*** innocuo. ***3*** *(avv)* senza rischio, senza pericolo.

Gefährte [gəˈfɛːɐtə] *(m;* -n, -n; *f* **-fährtin***)* ~ compagno (di vita, di viaggio, ecc).

Gefälle [gəˈfɛlə] *(n;* -s, -*)* ~ dislivello.

gefallen[1] [gəˈfalən] *(vi,* hat; *irr* fallen*)* ~ {*jmdm* ~} piacere a qcn ♦ *der Film hat mir gut gefallen* il film mi è piaciuto ♦ *der Film hat mir nicht gefallen* il film non mi è piaciuto ♦ *diese Schuhe gefallen mir besser* queste scarpe mi piacciono di più ♦ *wie gefällt dir mein neuer Hut?* ti piace il mio cappello nuovo? ◆ **sich** (Dat) **etwas gefallen lassen** tollerare qcs, sopportare (che ci sia fatto) qcs ♦ *das lasse ich mir nicht gefallen* non tollero che mi sia fatto questo.

gefallen[2] *(agg)* ***1*** perduto (moralmente). ***2*** part pass di **fallen**.

Gefallen[1] *(n;* -s*)* ~ piacere, diletto, godimento ♦ *an etwas* (Dat) *Gefallen haben* avere diletto in qcs. ◆ **jmdm zu Gefallen** per amore di qcn.

Gefallen[2] *(m;* -s, -*)* ~ piacere, favore ♦ *jmdm einen Gefallen tun* fare un favore a qcn.

gefällig [gəˈfɛlɪç] *(agg)* ***1*** disponibile, servizievole. ***2*** piacevole, gradevole. ◆ **sonst noch etwas gefällig?** desidera altro?

Gefälligkeit [-ˌkait] *(f;* -, -en*)* ***1*** disponibilità, cortesia. ***2*** piacere, favore.

gefälligst [-st] *(avv)* ~ per favore ♦ *komm gefälligst pünktlich* fammi il favore di arrivare puntuale.

gefangen [gəˈfaŋən] ~ part pass di **fangen**. ◆ **gefangen nehmen** († **gefangennehmen**) ***1*** arrestare. ***2*** *(mil)* fare prigioniero. ***3*** *(fig)* avvincere, conquistare.

Gefangene(r) [-ə (-ɐ)] *(m/f;* -n, -n*)* ***1*** prigioniero. ***2*** carcerato.

gefangen|nehmen ~ **gefangen nehmen** (vedi **gefangen**).

Gefangenschaft [-ʃaft] *(f;* -*)* ***1*** prigionia. ***2*** cattività ♦ *dieser Bär ist in Gefangenschaft geboren* quest'orso è nato in cattività.

Gefängnis [gəˈfɛŋnɪs] *(n;* -ses, -se*)* ~ prigione, carcere ♦ *ins Gefängnis kommen* andare in prigione ♦ *im Gefängnis sitzen* essere in prigione.

Gefängnisstrafe [-ʃtraːfə] *(f;* -, -n*)* ~ pena detentiva.

Gefängniswärter [-ˌvɛrtɐ] *(m;* -s, -*)* ~ guardia carceraria.

gefärbt [gəˈfɛrpt] *(agg)* ~ tinto, colorato.

Gefäß [gəˈfɛːs] *(n;* -es, e*)* ***1*** recipiente (spec per liquidi). ***2*** *(anat)* vaso.

gefasst († **gefaßt**) [gəˈfast] *(agg)* ~ controllato, compassato. ◆ **auf etwas** (Acc) **gefasst sein** aspettarsi qcs, essere preparato a qcs (di negativo). ◆ **sich auf etwas gefasst machen** prepararsi a qcs (di negativo).

Gefecht [gəˈfɛçt] *(n;* -(e)s, -e*)* ~ combattimento (armato). ◆ **etwas ins Gefecht führen** *(fig)* addurre qcs (argomenti e sim). ◆ **jmdn außer Gefecht setzen** mettere qcn fuori combattimento *(anche fig)*.

gefeit [gəˈfait] *(agg)* ~ **gegen etwas gefeit sein** essere immune da qcs, essere vaccinato contro qcs *(anche fig)*.

Gefieder [gəˈfiːdɐ] *(n;* -s, -*)* ~ plumaggio.

Geflecht [gəˈflɛçt] *(n;* -(e)s, -e*)* ~ intreccio, graticcio.

geflissentlich [gəˈflɪsəntlɪç] *(agg)* ***1*** intenzionale (disattenzione, dimenticanza, ecc). ***2*** *(avv)* apposta, intenzionalmente, di proposito (essere disattento, dimenticare qcs, ecc).

geflochten [gəˈflɔxtən] ~ part pass di **flechten**.

geflogen [gəˈflo:gən] ~ part pass di **fliegen**.
geflohen [gəˈflo:ən] ~ part pass di **fliehen**.
geflossen [gəˈflɔsən] ~ part pass di **fließen**.
Geflügel [gəˈfly:gəl] *(n; -s, -)* ~ pollame.
geflügelt [-t] *(agg)* ~ alato.
gefochten [gəˈfɔxtən] ~ part pass di **fechten**.
Gefolge [gəˈfɔlgə] *(n; -s, -)* ~ seguito, scorta. ◆ **etwas im Gefolge haben** *(fig)* avere qcs come conseguenza.
Gefolgschaft [gəˈfɔlkˌʃaft] *(f; -, -en)* ~ seguito, seguaci.
gefräßig [gəˈfrɛ:sɪç] *(agg)* ~ ingordo, vorace.
Gefreite(r) [gəˈfraitə (-tɐ)] *(m; -n, -n)* ~ *(mil)* caporale.
gefressen [gəˈfrɛsən] ~ part pass di **fressen**.
gefrieren [gəˈfri:rən] *(vi, ist; irr* frieren*)* ~ gelare.
Gefrierfach [gəˈfri:ɐˌfax] *(n; -(e)s, -fächer)* ~ freezer.
Gefrierfleisch [gəˈfri:ɐˌflaiʃ] *(n; -es)* ~ carne congelata.
gefriergetrocknet [gəˈfri:ɐgəˌtrɔknət] *(agg)* ~ liofilizzato.
gefroren [gəˈfro:rən] ~ part pass di **frieren** e di **gefrieren**.
Gefüge [gəˈfy:gə] *(n; -s, -)* ~ struttura.
gefügig [gəˈfy:gɪç] *(agg)* ~ docile, ubbidiente. ◆ **sich** (Dat) **jmdn gefügig machen** piegare qcn, sottomettere qcn (alla propria volontà).
Gefühl [gəˈfy:l] *(n; -(e)s, -e)* ***1*** sensazione, sensibilità ◆ *ich habe kein Gefühl mehr in den Füßen* non ho più sensibilità ai piedi. ***2*** sentimento, sensazione, emozione ◆ *ein Gefühl der Freude, des Schmerzens* un sentimento di gioia, di dolore ◆ *jmds Gefühle verletzen* ferire i sentimenti di qcn ◆ *es war ein tolles Gefühl* è stata una sensazione fantastica. ***3*** senso, comprensione ◆ *er hat ein Gefühl für Musik* ha il senso della musica. ***4*** sensazione, presentimento ◆ *ich habe das Gefühl, dass* ho il presentimento che. ◆ **mit gemischten Gefühlen** con sentimenti contrastanti.
gefühllos [-ˌlo:s] *(agg)* ***1*** insensibile, intorpidito. ***2*** *(fig)* insensibile, senza cuore, crudele.
Gefühllosigkeit [-ˌlo:zɪçkait] *(f; -)* ~ insensibilità *(anche fig)*.
Gefühlsduselei [-sdu:zəˌlai] *(f; -, -en)* ~ *(fam)* sentimentalismo.
Gefühlskälte [-sˌkɛltə] *(f; -)* ~ freddezza (di sentimenti), durezza (di cuore).
Gefühlswert [-sˌve:ɐt] *(m; -(e)s, -e)* ~ valore sentimentale.
gefühlvoll [-ˌfɔl] *(agg)* ***1*** sentimentale, pieno di sentimento. ***2*** *(avv)* con sentimento.
gefunden [gəˈfʊndən] ~ part pass di **finden**.
gegangen [gəˈgaŋən] ~ part pass di **gehen**.
gegeben [gəˈge:bən] *(agg)* ***1*** dato, determinato ◆ *im gegebenen Fall* in questo caso; eventualmente ◆ *in gegebenen Umständen* in date circostanze. ***2*** adatto. ***3*** part pass di **geben**.
gegebenenfalls [-ənˈfals] *(avv)* ~ eventualmente.
Gegebenheit [-ˌhait] *(f; -, -en)* ~ circostanza, condizione ◆ *politische Gegebenheiten* condizioni politiche.
gegen[1] [ˈge:gən] *(prep +* Acc*)* ***1*** *(tempo; direzione)* verso ◆ *gegen vier Uhr* verso le quattro ◆ *gegen Mittag* verso mezzogiorno ◆ *gegen Süden* verso sud. ***2*** contro *(anche fig)*; per ◆ *er ist mit dem Kopf gegen die Wand geprallt* ha sbattuto la testa contro la parete ◆ *er kämpft gegen die Ungerechtigkeit* lotta contro l'ingiustizia ◆ *ich bin gegen diese Maßnahme* io sono contrario a questo provvedimento ◆ *Tabletten gegen Kopfschmerzen* pasticca per il mal di testa. ***3*** in confronto a ◆ *gegen ihn bin ich ein Fachmann* in confronto a lui io sono un esperto. ***4*** per, in cambio di ◆ *das Kind hat seine Mütze gegen einen Ball getauscht* il bambino ha scambiato il suo berretto per un pallone.
gegen[2] *(avv)* ~ *(+ num) (fam)* circa ◆ *gegen fünftausend Zuschauer* circa cinquemila spettatori.
Gegenangriff [-ˌʔangrɪf] *(m; -(e)s, -e)* ~ *(mil/sport)* contrattacco.
Gegenanzeige [-ˌʔantsaigə] *(f; -, -n)* ~ *(med)* controindicazione.
Gegenbeweis [-bəˌvais] *(m; -(e)s, -e)* ~ controprova, prova contraria.

Gegend [-t] *(f; -, -en)* ***1*** zona, regione; dintorni ♦ *in der Gegend von Hamburg* nei dintorni di Amburgo ♦ *in meiner Gegend* nella mia zona. ***2*** paesaggio. ◆ **etwas in die Gegend werfen** *(fam)* buttare qcs all'aria.

Gegendarstellung [-ˌdaːɐʃtɛlʊŋ] *(f; -, -en)* ***1*** rettifica (di notizie). ***2*** replica.

gegeneinander [-ˀaiˈnandɐ] *(avv)* ~ l'uno contro l'altro ♦ *gegeneinander kämpfen* combattere l'uno contro l'altro.

Gegenfahrbahn [-ˌfaːɐbaːn] *(f; -, -en)* ~ corsia opposta.

Gegengewicht [-gəˌvɪçt] *(n; -(e)s, -e)* ~ contrappeso *(anche fig)*. ◆ **das Gegengewicht zu etwas bilden** *(fig)* fare da contrappeso a qcs.

Gegengift [-ˌgɪft] *(n; -(e)s, -e)* ~ antidoto.

Gegenleistung [-ˌlaistʊŋ] *(f; -, -en)* ~ contraccambio, ricompensa ♦ *etwas als Gegenleistung für etwas tun* fare qcs come ricompensa per qcs.

gegen|lesen *(vt, hat; irr lesen)* ~ rileggere, rivedere.

Gegenlicht [-ˌlɪçt] *(n; -(e)s)* ~ controluce.

Gegenliebe [-ˌliːbə] *(f; -)* ~ accoglienza (positiva), favore ♦ *Gegenliebe finden* riscuotere favore.

Gegenmaßnahme [-ˌmaːsnaːmə] *(f; -, -n)* ~ contromisura.

Gegenmittel [-ˌmɪtəl] *(n; -s, -)* ~ antidoto; cura.

Gegenpartei [-parˌtai] *(f; -, -en)* ~ controparte *(anche dir)*; avversario, avversari.

Gegenprobe [-ˌproːbə] *(f; -, -n)* ***1*** controprova, riprova. ***2*** controprova, seconda votazione.

Gegenrevolution [-revoluˈtsjoːn] *(f; -, -n)* ~ controrivoluzione.

gegenrevolutionär [-revolutsjoːˌnɛːɐ] *(agg)* ~ controrivoluzionario.

Gegensatz [-ˌzats] *(m; -es, -sätze)* ***1*** contrasto, opposizione; dissenso ♦ *ein unversöhnlicher Gegensatz* un contrasto insanabile ♦ *im Gegensatz zu jmdm stehen* essere in contrasto con qcn. ***2*** *(fig)* contraddizione ♦ *im Gegensatz zu etwas stehen* essere in contraddizione con qcs. ***3*** contrario, opposto. ◆ **im Gegensatz zu jmdm/etwas** al contrario di qcn/qcs ♦ *im Gegensatz zu dir bin ich damit einverstanden* al contrario di te, io sono d'accordo.

gegensätzlich [-ˌzɛtslɪç] *(agg)* ~ contrario, contrastante ♦ *gegensätzliche Meinungen* opinioni contrastanti.

Gegenschlag [-ʃlaːk] *(m; -(e)s, -schläge)* ~ contraccolpo.

Gegenseite [-ˌzaitə] *(f; -, -n)* ***1*** lato opposto, opposto. ***2*** *(fig)* controparte.

gegenseitig [-ˌzaitɪç] *(agg)* ***1*** reciproco ♦ *gegenseitige Hilfe* aiuto reciproco. ***2*** *(avv)* reciprocamente, a vicenda.

Gegenseitigkeit [-zaitɪçˌkait] *(f; -)* ~ reciprocità. ◆ **auf Gegenseitigkeit beruhen** essere reciproco.

Gegenspionage [-ʃpjoˌnaːʒə] *(f; -)* ~ controspionaggio.

Gegenstand [-ʃtant] *(m; -(e)s, -stände)* ***1*** oggetto, cosa ♦ *ein scharfer Gegenstand* un oggetto affilato. ***2*** *(fig)* oggetto, argomento. ***3*** *(fig)* oggetto ♦ *er wurde zum Gegenstand der allgemeinen Kritik* divenne oggetto della critica generale.

gegenständlich [-ʃtɛntlɪç] *(agg)* ***1*** concreto, materiale, oggettivo. ***2*** oggettivo, fedele (riproduzione artistica). ***3*** *(avv)* concretamente, materialmente, oggettivamente.

Gegenständlichkeit [-ʃtɛntlɪçˌkait] *(f; -)* ~ concretezza, materialità, oggettività.

gegenstandslos [-ʃtantsˌloːs] *(agg)* ~ inconsistente.

Gegenstimme [-ʃtɪmə] *(f; -, -n)* ***1*** voce contraria, opinione contraria. ***2*** *(mus)* controcanto.

Gegenstück [-ʃtʏk] *(n; -(e)s, -e)* ~ corrispondente, pendant.

Gegenteil [-ˌtail] *(n; -(e)s, -e)* ~ il contrario, l'opposto ♦ *sie ist das Gegenteil von ihrer Schwester* è l'opposto di sua sorella ♦ *er hat ihn vom Gegenteil überzeugt* l'ha convinto del contrario. ◆ **(ganz) im Gegenteil!** al contrario! tutt'altro!

gegenteilig [-ˌtailɪç] *(agg)* ~ contrario, opposto ♦ *gegenteilige Meinungen* opinioni opposte.

gegenüber [ˌgeːgənˈˀyːbɐ] *(prep/posp + Dat)* ***1*** {*jmdm/etwas ~*}, {*~ jmdm/etwas*} di fronte, dirimpetto a qcn/qcs ♦ *die Kirche befindet sich gegenüber dem Bahnhof/dem Bahnhof gegenüber* la chiesa si trova di fronte alla stazione ♦ *sie wohnen mir gegenüber* abitano di fronte a me. **2** {*jmdm/etwas* ~}, {~ *jmdm/etwas*} *(fig)* nei confronti di qcn/qcs ♦ *er ist ihr gegenüber immer nett* è sempre gentile nei suoi confronti. **3** {*jmdm/etwas* ~}, {~ *jmdm/etwas*} in confronto a qcn/qcs. **4** *(avv)* di fronte, dirimpetto ♦ *das Haus gegenüber* la casa di fronte.

Gegenüber *(n*; -s, -*)* ~ dirimpettaio.

gegenüber|liegen *(vi*, hat; *irr* liegen*)* ~ {*jmdm/etwas* ~} essere di fronte, dirimpetto a qcn/qcs.

gegenüber|sitzen *(vi*, hat; *irr* sitzen*)* ~ {*jmdm/etwas* ~} essere seduto di fronte, dirimpetto a qcn/qcs.

gegenüber|stehen *(vi*, hat; *irr* stehen*)* ~ {*jmdm/etwas* ~} essere dirimpetto, di fronte a qcn/qcs *(anche fig)* ♦ *unser Haus steht der Post gegenüber* la nostra casa è di fronte alla posta ♦ *er stand meinem Vorschlag skeptisch gegenüber* era scettico di fronte alla mia proposta. ◆ **sich** (Dat) **gegenüberstehen** *(fig)* essere in contrasto, essere in opposizione.

gegenüber|stellen *(vt*, hat*)* **1** {*jmdm jmdn* ~} mettere qcn di fronte a qcn, mettere qcn a confronto con qcn ♦ *den Angeklagten dem Zeugen gegenüberstellen* mettere l'accusato a confronto con il testimone. **2** {*einer Sache* (Dat) *etwas* ~} mettere qcs a confronto con qcs, confrontare qcs con qcs.

Gegenüberstellung [-ʃtɛlʊŋ] *(f*; -, -en*)* ~ confronto.

gegenüber|treten *(vi*, ist; *irr* treten*)* **1** {*jmdm* ~} presentarsi di fronte a qcn. **2** {*jmdm/etwas* ~} affrontare qcn/qcs.

Gegenvorschlag ['ge:gən,fo:ɐʃla:k] *(m*; -(e)s, -schläge*)* ~ controproposta.

Gegenwart ['ge:gən,vart] *(f*; -*)* **1** presente, tempo presente *(anche gramm)*. **2** presenza ♦ *deine Gegenwart ist nicht erwünscht* la tua presenza non è gradita ♦ *in meiner Gegenwart* alla mia presenza ♦ *in Gegenwart des Leiters* alla presenza del direttore.

gegenwärtig ['ge:gən,vɛrtɪç] *(agg)* **1** presente, attuale. **2** *(avv)* attualmente, al momento. ◆ **etwas gegenwärtig haben** *(lett)* avere presente qcs. ◆ **sich** (Dat) **etwas gegenwärtig halten** *(lett)* tenere presente qcs.

Gegenwert ['ge:gən,ve:ɐt] *(m*; -(e)s, -e*)* ~ controvalore.

Gegenwind ['ge:gən,vɪnt] *(m*; -(e)s, -e*)* ~ vento contrario.

gegen|zeichnen *(vt*, hat*)* ~ controfirmare.

gegessen [gə'gɛsən] ~ part pass di **essen**.

geglichen [gə'glɪçən] ~ part pass di **gleichen**.

geglitten [gə'glɪtən] ~ part pass di **gleiten**.

geglommen [gə'glɔmən] ~ part pass di **glimmen**.

Gegner ['ge:gnɐ] *(m*; -s, -; *f* **-in***)* ~ avversario, antagonista *(anche sport)*; nemico ♦ *ein politischer Gegner* un avversario politico ♦ *er ist ein Gegner der Jagd* è un nemico della caccia.

gegnerisch ['ge:gnərɪʃ] *(agg)* ~ avversario *(anche sport)*; nemico, avverso ♦ *die gegnerische Mannschaft* la squadra avversaria ♦ *gegnerische Meinung* opinione ostile.

Gegnerschaft ['ge:gnɐʃaft] *(f*; -, -en*)* ~ ostilità, inimicizia, antagonismo.

gegolten [gə'gɔltən] ~ part pass di **gelten**.

gegoren [gə'go:rən] ~ part pass di **gären**.

gegossen [gə'gɔsən] ~ part pass di **gießen**.

gegraben [gə'gra:bən] ~ part pass di **graben**.

gegriffen [gə'grɪfən] ~ part pass di **greifen**.

Gehabe [gə'ha:bə] *(n*; -s*)* ~ *(spreg)* smancerie.

Gehalt[1] [gə'halt] *(m*; -(e)s, -e*)* **1** contenuto (di opere d'arte e sim). **2** contenuto, percentuale ♦ *der Gehalt an Zucker in einem Getränk* il contenuto di zucchero in una bibita.

Gehalt[2] *(n*; -(e)s, Gehälter*)* ~ stipendio ♦ *jmds Gehalt erhöhen* aumentare lo stipendio di qcn.

gehalten [-ən] ~ part pass di **halten**. ◆ **gehalten sein, etwas zu tun** *(lett)* essere tenuto a fare qcs.

gehaltlos [-,lo:s] *(agg)* ~ povero di contenuti, vuoto, superficiale.

gehaltreich [-,raiç] *(agg)* ~ nutriente, sostanzioso.

Gehaltsabzug [gə'halts,ʔaptsu:k] *(m*; -(e)s, -züge*)* ~ ritenuta (sullo stipendio).

Gehaltsempfänger [gə'halts'ɛmˌpfɛŋɐ] *(m; -s, -; f -in)* ~ stipendiato.
Gehaltskürzung [gə'haltsˌkʏrtsʊŋ] *(f; -, -en)* ~ riduzione, taglio dello stipendio.
gehaltvoll [gə'haltˌfɔl] *(agg)* ~ ricco di contenuti, profondo.
Gehänge [gə'hɛŋə] *(n; -s, -)* ~ pendaglio, pendente.
gehangen [gə'haŋən] ~ part pass di **hängen**[1].
geharnischt [gə'harnɪʃt] *(agg)* ~ *(fig)* energico, duro (protesta, risposta, ecc).
gehässig [gə'hɛsɪç] *(agg)* ~ *(spreg)* astioso.
gehauen [gə'hauən] ~ part pass di **hauen**.
Gehäuse [gə'hɔyzə] *(n; -s, -)* ***1*** astuccio, custodia; scatola, involucro. ***2*** guscio (di mollusco). ***3*** *(abbrev di* **Kerngehäuse***)* torsolo.
gehbehindert ['geːbəˌhɪndɐt] *(agg)* ~ disabile, handicappato (nel camminare).
Gehege [gə'heːgə] *(n; -s, -)* ***1*** riserva (di caccia). ***2*** recinto (in zoo, parchi, ecc).
geheim [gə'haim] *(agg)* ~ segreto, riservato ♦ *eine geheime Botschaft* un messaggio segreto. ◆ **Geheime Staatspolizei** polizia segreta di stato; Gestapo. ◆ **geheime Wahl** voto a scrutinio segreto. ◆ **im Geheimen** († **geheimen**) in segreto.
Geheim- *(nei composti)* ~ segreto ♦ *Geheimagent* agente segreto ♦ *Geheimdienst* servizi segreti.
geheim|halten *(vt,* hat; *irr* halten*)* ~ tenere segreto.
Geheimhaltung [-ˌhaltʊŋ] *(f; -)* ~ segretezza, segreto ♦ *ich bin zur Geheimhaltung verpflichtet* sono tenuto al segreto.
Geheimnis [-nɪs] *(n; -ses, -se)* ***1*** segreto ♦ *jmdm ein Geheimnis anvertrauen* confidare un segreto a qcn. ***2*** mistero. ◆ **kein Geheimnis aus etwas machen** non fare mistero di qcs ♦ *er macht kein Geheimnis daraus, dass* non fa mistero del fatto che.
geheimnisvoll [-nɪsˌfɔl] *(agg)* ***1*** misterioso. ***2*** *(avv)* misteriosamente.
Geheimnummer [-ˌnʊmɐ] *(f; -, -n)* ***1*** combinazione (segreta). ***2*** numero telefonico riservato.
Geheimpolizei [-poliˌtsai] *(f; -)* ~ polizia segreta, servizi segreti.
Geheimpolizist [-poliˌtsɪst] *(m; -en, -en; f -in)* ~ agente dei servizi segreti.
Geheimsender [-ˌzɛndɐ] *(m; -s, -)* ~ radio pirata.
Geheimtinte [-ˌtɪntə] *(f; -, -n)* ~ inchiostro simpatico.
Geheimwissenschaft [-ˌvɪsənʃaft] *(f; -, -en)* ~ scienza occulta.
Geheiß [gə'hais] *(n; -es)* ~ *(lett)* ordine, comando.
geheißen [-ən] ~ part pass di **heißen**.
gehen ['geːən] *(vi,* ist; **ging**, **gegangen***)* ***1*** andare, recarsi ♦ *zum Arzt, ins Kino, nach Hause gehen* andare dal medico, al cinema, a casa ♦ *schlafen, spielen gehen* andare a dormire, a giocare. ***2*** camminare, andare (a piedi), procedere ♦ *langsam, schnell gehen* camminare lentamente, velocemente ♦ *zu Fuß gehen* andare a piedi. ***3*** andare, andare via ♦ *musst du schon gehen?* devi già andare? ***4*** partire ♦ *wann geht der nächste Zug nach Berlin?* quando parte il prossimo treno per Berlino? ***5*** funzionare, andare *(anche fig)* ♦ *meine Uhr geht nicht mehr richtig* il mio orologio non funziona più bene ♦ *das geht nicht so einfach* questo non funziona così semplicemente. ***6*** andare, procedere ♦ *wie geht die Schule?* come va la scuola? ***7*** diffondersi (notizie, dicerie, ecc). ***8*** entrarci, essere contenuto, starci ♦ *in dieses Kino gehen hundert Leute* in questo cinema ci stanno cento persone. ***9*** soffiare (vento). ***10*** *(impers)* essere possibile, essere fattibile ♦ *es wird schon gehen* in qualche modo si farà. ***11*** {*auf etwas* (Acc) ~} dare su qcs (porte, finestre) ♦ *die Tür geht auf eine Nebenstraße* la porta dà su una strada secondaria. ***12*** {*mit jmdm* ~} *(fig/fam)* stare insieme a qcn, uscire con qcn (partner). ***13*** {*nach etwas* ~} giudicare sulla base di qcs ♦ *nach dem Äußeren gehen* giudicare sulla base dell'esteriorità. ***14*** {*es geht nach jmdm/etwas*} va secondo qcn/qcs, va come vuole qcn ♦ *es geht nach meinem Plan* va secondo il mio piano. ***15*** {*über etwas* (Acc) ~} andare oltre qcs, superare qcs ♦ *das geht über jede Vorstellungskraft* questo va oltre ogni immaginazione. ***16*** {*es geht um jmdn/etwas*} *(impers)* si trat-

ta di qcn/qcs; ne va di qcn/qcs ♦ *in diesem Buch geht es um eine wahre Geschichte* in questo libro si tratta di una storia vera ♦ *es geht um deine Gesundheit* ne va della tua salute. ◆ **jmdm geht es** (+ *avv*) *(impers)* a qcn va, qcn sta (in un certo modo) ♦ *wie geht's?* come va? ♦ *wie geht es dir?* come ti va? ♦ *mir geht es nicht besonders gut* non sto molto bene. ◆ **es sich** (Dat) **gut gehen lassen** star bene, rilassarsi ♦ *lass es dir gut gehen!* stammi bene! ◆ **etwas gehen lassen** († **gehenlassen**) lasciar correre qcs. ◆ **sich gehen lassen** († **gehenlassen**) lasciarsi andare, perdere il controllo. ◆ **bis (an) etwas gehen** arrivare fino a qcs ♦ *der Rock geht bis an die Füße* la gonna arriva fino ai piedi. ◆ **vor sich gehen** verificarsi, avvenire. ◆ **ach, geh!** ma dai! dici davvero? ◆ **es geht** così così ♦ *„Wie geht's?" „Es geht"* "Come va?" "Così così".

Gehen *(n; -s)* **1** l'andare, il camminare. **2** *(sport)* marcia.

gehenlassen ~ **gehen lassen** (vedi **gehen**).

geheuer [gəˈhɔyɐ] *(agg)* ~ **nicht geheuer** sospetto; inquietante, sinistro.

Gehilfe [gəˈhɪlfə] *(m; -n, -n; f* **-hilfin**) ~ aiutante, assistente, aiuto (persona).

Gehirn [gəˈhɪrn] *(n; -(e)s, -e)* ~ *(anat)* cervello.

Gehirnerschütterung [-ˀɛɐ̯ʃʏtərʊŋ] *(f; -, -en)* ~ *(med)* commozione cerebrale.

Gehirnwäsche [-ˌvɛʃə] *(f; -)* ~ *(fig)* lavaggio del cervello.

gehoben[1] [gəˈhoːbən] ~ part pass di **heben**.

gehoben[2] *(agg)* **1** elevato (di rango). **2** elevato, scelto, ricercato. **3** lussuoso.

Gehöft [gəˈhœft] *(n; -(e)s, -e)* ~ fattoria.

geholfen [gəˈhɔlfən] ~ part pass di **helfen**.

Gehör [gəˈhøːɐ] *(n; -(e)s, -e)* **1** udito ♦ *ein gutes, schlechtes Gehör haben* avere un udito buono, cattivo. **2** orecchio (musicale) ♦ *kein Gehör haben* non aver orecchio ♦ *nach dem Gehör* a orecchio. **3** *(fig)* attenzione, ascolto ♦ *Gehör finden* trovare ascolto ♦ *jmdm Gehör schenken* prestare ascolto a qcn.

gehorchen [gəˈhɔrçən] *(vi, hat)* ~ {*jmdm* ~} ubbidire a qcn.

gehören [gəˈhøːrən] *(vi, hat)* **1** {*jmdm* ~} appartenere a qcn, essere di qcn ♦ *diese Tasche gehört mir* questa borsa è mia ♦ *wem gehört diese Brille?* di chi sono questi occhiali? **2** {*zu jmdm/etwas* ~} appartenere a qcs, far parte di qcn/qcs, essere uno di qcn/qcs ♦ *zu einem Verein gehören* far parte di un'associazione ♦ *du gehörst zu meinen besten Freunden* tu sei uno dei miei migliori amici. **3** stare, avere il proprio posto (in un certo luogo) ♦ *die Hose gehört in den Schrank* quei pantaloni stanno nell'armadio ♦ *wohin gehört dieser Topf?* dove sta questa pentola? **4** {*zu etwas* ~} volerci, essere necessario per qcs ♦ *dazu gehört viel Geduld* per questo ci vuole molta pazienza. ◆ **sich gehören** *(vr)* convenirsi, addirsi ♦ *wie es sich gehört* come si conviene.

gehörig [gəˈhøːrɪç] *(agg)* **1** {*jmdm* ~}, {*zu etwas* ~} appartenente a qcn/qcs ♦ *das ihm gehörige Auto* l'auto appartenente a lui. **2** dovuto, meritato. **3** *(fam)* forte, grande. **4** *(avv)* a dovere, meritatamente. **5** *(avv) (fam)* molto, per bene. ◆ **jmdm gehörig die Meinung sagen** dire a qcn chiaro e tondo la propria opinione.

gehörlos [gəˈhøːɐ̯ˌloːs] *(agg)* ~ non udente, sordo.

Gehörlose [gəˈhøːɐ̯ˌloːzə] *(m/f; -n, -n)* ~ non udente, sordo.

Gehörn [gəˈhœrn] *(n; -(e)s, -e)* ~ *(zool)* corno, corna.

gehorsam [gəˈhoːɐ̯ˌzaːm] *(agg)* ~ ubbidiente.

Gehorsam *(m; -s)* ~ ubbidienza, sottomissione.

Gehorsamkeit [-ˌkait] *(f; -)* ~ ubbidienza, comportamento ubbidiente.

Gehweg [ˈgeːˌveːk] *(m; -(e)s, -e)* ~ marciapiede.

Geier [ˈgaiɐ] *(m; -s, -)* ~ *(zool)* avvoltoio *(anche fig)*.

Geifer [ˈgaifɐ] *(m; -s)* **1** bava. **2** *(fig)* ira, bile.

Geige [ˈgaigə] *(f; -, -n)* ~ *(mus)* violino.

Geiger [ˈgaigɐ] *(m; -s, -; f* **-in**) ~ *(mus)* violinista.

geil [gail] *(agg)* **1** *(spreg)* libidinoso, lussurioso. **2** *(fig/fam)* avido; arrapato. **3** *(fam)* forte, ganzo, fantastico. ◆ **auf**

etwas (Acc) **geil sein** *(fig/fam)* andare pazzo per qcs.

Geisel ['gaizəl] *(f; -, -n)* ~ ostaggio ♦ *eine Geisel nehmen* fare un ostaggio ♦ *jmdn als Geisel nehmen* prendere qcn in ostaggio.

Geiser ['gaizɐ] *(m; -s, -)* ~ vedi **Geysir**.

Geiß [gais] *(f; -, -en)* ~ *(zool)* capra femmina.

Geißel ['gaisəl] *(f; -, -n)* ***1*** flagello, frusta. ***2*** *(fig)* flagello, calamità.

geißeln [-n] *(vt, hat)* ***1*** flagellare, frustare. ***2*** *(fig)* fustigare, criticare.

Geist[1] [gaist] *(m; -(e)s, -er)* ***1*** *(solo sing)* spirito, anima ♦ *den/seinen Geist aufgeben* rendere l'anima, morire. ***2*** *(solo sing)* intelletto, mente. ***3*** *(solo sing)* spirito, arguzia. ***4*** *(solo sing)* spirito, carattere ♦ *der Geist der Zeit* lo spirito dei tempi. ***5*** *(solo sing)* spirito, intendimento ♦ *wir handeln im Geist(e) unserer Vorgänger* agiamo nello stesso spirito dei nostri predecessori. ***6*** spirito, persona ♦ *er ist ein edler Geist* è uno spirito nobile. ***7*** spirito, spettro, fantasma. ◆ **der Heilige Geist** *(relig)* lo Spirito Santo. ◆ **im Geist(e)** nell'immaginazione; in spirito.

Geist[2] *(m; -(e)s, -e)* ~ spirito, alcol.

geisterhaft [-ɐˌhaft] *(agg)* spettrale.

Geisterseher [-ɐˌzeːɐ] *(m; -s, -; f* **-in***)* ~ visionario.

Geisterstadt [-ɐʃtat] *(f; -, -städte)* ~ città fantasma.

geistesabwesend [-əsˌˀapveːzənt] *(agg)* ~ distratto, assente.

Geistesarbeit [-əsˌˀarbait] *(f; -, -en)* ~ lavoro intellettuale, lavoro di concetto.

Geistesblitz [-əsˌblɪts] *(m; -es, -e)* ~ lampo di genio.

Geistesgegenwart [-əsˌgeːgənvart] *(f; -)* ~ presenza di spirito, arguzia.

geistesgestört [-əsgəʃtøːɐt] *(agg)* ~ affetto da turbe mentali.

Geistesgröße [-əsˌgrøːsə] *(f; -, -n)* ~ genio (genialità; persona geniale).

geisteskrank [-əsˌkraŋk] *(agg)* ~ malato mentale.

Geisteskrankheit [-əsˌkraŋkhait] *(f; -, en)* ~ malattia mentale.

geistesschwach [-əsʃvax] *(agg)* ~ mentalmente limitato, deficiente.

Geistesschwäche [-əsʃvɛçə] *(f, -)* ~ limitatezza mentale, deficienza.

Geistesverfassung [-əsfɛɐˌfasʊŋ] *(f; -, -en)* ~ disposizione d'animo.

geistesverwandt [-əsfɛɐˌvant] *(agg)* ~ spiritualmente affine.

Geisteswissenschaften [-əsˌvɪsənʃaftən] *(pl)* ~ scienze umanistiche, lettere.

geistig [-ɪç] *(agg)* ***1*** spirituale. ***2*** mentale, intellettuale. ***3*** intellettuale (persona). ***4*** alcolico. ***5*** *(avv)* spiritualmente; intellettualmente, mentalmente.

geistlich [-lɪç] *(agg)* ***1*** spirituale, religioso ♦ *geistliches Lied* canto religioso ♦ *geistlicher Vater* padre spirituale. ***2*** religioso, ecclesiastico ♦ *geistlicher Orden* ordine religioso ♦ *geistlicher Stand* ceto religioso, clero.

Geistliche(r) [-lɪçə (-çɐ)] *(m; -n, -n)* ~ religioso, ecclesiastico.

geistlos [-ˌloːs] *(agg)* ~ senza spirito, stupido, insulso.

geistreich [-ˌraiç] *(agg)* ***1*** spiritoso, pieno di spirito. ***2*** ingegnoso.

Geiz [gaits] *(m; -es)* ~ avarizia.

Geizhals [-ˌhals] *(m; -es, -hälse)* ~ *(fam/spreg)* avaro, spilorcio.

geizig [-ɪç] *(agg)* ~ avaro, spilorcio.

gekannt [gə'kant] ~ part pass di **kennen**.

geklungen [gə'klʊŋən] ~ part pass di **klingen**.

geknickt [gə'knɪkt] *(agg)* ~ *(fam)* abbattuto, depresso.

gekniffen [gə'knɪfən] ~ part pass di **kneifen**.

gekommen [gə'kɔmən] ~ part pass di **kommen**.

gekonnt [gə'kɔnt] *(agg)* ***1*** riuscito, abile. ***2*** part pass di **können**. ***3*** *(avv)* abilmente, con maestria.

Gekreuzigte(r) [gə'krɔytsɪçtə (-tɐ)] *(m; -n, -n)* ~ crocifisso.

gekrochen [gə'krɔxən] ~ part pass di **kriechen**.

gekünstelt [gə'kʏnstəlt] *(agg)* ~ affettato, innaturale.

Gel [geːl] *(n; -s, -e)* ~ gel.

Gelächter [gə'lɛçtɐ] *(n; -s, -)* ***1*** risa, risate. ***2*** riso, scherno ♦ *jmdn/etwas dem Gelächter der anderen preisgeben* esporre qcn allo scherno altrui.

geladen [gəˈlaːdən] ~ part pass di **laden**.
Gelage [gəˈlaːgə] *(n; -s, -)* ~ gozzoviglia, bagordo.
Gelände [gəˈlɛndə] *(n; -s, -)* ~ terreno, area (con un preciso utilizzo).
Geländer [gəˈlɛndɐ] *(n; -s, -)* ~ ringhiera, balaustra.
Geländewagen [gəˈlɛndəˌvaːgən] *(m; -s, -)* ~ fuoristrada.
gelang [gəˈlaŋ] ~ pret di **gelingen**.
gelangen [-ən] *(vi, ist)* ***1*** giungere, arrivare, raggiungere (meta e sim) ♦ *ans Ufer, ans Ziel gelangen* giungere a riva, al traguardo. ***2*** {*zu etwas* ~} *(fig)* giungere, arrivare a qcs, raggiungere qcs ♦ *zu Ansehen gelangen* raggiungere il prestigio. ***3*** (con valore passivo) giungere, arrivare ♦ *zur Ausführung gelangen* giungere a compimento.
gelassen[1] [gəˈlasən] ~ part pass di **lassen**.
gelassen[2] ***1*** calmo, rilassato, tranquillo. ***2*** *(avv)* con calma, tranquillamente.
Gelassenheit [-ˌhait] *(f; -)* ~ pacatezza, calma.
gelaufen [gəˈlaufən] ~ part pass di **laufen**.
geläufig [gəˈlɔyfɪç] *(agg)* ***1*** comune, corrente. ***2*** corretto, fluente, spedito. ***3*** *(avv)* comunemente, correntemente; fluentemente, correntemente ♦ *er spricht geläufig Italienisch* parla correntemente l'italiano. ◆ **es ist mir nicht geläufig** non ne so nulla.
gelaunt [gəˈlaunt] *(agg)* ~ di un certo umore ♦ *gut gelaunt* di buon umore ♦ *schlecht gelaunt* di cattivo umore.
gelb [gɛlp] *(agg)* ~ giallo. ◆ **gelbe Seiten** pagine gialle. ◆ **gelb vor Neid sein** *(fig)* essere verde d'invidia.
Gelb *(n; -s)* ~ giallo, colore giallo. ◆ **das Gelbe vom Ei** il rosso dell'uovo ♦ *das ist nicht das Gelbe vom Ei (fig/fam)* questo non è proprio l'ideale.
gelblich [-lɪç] *(agg)* ~ giallastro, giallognolo.
Gelbsucht [-ˌzʊxt] *(f; -)* ~ itterizia, ittero.
Geld [gɛlt] *(n; -(e)s, -er)* ***1*** *(solo sing)* denaro, soldi ♦ *Geld ausgeben, sparen, verdienen, wechseln, zurücklegen* spendere, risparmiare, guadagnare, cambiare, mettere da parte soldi ♦ *das ist hinausgeworfenes Geld* questi sono soldi buttati ♦ *ich habe kein Geld* non ho soldi. ***2*** *(solo sing) (fig)* soldi, ricchezza. ***3*** *(pl) (econ)* capitali, fondi. ◆ **Geld wie Heu haben** *(fam)* avere soldi a palate. ◆ **Geld machen** *(fam)* fare soldi. ◆ **im Geld schwimmen** *(fam)* nuotare nell'oro. ◆ **nicht mit Geld zu bezahlen sein** non aver prezzo.
Geldanlage [-ˌʔanlaːgə] *(f; -, -n)* ~ investimento finanziario.
Geldautomat [-ʔautoˌmaːt] *(m; -en, -en)* ~ sportello bancomat.
Geldbeutel [-ˌbɔytəl] *(m; -s, -)* ***1*** portafogli. ***2*** borsellino, portamonete. ◆ **tief in den Geldbeutel greifen** *(fig/fam)* dar fondo ai risparmi.
Geldbuße [-ˌbuːsə] *(f; -, -n)* ~ multa.
Geldgeber [-ˌgeːbɐ] *(m; -s, -; f* **-in***)* ~ finanziatore.
Geldinstitut [-ʔɪnstiˌtuːt] *(n; -(e)s, -e)* ~ istituto finanziario.
Geldkurs [-ˌkʊrs] *(m; -es, -e)* ~ *(econ)* corso, cambio.
geldlich [-lɪç] *(agg)* ~ economico, finanziario.
Geldmittel [-ˌmɪtəl] *(pl)* ~ mezzi finanziari.
Geldnot [-ˌnoːt] *(f; -)* ~ mancanza di denaro ♦ *in Geldnot sein* essere a corto di denaro.
Geldschein [-ʃain] *(m; -(e)s, -e)* ~ banconota.
Geldschrank [-ʃraŋk] *(m; -(e)s, -schränke)* ~ cassaforte.
Geldstrafe [-ʃtraːfə] *(f; -, -n)* ~ multa.
Geldstück [-ʃtʏk] *(n; -(e)s, -e)* ~ moneta.
Geldtasche [-ˌtaʃə] *(f; -, -n)* ~ borsellino, portamonete.
Geldwäsche [-ˌvɛʃə] *(f; -)* ~ *(fig/fam)* riciclaggio di denaro.
Geldwechsel [-ˌvɛksəl] *(m; -s)* ~ cambio (di denaro).
Geldwert [-ˌveːɐt] *(m; -(e)s, -e)* ***1*** valore in denaro. ***2*** potere d'acquisto.
Geldwesen [-ˌveːzən] *(n; -s)* ~ finanze.
Gelee [ʒeˈle] *(f; -, -n)* ~ gelatina (alimentare).
gelegen [gəˈleːgən] *(agg)* ***1*** opportuno. ***2*** part pass di **liegen**.
Gelegenheit [-ˌhait] *(f; -, -en)* ***1*** opportunità, occasione, possibilità ♦ *bei erster (bester) Gelegenheit, bei der ersten (bes-*

ten) Gelegenheit alla prima occasione ♦ *wenn sich die Gelegenheit bietet* se se ne presenta l'opportunità ♦ *ich habe noch keine Gelegenheit gehabt, mit ihm zu sprechen* non ho ancora avuto occasione di parlare con lui. **2** occasione, circostanza ♦ *eine feierliche Gelegenheit* un'occasione solenne. ◆ **bei Gelegenheit** all'occasione. ◆ **Gelegenheit macht Diebe** *(prov)* l'occasione fa l'uomo ladro.

gelegentlich [-tlɪç] *(agg)* **1** occasionale. **2** *(avv)* occasionalmente, a volte, di tanto in tanto.

gelehrig [gə'le:rɪç] *(agg)* ~ che impara facilmente.

gelehrt [gə'le:ɐt] *(agg)* ~ dotto, erudito.

Gelehrte(r) [-ə (-ɐ)] *(m/f*; -n, -n*)* ~ dotto, erudito.

Geleit [gə'lait] *(n*; -(e)s, -e*)* ~ *(lett)* scorta, accompagnamento.

geleiten [-ən] *(vt*, hat*)* ~ *(lett)* scortare, accompagnare.

Gelenk [gə'lɛŋk] *(n*; -(e)s, -e*)* **1** *(anat)* articolazione, giuntura. **2** giunto.

gelenkig [-ɪç] *(agg)* **1** articolato, snodato. **2** agile.

Gelenkpuppe [-ˌpʊpə] *(f*; -, n*)* ~ manichino.

gelesen [gə'le:zən] ~ part pass di **lesen**.

Geliebte(r) [gə'li:ptə (-tɐ)] *(m/f*; -n, -n*)* ~ amante, amato.

geliehen [gə'li:ən] ~ part pass di **leihen**.

gelinde [gə'lɪndə] *(agg)* **1** *(lett)* mite (clima). **2** *(lett)* contenuto, eufemistico (espressione e sim). **3** *(fam)* forte, grande (rabbia e sim). ◆ **gelinde gesagt** a dir poco.

gelingen [gə'lɪŋən] *(vi*, ist; **gelang**, **gelungen***)* ~ {*jmdm* ~} riuscire a qcn ♦ *das Bild ist dir sehr gut gelungen* il quadro ti è riuscito molto bene ♦ *es ist mir noch nicht gelungen, ihn zu überzeugen* non sono ancora riuscito a convincerlo. ◆ **auf ein gutes Gelingen (von etwas) anstoßen/trinken** brindare alla buona riuscita (di qcs).

gelitten [gə'lɪtən] ~ part pass di **leiden**.

gell [gɛl] ~ vedi **gelt**.

gellen [-ən] *(vi*, hat*)* ~ risuonare (grida, fischi, ecc).

geloben [gə'lo:bən] *(vt*, hat*)* ~ promettere solennemente. ◆ **das Gelobte Land** *(relig)* la terra promessa.

gelogen [gə'lo:gən] ~ part pass di **lügen**. ◆ **das war gelogen** quella era una bugia.

gelt [gɛlt] *(inter) (region)* ~ *(fam)* non è vero?

gelten [-ən] *(vi*, hat; er **gilt**, **galt**, **gegolten***)* **1** valere, essere valido ♦ *diese Fahrkarte gilt nicht außerhalb der Stadt* questo biglietto non vale fuori città ♦ *diese Regel gilt ohne Ausnahme* questa regola è valida senza eccezione ♦ *das Gleiche gilt für ihn* lo stesso dicasi per lui ♦ *das gilt nicht!* questo non vale! **2** {*(jmdm)* ~} contare, valere, avere valore (per qcn) ♦ *unsere Freundschaft gilt mir viel* la nostra amicizia conta molto per me. **3** {*jmdm* ~} essere rivolto a qcn ♦ *diese Bemerkung gilt auch dir* questa critica è rivolta anche a te. **4** {*als jmd/etwas* ~} essere considerato, essere ritenuto in un certo modo (da tutti) ♦ *als klug gelten* essere ritenuto intelligente. **5** {*es gilt*} *(impers)* bisogna, è necessario ♦ *es gilt, schnell zu entscheiden* bisogna decidere alla svelta. ◆ **etwas gelten lassen** riconoscere (come valido), dare buono qcs ♦ *das lasse ich dir gelten* questa te la do buona. ◆ **da gilt keine Ausrede** non c'è scusa che tenga.

geltend [-ənt] *(agg)* **1** in vigore ♦ *das geltende Gesetz* la legge in vigore. **2** generale, dominante ♦ *die geltende Meinung* l'opinione generale. ◆ **etwas geltend machen** far valere qcs.

Geltung [-ʊŋ] *(f*; -*)* ~ validità, valore ♦ *in Geltung sein* essere valido. ◆ **etwas zur Geltung bringen** valorizzare qcs, far risaltare qcs. ◆ **zur Geltung kommen** valorizzarsi, risaltare.

Gelübde [gə'lʏpdə] *(n*; -s, -*)* ~ voto (religioso) ♦ *das Gelübde der Keuschheit* il voto di castità.

gelungen [gə'lʊŋən] *(agg)* **1** riuscito. **2** part pass di **gelingen**.

Gelüst [gə'lʏst] *(n*; -(e)s, -e*)* ~ *(lett)* voglia.

gelüsten [-ən] *(impers*, hat*)* ~ **es gelüstet jmdn nach etwas** *(lett)* qcn ha voglia di qcs.

gemächlich [gə'mɛ:çlɪç] *(agg)* **1** calmo, tranquillo, placido. **2** comodo. **3** *(avv)* con calma, tranquillamente, adagio; comodamente.

Gemahl [gə'maːl] *(m; -(e)s, -e; f* **-mahlin***)* ~ consorte, coniuge (non il proprio).

gemahlen [-ən] ~ part pass di **mahlen**.

Gemälde [gə'mɛːldə] *(n; -s, -)* ***1*** dipinto, quadro. ***2*** *(fig)* quadro, ritratto, rappresentazione.

gemäß [gə'mɛːs] *(posp + Dat)* ~ conformemente a, secondo ♦ *Ihrem Wunsch gemäß* secondo il Suo desiderio.

-gemäß *(nei composti)* ~ conforme a ♦ *erwartungsgemäß* conforme alle aspettative.

gemäßigt [gə'mɛːsɪçt] *(agg)* ~ moderato, equilibrato.

gemein [gə'main] *(agg)* ***1*** comune, semplice ♦ *die gemeinen Leute* le persone comuni. ***2*** comune, generale, collettivo ♦ *das gemeine Wohl* il bene comune. ***3*** comune, condiviso. ***4*** *(fig)* basso, meschino, cattivo. ◆ **etwas mit jmdm gemein haben** avere qcs in comune con qcn. ◆ **gemeiner Soldat** *(mil)* soldato semplice.

Gemeinde [-də] *(f; -, -n)* ***1*** comune (entità amministrativa). ***2*** comunità (di cittadini, di fedeli, ecc).

Gemeinde- *(nei composti)* ~ comunale, municipale ♦ *Gemeindeverwaltung* amministrazione comunale.

Gemeinderat [-dəˌraːt] *(m; -(e)s, -räte)* ***1*** consiglio comunale. ***2*** consigliere comunale.

Gemeindevorstand [-dəˌfoːɐʃtant] *(m; -(e)s, -stände)* ***1*** consiglio comunale. ***2*** sindaco.

Gemeindevorsteher [-dəˌfoːɐʃteːɐ] *(m; -s, -; f* **-in***)* ~ sindaco.

gemeingefährlich [-gəˌfɛːɐlɪç] *(agg)* ~ che rappresenta un pericolo pubblico.

Gemeingut [-ˌguːt] *(n; -)* ~ patrimonio comune *(anche fig)*.

Gemeinheit [-ˌhait] *(f; -, -en)* ***1*** meschinità, bassezza, cattiveria. ***2*** *(fam)* sfortuna, sfiga.

gemeinhin [-ˌhɪn] *(avv)* ~ comunemente, generalmente, in genere.

Gemeinnutz [-ˌnʊts] *(m; -es)* ~ pubblica utilità.

gemeinnützig [-ˌnʏtsɪç] *(agg)* ~ di pubblica utilità.

Gemeinplatz [-ˌplats] *(m; -es, -plätze)* ~ luogo comune.

gemeinsam [-ˌzaːm] *(agg)* ***1*** comune, collettivo, condiviso ♦ *unser gemeinsamer Freund* il nostro amico comune. ***2*** *(avv)* insieme, in comune ♦ *gemeinsam leben* vivere insieme. ◆ **etwas gemeinsam haben** avere qcs in comune.

Gemeinschaft [-ʃaft] *(f; -, -en)* ***1*** comunità, collettività. ***2*** comunità, comune ♦ *sie leben in einer Gemeinschaft* vivono in una comunità. ***3*** comunità, rapporto, comunione ♦ *in (enger) Gemeinschaft mit jmdm leben* vivere in (stretta) comunione con qcn. ***4*** *(relig)* comunione ♦ *die Gemeinschaft der Heiligen* la comunione dei santi. ◆ **in Gemeinschaft mit jmdm** insieme con, in collaborazione con.

gemeinschaftlich [-ʃaftlɪç] *(agg)* ***1*** comune, collettivo. ***2*** comunitario. ***3*** *(avv)* in comune, insieme.

Gemeinschaftsantenne [-ʃafts'anˌtɛnə] *(f; -, -n)* ~ antenna centralizzata.

Gemeinschaftsgefühl [-ʃaftsgəˌfyːl] *(n; -(e)s)* ~ senso di appartenenza (a una comunità).

Gemeinschaftsgeist [-ʃaftsˌgaist] *(m; -(e)s)* ~ spirito di solidarietà.

Gemeinschaftskunde [-ʃaftsˌkʊndə] *(f; -)* ~ educazione civica (materia scolastica).

Gemeinschaftsproduktion [-ʃaftsprodʊkˌtsjoːn] *(f; -, -en)* ~ coproduzione.

Gemeinsprache [-ʃpraːxə] *(f; -, -n)* ~ lingua comune, linguaggio corrente.

Gemeinwesen [-ˌveːzən] *(n; -s)* ~ comunità, collettività.

Gemeinwirtschaft [-ˌvɪrt·ʃaft] *(f; -, -en)* ~ economia collettiva.

Gemeinwohl [-ˌvoːl] *(n; -s)* ~ bene comune.

Gemenge [gə'mɛŋə] *(n; -s, -)* ~ miscuglio, misto. ◆ **mit jmdm ins Gemenge kommen** azzuffarsi con qcn.

gemessen [gə'mɛsən] *(agg)* ***1*** calmo, misurato. ***2*** part pass di **messen**.

Gemetzel [gə'mɛtsəl] *(n; -s, -)* ~ massacro, carneficina.

gemieden [gə'miːdən] ~ part pass di **meiden**.

Gemisch [gə'mɪʃ] *(n; -(e)s, -e)* ~ mistura, miscela, miscuglio.

gemischt [-t] *(agg)* ~ misto, mescolato ♦ *gemischte Gruppen* gruppi misti. ◆ **mit gemischten Gefühlen** con sentimenti contrastanti.
gemocht [gə'mɔxt] ~ part pass di **mögen**.
gemolken [gə'mɔlkən] ~ part pass di **melken**.
Gemse ~ vedi **Gämse**.
Gemurmel [gə'mʊrməl] *(n; -s)* ~ borbottio, mormorio.
Gemurre [gə'mʊrə] *(n; -s)* ~ brontolio.
Gemüse [gə'my:zə] *(n; -s, -)* ~ verdura, ortaggi, verdure ♦ *frisches Gemüse* verdura fresca.
Gemüseanbau [-ˌʔanbau] *(m; -(e)s)* ~ orticoltura.
Gemüsegarten [-ˌgartən] *(m; -s, -)* ~ orto.
Gemüsehändler [-ˌhɛndlɐ] *(m; -s, -; f* **-in***)* ~ fruttivendolo.
Gemüseladen [-ˌla:dən] *(m; -s, -läden)* ~ negozio di frutta e verdura.
Gemüsesuppe [-ˌzʊpə] *(f; -, -n)* ~ minestra di verdura.
gemusst († **-mußt**) [gə'mʊst] ~ part pass di **müssen**.
Gemüt [gə'my:t] *(n; -(e)s, -er)* **1** *(solo sing)* animo, indole. **2** *(solo sing) (fig)* cuore, bontà. **3** animo, persona ♦ *die Gemüter erregen* scaldare gli animi. ◆ **sich** (Dat) **etwas zu Gemüte führen** mangiare (bere) qcs di gusto, gustarsi qcs.
gemütlich [-lɪç] *(agg)* **1** comodo, confortevole. **2** familiare, intimo, accogliente (atmosfera e sim). **3** amichevole, cordiale, affabile. ◆ **es sich** (Dat) **gemütlich machen** mettersi comodo, accomodarsi ♦ *ich machte es mir auf dem Sofa gemütlich* mi accomodai sul divano.
Gemütlichkeit [-lɪçˌkait] *(f; -)* **1** comodità. **2** intimità, familiarità (di atmosfera e sim). **3** cordialità, affabilità. ◆ **in aller Gemütlichkeit** in tutta comodità.
Gemütsbewegung [gə'my:tsbəˌve:gʊŋ] *(f; -, -en)* ~ moto dell'animo.
Gemütslage [gə'my:tsˌla:gə] *(f; -, -n)* ~ stato d'animo.
Gemütsmensch [gə'my:tsˌmɛnʃ] *(m; -en, -en)* ~ *(fam)* pacioccone.
Gemütsruhe [gə'my:tsˌru:ə] *(f; -)* ~ calma, autocontrollo ♦ *seine Gemütsruhe bewahren* mantenere la calma. ◆ **in aller Gemütsruhe** in tutta calma.
Gemütszustand [gə'my:tsˌtsu:ʃtant] *(m; -, -stände)* ~ stato d'animo.
Gen [ge:n] *(n; -s, -e)* ~ *(biol)* gene.
genannt [gə'nant] ~ part pass di **nennen**.
genas [gə'na:s] ~ pret di **genesen**.
genau [gə'nau] *(agg)* **1** preciso, esatto ♦ *die genaue Entfernung* la distanza esatta ♦ *die genaue Uhrzeit* l'ora esatta. **2** puntuale, preciso. **3** preciso, meticoloso, scrupoloso, minuzioso (persona, comportamento, ecc). **4** *(avv)* precisamente, esattamente; puntualmente. **5** *(avv)* precisamente, meticolosamente, scrupolosamente, minuziosamente ♦ *etwas genau überprüfen* riesaminare scrupolosamente qcs. **6** *(avv)* proprio, precisamente ♦ *genau das brauche ich* proprio di questo ho bisogno. ◆ **aufs Genaueste** († **genaueste**) nei minini dettagli. ◆ **etwas (nicht sehr) genau nehmen** (non) prendere qcs sul serio; (non) prendere qcs alla lettera. ◆ **genau genommen** († **genaugenommen**) a rigore. ◆ **genau!** esatto! sì!
Genauigkeit [-ɪçˌkait] *(f; -)* ~ precisione, esattezza.
genauso [-ˌzo:] *(avv)* ~ altrettanto ♦ *genauso schön* altrettanto bello. ◆ **genauso... wie 1** tanto... quanto, così... come ♦ *das Kleid ist genauso schön wie teuer* il vestito è tanto bello quanto caro. **2** esattamente come ♦ *er hat sich genauso wie sie benommen* si è comportato esattamente come lei.
genehm [gə'ne:m] *(agg)* ~ gradito, ben accetto ♦ *wenn es Ihnen genehm ist* se Le è gradito.
genehmigen [-ɪgən] *(vt, hat)* **1** autorizzare, permettere. **2** accettare (richieste e sim).
Genehmigung [-ɪgʊŋ] *(f; -, -en)* ~ autorizzazione, permesso.
geneigt [gə'naikt] *(agg)* ~ ben disposto. ◆ **jmdm geneigt sein** essere ben disposto verso qcn. ◆ **sich** (Dat) **jmdn geneigt machen** ingraziarsi qcn.
Geneigtheit [-ˌhait] *(f; -)* ~ inclinazione, disposizione.
General [genə'ra:l] *(m; -s, Generale/Generäle)* ~ *(mil)* generale.

General- *(nei composti)* ~ generale ◆ *Generaldirektor* direttore generale ◆ *Generalstreik* sciopero generale.

Generation [genəra'tsjo:n] *(f; -, -en)* ~ generazione, età.

generell [genə'rɛl] *(agg)* ~ generale.

Genese [ge'ne:zə] *(f; -, -n)* ~ genesi, origine.

genesen [gə'ne:zən] *(vi,* ist; **genas, genesen***)* ~ *(lett)* guarire ◆ *von einer Krankheit genesen* guarire da una malattia.

Genesis ['ge:nezɪs] *(f; -)* ~ *(relig)* Genesi.

Genesung [gə'ne:zʊŋ] *(f; -, raro -en)* ~ guarigione. ◆ **auf dem Wege der Genesung sein** essere in via di guarigione.

Genetik [ge'ne:tɪk] *(f; -)* ~ genetica.

genetisch [ge'ne:tɪʃ] *(agg)* ~ genetico.

Genforschung ['ge:nˌfɔrʃʊŋ] *(f; -)* ~ ricerca genetica.

genial [ge'nja:l] *(agg)* ***1*** geniale. ***2*** *(fam)* fantastico.

Genick [gə'nɪk] *(n; -(e)s, -e)* ~ *(anat)* nuca. ◆ **sich** (Dat) **das Genick brechen** rompersi l'osso del collo. ◆ **jmdm das Genick brechen** *(fig/fam)* segare le gambe a qcn.

Genie [ʒe'ni:] *(n; -s, -s)* ***1*** *(solo sing)* genio, genialità. ***2*** genio.

genieren [-rən] *(vr,* hat*)* ~ **sich genieren** vergognarsi, essere in soggezione.

genießbar [gə'ni:sˌba:ɐ] *(agg)* ~ mangiabile, commestibile; bevibile. ◆ **nicht genießbar sein** *(fig/fam)* essere intrattabile.

genießen [gə'ni:sən] *(vt,* hat; **genoss, genossen**; *ortogr pres* ich genieße, ecc; *pret* ich/er genoss, ihr genosst, *imperat* genieß!*)* ***1*** mangiare, bere, consumare. ***2*** godere, godersi, gustare ◆ *ich habe den Urlaub sehr genossen* mi sono goduto molto la vacanza. ***3*** ricevere, avere, godere di ◆ *eine gute Ausbildung genießen* ricevere una buona formazione.

Genießer [gə'ni:sɐ] *(m; -s, -; f* **-in***)* ~ gaudente; buongustaio.

genital [geni'ta:l] *(agg)* ~ genitale.

Genitalien [-jən] *(pl)* ~ genitali, organi genitali.

Genitiv ['ge:niti:f] *(m; -s, -e)* ~ *(gramm)* genitivo.

genommen [gə'nɔmən] ~ part pass di **nehmen**.

genoss († **genoß**) [gə'nɔs] ~ pret di **genießen**.

Genosse [-ə] *(m; -n, -n; f* **-nossin***)* ~ compagno *(anche pol)*.

genossen [-ən] ~ part pass di **genießen**.

Genossenschaft [-ənʃaft] *(f; -, -en)* ~ cooperativa, associazione, consorzio.

Gentechnik ['ge:nˌtɛçnɪk] *(f; -)* ~ ingegneria genetica.

genug [gə'nu:k] *(avv)* ***1*** abbastanza, a sufficienza, sufficientemente ◆ *ich habe genug Geld* ho abbastanza soldi ◆ *hast du genug geschlafen?* hai dormito abbastanza? ***2*** *(posposto, con aggettivi e avverbi)* abbastanza ◆ *die Jacke ist nicht groß genug* la giacca non è abbastanza grande. ◆ **von etwas genug haben** averne abbastanza di qcs. ◆ **jetzt ist's aber genug! genug davon!** adesso basta!

Genüge [gə'ny:gə] *(f)* ~ **zur Genüge** a sufficienza. ◆ **einer Sache** (Dat) **Genüge leisten/tun** soddisfare (richiesta e sim).

genügen [-n] *(vi,* hat*)* ~ {*(jmdm)* ~} bastare (a qcn), essere sufficiente.

genügend [-nt] *(agg indecl)* ~ sufficiente, abbastanza, a sufficienza ◆ *ich habe genügend Geld* ho denaro a sufficienza.

genügsam [gə'ny:kˌza:m] *(agg)* ~ moderato, sobrio, di poche pretese.

Genugtuung [gə'nu:kˌtu:ʊŋ] *(f; -)* ***1*** soddisfazione, compiacimento. ***2*** soddisfazione, riparazione.

Genus ['ge:nʊs] *(n; -, Genera)* ~ *(gramm)* genere.

Genuss († **Genuß**) [gə'nʊs] *(m; -es, Genüsse)* ***1*** consumo (di alimenti e sim) ◆ *der Genuss von Fleisch, von Tabak, von Wein* il consumo di carne, di tabacco, di vino. ***2*** godimento, piacere.

Genussmittel († **Genuß-**) [-ˌmɪtəl] *(n; -s, -)* ~ bene voluttuario.

Geografie *(anche* **Geographie***)* [geogra'fi:] *(f; -)* ~ geografia.

geografisch *(anche* **geographisch***)* [geo'gra:fɪʃ] *(agg)* ~ geografico.

Geologe [geo'lo:gə] *(m; -n, -n; f* **-login***)* ~ geologo.

Geologie [geolo'gi:] *(f; -)* ~ geologia.

geologisch [geo'lo:gɪʃ] *(agg)* ~ geologico.

Geometrie [geome'tri:] *(f; -)* ~ geometria.

geometrisch [geo'meːtrɪʃ] *(agg)* ~ geometrico.

Gepäck [gə'pɛk] *(n; -(e)s)* ~ bagaglio, bagagli ♦ *zwei Stück Gepäck* due bagagli.

Gepäckaufbewahrung [-ˌˀaufbəvaːrʊŋ] *(f; -, -en)* ~ deposito bagagli.

Gepäckstück [-ʃtʏk] *(n; -(e)s, -e)* ~ bagaglio, collo, valigia.

Gepäckträger [-ˌtrɛːgɐ] *(m; -s, -)* ***1*** facchino. ***2*** cestino portabagagli. ***3*** portabagagli.

Gepard ['geːpart] *(m; -s, -e)* ~ *(zool)* ghepardo.

gepfiffen [gə'pfɪfən] ~ part pass di **pfeifen**.

gepflegt [gə'pfleːkt] *(agg)* ***1*** curato, tenuto bene. ***2*** *(fig)* curato, scelto (linguaggio e sim) ♦ *ein gepflegtes Aussehen* un aspetto curato.

gepflogen [gə'pfloːgən] ~ *(lett)* part pass di **pflegen**[2].

Gepflogenheit [-ˌhait] *(f; -, -en)* ~ usanza, abitudine, consuetudine.

Geplänkel [gə'plɛŋkəl] *(n; -s, -)* ~ scaramuccia, schermaglia.

Geplapper [gə'plapɐ] *(n; -s)* ~ chiacchierio.

Geplauder [gə'plaudɐ] *(n; -s)* ~ chiacchiere.

Gepräge [gə'prɛːgə] *(n; -s, -)* ***1*** conio. ***2*** *(fig/lett)* impronta, carattere.

gepriesen [gə'priːzən] ~ part pass di **preisen**.

gequollen [gə'kvɔlən] ~ part pass di **quellen**.

gerade[1] [gə'raːdə] *(agg)* ***1*** diritto, retto ♦ *eine gerade Linie* una linea retta ♦ *eine gerade Straße* una strada diritta. ***2*** eretto, diritto ♦ *gerade Haltung* portamento eretto. ***3*** *(fig)* retto, onesto, schietto, diretto. ***4*** *(avv)* diritto ♦ *gerade sitzen, stehen* († *geradesitzen, geradestehen*) essere seduto, stare in piedi diritto. ***5*** *(avv)* proprio, appunto ♦ *gerade mir musste das passieren* proprio a me doveva capitare. ***6*** *(avv)* in questo momento ♦ *ich bin gerade beim Kochen* sto cucinando. ***7*** *(avv)* appena ♦ *er ist gerade angekommen* è appena arrivato.

gerade[2] *(agg)* ~ pari (numero).

Gerade *(f; -, -n)* ***1*** retta, linea retta. ***2*** *(sport)* diretto (nella boxe).

geradeaus [gəˌraːdəˈˀaus] *(avv)* ~ a diritto ♦ *„Wie komme ich zum Bahnhof?" „Immer geradeaus"* "Come arrivo alla stazione?" "Sempre a diritto".

geradeheraus [gəˌraːdəhɛ'raus] *(avv)* ~ sinceramente, in tutta franchezza.

geradesitzen ~ **gerade sitzen** (vedi **gerade**[1] ***4***).

geradeso [gə'raːdəˌzoː] *(avv)* ~ altrettanto ♦ *geradeso gut* altrettanto bene ♦ *geradeso viel* altrettanto.

gerade|stehen *(vi, hat; irr stehen)* ***1*** **gerade stehen** (vedi **gerade**[1] ***4***). ***2*** {*für jmdn/etwas ~*} *(fig)* prendersi la responsabilità di qcn/qcs, rispondere di qcs.

geradewegs [gə'raːdəˌveːks] *(avv)* ~ diritto, direttamente.

geradezu [gə'raːdəˌtsuː] *(avv)* ~ proprio, quasi ♦ *es ist geradezu ein Wunder* è quasi un miracolo, lo si potrebbe definire un miracolo.

geradlinig [gə'raːtˌliːnɪç] *(agg)* ~ rettilineo.

Geranie [ge'raːnjə] *(f; -, -n)* ~ *(bot)* geranio.

gerannt [gə'rant] ~ part pass di **rennen**.

Gerät [gə'rɛːt] *(n; -(e)s, -e)* ***1*** attrezzo, arnese. ***2*** apparecchio, macchina, macchinario. ***3*** attrezzo ginnico.

geraten[1] [gə'raːtən] *(vi, ist; er* **gerät**, **geriet**, **geraten***)* ***1*** {*jmdm ~*} riuscire a qcn, venire bene a qcn ♦ *der Kuchen ist dir sehr gut geraten* il dolce ti è venuto molto bene. ***2*** capitare, finire ♦ *wir gerieten in eine Sackgasse* finimmo in un vicolo cieco. ***3*** {*an jmdn ~*} imbattersi in qcn. ***4*** finire, cadere (in uno stato, in una situazione) ♦ *in Schwierigkeiten geraten* finire in difficoltà ♦ *in Vergessenheit geraten* cadere nel dimenticatoio. ***5*** {*in etwas* (Acc) *~*} essere colto da, essere preso da qcs (sentimenti e sim) ♦ *in Angst, Wut geraten* essere preso dalla paura, dall'ira. ◆ **außer sich geraten** *(fig)* uscire fuori di sé, andare su tutte le furie.

geraten[2] *(agg)* ***1*** consigliabile, opportuno. ***2*** part pass di **geraten**[1] e di **raten**.

Geratewohl [gə'raːtəˌvoːl] *(n)* ~ **aufs Geratewohl** a caso, a casaccio.

geraum [gə'raum] *(agg)* ~ **geraume Weile**, **geraume Zeit** un certo tempo, un bel po' di tempo.

geräumig [gəˈrɔymɪç] *(agg)* ~ ampio, spazioso.
Geräusch [gəˈrɔyʃ] *(n; -es, -e)* ~ rumore ♦ *ein dumpfes, leises, starkes Geräusch* un rumore sordo, leggero, forte.
geräuschlos [-ˌloːs] *(agg)* ~ silenzioso (macchina e sim).
gerben [ˈgɛrbən] *(vt,* hat*)* ~ conciare. ◆ **jmdm das Fell gerben** *(fig/fam)* conciare qcn per le feste.
Gerber [ˈgɛrbɐ] *(m; -s, -)* ~ conciatore.
Gerberei [gɛrbəˈrai] *(f; -, -en)* ~ conceria.
gerecht [gəˈrɛçt] *(agg)* ***1*** giusto, equo, imparziale ♦ *ein gerechter Richter* un giudice equo. ***2*** giusto, equo, adeguato ♦ *eine gerechte Strafe* una pena equa. ◆ **jmdm/etwas gerecht werden** rendere giustizia a qcn/qcs. ◆ **einer Sache** (Dat) **gerecht werden** svolgere, assolvere qcs, essere all'altezza di qcs (compiti).
Gerechtigkeit [-ɪçˌkait] *(f; -)* ***1*** giustizia, equità. ***2*** giustizia, tribunale ♦ *jmdn der Gerechtigkeit ausliefern* consegnare qcn alla giustizia.
Gerede [gəˈreːdə] *(n; -s)* ***1*** discorsi, chiacchiere ♦ *dummes Gerede* discorsi stupidi. ***2*** pettegolezzi, dicerie. ◆ **jmdn ins Gerede bringen** spettegolare su qcn.
geregelt [gəˈreːgəlt] *(agg)* ~ regolato, regolare, ordinato.
gereizt [gəˈraitst] *(agg)* ~ irritato, nervoso, teso.
Gericht[1] [gəˈrɪçt] *(n; -(e)s, -e)* ~ piatto, ricetta ♦ *ein italienisches Gericht* un piatto italiano.
Gericht[2] *(n; -(e)s, -e)* ~ tribunale, corte ♦ *vor Gericht aussagen, erscheinen* testimoniare, comparire in tribunale ♦ *jmdn vor Gericht bringen* portare qcn in tribunale ♦ *das Gericht zieht sich zur Beratung zurück* la corte si ritira per deliberare. ◆ (**über jmdn**) **Gericht halten** giudicare (qcn).
gerichtlich [-lɪç] *(agg)* ~ giudiziario, del tribunale, legale.
Gerichtsarzt [gəˈrɪçtsˌʔaːɐtst] *(m; -(e)s, -ärzte; f* **-ärztin***)* ~ medico legale.
Gerichtsbarkeit [gəˈrɪçtsbaːɐˌkait] *(f; -, -en)* ~ giurisdizione.
Gerichtshof [gəˈrɪçtsˌhoːf] *(m; -(e)s, -höfe)* ~ corte di Giustizia.
Gerichtsmedizin [gəˈrɪçtsmediˌtsiːn] *(f; -)* ~ medicina legale.
Gerichtsmediziner [-ɐ] *(m; -s, -; f* **-in***)* ~ medico legale.
Gerichtsstand [gəˈrɪçtsˌʃtant] *(m; -(e)s, -stände)* ~ foro.
Gerichtsverfahren [gəˈrɪçtsfɛɐˌfaːrən] *(n; -s, -)* ~ procedimento giudiziario.
Gerichtsverhandlung [gəˈrɪçtsfɛɐˌhandlʊŋ] *(f; -, -en)* ~ dibattimento.
Gerichtsvollzieher [gəˈrɪçtsfɔlˌtsiːɐ] *(m; -s, -; f* **-in***)* ~ ufficiale giudiziario.
Gerichtswesen [gəˈrɪçtsˌveːzən] *(n; -s)* ~ giustizia, sistema giudiziario.
gerieben [gəˈriːbən] ~ part pass di **reiben**.
geriet [gəˈriːt] ~ pret di **geraten**.
gering [gəˈrɪŋ] *(agg)* ***1*** poco, piccolo, esiguo ♦ *ein geringer Unterschied* una piccola differenza ♦ *in geringer Entfernung* a poca distanza ♦ *von geringer Dauer* di poca durata ♦ *eine Uhr von geringem Wert* un orologio di poco valore. ***2*** basso, cattivo (qualità, opinione, ecc). ***3*** basso, umile (ceto sociale). ***4*** *(avv)* poco. ◆ **gering achten** († **geringachten**) stimare poco, disprezzare. ◆ **gering schätzen** († **geringschätzen**) stimare poco, disprezzare.
gering|achten ~ **gering achten** (vedi **gering**).
geringer [-ɐ] *(agg, compar di* **gering***)* ~ meno, minore, più piccolo, più basso ♦ *unsere Chancen werden immer geringer* le nostre possibilità diventano sempre minori. ◆ **kein Geringerer als** nientemeno che (persona) ♦ *kein geringerer als Einstein* nientemeno che Einstein. ◆ **nichts Geringeres als** nientemeno che (cosa) ♦ *er hat sich nichts Geringeres als einen Geländewagen gekauft* si è comprato niente meno che un fuoristrada. ◆ **geringer werden** diminuire, calare.
geringfügig [-ˌfyːgɪç] *(agg)* ~ insignificante, di poca importanza, di lieve entità.
Geringfügigkeit [-fyːgɪçˌkait] *(f; -, -en)* ***1*** *(solo sing)* irrilevanza, poca importanza, lieve entità. ***2*** cosa di poca importanza, inezia.
gering|schätzen ~ **gering schätzen** (vedi **gering**).
geringschätzig [-ʃɛtsɪç] *(agg)* ~ sprezzante.

Geringschätzung [-ʃɛtsʊŋ] *(f; -)* ~ disprezzo, scarsa stima.

geringst- [gəˈrɪŋst-] *(agg, superl di* **gering***)* ~ minimo, il più piccolo, ultimo ♦ *ich habe nicht die geringste Ahnung, warum...* non ho la minima idea del perché... ♦ *das ist meine geringste Sorge* questa è la mia ultima preoccupazione. ◆ **nicht im Geringsten** († **geringsten**) per niente, nemmeno un po'.

gerinnen [gəˈrɪnən] *(vi,* ist; *irr* rinnen*)* ~ coagulare, coagularsi; cagliare.

Gerinnsel [gəˈrɪnzəl] *(n; -s, -)* ***1*** coagulo. ***2*** rigagnolo.

Gerippe [gəˈrɪpə] *(n; -s, -)* ***1*** scheletro. ***2*** scheletro, impalcatura (di edifici, veicoli, ecc). ***3*** *(fig)* scheletro, struttura.

gerissen [gəˈrɪsən] *(agg)* ***1*** *(fig/fam)* scaltro, astuto. ***2*** part pass di **reißen**.

geritten [gəˈrɪtən] ~ part pass di **reiten**.

germanisch [gɛrˈmaːnɪʃ] *(agg)* ~ germanico.

Germanist [gɛrmaˈnɪst] *(m; -en, -en; f* **-in***)* ~ germanista.

Germanistik [-ɪk] *(f; -)* ~ germanistica.

germanistisch [-ɪʃ] *(agg)* ~ germanistico.

gern(e) [gɛrn(ə)] *(avv;* **lieber**, **am liebsten***)* ~ volentieri, con piacere ♦ *ein Angebot gern annehmen* accettare volentieri un'offerta ♦ *ich lese gern* mi piace leggere ♦ *sie schwimmt gern* le piace nuotare ♦ *er trinkt gern Wein* gli piace il vino ♦ *ich gehe gern ins Kino* mi piace andare al cinema ♦ *ich möchte gern wissen, wer...* mi piacerebbe proprio sapere chi... ◆ **gern gesehen** amato, benvenuto. ◆ **jmdn gern haben** voler bene a qcn ♦ *ich habe dich sehr gern* ti voglio molto bene. ◆ **aber gern!**, **ja, gern!** sì, volentieri! ◆ **„Danke!" „Gern geschehen!"** "Grazie!" "Di niente!".

gerochen [gəˈrɔxən] ~ part pass di **riechen**.

Geröll [gəˈrœl] *(n; -s, -e)* ~ ciottoli (di fiume).

geronnen [gəˈrɔnən] ~ part pass di **rinnen**.

Gerste [ˈgɛrstə] *(f; -, raro -n)* ~ *(bot)* orzo.

Gerstenkorn [-nˌkɔrn] *(n; -(e)s, -körner)* ***1*** chicco d'orzo. ***2*** *(med)* orzaiolo.

Gerte [ˈgɛrtə] *(f; -, -n)* ~ verga; frustino.

Geruch [gəˈrʊx] *(m; -(e)s,* Gerüche*)* ***1*** odore ♦ *ein feiner, guter, scharfer, schlechter, süßlicher Geruch* un odore delicato, buono, acre, cattivo, dolciastro. ***2*** olfatto, odorato. ***3*** *(fig/lett)* fama.

geruchlos [-ˌloːs] *(agg)* ~ inodore.

Geruchssinn [-sˌzɪn] *(m; -(e)s)* ~ olfatto, odorato.

Gerücht [gəˈrʏçt] *(n; -(e)s, -e)* ~ diceria, chiacchiera, voce ♦ *es geht das Gerücht, dass* corre voce ♦ *Gerüchte in Umlauf setzen* mettere in giro voci.

gerufen [gəˈruːfən] ~ part pass di **rufen**.

geruhsam [gəˈruːˌzaːm] *(agg)* ~ tranquillo (vita, momenti, ecc).

Gerümpel [gəˈrʏmpəl] *(n; -s)* ~ *(fam)* cianfrusaglie, ciarpame.

gerungen [gəˈrʊŋən] ~ part pass di **ringen**.

Gerüst [gəˈrʏst] *(n; -(e)s, -e)* ***1*** impalcatura, struttura; ossatura. ***2*** *(fig)* struttura, composizione.

ges [gɛs] *(n; -)* ***1*** *(mus)* sol bemolle. ***2*** abbrev di **ges-Moll**.

Ges *(n; -)* ***1*** *(mus)* sol bemolle. ***2*** abbrev di **Ges-Dur**.

gesalzen[1] [gəˈzaltsən] ~ part pass di **salzen**.

gesalzen[2] *(agg)* ***1*** *(fig/fam)* salato, caro (prezzo). ***2*** *(fig/fam)* volgare, pepato. ***3*** *(fig/fam)* forte, energico.

gesamt [gəˈzamt] *(agg)* ~ intero, complessivo, tutto ♦ *die gesamte Familie* l'intera famiglia. ◆ **im Gesamten** († **gesamten**) *(lett)* nel complesso, complessivamente.

Gesamt- *(nei composti)* ~ complessivo ♦ *Gesamtergebnis* risultato complessivo.

Gesamtansicht [-ˌʔanzɪçt] *(f; -, -en)* ~ vista d'insieme.

Gesamtausgabe [-ˌʔausgaːbə] *(f; -, -n)* ~ edizione completa (opera omnia).

Gesamtbild [-ˌbɪlt] *(n; -(e)s, -er)* ***1*** immagine intera. ***2*** *(fig)* quadro complessivo.

Gesamtheit [-ˌhait] *(f; -)* ***1*** totalità, complesso, tutto. ***2*** tutti, tutte le persone.

Gesamtinteresse [-ʔɪntəˌrɛsə] *(n; -s, -n)* ~ interesse generale.

Gesamtwerk [-ˌvɛrk] *(n; -(e)s, -e)* ~ opera omnia, tutte le opere.

gesandt [gəˈzant] ~ part pass di **senden**.

Gesandte(r) [-ə (-ɐ)] *(m/f; -n, -n)* ~ inviato, diplomatico.

Gesang [gəˈzaŋ] *(m; -(e)s, Gesänge) 1 (solo sing)* canto ♦ *der Gesang der Vögel* il canto degli uccelli. *2* canto, inno. *3* canto (epico).

Gesäß [gəˈzɛːs] *(n; -es, -e)* ~ sedere, deretano.

geschaffen [gəˈʃafən] ~ part pass di **schaffen**[1].

Geschäft [gəˈʃɛft] *(n; -(e)s, -e) 1* negozio, bottega. *2* impresa, azienda. *3* attività, occupazione. *4* affare ♦ *ein zweifelhaftes Geschäft* un affare losco ♦ *ein Geschäft abschließen* concludere un affare. *5* affare, guadagno ♦ *ein gutes, schlechtes Geschäft machen* fare un buon affare, un cattivo affare. *6 (fam)* lavoro, posto di lavoro ♦ *ich gehe morgens um 7 Uhr ins Geschäft* vado al lavoro la mattina alle sette.

geschäftig [-ɪç] *(agg)* ~ attivo, indaffarato, laborioso.

geschäftlich [-lɪç] *(agg) 1* d'affari ♦ *ein geschäftliches Gespräch* un colloquio d'affari. *2* formale, professionale. *3 (avv)* per affari.

Geschäftsaufgabe [gəˈʃɛfts,ˀaufgaːbə] *(f; -, -en)* ~ cessazione di un'attività (commerciale).

Geschäftsbereich [gəˈʃɛftsbəˈraiç] *(m; -(e)s, -e)* ~ competenza, ambito di competenza. ◆ **Minister ohne Geschäftsbereich** ministro senza portafoglio.

Geschäftsbrief [gəˈʃɛfts,briːf] *(m; -(e)s, -e)* ~ lettera commerciale.

Geschäftsfrau [gəˈʃɛfts,frau] *(f; -, -en)* ~ negoziante, commerciante.

geschäftsführend [gəˈʃɛfts,fyːrənt] *(agg) 1* amministrativo, che tiene l'amministrazione ♦ *geschäftsführender Angestellter* impiegato amministrativo. *2* responsabile, in carica ♦ *geschäftsführende Regierung* governo dimissionario.

Geschäftsführer [gəˈʃɛfts,fyːrɐ] *(m; -s, -; f* **-in***)* ~ amministratore d'azienda.

Geschäftsführung [gəˈʃɛfts,fyːrʊŋ] *(f; -, -en) 1 (solo sing)* amministrazione d'azienda. *2* amministrazione, amministratori.

Geschäftshaus [gəˈʃɛfts,haus] *(n; -es, -häuser)* ~ ditta, azienda.

Geschäftsinhaber [gəˈʃɛfts,ˀɪnhaːbɐ] *(m; -s, -; f* **-in***)* ~ titolare, proprietario (di un negozio e sim).

Geschäftskosten [gəˈʃɛfts,kɔstən] *(pl)* ~ **auf Geschäftskosten** a spese della ditta.

Geschäftsmann [gəˈʃɛfts,man] *(m; -(e)s, -leute) 1* uomo d'affari. *2* negoziante, commerciante.

Geschäftspartner [gəˈʃɛfts,partnɐ] *(m; -s, -)* ~ socio (d'affari).

Geschäftsreise [gəˈʃɛfts,raizə] *(f; -, -n)* ~ viaggio d'affari.

Geschäftsschluss († **-schluß**) [gəˈʃɛfts-ʃlʊs] *(m; -es, -schlüsse)* ~ chiusura (dei negozi), orario di chiusura.

Geschäftssitz [gəˈʃɛfts,zɪts] *(m; -(e)s, -e)* ~ sede sociale.

Geschäftsstelle [gəˈʃɛfts,ʃtɛlə] *(f; -, -n)* ~ ufficio (di un'istituzione).

Geschäftstätigkeit [gəˈʃɛfts,tɛːtɪçkait] *(f; -, -en)* ~ attività commerciale.

Geschäftsverbindung [gəˈʃɛftsfɛɐ,bɪndʊŋ] *(f; -, -en)* ~ rapporto d'affari ♦ *Geschäftsverbindungen mit jmdm aufnehmen* avviare rapporti d'affari con qcn.

Geschäftsviertel [gəˈʃɛfts,fɪrtəl] *(n; -s, -)* ~ quartiere commerciale.

Geschäftszeit [gəˈʃɛfts,tsait] *(f; -, -en)* ~ orario di apertura (dei negozi).

geschah [gəˈʃaː] ~ pret di **geschehen**.

geschallt [gəˈʃalt] ~ part pass di **schallen**.

Geschaukel [gəˈʃaukəl] *(n; -s)* ~ dondolio.

gescheckt [gəˈʃɛkt] *(agg)* ~ maculato, pezzato.

geschehen [gəˈʃeːən] *(vi, ist; es* **geschieht, geschah, geschehen***) 1* {*(jmdm)* ~} succedere, avvenire, accadere, capitare (a qcn) ♦ *was ist ihm geschehen?* cosa gli è successo? ♦ *ihm ist ein Unglück geschehen* gli è successa una disgrazia. *2 (+ verbo modale) (impers)* farsi ♦ *was soll mit dem alten Auto geschehen?* che si fa con la macchina vecchia? ◆ **jmdm recht geschehen** *(impers)* star bene a qcn; meritarsi ♦ *das geschieht dir recht* ti sta bene! te lo sei meritato! ◆ **es ist um jmdn/etwas geschehen** *(impers) (fig)* qcn/qcs è perduto, è rovinato.

Geschehen *(n; -s)* ~ eventi, avvenimenti.

gescheit [gəˈʃait] *(agg) 1* intelligente (persona, idea, ecc). *2 (fam)* ragionevole, intelligente. ◆ **aus etwas nicht gescheit werden** non capire qcs.

Geschenk [gəˈʃɛŋk] *(n; -(e)s, -e)* ~ regalo, dono ♦ *ein Geschenk meines Bruders/von meinem Bruder* un regalo di mio fratello ♦ *ein Geschenk für meinen Bruder* un regalo per mio fratello ♦ *jmdm ein Geschenk machen* fare un regalo a qcn.

Geschenkartikel [-ˀarˌtiːkəl] *(m; -s, -)* ~ articolo da regalo.

Geschichte [gəˈʃɪçtə] *(f; -, -n)* ***1*** *(solo sing)* storia; passato ♦ *die deutsche Geschichte* la storia tedesca. ***2*** *(solo sing)* storia (materia, disciplina) ♦ *Alte, Mittlere, Neue, Neueste Geschichte* storia antica, medioevale, moderna, contemporanea. ***3*** storia, racconto ♦ *eine Geschichte erzählen, lesen, schreiben* raccontare, leggere, scrivere una storia. ***4*** storia, fatto, faccenda ♦ *eine dumme Geschichte* una faccenda stupida. ***5*** storia d'amore, storia. ***6*** *(fam)* storia (inventata), fandonia ♦ *das sind alles nur Geschichten!* sono tutte storie! ◆ **die ganze Geschichte** *(fam)* tutto, il tutto, tutta la faccenda. ◆ **in die Geschichte eingehen** passare alla storia. ◆ **Geschichte machen** fare storia. ◆ **Geschichten machen** *(fam)* fare storie.

geschichtlich [gəˈʃɪçtlɪç] *(agg)* ~ storico.

Geschichtsforscher [gəˈʃɪçtsˌfɔrʃɐ] *(m; -s, -; f* **-in***)* ~ storico.

Geschichtsforschung [gəˈʃɪçtsˌfɔrʃʊŋ] *(f; -, -en)* ~ ricerca storica, storia.

Geschichtszahl [gəˈʃɪçtsˌtsaːl] *(f; -, -en)* ~ data storica.

Geschick[1] [gəˈʃɪk] *(n; -(e)s)* ~ abilità, attitudine ♦ *Geschick für/zu etwas haben* avere attitudine per qcs.

Geschick[2] *(n; -(e)s, -e)* ~ *(lett)* destino, sorte.

Geschicklichkeit [-lɪçˌkait] *(f; -)* ~ abilità (spec manuale), destrezza, bravura.

geschickt [-t] *(agg)* ***1*** abile, destro ♦ *ein geschickter Handwerker* un abile artigiano ♦ *geschickte Hände haben* avere mani abili ♦ *er ist sehr geschickt im Klavierspielen* è molto abile nel suonare il pianoforte. ***2*** *(fig)* abile, diplomatico ♦ *ein geschickter Politiker* un abile politico. ***3*** *(avv)* abilmente, con destrezza; con diplomazia.

geschieden [gəˈʃiːdən] *(agg)* ***1*** divorziato. ***2*** part pass di **scheiden**.

geschienen [gəˈʃiːnən] ~ part pass di **scheinen**.

Geschimpfe [gəˈʃɪmpfə] *(n; -s)* ~ imprecazioni.

Geschirr [gəˈʃɪr] *(n; -(e)s, -e)* ***1*** *(solo sing)* piatti, stoviglie ♦ *das Geschirr spülen, abtrocknen* lavare, asciugare i piatti. ***2*** servizio ♦ *das gute Geschirr* il servizio buono. ***3*** finimenti ♦ *einem Pferd das Geschirr anlegen* mettere i finimenti a un cavallo. ◆ **sich ins Geschirr legen** *(fig)* mettercela tutta, darsi da fare.

Geschirrspüler [-ʃpyːlɐ] *(m; -s, -)* ~ *(fam)* lavastoviglie.

geschissen [gəˈʃɪsən] ~ part pass di **scheißen**.

geschlafen [gəˈʃlaːfən] ~ part pass di **schlafen**.

geschlagen [gəˈʃlaːgən] ~ part pass di **schlagen**.

Geschlecht [gəˈʃlɛçt] *(n; -(e)s, -er)* ***1*** genere, sesso ♦ *das männliche, weibliche Geschlecht* il sesso maschile, femminile. ***2*** *(solo sing)* organo sessuale, sesso. ***3*** genere, specie ♦ *das menschliche Geschlecht* la specie umana. ***4*** generazione. ***5*** stirpe, famiglia ♦ *aus edlem Geschlecht stammen* essere di stirpe nobile. ***6*** *(gramm)* genere. ◆ **das schwache, starke Geschlecht** *(fam)* il sesso debole, forte. ◆ **das schöne Geschlecht** *(fam)* il gentil sesso.

geschlechtlich [-lɪç] *(agg)* ***1*** sessuale. ***2*** *(avv)* sessualmente.

Geschlechtsakt [gəˈʃlɛçtsˌˀakt] *(m; -(e)s, -e)* ~ atto sessuale, rapporto sessuale.

Geschlechtskrankheit [gəˈʃlɛçtsˌkraŋkhait] *(f, -, -en)* ~ malattia venerea.

geschlechtslos [gəˈʃlɛçtsˌloːs] *(agg)* ~ asessuato.

Geschlechtsorgan [gəˈʃlɛçtsˀɔrˌgaːn] *(n; -s, -e)* ~ organo sessuale, organo genitale ♦ *äußere, innere Gechlechtsorgane* genitali esterni, interni.

Geschlechtsreife [gəˈʃlɛçtsˌraifə] *(f; -, -n)* ~ maturità sessuale, pubertà.

Geschlechtsverkehr [gəˈʃlɛçtsfɛɐˌkeːɐ] *(m; -s)* ~ rapporto sessuale, rapporti sessuali ♦ *Geschlechtsverkehr mit jmdm haben* avere rapporti sessuali con qcn.

Geschlechtswort [gəˈʃlɛçtsˌvɔrt] *(n; -(e)s, -wörter)* ~ *(gramm)* articolo.

geschlichen [gəˈʃlɪçən] ~ part pass di **schleichen**.

geschliffen [gəˈʃlɪfən] ~ part pass di **schleifen**[1].

geschlossen[1] [gəˈʃlɔsən] ~ part pass di **schließen**.

geschlossen[2] *(agg)* ***1*** chiuso ♦ *der Laden ist geschlossen* il negozio è chiuso. ***2*** chiuso, compatto, unitario. ***3*** chiuso (in sé), ristretto, esclusivo (comunità e sim). ***4*** *(fig)* compiuto, completo. ***5*** *(avv)* compattamente, unitariamente; compiutamente.

Geschlossenheit [-ˌhait] *(f; -)* ***1*** *(fig)* compattezza, unità. ***2*** *(fig)* completezza, compiutezza.

geschlungen [gəˈʃlʊŋən] ~ part pass di **schlingen**.

Geschmack [gəˈʃmak] *(m;* -(e)s, Geschmäcke/*(fam)* Geschmäcker*)* ***1*** gusto, senso del gusto. ***2*** gusto, sapore ♦ *ein bitterer, saurer, süßer Geschmack* un sapore amaro, acido, dolce ♦ *die Soße hat einen Geschmack nach Paprika* la salsa ha un sapore di peperoni. ***3*** *(fig)* gusto, preferenza ♦ *einen guten, schlechten Geschmack haben* avere buon gusto, cattivo gusto ♦ *mit Geschmack* con (buon) gusto ♦ *für meinen Geschmack* per i miei gusti ♦ *das ist (nicht) nach meinem Geschmack* questo (non) è di mio gusto. ***4*** gusto, piacere, diletto ♦ *an etwas* (Dat) *Geschmack finden* trovare gusto in qcs. ◆ **auf den Geschmack kommen** prenderci gusto. ◆ **über Geschmack lässt sich nicht streiten** *(prov)* tutti i gusti son gusti.

geschmacklos [-ˌloːs] *(agg)* ***1*** insapore, insipido. ***2*** *(fig)* di cattivo gusto.

Geschmacklosigkeit [-ˌloːzɪçkait] *(f; -, -en)* ***1*** *(solo sing)* mancanza di sapore, mancanza di gusto. ***2*** *(solo sing) (fig)* cattivo gusto. ***3*** cosa di cattivo gusto, volgarità.

Geschmacksrichtung [-sˌrɪçtʊŋ] *(f; -, -en)* ~ gusto, sapore (tipo) ♦ *Eis in vier verschiedenen Geschmacksrichtungen* gelato di quattro gusti diversi.

Geschmackssache [-sˌzaxə] *(f)* ~ **das ist (reine) Geschmackssache** è questione di gusti.

Geschmackssinn [-sˌzɪn] *(m; -)* ~ gusto, senso del gusto.

geschmackvoll [-ˌfɔl] *(agg)* ***1*** di buon gusto. ***2*** *(avv)* con buon gusto.

Geschmeide [gəˈʃmaidə] *(n; -s)* ~ *(lett)* gioielli, ori.

geschmeidig [gəˈʃmaidɪç] *(agg)* ***1*** flessuoso, elastico. ***2*** agile, snodato. ***3*** *(fig)* abile, diplomatico.

Geschmier [gəˈʃmiːɐ] *(n; -(e)s)* ~ scarabocchi.

geschmissen [gəˈʃmɪsən] ~ part pass di **schmeißen**.

geschmolzen [gəˈʃmɔltsən] ~ part pass di **schmelzen**.

geschnitten [gəˈʃnɪtən] ~ part pass di **schneiden**.

geschoben [gəˈʃoːbən] ~ part pass di **schieben**.

gescholten [gəˈʃɔltən] ~ part pass di **schelten**.

Geschöpf [gəˈʃœpf] *(n; -(e)s, -e)* ***1*** creatura; essere, persona. ***2*** *(fig)* creazione, creatura.

geschoren [gəˈʃoːrən] ~ part pass di **scheren**.

Geschoss († **-schoß**) [gəˈʃɔs] *(n; -es, -e)* ***1*** proiettile. ***2*** piano (di edificio) ♦ *wir wohnen im ersten Geschoss* abitiamo al primo piano.

geschossen [-ən] ~ part pass di **schießen**.

geschraubt [gəˈʃraupt] *(agg)* ~ *(fam)* affettato, innaturale (stile e sim).

Geschrei [gəˈʃrai] *(n; -s)* ***1*** grida, urla. ***2*** *(fig)* rumore, scalpore ♦ *viel Geschrei um etwas machen* fare molto rumore per qcs. ◆ **viel Geschrei und wenig Wolle** *(prov)* molto rumore per nulla.

geschrieben [gəˈʃriːbən] ~ part pass di **schreiben**.

geschrie(e)n [gəˈʃriː(ə)n] ~ part pass di **schreien**.

geschritten [gəˈʃrɪtən] ~ part pass di **schreiten**.

geschunden [gəˈʃʊndən] ~ part pass di **schinden**.

Geschütz [gəˈʃʏts] *(n; -(e)s, -e)* ~ cannone. ◆ **grobes/schweres Geschütz auffahren** *(fig/fam)* andarci giù pesante.

Geschwader [gəˈʃvaːdɐ] *(n; -s, -)* ~ *(mil)* squadra; stormo.

Geschwätz [gəˈʃvɛts] *(n; -es)* ~ *(fam)* discorsi, chiacchiere.

geschwätzig [-ɪç] *(agg)* ~ chiacchierone; pettegolo.
geschweige [gəˈʃvaigə] *(congiunz)* ~ **geschweige denn** meno che mai, e tanto meno, figuriamoci ♦ *ich kann nicht einmal eine Woche Urlaub nehmen, geschweige denn einen Monat* non posso prendere nemmeno una settimana di ferie, figuriamoci un mese!.
geschwiegen [gəˈʃviːgən] ~ part pass di **schweigen**.
geschwind [gəˈʃvɪnt] *(agg)* ***1*** veloce, svelto. ***2*** *(avv)* velocemente, alla svelta.
Geschwindigkeit [gəˈʃvɪndɪçˌkait] *(f; -, -en)* ~ velocità ♦ *mit großer Geschwindigkeit* a grande velocità ♦ *mit einer Geschwindigkeit von* a una velocità di ♦ *die Geschwindigkeit herabsetzen, steigern* diminuire, aumentare la velocità.
Geschwindigkeitsbeschränkung [gəˈʃvɪndɪçkaitsbəʃrɛŋkʊŋ] *(f; -, -en)* ~ limite di velocità.
Geschwindigkeitsmesser [gəˈʃvɪndɪçkaitsˌmɛsɐ] *(m; -s, -)* ~ tachimetro.
Geschwindigkeitsüberschreitung [gəˈʃvɪndɪçkaitsˌˀyːbɐʃraitʊŋ] *(f; -, -en)* ~ superamento dei limiti di velocità.
Geschwister [gəˈʃvɪstɐ] *(pl)* ~ fratelli, fratelli e sorelle ♦ *ich habe drei Geschwister: zwei Brüder und eine Schwester* ho tre fratelli: due maschi e una femmina ♦ *Sandra und Ralf sind Geschwister* Sandra e Ralf sono fratelli.
Geschwisterteil [-ˌtail] *(m; (e)s, -e)* ~ fratello; sorella.
geschwollen[1] [gəˈʃvɔlən] ~ part pass di **schwellen**.
geschwollen[2] *(agg)* ***1*** gonfio, tumido. ***2*** *(fig)* ampolloso.
geschwommen [gəˈʃvɔmən] ~ part pass di **schwimmen**.
geschworen [gəˈʃvoːrən] ~ part pass di **schwören**.
Geschwulst [gəˈʃvʊlst] *(f; -, Geschwülste)* ~ *(med)* tumore.
geschwunden [gəˈʃvʊndən] ~ part pass di **schwinden**.
geschwungen [gəˈʃvʊŋən] ~ part pass di **schwingen**.
Geschwür [gəˈʃvyːɐ] *(n; -(e)s, -e)* ~ *(med)* ulcera, ascesso.

Ges-Dur [ˈgɛsˈduːɐ] *(n; -)* *(abbrev* **Ges***)* ~ *(mus)* sol bemolle maggiore.
gesehen [gəˈzeːən] ~ part pass di **sehen**.
Geselle [gəˈzɛlə] *(m; -n, -n; f* **-sellin***)* ***1*** garzone, aiutante (di artigiano). ***2*** tipo, giovanotto.
gesellen [-n] *(vr, hat)* ~ **sich zu jmdm gesellen** unirsi a qcn, seguire qcn.
gesellig [gəˈzɛlɪç] *(agg)* ***1*** socievole. ***2*** divertente, piacevole, lieto (serate e sim).
Geselligkeit [-ˌkait] *(f; -, -en)* ***1*** *(solo sing)* socievolezza. ***2*** festa, serata in compagnia.
Gesellschaft [gəˈzɛlˌʃaft] *(f; -, -en)* ***1*** società ♦ *die moderne Gesellschaft* la società moderna ♦ *die gute Gesellschaft* la buona società ♦ *in die Gesellschaft eingeführt werden* essere introdotto in società. ***2*** ricevimento, serata in compagnia. ***3*** *(solo sing)* compagnia ♦ *in schlechte Gesellschaft geraten* capitare in cattiva compagnia ♦ *in deiner Gesellschaft* in tua compagnia. ***4*** società, associazione. ***5*** *(econ)* società, impresa. ◆ **Gesellschaft mit beschränkter Haftung** *(abbrev* **GmbH***)* società a responsabilità limitata, Srl. ◆ **jmdm Gesellschaft leisten** fare compagnia a qcn.
Gesellschafter [-ɐ] *(m; -s, -; f* **-in***)* ***1*** intrattenitore, conversatore. ***2*** socio (d'affari).
gesellschaftlich [-lɪç] *(agg)* ***1*** sociale. ***2*** di società, della buona società. ***3*** *(avv)* socialmente; nella buona società.
Gesellschafts- [gəˈzɛlˌʃafts-] *(nei composti)* ~ sociale ♦ *Gesellschaftsklasse* classe sociale ♦ *Gesellschaftssystem* sistema sociale.
Gesellschaftslehre [-ˌleːrə] *(f; -)* ~ sociologia.
Gesellschaftsreise [-ˌraizə] *(f; -, -n)* ~ viaggio organizzato.
Gesellschaftsspiel [-ʃpiːl] *(n; -(e)s, -e)* ~ gioco di società.
gesessen [gəˈzɛsən] ~ part pass di **sitzen**.
Gesetz [gəˈzɛts] *(n; -(e)s, -e)* ***1*** legge *(anche fis/biol)* ♦ *ein Gesetz über Adoption* una legge sull'adozione ♦ *das Gesetz zum Schutz der Natur* la legge sulla protezione della natura ♦ *ein Gesetz abschaffen/aufheben* abrogare una legge ♦ *ein Gesetz erlassen, verletzen* promulgare, violare una legge ♦ *ein Gesetz tritt in*

Kraft una legge entra in vigore. **2** regola, legge, norma ♦ *ein ungeschriebenes Gesetz* una legge non scritta.

Gesetzblatt [-ˌblat] *(n; -(e)s, -blätter)* ~ gazzetta ufficiale.

Gesetzbuch [-ˌbu:x] *(n; -(e)s, -bücher)* ~ *(dir)* codice.

Gesetzentwurf [-ənˌˀɛntvʊrf] *(m; -(e)s, -würfe)* ~ progetto di legge, proposta di legge.

Gesetzeskraft [-əsˌkraft] *(f; -)* ~ forza di legge.

Gesetzessprache [-əsʃpra:xə] *(f; -, -n)* ~ linguaggio giuridico.

gesetzgebend [-ˌge:bənt] *(agg)* ~ legislativo.

Gesetzgeber [-ˌge:bɐ] *(m; -s, -; f* **-in***)* ~ legislatore.

gesetzgeberisch [-ˌge:bərɪʃ] *(agg)* ~ legislativo.

Gesetzgebung [-ˌge:bʊŋ] *(f; -, -en)* ~ legislazione.

gesetzlich [-lɪç] *(agg)* **1** legale. **2** *(avv)* legalmente.

Gesetzlichkeit [-lɪçˌkait] *(f; -)* ~ legalità.

gesetzlos [-ˌlo:s] *(agg)* **1** senza legge. **2** *(fig)* anarchico, incontrollato.

Gesetzlosigkeit [-ˌlo:zɪçkait] *(f; -)* ~ assenza di leggi, anarchia.

gesetzmäßig [-ˌmɛ:sɪç] *(agg)* **1** regolare ♦ *eine gesetzmäßige Entwicklung* uno sviluppo regolare. **2** legale, conforme alle leggi. **3** *(avv)* regolarmente; legalmente.

gesetzt [-t] *(agg)* ~ posato, calmo.

gesetzwidrig [-ˌvi:drɪç] *(agg)* ~ contro la legge, illegale.

Gesetzwidrigkeit [-vi:drɪçˌkait] *(f; -)* ~ illegalità.

Gesicht [gəˈzɪçt] *(n; -(e)s, -er)* **1** viso, faccia, volto ♦ *jmdm ins Gesicht sehen* guardare in faccia qcn ♦ *der Wirklichkeit ins Gesicht sehen (fig)* guardare in faccia la realtà ♦ *jmdm ins Gesicht spucken* sputare in faccia a qcn. **2** espressione (del volto), faccia ♦ *ein trauriges Gesicht aufsetzen/machen* fare una faccia triste. **3** volto, faccia, persona ♦ *bekannte Gesichter* volti noti. **4** *(fig)* aspetto, volto. **5** *(fig)* prestigio, faccia ♦ *das Gesicht wahren/retten* salvare la faccia ♦ *das Gesicht verlieren* perdere la faccia. ◆ **Gesichter schneiden** fare smorfie. ◆ **ein Gesicht machen/ziehen** *(fig)* mettere il muso. ◆ **ein langes Gesicht/lange Gesichter machen** *(fig/fam)* fare il muso lungo. ◆ **ein Gesicht wie drei/vierzehn Tage Regenwetter machen** *(fig/fam)* fare una faccia da funerale. ◆ **sein wahres Gesicht zeigen** mostrare il proprio vero volto. ◆ **jmdm wie aus dem Gesicht geschnitten sein** somigliare a qcn come una goccia d'acqua. ◆ **etwas steht jmdm im Gesicht geschrieben** qcs sta scritto in faccia a qcn, qcs si legge in faccia a qcn. ◆ **jmdm ins Gesicht lachen** ridere in faccia a qcn. ◆ **jmdm ins Gesicht lügen** mentire spudoratamente a qcn. ◆ **jmdm etwas ins Gesicht sagen** dire qcs in faccia a qcn. ◆ **jmdm zu Gesicht kommen** essere visto da qcn, capitare sotto gli occhi di qcn.

Gesichtsfarbe [gəˈzɪçtsˌfarbə] *(f; -, -n)* ~ colorito.

Gesichtsfeld [gəˈzɪçtsˌfɛlt] *(n; -(e)s, -er)* ~ campo visivo.

Gesichtskreis [gəˈzɪçtsˌkrais] *(m; -(e)s, -e)* **1** visuale. **2** *(fig)* orizzonte, vedute.

Gesichtsplastik [gəˈzɪçtsˌplastɪk] *(f; -, -en)* ~ *(med)* plastica facciale.

Gesichtspunkt [gəˈzɪçtsˌpʊŋkt] *(m; -(e)s, -e)* ~ punto di vista *(anche fig)* ♦ *von diesem Gesichtspunkt aus/unter diesem Gesichtspunkt* da questo punto di vista.

Gesichtssinn [gəˈzɪçtsˌzɪn] *(m; -(e)s)* ~ senso della vista, vista.

Gesichtswinkel [gəˈzɪçtsˌvɪŋkəl] *(m; -s, -)* **1** angolo visuale. **2** *(fig)* visuale, prospettiva, angolazione.

Gesichtszug [gəˈzɪçtsˌtsu:k] *(m; -(e)s, -züge)* ~ tratto del viso, lineamento.

Gesims [gəˈzɪms] *(n; -es, -e)* ~ cornicione.

Gesindel [gəˈzɪndəl] *(n; -s)* ~ feccia, marmaglia.

gesinnt [gəˈzɪnt] *(agg)* ~ disposto, orientato (in un certo modo). ◆ **gleich gesinnt** († **gleichgesinnt**) che la pensa allo stesso modo, che ha le stesse opinioni. ◆ **jmdm gut, übel gesinnt** († **gutgesinnt, übelgesinnt**) **sein** essere ben disposto, mal disposto verso qcn.

Gesinnung [gəˈzɪnʊŋ] *(f; -, -en)* **1** atteggiamento, disposizione. **2** opinione, convinzioni.

gesittet [gə'zɪtət] *(agg)* ***1*** educato, costumato. ***2*** *(avv)* educatamente.
ges-Moll ['gɛs'mɔl] *(n; -) (abbrev* **ges***)* ~ *(mus)* sol bemolle minore.
gesoffen [gə'zɔfən] ~ part pass di **saufen**.
gesogen [gə'zoːgən] ~ part pass di **saugen**.
gesonnen [gə'zɔnən] ~ part pass di **sinnen**. ◆ **gesonnen sein, etwas zu tun** avere l'intenzione di fare qcs, meditare di fare qcs.
gesotten [gə'zɔtən] ~ part pass di **sieden**.
gespalten [gə'ʃpaltən] ~ part pass di **spalten**.
Gespann [gə'ʃpan] *(n; -(e)s, -e)* ***1*** pariglia; coppia di animali da tiro. ***2*** tiro (carrozza e cavalli). ***3*** *(fig)* coppia.
gespannt [-t] *(agg)* ***1*** curioso, impaziente ♦ *ich bin gespannt auf das Ergebnis* sono impaziente di sapere il risultato ♦ *ich bin schon gespannt, was sie mir schenken werden* sono curioso di vedere cosa mi regaleranno. ***2*** teso, ansioso, eccitato ♦ *in gespannter Erwartung* in ansiosa attesa. ***3*** teso, conflittuale ♦ *gespannte Beziehungen* rapporti tesi. ***4*** *(avv)* con curiosità. ***5*** *(avv)* con tensione, ansiosamente, con eccitazione.
Gespenst [gə'ʃpɛnst] *(n; -(e)s, -er)* ***1*** spettro, fantasma. ***2*** *(fig)* spettro, minaccia.
gespenstisch [-ɪʃ] *(anche* **gespenstig** [-ɪç]*) (agg)* ~ spettrale; inquietante.
gespie(e)n [gə'ʃpiː(ə)n] ~ part pass di **speien**.
Gespinst [gə'ʃpɪnst] *(n; -(e)s, -e)* ~ tessuto; filato.
gesponnen [gə'ʃpɔnən] ~ part pass di **spinnen**.
Gespött [gə'ʃpœt] *(n; -(e)s)* ~ scherno. ◆ **jmdn zum Gespött machen** ridicolizzare qcn. ◆ **zum Gespött werden** diventare lo zimbello (di tutti).
Gespräch [gə'ʃprɛːç] *(n; -(e)s, -e)* ***1*** discorso, conversazione, colloquio, dialogo ♦ *(mit jmdm) ein Gespräch führen* avere un colloquio (con qcn) ♦ *das Gespräch auf ein Thema bringen* portare la conversazione su un argomento. ***2*** conversazione telefonica, telefonata ♦ *ein Gespräch abnehmen* prendere una telefonata. ***3*** argomento di discussione. ◆ **im Gespräch sein** essere discusso, essere oggetto di discussione.
gesprächig [-ɪç] *(agg)* ~ loquace, chiacchierone.
Gesprächspartner [-sˌpartnɐ] *(m; -s, -; f* **-in***)* ~ interlocutore.
Gesprächsstoff [-sʃtɔf] *(m; -(e)s, -e)* ~ argomento (di discussione).
gesprochen [gə'ʃprɔxən] ~ part pass di **sprechen**.
gesprossen [gə'ʃprɔsən] ~ part pass di **sprießen**.
gesprungen [gə'ʃprʊŋən] ~ part pass di **springen**.
Gespür [gə'ʃpyːɐ] *(n; -s)* ~ *(fig)* fiuto, sensibilità ♦ *ein feines Gespür für etwas haben* avere fiuto per qcs.
Gestalt [gə'ʃtalt] *(f; -, -en)* ***1*** figura, corporatura ♦ *von kräftiger, schlanker Gestalt* di corporatura robusta, snella. ***2*** figura, sagoma (di persona). ***3*** figura, personalità ♦ *Goethe ist eine der größten Gestalten der deutschen Literatur* Goethe è una delle massime personalità della letteratura tedesca. ***4*** personaggio (letterario), figura. ***5*** forma, aspetto ♦ *sich in seiner wahren Gestalt zeigen* mostrarsi nel proprio vero aspetto. ◆ **in Gestalt einer Sache** (Gen)**/in Gestalt von etwas** sotto forma di qcs ♦ *eine Entschädigung in Gestalt von Geld* un risarcimento sotto forma di denaro. ◆ **Gestalt annehmen/gewinnen** prendere forma. ◆ **einer Sache** (Dat) **Gestalt geben** dare forma a qcs.
gestalten [-ən] *(vt,* hat*)* ***1*** dare forma, sviluppare ♦ *ein Drama gestalten* sviluppare un dramma. ***2*** organizzare ♦ *einen Abend gestalten* organizzare una serata. ◆ **sich gestalten** *(vr)* rivelarsi, presentarsi; diventare.
Gestaltung [-ʊŋ] *(f; -)* ***1*** organizzazione. ***2*** costruzione, sviluppo, strutturazione. ***3*** arredamento.
Gestammel [gə'ʃtaməl] *(n; -s)* ~ balbettio.
gestanden [gə'ʃtandən] ~ part pass di **stehen**.
geständig [gə'ʃtɛndɪç] *(agg)* ~ *(dir)* confesso ♦ *ein geständiger Täter* un reo confesso.
Geständnis [gə'ʃtɛntnɪs] *(n; -ses, -se)* ~ confessione, ammissione ♦ *ein Geständnis ablegen (dir)* rilasciare una confessione ♦ *(jmdm) ein Geständnis machen* fare una confessione (a qcn).

Gestank [gəˈʃtaŋk] *(m; -(e)s)* ~ puzzo, fetore, tanfo.

gestatten [gəˈʃtatən] *(vt, hat)* ~ {*(jmdm/sich) etwas* ~} concedere qcs (a qcn), permettere qcs (a qcn); concedersi, permettersi qcs.

Geste [ˈgɛstə] *(f; -, -n)* ***1*** gesto, cenno. ***2*** gesto, atto, azione ♦ *eine freundliche Geste* un gesto d'amicizia.

gestehen [gəˈʃteːən] *(vt, hat; irr* stehen*)* ~ {*(jmdm) etwas* ~} confessare qcs, rivelare qcs (a qcn) ♦ *jmdm seine Liebe gestehen* confessare il proprio amore a qcn ♦ *ich muss dir gestehen, dass* ti devo confessare che ♦ *der Angeklagte hat gestanden* l'accusato ha confessato.

Gestein [gəˈʃtain] *(n; -(e)s, -e)* ~ roccia.

Gestell [gəˈʃtɛl] *(n; -(e)s, -e)* ***1*** piedistallo, base, cavalletto. ***2*** sostegno. ***3*** scaffale. ***4*** telaio (del letto).

gestern [ˈgɛstɐn] *(avv)* ~ ieri ♦ *gestern Abend* († *abend*) ieri sera ♦ *gestern Morgen* († *morgen*) ieri mattina ♦ *gestern Nacht* († *nacht*) ieri notte ♦ *seit gestern* da ieri. ◆ **von gestern sein** *(fig/fam)* essere antiquato, essere di ieri.

gestiegen [gəˈʃtiːgən] ~ part pass di **steigen**.

Gestik [ˈgɛstɪk] *(f; -)* ~ gestualità, mimica.

gestikulieren [gɛstikuˈliːrən] *(vi, hat)* ~ gesticolare.

Gestirn [gəˈʃtɪrn] *(n; -(e)s, -e)* ~ *(lett)* astro, stella.

gestoben [gəˈʃtoːbən] ~ part pass di **stieben**.

Gestöber [gəˈʃtøːbɐ] *(n; -s, -)* ~ tormenta, tempesta di neve.

gestochen [gəˈʃtɔxən] *(agg)* ***1*** nitido, preciso (immagine, scrittura, ecc). ***2*** part pass di **stechen**.

gestohlen [gəˈʃtoːlən] ~ part pass di **stehlen**.

gestorben [gəˈʃtɔrbən] ~ part pass di **sterben**.

Gestotter [gəˈʃtɔtɐ] *(n; -s)* ~ balbettio.

gestoßen [gəˈʃtoːsən] ~ part pass di **stoßen**.

Gesträuch [gəˈʃtrɔyç] *(n; -(e)s, -e)* ~ macchia, cespugli.

gestreift [gəˈʃtraift] *(agg)* ~ a strisce ♦ *ein rotweiß gestreifter Pullover* un golf a strisce bianche e rosse.

gestrichen [gəˈʃtrɪçən] ~ part pass di **streichen**.

gestrig [ˈgɛstrɪç] *(agg)* ~ di ieri ♦ *das gestrige Programm* il programma di ieri.

gestritten [gəˈʃtrɪtən] ~ part pass di **streiten**.

Gestrüpp [gəˈʃtrʏp] *(n; -(e)s, -e)* ~ sterpaglia.

gestunken [gəˈʃtʊŋkən] ~ part pass di **stinken**.

Gestüt [gəˈʃtyːt] *(n; -(e)s, -e)* ~ scuderia, allevamento di cavalli.

Gesuch [gəˈzuːx] *(n; -(e)s, -e)* ~ richiesta, domanda (scritta) ♦ *ein Gesuch ablehnen, bewilligen, einreichen* respingere, accogliere, inoltrare una richiesta.

gesucht [-t] *(agg)* ***1*** ricercato, forbito. ***2*** ricercato, raro.

gesund [gəˈzʊnt] *(agg)* ***1*** sano, in salute ♦ *ein gesundes Kind* un bambino sano ♦ *ein gesundes Herz* un cuore sano ♦ *ein gesundes Aussehen* un aspetto sano. ***2*** salutare, salubre, sano. ***3*** *(fig)* sano, fiorente ♦ *ein gesundes Unternehmen* un'azienda sana. ***4*** sano, regolare, naturale ♦ *eine gesunde Entwicklung* uno sviluppo sano. ***5*** *(avv)* sano, in modo sano ♦ *sich gesund ernähren* mangiare sano. ◆ **gesund und munter** in gran forma. ◆ **jmdn wieder gesund machen** guarire qcn. ◆ **jmdn gesund schreiben** vedi **gesundschreiben**. ◆ **gesund werden** guarire *(vi)*.

gesunden [gəˈzʊndən] *(vi, ist)* ~ guarire.

Gesundheit [gəˈzʊntˌhait] *(f; -, -en)* ***1*** salute ♦ *eine eiserne, schwache Gesundheit* una salute di ferro, cagionevole ♦ *bei guter Gesundheit sein* essere in buona salute ♦ *vor Gesundheit strotzen* scoppiare di salute. ***2*** *(fig)* prosperità (economica). ◆ **auf jmds Gesundheit trinken** bere alla salute di qcn. ◆ **Gesundheit!** salute! (quando qcn starnutisce).

gesundheitlich [-lɪç] *(agg)* ***1*** di salute, della salute, che riguarda la salute. ***2*** *(avv)* di salute ♦ *mir geht es gesundheitlich nicht gut* non sto bene di salute.

Gesundheitsamt [gəˈzʊnthaitsˌʔamt] *(n; -(e)s, -ämter)* ~ ufficio d'igiene.

gesundheitsfördernd [gəˈzʊnthaitsˌfœrdɐnt] *(agg)* ~ salutare, salubre, sano.

gesundheitshalber [gəˈzʊnthaitsˌhalbɐ] *(avv)* ~ per motivi di salute.

Gesundheitsminister [gəˈzʊnthaitsmiˌnɪstɐ] *(m; -s, -; f* **-in***)* ~ ministro della sanità.

Gesundheitsministerium [gəˈzʊnthaitsmiˌnɪsˌteːrjum] *(n; -s, -rien)* ~ ministero della sanità.

Gesundheitspflege [gəˈzʊnthaitsˌpfleːgə] *(f; -)* ~ igiene, norme igieniche.

gesundheitsschädlich [gəˈzʊnthaitsˌʃɛːtlɪç] *(agg)* ~ dannoso per la salute, nocivo.

Gesundheitswesen [gəˈzʊnthaitsˌveːzən] *(n; -s)* ~ sanità.

Gesundheitszustand [gəˈzʊnthaitsˌtsuːʃtant] *(m; -(e)s, -stände)* ~ stato di salute.

gesund|schreiben († **gesund schreiben**) *(vt, hat; irr* schreiben*)* ~ dichiarare guarito qcn ♦ *der Arzt hat mich gesundgeschrieben* il medico mi ha dichiarato guarito.

gesungen [gəˈzʊŋən] ~ part pass di **singen**.

gesunken [gəˈzʊŋkən] ~ part pass di **sinken**.

getan [gəˈtaːn] ~ part pass di **tun**.

geteilt [gəˈtailt] *(agg)* ***1*** diviso. ***2*** suddiviso, ripartito. ***3*** diverso, discordante (opinioni).

getigert [gəˈtiːgɐt] *(agg)* ~ tigrato.

Getöse [gəˈtøːzə] *(n; -s)* ~ fracasso, frastuono.

getragen[1] [gəˈtraːgən] ~ part pass di **tragen**.

getragen[2] *(agg)* ***1*** usato (indumenti). ***2*** sostenuto, solenne (ritmo e sim).

Getränk [gəˈtrɛŋk] *(n; -(e)s, -e)* ~ bibita, bevanda.

getrauen [gəˈtrauən] *(vt/vr, hat)* ~ **sich** (Acc/Dat) **etwas getrauen** osare qcs ♦ *das getraue ich mich* (raro *mir*) *nicht* questo non oso farlo.

Getreide [gəˈtraidə] *(n; -s)* ~ cereali.

getrennt [gəˈtrɛnt] *(agg)* ***1*** separato, diviso ♦ *von jmdm/etwas getrennt leben, sein* vivere, stare separato da qcn/qcs. ***2*** *(avv)* separatamente, a parte, a sé ♦ *etwas getrennt schicken* inviare qcs separatamente.

Getrenntschreibung [-ʃraibʊŋ] *(f; -)* ~ grafia separata (dei composti).

getreten [gəˈtreːtən] ~ part pass di **treten**.

getreu [gəˈtrɔy] *(agg)* ***1*** *(lett)* fedele, fidato. ***2*** fedele, realistico (rappresentazione e sim). ***3*** *(avv)* fedelmente.

Getriebe [gəˈtriːbə] *(n; -s, -)* ***1*** meccanismo, ingranaggio. ***2*** *(fig)* viavai, movimento.

getrieben [-n] ~ part pass di **treiben**.

getroffen [gəˈtrɔfən] ~ part pass di **treffen**.

getrogen [gəˈtroːgən] ~ part pass di **trügen**.

getrost [gəˈtroːst] *(avv)* ~ *(lett)* fiduciosamente.

getrunken [gəˈtrʊŋkən] ~ part pass di **trinken**.

Getto *(anche* **Ghetto***)* [ˈgɛto] *(n; -s, -s)* ~ ghetto *(anche fig)*.

Getue [gəˈtuːə] *(n; -s)* ~ smancerie, leziosaggini.

Getümmel [gəˈtʏməl] *(n; -s, -)* ~ trambusto.

geübt [gəˈʔyːpt] *(agg)* ~ abile, capace.

Gewächs [gəˈvɛks] *(n; -es, -e)* ***1*** pianta. ***2*** *(med)* tumore; escrescenza.

gewachsen [gəˈvaksən] ~ part pass di **wachsen**. ◆ **jmdm/etwas gewachsen sein** essere all'altezza di qcn/qcs.

Gewächshaus [gəˈvɛksˌhaus] *(n; -es, -häuser)* ~ serra.

gewagt [gəˈvaːkt] *(agg)* ***1*** ardito, audace (impresa e sim); rischioso. ***2*** audace, osé.

gewählt [gəˈvɛːlt] *(agg)* ~ scelto, ricercato.

gewahr [gəˈvaːɐ] *(avv)* ~ **jmdn/etwas gewahr werden**, **jmds/etwas gewahr werden** accorgersi di qcn/qcs.

Gewähr [gəˈvɛːɐ] *(f; -)* ~ garanzia. ◆ **alle Angaben erfolgen ohne Gewähr** non garantiamo per eventuali errori nei dati. ◆ **für jmdn/etwas Gewähr leisten** garantire per qcn/qcs.

gewähren [gəˈvɛːrən] *(vt, hat)* ***1*** {*jmdm etwas* ~} concedere qcs a qcn, accordare qcs a qcn. ***2*** *(lett)* soddisfare, esaudire (richieste e sim). ◆ **jmdn gewähren lassen** lasciar fare qcn, lasciar fare a qcn quello che vuole.

gewährleisten [gəˈvɛːɐˌlaistən] *(vt, hat)* ~ assicurare, garantire.

Gewährleistung [gəˈvɛːɐˌlaistʊŋ] *(f; -, -en)* ~ garanzia.

Gewahrsam [gəˈvaːɐ̯ˌzaːm] *(m; -s, -e)* ~ arresto, detenzione, custodia. ◆ **etwas in Gewahrsam nehmen** prendere qcs in custodia. ◆ **jmdn in Gewahrsam nehmen** arrestare qcn. ◆ **in Gewahrsam sein** essere sotto arresto.

Gewalt [gəˈvalt] *(f; -, -en)* **1** potere, autorità ♦ *die gesetzgebende, richterliche, vollziehende Gewalt* il potere legislativo, giudiziario, esecutivo ♦ *die Gewalt ausüben* esercitare il potere. **2** *(solo sing)* violenza, forza ♦ *Gewalt anwenden* usare la forza. **3** controllo ♦ *die Gewalt über etwas* (Acc) *verlieren* perdere il controllo su qcs. ◆ **väterliche Gewalt** patria potestà. ◆ **etwas in der Gewalt haben** controllare, dominare qcs. ◆ **etwas in seine Gewalt bekommen** impadronirsi di qcs.

Gewaltanwendung [-ˌˀanvɛndʊŋ] *(f; -)* ~ uso della forza.

gewaltig [-ɪç] *(agg)* **1** enorme, immenso, impressionante. **2** potente, influente. **3** *(avv) (fam)* enormemente, molto. ◆ **sich gewaltig irren** sbagliarsi di grosso.

gewaltsam [-ˌzaːm] *(agg)* **1** violento (azione) ♦ *eines gewaltsamen Todes sterben* morire di morte violenta. **2** *(avv)* con la violenza, con la forza.

gewalttätig [-ˌtɛːtɪç] *(agg)* ~ violento, brutale (persona).

Gewand [gəˈvant] *(n; -(e)s, Gewänder)* **1** *(lett)* veste, vesti. **2** tonaca (di sacerdote). **3** *(fig)* veste, aspetto.

gewandt[1] ~ part pass di **wenden**.

gewandt[2] *(agg)* **1** abile, sicuro, disinvolto (nel comportamento, nei modi, ecc). **2** *(avv)* abilmente, con sicurezza, con disinvoltura.

gewann [gəˈvan] ~ pret di **gewinnen**.

gewärtig [gəˈvɛrtɪç] *(agg)* ~ **einer Sache** (Gen) **gewärtig sein** aspettarsi, mettere in conto qcs (di spiacevole).

gewaschen [gəˈvaʃən] ~ part pass di **waschen**.

Gewässer [gəˈvɛsɐ] *(n; -s, -)* ~ acqua, acque (fiume, lago, mare).

Gewebe [gəˈveːbə] *(n; -s, -)* **1** tessuto *(anche biol)*. **2** *(fig)* trama, rete (di inganni).

Gewehr [gəˈveːɐ] *(n; -(e)s, -e)* ~ fucile ♦ *das Gewehr anlegen, laden* puntare, caricare il fucile.

Gewehrkolben [-ˌkɔlbən] *(m; -s, -)* ~ calcio (del fucile).

Gewehrlauf [-ˌlauf] *(m; -(e)s, -läufe)* ~ canna (del fucile).

Geweih [gəˈvai] *(n; -(e)s, -e)* ~ corno, corna (annuali) ♦ *das Reh hat das Geweih abgeworfen* il cerbiatto ha perso le corna.

gewellt [gəˈvɛlt] *(agg)* ~ mosso, ondulato (capelli).

Gewerbe [gəˈvɛrbə] *(n; -s, -)* **1** mestiere, professione, attività (lavorativa), lavoro (nell'industria o nel commercio) ♦ *ein Gewerbe ausüben* esercitare un'attività ♦ *ein dunkles Gewerbe* un'attività losca. **2** *(solo sing)* impresa, industria (piccola e media). ◆ **ambulantes Gewerbe** commercio ambulante.

Gewerbeaufsichtsamt [-ˌˀaufzɪçtsˌˀamt] *(n; -(e)s, -ämter)* ~ ispettorato del lavoro.

Gewerbebetrieb [-bəˌtriːp] *(m; -(e)s, -e)* ~ piccola impresa.

Gewerbeschein [-ʃain] *(m; -(e)s, -e)* ~ licenza per l'esercizio di un'attività (commercio e piccola industria).

Gewerbetreibende [-ˌtraibəndə] *(m/f; -n, -n)* **1** commerciante, esercente. **2** artigiano; imprenditore, piccolo industriale.

gewerblich [gəˈvɛrplɪç] *(agg)* **1** commerciale. **2** artigianale; industriale (della piccola impresa).

gewerbsmäßig [gəˈvɛrpsˌmɛːsɪç] *(agg)* **1** professionale, di professione. **2** *(avv)* di professione.

Gewerkschaft [gəˈvɛrkʃaft] *(f; -, -en)* ~ sindacato.

Gewerkschaft(l)er [-(l)ɐ] *(m; -s, -; f* **-in***)* **1** sindacalista. **2** iscritto a un sindacato.

gewerkschaftlich [-lɪç] *(agg)* ~ sindacale.

Gewerkschaftsbund [gəˈvɛrkʃaftsˌbʊnt] *(m; -(e)s, -bünde)* ~ confederazione sindacale. ◆ **Deutscher Gewerkschaftsbund** *(abbrev* **DGB***)* confederazione dei sindacati tedeschi.

Gewerkschaftsführer [gəˈvɛrkʃaftsˌfyːrɐ] *(m; -s, -; f* **-in***)* ~ sindacalista, leader sindacale.

gewesen [gəˈveːzən] ~ part pass di **sein**[1].

gewichen [gəˈvɪçən] ~ part pass di **weichen**.

Gewicht [gəˈvɪçt] *(n; -(e)s, -e)* **1** peso ♦ *drei Kilo Gewicht* tre chili di peso ♦ *et-*

was nach Gewicht verkaufen vendere qcs a peso. **2** *(fig)* peso, importanza, rilevanza ♦ *einer Sache* (Dat) *viel, wenig, kein Gewicht beilegen/beimessen* attribuire molto, poco, nessun peso a qcs ♦ *ins Gewicht fallen* essere importante, avere peso. **3** *(concr)* peso *(anche sport)*. ◆ **spezifisches Gewicht** peso specifico. ◆ **sein ganzes Gewicht in die Waagschale werfen** *(fig)* far valere tutta la propria influenza.

Gewichtheben [-ˌheːbən] *(n; -s)* ~ *(sport)* sollevamento pesi.

Gewichtheber [-ˌheːbɐ] *(m; -s, -; f* **-in***)* ~ *(sport)* pesista, sollevatore di pesi.

gewichtig [-ɪç] *(agg)* ~ importante, significativo; serio, grave.

gewieft [gəˈviːft] *(agg)* ~ *(fam)* furbo, scaltro.

gewiesen [gəˈviːzən] ~ part pass di **weisen**.

gewillt [gəˈvɪlt] *(agg)* ~ **(nicht) gewillt sein, etwas zu tun** (non) essere disposto a fare qcs.

Gewinn [gəˈvɪn] *(m; -(e)s, -e)* **1** guadagno, profitto, utile ♦ *einen Gewinn abwerfen/einbringen* fruttare un guadagno ♦ *einen Gewinn erzielen* ottenere un guadagno. **2** vincita (di lotterie e sim). **3** *(fig)* vantaggio, utile, utilità ♦ *einen Gewinn von etwas haben* trarre un vantaggio da qcs. ◆ **Gewinn bringend** *(anche* **gewinnbringend***)* **1** fruttuoso, redditizio, lucroso. **2** *(fig)* fruttuoso, utile. ◆ **Gewinn und Verlust** profitti e perdite.

gewinnen [-ən] *(vt,* hat; **gewann, gewonnen***)* **1** vincere ♦ *einen Krieg, ein Spiel, eine Wette gewinnen* vincere una guerra, una partita, una scommessa ♦ *er hat hundert Euro im Lotto gewonnen* ha vinto cento euro al lotto. **2** guadagnare, ricavare. **3** conquistare, guadagnarsi ♦ *jmds Vertrauen gewinnen* conquistare la fiducia di qcn. **4** ottenere, ricevere, ricavare ♦ *ich habe den Eindruck gewonnen, dass* ho ricavato l'impressione che. **5** {*jmdn* ~} conquistare qcn; convincere qcn (a partecipare a qcs), coinvolgere qcn (in qcs) ♦ *jmdn als Abonnenten, Teilnehmer gewinnen* convincere qcn ad abbonarsi, a partecipare ♦ *jmdn für einen Plan gewinnen* coinvolgere qcn in un progetto. **6** estrarre, ricavare (minerali e sim). **7** {*etwas aus etwas* ~} produrre qcs da qcs. **8** {*an etwas* (Dat) ~} *(vi)* *(fig)* guadagnare (in) qcs, acquistare qcs ♦ *an Reiz gewinnen* acquistare fascino. ◆ **Zeit gewinnen** guadagnare tempo. ◆ **jmdn für sich gewinnen** accattivarsi qcn. ◆ **jmdn zum Freund gewinnen** farsi amico qcn. ◆ **wie gewonnen, so zerronnen** *(prov)* quattrini non sudati se ne vanno al primo vento.

gewinnend [-ənt] *(agg)* ~ che conquista, simpatico.

Gewinner [-ɐ] *(m; -s, -, f* **-in***)* ~ vincitore.

Gewinnzahl [-ˌtsaːl] *(f; -, -en)* ~ numero vincente.

Gewirr [gəˈvɪr] *(n; -(e)s, -e)* ~ groviglio, intrico *(anche fig)*.

gewiss († **gewiß**) [gəˈvɪs] *(agg)* **1** certo, sicuro, indubbio, fermo. **2** certo, determinato ♦ *ein gewisser Unterschied* una certa differenza ♦ *in gewisser Hinsicht* sotto un certo aspetto ♦ *in gewissem Maße* in una certa misura ♦ *in einem gewissen Alter sein* avere una certa età. **3** certo, tale ♦ *ein gewisser Herr Schulz* un certo signor Schulz. **4** *(avv)* con certezza, sicuramente, indubbiamente. ◆ **einer Sache** (Gen) **gewiss sein** essere certo, essere sicuro di qcs ♦ *du kannst meiner Unterstützung gewiss sein* puoi essere sicuro del mio appoggio. ◆ **ein gewisses Etwas, das gewisse Etwas** un certo non so che, quel certo non so che. ◆ **(aber) gewiss!** ma certo! certamente!

Gewissen [-ən] *(n; -s, -)* ~ coscienza ♦ *ein ruhiges, schlechtes Gewissen haben* avere la coscienza tranquilla, sporca ♦ *etwas auf dem Gewissen haben* avere qcs sulla coscienza ♦ *etwas mit gutem Gewissen tun* fare qcs secondo/in tutta coscienza.

gewissenhaft [-ənˌhaft] *(agg)* **1** coscienzioso. **2** meticoloso.

Gewissenhaftigkeit [-ənhaftɪçˌkait] *(f; -)* **1** coscienziosità. **2** meticolosità.

gewissenlos [-ənˌloːs] *(agg)* ~ privo di scrupoli, senza coscienza.

Gewissensbiss († **-biß**) [-ənsˌbɪs] *(m; -es, -e)* ~ rimorso ♦ *Gewissensbisse bekommen, haben* farsi venire, avere dei rimorsi. ◆ **sich** (Dat) **keine Gewissensbisse machen** non farsi scrupoli.

gewissermaßen [-ɐ'maːsən] *(avv)* ~ per così dire.

Gewissheit [-ˌhait] *(f; -, raro -en)* ~ certezza, sicurezza ◆ *sich* (Dat) *Gewissheit über etwas* (Acc) *verschaffen* accertarsi di qcs.

Gewitter [gə'vɪtɐ] *(n; -s, -)* **1** temporale ◆ *ein Gewitter zieht auf/naht* si avvicina un temporale ◆ *ein Gewitter bricht los* scoppia un temporale ◆ *das Gewitter zieht vorüber* il temporale passa. **2** *(fig/fam)* litigio, burrasca.

gewitterig [gə'vɪtərɪç] *(agg)* ~ temporalesco.

Gewitterwolke [gə'vɪtɐˌvɔlkə] *(f; -, -n)* ~ nube temporalesca.

gewitzt [gə'vɪtst] *(agg)* ~ astuto, furbo, scaltro; birichino.

gewoben [gə'voːbən] ~ part pass di **weben**.

gewogen[1] [gə'voːgən] ~ part pass di **wägen** e di **wiegen**.

gewogen[2] *(agg)* ~ ben disposto ◆ *jmdm/etwas gewogen sein* essere ben disposto verso qcn/qcs.

gewöhnen [gə'vøːnən] *(vt, hat)* ~ {*jmdn an etwas* (Acc) ~} abituare qcn a qcs. ◆ **sich an etwas** (Acc) **gewöhnen** *(vr)* abituarsi a qcs ◆ *ich habe mich noch nicht an die Umstellung gewöhnt* non mi sono ancora abituata al cambiamento ◆ *ich bin schon daran gewöhnt* ci sono abituato.

Gewohnheit [gə'vɔːnˌhait] *(f; -, -en)* ~ abitudine, consuetudine ◆ *eine gute Gewohnheit* una buona abitudine ◆ *eine schlechte/üble Gewohnheit* una cattiva abitudine ◆ *die Macht der Gewohnheit* la forza dell'abitudine ◆ *etwas aus (reiner) Gewohnheit tun* fare qcs per abitudine ◆ *die Gewohnheit haben, etwas zu tun* avere l'abitudine di fare qcs.

gewohnheitsmäßig [gə'vɔːnhaitsˌmɛːsɪç] *(agg)* **1** abituale. **2** *(avv)* abitualmente, per abitudine.

Gewohnheitsmensch [gə'vɔːnhaitsˌmɛnʃ] *(m; -en, -en)* ~ abitudinario.

Gewohnheitsverbrecher [gə'vɔːnhaitsfɛɐˌbrɛçɐ] *(m; -s, -; f* **-in***)* ~ delinquente abituale.

gewöhnlich [gə'vøːnlɪç] *(agg)* **1** solito, consueto, usuale, abituale. **2** normale. **3** ordinario. **4** *(avv)* di solito, solitamente. ◆ **(für) gewöhnlich** di solito. ◆ **wie gewöhnlich** come di consueto.

gewohnt [gə'voːnt] *(agg)* ~ abituale, solito, consueto ◆ *unser gewohnter Treffpunkt* il nostro solito punto di ritrovo ◆ *die Dinge gehen ihren gewohnten Gang* le cose seguono il loro corso consueto. ◆ **etwas** (Acc) **gewohnt sein** essere abituato a qcs ◆ *ich bin das kalte Wetter nicht gewohnt* non sono abituato al tempo freddo ◆ *ich bin es nicht gewohnt, mit dem Zug zu fahren* non sono abituato a viaggiare in treno.

Gewöhnung [gə'vøːnʊŋ] *(f; -, -en)* ~ assuefazione *(anche med)*.

Gewölbe [gə'vœlbə] *(n; -s, -)* **1** volta, arcata. **2** stanza con soffitto a volta.

gewollt [gə'vɔlt] ~ part pass di **wollen**.

gewonnen [gə'vɔnən] ~ part pass di **gewinnen**.

geworben [gə'vɔrbən] ~ part pass di **werben**.

geworden [gə'vɔrdən] ~ part pass di **werden**.

geworfen [gə'vɔrfən] ~ part pass di **werfen**.

gewrungen [gə'vrʊŋən] ~ part pass di **wringen**.

Gewühl [gə'vyːl] *(n; -(e)s)* ~ trambusto, ressa.

gewunden [gə'vʊndən] ~ part pass di **winden**.

Gewürz [gə'vʏrts] *(n; -es, -e)* **1** spezia, droga. **2** condimento, spezie.

Gewürzkraut [-ˌkraut] *(n; -(e)s, -kräuter)* ~ erba aromatica.

gewusst († **-wußt**) [gə'vʊst] ~ part pass di **wissen**.

Geysir ['gaizɪr] *(anche* **Geiser** ['gaizɐ]*)* *(m; -s, -e)* ~ geyser.

Gezanke [gə'tsaŋkə] *(n; -s)* ~ *(spreg)* litigio, continuo litigare.

Gezeiten [gə'tsaitən] *(pl)* ~ maree.

geziemen [gə'tsiːmən] *(vi, hat)* ~ {*jmdm* ~} *(lett)* addirsi a qcn. ◆ **sich geziemen** *(vr) (lett)* addirsi, convenirsi.

geziert [gə'tsiːɐt] *(agg)* ~ affettato, lezioso.

gezogen [gə'tsoːgən] ~ part pass di **ziehen**.

Gezwitscher [gəˈtsvɪtʃɐ] *(n; -s)* ~ cinguettio.

gezwungen [gəˈtsvʊŋən] *(agg)* ***1*** forzato, innaturale. ***2*** part pass di **zwingen**.

gezwungenermaßen [-ɐˈmaːsən] *(avv)* ~ per forza, forzatamente.

Ghetto ~ vedi **Getto**.

Gicht [gɪçt] *(f; -)* ~ *(med)* gotta.

gichtig, gichtisch [-ɪç, -ɪʃ] *(agg)* ~ gottoso.

Giebel [ˈgiːbəl] *(f; -, -n)* ~ frontone.

Gier [ˈgiːɐ] *(f; -)* ~ avidità, cupidigia; ingordigia, brama ♦ *die Gier nach Macht* l'avidità di potere.

gierig [ˈgiːrɪç] *(agg)* ***1*** avido, bramoso; ingordo. ***2*** *(avv)* avidamente.

gießen [ˈgiːsən] *(vt,* hat; **goss, gegossen**; *ortogr pres* ich gieße, ecc; *pret* ich/er goss, ihr gosst, *imperat* gieß!*)* ***1*** versare ♦ *Tee in die Tassen gießen* versare il tè nelle tazze. ***2*** rovesciare, versare ♦ *Wein über das Tischtuch gießen* rovesciare il vino sulla tovaglia. ***3*** annaffiare. ***4*** fondere (metalli). ◆ **es gießt (in Strömen)** *(fam)* piove a catinelle.

Gießkanne [ˈgiːsˌkanə] *(f; -, -n)* ~ annaffiatoio.

Gift [gɪft] *(n; -(e)s, -e)* ***1*** veleno. ***2*** *(fig)* veleno, bile, rabbia. ◆ **jmdm Gift geben** avvelenare qcn. ◆ **Gift nehmen** avvelenarsi. ◆ **durch Gift sterben** morire avvelenato.

giftig [-ɪç] *(agg)* ***1*** velenoso, tossico. ***2*** *(fig/fam)* astioso, velenoso. ***3*** *(avv)* velenosamente, astiosamente.

Giftmüll [-ˌmʏl] *(m; -s)* ~ rifiuti tossici.

Giftschlange [-ʃlaŋə] *(f; -, -n)* ~ serpente velenoso.

Giftstoff [-ʃtɔf] *(m; -(e)s, -e)* ~ sostanza tossica, sostanza velenosa.

Gigant [gɪˈgant] *(m; -en, -en)* ~ *(lett)* gigante *(anche fig)*.

gigantisch [-ɪʃ] *(agg)* ***1*** gigantesco, enorme. ***2*** straordinario.

Gin [dʒɪn] *(m; -s, -s)* ~ gin.

ging [gɪŋ] ~ pret di **gehen**.

Ginster [ˈgɪnstɐ] *(m; -s, -s)* ~ *(bot)* ginestra.

Gipfel [ˈgɪpfəl] *(m; -s, -)* ***1*** cima, vertice, vetta, picco. ***2*** *(fig)* vertice, apice, culmine ♦ *der Gipfel des Glücks* il culmine della felicità. ***3*** *(fig/spreg)* colmo ♦ *das ist der Gipfel!* questo è il colmo! ***4*** *(abbrev di* **Gipfelkonferenz***)* *(pol)* vertice.

Gipfelkonferenz [-kɔnfeˌrɛnts] *(f; -, -en)* ~ conferenza al vertice, vertice.

Gipfelpunkt [-ˌpʊŋkt] *(m; -(e)s, -e)* ~ culmine *(anche fig)*.

Gipfeltreffen [-ˌtrɛfən] *(n; -s, -)* ~ incontro al vertice, vertice, summit.

Gips [gɪps] *(m; -(e)s, -e)* ***1*** gesso. ***2*** ingessatura. ◆ **er hat ein Bein in Gips** ha una gamba ingessata. ◆ **(jmdm) ein Bein in Gips legen** ingessare una gamba (a qcn).

Gipsabguss († **-guß**) [-ˌʔapgʊs] *(m; -(e)s, -güsse)* ~ calco in gesso.

gipsen [ˈgɪpsən] *(vt,* hat*)* ~ stuccare (col gesso).

Gipser [ˈgɪpsɐ] *(m; -s, -)* ~ stuccatore.

gipsern [-n] *(agg)* ~ fatto di gesso, in gesso.

Gipskravatte [-kraˌvatə] *(f; -, -n)* ~ *(med)* collare ortopedico.

Gipsverband [-fɛɐˌbant] *(m; -(e)s, -bände)* ~ *(med)* ingessatura.

Giraffe [giˈrafə] *(f; -, -n)* ~ *(zool)* giraffa.

Girlande [gɪrˈlandə] *(f; -, -n)* ~ ghirlanda; festone.

Giro [ˈʒiːro] *(n; -s, -s)* ~ *(econ)* girata.

Girokonto [-ˌkɔnto] *(n; -s, -konten/-konti/-kontos)* ~ *(econ)* giroconto.

girren [ˈgɪrən] *(vi,* hat*)* ~ tubare.

gis [gɪs] *(n; -)* ***1*** *(mus)* sol diesis. ***2*** *(mus)* abbrev di **gis-Moll**.

Gis *(n; -)* ***1*** *(mus)* sol diesis. ***2*** *(mus)* abbrev di **Gis-Dur**.

Gischt [gɪʃt] *(m; -(e)s; anche f; -)* ~ schiuma, spuma (di mare).

Gis-Dur [ˈgɪsˈduːɐ] *(n; -)* *(abbrev* **Gis***)* ~ *(mus)* sol diesis maggiore.

gis-Moll [ˈgɪsˈmɔl] *(n; -)* *(abbrev* **gis***)* ~ *(mus)* sol diesis minore.

Gitarre [gɪˈtarə] *(f; -, -n)* ~ chitarra ♦ *Gitarre spielen* suonare la chitarra.

Gitarrenspieler [-nʃpiːlɐ] *(m; -s, -; f* **-in***)* ~ chitarrista.

Gitarrist [gitaˈrɪst] *(m; -en, -en; f* **-in***)* ~ chitarrista.

Gitter [ˈgɪtɐ] *(n; -s, -)* ***1*** inferriata, grata. ***2*** cancello. ***3*** cancellata, recinzione. ◆ **hinter Gitter(n)** *(fam)* dietro le sbarre, in prigione.

Gitterbett [-ˌbɛt] *(n; -(e)s, -en)* ~ letto con le sbarre (per bambini).

Gladiole [glaˈdjoːlə] *(f; -, -n)* ~ *(bot)* gladiolo.

Glanz [glants] *(m; -es)* ***1*** lucentezza, splendore, brillantezza ♦ *der Glanz des Goldes* lo splendore dell'oro. **2** lucchichio, scintillio ♦ *der Glanz der Kerzen, der Sterne* il lucchichio delle candele, delle stelle. ***3*** *(fig)* splendore ♦ *in vollem Glanz(e)* in tutto lo splendore. ◆ **mit Glanz (und Gloria)** *(fam)* benissimo, brillantemente ♦ *eine Prüfung mit Glanz (und Gloria) bestehen* superare brillantemente un esame.

glänzen [ˈglɛntsən] *(vi, hat)* ***1*** splendere, brillare, risplendere, rilucere *(anche fig) das Gold glänzt* l'oro splende ♦ *seine Augen glänzen vor Freude* i suoi occhi risplendono di gioia. **2** luccicare, scintillare ♦ *die Sterne glänzen* le stelle luccicano. ***3*** *(fig)* risplendere, brillare, distinguersi. ◆ **durch Abwesenheit glänzen** *(fam)* brillare per la propria assenza.

glänzend [-t] *(agg)* ***1*** splendente, brillante, lucente. **2** luccicante, scintillante. ***3*** *(fig)* brillante, splendente, eccellente ♦ *eine glänzende Idee* un'idea brillante ♦ *ein glänzender Redner* un brillante oratore ♦ *eine glänzende Zukunft* un brillante futuro. ***4*** *(avv) (fam)* benissimo.

Glanzleistung [ˈglantsˌlaistʊŋ] *(f; -, -en)* ~ prestazione eccellente.

glanzlos [ˈglantsˌloːs] *(agg)* ***1*** opaco. ***2*** *(fig)* opaco, smorto.

Glanzlosigkeit [ˈglantsˌloːzɪçkait] *(f; -)* ~ opacità *(anche fig)*.

Glanznummer [ˈglantsˌnʊmɐ] *(f; -, -n)* ~ pezzo forte (di spettacolo e sim).

Glanzpunkt [ˈglantsˌpʊŋkt] *(m; -(e)s, -e)* ~ momento culminante, clou (di spettacolo e sim).

glanzvoll [ˈglantsˌfɔl] *(agg)* ***1*** brillante, straordinario, eccezionale (prestazione). **2** fastoso, sfarzoso. ***3*** *(avv)* brillantemente, straordinariamente; fastosamente, sfarzosamente.

Glanzzeit [ˈglantsˌtsait] *(f; -, -en) (fig)* ~ periodo d'oro.

Glas [glaːs] *(n; -es, Gläser)* ***1*** *(solo sing)* vetro ♦ *kugelsicheres Glas* vetro antiproiettile ♦ *Glas blasen* soffiare il vetro ♦ *Glas zerbricht* il vetro si rompe. **2** bicchiere (di vetro) ♦ *ein Glas Wein* un bicchiere di vino ♦ *zwei Glas Wein* due bicchieri di vino ♦ *ein Glas frisches Wasser/(lett) frischen Wassers* un bicchiere d'acqua fresca. ***3*** barattolo, vasetto (di vetro) ♦ *ein Glas Marmelade* un vasetto di marmellata. ***4*** *(abbrev di* **Fernglas***)* cannocchiale. ***5*** *(abbrev di* **Brillenglas***)* lente (di occhiali). ◆ **zu tief ins Glas schauen** *(fam)* alzare troppo il gomito.

glasartig [-ˌʔaːɐtɪç] *(agg)* ~ vitreo.

Glaser [ˈglaːzɐ] *(m; -s, -)* ~ vetraio.

Glaserei [glaːzəˈrai] *(f; -, -en)* ***1*** vetreria. ***2*** *(solo sing)* mestiere del vetraio.

gläsern [ˈglɛːzɐn] *(agg)* ~ vitreo *(anche fig)*, di vetro.

Glasfenster [ˈglaːsˌfɛnstɐ] *(n; -s, -)* ***1*** vetrata. **2** vetro (di finestra o finestrino).

Glashaus [ˈglaːsˌhaus] *(n; -es, -häuser)* ~ serra. ◆ **wer im Glashaus sitzt, soll nicht mit Steinen werfen** *(prov)* chi ha le tegole di vetro non tiri sassi.

Glashütte [ˈglaːsˌhʏtə] *(f; -, -n)* ~ vetreria.

glasieren [glaˈziːrən] *(vt, hat)* ***1*** smaltare. ***2*** glassare, ricoprire di glassa.

glasig [ˈglaːzɪç] *(agg)* ***1*** opalescente, semitrasparente. ***2*** *(fig)* vitreo, fisso ♦ *ein glasiger Blick* uno sguardo vitreo.

glasklar [ˈglaːsˌklaːɐ] *(agg)* ~ limpido, trasparente, cristallino.

Glaspapier [ˈglaːspaˌpiːɐ] *(n; -(e)s)* ~ carta vetrata.

Glasscheibe [ˈglaːsˌʃaibə] *(f; -, -n)* ~ lastra di vetro.

Glasscherbe [ˈglaːsˌʃɛrbə] *(f; -, -n)* ~ coccio di vetro, vetro.

Glasschrank [ˈglaːsˌʃraŋk] *(m; -(e)s, -schränke)* ~ vetrina, credenza, bacheca.

Glassplitter [ˈglaːsˌʃplɪtɐ] *(m; -s, -)* ~ scheggia di vetro.

Glastür [ˈglaːsˌtyːɐ] *(f; -, -en)* ~ porta a vetri.

Glasur [glaˈzuːɐ] *(f; -, -en)* ***1*** smalto, smaltatura. ***2*** glassa.

Glaswolle [ˈglaːsˌvɔlə] *(f; -)* ~ lana di vetro.

glatt [glat] *(agg)* ***1*** liscio, piano ♦ *glatte Haare* capelli lisci ♦ *eine glatte Wand* una parete liscia. ***2*** scivoloso, sdrucciolevole. ***3*** *(fig)* scorrevole (stile). ***4*** *(fig)* liscio, senza intoppi, facile. **5** *(fam)* puro, bello e buono ♦ *eine glatte Lüge* una bugia bella e buona. **6** diretto, netto ♦ *eine glatte Absage* un netto rifiuto. **7** *(fig)* viscido, ipocrita. **8** *(avv)* liscio, senza intoppi. **9** *(avv)* completamente, nettamente. ◆ **glatt gehen** († **glattgehen**) *(fam)* andare liscio, andare bene. ◆ **glatt hobeln** († **glatthobeln**) piallare. ◆ **glatt kämmen** († **glattkämmen**) lisciare (col pettine). ◆ **glatt machen** († **glattmachen**) lisciare. ◆ **glatt rasiert** († **glattrasiert**) perfettamente rasato. ◆ **glatt schleifen** († **glattschleifen**) levigare (con mola e sim). ◆ **glatt streichen** († **glattstreichen**) lisciare, spianare (con la mano).

Glätte ['glɛtə] *(f; -)* **1** l'essere liscio, levigatezza; scivolosità. **2** *(fig)* ipocrisia.

Glatteis ['glat,ˀais] *(n; -(e)s)* **1** strada ghiacciata, tratto ghiacciato, ghiaccio ♦ *Vorsicht, Glatteis!* attenzione, strada ghiacciata! **2** *(fig)* terreno pericoloso. ◆ **jmdn aufs Glatteis führen** *(fig/fam)* raggirare qcn.

glätten ['glɛtən] *(vt, hat)* **1** lisciare, levigare. **2** levigare (stile e sim). **3** calmare, placare (sentimenti e sim).

glattgehen ~ **glatt gehen** (vedi **glatt**).

glatthobeln ~ **glatt hobeln** (vedi **glatt**).

glattkämmen ~ **glatt kämmen** (vedi **glatt**).

glatt|machen *(vt, hat)* **1** **glatt machen** (vedi **glatt**). **2** *(fig/fam)* saldare (debiti, conti, ecc).

glattrasiert ~ **glatt rasiert** (vedi **glatt**).

glattschleifen ~ **glatt schleifen** (vedi **glatt**).

glatt|stellen *(vt, hat)* ~ *(econ)* saldare.

glattstreichen ~ **glatt streichen** (vedi **glatt**).

glattweg ['glat,vɛk] *(avv)* ~ semplicemente, senza tante storie.

Glatze ['glatsə] *(f; -, -n)* ~ *(fam)* zucca pelata, piazza ♦ *eine Glatze haben* essere pelato, essere in piazza.

Glaube ['glaubə] *(anche* **Glauben***)* *(m; -ns)* **1** fiducia, fede ♦ *der Glaube an jmdn/etwas* la fiducia in qcn/qcs ♦ *jmdm Glauben schenken* dare fiducia a qcn. **2** *(relig)* fede ♦ *der Glaube an Gott, an die Unsterblichkeit* la fede in Dio, nell'immortalità. **3** fede, confessione, religione ♦ *der christliche Glaube* la fede cristiana. ◆ **im guten/in gutem Glauben** in buona fede.

glauben [-n] *(vt, hat)* **1** credere, pensare, ritenere ♦ *ich glaube, dass es unmöglich ist* credo che sia impossibile ♦ *ich glaubte, ihn zu kennen, aber* credevo di conoscerlo, ma ♦ *ich glaube schon* credo di sì ♦ *ich glaube nicht* credo di no. **2** {*(jmdm) etwas ~*} credere a qcs, ritenere vero qcs (detto da qcn) ♦ *das glaube ich dir nicht* non ti credo, non credo a quello che dici ♦ *ich glaube nicht, was er sagt* non credo a quello che dice ♦ *etwas blindlings glauben* credere ciecamente a qcs ♦ *das ist kaum zu glauben* questo è da non credersi. **3** {*jmdn/sich ~*} credere, ritenere (erroneamente) qcn, credersi, ritenersi (erroneamente) ♦ *ich glaubte ihn in Köln* credevo che fosse a Colonia ♦ *ich glaubte mich im Recht* mi credevo nel giusto. **4** {*jmdm/etwas ~*} *(vi)* credere a qcn/qcs, fidarsi di qcn/qcs ♦ *ich glaube ihr (nicht)* (non) le credo ♦ *ich glaube ihren Worten nicht* non credo alle sue parole. **5** {*an jmdn/etwas ~*} *(vi)* credere in qcn/qcs ♦ *an Gott, an Freiheit glauben* credere in Dio, nella libertà. ◆ **jmdn etwas glauben machen** far credere qcs a qcn.

Glauben *(m; -s)* ~ vedi **Glaube**.

Glaubensbekenntnis [-nsbə,kɛntnɪs] *(n; -ses, -se)* **1** professione di fede, credo. **2** *(fig)* credo ♦ *politisches Glaubensbekenntnis* credo politico.

Glaubensfreiheit [-ns,fraihait] *(f; -)* ~ libertà religiosa.

Glaubensgenosse [-nsgə,nɔsə] *(m; -n, -n; f* **-genossin***)* ~ correligionario.

Glaubenskrieg [-ns,kriːk] *(m; -(e)s, -e)* ~ guerra di religione.

Glaubenssatz [-ns,zats] *(m; -(e)s, -sätze)* ~ dogma, articolo di fede.

glaubhaft ['glaup,haft] *(agg)* ~ credibile, attendibile, plausibile.

Glaubhaftigkeit [-ɪç,kait] *(f; -)* ~ credibilità, attendibilità, plausibilità.

gläubig ['glɔybɪç] *(agg)* **1** credente, pio. **2** fiducioso.

Gläubige(r) ['glɔybɪgə (-gɐ)] *(m/f; -n, -n)* ~ credente.

Gläubiger *(m; -s, -; f* **-in***)* ~ creditore.

glaubwürdig ['glaupˌvʏrdɪç] *(agg)* ~ credibile, attendibile.

Glaubwürdigkeit [-ˌkait] *(f; -)* ~ credibilità, attendibilità.

gleich[1] [glaiç] *(agg)* ~ stesso, uguale, identico, immutato ♦ *sie tragen die gleiche Jacke* portano la stessa giacca (giacche uguali) ♦ *im gleichen Augenblick* nello stesso momento ♦ *im gleichen Alter sein* essere della stessa età ♦ *zur gleichen Zeit* nello stesso momento, contemporaneamente. ◆ **der, die, das Gleiche** († **gleiche**) lo stesso, la stessa persona, la stessa cosa ♦ *du bist immer der Gleiche!* sei sempre lo stesso! ♦ *ich möchte das Gleiche bestellen (wie er)* vorrei ordinare la stessa cosa (che ha ordinato lui). ◆ **jmdm etwas mit gleicher Münze bezahlen** *(fig)* ripagare qcs a qcn con la stessa moneta. ◆ **gleich sein** *(mat)* essere uguale a, fare ♦ *zwei mal vier ist gleich acht* quattro per due fa otto. ◆ **jmdm/etwas gleich sein** somigliare a qcn/qcs. ◆ **jmdm gleich sein** essere uguale, essere indifferente per qcn ♦ *das ist mir ganz gleich* questo per me è del tutto uguale. ◆ **im gleichen Boot sitzen** *(fig)* essere sulla stessa barca. ◆ **Gleich und Gleich** († **gleich und gleich**) **gesellt sich gerne** *(prov)* ogni simile ama il suo simile.

gleich[2] *(avv)* ***1*** subito ♦ *ich komme gleich* vengo subito ♦ *ich bin gleich wieder da* torno subito ♦ *gleich nach dem Essen* subito dopo pranzo ♦ *gleich danach* subito dopo ♦ *gleich nachdem wir gegessen haben* subito dopo aver pranzato (noi). ***2*** subito, vicino ♦ *gleich hinter der Tür* subito dietro alla porta. ***3*** ugualmente, altrettanto ♦ *diese Bilder sind gleich schön* questi quadri sono ugualmente belli. ◆ **gleich viel** lo stesso, la stessa quantità, altrettanto ♦ *alle haben gleich viel bezahlt* tutti hanno pagato lo stesso. ◆ **bis gleich!** a dopo!, a presto!

gleichalt(e)rig [-ˌhalt(ə)rɪç] *(agg)* ~ coetaneo, della stessa età.

gleichartig [-ˌʔaːɐtɪç] *(agg)* ~ simile, affine, dello stesso tipo.

gleichbedeutend [-bəˌdɔytənt] *(agg)* ***1*** sinonimo. ***2*** *(fig)* sinonimo, equivalente ♦ *das ist gleichbedeutend mit einem Misserfolg* questo equivale a un insuccesso.

gleichberechtigt [-bəˌrɛçtɪçt] *(agg)* ~ aventi gli stessi diritti.

Gleichberechtigung [-bəˌrɛçtɪgʊŋ] *(f; -)* ~ parità, uguaglianza (di diritti).

gleichen [-ən] *(vi,* hat; **glich**, **geglichen***)* ~ {*jmdm/etwas* ~} somigliare (molto) a qcn/qcs, essere uguale a qcn/qcs ♦ *er gleicht seinem Vater* somiglia molto a suo padre.

gleichermaßen [-ɐ'maːsən] *(avv)* ~ ugualmente, in ugual misura.

gleicherweise [-ɐ'vaizə] *(avv)* ~ ugualmente, nello stesso modo.

gleichfalls [-ˌfals] *(avv)* ~ ugualmente, altrettanto. ◆ **danke, gleichfalls!** grazie, altrettanto!

gleichfarbig [-ˌfarbɪç] *(agg)* ~ dello stesso colore.

gleichförmig [-ˌfœrmɪç] *(agg)* ***1*** uniforme, regolare. ***2*** uniforme, monotono.

Gleichförmigkeit [-fœrmɪçˌkait] *(f; -)* ***1*** uniformità, regolarità. ***2*** monotonia.

gleichgesinnt ~ **gleich gesinnt** (vedi **gesinnt**).

Gleichgewicht [-gəˌvɪçt] *(n; -es)* ~ equilibrio *(anche fig)* ♦ *stabiles, instabiles Gleichgewicht* equilibrio stabile, instabile ♦ *inneres Gleichgewicht* equilibrio interiore ♦ *das Gleichgewicht halten, verlieren* mantenere, perdere l'equilibrio ♦ *jmdn/etwas aus dem Gleichgewicht bringen* sbilanciare qcn/qcs, far perdere l'equilibrio a qcn/qcs ♦ *etwas im Gleichgewicht halten* tenere qcs in equilibrio.

Gleichgewichtssinn [-gəvɪçtsˌzɪn] *(m; -(e)s)* ~ senso dell'equilibrio.

gleichgültig [-ˌgʏltɪç] *(agg)* ***1*** indifferente, disinteressato, noncurante ♦ *gegen jmdn/etwas gleichgültig sein* essere disinteressato a qcn/qcs, essere noncurante di qcn/qcs. ***2*** indifferente, uguale ♦ *das ist mir gleichgültig* questo mi è indifferente.

Gleichgültigkeit [-gʏltɪçˌkait] *(f; -)* ~ indifferenza, disinteresse, noncuranza.

Gleichheit [-ˌhait] *(f; -, -en)* ~ uguaglianza *(anche mat)* ♦ *die Gleichheit vor dem Gesetz* l'uguaglianza di fronte alla legge.

Gleichklang [-ˌklaŋ] *(m; -(e)s, -klänge)* ~ unisono, armonia *(anche fig)*.

gleich|kommen *(vi,* ist; *irr* kommen*)* ***1*** {*einer Sache* (Dat) ~} corrispondere a qcs, equivalere a qcs. ***2*** {*jmdm/etwas* ~} equivalere a qcn/qcs, eguagliare qcn/qcs.

gleich|machen *(vt,* hat*)* ~ pareggiare, uguagliare, livellare *(anche fig)*. ◆ **ein Gebäude dem Erdboden gleichmachen** radere al suolo un edificio.

Gleichmaß [-ˌmaːs] *(n; -es)* ***1*** armonia, proporzione, simmetria. ***2*** armonia, uniformità, regolarità (di movimento, ritmo, ecc).

gleichmäßig [-ˌmɛːsɪç] *(agg)* ***1*** armonioso, proporzionato, simmetrico. ***2*** armonioso, uniforme, regolare (movimento, ritmo, ecc). ***3*** *(avv)* uniformemente, con regolarità. ***4*** *(avv)* in parti uguali ◆ *etwas gleichmäßig teilen* dividere qcs in parti uguali.

Gleichmut [-ˌmuːt] *(m; -(e)s)* ~ imperturbabilità, impassibilità.

gleichmütig [-ˌmyːtɪç] *(agg)* ~ imperturbabile, impassibile.

gleichnamig [-ˌnaːmɪç] *(agg)* ~ omonimo.

Gleichnis [-nɪs] *(n; -ses, -se)* ~ parabola; allegoria.

gleichsam [-ˌzaːm] *(avv)* ~ *(lett)* per così dire.

Gleichschritt [-ʃrɪt] *(m; -(e)s)* ~ passo cadenzato. ◆ **im Gleichschritt marschieren** ***1*** marciare al passo. ***2*** *(fig)* conformarsi.

gleich|sehen *(vi,* hat; *irr* sehen*)* ~ {*jmdm* ~} somigliare a qcn.

gleichseitig [-ˌzaitɪç] *(agg)* ~ *(geom)* equilatero.

gleich|setzen *(vt,* hat*)* ~ {*jmdn/etwas mit jmdm/etwas* ~} equiparare qcn/qcs a qcn/qcs, mettere alla pari qcn/qcs con qcn/qcs.

Gleichsetzung [-ˌzɛtsʊŋ] *(f; -)* ~ equiparazione, il mettere alla pari.

Gleichstand [-ʃtant] *(m; -)* ***1*** *(sport)* pareggio. ***2*** *(pol)* equilibrio.

gleich|stehen *(vi,* hat; *irr* stehen*)* ~ {*jmdm* ~} essere allo stesso livello di qcn, essere pari (di rango) a qcn.

gleich|stellen *(vt,* hat*)* ~ {*jmdn jmdm* ~}, {*jmdn mit jmdm* ~} equiparare qcn a qcn, mettere qcn sullo stesso piano di qcn.

Gleichstellung [-ʃtɛlʊŋ] *(f; -)* ~ equiparazione, il mettere sullo stesso piano.

Gleichstrom [-ʃtroːm] *(m; -(e)s)* ~ corrente continua.

gleich|tun *(vt,* hat; *irr* tun*)* ~ **es jmdm gleichtun** ***1*** imitare qcn. ***2*** uguagliare qcn (nelle prestazioni).

Gleichung [-ʊŋ] *(f; -, -en)* *(mat)* equivalenza; equazione *(anche fig)*.

gleichviel [-ˈfiːl] *(avv)* ~ comunque, comunque sia.

gleichwertig [-ˌveːɐtɪç] *(agg)* ~ equivalente, di pari valore.

gleichwohl [-ˌvoːl] *(avv)* ~ tuttavia, cionostante ◆ *er war dagegen, gleichwohl hat er nicht protestiert* era contrario, tuttavia non ha protestato.

gleichzeitig [-ˌtsaitɪç] *(agg)* ***1*** contemporaneo, simultaneo. ***2*** *(avv)* contemporaneamente, simultaneamente.

Gleichzeitigkeit [-tsaitɪçˌkait] *(f; -)* ~ contemporaneità, simultaneità.

Gleis [glais] *(n; -es, -e)* ***1*** binario ◆ *totes Gleis* binario morto ◆ *der Zug fährt von Gleis eins ab* il treno parte dal binario uno ◆ *der Zug fährt auf Gleis eins ein* il treno arriva al binario uno ◆ *Überschreiten der Gleise verboten* vietato attraversare i binari. ***2*** *(fig)* binari, strada. ◆ **sich in ausgefahrenen Gleisen bewegen** *(fig)* muoversi su percorsi già tracciati. ◆ **aus dem Gleis kommen** *(fig)* uscire di carreggiata. ◆ **wieder ins Gleis kommen** *(fig)* rimettersi in carreggiata.

Gleisanlage [-ˌʔanlaːgə] *(f; -, -n)* ~ binari.

Gleisbett [-ˌbɛt] *(n; -(e)s, -en)* ~ massicciata (di binari).

Gleiskette [-ˌkɛtə] *(f; -, -n)* ~ cingolo.

Gleiskettenfahrzeug [-nˌfaːɐtsɔyk] *(n; -(e)s, -e)* ~ veicolo cingolato.

gleiten [ˈglaitən] *(vi,* ist; **glitt**, **geglitten***)* ***1*** {*über etwas* (Acc) ~} scivolare, sgusciare, slittare (su qcs) ◆ *die Eisläufer gleiten über das Eis* i pattinatori scivolano sul ghiaccio. ***2*** planare.

gleitend [-t] *(agg)* ~ variabile, flessibile (orario di lavoro).

Gletscher [ˈglɛtʃɐ] *(m; -s, -)* ~ ghiacciaio.

glich [glɪç] ~ pret di **gleichen**.

Glied [gliːt] *(n; -(e)s, -er)* ***1*** membro, elemento, componente. ***2*** anello, elemento (di catena e sim). **3** arto, membro ♦ *die Glieder strecken* distendere le membra, stirarsi. **4** *(anat)* membro maschile, pene. **5** *(anat)* falange. **6** *(mil/sport)* riga, fila.

gliedern ['gli:dɐn] *(vi,* hat*)* ~ {*etwas in etwas* (Acc) ~} articolare, suddividere, strutturare qcs in qcs ♦ *ein Buch in Kapitel gliedern* articolare un libro in capitoli. ◆ **sich in etwas** (Acc) **gliedern** *(vr)* articolarsi, suddividersi ♦ *das Buch gliedert sich in zehn Kapitel* il libro si articola in dieci capitoli.

Gliederpuppe ['gli:dɐˌpʊpə] *(f;* -, -n*)* ~ manichino.

Gliederschmerz ['gli:dɐˌʃmɛrts] *(m;* -es, -en*)* ~ reumatismo.

Gliederung ['gli:dərʊŋ] *(f;* -, -en*)* **1** articolazione, suddivisione ♦ *die Gliederung eines Buches in Kapitel* la suddivisione di un libro in capitoli. **2** struttura, strutturazione.

Gliedmaßen ['gli:tˌma:sən] *(pl)* ~ arti, membra.

glimmen ['glɪmən] *(vi,* hat; **glimmte/glomm**, **geglimmt/geglommen***)* **1** ardere (senza fiamma) ♦ *die Kohlen glimmen unter der Asche* i carboni ardono sotto la cenere. **2** *(fig)* ardere, covare.

Glimmer ['glɪmɐ] *(m;* -s, -*)* **1** *(miner)* mica. **2** bagliore.

glimpflich ['glɪmpflɪç] *(agg)* **1** mite, benevolo (pena, giudizio, trattamento, ecc). **2** positivo, senza danno (esito e sim). **3** *(avv)* benevolmente, con riguardo ♦ *jmdn glimpflich behandeln* trattare qcn benevolmente. **4** *(avv)* senza danno, a buon mercato ♦ *glimpflich davonkommen* cavarsela a buon mercato.

glitschen ['glɪtʃən] *(vi,* ist*)* ~ *(fam)* scivolare, sdrucciolare.

glitschig ['glɪtʃɪç] *(agg)* ~ scivoloso, sdrucciolevole.

glitt [glɪt] ~ pret di **gleiten**.

glitzern ['glɪtsɐn] *(vi,* hat*)* ~ brillare, luccicare, scintillare ♦ *die Sterne glitzern* le stelle brillano.

global [glo'ba:l] *(agg)* **1** globale. **2** *(avv)* globalmente.

globalisieren [globali'zi:rən] *(vt,* hat*)* ~ globalizzare.

Globalisierung [globali'zi:rʊŋ] *(f;* -, -en*)* ~ globalizzazione.

Globus ['glo:bʊs] *(m;* -/-ses, Globen/Globusse*)* ~ mappamondo, globo.

Glocke ['glɔkə] *(f;* -, -n*)* **1** campana ♦ *die Glocke schlägt fünf (Uhr)* la campana suona le cinque. **2** campana (di vetro e sim). ◆ **etwas an die große Glocke hängen** *(fig/fam)* sbandierare qcs in piazza. ◆ **die Glocke läuten hören, aber nicht wissen, wo sie hängt** *(fig/fam)* parlare di cose che non si conoscono bene. ◆ **wissen, was die Glocke geschlagen hat** *(fig/fam)* essere consapevole della gravità della situazione.

Glockenblume [-nˌblu:mə] *(f;* -, -n*)* ~ *(bot)* campanula.

Glockengeläute [-ngəˌlɔytə] *(n;* -s, -*)* ~ scampanio, suono di campane.

Glockenklang [-nˌklaŋ] *(m;* -(e)s, -klänge*)* ~ scampanio, suono di campane.

Glockenschlag [-nˌʃla:k] *(m;* -(e)s, -schläge*)* ~ rintocco (di campane). ◆ **mit dem/auf den Glockenschlag** *(fam)* puntualissimo.

Glockenspiel [-nˌʃpi:l] *(n;* -(e)s, -e*)* ~ *(mus)* carillon.

Glockenturm [-nˌtʊrm] *(m;* -(e)s, -türme*)* ~ campanile.

Glöckner ['glœknɐ] *(m;* -s, -*)* ~ campanaro.

glomm [glɔm] ~ pret di **glimmen**.

glorreich ['glo:ɐˌraiç] *(agg)* **1** glorioso. **2** *(fam)* fantastico.

Glossar [glɔ'sa:ɐ] *(n;* -s, -e*)* ~ glossario.

Glosse ['glɔsə] *(f;* -, -n*)* **1** glossa. **2** *(fam)* osservazione (ironica).

Glotze ['glɔtsə] *(f;* -, -n*)* ~ *(fam)* televisore.

glotzen [-n] *(vi,* hat*)* ~ *(fam)* fissare, guardare a bocca aperta.

Glück [glʏk] *(n;* -(e)s*)* **1** fortuna, buona sorte ♦ *Glück in der Liebe, im Spiel* fortuna in amore, al gioco ♦ *(kein) Glück haben* (non) avere fortuna, (non) essere fortunato ♦ *es ist ein Glück, dass* è una fortuna che. **2** felicità, gioia ♦ *ein großes Glück* una grande felicità. ◆ **Glück bringen** portare fortuna. ◆ **Glück bringend** († **glückbringend**) portafortuna ♦ *ein Glück bringender Ring* un anello portafortuna. ◆ **bei jmdm mit etwas Glück haben** avere successo presso qcn con qcs, ottenere qcs da qcn con qcs ♦ *mit deinen Versprechen hast du bei mir kein Glück* con le tue promesse non ottieni niente da me. ◆ **Glück im Unglück haben** avere fortuna nella sfortuna. ◆ **mehr Glück als Verstand haben** *(fam)* avere più fortuna che cervello. ◆ **sein Glück probieren/versuchen** tentare la sorte. ◆ **auf gut Glück** a caso, tentando la fortuna. ◆ **zum Glück** per fortuna, fortunatamente ♦ *zum Glück habe ich den Zug nicht verpasst* per fortuna non ho perso il treno ♦ *zu meinem Glück* per mia fortuna. ◆ **viel Glück!** buona fortuna! ◆ **Glück und Glas, wie leicht bricht das** *(prov)* la fortuna è mutevole. ◆ **jeder ist seines Glückes Schmied** *(prov)* ognuno è artefice della propria fortuna.

glückbringend ~ **Glück bringend** (vedi **Glück**).

Glucke [glʊkə] *(f; -, -n)* ~ chioccia.

glucken [-n] *(vi, hat)* *1* chiocciare. *2* *(fig/fam)* stare seduto (senza far niente).

glücken ['glʏkən] *(vi, ist)* ~ {*(jmdm)* ~} riuscire (a qcn), andare bene.

gluckern ['glʊkɐn] *(vi, hat)* ~ gorgogliare.

glücklich ['glʏklɪç] *(agg)* *1* fortunato. *2* fortunato, felice (tentativi e sim) ♦ *ein glücklicher Einfall* un'idea felice. *3* felice, lieto (persona, occasione, ecc) ♦ *über etwas* (Acc) *glücklich sein* essere felice di qcs ♦ *jmdn glücklich machen* far felice qcn. *4* *(avv)* felicemente ♦ *glücklich verheiratet* felicemente sposato. *5* *(avv)* *(fam)* finalmente. ◆ **du Glücklicher! du Glückliche!** beato te! beata te! ◆ **ein glückliches neues Jahr!** felice anno nuovo!

glücklicherweise [-ɐ'vaizə] *(avv)* ~ fortunatamente, per fortuna.

Glücksbringer ['glʏksˌbrɪŋɐ] *(m, -s, -)* ~ portafortuna.

glückselig ['glʏkˌzeːlɪç] *(agg)* ~ felice, beato.

glucksen ['glʊksən] *(vi, hat)* *1* gorgogliare. *2* ridacchiare.

Glücksfall ['glʏksˌfal] *(m; -(e)s, -fälle)* ~ caso fortunato, colpo di fortuna.

Glückskind ['glʏksˌkɪnt] *(n; -(e)s, -er)* ~ persona fortunata, fortunato.

Glücksklee ['glʏksˌkleː] *(m; -s)* ~ quadrifoglio.

Glückspilz ['glʏksˌpɪlts] *(m; -es, -e)* ~ *(fam)* persona fortunata, fortunato.

Glückssache ['glʏksˌzaxə] *(f)* ~ **das ist (reine) Glückssache** questa è tutta questione di fortuna.

Glücksspiel ['glʏksʃpiːl] *(n; -(e)s, -e)* ~ gioco d'azzardo.

Glückwunsch ['glʏkˌvʊnʃ] *(m; -(e)s, -wünsche)* *1* augurio, auguri ♦ *herzlichen Glückwunsch zum Geburtstag!* buon compleanno! *2* *(pl)* felicitazioni, congratulazioni ♦ *Glückwünsche zur Geburt eines Kindes* felicitazioni per la nascita di un bambino ♦ *Glückwünsche zur bestandenen Prüfung* congratulazioni per la promozione all'esame.

Glühbirne ['glyːˌbɪrnə] *(f; -, -n)* ~ lampadina.

glühen[1] ['glyːən] *(vi, hat)* *1* essere incandescente, essere rovente; ardere (senza fiamma). *2* scottare (per la febbre). *3* *(fig)* ardere ♦ *vor Hass glühen* ardere d'odio.

glühen[2] *(vt, hat)* ~ arroventare.

glühend [-t] *(agg)* *1* incandescente, rovente, ardente. *2* *(fig)* ardente, acceso (sentimenti e sim). *3* rovente (clima, temperatura) ♦ *es ist glühend heiß* fa un caldo rovente. ◆ **wie auf glühenden Kohlen sitzen** *(fig)* essere seduto sui carboni ardenti.

Glühlampe ['glyːˌlampə] *(f; -, -n)* ~ lampadina.

Glukose [glu'koːzə] *(f; -)* ~ glucosio.

Glut [gluːt] *(f; -, -en)* *1* brace ♦ *die Glut anfachen* attizzare la brace. *2* calura, canicola. *3* *(fig/lett)* ardore, fiamma (di sentimenti).

Gluten [-ˌən] (n; -s) ~ glutine.

GmbH [ˌgeːˀɛmbeː'haː] ~ abbrev di **Gesellschaft mit beschränkter Haftung** (vedi **Gesellschaft**).

g-Moll ['geː'mɔl] *(n; -)* *(abbrev* **g***)* ~ *(mus)* sol minore.

Gnade ['gnaːdə] *(f; -, -n)* *1* grazia *(anche relig)*, perdono; misericordia, clemenza, pietà ♦ *um Gnade flehen* implorare clemenza. *2* *(dir)* grazia, clemenza. ◆ **auf Gnade oder Ungnade** incondizionatamente, senza porre condizioni. ◆ **vor**

jmdm/vor jmds Augen Gnade finden essere nelle grazie di qcn.

Gnadenerlass († **-erlaß**) [-nˀɛɐˌlas] *(m; -es, -lässe)* ~ amnistia.

Gnadenfrist [-nˌfrɪst] *(f; -, -en)* ~ ultimo rimando, ultima proroga.

gnadenlos [-nˌloːs] *(agg)* ***1*** spietato, crudele, senza pietà. ***2*** *(avv)* spietatamente, senza pietà.

Gnadenschuss († **-schuß**) [-nˌʃʊs] *(m; -es, -schüsse)* ~ colpo di grazia (sparato).

Gnadenstoß [-nˌʃtoːs] *(m; -es, -stöße)* ~ colpo di grazia.

gnädig ['gnɛːdɪç] *(agg)* ***1*** misericordioso, pietoso, clemente. ***2*** *(nelle allocuzioni) (lett)* gentile ♦ *gnädige Frau* gentile signora. ***3*** benevolo. ***4*** *(avv)* benevolmente. ***5*** *(avv) (fam)* senza danni, a buon mercato ♦ *gnädig davonkommen* cavarsela senza danni.

Gnom ['gnoːm] *(m; -en, -en)* gnomo *(anche fig)*.

Gold [gɔlt] *(n; -(e)s)* ***1*** oro ♦ *eine Kette aus Gold* una catenina d'oro ♦ *24-karätiges Gold* oro a 24 carati ♦ *nach Gold graben* cercare l'oro. ***2*** *(fig)* oro, ricchezza ♦ *im Gold schwimmen* nuotare nell'oro. ◆ **etwas mit Gold aufwiegen** pagare qcs a peso d'oro. ◆ **Goldes wert sein** *(fig)* valere oro. ◆ **es ist nicht alles Gold, was glänzt** *(prov)* non è tutto oro quello che riluce.

Goldbarren [-ˌbarən] *(m; -s, -)* ~ lingotto d'oro.

golden ['gɔldən] *(agg)* ***1*** d'oro, aureo ♦ *ein goldener Ring* un anello d'oro. ***2*** d'oro, dorato ♦ *goldene Locken* riccioli d'oro. ***3*** *(fig)* d'oro ♦ *goldene Zeiten* tempi d'oro ♦ *ein goldenes Herz haben* avere un cuore d'oro. ◆ **jmdm goldene Brücken/eine goldene Brücke bauen** *(fig)* costruire ponti d'oro a qcn. ◆ **goldene Hochzeit feiern** festeggiare le nozze d'oro.

Goldfisch ['gɔltˌfɪʃ] *(m; -es, -e)* ~ *(zool)* pesce rosso.

Goldgräber ['gɔltˌgrɛːbɐ] *(m; -s, -)* ~ cercatore d'oro.

Goldgrube ['gɔltˌgruːbə] *(f; -, -n)* ~ giacimento d'oro, miniera d'oro *(anche fig)*.

goldig ['gɔldɪç] *(agg)* ~ *(fam)* carino, dolce, delizioso.

Goldmedaille ['gɔltmeˌdaljə] *(f; -, -n)* ~ medaglia d'oro.

Goldmine ['gɔltˌmiːnə] *(f; -, -n)* ~ miniera d'oro.

Goldmünze ['gɔltˌmʏntsə] *(f; -, -n)* ~ moneta d'oro.

Goldreserve ['gɔltreˌzɛrvə] *(f; -, -n)* ~ *(econ)* riserva aurea.

Goldschatz ['gɔltˌʃats] *(m; -(e)s, -schätze)* ~ tesoro.

Goldschmied ['gɔltˌʃmiːt] *(m; -(e)s, -e)* ~ orafo.

Goldschmiedekunst ['gɔltˈʃmiːdəˌkʊnst] *(f; -)* ~ oreficeria, arte orafa.

Goldstück ['gɔltˌʃtʏk] *(n; -(e)s, -e)* ***1*** moneta d'oro. ***2*** *(fig/fam)* tesoro.

Goldwaage ['gɔltˌvaːgə] *(f; -, -n)* ~ bilancia da orafo. ◆ **alles/jedes Wort auf die Goldwaage legen** ***1*** prendere tutto alla lettera. ***2*** soppesare ogni parola.

Golf[1] [gɔlf] *(m; -(e)s, -e)* ~ golfo.

Golf[2] *(n; -(e)s)* ~ *(sport)* golf.

Gondel ['gɔndəl] *(f; -, -n)* ***1*** gondola. ***2*** navicella (di pallone aerostatico).

gönnen ['gœnən] *(vt, hat)* ***1*** {*jmdm etwas ~*} essere contento che qcn abbia qcs ♦ *diesen Erfolg gönne ich ihm* sono contento che abbia avuto questo successo ♦ *die Niederlage gönne ich ihm!* la sconfitta gli sta bene! ***2*** {*jmdm/sich etwas ~*} concedere qcs a qcn ♦ *ich möchte mir eine Pause gönnen* vorrei concedermi una pausa.

Gönner ['gœnɐ] *(m; -s, -; f* **-in***)* ~ mecenate, finanziatore.

gor ['goːɐ] ~ pret di **gären**.

Gorilla [go'rɪla] *(m; -s, -s)* ***1*** *(zool)* gorilla. ***2*** *(fig/fam)* gorilla, guardia del corpo.

goss († **goß**) [gɔs] ~ pret di **gießen**.

Gosse [-ə] *(f; -, -n)* ***1*** canale di scolo; tombino. ***2*** *(fig)* fango, miseria (materiale e morale) ♦ *jmdn aus der Gosse ziehen (fig)* tirar fuori qcn dalla miseria ♦ *jmdn durch die Gosse ziehen (fig)* trascinare qcn nel fango.

Gote ['goːtə] *(m; -n, -n; f* **Gotin***)* ~ *(stor)* goto.

Gotik ['goːtɪk] *(f; -)* ~ gotico, stile gotico.

gotisch ['goːtɪʃ] *(agg)* ~ gotico.

Gotisch *(n; -)*, das **Gotische** [-ʃə] *(n; -n)* ~ gotico, lingua gotica.

Gott [gɔt] *(m;* -(e)s, Götter; *f* **Göttin***)* ***1*** *(solo sing)* Dio ♦ *zu Gott beten* pregare Dio ♦ *an Gott glauben* credere in Dio ♦ *Gott lästern* bestemmiare (Dio) ♦ *das Reich Gottes* il regno di Dio ♦ *Gottes Wort* la parola di Dio ♦ *Gott segne dich!* Dio ti benedica! **2** dio, divinità ♦ *die griechischen Götter* gli dei greci. ◆ **weiß Gott** quanto è vero Dio ♦ *das war weiß Gott nicht absichtlich* quanto è vero Dio, non era mia intenzione. ◆ **Gott weiß...** *(fam)* lo sa Dio, Dio solo sa ♦ *Gott weiß, wie oft ich es ihm gesagt habe* Dio solo sa quante volte gliel'ho detto. ◆ **wollte Gott, dass** volesse il cielo che. ◆ **leider Gottes** *(fam)* purtroppo. ◆ **Gott sei Dank!** *(fam)* grazie a Dio! grazie al cielo! ◆ **mein Gott! ach, du lieber Gott!** mio Dio! oddio! ◆ **um Gottes willen!** per l'amor di Dio! per carità!

Gottesdienst [-əsˌdiːnst] *(m;* -(e)s, -e*)* ~ funzione (religiosa), messa ♦ *einen Gottesdienst abhalten* celebrare una funzione religiosa.

Gottesgabe [-əsˌgaːbə] *(f;* -, -n*)* ~ dono divino, dono di natura.

Gotteslästerung [-əsˌlɛstərʊŋ] *(f;* -, -en*)* ~ bestemmia, blasfemia.

Gotteslohn [-əsˌloːn] *(m;* -(e)s*)* ~ ricompensa divina. ◆ **etwas um einen Gotteslohn tun** fare qcs gratis.

Gottheit [-ˌhait] *(f;* -, -en*)* ***1*** *(solo sing)* divinità, natura divina. **2** divinità, dio.

göttlich [ˈgœtlɪç] *(agg)* ***1*** divino. **2** *(fig/fam)* divino, fantastico.

gottlos [ˈgɔtˌloːs] *(agg)* ~ senza dio, empio, sacrilego.

Gottlosigkeit [ˈgɔtˌloːzɪçkait] *(f;* -*)* ~ empietà, irreligiosità.

Götze [ˈgœtsə] *(f;* -, -n*)* ***1*** idolo, divinità (pagana). **2** *(fig/spreg)* idolo.

Götzendiener [-nˌdiːnɐ] *(m;* -s, -; *f* **-in***)* ~ idolatra.

Gouverneur [guvɛrˈnøːɐ] *(m;* -s, -e*)* ~ *(pol)* governatore.

Grab [graːp] *(n;* -(e)s, Gräber*)* ***1*** tomba, sepolcro, fossa ♦ *ein Grab ausheben/ausschachten* scavare una tomba ♦ *jmdn ins Grab betten/legen* deporre qcn nella tomba ♦ *im Grab liegen* giacere nella tomba ♦ *jmdn zu Grabe tragen* seppellire qcn ♦ *er würde sich im Grab herumdrehen, wenn er das wüsste (fig/fam)* si rivolterebbe nella tomba, se lo sapesse. **2** *(fig)* morte, tomba. ◆ **verschwiegen wie ein Grab** *(fam)* muto come una tomba. ◆ **sich** (Dat) **selbst sein Grab graben** *(fig/fam)* scavarsi la fossa da solo. ◆ **jmdn ins Grab bringen** *(fam)* portare qcn alla tomba. ◆ **ein Geheimnis mit ins Grab nehmen** portarsi un segreto nella tomba. ◆ **mit einem Bein/Fuß im Grabe stehen**; **am Rande des Grabes stehen** *(fig/fam)* essere con un piede nella tomba.

graben [ˈgraːbən] *(vt,* hat; er **gräbt, grub, gegraben***)* ***1*** scavare ♦ *eine Grube graben* scavare una fossa. **2** estrarre (minerali e sim). **3** {*etwas in etwas* (Acc) ~} incidere qcs in qcs. **4** {*nach etwas* ~} *(vi)* cercare, scavare alla ricerca di qcs (minerali). ◆ **sich in etwas** (Acc) **graben** *(vr)* penetrare (profondamente) in qcs.

Graben *(m;* -s, Gräben*)* ***1*** fossato, fosso ♦ *über einen Graben springen* saltare un fosso. **2** *(mil)* trincea ♦ *im Graben liegen* essere in trincea.

Grabhügel [ˈgraːpˌhyːgəl] *(m;* -s, -*)* ~ tumulo.

Grabinschrift [ˈgraːpˌʔɪnʃrɪft] *(f;* -, -en*)* ~ epigrafe, iscrizione tombale.

Grabmal [ˈgraːpˌmaːl] *(n;* -(e)s, -mäler*)* ~ tomba.

Grabstätte [ˈgraːpˌʃtɛtə] *(f;* -, -n*)* ~ tomba, sepolcro.

Grabstein [ˈgraːpˌʃtain] *(m;* -(e)s, -e*)* ~ lapide, pietra tombale.

Grad [graːt] *(m;* -(e)s, -e*)* ***1*** grado, livello, intensità. **2** grado (di parentela) ♦ *Vetter zweiten Grades* cugino di secondo grado. **3** *(mil)* grado. **4** titolo accademico, grado. **5** *(geom/fis)* grado ♦ *heute Nacht hatten wir minus zwei Grad/zwei Grad minus/zwei Grad unter null* stanotte abbiamo avuto due gradi sotto zero. ◆ **in geringem Grad** a un livello minimo, poco. ◆ **in gewissem Grad(e)** in una certa misura. ◆ **in höchstem Grad(e)** al massimo grado.

graduell [graˈdwɛl] *(agg)* ***1*** graduale, progressivo. **2** graduale, di grado, relativo al grado. **3** *(avv)* gradualmente.

gradweise ['gra:t,vaizə] *(avv)* ~ gradualmente, per gradi.
Graf [gra:f] *(m; -en, -en; f* **Gräfin***)* ~ conte.
Graffito [gra'fi:to] *(m/n; -/-s, -s/Graffiti)* ***1*** graffito. ***2*** *(pl)* graffiti, murales.
Grafie ~ vedi **Graphie**.
Grafik *(anche* **Graphik***)* ['gra:fɪk] *(f; -, -en)* ~ grafica.
Grafiker *(anche* **Graphiker***)* [-ɐ] *(m, -s, -; f* **-in***)* ~ grafico.
grafisch *(anche* **graphisch***)* ['gra:fɪʃ] *(agg)* ~ grafico.
Gram [gra:m] *(m; -(e)s)* ~ *(lett)* afflizione, cruccio.
grämen ['grɛ:mən] *(vt,* hat*)* ~ *(lett)* affliggere, crucciare. ◆ **sich grämen** *(vr)* affliggersi, crucciarsi.
grämlich ['grɛ:mlɪç] *(agg)* ~ burbero, scontroso.
Gramm [gram] *(n; -(e)s, -)* ~ grammo ◆ *hundert Gramm Brot* cento grammi di pane.
Grammatik [gra'matɪk] *(f; -, -en)* ***1*** grammatica. ***2*** grammatica, libro di grammatica.
Grammatiker [-ɐ] *(m; -s, -; f* **-in***)* ~ grammatico.
grammatisch [gra'matɪʃ] *(agg)* ~ grammaticale.
Grammofon *(anche* **Grammophon***)* [gramo'fo:n] *(n; -s, -e)* ~ grammofono.
Granatapfel [gra'na:t,ʔapfəl] *(m; -s, -äpfel)* ~ *(bot)* melagrana.
Granatapfelbaum [-,baum] *(m; -(e)s, -bäume)* ~ *(bot)* melograno.
Granate [gra'na:tə] *(f; -, -n)* ~ granata, bomba.
Granit [gra'ni:t] *(m; -s, -e)* ~ granito. ◆ **bei jmdm auf Granit beißen** *(fig/fam)* cozzare contro un muro con qcn.
Grapefruit ['gre:p,fru:t] *(f; -, -s)* ~ pompelmo.
Graphie *(anche* **Grafie***)* [gra'fi:] *(f; -, -n)* ~ grafia.
Graphik ~ vedi **Grafik**.
Graphiker ~ vedi **Grafiker**.
graphisch ~ vedi **grafisch**.
Gras [gra:s] *(n; -es, Gräser)* ***1*** erba. ***2*** erba, prato ◆ *das Gras mähen* tagliare l'erba ◆ *im Gras liegen* essere sdraiato sull'erba. ◆ **das Gras wachsen hören** *(fig/fam)* fare il saccente. ◆ **über etwas** (Acc) **Gras wachsen lassen** *(fig)* mettere una pietra sopra a qcs. ◆ **ins Gras beißen** *(fig/volg)* morire, crepare.
Grasboden [-,bo:dən] *(m; -s, -böden)* ~ tappeto erboso, manto erboso.
grasen ['gra:zən] *(vi,* hat*)* ~ pascolare.
Grashalm ['gra:s,halm] *(m; -(e)s, -e)* ~ filo d'erba.
grässlich († **gräßlich**) ['grɛslɪç] *(agg)* ***1*** orribile, orrendo. ***2*** *(fam)* brutto, orribile, terribile. ***3*** *(avv) (fam)* molto, terribilmente.
Grat [gra:t] *(m; -(e)s, -e)* ***1*** spigolo. ***2*** cresta, crinale.
Gräte ['grɛ:tə] *(f; -, -n)* ~ lisca, spina (di pesce).
gratis ['gra:tɪs] *(agg indecl)* ~ gratis. ◆ **gratis und franko** *(fam)* completamente gratis.
Gratulation [gratula'tsjo:n] *(f; -, -en)* ~ congratulazioni, felicitazioni ◆ *Gratulation zur bestandenen Prüfung!* congratulazioni per il superamento dell'esame!
gratulieren [gratu'li:rən] *(vi,* hat*)* ~ {*jmdm zu etwas* ~} congratularsi con qcn per qcs, fare le congratulazioni a qcn per qcs, fare gli auguri a qcn per qcs ◆ *jmdm zur bestandenen Prüfung gratulieren* fare a qcn le congratulazioni per il superamento dell'esame ◆ *jmdm zum Geburtstag gratulieren* fare gli auguri di compleanno a qcn.
grau [grau] *(agg)* ***1*** grigio ◆ *eine graue Hose* pantaloni grigi ◆ *graue Haare* capelli grigi. ***2*** *(fig)* grigio, tetro, monotono ◆ *der graue Alltag* la grigia quotidianità. ***3*** *(fig)* vago, indefinito. ***4*** *(fig)* lontano (passato). ◆ **grau meliert** († **graumeliert**) ***1*** screziato di grigio. ***2*** brizzolato. ◆ **graue Substanz** *(med)* materia grigia.
Grau *(n; s, -)* ***1*** grigio, colore grigio. ***2*** grigio, grigiore *(anche fig)*.
Gräuel († **Greuel**) ['grɔyəl] *(m; -s, -)* ~ *(lett)* orrore, atrocità.
grauen[1] ['grauən] *(vi,* hat*)* ~ *(lett)* spuntare (giorno, alba).
grauen[2] *(impers,* hat*)* ~ {*jmdm graut (es) vor jmdm/etwas*} qcn ha orrore di qcn/qcs, qcn ha paura di qcn/qcs. ◆ **sich vor**

jmdm/etwas grauen *(vr)* avere orrore di qcn/qcs, aver paura di qcn/qcs.

Grauen *(n; -s, -)* **1** orrore, terrore. **2** orrore, atrocità. ◆ **Grauen erregend** vedi **grauenerregend**.

grauenerregend *(anche* **Grauen erregend***)* [-ˀɛaˌreːgənt] *(agg)* ~ orribile, terribile.

grauenhaft [-ˌhaft] *(agg)* **1** orribile, orrendo, terribile ♦ *ein grauenhafter Mord* un orribile assassinio. **2** *(fam)* terribile. **3** *(avv) (fam)* terribilmente, molto.

grauenvoll [-ˌfɔl] *(agg)* ~ vedi **grauenhaft**.

graulen ['graulən] *(impers/vr,* hat*)* ~ **es grault jmdm vor jmdm/etwas** *(impers) (fam)* qcn ha paura di qcn/qcs, qcs spaventa qcn. ◆ **sich vor jmdm/etwas graulen** *(vr)* aver paura di qcn/qcs.

graulich ['graulɪç] ~ vedi **gräulich**[1].

gräulich[1] ['grɔylɪç] *(agg)* ~ grigiastro.

gräulich[2] († **greulich**) *(agg)* **1** orribile, orrendo, raccapricciante. **2** *(fam)* terribile. **3** *(avv) (fam)* terribilmente, insopportabilmente.

graumeliert ~ **grau meliert** (vedi **grau**).

Graupe ['graupə] *(f; -, -n)* ~ chicco di grano brillato. ◆ **Graupen im Kopf haben** *(fig/fam)* volare troppo in alto.

grausam ['grauˌzaːm] *(agg)* **1** crudele, disumano, feroce, spietato. **2** *(fam)* terribile, insopportabile. **3** *(avv)* crudelmente. **4** *(avv) (fam)* terribilmente, molto.

Grausamkeit [-ˌkait] *(f; -, -en)* **1** *(solo sing)* crudeltà, disumanità, ferocia. **2** crudeltà, atrocità.

grausen ['grauzən] *(impers,* hat*)* ~ {*jmdm graust es vor jmdm/etwas*} qcn ha orrore di qcn/qcs. ◆ **sich vor jmdm/etwas grausen** *(vr)* aver orrore di qcn/qcs.

Grausen *(n; -s)* ~ orrore, terrore ♦ *da packte mich das kalte Grausen* un brivido di terrore mi assalì.

grausig ['grauzɪç] *(agg)* **1** orribile, orrendo, raccapricciante. **2** *(fam)* terribile, insopportabile. **3** *(avv) (fam)* terribilmente, molto.

gravieren [gra'viːrən] *(vt,* hat*)* ~ incidere (metallo, pietra, ecc).

gravierend [-t] *(agg)* ~ grave ♦ *ein gravierender Fehler* un grave errore.

gravitätisch [gravi'tɛːtɪʃ] *(agg)* ~ solenne, serio (atteggiamento e sim).

grazil [gra'tsiːl] *(agg)* ~ gracile.

graziös [gra'tsjøːs] *(agg)* ~ grazioso.

greifbar ['graifˌbaːɐ] *(agg)* **1** vicino, a portata di mano ♦ *etwas greifbar haben* avere qcs a portata di mano. **2** disponibile (merce e sim). **3** *(fig)* concreto, tangibile ♦ *greifbare Formen annehmen* assumere forme concrete.

greifen ['graifən] *(vt,* hat; **griff**, **gegriffen***)* **1** afferrare, prendere ♦ *etwas mit der Hand greifen* afferrare qcs con la mano. **2** arrestare, prendere (malviventi). **3** {*nach etwas* ~} *(vi)* allungare la mano verso qcs (per afferrarlo). **4** {*zu etwas* ~} *(vi)* prendere in mano qcs (per usarlo) ♦ *zu einem Buch greifen* prendere in mano un libro, mettersi a leggere ♦ *zur Feder greifen* prendere in mano la penna, mettersi a scrivere. **5** {*zu etwas* ~} *(vi) (fig)* ricorrere a qcs ♦ *zum Äußersten greifen* ricorrere a mezzi estremi. **6** *(vi)* far presa, ingranare. **7** *(mus)* suonare (accordi e sim) ♦ *einen Akkord greifen* suonare un accordo. ◆ **um sich greifen** diffondersi, prendere piede. ◆ **zum Greifen nahe sein** essere vicinissimo. ◆ **zu hoch/zu niedrig gegriffen sein** essere troppo alto/troppo basso (cifre, misure, ecc).

Greifvogel ['graifˌfoːgəl] *(m; -s, -vögel)* ~ uccello rapace.

Greifzange ['graifˌtsaŋə] *(f; -, -n)* ~ pinza.

Greis [grais] *(m; -es, -e; f* **-in***)* ~ *(lett)* vecchio, vegliardo.

grell [grɛl] *(agg)* **1** acceso, vivo (colore); accecante (luce). **2** acuto, stridulo. **3** *(fig)* evidente, stridente (contrasti e sim).

Grenze ['grɛntsə] *(f; -, -n)* **1** confine; frontiera ♦ *natürliche Grenze* confine naturale ♦ *an der Grenze* sul confine (stato in luogo) ♦ *jenseits/diesseits der Grenze* al di là/al di qua del confine ♦ *eine Grenze abstecken* fissare un confine ♦ *die Grenze überschreiten, über die Grenze gehen/fahren* oltrepassare il confine ♦ *die Grenze verläuft nördlich von der Stadt* il confine passa a nord della città. **2** *(fig)* confine, limite, limitazione, frontiera ♦ *keine Grenzen kennen* non conoscere limiti ♦ *jmdm/etwas sind Grenzen gesetzt* a qcn/qcs sono posti dei limiti ♦ *alle Grenzen überschreiten* passare ogni limite ♦ *seine*

Grenzen kennen conoscere i propri limiti. ◆ **ohne Grenzen** illimitato, senza limiti, infinito ♦ *meine Geduld ist nicht ohne Grenzen* la mia pazienza non è infinita. ◆ **sich in Grenzen halten** mantenersi entro i limiti.

grenzen [-n] *(vi,* hat*)* ***1*** {*an etwas* (Acc) ~} confinare con qcs ♦ *Deutschland grenzt an die Schweiz* la Germania confina con la Svizzera. ***2*** {*an etwas* (Acc) ~} *(fig)* rasentare qcs, sfiorare qcs ♦ *das grenzt an ein Wunder* questo rasenta il miracolo.

grenzenlos [-n,lo:s] *(agg)* ***1*** sconfinato, infinito, senza limiti *(anche fig)*. ***2*** *(avv)* infinitamente.

Grenzfall ['grɛnts,fal] *(m;* -(e)s, -fälle*)* ~ caso limite.

Grenzformalität ['grɛntsfɔrmali,tɛ:t] *(f;* -, -en*)* ~ *(spec pl)* formalità doganali.

Grenzgebiet ['grɛntsgə,bi:t] *(n;* -(e)s, -e*)* ~ territorio di confine.

Grenzkontrolle ['grɛntskɔn,trɔlə] *(f;* -, -n*)* ~ controllo alla frontiera.

Grenzposten ['grɛnts,pɔstən] *(m;* -s, -*)* ~ posto di frontiera.

Grenzsituation ['grɛntszitwa,tsjo:n] *(f;* -, -en*)* ~ situazione limite.

Grenzstaat ['grɛnts,ʃta:t] *(m;* -(e)s, -en*)* ~ stato confinante.

Grenzübergang ['grɛnts,ʔy:bɐgaŋ] *(m;* -(e)s, -gänge*)* ~ passaggio del confine.

grenzüberschreitend ['grɛnts,ʔy:bɐʃraitənt] *(agg)* ~ internazionale.

Grenzwert ['grɛnts,ve:ɐt] *(m;* -(e)s, -e*)* ~ valore limite.

Greuel ~ vedi **Gräuel**.

greulich ~ vedi **gräulich**².

Griesgram ['gri:s,gra:m] *(m;* -(e)s, -e*)* ~ burbero, brontolone.

griesgrämig, **griesgrämisch** ['gri:s,grɛ:mɪç, -ɪʃ] *(agg)* ~ burbero, brontolone.

Grieß [gri:s] *(m;* -es*)* ~ semolino.

Grießbrei [-,brai] *(m;* -(e)s, -e*)* ~ pappa di semolino.

Grießkloß [-,klo:s] *(m;* -es, -klöße*)* ~ gnocco di semolino.

griff [grɪf] ~ pret di **greifen**.

Griff *(m;* -(e)s, -e*)* ***1*** presa, l'afferrare. ***2*** mossa (della mano). ***3*** manico; maniglia. ***4*** sostegno (su autobus e sim). ◆ **einen guten Griff tun** *(fig)* pescare bene. ◆ **etwas im Griff haben** avere qcs sotto controllo, destreggiarsi bene in qcs. ◆ **etwas in den Griff bekommen/kriegen** prendere qcs sotto controllo, riuscire a destreggiarsi bene con qcs. ◆ **mit einem Griff** al volo, in un attimo.

griffbereit [-bə,rait] *(agg/avv)* ~ a portata di mano ♦ *das Telefon liegt griffbereit* il telefono è a portata di mano.

griffig [-ɪç] *(agg)* ***1*** maneggevole. ***2*** che fa bene presa; che ha una buona aderenza (pneumatico).

Grill [grɪl] *(m;* -s, -s*)* ~ griglia, grill ♦ *Fleisch vom Grill* carne alla griglia.

Grille [-ə] *(f;* -, -n*)* ***1*** *(zool)* grillo. ***2*** *(fig)* grillo, capriccio ♦ *Grillen im Kopf haben* avere grilli per la testa. ◆ **Grillen fangen** *(fig/fam)* avere il muso lungo.

grillen [-ən] *(vt,* hat*)* ~ cucinare alla griglia.

Grimasse [gri'masə] *(f;* -, -n*)* ~ smorfia ♦ *Grimassen schneiden/ziehen* fare smorfie.

grimmig ['grɪmɪç] *(agg)* ***1*** adirato, rabbioso. ***2*** terribile, insopportabile (dolore, clima, ecc).

Grind [grɪnt] *(m;* -(e)s*)* ~ *(fam)* tigna.

grinsen ['grɪnzən] *(vi,* hat*)* ~ sogghignare.

Grippe ['grɪpə] *(f;* -, -n*)* ~ *(med)* influenza ♦ *sich* (Dat) *eine Grippe zuziehen* prendersi un'influenza.

Grips [grɪps] *(m;* -es*)* ~ *(fam)* comprendonio.

Grislibär ['grɪsli,bɛ:ɐ] *(anche* **Grizzlybär** ['grɪzli-]*)* *(m;* -en, -en*)* ~ *(zool)* orso grizzly, grizzly.

grob [gro:p] *(agg;* **gröber**, **am gröbsten***)* ***1*** grosso, grossolano (materiale, sostanza macinata, ecc) ♦ *grobes Salz* sale grosso. ***2*** pesante, duro (lavoro). ***3*** rozzo, duro, pesante (corporatura, lineamenti, ecc). ***4*** approssimativo ♦ *eine grobe Schätzung* una valutazione approssimativa ♦ *in groben Linien* a grandi linee. ***5*** grosso, grave, grossolano, madornale ♦ *ein grober Fehler* un errore grossolano. ***6*** rozzo, sgarbato, villano. ***7*** *(avv)* grossolanamente ♦ *grob gemahlen* grossolanamente macinato. ***8*** *(avv)* approssimativamente. ***9*** *(avv)* sgarbatamente, in malo modo ♦ *jmdn grob behandeln* trattare qcn sgarbatamente. ◆ **aus dem Gröbsten he-**

raus sein *(fam)* aver superato il peggio. ◆ **jmd fürs Grobe sein** *(fig)* essere destinato ai lavori più duri.

Grobheit [-ˌhait] *(f; -, -en)* ***1*** rozzezza, grossolanità (di materiale). ***2*** *(fig)* villania, rozzezza, grossolanità. ***3*** offesa, insulto.

grobschlächtig [-ʃlɛçtɪç] *(agg)* ~ grosso, rozzo (corporatura).

grölen ['grøːlən] *(vi, hat)* ~ cantare sguaiatamente; sbraitare, parlare sguaiatamente.

Groll [grɔl] *(m; -(e)s)* ~ rancore, astio, risentimento ◆ *gegen jmdn Groll hegen* covare rancore contro qcn.

grollen [-ən] *(vi, hat)* ***1*** rimbombare. ***2*** {*(jmdm)* ~} provare rancore (verso qcn).

Gros [groː] *(n; -, -)* ~ il grosso, maggioranza ◆ *das Gros der Teilnehmer* il grosso dei partecipanti.

Groschen ['grɔʃən] *(m; -s, -)* ***1*** groschen, spiccioli. ***2*** *(fam)* moneta da dieci pfennig, monetina. ◆ **der Groschen fällt bei jmdm** *(fig/fam)* a qcn si accende la lampadina, qcn finalmente capisce.

groß [groːs] *(agg;* **größer, am größten***)* ***1*** grande, grosso ◆ *ein großes Stück Brot* un grosso pezzo di pane. ***2*** grande, ampio ◆ *ein großer Raum* una stanza grande. ***3*** alto (persona) ◆ *wie groß bist du?* quanto sei alto? ◆ *er ist 1,80 Meter groß* è alto un metro e ottanta. ***4*** *(fig)* grande, numeroso (gruppi e sim) ◆ *eine große Familie* una grande famiglia. ***5*** *(fig)* grande, cospicuo (quantità, cifra, ecc). ***6*** *(fig)* grande, forte, grosso, grave ◆ *großen Hunger haben* avere una gran fame ◆ *ein großer Fehler* un grosso errore. ***7*** grande, adulto; maggiore (fratello, sorella) ◆ *mein großer Bruder* il mio fratello maggiore. ***8*** *(fig)* grande, importante, famoso ◆ *ein großer Dichter* un grande poeta. ***9*** *(fig)* grande, bravo, eccellente (persona, prestazione, ecc). ***10*** *(fig)* grande, nobile (d'animo). ***11*** maiuscolo. ***12*** *(avv) (fam)* molto, particolarmente. ◆ **der Große** *(stor)* il Grande, Magno ◆ *Karl der Große* Carlo Magno. ◆ **Groß und Klein** († **groß und klein**) grandi e piccoli, tutti. ◆ **etwas größer machen** ingrandire qcs, aumentare qcs. ◆ **größer werden** crescere, ingrandirsi. ◆ **im Großen** († **großen**) all'ingrosso. ◆ **im Großen und Ganzen** († **im großen und ganzen**) nel complesso, in generale. ◆ **in großen Zügen** a grandi linee.

großartig [-ˌˀaːɐtɪç] *(agg)* ~ grandioso, straordinario.

Großbuchstabe [-ˌbuːxʃtaːbə] *(m; -n, -n)* ~ lettera maiuscola, maiuscola.

Größe ['grøːsə] *(f; -, -n)* ***1*** grandezza, estenzione, dimensione. ***2*** altezza, statura. ***3*** taglia, misura (di indumenti) ◆ *eine Hose in der Größe 40* un paio di pantaloni della taglia 40 (44). ***4*** *(mat)* grandezza. ***5*** *(fig)* grandezza, importanza. ***6*** *(fig)* grandezza, statura (morale). ***7*** *(fam)* personalità, personaggio. ◆ **unbekannte Größe** *(mat)* incognita.

Großeinkauf ['groːsˌˀaɪnkauf] *(m; -(e)s, -käufe)* ~ acquisto all'ingrosso.

Großeltern ['groːsˌˀɛltɐn] *(pl)* ~ nonni.

großenteils ['groːsən'tails] *(avv)* ~ in gran parte.

Größenverhältnis ['grøːsənfɛɐˌhɛltnɪs] *(n; -ses, -se)* ***1*** scala ◆ *im Größenverhältnis 1 zu 500* in scala uno a cinquecento. ***2*** proporzione.

Größenwahn ['grøːsənˌvaːn] *(m; -(e)s)* ~ mania di grandezza, megalomania.

größenwahnsinnig [-ˌzɪnɪç] *(agg)* ~ megalomane.

Großhandel ['groːsˌhandəl] *(m; -s)* ~ commercio all'ingrosso.

Großhandelspreis [-sˌprais] *(m; -es, -e)* ~ prezzo all'ingrosso.

Großhändler ['groːsˌhɛndlɐ] *(m; -s, -)* ~ commerciante all'ingrosso, grossista.

großherzig ['groːsˌhɛrtsɪç] *(agg)* ~ *(lett)* magnanimo, nobile.

Großherzog ['groːsˌhɛrtsoːk] *(m; -(e)s, -herzoge/-herzöge; f* **-in***)* ~ granduca.

Großherzogtum [-ˌtuːm] *(n; -s, -tümer)* ~ granducato.

Großindustrie ['groːsˀɪndʊsˌtriː] *(f; -, -n)* ~ grande industria.

Großkampftag ['groːskampfˌtaːk] *(m; -(e)s, -e)* ~ giornata campale.

groß|machen *(vr, hat)* ~ **sich großmachen** *(fam)* darsi arie, farsi grande.

Großmacht ['groːsˌmaxt] *(f; -, -mächte)* ~ *(pol)* grande potenza.

Großmannssucht ['gro:smans,zʊxt] *(f; -)* ~ mania di grandezza, megalomania.

Großmaul ['gro:s,maul] *(n; -(e)s, -mäuler)* ~ *(fam)* spaccone, fanfarone.

Großmut ['gro:s,mu:t] *(f; -)* ~ magnanimità.

großmütig ['gro:s,my:tɪç] *(agg)* ~ magnanimo.

Großmutter ['gro:s,mʊtɐ] *(f; -, -mütter)* ~ nonna.

Großonkel ['gro:s,ˀɔŋkəl] *(m; -s, -)* ~ prozio.

großräumig ['gro:s,rɔymɪç] *(agg)* **1** ampio, spazioso, con stanze grandi. **2** *(fig)* esteso, su vasta scala (iniziative, provvedimenti, ecc).

groß|schreiben *(vt, hat)* ~ scrivere grande, scrivere maiuscolo.

Großschreibung ['gro:s,ʃraibʊŋ] *(f; -, -en)* ~ grafia con l'iniziale maiuscola.

Großsprecher ['gro:s,ʃprɛ:çɐ] *(m; -s, -; f -in)* ~ spaccone, fanfarone.

großspurig ['gro:s,ʃpu:rɪç] *(agg)* ~ presuntuoso, borioso.

Großstadt ['gro:s,ʃtat] *(f; -, -städte)* ~ grande città, metropoli.

großstädtisch ['gro:s,ʃtɛ:tɪʃ] *(agg)* ~ di una grande città, metropolitano.

Großtante ['gro:s,tantə] *(f; -, -n)* ~ prozia.

Großteil ['gro:s,tail] *(m; -(e)s, -e)* ~ gran parte, maggior parte, maggioranza.

größtenteils ['grø:stən'tails] *(avv)* ~ in massima parte.

Großtuerei [,gro:stu:ə'rai] *(f; -)* ~ millanteria.

groß|tun *(vi, hat)* ~ vantarsi, darsi arie. ◆ **sich mit etwas großtun** *(vr)* vantarsi di qcs.

Großvater ['gro:s,fa:tɐ] *(m; -s, -väter)* ~ nonno.

groß|ziehen *(vt, hat; irr* ziehen*)* ~ allevare, tirar su.

großzügig ['gro:s,tsy:gɪç] *(agg)* **1** indulgente, tollerante. **2** generoso. **3** *(avv)* con indulgenza; generosamente.

grotesk [gro'tɛsk] *(agg)* ~ grottesco.

Grotte ['grɔtə] *(f; -, -n)* ~ grotta.

grub [gru:p] ~ pret di **graben**.

Grube ['gru:bə] *(f; -, -n)* **1** buca, fossa. **2** miniera. ◆ **jmdm eine Grube graben** *(fig)* tendere una trappola a qcn.

grübeln ['gry:bəln] *(vi, hat)* ~ {*über etwas* (Acc) ~} rimuginare su qcs.

Gruft [grʊft] *(f; -, Grüfte)* ~ *(lett)* tomba, cripta.

grün [gry:n] *(agg)* **1** verde. **2** verde, acerbo (frutti e sim). **3** *(fig)* immaturo, inesperto. ◆ **grünes Licht für etwas haben** *(fig)* avere via libera per qcs, avere l'autorizzazione per qcs. ◆ **jmdn grün und blau schlagen** *(fig/fam)* picchiare qcn di santa ragione. ◆ **grün und gelb vor Ärger werden** *(fig/fam)* diventare verde di rabbia.

Grün *(n; -s, -)* **1** verde, colore verde. **2** verde, natura; fogliame verde. ◆ **Grün haben** avere il verde (al semaforo). ◆ **das ist dasselbe in Grün** *(fig)* se non è zuppa, è pan bagnato.

Grünanlage [-,ˀanla:gə] *(f; -, -n)* ~ verde pubblico, spazio verde (in città).

Grund [grʊnt] *(m; -(e)s, Gründe)* **1** terra, terreno, suolo. **2** terreno, proprietà terriera. **3** fondo (di mare, lago, recipiente, ecc), fondale. **4** sfondo. **5** *(fig)* fondo, profondità ♦ *im Grunde meines Herzens* in fondo al mio cuore. **6** motivo, causa; spiegazione, giustificazione ♦ *ein schwerwiegender, zwingender Grund* un motivo serio, plausibile ♦ *Gründe für etwas anführen/vorbringen* addurre dei motivi per qcs ♦ *keinen Grund zum Klagen, zur Sorge haben* non avere motivo di lamentarsi, di preoccuparsi ♦ *aus diesem Grund* per questo motivo ♦ *aus welchem Grund?* per quale motivo? ◆ **auf Grund geraten/stoßen** incagliarsi ◆ **Grund haben** toccare (nuotando). ◆ **den Grund unter den Füßen verlieren** **1** non toccare più (nell'acqua). **2** *(fig)* sentirsi mancare il terreno sotto i piedi. ◆ **einer Sache** (Dat) **auf den Grund gehen** andare al fondo di una cosa. ◆ **auf Grund** (+ Gen) vedi **aufgrund**. ◆ **im Grunde** (**genommen**) in fondo. ◆ **von Grund auf/aus** completamente, interamente, radicalmente ♦ *etwas von Grund auf/aus ändern* cambiare qcs radicalmente. ◆ **zu Grunde** vedi **zugrunde**.

Grund- *(nei composti)* ~ fondamentale, di base ♦ *Grundbegriff* concetto fondamentale ♦ *Grundkenntnisse* nozioni di base.

Grundbesitz [-bəˌzɪts] *(m; -es, -e)* ~ fondo, proprietà terriera.

Grundbesitzer [-bəˌzɪtsɐ] *(m; -s, -; f* **-in***)* ~ proprietario terriero.

Grundbuch [-ˌbuːx] *(n; -(e)s, -bücher)* ~ catasto ♦ *ins Grundbuch eintragen* registrare al catasto.

Grundbuchamt [-buːxˌʔamt] *(n; -(e)s, -ämter)* ~ catasto, ufficio del catasto.

Grundeigentum [-ˌʔaigəntuːm] *(n; -s, -tümer)* ~ proprietà terriera.

gründen [ˈgrʏndən] *(vt, hat)* **1** fondare, creare, costituire ♦ *eine Partei, ein Unternehmen gründen* fondare un partito, un'impresa. **2** [*etwas auf etwas* (Acc) ~] *(fig)* fondare qcs su qcs, basare qcs su qcs. ◆ **sich auf etwas** (Acc) **gründen** *(vr)* fondarsi su qcs, basarsi su qcs.

Gründer [ˈgrʏndɐ] *(m; -s, -; f* **-in***)* ~ fondatore.

Grundfesten [ˈgrʊntˌfɛstən] *(pl)* ~ **an den Grundfesten von etwas rütteln** *(fig)* scuotere le fondamenta di qcs. ◆ **etwas in seinen Grundfesten erschüttern** *(fig)* far tremare qcs fino alle fondamenta.

Grundform [ˈgrʊntˌfɔrm] *(f; -, -en)* **1** forma originaria. **2** *(gramm)* forma base; infinito.

Grundgebühr [ˈgrʊntgəˌbyːɐ] *(f; -, -en)* ~ tassa fissa, canone fisso.

Grundgehalt [ˈgrʊntgəˌhalt] *(n; -(e)s, -hälter)* ~ stipendio base.

Grundgesetz [ˈgrʊntgəˌzɛts] *(n; -(e), -e)* **1** *(dir)* costituzione. **2** legge fondamentale, principio fondamentale.

Grundkapital [ˈgrʊntkapiˌtaːl] *(n; -s, -e/-ien)* ~ capitale sociale.

Grundlage [ˈgrʊntˌlaːgə] *(f; -, -n)* **1** fondamento, base. **2** presupposto ♦ *die Grundlagen für etwas schaffen* creare i presupposti per qcs.

grundlegend [ˈgrʊntˌleːgənt] *(agg)* **1** basilare, fondamentale. **2** fondamentale, di fondamentale importanza.

gründlich [ˈgrʏntlɪç] *(agg)* **1** approfondito, profondo. **2** scrupoloso, accurato; coscienzioso. **3** *(avv)* approfonditamente, a fondo; scrupolosamente, accuratamente, coscienziosamente. **4** *(avv) (fam)* molto. ◆ **jmdm gründlich die Meinung sagen** *(fam)* dirne quattro a qcn.

Gründlichkeit [-ˌkait] *(f; -)* ~ accuratezza, scrupolosità; coscienziosità.

Grundlohn [ˈgrʊntˌloːn] *(m; -(e)s, -löhne)* ~ paga di base, salario di base.

grundlos [ˈgrʊntˌloːs] *(agg)* **1** infondato, immotivato ♦ *ein grundloser Verdacht* un sospetto infondato. **2** *(avv)* infondatamente, senza motivo.

Grundmauer [ˈgrʊntˌmauɐ] *(f; -, -n)* ~ fondamenta.

Grundpfeiler [ˈgrʊntˌpfailɐ] *(m; -s, -)* **1** pilastro principale. **2** *(fig)* pilastro, fondamento.

Grundpreis [ˈgrʊntˌprais] *(m; -es, -e)* ~ prezzo base.

Grundrente [ˈgrʊntˌrɛntə] *(f; -, -n)* **1** rendita fondiaria. **2** pensione minima.

Grundriss († **-riß**) [ˈgrʊntˌrɪs] *(m; -es, -e)* **1** compendio. **2** pianta (di edificio). **3** *(mat)* sezione orizzontale.

Grundsatz [ˈgrʊntˌzats] *(m; -(e)s, -sätze)* **1** principio (morale) ♦ *an seinen Grundsätzen festhalten* rimanere fedele ai propri principi. **2** principio, regola fondamentale.

grundsätzlich [ˈgrʊntˌzɛtslɪç] *(agg)* **1** basilare, fondamentale ♦ *ein grundsätzlicher Unterschied* una differenza fondamentale. **2** di principio. **3** *(avv)* fondamentalmente; per principio; in linea di principio ♦ *ich bin grundsätzlich dagegen* sono contrario per principio.

Grundschule [ˈgrʊntˌʃuːlə] *(f; -, -n)* ~ scuola elementare.

Grundschüler [ˈgrʊntˌʃyːlɐ] *(m; -s, -; f* **-in***)* ~ alunno di scuola elementare.

Grundschullehrer [ˈgrʊntˈʃuːlˌleːrɐ] *(m; -s, -; f* **-in***)* ~ maestro elementare.

Grundstein [ˈgrʊntˌʃtain] *(m; -(e)s, -e)* **1** prima pietra ♦ *den Grundstein zu einem Gebäude legen* porre la prima pietra di un edificio. **2** *(fig)* prima pietra, fondamento.

Grundstock [ˈgrʊntˌʃtɔk] *(m; -(e)s, -stöcke)* ~ base (su cui costruire, ecc).

Grundstoff [ˈgrʊntˌʃtɔf] *(m; -(e)s, -e)* **1** materia prima. **2** *(chim)* elemento.

Grundstück [ˈgrʊntˌʃtʏk] *(n; -(e)s, -e)* ~ fondo, terreno.

Grundstufe [ˈgrʊntˌʃtuːfə] *(f; -, -n)* ~ livello di base, primo livello, livello elementare.

Grundtarif ['grʊntta,ri:f] *(m; -(e)s, -e)* ~ tassa fissa, canone fisso.
Gründung ['grʏndʊŋ] *(f; -, -en)* ~ fondazione ♦ *die Gründung einer Partei* la fondazione di un partito.
Gründungsmitglied [-s,mɪtgli:t] *(n; -(e)s, -er)* ~ membro fondatore.
Grundwasser ['grʊnt,vasɐ] *(n; -s)* ~ acqua sotterranea, falda acquifera.
Grundwortschatz ['grʊnt,vɔrt'ʃats] *(m; -(e)s, -schätze)* ~ *(ling)* vocabolario di base.
Grundzahl ['grʊnt,tsa:l] *(f; -, -en)* ~ numero cardinale.
Grundzug ['grʊnt,tsu:k] *(m; -(e)s, -züge)* ~ caratteristica, tratto fondamentale.
grünen ['gry:nən] *(vi, hat)* ~ verdeggiare.
grunzen ['grʊntsən] *(vi, hat)* ~ grugnire.
Gruppe ['grʊpə] *(f; -, -n)* ~ gruppo ♦ *eine Gruppe Schüler/von Schülern* un gruppo di scolari ♦ *eine Gruppe bilden* formare un gruppo ♦ *in Gruppen* a gruppi.
Gruppenarbeit [-n,ʔarbait] *(f; -, -en)* ~ lavoro di gruppo.
Gruppenreise [-n,raizə] *(f; -, -n)* ~ viaggio organizzato, viaggio di gruppo.
gruppenweise [-n,vaizə] *(avv)* ~ a gruppi.
gruppieren [grʊ'pi:rən] *(vt, hat)* ~ raggruppare. ◆ **sich gruppieren** *(vr)* raggrupparsi.
Gruppierung [grʊ'pi:rʊŋ] *(f; -, -en)* ***1*** *(solo sing)* raggruppamento (il raggruppare). ***2*** raggruppamento, gruppo.
gruselig ['gru:zəlɪç] *(agg)* ~ raccapricciante.
gruseln ['gru:zəln] *(impers, hat)* ~ {*es gruselt jmdm/jmdn*} provare raccapriccio, inorridire. ◆ **sich gruseln** *(vr)* provare raccapriccio, inorridire.
Gruß [gru:s] *(m; -(e)s, Grüße)* ~ saluto ♦ *ein förmlicher, höflicher, militärischer Gruß* un saluto formale, cortese, militare. ◆ **jmdm einen Gruß von jmdm ausrichten/bestellen/sagen** portare a qcn un saluto da parte di qcn, salutare qcn da parte di qcn ♦ *sag deiner Mutter einen Gruß von mir* saluta tua madre da parte mia ♦ *ich soll dir einen Gruß von meinem Bruder bestellen* ti porto i saluti di mio fratello. ◆ (**viele**) **liebe Grüße** (tanti) cari saluti (formula epistolare). ◆ **mit freundlichen/herzlichen Grüßen** cordiali saluti (formula epistolare). ◆ **zum Gruß** in segno di saluto.
grüßen ['gry:sən] *(vi/vt, hat)* ***1*** salutare. ***2*** salutare, mandare un saluto ♦ *grüße deine Familie von mir* saluta la tua famiglia da parte mia ♦ *ich soll dich von Peter grüßen* ti porto i saluti di Peter, Peter ti saluta.
Grütze ['grʏtsə] *(f; -, -n)* ***1*** cereali macinati. ***2*** *(fig/fam)* cervello, sale in zucca ♦ *(keine) Grütze im Kopf haben* (non) avere sale in zucca.
gucken ['gʊkən] *(vi, hat)* ***1*** *(fam)* guardare, sbirciare ♦ *guck mal!* guarda un po' qua! ♦ *aus dem Fenster, in ein Zimmer gucken* guardare dalla finestra, dentro una stanza. ***2*** *(fam)* spuntare, fare capolino, essere visibile.
Guerilla [ge'rɪlja] *(f; -, -s)* ~ guerriglia.
Guillotine [gɪljo'ti:nə] *(f; -, -n)* ~ ghigliottina.
Gulasch ['gu:laʃ] *(n/m; -(e)s, -e/-s)* ~ gulasch, spezzatino.
Gully ['gʊli] *(f; -, -s)* ~ canale di scolo; pozzetto; tombino.
gültig ['gʏltɪç] *(agg)* ***1*** valido, valevole ♦ *ein gültiger Pass* un passaporto valido. ***2*** valido, riconosciuto.
Gültigkeit [-,kait] *(f; -)* ~ validità. ◆ (**keine**) **Gültigkeit haben** (non) essere valido, (non) valere.
Gummi ['gʊmi] *(n; -s, -/-s)* ***1*** *(solo sing)* gomma, caucciù. ***2*** gomma, oggetto di gomma.
Gummiband [-,bant] *(n; -(e)s, -bänder)* ~ elastico.
Gummreifen ['gʊm,raifən] *(m; -s, -)* ~ pneumatico, gomma.
Gummiring ['gʊmi,rɪŋ] *(m; -(e)s, -e)* ~ guarnizione.
Gummizug ['gʊmi,tsu:k] *(m; -(e)s, -züge)* ~ elastico (di indumenti).
Gunst [gʊnst] *(f; -)* ***1*** favore, benevolenza ♦ *jmds Gunst genießen* godere del favore di qcn ♦ *in jmds Gunst/bei jmdm in Gunst stehen* essere nelle grazie di qcn. ***2*** favore, vantaggio ♦ *die Gunst der Umstände nutzen* sfruttare il favore delle circostanze. ◆ **nach Gunst urteilen** giudicare con parzialità. ◆ **zu Gunsten** vedi **zugunsten**.

günstig ['gʏnstɪç] *(agg)* ***1*** vantaggioso, favorevole ♦ *günstige Umstände* circostanze favorevoli. ***2*** favorevole, benevolo ♦ *ein günstiges Urteil* un giudizio favorevole. ***3*** conveniente (prezzo). ***4*** *(avv)* favorevolmente, benevolmente; vantaggiosamente, a buon prezzo.

Günstling ['gʏnstˌlɪŋ] *(m; -s, -e)* ~ favorito.

Günstlingswirtschaft [-sˌvɪrtˈʃaft] *(f; -)* ~ favoritismo.

Gurgel ['gʊrgəl] *(f; -, -n)* ~ gola ♦ *jmdm die Gurgel abschnüren/zudrücken* stringere qcn alla gola (per soffocarlo). ◆ **jmdm an die Gurgel fahren, springen** saltare al collo di qcn, aggredire qcn. ◆ **jmdm die Gurgel zudrücken/zuschnüren** *(fig/fam)* tagliare le gambe a qcn, rovinare qcn.

gurgeln [-n] *(vi, hat)* ***1*** gorgogliare. ***2*** fare i gargarismi.

Gurke ['gʊrkə] *(f; -, -n)* ***1*** *(bot)* cetriolo. ***2*** *(fam)* naso, nasone. ***3*** *(fam)* carriola, auto vecchia.

gurren ['gʊrən] *(vi, hat)* ~ tubare.

Gurt [gʊrt] *(m; -(e)s, -e)* ~ cinghia, cintura.

Gürtel ['gʏrtəl] *(m; -s, -)* ***1*** cintura, cinghia ♦ *den Gürtel lockern, lösen* allentare, sciogliere la cintura. ***2*** cintura, area. ◆ **den Gürtel enger schnallen** *(fig/fam)* tirare la cinghia.

Guss († **Guß**) [gʊs] *(m; -es, Güsse)* ***1*** colata (di metallo fuso). ***2*** getto (di liquido). ***3*** *(fam)* scroscio, rovescio (di pioggia). ***4*** glassa, copertura (di cibi). ◆ **wie aus einem Guss** unitario (opera d'arte, letteraria, ecc).

Gusseisen († **Guß-**) [-ˌ'aizən] *(n; -s, -)* ~ ghisa.

gut[1] [gu:t] *(agg;* **besser, am besten***)* ***1*** buono ♦ *die Qualität der Ware ist gut* la qualità della merce è buona ♦ *ein gutes Geschäft* un buon affare. ***2*** buono, gustoso ♦ *die Suppe ist gut* la minestra è buona. ***3*** buono, ben fatto ♦ *eine gute Arbeit* un buon lavoro. ***4*** bravo, capace, abile ♦ *ein guter Schüler* un bravo scolaro ♦ *ein guter Spieler* un bravo giocatore. ***5*** buono, adatto ♦ *diese Kartoffeln sind gut zum Braten* queste patate sono buone da fare arrosto. ***6*** buono, bravo, gentile ♦ *sie ist ein guter Mensch* è una brava persona. ***7*** buono, educato (comportamento e sim) ♦ *gute Manieren* buone maniere. ***8*** buono, sano ♦ *gute Augen haben* avere gli occhi buoni. ***9*** buono, bello ♦ *ein gutes Buch* un bel libro ♦ *ein guter Film* un bel film. ***10*** buono, sincero ♦ *ein guter Freund* un buon amico. ***11*** bello, buono (tempo, clima, ecc) ♦ *gutes Wetter* bel tempo. ***12*** buono, abbondante (tempo o spazio) ♦ *wir mussten gute zwei Stunden laufen* abbiamo dovuto camminare per due ore buone ♦ *gute zwei Kilometer* due chilometri buoni. ***13*** buono, allegro (umore). ***14*** buono (voto scolastico). ◆ **alles Gute** tanti auguri ♦ *alles Gute zum Geburtstag* buon compleanno. ◆ **guter Glaube** *(dir)* buona fede ♦ *in gutem Glauben handeln* agire in buona fede. ◆ **im Guten** con le buone, senza litigare ♦ *jmdm etwas im Guten sagen* dire qcs a qcn con le buone. ◆ **im Guten wie im Bösen** nel bene e nel male.

gut[2] *(avv;* **besser, am besten***)* ***1*** bene ♦ *es geht mir gut* sto bene ♦ *ich kenne sie gut* la conosco bene ♦ *es wäre gut, wenn du dich nicht einmischen würdest* sarebbe bene se tu non ti immischiassi. ***2*** *(spesso non tradotto)* bene, certamente ♦ *das kann ich mir gut denken/vorstellen* questo me lo posso immaginare. ◆ **gut aussehend** († **gutaussehend**) di bell'aspetto, piacente. ◆ **gut und gern** come minimo, non meno di ♦ *das kostet gut und gern tausend Euro* costa come minimo mille euro. ◆ **so gut wie** quasi, praticamente ♦ *das ist so gut wie sicher* è praticamente sicuro. ◆ **so gut wie möglich, möglichst gut** nel miglior modo possibile. ◆ **jmdm gut tun** († **guttun**) far bene a qcn ♦ *der Urlaub hat mir gut getan* la vacanza mi ha fatto bene. ◆ **gut daran tun (etwas zu tun)** far bene (a fare qcs) ♦ *du hast gut daran getan, mich zu fragen* hai fatto bene a interpellarmi. ◆ **gut!/also gut!/nun gut!** va bene! d'accordo! allora siamo d'accordo! ◆ **mach's gut!** stammi bene! ◆ **schon gut!** scuse accettate!

Gut *(n; -(e)s, Güter)* ***1*** bene, proprietà, patrimonio, avere ♦ *bewegliche, unbewegliche Güter* beni mobili, immobili. ***2*** proprietà terriera, podere. ***3*** merce (da trasportare). *4* *(fig)* bene, fortuna ♦ *mein höchstes Gut* il mio bene più prezioso.

Gutachten [-ˌˀaxtən] *(n; -s, -)* ~ perizia ♦ *ein Gutachten über etwas* (Acc) *abgeben* rilasciare una perizia su qcs.

Gutachter [-ˌˀaxtɐ] *(m; -s, -; f* **-in***)* ~ perito, esperto.

gutartig [-ˌˀaːɐtɪç] *(agg)* *1* *(med)* benigno ♦ *gutartige Geschwulst* tumore benigno. *2* buono, docile.

gutaussehend ~ **gut** **aussehend** (vedi **gut²**).

Gutdünken [-ˌdʏŋkən] *(n; -s)* ~ discrezione. ◆ **nach Gutdünken** a discrezione ♦ *nach meinem Gutdünken* a mia discrezione.

Güte [ˈgyːtə] *(f; -)* *1* bontà (d'animo), gentilezza. *2* bontà, qualità (di una merce). ◆ **in Güte** amichevolmente; con le buone. ◆ **ach, du liebe Güte! ach, du meine Güte!** Dio mio! Santo cielo!

Gütergemeinschaft [ˈgyːtɐgəˌmainʃaft] *(f; -)* ~ *(dir)* comunione dei beni.

Gütertrennung [ˈgyːtɐˌtrɛnʊŋ] *(f; -)* ~ *(dir)* separazione dei beni.

Güterwagen [ˈgyːtɐˌvaːgən] *(m; -s, -)* ~ vagone merci.

Güterzug [ˈgyːtɐˌtsuːk] *(m; -(e)s, -züge)* ~ treno merci.

Gütezeichen [ˈgyːtəˌtsaiçən] *(n; -s, -)* ~ marchio di qualità.

gutgesinnt ~ **gut** **gesinnt** (vedi **gesinnt**).

gutgläubig [ˈguːtˌglɔybɪç] *(agg)* ~ in buona fede; credulone, ingenuo.

Gutgläubigkeit [-ˌkait] *(f; -)* ~ buona fede; ingenuità, credulità.

Guthaben [ˈguːtˌhaːbən] *(n; -s, -)* *1* credito. *2* *(econ)* attivo (di conto).

gut|heißen *(vt, hat; irr* heißen*)* ~ approvare.

gütig [ˈgyːtɪç] *(agg)* *1* buono, indulgente, benevolo. *2* gentile, amichevole. ◆ **zu gütig!** grazie, troppo gentile!

gütlich [ˈgyːtlɪç] *(agg)* *1* pacifico, amichevole (accordo e sim). *2* *(avv)* pacificamente, amichevolmente. ◆ **sich an etwas** (Dat) **gütlich tun** mangiare con gusto qcs, gustarsi qcs.

gut|machen *(vt, hat)* ~ riparare, rimediare (errori, torti, ecc) ♦ *wie kann ich das wieder gutmachen?* come posso rimediare?

gutmütig [ˈguːtˌmyːtɪç] *(agg)* ~ buono, bonario.

Gutschein [ˈguːtʃain] *(m; -(e)s, -e)* ~ buono (d'acquisto).

gut|schreiben *(vt, hat; irr* schreiben*)* ~ *(econ)* accreditare ♦ *jmdm/einem Konto einen Betrag gutschreiben* accreditare una somma a qcn/su un conto.

Gutschrift [ˈguːtʃrɪft] *(f; -, -en)* ~ *(econ)* accredito.

gut|tun ~ anche **gut** **tun** (vedi **gut²**).

gutwillig [ˈguːtˌvɪlɪç] *(agg)* ~ volenteroso.

Gymnasiast [gʏmnaˈzjast] *(m; -en, -en; f* **-in***)* ~ studente di liceo.

Gymnasium [gʏmˈnaːzjʊm] *(n; -s, -sien)* ~ liceo (umanistico) ♦ *humanistisches Gymnasium* liceo umanistico.

Gymnastik [gʏmˈnastɪk] *(f; -)* ~ ginnastica.

Gynäkologe [gʏnɛkoˈloːgə] *(m; -n, -n; f* **-login***)* ~ ginecologo.

h, **H** [haː] *(n; -/-s, -/-s)* ~ h, H *(ottava lettera dell'alfabeto tedesco)*.

h *(n; -)* ***1*** *(mus)* si. ***2*** *(mus)* abbrev di **h-Moll**.

H *(n; -)* ***1*** *(mus)* si. ***2*** *(mus)* abbrev di **H-Dur**.

Haar ['haːɐ] *(n; -(e)s, -e)* ***1*** capello. ***2*** pelo. ***3*** *(solo sing, collett)* capelli ♦ *blondes, braunes, graues, rotes, schwarzes Haar* capelli biondi, castani, grigi, rossi, neri ♦ *sich* (Dat) *das Haar bürsten, kämmen, waschen, trocknen* spazzolarsi, pettinarsi, lavarsi, asciugarsi i capelli ♦ *sich* (Dat) *das Haar färben, schneiden lassen* farsi tingere, tagliare i capelli. ***4*** *(pl)* *(fam)* capelli. ◆ **ein Haar in der Suppe finden** *(fig)* cercare sempre il pelo nell'uovo, aver sempre qualcosa da ridire. ◆ **Haare auf den Zähnen haben** *(fig)* essere un attaccabrighe. ◆ **kein gutes Haar an jmdm lassen** *(fig)* dire solo cattiverie su qcn. ◆ **jmdm kein Haar krümmen** *(fam)* non torcere un capello a qcn ♦ *niemandem ein Haar krümmen können* non fare del male nemmeno a una mosca. ◆ **Haare spalten** *(fig)* spaccare il capello in quattro, sottilizzare. ◆ **an einem Haar hängen** *(fig)* essere appeso a un filo. ◆ **aufs Haar** precisamente, esattamente. ◆ **jmdm aufs Haar gleichen** somigliare a qcn come una goccia d'acqua. ◆ **sich in die Haare geraten** *(fig)* accapigliarsi, prendersi per i capelli. ◆ **um ein Haar** *(fig)* per un pelo (non) ♦ *um ein Haar wäre ich gestürzt* per un pelo non sono caduta. ◆ **nicht um ein Haar**, **um kein Haar** *(fam)* per niente, nemmeno un briciolo. ◆ **die Haare stehen jmdm zu Berge** *(fig)* a qcn si rizzano i capelli.

Haarausfall [-ˌʔausfal] *(m; -(e)s, -fälle)* ~ caduta dei capelli, calvizie.

Haaresbreite ['haːrəsˌbraitə] *(f)* ~ **um Haaresbreite** ***1*** per un pelo ♦ *um Haaresbreite wäre ein Unfall passiert* per un pelo non è successo un incidente. ***2*** *(spec neg)* minimamente, un pelo, un briciolo ♦ *er hat sich nicht um Haaresbreite zurückgezogen* non ha fatto minimamente marcia indietro.

Haarfarbe ['haːɐˌfarbə] *(f; -, -n)* ~ colore dei capelli.

haargenau ['haːɐgəˌnau] *(agg)* ***1*** precisissimo. ***2*** *(avv)* con la massima esattezza, per filo e per segno.

haarig ['haːrɪç] *(agg)* ***1*** peloso. ***2*** *(fig/fam)* difficile, spinoso.

Haarknoten ['haːɐˌknoːtən] *(m; -s, -)* ~ crocchia.

Haarlack ['haːɐˌlak] *(m; -(e)s, -e)* ~ lacca per capelli.

Haarnadel ['haːɐˌnaːdəl] *(f; -, -n)* ~ forcina per capelli.

haarscharf ['haːɐʃarf] *(agg)* ***1*** esattissimo, precisissimo. ***2*** *(avv)* con la massima esattezza, con la massima precisione.

Haarschnitt ['haːɐʃnɪt] *(m; -(e)s, -e)* ~ taglio di capelli.

Haarspalterei ['haːɐʃpaltəˌrai] *(f; -, -en)* ~ *(fig)* sottigliezza, cavillo ♦ *Haarspaltereien treiben* sottilizzare, cavillare.
Haarspray ['haːɐʃpreː] *(m/n; -s, -s)* ~ lacca per capelli.
haarsträubend ['haːɐʃtrɔybənt] *(agg)* ~ raccapricciante, che fa rizzare i capelli.
Haartrockner ['haːɐˌtrɔknɐ] *(m; -s, -)* ~ asciugacapelli, fon.
Hab [haːp] *(f; -)* ~ **Hab und Gut** *(lett)* averi, patrimonio.
Habe ['haːbə] *(f; -)* ~ *(lett)* averi, patrimonio.
haben [-n] *(vt,* hat; du **hast**, er **hat**, **hatte**, **gehabt***)* ***1*** avere ♦ *eine Familie haben* avere una famiglia ♦ *Angst, Hunger, Mut haben* avere paura, fame, coraggio ♦ *eine Krankheit haben* avere una malattia. ***2*** avere, possedere ♦ *ein Haus haben* avere una casa. ***3*** essere, avere (data) ♦ *wir haben heute den 1. März* oggi è il primo marzo. ***4*** *(aux)* avere, essere ♦ *ich habe gegessen* ho mangiato ♦ *ich habe mich gewaschen* mi sono lavato. ◆ **sich haben** *(vr) (fam)* darsi arie; fare lo smorfioso. ◆ **haben zu** (+ *inf)* ***1*** avere da; dovere ♦ *ich habe viel zu tun* ho molto da fare ♦ *ich habe zwei Briefe zu schreiben* ho due lettere da scrivere. ***2*** avere da ♦ *er hat nichts zu essen* non ha niente da mangiare. ◆ **da hast du's!** *(fam)* ecco, hai visto? ◆ **jetzt habe ich's!** *(fam)* ho trovato! ho capito! ◆ **es gut, schlecht haben** passarsela bene, male; andare bene, male (a qcn) ♦ *er hat es immer schlecht im Leben gehabt* gli è sempre andata male nella vita. ◆ **zu haben sein** essere reperibile, essere in commercio. ◆ **für etwas zu haben sein** fare volentieri qcs, partecipare volentieri a qcs ♦ *für anstrengende Reisen ist er nicht zu haben* non fa volentieri viaggi faticosi.
Haben *(n; -s, -)* ~ *(econ)* avere.
Habgier ['haːpˌgiːɐ] *(f; -)* ~ avidità.
habgierig ['haːpˌgiːrɪç] *(agg)* ~ avido.
habhaft ['haːpˌhaft] *(avv)* ~ **jmds habhaft werden** *(lett)* prendere qcn, catturare qcn. ◆ **einer Sache** (Gen) **habhaft werden** *(lett)* impadronirsi di qcs.
Habicht ['haːbɪçt] *(m; -(e)s, -e)* ~ *(zool)* astore, falco.
Habitat [habi'taːt] *(n; -s, -e)* ~ habitat.
Habsburg ['haːpsˌbʊrk] *(n; -s, -)* ~ Asburgo.
Habseligkeit ['haːpˌzeːlɪçkait] *(f; -, -en)* *(spec pl)* ~ averi, cose (di poco valore), carabattole ♦ *er packte seine Habseligkeiten zusammen und flüchtete ins Ausland* fece un fagotto delle sue cose e fuggì all'estero.
Hackbrett ['hakˌbrɛt] *(n; -(e)s, -er)* ~ tagliere.
Hacke[1] ['hakə] *(f; -, -n)* ~ zappa.
Hacke[2] *(anche* **Hacken***)* *(f; -, -n)* *(region)* ~ calcagno, tallone. ◆ **jmdm** (**dicht**) **auf den Hacken sein**, **sitzen** *(fam)* stare alle calcagna di qcn.
hacken [-n] *(vt,* hat*)* ***1*** zappare. ***2*** spaccare (legna). ***3*** tritare (cibi).
Hacken *(m; -s, -)* ~ vedi **Hacke**[2].
Hackfleisch ['hakˌflaiʃ] *(n; -es)* ~ carne tritata, carne macinata.
hadern ['haːdɐn] *(vi,* hat*)* ~ {*mit etwas* ~} lamentarsi di qcs.
Hafen ['haːfən] *(m; -s,* Häfen*)* ~ porto ♦ *aus dem Hafen auslaufen* uscire dal porto, salpare ♦ *in den Hafen einlaufen* entrare nel porto.
Hafenamt [-ˌʔamt] *(n; -(e)s, -ämter)* ~ capitaneria di porto.
Hafenbecken [-ˌbɛkən] *(n; -s, -)* ~ darsena.
Hafenstadt [-ʃtat] *(f; -, -städte)* ~ città portuale, porto.
Hafer ['haːfɐ] *(m; -s, -)* ~ *(bot)* avena. ◆ **jmdn sticht der Hafer** *(fig)* qcn alza la cresta.
Haff [haf] *(n; -s, -s)* ~ baia.
Haft [haft] *(f; -)* ~ arresto, stato di arresto, detenzione, custodia ♦ *sich in Haft befinden* trovarsi in arresto ♦ *jmdn in Haft behalten* tenere qcn in arresto ♦ *jmdn in Haft nehmen* arrestare qcn.
Haftanstalt [-ˌʔanʃtalt] *(f; -, -en)* ~ penitenziario, carcere, prigione.
haftbar [-ˌbaːɐ] *(agg)* ~ **für etwas haftbar sein** *(dir)* essere responsabile di qcs. ◆ **jmdn für etwas haftbar machen** *(dir)* attribuire a qcn la responsabilità di qcs.
Haftbefehl [-bəˌfeːl] *(m; -(e)s, -e)* ~ mandato d'arresto.
haften [-ən] *(vi,* hat*)* ***1*** aderire, restare attaccato ♦ *das Klebeband haftet nicht gut* il nastro adesivo non aderisce bene ♦ *an*

den Stiefeln haftet Schlamm c'è del fango attaccato agli stivali. **2** {*für jmdn/etwas* ~} essere responsabile di qcn/qcs, rispondere di qcs. ◆ **an etwas** (Dat) **haften bleiben** († **haftenbleiben**) rimanere attaccato, rimanere appiccicato a qcs. ◆ **jmdm im Gedächtnis haften bleiben** († **haftenbleiben**) *(fig)* rimanere impresso nella memoria di qcn.

Haftentlassung [-ˀɛnt,lasʊŋ] *(f; -, -en)* ~ scarcerazione.

Häftling ['hɛftlɪŋ] *(m; -s, -e)* ~ detenuto, carcerato.

Haftpflicht ['haft,pflɪçt] *(f; -)* ~ *(dir)* responsabilità civile.

Haftung ['haftʊŋ] *(f; -)* ~ *(dir)* responsabilità civile ♦ *die Haftung für etwas tragen* avere la responsabilità di qcs. ◆ **Haftung für etwas übernehmen** rispondere di qcs.

Hagel ['ha:gəl] *(m; -s)* **1** grandine. **2** *(fig)* pioggia, scarica.

Hagelkorn [-,kɔrn] *(n; -(e)s, -körner)* ~ chicco di grandine.

hageln [-n] *(v meteor, hat)* **1** grandinare. **2** *(fig)* piovere (critiche e sim).

Hagelschlag [-ʃla:k] *(m; -(e)s, -schläge)* ~ grandinata.

hager ['ha:gɐ] *(agg)* ~ scarno, ossuto, smilzo.

Häher ['hɛ:ɐ] *(m; -s, -)* ~ *(zool)* ghiandaia.

Hahn [ha:n] *(m; -(e)s, Hähne)* **1** *(zool)* gallo; maschio (di gallinacei e altri volatili) ♦ *der Hahn kräht* il gallo canta. **2** rubinetto ♦ *den Hahn aufdrehen/öffnen* aprire il rubinetto ♦ *den Hahn schließen/zudrehen* chiudere il rubinetto. **3** grilletto. ◆ **Hahn im Korb sein** *(fig/fam)* essere l'unico gallo nel pollaio. ◆ **danach kräht kein Hahn** *(fig)* questo non interessa a nessuno.

Hähnchen ['hɛnçən] *(n; -s, -)* ~ galletto.

Hahnenfuß ['ha:nən,fu:s] *(m; -es, -füße)* ~ *(bot)* ranuncolo.

Hahnenschrei ['ha:nənʃrai] *(m; -(e)s, -e)* ~ canto del gallo.

Hahnrei ['ha:n,rai] *(m; -s, -e)* ~ *(spreg)* cornuto, marito becco.

Hai(fisch) ['hai(,fɪʃ)] *(m; -(e)s, -e)* ~ *(zool)* squalo.

Hain [-n] *(m; -(e)s, -e)* ~ *(lett)* boschetto.

Häkchen ['hɛ:kçən] *(n; -s, -)* ~ gancetto. ◆ **was ein Häkchen werden will, krümmt sich beizeiten** *(prov)* il carattere di una persona si riconosce subito.

häkeln ['hɛ:kəln] *(vi/vt, hat)* ~ lavorare all'uncinetto, fare l'uncinetto. ◆ **sich** (**mit jmdm**) **häkeln** *(vr)* *(fig/fam)* punzecchiarsi (con qcn).

Häkelnadel ['hɛ:kəl,na:dəl] *(f; -, -n)* ~ uncinetto.

haken[1] ['ha:kən] *(vi, hat)* ~ {*an/in etwas* (Dat) ~} *(fam)* rimanere agganciato a qcs, essere impigliato in qcs.

haken[2] *(vt, hat)* ~ {*etwas an/in etwas* (Acc) ~} agganciare qcs a qcs, fissare qcs a qcs/dentro qcs (con un gancio).

Haken *(m; -s, -)* **1** uncino, gancio ♦ *der Mantel hängt an einem Haken* il cappotto è appeso a un gancio. **2** amo da pesca. **3** *(fig/fam)* difficoltà, problema, trappola. **4** *(sport)* gancio (pugno).

hakenförmig [-,fœrmɪç] *(agg)* ~ uncinato, ricurvo, adunco, a uncino.

Hakenkreuz [-,krɔyts] *(n; -es, -e)* ~ croce uncinata, svastica.

Hakennase [-,na:zə] *(f; -, -n)* ~ naso adunco, naso aquilino.

halb[1] [halp] *(agg)* **1** mezzo, metà ♦ *ein halber Liter* mezzo litro ♦ *eine halbe Stunde* mezz'ora ♦ *die halbe Klasse* mezza classe, metà della classe ♦ *in halb Deutschland herrscht anhaltender Frost* in mezza Germania persiste la morsa del gelo. **2** *(fig)* mezzo, incompleto, a metà, insufficiente ♦ *die halbe Wahrheit* mezza verità ♦ *eine halbe Maßnahme* un provvedimento insufficiente. ◆ **auf halber Höhe** a metà altezza. ◆ **auf halbem Wege** a metà strada.

halb[2] *(avv)* **1** a metà, per metà, mezzo, a mezzo, semi- ♦ *halb leer* (anche *halbleer*) semivuoto, vuoto a metà ♦ *halb nackt* (anche *halbnackt*) seminudo, mezzo nudo ♦ *halb offen* (anche *halboffen*) semiaperto, aperto a metà ♦ *halb voll* (anche *halbvoll*) pieno a metà ♦ *er hat nur halb verstanden* ha capito solo a metà. **2** *(indica l'ora)* e mezzo ♦ *es ist halb vier* sono le tre e mezzo ♦ *um halb zehn* alle nove e mezzo ♦ *um fünf vor halb zehn* alle nove e venticinque. **3** *(fig/fam)* mezzo, quasi ♦ *die Ferien sind schon halb vorbei* le vacanze sono già quasi finite. ◆ **halb tot** *(anche* **halbtot***)* mezzo morto; sfinito ♦ *sich halb totlachen/halbtot lachen (fig/fam)* ridere a crepapelle. ◆ **halb..., halb...** metà... metà..., mezzo... mezzo..., in parte... in parte... ♦ *der Eimer ist halb voll, halb leer* il secchio è mezzo vuoto e mezzo pieno ♦ *er gab mir halb Münzen, halb Scheine* mi dette in parte monete e in parte banconote. ◆ **halb so** (+ *agg*) la metà ♦ *halb so groß* grande la metà ♦ *eine halb so große Summe* una somma grande la metà ♦ *ich habe halb so viel bezahlt (wie du)* ho pagato la metà (rispetto a te). ◆ **mit jmdm halb und halb/halbe-halbe machen** *(fam)* fare a metà con qcn.

halbamtlich [-ˌʔamtlɪç] *(anche* **halb amtlich***)* *(agg)* ***1*** ufficioso. ***2*** *(avv)* ufficiosamente.

Halbbruder [-ˌbruːdɐ] *(m; -s, -brüder)* ~ fratellastro.

halber ['halbɐ] *(posp +* Gen*)* ~ per, a causa di ♦ *(wichtiger) Geschäfte halber* per (importanti) affari.

Halbfabrikat ['halpfabriˌkaːt] *(n; -(e)s, -e)* ~ semilavorato.

Halbfinale ['halpfiˌnaːlə] *(n; -s, -n)* ~ *(sport)* semifinale.

Halbgeschwister ['halpgəʃvɪstɐ] *(pl)* ~ fratellastri, sorellastre.

Halbheit [-ˌhait] *(f; -, -en)* ***1*** cosa fatta a metà. ***2*** *(pl)* mezze misure.

halbieren [hal'biːrən] *(vt,* hat*)* ~ dimezzare, dividere a metà, tagliare a metà.

Halbinsel ['halpˌʔɪnzəl] *(f; -, -n)* ~ penisola.

Halbjahr ['halpjaːɐ] *(n; -(e)s, -e)* ~ semestre, mezzo anno.

halbjährig ['halpjɛːrɪç] *(agg)* ***1*** di sei mesi ♦ *ein halbjähriges Kind* un bambino di sei mesi. ***2*** semestrale, che dura sei mesi.

halbjährlich ['halpjɛːrlɪç] *(agg)* ~ semestrale, che si ripete ogni sei mesi.

Halbkreis ['halpˌkrais] *(m, -es, -e)* ~ semicerchio.

Halbkugel ['halpˌkuːgəl] *(f; -, -n)* ~ emisfero.

halbleer ~ anche **halb leer** (vedi **halb**² ***1***).

halbmast ['halpˌmast] *(avv)* ~ a mezz'asta ♦ *die Fahne (auf) halbmast setzen* mettere la bandiera a mezz'asta.

Halbmond ['halpˌmoːnt] *(m; -(e)s)* ~ mezzaluna.

halbnackt ~ anche **halb nackt** (vedi **halb**²).

halboffen ~ anche **halb offen** (vedi **halb**²).

Halbpension ['halppãˌzjoːn] *(f; -)* ~ mezza pensione, trattamento di mezza pensione.

Halbschatten ['halpʃatən] *(m; -s)* ~ penombra.

Halbschlaf ['halpʃlaːf] *(m; -(e)s)* ~ dormiveglia.

halbstündig ['halpʃtʏndɪç] *(agg)* ~ di mezz'ora, della durata di mezz'ora.

halbtägig ['halpˌtɛːgɪç] *(agg)* ~ di mezza giornata, che dura mezza giornata.

halbtags ['halpˌtaːks] *(avv)* ~ a mezza giornata, part-time ♦ *halbtags arbeiten* lavorare part-time.

Halbtagsarbeit [-ˌʔarbait] *(f; -, -en)* ~ lavoro a mezza giornata, lavoro part-time.

Halbton ['halpˌtoːn] *(m; -(e)s, -töne)* ~ *(mus)* semitono.

halbtot ~ anche **halb tot** (vedi **halb**²).

halbvoll ~ anche **halb voll** (vedi **halb**² ***1***).

Halbwahrheit ['halpvaːɐˌhait] *(f; -, -en)* *(spec pl)* ~ mezza verità.

halbwegs ['halpˌveːks] *(avv)* ***1*** *(lett)* a metà strada. ***2*** *(fam)* abbastanza, piuttosto.

halbwüchsig ['halpˌvyːksɪç] *(agg)* ~ adolescente.

Halbwüchsige(r) ['halpˌvyːksɪgə (-gɐ)] *(m/f; -n, -n)* ~ adolescente.

Halbzeit ['halpˌtsait] *(f; -, -en)* ~ *(sport)* tempo, ripresa ♦ *in der ersten Halbzeit* nel primo tempo.

Halde ['haldə] *(f; -, -n)* ~ discarica.

half [half] ~ pret di **helfen**.

Hälfte ['hɛlftə] *(f; -, -n)* ~ metà ♦ *die linke und die rechte Hälfte* la metà sinistra e destra ♦ *etwas in zwei Hälften teilen* dividere qcs in due metà. ◆ **meine bessere Hälfte** *(fig/fam)* la mia metà, la mia dolce metà. ◆ **zur Hälfte** per metà ♦ *er hat das Buch zur Hälfte gelesen* ha letto il libro per metà.

Halfter ['halftɐ] *(m/n; -s, -)* ~ cavezza.

Halle ['halə] *(f; -, -n)* ***1*** sala, salone, padiglione (per esposizioni, spettacoli, ecc). ***2*** atrio (di stazione e sim). ***3*** hall (di albergo). ***4*** edificio, capannone (di fabbrica e sim).

hallen [-n] *(vi, hat)* ~ risuonare, rimbombare.
Hallenbad [-nˌbaːt] *(n; -(e)s, -bäder)* ~ piscina (coperta).
hallo [haˈloː] *(escl)* ~ ciao, salve ♦ *hallo, wie geht's?* ciao, come va? ◆ **hallo?** pronto? (al telefono).
Hallo *(n; -s, -s)* ~ *(fam)* grida (di gioia).
Halluzination [halutsinaˈtsjoːn] *(f; -, -en)* ~ allucinazione.
Halm [halm] *(m; -(e)s, -e)* ***1*** stelo, gambo. ***2*** *(abbrev di* **Trinkhalm***)* cannuccia. ◆ **das Getreide auf dem Halm verkaufen** vendere i cereali prima della mietitura.
Hals [hals] *(m; -(e)s, Hälse)* ***1*** *(anat)* collo ♦ *ein langer, gedrungener Hals* un collo lungo, tozzo ♦ *den Hals (nach jmdm/etwas) recken* allungare il collo (per vedere qcn/qcs) ♦ *einem Vogel den Hals umdrehen* tirare il collo a un uccello ♦ *jmdm um den Hals fallen* buttarsi al collo di qcn. ***2*** *(anat)* gola ♦ *mir tut der Hals weh* mi fa male la gola. ***3*** collo (di bottiglia). ***4*** *(mus)* impugnatura, manico (di strumenti a corda). ◆ **jmdm den Hals abschneiden/brechen** *(fig)* segare le gambe a qcn, rovinare qcn. ◆ **sich** (Dat) **den Hals brechen** rompersi l'osso del collo, morire. ◆ **sich** (Dat) **den Hals nach jmdm/etwas verrenken** storcersi il collo nel tentativo di vedere qcn/qcs. ◆ **jmdn auf dem Hals**(**e**) **haben** *(fig/fam)* avere qcn sulle spalle. ◆ **jmdm** (**mit etwas**) **vom Halse bleiben/gehen** *(fam)* non rompere le scatole a qcn (con qcs) ♦ *bleib mir vom Halse!* non mi rompere le scatole! levati dalle scatole! ◆ **sich** (Dat) **jmdn/etwas vom Halse schaffen** *(fam)* togliersi di torno qcn, togliersi dalle scatole qcn. ◆ **etwas hängt/wächst jmdm zum Hals**(**e**) **heraus** *(fam)* qcn ne ha fin sopra i capelli di qcs. ◆ **Hals über Kopf** *(fam)* precipitosamente, in tutta fretta. ◆ **Hals- und Beinbruch!** vedi **Beinbruch**. ◆ **bis an den Hals/bis zum Hals** ***1*** fino al collo. ***2*** *(fig)* fino al collo, fino alle orecchie ♦ *er steckt in Schulden bis an den Hals* è immerso nei debiti fino al collo.
Halsabschneider [-ˌʔapʃnaidɐ] *(m; -s, -; f* **-in***)* ~ *(fam)* strozzino, usuraio.
Halsausschnitt [-ˌʔausʃnɪt] *(m; -(e)s, -e)* ~ scollatura.
Halsband [-ˌbant] *(n; -(e)s, -bänder)* ~ collare.
halsbrecherisch [-ˌbrɛçərɪʃ] *(agg)* ~ rischioso, spericolato.
Halskette [-ˌkɛtə] *(f; -, -n)* ~ collana, catenina.
Hals-Nasen-Ohren-Arzt [-ˌnaːzənˈʔoːrənˌʔaːɐtst] *(m; -es, -Ärzte; f* **-Ärztin***)* *(abbrev* **HNO-Artz***)* ~ otorinolaringoiatra.
Halsschlagader [-ʃlaːkʔaːdɐ] *(f; -, -n)* ~ *(anat)* carotide.
Halsschmerzen [-ʃmɛrtsən] *(pl)* ~ mal di gola ♦ *ich habe Halsschmerzen* ho mal di gola.
halsstarrig [-ʃtarɪç] *(agg)* ~ testardo, caparbio, ostinato.
Halstuch [-ˌtuːx] *(n; -(e)s, -tücher)* ~ foulard, fazzoletto.
Halswirbel [-ˌvɪrbəl] *(m; -s, -)* ~ *(anat)* vertebra cervicale.
halt[1] [halt] *(escl)* ~ alt! fermo! basta! stop!
halt[2] *(avv) (region)* ~ semplicemente, proprio.
Halt *(m; -(e)s, raro -e)* ***1*** appiglio, appoggio, sostegno *(anche fig)* ♦ *keinen Halt finden* non trovare appiglio ♦ *sie ist sein einziger Halt* lei è il suo unico sostegno. ***2*** arresto, fermata, sosta. ◆ **Halt machen** († **haltmachen**) ***1*** fermarsi, fare una sosta. ***2*** {*vor jmdm/etwas ~ machen*} *(fig) (spec neg)* fermarsi di fronte a qcn/qcs ♦ *er macht vor nichts Halt* non si ferma davanti a niente.
haltbar [-ˌbaːɐ] *(agg)* ***1*** conservabile (alimenti). ***2*** resistente, robusto, solido, durevole ♦ *ein haltbarer Stoff* una stoffa robusta. ***3*** *(spec neg)* sostenibile, difendibile (teorie e sim). ◆ **haltbar machen** conservare (alimenti). ◆ **mindestens haltbar bis** da consumarsi preferibilmente entro.
Haltbarkeit [-baːɐˌkait] *(f; -)* ***1*** conservabilità (di alimenti). ***2*** resistenza, robustezza, solidità. ***3*** *(fig)* difendibilità (di teorie e sim).
halten[1] [-ən] *(vi, hat; er* **hält**, **hielt**, **gehalten***)* ***1*** fermarsi (con mezzi di trasporto) ♦ *der Zug hält nicht hier* il treno non ferma qui. ***2*** resistere, reggere, tenere ♦ *das*

Seil hält la fune regge. ***3*** *(fig)* reggere, durare ♦ *diese Beziehung wird nicht halten* questa relazione non durerà. ***4*** {*an sich* (Acc) ~} controllarsi, dominarsi ♦ *ich war wütend, aber ich musste an mich halten* ero furioso, ma dovetti controllarmi. ***5*** {*auf jmdn/etwas ~*} tenere a qcn/qcs ♦ *sie hält viel auf Pünktlichkeit* tiene molto alla puntualità. ***6*** {*zu jmdm ~*} stare dalla parte di qcn ♦ *ich werde immer zu dir halten* sarò sempre dalla tua parte. ◆ **auf sich** (Acc) **halten** tenere al proprio prestigio.

halten² *(vt,* hat; er **hält**, **hielt**, **gehalten***)* ***1*** tenere, reggere ♦ *einen Eimer halten* reggere un secchio ♦ *etwas in der Hand halten* tenere in mano qcs. ***2*** tenere, trattenere, tenere fermo *(anche fig)* ♦ *jmdn am Arm halten* tenere qcn per un braccio ♦ *die Tür geschlossen halten* tenere chiusa la porta ♦ *etwas in die Höhe halten* tenere qcs alzato ♦ *nicht zu halten sein* essere impaziente, essere irrequieto. ***3*** tenere, mantenere (direzione e sim) ♦ *den Kurs halten* tenere la rotta. ***4*** mantenere (promesse e sim). ***5*** tenere, fare (lezioni, conferenze, ecc). ***6*** {*jmdn/etwas für jmdn/etwas ~*} considerare qcn/qcs in un certo modo, ritenere qcn/qcs in un certo modo ♦ *ich halte dich für meinen besten Freund* ti considero il mio migliore amico ♦ *das halte ich für unwahrscheinlich* questo lo ritengo improbabile ♦ *er hält sich für besonders klug* si considera particolarmente intelligente. ***7*** {*etwas von jmdm/etwas ~*} pensare qcs di qcn/qcs, avere un'opinione di qcn/qcs ♦ *ich halte (nicht) viel vom ihm* (non) ho una buona opinione di lui ♦ *was hältst du davon?* che ne pensi? ***8*** tenere, allevare (animali). ◆ **sich halten** *(vr)* ***1*** tenersi, mantenersi ♦ *sich bereit halten* tenersi pronto ♦ *sich links, rechts halten* tenersi sulla sinistra, sulla destra. ***2*** {*sich an etwas* (Dat) ~} tenersi a qcs, reggersi a qcs ♦ *ich hielt mich an der Klinke* mi ressi alla maniglia. ***3*** durare, perdurare, mantenersi (stato, condizione, ecc). ***4*** mantenersi, conservarsi, durare (alimenti e sim). ***5*** {*sich an etwas* (Acc) ~} attenersi a qcs (regole e sim). ***6*** {*sich an jmdn ~*} rivolgersi, appoggiarsi a qcn. ◆ **sich** (Dat) **ein Auto halten** avere un'auto. ◆ **Wache halten** fare la guardia. ◆ **jmdn/etwas gut (schlecht) halten** tenere bene (male) qcn/qcs, trattare bene (male) qcn/qcs ♦ *das Auto ist sehr gut gehalten* l'auto è tenuta molto bene. ◆ **es mit jmdm halten** avere una relazione con qcn. ◆ **es mit jmdm/etwas halten** regolarsi con qcn/qcs (in un certo modo), fare (in un certo modo) con qcn/qcs ♦ *wie wollen wir es mit seinem Vorschlag halten?* come ci vogliamo regolare con la sua proposta? ♦ *wir haben es immer so gehalten, dass wir die Kosten teilen* ci siamo sempre regolati in modo da dividere le spese.

Halter [-ɐ] *(m;* -s, -*)* ***1*** manico. ***2*** sostegno, supporto. ***3*** *(f* **-in***)* proprietario, possessore (di veicoli o animali domestici).

Haltestelle [-əʃtɛlə] *(f;* -, -n*)* ~ fermata (di autobus e sim).

haltlos [-ˌloːs] *(agg)* ***1*** instabile, volubile, incostante (persona). ***2*** infondato, insostenibile (teoria e sim).

Haltlosigkeit [-ˌloːzɪçkait] *(f;* -*)* ***1*** instabilità, volubilità, incostanza. ***2*** infondatezza.

haltmachen ~ **Halt machen** (vedi **Halt**).

Haltung [-ʊŋ] *(f;* -, *raro* -en*)* ***1*** portamento, posizione, postura ♦ *eine aufrechte, gebückte Haltung* un portamento eretto, curvo. ***2*** *(fig)* comportamento. ***3*** *(solo sing)* controllo, autocontrollo ♦ *die Haltung bewahren, verlieren* mantenere, perdere il controllo. ***4*** atteggiamento, mentalità ♦ *eine fortschrittliche, konservative Haltung* un atteggiamento progressista, conservatore.

Halunke [haˈlʊŋkə] *(m;* -n, -n*)* ***1*** furfante, farabutto, mascalzone. ***2*** *(fam)* birba, birbante.

Hamburger [ˈhambʊrgɐ] *(m;* -s, -*)* ~ hamburger.

hämisch [ˈhɛːmɪʃ] *(agg)* ~ maligno, malevolo.

Hammel [ˈhaməl] *(m;* -s, -*)* ~ castrato, montone castrato.

Hammer [ˈhamɐ] *(m;* -s, Hämmer*)* ***1*** martello *(anche sport)*. ***2*** *(fam)* errore grossolano, strafalcione. ***3*** *(fig/fam)* colpo, mazzata; cattiveria ♦ *da kam der Hammer* a quel punto arrivò la mazzata. ***4***

(fam) cosa fantastica ♦ *der Film ist der Hammer* quel film è fantastico. ◆ **unter dem Hammer sein** essere all'asta. ◆ **unter den Hammer bringen** mettere all'asta. ◆ **unter den Hammer kommen** essere messo all'asta. ◆ **zwischen Hammer und Amboss geraten** *(fig)* trovarsi fra l'incudine e il martello.

hämmern ['hɛmɐn] *(vi/vt,* hat*)* ***1*** *(vi/vt)* martellare, lavorare con il martello ♦ *Messing hämmern* lavorare l'ottone. ***2*** *(vi) (fig)* martellare, battere, picchiare ♦ *mit der Faust auf den Tisch hämmern* picchiare con il pugno sul tavolo. ***3*** *(vi)* battere, martellare (cuore, pulsazioni, ecc).

Hammerschlag ['hamɐʃlaːk] *(m;* -(e)s, -schläge*)* ~ martellata.

Hämorriden [hɛmɔ'riːdən] *(anche* **Hämorrhoiden** [hɛmɔro'iːdən]*) (pl)* ~ *(med)* emorroidi.

Hamster ['hamstɐ] *(m;* -s, -*)* ~ *(zool)* criceto.

hamstern [-n] *(vt,* hat*)* ~ {*etwas* ~} fare incetta di qcs.

Hand [hant] *(f;* -, Hände*)* ***1*** mano; palmo della mano ♦ *die linke, rechte Hand* la mano sinistra, destra ♦ *jmdm die Hand geben, schütteln* dare, stringere la mano a qcn ♦ *jmdn an die Hand nehmen* prendere per mano qcn ♦ *Hand in Hand gehen* andare mano nella mano ♦ *etwas in der Hand haben, halten, tragen* avere, tenere, portare in mano qcs ♦ *etwas in die Hand nehmen* prendere in mano qcs ♦ *mit beiden Händen* con tutte e due le mani ♦ *mit der Hand schreiben* scrivere a mano ♦ *von Hand gearbeitet* lavorato a mano. ***2*** *(fig)* mani, possesso, potere ♦ *die Hand auf etwas* (Acc) *legen* mettere le mani su qcs ♦ *jmdm in die Hände fallen/geraten* cadere/finire nelle mani di qcn ♦ *etwas in jmds Hände geben* mettere qcs nelle mani di qcn ♦ *in jmds Hand liegen/sein* essere nelle mani di qcn ♦ *in guten Händen sein* essere in buone mani. ◆ **eine Hand voll** († **Handvoll**) una manciata *(anche fig)* ♦ *eine Hand voll Nüsse* una manciata di noci ♦ *eine Hand voll Leute* un manipolo di persone. ◆ **Hände hoch!** mani in alto! ◆ **Hand aufs Herz!** parola d'onore! ◆ **Hand und Fuß haben** essere sensato, essere giusto. ◆ **weder Hand noch Fuß haben** non avere né capo né coda. ◆ **jmds rechte Hand sein** *(fig)* essere il braccio destro di qcn. ◆ **jmdm sind die Hände/Hände und Füße gebunden** *(fig)* qcn ha le mani legate. ◆ **die Hand gegen jmdn erheben** alzare le mani contro qcn. ◆ **jmdm die Hand auf etwas** (Acc) **geben** *(fig)* promettere solennemente qcs a qcn. ◆ **freie Hand haben** *(fig)* avere mano libera, avere libertà d'azione. ◆ **alle/beide Hände voll zu tun haben** *(fam)* avere mille cose da fare. ◆ **eine milde/offene Hand haben** *(fig)* essere di manica larga. ◆ **bei etwas die Hand im Spiel haben** *(fig)* avere le mani in pasta in qcs. ◆ **Hand an jmdn legen** aggredire qcn, fare violenza a qcn. ◆ **Hand an sich** (Acc) **legen** suicidarsi. ◆ **(die) letzte Hand an etwas** (Acc) **legen** dare l'ultima mano a qcs. ◆ **die Hände in den Schoß legen** *(fig)* stare con le mani in mano. ◆ **für jmdn/etwas die Hand ins Feuer legen** *(fig)* mettere una mano sul fuoco per qcn/qcs. ◆ **keine Hand rühren** *(fig/fam)* non muovere un dito. ◆ **man sieht nicht die Hand vor den Augen** *(fig)* non si vede a un palmo di naso. ◆ **auf der Hand liegen** *(fig)* essere evidente, essere lampante. ◆ **jmdn auf Händen tragen** *(fig)* portare qcn su un palmo di mano. ◆ **aus erster, zweiter Hand** di prima, seconda mano ♦ *ein Auto, eine Nachricht aus zweiter Hand* un'auto, una notizia di seconda mano. ◆ **etwas bei der Hand haben** avere qcs a portata di mano. ◆ **rasch bei der Hand sein** *(fig)* reagire precipitosamente; avere sempre una scusa pronta. ◆ **durch jmds Hand/Hände gehen** passare per le mani di qcn. ◆ **jmdm etwas in die Hand/Hände spielen** passare qcs sottobanco a qcn. ◆ **mit jmdm Hand in Hand gehen** *(fig)* andare di comune accordo con qcn. ◆ **in festen Händen sein** *(fig/fam)* essere fidanzato, avere un ragazzo fisso/una ragazza fissa. ◆ **unter der Hand** († **unterderhand**) in segreto, sottobanco ♦ *etwas unter der Hand verkaufen* vendere qcs sottobanco. ◆ **von Hand zu Hand ge-**

hen passare di mano in mano. ◆ **jmdm zur/an die Hand gehen** dare una mano a qcn. ◆ **eine Hand wäscht die andere** *(prov)* una mano lava l'altra.

Handarbeit [-ˌˀarbait] *(f; -, -en)* ***1*** *(solo sing)* lavoro manuale ♦ *Handarbeit leisten* fare un lavoro manuale. ***2*** oggetto lavorato manualmente.

Handarbeiter [-ˌˀarbaitɐ] *(m; -(e)s, -; f* **-in***)* ~ lavoratore manuale.

Handball [-ˌbal] *(m; -(e)s, -bälle)* ***1*** *(sport) (solo sing)* pallamano. ***2*** pallone da pallamano.

Handbetrieb [-bəˌtriːp] *(m; -(e)s, -e)* ~ funzionamento manuale. ◆ **auf Handbetrieb** a mano.

Handbewegung [-bəˌveːgʊŋ] *(f; -, -en)* ~ movimento della mano, gesto.

Handbremse [-ˌbrɛmzə] *(f; -, -n)* ~ freno a mano.

Handbuch [-ˌbuːx] *(n; -(e)s, -bücher)* ~ manuale.

Händedruck [ˈhɛndəˌdrʊk] *(m; -(e)s, -drücke)* ~ stretta di mano ♦ *jmdn mit Händedruck begrüßen* salutare qcn con una stretta di mano.

Handel [ˈhandəl] *(m; -s, -)* ***1*** commercio ♦ *internationaler Handel* commercio internazionale ♦ *der Handel mit Lebensmitteln* il commercio di generi alimentari ♦ *etwas aus dem Handel ziehen* ritirare qcs dal commercio ♦ *im Handel sein* essere in commercio ♦ *etwas in den Handel bringen* mettere in commercio qcs. ***2*** traffico (illegale). ***3*** affare ♦ *einen Handel mit jmdm (ab)schließen* concludere un affare con qcn. ***4*** faccenda, affare. ◆ **mit jmdm Handel treiben** commerciare con qcn. ◆ **<u>Handel</u> <u>treibend</u>** († **handeltreibend**) commerciante, dedito al commercio.

handeln [-n] *(vi, hat)* ***1*** agire ♦ *jetzt ist es Zeit zu handeln* ora è il momento di agire ♦ *an jmdm gut/schlecht handeln* agire bene/male nei confronti di qcn, trattare bene/male qcn. ***2*** {*(mit etwas)* ~} commerciare (in qcs); trafficare in qcs (illegalmente) ♦ *mit Lebensmitteln handeln* commerciare in generi alimentari. ***3*** trattare, contrattare ♦ *um den Preis handeln* trattare sul prezzo ♦ *mit sich handeln lassen* essere disposto a trattare. ***4*** {*von jmdm/etwas* ~} trattare di qcn/qcs, vertere su qcn/qcs, avere per argomento qcn/qcs. ◆ **es handelt sich um jmdn/etwas** *(impers)* si tratta di qcn/qcs ♦ *es handelt sich um deine Familie* si tratta della tua famiglia ♦ *worum handelt es sich?* di che si tratta? ♦ *es handelt sich darum, dass/ob/wann* si tratta del fatto che/se/di quando.

Handels- [ˈhandəls-] *(nei composti)* ~ commerciale ♦ *Handelsabkommen* accordo commerciale ♦ *aktive, passive Handelsbilanz* bilancia commerciale attiva, passiva ♦ *Handelsmacht* potenza commerciale.

Handelsartikel [-ˀarˌtiːkəl] *(m; -s, -)* ~ articolo commerciale, merce.

Handelsflotte [-ˌflɔtə] *(f; -, -n)* ~ flotta mercantile.

Handelshafen [-ˌhaːfən] *(m; -s, -häfen)* ~ porto mercantile.

Handelskammer [-ˌkamɐ] *(f; -, -n)* ~ camera di commercio.

Handelsreisende(r) [-ˌraizəndə (-dɐ)] *(m/f; -n, -n)* ~ commesso viaggiatore.

Handelsschiff [-ʃɪf] *(n; -(e)s, -e)* ~ mercantile, nave mercantile.

Handelsvolumen [-voˌluːmən] *(n; -s, -/-volumina)* ~ volume d'affari.

Handelsware [-ˌvaːrə] *(f; -, -n)* ~ merce, articolo commerciale.

handeltreibend ~ **<u>Handel</u> <u>treibend</u>** (vedi **Handel**).

Handeltreibende(r) [ˈhandəlˌtraibəndə (-dɐ)] *(m/f; -n, -n)* ~ commerciante.

händeringend [ˈhɛndəˌrɪŋənt] *(avv)* ~ implorando, a mani giunte.

Handfertigkeit [ˈhantfɛrtɪçˌkait] *(f; -)* ~ abilità manuale.

handfest [ˈhantˌfɛst] *(agg)* ***1*** forte, robusto (persona). ***2*** *(fig)* evidente, chiaro, convincente.

Handfläche [ˈhantˌflɛçə] *(f; -, -n)* ~ palmo della mano.

handgearbeitet [ˈhantgəˌˀarbaitət] *(agg)* ~ lavorato a mano.

Handgeld [ˈhantˌgɛlt] *(n; -(e)s, -er)* ~ caparra, acconto.

Handgelenk [ˈhantgəˌlɛŋk] *(n; -(e)s, -e)* ~ polso. ◆ **etwas aus dem Handgelenk**

machen/schütteln/tun *(fig)* fare qcs con grande facilità. ◆ **ein lockeres/loses Handgelenk haben** *(fig/fam)* essere manesco.

handgemacht ['hantgə,maxt] *(agg)* ~ fatto a mano.

handgemein ['hantgə,main] *(agg)* ~ **handgemein werden** venire alle mani.

Handgemenge ['hantgə,mɛŋə] *(n; -s, -)* ~ zuffa.

Handgepäck ['hantgə,pɛk] *(n; -(e)s)* ~ bagaglio a mano.

handgeschrieben ['hantgəʃri:bən] *(agg)* ~ scritto a mano.

handgreiflich ['hant,graiflɪç] *(agg)* **1** *(fig)* tangibile, concreto; evidente, convincente. **2** violento, manesco.

Handgriff ['hant,grɪf] *(m; -(e)s, -e)* **1** manico, maniglia. **2** *(fig)* piccolo aiuto (in un lavoro), lavoretto. ◆ **keinen Handgriff tun** non muovere un dito (per aiutare). ◆ **etwas mit einem Handgriff machen** fare qcs in quattro e quattr'otto.

Handhabe ['hant,ha:bə] *(f; -, -n)* ~ pretesto, argomento ◆ *jmdm eine Handhabe bieten, etwas zu tun* offrire a qcn il pretesto per fare qcs.

handhaben [-n] *(vt, hat; er* **handhabt, handhabte, gehandhabt***)* **1** usare, adoperare (attrezzi e sim). **2** trattare (faccende e sim); applicare (leggi e sim).

Handikap *(anche* **Handicap***)* ['hɛndikɛp] *(n; -s, -s)* ~ handicap *(anche fig)*.

Handlanger ['hant,laŋɐ] *(m; -s, -)* ~ manovale.

Händler ['hɛndlɐ] *(m; -s, -; f* **-in***)* ~ commerciante ◆ *fliegender Händler* venditore ambulante.

handlich ['hantlɪç] *(agg)* ~ maneggevole, pratico.

Handlung ['handlʊŋ] *(f; -, -en)* **1** azione, atto. **2** azione, trama (di romanzo e sim). **3** negozio.

Handlungsbevollmächtigte(r) [-sbə,fɔlmɛçtɪçtə (-tɐ)] *(m/f, -n, -n)* ~ procuratore.

Handlungsvollmacht [-s,fɔlmaxt] *(f; -)* ~ procura.

Handlungsweise [-s,vaizə] *(f; -, -n)* ~ modo di agire, comportamento, agire.

Handpuppe ['hant,pʊpə] *(f; -, -n)* ~ burattino.

Handrücken ['hant,rʏkən] *(m; -s, -)* ~ dorso della mano.

Handschellen ['hant,ʃɛlən] *(pl)* ~ manette ◆ *jmdm Handschellen anlegen* ammanettare qcn, mettere le manette a qcn.

Handschlag ['hant,ʃla:k] *(m; -(e)s, -schläge)* ~ stretta di mano ◆ *etwas mit einem Handschlag besiegeln* suggellare qcs con una stretta di mano. ◆ **keinen Handschlag tun** *(fig/fam)* non muovere un dito.

Handschrift ['hant,ʃrɪft] *(f; -, -en)* **1** calligrafia, scrittura ◆ *eine deutliche, gute, schlechte, schöne, unleserliche Handschrift* una calligrafia chiara, buona, brutta, bella, illeggibile. **2** manoscritto.

handschriftlich [-lɪç] *(agg)* **1** scritto a mano, manoscritto. **2** manoscritto, di un manoscritto.

Handschuh ['hant,ʃu:] *(m; -(e)s, -e)* ~ guanto. ◆ **den Handschuh aufnehmen** *(fig)* raccogliere il guanto di sfida. ◆ **jmdm den Handschuh hinwerfen/ins Gesicht werfen** *(fig)* gettare il guanto di sfida a qcn.

Handstand ['hant,ʃtant] *(m; -(e)s, -stände)* ~ verticale (esercizio ginnico).

Handstreich ['hant,ʃtraiç] *(m; -(e)s, -e)* ~ *(mil)* colpo di mano.

Handtasche ['hant,taʃə] *(f; -, -n)* ~ borsa, borsetta.

Handteller ['hant,tɛlɐ] *(m; -s, -)* ~ palmo della mano.

Handtuch ['hant,tu:x] *(n; -(e)s, -tücher)* ~ asciugamano.

Handumdrehen ['hant,ˀʊmdre:ən] *(n)* ~ **im Handumdrehen** in quattro e quattr'otto, in un battibaleno.

Handvoll ~ **Hand voll** (vedi **Hand**).

Handwäsche ['hant,vɛʃə] *(f; -, -n)* **1** lavaggio a mano. **2** *(solo sing)* bucato a mano.

Handwerk ['hant,vɛrk] *(n; -(e)s, -e)* **1** artigianato. **2** mestiere (artigianale). ◆ **jmdm ins Handwerk pfuschen** *(fig)* immischiarsi negli affari altrui. ◆ **Handwerk hat goldenen Boden** *(prov)* chi ha un mestiere può guadagnare bene.

Handwerker [-ɐ] *(m; -s, -)* ~ artigiano.

handwerklich [-lɪç] *(agg)* **1** artigianale, artigiano. **2** *(avv)* artigianalmente.

Handwerksmeister [-s,maistɐ] *(m; -s, -)* ~ maestro artigiano.

Handy ['hɛndɪ] *(n; -s, -s)* ~ telefonino cellulare, cellulare.
Handynummer [-ˌnʊmɐ] *(f; -, -n)* ~ numero del cellulare, numero del telefonino.
Handzeichen [-ˌtsaiçən] *(n; -s, -)* ***1*** cenno della mano, segno con la mano. ***2*** alzata di mano (in una votazione).
hanebüchen ['haːnəˌbyːçən] *(agg)* ~ *(lett)* inaudito.
Hanf [hanf] *(m; -(e)s)* ~ canapa; tessuto di canapa.
Hang [haŋ] *(m; -(e)s, Hänge)* ***1*** pendio, declivio. ***2*** *(fig)* inclinazione, tendenza ♦ *einen Hang zur Übertreibung haben* avere la tendenza a esagerare.
Hangar ['haŋgaːɐ] *(m; -s, -)* ~ hangar.
Hängematte ['hɛŋəˌmatə] *(f; -, -n)* ~ amaca.
hängen[1] ['hɛŋən] *(vi,* hat; **hing**, **gehangen***)* ***1*** {*(an etwas)* (Dat) ~} essere appeso, stare appeso (a qcs), essere attaccato, stare attaccato (a qcs) ♦ *das Bild hat immer an dieser Wand gehangen* il quadro è sempre stato appeso a questa parete ♦ *das Bild hängt über dem Sofa* il quadro è appeso sopra al divano ♦ *sie hängt stundenlang am Telefon (fig/fam)* sta attaccata delle ore al telefono. ***2*** pendere, essere inclinato. ***3*** {*an jmdm/etwas* ~} *(fig)* essere attaccato, essere affezionato a qcn/qcs. ***4*** essere bloccato, non andare avanti. ◆ **mit allem, was drum und dran hängt** *(fig)* con tutti gli annessi e connessi. ◆ **hängen bleiben** († **hängenbleiben**) ***1*** {*an etwas* (Dat) ~} rimanere attaccato a qcs, impigliarsi in qcs. ***2*** *(fig/fam)* rimanere, restare, trattenersi (in un luogo). ***3*** *(fig/fam)* rimanere impresso (nella memoria). ***4*** *(fig/fam)* essere bocciato. ◆ **hängen lassen** († **hängenlassen**) ***1*** lasciar appeso; dimenticare (appeso). ***2*** abbassare, ciondolare (braccia, testa, ecc) ♦ *lass die Arme nicht so hängen!* non ciondolare così le braccia! ◆ **sich hängen lassen** († **hängenlassen**) *(vr)* lasciarsi andare (all'apatia).
hängen[2] *(vt,* hat*)* ***1*** {*etwas (an etwas)* (Acc) ~} appendere, attaccare ♦ *ein Bild an die Wand hängen* appendere un quadro alla parete ♦ *die Wäsche auf die Leine hängen* appendere il bucato al filo. ***2*** impiccare. ◆ **sich hängen** *(vr)* ***1*** impiccarsi. ***2*** {*sich an etwas* (Acc) ~} *(fig)* attaccarsi a qcs ♦ *sie hat sich ans Telefon gehängt* si è attaccata al telefono. ***3*** {*sich an jmdn* ~} *(fig)* affezionarsi a qcn, attaccarsi a qcn.
hängenbleiben ~ **hängen bleiben** (vedi **hängen**[1]).
hängenlassen ~ **hängen lassen** (vedi **hängen**[1]).
Hängeschloss († **-schloß**) ['hɛŋəʃlɔs] *(n;* -es, -schlösser*)* ~ lucchetto.
Hanse ['hanzə] *(f; -)* ~ *(stor)* Hansa, Lega hanseatica.
hanseatisch [hanzə'aːtɪʃ] *(agg)* ~ hanseatico.
hänseln ['hɛnzəln] *(vt,* hat*)* ~ prendere in giro, canzonare.
Hansestadt ['hanzəʃtat] *(f; -, -städte)* ~ città anseatica.
Hanswurst ['hansˌvʊrst] *(m; -(e)s, -e)* ***1*** buffone, burlone. ***2*** Hanswurst (maschera comica tedesca).
hantieren [han'tiːrən] *(vi,* hat*)* ***1*** {*(an etwas)* (Dat) ~} essere affaccendato (con qcs), trafficare (con qcs). ***2*** {*mit etwas* ~} maneggiare qcs.
hapern ['haːpɐn] *(impers,* hat*)* ***1*** {*es hapert an etwas* (Dat)} c'è penuria di qcs, manca qcs. ***2*** {*es hapert mit etwas*} ci sono problemi con qcs, qcs non va avanti. ***3*** zoppicare (in una materia) ♦ *es hapert bei ihm in Mathematik* zoppica in matematica.
Happen ['hapən] *(m; -s, -)* ~ *(fam)* boccone *(anche fig)* ♦ *ich habe nur einen Happen gegessen* ho mangiato solo un boccone.
Härchen ['hɛːɐçən] *(n; -s, -)* ~ peluzzo. ◆ **jmdm kein Härchen krümmen** *(fig/fam)* non torcere un capello a qcn.
Hardware ['haːtˌvɛːɐ] *(f; -)* ~ *(elab)* hardware.
Harem ['haːrɛm] *(m; -s, -s)* ~ harem.
Harfe ['harfə] *(f; -, -n)* ~ arpa.
Harke ['harkə] *(f; -, -n)* ~ rastrello.
harken [-n] *(vt,* hat*)* ~ rastrellare.
Harlekin ['harlekiːn] *(m; -s, -e)* ***1*** Arlecchino. ***2*** *(fig)* buffone.
harmlos ['harmˌloːs] *(agg)* ***1*** innocente, ingenuo, inoffensivo ♦ *ein harmloses Tier* un animale innocente ♦ *eine harmlose*

Frage una domanda innocente. **2** innocuo, inoffensivo.

Harmlosigkeit ['harm,loːzɪçkait] *(f; -)* **1** innocenza, ingenuità. **2** carattere innocuo, inoffensivo.

Harmonie [harmo'niː] *(f; -, -n)* ~ armonia *(anche fig)*.

harmonieren [-rən] *(vi, hat)* ~ armonizzarsi, accordarsi.

Harmonika [har'moːnika] *(f; -, -s/Harmoniken)* ~ armonica.

harmonisch [har'moːnɪʃ] *(agg)* ~ armonico *(anche mus/fis)*, armonioso.

Harn [harn] *(m; -(e)s)* ~ urina.

Harnblase [-,blaːzə] *(f; -, -n)* ~ *(anat)* vescica urinaria.

Harnisch [-ɪʃ] *(m; -(e)s, -e)* ~ armatura, corazza.

Harnröhre [-,røːrə] *(f; -, -n)* ~ *(anat)* uretra.

harntreibend [-,traibənt] *(agg)* ~ diuretico.

Harpune [har'puːnə] *(f; -, -n)* ~ fiocina, arpione.

harren ['harən] *(vi, hat)* ~ {*jmds/einer Sache* ~} *(lett)* aspettare qcn/qcs, attendere qcn/qcs (con ansia).

hart [hart] *(agg;* **härter, am härtesten***)* **1** duro ♦ *ein harter Stein* una pietra dura ♦ *dieses Brot ist hart* questo pane è duro. **2** forte, violento (suono). **3** *(fig)* duro, difficile, faticoso, pesante ♦ *eine harte Arbeit* un lavoro duro ♦ *das war ein harter Schlag für sie* questo è stato un duro colpo per lei. **4** duro, severo ♦ *ein hartes Urteil* un giudizio duro. **5** duro, crudele, spietato ♦ *ein hartes Herz haben* avere un cuore duro. **6** *(avv)* duramente, faticosamente ♦ *hart arbeiten* lavorare sodo. **7** *(avv)* duramente, severamente; crudelmente. **8** *(avv)* duramente, fortemente, molto. ◆ **einen harten Kopf haben** *(fig)* avere la testa dura, essere ostinato. ◆ **hartes Wasser** acqua dura, acqua calcarea. ◆ **ein harter Winter** un inverno rigido. ◆ **jmdn hart ankommen** risultare faticoso a qcn. ◆ **hart gefroren** († **hartgefroren**) ghiacciato. ◆ **hart gekocht** († **hartgekocht**) sodo (uovo).

Härte ['hɛrtə] *(f; -, -n)* **1** durezza. **2** *(fig)* durezza, severità; crudeltà. **3** durezza, violenza, intensità ♦ *die Härte des Kampfes* la durezza della battaglia.

härten[1] [-n] *(vi, ist)* ~ indurirsi.

härten[2] *(vt, hat)* ~ indurire.

hartgefroren ~ **hart gefroren** (vedi **hart**).

hartgekocht ~ **hart gekocht** (vedi **hart**).

Hartgeld ['hart,gɛlt] *(n; -(e)s)* ~ monete, spiccioli.

hartgesotten ['hartgə,zɔtən] *(agg)* **1** incallito, inveterato. **2** duro, calcolatore, spregiudicato.

hartherzig ['hart,hɛrtsɪç] *(agg)* ~ duro di cuore, crudele.

hartnäckig ['hart,nɛkɪç] *(agg)* **1** ostinato, testardo, caparbio. **2** ostinato (malattia e sim). **3** *(avv)* ostinatamente, caparbiamente, testardamente.

Hartnäckigkeit [-,kait] *(f; -)* ~ ostinazione, testardaggine, caparbietà.

Harz ['haːɐts] *(n; -es, -e)* ~ resina.

haschen ['haʃən] *(vt, hat)* **1** afferrare, acciuffare, acchiappare (al volo). **2** {*nach etwas* ~} *(vi)* cercare di afferrare qcs, cercare di acchiappare qcs *(anche fig)* ♦ *nach Erfolg haschen* cercare di afferrare il successo.

Haschisch ['haʃɪʃ] *(n/m; -/-s)* ~ hashish.

Hase ['haːzə] *(m; -n, -n; f* **Häsin***)* **1** *(zool)* lepre. **2** *(fig)* coniglio, codardo ♦ *furchtsam wie ein Hase* pauroso come un coniglio. ◆ **ein alter Hase sein** *(fig/fam)* essere una vecchia volpe. ◆ **da liegt der Hase im Pfeffer** *(fig/fam)* qui casca l'asino. ◆ **wissen, wie der Hase läuft** *(fig/fam)* sapere come andrà a finire una cosa.

Haselnuss († **-nuß**) [-l,nʊs] *(f; -, -nüsse)* ~ nocciola.

Haselnussstrauch († **-nuß-**) [-lnʊsʃtraux] *(m; -(e)s, -sträucher)* ~ *(bot)* nocciolo.

Hass († **Haß**) [has] *(m; -es)* ~ odio ♦ *blinder Hass* odio cieco ♦ *Hass gegen jmdn empfinden, hegen, haben* provare, nutrire, avere odio per qcn. ◆ **Hass auf jmdn haben** odiare qcn.

hassen [-ən] *(vt, hat; ortogr pres* du/er/ihr hasst, *pret* ich hasste, ecc; *imperat* hass!, *part pass* gehasst*)* ~ odiare, detestare ♦ *jmdn/etwas tödlich/bis auf den Tod hassen* odiare qcn/qcs a morte ♦ *jmdn/etwas wie die Pest hassen* odiare qcn/qcs come la peste.

hässlich († **häßlich**) ['hɛslɪç] *(agg)* **1** brutto, orribile ♦ *eine hässliche Nase* un naso brutto. *2* *(fig)* cattivo, odioso. *3* *(fig)* brutto, spiacevole.

Hässlichkeit († **Häßlichkeit**) [-ˌkait] *(f; -)* *1* bruttezza, deformità. *2* *(fig)* cattiveria.

Hast [hast] *(f; -)* ~ fretta, furia ♦ *in großer Hast* in gran fretta.

hasten [-ən] *(vi,* ist*)* ~ affrettarsi, correre ♦ *ins Büro hasten* correre in ufficio.

hastig [-ɪç] *(agg)* *1* frettoloso, affrettato. *2* brusco (movimenti). *3* *(avv)* frettolosamente.

hätscheln [ˈhɛːtʃəln] *(vt,* hat*)* ~ *(fam)* coccolare, viziare.

hatte [ˈhatə] ~ pret di **haben**.

Haube [ˈhaubə] *(f; -, -n)* *1* cuffia. *2* casco asciugacapelli. ◆ **unter die Haube kommen** *(fig/fam)* prendere marito, sposarsi. ◆ **unter der Haube sein** *(fig/fam)* essere sposata.

Hauch [haux] *(m; -(e)s, -e)* *1* *(lett)* alito, fiato, respiro. *2* *(lett)* alito (di vento); profumo. *3* velo. *4* *(fig)* velo, traccia ♦ *ein Hauch von Traurigkeit* un velo di tristezza. ◆ **den letzten Hauch von sich geben** *(lett)* esalare l'ultimo respiro.

hauchdünn [-ˌdʏn] *(agg/avv)* ~ sottilissimo.

hauchen [-ən] *(vi,* hat*)* ~ alitare, respirare ♦ *auf den Spiegel hauchen* alitare sullo specchio.

hauen[1] [ˈhauən] *(vi,* hat; **hieb/haute, gehauen***)* *1* *(pret* **hieb**, *fam* **haute***)* menare colpi, picchiare ♦ *auf jmdn hauen* menare colpi contro qcn. *2* *(pret* **haute/hieb***)* battere, dare colpi (contro qcs).

hauen[2] *(vt,* hat; **haute, gehauen***)* *1* *(fam)* picchiare, sculacciare ♦ *ein Kind hauen* sculacciare un bambino. *2* battere, picchiare, conficcare ♦ *einen Nagel in ein Brett hauen* conficcare un chiodo in un'asse. *3* scavare; scolpire, fare ♦ *ein Loch in eine Mauer hauen* fare un buco in un muro ♦ *eine Statue in Marmor hauen* scolpire una statua nel marmo. *4* *(fam)* buttare, scaraventare. ◆ **jmdm eine hauen** dare un ceffone a qcn.

häufen [ˈhɔyfən] *(vt,* hat*)* ~ ammucchiare, ammassare, accumulare *(anche fig)* ♦ *Geld häufen* accumulare denaro. ◆ **sich häufen** *(vr)* accumularsi, ammassarsi, ammucchiarsi *(anche fig)*.

Haufen [ˈhaufən] *(m; -s, -)* ~ mucchio, cumulo, ammasso *(anche fig)* ♦ *ein Haufen Blätter* un mucchio di foglie ♦ *ein Haufen Geld* un mucchio di soldi. ◆ **einen Plan über den Haufen werfen** *(fig)* mandare a monte un piano.

haufenweise [-ˌvaizə] *(avv)* ~ in gran quantità, a mucchi.

häufig [ˈhɔyfɪç] *(agg)* *1* frequente. *2* *(avv)* frequentemente, di frequente, spesso.

Haupt [haupt] *(n; -(e)s, Häupter)* *1* capo, testa ♦ *sein Haupt schütteln* scuotere il capo. *2* *(fig)* capo, guida ♦ *das Haupt der Familie* il capofamiglia. ◆ **mit erhobenem Haupt, erhobenen Hauptes** *(fig)* a testa alta.

Haupt- *(nei composti)* ~ principale, fondamentale ♦ *Haupteingang* entrata principale ♦ *Hauptrolle* ruolo principale.

Hauptaltar [-ˀalˌtaːɐ] *(m; -(e)s, -e)* ~ altare maggiore.

Hauptbahnhof [-ˌbaːnhoːf] *(m; -(e)s, -höfe)* ~ stazione centrale.

Hauptbestandteil [-bəʃtanttail] *(m; -(e)s, -e)* ~ componente essenziale.

Hauptdarsteller [-ˌdaːɐʃtɛlɐ] *(m; -s, -; f* **-in***)* ~ attore protagonista, protagonista.

Hauptfeind [-ˌfaint] *(m; -(e)s, -e)* ~ nemico numero uno.

Hauptgeschäftszeit [-gəʃɛftstsait] *(f; -, -en)* ~ ora di punta (in uffici, negozi, ecc).

Hauptgewicht [-gəˌvɪçt] *(n; -(e)s, -e)* ~ *(fig)* massimo peso, massima importanza ♦ *das Hauptgewicht auf etwas* (Acc) *legen* attribuire la massima importanza a qcs.

Hauptgewinn [-gəˌvɪn] *(m; -(e)s, -e)* ~ primo premio (di lotterie e sim).

Häuptling [ˈhɔyptˌlɪŋ] *(m; -s, -e)* ~ capo, capo tribù.

Hauptmann [ˈhauptˌman] *(m; -(e)s, -leute)* ~ *(mil)* capitano.

Hauptpost [ˈhauptˌpɔst] *(f; -)* ~ poste centrali.

Hauptpostamt [-ˌˀamt] *(n; -(e)s, -ämter)* ~ vedi **Hauptpost**.

Hauptprobe [-ˌproːbə] *(f; -, -n)* ~ prova generale.

Hauptsache [-ˌzaxə] *(f; -, -n)* ~ cosa principale, cosa più importante, essenziale ♦ *das ist für mich die Hauptsache* questa per me è la cosa più importante ♦ *Haupt-*

sache, ich behalte meine Stelle (fam) l'importante è che io conservi il mio posto di lavoro. ◆ **in der Hauptsache** principalmente, fondamentalmente.

hauptsächlich [-ˌzɛçlɪç] *(agg)* ***1*** principale, fondamentale. ***2*** *(avv)* principalmente, fondamentalmente, soprattutto.

Hauptsatz [-ˌzats] *(m; -(e)s, -sätze)* ~ *(ling)* proposizione principale.

Hauptschlagader [-ʃlaːkˀaːdɐ] *(f; -, -n)* ~ *(anat)* aorta.

Hauptschlüssel [-ʃlʏsəl] *(m; -s, -)* ~ chiave passe-partout.

Hauptschule [-ʃuːlə] *(f; -, -n)* ~ scuola superiore dell'obbligo.

Hauptschulabschluss († **-abschluß**) [-ʃuːlˌˀapʃlʊs] *(m; -es, -schlüsse)* ~ licenza media.

Hauptstadt [-ʃtat] *(f; -, -städte)* ~ capitale, città capitale.

hauptstädtisch [-ʃtɛːtɪʃ] *(agg)* ~ della capitale.

Haupt- und Staatsaktion [-ˀʊntˈʃtaːtsˀakˌtsjoːn] *(f)* ~ **eine Haupt- und Staatsaktion aus etwas machen** fare un dramma di qcs, fare una questione di stato di qcs.

Hauptverkehrszeit [-fɛɐkeːɐsˌtsait] *(f; -, -en)* ~ ora di punta (del traffico).

Hauptversammlung [-fɛɐˌzamlʊŋ] *(f; -, -en)* ~ assemblea generale.

Hauptwort [-ˌvɔrt] *(n; -(e)s, -wörter)* ~ *(gramm)* sostantivo.

Haus [haus] *(n; -(e)s, Häuser)* ***1*** casa; dimora, domicilio ◆ *außer Haus(e) sein* essere fuori casa. ***2*** casa, edificio; abitazione ◆ *ein Haus abreißen, bauen, umbauen* demolire, costruire, ristrutturare una casa ◆ *ein Haus kaufen, mieten, verkaufen, vermieten* comprare, prendere in affitto, vendere, dare in affitto una casa. ***3*** casa, villetta unifamiliare ◆ *wohnen Sie in einer Wohnung oder in einem Haus?* abita in un appartamento o in una villetta? ***4*** *(fig)* famiglia, casa ◆ *aus gutem Haus stammen* essere di buona famiglia ◆ *ich habe nach Hause angerufen, geschrieben* ho telefonato, scritto a casa. ***5*** *(fig)* casa, casato, dinastia. ***6*** casa, ditta. ***7*** camera (del parlamento) ◆ *das Hohe Haus* la camera alta. ***8*** teatro, sala di teatro ◆ *vor ausverkauftem, vollem Haus spielen* suonare in un teatro tutto esaurito, pieno. ◆ **Häuser auf jmdn bauen** fidarsi di qcn. ◆ **Haus halten** vedi **haushalten**. ◆ **das Haus hüten** rimanere a casa. ◆ **nach Hause** a casa (moto) ◆ *ich muss nach Hause (gehen)* devo andare a casa. ◆ **zu Hause** a casa (stato in luogo) ◆ *ich bleibe lieber zu Hause* preferisco rimanere a casa. ◆ **von zu Hause** da casa (moto da luogo) ◆ *ich komme gerade von zu Hause* vengo da casa. ◆ **sich wie zu Hause fühlen** sentirsi a casa ◆ *hier fühle ich mich wie zu Hause* qui mi sento a casa. ◆ **auf einem Gebiet zu Hause sein** *(fig)* essere esperto in un campo.

Hausangestellte [-ˌˀangəʃtɛltə] *(f; -n, -n)* ~ domestica, collaboratrice domestica.

Hausarbeit [-ˌˀarbait] *(f; -, -en)* ***1*** faccenda di casa, lavoro di casa. ***2*** compito a casa; relazione scritta.

Hausarrest [-ˀaˌrɛst] *(m; -(e)s, -e)* ~ arresti domiciliari ◆ *unter Hausarrest stehen* essere agli arresti domiciliari ◆ *jmdn unter Hausarrest stellen* mettere qcn agli arresti domiciliari.

Hausarzt [-ˌˀaːɐtst] *(m; -(e)s, -ärzte; f* **-ärztin***)* ~ medico di famiglia.

Hausaufgabe [-ˌˀaufgaːbə] *(f; -, -n)* ~ compito a casa.

Hausbesuch [-bəˌzuːx] *(m; -(e)s, -e)* ~ visita a domicilio (di medico e sim).

Hausbewohner [-bəˌvoːnɐ] *(m; -s, -; f* **-in***)* ~ inquilino.

Häuschen [ˈhɔysçən] *(n; -s, -)* ***1*** casetta. ***2*** *(fam)* toilette. ◆ **ganz aus dem Häuschen geraten**, **fahren** *(fig)* uscire dai gangheri. ◆ **aus dem Häuschen sein** *(fig)* essere fuori dai gangheri.

hausen [ˈhauzən] *(vi, hat)* ***1*** *(fam)* abitare, vivere (miseramente) ◆ *in einer Hütte hausen* vivere in una capanna. ***2*** *(fam)* imperversare.

Häuserblock [ˈhɔyzɐˌblɔk] *(m; -(e)s, -s)* ~ *(edil)* isolato, blocco.

Hausflur [ˈhausˌfluːɐ] *(m; -(e)s, -e)* ~ corridoio, pianerottolo (in una palazzina).

Hausfrau [ˈhausˌfrau] *(f; -, -en)* ~ casalinga, massaia.

Hausfrieden [ˈhausˌfriːdən] *(m; -s, -)* ~ pace domestica.

Hausfriedensbruch [-s,brʊx] *(m; -(e)s, -brüche)* ~ *(dir)* violazione di domicilio.

hausgemacht ['hausgə,maxt] *(agg)* ~ fatto in casa.

Haushalt ['haus,halt] *(m; -(e)s, -e)* ***1*** economia domestica, gestione della casa, governo della casa. ***2*** famiglia, nucleo familiare ♦ *ein Haushalt mit vier Personen* un nucleo familiare di quattro persone. ***3*** *(econ)* bilancio ♦ *öffentlicher, staatlicher Haushalt* bilancio pubblico, statale. ◆ **den Haushalt führen** mandare avanti la casa.

haus|halten *(anche* **Haus halten***) (vi, hat; irr halten)* ~ {*mit etwas* ~} far economia di qcs, economizzare qcs *(anche fig)* ♦ *mit Vorräten, mit seinen Kräften haushalten* economizzare le provviste, le proprie forze.

Haushaltsartikel ['haushalts'ar,ti:kəl] *(m; -s, -)* ***1*** articolo per la casa. ***2*** *(pl)* casalinghi.

Haushaltsgesetz ['haushaltsgə,zɛts] *(n; -es, -e)* ~ legge finanziaria.

Haushaltskasse ['haushalts,kasə] *(f; -, -n)* ~ bilancio familiare.

Hausherr ['haus,hɛr] *(m; -n, -en; f* **-in***)* ~ padrone di casa; capofamiglia.

haushoch ['haus,ho:x] *(agg)* ~ alto come una casa, altissimo.

hausieren [hau'zi:rən] *(vi, hat)* ~ {*mit etwas* ~} vendere a domicilio qcs ♦ *mit Kosmetika hausieren* vendere cosmetici a domicilio. ◆ **mit etwas hausieren gehen** *(fig)* diffondere qcs ai quattro venti.

Hauskatze ['haus,katsə] *(f; -, -n)* ~ *(zool)* gatto domestico.

häuslich ['hɔyslɪç] *(agg)* ***1*** domestico, di casa, casalingo. ***2*** casalingo (persona che sta volentieri in casa).

Hausmannskost ['hausmans,kɔst] *(f; -, -en)* ~ cucina casalinga.

Hausmeister ['haus,maistɐ] *(m; -s, -; f* **-in***)* ***1*** portiere, custode (di condominio). ***2*** custode, bidello (di scuola).

Hausnummer ['haus,nʊmɐ] *(f; -, -n)* ~ numero civico.

Hausrat ['haus,ra:t] *(m; -(e)s)* ~ suppellettili della casa, arredamento della casa.

Hausschuh ['haus,ʃu:] *(m; -(e)s, -e)* ~ pantofola, ciabatta.

Hausse ['ho:sə] *(f; -, -n)* ~ *(econ)* rialzo.

Haustier ['haus,ti:ɐ] *(n; -(e)s, -e)* ~ animale domestico.

Haustür ['haus,ty:ɐ] *(f; -, -en)* ~ porta di casa.

Haustürschlüssel [-,ʃlʏsəl] *(m; -s, -)* ~ chiave di casa.

Hausverwalter ['hausfɛɐ,valtɐ] *(m; -s, -; f* **-in***)* ~ amministratore del condominio.

Hauswirt ['haus,vɪrt] *(m; -(e)s, -e; f* **-in***)* ~ padrone di casa (chi affitta una casa).

Hauswirtschaft [-ʃaft] *(f; -, -en)* ~ economia domestica.

Haut ['haut] *(f; -, Häute)* ***1*** *(anat)* pelle, cute ♦ *empfindliche, gerötete, fettige, rissige, trockene, zarte Haut* pelle sensibile, arrossata, grassa, screpolata, secca, delicata ♦ *die Haut brennt, rötet sich, springt auf* la pelle si brucia, si arrossa, si screpola (per il freddo). ***2*** pelle (di animale). ***3*** buccia, pelle, scorza (di frutti e sim). ◆ **Haut und Knochen sein** *(fig/fam)* essere pelle e ossa. ◆ **seine Haut retten** *(fam)* salvare la pelle. ◆ **seine Haut zu Markte tragen** *(fam)* rischiare la pelle. ◆ **seine Haut so teuer wie möglich/möglichst teuer verkaufen** *(fig/fam)* vender cara la pelle. ◆ **aus der Haut fahren** *(fig/fam)* non stare nella pelle; uscire dai gangheri. ◆ **nicht aus seiner Haut herauskönnen** non poter cambiare il proprio carattere. ◆ **jmdm ist nicht wohl in seiner Haut** *(fam)* qcn non si sente a suo agio nella sua situazione. ◆ **ich möchte nicht in seiner Haut stecken** *(fig/fam)* non vorrei essere nei suoi panni. ◆ **mit Haut und Haar(en)** completamente, del tutto; anima e corpo ♦ *sich jmdm/etwas mit Haut und Haaren verschreiben* dedicarsi anima e corpo a qcn/qcs. ◆ **jmdm unter die Haut gehen** *(fig/fam)* andare al cuore di qcn, commuovere qcn.

Hautarzt [-,ʔa:ɐtst] *(m; -(e)s, -ärzte; f* **-ärztin***)* ~ dermatologo.

Hautausschlag [-,ʔausʃla:k] *(m; -(e)s, -schläge)* ~ *(med)* eruzione cutanea.

häuten ['hɔytən] *(vt, hat)* ~ spellare, scuoiare. ◆ **sich häuten** *(vr)* mutare pelle.

hauteng ['haut,ʔɛŋ] *(agg)* ~ attillato, aderente, stretto.

Hautentzündung ['hautʔɛnt,tsʏndʊŋ] *(f; -, -en)* ~ *(med)* dermatite.

Hautfarbe ['haut,farbə] *(f; -, -n)* **1** colore della pelle. **2** colorito.
hautnah ['haut,na:] *(agg)* **1** sottocutaneo. **2** *(fam)* realistico.
Hautpilz ['haut,pɪlts] *(m; -(e)s, -e)* ~ *(med)* fungo (della pelle).
Havarie [hava'ri:] *(f; -, -n)* ~ avaria.
havarieren [-rən] *(vi, hat)* ~ essere in avaria, avere un'avaria.
H-Dur ['ha:'du:ɐ] *(n; -)* *(abbrev* **H**) ~ *(mus)* si maggiore.
Hebamme ['he:p,ˀamə] *(f; -, -n)* ~ levatrice, ostetrica.
Hebel ['he:bəl] *(m; -s, -)* ~ leva *(anche fis)* ♦ *einen Hebel betätigen* azionare una leva. ◆ **alle Hebel in Bewegung setzen** *(fig/fam)* tentarle tutte. ◆ **am längeren Hebel sitzen** *(fig/fam)* essere in una posizione di forza.
heben ['he:bən] *(vt, hat;* **hob, gehoben**) **1** sollevare, alzare, elevare ♦ *ein Gewicht heben* sollevare un peso ♦ *den Arm, den Kopf heben* sollevare il braccio, la testa. **2** riportare in superficie, recuperare (tesori; relitti). **3** *(fig)* elevare, migliorare, accrescere ♦ *das kulturelle Niveau heben* elevare il livello culturale. ◆ **sich heben** *(vr)* **1** *(lett)* sollevarsi, alzarsi, elevarsi. **2** *(fig)* elevarsi, migliorare, crescere ♦ *das kulturelle Niveau hat sich gehoben* il livello culturale si è elevato. ◆ **einen heben** *(fam)* bere un goccetto.
Hebräer [he'brɛ:ɐ] *(m; -s, -; f* **-in**) ~ giudeo, israelita (nella Bibbia).
Hebräisch *(n; -)*, das **Hebräische** [-ʃə] *(n; -n)* ~ ebraico, lingua ebraica.
Hebung ['he:bʊŋ] *(f; -, -en)* **1** dissotterramento (di tesori); recupero (di relitti). **2** *(solo sing) (fig)* elevazione, miglioramento, accrescimento ♦ *die Hebung des Lebensstandards* il miglioramento dello standard di vita.
hecheln ['hɛçəln] *(vi, hat)* ~ {*über jmdn/etwas* ~} sparlare di qcn/qcs, spettegolare su qcn/qcs.
Hecht [hɛçt] *(m; -(e)s, -e)* ~ *(zool)* luccio ♦ **der Hecht im Karpfenteich sein** *(fig/fam)* essere un serpente fra le anguille.
Heck [hɛk] *(m; -(e)s, -e)* **1** poppa (di nave) ♦ *am Heck* a poppa (stato in luogo). **2** coda (di aereo); parte posteriore (di auto).
Heckantrieb [-,ˀantri:p] *(m; -(e)s, -e)* ~ trazione posteriore.
Hecke [-ə] *(f; -, -n)* ~ siepe (recinto).
Heckenrose [-ən,ro:zə] *(f; -, -n)* ~ rosa canina.
Heckenschütze [-ənʃʏtsə] *(m; -n, -n)* ~ cecchino, franco tiratore.
Heckfenster [-,fɛnstɐ] *(n; -s, -)* ~ lunotto.
Heckmotor [-,mo:to:ɐ] *(m; -s, -en)* ~ motore posteriore.
Heckscheibe [-ʃaibə] *(f; -, -n)* ~ lunotto ♦ *heizbare Heckscheibe* lunotto termico.
Heer ['he:ɐ] *(n; -(e)s, -e)* **1** esercito, armata ♦ *stehendes Heer* esercito permanente. **2** *(fig)* esercito, massa.
Heerschau [-ʃau] *(f; -, -en)* ~ parata militare.
Hefe ['he:fə] *(f; -, -n)* **1** lievito. **2** *(fig/lett)* feccia, gentaglia.
Heft[1] [hɛft] *(n; -(e)s, -e)* **1** quaderno. **2** numero, fascicolo (di rivista). **3** opuscolo.
Heft[2] *(n; -(e)s, -e)* ~ *(lett)* manico, impugnatura (di armi). ◆ **das Heft in der Hand haben** *(fig/lett)* avere in mano il comando.
heften [-ən] *(vt, hat)* **1** {*etwas an etwas* (Acc) ~} attaccare, fissare, spillare, appuntare (con spilli e sim) ♦ *eine Zeichnung an die Wand heften* fissare un disegno alla parete. **2** imbastire (cuciture). ◆ **den Blick auf jmdn/etwas heften** *(lett)* fissare lo sguardo su qcn/qcs.
Hefter [-ɐ] *(m; -s, -)* **1** cartella, cartelletta. **2** cucitrice.
heftig [-ɪç] *(agg)* **1** forte, violento, intenso (dolore, evento meteorologico, sentimento, ecc) ♦ *ein heftiger Schmerz* un forte dolore ♦ *ein heftiger Regen* una pioggia violenta ♦ *eine heftige Leidenschaft* una passione violenta. **2** irruente, irascibile. **3** duro, aspro (discorsi e sim). **4** *(avv)* con forza, con violenza, violentemente; con irruenza, con ira.
Heftigkeit [-ɪç,kait] *(f; -)* **1** forza, violenza, intensità. **2** irascibilità, iracondia. **3** durezza, asprezza (di discorsi e sim).
Heftklammer [-,klamɐ] *(f; -, -n)* ~ fermaglio (da ufficio), graffetta.
Heftmaschine [-maʃi:nə] *(f; -, -n)* ~ cucitrice.
Heftpflaster [-,pflastɐ] *(n; -s, -)* ~ cerotto.

hegen ['he:gən] *(vt,* hat*)* ***1*** proteggere (natura, animali, ecc). ***2*** *(lett)* nutrire, provare (sentimenti) ♦ *eine Abneigung gegen jmdn hegen* provare avversione verso qcn. ◆ **Zweifel hegen** nutrire dubbi.
Hehl [he:l] *(m/n)* ~ **kein(en) Hehl aus etwas machen** non far mistero di qcs.
Heide[1] ['haidə] *(m;* -n, -n; *f* **Heidin***)* ~ pagano.
Heide[2] *(f;* -, -n*)* ~ landa, brughiera.
Heidekraut [-ˌkraut] *(n;* -(e)s*)* ~ *(bot)* erica.
Heidelbeere [-lˌbe:rə] *(f;* -, -n*)* ~ *(bot)* mirtillo; bacca di mirtillo.
Heidentum [-nˌtu:m] *(n;* -s*)* ~ paganesimo.
heidnisch ['haidnɪʃ] *(agg)* ~ pagano.
heikel ['haikəl] *(agg)* ***1*** delicato, difficile, spinoso ♦ *eine heikle Angelegenheit* una faccenda delicata. ***2*** *(region)* difficile (nei gusti), schizzinoso.
heil [hail] *(agg)* ***1*** sano, guarito ♦ *mein Knie ist wieder heil* il mio ginocchio è guarito. ***2*** *(region)* intero, non rotto. ***3*** *(avv)* sano e salvo, senza farsi male. ◆ **einen Unfall heil überstehen** uscire indenne da un incidente.
Heil *(n;* -(e)s*)* ~ *(relig)* salvezza.
Heiland [-ant] *(m;* -(e)s, -e*)* ~ *(relig)* Salvatore, Redentore.
heilbar [-ˌba:ɐ] *(agg)* ~ guaribile, curabile.
heilbringend [-ˌbrɪŋənt] *(agg)* ***1*** *(relig)* salvifico. ***2*** salutare, benefico (cura e sim).
heilen[1] [-ən] *(vi,* ist*)* ~ guarire, sanarsi ♦ *die Verletzung ist geheilt* la ferita è guarita.
heilen[2] *(vt,* hat*)* ***1*** guarire, sanare ♦ *eine Krankheit heilen* guarire una malattia ♦ *jmdn von einer Krankheit heilen* guarire qcn da una malattia. ***2*** {*jmdn von etwas* ~} *(fig)* liberare qcn da qcs, far ravvedere qcn (su errori e sim). ***3*** *(fig)* riparare, rimediare (danni e sim).
heilfroh [-ˌfro:] *(agg)* ~ *(fam)* molto contento, contentissimo.
heilig [-ɪç] *(agg)* ***1*** *(relig)* santo ♦ *der Heilige Geist* lo Spirito Santo ♦ *die Heiligen Drei Könige* i tre re Magi ♦ *der heilige Franz* San Francesco. ***2*** santo, sacro ♦ *das Heilige Land* la Terrasanta ♦ *der Heilige Abend* la vigilia di Natale ♦ *die Heilige Nacht* la notte di Natale ♦ *die Heilige Schrift* la sacra Scrittura ♦ *die Heilige Woche* la settimana santa. ***3*** santo, pio ♦ *ein heiliges Leben* una vita santa. ***4*** *(fig)* sacro (sentimenti e sim) ♦ *eine heilige Scheu* un sacro orrore. ◆ **jmdn heilig sprechen** († **heiligsprechen**) *(relig)* fare santo qcn, canonizzare qcn.
Heiligabend [-ɪçˌˀa:bənt] *(m;* -s, -e*)* ~ vigilia di Natale ♦ *am Heiligabend* la vigilia di Natale.
Heilige(r) ['hailɪgə (-gɐ)] *(m/f;* -n, -n*)* ~ santo *(anche fig)*.
heiligen ['hailɪgən] *(vt,* hat*)* ~ *(lett)* santificare; consacrare.
Heiligenschein [-ʃain] *(m;* -(e)s, -e*)* ~ aureola.
Heiligenschrein [-ʃrain] *(m;* -(e)s, -e*)* ~ reliquiario, teca.
Heiligkeit ['hailɪçˌkait] *(f;* -*)* ~ santità. ◆ **Seine Heiligkeit** Sua Santità, il Papa.
heiligsprechen ~ **heilig sprechen** (vedi **heilig**).
Heiligtum ['hailɪçˌtu:m] *(n;* -s, -tümer*)* ~ santuario.
heilkräftig ['hailˌkrɛftɪç] *(agg)* ~ terapeutico, curativo.
Heilkunde ['hailˌkʊndə] *(f;* -*)* ~ scienza medica, medicina (applicata).
heillos ['hailˌlo:s] *(agg)* ~ *(fam)* enorme, incredibile, terribile ♦ *ein heilloses Chaos* un caos incredibile.
Heilmittel ['hailˌmɪtəl] *(n;* -s, -*)* ~ medicina, farmaco.
heilsam ['hailˌza:m] *(agg)* ~ utile, vantaggioso ♦ *eine heilsame Lehre* un'utile lezione.
Heilung ['hailʊŋ] *(f;* -, -en*)* ~ cura; guarigione.
Heilverfahren ['hailfɛɐˌfa:rən] *(n;* -s, -*)* ~ terapia; cura.
heim ['haim] *(avv)* ~ a casa; in patria (moto) ♦ *ich gehe wieder heim* torno a casa.
Heim *(n;* -(e)s, -e*)* ***1*** *(lett)* casa, abitazione. ***2*** ospizio, casa di riposo. ***3*** casa di accoglienza, asilo. ***4*** sede (di circolo e sim), circolo.
Heimat [-at] *(f;* -*)* ***1*** patria, luogo natio, casa ♦ *sie mussten die Heimat verlassen* dovettero abbandonare la patria ♦ *diese Stadt ist meine zweite Heimat geworden* questa città è diventata la mia seconda casa. ***2*** luogo di origine, zona di origine (di animali e piante).

Heimatland [-atˌlant] *(n; -(e)s, -länder)* ~ paese natio/natale.
heimatlich [-atlɪç] *(agg)* ~ patrio, della patria, natio.
Heimatort [-atˌˀɔrt] *(m; -(e)s, -e)* ~ luogo natio/natale.
Heimatstadt [-atʃtat] *(f; -, -städte)* ~ città natale.
heimatvertrieben [-atfɛɐˌtriːbən] *(agg)* ~ profugo.
Heimatvertriebene(r) [-atfɛɐˌtriːbənə (-nɐ)] *(m/f; -n, -n)* ~ profugo.
heim|bringen *(vt, hat; irr bringen)* ~ portare a casa, accompagnare a casa.
heim|fahren[1] *(vi, ist; irr fahren)* ~ andare a casa (con un veicolo).
heim|fahren[2] *(vt, hat; irr fahren)* ~ portare a casa, accompagnare a casa (con un veicolo).
Heimfahrt ['haimˌfaːɐt] *(f; -, -en)* ~ viaggio verso casa, ritorno a casa (con un veicolo).
heim|führen *(vt, hat)* ~ condurre a casa, portare a casa, accompagnare a casa.
Heimgang ['haimˌgaŋ] *(m; -(e)s)* ~ *(lett)* morte, dipartita.
heim|gehen *(vi, ist; irr gehen)* ***1*** andare a casa. ***2*** *(fig/lett)* morire, andare in paradiso.
heim|holen *(vt, hat)* ~ portare (con sé) a casa.
heimisch ['haimɪʃ] *(agg)* ~ locale, indigeno. ◆ **sich heimisch fühlen** sentirsi a casa. ◆ **heimisch sein** essere pratico, orientarsi *(anche fig)* ♦ *er ist in dieser Stadt, auf diesem Gebiet heimisch* è pratico di questa città, di questo campo.
Heimkehr ['haimˌkeːɐ] *(f; -)* ~ ritorno a casa.
heim|kehren *(vi, ist)* ~ tornare a casa.
heim|kommen *(vi, ist; irr kommen)* ~ venire a casa.
heimlich ['haimlɪç] *(agg)* ***1*** segreto, nascosto ♦ *ein heimliches Treffen* un incontro segreto. ***2*** furtivo ♦ *heimliche Blicke* sguardi furtivi. ***3*** *(avv)* in segreto, di nascosto ♦ *er ist heimlich weggegangen* se n'è andato di nascosto. ◆ **heimlich tun** († **heimlichtun**) fare il misterioso.
Heimlichkeit [-ˌkait] *(f; -, -en)* ***1*** segretezza. ***2*** *(spec pl)* segreti, affari segreti. ◆ **in aller Heimlichkeit** in gran segreto.
heimlichtun ~ **heimlich tun** (vedi **heimlich**).
Heimreise ['haimˌraizə] *(f; -, -n)* ~ viaggio verso casa, (viaggio di) ritorno a casa, rientro.
Heimspiel ['haimˌʃpiːl] *(n; -(e)s, -e)* ~ *(sport)* partita in casa.
heim|suchen *(vt, hat)* ***1*** colpire, funestare ♦ *Überschwemmungen haben das Land heimgesucht* inondazioni hanno funestato il paese. ***2*** {*jmdn* ~} *(fig/fam)* far visita a qcn (senza essere invitati).
Heimsuchung ['haimˌzuːxʊŋ] *(f; -, -en)* ~ disgrazia, calamità.
Heimtücke ['haimˌtʏkə] *(f; -, -n)* ~ perfidia, malignità, cattiveria.
heimtückisch ['haimˌtʏkɪʃ] *(agg)* ~ perfido, maligno, cattivo.
heimwärts ['haimˌvɛrts] *(avv)* ~ a casa (moto a luogo), verso casa.
Heimweh ['haimˌveː] *(n; -s)* ~ nostalgia di casa.
heim|zahlen *(vt, hat)* ~ {*jmdm etwas* ~} far pagare qcs a qcn, far scontare qcs a qcn.
Heirat ['hairaːt] *(f; -, -en)* ~ matrimonio ♦ *eine Heirat mit jmdm eingehen* contrarre matrimonio con qcn.
heiraten[1] [-ən] *(vi, hat)* ~ sposarsi ♦ *sie hat mit zwanzig geheiratet* si è sposata a vent'anni.
heiraten[2] *(vt, hat)* ~ sposare ♦ *sie hat ihren Nachbarn geheiratet* ha sposato il suo vicino.
Heiratsantrag ['hairaːtsˌˀantraːk] *(m; -(e)s, -träge)* ~ proposta di matrimonio.
Heiratsanzeige ['hairaːtsˌˀantsaigə] *(f; -, -n)* ~ partecipazione di nozze.
heiratsfähig ['hairaːtsˌfɛːɪç] *(agg)* ~ in età da sposarsi; in età da marito.
heiser ['haizɐ] *(agg)* ~ rauco ♦ *eine heisere Stimme* una voce rauca ♦ *ich bin heiser* sono rauco. ◆ **sich heiser reden** parlare fino a diventare rauco.
heiß ['hais] *(agg)* ***1*** caldo, bollente ♦ *heißes Wasser* acqua calda ♦ *ein heißer Sommer* un'estate calda ♦ *es ist heiß* è caldo, fa caldo ♦ *mir ist heiß* ho caldo, mi fa caldo. ***2*** *(fig)* acceso, appassionato, accalorato, violento ♦ *eine heiße Auseinandersetzung* uno scontro acceso. ***3*** *(fig)* ap-

passionato, appassionante, eccitante. ◆ **ein heißes Eisen** *(fig/fam)* una questione scottante, una patata bollente.

heißblütig [-ˌbly:tɪç] *(agg)* ~ focoso, impulsivo.

heißen[1] [-ən] *(vi,* hat; **hieß, geheißen***)* ***1*** chiamarsi ♦ *wie heißt du?* come ti chiami? ♦ *ich heiße Silvia* mi chiamo Silvia. ***2*** dirsi, essere chiamato (in una lingua) ♦ *wie heißt dieses Wort auf Deutsch?* come si dice questa parola in tedesco? ***3*** significare, voler dire ♦ *das will nichts heißen* questo non vuol dire niente ♦ *was soll das heißen?* e questo cosa vorrebbe dire? ***4*** {*es heißt*} *(impers)* si dice, c'è scritto che ♦ *im Grundgesetz heißt es, dass* nella costituzione c'è scritto che. ***5*** {*es heißt*} *(impers)* bisogna ♦ *jetzt heißt es hart arbeiten* ora bisogna lavorare duro. ◆ **das heißt** *(abbrev* **d.h.***)* cioè ♦ *das kostet fünfzig Euro, das heißt, zirka hundert Mark* questo costa cinquanta euro, cioè circa cento marchi.

heißen[2] *(vt,* hat; *irr* **hieß, geheißen***)* ~ *(lett)* chiamare, definire. ◆ **jmdn willkommen heißen** dare il benvenuto a qcn.

Heißhunger [-ˌhʊŋɐ] *(m; -s)* ~ fame da lupi.

heiter ['haitɐ] *(agg)* ***1*** sereno (tempo) ♦ *heiterer Himmel* cielo sereno. ***2*** sereno, allegro, di buon umore. ***3*** allegro, divertente ♦ *eine heitere Geschichte* una storia allegra.

Heiterkeit [-ˌkait] *(f; -)* ***1*** serenità, allegria, buon umore. ***2*** ilarità, risate ♦ *Heiterkeit erregen* suscitare ilarità.

Heizanlage ['haitsˌʔanla:gə] *(f; -, -n)* ~ impianto di riscaldamento, riscaldamento.

heizen[1] ['haitsən] *(vi,* hat*)* ~ riscaldare, emanare calore (stufe e sim).

heizen[2] *(vt,* hat*)* ***1*** riscaldare (stanze e sim). ***2*** accendere (stufa e sim).

Heizkörper ['haitsˌkœrpɐ] *(m; -s, -)* ~ radiatore, calorifero.

Heizplatte ['haitsˌplatə] *(f; -, -n)* ~ fornello elettrico.

Heizung ['haitsʊŋ] *(f; -, -en)* ~ riscaldamento, impianto di riscaldamento ♦ *die Heizung anmachen* accendere il riscaldamento.

Hektar [hɛk'ta:ɐ] *(n; -s, -)* ~ ettaro.

Hektik ['hɛktɪk] *(f; -)* ~ frenesia, iperattività, agitazione.

hektisch ['hɛktɪʃ] *(agg)* ~ frenetico, iperattivo, stressante.

Held [hɛlt] *(m; -en, -en; f* **-in***)* ***1*** eroe. ***2*** *(fig/fam)* campione, asso. ***3*** protagonista, eroe (di romanzi e sim). ◆ **sich als Held aufspielen** *(fam)* vantarsi, fare il gradasso.

Heldendichtung ['hɛldənˌdɪçtʊŋ] *(f; -)* ~ poesia epica.

heldenhaft ['hɛldənˌhaft] *(agg)* ~ eroico.

Heldentat ['hɛldənˌta:t] *(f; -, -en)* ~ atto eroico, eroismo.

Heldentum ['hɛldənˌtu:m] *(n; -s, -)* ~ eroismo.

helfen ['hɛlfən] *(vi,* hat; er **hilft, half, geholfen***)* ***1*** {*jmdm bei etwas ~*} aiutare qcn in qcs (a fare qcs) ♦ *jmdm bei der Arbeit helfen* aiutare qcn nel lavoro ♦ *er hilft mir packen/beim Packen* mi aiuta a fare le valigie ♦ *sie hat mir geholfen, einen Kuchen für die Oma zu backen* mi ha aiutato a fare una torta per la nonna ♦ *sie hat mir kochen helfen/(fam) sie hat mir kochen geholfen* mi ha aiutato a cucinare ♦ *hilf mir, bitte!* aiutami, per favore! ***2*** servire, essere efficace (medicine e sim). ***3*** {*es hilft (jmdm)*} *(impers)* servire (a qcn) ♦ *es wird dir nicht(s) helfen* non ti servirà a niente. ◆ **ich kann mir nicht helfen** non posso agire diversamente. ◆ **jmdm ist nicht zu helfen** non si può fare niente per qcn, non c'è niente da fare per qcn (malato; persona che non accetta consigli). ◆ **sich** (Dat) **zu helfen wissen** sapersela cavare da solo ♦ *ich weiß mir zu helfen* me la so cavare da solo. ◆ **jmdm aus der Verlegenheit helfen** aiutare qcn a togliersi dai guai. ◆ **es hilft nichts** non c'è niente da fare ♦ *es hilft nichts, du musst bezahlen* non n'è niente da fare, devi pagare. ◆ **hilf dir selbst, so hilft dir Gott** *(prov)* aiutati, che Dio ti aiuta.

Helfer ['hɛlfɐ] *(m; -s, -; f* **-in***)* ***1*** soccorritore. ***2*** aiutante, aiuto.

Helikopter [heli'kɔptɐ] *(m; -s, -)* ~ elicottero.

hell [hɛl] *(agg)* ***1*** chiaro, luminoso ♦ *ein helles Licht* una luce chiara ♦ *ein helles Zimmer* una stanza luminosa. ***2*** chiaro (colore); di colore chiaro. **3** chiaro, distinto (suono). **4** *(fig)* sveglio, intelligente ♦ *er ist ein heller Kopf* è una testa fina. **5** *(fig)* grande. ◆ **helles Bier** birra chiara. ◆ **am hellen Tage** *1* in pieno giorno. **2** *(fig)* sotto gli occhi di tutti.

hellauf [-ˈʔauf] *(avv)* ~ sonoramente, forte ♦ *hellauf lachen* ridere sonoramente.

hellblau [-ˌblau] *(agg)* ~ azzurro, celeste.

Helldunkel [-ˌdʊŋkəl] *(n; -s)* ~ chiaroscuro.

Heller [-ɐ] *(m; -s, -)* **1** moneta d'argento, heller. **2** *(fig/fam)* centesimo, lira ♦ *keinen/nicht einen (lumpigen, roten) Heller wert sein* non valere una lira bucata.

hellhörig [-ˌhøːrɪç] *(agg)* ~ *(fig)* attento, perspicace. ◆ **hellhörig werden** *(fig)* drizzare le orecchie.

hellicht ~ vedi **helllicht**.

Helligkeit [-ɪçˌkait] *(f; -)* ~ chiarezza, luminosità.

helllicht († **hellicht**) [-ˌlɪçt] *(agg)* ~ **es ist helllichter Tag** è pieno giorno. ◆ **am helllichten Tag** *1* in pieno giorno. **2** *(fig)* sotto gli occhi di tutti.

hellsehen [-ˌzeːən] *(vi,* hat; *spec all'inf)* ~ prevedere il futuro, essere chiaroveggente.

Hellseher [-ˌzeːɐ] *(m; -s, -; f* **-in***)* ~ chiaroveggente.

hellsichtig [-ˌzɪçtɪç] *(agg)* ~ perspicace.

hellwach [-ˌvax] *(agg)* ~ sveglio *(anche fig)*.

Helm [hɛlm] *(m; -(e)s, -e)* ~ elmo, elmetto, casco (per moto).

Hemd [hɛmt] *(n; -(e)s, -en)* **1** camicia (da uomo). **2** *(abbrev di* **Unterhemd***)* canottiera. ◆ **seine Meinung wie das Hemd wechseln** *(fig/fam)* cambiare spesso opinione. ◆ **jmdn bis aufs Hemd ausplündern/ausziehen** *(fig/fam)* spogliare qcn di tutto, lasciare qcn in mutande.

hemmen [ˈhɛmən] *(vt,* hat*)* **1** *(lett)* frenare, rallentare. **2** *(fig)* ostacolare, frenare, rallentare ♦ *den Fortschritt hemmen* ostacolare il progresso.

Hemmung [ˈhɛmʊŋ] *(f; -, -en)* **1** *(fig)* ostacolo, intralcio. **2** scrupolo ♦ *keine Hemmungen haben* non avere scrupoli. **3** *(psic)* inibizione.

hemmungslos [-sˌloːs] *(agg)* ~ disinibito, sfrenato.

Hengst [hɛŋst] *(m; -(e)s, -e)* ~ stallone; maschio (di equini e sim).

Henkel [ˈhɛŋkəl] *(m; -s, -)* ~ manico, impugnatura (di contenitori).

Henker [ˈhɛŋkɐ] *(m; -s, -)* ~ boia. ◆ **ich schere mich den Henker drum** *(fig/fam)* non me ne importa un tubo. ◆ **hol dich der Henker! scher dich zum Henker!** va' all'inferno!

Henne [ˈhɛnə] *(f; -, -n)* ~ gallina.

Hepatitis [hepaˈtiːtɪs] *(f; -, Hepatitiden)* ~ *(med)* epatite.

her [ˈheːɐ] *(avv)* ~ *(fam)* qua, qui (moto a luogo, verso chi parla) ♦ *her zu mir!* vieni/venite qui! ♦ *her mit dem Geld!* qua i soldi! ♦ *her damit!* qua! dammelo! ◆ **es ist schon lange/nicht so lange her** è stato tanto tempo/non molto tempo fa. ◆ **von... her** *1* da (moto da luogo, verso chi parla) ♦ *sie grüßten uns vom Fenster her* ci salutarono dalla finestra. **2** da (temporale) ♦ *von meiner Kindheit her* dalla mia infanzia. **3** per quanto riguarda, dal punto di vista di ♦ *von der Gestaltung her ist dieses Lehrbuch gut gemacht* dal punto di vista della struttura questo manuale è fatto bene.

herab [hɛrˈap] *(avv)* ~ giù, in basso (moto a luogo verso chi parla).

herab|blicken *(vi,* hat*)* ~ {*auf jmdn/etwas ~*} *(fig)* guardare dall'alto in basso qcn/qcs.

herab|fallen *(vi,* ist; *irr* fallen*)* ~ cadere giù.

herab|fließen *(vi,* ist; *irr/ortogr* fließen*)* ~ scorrere giù.

herab|hängen *(vi,* hat; *irr* hängen*)* ~ essere sospeso, pendere.

herab|lassen *(vt,* hat; *irr/ortogr* lassen*)* ~ calare, tirare giù ♦ *den Vorhang herablassen* calare il sipario. ◆ **sich zu etwas herablassen** *(vr)* degnarsi di fare qcs, abbassarsi a (fare) qcs.

herablassend [-ˌlasənt] *(agg)* ~ condiscendente.

herab|setzen *(vt,* hat*)* **1** abbassare, diminuire ♦ *die Preise herabsetzen* abbassare i prezzi. **2** *(fig)* sminuire.

Herabsetzung [-ˌzɛtsʊŋ] *(f; -, -en)* **1** abbassamento, diminuzione. **2** *(fig)* discredito.

herab|sinken *(vi,* ist; *irr* sinken*)* ~ {*zu etwas ~*} decadere, scadere in qcs.

herab|würdigen *(vt,* hat*)* ~ sminuire, screditare.

Herabwürdigung [-ˌvʏrdɪgʊŋ] *(f;* -, -en*)* ~ discredito.

Heraldik [he'raldɪk] *(f;* -*)* ~ araldica.

heran [hɛ'ran] *(avv)* ~ qua vicino, qua (moto a luogo, verso chi parla).

heran|bilden *(vt,* hat*)* ~ formare, istruire, tirare su (per uno scopo preciso).

heran|bringen *(vt,* hat; *irr* bringen*)* ***1*** {*jmdn/etwas an jmdn/etwas* ~} portare, avvicinare qcn/qcs a qcn/qcs. ***2*** {*jmdn an etwas* (Acc) ~} *(fig)* avvicinare qcn a qcs; sensibilizzare qcn a qcs (problemi e sim).

heran|dürfen *(vi,* hat; *irr* dürfen*)* ~ *(fam)* potersi avvicinare.

heran|fahren *(vi,* ist; *irr* fahren*)* ~ avvicinarsi, accostarsi (verso chi parla, con un veicolo).

heran|gehen *(vi,* ist; *irr* gehen*)* ***1*** {*an jmdn/etwas* ~} avvicinarsi a qcn/qcs, andare vicino a qcn/qcs ♦ *an einen Zaun herangehen* avvicinarsi a una recinzione. ***2*** {*an etwas* (Acc) ~} *(fig)* affrontare qcs.

heran|kommen *(vi,* ist; *irr* kommen*)* ***1*** {*an jmdn* ~} avvicinarsi, venire vicino a qcn. ***2*** avvicinarsi (nel tempo). ***3*** {*an jmdn/etwas* ~} raggiungere qcn/qcs, arrivare a qcn/qcs *(anche fig)*. ◆ **etwas herankommen lassen** *(fig/fam)* aspettare che qcs piova dal cielo.

heran|können *(vi,* hat; *irr* können*)* ~ *(fam)* potersi avvicinare.

heran|lassen *(vt,* hat; *irr/ortogr* lassen*)* ~ {*jmdn an jmdn/etwas* ~} lasciar avvicinare, far avvicinare qcn a qcs ♦ *er lässt niemanden an sein Motorrad heran* non lascia avvicinare nessuno alla sua moto.

heran|machen *(vr,* hat*)* ~ **sich heranmachen** ***1*** {*sich an jmdn/etwas* ~} *(fam)* avvicinarsi a qcn/qcs. ***2*** {*sich an etwas* (Acc) ~} *(fig/fam)* affrontare qcs, intraprendere qcs.

heran|müssen *(vi,* hat; *irr/ortogr* müssen*)* ~ *(fam)* doversi avvicinare.

heran|reichen *(vi,* hat*)* ***1*** {*an etwas* (Acc) ~} arrivare a qcs (a toccare qcs) ♦ *ich kann an das Buch da oben nicht heranreichen* non riesco ad arrivare a quel libro lassù. ***2*** {*an jmdn* ~} eguagliare qcn.

heran|tragen *(vt,* hat; *irr* tragen*)* ***1*** {*jmdn/etwas (an jmdn/etwas)* ~} avvicinare qcn/qcs, portare vicino qcn/qcs (a qcn/qcs). ***2*** {*etwas an jmdn* ~} sottoporre qcs a qcn (proposte e sim).

heran|treten *(vi,* ist; *irr* treten*)* ***1*** {*an jmdn/etwas* ~} avvicinarsi a qcn/qcs *(anche fig)*. ***2*** {*mit etwas an jmdn* ~} rivolgersi a qcn con qcs (richieste e sim).

heran|wachsen *(vi,* ist; *irr* wachsen*)* ~ crescere, diventare grande (bambini).

heran|wagen *(vr,* hat*)* ~ **sich heranwagen** ***1*** {*sich an jmdn/etwas* ~} osare avvicinarsi a qcn/qcs. ***2*** {*sich an etwas* (Acc) ~} osare affrontare qcs, osare avventurarsi in qcs.

heran|wollen *(vi,* hat; *irr* wollen*)* ~ *(fam)* volersi avvicinare.

heran|ziehen[1] *(vi,* ist; *irr* ziehen*)* ~ avvicinarsi (progressivamente).

heran|ziehen[2] *(vt,* hat; *irr* ziehen*)* ***1*** {*jmdn/etwas zu sich* ~} tirare, avvicinare a sé qcn/qcs. ***2*** tirare su, allevare, far crescere. ***3*** *(fig)* istruire, formare. ***4*** {*jmdn zu etwas* ~} impiegare qcn per qcs (lavoratori e sim); consultare qcn per qcs, interpellare qcn per qcs (esperti e sim) ♦ *zur Lösung dieses Problems haben wir einen Experten herangezogen* per la soluzione di questo problema abbiamo interpellato un esperto. ***5*** prendere in considerazione.

herauf [hɛ'rauf] *(avv)* ~ su, sopra, quassù (moto a luogo verso chi parla).

herauf|arbeiten *(vr,* hat*)* ~ **sich heraufarbeiten** salire (in carriera), fare strada.

herauf|beschwören *(vt,* hat*)* ***1*** causare, provocare (danni e sim). ***2*** rievocare (ricordi). ***3*** evocare (spiriti e sim).

herauf|bringen *(vt,* hat; *irr* bringen*)* ~ portare su (verso chi parla), portare quassù ♦ *bring den Koffer herauf!* porta su la valigia!

herauf|dürfen *(vi,* hat; *irr* dürfen*)* ~ *(fam)* poter salire, poter venire su.

herauf|fahren[1] *(vi,* ist; *irr* fahren*)* ~ salire, venire su (verso chi parla, con un veicolo).

herauf|fahren[2] *(vt,* hat; *irr* fahren*)* ~ portare su (verso chi parla, con un veicolo).

herauf|holen *(vt,* hat*)* ~ portare su, portare quassù.

herauf|klettern *(vi, ist)* ~ salire (arrampicandosi), arrampicarsi su.
herauf|kommen *(vi, ist; irr kommen)* **1** salire (verso chi parla), venire su ♦ *komm bitte herauf!* vieni su, per favore! ♦ *die Treppe heraufkommen* venire su per le scale. **2** sorgere, spuntare (astri). **3** avvicinarsi (all'orizzonte) ♦ *ein Gewitter kommt herauf* si avvicina un temporale.
herauf|können *(vi, hat; irr können)* ~ *(fam)* poter salire, poter venire su.
herauf|lassen *(vt, hat; irr/ortogr lassen)* ~ lasciar salire, lasciar venire su; far salire.
herauf|müssen *(vi, hat; irr/ortogr müssen)* ~ *(fam)* dover salire, dover venire su.
herauf|schauen *(vt, hat)* ~ *(fam)* vedi **heraufsehen**.
herauf|sehen *(vi, hat; irr sehen)* ~ guardare su (verso chi parla), guardare in alto.
herauf|sollen *(vi, hat; irr sollen)* ~ *(fam)* dover salire, dover venire su.
herauf|steigen *(vi, ist; irr steigen)* **1** salire ♦ *er stieg zu mir herauf* salì da me ♦ *die Treppe heraufsteigen* salire su per le scale. **2** *(fig)* nascere, sorgere.
herauf|wollen *(vi, hat; irr wollen)* ~ *(fam)* voler salire, voler venire su.
herauf|ziehen[1] *(vi, ist; irr ziehen)* ~ avvicinarsi (all'orizzonte).
herauf|ziehen[2] *(vt, hat; irr ziehen)* ~ tirare su (verso chi parla).
heraus [hɛ'raus] *(avv)* ~ fuori (moto a luogo, verso chi parla) ♦ *heraus aus dem Bett! (fam)* fuori dal letto! ♦ *heraus mit dem Geld! (fam)* fuori i soldi! ◆ **heraus sein** **1** essere uscito, essere fuori *(anche fig)* ♦ *wir sind immer noch nicht aus dem Stau heraus* ancora non siamo usciti dall'ingorgo. **2** essere uscito, essere pubblicato. **3** *(fig)* venir fuori, saltare fuori.
heraus|arbeiten *(vt, hat)* ~ mettere in rilievo, far risaltare *(anche fig)*. ◆ **sich aus etwas herausarbeiten** *(vr)* tirarsi fuori da qcs, uscire (a fatica) da qcs *(anche fig)*.
heraus|bekommen *(vt, hat; irr bekommen)* **1** {*etwas aus etwas* ~} togliere, riuscire a togliere qcs da qcs ♦ *ich kann den Stecker nicht aus der Steckdose herausbekommen* non riesco a togliere la spina dalla presa. **2** {*jmdn aus etwas* ~} *(fig)* tirar fuori qcn da qcs (difficoltà e sim). **3** venire a sapere ♦ *ich habe herausbekommen, dass* sono venuta a sapere che. **4** *(fam)* risolvere (calcoli e sim). **5** ricevere (di resto).
heraus|bringen *(vt, hat; irr bringen)* **1** portare fuori (verso chi parla) ♦ *bring bitte noch einen Stuhl heraus* per favore, porta fuori un'altra sedia. **2** mettere sul mercato, lanciare. **3** pubblicare. **4** {*etwas aus etwas* ~} *(fam)* togliere qcs da qcs. **5** {*etwas aus jmdm* ~} *(fig/fam)* tirar fuori qcs da qcn, cavare qcs da qcn (confidenze e sim). **6** emettere, dire (suoni, parole, ecc).
heraus|dürfen *(vi, hat; irr dürfen)* ~ poter uscire, poter venire fuori.
heraus|fahren[1] *(vi, ist; irr fahren)* **1** uscire (verso chi parla, con un veicolo) ♦ *er öffnete das Garagentor und fuhr mit dem Motorrad heraus* aprì la porta del garage e uscì con la moto. **2** {*jmdm* ~} *(fig/fam)* scappare a qcn ♦ *ihm ist eine böse Bemerkung herausgefahren* gli è scappata un'osservazione cattiva.
heraus|fahren[2] *(vt, hat; irr fahren)* ~ portare fuori (verso chi parla, con un veicolo).
heraus|fallen *(vi, ist; irr fallen)* ~ {*(aus etwas)* ~} cadere fuori (da qcs) ♦ *die Tomaten sind aus der Salatschüssel herausgefallen* i pomodori sono caduti fuori dall'insalatiera.
heraus|finden *(vt, hat; irr finden)* ~ trovare, scoprire (dentro a una massa). ◆ **sich (aus etwas) herausfinden** *(vr)* trovare la strada (per uscire da qcs); *(fig)* trovare una via d'uscita da qcs ♦ *ich habe mich aus dem Labirynth alleine herausgefunden* ho trovato da sola la strada per uscire dal labirinto.
Herausforderer [-ˌfɔrdərɐ] *(m; -s, -; f* **-in***)* ~ sfidante *(anche sport)*.
heraus|fordern *(vt, hat)* **1** sfidare *(anche sport)* ♦ *jmdn zum Zweikampf herausfordern* sfidare qcn a duello. **2** provocare, sfidare.
herausfordernd [-ˌfɔrdɐnt] *(agg)* **1** provocatorio, di sfida. **2** *(avv)* provocatoriamente, con aria di sfida.

Herausforderung [-ˌfɔrdərʊŋ] *(f; -, -en)* ***1*** sfida *(anche sport)*. ***2*** provocazione.

heraus|geben *(vt,* hat; *irr* geben*)* ***1*** dare, passare fuori (verso chi parla) ♦ *gib mir den Eimer durchs Fenster heraus* passami il secchio dalla finestra. ***2*** restituire; dare (di resto) ♦ *ich kann nicht herausgeben* non ho da fare il resto. ***3*** pubblicare; curare (edizioni).

herausgegeben [-gəˌgeːbən] *(agg) (abbrev* **hg., hrsg.***)* ~ edito; a cura di ♦ *Schillers Werke, herausgegeben von* le opere di Schiller, a cura di.

Herausgeber [-ˌgeːbɐ] *(m; -s, -; f* **-in***) (abbr* **Hg., Hrsg.***)* ~ editore, curatore.

heraus|gehen *(vi,* ist; *irr* gehen*)* ***1*** uscire, venire fuori (verso chi parla). ***2*** {*aus etwas ~*} venire via (lasciarsi togliere) da qcs ♦ *der Fleck geht nicht heraus* la macchia non viene via. ◆ **aus sich herausgehen** sciogliersi, acquistare disinvoltura.

heraus|haben *(vt,* hat; *irr* haben*)* ***1*** aver tolto, aver eliminato, essere riuscito a togliere (persona o cosa) ♦ *endlich habe ich den Nagel aus der Wand heraus* finalmente sono riuscita a togliere il chiodo dalla parete. ***2*** aver trovato (soluzioni e sim), aver risolto (enigmi e sim) ♦ *ich habe die Lösung heraus* ho trovato la soluzione. ***3*** aver scoperto.

heraus|halten *(vt,* hat; *irr* halten*)* ***1*** tenere fuori, reggere fuori (verso l'esterno) ♦ *alle Leute hatten die Fenster geöffnet und hielten Fahnen heraus* tutta la gente aveva aperto le finestre e reggeva fuori delle bandiere. ***2*** {*jmdn/etwas aus etwas ~*} *(fig/fam)* tenere fuori qcn/qcs da qcn, lasciare qcn/qcs al di fuori ♦ *jmdn aus einer Angelegenheit heraushalten* tener fuori qcn da una faccenda. ◆ **sich heraushalten** *(vr) (fig)* tenersi al di fuori ♦ *ich möchte mich da heraushalten* vorrei tenermene fuori.

heraus|hängen[1] *(vi,* hat; *irr* hängen*)* ***1*** stare appeso fuori, essere appeso fuori ♦ *die Wäsche hängt heraus* il bucato è steso fuori (dalla finestra, dal balcone). ***2*** uscire fuori ♦ *das Hemd hängt dir aus der Hose heraus* ti esce fuori la camicia dai pantaloni.

heraus|hängen[2] *(vt,* hat*)* ~ appendere fuori ♦ *die Wäsche heraushängen* appendere fuori il bucato.

heraus|heben *(vt,* hat; *irr* heben*)* ***1*** {*jmdn/etwas aus etwas ~*} tirare fuori qcn/qcs da qcs (sollevandolo). ***2*** *(fig)* mettere in risalto, far risaltare. ◆ **sich herausheben** *(vr)* risaltare, spiccare.

heraus|holen *(vt,* hat*)* ***1*** tirare fuori, prendere ♦ *er machte die Schublade auf und holte ein T-Shirt heraus* aprì il cassetto e tirò fuori una maglietta. ***2*** {*jmdn aus etwas ~*} liberare qcn da qcs, trarre in salvo qcn da qcs. ***3*** *(fig/fam)* guadagnare, ricavare, trarre. ***4*** {*etwas aus jmdm ~*} *(fig/fam)* cavare qcs di bocca a qcn. ***5*** *(fig/fam)* trarre, ottenere (risultati, prestazioni ecc) ♦ *einen Sieg herausholen* ottenere una vittoria ♦ *aus jmdm/etwas das Letzte herausholen* spremere fino in fondo qcn/qcs, ottenere il massimo possibile da qcn/qcs.

heraus|kehren *(vt,* hat*)* ~ ostentare, vantare.

heraus|kommen *(vi,* ist; *irr* kommen*)* ***1*** uscire, venire fuori ♦ *er ist seit drei Stunden in seinem Zimmer und ist noch nicht herausgekommen* è da tre ore nella sua stanza e non è ancora uscito. ***2*** {*(aus etwas) ~*} *(fig/fam)* venire fuori (da qcs), trovare una via d'uscita (da qcs). ***3*** uscire (essere messo sul mercato; essere pubblicato). ***4*** {*mit etwas ~*} uscire con qcs, lanciare qcs sul mercato ♦ *wir sind mit einem neuen Handy, mit einem neuen Lexikon herausgekommen* siamo usciti con un nuovo telefono cellulare, con una nuova enciclopedia. ***5*** {*mit etwas ~*} esprimere qcs (timidamente) ♦ *mit einer Bitte herauskommen* esprimere una richiesta. ***6*** risaltare. ***7*** *(fig/fam)* saltare fuori, essere scoperto *es ist noch nicht herausgekommen, wer der Täter war* non è ancora saltato fuori chi è stato. ***8*** risultare, derivare *(anche fig)* ♦ *was ist bei der Rechnung herausgekommen?* cosa è risultato dal calcolo? ◆ **groß herauskommen** *(fig/fam)* sfondare, avere successo. ◆ **das kommt auf dasselbe/auf eins heraus** *(fig)* non cambia niente, il risultato è sempre lo stesso.

herausǀkönnen *(vi,* hat; *irr* können*)* ~ poter uscire, poter venire fuori.

herausǀlassen *(vt,* hat; *irr/ortogr* lassen*)* ~ lasciar uscire, far uscire.

herausǀmachen *(vt,* hat*)* ~ {*etwas aus etwas* ~} *(fam)* togliere qcs da qcs, eliminare qcs da qcs. ◆ **sich herausmachen** *(vr)* ***1*** *(fam)* crescere. ***2*** *(fam)* fare fortuna.

herausǀmüssen *(vi,* hat; *irr/ortogr* müssen*)* ~ dover uscire, dover venire fuori.

herausǀnehmen *(vt,* hat; *irr* nehmen*)* ***1*** tirare fuori, estrarre (da qcs) ♦ *sie öffnete ihre Geldbörse und nahm eine Münze heraus* aprì il borsellino e tirò fuori una moneta. ***2*** togliere, asportare (organi) ♦ *ihm wurde die Milz herausgenommen* gli è stata tolta la milza. ◆ **sich** (Dat) **etwas herausnehmen** *(fig)* permettersi qcs, prendersi la libertà di qcs ♦ *du hast dir zu viel herausgenommen* ti sei permesso troppo.

herausǀputzen *(vt,* hat*)* ~ agghindare, addobbare.

herausǀreden *(vr,* hat*)* ~ **sich mit etwas herausreden** *(fam)* addurre qcs come scusa.

herausǀreißen *(vt,* hat; *irr/ortogr* reißen*)* ***1*** {*etwas (aus etwas)* ~} strappare, strappare via qcs da qcs. ***2*** sradicare, estirpare (piante e sim). ***3*** estrarre, togliere (denti). ***4*** {*jmdn aus etwas* ~} *(fig)* strappare qcn da qcs, sradicare qcn da qcs. ***5*** *(fam)* tirare fuori dai guai.

herausǀrücken[1] *(vi,* ist*)* ~ {*mit etwas* ~} rivelare qcs (esitando), venir fuori con qcs ♦ *nach langem Zögern rückte er mit der Wahrheit heraus* dopo una lunga esitazione rivelò la verità.

herausǀrücken[2] *(vt,* hat*)* ***1*** spingere fuori, spostare fuori. ***2*** *(fig)* tirare fuori, pagare.

herausǀrutschen *(vi,* ist*)* ***1*** scivolare fuori. ***2*** *(fig/fam)* scappare ♦ *mir ist ein Schimpfwort herausgerutscht* mi è scappata una parolaccia.

herausǀschlagen *(vt,* hat; *irr* schlagen*)* ***1*** abbattere, buttare giù. ***2*** *(fam)* guadagnare.

herausǀsollen *(vi,* hat; *irr* sollen*)* ~ dover uscire, dover venire fuori.

herausǀspringen *(vi,* ist; *irr* springen*)* ***1*** {*(aus etwas)* ~} saltare fuori, saltare giù (da qcs). ***2*** {*bei etwas* ~} *(fig/fam)* risultare, derivare, venire, essere ricavato ♦ *bei dem Verkauf ist viel Geld für ihn herausgesprungen* dalla vendita gli sono venuti molti soldi.

herausǀstellen *(vt,* hat*)* ***1*** mettere fuori ♦ *stell den Liegestuhl heraus* metti fuori la sdraio. ***2*** *(fig)* evidenziare, far risaltare. ◆ **sich herausstellen** *(vr)* rivelarsi, risultare ♦ *die Nachricht hat sich als falsch herausgestellt* la notizia si è rivelata falsa ♦ *es hat sich herausgestellt, dass* è risultato che.

herausǀsuchen *(vt,* hat*)* ~ scegliere, selezionare.

herausǀtreten *(vi,* ist; *irr* treten*)* ~ uscire, venire fuori ♦ *der Chef trat wütend aus seinem Büro heraus* il capo uscì infuriato dal suo ufficio.

herausǀwachsen *(vi,* ist; *irr* wachsen*)* ***1*** {*(aus etwas)* ~} crescere, spuntare, fuoriuscire (da qcs). ***2*** {*aus etwas* ~} *(fig/fam)* essere cresciuto troppo per qcs (indumenti) ♦ *er ist aus der Hose herausgewachsen* i pantaloni non gli stanno più.

herausǀwagen *(vr,* hat*)* ~ **sich herauswagen** osare uscire (fuori).

herausǀwerfen *(vt,* hat; *irr* werfen*)* ~ gettare, buttare fuori (verso chi parla) ♦ *wirfst du mir bitte meine Schlüssel heraus?* per favore, mi butti le chiavi (dalla finestra)?

herausǀwirtschaften *(vt,* hat*)* ~ ricavare, realizzare (utile).

herausǀwollen *(vi,* hat; *irr* wollen*)* ~ voler uscire, voler venire fuori.

herausǀziehen *(vt,* hat; *irr* ziehen*)* ***1*** {*jmdn/etwas (aus etwas)* ~} tirare fuori qcn/qcs (da qcs), estrarre qcn/qcs (da qcs). ***2*** *(fig)* estrapolare ♦ *alle Fremdwörter aus einem Text herausziehen* estrapolare tutte le parole straniere da un testo.

herb [hɛrp] *(agg)* ***1*** acre, aspro (gusto; odore). ***2*** *(fig)* amaro, doloroso. ***3*** *(fig)* duro, aspro (comportamento, commento, ecc).

herbei [hɛɐ'bai] *(avv)* ~ qui, qua (moto a luogo, verso chi parla).

herbeiǀeilen *(vi,* ist*)* ~ accorrere (verso chi parla).

herbei|führen *(vt,* hat*)* ~ *(fig)* causare, provocare.
herbei|holen *(vt,* hat*)* ~ andare a chiamare ♦ *den Arzt herbeiholen* andare a chiamare il medico.
herbei|kommen *(vi,* ist; *irr* kommen*)* ~ venire qua, avvicinarsi (verso chi parla).
herbei|laufen *(vi,* ist; *irr* laufen*)* ~ correre qua, accorrere.
herbei|rufen *(vt,* hat; *irr* rufen*)* ~ chiamare (verso chi parla), chiamare qua.
herbei|schaffen *(vt,* hat*)* ~ procurare, portare (qua).
herbei|sehnen *(vt,* hat*)* ~ bramare, attendere con ansia (persona o cosa).
Herberge ['hɛrbɛrgə] *(f;* -, -n*)* ***1*** *(abbrev di* **Jugendherberge***)* ostello (della gioventù). ***2*** locanda.
Herbheit ['hɛrp,hait] *(f;* -*)* ~ asprezza, acredine *(anche fig)*.
her|bitten *(vt,* hat; *irr* bitten*)* ~ {*jmdn* ~} pregare qcn di venire.
her|bringen *(vt,* hat; *irr* bringen*)* ~ portare qua (verso chi parla).
Herbst [hɛrpst] *(m;* -(e)s, -e*)* ~ autunno ♦ *im Herbst* in autunno.
herbstlich [-lɪç] *(agg)* ~ autunnale.
Herd ['heːɐt] *(m;* -(e)s, -e*)* ***1*** cucina (economica); fuoco ♦ *elektrischer, vierflammiger Herd* cucina elettrica, a quattro fornelli ♦ *einen Topf auf den Herd stellen* mettere una pentola sul fuoco. ***2*** *(fig)* focolare (domestico). ***3*** *(fig)* centro, focolaio *(anche med)*. ◆ **eigener Herd ist Goldes wert** *(prov)* ad ogni uccello il suo nido è bello.
Herde ['heːɐdə] *(f;* -, -n*)* ***1*** mandria; gregge; branco. ***2*** *(fig)* branco ♦ *eine Herde Touristen* un branco di turisti. ◆ **der Herde folgen/mit der Herde laufen** *(fig)* seguire il branco.
Herdplatte ['heːɐt,platə] *(f;* -, -n*)* ~ fornello.
herein [hɛ'rain] *(avv)* ~ dentro (moto a luogo, verso chi parla). ◆ **herein!** avanti! (invito ad entrare).
herein|brechen *(vi,* ist; *irr* brechen*)* ***1*** precipitare, cadere (verso l'interno). ***2*** {*über jmdn/etwas* ~} *(fig)* abbattersi su qcn (calamità e sim).
herein|bringen *(vt,* hat; *irr* bringen*)* ~ portare dentro (verso chi parla).
herein|dürfen *(vi,* hat; *irr* dürfen*)* ~ *(fam)* poter entrare, poter venire dentro.
herein|fallen *(vi,* ist; *irr* fallen*)* ***1*** cadere dentro; penetrare (luce e sim). ***2*** {*(bei/mit etwas)* ~} *(fig/fam)* cascarci, prendere una fregatura (con qcs). ***3*** {*auf jmdn* ~} lasciarsi abbindolare da qcn.
herein|führen *(vt,* hat*)* ~ condurre dentro, accompagnare dentro (verso chi parla).
herein|holen *(vt,* hat*)* ***1*** portare dentro (verso chi parla). ***2*** *(fig/fam)* recuperare (perdite), guadagnare.
herein|kommen *(vi,* ist; *irr* kommen*)* ~ venire dentro, entrare (verso chi parla) ♦ *kommen Sie bitte herein* entri, per favore.
herein|können *(vi,* hat; *irr* können*)* ~ *(fam)* poter entrare, poter venire dentro.
herein|lassen *(vt,* hat; *irr/ortogr* lassen*)* ~ lasciar entrare, lasciar venire dentro.
herein|legen *(vt,* hat*)* ***1*** mettere dentro (verso chi parla). ***2*** *(fig/fam)* imbrogliare, raggirare.
herein|müssen *(vi,* hat; *irr/ortogr* müssen*)* ~ *(fam)* dover entrare, dover venire dentro.
herein|regnen *(meteor,* hat*)* ~ piovere dentro ♦ *ich kann in meinem Zimmer nicht schlafen, es regnet herein* non posso dormire nella mia camera, ci piove dentro.
herein|schauen *(vt,* hat*)* ***1*** guardare dentro. ***2*** {*bei jmdm* ~} *(fig/fam)* fare una capatina da qcn.
herein|schneien *(meteor,* hat*)* ***1*** nevicare dentro. ***2*** *(vi, aux* ist*)* {*(bei jmdm)* ~} *(fig/fam)* piovere in casa (a qcn), presentarsi inaspettatamente (da qcn).
herein|sollen *(vi,* hat; *irr* sollen*)* ~ *(fam)* dover entrare, dover venire dentro.
herein|stellen *(vt,* hat*)* ~ mettere dentro (verso chi parla) ♦ *es fängt an zu regnen, stell die Liegestühle herein* comincia a piovere, metti dentro le sdraio.
herein|strömen *(vi,* ist*)* ***1*** scorrere dentro. ***2*** *(fig)* affluire, entrare in massa.
herein|tragen *(vt,* hat; *irr* tragen*)* ~ portare dentro (verso chi parla).
herein|wollen *(vi,* hat; *irr* wollen*)* ~ *(fam)* voler entrare, voler venire dentro.
her|fallen *(vi,* ist; *irr* fallen*)* ***1*** {*über jmdn* ~} assalire qcn, aggredire qcn. ***2*** {*über jmdn* ~} *(fig)* aggredire qcn, criticare

qcn. ***3*** {*über etwas* (Acc) ~} buttarsi avidamente su qcs (cibi).

Hergang ['heːɐ̯ˌgaŋ] *(m*; -(e)s*)* ~ dinamica, corso (di un evento).

her|geben *(vt*, hat; *irr* geben*)* ***1*** dare, passare ♦ *gib mir mal die Zeitung her* dammi qua il giornale. ***2*** dare via, regalare. ◆ **sich zu etwas hergeben** *(vr)* prestarsi a qcs (di poco pulito).

hergebracht ['heːɐ̯gəˌbraxt] *(agg)* ~ tradizionale, consueto.

her|gehen *(vi*, ist; *irr* gehen*)* ***1*** andare, procedere ♦ *hinter jmdm hergehen* andare dietro a qcn ♦ *neben jmdm hergehen* camminare accanto a qcn ♦ *vor jmdm hergehen* camminare davanti a qcn, precedere qcn. ***2*** {*über jmdn* ~} *(fam)* dare addosso a qcn, criticare qcn. ***3*** *(impers)* andare, procedere ♦ *es geht lustig her* ci si diverte.

her|haben *(vt*, hat; *irr* haben*)* ~ *(fam)* avere, avere ricevuto, avere preso ♦ *wo/von wem hast du dieses Geld her?* dove/da chi hai preso questi soldi?

her|halten *(vt*, hat; *irr* halten*)* ***1*** porgere (verso chi parla) ♦ *halt bitte dein Glas her* porgimi il tuo bicchiere, per favore. ***2*** {*für jmdn* ~} *(vi)* *(fig)* pagare per qcn. ◆ **als/für etwas herhalten müssen** *(fam)* dover fare da ♦ *er musste schon wieder als Sündenbock herhalten* ha dovuto fare di nuovo da capro espiatorio.

her|hören *(vi*, hat*)* ~ ascoltare (chi parla).

Hering ['heːrɪŋ] *(m*; -s, -e*)* ~ *(zool)* aringa. ◆ **dünn wie ein Hering** *(fig/fam)* secco come un'acciuga. ◆ **wie die Heringe sitzen, stehen** *(fig)* stare seduti, stare in piedi stretti come le sardine.

her|kommen *(vi*, ist; *irr* kommen*)* ***1*** venire (verso chi parla) ♦ *komm her!* vieni qui! ***2*** {*von jmdm/etwas* ~} venire da qcn/qcs, derivare da qcn/qcs ♦ *wo kommen Sie denn her?* da dove viene? di dove è?

herkömmlich ['heːɐ̯ˌkœmlɪç] *(agg)* ~ tradizionale, consueto.

Herkunft ['heːɐ̯ˌkʊnft] *(f*; -, *raro* -künfte*)* ~ origine, provenienza ♦ *von adliger Herkunft sein* essere di nobili origini ♦ *sie ist italienischer Herkunft* è di origini italiane. ◆ **die soziale Herkunft** l'estrazione sociale.

Herkunftsland ['heːɐ̯kʊnftsˌlant] *(n*; -(e)s, -länder*)* ~ paese d'origine.

her|leiten *(vt*, hat*)* ~ {*etwas (aus etwas)* ~} derivare, dedurre qcs (da qcs); far risalire qcs a qcs. ◆ **sich von etwas herleiten** *(vr)* derivare da qcs, risalire a qcs.

her|machen *(vr*, hat*)* ~ **sich hermachen *1*** {*sich über etwas* (Acc) ~} *(fig)* buttarsi su qcs ♦ *sich über eine Arbeit, über das Essen hermachen* buttarsi su un lavoro, sul cibo. ***2*** {*sich über jmdn* ~} *(fig)* criticare qcn, dare addosso a qcn. ◆ **viel hermachen** fare una buona impressione.

Hermelin [hɛrmə'liːn] *(n*; -s, -e*)* ~ *(zool)* ermellino.

hermetisch [hɛr'meːtɪʃ] *(agg)* ~ ermetico.

her|nehmen *(vt*, hat; *irr* nehmen*)* ~ prendere, procurarsi ♦ *wo soll ich das Geld hernehmen?* dove li devo prendere i soldi?

Hernie ['hɛrnjə] *(f*; -, -n*)* ~ *(med)* ernia.

Heroin [hero'iːn] *(n*; -s*)* ~ eroina (droga).

heroisch [he'roːɪʃ] *(agg)* ~ eroico.

Herr [hɛr] *(m*; -n, -en*)* ***1*** signore, uomo ♦ *ein Herr hat angerufen* ha telefonato un signore. ***2*** signore, signor ♦ *Herr Schulz* (il) signor Schulz ♦ *Herr Direktor* (il) signor direttore. ***3*** *(f* **-in***)* signore, padrone; sovrano ♦ *ein gerechter Herr* un signore giusto. ***4*** *(relig)* Signore, Dio ♦ *Herr Jesus* il Signore Gesù. ***5*** *(pl)* *(sport)* uomini. ◆ **Herr der Lage sein** essere padrone della situazione. ◆ **Herr über jmdn/etwas sein** *(fig)* dominare qcn/qcs, essere padrone di qcn/qcs.

Herrchen [-çən] *(n*; -s, -*)* ~ padrone (di cane e sim).

Herrenbekleidung [-ənbəˌklaidʊŋ] *(f*; -, -en*)* ~ abbigliamento da uomo.

herrenlos [-ənˌloːs] *(agg)* ~ di nessuno, senza padrone; abbandonato.

Herrentoilette [-əntwaˌlɛtə] *(f*; -, -n*)* ~ gabinetto per uomini.

Herrgott [-ˌgɔt] *(m*; -(e)s*)* ~ Signore, Dio. ◆ **Herrgott noch mal!** accidenti!

her|richten *(vt*, hat*)* ***1*** preparare, sistemare. ***2*** riparare, risistemare.

herrisch ['hɛrɪʃ] *(agg)* ~ imperioso, dispotico.

herrlich ['hɛrlɪç] *(agg)* ~ splendido, stupendo, meraviglioso ♦ *ein herrlicher Anblick* una vista stupenda.

Herrlichkeit [-ˌkait] *(f; -, -en)* ~ splendore, meraviglia.

Herrschaft [ˈhɛrʃaft] *(f; -, -en)* ***1*** potere, dominio ♦ *die Herrschaft über jmdn/etwas ausüben* esercitare il potere su qcn/qcs ♦ *unter jmds Herrschaft* sotto il dominio di qcn. ***2*** *(fig)* dominio, controllo ♦ *er verlor die Herrschaft über das Auto* perse il controllo dell'auto. ***3*** *(pl)* signori ♦ *was wünschen die Herrschaften?* i signori desiderano?

herrschaftlich [-lɪç] *(agg)* ~ signorile, distinto.

herrschen [ˈhɛrʃən] *(vi, hat)* ***1*** {*über jmdn/etwas* ~} dominare, regnare su qcn/qcs. ***2*** *(fig)* regnare, esserci ♦ *es herrschte das absolute Chaos* regnava il caos più assoluto.

herrschend [-t] *(agg)* ***1*** dominante, predominante ♦ *die herrschende Meinung* l'opinione dominante. ***2*** vigente ♦ *das herrschende Gesetz* la legge vigente.

Herrscher [ˈhɛrʃɐ] *(m; -s, -; f* **-in***)* ~ sovrano, signore; dominatore.

her|rühren *(vi, hat)* ~ {*von etwas* ~} derivare da qcs, avere origine in qcs.

her|schauen *(vi, hat)* *(region)* ~ guardare (verso chi parla).

her|sehen *(vi, hat; irr* sehen*)* ~ guardare (verso chi parla).

her|stellen *(vt, hat)* ***1*** produrre, fabbricare ♦ *etwas maschinell, serienmäßig, von Hand herstellen* produrre qcs a macchina, in serie, a mano. ***2*** *(fig)* stabilire (legami e sim). ***3*** *(fig)* ristabilire, ripristinare ♦ *Ruhe und Ordnung wieder herstellen* ripristinare l'ordine e la tranquillità. ***4*** *(fam)* mettere (verso chi parla). ◆ **sich herstellen** *(vr)* *(fig)* stabilirsi, prodursi, crearsi. ◆ **wieder hergestellt sein** essere guarito, essere ristabilito.

Hersteller [ˈheːɐʃtɛlɐ] *(m; -s, -; f* **-in***)* ~ produttore.

Herstellung [ˈheːɐʃtɛlʊŋ] *(f; -)* ***1*** produzione, fabbricazione. ***2*** *(fig)* realizzazione, creazione.

herüber [hɛˈryːbɐ] *(avv)* ~ da questa parte, di qua (moto a luogo, verso chi parla).

herüber|bringen *(vt, hat; irr* bringen*)* ~ portare qua, portare da questa parte.

herüber|dürfen *(vi, hat; irr* dürfen*)* ~ *(fam)* poter venire di qua.

herüber|fahren *(vi, ist; irr* fahren*)* ~ venire qua, venire da questa parte (con un veicolo).

herüber|geben *(vt, hat; irr* geben*)* ~ dare qua, passare qua ♦ *gibst du mir bitte das Brot herüber?* mi passi il pane, per favore?

herüber|holen *(vt, hat)* ~ portare qua, portare da questa parte.

herüber|kommen *(vi, ist; irr* kommen*)* ***1*** venire qua, venire da questa parte. ***2*** {*zu jmdm* ~} passare da qcn, fare un salto da qcn ♦ *komm doch mal heute Abend zu mir herüber!* fai un salto da me stasera!

herüber|können *(vi, hat; irr* können*)* ~ *(fam)* poter venire di qua.

herüber|lassen *(vt, hat; irr/ortogr* lassen*)* ~ *(fam)* lasciar venire di qua.

herüber|müssen *(vi, hat; irr/ortogr* müssen*)* ~ *(fam)* dover venire di qua.

herüber|reichen[1] *(vi, hat)* ~ {*bis zu jmdm/etwas* ~} arrivare fino a qcn/qcs (essere lungo abbastanza).

herüber|reichen[2] *(vt, hat)* ~ passare qua, passare da questa parte ♦ *reichst du mir bitte das Salz herüber?* mi passi il sale, per favore?

herüber|sollen *(vi, hat; irr* sollen*)* ~ *(fam)* dover venire di qua.

herüber|wollen *(vi, hat; irr* wollen*)* ~ *(fam)* voler venire di qua.

herüber|ziehen *(vt, hat; irr* ziehen*)* ~ tirare qua, tirare da questa parte. ◆ **jmdn zu sich herüberziehen** *(fig)* tirare qcn dalla propria parte.

herum [hɛˈrʊm] *(avv)* ~ intorno, tutto intorno ♦ *im Kreis herum* in circolo. ◆ **anders herum** dall'altra parte, per l'altro verso. ◆ **verkehrt herum** nel verso sbagliato, capovolto. ◆ **um... herum** ***1*** intorno a ♦ *um das Haus herum* intorno alla casa. ***2*** intorno a, verso ♦ *um Weihnachten herum* intorno a Natale ♦ *um die sechzig herum* intorno alla sessantina. ◆ **herum sein** essere passato, essere finito. ◆ **um jmdn herum sein** *(fam)* star dietro a qcn, occuparsi di qcn.

herum|drehen *(vt, hat)* ***1*** girare ♦ *den Schlüssel im Schloss herumdrehen* girare la chiave nella serratura. *2* *(fam)* girare dall'altra parte, voltare. ◆ **sich herumdrehen** *(vr)* *1* girarsi, voltarsi. *2* rigirarsi, rivoltarsi ♦ *sich im Schlaf herumdrehen* rigirarsi nel sonno.

herum|drücken *(vr,* hat*)* ~ **sich herumdrücken** *1* girare qua e là, bighellonare. *2* {*sich um etwas* ~} *(fig/fam)* evitare qcs (lavoro, incarico, ecc).

herum|experimentieren *(vi,* hat*)* ~ {*an etwas* (Dat) ~} *(fam)* fare esperimenti con qcs ♦ *er experimentiert schon den ganzen Tag am neuen PC herum* è tutto il giorno che fa esperimenti con il nuovo PC.

herum|fahren[1] *(vi,* ist; *irr* fahren*)* *1* {*um etwas* ~} girare intorno a qcs (con un veicolo). *2* girare, andare in giro (con un veicolo). *3* *(fam)* voltarsi di scatto. ◆ **mit den Händen in der Luft herumfahren** *(fam)* gesticolare.

herum|fahren[2] *(vt,* hat; *irr* fahren*)* ~ scarrozzare, portare in giro (con un veicolo).

herum|führen *(vt,* hat*)* *1* accompagnare, portare in giro, condurre ♦ *jmdn im Museum herumführen* portare qcn in giro per il museo. *2* {*etwas um etwas* ~} costruire qcs intorno a qcs (recinzioni e sim) ♦ *einen Zaun um den Garten herumführen* costruire un recinto intorno al giardino. *3* {*um etwas* ~} *(vi)* girare intorno a qcs (strade e sim) ♦ *der Weg führt um den See herum* la strada gira intorno al lago.

herum|gehen *(vi,* ist; *irr* gehen*)* *1* {*um jmdn/etwas* ~} girare intorno a qcn/qcs. *2* andare in giro, girare ♦ *in der Stadt herumgehen* girare per la città. *3* *(fam)* girare, fare il giro, passare di mano in mano (oggetti) ♦ *das Fotoalbum ging bei den Gästen herum* l'album di fotografie fece il giro fra gli ospiti. *4* passare (tempo).

herum|hängen *(vi,* hat; *irr* hängen*)* ~ essere appeso (disordinatamente).

herum|kommandieren *(vi/vt,* hat*)* ~ *(fam)* comandare a bacchetta.

herum|kommen *(vi,* ist; *irr* kommen*)* *1* svoltare (dietro qcs). *2* *(fam)* viaggiare, andare in giro ♦ *in der Welt herumkommen* andare in giro per il mondo. *3* {*um etwas* ~} *(fig/fam)* aggirare, scansare qcs.

herum|kriegen *(vt,* hat*)* ~ {*jmdn* ~} *(fam)* (riuscire a) convincere qcn, (riuscire a) far cambiare parere a qcn.

herum|laufen *(vi,* ist; *irr* laufen*)* *1* andare in giro, girare. *2* *(fam)* andare in giro, girare (vestito in un certo modo) ♦ *er läuft zu Hause immer halb nackt herum* gira sempre seminudo per casa.

herum|liegen *(vi,* hat; *irr* liegen*)* *1* essere situato intorno. *2* *(fam)* essere sparpagliato in giro.

herum|lungern *(vi,* hat*)* ~ *(fam)* bighellonare, andare a zonzo.

herum|reden *(vi,* hat*)* ~ {*um etwas* ~} girare intorno a qcs (discorsi e sim).

herum|reiten *(vi,* ist; *irr* reiten*)* *1* girare a cavallo. *2* {*um etwas* ~} girare intorno a qcs (a cavallo). *3* {*auf etwas* (Dat) ~} *(fig)* ribattere su qcs (di spiacevole). *4* {*auf jmdm* ~} criticare qcn.

herum|schlagen *(vt,* hat; *irr* schlagen*)* ~ {*etwas um etwas* ~} avvolgere qcs intorno a qcs. ◆ **sich herumschlagen** *(vr)* *1* {*sich mit jmdm* ~} azzuffarsi con qcn. *2* {*sich mit etwas* ~} *(fig/fam)* essere alle prese con qcs (difficoltà e sim).

herum|schleppen *(vt,* hat*)* *1* {*etwas (mit sich)* ~} trascinare in giro (con sé), trascinarsi dietro, portarsi dietro. *2* {*jmdn* ~} *(fig)* trascinare in giro qcn. *3* {*etwas (mit sich)* ~} *(fig)* trascinarsi dietro qcs (difficoltà, malattie, ecc).

herum|sprechen *(vr,* hat; *irr* sprechen*)* ~ **sich herumsprechen** diffondersi (notizie e sim).

herum|stehen *(vi,* hat; *irr* stehen*)* *1* {*um jmdn/etwas* ~} stare (in piedi) intorno a qcn/qcs ♦ *alle standen um die Unfallsstelle herum* tutti stavano intorno al luogo dell'incidente. *2* essere sparso in giro, stare fuori posto. *3* *(fam)* star lì (senza fare niente).

herum|stoßen *(vt,* hat; *irr* stoßen*)* ~ sballottare.

herum|tragen *(vt,* hat; *irr* tragen*)* *1* {*etwas (mit sich)* ~} portare in giro (con sé), portarsi dietro *(anche fig)*. *2* *(spreg)* diffondere, raccontare (notizie e sim).

herum|treiben *(vr,* hat; *irr* treiben*)* ~ **sich herumtreiben** girare, andare in giro, vagare ♦ *er hat sich die ganze Nacht in*

Kneipen herumgetrieben è andato in giro per locali tutta la notte.

herum|werfen *(vt,* hat; *irr* werfen*)* ***1*** gettare tutto intorno, sparpagliare. ***2*** girare nell'altra direzione (repentinamente); sterzare, virare ♦ *als er den Fußgänger sah, warf er das Steuer herum* quando vide il pedone, sterzò di scatto.

herum|ziehen[1] *(vi,* ist; *irr* ziehen*)* ***1*** girare, girovagare. ***2*** {*um etwas ~*} girare intorno a qcs.

herum|ziehen[2] *(vt,* hat; *irr* ziehen*)* ~ trascinare in giro, tirarsi dietro (persona o cosa). ◆ **sich (um etwas) herumziehen** circondare qcs, girare (intorno a qcs) ♦ *ein Zaun zieht sich um den Garten herum* un recinto gira intorno al giardino.

herunter [hɛ'rʊntɐ] *(avv)* ~ giù, in basso (moto a luogo, verso chi parla). ◆ **herunter sein** ***1*** *(fam)* essere giù (di salute); essere giù di corda. ***2*** *(fam)* essere in rovina (economicamente).

herunter|bringen *(vt,* hat; *irr* bringen*)* ***1*** portare giù (verso chi parla). ***2*** *(fig/fam)* buttare giù, rovinare.

herunter|dürfen *(vi,* hat; *irr* dürfen*)* ~ *(fam)* poter scendere, poter venire giù.

herunter|fallen *(vi,* ist; *irr* fallen*)* ~ cadere giù (verso chi parla).

herunter|gehen *(vi,* ist; *irr* gehen*)* ***1*** andare giù, scendere ♦ *er ging den Steig herunter* andò giù per il sentiero. ***2*** *(fig/fam)* calare, diminuire.

heruntergekommen [-gəˌkɔmən] *(agg)* ~ malridotto, rovinato (persona o cosa).

herunter|holen *(vt,* hat*)* ***1*** portare giù (verso chi parla). ***2*** *(fam)* abbattere, tirare giù (aerei, uccelli).

herunter|kommen *(vi,* ist; *irr* kommen*)* ***1*** venire giù (verso chi parla), scendere giù ♦ *die Treppe herunterkommen* scendere le scale (verso chi parla) ♦ *komm bitte in den Keller herunter* scendi quaggiù in cantina, per favore. ***2*** andare in rovina, andare in malora. ***3*** deperire.

herunter|können *(vi,* hat; *irr* können*)* ~ *(fam)* poter scendere, poter venire giù.

herunter|kurbeln *(vt,* hat*)* ~ abbassare (finestrini).

herunter|laden *(vt,* hat; *irr* laden*)* ~ *(elab)* scaricare.

herunter|lassen *(vt,* hat; *irr/ortogr* lassen*)* ***1*** lasciar scendere. ***2*** calare, tirare giù ♦ *das Rollo herunterlassen* tirare giù l'avvolgibile.

herunter|laufen *(vi,* ist; *irr* laufen*)* ~ venir giù, scender, correre giù (verso chi parla).

herunter|machen *(vt,* hat*)* ~ *(fig/fam)* criticare, stroncare.

herunter|müssen *(vi,* hat; *irr/ortogr* müssen*)* ~ *(fam)* dover scendere, dover venire giù.

herunter|reißen *(vt,* hat; *irr/ortogr* reißen*)* ***1*** strappare (giù), tirare giù ♦ *ein Plakat herunterreißen* strappare un manifesto. ***2*** *(fig/fam)* criticare, stroncare.

herunter|schrauben *(vt,* hat*)* ~ *(fig)* ridimensionare, abbassare (aspettative e sim).

herunter|sollen *(vi,* hat; *irr* sollen*)* ~ *(fam)* dover scendere, dover venire giù.

herunter|werfen *(vt,* hat; *irr* werfen*)* ~ buttare giù, gettare giù (verso chi parla) ♦ *wirf mir bitte meinen Geldbeutel herunter* buttami giù il borsellino, per favore.

herunter|wollen *(vi,* hat; *irr* wollen*)* ~ *(fam)* voler scendere, voler venire giù.

hervor [hɛɐ'foːɐ] *(avv)* ~ fuori, in fuori, verso l'esterno (moto a luogo).

hervor|bringen *(vt,* hat; *irr* bringen*)* ***1*** {*etwas aus etwas ~*} *(fam)* tirare fuori qcs da qcs, estrarre qcs da qcs. ***2*** produrre, creare *(anche fig)* ♦ *diese Universität hat viele berühmte Wissenschaftler hervorgebracht* questa università ha prodotto molti famosi scienziati. ***3*** produrre (melodie e sim).

hervor|gehen *(vi,* ist; *irr* gehen*)* ***1*** {*aus etwas ~*} *(lett)* nascere da qcs, derivare da qcs, avere origine in qcs ♦ *aus der Ehe gingen zwei Kinder hervor* dal matrimonio nacquero due bambini. ***2*** {*aus etwas ~*} derivare, risultare, conseguire ♦ *daraus geht hervor, dass* ne consegue che. ◆ **aus etwas siegreich/als Sieger hervorgehen** uscire vittorioso da qcs.

hervor|heben *(vt,* hat; *irr* heben*)* ~ *(fig)* evidenziare, sottolineare, mettere in risalto.

hervor|ragen *(vi,* hat*)* ***1*** {*aus etwas ~*} sporgere da qcs; emergere da qcs. ***2*** *(fig)* emergere, distinguersi.

hervorragend [-ˌraːgənt] *(agg)* **1** sporgente. **2** *(fig)* eminente, illustre. **3** *(fig)* straordinario, eccellente.

hervor|rufen *(vt,* hat; *irr* rufen*)* **1** {*jmdn (aus etwas)* ~} chiamare qcn fuori, dire a qcn di uscire (da qcs). **2** *(fig)* suscitare, provocare.

hervor|schießen *(vi,* ist; *irr/ortogr* schießen*)* ~ {*(aus etwas)* ~} *(fig)* spuntare fuori, sprizzare fuori (da qcs).

hervor|springen *(vi,* ist; *irr* springen*)* ~ {*(aus etwas)* ~} saltare fuori, balzare fuori (da qcs).

hervor|stehen *(vi,* hat; *irr* stehen*)* ~ sporgere.

hervor|treten *(vi,* ist; *irr* treten*)* **1** {*(aus etwas)* ~} uscire (da qcs), venire fuori (da qcs). **2** *(fig)* risaltare. **3** {*mit etwas* ~} *(fig)* uscire con qcs, pubblicare qcs ♦ *der Dichter ist mit einer neuen Sammlung herausgetreten* il poeta è uscito con una nuova raccolta.

hervor|tun *(vr,* hat; *irr* tun*)* ~ **sich hervortun** distinguersi, mettersi in evidenza ♦ *sie hat sich als Athletin hervorgetan* si è distinta come atleta.

Herweg [ˈheːɐ̯ˌveːk] *(m;* -(e)s, -e*)* ~ ritorno, strada del ritorno (verso chi parla) ♦ *auf dem Herweg* al ritorno, sulla strada del ritorno.

Herz [hɛrts] *(n;* -ens, -en*)* **1** *(anat)* cuore ♦ *das Herz klopft/pocht/schlägt* il cuore batte ♦ *jmdm das Herz abhorchen* auscultare il cuore a qcn ♦ *mein Herz schlug höher vor Angst* mi batteva forte il cuore dalla paura ♦ *das Herz schlug mir bis zum Halse* mi andò il cuore in gola. **2** *(fig)* cuore, animo; sentimento ♦ *ein Herz aus Stein haben* avere un cuore di pietra. **3** *(fig)* cuore, centro ♦ *das Herz der Stadt* il cuore della città. **4** cuori (seme delle carte). ◆ **jmdm sein Herz ausschütten** *(fig)* sfogarsi con qcn, confidarsi con qcn. ◆ **alles, was das Herz begehrt** tutto quello che una persona può desiderare. ◆ **jmdm das Herz brechen** *(fig)* spezzare il cuore a qcn. ◆ **nicht das Herz haben, etwas zu tun** non avere il coraggio di fare qcs. ◆ **das Herz auf dem rechten Fleck haben** *(fig)* essere una persona dal cuore buono. ◆ **das Herz auf der Zunge tragen** *(fig)* parlare con il cuore in mano. ◆ **ein Herz für jmdn/etwas haben** amare qcn/qcs ♦ *er hat ein Herz für Tiere* ama gli animali. ◆ **seinem Herzen Luft machen** *(fam)* sfogarsi. ◆ **ein Herz und eine Seele sein** essere due anime in un nocciolo. ◆ **leichten Herzens** a cuor leggero. ◆ **schweren Herzens** a malincuore. ◆ **jmdm jmdn/etwas ans Herz legen** *(fig)* raccomandare qcn/qcs a qcn. ◆ **jmdm am Herzen liegen** *(fig)* stare a cuore a qcn. ◆ **jmdm ans Herz gewachsen sein** *(fig)* essere caro a qcn ♦ *er ist mir sehr ans Herz gewachsen* mi sono affezionata molto a lui. ◆ **an gebrochenem Herzen sterben** morire *(fig)* di crepacuore. ◆ **jmdn/etwas auf Herz und Nieren prüfen** esaminare qcn/qcs dalla testa ai piedi *(anche fig)*. ◆ **etwas auf dem Herzen haben** *(fig)* avere qcs che sta a cuore. ◆ **jmdn ins Herz/in sein Herz schließen** *(fig)* avere qcn nel cuore, volere molto bene a qcn. ◆ **es nicht übers Herz bringen, etwas zu tun** non avere il cuore di fare qcs, non farcela a fare qcs ♦ *ich bringe es nicht übers Herz, ihm die schlechte Nachricht mitzuteilen* non ho il cuore di comunicargli la brutta notizia. ◆ **mir ist ein Stein vom Herzen gefallen** *(fig)* mi è caduto un peso dal cuore. ◆ **von Herzen gern** molto volentieri, con grande piacere. ◆ **von ganzem Herzen** di tutto cuore. ◆ **sich** (Dat) **etwas zu Herzen nehmen** prendersi a cuore qcs.

herzallerliebst [-ˌˀalɐˈliːpst] *(agg)* ~ *(lett)* carissimo, amatissimo.

Herzanfall [-ˌˀanfal] *(m;* -(e)s, -fälle*)* ~ *(med)* attacco cardiaco.

Herzchirurg [-çirʊrk] *(m;* -en, -en; *f* **-in***)* ~ cardiochirurgo.

herzergreifend [-ˌgraifənt] *(agg)* ~ commovente, toccante.

Herzfehler [-ˌfeːlɐ] *(m;* -s, -*)* ~ *(med)* difetto cardiaco.

Herzgeräusch [-gəˌrɔyʃ] *(m;* -(e)s, -e*)* ~ *(med)* soffio al cuore.

herzhaft [-ˌhaft] *(agg)* **1** forte, vigoroso (gesto e sim) ♦ *eine herzhafte Umarmung* un abbraccio vigoroso. **2** nutriente; saporito.

herlziehen[1] *(vi*, ist; *irr* ziehen*)* **1** procedere, andare ♦ *hinter, neben, vor jmdm herziehen* procedere dietro, accanto, davanti a qcn. **2** trasferirsi qua, trasferirsi in questa zona.

herlziehen[2] *(vt*, hat; *irr* ziehen*)* **1** {*jmdn/etwas (zu sich)* ~} tirare qua, tirare a sé qcn/qcs (verso chi parla). **2** {*jmdn/etwas hinter sich* (Dat) ~} tirarsi dietro, trascinare qcn/qcs dietro di sé.

Herzinfarkt [-ˀɪnˌfarkt] *(m*; -(e)s, -e*)* ~ *(med)* infarto cardiaco.

Herzklappe [-ˌklapə] *(f*; -, -n*)* ~ *(anat)* valvola cardiaca.

Herzklopfen [-ˌklɔpfən] *(n*; -s, -*)* **1** *(med)* palpitazioni. **2** *(fig)* batticuore.

herzkrank [-ˌkraŋk] *(agg)* ~ cardiopatico, malato di cuore.

Herzkranke(r) [-ˌkraŋkə (-kɐ)] *(m/f*; -n, -n*)* ~ cardiopatico, malato di cuore.

Herzkrankheit [-ˌkraŋkhait] *(f*; -, -en*)* ~ cardiopatia, malattia cardiaca.

herzlich [-lɪç] *(agg)* **1** cordiale, affettuoso, amichevole ♦ *ein herzlicher Empfang* un'accoglienza cordiale. **2** cordiale, sincero. **3** *(avv)* cordialmente, affettuosamente; di cuore ♦ *ich möchte mich herzlich bei Ihnen bedanken* vorrei ringraziarla di cuore. ◆ **herzlichen Dank** mille grazie. ◆ **herzlichen Glückwunsch** auguri sinceri. ◆ **herzliche Grüße** cordiali saluti.

Herzlichkeit [-lɪçˌkait] *(f*; -, -en*)* ~ cordialità.

herzlos [-ˌloːs] *(agg)* ~ crudele, spietato, senza cuore.

Herzlosigkeit [-ˌloːzɪçkait] *(f*; -, -en*)* ~ crudeltà, spietatezza.

Herzog [-oːk] *(m*; -s, Herzöge; *f* -**in***)* ~ duca.

herzoglich [-oːklɪç] *(agg)* ~ ducale.

Herzogtum [-oːkˌtuːm] *(n*; -s, -tümer*)* ~ ducato.

Herzrhythmusstörung [-rʏtmʊsʃtøːrʊŋ] *(f*; -, -en*)* ~ *(med)* aritmia (cardiaca).

Herzschlag [-ʃlaːk] *(m*; -(e)s, -schläge*)* **1** battito cardiaco. **2** *(med)* colpo apoplettico.

Herzschrittmacher [-ʃrɪtmaxɐ] *(m*; -s, -*)* ~ pacemaker, stimolatore cardiaco.

herzu [hɛɐ'tsuː] *(avv)* ~ *(lett)* qua (moto a luogo), in questa direzione.

Herzversagen ['hɛrtsfɛɐˌzaːgən] *(n*; -s, -*)* ~ *(med)* arresto cardiaco.

herzzerreißend ['hɛrtstsɛɐˌraisənt] *(agg)* ~ straziante.

heterosexuell [heterozɛ'kswɛl] *(agg)* ~ eterosessuale.

Hetze ['hɛtsə] *(f*; -, -n*)* **1** campagna denigratoria. **2** *(fig)* fretta ♦ *in großer Hetze* in gran fretta.

hetzen[1] [-n] *(vi*, hat/ist*)* **1** *(aux* hat*)* affannarsi, essere di fretta. **2** *(aux* ist*)* affrettarsi, correre ♦ *wir hetzten zum Bahnhof* corremmo alla stazione. **3** *(aux* hat*)* {*zu etwas* ~} istigare a qcs, incitare a qcs.

hetzen[2] *(vt*, hat*)* **1** cacciare, dare la caccia a (selvaggina) ♦ *Füchse mit Hunden hetzen* cacciare le volpi con i cani. **2** aizzare (cani). ◆ **sich hetzen** *(vr)* affannarsi.

Hetzer ['hɛtsɐ] *(m*; -s, -; *f* -**in***)* ~ istigatore, sobillatore.

Hetzerei [hɛtsə'rai] *(f*; -, -en*)* **1** diffamazione. **2** fretta, furia.

Heu [hɔy] *(n*; -(e)s*)* ~ fieno. ◆ **Geld wie Heu haben** *(fig/fam)* avere soldi a palate.

Heuchelei [-çə'lai] *(f*; -, -en*)* ~ ipocrisia, falsità.

heucheln [-çəln] *(vi/vt*, hat*)* **1** *(vi)* fingere, essere ipocrita. **2** *(vt)* fingere, simulare ♦ *Liebe heucheln* fingere amore.

Heuchler [-çlɐ] *(m*; -s, -; *f* -**in***)* ~ ipocrita.

heuchlerisch [-çlərɪʃ] *(agg)* ~ ipocrita, falso.

heulen [-lən] *(vi*, hat*)* **1** ululare. **2** *(fam)* piangere, frignare. ◆ **zum Heulen sein** *(fam)* essere deprimente, essere da piangere.

Heuschober [-ʃoːbɐ] *(m*; -s, -*)* *(region)* ~ pagliaio.

Heuschnupfen [-ʃnʊpfən] *(m*; -s, -*)* ~ raffreddore da fieno.

Heuschrecke [-ʃrɛkə] *(f*; -, -n*)* ~ *(zool)* cavalletta.

heute [-tə] *(avv)* **1** oggi ♦ *heute ist der 2. Mai* oggi è il due maggio ♦ *heute ist Montag* oggi è lunedì ♦ *die Zeitung von heute* il giornale di oggi ♦ *ich kann heute nicht kommen* oggi non posso venire. **2** *(fig)* oggi, oggigiorno. ◆ **heute Abend** († **heute abend**) stasera. ◆ **heute Morgen** († **heute morgen**) stamattina. ◆ **heute Nacht** († **heute nacht**) stanotte. ◆ **heu-**

te **in/über acht Tagen** fra una settimana. ◆ **heute vor acht Tagen** una settimana fa. ◆ **bis heute** fino a oggi. ◆ **für heute** per oggi ♦ *für heute gibt es nichts anderes zu tun* per oggi non c'è altro da fare. ◆ **von heute an** da oggi in poi. ◆ **von heute auf morgen** dall'oggi al domani *(anche fig)*. ◆ **heute mir, morgen dir** oggi a me, domani a te.

heutig [-tɪç] *(agg)* **1** odierno, di oggi. **2** *(fig)* odierno, moderno. ◆ **am heutigen Tage** oggi. ◆ **bis auf den heutigen Tag** fino a oggi. ◆ **unter dem heutigen Datum** in data odierna.

heutzutage [-ttsuˌtaːgə] *(avv)* ~ oggigiorno, oggi.

Hexe ['hɛksə] *(f; -, -n)* ~ strega *(anche fig)*.

hexen [-n] *(vi/vt, hat)* **1** *(vi)* fare stregonerie. **2** *(vt)* evocare (con la stregoneria).

Hexenjagd [-nˌjaːkt] *(f; -, -en)* ~ caccia alle streghe *(anche fig)*.

Hexenkessel [-nˌkɛsəl] *(m; -s, -)* **1** paiolo della strega. **2** *(fig/fam)* baraonda, pandemonio, casino.

Hexenschuss († **-schuß**) [-nʃʊs] *(m; -es, -schüsse)* ~ colpo della strega.

Hexerei [-'rai] *(f; -, -en)* ~ stregoneria.

hg., **hrsg.** ~ abbrev di **herausgegeben**.

Hg., **Hrsg.** ~ abbrev di **Herausgeber**.

hieb [hiːp] ~ pret di **hauen**[1].

Hieb *(m; -(e)s, -e)* **1** colpo, botta (dato con bastone, spada e sim) ♦ *jmdm einen Hieb versetzen* dare un colpo a qcn. **2** *(pl)* botte, legnate. **3** *(fig)* frecciata. ◆ **auf den ersten Hieb** *(fig)* al primo colpo, subito. ◆ **auf einen Hieb** *(fam)* in una volta, in un colpo solo. ◆ **auf einen Hieb fällt kein Baum** *(prov)* Roma non è stata fatta in un giorno.

Hiebwaffe [-ˌvafə] *(f; -, -n)* ~ arma da taglio.

hielt [hiːlt] ~ pret di **halten**.

hier ['hiːɐ] *(avv)* **1** qui, qua (stato in luogo) ♦ *ist er schon hier?* è già qui? ♦ *von hier fährt der Bus direkt zum Bahnhof* da qui l'autobus va direttamente alla stazione ♦ *ich wohne nicht weit von hier* abito non lontano da qui ♦ *ich bin nicht von hier* non sono di qui. **2** *(fig)* qui, in questo ♦ *hier hast du Recht* qui hai ragione. ◆ **hier bleiben** († **hierbleiben**) rimanere qui, restare qui ♦ *ich kann nicht länger hier bleiben* non posso rimanere qui più a lungo. ◆ **hier draußen** qui/qua fuori. ◆ **hier drinnen** qui/qua dentro. ◆ **hier oben** qui/qua sopra, quassù. ◆ **hier unten** qui/qua sotto, quaggiù. ◆ **hier und da** **1** qua e là. **2** di tanto in tanto, talvolta. ◆ **hier ist** **1** ecco ♦ *hier ist die Zeitung* ecco il giornale ♦ *hier ist sie* eccola ♦ *hier bin ich* eccomi. **2** io sono... (al telefono) ♦ *hallo, hier ist Müller* pronto, sono Müller.

hieran ['hiː'ran] *(avv; cfr* **daran***)* ~ qui, a/in questo, a/in questo punto; ci, ne ♦ *hieran zweifle ich* ne dubito.

Hierarchie [hjerar'çiː] *(f; -, -n)* ~ gerarchia.

hierarchisch [hje'rarçɪʃ] *(agg)* ~ gerarchico.

hierauf ['hiː'rauf] *(avv; cfr* **darauf***)* **1** qui, qui sopra, sopra a questo; ci, ne ♦ *hierauf bin ich sehr stolz* di questo sono molto orgogliosa. **2** dopo, poi, dopo questo.

hieraus ['hiː'raus] *(avv; cfr* **daraus***)* ~ da qui, da questo; ci, ne ♦ *hieraus folgt, dass* ne consegue che.

hierbei ['hiːɐ'bai] *(avv; cfr* **dabei***)* **1** in questa occasione. **2** a questo proposito, su questo punto.

hierbleiben ~ **hier bleiben** (vedi **hier**).

hierdurch ['hiːɐ'dʊrç] *(avv; cfr* **dadurch***)* **1** per di qua. **2** *(fig)* in questo modo, così; con questo.

hierfür ['hiːɐ'fyːɐ] *(avv; cfr* **dafür***)* **1** per questo, per questo scopo. **2** in cambio (di questo).

hiergegen ['hiːɐ'geːgən] *(avv; cfr* **dagegen***)* ~ contro questo.

hierher ['hiːɐ'heːɐ] *(avv)* ~ qui, qua (moto a luogo, verso chi parla). ◆ **jmdn hierher bitten** († **hierherbitten**) chiedere a qcn di venire qui. ◆ **hierher gehören** (†**hierhergehören**) appartenere a questo, far parte di questo; stare (al proprio posto) qui ♦ *diese Papiere gehören nicht hierher* queste carte non stanno qui. ◆ **hierher kommen** († **hierherkommen**) venire qui, venire qua ♦ *komm hierher!* vieni qui!

hierherum ['hiːɐhɛ'rʊm] *(avv)* ~ qui intorno, girando da questa parte ♦ *zum Bahnhof geht es hierherum* per la stazione si va facendo il giro da qui.

hierhin ['hiːɐ'hɪn] *(avv)* ~ qui, qua (moto a luogo) ♦ *setz dich hierhin* siediti qui. ◆ **hierhin und dorthin** qua e là (moto).

hierin ['hiː'rɪn] *(avv;* cfr **darin***)* ***1*** qui, qui dentro. ***2*** *(fig)* qui, a questo proposito, su questo punto ♦ *hierin hast du Recht* qui hai ragione.

hiermit ['hiːɐ'mɪt] *(avv;* cfr **damit***)* ~ con questo, con ciò ♦ *hiermit möchte ich mich dafür bedanken, dass ihr mir geholfen habt* (con ciò) vorrei ringraziare perché mi avete aiutato.

hiernach ['hiːɐ'naːx] *(avv;* cfr **danach***)* ~ dopo, poi, dopo questo fatto.

hierüber ['hiː'ryːbɐ] *(avv;* cfr **darüber***)* ***1*** qui sopra. ***2*** *(fig)* su questo, di questo, ne (argomento).

hierum ['hiː'rʊm] *(avv;* cfr **darum***)* ***1*** intorno a questo, qui intorno. ***2*** *(fig)* su questo, intorno a questo, ne (argomento).

hierunter ['hiː'rʊntɐ] *(avv;* cfr **darunter***)* ***1*** qui sotto. ***2*** *(fig)* fra questo, fra questi.

hiervon ['hiːɐ'fɔn] *(avv;* cfr **davon***)* ***1*** da qui, da questo punto. ***2*** *(fig)* di questo, di ciò, ne (partitivo, argomento, ecc).

hiervor ['hiːɐ'foːɐ] *(avv;* cfr **davor***)* ***1*** davanti a questo. ***2*** *(fig)* di fronte a questo, nei confronti di questo.

hierzu ['hiːɐ'tsuː] *(avv;* cfr **dazu***)* ***1*** per questo, a questo scopo. ***2*** a questo proposito, qui. ***3*** qui, in questo gruppo.

hierzulande ['hiːɐtsu'landə] *(avv) (anche* **hier zu Lande***)* ~ qui da noi, dalle nostre parti.

hierzwischen ['hiːɐ'tsvɪʃən] *(avv;* cfr **dazwischen***)* ~ tra questi, nel mezzo a questi, tra queste cose.

hiesig ['hiːzɪç] *(avv)* ~ locale, di qui, di questo luogo ♦ *die hiesigen Produkte* i prodotti locali.

hieß [hiːs] ~ pret di **heißen**.

hieven ['hiːfən] *(vt,* hat*)* ***1*** *(mar)* issare. ***2*** *(fam)* sollevare.

High-Fidelity *(anche* **High-fidelity**, **High Fidelity***)* ['haɪfɪ'dɛlətɪ] *(f; -) (abbrev* **Hi-Fi***)* ~ alta fedeltà, hi-fi.

Hilfe ['hɪlfə] *(f;* -, -n*)* ***1*** aiuto, soccorso ♦ *finanzielle Hilfe* aiuto finanziario ♦ *ich brauche deine Hilfe* ho bisogno del tuo aiuto ♦ *jmdn um Hilfe bitten* chiedere aiuto a qcn ♦ *um Hilfe rufen* chiamare aiuto. ***2*** aiutante, aiuto. ◆ **erste Hilfe** primo soccorso, pronto soccorso ♦ *erste Hilfe leisten* portare i primi soccorsi. ◆ **jmdm Hilfe leisten** prestare aiuto a qcn, aiutare qcn. ◆ **mit Hilfe** *(anche* **mithilfe***)* (+ Gen) con l'ausilio di, per mezzo di ♦ *mit Hilfe eines Hammers* con l'ausilio di un martello ♦ *mit Hilfe von Werkzeugen* con l'ausilio di attrezzi. ◆ **mit fremder Hilfe** con l'aiuto di altri, non da solo. ◆ **ohne fremde Hilfe** senza l'aiuto di altri, da solo. ◆ **jmdm zu Hilfe kommen** venire in aiuto di qcn. ◆ **etwas zu Hilfe nehmen** servirsi di qcs, utilizzare qcs. ◆ **Hilfe!** aiuto!

Hilfeleistung [-ˌlaistʊŋ] *(f;* -, -en*)* ~ soccorso, aiuto (il prestare aiuto). ◆ **unterlassene Hilfeleistung** *(dir)* omissione di soccorso.

Hilfestellung [-ʃtɛlʊŋ] *(f;* -, -en*)* ~ *(fig)* appoggio, sostegno ♦ *jmdm Hilfestellung geben* dare appoggio a qcn, appoggiare qcn.

hilflos ['hɪlfˌloːs] *(agg)* ***1*** abbandonato, senza aiuto; inerme, indifeso. ***2*** perplesso.

Hilflosigkeit ['hɪlfˌloːzɪçkait] *(f; -)* ***1*** abbandono; impotenza. ***2*** perplessità.

hilfreich ['hɪlfˌraiç] *(agg)* ***1*** benevolo, caritatevole. ***2*** utile (notizia, informazione).

Hilfsarbeiter ['hɪlfsˌˀarbaitɐ] *(m;* -s, -; *f* **-in***)* ~ manovale, operaio.

hilfsbedürftig ['hɪlfsbəˌdʏrftɪç] *(agg)* ***1*** bisognoso d'aiuto. ***2*** bisognoso, indigente.

hilfsbereit ['hɪlfsbəˌrait] *(agg)* ~ disponibile, servizievole.

Hilfsbereitschaft [-ʃaft] *(f; -)* ~ disponibilità, sollecitudine (ad aiutare).

Hilfskraft ['hɪlfsˌkraft] *(f;* -, -kräfte*)* ~ assistente.

Hilfslehrer ['hɪlfsˌleːrɐ] *(m;* -s, -; *f* **-in***)* ~ supplente (di scuola).

Hilfsmittel ['hɪlfsˌmɪtəl] *(n;* -s, -*)* ***1*** aiuto, mezzo, strumento, risorsa. ***2*** *(pl)* aiuti (materiali o finanziari), sussidi.

Hilfsmotor ['hɪlfsˌmoːtoːɐ] *(m;* -s, -en*)* ~ motore di riserva.

Hilfsorganisation ['hɪlfsˀɔrganizaˌtsjoːn] *(f;* -, -en*)* ~ organizzazione umanitaria.

Hilfsverb ['hɪlfsˌvɛrp] *(n;* -s, -en*)* ~ *(gramm)* verbo ausiliare, ausiliare.

Himbeere ['hɪmˌbeːrə] *(f;* -, -n*)* ~ *(bot)* lampone.

Himbeerstrauch ['hɪmbeːɐʃtraux] *(m; -(e)s, -sträucher)* ~ *(bot)* lampone (pianta).

Himmel ['hɪməl] *(m; -s, -)* **1** cielo ♦ *bewölkter, blauer, heiterer Himmel* cielo nuvoloso, azzurro, sereno. **2** *(relig)* paradiso, cielo, aldilà ♦ *in den Himmel kommen* andare in paradiso. **3** *(fig)* cielo, Dio, destino ♦ *das war eine Fügung des Himmels* è stata la la volontà del cielo. **4** baldacchino. ◆ **Himmel und Hölle in Bewegung setzen** *(fig)* smuovere mari e monti, smuovere cielo e terra. ◆ **wie aus heiterem Himmel** *(fig)* inaspettatamente, come un fulmine a ciel sereno. ◆ **im sieb(en)ten Himmel sein** essere al settimo cielo. ◆ **sich wie im sieb(en)ten Himmel fühlen** sentirsi al settimo cielo. ◆ **unter freiem Himmel** all'aperto, sotto le stelle. ◆ **vom Himmel fallen** *(fig)* cadere dal cielo. ◆ **zum Himmel stinken** *(fig/fam)* essere disgustoso, essere scandaloso. ◆ **(ach) du lieber Himmel!** santo cielo!

Himmelbett [-ˌbɛt] *(n; -(e)s, -en)* ~ letto a baldacchino.

himmelblau [-ˌblau] *(agg)* ~ celeste, azzurro.

Himmelfahrt [-ˌfaːɐt] *(f; -)* ~ *(relig)* Ascensione. ◆ **Christi Himmelfahrt** Ascensione di Cristo. ◆ **Mariä Himmelfahrt** Assunzione della Vergine.

Himmelreich [-ˌraiç] *(n; -(e)s)* ~ *(relig)* regno dei cieli, paradiso.

Himmelsbrot [-sˌbroːt] *(n; -(e)s)* ~ manna.

himmelschreiend [-ʃraiənt] *(agg)* ~ inaudito, che grida vendetta.

Himmelserscheinung [-s'ɛɐʃainʊŋ] *(f; -, -en)* ~ fenomeno celeste (astronomico o meteorologico).

Himmelsgewölbe [-sgəˌvœlbə] *(n; -s)* ~ *(lett)* volta celeste, firmamento.

Himmelskörper [-sˌkœrpɐ] *(m; -s)* ~ corpo celeste.

Himmelskunde [-sˌkʊndə] *(f; -)* ~ astronomia.

Himmelsrichtung [-sˌrɪçtʊŋ] *(f; -, -en)* ~ punto cardinale.

himmlisch ['hɪmlɪʃ] *(agg)* **1** celeste, divino ♦ *das himmlische Reich* il regno celeste. **2** *(fig)* stupendo, incantevole, celestiale.

hin [hɪn] *(avv)* **1** *(posp al luogo, rafforzativo di moto a luogo) (non tradotto)* ♦ *bis zu der Kreuzung hin* fino a quell'incrocio ♦ *nach Norden hin* verso nord. **2** *(posp al tempo, rafforzativo di durata nel tempo) (non tradotto)* ♦ *noch lange Zeit hin* ancora (per) molto tempo. **3** *(posp, in espressioni ellittiche) (fam)* lì, ci ♦ *ich will auch hin* voglio andarci anch'io. ◆ **hin sein** († **hinsein**) **1** *(fam)* essere perduto, essere passato, essere andato ♦ *die schöne Zeit ist hin* il periodo bello è passato. **2** *(fam)* essere rotto ♦ *das Handy ist hin* il telefonino è rotto. **3** *(fam)* essere esausto, essere distrutto. ◆ **hin und her** qua e là ♦ *hin und her gehen, laufen* andare, girare qua e là. ◆ **hin und wieder** di tanto in tanto, talvolta. ◆ **hin und zurück** avanti e indietro; andata e ritorno ♦ *eine Fahrkarte nach München, hin und zurück* un biglietto per Monaco, andata e ritorno. ◆ **auf etwas** (Acc) **hin** **1** in vista di qcs, riguardo a qcs ♦ *jmdn auf eine Krankheit hin untersuchen* visitare qcn per diagnosticare una malattia. **2** sulla base di qcs ♦ *auf seinen Rat hin* su suo consiglio. ◆ **auf die Gefahr hin, dass** a rischio di. ◆ **vor sich** (Dat) **hin** fra sé e sé ♦ *vor sich hin reden* parlare fra sé e sé.

Hin *(n)* ~ **Hin und Her** **1** andirivieni, viavai. **2** *(fig)* tentennamento, tira e molla.

hinab [hɪ'nap] *(avv)* ~ *(lett)* giù, in basso (moto a luogo, lontano da chi parla).

hinab|blicken *(vi, hat)* ~ *(lett)* guardare giù, guardare in basso.

hinab|gehen *(vi, ist; irr gehen)* ~ *(lett)* scendere giù, scendere in basso.

hinab|steigen *(vi, ist; irr steigen)* ~ *(lett)* scendere giù, scendere a valle.

hinab|stürzen *(vi, ist/hat)* ~ *(lett)* precipitare giù.

hin|arbeiten *(vi, hat)* ~ {*auf etwas* (Acc) ~} mirare a qcs, impegnarsi per qcs.

hinauf [hɪ'nauf] *(avv)* ~ su, in alto (moto a luogo, lontano da chi parla).

hinauf|arbeiten *(vr, hat)* ~ **sich (zu etwas) hinaufarbeiten** *(fig)* fare strada, fare carriera (fino a qcs) ♦ *er hat sich zum stellvertretenden Direktor hinaufgearbeitet* ha fatto carriera fino a diventare vicedirettore.

hinauf|bringen *(vt,* hat; *irr* bringen*)* ~ portare su (lontano da chi parla) ♦ *bring deine Sachen in dein Zimmer hinauf* porta le tue cose nella tua stanza.

hinauf|dürfen *(vi,* hat; *irr* dürfen*)* ~ *(fam)* poter salire, poter andare su.

hinauf|fahren *(vi,* ist; *irr* fahren*)* ~ andare su, salire (con un veicolo).

hinauf|gehen *(vi,* ist; *irr* gehen*)* ***1*** andare su, salire ♦ *gehst du in die Mansarde hinauf?* sali in mansarda? ♦ *die Treppe hinaufgehen* salire le scale. ***2*** *(fig/fam)* salire, aumentare.

hinauf|klettern *(vi,* ist*)* ~ arrampicarsi su ♦ *(auf) einen Baum hinaufklettern* arrampicarsi su un albero.

hinauf|kommen *(vi,* ist; *irr* kommen*)* ***1*** salire, venire su (lontano da chi parla) ♦ *ich kann jetzt nicht zu dir hinaufkommen* ora non posso salire da te ♦ *die Treppe hinaufkommen* salire le scale. ***2*** *(fig)* salire, fare strada.

hinauf|können *(vi,* hat; *irr* können*)* ~ *(fam)* poter salire, poter andare su.

hinauf|lassen *(vt,* hat; *irr/ortogr* lassen*)* ~ lasciar salire, lasciar andare su; far salire.

hinauf|müssen *(vi,* hat; *irr/ortogr* müssen*)* ~ *(fam)* dover salire, dover andare.

hinauf|sehen *(vi,* hat; *irr* sehen*)* ~ guardare su, guardare in alto ♦ *zu jmdm hinaufsehen* guardare su verso qcn.

hinauf|setzen *(vt,* hat*)* ***1*** mettere su, mettere in alto. ***2*** *(fig)* alzare (prezzi e sim).

hinauf|sollen *(vi,* hat; *irr* sollen*)* ~ *(fam)* dover salire, dover andare su.

hinauf|steigen *(vi,* ist; *irr* steigen*)* ~ salire su, salire in alto (lontano da chi parla).

hinauf|treiben *(vt,* hat; *irr* treiben*)* ***1*** spingere su, sospingere su. ***2*** *(fig)* aumentare, alzare (prezzi e sim).

hinauf|wollen *(vi,* hat; *irr* wollen*)* ~ *(fam)* voler salire, voler andare su.

hinaus [hɪˈnaus] *(avv)* ~ fuori (moto a luogo, lontano da chi parla) ♦ *hinaus in die Ferne* lontano, in lontananza (moto a luogo) ♦ *hinaus mit dir!* fuori! vattene! ◆ **auf etwas** (Acc) **hinaus** per la durata di, per ♦ *auf Monate hinaus* per mesi. ◆ **über etwas** (Acc) **hinaus** ***1*** oltre qcs, al di là di qcs (moto a luogo, lontano da chi parla) ♦ *über die Grenze hinaus* oltre il confine. ***2*** oltre, fino a oltre (temporale) ♦ *über Dienstag hinaus* fino a martedì e oltre ♦ *er ist über die achtzig hinaus* ha passato l'ottantina. ***3*** *(fig)* oltre qcs, al di là di qcs, in più ♦ *ich bekam 100 Euro über mein Gehalt hinaus* ricevetti 100 euro in più rispetto al mio stipendio. ◆ **darüber hinaus** inoltre, oltre a questo. ◆ **zu etwas hinaus** fuori da qcs (moto a luogo) ♦ *zur Tür hinaus* fuori dalla porta.

hinaus|blicken *(vi,* hat*)* ~ guardar fuori ♦ *aus dem Fenster hinausblicken* guardare fuori dalla finestra.

hinaus|bringen *(vt,* hat; *irr* bringen*)* ~ portare fuori (lontano da chi parla) ♦ *bring den Müllsack hinaus* porta fuori il sacco dell'immondizia.

hinaus|dürfen *(vi,* hat; *irr* dürfen*)* ~ *(fam)* poter uscire, poter andare fuori.

hinaus|fahren[1] *(vi,* ist; *irr* fahren*)* ***1*** uscire, andare fuori (con un veicolo). ***2*** {*über etwas* (Acc) ~} oltrepassare qcs, superare qcs.

hinaus|fahren[2] *(vt,* hat; *irr* fahren*)* ~ portare fuori (con un veicolo).

hinaus|führen *(vt,* hat*)* ~ condurre fuori.

hinaus|gehen *(vi,* ist; *irr* gehen*)* ***1*** uscire, andare fuori ♦ *sie gingen aus dem Laden hinaus* uscirono dal negozio. ***2*** {*auf etwas* (Acc) ~} dare su qcs (porte, finestre, ecc) ♦ *mein Fenster geht auf die Straße hinaus* la mia finestra dà sulla strada. ***3*** {*über etwas* (Acc) ~} *(fig)* andar oltre qcs, oltrepassare qcs, superare qcs ♦ *das geht über meine Fähigkeiten hinaus* questo va oltre le mie capacità.

hinaus|kommen *(vi,* ist; *irr* kommen*)* ***1*** venire fuori, uscire fuori ♦ *soll ich zu dir hinauskommen?* devo venire (fuori) da te? ***2*** {*über etwas* (Acc) ~} *(fig)* superare qcs, oltrepassare qcs (livello e sim).

hinaus|können *(vi,* hat; *irr* können*)* ~ *(fam)* poter uscire, poter andare fuori.

hinaus|lassen *(vt,* hat; *irr/ortogr* lassen*)* ~ lasciar uscire; far uscire.

hinaus|laufen *(vi,* ist; *irr* laufen*)* ***1*** correre fuori, uscire fuori. ***2*** {*auf etwas* (Acc) ~} *(fig)* andare a finire, finire (in qcs) ♦ *das wird sowieso auf dasselbe hinauslaufen* tanto rimarrà tutto uguale. **3** {*auf etwas* (Acc) ~} *(fig)* mirare a qcs ♦ *unser Plan läuft darauf hinaus, dass* il nostro progetto mira a.

hinaus|müssen *(vi,* hat; *irr/ortogr* müssen*)* ~ dover uscire, dover andare fuori.

hinaus|schieben *(vt,* hat; *irr* schieben*)* **1** spingere fuori (lontano da chi parla). **2** *(fig)* rimandare, rinviare ♦ *den Urlaub um einen Monat hinausschieben* rimandare di un mese le vacanze.

hinaus|sollen *(vi,* hat; *irr* sollen*)* ~ *(fam)* dover uscire, dover andare fuori.

hinaus|springen *(vi,* ist; *irr* springen*)* ~ saltar fuori (lontano da chi parla) ♦ *zum Fenster hinausspringen* saltar fuori dalla finestra.

hinaus|stellen *(vt,* hat*)* ~ mettere fuori (lontano da chi parla) ♦ *stell den Tisch in den Garten hinaus* metti il tavolo fuori in giardino.

hinaus|tragen *(vt,* hat; *irr* tragen*)* ~ portare fuori, trasportare fuori (lontano da chi parla).

hinaus|wachsen *(vi,* ist; *irr* wachsen*)* **1** {*über jmdn/etwas* ~} oltrepassare qcn/qcs in altezza, diventare più alto di qcn/qcs ♦ *er ist über seinen Vater hinausgewachsen* è diventato più alto di suo padre. **2** {*über etwas* (Acc) ~} *(fig)* essere superiore a qcs, superare qcs.

hinaus|werfen *(vt,* hat; *irr* werfen*)* ~ buttare fuori, gettare fuori ♦ *er warf eine Flasche aus dem Fenster hinaus* buttò una bottiglia fuori dal finestrino.

hinaus|wollen *(vi,* hat; *irr* wollen*)* ~ voler uscire, voler andare fuori.

hinaus|ziehen[1] *(vi,* ist; *irr* ziehen*)* **1** uscire fuori. **2** trasferirsi (fuori).

hinaus|ziehen[2] *(vt,* hat; *irr* ziehen*)* **1** tirare fuori, trascinare fuori. **2** *(fig)* tirare per le lunghe; rimandare. ◆ **sich hinausziehen** *(vr)* andare per le lunghe, trascinarsi.

hinaus|zögern *(vt,* hat*)* ~ ritardare, posticipare.

Hinblick ['hɪnˌblɪk] *(m)* ~ **im Hinblick auf etwas** (Acc) in considerazione di qcs, in vista di qcs.

hin|bringen *(vt,* hat; *irr* bringen*)* **1** portare (lì) ♦ *soll ich das auch hinbringen?* devo portarci anche questo? **2** *(fam)* portare a termine. **3** passare, trascorrere.

hinderlich ['hɪndɐlɪç] *(agg)* ~ di ostacolo, di impedimento, di intralcio ♦ *jmdm/etwas hinderlich sein, für jmdn/etwas hinderlich sein* essere di ostacolo a qcn/qcs.

hindern ['hɪndɐn] *(vt,* hat*)* ~ {*jmdn/etwas an etwas* (Dat) ~} ostacolare qcn/qcs in qcs, intralciare qcn in qcs, impedire qcs a qcn ♦ *jmdn am Gehen hindern* impedire a qcn di camminare ♦ *das hat ihn nicht daran gehindert, sofort abzufahren* questo non gli ha impedito di partire subito.

Hindernis ['hɪndɐnɪs] *(n,* -ses, -se*)* ~ ostacolo, impedimento *(anche fig)*. ◆ **jmdm Hindernisse in den Weg legen** *(fig)* ostacolare qcn, mettere i bastoni tra le ruote a qcn.

Hinderung ['hɪndərʊŋ] *(f;* -, -en*)* ~ impedimento, ostacolo (l'ostacolare, l'essere ostacolato).

hin|deuten *(vi,* hat*)* **1** {*auf jmdn/etwas* ~} indicare qcn/qcs. **2** {*auf etwas* (Acc) ~} *(fig)* indicare qcs, far prevedere qcs ♦ *das deutet auf keine gute Entwicklung hin* questo non indica uno sviluppo positivo ♦ *alles deutete darauf hin, dass* tutto faceva prevedere che.

hindurch [hɪn'dʊrç] *(avv)* **1** {*durch etwas* ~} attraverso qcs ♦ *durch das Gedränge hindurch* attraverso la ressa. **2** *(posposto)* per, durante ♦ *Monate hindurch* per mesi ♦ *den ganzen Tag hindurch* per tutto il giorno.

hindurch|gehen *(vi,* ist; *irr* gehen*)* ~ passare attraverso, attraversare.

hin|dürfen *(vi,* hat; *irr* dürfen*)* ~ *(fam)* poter andare (lì), poterci andare.

hinein [hɪ'nain] *(avv)* ~ dentro (moto a luogo, lontano da chi parla). ◆ **bis in... hinein** fino a (temporale o spaziale) ♦ *er begleitete mich bis in den Bahnhof hinein* mi accompagnò fino a dentro la stazione ♦ *bis in die Nacht hinein* fino a notte fonda ♦ *bis in den Tag hinein* fino a giorno fatto. ◆ **hinein!** dentro! vai dentro!

hinein|bekommen *(vt,* hat; *irr* kommen*)* ~ {*etwas in etwas* (Acc) ~} *(fam)* riuscire a mettere qcs dentro qcs, riuscire a infilare qcs dentro qcs ♦ *ich bekomme die*

Schachtel nicht in den Koffer hinein non riesco a mettere la scatola nella valigia.

hinein|bringen *(vt,* hat; *irr* bringen*)* ***1*** portare dentro ♦ *bring den Eimer hinein* porta dentro il secchio. ***2*** *(fig)* portare, introdurre.

hinein|denken *(vr,* hat; *irr* denken*)* ~ **sich in jmdn/etwas hineindenken** immedesimarsi in qcn/qcs, mettersi nei panni di qcn ♦ *ich kann mich gut in sie hineindenken* riesco bene a mettermi nei suoi panni.

hinein|dürfen *(vi,* hat; *irr* dürfen*)* ~ *(fam)* poter entrare.

hinein|fahren *(vi,* ist; *irr* fallen*)* ~ {*in etwas* (Acc) ~} entrare, andare dentro qcs (con un veicolo).

hinein|fallen *(vi,* ist; *irr* fallen*)* ***1*** cadere dentro. ***2*** penetrare (luce e sim).

hinein|gehen *(vi,* ist; *irr* gehen*)* ***1*** entrare dentro, andare dentro ♦ *geht hinein, wir warten hier draußen auf Heike* andate dentro, noi aspettiamo Heike qua fuori. ***2*** starci, andarci, entrarci (capacità) ♦ *in die Flasche geht ein Liter hinein* nella bottiglia ci sta un litro.

hinein|geraten *(vi,* ist; *irr* geraten*)* ~ {*in etwas* (Acc) ~} capitare dentro a qcs, finire dentro a qcs *(anche fig)*.

hinein|kommen *(vi,* ist; *irr* kommen*)* ~ venire dentro, entrare ♦ *darf ich zu Ihnen hineinkommen?* posso entrare?

hinein|können *(vi,* hat; *irr* können*)* ~ *(fam)* poter entrare.

hinein|lassen *(vt,* hat; *irr/ortogr* lassen*)* ~ lasciar entrare; far entrare.

hinein|laufen *(vi,* ist; *irr* laufen*)* ~ correre dentro, entrare di corsa. ◆ **in ein Auto hineinlaufen** finire sotto una macchina.

hinein|legen *(vt,* hat*)* ~ {*etwas in etwas* (Acc) ~} mettere qcs dentro/in qcs.

hinein|leuchten *(vt,* hat*)* ***1*** {*in etwas* (Acc) ~} far luce dentro qcs, illuminare qcs. ***2*** {*in etwas* (Acc) ~} *(fig)* far luce su qcs, chiarire qcs.

hinein|müssen *(vi,* hat; *irr* müssen*)* ~ *(fam)* dover entrare, dover andare dentro.

hinein|reden *(vt,* hat*)* ***1*** {*(in etwas)* (Acc) ~} metter bocca (in qcs), immischiarsi (in qcs). ***2*** {*jmdm in etwas* (Acc) ~} impicciarsi degli affari di qcn, metter bocca negli affari di qcn ♦ *du darfst mir nicht in meine Angelegenheiten hineinreden* non devi impicciarti dei fatti miei.

hinein|sehen *(vi,* hat; *irr* sehen*)* ***1*** {*in etwas* (Acc) ~} guardar dentro a qcs, dare un'occhiata a qcs. ***2*** {*in etwas* (Acc) ~} *(fam)* fare un salto (in un luogo).

hinein|sollen *(vi,* hat; *irr* sollen*)* ~ *(fam)* dover entrare, dover andare dentro.

hinein|stecken *(vi,* hat*)* ***1*** infilare, mettere dentro (in qcs). ***2*** {*etwas in etwas* (Acc) ~} *(fig/fam)* investire qcs in qcs.

hinein|steigern *(vr,* hat*)* ~ **sich in etwas** (Acc) **hineinsteigern** fissarsi su qcs, montarsi la testa con qcs (sentimenti, idee, ecc).

hinein|stellen *(vt,* hat*)* ~ mettere dentro (in qcs) ♦ *sie öffnete den Kühlschrank und stellte die Flaschen hinein* aprì il frigorifero e mise dentro le bottiglie.

hinein|stürzen[1] *(vi,* ist*)* ***1*** cadere dentro ♦ *er ist in eine Grube hineingestürzt* è caduto in una fossa. ***2*** {*in etwas* (Acc) ~} precipitarsi dentro qcs.

hinein|stürzen[2] *(vt,* hat*)* ~ {*jmdn in etwas* (Acc) ~} buttare qcn dentro qcs, far cadere qcn dentro qcs *(anche fig)*. ◆ **sich in etwas** (Acc) **hineinstürzen** *(vr)* immergersi in qcs, buttarsi su qcs ♦ *sich in die Arbeit hineinstürzen* immergersi nel lavoro.

hinein|treten *(vi,* ist; *irr* treten*)* ~ entrare dentro (stanza e sim) ♦ *er klopfte und trat hinein* bussò ed entrò dentro.

hinein|versetzen *(vr,* hat*)* ~ **sich in jmdn/etwas hineinversetzen** immedesimarsi in qcn/qcs, calarsi nei panni di qcn, calarsi in qcs.

hinein|wachsen *(vi,* ist; *irr* wachsen*)* ***1*** {*in etwas* (Acc) ~} crescere dentro qcs. ***2*** {*in etwas* (Acc) ~} *(fig)* familiarizzarsi con qcs, abituarsi a qcs.

hinein|werfen *(vt,* hat; *irr* werfen*)* ~ {*etwas in etwas* (Acc) ~} gettare qcs dentro a qcs, buttare qcs dentro a qcs.

hinein|wollen *(vi,* hat; *irr* wollen*)* ~ *(fam)* voler entrare, voler andare dentro.

hinein|ziehen[1] *(vi,* ist; *irr* ziehen*)* ***1*** entrare dentro, marciare dentro. ***2*** trasferirsi, andare ad abitare.

hinein|ziehen² *(vt,* hat; *irr* ziehen*)* ***1*** tirare dentro. ***2*** {*jmdn in etwas* (Acc) ~} *(fig/fam)* trascinare qcn in qcs, tirare dentro qcn in qcs.

hin|fahren¹ *(vi,* ist; *irr* fahren*)* ~ andare là, andarci (con un veicolo) ♦ *fahrt ihr mit dem Auto hin?* ci andate in auto? ◆ **mit der Hand über etwas** (Acc) **hinfahren** passare la mano sopra a qcs.

hin|fahren² *(vt,* hat; *irr* fahren*)* ~ {*jmdn/etwas* ~} portare qcn/qcs (là), portarci qcn/qcs (con un veicolo).

Hinfahrt ['hɪnˌfaːɐt] *(f;* -, -en*)* ~ andata, viaggio d'andata ♦ *auf/bei der Hinfahrt* all'andata.

hin|fallen *(vi,* ist; *irr* fallen*)* ~ cadere (per terra).

hinfällig ['hɪnˌfɛlɪç] *(agg)* ***1*** malandato, decrepito (persona). ***2*** nullo, non valido.

hin|fliegen *(vi,* ist; *irr* fliegen*)* ***1*** volare (là). ***2*** andare là, andarci (in aereo).

Hinflug ['hɪnˌfluːk] *(m;* -(e)s, -flüge*)* ~ andata (in aereo), volo d'andata ♦ *auf dem/beim Hinflug* all'andata.

hin|führen *(vt,* hat*)* ~ condurre, portare (là).

hing [hɪŋ] ~ pret di **hängen¹**.

Hingabe ['hɪnˌgaːbə] *(f;* -*)* ~ dedizione, abnegazione ♦ *die Hingabe an die Arbeit* la dedizione al lavoro.

hin|geben *(vt,* hat; *irr* geben*)* ***1*** {*jmdm etwas* ~} porgere qcs a qcn. ***2*** dare via, regalare. ***3*** *(lett)* sacrificare. ◆ **sich hingeben** *(vr)* ***1*** {*sich jmdm/etwas* ~} dedicarsi a qcn/qcs. ***2*** {*sich einer Sache* (Dat) ~} abbandonarsi a qcs ♦ *darüber gebe ich mich keinen Illusionen hin* riguardo a questo non mi abbandono a illusioni.

Hingebung ['hɪnˌgeːbʊŋ] *(f;* -*)* ~ dedizione, abnegazione.

hingebungsvoll [-sˌfɔl] *(agg)* ~ pieno di dedizione, pieno di abnegazione, devoto.

hingegen [hɪn'geːgən] *(avv)* ~ al contrario ♦ *sie ist sehr sparsam, ihre Schwester hingegen gibt immer viel Geld aus* lei è molto parsimoniosa, sua sorella al contrario spende sempre molti soldi.

hin|gehen *(vi,* ist; *irr* gehen*)* ***1*** andare (lì, là), andarci ♦ *wann wollen wir hingehen?* quando vogliamo andarci? ♦ *wo gehst du hin?* dove vai? ***2*** passare, trascorrere ♦ *die Zeit geht hin* il tempo passa. ***3*** {*über etwas* (Acc) ~} estendersi su qcs, spaziare su qcs (sguardo). ◆ **(jmdm) etwas hingehen lassen** lasciar correre qcs, chiudere un occhio su qcs (con qcn).

hin|gehören *(vi,* hat*)* ~ *(fam)* andare, stare (al proprio posto) ♦ *wo gehört dieser Topf hin?* dove sta questa pentola?

hin|halten *(vt,* hat; *irr* halten*)* ***1*** {*jmdm etwas* ~} porgere qcs a qcn ♦ *sie hielt ihm das Buch hin, aber er nahm es nicht* gli porse il libro, ma lui non lo prese. ***2*** {*jmdn* ~} fare aspettare qcn, tenere in sospeso qcn.

hin|hängen *(vt,* hat; *irr* hängen*)* ~ appendere.

hin|hauen *(vt,* hat; **haute hin**, **hingehaut***)* ***1*** buttare, gettare (per terra). ***2*** *(fig/fam)* lasciar perdere, abbandonare ♦ *eine Arbeit hinhauen* lasciar perdere un lavoro. ***3*** *(fig/fam)* buttare giù, scrivere brevemente. ***4*** {*(auf etwas)* (Acc) ~} *(vi) (fam)* battere, picchiare (su qcs). ***5*** *(vi) (fam)* andar bene ♦ *das haut hin!* questo va benone! ◆ **sich hinhauen** *(vr) (fam)* distendersi, mettersi a letto; buttarsi a terra.

Hinkebein ['hɪŋkəˌbain] *(n;* -(e)s, -e*)* ***1*** *(fam)* zoppo. ***2*** *(fam)* gamba zoppa.

hinken ['hɪŋkən] *(vi,* hat*)* ***1*** zoppicare ♦ *auf/mit dem rechten Bein hinken* zoppicare dalla gamba destra. ***2*** *(fig)* zoppicare, non funzionare, non reggere ♦ *der Vergleich hinkt* il paragone zoppica, non regge.

hin|kommen *(vi,* ist; *irr* kommen*)* ***1*** venire; arrivare. ***2*** finire, andare a finire *(anche fig)* ♦ *wo ist meine Tasche hingekommen?* dove è finita la mia borsa? ♦ *wo sollen wir hinkommen, wenn* dove andremo a finire se. ***3*** {*mit etwas* ~} farcela con qcs, farsi bastare qcs. ***4*** *(impers) (fam)* andar bene, finire bene.

hin|können *(vi,* hat; *irr* können*)* ~ *(fam)* poter andare (lì), poterci andare.

hin|kriegen *(vt,* hat*)* ***1*** *(fam)* riuscire (a fare), fare. ***2*** *(fam)* riparare, rimettere a posto.

hinlänglich ['hɪnˌlɛŋlɪç] *(agg)* ***1*** sufficiente, bastante. ***2*** *(avv)* abbastanza, a sufficienza.

hin|lassen *(vt,* hat; *irr/ortogr* lassen*)* ~ *(fam)* lasciar andare.

hin|laufen *(vi,* ist; *irr* laufen*)* ~ *(fam)* correre (lì, verso un dato luogo).

hin|legen *(vt,* hat*)* ***1*** mettere. ***2*** mettere giù, posare. ***3*** {*etwas ~*} *(fam)* eseguire (bene) qcs, prodursi in qcs (spettacoli e sim). ***4*** *(fam)* sborsare (una grossa somma). ◆ **sich hinlegen** *(vr)* distendersi, mettersi a letto.

hin|müssen *(vi,* hat*)* ~ *(fam)* dover andare.

hin|nehmen *(vt,* hat; *irr* nehmen*)* ***1*** prendere, accettare. ***2*** *(fig)* sopportare, tollerare, accettare.

hin|neigen *(vi,* hat*)* ~ {*zu etwas ~*} tendere a qcs. ◆ **sich hinneigen** *(vr)* chinarsi.

hin|reichen *(vi/vt,* hat*)* ***1*** *(vi)* bastare, essere sufficiente. ***2*** {*jmdm etwas ~*} *(vt)* porgere qcs a qcn, tendere qcs a qcn.

hinreichend ['hɪnˌraiçənt] *(agg)* ~ bastante, sufficiente.

Hinreise ['hɪnˌraizə] *(f;* -, -n*)* ~ viaggio di andata.

hin|reißen *(vt,* hat; *irr/ortogr* reißen*)* ~ affascinare, rapire. ◆ **sich zu etwas hinreißen lassen** *(fig)* lasciarsi trascinare in qcs. ◆ **hin- und hergerissen sein** *(fig)* non saper decidere.

hinreißend ['hɪnˌraisənt] *(agg)* ~ affascinante.

hin|richten *(vt,* hat*)* ~ giustiziare ♦ *jmdn auf dem elektrischen Stuhl hinrichten* giustiziare qcn sulla sedia elettrica.

Hinrichtung ['hɪnˌrɪçtʊŋ] *(f;* -, -en*)* ~ esecuzione capitale.

hin|schicken *(vt,* hat*)* ~ mandare (là).

hin|schlagen *(vi,* hat; *irr* schlagen*)* ~ battere, picchiare, dare colpi. ◆ **der Länge lang/nach hinschlagen** *(aux* ist*)* cadere lungo disteso.

hin|schleppen *(vt,* hat*)* ***1*** *(fam)* trascinare, tirarsi dietro (in un dato luogo) ♦ *ich musste alles allein hinschleppen* dovetti trascinare tutto da sola. ***2*** *(fig)* trascinare, tirare per le lunghe. ◆ **sich hinschleppen** *(vr)* ***1*** trascinarsi. ***2*** *(fig)* trascinarsi, andare per le lunghe.

hin|schmeißen *(vt,* hat; *irr/ortogr* schmeißen*)* ***1*** *(fam)* gettare (lì), buttare (lì) ♦ *wo soll ich das hinschmeißen?* dove lo devo buttare? ***2*** *(fam)* piantare, lasciare, mollare (lavoro e sim).

hin|sehen *(vi,* hat; *irr* sehen*)* ~ {*nach/zu jmdm/etwas ~*} rivolgere lo sguardo verso qcn/qcs.

hin|sein ~ **hin sein** (vedi **hin**).

hin|setzen *(vt,* hat*)* ~ mettere (lì), posare (lì). ◆ **sich hinsetzen** *(vr)* sedersi, mettersi a sedere, accomodarsi ♦ *setzen Sie sich bitte hin!* prego, si sieda!

Hinsicht ['hɪnˌzɪçt] *(f;* -*)* ~ aspetto, riguardo. ◆ **in dieser Hinsicht** sotto questo aspetto. ◆ **in gewisser Hinsicht** sotto un certo aspetto, in un certo senso. ◆ **in mancher Hinsicht** per alcuni aspetti. ◆ **in Hinsicht auf etwas** (Acc) riguardo a qcs.

hinsichtlich [-lɪç] *(prep* + Gen*)* ~ riguardo a qcs, per quanto riguarda qcs ♦ *hinsichtlich Ihres Vorschlags* riguardo alla sua proposta.

hin|sollen *(vi,* hat; *irr* sollen*)* ~ *(fam)* dover andare (lì), doverci andare.

Hinspiel ['hɪnʃpiːl] *(n;* -(e)s, -e*)* ~ *(sport)* andata, partita di andata.

hin|stellen *(vt,* hat*)* ***1*** mettere (in piedi), sistemare ♦ *ich muss noch ein paar Stühle hinstellen* devo mettere ancora alcune sedie. ***2*** {*jmdn/etwas als… ~*} far passare qcn/qcs come/per… ♦ *jmdn als Betrüger, als unverantwortlich hinstellen* far passare qcn per un imbroglione, per irresponsabile. ◆ **sich hinstellen** *(vr)* ***1*** mettersi (in piedi) ♦ *ich stellte mich vor ihn hin* mi misi davanti a lui. ***2*** {*sich als etwas ~*} spacciarsi, farsi passare per qcs.

hin|steuern *(vt,* hat*)* ***1*** dirigersi. ***2*** {*auf etwas* (Acc) *~*} mirare a qcs.

hin|strecken *(vt,* hat*)* ~ tendere, allungare ♦ *jmdm die Hand hinstrecken* tendere la mano a qcn. ◆ **sich hinstrecken** *(vr)* stendersi, sdraiarsi.

hin|stürzen *(vi,* ist*)* ***1*** cadere a terra. ***2*** precipitarsi ♦ *er stürzte zur Tür hin* si precipitò verso la porta.

hinten ['hɪntən] *(avv)* ***1*** dietro, di dietro (stato in luogo) ♦ *möchtest du hinten oder vorne sitzen?* vorresti stare seduto dietro o davanti? ***2*** in fondo ♦ *hinten im Buch* in fondo al libro. ◆ **hinten und vorne** dappertutto, in ogni cosa, a destra e a sinistra. ◆ **nach hinten** indietro, all'indietro (moto) ♦ *nach hinten gehen* andare indietro. ◆ **von hinten** da dietro, dal fondo ♦ *von hinten kommen* venire da dietro. ◆ **von vorn bis hinten** da cima a fondo. ◆ **hinten bleiben** rimanere indietro. ◆ **nicht wissen, wo hinten und vorne ist** *(fam)* non raccapezzarsi, non sapere che pesci prendere.

hintendran [-'dran] *(avv)* ~ *(fam)* dietro, dalla parte dietro.

hintendrauf [-'drauf] *(avv)* ~ *(fam)* dietro in alto, dietro di sopra.

hintenherum [-hɛ'rʊm] *(avv)* ***1*** dietro, per di dietro (moto); *(fam)* sul retro (di un edificio). ***2*** *(fig/fam)* di nascosto.

hintenrum [-'rʊm] *(avv)* ~ vedi **hintenherum**.

hintenüber [-ˀ'y:bɐ] *(avv)* ~ indietro, all'indietro.

hintenüber|fallen *(vi,* ist; *irr* fallen*)* ~ cadere all'indietro.

hinter ['hɪntɐ] *(prep* + Dat/Acc*)* ~ *(stato* + Dat; *moto* + Acc*)* dietro *(anche fig)* ♦ *das Fahrrad steht hinter dem Baum* la bicicletta è dietro l'albero ♦ *ich habe das Fahrrad hinter den Baum gestellt* ho messo la bicicletta dietro l'albero ♦ *das Kind hat sich hinter dem Auto versteckt* il bambino si è nascosto dietro la macchina. ◆ **etwas hinter sich** (Dat) **haben** *(fig)* avere qcs alle spalle, avere passato qcs ♦ *ich habe eine stressige Zeit hinter mir* ho alle spalle un periodo stressante. ◆ **hinter jmdm her sein** inseguire qcn, andar dietro a qcn *(anche fig)*.

Hinterausgang [-ˌˀausgaŋ] *(m;* -(e)s, -gänge*)* ~ uscita posteriore.

Hinterbein [-ˌbain] *(n;* -s, -e*)* ~ zampa posteriore. ◆ **sich auf die Hinterbeine stellen** *(fig)* ***1*** impuntarsi. ***2*** impegnarsi, sforzarsi.

Hinterbliebene(r) [-'bli:bənə (-nɐ)] *(m/f;* -n, -n*)* ~ parente del defunto, sopravvissuto.

hinterbringen [-'brɪŋən] *(vt,* hat; *irr* bringen*)* ~ {*jmdm etwas* ~} rivelare qcs a qcn (di nascosto).

hintere(r, -s) ['hɪntərə (-rɐ, -rəs)] *(agg; solo attr)* ~ posteriore, di dietro ♦ *die hintere Tür* la porta posteriore ♦ *in den hinteren Reihen* nelle file dietro.

hintereinander [ˌhɪntɐˀai'nandɐ] *(avv)* ***1*** l'uno dietro l'altro ♦ *hintereinander gehen* andare l'uno dietro l'altro ♦ *Gegenstände hintereinander stellen* mettere degli oggetti in fila l'uno dietro l'altro. ***2*** l'uno dopo l'altro, consecutivamente, di seguito ♦ *vier Tage hintereinander* quattro giorni consecutivi ♦ *dreimal hintereinander* tre volte di seguito.

Hintereingang ['hɪntɐˌˀaingaŋ] *(m;* -(e)s, -gänge*)* ~ entrata posteriore.

Hintergedanke ['hɪntɐgəˌdaŋkə] *(m;* -ns, -n*)* ~ secondo fine.

hintergehen [ˌhɪntɐ'ge:ən] *(vt,* hat; *irr* gehen*)* ~ imbrogliare.

Hintergrund ['hɪntɐˌgrʊnt] *(m;* -(e)s, -gründe*)* ***1*** sfondo *(anche fig)*. ***2*** *(spec pl)* sfondo, causa; retroscena ♦ *die politischen Hintergründe eines Ereignisses* i retroscena politici di un avvenimento. ◆ **etwas im Hintergrund haben** *(fig)* avere in serbo qcs. ◆ **im Hintergrund stehen** *(fig)* stare in secondo piano. ◆ **in den Hintergrund treten** *(fig)* finire in secondo piano, perdere importanza.

hintergründig ['hɪntɐˌgrʏndɪç] *(agg)* ***1*** recondito, nascosto. ***2*** oscuro, misterioso.

Hintergrundmusik ['hɪntɐgrʊntmuˌzi:k] *(f;* -*)* ~ musica di sottofondo.

Hinterhalt ['hɪntɐˌhalt] *(m;* -(e)s, -e*)* ~ imboscata, agguato ♦ *in einen Hinterhalt fallen/geraten* cadere in un'imboscata ♦ *jmdm einen Hinterhalt legen* tendere un'imboscata a qcn.

hinterhältig ['hɪntɐˌhɛltɪç] *(agg)* ~ subdolo, insidioso.

Hinterhältigkeit [-ˌkait] *(f;* -, -en*)* ~ carattere subdolo, perfidia.

hinterher [hɪntɐ'he:ɐ] *(avv)* ~ poi, dopo, in seguito. ◆ **hinterher sein** († **hinterhersein**) ***1*** {*mit etwas* ~} essere indietro, essere in arretrato con qcs. ***2*** *(fam)* star dietro, stare attento ♦ *er ist sehr hinterher, dass alles gut geht* presta molta attenzione affinché tutto vada bene.

hinterher|fahren *(vi,* ist; *irr* fahren*)* ~ {*jmdm* ~} seguire qcn, andar dietro a qcn (con un veicolo).

hinterher|hinken *(vi,* ist*)* ~ {*jmdm/etwas* ~} seguire qcn/qcs zoppicando; *(fig)* seguire qcn/qcs a fatica.

hinterher|laufen *(vi,* ist; *irr* laufen*)* ~ {*jmdm* ~} correre dietro a qcn *(anche fig)*.

hinterhersein ~ **hinterher sein** (vedi **hinterher**).

Hinterhof ['hɪntɐ,ho:f] *(m;* -(e)s, -höfe*)* ~ cortile interno.

Hinterland ['hɪntɐ,lant] *(n;* -(e)s*)* ~ retroterra, entroterra, hinterland.

hinterlassen [,hɪntɐ'lasən] *(vt,* hat; *irr* lassen*)* ***1*** lasciare (alla morte) ♦ *er hat drei Kinder hinterlassen* ha lasciato tre bambini ♦ *er hat viele Schulden hinterlassen* ha lasciato molti debiti. ***2*** lasciare (dietro di sé) ♦ *das Zimmer sauber hinterlassen* lasciare pulita la stanza. ***3*** lasciare (istruzioni e sim), lasciare detto ♦ *er hinterließ, dass* lasciò detto che. ***4*** *(fig)* lasciare (dietro di sé) ♦ *einen guten Eindruck hinterlassen* lasciare una buona impressione.

Hinterlassenschaft [-ʃaft] *(f;* -, -en*)* ~ eredità, lascito. ◆ **jmds Hinterlassenschaft antreten** *(fig)* raccogliere l'eredità di qcn.

hinterlegen [,hɪntɐ'le:gən] *(vt,* hat*)* ~ depositare (spec valori).

Hinterlegung [,hɪntɐ'le:gʊŋ] *(f;* -, -en*)* ~ deposito (spec di valori).

Hinterlist ['hɪntɐ,lɪst] *(f;* -*)* ~ perfidia.

hinterlistig [-ɪç] *(agg)* ~ subdolo, maligno, perfido.

Hintermann ['hɪntɐ,man] *(m;* -(e)s, -männer*)* ***1*** persona che sta dietro (in una fila o sim) ♦ *mein Hintermann* la persona dietro di me. ***2*** *(fig)* mandante.

Hintern ['hɪntɐn] *(m;* -s, -*)* ~ *(fam)* sedere, deretano. ◆ **jmdm den Hintern versohlen** sculacciare qcn. ◆ **jmdm in den Hintern treten** prendere qcn a calci nel sedere.

Hinterrad ['hɪntɐ,ra:t] *(n;* -(e)s, -räder*)* ~ ruota posteriore.

Hinterradantrieb [-,ʔantri:p] *(m;* -(e)s, -e*)* ~ trazione posteriore.

Hinterreifen ['hɪntɐ,raifən] *(m;* -s, -*)* ~ ruota posteriore, pneumatico posteriore.

hinterrücks ['hɪntɐ,rʏks] *(avv)* ~ alle spalle, di sorpresa ♦ *jmdn hinterrücks überfallen* assalire qcn alle spalle.

Hinterseite ['hɪntɐ,zaitə] *(f;* -, -n*)* ~ lato posteriore ♦ *auf der Hinterseite* sul lato posteriore (stato in luogo).

Hintertreffen ['hɪntɐ,trɛfən] *(n;* -s*)* ~ **ins Hintertreffen geraten/kommen** essere superato, finire in svantaggio, perdere terreno (in una competizione o sim).

hintertreiben [,hɪntɐ'traibən] *(vt,* hat; *irr* treiben*)* ~ ostacolare.

Hintertreppe ['hɪntə,trɛpə] *(f;* -, -n*)* ~ scala posteriore, scala di servizio.

Hintertür ['hɪntɐ,ty:ɐ] *(f;* -, -en*)* ***1*** porta posteriore, porta sul retro, porta di servizio. ***2*** *(fig)* via d'uscita, scappatoia ♦ *sich* (Dat) *eine Hintertür offen halten* lasciarsi una via d'uscita.

hinterziehen [,hɪntɐ'tsi:ən] *(vt,* hat; *irr* ziehen*)* ~ evadere, non dichiarare ♦ *Steuern hinterziehen* evadere le tasse.

Hinterziehung [,hɪntɐ'tsi:ʊŋ] *(f;* -, -en*)* ~ frodo; evasione (fiscale).

hin|tun *(vt,* hat; *irr* tun*)* ~ *(fam)* mettere.

hinüber [hɪ'ny:bɐ] *(avv)* ~ dall'altra parte, di là (moto a luogo, lontano da chi parla). ◆ **hinüber und herüber** da una parte e dall'altra, avanti e indietro. ◆ **hinüber sein** († **hinübersein**) ***1*** essere morto. ***2*** essere rotto, rovinato, distrutto *(anche fig)*.

hinüber|dürfen *(vi,* hat; *irr* dürfen*)* ~ *(fam)* poter andare dall'altra parte, di là.

hinüber|fahren *(vi,* ist; *irr* fahren*)* ~ andare dall'altra parte, di là (con un veicolo).

hinüber|führen *(vt,* hat*)* ~ condurre dall'altra parte, di là, portare dall'altra parte, di là.

hinüber|gehen *(vi,* ist; *irr* gehen*)* ~ andare dall'altra parte, di là.

hinüber|kommen *(vi,* ist; *irr* kommen*)* ~ venire di là, venire dall'altra parte ♦ *darf ich jetzt hinüberkommen?* posso venire di là ora?

hinüber|können *(vi,* hat; *irr* können*)* ~ *(fam)* poter andare dall'altra parte, di là.

hinüber|lassen *(vt,* hat; *irr/ortogr* lassen*)* ~ lasciare/fare andare dall'altra parte, di là.

hinüber|müssen *(vi,* hat; *irr/ortogr* müssen*)* ~ *(fam)* dover andare dall'altra parte, di là.

hinüber|reichen *(vi/vt,* hat*)* ***1*** estendersi (fino all'altra parte) ♦ *der Wald reicht bis* *zur Straße hinüber* il bosco si estende fino oltre la strada. **2** {*jmdm etwas* ~} *(vt)* passare qcs a qcn (dall'altra parte), porgere qcs a qcn (dall'altra parte).

hinüber|schicken *(vt,* hat*)* ~ mandare di là.

hinüber|sein ~ **hinüber sein** (vedi **hinüber**).

hinüber|sollen *(vi,* hat; *irr* sollen*)* ~ *(fam)* dover andare di là, dall'altra parte.

hinüber|springen *(vi,* ist; *irr* springen*)* ~ saltare dall'altra parte, di là.

hinüber|wollen *(vi,* hat; *irr* wollen*)* ~ voler andare dall'altra parte, di là.

hin- und her|fahren ['hɪnˀʊnt'heːɐ̯ˌfaːrən] *(vi,* ist; *irr* fahren*)* ~ andare qua e là, su e giù, avanti e indietro (con un veicolo).

hin- und her|gehen ['hɪnˀʊnt'heːɐ̯ˌgeːən] *(vi,* ist; *irr* gehen*)* ~ andare qua e là, su e giù, avanti e indietro.

hinunter [hɪ'nʊntɐ] *(avv)* ~ giù, in basso (moto a luogo, lontano da chi parla). ◆ **den Fluss hinunter** giù lungo il fiume (verso la foce).

hinunter|blicken *(vi,* hat*)* ~ guardare giù.

hinunter|bringen *(vt,* hat; *irr* bringen*)* **1** portare giù. **2** *(fam)* riuscire a mandar giù, riuscire a inghiottire.

hinunter|dürfen *(vi,* hat; *irr* dürfen*)* ~ *(fam)* poter scendere, poter andare giù.

hinunter|fahren *(vi,* ist; *irr* fahren*)* ~ scendere, andare giù (con un veicolo).

hinunter|fallen *(vi,* ist; *irr* fallen*)* ~ cadere giù ♦ *die Treppe hinunterfallen* ruzzolare le scale.

hinunter|gehen *(vi,* ist, *irr* gehen*)* ~ scendere, andare giù ♦ *geh in den Keller hinunter und hol mir eine Flasche Wein* scendi in cantina e portami un fiasco di vino.

hinunter|lassen *(vt,* hat; *irr* lassen*)* ~ lasciare/fare scendere, lasciare/fare andare giù.

hinunter|laufen *(vi,* ist; *irr* laufen*)* **1** correre giù, scendere a corsa. **2** colare giù, scorrere giù. ◆ **jmdm läuft es eiskalt den Rücken hinunter** *(impers)* qcn è percorso da un brivido freddo lungo la schiena.

hinunter|müssen *(vi,* hat; *irr/ortogr* müssen*)* ~ dover scendere, dover andare giù.

hinunter|rollen *(vi,* ist*)* ~ rotolare giù ♦ *der Stein rollte den Berg hinunter* il masso rotolò giù dal monte.

hinunter|schlucken *(vt,* hat*)* **1** inghiottire, mandare giù *(anche fig)* ♦ *eine Beleidigung hinunterschlucken* mandar giù un'offesa. **2** *(fig)* mandare giù, ricacciare indietro ♦ *die Tränen hinunterschlucken* ricacciare indietro le lacrime.

hinunter|sollen *(vi,* hat; *irr* sollen*)* ~ dover scendere, dover andare giù.

hinunter|springen *(vi,* ist; *irr* springen*)* ~ saltare giù.

hinunter|steigen *(vi,* ist; *irr* steigen*)* ~ scendere (giù).

hinunter|stürzen[1] *(vi,* ist*)* **1** cadere giù ♦ *die Treppe hinunterstürzen* ruzzolare le scale. **2** precipitarsi giù.

hinunter|stürzen[2] *(vt,* hat*)* **1** spingere giù, buttare giù. **2** trangugiare, buttare giù (tutto d'un fiato).

hinunter|wollen *(vi,* hat; *irr* wollen*)* ~ *(fam)* voler scendere, voler andare giù.

hinweg [hɪnˌvɛk] *(avv)* ~ *(lett)* via, via da qui ♦ *hinweg mit dir!* via di qui! vattene! ◆ **über etwas** (Acc) **hinweg** oltre qcs, al di là di qcs *(anche fig)* ♦ *er beobachtete das Kind über die Zeitung hinweg* osservava il bambino da dietro il giornale. ◆ **über etwas** (Acc) **hinweg sein** († **hinwegsein**) *(fig/fam)* aver superato qcs.

hinweg|gehen *(vi,* ist; *irr* gehen*)* ~ {*über etwas* (Acc) ~} *(fig)* ignorare qcs, fingere di non vedere (di non sentire) qcs, passare sopra a qcs ♦ *ich ging über ihre bösen Bemerkungen hinweg* ignorai le sue osservazioni maligne.

hinweg|kommen *(vi,* ist; *irr* kommen*)* ~ {*über etwas* (Acc) ~} superare qcs (difficoltà e sim).

hinweg|sehen *(vi,* hat; *irr* sehen*)* **1** {*über jmdn/etwas* ~} guardare al di sopra di qcn/qcs, guardare oltre qcn/qcs ♦ *über das Tal hinwegsehen* guardare al di sopra della valle. **2** {*über etwas* (Acc) ~} *(fig)* ignorare qcs, fingere di non vedere qcs.

hinweg|sein ~ **hinweg sein** (vedi **hinweg**).

hinweg|setzen *(vi,* hat*)* ~ {*über etwas* (Acc) ~} saltare oltre qcs, saltare al di là di qcs. ◆ **sich über etwas** (Acc) **hin-**

wegsetzen *(vr)* ignorare qcs, non prendere in considerazione qcs.

hinweg|täuschen *(vt,* hat*)* ~ {*jmdn über etwas* (Acc) ~} illudere qcn su qcs. ◆ **sich nicht hinwegtäuschen lassen** non lasciarsi illudere.

Hinweis ['hɪnˌvais] *(m;* -(e)s, -e*)* ~ indicazione, consiglio, informazione ♦ *ein guter Hinweis* una buona indicazione ♦ *jmdm einen Hinweis zu etwas/für etwas geben* dare un'indicazione a qcn su qcs. ◆ **unter Hinweis auf etwas** (Acc) facendo presente qcs.

hin|weisen *(vi/vt,* hat; *irr* weisen*)* ***1*** {*auf jmdn/etwas* ~} *(vi)* indicare qcn/qcs. ***2*** {*jmdn auf etwas* (Acc) ~} *(vt) (fig)* far presente qcs a qcn, far notare qcs a qcn ♦ *ich möchte darauf hinweisen, dass* vorrei far presente che.

Hinweisschild [-ʃɪlt] *(n;* -(e)s, -er*)* ~ segnale, cartello di indicazione (stradale).

hin|wenden *(vt,* hat; *irr* wenden*)* ~ voltare, rivolgere ♦ *den Blick zu jmdm hinwenden* rivolgere lo sguardo verso qcn. ◆ **sich hinwenden** *(vr)* voltarsi, rivolgersi ♦ *sich nach/zu jmdm hinwenden* rivolgersi verso qcn.

hin|werfen *(vt,* hat; *irr* werfen*)* ***1*** buttare, gettare (per terra) ♦ *er warf dem Kind den Ball hin* buttò la palla al bambino. ***2*** buttare via, gettare via. ***3*** *(fam)* mandare a monte, lasciar perdere. ***4*** buttar giù, abbozzare (scritto). ◆ **sich** (**vor jmdm**) **hinwerfen** *(vr)* buttarsi a terra (ai piedi di qcn).

hin|wollen *(vi,* hat; *irr* wollen*)* ~ *(fam)* voler andare (lì).

hin|ziehen¹ *(vi,* ist; *irr* ziehen*)* ~ trasferirsi, andare ad abitare.

hin|ziehen² *(vt,* hat; *irr* ziehen*)* ***1*** {*jmdn zu jmdm/etwas* ~} *(anche impers) (fig)* attrarre qcn verso qcs ♦ *es zieht ihn stark zu seiner Heimat hin* sente forte il richiamo della patria ♦ *sich zu jmdm/etwas hingezogen fühlen* sentirsi attratto da qcn/qcs. ***2*** protrarre, prolungare. ◆ **sich hinziehen** *(vr)* ***1*** estendersi. ***2*** protrarsi.

hinzu [hɪn'tsu:] *(avv)* ~ in aggiunta, oltre a ciò, in più.

hinzu|bekommen *(vt,* hat; *irr* kommen*)* ~ ottenere in più, ricevere in più.

hinzu|denken *(vt,* hat; *irr* denken*)* ~ {*sich* (Dat) *etwas zu etwas* ~} immaginarsi qcs con qcs (che non c'è ancora) ♦ *zu diesem Bild musst du dir den Rahmen hinzudenken* questo quadro devi immaginartelo con la cornice.

hinzu|fügen *(vt,* hat*)* ***1*** aggiungere ♦ *dem Teig Mehl hinzufügen* aggiungere farina all'impasto. ***2*** aggiungere, soggiungere ♦ *„Ja, aber...", fügte er hinzu* "Sì, ma...", aggiunse.

Hinzufügung [-ˌfy:gʊŋ] *(f;* -, -en*)* ~ aggiunta (l'aggiungere) ♦ *unter Hinzufügung von etwas* con l'aggiunta di qcs.

hinzu|kommen *(vi,* ist; *irr* kommen*)* ***1*** arrivare, sopraggiungere. ***2*** *(fig)* aggiungersi, essere da considerare ♦ *hinzu kommt noch, dass* a ciò si aggiunge che.

hinzu|tun *(vt,* hat; *irr* tun*)* ~ *(fam)* {*etwas (zu etwas)* ~} aggiungere qcs (a qcs).

hinzu|ziehen *(vt,* hat; *irr* ziehen*)* ~ consultare (esperti e sim).

Hirn [hɪrn] *(n;* -(e)s, -e*)* ***1*** cervello. ***2*** *(fig)* cervello, intelligenza ♦ *kein Hirn haben* non avere cervello. ◆ **sein Hirn anstrengen** spremersi le meningi.

hirngeschädigt [-gəʃɛ:dɪçt] *(agg)* ~ cerebroleso.

Hirngespinst [-gəʃpɪnst] *(n;* -(e)s, -e*)* ~ idea bizzarra, assurdità.

Hirnhaut [-ˌhaut] *(f;* -, -häute*)* ~ *(anat)* meninge.

Hirnhautentzündung [-hautˀɛntˌtsʏndʊŋ] *(f;* -, -en*)* ~ *(med)* meningite.

Hirntod [-ˌto:t] *(m;* -(e)s*)* ~ morte cerebrale.

hirnverbrannt [-fɛɐˌbrant] *(agg)* ~ *(fig/fam)* pazzo, folle ♦ *eine hirnverbrannte Idee* un'idea folle.

Hirsch [hɪrʃ] *(m;* -es, -e*)* ~ *(zool)* cervo ♦ *der Hirsch röhrt/schreit* il cervo bramisce.

Hirschkalb [-ˌkalp] *(n;* -(e)s, -kälber*)* ~ *(zool)* cerbiatto.

Hirse ['hɪrzə] *(f;* -, -n*)* ~ *(bot)* miglio.

Hirt [hɪrt] *(m;* -en, -en; *f* **-in***)* ~ pastore.

Hirtenhund [-ənˌhʊnt] *(m;* -(e)s, -e*)* ~ cane da pastore.

hissen ['hɪsən] *(vt,* hat*)* ~ issare (bandiera).

Historiker [hɪs'to:rikɐ] *(m;* -s, -; *f* **-in***)* ~ storico.

historisch [hɪs'to:rɪʃ] *(agg)* ~ storico.

Hitze ['hɪtsə] *(f; -)* ***1*** calura, gran caldo ♦ *drückende Hitze* calura opprimente ♦ *bei der Hitze* con il gran caldo, con questo caldo. ***2*** calore, temperatura (del forno). ***3*** *(fig)* passione, foga ♦ *in der Hitze des Gefechts* nella foga della discussione. ◆ **in Hitze geraten** *(fig)* scaldarsi.

hitzefrei [-ˌfrai] *(agg/avv)* ~ **hitzefrei haben/kriegen** avere una vacanza extra da scuola (quando fa troppo caldo).

hitzig ['hɪtsɪç] *(agg)* ***1*** *(fig)* violento, veemente, forte (discussioni e sim). ***2*** *(fig)* passionale; irascibile.

Hitzkopf ['hɪtsˌkɔpf] *(m; -(e)s, -köpfe)* ~ *(fig)* testa calda.

Hitzschlag ['hɪtsʃlaːk] *(m; -(e)s, -schläge)* ~ colpo di calore.

HIV [ˌhaːˀiˈfau] *(n; -/-s)* ~ *(med)* HIV.

HIV-positiv [-ˈpoːzitiːf] *(agg)* ~ sieropositivo.

h-Moll ['haːˈmɔl] *(n; -) (abbrev* **h***)* ~ *(mus)* si minore.

HNO-Arzt [ˌhaːˀɛnˈˀoːˌˀaːɐtst] *(m; -es, -Ärzte; f* **-Ärztin***)* ~ abbrev di **Hals-Nasen-Ohren-Arzt**.

hob [hoːp] ~ pret di **heben**.

Hobby ['hɔbi] *(n; -s, -s)* ~ hobby.

Hobel ['hoːbəl] *(m; -s, -)* ~ pialla.

Hobelbank [-ˌbaŋk] *(f; -, -bänke)* ~ banco del falegname.

hobeln [-n] *(vt,* hat*)* ***1*** piallare. ***2*** affettare (verdure).

hoch[1] [hoːx] *(agg; in posizione attr* **hohe(r, -s)**; **höher, am höchsten***)* ***1*** alto (cosa) ♦ *ein hoher Baum* un albero alto ♦ *ein zwanzig Meter hoher Turm* una torre alta venti metri ♦ *wie hoch ist der Berg?* quanto è alto il monte? ♦ *der Berg ist 2000 Meter hoch* il monte è alto 2000 metri. ***2*** *(fig)* alto, cospicuo (somma, livello, ecc) ♦ *ein hoher Preis* un prezzo alto ♦ *hohes Fieber haben* avere la febbre alta. ***3*** *(fig)* alto, grande, illustre ♦ *eine hohe Persönlichkeit* un'alta personalità. ***4*** *(fig)* alto, elevato (socialmente) ♦ *der hohe Adel* l'alta nobiltà ♦ *von hohem Rang sein* essere di alto rango. ***5*** avanzato, inoltrato, pieno (epoca; stagione) ♦ *im hohen Sommer* in piena estate, a estate inoltrata. ***6*** *(fig)* alto, grande ♦ *hohe Erwartungen* grandi aspettative. ***7*** alto (suono). ◆ **das Hohe Lied** († **Hohelied**) il Cantico dei Cantici. ◆ **im hohen Norden** all'estremo nord.

hoch[2] *(avv;* **höher, am höchsten***)* ***1*** alto, in alto *(anche fig)* ♦ *hoch fliegen* volare in alto ♦ *die Sonne steht hoch* il sole è alto. ***2*** molto, bene (riferito a somme e sim) ♦ *hoch bezahlt* ben pagato. ***3*** molto, altamente, fortemente ♦ *hoch qualifiziert* altamente qualificato. ***4*** *(mat)* alla (indicatore di potenza) ♦ *drei hoch zwei ist neun* tre alla seconda fa nove. ◆ **wenn es hoch kommt** *(fig/fam)* se tutto va bene, nella migliore delle ipotesi. ◆ **hoch hinauswollen** *(fig/fam)* puntare in alto. ◆ **etwas hoch und heilig versprechen** promettere qcs solennemente. ◆ **hoch!** su! alzati! ◆ **wer hoch steigt, fällt tief** *(prov)* chi troppo sale presto scende.

Hoch *(n; -s, -s)* ***1*** evviva, urrà ♦ *ein dreifaches Hoch auf jmdn ausbringen* gridare hip, hip, urrà a qcn. ***2*** *(abbrev di* **Hochdruck***)* alta pressione (atmosferica).

hoch|achten *(vt,* hat*)* ~ {*jmdn* ~} stimare molto qcn, avere grande stima di qcn.

Hochachtung [-ˌˀaxtʊŋ] *(f; -)* ~ stima, rispetto ♦ *größte Hochachtung vor jmdm haben* avere la massima stima di qcn.

Hochadel [-ˌˀaːdəl] *(m; -s)* ~ alta nobiltà.

Hochaltar [-ˀalˌtaːɐ] *(m; -s, -e)* ~ altare maggiore.

hoch|arbeiten *(vr,* hat*)* ~ **sich hocharbeiten** fare carriera, salire in alto.

Hochbahn [-ˌbaːn] *(f; -, -en)* ~ ferrovia sopraelevata.

Hochbau [-ˌbau] *(m; -(e)s)* ~ edilizia.

Hochbetrieb [-bəˌtriːp] *(m; -(e)s)* ~ *(fam)* grande attività ♦ *vor Weihnachten herrscht bei uns im Laden Hochbetrieb* prima di Natale c'è grande attività da noi in negozio.

hoch|bringen *(vt,* hat; *irr* bringen*)* ***1*** portare su, portare in alto. ***2*** *(fig)* guarire, rimettere in piedi. ***3*** *(fig)* risollevare, rimettere in piedi (economicamente).

Hochburg [-ˌbʊrk] *(f; -, -en)* ~ roccaforte *(anche fig)*.

hochdeutsch [-ˌdɔytʃ] *(agg)* ***1*** tedesco standard ♦ *die hochdeutsche Aussprache* la pronuncia standard del tedesco. ***2*** alto tedesco.

Hochdeutsch *(n; -)*, das **Hochdeutsche** [-tʃə] *(n; -n)* ***1*** tedesco standard ♦ *„schmeißen" heißt auf Hochdeutsch „werfen"* "schmeißen" nel tedesco standard si dice "werfen". ***2*** alto tedesco.

Hochdruck [-ˌdrʊk] *(m; -(e)s)* ***1*** *(fis)* alta pressione. ***2*** *(fig/fam)* pressione, frenesia ♦ *mit Hochdruck arbeiten* lavorare sotto pressione.

hoch|fahren *(vi, ist; irr* fahren*)* ***1*** *(region)* andare su, salire (con un veicolo). ***2*** *(fig/fam)* sobbalzare, balzare su.

hochfahrend [-ˌfaːrənt] *(agg)* ~ arrogante, altezzoso.

hoch|fliegen *(vi, ist; irr* fliegen*)* ~ volare in alto.

hochfliegend [-ˌfliːgənt] *(agg)* ~ *(fig)* che vola in alto, ambizioso.

hoch|gehen *(vi, ist; irr* gehen*)* ***1*** *(region)* andare su, salire. ***2*** esplodere. ***3*** *(fig/fam)* infuriarsi, andare su tutte le furie. ***4*** *(fam)* essere scoperto (malviventi).

hochgeschlossen [-gəʃlɔsən] *(agg)* ~ accollato.

hochgestochen [-gəʃtɔxən] *(agg)* ***1*** *(fam)* pretenzioso, altisonante. ***2*** *(fam)* arrogante, presuntuoso.

Hochglanz [-ˌglants] *(m; -es)* ~ splendore, lucentezza. ◆ **etwas auf Hochglanz polieren** tirare a lucido qcs.

hochgradig [-ˌgraːdɪç] *(agg)* ***1*** di alto grado, alto, forte, grande ♦ *hochgradige Spannung* grande tensione. ***2*** *(avv)* in alto grado, altamente, molto, estremamente.

hoch|halten *(vt, hat; irr* halten*)* ***1*** tenere in alto, tenere sollevato ♦ *die Arme hochhalten* tenere in alto le braccia. ***2*** *(fig)* tenere alto, difendere.

Hochhaus [-ˌhaus] *(n; -es, -häuser)* ~ grattacielo.

hoch|heben *(vt, hat; irr* heben*)* ~ alzare, sollevare.

hochinteressant [-ˀɪntərɛˌsant] *(agg)* ~ molto interessante, interessantissimo.

hochkant [-ˌkant] *(avv)* ~ per ritto (oggetti quadrangolari) ♦ *ein Buch hochkant stellen* mettere un libro per ritto.

hochkarätig [-kaˌrɛːtɪç] *(agg)* ***1*** a molti carati. ***2*** *(fig)* importantissimo.

hoch|kommen *(vi, ist; irr* kommen*)* ***1*** *(fam)* venire su, salire. ***2*** *(fig)* fare strada, avanzare (socialmente). ***3*** *(fig)* guarire, rimettersi in piedi. ◆ **es kommt jmdm hoch** *(impers)* a qcn si rivolta lo stomaco, a qcn viene il voltastomaco *(anche fig)* ♦ *es kommt mir hoch, wenn ich so etwas sehe* mi viene il voltastomaco quando vedo cose del genere.

Hochland [-ˌlant] *(n; -(e)s, -länder)* ~ altopiano.

hoch|leben *(vi, hat)* ~ **jmd/etwas lebe hoch!** evviva qcn/qcs, viva qcn/qcs ♦ *der Sieger lebe hoch!* evviva il vincitore! ◆ **jmdn hochleben lassen** gridare evviva a qcn.

hochmodern [-moˌdɛrn] *(agg)* ~ modernissimo.

Hochmut [-ˌmuːt] *(m; -(e)s)* ~ presunzione, boria, arroganza.

hochmütig [-ˌmyːtɪç] *(agg)* ~ presuntuoso, borioso, arrogante.

hoch|nehmen *(vt, hat; irr* nehmen*)* ***1*** *(region)* sollevare, tirare su. ***2*** *(fig/fam)* prendere in giro, canzonare. ***3*** *(fig/fam)* spremere, dissanguare.

Hochofen [-ˌˀoːfən] *(m; -s, -öfen)* ~ altoforno.

Hochrechnung [-ˌrɛçnʊŋ] *(f; -, -en)* ~ stima, calcolo approssimativo, proiezione.

Hochsaison [-zɛˌzõː] *(f; -, -s/-en)* ~ alta stagione.

hoch|schätzen *(vt, hat)* ~ {*jmdn/etwas* ~} stimare molto qcn, avere molta stima di qcn.

Hochschätzung [-ʃɛtsʊŋ] *(f; -)* ~ stima, rispetto.

Hochschulabschluss († **-abschluß**) [-ʃuːlˌˀapʃlʊs] *(m; -es, -schlüsse)* ~ diploma universitario.

Hochschulbildung [-ʃuːlˌbɪldʊŋ] *(f; -, -en)* ~ formazione universitaria.

Hochschule [-ʃuːlə] *(f; -, -n)* ~ università (a indirizzo scientifico).

Hochschüler [-ʃyːlɐ] *(m; -s, -; f* **-in***)* ~ studente universitario.

Hochschullehrer [-ʃuːlˌleːrɐ] *(m; -s, -; f* **-in***)* ~ professore universitario.

Hochschulreife [-ʃuːlˌraifə] *(f; -, -n)* ~ *(burocr)* diploma di maturità.

hochschwanger [-ʃvaŋɐ] *(agg)* ~ agli ultimi mesi di gravidanza.

Hochsee [-ˌzeː] *(f; -)* ~ alto mare.

Hochspannung [-ʃpanʊŋ] *(f; -, -en)* ***1*** alta tensione. ***2*** *(fig)* alta tensione, grande tensione ♦ *in Hochspannung leben* vivere in grande tensione.

hoch|spielen *(vt,* hat*)* ~ ingigantire, esaltare (eccessivamente).

Hochsprache [-ʃpraːxə] *(f; -, -n)* ~ lingua standard.

hochsprachlich [-ʃpraːxlɪç] *(agg)* ~ standard, della lingua standard.

Hochsprung [-ʃprʊŋ] *(m; -(e)s)* ~ *(sport)* salto in alto.

höchst [høːçst] *(avv)* ~ molto, estremamente ♦ *höchst gefährlich* estremamente pericoloso.

Höchst- *(nei composti)* ~ massimo ♦ *Höchstalter* età massima ♦ *Höchstgeschwindigkeit* velocità massima.

höchste(r, -s) [-ə (-ɐ, -əs)] *(agg)* ***1*** il più alto (di tutti) ♦ *der höchste Turm* la torre più alta (di tutte). ***2*** *(fig)* altissimo, massimo, grandissimo; supremo, sommo ♦ *zu meiner höchsten Zufriedenheit* con mia grandissima soddisfazione. ◆ **es ist höchste Zeit** (**etwas zu tun**) è ora (di fare qcs), non c'è tempo da perdere. ◆ **aufs Höchste** *(anche* **höchste***)* molto, estremamente, enormemente ♦ *ich bin aufs Höchste zufrieden* sono enormemente contento.

Hochstapler ['hoːxʃtaːplɐ] *(m; -s, -; f* **-in***)* ~ imbroglione.

Höchstbietende(r) ['høːçstˌbiːtəndə (-dɐ)] *(m/f; -n, -n)* ~ miglior offerente.

hochstehend ['hoːxʃteːənt] *(agg)* ~ altolocato, importante.

höchstens ['høːçstəns] *(avv)* ~ al massimo, non più di ♦ *er ist höchstens vierzig Jahre alt* avrà al massimo quarant'anni ♦ *es waren höchstens zwanzig Leute da* ci saranno state al massimo venti persone. ◆ **höchstens wenn** solo se, solo nel caso che.

Hochstimmung ['hoːxʃtɪmʊŋ] *(f; -)* ~ allegria, atmosfera allegra ♦ *in Hochstimmung sein* essere allegro.

Hochstraße ['hoːxʃtraːsə] *(f; -, -n)* ~ strada sopraelevata.

höchstwahrscheinlich ['høːçstvaːɐ'ʃainlɪç] *(avv)* ~ con ogni probabilità.

Hochtechnologie ['hoːxtɛçnoloˌgiː] *(f; -, -n)* ~ alta tecnologia.

Hochtour ['hoːxˌtuːɐ] *(f; -, -en)* ~ gita in alta montagna. ◆ **auf Hochtouren arbeiten/laufen** ***1*** girare al massimo (motori). ***2*** *(fig)* procedere senza sosta, a pieno ritmo. ◆ **auf Hochtouren bringen** ***1*** portare al massimo dei giri (motore). ***2*** *(fig)* mettere sotto torchio, far lavorare sodo.

hochtrabend ['hoːxˌtraːbənt] *(agg)* ~ pomposo, ampolloso (stile e sim).

Hochverrat ['hoːxfɛɐˌraːt] *(m; -(e)s)* ~ *(dir)* alto tradimento.

Hochwald ['hoːxˌvalt] *(m; -(e)s, -wälder)* ~ bosco d'alto fusto.

Hochwasser ['hoːxˌvasɐ] *(n; -s, -)* ***1*** piena ♦ *der Fluss hat/führt Hochwasser* il fiume è in piena. ***2*** inondazione.

hoch|werfen *(vt,* hat; *irr* werfen*)* ~ lanciare in alto.

Hochwürden ['hoːxˌvʏrdən] *(m; -/-s)* ~ reverendo.

Hochzeit ['hoːxˌtsait] *(f; -, -en)* ~ nozze, matrimonio, sposalizio ♦ *jmdn zur Hochzeit einladen* invitare qcn alle nozze ♦ *Hochzeit feiern/halten/machen* sposarsi. ◆ **silberne**, **goldene**, **diamantene**, **eiserne Hochzeit** nozze d'argento, d'oro, di diamante, di platino. ◆ **auf zwei Hochzeiten tanzen** *(fig/fam)* essere impegnato su due fronti; tenere il piede in due staffe.

hochzeitlich [-lɪç] *(agg)* ~ nuziale.

Hochzeitskleid ['hoːxtsaitsˌklait] *(n; -(e)s, -er)* ~ abito da sposa.

Hochzeitspaar ['hoːxtsaitsˌpaːɐ] *(n; -(e)s, -e)* ~ coppia di sposi, sposi.

Hochzeitsreise ['hoːxtsaitsˌraizə] *(f; -, -n)* ~ viaggio di nozze.

Hochzeitstag ['hoːxtsaitsˌtaːk] *(m; -(e)s, -e)* ***1*** giorno delle nozze. ***2*** anniversario di nozze.

Hocke ['hɔkə] *(f; -, -n)* ~ posizione accovacciata. ◆ **in die Hocke gehen** accovacciarsi. ◆ **in der Hocke sitzen** stare accovacciato.

hocken [-n] *(vi,* hat*)* ***1*** stare accovacciato, stare accoccolato ♦ *er hockte hinter dem Auto* stava accovacciato dietro l'auto. ***2*** *(fam)* stare lì (senza far niente) ♦ *er hockt den ganzen Tag zu Hause* sta tutto il giorno in casa senza far niente. ◆ **sich hocken** *(vr)* accovacciarsi ♦ *er* *hockte sich hinter das Auto* si accovacciò dietro l'auto.

Hocker ['hɔkɐ] *(m; -s, -)* ~ sgabello.

Höcker ['hœkɐ] *(m; -s, -)* ***1*** gobba (del cammello). ***2*** *(fam)* gobba, gibbosità.

Hockey ['hɔki] *(n; -s)* ~ hockey.

Hoden ['hoːdən] *(m; -s, -)* ~ *(anat)* testicolo.

Hof [hoːf] *(m; -(e)s, Höfe)* ***1*** cortile, corte ♦ *auf dem Hof/im Hof* nel cortile (stato in luogo). ***2*** fattoria, cascina. ***3*** corte (di sovrani e sim) ♦ *am Hof* a corte ♦ *jmdn bei Hof einführen* introdurre qcn a corte. ***4*** corte, seguito ♦ *der König und sein Hof* il re e la sua corte. ◆ **Hof halten** († **hofhalten**) risiedere, soggiornare (di sovrani). ◆ **einer Frau den Hof machen** fare la corte a una donna.

hoffen ['hɔfən] *(vi/vt, hat)* ***1*** sperare ♦ *ich hoffe, morgen kommen zu können* spero di poter venire domani ♦ *ich hoffe, dass er kommen kann* spero che possa venire ♦ *das will ich hoffen!* lo voglio sperare! ***2*** {*auf jmdn/etwas* ~} sperare in qcn/qcs ♦ *ich hoffe sehr auf dich* spero molto in te ♦ *wir hoffen auf eine Verbesserung* speriamo in un miglioramento. ◆ **Hoffen und Harren macht manchen zum Narren** *(prov)* chi vive sperando, muore cantando.

hoffentlich [-tlɪç] *(avv)* ~ spero (che), speriamo (che) ♦ *hoffentlich kann er zu uns kommen* speriamo che possa venire da noi. ◆ **hoffentlich!** speriamo! lo spero! ◆ **hoffentlich nicht** spero/speriamo di no.

Hoffnung ['hɔfnʊŋ] *(f; -, -en)* ***1*** speranza ♦ *eine törichte Hoffnung* una speranza folle ♦ *Hoffnung auf Genesung, Rettung* speranza di guarigione, di salvezza ♦ *jede Hoffnung aufgeben* abbandonare ogni speranza ♦ *die Hoffnung hegen, dass* nutrire la speranza che ♦ *voller Hoffnung sein* essere pieno di speranza ♦ *seine Hoffnung auf jmdn/etwas setzen* riporre le proprie speranze in qcn/qcs. ***2*** illusione, falsa speranza ♦ *jmdm Hoffnung(en) auf etwas* (Acc) *machen* far illudere qcn su qcs. ***3*** speranza, promessa (persona in cui si ripongono le speranze). ◆ **guter Hoffnung sein** *(fig/lett)* essere incinta. ◆ **in der Hoffnung, dass** con la speranza di/che ♦ *das tat ich in der Hoffnung, eine positive Antwort zu bekommen* questo l'ho fatto con la speranza di ricevere una risposta positiva.

hoffnungslos [-sˌloːs] *(agg)* ***1*** disperato, senza speranza ♦ *ein hoffnungsloser Fall* un caso disperato. ***2*** *(avv)* senza speranza.

Hoffnungslosigkeit [-sˌloːzɪçkait] *(f; -)* ~ disperazione, l'essere senza speranza.

Hoffnungsträger [-sˌtrɛːgɐ] *(m; -s, -; f* **-in***)* ~ speranza (persona in cui si ripongono le speranze).

hoffnungsvoll [-sˌfɔl] *(agg)* ***1*** speranzoso, pieno di speranza. ***2*** promettente.

Hofgang ['hoːfˌgaŋ] *(m; -(e)s, -gänge)* ~ ora d'aria.

hofhalten ~ **Hof halten** (vedi **Hof**).

hofieren [ho'fiːrən] *(vt, hat)* ~ adulare.

höfisch ['høːfɪʃ] *(agg)* ***1*** cortigiano, di corte. ***2*** cortese (poesia e sim).

Hofleute ['hoːfˌlɔytə] *(pl)* ~ cortigiani, corte.

höflich ['høːflɪç] *(agg)* ***1*** cortese, gentile. ***2*** *(avv)* cortesemente, gentilmente.

Höflichkeit [-ˌkait] *(f; -, -en)* ***1*** cortesia, gentilezza. ***2*** *(spec pl)* complimenti, convenevoli ♦ *Höflichkeiten austauschen* scambiarsi complimenti.

Hofmeister ['hoːfˌmaistɐ] *(m; -s, -)* ~ maggiordomo.

Hofstaat ['hoːfʃtaːt] *(m; -(e)s)* ~ corte, seguito.

hohe(r, -s) ['hoːə (-ɐ, -əs)] ~ vedi **hoch**[1].

Höhe ['høːə] *(f; -, -n)* ***1*** altezza *(anche geom/fis)* ♦ *die Höhe eines Berges, eines Turmes* l'altezza di un monte, di una torre. ***2*** altura, rilievo. ***3*** altitudine, quota. ***4*** *(fig)* ammontare, livello, grado ♦ *die Höhe einer Summe* l'ammontare di una somma ♦ *die Höhe der Temperatur* il livello della temperatura ♦ *eine Bezahlung in Höhe von 100 Euro* un pagamento per l'ammontare di 100 euro. ***5*** apice, culmine ♦ *auf der Höhe seiner Karriere sein* essere all'apice della propria carriera. ***6*** latitudine, altezza ♦ *wir befinden uns auf der Höhe von Wien* ci troviamo all'altezza di Vienna. ◆ **die Höhen und Tiefen des Lebens** gli alti e bassi della vita. ◆ **nicht**

auf der Höhe sein *(fig/fam)* non essere in salute. ◆ **in die Höhe** in alto, verso l'alto, in aria (moto a luogo) *(anche fig)* ♦ *etwas in die Höhe werfen* gettare in aria qcs. ◆ **in die Höhe gehen** *(fig/fam)* adirarsi, andare su tutte le furie.

Hoheit ['hoː,hait] *(f; -, -en)* **1** *(solo sing)* *(pol)* sovranità ♦ *die Hoheit eines Staates über die Gewässer* la sovranità di uno stato sulle acque. **2** altezza (titolo) ♦ *Eure Hoheit* Vostra Altezza ♦ *Königliche Hoheit* Altezza reale. **3** *(solo sing)* maestosità, sublimità.

hoheitlich [-lɪç] *(agg)* ~ *(pol)* sovrano.

Hoheitsgebiet ['hoːhaitsgə,biːt] *(n; -(e)s, -e)* ~ *(pol)* territorio di uno stato, territorio nazionale.

Hoheitsgewalt ['hoːhaitsgə,valt] *(f; -, -en)* ~ *(pol)* sovranità.

Hoheitsgewässer ['hoːhaitsgə,vɛsɐ] *(n; -s, -)* *(spec pl)* ~ *(pol)* acque territoriali.

Hoheitsrecht ['hoːhaits,rɛçt] *(n; -(e)s, -e)* ~ *(pol)* diritto di sovranità.

Hohelied ~ **Hohe Lied** (vedi **hoch**[1]).

Höhenlage ['høːən,laːgə] *(f; -, -n)* ~ altitudine.

Höhenluft ['høːən,lʊft] *(f; -)* ~ aria di montagna.

Höhenunterschied ['høːən,ˀʊntɐʃiːt] *(m; -(e)s, -e)* ~ dislivello.

Höhepunkt ['høːə,pʊŋkt] *(m; -(e)s, -e)* **1** culmine, apice ♦ *auf dem Höhepunkt seiner Karriere stehen* essere all'apice della carriera. **2** clou, momento centrale ♦ *der Höhepunkt des Abends* il clou della serata.

höher ['høːɐ] *(agg)* **1** più alto. **2** *(fig)* più alto, maggiore, superiore ♦ *ein höherer Preis* un prezzo più alto. **3** *(avv)* più in alto, più su. ◆ **höhere Schule** scuola superiore.

hohl [hoːl] *(agg)* **1** cavo, vuoto ♦ *ein hohler Baumstamm* un tronco cavo. **2** concavo ♦ *hohle Linsen* lenti concave. **3** incavato, infossato ♦ *hohle Wangen* guance infossate. **4** cupo (suono). **5** *(fig)* insulso, vuoto.

Höhle ['høːlə] *(f; -, -n)* **1** caverna, grotta. **2** tana. **3** *(fig/fam)* tana, stamberga.

Hohlmaß ['hoːl,maːs] *(n; -es, -e)* ~ misura di capacità.

Hohlraum ['hoːl,raum] *(m; -(e)s, -räume)* ~ cavità, incavo.

Höhlung ['høːlʊŋ] *(f; -, -en)* ~ cavità, incavo, nicchia.

Hohlweg ['hoːl,veːk] *(m; -(e)s, -e)* ~ gola (fra le rocce).

Hohn [hoːn] *(m; -(e)s)* ~ scherno. ◆ **Hohn sprechen** vedi **hohnsprechen**.

höhnen ['høːnən] *(vt, hat)* ~ schernire.

höhnisch ['høːnɪʃ] *(agg)* ~ beffardo, di scherno ♦ *ein höhnisches Lächeln* un sorriso di scherno.

hohn|sprechen *(anche* **Hohn sprechen***)* *(vi, hat)* ~ {*einer Sache* (Dat) ~} *(fig/lett)* andare contro a qcs, contraddire qcs.

Hokuspokus [,hoːkʊs'poːkʊs] *(m; -(e)s)* **1** abracadabra. **2** magia, gioco di prestigio.

hold [hɔlt] *(agg)* ~ *(lett)* leggiadro. ◆ **jmdm hold sein** *(lett)* essere propizio a qcn.

holen ['hoːlən] *(vt, hat)* **1** andare a prendere (oggetti) ♦ *hol zwei Flaschen Wein aus dem Keller* vai a prendere due fiaschi di vino in cantina. **2** chiamare, far venire ♦ *den Arzt, die Polizei holen* chiamare il medico, la polizia. ◆ **sich** (Dat) **etwas holen** buscarsi, beccarsi qcs ♦ *ich habe mir einen Schnupfen geholt* mi sono beccato il raffreddore. ◆ **sich** (Dat) **bei jmdm Rat holen** farsi consigliare da qcn. ◆ **da/hier ist nichts zu holen** *(fig/fam)* qui non c'è niente da ricavare.

Hölle ['hœlə] *(f; -, -n)* ~ inferno *(anche fig)* ♦ *zur Hölle fahren* andare all'inferno. ◆ **jmdm das Leben zur Hölle machen** *(fig)* rendere la vita un inferno a qcn. ◆ **hier ist die Hölle los** *(fig/fam)* qui c'è un gran casino. ◆ **scher dich/fahr zur Hölle!** va' all'inferno! ◆ **der Weg zur Hölle ist mit guten Vorsätzen gepflastert** *(prov)* la via dell'inferno è lastricata di buone intenzioni.

Höllenangst [-n,ˀaŋst] *(f; -, -ängste)* ~ *(fam)* paura d'inferno, fifa blu.

höllisch ['hœlɪʃ] *(agg)* **1** infernale. **2** *(fig/fam)* infernale, enorme, tremendo ♦ *höllische Schmerzen* dolori infernali. **3** *(avv)* moltissimo, enormemente ♦ *das Knie tut mir höllisch weh* il ginocchio mi fa un male infernale.

Holocaust ['hoːlokaust] *(m; -/-s, -s)* ~ olocausto.
holperig ['hɔlpərɪç] *(anche* **holprig***)* *(agg)* *1* accidentato, sconnesso. *2* *(fig)* sconnesso, zoppicante.
holpern ['hɔlpɐn] *(vi,* ist*)* *1* procedere a sbalzi, inciampare (continuamente). *2* *(aux* hat*)* *(fig)* zoppicare, incepparsi (nel parlare).
holprig ['hɔlprɪç] ~ vedi **holperig**.
Holunder [ho'lʊndɐ] *(m; -s, -)* ~ *(bot)* sambuco.
Holz [hɔlts] *(n; -es,* Hölzer*)* *1* legno ♦ *ein Schemel aus Holz* uno sgabello di legno. *2* legna, legname ♦ *Holz hacken, sägen* spaccare, segare la legna ♦ *Holz fällen/ hauen* fare la legna (tagliare gli alberi). ◆ **dasitzen wie ein Stück Holz** *(fig/ fam)* star lì impalato. ◆ **nicht aus Holz sein** *(fig/fam)* non essere di legno, non essere insensibile. ◆ **aus hartem Holz sein** *(fig)* avere un carattere forte. ◆ **Holz in den Wald tragen** *(fig)* portare vasi a Samo.
Holzapfel [-ˌˀapfəl] *(m; -s, -äpfel)* ~ *(bot)* mela selvatica.
Holzapfelbaum [-ˀapfəlˌbaum] *(m; -(e)s, -bäume)* ~ *(bot)* melo selvatico.
holzen [-ən] *(vt,* hat*)* ~ tagliare, abbattere (boschi).
hölzern ['hœltsɐn] *(agg)* *1* di legno, ligneo ♦ *eine hölzerne Schachtel* una scatola di legno. *2* *(fig)* legnoso, impacciato.
Holzfäller ['hɔltsˌfɛlɐ] *(m; -s, -)* ~ taglialegna, boscaiolo.
Holzkohle ['hɔltsˌkoːlə] *(f; -, -n)* ~ carbone di legna.
Holzkopf ['hɔltsˌkɔpf] *(m; -(e)s, -köpfe)* ~ *(fig)* zuccone, testa di legno.
Holzmehl ['hɔltsˌmeːl] *(n; -(e)s)* ~ segatura.
Holzscheit ['hɔltsˌʃait] *(n; -(e)s, -e)* ~ pezzo di legno, ciocco.
Holzschuh ['hɔltsˌʃuː] *(m; -(e)s, -e)* ~ zoccolo (di legno).
Holzspan ['hɔltsˌʃpaːn] *(m; -(e)s, -späne)* *(spec pl)* ~ truciolo.
Holzweg ['hɔltsˌveːk] *(m)* ~ **auf dem Holzweg sein** *(fig)* essere fuori strada, sbagliarsi di grosso.
Holzwurm ['hɔltsˌvʊrm] *(m; -(e)s, -würmer)* ~ tarlo.
Homo ['hoːmo] *(m; -s, -s)* ~ *(fam)* abbrev di **Homosexuelle(r)**.
homogen [homo'geːn] *(agg)* ~ omogeneo.
Homogenität [homogeni'tɛːt] *(f; -)* ~ omogeneità.
Homöopathie [homøopa'tiː] *(f; -)* ~ omeopatia.
homöopathisch [homøo'paːtɪʃ] *(agg)* ~ omeopatico.
Homosexualität [homozɛkswali'tɛːt] *(f; -)* ~ omosessualità.
homosexuell [homozɛ'kswɛl] *(agg)* ~ omosessuale.
Homosexuelle(r) [-ə (-lɐ)] *(m/f; -n, -n)* ~ omosessuale.
Honig ['hoːnɪç] *(m; -s)* ~ miele. ◆ **süß wie Honig** *(fig)* dolce come il miele. ◆ **jmdm Honig um den Bart/ums Maul/ um den Mund schmieren** *(fig/fam)* adulare qcn, lisciare qcn.
Honigbiene [-ˌbiːnə] *(f; -, -n)* ~ *(zool)* ape domestica.
honigsüß [-ˌzyːs] *(agg)* *1* dolce come il miele. *2* *(fig)* mellifluo, sdolcinato.
Honorar [hono'raːɐ] *(n; -s, -e)* ~ onorario.
Honoratioren [honora'tsjoːrən] *(pl)* ~ notabili.
honorieren [hono'riːrən] *(vt,* hat*)* ~ pagare, retribuire. ◆ **einen Wechsel honorieren** *(econ)* onorare una cambiale.
Hopfen ['hɔpfən] *(m; -s, -)* ~ *(bot)* luppolo. ◆ **bei jmdm ist Hopfen und Malz verloren** *(fig/fam)* con qcn non c'è niente da fare, con qcn è fatica sprecata.
hopp [hɔp] *(escl)* ~ su! forza! ◆ **bei jmdm muss alles hopp hopp gehen** *(fig/fam)* con qcn tutto deve esser fatto in quattro e quattr'otto.
hoppeln [-əln] *(vi,* ist*)* ~ saltellare.
hopsen [-sən] *(vi,* ist*)* ~ *(fam)* saltare.
hörbar ['høːɐˌbaːɐ] *(agg)* ~ udibile, percettibile.
horchen ['hɔrçən] *(vi,* hat*)* *1* origliare, stare ad ascoltare ♦ *an der Tür horchen* origliare alla porta. *2* {*auf etwas* (Acc) ~} ascoltare attentamente qcs ♦ *auf das Ticken der Uhr horchen* ascoltare il ticchettio dell'orologio.
Horde ['hɔrdə] *(f; -, -n)* ~ orda.
hören ['høːrən] *(vt/vi,* hat*)* *1* *(vt)* sentire, udire, ascoltare ♦ *ein Geräusch hören*

sentire un rumore ♦ *Musik hören* ascoltare la musica ♦ *ich habe sie weinen hören* l'ho sentita piangere ♦ *ich habe gehört, wie sie sich mit ihm stritt* ho sentito che litigava con lui. **2** *(vi)* sentirci ♦ *er kann (auf beiden Ohren) gut, schlecht hören* ci sente bene, male (da tutte e due le orecchie). **3** *(vt)* sentire, ascoltare (pareri) ♦ *ich möchte ihn, seine Meinung hören* vorrei sentire lui, il suo parere. **4** {*von jmdm ~*} *(vi)* sentire qcn, avere notizie di qcn ♦ *ich habe nichts mehr von ihr gehört* non ho più avuto sue notizie. **5** *(vt)* sentire, sentir dire ♦ *eine Nachricht hören* sentire una notizia ♦ *ich habe gehört, dass* ho sentito (dire) che. **6** {*auf jmdn/etwas ~*} *(vi)* ascoltare qcn/qcs, seguire qcn/qcs ♦ *auf einen Rat hören* ascoltare un consiglio. **7** {*bei jmdm ~*} *(vi)* seguire il corso di qcn (all'università). ◆ **von sich hören lassen** farsi sentire, farsi vivo ♦ *lass mal etwas von dir hören* fatti sentire prima o poi. ◆ **hör mal!** ascolta un po'!

Hörensagen [-ˌza:gən] *(n)* ~ **etwas nur vom Hörensagen kennen**, **wissen** conoscere, sapere qcs solo per sentito dire.

Hörer ['hø:ʁɐ] *(m; -s, -; f* **-in***)* **1** ascoltatore; radioascoltatore. **2** cornetta (del telefono) ♦ *den Hörer abnehmen, auflegen* sollevare, riappendere la cornetta.

Hörerkreis [-ˌkrais] *(m; -es, -e)* ~ cerchia di ascoltatori, ascoltatori.

Hörerschaft [-ʃaft] *(f; -, -en)* ~ uditorio.

Hörfunk ['hø:ɐˌfʊŋk] *(m; -s)* ~ radio, trasmissioni radio.

Hörgerät ['hø:ɐgəˌrɛ:t] *(n; -(e)s, -e)* ~ apparecchio acustico.

hörig ['hø:rɪç] *(agg)* ~ succube ♦ *jmdm/etwas hörig sein* essere succube di qcn/qcs.

Horizont [hori'tsɔnt] *(n; -(e)s, -e)* **1** orizzonte. **2** *(fig)* orizzonte, vedute ♦ *einen engen, weiten Horizont haben* essere di vedute ristrette, ampie.

horizontal [horitsɔn'ta:l] *(agg)* ~ orizzontale.

Hormon [hɔr'mo:n] *(n; -s, -e)* ~ ormone.

hormonal [hɔrmo'na:l] *(agg)* ~ ormonale.

Hörmuschel ['hø:ɐˌmʊʃəl] *(f; -, n)* ~ parte superiore del ricevitore (del telefono).

Horn [hɔrn] *(n; -(e)s, Hörner)* ~ corno *(anche mus)* ♦ *die Hörner des Stiers* le corna del toro ♦ *ein Kamm aus Horn* un pettine di corno. ◆ **jmdm die Hörner aufsetzen** *(fig/fam)* fare le corna a qcn. ◆ **sich** (Dat) **die Hörner ablaufen/abstoßen** *(fig/fam)* battere la testa, rompersi le corna. ◆ **ins gleiche Horn blasen/tuten** *(fig/fam)* pensarla allo stesso modo.

Hornhaut [-ˌhaut] *(f; -, -häute)* **1** *(anat)* cornea. **2** callosità.

hornig [-ɪç] *(agg)* ~ corneo, calloso.

Hornisse [hɔr'nɪsə] *(f; -, -n)* ~ *(zool)* calabrone.

Horoskop [horo'sko:p] *(n; -s, -e)* ~ oroscopo.

Hörrohr ['hø:ɐˌro:ɐ] *(n; -(e)s, -e)* ~ stetoscopio.

Horror ['hɔro:ɐ] *(m; -s)* ~ orrore, terrore.

Hörspiel ['hø:ɐʃpi:l] *(n; -(e)s, -e)* ~ radiodramma.

Horst [hɔrst] *(m; -(e)s, -e)* ~ nido (di rapaci).

Hort [hɔrt] *(m; -(e)s, -e)* **1** doposcuola. **2** *(lett)* rifugio, asilo.

horten [-ən] *(vt, hat)* ~ accumulare (cose di valore).

Hortensie [hɔr'tɛnzjə] *(f; -, -n)* ~ *(bot)* ortensia.

Hörvermögen ['hø:ɐfɛɐˌmø:gən] *(n; -s, -)* ~ capacità uditiva, udito.

Hörweite ['hø:ɐˌvaitə] *(f; -)* ~ portata d'orecchio ♦ *außer Hörweite* non a portata d'orecchio ♦ *in Hörweite* a portata d'orecchio.

Höschen ['hø:sçən] *(n; -s, -)* **1** calzoncini, pantaloncini. **2** mutandine, slip.

Hose ['ho:zə] *(f; -, -n)* *(spesso anche pl)* ~ pantaloni, calzoni ♦ *sie trägt eine blaue Hose/blaue Hosen* indossa dei pantaloni blu ♦ *eine Hose/ein Paar Hosen* un paio di pantaloni. ◆ **jmdm die Hose stramm ziehen** *(fam)* sculacciare qcn. ◆ **in die Hose(n) machen** *(fam)* farsela nei calzoni *(anche fig)*.

Hosenanzug [-nˌʔantsu:k] *(m; -(e)s, -züge)* ~ tailleur pantalone.

Hosenschlitz [-nʃlɪts] *(m; es, -e)* ~ patta dei pantaloni.

Hosenträger [-nˌtrɛ:gɐ] *(m; -s, -)* *(spec pl)* ~ bretelle.

Hospital [hɔspi'ta:l] *(n; -s, -tale/-täler)* ~ ospedale (piccolo).
Hostess († **Hosteß**) ['hɔstɛs] *(f; -, -en)* ~ hostess.
Hostie ['hɔstjə] *(f; -, -n)* ~ ostia.
Hotel [ho'tɛl] *(n; -s, -s)* ~ hotel, albergo ♦ *im Hotel übernachten* pernottare in hotel.
Hotelbesitzer [-bəˌzɪtsɐ] *(m; -s, -; f* **-in***)* ~ proprietario di albergo, albergatore.
Hotelfachschule [-ˌfaxʃu:lə] *(f; -, -n)* ~ scuola alberghiera.
Hotelgast [-ˌgast] *(m; -(e)s, -gäste)* ~ cliente dell'albergo.
Hotelzimmer [-ˌtsɪmɐ] *(n; -s, -)* ~ camera d'albergo.
hrsg. ~ abbrev di **herausgegeben**.
Hrsg. ~ abbrev di **Herausgeber**.
Hubraum ['hu:pˌraum] *(m; -(e)s, -räume)* ~ cilindrata.
hübsch [hʏpʃ] *(agg)* ***1*** carino, grazioso. **2** *(fam)* carino, gentile ♦ *das ist sehr hübsch von dir* questo è molto carino da parte tua. ***3*** *(fam)* notevole, discreto, bello ♦ *ein hübsches Stück Weg* un bel pezzo di strada. ***4*** *(avv)* graziosamente ♦ *hübsch aussehen* essere carino, avere un aspetto grazioso.
Hubschrauber ['hu:pʃraubɐ] *(m; -s, -)* ~ elicottero.
huckepack ['hʊkəˌpak] *(avv)* ~ *(fam)* sulle spalle (stato o moto) ♦ *jmdn huckepack nehmen, tragen* prendere, portare qcn sulle spalle, a cavalluccio.
Huf [hu:f] *(m; -(e)s, -e)* ~ zoccolo (di cavallo e sim).
Hufeisen [-ˌˀaizən] *(n; -s, -)* ~ ferro di cavallo.
Hufschmied [-ʃmi:t] *(m; -(e)s, -e)* ~ maniscalco.
Hüfte ['hʏftə] *(f; -, -n)* ~ *(anat)* anca. ◆ **sich in den Hüften wiegen** ancheggiare.
Hügel ['hy:gəl] *(m; -s, -)* ***1*** collina, altura. **2** mucchio di terra.
hügelig [-ɪç] *(agg)* ~ collinoso.
Huhn [hu:n] *(n; -(e)s, Hühner)* ***1*** pollo; gallina ♦ *Hühner halten* allevare polli. **2** pollo, carne di pollo ♦ *gebratenes Huhn* pollo arrosto. ***3*** *(fam/spreg)* tonto, pollo. ◆ **mit den Hühnern zu Bett gehen** *(fig/fam)* andare a letto con le galline.

Hühnerauge ['hy:nɐˌˀaugə] *(n; -s, -n)* ~ callo (dei piedi), occhio di pernice. ◆ **jmdm auf die Hühneraugen treten** *(fig/fam)* pestare i calli (i piedi) a qcn.
Hühnerbrühe ['hy:nɐˌbry:ə] *(f; -, -n)* ~ brodo di pollo.
Hühnerfleisch ['hy:nɐˌflaiʃ] *(n; -es)* ~ carne di pollo, pollo.
Hühnerfutter ['hy:nɐˌfʊtɐ] *(n; -s)* ~ becchime.
Hühnerstall ['hy:nɐʃtal] *(m; -(e)s, -ställe)* ~ pollaio.
Hühnervogel ['hy:nɐˌfo:gəl] *(m; -s, -vögel)* ~ gallinaceo.
Hülle ['hʏlə] *(f; -, -n)* ***1*** involucro (di carta, plastica, ecc). **2** custodia ♦ *die Hülle einer CD, des Führerscheins* la custodia di un CD, della patente. ◆ **in Hülle und Fülle** in gran quantità.
hüllen [-n] *(vt, hat)* ~ {*etwas in etwas* (Acc) ~} *(lett)* avvolgere qcs in qcs.
Hülse ['hʏlzə] *(f; -, -n)* ***1*** astuccio, custodia. **2** *(bot)* baccello.
Hülsenfrucht [-nˌfrʊxt] *(f; -, -früchte)* ~ legume.
human [hu'ma:n] *(agg)* ***1*** umano, buono, clemente. **2** umano, a misura d'uomo.
Humanismus [huma'nɪsmʊs] *(m; -)* ~ umanesimo.
Humanist [huma'nɪst] *(m; -en, -en; f* **-in***)* ~ umanista.
humanistisch [-ɪʃ] *(agg)* ~ umanistico.
humanitär [humani'tɛ:ɐ] *(agg)* ~ umanitario.
Humanität [humani'tɛ:t] *(f; -)* ~ umanità, bontà.
Hummel ['hʊməl] *(f; -, -n)* ~ *(zool)* bombo. ◆ **Hummeln im Hintern haben** *(fig/fam)* non stare mai fermo.
Hummer ['hʊmɐ] *(m; -s, -)* ~ *(zool)* gambero di mare, astice.
Humor [hu'mo:ɐ] *(m; -s)* ~ umorismo, buon umore, spirito; senso dell'umorismo ♦ *einen unverwüstlichen Humor haben* avere uno spirito indistruttibile ♦ *etwas mit Humor nehmen* prendere qcs con spirito ♦ *(keinen) Humor haben/(keinen) Sinn für Humor haben* (non) avere il senso dell'umorismo.
Humorist [humo'rɪst] *(m; -en, -en; f* **-in***)* ~ umorista.

humoristisch [-ɪʃ] *(agg)* ~ umoristico.

humorvoll [hu'moːɐ̯ˌfɔl] *(agg)* ~ spiritoso, dotato di senso dell'umorismo.

humpeln ['hʊmpəln] *(vi, ist)* ~ zoppicare.

Humpen ['hʊmpən] *(m; -s, -)* ~ boccale.

Hund [hʊnt] *(m; -(e)s, -e; f* **Hündin***)* ***1*** cane ♦ *der Hund bellt* il cane abbaia ♦ *einen Hund an der Leine führen* portare un cane al guinzaglio ♦ *Vorsicht, bissiger Hund!* attenzione, cane mordace. ***2*** *(fam spreg)* persona, tipo. ◆ **ein dicker Hund** ***1*** *(fig/fam)* uno strafalcione. ***2*** *(fig/fam)* una vergogna. ◆ **auf den Hund kommen** *(fig/fam)* rovinarsi (finanziariamente). ◆ **jmdn wie einen Hund behandeln** *(fig)* trattare qcn come un cane. ◆ **wie ein geprügelter Hund dastehen** *(fig)* star lì come un cane bastonato. ◆ **wie ein Hund leben** *(fig)* fare una vita da cani. ◆ **wie Hund und Katze sein** *(fig)* essere come cane e gatto. ◆ **Hunde, die bellen, beißen nicht** *(prov)* can che abbaia non morde.

Hundefänger ['hʊndəˌfɛŋɐ] *(m; -s, -; f* **-in***)* ~ accalappiacani.

Hundeleben ['hʊndəˌleːbən] *(n; -s)* ~ *(fig/fam)* vita da cani ♦ *ein Hundeleben führen* fare una vita da cani.

hundemüde ['hʊndəˌmyːdə] *(agg)* ~ *(fig/fam)* stanco morto.

hundert ['hʊndɐt] *(numer)* ***1*** cento. ***2*** centinaio ♦ *an die hundert Leute* un centinaio di persone ♦ *einige hundert* (anche Hundert) *Menschen* qualche centinaio di persone. ***3*** *(fig)* moltissimi, cento. ◆ **auf hundert kommen** *(fig/fam)* andare su tutte le furie. ◆ **auf hundert sein** *(fig/fam)* essere su tutte le furie.

Hundert *(n; -s, -e) (spec pl)* ~ centinaio ♦ *Hunderte von Menschen* centinaia di persone ♦ *einige Hundert Menschen* qualche centinaio di persone. ◆ **vom Hundert** *(abbrev* **v.H.***)* per cento ♦ *zehn vom Hundert* dieci per cento.

Hunderter [-ɐ] *(m; -s, -)* ***1*** *(fam)* banconota da cento. ***2*** *(mat)* centinaio.

hundertfach [-ˌfax] *(agg)* ***1*** centuplo. ***2*** *(avv)* cento volte, cento volte tanto.

hundertjährig [-jɛːrɪç] *(agg)* ***1*** di cent'anni, centenario. ***2*** centennale.

hundertmal [-ˌmaːl] *(avv)* ~ cento volte.

hundertprozentig [-proˌtsɛntɪʃ] *(agg)* ***1*** del cento per cento ♦ *eine hundertprozentige Zustimmung* un'adesione del cento per cento. ***2*** *(fig)* completo, totale. ***3*** *(avv)* al cento per cento *(anche fig)*.

hundertste(r, -s) ['hʊndɐtstə (-tɐ, -təs)] *(agg)* ~ centesimo.

hundertstel ['hʊndɐtstəl] *(num)* ~ centesimo ♦ *ein hunderstel Millimeter* un centesimo di millimetro.

Hundertstel *(n; -s, -)* ~ centesimo, centesima parte.

Hundertstelsekunde [-zeˌkʊndə] *(f; -, -n)* ~ centesimo di secondo.

hunderttausend ['hʊndɐt'tauzənt] *(num)* ~ centomila.

Hundstage ['hʊntsˌtaːgə] *(pl)* ~ canicola.

Hüne ['hyːnə] *(m; -n, -n)* ~ gigante (mitologico) *(anche fig)*.

Hunger ['hʊŋɐ] *(m; -s)* ***1*** fame ♦ *Hunger haben* aver fame ♦ *Hunger wie ein Wolf haben* avere una fame da lupo ♦ *Hunger leiden* patire la fame ♦ *seinen Hunger stillen* placare la propria fame ♦ *vor Hunger sterben* morire di fame. ***2*** *(fig/lett)* fame, desiderio, sete ♦ *Hunger nach Freiheit* sete di libertà.

Hungerlohn [-ˌloːn] *(m; -s, -löhne)* ~ stipendio da fame.

hungern [-n] *(vi, hat)* ***1*** patire la fame, fare la fame. ***2*** {*nach etwas* ~} *(fig/lett)* avere fame di qcs. ◆ **es hungert jmdn** *(impers) (lett)* qcn ha fame ♦ *es hungert mich/mich hungert* ho fame.

Hungersnot [-sˌnoːt] *(f; -, -nöte)* ~ carestia.

Hungerstreik [-sʃtraik] *(m; -s, -s/-e)* ~ sciopero della fame.

hungrig ['hʊŋrɪç] *(agg)* ~ affamato. ◆ **hungrig sein** avere fame ♦ *ich bin hungrig* ho fame. ◆ **hungrig nach etwas sein** *(fig)* avere fame di qcs.

Hunne ['hʊnə] *(m; -n, -n)* ~ unno.

Hupe ['huːpə] *(f; -, -n)* ~ clacson.

hupen [-n] *(vi, hat)* ~ suonare il clacson.

hüpfen ['hʏpfən] *(anche* **hupfen** ['hʊpfən]*)* *(vi, ist) (region)* ~ saltellare. ◆ **das ist gehupft wie gesprungen** *(fam)* se non è zuppa è pan bagnato.

Hürde ['hʏrdə] *(f; -, -n)* ~ *(sport)* ostacolo. ◆ **eine Hürde nehmen** superare un ostacolo *(anche fig)*.

Hure ['hu:rə] *(f; -, -n)* ~ *(volg)* puttana.
huren [-n] *(vi, hat)* ~ *(volg)* andare a puttane.
Hurensohn [-nˌzo:n] *(m; -(e)s, -söhne)* ~ *(volg)* figlio di puttana.
Hurrikan ['hʊrikan] *(m; -s, -e)* ~ uragano.
huschen ['hʊʃən] *(vi, ist)* ~ guizzare, sgusciare.
hüsteln ['hy:stəln] *(vi, hat)* ~ tossicchiare.
husten ['hu:stən] *(vi, hat)* ~ tossire.
Husten *(m; -s)* ~ tosse ♦ *Husten haben* avere la tosse.
Hut[1] [hu:t] *(m; -(e)s, Hüte)* ~ cappello ♦ *den Hut abnehmen, aufsetzen* togliersi, mettersi il cappello. ◆ **eins auf den Hut bekommen/kriegen** *(fig/fam)* prendersi una strigliata. ◆ **jmdm eins auf den Hut geben** *(fig/fam)* dare una strigliata a qcn. ◆ **jmdn/etwas unter einen Hut bringen** *(fig)* conciliare, mettere d'accordo qcn/qcs. ◆ **Hut ab!** *(fig/fam)* tanto di cappello!
Hut[2] *(f; -)* ~ *(lett)* protezione, tutela.
hüten ['hy:tən] *(vt, hat)* ***1*** sorvegliare, custodire, tutelare (persona o cosa). ***2*** *(fig)* custodire, proteggere ♦ *ein Geheimnis hüten* custodire un segreto. ***3*** portare al pascolo, pascolare, badare ♦ *die Schafe hüten* pascolare le pecore. ◆ **sich vor jmdm/etwas hüten** *(vr)* guardarsi da qcn/qcs ♦ *ich werde mich hüten! (fig/fam)* me ne guardo bene!
Hüter ['hy:tɐ] *(m; -s, -)* ~ *(fig/lett)* custode, tutore, difensore, guardiano.
Hütte ['hʏtə] *(f; -, -n)* ***1*** capanna, baracca. ***2*** baita, rifugio. ***3*** stabilimento metallurgico.
Hüttenarbeiter [-nˌʔarbaitɐ] *(m; -s, -)* ~ operaio metallurgico.
Hüttenindustrie [-nʔɪndʊsˌtri:] *(f; -, -n)* ~ industria metallurgica.
Hüttenkunde [-nˌkʊndə] *(f; -)* ~ metallurgia.
Hüttenwerk [-nˌvɛrk] *(n; -(e)s, -e)* ~ stabilimento metallurgico.
hutz(e)lig ['hʊts(ə)lɪç] *(agg)* ~ *(fam)* grinzoso, rugoso.
Hyäne [hy'ɛ:nə] *(f; -, -n)* ***1*** *(zool)* iena. ***2*** *(fig)* iena, sciacallo.
Hyazinthe [hya'tsɪntə] *(f; -, -n)* ~ *(bot)* giacinto.
hybrid [hy'bri:t] *(agg)* ~ ibrido.
Hybride [hy'bri:də] *(f; -, -n; anche m, -n, -n)* ~ ibrido.
Hydrant [hy'drant] *(m; -en, -en)* ~ idrante.
hydraulisch [hy'draulɪʃ] *(agg)* ~ *(tecn)* idraulico.
hydrophil [hydro'fi:l] (agg) ~ idrofilo.
Hydrogen [hydro'ge:n] *(n; -s)* ~ *(chim)* idrogeno.
Hygiene [hy'gje:nə] *(f; -)* ~ igiene.
hygienisch [hy'gje:nɪʃ] *(agg)* ~ igienico.
Hymne ['hʏmnə] *(f; -, -n)* ~ inno.
Hyperbel [hy'pɛrbəl] *(f; -, -n)* ~ *(geom)* iperbole *(anche fig)*.
hyperbolisch [hypɐ'bo:lɪʃ] *(agg)* ~ *(geom)* iperbolico *(anche fig)*.
Hypnose [hʏp'no:zə] *(f; -, -n)* ~ ipnosi.
hypnotisch [hʏp'no:tɪʃ] *(agg)* ~ ipnotico.
hypnotisieren [hʏpnoti'zi:rən] *(vt, hat)* ~ ipnotizzare.
Hypothek [hypo'te:k] *(f; -, en)* ***1*** ipoteca ♦ *eine Hypothek auf ein Haus aufnehmen* mettere un'ipoteca su una casa, ipotecare una casa. ***2*** *(fig)* ipoteca, condizionamento.
hypothekarisch [hypote'ka:rɪʃ] *(agg)* ~ ipotecario.
Hypothese [hypo'te:zə] *(f; -, -n)* ~ ipotesi, congettura ♦ *eine Hypothese aufstellen* fare un'ipotesi.
hypothetisch [hypo'te:tɪʃ] *(agg)* ~ ipotetico.
Hysterie [hʏste'ri:] *(f; -, -n)* ~ *(med)* isteria *(anche fig)*.
hysterisch [hʏs'te:rɪʃ] *(agg)* ~ *(med)* isterico *(anche fig)*.

i

i, I [iː] *(n; -/-s, -/-s)* ~ i, I *(nona lettera dell'alfabeto tedesco)*.

i.A. ~ abbrev di **im Auftrag** (vedi **Auftrag**).

iahen [iːˈʔaːən] *(vi,* hat*)* ~ ragliare.

IC [ˌiːˈtseː] ~ abbrev di **Intercity**, **Intercityzug**.

ich [ɪç] *(pron, I pers sing Nom; Gen* **meiner**, *Dat* **mir**, *Acc* **mich***)* ~ io; mi, me ◆ *ich bin müde* sono stanco ◆ *meine Freundin und ich* io e la mia amica ◆ *er ist größer als ich* lui è più alto di me.

ideal [ideˈaːl] *(agg)* ~ ideale, perfetto ◆ *die ideale Ehe* il matrimonio ideale ◆ *das Wetter ist ideal zum Wandern* il tempo è ideale per una camminata.

Ideal *(n, -s, -e)* ~ ideale.

idealisieren [idealiˈziːrən] *(vt,* hat*)* ~ idealizzare.

Idealisierung [idealiˈziːrʊŋ] *(f; -, -en)* ~ idealizzazione.

Idealismus [ideaˈlɪsmʊs] *(m; -,* Idealismen*)* ~ idealismo.

Idealist [ideaˈlɪst] *(m; -en, -en; f* **-in***)* ~ idealista.

Idee [iˈdeː] *(f; -, -n)* ***1*** idea, concetto. ***2*** idea, ideale; opinione ◆ *politische Ideen* idee politiche. ***3*** idea, trovata, pensata ◆ *ich habe eine Idee* mi è venuta un'idea ◆ *das ist keine schlechte Idee* questa non è una cattiva idea.

ideell [ideˈɛl] *(agg)* ~ ideale, concettuale.

ideenreich [iˈdeːənˌraiç] *(agg)* ~ ricco di idee, fantasioso.

Identifikation [idɛntifikaˈtsjoːn] *(f; -, -en)* ~ identificazione.

identifizierbar [idɛntifiˈtsiːɐˌbaːɐ] *(agg)* ~ identificabile.

identifizieren [idɛntifiˈtsiːrən] *(vt,* hat*)* ~ identificare. ◆ **sich mit jmdm/etwas identifizieren** *(vr)* identificarsi in qcn/qcs.

Identifizierung [idɛntifiˈtsiːrʊŋ] *(f; -, -en)* ~ identificazione.

identisch [iˈdɛntɪʃ] *(agg)* ~ identico ◆ *mit jmdm/etwas identisch sein* essere identico a qcn/qcs.

Identität [idɛntiˈtɛːt] *(f; -)* ***1*** identità, dati personali ◆ *jmds Identität feststellen* stabilire l'identità di qcn. ***2*** identità, uguaglianza.

Identitätskrise [idɛntiˈtɛːtsˌkriːzə] *(f; -, -n)* ~ crisi d'identità.

Ideologe [ideoˈloːgə] *(m; -n, -n; f* **-login***)* ~ ideologo.

Ideologie [ideoloˈgiː] *(f; -, -n)* ~ ideologia.

ideologisch [ideoˈloːgɪʃ] *(agg)* ~ ideologico.

Idiom [iˈdjoːm] *(n, -s, -e)* ~ idioma, lingua.

idiomatisch [idjoˈmaːtɪʃ] *(agg)* ~ idiomatico.

Idiot [iˈdjoːt] *(m; -en, -en; f* **-in***)* ***1*** *(med)* idiota, demente. ***2*** *(fam/spreg)* idiota, cretino.

idiotisch [-ɪʃ] *(agg)* ***1*** *(med)* idiota. ***2*** *(fam)* idiota, cretino.

Idol [iˈdoːl] *(n; -s, -e)* ~ idolo *(anche fig)*.

Idyll [iˈdʏl] *(n; -s, -e)* ~ idillio, pace.

Idylle [-ə] *(f; -, -n)* ~ idillio (poesia).
idyllisch [-ɪʃ] *(agg)* ~ idilliaco.
Igel ['i:gəl] *(m; -s, -)* ~ *(zool)* riccio, porcospino.
igitt [i'gɪt] *(escl) (region)* ~ puh! che schifo!
Iglu ['i:glu] *(m/n; -s, -s)* ~ igloo.
ignorieren [ɪgno'ri:rən] *(vt,* hat*)* ~ ignorare (fingere di non vedere).
ihm [i:m] *(pron, III pers sing m, n Dat)* ~ gli, a lui; lui ♦ *sie gab ihm eine Ohrfeige* gli dette uno schiaffo ♦ *ich gehe mit ihm* vado con lui.
ihn [i:n] *(pron, III pers sing m, n Acc)* ~ lo; lui ♦ *ich kenne ihn nicht* non lo conosco ♦ *das Buch ist für ihn* il libro è per lui.
ihnen [-ən] *(pron, III pers pl Dat)* ~ loro, a loro, gli ♦ *ich habe ihnen eine Karte geschrieben* ho scritto loro una cartolina ♦ *sie wohnt bei ihnen* abita da loro.
Ihnen *(pron di cortesia Dat)* ~ a Lei, a Loro; Lei, Loro; Le ♦ *ich möchte mit Ihnen sprechen* vorrei parlare con Lei.
ihr[1] ['i:ɐ] *(pron, III pers sing f Dat)* ~ le, a lei; lei ♦ *er hat ihr einen Ring geschenkt* le ha regalato un anello ♦ *ich gehe zu ihr* vado da lei.
ihr[2] *(pron, II pers pl Nom; Gen* **euer**, *Dat/Acc* **euch***)* ~ voi ♦ *woher kommt ihr?* di dove siete?
ihr[3] *(agg poss)* ~ suo (di lei) ♦ *gib Maria ihren Bleistift zurück* rendi a Maria la sua matita.
ihr[4] *(agg poss)* ~ loro, di loro ♦ *ihr Haus ist sehr schön* la loro casa è molto bella.
Ihr *(agg/pron poss)* ~ Suo (cortesia) ♦ *wie geht es Ihrer Frau?* come sta Sua moglie? ◆ **die Ihren** i suoi (genitori, parenti).

IHR[3]**, IHRE, IHR**

		MASCH	FEMM	NEUTRO
NOM	*sing*	ihr/Ihr	ihre/Ihre	ihr/Ihr
	pl	ihre	ihre	ihre
GEN	*sing*	ihres	ihrer	ihres
	pl	ihrer	ihrer	ihrer
DAT	*sing*	ihrem	ihrer	ihrem
	pl	ihren	ihren	ihren
ACC	*sing*	ihren	ihre	ihr
	pl	ihre	ihre	ihre

ihre(r, -s)[1] ['i:rə ('i:rɐ, 'i:rəs)] *(pron poss)* ~ suo (di lei) ♦ *das ist nicht mein Hut, sondern ihrer* questo non è il mio cappello, ma il suo. ◆ **die ihren** *(anche* **die Ihren***)* i suoi (genitori, parenti).
ihre(r, -s)[2] *(pron poss)* ~ loro, di loro. ◆ **die ihren** *(anche* **die Ihren***)* i loro genitori/parenti.
ihrer[1] ['i:rɐ] *(pron, III pers sing f Gen)* ~ di lei ♦ *er erinnert sich noch ihrer* si ricorda ancora di lei.
ihrer[2] *(pron, III pers pl Gen)* ~ di loro.
Ihrer ***1*** vedi **Ihr**. ***2*** *(pron di cortesia Gen)* di Lei, di Loro.
ihrerseits [-'zaits] *(avv)* ***1*** da parte sua, dal canto suo (di lei). ***2*** da parte loro, dal canto loro.
ihresgleichen ['i:rəs'glaiçən] *(pron indecl)* ~ i suoi pari, gente come lei.
ihretwegen ['i:rət've:gən] *(avv)* ***1*** per lei, a causa sua, per amor suo. ***2*** per loro, a causa loro, per amor loro.
ihretwillen ['i:rət'vɪlən] *(avv)* ~ **um ihretwillen** ***1*** per lei, per amor suo. ***2*** per loro, per amor loro.
Ikone [i'ko:nə] *(f; -, -n)* ~ icona.
illegal ['ɪlega:l] *(agg)* ~ illegale.
Illegalität ['ɪlegalitɛ:t] *(f; -, -en)* ***1*** *(solo sing)* illegalità. ***2*** illegalità, azione illegale.
Illusion [ɪlu'zjo:n] *(f; -, -en)* ~ illusione. ◆ **sich** (Dat) **Illusionen über etwas** (Acc) **machen** farsi illusioni su qcs, illudersi su qcs ♦ *ich mache mir keine Illusionen darüber* non mi faccio illusioni su questo.
Illustration [ɪlʊstra'tsjo:n] *(f; -, -en)* ***1*** illustrazione, figura. ***2*** illustrazione (l'illustrare).
illustrieren [ɪlʊs'tri:rən] *(vt,* hat*)* ~ illustrare *(anche fig)*.
Illustrierte [ɪlʊs'tri:ɐtə] *(f; -n, -n)* ~ rivista illustrata.
Iltis ['ɪltɪs] *(m; -ses, -se)* ~ *(zool)* puzzola.
im [ɪm] *(prep art)* ~ = **in dem** (vedi **in**[1]).
Image ['ɪmɪtʃ] *(n; -/-s, -s)* ~ immagine, fama ♦ *ein gutes Image haben* avere una buona immagine.
Imbiss († **Imbiß**) ['ɪmbɪs] *(m; -es, -e)* ***1*** spuntino, merenda ♦ *einen Imbiss (ein)nehmen* fare uno spuntino. ***2*** abbrev di **Imbissstand**.

Imbissstand († **Imbißstand**) [-ʃtant] *(m; -(e)s, -stände)* ~ chiosco (di panini e sim).
Imbissstube († **Imbißstube**) [-ʃtu:bə] *(f; -, -n)* ~ tavola calda.
Imitation [imita'tsjo:n] *(f; -, -en)* ***1*** imitazione (l'imitare). ***2*** imitazione, riproduzione, copia; falso.
imitieren [imi'ti:rən] *(vt,* hat*)* ***1*** imitare, copiare, mimare. ***2*** imitare, riprodurre; contraffare.
Imker ['ɪmkɐ] *(m; -s, -; f* **-in***)* ~ apicoltore.
Imkerei [ɪmkə'rai] *(f; -, -en)* ~ apicoltura.
Immatrikulation [ɪmatrikula'tsjo:n] *(f; -, -en)* ~ immatricolazione (a università e sim).
immatrikulieren [ɪmatriku'li:rən] *(vt,* hat*)* ~ immatricolare (studenti). ◆ **sich immatrikulieren** *(vr)* immatricolarsi.
Immatrikulierung [ɪmatriku'li:rʊŋ] *(f; -, -en)* ~ immatricolazione (a università e sim).
immens [ɪ'mɛns] *(agg)* ~ *(lett)* immenso, enorme.
immer ['ɪmɐ] *(avv)* ***1*** sempre ◆ *er hat immer Hunger* ha sempre fame. ***2*** *(+ compar)* sempre più ◆ *immer schöner* sempre più bello ◆ *immer später* sempre più tardi ◆ *immer besser* sempre meglio. ◆ **immer noch/noch immer** ancora ◆ *er schläft immer noch* dorme ancora ◆ *bist du immer noch nicht damit fertig?* non hai ancora finito? ◆ **immer wenn** ogni volta che. ◆ **auf/für immer** per sempre. ◆ **wer immer** chiunque ◆ *wer immer es auch sein mag* chiunque sia. ◆ **was immer** qualsiasi cosa ◆ *was immer es auch sein mag* qualsiasi cosa sia. ◆ **wie immer** come sempre ◆ *er hat sich wie immer verspätet* ha fatto tardi, come sempre. ◆ **wo immer** ovunque ◆ *wo immer du jetzt bist* ovunque tu sia ora. ◆ **immer während** († **immerwährend**) ***1*** continuato, ininterrotto. ***2*** perenne.
immerfort [-'fɔrt] *(avv)* ~ continuamente, in continuazione.
immergrün [-,gry:n] *(agg)* ~ sempreverde.
immerhin [-'hɪn] *(avv)* ~ comunque, pur sempre, se non altro ◆ *ich habe immerhin den dritten Preis gewonnen* ho pur sempre vinto il terzo premio. ◆ **immerhin!** meglio che niente!
immerwährend ~ **immer während** (vedi **immer**).
immerzu [-'tsu:] *(avv)* ~ *(fam)* continuamente, in continuazione.
Immigrant [ɪmi'grant] *(m; -en, -en; f* **-in***)* ~ immigrante.
Immigration [ɪmigra'tsjo:n] *(f; -, -en)* ~ immigrazione.
immigrieren [ɪmi'gri:rən] *(vi,* ist*)* ~ immigrare.
Immobilien [ɪmo'bi:ljən] *(pl)* ~ immobili, beni immobili.
Immobilienhändler [-,hɛndlɐ] *(m; -s, -)* ~ agente immobiliare.
immun [ɪ'mu:n] *(agg)* ~ immune ◆ *gegen etwas immun sein* essere immune da qcs *(anche fig)*.
immunisieren [ɪmuni'zi:rən] *(vt,* hat*)* ~ immunizzare.
Immunisierung [ɪmuni'zi:rʊŋ] *(f; -, -en)* ~ immunizzazione.
Immunität [ɪmuni'tɛ:t] *(f; -, -en)* ***1*** immunità. ***2*** *(dir)* immunità (parlamentare e sim).
Immunsystem [ɪ'mu:nzʏs,te:m] *(n; -s, -e)* ~ sistema immunitario.
Imperativ ['ɪmperati:f] *(m; -s, -e)* ***1*** *(gramm)* imperativo. ***2*** imperativo morale.
Imperator [ɪmpe'ra:to:ɐ] *(m; -s, -en; f* **Imperatrix***)* ~ imperatore.
Imperfekt ['ɪmpɛrfɛkt] *(n; -s, -e)* ~ *(gramm)* imperfetto.
Imperialismus [ɪmperja'lɪsmʊs] *(m; -,* Imperialismen*)* ~ imperialismo.
Imperialist [ɪmperja'lɪst] *(m; -en, -en)* ~ imperialista.
imperialistisch [-ɪʃ] *(agg)* ~ imperialista, imperialistico.
Imperium [ɪm'pe:rjʊm] *(n; -s, -rien)* ~ *(stor)* impero *(anche fig)*.
Impfausweis ['ɪmpf,ʔausvais] *(m; -es, -e)* ~ certificato di vaccinazione.
impfen ['ɪmpfən] *(vt,* hat*)* ~ vaccinare ◆ *jmdn gegen etwas impfen* vaccinare qcn contro qcs.
Impfpass († **-paß**) ['ɪmpf,pas] *(m; -es, -päße)* ~ certificato di vaccinazioni (internazionale).
Impfstoff ['ɪmpfʃtɔf] *(m; -es, -e)* ~ vaccino.
Impfung ['ɪmpfʊŋ] *(f; -, -en)* ~ vaccinazione ◆ *die Impfung gegen Masern* la vaccinazione contro il morbillo.

Implikation [ɪmplika'tsjoːn] *(f; -, -en)* ~ implicazione.
implizieren [ɪmpli'tsiːrən] *(vt,* hat*)* ~ implicare.
implizit [ɪmpli'tsiːt] *(agg)* ~ implicito.
imponieren [ɪmpo'niːrən] *(vi,* hat*)* ~ {*jmdm (durch etwas)* ~} impressionare, colpire qcn (con qcs), fare colpo su qcn (con qcs).
Import [ɪm'pɔrt] *(m; -(e)s, -e)* ***1*** *(solo sing)* importazione. ***2*** importazione, merce importata.
Importartikel [-ˀarˌtiːkəl] *(m; -s, -)* ~ articolo d'importazione.
importieren [ɪmpɔr'tiːrən] *(vt,* hat*)* ~ importare.
Importware [ɪm'pɔrtˌvaːrə] *(f; -, -n)* ~ merce d'importazione.
imposant [ɪmpo'zant] *(agg)* ~ imponente, impressionante.
impotent ['ɪmpotɛnt] *(agg)* ~ *(med)* impotente.
Impotenz ['ɪmpotɛnts] *(f; -)* ~ *(med)* impotenza.
Impression [ɪmprɛ'sjoːn] *(f; -, -en)* ~ impressione.
Impressionismus [ɪmprɛsjo'nɪsmʊs] *(m; -)* ~ impressionismo.
Impressionist [ɪmprɛsjo'nɪst] *(m; -en, -en)* ~ impressionista.
impressionistisch [-ɪʃ] *(agg)* ~ impressionista, impressionistico.
Improvisation [ɪmproviza'tsjoːn] *(f; -, -en)* ~ improvvisazione.
improvisieren [ɪmprovi'ziːrən] *(vt,* hat*)* ~ improvvisare.
Impuls [ɪm'pʊls] *(m; -es, -e)* ~ impulso *(anche fis)* ♦ *einem Impuls folgen* seguire un impulso ♦ *einer Sache* (Dat) *einen neuen Impuls geben* dare un nuovo impulso a una cosa.
impulsiv [ɪmpʊl'ziːf] *(agg)* ***1*** impulsivo. ***2*** *(avv)* impulsivamente.
Impulsivität [ɪmpʊlzivi'tɛːt] *(f; -)* ~ impulsività.
imstande *(anche* **im Stande***)* [ɪm'ʃtandə] *(avv)* ~ **imstande sein, etwas zu tun** essere capace di fare qcs, essere in grado di fare qcs.
in[1] [ɪn] *(prep* + Dat/Acc; *prep art* **im** = **in dem**; **ins** = **in das***)* ***1*** *(stato* + Dat; *moto* + Acc*)* in, a, dentro a ♦ *die Bücher sind in meinem Rucksack* i libri sono nel mio zaino ♦ *ich habe die Bücher in den Rucksack gesteckt* ho messo i libri nello zaino ♦ *gehen wir ins Kino oder ins Theater?* andiamo al cinema o a teatro? ♦ *wir gingen im Wald spazieren* siamo andati a fare una passeggiata nel bosco ♦ *wir sind in die Nähe von Köln gezogen* ci siamo trasferiti nelle vicinanze di Colonia ♦ *in diesem Gedicht lobt der Autor die Natur* in questa poesia l'autore loda la natura. ***2*** *(stato* + Dat*)* a, in (città, stati) ♦ *ich wohne in Florenz, in Deutschland* abito a Firenze, in Germania. ***3*** (+ Dat) *(fig)* in (stato, condizione) ♦ *in seinem Zustand kann er nicht kommen* nel suo stato non può venire ♦ *in Ordnung* in ordine, a posto *(anche fig)* ♦ *im Traum* in sogno. ***4*** (+ Dat) in, di (mesi, anni) ♦ *im Mai* in/di maggio ♦ *im Jahr(e) 1988* nell'anno 1988 ♦ *im zwanzigsten Jahrhundert* nel ventesimo secolo. ***5*** (+ Dat) fra (tempo) ♦ *in fünf Minuten* fra cinque minuti ♦ *in einem Jahr* fra un anno.
in[2] *(avv)* ~ **in sein** *(fam)* essere di moda, essere in.
inaktiv ['ɪnˀakˌtiːf] *(agg)* ~ inattivo.
Inaktivität ['ɪnˀaktiviˌtɛːt] *(f; -)* ~ inattività.
Inanspruchnahme [ɪn'ˀanʃprʊxˌnaːmə] *(f; -, -n)* ***1*** fruizione, godimento ♦ *die Inanspruchnahme aller Vorteile* il godimento di tutti i vantaggi. ***2*** impiego, ricorso. ***3*** sollecitazione (di macchinari e sim).
Inbegriff ['ɪnbəˌgrɪf] *(m; -(e)s, -e)* ~ prototipo, quintessenza, incarnazione ♦ *er ist der Inbegriff des Künstlers* è l'incarnazione dell'artista.
inbegriffen [-ən] *(agg)* ~ incluso (nel prezzo) ♦ *Bedienung ist (nicht) inbegriffen* il servizio (non) è incluso.
Inbesitznahme [ˌɪnbə'zɪtsˌnaːmə] *(f; -, -n)* ~ presa di possesso.
Inbetriebnahme [ˌɪnbə'triːpˌnaːmə] *(f; -, -n)* ~ messa in funzione, attivazione.
Inbrunst ['ɪnˌbrʊnst] *(f; -)* ~ *(lett)* fervore.
inbrünstig ['ɪnˌbrʏnstɪç] *(agg)* ~ fervente, fervido.
indem [ɪn'deːm] *(congiunz subord)* ***1*** *(modale) (si traduce con il gerundio)* ♦ *er öffnete die Falltür, indem er einen Hebel*

betätigte aprì la botola azionando una leva. **2** *(temporale)* mentre.

indes [ɪn'dɛs] ~ vedi **indessen**[1-2].

indessen[1] [-ən] *(congiunz)* ~ *(lett)* mentre.

indessen[2] *(avv)* **1** invece, ma, però. **2** nel frattempo, frattanto, intanto.

Index ['ɪndɛks] *(m; -/-es, -e/Indizes)* **1** indice, sommario. **2** *(pl* Indexe*)* indice (dei libri proibiti) ♦ *etwas auf den Index setzen* mettere qcs all'indice *(anche fig)*. **3** *(pl* Indizes*)* *(econ/mat/fis)* indice.

Indianerstamm [ɪn'dja:nɐʃtam] *(m; -(e)s, -stämme)* ~ tribù indiana.

Indikativ ['ɪndikati:f] *(m; -s, -e)* ~ *(gramm)* indicativo.

indirekt ['ɪndirɛkt] *(agg)* **1** indiretto. **2** *(avv)* indirettamente.

indiskret ['ɪndɪskre:t] *(agg)* ~ indiscreto.

Indiskretion [ɪndɪskre'tsjo:n] *(f; -, -en)* ~ indiscrezione.

indiskutabel ['ɪndɪskuta:bəl] *(agg)* ~ inaccettabile.

individuell [ɪndivi'dwɛl] *(agg)* **1** individuale, singolare. **2** individuale, proprio, particolare, personale. **3** *(avv)* individualmente, singolarmente.

Individuum [ɪndi'vi:duʊm] *(n; -s, Individuen)* ~ individuo.

Indiz [ɪn'di:ts] *(n; -es, -ien)* ~ indizio *(anche dir)* ♦ *das ist ein deutliches Indiz für einen wirtschaftlichen Aufschwung* questo è un chiaro indizio di una ripresa economica.

Indoeuropäer ['ɪndoˀɔyro'pɛ:ɐ] *(m; -s, -; f* **-in***)* ~ indoeuropeo.

indoeuropäisch ['ɪndoˀɔyro'pɛ:ɪʃ] *(agg)* ~ indoeuropeo.

Indogermane ['ɪndogɛr'ma:nə] *(m; -n, -n; f* **-germanin***)* ~ indoeuropeo.

indogermanisch ['ɪndogɛr'ma:nɪʃ] *(agg)* ~ indoeuropeo.

industrialisieren [ɪndʊstriali'zi:rən] *(vt, hat)* ~ industrializzare.

Industrialiserung [ɪndʊstriali'zi:rʊŋ] *(f; -)* ~ industrializzazione.

Industrie [ɪndʊs'tri:] *(f; -, -n)* **1** *(solo sing)* industria, settore industriale. **2** industria, stabilimento, fabbrica.

Industrie- *(nei composti)* ~ industriale; dell'industria ♦ *Industrieanlage* impianto industriale ♦ *Industrieerzeugnis* prodotto industriale ♦ *Industriezeitalter* era industriale.

Industriekauffrau [-ˌkauffrau] *(f; -, -en)* ~ impiegata commerciale, segretaria d'azienda.

Industriekaufmann [-ˌkaufman] *(m; -(e)s, -männer)* ~ impiegato commerciale.

Industrieland [-ˌlant] *(n; -(e)s, -länder)* ~ paese industrializzato.

industriell [ɪndʊstri'ɛl] *(agg)* ~ industriale.

Industrielle(r) [-ə (-ɐ)] *(m/f; -n, -n)* ~ industriale, imprenditore.

Industrienation [-naˌtsjo:n] *(f; -, -en)* ~ nazione industrializzata.

Industriestaat [-ʃta:t] *(m; -(e)s, -en)* ~ stato industrializzato, nazione industrializzata.

ineinander [ɪnˀai'nandɐ] *(avv)* **1** l'uno nell'altro, l'uno dentro l'altro. **2** *(fig)* l'un l'altro, reciprocamente ♦ *sie haben sich ineinander verliebt* si sono innamorati (l'uno dell'altra). ◆ **ineinander fließen** († **ineinanderfließen**) confluire (l'uno nell'altro). ◆ **ineinander fügen** († **ineinanderfügen**) connettere, collegare (l'uno dentro l'altro). ◆ **ineinander greifen** († **ineinandergreifen**) *(vi)* ingranare (l'uno dentro l'altro). ◆ **ineinander laufen** († **ineinanderlaufen**) fondersi, compenetrarsi. ◆ **ineinander passen** († **ineinanderpassen**) **1** *(vi)* adattarsi (l'uno dentro l'altro), entrare (l'uno dentro l'altro), combaciare. **2** *(vt)* far entrare (l'uno dentro l'altro), adattare (l'uno dentro l'altro), far combaciare. ◆ **ineinander stecken** († **ineinanderstecken**) infilare l'uno nell'altro.

Infanterie ['ɪnfantəri:] *(f; -, -n)* ~ *(mil)* fanteria.

Infanterist ['ɪnfantərɪst] *(m; -en, -en)* ~ *(mil)* fante.

Infarkt [ɪn'farkt] *(m; -(e)s, -e)* ~ *(med)* infarto.

Infekt [ɪn'fɛkt] *(m; -(e)s, -e)* ~ *(med)* infezione.

Infektion [ɪnfɛk'tsjo:n] *(f; -, -en)* ~ *(med)* infezione.

Infektionsherd [-sˌhe:ɐt] *(m; -(e)s, -e)* ~ *(med)* focolaio d'infezione.

Infektionskrankheit [-sˌkraŋkhait] *(f; -, -en)* ~ malattia infettiva.

Inferno [ɪn'fɛrno] *(n; -s)* ~ *(fig/lett)* inferno, disastro, caos.

infinit ['ɪnfiniːt] *(agg)* ~ *(gramm)* infinito, non finito.

Infinitiv ['ɪnfinitiːf] *(m; -s, -e)* ~ *(gramm)* infinito.

infizieren [ɪnfi'tsiːrən] *(vt, hat)* ~ infettare, contagiare.

Inflation [ɪnfla'tsjoːn] *(f; -, -en)* ~ *(econ)* inflazione.

inflationär [ɪnflatsjo'nɛːɐ] *(agg)* ~ inflazionistico.

inflationieren [ɪnflatsjo'niːrən] *(vt, hat)* ~ inflazionare.

inflationistisch [ɪnflatsjo'nɪstɪʃ] *(agg)* ~ inflazionistico.

Inflationsrate [ɪnfla'tsjoːnsˌraːtə] *(f; -, -n)* ~ *(econ)* tasso d'inflazione.

Info ['ɪnfo] *(n; -s, -s)* ***1*** *(fam)* opuscolo informativo. ***2*** *(pl) (fam)* informazioni.

infolge [ɪn'fɔlgə] *(prep + Gen)* ~ in conseguenza di, in seguito a, a causa di ◆ *infolge des Erdbebens* in conseguenza del terremoto.

infolgedessen [-'dɛsən] *(avv)* ~ in conseguenza di ciò, per questo, perciò.

Informant [ɪnfɔr'mant] *(m; -en, -en; f* **-in***)* ~ informatore.

Informatik [ɪnfɔr'maːtɪk] *(f; -)* ~ informatica.

Informatiker [ɪnfɔr'maːtikɐ] *(m; -s, -; f* **-in***)* ~ informatico.

Information [ɪnfɔrma'tsjoːn] *(f; -, -en)* ~ informazione ◆ *jmdm eine Information über jmdn/etwas geben* dare un'informazione a qcn su qcn/qcs ◆ *zu Ihrer Information* per sua informazione.

Informationsbüro [-sbyˌroː] *(n; -s, -s)* ~ ufficio informazioni.

Informationsquelle [-sˌkvɛlə] *(f; -, -n)* ~ fonte (d'informazione).

informativ [ɪnfɔrma'tiːf] *(agg)* ~ istruttivo.

Informator [ɪnfɔr'maːtoːɐ] *(m; -s, -en)* ~ informatore.

informell ['ɪnfɔrmɛl] *(agg)* ~ informale.

informieren [ɪnfɔr'miːrən] *(vt, hat)* ~ *{jmdn (über jmdn/etwas) ~}* informare qcn su qcn/qcs. ◆ **sich (über jmdn/etwas) informieren** *(vr)* informarsi (su qcn /qcs).

infrage *(anche* **in Frage***)* [ˌɪn'fraːgə] *(avv)* ~ **infrage kommen** essere preso in considerazione. ◆ **das kommt nicht infrage!** non se ne parla neppure! questo è escluso! ◆ **infrage stellen** ***1*** mettere in discussione, mettere in dubbio. ***2*** compromettere, mettere in forse.

Infrastruktur ['ɪnfraʃtrʊkˌtuːɐ] *(f; -, -en)* ~ infrastruttura.

Infusion [ɪnfu'zjoːn] *(f; -, -en)* ~ *(med)* fleboclisi, flebo.

Ingenieur [ɪnʒe'njøːɐ] *(m; -s, -; f* **-in***)* ~ ingegnere.

Ingenieurwesen [-ˌveːzən] *(n; -s)* ~ ingegneria.

Ingwer ['ɪŋvɐ] *(m; -s)* ~ *(bot)* zenzero.

Inhaber ['ɪnˌhaːbɐ] *(m; -s, -; f* **-in***)* ***1*** proprietario, titolare. ***2*** *(econ)* titolare; portatore.

Inhaberscheck [-ʃɛk] *(m; -s, -s)* ~ assegno al portatore.

inhalieren [ɪnha'liːrən] *(vt, hat)* ~ inalare; fare inalazioni (di).

Inhalt ['ɪnˌhalt] *(m; -(e)s, -e)* ***1*** contenuto ◆ *der Inhalt einer Flasche* il contenuto di una bottiglia. ***2*** *(fig)* contenuto, argomento ◆ *der Inhalt eines Briefes* il contenuto di una lettera. ***3*** *(fig)* contenuto, significato.

inhaltlich [-lɪç] *(agg)* ~ contenutistico, del contenuto.

Inhaltsangabe ['ɪnhaltsˌˀangaːbə] *(f; -, -n)* ~ sommario, riassunto.

inhaltsarm ['ɪnhaltsˌˀarm] *(agg)* ~ *(fig)* povero di contenuti.

inhaltsleer ['ɪnhaltsˌleːɐ] *(agg)* ~ vedi **inhaltslos**.

inhaltslos ['ɪnhaltsˌloːs] *(agg)* ~ privo di contenuti, vuoto, insignificante.

inhaltsreich ['ɪnhaltsˌraiç] *(agg)* ~ ricco di contenuto, significativo, pregno di significato.

inhaltsschwer ['ɪnhaltsˌʃveːɐ] *(agg)* ~ vedi **inhaltsreich**.

Inhaltsverzeichnis ['ɪnhaltsfɛɐˌtsaiçnɪs] *(n; -ses, -se)* ~ indice, sommario.

inhärent [ɪnhɛ'rɛnt] *(agg)* ~ *(lett)* inerente.

inhuman ['ɪnhumaːn] *(agg)* ~ *(lett)* disumano.

Initialbuchstabe [ini'tsjaːlˌbuːxʃtaːbə] *(m; -n, -n)* ~ lettera iniziale, iniziale.

Initiale [ini'tsjaːlə] *(f; -, -n)* ~ iniziale (lettera).

Initiation [initsja'tsjoːn] *(f; -, -en)* ~ iniziazione.
Initiative [initsja'tiːvə] *(f; -, -n)* **1** iniziativa ♦ *die Initiative ergreifen* prendere l'iniziativa ♦ *auf jmds Initiative/auf Initiative von jmdm* su iniziativa di qcn ♦ *etwas aus eigener Initiative tun* fare qcs di propria iniziativa. **2** *(solo sing)* spirito d'iniziativa.
initiieren [initsi'iːrən] *(vt, hat)* **1** *(lett)* iniziare, inaugurare. **2** iniziare, istruire; consacrare.
Injektion [ɪnjɛk'tsjoːn] *(f; -, -en)* ~ iniezione.
Injektionsspritze [-sˌʃprɪtsə] *(f; -, -n)* ~ siringa per iniezioni.
injizieren [ɪnji'tsiːrən] *(vt, hat)* ~ iniettare.
Inkasso [ɪn'kaso] *(n, -s, -s)* ~ *(econ)* incasso.
inklusive [ɪŋklu'ziːvə] *(prep + Gen/Dat)* ~ incluso, compreso ♦ *inklusive Trinkgeld, Getränken* incluse le mance, le bibite.
inkognito [ɪn'kɔgnito] *(avv)* ~ in incognito.
inkonsequent ['ɪnkɔnzeˌkvɛnt] *(agg)* ~ incoerente, contraddittorio.
Inkonsequenz ['ɪnkɔnzeˌkvɛnts] *(f; -)* ~ incoerenza, contraddittorietà.
inkorrekt ['ɪnkɔˌrɛkt] *(agg)* **1** scorretto, inesatto. **2** scorretto, sleale.
Inkorrektheit [-ˌhait] *(f; -, -en)* **1** scorrettezza, inesattezza. **2** scorrettezza, slealtà.
Inkraftsetzung [ɪn'kraftˌzɛtsʊŋ] *(f; -, -en)* ~ messa in vigore.
Inkubation [ɪnkuba'tsjoːn] *(f; -, -en)* ~ *(med)* incubazione.
Inkubator [ɪnku'baːtoːɐ] *(m; -s, -en)* ~ incubatrice.
Inland ['ɪnˌlant] *(n; -(e)s)* **1** interno (di un paese). **2** territorio nazionale.
Inländer ['ɪnˌlɛndɐ] *(m; -s, -; f* **-in***)* ~ abitante (di un paese), indigeno.
inländisch ['ɪnˌlɛndɪʃ] *(agg)* ~ interno, nazionale.
Inlandsmarkt ['ɪnlantsˌmarkt] *(m; -(e)s, -märkte)* ~ mercato interno.
Inlineskate [ɪn'laɪnˌskeɪt] *(n; -s, -s)* ~ rollerblade.
inmitten [ɪn'mɪtən] *(prep + Gen)* ~ *(lett)* nel mezzo di, in mezzo a ♦ *inmitten des Waldes* in mezzo al bosco. ◆ **inmitten von** nel mezzo di, in mezzo a.
inne ['ɪnə] ~ **einer Sache** (Gen) **inne sein** († **innesein**) *(lett)* essere consapevole di qcs, rendersi conto di qcs.
inne|haben *(vt, hat)* ~ detenere, rivestire (carica e sim).
inne|halten *(vi, hat; irr* halten*)* ~ {*in etwas* (Dat) ~} interrompersi in qcs ♦ *im Sprechen innehalten* interrompersi nel parlare.
innen ['ɪnən] *(avv)* ~ dentro, all'interno (stato) ♦ *nach innen* verso l'interno, dentro (moto a luogo) ♦ *von innen* da dentro.
Innenausstattung [-ˌʔausʃtatʊŋ] *(f; -, -en)* ~ arredamento d'interni.
Inneneinrichtung [-ˌʔainrɪçtʊŋ] *(f; -, -en)* ~ arredamento d'interni.
Innenhof [-ˌhoːf] *(m; -(e)s, -höfe)* ~ cortile interno.
Innenleben [-ˌleːbən] *(n; -s)* ~ vita interiore, vita spirituale.
Innenminister [-miˌnɪstɐ] *(m; -s, -; f* **-in***)* ~ ministro degli Interni.
Innenministerium [-minɪsˌteːrjʊm] *(n; -s, -rien)* ~ ministero degli Interni.
Innenpolitik [-poliˌtiːk] *(f; -)* ~ politica interna.
innenpolitisch [-poˌliːtɪʃ] *(agg)* ~ di politica interna.
Innenraum [-ˌraum] *(m; -(e)s, -räume)* ~ interno, parte interna, spazio interno.
Innenseite [-ˌzaitə] *(f; -, -n)* ~ lato interno.
Innenspiegel [-ʃpiːgəl] *(m; -s, -)* ~ specchietto retrovisore interno.
Innenstadt [-ʃtat] *(f; -, -städte)* ~ centro (della città).
Innentasche [-ˌtaʃə] *(f; -, -n)* ~ tasca interna.
Innenwelt [-ˌvɛlt] *(f; -, -en)* ~ mondo interiore.
innere(r, -s) ['ɪnərə (-rɐ, -rəs)] *(agg)* **1** interno, interiore. **2** *(fig)* interiore, spirituale, intimo ♦ *ein innerer Konflikt* un conflitto interiore ♦ *innerer Monolog* monologo interiore. **3** *(med)* interno ♦ *innere Organe* organi interni.
Innere ['ɪnərə] *(n; -n)* **1** interno, parte interna ♦ *aus dem Inneren des Waldes* dall'interno del bosco. **2** *(fig)* interiorità, spirito, animo. **3** *(fig)* essenza, nucleo.
Innereien [ɪnə'raiən] *(pl)* ~ interiora, frattaglie.

innerhalb ['ɪnɐˌhalp] *(prep* + Gen; *anche* + Dat, *quando il* Gen *non è marcato)* ***1*** all'interno di ♦ *innerhalb eines Zimmers* all'interno di una camera. ***2*** in, entro, nel giro di ♦ *innerhalb zweier Jahre* in due anni ♦ *innerhalb zwanzig Jahren/innerhalb von zwanzig Jahren* in vent'anni. ***3*** *(fig)* entro, nell'ambito di ♦ *innerhalb des Möglichen* nell'ambito del possibile.

innerlich ['ɪnɐlɪç] *(agg)* ***1*** *(fig)* interiore, intimo. ***2*** *(avv)* interiormente, nell'intimo.

Innerlichkeit [-ˌkait] *(f; -)* ~ interiorità, spiritualità.

innerste(r, -s) ['ɪnɐstə (-tɐ, -təs)] *(agg superl)* ***1*** più interno. ***2*** più profondo, intimo ♦ *sein innerster Wunsch* il suo più profondo desiderio.

Innerste *(n; -s)* ~ intimo, animo ♦ *in meinem Innersten habe ich das schon immer gewusst* nel mio intimo l'ho sempre saputo.

innesein ~ **inne sein** (vedi **inne**).

inne|werden *(vi,* ist; *irr* werden*)* ~ {*einer Sache* (Gen) ~} *(lett)* rendersi conto di qcs.

innig ['ɪnɪç] *(agg)* ***1*** sentito, profondo (sentimenti e sim) ♦ *innige Freude* profonda gioia ♦ *jmdm innigen Dank sagen* ringraziare sentitamente qcn. ***2*** *(avv)* profondamente, sentitamente.

Innigkeit [-ˌkait] *(f; -)* ~ profondità, sincerità (di sentimenti e sim).

Innovation [ɪnova'tsjoːn] *(f; -, -en)* ~ innovazione.

innovativ [ɪnova'tiːf] *(agg)* ~ innovativo.

Innung ['ɪnʊŋ] *(f; -, -en)* ~ corporazione (di mestieri).

inoffiziell ['ɪnɔfiˌtsjɛl] *(agg)* ***1*** non ufficiale, ufficioso, informale. ***2*** *(avv)* ufficiosamente.

in puncto [ɪn'pʊŋkto] *(loc;* + Gen *se un modificatore precede il nome)* ~ per quanto riguarda, quanto a ♦ *in puncto Zuverlässigkeit lässt er viel zu wünschen übrig* quanto ad affidabilità lascia molto a desiderare.

Inquisition [ɪnkvizi'tsjoːn] *(f; -, -en)* ~ *(stor)* inquisizione.

Inquisitor [ɪnkvi'ziːtoːɐ] *(m; -s, -en)* ~ inquisitore.

ins [ɪns] *(prep art)* ~ = **in das** (vedi **in**[1]).

Insasse ['ɪnˌzasə] *(m; -n, -n; f* **-sassin***)* ***1*** passeggero. ***2*** ospite (di casa di cura, carcere, ecc); ricoverato; carcerato, detenuto, recluso.

insbesondere [ɪnsbə'zɔndərə] *(avv)* ~ in particolare, specialmente, particolarmente.

Inschrift ['ɪnʃrɪft] *(f; -, -en)* ~ iscrizione, epigrafe.

Insekt [ɪn'zɛkt] *(n; -s, -en)* ~ insetto.

Insektenbekämpfungsmittel [-ənbəˌkɛmpfʊŋsmɪtəl] *(n; -s, -)* ~ insetticida.

Insektenfresser [-ənˌfrɛsɐ] *(m; -s, -)* ~ insettivoro.

Insektengift [-ənˌgɪft] *(n; -(e)s, -e)* ~ insetticida.

Insel ['ɪnzəl] *(f; -, -n)* ~ isola *(anche fig)* ♦ *auf einer Insel leben* vivere su un'isola.

Inselbewohner [-bəˌvoːnɐ] *(m; -s, -; f* **-in***)* ~ isolano, abitante dell'isola.

Inselgruppe [-ˌgrʊpə] *(f; -, -n)* ~ arcipelago.

Inselwelt [-ˌvɛlt] *(f; -, -en)* ~ arcipelago.

Insemination [ɪnzemina'tsjoːn] *(f; -, en)* ~ *(med)* inseminazione.

Inserat [ɪnze'raːt] *(n; -(e)s, -e)* ~ inserzione, annuncio ♦ *ein Inserat aufgeben* mettere un'inserzione.

Inserent [ɪnze'rɛnt] *(m; -en, -en; f* **-in***)* ~ inserzionista.

inserieren [ɪnze'riːrən] *(vi/vt,* hat*)* ***1*** *(vi)* mettere un'inserzione ♦ *in einer Zeitung inserieren* mettere un'inserzione su un giornale. ***2*** *(vt)* mettere in vendita (attraverso un'inserzione) ♦ *er hat sein altes Motorrad inseriert* ha messo in vendita la sua vecchia moto sul giornale.

insgeheim [ɪnsgə'haim] *(avv)* ~ in segreto, segretamente.

insgesamt [ɪnsgə'zamt] *(avv)* ~ nel complesso, complessivamente.

Insignien [ɪn'zɪgniən] *(pl)* ~ insegne (del potere e sim).

insofern[1] [ɪn'zoːfɛrn] *(avv)* ~ a questo proposito, riguardo a questo, in questo ♦ *insofern hast du Recht* a questo proposito hai ragione.

insofern[2] [ɪnzo'fɛrn] *(congiunz)* ~ se, nel caso che, nella misura in cui, per quanto ♦ *insofern es ihr möglich ist, wird sie uns helfen* se le sarà possibile ci aiuterà. ◆ **insofern... als** se, nella misura in cui

♦ *dieses Angebot ist insofern gut, als wir dadurch Geld sparen können* questa offerta è buona nella misura in cui ci permette di risparmiare dei soldi.

insoweit[1] [ɪn'zo:vait] *(avv)* ~ a questo proposito, riguardo a questo, in questo ♦ *insoweit hat er Recht* a questo proposito ha ragione.

insoweit[2] [ɪnzo'vait] *(congiunz)* ~ vedi **insofern**[2].

Inspektion [ɪnspɛk'tsjo:n] *(f; -, -en)* ~ ispezione.

Inspektor [ɪn'spɛkto:ɐ] *(m; -s, -en; f* **-in***)* ~ ispettore.

Inspiration [ɪnspira'tsjo:n] *(f; -, -en)* ***1*** ispirazione. ***2*** *(med)* inspirazione.

inspirieren [ɪnspi'ri:rən] *(vt,* hat*)* ~ {*jmdn zu etwas ~*} ispirare qcn a qcs, ispirare qcs a qcn ♦ *jmdn zu einem Gedicht inspirieren* ispirare una poesia a qcn.

instabil ['ɪnstabi:l] *(agg)* ~ instabile.

Instabilität ['ɪnstabili,tɛ:t] *(f; -)* ~ instabilità.

Installateur [ɪnstala'tø:ɐ] *(m; -s, -en; f* **-in***)* ***1*** installatore, tecnico. ***2*** idraulico. ***3*** elettricista.

Installation [ɪnstala'tsjo:n] *(f; -, -en)* ~ installazione.

installieren [ɪnsta'li:rən] *(vt,* hat*)* ~ installare.

instand *(anche* **in Stand***)* [ɪn'ʃtant] *(avv)* ~ **etwas instand halten** tenere bene qcs, curare la manutenzione di qcs ♦ *die Heizung instand halten* curare la manutenzione del riscaldamento. ◆ **etwas instand setzen** riparare qcs, ristrutturare qcs. ◆ **jmdn instand setzen, etwas zu tun** *(fig)* dare a qcn la possibilità di fare qcs.

inständig ['ɪnʃtɛndɪç] *(agg)* ***1*** insistente, pressante. ***2*** *(avv)* insistentemente.

Instanz [ɪn'stants] *(f; -, -en)* ***1*** istanza, autorità. ***2*** *(dir)* istanza, appello ♦ *in der ersten, zweiten Instanz* in prima, seconda istanza.

Instinkt [ɪn'stɪŋkt] *(m; -(e)s, -e)* ***1*** *(solo sing)* istinto ♦ *etwas aus Instinkt tun* fare qcs d'istinto. ***2*** istinto, fiuto.

instinkthaft [-,haft] *(agg)* ~ istintivo.

instinktiv [ɪnstɪŋk'ti:f] *(agg)* ***1*** istintivo. ***2*** *(avv)* istintivamente.

Institut [ɪnsti'tu:t] *(n; -(e)s, -e)* ~ istituto ♦ *medizinisches Institut* istituto medico ♦ *Institut für Sprachforschung* istituto di linguistica.

Institution [ɪnstitu'tsjo:n] *(f; -, -en)* ~ istituzione *(anche fig)* ♦ *er ist auf seinem Gebiet schon eine Institution* nel suo campo è già un'istituzione.

institutionell [ɪnstitutsjo'nɛl] *(agg)* ~ istituzionale.

instruieren [ɪnstru'i:rən] *(vt,* hat*)* ***1*** istruire, dare istruzioni a. ***2*** istruire, informare.

Instruktion [ɪnstrʊk'tsjo:n] *(f; -, -en)* ~ istruzione, direttiva ♦ *Instruktionen erteilen/geben* dare istruzioni.

instruktiv [ɪnstrʊk'ti:f] *(agg)* ~ istruttivo.

Instrument [ɪnstru'mɛnt] *(n; -(e)s, -e)* ***1*** strumento, attrezzo ♦ *medizinische Instrumente* strumenti medici. ***2*** strumento (musicale) ♦ *ein Instrument spielen* suonare uno strumento. ***3*** *(fig/lett)* strumento, mezzo.

instrumental [ɪnstrumɛn'ta:l] *(agg)* ~ strumentale.

inszenieren [ɪnstse'ni:rən] *(vt,* hat*)* ***1*** inscenare, mettere in scena, allestire (spettacoli). ***2*** *(fig)* inscenare, provocare ♦ *einen Skandal inszenieren* inscenare uno scandalo.

Inszenierung [ɪnstse'ni:rʊŋ] *(f; -, en)* ~ messa in scena, allestimento (di spettacoli).

intakt [ɪn'takt] *(agg)* ~ intatto.

integral [ɪnte'gra:l] *(agg)* ~ integrale.

Integralismus [ɪntegra'lɪsmʊs] *(m; -)* ~ integralismo.

Integration [ɪntegra'tsjo:n] *(f; -, -en)* ~ integrazione.

integrieren [ɪnte'gri:rən] *(vt,* hat*)* ~ {*jmdn/etwas in etwas* (Acc) *~*} integrare qcn/qcs in qcs ♦ *einen neuen Schüler in die Klasse integrieren* integrare un alunno nuovo nella classe.

Integrierung [ɪnte'gri:rʊŋ] *(f; -, -en)* ~ integrazione (l'integrare, essere integrato).

Intellekt [ɪntɛ'lɛkt] *(m; -(e)s)* ~ intelletto.

intellektuell [ɪntɛlɛk'twɛl] *(agg)* ~ intellettuale.

Intellektuelle(r) [-ə (-ɐ)] *(m/f; -n, -n)* ~ intellettuale.

intelligent [ɪntɛli'gɛnt] *(agg)* ~ intelligente.
Intelligenz [ɪntɛli'gɛnts] *(f; -)* ***1*** intelligenza. ***2*** intellighenzia, classe intellettuale.
Intelligenzquotient [-kvo,tsjɛnt] *(m; -en, -en)* ~ quoziente d'intelligenza.
Intendant [ɪntɛn'dant] *(m; -en, -en; f* **-in***)* ~ direttore (di teatro, radio, tv, ecc).
Intendanz [ɪntɛn'dants] *(f; -, -en)* ~ direzione (di teatro, radio, tv, ecc).
Intensität [ɪntɛnzi'tɛ:t] *(f; -, raro -en)* ~ intensità.
intensiv [ɪntɛn'zi:f] *(agg)* ***1*** intenso ♦ *intensive Bemühungen* sforzi intensi ♦ *intensive Farben* colori intensi. ***2*** intensivo (coltivazioni). ***3*** *(avv)* intensamente ♦ *intensiv arbeiten* lavorare intensamente.
intensivieren [ɪntɛnzi'vi:rən] *(vt,* hat*)* ~ intensificare.
Intensivierung [ɪntɛnzi'vi:rʊŋ] *(f; -, raro -en)* ~ intensificazione.
Intensiv(pflege)station [ɪntɛn'zi:f(pfle:gə)-ʃta,tsjo:n] *(f; -, -en)* ~ reparto di terapia intensiva.
Intention [ɪntɛn'tsjo:n] *(f; -, -en) (spec pl)* ~ intenzione.
intentional [ɪntɛntsjo'na:l] *(agg)* ~ intenzionale.
Interaktion [,ɪntɐˀak'tsjo:n] *(f; -)* ~ interazione.
interaktiv [,ɪntɐˀak'ti:f] *(agg)* ~ interattivo.
Intercity [,ɪntɐ'sɪti] *(m; -s, -s) (abbrev* **IC***)* ~ intercity.
Intercityzug [-,tsu:k] *(m; -(e)s, -züge) (abbrev* **IC***)* ~ treno intercity, intercity.
interessant [ɪntərɛ'sant] *(agg)* ***1*** interessante. ***2*** *(avv)* in modo interessante.
Interesse [ɪntə'rɛsə] *(n; -s, -n)* ***1*** interesse ♦ *musikalische Interessen* interessi musicali ♦ *Interesse erwecken, zeigen* destare, mostrare interesse ♦ *großes Interesse an jmdm/etwas haben* avere un grande interesse per qcn/qcs. ***2*** interesse, vantaggio, tornaconto ♦ *im Interesse der Bevölkerung* nell'interesse della popolazione ♦ *es ist auch in meinem Interesse, dass* è anche nel mio interesse che ♦ *gegen jmds Interesse handeln* agire contro l'interesse di qcn ♦ *in jmds Interesse handeln* agire nell'interesse di qcn. ◆ **von Interesse sein** essere interessante.
Interessenkonflikt [-nkɔn,flɪkt] *(m, -(e)s, -e)* ~ conflitto d'interessi.
Interessent [ɪntərɛ'sɛnt] *(m; -en, -en; f* **-in***)* ~ interessato, persona interessata ♦ *die Interessenten sollen sich an die Personalabteilung wenden* gli interessati devono rivolgersi all'ufficio del personale.
interessieren [ɪntərɛ'si:rən] *(vt,* hat*)* ***1*** interessare ♦ *die Konferenz interessiert mich nicht* la conferenza non mi interessa. ***2*** *{jmdn für jmdn/etwas ~}* (far) interessare qcn a qcn/qcs. ◆ **sich für jmdn/etwas interessieren** *(vr)* interessarsi di qcn/qcs ♦ *er interessiert sich für klassische Musik* si interessa di musica classica.
interessiert [ɪntərɛ'si:ɐt] *(agg)* ~ interessato ♦ *an jmdm/etwas interessiert sein* essere interessato a qcn/qcs.
Interessiertheit [-,hait] *(f; -)* ~ interesse, interessamento.
Interferenz [ɪntɐfe'rɛnts] *(f; -, -en)* ~ interferenza.
interkontinental [,ɪntɐkɔntinɛn'ta:l] *(agg)* ~ intercontinentale.
Intermezzo [ɪntɐ'mɛtso] *(n; -s, -s/-zi)* ***1*** *(mus/teatr)* intermezzo. ***2*** *(fig)* parentesi, episodio (divertente).
intern [ɪn'tɛrn] *(agg)* ~ *(lett)* interno.
Internat [ɪntɐ'na:t] *(n; -(e)s, -e)* ~ convitto, collegio.
international [ɪntɐnatsjo'na:l] *(agg)* ~ internazionale.
Internet ['ɪntɐnət] *(n; -s, -s)* ~ *(elab)* Internet ♦ *im Internet* su Internet ♦ *im Internet surfen* navigare in Internet.
Internet-Anschluss († **-Anschluß**) [-,ˀapʃlʊs] *(m; -es, -schlüsse)* ~ collegamento a Internet.
Internet-Seite [-,zaitə] *(f; -, -n)* ~ *(elab)* sito Internet.
internieren [ɪntɐ'ni:rən] *(vt,* hat*)* ~ internare.
Interpretation [ɪntɐpreta'tsjo:n] *(f; -, -en)* ~ *(lett)* interpretazione (spiegazione; rappresentazione).
interpretieren [ɪntɐpre'ti:rən] *(vt,* hat*)* ~ *(lett)* interpretare (spiegare; recitare; suonare).
Interpunktion [ɪntɐpʊŋk'tsjo:n] *(f; -)* ~ *(gramm)* interpunzione.

Interregio [ɪntɐ'regjo] *(m; -s, -s) (abbrev* **IR***)* ~ interregionale (treno).
Interregiozug [-ˌtsuːk] *(m; -(e)s, -züge) (abbrev* **IR***)* ~ treno interregionale.
interrogativ ['ɪntɐrogatiːf] *(agg)* ~ *(gramm)* interrogativo.
Interrogativ *(n; -s, -e)* ~ *(gramm)* pronome interrogativo.
Interrogativpronomen [-proˌnoːmən] *(n, -s, -pronomina)* ~ *(gramm)* pronome interrogativo.
Interrogativsatz [-ˌzats] *(m; -es, -sätze)* ~ *(gramm)* frase interrogativa.
Intervall [ɪntɐ'val] *(n, -s, -e)* ~ *(lett) (mus/mat)* intervallo.
intervenieren [ɪntɐve'niːrən] *(vi, hat)* ~ *(lett)* intervenire ♦ *in einem Streit intervenieren* intervenire in una lite ♦ *bei jmdm intervenieren* intervenire presso qcn.
Intervention [ɪntɐvɛn'tsjoːn] *(f; -, -en)* ~ *(lett)* intervento.
Interview ['ɪntɐvjuː] *(n, -s, -s)* ~ intervista ♦ *ein Interview mit einem Schauspieler* un'intervista a un attore ♦ *ein Interview gewähren* concedere un'intervista ♦ *ein Interview mit jmdm führen/machen* fare un'intervista a qcn.
interviewen [-ən] *(vt, hat)* ~ intervistare.
intim [ɪn'tiːm] *(agg)* ***1*** intimo, confidenziale (legami e sim) ♦ *eine intime Freundschaft* un'amicizia intima. ***2*** sessuale, intimo. ***3*** *(lett)* intimo, profondo. ***4*** *(lett)* intimo, accogliente (locali e sim).
Intimhygiene [-hyˌgjeːnə] *(f; -)* ~ igiene intima.
Intimität [ɪntimi'tɛːt] *(f; -, -en)* ***1*** *(solo sing)* intimità, confidenza. ***2*** *(solo sing)* intimità, calore. ***3*** *(pl)* intimità, effusioni.
Intimverkehr [ɪn'tiːmfɛɐˌkeːɐ] *(m; -s)* ~ rapporti intimi, rapporti sessuali.
intolerant ['ɪntolerant] *(agg)* ~ intollerante *(anche med)*.
Intoleranz ['ɪntolerants] *(f; -, -en)* ~ intolleranza *(anche med)*.
Intonation [ɪntona'tsjoːn] *(f; -, en)* ~ *(ling/mus)* intonazione.
intonieren [ɪnto'niːrən] *(vt, hat)* ~ *(mus)* intonare.
intransitiv ['ɪntranzitiːf] *(agg)* ~ *(gramm)* intransitivo.
Intrige [ɪn'triːgə] *(f; -, -n)* ~ intrigo, macchinazione ♦ *Intrigen spinnen* tessere intrighi.
intrigieren [ɪntri'giːrən] *(vi, hat)* ~ intrigare, tessere intrighi.
Introduktion [ɪntrodʊk'tsjoːn] *(f; -, -en)* ~ *(mus)* introduzione.
introvertiert [ɪntrovɛr'tiːɐt] *(agg)* ~ introverso, chiuso.
Intuition [ɪntui'tsjoːn] *(f, -, -en)* ~ intuizione.
intuitiv [ɪntui'tiːf] *(agg)* ~ intuitivo.
intus ['ɪntʊs] *(avv)* ~ **etwas intus haben** ***1*** *(fam)* aver capito qcs. ***2*** aver mangiato qcs, aver bevuto qcs. ◆ **einen intus haben** *(fam)* essere brillo, essere alticcio.
invalid(e) [ɪnva'liːt (-də)] *(agg)* ~ invalido.
Invalide *(m; -n, -n; f* **Invalide***)* ~ invalido ♦ *Invalide werden* rimanere invalido.
Invalidität [ɪnvalidi'tɛːt] *(f; -)* ~ invalidità.
Invasion [ɪnva'zjoːn] *(f; -, -en)* ~ invasione *(anche fig)*.
Inventar [ɪnvɛn'taːɐ] *(n; -s, -e)* ~ patrimonio, inventario (beni posseduti; catalogo dei beni posseduti) ♦ *ein Inventar aufstellen* fare un inventario. ◆ **lebendes Inventar** bestiame. ◆ **totes Inventar** mobili, oggetti.
Inventur [ɪnvɛn'tuːɐ] *(f; -, -en)* ~ *(econ)* inventario ♦ *Inventur machen* fare l'inventario.
investieren [ɪnvɛs'tiːrən] *(vt, hat)* ~ {*etwas in etwas* (Acc) ~} *(econ)* investire qcs in qcs *(anche fig)* ♦ *er hat viel Geld, all seine Kräfte in diesen Plan investiert* ha investito molti soldi, tutte le sue energie in questo progetto.
Investition [ɪnvɛsti'tsjoːn] *(f; -, -en)* ~ *(econ)* investimento.
Investitur [ɪnvɛsti'tuːɐ] *(f; -, -en)* ~ investitura.
Investment [ɪn'vɛstmənt] *(n; -s, -s)* ~ *(econ)* investimento.
Investmentfonds [-ˌfõː] *(m; -, -)* ~ *(econ)* fondo d'investimento.
inwendig ['ɪnˌvɛndɪç] *(agg)* ***1*** interno, situato all'interno. ***2*** *(avv)* internamente, all'interno. ◆ **jmdn/etwas in- und auswendig kennen** *(fig/fam)* conoscere qcn/qcs come le proprie tasche.
inwiefern [ɪnvi'fɛrn] *(avv interr)* ~ in che senso/modo, come.

inwieweit [ɪnvi'vait] *(avv interr)* ~ in che misura, fino a che punto.
Inzest [ɪn'tsɛst] *(m; -(e)s, -e)* ~ *(lett)* incesto.
Inzucht ['ɪntsʊxt] *(f; -, -en)* ~ riproduzione fra consanguinei.
inzwischen [ɪn'tsvɪʃən] *(avv)* ~ nel frattempo, intanto.
Ion [jo:n] *(n; -s, -en)* ~ ione.
i-Punkt ['i:ˌpʊŋkt] *(m; -(e)s, -e)* ~ puntino sulla i. ◆ **bis auf den i-Punkt** *(fig)* nei minimi dettagli.
IR [ˌi:'ˀɛr] ~ abbrev di **Interregio(zug)**.
irden ['ɪrdən] *(agg)* ~ di terracotta.
irdisch ['ɪrdɪʃ] *(agg)* **1** terreno ♦ *das irdische Leben* la vita terrena. **2** terrestre.
irgend ['ɪrgənt] *(avv)* ~ in (un) qualche modo ♦ *wenn es dir irgend möglich ist* se ti è possibile in qualche modo. ◆ **irgend etwas** vedi **irgendetwas**. ◆ **irgend jemand** vedi **irgendjemand**.
irgendein [-ˀain] *(agg)* ~ uno, un qualche ♦ *irgendeine Idee* una qualche idea.
irgendeinmal [-ˀain'ma:l] *(avv)* ~ una volta o l'altra.
irgendetwas († **irgend etwas**) [-'ˀɛtvas] *(pron indef)* ~ qualcosa, una qualche cosa ♦ *hier fehlt irgendetwas* qui manca qualcosa.
irgendjemand († **irgend jemand**) [-'je:mant] *(pron indef)* ~ qualcuno, un qualcuno ♦ *irgendjemand hat nach dir gefragt* qualcuno ha chiesto di te.
irgendwann [-'van] *(avv)* ~ prima o poi ♦ *irgendwann wird es klappen* prima o poi funzionerà.
irgendwas [-'vas] *(pron indef)* ~ *(fam)* qualcosa, una qualche cosa.
irgendwelche(r, -s) [-'vɛlçə (-çɐ, -çəs)] *(agg)* ~ qualche, un qualche, di qualche tipo ♦ *haben Sie irgendwelche Fragen?* ha qualche domanda? ♦ *irgendwelche alten Sachen* delle cose vecchie.
irgendwer [-'ve:ɐ] *(pron indef)* ~ *(fam)* qualcuno, un tale.
irgendwie [-'vi:] *(avv)* ~ in qualche modo, in un qualche modo ♦ *irgendwie muss es klappen* in qualche modo deve funzionare ♦ *das kommt mir irgendwie bekannt vor* in qualche modo mi è familiare.
irgendwo [-'vo:] *(avv)* ~ da qualche parte, in qualche posto (stato in luogo).
irgendwoher [-vo'he:ɐ] *(avv)* ~ da qualche parte (moto da luogo).
irgendwohin [-vo'hɪn] *(avv)* ~ da qualche parte, in qualche posto (moto a luogo).
Iris ['i:rɪs] *(f; -, -/Iriden/Irides)* **1** *(pl -)* *(bot)* iris, giglio. **2** *(pl* Iriden/Irides*)* *(anat)* iride.
Ironie [iro'ni:] *(f; -, raro -n)* ~ ironia.
ironisch [i'ro:nɪʃ] *(agg)* ~ ironico.
ironisieren [ironi'zi:rən] *(vt,* hat*)* ~ *{jmdn/etwas ~}* ironizzare su qcn/qcs.
irrational ['ɪratsjoˌna:l] *(agg)* ~ *(lett/mat)* irrazionale.
irrationell ['ɪratsjoˌnɛl] *(agg)* ~ *(lett)* irrazionale.
irre ['ɪrə] *(agg)* **1** pazzo, folle; confuso (persona o cosa) ♦ *ein irrer Blick* uno sguardo confuso. **2** *(fig/fam)* pazzo, strambo. **3** *(fig/fam)* folle, enorme ♦ *mit irrer Geschwindigkeit* a velocità folle. **4** *(avv)* follemente, in modo folle, come un pazzo; *(fig/fam)* enormemente, da impazzire. ◆ **irre werden 1** impazzire. **2** *{an jmdm/etwas ~}* vedi **irrewerden**.
Irre *(f)* ~ **in die Irre fahren/gehen** prendere la strada sbagliata, sbagliare strada *(anche fig)*. ◆ **jmdn in die Irre führen** *(fig)* ingannare qcn.
Irre(r) ['ɪrə (-rɐ)] *(m; -n, -n)* ~ *(fam)* pazzo *(anche fig)* ♦ *wie ein Irrer schreien* gridare come un pazzo.
irreal ['ɪrea:l] *(agg)* ~ *(lett)* irreale.
irre|führen *(vt,* hat*)* ~ *{jmdn (durch etwas) ~}* ingannare qcn (con qcs); depistare qcn.
irreführend ['ɪrəˌfy:rənt] *(agg)* ~ ingannevole, fuorviante.
Irreführung ['ɪrəˌfy:rʊŋ] *(f; -)* **1** depistaggio. **2** inganno.
irre|gehen *(vi,* ist*)* **1** *(lett)* sbagliare strada. **2** *(fig/lett)* sbagliarsi.
irre|machen *(vt,* hat*)* ~ confondere, disorientare.
irren ['ɪrən] *(vi,* ist*)* ~ errare, vagare. ◆ **sich in etwas** (Dat) **irren** *(vr)* sbagliarsi su qcs, errare ♦ *ich habe mich im Datum geirrt* mi sono sbagliato sulla data ♦ *wenn ich mich nicht irre* se non erro. ◆ **Irren ist menschlich** *(prov)* sbagliare è umano.

irre|werden († **irre werden**) *(vi*, ist*)* ***1*** *{an jmdm/etwas ~}* dubitare di qcn/qcs. ***2*** andare in crisi, confondersi.
Irrfahrt [ˈɪrˌfaːɐt] *(f*; -, -en*)* ~ peregrinazione.
Irrgarten [ˈɪrˌgartən] *(m*; -s, -gärten*)* ~ labirinto.
Irrglaube [ˈɪrˌglaubə] *(m*; -ns, -n*)* ~ falsa credenza, falsa convinzione.
irrig [ˈɪrɪç] *(agg)* ~ errato, erroneo.
Irritation [ɪritaˈtsjoːn] *(f*; -, -en*)* ***1*** *(lett)* irritazione. ***2*** confusione.
irritieren [ɪriˈtiːrən] *(vt*, hat*)* ***1*** irritare, innervosire. ***2*** confondere.
Irrlicht [ˈɪrˌlɪçt] *(n*; -(e)s, -er*)* ~ fuoco fatuo.
Irrsinn [ˈɪrˌzɪn] *(m*; -(e)s*)* ~ *(fig)* pazzia, follia ♦ *so ein Irrsinn!* che follia!
irrsinnig [-ɪç] *(agg)* ~ *(fig)* pazzo, folle, scriteriato.
Irrtum [ˈɪrˌtuːm] *(m*; -(e)s, -tümer*)* ~ errore, sbaglio ♦ *einen Irrtum begehen* commettere un errore. ◆ **im Irrtum sein** essere in errore.
irrtümlich [ˈɪrˌtyːmlɪç] *(agg)* ~ errato, erroneo.
Irrwisch [ˈɪrˌvɪʃ] *(m*; -es, -e*)* ***1*** folletto. ***2*** *(fig)* folletto, persona (o bambino) vivace.
Ischias [ˈɪʃjas] *(m/n*, -*)* ~ *(med)* sciatica.
Islam [ɪsˈlaːm] *(m*; -/-s*)* ~ Islam.
islamisch [-ɪʃ] *(agg)* ~ islamico.
Isolation [izolaˈtsjoːn] *(f*; -, -en*)* ~ isolamento *(anche elett)*.
Isolierband [izoˈliːɐˌbant] *(n*; -(e)s, -bänder*)* ~ nastro isolante.
isolieren [izoˈliːrən] *(vt*, hat*)* ***1*** isolare, separare. ***2*** *(elett)* isolare.
Isoliermaterial [izoˈliːɐmateˌrjaːl] *(n*; -s, -materialien*)* ~ materiale isolante.
isoliert [izoˈliːɐt] *(agg)* ~ isolato, singolo.
Isolierung [izoˈliːrʊŋ] *(f*; -, -en*)* ~ isolamento *(anche elett)*.
ist [ɪst] ~ III pers sing pres di **sein**.
Isthmus [ˈɪstmʊs] *(m*; -, -men*)* ~ istmo.
Itinerar [itineˈraːɐ] *(n*; -s, -e*)* ~ itinerario.
Itinerarium [itineˈraːrjum] *(n*; -s, -rien*)* ~ itinerario.
i-Tüpfelchen [ˈiːˌtʏpfəlçən] *(n*; -s, -*)* ~ puntino sulla i. ◆ **bis aufs i-Tüpfelchen** *(fig)* fino all'ultima virgola.
i.V. ~ abbrev di **in Vollmacht** (vedi **Vollmacht**).

j

j, J [jɔt] *(n; -/-s, -/-s)* ~ j, J *(decima lettera dell'alfabeto tedesco)*.

ja[1] [ja:] *(avv)* ~ sì ♦ *„Kommst du auch mit?" „Ja!"* "Vieni anche tu?" "Sì!" ♦ *ich glaube, ja* credo di sì. ◆ **aber ja!** ma sì! certo! ◆ **ach, ja!** oh, sì! ◆ **ja natürlich!** naturalmente sì! ◆ **zu etwas ja** *(anche* **Ja***)* **sagen** dire di sì a qcs, acconsentire a qcs.

ja[2] *(avv)* ***1*** [con enfasi] *(in frasi imperative, esprime ammonimento o esortazione decisa)* ♦ *bleib ja ruhig!* vedi di star calmo! ♦ *tu das ja nicht!* guai a te se lo fai! ***2*** [atono] proprio, ma, mica ♦ *das ist ja unglaublich!* ma questo è incredibile! ♦ *es ist ja nicht so schlimm* non è poi così grave ♦ *da sind sie ja!* eccoli che arrivano! ◆ **ja?** vero? ♦ *du kommst mich doch besuchen, ja?* mi vieni a trovare, vero? ◆ **na ja** beh, insomma ♦ *na ja, ich hatte es mir eigentlich anders vorgestellt* beh, me lo ero immaginato diversamente.

Ja *(n; -, -)* ~ sì, risposta affermativa ♦ *mit Ja stimmen* votare sì, votare a favore.

Jacht *(anche* **Yacht***)* [jaxt] *(f; -, en)* ~ yacht.

Jacke ['jakə] *(f; -, -n)* ~ giacca.

Jade ['ja:də] *(f; -; anche m, -s)* ~ giada.

Jagd [ja:kt] *(f; -, -en)* ***1*** caccia; battuta di caccia ♦ *die Jagd auf Hasen* la caccia alla lepre ♦ *auf die Jagd gehen* andare a caccia. ***2*** *(abbrev di* **Jagdrevier***)* riserva di caccia. ***3*** *(fig)* caccia, inseguimento, ricerca ♦ *die Jagd nach Geld* la caccia ai soldi ♦ *auf jmdn/etwas Jagd machen* dare la caccia a qcn/qcs.

Jagdaufseher [-ˌʔaufze:ɐ] *(m; -s, -)* ~ guardiacaccia.

Jagdflugzeug [-ˌflu:ktsɔyk] *(n; -(e)s, -e)* ~ *(mil)* aereo da caccia, caccia.

Jagdhund [-ˌhʊnt] *(m; -(e)s, -e)* ~ cane da caccia.

Jagdrevier [-reˌvi:ɐ] *(n; -s, -e)* ~ riserva di caccia.

Jagdschein [-ʃain] *(m; -(e)s, -e)* ~ licenza di caccia.

Jagdwesen [-ˌve:zən] *(n; -s)* ~ caccia, arte venatoria.

jagen[1] ['ja:gən] *(vi, ist/hat)* ***1*** *(aux hat)* cacciare, andare a caccia ♦ *jagen gehen* andare a caccia. ***2*** *(aux ist)* correre, sfrecciare. ***3*** {*nach etwas* ~} *(fig)* andare a caccia di qcs.

jagen[2] *(vt, hat)* ***1*** cacciare ♦ *Füchse jagen* cacciare le volpi. ***2*** *(fig)* cacciare, inseguire. ***3*** *(fig)* cacciare, scacciare ♦ *jmdn aus dem Hause jagen* cacciare qcn da casa. ***4*** cacciare, piantare (coltelli e sim).

Jäger ['jɛ:gɐ] *(m; -s, -)* ~ cacciatore.

Jaguar ['ja:gwa:ɐ] *(m; -s, -)* ~ *(zool)* giaguaro.

jäh [jɛ:] *(agg)* ***1*** improvviso, repentino; brusco. ***2*** ripido, scosceso. ***3*** *(avv)* improvvisamente, repentinamente.

Jahr ['ja:ɐ] *(n; -(e)s, -e)* ~ anno ♦ *dieses Jahr* quest'anno ♦ *jedes Jahr* ogni anno ♦ *nächstes, voriges Jahr* l'anno prossimo, scorso ♦ *ein halbes Jahr* sei mesi ♦ *das Jahr 1999* l'anno 1999 ♦ *im Jahr(e) 2000* nell'anno 2000 ♦ *in, seit zehn Jahren* fra, da dieci anni. ◆ **ein glückliches neues Jahr** felice anno nuovo. ◆ **Jahr für Jahr** anno dopo anno. ◆ **in die Jahre kommen** andare in là con gli anni, invecchiare. ◆ **seit Jahr und Tag** da molto tempo.

jahraus [-ˌʔaus] *(avv)* ~ **jahraus, jahrein** anno per anno, ogni anno.

Jahrbuch [-ˌbuːx] *(n; -(e)s, -bücher)* ~ annuario.

jahrelang [ˈjaːrəˌlaŋ] *(agg)* ***1*** lungo anni, di anni. ***2*** *(avv)* per anni.

jähren [ˈjɛːrən] *(vr,* hat*)* ~ **sich jähren** ricorrere (anniversari e sim); ripetersi (eventi) ◆ *sein Geburtstag jährt sich im nächsten Monat* il suo compleanno ricorre il prossimo mese.

Jahresanfang [ˈjaːrəsˌʔanfaŋ] *(m; -(e)s, -fänge)* ~ inizio dell'anno.

Jahresbeginn [ˈjaːrəsbəˌgɪn] *(m; -(e)s, -e)* ~ inizio dell'anno.

Jahreseinkommen [ˈjaːrəsˌʔainkɔmən] *(n; -s, -)* ~ reddito annuo.

Jahresfrist [ˈjaːrəsˌfrɪst] *(f; -, -en)* ~ termine di un anno ◆ *binnen Jahresfrist* entro un anno ◆ *nach Jahresfrist* dopo un anno.

Jahreshälfte [ˈjaːrəsˌhɛlftə] *(f; -, -n)* ~ metà anno, semestre.

Jahrestag [ˈjaːrəsˌtaːk] *(m; -(e)s, -e)* ~ anniversario.

Jahreswechsel [ˈjaːrəsˌvɛksəl] *(m; -s, -)* ~ capodanno.

Jahreswende [ˈjaːrəsˌvɛndə] *(f; -, -n)* ~ capodanno ◆ *um die Jahreswende 1999/2000* per il capodanno 1999/2000.

Jahreszahl [ˈjaːrəsˌtsaːl] *(f; -, -en)* ~ data, anno ◆ *ich kann mir Jahreszahlen gut merken* mi ricordo bene le date.

Jahreszeit [ˈjaːrəsˌtsait] *(f; -, -en)* ~ stagione ◆ *die vier Jahreszeiten* le quattro stagioni.

jahreszeitlich [-lɪç] *(agg)* ~ stagionale.

Jahrgang [ˈjaːɐˌgaŋ] *(m; -(e)s, -gänge)* ***1*** annata (di pubblicazioni, vini, ecc). ***2*** classe (anno di nascita) ◆ *er ist Jahrgang 1950* è della classe del 1950.

Jahrhundert [jaːɐˈhʊndɐt] *(n; -(e)s, -e)* ~ secolo ◆ *das Lied des Jahrhunderts* la canzone del secolo.

jahrhundertelang [-əˌlaŋ] *(agg)* ***1*** di secoli, secolare. ***2*** *(avv)* per secoli.

Jahrhundertwende [-ˌvɛndə] *(f; -, -n)* ~ cambio di secolo, passaggio di secolo ◆ *um die Jahrhundertwende* al passaggio di secolo.

-jährig [-jɛːrɪç] *(suff agg)* ~ di ... anni ◆ *neunjährig* di nove anni ◆ *zwanzigjährig* di vent'anni, ventenne.

jährlich [ˈjɛːɐlɪç] *(agg)* ***1*** annuale, annuo. ***2*** *(avv)* annualmente, ogni anno.

Jahrmarkt [ˈjaːɐˌmarkt] *(m; -(e)s, -märkte)* ~ fiera annuale.

Jahrtausend [jaːɐˈtauzənt] *(n; -(e)s, -e)* ~ millennio.

Jahrzehnt [jaːɐˈtseːnt] *(n; -(e)s, -e)* ~ decennio.

jahrzehntelang [-əˌlaŋ] *(agg)* ***1*** di decenni, decennale. ***2*** *(avv)* per decenni.

Jähzorn [ˈjɛːˌtsɔrn] *(m; -(e)s)* ~ ira.

jähzornig [-ɪç] *(agg)* ~ irascibile.

Jammer [ˈjamɐ] *(m; -s)* ***1*** lamenti. ***2*** *(fig)* miseria, pena. ◆ **es ist ein Jammer, dass** è un peccato che; è una vergogna che.

jämmerlich [ˈjɛmɐlɪç] *(agg)* ***1*** misero, penoso; miserevole, povero ◆ *in einem jämmerlichen Zustand* in uno stato penoso. ***2*** *(spreg)* miserabile, spregevole, meschino. ***3*** *(avv)* miseramente, penosamente; *(fam)* molto, terribilmente.

jammern [ˈjamɐn] *(vi,* hat*)* ***1*** lamentarsi, gemere. ***2*** {*über etwas* (Acc) ~}, {*wegen etwas* ~} lamentarsi di qcs. ***3*** {*nach jmdm/etwas* ~} chiamare qcn, chiedere qcs (piagnucolando). ***4*** {*um etwas* ~} piangere qcs (che si è perduto).

jammerschade [ˌjamɐˈʃaːdə] *(avv)* ~ **es ist jammerschade** è un vero peccato ◆ *es ist jammerschade, dass du nicht kommen kannst* è un vero peccato che tu non possa venire.

Januar [ˈjanwaːɐ] *(m; -/-s, -e)* ~ gennaio ◆ *im Januar* a gennaio.

japsen [ˈjapsən] *(vi,* hat*)* ~ *(fam)* boccheggiare.

Jargon [ʒarˈgõː] *(m; -s, -s)* ~ gergo.

Jasmin [jasˈmiːn] *(m, -s, -e)* ~ *(bot)* gelsomino.

Jauche [ˈjauxə] *(f, -, -n)* ~ liquame, letame.

jauchzen [ˈjauxtsən] *(vi,* hat*)* ~ esultare, gioire, gridare di gioia.

jaulen [ˈjaulən] *(vi,* hat*)* ~ guaire.

jawohl [jaˈvoːl] *(avv)* ~ sì, certo.

Jawort [ˈjaːˌvɔrt] *(n; -(e)s, -e)* ~ sì (al matrimonio). ◆ **sich** (Dat) **das Jawort geben** sposarsi.
Jazz [dʒɛs] *(m, -)* ~ jazz.
je[1] [jeː] *(avv)* ~ mai ♦ *das ist das schönste Buch, das ich je gelesen habe* questo è il più bel libro che io abbia mai letto. ◆ **mehr denn/als je** (**zuvor**) più che mai ♦ *schöner denn je* più bello che mai. ◆ **seit eh und je** da sempre, da molto tempo. ◆ **je nach** secondo, a seconda di ♦ *je nach dem Alter* a seconda dell'età. ◆ **je nachdem** a seconda ♦ *je nachdem, ob er Lust hat* a seconda che abbia voglia ♦ *je nachdem!* dipende! a seconda!
je[2] *(pron indef)* ***1*** alla volta ♦ *je einer* uno alla volta ♦ *je zwei* due alla volta. ***2*** per ciascuno, a testa ♦ *die Kinder bekamen je drei Bonbons* i bambini ricevettero tre caramelle a testa.
je[3] *(congiunz)* ~ **je…** (+ *compar*) **desto/umso** (+ *compar*) ♦ *je schneller du arbeitest, desto früher bist du fertig* più velocemente lavori, prima finisci.
Jeans [dʒiːns] *(pl)* ~ jeans.
jede(**r**, **-s**) [ˈjeːdə (-dɐ, -dəs)] *(agg/pron)* ***1*** ogni, ciascuno ♦ *jedes Kind* ogni bambino ♦ *jeden Tag* ogni giorno ♦ *jeden zweiten, zehnten Tag* ogni due, dieci giorni. ***2*** *(pron)* ognuno, ciascuno; chiunque ♦ *jedes der Kinder* ognuno dei bambini ♦ *jeder von uns* ognuno di noi ♦ *jeder, den er kennt* chiunque conosca ♦ *das kann doch jeder* questo lo sa fare chiunque. ◆ **ein jeder** chiunque ♦ *das hat er einem jeden erzählt* l'ha raccontato a chiunque.
jedenfalls [ˈjeːdənˈfals] *(avv)* ~ in ogni caso.
jedermann [ˈjeːdɐˌman] *(pron indef)* ~ tutti, ognuno.
jederzeit [ˈjeːdɐˈtsait] *(avv)* ~ in ogni momento, sempre; da un momento all'altro.
jedesmal [ˈjeːdəsˈmaːl] *(avv)* ~ ogni volta, sempre ♦ *jedesmal wenn* ogni volta che.
jedoch [jeˈdɔx] *(congiunz/avv)* ~ tuttavia, però, comunque ♦ *er ist nicht reich, jedoch ist er sehr großzügig* non è ricco, tuttavia è molto generoso.
Jeep [dʒiːp] *(m; -s, -s)* ~ jeep, fuoristrada.
jegliche(**r**, **-s**) [ˈjeːklɪçə (-çɐ, -çəs)] *(agg indef)* ~ ogni.
jeher [ˈjeːˌheːɐ] *(avv)* ~ **von jeher** da sempre.
jemals [ˈjeːˌmaːls] *(avv)* ~ mai ♦ *warst du jemals in Berlin?* sei mai stato a Berlino?
jemand [ˈjeːˌmant] *(pron indef)* ~ qualcuno ♦ *ich muss sofort mit jemandem sprechen* devo parlare subito con qualcuno ♦ *ist jemand da?* c'è nessuno? ◆ **jemand anders/jemand anderer** qualcun altro ♦ *ich werde mich an jemand anders wenden* mi rivolgerò a qualcun altro.

JEMAND	
NOM	jemand
GEN	jemandes
DAT	jemand(em)
ACC	jemand(en)

jene(**r**, **-s**) [ˈjeːnə (-nɐ, -nəs)] *(agg/pron dimostr; declinato come* **diese**(**r**, **-s**)*; oggi per lo più solo in correlazione con* **dieser***)* ~ quello. ◆ **dieser und jener** questo e quello, diverse persone. ◆ **dies und jenes** questo e quello, diverse cose.

JENER, JENE, JENES				
		MASCH	FEMM	NEUTRO
NOM	*sing*	jener	jene	jenes
	pl	jene	jene	jene
GEN	*sing*	jenes	jener	jenes
	pl	jener	jener	jener
DAT	*sing*	jenem	jener	jenem
	pl	jenen	jenen	jenen
ACC	*sing*	jenen	jene	jenes
	pl	jene	jene	jene

jenseitig [ˈjeːnˌzaitɪç] *(agg)* ~ dell'aldilà, ultraterreno.
jenseits [ˈjeːnˌzaits] *(prep* + Gen*)* ~ al di là di ♦ *jenseits des Flusses* al di là del fiume.
Jenseits *(n; -)* ~ aldilà.
Jesus [ˈjeːzʊs] *(np m; -)* ~ Gesù.
Jet [dʒɛt] *(m; -s, -s)* ~ jet, reattore.
jetzig [ˈjɛtsɪç] *(agg)* ~ attuale, di ora ♦ *die jetzige Lage* la situazione attuale.
jetzt [jɛtst] *(avv)* ~ adesso, ora ♦ *jetzt kann ich nicht kommen* ora non posso venire. ◆ **bis jetzt** finora. ◆ **eben jetzt** proprio ora. ◆ **erst jetzt** solo ora ♦ *erst jetzt ist mir klar, weshalb* solo ora ho capito perché. ◆ **von jetzt an** d'ora in poi.

jeweilig ['je:'vailɪç] *(agg)* **1** rispettivo ♦ *die Lehrer mit den jeweiligen Klassen* gli insegnanti con le rispettive classi. **2** attuale, in carica, di turno.

jeweils ['je:'vails] *(avv)* ~ ogni volta (in un dato modo); di volta in volta ♦ *die Zeitschrift erscheint jeweils am 10. des Monats* la rivista esce il dieci di ogni mese ♦ *es werden jeweils die zwei besten Schüler gewählt* vengono scelti di volta in volta i due alunni migliori.

jiddisch ['jɪdɪʃ] *(agg)* ~ yiddish.

Jiddisch *(n; -)*, das **Jiddische** [-ʃə] *(n; -n)* ~ yiddish, lingua yiddish.

Job [dʒɔp] *(m; -s, -s)* ~ lavoro (saltuario); posto di lavoro ♦ *ich möchte mir für den Sommer einen Job suchen* vorrei trovarmi un lavoretto per l'estate.

jobben ['dʒɔbən] *(vi, hat)* ~ lavorare (saltuariamente) ♦ *im Sommer jobbt er in einem Supermarkt* in estate lavora in un supermercato.

Joch [jɔx] *(n; -(e)s, -e)* **1** giogo ♦ *ein Zugtier ins/unter das Joch spannen* aggiogare un animale da tiro. **2** *(fig)* giogo, tirannia.

Jockey ['dʒɔke, 'dʒɔkai] *(m; -s, -s)* ~ fantino.

Jodtinktur ['jo:ttɪŋk,tu:ɐ] *(f; -, -en)* ~ tintura di iodio.

Joga *(anche* **Yoga***)* ['jo:ga] *(m/n; -s)* ~ yoga.

joggen ['dʒɔgən] *(vi, ist/hat)* ~ fare jogging.

Jogging ['dʒɔgɪŋ] *(n; -s)* ~ jogging.

Jogurt *(anche* **Joghurt**, **Yoghurt***)* ['jo:gʊrt] *(m/n; -s)* ~ yogurt.

Johannisbeere [jo'hanɪs,be:rə] *(f; -, -n)* ~ *(bot)* ribes.

johlen ['jo:lən] *(vi, hat)* ~ schiamazzare.

Joint ['dʒɔɪnt] *(m; -s, -s)* ~ *(fam)* spinello, canna.

Jo-jo [jo'jo:] *(n; -s, -s)* ~ yo-yo.

Joker ['jo:kɐ] *(m; -s, -)* ~ jolly ♦ *den Joker (gezogen) haben* pescare il jolly *(anche fig)*.

Jongleur [ʒõ'glø:ɐ] *(m; -s, -e)* ~ giocoliere.

jonglieren [ʒõ'gli:rən] *(vi, hat)* **1** fare giochi di destrezza. **2** {*mit etwas* ~} *(fig)* giocare con qcs, trattare con disinvoltura qcs.

Journal [ʒʊr'na:l] *(n; -s, -e)* **1** registro (commerciale). **2** giornale (di bordo). **3** rivista, giornale.

Journalismus [ʒʊrna'lɪsmʊs] *(m; -)* ~ giornalismo.

Journalist [ʒʊrna'lɪst] *(m; -en, -en; f* **-in***)* ~ giornalista.

journalistisch [-ɪʃ] *(agg)* ~ giornalistico.

Jubel ['ju:bəl] *(m; -s)* ~ esultanza, giubilo.

Jubeljahr [-ja:ɐ] *(n; -(e)s, -e)* ~ *(relig)* anno santo. ◆ **alle Jubeljahre (einmal)** *(fig/fam)* una volta ogni morte di papa.

jubeln [-n] *(vi, hat)* ~ esultare, gioire.

Jubelruf [-,ru:f] *(m; -(e)s, -e)* ~ grido di gioia.

Jubiläum [jubi'lɛ:ʊm] *(n; -s, Jubiläen)* ~ anniversario ♦ *morgen feiern wir unser 10. Jubiläum* domani festeggiamo il nostro decimo anniversario.

juchhe [jʊx'he:] *(escl)* ~ evviva! urrà!

juchzen ['jʊxtsən] *(vi, hat)* ~ *(fam)* esultare, gridare di gioia.

jucken ['jʊkən] *(vt, hat)* **1** {*jmdn* ~} prudere, dare prurito a qcn ♦ *dieser Pullover juckt mich* questo golf mi dà prurito ♦ *die Nase juckt mich* mi prude il naso. **2** *(impers)* prudere ♦ *es juckt mich an der Nase* mi prude il naso. **3** *(impers) (fig/fam)* avere voglia ♦ *es juckt mich, ihm ordentlich meine Meinung zu sagen* ho voglia di dirgliene quattro. ◆ **sich jucken** *(vr) (fam)* grattarsi.

Juckreiz ['jʊk,raits] *(m; -es)* ~ prurito.

Jude ['ju:də] *(m; -n, -n; f* **Jüdin***)* ~ ebreo.

Judentum [-n,tu:m] *(n; -s)* **1** giudaismo, ebraismo. **2** comunità ebraica, ebrei.

Judenviertel [-n,fɪrtəl] *(n; -s, -)* ~ quartiere ebraico, ghetto.

jüdisch ['jy:dɪʃ] *(agg)* ~ ebreo, ebraico.

Judo ['ju:do] *(n; -/-s)* ~ *(sport)* judo.

Jugend ['ju:gənt] *(f; -)* **1** gioventù, giovinezza, età giovanile ♦ *eine sorglose Jugend* una gioventù spensierata ♦ *von Jugend an/auf* fino dalla gioventù. **2** gioventù, giovani.

Jugend- *(nei composti)* ~ giovanile; minorile ♦ *Jugendkriminalität* criminalità minorile ♦ *Jugendsprache* linguaggio giovanile.

Jugendamt [-,ʔamt] *(n; -(e)s, -ämter)* ~ ufficio per l'assistenza ai minori.

jugendfrei [-,frai] *(agg)* ~ non vietato ai minori (spettacoli e sim).

Jugendherberge [-,hɛrbɛrgə] *(f; -, -n)* ~ ostello della gioventù.

jugendlich [-lɪç] *(agg)* ***1*** giovanile. ***2*** giovane, adolescente.
Jugendliche(r) [-lɪçə (-çɐ)] *(m/f; -n, -n)* ~ giovane, adolescente.
Jugendstrafanstalt [-ʃtra:fʔanʃtalt] *(f; -, -en)* ~ riformatorio, carcere minorile.
Jugendstreich [-ʃtraiç] *(m; -(e)s, -e)* ~ ragazzata.
Jugendsünde [-ˌzʏndə] *(f; -, -n)* ~ *(fig)* peccato di gioventù.
Jugendverbot [-fɛɐˌbo:t] *(n; -(e)s, -e)* ~ divieto per i minori (su film, spettacoli, ecc).
Jugendzeit [-ˌtsait] *(f, -, -en)* ~ gioventù, giovinezza.
Jukebox ['dʒu:kˌbɔks] *(f; -, -en)* ~ jukebox.
Juli ['ju:li] *(m; -/-s, -s)* ~ luglio ♦ *im Juli* a luglio.
Jumbo(jet) ['jʊmbo(ˌdʒɛt)] *(m; -s, -s)* ~ jumbo jet, jumbo.
jung [jʊŋ] *(agg;* **jünger, am jüngsten***)* ***1*** giovane ♦ *eine junge Frau* una giovane donna, una ragazza ♦ *ein junger Mann* un giovane, un ragazzo ♦ *die jungen Leute* i giovani. ***2*** giovane, giovanile ♦ *sich jung fühlen* sentirsi giovane. ***3*** nuovo, giovane, recente. ◆ **von jung an** fin da giovane, fin dall'infanzia.
Junge [-ə] *(m; -n, -n/(fam)* Jungs*)* ***1*** ragazzo ♦ *ein ungezogener Junge* un ragazzo maleducato. ***2*** figlio maschio ♦ *sie hat einen Jungen bekommen* ha avuto un maschio. ◆ **ein kleiner Junge** un ragazzino, un bambino.
jünger ['jʏŋɐ] *(agg; compar di* **jung***)* ***1*** più giovane. ***2*** minore, più giovane (fratello) ♦ *mein jüngerer Bruder* il mio fratello minore. ◆ **der Jüngere** il giovane (artisti) ♦ *Holbein der Jüngere* Holbein il giovane. ◆ **in jüngeren Jahren** in gioventù.
Jünger *(m; -s, -)* ***1*** apostolo. ***2*** discepolo, seguace.
Jungfer ['jʊŋfɐ] *(f; -, -n)* ~ *(spreg)* zitella ♦ *alte Jungfer* vecchia zitella.
Jungfernfahrt [-nˌfa:ɐt] *(f; -, en)* ~ viaggio inaugurale (spec di nave).
Jungfrau ['jʊŋˌfrau] *(f; -, -en)* ~ vergine *(anche astrol)*. ◆ **die heilige Jungfrau** la santa Vergine, la Madonna.
jungfräulich ['jʊŋˌfrɔylɪç] *(agg)* ***1*** vergine, illibato. ***2*** *(fig)* vergine, intatto (natura e sim).
Junggeselle ['jʊŋgəˌzɛlə] *(m; -n, -n)* ~ scapolo, celibe.
Jüngling ['jʏŋlɪŋ] *(m; -s, -e)* ***1*** *(lett)* ragazzo. ***2*** *(spreg)* pivello.
jüngst ['jʏŋst] *(avv)* ~ recentemente, ultimamente.
jüngste(r, -s) [-ə (-ɐ, -əs)] *(agg; superl di* **jung***)* ***1*** il più giovane. ***2*** il più recente, ultimo ♦ *sein jüngster Roman* il suo ultimo romanzo. ◆ **in jüngster Zeit** recentemente, ultimamente.
Juni ['ju:ni] *(m; -/-s, -s)* ~ giugno ♦ *im Juni* a giugno.
Junior ['ju:njo:ɐ] *(m; -s, -en; f* **-in***)* ~ *(sport)* atleta di categoria juniores.
Jupiter ['jʊpitɐ] *(m; -s)* ~ *(astron)* Giove.
Jura ['ju:ra] *(senza art)* ~ giurisprudenza ♦ *Jura studieren* studiare giurisprudenza.
Jurist [ju'rɪst] *(m; -en, -en; f* **-in***)* ~ giurista.
juristisch [-ɪʃ] *(agg)* ~ giuridico.
Jury [ʒʊ'ri:] *(f; -, -s)* ~ giuria (di competizioni).
Justiz [jʊs'ti:ts] *(f; -)* ~ giustizia (apparato giudiziario).
Justizminister [-miˌnɪstɐ] *(m; -s, -; f* **-in***)* ~ ministro della giustizia; ministro di grazia e giustizia.
Justizministerium [-minɪsˌte:rjʊm] *(n; -s, -rien)* ~ ministero della giustizia; ministero di grazia e giustizia.
Justizmord [-ˌmɔrt] *(m; -(e)s, -e)* ~ esecuzione di un innocente, errore giudiziario.
Jute ['ju:tə] *(f; -)* ~ iuta.
Juwel [ju've:l] *(m/n, -s, -en)* ~ gioiello, monile, gioia.
Juwelier [juve'li:ɐ] *(m; -s, -e)* ~ gioielliere.
Juweliergeschäft [-gəˌʃɛft] *(n; -(e)s, -e)* ~ gioielleria.
Juwelierladen [-ˌla:dən] *(m; -s, -läden)* ~ gioielleria.
Jux [jʊks] *(m; -es, raro -e)* ~ *(fam)* scherzo. ◆ **sich** (Dat) **einen Jux mit jmdm machen** fare uno scherzo a qcn. ◆ **aus Jux** per scherzo.

K

k, K [kaː] *(n; -/-s, -/-s)* ~ k, K *(undicesima lettera dell'alfabeto tedesco)*.

Kabarett [kaba'rɛt] *(n; -s, -e/-s)* ~ cabaret.

Kabel ['kaːbəl] *(n; -s, -)* ~ cavo (elettrico) ♦ *ein Kabel verlegen* posare un cavo.

Kabelanschluss († **-anschluß**) [-ˌˀanʃlʊs] *(m; -es, -schlüsse)* ~ collegamento alla tv via cavo.

Kabelfernsehen [-ˌfɛrnzeːən] *(n; -s, -)* ~ televisione via cavo.

Kabeljau [-ˌjau] *(m; -s, -e/-s)* ~ *(zool)* merluzzo.

Kabine [ka'biːnə] *(f; -, -n)* ~ cabina, spogliatoio.

Kabinett [kabi'nɛt] *(n; -s, -e)* ~ *(pol)* gabinetto.

Kachel ['kaxəl] *(f; -, -n)* ~ piastrella di maiolica.

kacheln [-n] *(vi, hat)* ~ piastrellare.

Kacke ['kakə] *(f; -, -n)* ~ *(volg)* merda, cacca.

kacken [-n] *(vi, hat)* ~ *(volg)* cacare.

Kadaver [ka'daːvɐ] *(n; -s, -)* ~ carogna (di animale).

Kader ['kaːdɐ] *(m; -s, -)* ***1*** *(mil)* truppa scelta. ***2*** *(sport)* squadra.

Käfer ['kɛːfɐ] *(m; -s, -)* ***1*** *(zool)* coleottero, scarafaggio. ***2*** *(fam)* maggiolino (auto Volkswagen).

Kaffee ['kafə] *(m; -s, -s)* ~ caffè (pianta, seme, bevanda) ♦ *gemahlener, gerösteter Kaffee* caffè macinato, tostato ♦ *eine Tasse Kaffee* una tazza di caffè ♦ *dünner, starker Kaffee* caffè lungo, forte ♦ *Kaffee kochen* fare il caffè.

Kaffeebohne [-ˌboːnə] *(f; -, -n)* ~ chicco di caffè.

Kaffeemaschine [-maˌʃiːnə] *(f; -, -n)* ~ macchina per il caffè, caffettiera.

Kaffeesatz [-ˌzats] *(m; -es, -sätze)* ~ fondo del caffè.

Kaffeetasse [-ˌtasə] *(f; -, -n)* ~ tazzina (tazza) da caffè.

Käfig [kɛːfɪç] *(m; -s, -e)* ~ gabbia.

kahl [kaːl] *(agg)* ***1*** calvo, pelato. ***2*** nudo, spoglio (parete, pianta, ecc) ♦ *ein kahler Baum* un albero spoglio. ***3*** brullo, spoglio. ◆ **kahl scheren** († **kahlscheren**) rasare a zero (persona o animale).

Kahlheit [-ˌhait] *(f; -)* ***1*** calvizie. ***2*** l'essere spoglio, brullo.

Kahlkopf [-ˌkɔpf] *(m; -(e)s, -köpfe)* ***1*** testa pelata, pelata. ***2*** persona calva, calvo.

kahlköpfig [-ˌkœpfɪç] *(agg)* ~ calvo.

kahlscheren ~ **kahl scheren** (vedi **kahl**).

Kahlschlag [-ʃlaːk] *(m; -(e)s, -schläge)* ***1*** disboscamento. ***2*** zona disboscata.

Kahn [kaːn] *(m; -(e)s, Kähne)* ***1*** barca (piatta). ***2*** chiatta, barcone.

Kai [kai] *(m; -s, -s)* ~ banchina, molo.

Kaiser ['kaizɐ] *(m; -s, -; f* **-in***)* ~ imperatore. ◆ **sich um des Kaisers Bart streiten** *(fig)* discutere di questioni di lana caprina.

kaiserlich [-lɪç] *(agg)* ~ imperiale.

Kaiserreich [-ˌraiç] *(n; -s, -e)* ~ impero.

Kaiserschnitt [-sʃnɪt] *(m; -(e)s, -e)* ~ *(med)* taglio cesareo.

Kajüte [ka'jyːtə] *(f; -, -n)* ~ cabina (su barche e navi).

Kakao [ka'kau] *(m; -s, -s)* ***1*** cacao (pianta, seme, polvere). ***2*** cioccolata calda ♦ *Kakao kochen, trinken* fare, bere la cioccolata calda. ◆ **jmdn durch den Kakao ziehen** *(fig/fam)* prendere qcn per i fondelli.

Kakaobaum [-ˌbaum] *(m; -(e)s, -bäume)* ~ *(bot)* cacao, pianta del cacao.

Kakaobohne [-ˌboːnə] *(f; -, -n)* ~ seme di cacao.

Kakaopulver [-ˌpʊlfɐ] *(n; -s, -)* ~ polvere di cacao, cacao in polvere.

Kakerlak ['kaːkɐlak] *(m; -s/-en, -en)* ~ scarafaggio.

Kaktus ['kaktʊs] *(m; -, Kakteen)* ~ cactus.

Kalb [kalp] *(n; -(e)s, Kälber)* ***1*** vitello. ***2*** giovane di grossi mammiferi; cerbiatto; elefantino.

Kaldaunen [kal'daunən] *(pl)* ~ *(gastr)* frattaglie, interiora.

Kalender [ka'lɛndɐ] *(m; -s, -)* ***1*** calendario ♦ *im Kalender* sul calendario. ***2*** *(fam)* agendina.

Kaliber [ka'liːbɐ] *(n; -s, -)* ~ calibro.

kalibrieren [kali'briːrən] *(vt, hat)* ~ calibrare.

Kalium ['kaːljʊm] *(n; -s)* ~ potassio.

Kalk [kalk] *(m; -(e)s, e)* ***1*** calce ♦ *gebrannter, gelöschter Kalk* calce viva, spenta. ***2*** calcare.

Kalkboden [-ˌboːdən] *(m; -s, -böden)* ~ terreno calcareo.

kalkhaltig [-ˌhaltɪç] *(agg)* ~ calcareo.

kalkig [-ɪç] *(agg)* ***1*** bianco come la calce. ***2*** calcareo.

Kalkmangel [-ˌmaŋəl] *(m; -s, -)* ~ carenza di calcio.

Kalkstein [-ʃtain] *(m; -s, -e)* ~ pietra calcarea.

Kalkulation [kalkula'tsjoːn] *(f; -, -en)* ~ calcolo, conteggio, computo.

kalkulieren [kalku'liːrən] *(vt, hat)* ***1*** calcolare, conteggiare. ***2*** *(fig)* calcolare, considerare.

Kalligrafie *(anche* **Kalligraphie***)* [kaligra'fiː] *(f; -, -n)* ~ calligrafia.

kalligrafisch *(anche* **kalligraphisch***)* [kali'graːfɪʃ] *(agg)* ~ calligrafico.

Kalorie [kalo'riː] *(f; -, -n)* ~ *(fis)* caloria.

kalorienarm [-ənˌˀarm] *(agg)* ~ ipocalorico, a basso contenuto calorico.

kalorienreich [-ənˌˀraiç] *(agg)* ~ ipercalorico, ad alto contenuto calorico.

kalt [kalt] *(agg;* **kälter**, **am kältesten***)* ***1*** freddo ♦ *kaltes Wasser* acqua fredda. ***2*** freddo, infreddolito ♦ *ich habe kalte Füße* ho i piedi freddi. ***3*** *(fig)* freddo, insensibile. ***4*** *(avv)* freddo; a freddo; freddamente ♦ *kalt essen* mangiare freddo. ◆ **kaltes Blut bewahren** *(fig)* mantenere il sangue freddo. ◆ **eine kalte Dusche** *(fig)* una doccia fredda. ◆ **kalte Farben** colori freddi. ◆ **kalter Krieg** guerra fredda. ◆ **jmdn kalt lassen** († **kaltlassen**) *(fig)* lasciare indifferente qcn, non fare né caldo né freddo a qcn. ◆ **kalt stellen** mettere qcs in fresco ♦ *eine Flasche Wein kalt stellen* mettere in fresco una bottiglia di vino. ◆ **jmdm ist kalt** qcn ha freddo ♦ *mir ist kalt* ho freddo. ◆ **es ist, wird kalt** è, viene freddo.

Kaltblütler [-ˌblyːtɐ] *(m; -s, -)* ~ animale a sangue freddo.

kaltblütig [-ˌblyːtɪç] *(agg)* ***1*** a sangue freddo (animale). ***2*** *(fig)* freddo, dotato di sangue freddo; a sangue freddo (omicidio).

Kälte ['kɛltə] *(f; -)* ***1*** freddo ♦ *eisige Kälte* freddo gelido ♦ *vor Kälte zittern* tremare dal freddo. ***2*** *(fig)* freddezza, indifferenza, insensibilità.

kaltlassen ~ **kalt lassen** (vedi **kalt**).

kaltschnäuzig [-ʃnɔytsɪç] *(agg)* ~ *(fam)* freddo, cinico.

kalt|stellen *(vt, hat)* ~ *(fig)* rendere inoffensivo qcn, mettere fuori gioco qcn.

Kalzium ['kaltsjʊm] *(n; -s)* ~ *(chim)* calcio.

kam [kaːm] ~ pret di **kommen**.

Kamel [ka'meːl] *(n; -s, -e)* ***1*** *(zool)* cammello. ***2*** *(fig/fam)* tonto, stupido, tordo.

Kamelie [ka'meːljə] *(f; -, -n)* ~ *(bot)* camelia.

Kamera ['kaməra] *(f; -, -s)* ***1*** cinepresa, telecamera. ***2*** macchina fotografica.

Kamerad [kamə'raːt] *(m; -en, -en; f* **-in***)* ***1*** compagno, collega (di scuola, di lavoro, di vita, ecc). ***2*** commilitone.

Kameradschaft [-ʃaft] *(f; -)* ~ cameratismo.

Kameramann ['kaməraˌman] *(m; -(e)s, -männer/-leute; f* **Kamerafrau***)* ~ cameraman, cineoperatore.

Kamille [ka'mɪlə] *(f; -, -n)* ~ *(bot)* camomilla.
Kamillentee [-n,teː] *(m; -s, -s)* ~ camomilla (infuso).
Kamin [ka'miːn] *(m; -s, -e)* ~ camino, caminetto, focolare.
Kamm [kam] *(m; -(e)s, Kämme)* ***1*** pettine ♦ *ein feiner, grober Kamm* un pettine fitto, rado. ***2*** cresta (di monti; dell'onda; del gallo). ◆ **alles über einen Kamm scheren** *(fig)* fare di tutta l'erba un fascio. ◆ **jmdm schwillt der Kamm** *(fig)* qcn alza la cresta.
kämmen ['kɛmən] *(vt, hat)* ~ pettinare ♦ *sich* (Dat) *das Haar kämmen* pettinarsi i capelli. ◆ **sich kämmen** *(vr)* pettinarsi ♦ *ich habe mich schon gekämmt* mi sono già pettinato.
Kammer ['kamɐ] *(f; -, -n)* ***1*** stanzino, stanzetta; ripostiglio. ***2*** *(pol)* camera.
Kammermusik [-mu,ziːk] *(f; -)* ~ musica da camera.
Kampagne [kam'panjə] *(f; -, -n)* ***1*** *(mil/pol)* campagna. ***2*** stagione (periodo di lavoro stagionale).
Kampf [kampf] *(m; -(e)s, Kämpfe)* ~ lotta, battaglia, combattimento *(anche fig/sport)* ♦ *der Kampf ums Überleben* la lotta per la sopravvivenza. ◆ **Kampf auf Leben und Tod, Kampf bis aufs Messer** lotta all'ultimo sangue. ◆ **den Kampf aufnehmen** accettare battaglia. ◆ **den Kampf aufgeben** abbandonare la lotta.
kämpfen ['kɛmpfən] *(vt/vi, hat)* ***1*** combattere, lottare *(anche fig/sport)* ♦ *einen harten Kampf kämpfen* combattere una dura battaglia. ***2*** {*für etwas* ~} lottare per qcs. ***3*** {*gegen jmdn/etwas* ~} combattere contro qcn/qcs *(anche fig)*. ***4*** {*mit jmdm/etwas* ~} lottare contro/con qcn/qcs *(anche fig)* ♦ *mit dem Tod kämpfen* lottare contro la morte. ***5*** {*um jmdn/etwas* ~} lottare per qcn/qcs (per ottenere o difendere qcs) ♦ *um seine Freiheit kämpfen* lottare per ottenere la libertà.
Kampfer ['kampfɐ] *(m; -s, -)* ~ canfora.
Kämpfer ['kɛmpfɐ] *(m; -s, -; f* **-in***)* ***1*** lottatore, combattente *(anche fig)*. ***2*** *(sport)* lottatore.
kämpferisch ['kɛmpfərɪʃ] *(agg)* ***1*** combattivo, della battaglia. ***2*** combattivo, agonistico, battagliero. ***3*** *(avv)* in battaglia; combattivamente, agonisticamente ♦ *eine kämpferisch starke Mannschaft* una squadra forte agonisticamente (dal punto di vista agonistico).
Kampfflugzeug ['kampf,fluːktsɔyk] *(n; -(e)s, -e)* ~ aereo da combattimento.
Kampfgeist ['kampf,gaist] *(m; -(e)s)* ~ spirito combattivo.
Kampfgericht ['kampfgə,rɪçt] *(n; -(e)s, -e)* ~ *(sport)* giuria.
Kampflust ['kampf,lʊst] *(f; -)* ~ combattività.
kampflustig [-ɪç] *(agg)* ~ combattivo.
Kampfmittel ['kampf,mɪtəl] *(n; -s, -)* ~ *(mil)* *(spec pl)* mezzo di combattimento, arma *(anche fig)*.
Kampfplatz ['kampf,plats] *(m; -(e)s, -plätze)* ~ campo di battaglia.
Kampfrichter ['kampf,rɪçtɐ] *(m; -s, -; f* **-in***)* ~ *(sport)* giudice.
Kampfsport ['kampf,ʃpɔrt] *(m; -(e)s, -sportarten)* ~ lotta, sport di lotta.
kampfunfähig ['kampf,ˀʊnfɛːɪç] *(agg)* ~ **jmdn kampfunfähig schlagen/machen** mettere qcn fuori combattimento.
kampieren [kam'piːrən] *(vi, hat)* ~ accamparsi, essere accampato.
Kanal [ka'naːl] *(m; -(e)s, Kanäle)* ***1*** canale (d'acqua; radio, tv) ♦ *einen Kanal wählen* mettere un canale ♦ *auf dem zweiten Kanal* sul secondo canale. ***2*** conduttura. ***3*** *(fig)* canale, collegamento.
Kanalisation [kanaliza'tsjoːn] *(f; -, -en)* ***1*** canalizzazione (di fiumi e sim). ***2*** canalizzazione, rete di condutture.
kanalisieren [kanali'ziːrən] *(vt, hat)* ***1*** canalizzare. ***2*** *(fig)* incanalare.
Kanarienvogel [ka'naːrjən,foːgəl] *(m; -s, -vögel)* ~ *(zool)* canarino.
Kandare [kan'daːrə] *(f, -, -n)* ~ morso (per il cavallo). ◆ **jmdn an der Kandare haben/halten** *(fig)* tenere qcn a freno.
Kandelaber [kande'laːbɐ] *(m; -s, -)* ~ candelabro.
Kandidat [kandi'daːt] *(m; -en, -en; f* **-in***)* ~ candidato (per esami o elezioni) ♦ *jmdn als Kandidaten aufstellen* proporre qcn come candidato.
Kandidatur [kandida'tuːɐ] *(f; -, -en)* ~ candidatura.

kandidieren [kandi'di:rən] *(vi, hat)* ~ candidarsi ♦ *für ein Amt kandidieren* candidarsi per una carica.

kandieren [kan'di:rən] *(vt, hat)* ***1*** candire (frutta). ***2*** caramellare (zucchero).

kandiert [kan'di:ɐt] *(agg)* ~ candito ♦ *kandierte Früchte* frutta candita, canditi.

Kandis(zucker) ['kandɪs(ˌtsʊkɐ)] *(m; -s)* ~ zucchero candito.

Känguru († **Känguruh**) ['kɛŋguru] *(n; -s, -s)* ~ *(zool)* canguro.

Kaninchen [ka'ni:nçən] *(n; -s, -)* ~ *(zool)* coniglio.

Kanister [ka'nɪstɐ] *(m; -s, -)* ~ tanica.

kann [kan] ~ I e III pers sing pres di **können**.

Kanne ['kanə] *(f; -, -n)* ~ bricco. ◆ **es gießt wie aus Kannen** *(fig/fam)* piove a catinelle.

Kannibale [kani'ba:lə] *(m; -n, -n; f* **-balin***)* ~ cannibale.

kannst [kanst] ~ II pers sing pres di **können**.

kannte ['kantə] ~ pret di **kennen**.

Kanon ['ka:nɔn] *(m; -s, -s)* ~ canone, regola.

Kanone [ka'no:nə] *(f; -, -n)* ***1*** cannone. ***2*** *(fig/fam)* cannonata, campione.

Kanonenkugel [-nˌku:gəl] *(f; -, -n)* ~ palla di cannone.

Kanonenschlag [-nʃla:k] *(m; -s, -schläge)* ~ cannonata.

Kante ['kantə] *(f; -, -n)* ***1*** spigolo. ***2*** orlo, bordo. ◆ **etwas auf die hohe Kante legen** *(fig/fam)* mettere da parte qcs, risparmiare qcs.

kanten [-n] *(vt, hat)* ~ mettere in piedi, mettere per ritto (casse e sim).

Kanten *(m; -s, -)* ~ cantuccio (del pane).

kantig ['kantɪç] *(agg)* ~ angoloso, spigoloso *(anche fig)*.

Kantine [kan'ti:nə] *(f; -, -n)* ~ mensa (in aziende e sim).

Kanton [kan'to:n] *(m; -s, -e)* ~ cantone (svizzero).

kantonal [kanto'na:l] *(agg)* ~ cantonale, del cantone.

Kanu ['ka:nu] *(n; -s, -s)* ~ canoa.

Kanüle [ka'ny:lə] *(f; -, -n)* ~ *(med)* ago, cannula.

Kanzel ['kantsəl] *(f; -, -n)* ***1*** pulpito. ***2*** cabina di pilotaggio (su aerei).

Kanzlei [kan'tslai] *(f; -, -en)* ***1*** *(pol)* cancelleria. ***2*** studio di avvocato.

Kanzler ['kantslɐ] *(m; -s, -; f* **-in***)* ~ *(pol)* cancelliere.

Kap [kap] *(n; -s, -s)* ~ promontorio, capo. ◆ **Kap der Guten Hoffnung** *(geogr)* Capo di Buona Speranza.

Kapaun [ka'paun] *(m; -s, -e)* ~ cappone.

Kapazität [kapatsi'tɛ:t] *(f; -, -en)* ***1*** capacità, capienza (di contenitori). ***2*** capacità (produttiva; intellettuale).

Kapelle [ka'pɛlə] *(f; -, -n)* ***1*** cappella. ***2*** orchestrina, complesso, banda musicale.

Kaper ['ka:pɐ] *(f; -, -n)* ~ *(bot)* cappero.

kapieren [ka'pi:rən] *(vt, hat)* ~ *(fam)* capire, ficcarsi in testa ♦ *er hat's endlich kapiert!* finalmente l'ha capita! c'è arrivato!

kapital [kapi'ta:l] *(agg)* ~ *(fam)* enorme, capitale. ◆ **ein kapitaler Fehler** un errore madornale.

Kapital *(n; -s, -e/-ien)* ~ *(econ)* capitale *(anche fig)* ♦ *bewegliches, fixes, flüssiges Kapital* capitale mobile, fisso, liquido ♦ *Kapital anlegen* investire capitale.

Kapitalanlage [-ˌʔanla:gə] *(f; -, -n)* ~ investimento di capitale.

Kapitalbuchstabe [-ˌbu:xʃta:bə] *(m; -n, -n)* ~ lettera maiuscola.

Kapitalfehler [-ˌfe:lɐ] *(m; -s, -)* ~ errore madornale.

Kapitalflucht [-ˌflʊxt] *(f; -)* ~ fuga di capitali.

Kapitalgeber [-ˌge:bɐ] *(m; -s, -; f* **-in***)* ~ finanziatore.

Kapitalgesellschaft [-gəˌzɛlʃaft] *(f; -, -en)* ~ società di capitali.

Kapitalismus [kapita'lɪsmʊs] *(m; -, raro -ismen)* ~ capitalismo.

Kapitalist [kapita'lɪst] *(m; -en, -en; f* **-in***)* ~ capitalista.

kapitalistisch [-ɪʃ] *(agg)* ~ capitalistico, capitalista.

Kapitän [kapi'tɛ:n] *(m; -s, -e)* ***1*** *(mil/sport)* capitano. ***2*** comandante (di aereo).

Kapitel [ka'pɪtəl] *(n; -s, -)* ~ capitolo *(anche fig/relig)* ♦ *ein Kapitel abschließen (fig)* chiudere un capitolo ♦ *ein Kapitel für sich (fig)* un capitolo a sé.

Kapitulation [kapitula'tsjo:n] *(f; -, -en)* ~ capitolazione, resa.

kapitulieren [kapitu'li:rən] *(vi,* hat*)* ~ capitolare, arrendersi.
Kaplan [ka'pla:n] *(m;* -s, Kapläne*)* ~ cappellano.
Kappe ['kapə] *(f;* -, -n*)* ***1*** berretto, cappuccio. ***2*** coperchio, cappuccio. ◆ **auf jmds Kappe gehen** *(fig/fam)* ricadere su qcn (responsabilità e sim). ◆ **etwas auf seine Kappe nehmen** *(fig/fam)* prendersi sulle spalle qcs, assumersi qcs (responsabilità e sim).
kappen [-n] *(vt,* hat*)* ~ tagliare (a un'estremità), mozzare.
Kapriole [kapri'o:lə] *(f;* -, -n*)* ***1*** salto, capriola. ***2*** *(fig)* scherzo, capriccio.
Kapsel ['kapsəl] *(f;* -, -n*)* ~ capsula.
kaputt [ka'pʊt] *(agg)* ***1*** *(fam)* rotto, in pezzi. ***2*** *(fam)* rotto, guasto. ***3*** *(fig/fam)* esausto, distrutto, a pezzi.
kaputt|gehen *(vi,* ist; *irr* gehen*)* ~ *(fam)* rompersi; guastarsi ♦ *meine Uhr ist kaputtgegangen* il mio orologio si è rotto.
kaputt|lachen *(vr,* hat*)* ~ **sich kaputtlachen** *(fam)* sganasciarsi dalle risate.
kaputt|machen *(vt,* hat*)* ~ *(fam)* rompere, distruggere, scassare, sfasciare *(anche fig)*.
Kapuze [ka'pu:tsə] *(f;* -, -n*)* ~ cappuccio (di mantello, tonaca, ecc).
Kapuziner [kapu'tsi:nɐ] *(m;* -s, -*)* ~ *(relig)* cappuccino, frate cappuccino.
Karabiner [kara'bi:nɐ] *(m;* -s, -*)* ~ carabina.
Karaffe [ka'rafə] *(f;* -, -n*)* ~ caraffa.
Karambolage [karambo'la:ʒə] *(f;* -, -n*)* ***1*** carambola. ***2*** *(fam)* carambola, scontro (tra veicoli).
Karamell *(anche* **Karamel***)* [kara'mɛl] *(m;* -s*)* ~ caramello.
Karamellzucker [-ˌtsʊkɐ] *(m;* -s*)* ~ zucchero caramellato.
Karat [ka'ra:t] *(n;* -(e)s, -e*)* ~ carato.
Karate [-ə] *(n;* -/-s*)* ~ *(sport)* karate.
Karawane [kara'va:nə] *(f;* -, -n*)* ~ carovana.
Karde ['kardə] *(f;* -, -n*)* ***1*** *(bot)* cardo. ***2*** cardo (pettine per la lana).
Kardinal [kardi'na:l] *(m;* -s, Kardinäle*)* ~ *(relig)* cardinale.
Kardinalzahl [-ˌtsa:l] *(f;* -, -en*)* ~ numero cardinale.
Kardiologe [kardjo'lo:gə] *(m;* -n, -n; *f* **-login***)* ~ cardiologo.
Kardiologie [kardjolo'gi:] *(f;* -*)* ~ cardiologia.
Karfreitag [ka:ɐ'fraiˌta:k] *(m;* -(e)s, -e*)* ~ *(relig)* venerdì santo.
karg [kark] *(agg)* ***1*** scarso, magro, misero; frugale (pasto) ♦ *ein karger Lohn* una paga misera. ***2*** misero, povero. ***3*** *(avv)* miseramente, poveramente. ◆ **mit etwas karg sein** *(fig)* essere avaro di qcs.
Kargheit [-ˌhait] *(f;* -*)* ~ *(lett)* scarsità, miseria, povertà.
kärglich ['kɛrklɪç] *(agg)* ~ misero, povero.
Kargo ['kargo] *(m;* -s, -s*)* ~ cargo.
kariert [ka'ri:ɐt] *(agg)* ***1*** a quadri, a quadretti ♦ *ein karierter Rock* unà gonna a quadri. ***2*** *(fam)* confuso, incasinato.
Karies ['ka:rjɛs] *(f;* -*)* ~ *(med)* carie.
Karikatur [karika'tu:ɐ] *(f;* -, -en*)* ~ caricatura.
Karneval ['karnəval] *(m;* -s, -e/-s*)* ~ carnevale ♦ *an/zu Karneval* a carnevale.
Karnevalsumzug [-sˌˀʊmtsu:k] *(m;* -(e)s, -züge*)* ~ sfilata di carnevale.
Karnevalszeit [-sˌtsait] *(f;* -, -en*)* ~ periodo di carnevale, carnevale.
Karo ['ka:ro] *(n;* -s, -s*)* ***1*** quadrato, rombo. ***2*** quadri, denari (seme delle carte).
Karosse [ka'rɔsə] *(f;* -, -n*)* ~ carrozza (elegante).
Karosserie [karɔsə'ri:] *(f;* -, -n*)* ~ carrozzeria.
Karotte [ka'rɔtə] *(f;* -, -n*)* ~ carota.
Karpfen ['karpfən] *(m;* -s, -*)* ~ *(zool)* carpa.
Karre ['karə] *(f;* -, -n*)* ***1*** carretto; carriola. ***2*** *(fam)* carretta, macinino, auto sgangherata. ◆ **jmdm die Karre aus dem Dreck ziehen** *(fig)* sbrogliare la matassa a qcn. ◆ **die Karre steckt im Dreck/die Karre ist total verfahren** *(fig)* la situazione è ingarbugliata.
Karren [-n] *(m;* -s, -*)* ***1*** carro, carretto. ***2*** *(fam)* carretta, macinino, auto sgangherata. ◆ **jmdn vor seinen Karren spannen** *(fig)* servirsi di qcn.
Karriere [ka'rje:rə] *(f;* -, -n*)* ~ carriera, successo ♦ *Karriere machen* fare carriera.
Karte ['kartə] *(f;* -, -n*)* ***1*** cartolina, biglietto ♦ *jmdm eine Karte schreiben* scrivere una cartolina (un biglietto) a qcn. ***2*** biglietto (d'ingresso). ***3*** carta, menu ♦ *nach der Karte* à la carte. ***4*** carta (da gioco) ♦ *eine*

Karte ausspielen giocare una carta ♦ *die Karten mischen* mescolare le carte. **5** cartina (geografica). **6** *(sport)* cartellino ♦ *gelbe, rote Karte* cartellino giallo, rosso. ◆ **seine Karten aufdecken** *(fig)* scoprire le carte. ◆ **die letzte Karte ausspielen** *(fig)* giocare l'ultima carta. ◆ **jmdm die Karten legen** fare le carte a qcn. ◆ **alles auf eine Karte setzen** *(fig)* puntare tutto su una carta. ◆ **sich** (Dat) **nicht in die Karten gucken lassen** *(fig)* non voler scoprire le carte. ◆ **mit offenen, verdeckten Karten spielen** *(fig)* giocare a carte scoperte, coperte.

Kartei [kar'tai] *(f; -, -en)* ~ schedario.

Kartell [kar'tɛl] *(n; -s, -e)* ~ *(econ/pol)* cartello.

Kartenhaus ['kartən,haus] *(n; -es, -häuser)* ~ castello di carte. ◆ **wie ein Kartenhaus zusammenstürzen** *(fig)* crollare come un castello di carte.

Kartenlegen ['kartən,le:gən] *(n; -s)* ~ cartomanzia.

Kartenleger ['kartən,le:gɐ] *(m; -s, -; f* **-in***)* ~ cartomante.

Kartenspiel ['kartən∫pi:l] *(n; -(e)s, -e)* ~ gioco di carte.

Kartentelefon ['kartəntele,fo:n] *(n; -s, -e)* ~ telefono pubblico a scheda.

Kartoffel [kar'tɔfəl] *(f; -, -n)* **1** *(bot)* patata ♦ *gebratene, gekochte Kartoffeln* patate arrosto, lesse. **2** *(fig/fam)* nasone, nappa.

Kartoffelchips [-,t∫ɪps] *(pl)* ~ patatine, patatine fritte.

Kartoffelmehl [-,me:l] *(n; -s)* ~ fecola di patate.

Kartoffelpuffer [-,pʊfɐ] *(m; -s, -)* ~ frittella di patate.

Kartoffelpüree [-py,re:] *(n; -s)* ~ purè di patate.

Karton [kar'tɔŋ] *(m; -s, -e)* **1** cartone. **2** scatola di cartone, cartone.

Karussell [karʊ'sɛl] *(n; -s, -s/-e)* ~ giostra ♦ *Karussell fahren* andare sulla giostra.

Karwoche ['ka:ɐ,vɔxə] *(f; -, -n)* ~ *(relig)* settimana santa.

Kaschemme [ka'∫ɛmə] *(f; -, -n)* ~ bettola.

Käscher ~ vedi **Kescher**.

kaschieren [ka'∫i:rən] *(vt,* hat*)* ~ dissimulare, nascondere, mascherare (difetti e sim).

Käse ['kɛ:zə] *(m; -s, -)* **1** formaggio. **2** *(fig/fam)* stupidaggini, cavolate.

Kaserne [ka'zɛrnə] *(f; -, -n)* ~ caserma.

Kasino [ka'zi:no] *(n; -s, -s)* **1** casinò. **2** *(mil)* mensa degli ufficiali.

Kaskade [kas'ka:də] *(f; -, -n)* ~ cascata (artificiale).

Kasse ['kasə] *(f; -, -n)* **1** cassa (di negozi e sim) ♦ *Geld in der Kasse haben* avere soldi in cassa ♦ *an der Kasse bezahlen* pagare alla cassa. **2** soldi, riserve di cassa. **3** *(fam)* banca, cassa di risparmio. **4** *(fam)* cassa mutua. ◆ **die Kasse führen** tenere la cassa. ◆ **gut bei Kasse sein** avere abbastanza soldi. ◆ **schlecht/knapp bei Kasse sein** essere a corto di soldi.

Kassenarzt [-n,ʔa:ɐtst] *(m; -(e)s, -ärzte; f* **-ärztin***)* ~ medico della mutua.

Kassenbestand [-nbə∫tant] *(m; -(e)s, -stände)* ~ fondo di cassa.

Kassenpatient [-npa,tsjɛnt] *(m; -en, -en; f* **-in***)* ~ paziente della mutua.

Kassensturz [-n∫tʊrts] *(m; -(e)s, -stürze)* ~ *(fam)* verifica di cassa.

Kassenzettel [-n,tsɛtəl] *(m; -s, -)* ~ scontrino.

Kasserolle [kasə'rɔlə] *(f; -, -n)* ~ casseruola.

Kassette [ka'sɛtə] *(f; -, -n)* **1** cassetta, cofanetto. **2** musicassetta; videocassetta.

Kassettenrekorder [-nre,kɔrdɐ] *(m; -s, -)* ~ registratore a cassette.

Kassettenspieler [-n∫pi:lɐ] *(m; -s, -)* ~ mangianastri.

kassieren [ka'si:rən] *(vt,* hat*)* **1** incassare. **2** *(fig/fam)* incassare, ricevere ♦ *Kritik kassieren* incassare critiche. **3** *(fam)* ritirare, sequestrare. **4** *(dir)* cassare, annullare.

Kassierer [ka'si:rɐ] *(m; -s, -; f* **-in***)* ~ cassiere.

Kastagnette [kastan'jɛtə] *(f; -, -n)* ~ nacchera.

Kastanie [kas'ta:njə] *(f; -, -n)* **1** *(bot)* castagno. **2** *(bot)* castagna. ◆ **für jmdn die Kastanien aus dem Feuer holen** *(fig)* togliere le castagne dal fuoco a qcn.

Kastanienbaum [-n,baum] *(m; -(e)s, -bäume)* ~ *(bot)* castagno.

kastanienbraun [-n,braun] *(agg)* ~ castano, marrone.

Kästchen ['kɛstçən] *(n; -s, -)* ~ quadretto (sulla carta).

Kaste ['kastə] *(f; -, -n)* ~ casta, ceto.
kasteien [kas'taiən] *(vr, hat)* ~ **sich kasteien** ***1*** mortificarsi, castigarsi. ***2*** astenersi, contenersi.
Kasten ['kastən] *(m; -s, Kästen)* ***1*** cassa, cassetta. ***2*** *(fam)* cassetta delle lettere. ***3*** *(fam)* casermone, brutto edificio. ***4*** *(fam)* carriola, macinino, auto vecchia. ***5*** *(fam)* televisore, radio. ◆ **etwas auf dem Kasten haben** *(fig/fam)* sapere il fatto proprio, essere in gamba.
Kastration [kastra'tsjo:n] *(f; -, -en)* ~ castrazione.
kastrieren [kas'tri:rən] *(vt, hat)* ~ castrare.
Katalog [kata'lo:k] *(m; -(e)s, -e)* ~ catalogo.
katalogisieren [katalogi'zi:rən] *(vt, hat)* ~ catalogare.
Katalogisierung [katalogi'zi:rʊŋ] *(f; -, -en)* ~ catalogazione.
Katalysator [kataly'za:to:ɐ] *(m; -s, -en)* ~ marmitta catalitica.
Katapult [kata'pʊlt] *(m/n; -(e)s, -e)* ~ catapulta.
katapultieren [katapʊl'ti:rən] *(vt, hat)* ~ catapultare.
Katarakt[1] [kata'rakt] *(m; -(e)s, -e)* ~ cateratta, rapida, cascata.
Katarakt[2] *(f; -, -e)* ~ *(med)* cateratta.
Katarr *(anche* **Katarrh***)* [ka'tar] *(m; -s, -e)* ~ *(med)* catarro.
katastrophal [katastro'fa:l] *(agg)* ~ catastrofico.
Katastrophe [katas'tro:fə] *(f; -, -n)* ~ catastrofe.
Katechismus [katɛ'çɪsmʊs] *(m; -, Katechismen)* ~ catechismo.
Kategorie [katego'ri:] *(f; -, -n)* ~ categoria.
kategorisch [kate'go:rɪʃ] *(agg)* ~ categorico.
Kater ['ka:tɐ] *(m; -s, -)* ***1*** gatto maschio. ***2*** *(fam)* malessere (dopo una sbronza).
Kathedrale [kate'dra:lə] *(f; -, -n)* ~ cattedrale.
Katholik [kato'li:k] *(m; -en, -en; f* **-in***)* ~ cattolico.
katholisch [ka'to:lɪʃ] *(agg)* ~ cattolico.
Katze ['katsə] *(f; -, -n)* ~ *(zool)* gatto, gatta ◆ *die Katze miaut, schnurrt* il gatto miagola, fa le fusa. ◆ **da beißt sich die Katze in den Schwanz** *(fig)* è un cane che si morde la coda. ◆ **wie die Katze um den heißen Brei herumgehen** *(fig)* menare il can per l'aia. ◆ **die Katze im Sack kaufen** *(fig)* comprare a scatola chiusa. ◆ **Katz und Maus mit jmdm spielen** *(fig)* giocare al gatto e al topo con qcn. ◆ **die Katze lässt das Mausen nicht** *(prov)* il lupo perde il pelo, ma non il vizio. ◆ **wenn die Katze aus dem Hause ist, tanzen die Mäuse auf dem Tisch** *(prov)* quando il gatto non c'è, i topi ballano.
Katzenauge [-nˌʔaugə] *(n; -s, -n)* ***1*** occhio di gatto (anche minerale). ***2*** *(fam)* catarifrangente.
Katzenkopf [-nˌkɔpf] *(m; -(e)s, -köpfe)* ~ *(fam)* pietra per la pavimentazione stradale, sampietrino.
Katzensprung [-nʃprʊŋ] *(m; -(e)s, -sprünge)* ~ *(fig/fam)* tiro di schioppo ◆ *es ist nur ein Katzensprung bis zur Haltestelle* la fermata è a un tiro di schioppo.
Kauderwelsch ['kaudɐˌvɛlʃ] *(n; -/-s)* ~ linguaggio incomprensibile.
kauen[1] ['kauən] *(vi, hat)* ***1*** {*an etwas* (Dat) ~} masticare qcs (con fatica), rosicchiare qcs. ***2*** {*an etwas* (Dat) ~} *(fig)* arrabattarsi con qcs, tormentarsi con qcs (problemi e sim).
kauen[2] *(vt, hat)* ~ masticare.
kauern ['kauɐn] *(vi, hat)* ~ stare rannicchiato ◆ *er kauerte unter dem Tisch* stava rannicchiato sotto il tavolo. ◆ **sich kauern** *(vr)* rannicchiarsi ◆ *er kauerte sich unter den Tisch* si rannicchiò sotto il tavolo.
Kauf [kauf] *(m; -(e)s, Käufe)* ~ acquisto, compera ◆ *Kauf auf Kredit, auf Raten* acquisto a credito, a rate ◆ *einen Kauf abschließen* concludere un acquisto ◆ *einen guten Kauf machen* fare un buon acquisto. ◆ **etwas in Kauf nehmen** mettere in conto qcs (svantaggi e sim) ◆ *Risiken in Kauf nehmen* mettere in conto i rischi.
kaufen [-ən] *(vt, hat)* ***1*** {*(jmdm) etwas* ~} acquistare, comprare qcs (a qcn) ◆ *etwas auf Raten kaufen* comprare qcs a rate ◆ *ein Geschenk für jmdn kaufen* comprare un regalo per qcn. ***2*** {*sich* (Dat) *etwas* ~} comprarsi qcs ◆ *ich habe mir eine Hose gekauft* mi sono comprato un paio di

pantaloni. ***3*** *(fig/fam)* comprare, corrompere. ◆ **sich** (Dat) **jmdn kaufen** *(fam)* dirne quattro a qcn.

Käufer ['kɔyfɐ] *(m; -s, -; f* **-in***)* ~ acquirente, compratore.

Kauffrau ['kauf,frau] *(f; -, -en)* ~ commerciante, negoziante.

Kaufhaus ['kauf,haus] *(n; -(e)s, -häuser)* ~ grande magazzino.

käuflich ['kɔyflɪç] *(agg)* ***1*** acquistabile, in vendita. ***2*** *(fig)* venale, corruttibile.

Käuflichkeit [-,kait] *(f; -)* ~ venalità, corruttibilità.

Kaufmann ['kauf,man] *(m; -(e)s, -leute; f* **Kauffrau***)* ~ commerciante, negoziante.

kaufmännisch ['kauf,mɛnɪʃ] *(agg)* ~ commerciale, del commercio ♦ *kaufmännischer Angestellter* impiegato commerciale.

Kaufpreis ['kauf,prais] *(m; -es, -e)* ~ prezzo d'acquisto.

Kaufwert ['kauf,veːɐt] *(m; -(e)s, -e)* ~ valore commerciale.

Kaugummi ['kau,gʊmi] *(m/n; -s, -s)* ~ gomma da masticare, chewing-gum.

Kaulquappe ['kaul,kvapə] *(f; -, -n)* ~ *(zool)* girino.

kaum [kaum] *(avv)* ***1*** appena, pochissimo ♦ *ich habe kaum geschlafen* ho dormito appena ♦ *du hast kaum etwas gegessen* hai mangiato appena. ***2*** difficilmente ♦ *sie werden kaum noch kommen* ormai è difficile che vengano. ***3*** appena, poco più di ♦ *sie ist kaum älter als ich* è poco più grande di me. ◆ **es ist kaum zu glauben** è da non credersi, si stenta a crederci. ◆ **kaum..., als** appena che, non appena ♦ *ich war kaum angekommen, als das Telefon klingelte/kaum war ich angekommen, als das Telefon klingelte* ero appena arrivato che suonò il telefono.

Kaution [kau'tsjoːn] *(f; -, -en)* ***1*** *(dir)* cauzione ♦ *eine Kaution für jmdn zahlen* pagare una cauzione per qcn. ***2*** cauzione, deposito cauzionale (per affitti e sim).

Kautschuk ['kautʃʊk] *(m; -s, -e)* ~ caucciù.

Kauz [kauts] *(m, -(e)s, Käuze)* ***1*** *(zool)* civetta. ***2*** *(fig)* tipo originale, tipo strambo.

kauzig [-ɪç] *(agg)* ~ originale, strambo.

Kavalier [kava'liːɐ] *(m; -s, -e)* ~ cavaliere *(anche fig)*.

Kavallerie ['kavaləriː] *(f; -, -n)* ~ cavalleria.

Kaviar ['kaːvjar] *(m; -s, -e)* ~ caviale.

Kebab [ke'baːp] *(m; -/-s, -s)* ~ agnello allo spiedo, panino con carne allo spiedo.

keck [kɛk] *(agg)* ***1*** spigliato, vivace. ***2*** impertinente.

Keeper ['kiːpɐ] *(m; -s, -)* ~ *(sport)* portiere.

Kegel ['keːgəl] *(m; -s, -)* ***1*** cono. ***2*** birillo. ◆ **Kegel spielen** giocare a bowling.

kegelförmig [-,fœrmɪç] *(agg)* ~ conico.

Kegelspiel [-ʃpiːl] *(n; -(e)s, -e)* ~ (gioco del) bowling.

Kehle ['keːlə] *(f; -, -n)* ~ *(anat)* gola ♦ *eine trockene Kehle haben* avere la gola secca. ◆ **jmdm an die Kehle springen** *(fig)* saltare al collo a qcn. ◆ **sich** (Dat) **die Kehle aus dem Hals schreien** urlare a squarciagola.

Kehlkopf ['keːl,kɔpf] *(m; -(e)s, -köpfe)* ~ *(anat)* laringe.

Kehre ['keːrə] *(f; -, -n)* ~ curva, tornante.

kehren[1] [-n] *(vt, hat)* ~ spazzare, scopare ♦ *die Küche kehren* spazzare la cucina.

kehren[2] *(vt, hat)* ~ girare, voltare, volgere ♦ *jmdm den Rücken kehren* voltare le spalle a qcn. ◆ **sich kehren** *(vr)* voltarsi, girarsi. ◆ **sich an etwas** (Acc) **nicht kehren** *(vr) (fig)* non curarsi di qcs.

Kehricht ['keːrɪçt] *(m/n; -s)* ~ *(lett)* spazzatura, pattume.

Kehrseite ['keːɐ,zaitə] *(f; -, -n)* ***1*** rovescio, retro. ***2*** *(fam)* didietro, sedere. ◆ **die Kehrseite der Medaille** *(fig)* il rovescio della medaglia.

kehrt|machen ['keːɐt,maxən] *(vi, hat)* ~ *(mil/fam)* fare dietrofront.

keifen ['kaifən] *(vi, hat)* ~ *(spreg)* strillare, imprecare.

Keil [kail] *(m; -(e)s, -e)* ***1*** cuneo. ***2*** cuneo, zeppa. ***3*** *(pl) (fam)* botte, legnate. ◆ **ein Keil treibt den anderen** *(prov)* chiodo scaccia chiodo.

keilförmig [-,fœrmɪç] *(agg)* ~ cuneiforme.

Keilschrift [-ʃrɪft] *(f; -, -en)* ~ scrittura cuneiforme.

Keim [kaim] *(m; -(e)s, -e)* ***1*** germe, germoglio. ***2*** *(med)* germe. ***3*** *(fig/lett)* germe, principio ♦ *im Keim* in germe.

keimen [-ən] *(vi, hat)* ***1*** germinare. ***2*** *(fig)* germogliare, nascere.

Keimzelle [-,tsɛlə] *(f; -, -n)* ***1*** *(biol)* gamete. ***2*** *(fig)* germe, nucleo (iniziale).

kein [kain] *(agg)* ***1*** nessuno, nessun, nessuna ♦ *kein Buch* nessun libro. ***2*** non ♦ *ich habe kein Auto* non ho l'auto ♦ *ich habe keine Angst* non ho paura ♦ *sie ist keine Italienerin* non è italiana ♦ *das ist keine schlechte Idee* non è una cattiva idea. ◆ **kein Mensch** *(fam)* nessuno. ◆ **kein bisschen** *(fam)* nemmeno un po'.

KEIN, KEINE, KEIN		MASCH	FEMM	NEUTRO
NOM	*sing*	**kein**	**keine**	**kein**
	pl	**keine**	**keine**	**keine**
GEN	*sing*	**keines**	**keiner**	**keines**
	pl	**keiner**	**keiner**	**keiner**
DAT	*sing*	**keinem**	**keiner**	**keinem**
	pl	**keinen**	**keinen**	**keinen**
ACC	*sing*	**keinen**	**keine**	**kein**
	pl	**keine**	**keine**	**keine**

keine(r, -s) [-ə (-ɐ, -əs)] *(pron indef)* ~ nessuno ♦ *keiner der Männer* nessuno degli uomini ♦ *keine der Frauen* nessuna delle donne ♦ *mit keinem der Kinder* con nessuno dei bambini ♦ *keiner von uns, von ihnen* nessuno di noi, di loro. ◆ **keiner** *(fam)* nessuno ♦ *keiner war da* non c'era nessuno.

KEINER, KEINE, KEINES		MASCH	FEMM	NEUTRO
NOM	*sing*	**keiner**	**keine**	**kein(e)s**
	pl	**keine**	**keine**	**keine**
GEN	*sing*	**keines**	**keiner**	**keines**
	pl	**keiner**	**keiner**	**keiner**
DAT	*sing*	**keinem**	**keiner**	**keinem**
	pl	**keinen**	**keinen**	**keinen**
ACC	*sing*	**keiner**	**keine**	**kein(e)s**
	pl	**keine**	**keine**	**keine**

keinerlei [-ɐ'lai] *(agg indecl)* ~ nessun tipo (di), nessuno, alcuno ♦ *das hat keinerlei Sinn* questo non ha il minimo senso.

keinesfalls [-əs'fals] *(avv)* ~ in nessun caso.

keineswegs [-əs've:ks] *(avv)* ~ in nessun modo.

keinmal [-ˌma:l] *(avv)* ~ neanche una volta, mai.

Keks [ke:ks] *(m/n; -/-es, -e)* ~ biscotto. ◆ **jmdm auf den Keks gehen** dare ai nervi a qcn.

Kelch [kɛlç] *(m; -(e)s, -e)* ~ calice *(anche bot)*.

Kelle ['kɛlə] *(f; -, -n)* ***1*** cazzuola. ***2*** ramaiolo; mestolo.

Keller ['kɛlɐ] *(m; -s, -)* ***1*** cantina. ***2*** scantinato, tavernetta.

Kellner ['kɛlnɐ] *(m; -s, -; f* **-in***)* ~ cameriere (in ristoranti e sim) ♦ *den Kellner/nach dem Kellner rufen* chiamare il cameriere.

kennen ['kɛnən] *(vt,* hat; **kannte, gekannt***)* ***1*** conoscere (persona o cosa) ♦ *jmdn gut, persönlich kennen* conoscere bene, personalmente qcn ♦ *jmdn (nur) dem Namen nach, vom Sehen kennen* conoscere qcn (solo) di nome, di vista ♦ *kennst du diesen Film?* conosci questo film? ***2*** conoscere, sapere ♦ *kennst du hier ein gutes Restaurant?* conosci un buon ristorante qui? ***3*** *(fig)* conoscere, avere ♦ *keine Grenzen kennen* non conoscere limiti. ◆ **ich kenne meine Leute** *(fam)* conosco i miei polli. ◆ **jmdn/etwas kennen lernen** († **kennenlernen**) conoscere qcn/qcs, fare la conoscenza di qcn/qcs ♦ *ich habe ihn auf einer Party kennen gelernt* l'ho conosciuto ad una festa.

Kenner ['kɛnɐ] *(m; -s, -; f* **-in***)* ~ conoscitore, esperto.

kenntlich ['kɛntlɪç] *(agg)* ~ **jmdn/etwas kenntlich machen** contrassegnare, segnalare, rendere riconoscibile qcn/qcs ♦ *eine Flüssigkeit durch ein Etikett als Gift kenntlich machen* contrassegnare un liquido come veleno con un'etichetta.

Kenntnis ['kɛntnɪs] *(f; -, -se)* ~ conoscenza, nozione ♦ *umfassende Kenntnisse* vaste conoscenze ♦ *(gute) Kenntnisse in einer Sprache haben* avere (buone) conoscenze di una lingua. ◆ **jmdm etwas zur Kenntnis bringen/geben** comunicare qcs a qcn. ◆ **etwas zur Kenntnis nehmen** *(lett)* prendere atto di qcs. ◆ **jmdn von etwas in Kenntnis setzen** mettere qcn a conoscenza di qcs.

Kenntnisnahme [-ˌnaːmə] *(f; -)* ~ conoscenza. ◆ **nach Kenntnisnahme einer Sache** (Gen) preso atto di qcs.

kenntnisreich [-ˌraiç] *(agg)* ***1*** istruito. ***2*** istruttivo.

Kennwort [ˈkɛnˌvɔrt] *(n; -(e)s, -wörter)* ~ parola d'ordine, password ◆ *das Kennwort nennen, verlangen* dire, chiedere la parola d'ordine.

Kennzeichen [ˈkɛnˌtsaiçən] *(n; -s, -)* ***1*** contrassegno, tratto caratteristico, caratteristica. ***2*** segno particolare. ***3*** targa (automobilistica).

kennzeichnen [ˈkɛnˌtsaiçnən] *(vt, hat)* ***1*** contrassegnare ◆ *der Weg ist durch Pfeile gekennzeichnet* il sentiero è contrassegnato con delle frecce. ***2*** *(fig)* caratterizzare, contraddistinguere.

kennzeichnend [-t] *(agg)* ~ caratteristico, tipico ◆ *für jmdn/etwas kennzeichnend sein* essere caratteristico (tipico) di qcn/qcs.

kentern [ˈkɛntɐn] *(vi, ist)* ~ capovolgersi (imbarcazioni).

Keramik [keˈraːmɪk] *(f; -, -en)* ***1*** *(solo sing)* ceramica. ***2*** ceramica, oggetto di ceramica.

Kerbe [ˈkɛrbə] *(f; -, -n)* ~ incisione, tacca (spec nel legno).

Kerbholz [ˈkɛrpˌhɔlts] *(n)* ~ **etwas auf dem Kerbholz haben** avere qcs sulla coscienza.

Kerker [ˈkɛrkɐ] *(m; -s, -)* ~ *(lett)* carcere.

Kerl [kɛrl] *(m; -(e)s, -e)* ~ *(fam)* tipo, persona; tizio ◆ *er ist ein netter Kerl* è un tipo simpatico. ◆ **der arme Kerl!** poveretto!

Kern [kɛrn] *(m; -(e)s, -e)* ***1*** nocciolo, seme (di frutta). ***2*** *(fig)* nucleo *(anche fis)*, centro, cuore, nocciolo ◆ *der Kern der Frage* il nocciolo della questione.

Kern- *(nei composti)* ~ nucleare ◆ *Kernenergie, Kernkraft* energia nucleare ◆ *Kernkraftwerk* centrale nucleare.

Kernfrage [-ˌfraːgə] *(f; -, -n)* ~ questione centrale.

Kerngedanke [-gəˌdaŋkə] *(m; -ns, -n)* ~ idea centrale.

Kerngehäuse [-gəˌhɔyzə] *(n; -s, -)* ~ torsolo.

kerngesund [-gəˌzʊnt] *(agg)* ~ sano come un pesce.

kernig [-ɪç] *(agg)* ~ vigoroso, robusto *(anche fig)*.

Kernproblem [-proˌbleːm] *(n; -s, -e)* ~ problema principale.

Kernpunkt [-ˌpʊŋkt] *(m; -(e)s, -e)* ~ punto principale.

Kerosin [keroˈziːn] *(n; -s)* ~ cherosene.

Kerze [ˈkɛrtsə] *(f; -, -n)* ***1*** candela ◆ *eine Kerze anzünden, auslöschen* accendere, spegnere una candela. ***2*** *(abbrev di* **Zündkerze***)* candela (del motore) ◆ *die Kerzen auswechseln* cambiare le candele.

kerzengerade [-ngəˌraːdə] *(agg)* ~ diritto come un fuso.

Kerzenleuchter [-nˌlɔyçtɐ] *(m; -s, -)* ~ candelabro.

Kerzenlicht [-nˌlɪçt] *(n; -(e)s)* ~ lume di candela ◆ *bei Kerzenlicht* a lume di candela.

Kescher *(anche* **Käscher***)* [ˈkɛʃɐ] *(m; -s, -)* ~ retino (da pesca, per farfalle, ecc).

kess († **keß**) [kɛs] *(agg)* ***1*** *(fam)* spigliato, carino. ***2*** *(fam)* impertinente. ***3*** *(fam)* alla moda, audace (abito).

Kessel [-əl] *(m; -s, -)* ***1*** paiolo. ***2*** caldaia. ***3*** conca, valle.

Kesseltreiben [-əlˌtraibən] *(n; -s, -)* ***1*** caccia in cerchio. ***2*** *(fig)* caccia spietata ◆ *ein Kesseltreiben gegen jmdn veranstalten* dare una caccia spietata a qcn.

Ketschup *(anche* **Ketchup***)* [ˈkɛtʃap] *(m/n; -/-s, -s)* ~ ketchup.

Kette [ˈkɛtə] *(f; -, -n)* ***1*** catena ◆ *einen Hund an die Kette legen* legare un cane alla catena. ***2*** catena (di bicicletta). ***3*** catenina, collana. ***4*** catena montuosa. ***5*** *(pl)* catene, ceppi *(anche fig)* ◆ *jmdn in Ketten legen* mettere qcn in catene ◆ *seine Ketten sprengen/zerreißen (fig)* rompere le catene. ***6*** *(fig)* catena, serie, sequenza. ***7*** catena (di negozi e sim).

ketten [-n] *(vt, hat)* ~ incatenare *(anche fig)*.

Kettenbrücke [-nˌbrʏkə] *(f; -, -n)* ~ ponte sospeso.

Kettenfahrzeug [-nˌfaːɐtsɔyk] *(n; -(e)s, -e)* ~ veicolo cingolato.

Kettenglied [-nˌgliːt] *(n; -(e)s, -er)* ~ anello (di una catena).

Kettenreaktion [-nreakˌtsjoːn] *(fis/chim)* ~ reazione a catena *(anche fig)*.

Kettensäge [-nˌzɛːgə] *(f; -, -n)* ~ motosega.
Ketzer [ˈkɛtsɐ] *(m; -s, -; f* **-in***)* ~ *(relig)* eretico *(anche fig)*.
Ketzerei [kɛtsəˈrai] *(f; -, -en)* ~ *(relig)* eresia *(anche fig)*.
ketzerisch [ˈkɛtsərɪʃ] *(agg)* ~ *(relig)* eretico *(anche fig)*.
keuchen [ˈkɔyçən] *(vi,* hat*)* ~ ansimare, ansare.
Keuchhusten [ˈkɔyçˌhuːstən] *(m; -s)* ~ *(med)* pertosse.
Keule [ˈkɔylə] *(f; -, -n)* ~ clava, randello, mazza.
Keulenschlag [-nʃlaːk] *(m; -(e)s, -schläge)* ~ mazzata, randellata *(anche fig)*.
keusch [kɔyʃ] *(agg)* ***1*** casto, puro. ***2*** *(lett)* pudico.
Keuschheit [-ˌhait] *(f; -)* ~ castità, purezza.
Keuschheitsgelübde [-haitsgəˌlʏpdə] *(n; -s, -)* ~ voto di castità.
Keuschheitsgürtel [-haitsˌgʏrtəl] *(m; -s, -)* ~ cintura di castità.
Keyboard [ˈkiːbɔːd] *(n; -s, -s)* ~ *(mus)* tastiera (elettronica).
Kfz [ˌkaːˀɛfˈtsɛt] ~ abbrev di **Kraftfahrzeug**.
Kfz-Mechaniker [-meːˌçaːnikɐ] *(m; -s, -; f* **-in***)* ~ meccanico (di auto).
kg ~ abbrev di **Kilogramm**.
KG [ˌkaːˈgeː] ~ abbrev di **Kommanditgesellschaft**.
Kichererbse [ˈkɪçɐˌˀɛrpsə] *(f; -, -n)* ~ *(bot)* cece.
kichern [ˈkɪçɐn] *(vi,* hat*)* ~ ridacchiare.
Kick [kɪk] *(m; -/-s, -s)* ***1*** *(sport) (fam)* tiro, calcio. ***2*** *(fam)* brivido.
kicken [-ən] *(vt/vi,* hat*)* ***1*** *(sport) (fam)* calciare, tirare. ***2*** *(fam)* giocare a calcio.
Kid [kɪt] *(n; -s, -s)* ~ *(fam)* bambino, ragazzino.
kidnappen [-ˌnɛpən] *(vt,* hat*)* ~ rapire, sequestrare.
Kidnapper [-ˌnɛpɐ] *(m; -s, -; f* **-in***)* ~ rapitore, sequestratore.
Kiefer¹ [ˈkiːfɐ] *(m; -s, -)* ~ *(anat)* mascella; mandibola.
Kiefer² *(f; -, -n)* ~ *(bot)* pino silvestre.
Kiel¹ [kiːl] *(m; -(e)s, -e)* ~ calamo, penna.
Kiel² *(m; -(e)s, -e)* ~ chiglia.
Kieme [ˈkiːmə] *(f, -, -n)* ~ branchia.
Kies [kiːs] *(m; -es, raro -e)* ***1*** ghiaia. ***2*** *(fam)* soldi, quattrini.
Kiesel [ˈkiːzəl] *(m; -s, -)* ~ ciottolo.
kiffen [ˈkɪfən] *(vi,* hat*)* ~ *(fam)* fumare spinelli.
Kilo [ˈkiːlo] *(n; -s, -/-s)* ~ chilo, chilogrammo.
Kilogramm [kiloˈgram] *(n; -s, -) (abbrev* **kg***)* ~ chilogrammo.
Kilometer [kiloˈmeːtɐ] *(m; -s, -)* ~ chilometro.
kilometerlang [-ˌlaŋ] *(agg)* ~ lungo chilometri, chilometrico *(anche fig)*.
kilometerweit [-ˌvait] *(agg)* ***1*** lungo chilometri, chilometrico. ***2*** *(avv)* per chilometri (e chilometri).
Kind [kɪnt] *(n; -(e)s, -er)* ***1*** bambino ♦ *ein kleines Kind* un bambino (piccolo). ***2*** figlio, bambino ♦ *uneheliches Kind* figlio illegittimo ♦ *ein Kind bekommen/erwarten* aspettare un bambino. ***3*** *(pl)* figli ♦ *nur einer von ihren Kindern ist verheiratet* solo uno dei loro figli è sposato. ***4*** *(fig)* figlio, frutto ♦ *ein Kind seiner Zeit* un figlio del proprio tempo. ◆ **das Kind mit dem Bade ausschütten** *(fig)* buttar via il bambino insieme con l'acqua sporca. ◆ **das Kind beim (rechten) Namen nennen** *(fig)* chiamare le cose con il proprio nome. ◆ **als (kleines) Kind** da bambino, da piccolo. ◆ **mit Kind und Kegel** *(fam)* con tutta la famiglia. ◆ **von Kind an** fin da bambino, fin dall'infanzia. ◆ **Kinder und Narren sagen die Wahrheit** *(prov)* i matti e i bambini dicono la verità.
Kinderarzt [ˈkɪndɐˌˀaːɐtst] *(m; -(e)s, -ärzte; f* **-ärztin***)* ~ pediatra.
Kinderei [kɪndəˈrai] *(f; -, -en)* ~ bambinata.
Kindergarten [ˈkɪndɐˌgartən] *(m; -s, -gärten)* ~ asilo infantile, scuola materna.
Kindergärtnerin [ˈkɪndɐˌgɛrtnərɪn] *(f; -, -nen)* ~ maestra d'asilo.
Kindergeld [ˈkɪndɐˌgɛlt] *(n; -(e)s)* ~ assegni familiari.
Kinderkrankheit [ˈkɪndɐˌkraŋkhait] *(f; -, -en)* ~ malattia infantile.
kinderleicht [ˈkɪndɐˌlaiçt] *(agg)* ~ *(fam)* facilissimo, elementare.
kinderlos [ˈkɪndɐˌloːs] *(agg)* ~ senza figli.
Kindersitz [ˈkɪndɐˌzɪts] *(m; -es, -e)* ~ seggiolino per bambini (in auto o bicicletta).

Kinderspiel ['kɪndɐʃpi:l] *(n; -(e)s, -e)* ~ gioco per bambini. ◆ **für jmdn ein Kinderspiel sein** *(fig)* essere un gioco da ragazzi per qcn.

Kindersprache ['kɪndɐʃpra:xə] *(f; -, -n)* ~ linguaggio infantile.

Kindersterblichkeit ['kɪndɐʃtɛrplɪçkait] *(f; -)* ~ mortalità infantile.

Kinderwagen ['kɪndɐˌva:gən] *(m; -s, -)* ~ carrozzina (per bambini).

Kindheit ['kɪntˌhait] *(f; -)* ~ infanzia. ◆ **von Kindheit an** fin dall'infanzia.

kindisch ['kɪndɪʃ] *(agg)* ~ *(spreg)* infantile, puerile.

kindlich ['kɪntlɪç] *(agg)* ~ infantile.

Kinn [kɪn] *(n; -(e)s, -e)* ~ *(anat)* mento ◆ *ein fliehendes Kinn* un mento sfuggente ◆ *ein spitzes/vorspringendes Kinn* un mento pronunciato.

Kino ['ki:no] *(n; -s, -s)* ***1*** cinema ◆ *ins Kino gehen* andare al cinema. ***2*** *(fam)* film, spettacolo (cinematografico) ◆ *wann beginnt das Kino?* quando inizia lo spettacolo? ***3*** *(solo sing)* cinema, produzione cinematografica.

Kinobesuch [-bəˌzu:x] *(m; -(e)s, -e)* ~ l'andare al cinema ◆ *mein letzter Kinobesuch war vor einem Monat* l'ultima volta che sono stato al cinema è stata un mese fa.

Kiosk ['ki:ɔsk] *(m; -(e)s, -e)* ~ chiosco, edicola (di giornali e sim).

Kippe ['kɪpə] *(f; -, -n)* ***1*** *(fam)* cicca, mozzicone (di sigaretta). ***2*** giravolta, volteggio (alla sbarra). ◆ **auf der Kippe stehen** *(fig)* essere in bilico, essere incerto.

kippeln [-ln] *(vi, hat)* ~ *(fam)* traballare, barcollare.

kippen[1] [-n] *(vi, ist)* ~ traballare, barcollare (e cadere); ribaltarsi, rovesciarsi ◆ *der Stuhl ist gekippt* la sedia si è ribaltata ◆ *vom Stuhl kippen* cadere dalla sedia.

kippen[2] *(vt, hat)* ***1*** ribaltare, rovesciare. ***2*** rovesciare, versare (il contenuto di qcs). ***3*** *(fam)* buttar giù, bere (alcolici). ◆ **einen kippen** *(fam)* bere un bicchierino.

Kippfenster ['kɪpˌfɛnstɐ] *(n; -s, -)* ~ finestra a vasistas.

Kippwagen ['kɪpˌva:gən] *(m; -s, -)* ~ autocarro (con cassone ribaltabile).

Kirche ['kɪrçə] *(f; -, -n)* ~ *(generic)* chiesa ◆ *die evangelische, katholische Kirche* la chiesa evangelica, cattolica ◆ *eine gothische Kirche* una chiesa gotica ◆ *in die Kirche/zur Kirche gehen* andare in chiesa, andare alla messa. ◆ **die Kirche im Dorf lassen** *(fig/fam)* non esagerare, non ingigantire le cose.

Kirchenbann [-nˌban] *(m; -(e)s, -e)* ~ scomunica.

Kirchenbesuch [-nbəˌzu:x] *(m; -(e)s, -e)* ~ l'andare in chiesa.

Kirchenbesucher [-nbəˌzu:xɐ] *(m; -s, -; f* **-in***)* ~ chi va in chiesa, fedele.

Kirchendiener [-nˌdi:nɐ] *(m; -s, -; f* **-in***)* ~ sagrestano.

Kirchengerät [-ngəˌrɛ:t] *(n; -(e)s, -e)* ~ arredo sacro.

Kirchenlicht [-nˌlɪçt] *(n)* ~ **kein/nicht gerade ein (großes) Kirchenlicht sein** *(fig/fam)* non essere un'aquila.

Kirchenmaus [-nˌmaus] *(f)* ~ **arm wie eine Kirchenmaus sein** *(fig/fam)* essere povero in canna.

Kirchenmusik [-nmuˌzi:k] *(f; -)* ~ musica sacra.

Kirchenrecht [-nˌrɛçt] *(n; -(e)s)* ~ diritto canonico.

Kirchenspaltung [-nˌʃpaltʊŋ] *(f; -, -en)* ~ scisma.

Kirchenstaat [-nˌʃta:t] *(m; -(e)s)* ~ Stato della Chiesa, Stato Pontificio.

Kirchgang ['kɪrçˌgaŋ] *(m; -(e)s, -gänge)* ~ l'andare in chiesa.

Kirchgänger ['kɪrçˌgɛŋɐ] *(m; -s, -; f* **-in***)* ~ chi va in chiesa, fedele.

kirchlich ['kɪrçlɪç] *(agg)* ~ ecclesiastico, della chiesa. ◆ **kirchliche Trauung** matrimonio religioso.

Kirchplatz ['kɪrçˌplats] *(m; -es, -plätze)* ~ sagrato.

Kirchturm ['kɪrçˌtʊrm] *(m; -(e)s, -türme)* ~ campanile.

Kirchturmpolitik [-pɔliˌti:k] *(f; -)* ~ campanilismo, politica di campanilismo.

Kirchweih ['kɪrçˌvai] *(f; -, -en)* ~ sagra, festa paesana.

Kirmes ['kɪrmɛs] *(f; -, -sen)* *(region)* ~ sagra, festa paesana.

Kirschbaum ['kɪrʃˌbaum] *(m; -(e)s, -bäume)* ~ *(bot)* ciliegio.

Kirsche ['kɪrʃə] *(f; -, -n)* ***1*** *(bot)* ciliegio. ***2*** *(bot)* ciliegia.

Kissen ['kɪsən] *(n; -s, -)* ~ cuscino.
Kissenbezug [-bəˌtsu:k] *(m; -(e)s, -züge)* ~ federa.
Kiste ['kɪstə] *(f; -, -n)* ***1*** cassa, cassetta. ***2*** scatola. ***3*** *(fig/fam)* macinino, rottame (auto vecchia). ◆ **und fertig ist die Kiste!** *(fam)* ecco fatto!
Kitsch [kɪtʃ] *(m; -(e)s)* ~ cosa di cattivo gusto, kitsch.
kitschig [-ɪç] *(agg)* ~ di cattivo gusto, kitsch.
Kitt [kɪt] *(m; -(e)s, -e)* ~ mastice; stucco.
Kittchen [-çən] *(n; -s, -)* ~ *(fam)* prigione, galera.
Kittel [-əl] *(m; -s, -)* ~ camice.
kitten [-ən] *(vt, hat)* ***1*** stuccare. ***2*** incollare (con il mastice). ***3*** *(fig)* riparare, rimettere in piedi.
Kitzel ['kɪtsəl] *(m; -s, -)* ***1*** solletico; prurito. ***2*** *(fig)* voglia, prurito ◆ *einen Kitzel nach etwas verspüren* avere voglia di qcs.
kitzelig [-ɪç] ~ vedi **kitzlig**.
kitzeln [-n] *(vt, hat)* ***1*** {*jmdn* ~} fare il solletico a qcn; dare prurito a qcn ◆ *jmdn an den Fußsohlen kitzeln* fare il solletico a qcn sotto i piedi. ***2*** *(fig)* solleticare, stuzzicare ◆ *jmds Eitelkeit kitzeln* solleticare la vanità di qcn.
kitzlig ['kɪtslɪç] *(anche* **kitzelig***)* *(agg)* ***1*** che soffre il solletico. ***2*** *(fig)* spinoso, delicato (situazioni e sim). ◆ **kitzlig sein** soffrire il solletico.
Kiwi ['ki:vi] *(f; -, -s)* ~ *(bot)* kiwi.
klaffen ['klafən] *(vi, hat)* ~ spalancarsi, aprirsi (abissi, crepe, ecc).
kläffen ['klɛfən] *(vi, hat)* ~ latrare.
Klage ['kla:gə] *(f; -, -n)* ***1*** lamentela, lagnanza, protesta, rimostranza ◆ *(keinen) Grund zur Klage haben* (non) avere di che lamentarsi. ***2*** *(dir)* querela ◆ *(gegen jmdn) Klage erheben* sporgere querela (contro qcn). ***3*** *(lett)* lamento.
klagen[1] [-n] *(vi, hat)* ***1*** {*über etwas* (Acc) ~} lamentarsi di qcs, lagnarsi di qcs *(anche fig)* ◆ *über die Bedienung klagen* lamentarsi del servizio ◆ *„Wie geht's?" „Ich kann nicht klagen"* "Come va?" "Non mi posso lamentare". ***2*** {*um jmdn* ~} *(lett)* piangere qcn. ***3*** {*gegen jmdn auf etwas* (Acc) ~} *(dir)* sporgere querela contro qcn per qcs.
klagen[2] *(vt, hat)* ~ {*jmdm etwas* ~} confidare qcs a qcn.
Kläger ['klɛ:gɐ] *(m; -s, -; f* **-in***)* ~ *(dir)* accusatore, querelante.
Klageschrift ['kla:gəʃrɪft] *(f; -, -en)* ~ *(dir)* citazione.
Klageweg ['kla:gəˌve:k] *(m; -(e)s, -e)* ~ *(dir)* vie legali ◆ *auf dem Klageweg* per vie legali.
kläglich ['klɛ:klɪç] *(agg)* ***1*** lamentevole, lamentoso. ***2*** miserevole, pietoso ◆ *in einem kläglichen Zustand leben* vivere in uno stato pietoso. ***3*** *(fig)* povero, scarso, misero ◆ *ein klägliches Ergebnis* un misero risultato. ***4*** *(avv)* miseramente ◆ *kläglich scheitern* fallire miseramente.
klaglos ['kla:kˌlo:s] *(agg/avv)* ~ senza lamentarsi.
Klamauk [kla'mauk] *(m; -s)* ~ *(fam)* chiasso, casino.
klamm [klam] *(agg)* ***1*** umido e freddo ◆ *klamme Bettwäsche* lenzuola umide e fredde. ***2*** intirizzito, irrigidito. ◆ **klamm sein** *(fig/fam)* essere al verde.
Klamm *(f; -, -en)* ~ forra, gola.
Klammer ['klamɐ] *(f; -, -n)* ***1*** parentesi ◆ *eckige, geschweifte, runde, spitze Klammern* parentesi quadre, graffe, tonde, uncinate ◆ *Klammer auf, Klammer zu* aperta parentesi, chiusa parentesi ◆ *etwas in Klammer(n) setzen* mettere qcs fra parentesi. ***2*** *(abbrev di* **Wäscheklammer***)* molletta (per i panni). ***3*** punto (chirurgico). ***4*** *(abbrev di* **Büroklammer***)* graffetta.
Klammeraffe [-ˌʔafə] *(m; -n, -n)* ~ *(elab)* chiocciola, at.
klammern [-n] *(vt, hat)* ***1*** ricucire, suturare ◆ *eine Wunde klammern* ricucire una ferita. ***2*** {*etwas an etwas* (Acc) ~} fissare qcs a qcs (con mollette e sim). ◆ **sich an jmdn/etwas klammern** *(vr)* aggrapparsi a qcn/qcs *(anche fig)* ◆ *sich an eine Hoffnung klammern* aggrapparsi a una speranza.
Klamotte [kla'mɔtə] *(f; -, -n)* ***1*** *(pl) (fam)* vestiti ◆ *ich muss mir neue Klamotten kaufen* devo comprarmi dei vestiti nuovi. ***2*** *(spec pl) (fam)* cianfrusaglie.
Klan [kla:n] *(m; -s, -s/-e)* ~ vedi **Clan**.
klang [klaŋ] ~ pret di **klingen**.

Klang *(m*; -(e)s, Klänge*)* ***1*** suono; timbro ♦ *ein dumpfer, klarer, metallischer Klang* un suono sordo, chiaro, metallico ♦ *beim Klang seiner Stimme wachte das Kind auf* al suono della sua voce il bambino si svegliò. ***2*** suono; squillo ♦ *der Klang der Trompeten* lo squillo delle trombe. ***3*** *(fig)* tono (di parole). ***4*** *(pl)* musica.

Klangfarbe [-ˌfarbə] *(f*; -, -n*)* ~ *(mus)* timbro, tono.

klangvoll [-ˌfɔl] *(agg)* ***1*** dal suono pieno. ***2*** *(fig)* altisonante, famoso.

Klappe ['klapə] *(f*; -, -n*)* ***1*** coperchio, sportello (ribaltabile). ***2*** valvola (dell'aria; cardiaca). ***3*** *(fam/spreg)* bocca, becco ♦ *halt die Klappe!* chiudi il becco! ***4*** *(fam)* letto. ◆ **die große Klappe schwingen** *(fig/fam)* spararle grosse.

klappen [-n] *(vi*, hat*)* ***1*** *(fam)* andare bene, funzionare *(anche impers)* ♦ *wenn alles klappt* se tutto va bene ♦ *es hat beim ersten Versuch geklappt* è andata bene al primo tentativo ♦ *hat es mit eurem Treffen geklappt?* siete riusciti a incontrarvi? ***2*** battere, sbattere, far rumore ♦ *das Fenster klappt* la finestra sbatte. ***3*** *(vt)* ribaltare.

Klapper ['klapɐ] *(m*; -s, -*)* ~ sonaglio.

klapperig ['klapərɪç] *(anche* **klapprig***)* *(agg)* ***1*** sgangherato, scassato. ***2*** *(fam)* decrepito (persona o animale).

klappern ['klapɐn] *(vi*, hat*)* ***1*** battere, sbattere, far rumore ♦ *die Tür klappert* la porta sbatte ♦ *mit dem Geschirr klappern* far rumore con i piatti ♦ *ihm klappern die Zähne* gli battono i denti (per la paura o il freddo). ***2*** pestare, scalpitare.

Klapperschlange ['klapɐˌʃlaŋə] *(f*; -, -n*)* ~ *(zool)* serpente a sonagli.

Klapperstorch ['klapɐˌʃtɔrç] *(fam)* ~ cicogna (che porta i bambini) ♦ *zu Meiers ist der Klapperstorch gekommen* dai Meier è passata la cicogna.

Klappmesser ['klapˌmɛsɐ] *(n*; -s, -*)* ~ coltello a serramanico.

klapprig ['klaprɪç] ~ vedi **klapperig**.

Klappsitz ['klapˌzɪts] *(m*; -es, -e*)* ~ sedile ribaltabile (al cinema e sim).

Klappstuhl ['klapˌʃtuːl] *(m*; -(e)s, -stühle*)* ~ sedia pieghevole.

Klapptür ['klapˌtyːɐ] *(f*; -, -en*)* ~ botola.

Klaps [klaps] *(m*; -es, -e*)* ~ *(fam)* scappellotto, buffetto. ◆ **einen Klaps haben** *(fam)* essere un po' tocco.

klar ['klaːɐ] *(agg)* ***1*** chiaro, limpido; sereno ♦ *klares Wasser* acqua limpida ♦ *klarer Himmel* cielo sereno. ***2*** *(fig)* chiaro, comprensibile ♦ *eine klare Antwort* una risposta chiara ♦ *eine klare Handschrift* una calligrafia chiara ♦ *es ist mir nicht klar, warum* non mi è chiaro perché. ***3*** *(fig)* lucido; acuto, perspicace ♦ *einen klaren Kopf/Geist haben* avere la mente lucida. ***4*** chiaro, sicuro, ovvio ♦ *ich hole dich ab, das ist doch klar!* ti vengo a prendere, è chiaro! ***5*** *(mil)* pronto a partire (aerei, navi, ecc). ***6*** *(avv)* chiaramente *(anche fig)* ♦ *etwas klar und offen sagen* dire qcs molto chiaramente. ◆ **einen klaren Blick haben** *(fig)* avere una visione chiara. ◆ **sich** (Dat) **über etwas** (Acc) **klar werden** rendersi conto di qcs, arrivare a capire qcs. ◆ **sich** (Dat) **über etwas** (Acc) **im Klaren sein** rendersi conto di qcs, aver ben chiaro qcs. ◆ **klar!** è chiaro! è ovvio! ◆ **klarer Fall!** *(fam)* è ovvio! senza dubbio!

Kläranlage ['klɛːrˌˀanlaːgə] *(f*; -, -n*)* ~ impianto di depurazione.

klären ['klɛːrən] *(vt*, hat*)* ***1*** chiarire, spiegare ♦ *ein Missverständnis klären* chiarire un equivoco. ***2*** purificare, depurare (spec. acque). ◆ **sich klären** *(vr)* chiarirsi, risolversi ♦ *die Sache hat sich schon geklärt* la faccenda si è già chiarita.

Klarheit ['klaːɐˌhait] *(f*; -*)* ***1*** chiarezza, limpidezza. ***2*** *(fig)* chiarezza, comprensibilità. ***3*** lucidità (mentale); acutezza, perspicacia.

Klarinette [klari'nɛtə] *(f*; -, -n*)* ~ *(mus)* clarinetto.

klar|kommen *(vi*, ist; *irr* kommen*)* ***1*** {*mit etwas ~*} *(fam)* venire a capo di qcs. ***2*** {*mit jmdm ~*} andare d'accordo con qcn.

klar|legen *(vt*, hat*)* ~ spiegare, chiarire.

klar|machen *(vt*, hat*)* ***1*** {*(jmdm) etwas ~*} *(fam)* spiegare, chiarire qcs (a qcn). ***2*** {*etwas ~*} *(fam)* regolare, sistemare qcs (pagare).

klar|stellen *(vt*, hat*)* ~ chiarire.

Klärung ['klɛːrʊŋ] *(f; -, -en)* ***1*** chiarimento, spiegazione (il chiarire) ♦ *die Klärung einer Frage* il chiarimento di una questione. ***2*** depurazione, purificazione (di acque).

klasse ['klasə] *(agg indecl/avv)* ~ *(fam)* fantastico ♦ *eine klasse Leistung* una prestazione fantastica ♦ *du siehst klasse aus* hai un aspetto fantastico.

Klasse *(f; -, -n)* ***1*** classe, raggruppamento ♦ *in Klassen einteilen* suddividere in classi. ***2*** classe, categoria ♦ *eine Fahrkarte zweiter Klasse* un biglietto di seconda classe ♦ *erster, zweiter Klasse fahren* viaggiare in prima, seconda classe. ***3*** classe, ceto. ***4*** classe (scolastica) ♦ *in die sechste Klasse gehen* frequentare la sesta classe (prima media). ***5*** classe, aula (scolastica).

Klassement [-'mãː] *(n; -s, -s)* ~ *(sport)* classifica.

Klassenarbeit [-nˌˀarbait] *(f; -, -en)* ~ compito in classe.

Klassenbewusstsein [-nbəˌvʊstzain] *(n; -s)* ~ coscienza di classe.

Klassenbuch [-nˌbuːx] *(n; -(e)s, -bücher)* ~ registro di classe.

Klassenkamerad [-nkaməˌraːt] *(m; -en, -en; f* **-in***)* ~ compagno di classe.

Klassenkampf [-nˌkampf] *(m; -(e)s, -kämpfe)* ~ lotta di classe.

Klassentreffen [-nˌtrɛfən] *(n; -s, -)* ~ incontro fra ex compagni di classe.

Klassenzimmer [-nˌtsɪmɐ] *(n; -s, -)* ~ aula, classe.

Klassifikation [klasifika'tsjoːn] *(f; -, en)* ~ classificazione.

klassifizieren [klasifi'tsiːrən] *(vt, hat)* ~ classificare.

Klassik ['klasɪk] *(f; -)* ***1*** età classica, periodo classico. ***2*** classicismo.

Klassiker [-ɐ] *(m; -s, -)* ~ classico (autore, opera).

klassisch ['klasɪʃ] *(agg)* ***1*** classico ♦ *das klassische Altertum* l'antichità classica ♦ *die klassischen Sprachen* le lingue classiche. ***2*** classico, tipico ♦ *ein klassisches Beispiel* un classico esempio.

Klatsch [klatʃ] *(m; -(e)s, e)* ***1*** tonfo (nell'acqua). ***2*** *(solo sing)* pettegolezzi.

Klatschbase [-ˌbaːzə] *(f; -, -n)* ~ *(fam)* pettegolo/a.

klatschen[1] [-ən] *(vi, hat)* ***1*** battere, picchiettare ♦ *der Regen klatscht auf das Dach* la pioggia batte sul tetto. ***2*** {*über jmdn* ~} spettegolare su qcn. ◆ **(in die Hände) klatschen** battere le mani; applaudire.

klatschen[2] *(vt, hat)* ~ buttare, sbattere, schiaffare ♦ *er klatschte die Fotos auf den Tisch* buttò le foto sul tavolo. ◆ **jmdm Beifall klatschen** applaudire qcn.

Klaue ['klauə] *(f; -, -n)* ***1*** artiglio (di rapaci, felini, ecc). ***2*** zoccolo (di bovini, suini, ecc). ***3*** *(fig)* grinfia, artiglio, mano ♦ *etwas in seinen Klauen haben, halten* avere, tenere qcs nelle proprie grinfie. ***4*** *(fig/fam)* calligrafia (brutta), zampe di gallina.

klauen [-n] *(vt, hat)* ~ *(fam)* sgraffignare, fregare, rubare.

Klause ['klauzə] *(f; -, -n)* ***1*** eremo. ***2*** cella (di convento). ***3*** *(fig)* casetta; stanzetta. ***4*** gola, forra.

Klausel [-l] *(f; -, -n)* ~ clausola.

Klausur [klau'zuːɐ] *(f; -, -en)* ***1*** clausura. ***2*** esame scritto ♦ *eine Klausur schreiben* fare un esame scritto.

Klavier [kla'viːɐ] *(n; -s, -e)* ~ *(mus)* pianoforte ♦ *Klavier spielen* suonare il pianoforte ♦ *jmdn auf dem Klavier begleiten* accompagnare qcn al pianoforte.

Klavierspieler [-ʃpiːlɐ] *(m; -s, -; f* **-in***)* ~ pianista.

Klebeband ['kleːbəˌbant] *(n; -(e)s, -bänder)* ~ nastro adesivo.

kleben[1] ['kleːbən] *(vi, hat)* ***1*** rimanere incollato, aderire ♦ *das Klebeband klebt nicht gut* il nastro adesivo non aderisce bene. ***2*** attaccarsi, appiccicarsi, stare appiccicato ♦ *die Haare klebten ihr an der Stirn* i capelli le stavano appiccicati alla fronte. ***3*** *(fig/fam)* {*an etwas* (Dat) ~} rimanere attaccato a qcs, rimanere legato a qcs. ◆ **kleben bleiben** († **klebenbleiben**) ***1*** rimanere incollato, attaccato. ***2*** *(fam)* essere bocciato (a scuola). ***3*** *(fig/fam)* rimanere a lungo (in un luogo).

kleben[2] *(vt, hat)* ~ incollare, appiccicare, attaccare.

klebenbleiben ~ **kleben bleiben** (vedi **kleben**[1]).

Klebestift ['kleːbəʃtɪft] *(m; -(e)s, -e)* ~ colla in stick.

Klebstoff ['kle:pʃtɔf] *(m; -(e)s, -e)* ~ colla, collante.

klebrig ['kle:brɪç] *(agg)* ~ appiccicoso.

kleckern ['klɛkɐn] *(vi/vt,* hat*)* ***1*** *(vi)* sbrodolarsi ♦ *beim Essen kleckern* sbrodolarsi mangiando. ***2*** {*etwas auf etwas* (Acc) ~} *(vt)* sbrodolare qcs su qcs ♦ *das Eis auf das Hemd kleckern* sbrodolare la camicia di gelato. ◆ **nicht kleckern (sondern klotzen)** non badare a spese, non lesinare.

Klecks [klɛks] *(m; -es, -e)* ~ macchia.

klecksen [-ən] *(vi,* hat*)* ~ macchiare, sporcare ♦ *der Kuli kleckst* la penna macchia.

Klee [kle:] *(m; -s)* ~ *(bot)* trifoglio. ◆ **jmdn über den grünen Klee loben** fare lodi sperticate a qcn.

Kleeblatt [-ˌblat] *(n; -(e)s, -blätter)* ***1*** foglia di trifoglio. ***2*** *(fig)* svincolo a quadrifoglio. ◆ **vierblättriges Kleeblatt** quadrifoglio.

Kleid [klait] *(n; -(e)s, -er)* ***1*** vestito, abito (da donna). ***2*** *(pl)* vestiti, abiti ♦ *die Kleider ablegen* togliersi i vestiti. ◆ **Kleider machen Leute** *(prov)* le persone si giudicano da come vestono.

kleiden ['klaidən] *(vt,* hat*)* ***1*** {*jmdn* ~} vestire qcn. ***2*** {*jmdn* ~} star bene a qcn (abiti) ♦ *die Jacke kleidet dich (gut)* la giacca ti veste bene. ***3*** *(fig)* esprimere ♦ *etwas in Worte kleiden* esprimere qcs a parole. ◆ **sich kleiden** *(vr)* vestirsi, vestire ♦ *sich elegant, gut, sportlich* vestire elegante, bene, sportivo ♦ *sich in Rot kleiden* vestirsi di rosso.

Kleiderablage ['klaidɐˌˀaplaːgə] *(f; -, -n)* ~ guardaroba (deposito di abiti).

Kleiderbügel ['klaidɐˌbyːgəl] *(m; -s, -)* ~ gruccia appendiabiti.

Kleiderschrank ['klaidɐʃraŋk] *(m; -(e)s, -schränke)* ~ armadio (per gli abiti).

Kleiderständer ['klaidɐʃtɛndɐ] *(m; -s, -)* ~ attaccapanni.

Kleidung ['klaidʊŋ] *(f; -)* ~ abbigliamento; vestiti.

Kleidungsstück [-sʃtʏk] *(n; -(e)s, -e)* ~ capo d'abbigliamento, vestito.

Kleie ['klaiə] *(f; -, -n)* ~ crusca.

klein [klain] *(agg)* ***1*** piccolo ♦ *ein kleiner Tisch* un tavolo piccolo, un tavolino ♦ *ein kleiner Junge* un ragazzino. ***2*** basso (persona) ♦ *er ist klein und dick* è basso e grasso. ***3*** minore, (più) piccolo, più giovane ♦ *meine kleine Schwester* mia sorella minore. ***4*** piccolo, breve ♦ *eine kleine Pause* una piccola pausa. ***5*** piccolo, basso (cifra e sim); poco numeroso ♦ *eine kleine Gruppe* un piccolo gruppo ♦ *eine kleine Spende* una piccola offerta. ***6*** *(fig)* piccolo, di poca importanza ♦ *ein kleines Geschenk* un piccolo regalo. ***7*** *(fig)* piccolo, limitato ♦ *ein kleiner Geist* una mente limitata. ***8*** *(avv)* piccolo, in piccolo ♦ *hast du auch die klein gedruckten Zeilen gelesen?* hai letto anche le righe scritte in piccolo? ◆ **klein, aber fein** piccolo, ma carino. ◆ **klein kariert** († **kleinkariert**) a quadretti piccoli ♦ *ein klein kariertes Blatt* un foglio a quadretti piccoli. ◆ **ein klein(es) bisschen** un pochino. ◆ **kleines Geld** spiccioli, monete. ◆ **im Kleinen** in piccolo. ◆ **von klein auf** fin da piccolo, fin dall'infanzia. ◆ **klein anfangen** cominciare dal basso (senza soldi). ◆ **etwas klein machen** († **kleinmachen**) ***1*** rimpicciolire qcs. ***2*** spezzettare, sminuzzare, fare a pezzi qcs. ***3*** cambiare (in moneta). ◆ **sich klein machen** († **kleinmachen**) ***1*** rannicchiarsi, chinarsi. ***2*** *(fig)* abbassarsi, umiliarsi. ◆ **etwas klein schreiben** ***1*** († **kleinschreiben**) dare poca importanza a qcs. ***2*** vedi **kleinschreiben**.

Kleinarbeit [-ˌˀarbait] *(f; -, -n)* ~ lavoro di precisione, lavoro minuzioso.

Kleinbürger [-ˌbʏrgɐ] *(m; -s, -; f* **-in***)* ***1*** piccolo borghese. ***2*** *(fig/spreg)* piccolo borghese, borghesuccio.

kleinbürgerlich [-ˌbʏrgɐlɪç] *(agg)* ***1*** piccolo borghese, della piccola borghesia. ***2*** *(fig/spreg)* piccolo borghese, gretto.

Kleine(r, -s) [-ə (-ɐ, -əs)] *(m/f/n; -n, -n)* ~ piccolo, bambino, bambina ♦ *wie geht's den Kleinen?* come stanno i bambini?

Kleingeld [-ˌgɛlt] *(n; -(e)s)* ~ spiccioli, monete ♦ *ich habe kein Kleingeld* non ho spiccioli.

Kleinhandel [-ˌhandəl] *(m; -s)* ~ commercio al minuto.

Kleinheit [-ˌhait] *(f; -)* ~ piccolezza, limitatezza, pochezza.

Kleinigkeit [-ɪç,kait] *(f; -, -en)* ***1*** piccolezza, sciocchezza, bazzecola ♦ *du kannst dir nicht über jede Kleinigkeit Sorgen machen* non puoi preoccuparti per ogni sciocchezza. ***2*** sciocchezza (minima quantità, piccola cosa) ♦ *ich habe eine Kleinigkeit dafür bezahlt* l'ho pagato una sciocchezza ♦ *jmdm eine Kleinigkeit schenken* regalare un pensierino a qcn.

kleinkariert [-ka,riːɐt] *(agg)* ***1*** **klein kariert** (vedi **klein**). ***2*** *(fig)* gretto, meschino, limitato.

Kleinkram [-,kraːm] *(m; -s)* ~ piccolezze, sciocchezze, stupidaggini.

kleinlaut [-,laut] *(agg)* ~ timido, piccolo piccolo. ◆ **kleinlaut werden** *(fig)* abbassare la cresta.

kleinlich [-lɪç] *(agg)* ***1*** pedante, pignolo. ***2*** meschino, limitato, ristretto (mentalmente). ***3*** avaro, taccagno.

kleinmachen ~ **klein machen** (vedi **klein**).

klein|schreiben († **klein schreiben**) *(vt, hat; irr* schreiben*)* ~ scrivere con l'iniziale minuscola.

Kleinschreibung [-ʃraibʊŋ] *(f; -, -en)* ~ grafia con l'iniziale minuscola.

Kleinstaat [-ʃtaːt] *(m; -(e)s, -en)* ~ piccolo stato, staterello.

Kleinstadt [-ʃtat] *(f; -, -städte)* ~ piccola città, cittadina.

kleinstädtisch [-ʃtɛːtɪʃ] *(agg)* ***1*** di una piccola città, di una cittadina. ***2*** *(fig)* gretto, provinciale.

kleinste(r, -s) [-stə (-tɐ, -təs)] *(agg; superl di* **klein***)* ~ il più piccolo, minimo ♦ *beim kleinsten Geräusch wache ich auf* mi sveglio al minimo rumore. ◆ **bis ins Kleinste** († **kleinste**) fin nei minimi dettagli.

Kleinvieh [-,fiː] *(n; -(e)s)* ~ animali da cortile.

Kleinwagen [-,vaːgən] *(m; -s, -)* ~ utilitaria.

Kleister ['klaistɐ] *(m; -s, -)* ~ colla d'amido.

Klemme ['klɛmə] *(f; -, -n)* ***1*** pinza, molletta. ***2*** *(fam)* guaio, impiccio ♦ *jmdm aus der Klemme helfen* aiutare qcn a uscire fuori dai guai ♦ *in einer Klemme sein/sitzen* essere nei guai.

klemmen[1] [-n] *(vi, hat)* ~ bloccarsi, incepparsi, fare resistenza (meccanismi e sim); rimanere bloccato, inceppato, incastrato ♦ *die Tür klemmt* la porta si apre male ♦ *der Schlüssel klemmt* la chiave non gira.

klemmen[2] *(vt, hat)* ~ infilare ♦ *die Bücher unter den Arm klemmen* infilare i libri sotto al braccio. ◆ **sich klemmen** *(vr)* ***1*** {*sich hinter jmdn ~*} *(fig/fam)* marcare stretto qcn (per ottenere qcs). ***2*** {*sich hinter etwas* (Acc) *~*} *(fig/fam)* stare dietro a qcs, essere preso da qcs. ◆ **sich** (Dat) **einen Finger, eine Hand klemmen** schiacciarsi un dito, una mano.

Klempner ['klɛmpnɐ] *(m; -s, -)* ~ idraulico, stagnino.

Klerus ['kleːrʊs] *(m; -)* ~ clero.

klettern ['klɛtɐn] *(vi, ist)* ***1*** arrampicarsi, salire (arrampicandosi) ♦ *auf einen Baum klettern* arrampicarsi su un albero. ***2*** *(fig)* salire, aumentare, balzare su (temperature, prezzi, ecc).

Kletterpflanze ['klɛtɐ,pflantsə] *(f; -, -n)* ~ pianta rampicante, rampicante.

klicken ['klɪkən] *(vi, hat)* ***1*** fare clic, scattare. ***2*** *(elab)* cliccare.

Klient [kli'ɛnt] *(m; -en, -en; f* **-in***)* ~ cliente (di avvocato, commercialista, ecc).

Klima ['kliːma] *(n; -s, -s)* ~ clima *(anche fig)* ♦ *heißes, kaltes, mildes, tropisches Klima* clima caldo, freddo, mite, tropicale.

Klimaanlage [-,ʔanlaːgə] *(f; -, -n)* ~ impianto di condizionamento dell'aria, aria condizionata.

klimatisch [kli'maːtɪʃ] *(agg)* ~ climatico.

klimatisieren [klimati'ziːrən] *(vt, hat)* ~ dotare di aria condizionata.

Klimawechsel ['kliːma,vɛksəl] *(m; -s, -)* ~ cambiamento di clima, cambiamento d'aria *(anche fig)*.

klimpern ['klɪmpɐn] *(vi, hat)* ***1*** strimpellare ♦ *auf der Gitarre klimpern* strimpellare la chitarra. ***2*** tintinnare.

Klinge ['klɪŋə] *(f; -, -n)* ***1*** lama ♦ *eine scharfe, stumpfe Klinge* una lama affilata, che non taglia. ***2*** *(abbrev di* **Rasierklinge***)* lametta da barba. ◆ **mit jmdm die Klinge(n) kreuzen** ***1*** incrociare le spade con qcn. ***2*** *(fig)* scontrarsi con qcn.

Klingel [-l] *(f; -, -n)* ~ campanello (di porta, bicicletta, ecc).

klingeln [-ln] *(vi,* hat*)* ***1*** suonare (campanelli e sim); squillare (telefono). ***2*** suonare (il campanello) ♦ *ich habe schon zweimal geklingelt* ho già suonato due volte. ***3*** *(impers)* suonare ♦ *es hat geklingelt (impers)* hanno suonato ♦ *es klingelt zum Unterricht* la campanella suona l'inizio della lezione.

klingen [-n] *(vi,* hat; **klang, geklungen***)* ***1*** suonare, risuonare ♦ *die Glöckchen klingen* i campanelli suonano. ***2*** *(fig)* suonare, sembrare ♦ *das klingt interessant* sembra interessante ♦ *seine Stimme klingt traurig* la sua voce sembra/suona triste.

klingend [-nt] *(agg)* ~ sonante, risonante, squillante *(anche fig)* ♦ *eine klingende Stimme* una voce squillante ♦ *klingende Münze* moneta sonante.

Klinik ['kli:nɪk] *(f;* -, -en*)* ~ clinica.

klinisch ['kli:nɪʃ] *(agg)* ~ clinico.

Klinke ['klɪŋkə] *(f;* -, -n*)* ~ maniglia (di porta).

klipp [klɪp] *(avv)* ~ **klipp und klar** chiaro e tondo.

Klippe [-ə] *(f;* -, -n*)* ***1*** scoglio. ***2*** *(fig)* scoglio, ostacolo ♦ *alle Klippen umgehen* aggirare tutti gli ostacoli.

Klippfisch [-ˌfɪʃ] *(m;* -es, -e*)* ~ baccalà.

klirren ['klɪrən] *(vi,* hat*)* ~ tintinnare, risuonare, stridere (vetro, metallo, ghiaccio, ecc).

Klischee [kli'ʃe:] *(n;* -s, -s*)* ~ cliché *(anche fig)*.

Klistier [klɪs'ti:ɐ] *(n;* -s, -e*)* ~ clistere.

Klo [klo:] *(n;* -s, -s*)* *(abbrev di* **Klosett***)* ~ *(fam)* gabinetto ♦ *aufs Klo gehen* andare al gabinetto.

Kloake [klo'a:kə] *(f;* -, -n*)* ~ cloaca.

Klobecken ['klo:ˌbɛkən] *(n;* -s, -*)* ~ tazza del water.

Kloben ['klo:bən] *(m;* -s, -*)* ***1*** ceppo. ***2*** *(fig)* zoticone.

Klobrille ['klo:ˌbrɪlə] *(f;* -, -n*)* ~ *(fam)* sedile del water.

Klon *(anche* **Clon***)* [klo:n] *(m;* -s, -e*)* ~ clone.

klonen *(anche* **clonen***)* [-ən] *(vt,* hat*)* ~ clonare.

Klopapier ['klo:paˌpi:ɐ] *(n;* -s*)* ~ carta igienica.

klopfen[1] ['klɔpfən] *(vi,* hat*)* ***1*** battere, picchiare; bussare ♦ *an die Tür klopfen* bussare alla porta ♦ *es klopft an der Tür (impers)* bussano alla porta ♦ *jmdm auf die Schulter klopfen* battere sulla spalla di qcn. ***2*** battere, palpitare ♦ *das Herz klopft* il cuore batte.

klopfen[2] *(vt,* hat*)* ***1*** battere ♦ *Fleisch, Teppiche klopfen* battere la carne, i tappeti ♦ *den Takt klopfen* battere il tempo. ***2*** spaccare (pietre).

Klopfer ['klɔpfɐ] *(m;* -s, -*)* ~ battipanni.

Klöppel ['klœpəl] *(m;* -s, -*)* ***1*** battaglio, batacchio. ***2*** mazza, bacchetta (di tamburo e sim).

Klosett [klo'zɛt] *(n;* -s, -s/-e*)* ~ gabinetto.

Kloß [klo:s] *(m;* -es, Klöße*)* ***1*** grumo, massa; zolla. ***2*** gnocco, canederlo. ◆ **einen Kloß im Halse haben** *(fig/fam)* avere un nodo in gola.

Kloster ['klo:stɐ] *(n;* -s, Klöster*)* ~ convento, monastero. ◆ **ins Kloster gehen** prendere i voti, farsi monaco/suora.

klösterlich ['klø:stɐlɪç] *(agg)* ~ conventuale, monastico, claustrale.

Klosterregel ['klo:stɐˌre:gəl] *(f;* -, -n*)* ~ regola monastica.

Klotz [klɔts] *(m;* -es, Klötze*)* ***1*** ceppo, ciocco (di legno). ***2*** *(fig)* zoticone, cafone. ◆ **einen Klotz am Bein haben** *(fig)* avere una palla al piede. ◆ **wie ein Klotz schlafen** *(fig)* dormire come un ghiro.

klotzig [-ɪç] *(agg)* ***1*** massiccio, tozzo. ***2*** *(avv) (fig/fam)* enormemente, molto.

Klub [klʊb] *(m;* -s, -s*)* ~ club.

Kluft[1] [klʊft] *(f;* -, Klüfte*)* ***1*** crepa, fenditura, crepaccio. ***2*** *(fig)* abisso, divergenza, spaccatura, divario ♦ *zwischen uns besteht eine tiefe Kluft* fra noi c'è un abisso profondo.

Kluft[2] *(f;* -, -en*)* ~ *(fam)* uniforme, divisa; vestito.

klug [klu:k] *(agg;* **klüger, am klügsten***)* ***1*** intelligente; sagace. ***2*** saggio, assennato, accorto, ragionevole (persona, azione, ecc). ◆ **klug reden** *(anche* **klugreden***)* fare il saccente. ◆ **aus jmdm/etwas nicht klug werden** non riuscire a capire qcn/qcs.

Klugheit [-ˌhait] *(f;* -, -en*)* ***1*** *(solo sing)* intelligenza; sagacia. ***2*** saggezza, assennatezza, accortezza, ragionevolezza.

klugreden ~ anche **klug reden** (vedi **klug**).

klumpen ['klʊmpən] *(vi,* hat*)* ~ raggrumarsi, ammassarsi; fare grumi.

Klumpen *(m;* -s, -*)* ***1*** massa, ammasso, grumo. ***2*** zolla.

Klüngel ['klʏŋəl] *(m;* -s, -*)* ~ cricca, combriccola.

knabbern ['knabɐn] *(vi,* hat*)* ***1*** {*an etwas* (Dat) ~} sgranocchiare qcs, rosicchiare qcs. ***2*** {*an etwas* (Dat) ~} *(fig)* tormentarsi con qcs, avere da fare con qcs. ***3*** *(vt)* *(fam)* sgranocchiare.

Knabe ['kna:bə] *(m;* -n, -n*)* ~ *(lett)* fanciullo, ragazzo.

knacken[1] ['knakən] *(vi,* hat*)* ~ scricchiolare, crepitare.

knacken[2] *(vt,* hat*)* ***1*** rompere, spaccare (gusci). ***2*** *(fig/fam)* forzare, scassinare. ◆ **Rätsel knacken** risolvere indovinelli.

knackig ['knakɪç] *(agg)* ***1*** *(fam)* croccante; sodo. ***2*** *(fam)* energico.

Knacks [knaks] *(m;* -es, -e*)* ***1*** *(fam)* schianto, crac. ***2*** *(fam)* crepa, fessura, incrinatura. ***3*** *(fig/fam)* problema, difetto (fisico o mentale).

Knall [knal] *(m;* -(e)s, -e*)* ***1*** schiocco, schianto. ***2*** esplosione, scoppio. ◆ **(auf) Knall und Fall** *(fig/fam)* di punto in bianco.

Knalleffekt [-ˀɛˌfɛkt] *(m;* -(e)s, -e*)* ~ *(fam)* effetto sorpresa.

knallen[1] [-ən] *(vi,* hat*)* ***1*** schioccare. ***2*** esplodere, scoppiare. ***3*** {*mit etwas* ~} far schioccare qcs ♦ *mit der Peitsche knallen* far schioccare la frusta.

knallen[2] *(vt,* hat*)* ~ buttare, scaraventare, schiaffare. ◆ **jmdm eine knallen** *(fam)* dare uno schiaffo a qcn.

Knallerbse [-ˌˀɛrpsə] *(f;* -, -n*)* ~ petardo.

Knallfrosch [-ˌfrɔʃ] *(m;* -es, -frösche*)* ~ petardo.

knallhart [-ˌhart] *(agg)* ***1*** *(fam)* duro, faticoso. ***2*** duro, violento, brutale.

knallig [-ɪç] *(agg)* ***1*** *(fam)* acceso, sgargiante (colore). ***2*** *(avv)* *(fam)* molto, estremamente.

knapp [knap] *(agg)* ***1*** scarso, esiguo. ***2*** stretto, piccolo (indumento). ***3*** scarso (tempo, misura, ecc) ♦ *knapp zwei Meter* due metri scarsi ♦ *eine knappe Stunde* un'ora scarsa ♦ *knapp zwei Stunden* due ore scarse. ***4*** stringato, conciso. ***5*** *(avv)* a stento, a fatica. ◆ **mit knapper Not** a stento, a fatica. ◆ **knapp sein** essere scarso, scarseggiare ♦ *die Vorräte sind knapp* le provviste scarseggiano. ◆ **mit etwas knapp sein** essere a corto di qcs. ◆ **die Zeit ist knapp** il tempo stringe.

Knappheit [-ˌhait] *(f;* -*)* ***1*** scarsità, scarsezza, mancanza ♦ *die Knappheit an Vorräten* la scarsità di provviste. ***2*** stringatezza, concisione.

knarren ['knarən] *(vi,* hat*)* ~ scricchiolare, cigolare (legno e sim).

Knast [knast] *(m;* -(e)s, Knaste/Knäste*)* ~ *(fam)* galera, gattabuia. ◆ **im Knast sitzen** stare dietro le sbarre.

knattern ['knatɐn] *(vi,* hat*)* ~ crepitare, scoppiettare.

Knäuel ['knɔyəl] *(n/m;* -s, -*)* ***1*** gomitolo. ***2*** *(fig)* intrico, groviglio.

Knauf [knauf] *(m;* -(e)s, Knäufe*)* ~ pomello, pomo, manopola.

knauserig ['knauzərɪç] *(agg)* ~ *(fam)* taccagno, spilorcio.

knausern ['knauzɐn] *(vi,* hat*)* ***1*** essere taccagno, essere spilorcio. ***2*** {*mit etwas* ~} *(fam)* lesinare qcs, essere avaro di qcs *(anche fig)*.

knautschen ['knautʃən] *(vi/vt,* hat*)* ***1*** *(vi)* *(fam)* sgualcirsi, spiegazzarsi. ***2*** *(vt)* *(fam)* sgualcire, spiegazzare.

Knebel ['kne:bəl] *(m;* -s, -*)* ~ bavaglio. ◆ **jmdm einen Knebel in den Mund stecken** imbavagliare qcn.

knebeln [-n] *(vt,* hat*)* ~ imbavagliare.

Knecht [knɛçt] *(m;* -(e)s, -e*)* ~ servo, servitore.

kneifen[1] ['knaifən] *(vi,* hat; **kniff**, **gekniffen***)* ~ *(fig)* tirarsi indietro, squagliarsela.

kneifen[2] *(vt,* hat; **kniff**, **gekniffen***)* ***1*** stringere, serrare. ***2*** dare un pizzicotto ♦ *jmdn in den Arm, in die Wange kneifen* dare un pizzicotto a qcn nel braccio, sulla guancia.

Kneipe ['knaipə] *(f;* -, -n*)* ***1*** birreria, pub, locale. ***2*** osteria.

kneten ['kne:tən] *(vt,* hat*)* ***1*** modellare, impastare, lavorare (creta, impasti, ecc). ***2*** massaggiare.

Knick [knɪk] *(m;* -(e)s, -e*)* ***1*** curva a gomito. ***2*** piega, piegatura (di carta, stoffa, ecc); orecchio.

knicken [-ən] *(vt,* hat*)* ***1*** piegare (carta). ***2*** spezzare, rompere (legno, rami, ecc).
Knicks [-s] *(m;* -es, -e*)* ~ inchino, riverenza.
Knie [kniː] *(n;* -s, -*)* ***1*** *(anat)* ginocchio ♦ *das Knie beugen* piegare il ginocchio ♦ *die Knie wurden mir weich vor Angst* mi si piegavano le ginocchia dalla paura ♦ *jmdn auf den Knien um etwas bitten* chiedere qcs a qcn in ginocchio *(anche fig)*. ***2*** *(fig)* curva, piega. ◆ **vor jmdm auf den Knien liegen** stare in ginocchio davanti a qcn *(anche fig)*. ◆ **vor jmdm auf die Knie fallen** cadere in ginocchio davanti a qcn *(anche fig)*. ◆ **sich vor jmdm auf die Knie werfen** buttarsi ai piedi di qcn. ◆ **in die Knie brechen** cadere in ginocchio. ◆ **jmdn in die Knie zwingen** *(fig)* mettere in ginocchio qcn, piegare qcn. ◆ **etwas übers Knie brechen** *(fig)* sbrigare qcs in tutta fretta. ◆ **jmdm übers Knie legen** *(fig)* sculacciare qcn.
Kniefall [-ˌfal] *(m;* -(e)s, -fälle*)* ~ genuflessione. ◆ **einen Kniefall vor jmdm tun** *(fig)* piegarsi di fronte a qcn, umiliarsi di fronte a qcn.
kniehoch [-ˌhoːx] *(agg)* ~ alto fino al ginocchio.
knien [-n] *(vi,* hat*)* ~ stare in ginocchio. ◆ **sich knien** *(vr)* inginocchiarsi.
kniff [knɪf] ~ pret di **kneifen**.
Kniff *(m;* -(e)s, -e*)* ***1*** pizzicotto ♦ *ein Kniff in die Wange* un pizzicotto sulla guancia. ***2*** piega, piegatura (di carta). ***3*** *(fig)* trucco, astuzia. ◆ **alle Kniffe und Griffe kennen** conoscere tutti i trucchi.
kniff(e)lig ['knɪf(ə)lɪç] *(agg)* ***1*** difficile, complicato ♦ *eine knifflige Frage* una domanda difficile. ***2*** spinoso, delicato ♦ *eine knifflige Angelegenheit* una faccenda delicata.
knipsen ['knɪpsən] *(vt,* hat*)* ***1*** *(fam)* forare (biglietti e sim). ***2*** *(fam)* fotografare; scattare delle foto. ◆ **mit den Fingern knipsen** schioccare le dita.
Knirps [knɪrps] *(m;* -es, -e*)* ***1*** ragazzino, bimbo. ***2*** *(spreg)* ometto, nanetto. ***3*** ombrello pieghevole.
knirschen ['knɪrʃən] *(vi,* hat*)* ~ scricchiolare (spec ghiaccio o neve). ◆ **mit den Zähnen knirschen** digrignare i denti.
knistern ['knɪstɐn] *(vi,* hat*)* ***1*** frusciare (carta, stoffa). ***2*** scricchiolare; crepitare, scoppiettare (fuoco).
Knitter ['knɪtɐ] *(m;* -s, -*)* ~ piega, grinza.
knittern [-n] *(vi/vt,* hat*)* ***1*** *(vi)* spiegazzarsi. ***2*** *(vt)* spiegazzare.
knobeln ['knoːbəln] *(vi,* hat*)* ***1*** {*an etwas* (Dat) ~} riflettere su qcs, lambiccarsi, scervellarsi su qcs. ***2*** {*um etwas* ~} tirare a dadi per qcs ♦ *knobeln, wer bezahlen soll* tirare a dadi per chi deve pagare.
Knoblauch ['knoːpˌlaux] *(m;* -s*)* ~ *(bot)* aglio.
Knoblauchknolle [-ˌknɔlə] *(f;* -, -n*)* ~ capo d'aglio.
Knoblauchzehe [-ˌtseːə] *(f;* -, -n*)* ~ spicchio d'aglio.
Knöchel ['knœçəl] *(m;* -s, -*)* ~ *(anat)* malleolo; nocca.
Knochen ['knɔxən] *(m;* -s, -*)* ***1*** osso. ***2*** *(pl)* ossa, membra ♦ *sich* (Dat) *die Knochen brechen* rompersi le ossa. ◆ **bis auf die Knochen** *(fig)* fino all'osso, fino al midollo.
Knochenbau [-ˌbau] *(m;* -(e)s*)* ~ ossatura.
Knochenbruch [-ˌbrʊx] *(m;* -(e)s, -brüche*)* ~ frattura (ossea).
Knochengerüst [-gəˌrʏst] *(n;* -(e)s, -e*)* ~ scheletro.
Knochenmark [-ˌmark] *(n;* -(e)s*)* ~ midollo osseo.
knochig [-ɪç] *(agg)* ~ ossuto.
knock-out *(anche* **knockout***)* [nɔkˈʔaut] *(agg indecl/avv) (abbrev* **k.o.***)* ~ k.o., fuori combattimento.
Knödel ['knøːdəl] *(m;* -s, -*) (region)* ~ gnocco, canederlo.
Knolle ['knɔlə] *(f;* -, -n*)* ***1*** tubero; bulbo. ***2*** *(fam)* nasone, patata.
Knopf [knɔpf] *(m;* -(e)s, Knöpfe*)* ***1*** bottone ♦ *einen Knopf annähen* attaccare un bottone ♦ *die Knöpfe am Hemd zuknöpfen* chiudere i bottoni della camicia ♦ *der Knopf ist abgerissen* il bottone si è staccato. ***2*** bottone, pulsante. ***3*** pomo, pomello.
knöpfen ['knœpfən] *(vt,* hat*)* ~ abbottonare.
Knopfloch ['knɔpfˌlɔx] *(n;* -(e)s, -löcher*)* ~ occhiello, asola.
Knorpel ['knɔrpəl] *(m;* -s, -*)* ~ *(anat)* cartilagine.

knorrig ['knɔrɪç] *(agg)* ***1*** nodoso (legno). ***2*** *(fig)* burbero, rude.

Knospe ['knɔspə] *(f; -, -n)* ~ boccio ♦ *Knospen ansetzen/treiben* germogliare.

knospen [-n] *(vi, hat)* ~ germogliare *(anche fig)*.

knoten ['kno:tən] *(vt, hat)* ~ annodare, legare.

Knoten *(m; -s, -)* ***1*** nodo ♦ *einen Knoten lösen, machen* sciogliere, fare un nodo. ***2*** crocchia ♦ *einen Knoten tragen* portare la crocchia. ***3*** nodo, nodosità (del legno). ***4*** *(med)* nodulo. ***5*** nodo (unità di misura).

Knotenpunkt [-ˌpʊŋkt] *(m; -(e)s, -e)* ~ nodo (stradale e sim), punto nodale *(anche fig)*.

Knuff [knʊf] *(m; -(e)s, -e)* ~ *(fam)* colpetto; gomitata.

knüllen ['knʏlən] *(vi/vt, hat)* ***1*** *(vi)* spiegazzarsi, sgualcirsi. ***2*** *(vt)* appallottolare, accartocciare.

Knüller ['knʏlɐ] *(m; -s, -)* ~ *(fam)* successo (cosa o evento di successo).

knüpfen ['knʏpfən] *(vt, hat)* ***1*** {*etwas (an etwas)* (Acc) ~} stringere (con un nodo), annodare, legare qcs (a qcs), fare il nodo a qcs. ***2*** tessere (tappeti). ***3*** {*etwas an etwas* (Acc) ~} *(fig)* legare, collegare qcs a qcs, riporre qcs in qcs (speranze e sim). ◆ **sich an etwas** (Acc) **knüpfen** *(vr)* legarsi a qcs, essere collegato a qcs. ◆ **Bande knüpfen** *(fig)* stringere legami.

Knüppel ['knʏpəl] *(m; -s, -)* ***1*** randello, manganello, bastone. ***2*** cambio, leva del cambio. ◆ **jmdm einen Knüppel zwischen die Beine werfen** *(fig)* mettere i bastoni fra le ruote a qcn.

knurren ['knʊrən] *(vi, hat)* ***1*** ringhiare. ***2*** {*über etwas* (Acc) ~} *(fig)* brontolare su qcs. ◆ **mein Magen knurrt** *(fig)* mi brontola lo stomaco.

knuspern ['knʊspɐn] *(vi/vt, hat)* ~ {*an etwas* (Dat) ~} *(vi)*, {*etwas* ~} *(vt)* sgranocchiare, rosicchiare qcs.

knusprig ['knʊsprɪç] *(agg)* ~ croccante.

Knute ['knu:tə] *(f; -, -n)* ~ frusta, staffile. ◆ **jmdn unter seine Knute bringen** *(fig)* soggiogare qcn. ◆ **unter jmds Knute stehen** *(fig)* stare sotto il giogo di qcn.

knutschen ['knu:tʃən] *(vi, hat)* ~ *(fam)* sbaciucchiarsi *(anche vr)*.

k.o. [ˌka:'ʔo:] ~ abbrev di **knock-out**. ◆ **k.o. sein** *(fig/fam)* essere k.o., essere esausto.

Koalition [koali'tsjo:n] *(f; -, -en)* ~ coalizione.

Kobold ['ko:bɔlt] *(m; -(e)s, -e)* ~ spiritello, folletto.

Kobra ['ko:bra] *(f; -, -s)* ~ *(zool)* cobra.

Koch [kɔx] *(m; -(e)s, Köche; f* **Köchin***)* ~ cuoco. ◆ **viele Köche verderben den Brei** *(prov)* troppi cuochi guastano la cucina.

kochen[1] [-ən] *(vi, hat)* ***1*** bollire. ***2*** cuocere. ***3*** *(fig)* ribollire.

kochen[2] *(vt, hat)* ***1*** bollire; cuocere. ***2*** cucinare ♦ *sie kann gut kochen* cucina bene.

kochend [-ənt] *(agg)* ~ che cuoce; bollente. ◆ **kochend heiß** († **kochendheiß**) bollente, caldissimo.

Köcher ['kœçɐ] *(m; -s, -)* ~ faretra.

Kochherd ['kɔxˌhe:ɐt] *(m; -(e)s, -e)* ~ cucina economica.

Kochlöffel ['kɔxˌlœfəl] *(m; -s, -)* ~ mestolo.

Kochnische ['kɔxˌni:ʃə] *(f; -, -n)* ~ angolo cottura, cucinotto.

Kochplatte ['kɔxˌplatə] *(f; -, -n)* ~ piastra per cucinare, fornello.

Kochsalz ['kɔxˌzalts] *(n; -es)* ~ sale da cucina.

Kochtopf ['kɔxˌtɔpf] *(m; -(e)s, -töpfe)* ~ pentola.

Kode *(anche* **Code***)* [ko:t] *(m; -s, -s)* ~ codice.

Köder ['kø:dɐ] *(m; -s, -)* ~ esca (anche *fig*).

ködern [-n] *(vt, hat)* ***1*** attirare con l'esca. ***2*** *(fig)* adescare.

Kodex *(anche* **Codex***)* ['ko:dɛks] *(m; -es/-, -e/Kodizes)* ***1*** *(dir)* codice. ***2*** *(pl -e)* codice, norme (di comportamento e sim).

Koffein [kɔfe'i:n] *(n; -s)* ~ caffeina.

Koffer ['kɔfɐ] *(m; -s, -)* ~ valigia, baule ♦ *den Koffer auspacken, packen* disfare, fare la valigia. ◆ **die Koffer packen** *(fig)* fare le valigie.

Kofferkuli [-ˌku:li] *(m; -s, -s)* ~ carrello portabagagli.

Kognak *(anche* **Cognac***)* ['kɔnjak] *(m; -/-s)* ~ cognac.

Kohl [ko:l] *(m; -(e)s, -e)* ~ *(bot)* cavolo.

Kohldampf [-ˌdampf] *(m; -(e)s)* ~ *(fam)* fame.

Kohle [-ə] *(f; -, -n)* ***1*** carbone ♦ *glühende Kohlen* carboni ardenti. ***2*** carboncino (da disegno). ***3*** *(pl) (fam)* soldi, quattrini.

Kohlenbecken [-ən,bɛkən] *(n; -s, -)* ***1*** bacino carbonifero. ***2*** braciere.

Kohlenbergwerk [-ən,bɛrkvɛrk] *(n; -(e)s, -e)* ~ miniera di carbone.

Kohlendioxyd [-ən,di:ˀɔksy:t] *(n; -(e)s)* ~ anidride carbonica, biossido di carbonio.

Kohlengrube [-ən,gru:bə] *(f; -, -n)* ~ miniera di carbone.

Kohlenhydrat [-ənhy,dra:t] *(n; -(e)s, -e)* ~ carboidrato.

Kohlensäure [-ən,zɔyrə] *(f; -, -n)* ~ acido carbonico. ◆ **Mineralwasser mit Kohlensäure** acqua minerale gassata.

Kohlenstoff [-ən,ʃtɔf] *(m; -(e)s)* ~ *(chim)* carbonio.

Kohlepapier [-əpa,pi:ɐ] *(n; -(e)s)* ~ carta carbone.

Köhler ['kø:lɐ] *(m; -s, -)* ~ carbonaio.

Kohlrabi [-,ra:bi] *(m; -/-s, -/-s)* ~ *(bot)* cavolo rapa.

Koitus *(anche* **Coitus***)* ['ko:itʊs] *(m; -, -)* ~ coito.

Koje ['ko:jə] *(f; -, -n)* ***1*** cuccetta (su nave). ***2*** *(fam)* letto.

Kojote [ko'jo:tə] *(m; -n, -n)* ~ *(zool)* coyote.

Kokain [koka'i:n] *(n; -s)* ~ cocaina.

Kokarde [ko'kardə] *(f; -, -n)* ~ coccarda.

kokett [ko'kɛt] *(agg)* ~ civettuolo.

kokettieren [kokɛ'ti:rən] *(vi, hat)* ~ {*(mit jmdm)* ~} civettare, fare la civetta (con qcn).

Kokosnuss († **-nuß**) ['ko:kɔs,nʊs] *(f; -, -nüsse)* ~ noce di cocco.

Kokospalme ['ko:kɔs,palme] *(f; -, -n)* ~ *(bot)* palma da cocco.

Kolben ['kɔlbən] *(m; -s, -)* ***1*** calcio (del fucile). ***2*** pannocchia. ***3*** stantuffo, pistone.

Kolik ['ko:lɪk] *(f; -, -en)* ~ *(med)* colica.

kollabieren [kɔla'bi:rən] *(vi, ist/hat)* ~ *(med)* collassare.

Kollaps ['kɔlaps] *(m; -es, -e)* ~ *(med)* collasso.

Kolleg [kɔ'le:k] *(n; -s, -s)* ~ corso (universitario), seminario ♦ *ein Kolleg besuchen* seguire un corso ♦ *ein Kolleg halten/lesen* tenere un corso.

Kollege [kɔ'le:gə] *(m; -n, -n; f* **-gin***)* ~ collega.

kollegial [kɔle'gja:l] *(agg)* ***1*** da collega, collaborativo ♦ *kollegiales Benehmen* comportamento collaborativo. ***2*** collegiale.

Kollegium [kɔ'le:gjʊm] *(n; -s, -gien)* ***1*** collegio, commissione. ***2*** corpo docente.

Kollektion [kɔlɛk'tsjo:n] *(f; -, -en)* ~ collezione (spec di moda).

kollektiv [kɔlɛk'ti:f] *(agg)* ~ collettivo.

Koller ['kɔlɐ] *(m; -s, -)* ~ *(fam)* accesso d'ira.

kollidieren [kɔli'di:rən] *(vi, hat)* ~ {*mit etwas* ~} entrare in collisione con qcs, scontrarsi con qcs *(anche fig)*.

Kollision [kɔli'zjo:n] *(f; -, -en)* ~ collisione, scontro *(anche fig)* ♦ *mit jmdm/etwas in Kollision geraten/kommen (fig)* entrare in collisione con qcn/qcs.

kölnisch [kœlnɪʃ] *(agg)* ~ **kölnisches Wasser** colonia, acqua di Colonia.

Kölnischwasser [-ɪʃ,vasɐ] *(n; -s)* ~ colonia, acqua di Colonia.

Kolonie [kolo'ni:] *(f; -, -n)* ~ *(generic)* colonia.

Kolonisator [koloni'za:to:ɐ] *(m; -s, -)* ~ colonizzatore.

Kolonist [kolo'nɪst] *(m; -en, -en)* ~ colono.

Kolonne [ko'lɔnə] *(f; -, -n)* ***1*** colonna, fila, schiera *(anche mil)* ♦ *in Kolonne marschieren* marciare in colonna. ***2*** autocolonna. ***3*** squadra (di lavoro).

Koloss († **Koloß**) [ko'lɔs] *(m; -es, -e)* ~ colosso *(anche fig)*.

kolossal [kolɔ'sa:l] *(agg)* ***1*** colossale, gigantesco. ***2*** *(fam)* enorme, grandissimo. ***3*** *(avv) (fam)* moltissimo, enormemente.

Kolumne [ko'lʊmnə] *(f; -, -n)* ~ colonna (di giornale), rubrica.

Koma ['ko:ma] *(n; -s, -s/-ta)* ~ *(med)* coma ♦ *im Koma liegen* essere in coma.

Kombi ['kɔmbi] *(m; -s, -s)* ~ abbrev di **Kombiwagen**.

Kombination [-na'tsjo:n] *(f; -, -en)* ***1*** combinazione, collegamento. ***2*** tuta.

kombinieren [-'ni:rən] *(vt, hat)* ~ combinare, abbinare, accostare.

Kombiwagen [-,va:gən] *(m; -s, -)* ~ station wagon.

Komet [ko'me:t] *(m; -en, -en)* ~ cometa.

Komfort [kɔm'fo:ɐ] *(m; -/-(e)s)* ~ comfort, comodità.

Komik ['ko:mɪk] *(f; -)* ~ comicità.
Komiker ['ko:mikɐ] *(m; -s, -; f* **-in***)* ~ comico.
komisch ['ko:mɪʃ] *(agg)* ***1*** comico, spassoso; buffo. ***2*** *(fam)* strano, buffo, strambo ♦ *das ist aber komisch!* questa è proprio buffa! ***3*** *(teatr)* comico.
Komitee [komi'te:] *(n; -s, -s)* ~ comitato.
Komma ['kɔma] *(n; -s, -s/-ta)* ~ *(gramm/mat)* virgola.
Kommandant [-n'dant] *(m; -en, -en)* ~ *(mil)* comandante.
kommandieren [-n'di:rən] *(vi/vt, hat)* ~ *(mil)* comandare *(anche fig)*.
Kommanditgesellschaft [n'di:tgəˌzɛlʃaft] *(f; -, -en) (abbrev* **KG***)* ~ società in accomandita.
Kommando [kɔ'mando] *(n; -s, -s)* ***1*** comando, ordine. ***2*** comando, autorità ♦ *das Kommando über die Truppen führen* avere il comando delle truppe. ***3*** commando, reparto speciale.
kommen ['kɔmən] *(vi, ist;* **kam**, **gekommen***)* ***1*** venire ♦ *wann können Sie zu uns kommen?* quando può venire da noi? ♦ *ich komme gleich* vengo subito. ***2*** venire, arrivare *(anche fig)* ♦ *zu spät kommen* arrivare troppo tardi ♦ *es ist Post für dich gekommen* è arrivata posta per te. ***3*** venire, uscire ♦ *ich komme gerade vom Arzt, von zu Hause* vengo dal medico, da casa. ***4*** comparire, apparire, spuntare. ***5*** accadere, succedere, essere ♦ *wie ist das bloß gekommen?* ma come è successo? ♦ *wie kommt es, dass…?* come può succedere che…? ♦ *komme, was da wolle* accada quel che accada. ***6*** stare, andare messo (in un certo posto) ♦ *die Hosen kommen in den anderen Schrank* i pantaloni vanno messi in quell'altro armadio. ***7*** {*auf jmdn ~*} spettare a qcn, toccare a qcn. ***8*** {*auf etwas* (Acc) *~*} (riuscire a) ricordarsi qcs. ***9*** {*um etwas ~*} perdere qcs *(anche fig)* ♦ *ums Leben kommen* perdere la vita, morire. ***10*** {*von etwas ~*} *(fig)* venire da qcs, derivare da qcs. ***11*** {*jmdm ~*} *(fam)* comportarsi verso qcn (in un certo modo). ***12*** {*zu etwas ~*} *(fig)* giungere a qcs, ottenere qcs ♦ *zu der Überzeugung kommen, dass* giungere alla convinzione che. ***13*** {*zu etwas ~*} *(fig)* aggiungersi a qcs, andare aggiunto a qcs ♦ *zu der Summe kommen auch noch die Reisekosten* alla somma vanno aggiunti anche i costi del viaggio. ***14*** {*es kommt zu etwas*} *(impers)* si arriva a qcs, si giunge a qcs ♦ *es kam zu heftigen Auseinandersetzungen* si giunse a violenti scontri. ◆ **kommen und gehen** andare e venire. ◆ **das Kommen und Gehen** l'andirivieni. ◆ **sich** (Dat) **etwas kommen lassen** farsi mandare qcs. ◆ **wieder zu sich kommen** tornare in sé, riaversi. ◆ **dazu kommen, etwas zu tun** ***1*** avere/trovare il tempo di fare qcs ♦ *ich bin noch nicht dazu gekommen, ihr zu schreiben* non ho ancora avuto il tempo di scriverle. ***2*** riuscire a fare qcs ♦ *wie bist du dazu gekommen?* come ci sei riuscito? ◆ **komm!** dai! su! vieni!
kommend [-t] *(agg)* ~ prossimo, venturo, a venire, che viene ♦ *im kommenden Jahr* l'anno prossimo ♦ *am kommenden Wochenende* il prossimo fine settimana.
Kommentar [kɔmɛn'ta:ɐ] *(m; -(e)s, -e)* ***1*** commento, osservazione (critica) ♦ *einen Kommentar zu etwas abgeben* fare un commento su qcs. ***2*** commento, interpretazione (di opere).
kommentieren [kɔmɛn'ti:rən] *(vt, hat)* ~ commentare, spiegare (testi, leggi, ecc).
Kommerz [kɔ'mɛrts] *(m; -es)* ~ *(spreg)* commercio, profitto.
kommerziell [kɔmɛr'tsjɛl] *(agg)* ~ commerciale.
Kommilitone [kɔmili'to:nə] *(m; -n, -n; f* **-nin***)* ~ compagno di studi, collega di studi (all'università).
Kommissar [kɔmɪ'sa:ɐ] *(m; -s, -e; f* **-in***)* ~ commissario.
Kommission [kɔmɪ'sjo:n] *(f; -, -en)* ***1*** commissione, comitato. ***2*** *(econ)* commissione, ordine.
Kommode [kɔ'mo:də] *(f; -, -n)* ~ cassettone, comò.
kommunal [kɔmu'na:l] *(agg)* ~ comunale, municipale.
Kommune [kɔ'mu:nə] *(f; -, -n)* ***1*** comune, municipalità. ***2*** comune *(f)*, comunità.
Kommunikation [kɔmunika'tsjo:n] *(f; -)* ~ comunicazione.
Kommunikationsmittel [-sˌmɪtəl] *(n; -s, -)* ~ mezzo di comunicazione.

Kommunion [kɔmu'njo:n] *(f; -, -en)* ~ *(relig catt)* comunione ♦ *die erste Kommunion* la prima comunione ♦ *die Kommunion empfangen* fare la comunione, comunicarsi.

Kommunismus [kɔmu'nɪsmʊs] *(m; -)* ~ comunismo.

Kommunist [kɔmu'nɪst] *(n; -en, -en; f* **-in***)* ~ comunista.

kommunistisch [-ɪʃ] *(agg)* ~ comunista.

kommunizieren [kɔmuni'tsi:rən] *(vi,* hat*)* ***1*** *(lett)* comunicare, parlare. ***2*** *(lett)* comunicare (essere comunicante) ♦ *kommunizierende Röhren* vasi comunicanti. ***3*** *(relig catt)* comunicarsi, fare la comunione.

Komödiant [komø'djant] *(m; -en, -en; f* **-in***)* ~ commediante *(anche fig)*.

Komödie [ko'mø:djə] *(f; -, -n)* ***1*** commedia ♦ *eine Komödie aufführen* mettere in scena una commedia. ***2*** teatro di prosa. ***3*** *(fig)* commedia, messinscena.

kompakt [kɔm'pakt] *(agg)* ***1*** compatto, concentrato. ***2*** tarchiato.

Kompaktheit [-ˌhait] *(f; -)* ~ compattezza.

Kompanie [kɔmpa'ni:] *(f; -, -n)* ~ *(econ/mil)* compagnia.

Kompass († **Kompaß**) ['kɔmpas] *(m; -es, -e)* ~ bussola.

kompatibel [kɔmpa'ti:bəl] *(agg)* ~ compatibile.

Kompatibilität [kɔmpatibili'tɛ:t] *(f; -, -en)* ~ compatibilità.

kompetent [kɔmpe'tɛnt] *(agg)* ***1*** competente, responsabile. ***2*** competente, esperto ♦ *in etwas* (Dat) *kompetent sein* essere competente in qcs/intendersi di qcs.

Kompetenz [kɔmpe'tɛnts] *(f; -, -en)* ***1*** competenza, responsabilità. ***2*** competenza, esperienza ♦ *die Kompetenz in etwas* (Dat) la competenza di qcs.

komplett [kɔm'plɛt] *(agg)* ***1*** completo, intero. ***2*** *(fam)* completo, totale ♦ *das ist das komplette Chaos* è il caos totale. ***3*** *(avv)* *(fam)* completamente, del tutto; al completo.

komplex [kɔm'plɛks] *(agg)* ~ complesso.

Komplex *(n; -es, -e)* ***1*** complesso, insieme, gruppo. ***2*** complesso, fissazione, mania.

Komplikation [kɔmplika'tsjo:n] *(f; -, -en)* ~ complicazione, difficoltà.

Kompliment [kɔmpli'mɛnt] *(n; -(e)s, -e)* ~ complimento, complimenti ♦ *jmdm ein Kompliment machen* fare un complimento a qcn ♦ *jmdm für etwas Komplimente machen* fare i complimenti a qcn per qcs. ◆ (**mein**) **Kompliment!** complimenti!

Komplize [kɔm'pli:tsə] *(m; -n, -n; f* **Komplizin***)* ~ complice.

komplizieren [kɔmpli'tsi:rən] *(vt,* hat*)* ~ complicare.

kompliziert [kɔmpli'tsi:ɐt] *(agg)* ~ complicato, difficile.

Komplott [kɔm'plɔt] *(n; -(e)s, -e)* ~ complotto.

Komponente [kɔmpo'nɛntə] *(f; -, -n)* ~ componente, elemento, parte.

komponieren [kɔmpo'ni:rən] *(vt,* hat*)* ***1*** comporre, formare. ***2*** *(mus)* comporre.

Komponist [kɔmpo'nɪst] *(m; -en, -en; f* **-in***)* ~ *(mus)* compositore.

Komposition [kɔmpozi'tsjo:n] *(f; -, -en)* ~ *(lett)* composizione *(anche mus)*.

Kompost [kɔm'pɔst] *(m; -es, -e)* ~ compost, terriccio fertilizzante.

Kompott [kɔm'pɔt] *(n; -(e)s, -e)* ~ frutta cotta, composta.

Kompresse [kɔm'prɛsə] *(f; -, -n)* ~ garza, compressa.

komprimieren [kɔmpri'mi:rən] *(vt,* hat*)* ~ comprimere.

Kompromiss († **Kompromiß**) [kɔmpro'mɪs] *(m/n; -es, -e)* ~ compromesso, via di mezzo ♦ *mit jmdm ein Kompromiss schließen* venire a un compromesso con qcn.

kompromissbereit († **kompromiß-**) [-bəˌrait] *(agg)* ~ disposto a compromessi, conciliante.

kompromisslos († **kompromiß-**) [-ˌlo:s] *(agg)* ~ che non accetta compromessi, intransigente.

kompromittieren [kɔmpromɪ'ti:rən] *(vt,* hat*)* ~ compromettere.

Kondensmilch [kɔn'dɛnsˌmɪlç] *(f; -)* ~ latte condensato.

Kondition [kɔndi'tsjo:n] *(f; -, -en)* ***1*** *(econ)* condizione (di pagamento, di consegna, ecc). ***2*** *(solo sing)* condizione di salute; forma fisica ♦ *keine Kondition haben* non essere in forma.

Konditor [kɔn'di:to:ɐ] *(m; -s, -en; f* **-in***)* ~ pasticciere.

Konditorei [kɔndito'rai] *(f; -, -en)* ~ pasticceria (negozio).

Kondolenzen [kɔndo'lɛntsən] *(pl)* ~ condoglianze.

kondolieren [kɔndo'li:rən] *(vi, hat)* ~ {*jmdm zu etwas* ~} fare le condoglianze a qcn per qcs.

Kondom [kɔn'do:m] *(n; -s, -e)* ~ preservativo, profilattico.

Konfekt [kɔn'fɛkt] *(n; -(e)s, -e)* ~ dolciumi, caramelle, cioccolatini.

Konfektion [kɔnfɛk'tsjo:n] *(f; -, -en)* ***1*** confezione di abiti (in serie). ***2*** abiti (confezionati in serie). ***3*** industria dell'abbigliamento.

Konferenz [kɔnfe'rɛnts] *(f; -, -en)* ~ conferenza.

Konfession [kɔnfe'sjo:n] *(f; -, -en)* ~ confessione (religiosa), fede.

Konfetti [kɔn'fɛti] *(n; -s)* ~ coriandoli.

Konfirmation [kɔnfɪrma'tsjo:n] *(f; -, -en)* ~ cresima e comunione (nella chiesa evangelica).

konfirmieren [kɔnfɪr'mi:rən] *(vt, hat)* ~ cresimare (nella chiesa evangelica).

konfiszieren [kɔnfɪs'tsi:rən] *(vt, hat)* ~ confiscare, sequestrare.

Konfitüre [kɔnfi'ty:rə] *(f; -, -n)* ~ confettura, marmellata.

Konflikt [kɔn'flɪkt] *(m; -(e)s, -e)* ***1*** conflitto, contrasto, contesa ◆ *ein innerer Konflikt* un conflitto interiore ◆ *mit jmdm/etwas in Konflikt geraten* entrare in conflitto con qcn/qcs. ***2*** conflitto, guerra.

Konföderation [kɔnfødera'tsjo:n] *(f; -, -en)* ~ confederazione.

konform [kɔn'fɔrm] *(agg)* ~ conforme, concordante. ◆ **mit etwas konform gehen/sein** essere d'accordo con qcs.

Konfrontation [kɔnfrɔnta'tsjo:n] *(f; -, -en)* ~ confronto; scontro.

konfrontieren [kɔnfrɔn'ti:rən] *(vt, hat)* ~ {*jmdn mit jmdm/etwas* ~} mettere a confronto qcn con qcs, confrontare qcn con qcs *(anche dir)* ◆ *jmdn mit einem Problem, mit einem Zeugen konfrontieren* mettere qcn a confronto con un problema, con un testimone.

konfus [kɔn'fu:s] *(agg)* ***1*** confuso (poco chiaro, disorientato). ***2*** *(avv)* confusamente, in modo confuso. ◆ **jmdn konfus machen** confondere qcn, disorientare qcn.

Konfusion [kɔnfu'zjo:n] *(f; -, -en)* ~ confusione.

Kongress († **Kongreß**) [kɔn'grɛs] *(m; -es, -e)* ~ congresso, convegno.

König ['kø:nɪç] *(m; -s, -e)* ***1*** re, sovrano, monarca ◆ *der König von Frankreich* il re di Francia. ***2*** *(fig)* re, campione, asso. ***3*** re (nelle carte, negli scacchi). ◆ **die Heiligen Drei Könige** i tre re magi.

Königin ['kø:nɪgɪn] *(f; -, -nen)* ***1*** regina, sovrana. ***2*** *(fig)* regina, reginetta, campionessa. ***3*** regina (negli scacchi). ***4*** *(zool)* regina (di api, formiche, ecc).

königlich ['kø:nɪklɪç] *(agg)* ***1*** reale, regale, del re ◆ *die königliche Familie* la famiglia reale. ***2*** *(fig)* regale, maestoso. ***3*** *(fig/fam)* magnifico, fantastico.

Königreich ['kø:nɪk,raiç] *(n; -(e)s, -e)* ~ regno, reame.

Königspalast ['kø:nɪçspa,last] *(m; -(e)s, -paläste)* ~ palazzo reale, reggia.

Königsschloss († **-schloß**) ['kø:nɪçs,ʃlɔs] *(n; -es, -schlösser)* ~ castello reale, reggia.

Konjugation [kɔnjuga'tsjo:n] *(f; -, -en)* ~ *(gramm)* coniugazione.

konjugieren [kɔnju'gi:rən] *(vt, hat)* ~ *(gramm)* coniugare.

Konjunktion [kɔnjʊŋk'tsjo:n] *(f; -, -en)* ~ *(gramm/astron)* congiunzione.

Konjunktiv ['kɔnjʊŋkti:f] *(m; -s, -e)* ~ *(gramm)* congiuntivo.

Konjunktur [kɔnjʊŋk'tu:ɐ] *(f; -, -en)* ~ *(econ)* congiuntura.

konkav [kɔŋ'ka:f] *(agg)* ~ concavo.

konkret [kɔŋ'kre:t] *(agg)* ***1*** concreto, reale, tangibile. ***2*** *(avv)* concretamente.

Konkretheit [-,hait] *(f; -)* ~ concretezza.

Konkurrent [kɔŋkʊ'rɛnt] *(m; -en, -en; f* **-in***)* ~ concorrente, rivale.

Konkurrenz [kɔŋkʊ'rɛnts] *(f; -, -en)* ***1*** *(solo sing) (spec econ)* concorrenza ◆ *jmdm Konkurrenz machen* fare concorrenza a qcn ◆ *mit jmdm in Konkurrenz sein/stehen* essere in concorrenza con qcn. ***2*** competizione, gara. ***3*** *(solo sing) (spec* *econ)* concorrenza, concorrenti ♦ *unlautere Konkurrenz* concorrenza sleale. ◆ **außer Konkurrenz laufen** correre fuori concorso.

konkurrenzfähig [-ˌfɛːɪç] *(agg)* ~ concorrenziale, competitivo.

konkurrieren [kɔŋkʊ'riːrən] *(vi,* hat*)* ***1*** {*mit jmdm* ~} fare concorrenza a qcn. ***2*** {*mit jmdm um etwas* ~} competere con qcn per qcs.

Konkurs [kɔŋ'kʊrs] *(m;* -es, -e*)* ***1*** fallimento, bancarotta ♦ *Konkurs anmelden* dichiarare fallimento. ***2*** *(dir)* procedimento fallimentare. ◆ **Konkurs machen** fallire.

Konkursverfahren [-fɛɐˌfaːrən] *(n;* -s, -*)* ~ procedimento, procedura fallimentare.

Konkursverwalter [-fɛɐˌvaltɐ] *(m;* -s, -; *f* **-in***)* ~ curatore fallimentare.

können ['kœnən] *(v mod,* hat; er **kann**, **konnte**, **gekonnt***)* ***1*** potere, avere la possibilità di, riuscire a ♦ *ich kann heute nicht kommen* oggi non posso venire ♦ *ich konnte nicht kommen/ich habe nicht kommen können* non sono potuto venire ♦ *ich kann nicht schlafen* non riesco a dormire. ***2*** sapere, essere capace di, essere in grado di ♦ *er kann lesen, schwimmen, Gitarre spielen* sa leggere, nuotare, suonare la chitarra. ***3*** saper fare ♦ *das kann ich nicht* questo non lo so fare. ***4*** sapere (lingue); sapere (a memoria) ♦ *er kann (kein) Deutsch* (non) sa il tedesco ♦ *kannst du dieses Gedicht?* sai questa poesia? ***5*** potere, avere il permesso ♦ *du kannst jetzt hereinkommen* ora puoi entrare. ***6*** potere (probabilità), poter essere *(impers)* ♦ *sie kann jeden Augenblick anrufen* può telefonare da un momento all'altro ♦ *es kann sein, dass* può essere che ♦ *kann sein!* può essere! è possibile! ◆ **nichts für etwas können** non avere colpa di qcs ♦ *für den Schaden kann ich nichts* del danno io non ho colpa ♦ *ich kann nichts dafür!* io non ne ho colpa! non c'entro niente! ◆ **ich kann nicht mehr!** non ce la faccio più! non ne posso più! ◆ **man kann alles, wenn man nur will** *(prov)* volere è potere.

Können *(n;* -s*)* ~ abilità, capacità, destrezza ♦ *handwerkliches Können* abilità manuale.

konnte ['kɔntə] ~ pret di **können**.

konsequent [kɔnze'kvɛnt] *(agg)* ***1*** coerente. ***2*** perseverante, determinato.

Konsequenz [kɔnze'kvɛnts] *(f;* -, -en*)* ***1*** *(solo sing)* coerenza. ***2*** conseguenza ♦ *die Konsequenzen tragen* subire le conseguenze ♦ *die Konsequenzen aus etwas ziehen* trarre le conseguenze da qcs. ***3*** *(solo sing)* perseveranza, determinazione.

konservativ [kɔnzerva'tiːf] *(agg)* ~ conservatore.

Konservatorium [kɔnzɛrva'toːrjʊm] *(n;* -s, -rien*)* ~ conservatorio.

Konserve [kɔn'zɛrvə] *(f;* -, -n*)* ~ cibo in scatola (verdura, carne, ecc).

konservieren [kɔnzɛr'viːrən] *(vt,* hat*)* ***1*** conservare, mettere sotto conserva (cibi). ***2*** conservare (opere d'arte).

Konservierungsmittel [kɔnzɛr'viːrʊŋsˌmɪtəl] *(n;* -s, -*)* ~ conservante ♦ *ohne Konservierungsmittel* senza conservanti.

Konsonant [kɔnzo'nant] *(m;* -en, -en*)* ~ *(fon)* consonante.

Konspiration [kɔnspira'tsjoːn] *(f;* -, -en*)* ~ cospirazione.

konspirieren [kɔnspi'riːrən] *(vi,* hat*)* ~ cospirare.

konstant [kɔn'stant] *(agg)* ~ costante, fisso.

Konstellation [kɔnstɛla'tsjoːn] *(f,* -, -en*)* ***1*** situazione, insieme di circostanze ♦ *eine günstige politische Konstellation* un insieme di circostanze politiche favorevoli. ***2*** *(astron)* costellazione.

konstituieren [kɔnstitu'iːrən] *(vt,* hat*)* ~ costituire, fondare. ◆ **konstituierende Versammlung** assemblea costituente.

Konstitution [kɔnstitu'tsjoːn] *(f;* -, -en*)* ***1*** costituzione, fondazione. ***2*** costituzione (fisica). ***3*** *(dir)* costituzione, statuto.

konstruieren [kɔnstru'iːrən] *(vt,* hat*)* ***1*** costruire, edificare. ***2*** *(fig)* costruire, elaborare.

Konstruktion [kɔnstrʊk'tsjoːn] *(f;* -, -en*)* ***1*** costruzione, edificazione. ***2*** *(fig)* costruzione, elaborazione.

Konsul ['kɔnzʊl] *(m;* -s, -n*)* ~ console.

Konsulat [kɔnzu'laːt] *(n;* -(e)s, -e*)* ~ consolato.

Konsultation [kɔnzʊlta'tsjoːn] *(f;* -, -en*)* ~ consultazione, consulto.

konsultieren [kɔnzʊl'tiːrən] *(vt,* hat*)* ~ consultare, interpellare.
Konsum [kɔn'zuːm] *(m;* -s*)* ~ consumo.
Konsument [kɔnzu'mɛnt] *(m;* -en, -en; *f* **-in***)* ~ *(econ)* consumatore.
Konsumgut [kɔn'zuːmˌguːt] *(n;* -(e)s, -güter*)* ~ bene di consumo.
Kontakt [kɔn'takt] *(m;* -(e)s, -e*)* ***1*** contatto *(anche elett)*. ***2*** *(fig)* contatto, rapporto ♦ *ich habe jeden Kontakt zu ihr verloren* ho perso ogni contatto con lei. ◆ **mit jmdm Kontakt haben/halten** avere contatti con qcn. ◆ **mit jmdm in Kontakt bleiben, stehen** rimanere, essere in contatto con qcn. ◆ **mit jmdm in Kontakt kommen** entrare in contatto con qcn.
kontaktfreudig [-ˌfrɔydɪç] *(agg)* ~ estroverso, socievole.
Kontaktlinse [-ˌlɪnzə] *(f;* -, -n*)* ~ lente a contatto.
Kontamination [kɔntamina'tsjoːn] *(f;* -, -en*)* ~ contaminazione.
Konter ['kɔntɐ] *(m;* -s, -*)* ~ *(sport)* contropiede, contrattacco *(anche fig/fam)*.
kontern [-n] *(vi,* hat*)* ***1*** *(sport)* andare in contropiede, contrattaccare. ***2*** *(fig/fam)* contrattaccare, controbattere.
Kontinent ['kɔntinɛnt] *(m;* -en, -en*)* ***1*** continente. ***2*** terraferma, continente.
kontinental [kɔntinɛn'taːl] *(agg)* ~ continentale.
Kontingent [kɔntɪŋ'gɛnt] *(n;* -(e)s, -e*)* ~ contingente *(anche mil)*, parte, quota.
kontinuierlich [kɔntinu'iːɐlɪç] *(agg)* ***1*** continuo, continuato. ***2*** *(avv)* continuamente, di continuo.
Konto ['kɔnto] *(n;* -s, -s*)* ~ *(econ)* conto, conto corrente ♦ *ein Konto eröffnen, löschen, schließen* aprire, estinguere, chiudere un conto ♦ *Geld auf einem Konto haben* avere dei soldi in un conto ♦ *Geld auf ein Konto einzahlen* versare soldi in un conto.
Kontoauszug [-ˌʔaustsuːk] *(m;* -es, -züge*)* ~ estratto conto.
Kontonummer [-ˌnʊmɐ] *(f;* -, -n*)* ~ numero di un conto bancario.
kontra ['kɔntra] *(prep* + Acc*)* ***1*** contro ♦ *der Prozess Maier kontra Schmidt* il processo Maier contro Schmidt. ***2*** *(avv)* contro.
Kontrabass [-ˌbas] († **-baß**) *(m;* -es, -bässe*)* ~ *(mus)* contrabbasso.
Kontrahent [-'hɛnt] *(m;* -en, -en; *f* **-in***)* ***1*** oppositore. ***2*** *(econ)* contraente.
kontrahieren [-'hiːrən] *(vt,* hat*)* ***1*** contrarre, irrigidire. ***2*** contrarre, stipulare.
Kontrakt [kɔn'trakt] *(m;* -(e)s, -e*)* ~ *(lett)* contratto.
Kontraktion [kɔntrak'tsjoːn] *(f;* -, -en*)* ~ contrazione.
Kontrast [kɔn'trast] *(m;* -es, -e*)* ~ contrasto.
kontrastieren [kɔntras'tiːrən] *(vi,* hat*)* ~ {*mit etwas* ~} contrastare con qcs, essere in contrasto con qcs.
Kontrolle [kɔn'trɔlə] *(f;* -, -n*)* ***1*** controllo, sorveglianza ♦ *die Kontrolle über jmdn/etwas ausüben* esercitare il controllo su qcn/qcs ♦ *jmdn etwas unter Kontrolle haben* avere qcn/qcs sotto controllo. ***2*** controllo, ispezione. ***3*** controllo, padronanza ♦ *er hat die Kontrolle über den Wagen verloren* ha perso il controllo dell'auto.
Kontrolleur [kɔntrɔ'løːɐ] *(m;* -s, -e*)* ~ controllore.
kontrollierbar [kɔntrɔ'liːɐbaːɐ] *(agg)* ~ controllabile.
kontrollieren [kɔntrɔ'liːrən] *(vt,* hat*)* ***1*** controllare, sorvegliare. ***2*** controllare, ispezionare ♦ *eine Rechnung, die Pässe kontrollieren* controllare un conto, i passaporti. ***3*** controllare, tenere sotto controllo, dominare.
Kontrollturm [kɔn'trɔlˌtʊrm] *(m;* -(e)s -türme*)* ~ torre di controllo.
Kontur [kɔn'tuːɐ] *(f;* -, -en*)* *(spec pl)* ~ contorno, profilo, sagoma.
Konvention [kɔnvɛn'tsjoːn] *(f;* -, -en*)* ***1*** convenzione, accordo *(anche pol)*. ***2*** convenzione, norma ♦ *die gesellschaftlichen Konventionen* le convenzioni sociali.
konventionell [kɔnvɛntsjo'nɛl] *(agg)* ~ convenzionale, formale.
konvergent [kɔnvɛr'gɛnt] *(agg)* ~ convergente.
Konvergenz [kɔnvɛr'gɛnts] *(f;* -, -en*)* ~ convergenza.
Konversation [kɔnvɛrza'tsjoːn] *(f;* -, -en*)* ~ conversazione. ◆ **Konversation machen** fare conversazione, conversare.

Konversion [kɔnvɛr'zjo:n] *(f; -, -en)* ~ conversione *(anche relig)*, trasformazione; riconversione.

konvertieren [kɔnvɛr'ti:rən] *(vi,* hat/ist*)* ~ convertirsi ♦ *zum Christentum konvertieren* convertirsi al cristianesimo.

konvex [kɔn'vɛks] *(agg)* ~ convesso.

Konvoi ['kɔnvɔʏ] *(m; -s, -s)* ~ convoglio, colonna (di mezzi) ♦ *im Konvoi fahren* viaggiare in colonna.

Konzentration [kɔntsɛntra'tsjo:n] *(f; -, -en)* ***1*** concentrazione, concentramento, accentramento ♦ *die Konzentration der Macht* l'accentramento del potere. ***2*** concentrazione, attenzione.

Konzentrationslager [-s,la:gɐ] *(n; -s, -)* ~ campo di concentramento.

konzentrieren [kɔntsɛn'tri:rən] *(vt,* hat*)* ***1*** concentrare, accentrare. ***2*** {*etwas auf jmdn/etwas* ~} concentrare qcs su qcn/qcs, accentrare qcs su qcn/qcs. ◆ **sich auf etwas** (Acc) **konzentrieren** *(vr)* concentrarsi su qcs ♦ *ich kann mich nicht auf den Text konzentrieren* non riesco a concentrarmi sul testo.

Konzept [kɔn'tsɛpt] *(n; -(e)s, -e)* ***1*** brutta copia, minuta ♦ *im Konzept* in brutta copia. ***2*** progetto, programma. ◆ **jmdn aus dem Konzept bringen** far perdere il filo a qcn. ◆ **aus dem Konzept geraten/kommen** perdere il filo. ◆ **jmdm nicht ins Konzept passen** *(fam)* non rientrare nei piani di qcn, non andare a genio a qcn.

Konzern [kɔn'tsɛrn] *(n; -(e)s, -e)* ~ gruppo industriale, gruppo di imprese.

Konzert [kɔn'tsɛrt] *(n; -(e)s, -e)* ~ concerto.

Konzession [kɔntsɛ'sjo:n] *(f; -, -en)* ***1*** concessione, autorizzazione, licenza. ***2*** *(spec pl)* concessione ♦ *(nicht) zu Konzessionen bereit sein* (non) essere disposto a fare concessioni.

Konzil [kɔn'tsi:l] *(n; -s, -e/-ien)* ~ *(relig)* concilio.

konzipieren [kɔntsi'pi:rən] *(vt,* hat*)* ~ concepire, ideare.

Kooperation [koˀopera'tsjo:n] *(f; -, -en)* ~ cooperazione.

kooperativ [koˀopera'ti:f] *(agg)* ~ cooperativo, collaborativo.

kooperieren [koˀope'ri:rən] *(vi,* hat*)* ~ cooperare.

Kopf [kɔpf] *(m; -(e)s, Köpfe)* ***1*** testa, capo ♦ *den Kopf drehen, neigen, senken* girare, chinare, abbassare la testa ♦ *den Kopf schütteln* scuotere il capo ♦ *auf dem Kopf stehen* stare con la testa all'ingiù; essere capovolto. ***2*** *(fig)* testa, persona (intelligente) ♦ *ein heller Kopf* una testa fina. ***3*** *(fig)* testa, carattere ♦ *einen dicken Kopf haben* avere la testa dura. ***4*** *(fig)* testa, mente ♦ *etwas im Kopf behalten, haben* tenere, avere a mente qcs ♦ *er hat nur Geld im Kopf* ha solo i soldi per la testa ♦ *das will mir nicht in den Kopf (hinein)gehen* questo non mi vuole entrare in testa ♦ *das will mir nicht aus dem Kopf gehen* questo non mi vuole uscire dalla mente ♦ *sich* (Dat) *etwas in den Kopf setzen (fig)* mettersi in testa qcs. ***5*** testa, persona (singola) ♦ *50 Euro pro Kopf* 50 Euro a testa. ***6*** capo, capocchia (di spillo, fiammifero, ecc). ***7*** cespo (di insalata e sim). ***8*** testata, intestazione, titolo. ***9*** estremità, capo ♦ *am Kopf des Tisches sitzen* essere seduto a capotavola. ◆ **Kopf oder Zahl** testa o croce. ◆ **einen klaren/kühlen Kopf bewahren** rimanere lucido, conservare il sangue freddo. ◆ **den Kopf hängen lassen** *(fig)* buttarsi giù, scoraggiarsi. ◆ **den Kopf in den Sand stecken** *(fig)* nascondere la testa nella sabbia. ◆ **Kopf stehen** († **kopfstehen**) essere sottosopra. ◆ **den Kopf hoch tragen** *(fig)* andare a testa alta. ◆ **jmdm den Kopf verdrehen** *(fig)* far perdere la testa a qcn. ◆ **den Kopf verlieren** *(fig)* perdere la testa. ◆ **jmdm den Kopf waschen** *(fig/fam)* fare una lavata di capo a qcn. ◆ **sich an den Kopf fassen/greifen** *(fig)* rimanere sbalordito. ◆ **jmdm etwas an den Kopf werfen** *(fig)* rinfacciare qcs a qcn. ◆ **etwas auf den Kopf stellen** capovolgere qcs; mettere qcs sottosopra *(anche fig)*. ◆ **aus dem Kopf** a memoria ♦ *ein Gedicht aus dem Kopf sagen* dire a memoria una poesia. ◆ **sich** (Dat) **etwas aus dem Kopf schlagen** *(fig)* togliersi dalla testa qcs. ◆ **jmdm in den Kopf steigen** dare alla testa a qcn (alcolici). ◆ **jmdm zu Kopf steigen** *(fig)* dare alla testa a qcn. ◆ **mit dem Kopf durch die Wand wollen** *(fig)* volere l'impossibile. ◆ **bis über den Kopf in etwas** (Dat) **stecken** *(fig)* essere immerso in qcs fin sopra i capelli. ◆ **von Kopf bis Fuß** dalla testa ai piedi.

Kopfball [-ˌbal] *(m; -(e)s, -bälle)* ~ *(sport)* colpo di testa.

Kopfbedeckung [-bəˌdɛkʊŋ] *(f; -, -en)* ~ copricapo.

köpfen [ˈkœpfən] *(vt, hat)* ***1*** decapitare. ***2*** cimare, spuntare. ***3*** *(sport)* colpire di testa.

Kopfgeld [ˈkɔpfˌgɛlt] *(n; -(e)s, -er)* ~ taglia, ricompensa.

Kopfhaut [ˈkɔpfˌhaut] *(f; -, -häute)* ~ *(anat)* cuoio capelluto.

Kopfhörer [ˈkɔpfˌhøːrɐ] *(m; -s, -)* ~ cuffia (da ascolto) ◆ *Musik über Kopfhörer hören* ascoltare la musica in cuffia.

Kopfkissen [ˈkɔpfˌkɪsən] *(n; -s, -)* ~ cuscino, guanciale.

kopflos [ˈkɔpfˌloːs] *(agg)* ***1*** senza testa, acefalo. ***2*** *(fig)* disorientato.

Kopflosigkeit [ˈkɔpfˌloːzɪçkait] *(f; -)* ~ dissennatezza.

kopfrechnen [ˈkɔpfˌrɛçnən] *(vi, hat; solo inf)* ~ calcolare a mente, fare i conti a mente ◆ *ich kann gut kopfrechnen* so fare bene i conti a mente.

Kopfschmerz [ˈkɔpfʃmɛrts] *(m; -es, -en)* *(spec pl)* ~ mal di testa, emicrania ◆ *ich habe Kopfschmerzen* ho mal di testa.

kopfstehen ~ **Kopf stehen** (vedi **Kopf**).

Kopfstütze [ˈkɔpfʃtʏtsə] *(f; -, -n)* ~ poggiatesta (in auto).

Kopftuch [ˈkɔpfˌtuːx] *(n; -(e)s, -tücher)* ~ fazzoletto (per la testa).

kopfüber [ˌkɔpfˈʔyːbɐ] *(avv)* ***1*** a testa in giù ◆ *kopfüber fallen* cadere a testa in giù. ***2*** *(fig)* a capofitto ◆ *sich kopfüber in eine Arbeit stürzen* buttarsi a capofitto su un lavoro.

Kopfzerbrechen [ˈkɔpftsɛɐˌbrɛçən] *(n; -s)* ~ grattacapo ◆ *jmdm Kopfzerbrechen machen/verursachen* dare grattacapi a qcn.

Kopie [koˈpiː] *(f; -, -en)* ***1*** copia, esemplare ◆ *eine Kopie von einer Urkunde machen* fare una copia di un documento. ***2*** copia, imitazione (di opere d'arte). ***3*** fotocopia.

kopieren [-rən] *(vt, hat)* ***1*** copiare, fare una copia di. ***2*** {*jmdn/etwas* ~} copiare, imitare qcn/qcs. ***3*** fotocopiare.

Kopierer [-rɐ] *(m; -s, -)* ~ *(fam)* fotocopiatrice.

Kopiergerät [-ɐgəˌrɛːt] *(n; -(e)s, -e)* ~ fotocopiatrice.

koppeln [ˈkɔpəln] *(vt, hat)* ***1*** attaccare, collegare *(anche fig)*. ***2*** agganciare, attaccare (rimorchi, vagoni, ecc).

Kopp(e)lung [ˈkɔp(ə)lʊŋ] *(f; -, -en)* ***1*** collegamento, attacco. ***2*** aggancio, attacco (di rimorchi, vagoni, ecc).

Koralle [koˈralə] *(f; -, -n)* ~ corallo.

Koran [koˈraːn] *(m; -s, -e)* ~ *(relig)* Corano.

Korb [kɔrp] *(m; -(e)s, Körbe)* ***1*** cesta, cestino, canestro, paniere. ***2*** *(fam)* rifiuto, no.

Korbflasche [-ˌflaʃə] *(f; -, -n)* ~ fiasco (impagliato), damigiana.

Kordel [ˈkɔrdəl] *(f; -, -n)* ~ cordicella, cordoncino.

Koriander [koˈrjandɐ] *(m; -s, -)* ~ *(bot)* coriandolo.

Korinthe [koˈrɪntə] *(f; -, -n)* ***1*** *(pl)* uva passa. ***2*** chicco d'uva passa.

Kork [kɔrk] *(m; -(e)s, -e)* ~ sughero.

Korkeiche [-ˌʔaiçə] *(f; -, -n)* ~ *(bot)* quercia da sughero.

Korken [-ən] *(m; -s -)* ~ tappo di sughero, sughero.

Korkenzieher [-ənˌtsiːɐ] *(m; -s, -)* ~ cavatappi.

Korn [kɔrn] *(n; -(e)s, Körner)* ***1*** grano. ***2*** chicco, seme, grano. ***3*** chicco (di grandine, di sale); granello (di sabbia, di polvere). ◆ **jmdn/etwas aufs Korn nehmen** *(fig)* prendere di mira qcn/qcs, scagliarsi contro qcn/qcs.

Kornblume [-ˌbluːmə] *(f; -, -n)* ~ *(bot)* fiordaliso.

körnen [ˈkœrnən] *(vt, hat)* ~ triturare, ridurre in granelli.

Kornfeld [ˈkɔrnˌfɛlt] *(n; -(e)s, -er)* ~ campo di grano.

körnig [ˈkœrnɪç] *(agg)* ~ granulare, granuloso.

Körper [ˈkœrpɐ] *(m; -s, -)* ~ corpo, fisico, organismo ◆ *ein gesunder, kranker, schwacher, starker Körper* un corpo sano, malato, debole, forte ◆ *am ganzen Körper zittern* tremare in tutto il corpo.

Körperbau [-ˌbau] *(m; -(e)s)* ~ corporatura.

Körperbehinderte(r) [-bəˌhɪndɐtə (-tɐ)] *(m/f; -n, -n)* ~ invalido (fisico), disabile.

körpergerecht [-gə͵rɛçt] *(agg)* ~ anatomico ♦ *körpergerechter Stuhl* sedia anatomica.

Körpergewicht [-gə͵vɪçt] *(n; -(e)s, -e)* ~ peso corporeo.

Körpergröße [-͵grøːsə] *(f; -, -n)* ~ statura, altezza.

Körperkraft [-͵kraft] *(f; -, -kräfte)* ~ forza fisica.

körperlich [-lɪç] *(agg)* **1** fisico, corporeo, corporale ♦ *körperliche Anstrengungen* sforzi fisici. **2** *(avv)* fisicamente, nel corpo ♦ *körperlich und geistig müde sein* essere stanco fisicamente e psicologicamente.

körperlos [-͵loːs] *(agg)* ~ incorporeo.

Körperschaft [-ʃaft] *(f; -, -en)* **1** corporazione, corpo. **2** *(dir)* corpo, ente ♦ *gesetzgebende Körperschaft* corpo legislativo. ◆ **Körperschaft des öffentlichen Rechts/öffentlich-rechtliche Körperschaft** ente pubblico.

körperschaftlich [-ʃaftlɪç] *(agg)* ~ corporativo.

Körpersprache [-ʃpraːxə] *(f; -, -n)* ~ linguaggio del corpo, gestualità.

Körperteil [-͵tail] *(m; -(e)s, -e)* ~ parte del corpo.

Körperverletzung [-fɛɐ͵lɛtsʊŋ] *(f; -, -en)* ~ *(dir)* lesione personale.

Korps *(anche* **Corps***)* ['koːɐ] *(n; -, -)* **1** *(mil)* corpo. **2** associazione studentesca. ◆ **diplomatisches Korps** corpo diplomatico.

korpulent [kɔrpu'lɛnt] *(agg)* ~ corpulento.

Korreferent ['kɔreferɛnt] *(m; -en, -en; f* **-in***)* ~ correlatore.

korrekt [kɔ'rɛkt] *(agg)* **1** corretto, giusto, esatto. **2** corretto, onesto, perbene. **3** *(avv)* correttamente.

Korrektheit [-͵hait] *(f; -)* ~ correttezza (esattezza; onestà).

Korrektor [kɔ'rɛktoːɐ] *(m; -en, -en; f* **-in***)* ~ correttore di bozze, revisore.

Korrektur [kɔrɛk'tuːɐ] *(f; -, -en)* **1** correzione. **2** correzione di bozze, revisione ♦ *Korrekturen lesen* rivedere le bozze.

Korrekturabzug [-͵ʔaptsuːk] *(m; -(e)s, -züge)* ~ bozza di stampa.

Korrelation [kɔrela'tsjoːn] *(f; -, -en)* ~ correlazione ♦ *etwas in Korrelation mit etwas bringen* mettere qcs in correlazione con qcs.

Korrespondent [kɔrɛspɔn'dɛnt] *(m; -en, -en; f* **-in***)* **1** corrispondente. **2** corrispondente, inviato.

Korrespondenz [kɔrɛspɔn'dɛnts] *(f; -, -en)* **1** corrispondenza, posta ♦ *die Korrespondenz erledigen* sbrigare la corrispondenza. **2** corrispondenza, concordanza.

korrespondieren [kɔrɛspɔn'diːrən] *(vi, hat)* **1** {*mit jmdm* ~} corrispondere con qcn, essere in corrispondenza con qcn. **2** {*mit etwas* ~} *(lett)* corrispondere a qcs.

Korridor ['kɔridoːɐ] *(m; -s, -e)* **1** corridoio. **2** corridoio, striscia di territorio.

korrigieren [kɔri'giːrən] *(vt, hat)* **1** correggere ♦ *die Hausaufgaben korrigieren* correggere i compiti. **2** correggere, rivedere (bozze di stampa). **3** modificare, correggere.

korrupt [kɔ'rʊpt] *(agg)* ~ corrotto.

Korruption [kɔrʊp'tsjoːn] *(f; -, -en)* ~ corruzione.

Korsett [kɔr'zɛt] *(n; -(e)s, -e/-s)* ~ busto, corsetto.

kosen ['koːzən] *(vi, hat)* ~ {*mit jmdm* ~} scambiarsi tenerezze con qcn.

Kosename ['koːzə͵naːmə] *(m; -ns, -n)* ~ vezzeggiativo, nome affettuoso.

Kosmetik [kɔs'meːtɪk] *(f; -)* ~ cosmesi, cosmetica.

Kosmetiker [-ɐ] *(m; -s, -; f* **-in***)* ~ estetista.

kosmetisch [kɔs'meːtɪʃ] *(agg)* **1** cosmetico ♦ *kosmetisches Mittel* (prodotto) cosmetico. **2** *(fig)* apparente, di facciata.

kosmisch ['kɔsmɪʃ] *(agg)* ~ cosmico.

Kosmos ['kɔsmɔs] *(m; -)* ~ cosmo, universo.

Kost [kɔst] *(f; -)* **1** cibo, alimentazione, dieta ♦ *gesunde Kost* cibo sano. **2** vitto ♦ *Kost und Logis* vitto e alloggio ♦ *freie Kost haben* avere il vitto gratis.

kostbar [-͵baːɐ] *(agg)* ~ prezioso, di valore *(anche fig)*.

kosten[1] [-ən] *(vt, hat)* **1** costare ♦ *das Buch kostet 20 Euro* il libro costa 20 euro ♦ *wie viel kostet/was kostet die Pflanze?* quanto costa quella pianta? **2** {*jmdn etwas* ~} costare qcs a qcn *(anche fig)* ♦ *die Reise hat mich zu viel gekostet* il viaggio mi è costato troppo ♦ *die Arbeit hat mich viel Zeit gekostet* il lavoro mi è costato molto tempo. ◆ **koste es, was es wolle** *(fig)* costi quel che costi.

kosten[2] *(vt,* hat*)* ~ assaggiare, provare.

Kosten *(pl)* ~ costi, spese ♦ *die Kosten für eine Reise* i costi di un viaggio ♦ *die Kosten decken* coprire le spese ♦ *keine Kosten scheuen* non badare a spese ♦ *die Kosten für etwas tragen* sostenere le spese di qcs. ◆ **auf jmds Kosten/auf Kosten von jmdm/etwas** a spese di qcn/qcs *(anche fig)* ♦ *sie haben auf meine Kosten gegessen* hanno mangiato a spese mie ♦ *das geht auf Kosten deiner Gesundheit* questo va a spese della tua salute. ◆ **auf seine Kosten kommen** *(fig/fam)* rimanere soddisfatto.

Kostenaufwand [-ən,ˀaufvant] *(m;* -(e)s*)* ~ spese, costi.

Kostendeckung [-ən,dɛkʊŋ] *(f;* -, -en*)* ~ copertura delle spese.

Kostenerstattung [-ənˀɛɐ,ʃtatʊŋ] *(f;* -, -en*)* ~ rimborso (spese).

kostenlos [-ən,lo:s] *(agg)* ***1*** gratuito. ***2*** *(avv)* gratis.

kostenpflichtig [-ən,pflɪçtɪç] *(agg)* ***1*** soggetto a spese. ***2*** *(avv)* a pagamento, a spese del proprietario ♦ *Autos werden kostenpflichtig abgeschleppt* le auto vengono rimosse a spese dei legittimi proprietari.

köstlich ['kœstlɪç] *(agg)* ***1*** squisito, eccellente. ***2*** *(fig/fam)* divertente, gustoso. ◆ **sich köstlich amüsieren** *(fam)* divertirsi un mondo.

Köstlichkeit [-,kait] *(f;* -, -en*)* ~ squisitezza.

Kostprobe ['kɔst,pro:bə] *(f;* -, -n*)* ~ assaggio.

kostspielig ['kɔst,ʃpi:lɪç] *(agg)* ~ costoso, caro, dispendioso.

Kostüm [kɔs'ty:m] *(n;* -s, -e*)* ***1*** tailleur, completo da donna. ***2*** costume (di attori, da carnevale, ecc).

Kot [ko:t] *(m;* -(e)s*)* ~ escrementi, feci.

Kotelett [kotə'lɛt] *(n;* -s, -s*)* ~ cotoletta, bistecca (con l'osso).

Kotflügel ['ko:t,fly:gəl] *(m;* -s, -*)* ~ parafango.

kotzen ['kɔtsən] *(vi,* hat*)* ~ *(volg)* vomitare. ◆ **zum Kotzen sein** *(fig/volg)* essere vomitevole, fare schifo.

Krabbe ['krabə] *(f;* -, -n*)* ***1*** *(zool)* granchio. ***2*** *(fam)* marmocchio, bambino.

krabbeln[1] [-ln] *(vi,* ist/hat*)* ***1*** strisciare (insetti e sim). ***2*** andare a gattoni.

krabbeln[2] *(vt,* hat*)* ~ {*jmdn* ~} *(fam)* fare il solletico a qcn; dare prurito a qcn.

Krach [krax] *(m;* -(e)s, -e/-s*)* ***1*** rumore, chiasso, fracasso ♦ *Krach machen* fare rumore. ***2*** schianto, scoppio. ***3*** *(fig/fam)* lite, litigio ♦ *mit jmdm Krach haben* litigare con qcn. ***4*** *(fig/fam)* crac, bancarotta.

krachen [-ən] *(vi,* ist/hat*)* ***1*** *(aux* ist*)* schiantarsi, spaccarsi, spezzarsi ♦ *das Eis ist gekracht* il ghiaccio si è spaccato. ***2*** *(aux* hat*)* scoppiare, esplodere, risuonare (con uno scoppio) ♦ *ein Schuss krachte* risuonò uno sparo. ◆ **sich mit jmdm krachen** *(vr) (fam)* litigare con qcn. ◆ **etwas tun, dass es nur so kracht** *(fam)* fare qcs a più non posso, senza risparmiarsi.

krächzen ['krɛçtsən] *(vi,* hat*)* ~ gracchiare *(anche fig)*.

Kraft [kraft] *(f;* -, Kräfte*)* ***1*** forza *(anche fis)*, energia (fisica o spirituale), vigore ♦ *körperliche Kraft* forza fisica ♦ *geistige/seelische Kraft* forza spirituale ♦ *Kräfte sammeln, sparen* raccogliere, risparmiare le energie ♦ *wieder zu Kräften kommen* tornare in forze. ***2*** efficacia (di cure e sim). ***3*** forza, violenza (di eventi naturali). ***4*** validità, vigore (di leggi e sim) ♦ *außer Kraft treten* non essere più in vigore ♦ *in Kraft sein, treten* essere, entrare in vigore. ***5*** lavoratore, forza lavoro. ◆ **ein Gesetz außer Kraft setzen** abrogare una legge.

Kraftfahrer [-,fa:rɐ] *(m;* -s, -; *f* **-in***)* ~ automobilista, guidatore.

Kraftfahrzeug [-,fa:rtsɔyk] *(n;* -(e)s, -e*)* *(abbrev* **Kfz***)* ~ veicolo (a motore), autoveicolo.

Kraftfahrzeugschein [-fa:rtsɔyk,ʃain] *(m;* -(e)s, -e*)* ~ libretto di circolazione.

kräftig ['krɛftɪç] *(agg)* ***1*** forte, vigoroso, robusto. ***2*** robusto, resistente, solido (oggetto). ***3*** *(fig)* forte, vigoroso, energico, violento ♦ *eine kräftige Ohrfeige* un sonoro ceffone. ***4*** sostanzioso, nutriente. ***5*** *(avv)* con forza, vigorosamente, energicamente, violentemente.

kraftlos [-,lo:s] *(agg)* ~ fiacco, debole, spossato; flebile (voce).

Kraftlosigkeit [-ˌloːzɪçkait] *(f; -)* ~ fiacchezza, debolezza, spossatezza.
Kraftrad [-ˌraːt] *(n;* -(e)s, -räder*)* ~ motocicletta, motociclo.
Kraftstoff [-ʃtɔf] *(m;* -(e)s, -e*)* ~ carburante.
kraftvoll [-ˌfɔl] *(agg)* ~ forte, vigoroso, energico.
Kraftwagen [-ˌvaːgən] *(m;* -s, -*)* ~ autoveicolo.
Kraftwerk [-ˌvɛrk] *(n;* -(e)s, -e*)* ~ centrale elettrica.
Kragen ['kraːgən] *(m;* -s, -*)* ~ collo (di indumenti), bavero. ◆ **jmdm platzt der Kragen** *(fig)* qcn perde le staffe. ◆ **es geht jmdm an den Kragen** *(fig)* qcn rischia la vita. ◆ **jmdn beim Kragen packen/nehmen** *(fig)* prendere qcn per il collo.
Krähe ['krɛːə] *(f;* -, -n*)* ~ *(zool)* cornacchia.
krähen [-n] *(vi,* hat*)* ***1*** cantare (gallo). ***2*** *(fig)* strillare, schiamazzare.
Krake ['kraːkə] *(m;* -n, -n*)* ~ *(zool)* polpo.
Kralle ['kralə] *(f;* -, -n*)* ***1*** artiglio. ***2*** *(pl) (fig)* artigli, grinfie ♦ *die Krallen zeigen* mostrare gli artigli ♦ *etwas in seinen Krallen haben* avere qcs fra le proprie grinfie.
krallen [-n] *(vr,* hat*)* ~ **sich an jmdn/etwas krallen** aggrapparsi a qcn/qcs (con gli artigli) *(anche fig)*.
Kram [kraːm] *(m;* -s*)* ***1*** *(fam)* roba, cianfrusaglie, cose ♦ *alter Kram* roba vecchia ♦ *was soll ich mit dem ganzen Kram anfangen?* che ne faccio di tutta questa roba? ***2*** *(fig/fam)* cosa, faccenda. ◆ **den ganzen Kram hinschmeißen** *(fig/fam)* mollare tutto, mandare tutto alle ortiche. ◆ **den Kram satt haben** *(fig/fam)* avere le tasche piene. ◆ **jmdm nicht in den Kram passen/in jmds Kram nicht passen** *(fig/fam)* non rientrare nei piani di qcn, non andare a genio a qcn.
kramen [-ən] *(vi,* hat*)* ~ {*in etwas* (Dat) ~} rovistare in qcs.
Kramladen [-ˌlaːdən] *(m;* -s, -läden*)* ~ bottega, negozietto.
Krampf [krampf] *(m;* -(e)s, Krämpfe*)* ***1*** crampo, spasmo. ***2*** *(solo sing) (fig/fam)* fesserie, sciocchezze.
Krampfader [-ˌˀaːdɐ] *(f;* -, -n*)* ~ vena varicosa.
krampfen [-ən] *(vt,* hat*)* ~ stringere, serrare, contrarre. ◆ **sich krampfen** *(vr)* serrarsi, contrarsi ♦ *mein Magen krampft sich* mi si serra lo stomaco.
krampfhaft [-ˌhaft] *(agg)* ~ spasmodico *(anche fig)*.
Kran [kraːn] *(m;* -s, Kräne/Krane*)* ~ gru, argano.
Kranich [-ɪç] *(m;* -s, -e*)* ~ *(zool)* gru.
krank [kraŋk] *(agg;* **kränker**, **am kränkesten***)* ~ malato, ammalato ♦ *sie ist krank* è malata ♦ *krank im Bett liegen* essere a letto malato. ◆ **jmdn krank machen** *(fig/fam)* far impazzire qcn, essere insopportabile per qcn ♦ *der Lärm macht mich krank* questo rumore mi fa impazzire. ◆ **krank werden** ammalarsi.
Kranke(r) [-ə (-ɐ)] *(m/f;* -n, -n*)* ~ malato, ammalato.
kränkeln ['krɛŋkəln] *(vi,* hat*)* ~ essere malaticcio.
kranken ['kraŋkən] *(vi,* hat*)* ~ {*an etwas* (Dat) ~} *(fig)* risentire di qcs.
kränken ['krɛŋkən] *(vt,* hat*)* ~ offendere.
Krankenblatt ['kraŋkənˌblat] *(n;* -(e)s, -blätter*)* ~ cartella clinica.
Krankengeld ['kraŋkənˌgɛlt] *(n;* -(e)s, -er*)* ~ indennità di malattia.
Krankenhaus ['kraŋkənˌhaus] *(n;* -es, -häuser*)* ~ ospedale ♦ *im Krankenhaus liegen* essere all'ospedale, essere ricoverato (in ospedale).
Krankenhausaufenthalt [-ˌaufˀɛnthalt] *(m;* -(e)s, -e*)* ~ degenza (ospedaliera).
Krankenkasse ['kraŋkənˌkasə] *(f;* -, -n*)* ~ mutua, cassa mutua.
Krankenpfleger ['kraŋkənˌpfleːgɐ] *(m;* -s, -; *f* **Krankenschwester***)* ~ infermiere.
Krankensalbung ['kraŋkənˌzalbʊŋ] *(f;* -, -en*)* ~ *(relig)* unzione dei malati, estrema unzione.
Krankenschwester ['kraŋkənʃvɛstɐ] *(f;* -, -n*)* ~ infermiera.
Krankenversicherung ['kraŋkənfɛɐˌzɪçərʊŋ] *(f;* -, -en*)* ~ assicurazione sanitaria.
Krankenwagen ['kraŋkənˌvaːgən] *(m;* -s, -*)* ~ ambulanza.
krankhaft ['kraŋkˌhaft] *(agg)* ~ patologico, morboso *(anche fig)*.
Krankheit ['kraŋkˌhait] *(f;* -, -en*)* ***1*** malattia, morbo ♦ *ansteckende, tödliche Krankheit*

malattia contagiosa, mortale ♦ *an einer Krankheit leiden* soffrire di una malattia ♦ *von einer Krankheit genesen* guarire da una malattia. ***2*** *(fig)* male, piaga.

krank|lachen *(vr,* hat*)* ~ **sich kranklachen** *(fam)* ridere a crepapelle.

kränklich ['krɛŋklɪç] *(agg)* ~ malaticcio.

krank|schreiben *(vt,* hat*)* ~ {*jmdn* ~} scrivere un certificato di malattia a qcn ♦ *der Arzt hat mich für eine Woche krankgeschrieben* il medico mi ha fatto un certificato di malattia per una settimana.

Kränkung ['krɛŋkʊŋ] *(f; -, -en)* ~ offesa.

Kranz [krants] *(m; -(e)s, Kränze)* ***1*** ghirlanda, corona. ***2*** *(fig)* cerchio.

Krapfen ['krapfən] *(m; -s, -)* ~ krapfen, bombolone.

krass († **kraß**) [kras] *(agg)* ~ *(fig)* grosso, grave, estremo. ◆ **ein krasser Gegensatz** un netto contrasto. ◆ **ein krasser Fall von Betrug** un caso lampante di frode.

Krater ['kra:tɐ] *(m; -s, -)* ~ cratere.

Kratzbürste ['krats,bʏrstə] *(f; -, -n)* ***1*** spazzola metallica. ***2*** *(fig/fam)* rompiscatole (spec donna).

Krätze ['krɛtsə] *(f; -)* ~ *(med)* scabbia, rogna.

kratzen ['kratsən] *(vt,* hat*)* ***1*** graffiare ♦ *die Katze hat mich gekratzt* il gatto mi ha graffiato. ***2*** grattare, raschiare (via); raspare. ◆ **sich kratzen** *(vr)* grattarsi ♦ *sich am Kopf kratzen* grattarsi la testa.

Kratzer ['kratsɐ] *(m; -s, -)* ~ graffio.

kratzig ['kratsɪç] *(agg)* ***1*** ruvido, ispido. ***2*** *(fig)* ruvido, scontroso.

kraulen ['kraulən] *(vt,* hat*)* ~ accarezzare (grattando).

kraus [kraus] *(agg)* ***1*** crespo, riccio ♦ *krauses Haar* capelli crespi. ***2*** corrugato, rugoso ♦ *eine krause Stirn* una fronte corrugata. ***3*** *(fig)* ingarbugliato, confuso.

kräuseln ['krɔyzəln] *(vt,* hat*)* ***1*** arricciare ♦ *das Haar kräuseln* arricciare i capelli. ***2*** increspare, aggrottare ♦ *die Stirn kräuseln* corrugare la fronte. ***3*** increspare (stoffa; onde, ecc). ◆ **sich kräuseln** *(vr)* arricciarsi; incresparsi.

krausen ['krauzən] *(vt,* hat*)* ~ arricciare, increspare (capelli, stoffa, ecc). ◆ **die Stirn krausen** aggrottare la fronte.

Kraut [kraut] *(n; -(e)s, Kräuter)* ***1*** erba, pianta medicinale, aromatica. ***2*** foglie (non commestibili) ♦ *das Kraut der Kartoffeln* le foglie delle patate. ◆ **ins Kraut schießen** *(fig)* diffondersi, crescere come la gramigna (cattive abitudini e sim). ◆ **gegen etwas ist kein Kraut gewachsen** *(fig/fam)* non c'è niente da fare contro qcs, non c'è rimedio a qcs.

Kräutertee ['krɔytɐ,te:] *(m; -s, -s)* ~ tisana, infuso (alle erbe).

Krawall [kra'val] *(m; -(e)s, -e)* ***1*** tafferuglio, scontro, tumulto. ***2*** *(solo sing)* baccano, cagnara.

Krawatte [kra'vatə] *(f; -, -n)* ~ cravatta ♦ *sich* (Dat) *die Krawatte (um)binden* mettersi la cravatta.

kreativ [krea'ti:f] *(agg)* ~ creativo.

Kreativität [kreativi'tɛ:t] *(f; -)* ~ creatività.

Krebs [kre:ps] *(m; -es, -e)* ***1*** *(zool)* gambero. ***2*** *(med)* cancro, tumore. ***3*** cancro (segno zodiacale). ◆ **Krebs erregend** *(anche* **krebserregend***)* cancerogeno.

Kredit [kre'di:t] *(m; -(e)s, -e)* ***1*** credito, mutuo ♦ *einen Kredit bei der Bank aufnehmen* sottoscrivere un credito presso la banca ♦ *jmdm Kredit geben* fare credito a qcn ♦ *auf Kredit kaufen* comprare a credito. ***2*** *(fig)* credito, fiducia.

Kreditinstitut [-ˀɪnsti,tu:t] *(n; -(e)s, -e)* ~ instituto di credito.

Kreditkarte [-,kartə] *(f; -, -n)* ~ carta di credito, bancomat.

Kredo ['kre:do] *(n, -s, -s)* ***1*** *(relig)* credo (preghiera). ***2*** *(fig)* credo, fede.

Kreide ['kraidə] *(f; -, -n)* ***1*** gesso. ***2*** gesso, gessetto. ◆ **bei jmdm tief in der Kreide sitzen/stehen** *(fig)* essere fortemente indebitato con qcn.

kreidig ['kraidɪç] *(agg)* ~ gessoso; sporco di gesso.

Kreis [krais] *(m; -es, -e)* ***1*** cerchio, circonferenza, circolo ♦ *einen Kreis ziehen* tracciare un cerchio ♦ *einen Kreis beschreiben* descrivere un cerchio ♦ *im Kreis* in cerchio ♦ *im Kreis um jmdn/etwas stehen* stare in cerchio intorno a qcn. ***2*** cerchia, circolo ♦ *im Kreis der Familie* in seno alla famiglia ♦ *im Kreis der Freunde* nella cerchia degli amici. ***3*** distretto (comunale), circondario.

Kreisbahn [-ˌbaːn] *(f; -, -en)* ~ orbita.
Kreisbewegung [-bəˌveːgʊŋ] *(f; -, -en)* ~ rotazione.
kreischen ['kraiʃən] *(vi, hat)* ***1*** stridere. ***2*** *(fig)* strillare, stridere.
Kreisel ['kraizəl] *(m; -s, -)* ~ trottola.
kreisen ['kraizən] *(vi, ist)* ~ girare (intorno), ruotare *(anche fig)* ♦ *die Erde kreist um die Sonne* la terra gira intorno al sole ♦ *meine Gedanken kreisen immer noch um dasselbe Problem* i miei pensieri ruotano sempre intorno allo stesso problema.
kreisförmig ['kraisˌfœrmɪç] *(agg)* ~ circolare.
Kreislauf ['kraisˌlauf] *(m; -(e)s, -läufe)* ***1*** giro, rotazione. ***2*** *(fig)* ciclo ♦ *der Kreislauf des Lebens* il ciclo della vita. ***3*** *(med)* circolazione sanguigna.
Kreislinie ['kraisˌliːnjə] *(f; -, -n)* ~ *(geom)* circonferenza.
kreisrund ['kraisˌrʊnt] *(agg)* ~ circolare, rotondo.
Kreißsaal ['kraisˌzaːl] *(m; -s, -säle)* ~ sala parto.
Kreisstadt ['kraisˌʃtat] *(f; -, -städte)* ~ capoluogo circondariale.
Krem [kreːm] *(f; -, -s)* ~ vedi **Creme**.
Krematorium [krema'toːrjum] *(n; -s, -rien)* ~ crematorio.
Krempel ['krɛmpəl] *(m; -s)* ~ *(fam)* roba, cianfrusaglie.
Krengel ['krɛŋəl] *(m; -s, -)* ~ vedi **Kringel**.
krepieren [kre'piːrən] *(vi, ist)* ***1*** scoppiare, esplodere. ***2*** *(spreg)* crepare, morire.
kreuz [krɔyts] *(avv)* ~ **kreuz und quer** dappertutto, a destra e a sinistra (stato o moto).
Kreuz *(n; -(e)s, -e)* ***1*** croce. ***2*** regione lombare, schiena. ***3*** croce, onorificenza. ***4*** crocifisso, croce. ***5*** *(fig)* croce, peso, pena ♦ *sein Kreuz tragen* portare la croce. ***6*** *(mus)* diesis. ***7*** fiori (seme delle carte). ◆ **jmdn ans Kreuz schlagen** crocifiggere qcn. ◆ **zwei Gegenstände über(s) Kreuz legen** incrociare due oggetti. ◆ **mit jmdm über(s) Kreuz sein** *(fig)* essere ai ferri corti con qcn.
Kreuzbein [-ˌbain] *(n; -(e)s, -e)* ~ *(anat)* osso sacro.
kreuzen [-ən] *(vt, hat)* ***1*** incrociare, intersecare *(anche fig)* ♦ *jmds Weg kreuzen* incrociare la strada di qcn. ***2*** incrociare ♦ *die Arme kreuzen* incrociare le braccia. ◆ **sich kreuzen** *(vr)* ***1*** incrociarsi, intersecarsi *(anche fig)*. ***2*** *(fig)* essere in contrasto.
Kreuzer [-ɐ] *(m; -s, -)* ~ incrociatore.
Kreuzfahrer [-ˌfaːrɐ] *(m; -s, -)* ~ *(stor)* crociato.
Kreuzfahrt [-ˌfaːɐt] *(f; -, -en)* ***1*** crociata. ***2*** crociera.
Kreuzgang [-ˌgaŋ] *(m; -(e)s, -gänge)* ~ chiostro.
kreuzigen [-ɪgən] *(vt, hat)* ~ crocifiggere.
Kreuzung [-ʊŋ] *(f; -, -en)* ***1*** incrocio, crocevia ♦ *an der Kreuzung müssen Sie links abbiegen* all'incrocio deve girare a sinistra. ***2*** *(biol)* incrocio.
Kreuzweg [-ˌveːk] *(m; -(e)s, -e)* ***1*** incrocio, crocevia. ***2*** *(relig)* via crucis *(anche fig)*. ◆ **am Kreuzweg stehen** *(fig/lett)* essere a un bivio.
kreuzweise [-ˌvaizə] *(avv)* ~ in croce, incrociato. ◆ **du kannst mich mal kreuzweise!** *(volg)* vaffanculo!
Kreuzworträtsel [-vɔrtˌrɛtsəl] *(n; -s, -)* ~ cruciverba, parole crociate.
Kreuzzeichen [-ˌtsaiçən] *(n; -s, -)* ~ *(relig)* segno della croce.
Kreuzzug [-ˌtsuːk] *(m; -(e)s, -züge)* ~ crociata *(anche fig)*.
kribbelig ['krɪbəlɪç] *(agg)* ~ *(fam)* agitato, nervoso.
kribbeln[1] ['krɪbəln] *(vi, ist)* ~ brulicare, formicolare (insetti) *(anche fig)*.
kribbeln[2] *(vt, hat)* ***1*** {*jmdn ~*} dare prurito a qcn, dare formicolio a qcn. ***2*** {*jmdm ~*} *(impers)* dare prurito a qcn, dare formicolio a qcn ♦ *es kribbelt mir in den Füßen* ho un formicolio ai piedi.
kriechen ['kriːçən] *(vi, ist;* **kroch**, **gekrochen***)* ~ strisciare; sgusciare (fuori) ♦ *die Schlange kroch unter das Laub* il serpente strisciò sotto il fogliame. ◆ **vor jmdm kriechen** *(fig)* strisciare ai piedi di qcn.
Kriecher ['kriːçɐ] *(m; -s, -; f* **-in***)* ~ *(fig)* leccapiedi.
Kriecherei [kriːçə'rai] *(f; -, -en)* ~ servilismo.
kriecherisch ['kriːçərɪʃ] *(agg)* ~ strisciante, servile.

Krieg [kriːk] *(m; -(e)s, -e)* ***1*** guerra, conflitto ♦ *der Krieg ist ausgebrochen* è scoppiata la guerra ♦ *einem Staat den Krieg erklären* dichiarare guerra a uno stato ♦ *Krieg führen* fare la guerra ♦ *in den Krieg ziehen* entrare in guerra. ***2*** *(fig)* guerra, conflitto, contrasto. ◆ **Krieg führend** († **kriegführend**) belligerante.

kriegen [ˈkriːgən] *(vt, hat)* ***1*** *(fam)* ricevere ♦ *ein Geschenk kriegen* ricevere un regalo ♦ *etwas geschenkt kriegen* ricevere qcs in regalo. ***2*** *(fam)* beccarsi, buscarsi ♦ *eine Ohrfeige kriegen* beccarsi uno schiaffo. ***3*** *(fam)* beccare, acciuffare ♦ *die Polizei hat den Täter gekriegt* la polizia ha acciuffato il colpevole. ***4*** *(fam)* trovare, ottenere ♦ *ich habe keine Karten gekriegt* non ho trovato i biglietti.

Krieger [ˈkriːgɐ] *(m; -s, -)* ~ guerriero.

kriegerisch [ˈkriːgərɪʃ] *(agg)* ***1*** bellicoso. ***2*** bellico, di guerra.

kriegführend ~ **Krieg führend** (vedi **Krieg**).

Kriegsbeil [ˈkriːksˌbail] *(n; -(e)s, -e)* ~ ascia di guerra. ◆ **das Kriegsbeil ausgraben, begraben** *(fig)* dissotterrare, seppellire l'ascia di guerra.

Kriegsbeschädigte(r) [ˈkriːksbəʃɛːdɪçtə (-tɐ)] *(m/f; -n, -n)* ~ invalido di guerra.

Kriegserklärung [ˈkriːksˀɛɐˌklɛːrʊŋ] *(f; -, -en)* ~ dichiarazione di guerra.

Kriegsfuß [ˈkriːksˌfuːs] *(m)* ~ **mit jmdm/etwas auf dem Kriegsfuß stehen** *(fig/fam)* essere sul piede di guerra con qcn/qcs.

Kriegsgefangene(r) [ˈkriːksgəˌfaŋənə (-nɐ)] *(m/f; -n, -n)* ~ prigioniero di guerra.

Kriegsgericht [ˈkriːksgəˌrɪçt] *(n; -(e)s, -e)* ~ tribunale di guerra, corte marziale.

Kriegsinvalide [ˈkriːksˀɪnvaˌliːt] *(m; -n, -n; f* **-invalidin***)* ~ invalido di guerra.

Kriegsmarine [ˈkriːksmaˌriːnə] *(f; -)* ~ marina militare.

Kriegspfad [ˈkriːksˌpfaːt] *(n)* ~ **auf dem Kriegspfad sein** *(fig/fam)* essere sul sentiero di guerra.

Kriegsschiff [ˈkriːksˌʃɪf] *(n; -(e)s, -e)* ~ nave da guerra.

Kriegsverbrechen [ˈkriːksfɛɐˌbrɛçən] *(n; -s, -)* ~ crimine di guerra.

Kriegsverbrecher [ˈkriːksfɛɐˌbrɛçɐ] *(m; -s, -; f* **-in***)* ~ criminale di guerra.

Krimi [ˈkriːmi] *(m; -s, -s) (fam)* ~ abbrev di **Kriminalfilm**, **Kriminalroman**.

kriminal [krimiˈnaːl] *(agg)* ~ criminale.

Kriminalfilm [-ˌfɪlm] *(m; -(e)s, -e)* ~ film poliziesco, film giallo.

Kriminalität [kriminaliˈtɛːt] *(f; -)* ~ criminalità.

Kriminalpolizei [krimiˈnaːlpoliˌtsai] *(f; -) (abbrev* **Kripo***)* ~ polizia criminale.

Kriminalroman [krimiˈnaːlroˌmaːn] *(m; -s, -e)* ~ romanzo giallo, giallo.

kriminell [krimiˈnɛl] *(agg)* ~ criminale.

Kriminelle(r) [-ə (-ɐ)] *(m/f; -n, -n)* ~ criminale.

Krimskrams [ˈkrɪmsˌkrams] *(m; -)* ~ *(fam)* ciarpame, cianfrusaglie.

Kringel [ˈkrɪŋəl] *(anche* **Krengel***) (m, -s, -)* ***1*** cerchietto. ***2*** ciambella (dolce).

kringeln [-n] *(vt, hat)* ~ arrotolare, arricciare.

Kripo [ˈkriːpo] *(f; -)* ~ abbrev di **Kriminalpolizei**.

Krippe [ˈkrɪpə] *(f; -, -n)* ***1*** greppia, mangiatoia. ***2*** presepe. ***3*** asilo nido.

Krise [ˈkriːzə] *(f; -, -n)* ~ crisi.

Kristall[1] [krɪsˈtal] *(m; -s, -e)* ~ cristallo (formazione cristallina).

Kristall[2] *(n; -s)* ~ cristallo (materiale).

kristallen [-ən] *(agg)* ~ di cristallo.

kristallisieren [krɪstaliˈziːrən] *(vt, hat)* ~ cristallizzare *(anche fig)*. ◆ **sich kristallisieren** *(vr)* cristallizzarsi *(anche fig)*.

Kriterium [kriˈteːrjʊm] *(n; -s, -rien)* ***1*** caratteristica, tratto distintivo. ***2*** criterio.

Kritik [kriˈtiːk] *(f; -, -en)* ***1*** critica ♦ *konstruktive Kritik* critica costruttiva ♦ *an jmdm/etwas Kritik üben* criticare qcn/qcs. ***2*** critica, recensione. ***3*** critica, critici.

Kritiker [ˈkriːtikɐ] *(m; -s, -; f* **-in***)* ~ critico.

kritiklos [kriˈtiːkˌloːs] *(agg)* ***1*** acritico. ***2*** *(avv)* senza criticare, acriticamente.

kritisch [ˈkriːtɪʃ] *(agg)* ~ *(generic)* critico ♦ *eine kritische Bemerkung* un'osservazione critica ♦ *kritische Ausgabe* edizione critica ♦ *ein kritischer Punkt* un punto critico ♦ *eine kritische Situation* una situazione critica.

kritisieren [kritiˈziːrən] *(vt, hat)* ***1*** criticare, recensire. ***2*** {*etwas an jmdm/etwas ~*} criticare qcs di qcn/qcs, biasimare qcs di qcn/qcs.

kritzeln ['krɪtsəln] *(vt,* hat*)* ~ scarabocchiare, scribacchiare.
kroch [krɔx] ~ pret di **kriechen**.
Krokette [kro'kɛtə] *(f;* -, -n*)* ~ crocchetta.
Krokodil [kroko'di:l] *(n;* -s, -e*)* ~ *(zool)* coccodrillo.
Krokus ['kro:kʊs] *(m;* -, -/-se*)* ~ *(bot)* croco, zafferano.
Krone ['kro:nə] *(f;* -, -n*)* ***1*** corona ♦ *jmdm die Krone aufsetzen* incoronare qcn ♦ *die Krone niederlegen (fig)* deporre la corona, abdicare. ***2*** *(fig)* corona, sovrano. ***3*** bordo, estremità (superiore); corona (dei denti). ***4*** chioma. ***5*** *(fig)* colmo, culmine, apice. ***6*** corona (moneta). ◆ **das setzt allem die Krone auf!** *(fam)* questo è il colmo! ◆ **einen in der Krone haben** *(fam)* essere brillo.
krönen ['krø:nən] *(vt,* hat*)* ***1*** incoronare ♦ *jmdn zum König krönen* incoronare re qcn ♦ *den Sieger krönen* incoronare il vincitore. ***2*** *(fig)* coronare, adornare (sulla sommità) ♦ *ein Kreuz krönt die Kuppel* una croce adorna la sommità della cupola. ***4*** *(fig)* coronare ♦ *ein Werk krönen* coronare un'opera.
Kron(en)korken ['kro:n(ən),kɔrkən] *(m;* -s, -*)* ~ tappo a corona.
Kronleuchter ['kro:n,lɔyçtɐ] *(m;* -s, -*)* ~ lampadario (grande).
Kronprinz ['kro:n,prɪnts] *(m;* -en, -en*)* ~ principe ereditario.
Krönung ['krø:nʊŋ] *(f;* -, -en*)* ***1*** incoronazione. ***2*** culmine, massimo *(anche spreg)*.
Kronzeuge ['kro:n,tsɔygə] *(m;* -n, -n*)* ~ testimone chiave.
Kropf [krɔpf] *(m;* -(e)s, Kröpfe*)* ***1*** *(med)* gozzo. ***2*** gozzo (di uccelli).
Kröte ['krø:tə] *(f;* -, -n*)* ***1*** *(zool)* rospo. ***2*** *(pl) (fam)* soldi, grana.
Krücke ['krʏkə] *(f;* -, -n*)* ***1*** stampella, gruccia ♦ *an Krücken gehen* camminare con le stampelle. ***2*** manico (di bastone o ombrello). ***3*** *(fam)* rottame (vecchio elettrodomestico).
Krug [kru:k] *(m;* -(e)s, Krüge*)* ~ brocca; boccale. ◆ **der Krug geht so lange zum Brunnen, bis er bricht** *(prov)* tira tira, la corda si spezza.
Krume ['kru:mə] *(f;* -, -n*)* ***1*** briciola. ***2*** mollica.
Krümel ['kry:məl] *(m;* -s, -*)* ~ briciola.
krümelig [-ɪç] *(anche* **krümlig***)* *(agg)* ***1*** friabile. ***2*** pieno di briciole.
krümeln [-n] *(vi,* hat*)* ***1*** sbriciolarsi. ***2*** sbriciolare, fare briciole.
krümlig ['kry:mlɪç] ~ vedi **krümelig**.
krumm [krʊm] *(agg)* ***1*** storto, curvo, ricurvo, piegato ♦ *ein krummer Baumstamm* un tronco ricurvo ♦ *ein krummer Nagel* un chiodo piegato. ***2*** ricurvo, gobbo, adunco. ***3*** *(fig/fam)* sporco, disonesto. ◆ **krumm sitzen** stare seduto storto.
krümmen ['krʏmən] *(vt,* hat*)* ~ curvare, piegare, incurvare. ◆ **sich krümmen** *(vr)* curvarsi, piegarsi, incurvarsi. ◆ **sich vor Lachen krümmen** *(vr) (fig/fam)* piegarsi in due dal ridere.
krumm|lachen *(vr,* hat*)* ~ **sich krummlachen** *(fig/fam)* piegarsi in due dal ridere.
krumm|legen *(vr,* hat*)* ~ **sich krummlegen** *(fam)* limitarsi nelle spese.
krumm|nehmen *(vt,* hat*)* ~ {*jmdm etwas* ~} *(fig/fam)* aversene a male per qcs (detto o fatto da qcn).
Krümmung ['krʏmʊŋ] *(f;* -, -en*)* ~ curvatura, piegatura, curva.
Krüppel ['krʏpəl] *(m;* -s, -*)* ~ storpio. ◆ **jmdn zum Krüppel schlagen** rendere qcn storpio a forza di botte.
krüpp(e)lig ['krʏp(ə)lɪç] *(agg)* ~ storto, deforme.
Kruste ['krʊstə] *(f;* -, -n*)* ~ crosta.
Kruzifix ['kru:tsifɪks] *(n;* -es, -e*)* ~ crocifisso, croce.
Kübel ['ky:bəl] *(m;* -s, -*)* ~ tinozza, mastello. ◆ **es gießt wie aus Kübeln** *(fig/fam)* piove a catinelle.
Kubikmeter [ku'bi:k,me:tɐ] *(m;* -s, -*)* ~ metro cubo.
Kubikwurzel [ku'bi:k,vʊrtsəl] *(f;* -, -n*)* ~ *(mat)* radice cubica.
Kubikzahl [ku'bi:k,tsa:l] *(f;* -, -en*)* ~ numero al cubo.
Kubus ['ku:bʊs] *(m;* -, -/Kuben*)* ***1*** *(geom)* cubo. ***2*** *(mat)* cubo, terza potenza.
Küche ['kʏçə] *(f;* -, -n*)* ~ *(generic)* cucina ♦ *die Äpfel sind in der Küche* le mele sono in cucina ♦ *die italienische Küche* la cucina italiana.
Kuchen ['ku:xən] *(m;* -s, -*)* ~ dolce, torta ♦ *einen Kuchen backen* fare una torta.

Küchentisch ['kʏçən,tɪʃ] *(m; -es, -e)* ~ tavolo di cucina.

Kuckuck ['kʊkʊk] *(m; -s, -e)* ~ *(zool)* cuculo. ◆ **das weiß der Kuckuck** *(fam)* questo lo sa il cielo. ◆ **zum Kuckuck sein** *(fam)* essere perduto, essere andato. ◆ **zum Kuckuck!** *(fam)* al diavolo!

Kuckucksei [-s,ˀai] *(n; -(e)s, -er)* **1** uovo di cuculo. **2** *(fig/fam)* gatta da pelare.

Kuckucksuhr [-s,ˀuːɐ] *(f; -, -en)* ~ orologio a cucù.

Kufe ['kuːfə] *(f; -, -n)* ~ lama (di pattini e sim).

Kugel ['kuːgəl] *(f; -, -n)* **1** sfera *(anche geom)*, globo, palla. **2** pallottola.

kugelförmig [-,fœrmɪç] *(agg)* ~ sferico.

kugelig [-ɪç] *(agg)* ~ sferico, rotondo.

kugeln[1] [-n] *(vi, ist)* ~ rotolare.

kugeln[2] *(vt, hat)* ~ far rotolare ◆ *einen Ball kugeln* far rotolare un pallone. ◆ **sich kugeln** *(vr)* rotolarsi.

Kugelschreiber [-ʃraibɐ] *(m; -s, -)* ~ penna a sfera, biro.

Kugelstoßen [-ʃtoːsən] *(n; -s)* ~ *(sport)* lancio del peso.

Kuh [kuː] *(f; -, Kühe)* **1** *(zool)* mucca, vacca ◆ *eine Kuh melken* mungere una mucca. **2** femmina di grossi mammiferi (elefante, bufalo, ecc). **3** *(spreg)* donna stupida, scema.

Kuhhaut [-,haut] *(f; -, -häute)* ~ pelle di vacca. ◆ **das geht auf keine Kuhhaut!** *(fig/fam)* è roba da matti!

kühl [kyːl] *(agg)* **1** fresco ◆ *ein kühles Getränk* una bibita fresca. **2** *(fig)* freddo, distaccato ◆ *eine kühle Antwort* una risposta fredda. ◆ **jmdm ist kühl** *(impers)* qcn ha fresco, sente fresco ◆ *mir ist kühl* sento fresco.

Kühle [-ə] *(f; -)* **1** fresco ◆ *die Kühle des Abends* il fresco della sera. **2** *(fig)* freddezza, distacco.

kühlen [-ən] *(vt, hat)* ~ rinfrescare, refrigerare, mettere in fresco ◆ *ein Getränk kühlen* mettere in fresco una bibita.

Kühler [-ɐ] *(m; -s, -)* **1** radiatore (di auto). **2** secchiello portaghiaccio (per spumante e sim).

Kühlschrank [-ʃraŋk] *(m; -(e)s, -schränke)* ~ frigorifero.

Kühltruhe [-,truːə] *(f; -, -n)* ~ congelatore.

Kühlung [-ʊŋ] *(f; -, -en)* **1** raffreddamento, dispositivo di raffreddamento. **2** *(solo sing)* fresco, refrigerio.

kühn [kyːn] *(agg)* ~ audace, ardito, temerario ◆ *ein kühner Plan* un progetto audace.

Kühnheit [-,hait] *(f; -, en)* ~ audacia, ardimento, temerarietà.

Küken ['kyːkən] *(n; -s, -)* ~ pulcino.

kulant [ku'lant] *(agg)* ~ compiacente, accomodante (negli affari).

Kulanz [ku'lants] *(f; -)* ~ compiacenza, condiscendenza (negli affari).

Kuli[1] ['kuːli] *(m; -s, -s)* ~ *(fam)* penna, biro.

Kuli[2] *(m; -s, -s)* **1** portatore, facchino, coolie. **2** *(fig)* schiavo.

Kulisse [ku'lɪsə] *(f; -, -n)* **1** quinta, scena. **2** *(fig)* scena, apparenza. ◆ **hinter den Kulissen** *(fig)* dietro le quinte.

kullern[1] ['kʊlɐn] *(vi, ist)* ~ rotolare. ◆ **mit den Augen kullern** roteare gli occhi.

kullern[2] *(vt, hat)* ~ rotolare, far rotolare.

Kult [kʊlt] *(m; -(e)s, -e)* ~ culto *(anche fig)* ◆ *mit jmdm/etwas einen Kult treiben* fare un culto di qcn/qcs.

kultisch [-ɪʃ] *(agg)* ~ rituale, del culto.

kultivieren [kʊlti'viːrən] *(vt, hat)* **1** coltivare. **2** *(fig)* coltivare, curare ◆ *eine Freundschaft kultivieren* coltivare un'amicizia. **3** *(fig)* perfezionare, affinare.

kultiviert [kʊlti'viːɐt] *(agg)* ~ colto, educato, raffinato.

Kultstätte ['kʊlt,ʃtɛtə] *(f; -, -n)* ~ luogo di culto.

Kultur [kʊl'tuːɐ] *(f; -, -en)* **1** cultura, civiltà ◆ *die westliche Kultur* la cultura occidentale. **2** cultura, istruzione ◆ *(keine) Kultur haben* (non) avere una cultura. **3** coltura, coltivazione.

kulturell [kʊltu'rɛl] *(agg)* ~ culturale.

Kulturerbe [kʊl'tuːɐ,ˀɛrbə] *(n; -s)* ~ eredità culturale.

Kulturleben [kʊl'tuːɐ,leːbən] *(n; -s)* ~ vita culturale.

Kulturstufe [kʊl'tuːɐʃtuːfə] *(f; -, -n)* ~ grado di civiltà.

Kultusminister ['kʊltʊsmi,nɪstɐ] *(m; -s, -; f -in)* ~ ministro della pubblica istruzione.

Kultusministerium ['kʊltʊsminɪs,teːrjʊm] *(n; -s, -rien)* ~ ministero della pubblica istruzione.

Kummer ['kʊmɐ] *(m; -)* ~ pena, preoccupazione, pensiero ♦ *der Kummer um/über jmdn* la preoccupazione per qcn ♦ *jmdm Kummer bereiten/machen* dare preoccupazioni a qcn.

kümmerlich ['kʏmɐlɪç] *(agg)* ***1*** misero, povero. ***2*** misero, pietoso; scarso. ***3*** *(avv)* miseramente, poveramente ♦ *kümmerlich leben* vivere miseramente.

kümmern ['kʏmɐn] *(vt,* hat*)* ~ {*jmdn* ~} interessare, importare a qcn ♦ *das kümmert mich nicht* questo non m'interessa. ◆ **sich um jmdn/etwas kümmern** *(vr)* occuparsi, prendersi cura di qcn/qcs, badare a qcn ♦ *wer kümmert sich um die Kinder?* chi si occupa dei bambini?

Kumpan [kʊm'pa:n] *(m; -(e)s, -e)* ***1*** *(fam)* compagno. ***2*** *(fam)* complice.

Kumpel ['kʊmpəl] *(m; -s, -/-s)* ~ collega.

Kunde[1] ['kʊndə] *(m; -n, -n; f* **Kundin***)* ~ cliente. ◆ **ein übler/schlechter Kunde** *(fam)* un mascalzone.

Kunde[2] *(f; -, -n)* ~ *(lett)* notizia.

kund|geben ['kʊnt,ge:bən] *(vt,* hat*)* ~ {*jmdm etwas* ~} *(lett)* manifestare, palesare, rivelare qcs a qcn.

Kundgebung ['kʊnt,ge:bʊŋ] *(f; -, -en)* ~ manifestazione, dimostrazione (di piazza).

kundig ['kʊndɪç] *(agg)* ***1*** informato. ***2*** esperto.

kündigen[1] ['kʏndɪgən] *(vi,* hat*)* ***1*** licenziarsi ♦ *ich habe bei der Firma gekündigt* mi sono licenziato dalla ditta. ***2*** {*jmdm* ~} licenziare qcn; dare lo sfratto a qcn ♦ *mir ist gekündigt worden* sono stato licenziato.

kündigen[2] *(vt,* hat*)* ***1*** {*(jmdm) etwas* ~} disdire qcs (a qcn) ♦ *einen Vertrag kündigen* disdire un contratto. ***2*** {*(jmdm) etwas* ~} *(fig)* rompere qcs con qcn ♦ *jmdm die Freundschaft kündigen* rompere l'amicizia con qcn.

Kündigung ['kʏndɪgʊŋ] *(f; -, -en)* ***1*** licenziamento ♦ *fristlose Kündigung* licenziamento in tronco. ***2*** disdetta, annullamento.

Kündigungsfrist [-s,frɪst] *(f; -, -en)* ~ preavviso (di licenziamento e sim).

Kündigungsschreiben [-s,ʃraibən] *(n; -s, -)* ~ lettera di licenziamento; avviso di sfratto.

Kundschaft ['kʊnt,ʃaft] *(f; -, raro -en)* ~ clientela.

künftig ['kʏnftɪç] *(agg)* ***1*** futuro ♦ *unsere künftige Wohnung* il nostro futuro appartamento. ***2*** *(avv)* in futuro.

Kunst [kʊnst] *(f; -,* Künste*)* ***1*** arte ♦ *alte, moderne Kunst* arte antica, moderna ♦ *bildende Kunst* arte figurativa ♦ *die schönen Künste* le belle arti. ***2*** arte, abilità, capacità ♦ *die ärztliche Kunst* l'arte medica. ◆ **nach allen Regeln der Kunst** a regola d'arte. ◆ **was macht die Kunst?** *(fam)* come va la vita? ◆ **mit seiner Kunst am Ende sein** *(fig/fam)* non sapere più che pesci prendere.

Kunst- *(nei composti)* ***1*** artificiale, finto ♦ *Kunstblume* fiore finto ♦ *Kunsthonig* miele artificiale. ***2*** d'arte, dell'arte ♦ *Kunsthistoriker* storico dell'arte ♦ *Kunstgeschichte* storia dell'arte.

Kunstakademie [-ˀakade,mi:] *(f; -, -n)* ~ accademia di belle arti.

Kunstfaser [-,fa:zɐ] *(f; -, -n)* ~ fibra sintetica.

Kunstgewerbe [-gə,vɛrbə] *(n; -s, -)* ***1*** *(solo sing)* artigianato artistico. ***2*** oggetto di artigianato artistico.

Kunstgriff [-,grɪf] *(m; -(e)s, -e)* ~ artificio, accorgimento, stratagemma.

Kunstleder [-,le:dɐ] *(n; -s, -)* ~ similpelle.

Künstler ['kʏnstlɐ] *(m; -s, -; f* **-in***)* ***1*** artista. ***2*** artista, attore. ***3*** *(fig)* artista, esperto.

künstlerisch ['kʏnstlərɪʃ] *(agg)* ~ artistico.

Künstlername ['kʏnstlɐ,na:mə] *(m; -ns, -n)* ~ nome d'arte.

künstlich ['kʏnstlɪç] *(agg)* ***1*** artificiale, non naturale ♦ *künstliche Befruchtung* fecondazione artificiale. ***2*** artificiale, finto, falso ♦ *künstliche Blumen* fiori finti. ***3*** *(fig)* artificioso, innaturale. ***4*** *(avv)* artificialmente.

Kunststoff ['kʊnst,ʃtɔf] *(m; -(e)s, -e)* ~ plastica, materiale sintetico.

Kunststück ['kʊnst,ʃtʏk] *(n; -(e)s, -e)* ***1*** pezzo di bravura. ***2*** gioco di prestigio; acrobazia.

Kunstwerk ['kʊnst,vɛrk] *(n; -(e)s, -e)* ***1*** opera d'arte. ***2*** *(fig)* opera d'arte, capolavoro.

Kupfer ['kʊpfɐ] *(n; -s, -)* ~ rame.

kupferfarben [-,farbən] *(agg)* ~ ramato, color rame.

Kuppe ['kʊpə] *(f; -, -n)* ***1*** punta (arrotondata). ***2*** cima di un monte (tondeggiante).

Kuppel [-l] *(f; -, -n)* ~ cupola.

kuppeln [-ln] *(vt,* hat*)* ***1*** agganciare, attaccare (rimorchi, vagoni, ecc) ♦ *einen Anhänger an ein Fahrzeug kuppeln* agganciare un rimorchio a un veicolo. ***2*** *(vi)* azionare la frizione.

Kupplung ['kʊplʊŋ] *(f; -, -en)* ***1*** aggancio (di rimorchi, vagoni, ecc). ***2*** frizione, pedale della frizione ♦ *die Kupplung betätigen* azionare la frizione.

Kupplungspedal [-spe,da:l] *(n; -s, -e)* ~ pedale della frizione.

Kur ['ku:ɐ] *(f; -, -en)* ***1*** cura, terapia. ***2*** soggiorno di cura.

Kür ['ky:ɐ] *(f; -, -en)* ~ *(sport)* esercizio libero.

Kurbel ['kʊrbəl] *(f; -, -n)* ~ manovella.

kurbeln [-n] *(vi/vt,* hat*)* ***1*** *(vi)* girare (una manovella). ***2*** *(vt)* girare, alzare, abbassare (con una manovella) ♦ *das Autofenster in die Höhe kurbeln* alzare il finestrino (dell'auto).

Kürbis ['kʏrbɪs] *(m; -ses, -se)* ~ *(bot)* zucca.

Kürbiskern [-,kɛrn] *(m; -(e)s, -e)* ~ seme di zucca.

Kurfürst ['ku:ɐ,fʏrst] *(m; -en, -en)* ~ principe elettore.

Kurie ['ku:rjə] *(f; -, -n)* ~ *(relig)* curia.

Kurier [ku'ri:ɐ] *(m; -s, -)* ~ corriere ♦ *etwas per/mit Kurier schicken* mandare qcs tramite corriere.

kurieren [ku'ri:rən] *(vt,* hat*)* ***1*** curare ♦ *jmdn von einer Krankheit kurieren* curare qcn da una malattia. ***2*** {*jmdn von etwas ~*} *(fig/fam)* distogliere qcn da qcs (comportamenti, idee, ecc).

Kurort ['ku:ɐ,ˀɔrt] *(m; -(e)s, -e)* ~ luogo di cura.

Kurpfuscher ['ku:ɐ,pfʊʃɐ] *(m; -s, -)* ~ medico da strapazzo, ciarlatano.

Kurs [kʊrs] *(m; -es, -e)* ***1*** rotta (di aereo o nave) ♦ *den Kurs halten* tenere la rotta ♦ *Kurs auf Bremen nehmen* fare rotta su Brema ♦ *vom Kurs abkommen* deviare dalla rotta. ***2*** *(fig)* rotta, direzione ♦ *den Kurs ändern* cambiare rotta. ***3*** corso, serie di lezioni ♦ *einen Kurs für Deutsch besuchen* seguire un corso di tedesco. ***4*** *(econ)* corso, quotazione ♦ *die Kurse fallen, steigen* le quotazioni scendono, salgono ♦ *etwas außer Kurs setzen* mettere fuori corso qcs. ◆ **hoch im Kurs sein** ***1*** avere una quotazione alta. ***2*** *(fig)* essere quotato, essere gettonato.

Kursänderung [-,ˀɛndərʊŋ] *(f; -, -en)* ~ cambiamento di rotta *(anche fig)*.

Kursbuch [-,bu:x] *(n; -(e)s, -bücher)* ~ orario ferroviario.

Kürschner ['kʏrʃnɐ] *(m; -s, -; f* **-in***)* ~ pellicciaio.

kursieren [kʊr'zi:rən] *(vi,* hat*)* ***1*** circolare, essere in corso (monete). ***2*** *(fig)* circolare (notizie e sim).

kursiv [kʊr'zi:f] *(agg)* ~ corsivo.

Kursus ['kʊrzʊs] *(m; -, -se)* ~ corso, serie di lezioni.

Kurve ['kʊrvə] *(f; -, -n)* ~ curva *(anche geom)* ♦ *eine Kurve nehmen* prendere una curva ♦ *zu schnell in eine Kurve fahren* prendere una curva troppo veloce. ◆ **die Kurve kratzen** *(fig/fam)* svignarsela.

kurven [-n] *(vi,* ist*)* ~ curvare.

kurz [kʊrts] *(agg;* **kürzer, am kürzesten***)* ***1*** corto ♦ *kurzes Haar* capelli corti ♦ *ein T-Shirt mit kurzen Ärmeln* una maglietta a maniche corte. ***2*** breve, corto (nel tempo) ♦ *ein kurzer Urlaub* una breve vacanza. ***3*** *(fig)* breve, conciso ♦ *eine kurze Rede* un breve discorso. ***4*** *(avv)* brevemente, per poco tempo, (per) un attimo ♦ *ich möchte noch kurz bei Sandra vorbeigehen* vorrei anche passare un attimo da Sandra. ◆ **kurz bevor** poco prima ♦ *kurz bevor er ankam* poco prima che arrivasse. ◆ **kurz darauf** poco dopo. ◆ **kurz entschlossen** senza esitare. ◆ **<u>kurz</u> <u>gefasst</u>** († **kurzgefaßt**) conciso. ◆ **kurz und gut** in poche parole. ◆ **kurz nach** poco dopo ♦ *kurz nach seiner Ankunft* poco dopo il suo arrivo. ◆ **kurz nachdem** poco dopo che ♦ *kurz nachdem er angekommen war* poco dopo che era arrivato. ◆ **kurz und schmerzlos** *(fig/fam)* senza tanti complimenti. ◆ **<u>kurz</u> <u>treten</u>** († **kurztreten**) limitarsi, moderarsi (nelle spese). ◆ **kurz vor** poco prima di ♦ *kurz vor seiner Ankunft* poco prima del suo arrivo. ◆ **kurz vorher/zuvor** poco prima. ◆ **seit kurzem** da poco, da poco tempo. ◆ **über**

kurz oder lang prima o poi. ◆ **vor kurzem** poco fa ♦ *bis vor kurzem* fino a poco fa. ◆ **zu kurz kommen** rimetterci. ◆ **ein kurzes Gedächtnis haben** avere la memoria corta. ◆ **um es kurz zu machen** per farla breve. ◆ **mit jmdm/etwas kurzen Prozess machen** tagliar corto con qcn/qcs. ◆ **auf dem kürzesten Wege** nel modo più breve.

kurzärm(e)lig [-ˌʔɛrm(ə)lɪç] *(agg)* ~ a maniche corte.

Kürze ['kʏrtsə] *(f; -)* **1** brevità (spaziale o temporale). **2** *(fig)* brevità, concisione. ◆ **in Kürze** fra breve.

Kürzel [-l] *(n; -s, -)* ~ abbreviazione (spec in stenografia); sigla.

kürzen [-n] *(vt, hat)* **1** accorciare ♦ *einen Rock kürzen* accorciare una gonna. **2** abbreviare, accorciare, tagliare ♦ *einen Brief kürzen* accorciare una lettera. **3** ridurre, diminuire ♦ *jmdm das Gehalt kürzen* ridurre lo stipendio a qcn.

kürzer ['kʏrtsɐ] *(agg)* **1** compar di **kurz**. **2** abbastanza breve, relativamente breve ♦ *für kürzere Zeit* per un tempo relativamente breve. ◆ **den Kürzeren** († **kürzeren**) **ziehen** *(fig)* avere la peggio, avere sfortuna.

kurzerhand ['kʊrtsɐ'hant] *(avv)* ~ di punto in bianco, senza pensarci su.

kurzfristig ['kʊrtsˌfrɪstɪç] *(agg)* **1** improvviso; rapido ♦ *eine kurzfristige Abreise* una partenza improvvisa. **2** a breve scadenza, a breve termine. **3** *(avv)* improvvisamente; all'ultimo momento; a breve scadenza.

kurzgefaßt ~ **kurz gefasst** (vedi **kurz**).

kurzlebig ['kʊrtsˌleːbɪç] *(agg)* ~ effimero, che ha vita breve.

kürzlich ['kʏrtslɪç] *(avv)* ~ recentemente, poco tempo fa.

Kurzschluss († **-schluß**) ['kʊrtsˌʃlʊs] *(m; -es, -schlüsse)* ~ corto circuito.

Kurzschrift ['kʊrtsˌʃrɪft] *(f; -, -en)* ~ stenografia.

kurzsichtig ['kʊrtsˌzɪçtɪç] *(agg)* ~ miope *(anche fig)*.

Kurzsichtigkeit [-ˌkait] *(f; -)* ~ miopia *(anche fig)*.

kurztreten ~ **kurz treten** (vedi **kurz**).

kurzum [ˌkʊrts'ʔʊm] *(avv)* ~ per farla breve, in poche parole.

Kürzung ['kʏrtsʊŋ] *(f; -, -en)* **1** accorciamento, taglio. **2** riduzione, diminuzione, decurtazione, taglio.

Kurzwaren ['kʊrtzˌvaːrən] *(pl)* ~ articoli di merceria.

Kurzwelle ['kʊrtzˌvɛlə] *(f; -, -n)* ~ onda corta.

kuschelig ['kʊʃəlɪç] *(agg)* ~ *(fam)* comodo, caldo.

kuscheln ['kʊʃəln] *(vr, hat)* ~ **sich kuscheln** *(fam)* raggomitolarsi, accucciarsi, stringersi ♦ *das Kind kuschelt sich an die Mutter* il bambino si stringe in collo alla mamma ♦ *sich in eine Decke kuscheln* avvolgersi tutto in una coperta.

Kuscheltier ['kʊʃəlˌtiːɐ] *(n; -(e)s, -e)* ~ animale di peluche (di stoffa).

kuschen ['kʊʃən] *(vi, hat)* ~ accucciarsi, mettersi a cuccia *(anche fig)*.

Kusine [ku'ziːnə] *(f; -, -n)* ~ cugina.

Kuss († **Kuß**) [kʊs] *(m; -es, Küsse)* ~ bacio ♦ *jmdm einen Kuss auf die Wange geben* dare a qcn un bacio sulla guancia.

küssen ['kʏsən] *(vt, hat)* ~ baciare ♦ *jmdn auf den Mund küssen* baciare qcn sulla bocca. ◆ **sich küssen** *(vr)* baciarsi.

Küste ['kʏstə] *(f; -, -n)* ~ costa, litorale; regione costiera ♦ *an der Küste* sulla costa (stato in luogo).

Küstengewässer [-ngəˌvɛsɐ] *(n; -s)* ~ acque territoriali.

Kutsche ['kʊtʃə] *(f; -, -n)* ~ carrozza, cocchio.

Kutscher ['kʊtʃɐ] *(m; -s, -)* ~ cocchiere.

kutschieren [kʊ'tʃiːrən] *(vi, hat/ist)* **1** *(aux hat)* guidare la carrozza. **2** *(aux ist)* *(fam)* andare in giro, scorrazzare (in auto). **3** *(vt)* *(fam)* scarrozzare.

Kutte ['kʊtə] *(f; -, -n)* ~ tonaca.

Kuvert [ku'veːɐ] *(n; -(e)s, -e)* ~ busta (per lettera).

l

l, L [ɛl] *(n; -/-s, -/-s)* ~ l, L *(dodicesima lettera dell'alfabeto tedesco)*.

Lab [la:p] *(n; -(e)s, -e)* ~ caglio.

laben ['la:bən] *(vt, hat)* ~ {*jmdn (mit etwas) ~*} *(lett)* rifocillare qcn (con qcs), ristorare qcn (con qcs).

labil [la'bi:l] *(agg)* ***1*** labile, instabile. ***2*** instabile, incostante (persona).

Labor [la'bo:ɐ] *(n; -s, -s)* ~ laboratorio.

Laborant [labo'rant] *(m; -en, -en; f* **-in***)* ~ tecnico di laboratorio.

Labyrinth [laby'rɪnt] *(n; -s, -e)* ~ labirinto *(anche anat)*.

Lache ['laxə] *(f; -, -n)* ~ pozza, pozzanghera.

lächeln ['lɛçəln] *(vi, hat)* ***1*** sorridere. ***2*** {*über etwas* (Acc) ~} sorridere di qcs.

Lächeln *(n; -s, -)* ~ sorriso.

lächelnd [-t] *(agg)* ~ sorridente.

lachen ['laxən] *(vi, hat)* ***1*** ridere ♦ *herzlich, schallend lachen* ridere di cuore, sonoramente ♦ *aus vollem Halse lachen* ridere di gusto ♦ *jmdm ins Gesicht lachen* ridere in faccia a qcn. ***2*** {*über jmdn/etwas ~*} ridere di qcn/qcs. ◆ **da gibt es nichts zu lachen** non c'è niente da ridere. ◆ **es wäre ja gelacht, wenn es nicht klappen würde!** *(fam)* sarebbe il colmo se non andasse bene! ◆ **sich** (Dat) **(eins) ins Fäustchen lachen** ridere sotto i baffi. ◆ **gut lachen haben/können** *(fam)* avere un bel ridere ♦ *du hast gut lachen!* puoi ben ridere! ◆ **zum Lachen sein** essere ridicolo, essere insensato. ◆ **wer zuletzt lacht, lacht am besten** *(prov)* ride bene chi ride ultimo.

lächerlich ['lɛçɐlɪç] *(agg)* ***1*** ridicolo (persona o cosa). ***2*** *(fig)* ridicolo; irrisorio. ◆ **jmdn lächerlich machen** rendere ridicolo qcn, ridicolizzare qcn. ◆ **sich lächerlich machen** rendersi ridicolo.

Lachgas ['lax,ga:s] *(n; -(e)s, -e)* ~ gas esilarante.

lachhaft ['lax,haft] *(agg)* ~ ridicolo.

Lachs [laks] *(m; -(e)s, -e)* ~ *(zool)* salmone.

Lack [lak] *(m; -(e)s, -e)* ~ lacca, smalto, vernice.

lackieren [la'ki:rən] *(vt, hat)* ~ laccare, smaltare, verniciare. ◆ **sich** (Dat) **die Fingernägel lackieren** darsi lo smalto alle unghie.

Lade ['la:də] *(f; -, -n)* ~ *(abbrev di* **Schublade***)* cassetto.

laden [-n] *(vt, hat; er* **lädt**, **lud**, **geladen***)* ***1*** caricare ♦ *Waren auf einen Lkw laden* caricare merci su un camion. ***2*** caricare (armi) *(anche elettr)* ♦ *das Gewehr ist geladen* il fucile è carico. ***3*** {*etwas auf sich* (Acc) *~*} *(fig)* addossarsi qcs, accollarsi qcs ♦ *eine Schuld auf sich laden* addossarsi una colpa. ◆ **jmdn vor Gericht laden** *(dir)* citare qcn in tribunale.

Laden *(m; -s, Läden)* ***1*** negozio, bottega. ***2*** *(abbrev di* **Fensterladen***)* imposta, persiana. ◆ **den Laden schmeißen** mandare avanti la baracca.

Ladenbesitzer [-nbə,zɪtsɐ] *(m; -s, -; f* **-in***)* ~ negoziante, proprietario del negozio.

Ladenhüter [-nˌhyːtɐ] *(m; -s, -)* ~ *(fig)* fondo di magazzino, rimanenza.

Ladenkette [-nˌkɛtə] *(f; -, -n)* ~ catena di negozi.

Ladenschild [-nʃɪlt] *(n; -(e)s, -er)* ~ insegna (di negozio).

Ladenschlusszeit († **-schluß-**) [-nʃlʊstsait] *(f; -, -en)* ~ orario di chiusura dei negozi.

lädieren [lɛ'diːrən] *(vt, hat)* ~ danneggiare, ledere.

Ladung ['laːdʊŋ] *(f; -, -en)* ***1*** carico. ***2*** *(fam)* quantità, carico. ***3*** carica (elettrica; di armi).

lag [laːk] ~ pret di **liegen**.

Lage ['laːgə] *(f; -, -n)* ***1*** posizione, collocazione, sito ♦ *die Lage des Hotels ist sehr günstig* la posizione dell'hotel è molto favorevole. ***2*** situazione, stato, condizione ♦ *die politische Lage* la situazione politica ♦ *sich in einer schwierigen Lage befinden* trovarsi in una situazione difficile. ***3*** strato. ***4*** *(fam)* giro (di bevute). ◆ **in der Lage sein, etwas zu tun** essere in grado di fare qcs, essere in condizione di fare qcs. ◆ **jmdn in die Lage versetzen, etwas zu tun** mettere qcn in condizione di fare qcs.

Lager ['laːgɐ] *(n; -s, -)* ***1*** magazzino, deposito ♦ *eine Ware auf/am Lager haben* avere una merce disponibile in magazzino. ***2*** campo (di vacanza, di prigionia, ecc); accampamento. ***3*** giaciglio, letto. ***4*** giacimento (di minerali e sim). ***5*** *(fig)* campo, schieramento. ◆ **etwas auf Lager haben** *(fig/fam)* aver pronto qcs (battute e sim).

Lagerbestand [-bəʃtant] *(m; -(e)s, -bestände)* ~ giacenza, scorte di magazzino.

lagern[1] [-n] *(vi, hat)* ***1*** essere accampato; dormire ♦ *die Truppen lagerten im Wald* le truppe erano accampate nel bosco. ***2*** essere conservato, essere immagazzinato ♦ *die Kisten lagern im Keller* le casse sono conservate in cantina. ***3*** stagionare (cibi); invecchiare (vino). ◆ **lagernde Post** posta giacente.

lagern[2] *(vt, hat)* ***1*** immagazzinare, conservare. ***2*** {*jmdn ~*} adagiare, posare, distendere ♦ *einen Verletzten auf die Bahre lagern* adagiare un ferito sulla barella. ◆ **anders gelagert sein** essere diverso, essere differente.

Lagerraum [-ˌraum] *(m; -(e)s, -räume)* ~ magazzino.

Lagerung ['laːgərʊŋ] *(f; -, raro en)* ~ immagazzinamento.

Lagune [la'guːnə] *(f; -, -n)* ~ laguna.

lahm [laːm] *(agg)* ***1*** paralitico, paralizzato (persona); paralizzato (arto). ***2*** zoppo, storpio. ***3*** *(fam)* fiacco, stanco. ***4*** *(fig/fam)* noioso (persona o cosa). ***5*** *(fig/fam)* fiacco, inconsistente ♦ *eine lahme Entschuldigung* una scusa fiacca. ◆ **etwas lahm legen** († **lahmlegen**) paralizzare qcs, bloccare qcs ♦ *den Verkehr lahm legen* paralizzare il traffico.

lähmen ['lɛːmən] *(vt, hat)* ~ {*jmdn/etwas ~*} paralizzare qcn/qcs *(anche fig)* ♦ *die Angst lähmte sie* la paura la paralizzò.

lahmlegen ~ **lahm legen** (vedi **lahm**).

Lähmung ['lɛːmʊŋ] *(f; -, -en)* ~ paralisi *(anche fig)*.

Laib [laip] *(m; -(e)s, -e)* ~ forma (di pane, formaggio, ecc).

Laich [laiç] *(m; -(e)s, -e)* ~ uova (di pesci, rane, ecc).

Laie ['laiə] *(m; -n, -n)* ***1*** profano, dilettante. ***2*** laico.

laienhaft [-nˌhaft] *(agg)* ~ da profano, da inesperto.

Lake ['laːkə] *(f; -, -n)* ~ salamoia.

Laken [-n] *(n; -s, -)* *(abbrev di* **Bettlaken***)* ~ lenzuolo.

Lakritz [la'krɪts] *(m/n; -es, -e)* ~ liquirizia.

Lakritze [-ə] *(f; -, -n)* ~ vedi **Lakritz**.

lallen ['lalən] *(vi/vt, hat)* ~ balbettare.

Lamelle [la'mɛlə] *(f; -, -n)* ~ lamina.

lamentieren [lamɛn'tiːrən] *(vi, hat)* ~ {*über jmdn/etwas ~*} *(fam)* lamentarsi di qcn/qcs, lagnarsi di qcn/qcs.

Lametta [la'mɛta] *(n; -s; anche f; -)* ~ festoni argentati (per l'albero di Natale).

Lamm [lam] *(n; -(e)s, Lämmer)* ***1*** agnello. ***2*** capretto.

Lampe ['lampə] *(f; -, -n)* ~ lampada, lume ♦ *die Lampe ausschalten, einschalten* spegnere, accendere la lampada.

Lampenschein [-nʃain] *(n; -(e)s)* ~ luce della lampada, luce artificiale.

Lampenschirm [-nʃɪrm] *(m; -(e)s, -e)* ~ paralume.

Land [lant] *(n; -(e)s, Länder) 1 (solo sing)* terreno, terra ♦ *fruchtbares Land* terreno fertile ♦ *ein Stück Land* un appezzamento di terreno. *2 (solo sing)* terra, terraferma ♦ *zu Wasser, zu Lande und in der Luft* per mare, per terra e in aria. *3 (solo sing)* campagna ♦ *aufs Land fahren* andare in campagna ♦ *auf dem Land(e) leben* vivere in campagna. *4* nazione, paese, stato ♦ *ein fremdes Land* un paese straniero ♦ *die europäischen Länder* i paesi europei. *5* stato federale (in Germania), Land. ◆ **hier zu Lande** vedi **hierzulande**. ◆ **andere Länder, andere Sitten** *(prov)* paese che vai, usanze che trovi.

landab [-ˈʔap] *(avv)* ~ vedi **landauf**.

Landarbeiter [-ˌʔarbaitɐ] *(m; -s, -)* ~ lavoratore agricolo.

landauf [-ˈʔauf] *(avv)* ~ **landauf, landab** per ogni dove, dappertutto.

Landebahn [ˈlandəˌbaːn] *(f; -, -en)* ~ pista di atterraggio.

landen[1] [ˈlandən] *(vi, ist) 1* atterrare (aerei); approdare (imbarcazioni) ♦ *das Flugzeug ist pünktlich in Frankfurt gelandet* l'aereo è atterrato in orario a Francoforte. *2 (fam)* arrivare. *3 (fam)* finire, capitare. ◆ **bei jmdm nicht landen können** *(fam)* non avere successo con qcn ♦ *bei mir kannst du nicht landen* con me non attacca.

landen[2] *(vt, hat) 1* sbarcare (spec truppe). *2 (sport)* assestare (pugni).

Länderspiel [ˈlɛndɐʃpiːl] *(n; -s, -e)* ~ *(sport)* partita fra squadre nazionali.

Landes- [ˈlandəs] *(nei composti)* ~ nazionale ♦ *Landessitte* usanza nazionale ♦ *Landeswährung* valuta nazionale.

landeseigen [-ˌʔaigən] *(agg)* ~ regionale, locale.

Landeshauptstadt [-ˌhauptˈʃtat] *(f; -, -städte) 1* capitale. *2* capoluogo.

Landesparlament [-parlaˌmɛnt] *(n; -(e)s, -e)* ~ parlamento di un Land (in Germania).

Landesregierung [-reˌgiːrʊŋ] *(f; -, -en)* ~ governo di un Land (in Germania).

Landesverrat [-fɛɐˌraːt] *(m; -(e)s)* ~ alto tradimento.

Landesverräter [-fɛɐˌrɛːtɐ] *(m; -s, -; f -in)* ~ traditore della patria.

Landgericht [ˈlantgəˌrɪçt] *(n; -(e)s, -e)* ~ tribunale provinciale.

Landgut [ˈlantˌguːt] *(n; -(e)s, -güter)* ~ proprietà terriera, terreno.

Landhaus [ˈlantˌhaus] *(n; -(e)s, -häuser)* ~ casa di campagna, villa in campagna.

Landkarte [ˈlantˌkartə] *(f; -, -n)* ~ carta geografica.

landläufig [ˈlantˌlɔyfɪç] *(agg)* ~ corrente, comune.

ländlich [ˈlɛntlɪç] *(agg)* ~ rurale, agreste, contadino, della campagna ♦ *eine ländliche Gegend* una zona rurale ♦ *ländliche Sitten* usanze contadine.

Landschaft [ˈlantʃaft] *(f; -, -en)* ~ paesaggio.

landschaftlich [-lɪç] *(agg) 1* paesaggistico. *2 (ling)* regionale.

Landsknecht [ˈlantsˌknɛçt] *(m; -(e)s, -e)* ~ lanzichenecco.

Landsmann [ˈlantsˌman] *(m; -(e)s, -leute; f* **-männin***)* ~ compatriota, connazionale.

Landstraße [ˈlantʃtraːsə] *(f; -, -en)* ~ strada di campagna.

Landstreicher [ˈlantʃtraiçɐ] *(m; -s, -)* ~ vagabondo.

Landstreicherei [ˈlantˈʃtraiçəˌrai] *(f; -)* ~ vagabondaggio.

Landstrich [ˈlantʃtrɪç] *(m; -(e)s, -e)* ~ regione, area, zona.

Landtag [ˈlantˌtaːk] *(m; -(e)s, -e)* ~ *(pol)* dieta regionale (in Germania).

Landung [ˈlandʊŋ] *(f; -, -en)* ~ atterraggio (aerei), approdo (imbarcazioni).

Landwirt [ˈlantˌvɪrt] *(m; -(e)s, -e; f* **-in***)* ~ contadino, agricoltore.

Landwirtschaft [ˈlantˌvɪrtˈʃaft] *(f; -, -en) 1 (solo sing)* agricoltura. *2* fattoria (piccola).

landwirtschaftlich [-lɪç] *(agg)* ~ agricolo, agrario.

Landwirtschaftsminister [ˈlantvɪrtˈʃaftsmiˌnɪstɐ] *(m; -s, -; f* **-in***)* ~ ministro dell'agricoltura.

Landwirtschaftsministerium [ˈlantvɪrtˈʃaftsminɪsˌteːriʊm] *(n; -s, -rien)* ~ ministero dell'agricoltura.

lang [laŋ] *(agg;* **länger, am längsten***) 1* lungo (nello spazio) ♦ *ein langer Brief* una lunga lettera ♦ *langes Haar* capelli lunghi ♦ *eine drei Meter lange Schnur* uno spago lungo tre metri ♦ *wie lang ist der Tisch?* quanto è lungo il tavolo? *2* lungo (nel tempo) ♦ *eine lange Krankheit* una lunga malattia ♦ *eine lange Reise* un lungo viaggio. ◆ **lang und breit/des Langen und Breiten** († **des langen und breiten**) lungamente, diffusamente, con dovizia di particolari. ◆ **lang gestreckt** († **langgestreckt**) lungo, esteso. ◆ **einen langen Hals machen** allungare il collo (per vedere qcs). ◆ **lange Zeit** molto tempo ♦ *seit langer Zeit* da molto tempo *auf/für lange Zeit* per molto tempo. ◆ **...lang** *(posp)* per ♦ *ein Jahr lang* per un anno ♦ *drei Monate lang* per tre mesi ♦ *sein (ganzes) Leben lang* per tutta la sua vita.

langärm(e)lig [-ˌˀɛrm(ə)lɪç] *(agg)* ~ a maniche lunghe.

langatmig [-ˌˀaːtmɪç] *(agg)* ~ prolisso (stile e sim).

lange [-ə] *(avv;* **länger**, **am längsten***)* *1* a lungo, per molto tempo, molto ♦ *ich habe lange gewartet* ho aspettato a lungo ♦ *ich möchte länger bleiben* vorrei rimanere più a lungo. *2* *(fam)* molto, di gran lunga. ◆ **lange bevor** molto prima che ♦ *lange bevor sie kam* molto prima che venisse. ◆ **es ist lange her, (seit/dass...)** è passato molto tempo (da quando...). ◆ **es braucht noch lange, bis** ci vuole ancora molto tempo prima che. ◆ **schon lange** già da molto tempo ♦ *ich habe sie schon lange nicht mehr gesehen* non la vedo già da molto tempo. ◆ **wie lange?** *1* per quanto tempo? quanto? ♦ *wie lange wirst du bleiben?* quanto resterai? *2* da quanto tempo ♦ *wie lange lernst du schon Deutsch?* da quanto studi il tedesco? ◆ **was lange währt, wird endlich gut** *(prov)* chi va piano, va sano e va lontano.

Länge [ˈlɛŋə] *(f; -, -n)* *1* lunghezza ♦ *das Boot misst vier Meter in der Länge* la barca misura quattro metri di lunghezza. *2* lunghezza, durata. *3* *(solo sing)* longitudine. *4* lungaggine, parte noiosa (di libro, film, ecc). ◆ **der Länge nach** per lungo, lungo disteso ♦ *der Länge nach hinfallen* cadere lungo disteso. ◆ **etwas in die Länge ziehen** tirare qcs per le lunghe. ◆ **sich in die Länge ziehen** andare per le lunghe.

langen [ˈlaŋən] *(vi, hat)* *1* arrivare (fino a qcs), toccare (qcs) ♦ *die Haare langen mir bis zur Schulter* i capelli mi arrivano alla spalla. *2* allungare la mano verso qcs; tendere la mano verso qcs ♦ *nach der Flasche, in den Korb langen* allungare la mano verso la bottiglia, dentro il cesto. *3* *(fam)* bastare, essere sufficiente. ◆ **jetzt langt's (mir) aber!** *(fam)* ora basta!

Langenkreis [-ˌkrais] *(m; -es, -e)* ~ *(geogr)* meridiano.

Längenmaß [ˈlɛŋənˌmaːs] *(n; -(e)s, -e)* ~ misura di lunghezza.

länger [ˈlɛŋɐ] *(agg)* *1* compar di **lang**, **lange**. *2* abbastanza lungo ♦ *ein längerer Weg* una strada abbastanza lunga. ◆ **nach längerer Zeit** dopo un po' di tempo.

Langeweile [ˈlaŋəˌvailə] *(anche* **Langweile***)* *(f; Gen -/Langenweile, Dat -/Langerweile)* ~ noia ♦ *aus Langeweile/Langerweile* per noia. ◆ **Langeweile haben** annoiarsi.

langfristig [ˈlaŋˌfrɪstɪç] *(agg/avv)* ~ a lunga scadenza, a lungo termine.

langgestreckt ~ **lang gestreckt** (vedi **lang**).

langhaarig [ˈlaŋˌhaːrɪç] *(agg)* *1* con i capelli lunghi. *2* a pelo lungo.

langjährig [ˈlaŋˌjɛːrɪç] *(agg)* *1* di anni, pluriennale. *2* vecchio, da anni ♦ *ein langjähriger Mitarbeiter von uns* un nostro vecchio collaboratore.

Langlauf [ˈlaŋˌlauf] *(m; -(e)s)* ~ *(sport)* fondo, corsa di fondo.

langlebig [ˈlaŋˌleːbɪç] *(agg)* *1* longevo (razza). *2* *(fig)* duraturo, durevole.

länglich [ˈlɛŋlɪç] *(agg)* ~ allungato, oblungo.

Langmut [ˈlaŋˌmuːt] *(f; -)* ~ *(lett)* pazienza.

längs¹ [lɛŋs] *(prep + Gen)* ~ lungo ♦ *längs des Flusses* lungo il fiume.

längs² *(avv)* ~ per lungo, nel senso della lunghezza.

langsam [ˈlaŋˌzaːm] *(agg)* *1* lento ♦ *ein langsamer Zug* un treno lento. *2* *(avv)* lentamente, piano ♦ *langsam fahren* andare piano (alla guida). *3* *(avv)* lentamente, a poco a poco.

Langsamkeit [-ˌkait] *(f; -)* ~ lentezza.

längst [lɛŋst] *(avv)* ~ da molto tempo, da un pezzo ♦ *er ist schon längst tot* è morto già da un pezzo. ◆ **längst nicht** di gran lunga non.

längstens [-əns] *(avv)* ~ *(fam)* al massimo; al più tardi.
Languste [laŋ'gʊstə] *(f; -, -n)* ~ *(zool)* aragosta.
Langweile ['laŋˌvailə] *(f; -)* ~ vedi **Langeweile**.
langweilen [-n] *(vt,* hat*)* ~ annoiare. ◆ **sich langweilen** *(vr)* annoiarsi.
langweilig ['laŋˌvailɪç] *(agg)* ~ noioso. ◆ **jmdm langweilig werden** diventare noioso per qcn, annoiare qcn.
langwierig ['laŋˌviːrɪç] *(agg)* ~ lungo e complicato ♦ *eine langwierige Aufgabe* un compito lungo e complicato.
Lanze ['lantsə] *(f; -, -n)* ~ lancia. ◆ **eine Lanze für jmdn brechen** *(fig)* spezzare una lancia in favore di qcn.
Lappalie [la'paːljə] *(f; -, -n)* ~ quisquilia, bazzecola.
Lappen ['lapən] *(m; -s, -)* **1** straccio, cencio, strofinaccio. **2** *(fig/fam)* banconota di grosso taglio. **3** *(anat)* lobo.
Lapsus ['lapsʊs] *(m; -, -)* ~ *(lett)* gaffe.
Lärche ['lɛrçə] *(f; -, -n)* ~ *(bot)* larice.
Lärm [lɛrm] *(m; -(e)s)* ~ rumore, fracasso, frastuono; baccano, chiasso. ◆ **viel Lärm um nichts** *(fig)* tanto rumore per nulla.
lärmen [-ən] *(vi,* hat*)* ~ fare rumore, fare fracasso, fare baccano.
Larve ['larfə] *(f; -, -n)* ~ larva.
las [laːs] ~ pret di **lesen**.
lasch [laʃ] *(agg)* **1** fiacco, molle. **2** *(fig)* lassista.
Lasche ['laʃə] *(f; -, -n)* ~ linguetta; passante.
Laser ['leːzɐ] *(m; -s, -)* ~ laser.
lassen ['lasən] *(vt,* hat; er **lässt**, **ließ**, **gelassen**; *ortogr pres* du/er lässt, ihr lasst, *imperat* lass!*)* **1** lasciare, posare ♦ *lass die Schlüssel auf dem Tisch* lascia le chiavi sul tavolo. **2** lasciare, dimenticare ♦ *ich habe die Tasche zu Hause gelassen* ho lasciato la borsa a casa. **3** lasciar stare, lasciar perdere. **4** {*jmdm etwas ~*} lasciare qcs a qcn *(anche fig)* ♦ *lass ihm doch seine Träume!* lasciagli i suoi sogni! **5** fare, lasciare (causativo) ♦ *er ließ das Glas fallen* fece/lasciò cadere il bicchiere ♦ *sie ließ ihn rufen* lo fece chiamare ♦ *sie ließen mich lange warten* mi fecero aspettare a lungo ♦ *ich habe mir von ihrer Mutter eine Bluse machen lassen* mi sono fatta fare una camicetta da sua madre ♦ *ich muss mich operieren lassen* devo operarmi. **6** lasciare, permettere ♦ *er ließ mich sein Auto fahren* mi lasciò guidare la sua macchina ♦ *lass mich in Ruhe telefonieren* lasciami telefonare in pace. **7** lasciar entrare; lasciar uscire ♦ *er lässt niemanden in sein Zimmer* non lascia entrare nessuno nella sua stanza. ◆ **etwas hinter sich** (Acc) **lassen** lasciarsi qcs dietro, lasciare qcs dietro di sé *(anche fig)*. ◆ **jmdn in Ruhe lassen** lasciare in pace qcn. ◆ **sich lassen** (+ *inf*) lasciarsi (+ *inf*), essere nella condizione di ♦ *das lässt sich schwer beweisen* questo è difficilmente dimostrabile ♦ *das lässt sich bestreiten* questo è discutibile ♦ *die Sache lässt sich machen* la cosa è fattibile ♦ *sich gehen lassen* lasciarsi andare.
lässig ['lɛsɪç] *(agg)* ~ disinvolto, informale.
lässlich († **läßlich**) ['lɛslɪç] *(agg)* ~ *(relig)* veniale.
Lasso ['laso] *(m/n; -s, -s)* ~ lazo.
Last [last] *(f; -, -en)* **1** peso, fardello *(anche fig)*. **2** carico (di merci e sim). **3** soma. ◆ **jmdm zur Last fallen** *(fig)* essere di peso a qcn. ◆ **zu Lasten** *(anche* zulasten*)* **von jmdm** a spese, a carico di qcn ♦ *zu meinen Lasten* a mie spese ♦ *zu Lasten/zulasten des Leiters* a spese del direttore.
lasten [-ən] *(vi,* hat*)* ~ {*auf jmdm/etwas ~*} gravare su qcn/qcs, pesare su qcn/qcs *(anche fig)*.
Lastenaufzug [-ənˌˀauftsuːk] *(m; -(e)s, -züge)* ~ montacarichi.
Laster[1] [-ɐ] *(n; -s, -)* ~ vizio, malcostume.
Laster[2] *(m; -s, -)* ~ abbrev di **Lastkraftwagen**.
lasterhaft [-ɐˌhaft] *(agg)* ~ vizioso, dissoluto.
lästern ['lɛstɐn] *(vi/vt,* hat*)* **1** *(lett)* bestemmiare ♦ *Gott lästern* bestemmiare Dio. **2** {*über jmdn ~*} *(fam)* sparlare di qcn.
Lästern *(n; -s, -)* ~ maldicenza.
Lästerung ['lɛstərʊŋ] *(f; -, -en)* ~ imprecazione; bestemmia.
lästig ['lɛstɪç] *(agg)* **1** fastidioso, molesto (persona o cosa). **2** spiacevole, fastidio-

so. ◆ **jmdm lästig fallen/sein** dare fastidio a qcn.

Lastkraftwagen ['last,kraftva:gən] *(anche* **Laster**, **Lastwagen***) (m; -s, -) (abbrev* **LKW**, **Lkw***)* ~ camion.

Lastkraftwagenfahrer [-,fa:rɐ] *(m; -s, -; f* **-in***) (abbrev* **LKW-Fahrer**, **Lkw-Fahrer***)* ~ camionista.

Lastwagen ['last,va:gən] *(m; -s, -)* ~ vedi **Lastkraftwagen**.

Lastzug ['last,tsu:k] *(m; -(e)s, -züge)* ~ autotreno.

Latein [la'tain] *(n; -s)* ~ latino, lingua latina. ◆ **mit seinem Latein am Ende sein** *(fig/fam)* non saper più che pesci prendere.

lateinisch [-ɪʃ] *(agg)* ~ latino.

Lateinische [-ɪʃə] *(n; -n; solo con l'art)* ~ latino, lingua latina.

latent [la'tɛnt] *(agg)* ~ latente *(anche med)*.

Laterne [la'tɛrnə] *(f; -, -n)* ~ lanterna; lampione.

latschen ['la:tʃən] *(vi, ist)* ~ *(fam)* ciabattare, strascicare il passo.

Latschen *(m; -s, -)* ~ *(fam)* ciabatta, pantofola. ◆ **aus den Latschen kippen** *1 (fam)* svenire. **2** *(fig/fam)* rimanere di stucco.

Latte ['latə] *(f; -, -n)* **1** assicella. **2** stanga. **3** *(sport)* traversa. **4** *(fig/fam)* spilungone.

Lattenzaun [-n,tsaun] *(m; -(e)s, -zäune)* ~ staccionata.

Lattich ['latɪç] *(m; -s, -e)* ~ *(bot)* lattuga.

Latz [lats] *(m; -es, Lätze)* **1** pettorina. **2** patta dei pantaloni.

Lätzchen ['lɛtsçən] *(n; -s, -)* ~ bavaglio, bavaglino (per bambini).

lau [lau] *(agg)* **1** tiepido. **2** *(fig)* tiepido, poco convinto.

Laub [laup] *(n; -(e)s)* **1** fogliame, fronde. **2** fogliame, foglie secche. ◆ **Laub tragend** († **laubtragend**) fronzuto, frondoso.

Laube ['laubə] *(f; -, -n)* **1** pergolato, pergola. **2** portico. ◆ **und fertig ist die Laube** *(fig/fam)* ecco fatto.

laubtragend ~ **Laub tragend** (vedi **Laub**).

Lauch [laux] *(m; -(e)s, -e)* ~ *(bot)* porro.

Lauer ['lauɐ] *(f; -)* ~ appostamento, agguato. ◆ **auf der Lauer** in agguato.

lauern [-n] *(vi, hat)* **1** *{auf jmdn/etwas ~}* fare la posta a qcn/qcs, tendere un agguato a qcn/qcs. **2** *(fig)* essere in agguato, minacciare (pericoli e sim). **3** *{auf jmdn/etwas ~} (fig/fam)* aspettare con impazienza qcn/qcs.

Lauf [lauf] *(m; -(e)s, Läufe)* **1** *(solo sing)* corsa *(anche sport)* ◆ *im Lauf* nella corsa, in corsa. **2** moto, movimento, corsa. **3** *(solo sing)* funzionamento (di macchine e sim). **4** corso, percorso ◆ *der Lauf des Flusses* il corso del fiume. **5** *(fig)* corso, percorso, sviluppo ◆ *die Sache nimmt ihren Lauf* la cosa prende il suo corso ◆ *den Dingen ihren Lauf lassen* lasciare che le cose seguano il proprio corso. ◆ **im Lauf(e)** (+ Gen) nel corso di ◆ *im Lauf(e) der Jahre* nel corso degli anni.

laufen[1] [-ən] *(vi, ist; er* **läuft**, **lief**, **gelaufen***)* **1** correre ◆ *die Kinder liefen bis zum Spielplatz* i bambini corsero fino al campo giochi. **2** andare, camminare ◆ *das Kind kann noch nicht laufen* il bambino non sa ancora camminare. **3** andare a piedi ◆ *von hier muss man nur fünf Minuten laufen* da qui ci sono solo cinque minuti a piedi. **4** andare, passare ◆ *die Straße läuft durch die Felder* la strada passa attraverso il campi. **5** andare, funzionare ◆ *meine Uhr läuft nicht* il mio orologio non funziona. **6** scorrere, colare ◆ *Tränen liefen über ihre Wangen* le lacrime scorrevano lungo le sue guance. **7** *(fig)* procedere, svolgersi, essere in corso ◆ *die Ausstellung läuft noch bis Ende des Monats* la mostra si svolge fino alla fine del mese. **8** essere proiettato, essere trasmesso, essere dato (film) ◆ *welcher Film läuft heute?* che film danno oggi? **9** valere, essere valido ◆ *wie lange läuft das Abo noch?* per quanto è valido ancora l'abbonamento? ◆ **etwas laufen lassen** *(fig)* lasciar correre, lasciar perdere qcs. ◆ **auf jmds Namen laufen** essere registrato a nome di ◆ *das Telefon läuft auf meinen Namen* il telefono è a nome mio.

laufen[2] *(vt, hat; er* **läuft**, **lief**, **gelaufen***)* ~ percorrere, correre *(spec sport)*. ◆ **sich** (Dat) **die Füße wund laufen** camminare fino ad aver male ai piedi.

laufend [-ənt] *(agg)* ~ corrente ◆ *laufende Ausgaben* spese correnti ◆ *am zweiten (des) laufenden Monats* il due (del) corrente mese. ◆ **jmdn auf dem Laufenden** († **laufenden**) **halten** tenere qcn al corrente, informato. ◆ **(mit etwas) auf dem Laufenden** († **laufenden**) **sein** essere al corrente, informato.

Läufer ['lɔyfɐ] *(m; -s, -; f* **-in***)* ***1*** chi corre; corridore (a piedi). ***2*** guida, passatoia. ***3*** alfiere (negli scacchi).

Laufpass († **-paß**) ['laufˌpas] *(m)* ~ **den Laufpass bekommen** ricevere il benservito. ◆ **jmdm den Laufpass geben** *(fig)* dare a qcn il benservito.

Laufschritt ['laufʃrɪt] *(m; -(e)s, -e)* ~ passo di corsa ♦ *im Laufschritt* a passo di corsa.

Laune ['launə] *(f; -, -n)* ***1*** umore, stato d'animo ♦ *gute, schlechte Laune haben/guter, schlechter Laune sein* essere di buono, di cattivo umore ♦ *bei Laune sein (fam)* essere di buon umore. ***2*** capriccio, grillo.

launig ['launɪç] *(agg)* ~ spiritoso, divertente.

launisch ['launɪʃ] *(agg)* ~ lunatico.

Laus [laus] *(f; -, Läuse)* ~ *(zool)* pidocchio. ◆ **jmdm eine Laus in den Pelz setzen** *(fig/fam)* ***1*** mettere una pulce nell'orecchio a qcn. ***2*** procurare dei guai a qcn.

lauschen ['lauʃən] *(vi, hat)* ***1*** origliare ♦ *an der Tür lauschen* origliare alla porta. ***2*** {*jmdm/etwas* ~} ascoltare attentamente qcn/qcs ♦ *einem Vortrag lauschen* ascoltare attentamente una conferenza.

lauschig ['lauʃɪç] *(agg)* ~ appartato, tranquillo (luogo).

lausen ['lauzən] *(vt, hat)* ~ spidocchiare, spulciare.

lausig ['lauzɪç] *(agg)* ***1*** povero, misero, miserabile. ***2*** brutto, schifoso (situazioni e sim). ***3*** *(avv) (fam)* molto ♦ *es ist lausig kalt* fa un freddo cane.

laut[1] [laut] *(agg)* ***1*** forte, alto (suono, rumore) ♦ *die Musik ist zu laut* la musica è troppo alta. ***2*** rumoroso ♦ *eine laute Maschine* una macchina rumorosa. ***3*** *(avv)* a voce alta, forte ♦ *laut lesen, sprechen* leggere, parlare a voce alta. ◆ **laut werden** *(fig)* levarsi (proteste); circolare (notizia).

laut[2] *(prep* + Dat*)* ~ secondo, sulla base di ♦ *laut ihren Aussagen* secondo le loro testimonianze.

Laut *(m; -(e)s, -e)* ***1*** suono (emesso da una persona); esclamazione, grido. ***2*** verso (di animale). ***3*** *(fon)* suono. ◆ **keinen Laut von sich geben** non aprire bocca.

Laute [-ə] *(f; -, -n)* ~ *(mus)* liuto.

lauten [-ən] *(vi, hat)* ***1*** dire, essere (testi e sim) ♦ *die Mitteilung lautet wie folgt* la comunicazione dice quanto segue ♦ *wie lautet die Antwort?* com'è la risposta? ***2*** {*auf etwas* (Acc) ~} essere di, avere come contenuto ♦ *das Urteil lautet auf „lebenslänglich"* la sentenza è di ergastolo. ◆ **auf jmds Namen lauten** essere intestato a qcn, essere a nome di qcn.

läuten ['lɔytən] *(vi/vt, hat)* ***1*** suonare (campane e sim) ♦ *die Glocke läutet* suona la campana ♦ *der Küster läutet die Glocken* il sagrestano suona le campane. ***2*** {*es läutet*} *(impers)* suonano ♦ *es läutet an der Tür* suonano alla porta.

lauter ['lautɐ] *(agg)* ***1*** puro (metalli, minerali, ecc). ***2*** *(fig/lett)* schietto, sincero. ***3*** *(avv)* solo, soltanto, esclusivamente ♦ *es sind lauter Bilder in dem Buch* ci sono solo figure in quel libro. ◆ **vor lauter Angst, Freude** tanta era la paura, la gioia ♦ *vor lauter Freude konnte sie nicht mehr sprechen* tanta era la gioia che non riusciva più a parlare.

läutern ['lɔytɐn] *(vt, hat)* ***1*** depurare (liquidi); purificare (metalli). ***2*** *(fig)* purificare, riscattare.

Läuterung ['lɔytərʊŋ] *(f; -, -en)* ***1*** depurazione (di liquidi); purificazione (di metalli). ***2*** *(fig)* purificazione, riscatto.

lauthals ['lautˌhals] *(avv)* ~ a squarciagola.

Lautlehre ['lautˌleːrə] *(f; -)* ~ fonetica.

lautlos ['lautˌloːs] *(agg)* ***1*** silenzioso. ***2*** *(avv)* silenziosamente.

Lautsprecher ['lautʃprɛçɐ] *(m; -s, -)* ~ altoparlante.

lautstark ['lautʃtark] *(agg)* ~ *(fig)* forte, violento (proteste e sim).

Lautstärke ['lautʃtɛrkə] *(f; -)* ~ volume (del suono).

lauwarm ['lauˌvarm] *(agg)* ***1*** tiepido. ***2*** *(fig)* tiepido, poco convinto.

Lava ['laːva] *(f; -, Laven)* ~ lava.

Lavastrom [-ʃtroːm] *(m; -(e)s, -ströme)* ~ colata lavica.

Lavendel [la'vɛndəl] *(m; -s)* ~ *(bot)* lavanda.

lavieren [la'vi:rən] *(vi,* hat*)* ~ barcamenarsi.
Lawine [la'vi:nə] *(f;* -, -n*)* ~ valanga *(anche fig)*.
lax [laks] *(agg)* ~ lassista, permissivo.
Laxheit [-ˌhait] *(f;* -, -en*)* ~ lassismo, permissivismo.
leasen ['li:zən] *(vt,* hat*)* ~ prendere in leasing.
Leasing ['li:zɪŋ] *(n;* -s, -s*)* ~ leasing.
leben ['le:bən] *(vi,* hat*)* ***1*** vivere, essere vivo *(anche fig)* ♦ *Heine lebte im 19. Jahrhundert* Heine visse nel XIX secolo ♦ *lebt sie noch?* è ancora viva? ♦ *sein Beispiel lebt noch in seinen Werken* il suo esempio vive ancora nelle sue opere. ***2*** vivere, fare una vita ♦ *im Wohlstand leben* vivere nel benessere. ***3*** vivere, abitare, risiedere ♦ *sie lebt in Lübeck* vive a Lubecca ♦ *er lebt noch bei seinen Eltern* vive ancora con i suoi genitori. ***4*** {*von etwas* ~} vivere di qcs ♦ *von seiner Arbeit leben* vivere del proprio lavoro. ***5*** {*für jmdn/etwas* ~}, {*jmdm/etwas* ~} vivere per qcn/qcs, dedicare la propria vita a qcn/qcs. ◆ **leben und leben lassen** vivere e lasciar vivere. ◆ **ein... Leben leben** vivere una vita, fare una vita ♦ *ein glückliches Leben leben* vivere una vita felice. ◆ **sein eigenes Leben leben** fare la propria vita. ◆ **es lebe...** viva... ♦ *es lebe die Freiheit!* viva la libertà!
Leben *(n;* -s, -*)* ***1*** vita, esistenza ♦ *Leben und Tod* la vita e la morte ♦ *er hat sein ganzes Leben lang hart gearbeitet* ha lavorato duro tutta la vita. ***2*** *(fig)* vita, vitalità, vivacità. ***3*** vita, attività ♦ *politisches, wirtschafliches Leben* vita politica, economica. ***4*** vita, condizioni di vita ♦ *ein bescheidenes, zurückgezogenes Leben führen* condurre una vita modesta, ritirata. ***5*** vita, realtà ♦ *so ist das Leben!* così è la vita! ◆ **nie im Leben/im Leben nicht** *(fam)* giammai, manco morto. ◆ **sich** (Dat) **das Leben nehmen** togliersi la vita, suicidarsi. ◆ **das Leben verlieren** perdere la vita, morire. ◆ **am Leben bleiben, sein** rimanere, essere in vita. ◆ **ein Kampf auf Leben und Tod** una lotta all'ultimo sangue. ◆ **jmdn ums Leben bringen** uccidere qcn. ◆ **ums Leben kommen** morire.
lebend [-t] *(agg)* ~ vivo, vivente, in vita *(anche fig)* ♦ *lebend oder tot* vivo o morto. ◆ **lebende Sprachen** lingue vive.
lebendig [le'bɛndɪç] *(agg)* ***1*** vivo, vivente, in vita. ***2*** *(fig)* vivace, esuberante, allegro ♦ *ein lebendiges Kind* un bambino vivace ♦ *ein lebendiger Tanz* un ballo vivace. ***3*** *(fig)* vivace, energico, animato. ◆ **mehr tot als lebendig sein** *(fam)* esser più morto che vivo. ◆ **ein lebendiges Beispiel für etwas sein** essere l'esempio vivente di qcs.
Lebendigkeit [-ˌkait] *(f;* -*)* ***1*** vita, vitalità. ***2*** *(fig)* vivacità, esuberanza, allegria.
Lebensart ['le:bənsˌˀa:ɐt] *(f;* -, -en*)* ***1*** modo di vivere, vita. ***2*** buone maniere.
Lebenserwartung ['le:bənsˀɛɐˌvartʊŋ] *(f;* -, -en*)* ~ aspettativa di vita alla nascita.
lebensfähig ['le:bənsˌfɛ:ɪç] *(agg)* ~ vitale, in grado di vivere.
Lebensgefahr ['le:bənsgəˌfa:ɐ] *(f;* -*)* ~ pericolo di vita ♦ *außer Lebensgefahr sein* essere fuori pericolo ♦ *in Lebensgefahr schweben* essere in pericolo di vita.
lebensgefährlich ['le:bənsgəˌfɛ:ɐlɪç] *(agg)* ~ pericoloso (per la vita), mortale.
Lebensgefährte ['le:bənsgəˌfɛ:ɐtə] *(m;* -n, -n; *f* **-fährtin***)* ~ *(lett)* compagno di vita, sposo.
Lebensgemeinschaft ['le:bənsgəˌmainʃaft] *(f;* -, -en*)* ~ vita in comune, convivenza.
lebensgroß ['le:bənsˌgro:s] *(agg)* ~ a grandezza naturale.
Lebensgröße ['le:bənsˌgrø:sə] *(f)* ~ **in Lebensgröße** a grandezza naturale.
Lebenshaltung ['le:bənsˌhaltʊŋ] *(f;* -*)* ~ tenore di vita.
Lebensjahr ['le:bənsˌja:ɐ] *(n;* -(e)s, -e*)* ~ anno (di vita) ♦ *Kinder ab dem sechsten Lebensjahr* bambini a partire dal sesto anno di vita.
Lebenskraft ['le:bənsˌkraft] *(f;* -, -kräfte*)* ~ forza vitale, vitalità.
lebenslang ['le:bənsˌlaŋ] *(agg)* ***1*** lungo una vita, a vita. ***2*** *(avv)* per tutta la vita.
lebenslänglich ['le:bənsˌlɛŋlɪç] *(agg/avv)* ~ *(dir)* a vita, all'ergastolo ♦ *lebenslängliche Freiheitsstrafe* reclusione a vita.
Lebenslauf ['le:bənsˌlauf] *(m;* -(e)s, -läufe*)* ~ curriculum vitae.
Lebensmittel ['le:bənsˌmɪtəl] *(n;* -s, -*)* *(spec pl)* ~ alimenti, generi alimentari.

Lebensmittelgeschäft [-gəˌʃɛft] *(n; -(e)s, -e)* ~ negozio di generi alimentari.
lebensnah [ˈle:bənsˌna:] *(agg)* ~ realistico ♦ *eine lebensnahe Beschreibung* una descrizione realistica.
Lebensraum [ˈle:bənsˌraum] *(m; -(e)s, -räume)* ~ spazio vitale.
Lebensretter [ˈle:bənsˌrɛtɐ] *(m; -s, -; f* **-in***)* ~ salvatore.
Lebensunterhalt [ˈle:bənsˌʔʊntɐhalt] *(m; -(e)s)* ***1*** mantenimento, sostentamento. ***2*** *(dir)* alimenti.
Lebensversicherung [ˈle:bənsfɛɐˌzɪçərʊŋ] *(f; -, -en)* ~ assicurazione sulla vita.
Lebenswandel [ˈle:bənsˌvandəl] *(m; -s, -)* ~ condotta di vita, vita ♦ *ein einwandfreier Lebenswandel* una condotta di vita ineccepibile.
Lebensweg [ˈle:bənsˌve:k] *(m; -(e)s, -e)* ~ *(fig)* percorso della vita, strada, vita.
Lebensweise [ˈle:bənsˌvaizə] *(f; -, -n)* ~ modo di vivere, vita.
lebenswichtig [ˈle:bənsˌvɪçtɪç] *(agg)* ~ essenziale, vitale, di importanza vitale.
Lebenszeichen [ˈle:bənsˌtsaiçən] *(n; -s, -)* ***1*** segno di vita. ***2*** *(fig)* segno di vita, notizie. ◆ **kein Lebenszeichen von sich geben** ***1*** non dare segni di vita. ***2*** *(fig)* non dare notizie di sé.
Lebenszeit [ˈle:bənsˌtsait] *(f; -, -en)* ~ durata della vita, vita. ◆ **auf Lebenszeit** a vita, per tutta la vita.
Leber [ˈle:bɐ] *(f; -, -n)* ~ *(anat)* fegato.
Leberentzündung [-ʔɛntˌtsʏndʊŋ] *(f; -, -en)* ~ epatite.
Leberfleck [-ˌflɛk] *(m; -(e)s, -e)* ~ neo.
Leberwurst [-ˌvʊrst] *(f; -, -würste)* ~ salsiccia di fegato.
Lebewesen [ˈle:bəˌve:zən] *(n; -s, -)* ~ essere vivente.
Lebewohl [ˌle:bəˈvo:l] *(n; -(e)s, -e/-s)* ~ addio ♦ *jmdm Lebewohl sagen* dire addio a qcn.
lebhaft [ˈle:pˌhaft] *(agg)* ***1*** vivace, esuberante (persona). ***2*** vivace, vivo, animato, vivido, intenso ♦ *eine lebhafte Diskussion* una discussione animata ♦ *eine lebhafte Einbildungskraft* un'immaginazione vivace ♦ *lebhafte Farben* colori vivaci. ***3*** *(avv)* vivacemente. ***4*** *(avv) (fig)* molto, vivamente.
Lebhaftigkeit [-ɪçˌkait] ***1*** vivacità, esuberanza. ***2*** vivacità, animazione, intensità.
Lebkuchen [ˈle:pˌku:xən] *(m; -s, -) (region)* ~ panpepato.
leblos [ˈle:pˌlo:s] *(agg)* ~ senza vita, inanimato, inerte *(anche fig)*.
Lebzeiten [ˈle:pˌtsaitən] *(pl)* ~ **zu Lebzeiten** ai tempi (di) ♦ *zu seinen Lebzeiten* ai suoi tempi ♦ *zu Lebzeiten meines Großvaters* ai tempi di mio nonno.
lechzen [ˈlɛçtsən] *(vi,* hat*)* ~ {*nach etwas* ~} avere sete di, essere avido di *(anche fig)* ♦ *nach Rache lechzen* avere sete di vendetta.
leck [lɛk] *(agg)* ~ che perde, che fa acqua, che ha una falla (recipienti o imbarcazioni).
Leck *(n; -(e)s, -s)* ~ buco, falla (in recipienti o imbarcazioni).
lecken[1] [-ən] *(vt,* hat*)* ~ leccare ♦ *der Hund leckte ihm die Hand* il cane gli leccò la mano. ◆ **leck mich!** *(volg)* vaffanculo!
lecken[2] *(vi,* hat*)* ~ perdere, fare acqua, avere una falla (recipienti o imbarcazioni).
lecker [-ɐ] *(agg)* ~ squisito, gustoso, buono.
Leckerbissen [-ɐˌbɪsən] *(m; -s, -)* ~ leccornia.
Leder [ˈle:dɐ] *(n; -s, -)* ***1*** cuoio, pelle (conciata). ***2*** oggetto di cuoio, oggetto di pelle. ◆ **(gegen jmdn) vom Leder ziehen** *(fig)* sparare a zero (su qcn).
Lederjacke [-ˌjakə] *(f; -, -n)* ~ giacca di pelle.
ledern [-n] *(agg)* ***1*** di cuoio, di pelle. ***2*** *(fig)* coriaceo, duro.
ledig [ˈle:dɪç] *(agg)* ~ celibe, nubile. ◆ **ledige Mutter** ragazza madre. ◆ **einer Sache** (Gen) **ledig sein** essere libero da qcs, essere esente da qcs ♦ *aller Verantwortungen ledig sein* essere libero da ogni responsabilità.
lediglich [ˈle:dɪklɪç] *(avv)* ~ solo, soltanto, esclusivamente, puramente.
leer [ˈle:ɐ] *(agg)* ***1*** vuoto ♦ *die Flasche ist leer* la bottiglia è vuota. ***2*** libero, sfitto ♦ *eine leere Wohnung* un appartamento sfitto. ***3*** *(fig)* vuoto, vacuo, inespressivo ♦ *ein leerer Blick* uno sguardo vuoto ♦ *leere Versprechungen* vuote promesse. ◆ **halb leer** *(anche* **halbleer***)* mezzo vuoto, se-

mivuoto. ◆ leer stehend († leerstehend) libero, sfitto. ◆ **leer ausgehen** restare a mani vuote. ◆ **den Teller leer essen** vuotare il piatto, mangiare tutto. ◆ **leer laufen** girare a vuoto *(anche fig)*. ◆ **das Glas leer trinken** vuotare il bicchiere, bere tutto.

Leere ['le:rə] *(f; -)* ~ vuoto *(anche fig)*.

leeren [-n] *(vt,* hat*)* ~ vuotare, svuotare. ◆ **sich leeren** *(vr)* vuotarsi, svuotarsi.

Leerlauf ['le:ɐ̯ˌlauf] *(m; -(e)s, -läufe)* ~ giro a vuoto *(anche fig)*.

leerstehend ~ leer stehend (vedi **leer**).

Leertaste ['le:ɐ̯ˌtastə] *(f; -, -n)* ~ barra spaziatrice, spazio.

Lefze ['lɛftsə] *(f; -, -n)* ~ labbro (di cani e animali predatori).

legal [le'ga:l] *(agg)* ~ legale.

legen ['le:gən] *(vt,* hat*)* ***1*** mettere, posare, deporre (in posizione orizzontale) ◆ *leg bitte das Buch auf den Tisch* posa il libro sul tavolo, per favore ◆ *er legte die Hand auf seine Brust* si mise una mano sul petto ◆ *soll ich die Flaschen legen oder stellen?* devo mettere le bottiglie distese o in piedi? **2** mettere, deporre, adagiare, distendere ◆ *ein Kind ins Bett legen* mettere a letto un bambino. ***3*** mettere, posare, installare ◆ *Kabel legen* posare dei cavi. **4** posare, deporre (uova). ◆ **sich legen** *(vr)* ***1*** stendersi, distendersi, sdraiarsi ◆ *sich auf den Rücken legen* sdraiarsi sulla schiena ◆ *sich ins Bett/zu Bett legen, sich schlafen legen* mettersi a letto, mettersi a dormire. **2** calare, diminuire (di intensità). ***3*** {*sich auf/über etwas* (Acc) ~} posarsi, calare su qcs ◆ *der Nebel legt sich über die Stadt* la nebbia cala sulla città. **4** {*sich auf etwas* (Acc) ~} attaccare qcs (organi) ◆ *der Tumor hat sich auf die Lungen gelegt* il tumore ha attaccato i polmoni.

legendär [legɛn'dɛ:ɐ̯] *(agg)* ~ leggendario *(anche fig)*.

Legende [le'gɛndə] *(f; -, -n)* ***1*** leggenda *(anche fig)*. **2** legenda.

Leggings ['lɛgɪŋs] *(anche* **Leggins** ['lɛgɪns]*) (pl)* ~ pantaloni elasticizzati, fuseaux.

Legierung [le'gi:rʊŋ] *(f; -, -en)* ~ lega (di metalli).

Legion [le'gjo:n] *(f; -, -en)* ***1*** *(mil)* legione. **2** *(fig)* legione, schiera, esercito.

Legionär [legjo'nɛ:ɐ̯] *(m; -en, -en)* ~ legionario.

legislativ [legɪsla'ti:f] *(agg)* ~ legislativo.

Legislative [legɪsla'ti:və] *(f; -, -n)* ***1*** potere legislativo. **2** assemblea legislativa.

legitim [legi'ti:m] *(agg)* ~ legittimo.

Leguan [le'gwa:n] *(m; -s, -e)* ~ *(zool)* iguana.

Lehen ['le:ən] *(n; -s, -)* ~ feudo.

Lehm ['le:m] *(m; -(e)s, -e)* ~ argilla.

lehmig [-ɪç] *(agg)* ~ argilloso.

Lehne ['le:nə] *(f; -, -n)* ~ spalliera, schienale.

lehnen[1] [-n] *(vi,* hat*)* ~ {*an jmdm/etwas* ~} essere appoggiato a qcn/qcs, stare appoggiato a qcn/qcs.

lehnen[2] *(vt,* hat*)* ~ {*etwas an etwas* (Acc) ~} appoggiare qcs a qcs ◆ *die Leiter an die Wand lehnen* appoggiare la scala alla parete. ◆ **sich lehnen** *(vr)* ***1*** {*sich an jmdn/etwas* ~} appoggiarsi a qcn/qcs. **2** sporgersi ◆ *sich aus dem Fenster, über die Brüstung lehnen* sporgersi dalla finestra (dal finestrino), dal parapetto.

Lehnsgut ['le:nsˌgu:t] *(n; -(e)s, -güter)* ~ feudo.

Lehnsherr ['le:nsˌhɛr] *(m; -en, -en)* ~ feudatario.

Lehnsmann ['le:nsˌman] *(m; -(e)s, -männer/-leute)* ~ vassallo.

Lehnstuhl ['le:nˌʃtu:l] *(m; -(e)s, -stühle)* ~ poltrona.

Lehnswesen ['le:nsˌve:zən] *(n; -s)* ~ feudalesimo.

Lehnwort ['le:nˌvɔrt] *(n; -(e)s, -wörter)* ~ *(ling)* prestito.

Lehramt ['le:ɐ̯ˌʔamt] *(n; -(e)s, -ämter)* ~ insegnamento, cattedra.

Lehrbuch ['le:ɐ̯ˌbu:x] *(n; -(e)s, -bücher)* ~ libro di testo.

Lehre ['le:rə] *(f; -, -n)* ***1*** apprendistato, tirocinio professionale ◆ *ich habe eine zweijährige Lehre bei einem Anwaltsbüro gemacht* ho fatto due anni di apprendistato presso un ufficio legale. **2** insegnamento, lezione, monito ◆ *das soll dir eine Lehre sein* questo deve servirti di lezione. **3** dottrina, teoria. ◆ **in der Lehre sein** essere apprendista.

lehren [-n] *(vt,* hat*)* ~ {*(jmdn) etwas* ~} insegnare qcs (a qcn) ♦ *er lehrt Philosophie* insegna filosofia ♦ *er lehrt sie schwimmen* le insegna a nuotare ♦ *ich habe ihn gelehrt, Geige zu spielen* gli ho insegnato a suonare il violino.

Lehrer ['leːrɐ] *(m;* -s, -; *f* **-in***)* ***1*** maestro (elementare), insegnante. ***2*** professore (di scuola superiore o università), insegnante, docente.

Lehrfach ['leːɐ̯ˌfax] *(n;* -(e)s, -fächer*)* ~ materia d'insegnamento.

Lehrgang ['leːɐ̯ˌgaŋ] *(m;* -(e)s, -gänge*)* ~ corso (di lezioni).

Lehrgeld ['leːɐ̯ˌgɛlt] *(n)* ~ **Lehrgeld geben/zahlen** *(fig)* imparare a proprie spese, pagare la propria inesperienza.

lehrhaft ['leːɐ̯ˌhaft] *(agg)* ***1*** istruttivo. ***2*** noioso, pedantesco.

Lehrling ['leːɐ̯ˌlɪŋ] *(m;* -s, -e*)* ~ apprendista.

Lehrmethode ['leːɐmeˌtoːdə] *(f;* -, -n*)* ~ metodo didattico.

lehrreich ['leːɐ̯ˌraiç] *(agg)* ~ istruttivo.

Lehrsatz ['leːɐ̯ˌzats] *(m;* -(e)s, -sätze*)* ~ teorema *(anche mat)*, principio.

Lehrstelle ['leːɐ̯ʃtɛlə] *(f;* -, -n*)* ~ posto da apprendista.

Lehrstuhl ['leːɐ̯ʃtuːl] *(m;* -(e)s, -stühle*)* ~ cattedra (universitaria).

Lehrzeit ['leːɐ̯ˌtsait] *(f;* -, -en*)* ~ periodo di apprendistato, tirocinio.

Leib [laip] *(m;* -(e)s, -er*)* ***1*** corpo (di persona o animale) ♦ *am ganzen Leib frieren* avere freddo in tutto il corpo. ***2*** *(lett)* pancia, ventre. ◆ **der Leib Christi/des Herrn** *(relig)* il corpo di Cristo. ◆ **etwas am eigenen Leib erfahren** provare qcs sulla propria pelle. ◆ **jmdm auf den Leib/zu Leib(e) rücken** *(fig)* assillare qcn. ◆ **jmdm mit etwas vom Leib(e) bleiben** stare alla larga da qcn con qcs, non assillare qcn con qcs. ◆ **einer Sache** (Dat) **zu Leib(e) gehen** affrontare qcs.

Leibeigene [-ˌˀaigənə] *(m/f;* -n, -n*)* ~ servo della gleba.

Leibeigenschaft [-ˀaigənʃaft] *(f;* -*)* ~ servitù della gleba.

leiben ['laibən] *(vi)* ~ **wie er (sie) leibt und lebt** in carne ed ossa.

Leibgarde ['laipˌgardə] *(f;* -, -n*)* ~ scorta, guardie del corpo.

Leibgericht ['laipgəˌrɪçt] *(n;* -(e)s, -e*)* ~ piatto preferito, pietanza preferita.

leibhaftig [ˌlaip'haftɪç] *(agg)* ***1*** in persona. ***2*** *(fig)* in persona, vero e proprio ♦ *sie ist die leibhaftige Frechheit* è la sfacciataggine fatta persona. ***3*** *(avv)* in persona, in carne ed ossa *(anche fig)*.

leiblich ['laiplɪç] *(agg)* ***1*** fisico, corporale, materiale. ***2*** naturale (parente) ♦ *die leiblichen Eltern* i genitori naturali.

Leibwache ['laipˌvaxə] *(f;* -, -n*)* ~ scorta, guardie del corpo.

Leibwächter ['laipˌvɛçtɐ] *(m;* -s, -; *f* **-in***)* ~ guardia del corpo.

Leiche ['laiçə] *(f;* -, -n*)* ~ cadavere, salma.

Leichenbestatter [-nbəʃtatɐ] *(m;* -s, -*)* ~ becchino.

leichenblass [-nˌblas] *(agg)* ~ pallido come un morto.

Leichenöffnung [-nˌˀœfnʊŋ] *(f;* -, -en*)* ~ autopsia.

Leichenschau [-nʃau] *(f;* -, -en*)* ~ autopsia.

Leichenverbrennung [-nfɛɐ̯ˌbrɛnʊŋ] *(f;* -, -en*)* ~ cremazione.

Leichenwagen [-nˌvaːgən] *(m;* -s, -*)* ~ carro funebre.

Leichnam ['laiçˌnaːm] *(m;* -(e)s, -e*)* ~ *(lett)* salma.

leicht ['laiçt] *(agg)* ***1*** leggero ♦ *die Kiste ist leicht* la cassa è leggera ♦ *ein Koffer, der leicht zu tragen ist/ein leicht zu tragender Koffer* una valigia leggera da portare. ***2*** leggero, lieve ♦ *ein leichter Regen* una pioggia leggera. ***3*** leggero (indumenti e sim). ***4*** leggero, digeribile (cibi). ***5*** *(fig)* leggero, lieve, di poco conto ♦ *ein leichter Fehler* un errore lieve ♦ *ein leichter Schnupfen* un lieve raffreddore. ***6*** *(fig)* facile, semplice ♦ *eine leichte Aufgabe* un compito facile. ***7*** *(fig)* leggero, superficiale, sconsiderato. ***8*** *(avv)* leggermente, lievemente, un po' ♦ *leicht verletzt* lievemente ferito. ***9*** *(avv)* facilmente, semplicemente, senza difficoltà ♦ *sie lernt leicht* impara facilmente ♦ *das kann ich mir leicht denken* questo me lo posso immaginare facilmente ***10*** *(avv)* *(fig)* facilmente, alla svelta, spesso ♦ *er wird leicht* *böse* si arrabbia facilmente. ◆ **das ist leicht gesagt** è facile a dirsi. ◆ **das ist leichter gesagt als getan** è più facile a dirsi che a farsi. ◆ **das ist mir ein Leichtes** († **leichtes**) questo per me è un gioco da ragazzi. ◆ **jmdm leicht fallen** († **leichtfallen**) riuscire facile a qcn. ◆ **sich** (Dat) **etwas leicht machen** († **leichtmachen**) prendere qcs sottogamba, prendersela comoda con qcs. ◆ **etwas leichter machen** alleggerire qcs *(anche fig)*. ◆ **jmdn um etwas leichter machen** *(fig/fam)* alleggerire qcn di qcs, fregare qcs a qcn (denaro e sim). ◆ **etwas leicht nehmen** († **leichtnehmen**) prendere qcs alla leggera.

Leichtathletik [-ˀatˌleːtɪk] *(f; -)* ~ *(sport)* atletica leggera.

leichtfallen ~ **leicht fallen** (vedi **leicht**).

leichtfertig [-ˌfɛrtɪç] *(agg)* ~ avventato, sconsiderato.

Leichtfertigkeit [-fɛrtɪçˌkait] *(f; -)* ~ avventatezza, sconsideratezza, leggerezza.

leichtgläubig [-ˌglɔybɪç] *(agg)* ~ credulone, ingenuo.

Leichtgläubigkeit [-glɔybɪçˌkait] *(f; -)* ~ credulità, ingenuità.

leichtherzig [-ˌhɛrtsɪç] *(agg)* ~ spensierato, allegro.

leichthin [-ˈhɪn] *(avv)* ~ avventatamente, senza riflettere.

Leichtigkeit [-ɪçˌkait] *(f; -)* *1* leggerezza (l'essere leggero). *2* facilità.

leichtmachen ~ **leicht machen** (vedi **leicht**).

leichtnehmen ~ **leicht nehmen** (vedi **leicht**).

Leichtsinn [-ˌzɪn] *(m; -(e)s)* ~ incoscienza, sventatezza, sconsideratezza.

leichtsinnig [-ˌzɪnɪç] *(agg)* ~ incosciente, sventato, sconsiderato.

leid [lait] *(avv)* ~ **jmdn/etwas leid haben/sein** *(fam)* averne abbastanza di qcn/qcs. ◆ **leid tun** vedi **Leid tun** (vedi **Leid**).

Leid *(n; -es)* *1* dolore, sofferenza, pena ♦ *jmdm sein Leid klagen* confidare a qcn le proprie pene. *2* male, danno; torto, ingiustizia ♦ *jmdm ein Leid tun* fare un torto a qcn. ◆ **jmdm Leid** († **leid**) **tun** *1* fare pena a qcn ♦ *der arme Mann tut mir Leid* quel pover'uomo mi fa pena. *2* dispiacere a qcn ♦ *es tut mir leid, dass ich nicht kommen konnte* mi dispiace di non essere potuto venire ♦ *es tut mir Leid um sie* mi dispiace per lei. ◆ **geteiltes Leid ist halbes Leid** *(prov)* mal comune, mezzo gaudio.

leiden [ˈlaidən] *(vi,* hat; **litt**, **gelitten***)* *1* *(vi/vt)* soffrire, patire ♦ *er hat in seinem Leben sehr gelitten* ha sofferto molto nella sua vita ♦ *Durst, Hunger leiden* patire la sete, la fame. *2* {*unter etwas* (Dat) ~} soffrire per qcs (fisicamente o psicologicamente) ♦ *wir leiden sehr unter dem Lärm* siamo molto stressati per il rumore ♦ *er leidet unter seiner Einsamkeit* soffre per la sua solitudine. *3* {*an etwas* (Dat) ~} soffrire di qcs (malattie) ♦ *er leidet an Arthritis* soffre di artrite. *4* {*durch etwas* ~} risentire di qcs, essere danneggiato da qcs ♦ *die Obstbäume haben durch den Hagelschlag gelitten* gli alberi da frutto hanno risentito della grandinata. ◆ **jmdn/etwas** (**nicht**) **leiden können**, **mögen** (non) poter soffrire qcn/qcs, (non) poter sopportare qcn/qcs, (non) trovare simpatico qcn/qcs ♦ *ich kann ihn nicht leiden* non lo posso soffrire ♦ *ich kann ihn gut leiden* mi è simpatico.

Leiden *(n; -s, -)* ~ sofferenza, malattia.

leidend [-t] *(agg)* ~ sofferente, malato.

Leidenschaft [-ʃaft] *(f; -, -en)* *1* passione (amorosa). *2* passione, trasporto ♦ *etwas mit Leidenschaft tun* fare qcs con passione. *3* passione, inclinazione ♦ *Sport ist seine Leidenschaft* lo sport è la sua passione ♦ *er ist Sportler aus Leidenschaft* è uno sportivo per passione.

leidenschaftlich [-ʃaftlɪç] *(agg)* *1* appassionato, fervido, passionale ♦ *leidenschaftliche Liebe* amore appassionato. *2* appassionato, fervente, entusiasta; accanito ♦ *ein leidenschaftlicher Angler* un pescatore appassionato ♦ *ein leidenschaftlicher Kartenspieler* un giocatore di carte accanito. *3* *(avv)* con passione, appassionatamente.

leidenschaftslos [-ʃaftsˌloːs] *(agg)* *1* spassionato. *2* freddo, insensibile.

Leidensgenosse [-sgəˌnɔsə] *(m; -n, -n; f* **-genossin***)* ~ compagno di sventura.

leider ['laidɐ] *(avv)* ~ purtroppo ♦ *leider ist er krank* purtroppo è malato ♦ *leider nein/nicht* purtroppo no.

leidig ['laidɪç] *(agg)* ~ fastidioso, seccante ♦ *eine leidige Angelegenheit* una faccenda seccante.

leidlich ['laitlɪç] *(agg)* ***1*** passabile, accettabile. ***2*** *(avv)* passabilmente, discretamente, abbastanza bene ♦ *„Wie geht es dir?" „Leidlich"* "Come va?" "Non c'è male".

Leidwesen ['laitˌveːzən] *(n)* ~ **zu jmds Leidwesen** con dispiacere di qcn ♦ *zu meinem Leidwesen muss ich zugeben, dass* con mio dispiacere devo ammettere che.

Leier ['laiɐ] *(f; -, -n)* ~ *(mus)* lira, cetra.

Leierkasten [-ˌkastən] *(m; -s, -)* ~ *(fam)* organetto.

Leihe ['laiə] *(f; -, -n)* ~ *(dir)* prestito ♦ *etwas in Leihe geben, nehmen* dare, prendere qcs in prestito.

leihen [-n] *(vt,* hat; **lieh**, **geliehen***)* ***1*** {*jmdm etwas ~*} prestare qcs a qcn, dare in prestito qcs a qcn ♦ *kannst du mir dein Fahrrad, hundert Euro leihen?* puoi prestarmi la tua bicicletta, cento euro? ***2*** {*sich* (Dat) *etwas bei/von jmdm ~*} prendere in prestito qcs da qcn ♦ *ich habe mir das Fahrrad von meinem Bruder geliehen* ho preso in prestito la bicicletta da mio fratello.

Leihhaus ['laiˌhaus] *(n; -es, -häuser)* ~ monte di pietà ♦ *etwas aufs Leihhaus tragen* impegnare qcs al monte di pietà.

leihweise ['laiˌvaizə] *(avv)* ~ in prestito ♦ *jmdm etwas leihweise überlassen* dare qcs in prestito a qcn.

Leim [laim] *(m; -s, -e)* ~ colla, collante. ♦ **jmdm auf den Leim gehen/kriechen** *(fig/fam)* lasciarsi abbindolare da qcn. ♦ **aus dem Leim gehen** *(fam)* rompersi, andare in pezzi *(anche fig)*.

leimen [-ən] *(vt,* hat*)* ***1*** incollare. ***2*** *(fig/fam)* raggirare, imbrogliare.

leimig [-ɪç] *(agg)* ***1*** colloso. ***2*** appiccicoso, vischioso.

Leine ['lainə] *(f; -, -n)* ***1*** guinzaglio ♦ *einen Hund an der Leine führen* tenere un cane al guinzaglio. ***2*** corda, funicella, filo ♦ *die Wäsche hängt auf der Leine* il bucato è appeso al filo.

leinen [-n] *(agg)* ~ di lino.

Leinen *(n; -s, -)* ***1*** lino, tela di lino. ***2*** tela (per rilegature).

Leinwand ['lainˌvant] *(f; -, -wände)* ***1*** tela di lino. ***2*** tela (per dipingere). ***3*** schermo cinematografico ♦ *dieser Schauspieler erscheint zum ersten Mal auf der Leinwand* questo attore compare per la prima volta sugli schermi.

leise ['laizə] *(agg)* ***1*** leggero, basso, lieve (suono) ♦ *ein leises Geräusch* un rumore leggero ♦ *eine leise Stimme* una voce lieve. ***2*** silenzioso. ***3*** *(fig)* leggero, lieve, debole ♦ *ein leiser Regen* una pioggia leggera ♦ *eine leise Hoffnung* una debole speranza. ***4*** *(avv)* piano, a bassa voce, sottovoce; senza far rumore, silenziosamente ♦ *leise sprechen* parlare a bassa voce.

Leisetreter [-ˌtreːtɐ] *(m; -s, -; f* **-in***)* ~ *(fig/fam)* codardo.

Leiste ['laistə] *(f; -, -n)* ***1*** listello. ***2*** *(anat)* inguine.

leisten [-n] *(vt,* hat*)* ***1*** fare (prestazioni e sim), compiere, realizzare ♦ *etwas Außerordentliches, eine gute Arbeit leisten* fare qualcosa di straordinario, un buon lavoro. ***2*** {*sich* (Dat) *etwas ~*} permettersi qcs (economicamente) ♦ *ich kann mir die Reise nicht leisten* non posso permettermi il viaggio. ***3*** {*(jmdm) etwas ~*} fare qcs a qcn, fornire qcs a qcn, prestare qcs a qcn (servizi e sim) ♦ *jmdm Gesellschaft leisten* fare compagnia a qcn ♦ *jmdm Hilfe leisten* prestare aiuto a qcn.

Leisten *(m; -s, -)* ~ forma (per scarpe). ♦ **alles über einen Leisten schlagen** *(fig)* fare di tutta l'erba un fascio.

Leistung ['laistʊŋ] *(f; -, -en)* ***1*** prestazione, prova, rendimento ♦ *eine gute sportliche Leistung* una buona prestazione sportiva ♦ *du solltest deine Leistungen in der Schule verbessern* dovresti migliorare il tuo rendimento scolastico. ***2*** resa, rendimento (di macchine e sim). ***3*** pagamento, contributo. ***4*** *(dir)* prestazione ♦ *Leistung in Geld, in Naturalien* prestazione in denaro, in natura.

leistungsfähig [-sˌfɛːɪç] *(agg)* ~ efficiente (persona o cosa).

Leistungsfähigkeit [-sˌfɛːɪçkait] *(f; -)* ~ efficienza.

Leitartikel ['lait?ar,ti:kəl] *(m; -s, -)* ~ articolo di fondo, editoriale.
leiten ['laitən] *(vt, hat)* ***1*** condurre, guidare *(anche fig)* ♦ *er lässt sich immer von seinem Instinkt leiten* si lascia sempre guidare dal proprio istinto. ***2*** *(fig)* guidare, dirigere, presiedere ♦ *eine Firma, einen Kongress leiten* dirigere una ditta, un congresso. ***3*** *(fis)* condurre.
leitend [-t] *(agg)* ***1*** preminente, predominante, di guida ♦ *der leitende Gedanke* il pensiero guida ♦ *eine leitende Stellung* una posizione preminente. ***2*** direttivo, dirigenziale. ◆ **leitender Angestellter** dirigente.
Leiter[1] ['laitɐ] *(m; -s, -; f* **-in***)* ***1*** direttore (di azienda, d'orchestra, ecc). ***2*** preside (di scuola). ***3*** *(fis)* conduttore.
Leiter[2] *(f; -, -n)* ~ scala (a pioli).
Leitersprosse [-ʃprɔsə] *(f; -, -n)* ~ piolo (della scala).
Leitfaden ['lait,fa:dən] *(m; -s, -fäden)* ***1*** *(fig)* manuale. ***2*** *(fig)* filo conduttore.
Leitlinie ['lait,li:njə] *(f; -, -n)* ~ *(fig)* linea conduttrice, direttrice.
Leitmotiv ['laitmo,ti:f] *(n; -s, -e)* ~ *(mus)* motivo conduttore, leitmotiv *(anche fig)*.
Leitplanke ['lait,plaŋkə] *(f; -, -n)* ~ guardrail.
Leitstern ['lait,ʃtɛrn] *(m; -(e)s, -e)* ~ stella polare.
Leitung ['laitʊŋ] *(f; -, -en)* ***1*** conduzione, guida, direzione, gestione ♦ *die Leitung eines Unternehmens* la conduzione di un'impresa. ***2*** direzione, dirigenza, gruppo dirigente. ***3*** conduttura (di gas, acqua, ecc), linea (elettrica, telefonica, ecc) ♦ *die Leitung ist besetzt, frei, gestört* la linea è occupata, libera, disturbata. ◆ **eine lange Leitung haben** *(fig/fam)* essere duro di comprendonio.
Leitungswasser [-s,vasɐ] *(n; -s)* ~ acqua dell'acquedotto, acqua di rubinetto.
Lektion [lɛk'tsjo:n] *(f; -, -en)* ***1*** lezione. ***2*** *(fig)* lezione, rimprovero ♦ *jmdm eine Lektion erteilen* impartire una lezione a qcn.
Lektüre [lɛk'ty:rə] *(f; -, -n)* ~ lettura (il leggere, la cosa letta) ♦ *eine interessante Lektüre* una lettura interessante ♦ *bei der Lektüre dieses Buches wurde mir klar, dass* leggendo questo libro ho capito che.
Lende ['lɛndə] *(f; -, -n)* ***1*** *(anat)* lombo, fianco. ***2*** lombata, carne di lombo.
lenkbar ['lɛŋk,ba:ɐ] *(agg)* ***1*** che si guida facilmente, maneggevole. ***2*** *(fig)* docile.
Lenkbarkeit [-,kait] *(f; -)* ***1*** maneggevolezza. ***2*** *(fig)* docilità.
lenken ['lɛŋkən] *(vt, hat)* ***1*** guidare, condurre (veicoli e sim). ***2*** {*jmdn* ~} *(fig)* guidare, influenzare, manovrare qcn. ***3*** {*etwas auf jmdn/etwas* ~} *(fig)* dirigere qcs su qcn/qcs, indirizzare qcs verso qcn/qcs, rivolgere qcs a qcn/qcs ♦ *seine Aufmerksamkeit, seinen Blick auf jmdn/etwas lenken* rivolgere l'attenzione, lo sguardo a qcn/qcs ♦ *die Diskussion auf ein Thema lenken* indirizzare la discussione su un argomento ♦ *seine Schritte nach Hause lenken* volgere i propri passi verso casa.
Lenker ['lɛŋkɐ] *(m; -s, -)* ***1*** *(fam)* volante, sterzo, manubrio. ***2*** *(f* **-in***)* guidatore, conducente.
Lenkrad ['lɛŋk,ra:t] *(n; -(e)s, -räder)* ~ volante, sterzo.
Lenkstange ['lɛŋk,ʃtaŋə] *(f; -, -n)* ~ manubrio.
Lenkung ['lɛŋkʊŋ] *(f; -, -en)* ***1*** guida, conduzione *(anche fig)* ♦ *die Lenkung eines Wagens, eines Staates* la guida di una macchina, di una nazione. ***2*** volante, sterzo.
Leopard [leo'part] *(m; -en, -en)* ~ *(zool)* leopardo.
Lepra ['le:pra] *(f; -)* ~ *(med)* lebbra.
Lerche ['lɛrçə] *(f; -, -n)* ~ *(zool)* allodola.
lernen ['lɛrnən] *(vi/vt, hat)* ***1*** imparare, apprendere ♦ *schwimmen lernen* imparare a nuotare ♦ *(etwas) von jmdm lernen* imparare (qcs) da qcn ♦ *aus seinen Fehlern lernen* imparare dai propri errori ♦ *du musst lernen, geduldig zu sein* devi imparare a essere paziente. ***2*** *(vt)* imparare, studiare ♦ *ich lerne Deutsch* studio il tedesco. ***3*** *(vi)* fare l'apprendista ♦ *er lernt bei einem Schneider* fa l'apprendista presso un sarto. ***4*** *(vi)* studiare, fare i compiti ♦ *ich muss heute Nachmittag lernen* questo pomeriggio devo studiare.
Lernen *(n; -s)* ~ studio, apprendimento.
lesbar ['le:s,ba:ɐ] *(agg)* ~ leggibile.

Lesbierin ['lɛsbjərɪn] *(f; -, -nen)* ~ lesbica.

lesbisch ['lɛsbɪʃ] *(agg)* ~ lesbico.

Lese ['le:zə] *(f; -, -n)* ~ raccolta (di frutti e sim); vendemmia.

lesen [-n] *(vt,* hat; er **liest, las, gelesen***)* ***1*** leggere ♦ *einen Brief, ein Buch lesen* leggere una lettera, un libro ♦ *Zeitung lesen* leggere il giornale. ***2*** {*über etwas* (Acc) ~} *(vi)* tenere lezioni su qcs (all'università). ***3*** raccogliere (frutti e sim). ◆ **Wein lesen** vendemmiare.

Leser ['le:zɐ] *(m; -s, -; f* **-in***)* ~ lettore.

Leseratte ['le:zəˌratə] *(f; -, -n)* ~ *(fig/fam)* topo di biblioteca.

leserlich ['le:zɐlɪç] *(agg)* ~ chiaro, leggibile (calligrafia). ◆ **leserlich schreiben** scrivere in modo leggibile.

Lesezeichen ['le:zəˌtsaiçən] *(n; -s, -)* ~ segnalibro.

Lesung ['le:zʊŋ] *(f; -, -en)* ***1*** lettura (in pubblico). ***2*** *(pol)* discussione (su proposte di legge).

Letzt ['lɛtst] *(f)* ~ **zu guter Letzt** infine, alla fine.

letzte(r, -s) [-ə (-ɐ, -əs)] *(agg)* ***1*** ultimo ♦ *der letzte Versuch* l'ultimo tentativo ♦ *der/die Letzte* († *letzte*) l'ultimo/a ♦ *als Letzter* († *letzter*) *ankommen* arrivare per ultimo. ***2*** ultimo, restante ♦ *die letzten freien Plätze* gli ultimi posti liberi. ***3*** scorso, passato ♦ *letzte Woche* la settimana scorsa ♦ *letztes Jahr waren wir in Spanien* l'anno scorso siamo stati in Spagna. ***4*** ultimo, più recente ♦ *der letzte Schrei (fig)* l'ultimo grido, l'ultima moda. ◆ **im letzten Augenblick** all'ultimo momento. ◆ **letzten Endes** *(fam)* in fondo, in fin dei conti. ◆ **zum letzten Mal(e)** per l'ultima volta. ◆ **das letzte Wort haben** *(fig)* avere l'ultima parola. ◆ **in letzter Zeit/in der letzten Zeit** negli ultimi tempi, ultimamente. ◆ **bis ins Letzte** († **letzte**) a fondo ♦ *etwas bis ins Letzte* († *letzte*) *kennen* conoscere a fondo qcs.

letztere(r, -s) [-ərə (-ərɐ, -ərəs)] *(agg)* ~ quest'ultimo (di due), il secondo ♦ *im letzteren Falle* in quest'ultimo caso.

letzthin [-'hɪn] *(avv)* ***1*** ultimamente. ***2*** in fin dei conti.

letztlich [-lɪç] *(avv)* ***1*** in fondo, in fin dei conti. ***2*** infine, alla fine. ***3*** ultimamente.

letztmalig [-ˌma:lɪç] *(agg)* ***1*** ultimo, dell'ultima volta ♦ *unser letztmaliges Gespräch* il nostro ultimo colloquio. ***2*** *(avv)* per l'ultima volta.

letztmals [-ˌma:ls] *(avv)* ~ per l'ultima volta.

Leuchte ['lɔyçtə] *(f; -, -n)* ***1*** lampada, lume; torcia. ***2*** *(fig/fam)* luminare, genio.

leuchten [-n] *(vi,* hat*)* ***1*** far luce, illuminare ♦ *mit einer Lampe in den Keller leuchten* far luce in cantina con una lampada. ***2*** dare luce, illuminare ♦ *die Lampe leuchtet wenig* la lampada dà poca luce. ***3*** splendere, brillare (astri e sim). ***4*** *(fig)* splendere, risplendere, brillare ♦ *seine Augen leuchteten vor Freude* i suoi occhi brillavano di gioia.

leuchtend [-nt] *(agg)* ***1*** luminoso, splendente. ***2*** *(fig)* raggiante.

Leuchter ['lɔyçtɐ] *(m; -s, -)* ***1*** candelabro, candeliere. ***2*** lampadario.

Leuchtkäfer ['lɔyçtˌkɛ:fɐ] *(m; -s, -)* ~ *(zool)* lucciola.

Leuchtturm ['lɔyçtˌtʊrm] *(m; -(e)s, -türme)* ~ faro.

leugnen ['lɔygnən] *(vt,* hat*)* ~ negare (accuse e sim) ♦ *er leugnet, das Geld gestohlen zu haben* nega di aver rubato i soldi.

Leugnung ['lɔygnʊŋ] *(f; -, -en)* ~ negazione (di accuse e sim).

Leukämie [lɔykɛ'mi:] *(f; -, -n)* ~ *(med)* leucemia.

Leumund ['lɔymʊnt] *(m; -(e)s)* ~ fama, reputazione.

Leute ['lɔytə] *(pl)* ***1*** persone, gente ♦ *viele Leute waren da* c'erano molte persone ♦ *ich kümmere mich nicht darum, was die Leute sagen* non mi preoccupo di quello che dice la gente. ***2*** familiari, parenti ♦ *meine Leute* i miei parenti. ***3*** gente, personale, dipendenti ♦ *wir brauchen neue Leute im Betrieb* abbiamo bisogno di gente nuova nell'azienda. ◆ **die alten Leute** gli anziani. ◆ **die jungen Leute** i giovani. ◆ **etwas unter die Leute bringen** diffondere qcs, raccontare qcs. ◆ **viel, wenig unter die Leute kommen** fare molta, poca vita sociale.

Leutnant ['lɔytnant] *(m; -s, -s)* ~ *(mil)* sottotenente.

leutselig ['lɔytˌze:lɪç] *(agg)* ~ affabile, alla mano.

Lexikon ['lɛksɪkɔn] *(n; -s, Lexika/Lexiken)* *1* enciclopedia. *2* lessico.
Libelle [li'bɛlə] *(f; -, -n)* ~ *(zool)* libellula.
liberal [libe'ra:l] *(agg)* ~ liberale.
Libretto [li'brɛto] *(n; s, -s/Librettii)* ~ *(mus)* libretto.
licht [lɪçt] *(agg)* *1* chiaro, luminoso. *2* rado (vegetazione, capelli, ecc).
Licht *(n; -(e)s, -er)* ~ luce; lume ♦ *das Licht der Sonne* la luce del sole ♦ *blendendes Licht* luce accecante ♦ *elektrisches Licht* luce elettrica ♦ *das Licht ausschalten, einschalten* spegnere, accendere la luce. ◆ **Licht in etwas** (Acc) **bringen** far luce su qcs. ◆ **etwas ans Licht bringen** portare qcs alla luce. ◆ **bei Licht** con la luce accesa, con la luce artificiale. ◆ **jmdn hinters Licht führen** *(fig)* imbrogliare qcn. ◆ **jmdm im Licht(e) stehen** fare ombra a qcn.
Lichtblick [-ˌblɪk] *(m; -(e)s, -e)* ~ *(fig)* raggio di speranza, nota positiva.
lichten [-ən] *(vt, hat)* ~ diradare. ◆ **sich lichten** *(vr)* diradarsi.
lichterloh [-ɐ'lo:] *(avv)* ~ con alte fiamme.
Lichtquelle [-ˌkvɛlə] *(f; -, -n)* ~ fonte di luce.
Lichtschacht [-ʃaxt] *(m; -(e)s, -schächte)* ~ lucernario.
Lichtschalter [-ʃaltɐ] *(m; -s, -)* ~ interruttore della luce.
lichtscheu [-ʃɔy] *(agg)* *1* che teme la luce. *2* *(fig)* lasco (persona).
Lichtung [-ʊŋ] *(f; -, -en)* ~ radura.
Lid [li:t] *(n; -(e)s, -er)* ~ palpebra.
Lidschatten [-ʃatən] *(m; -s, -)* ~ ombretto.
lieb [li:p] *(agg)* *1* caro, amato ♦ *ein lieber Freund von mir* un mio caro amico. *2* amorevole, premuroso. *3* carino, gentile ♦ *das ist sehr lieb von dir* è molto gentile da parte tua ♦ *sei bitte so lieb und hilf mir* vorresti essere così gentile da aiutarmi? *4* bravo, ubbidiente. *5* gradito, caro ♦ *ein lieber Gast* un ospite gradito. ◆ **meine Lieben** i miei cari. ◆ **jmdn lieb gewinnen** († **liebgewinnen**) affezionarsi a qcn. ◆ **jmdn lieb haben** († **liebhaben**) voler bene a qcn ♦ *ich habe dich lieb* ti voglio bene. ◆ **jmdm lieb sein** essere caro a qcn. ◆ **mein Lieber**, **meine Liebe** caro/a (allocutivo). ◆ **lieber Frank!** caro Frank, ... (formula epistolare). ◆ **lieber Herr Schulz!** Gentile Signor Schulz, ... (formula epistolare). ◆ **viele liebe Grüße** cari saluti (formula epistolare).
liebäugeln [-ˌˀɔygəln] *(vi, hat)* ~ {*mit etwas* ~} desiderare qcs, accarezzare l'idea di (fare) qcs.
Liebe ['li:bə] *(f; -, -n)* *1* amore, affetto ♦ *brüderliche, mütterliche Liebe* amore fraterno, materno ♦ *Liebe für jmdn empfinden, fühlen* provare, sentire amore (affetto) per qcn ♦ *etwas aus Liebe zu jmdm tun* fare qcs per amore di qcn ♦ *Liebe zur Natur* l'amore per la natura. *2* amore, innamoramento ♦ *Liebe auf den ersten Blick* amore a prima vista ♦ *aus Liebe heiraten* sposarsi per amore. *3* amore, persona amata ♦ *seine erste Liebe* il suo primo amore. *4* amore, relazione amorosa. *5* piacere, favore ♦ *tu mir die Liebe und bring das Paket zur Post* fammi il favore di portare il pacchetto alla posta. ◆ **Liebe macht blind** *(prov)* l'amore è cieco.
Liebelei [-'lai] *(f; -, -en)* ~ amoretto, flirt.
lieben [-n] *(vt, hat)* *1* amare, voler bene a ♦ *seine Frau lieben* amare la propria moglie ♦ *ich liebe ihn wie einen Bruder* gli voglio bene come a un fratello. *2* *(fig)* amare, prediligere ♦ *die Natur, die Freiheit lieben* amare la natura, la libertà. ◆ **es nicht lieben, wenn** non essere contento, quando ♦ *ich liebe es nicht, wenn man sich streitet* non mi piace che si litighi.
liebenswert [-nsˌve:ɐt] *(agg)* ~ amabile.
liebenswürdig [-nsˌvʏrdɪç] *(agg)* ~ amabile, cortese, disponibile.
Liebenswürdigkeit [-nsˌvʏrdɪçkait] *(f; -, -en)* *1* *(solo sing)* amabilità, cortesia, disponibilità. *2* cortesia, gentilezza.
lieber ['li:bɐ] *(avv)* *1* *(compar di* **gern***)* più volentieri. *2* piuttosto, meglio ♦ *lieber spät als nie* meglio tardi che mai ♦ *du solltest lieber sofort kommen* faresti meglio a venire subito. ◆ **etwas lieber tun** preferire fare qcs ♦ *ich gehe lieber nach Hause* preferisco andare a casa ♦ *ich würde lieber bleiben* preferirei restare ♦ *ich fahre lieber in die Berge als ans Meer* preferisco andare in montagna piuttosto che al mare.

Liebesbeziehung ['li:bəsbə,tsi:ʊŋ] *(f; -, -en)* ~ relazione amorosa.
Liebesbrief ['li:bəs,bri:f] *(m; -(e)s, -e)* ~ lettera d'amore.
Liebeserklärung ['li:bəsˀɛɐ,klɛ:rʊŋ] *(f; -, -en)* ~ dichiarazione d'amore.
liebevoll ['li:bə,fɔl] *(agg)* ***1*** amorevole, premuroso. ***2*** tenero, affettuoso. ***3*** *(avv)* amorevolmente.
liebgewinnen ~ **lieb gewinnen** (vedi **lieb**).
liebhaben ~ **lieb haben** (vedi **lieb**).
Liebhaber ['li:p,ha:bɐ] *(m; -s, -; f* **-in***)* ~ amante *(anche fig)*, appassionato ♦ *ein Liebhaber der modernen Kunst* un amante dell'arte moderna.
Liebhaberei ['li:pha:bə,rai] *(f; -, -en)* ~ passione, hobby.
liebkosen [li:p'ko:zən] *(vt,* hat*)* ~ *(lett)* accarezzare.
lieblich ['li:plɪç] *(agg)* ***1*** grazioso, carino. ***2*** ameno, ridente, piacevole (luogo). ***3*** melodioso, soave. ***4*** delizioso (profumo). ***5*** *(di vino)* amabile.
Liebling ['li:p,lɪŋ] *(m; -s, -e)* ***1*** prediletto, beniamino, favorito ♦ *er ist der Liebling des Lehrers* è il beniamino dell'insegnante. ***2*** *(alloc)* amore, tesoro.
Lieblings- ['li:p,lɪŋs-] *(nei composti)* ~ preferito ♦ *sein Lieblingslied* la sua canzone preferita ♦ *mein Liebligsschriftsteller* il mio scrittore preferito.
lieblos ['li:p,lo:s] *(agg)* ~ freddo, insensibile.
Liebreiz ['li:p,raits] *(m; -es)* ~ grazia, leggiadria.
Liebschaft ['li:pʃaft] *(f; -, -en)* ~ flirt, storia.
Lied [li:t] *(n; -(e)s, -er)* ~ canto, canzone ♦ *ein Lied singen* cantare una canzone. ◆ **davon kann ich auch ein Lied singen** *(fig/fam)* anch'io ne so qualcosa. ◆ **es ist immer das alte Lied!** *(fig/fam)* è sempre la solita musica!
liederlich ['li:dɐlɪç] *(agg)* ***1*** disordinato, sciatto, trascurato. ***2*** *(fig)* dissoluto.
Liedermacher ['li:dɐ,maxɐ] *(m; -s, -; f* **-in***)* ~ cantautore.
lief [li:f] ~ pret di **laufen**.
Lieferant [lifə'rant] *(m; -en, -en; f* **-in***)* ~ fornitore.
liefern ['li:fɐn] *(vt,* hat*)* ***1*** consegnare, fornire (merci) ♦ *Waren ins Haus/frei Haus liefern* consegnare merci a domicilio/franco domicilio. ***2*** produrre, fornire ♦ *der Boden liefert Erz* il terreno produce minerale metallico. ***3*** *(fig)* fornire, produrre, presentare ♦ *einen Beweis liefern* fornire una prova.
Lieferschein ['li:fɐ,ʃain] *(m; -(e)s, -e)* ~ bolla di consegna.
Lieferung ['li:fərʊŋ] *(f; -, -en)* ***1*** consegna, fornitura (di merci). ***2*** fascicolo, dispensa.
Lieferwagen ['li:fɐ,va:gən] *(m; -s, -)* ~ furgone, furgoncino (per consegne).
Liege ['li:gə] *(f; -, -en)* ~ lettino, branda.
liegen [-n] *(vi,* hat; **lag**, **gelegen***)* ***1*** essere disteso, essere sdraiato, giacere, essere, stare (in posizione orizzontale) ♦ *im Bett liegen* essere a letto ♦ *das Buch liegt auf dem Tisch* il libro è sul tavolo ♦ *auf den Hügeln liegt noch Schnee* sulle colline c'è ancora la neve. ***2*** trovarsi, essere situato, essere ♦ *Florenz liegt in der Toskana* Firenze è in Toscana ♦ *das Haus liegt am Meer* la casa si trova sul mare. ***3*** trovarsi, essere (a un dato livello) ♦ *auf dem ersten Platz liegen* essere al primo posto. ***4*** {*an/bei jmdm* ~}, {*an/in etwas* (Dat) ~} dipendere da qcn/qcs, essere nel potere di qcn ♦ *das liegt an den politischen Verhältnissen* questo dipende dalla situazione politica ♦ *es liegt nur an/bei dir, ob du das Angebot annimmst* dipende solo da te accettare o meno l'offerta. ***5*** {*jmdm* ~} piacere a qcn, andare a genio a qcn. ◆ **liegen bleiben** († **liegenbleiben**) ***1*** rimanere sdraiato, rimanere a letto. ***2*** rimanere invenduto (merci); rimanere in giacenza (posta). ***3*** essere dimenticato. ◆ **liegen lassen** († **liegenlassen**) lasciare, dimenticare.
Liegesitz ['li:gə,zɪts] *(m; -es, -e)* ~ cuccetta.
Liegewagen ['li:gə,va:gən] *(m; -s, -)* ~ vagone con cuccette.
lieh [li:] ~ pret di **leihen**.
ließ [li:s] ~ pret di **lassen**.
Lift [lɪft] *(m; -(e)s, -e/-s)* ~ ascensore.
Liga ['li:ga] *(f; -, Ligen)* ***1*** lega, associazione, unione. ***2*** *(sport)* serie, divisione ♦ *erste, zweite Liga* serie A, B.
liieren [li'i:rən] *(vr,* hat*)* ~ **sich mit jmdm liieren** ***1*** *(lett)* legarsi con qcn (in una re-

lazione amorosa). **2** *(lett)* unirsi a qcn, allearsi a qcn.

Likör [li'kø:ɐ] *(m; -s, -e)* ~ liquore.

lila ['li:la] *(agg)* ~ lilla, violetto.

Lilie ['li:ljə] *(f; -, -n)* ~ *(bot)* giglio.

Limit ['lɪmɪt] *(n; -s, -s)* ~ limite.

limitieren [limi'ti:rən] *(vt, hat)* ~ limitare.

Limonade [limo'na:də] *(f; -, -n)* ~ gassosa.

lind [lɪnt] *(agg)* ~ *(lett)* mite, soave.

Linde ['lɪndə] *(f; -, -n)* ~ *(bot)* tiglio.

lindern ['lɪndɐn] *(vt, hat)* ~ mitigare, alleviare ♦ *Schmerzen lindern* alleviare i dolori.

Linderung ['lɪndərʊŋ] *(f; -)* ~ lenimento, sollievo.

Lineal [line'a:l] *(n; -s, -e)* ~ righello.

Linie ['li:njə] *(f; -, -n)* **1** linea *(anche geom)*, riga. **2** linea, fila. **3** linea (di trasporti) ♦ *wir fahren mit der Linie 3* andiamo con la linea numero tre. **4** linea (genealogica) ♦ *in direkter/gerader Linie von jmdm abstammen* discendere da qcn in linea diretta. **5** *(fig)* linea, direzione, orientamento ♦ *eine politische Linie verfolgen* seguire una linea politica. **6** *(fig)* linea, contorno. ◆ **auf der ganzen Linie** *(fig)* su tutta la linea, completamente. ◆ **in erster Linie** principalmente, in primo luogo.

Linienflug [-nˌflu:k] *(m; -(e)s, -flüge)* ~ volo di linea.

Linienrichter [-nˌrɪçtɐ] *(m; -s, -; f* **-in***)* ~ guardalinee, giudice di linea.

Liniensystem [-nzʏsˌte:m] *(n; -s, -e)* ~ *(mus)* pentagramma.

linientreu [-nˌtrɔy] *(agg)* ~ ortodosso, allineato.

Linke ['lɪŋkə] *(f; -n, -n)* ~ sinistra *(anche pol)* ♦ *jmdm zur Linken sitzen* stare seduto alla sinistra di qcn.

linke(r, -s) ['lɪŋkə (-kɐ, -kəs)] **1** sinistro ♦ *die linke Hand* la mano sinistra. **2** *(pol)* di sinistra. ◆ **linke Seite** **1** lato sinistro. **2** rovescio (di stoffa).

linkisch ['lɪŋkɪʃ] *(agg)* ~ maldestro, imbranato.

links ['lɪŋks] *(avv)* ~ a sinistra ♦ *links abbiegen* svoltare a sinistra ♦ *nach links gehen* andare a sinistra ♦ *von links kommen* venire da sinistra. ◆ **jmdn links liegen lassen** trascurare qcn. ◆ **weder links noch rechts schauen** *(fig)* andare dritto per la propria strada. ◆ **links stehen** *(fig/pol)* essere di sinistra.

Linkshänder [-ˌhɛndɐ] *(m; -s, -; f* **-in***)* ~ mancino.

linksherum [-hɛˌrʊm] *(avv)* ~ (girando) verso sinistra.

linksradikal [-radiˌka:l] *(agg)* ~ di estrema sinistra.

Linksradikale [-ə] *(m/f; -n, -n)* ~ estremista di sinistra.

Linse ['lɪnzə] *(f; -, -n)* **1** *(bot)* lenticchia. **2** lente.

Lippe ['lɪpə] *(f; -, -n)* **1** labbro ♦ *aufgesprungene, dünne, feuchte, trockene Lippen* labbra screpolate, sottili, umide, secche. **2** *(fig)* labbra, bocca ♦ *kein Wort kam über seine Lippen* non gli uscì nessuna parola dalla bocca. ◆ **an jmds Lippen hängen** *(fig)* pendere dalle labbra di qcn. ◆ **sich auf die Lippen beißen** *(fig)* mordersi la lingua.

Lippenstift [-nʃtɪft] *(m; -(e)s, -e)* ~ rossetto.

liquidieren [likvi'di:rən] *(vt, hat)* **1** liquidare, sciogliere (ditte e sim). **2** liquidare, sopprimere, eliminare.

Lira ['li:ra] *(f; -, Lire)* ~ lira (moneta).

lispeln ['lɪspəln] *(vi, hat)* **1** parlare con la lisca. **2** bisbigliare, sussurrare.

List [lɪst] *(f; -, -en)* **1** *(solo sing)* astuzia, scaltrezza. **2** astuzia, stratagemma. ◆ **mit List und Tücke** *(fam)* con grande astuzia.

Liste [-ə] *(f; -, -n)* ~ lista, elenco ♦ *eine Liste aufstellen* fare una lista. ◆ **auf der schwarzen Liste stehen** essere nel libro nero.

listig [-ɪç] *(agg)* ~ astuto, scaltro.

Litanei [lita'nai] *(f; -, -en)* ~ litania.

Liter ['li:tɐ] *(m/n; -s, -)* ~ litro.

literarisch [lɪtə'ra:rɪʃ] *(agg)* ~ letterario.

Literatur [lɪtəra'tu:ɐ] *(f; -, -en)* ~ letteratura ♦ *die deutsche Literatur des 19. Jahrhunderts* la letteratura tedesca del XIX secolo ♦ *medizinische Literatur* letteratura medica.

Literaturangabe [-ˌˀanga:bə] *(f; -, -n)* ~ indicazione bibliografica.

Literaturgattung [-ˌgatʊŋ] *(f; -, -en)* ~ genere letterario.

Literaturgeschichte [-gəʃɪçtə] *(f; -, -n)* ~ storia della letteratura ♦ *deutsche Literaturgeschichte* storia della letteratura tedesca.
Literaturkritiker [-ˌkriːtikɐ] *(m; -s, -; f* **-in***)* ~ critico letterario.
Literatursprache [-ʃpraːxə] *(f; -, -n)* ~ lingua letteraria, linguaggio letterario.
Literaturverzeichnis [-fɛɐˌtsaiçnɪs] *(n; -ses, -se)* ~ bibliografia.
Litfaßsäule [ˈlɪtfasˌzɔylə] *(f; -, -n)* ~ colonna per affissioni.
litt [lɪt] ~ pret di **leiden**.
Liturgie [litʊrˈgiː] *(f; -, -n)* ~ liturgia.
liturgisch [liˈtʊrgɪʃ] *(agg)* ~ liturgico.
live [laif] *(avv)* ~ in diretta ♦ *ein Fußballspiel live übertragen* trasmettere una partita di calcio in diretta.
Livesendung [-ˌzɛndʊŋ] *(f; -, -en)* ~ trasmissione in diretta.
Livree [liˈvreː] *(f; -, -n)* ~ uniforme, livrea.
Lizenz [liˈtsɛnts] *(f; -, -en)* ~ licenza (per attività commerciali, brevetti, ecc) ♦ *eine Lizenz erwerben* ottenere una licenza.
LKW, **Lkw** [ˈɛlkaːveː] *(m; -/-s, -) (abbrev di* **Lastkraftwagen***)* ~ camion.
LKW-Fahrer, **Lkw-Fahrer** [-ˌfaːrɐ] *(m; -s, -; f* **-in***) (abbrev di* **Lastkraftwagenfahrer***)* ~ camionista.
Lob [loːp] *(n; -(e)s, raro -e)* ~ lode, elogio ♦ *jmdm Lob erteilen* tributare un elogio a qcn ♦ *jmds Lob singen* cantare le lodi di qcn.
loben [ˈloːbən] *(vt, hat)* ~ lodare, elogiare.
lobend [-t] *(agg)* ***1*** di elogio, di lode ♦ *lobende Worte* parole di lode. ***2*** *(avv)* con parole di lode ♦ *sich über jmdn/etwas lobend aussprechen* esprimersi con parole di lode su qcn/qcs.
lobenswert [-sˌveːɐt] *(agg)* ~ lodevole.
Loch [lɔx] *(n; -(e)s, Löcher)* ***1*** buco, foro; buca ♦ *ein Loch bohren* fare un foro con il trapano ♦ *ein Loch graben* scavare una buca. ***2*** buco, strappo ♦ *ein Loch in der Socke* un buco nel calzino. ***3*** tana. ***4*** *(fig/fam)* buco, stamberga, topaia ♦ *in einem Loch hausen* vivere in una topaia. ***5*** *(fig/fam)* gattabuia, galera. ◆ **ein Loch/Löcher in die Luft gucken** *(fam)* guardare nel vuoto. ◆ **ein Loch/Löcher in die Luft schießen** *(fig/fam)* fare un buco nell'acqua. ◆ **wie ein Loch saufen** *(fam)* bere come una spugna.
lochen [-ən] *(vt, hat)* ~ forare, bucare ♦ *einen Fahrschein lochen* forare un biglietto.
Locher [-ɐ] *(m; -s, -)* ~ perforatrice (per fogli).
löcherig [ˈlœçərɪç] *(agg)* ~ bucherellato.
Locke [ˈlɔkə] *(f; -, -n)* ~ ricciolo ♦ *das Haar in Locken legen* arricciare i capelli.
locken [-n] *(vt, hat)* ***1*** adescare, attirare ♦ *ein Tier in eine Falle locken* attirare un animale in una trappola. ***2*** *(fig)* attirare, allettare ♦ *jmdn mit einem Angebot locken* allettare qcn con un'offerta. ***3*** arricciare (capelli).
lockend [-nt] *(agg)* ~ allettante.
Lockenwickler [-nˌvɪklɐ] *(m; -s, -)* ~ bigodino.
locker [ˈlɔkɐ] *(agg)* ***1*** lento, allentato; malfermo, traballante ♦ *eine lockere Schraube* una vite allentata. ***2*** lento, allentato (corde e sim). ***3*** *(fig)* disinvolto, rilassato. ***4*** *(avv)* con disinvoltura, in modo rilassato.
locker|lassen *(vi, hat)* ~ desistere, mollare.
locker|machen *(vt, hat)* ~ *(fig/fam)* tirare fuori, dare (soldi).
lockern [-n] *(vt, hat)* ***1*** allentare ♦ *eine Schraube lockern* allentare una vite ♦ *den Griff lockern* allentare la presa. ***2*** dissodare. ***3*** rilassare (muscoli e sim). ◆ **sich lockern** *(vr)* allentarsi *(anche fig)*.
lockig [ˈlɔkɪç] *(agg)* ~ ricciuto, riccio, riccioluto.
Lockruf [ˈlɔkˌruːf] *(m; -(e)s, -e)* ~ richiamo (per uccelli).
Lockung [ˈlɔkʊŋ] *(f; -, -en)* ~ adescamento, allettamento.
Lockvogel [ˈlɔkˌfoːgəl] *(m; -s, -vögel)* ***1*** uccello da richiamo. ***2*** *(fig)* richiamo, esca.
lodern [ˈloːdɐn] *(vi, hat)* ~ fiammeggiare, divampare *(anche fig)*.
Löffel [ˈlœfəl] *(m; -s, -)* ***1*** cucchiaio. ***2*** *(pl) (fam)* orecchie. ◆ **Löffel voll** († **Löffelvoll**) cucchiaiata, cucchiaio ♦ *ein Löffel voll Zucker* una cucchiaiata di zucchero ♦ *zwei Löffel voll Salz* due cucchiaiate di sale.
löffeln [-n] *(vt, hat)* ~ mangiare con il cucchiaio.

Löffelvoll [-ˌfɔl] *(m; -, -)* ~ **Löffel voll** (vedi **Löffel**).
log [loːk] ~ pret di **lügen**.
Loge ['loːʒə] *(f; -, -n)* ***1*** palco (a teatro). ***2*** loggia (massonica).
Logik ['loːgɪk] *(f; -)* ~ logica.
Logis [lo'ʒiː] *(n; -, -s)* ~ alloggio. ◆ **Kost und Logis** vitto e alloggio.
logisch ['loːgɪʃ] *(agg)* ***1*** logico. ***2*** *(fam)* logico, ovvio.
logischerweise [-ɐ'vaizə] *(avv)* ~ logicamente.
Lohn [loːn] *(m; -(e)s, Löhne)* ***1*** paga, stipendio, salario ♦ *die Löhne erhöhen, senken* alzare, abbassare gli stipendi. ***2*** *(fig)* premio, ricompensa; castigo ♦ *das war der Lohn für seine Großzügigkeit* questa è stata la ricompensa per la sua generosità.
Lohnabzug [-ˌˀaptsuːk] *(m; -(e)s, -züge)* ~ ritenuta, trattenuta sullo stipendio.
Lohnarbeit [-ˌˀarbait] *(f; -, -en)* ~ lavoro salariato.
Lohnbuch [-ˌbuːx] *(n; -(e)s, -bücher)* ~ libro paga.
lohnen [-ən] *(vt, hat)* ***1*** valere, meritare ♦ *das Ergebnis lohnte die ganze Arbeit* il risultato è valso tutto il lavoro. ***2*** {*jmdm etwas* ~} ricompensare qcn per qcs. ◆ **sich lohnen** *(vr)* valere la pena ♦ *der Kauf hat sich gelohnt* l'acquisto è valso la pena.
Lohnerhöhung [-ˀɛɐˌhøːʊŋ] *(f; -, -en)* ~ aumento di stipendio.
Lohntüte [-ˌtyːtə] *(f; -, -n)* ~ busta paga.
Löhnung ['løːnʊŋ] *(f; -, -en)* ~ pagamento (di stipendio).
Lok [lɔk] *(f; -, -s)* ~ abbrev di **Lokomotive**.
lokal [lo'kaːl] *(agg)* ~ locale.
Lokal *(n; -s, -e)* ~ locale (pubblico).
lokalisieren [lokali'ziːrən] *(vt, hat)* ~ localizzare.
Lokomotive [lokomo'tiːvə] *(f; -, -n)* ~ locomotiva.
Look [lʊk] *(n; -s, -s)* ~ aspetto, look.
Lorbeer ['lɔrˌbeːɐ] *(m; -s, -en)* ***1*** alloro. ***2*** alloro, corona di alloro. ◆ **Lorbeeren ernten** *(fig)* raccogliere allori. ◆ **(sich) auf seinen Lorbeeren ausruhen** *(fig)* cullarsi sugli allori.
Lorbeerkranz [-ˌkrants] *(m; -es, -kränze)* ~ corona di alloro.
los[1] [loːs] *(agg)* ~ staccato, sciolto ♦ *der Knopf ist los* il bottone si è staccato. ◆ **jmdn/etwas los sein** essersi liberato, sbarazzato di qcn/qcs ♦ *ich bin die Schulden immer noch nicht los* ancora non mi sono liberato dei debiti ♦ *er ist sie endlich los* finalmente si è liberato di lei. ◆ **los sein** ***1*** succedere, accadere ♦ *was ist hier los?* che succede qui? ♦ *was ist mit dir los?* che ti succede? ***2*** *(fam)* esserci vita, esserci movimento ♦ *hier ist abends nichts los* qui non c'è vita la sera.
los[2] *(avv)* ~ su, via, forza ♦ *los, gehen wir* su, andiamo.
Los *(n; -es, -e)* ***1*** sorte, estrazione a sorte ♦ *etwas durch das Los entscheiden* decidere qcs tirando a sorte. ***2*** biglietto della lotteria. ***3*** *(lett)* sorte, destino.
-los [-ˌloːs] *(nei composti)* ~ senza ♦ *herzlos* senza cuore ♦ *verantwortungslos* irresponsabile.
lösbar ['løːsˌbaːɐ] *(agg)* ~ risolvibile, risolubile.
los|bekommen *(vt, hat; irr* kommen*)* ~ *(fam)* riuscire a sciogliere, a staccare.
los|binden *(vt, hat; irr* binden*)* ~ sciogliere, slegare ♦ *ein Boot, einen Hund losbinden* slegare una barca, un cane.
löschen ['lœʃən] *(vt, hat)* ***1*** spegnere (fiamme) ♦ *einen Brand, eine Kerze löschen* spegnere un incendio, una candela. ***2*** assorbire, asciugare (liquidi). ***3*** *(fig)* estinguere (debiti, conti, ecc). ***4*** cancellare (qcs di registrato). ◆ **seinen Durst löschen** spegnere la sete, dissetarsi.
Löschpapier ['lœʃpaˌpiːɐ] *(n; -s, -e)* ~ carta assorbente.
Löschung ['lœʃʊŋ] *(f; -, -en)* ***1*** spegnimento (di fiamme). ***2*** *(fig)* estinzione (di debiti, conti, ecc). ***3*** cancellazione (di cose registrate).
los|dürfen *(vi, hat)* ~ *(fam)* poter andare, poter partire.
lose ['loːzə] *(agg)* ***1*** lento, allentato, malfermo ♦ *eine lose Schraube* una vite allentata. ***2*** sfuso, sciolto ♦ *lose Blätter* fogli sciolti ♦ *lose Ware* merce sciolta ♦ *lose Bonbons* caramelle sfuse. ***3*** *(fig)* superficiale, poco impegnativo (relazione).

Lösegeld ['lø:zəˌgɛlt] *(n; -(e)s, -er)* ~ riscatto, soldi per il riscatto.

losen ['lo:zən] *(vi, hat)* ~ tirare a sorte, estrarre a sorte ♦ *wir werden losen, wer bezahlen soll* tireremo a sorte chi paga.

lösen[1] ['lø:zən] *(vt, hat)* ***1*** {*etwas (von etwas)* ~} sciogliere qcs, slegare qcs (da qcs); separare qcs, staccare qcs (da qcs) ♦ *ein Boot vom Ufer lösen* staccare una barca dalla riva ♦ *eine Briefmarke vom Umschlag lösen* staccare un francobollo dalla busta. **2** sciogliere, liquefare. ***3*** *(fig)* sciogliere (legami e sim). ***4*** *(fig)* sciogliere, annullare (accordi). ◆ **sich lösen** *(vr)* ***1*** sciogliersi, slegarsi, allentarsi ♦ *der Knoten hat sich gelöst* il nodo si è sciolto. **2** {*sich aus/von jmdm/etwas* ~} staccarsi, separarsi da qcn/qcs *(anche fig)*. ***3*** sciogliersi, liquefarsi ♦ *Zucker löst sich im Wasser* lo zucchero si scioglie nell'acqua.

lösen[2] *(vt, hat)* ***1*** risolvere, trovare la soluzione a ♦ *ein Problem, ein Rätsel lösen* risolvere un problema, un enigma. **2** risolvere, sanare (conflitti e sim). ◆ **sich lösen** *(vr)* risolversi, trovare una soluzione (problemi, conflitti, ecc).

los|fahren *(vi, ist; irr* fahren*)* ***1*** partire, mettersi in marcia (con un veicolo). **2** {*auf jmdn* ~} *(fig)* aggredire qcn.

los|gehen *(vi, ist; irr* gehen*)* ***1*** partire, mettersi in marcia, andarsene. **2** {*auf etwas* (Acc) ~} *(fig)* buttarsi su qcs, perseguire qcs. ***3*** {*auf jmdn* ~} *(fig)* aggredire qcn. ***4*** partire inavvertitamente (spari). ***5*** *(fam)* iniziare, cominciare ♦ *wann geht das Fußballspiel los?* quando comincia la partita?

los|kaufen *(vt, hat)* ~ riscattare (ostaggi e sim).

los|kommen *(vi, ist; irr* kommen*)* ***1*** *(fam)* andare via, andarsene. **2** {*von jmdm/etwas* ~} *(fam)* liberarsi, riuscire a liberarsi da qcn/qcs *(anche fig)*.

los|können *(vi, hat; irr* können*)* ~ *(fam)* poter andare, poter partire.

los|kriegen *(vt, hat)* ***1*** *(fam)* riuscire a togliere, riuscire a staccare. **2** {*jmdn/etwas* ~} *(fam)* riuscire a liberarsi di qcn/qcs.

los|lassen *(vt, hat; irr/ortogr* lassen*)* ***1*** lasciare andare, lasciar libero, mollare ♦ *lass mich los!* lasciami andare! **2** liberare, rilasciare. ***3*** {*jmdn auf jmdn/etwas* ~} mandare allo sbaraglio qcn con qcn/qcs ♦ *sie haben einen unerfahrenen Arzt auf die vielen Verletzten losgelassen* hanno mandato allo sbaraglio un medico inesperto con tutti quei feriti. ◆ **einen Hund auf jmdn loslassen** sguinzagliare un cane contro qcn.

los|legen *(vi, hat)* ***1*** {*(mit etwas)* ~} *(fam)* cominciare, attaccare (con qcs). **2** *(fam)* attaccare a parlare, a raccontare ♦ *na, leg los!* dai, racconta!

löslich ['lø:slɪç] *(agg)* ~ solubile.

los|lösen *(vt, hat)* ~ staccare, separare.

los|machen *(vt, hat)* ~ *(fam)* staccare, liberare. ◆ **sich von jmdm/etwas losmachen** *(vr) (fam)* staccarsi da qcn/qcs, liberarsi di qcn/qcs *(anche fig)*.

los|müssen *(vi, hat)* ~ *(fam)* dover andare, dover partire.

los|reißen *(vt, hat; irr/ortogr* reißen*)* ***1*** strappare, staccare ♦ *ein Blatt von einem Heft losreißen* strappare un foglio da un quaderno. **2** divellere. ◆ **sich losreißen** *(vr)* staccarsi, liberarsi (con violenza) *(anche fig)*.

los|sagen *(vr, hat)* ~ **sich von jmdm/etwas lossagen** separarsi da qcn/qcs, abbandonare qcn/qcs ♦ *sich von einem Glauben lossagen* abbandonare una fede.

los|schicken *(vt, hat)* ~ *(fam)* mandare, inviare.

los|schießen *(vi, hat/ist; irr/ortogr* schießen*)* ***1*** *(aux* hat*)* sparare, far partire un colpo. **2** *(aux* hat*) (fig)* sparare (cominciare a raccontare) ♦ *schieß los!* spara! ***3*** *(aux* ist*)* cominciare a correre. ***4*** *(aux* ist*)* {*auf jmdn* ~} correre incontro a qcn.

los|schlagen *(vi/vt, hat; irr* schlagen*)* ***1*** *(vi) (mil)* attaccare (a sorpresa). **2** *(vt)* staccare, togliere (a forza di colpi). ***3*** *(vt) (fig)* vendere (a basso prezzo). ◆ **aufeinander losschlagen** darsi botte, picchiarsi.

los|sollen *(vi, hat)* ~ *(fam)* dover andare, dover partire.

los|sprechen *(vt, hat; irr* sprechen*)* ***1*** {*jmdn von etwas* ~} esentare qcn da qcs, esonerare qcn da qcs. **2** *(relig)* assolvere.

Lossprechung ['lo:sʃprɛçʊŋ] *(f; -, -en)* ~ *(relig)* assoluzione.

Losung ['lo:zʊŋ] *(f; -, -en) **1*** motto, formula, slogan. ***2*** parola d'ordine.

Lösung ['lø:zʊŋ] *(f; -, -en) **1*** soluzione *(anche mat/chim)* ♦ *eine Lösung für etwas finden* trovare la soluzione a qcs. ***2*** separazione, distacco. ***3*** scioglimento, rottura (di legami).

Lösungsmittel [-s,mɪtəl] *(n; -s, -)* ~ solvente.

los|werden *(vt,* ist; *irr* werden*)* ***1*** {*jmdn/etwas* ~} liberarsi di qcn/qcs ♦ *endlich sind wir diese lästigen Kunden losgeworden* finalmente ci siamo liberati di questi clienti seccanti. ***2*** riuscire a vendere, riuscire a piazzare.

los|wollen *(vi,* hat*)* ~ *(fam)* voler andare, voler partire.

Lot [lo:t] *(n; -(e)s, -e)* ~ filo a piombo, piombino ♦ *die Mauer steht im Lot* il muro è perfettamente verticale. ◆ **etwas wieder ins Lot bringen** *(fig)* rimettere in sesto qcs, rimettere in piedi qcs.

Lotion [lo'tsjo:n] *(f; -, -en)* ~ lozione.

lotrecht ['lo:trɛçt] *(agg)* ~ perpendicolare, a piombo.

Lotse ['lo:tsə] *(m; -n, -n)* ~ pilota (di navi).

lotsen [-n] *(vt,* hat*)* ***1*** pilotare (navi); guidare dalla torre di controllo (aerei). ***2*** {*jmdn/etwas* ~} guidare, indicare la strada a qcn/qcs. ***3*** {*jmdn* ~} *(fam)* portare, trascinare qcn (controvoglia).

Lotterie [lɔtə'ri:] *(f; -, -n)* ~ lotteria.

Lotto ['lɔto] *(n; -s, -s)* ~ lotto (gioco) ♦ *im Lotto gewinnen* vincere al lotto.

Löwe ['lø:və] *(m; -n, -n; f* **Löwin***)* ~ *(zool/astrol)* leone.

Löwenanteil [-n,ʔantail] *(m; -(e)s)* ~ *(fig)* parte del leone.

Luchs [lʊks] *(m; -es, -e)* ~ *(zool)* lince. ◆ **Augen wie ein Luchs haben** avere un occhio di lince.

Lücke ['lʏkə] *(f; -, -n) **1*** buco, fessura, breccia ♦ *es gibt eine Lücke im Zaun* c'è un buco nella rete. ***2*** *(fig)* lacuna, vuoto.

Lückenbüßer [-n,by:sɐ] *(m; -s, -; f* **-in***)* ~ *(fig)* tappabuchi.

lückenhaft [-n,haft] *(agg)* ~ lacunoso, incompleto.

lud [lu:t] ~ pret di **laden**.

Luder ['lu:dɐ] *(n; -s, -)* ~ *(fam/spreg)* carogna, bastardo (spec riferito a donna).

Luft [lʊft] *(f; -, raro* Lüfte*)* ***1*** aria ♦ *kalte, frische, warme Luft* aria fredda, fresca, calda ♦ *verbrauchte Luft* aria viziata. ***2*** aria, respiro ♦ *ich bekomme keine Luft* mi manca l'aria. ◆ **es herrscht dicke Luft** *(fig/fam)* c'è un'atmosfera pesante. ◆ **einer Sache** (Dat) **Luft machen** sfogare qcs, dare sfogo a qcs ♦ *seiner Enttäuschung Luft machen* sfogare la propria delusione. ◆ **sich** (Dat) **Luft machen** sfogarsi. ◆ **an die** (**frische**) **Luft gehen** uscire all'aria aperta. ◆ **aus der Luft gegriffen sein** essere campato in aria. ◆ **in die Luft gehen *1*** saltare in aria, esplodere. ***2*** *(fig/fam)* andare su tutte le furie, esplodere. ◆ **in der Luft hängen/schweben** essere in sospeso. ◆ **in die Luft springen** fare salti in aria *(anche fig)*. ◆ **nach Luft schnappen** boccheggiare.

Luftaufnahme [-,ʔaufna:mə] *(f; -, -n)* ~ foto aerea.

Luftballon [-ba,lɔŋ] *(m; -s, -s)* ~ palloncino.

lüften ['lʏftən] *(vt,* hat*)* ***1*** aerare, arieggiare. ***2*** sollevare (leggermente). ***3*** *(fig)* svelare (segreti).

Lüfter ['lʏftɐ] *(m; -s, -)* ~ ventilatore.

Luftfahrt ['lʊft,fa:ɐt] *(f; -)* ~ aviazione, aeronautica.

Luftfahrzeug ['lʊft,fa:ɐtsɔyk] *(n; -(e)s, -e)* ~ aeromobile, velivolo, aereo.

luftig ['lʊftɪç] *(agg)* ***1*** arioso, arieggiato, ventilato. ***2*** arioso, leggero (tessuto).

Luftmatratze ['lʊftma,tratsə] *(f; -, -n)* ~ materassino gonfiabile.

Luftpost ['lʊft,pɔst] *(f; -)* ~ posta aerea ♦ *einen Brief per/mit Luftpost schicken* mandare una lettera per via aerea.

Luftreifen ['lʊft,raifən] *(m; -s, -)* ~ pneumatico.

Luftröhre ['lʊft,rø:rə] *(f; -, -n)* ~ trachea.

Luftschiff ['lʊft∫ɪf] *(n; -(e)s, -e)* ~ dirigibile.

Luftschloss († **-schloß**) ['lʊft∫lɔs] *(n; -es, -schlösser)* ~ *(fig)* castello in aria, fantasia. ◆ **Luftschlösser bauen** costruire castelli in aria.

Luftspiegelung ['lʊft∫pi:gəlʊŋ] *(f; -, -en)* ~ miraggio.

Lüftung ['lʏftʊŋ] *(f; -, -en)* ***1*** aerazione, ventilazione. ***2*** impianto di aerazione.

Luftverschmutzung ['lʊftfɛɐ∫mʊtsʊŋ] *(f; -, -en)* ~ inquinamento atmosferico.

Luftverunreinigung ['lʊftfɛɐ̯ˌʔʊnrainɪgʊŋ] *(f; -, -en)* ~ inquinamento atmosferico.
Luftwaffe ['lʊftˌvafə] *(f; -)* ~ aeronautica militare, aviazione (militare).
Luftweg ['lʊftˌve:k] *(m; -(e)s, -e)* ***1*** via aerea ♦ *auf dem Luftweg* per via aerea. **2** *(pl) (anat)* vie aeree.
Luftzug ['lʊftˌtsu:k] *(m; -(e)s)* ~ corrente d'aria.
Lüge ['ly:gə] *(f; -, -n)* ~ bugia, menzogna, falsità. ◆ **jmdn Lügen strafen** sbugiardare qcn, smascherare qcn. ◆ **Lügen haben kurze Beine** *(prov)* le bugie hanno le gambe corte.
lugen ['lu:gən] *(vi, hat)* ***1*** sbirciare, guardare. **2** spuntare, fare capolino.
lügen ['ly:gən] *(vi, hat;* **log, gelogen***)* ~ mentire, dire bugie.
Lügengeschichte [-gəʃɪçtə] *(f; -, -n)* ~ bugia, frottola.
lügenhaft [-ˌhaft] *(agg)* ~ falso, menzognero.
Lügner ['ly:gnɐ] *(m; -s, -; f* **-in***)* ~ bugiardo, mentitore.
lügnerisch ['ly:gnərɪʃ] *(agg)* ~ falso, menzognero.
Luke ['lu:kə] *(f; -, -n)* ~ finestrella, abbaino.
lullen ['lʊlən] *(vt, hat)* ~ ninnare. ◆ **ein Kind in den Schlaf lullen** cantare la ninna nanna a un bambino.
Lümmel ['lʏməl] *(m; -s, -)* ~ zoticone.
Lump [lʊmp] *(m; -en, -en)* ~ *(fam)* mascalzone.
Lumpen [-ən] *(m; -s, -)* ~ straccio, cencio.
lumpig ['lʊmpɪç] *(agg)* ***1*** meschino, miserabile. **2** *(fam)* povero, misero.
Lunge ['lʊŋə] *(f; -, -n)* ~ *(anat)* polmone. ◆ **aus voller Lunge schreien** gridare a pieni polmoni.
Lungenentzündung [-nˀɛntˌtsʏndʊŋ] *(f; -, -en)* ~ *(med)* polmonite.
lungern ['lʊŋɐn] *(vi, hat)* ~ bighellonare.
Lunte ['lʊntə] *(f; -, -n)* ~ miccia. ◆ **Lunte riechen** *(fig)* sentire puzza di bruciato.
Lupe ['lu:pə] *(f; -, -n)* ~ lente d'ingrandimento. ◆ **etwas unter die Lupe nehmen** *(fig)* esaminare a fondo qcs.
Lurch [lʊrç] *(m; -(e)s, -e)* ~ anfibio.
Lust [lʊst] *(f; -, Lüste)* ***1*** voglia, desiderio. **2** piacere, godimento ♦ *es ist eine wahre Lust zu sehen, wie* è un vero piacere vedere come. **3** voglia, desiderio (sessuale). ◆ **Lust auf etwas** (Acc) **haben** *(fam)* avere voglia di qcs (cibi, bevande) ♦ *ich habe Lust auf ein Eis* ho voglia di un gelato. ◆ **Lust zu etwas haben** avere voglia di qcs ♦ *hast du keine Lust zum Lesen?* non hai voglia di leggere? ♦ *ich habe keine Lust dazu* non ne ho voglia. ◆ **Lust haben, etwas zu tun** avere voglia di fare qcs ♦ *ich hätte Lust, eine lange Reise zu machen* avrei voglia di fare un lungo viaggio. ◆ **nach Lust und Laune** a piacimento; secondo come mi/ti va.
lüstern ['lʏstɐn] *(agg)* ~ *(lett)* lascivo, concupiscente, lussurioso. ◆ **nach etwas lüstern sein** *(fig)* essere bramoso di qcs.
lustig ['lʊstɪç] *(agg)* ~ divertente, allegro (persona o cosa) ♦ *ein lustiger Witz* una barzelletta divertente. ◆ **sich über jmdn/ etwas lustig machen** prendere in giro qcn, farsi beffe di qcn/qcs.
lustlos ['lʊstˌlo:s] *(agg)* ~ apatico, svogliato, indifferente.
Lustlosigkeit ['lʊstˌlo:zɪçkait] *(f; -)* ~ apatia, indifferenza.
Lustspiel ['lʊstʃpi:l] *(n; -(e)s, -e)* ~ commedia.
Lutheraner [lutə'ra:nɐ] *(m; -s, -; f* **-in***)* ~ luterano.
lutherisch ['lʊtərɪʃ] *(agg)* ~ luterano.
lutschen ['lʊtʃən] *(vt/vi, hat)* ***1*** *(vt)* succhiare, sciogliere in bocca ♦ *ein Bonbon lutschen* succhiare una caramella. **2** {*an etwas* (Dat) ~} *(vi)* succhiare qcs ♦ *am Daumen lutschen* succhiare il pollice.
Lutscher ['lʊtʃɐ] *(m; -s, -)* ~ lecca-lecca.
luxuriös [lʊksu'rjø:s] *(agg)* ~ lussuoso.
Luxus ['lʊksʊs] *(m; -)* ~ lusso.
Luxus- *(nei composti)* ~ di lusso ♦ *Luxushotel* albergo di lusso.
lynchen ['lʏnçən] *(vt, hat)* ~ linciare.
Lyra ['ly:ra] *(f; -, Lyren)* ~ *(mus)* lira, cetra.
Lyrik ['ly:rɪk] *(f; -)* ~ lirica, poesia.
lyrisch ['ly:rɪʃ] *(agg)* ~ lirico, poetico.

m, **M** [ɛm] *(n; -/-s, -/-s)* ~ m, M *(tredicesima lettera dell'alfabeto tedesco)*.

M. A. ~ abbrev di **Magister Artium**.

Maat [maːt] *(m; -(e)s, -e/-en)* ~ *(naut)* sottufficiale (della marina), nostromo.

machbar ['max,baːɐ] *(agg)* ~ fattibile, attuabile.

machen ['maxən] *(vt, hat)* ***1*** fare, compiere, produrre, realizzare ◆ *die Hausaufgaben, ein Kleid machen* fare i compiti a casa, un vestito ◆ *eine Reise machen* fare un viaggio ◆ *Lärm machen* fare baccano ◆ *etwas gut, schlecht machen* fare qcs bene, male. ***2*** fare ◆ *was macht ihr heute Abend?* cosa fate stasera? ◆ *was machst du da?* cosa stai facendo? ◆ *ich weiß nicht, was ich machen soll* non so che fare. ***3*** *(causativo)* rendere, fare ◆ *jmdn glücklich machen* far felice qcn. ***4*** {*jmdm etwas* ~} procurare, dare, causare qcs a qcn, fare qcs a qcn ◆ *jmdm Angst machen* far paura a qcn ◆ *jmdm Sorgen machen* dare delle preoccupazioni a qcn. ***5*** {*jmdn* ~} *(fam)* fare da, atteggiarsi a ◆ *er macht gern den Helden* si atteggia volentieri a eroe. ***6*** fare, riordinare, mettere a posto ◆ *die Betten machen* fare i letti. ***7*** {*in etwas* (Dat) ~} *(vi) (fam)* commerciare in qcs. ***8*** fare, dare come risultato (calcoli) ◆ *zwei und drei macht fünf* due più tre fa cinque. ***9*** costare, fare, venire (prezzi) ◆ *das macht zusammen 10 Euro* in totale viene dieci euro. ***10*** *(vi) (fam)* fare i propri bisogni ◆ *in die Hose machen* farsela nei pantaloni. ***11*** *(vi)* sbrigarsi, affrettarsi ◆ *mach doch!* sbrigati! ◆ *mach, dass du weggehst!* sbrigati ad andartene! ***12*** *(vi) (fam)* andare, stare ◆ *was macht dein Bruder?* come sta tuo fratello? ◆ *was macht die Arbeit?* come va il lavoro? ◆ **sich machen** *(vr)* ***1*** {*sich an etwas* (Acc) ~} mettersi a qcs, cominciare qcs ◆ *sich an die Arbeit machen* mettersi al lavoro. ***2*** {*sich (gut)* ~} *(fam)* fare progressi. ◆ **(das) macht nichts!** *(fam)* non fa niente! ◆ **mach's gut!** *(fam)* stammi bene! ◆ **sich** (Dat) **nichts (nicht viel/wenig) aus jmdm/etwas machen** non importare a qcn di qcn/qcs ◆ *ich mache mir wenig aus ihm* mi importa poco di lui ◆ *ich mache mir nichts daraus* non me ne importa niente.

Machenschaften [-ʃaftən] *(pl)* ~ *(spreg)* manovre, macchinazioni.

Macher ['maxɐ] *(m; -s, -; f* **-in***)* ~ autore, artefice.

Macht [maxt] *(f; -, Mächte)* ***1*** *(solo sing)* potere, autorità ◆ *geistliche, weltliche Macht* potere religioso, secolare ◆ *Macht über jmdn/etwas ausüben* esercitare un potere su qcn/qcs ◆ *die Macht haben, etwas zu tun* avere il potere di fare qcs ◆ *an die Macht kommen* arrivare al potere. ***2*** *(solo sing)* potere, potenza, forza ◆ *die Macht der Gewohnheit* la forza dell'abitudine. ***3*** potenza (nazione) ◆ *die westlichen Mächte* le potenze occidentali. ◆ **in jmds Macht stehen** essere nei poteri di qcn ♦ *das steht nicht in seiner Macht* questo non rientra fra i suoi poteri.

Machtergreifung [-ˀɛɐˌgraifʊŋ] *(f; -, -en)* ~ presa di potere.

Machthaber [-ˌha:bɐ] *(m; -s, -)* ~ *(spreg)* potente.

mächtig ['mɛçtɪç] *(agg)* ***1*** potente, influente. ***2*** imponente ♦ *ein mächtiges Gebäude* un edificio imponente. ***3*** *(fam)* forte, grande, enorme ♦ *ich habe mächtigen Hunger* ho una gran fame. ***4*** *(avv)* *(fam)* molto, enormemente. ◆ **einer Sache** (Gen) **mächtig sein** *(lett)* essere padrone di qcs, avere padronanza di qcs. ◆ **seiner selbst mächtig sein** dominarsi, controllarsi.

machtlos ['maxtˌlo:s] *(agg)* ~ impotente, privo di autorità.

Machtlosigkeit ['maxtˌlo:zɪçkait] *(f; -)* ~ impotenza.

Machtwort ['maxtˌvɔrt] *(n; -(e)s, -e)* ~ parola decisiva. ◆ **ein Machtwort sprechen** far valere la propria autorità.

Mädchen ['mɛ:tçən] *(n; -s, -)* ***1*** ragazza, ragazzina. ***2*** bambina ♦ *ein kleines Mädchen* una bambina. ***3*** *(fam)* ragazza, fidanzata.

Mädchenname [-ˌna:mə] *(m; -s, -)* ***1*** nome femminile. ***2*** nome da ragazza (prima del matrimonio).

Made ['ma:də] *(f; -, -n)* ~ verme, baco, larva. ◆ **leben wie die Made im Speck** *(fig)* fare una vita da pascià, vivere come un topo nel formaggio.

madig ['ma:dɪç] *(agg)* ~ bacato, guasto. ◆ **jmdn/etwas madig machen** *(fig/fam)* parlar male di qcn/qcs.

Madonna [ma'dɔna] *(f; -, -nen)* ***1*** *(relig)* Madonna. ***2*** statua della Madonna.

Mafia ['mafja] *(f; -)* ~ mafia.

Mafioso [ma'fjo:zo] *(m; -s, -si)* ~ mafioso.

mag [ma:k] ~ I e III pers sing pres di **mögen**.

Magazin [maga'tsi:n] *(n; -s, -e)* ***1*** magazzino, deposito. ***2*** rivista, giornale. ***3*** trasmissione di attualità (tv o radio).

Magd [ma:kt] *(f; -, Mägde)* ~ domestica, serva.

Magen ['ma:gən] *(m; -s, Mägen/Magen)* ~ stomaco ♦ *auf leeren Magen* a stomaco vuoto ♦ *auf nüchternen Magen* a digiuno ♦ *einen schwachen Magen haben* essere debole di stomaco ♦ *der Kuchen liegt mir schwer im Magen* il dolce mi è rimasto sullo stomaco. ◆ **Liebe geht durch den Magen** *(prov)* gli uomini si prendono per la gola.

Magen-Darm-Kanal [-'darmkaˌna:l] *(m; -s, -Kanäle)* ~ apparato gastrointestinale.

Magenschleimhautentzündung [-'ʃlaimhautˀɛntˌtsʏndʊŋ] *(f; -, -en)* ~ gastrite.

Magenschmerzen [-ʃmɛrtsən] *(pl)* ~ mal di stomaco.

Magenspülung [-ʃpy:lʊŋ] *(f; -, -en)* ~ lavanda gastrica.

mager ['ma:gɐ] *(agg)* ***1*** magro, secco, ossuto. ***2*** magro (carne). ***3*** *(fig)* magro, misero, scarso. ***4*** magro, sterile (terreno).

Magerkeit [-ˌkait] *(f; -)* ***1*** magrezza. ***2*** *(fig)* scarsità, miseria.

Magie [ma'gi:] *(f; -)* ~ magia.

Magier ['ma:gjɐ] *(m; -s, -; f* **-in***)* ~ mago.

magisch ['ma:gɪʃ] *(agg)* ***1*** magico *(anche fig)*. ***2*** *(avv)* magicamente, per magia *(anche fig)*.

Magister [ma'gɪstɐ] *(m; -s, -)* ~ abbrev di **Magister Artium**.

Magister Artium [-ˌˀartsjʊm] *(m; -s/-, -)* *(abbrev* **M.A.***)* ~ laurea (umanistica), laureato (in materie umanistiche).

Magisterarbeit [-ˌˀarbait] *(f; -, -en)* ~ tesi di laurea (umanistica).

Magistrat [magɪs'tra:t] *(m; -s, -e)* ~ autorità municipale, amministrazione cittadina.

Magnet [ma'gne:t] *(m; -en, -en)* ~ magnete, calamita *(anche fig)*.

Magnetband [-ˌbant] *(n; -(e)s, -bänder)* ~ nastro magnetico.

Magnetfeld [-ˌfɛlt] *(n; -(e)s, -er)* ~ campo magnetico.

magnetisch [-ɪʃ] *(agg)* ~ magnetico *(anche fig)*.

Magnolie [ma'gno:ljə] *(f; -, -n)* ~ *(bot)* magnolia.

magst [ma:kst] ~ II pers sing pres di **mögen**.

Mahagoni [maha'go:ni] *(n; -s)* ~ mogano, legno di mogano.

mähen ['mɛ:ən] *(vt, hat)* ~ tagliare, falciare (erba); mietere (cereali).

Mahl [ma:l] *(n; -(e)s, -e)* ~ *(lett)* pasto, pranzo.

mahlen [-ən] *(vt,* hat; **mahlte, gemahlen***)* ***1*** macinare ♦ *Pfeffer, Weizen mahlen* macinare il pepe, il grano. ***2*** *(vi)* girare a vuoto (ruote). ◆ **wer zuerst kommt, mahlt zuerst** *(prov)* chi primo arriva, meglio alloggia.

Mahlzahn [-ˌtsaːn] *(m;* -(e)s, -zähne*)* ~ molare, dente molare.

Mahlzeit [-ˌtsait] *(f;* -, -en*)* ~ pasto ♦ *eine Mahlzeit einnehmen* consumare un pasto. ◆ **Mahlzeit!** buon appetito! ◆ **prost Mahlzeit!/Mahlzeit!** *(fig)* è un bel pasticcio!, ci mancava questa!

Mähmaschine [ˈmɛːmaˌʃiːnə] *(f;* -, -n*)* ~ mietitrice.

Mähne [ˈmɛːnə] *(f;* -, -n*)* ~ criniera.

mahnen [ˈmaːnən] *(vt,* hat*)* ***1*** ammonire, esortare ♦ *er mahnte sie, leise zu sein* li esortò a fare silenzio. ***2*** {*jmdn wegen etwas* ~} ricordare qcs a qcn (insistentemente), sollecitare qcs a qcn ♦ *er mahnt mich ständig wegen meiner Schulden* mi ricorda continuamente i miei debiti.

mahnend [-t] *(agg)* ~ ammonitore, di ammonimento ♦ *ein mahnender Blick* uno sguardo ammonitore.

Mahnung [ˈmaːnʊŋ] *(f;* -, -en*)* ***1*** ammonimento, esortazione, invito. ***2*** sollecito, lettera di sollecito.

Mähre[1] [ˈmɛːrə] *(f;* -, -n*)* ~ ronzino.

Mai [mai] *(m;* -/-(e)s, -e*)* ~ maggio ♦ *im Mai* a maggio.

Maiglöckchen [-ˌglœkçən] *(n;* -s, -*)* ~ *(bot)* mughetto.

mailen [ˈmeɪlən] *(vt,* hat*)* ~ *(elab)* scrivere, inviare via e-mail.

Maikäfer [ˈmaiˌkɛːfɐ] *(m;* -s, -*)* ~ *(zool)* maggiolino.

Mais [mais] *(m;* -es*)* ~ granturco, mais.

Maisbrei [-ˌbrai] *(m;* -(e)s, -e*)* ~ polenta.

Maiskorn [-ˌkɔrn] *(n;* -(e)s, -körner*)* ~ chicco di granturco, di mais.

Maisstärke [-ʃtɛrkə] *(f;* -, -n*)* ~ amido di mais.

Majestät [majɛsˈtɛːt] *(f;* -, -en*)* ***1*** maestà, sovrano. ***2*** *(solo sing)* maestà, maestosità.

majestätisch [-ɪʃ] *(agg)* ~ maestoso, sublime.

Majonäse *(anche* **Mayonnaise***)* [majoˈnɛːzə] *(f;* -, -n*)* ~ maionese.

Major [maˈjoːɐ] *(m;* -s, -e*)* ~ *(mil)* maggiore.

Majorität [majoriˈtɛːt] *(f;* -, -en*)* ~ maggioranza.

makaber [maˈkaːbɐ] *(agg)* ~ macabro.

Makel [ˈmaːkəl] *(m;* -s, -*)* ~ *(lett)* difetto, macchia *(anche fig)*.

makellos [-ˌloːs] *(agg)* ***1*** perfetto, impeccabile. ***2*** *(fig)* ineccepibile, irreprensibile.

mäkeln [ˈmɛːkəln] *(vi,* hat*)* ~ {*an jmdm/etwas* ~} *(fam)* criticare qcn/qcs, avere da ridire su qcn/qcs.

Make-up [meːkˈʔap] *(n;* -s, -s*)* ~ trucco, make-up.

Makkaroni [makaˈroːni] *(f;* -, -*)* ~ maccheroni.

Makler [ˈmaːklɐ] *(m;* -s, -; *f* **-in***)* ~ agente immobiliare; mediatore (d'affari).

Makrele [maˈkreːlə] *(f;* -, -n*)* ~ *(zool)* sgombro.

mal [maːl] *(avv)* ***1*** *(abbrev di* **einmal***)* *(fam)* una volta (spesso non tradotto) ♦ *den Film habe ich schon mal gesehen* quel film l'ho già visto. ***2*** *(abbrev di* **einmal***)* *(fam)* un po', su, dai (esortativo) ♦ *komm mal her!* vieni un po' qua. ***3*** *(mat)* per ♦ *zwei mal drei ist sechs* tre per due fa sei. ◆ **nicht mal** *(fam)* nemmeno, neppure ♦ *er hat mich nicht mal angerufen* non mi ha nemmeno telefonato. ◆ **noch mal** *(fam)* ancora, di nuovo, ancora una volta.

Mal[1] *(n;* -(e)s, -e*)* ~ volta, momento ♦ *es ist das erste Mal, dass ich ins Ausland fahre* è la prima volta che vado all'estero. ◆ **ein anderes Mal** un'altra volta (non adesso) ♦ *wir werden uns ein anderes Mal treffen* ci incontreremo un'altra volta. ◆ **einige Male** qualche volta, diverse volte. ◆ **ein einziges Mal** una sola volta. ◆ **kein einziges Mal** nemmeno una volta. ◆ **jedes Mal** ogni volta. ◆ **das nächste Mal** la prossima volta ♦ *ich sage es dir das nächste Mal* te lo dico la prossima volta. ◆ **ein paar Mal** un paio di volte. ◆ **ein für alle Mal(e)** una volta per tutte. ◆ **mit einem Mal(e)** tutto in una volta, all'improvviso. ◆ **ein ums andere Mal/ein Mal über das andere** *(fig)* una volta sì e una no, continuamente. ◆ **von Mal zu Mal** di volta in volta. ◆ **zum**

ersten Mal(e) per la prima volta. ◆ **zum letzten Mal(e)** per l'ultima volta.
Mal[2] *(n; -(e)s, Male/Mäler)* ***1*** neo, voglia. ***2*** monumento. ***3*** cippo.
-mal [-ˌmaːl] *(nei composti)* ~ ...volte ◆ *einmal* una volta ◆ *fünfmal* cinque volte ◆ *zehnmal* dieci volte.
Malaria [ma'laːrja] *(f; -)* ~ *(med)* malaria.
malen ['maːlən] *(vi/vt,* hat*)* ***1*** dipingere, pitturare ◆ *ein Porträt malen* dipingere un ritratto ◆ *in Öl, Wasserfarben malen* dipingere a olio, ad acquerello ◆ *nach der Natur malen* dipingere dal vero. ***2*** ritrarre. ***3*** *(fig)* dipingere, raffigurare. ***4*** imbiancare, tinteggiare (pareti).
Maler ['maːlɐ] *(m; -s, -; f* **-in***)* ***1*** pittore. ***2*** imbianchino.
Malerei [maːlə'rai] *(f; -, -en)* ***1*** *(solo sing)* pittura, arte pittorica ◆ *die Malerei der Renaissance* la pittura del Rinascimento. ***2*** pittura, quadro, dipinto.
malerisch ['maːlərɪʃ] *(agg)* ***1*** pittorico. ***2*** pittoresco.
Malheur [ma'løːɐ] *(n; -s, -s/-e)* ~ *(fam)* guaio, inconveniente.
mal|nehmen *(vt,* hat*)* ~ moltiplicare ◆ *2 mit 3 malnehmen* moltiplicare 2 per 3.
Malz [malts] *(n; -es)* ~ malto (d'orzo).
Mama ['mama] *(f; -, -s)* ~ *(fam)* mamma.
Mammut ['mamʊt] *(n; -s, -s/-e)* ~ *(zool)* mammut.
Mammutbaum [-ˌbaum] *(m; -(e)s, -bäume)* ~ *(bot)* sequoia.
man [man] *(pron indef)* ~ si, uno, qualcuno ◆ *man sagt, dass* si dice che ◆ *von hier kann man in zwei Stunden nach London fliegen* da qui si va in aereo a Londra in due ore ◆ *man hat mir gesagt, dass* mi hanno detto che ◆ *man kann nie wissen!* non si sa mai! ◆ *man nehme ein Pfund Mehl...* si prenda mezzo chilo di farina... (nelle ricette).
Manager ['mɛnɪdʒɐ] *(m; -s, -; f* **-in***)* ***1*** manager, dirigente. ***2*** manager, agente, procuratore.
manche(r, -s) ['mançə (-çɐ, -çəs)] *(agg/pron indef)* ***1*** *(agg)* alcuni, diversi; parecchi ◆ *manche Schüler sind krank* diversi scolari sono malati. ***2*** *(pron)* qualcuno, alcuni ◆ *mancher denkt, dass* qualcuno pensa che. ◆ **manch einer** alcuni, qualcuno ◆ *manch einer denkt, dass* alcuni pensano che.
mancherlei ['mançɐ'lai] *(pron indef)* ~ alcune cose, diverse cose.
manches ['mançəs] *(pron indef)* ~ alcune cose, diverse cose ◆ *er hat mir manches verraten* mi ha rivelato diverse cose.
manchmal ['mançˌmaːl] *(avv)* ~ a volte, qualche volta.
Mandant [man'dant] *(m; -en, -en; f* **-in***)* ~ cliente (di avvocato).
Mandarine [manda'riːnə] *(f; -, -n)* ~ *(bot)* mandarino (frutto).
Mandarinenbaum [-nˌbaum] *(m; -(e)s, -bäume)* ~ *(bot)* mandarino (albero).
Mandat [man'daːt] *(n; -(e)s, -e)* ~ mandato, incarico (di avvocato o politico).
Mandel ['mandəl] *(f; -, -n)* ***1*** mandorla. ***2*** *(anat)* tonsilla ◆ *jmdm die Mandeln herausnehmen* levare le tonsille a qcn.
Mandelaugen [-ˌˀaugən] *(pl)* ~ occhi a mandorla.
mandeläugig [-ˌˀɔygɪç] *(agg)* ~ con gli occhi a mandorla.
Mandelbaum [-ˌbaum] *(m; -(e)s, -bäume)* ~ *(bot)* mandorlo.
Mandelentzündung [-ˀɛntˌtsʏndʊŋ] *(f; -, -en)* ~ *(med)* tonsillite.
Mangel ['maŋəl] *(m; -s, Mängel)* ***1*** mancanza, carenza, penuria, scarsità ◆ *der Mangel an Energie, an Arbeitskräften* la mancanza di energie, di forza lavoro. ***2*** difetto, mancanza.
mangelhaft [-ˌhaft] *(agg)* ***1*** incompleto, insufficiente. ***2*** difettoso. ***3*** insufficiente (voto scolastico).
mangeln [-n] *(vi,* hat*)* ***1*** {*jmdm* ~} mancare a qcn, far difetto a qcn ◆ *ihm mangelt der Mut* gli manca il coraggio. ***2*** {*es mangelt jmdm an etwas* (Dat)} *(impers)* a qcn manca qcs, a qcn fa difetto qcs ◆ *es mangelt ihm an Mut* gli manca il coraggio.
mangels [-s] *(prep* + Gen; + Dat *se il* Gen *non è marcato)* ~ per mancanza di, in assenza di.
Mangelware [-ˌvaːrə] *(f; -, -n)* ~ merce rara.
Mangold ['maŋgɔlt] *(m; -(e)s, -e)* ~ *(bot)* bietola.
Manie [ma'niː] *(f; -, -n)* ~ mania, ossessione.
Manier [-ɐ] *(f; -, -en)* ***1*** *(solo sing)* modo, maniera (caratteristica). ***2*** *(solo sing)*

maniera, affettazione. **3** *(pl)* maniere, educazione ♦ *gute, schlechte Manieren* buone, cattive maniere.

Maniküre [mani'ky:rə] *(f; -, -n)* ~ manicure.

manipulieren [manipu'li:rən] *(vt, hat)* ~ *(fig)* manipolare, influenzare.

Mann [man] *(m; -(e)s, Männer)* **1** uomo ♦ *ein dicker Mann* un uomo grasso. **2** *(abbrev di* **Ehemann***)* marito ♦ *mein Mann ist Arzt* mio marito è medico. **3** *(fig)* uomo, uomo coraggioso ♦ *er hat sich als Mann gezeigt* si è dimostrato uomo. **4** uomo, persona ♦ *der Mann von der Straße* l'uomo della strada. ◆ **ein alter Mann** un vecchio. ◆ **ein junger Mann** un giovane. ◆ **ein Mann von Welt** un uomo di mondo. ◆ **Mann an Mann** gomito a gomito. ◆ **Mann für Mann** uno per uno. ◆ **pro Mann** a testa, a persona. ◆ **von Mann zu Mann** da uomo a uomo. ◆ **Mann!** *(fam)* accidenti! accipicchia! ♦ *Mann, habe ich Angst gehabt!* accidenti, che paura ho avuto! ◆ **selbst ist der Mann!** *(prov)* chi fa da sé, fa per tre.

Männchen ['mɛnçən] *(n; -s, -)* **1** ometto. **2** maschio (di animali).

Mannequin ['manəkɛ̃] *(n; -s, -s)* ~ modella.

mannigfach ['manɪçˌfax] *(agg)* ~ molteplice.

mannigfaltig ['manɪçˌfaltɪç] *(agg)* **1** molteplice. **2** multiforme, vario.

Mannigfaltigkeit [-ˌkait] *(f; -)* **1** molteplicità. **2** multiformità, varietà.

männlich ['mɛnlɪç] *(agg)* **1** maschile, maschio ♦ *männliches Tier* animale maschio. **2** maschile, da uomo ♦ *männliche Arbeiten* lavori maschili. **3** *(fig)* virile, coraggioso. **4** *(gramm)* maschile.

Männlichkeit [-ˌkait] *(f; -)* **1** mascolinità. **2** *(fig)* virilità, coraggio.

Mannschaft ['manʃaft] *(f; -, -en)* **1** squadra *(anche sport)*. **2** equipaggio.

mannshoch ['mansˌho:x] *(agg/avv)* ~ ad altezza d'uomo.

Manöver [ma'nø:vɐ] *(n; -s, -)* **1** *(mil)* manovra. **2** *(fig)* mossa, manovra.

manövrieren [manø'vri:rən] *(vt, hat)* **1** manovrare (veicoli). **2** *(fig)* sistemare qcn (in un lavoro, in una posizione, ecc).

Mansarde [man'zardə] *(f; -, -n)* ~ mansarda.

Manschette [man'ʃɛtə] *(f; -, -n)* ~ polsino. ◆ **vor jmdm/etwas Manschetten haben** *(fig/fam)* avere fifa di qcn/qcs.

Manschettenknopf [-nˌknɔpf] *(m; -(e)s, -knöpfe)* ~ gemello (per polsino).

Mantel ['mantəl] *(m; -s, Mäntel)* **1** cappotto, soprabito ♦ *ein dicker Mantel* un cappotto pesante ♦ *den Mantel anziehen, ausziehen* mettersi, togliersi il cappotto ♦ *jmdm aus dem Mantel helfen* aiutare qcn a togliersi il cappotto ♦ *jmdm in den Mantel helfen* aiutare qcn a mettersi il cappotto. **2** mantello. **3** *(fig)* manto, velo ♦ *etwas mit dem Mantel der Nächstenliebe bedecken* nascondere qcs sotto il velo della carità. **4** involucro, guaina (di cavi, tubi, ecc). **5** copertone.

manuell [ma'nwɛl] *(agg)* **1** manuale ♦ *manuelle Arbeiten* lavori manuali. **2** *(avv)* manualmente, a mano.

Manufaktur [manufak'tu:ɐ] *(f; -, -en)* ~ manifattura.

Manuskript [manu'skrɪpt] *(n; -(e)s, -e)* ~ manoscritto.

Mappe ['mapə] *(f; -, -n)* **1** cartella, borsa. **2** cartellina, custodia (per fogli).

Mäppchen ['mɛpçən] *(n; -s, -)* ~ astuccio.

Marathonlauf ['ma:ratɔnˌlauf] *(m; -(e)s, -läufe)* ~ *(sport)* maratona.

Marathonläufer ['ma:ratɔnˌlɔyfɐ] *(m; -s, -; f* **-in***)* ~ maratoneta.

Märchen ['mɛ:ɐçən] *(n; -s, -)* **1** favola, fiaba. **2** *(fig/fam)* favola, storia, fandonia.

märchenhaft [-ˌhaft] *(agg)* **1** fiabesco. **2** *(fig)* favoloso, meraviglioso.

Marder ['mardɐ] *(m; -s, -)* *(zool)* ~ martora.

Margarine [marga'ri:nə] *(f; -, -n)* ~ margarina.

Margerite [margə'ri:tə] *(f; -, -n)* ~ *(bot)* margherita.

Marienkäfer [ma'rjənˌkɛ:fɐ] *(m; -s, -)* ~ *(zool)* coccinella.

Marihuana [mari'hwa:na] *(n; -s)* ~ marijuana.

Marinade [mari'na:də] *(f; -, -n)* ~ *(gastr)* marinata.

Marine [ma'ri:nə] *(f; -)* ~ marina (civile o militare).

Marionette [marjo'nɛtə] *(f; -, -n)* ~ marionetta, burattino *(anche fig)*.

marinieren [mari'niːrən] *(vt,* hat*)* ~ *(gastr)* marinare.

Mark[1] [mark] *(f;* -, -*)* ~ marco. ◆ **Deutsche Mark** *(abbrev* **DM***)* marco tedesco.

Mark[2] *(n;* -(e)s*)* ***1*** *(anat/bot)* midollo. ***2*** *(fig)* intimo, profondo, midollo ◆ *jmdn bis ins Mark treffen* colpire qcn fin nel profondo. ◆ **kein Mark in den Knochen haben** *(fig)* essere uno smidollato.

markant [mar'kant] *(agg)* ~ marcato, pronunciato, spiccato.

Marke ['markə] *(f;* -, -n*)* ***1*** marchio (di fabbrica). ***2*** marca (di prodotti). ***3*** gettone, contromarca. ***4*** *(abbrev di* **Briefmarke***)* francobollo. ***5*** segno, contrassegno, marchio. ◆ **eine Marke sein** *(fig)* essere una sagoma, essere buffo.

Markenartikel [-nˀarˌtiːkəl] *(m;* -s, -*)* ~ articolo di marca.

Markenzeichen [-nˌtsaiçən] *(n;* -s, -*)* ~ marchio di fabbrica.

Marker ['markɐ] *(m;* -s, -*)* ~ evidenziatore.

markieren [mar'kiːrən] *(vt,* hat*)* ***1*** marcare, segnare, contrassegnare; evidenziare. ***2*** rimarcare, sottolineare. ***3*** {*jmdn/etwas* ~} fingersi qcn, fingere qcs ◆ *den Dummen markieren* fingersi stupido ◆ *Mitleid markieren* fingere compassione.

markig ['markɪç] *(agg)* ~ vigoroso, energico.

Markstein ['markˌʃtain] *(m;* -(e)s, -e*)* ~ *(fig)* pietra miliare.

Markt [markt] *(m;* -(e)s, Märkte*)* ***1*** mercato ◆ *die asiatischen Märkte* i mercati asiatici ◆ *eine neue Ware auf den Markt bringen, werfen* immettere, lanciare una nuova merce sul mercato. ***2*** mercato, mercatino; piazza del mercato ◆ *etwas auf dem Markt kaufen* comprare qcs al mercato.

Marktbude [-ˌbuːdə] *(f;* -, -n*)* ~ banco, bancarella (del mercato).

Markthalle [-ˌhalə] *(f;* -, -n*)* ~ mercato al chiuso.

Marktplatz [-ˌplats] *(m;* -(e)s, -plätze*)* ~ piazza del mercato.

Marktpreis [-ˌprais] *(m;* -es, -e*)* ~ prezzo di mercato.

Marktstand [-ʃtant] *(m;* -(e)s, -stände*)* ~ banco, bancarella (del mercato).

Marktwirtschaft [-ˌvɪrtˈʃaft] *(f;* -*)* ~ economia di mercato.

Marmelade [marmə'laːdə] *(f;* -, -n*)* ~ marmellata.

Marmor ['marmoːɐ] *(m;* -s, -e*)* ~ marmo.

marode [ma'roːdə] *(agg)* ~ marcio, corrotto.

Marone [ma'roːnə] *(f;* -, -n*)* ~ *(bot)* marrone.

Marotte [ma'rɔtə] *(f;* -, -n*)* ~ fissazione, mania.

Marquis [mar'kiː] *(m;* -, -; *f* **-e***)* ~ marchese.

Mars [mars] *(m;* -*)* ~ *(astron)* Marte.

Marsch [marʃ] *(m;* -es, Märsche*)* ***1*** marcia. ***2*** marcia, cammino ◆ *einen Marsch antreten* intraprendere una marcia. ◆ **jmdm den Marsch blasen** *(fig/fam)* mettere in riga qcn. ◆ **auf dem Marsch sein** essere in marcia *(anche mil)*. ◆ **sich in Marsch setzen** mettersi in marcia

Marschall ['marʃal] *(m;* -s, Marschälle*)* ~ maresciallo.

marschieren [mar'ʃiːrən] *(vi,* ist*)* ***1*** *(mil)* marciare ◆ *im Gleichschritt marschieren* marciare al passo. ***2*** camminare, marciare.

Marter ['martɐ] *(f;* -, -n*)* ~ *(lett)* tormento.

martern [-n] *(vt,* hat*)* ~ *(lett)* tormentare, torturare.

Märtyrer ['mɛrtyrɐ] *(m;* -s, -; *f* **-in***)* ~ martire.

Martyrium [mar'tyːrjʊm] *(n;* -s, -rien*)* ***1*** martirio. ***2*** *(fig/lett)* tormento.

Marxismus [mar'ksɪsmʊs] *(m;* -*)* ~ marxismo.

Marxist [mar'ksɪst] *(m;* -en, -en; *f* **-in***)* ~ marxista.

marxistisch [-ɪʃ] *(agg)* ~ marxista.

März [mɛrts] *(m;* -/-es, -e*)* ~ marzo ◆ *im März* a marzo.

Marzipan [martsi'paːn] *(n;* -s, -e*)* ~ marzapane.

Masche ['maʃə] *(f;* -, -n*)* ***1*** maglia, anello. ***2*** *(fig/fam)* trucco, astuzia, soluzione.

Maschine [ma'ʃiːnə] *(f;* -, -n*)* ***1*** macchina, macchinario. ***2*** locomotiva, macchina. ***3*** aereo. ***4*** macchina (da scrivere; da cucire). ◆ **Maschine schreiben** († **maschineschreiben**) *(vi)* scrivere a macchina, battere a macchina.

maschinell [maʃi'nɛl] *(agg)* ***1*** meccanico, a macchina. ***2*** *(fig)* meccanico. ***3*** *(avv)* a macchina, meccanicamente *(anche fig)* ◆ *die Briefe werden maschinell abgestem-*

pelt le lettere vengono timbrate meccanicamente.

maschinengeschrieben [ma'ʃiːnəngəʃriːbən] *(agg)* ~ dattiloscritto, scritto a macchina.

Maschinengewehr [ma'ʃiːnəngəˌveːɐ] *(n; -s, -e)* ~ mitragliatrice.

Maschinenschreiben [ma'ʃiːnənˌʃraibən] *(n; -)* ~ dattilografia.

Maschinenschreiber [ma'ʃiːnənˌʃraibɐ] *(m; -s, -; f* **-in***)* ~ dattilografo.

Maschinenschrift [ma'ʃiːnənˌʃrɪft] *(f; -, -en)* ~ dattiloscritto.

Maschinerie [maʃinə'riː] *(f; -, -n)* ***1*** macchinario, meccanismo. ***2*** *(fig)* meccanismo, ingranaggio.

maschine|schreiben ~ **Maschine schreiben** (vedi **Maschine**).

Masern ['maːzɐn] *(pl)* ~ morbillo.

Maserung ['maːzərʊŋ] *(f; -, -en)* ~ venatura (del legno e sim).

Maske ['maskə] *(f; -, -n)* ***1*** maschera; travestimento. ***2*** maschera protettiva. ***3*** *(fig)* maschera, manto, apparenza ♦ *unter der Maske der Freundschaft* dietro la maschera dell'amicizia. ◆ **die Maske fallen lassen** gettare la maschera *(anche fig)*. ◆ **jmdm die Maske vom Gesicht reißen** smascherare qcn.

Maskenball [-nˌbal] *(m; -(e)s, -bälle)* ~ ballo in maschera.

maskieren [mas'kiːrən] *(vt, hat)* ~ mascherare *(anche fig)*.

Maskottchen [mas'kɔtçən] *(n; -s, -)* ~ mascotte.

maskulin [masku'liːn] *(agg)* ~ maschile *(anche gramm)*, mascolino.

maß [maːs] ~ pret di **messen**.

Maß[1] *(n; -es, -e)* ***1*** misura; dimensione, grandezza. ***2*** scala, misura ♦ *etwas in vergrößertem, verkleinertem Maß(e) zeichnen* disegnare qcs in scala ingrandita, ridotta. ***3*** misura (del corpo) ♦ *ein Kleid nach Maß* un vestito su misura ♦ *jmdm Maß nehmen* prendere le misure a qcn. ***4*** *(fig)* misura, proporzione; quantità, dose ♦ *das Maß einer Strafe* la misura di una pena ♦ *ein hohes Maß an Mut* una buona dose di coraggio. ***5*** *(fig)* misura, equilibrio ♦ *das rechte/richtige Maß* la giusta misura ♦ *das Maß überschreiten* passare la misura. ◆ **in beschränktem Maß(e)** in misura ridotta. ◆ **in gewissem Maß(e)** in una certa misura. ◆ **in hohem Maß(e)** in gran misura, molto. ◆ **mit zweierlei Maß messen** *(fig)* fare due pesi e due misure. ◆ **über die Maßen** oltre ogni misura. ◆ **das Maß ist voll!** *(fig)* la misura è colma!

Maß[2] *(n; -es, -e) (region)* ~ litro (di birra), boccale da un litro ♦ *ein Maß Bier* un litro di birra.

Massage [ma'saːʒə] *(f; -, -n)* ~ massaggio.

Massaker [ma'saːkɐ] *(f; -, -n)* ~ massacro.

massakrieren [masa'kriːrən] *(vt, hat)* ~ massacrare.

Masse ['masə] *(f; -, -n)* ***1*** massa *(anche fis)*, materia. ***2*** massa, grande quantità ♦ *eine Masse Geld* una massa di soldi. ***3*** *(fam)* massa ♦ *in der Masse untergehen* scomparire nella massa. ◆ **in Massen** in massa ♦ *die Zuschauer kamen in Massen* gli spettatori vennero in massa.

Maßeinheit ['maːsˌʔainhait] *(f; -, -en)* ~ unità di misura.

Massengesellschaft ['masəngəˌzɛlʃaft] *(f; -)* ~ società di massa.

Massengrab ['masənˌgraːp] *(n; -(e)s, -gräber)* ~ fossa comune.

massenhaft ['masənˌhaft] *(agg)* ***1*** massiccio, in massa. ***2*** *(avv)* in massa, in gran numero; in modo massiccio.

Massenmedien ['masənˌmeːdjən] *(pl)* ~ mass-media, mezzi di comunicazione di massa.

Massenmord ['masənˌmɔrt] *(m; -(e)s, -e)* ~ strage.

Massensterben ['masənˌʃtɛrbən] *(n; -s)* ~ moria.

massenweise ['masənˌvaizə] *(avv)* ~ in massa.

Masseur [ma'søːɐ] *(m; -s, -e; f* **-in***)* ~ massaggiatore.

maßgebend ['maːsˌgeːbənt] *(agg)* ***1*** influente, autorevole ♦ *ein maßgebendes Urteil* un giudizio autorevole. ***2*** determinante.

maß|halten *(vi, hat; irr* halten*)* ~ {*in etwas* (Dat) ~} moderarsi, contenersi in qcs.

massieren [ma'siːrən] *(vt, hat)* ***1*** massaggiare. ***2*** ammassare, concentrare (truppe).

massig ['masɪç] *(agg)* ***1*** massiccio (persona o cosa). ***2*** *(avv) (fam)* molto.

mäßig ['mɛːsɪç] *(agg)* ***1*** contenuto, moderato, modesto. ***2*** adeguato. ***3*** mediocre, modesto.

mäßigen ['mɛːsɪgən] *(vt, hat)* ~ moderare, contenere. ◆ **sich mäßigen** *(vr)* ***1*** contenersi, moderarsi. ***2*** placarsi, calmarsi (eventi atmosferici).

Mäßigkeit ['mɛːsɪç,kait] *(f; -)* ~ moderazione, misura.

massiv [ma'siːf] *(agg)* ***1*** massiccio, pesante, compatto. ***2*** *(fig)* rozzo, pesante. ◆ **massives Gold** oro massiccio.

maßlos ['maːs,loːs] *(agg)* ~ smisurato.

Maßnahme ['maːs,naːmə] *(f; -, -n)* ~ provvedimento, misura ◆ *Maßnahmen gegen etwas, zu etwas ergreifen/treffen* prendere provvedimenti contro qcs, in merito a qcs.

maßregeln ['maːs,reːgəln] *(vt, hat)* ~ punire (ufficialmente).

Maßstab ['maːs∫taːp] *(m; -(e)s, -stäbe)* ***1*** scala, proporzione ◆ *im Maßstab 1 : (zu) 10000* in scala uno a diecimila. ***2*** *(fig)* metro, parametro, criterio ◆ *einen strengen Maßstab anlegen* fissare un metro severo.

maßstab(s)gerecht [-(s)gə,rɛçt] *(agg/avv)* ~ in scala.

maßstab(s)getreu [-(s)gə,trɔy] *(agg/avv)* ~ in scala.

maßvoll ['maːs,fɔl] *(agg)* ~ moderato, contenuto, sobrio.

Mast [mast] *(m; -(e)s, -e/-en)* ***1*** albero (di nave). ***2*** asta, pilone (di bandiera e sim); traliccio.

Mastdarm [-,darm] *(m; -(e)s, -därme)* ~ *(anat)* intestino retto, retto.

Masturbation [masturba'tsjoːn] *(f; -, -en)* ~ masturbazione.

Material [mate'rjaːl] *(n; -s, -ien)* ***1*** materiale ◆ *Material zum Zeichnen* materiale da disegno. ***2*** materiale (scritto), documentazione.

Materie [ma'teːrjə] *(f; -, -n)* ***1*** materia, sostanza. ***2*** materia, argomento.

materiell [mate'rjɛl] *(agg)* ***1*** materiale, concreto. ***2*** materiale, finanziario.

Mathematik [matema'tiːk] *(f; -)* ~ matematica.

mathematisch [mate'maːtɪ∫] *(agg)* ~ matematico.

Matratze [ma'tratsə] *(f; -, -n)* ~ materasso.

Mätresse [mɛ'trɛsə] *(f; -, -n)* ~ *(lett)* amante.

Matrose [ma'troːzə] *(m; -n, -n)* ~ marinaio.

Matsch [mat∫] *(m; -(e)s)* ~ fanghiglia, melma (di neve).

matschig [-ɪç] *(agg)* ~ fangoso, melmoso.

matt[1] [mat] *(agg)* ***1*** debole, fiacco; spossato ◆ *der Puls ist matt* il polso è debole. ***2*** opaco. ***3*** debole, fioco (luce). ***4*** *(fig/fam)* fiacco, poco convincente.

matt[2] *(agg/avv)* ~ matto, scacco matto. ◆ **(Schach und) matt!** scacco matto! ◆ **jmdn matt setzen** dare scacco matto a qcn *(anche fig)*.

Matte [-ə] *(f; -, -n)* ***1*** stuoia, tappeto. ***2*** *(sport)* tappeto, ring ◆ *jmdn auf die Matte legen* mettere qcn al tappeto.

Mätzchen ['mɛtsçən] *(pl)* ~ *(fam)* stupidaggini, sciocchezze.

Mauer ['mauɐ] *(f; -, -n)* ***1*** muro ◆ *eine hohe Mauer* un muro alto. ***2*** cinta muraria, mura. ◆ **die Berliner Mauer** il muro di Berlino. ◆ **die Chinesische Mauer** la Grande Muraglia.

Mauerbrecher [-,brɛçɐ] *(m; -s, -)* ~ ariete (macchina da guerra).

mauern [-n] *(vi/vt, hat)* ***1*** *(vi)* costruire un muro. ***2*** *(vt)* murare.

Mauersegler [-,zeːglɐ] *(m; -s, -)* ~ *(zool)* rondone.

Mauerwerk [-,vɛrk] *(n; -(e)s, -e)* ~ opera in muratura.

Maul [maul] *(n; -(e)s, Mäuler)* ***1*** muso, bocca (di animali), grugno. ***2*** *(fig/volg)* muso, grugno. ◆ **halt's Maul!** *(fam)* chiudi il becco! ◆ **das Maul aufreißen** *(fig/volg)* fare lo spaccone. ◆ **ein großes Maul haben** *(fig/volg)* spararle grosse.

Maulkorb [-,kɔrp] *(m; -(e)s, -körbe)* ~ museruola.

Maultier [-,tiːɐ] *(n; -(e)s, -e)* ~ *(zool)* mulo.

Maulwurf [-,vʊrf] *(m; -(e)s, -würfe)* ~ *(zool)* talpa.

Maurer ['maurɐ] *(m; -s, -)* ~ muratore.

Maus [maus] *(f; -, Mäuse)* ***1*** *(zool)* topo. ***2*** *(fig)* topolino, tesoro. ***3*** *(elab)* mouse. ***4*** *(pl) (fam)* soldi, quattrini. ◆ **da beißt die Maus keinen Faden ab** *(fig/fam)* su questo non ci piove.

Mausefalle ['mauzə,falə] *(f; -, -n)* ~ trappola per topi.
mausen ['mauzən] *(vt, hat)* ~ *(fam)* rubare, sgraffignare.
Maut [maut] *(f; -, -en)* *(region)* ***1*** pedaggio (autostrade e sim). ***2*** casello autostradale.
Mautstelle [-ʃtɛlə] *(f; -, -n)* ~ casello autostradale.
maximal [maksi'ma:l] *(agg)* ~ massimo.
Maximum ['maksimʊm] *(n; -s, Maxima)* ~ massimo.
Mayonnaise ~ vedi **Majonäse**.
Mäzen [mɛ'tse:n] *(m; -s, -e; f* **-in/Mäzenatin***)* ~ mecenate.
Mechanik [me'ça:nɪk] *(f; -, -en)* ***1*** *(solo sing)* meccanica. ***2*** meccanismo.
Mechaniker [me'ça:nikɐ] *(m; -s, -; f* **-in***)* ~ meccanico.
mechanisch [me'ça:nɪʃ] *(agg)* ***1*** meccanico *(anche fig)*. ***2*** *(avv)* a macchina, meccanicamente *(anche fig)*.
Mechanismus [meça'nɪsmʊs] *(m; -, -men)* ~ meccanismo.
meckern ['mɛkɐn] *(vi, hat)* ***1*** belare (capra). ***2*** {*über jmdn/etwas ~*} *(fig/fam)* avere da ridire su qcn/qcs.
Medaille [me'daljə] *(f; -, -n)* ~ medaglia ♦ *die goldene, silberne, bronzene Medaille gewinnen* vincere la medaglia d'oro, d'argento, di bronzo. ◆ **die Kehrseite der Medaille** *(fig)* il rovescio della medaglia.
Medaillon [meda'ljõ:] *(n; -s, -s)* ~ medaglione.
Medien ['me:djən] ~ pl di **Medium** ***2***.
Medikament [medika'mɛnt] *(n; -(e)s, -e)* ~ medicina, farmaco.
meditieren [medi'ti:rən] *(vi, hat)* ~ meditare.
Medium ['me:djʊm] *(n; -s, Medien/Media)* ***1*** mezzo, strumento. ***2*** *(pl)* media, mass media, mezzi di comunicazione. ***3*** medium, sensitivo.
Medizin [medi'tsi:n] *(f; -, -en)* ***1*** *(solo sing)* medicina, scienza medica. ***2*** *(fam)* medicina, farmaco.
Mediziner [-ɐ] *(m; -s, -; f* **-in***)* ~ medico, studioso di medicina.
medizinisch [-ɪʃ] *(agg)* ***1*** medico. ***2*** medicinale, curativo.
Meer ['me:ɐ] *(n; -(e)s, -e)* ***1*** mare; oceano ♦ *auf das offene Meer hinausfahren* uscire in mare aperto ♦ *im Meer schwimmen* nuotare nel mare. ***2*** mare, località di mare ♦ *im August fahren wir ans Meer* in agosto andiamo al mare. ***3*** *(fig)* mare ♦ *ein Meer von Tränen* un mare di lacrime.
Meerenge [-,ʔɛŋə] *(f; -, -n)* ~ stretto (di mare).
Meeresboden ['me:rəs,bo:dən] *(m; -s, -böden)* ~ fondo del mare, fondale (marino).
Meeresbucht ['me:rəs,bʊxt] *(f; -, -en)* ~ insenatura, baia.
Meeresfrüchte ['me:rəs,frʏçtə] *(pl)* ~ frutti di mare.
Meeresgrund ['me:rəs,grʊnt] *(m; -(e)s, -gründe)* ~ fondo del mare, fondale (marino).
Meeresspiegel ['me:rəs,ʃpi:gəl] *(m; -s)* ~ livello del mare ♦ *100 Meter über, unter dem Meeresspiegel* 100 metri sopra, sotto al livello del mare.
Meerrettich ['me:ɐ,rɛtɪç] *(m; -(e)s, -e)* ~ *(bot)* rafano.
Meersalz ['me:ɐ,zalts] *(n; -(e)s)* ~ sale marino.
Meerschweinchen ['me:ɐʃvainçən] *(n; -s, -)* ~ *(zool)* porcellino d'India.
Meerwasser ['me:ɐ,vasɐ] *(n; -s, -)* ~ acqua marina.
Megafon *(anche* **Megaphon***)* [mega'fo:n] *(n; -s, -e)* ~ megafono.
Mehl [me:l] *(n; -(e)s, -e)* ***1*** farina. ***2*** polvere, farina.
Mehlbrei [-,brai] *(m; -(e)s, -e)* ~ farinata.
mehlig [-ɪç] *(agg)* ***1*** infarinato, sporco di farina. ***2*** farinoso (frutta e sim). ***3*** farinoso, fine.
mehr ['me:ɐ] *(avv/pron; compar di* **sehr** *e* **viel***)* ***1*** più, di più ♦ *ich möchte mehr Zeit haben* vorrei avere più tempo ♦ *heute habe ich mehr gegessen (als gestern, als du)* oggi ho mangiato di più (di ieri, di te) ♦ *es kamen mehr Leute, als wir erwartet hatten* venne più gente di quanto ci aspettassimo. ***2*** in più ♦ *er verlangte 100 Euro mehr* pretese 100 euro in più. ***3*** *(+ neg)* non... più ♦ *ich habe kein Geld mehr* non ho più soldi ♦ *es war niemand mehr da* non c'era più nessuno ♦ *ich spreche nicht mehr* non parlo più ♦ *ich werde das nie mehr tun* non lo farò mai più. ◆ **mehr als** più che, straordinaria-

mente ♦ *ich bin mehr als zufrieden* sono più che contento. ◆ **mehr oder weniger** più o meno. ◆ **mehr und mehr/immer mehr** sempre (di) più. ◆ **einmal mehr** una volta di più, ancora una volta ♦ *das beweist einmal mehr, dass wir Recht hatten* questo dimostra una volta di più che avevamo ragione noi. ◆ **je mehr..., desto...** più... più... ♦ *je mehr, desto besser* più siamo (più ce n'è), meglio è. ◆ **um so mehr, als** tanto più che.

Mehr *(n; -s)* ~ sovrappiù, eccedenza.

mehrdeutig [-ˌdɔytɪç] *(agg)* ~ ambiguo, equivoco.

Mehrdeutigkeit [dɔytɪçˌkait] *(f; -)* ~ ambiguità.

mehren ['meːrən] *(vt,* hat*)* ~ *(lett)* aumentare, accrescere. ◆ **sich mehren** *(vr)* aumentare, crescere.

mehrere ['meːrərə] *(pron indef pl)* ~ parecchi, molti, diversi, alquanti ♦ *mehrere Leute* parecchie persone ♦ *der Kauf mehrerer guter Produkte* l'acquisto di parecchi buoni prodotti.

mehreres [-s] *(pron indef)* ~ parecchie cose ♦ *ich habe mehreres erfahren* sono venuto a sapere parecchie cose.

mehrfach ['meːɐˌfax] *(agg)* **1** molteplice, ripetuto ♦ *der mehrfache Meister im Hochsprung* il più volte campione di salto in alto. **2** *(avv)* ripetutamente; *(fam)* più volte. ◆ **in mehrfacher Ausfertigung** in più copie. ◆ **in mehrfacher Hinsicht** sotto diversi punti di vista.

mehrfarbig ['meːɐˌfarbɪç] *(agg)* ~ policromo.

Mehrheit ['meːɐˌhait] *(f; -, -en)* ~ maggioranza ♦ *absolute, relative Mehrheit* maggioranza assoluta, relativa ♦ *mit großer Mehrheit* a grande maggioranza.

mehrjährig ['meːɐjɛːrɪç] *(agg)* **1** pluriennale, di più anni. **2** *(avv)* per più anni.

mehrmalig ['meːɐˌmaːlɪç] *(agg)* ~ ripetuto.

mehrmals ['meːɐˌmaːls] *(agg)* ~ più volte, ripetutamente.

mehrsprachig ['meːɐʃpraːxɪç] *(agg)* ~ poliglotta; plurilingue.

Mehrwert ['meːɐˌveːɐt] *(m; -(e)s)* ~ plusvalore; valore aggiunto.

Mehrwertsteuer ['meːɐveːɐtsˌtɔyɐ] *(f; -, -n) (abbrev* **MwSt.***)* ~ imposta sul valore aggiunto, IVA.

Mehrzahl ['meːɐˌtsaːl] *(f; -)* **1** *(gramm)* plurale. **2** gran parte, maggioranza.

meiden ['maidən] *(vt,* hat; **mied**, **gemieden***)* ~ *(lett)* evitare, scansare.

Meile ['mailə] *(f; -, -n)* ~ miglio (unità di misura).

Meilenstein [-nˌʃtain] *(m; -(e)s, -e)* ~ *(fig)* pietra miliare.

meilenweit [-nˌvait] *(agg/avv)* ~ lontanissimo.

mein [main] *(agg poss)* ~ mio ♦ *mein Sohn* mio figlio ♦ *es war nicht meine Schuld* non è stata colpa mia.

MEIN, MEINE, MEIN

		MASCH	FEMM	NEUTRO
NOM	*sing*	**mein**	**meine**	**mein**
	pl	**meine**	**meine**	**meine**
GEN	*sing*	**meines**	**meiner**	**meines**
	pl	**meiner**	**meiner**	**meiner**
DAT	*sing*	**meinem**	**meiner**	**meinem**
	pl	**meinen**	**meinen**	**meinen**
ACC	*sing*	**meinen**	**meine**	**mein**
	pl	**meine**	**meine**	**meine**

Meineid [-ˌˀait] *(m; -(e)s, -e)* ~ spergiuro, giuramento falso. ◆ **Meineid leisten** spergiurare.

meinen [-ən] *(vt,* hat*)* **1** pensare, essere dell'opinione, credere, ritenere ♦ *er meint, dass es sich nicht lohne/er meint, es lohne sich nicht* è dell'opinione che non ne valga la pena. **2** {*jmdn/etwas* ~} intendere qcn/qcs, riferirsi a qcn/qcs ♦ *welchen Film meinst du?* quale film intendi? ♦ *ich habe dich nicht gemeint* non mi riferivo a te. **3** {*etwas mit etwas* ~} voler dire qcs con qcs, intendere qcs con qcs ♦ *was meinst du damit?* cosa vuoi dire con questo? **4** volere, avere intenzione ♦ *es war nicht böse gemeint* non avevo cattive intenzioni. **5** dire ♦ *„Das ist falsch", meinte er* "Questo è falso", disse. ◆ **es gut mit jmdm meinen** avere buone intenzioni con qcn; essere benintenzionato verso qcn. ◆ **ich meine nur so** *(fam)* dico così per dire. ◆ **was meinst du dazu?** che ne pensi?

meine(r, -s) [-ə (-ɐ, -əs)] *(pron poss)* ~ mio ♦ *kannst du meinen nehmen* puoi prendere il mio. ◆ **die meinen** *(anche* **die Meinen***)* i miei (parenti).

meiner [-ɐ] *(pron, I pers sing Gen)* ~ di me ♦ *erinnerst du dich meiner? (lett)* ti ricordi di me?

meinerseits [-ɐ'zaits] *(avv)* ~ da parte mia.

meinesgleichen [-əs'glaiçən] *(pron indecl)* ~ persone come me, miei pari.

meinetwegen [-ət've:gən] *(avv)* **1** per me, a causa mia. **2** *(fam)* per me (non ho niente in contrario) ♦ *meinetwegen kannst du es tun* per me puoi farlo.

meinetwillen [-ət'vɪlən] *(avv)* ~ **um meinetwillen** per me, per amor mio.

Meinung [-ʊŋ] *(f; -, -en)* **1** opinione, idea, punto di vista, parere ♦ *eine Meinung äußern, haben, vertreten* esprimere, avere, sostenere un'opinione ♦ *seine Meinung ändern* cambiare opinione. **2** opinione, giudizio, stima ♦ *sich* (Dat) *eine Meinung von jmdm/etwas bilden; sich* (Dat) *eine Meinung über jmdn/etwas bilden* farsi un'opinione di qcn/qcs ♦ *eine gute, schlechte Meinung von jmdm/etwas haben* avere una buona, cattiva opinione di qcn/qcs. ◆ **anderer/verschiedener Meinung sein** essere di diversa opinione. ◆ **der Meinung sein** essere dell'opinione ♦ *ich bin der Meinung, dass* sono dell'opinione che. ◆ **jmdm gehörig die Meinung sagen** *(fam)* dirne quattro a qcn. ◆ **nach meiner Meinung**; **meiner Meinung nach** secondo me.

Meinungsfreiheit [-ʊŋsˌfraihait] *(f; -)* ~ libertà di opinione.

Meinungsverschiedenheit [-ʊŋsfɛɐʃi:dənhait] *(f; -, -en)* ~ differenza di opinioni, divergenza.

Meise ['maizə] *(f; -, -n)* ~ *(zool)* cinciallegra.

Meißel ['maisəl] *(m; -s, -)* ~ scalpello.

meißeln [-n] *(vt, hat)* ~ scalpellare, scolpire (materiali; forme in un materiale).

meist [maist] *(agg; superl di* **sehr**, **viel***)* ~ la maggior parte di, il maggior numero di ♦ *die meisten Studenten haben die Prüfung bestanden* la maggior parte degli studenti hanno superato l'esame ♦ *in den meisten Fällen* nella maggior parte dei casi ♦ *die meiste Zeit (fam)* la maggior parte del tempo. ◆ **am meisten** più di tutto, più di ogni cosa ♦ *darüber habe ich mich am meisten gefreut* questa è la cosa che mi ha fatto più piacere.

meistens [-əns] *(avv)* **1** per lo più, per la maggior parte. **2** di solito, generalmente.

meistenteils [-ən'tails] *(avv)* ~ per la maggior parte.

Meister ['maistɐ] *(m; -s, -; f* **-in***)* **1** maestro artigiano, mastro. **2** *(fig)* maestro, esperto. **3** *(fig)* maestro, guida. **4** *(sport)* campione. ◆ **es ist noch kein Meister vom Himmel gefallen** *(prov)* nessuno nasce maestro.

meisterhaft [-ˌhaft] *(agg)* ~ magistrale, da maestro; perfetto, eccellente.

meistern [-n] *(vt, hat)* **1** *(lett)* superare, venire a capo di. **2** *(lett)* controllare, dominare (sentimenti).

Meisterschaft [-ʃaft] *(f; -, -en)* **1** maestria, perizia, bravura. **2** *(sport)* campionato.

Meisterwerk [-ˌvɛrk] *(n; -(e)s, -e)* ~ capolavoro.

Melancholie [melaŋko'li:] *(f; -)* ~ malinconia.

melancholisch [melaŋko:'lɪʃ] *(agg)* ~ malinconico.

melden ['mɛldən] *(vt, hat)* **1** comunicare, annunciare, dire (notizie e sim). **2** *(dir)* denunciare. **3** annunciare (visite). ◆ **sich melden** *(vr)* **1** presentarsi, annunciarsi. **2** farsi vivo, farsi sentire ♦ *melde dich bald wieder* fatti risentire presto. **3** {*sich zu/für etwas ~*} presentarsi per qcs, mettersi in lista per qcs ♦ *sich für eine Arbeitsstelle melden* presentarsi per un posto di lavoro. **4** *(fig)* farsi notare, farsi sentire ♦ *der Hunger meldet sich* la fame si fa sentire.

Meldung ['mɛldʊŋ] *(f; -, -en)* **1** comunicazione, comunicato, annuncio. **2** presentazione, comunicazione di disponibilità. **3** *(dir)* segnalazione. ◆ **letzte Meldungen** ultime notizie, ultim'ora.

melken ['mɛlkən] *(vt, hat;* **melkte/molk**, **gemelkt/gemolken***)* **1** mungere ♦ *eine Kuh melken* mungere una mucca ♦ *Milch melken* mungere il latte. **2** *(fig/fam)* mungere, spremere (spillare soldi).

Melodie [melo'diː] *(f; -, -n)* ~ melodia.
melodisch [me'loːdɪʃ] *(agg)* ~ melodico.
Melone [me'loːnə] *(f; -, -n)* ~ *(bot)* melone.
Memme ['mɛmə] *(f; -, -n)* ~ *(fam)* codardo, coniglio.
Memoiren [me'mwaːrən] *(pl)* ~ memorie.
Menge ['mɛŋə] *(f; -, -n)* **1** quantità ♦ *eine bestimmte Menge (an) Metall* una determinata quantità di metallo. **2** grande quantità, gran numero, mucchio ♦ *eine Menge Geld* un mucchio di soldi ♦ *eine Menge gute Bücher/guter Bücher/von guten Büchern* un mucchio di bei libri. **3** massa, folla. **4** *(fam)* molto, un sacco di cose ♦ *ich muss noch eine Menge tun* devo fare ancora un sacco di cose. **5** *(mat)* insieme. ◆ **in Mengen** in quantità, in gran quantità.
Mensa ['mɛnza] *(f; -, Mensen)* ~ mensa (universitaria).
Mensch [mɛnʃ] *(m; -en, -en)* **1** uomo, essere umano. **2** uomo, persona, individuo ♦ *ein guter Mensch* una brava persona ♦ *Rita ist ein netter Mensch* Rita è una persona gentile. **3** persona, personalità ♦ *ich bin ein ganz anderer Mensch geworden* sono diventato una persona completamente diversa. ◆ **kein Mensch** nessuno ♦ *kein Mensch hat mir geholfen* nessuno mi ha aiutato. ◆ **Mensch!** caspita! cavoli!
Menschenfresser [-ən,frɛsɐ] *(m; -s, -; f* **-in***)* ~ *(fam)* cannibale.
Menschengedenken [-əngə'dɛŋkən] *(n)* ~ **seit Menschengedenken** a memoria d'uomo.
Menschengeschlecht [-əngəʃlɛçt] *(n; -(e)s)* ~ genere umano, umanità.
Menschenleben [-ən,leːbən] *(n; -s)* ~ vita umana.
menschenleer [-ən,leːɐ] *(agg)* ~ deserto, spopolato.
menschenmöglich [-ən,møːklɪç] *(agg)* ~ umanamente possibile ♦ *alles Menschenmögliche versuchen* tentare tutto ciò che è umanamente possibile.
Menschenrechte [-ən,rɛçtə] *(pl)* ~ diritti umani.
Menschenschlag [-ənʃlaːk] *(m; -(e)s)* ~ razza, genia.
Menschheit [-,hait] *(f; -)* ~ umanità, genere umano.
menschlich [-lɪç] *(agg)* **1** umano, dell'uomo ♦ *die menschliche Natur* la natura umana. **2** umano, comprensivo, benevolo. **3** umano, discreto, passabile. **4** *(avv)* umanamente, dal punto di vista umano; in modo umano, benevolmente.
Menschlichkeit [-lɪç,kait] *(f; -)* **1** umanità, natura umana. **2** umanità, benevolenza.
Menstruation [mɛnstrua'tsjoːn] *(f; -, -en)* ~ *(med)* mestruazione.
mental [mɛn'taːl] *(agg)* ~ mentale.
Mentalität [mɛntali'tɛːt] *(f; -, -en)* ~ mentalità.
Menü [me'nyː] *(n; -s, -s)* ~ menu *(anche elab)*.
merkbar ['mɛrk,baːɐ] *(agg)* **1** sensibile, percettibile. **2** facile da tenere a mente.
Merkblatt ['mɛrk,blat] *(n; -(e)s, -blätter)* **1** foglio di istruzioni. **2** foglio di appunti, promemoria.
merken ['mɛrkən] *(vt, hat)* **1** notare, accorgersi di ♦ *jmds Absicht merken* accorgersi delle intenzioni di qcn ♦ *ich habe nichts (davon) gemerkt* non mi sono accorto di niente ♦ *ich habe an seinem Aussehen gemerkt, dass er krank war* ho notato dal suo aspetto che era malato. **2** {*sich* (Dat) *etwas* ~} ricordare qcs, tenere a mente qcs ♦ *ich kann mir ihre Telefonnummer nicht merken* non riesco a ricordarmi il suo numero di telefono. ◆ **sich** (Dat) **etwas merken lassen** lasciar trasparire qcs, far capire qcs.
merklich ['mɛrklɪç] *(agg)* ~ sensibile, notevole ♦ *eine merkliche Verbesserung* un sensibile miglioramento.
Merkmal ['mɛrk,maːl] *(n; -(e)s, -e)* ~ caratteristica, tratto distintivo, segno di riconoscimento.
Merkur [mɛr'kuːɐ] *(m; -s)* ~ *(astron)* Mercurio.
merkwürdig ['mɛrk,vʏrdɪç] *(agg)* **1** strano, curioso. **2** *(avv)* stranamente, in modo strano.
Merkwürdigkeit [-,kait] *(f; -, -en)* ~ stranezza.
Messbecher († **Meß-**) ['mɛs,bɛçɐ] *(m; -s, -)* ~ misurino.

Messe[1] ['mɛsə] *(f; -, -n)* ~ messa, funzione ♦ *eine Messe halten* celebrare una messa.
Messe[2] *(f; -, -n)* ~ fiera, esposizione.
messen [-n] *(vt,* hat; er **misst**, **maß**, **gemessen**; *ortogr pres* du/er misst, ihr messt; *imperat* miss!*)* ***1*** misurare ♦ *die Breite, die Länge messen* misurare la larghezza, la lunghezza ♦ *nach Metern messen* misurare in metri. ***2*** *{jmdn/etwas an jmdm/etwas ~}* *(fig)* paragonare qcn/qcs a qcn/qcs, misurare qcn/qcs in base a qcn/qcs. ***3*** misurare *(vi)* ♦ *das Zimmer misst 4 Meter in der Länge* la stanza misura quattro metri di lunghezza. ◆ **sich mit jmdm messen** *(vr)* misurarsi con qcn, confrontarsi con qcn.
Messer[1] ['mɛsɐ] *(n; -s, -)* ***1*** coltello, lama ♦ *ein scharfes, stumpfes Messer* un coltello affilato, che non taglia ♦ *ein Messer schärfen, schleifen* affilare, arrotare un coltello. ***2*** bisturi. ◆ **jmdm das Messer an die Kehle setzen** *(fig/fam)* puntare il coltello alla gola a qcn. ◆ **auf des Messers Schneide** *(fig)* sul filo del rasoio.
Messer[2] *(m; -s, -)* ~ misuratore, strumento per misurare.
Messerstich [-ʃtɪç] *(m; -(e)s, -e)* ~ coltellata.
Messgerät († **Meß-**) ['mɛsgəˌrɛːt] *(n, -(e)s, -e)* ~ strumento di misurazione.
Messias [mɛ'siːas] *(m; -)* ~ *(relig)* Messia.
Messing ['mɛsɪŋ] *(m; -s, -e)* ~ ottone.
Messung ['mɛsʊŋ] *(f; -, -en)* ~ misurazione.
Mestize [mɛs'tiːtsə] *(m; -n, -n; f* **-zin***)* ~ meticcio.
Metabolismus [metabo'lɪsmʊs] *(m; -)* ~ metabolismo.
Metall [me'tal] *(n, -s, -e)* ~ metallo ♦ *Metall bearbeiten, gießen, schweißen* lavorare, fondere, saldare il metallo. ◆ **edle Metalle** metalli nobili. ◆ **Metall verarbeitend** († **metallverarbeitend**) metallurgico ♦ *Metall verarbeitende Industrie* industria metallurgica.
Metallarbeiter [-ˌˀarbaitɐ] *(m; -s, -; f* **-in***)* ~ metalmeccanico.
metallisch [-ɪʃ] *(agg)* ***1*** metallico. ***2*** *(fig)* metallico (suono, voce, ecc).
metallverarbeitend ~ **Metall verarbeitend** (vedi **Metall**).
Meteorologie [meteorolo'giː] *(f; -)* ~ meteorologia.
meteorologisch [meteoro'loːgɪʃ] *(agg)* ~ meteorologico.
Meter ['meːtɐ] *(m; -s, -)* ~ metro ♦ *das Zimmer ist vier Meter hoch* la stanza è alta quattro metri.
meterhoch [-ˌhoːx] *(agg)* ~ altissimo, molto alto.
Methode [me'toːdə] *(f; -, -n)* ***1*** metodo, procedimento ♦ *eine Methode anwenden* applicare un metodo ♦ *eine Methode zur Messung der Temperatur* un metodo per misurare la temperatura. ***2*** metodo, sistema ♦ *in einer Arbeit Methode haben* avere metodo in un lavoro. ***3*** *(fam)* metodo, modo di fare ♦ *was sind denn das für Methoden?* che metodi sono mai questi?
methodisch [me'toːdɪʃ] *(agg)* ***1*** metodico, procedurale. ***2*** metodico, sistematico.
Metrik ['meːtrɪk] *(f; -, -en)* ~ metrica.
metrisch ['meːtrɪʃ] *(agg)* ~ metrico (metrica; misurazione). ◆ **metrisches System** sistema metrico.
Metropole [metro'poːlə] *(f; -, -n)* ~ metropoli.
Mettwurst ['mɛtˌvʊrst] *(f; -, -würste)* ~ salsiccia speziata.
Metzger ['mɛtsgɐ] *(m; -s, -; f* **-in***)* *(region)* ~ macellaio.
Metzgerei [mɛtsgə'rai] *(f; -, -en)* *(region)* ~ macelleria.
Meute ['mɔytə] *(f; -, -n)* ***1*** muta (di cani). ***2*** *(fig)* orda, banda.
Meuterei [-'rai] *(f; -, -en)* ~ ammutinamento, ribellione.
meutern ['mɔytɐn] *(vi,* hat*)* ***1*** ammutinarsi, ribellarsi. ***2*** *(fam)* protestare, brontolare.
miauen [mi'auən] *(vi,* hat*)* ~ miagolare.
mich [mɪç] *(pron, I pers sing Acc)* ~ mi, me ♦ *sie hat mich nicht erkannt* non mi ha riconosciuto ♦ *ist der Brief für mich?* è per me la lettera?
mick(e)rig ['mɪk(ə)rɪç] *(agg)* ***1*** *(fam)* deboluccio. ***2*** *(fam)* misero, da poco.
mied [miːt] ~ pret di **meiden**.
Mieder ['miːdɐ] *(n; -s, -)* ~ busto, bustino.
Mief [miːf] *(m; -(e)s)* ~ *(fam)* puzzo, tanfo.
Miene ['miːnə] *(f; -, -n)* ~ espressione (del viso), viso, faccia ♦ *eine ernste Miene aufsetzen* assumere un'espressione seria. ◆

gute Miene zum bösen Spiel machen *(fig)* fare buon viso a cattivo gioco. ◆ **Miene machen, etwas zu tun** fare atto di fare qcs ♦ *er machte Miene, ihn zu schlagen* fece atto di colpirlo.

mies [miːs] *(agg)* ~ *(fam)* brutto, schifoso, misero ♦ *ein mieses Gehalt* uno stipendio misero ♦ *mieses Wetter* tempo schifoso. ◆ **jmdm ist mies** *(fam)* è un momento schifoso per qcn.

Miesmuschel [-ˌmʊʃəl] *(f; -, -n)* ~ cozza.

Mietauto [ˈmiːtˌˀauto] *(n; -s, -s)* ~ auto a noleggio.

Miete [ˈmiːtə] *(f; -, -n)* **1** affitto, pigione ♦ *eine hohe, niedrige Miete zahlen* pagare molto, poco di affitto ♦ *(bei jmdm) zur Miete wohnen* abitare in affitto (presso qcn). **2** nolo, noleggio.

mieten [-n] *(vt, hat)* **1** affittare, prendere in affitto ♦ *eine Wohnung mieten* prendere in affitto un appartamento. **2** noleggiare, prendere a nolo.

Mieter [ˈmiːtɐ] *(m; -s, -; f* **-in***)* ~ affittuario, inquilino.

Mietwohnung [ˈmiːtˌvoːnʊŋ] *(f; -, -en)* ~ appartamento in affitto.

Migräne [miˈgrɛːnə] *(f; -, -n)* ~ emicrania, mal di testa.

Mikrofon *(anche* **Mikrophon***)* [mikroˈfoːn] *(n; -s, -e)* ~ microfono.

Mikroskop [mikroˈskoːp] *(n; -s, -e)* ~ microscopio.

Mikrowelle [ˈmiːkroˌvɛlə] *(f; -, -n)* ~ *(fis)* microonda; *(fam)* forno a microonde.

Mikrowellenherd [-nˌheːɐt] *(m; -(e)s, -e)* ~ forno a microonde.

Milan [ˈmiːlan] *(m; -s, -e)* ~ *(zool)* nibbio.

Milbe [ˈmɪlbə] *(f; -, -n)* ~ *(zool)* acaro.

Milch [mɪlç] *(f; -)* ~ latte ♦ *entrahmte, kondensierte, frische Milch* latte scremato, condensato, fresco.

Milchflasche [-flaʃə] *(f; -, -n)* **1** bottiglia di latte. **2** biberon, poppatoio.

Milchgeschäft [-gəʃɛft] *(n; -(e)s, -e)* ~ latteria.

milchig [-ɪç] *(agg)* ~ lattiginoso.

Milchkaffee [-ˌkafe] *(m; -s, -s)* ~ caffellatte.

Milchschokolade [-ʃokoˌlaːdə] *(f; -, -n)* ~ cioccolata al latte.

Milchstraße [-ʃtraːsə] *(f; -, -n)* ~ *(astron)* Via Lattea.

Milchtüte [-ˌtyːtə] *(f; -, -n)* ~ cartone di latte.

Milchzahn [-ˌtsaːn] *(m; -(e)s, -zähne)* ~ dente di latte.

mild [mɪlt] *(agg)* **1** mite, benevolo, clemente (persona, giudizio, ecc). **2** tenue, delicato (luce, colore). **3** mite (clima). **4** delicato (cibo).

Milde [ˈmɪldə] *(f; -)* **1** mitezza, clemenza, benevolenza (di persona, giudizio, ecc). **2** delicatezza (di luce, colore, cibo, ecc). **3** mitezza (di clima).

mildern [ˈmɪldɐn] *(vt, hat)* **1** attenuare, mitigare. **2** moderare, placare (sentimenti e sim). ◆ **sich mildern** *(vr)* attenuarsi, mitigarsi.

mildernd [-t] *(agg)* ~ attenuante. ◆ **mildernde Umstände** *(dir)* circostanze attenuanti.

Milderung [ˈmɪldərʊŋ] *(f; -)* **1** attenuazione, mitigazione. **2** moderazione, diminuzione.

mildtätig [ˈmɪltˌtɛːtɪç] *(agg)* ~ caritatevole.

Milieu [miˈljøː] *(n; -s, -s)* ~ ambiente (sociale), milieu.

Militär[1] [miliˈtɛːɐ] *(n; -s)* ~ esercito, forze armate. ◆ **beim Militär sein** fare il servizio militare. ◆ **zum Militär gehen** partire per il servizio militare.

Militär[2] *(m; -s, -s)* ~ militare, alto ufficiale.

Militärdienst [-ˌdiːnst] *(m; -(e)s)* ~ servizio militare.

militärisch [miliˈtɛːrɪʃ] *(agg)* ~ militare.

Militärwesen [miliˈtɛːɐˌveːzən] *(n; -s)* ~ forze armate.

Milliarde [mɪˈljardə] *(f; -, -n)* ~ miliardo.

Million [mɪˈljoːn] *(f; -, -en)* ~ milione ♦ *eine Million Menschen wurde/wurden von den Überschwemmungen betroffen* un milione di persone fu colpito dalle inondazioni ♦ *eine Million armer Menschen/von armen Menschen* un milione di persone povere. ◆ **Millionen Mal** *(anche* **millionenmal***)* milioni di volte.

millionenmal ~ anche **Millionen Mal** (vedi **Million**).

Millionär [mɪljoˈnɛːɐ] *(m; -en, -en; f* **-in***)* ~ milionario; miliardario.

Millionenbetrag [mɪˈljoːnənbəˌtraːk] *(m; -(e)s, -träge)* ~ cifra milionaria; cifra miliardaria.

Millionenstadt [mɪ'ljo:nən,ʃtat] *(f; -, -städte)* ~ città con più di un milione di abitanti.
Milz [mɪlts] *(f; -, -en)* ~ *(anat)* milza.
Mime ['mi:mə] *(m; -n, -n)* ~ mimo.
mimen [-n] *(vt, hat)* ***1*** mimare, rappresentare. ***2*** *(fig)* mimare, fingere.
Mimik ['mi:mɪk] *(f; -)* ~ mimica.
mimisch ['mi:mɪʃ] *(agg)* ~ mimico.
Mimose [mi'mo:zə] *(f; -, -n)* ~ *(bot)* mimosa.
minder ['mɪndɐ] *(agg; compar di* **wenig, gering***)* ***1*** minore, inferiore ♦ *eine Frage von minderer Bedeutung* una questione di minore importanza. ***2*** scadente. ***3*** *(avv)* meno ♦ *ich war nicht minder überrascht als du* non sono stato meno sorpreso di te. ◆ **mehr oder minder** più o meno.
Minderheit [-,hait] *(f; -, -en)* ~ minoranza ♦ *sprachliche Minderheit* minoranza linguistica. ◆ **in der Minderheit sein** essere in minoranza.
minderjährig [-jɛ:rɪç] *(agg)* ~ minorenne.
Minderjährige(r) [-jɛ:rɪgə (-gɐ)] *(m/f; -n, -n)* ~ minorenne.
mindern [-n] *(vt, hat)* ~ diminuire, ridurre.
minderwertig [-,ve:ɐtɪç] *(agg)* ~ scadente, cattivo, di poco valore.
Mindestalter ['mɪndəst,ˀaltɐ] *(n; -s, -)* ~ età minima.
mindestens ['mɪndəstəns] *(avv)* ~ almeno, come minimo, per lo meno ♦ *ich werde mindestens zwei Stunden brauchen* ci metterò come minimo due ore.
mindeste(r, s) ['mɪndəstə (-tɐ, -təs)] *(agg)* ~ minimo, il più piccolo ♦ *ich hatte nicht den mindesten Zweifel* non avevo il minimo dubbio. ◆ **nicht das <u>Mindeste</u>** († **mindeste**) assolutamente niente. ◆ **nicht im <u>Mindesten</u>** († **mindesten**) per niente, affatto. ◆ **zum <u>Mindesten</u>** († **mindesten**) almeno, per lo meno.
Mindestmaß ['mɪndəst,ma:s] *(n; -(e)s, -e)* ~ minimo ♦ *ein Mindestmaß an Sicherheit* un minimo di sicurezza.
Mindestzahl ['mɪndəst,tsa:l] *(f; -, -en)* ~ numero minimo.
Mine ['mi:nə] *(f; -, -n)* ***1*** mina ♦ *Minen legen* posare mine ♦ *auf eine Mine treten* finire su una mina. ***2*** miniera. ***3*** mina (di matita); ricambio (di penna e sim).
Minenarbeiter [-n,ˀarbaitɐ] *(m; -s, -)* ~ minatore.
Minenfeld [-n,fɛlt] *(n; -(e)s, -er)* ~ campo minato.
Mineral [mine'ra:l] *(n; -s, -e/-icn)* ~ minerale.
mineralisch [-ɪʃ] *(agg)* ~ minerale.
Mineralwasser [mine'ra:l,vasɐ] *(n; -s, -wässer)* ~ acqua minerale.
Minestrone [minɛs'tro:nə] *(f; -, -n)* ~ minestrone, minestra di verdura.
Miniatur [minja'tu:ɐ] *(f; -, -en)* ~ miniatura (arte; oggetto).
minimal [mini'ma:l] *(agg)* ~ minimo.
Minimum ['mi:nimʊm] *(n; -s, -ma)* ~ minimo ♦ *ein Minimum an finanziellen Mitteln* un minimo di mezzi finanziari.
Minirock ['mɪni,rɔk] *(m; -(e)s, -röcke)* ~ minigonna.
Minister [mi'nɪstɐ] *(m; -s, -; f* **-in***)* ~ ministro.
Ministeramt [-,ˀamt] *(n; -(e)s, -ämter)* ~ carica di ministro, ministero.
Ministerium [minɪs'te:rjʊm] *(n; -s, -rien)* ~ ministero.
Ministerpräsident [mi'nɪstɐprɛzi,dɛnt] *(m; -en, -en; f* **-in***)* ~ presidente del consiglio (dei ministri).
Minorität [minori'tɛ:t] *(f; -, -en)* ~ minoranza.
minus ['mi:nʊs] *(avv)* ~ meno ♦ *neun minus vier ist fünf* nove meno quattro fa cinque ♦ *gestern Nacht hatten wir minus 5°/5° minus* ieri notte abbiamo avuto meno cinque gradi.
Minute [mi'nu:tə] *(f; -, -n)* ***1*** minuto ♦ *es ist fünf Minuten nach vier* sono le quattro e cinque minuti ♦ *es ist fünf Minuten vor vier* sono cinque minuti alle quattro. ***2*** minuto, attimo, momento ♦ *bis zur letzten Minute* fino all'ultimo minuto ♦ *in letzter Minute* all'ultimo minuto. ◆ **auf die Minute** puntualissimo.
Minutenzeiger [-n,tsaigɐ] *(m; -s, -)* ~ lancetta dei minuti.
Minze ['mɪntsə] *(f; -, -n)* ~ *(bot)* menta.
mir ['mi:ɐ] *(pron, I pers sing Dat)* ~ mi, a me, me ♦ *er hat mir einen Brief geschrieben* mi ha scritto una lettera ♦ *wann kommst du zu mir?* quando vieni da me?
Mischehe ['mɪʃ,ˀe:ə] *(f; -, -n)* ~ matrimonio misto.

mischen ['mɪʃən] *(vt,* hat*)* ***1*** mescolare, mischiare, miscelare ♦ *die Zutaten mischen* mescolare gli ingredienti ♦ *die Karten mischen* mescolare le carte. ***2*** preparare (bibite). ***3*** mixare (immagini, musica). ◆ **sich mischen** ***1*** mescolarsi ♦ *sich unter die Menge mischen* mescolarsi tra la folla. ***2*** {*sich in etwas* (Acc) ~} immischiarsi in qcs.

Mischling ['mɪʃˌlɪŋ] *(m;* -s, -e*)* ~ meticcio, incrocio.

Mischmasch ['mɪʃˌmaʃ] *(m;* -(e)s, -e*)* ~ miscuglio, guazzabuglio.

Mischung ['mɪʃʊŋ] *(f;* -, -en*)* ***1*** *(solo sing)* mescolanza (il mescolare). ***2*** mescolanza; miscuglio, miscela. ***3*** *(fig)* miscuglio, accozzaglia.

miserabel [mizə'ra:bəl] *(agg)* ***1*** miserabile, infame. ***2*** pessimo, orrendo.

Misere [mi'ze:rə] *(f;* -, -n*)* ~ miseria, crisi.

Mispel ['mɪspəl] *(f;* -, -n*)* ***1*** *(bot)* nespolo. ***2*** *(bot)* nespola.

missachten († **miß-**) [mɪs'ˀaxtən] *(vt,* hat*)* ***1*** disprezzare. ***2*** non osservare, non rispettare (leggi e sim). ***3*** non considerare, disdegnare.

Missachtung († **Miß-**) ['mɪsˌˀaxtʊŋ] *(f;* -*)* ***1*** disprezzo. ***2*** inosservanza, mancato rispetto (di leggi e sim).

Missbehagen († **Miß-**) ['mɪsbəˌha:gən] *(n;* -s*)* ~ disagio, imbarazzo.

Missbildung († **Miß-**) ['mɪsˌbɪldʊŋ] *(f;* -, -en*)* ~ malformazione, deformità.

missbilligen († **miß-**) [mɪs'bɪlɪgən] *(vt,* hat*)* ~ disapprovare, biasimare.

Missbrauch († **Miß-**) ['mɪsˌbraux] *(m;* -, -bräuche*)* ~ abuso. ◆ **mit etwas Missbrauch treiben** abusare di qcs.

missbrauchen († **miß-**) [mɪs'brauxən] *(vt,* hat*)* ***1*** {*etwas* ~} abusare di qcs, approfittarsi di qcs ♦ *jmds Geduld missbrauchen* abusare della pazienza di qcn. ***2*** {*jmdn* ~} abusare di qcn, violentare qcn.

missbräuchlich († **miß-**) ['mɪsˌbrɔyçlɪç] *(agg)* ***1*** abusivo, illecito. ***2*** *(avv)* abusivamente.

missen ['mɪsən] *(vt,* hat; solo con verbi modali*)* ~ *(lett)* rinunciare a, fare a meno di ♦ *ich kann, möchte ihn nicht mehr missen* non posso, non vorrei più fare a meno di lui.

Misserfolg († **Miß-**) ['mɪsˀɛɐ̯ˌfɔlk] *(m;* -(e)s, -e*)* ~ insuccesso ♦ *einen Misserfolg erleiden* patire un insuccesso.

Missetat ['mɪsəˌta:t] *(f;* -, -en*)* ~ *(lett)* misfatto.

missfallen († **miß-**) [mɪs'falən] *(vi,* hat; *irr* fallen*)* ~ {*jmdm* ~} non piacere a qcn, essere sgradito a qcn.

Missfallen († **Miß-**) ['mɪsˌfalən] *(n;* -s*)* ~ disapprovazione.

Missgeburt († **Miß-**) ['mɪsgəˌbu:ɐ̯t] *(f;* -, -en*)* ***1*** creatura deforme. ***2*** *(fig)* aborto, insuccesso.

missgelaunt († **miß-**) ['mɪsgəˌlaunt] *(agg)* ~ di malumore.

Missgeschick († **Miß-**) ['mɪsgəʃɪk] *(n;* -(e)s, -e*)* ~ incidente, guaio (dovuto a incapacità) ♦ *mir ist ein Missgeschick passiert* ho combinato un guaio.

missgestimmt († **miß-**) ['mɪsgəʃtɪmt] *(agg)* ~ di malumore.

missglücken († **miß-**) [mɪs'glʏkən] *(vi,* ist*)* ~ {*jmdm* ~} non riuscire a qcn, fallire.

missgönnen [mɪs'gœnən] († **miß-**) *(vt,* hat*)* ~ {*jmdm etwas* ~} invidiare qcs a qcn.

Missgunst († **Miß-**) ['mɪsˌgʊnst] *(f;* -*)* ~ invidia, gelosia.

missgünstig († **miß-**) ['mɪsˌgʏnstɪç] *(agg)* ~ invidioso, geloso.

misshandeln († **miß-**) [mɪs'handəln] *(vt,* hat*)* ~ maltrattare.

Misshandlung († **Miß-**) [mɪs'handlʊŋ] *(f;* -, -en*)* ~ maltrattamento.

Mission [mɪ'sjo:n] *(f;* -, -en*)* ~ missione *(anche pol/relig)*, compito ♦ *geheime Mission* missione segreta.

Missionar [mɪsjo'nɛ:ɐ̯] *(m;* -s, -e*)* ~ *(relig)* missionario.

missionarisch [mɪsjo'na:rɪʃ] *(agg)* ~ missionario.

Missklang († **Miß-**) ['mɪsˌklaŋ] *(m;* -(e)s, -klänge*)* ***1*** dissonanza. ***2*** *(fig)* dissonanza, disaccordo.

Misskredit († **Miß-**) ['mɪskreˌdi:t] *(m;* -(e)s*)* ~ discredito. ◆ **jmdn in Misskredit bringen** screditare qcn. ◆ **sich in Misskredit bringen; in Misskredit geraten/kommen** screditarsi.

misslang [mɪs'laŋ] ~ pret di **misslingen**.

misslich († **miß-**) ['mɪslɪç] *(agg)* ~ spiacevole, increscioso.

misslingen († **miß-**) [mɪsˈlɪŋən] *(vi*, ist; **misslang**, **misslungen***)* ~ {*(jmdm)* ~} non riuscire (a qcn), fallire ♦ *der Plan ist ihm misslungen* il suo progetto è fallito.

misslungen [mɪsˈlʊŋən] ~ part pass di **misslingen**.

Missmut († **Miß-**) [ˈmɪsˌmuːt] *(m*; -(e)s*)* ~ malumore.

missmutig († **miß-**) [-ɪç] *(agg)* ~ irritato, di malumore.

missraten[1] († **miß-**) [mɪsˈraːtən] *(vi*, ist; *irr* raten*)* ~ fallire, non riuscire.

missraten[2] († **miß-**) *(agg)* ~ maleducato (bambini).

Missstand († **Mißstand**) [ˈmɪsʃtant] *(m*; -(e)s, -stände*)* ***1*** inconveniente, problema ♦ *einen Missstand beseitigen* eliminare un inconveniente. ***2*** abuso, malcostume (amministrativo e sim).

Missstimmung, **Miss-Stimmung** († **Mißstimmung**) [ˈmɪsʃtɪmʊŋ] *(f*; -, -en*)* ~ malumore, dissapore.

Misston († **Miß-**) [ˈmɪsˌtoːn] *(m*; -(e)s, -töne*)* ~ stonatura, nota stonata *(anche fig)*.

misstrauen († **miß-**) [mɪsˈtrauən] *(vi*, hat*)* ~ {*jmdm/etwas* ~} diffidare di qcn/qcs, essere diffidente verso qcn/qcs.

Misstrauen († **Miß-**) [ˈmɪsˌtrauən] *(n*; -s*)* ~ sfiducia, diffidenza.

misstrauisch († **miß-**) [ˈmɪsˌtrauɪʃ] *(agg)* ***1*** diffidente ♦ *gegen jmdn/etwas misstrauisch sein; gegenüber jmdm/etwas misstrauisch sein* essere diffidente nei confronti di qcn/qcs. ***2*** *(avv)* con diffidenza ♦ *etwas misstrauisch betrachten* osservare qcs con diffidenza.

Missverhältnis († **Miß-**) [ˈmɪsfɛɐ̯ˌhɛltnɪs] *(n*; -ses, -se*)* ~ sproporzione, squilibrio.

missverständlich († **miß-**) [ˈmɪsfɛɐ̯ʃtɛntlɪç] *(agg)* ~ equivoco.

Missverständnis († **Miß-**) [ˈmɪsfɛɐ̯ʃtɛntnɪs] *(n*; -ses, -se*)* ~ malinteso, fraintendimento.

missverstehen († **miß-**) [ˈmɪsfɛɐ̯ʃteːən] *(vt*, hat; *irr* stehen*)* ~ fraintendere, capire male ♦ *du hast meine Worte missverstanden* hai frainteso le mie parole.

Mist [mɪst] *(m*; -(e)s*)* ***1*** sterco. ***2*** letame, concime. ***3*** *(fam)* robaccia, cianfrusaglie. ***4*** *(fam)* sciocchezze, cavolate ♦ *Mist reden* dire cavolate. ◆ **Mist machen** fare cavolate; fare pasticci. ◆ **so ein Mist!** *(volg)* cazzo! porca miseria!

Mistel [-əl] *(f*; -, -n*)* ~ *(bot)* vischio.

Misthaufen [ˈmɪstˌhaufən] *(m*; -s, -*)* ~ concimaia, letamaio.

Mistkäfer [ˈmɪstˌkɛːfɐ] *(m*; -s, -*)* ~ *(zool)* scarabeo.

Miststück [ˈmɪstʃtʏk] *(n*; -(e)s, -e*)* ~ *(volg)* carogna, farabutto.

mit [mɪt] *(prep* + Dat*)* ***1*** con ♦ *eine Wohnung mit Balkon* un appartamento con il balcone ♦ *der Mann mit der schwarzen Jacke* l'uomo con la giacca nera ♦ *ich bin mit meinen Freunden ins Kino gegangen* sono andato al cinema con i miei amici ♦ *mit Gewalt* con violenza. ***2*** *(mezzo, strumento)* con; in, a ♦ *ich fahre mit dem Bus* vado in autobus ♦ *sie hat das Bild mit Ölfarben gemalt* ha dipinto il quadro con colori a olio ♦ *mit der Zeit* col tempo ♦ *mit der Hand, mit der Maschine schreiben* scrivere a mano, a macchina. ***3*** *(età)* a ♦ *er hat mit dreißig (Jahren) geheiratet* si è sposato a trent'anni.

Mitarbeit [-ˌʔarbait] *(f*; -*)* ~ collaborazione.

mit|arbeiten *(vi*, hat*)* ~ {*an etwas* (Dat)*/bei etwas* ~} collaborare a qcs.

Mitarbeiter [-ˌʔarbaitɐ] *(m*; -s, -; *f* **-in***)* ~ collaboratore.

mit|bekommen *(vt*, hat; *irr* kommen*)* *(fam)* ***1*** notare, accorgersi, sentire. ***2*** ricevere (per portare via). ***3*** capire.

mit|bestimmen *(vt*, hat*)* ~ {*etwas* ~} partecipare alla decisione su qcs.

Mitbestimmung [-bəʃtɪmʊŋ] *(f*; -*)* ~ partecipazione (alle decisioni).

Mitbewohner [-bəˌvoːnɐ] *(m*; -s, -; *f* **-in**) ~ coinquilino.

mit|bringen *(vt*, hat; *irr* bringen*)* ~ portare (con sé) ♦ *darf ich ein paar Freunde mitbringen?* posso portare un paio di amici? ♦ *sie hat mir aus Amerika einen Hut mitgebracht* mi ha portato in regalo un cappello dall'America.

Mitbringsel [-ˌbrɪŋzəl] *(n*; -s, -*)* ~ regalino, pensierino.

Mitbürger [-ˌbʏrgɐ] *(m*; -s, -; *f* **-in***)* ~ concittadino.

mit|dürfen *(vi*, hat; *irr* dürfen*)* ~ poter andare/venire insieme con qcn.

miteinander [-ʔaiˈnandɐ] *(avv)* ~ l'uno con l'altro, insieme ♦ *die Kinder spielen miteinander* i bambini giocano insieme.

mit|erleben *(vt, hat)* ~ {*etwas* ~} partecipare, assistere a qcs (evento).

mit|fahren *(vi, ist; irr* fahren*)* ~ andare insieme, venire insieme (con un veicolo) ♦ *fährst du auch nach Deutschland mit?* vieni anche tu in Germania (con noi)?

mit|fühlen *(vi/vt, hat)* ***1*** {*mit jmdm* ~} *(vi)* condividere i sentimenti di qcn. ***2*** {*etwas* ~} *(vt)* partecipare a qcs, condividere qcs (sentimenti) ♦ *jmds Trauer mitfühlen* partecipare al lutto di qcn.

mit|führen *(vt, hat)* ~ portare con sé, condurre con sé.

mit|geben *(vt, hat; irr* geben*)* ~ {*jmdm etwas* ~} dare qcs a qcn (da portar via) ♦ *sie gab ihrem Kind ein Brötchen mit* dette un panino al suo bambino (da portar via).

Mitgefühl [-gəˌfyːl] *(n; -(e)s)* ~ compassione, partecipazione (al dolore).

mit|gehen *(vi, ist; irr* gehen*)* ~ andare insieme (con qcn) ♦ *gehst du auch ins Kino mit?* vai anche tu al cinema (insieme a loro)?

Mitgift [-ˌgɪft] *(f; -, -en)* ~ dote (di sposa).

Mitglied [-ˌgliːt] *(n; -(e)s, -er)* ~ membro, socio ♦ *Mitglied eines Vereins sein* essere membro di un'associazione.

Mitgliedschaft [-gliːtʃaft] *(f; -, -en)* ~ appartenenza (ad associazioni e sim).

mit|halten *(vi, hat; irr* halten*)* ~ {*mit jmdm/etwas bei etwas* ~} tener testa a qcn/qcs in qcs, reggere il confronto con qcn/qcs in qcs.

mit|helfen *(vi, hat; irr* helfen*)* ~ {*bei etwas* ~} aiutare, collaborare, dare una mano in qcs ♦ *hilfst du auch mit?* dai una mano anche tu?

mithilfe *(anche* **mit Hilfe***)* [-ˌhɪlfə] *(prep +* Gen*)* ~ con l'aiuto di, tramite ♦ *mithilfe eines Hammers* con l'ausilio di un martello ♦ *mithilfe von Werkzeugen* con l'ausilio di attrezzi.

mit|hören *(vt, hat)* ***1*** ascoltare, sentire (per caso; di nascosto). ***2*** intercettare (telefonate).

mit|kommen *(vi, ist; irr* kommen*)* ***1*** venire (insieme) ♦ *kommst du auch mit ins Kino?* vieni anche tu al cinema (con noi)? ***2*** *(fig/fam)* seguire, riuscire a seguire (a scuola e sim); capire.

mit|können *(vi, hat; irr* können*)* ~ poter andare/venire insieme con qcn.

mit|kriegen *(vt, hat)* ~ vedi **mitbekommen**.

mit|laufen *(vi, ist; irr* laufen*)* ***1*** {*(mit jmdm)* ~} correre insieme (a qcn). ***2*** partecipare (a una corsa).

Mitläufer [-ˌlɔyfɐ] *(m; -s, -; f* **in***)* ~ simpatizzante.

Mitleid [-ˌlait] *(n; -(e)s)* ~ compassione ♦ *Mitleid mit jmdm fühlen, haben* sentire, avere compassione per qcn.

mitleidig [-ˌlaidɪç] *(agg)* ~ compassionevole.

mit|machen *(vt/vi, hat)* ***1*** {*etwas* ~} partecipare a qcs ♦ *einen Sprachkurs mitmachen* partecipare a un corso di lingue. ***2*** *(vt) (fam)* passare, subire (difficoltà e sim). ***3*** {*bei etwas* ~} *(vi)* partecipare a qcs, prender parte a qcs.

Mitmensch [-ˌmɛnʃ] *(m; -en, -en)* ~ prossimo, simile.

mit|müssen *(vi, hat; irr* müssen*)* ~ dover andare/venire insieme a qcn.

mit|nehmen *(vt, hat; irr* nehmen*)* ***1*** prendere (e portare via), portare con sé ♦ *nimm doch einen Regenschirm mit!* prendi un ombrello! ♦ *nimmst du mich mit?* mi porti con te? ***2*** *(fam)* fregare, rubare. ***3*** *(fig/fam)* imparare. ***4*** {*etwas* ~} *(fig/fam)* approfittare di qcs (occasioni e sim). ***5*** danneggiare, colpire.

mitnichten [-ˈnɪçtən] *(avv)* ~ per niente, affatto.

mit|rechnen *(vt, hat)* ~ conteggiare (insieme), calcolare insieme.

mit|reden *(vi, hat)* ***1*** partecipare a una discussione. ***2*** *(fig)* avere voce in capitolo, dire la propria. ♦ **ein Wort/Wörtchen mitzureden haben** *(fam)* avere voce in capitolo.

mit|reißen *(vt, hat; irr/ortogr* reißen*)* ***1*** trascinare con sé (in una caduta o sim). ***2*** *(fig)* trascinare, entusiasmare.

mitsamt [-ˈzamt] *(prep +* Dat*)* ~ insieme con, tutto insieme con.

mit|schicken *(vt, hat)* ~ accludere, allegare ♦ *ich schicke dir unsere Fotos mit* ti mando le nostre foto.

mit|schreiben *(vt,* hat; *irr* schreiben*)* ~ scrivere (sotto dettatura; prendendo appunti).
Mitschüler [-ˌʃyːlɐ] *(m;* -s, -; *f* **-in***)* ~ compagno di scuola.
mit|schwingen *(vi,* hat; *irr* schwingen*)* ***1*** oscillare insieme. ***2*** *(fig)* trasparire (sentimenti) ♦ *Enttäuschung schwang in seinem Tonfall mit* dal suo tono di voce traspariva la delusione.
mit|spielen *(vi,* hat*)* ***1*** giocare insieme. ***2*** *(fig)* partecipare, starci. ***3*** {*bei etwas ~*} entrarci, avere un peso in qcs, contribuire a qcs ♦ *bei seiner Entscheidung spielten verschieden Umstände mit* nella sua decisione hanno avuto un peso diverse circostanze. ◆ **jmdm übel mitspielen** giocare un brutto tiro a qcn.
mit|sprechen *(vt/vi,* hat; *irr* sprechen*)* ***1*** *(vt)* dire, recitare insieme. ***2*** {*bei etwas ~*} *(vi)* dire la propria su qcs, contribuire a qcs.
Mittag [ˈmɪtaːk] *(m;* -(e)s, -e*)* ~ mezzogiorno, ora intorno a mezzogiorno. ◆ **am Mittag** intorno a mezzogiorno (fra le 11 e l'una circa). ◆ **gegen Mittag** verso mezzogiorno. ◆ **heute Mittag** († **mittag**) oggi verso mezzogiorno. ◆ **zu Mittag essen** pranzare.
Mittagessen [-ˌˀɛsən] *(n;* -s, -*)* ~ pranzo.
mittags [-s] *(avv)* ~ verso mezzogiorno (fra le 11 e l'una circa).
Mittagspause [-sˌpauzə] *(f;* -, -n*)* ~ pausa (per il) pranzo.
Mitte [ˈmɪtə] *(f;* -*)* ***1*** mezzo, centro ♦ *in der Mitte des Tisches steht ein Blumentopf* nel mezzo del tavolo c'è un vaso di fiori. ***2*** *(pol)* centro. ◆ **Mitte** (+ Gen) a metà di, alla metà di ♦ *Mitte der Woche* a metà della settimana ♦ *Mitte August* alla metà di agosto. ◆ **in der Mitte liegen** stare nel mezzo, stare a metà strada (fra due luoghi). ◆ **in der Mitte stehen** *(fig)* stare nel mezzo (fra due estremi).
mit|teilen *(vt,* hat*)* ~ {*jmdm etwas ~*} comunicare qcs a qcn ♦ *jmdm eine Nachricht mitteilen* comunicare una notizia a qcn ♦ *man hat mir mitgeteilt, dass* mi hanno comunicato che.
mitteilsam [ˈmɪttailˌzaːm] *(agg)* ~ comunicativo, loquace.
Mitteilung [ˈmɪtˌtailʊŋ] *(f;* -, -en*)* ***1*** *(solo sing)* comunicazione (il comunicare). ***2*** comunicazione, notizia, messaggio.
mittel [ˈmɪtəl] *(agg;* solo *pred)* ~ *(fam)* mediocre.
Mittel *(n;* -s, -*)* ***1*** mezzo, strumento ♦ *wir versuchten es mit allen Mitteln* tentammo con tutti i mezzi. ***2*** media, valore medio ♦ *im Mittel sein* essere nella media. ***3*** sostanza ♦ *chemische Mittel* sostanze chimiche. ***4*** medicina, farmaco ♦ *ein Mittel gegen Fieber* una medicina contro la febbre. ***5*** *(pl)* mezzi (economici), soldi ♦ *ohne Mittel sein* non avere mezzi economici. ◆ **der Zweck heiligt die Mittel** *(prov)* il fine giustifica i mezzi.
Mittelalter [-ˌˀaltɐ] *(n;* -s*)* ~ medioevo.
mittelalterlich [-ˌˀaltɐlɪç] *(agg)* ~ medievale.
mittelbar [-ˌbaːɐ] *(agg)* ~ indiretto, mediato.
Mittelding [-ˌdɪŋ] *(n;* -(e)s*)* ~ *(fam)* via di mezzo.
Mittelfeld [-ˌfɛlt] *(n;* -(e)s*)* ~ *(sport)* centrocampo.
Mittelfeldspieler [-fɛltˌʃpiːlɐ] *(m;* -s, -*)* ~ centrocampista.
Mittelfinger [-ˌfɪŋɐ] *(m;* -s, -*)* ~ *(anat)* dito medio.
mittelgroß [-ˌgroːs] *(agg)* ~ di media grandezza.
Mittelklasse [-ˌklasə] *(f;* -, -n*)* ***1*** classe media, ceto medio. ***2*** media cilindrata.
Mittelklassewagen [-klasəˌvaːgən] *(m;* -s, -*)* ~ auto di media cilindrata.
mittellang [-ˌlaŋ] *(agg)* ~ di media lunghezza.
mittellos [-ˌloːs] *(agg)* ~ privo di mezzi, povero.
Mittelmaß [-ˌmaːs] *(n;* -es, *raro* -e*)* ~ media, mediocrità.
mittelmäßig [-ˌmɛːsɪç] *(agg)* ~ mediocre.
Mittelpunkt [-ˌpʊŋkt] *(m;* -(e)s, -e*)* ***1*** centro, punto centrale. ***2*** *(fig)* centro ♦ *im Mittelpunkt des Interesses stehen* stare al centro dell'interesse.
mittels [-s] *(prep* + Gen*)* ~ *(lett)* per mezzo di, tramite.
Mittelschicht [-ʃɪçt] *(f;* -, -en*)* ~ ceto medio, classe media.
Mittelschule [-ʃuːlə] *(f;* -, -n*)* ~ scuola media.

Mittelsmann [-ˌman] *(m; -(e)s, -männer/-leute)* ~ intermediario, mediatore.
Mittelstand [-ʃtant] *(m; -(e)s)* ~ ceto medio, classe media.
Mittelweg [-ˌveːk] *(m; -(e)s, -e)* ~ *(fig)* via di mezzo ♦ *einen Mittelweg einschlagen/gehen* seguire una via di mezzo.
Mittelwert [-ˌveːɐt] *(m; -(e)s, -e)* ~ valore medio, media.
mitten ['mɪtən] *(avv)* ~ a metà, nel mezzo, al centro ♦ *mitten auf der Straße* nel mezzo di strada (stato in luogo) ♦ *mitten in der Nacht* nel mezzo, nel cuore della notte.
mittendrin [-'drɪn] *(avv)* ~ in mezzo, nel mezzo (stato).
mittendurch [-'dʊrç] *(avv)* ~ nel mezzo, al centro (attraversamento).
Mitternacht ['mɪtɐˌnaxt] *(f; -, raro -nächte)* ~ mezzanotte ♦ *es ist Mitternacht* è mezzanotte ♦ *die Glocke schlägt Mitternacht* la campana suona la mezzanotte. ◆ **gegen Mitternacht** verso mezzanotte. ◆ **nach, vor Mitternacht** dopo, prima di mezzanotte. ◆ **um Mitternacht** a mezzanotte.
mitternachts ['mɪtɐˌnaxts] *(avv)* ~ a mezzanotte.
mittlere(r, -s) ['mɪtlərə (-rɐ, -rəs)] *(agg)* **1** centrale, mediano, che sta nel mezzo. **2** *(fig)* medio, nella media ♦ *mittlere Größe* altezza media. **3** *(fig)* mezzo ♦ *eine Frau mittleren Alters* una donna di mezza età. ◆ **der Mittlere Osten** il Medio Oriente. ◆ **mittlere Reife** esame di maturità (al termine della Realschule).
mittlerweile ['mɪtlɐ'vailə] *(avv)* ~ nel frattempo, intanto.
Mittwoch ['mɪtˌvɔx] *(m; -(e)s, -e)* ~ mercoledì ♦ *am Mittwoch* (di) mercoledì.
Mittwoch-, mittwoch- ~ vedi **Dienstag-, dienstag-**
mittwochs [-s] *(avv)* ~ tutti i mercoledì.
mitunter [mɪt'ˀʊntɐ] *(avv)* ~ a volte, talvolta.
Mitwelt ['mɪtˌvɛlt] *(f; -)* ~ contemporanei.
mit|wirken *(vi, hat)* ~ {*an/bei/in etwas* (Dat) ~} cooperare, contribuire a qcs; partecipare a qcs.
Mitwirkung ['mɪtˌvɪrkʊŋ] *(f; -)* ~ cooperazione; partecipazione.
Mitwisser ['mɪtˌvɪsɐ] *(m; -s, -; f* **-in***)* ~ persona che è a conoscenza (di un segreto) ♦ *jmdn zum Mitwisser machen* rendere qcn partecipe (di informazioni segrete).
mit|zählen *(vt, hat)* **1** contare insieme, includere nel conto. **2** *(vi) (fam)* contare, essere importante.
mixen ['mɪksən] *(vt, hat)* **1** mescolare, preparare (bibite). **2** mixare (musica, film, ecc).
Mixer ['mɪksɐ] *(m; -s, -)* ~ frullatore, mixer.
Mixgerät ['mɪksgəˌrɛːt] *(n; -(e)s, -e)* ~ frullatore, mixer.
Möbel ['møːbəl] *(n; -s, -)* **1** mobile, pezzo di arredamento. **2** *(pl)* mobilia, mobili, arredamento.
Möbelstück [-ʃtʏk] *(n; -(e)s, -e)* ~ mobile, pezzo di arredamento.
mobil [mo'biːl] *(agg)* **1** mobile. **2** *(fig/fam)* vispo, arzillo. ◆ **jmdn/etwas mobil machen** *(mil)* mobilitare qcn/qcs *(anche fig)*.
Mobiliar [mobi'ljaːɐ] *(n; -s)* ~ mobilio, mobili, arredamento.
möblieren [mø'bliːrən] *(vt, hat)* ~ ammobiliare.
mochte ['mɔxtə] ~ pret di **mögen**.
möchte ['mœçtə] ~ cong pres di **mögen**.
Mode ['moːdə] *(f; -, -n)* **1** moda, costume, tendenza. **2** moda (nell'abbigliamento). **3** *(pl)* moda, abiti di moda. ◆ **aus der Mode kommen** passare di moda. ◆ **in Mode sein** essere di moda. ◆ **mit/nach der Mode gehen** seguire la moda.
Model [-l] *(n; -s, -s)* ~ modella, indossatrice.
Modell [mo'dɛl] *(n; -s, -e)* **1** modello, esempio, prototipo. **2** modello, calco. **3** modellino; plastico. **4** modello (di pittori e sim). **5** modello, abito.
modellieren [modɛ'liːrən] *(vt, hat)* ~ modellare, plasmare.
Moder ['moːdɐ] *(m; -s)* ~ muffa, marciume.
Moderator [mode'raːtoːɐ] *(m; -s, -; f* **-in***)* ~ conduttore, presentatore (in tv o radio).
moderieren [mode'riːrən] *(vt, hat)* ~ condurre, presentare (trasmissioni tv o radio).
moderig ['moːdərɪç] *(agg)* ~ marcio, ammuffito.
modern[1] [mo'dɛrn] *(agg)* ~ moderno.

modern² ['mo:dɐn] *(vi, hat/ist)* ~ ammuffire, marcire.

Moderne [mo'dɛrnə] *(f; -)* **1** modernità, tempi moderni. **2** letteratura moderna; arte moderna.

modifizieren [modofi'tsi:rən] *(vt, hat)* ~ modificare.

modisch ['mo:dɪʃ] *(agg/avv)* ~ di moda, alla moda ♦ *eine modische Jacke* una giacca alla moda ♦ *sich modisch kleiden* vestirsi alla moda.

modulieren [modu'li:rən] *(vt, hat)* ~ modulare, variare ♦ *die Stimme modulieren* modulare la voce.

Modus ['mo:dʊs] *(m; -, Modi)* ~ modo *(anche gramm)*, maniera (di procedere).

Mofa ['mo:fa] *(n; -s, -s) (abbrev di* **Motorfahrrad***)* ~ ciclomotore, motorino, scooter.

mogeln ['mo:gəln] *(vi, hat)* ~ *(fam)* imbrogliare, barare.

mögen ['mø:gən] *(vi/vt,* hat; er **mag**, **mochte**, **gemocht***)* **1** *{jmdn ~}* avere simpatia per qcn, piacere, voler bene a qcn ♦ *ich mag dich* mi piaci. **2** *(spec neg)* piacere, gradire ♦ *ich mag kein Gemüse (essen)* non mi piace la verdura ♦ *ich mag nicht tanzen* non mi piace ballare ♦ *ich mag es nicht, wenn du dich so benimmst* non mi piace quando ti comporti così. **3** (modale, esprime dubbio, probabilità, ecc) potere ♦ *er mag Recht haben* può essere che abbia ragione ♦ *es mag sein, dass* può essere che ♦ *wer mag es gewesen sein?* chi può essere stato? ♦ *was sie auch sagen mag, ich werde es mir nicht überlegen* qualsiasi cosa dica, io non cambierò idea. **4** (ottativo) potere ♦ *möge er lange gesund bleiben!* che possa rimanere a lungo in salute! ◆ **ich möchte** vorrei, mi piacerebbe ♦ *ich möchte zu Hause bleiben* vorrei rimanere a casa ♦ *ich möchte ein Buch lesen* vorrei leggere un libro ♦ *möchtest du ein Stück Kuchen?* ti andrebbe un pezzo di torta?

möglich ['mø:klɪç] *(agg)* **1** possibile, fattibile ♦ *heute ist es mir nicht möglich, zu dir zu kommen* oggi non mi è possibile venire da te ♦ *rufen Sie mich bitte heute an, wenn möglich/wenn es Ihnen möglich ist* mi telefoni oggi, se possibile/se le è possibile. **2** possibile, probabile ♦ *es ist möglich, dass sie den Zug verpasst hat* è possibile che abbia perso il treno. ◆ **alles Mögliche** **1** tutto, tutto il possibile ♦ *wir haben alles Mögliche getan* abbiamo fatto tutto il possibile. **2** *(fam)* ogni cosa possibile, un sacco di cose ♦ *er hat sich alles Mögliche gekauft* si è comprato un sacco di cose. ◆ **so... wie möglich** più... possibile ♦ *so schnell wie möglich* più veloce(mente) possibile ♦ *so gut wie möglich* meglio possibile.

möglicherweise [-ɐ'vaizə] *(avv)* ~ possibilmente; probabilmente.

Möglichkeit [-ˌkait] *(f; -, -en)* **1** possibilità, opportunità, occasione ♦ *jmdm die Möglichkeit bieten/geben, etwas zu tun* dare/offrire a qcn la possibilità di fare qcs ♦ *es besteht die Möglichkeit, dass* c'è la possibilità che ♦ *ich hatte noch keine Möglichkeit, ihn zu besuchen* non ho avuto ancora la possibilità di andarlo a trovare. **2** possibilità, probabilità. **3** possibilità, soluzione, alternativa ♦ *es gibt nur eine Möglichkeit* c'è una sola possibilità. ◆ **nach Möglichkeit** se è possibile.

möglichst [-st] *(agg/avv)* **1** il più possibile ♦ *wir suchen eine möglichst große Wohnung* cerchiamo un appartamento più grande possibile ♦ *möglichst bald* prima possibile. **2** se possibile, possibilmente. ◆ **möglichst viel** (il) più possibile ♦ *ich habe möglichst viel für die Prüfung gelernt* ho studiato più possibile per l'esame.

Mohammedaner [mohame'da:nɐ] *(m; -s, -; f* **-in***)* ~ maomettano, musulmano.

mohammedanisch [mohame'da:nɪʃ] *(agg)* ~ maomettano, musulmano.

Mohn [mo:n] *(m; -(e)s)* ~ *(bot)* papavero.

Mohnblume ['mo:nˌblu:mə] *(f; -, -n)* ~ fiore di papavero, papavero.

Möhre ['mø:rə] *(f; -, -n)* ~ *(bot)* carota.

Mokka ['mɔka] *(m; -s, -s)* ~ moca; caffè espresso.

Molch [mɔlç] *(m; -(e)s, -e)* ~ *(zool)* tritone.

Mole ['mo:lə] *(f; -, -n)* ~ molo.

Molekül [mole'ky:l] *(n; -s, -e)* ~ molecola.

molekular [moleku'la:ɐ] *(agg)* ~ molecolare.

molk [mɔlk] ~ pret di **melken**.

Molkerei [mɔlkə'rai] *(f; -, -en)* ~ caseificio; centrale del latte.

Moll [mɔl] *(n; -, -)* ~ *(mus)* minore, tonalità minore.
mollig ['mɔlɪç] *(agg)* **1** *(fam)* rotondetto, grassottello. **2** *(fam)* morbido, soffice (abiti e sim). **3** *(fam)* tiepido, piacevolmente caldo (stanze e sim).
Moment[1] [mo'mɛnt] *(m; -(e)s, -e)* ~ momento, attimo ♦ *den richtigen Moment verpassen* perdere il momento giusto ♦ *bitte warte einen Moment* aspetta un momento, per favore. ◆ **einen Moment, bitte!** un momento, per favore! ◆ **im Moment** in questo momento, attualmente.
Moment[2] *(n; -(e)s, -e)* **1** *(fis)* momento. **2** elemento, fattore ♦ *ein entscheidendes Moment* un fattore decisivo.
momentan [momɛn'ta:n] *(agg)* **1** momentaneo. **2** *(avv)* momentaneamente, in questo momento.
Monarch [mo'narç] *(m; -en, -en; f* **-in***)* ~ monarca, sovrano.
Monarchie [monar'çi:] *(f; -, -n)* ~ monarchia.
monarchisch [mo'narçɪʃ] *(agg)* ~ monarchico.
Monat ['mo:nat] *(m; -(e)s, -e)* ~ mese ♦ *der Kurs dauert vier Monate* il corso dura quattro mesi ♦ *jeden Monat* ogni mese ♦ *letzten, nächsten Monat* il mese scorso, prossimo ♦ *nach vier Monaten* dopo quattro mesi ♦ *vor vier Monaten* quattro mesi fa ♦ *sie ist im dritten Monat (fam)* è al terzo mese (di gravidanza).
monatelang [-ə,laŋ] *(agg)* **1** di mesi, lungo dei mesi. **2** *(avv)* per mesi.
monatlich [-lɪç] *(agg)* **1** mensile. **2** *(avv)* mensilmente, ogni mese.
Monatsblutung ['mo:nats,blu:tʊŋ] *(f; -, -en)* ~ mestruazione.
Monatsgehalt ['mo:natsgə,halt] *(n; -(e)s, -hälter)* ~ stipendio mensile.
Monatsheft ['mo:nats,hɛft] *(n; -(e)s, -e)* ~ mensile, rivista mensile.
Mönch [mœnç] *(m; -(e)s, -e)* ~ monaco, frate.
mönchisch ['mœnçɪʃ] *(agg)* ~ monastico, monacale *(anche fig)*.
Mönchskutte ['mœnçs,kʊtə] *(f; -, -n)* ~ tonaca, saio.
Mönchsorden ['mœnçs,ˀɔrdən] *(m; -s, -)* ~ ordine monastico.
Mond [mo:nt] *(m; -(e)s, -e)* **1** luna ♦ *abnehmender, zunehmender Mond* luna calante, crescente ♦ *der Mond geht auf, geht unter* la luna sorge, tramonta. **2** satellite, luna. ◆ **auf dem Mond leben** *(fig/fam)* vivere sulla luna. ◆ **in den Mond gucken** *(fig/fam)* rimanere a mani vuote.
Mondfinsternis [-,fɪnstɐnɪs] *(f; -, -se)* ~ eclissi di luna.
Mondschein [-ʃain] *(m; -(e)s)* ~ luce della luna, chiaro di luna. ◆ **bei/im Mondschein** al chiaro di luna.
Mondscheintarif [-ʃainta,ri:f] *(m; -(e)s, -e)* ~ tariffa notturna (del telefono).
mondsüchtig [-,zʏçtɪç] *(agg)* ~ sonnambulo.
Mondsüchtigkeit [-zʏçtɪç,kait] *(f; -)* ~ sonnambulismo.
monieren [mo'ni:rən] *(vt, hat)* ~ criticare, biasimare.
Monolog [mono'lo:k] *(m; -(e)s, -e)* ~ monologo.
Monopol [mono'po:l] *(n; -s, -e)* ~ *(econ)* monopolio ♦ *das Monopol auf/für etwas haben* avere il monopolio su qcs.
monoton [mono'to:n] *(agg)* ~ monotono, noioso.
Monster ['mɔnstɐ] *(n; -s, -)* ~ mostro, essere orribile *(anche fig)*.
Monsun [mɔn'zu:n] *(m; -s, -e)* ~ monsone.
Montag ['mo:n,ta:k] *(m; -(e)s, -e)* ~ lunedì ♦ *am Montag* lunedì, di lunedì.
Montag-, **montag-** ~ vedi **Dienstag-**, **dienstag-**.
Montage [mɔn'ta:ʒə] *(f; -, -n)* **1** montaggio, installazione. **2** montaggio (di film).
montags ['mo:n,ta:ks] *(avv)* ~ tutti i lunedì.
Monteur [mɔn'tø:ɐ] *(m; -s, -e; f* **-in***)* ~ montatore, installatore.
montieren [mɔn'ti:rən] *(vt, hat)* **1** montare, installare ♦ *eine Antenne auf das/dem Dach montieren* montare un'antenna sul tetto. **2** montare (film).
Monument [monu'mɛnt] *(n; -(e)s, -e)* ~ monumento.
monumental [monumɛn'ta:l] *(agg)* ~ monumentale.
Moor ['mo:ɐ] *(n; -(e)s, -e)* ~ palude.
moorig ['mo:rɪç] *(agg)* ~ paludoso.

Moos [mo:s] *(n; -es, -e) **1*** muschio. ***2*** *(solo sing) (fam)* soldi, quattrini.
Moped ['mo:pɛt] *(n; -s, -s)* ~ ciclomotore, motorino, scooter.
Mops [mɔps] *(m; -(e)s, Möpse) **1** (zool)* cane carlino. ***2*** *(fam)* tombolo (persona bassa e grassa).
Moral [mo'ra:l] *(f; -, raro -en) **1*** morale (etica; senso morale; insegnamento). ***2*** morale *(m)*, spirito.
moralisch [-ɪʃ] *(agg)* ~ morale, etico.
Morast [mo'rast] *(m; -(e)s, Moräste)* ~ palude, pantano.
Mord [mɔrt] *(m; -(e)s, -e)* ~ assassinio, omicidio ♦ *einen Mord begehen/verüben* compiere un omicidio.
morden ['mɔrdən] *(vi, hat)* ~ compiere un omicidio.
Mörder ['mœrdɐ] *(m; -s, -; f* **-in**) ~ assassino, omicida.
mörderisch ['mœrdərɪʃ] *(agg) **1*** assassino, omicida. ***2*** *(fig)* infernale, terribile ♦ *mörderische Hitze* caldo infernale.
Mordversuch ['mɔrtfɛɐ̯ˌzu:x] *(m; -(e)s, -e)* ~ tentato omicidio.
morgen ['mɔrgən] *(avv)* ~ domani ♦ *morgen ist Dienstag* domani è martedì ♦ *wir fahren morgen ab* partiamo domani. ◆ **morgen früh** domattina. ◆ **morgen Abend** († **abend**) domani sera.
Morgen *(m; -s, -)* ~ mattino, mattina, mattinata ♦ *ein frischer, heiterer Morgen* un mattino fresco, sereno. ◆ **heute Morgen** stamattina. ◆ **am Morgen** di mattina, la mattina ♦ *am nächsten Morgen; am Morgen darauf* la mattina dopo. ◆ **guten Morgen!** buongiorno! (detto la mattina presto) ♦ *jmdm guten Morgen sagen* dare il buon giorno a qcn.
morgendlich [-tlɪç] *(agg)* ~ mattutino, del mattino.
Morgengrauen [-ˌgrauən] *(n; -s, -)* ~ alba.
Morgenland [-ˌlant] *(n; -(e)s)* ~ *(lett)* oriente.
Morgenrock [-ˌrɔk] *(m; -(e)s, Röcke)* ~ vestaglia.
Morgenröte [-ˌrø:tə] *(f; -, -n)* ~ aurora.
morgens [-s] *(avv)* ~ di mattina, la mattina presto ♦ *um vier Uhr morgens* alle quattro di mattina ♦ *von morgens bis abends* da mattina a sera.
Morgenstunde [-ʃtʊndə] *(f; -, -n)* ~ ora mattutina ♦ *in den frühen Morgenstunden* nelle prime ore del mattino. ◆ **Morgenstunde hat Gold im Munde** *(prov)* il mattino ha l'oro in bocca.
morgig ['mɔrgɪç] *(agg)* ~ di domani ♦ *die morgige Prüfung* l'esame di domani.
Morphium ['mɔrfjʊm] *(n; -s)* ~ morfina.
morsch [mɔrʃ] *(agg) **1*** marcio (legno e sim). ***2*** fatiscente.
Mörtel ['mœrtəl] *(m, -s, -)* ~ malta, calcina.
Mosaik [moza'i:k] *(n; -s, -en)* ~ mosaico *(anche fig)*.
Moschee [mɔ'ʃe:] *(f; -, -n)* ~ moschea.
Moschus ['mɔʃʊs] *(m; -)* ~ muschio (aroma).
Moskito [mɔs'ki:to] *(m; -s, -s)* ~ zanzara.
Moslem ['mɔslɛm] *(m; -s, -s; f* **Moslime**) ~ musulmano.
moslemisch [mɔs'le:mɪʃ] *(agg)* ~ musulmano.
Moslime [mɔs'li:mə] *(f; -, -n)* ~ musulmana.
Most [mɔst] *(m; -(e)s, -e) **1*** mosto. ***2*** sidro.
Motiv [mo'ti:f] *(n; -s, -e) **1** (arte/mus)* motivo. ***2*** argomento, tema. ***3*** *(lett)* motivo, ragione. ***4*** *(dir)* movente.
Motivation [motiva'tsjo:n] *(f; -, -en)* ~ motivazione.
motivieren [moti'vi:rən] *(vt, hat)* ~ motivare.
motiviert [moti'vi:ɐt] *(agg) **1*** motivato, giustificato. ***2*** motivato, determinato (persona).
Motor ['mo:to:ɐ] *(m; -s, -en) **1*** motore ♦ *den Motor abstellen, anstellen* fermare, avviare il motore. ***2*** *(fig)* motore, impulso.
Motorfahrrad [-ˌfa:ɐra:t] *(n; -(e)s, -räder) (abbrev* **Mofa**) ~ motociclo, motorino, scooter.
Motorrad [-ˌra:t] *(n; -(e)s, -räder)* ~ motocicletta, moto.
Motorradfahrer [-ra:tˌfa:rɐ] *(m; -s, -; f* **-in**) ~ motociclista.
Motorroller [-ˌrɔlɐ] *(m; -s, -)* ~ motorino, scooter.
Motte ['mɔtə] *(f; -, -n)* ~ *(zool)* tarma, tignola.
Motto ['mɔto] *(n; -s, -)* ~ motto, massima.
Möwe ['mø:və] *(f; -, -n)* ~ *(zool)* gabbiano.
Mücke ['mʏkə] *(f; -, -n)* ~ *(zool)* zanzara. ◆ **aus einer Mücke einen Elefanten**

machen *(fig/fam)* fare di un bruscolo una montagna.

Mucks [mʊks] *(m; -es)* ~ *(fam)* suono, parola. ◆ **keinen Mucks machen/von sich geben** non aprire bocca, non fiatare.

müde ['my:də] *(agg)* ***1*** stanco, affaticato, spossato ♦ *ich bin müde* sono stanco ♦ *du siehst müde aus* hai l'aria stanca. ***2*** stanco, assonnato ♦ *ich bin müde* ho sonno. ◆ **jmds/einer Sache müde sein** *(fig)* essere stanco di qcn/qcs, essere stufo di qcn/qcs ♦ *ich bin es müde, dir immer alles zweimal sagen zu müssen* sono stanco di doverti dire sempre tutto due volte. ◆ **jmds/einer Sache müde werden** *(fig)* stancarsi di qcn/qcs, stufarsi di qcn/qcs.

Müdigkeit ['my:dɪçˌkait] *(f; -)* ~ stanchezza; sonno.

Muffel ['mʊfəl] *(m; -s, -)* ~ *(fam)* brontolone.

muffelig [-ɪç] *(anche* **mufflig***)* *(agg)* ~ *(fam)* scorbutico, brontolone, musone.

muffeln [-n] *(vi,* hat*)* ~ *(fam)* brontolare, tenere il muso, essere scorbutico.

muffig[1] ['mʊfɪç] *(agg)* ~ *(fam)* scorbutico, brontolone, musone.

muffig[2] *(agg)* ~ che odora di muffa, ammuffito.

mufflig ['mʊflɪç] *(agg)* ~ vedi **muffelig**.

Mühe ['my:ə] *(f; -, -n)* ~ sforzo, fatica, impegno ♦ *diese Arbeit hat mich viel Mühe gekostet* questo lavoro mi è costato molta fatica ♦ *das ist verlorene Mühe* è tutta fatica sprecata. ◆ **Mühe haben, etwas zu tun** faticare a fare qcs, doversi sforzare per fare qcs. ◆ **sich** (Dat) **Mühe geben/machen, etwas zu tun** sforzarsi di fare qcs. ◆ **seine Mühe mit jmdm/etwas haben** avere il proprio daffare con qcn/qcs. ◆ **jmdm Mühe machen** costare fatica a qcn. ◆ **keine Mühe scheuen, etwas zu tun** non risparmiarsi per fare qcs. ◆ **mit Mühe und Not** con grande fatica.

mühelos [-ˌlo:s] *(agg)* ***1*** facile, non faticoso. ***2*** *(avv)* senza fatica.

muhen [-n] *(vi,* hat*)* ~ muggire.

Mühle ['my:lə] *(f; -, -n)* ***1*** mulino. ***2*** macinino.

Mühlenflügel [-nˌfly:gəl] *(m; -s, -)* ~ pala del mulino (a vento).

Mühlrad ['my:lˌra:t] *(n; -(e)s, -räder)* ~ ruota del mulino.

Mühlstein ['my:lˌʃtain] *(m; -(e)s, -e)* ~ macina, mola.

mühsam ['my:ˌza:m] *(agg)* ***1*** faticoso, difficile. ***2*** *(avv)* a fatica.

mühselig ['my:ˌze:lɪç] *(agg)* ~ faticoso, difficile.

Mühseligkeit [-ˌkait] *(f; -)* ~ fatica, difficoltà.

Mulatte [mu'latə] *(m; -n, -n; f* **Mulattin***)* ~ mulatto.

Mulde ['mʊldə] *(f; -, -n)* ~ conca, bacino.

Mull [mʊl] *(m; -(e)s)* ~ garza.

Müll [mʏl] *(m; -(e)s)* ~ rifiuti, immondizia, spazzatura.

Müllabfuhr [-ˌʔapfu:ɐ] *(f; -)* ***1*** raccolta delle immondizie. ***2*** servizio di nettezza urbana.

Müllcontainer [-kɔnˌte:nɐ] *(m; -s, -)* ~ cassonetto dei rifiuti.

Mülleimer [-ˌʔaimɐ] *(m; -s, -)* ~ secchio dell'immondizia, pattumiera.

Müller [-ɐ] *(m; -s, -; f* **-in***)* ~ mugnaio.

Müllkippe [-ˌkɪpə] *(f; -, -n)* ~ discarica.

Müllmann [-ˌman] *(m; -(e)s, -männer)* ~ *(fam)* netturbino, spazzino.

Mülltonne [-ˌtɔnə] *(f; -, -n)* ~ bidone per i rifiuti.

Mülltrennung [-ˌtrɛnʊŋ] *(f; -, -en)* ~ raccolta differenziata.

Müllverbrennungsanlage [-fɛɐbrɛnʊŋsˌʔanla:gə] *(f; -, -n)* ~ inceneritore.

Müllwagen [-ˌva:gən] *(m; -s, -)* ~ autocarro della nettezza urbana.

Müllwerker [-ˌvɛrkɐ] *(m; -s, -; f* **-in***)* ~ netturbino, operatore ecologico.

mulmig ['mʊlmɪç] *(agg)* ~ *(fam)* spiacevole, sgradevole. ◆ **jmdm ist/wird mulmig** qcn si sente a disagio, ha la tremarella.

Multiplikation [mʊltɪplika'tsjo:n] *(f; -, -en)* ~ *(mat)* moltiplicazione.

multiplizieren [mʊltipli'tsi:rən] *(vt,* hat*)* ~ *(mat)* moltiplicare ♦ *zehn mit fünf multiplizieren* moltiplicare dieci per cinque.

Mumie ['mu:mjə] *(f; -, -n)* ~ mummia.

Mumps [mʊmps] *(m; -)* ~ parotite, orecchioni.

Mund [mʊnt] *(m; -(e)s, Münder)* ***1*** bocca ♦ *den Mund aufmachen/öffnen* aprire la bocca ♦ *den Mund schließen* chiudere la bocca ♦ *mit vollem Mund sprechen* parlare a bocca piena. *2* bocca, apertura. ◆ **ein Mund voll** († **Mundvoll**) una boccata (di cibo). ◆ **den Mund nicht aufmachen/auftun** *(fam)* non aprir bocca, non dire niente. ◆ **den Mund halten** *(fam)* tenere la bocca chiusa, chiudere il becco. ◆ **jmdm den Mund stopfen** *(fig/fam)* tappare la bocca a qcn. ◆ **sich den Mund verbrennen** *(fig/fam)* parlare troppo, tradirsi. ◆ **nicht auf den Mund gefallen sein** *(fig)* avere la risposta pronta. ◆ **jmdm das Wort aus dem Mund nehmen** *(fig)* levare le parole di bocca a qcn. ◆ **jmdn/etwas im Mund führen** *(fig)* parlare sempre di qcn/qcs. ◆ **in aller Munde sein** *(fig)* essere sulla bocca di tutti. ◆ **jmdm die Antwort in den Mund legen** *(fig)* mettere la risposta in bocca a qcn. ◆ **etwas in den Mund nehmen** dire qcs, pronunciare qcs. ◆ **mit offenem Mund** a bocca aperta *(anche fig)* ♦ *mit offenem Mund dastehen* *(fig)* rimanere a bocca aperta. ◆ **jmdm nach dem Mund reden** parlare per compiacere qcn. ◆ **von Mund zu Mund gehen** *(fig)* passare di bocca in bocca.

Mundart [-ˌˀaːɐt] *(f; -, -en)* ~ dialetto.

mundartlich [-ˌˀaːɐtlɪç] *(agg)* ~ dialettale.

münden [ˈmʏndən] *(vi, hat)* *1* sfociare, gettarsi ♦ *der Rhein mündet in die Nordsee* il Reno sfocia nel Mare del Nord. *2* sboccare ♦ *die Straße mündet auf den Marktplatz* la strada sbocca sulla piazza del mercato. *3* {*in etwas* (Acc) ~} *(fig)* sfociare in qcs, tradursi in qcs.

mundgerecht [ˈmʊntɡəˌrɛçt] *(agg)* *1* tagliato a bocconcini, spezzettato (per essere mangiato). *2* *(avv)* a bocconcini, a pezzetti. ◆ **jmdm etwas mundgerecht machen** *(fig)* rendere qcs appetibile per qcn.

Mundgeruch [ˈmʊntɡəˌrʊx] *(m; -(e)s)* ~ alito cattivo.

Mundhöhle [ˈmʊntˌhøːlə] *(f; -, -n)* ~ cavità orale.

mündig [ˈmʏndɪç] *(agg)* ~ maggiorenne.

Mündigkeit [-ˌkait] *(f; -)* ~ maggiore età.

mündlich [ˈmʏntlɪç] *(agg)* *1* orale, a voce ♦ *mündliche Prüfung* esame orale. *2* *(avv)* oralmente, a voce.

Mundstück [ˈmʊntʃtʏk] *(n; -(e)s, -e)* ~ bocchino, imboccatura (di pipa, sigaretta, strumenti a fiato, ecc).

mundtot [ˈmʊntˌtoːt] *(agg)* ~ **jmdn mundtot machen** ridurre qcn al silenzio.

Mündung [ˈmʏndʊŋ] *(f; -, -en)* *1* sbocco, foce. *2* bocca (di armi da fuoco).

Mundvoll ~ **Mund voll** (vedi **Mund**).

Mundwasser *(n; -s, -wässer)* ~ collutorio.

Mundwerk [ˈmʊntˌvɛrk] *(n; -(e)s)* ~ *(fig/fam)* parlantina, lingua lunga. ◆ **ein böses Mundwerk haben** essere una malalingua.

Munition [muniˈtsjoːn] *(f; -)* ~ munizioni, armi.

munkeln [ˈmʊŋkəln] *(vi/vt, hat)* ~ *(fam)* mormorare, vociferare.

munter [ˈmʊntɐ] *(agg)* *1* allegro, vivace. *2* sveglio ♦ *wirst du immer so früh munter?* ti svegli sempre così presto? *3* *(avv)* allegramente.

Munterkeit [-ˌkait] *(f; -)* ~ allegria, vivacità.

Münzamt [ˈmʏntsˌˀamt] *(n; -(e)s, -ämter)* ~ vedi **Münzstätte**.

Münzanstalt [ˈmʏntsˌˀanʃtalt] *(f; -, -en)* ~ vedi **Münzstätte**.

Münze [ˈmʏntsə] *(f; -, -n)* *1* moneta ♦ *Münzen fälschen, prägen* falsificare, coniare monete. *2* zecca. ◆ **klingende Münze** moneta sonante. ◆ **etwas für bare Münze nehmen** *(fig)* prendere qcs per oro colato. ◆ **jmdm etwas in/mit gleicher Münze heimzahlen** *(fig)* ripagare qcn con la stessa moneta per qcs.

Münzstätte [ˈmʏntsʃtɛtə] *(f; -, -n)* ~ zecca, officina di conio.

mürb(e) [mʏrp (ˈmʏrbə)] *(agg)* *1* marcio, fradicio (legno, stoffa, ecc). *2* friabile, che si sbriciola facilmente (roccia; biscotto). *3* frollato (carne). ◆ **jmdn mürbe machen** *(fig)* piegare qcn.

murmeln [ˈmʊrməln] *(vt/vi, hat)* ~ mormorare, borbottare.

Murmeln *(n; -s)* ~ mormorio, borbottio.

Murmeltier [ˈmʊrməlˌtiːɐ] *(n; -(e)s, -e)* ~ *(zool)* marmotta. ◆ **schlafen wie ein Murmeltier** *(fig)* dormire come un ghiro.

murren [ˈmʊrən] *(vi, hat)* ~ {*über etwas* (Acc) ~} brontolare, borbottare su qcs.

mürrisch [ˈmʏrɪʃ] *(agg)* ~ scontroso, burbero, scorbutico.

Mus [muːs] *(n; -es, -e)* ~ passato, pappa, purè.

Muschel ['mʊʃəl] *(f; -, -n)* **1** conchiglia. **2** *(gastr)* mitilo, muscolo. **3** *(anat)* padiglione auricolare. **4** ricevitore; microfono (del telefono).

Muse ['muːzə] *(f; -, -n)* ~ musa.

Museum [mu'zeːʊm] *(n; -s, Museen)* ~ museo ♦ *Museum für moderne Kunst* museo di arte moderna.

Museumsaufseher [-sˌˀaufzeːɐ] *(m; -s, -; f* **-in***)* ~ custode di museo.

Museumswärter [-sˌvɛrtɐ] *(m; -s, -; f* **-in***)* ~ custode di museo.

Musik [mu'ziːk] *(f; -)* ~ musica ♦ *klassische, moderne Musik* musica classica, moderna ♦ *Musik hören* ascoltare la musica ♦ *Musik machen* fare musica.

musikalisch [muzi'kaːlɪʃ] *(agg)* **1** musicale. **2** portato per la musica ♦ *das Kind ist sehr musikalisch* il bambino è molto portato per la musica. **3** *(fig)* musicale, melodico (lingua e sim).

Musikalität [muzikali'tɛːt] *(f; -)* **1** musicalità. **2** talento musicale.

Musikant [muzi'kant] *(m; -en, -en; f* **-in***)* ~ musicante, suonatore.

Musikbox [mu'ziːkˌbɔks] *(f; -, -en)* ~ jukebox.

Musiker ['muːzikɐ] *(m; -s, -; f* **-in***)* ~ musicista.

Musikinstrument [mu'ziːkˀɪnstruˌmɛnt] *(n; -(e)s, -e)* ~ strumento musicale.

Musikkapelle [mu'ziːkkaˌpɛlə] *(f; -, -n)* ~ banda musicale.

Musikkassette [mu'ziːkkaˌsɛtə] *(f; -, -n)* ~ musicassetta.

Musikstück [mu'ziːkˌʃtʏk] *(n; -(e)s, -e)* ~ brano musicale, pezzo.

Muskat [mʊs'kaːt] *(m; -(e)s, -e)* ~ noce moscata.

Muskatnuss († **-nuß**) [-ˌnʊs] *(f; -, -nüsse)* ~ noce moscata.

Muskel ['mʊskəl] *(m; -s, -n)* ~ *(anat)* muscolo.

Muskelkater [-ˌkaːtɐ] *(m; -s, -)* ~ *(fam)* crampo, dolore muscolare (dopo uno sforzo).

Muskelkrampf [-ˌkrampf] *(m; -(e)s, -krämpfe)* ~ crampo muscolare.

Muskelriss († **-riß**) [-ˌrɪs] *(m; -es, -e)* ~ strappo muscolare.

Muskelzerrung [-ˌtsɛrʊŋ] *(f; -, -en)* ~ stiramento muscolare.

muskulös [mʊsku'løːs] *(agg)* ~ muscoloso, robusto.

muss († **muß**) [mʊs] ~ I e III pers sing pres di **müssen**.

Muss († **Muß**) *(n; -)* ~ dovere, must ♦ *dieser Film ist ein Muss für alle Horror-Fans* questo film è un must per tutti gli amanti dell'orrore.

Muße [-ə] *(f; -)* ~ *(lett)* ozio; tempo libero ♦ *(keine) Muße zu etwas haben* non avere il tempo per qcs.

müssen ['mʏsən] *(v mod;* er **muss**, **musste**, **gemusst**; *ortogr pres* ich/er muss, du musst, ihr müsst; *pret* ich musste, ecc; *part pass* gemusst*)* **1** dovere, essere costretto a; bisognare ♦ *ich kann nicht kommen, weil ich arbeiten muss* non posso venire perché devo lavorare ♦ *ich musste es tun; ich habe es tun müssen* ho dovuto farlo ♦ *du musst unbedingt heute anrufen* bisogna assolutamente che tu telefoni oggi. **2** dovere, essere probabile ♦ *er muss/müsste jetzt zu Hause sein* ora deve/dovrebbe essere a casa. **3** *(+ neg)* non dovere, non essere obbligato ♦ *du musst nicht alles auf einmal bezahlen* non devi pagare tutto in una volta (ma se vuoi, puoi farlo). **4** *(fam)* dover andare, dover venire ♦ *ich muss nach Hause* devo andare a casa.

müßig ['myːsɪç] *(agg)* **1** *(lett)* inattivo, in ozio. **2** *(fig)* ozioso, superfluo ♦ *eine müßige Frage* una questione oziosa. ◆ **müßig gehen** († **müßiggehen**) *(lett)* oziare.

Müßiggang [-ˌgaŋ] *(m; -(e)s)* ~ *(lett)* ozio, pigrizia. ◆ **Müßiggang ist aller Laster Anfang** *(prov)* l'ozio è il padre dei vizi.

müßiggehen ~ **müßig gehen** (vedi **müßig**).

musste ['mʊstə] ~ pret di **müssen**.

Muster ['mʊstɐ] *(n; -s, -)* **1** modello ♦ *nach Muster zeichnen* disegnare seguendo un modello. **2** campione (di merce). **3** motivo, decorazione, fantasia. **4** modello, esempio, paradigma ♦ *sie ist ein Muster an Fleiß* è un modello di zelo ♦ *sich* (Dat) *jmdn zum Muster nehmen* prendersi qcn a modello.

Musterbuch [-ˌbuːx] *(n; -(e)s, -bücher)* ~ campionario.
Musterexemplar [-ˀɛksɛmˌplaːɐ] *(n; -(e)s, -e)* ~ esemplare, campione.
mustergültig ['mʊsteˌgʏltɪç] *(agg)* ~ esemplare, (da prendersi a) modello ♦ *eine mustergültige Organisation* un'organizzazione esemplare.
musterhaft ['mʊsteˌhaft] *(agg)* **1** esemplare, (da prendersi a) modello. **2** *(avv)* in modo esemplare.
mustern ['mʊstɐn] *(vt, hat)* **1** osservare, squadrare, scrutare. **2** *(mil)* sottoporre alla visita di leva.
Musterstück ['mʊsteˌʃtʏk] *(n; -(e)s, -e)* ~ esemplare, campione.
Musterung ['mʊstərʊŋ] *(f; -, -en)* **1** osservazione, esame (attento). **2** *(mil)* visita di leva. **3** decorazione.
Mut [muːt] *(m; -(e)s)* ~ coraggio, animo ♦ *(keinen) Mut haben* non avere coraggio ♦ *den Mut haben, etwas zu tun* avere il coraggio di fare qcs ♦ *jmdm Mut machen* fare coraggio a qcn ♦ *den Mut verlieren* perdersi d'animo. ◆ **mit dem Mut der Verzweiflung** con la forza della disperazione. ◆ **nur Mut!** su, coraggio!
mutig [-ɪç] *(agg)* ~ coraggioso.
mutlos [-ˌloːs] *(agg)* ~ scoraggiato.
Mutlosigkeit [-ˌloːzɪçkait] *(f; -)* ~ scoraggiamento, sconforto.
mutmaßlich [-ˌmaːslɪç] *(agg)* ~ presunto ♦ *der mutmaßliche Mörder* il presunto assassino.
Mutmaßung [-ˌmaːsʊŋ] *(f; -, -en)* ~ congettura, supposizione.
Mutter[1] ['mʊtɐ] *(f; -, Mütter)* ~ madre, mamma ♦ *meine Mutter* mia madre ♦ *Mutter werden* divenire madre ♦ *sie ist Mutter von zwei Kindern* è madre di due bambini.
Mutter[2] *(f; -, -n)* ~ dado (di una vite).
Mutterkuchen [-ˌkuːxən] *(m; -s, -)* ~ *(anat)* placenta.
Mutterland [-ˌlant] *(n; -(e)s, -länder)* **1** madrepatria. **2** *(fig)* patria, paese d'origine ♦ *das Mutterland der Demokratie* la patria della democrazia.
Mutterleib [-ˌlaip] *(m; -(e)s, -er)* ~ grembo materno.
mütterlich ['mʏtɐlɪç] *(agg)* **1** materno, della madre. **2** *(fig)* materno, amorevole.
mütterlicherseits [-ɐ'zaits] *(avv)* ~ da parte di madre, materno ♦ *meine Großeltern mütterlicherseits* i miei nonni materni.
Mütterlichkeit [-ˌkait] *(f; -)* ~ maternità, sentimento materno.
Mutterliebe ['mʊteˌliːbə] *(f; -)* ~ amore materno.
mutterlos ['mʊteˌloːs] *(agg)* ~ orfano di madre, senza madre.
Muttermilch ['mʊteˌmɪlç] *(f; -)* ~ latte materno.
Mutterschaft ['mʊteˌʃaft] *(f; -)* ~ maternità (l'essere madre).
mutterseelenallein ['mʊte'zeːlənˀa'lain] *(agg)* ~ completamente solo.
Muttersprache ['mʊteˌʃpraːxə] *(f; -, -n)* ~ madrelingua, lingua materna.
Muttersprachler ['mʊteˌʃpraːxlɐ] *(m; -s, -; f -in)* ~ madrelingua, parlante di madrelingua.
muttersprachlich ['mʊteˌʃpraːxlɪç] *(agg)* ~ della lingua materna, in lingua materna.
Mutti ['mʊti] *(f; -, -s)* ~ *(fam)* mamma.
Mutwille ['muːtˌvɪlə] *(m, -ns)* ~ intenzione, proposito ♦ *etwas aus Mutwille tun* fare qcs di proposito.
mutwillig ['muːtˌvɪlɪç] *(agg)* ~ intenzionale.
Mütze ['mʏtsə] *(f; -, -n)* ~ berretto.
MwSt. ~ abbrev di **Mehrwertsteuer**.
Myrte ['mʏrtə] *(f; -, -n)* ~ *(bot)* mirto.
mysteriös [mʏste'rjøːs] *(agg)* ~ misterioso.
Mystik ['mʏstɪk] *(f; -)* ~ mistica.
mystisch ['mʏstɪʃ] *(agg)* ~ mistico.
Mystizismus [mʏstɪ'tsɪsmʊs] *(m; -, Mystizismen)* ~ misticismo.
Mythe ['myːtə] *(f; -, -n)* ~ vedi **Mythus**.
mythisch ['myːtɪʃ] *(agg)* ~ mitico.
Mythologie [mytolo'giː] *(f; -, -n)* ~ mitologia.
mythologisch [myto'loːgɪʃ] *(agg)* ~ mitologico.
Mythos ['myːtɔs] *(m; -, Mythen)* ~ vedi **Mythus**.
Mythus *(anche* **Mythe**, **Mythos***)* ['myːtʊs] *(m; -, Mythen)* ~ mito, leggenda.

n

n, N [ɛn] *(n; -/-s, -/-s)* ~ n, N *(quattordicesima lettera dell'alfabeto tedesco)*.

na [na] *(escl)* ***1*** *(esortativo) (fam)* dai, su ♦ *na, komm schon!* dai, vieni! ***2*** *(concessivo). (fam)* beh, insomma ♦ *na, warum nicht?* beh, perché no? ***3*** *(fam)* ehi, di' un po' ♦ *na, was soll denn das?* ehi, questo cosa vuol dire? ◆ **na ja** beh, insomma, ma sì. ◆ **na so was!** chi l'avrebbe mai detto! ◆ **na gut** e va bene, e sia. ◆ **na und?** e con questo? ◆ **na und ob!** certo, eccome!

Nabel ['na:bəl] *(m; -s, -)* ***1*** *(anat)* ombelico. ***2*** *(fig)* centro, ombelico ♦ *der Nabel der Welt* l'ombelico del mondo.

Nabelschnur [-ʃnu:ɐ] *(f; -, -en)* ~ *(anat)* cordone ombelicale.

nach[1] [na:x] *(prep* + Dat*)* ***1*** *(direzione)* a, in, verso; per ♦ *ich fahre nach München, nach Frankreich* vado a Monaco, in Francia ♦ *ich gehe nach Hause* vado a casa ♦ *nach links* a sinistra ♦ *nach Norden* a nord ♦ *wann fährt der nächste Zug nach Bonn?* quando parte il prossimo treno per Bonn? ***2*** *(tempo; sequenza)* dopo ♦ *nach einem Monat* dopo un mese ♦ *nach drei Stunden* dopo tre ore ♦ *nach kurzer, langer Zeit* dopo breve, molto tempo ♦ *drei Tage nach Weihnachten* tre giorni dopo Natale ♦ *wir treffen uns nach der Arbeit* ci incontriamo dopo il lavoro ♦ *einer nach dem anderen* uno dopo l'altro ♦ *ich bin nach dir an der Reihe* dopo di te tocca a me. ***3*** a, secondo, al modo di *(anche posp)* ♦ *nach dem Gesetz* secondo la legge ♦ *nach Belieben* a piacere ♦ *nach dem Gehör spielen* suonare a orecchio ♦ *meiner Meinung nach* secondo me ♦ *Braten nach Art des Hauses* arrosto della casa. ***4*** *(odore, sapore)* di ♦ *das Getränk schmeckt nach Ananas* la bibita sa di ananas ♦ *hier riecht es nach Zwiebeln* qui c'è odore di cipolle. ***5*** *(obiettivo, desiderio)* di ♦ *ich suche nach einer guten Stelle* sono in cerca di un buon lavoro ♦ *ich habe Lust nach einem Eis* ho voglia di un gelato ♦ *hat jemand nach mir gefragt?* qualcuno ha chiesto di me? ***6*** *(per indicare l'ora)* ♦ *es ist Viertel nach drei* sono le tre e un quarto.

nach[2] *(avv)* ~ **nach und nach** a poco a poco; via via. ◆ **nach wie vor** ancora, come sempre ♦ *sie leben nach wie vor in Köln* vivono ancora a Colonia.

nach|äffen [-ˌˀɛfən] *(vt,* hat*)* ~ scimmiottare.

nach|ahmen [-ˌˀa:mən] *(vt,* hat*)* ~ imitare, copiare.

Nachahmer [-ˌˀa:mɐ] *(m; -s, -; f* **-in***)* ~ imitatore, emulatore.

Nachahmung [-ˌˀa:mʊŋ] *(f; -, -en)* ***1*** *(solo sing)* imitazione. ***2*** imitazione, copia.

nach|arbeiten [-ˌˀarbaitən] *(vt,* hat*)* ***1*** recuperare (ore di lavoro) ♦ *ich muss einen halben Tag nacharbeiten* devo recuperare mezza giornata. ***2*** rifinire, ritoccare.

Nachbar [-ˌba:ɐ] *(m; -n/-s, -n; f* **-in***)* ***1*** vicino (di casa). ***2*** *(pl)* vicini, vicinato.

Nachbarland [-baːɐ̯ˌlant] *(n; -(e)s, -länder)* ~ paese confinante.

Nachbarort [-baːɐ̯ˌʔɔrt] *(m; -(e)s, -e)* ~ località vicina.

Nachbarschaft [-baːɐ̯ʃaft] *(f; -)* ***1*** vicini, vicinato. ***2*** vicinato, zona vicina ♦ *sie wohnt in der Nachbarschaft* abita nel vicinato.

Nachbarstadt [-baːɐ̯ʃtat] *(f; -, -städte)* ~ città vicina.

nach|bessern *(vt, hat)* ~ migliorare (in un secondo tempo), ritoccare.

nach|bestellen *(vt, hat)* ~ ordinare (successivamente).

nach|bilden *(vt, hat)* ~ riprodurre (su un modello).

Nachbildung [-ˌbɪldʊŋ] *(f; -, -en)* ~ riproduzione (da un modello).

nach|blicken *(vi, hat)* ~ {*jmdm/etwas* ~} seguire con lo sguardo qcn/qcs.

nachdem [-ˈdeːm] *(congiunz subord)* ~ dopo che, dopo ♦ *nachdem ich den Brief geschrieben hatte, ging ich ins Bett* dopo aver scritto la lettera, andai a letto ♦ *kurz nachdem ich angekommen war, rief Markus an* poco dopo che ero arrivata telefonò Markus.

nach|denken *(vi, hat; irr denken)* ~ {*über etwas* (Acc) ~} riflettere su qcs, pensare a qcs, meditare su qcs.

Nachdenken [-ˌdɛŋkən] *(n; -s)* ~ riflessione.

nachdenklich [-ˌdɛŋklɪç] *(agg)* ***1*** riflessivo. ***2*** pensieroso, pensoso.

Nachdruck [-ˌdrʊk] *(m; -(e)s, -e)* ***1*** forza, enfasi, accento, insistenza ♦ *etwas mit Nachdruck sagen* dire qcs con forza ♦ *auf etwas* (Acc) *besonderen Nachdruck legen* porre un particolare accento su qcs. ***2*** ristampa.

nach|drucken *(vt, hat)* ~ ristampare.

nachdrücklich [-ˌdrʏklɪç] *(agg)* ***1*** forte, energico, insistente (affermazioni e sim). ***2*** *(avv)* con forza; con insistenza.

nach|eifern [-ˌʔaifɐn] *(vi, hat)* ~ {*jmdm* ~} emulare qcn.

Nacheiferung [-ˌʔaifərʊŋ] *(f; -)* ~ emulazione.

nacheinander [-ʔaiˈnandɐ] *(avv)* ***1*** l'uno dopo l'altro, di seguito ♦ *zweimal nacheinander* due volte di seguito ♦ *drei Tage nacheinander* tre giorni di seguito ♦ *sie traten nacheinander ein* entrarono l'uno dopo l'altro. ***2*** l'uno per l'altro, l'uno verso l'altro ♦ *sich nacheinander sehnen* avere nostalgia l'uno dell'altro.

nach|empfinden *(vt, hat; irr finden)* ~ condividere, partecipare a (sentimenti) ♦ *jmds Freude nachempfinden* condividere la gioia di qcn.

nach|fahren *(vi, ist; irr fahren)* ~ {*(jmdm)* ~} seguire (qcn), venire dietro (con un veicolo).

Nachfolge [-ˌfɔlgə] *(f; -)* ~ successione (in una carica o sim).

nach|folgen *(vi, ist)* ***1*** *(lett)* seguire, venire dopo. ***2*** {*jmdm* ~} *(lett)* succedere a qcn ♦ *jmdm im Amt nachfolgen* succedere a qcn in una carica.

nachfolgend [-ˌfɔlgənt] *(agg)* ~ seguente, successivo. ◆ **im Nachfolgenden** qui di seguito.

Nachfolger [-ˌfɔlgɐ] *(m; -s, -; f* **-in***)* ~ successore.

nach|forschen *(vi, hat)* ~ {*einer Sache* (Dat) ~} indagare, investigare su qcs.

Nachforschung [-ˌfɔrʃʊŋ] *(f; -, -en)* ~ indagine, investigazione ♦ *Nachforschungen anstellen* condurre indagini.

Nachfrage [-ˌfraːgə] *(f; -, -n)* ***1*** richiesta di notizie, interessamento ♦ *es geht mir gut, danke der Nachfrage* sto bene, grazie dell'interessamento. ***2*** *(econ)* domanda ♦ *Angebot und Nachfrage* domanda e offerta.

nach|fragen *(vi, hat)* ***1*** {*bei jmdm* ~} informarsi presso qcn, chiedere a qcn. ***2*** {*um etwas* ~} chiedere qcs (permesso e sim).

nach|fühlen *(vi, hat)* ~ vedi **nachempfinden**.

nach|geben[1] *(vi, hat; irr geben)* ***1*** cedere, allentarsi ♦ *der Boden gab unter ihren Füßen nach* il terreno cedette sotto i loro piedi. ***2*** {*jmdm/etwas* ~} *(fig)* cedere, acconsentire, accondiscendere a qcn/qcs.

nach|geben[2] *(vt, hat; irr geben)* ~ dare ancora ♦ *sich* (Dat) *Kartoffeln nachgeben lassen* farsi dare ancora patate (a tavola).

Nachgebühr [-gəˌbyːɐ] *(f; -, -en)* ~ soprattassa (postale).

nach|gehen *(vi, ist; irr gehen)* ***1*** {*jmdm/etwas* ~} seguire qcn/qcs, andar dietro a qcn/qcs. **2** {*einer Sache* (Dat) ~} *(fig)* approfondire qcs, esaminare qcs. **3** {*einer Sache* (Dat) ~} *(fig)* dedicarsi a qcs ♦ *seiner Arbeit nachgehen* dedicarsi al proprio lavoro. **4** essere indietro (orologi). **5** {*jmdm* ~} perseguitare qcn (pensieri e sim).

nachgerade [-gə'ra:də] *(avv)* ~ addirittura.

Nachgeschmack [-gəʃmak] *(m; -(e)s)* ~ retrogusto. ◆ **einen bitteren Nachgeschmack bei jmdm hinterlassen** lasciare l'amaro in bocca a qcn.

nachgewiesenermaßen [-gəˌvi:zənə'ma:sən] *(avv)* ~ come è stato dimostrato.

nachgiebig [-ˌgi:bɪç] *(agg)* ~ *(fig)* condiscendente, arrendevole.

nachhaltig [-ˌhaltɪç] *(agg)* ~ duraturo, persistente.

nach|hängen *(vi,* hat; *irr* hängen*)* ~ {*einer Sache* (Dat) ~} abbandonarsi a qcs (pensieri, sentimenti, ecc).

nach|helfen *(vi,* hat; *irr* helfen*)* ~ {*(jmdm/etwas)* ~} dare una mano (a qcn), dare una spinta (a qcs).

Nachhilfe [-ˌhɪlfə] *(f; -, -n)* ~ ripetizioni, lezioni private.

Nachhilfestunde [-hɪlfəˌʃtʊndə] *(f; -, -n)* ~ ripetizione, lezione privata.

Nachhilfeunterricht [-hɪlfəˌʔʊntərɪçt] *(m; -(e)s)* ~ ripetizioni, lezioni private.

nachher [-'he:ɐ] *(avv)* ~ dopo, poi ♦ *das machen wir nachher* questo lo facciamo dopo.

Nachhinein († **nachhinein**) [-hɪˌnaIn] *(avv)* ~ **im Nachhinein** in seguito, successivamente, in un secondo momento.

nach|holen *(vt,* hat*)* ~ riprendere, recuperare, rimettersi in pari ♦ *das kannst du später nachholen* questo puoi recuperarlo dopo.

nach|jagen *(vi,* ist*)* ~ {*jmdm/etwas* ~} correre dietro a qcn/qcs, inseguire qcn/qcs *(anche fig)*.

nach|klingen *(vi,* hat*)* ~ risuonare, riecheggiare *(anche fig)*.

Nachkomme [-ˌkɔmə] *(m; -n, -n)* ~ discendente.

nach|kommen *(vi,* ist; *irr* kommen*)* **1** venire dopo, raggiungere (qcn) ♦ *geh schon vor, ich komme gleich nach* vai avanti, ti raggiungo subito. **2** {*(bei/mit etwas)* ~} tenere il passo (in qcs). **3** {*einer Sache* (Dat) ~} rispettare qcs, adempiere a qcs (impegni e sim).

Nachkommenschaft [-kɔmənˌʃaft] *(f; -)* ~ discendenza, discendenti.

Nachkriegzeit [-kri:kˌtsait] *(f; -)* ~ dopoguerra.

Nachlass († **-laß**) [-ˌlas] *(m; -es, -lässe)* ~ eredità *(anche fig)*, lascito ♦ *den Nachlass verwalten* amministrare l'eredità ♦ *der künstlerische Nachlass eines Malers* l'eredità artistica di un pittore.

nach|lassen *(vi,* hat; *irr/ortogr* lassen*)* **1** diminuire (di intensità), calare ♦ *der Regen hat nachgelassen* la pioggia è diminuita ♦ *die Kräfte des alten Mannes lassen nach* le forze del vecchio diminuiscono. **2** calare, peggiorare ♦ *seine Leistungen haben nachgelassen* il suo rendimento è calato ♦ *er hat in seinen Leistungen merklich nachgelassen* è peggiorato molto nel suo rendimento. **3** allentarsi (tensione e sim). **4** *(vt)* allentare, mollare ♦ *die Zügel nachlassen* allentare le briglie.

nachlässig [-ˌlɛsɪç] *(agg)* **1** trascurato, negligente; trasandato, sciatto. **2** incurante, noncurante.

Nachlässigkeit [-lɛsɪçˌkait] *(f; -)* **1** trascuratezza, negligenza. **2** noncuranza.

nach|laufen *(vi,* ist; *irr* laufen*)* **1** {*jmdm/etwas* ~} correre dietro a qcn/qcs. **2** {*jmdm/etwas* ~} *(fig/fam)* correre dietro a qcn/qcs, perder tempo dietro a qcn/qcs.

nach|machen *(vt,* hat*)* **1** imitare, copiare (persona o cosa). **2** fare dopo ♦ *die Arbeit kann ich auch nachmachen* questo lavoro posso farlo anche dopo. **3** falsificare, contraffare.

Nachmittag [-ˌmɪta:k] *(m; -(e)s, -e)* ~ pomeriggio ♦ *ich habe den ganzen Nachmittag gearbeitet* ho lavorato tutto il pomeriggio. ◆ **gestern, heute, morgen Nachmittag** († **nachmittag**) ieri, oggi, domani pomeriggio. ◆ **am Nachmittag** nel pomeriggio. ◆ **früh am Nachmittag/am frühen Nachmittag** nel primo pomeriggio. ◆ **spät am Nachmittag/am späten Nachmittag** nel tardo pomeriggio.

nachmittags [-ˌmɪta:ks] *(avv)* ~ di pomeriggio, ogni pomeriggio.

Nachnahme [-ˌnaːmə] *(f; -, -n)* ~ contrassegno (invio postale) ♦ *etwas als/mit/per/unter Nachnahme schicken* spedire qcs in contrassegno.

Nachname *(m; -ns, -n)* ~ cognome.

nach|prüfen *(vt, hat)* ~ ricontrollare, riesaminare.

Nachrede [-ˌreːdə] *(f; -, -n)* ***1*** epilogo. ***2*** maldicenze, pettegolezzi. ◆ **üble Nachrede** *(dir)* diffamazione. ◆ **üble Nachrede über jmdn führen** diffamare qcn. ◆ **in üble Nachrede kommen** essere diffamato.

Nachricht [-ˌrɪçt] *(f; -, -en)* ***1*** notizia ♦ *eine gute, schlechte Nachricht* una buona, cattiva notizia ♦ *eine Nachricht bekommen/erhalten* ricevere una notizia. ***2*** messaggio ♦ *Peter hat eine Nachricht für dich hinterlassen* Peter ha lasciato un messaggio per te. ***3*** *(pl)* notizie, notiziario; telegiornale; giornale radio ♦ *man hat in den Nachrichten gesagt, dass* al telegiornale hanno detto che ♦ *Nachrichten hören* ascoltare il giornale radio ♦ *Nachrichten sehen* guardare il telegiornale. ◆ (**keine**) **Nachricht von jmdm haben** (non) avere notizie di qcn.

Nachrichtenmagazin [-rɪçtənmagaˌtsiːn] *(n; -s, -e)* ~ rivista di attualità.

Nachrichtensendung [-rɪçtənˌzɛndʊŋ] *(f; -, -en)* ***1*** telegiornale. ***2*** giornale radio.

Nachrichtensprecher [-rɪçtənˌʃprɛçɐ] *(m; -s, -; f* **-in***)* ~ annunciatore (tv o radio).

nach|rücken *(vi, ist)* ~ subentrare ♦ *er ist auf die Stelle des Personalleiters nachgerückt* è subentrato al posto del direttore del personale.

Nachruf [-ˌruːf] *(m; -(e)s, -e)* ~ necrologio ♦ *einen Nachruf auf jmdn schreiben* scrivere un necrologio per qcn.

nach|sagen *(vt, hat)* ~ *{jmdm etwas ~}* dire qcs sul conto di qcn, attribuire qcs a qcn ♦ *man sagt ihm Übles nach* dicono male di lui ♦ *man sagt ihm nach, er sei Drogenabhängiger gewesen* dicono che sia stato tossicodipendente.

nach|schauen *(vi/vt, hat) (region)* ~ vedi **nachsehen** ***1***, ***2***, ***3***.

nach|schlagen[1] *(vi, ist; irr schlagen)* ~ *{jmdm ~} (lett)* somigliare a qcn (parenti), aver preso da qcn.

nach|schlagen[2] *(vt, hat; irr schlagen)* ~ cercare (in un libro).

Nachschlagewerk [-ʃlaːgəˌvɛrk] *(n; -(e)s, -e)* ~ opera di consultazione; dizionario; enciclopedia.

nach|schreiben *(vt, hat; irr schreiben)* ~ copiare, trascrivere (in forma di appunti).

Nachschub [-ʃuːp] *(m, -(e)s, -schübe)* ~ rifornimento, rifornimenti *(anche mil)*.

nach|sehen *(vi/vt, hat; irr sehen)* ***1*** *{jmdm/etwas ~} (vi)* seguire con lo sguardo qcn/qcs. ***2*** *(vt)* controllare, esaminare ♦ *eine Rechnung nachsehen* controllare un calcolo. ***3*** *{(etwas) in etwas* (Dat) *~} (vi/vt)* guardare, controllare (qcs) in qcs ♦ *sieh mal (dieses Wort) im Wörterbuch nach!* controlla un po' sul vocabolario (questa parola). ***4*** *{jmdm etwas ~} (vt) (fig)* perdonare qcs a qcn, chiudere un occhio su qcs.

nach|setzen *(vt, hat)* ~ *{jmdm/etwas ~}* inseguire qcn/qcs, correre dietro a qcn/qcs.

Nachsicht [-ˌzɪçt] *(f; -)* ~ indulgenza, comprensione, pazienza. ◆ **Nachsicht haben/üben** essere indulgente.

nachsichtig [-ˌzɪçtɪç] *(agg)* ~ indulgente, comprensivo.

Nachsilbe [-ˌzɪlbə] *(f; -, -n)* ~ suffisso.

nach|sitzen *(vi, hat; irr sitzen)* ~ rimanere a scuola (per punizione).

Nachsommer [-ˌzɔmɐ] *(m; -s, -)* ~ estate di San Martino.

Nachspeise [-ʃpaizə] *(f; -, -n)* ~ dessert (frutta, dolce).

Nachspiel [-ʃpiːl] *(n, -(e)s, -e)* ***1*** epilogo (di opera teatrale o musicale). ***2*** *(fig)* seguito, conseguenze.

nach|spüren *(vi, hat)* ~ *{jmdm/etwas ~}* indagare, investigare su qcn/qcs.

nächstbeste(r, -s) [ˈnɛːçstˈbɛstə (-stɐ, -stəs)] *(agg)* ~ primo (che capita) ♦ *bei der nächstbesten Gelegenheit* alla prima occasione.

nächste(r, -s) [ˈnɛːçstə (-stɐ, -stəs)] *(agg; superl di* **nahe***)* ***1*** prossimo, più vicino ♦ *die nächste Haltestelle* la prossima fermata. ***2*** prossimo, seguente (nel tempo) ♦ *nächste Woche* la settimana prossima ♦ *das nächste Mal* la prossima volta ◆ **der** (**die**, **das**) **Nächste** il prossimo ♦ *der Nächste, bitte!* avanti il prossimo! ♦ *wer* *kommt als Nächster?* chi è il prossimo? a chi tocca? ◆ **als Nächstes** come prima cosa ♦ *als Nächstes wollen wir die Wohnung streichen* come prima cosa vogliamo imbiancare l'appartamento.

nach|stehen *(vi,* hat; *irr* stehen*)* ~ {*jmdm* ~} *(spec neg)* essere inferiore a qcn, essere da meno di qcn ♦ *er steht ihm in nichts nach* non è da meno di lui in niente.

nachstehend ['na:xʃte:ənt] *(agg)* **1** seguente, successivo. **2** *(avv)* in seguito, successivamente. ◆ **im Nachstehenden** († **nachstehenden**) in seguito, successivamente.

nach|stellen¹ *(vi,* hat*)* ~ {*jmdm* ~} inseguire, braccare, dare la caccia a (persona o animale).

nach|stellen² *(vt,* hat*)* **1** regolare, mettere a punto. **2** *(gramm)* posporre. **3** spostare indietro, mettere indietro (orologio).

Nächstenliebe ['nɛ:çstən,li:bə] *(f; -)* ~ carità, amore per il prossimo.

nächstens ['nɛ:çstəns] *(avv)* ~ prossimamente, presto.

nächstgelegen ['nɛ:çstgə,le:gən] *(agg; solo attr)* ~ il primo, il più vicino.

nächstliegend ['nɛ:çst,li:gənt] *(agg; solo attr)* ~ il più vicino; il più semplice, il più immediato ♦ *die nächstliegende Lösung* la soluzione più semplice.

nach|suchen *(vt/vi,* hat*)* **1** *(vt)* cercare, ricercare. **2** {*um etwas* ~} *(vi) (lett)* richiedere qcs (formalmente).

Nacht [naxt] *(f; -, Nächte)* ~ notte ♦ *eine sternklare Nacht* una notte stellata ♦ *eine schlaflose Nacht* una notte insonne ♦ *es wird Nacht* si fa notte ♦ *die Nacht bricht an* cala la notte ♦ *Tag und Nacht arbeiten* lavorare notte e giorno. ◆ **eines Nachts** una notte. ◆ **gute Nacht!** buona notte! ♦ *jmdm gute Nacht sagen* dare la buona notte a qcn. ◆ **sich** (Dat) **die Nacht um die Ohren schlagen** *(fig/fam)* passare la notte in bianco. ◆ **bei Nacht** di notte ♦ *bei Nacht fahren* guidare di notte. ◆ **bei Nacht und Nebel** *(fig)* in segreto. ◆ **bis spät in der Nacht/bis in die späte Nacht** fino a notte fonda. ◆ **in der Nacht** di notte, nella notte ♦ *in der Nacht von Donnerstag auf Freitag; in der Nacht auf/zum Freitag* nella notte fra giovedì e venerdì. ◆ **gestern**, **morgen Nacht** († **nacht**) ieri, domani notte. ◆ **heute Nacht** († **nacht**) stanotte. ◆ **mitten in der Nacht** nel mezzo della notte. ◆ **über Nacht** *(fig)* da un giorno all'altro. ◆ **bei jmdm über Nacht bleiben** rimanere per la notte da qcn, pernottare da qcn.

Nachtdienst [-,di:nst] *(m; -(e)s)* ~ servizio notturno, turno di notte ♦ *diese Apotheke hat Nachdienst* questa farmacia fa il turno di notte.

Nachteil ['na:x,tail] *(m; -(e)s, -e)* **1** svantaggio, sfavore, danno ♦ *das hat sich als Nachteil erwiesen* questo si è rivelato uno svantaggio ♦ *das hat den Nachteil, dass* questo ha lo svantaggio che. **2** inconveniente. ◆ **im Nachteil sein** essere in svantaggio. ◆ **sich im Nachteil befinden** trovarsi in svantaggio. ◆ **zum Nachteil von jmdm/zu jmds Nachteil** a sfavore di qcn. ◆ **jmdm zum Nachteil gereichen** tornare a sfavore di qcn.

nachteilig [-ɪç] *(agg)* ~ svantaggioso, sfavorevole, dannoso.

Nachteule ['naxt,ʔɔylə] *(f; -, -n)* ~ *(fam)* nottambulo.

Nachtfalter ['naxt,faltɐ] *(m; -s, -)* ~ falena, farfalla notturna.

Nachthemd ['naxt,hɛmt] *(n; -(e)s, -en)* ~ camicia da notte.

Nachtigall ['naxtɪgal] *(f; -, -en)* ~ *(zool)* usignolo.

nächtigen ['nɛçtɪgən] *(vi,* hat*)* ~ pernottare, passare la notte ♦ *unter freiem Himmel nächtigen* dormire sotto le stelle.

Nachtisch ['na:x,tɪʃ] *(m; -(e)s, -e)* ~ dessert (dolce, frutta).

Nachtleben ['naxt,le:bən] *(n; -s)* ~ vita notturna.

nächtlich ['nɛçtlɪç] *(agg)* ~ notturno.

Nachtlokal ['naxtlo,ka:l] *(n; -s, -e)* ~ locale notturno.

Nachtrag ['na:x,tra:k] *(m; -(e)s, -träge)* ~ aggiunta, postilla, appendice (scritta).

nach|tragen *(vt,* hat; *irr* tragen*)* **1** {*jmdm etwas* ~} portare qcs dietro a qcn, portare qcs seguendo qcn. **2** aggiungere (in testi e sim) ♦ *ich muss in dem Kapitel noch einige Fußnoten nachtragen* devo aggiungere ancora alcune note nel capitolo.

3 {*jmdm etwas* ~} *(fig)* non perdonare qcs a qcn, serbare rancore a qcn per qcs.

nachtragend ['na:x,tra:gənt] *(agg)* ~ permaloso.

nachträglich ['na:x,trɛ:klɪç] *(agg)* **1** successivo, posteriore. **2** in ritardo, ritardato. **3** *(avv)* successivamente, posteriormente; in ritardo ♦ *nachträglich alles Gute zum Geburtstag* anche se in ritardo, buon compleanno.

nachts ['naxts] *(avv)* ~ di notte, la notte.

Nachtschicht ['naxt,ʃɪçt] *(f; -, -en)* ~ turno di notte (in ditte).

nachtsüber ['naxts,ˀy:bɐ] *(avv)* ~ durante la notte.

Nachttisch ['naxt,tɪʃ] *(m; -es, -e)* ~ comodino.

Nachttischlampe [-,lampə] *(f; -, -n)* ~ abat-jour.

Nachttopf ['naxt,tɔpf] *(m ; -(e)s, -töpfe)* ~ vaso da notte.

Nachtwache ['naxt,vaxə] *(f; -, -n)* ~ veglia notturna, vigilanza notturna.

Nachtwächter ['naxt,vɛçtɐ] *(m; -s, -; f* **-in***)* ~ guardia notturna.

nachtwandeln ['naxt,vandəln] *(vi, hat/ist)* ~ essere sonnambulo.

Nachtwandler ['naxt,vandlɐ] *(m; -s, -; f* **-in***)* ~ sonnambulo.

Nachtzug ['naxt,tsu:k] *(m; -(e)s, -züge)* ~ treno notturno.

nachvollziehbar ['na:xfɔl,tsi:ba:ɐ] *(agg)* ~ comprensibile, che può essere seguito (ragionamenti e sim).

nach|vollziehen *(vt, hat; irr ziehen)* ~ seguire, comprendere, concepire (ragionamenti e sim) ♦ *dieser Gedanke ist nicht leicht nachzuvollziehen* questo pensiero non è facile da comprendere.

Nachweis ['na:x,vais] *(m; -es, -e)* ~ prova, dimostrazione ♦ *ein unwiderlegbarer Nachweis* una prova inconfutabile ♦ *der Nachweis seiner Unschuld ist geglückt/gelungen* è stata provata la sua innocenza. ◆ **den Nachweis für etwas erbringen/führen** fornire le prove di qcs.

nachweisbar [-,ba:ɐ] *(agg)* ~ dimostrabile.

nach|weisen *(vt, hat; irr weisen)* ~ {*(jmdm) etwas* ~} provare, dimostrare qcs (che qcn ha fatto) ♦ *jmdm einen Fehler nachweisen* dimostrare l'errore commesso da qcn.

nachweislich ['na:x,vaislɪç] *(agg)* ~ dimostrato, provato.

Nachwelt ['na:x,vɛlt] *(f; -)* ~ posteri, posterità.

nach|wirken *(vi, hat)* ~ continuare (ad avere effetto).

Nachwort ['na:x,vɔrt] *(n; -(e)s, -e)* ~ postfazione.

Nachwuchs ['na:x,vu:ks] *(m; -es)* **1** nuove leve. **2** *(fam)* bambino, figlio ♦ *wir haben Nachwuchs bekommen* abbiamo avuto un bambino.

nach|zahlen *(vt, hat)* ~ pagare in seguito; pagare in più.

nach|zählen *(vt, hat)* ~ ricontare.

Nachzahlung ['na:x,tsa:lʊŋ] *(f; -, -en)* ~ pagamento successivo; pagamento supplementare.

nach|ziehen[1] *(vi, ist)* ~ {*jmdm* ~} seguire qcn, andare dietro a qcn.

nach|ziehen[2] *(vt, hat)* **1** tirarsi dietro, trascinare ♦ *seit dem Unfall zieht er das Bein ein wenig nach* dall'incidente trascina un po' la gamba. **2** serrare, fissare. **3** ripassare, ritoccare (contorni e sim).

Nachzügler ['na:x,tsy:klɐ] *(m; -s, -; f* **-in***)* ~ ritardatario.

Nacken ['nakən] *(m; -s, -)* ~ *(anat)* nuca. ◆ **eine steifen Nacken haben** avere il torcicollo. ◆ **jmdm im Nacken sitzen** stare alle calcagna di qcn. ◆ **jmdm sitzt die Angst im Nacken** qcn è in preda alla paura.

Nackenschlag [-ʃla:k] *(m; -(e)s, -schläge)* **1** colpo alla nuca. **2** *(fig)* colpo, umiliazione.

nackt [nakt] *(agg)* **1** nudo ♦ *mit nackten Füßen, Händen* a piedi, mani nude. **2** nudo, spoglio ♦ *auf der nackten Erde schlafen* dormire sulla nuda terra ♦ *ein nackter Ast* un ramo spoglio ♦ *nackte Wände* pareti spoglie. **3** senza peli, glabro; implume. **4** *(fig)* nudo e crudo, puro ♦ *die nackten Tatsachen* i fatti nudi e crudi.

Nacktfoto [-,fo:to] *(n; -s, -s)* ~ foto di nudo.

Nadel ['na:dəl] *(f; -, -n)* **1** ago (da cucito, per siringa, di bussola, di pino, ecc) ♦ *eine Nadel einfädeln* infilare un ago. **2** *(abbrev di* **Stecknadel***)* spilla, spillo. **3** *(ab-*

brev di **Stricknadel**, **Häkelnadel***)* ferro da calza; uncinetto.

Nadelbaum [-ˌbaum] *(m;* -(e)s, -bäume*)* ~ *(bot)* conifera, aghifoglia.

Nadelholz [-ˌhɔlts] *(n;* -es, -hölzer*)* ***1*** conifera. ***2*** *(solo sing)* legno di conifera.

Nadelöhr [-ˌʔøːɐ] *(n;* -(e)s, -e*)* ~ cruna dell'ago.

Nadelstich [-ʃtɪç] *(m;* -(e)s, -e*)* ***1*** puntura di un ago. ***2*** *(fig)* punzecchiatura, frecciata ♦ *jmdm Nadelstiche versetzen* tirare frecciate a qcn, punzecchiare qcn.

Nadelstreifenstoff [-ʃtraifənʃtɔf] *(m;* -(e)s, -e*)* ~ gessato (stoffa).

Nagel ['naːgəl] *(m;* -s, -*)* ***1*** chiodo ♦ *einen Nagel einschlagen, herausziehen* piantare, togliere un chiodo. ***2*** *(anat)* unghia (di mani o piedi) ♦ *ein abgebrochener, eingewachsener Nagel* un'unghia rotta, incarnita ♦ *sich* (Dat) *die Nägel feilen, schneiden* limarsi, tagliarsi le unghie. ◆ **den Nagel auf den Kopf treffen** *(fig/fam)* cogliere nel segno, azzeccare. ◆ **etwas an den Nagel hängen** *(fig/fam)* appendere qcs al chiodo. ◆ **sich** (Dat) **etwas unter den Nagel reißen** *(fig/fam)* sgraffignare qcs, mettere le unghie su qcs.

Nagelfeile [-ˌfailə] *(f;* -, -n*)* ~ limetta per le unghie.

Nagellack [-ˌlak] *(m;* -(e)s, -e*)* ~ smalto per unghie.

nageln [-n] *(vt,* hat*)* ~ {*etwas an/auf etwas* (Acc) ~} inchiodare qcs a/su qcs.

nagelneu [ˌnɔy] *(agg)* ~ *(fam)* nuovo di zecca.

nagen ['naːgən] *(vi/vt,* hat*)* ***1*** {*an etwas* (Dat) ~} rosicchiare qcs, rodere qcs. ***2*** {*an etwas* (Dat) ~} corrodere qcs *(anche fig)*. ***3*** {*an jmdm* ~} *(fig)* tormentare qcn, tartassare qcn. ***4*** *(vt)* rosicchiare, rodere.

Nagetier ['naːgəˌtiːɐ] *(n;* -(e)s, -e*)* ~ roditore.

nah(e)[1] ['naː(ə)] *(agg;* **näher**, **am nächsten***)* ***1*** vicino ♦ *das nahe Dorf* il villaggio vicino. ***2*** vicino, prossimo (nel tempo). ***3*** *(fig)* vicino, intimo, stretto ♦ *in naher Beziehung mit jmdm stehen* essere in stretti rapporti con qcn ♦ *ein naher Verwandter* un parente stretto. ◆ **der Nahe Osten** il Vicino Oriente. ◆ **etwas von nahem betrachten** guardare qcs da vicino *(anche fig)*.

nah(e)[2] *(avv;* **näher**, **am nächsten***)* ~ vicino ♦ *die Universität liegt nah(e) am/beim Bahnhof* l'università si trova vicino alla stazione. ◆ **einer Sache** (Dat) **nah(e) sein** *(fig)* essere vicino a, stare per ♦ *sie war dem Tode nahe* stava per morire. ◆ **nah(e) daran sein, etwas zu tun** essere sul punto di fare qcs, stare per fare qcs. ◆ **jmdm jmdn/etwas nahe bringen** († **nahebringen**) *(fig)* avvicinare qcn/qcs a qcn, fare prendere confidenza a qcn con qcn/qcs. ◆ **jmdm nahe gehen** († **nahegehen**) *(fig)* toccare da vicino qcn, addolorare qcn. ◆ **jmdm/etwas nahe kommen** († **nahekommen**) *(fig)* avvicinarsi a qcn/qcs. ◆ **jmdm zu nahe kommen** *(fig)* pestare i piedi a qcn. ◆ **jmdm etwas nahe legen** († **nahelegen**) consigliare qcs a qcn. ◆ **nahe liegen** († **naheliegen**) *(fig)* essere evidente, essere ovvio. ◆ **nahe liegend** († **naheliegend**) *(fig)* evidente, ovvio. ◆ **jmdm nahe stehen** († **nahestehen**) *(fig)* essere vicino a qcn, stare dalla parte di qcn. ◆ **jmdm nahe treten** († **nahetreten**) *(fig)* avvicinarsi a qcn, entrare in contatto con qcn. ◆ **jmdm zu nahe treten** *(fig)* offendere qcn.

nahe[3] ['naːə] *(prep* + Dat*)* ~ *(lett)* vicino a (stato in luogo).

nahe|... ~ vedi **nah(e)**[2].

Nähe ['nɛːə] *(f;* -*)* ***1*** vicinanza ♦ *seine Nähe stört mich* la sua vicinanza mi dà fastidio. ***2*** vicinanze, dintorni, pressi ♦ *er lebt in der Nähe von Berlin* vive nelle vicinanze di Berlino ♦ *in unmittelbarer Nähe* nelle immediate vicinanze. ***3*** prossimità (nel tempo) ♦ *in unmittelbarer Nähe* nell'immediato futuro. ◆ **etwas aus der Nähe beobachten** osservare qcs da vicino.

nahen ['naːən] *(vi,* ist*)* ~ avvicinarsi, approssimarsi (eventi).

nähen ['nɛːən] *(vt,* hat*)* ***1*** cucire. ***2*** *(med)* suturare, dare i punti ♦ *die Wunde musste genäht werden* la ferita dovette essere suturata. ◆ **doppelt genäht hält besser** *(prov)* la prudenza non è mai troppa.

näher[1] ['nɛːɐ] *(agg)* ***1*** compar di **nahe**[1]. ***2*** *(fig)* preciso, dettagliato ♦ *nähere Auskünfte* informazioni dettagliate.

näher[2] *(avv)* ***1*** compar di **nahe**[2]. ***2*** *(fig)* precisamente, dettagliatamente. ◆ **jmdm**

etwas näher bringen († **näherbringen**) *(fig)* far conoscere qcs a qcn. ◆ **jmdm näher kommen** († **näherkommen**) *(fig)* avvicinarsi a qcn. ◆ **näher liegen** († **näherliegen**) essere più evidente, essere più comprensibile. ◆ **jmdm näher stehen** († **näherstehen**) *(fig)* avere più confidenza con qcn. ◆ **näher treten** († **nähertreten**) *1* {*(jmdm) ~ treten*} *(fig)* avvicinarsi di più (a qcn). *2* {*einer Sache* (Dat) *~ treten*} *(fig)* occuparsi più da vicino di qcs.

näher|... ~ vedi **näher**².

nähern [-n] *(vt,* hat*)* ~ {*jmdm/etwas etwas ~*} avvicinare qcs a qcn/qcs. ◆ **sich jmdm/etwas nähern** *(vr)* avvicinarsi a qcn/qcs *(anche fig)*.

nahezu ['na:ə'tsu:] *(avv)* ~ quasi; pressappoco, pressoché ♦ *nahezu drei Monate* quasi tre mesi.

Nähgarn ['nɛ:ˌgarn] *(n; -(e)s, -e)* ~ filo da cucito, filo di refe.

nahm [na:m] ~ pret di **nehmen**.

Nähmaschine ['nɛ:maˌʃi:nə] *(f; -, -n)* ~ macchina da cucire.

Nähnadel ['nɛ:ˌna:dəl] *(f; -, -n)* ~ ago da cucito.

Nährboden ['nɛ:ɐˌbo:dən] *(m; -s, -)* ~ terreno fertile *(anche fig)*.

nähren ['nɛ:rən] *(vt,* hat*)* *1* {*jmdn mit etwas ~*} nutrire, alimentare qcn con qcs. *2* *(lett)* nutrire (sentimenti e sim). ◆ **sich von etwas nähren** *(vr) (lett)* nutrirsi di qcs, cibarsi di qcs.

nahrhaft ['na:ɐˌhaft] *(agg)* ~ nutriente, sostanzioso.

Nährstoff ['nɛ:ɐʃtɔf] *(m; -(e)s, -e)* ~ sostanza nutritiva.

Nahrung ['na:rʊŋ] *(f; -)* *1* alimentazione, nutrizione ♦ *gesunde, vitaminreiche Nahrung* alimentazione sana, ricca di vitamine. *2* cibo, nutrimento, alimenti. *3* *(fig)* nutrimento (spirituale). ◆ **einer Sache** (Dat) **Nahrung geben** *(fig)* alimentare qcs.

Nahrungsmittel [-sˌmɪtəl] *(n; -s, -)* ~ alimento.

Naht [na:t] *(f; -,* Nähte*)* *1* cucitura ♦ *eine Naht auftrennen, nähen* disfare, fare una cucitura. *2* *(med)* sutura. ◆ **aus den/aus allen Nähten platzen** *(fig/fam)* essere grasso da scoppiare.

Nahverkehr ['na:fɛɐˌke:ɐ] *(m; -s)* ~ traffico locale (di treni e sim).

Nahverkehrszug [-sˌtsu:k] *(m; -(e)s, -züge)* ~ treno locale.

naiv [na'i:f] *(agg)* *1* ingenuo, candido (persona o cosa). *2* ingenuo, credulone. *3* primitivo, naif.

Naivität [naivi'tɛ:t] *(f; -, -en)* *1* ingenuità, candore. *2* ingenuità, creduloneria.

Name ['na:mə] *(m; -ns, -n)* *1* nome ♦ *den Namen dieser Blume kenne ich nicht* il nome di questo fiore non lo conosco ♦ *der Hund hört auf den Namen Bello* il cane si chiama Bello. *2* nome, cognome ♦ *mein Name ist Rossi* il mio nome è Rossi, mi chiamo Rossi. *3* *(fig)* nome, fama, reputazione ♦ *einen Namen haben* avere un nome ♦ *sich* (Dat) *einen Namen machen* farsi un nome. ◆ **jmdn beim Namen nennen** chiamare qcn per nome. ◆ **etwas beim rechten Namen nennen** *(fig)* chiamare qcs con il proprio nome. ◆ **in jmds Namen** a nome di qcn, in nome di qcn ♦ *ich spreche im Namen des Direktors* parlo a nome del direttore ♦ *im Namen des Gesetzes* nel nome della legge. ◆ **jmdn nur dem Namen nach kennen** conoscere qcn solo di nome. ◆ **unter falschem Namen** sotto falso nome.

namenlos [-nˌlo:s] *(agg)* *1* senza nome, anonimo. *2* *(lett)* indicibile, enorme.

namens¹ [-ns] *(avv)* ~ di nome, chiamato ♦ *ein Mann namens Bauer* un uomo di nome Bauer.

namens² *(prep +* Gen*)* ~ in nome di, su incarico di.

Namenstag [-nsˌta:k] *(m; -(e)s, -e)* ~ onomastico.

Namensvetter [-nsˌfɛtɐ] *(m; -s, -; f* **-in***)* ~ omonimo.

namentlich [-ntlɪç] *(agg)* *1* nominale, nominativo. *2* *(avv)* soprattutto, principalmente.

namhaft ['na:mˌhaft] *(agg)* *1* rinomato. *2* notevole, grande, considerevole, cospicuo.

nämlich ['nɛ:mlɪç] *(avv)* *1* infatti, perché ♦ *ich kann zu euch nicht kommen, ich fahre nämlich morgen ab* non posso venire da voi, perché parto domani. *2* (e) cioè, vale a dire ♦ *das Amt ist nur zweimal die*

Woche geöffnet, nämlich dienstags und donnerstags l'ufficio è aperto solo due volte la settimana, e cioè il martedì e il giovedì.

nannte ['nantə] ~ pret di **nennen**.

Napf [napf] *(m;* -(e)s, Näpfe*)* ~ ciotola.

Naphtalin [nafta'li:n] *(n;* -s*)* ~ naftalina.

Narbe ['narbə] *(f;* -, -n*)* ~ cicatrice *(anche fig)* ♦ *die Wunde hat eine Narbe hinterlassen* la ferita ha lasciato una cicatrice.

Narbenbildung [-nˌbɪldʊŋ] *(f;* -, -en*)* ~ cicatrizzazione.

narbig ['narbɪç] *(agg)* ~ ricoperto di cicatrici.

Narkose [nar'ko:zə] *(f;* -, -n*)* ~ anestesia, narcosi ♦ *eine Narkose geben/machen* fare un'anestesia ♦ *in (der) Narkose liegen* essere sotto anestesia.

Narkosemittel [-ˌmɪtəl] *(n;* -s, -*)* ~ anestetico.

Narkotikum [nar'ko:tikʊm] *(n;* -s, Narkotika*)* ~ anestetico, narcotico.

narkotisieren [narkoti'zi:rən] *(vt,* hat*)* ~ anestetizzare, narcotizzare.

Narr [nar] *(m;* -en, -en; *f* **Närrin***)* ***1*** *(lett)* pazzo, matto. ***2*** *(lett)* sciocco, stupido. ***3*** buffone. ◆ **einen Narren an jmdm/etwas gefressen haben** *(fig/fam)* andare pazzo per qcn/qcs. ◆ **jmdn zum Narren haben/halten** prendersi gioco di qcn.

Narrheit [-ˌhait] *(f;* -, -en*)* ***1*** *(solo sing)* pazzia, follia. ***2*** pazzia, follia; sciocchezza.

närrisch ['nɛrɪʃ] *(agg)* ***1*** folle; strambo, bizzarro ♦ *eine närrische Idee* un'idea folle. ***2*** *(fig/fam)* matto, impazzito ♦ *rein närrisch vor Freude sein* essere completamente impazzito di gioia. ***3*** carnevalesco. ◆ **auf jmdn/etwas närrisch sein** andare matto per qcn/qcs.

Narzisse [nar'tsɪsə] *(f;* -, -n*)* ~ *(bot)* narciso.

nasal [na'za:l] *(agg)* ~ *(anat/fon)* nasale.

naschen ['naʃən] *(vt/vi,* hat*)* ***1*** *(vt)* spilluzzicare, piluccare, mangiucchiare (spec dolciumi e sim). ***2*** {*an/von etwas* (Dat) ~} *(vi)* spilluzzicare, piluccare, mangiucchiare qcs (spec dolciumi e sim).

Nascherei [naʃə'rai] *(f;* -, -en*)* ***1*** *(spec pl)* dolciumi; salatini; snacks. ***2*** lo spilluzzicare, il mangiucchiare.

Nase ['na:zə] *(f;* -, -n*)* ***1*** *(anat)* naso ♦ *eine gerade, höckerige, krumme, spitze, stumpfe Nase* un naso diritto, gobbo, aquilino, appuntito, schiacciato ♦ *sich* (Dat) *die Nase putzen/schnäuzen* soffiarsi il naso ♦ *sich* (Dat) *die Nase zuhalten* tapparsi il naso (per il puzzo) ♦ *durch die Nase atmen, sprechen* respirare, parlare con il naso ♦ *mir blutet die Nase; meine Nase blutet* mi sanguina il naso ♦ *meine Nase ist verstopft* ho il naso chiuso (per il raffreddore). ***2*** *(fig)* naso, fiuto ♦ *für etwas eine feine/gute Nase haben* avere buon fiuto per qcs. ◆ **von jmdm/etwas die Nase voll haben** *(fig/fam)* averne le tasche piene di qcn/qcs. ◆ **über jmdn/etwas die Nase rümpfen** storcere il naso su qcn/qcs. ◆ **seine Nase in etwas** (Acc)**/in alles stecken** *(fig/fam)* ficcare il naso in qcs/dappertutto. ◆ **die Nase zu tief ins Glas stecken** *(fam)* alzare il gomito, ubriacarsi. ◆ **nicht weiter sehen als seine Nase** (**reicht**) *(fig/fam)* non vedere oltre il proprio naso. ◆ **fass dich an deine eigene Nase!/zupf dich an der eigenen Nase!** *(fig/fam)* pensa ai fatti tuoi! (invece di criticare gli altri). ◆ **jmdn an der Nase herumführen** *(fig/fam)* prendere qcn per il naso. ◆ **auf der Nase liegen** *(fam)* essere malato. ◆ **jmdm etwas aus der Nase ziehen** *(fig/fam)* cavare qcs dalla bocca a qcn (segreti e sim). ◆ **in der Nase bohren** mettersi le dita nel naso. ◆ **jmdn mit der Nase auf etwas stoßen** *(fig/fam)* far toccare con mano qcs a qcn. ◆ **pro Nase** *(fam)* a testa, a persona. ◆ **jmdm etwas unter die Nase reiben** *(fam)* rinfacciare qcs a qcn. ◆ **vor/unter jmds Nase** davanti/sotto al naso a qcn, in faccia a qcn ♦ *er schlug mir die Tür vor der Nase zu* mi chiuse la porta in faccia ♦ *der Zug fuhr mir vor der Nase weg* il treno mi è passato via sotto al naso.

naselang [-ˌlaŋ] *(anche* **nasenlang** [-nˌlaŋ], **naslang***)* *(avv)* ~ **alle naselang** *(fig/fam)* a ogni piè sospinto.

Nasenlänge [-nˌlɛŋə] *(f;* -, -n*)* ~ *(fig)* vantaggio (piccolo), distacco minimo ♦ *um eine Nasenlänge gewinnen* vincere di misura.

Nasenloch [-nˌlɔx] *(n; -(e)s, -löcher)* ~ *(anat)* narice.

Nasenspitze [-nˌʃpɪtsə] *(f; -, -n)* ~ punta del naso. ◆ **nicht weiter sehen, als die Nasenspitze reicht** *(fam)* non vedere oltre la punta del proprio naso. ◆ **jmdm etwas an der Nasenspitze ansehen** *(fam)* leggere qcs in faccia a qcn.

naseweis [-ˌvais] *(agg)* ~ saccente, saputello.

Nashorn ['naːsˌhɔrn] *(n; -(e)s, -hörner)* ~ *(zool)* rinoceronte.

naslang ['naːsˌlaŋ] ~ vedi **naselang**.

nass († **naß**) [nas] *(agg;* **nasser/nässer, am nassesten/nässesten***)* **1** bagnato ◆ *nasse Hände* mani bagnate ◆ *nasse Kleider* vestiti bagnati. **2** bagnato, umido ◆ *das Gras ist noch nass vom Tau* l'erba è ancora bagnata di rugiada. **3** fresco (vernice, sangue). **4** umido, piovoso.

Nässe ['nɛsə] *(f; -)* ~ umidità, bagnato. ◆ **etwas vor Nässe bewahren/schützen** proteggere qcs dall'umidità, conservare qcs in luogo asciutto.

nässen [-n] *(vi/vt,* hat; *ortogr pres* du/er/ihr nässt; *pret* ich nässte, ecc; *imperat* näss!, *part pass* genässt*)* **1** colare, grondare. **2** *(vt) (lett)* bagnare, inumidire.

nasskalt († **naß-**) ['nasˌkalt] *(agg)* ~ freddo e umido.

Nation [na'tsjoːn] *(f; -, -en)* ~ nazione. ◆ **Vereinte Nationen** *(abbrev* **VN***)* Nazioni Unite, ONU.

national [natsjo'naːl] *(agg)* ~ nazionale.

National- *(nei composti)* ~ nazionale ◆ *Nationalfeiertag* festa nazionale ◆ *Nationalhymne* inno nazionale ◆ *Nationalpark* parco nazionale.

Nationalelf [-ˌˀɛlf] *(f; -, -en)* ~ *(sport)* nazionale (di calcio).

nationalisieren [natsjonali'ziːrən] *(vt,* hat*)* **1** naturalizzare. **2** nazionalizzare, statalizzare (imprese e sim).

Nationalisierung [natsjonali'ziːrʊŋ] *(f; -, -en)* **1** naturalizzazione. **2** nazionalizzazione, statalizzazione.

Nationalismus [natsjona'lɪsmʊs] *(m; -)* ~ nazionalismo.

nationalistisch [natsjona'lɪstɪʃ] *(agg)* ~ nazionalista, nazionalistico.

Nationalität [natsjonali'tɛːt] *(f; -, -en)* **1** nazionalità ◆ *sie ist französischer Nationalität* è di nazionalità francese. **2** gruppo etnico.

Nationalmannschaft [natsjo'naːlˌmanʃaft] *(f; -, -en)* ~ *(sport)* nazionale, squadra nazionale.

Nationalökonomie [natsjo'naːlˀøkono'miː] *(f; -, -n)* ~ economia politica.

Nationalsozialismus [natsjo'naːlzotsjaˌlɪsmʊs] *(m; -)* ~ nazionalsocialismo, nazismo.

Nationalsozialist [natsjo'naːlzotsjaˌlɪst] *(m; -en, -en; f* **-in***)* ~ nazionalsocialista, nazista.

nationalsozialistisch [-ɪʃ] *(agg)* ~ nazionalsocialista, nazista.

Nationalspieler [natsjo'naːlʃpiːlɐ] *(m; -s, -; f* **-in***)* ~ *(sport)* giocatore della nazionale.

Natrium ['naːtriʊm] *(n; -s)* ~ *(chim)* sodio.

Natter ['natɐ] *(f; -, -n)* ~ serpe, serpente (non velenoso), biscia.

Natur [na'tuːɐ] *(f; -)* **1** natura ◆ *die unberührte Natur* la natura intatta ◆ *die Natur lieben* amare la natura. **2** natura, fisico, costituzione ◆ *eine gesunde Natur haben* avere un fisico sano. **3** natura, carattere, indole, temperamento ◆ *sie ist von Natur (aus) schüchtern* è timida di carattere. **4** natura, caratteristica, entità ◆ *Verletzungen leichter Natur* ferite di lieve entità. ◆ **Natur sein** essere naturale ◆ *ihr blondes Haar ist Natur* i suoi capelli biondi sono naturali. ◆ **in der Natur der Sache liegen** essere nella natura delle cose. ◆ **wider/gegen die Natur gehen, sein** andare, essere contro natura. ◆ **jmdm zur zweiten Natur werden** diventare connaturato per qcn.

Natur- *(nei composti)* ~ naturale, della natura ◆ *Naturerscheinung* fenomeno naturale ◆ *Naturkatastrophe* catastrofe naturale ◆ *Naturpark* parco naturale ◆ *Naturwissenschaften* scienze naturali.

Naturalien [natu'raljən] *(pl)* ~ **in Naturalien bezahlen** pagare in natura.

Naturbegabung [na'tuːɐbəˌgaːbʊŋ] *(f; -, -en)* ~ dono di natura, talento naturale.

naturell [natu'rɛl] *(avv)* ~ naturale, al naturale (alimenti) ◆ *Orangensaft naturell* succo d'arancia al naturale.

Naturell *(n; -s, -e)* ~ natura, indole.

Naturforscher [na'tu:ɐ̯ˌfɔrʃɐ] *(m; -s, -; f* **-in***)* ~ naturalista.

Naturgas [na'tu:ɐ̯ˌga:s] *(n; -es, -e)* ~ gas naturale, metano.

naturgemäß [na'tu:ɐgəˌmɛ:s] *(agg/avv)* ~ naturale, secondo natura.

natürlich [na'ty:ɐlɪç] *(agg)* ***1*** naturale ♦ *natürliches Licht* luce naturale ♦ *eines natürlichen Todes sterben* morire di morte naturale. ***2*** *(fig)* naturale, semplice, spontaneo (carattere e sim). ***3*** *(fig)* naturale, ovvio ♦ *es ist natürlich, dass* è naturale che. ***4*** *(avv)* naturalmente, in modo naturale. ***5*** *(avv) (fig)* naturalmente, ovviamente ♦ *ja, natürlich!* sì, naturalmente! ◆ **in natürlicher Größe** a grandezza naturale.

Natürlichkeit [-ˌkait] *(f; -)* ***1*** naturalezza, carattere naturale. ***2*** *(fig)* naturalezza, semplicità, spontaneità (di carattere).

Naturschutzgebiet [na'tu:ɐʃʊtsgəˌbi:t] *(n; -(e)s, -e)* ~ riserva naturale.

Navigation [naviga'tsjo:n] *(f; -)* ~ navigazione (di navi o aerei).

Nazi ['na:tsi] *(m; -s, -s)* ~ *(spreg)* nazista.

Nazismus [na'tsɪsmʊs] *(m; -)* ~ *(spreg)* nazismo.

nazistisch [na'tsɪstɪʃ] *(agg)* ~ *(spreg)* nazista.

n. Chr. ~ abbrev di **nach Christus** (vedi **Christus**).

Nebel ['ne:bəl] *(m; -s, -)* ***1*** nebbia ♦ *dichter, leichter Nebel* nebbia fitta, leggera ♦ *der Nebel fällt, lichtet sich, hebt sich* la nebbia cala, si dirada, si alza ♦ *der Nebel hängt über dem Tal* la nebbia ricopre la valle. ***2*** *(fig)* nebbia, incertezza. ◆ **bei Nebel/im Nebel** nella nebbia, con la nebbia.

Nebelbank [-ˌbaŋk] *(f; -, -bänke)* ~ banco di nebbia.

Nebeldecke [-ˌdɛkə] *(f; -, -n)* ~ coltre di nebbia.

nebelhaft [-ˌhaft] *(agg)* ~ *(fig)* nebuloso, vago.

nebelig [-ɪç] ~ vedi **neblig**.

Nebelscheinwerfer [-ʃainvɛrfɐ] *(m; -s, -) (spec pl)* ~ fari antinebbia.

neben ['ne:bən] *(prep + Dat/Acc)* ***1*** *(stato + Dat; moto + Acc)* accanto a, vicino a, a fianco di ♦ *kann ich mich neben dich setzen?* posso sedermi accanto a te? ♦ *der Kühlschrank steht neben der Waschmaschine* il frigorifero sta accanto alla lavatrice. ***2*** (+ Dat) oltre a, in aggiunta a ♦ *neben seiner Arbeit hat er auch viele Hobbys* oltre al suo lavoro ha anche molti hobby. ***3*** (+ Dat) in confronto a, paragonato a ♦ *neben ihm bin ich ein Anfänger* in confronto a lui sono un principiante.

Nebenabsicht [-ˌʔapzɪçt] *(f; -, -en)* ~ secondo fine.

nebenan [-'ʔan] *(avv)* ~ accanto (stato in luogo) ♦ *die Wohnung nebenan* l'appartamento accanto.

Nebenausgabe [-ˌʔausga:bə] *(f; -, -n) (spec pl)* ~ spesa accessoria, extra.

Nebenausgang [-ˌʔausgaŋ] *(m; -(e)s, -gänge)* ~ uscita secondaria.

nebenbei [-'bai] *(avv)* ***1*** contemporaneamente, in più (attività e sim) ♦ *er ist Student und hilft nebenbei seinem Vater im Geschäft* studia e contemporaneamente aiuta suo padre in negozio. ***2*** incidentalmente, per inciso ♦ *etwas nebenbei bemerken* notare qcs per inciso ♦ *nebenbei bemerkt/gesagt, denke ich, dass* detto per inciso, penso che.

Nebenberuf [-bəˌru:f] *(m; -(e)s, -e)* ~ secondo lavoro.

Nebenbeschäftigung [-bəʃɛftɪgʊŋ] *(f; -, -en)* ~ seconda occupazione.

Nebenbuhler [-ˌbu:lɐ] *(m; -s, -; f* **-in***)* ~ rivale (in amore).

nebeneinander [-ʔai'nandɐ] *(avv)* ***1*** l'uno accanto all'altro (stato o moto), fianco a fianco. ***2*** *(fig)* l'uno accanto all'altro, contemporaneamente. ◆ **nebeneinander legen** († **nebeneinanderlegen**) mettere (distesi) uno accanto all'altro. ◆ **nebeneinander liegen** († **nebeneinanderliegen**) stare, essere (distesi) uno accanto all'altro. ◆ **nebeneinander setzen** († **nebeneinandersetzen**) mettere l'uno accanto all'altro. ◆ **nebeneinander sitzen** († **nebeneinandersitzen**) stare, essere (seduti) uno accanto all'altro. ◆ **nebeneinander stellen** († **nebeneinanderstellen**) ***1*** mettere (in piedi) l'uno accanto all'altro. ***2*** *(fig)* paragonare, mettere a confronto.

Nebeneinanderstellung [-ˀaiˈnandɐʃtɛlʊŋ] *(f; -, -en)* ~ paragone, confronto.
Nebeneingang [-ˌˀaingaŋ] *(m; -(e)s, -gänge)* ~ entrata secondaria.
Nebeneinkünfte [-ˌˀainkʏnftə] *(pl)* ~ entrate secondarie.
Nebenfach [-ˌfax] *(n; -(e)s, -fächer)* ~ seconda materia di studio (all'università).
Nebenfluss († **-fluß**) [-ˌflʊs] *(m; -es, -flüsse)* ~ affluente.
Nebengebäude [-gəˌbɔydə] *(n; -s, -)* ~ annesso, edificio annesso, dépendance.
nebenher [-ˈheːɐ] *(avv)* ~ inoltre, accanto a ciò.
Nebenkosten [-ˌkɔstən] *(pl)* ~ costi aggiuntivi, spese accessorie.
Nebenmann [-ˌman] *(m; -(e)s, -männer/-leute)* ~ vicino (in una fila o sim).
Nebenprodukt [-proˌdʊkt] *(m; -(e)s, -e)* ~ sottoprodotto.
Nebenraum [-ˌraum] *(m; -(e)s, -räume)* ***1*** stanza attigua. ***2*** stanzino, ripostiglio.
Nebenrolle [-ˌrɔlə] *(f; -, -n)* ~ ruolo secondario *(anche fig)*.
Nebensache [-ˌzaxə] *(f; -, -n)* ~ cosa secondaria, questione secondaria.
nebensächlich [-ˌzɛçlɪç] *(agg)* ~ secondario, di secondaria importanza, marginale.
Nebensatz [-ˌzats] *(m; -es, -sätze)* ~ *(ling)* frase subordinata, proposizione secondaria.
nebenstehend [-ʃteːənt] *(agg)* ***1*** scritto a lato, scritto a margine. ***2*** *(avv)* a lato, a margine (di un testo).
Nebenstelle [-ʃtɛlə] *(f; -, -n)* ***1*** filiale, succursale. ***2*** derivazione (di telefono).
Nebenstraße [-ʃtraːsə] *(f; -, -n)* ~ strada secondaria.
Nebenwirkung [-ˌvɪrkʊŋ] *(f; -, -en)* ~ effetto collaterale.
Nebenzimmer [-ˌtsɪmɐ] *(n; -s, -)* ~ stanza attigua.
Nebenzweck [-ˌtsvɛk] *(m; -(e)s, -e)* ~ secondo fine.
neblig [ˈneːblɪç] *(anche* **nebelig***)* *(agg)* ~ nebbioso.
nebst [neːpst] *(prep + Dat)* ~ insieme a, con, e ♦ *Frau Schwarz nebst Familie* la signora Schwarz e famiglia.

Necessaire ~ vedi **Nessessär**.
necken [ˈnɛkən] *(vt, hat)* ~ {*jmdn (mit jmdm/etwas) ~*} punzecchiare qcn (con qcs), prendere in giro qcn (per qcn/qcs).
neckisch [ˈnɛkɪʃ] *(agg)* ***1*** canzonatorio, derisorio. ***2*** grazioso, sbarazzino.
Neffe [ˈnɛfə] *(m; -n, -n)* ~ nipote (di zio).
negativ [ˈneːgatiːf] *(agg)* ***1*** negativo. ***2*** *(avv)* negativamente.
Negativ *(n; -s, -e)* ~ negativo (di foto).
Neger [ˈneːgɐ] *(m; -s, -; f* **-in***)* ~ *(spreg)* negro.
nehmen [ˈneːmən] *(vt, hat; er* **nimmt**, **nahm**, **genommen***)* ***1*** prendere ♦ *sie nahm ihre Tasche und ging weg* prese la sua borsa e andò via. ***2*** {*etwas aus/von etwas ~*} prendere qcs da qcs, tirar fuori qcs da qcs ♦ *sie nahm die Geldbörse aus der Tasche* prese il portafoglio dalla borsa. ***3*** {*jmdm etwas ~*} prendere qcs a qcn, togliere qcs a qcn ♦ *du hast mir jede Hoffnung genommen* mi hai tolto ogni speranza. ***4*** prendere, afferrare ♦ *jmdn bei der Hand nehmen* prendere qcn per mano. ***5*** prendere (mezzi di trasporto) ♦ *nehmen wir das Auto oder den Bus?* prendiamo la macchina o l'autobus? ***6*** prendere (ferie e sim). ***7*** {*etwas (zu sich) ~*} mangiare qcs; bere qcs; prendere, assumere (medicine). ***8*** *(fig)* prendere, interpretare ♦ *etwas ernst, als Scherz, wörtlich nehmen* prendere qcs sul serio, come uno scherzo, letteralmente. ***9*** *(fig)* prendere qcn, trattare qcn ♦ *man muss sie nehmen, wie sie ist* bisogna prenderla così com'è. ***10*** {*jmdn zu sich ~*} prendere qcn con sé. ◆ **Abschied nehmen** congedarsi. ◆ **seinen Anfang nehmen** iniziare. ◆ **jmdn zur Frau, zum Mann nehmen** prendere qcn in moglie, come marito. ◆ **etwas auf sich** (Acc) **nehmen** prendersi qcs, addossarsi qcs ♦ *er nahm die Schuld auf sich* si addossò la colpa. ◆ **etwas für etwas nehmen** prendere qcs per qcs (in contraccambio) ♦ *wie viel Geld hat dir der Arzt für die Untersuchung genommen?* quanti soldi ti ha preso il medico per la visita?
Neid [nait] *(m; -(e)s)* ~ invidia.
neiden [ˈnaidən] *(vt, hat)* ~ {*jmdm etwas ~*} *(lett)* invidiare qcs a qcn.

neidisch ['naidɪʃ] *(agg)* ~ invidioso ♦ *auf jmdn/etwas neidisch sein* essere invidioso di qcn/qcs.

Neige ['naigə] *(f; -, -n)* ~ *(lett)* fondo, resto (in bicchieri e sim). ◆ **zur/auf die Neige gehen** volgere al termine, andare verso la fine *(anche fig)*, essere agli sgoccioli.

neigen[1] [-n] *(vi,* hat*)* ~ {*zu etwas* ~} tendere a qcs, essere incline a qcs; propendere per qcs.

neigen[2] *(vt,* hat*)* ~ piegare, inclinare ♦ *eine Flasche neigen* inclinare una bottiglia ♦ *den Kopf zum Gruß neigen* piegare la testa in segno di saluto. ◆ **sich neigen** *(vr)* ***1*** piegarsi, chinarsi; inclinarsi. ***2*** *(fig)* volgere al termine (periodi di tempo).

Neigung ['naigʊŋ] *(f; -, -en)* ***1*** inclinazione; pendenza. ***2*** *(fig)* inclinazione, attitudine ♦ *künstlerische Neigungen* inclinazioni artistiche ♦ *er hat eine Neigung zum Singen* ha un'inclinazione per il canto. ***3*** *(fig)* tendenza, propensione (a vizi o malanni). ***4*** *(fig)* inclinazione, simpatia ♦ *eine tiefe Neigung zu jmdm/für jmdn fassen* avere una profonda simpatia per qcn.

nein [nain] *(avv)* ~ no ♦ *„Kommst du mit?" „Nein"* "Vieni con noi?" "No". ◆ **aber nein!** ma no! ◆ **o nein!** oh, no! che disdetta! ◆ **nein und abermals nein!** no e poi no! ◆ **nein sagen** anche **Nein sagen** (vedi **Nein**).

Nein *(n; -/-s, -/-s)* ~ no, risposta negativa ♦ *mit Nein stimmen* votare no. ◆ **Nein sagen** *(anche* **nein sagen***)* dire di no.

Nektar ['nɛktar] *(m; -s)* ~ nettare.

Nektarine [nɛkta'ri:nə] *(f; -, -n)* ~ *(bot)* pesca noce.

Nelke ['nɛlkə] *(f; -, -n)* ***1*** *(bot)* garofano. ***2*** chiodo di garofano.

nennen ['nɛnən] *(vt,* hat; **nannte, genannt***)* ***1*** chiamare, dare un nome a ♦ *wie haben sie das Kind genannt?* come hanno chiamato il bambino? ***2*** chiamare, rivolgersi (con un nome) ♦ *du kannst mich Alex nennen* puoi chiamarmi Alex. ***3*** *(fig)* chiamare, definire ♦ *das nenne ich Frechheit!* questa io la chiamo sfacciataggine! ***4*** dire (il nome), indicare, menzionare ♦ *nenne mir drei deutsche Komponisten* dimmi i nomi di tre compositori tedeschi ♦ *könntest du mir ein Beispiel dafür nennen?* potresti indicarmi un esempio di questo? ◆ **sich nennen** *(vr)* ***1*** chiamarsi. ***2*** (+ Nom) definirsi, ritenersi (a torto) ♦ *er nennt sich mein Freund* si definisce mio amico.

nennenswert [-sˌve:ɐt] *(agg)* ~ degno di essere menzionato.

Nenner ['nɛnɐ] *(m; -s, -)* ~ *(mat)* denominatore. ◆ **etwas auf einen Nenner bringen** *(fig)* ridurre qcs a un denominatore comune.

Neonlampe ['ne:ɔnˌlampə] *(f; -, -n)* ~ lampada al neon.

Neonlicht ['ne:ɔnˌlɪçt] *(n; -(e)s, -er)* ~ luce al neon.

Neonröhre ['ne:ɔnˌrø:rə] *(f; -, -n)* ~ tubo al neon.

neppen ['nɛpən] *(vt,* hat*)* ~ *(fam)* spennare, pelare.

Neptun [nɛp'tu:n] *(m; -s)* ~ *(astron)* Nettuno.

Nerv [nɛrf] *(m; -(e)s, -en)* ***1*** *(anat)* nervo. ***2*** *(bot)* nervatura. ◆ **die Nerven behalten** *(fig)* mantenere i nervi saldi. ◆ **Nerven wie Drahtseile/Stricke haben** *(fig/fam)* avere nervi d'acciaio. ◆ **die Nerven verlieren** *(fig)* perdere la calma. ◆ **mit den Nerven herunter sein** *(fig/fam)* avere i nervi a pezzi. ◆ **jmdm auf die Nerven fallen/gehen** *(fig)* dare ai nervi a qcn.

nerven ['nɛrfən] *(vt,* hat*)* ~ {*jmdn* ~} *(fam)* snervare qcn, stressare qcn, rompere le scatole a qcn.

Nervenarzt [-ˌʔa:ɐtst] *(m; -(e)s, -ärzte)* ~ neurologo.

nervenaufreibend [-ˌʔaufraibənt] *(agg)* ~ snervante.

Nervenbündel [-ˌbʏndəl] *(n; -s, -)* ~ *(anat)* fascio di nervi. ◆ **ein Nervenbündel sein** *(fig)* essere un fascio di nervi, essere teso.

Nervenheilkunde [-ˌhailkʊndə] *(f; -)* ~ neurologia.

Nervenklinik [-ˌkli:nɪk] *(f; -, -n)* ~ clinica neurologica, clinica psichiatrica.

nervenkrank [-ˌkraŋk] *(agg)* ~ malato di nervi.

Nervenkrankheit [-ˌkraŋkhait] *(f; -, -en)* ~ malattia nervosa.

Nervenkrise [-ˌkriːzə] *(f; -, -n)* ~ crisi di nervi.
Nervensäge [-ˌzɛːgə] *(f; -, -n)* ~ *(fam)* rompiscatole.
Nervenschmerz [-ʃmɛrts] *(m; -es, en)* *(spec pl)* ~ nevralgia.
Nervensystem [-zʏsˌteːm] *(n; -s, -e)* ~ sistema nervoso.
Nervenzusammenbruch [-tsuˌzamənbrʊx] *(m; -(e)s, -brüche)* ~ esaurimento nervoso.
nervig ['nɛrfɪç] *(agg)* ~ irritante, che dà ai nervi.
nervös [nɛr'vøːs] *(agg)* ***1*** nervoso, dei nervi. ***2*** *(fig)* nervoso, teso. ◆ **jmdn nervös machen** innervosire, rendere nervoso qcn. ◆ **nervös werden** innervosirsi.
Nervosität [nɛrvozi'tɛːt] *(f; -)* ~ nervosismo.
Nerz [nɛrts] *(m; -es, -e)* ***1*** *(zool)* visone. ***2*** pelliccia di visone.
Nerzmantel [-ˌmantəl] *(m; -s, -mäntel)* ~ pelliccia di visone.
Nessel ['nɛsəl] *(f; -, -n)* *(abbrev di* **Brennnessel***)* ~ *(bot)* ortica. ◆ **wie auf Nesseln sitzen** *(fig/fam)* stare sulle spine. ◆ **sich in die Nesseln setzen** *(fig/fam)* cacciarsi nei guai.
Nesselsucht [-ˌzʊxt] *(f; -)* ~ *(med)* orticaria.
Nessessär *(anche* **Necessaire***)* [nesɛ'sɛːɐ] *(n; -s, -s)* ~ beauty case, necessaire.
Nest [nɛst] *(n; -(e)s, -er)* ***1*** nido; covo ♦ *die Vögel bauen ihr Nest* gli uccelli fanno il nido. ***2*** *(fig)* nascondiglio, covo. ***3*** *(fam)* letto. ***4*** *(fam)* paesetto, buco. ◆ **sich** (Dat) **ein Nest bauen** *(fig)* farsi il nido, metter su casa. ◆ **sein eigenes Nest beschmutzen** *(fig)* sputare nel piatto in cui si mangia. ◆ **sich ins warme Nest setzen** *(fig/fam)* trovare la pappa scodellata.
nesteln [-əln] *(vi, hat)* ~ {*an etwas* (Dat) ~} armeggiare intorno a qcs.
nett [nɛt] *(agg)* ***1*** carino, grazioso ♦ *ein nettes Mädchen* una ragazza carina. ***2*** carino, gentile ♦ *das ist sehr nett von dir* è molto carino da parte tua. ***3*** piacevole, divertente ♦ *ein netter Abend* una serata piacevole. ***4*** *(fam)* bello, notevole ♦ *eine nette Summe* una bella sommetta.
Nettigkeit [-ɪçˌkait] *(f; -, -en)* ***1*** *(solo sing)* gentilezza. ***2*** gentilezza, parole gentili.
netto ['nɛto] *(avv)* ~ *(econ)* netto, al netto ♦ *die Summe beträgt netto 800 Euro* la somma ammonta al netto a 800 euro.
Netto- *(nei composti)* ~ netto ♦ *Nettogehalt* stipendio netto ♦ *Nettogewicht* peso netto.
Netz [nɛts] *(n; -es, -e)* ***1*** rete ♦ *ein dichtes, weitmaschiges Netz* una rete fitta, a maglie larghe. ***2*** rete (da pesca); retino ♦ *die Netz auswerfen* gettare la rete. ***3*** borsa (di rete). ***4*** retina, reticella (per capelli). ***5*** *(sport)* rete ♦ *den Ball ins Netz schießen* tirare la palla in rete. ***6*** ragnatela. ***7*** *(fig)* rete (viaria, di condutture, ecc). ***8*** *(elab/fam)* rete, Internet. ◆ **in jmds Netz fallen/jmdm ins Netz gehen** *(fig)* finire nelle reti di qcn. ◆ **jmdn ins Netz locken** *(fig)* attirare qcn nella propria rete.
netzartig [-ˌʔaːɐtɪç] *(agg)* ~ reticolato; a rete.
Netzhaut [-ˌhaut] *(f; -, -häute)* ~ *(anat)* rètina.
Netzkarte [-ˌkartə] *(f; -, -n)* ~ abbonamento (a una rete di trasporti).
Netzstrumpf [-ʃtrʊmpf] *(m; -(e)s, -strümpfe)* ~ calza a rete.
Netzwerk [-ˌvɛrk] *(n; -(e)s, -e)* ~ reticolato, rete, intreccio *(anche fig)*.
neu[1] [nɔy] *(agg)* ***1*** nuovo ♦ *ein neues Haus* una nuova casa ♦ *was gibt es Neues?* che c'è di nuovo? che novità ci sono? ***2*** nuovo, non usato ♦ *der CD-Player ist noch neu* il lettore CD è ancora nuovo ♦ *diese Schuhe sind wie neu* queste scarpe sono come nuove. ***3*** nuovo, successivo ♦ *das neue Jahr* l'anno nuovo. ***4*** nuovo, sconosciuto ♦ *neue Perspektiven* nuove prospettive ♦ *das ist mir ganz neu* questa mi giunge nuova. ***5*** *(fig)* nuovo, diverso ♦ *ich bin jetzt ein neuer Mensch* adesso sono una persona nuova. ***6*** *(fam)* nuovo, inesperto ♦ *ich bin in dieser Arbeit noch neu* sono ancora nuovo di questo lavoro. ***7*** *(fig)* nuovo, rinnovato ♦ *neue Hoffnung* speranza rinnovata. ***8*** *(superl)* ultimo, più recente, più moderno ♦ *die neuesten Nachrichten* le ultime notizie ♦ *die neueste Mode* l'ultima moda. ◆ **das Neue Testament** *(relig)* il Nuovo Testamento. ◆ **aufs Neue** († **neue**) da capo, di nuovo. ◆ **seit neuestem** ultimamente, da poco. ◆ **von neuem** da capo, di

nuovo ♦ *von neuem anfangen* ricominciare da capo.

neu[2] *(avv)* ***1*** nuovamente, di nuovo ♦ *etwas neu schreiben* scrivere qcs nuovamente. ***2*** da poco, di recente, recentemente ♦ *sie sind neu umgezogen* si sono trasferiti di recente. ◆ **etwas neu auflegen** ristampare qcs, ripubblicare qcs. ◆ **neu bearbeitet** († **neubearbeitet**) rielaborato (testi e sim) ♦ *neu bearbeitete Auflage* nuova edizione riveduta e corretta. ◆ **neu gebacken** († **neugebacken**) fresco, appena sfornato *(anche fig)*.

neuartig [-ˌʔaːɐtɪç] *(agg)* ~ nuovo, innovativo (metodo e sim).

Neuauflage [-ˌʔauflaːgə] *(f; -, -n)* ~ ristampa.

Neuausgabe [-ˌʔausgaːbə] *(f; -, -n)* ~ nuova edizione.

Neubau [-ˌbau] *(m; -(e)s, -ten)* ***1*** *(solo sing)* costruzione (di qcs di nuovo). ***2*** nuova costruzione, edificio nuovo.

neubearbeitet ~ **neu bearbeitet** (vedi **neu**[2]).

Neubearbeitung [-bəˌʔarbaitʊŋ] *(f; -, -en)* ~ rielaborazione, rifacimento (di testi e sim).

Neuentwicklung [-ˈʔɛntˌvɪklʊŋ] *(f; -, -en)* ***1*** nuovo sviluppo. ***2*** innovazione.

neuerdings [-ɐˈdɪŋs] *(avv)* ~ da poco, ultimamente.

Neuerer [-ərɐ] *(m; -s, -; f* **-in***)* ~ innovatore.

Neuerung [-ərʊŋ] *(f; -, -en)* ~ innovazione, novità ♦ *eine technische Neuerung* un'innovazione tecnica.

neugebacken ~ **neu gebacken** (vedi **neu**[2]).

neugeboren [-gəˌboːrən] *(agg)* ~ neonato. ◆ **sich wie neugeboren fühlen** *(fig)* sentirsi rinato.

Neugeborene [-gəˌboːrənə] *(n; -n, -n)* ~ neonato.

Neugier(de) [-giːɐ(də)] *(f; -)* ~ curiosità ♦ *seine Neugier befriedigen* soddisfare la propria curiosità ♦ *ich frage nur aus Neugierde* domando solo per curiosità.

neugierig [-giːərɪç] *(agg)* ~ curioso ♦ *auf etwas* (Acc) *neugierig sein* essere curioso di qcs.

Neuheit [-ˌhait] *(f; -, -en)* ***1*** *(solo sing)* novità, l'essere nuovo. ***2*** novità (prodotto nuovo e sim).

Neuigkeit [-ɪçˌkait] *(f; -; -en)* ~ novità, notizia nuova.

Neujahr [-ˌjaːɐ] *(n; -(e)s)* ~ capodanno ♦ *zu Neujahr* a capodanno. ◆ **Prosit Neujahr!** buon anno!

Neuland [-ˌlant] *(n; -(e)s)* ***1*** nuova terra, nuovo terreno (da coltivare). ***2*** *(fig)* terreno inesplorato, campo nuovo (di scienza e sim).

neulich [-lɪç] *(avv)* ~ recentemente, ultimamente.

Neuling [-ˌlɪŋ] *(m; -s, -e)* ~ novellino, principiante.

neumodisch [-ˌmoːdɪʃ] *(agg)* ~ *(spreg)* all'ultima moda.

Neumond [-ˌmoːnt] *(m; -(e)s)* ~ luna nuova, novilunio.

neun [nɔyn] *(num)* ~ nove.

Neun *(f; -, -en)* ***1*** nove, numero nove. ***2*** autobus numero nove.

Neuner [-ɐ] *(m; -s, -)* ***1*** *(fam)* nove, numero nove. ***2*** *(fam)* autobus numero nove.

neunhundert [-ˈhʊndɐt] *(num)* ~ novecento.

neuntausend [-ˈtauzənt] *(num)* ~ novemila.

neunte(r, -s) [-tə (-tɐ, -təs)] *(agg)* ***1*** nono. ***2*** nove (nelle date) ♦ *am neunten Juli* il nove luglio.

neunzehn [-ˌtseːn] *(num)* ~ diciannove.

neunzehnhundert [-tseːnˈhʊndɐt] *(num)* ~ millenovecento.

neunzig [-tsɪç] *(num)* ~ novanta.

neunziger [-tsɪgɐ] *(agg indecl)* ~ novanta ♦ *die neunziger Jahre* gli anni novanta.

Neunzigerjahre [-tsɪgɐjaːrə] *(pl)* ~ anni novanta ♦ *in den Neunzigerjahren* negli anni novanta.

Neurologe [nɔyroˈloːgə] *(m; -n, -n; f* **-login***)* ~ neurologo.

neurologisch [nɔyroˈloːgɪʃ] *(agg)* ~ neurologico.

Neurose [nɔyˈroːzə] *(f; -, -n)* ~ *(med)* nevrosi.

neurotisch [nɔyˈroːtɪʃ] *(agg)* ~ nevrotico.

neutral [nɔyˈtraːl] *(agg)* ***1*** neutrale, imparziale. ***2*** *(gramm)* neutro.

Neutralisation [nɔytralizaˈtsjoːn] *(f; -, -en)* ~ neutralizzazione *(anche chim)*.

neutralisieren [nɔytraliˈziːrən] *(vt, hat)* ~ neutralizzare *(anche chim)*.

Neutralität [nɔytrali'tɛ:t] *(f; -)* ~ neutralità, imparzialità.

Neutrum ['nɔytrʊm] *(n;* -s, Neutra/Neutren*)* **1** *(gramm)* genere neutro. **2** *(gramm)* sostantivo neutro.

nicht [nɪçt] *(avv)* **1** non ♦ *ich kann nicht kommen* non posso venire ♦ *er ist nicht verheiratet* non è sposato ♦ *er heißt nicht Markus, sondern Horst* non si chiama Markus, ma Horst ♦ *es ist nicht zu glauben* è da non credersi. **2** *(+ inf)* vietato..., non ♦ *nicht rauchen!* vietato fumare! ◆ **nicht, dass ich wüsste** non che io sappia. ◆ **nicht einmal**, *(fam)* **nicht mal** nemmeno, neppure, neanche ♦ *er hat mich nicht einmal gegrüßt* non mi ha nemmeno salutato. ◆ **nicht mehr** non più ♦ *er liebt sie nicht mehr* non la ama più. ◆ **nicht nur..., sondern auch...** non solo..., ma anche... ◆ **auch nicht** neanche, neppure ♦ *ich auch nicht* neanch'io ♦ *ich habe es auch nicht verstanden* neanch'io l'ho capito. ◆ **bestimmt nicht** certamente no. ◆ **durchaus nicht** assolutamente non; assolutamente no. ◆ **(ganz und) gar nicht** assolutamente non; assolutamente no. ◆ **noch nicht** non ancora. ◆ **überhaupt nicht** assolutamente non; assolutamente no ♦ *ich bin überhaupt nicht einverstanden* non sono assolutamente d'accordo. ◆ **warum nicht?** perché no?

Nichte [-ə] *(f; -, -n)* ~ nipote (di zio).

nichtig [-ɪç] *(agg)* **1** *(lett)* insignificante, privo di valore, da niente. **2** *(dir)* nullo, senza valore.

Nichtigkeit [-ɪç,kait] *(f; -, -en)* **1** *(lett)* nullità, mancanza di valore. **2** nonnulla, inezia. **3** *(dir)* nullità.

Nichtraucher [-,rauxɐ] *(m; -s, -; f* **-in***)* ~ non fumatore.

Nichtraucherabteil [-rauxɐ,ˀaptail] *(m; -s, -e)* ~ scompartimento per non fumatori.

nichts [nɪçts] *(pron indef)* ~ niente, nulla ♦ *sie hat nichts gekauft* non ha comprato niente ♦ *sie haben nichts zu essen* non hanno niente da mangiare ♦ *das deutet auf nichts Gutes hin* questo non lascia presagire niente di buono ♦ *es gibt nichts Besseres als ein kühles Bier* non c'è niente di meglio che una birra fresca. ◆ **nichts als** nient'altro che ♦ *er hat nichts als Undank geerntet* non ha raccolto altro che ingratitudine. ◆ **nichts anderes** nient'altro, nessun'altra cosa. ◆ **nichts da!** *(fam)* non se ne parla nemmeno! ◆ **ich habe nichts davon** *(fig)* non me ne viene niente. ◆ **alles oder nichts!** o tutto o niente! ◆ **ganz und gar nichts** assolutamente niente. ◆ **das macht nichts!** non fa niente! non importa! ◆ **mir nichts, dir nichts** *(fam)* come se niente fosse. ◆ **sonst nichts?** (non c'è) nient'altro? ◆ **um nichts in der Welt** per niente al mondo. ◆ **so gut wie nichts** quasi niente. ◆ **von nichts kommt nichts** *(prov)* da niente non nasce niente.

Nichts *(n; -s)* **1** nulla, vuoto. **2** nonnulla, sciocchezza. ◆ **vor dem Nichts stehen** *(fig)* essere in rovina (economicamente).

nichtsdestotrotz [-dɛsto'trɔts] *(avv)* ~ *(fam)* tuttavia, ciononostante.

nichtsdestoweniger [-dɛsto've:nɪgɐ] *(avv)* ~ tuttavia, nonostante questo.

Nichtsnutz [-,nʊts] *(m; -es, -e)* ~ buono a nulla, inetto.

nichtsnutzig [-,nʊtsɪç] *(agg)* ~ buono a nulla.

nichtssagend [-,za:gənt] *(agg)* ~ insignificante, che non dice niente.

Nichtstuer [-,tu:ɐ] *(m; -s, -; f* **-in***)* ~ fannullone.

Nichtstun [-,tu:n] *(n; -s)* ~ ozio, pigrizia, il non far niente. ◆ **das süße Nichtstun** il dolce far niente.

nicken ['nɪkən] *(vi,* hat*)* **1** fare cenno col capo, annuire. **2** *(fam)* fare un pisolino, fare un sonnellino. ◆ **zustimmend nicken** assentire, fare cenno di sì col capo.

Nickerchen ['nɪkɐçən] *(n; -s, -)* ~ *(fam)* pisolino, sonnellino.

Nicotin ~ vedi **Nikotin**.

nie [ni:] *(avv)* ~ mai ♦ *das habe ich nie gesagt* questo non l'ho mai detto. ◆ **jetzt oder nie** adesso o mai più. ◆ **noch nie** mai ♦ *ich war noch nie in Russland* non sono mai stato in Russia ♦ *so etwas hatte ich noch nie gehört* una cosa del genere non l'avevo mai sentita. ◆ **nie im Leben!** mai e poi mai! ◆ **nie mehr/nie wieder** mai più. ◆ **nie und nimmer** mai e poi mai. ◆ **besser spät als nie** *(prov)* meglio tardi che mai.

nieder ['ni:dɐ] *(avv) (spec escl)* ~ giù, in basso; abbasso ♦ *die Waffen nieder!* giù le armi ♦ *nieder mit der Gewalt!* abbasso la violenza. ◆ **auf und nieder** su e giù ♦ *auf und nieder gehen* andare su e giù.
nieder|brechen[1] *(vi,* ist; *irr* brechen*)* ~ crollare.
nieder|brechen[2] *(vt,* hat; *irr* brechen*)* ~ demolire, abbattere.
nieder|donnern[1] *(vi,* ist*)* ~ precipitare con frastuono.
nieder|donnern[2] *(vt,* hat*)* ~ {*jmdn* ~} *(fig/fam)* fare una partaccia a qcn.
nieder|drücken *(vt,* hat*)* ***1*** piegare (in basso), curvare giù. ***2*** premere, pigiare giù. ***3*** *(fig)* avvilire, deprimere, abbattere.
niederdrückend [-ˌdrʏkənt] *(agg)* ~ scoraggiante.
niedere(r, -s) ['ni:dərə (-rɐ, -rəs)] *(agg)* ~ basso, inferiore (di rango e sim). ◆ **niedere Tiere** *(zool)* animali inferiori, invertebrati.
Niedergang ['ni:dɐˌgaŋ] *(m;* -(e)s*)* ~ *(fig)* decadenza, tramonto.
niedergedrückt ['ni:dɐgəˌdrʏkt] *(agg)* ~ avvilito, depresso, abbattuto.
nieder|gehen *(vi,* ist; *irr* gehen*)* ***1*** cadere, precipitare. ***2*** cadere (pioggia); abbattersi (temporali). ***3*** finire a terra, cadere al tappeto.
niedergeschlagen ['ni:dɐgəʃla:gən] *(agg)* ~ *(fig)* scoraggiato, abbattuto, avvilito.
Niederlage ['ni:dɐˌla:gə] *(f;* -, -n*)* ~ sconfitta ♦ *jmdm eine Niederlage beibringen/zufügen* infliggere una sconfitta a qcn ♦ *eine Niederlage erleiden* subire una sconfitta.
nieder|lassen *(vt,* hat; *irr/ortogr* lassen*)* ~ calare, abbassare. ◆ **sich niederlassen** *(vr)* ***1*** posarsi ♦ *der Vogel ließ sich auf einem/einen Zweig nieder* l'uccello si posò su un ramo. ***2*** sedersi, mettersi giù ♦ *sich auf dem/das Sofa niederlassen* sedersi sul divano. ***3*** stabilirsi, andare a vivere ♦ *sie haben sich in Deutschland niedergelassen* si sono stabiliti in Germania.
Niederlassung ['ni:dɐˌlasʊŋ] *(f;* -, -en*)* ***1*** lo stabilirsi. ***2*** *(econ)* filiale, succursale.
nieder|legen *(vt,* hat*)* ***1*** posare (giù), deporre ♦ *die Waffen niederlegen* deporre le armi. ***2*** *(fig)* deporre, dimettersi da ♦ *die Krone niederlegen* deporre la corona ♦ *ein Amt niederlegen* dimettersi da una carica. ***3*** *(lett)* mettere a letto. ***4*** *(lett)* mettere per iscritto. ◆ **sich niederlegen** *(vr) (lett)* mettersi a letto, distendersi.
Niederlegung ['ni:dɐˌle:gʊŋ] *(f;* -, -en*)* ***1*** deposizione, il deporre. ***2*** *(fig)* deposizione (di una carica), rinuncia.
nieder|mähen *(vt,* hat*)* ***1*** falciare. ***2*** *(fig)* falciare, falcidiare, uccidere.
nieder|prasseln *(vi,* ist*)* ***1*** scrosciare (pioggia e sim). ***2*** {*auf jmdn* ~} *(fig)* piovere addosso a qcn.
nieder|reißen *(vt,* hat; *irr/ortogr* reißen*)* ***1*** distruggere, demolire, abbattere. ***2*** *(fig)* eliminare, abbattere (barriere e sim).
nieder|ringen *(vt,* hat*)* ~ mandare al tappeto.
Niederschlag ['ni:dɐʃla:k] *(m;* -(e)s, -schläge*)* ***1*** *(meteor)* precipitazione. ***2*** *(chim)* deposito. ***3*** *(fig)* riflesso, effetto. ◆ **seinen Niederschlag in etwas** (Dat) **finden** riflettersi, trovare espressione in qcs.
nieder|schlagen *(vt,* hat; *irr* schlagen*)* ***1*** abbattere, atterrare, buttare a terra (persona o cosa). ***2*** reprimere ♦ *einen Aufstand niederschlagen* reprimere un'insurrezione. ***3*** *(dir)* sospendere (processi e sim). ***4*** *(fig)* vincere, stroncare (dubbi, sospetti, ecc). ◆ **sich niederschlagen** *(vr)* ***1*** depositarsi, posarsi. ***2*** {*sich in etwas* (Dat) ~} ripercuotersi in qcs, riflettersi in qcs. ◆ **die Augen/den Blick niederschlagen** abbassare gli occhi/lo sguardo.
nieder|schmettern *(vt,* hat*)* ***1*** scaraventare a terra. ***2*** *(fig)* abbattere, buttare giù ♦ *diese Nachricht hat ihn niedergeschmettert* questa notizia l'ha abbattuto.
niederschmetternd ['ni:dɐʃmɛtɐnt] *(agg)* ~ catastrofico, sconvolgente.
nieder|schreiben *(vt,* hat; *irr* schreiben*)* ~ scrivere, mettere per iscritto.
Niederschrift ['ni:dɐʃrɪft] *(f;* -, -en*)* ***1*** *(solo sing)* lo scrivere. ***2*** scritto, appunto. ***3*** verbale.
Niedertracht ['ni:dɐˌtraxt] *(f;* -*)* ~ infamia, bassezza, abiezione.
niederträchtig ['ni:dɐˌtrɛçtɪç] *(agg)* ~ infame, basso, abietto.
nieder|treten *(vt,* hat; *irr* treten*)* ~ calpestare.

Niederung ['ni:dəruŋ] *(f; -, -en)* ~ bassopiano.
nieder|werfen *(vt, hat; irr werfen)* ***1*** buttare a terra, gettare a terra. ***2*** {*jmdn ~*} *(fig)* costringere qcn a letto (malattie). ***3*** *(fig)* sconfiggere. ***4*** *(fig)* reprimere, soffocare. ◆ **sich niederwerfen** *(vr)* buttarsi a terra.
niedlich ['ni:tlɪç] *(agg)* ~ carino, grazioso (persona o cosa).
niedrig ['ni:drɪç] *(agg)* ***1*** basso (cosa) ♦ *ein niedriger Tisch* un tavolo basso ♦ *der Wasserstand ist niedrig* l'acqua è bassa. ***2*** basso, ridotto (prezzo e sim). ***3*** *(fig)* basso, umile (socialmente). ***4*** *(fig)* basso, meschino, vile. ***5*** *(avv)* giù, in basso, giù basso.
niemals ['ni:ma:ls] *(avv)* ~ mai, giammai.
niemand ['ni:mant] *(pron indef;* Gen **niemand(e)s**, Dat **niemandem/niemand**, Acc **niemanden/niemand***)* ~ nessuno ♦ *es war niemand da* non c'era nessuno ♦ *ich habe niemanden gesehen* non ho visto nessuno. ◆ **niemand anders** nessun altro ♦ *ich kenne niemand anders* non conosco nessun altro.
Niere ['ni:rə] *(f; -, -n)* ***1*** *(anat)* rene. ***2*** rognone.
Nierenentzündung [-nˀɛnt,tsʏnduŋ] *(f; -, -en)* ~ *(med)* nefrite.
Nierenstein [-n,ʃtain] *(m; -(e)s, -e)* ~ *(med)* calcolo renale.
nieseln ['ni:zəln] *(vi, hat)* ~ piovigginare, pioviscolare.
niesen ['ni:zən] *(vi, hat)* ~ starnutire.
Nießbrauch ['ni:s,braux] *(m; -(e)s)* ~ *(dir)* usufrutto.
Niete ['ni:tə] *(f; -, -n)* ***1*** biglietto non vincente. ***2*** *(fig)* fiasco, fallimento. ***3*** *(fig)* fallito, perdente.
Nikolaus ['nɪkolaus] *(m; -, -e)* ~ San Niccolò (figura che porta regali il 6 dicembre).
Nikotin *(anche* **Nicotin***)* [niko'ti:n] *(n; -s)* ~ nicotina.
nimmer ['nɪmɐ] *(avv)* ~ mai, giammai. ◆ **nie und nimmer** mai e poi mai.
nimmermüde [-'my:də] *(agg)* ~ instancabile, indefesso.
nimmersatt [-,zat] *(agg)* ~ *(fam)* insaziabile, ingordo.
Nimmersatt *(m; -(e)s/-, -e)* ~ *(fam)* mangione.
nippen ['nɪpən] *(vi, hat)* ~ {*an etwas* (Dat)/*von etwas ~*} sorseggiare qcs, centellinare qcs.
Nippes ['nɪpəs] *(pl)* ~ ninnoli, piccoli soprammobili.
Nippsachen ['nɪp,zaxən] *(pl)* ~ ninnoli, piccoli soprammobili.
nirgendher ['nɪrgənt'he:ɐ] *(avv)* ~ da nessun posto, da nessuna parte (moto da luogo).
nirgendhin ['nɪrgənt'hɪn] *(avv)* ~ in nessun posto, da nessuna parte (moto a luogo).
nirgends ['nɪrgənts] *(avv)* ~ in nessun posto, da nessuna parte (stato in luogo) ♦ *das Buch ist nirgends zu finden* il libro non si trova da nessuna parte.
nirgendwo ['nɪrgənt'vo:] *(avv)* ~ in nessun posto, da nessuna parte (stato in luogo).
nirgendwoher ['nɪrgəntvo'he:ɐ] *(avv)* ~ da nessun posto, da nessuna parte (moto da luogo).
nirgendwohin ['nɪrgəntvo'hɪn] *(avv)* ~ in nessun posto, da nessuna parte (moto a luogo).
Nische ['ni:ʃə] *(f; -, -n)* ~ nicchia.
nisten ['nɪstən] *(vi, hat)* ~ nidificare, fare il nido.
Niveau [ni'vo:] *(n; -s, -s)* ***1*** livello ♦ *auf gleichem Niveau mit der Straße* allo stesso livello della strada. ***2*** *(fig)* livello, grado. ***3*** *(fig)* livello (culturale e sim) ♦ *eine Sendung mit (einem gewissen) Niveau* una trasmissione di un certo livello.
nivellieren [nivɛ'li:rən] *(vt, hat)* ~ livellare *(anche fig)*.
Nivellierung [nivɛ'li:ruŋ] *(f; -, -en)* ~ livellamento *(anche fig)*.
nix [nɪks] *(avv)* ~ *(fam)* vedi **nichts**.
Nixe [-ə] *(f; -, -n)* ~ sirena.
nobel [nɔ'bɛl] *(agg)* ***1*** *(fig)* nobile, signorile. ***2*** generoso.
Nobelpreis [-,prais] *(m; -es, -e)* ~ premio Nobel.
Nobelpreisträger [-prais,trɛ:gɐ] *(m; -s, -; f* **-in***)* ~ premio Nobel, vincitore del premio Nobel.
noch [nɔx] *(avv)* ***1*** ancora (temporale) ♦ *das Kind ist noch zu klein* il bambino è

ancora troppo piccolo. **2** ancora (quantità) ♦ *ich hätte noch eine Frage* avrei ancora una domanda. **3** ancora, appena (temporale) ♦ *ich habe noch gestern mit ihr gesprochen* ho parlato appena ieri con lei. **4** poi, più avanti ♦ *ich werde mich noch bei dir melden* mi farò vivo con te più avanti. **5** *(+ compar)* ancora ♦ *dieses Bild ist noch schöner als das andere* questo quadro è ancora più bello dell'altro. ◆ **noch und noch** a non finire, in gran quantità. ◆ **noch ein** ancora uno, un altro ♦ *möchtest du noch ein Glas Wein?* vuoi un altro bicchiere di vino? ◆ **noch einmal** ancora, un'altra volta, di nuovo ♦ *er hat es noch einmal versucht* ci ha provato di nuovo. ◆ **noch nicht einmal** neanche, nemmeno. ◆ **noch immer**; **immer noch** ancora; continuare a ♦ *ist er immer noch krank?* è ancora malato? ♦ *ich habe immer noch nicht verstanden, warum* continuo a non capire perché. ◆ **weder... noch...** né... né... (vedi **weder**).

nochmals [-ˌmaːls] *(avv)* ~ ancora, un'altra volta, di nuovo.

Nomade [noˈmaːdə] *(m; -n, -n; f* **-in***)* ~ nomade.

nomadenhaft [-nˌhaft] *(agg)* ~ nomade.

nomadisch [noˈmaːdɪʃ] *(agg)* ~ nomade, da nomadi.

Nomen [ˈnoːmən] *(n; -s, Nomina)* ~ *(gramm)* nome, sostantivo.

nominal [nomiˈnaːl] *(agg)* ~ *(gramm/econ)* nominale.

Nominativ [ˈnoːminatiːf] *(m; -s, -e)* **1** *(gramm)* nominativo, caso nominativo. **2** parola al nominativo.

nominell [nomiˈnɛl] *(agg)* **1** nominale. **2** *(avv)* nominalmente, di nome.

nominieren [nomiˈniːrən] *(vt, hat)* ~ nominare, designare ♦ *jmdn als Kandidaten nominieren* nominare qcn come candidato.

Nominierung [nomiˈniːrʊŋ] *(f; -, -en)* ~ nomina, designazione.

Nonne [ˈnɔnə] *(f; -, -n)* ~ suora.

Nonsens [ˈnɔnzɛns] *(m; -)* ~ nonsenso, assurdità.

nonstop [nɔnˈʃtɔp] *(avv)* ~ senza interruzione, non-stop. ◆ **nonstop fliegen** volare senza fare scalo.

Non-Stop-Flug *(anche* **Nonstop-Flug***)* [-ˌfluːk] *(m; -(e)s, -flüge)* ~ volo senza scalo.

Nord [nɔrt] *(indecl) (senza art)* ~ *(mar/meteor)* nord.

Norden [ˈnɔrdən] *(m; -s)* ~ nord, settentrione ♦ *im Norden* a nord, nel nord (stato in luogo) ♦ *im Norden der Stadt* a nord della città ♦ *nach Norden* a nord, verso nord (moto a luogo) ♦ *von Norden* da nord.

nordisch [ˈnɔrdɪʃ] *(agg)* ~ nordico ♦ *nordische Länder* paesi nordici ♦ *nordische Sprachen* lingue nordiche. ◆ **Ski nordisch** sci nordico.

nördlich[1] [ˈnœrtlɪç] *(agg)* **1** settentrionale, del nord ♦ *die nördliche Küste Afrikas* la costa settentrionale dell'Africa. **2** *(avv)* a nord ♦ *die Grenze verläuft nördlich von der Stadt* il confine passa a nord della città.

nördlich[2] *(prep +* Gen*)* ~ a nord di ♦ *die Grenze verläuft nördlich der Stadt* il confine passa a nord della città.

nörgeln [ˈnœrgəln] *(vi,* hat*)* ~ {*an etwas* (Dat) ~} avere da ridire su qcs, criticare qcs.

Norm [nɔrm] *(f; -, -en)* **1** norma, regola ♦ *als Norm dienen, gelten* servire, valere come norma. **2** norma, standard.

normal [nɔrˈmaːl] *(agg)* **1** normale, regolare. **2** normale, comune. **3** *(avv)* normalmente, in modo normale.

normalerweise [-ɐˈvaizə] *(avv)* ~ normalmente, di norma.

Normalfall [-ˌfal] *(m; -(e)s, -fälle)* ~ caso normale, norma. ◆ **im Normalfall** normalmente, di norma.

normalisieren [nɔrmaliˈziːrən] *(vt,* hat*)* ~ normalizzare. ◆ **sich normalisieren** normalizzarsi.

Normalität [nɔrmaliˈtɛːt] *(f; -)* ~ normalità.

Normalzeit [nɔrˈmaːlˌtsait] *(f; -, -en)* ~ ora ufficiale.

Nostalgie [nɔstalˈgiː] *(f; -, -n)* ~ nostalgia.

nostalgisch [nɔsˈtalgɪʃ] *(agg)* ~ nostalgico.

not ~ vedi **Not**.

Not [noːt] *(f; -, Nöte)* **1** *(solo sing)* bisogno, carenza, penuria ♦ *Not an Lebensmitteln* carenza di viveri. **2** *(solo sing)* miseria, povertà ♦ *in großer Not leben* vivere in grande miseria. **3** *(solo sing)* grande difficoltà, grave pericolo, momento di bisogno ♦ *in Not sein* essere in grave pericolo. **4** fatica, pena, affanno ♦ *jmdm große Not/große Nöte machen* dare molta pena a qcn. ◆ **seine (liebe) Not mit jmdm/etwas haben** avere il proprio bel daffare con qcn/qcs. ◆ **Not leidend** († **notleidend**) povero, bisognoso. ◆ **Not** († **not**) **sein/tun** *(lett)* essere necessario. ◆ **jmdm aus der Not helfen** trarre qcn d'impaccio. ◆ **aus der Not eine Tugend machen** fare di necessità virtù. ◆ **mit genauer/knapper Not** per il rotto della cuffia. ◆ **zur Not** *(fam)* all'occorrenza, in caso di necessità. ◆ **Not macht erfinderisch** *(prov)* la necessità aguzza l'ingegno. ◆ **in der Not frisst der Teufel Fliegen** *(prov)* in tempo di carestia è buono anche il pane raffermo.

Notar [no'taːɐ] *(m; -s, -e; f* **-in***)* ~ notaio.

notariell [nota'rjɛl] *(agg)* ~ notarile.

Notarzt ['noːtˌʔaːɐtst] *(m; -s, -ärzte; f* **-ärztin***)* ~ guardia medica; medico di guardia.

Notarztwagen [-ˌvaːgən] *(m; -s, -)* ~ auto medica.

Notausgang ['noːtˌʔausgaŋ] *(m; -(e)s, -gänge)* ~ uscita di emergenza.

Notbremse ['noːtˌbrɛmzə] *(f; -, -n)* ~ freno di emergenza.

Notdienst ['noːtˌdiːnst] *(m; -(e)s)* ~ (servizio di) guardia medica.

Notdurft ['noːtˌdʊrft] *(f; -)* ~ bisogno corporale ♦ *seine Notdurft verrichten* fare i propri bisogni.

notdürftig ['noːtˌdʏrftɪç] *(agg)* **1** scarso, insufficiente. **2** *(avv)* scarsamente, non abbastanza.

Note ['noːtə] *(f; -, -n)* **1** *(mus)* nota; *(pl)* spartito, note. **2** voto (scolastico) ♦ *gute/schlechte Noten haben* avere dei buoni, cattivi voti. **3** *(abbrev di* **Banknote***)* banconota. **4** *(fig)* nota, tocco, impronta.

Notenlinie [-nˌliːnjə] *(f; -, -n)* **1** *(mus)* rigo. **2** *(pl) (mus)* pentagramma.

Notfall ['noːtˌfal] *(m; -(e)s, -fälle)* **1** emergenza. **2** caso di necessità, caso di bisogno. ◆ **im Notfall** in caso di bisogno, all'occorrenza, al limite.

notfalls [-s] *(avv)* ~ in caso di bisogno, all'occorrenza.

notgedrungen ['noːtgəˌdrʊŋən] *(agg)* **1** costretto dalla necessità, forzato. **2** *(avv)* per necessità, forzatamente.

notieren [no'tiːrən] *(vt, hat)* **1** annotare ♦ *ich habe seinen Geburtstag in meinem/meinen Terminkalender notiert* ho annotato il suo compleanno nella mia agenda. **2** *(econ)* quotare.

nötig ['nøːtɪç] *(agg)* **1** necessario, occorrente ♦ *mir fehlt das nötige Geld für die Reise* mi mancano i soldi necessari per il viaggio. **2** necessario, indispensabile ♦ *es ist nicht nötig zu sagen, dass* non c'è bisogno di dire che ♦ *wenn nötig, kann ich noch einen Tag bleiben* se necessario, posso rimanere un altro giorno. ◆ **jmdn/etwas nötig brauchen** avere urgente bisogno di qcn/qcs. ◆ **jmdn/etwas nötig haben** avere bisogno di qcn/qcs.

nötigen ['nøːtɪgən] *(vt, hat)* ~ {*jmdn zu etwas* ~} costringere, obbligare qcn a qcs.

Notiz [no'tiːts] *(f; -, -en)* **1** annotazione, appunto, nota. **2** *(pl)* appunti ♦ *sich* (Dat) *Notizen machen* prendere appunti. ◆ **von jmdm/etwas keine Notiz nehmen** non prestare attenzione a qcn/qcs.

Notizblock [-ˌblɔk] *(m; -(e)s, -blöcke)* ~ blocco per appunti, bloc-notes, taccuino.

Notlage ['noːtˌlaːgə] *(f; -, -n)* ~ difficoltà, situazione di difficoltà ♦ *sich in einer Notlage befinden* trovarsi in difficoltà.

notlanden ['noːtˌlandən] *(vi, ist)* ~ fare un atterraggio di emergenza.

Notlandung ['noːtˌlandʊŋ] *(f; -, -en)* ~ atterraggio di emergenza.

notleidend ~ **Not leidend** (vedi **Not**).

Notleiter ['noːtˌlaitɐ] *(f; -, -n)* ~ scala antincendio, scala di emergenza.

Notlüge ['noːtˌlyːgə] *(f; -, -n)* ~ bugia necessaria, bugia a fin di bene.

Notruf ['noːtˌruːf] *(m; -(e)s, -e)* **1** telefonata d'emergenza. **2** numero telefonico di emergenza.

Notrufnummer [-ˌnʊmɐ] *(f; -, -n)* ~ numero telefonico di emergenza.

Notrufsäule [-ˌzɔylə] *(f; -, -n)* ~ colonnina di SOS, colonnina per telefonate di emergenza.

Notschrei ['noːtˌʃrai] *(m; -(e)s, -e)* ~ grido d'aiuto.

Notsitz ['noːtˌzɪts] *(m; -es, -e)* ~ sedile ribaltabile (in treno, a teatro, ecc), strapuntino.

Notstand ['noːtˌʃtant] *(m; -(e)s)* ~ *(dir)* stato di emergenza; stato di necessità.

Notwehr ['noːtˌveːɐ] *(f; -)* ~ legittima difesa ♦ *aus Notwehr handeln* agire per legittima difesa.

notwendig ['noːtˌvɛndɪç] *(agg)* **1** necessario, indispensabile ♦ *die notwendigen Maßnahmen treffen* prendere i necessari provvedimenti ♦ *es ist notwendig, so zu handeln* è necessario agire così. **2** necessario, inevitabile. ◆ **das Notwendigste** lo stretto necessario. ◆ **etwas notwendig brauchen** avere urgentemente bisogno di qcs.

Notwendigkeit [-ˌkait] *(f; -, -en)* ~ necessità.

Nougat ~ vedi **Nugat**.

Novelle [no'vɛlə] *(f; -, -n)* ~ novella, racconto.

November [no'vɛmbɐ] *(m; -/-s, -)* ~ novembre ♦ *im November* a novembre.

Nu [nuː] *(m)* ~ **im Nu**; **in einem Nu** in un attimo, in un baleno.

Nuance ['nwãːsə] *(f; -, -n)* ~ sfumatura *(anche fig)*.

nüchtern ['nʏçtɐn] *(agg)* **1** digiuno ♦ *auf nüchternen Magen* a stomaco vuoto. **2** sobrio, non ubriaco. **3** *(fig)* obiettivo, realistico. **4** *(fig)* sobrio, lineare, essenziale, asciutto. **5** *(avv)* a digiuno. **6** *(avv)* *(fig)* obiettivamente.

Nudel ['nuːdəl] *(f; -, -n)* **1** pasta, pastasciutta. **2** *(fig/fam)* persona (buffa), sagoma.

Nudelholz [-ˌhɔlts] *(n; -es, -hölzer)* ~ matterello.

Nudismus [nu'dɪsmʊs] *(m; -)* ~ nudismo.

Nudist [nu'dɪst] *(m; -en, -en; f* **-in***)* ~ nudista.

Nugat *(anche* **Nougat***)* ['nuːgat] *(m/n; -s, -s)* ~ torrone; gianduia.

nuklear [nukle'aːɐ] *(agg)* ~ nucleare, atomico.

null [nʊl] *(num)* ~ zero ♦ *null Komma fünf* zero virgola cinque ♦ *wir haben zwei zu null verloren* abbiamo perso due a zero. ◆ **null** († **Null**) **Grad** zero gradi, zero (temperatura) ♦ *zwei Grad über/unter null* († *Null*) due gradi sopra/sotto lo zero. ◆ **null und nichtig** nullo, non valido.

Null *(f; -, -en)* ~ zero, numero zero. ◆ **Null Grad** vedi **null**.

Nullpunkt [-ˌpʊŋkt] *(m; -(e)s, -e)* **1** zero (su termometri e simili). **2** *(fig)* zero, punto più basso ♦ *die Stimmung ist auf den Nullpunkt gesunken* l'atmosfera generale ha raggiunto il punto più basso.

Nulltarif [-taˌriːf] *(m; -(e)s, -e)* ~ tariffa gratuita. ◆ **zum Nulltarif** gratis, gratuitamente.

numerieren ~ vedi **nummerieren**.

Numerierung ~ vedi **Nummerierung**.

numerisch [nu'meːrɪʃ] *(agg)* ~ numerico.

Nummer ['nʊmɐ] *(f; -, -n)* **1** numero (di una serie) ♦ *der Spieler mit der Nummer zehn* il giocatore con il numero dieci. **2** *(abbrev di* **Hausnummer***)* numero civico. **3** *(abbrev di* **Telefonnummer***)* numero di telefono. **4** numero (di rivista e sim). **5** numero, taglia. **6** *(fam)* numero, spettacolo. **7** *(fam)* numero, persona divertente. ◆ **Nummer eins** *(fig/fam)* numero uno, persona più importante. ◆ **bei jmdm eine gute Nummer haben** *(fig/fam)* essere nelle grazie di qcn. ◆ **auf Nummer sicher** *(anche* **Sicher***)* **gehen** *(fam)* andare sul sicuro.

nummerieren († **numerieren**) [nume'riːrən] *(vt, hat)* ~ numerare.

Nummerierung († **Numerierung**) [nume'riːrʊŋ] *(f, -, -en)* ~ numerazione.

Nummernschild ['nʊmɐnˌʃɪlt] *(n; -(e)s, -er)* ~ targa (di veicoli).

nun[1] [nuːn] *(avv)* ~ ora, adesso ♦ *ich muss nun gehen* ora devo andare. ◆ **von nun an** d'ora in poi. ◆ **nun, da** ora che ♦ *nun, da alles vorbei ist* ora che è tutto passato.

nun[2] *(avv)* ~ *(spesso non tradotto)* dunque, allora ♦ *nun, was wollen wir machen?* allora, cosa facciamo? ◆ **nun einmal** è così, non c'è niente da fare ♦ *er ist nun einmal ein unfreundlicher Typ* non c'è niente da fare, è un tipo scortese. ◆ **nun gut!** e va bene! e sia! ◆ **nun ja!** ebbene sì! e va bene!

nunmehr [-'meːɐ] *(avv)* ~ *(lett)* ormai.

nur[1] ['nuːɐ] *(avv)* **1** solo, soltanto ♦ *ich habe nur 20 Euro* ho solo venti euro ♦ *nur* *sie weiß es* solo lei lo sa ♦ *ich kann nur bis morgen bleiben* posso restare solo fino a domani. **2** solo, solo che ♦ *danke für die Einladung, nur weiß ich nicht, ob ich kommen kann* grazie per l'invito, solo non so se posso venire. ◆ **nur noch** ancora solo ♦ *ich habe nur noch drei Tage Urlaub* ho ancora solo tre giorni di vacanza. ◆ **nicht nur... sondern auch...** non solo... ma anche... ◆ **nur so** *(fam)* solo così, tanto per fare ♦ *ich habe nur so gefragt* ho chiesto solo così.

nur[2] *(avv)* **1** dai, su ♦ *nur Mut!* su, coraggio! **2** *(in frasi ottative)* ♦ *wenn sie nur hier wäre!* se solo lei fosse qui! **3** *(in frasi interrogative spesso non tradotto)* ♦ *was willst du nur von mir?* si può sapere che cosa vuoi da me?

nuscheln ['nʊʃəln] *(vi,* hat*)* ~ *(fam)* farfugliare, borbottare.

Nuss († **Nuß**) [nʊs] *(f;* -, Nüsse*)* **1** *(bot)* noce ♦ *Nüsse knacken* schiacciare le noci. **2** *(fig/fam)* testa, zucca. ◆ **eine harte Nuss sein** *(fig/fam)* essere un osso duro.

Nussbaum († **Nuß-**) [-ˌbaum] *(m;* -(e)s, -bäume*)* ~ *(bot)* noce (albero).

Nussknacker († **Nuß-**) [-ˌknakɐ] *(m;* -s, -*)* ~ schiacciancoci.

Nussschale († **Nuß-**) [-ʃa:lə] *(f;* -, -n*)* ~ guscio di noce.

Nut [nu:t] *(f;* -, -en*)* ~ scanalatura.

Nutte ['nʊtə] *(f;* -, -n*)* ~ *(volg)* puttana.

nutzbar ['nʊtsˌba:ɐ] *(agg)* ~ utilizzabile.

Nutzbarkeit [-ˌkait] *(f;* -*)* ~ utilizzabilità.

nutzbringend ['nʊtsˌbrɪŋənt] *(agg)* ~ vantaggioso, proficuo.

nütze ['nʏtsə] *(avv)* ~ **zu nichts nütze sein** non servire a niente, non essere buono a nulla.

nutzen, nützen[1] ['nʊtsən, 'nʏtsən] *(vi,* hat*)* **1** {*jmdm/etwas* ~} servire a qcn/qcs, essere utile a qcn/qcs ♦ *das nützt niemandem* questo non è utile a nessuno. **2** {*zu etwas* ~} servire a qcs, servire per qcs ♦ *wozu soll das nutzen?* a cosa deve servire questo? ◆ **es nutzt** (**alles**) **nichts** non c'è niente da fare, è tutto inutile.

nutzen, nützen[2] *(vt,* hat*)* ~ sfruttare, approfittare di ♦ *die Gelegenheit nutzen* approfittare dell'occasione.

Nutzen *(m;* -s*)* **1** vantaggio, utilità, beneficio. **2** profitto, guadagno. ◆ **aus etwas Nutzen ziehen** trarre vantaggio da qcs. ◆ **von** (**großem**) **Nutzen sein** essere di (grande) utilità.

Nutzfläche ['nʊtsˌflɛçə] *(f;* -, -n*)* ~ superficie utilizzabile.

Nutzgarten ['nʊtsˌgartən] *(m;* -s, -gärten*)* ~ orto.

nützlich ['nʏtslɪç] *(agg)* **1** utile, vantaggioso. **2** proficuo, fruttuoso. ◆ **jmdm bei/in/mit etwas nützlich sein** essere utile a qcn in qcs ♦ *wie kann ich dir nützlich sein?* come posso esserti utile? ◆ **sich bei/in etwas** (Dat) **nützlich machen** rendersi utile in qcs.

Nützlichkeit [-ˌkait] *(f;* -*)* ~ utilità.

nutzlos ['nʊtsˌlo:s] *(agg)* **1** inutile. **2** *(avv)* inutilmente.

Nutzlosigkeit ['nʊtsˌlo:zɪçkait] *(f;* -*)* ~ inutilità.

Nutznießer ['nʊtsˌni:sɐ] *(m;* -s, -; *f* **-in***)* **1** beneficiario. **2** *(dir)* usufruttuario.

Nutznießung ['nʊtsˌni:sʊŋ] *(f;* -*)* ~ *(dir)* usufrutto.

Nutztier ['nʊtsˌti:ɐ] *(n;* -s, -e*)* ~ animale da fattoria.

Nutzung ['nʊtsʊŋ] *(f;* -, -en*)* ~ sfruttamento, utilizzo, utilizzazione.

Nylon ['nailɔn] *(n;* -s, -s*)* ~ nylon.

Nymphe ['nʏmfə] *(f;* -, -n*)* ~ ninfa.

Nymphensittich [-nˌzɪtɪç] *(m;* -s, -e*)* ~ *(zool)* pappagallino domestico.

O

o, O [oː] *(n; -/-s, -/-s)* ~ o, O *(quindicesima lettera dell'alfabeto tedesco)*.

o *(escl)* ~ oh. ◆ **o ja!** oh, sì! certo! ◆ **o nein!** oh, no!

o.ä. o **o.Ä.** ~ abbrev di **oder ähnlich** o **oder Ähnliche(s)** (vedi **ähnlich**).

Oase [o'aːzə] *(f; -, -n)* ~ oasi *(anche fig)*.

ob [ɔp] *(congiunz)* ***1*** se (interrogativa indiretta) ♦ *ich weiß nicht, ob ich kommen kann* non so se posso venire ♦ *frag ihn, ob er morgen Zeit hat* chiedigli se domani ha tempo. ***2*** che (dubitativo) ♦ *ob sie krank ist?* che sia malata? ◆ **ob... oder** sia (che)... sia (che), sia che... o no ♦ *wir müssen die Arbeit für morgen erledigen, ob er uns hilft oder nicht* che lui ci aiuti o no, noi dobbiamo sbrigare il lavoro per domani. ◆ **ob... ob...** sia... sia... ♦ *ob Arm, ob Reich* sia poveri che ricchi, tutti. ◆ **und ob!** *(fam)* certo! eccome! come no? ♦ *„Kommst du auch mit?“ „Und ob!“* “Vieni anche tu?” “Eccome!”.

Obdach ['ɔpˌdax] *(n; -)* ~ riparo, ricovero, tetto ♦ *kein Obdach haben* non avere un tetto.

obdachlos [-ˌloːs] *(agg)* ~ senza tetto, senza casa.

Obdachlose(r) [-ˌloːzə (-zɐ)] *(m/f; -n, -n)* ~ senzatetto.

Obduktion [ɔpdʊkˌtsjoːn] *(f; -, -en)* ~ *(med)* autopsia ♦ *eine Obduktion durchführen* fare un'autopsia.

obduzieren [ɔpdu'tsiːrən] *(vt, hat)* ~ sottoporre ad autopsia.

O-Beine ['oːˌbainə] *(pl)* ~ *(fam)* gambe storte.

o-beinig *(anche* **O-beinig***)* ['oːˌbainɪç] *(agg)* ~ *(fam)* con le gambe storte.

oben ['oːbən] *(avv)* ***1*** su, sopra, in alto (stato o moto) ♦ *ich habe die Schachteln oben auf den Schrank gestellt* ho messo le scatole in alto sopra l'armadio. ***2*** *(fam)* sopra, al piano di sopra. ***3*** sopra (nel testo) ♦ *wie oben erwähnt* come sopra citato ♦ *siehe oben* vedi sopra. ***4*** *(fig/fam)* in alto, in alte sfere. ◆ **oben ohne** *(fam)* in topless. ◆ **oben erwähnt** († **obenerwähnt**) suddetto, succitato. ◆ **oben stehend** († **obenstehend**) suddetto, succitato. ◆ **da oben** lassù, lì sopra (stato in luogo). ◆ **dort oben** lassù, là sopra (stato in luogo). ◆ **hier oben** quassù, qui/qua sopra (stato in luogo). ◆ **nach oben** su, verso l'alto (moto a luogo). ◆ **von oben** da su, da sopra (moto da luogo). ◆ **von oben bis unten** dalla testa ai piedi, da capo a piedi ♦ *jmdn von oben bis unten mustern* squadrare qcn da capo a piedi. ◆ **jmdn von oben herab behandeln** *(fig)* trattare qcn dall'alto in basso.

obenan [-'ʔan] *(avv)* ~ in alto, in cima (stato in luogo) ♦ *obenan auf der Liste* in cima alla lista. ◆ **obenan (am Tisch) sitzen** sedere a capotavola.

obenauf [-'ʔauf] *(avv)* ~ sopra, in cima. ◆ **obenauf sein** *(fam)* essere di buon umore; essere in forma.

obendrauf [-'drauf] *(avv)* ~ sopra, in cima (stato o moto) ♦ *der Terminkalender liegt obendrauf* l'agenda sta sopra (a una pila di libri o sim).
obendrein [-'drain] *(avv)* ~ oltretutto, per giunta, come se non bastasse.
obenerwähnt ~ **oben erwähnt** (vedi **oben**).
obenhin [-'hɪn] *(avv)* ~ superficialmente, di sfuggita.
obenstehend ~ **oben stehend** (vedi **oben**).
Ober ['oːbɐ] *(m; -s, -)* ~ cameriere ♦ *Herr Ober, bitte zahlen!* cameriere, il conto per favore!
Oberbau [-ˌbau] *(m; -(e)s, -ten)* *1* sovrastruttura (di edifici). *2* manto stradale.
Oberbefehl [-bəˌfeːl] *(m; -s, -e)* ~ *(mil)* comando supremo.
Oberbefehlshaber [-bəˌfeːlshaːbɐ] *(m; -s, -)* ~ *(mil)* comandante supremo.
Oberbekleidung [-bəˌklaidʊŋ] *(f; -)* ~ abiti, vestiti; vestiario.
Obere ['oːbərə] *(m; -n, -n)* ~ superiore *(anche relig)*.
obere(r, -s) ['oːbərə (-rɐ, -rəs)] *(agg)* *1* superiore, più alto ♦ *die oberen Stockwerke* i piani superiori. *2* *(fig)* superiore, più elevato (socialmente).
Oberfläche ['oːbɐˌflɛçə] *(f; -, -n)* ~ superficie *(anche fig)*. ◆ **auf der Oberfläche schwimmen** galleggiare in superficie.
oberflächlich ['oːbɐˌflɛçlɪç] *(agg)* *1* superficiale *(anche fig)* ♦ *eine oberflächliche Wunde* una ferita superficiale ♦ *oberflächliche Kenntnisse* nozioni superficiali ♦ *ein oberflächlicher Mensch* una persona superficiale. *2* *(avv)* superficialmente *(anche fig)*.
Oberflächlichkeit [-ˌkait] *(f; -)* ~ superficialità *(anche fig)*.
Obergeschoss († **-geschoß**) ['oːbɐgəˌʃɔs] *(n; -es, -e)* ~ piano superiore (di edifici). ◆ **zweites Obergeschoss** secondo piano.
oberhalb ['oːbɐˌhalp] *(prep + Gen)* ~ al di sopra di, a monte di (stato in luogo). ◆ **oberhalb von** al di sopra di, a monte di (stato in luogo).
Oberhand ['oːbɐˌhant] *(f)* ~ **die Oberhand über jmdn/etwas gewinnen** prendere il sopravvento su qcn/qcs. ◆ **die Oberhand haben** avere il predominio.
Oberhaupt ['oːbɐˌhaupt] *(n; -(e)s, -häupter)* ~ capo (di stato, di partito, ecc).
Oberhemd ['oːbɐˌhɛmt] *(n; -(e)s, -en)* ~ camicia (da uomo).
Oberin ['oːbərɪn] *(f; -, -nen)* ~ *(relig)* superiora, madre superiora.
Oberkommando ['oːbɐkɔˌmando] *(n; -s, -s)* ~ *(mil)* comando supremo.
Oberkörper ['oːbɐˌkœrpɐ] *(m; -s, -)* ~ *(anat)* torso, busto, tronco.
Oieutnant ['oːbɐˌlɔytnant] *(m; -s, -s)* ~ *(mil)* tenente.
Oberlicht ['oːbɐˌlɪçt] *(n; -(e)s, -e)* *1* *(solo sing)* luce dall'alto. *2* lucernario, finestra posta in alto.
Oberschenkel ['oːbɐʃɛŋkəl] *(m; -s, -)* ~ *(anat)* coscia.
Oberschule ['oːbɐʃuːlə] *(f; -, -n)* ~ *(fam)* scuola superiore.
Oberschwester ['oːbɐʃvɛstɐ] *(f; -, -n)* ~ caposala (infermiera).
Oberst ['oːbɐst] *(m; -s/-en, -en/raro -e)* ~ *(mil)* colonnello.
oberste(r, -s) ['oːbɐstə (-tɐ, -təs)] *(agg; superl di* **obere***)* *1* il più alto, l'ultimo (in alto) ♦ *die oberste Schublade* il cassetto più in alto. *2* supremo, superiore. ◆ **das Oberste zuunterst kehren** *(fam)* mettere tutto a soqquadro.
Oberstleutnant ['oːbɐst'lɔytnant] *(m; -s, -s/-e)* ~ *(mil)* tenente colonnello.
Oberstufe ['oːbɐʃtuːfə] *(f; -, -n)* ~ ultimo triennio delle scuole superiori, liceo.
obgleich [ɔp'glaiç] *(congiunz subord)* ~ sebbene, nonostante che.
Obhut ['ɔpˌhuːt] *(f; -)* ~ custodia, protezione ♦ *jmdn in seine Obhut nehmen* prendere qcn sotto la propria protezione ♦ *in jmds Obhut stehen* essere sotto la protezione di qcn.
obig ['oːbɪç] *(agg)* ~ *(lett)* suddetto, succitato.
Objekt [ɔp'jɛkt] *(n; -(e)s, -e)* *1* oggetto, argomento ♦ *das Objekt einer Studie* l'oggetto di uno studio. *2* *(gramm)* complemento.
objektiv [ɔpjɛk'tiːf] *(agg)* *1* oggettivo, reale. *2* obiettivo, imparziale.
Objektiv *(n; -s, -e)* ~ *(fotogr)* obiettivo.

Oblate [o'bla:tə] *(f; -, -n)* **1** ostia. **2** cialda.

obliegen [ɔp'li:gən] *(anche* **ob|liegen** ['ɔp,li:gən]*)* *(vi,* hat; *irr* liegen*)* ~ *{jmdm ~}* *(lett)* essere compito di qcn, toccare a qcn.

Obliegenheit [-,hait] *(f; -, -en)* ~ *(lett)* compito, incombenza.

obligatorisch [obliga'to:rɪʃ] *(agg)* **1** obbligatorio; d'obbligo. **2** *(avv)* obbligatoriamente.

Oboe [o'bo:ə] *(f; -, -n)* ~ *(mus)* oboe.

Obrigkeit ['o:brɪç,kait] *(f; -, -en)* ~ autorità ♦ *kirchliche, weltliche Obrigkeit* autorità ecclesiastica, secolare.

obschon [ɔp'ʃo:n] *(congiunz subord)* ~ sebbene, nonostante che.

Observatorium [ɔpzɛrva'to:rjʊm] *(n; -s, -rien)* ~ osservatorio.

observieren [ɔpzɛr'vi:rən] *(vt,* hat*)* ~ sorvegliare, porre sotto sorveglianza.

obskur [ɔps'ku:ɐ] *(agg)* ~ *(fig)* oscuro, sospetto.

Obst [o:pst] *(n; -(e)s)* ~ frutta ♦ *frisches Obst* frutta fresca.

Obstbaum [-,baum] *(m; -(e)s, -bäume)* ~ albero da frutto.

Obstgarten [-,gartən] *(m; -s, -gärten)* ~ frutteto.

Obsthändler [-,hɛndlɐ] *(m; -s, -; f* **-in***)* ~ fruttivendolo.

Obstruktion [ɔpstrʊk'tsjo:n] *(f; -, -en)* **1** impedimento, ostruzione. **2** ostruzionismo.

Obstsaft ['o:pst,zaft] *(m; -(e)s, -säfte)* ~ succo di frutta.

obszön [ɔps'tsø:n] *(agg)* ~ osceno.

obwohl [ɔp'vo:l] *(congiunz subord)* ~ sebbene, nonostante che ♦ *obwohl er krank war, ging er zur Arbeit* sebbene fosse malato andò al lavoro.

Ochse ['ɔksə] *(m; -n, -n)* **1** *(zool)* bue. **2** manzo, carne di manzo. **3** *(fam)* cretino, asino. ◆ **dastehen wie der Ochse vorm Berg** *(fig)* rimanere come un allocco.

Ochsenauge [-n,ʔaugə] *(n; -s, -n)* **1** *(bot)* margherita gialla. **2** oblò.

Ocker ['ɔkɐ] *(m/n; -s, -)* ~ ocra, color ocra.

ockerfarben [-,farbən] *(agg)* ~ ocra, giallo ocra.

ockergelb [-,gɛlp] *(agg)* ~ ocra, giallo ocra.

Ode ['o:də] *(f; -, -n)* ~ ode.

öd(e) ['ø:t ('ø:də)] *(agg)* **1** deserto, desolato. **2** *(fig)* noioso; desolato.

Öde ['ø:də] *(f; -, -n)* **1** deserto, desolazione, terra desolata. **2** *(fig)* solitudine, squallore; desolazione.

oder ['o:dɐ] *(congiunz)* **1** o, oppure ♦ *heute oder morgen* oggi o domani ♦ *möchtest du Kaffee oder Tee?* vuoi del caffè o del tè? ♦ *kommst du mit oder bleibst du zu Hause?* vieni con noi o rimani a casa? **2** oppure, altrimenti ♦ *beeile dich, oder ich gehe alleine* fai in fretta, altrimenti vado da solo. ◆ **oder?** *(fam)* vero? non è vero? ♦ *du studierst auch Medizin, oder?* anche tu studi medicina, vero?

Ofen ['o:fən] *(m; -s, Öfen)* **1** stufa. **2** forno. ◆ **der Ofen ist aus** *(fig/fam)* non c'è più niente da fare.

offen ['ɔfən] *(agg)* **1** aperto ♦ *das Fenster ist offen* la finestra è aperta ♦ *das Geschäft ist/hat bis 19 Uhr offen* il negozio è aperto fino alle sette ♦ *bei offener Tür* con la porta aperta. **2** *(fig)* aperto, irrisolto, in sospeso. **3** *(fig)* aperto, sincero ♦ *ein offener Mensch* una persona aperta. **4** *(fig)* aperto, disponibile ♦ *ich bin für jeden Vorschlag offen* sono aperta a ogni proposta. **5** libero, scoperto (posti e sim). **6** aperto (spazi) ♦ *auf offenem Meer* in mare aperto (stato). **7** *(avv)* apertamente, sinceramente. ◆ **offen gesagt** francamente, a dire il vero. ◆ **offen bleiben** († **offenbleiben**) *(fig)* rimanere aperto, rimanere irrisolto, rimanere in sospeso. ◆ **offen halten** († **offenhalten**) **1** tenere aperto ♦ *die Tür offen halten* tenere la porta aperta. **2** *(fig)* tenere aperto, riservare (possibilità e sim) ♦ *sich* (Dat) *einen Ausweg offen halten* tenersi aperta una via d'uscita. ◆ **offen lassen** († **offenlassen**) **1** lasciare aperto ♦ *die Tür offen lassen* lasciare la porta aperta. **2** *(fig)* lasciare aperto, lasciare in sospeso. ◆ **offen stehen** († **offenstehen**) **1** essere aperto *(anche fig)* ♦ *die Tür steht offen* la porta è aperta. **2** essere aperto, essere da pagare (conti).

offenbar [-,ba:ɐ] *(agg)* **1** evidente, palese, chiaro. **2** *(avv)* evidentemente, palesemente, chiaramente ♦ *es gab offenbar ein*

Missverständnis c'è stato evidentemente un malinteso.

offenbaren [-ˈbaːrən] *(vt,* hat*)* ~ {*(jmdm) etwas* ~} rivelare qcs (a qcn), palesare qcs (a qcn). ◆ **sich offenbaren** *(vr)* palesarsi, rivelarsi.

Offenbarung [-ˈbaːrʊŋ] *(f;* -, -en*)* ***1*** rivelazione, palesamento. ***2*** *(relig)* rivelazione, Apocalisse.

offenbleiben ~ **offen bleiben** (vedi **offen**).

offenhalten ~ **offen halten** (vedi **offen**).

Offenheit [-ˌhait] *(f;* -*)* ***1*** *(fig)* apertura, disponibilità. ***2*** franchezza, schiettezza.

offenherzig [-ˌhɛrtsɪç] *(agg)* ***1*** sincero, schietto. ***2*** *(avv)* sinceramente, schiettamente,

offenkundig [-ˌkʊndɪç] *(agg)* ~ evidente, palese.

offenlassen ~ **offen lassen** (vedi **offen**).

offensichtlich [-ˌzɪçtlɪç] *(agg)* ***1*** evidente, palese. ***2*** *(avv)* evidentemente, a quanto pare ◆ *er hat offensichtlich den Zug verpasst* evidentemente ha perso il treno.

offensiv [ɔfɛnˈziːf] *(agg)* ~ offensivo, aggressivo, di attacco.

Offensive [ɔfɛnˈziːvə] *(f;* -, -n*)* ~ offensiva ◆ *in die/zur Offensive übergehen* passare all'offensiva.

offenstehen ~ **offen stehen** (vedi **offen**).

öffentlich [ˈœfəntlɪç] *(agg)* ***1*** *(generic)* pubblico ◆ *öffentlicher Fernsprecher* telefono pubblico ◆ *öffentliche Verkehrsmittel* mezzi di trasporto pubblici ◆ *öffentliche Missbilligung* pubblica disapprovazione ◆ *öffentliches Gebäude* edificio pubblico. ***2*** *(avv)* pubblicamente; in pubblico ◆ *öffentlich auftreten* comparire in pubblico.

Öffentlichkeit [-ˌkait] *(f;* -*)* ~ pubblico; opinione pubblica. ◆ **an/in die Öffentlichkeit dringen** diventare di dominio pubblico. ◆ **etwas an/vor die Öffentlichkeit bringen** rendere qcs di dominio pubblico. ◆ **in aller Öffentlichkeit** in pubblico, pubblicamente ◆ *etwas in aller Öffentlichkeit sagen, tun* dire, fare qcs in pubblico.

Öffentlichkeitsarbeit [-kaitsˌʔarbait] *(f;* -*)* ~ pubbliche relazioni.

offiziell [ɔfiˈtsjɛl] *(agg)* ***1*** ufficiale, pubblico ◆ *eine offizielle Nachricht* una notizia ufficiale. ***2*** ufficiale, formale ◆ *eine offizielle Einladung* un invito ufficiale. ***3*** *(avv)* ufficialmente ◆ *wir sind offiziell verlobt* siamo fidanzati ufficialmente.

Offizier [ɔfiˈtsiːɐ] *(m;* -s, -e*)* ~ *(mil)* ufficiale.

offiziös [ɔfiˈtsjøːs] *(agg)* ~ ufficioso.

öffnen [ˈœfnən] *(vt/vi,* hat*)* ~ aprire ◆ *eine Dose, den Mund, die Tür öffnen* aprire una lattina, la bocca, la porta ◆ *die Geschäfte öffnen um 9 Uhr* i negozi aprono alle 9. ◆ **sich öffnen** *(vr)* aprirsi.

Öffnung [ˈœfnʊŋ] *(f;* -, -en*)* ***1*** apertura, buco, fessura. ***2*** *(solo sing)* apertura (l'aprire).

Öffnungszeit [-sˌtsait] *(f;* -, -en*)* ~ orario d'apertura.

oft [ɔft] *(avv;* **öfter**, **am öftesten***)* ~ spesso, di frequente ◆ *wir sehen uns oft* ci vediamo spesso ◆ *immer öfter* sempre più spesso. ◆ **wie oft?** quante volte? ◆ *wie oft warst du schon dort?* quante volte ci sei già stato?

öfter [ˈœftɐ] *(avv)* ***1*** compar di **oft**. ***2*** abbastanza spesso, abbastanza di frequente ◆ *das kommt öfter vor* questo succede abbastanza spesso. ◆ **des Öfteren** spesso, di frequente; ripetutamente.

öfters [-s] *(avv)* ~ *(fam)* abbastanza spesso, abbastanza di frequente.

ohne [ˈoːnə] *(prep* + Acc*)* ***1*** senza ◆ *möchtest du den Kaffee ohne Zucker?* vuoi il caffè senza lo zucchero? ◆ *ohne dich wäre ich verloren* senza di te sarei perduto. ***2*** *(congiunz)* senza ◆ *er ging weg, ohne sich zu verabschieden/ohne dass er sich verabschiedet hätte* andò via senza salutare ◆ *der Mann starb, ohne dass wir ihm helfen konnten* l'uomo morì senza che noi potessimo aiutarlo. ◆ **ohne dass** senza che ◆ *er reiste ab, ohne dass wir es wüssten* partì senza che noi lo sapessimo. ◆ **ohne weiteres** senz'altro, senza esitare. ◆ **nicht ohne sein** ***1*** *(fam)* non essere affatto male. ***2*** *(fam)* essere difficile.

ohnedies [-ˈdiːs] *(avv)* ~ tanto, comunque, lo stesso.

ohneeinander [-ʔaiˈnandɐ] *(avv)* ~ l'uno senza l'altro.

ohnegleichen [-ˈglaiçən] *(agg pred/avv)* ~ senza pari, impareggiabile, impareggiabilmente ◆ *seine Unverschämtheit ist oh-*

negleichen la sua sfacciataggine è senza pari.

ohnehin [-'hɪn] *(avv)* ~ tanto, comunque, lo stesso ♦ *das können wir uns ohnehin nicht leisten* tanto non ce lo possiamo permettere.

Ohnmacht ['oːnˌmaxt] *(f; -, -en)* ***1*** svenimento, perdita di conoscenza. ***2*** *(fig)* impotenza. ◆ **in Ohnmacht fallen** svenire, perdere conoscenza.

ohnmächtig ['oːnˌmɛçtɪç] *(agg)* ***1*** svenuto, in stato d'incoscienza. ***2*** *(fig)* impotente. ◆ **ohnmächtig werden** svenire, perdere conoscenza.

Ohr ['oːɐ] *(n; -(e)s, -en)* ***1*** *(anat)* orecchio ♦ *auf einem Ohr taub sein* essere sordo da un orecchio ♦ *es saust mir in den Ohren* mi fischiano le orecchie. ***2*** udito, orecchio ♦ *ein feines Ohr haben* avere un udito fine. ◆ **ganz Ohr sein** *(fig)* essere tutto orecchie. ◆ **lange Ohren machen** *(fig)* tendere l'orecchio. ◆ **die Ohren spitzen** *(fig/fam)* drizzare l'orecchio. ◆ **ein offenes Ohr für jmdn haben** *(fig)* essere disponibile ad ascoltare qcn. ◆ **bei jmdm ein offenes Ohr finden** *(fig)* trovare ascolto e comprensione da qcn. ◆ **halt die Ohren steif!** *(fam)* coraggio, non ti abbattere! ◆ **bis an die Ohren, bis über die Ohren** *(fig)* fino alle orecchie, fin sopra le orecchie ♦ *er steckt bis über die Ohren in Schulden* è sommerso dai debiti fin sopra le orecchie. ◆ **sich aufs Ohr legen/hauen** *(fam)* mettersi a dormire. ◆ **jmdm eins hinter die Ohren geben** dare uno schiaffo a qcn. ◆ **eins hinter die Ohren bekommen** prendersi uno schiaffo. ◆ **es faustdick hinter den Ohren haben** *(fig/fam)* essere un furbo di tre cotte. ◆ **mit hängenden Ohren zurückkommen** *(fig)* tornare con la coda tra le gambe. ◆ **jmdm zu Ohren kommen** giungere all'orecchio a qcn.

Öhr ['øːɐ] *(n; -(e)s, -e)* ~ cruna.

ohrenbetäubend ['oːrənbəˌtɔybənt] *(agg)* ~ *(fam)* assordante.

Ohrenentzündung ['oːrənˀɛntˌtsʏndʊŋ] *(f; -, -en)* ~ *(med)* otite.

Ohrenschmalz ['oːrənʃmalts] *(m; -(e)s)* ~ cerume.

Ohrenschützer ['oːrənʃʏtsɐ] *(pl)* ~ paraorecchie.

Ohrfeige ['oːɐˌfaigə] *(f; -, -n)* ~ schiaffo, ceffone.

ohrfeigen [-n] *(vt, hat)* ~ {*jmdn* ~} schiaffeggiare qcn, dare uno schiaffo a qcn.

Ohrläppchen ['oːɐˌlɛpçən] *(n; -s, -)* ~ *(anat)* lobo dell'orecchio.

Ohrmuschel ['oːɐˌmʊʃəl] *(f; -, -n)* ~ *(anat)* padiglione auricolare.

Ohrring ['oːɐˌrɪŋ] *(m; -(e)s, -e)* ~ orecchino.

Ohrstecker ['oːɐʃtɛkɐ] *(m; -s, -)* ~ orecchino.

oje [o'jeː] *(escl)* ~ o Dio, santo cielo.

okay [o'keː] *(escl)* ***1*** okay, d'accordo. ***2*** *(agg/avv) (fam)* okay, a posto ♦ *ist alles okay?* è tutto okay?

okkult [ɔ'kʊlt] *(agg)* ~ occulto.

Okkupation [ɔkupa'tsjoːn] *(f; -, -en)* ~ occupazione (militare).

okkupieren [ɔku'piːrən] *(vt, hat)* ~ occupare (militarmente).

Ökologie [økolo'giː] *(f; -)* ~ ecologia.

ökologisch [øko'loːgɪʃ] *(agg)* ~ ecologico.

Ökonomie [økono'miː] *(f; -, -n)* ***1*** economia. ***2*** *(solo sing)* economia, parsimonia.

ökonomisch [øko'noːmɪʃ] *(agg)* ~ economico.

Ökosystem ['økozʏsˌteːm] *(n; -s, -e)* ~ ecosistema.

Oktober [ɔk'toːbɐ] *(m; -s, -)* ~ ottobre ♦ *im Oktober* in ottobre.

oktroyieren [ɔktrwa'jiːrən] *(vt, hat)* ~ {*(jmdm) etwas* ~} imporre qcs (a qcn).

Öl [øːl] *(n; -s, -e)* ***1*** olio (per cucinare, lubrificante, ecc) ♦ *in/mit Öl braten* friggere con l'olio. ***2*** *(abbrev di* **Erdöl***)* petrolio. ◆ **Öl auf die Wogen gießen** *(fig)* placare gli animi. ◆ **Öl ins Feuer gießen** *(fig)* peggiorare le cose, riscaldare gli animi.

Ölbaum [-ˌbaum] *(m; -(e)s, -bäume)* ~ *(bot)* olivo, ulivo.

Ölbild [-ˌbɪlt] *(n; -(e)s, -er)* ~ dipinto a olio, olio.

Oleander [ole'andɐ] *(m; -s, -)* ~ *(bot)* oleandro.

ölen ['øːlən] *(vt, hat)* ~ oliare, lubrificare.

Ölfarbe ['øːlˌfarbə] *(f; -, -n)* ~ colore a olio.

Ölgemälde ['øːlgəˌmɛːldə] *(n; -s, -)* ~ dipinto a olio, olio.

Ölheizung ['øːlˌhaitsʊŋ] *(f; -)* ~ riscaldamento a gasolio.
ölig ['øːlɪç] *(agg)* ***1*** oleoso. ***2*** unto, untuoso. ***3*** *(fig)* sdolcinato.
oliv [o'liːf] *(agg)* ~ color oliva, olivastro.
Olive [o'liːvə] *(f; -, -n)* ***1*** olivo. ***2*** oliva.
olivenfarben [-nˌfarbən] *(agg)* ~ color oliva, olivastro.
Olivenöl [-nˌʔøːl] *(n; -s, -e)* ~ olio d'oliva.
Ölquelle ['øːlˌkvɛlə] *(f; -, -n)* ~ pozzo petrolifero.
Öltanker ['øːlˌtaŋkɐ] *(m; -s, -)* ~ petroliera, nave petroliera.
Olympiade [olʏm'pjaːdə] *(f; -, -n)* ~ olimpiade, giochi olimpici.
Olympiastadion [o'lʏmpjaˌʃtaːdjɔn] *(n; -s, -stadien)* ~ stadio olimpico.
olympisch [o'lʏmpɪʃ] *(agg)* ***1*** olimpico *(anche fig)*. ***2*** *(sport)* olimpico, olimpionico ♦ *olympische Spiele* giochi olimpici.
Oma ['oːma] *(f; -, -s)* ~ *(fam)* nonna.
Omelett [ɔm(ə)'lɛt] *(n; -(e)s, -e/-s)* ~ omelette, frittata.
Omen ['oːmən] *(n; -s, -)* ~ presagio ♦ *ein böses, gutes Omen* un presagio cattivo, buono.
ominös [omi'nøːs] *(agg)* ***1*** infausto, di cattivo augurio. ***2*** inquietante, sinistro.
Omnibus ['ɔmnibʊs] *(m; -ses, -se)* ~ autobus, pullman.
Onanie [ona'niː] *(f; -)* ~ masturbazione.
onanieren [-rən] *(vi, hat)* ~ masturbarsi.
Onkel ['ɔŋkəl] *(m; -s, -)* ~ zio.
online ['ɔn'laɪn] *(avv)* ~ *(elab)* on-line; su Internet.
Onyx ['oːnʏks] *(m; -(e)s, -e)* ~ onice.
Opa ['oːpa] *(m; -s, -s)* ~ *(fam)* nonno.
Opal [o'paːl] *(m; -s, -e)* ~ opale.
Oper ['oːpɐ] *(f; -, -n)* ***1*** *(mus)* opera ♦ *die italienische Oper* l'opera italiana ♦ *eine Oper komponieren* comporre un'opera. ***2*** opera, teatro.
Operation [opəra'tsjoːn] *(f; -, -en)* ~ operazione.
Operationssaal [-sˌzaːl] *(m; -(e)s, -säle)* ~ sala operatoria.
operativ [opəra'tiːf] *(agg)* ***1*** operatorio, chirurgico ♦ *operativer Eingriff* intervento operatorio. ***2*** operativo.
Operator [opə'raːtoːɐ] *(m; -s, -)* ~ operatore, tecnico.
Operette [opə'rɛtə] *(f; -, -n)* ~ *(mus)* operetta.
operieren [opə'riːrən] *(vt/vi, hat)* ***1*** *(vt)* operare, sottoporre a intervento chirurgico. ***2*** *(vi)* operare, agire, intervenire.
Opernhaus ['oːpenˌhaus] *(n; -es, -häuser)* ~ teatro dell'opera, opera.
Opernsänger ['oːpenˌzɛŋɐ] *(m; -s, -; f* **-in***)* ~ cantante d'opera.
Opfer ['ɔpfɐ] *(n; -s, -)* ***1*** sacrificio ♦ *ein Opfer für jmdn bringen* fare un sacrificio per qcn. ***2*** sacrificio (religioso) ♦ *ein Tier als Opfer darbringen* offrire un animale in sacrificio. ***3*** vittima ♦ *die Opfer des Erdbebens* le vittime del terremoto ♦ *Opfer eines Mordes werden* essere vittima di un omicidio ♦ *jmdm/etwas zum Opfer fallen* cadere vittima di qcn/qcs.
opferbereit [-bəˌrait] *(agg)* ~ pronto a sacrificarsi, pieno di spirito di sacrificio.
Opferbereitschaft [-bəˌrait'ʃaft] *(f; -)* ~ spirito di sacrificio, abnegazione.
opfern ['ɔpfɐn] *(vt, hat)* ~ sacrificare ♦ *etwas für jmdn/etwas opfern* sacrificare qcs per qcn/qcs. ◆ **sich für jmdn/etwas opfern** *(vr)* sacrificarsi per qcn/qcs.
Opferstock ['ɔpfɐˌʃtɔk] *(m; -(e)s, -stöcke)* ~ cassetta per le offerte (in chiesa).
Opfertier ['ɔpfɐˌtiːɐ] *(n; -(e)s, -e)* ***1*** animale sacrificale. ***2*** *(fig)* vittima sacrificale.
Opferwille ['ɔpfɐˌvɪlə] *(m; -ns)* ~ spirito di sacrificio, abnegazione.
opferwillig ['ɔpfɐˌvɪlɪç] *(agg)* ~ pieno di spirito di sacrificio.
Opium ['oːpjʊm] *(n; -s)* ~ oppio.
Opponent [ɔpo'nɛnt] *(m; -en, -en; f* **-in***)* ~ oppositore.
opponieren [ɔpo'niːrən] *(vi, hat)* ~ {*gegen jmdn/etwas* ~} opporsi a qcn/qcs, fare opposizione contro qcn/qcs.
Opportunismus [ɔpɔrtu'nɪsmʊs] *(m; -)* ~ opportunismo.
Opportunist [ɔpɔrtu'nɪst] *(m; -en, -en; f* **-in***)* ~ opportunista.
opportunistisch [-ɪʃ] *(agg)* ~ opportunistico.
Opposition [ɔpozi'tsjoːn] *(f; -, -en)* ~ opposizione *(anche pol)* ♦ *gegen jmdn/etwas Opposition (be)treiben* fare opposizione contro qcn/qcs ♦ *in die Opposition gehen (pol)* andare all'opposizione.

Oppositionspartei [-spar,tai] *(f; -, -en)* ~ partito di opposizione.
Optik ['ɔptɪk] *(f; -)* ~ *(fis)* ottica.
Optiker [-ɐ] *(m; -s, -; f* **-in**) ~ ottico.
optimal [ɔpti'maːl] *(agg)* ***1*** ottimale. ***2*** *(avv)* in modo ottimale.
Optimismus [ɔpti'mɪsmʊs] *(m; -)* ~ ottimismo.
Optimist [ɔpti'mɪst] *(m; -en, -en; f* **-in**) ~ ottimista ♦ *ein unverbesserlicher Optimist* un inguaribile ottimista.
optimistisch [-ɪʃ] *(agg)* ~ ottimistico.
Option [ɔp'tsjoːn] *(f; -, -en)* ~ opzione *(anche econ)* ♦ *eine Option auf etwas* (Acc) *besitzen* avere un'opzione su qcs.
optisch ['ɔptɪʃ] *(agg)* ~ ottico. ◆ **optische Täuschung** illusione ottica.
Orakel [o'raːkəl] *(n; -s, -)* ***1*** oracolo; responso dell'oracolo. ***2*** *(fig)* enigma.
oral [o'raːl] *(agg)* ~ *(med/ling)* orale.
orange [o'rãːʒə] *(agg indecl)* ~ arancione, arancio ♦ *ein orange Hut* un cappello arancione.
Orange[1] *(f; -, -n)* ~ *(bot)* arancia.
Orange[2] *(n; -s/-)* ~ arancione, colore arancione.
orangen [o'raŋʒən] *(agg)* ~ arancione, arancio.
Orangenbaum [-,baum] *(m; -(e)s, -bäume)* ~ *(bot)* arancio.
Orangensaft [-,zaft] *(m; -(e)s, -säfte)* ~ succo d'arancia, spremuta d'arancia.
Orchester [ɔr'kɛstɐ, ɔr'çɛstɐ] *(n; -s, -)* ~ orchestra.
Orchesterleiter [-,laitɐ] *(m; -s, -; f* **-in**) ~ direttore d'orchestra.
Orchidee [ɔrçi'deːə] *(f; -, -n)* ~ *(bot)* orchidea.
Orden ['ɔrdən] *(m; -s, -)* ***1*** ordine (religioso, cavalleresco). ***2*** onorificenza, decorazione ♦ *jmdm einen Orden verleihen* conferire un'onorificenza a qcn.
ordentlich [-tlɪç] *(agg)* ***1*** ordinato (persona o cosa), in ordine. ***2*** ordinato, accurato. ***3*** ordinario, titolare (carica) ♦ *ordentlicher Professor* professore ordinario. ***4*** *(fam)* a posto, bravo ♦ *ein ordentlicher Typ* un tipo a posto. ***5*** *(fam)* buono, come si deve. ***6*** *(avv)* ordinatamente, in ordine; accuratamente. ***7*** *(avv) (fam)* bene, a posto, come si deve. ***8*** *(avv) (fam)* molto. ◆ **jmdm ordentlich die Meinung sagen** dirne quattro a qcn.
Order ['ɔrdɐ] *(f; -, -n)* ***1*** *(econ)* ordinazione, ordine. ***2*** ordine, comando.
ordnen ['ɔrdnən] *(vt, hat)* ***1*** ordinare, mettere in ordine, riordinare ♦ *Bücher nach dem Alphabet ordnen* mettere i libri in ordine alfabetico. ***2*** mettere in ordine, regolare (faccende e sim).
Ordner ['ɔrdnɐ] *(m; -s, -)* ***1*** organizzatore. ***2*** raccoglitore.
Ordnung ['ɔrdnʊŋ] *(f; -, -en)* ***1*** ordine ♦ *Ordnung machen/schaffen* fare ordine. ***2*** *(solo sing)* ordine, disciplina ♦ *jmdn zur Ordnung rufen* richiamare qcn all'ordine. ***3*** ordinamento, norma, prescrizione. ***4*** ordine, sistema, ordinamento ♦ *politische Ordnung* ordinamento politico. ***5*** ordine, sequenza. ◆ **in Ordnung** ***1*** in ordine ♦ *das Zimmer ist in Ordnung* la camera è in ordine. ***2*** *(fig)* a posto, perbene (persona o cosa) ♦ *etwas in Ordnung bringen (fig/fam)* rimettere a posto qcs ♦ *sind die Papiere in Ordnung?* sono a posto i documenti? ♦ *er ist echt in Ordnung* è proprio un tipo simpatico. ***3*** *(escl)* d'accordo! va bene! ◆ **nur der Ordnung halber/wegen** solo per la regolarità, solo per la forma.
Ordnungsdienst [-s,diːnst] *(m; -(e)s)* ~ servizio d'ordine.
Ordnungszahl [-s,tsaːl] *(f; -, -en)* ~ numero ordinale.
Oregano [o'reːgano] *(anche* **Origano**) *(m; -)* ~ *(bot)* origano.
Organ [ɔr'gaːn] *(n; -s, -e)* ***1*** *(biol)* organo. ***2*** *(fam)* voce. ***3*** *(pol)* organo, comitato. ◆ **(k)ein Organ für etwas haben** *(fig)* (non) avere sensibilità per qcs, (non) essere portato per qcs.
Organisation [ɔrganiza'tsjoːn] *(f; -, -en)* ~ *(generic)* organizzazione.
Organisationsstruktur [-sstrʊk,tuːɐ] *(f; -, -en)* ~ struttura organizzativa.
Organisator [ɔrgani'zaːtoːɐ] *(m; -en, -en; f* **-in**) ~ organizzatore.
organisatorisch [ɔrganiza'toːrɪʃ] *(agg)* ~ organizzativo.
organisch [ɔr'gaːnɪʃ] *(agg)* ***1*** *(med/biol)* organico ♦ *organisches Leiden* malattia organica ♦ *organische Chemie* chimica

organica. **2** *(fig)* organico, organizzato ♦ *ein organisches Ganzes* un tutto organico.

organisieren [ɔrgani'ziːrən] *(vt,* hat*)* ~ organizzare. ◆ **sich organisieren** *(vr)* organizzarsi.

Organismus [ɔrga'nɪsmʊs] *(m;* -, Organismen*)* **1** organismo. **2** *(fig)* organismo, struttura, complesso.

Organspende [ɔr'gaːnˌʃpɛndə] *(f;* -, -n*)* ~ donazione degli organi.

Organspender [ɔr'gaːnˌʃpɛndɐ] *(m;* -s, -; *f* **-in***)* ~ donatore di organi.

Organtransplantation [ɔr'gaːntransplantaˌtsjoːn] *(f;* -, -en*)* ~ trapianto d'organi.

Organübertragung [ɔr'gaːnˀyːbɐˌtraːgʊŋ] *(f;* -, -en*)* ~ trapianto d'organi.

Organverpflanzung [ɔr'gaːnfɛɐˌpflantsʊŋ] *(f;* -, -en*)* ~ trapianto d'organi.

Orgasmus [ɔr'gasmʊs] *(m;* -, Orgasmen*)* ~ orgasmo.

Orgel ['ɔrgəl] *(f;* -, -n*)* ~ *(mus)* organo.

Orgelpfeife [-ˌpfaifə] *(f;* -, -n*)* ~ canna dell'organo. ◆ **wie die Orgelpfeifen dastehen** *(fig/fam)* essere allineati in ordine di altezza.

Orgelspieler [-ʃpiːlɐ] *(m;* -s, -; *f* **-in***)* ~ organista.

Orgie ['ɔrgjə] *(f;* -, -n*)* ~ orgia.

Orient ['oːrjɛnt] *(m;* -s*)* ~ oriente, paesi orientali. ◆ **der Vordere Orient** il vicino Oriente.

orientieren [orjɛn'tiːrən] *(vt,* hat*)* ~ {*jmdn über etwas* (Acc) ~} *(lett)* mettere qcn al corrente di qcs, informare qcn su qcs. ◆ **sich orientieren** **1** orientarsi *(anche fig)* ♦ *ich kann mich hier nicht orientieren* non riesco ad orientarmi qui. **2** {*sich an etwas* (Dat) ~} conformarsi, modellarsi su qcs. **3** {*sich über etwas* (Acc) ~} informarsi su qcs.

Orientierung [orjɛn'tiːrʊŋ] *(f;* -, -en*)* **1** orientamento ♦ *die Orientierung verlieren* perdere l'orientamento. **2** orientamento, informazione.

orientierungslos [-sˌloːs] *(agg)* ~ disorientato, smarrito, spaesato.

Orientierungslosigkeit [-sˌloːzɪçkait] *(f;* -*)* ~ disorientamento, smarrimento.

Orientierungssinn [-sˌzɪn] *(m;* -(e)s*)* ~ senso dell'orientamento.

Origano [o'riːgano] ~ vedi **Oregano**.

original [origi'naːl] *(agg)* ~ originale, genuino, autentico.

Original *(n;* -s, -e*)* **1** originale, testo originale, opera originale ♦ *das Original eines Gedichts* l'originale di una poesia. **2** *(fam)* tipo originale, persona originale.

Originalausgabe [-ˌˀausgaːbə] *(f;* -, -n*)* ~ edizione originale.

Originalität [originali'tɛːt] *(f;* -*)* ~ originalità.

originell [origi'nɛl] *(agg)* **1** originale, nuovo, creativo ♦ *ein origineller Einfall* un'idea originale. **2** *(fam)* originale, eccentrico, stravagante.

Orkan [ɔr'kaːn] *(m;* -(e)s, -e*)* ~ uragano.

Ornament [ɔrna'mɛnt] *(n;* -s, -e*)* ~ ornamento.

Ort [ɔrt] *(m;* -(e)s, -e*)* **1** luogo, posto ♦ *an einem Ort* in un luogo (stato) ♦ *an einen Ort* in un luogo (moto) ♦ *am richtigen Ort* nel posto giusto (stato). **2** località, paese ♦ *in diesem Ort* in questa località (stato). **3** *(fig)* luogo, momento ♦ *es ist hier nicht der Ort, um darüber zu sprechen* questo non è il luogo per parlarne. ◆ **ein gewisser Ort** *(fam)* quel posto, il gabinetto. ◆ **an Ort und Stelle** sul posto ♦ *der Verletzte wurde an Ort und Stelle behandelt* il ferito fu curato sul posto. ◆ **am unrechten Ort** fuori luogo. ◆ **vor Ort** *(fam)* sul posto.

orten [-ən] *(vt,* hat*)* ~ localizzare.

orthodox [ɔrto'dɔks] *(agg)* ~ ortodosso.

Orthodoxie [ɔrtodɔ'ksiː] *(f;* -, -n*)* ~ ortodossia.

Orthografie *(anche* **Orthographie***)* [ɔrtogra'fiː] *(f;* -, -n*)* ~ ortografia.

orthografisch *(anche* **orthographisch***)* [ɔrto'graːfɪʃ] *(agg)* ~ ortografico.

Orthopäde [ɔrto'pɛːdə] *(m;* -n, -n; *f* **-pädin***)* ~ ortopedico.

orthopädisch [ɔrto'pɛːdɪʃ] *(agg)* ~ ortopedico.

örtlich ['œrtlɪç] *(agg)* ~ locale ♦ *die örtlichen Bräuche* gli usi locali ♦ *örtliche Betäubung* anestesia locale.

Örtlichkeit [-ˌkait] *(f;* -, -en*)* ~ luogo, località.

ortsansässig ['ɔrtsˌˀanzɛsɪç] *(agg)* ~ residente nel luogo, locale, del luogo.

Ortsbestimmung ['ɔrtsbəʃtɪmʊŋ] *(f; -, -en)* *1* localizzazione. *2* *(gramm)* complemento di luogo.
Ortschaft ['ɔrtʃaft] *(f; -, -en)* ~ località, paese, cittadina.
Ortsgespräch ['ɔrtsgəʃprɛ:ç] *(n; -(e)s, -e)* ~ telefonata urbana.
ortskundig ['ɔrts,kʊndɪç] *(agg)* ~ pratico del posto.
Ortsname ['ɔrts,na:mə] *(m; -ns, -n)* ~ toponimo.
Ortsnetz ['ɔrts,nɛts] *(n; -es, -e)* ~ rete locale (di telefoni).
Ortsnetzkennzahl [-,kɛntsa:l] *(f; -, -en)* ~ prefisso telefonico di teleselezione.
Ortssinn ['ɔrts,zɪn] *(m; -(e)s, -e)* ~ senso dell'orientamento.
Ortszeit ['ɔrts,tsait] *(f; -, -en)* ~ ora locale.
Öse ['ø:zə] *(f; -, -n)* ~ occhiello, asola.
Ossi ['ɔsi] *(m; -s, -s)* ~ *(fam)* abitante della (ex) Germania Orientale.
Ost [ɔst] *(indecl)* *(senza art)* ~ *(mar/meteor)* est.
Osten ['ɔstən] *(m; -s)* *1* est, oriente. *2* est, paesi dell'est (europei o asiatici). *3* DDR ♦ *er ist im Osten geboren* è nato nella DDR. ◆ **der Fernere, Mittlere, Nahe Osten** l'Estremo, Medio, Vicino Oriente. ◆ **im Osten** a est (stato) ♦ *im Osten der Stadt* a est della città. ◆ **nach Osten** a est, verso est (moto).
Osterei ['o:stɐ,ˀai] *(n; -(e)s, -er)* ~ uovo di Pasqua.
Osterhase ['o:stɐ,ha:zə] *(m; -n, -n)* ~ lepre che porta le uova di Pasqua.
Ostern ['o:stɐn] *(n; -)* ~ Pasqua ♦ *an Ostern* per Pasqua. ◆ **wenn Ostern und Pfingsten auf einen Tag fallen** *(fig/fam)* per le calende greche.
östlich[1] ['œstlɪç] *(agg)* *1* orientale ♦ *östliche Länder* paesi orientali ♦ *in östlicher Richtung* in direzione est. *2* *(avv)* a oriente, a est ♦ *östlich von Berlin* a est di Berlino.
östlich[2] *(prep + Gen)* ~ a oriente di, a est di ♦ *östlich Berlins* a est di Berlino.
Otter[1] ['ɔtɐ] *(m; -n, -n)* ~ *(zool)* lontra.
Otter[2] *(f; -, -n)* ~ *(zool)* vipera.
out [aut] *(avv)* ~ **out sein** *(fam)* essere out, essere fuori moda.
outen [-ən] *(vt, hat)* ~ rivelare, rendere pubblico (spec omosessualità). ◆ **sich outen** *(vr)* rivelare la propria omosessualità.
oval [o'va:l] *(agg)* ~ ovale.
Ovation [ova'tsjo:n] *(f; -, -en)* ~ ovazione ♦ *jmdm eine Ovation darbringen* tributare un'ovazione a qcn.
Oxyd [ɔ'ksy:t] *(n; -(e)s, -e)* ~ ossido.
Oxydation [ɔksyda'tsjo:n] *(f; -, -en)* ~ ossidazione.
oxydieren [ɔksy'di:rən] *(vi, hat/ist)* ~ ossidarsi.
Ozean ['o:tsea:n] *(m; -s, -e)* ~ oceano.
Ozon [o'tso:n] *(n/m; -s)* ~ *(chim)* ozono.
Ozonloch [-,lɔx] *(n; -(e)s)* ~ buco nell'ozono.

p, **P** [peː] *(n; -/-s, -/-s)* ~ p, P *(sedicesima lettera dell'alfabeto tedesco)*.

paar ['paːɐ] *(agg indecl)* ~ **ein paar** alcuni, qualche, un paio di ◆ *ein paar Bücher* alcuni libri ◆ *ein paar Mal* un paio di volte ◆ *in ein paar Tagen* fra qualche giorno. ◇ **die paar**; **diese paar** i pochi; questi pochi ◆ *die paar Sachen, die ich gekauft habe* le poche cose che ho comprato.

Paar *(n; -(e)s, -e)* ***1*** coppia ◆ *ein junges Paar* una giovane coppia. ***2*** paio ◆ *ein Paar Schuhe* un paio di scarpe ◆ *ein Paar schwarze Handschuhe* un paio di guanti neri. ***3*** pariglia. ◇ **ein Paar werden** sposarsi; fidanzarsi.

paaren ['paːrən] *(vt,* hat*)* ***1*** accoppiare, far accoppiare (animali). ***2*** {*etwas mit etwas* ~} *(fig)* accoppiare, appaiare qcs con qcs. ◇ **sich paaren** *(vr)* accoppiarsi.

Paarung ['paːrʊŋ] *(f; -, -en)* ~ accoppiamento *(anche fig)*.

paarweise ['paːɐˌvaizə] *(avv)* ~ a coppie.

Pacht [paxt] *(f; -, -en)* ***1*** affitto, locazione. ***2*** gestione. ◇ **etwas in Pacht geben** affittare qcs, dare in affitto qcs; dare in gestione qcs. ◇ **etwas in Pacht nehmen** affittare qcs, prendere in affitto qcs; prendere in gestione qcs.

pachten [-ən] *(vt,* hat*)* ~ affittare qcs, prendere in affitto qcs.

Pächter ['pɛçtɐ] *(m; -s, -; f* **-in***)* ~ affittuario.

Pachtzins ['paxtˌtsɪns] *(m; -es, -en)* ~ affitto, canone d'affitto.

Pack[1] [pak] *(m; -(e)s,* Packe/Päcke*)* ~ pacco; fascio.

Pack[2] *(n; -s)* ~ marmaglia, gentaglia.

Päckchen ['pɛkçən] *(n; -s, -)* ~ pacchetto, pacchettino (anche postale).

packen ['pakən] *(vt,* hat*)* ***1*** {*jmdn an/bei etwas* (Dat) ~} afferrare qcn per qcs, prendere qcn per qcs ◆ *er packte ihn am/beim Arm* lo afferrò per un braccio. ***2*** sistemare, mettere (in ordine). ***3*** fare, preparare (bagagli e sim) ◆ *den Koffer packen* fare la valigia. ***4*** *(fig)* colpire, impressionare, toccare. ***5*** {*jmdn* ~} *(fig)* cogliere, prendere qcn (sensazioni e sim). ◇ **seine Sachen packen** fare le valige *(anche fig)*.

Packen *(m; -s, -)* ~ pacco *(anche fig)*.

packend [-t] *(agg)* ~ avvincente.

Packesel ['pakˌˀeːzəl] *(m; -s, -)* ***1*** somaro. ***2*** *(fig)* facchino, somaro.

Packung ['pakʊŋ] *(f; -, -en)* ***1*** pacchetto, confezione, scatola ◆ *eine Packung Pralinen, Tee* una confezione di cioccolatini, di tè. ***2*** involucro. ***3*** *(med)* impacco; maschera.

Paddel ['padəl] *(n; -s, -)* ~ pagaia.

Paddelboot [-ˌboːt] *(n; -(e)s, -e)* ~ canoa.

paddeln [-n] *(vi,* ist*)* ~ andare in canoa.

Paket [paˈkeːt] *(n; -(e)s, -e)* ~ pacco, pacchetto (anche postale).

Pakt [pakt] *(m; -(e)s, -e)* ~ *(pol)* patto, trattato.

Palast [paˈlast] *(m; -(e)s,* Paläste*)* ~ palazzo, castello.

Palaver [pa'la:vɐ] *(n; -s, -)* ~ *(fam)* chiacchierata, discorso (inconcludente), sproloquio.

Palette [pa'lɛtə] *(f; -, -n)* ***1*** tavolozza. ***2*** *(fig)* gamma, serie, ampia scelta.

paletti [pa'lɛti] *(avv)* ~ **(es ist) alles paletti** *(fam)* (è) tutto a posto.

Palisade [pali'za:də] *(f; -, -n)* ~ *(spec pl)* steccato, palizzata.

Palme ['palmə] *(f; -, -n)* ~ *(bot)* palma. ◆ **jmdn auf die Palme bringen** *(fig/fam)* far andare qcn su tutte le furie.

Palmsonntag ['palm,zɔnta:k] *(m; -(e)s, -e)* ~ *(relig)* domenica delle palme.

Pampelmuse ['pampəl,mu:zə] *(f; -, -n)* ~ *(bot)* pompelmo (albero; frutto).

Panade [pa'na:də] *(f; -, -n)* ~ pastella (per friggere).

Paneel [pa'ne:l] *(n; -s, -e)* ***1*** pannello (di legno). ***2*** rivestimento in legno.

panieren [pa'ni:rən] *(vt, hat)* ~ impanare.

Panik ['pa:nɪk] *(f; -)* ~ panico ♦ *in Panik geraten* farsi prendere dal panico.

panikartig [-,ʔa:ɐtɪç] *(agg)* ~ panico, dettato dal panico.

panisch ['pa:nɪʃ] *(agg)* ~ panico ♦ *panische Angst* timor panico.

Panne ['panə] *(f; -, -n)* ***1*** guasto, panne (di veicoli) ♦ *mein Auto hatte eine Panne* la mia macchina si è guastata ♦ *ich hatte mit meinem Auto eine Panne* ho avuto un guasto alla macchina. ***2*** errore (per negligenza).

Pannendienst [-n,di:nst] *(m; -(e)s)* ~ soccorso stradale.

Panorama [pano'ra:ma] *(n; -s, -men)* ~ panorama.

panschen ['panʃən] *(anche* **pantschen***)* *(vi/vt, hat)* ***1*** *(vt)* annacquare. ***2*** *(vi)* *(fam)* sguazzare.

Panter *(anche* **Panther***)* ['pantɐ] *(m; -s, -)* ~ *(zool)* pantera.

Pantoffel [pan'tɔfəl] *(m; -s, -)* ~ pantofola, ciabatta. ◆ **den Pantoffel schwingen** *(fig/fam)* portare i pantaloni in casa (detto di una donna).

Pantolette [panto'lɛtə] *(f; -, -n)* ~ sandalo (estivo).

pantschen ['pantʃən] ~ vedi **panschen**.

Panzer ['pantsɐ] *(m; -s, -)* ***1*** corazza, armatura. ***2*** corazza, rivestimento blindato. ***3*** *(mil)* carro armato. ***4*** *(zool)* corazza, guscio.

panzern [-n] *(vt, hat)* ~ corazzare, blindare. ◆ **sich panzern** *(vr)* corazzarsi *(anche fig)*.

Panzerschiff [-ʃɪf] *(n; -(e)s, -e)* ~ corazzata, nave corazzata.

Panzerschrank [-ʃraŋk] *(m; -(e)s, -schränke)* ~ cassaforte (blindata).

Panzerwagen [-,va:gən] *(m; -s, -)* ~ carro armato.

Papa [pa'pa:, 'papa] *(m; -s, -s)* ~ *(fam)* papà.

Papagei [papa'gai] *(m; -(e)s/-en, -e/-en)* ~ *(zool)* pappagallo.

Papier [pa'pi:ɐ] *(n; -(e)s, -e)* ***1*** carta ♦ *ein Blatt Papier* un foglio di carta. ***2*** *(pl)* carte, atti, documenti. ◆ **nur auf dem Papier stehen** *(fig)* essere solo sulla carta. ◆ **etwas zu Papier bringen** mettere qcs per iscritto.

Papiergeld [-,gɛlt] *(n; -(e)s)* ~ banconote, cartamoneta.

Papiergeschäft [-gəʃɛft] *(n; -(e)s, -e)* ~ cartoleria.

Papierhandlung [-,handlʊŋ] *(f; -, -en)* ~ cartoleria.

Papierkorb [-,kɔrp] *(m; -(e)s, -körbe)* ~ cestino (per la carta straccia).

Papierschlange [-ʃlaŋə] *(f; -, -n)* ~ stella filante.

Papiertaschentuch [-,taʃəntu:x] *(n; -(e)s, -tücher)* ~ fazzolettino di carta.

Papierwaren [-,va:rən] *(pl)* ~ articoli di cartoleria.

Pappbecher ['pap,bɛçɐ] *(m; -s, -)* ~ bicchiere di carta.

Pappe ['papə] *(f; -, -n)* ~ cartone, cartoncino. ◆ **nicht von Pappe sein** *(fig/fam)* non essere male.

Pappel [-l] *(f; -, -n)* ~ *(bot)* pioppo.

päppeln ['pɛpəln] *(vt, hat)* ~ *(fam)* imboccare, dare da mangiare a.

pappen ['papən] *(vi/vt, hat)* ***1*** *(vi)* *(fam)* essere appiccicoso, attaccarsi (neve e sim). ***2*** {*etwas an/auf etwas* (Acc) ~} *(vt)* *(fam)* incollare qcs a/su qcs.

Pappenstiel [-ʃti:l] *(m)* ~ **kein Pappenstiel sein** *(fam)* non essere cosa di poco conto. ◆ **keinen Pappenstiel wert sein** *(fig/fam)* non valere un fico secco. ◆ **für**

einen Pappenstiel *(fig/fam)* per quattro soldi.

pappig ['papɪç] *(agg)* ***1*** *(fam)* appiccicoso. ***2*** *(fam)* molle, papposo.

Pappmaschee *(anche* **Pappmaché***)* [ˌpapma'ʃeː] *(n; -s)* ~ cartapesta.

Pappnase ['papˌnaːzə] *(f; -, -n)* ~ naso finto.

Paprika ['paprika] *(m; -s, -s/-)* ***1*** *(bot)* peperone (pianta). ***2*** *(anche f; -, -s/-) (bot)* peperone (ortaggio). ***3*** paprica, peperoncino (in polvere).

Paprikaschote [-ʃoːtə] *(f; -, -n)* ~ *(bot)* peperone (ortaggio).

Papst [paːpst] *(m; -(e)s, Päpste)* ~ *(relig)* Papa, pontefice ♦ *eine Audienz beim Papst* un'udienza dal Papa.

päpstlich ['pɛːpstlɪç] *(agg)* ~ papale, pontificio. ◆ **päpstlicher sein als der Papst** *(fig)* essere più realisti del re.

Papsttum ['paːpstˌtuːm] *(n; -s)* ~ papato, pontificato.

Papyrus [pa'pyːrʊs] *(m; -, Papyri)* ~ papiro (materiale; documento).

Papyrusstaude [-ʃtaudə] *(f; -, -n)* ~ *(bot)* papiro.

Parabel [pa'raːbəl] *(f; -, -n)* ~ parabola *(anche mat)*.

Parabolantenne [para'boːlˀanˌtɛnə] *(f; -, -n)* ~ antenna parabolica.

Parade [pa'raːdə] *(f; -, -n)* ***1*** parata, sfilata. ***2*** *(sport)* parata.

Paradies [para'diːs] *(n; -es, -e)* ~ *(relig)* paradiso *(anche fig)* ♦ *ins Paradies kommen* andare in paradiso, morire.

Paradigma [para'dɪgma] *(n; -s, -digmen)* ~ *(generic)* paradigma.

paradox [para'dɔks] *(agg)* ***1*** paradossale ♦ *ein paradoxer Begriff* un concetto paradossale. ***2*** *(fig/fam)* paradossale, incredibile. ***3*** *(avv)* paradossalmente, in modo paradossale.

Paradox *(n; -es, -e)* ~ paradosso.

paradoxerweise [-ɐ'vaizə] *(avv)* ~ paradossalmente.

Paragraf *(anche* **Paragraph***)* [para'graːf] *(m; -en, -en)* ~ paragrafo *(anche dir)*.

parallel [para'leːl] *(agg)* ***1*** parallelo *(anche fig)*. ***2*** *(avv)* parallelamente, in modo parallelo *(anche fig)* ♦ *die Straße läuft parallel mit dem/zum Fluss* la strada è parallela al fiume. ◆ **parallel laufend** († **parallellaufend**) parallelo *(anche fig)* ♦ *parallel laufende Ereignisse* eventi paralleli.

Parallele [-ə] *(f; -, -n)* ***1*** *(mat)* parallela. ***2*** *(fig)* parallelo, confronto ♦ *eine Parallele zu etwas ziehen* tracciare un parallelo con qcs.

Parallelkreis [-ˌkrais] *(m; -es, -e)* ~ parallelo (geografico).

parallellaufend ~ **parallel laufend** (vedi **parallel**).

Parallelstraße [-ʃtraːsə] *(f; -, -n)* ~ strada parallela, parallela.

Parasit [para'ziːt] *(m; -en, -en)* ~ *(biol)* parassita *(anche fig)*.

parat [pa'raːt] *(avv)* ~ pronto, preparato, a disposizione ♦ *etwas parat haben, halten* avere, tenere pronto qcs. ◆ **etwas parat legen** approntare qcs, preparare qcs.

Pärchen ['pɛːɐçən] *(n; -s, -)* ~ coppietta.

Parfüm [par'fyːm] *(n; -s, -e/-s)* ~ profumo (cosmetico).

Parfümflasche [-ˌflaʃə] *(f; -, -n)* ~ boccetta di profumo.

parieren [pa'riːrən] *(vt, hat)* ~ *(sport)* parare *(anche fig)*.

Pariser [pa'riːzɐ] *(m; -s, -)* ~ *(fam)* preservativo, condom.

Parität [pari'tɛːt] *(f; -, -en)* ~ parità *(anche econ)*.

Park [park] *(m; -s, -s/-e)* ~ parco, giardino.

parken[1] [-ən] *(vi, hat)* ~ essere parcheggiato, essere posteggiato ♦ *mein Auto parkt vor dem Kino* la mia auto è parcheggiata davanti al cinema.

parken[2] *(vt, hat)* ~ parcheggiare, posteggiare ♦ *ich habe mein Auto vor dem Kino geparkt* ho parcheggiato l'auto davanti al cinema.

Parken *(n; -s)* ~ parcheggio, posteggio (il parcheggiare).

Parkett [par'kɛt] *(n; -(e)s, -e)* ***1*** parquet ♦ *Parkett legen* mettere il parquet. ***2*** *(teatr)* platea.

Parkhaus ['parkˌhaus] *(n; -es, -häuser)* ~ parcheggio (a più piani).

Parkplatz ['parkˌplats] *(m; -(e)s, -plätze)* ~ parcheggio, posteggio.

Parkscheibe ['parkˌʃaibə] *(f; -, -n)* ~ disco orario.

Parkuhr ['parkˌˀuːɐ] *(f; -, -en)* ~ parchimetro.

Parkverbot ['parkfɛɐ̯ˌboːt] *(n; -(e)s)* ~ divieto di parcheggio.
Parlament [parla'mɛnt] *(n; -(e)s, -e)* ~ parlamento ♦ *das Parlament auflösen, einberufen* sciogliere, convocare il parlamento.
Parlamentarier [parlamɛn'taːrjɐ] *(m; -s, -; f* **-in***)* ~ parlamentare, deputato.
parlamentarisch [parlamɛn'taːrɪʃ] *(agg)* ~ parlamentare.
Parmesan [parme'zaːn] *(m; -/-s)* ~ parmigiano, formaggio parmigiano.
Parmesankäse [-ˌkɛːzə] *(m; -s)* ~ parmigiano, formaggio parmigiano.
Parodie [paro'diː] *(f; -, -n)* ~ parodia.
parodieren [-rən] *(vt,* hat*)* ~ parodiare, fare la parodia di.
parodistisch [paro'dɪstɪʃ] *(agg)* ~ parodistico.
Parole [pa'roːlə] *(f; -, -n)* ***1*** parola d'ordine. ***2*** *(fig)* parola d'ordine, motto.
Paroli [pa'roːli] *(n)* ~ **jmdm Paroli bieten** tener testa a qcn.
Partei [par'tai] *(f; -, -en)* ***1*** partito (politico) ♦ *eine Partei wählen* votare per un partito. ***2*** gruppo, fazione. ***3*** *(dir)* parte ♦ *die streitenden Parteien* le parti avverse. ***4*** inquilino. ◆ **Partei sein** essere parte in causa. ◆ **für, gegen jmdn/etwas Partei nehmen** prendere partito a favore di, contro qcn/qcs.
parteiisch [-ɪʃ] *(agg)* ~ parziale, di parte.
parteilich [-lɪç] *(agg)* ~ partitico, del partito.
parteilos [-ˌloːs] *(agg)* ~ apartitico.
Parteitag [-ˌtaːk] *(m; -(e)s, -e)* ~ congresso del partito.
Partie [par'tiː] *(f; -, -n)* ***1*** parte, porzione. ***2*** partita ♦ *eine Partie Schach, Tennis* una partita di scacchi, di tennis. ***3*** parte (in opera musicale o teatrale). ***4*** partita (di merci). ◆ **eine gute Partie sein** essere un buon partito. ◆ **mit von der Partie sein** *(fig/fam)* partecipare ♦ *wirst du auch heute Abend mit von der Partie sein?* vieni anche tu stasera?
Partikel[1] [-kəl] *(f; -, -n)* ~ *(ling)* particella.
Partikel[2] *(n; -s, -)* ~ *(fis)* particella.
Partisan [parti'zaːn] *(m; -s/-en, -en)* ~ partigiano.
Partizip [parti'tsiːp] *(n; -(e)s, -zipien)* ~ *(gramm)* participio ♦ *Partizip Präsens, Perfekt* participio presente, passato.
Partner ['partnɐ] *(m; -s, -; f* **-in***)* ~ partner (fidanzato; socio).
Partnerschaft [-ʃaft] *(f; -, -en)* ***1*** relazione, rapporto. ***2*** partecipazione, collaborazione.
partnerschaftlich [-ʃaftlɪç] *(agg)* ~ di partecipazione, di collaborazione ♦ *ein partnerschaftliches Verhältnis* un rapporto di collaborazione.
Party ['paːɐ̯ti] *(f; -, -s)* ~ festa, party ♦ *eine Party geben, veranstalten* dare, organizzare una festa ♦ *auf eine/zu einer Party gehen* andare a una festa.
Parzelle [par'tsɛlə] *(f; -, -n)* ~ parcella, lotto.
Pass († **Paß**) [pas] *(m; -es, Pässe)* ***1*** passaporto ♦ *ein abgelaufener, gefälschter, gültiger Pass* un passaporto scaduto, falso, valido ♦ *seinen Pass erneuern* rinnovare il proprio passaporto. ***2*** passo, valico.
passabel [pa'saːbəl] *(agg)* ~ passabile, accettabile.
Passage [pa'saːʒə] *(f; -, -n)* ***1*** passaggio (stretto). ***2*** galleria (commerciale). ***3*** traversata (in nave o aereo). ***3*** passaggio, brano.
Passagier [pasa'ʒiːɐ] *(m; -s, -e; f* **-in***)* ~ passeggero (di treno, nave, aereo). ◆ **blinder Passagier** passeggero clandestino.
Passant [pa'sant] *(m; -en, -en; f* **-in***)* ~ passante, pedone.
Passbild († **Paß-**) ['pasˌbɪlt] *(n; -(e)s, -er)* ~ fototessera.
passen[1] ['pasən] *(vi,* hat; *ortogr pres* du/er/ihr passt, *pret* ich passte, ecc; *imperat* pass!, *part pass* gepasst*)* ***1*** stare (bene), andare bene, essere adatto. ***2*** {*(jmdm)* ~} stare bene (a qcn), stare (abiti) ♦ *passen dir die Schuhe?* ti stanno le scarpe? ***3*** stare (bene), starci, andare bene, essere della misura giusta ♦ *der Deckel passt nicht auf den Topf* il coperchio non va bene per la pentola. ***4*** {*zu jmdm/etwas* ~} addirsi a qcn/qcs, essere adatto per qcn/qcs, star bene con qcn/qcs ♦ *die Tasche passt nicht zu den Schuhen* la borsa non sta bene con queste scarpe. ***5*** {*jmdm* ~} andare bene a qcn, piacere a qcn ♦ *würde es dir am Montag Abend passen?* ti andrebbe bene lunedì sera? ***6*** passare (la mano; la pal-

la). ◆ **sich passen** *(vr) (fam)* addirsi, convenirsi.

passen[2] *(vt,* hat; *ortogr pres* du/er/ihr passt, *pret* ich passte, ecc; *imperat* pass!, *part pass* gepasst*)* ~ {*etwas in etwas* (Acc) ~} adattare qcs a qcs (nella forma), far entrare qcs in qcs.

passend [-t] *(agg)* ***1*** adatto, che va bene ♦ *ich suche ein passendes Geschenk für Heike* cerco un regalo adatto per Heike. ***2*** conveniente, opportuno. ◆ **es passend haben** avere i soldi precisi (per pagare).

Passepartout [paspar'tu:] *(n; -s, -s)* ~ passe-partout (cornice).

passieren[1] [pa'si:rən] *(vi,* ist*)* ~ {*(jmdm)* ~} succedere, accadere, capitare (a qcn) ♦ *mit ist ein Unfall passiert* mi è successo un incidente ♦ *was ist passiert?* cosa è successo?

passieren[2] *(vt,* hat*)* ***1*** passare, attraversare (luoghi). ***2*** passare (cibi).

Passiermaschine [pa'si:ema͵ʃi:nə] *(f; -, -n)* ~ passatutto, passaverdura.

passiv ['pasi:f] *(agg)* ~ passivo *(anche gramm)*.

Passiv *(n; -s)* ~ *(gramm)* passivo.

Passivrauchen [-͵rauxən] *(n; -s)* ~ fumo passivo.

Passkontrolle († **Paß-**) ['paskɔn͵trɔlə] *(f; -, -n)* ~ controllo dei passaporti.

Passwort († **Paß-**) ['pas͵vɔrt] *(n; -(e)s, -wörter)* ***1*** parola d'ordine. ***2*** *(elab)* password.

Paste ['pastə] *(f; -, -n)* ***1*** pasta (spalmabile). ***2*** pomata, pasta.

Pastell [pas'tɛl] *(n; -(e)s, -e)* ~ pastello (quadro).

Pastellfarbe [-͵farbə] *(f; -, -n)* ***1*** pastello, colore a pastello. ***2*** colore pastello.

Pastete [pas'te:tə] *(f; -, -n)* ***1*** sfoglia ripiena (di carne, pesce, ecc). ***2*** pasta spalmabile (alimentare), patè.

Pate ['pa:tə] *(m; -n, -n)* ~ padrino (di battesimo o cresima).

Patenkind [-n͵kɪnt] *(n; -(e)s, -er)* ~ figlioccio.

Patenschaft [-n͵ʃaft] *(f; -, -en)* ~ responsabilità (del padrino).

patent [pa'tɛnt] *(agg)* ***1*** *(fam)* bravo, abile, in gamba. ***2*** *(fam)* buono, utile, valido.

Patent *(n; -(e)s, -e)* ***1*** brevetto ♦ *ein Patent auf eine Erfindung haben* avere il brevetto su un'invenzione ♦ *etwas zum Patent anmelden* chiedere il brevetto per qcs. ***2*** brevetto, attestato (in marina o aviazione).

patentieren [patɛn'ti:rən] *(vt,* hat*)* ~ brevettare.

pathetisch [pa'te:tɪʃ] *(agg)* ~ patetico *(anche fig)*.

Pathologie [patolo'gi:] *(f; -)* ~ patologia.

pathologisch [pato'lo:gɪʃ] *(agg)* ~ patologico.

Patience [pa'sjã:s] *(f; -, -n)* ~ solitario (gioco di carte) ♦ *eine Patience legen* fare un solitario.

Patient [pa'tsjɛnt] *(m; -en, -en; f* **-in***)* ~ paziente, malato.

Patin ['pa:tɪn] *(f; -, -nen)* ~ madrina (di battesimo o cresima).

Patriot [patri'o:t] *(m; -en, -en; f* **-in***)* ~ patriota.

patriotisch [-ɪʃ] *(agg)* ~ patriottico.

Patron [pa'tro:n] *(m; -s, -e)* ***1*** protettore, patrono. ***2*** *(relig)* patrono, santo patrono.

Patrone [-ə] *(f; -, -n)* ***1*** cartuccia, munizione. ***2*** cartuccia (per penna), ricambio.

Patronenhülse [-ən͵hʏlzə] *(f; -, -n)* ~ bossolo (di cartuccia).

Patrouille [pa'trʊljə] *(f; -, -n)* ***1*** pattuglia (di soldati). ***2*** ronda ♦ *auf Patrouille gehen* fare la ronda.

Patt [pat] *(n; -s, -s)* ***1*** patta (negli scacchi). ***2*** *(fig)* equilibrio.

patzen ['patsən] *(vi,* hat*)* ~ *(fam)* combinare pasticci, rovinare tutto.

Patzer ['patsɐ] *(m; -s, -)* ~ *(fam)* errore, cavolata.

patzig ['patsɪç] *(agg)* ~ *(fam)* sgarbato; sfacciato.

Pauke ['paukə] *(f; -, -n)* ~ *(mus)* timpano. ◆ **auf die Pauke hauen** ***1*** *(fig/fam)* fare baldoria. ***2*** *(fig/fam)* vantarsi, spararle grosse.

pauken [-n] *(vi/vt,* hat*)* ***1*** *(vi)* suonare il timpano. ***2*** *(vi/vt) (fam)* studiare molto, sgobbare.

Paukenhöhle [-n͵hø:lə] *(f; -, -n)* ~ *(anat)* timpano.

Pausbacken ['paus͵bakən] *(pl)* ~ guance paffute.

pauschal [pau'ʃaːl] *(agg)* ***1*** forfettario, complessivo. ***2*** generico, superficiale. ***3*** *(avv)* a forfait, complessivamente.
Pauschale [-ə] *(f; -, -n)* ~ forfait, cifra complessiva.
Pause ['pauzə] *(f; -, -n)* ***1*** pausa, sosta ♦ *eine Pause einlegen/machen* fare una pausa ♦ *ohne Pause* senza pausa, senza sosta. ***2*** intervallo; ricreazione.
Pausenbrot [-nˌbroːt] *(n; -(e)s, -e)* ~ merenda.
pausenlos [-nˌloːs] *(agg)* ***1*** senza sosta, ininterrotto. ***2*** *(avv)* senza sosta, ininterrottamente.
pausieren [pau'ziːrən] *(vi, hat)* ~ fare una pausa.
Pavian ['paːvjaːn] *(m; -s, -e)* ~ *(zool)* babbuino.
Pavillon ['pavɪljɔn] *(m; -s, -s)* ~ padiglione, gazebo; tendone.
Pazifismus [patsi'fɪsmʊs] *(m; -)* ~ pacifismo.
Pazifist [patsi'fɪst] *(m; -en, -en; f* **-in***)* ~ pacifista.
pazifistisch [-ɪʃ] *(agg)* ~ pacifistico, pacifista.
PC [ˌpeː'tseː] *(m; -/-s, -/s)* ~ personal computer, PC.
Pech [pɛç] *(n; -s, -e)* ***1*** pece. ***2*** *(solo sing)* *(fam)* sfortuna, iella ♦ *Pech haben* avere sfortuna. ◆ **wie Pech und Schwefel zusammenhalten** *(fig/fam)* essere inseparabili, essere pappa e ciccia.
pech(raben)schwarz [-('raːbən)'ʃvarts] *(agg)* ~ *(fam)* nero come la pece.
Pechvogel [-ˌfoːgəl] *(m; -s, -vögel)* ~ *(fam)* persona sfortunata, sfigato.
Pedal [pe'daːl] *(n; -s, -e)* ~ pedale.
pedantisch [pe'dantɪʃ] *(agg)* ~ pedante, pedantesco, pignolo.
Pegel ['peːgəl] *(m; -s, -)* ~ livello delle acque, livello della piena ♦ *der Pegel liegt schon bei neun Meter* il livello delle acque è già di nove metri.
Pein [pain] *(f; -)* ~ *(lett)* pena, tormento.
peinigen [-ɪgən] *(vt, hat)* ~ *(lett)* tormentare.
peinlich [-lɪç] *(agg)* ***1*** penoso, spiacevole, imbarazzante ♦ *eine peinliche Situation* una situazione imbarazzante ♦ *es ist mir sehr peinlich, aber ich muss es ihm sagen* è molto imbarazzante per me, ma devo dirglielo. ***2*** meticoloso, pignolo. ***3*** *(avv)* spiacevolmente, in modo imbarazzante. ***4*** *(avv)* meticolosamente, scrupolosamente ♦ *peinlich genau* precisissimo, fin troppo preciso.
Peinlichkeit [-lɪçˌkait] *(f; -, -en)* ***1*** penosità, imbarazzo. ***2*** situazione imbarazzante.
Peitsche ['paitʃə] *(f; -, -n)* ~ frusta ♦ *mit der Peitsche knallen* far schioccare la frusta.
peitschen[1] [-n] *(vi, ist)* ~ schioccare, battere ♦ *der Regen peitscht an die Fenster* la pioggia batte contro le finestre.
peitschen[2] *(vt, hat)* ~ frustare, sferzare; fustigare.
Peitschenhieb [-nˌhiːp] *(m; -(e)s, -e)* ~ frustata, sferzata.
Peitschenschlag [-nˌʃlaːk] *(m; -(e)s, -schläge)* ~ frustata, sferzata.
Pelikan ['peːlikaːn] *(m; -s, -e)* ~ *(zool)* pellicano.
Pelle ['pɛlə] *(f; -, -n)* *(region)* ~ buccia; pelle (salsiccia, würstel, ecc). ◆ **jmdm auf der Pelle liegen/sitzen** *(fig/fam)* stare alle calcagna di qcn. ◆ **jmdm auf die Pelle rücken** *(fam)* stare alle calcagna di qcn, incalzare qcn *(anche fig)*.
pellen [-n] *(vt, hat)* *(region)* ~ sbucciare, spellare.
Pelz [pɛlts] *(m; -(e)s, -e)* ***1*** pelliccia, pelo. ***2*** pelliccia (materiale; indumento). ◆ **jmdm auf den Pelz rücken** *(fig/fam)* incalzare qcn (con richieste e sim).
pelzig [-ɪç] *(agg)* ***1*** peloso, irto, ispido (tessuti e sim). ***2*** lanuginoso. ***3*** impastato (bocca).
Pelzmantel [-ˌmantəl] *(m; -s, -mäntel)* ~ pelliccia, cappotto di pelliccia.
Pendel ['pɛndəl] *(n; -s, -)* ~ pendolo ♦ *das Pendel schwingt* il pendolo oscilla.
pendeln [-n] *(vi, hat/ist)* ***1*** *(aux* hat*)* pendolare, oscillare *(anche fig)*. ***2*** *(aux* ist*)* fare la spola; fare il pendolare.
Pendeluhr [-ˌʔuːɐ] *(f; -, -en)* ~ pendola, orologio a pendolo.
Pendler ['pɛndlɐ] *(m; -s, -; f* **-in***)* ~ pendolare, lavoratore pendolare.
penetrant [pene'trant] *(agg)* ~ penetrante, acuto (odori).
penibel [pe'niːbəl] *(agg)* ~ pignolo, puntiglioso.

Penis ['pe:nɪs] *(m; -, -se/Penes)* ~ *(anat)* pene.
pennen ['pɛnən] *(vi,* hat*)* ~ *(fam)* dormire.
Penner ['pɛnɐ] *(m; -s, -)* ~ vagabondo, barbone.
Pension [pã'zjo:n] *(f; -, -en)* ***1*** pensione (di dipendenti pubblici) ♦ *in Pension gehen, sein* andare, essere in pensione ♦ *eine gute Pension beziehen/haben* avere una buona pensione. ***2*** pensione, piccolo albergo. ***3*** *(solo sing)* pensione ♦ *halbe Pension* mezza pensione ♦ *volle Pension* pensione completa.
Pensionär [pãzjo'nɛ:ɐ] *(m; -s, -; f* **-in***)* ~ pensionato (ex dipendente pubblico).
pensionieren [pãzjo'ni:rən] *(vt,* hat*)* ~ pensionare, mandare in pensione (dipendenti pubblici).
Pensionierung [pãzjo'ni:rʊŋ] *(f; -, -en)* ~ pensionamento (di dipendenti pubblici).
Peperoni [pepe'ro:ni] *(f; -, -)* ~ peperoncino piccante.
per [pɛr] *(prep* + Acc*)* ***1*** per, via, attraverso, con (mezzo) ♦ *per E-mail* via e-mail ♦ *per Luftpost* per via aerea. ***2*** *(comm)* per, entro (temporale).
perfekt [pɛr'fɛkt] *(agg)* ***1*** perfetto, ottimo. ***2*** *(fam)* ultimato, compiuto, concluso ♦ *der Vertrag ist perfekt* il contratto è concluso. ***3*** *(avv)* perfettamente, alla perfezione.
Perfekt ['pɛrfɛkt] *(n; -s, -e)* ~ *(gramm)* perfetto, passato prossimo.
Perfektion [pɛrfɛk'tsjo:n] *(f; -)* ~ perfezione.
Pergament [pɛrga'mɛnt] *(n; -(e)s, -e)* ~ pergamena (materiale; documento).
Periode [pe'rjo:də] *(f; -, -n)* ***1*** *(lett)* periodo, epoca, età. ***2*** mestruazione. ***3*** *(mat/fis)* periodo.
periodisch [pe'rjo:dɪʃ] *(agg)* ***1*** periodico, regolare, a intervalli. ***2*** *(avv)* periodicamente, regolarmente, a intervalli.
peripher [peri'fe:ɐ] *(agg)* ***1*** periferico, marginale *(anche fig)*. ***2*** *(elab)* periferico.
Peripherie [perife'ri:] *(f; -, -n)* ***1*** periferia. ***2*** *(geom)* circonferenza. ***3*** *(elab)* periferiche.
Perkussion [pɛrkʊ'sjo:n] *(f; -, -en)* ***1*** percussione *(anche med)*. ***2*** *(mus)* percussioni.
Perle ['pɛrlə] *(f; -, -n)* ***1*** perla *(anche fig)* ♦ *Perlen aufreihen* infilare perle ♦ *eine Kette aus Perlen* una collana di perle. ***2*** perlina; grano (del rosario). ***3*** *(fig)* perla, goccia (di sudore e sim).
perlen [-n] *(vi,* ist*)* ~ gocciolare (come perle) ♦ *der Schweiß perlte ihm von der Stirn* il sudore gli imperlava la fronte.
Perlenkette [-nˌkɛtə] *(f; -, -n)* ~ collana di perle.
Perlmutter [-ˌmʊtɐ] *(f; -; anche n; -s)* ~ madreperla.
permanent [pɛrma'nɛnt] *(agg)* ~ permanente, fisso.
perplex [pɛr'plɛks] *(agg)* ~ *(fam)* perplesso, sconcertato, sbalordito.
Persenning [pɛr'zɛnɪŋ] *(f; -, -e/-en/-s)* ~ incerato, telone impermeabile.
Perserkatze [-ˌkatsə] *(f; -, -n)* ~ *(zool)* gatto persiano.
Perserteppich [-ˌtɛpɪç] *(m; -(e)s, -e)* ~ tappeto persiano.
Person [pɛr'zo:n] *(f; -, -en)* ***1*** persona *(anche dir/gramm)*, individuo ♦ *ein Rezept für vier Personen* una ricetta per quattro persone ♦ *das Flugzeug fasst hundert Personen* l'aereo trasporta cento persone. ***2*** persona, personaggio (di opera letteraria). ◆ **in Person**; **in eigener Person** in persona. ◆ **etwas in Person sein** essere qcs in persona ♦ *sie ist der Fleiß in Person* è lo zelo in persona. ◆ **in einer Person** in una persona, nella stessa persona.
Personal [pɛrzo'nal] *(n; -s)* ~ personale, lavoratori, dipendenti.
Personalausweis [-ˌʔausvais] *(m; -es, -e)* ~ carta d'identità.
Personalcomputer [-kɔmˌpju:tɐ] *(m; -s, -s)* ~ personal computer, PC.
Personaldaten [-ˌda:tən] *(pl)* ~ dati personali, generalità.
Personalien [pɛrzo'na:ljən] *(pl)* ~ dati personali, generalità ♦ *seine Personalien angeben* fornire le proprie generalità ♦ *jmds Personalien aufnehmen* prendere le generalità di qcn.
Personenkraftwagen [pɛr'zo:nənˌkraftva:gən] *(m; -s, -) (abbrev* **PKW***)* ~ autoveicolo, autovettura.
Personenname [pɛr'zo:nənˌna:mə] *(m; -ns, -n)* ~ nome di persona.
Personenwagen [pɛr'zo:nənˌva:gən] *(m; -s, -)* ~ autoveicolo, autovettura.

persönlich [pɛrˈzøːnlɪç] *(agg)* ***1*** personale, individuale, privato ♦ *persönliche Angelegenheiten* faccende personali ♦ *persönliche Fragen* domande personali. ***2*** personale, originale ♦ *ein persönlicher Ton* un tono personale. ***3*** *(gramm)* personale ♦ *persönliches Fürwort* pronome personale. ***4*** *(avv)* personalmente ♦ *jmdn persönlich kennen* conoscere qcn personalmente ♦ *für jmdn persönlich bürgen* garantire personalmente per qcn. ◆ **persönlich werden** *(fam)* andare sul personale.

Persönlichkeit [-ˌkait] *(f; -, -en)* ***1*** *(solo sing)* personalità, carattere ♦ *eine starke Persönlichkeit* una personalità forte. ***2*** personalità, personaggio ♦ *die größten Persönlichkeiten unserer Zeit* le massime personalità del nostro tempo.

Perspektive [pɛrspɛkˈtiːvə] *(f; -, -n)* ***1*** prospettiva. ***2*** *(fig)* prospettiva, punto di vista, ottica ♦ *etwas aus ökonomischer Perspektive betrachten* osservare qcs da un punto di vista economico.

perspektivisch [pɛrspɛkˈtiːvɪʃ] *(agg)* ***1*** prospettico. ***2*** *(fig)* in prospettiva, futuro.

Perücke [peˈrʏkə] *(f; -, -n)* ~ parrucca ♦ *eine Perücke tragen* portare la parrucca.

pervers [pɛrˈvɛrs] *(agg)* ***1*** perverso, pervertito, depravato. ***2*** *(fam)* folle, assurdo.

Perversion [pɛrvɛrˈzjoːn] *(f; -, -en)* ~ perversione, depravazione, mania (perversa).

pervertieren [pɛrvɛrˈtiːrən] *(vi/vt, ist/hat)* ***1*** [*zu etwas* ~] *(vi) (aux* ist*)* degenerare in qcs. ***2*** *(vt) (aux* hat*)* pervertire, depravare, corrompere.

Pessar [pɛˈsaːɐ] *(n; -s, -e)* ~ *(med)* spirale (anticoncezionale).

Pessimismus [pɛsiˈmɪsmʊs] *(m; -)* ~ pessimismo.

Pessimist [pɛsiˈmɪst] *(m; -en, -en; f* **-in***)* ~ pessimista.

pessimistisch [-ɪʃ] *(agg)* ~ pessimista, pessimistico.

Pest [pɛst] *(f; -)* ~ peste, pestilenza ♦ *die Pest ist ausgebrochen* è scoppiata la peste. ◆ **jmdn/etwas wie die Pest hassen** *(fig)* odiare qcn a morte. ◆ **wie die Pest stinken** *(fig)* puzzare come una capra.

pestartig [-ˌʔaːɐtɪç] *(agg)* ~ pestilenziale (odore).

pestkrank [-ˌkraŋk] *(agg)* ~ malato di peste, appestato.

Petersilie [peteˈziːljə] *(f; -, -n)* ~ *(bot)* prezzemolo.

Petroleum [peˈtroːleʊm] *(n; -s)* ~ petrolio.

Pf ~ abbrev di **Pfennig**.

Pfad [pfaːt] *(m; -(e)s, -e)* ***1*** sentiero, viottolo. ***2*** *(fig)* sentiero, strada, via ♦ *der Pfad der Tugend* il sentiero della virtù.

Pfadfinder [-ˌfɪndɐ] *(m; -s, -; f* **-in***)* ~ scout, boyscout, giovane esploratore.

Pfaffe [ˈpfafə] *(m; -n, -n)* ~ *(spreg)* prete.

Pfahl [pfaːl] *(m; -(e)s, Pfähle)* ~ palo, paletto.

Pfahlwerk [-ˌvɛrk] *(n; -(e)s, -e)* ~ palafitta.

Pfand [pfant] *(n; -(e)s, Pfänder)* ***1*** pegno ♦ *etwas als Pfand geben* dare qcs in pegno ♦ *ein Pfand einlösen* riscattare un pegno. ***2*** deposito (per bottiglie e sim) ♦ *Kofferkuli gegen Pfand* carrello con pagamento di deposito. ***3*** *(fig/lett)* pegno, garanzia. ◆ **ein Pfand geben** *(fig)* pagare pegno.

pfänden [ˈpfɛndən] *(vt, hat)* ***1*** pignorare. ***2*** {*jmdn* ~} pignorare i beni di qcn.

Pfandflasche [ˈpfantˌflaʃə] *(f; -, -n)* ~ bottiglia con vuoto a rendere.

Pfändung [ˈpfɛndʊŋ] *(f; -, -en)* ~ pignoramento.

Pfanne [ˈpfanə] *(f; -, -n)* ~ padella.

Pfannkuchen [ˈpfanˌkuːxən] *(m; -s, -)* ~ frittata. ◆ **Berliner Pfannkuchen** krapfen, bombolone.

Pfarrei [pfaˈrai] *(f; -, -en)* ~ parrocchia.

Pfarrer [ˈpfarɐ] *(m; -s, -)* ***1*** parroco (cattolico). ***2*** *(f* **-in***)* pastore (evangelico).

Pfarrkirche [ˈpfarˌkɪrçə] *(f; -, -n)* ~ chiesa parrocchiale, parrocchia.

Pfau [pfau] *(m; -(e)s, -en)* ~ *(zool)* pavone *(anche fig)*.

Pfeffer [ˈpfɛfɐ] *(m; -s)* ***1*** pepe. ***2*** *(fig/fam)* pepe, vivacità, brio. ◆ **jmdm Pfeffer geben** *(fig/fam)* mettere il pepe al culo a qcn. ◆ **geh hin, wo der Pfeffer wächst!** *(fam)* va' a quel paese!

Pfefferminze [-ˌmɪntsə] *(f; -, -n)* ~ *(bot)* menta piperita.

pfeffern [-n] *(vt, hat)* ***1*** pepare, condire con il pepe. ***2*** *(fam)* buttare, scaraventare.

Pfefferstrauch [-ʃtraux] *(m; -(e)s, -sträucher)* ~ *(bot)* pianta del pepe.

Pfeife ['pfaifə] *(f; -, -n)* **1** fischio, fischietto. **2** pipa ♦ *(eine) Pfeife rauchen* fumare la pipa. **3** canna (dell'organo). ◆ **nach jmds Pfeife tanzen** *(fig)* lasciarsi comandare a bacchetta da qcn.

pfeifen [-n] *(vi/vt,* hat; *irr* **pfiff, gepfiffen***)* **1** *(vi/vt)* fischiare, fare un fischio; fischiettare ♦ *ein Lied pfeifen* fischiettare una canzone. **2** *(fig)* fischiare, sibilare. **3** fischiare, cantare (merlo, tordo, ecc). **4** squittire. **5** *(vt) (fig/fam)* spifferare. ◆ **auf jmdn/etwas pfeifen** *(fig/fam)* fregarsene di qcn/qcs, infischiarsene di qcn/qcs ♦ *ich pfeife darauf!* non me ne importa un fico secco!

Pfeifton ['pfaif,to:n] *(m; -(e)s, -töne)* ~ fischio.

Pfeil [pfail] *(m; -(e)s, -e)* **1** freccia, dardo, saetta ♦ *einen Pfeil abschießen* scoccare una freccia. **2** freccia, segnale, indicazione. **3** *(fig)* frecciata. ◆ **alle (seine) Pfeile verschossen haben** *(fig)* non avere più frecce al proprio arco.

Pfeiler [-ɐ] *(m; -s, -)* **1** pilone, pilastro. **2** *(fig)* pilastro, colonna.

Pfennig ['pfɛnɪç] *(m; -(e)s, -e) (abbrev* **Pf***)* **1** pfennig, centesimo di marco. **2** *(fig)* centesimo, lira, quattrino ♦ *keinen Pfennig haben* non avere una lira. ◆ **keinen Pfennig wert sein** non valere un fico secco. ◆ **mit jedem Pfennig rechnen müssen** dover fare economia.

Pfennigabsatz [-,ˀapzats] *(m; -(e)s, -sätze)* ~ tacco a spillo.

Pferch [pfɛrç] *(m; -(e)s, -e)* ~ recinto (spec per pecore).

pferchen [-ən] *(vt,* hat*)* ~ ammassare, stipare (persone o cose).

Pferd ['pfe:ɐt] *(n; -(e)s, -e)* ~ *(zool)* cavallo ♦ *ein rassiges Pferd* un cavallo di razza ♦ *ein Pferd besteigen/aufs Pferd steigen* salire a cavallo ♦ *ein Pferd reiten, satteln, striegeln* cavalcare, sellare, strigliare un cavallo ♦ *vom Pferd steigen* scendere/smontare da cavallo. ◆ **das beste Pferd im Stall** *(fig)* l'elemento migliore. ◆ **wie ein Pferd arbeiten** *(fig)* lavorare come un mulo. ◆ **das Pferd beim Schwanz aufzäumen** *(fig)* mettere il carro davanti ai buoi. ◆ **mit jmdm kann man Pferde stehlen** *(fig/fam)* di qcn ci si può fidare ciecamente. ◆ **aufs falsche, richtige Pferd setzen** *(fig)* puntare sul cavallo sbagliato, giusto.

Pferderennen ['pfe:ɐdə,rɛnən] *(n; -s, -)* ~ corsa di cavalli.

Pferdeschwanz ['pfe:ɐdəʃvants] *(m; -es, -schwänze)* ~ coda di cavallo (anche pettinatura).

Pferdesport ['pfe:ɐdəʃpɔrt] *(m; -(e)s)* ~ ippica.

Pferdestärke ['pfe:ɐdəʃtɛrkə] *(f; -) (abbrev* **PS***)* ~ *(fis)* cavallo vapore.

pfiff [pfɪf] ~ pret di **pfeifen**.

Pfiff *(m; -(e)s, -e)* **1** fischio. **2** *(fam)* caratteristica, tocco.

Pfifferling [-ɐ,lɪŋ] *(m; -s, -e)* ~ *(bot)* gallinaccio, cantarello. ◆ **keinen Pfifferling/nicht einen Pfifferling** *(fig/fam)* un tubo, un fico secco.

pfiffig [-ɪç] *(agg)* ~ sveglio, furbo.

Pfingsten ['pfɪŋstən] *(n; -s)* ~ *(relig)* Pentecoste ♦ *wir wollen über Pfingsten verreisen* per le vacanze di Pentecoste vogliamo fare un viaggio.

Pfingstrose ['pfɪŋst,ro:zə] *(f; -, -n)* ~ *(bot)* peonia.

Pfirsich ['pfɪrzɪç] *(m; -s, -e)* ~ *(bot)* pesca.

Pfirsichbaum [-,baum] *(m; -(e)s, -bäume)* ~ *(bot)* pesco.

Pflanze ['pflantsə] *(f; -, -n)* ~ pianta, vegetale ♦ *blühende, fruchttragende Pflanze* pianta da fiore, da frutto.

pflanzen [-n] *(vt,* hat*)* ~ piantare ♦ *Bäume pflanzen* piantare alberi. ◆ **sich pflanzen** *(vr) (fig/fam)* piantarsi, mettersi.

Pflanzendecke [-n,dɛkə] *(f; -, -n)* ~ vegetazione.

Pflanzenfaser [-n,fa:zɐ] *(f; -, -n)* ~ fibra vegetale.

Pflanzenfresser [-n,frɛsɐ] *(m; -s, -)* ~ erbivoro, animale erbivoro.

Pflanzenkunde [-n,kʊndə] *(f; -)* ~ botanica.

Pflanzenöl [-n,ˀø:l] *(n; -(e)s, -e)* ~ olio vegetale.

Pflanzenwelt [-n,vɛlt] *(f; -)* ~ flora.

pflanzlich ['pflantslɪç] *(agg)* **1** vegetale. **2** vegetariano (cibo).

Pflanzung ['pflantsʊŋ] *(f; -, -en)* **1** *(solo sing)* il piantare. **2** piantagione, coltivazione.

Pflaster ['pflastɐ] *(n; -s, -)* **1** selciato, pavimentazione (stradale). **2** *(fam)* luogo,

posto, città. *3* cerotto. ◆ **Pflaster treten** *(fig)* girare a lungo a piedi.
pflastern [-n] *(region* **pflästern** ['pflɛstɐn]*)* *(vt,* hat*)* ~ pavimentare, lastricare.
Pflaume ['pflaumə] *(f;* -, -n*)* *1 (bot)* susina, prugna ♦ *getrocknete Pflaumen* prugne secche. *2 (bot)* susino.
Pflaumenbaum [-nˌbaum] *(m;* -(e)s, -bäume*)* ~ susino.
Pflege ['pfleːgə] *(f;* -, -n*)* *1* cura, assistenza (di malati). *2* custodia, tutela (di bambini) *(anche dir)* ♦ *ein Kind in Pflege nehmen* prendere in custodia un bambino. *3* cura, igiene ♦ *die Pflege des Körpers* la cura del corpo. *4* cura, cure, attenzioni (per animali o piante). *5* manutenzione, tutela.
Pflegeeltern [-ˌʔɛltɐn] *(pl)* ~ genitori affidatari.
Pflegegeld [-ˌgɛlt] *(n;* -(e)s, -er*)* ~ indennità di accompagnamento.
pflegen[1] [-n] *(vt,* hat*)* *1* {*jmdn/etwas* ~} curare, assistere, prendersi cura di qcn/qcs. *2* curare, avere cura di ♦ *sein Äußeres pflegen* curare il proprio aspetto esteriore.
pflegen[2] *(vt,* hat; **pflegte**, **gepflegt**; *lett* **pflog**, **gepflogen***)* ~ curare, coltivare (legami, amicizie, ecc). ◆ **pflegen**, **etwas zu tun** solere, essere solito fare qcs ♦ *wie man zu sagen pflegt* come si suol dire.
Pfleger ['pfleːgɐ] *(m;* -s, -; *f* **-in***)* *1 (abbrev di* **Krankenpfleger***)* infermiere. *2 (dir)* tutore, curatore.
Pflegesatz ['pfleːgəˌzats] *(m;* -es, -sätze*)* ~ retta (di ospedale).
Pflegesohn ['pfleːgəˌzoːn] *(m;* -(e)s, -söhne*)* ~ figlio in affidamento.
Pflegetochter ['pfleːgəˌtɔxtɐ] *(f;* -, -töchter*)* ~ figlia in affidamento.
Pflicht [pflɪçt] *(f;* -, -en*)* *1* dovere ♦ *seine Pflicht erfüllen/tun* fare il proprio dovere ♦ *es ist meine Pflicht, ihr zu helfen* è mio dovere aiutarla. *2* dovere, obbligo ♦ *berufliche Pflichten* obblighi professionali.
pflichteifrig [-ˌʔaifrɪç] *(agg)* ~ zelante.
Pflichteifer [-ˌʔaifɐ] *(m;* -s*)* ~ zelo.
Pflichtgefühl [-gəˌfyːl] *(n;* -(e)s*)* ~ senso del dovere.
pflichtgemäß [-gəˌmɛːs] *(agg)* *1* doveroso. *2 (avv)* doverosamente.
Pflock [pflɔk] *(m;* -(e)s, Pflöcke*)* ~ picchetto, paletto ♦ *einen Pflock in die Erde treiben* piantare un paletto in terra. ◆ **einen Pflock zurücksetzen** *(fig)* abbassare le proprie pretese.
pflog [pfloːk] ~ *(lett)* pret di **pflegen**[2].
pflücken ['pflʏkən] *(vt,* hat*)* ~ cogliere (frutti, fiori).
Pflug [pfluːk] *(m;* -(e)s, Pflüge*)* ~ aratro.
pflügen ['pflyːgən] *(vt,* hat*)* *1* arare. *2 (fig)* solcare (onde).
Pforte ['pfɔrtə] *(f;* -, -n*)* *1* porta, porticina (di cortile e sim). *2* porta, ingresso (sorvegliato).
Pförtner ['pfœrtnɐ] *(m;* -s, -; *f* **-in***)* ~ portinaio, portiere.
Pförtnerloge [-ˌloːʒə] *(f;* -, -n*)* ~ portineria, guardiola.
Pfosten ['pfɔstən] *(m;* -s, -*)* *1* palo (di sostegno); montante. *2 (sport)* palo.
Pfote ['pfoːtə] *(f;* -, -n*)* *1* zampa (di cane, gatto, ecc). *2 (fam)* mano.
Pfropf ['pfrɔpf] *(m;* -(e)s, -e*)* ~ tampone, compressa.
pfropfen [-ən] *(vt,* hat*)* *1* tappare, turare. *2 (fam)* stipare, pigiare. *3* innestare.
Pfropfen *(m;* -s, -*)* ~ tappo, turacciolo, sughero.
Pfuhl [pfuːl] *(m;* -(e)s, -e*)* ~ pantano, acquitrino.
pfui [pfui] *(escl)* ~ puah! che schifo!
Pfund [pfʊnt] *(n;* -(e)s, -e*)* *1* mezzo chilo ♦ *ein Pfund Käse* mezzo chilo di formaggio ♦ *drei Pfund Obst* un chilo e mezzo di frutta. *2* sterlina (britannica).
pfundweise [-ˌvaizə] *(avv)* ~ in grandi quantità.
Pfusch [pfʊʃ] *(m;* -(e)s*)* ~ *(fam)* lavoro fatto male, lavoraccio.
pfuschen [-ən] *(vi,* hat*)* ~ *(fam)* abborracciare, tirar via, lavorare male.
Pfütze ['pfʏtsə] *(f;* -, -n*)* ~ pozza, pozzanghera.
Phänomen [fɛno'meːn] *(n;* -s, -e*)* ~ fenomeno *(anche fig)*.
Phantasie ~ vedi **Fantasie**.
Phantasie-, **phantasie-** *(nei composti)* ~ vedi **Fantasie-**, **fantasie-**.
phantastisch ~ vedi **fantastisch**.
Phantombild [fan'toːmˌbɪlt] *(n;* -(e)s, -er*)* ~ identikit.

Pharao ['fa:rao] *(m; -s, -nen)* ~ faraone.
pharaonisch [fara'o:nɪʃ] *(agg)* ~ faraonico.
Phase ['fa:zə] *(f; -, -n)* ~ *(generic)* fase.
Philosoph [filo'zo:f] *(m; -en, -en; f* **-in***)* ~ filosofo.
Philosophie [filozo'fi:] *(f; -)* ~ filosofia.
philosophisch [filo'zo:fɪʃ] *(agg)* ~ filosofico.
Phobie [fo'bi:] *(f; -, -n)* ~ fobia.
Phonetik [fo'ne:tɪk] *(f; -)* ~ fonetica.
phonetisch [fo'ne:tɪʃ] *(agg)* ~ fonetico.
Phosphor ['fɔsfo:ɐ] *(m; -s)* ~ fosforo.
Photo ~ vedi **Foto**.
Photo-, photo- *(nei composti)* ~ vedi **Foto-**, **foto-**.
Phrase ['fra:zə] *(f; -, n)* ***1*** luogo comune, frase fatta. **2** *(mus)* frase. ◆ **Phrasen dreschen** *(fam)* parlare per luoghi comuni.
Physik [fy'zi:k] *(f; -)* ~ fisica.
physikalisch [fyzi'ka:lɪʃ] *(agg)* ~ fisico, della fisica ♦ *physikalische Maßeinheiten* unità di misura della fisica.
Physiker ['fy:zikɐ] *(m; -s, -; f* **-in***)* ~ fisico.
Physiotherapeut [fyzjotera'pɔyt] *(m; -en, -en; f* **-in***)* ~ fisioterapista.
Physiotherapie [fyzjotera'pi:] *(f; -)* ~ fisioterapia.
physisch ['fy:zɪʃ] *(agg)* ***1*** fisico, del corpo. **2** *(avv)* fisicamente.
Pianist [pja'nɪst] *(m; -en, -en; f* **-in***)* ~ pianista.
Pickel ['pɪkəl] *(m; -s, -)* ***1*** brufolo, foruncolo. **2** piccozza.
picken ['pɪkən] *(vt/vi, hat)* ***1*** *(vt)* beccare, mangiare (beccando). **2** {*nach etwas/in etwas* (Acc) ~} *(vi)* beccare qcs, dare una beccata a qcs.
Picknick ['pɪknɪk] *(n; -s, -s/-e)* ~ picnic ♦ *ein Picknick machen* fare un picnic.
picobello [piko'bɛlo] *(agg indecl)* ~ perfetto, ottimo.
piekfein ['pi:k'fain] *(agg)* ~ *(fam)* molto distinto, finissimo.
Piep [pi:p] *(m; -s, -e)* ~ *(fam)* pigolio. ◆ **keinen Piep mehr sagen** *(fam)* non aprire più bocca. ◆ **einen Piep haben** *(fam)* essere un po' matto.
piepen [-ən] *(vi, hat)* ~ pigolare. ◆ **bei jmdm piept es** *(fam)* a qcn ha dato di volta il cervello. ◆ **zum Piepen sein** *(fam)* essere tutto da ridere.
Pieps [-s] *(m; -es, -e)* ~ *(fam)* pigolio.
piepsen [-sən] *(vi, hat)* ***1*** pigolare. **2** *(fig)* trillare, suonare.
Pier ['pi:ɐ] *(m; -s, -e/-s)* ~ molo.
Pik [pi:k] *(n; -/-s, -/-s)* ***1*** picche (seme delle carte). **2** carta di picche.
pikant [pi'kant] *(agg)* ~ piccante *(anche fig)*.
piken ['pi:kən] *(vt, hat)* ~ *(fam)* pungere.
pikiert [pi'ki:ɐt] *(agg)* ~ offeso, piccato.
Pikkolo ['pɪkolo] *(m; -s, -s)* ~ *(mus)* ottavino.
Pikkoloflöte [-ˌflø:tə] *(f; -, -n)* ~ *(mus)* ottavino.
piksen ['pi:ksən] *(vt, hat)* ~ *(fam)* pungere.
Pilger ['pɪlgɐ] *(m; -s, -; f* **-in***)* ~ pellegrino.
Pilgerfahrt [-ˌfa:ɐt] *(f; -, -en)* ~ pellegrinaggio.
pilgern [-n] *(vi, ist)* ***1*** andare in pellegrinaggio ♦ *nach Rom pilgern* andare in pellegrinaggio a Roma. **2** *(fig/fam)* fare una camminata.
Pille ['pɪlə] *(f; -, -n)* ***1*** pillola. **2** pillola (anticoncezionale). ◆ **eine bittere Pille schlucken** *(fig)* ingoiare la pillola. ◆ **jmdm eine bittere Pille versüßen** *(fig)* indorare la pillola a qcn.
Pilot [pi'lo:t] *(m; -en, -en; f* **-in***)* ~ pilota.
Pilz [pɪlts] *(m; -es, -e)* ~ *(bot/med)* fungo ♦ *essbarer, giftiger Pilz* fungo commestibile, velenoso ♦ *Pilze suchen* cercare i funghi. ◆ **wie Pilze aus dem Boden schießen** *(fig)* spuntare come funghi.
Pinakothek [pinako'te:k] *(f; -, -en)* ~ pinacoteca.
pingelig ['pɪŋəlɪç] *(agg)* ~ *(fam)* pignolo, pedante.
Pinguin ['pɪŋgui:n] *(m; -s, -e)* ~ *(zool)* pinguino.
Pinie ['pi:njə] *(f; -, -n)* ~ *(bot)* pino.
Pinienkern [-nˌkɛrn] *(m; -(e)s, -e)* ~ pinolo.
Pinienwald [-nˌvalt] *(m; -(e)s, -wälder)* ~ pineta.
pink [pɪŋk] *(agg indecl)* ~ rosa acceso.
pinkeln [-əln] *(vi, hat)* ~ *(fam)* fare pipì.
Pinnwand ['pɪnˌvant] *(f; -, -wände)* ~ pannello di sughero (per appendere promemoria e sim).
Pinsel ['pɪnzəl] *(m; -s, -)* ***1*** pennello. **2** *(fam)* stupido, testa di rapa.
pinseln [-n] *(vi/vt, hat)* ***1*** *(vi)* *(fam)* dipingere. **2** *(vt)* pennellare, dipingere.

Pinselstrich [-ʃtrɪç] *(m; -(e)s, -e)* ~ pennellata.
Pinzette [pɪn'tsɛtə] *(f; -, -n)* ~ pinzetta.
Pionier [pjo'niːɐ] *(m; -(e)s, -e)* ***1*** pioniere *(anche fig)*. ***2*** *(mil)* geniere.
Pipeline ['paipˌlain] *(f; -, -s)* ~ oleodotto; gasdotto.
Pirat [pi'raːt] *(m; -en, -en)* ~ pirata.
Pisse ['pɪsə] *(f; -)* ~ *(volg)* piscia.
pissen [-n] *(vi, hat)* ~ *(volg)* pisciare.
Pistazie [pɪs'taːtsjə] *(f; -, -n)* ~ *(bot)* pistacchio (pianta; frutto).
Piste ['pɪstə] *(f; -, -n)* ~ pista.
Pistole [pɪs'toːlə] *(f; -, -n)* ~ pistola. ◆ **jmdm die Pistole auf die Brust setzen** *(fig)* mettere qcn con le spalle al muro.
Pizza ['pɪtsa] *(f; -, -s/Pizzen)* ~ pizza.
Pizzabäcker [-ˌbɛkɐ] *(m; -s, -; f* **-in***)* ~ pizzaiolo.
Pizzeria [pɪtse'riːa] *(f; -, -s/Pizzerien)* ~ pizzeria.
Pkw, PKW ['peːkaːˌveː] ~ abbrev di **Personenkraftwagen**.
placken ['plakən] *(vr, hat)* ~ **sich placken** *(fam)* affaticarsi, sgobbare.
plädieren [plɛ'diːrən] *(vi, hat)* ***1*** {*auf/für etwas* (Acc) ~} *(dir)* (ri)chiedere qcs ◆ *auf Freispruch plädieren* (ri)chiedere l'assoluzione. ***2*** {*auf/für etwas* (Acc) ~} *(lett)* battersi per qcs.
Plädoyer [plɛdwa'je] *(n; -s, -s)* ***1*** *(dir)* arringa ◆ *ein Plädoyer halten* tenere un'arringa. ***2*** *(fig)* arringa, discorso, difesa.
Plage ['plaːgə] *(f; -, -n)* ***1*** tormento, pena. ***2*** *(fam)* faticaccia.
plagen [-n] *(vt, hat)* ~ tormentare ◆ *uns plagte der Durst* la sete ci tormentava. ◆ **sich plagen** *(vr)* faticare.
Plagiat [pla'gjaːt] *(n; -s, -e)* ~ plagio, imitazione.
Plakat [pla'kaːt] *(n; -(e)s, -e)* ~ poster; cartellone, manifesto.
Plakette [pla'kɛtə] *(f; -, -n)* ~ targhetta, distintivo (di riconoscimento).
plan [plaːn] *(agg)* ~ piano, piatto.
Plan *(m; -(e)s, Pläne)* ***1*** piano, progetto; intenzione ◆ *einen Plan fallen lassen* abbandonare un progetto ◆ *Pläne machen/schmieden* fare progetti ◆ *ein Plan zum Schutz der Fauna* un progetto per la protezione della fauna ◆ *alles läuft nach Plan* tutto va secondo i piani. ***2*** piano, pianta (di edificio, città, ecc); progetto, disegno.
Plane [-ə] *(f; -, -n)* ~ telone (impermeabile).
planen [-ən] *(vt, hat)* ***1*** progettare, pianificare, programmare ◆ *eine Reise planen* progettare un viaggio. ***2*** progettare (edifici, strade, ecc).
Planet [pla'neːt] *(m; -en, -en)* ~ pianeta, corpo celeste.
plangemäß ['plaːngəˌmɛːs] *(agg)* ***1*** conforme al piano. ***2*** *(avv)* secondo il piano.
Planke ['plaŋkə] *(f; -, -n)* ***1*** pancone, tavola, grossa asse. ***2*** steccato.
planmäßig ['plaːnˌmɛːsɪç] *(agg)* ***1*** puntuale, in orario. ***2*** conforme a un piano, sistematico.
Planmäßigkeit [-ˌkait] *(f; -)* ~ sistematicità.
planschen ['planʃən] *(vi, hat)* ~ sguazzare.
Plantage [plan'taːʒə] *(f; -, -n)* ~ piantagione.
Planung ['plaːnʊŋ] *(f; -, -en)* ***1*** pianificazione, progettazione. ***2*** progetto, piano.
plappern ['plapɐn] *(vi, hat)* ~ *(fam)* chiacchierare, ciarlare.
plärren ['plɛrən] *(vi/vt, hat)* ***1*** *(vi)* *(fam)* strillare (bambini). ***2*** *(vi/vt)* *(fam)* strillare, schiamazzare, vociare.
Plastik[1] ['plastɪk] *(f; -, -en)* ***1*** *(solo sing)* scultura (arte). ***2*** scultura, opera scolpita. ***3*** *(solo sing)* plasticità. ***4*** *(med)* plastica.
Plastik[2] *(n; -s)* ~ plastica (materiale).
Plastiktüte [-ˌtyːtə] *(f; -, -n)* ~ sacchetto, busta di plastica.
plastisch ['plastɪʃ] *(agg)* ***1*** scultoreo. ***2*** plastico, modellabile, malleabile *(anche fig)* plastico ◆ *eine plastische Darstellung* una rappresentazione plastica.
Platane [pla'taːnə] *(f; -, -n)* ~ *(bot)* platano.
Platin ['plaːtiːn] *(n; -s)* ~ *(chim)* platino.
plätschern ['plɛtʃɐn] *(vi, ist/hat)* ***1*** *(aux* ist*)* scorrere, scrosciare. ***2*** *(aux* hat*)* gorgogliare (acque).
platt [plat] *(agg)* ***1*** piatto, schiacciato. ***2*** *(fig)* piatto, insignificante. ***3*** sgonfio, a terra (pneumatico). ***4*** *(avv)* lungo disteso ◆ *er lag platt auf dem Boden* giaceva lungo disteso per terra. ◆ **platt sein** *(fam)* rimanere di stucco.

plattdeutsch ['plat,dɔytʃ] *(agg)* ~ *(ling)* basso tedesco.
Plattdeutsch *(n; -)*, das **Plattdeutsche** [-tʃə] *(n; -n)* ~ *(ling)* dialetto basso tedesco.
Platte ['platə] *(f; -, -n)* ***1*** piastra, lastra, tavola (di metallo, pietra, legno, ecc). ***2*** *(abbrev di* **Schallplatte***)* disco (musicale). ***3*** vassoio. ***4*** piastra (del fornello).
Plattenspieler [-n,ʃpi:lɐ] *(m; -s, -)* ~ giradischi.
Plattenteller [-n,tɛlɐ] *(m; -s, -)* ~ piatto del giradischi.
Plattform ['plat,fɔrm] *(f; -, -en)* ***1*** piattaforma. ***2*** *(fig)* piattaforma, base.
Platz [plats] *(m; -(e)s, Plätze)* ***1*** posto, punto; luogo, località ♦ *am richtigen Platz* al posto giusto (stato in luogo). ***2*** piazza ♦ *auf dem Platz* in piazza (stato in luogo) ♦ *auf den Platz* in piazza (moto). ***3*** posto (a sedere) ♦ *einen Platz reservieren* prenotare un posto. ***4*** *(solo sing)* posto, spazio ♦ *der Tisch nimmt viel Platz ein* il tavolo prende molto spazio ♦ *jmdm Platz machen* far posto a qcn ♦ *Platz für etwas schaffen* far posto per qcs. ***5*** posto, posizione (in classifica) ♦ *den ersten Platz belegen* occupare il primo posto. ◆ **Platz greifen** *(fig)* prendere piede. ◆ **Platz nehmen** sedersi, accomodarsi ♦ *bitte nehmen Sie Platz!* prego, si accomodi! ◆ **fehl am Platz(e) sein** *(fig)* essere fuori luogo. ◆ **auf die Plätze, fertig, los!** pronti, attenti, via!
Platzanweiser [-,ˀanvaizɐ] *(m; -s, -; f* **-in***)* *(spec f)* ~ maschera (al cinema e sim).
Plätzchen ['plɛtsçən] *(n; -s, -)* ***1*** posticino. ***2*** piazzetta. ***3*** pasticcino, biscotto.
platzen ['platsən] *(vi, ist)* ***1*** scoppiare, esplodere ♦ *der Luftballon ist geplatzt* il palloncino è scoppiato. ***2*** *(fig/fam)* andare a monte, saltare. ***3*** *(fig/fam)* saltar fuori, essere scoperto (inganni e sim). ***4*** {*vor etwas* (Dat) ~} *(fig/fam)* scoppiare di qcs ♦ *vor Neid platzen* scoppiare d'invidia.
platzieren († **plazieren**) [pla'tsi:rən] *(vt, hat)* ~ sistemare, piazzare, collocare (persona o cosa) *(anche econ)*. ◆ **sich platzieren** *(vr)* *(sport)* piazzarsi.
Platzierung († **Plazierung**) [pla'tsi:rʊŋ] *(f; -, -en)* ***1*** sistemazione, collocazione. ***2*** *(sport)* piazzamento.
Platzregen ['plats,re:gən] *(m; -s, -)* ~ acquazzone.
plaudern ['plaudɐn] *(vi, hat)* ~ {*(mit jmdm)* ~} chiacchierare, fare una chiacchierata (con qcn).
plausibel [plau'zi:bəl] *(agg)* ~ plausibile.
plazieren ~ vedi **platzieren**.
Plazierung ~ vedi **Platzierung**.
pleite ['plaitə] *(agg)* ~ **pleite sein** essere fallito, aver fatto bancarotta. ◆ **pleite gehen/machen** vedi **Pleite**.
Pleite *(f; -, -n)* ***1*** bancarotta, fallimento. ***2*** fiasco, fallimento. ◆ **Pleite** († **pleite**) **gehen/machen** fare bancarotta, fallire.
Plombe ['plɔmbə] *(f; -, -n)* ***1*** piombino, sigillo. ***2*** otturazione (dentaria).
plötzlich ['plœtslɪç] *(agg)* ***1*** improvviso, repentino, inatteso. ***2*** *(avv)* improvvisamente, all'improvviso, ad un tratto ♦ *plötzlich stand er auf und ging weg* all'improvviso si alzò e andò via.
plump [plʊmp] *(agg)* ***1*** tozzo, massiccio. ***2*** goffo, impacciato. ***3*** *(fig)* goffo, grossolano, malriuscito ♦ *eine plumpe Lüge* una bugia grossolana.
Plumpheit [-,hait] *(f; -)* ***1*** struttura tozza. ***2*** goffaggine.
plumpsen [-sən] *(vi, ist)* ~ *(fam)* cadere (con un tonfo), fare un capitombolo.
Plumpsklo [-s,klo:] *(n; -s, -s)* ~ *(fam)* gabinetto alla turca.
Plunder ['plʊndɐ] *(m; -s)* ~ *(fam)* cianfrusaglie, ciarpame.
plündern ['plʏndɐn] *(vt, hat)* ~ svaligiare, saccheggiare.
Plünderung ['plʏndərʊŋ] *(f; -, -en)* ~ saccheggio.
Plural ['plu:ra:l] *(m; -s, -e)* ~ *(gramm)* plurale ♦ *ein Substantiv im Plural* un sostantivo al plurale.
plus [plʊs] *(avv)* ~ *(mat)* più ♦ *zwei plus zwei ist vier* due più due fa quattro.
Plüsch [plʏʃ] *(m; -es, -e)* ~ peluche; felpa (tessuto).
Plüschtier [-,ti:ɐ] *(n; -(e)s, -e)* ~ animaletto di peluche.
Plusquamperfekt ['plʊskvampɛr,fɛkt] *(n; -s, -e)* ~ *(gramm)* piuccheperfetto, trapassato.
Pluto ['plu:to] *(m, -s)* ~ *(astron)* Plutone.
Plutonium [plu'to:njʊm] *(n; -s)* ~ *(chim)* plutonio.

PLZ ~ abbrev di **Postleitzahl**.
Po [poː] *(m; -s, -s) (fam)* ~ abbrev di **Popo**.
Pöbel ['pøːbəl] *(m; -s)* ~ plebe, plebaglia.
pochen ['pɔxən] *(vi, hat)* ***1*** battere (cuore e sim). ***2*** bussare ♦ *an die Tür pochen* bussare alla porta. ***3*** {*auf etwas* (Acc) ~} insistere su qcs, ribadire qcs.
Pocke ['pɔkə] *(f; -, -n)* ~ pustola, bolla.
Pocken [-n] *(pl)* ~ *(med)* vaiolo.
Podest [po'dɛst] *(n/m; -(e)s, -e)* ~ podio, palco, pedana ♦ *auf ein Podest steigen* salire su una pedana.
Podium ['poːdjʊm] *(n; -s, Podien)* ~ podio, pedana.
Poesie [poe'ziː] *(f; -)* ~ poesia *(anche fig)*, arte poetica.
poetisch [po'eːtɪʃ] *(agg)* ~ poetico *(anche fig)*.
Pointe ['pwɛ̃tə] *(f; -, -n)* ~ culmine, effetto finale (di racconti e sim).
Pokal [po'kaːl] *(m; -s, -e)* ~ coppa *(anche sport)*.
pökeln ['pøːkəln] *(vt, hat)* ~ mettere in salamoia.
Poker ['poːkɐ] *(n/m; -s, -)* ~ poker.
pokern [-n] *(vi, hat)* ***1*** giocare a poker. ***2*** *(fig)* rischiare (negli affari).
Pol [poːl] *(m; -s, -e)* ~ *(geogr/fis)* polo ♦ *positiver, negativer Pol* polo positivo, negativo.
polar [po'laːɐ] *(agg)* ~ polare.
Polarkreis [-ˌkrais] *(m; -es, -e)* ~ circolo polare.
Polarstern [-ʃtɛrn] *(m; -)* ~ stella polare.
Polemik [po'leːmɪk] *(f; -, -en)* ~ polemica.
polemisch [po'leːmɪʃ] *(agg)* ~ polemico.
polemisieren [polemi'ziːrən] *(vi, hat)* ~ {*gegen jmdn/etwas* ~} polemizzare contro qcn/qcs.
polieren [po'liːrən] *(vt, hat)* ***1*** lustrare, lucidare. ***2*** levigare *(anche fig)*.
Poliermittel [po'liːɐˌmɪtəl] *(n; -s, -)* ~ lucido, cera.
Politik [poli'tiːk] *(f; -, -en)* ~ politica *(anche fig)* ♦ *innere, äußere Politik* politica interna, estera.
Politiker [po'liːtikɐ] *(m; -s, -; f* **-in***)* ~ politico.
politisch [po'liːtɪʃ] *(agg)* ~ politico *(anche fig)* ♦ *eine politische Entscheidung* una decisione politica ♦ *politische Karte* cartina politica ♦ *politischer Gefangener* prigioniero politico.
Politur [poli'tuːɐ] *(f; -, -en)* ***1*** lucidatura; lucentezza (di superfici). ***2*** lucido, cera.
Polizei [poli'tsai] *(f; -)* ~ polizia ♦ *die Polizei holen* chiamare la polizia. ◆ **dümmer sein, als die Polizei erlaubt** *(fam)* essere un emerito deficiente.
polizeilich [-lɪç] *(agg)* ~ della polizia. ◆ **polizeilich verboten** proibito dalla polizia. ◆ **sich polizeilich abmelden/anmelden** notificare il proprio cambio di residenza alla questura.
Polizeipräsident [-prɛziˌdɛnt] *(m; -en, -en; f* **-in***)* ~ questore.
Polizeipräsidium [-prɛˌziːdjʊm] *(n; -s, -dien)* ~ questura.
Polizeirevier [-reˌviːɐ] *(n; -s, -e)* ***1*** commissariato (edificio). ***2*** distretto di polizia.
Polizist [poli'tsɪst] *(m; -en, -en; f* **-in***)* ~ poliziotto.
Pollen ['pɔlən] *(m; -s, -)* ~ *(bot)* polline.
Polster ['pɔlstɐ] *(n; -s, -)* ***1*** imbottitura (per divani e sim). ***2*** *(fig/fam)* cuscinetto adiposo. ***3*** *(fig)* riserva (finanziaria).
Polsterer ['pɔlstərɐ] *(m; -s, -)* ~ tappezziere.
polstern ['pɔlstɐn] *(vt, hat)* ~ imbottire (divani, sedie, ecc).
Polsterung ['pɔlstərʊŋ] *(f; -, -en)* ~ imbottitura.
Polterabend ['pɔltɐˌʔaːbənt] *(m; -(e)s, -e)* ~ festa per la vigilia delle nozze.
poltern ['pɔltɐn] *(vi, ist/hat)* ***1*** *(aux* ist*)* cadere con fragore; muoversi strepitando. ***2*** *(aux* hat*)* strepitare, fare fracasso (persone o cose). ***3*** *(aux* hat*)* *(fig)* strepitare, imprecare.
Polyp [po'lyːp] *(m; -en, -en)* ***1*** *(med)* polipo. ***2*** *(zool)* polpo.
Pomade [po'maːdə] *(f; -, -n)* ~ brillantina (per capelli).
Pommes frites [pɔm'frɪt] *(pl)* ~ patate fritte.
Pomp [pɔmp] *(m; -(e)s)* ~ pompa, sfarzo.
pompös [pɔm'pøːs] *(agg)* ~ pomposo.
Pony ['pɔni] *(n; -s, -s)* ***1*** *(zool)* pony. ***2*** frangetta.
Popanz ['poːpants] *(m; -es, -e)* ***1*** spauracchio. ***2*** *(fig)* marionetta, fantoccio.
Popel ['poːpəl] *(m; -s, -)* ~ *(fam)* caccola.

Popo [po'po:] *(m; -s, -s)* ~ *(fam)* sedere, didietro.

populär [popu'lɛ:ɐ] *(agg)* ~ popolare, amato.

Pore ['po:rə] *(f; -, -n)* ~ poro.

porig ['po:rɪç] *(agg)* ~ poroso, ricco di pori.

Pornografie *(anche* **Pornographie***)* [pɔrnogra'fi:] *(f; -)* ~ pornografia.

pornografisch *(anche* **pornographisch***)* [pɔrno'gra:fɪʃ] *(agg)* ~ pornografico.

porös [po'rø:s] *(agg)* ~ poroso, permeabile.

Porree ['pɔre] *(m; -s, -s)* ~ *(bot)* porro.

Portemonnaie ~ vedi **Portmonee**.

Portier [pɔr'tje:] *(m; -s, -s)* ~ portiere (di hotel e sim).

Portion [pɔr'tsjo:n] *(f; -, -en)* ~ porzione (di cibo).

Portmonee *(anche* **Portemonnaie***)* [pɔrtmɔ'ne:] *(n; -s, -s)* ~ portamonete, borsellino, portafoglio.

Porto ['pɔrto] *(n; -s, -s/Porti)* ~ affrancatura ♦ *Porto zahlt der Empfänger* affrancatura a carico del destinatario.

portofrei [-ˌfrai] *(agg/avv)* ~ in franchigia.

Porträt [pɔr'trɛ:] *(n; -s, -s)* ~ ritratto.

Porzellan [pɔrtsɛ'la:n] *(n; -s, -e)* ~ porcellana (materiale; oggetto).

Posaune [po'zaunə] *(f; -, -n)* ~ *(mus)* trombone ♦ *Posaune blasen/spielen* suonare il trombone.

Pose ['po:zə] *(f; -, -n)* ~ posa, atteggiamento (affettato) ♦ *eine Pose einnehmen* assumere una posa ♦ *sich in Pose setzen* mettersi in posa.

Position [pozi'tsjo:n] *(f; -, -en)* **1** posizione (sociale, professionale, ecc). **2** posizione, situazione ♦ *sich in einer starken Position befinden* trovarsi in una posizione di forza. **3** posizione, collocazione, ubicazione.

positiv ['po:ziti:f] *(agg)* ~ *(generic)* positivo *(anche mat/fis)* ♦ *eine positive Antwort* una risposta positiva.

Posse ['pɔsə] *(f; -, -n)* ~ farsa, commedia.

Possen [-n] *(m; -s, -)* **1** scherzo, tiro ♦ *jmdm einen Possen spielen* giocare uno scherzo a qcn. **2** *(spec pl)* buffonata ♦ *Possen treiben* fare buffonate.

possessiv ['pɔsɛsi:f] *(agg)* ~ *(gramm)* possessivo.

Post [pɔst] *(f; -)* **1** posta, poste (istituzione; ufficio postale) ♦ *sie arbeitet bei der Post* lavora alle poste ♦ *auf die/zur Post gehen* andare alla posta. **2** posta, corrispondenza ♦ *heute habe ich keine Post bekommen* oggi non ho ricevuto posta.

Postamt [-ˌʔamt] *(n; -(e)s, -ämter)* ~ ufficio postale.

Postanschrift [-ˌʔanʃrɪft] *(f; -, -en)* ~ indirizzo.

Postanweisung [-ˌʔanvaizʊŋ] *(f; -, -en)* ~ vaglia postale.

Postbote [-ˌbo:tə] *(m; -n, -n; f* **-botin***)* ~ *(fam)* postino.

Posten [-ən] *(m; -s, -)* **1** posto di guardia. **2** *(mil)* sentinella, guardia. **3** posto (di lavoro), carica. **4** partita (di merce). **5** voce (in un conto). ◆ **Posten stehen** *(mil)* stare di sentinella. ◆ **auf dem Posten sein** **1** essere di sentinella. **2** *(fig/fam)* essere in forma. **3** *(fig/fam)* stare in guardia. ◆ **auf verlorenem Posten kämpfen/stehen** *(fig)* combattere una battaglia già persa.

Poster ['po:stɐ] *(n/m; -s, -s)* ~ poster, manifesto.

Postfach ['pɔstˌfax] *(n; -(e)s, -fächer)* ~ casella postale.

Postgirokonto ['pɔstˌʒi:rokɔnto] *(n; -s, -s)* ~ conto corrente postale.

posthum [pɔst'hu:m] ~ vedi **postum**.

postieren [pɔs'ti:rən] *(vt, hat)* ~ piazzare, collocare. ◆ **sich postieren** *(vr)* piazzarsi, collocarsi.

Postkarte ['pɔstˌkartə] *(f; -, -n)* **1** cartolina postale. **2** cartolina illustrata.

postlagernd ['pɔstˌla:gɐnt] *(agg/avv)* ~ fermo posta.

Postleitzahl ['pɔstlaitˌtsa:l] *(f; -, -en)* *(abbrev* **PLZ***)* ~ codice di avviamento postale.

Postskriptum [pɔst'skrɪptʊm] *(anche* **Postskript** [pɔst'skrɪpt]*)* *(n; -s, -ta)* *(abbrev* **PS***)* ~ poscritto.

postum [pɔs'tu:m] *(anche* **posthum***)* *(agg)* ~ postumo.

Postweg ['pɔstˌve:k] *(m)* ~ **auf dem Postweg(e)** per posta.

postwendend ['pɔstˌvɛndənt] *(avv)* ~ a stretto giro di posta, immediatamente.

Potential ~ vedi **Potenzial**.

potentiell ~ vedi **potenziell**.
Potenz [po'tɛnts] *(f; -, -en)* ***1*** *(mat)* potenza ♦ *eine Zahl in die zweite, dritte, n-te Potenz erheben* elevare un numero alla seconda, terza, ennesima potenza. ***2*** *(solo sing) (med)* potenza sessuale.
Potenzial *(anche* **Potential***)* [potɛn'tsjaːl] *(n; -s, -e)* ~ potenziale (anche *fis*).
potenziell *(anche* **potentiell***)* [potɛn'tsjɛl] *(agg)* ~ potenziale, possibile.
potenzieren [potɛn'tsiːrən] *(vt, hat)* ***1*** potenziare. ***2*** *(mat)* elevare a potenza.
Pracht [praxt] *(f; -)* ***1*** sontuosità, magnificenza, splendore. ***2*** lusso, sfarzo.
prächtig ['prɛçtɪç] *(agg)* ***1*** sontuoso, sfarzoso, lussuoso. ***2*** magnifico, splendido.
prachtvoll ['praxtˌfɔl] *(agg)* ***1*** sontuoso, sfarzoso, lussuoso. ***2*** magnifico, splendido.
Prädikat [prɛdi'kaːt] *(n; -(e)s, -e)* ***1*** titolo (nobiliare). ***2*** voto, giudizio. ***3*** *(gramm)* predicato.
prädikativ ['prɛːdikatiːf] *(agg)* ~ predicativo.
Präfix [prɛ'fɪks] *(n; -es, -e)* ~ *(gramm)* prefisso.
prägen ['prɛːgən] *(vt, hat)* ***1*** coniare, battere (monete). ***2*** stampare, imprimere (carta, cuoio, ecc). ***3*** *(fig)* improntare. ***4*** *(fig)* coniare (parole, espressioni, ecc).
Pragmatik [pra'gmaːtɪk] *(f; -)* ***1*** pragmatismo, atteggiamento pragmatico. ***2*** *(ling)* pragmatica.
pragmatisch [pra'gmaːtɪʃ] *(agg)* ~ pragmatico *(anche ling)*.
Prägung ['prɛːgʊŋ] *(f; -, -en)* ***1*** conio, coniazione (di monete). ***2*** stampa, incisione (di carta, cuoio, ecc). ***3*** *(fig)* impronta, carattere distintivo.
prahlen ['praːlən] *(vi, hat)* ~ {*mit etwas ~*} vantarsi di qcs.
prahlerisch ['praːlərɪʃ] *(agg)* ~ borioso, millantatore.
Praktik ['praktɪk] *(f; -, -en)* ***1*** pratica, procedimento, metodo. ***2*** *(pl)* pratiche, manovre (oscure).
Praktikant [prakti'kant] *(m; -en, -en; f* **-in***)* ~ praticante, tirocinante, stagista.
Praktiker ['praktikɐ] *(m; -s, -; f* **-in***)* ~ persona pratica.
Praktikum ['praktikʊm] *(n; -s, Praktika)* ~ tirocinio, praticantato, stage.
praktisch ['praktɪʃ] *(agg)* ***1*** pratico; reale, concreto. ***2*** pratico, utile, funzionale. ***3*** *(avv)* praticamente, in modo pratico. ***4*** *(avv) (fam)* praticamente, in sostanza. ◆ **praktischer Arzt** medico generico.
praktizieren [prakti'tsiːrən] *(vt/vi, hat)* ***1*** *(vt)* praticare, applicare (metodi). ***2*** *(vi)* praticare, esercitare (la professione) ♦ *als Chirurg praktizieren* esercitare la professione del chirurgo.
Praline [pra'liːnə] *(f; -, -n)* ~ cioccolatino.
prall [pral] *(agg)* ***1*** pieno, gonfio ♦ *ein praller Sack* un sacco pieno. ***2*** teso, gonfio (vele). ***3*** sodo (membra). ***4*** pieno, diretto (sole) ♦ *in der prallen Sonne* in pieno sole.
prallen [-ən] *(vi, ist)* ***1*** {*auf/gegen jmdn/etwas ~*} cozzare contro qcn/qcs, sbattere contro qcn/qcs, urtare qcn/qcs ♦ *er ist mit dem Kopf gegen den Bürgersteig geprallt* ha battuto la testa contro il marciapiede. ***2*** picchiare (sole).
Prämie ['prɛːmjə] *(f; -, -n)* ***1*** premio; ricompensa. ***2*** premio (assicurativo).
prangen ['praŋən] *(vi, hat)* ***1*** risaltare, campeggiare, far mostra di sé. ***2*** *(lett)* brillare, risplendere.
Pranger ['praŋɐ] *(m; -s, -)* ~ berlina, gogna. ◆ **jmdn/etwas an den Pranger stellen** *(fig)* mettere alla berlina qcn. ◆ **am Pranger stehen** *(fig)* essere alla berlina.
Pranke ['praŋkə] *(f; -, -n)* ***1*** zampa (di animali feroci), branca. ***2*** *(fig/fam)* mano.
Präparat [prɛpa'raːt] *(n; -(e)s, -e)* ~ preparato.
Präposition [prɛpozi'tsjoːn] *(f; -, -en)* ~ *(gramm)* preposizione.
Prärie [prɛ'riː] *(f; -, -n)* ~ prateria.
Präsens ['prɛːzɛns] *(n; -)* ~ *(gramm)* presente.
präsent [prɛː'zɛnt] *(agg)* ~ presente. ◆ **etwas präsent haben** avere presente qcs.
Präsent *(n; -(e)s, -e)* ~ *(lett)* regalo, presente.
präsentieren [prɛzɛn'tiːrən] *(vt, hat)* ***1*** {*jmdm etwas ~*} offrire qcs a qcn. ***2*** presentare (conti e sim). ***3*** presentare, introdurre. ***4*** *(mil)* presentare (armi). ◆ **präsentiert das Gewehr!** presentatarm! ◆ **jmdm die Rechnung präsentieren** *(fig)* presentare il conto a qcn.

Präservativ [prɛzɛrva'tiːf] *(n; -s, -e)* ~ preservativo, profilattico.
Präsident [prɛzi'dɛnt] *(m; -en, -en; f* **-in***)* ~ presidente (di istituzioni, nazioni, ecc).
Präsidentschaft [-ʃaft] *(f; -)* ~ presidenza.
Präsidium [prɛ'ziːdjʊm] *(n; -s, -dien)* ***1*** presidenza, direzione. ***2*** questura.
prasseln ['prasəln] *(vi, ist)* ***1*** {*auf etwas* (Acc), *gegen etwas* ~} battere su, contro qcs, tambureggiare su, contro qcs ♦ *der Regen prasselt gegen die Fenster* la pioggia batte contro le finestre. ***2*** crepitare, scoppiettare (fuoco). ***3*** *(fig)* piovere, scrosciare.
prasselnd [-t] *(agg)* ~ scrosciante *(anche fig)* ♦ *prasselnder Beifall* applausi scroscianti.
prassen ['prasən] *(vi, hat)* ~ scialacquare.
Präteritum [prɛ'teːritʊm] *(n; -s, -ta)* ~ *(gramm)* preterito, passato.
Praxis ['praksɪs] *(f; -, -xen)* ***1*** *(solo sing)* pratica, prassi ♦ *etwas in die Praxis umsetzen* mettere qcs in pratica ♦ *in der Praxis* nella pratica. ***2*** *(solo sing)* esperienza (professionale), pratica. ***3*** ambulatorio, studio medico. ◆ **Praxis haben** fare ambulatorio, ricevere.
Präzedenzfall [prɛtse'dɛntsˌfal] *(m; -(e)s, -fälle)* ~ *(dir)* precedente ♦ *einen Präzedenzfall schaffen* creare un precedente.
präzis(e) [prɛ'tsiːs (-zə)] *(agg)* ***1*** preciso, esatto. ***2*** *(avv)* precisamente, esattamente, con precisione.
predigen ['preːdɪgən] *(vi/vt, hat)* ***1*** {*über etwas* (Acc) ~} *(vi)* predicare su qcs, tenere una predica su qcs. ***2*** *(vt)* predicare, diffondere ♦ *das Wort Gottes predigen* predicare la parola di Dio. ***3*** {*(jmdm) etwas* ~} *(vt)* *(fig/fam)* predicare qcs (a qcn), raccomandare qcs (a qcn).
Prediger ['preːdɪgɐ] *(m; -s, -)* ~ predicatore.
Predigt ['preːdɪçt] *(f; -, -en)* ~ predica *(anche fig/fam)* ♦ *die Predigt halten* tenere la predica.
Preis[1] [prais] *(m; -es, -e)* ~ prezzo, costo ♦ *hohe, niedrige Preise* prezzi alti, bassi ♦ *ein gepfefferter/stolzer Preis* un prezzo salato ♦ *die Preise fallen/sinken* i prezzi diminuiscono ♦ *die Preise steigen* i prezzi salgono. ◆ **unter(m) Preis verkaufen** vendere sotto costo. ◆ **um jeden Preis** a ogni costo, a tutti i costi. ◆ **um keinen Preis** *(fig)* a nessun costo. ◆ **zum halben Preis** a metà prezzo.
Preis[2] *(m; -es, -e)* ***1*** premio ♦ *erster Preis* primo premio ♦ *einen Preis gewinnen, stiften* vincere, istituire un premio. ***2*** taglia ♦ *einen Preis auf den Kopf eines Verbrechers aussetzen* mettere una taglia sulla testa di un criminale.
Preisausschreiben [-ˌʔausʃraibən] *(n; -s, -)* ~ concorso a premi.
Preiselbeere ['praizəlˌbeːrə] *(f; -, -n)* ~ *(bot)* mirtillo rosso.
Preisempfehlung ['praisʔɛmˌpfeːlʊŋ] *(f; -, -en)* ~ *(econ)* prezzo consigliato.
preisen ['praizən] *(vt, hat;* **pries**, **gepriesen***)* ~ *(lett)* lodare.
Preisgabe ['praisˌgaːbə] *(f; -)* ***1*** abbandono, rinuncia. ***2*** rivelazione (di segreti).
preis|geben *(vt, hat; irr* geben*)* ***1*** {*jmdn/etwas jmdm/etwas* ~} *(lett)* abbandonare qcn/qcs a qcn/qcs, lasciare qcn/qcs in balia di qcn/qcs (pericoli e sim); esporre qcn/qcs a qcs ♦ *man hat ihn dem Spott der Leute preisgegeben* lo hanno esposto allo scherno della gente. ***2*** {*jmdm etwas* ~} *(lett)* rivelare qcs a qcn.
Preislage ['praisˌlaːgə] *(f; -, -n)* ~ prezzo, fascia di prezzo ♦ *Fernseher in allen Preislagen* televisori di tutti i prezzi.
preislich ['praislɪç] *(agg)* ~ di prezzo, relativo al prezzo ♦ *ein preislicher Unterschied* una differenza di prezzo.
Preisträger ['praisˌtrɛːgɐ] *(m; -s, -; f* **-in***)* ~ vincitore di un premio.
preiswert ['praisˌveːɐt] *(agg)* ***1*** conveniente, a buon mercato. ***2*** *(avv)* a buon mercato.
prellen ['prɛlən] *(vt, hat)* ***1*** {*jmdn um etwas* ~} sottrarre qcs a qcn (con la truffa). ***2*** {*sich* (Dat) *etwas* ~} battere qcs (parti del corpo), ferirsi a qcs (battendo) ♦ *ich habe mir den Ellbogen geprellt* ho battuto il gomito. ◆ **sich an etwas** (Dat) **prellen** *(vr)* battere qcs (parti del corpo), ferirsi a qcs (battendo) ♦ *ich habe mich am Ellbogen geprellt* ho battuto il gomito.
Prellung ['prɛlʊŋ] *(f; -, -en)* ~ *(med)* contusione.
Premiere [prə'mjeːrə] *(f; -, -n)* ~ prima, première.

preschen ['prɛʃən] *(vi, ist)* ~ correre veloce.
Presse ['prɛsə] *(f; -, -n)* *1* pressa, torchio. *2* *(solo sing)* stampa ♦ *die ausländische Presse* la stampa estera.
Presseberichterstatter [-bəˌrɪçtˀɛɐʃtatɐ] *(m; -s, -; f -***in***)* ~ cronista.
Pressekonferenz [-kɔnfeˌrɛnts] *(f; -, -en)* ~ conferenza stampa.
pressen [-n] *(vt*, hat; *ortogr pres* du/er/ihr presst; *pret* ich presste, ecc; *imperat* press!, *part pass* gepresst*)* *1* pressare, comprimere, schiacciare. *2* torchiare (olive); spremere (frutta e sim). *3* pigiare, pressare, comprimere, spingere (a forza) ♦ *die Kleider in den Rucksack pressen* pigiare i vestiti nello zaino. *4* *(fig)* costringere ♦ *den Gedankenfluss in ein Schema pressen* costringere il flusso dei pensieri in uno schema. *5* {*jmdn zu etwas* ~} *(fig)* costringere qcn a qcs. ◆ **jmdn an seine Brust pressen** stringersi al petto qcn.
Presseschau [-ʃau] *(f; -, -en)* ~ rassegna stampa.
Pressestelle [-ʃtɛlə] *(f; -, -n)* ~ ufficio stampa.
Pressluft († **Preß-**) [-ˌlʊft] *(f; -)* ~ aria compressa.
Presslufthammer († **Preß-**) [-lʊftˌhamɐ] *(m; -s, -)* ~ martello pneumatico.
Pressung ['prɛsʊŋ] *(f; -, -en)* *1* compressione. *2* spremitura.
Prestige [prɛs'tiːʒə] *(n; -s)* ~ prestigio.
prickeln ['prɪkəln] *(vi*, hat*)* *1* prudere, pizzicare; frizzare ♦ *meine Hand prickelt/die Hand prickelt mir* mi prude la mano. *2* frizzare (bevande gassate). *3* *(fig)* eccitare.
prickelnd [-t] *(agg)* *1* frizzante (aria, spumante). *2* *(fig)* frizzante, eccitante.
pries [priːs] ~ pret di **preisen**.
Priester [-tɐ] *(m; -s, -)* *1* *(f* **-in***)* sacerdote. *2* prete, sacerdote (cattolico).
priesterlich [-tɐlɪç] *(agg)* ~ sacerdotale.
Priesterschaft [-tɐʃaft] *(f; -)* ~ sacerdoti, clero.
Priestertum [-tɐˌtuːm] *(n; -s)* ~ sacerdozio.
prima ['priːma] *(agg indecl)* *1* *(fam)* fantastico, meraviglioso, ottimo ♦ *eine prima Leistung* una prestazione fantastica. *2* *(comm)* di prima qualità. *3* *(avv)* *(fam)* a meraviglia, benissimo.
primär [pri'mɛːɐ] *(agg)* *1* primario, originario. *2* primario, fondamentale.
Primel ['priːməl] *(f; -, -n)* ~ *(bot)* primula.
primitiv [primi'tiːf] *(agg)* *1* primitivo, rozzo, rudimentale. *2* povero, misero.
Primzahl ['priːmˌtsaːl] *(f; -, -en)* ~ *(mat)* numero primo.
Prinz [prɪnts] *(m; -en, -en)* ~ principe.
Prinzessin [prɪn'tsɛsɪn] *(f; -, -nen)* ~ principessa.
Prinzip [prɪn'tsiːp] *(n; -s, -ien)* ~ principio (morale), norma ♦ *strenge Prinzipien haben* avere principi severi ♦ *ein Mensch mit/von Prinzipien* una persona con dei principi. ◆ **aus Prinzip** per principio ♦ *etwas aus Prinzip tun* fare qcs per principio. ◆ **im Prinzip** in linea di principio ♦ *im Prinzip bin ich einverstanden* in linea di principio sono d'accordo.
prinzipiell [prɪntsi'pjɛl] *(agg)* *1* di principio. *2* *(avv)* per principio; in linea di principio.
Priorität [priori'tɛːt] *(f; -, -en)* *1* priorità, importanza. *2* *(pl)* priorità ♦ *Prioritäten setzen* stabilire delle priorità.
Prise ['priːzə] *(f; -, -n)* ~ presa, pizzico ♦ *eine Prise Salz* una presa di sale.
Pritsche ['prɪtʃə] *(f; -, -n)* *1* tavolaccio. *2* branda. *3* pianale (di camion).
privat [pri'vaːt] *(agg)* *1* privato, personale ♦ *private Angelegenheiten* faccende private. *2* privato, riservato, confidenziale. *3* privato, non pubblico ♦ *privates Eigentum* proprietà privata ♦ *private Schule* scuola privata. *4* *(avv)* privatamente; in privato ♦ *jmdm etwas privat mitteilen* comunicare qcs a qcn in privato.
Privateigentum [-ˌˀaigəntuːm] *(n; -s)* ~ proprietà privata.
privatisieren [privati'ziːrən] *(vt*, hat*)* ~ privatizzare.
Privatleben [-ˌleːbən] *(n; -s, -)* ~ vita privata, privato.
Privileg [privi'leːk] *(n; -s, -ien)* ~ privilegio.
pro [proː] *(prep +* Acc*)* *1* per, a (distributivo) ♦ *hundert Euro pro Person* cento euro a persona. *2* *(avv)* a favore, pro ♦ *sind Sie pro oder kontra?* Lei è a favore o è contrario?

Pro *(n; -)* ~ pro ♦ *das Pro und (das) Kontra eines Vorhabens* i pro e i contro di un progetto.

Probe ['pro:bə] *(f; -, -n)* ***1*** prova, esame, verifica ♦ *eine harte Probe* una dura prova ♦ *die Probe bestehen* superare la prova. ***2*** prova, tentativo. ***3*** prova (di spettacolo). ***4*** prova, campione. ◆ **ein Fahrzeug Probe fahren** collaudare un veicolo, fare un giro di prova con un veicolo. ◆ **jmdn auf Probe nehmen** assumere qcn in prova. ◆ **jmdn/etwas auf die Probe stellen** mettere alla prova qcn/qcs.

Probefahrt [-ˌfa:ɐt] *(f; -, -en)* ~ collaudo (di veicoli), giro di prova.

probehalber [-ˌhalbɐ] *(avv)* ~ per prova, in prova.

proben [-n] *(vt, hat)* ~ provare (spettacoli).

Probezeit [-ˌtsait] *(f; -)* ~ prova, periodo di prova.

probieren [pro'bi:rən] *(vt, hat)* ***1*** assaggiare. ***2*** provare, tentare ♦ *probier mal, ob der Motor geht* prova un po' se va il motore. ◆ **Probieren geht über Studieren** *(prov)* val più la pratica che la grammatica.

Problem [pro'ble:m] *(n; -s, -e)* ~ problema *(anche mat)* ♦ *ein Problem lösen* risolvere un problema ♦ *mit jmdm/etwas ein Problem haben* avere un problema con qcn/qcs. ◆ **kein Problem!** *(fam)* non c'è problema!

problematisch [proble'ma:tɪʃ] *(agg)* ~ problematico.

problemlos [pro'ble:mˌlo:s] *(agg/avv)* ~ senza problemi.

Produkt [pro'dʊkt] *(n; -(e)s, -e)* ***1*** prodotto *(anche mat)* ♦ *chemische Produkte* prodotti chimici. ***2*** prodotto, risultato.

Produktion [prodʊk'tsjo:n] *(f; -, -en)* ~ produzione.

produktiv [prodʊk'ti:f] *(agg)* ***1*** produttivo. ***2*** creativo.

Produzent [produ'tsɛnt] *(m; -en, -en; f* **-in***)* ~ produttore.

produzieren [produ'tsi:rən] *(vt, hat)* ***1*** produrre (beni, merci). ***2*** produrre, finanziare (spettacoli e sim). ◆ **sich produzieren** *(vr)* prodursi, esibirsi.

professionell [profɛsjo'nɛl] *(agg)* ***1*** professionale. ***2*** professionista, di professione ♦ *professioneller Sportler* sportivo professionista. ***3*** professionale, da esperto.

Professor [pro'fɛso:ɐ] *(m; -s, -en; f* **-in***)* ~ professore (universitario) ♦ *ordentlicher Professor* professore ordinario ♦ *Professor der Philosophie/für Philosophie* professore di filosofia.

Professur [profɛ'su:ɐ] *(f; -, -en)* ~ cattedra universitaria.

Profi ['pro:fi] *(m; -s, -s) (fam)* ~ sportivo professionista.

Profil [pro'fi:l] *(n; -s, -e)* ***1*** profilo, vista laterale ♦ *im Profil* di profilo. ***2*** profilo (del viso), contorno. ***3*** battistrada (di pneumatici). ◆ **Profil haben** *(fig)* avere personalità, avere carattere.

Profit [pro'fi:t] *(m; -(e)s, -e)* ~ profitto, guadagno, utile ♦ *Profit aus etwas schlagen/ziehen* trarre profitto da qcs.

profitieren [profi'ti:rən] *(vi, hat)* ~ {*von etwas* ~} profittare di qcs, trarre profitto da qcs.

Prognose [pro'gno:zə] *(f; -, -n)* ***1*** *(med)* prognosi. ***2*** previsione, pronostico. ◆ **eine Prognose stellen** fare una prognosi; fare un pronostico.

Programm [pro'gram] *(n; -s, -e)* ***1*** *(generic)* programma *(anche elab)*. ***2*** canale, programma (tv o radio) ♦ *erstes, zweites Programm* primo, secondo canale. ◆ **nach Programm** secondo i programmi.

programmieren [progra'mi:rən] *(vt, hat)* ***1*** programmare, stabilire. ***2*** *(elab)* programmare. ***3*** {*jmdn auf etwas* (Acc) ~} *(fig)* preparare qcn per qcs, indirizzare qcn a qcs ♦ *jmdn auf Erfolg programmieren* preparare qcn per il successo.

Programmierer [progra'mi:rɐ] *(m; -s, -; f* **-in***)* ~ programmatore.

Programmierung [progra'mi:rʊŋ] *(f; -, -en)* ~ programmazione.

progressiv [progrɛ'si:f] *(agg)* ***1*** progressivo. ***2*** *(avv)* progressivamente.

Projekt [pro'jɛkt] *(n; -(e)s, -e)* ~ progetto, piano.

Projektion [projɛk'tsjo:n] *(f; -, -en)* ~ proiezione *(anche mat)*.

Projektor [pro'jɛkto:ɐ] *(m; -s, -en)* ~ proiettore.

projizieren [proji'tsi:rən] *(vt,* hat*)* ~ proiettare (immagini).
Prolet [pro'le:t] *(m;* -en, -en*)* ~ *(fam)* zoticone.
Proletarier [prole'ta:rjɐ] *(m;* -s, -; *f* **-in***)* ~ proletario.
proletarisch [prole'ta:rɪʃ] *(agg)* ~ proletario.
Prolog [pro'lo:k] *(m;* -s, -e*)* ~ prologo, introduzione.
Promenade [promə'na:də] *(f;* -, -n*)* ~ passeggiata, viale.
Promille [pro'mɪlə] *(n;* -s, -*)* ***1*** per mille. ***2*** *(fam)* tasso alcolico nel sangue.
Promillegrenze [-ˌgrɛntsə] *(f;* -, -n*)* ~ limite consentito di alcol nel sangue.
prominent [promi'nɛnt] *(agg)* ~ illustre.
Prominente [-ə] *(pl)* ~ persone famose, vip ♦ *es waren manche Prominenten da* c'erano molte persone famose.
Prominenz [promi'nɛnts] *(f;* -, -en*)* ***1*** *(solo sing)* notabili, autorità, persone importanti. ***2*** *(pl)* personaggi famosi, celebrità, vip.
Promotion [promo'tsjo:n] *(f;* -, -en*)* ~ dottorato.
promovieren [promo'vi:rən] *(vi,* hat*)* ~ addottorarsi.
prompt [prɔmpt] *(agg)* ***1*** pronto, immediato. ***2*** *(avv)* prontamente, immediatamente.
Promptheit [-ˌhait] *(f;* -*)* ~ prontezza, immediatezza.
Pronomen [pro'no:mən] *(n;* -s, -/Pronomina*)* ~ *(gramm)* pronome.
pronominal [pronomi'na:l] *(agg)* ~ pronominale.
Propaganda [propa'ganda] *(f;* -*)* ~ propaganda.
Propeller [pro'pɛlɐ] *(m;* -s, -*)* ~ elica (di aereo o nave).
proper ['prɔpɐ] *(agg)* ***1*** *(fam)* ordinato, curato; grazioso, carino. ***2*** *(fam)* accurato, preciso.
Prophet [pro'fe:t] *(m;* -en, -en*)* ~ profeta.
prophetisch [-ɪʃ] *(agg)* ***1*** profetico, di profeta. ***2*** profetico, premonitore.
prophezeien [profe'tsaiən] *(vt,* hat*)* ~ profetizzare.
Prophezeiung [profe'tsaiʊŋ] *(f;* -, -en*)* ~ profezia.
Proportion [propɔr'tsjo:n] *(f;* -, -en*)* ~ proporzione *(anche mat)*.
proportional [propɔrtsjo'na:l] *(agg)* ~ proporzionale *(anche mat)* ♦ *zu etwas proportional sein* essere proporzionale a qcs.
proportioniert [propɔrtsjo'ni:ɐt] *(agg)* ~ proporzionato.
Prosa ['pro:za] *(f;* -*)* ~ prosa.
prosit ['pro:zɪt] *(escl)* ~ alla salute! ◆ **prosit Neujahr!** buon anno!
Prospekt [pro'spɛkt] *(m;* -(e)s, -e*)* ***1*** opuscolo, depliant. ***2*** sfondo (in palcoscenico). ***3*** prospetto, disegno.
prost [pro:st] *(escl)* ~ *(fam)* alla salute!
prostituieren [prostitu'i:rən] *(vr,* hat*)* ~ **sich prostituieren** prostituirsi.
Prostituierte [prostitu'i:ɐtə] *(f;* -n, -n*)* ~ prostituta.
Prostitution [prostitu'tsjo:n] *(f;* -*)* ~ prostituzione.
Protagonist [protago'nɪst] *(m;* -en, -en*)* ~ protagonista.
Protein [prote'i:n] *(n;* -s, -e*)* ~ proteina.
Protektion [protɛk'tsjo:n] *(f;* -, -en*)* ~ protezione, favoreggiamento.
Protest [pro'tɛst] *(m;* -(e)s, -e*)* ***1*** protesta. ***2*** protesto (di cambiale). ◆ **gegen jmdn/etwas Protest erheben** sollevare una protesta contro qcn/qcs, protestare contro qcn/qcs.
Protestant [protɛs'tant] *(m;* -en, -en; *f* **-in***)* ~ protestante.
protestantisch [-ɪʃ] *(agg)* ~ protestante.
Protestantismus [protɛstan'tɪsmʊs] *(m;* -*)* ~ protestantesimo.
protestieren [protɛs'ti:rən] *(vi/vt,* hat*)* ***1*** *(vi)* {*gegen jmdn/etwas* ~} protestare contro qcn/qcs. ***2*** *(vt)* *(econ)* protestare.
Prothese [pro'te:zə] *(f;* -, -n*)* ~ protesi.
Protokoll [proto'kɔl] *(n;* -s, -e*)* ***1*** protocollo, atto, verbale ♦ *ein Protokoll aufnehmen* redigere un verbale ♦ *das Protokoll führen* stendere il verbale. ***2*** protocollo, etichetta, cerimoniale. ◆ **etwas zu Protokoll geben** far mettere a verbale qcs. ◆ **etwas zu Protokoll nehmen** mettere a verbale qcs.
Proton ['pro:tɔn] *(n;* -s, -en*)* ~ protone.
Prototyp ['pro:toˌty:p] *(m;* -s, -en*)* ~ prototipo *(anche fig)*.
prototypisch [-ɪʃ] *(agg)* ~ prototipico.

Protz [prɔts] *(m; -es, -e)* ~ *(fam)* spaccone.
protzen [-ən] *(vi, hat)* ~ {*mit etwas* ~} *(fam)* vantarsi di qcs, ostentare qcs.
Proviant [pro'vjant] *(m; -s)* ~ provviste, viveri.
Provinz [pro'vɪnts] *(f; -, -en)* ***1*** provincia. ***2*** *(fig)* provincia, ambiente di provincia.
Provinzhauptstadt [-ˌhaupt'ʃtat] *(f; -, -städte)* ~ capoluogo di provincia.
provinziell [provɪn'tsjɛl] *(agg)* ~ provinciale, gretto.
Provision [provi'zjoːn] *(f; -, -en)* ~ provvigione ♦ *auf Provision arbeiten* lavorare a provvigione.
provisorisch [provi'zoːrɪʃ] *(agg)* ***1*** provvisorio. ***2*** *(avv)* provvisoriamente.
provozieren [provo'tsiːrən] *(vt, hat)* ***1*** provocare, sfidare. ***2*** *(med)* provocare, indurre.
Prozedur [protse'duːɐ] *(f; -, -en)* ~ procedura *(anche elab)*, procedimento (complesso).
Prozent [pro'tsɛnt] *(n; -(e)s, -e)* ***1*** percento ♦ *dreißig Prozent der Schüler* il trenta per cento degli alunni. ***2*** *(pl)* percentuale, compenso percentuale. ***3*** *(pl)* sconto. ◆ **in Prozenten** in percentuale.
Prozentsatz [-ˌzats] *(m; -(e)s, -sätze)* ~ percentuale, numero, quantità ♦ *ein großer Prozentsatz der Arbeiter kommt aus Asien* una grossa percentuale degli operai viene dall'Asia.
prozentual [protsɛn'twaːl] *(agg)* ***1*** percentuale. ***2*** *(avv)* in percentuale.
Prozess († **Prozeß**) [pro'tsɛs] *(m; -es, -e)* ***1*** *(dir)* processo, causa ♦ *einen Prozess gegen jmdn führen* essere in causa con qcn ♦ *einen Prozess gewinnen, verlieren* vincere, perdere un processo. ***2*** processo, procedimento.
prozessieren [protsɛ'siːrən] *(vi, hat)* ~ {*gegen jmdn* ~} intentare un processo contro qcn.
Prozession [protsɛ'sjoːn] *(f; -, -en)* ~ processione (religiosa).
prüde ['pryːdə] *(agg)* ~ puritano, pudico.
prüfen ['pryːfən] *(vt, hat)* ***1*** esaminare, controllare, verificare ♦ *eine Rechnung prüfen* controllare un conto ♦ *eine Ware prüfen* esaminare una merce. ***2*** {*jmdn/etwas auf etwas* (Acc) ~} verificare qcs di qcn/qcs ♦ *das Material auf Feuerfestigkeit prüfen* verificare la refrattarietà del materiale. ***3*** {*jmdn in etwas* (Dat) ~} esaminare, interrogare qcn in qcs (materie scolastiche e sim).
Prüfer ['pryːfɐ] *(m; -s, -; f* **-in***)* ~ esaminatore.
Prüfling ['pryːfˌlɪŋ] *(m; -s, -e)* ~ esaminando, candidato (a un esame).
Prüfstein ['pryːfʃtain] *(m; -(e)s, -e)* ~ banco di prova ♦ *ein Prüfstein für etwas sein* essere un banco di prova per qcs.
Prüfung ['pryːfʊŋ] *(f; -, -en)* ***1*** esame, prova ♦ *mündliche, schriftliche Prüfung* esame orale, scritto ♦ *eine Prüfung ablegen, bestehen* sostenere, superare un esame ♦ *durch die Prüfung fallen* essere bocciato all'esame. ***2*** esame, controllo, verifica. ***3*** *(fig)* prova, disgrazia.
Prügel ['pryːgəl] *(pl)* ~ *(fam)* botte, legnate.
Prügelei [pryːgə'lai] *(f; -, -en)* ~ *(fam)* rissa.
prügeln ['pryːgəln] *(vt, hat)* ~ bastonare, picchiare. ◆ **sich prügeln** *(vr)* fare a botte, darsele.
Prunk [prʊŋk] *(m; -(e)s)* ~ sfarzo, fasto, lusso.
prunkvoll [-ˌfɔl] *(agg)* ~ sfarzoso, fastoso, sontuoso.
prusten ['pruːstən] *(vi, hat)* ~ sbuffare, soffiare (forte).
PS[1] [ˌpeː'ʔɛs] ~ abbrev di **Pferdestärke**.
PS[2], **P.S.** ~ abbrev di **Postskriptum**.
Psalm [psalm] *(m; -(e)s, -en)* ~ salmo.
pseudonym [psɔydo'nyːm] *(agg)* ***1*** pseudonimo. ***2*** *(avv)* sotto uno pseudonimo.
Pseudonym *(n; -s, -e)* ~ pseudonimo (di scrittore) ♦ *dieser Schriftsteller ist unter einem Pseudonym bekannt* questo scrittore è conosciuto con uno pseudonimo.
Psyche ['psyːçə] *(f; -, -n)* ~ psiche.
Psychiater [psy'çjaːtɐ] *(m; -s, -)* ~ psichiatra.
Psychiatrie [psyçja'triː] *(f; -)* ~ psichiatria.
psychiatrisch [psy'çjaːtrɪʃ] *(agg)* ~ psichiatrico.
psychisch ['psyːçɪʃ] *(agg)* ~ *(lett)* psichico, mentale.
Psychologe [psyço'loːgə] *(m; -n, -n; f* **-login***)* ~ psicologo.

Psychologie [psyçolo'gi:] *(f; -)* ~ psicologia.
psychologisch [psyço'lo:gɪʃ] *(agg)* ~ psicologico, di psicologia.
Psychose [psy'ço:zə] *(f; -, -n)* ~ psicosi.
Psychotherapeuth [ˌpsyçotera'pɔyt] *(m; -en, -en; f* **-in***)* ~ psicoterapista.
Psychotherapie [ˌpsyçotera'pi:] *(f; -, -n)* ~ psicoterapia.
Pub [pap] *(n/m; -s, -s)* ~ pub, locale (notturno).
Pubertät [pubɛr'tɛ:t] *(f; -)* ~ pubertà.
Publikation [publika'tsjo:n] *(f; -, -en)* ~ pubblicazione (opera; il pubblicare).
Publikum ['pu:blikʊm] *(n; -s)* ~ pubblico (di lettori, ascoltatori, visitatori, ecc).
publizieren [publi'tsi:rən] *(vt, hat)* ~ pubblicare.
Pudding ['pʊdɪŋ] *(m; -s, -e)* ~ budino.
Pudel ['pu:dəl] *(m; -s, -)* ~ *(zool)* barboncino. ◆ **wie ein begossener Pudel dastehen** *(fig)* star lì come un pulcino bagnato.
pudelnass († **-naß**) [-'nas] *(agg)* ~ *(fam)* bagnato come un pulcino.
pudelwohl [-'vo:l] *(avv)* ~ **sich pudelwohl fühlen** *(fam)* sentirsi benissimo.
Puder ['pu:dɐ] *(m; -s, -)* ***1*** cipria. ***2*** borotalco.
pudern [-n] *(vt, hat)* ***1*** incipriare. ***2*** cospargere di borotalco. ◆ **sich pudern** *(vr)* incipriarsi.
Puderzucker [-ˌtsʊkɐ] *(m; -s)* ~ zucchero a velo.
Puff[1] [pʊf] *(m; -(e)s, Püffe)* ~ *(fam)* spinta; gomitata.
Puff[2] *(m/n; -s, -s)* ~ *(fam)* bordello, casino.
Puff[3] *(m; -(e)s, -e)* ***1*** cesta portabiancheria. ***2*** sedile imbottito, pouf.
puffen [-ən] *(vt, hat)* ***1*** {*jmdn* ~} dare una spinta a qcn, dare una gomitata a qcn. ***2*** *(vi/vt)* sbuffare, soffiare (fumo e sim).
Puffer [-ɐ] *(m; -s, -)* ***1*** respingente. ***2*** *(abbrev di* **Kartoffelpuffer***)* frittella di patate.
Pufferstaat [-ɐʃta:t] *(m; -(e)s, -en)* ~ *(fig)* stato cuscinetto.
Pulk [pʊlk] *(m; -(e)s, -s)* ***1*** *(mil)* formazione (di aerei). ***2*** *(fig)* folla, gruppo, squadra (di persone, veicoli, ecc).
Pulli ['pʊli] *(m; -s, -s)* ~ *(fam)* maglione, pullover, golf.
Pullover [pʊ'lo:vɐ] *(m; -s, -)* ~ maglione, pullover, golf.
Puls [pʊls] *(m; -es, -e)* ~ pulsazioni, polso ◆ *beschleunigter, regelmäßiger, schwacher Puls* polso accelerato, regolare, debole ◆ *der Puls hämmert, klopft* il polso martella, batte ◆ *jmdm den Puls fühlen* tastare il polso a qcn *(anche fig)*.
pulsieren [pʊl'zi:rən] *(vt, hat)* ***1*** pulsare (sangue). ***2*** *(fig)* pulsare, palpitare, vivere.
Pulsschlag ['pʊlsʃla:k] *(m; -(e)s, -schläge)* ***1*** pulsazione. ***2*** *(fig)* pulsazione, palpito.
Pult [pʊlt] *(n; -(e)s, -e)* ***1*** podio, tribuna, pedana (per discorsi) ◆ *hinter das Pult treten* salire sul podio (per tenere un discorso). ***2*** leggio.
Pulver ['pʊlfɐ] *(n; -s, -)* ***1*** polvere, polverina. ***2*** polvere da sparo. ***3*** *(fam)* soldi, grana. ◆ **sein Pulver verschossen haben** *(fig/fam)* aver sparato tutte le proprie cartucce.
Pulverfass († **-faß**) [-ˌfas] *(n; -es, -fässer)* ***1*** barile di polvere da sparo. ***2*** *(fig)* polveriera. ◆ **einem Pulverfass gleichen** *(fig)* essere una polveriera. ◆ **auf einem Pulverfass sitzen** *(fig)* essere seduto su una polveriera.
pummelig ['pʊməlɪç] *(agg)* ~ *(fam)* grassottello, cicciottello.
Pump [pʊmp] *(m; -s)* ~ *(fam)* prestito, credito. ◆ **auf Pump** a credito.
Pumpe [-ə] *(f; -, -n)* ~ pompa.
pumpen [-ən] *(vt, hat)* ***1*** pompare. ***2*** {*jmdm etwas* ~} *(fam)* prestare qcs a qcn. ***3*** {*sich* (Dat) *bei/von jmdm etwas* ~} *(fam)* farsi prestare qcs da qcn.
Punkt [pʊŋkt] *(m; -(e)s, -e)* ***1*** punto, puntino. ***2*** punto (segno d'interpunzione) ◆ *einen Punkt machen/setzen* mettere un punto. ***3*** punto, luogo ◆ *an diesem Punkt* in questo punto (stato). ***4*** punto, momento. ***5*** punto (in classifica). ***6*** *(fig)* punto, questione, faccenda; argomento ◆ *auf diesen Punkt möchte ich später zurückkommen* su questo punto vorrei tornare più tardi ◆ *Punkt für Punkt* punto per punto. ***7*** *(mus/geom)* punto. ***8*** *(avv, con indicazione dell'ora)* in punto ◆ *der Vortrag beginnt Punkt 10 Uhr* la conferenza comincia alle dieci in punto. ◆ **ein schwacher Punkt** *(fig)* un punto de-

bole. ◆ **der springende Punkt** il punto saliente. ◆ **ein toter Punkt** un punto morto ♦ *an einem toten Punkt ankommen* arrivare a un punto morto. ◆ **ohne Punkt und Komma reden** *(fam)* parlare ininterrottamente.

pünktlich ['pʏŋktlɪç] *(agg)* ***1*** puntuale. ***2*** *(avv)* puntualmente; in punto ♦ *pünktlich ankommen* arrivare puntuale ♦ *pünktlich um 10 Uhr* alle dieci in punto.

Pünktlichkeit [-ˌkait] *(f; -)* ~ puntualità.

Pupille [pu'pɪlə] *(f; -, -n)* ~ *(anat)* pupilla.

Puppe ['pʊpə] *(f; -, -n)* ***1*** bambola. ***2*** marionetta, pupazzo *(anche fig)*. ***3*** manichino. ***4*** *(zool)* pupa. ***5*** *(fig/fam)* bambola, pupa, ragazza.

Puppenspiel [-nʃpiːl] *(n; -(e)s, -e)* ~ teatro delle marionette.

Puppentheater [-nteˌaːtɐ] *(n; -s, -)* ~ teatro delle marionette.

pur ['puːɐ] *(agg)* ***1*** puro (metallo). ***2*** puro, schietto (alcolici). ***3*** *(fig)* puro, mero, puro e semplice ♦ *aus purem Zufall* per puro caso.

Püree [py'reː] *(n; -s, -s)* ~ purè, purea, passata.

Purpur ['pʊrpʊr] *(m; -s)* ~ porpora, color porpora.

purpurfarben [-ˌfarbən] *(agg)* ~ purpureo, color porpora.

purpurrot [-ˌroːt] *(agg)* ~ rosso porpora.

Purzelbaum ['pʊrtsəlˌbaum] *(m; -(e)s, -bäume)* ~ capriola ♦ *einen Purzelbaum machen/schlagen/schießen* fare una capriola.

purzeln ['pʊrtsəln] *(vi, ist)* ~ *(fam)* cadere, ruzzolare.

pushen ['pʊʃən] *(vt, hat)* ***1*** *(anche* **<u>puschen</u>***)* *(fig)* spingere avanti, promuovere. ***2*** *(fam)* spacciare (droghe).

Pusher ['pʊʃɐ] *(m; -s, -; f* **-in***)* ~ *(fam)* spacciatore.

Puste ['puːstə] *(f; -)* ***1*** *(fam)* fiato. ***2*** *(fig/fam)* soldi, mezzi (economici). ◆ **jmdm geht die Puste aus** ***1*** *(fam)* qcn non ha più fiato. ***2*** *(fig/fam)* qcn non ha più soldi.

Pustekuchen [-ˌkuːxən] *(escl)* ~ *(fam)* non ci penso nemmeno!

Pustel ['pʊstəl] *(f; -, -n)* ~ *(med)* pustola.

pusten ['puːstən] *(vi/vt, hat)* ***1*** *(vi/vt) (fam)* soffiare. ***2*** *(vi) (fam)* ansimare.

Pute ['puːtə] *(f; -, -n)* ***1*** tacchina. ***2*** *(fig/spreg)* gallina, oca, donna stupida.

Puter ['puːtɐ] *(m; -s, -)* ~ tacchino (spec arrosto).

Putsch [pʊtʃ] *(m; -es, -e)* ~ colpo di stato, putsch.

Putz [pʊts] *(m; -es)* ~ intonaco ♦ *eine Wand mit Putz bewerfen* intonacare una parete.

putzen [-ən] *(vt, hat)* ***1*** pulire, lucidare ♦ *Schuhe putzen* pulire le scarpe ♦ *die Fenster putzen* pulire le finestre. ***2*** pulire, mondare (frutta, verdura). ◆ **sich** (Dat) **die Nase putzen** soffiarsi il naso. ◆ **sich** (Dat) **die Zähne putzen** lavarsi i denti.

Putzfrau [-ˌfrau] *(f; -, -en)* ~ donna delle pulizie, domestica, colf.

putzig [-ɪç] *(agg)* ~ *(fam)* buffo, strano (spec animali).

Putzlappen [-ˌlapən] *(m; -s, -)* ~ strofinaccio, straccio (per pulire).

puzzeln ['pazəln] *(vi, hat)* ~ fare puzzle.

Puzzle ['pazəl] *(n; -s, -s)* ~ puzzle.

Pyjama [py'dʒaːma] *(m; -s, -s)* ~ pigiama.

Pyramide [pyra'miːdə] *(f; -, -n)* ~ piramide.

Python ['pyːtɔn] *(m; -s, -s)* ~ *(zool)* pitone.

Pythonschlange [-ʃlaŋə] *(f; -, -n)* ~ *(zool)* pitone.

q

q, Q [kuː] *(n; -/-s, -/-s)* ~ q, Q *(diciassettesima lettera dell'alfabeto tedesco)*.

Quadrat [kva'draːt] *(n; -(e)s, -e)* ~ *(geom/mat)* quadrato ♦ *eine Zahl ins Quadrat erheben* elevare un numero al quadrato ♦ *fünf zum Quadrat* cinque al quadrato.

quadratisch [-ɪʃ] *(agg)* ~ quadrato, quadro.

Quadratkilometer [-kiloˌmeːtɐ] *(m/n; -s, -)* ~ chilometro quadrato.

Quadratmeter [-ˌmeːtɐ] *(m/n; -s, -)* ~ metro quadrato, metro quadro.

Quadratwurzel [-ˌvʊrtsəl] *(f; -, -n)* ~ *(mat)* radice quadrata.

quaken ['kvaːkən] *(vi, hat)* ***1*** gracidare (rana). ***2*** starnazzare (anatra). ***3*** *(fig/fam)* blaterare.

Qual [kvaːl] *(f; -, -en)* ***1*** tormento, strazio. ***2*** tortura, supplizio, pena, sofferenza (fisico o spirituale) ♦ *es war eine Qual, das ansehen zu müssen* era una pena dover assistere ♦ *unter großen Qualen sterben* morire fra grandi sofferenze. ◆ **die Qual der Wahl haben** *(fig/fam)* avere l'imbarazzo della scelta.

quälen ['kvɛːlən] *(vt, hat)* ***1*** torturare, straziare; maltrattare. ***2*** tormentare, assillare, angustiare ♦ *der Gedanke an ihre Krankheit quält sie* il pensiero della sua malattia la tormenta. ***3*** tormentare, assillare, importunare. ◆ **sich mit etwas quälen** *(vr)* tormentarsi con qcs; affannarsi per qcs.

Quälerei [kvɛːlə'rai] *(f; -, -en)* ***1*** tortura, supplizio (continuo). ***2*** maltrattamento.

Qualifikation [kvalifika'tsjoːn] *(f; -, -en)* ***1*** qualifica (professionale e sim). ***2*** *(sport)* qualificazione.

qualifizieren [kvalifi'tsiːrən] *(vt, hat)* ~ {*etwas als etwas ~*} *(lett)* qualificare. ◆ **sich (für etwas) qualifizieren** *(vr)* *(sport)* qualificarsi (per qcs).

qualifiziert [kvalifi'tsiːɐt] *(agg)* ~ qualificato, specializzato.

Qualität [kvali'tɛːt] *(f; -, -en)* ***1*** qualità ♦ *eine Ware (von) guter, erster Qualität* una merce di buona, prima qualità. ***2*** *(spec pl)* qualità, caratteristica (positiva).

Qualle ['kvalə] *(f; -, -n)* ~ *(zool)* medusa.

Qualm [kvalm] *(m; -(e)s)* ~ fumo (denso).

qualmen [-ən] *(vi, hat)* ***1*** fumare (molto), emettere un fumo denso. ***2*** *(vi/vt)* *(fig/fam)* fumare (tabacco) ♦ *wie ein Schlot qualmen* fumare come una ciminiera.

qualvoll ['kvaːlˌfɔl] *(agg)* ~ straziante, penoso.

Quäntchen († **Quentchen**) ['kvɛntçən] *(n; -s, -)* ~ pizzico, pochino.

quantifizieren [kvantifi'tsiːrən] *(vt, hat)* ~ quantificare.

Quantität [kvanti'tɛːt] *(f; -, -en)* ~ quantità, quantitativo, dose.

quantitativ [kvantita'tiːf] *(agg)* ***1*** quantitativo. ***2*** *(avv)* quantitativamente.

Quappe ['kvapə] *(f; -, -n)* ~ *(zool)* girino.

Quarantäne [karan'tɛːnə] *(f; -, -n)* ~ quarantena, isolamento.

Quark [kvark] *(m; -(e)s)* ***1*** formaggio molle, ricotta. ***2*** *(fig/fam)* sciocchezze, stupidaggini. ◆ **einen Quark** per niente, affatto ♦ *das geht dich einen Quark an* questo non ti riguarda affatto.

Quartal [kvar'ta:l] *(n; -s, -e)* ~ trimestre.

Quartett [kvar'tɛt] *(n; -(e)s, -e)* ~ *(mus)* quartetto (brano; gruppo).

Quartier [kvar'ti:ɐ] *(n; -s, -e)* ***1*** alloggio, sistemazione (per la notte) ♦ *sich* (Dat) *ein Quartier suchen* cercarsi un alloggio per la notte. ***2*** *(mil)* accampamento, acquartieramento.

Quarz ['kva:ɐts] *(m; -es, -e)* ~ quarzo.

Quarzuhr [-ˌʔu:ɐ] *(f; -, -en)* ~ orologio al quarzo.

quasi ['kva:zi] *(avv)* ~ quasi, per così dire, praticamente ♦ *er hat mich quasi bedroht* mi ha quasi minacciato.

quasseln ['kvasəln] *(vi,* hat*)* ~ *(fam)* cianciare, cicalare. ◆ **Unsinn quasseln** dire stupidaggini.

Quaste ['kvastə] *(f; -, -n)* ***1*** nappa. ***2*** batuffolo.

Quatsch [kvatʃ] *(m; -(e)s)* ~ stupidaggini, sciocchezze, fesseria. ◆ **Quatsch reden, machen** dire, fare sciocchezze. ◆ **Quatsch!** che fesseria! ma cosa sto/stai dicendo?

quatschen [-ən] *(vi,* hat*)* ~ *(fam)* chiacchierare, cianciare.

Quecksilber ['kvɛkˌzɪlbɐ] *(n; -s)* ~ mercurio. ◆ **Quecksilber im Leib/im Hintern haben** *(fig/fam)* avere l'argento vivo addosso.

Quelle ['kvɛlə] *(f; -, -n)* ***1*** sorgente, fonte ♦ *die Quelle sprudelt aus dem Felsen* la sorgente sgorga dalla roccia. ***2*** *(fig)* sorgente, fonte, origine. ***3*** *(fig)* fonte (di informazioni) ♦ *das weiß ich aus sicherer Quelle* questo lo so da fonte sicura. ***4*** *(fig)* fonte, documento.

quellen [-n] *(vi,* ist; er **quillt**, **quoll**, **gequollen***)* ***1*** sgorgare, scaturire, uscire, fuoriuscire ♦ *das Blut quillt aus der Wunde* il sangue sgorga dalla ferita ♦ *der Rauch quillt aus dem Schornstein* il fumo esce dal camino. ***2*** gonfiarsi, dilatarsi (con l'acqua); rinvenire (legumi).

quengeln ['kvɛŋəln] *(vi,* hat*)* ~ *(fam)* piagnucolare.

Quentchen ~ vedi **Quäntchen**.

quer ['kve:ɐ] *(avv)* ~ obliquamente, trasversalmente, diagonalmente, di traverso, in diagonale (da parte a parte) ♦ *quer über die Straße gehen* attraversare la strada ♦ *eine Leine quer durch einen Raum spannen* tendere una corda in diagonale in una stanza. ◆ **quer gehen** († **quergehen**) *(fig/fam)* andare storto, andare male. ◆ **(jmdm) quer schießen** († **querschießen**) *(fig/fam)* mettere i bastoni fra le ruote (a qcn).

Quere ['kve:rə] *(f; -)* ~ traverso, direzione trasversale, direzione obliqua ♦ *einen Stoff der Quere nach schneiden* tagliare una stoffa di traverso. ◆ **jmdm in die Quere kommen** *(fig/fam)* capitare fra i piedi a qcn (ostacoli), tagliare la strada a qcn.

Querflöte ['kve:ɐˌflø:tə] *(f; -, -n)* ~ flauto traverso.

quergehen ~ **quer gehen** (vedi **quer**).

Querlatte ['kve:ɐˌlatə] *(f; -, -n)* ~ traversa *(anche sport)*.

querschießen ~ **quer schießen** (vedi **quer**).

Querschiff ['kve:ɐʃɪf] *(n; -(e)s, -e)* ~ *(archit)* transetto.

Querschnitt ['kve:ɐʃnɪt] *(m; -(e)s, -e)* ***1*** *(geom)* sezione trasversale. ***2*** *(fig)* panoramica, rassegna ♦ *ein Querschnitt durch die Dichtung des Mittelalters* una panoramica sulla poesia del medioevo.

Querstraße ['kve:ɐʃtra:sə] *(f; -, -en)* ~ traversa, via traversa.

quetschen ['kvɛtʃən] *(vt,* hat*)* ***1*** schiacciare, spiaccicare. ***2*** schiacciare, pigiare ♦ *die Nase an/gegen die Fensterscheibe quetschen* schiacciare il naso contro il vetro della finestra. ***3*** stipare. ***4*** {*jmdm/sich etwas* ~} schiacciare qcs a qcn/schiacciarsi qcs ♦ *ich habe mir den kleinen Finger im Fenster gequetscht* mi sono schiacciato il mignolo nella finestra. ◆ **sich quetschen** *(vr)* entrare a fatica, infilarsi.

Queue [kø:] *(n; -s, -s)* ~ stecca (da biliardo).

quiek(s)en ['kvi:k(s)ən] *(vi,* hat*)* ***1*** squittire (topo); stridere (maiale). ***2*** *(fam)* strillare.

quietschen ['kvi:tʃən] *(vi,* hat*)* ***1*** cigolare, stridere ♦ *die Tür quietscht* la porta cigola ♦ *die Bremsen quietschen* i freni stridono. ***2*** *(fig/fam)* strillare, stridere.

Quintett [kvɪn'tɛt] *(n; -(e)s, -e)* ~ *(mus)* quintetto (brano; gruppo).
Quirl [kvɪrl] *(m; -(e)s, -e)* ~ frullino.
quirlen [-ən] *(vt, hat)* ~ sbattere (con il frullino).
quitt [kvɪt] *(agg solo pred)* ~ pari e patta. ◆ **jmdn/etwas quitt werden** sbarazzarsi di qcn/qcs. ◆ **mit jmdm quitt sein** ***1*** essere pari e patta con qcn. ***2*** aver rotto i ponti con qcn.
Quitte [-ə] *(f; -, -n)* ~ *(bot)* mela cotogna.
quittieren [kvɪ'tiːrən] *(vt, hat)* ***1*** {*etwas* ~} firmare qcs (ricevuta e sim). ***2*** {*etwas* ~} reagire a qcs, rispondere a qcs (critiche e sim). ***3*** abbandonare, dimettersi da (posti, incarichi).
Quittung ['kvɪtʊŋ] *(f; -, -en)* ***1*** ricevuta. ***2*** *(fig)* risposta, reazione ◆ *die Quittung für eine Beleidigung* la risposta a un'offesa.
Quiz [kvɪs] *(n; -, -)* ~ quiz, gioco a quiz.
quoll [kvɔl] ~ pret di **quellen.**
Quote ['kvoːtə] *(f; -, -n)* ~ quota, parte, porzione.
quotieren [kvo'tiːrən] *(vt, hat)* ~ *(econ)* quotare.

r

r, R [ɛr] *(n; -/-s, -/-s)* ~ r, R *(diciottesima lettera dell'alfabeto tedesco)*.

Rabatt [ra'baːt] *(m; -(e)s, -e)* ~ sconto ♦ *10 % (zehn Prozent) Rabatt auf eine Ware geben/gewähren* fare il 10% di sconto su una merce.

Rabatte [ra'batə] *(f; -, -n)* ~ aiola, bordura.

Rabauke [ra'baukə] *(m; -n, -n)* ~ *(fam)* teppista.

Rabbiner [ra'biːnɐ] *(m; -s, -)* ~ rabbino.

Rabe ['raːbə] *(m; -n, -n)* ~ *(zool)* corvo. ◆ **ein weißer Rabe** *(fig)* una mosca bianca.

rabiat [ra'bjaːt] *(agg)* ***1*** violento, brutale (persona). ***2*** rabbioso, furioso.

Rache ['raxə] *(f; -)* ~ vendetta. ◆ **(an jmdm) Rache nehmen** vendicarsi (su qcn).

rächen ['rɛçən] *(vt, hat)* ~ {*jmdn/etwas ~*} vendicare qcn/qcs ♦ *einen Freund, den Tod eines Freundes rächen* vendicare un amico, la morte di un amico. ◆ **sich rächen** *(vr)* ***1*** {*sich an jmdm für etwas ~*} vendicarsi su qcn di qcs. ***2*** *(fig)* costare caro, avere brutte conseguenze.

Rachen ['raxən] *(m; -s, -)* ***1*** *(anat)* faringe. ***2*** fauci. ◆ **jmdm etwas aus dem Rachen reißen** *(fig/fam)* strappar via qcs dalle grinfie di qcn.

Rachenentzündung [-ˀɛntˌtsʏndʊŋ] *(f; -, -en)* ~ *(med)* faringite.

rackern ['rakɐn] *(vi, hat)* ~ *(fam)* sgobbare, sfacchinare.

Raclette [ra'klɛt] *(m; -s, -s)* ~ grigliata con formaggio fondente.

Rad [raːt] *(n; -(e)s, Räder)* ***1*** ruota. ***2*** *(abbrev di* **Fahrrad***)* bicicletta ♦ *das Rad schieben* spingere la bicicletta. ***3*** volante, sterzo. ◆ **<u>Rad</u> <u>fahren</u>** († **radfahren**) ***1*** andare in bicicletta. ***2*** *(fig/fam)* adulare i superiori e tiranneggiare i sottoposti. ◆ **das fünfte Rad am Wagen sein** *(fig/fam)* essere di troppo. ◆ **unter die Räder kommen** *(fig/fam)* andare a finire male.

Radar [ra'daːɐ] *(m/n; -s, -s)* ~ radar.

Radargerät [-gəˌrɛːt] *(n; -(e)s, -e)* ~ apparecchio radar, radar.

Radarkontrolle [-kɔnˌtrɔlə] *(f; -, -n)* ~ controllo elettronico della velocità.

Radau [ra'dau] *(m; -s)* ~ *(fam)* casino, confusione ♦ *Radau machen* fare casino.

Rädelsführer ['rɛːdəlsˌfyːrɐ] *(m; -s, -)* ~ *(spreg)* capobanda, caporione.

Räderwerk ['rɛːdɐˌvɛrk] *(n; -(e)s, -e)* ~ meccanismo, ingranaggio *(anche fig)*.

radfahren ~ **<u>Rad</u> <u>fahren</u>** (vedi **Rad**).

Radfahren ['raːtˌfaːrən] *(n; -s)* ~ ciclismo.

Radfahrer ['raːtˌfaːrɐ] *(m; -s, -; f* **-in***)* ~ ciclista.

radieren [ra'diːrən] *(vt, hat)* ~ cancellare (con la gomma), raschiare via.

Radiergummi [ra'diːɐˌgʊmi] *(m; -s, -s)* ~ gomma da cancellare.

Radieschen [ra'diːsçən] *(n; -s, -)* ~ *(bot)* ravanello.

radikal [radi'kaːl] *(agg)* ***1*** radicale. ***2*** *(avv)* radicalmente.

Radio ['raːdjo] *(n; -s, -s)* ~ radio ♦ *das Radio ausschalten, einschalten* spegnere, accendere la radio ♦ *Radio hören* ascoltare la radio ♦ *ich habe die Nachricht im Radio gehört* ho sentito la notizia alla radio.

radioaktiv [ˌradjoˀak'tiːf] *(agg)* ~ radioattivo ♦ *radioaktiver Müll* scorie radioattive.

Radioaktivität [ˌradjoˀaktivi'tɛːt] *(f; -)* ~ radioattività.

Radioapparat ['raːdjoˀapaˌraːt] *(m; -(e)s, -e)* ~ radio, apparecchio radio.

Radiosender ['raːdjoˌzɛndɐ] *(m; -s, -)* ~ radio, stazione radio.

Radiowecker ['raːdjoˌvɛkɐ] *(m; -s, -)* ~ *(fam)* radiosveglia.

Radius ['raːdjʊs] *(m; -, Radien)* ~ *(geom)* raggio.

Radler ['raːdlɐ] *(m; -s, -; f* **-in***)* ***1*** ciclista. ***2*** *(region)* bibita a base di birra e limonata.

Radsport ['raːtˌʃpɔrt] *(m; -(e)s)* ~ ciclismo.

raffen ['rafən] *(vt, hat)* ***1*** {*etwas (an sich)* ~} arraffare, afferrare, agguantare qcs. ***2*** *(spreg)* accumulare, ammassare. ***3*** alzare, sollevare, tirar su (abiti e sim).

Raffgier ['rafˌgiːɐ] *(f; -)* ~ avidità.

raffgierig ['rafˌgiːrɪç] *(agg)* ~ avido.

Raffinerie [rafinə'riː] *(f; -, -n)* ~ raffineria.

Raffinesse [rafi'nɛsə] *(f; -, -n)* ~ astuzia, finezza. ◆ **mit allen Raffinessen** con tutti gli accessori.

raffinieren [rafi'niːrən] *(vt, hat)* ~ raffinare (petrolio e sim).

raffiniert [rafi'niːɐt] *(agg)* ~ astuto, fine, scaltro.

ragen ['raːgən] *(vi, hat)* ***1*** ergersi, innalzarsi. ***2*** sporgere (dall'acqua).

Rahm [raːm] *(m; -s)* *(region)* ~ panna. ◆ **den Rahm abschöpfen** *(fig/fam)* prendere per sé il meglio.

rahmen [-ən] *(vt, hat)* ~ incorniciare, mettere in cornice.

Rahmen *(m; -s, -)* ***1*** cornice. ***2*** telaio (di finestra). ***3*** *(fig)* cornice, contorno. ***4*** *(fig)* campo, ambito, contesto ♦ *im Rahmen einer internationalen Aktion* nell'ambito di un'azione internazionale. ◆ **in größerem Rahmen** in grande. ◆ **in kleinerem Rahmen** in piccolo. ◆ **aus dem Rahmen fallen** essere fuori dall'ordinario.

Rain [rain] *(m; -(e)s, -e)* ~ ciglio, bordo (di un campo).

räkeln ['rɛːkəln] ~ vedi **rekeln**.

Rakete [ra'keːtə] *(f; -, -n)* ***1*** missile, razzo. ***2*** razzo, fuoco d'artificio.

rammeln ['raməln] *(vi, hat)* ~ accoppiarsi (conigli e sim) *(anche volg)*.

rammen ['ramən] *(vt, hat)* ***1*** piantare, conficcare (con una mazza) ♦ *Pfähle in die Erde rammen* piantare pali in terra. ***2*** tamponare, investire (su un lato). ***3*** speronare.

Rampe ['rampə] *(f; -, -n)* ***1*** rampa. ***2*** ribalta (a teatro).

Rampenlicht [-nˌlɪçt] *(n; -(e)s)* ~ luci della ribalta *(anche fig)*. ◆ **im Rampenlicht (der Öffentlichkeit) stehen** *(fig)* essere sotto i riflettori.

Ramsch [ramʃ] *(m; -(e)s)* ~ scarti, merce di scarto.

ran, ran- [ran] *(avv)* *(fam)* ~ vedi **heran, heran-**.

Rand [rant] *(m; -(e)s, Ränder)* ***1*** margine, bordo, orlo ♦ *am Rand der Seite* sul margine della pagina ♦ *am Rand der Stadt* ai bordi della città. ***2*** orlo, colmo (di recipienti) ♦ *einen Eimer bis zum Rand füllen* riempire un secchio fino all'orlo. ***3*** tesa (di cappello). ***4*** *(fig)* orlo, stremo ♦ *am Rand(e) des Abgrundes stehen* essere sull'orlo dell'abisso *(anche fig)* ♦ *am Rand(e) seiner Kräfte sein* essere allo stremo delle forze. ◆ **dunkle Ränder um die Augen haben** avere le occhiaie. ◆ **am Rand(e)** marginalmente, a margine, poco ♦ *etwas am Rand(e) erwähnen* citare qcs marginalmente. ◆ **am Rand(e) liegen** essere marginale, essere poco importante. ◆ **zu Rande** vedi **zurande**.

randalieren [randa'liːrən] *(vi, hat)* ~ fare chiasso; compiere atti di vandalismo.

Randalierer [randa'liːrɐ] *(m; -s, -)* ~ *(fam)* teppista, vandalo.

Randstreifen ['rantˌʃtraifən] *(m; -s, -)* ~ corsia d'emergenza (in autostrada).

rang [raŋ] ~ pret di **ringen**.

Rang *(m; -(e)s, Ränge)* ***1*** rango, grado, livello (sociale, professionale, ecc) ♦ *ein Mann von hohem Rang* un uomo di alto rango. ***2*** rango, importanza, calibro. ***3*** *(mil)* grado ♦ *er hat den Rang/steht im Rang eines Offiziers* ha il grado di ufficiale. ***4*** *(teatr)* galleria, balconata ♦ *eine Karte im zweiten Rang* un biglietto di seconda galleria. ◆ **den ersten Rang behaupten** mantenere il primo posto. ◆ **jmdm den Rang ablaufen** battere qcn, superare qcn. ◆ **alles, was Rang und Namen hat** tutti i vip.

rangieren [raŋ'ʒiːrən] *(vt/vi,* hat*)* ***1*** *(vt)* smistare (vagoni ferroviari). ***2*** *(vi)* occupare un posto ♦ *an erster Stelle rangieren* occupare il primo posto.

Rangliste ['raŋˌlɪstə] *(f;* -, -n*)* ~ *(sport)* graduatoria.

Rangordnung ['raŋˌˀɔrdnʊŋ] *(f;* -, -en*)* ~ ordine gerarchico, gerarchia.

rann [ran] ~ pret di **rinnen**.

rannte ['rantə] ~ pret di **rennen**.

Ranzen ['rantsən] *(m;* -s, -*)* ***1*** zaino. ***2*** cartella, zainetto (per la scuola). ***3*** *(fam)* pancia.

ranzig ['rantsɪç] *(agg)* ~ rancido.

rapid(e) [ra'piːt (-də)] *(agg)* ***1*** rapido, veloce (mutamenti, processi, ecc). ***2*** *(avv)* rapidamente, velocemente.

rappeln ['rapəln] *(vi,* hat*)* ***1*** *(fam)* battere, sbattere ♦ *da rappelt etwas in der Garage* in garage c'è qualcosa che sbatte. ***2*** {*an etwas* (Dat) ~} *(fam)* scuotere qcs, sbattere qcs.

Rappen ['rapən] *(m;* -s, -*)* ~ centesimo (di franco svizzero).

Rapport [ra'pɔrt] *(m;* -(e)s, -e*)* ~ *(spec mil)* rapporto ♦ *jmdm Rapport erstatten* fare rapporto a qcn ♦ *sich zum Rapport melden* presentarsi a rapporto.

rar ['raːɐ] *(agg)* ~ raro, prezioso. ◆ **sich rar machen** farsi vivo di rado.

Rarität [rari'tɛːt] *(f;* -, -en*)* ~ rarità (qualità; oggetto raro).

rasant [ra'zant] *(agg)* ***1*** radente (traiettoria). ***2*** *(fig/fam)* veloce, rapido ♦ *eine rasante Entwicklung* uno sviluppo rapido. ***3*** *(fig/fam)* bello, affascinante.

Rasanz [ra'zants] *(f;* -*)* ***1*** radenza (di traiettoria). ***2*** velocità, rapidità.

rasch [raʃ] *(agg)* ***1*** svelto, rapido, veloce, lesto ♦ *eine rasche Bewegung* un movimento svelto. ***2*** *(avv)* alla svelta, rapidamente, velocemente ♦ *sich rasch entscheiden* decidersi alla svelta.

Raschheit [-ˌhait] *(f;* -*)* ~ sveltezza, velocità, rapidità.

rascheln [-əln] *(vi,* hat*)* ~ frusciare.

rasen ['raːzən] *(vi,* hat/ist*)* ***1*** *(aux* hat*)* essere fuori di sé ♦ *vor Begeisterung, Wut rasen* essere fuori di sé per l'entusiasmo, per la rabbia. ***2*** *(aux* ist*)* *(fam)* correre, sfrecciare.

Rasen *(m;* -s, -*)* ~ prato (curato) ♦ *den Rasen mähen* falciare il prato.

rasend [-t] *(agg)* ***1*** velocissimo. ***2*** forte, intenso. ***3*** *(avv)* *(fam)* molto ♦ *rasend gern* molto volentieri.

Rasenmäher [-ˌmɛːɐ] *(m;* -s, -*)* ~ *(fam)* tosaerba, falciatrice.

Rasenmähmaschine [-mɛːmaʃiːnə] *(f;* -, -n*)* ~ tosaerba, falciatrice.

Rasierapparat [ra'ziːɐˀapaˌraːt] *(m;* -(e)s, -e*)* ~ rasoio (a lama; elettrico).

rasieren [ra'ziːrən] *(vt,* hat*)* ***1*** rasare, radere; depilare. ***2*** {*jmdn* ~} radere qcn, fare la barba a qcn. ◆ **sich rasieren** *(vr)* ***1*** radersi, farsi la barba. ***2*** depilarsi.

Rasierer [ra'ziːrɐ] *(m;* -s, -*)* ~ *(fam)* rasoio (a lama; elettrico).

Rasierklinge [ra'ziːɐˌklɪŋə] *(f;* -, -n*)* ~ lametta da barba.

Rasiermesser [ra'ziːɐˌmɛsɐ] *(n;* -s, -*)* ~ rasoio.

Rasierschaum [ra'ziːɐʃaum] *(m;* -(e)s, -schäume*)* ~ schiuma da barba.

Raspel ['raspəl] *(f;* -, -n*)* ***1*** raspa. ***2*** grattugia (per verdure).

raspeln [-n] *(vt,* hat*)* ***1*** raspare, levigare. ***2*** grattugiare, tritare (verdure e sim).

Rasse ['rasə] *(f;* -, -n*)* ~ razza (biologica). ◆ **Rasse haben** avere carattere.

Rassehund [-ˌhʊnt] *(m;* -(e)s, -e*)* ~ cane di razza.

Rassel [-l] *(f;* -, -n*)* ~ sonaglio.

rasseln [-ln] *(vi,* hat/ist*)* ***1*** *(aux* hat*)* far fracasso (con suono metallico), sferragliare. ***2*** *(aux* hat*)* {*mit etwas* ~} far rumore con qcs (di metallico). ***3*** *(aux* ist*)* sferragliare, muoversi sferragliando.

rassig ['rasɪç] *(agg)* ***1*** di razza ♦ *ein rassiges Pferd* un cavallo di razza. ***2*** *(fig)* focoso, ardente.

rassisch ['rasɪʃ] *(agg)* ~ razziale, della razza.

Rassismus [ra'sɪsmʊs] *(m;* -*)* ~ razzismo.

Rassist [ra'sɪst] *(m;* -en, -en; *f* **-in***)* ~ razzista.

rassistisch [-ɪʃ] *(agg)* ~ razzista, razzistico.

Rast [rast] *(f; -, -en)* ~ sosta, pausa (durante escursione o viaggio in auto) ♦ *Rast halten/machen* fare una sosta.

rasten [-ən] *(vi, hat)* ~ fare una sosta, una pausa (durante escursione, viaggio in auto). ◆ **wer rastet, der rostet** *(prov)* chi si ferma è perduto.

Rasthaus [-ˌhaus] *(n; -es, -häuser)* ~ posto di ristoro, autogrill.

rastlos [-ˌloːs] *(agg)* ***1*** ininterrotto, senza sosta. ***2*** instancabile, infaticabile. ***3*** inquieto, irrequieto. ***4*** *(avv)* ininterrottamente, senza sosta; instancabilmente.

Raststätte [-ʃtɛtə] *(f; -, -n)* ~ autogrill.

Rasur [raˈzuːɐ] *(f; -, -en)* ~ rasatura.

Rat[1] [raːt] *(m; -(e)s, Ratschläge)* ***1*** consiglio, suggerimento ♦ *ein guter Rat* un buon consiglio ♦ *jmdm einen Rat geben* dare un consiglio a qcn ♦ *sich* (Dat) *bei jmdm Rat holen* farsi consigliare da qcn ♦ *einen Rat befolgen/einem Rat folgen* seguire un consiglio. ***2*** *(solo sing)* rimedio, soluzione ♦ *Rat schaffen* trovare un rimedio. ◆ **da ist guter Rat teuer** è una situazione difficile, è difficile dare un consiglio. ◆ **jmdm mit Rat und Tat zur Seite stehen** aiutare qcn in tutti i modi possibili.

Rat[2] *(m; -(e)s, Räte)* ~ consiglio, comitato. ◆ **zu Rate** vedi **zurate**.

Rate [-ə] *(f; -, -n)* ~ rata ♦ *etwas auf Raten kaufen* comprare qcs a rate.

raten[1] [-ən] *(vi, hat; er* **rät**, **riet**, **geraten***)* ***1*** {*jmdm* ~} consigliare qcn, dare un consiglio a qcn ♦ *jmdm gut raten* consigliare bene qcn. ***2*** {*jmdm zu jmdm/etwas* ~} consigliare qcn/qcs a qcn ♦ *er hat mir zur Vorsicht geraten* mi ha consigliato la prudenza ♦ *er hat mir geraten, vorsichtig zu sein* mi ha consigliato di essere prudente.

raten[2] *(vt/vi, hat; er* **rät**, **riet**, **geraten***)* ~ {*(etwas)* ~} indovinare (qcs), cercare di indovinare ♦ *rate mal, wer angerufen hat!* indovina un po' chi ha telefonato!

ratenweise [-ənˌvaizə] *(avv)* ~ a rate.

Ratenzahlung [-ənˌtsaːlʊŋ] *(f; -, -en)* ~ pagamento a rate.

Ratgeber [-ˌgeːbɐ] *(m; -s, -)* ***1*** consigliere, ispiratore ♦ *ein schlechter Ratgeber sein* essere un cattivo consigliere. ***2*** manuale, guida.

Rathaus [-ˌhaus] *(n; -es, -häuser)* ~ municipio.

Ration [raˈtsjoːn] *(f; -, -en)* ~ razione (di cibo).

rational [ratsjoˈnaːl] *(agg)* ~ razionale.

rationell [ratsjoˈnɛl] *(agg)* ~ funzionale, pratico, razionale.

rationieren [ratsjoˈniːrən] *(vt, hat)* ~ razionare.

Rationierung [ratsjoˈniːrʊŋ] *(f; -, -en)* ~ razionamento.

ratlos [ˈraːtˌloːs] *(agg)* ~ perplesso, confuso.

Ratlosigkeit [ˈraːtˌloːzɪçkait] *(f; -)* ~ perplessità, confusione.

ratsam [ˈraːtˌzaːm] *(agg)* ~ consigliabile, opportuno.

Ratschlag [ˈraːtˌʃlaːk] *(m; -(e)s, -schläge)* ~ consiglio, suggerimento ♦ *jmdm einen Ratschlag geben* dare un consiglio a qcn.

Rätsel [ˈrɛtsəl] *(n; -s, -)* ***1*** enigma, indovinello ♦ *ein Rätsel lösen/raten* risolvere un indovinello. ***2*** *(fig)* enigma, mistero ♦ *es ist mir ein Rätsel, wie sie es geschafft hat* per me è un mistero come ce l'abbia fatta. ◆ **in Rätseln sprechen** parlare per enigmi.

rätselhaft [-ˌhaft] *(agg)* ~ enigmatico, misterioso.

Rätselheft [-ˌhɛft] *(n; -(e)s, -e)* ~ rivista di enigmistica.

Rätselkunde [-ˌkʊndə] *(f; -)* ~ enigmistica.

rätseln [-n] *(vi, hat)* ~ {*über etwas* (Acc) ~} cercare di indovinare qcs.

Ratte [ˈratə] *(f; -, -n)* ~ *(zool)* ratto.

Rattengift [-nˌgɪft] *(n; -(e)s, -e)* ~ veleno per topi.

rattern [ˈratɐn] *(vi, hat/ist)* ***1*** *(aux* hat*)* fare fracasso (macchinari). ***2*** *(aux* ist*)* avvicinarsi con fracasso.

rau († **rauh**) [rau] *(agg)* ***1*** ruvido, scabro ♦ *raue Haut* pelle ruvida ♦ *ein rauer Stoff* una stoffa ruvida. ***2*** rauco, roco. ***3*** rigido (clima). ***4*** *(fig)* ruvido, brusco, burbero, scortese. ***5*** *(avv)* *(fig)* ruvidamente, bruscamente, in modo scortese.

Raub [raup] *(m; -(e)s)* ***1*** rapina ♦ *einen Raub (an jmdm) begehen/verüben* compiere una rapina (ai danni di qcn). ***2*** rapimento. ***3*** bottino, preda.

Raubbau [-ˌbau] *(m; -(e)s)* ***1*** sfruttamento selvaggio (delle risorse naturali). ***2*** *(fig)* abuso ♦ *mit seiner Gesundheit Raubbau treiben* abusare della propria salute. ◆ **Raubbau am Wald** disboscamento selvaggio.

rauben ['raubən] *(vt, hat)* ***1*** {*(jmdm) etwas* ~} rubare qcs (a qcn) (con la violenza). ***2*** rapire. ***3*** {*(jmdm) etwas* ~} *(fig/lett)* rubare qcs a qcn, togliere qcs a qcn.

Räuber ['rɔybɐ] *(m; -s, -; f* **-in***)* ***1*** rapinatore. ***2*** brigante, bandito. ***3*** rapitore. ***4*** animale da preda, predatore.

räuberisch ['rɔybərɪʃ] *(agg)* ***1*** brigantesco. ***2*** rapace, predatore.

Raubtier ['raupˌtiːɐ] *(n; -(e)s, -e)* ~ predatore, animale rapace.

Raubvogel ['raupˌfoːgəl] *(m; -s, -vögel)* ~ uccello rapace.

Rauch [raux] *(m; -(e)s)* ~ fumo ♦ *dichter, schwarzer Rauch* fumo denso, nero. ◆ **in Rauch aufgehen** *(fig)* andare in fumo. ◆ **kein Rauch ohne Flamme** *(prov)* ogni cosa ha la sua causa.

Rauchabzug [-ˌˀaptsuːk] *(m; -(e)s, -züge)* ~ canna fumaria.

rauchen [-ən] *(vi/vt, hat)* ***1*** *(vi)* fumare, emettere fumo ♦ *der Schornstein raucht* il camino fuma. ***2*** *(vi/vt)* fumare (tabacco) ♦ *eine Zigarette rauchen* fumare una sigaretta ♦ *hier darf man nicht rauchen* qui non si può fumare. ◆ **wie ein Schlot rauchen** fumare come una ciminiera.

Rauchen *(n; -s)* ~ fumo, il fumare (tabacco) ♦ *der Arzt hat mir das Rauchen verboten* il medico mi ha proibito il fumo ♦ *ich habe mir das Rauchen abgewöhnt* ho smesso di fumare. ◆ **Rauchen verboten!** vietato fumare!

Raucher [-ɐ] *(m; -s, -; f* **-in***)* ~ fumatore.

Raucherabteil [-ɐˀapˌtail] *(m; -s, -e)* ~ scompartimento fumatori.

räuchern ['rɔyçɐn] *(vt, hat)* ~ affumicare (cibi).

Rauchfang ['rauxˌfaŋ] *(m; -(e)s, -fänge)* ~ cappa del camino.

rauchig ['rauxɪç] *(agg)* ~ fumoso, pieno di fumo.

Rauchwaren ['rauxˌvaːrən] *(pl)* ~ tabacchi.

Räude ['rɔydə] *(f; -, -n)* ~ rogna.

räudig ['rɔydɪç] *(agg)* ~ rognoso, malato di rogna.

rauf, **rauf-** [rauf] *(avv) (fam)* ~ vedi **herauf**, **herauf-**, **hinauf**, **hinauf-**.

Raufbold [-ˌbɔlt] *(m; -(e)s, -e)* ~ attaccabrighe.

Raufe ['raufə] *(f; -, -n)* ~ rastrelliera, greppia.

raufen [-n] *(vi, hat)* ~ accapigliarsi, azzuffarsi, darsele (con qcn). ◆ **sich (mit jmdm) raufen** *(vr) (fam)* accapigliarsi, azzuffarsi (con qcn).

rauh ~ vedi **rau**.

Rauheit ['rauˌhait] *(f; -)* ***1*** ruvidezza, ruvidità, scabrosità. ***2*** raucedine. ***3*** rigore, asprezza (del clima). ***4*** *(fig)* ruvidezza, scortesia.

Rauhreif ~ vedi **Raureif**.

Raum [raum] *(m; -(e)s, Räume)* ***1*** stanza, vano, locale ♦ *ein dunkler, heller, luftiger Raum* una stanza buia, luminosa, ariosa ♦ *die Wohnung hat vier Räume* l'appartamento ha quattro stanze. ***2*** *(solo sing)* spazio, posto ♦ *dieser Tisch nimmt viel Raum ein* questo tavolo occupa molto spazio ♦ *Raum für etwas schaffen* fare posto per qcs. ***3*** area, zona, territorio. ***4*** cosmo, spazio.

Raum- *(nei composti)* ~ spaziale ♦ *Raumstation* stazione spaziale.

räumen ['rɔymən] *(vt, hat)* ***1*** togliere, levare, svuotare (per fare spazio) ♦ *die Bücher vom Schreibtisch räumen* togliere i libri dalla scrivania ♦ *eine Schublade räumen* svuotare un cassetto. ***2*** mettere, sistemare ♦ *die Wäsche in den Schrank räumen* mettere la biancheria nell'armadio. ***3*** sgombrare, liberare ♦ *wir müssen die Wohnung bis zum 1. Januar räumen* dobbiamo liberare l'appartamento entro il primo gennaio. ***4*** abbandonare, lasciare (luoghi); evacuare (città) ♦ *den Saal räumen* lasciare la sala.

Raumfahrer ['raumˌfaːrɐ] *(m; -s, -; f* **-in***)* ~ astronauta.

räumlich ['rɔymlɪç] *(agg)* ~ spaziale, di spazio. ◆ **räumlich beengt sein** avere poco spazio, stare stretti.

Raumschiff ['raumˌʃɪf] *(n; -(e)s, -e)* ~ astronave.

Raumtemperatur ['raumtɛmpəra,tu:ɐ] *(f; -, -en)* ~ temperatura ambiente.
Räumung ['rɔymʊŋ] *(f; -, -en)* ***1*** sgombero. ***2*** abbandono; evacuazione (di luoghi).
Raupe ['raupə] *(f; -, -n)* ~ *(zool)* bruco.
Raupenkette [-n,kɛtə] *(f; -, -n)* ~ cingolo.
Raureif († **Rauhreif**) ['rau,raif] *(m; -(e)s)* ~ brina.
raus, raus- [raus] *(avv) (fam)* ~ vedi **heraus, heraus-, hinaus, hinaus-**.
Rausch [rauʃ] *(m; -es, Räusche)* ***1*** ubriacatura, sbronza, sbornia ♦ *seinen Rausch ausschlafen* smaltire la sbronza dormendo. ***2*** intontimento, stordimento (da droghe). ***3*** ebbrezza, inebriamento.
rauschen [-ən] *(vi, hat)* ***1*** frusciare, stormire ♦ *die Blätter rauschen im Wind* le foglie stormiscono nel vento. ***2*** mormorare; rumoreggiare (acque).
Rauschgift [-,gɪft] *(n; -(e)s, -e)* ~ droga, sostanza stupefacente.
Rauschgifthändler [-gɪft,hɛndlɐ] *(m; -s, -; f* **-in***)* ~ trafficante di stupefacenti.
Rauschgiftsucht [-gɪft,zʊxt] *(f; -)* ~ tossicomania, tossicodipendenza.
rauschgiftsüchtig [-gɪft,zʏçtɪç] *(agg)* ~ tossicomane, tossicodipendente.
Rauschmittel [-,mɪtəl] *(n; -s, -)* ~ droga, sostanza stupefacente; alcol.
räuspern ['rɔyspɐn] *(vr, hat)* ~ **sich räuspern** schiarirsi la voce.
raus|schmeißen *(vt, hat; irr/ortogr* sch-meißen*)* ~ *(fam)* buttare fuori, cacciare via.
Raute ['rautə] *(f; -, -n)* ***1*** *(bot)* ruta. ***2*** *(geom)* rombo.
Razzia ['ratsja] *(f; -, Razzien)* ~ retata (di polizia).
Reagenzglas [rea'gɛnts,gla:s] *(n; -es, -gläser)* ~ provetta.
reagieren [rea'gi:rən] *(vi, hat)* ***1*** {*auf etwas* (Acc) ~} reagire a qcs. ***2*** *(chim)* reagire.
Reaktion [reak'tsjo:n] *(f; -, -en)* ~ reazione *(anche chim/fis)* ♦ *die Reaktion auf eine Frage* la reazione a una domanda.
Reaktionär *(m; -s, -e)* ~ reazionario.
Reaktor [re'akto:ɐ] *(m; -s, -en)* ~ reattore.
real [re'a:l] *(agg)* ***1*** reale, concreto. ***2*** reale, di fatto. ***3*** *(econ)* reale.
realisierbar [reali'zi:ɐ,ba:ɐ] *(agg)* ~ realizzabile.
realisieren [reali'zi:rən] *(vt, hat)* ***1*** realizzare *(anche econ)*, attuare. ***2*** realizzare, comprendere.
Realisierung [reali'zi:rʊŋ] *(f; -)* ~ realizzazione, attuazione.
Realismus [rea'lɪsmʊs] *(m; -)* ~ realismo.
realistisch [rea'lɪstɪʃ] *(agg)* ~ realistico.
Realität [reali'tɛ:t] *(f; -, -en)* ~ realtà.
Realpolitik [re'a:lpoli,ti:k] *(f; -)* ~ realismo politico, Realpolitik.
Realschule [re'a:l,ʃu:lə] *(f; -, -n)* ~ scuola superiore (a indirizzo tecnico).
Rebe ['re:bə] *(f; -, -n)* ~ *(bot)* vite.
Rebell [re'bɛl] *(m; -en, -en; f* **-in***)* ~ ribelle.
rebellieren [rebɛ'li:rən] *(vi, hat)* ~ {*gegen jmdn/etwas* ~} ribellarsi contro qcn/qcs.
Rebellion [rebɛ'ljo:n] *(f; -, -en)* ~ ribellione.
rebellisch [re'bɛlɪʃ] *(agg)* ~ ribelle. ♦ **rebellisch werden** ribellarsi.
Rebhuhn ['re:p,hu:n] *(n; -(e)s, -hühner)* ~ *(zool)* starna; pernice.
Rechenart ['rɛçən,ʔa:ɐt] *(f; -, -en)* ~ operazione (aritmetica).
Rechenbrett ['rɛçən,brɛt] *(n; -(e)s, -er)* ~ pallottoliere.
Rechengerät ['rɛçəngə,rɛ:t] *(n; -(e)s, -e)* ~ calcolatrice, calcolatore.
Rechenmaschine ['rɛçənma,ʃi:nə] *(f; -, -n)* ~ calcolatrice, calcolatore.
Rechenschaft ['rɛçən,ʃaft] *(f; -)* ~ conto, ragione ♦ *jmdm über etwas* (Acc) *Rechenschaft geben/ablegen* rendere conto a qcn di qcs ♦ *jmdm Rechenschaft schulden* dover rendere conto a qcn ♦ *jmdn für etwas zur Rechenschaft ziehen* chiedere conto a qcn di qcs.
Rechenschaftsbericht ['rɛçənʃaftsbə,rɪçt] *(m; -(e)s, -e)* ~ rendiconto, resoconto.
Recherche [re'ʃɛrʃə] *(f; -, -n)* ~ ricerca, indagine ♦ *über jmdn/etwas Recherchen anstellen* fare indagini su qcn/qcs.
recherchieren [reʃɛr'ʃi:rən] *(vi/vt, hat)* ~ {*(etwas)* ~} fare ricerche (su qcs), indagare (su qcs).
rechnen[1] ['rɛçnən] *(vi, hat)* ***1*** calcolare, fare di conto ♦ *im Kopf rechnen* calcolare a mente. ***2*** {*auf jmdn/etwas* ~}, contare su qcn/qcs, fare affidamento su qcn/qcs ♦ *ich rechne auf dich, auf deine Unterstützung* conto su di te, sul tuo sostegno. ***3*** {*mit etwas* ~} contare su qcs, aspettar-

si qcs, mettere in conto qcs ♦ *mit einer positiven Antwort rechnen* contare su una risposta positiva ♦ *ich muss auch damit rechnen, dass* devo anche mettere in conto che.

rechnen² *(vt,* hat*)* ***1*** calcolare ♦ *die Entfernung wird in Meilen gerechnet* la distanza viene calcolata in miglia ♦ *vom 1. Januar an gerechnet* calcolando a partire dal primo gennaio. ***2*** {*jmdn/etwas zu etwas ~*} contare qcn/qcs fra qcs, annoverare qcn/qcs fra qcs ♦ *ich rechne ihn zu meinen besten Freunden* lo annovero fra i miei migliori amici.

Rechner ['rɛçnɐ] *(m;* -s, -*)* ***1*** calcolatore, calcolatrice. ***2*** computer.

rechnerisch ['rɛçnərɪʃ] *(agg)* ~ aritmetico, di calcolo.

Rechnung ['rɛçnʊŋ] *(f;* -, -en*)* ***1*** conto; fattura ♦ *eine Rechnung begleichen, bezahlen* saldare, pagare un conto. ***2*** conto, calcolo. ***3*** *(fig)* calcolo, previsione, aspettativa. ◆ **auf jmds Rechnung gehen** ***1*** essere pagato da qcn ♦ *das Essen geht auf meine Rechnung* il pranzo lo pago io. ***2*** *(fig)* essere colpa di qcn, essere da attribuire a qcn. ◆ **auf/für Rechnung eines Dritten** per conto terzi. ◆ **jmdm etwas in Rechnung stellen** mettere qcs in conto a qcn. ◆ **die Rechnung ohne den Wirt machen** *(fig)* fare i conti senza l'oste.

Rechnungsauszug [-s,ˀaustsu:k] *(m;* -(e)s, -züge*)* ~ estratto conto.

recht¹ [rɛçt] *(agg)* ***1*** giusto, adatto ♦ *der rechte Mann am rechten Ort* l'uomo giusto al posto giusto. ***2*** *(spec neg)* vero, vero e proprio, reale ♦ *ich habe keine rechte Lust dazu* non ne ho realmente voglia. ***3*** giusto, corretto ♦ *das ist nicht recht von Ihnen* questo non è giusto da parte Sua. ***4*** retto ♦ *vom rechten Wege abweichen* deviare dalla retta via. ◆ **nach dem Rechten sehen** andare a vedere se tutto è a posto.

recht² *(avv)* ***1*** esattamente, bene ♦ *habe ich recht verstanden?* ho capito bene? ♦ *ich weiß nicht recht, was ich tun soll* non so bene cosa fare. ***2*** al momento giusto, a proposito ♦ *recht kommen* capitare a proposito. ***3*** molto, proprio, abbastanza ♦ *recht schön* proprio bello ♦ *recht herzlichen Dank!* mille grazie davvero. ◆ **jetzt erst recht** ora più che mai. ◆ **recht und schlecht** bene o male, alla meno peggio. ◆ **jmdm recht geschehen** star bene a qcn, essere meritato ♦ *das geschieht dir recht!* ti sta bene! ◆ **recht (Recht) behalten**, **geben**, **haben** (vedi **Recht**). ◆ **jmdm etwas recht machen** accontentare qcn in qcs, fare qcs come vuole qcn. ◆ **jmdm recht sein** andar bene a qcn, per qcn ♦ *ist es dir recht, wenn ich morgen komme?* ti va bene se vengo domani? ♦ *wenn es dir recht ist* se per te va bene. ◆ **recht daran tun** far bene, fare la cosa giusta. ◆ **was dem einen recht ist, ist dem anderen billig** *(prov)* non bisogna avere due pesi e due misure.

Recht *(n;* -(e)s, -e*)* ***1*** *(solo sing)* diritto, legislazione, legge ♦ *das römische Recht* il diritto romano ♦ *das Recht verletzen* violare la legge ♦ *gegen das Recht handeln* agire contro la legge. ***2*** diritto ♦ *ein Recht ausüben* esercitare un diritto ♦ *das Recht auf etwas* (Acc) *haben* avere diritto a qcs ♦ *das Recht (dazu) haben, etwas zu tun* avere il diritto di fare qcs. ◆ **mit gutem Recht** a buon diritto. ◆ **Recht** († **recht**) **behalten/haben** avere ragione. ◆ **jmdm Recht** († **recht**) **geben** dar ragione a qcn. ◆ **Recht sprechen** amministrare la giustizia. ◆ **im Recht sein** essere nel giusto, essere dalla parte della ragione. ◆ **von Rechts wegen** di diritto. ◆ **zu Recht** a buon diritto, a ragione. ◆ **zu seinem Recht kommen** ottenere giustizia. ◆ **alle Rechte vorbehalten** tutti i diritti riservati.

rechte(r, -s) [-ə (-ɐ, -əs)] *(agg)* ~ destro ♦ *der rechte Arm* il braccio destro. ◆ **jmds rechte Hand sein** *(fig)* essere il braccio destro di qcn. ◆ **die rechte Seite** il diritto (di stoffa). ◆ **rechter Winkel** *(geom)* angolo retto.

Rechte [-ə] *(f;* -n, -n*)* ~ destra *(anche pol)* ♦ *zu jmds Rechten sitzen* stare seduto alla destra di qcn.

Rechteck [-,ˀɛk] *(n;* -(e)s, -e*)* ~ rettangolo.

rechteckig [-,ˀɛkɪç] *(agg)* ~ rettangolare.

rechtens († **Rechtens**) [-əns] *(avv)* ~ giustamente, con diritto. ◆ **rechtens sein** essere giusto.

rechtfertigen [-ˌfɛrtɪgən] *(vt,* hat*)* ~ giustificare, scusare ♦ *das rechtfertigt sein Verhalten nicht* questo non giustifica il suo comportamento. ◆ **sich** (**vor jmdm wegen etwas**) **rechtfertigen** *(vr)* giustificarsi (di fronte a qcn per qcs).

Rechtfertigung [-ˌfɛrtɪgʊŋ] *(f;* -, -en*)* ***1*** giustificazione. ***2*** discolpa, difesa ♦ *etwas zu seiner Rechtfertigung vorbringen* addurre qcs a propria discolpa.

rechtgläubig [-ˌglɔybɪç] *(agg)* ~ ortodosso.

Rechtgläubigkeit [-ˌglɔybɪçkait] *(f; -)* ~ ortodossia.

rechthaberisch [-ˌhaːbərɪʃ] *(agg)* ~ prepotente, che vuole sempre avere ragione.

rechtlich [-lɪç] *(agg)* ***1*** giuridico, legale. ***2*** *(avv)* giuridicamente, legalmente.

rechtmäßig [-ˌmɛːsɪç] *(agg)* ~ legale, legittimo ♦ *rechtmäßiger Eigentümer* legittimo proprietario.

rechts [ˈrɛçts] *(avv)* ***1*** a destra, sulla destra ♦ *rechts vom Theater* a destra del teatro ♦ *rechts abbiegen* svoltare a destra ♦ *rechts gehen, fahren* andare a destra. ***2*** *(fig)* a destra (politicamente). ***3*** sul diritto (di una stoffa). ◆ **nach rechts** a destra, verso destra. ◆ **von rechts** da destra. ◆ **von rechts nach links** da destra a sinistra.

Rechtsanwalt [-ˌˀanvalt] *(m;* -(e)s, -anwälte; *f* **-anwältin***)* ~ avvocato.

rechtschaffen [ˈrɛçtˌʃafən] *(agg)* ~ onesto, retto, perbene. ***2*** *(avv)* onestamente, rettamente.

Rechtschreibfehler [ˈrɛçtˈʃraipˌfeːlɐ] *(m;* -s, -*)* ~ errore d'ortografia.

Rechtschreibreform [ˈrɛçtˈʃraipreˌfɔrm] *(f;* -, -en*)* ~ riforma ortografica.

Rechtschreibung [ˈrɛçtˌʃraibʊŋ] *(f; -)* ~ ortografia.

Rechtshänder [ˈrɛçtsˌhɛndɐ] *(m;* -s, -; *f* **-in***)* ~ destro, destrimano.

Rechtsprechung [ˈrɛçtsˌʃprɛçʊŋ] *(f;* -, -en*)* ~ sentenza, decisione giuridica.

rechtsradikal [ˈrɛçtsradiˌkaːl] *(agg)* ~ di estrema destra.

Rechtsradikale [-ə] *(m/f;* -n, -n*)* ~ estremista di destra.

Rechtsweg [ˈrɛçtsˌveːk] *(m;* -(e)s, -e*)* ~ via legale ♦ *den Rechtsweg beschreiten/einschlagen/gehen* procedere per vie legali.

rechtswidrig [ˈrɛçtsˌviːdrɪç] *(agg)* ***1*** contrario alla legge, illegale. ***2*** *(avv)* illegalmente.

Rechtswidrigkeit [-ˌkait] *(f; -)* ~ illegalità, illegittimità.

Rechtswissenschaft [ˈrɛçtsˌvɪsənʃaft] *(f; -)* ~ giurisprudenza.

rechtwinklig [ˈrɛçtˌvɪŋklɪç] *(agg)* ~ rettangolo ♦ *rechtwinkliges Dreieck* triangolo rettangolo.

rechtzeitig [ˈrɛçtˌtsaitɪç] *(agg)* ***1*** tempestivo; puntuale. ***2*** *(avv)* tempestivamente, per tempo, in tempo; puntualmente ♦ *rechtzeitig kommen* arrivare in tempo.

Rechtzeitigkeit [-ˌkail] *(f; -)* ~ tempestività.

recken [ˈrɛkən] *(vt,* hat*)* ~ stirare, stendere, distendere (arti) ♦ *die Beine recken* stirare le gambe. ◆ **sich recken** *(vr)* stirarsi.

Recorder ~ vedi **Rekorder**.

recyceln [riˈsaikəln] *(vt,* hat*)* ~ riciclare.

Recycling [riˈsaiklɪŋ] *(n;* -s*)* ~ riciclaggio.

Redakteur [redakˈtøːɐ] *(m;* -s, -e; *f* **-in***)* ~ redattore, giornalista.

Redaktion [redakˈtsjoːn] *(f;* -, -en*)* ***1*** redazione, stesura. ***2*** redazione, redattori.

Rede [ˈreːdə] *(f;* -, -n*)* ***1*** discorso, orazione ♦ *eine Rede halten* tenere un discorso. ***2*** discorso, parole, conversazione ♦ *die Rede auf ein Thema bringen* portare il discorso su un argomento. ***3*** *(spec pl)* diceria, voce ♦ *es geht die Rede, dass* gira la voce che. ◆ **erlebte Rede** monologo interiore. ◆ **es ist von jmdm/etwas die Rede** si parla di qcn/qcs ♦ *wovon ist die Rede?* di cosa si parla? ♦ *davon kann keine Rede sein* non se ne parla nemmeno! ◆ **das ist nicht der Rede wert** non vale la pena discuterne. ◆ **langer Rede kurzer Sinn** in poche parole, in parole povere. ◆ **jmdm in die Rede fallen** interrompere qcn (mentre parla). ◆ **jmdn zur Rede stellen** chiedere ragione a qcn.

Redefreiheit [-ˌfraihait] *(f; -)* ~ libertà di parola.

reden[1] [-n] *(vi,* hat*)* ***1*** {*mit jmdm über jmdn/etwas* ~}, {*mit jmdm von jmdm/etwas* ~} parlare, discutere di qcn/qcs con qcn. ***2*** parlare, tenere un discorso ♦ *vor einem Publikum reden* parlare davanti a un pubblico. ◆ **gut reden ha-**

ben avere un bel dire. ◆ **von sich reden machen** far parlare di sé. ◆ **mit den Händen reden** parlare con le mani, gesticolare. ◆ **vor sich hin reden** parlare fra sé e sé. ◆ **Reden ist Silber, Schweigen ist Gold** *(prov)* il silenzio è d'oro, la parola è d'argento.

reden² *(vt,* hat*)* ~ dire ◆ *Gutes über jmdn reden* dire bene di qcn ◆ *Unsinn reden* dire stupidaggini ◆ *kein Wort reden* non dire una parola. ◆ **sich heiser reden** *(vr)* diventare roco a forza di parlare.

Redensart [-nsˌʔaːɐt] *(f;* -, -en*)* ***1*** modo di dire, locuzione, espressione. ***2*** *(pl)* frasi fatte, luoghi comuni.

Redeteil [-ˌtail] *(m;* -(e)s, -e*)* ~ *(gramm)* parte del discorso.

Redewendung [-ˌvɛndʊŋ] *(f;* -, -en*)* ~ modo di dire, locuzione, espressione ◆ *eine feste Redewendung* un'espressione fissa.

redigieren [rediˈgiːrən] *(vt,* hat*)* ~ redigere, stendere.

redlich [ˈreːtlɪç] *(agg)* ***1*** onesto, retto, perbene. ***2*** *(fig)* grande ◆ *sich redliche Mühe geben* darsi un gran daffare. ***3*** *(avv)* onestamente, rettamente; molto.

Redlichkeit [-ˌkait] *(f;* -*)* ~ onestà, rettitudine.

Redner [ˈreːdnɐ] *(m;* -s, -; *f* **-in***)* ~ oratore.

redselig [ˈreːtˌzeːlɪç] *(agg)* ~ loquace.

reduzieren [reduˈtsiːrən] *(vt,* hat*)* ***1*** ridurre, diminuire, limitare ◆ *die Preise auf die Hälfte reduzieren* ridurre i prezzi della metà. ***2*** {*etwas auf etwas* (Acc) ~} ridurre qcs a qcs, ricondurre qcs a qcs. ◆ **sich reduzieren** *(vr)* ridursi, diminuire.

Reede [ˈreːdə] *(f;* -, -n*)* ~ rada.

Reeder [ˈreːdɐ] *(m;* -s, -*)* ~ armatore.

reell [reˈɛl] *(agg)* ~ onesto, fidato.

Referat [refeˈraːt] *(n;* -(e)s, -e*)* ~ rapporto, relazione ◆ *ich muss ein Referat für die Prüfung schreiben* devo scrivere una relazione per l'esame.

Referent [refeˈrɛnt] *(m;* -en, -en; *f* **-in***)* ***1*** relatore. ***2*** incaricato, referente.

Referenz [refeˈrɛnts] *(f;* -, -en*)* ~ referenze, raccomandazione ◆ *gute Referenzen beibringen* fornire buone referenze.

referieren [refeˈriːrən] *(vi,* hat*)* ~ {*über jmdn/etwas* ~} riferire su qcn/qcs, fare una relazione su qcn/qcs.

reflektieren [reflɛkˈtiːrən] *(vt/vi,* hat*)* ***1*** *(vt)* riflettere, specchiare. ***2*** {*über etwas* (Acc) ~} *(vi)* riflettere su qcs. ***3*** {*auf etwas* (Acc) ~} *(vi)* aspirare, mirare a qcs.

Reflex [reˈflɛks] *(m;* -(e)s, -e*)* ~ riflesso (luce riflessa; reazione).

Reflexion [reflɛˈksjoːn] *(f;* -, -en*)* ~ *(fis)* riflessione *(anche fig)*.

reflexiv [reflɛˈksiːf] *(agg)* ~ *(ling)* riflessivo.

Reform [reˈfɔrm] *(f,* -, -en*)* ~ riforma.

Reformation [refɔrmaˈtsjoːn] *(f;* -, -en*)* ~ *(relig)* Riforma protestante.

Reformhaus [reˈfɔrmˌhaus] *(n;* -es, -häuser*)* ~ negozio di prodotti naturali, erboristeria.

reformieren [refɔrˈmiːrən] *(vt,* hat*)* ~ riformare.

reformiert [refɔrˈmiːɐt] *(agg)* ~ *(relig)* riformato.

Regal [reˈgaːl] *(n;* -s, -e*)* ~ scaffale ◆ *ein Buch ins Regal stellen* mettere un libro sullo scaffale.

rege [ˈreːgə] *(agg)* ~ vivace, vivo, animato ◆ *eine rege Fantasie* una fantasia vivace. ◆ **rege werden** *(fig)* destarsi, sorgere.

Regel [ˈreːgəl] *(f;* -, -n*)* ***1*** regola *(anche relig)*, norma ◆ *die Regeln des Spiels* le regole del gioco. ***2*** mestruazioni, ciclo mestruale. ◆ **in der Regel** generalmente, di regola. ◆ **nach allen Regeln der Kunst** a regola d'arte. ◆ **keine Regel ohne Ausnahme** *(prov)* ogni regola ha la sua eccezione.

regelbar [-ˌbaːɐ] *(agg)* ~ regolabile.

regelmäßig [-ˌmɛːsɪç] *(agg)* ***1*** regolare *(anche gramm)* ◆ *regelmäßige Kontrollen* controlli regolari ◆ *regelmäßige Verben* verbi regolari. ***2*** *(avv)* regolarmente.

Regelmäßigkeit [-mɛːsɪçˌkait] *(f;* -*)* ~ regolarità.

regeln [-n] *(vt,* hat*)* ***1*** regolare, sistemare ◆ *einen Streitfall regeln* regolare una controversia. ***2*** regolamentare, disciplinare. ***3*** regolare, dirigere (traffico). ◆ **sich regeln** *(vr)* sistemarsi, risolversi, andare a posto ◆ *das wird sich von selbst regeln* questo si sistemerà da sé.

regelrecht [-ˌrɛçt] *(agg)* ***1*** regolare, conforme alle regole, in piena regola. ***2*** *(fig/fam)* vero e proprio, in piena regola, bello e buono ♦ *eine regelrechte Unverschämtheit* una sfacciataggine bella e buona. ***3*** *(avv)* regolarmente, secondo le regole; veramente, proprio.

Regelung [-ʊŋ] *(f; -, -en)* ~ regolamentazione, regolamento, ordinamento.

regelwidrig [-ˌviːdrɪç] *(agg)* ~ irregolare, contrario alle regole.

Regelwidrigkeit [-viːdrɪçˌkait] *(f; -)* ~ irregolarità, violazione delle regole.

regen ['reːgən] *(vt,* hat*)* ~ *(lett)* muovere (spec arti). ◆ **sich regen *1*** muoversi. ***2*** *(fig/lett)* destarsi (sentimenti e sim).

Regen *(m; -s, -)* ~ pioggia *(anche fig)* ♦ *ein feiner, starker, strömender Regen* una pioggia fine, forte, torrenziale ♦ *der Regen fällt* cade la pioggia. ◆ **vom Regen in die Traufe kommen** *(fig)* cadere dalla padella nella brace.

Regenbogen [-ˌboːgən] *(m; -s, -)* ~ arcobaleno, iride.

Regenbogenhaut [-boːgənˌhaut] *(f; -, -häute)* ~ *(anat)* iride.

Regenfall [-ˌfal] *(m; -(e)s, -fälle)* ~ pioggia, precipitazione.

Regenguss († **-guß**) [-ˌgʊs] *(m; -es, -güsse)* ~ scroscio di pioggia.

Regenmantel [-ˌmantəl] *(m; -s, -mäntel)* ~ impermeabile.

regenreich [-ˌraiç] *(agg)* ~ piovoso, ricco di pioggia.

Regenrinne [-ˌrɪnə] *(f; -, -n)* ~ grondaia, doccia.

Regenschauer [-ˌʃauɐ] *(m; -s, -)* ~ scroscio di pioggia.

Regenschirm [-ˌʃɪrm] *(m; -(e)s, -e)* ~ ombrello.

Regenwasser [-ˌvasɐ] *(n; -s)* ~ acqua piovana.

Regenwetter [-ˌvɛtɐ] *(n; -s)* ~ tempo piovoso.

Regenwurm [-ˌvʊrm] *(m; -(e)s, -würmer)* ~ *(zool)* lombrico.

Regie [re'ʒiː] *(f; -)* ***1*** regia (cinematografica, teatrale, ecc) ♦ *die Regie führen* curare la regia, dirigere. ***2*** *(lett)* guida, direzione, regia. ◆ **etwas in eigener Regie führen** fare qcs per conto proprio.

regieren [re'giːrən] *(vi/vt,* hat*)* ***1*** governare ♦ *(über) ein Land regieren* governare (su) un paese. ***2*** *(gramm)* reggere.

Regierung [re'giːrʊŋ] *(f; -, -en)* ***1*** *(pol)* governo ♦ *eine demokratische Regierung* un governo democratico ♦ *die neue Regierung bilden* formare il nuovo governo ♦ *die Regierung stürzen* far cadere il governo. ***2*** governo (il governare) ♦ *die Regierung antreten/übernehmen* assumere il governo.

Regierungschef [-sˌʃɛf] *(m; -s, -s)* ~ capo del governo, presidente del consiglio.

Regime [re'ʒiːm] *(n; -/-s, -)* ~ regime.

Regiment [regi'mɛnt] *(n; -(e)s, -e/-er)* ~ *(mil)* reggimento.

Region [re'gjoːn] *(f; -, -en)* ~ regione, zona.

regional [regjo'naːl] *(agg)* ~ regionale.

Regisseur [reʒɪ'søːɐ] *(m; -s, -e; f* **-in***)* ~ regista.

Register [re'gɪstɐ] *(n; -s, -)* ***1*** registro, elenco, lista. ***2*** indice (di rubriche e sim). ***3*** *(mus)* registro. ◆ **alle Register ziehen** *(fig)* tentare tutto il possibile.

registrieren [regɪs'triːrən] *(vt,* hat*)* ~ registrare, schedare.

reglos ['reːkˌloːs] *(agg)* ~ immobile.

regnen ['reːgnən] *(v meteor,* hat*)* ***1*** piovere ♦ *es regnet in Strömen, wie aus Eimern* piove a dirotto, a catinelle ♦ *heute Nacht hat es geregnet* stanotte è piovuto. ***2*** *(impers) (fig)* piovere, fioccare ♦ *es regnete Beschwerden* fioccarono lamentele.

regnerisch ['reːgnərɪʃ] *(agg)* ~ piovoso.

regulieren [regu'liːrən] *(vt,* hat*)* ***1*** regolare, ordinare. ***2*** regolare, mettere a punto (temperatura, volume; macchinari).

Regung ['reːgʊŋ] *(f; -, -en)* ~ moto (dell'animo), sentimento ♦ *eine Regung des Mitleids* un moto di compassione.

regungslos [-sˌloːs] *(agg)* ~ immobile, fermo.

Reh [reː] *(n; -(e)s, -e)* ~ *(zool)* capriolo.

Rehabilitation [rehabilitaˈtsjoːn] *(f; -, -en)* ~ riabilitazione *(anche med)*.

rehabilitieren [rehabili'tiːrən] *(vt,* hat*)* ~ riabilitare *(anche med)*.

reiben ['raibən] *(vt,* hat; **rieb, gerieben***)* ***1*** sfregare, strofinare ♦ *die Fliesen mit einem Lappen reiben* strofinare le piastrelle con uno straccio. ***2*** grattugiare, grattare ♦ *Käse reiben* grattugiare il formaggio. ◆ **sich reiben** *(vr)* ***1*** sfregarsi, strofinarsi. ***2*** [*sich an jmdm ~*] *(fig)* scontrarsi con qcn. ◆ **sich** (Dat) **die Augen reiben** stropicciarsi gli occhi. ◆ **sich** (Dat) **etwas wund reiben** sbucciarsi qcs ♦ *ich habe mir den Finger wund gerieben* mi sono sbucciato il dito.

Reiberei [raibəˈrai] *(f; -, -en) (spec pl)* ~ contrasto, attrito.

Reibkäse [ˈraipˌkɛːzə] *(m; -s, -)* ~ formaggio da grattugiare; formaggio grattugiato.

Reibung [ˈraibʊŋ] *(f; -, -en)* ***1*** sfregamento, strofinamento. ***2*** *(fis)* attrito. ***3*** *(fig)* attrito, disaccordo, contrasto.

reich [raiç] *(agg)* ***1*** ricco, facoltoso. ***2*** ricco, prezioso, lussuoso. ***3*** ricco, abbondante ♦ *eine reiche Ernte* un raccolto abbondante. ***4*** *(fig)* ricco, grande, molteplice ♦ *reiche Erfahrungen* molteplici esperienze. ◆ **reich an etwas** (Dat) **sein** essere ricco di qcs.

Reich *(n; -(e)s, -e)* ***1*** impero, regno ♦ *das deutsche Reich* l'impero germanico. ***2*** *(fig/lett)* regno, mondo ♦ *das Reich der Toten* il regno dei morti. ◆ **das dritte Reich** il terzo Reich.

Reiche(r) [-ə (-ɐ)] *(m/f; -n, -n)* ~ ricco.

reichen[1] [-ən] *(vi, hat)* ***1*** {*(jmdm)* ~} bastare (a qcn), essere sufficiente ♦ *reicht dir das Geld?* ti bastano i soldi? ♦ *danke, es reicht!* basta, grazie! ***2*** {*mit etwas* ~} avere abbastanza di qcs, arrivare con qcs ♦ *mit dem Geld reichen wir nur bis morgen* con questi soldi arriviamo solo fino a domani. ***3*** arrivare, estendersi ♦ *die Zweige reichen bis an das Fenster* i rami arrivano fino alla finestra ♦ *das Wasser reichte uns bis zu den Knien* l'acqua ci arrivava alle ginocchia. ◆ **jetzt reicht's aber!** *(fam)* adesso basta!

reichen[2] *(vt, hat)* ~ {*jmdm etwas* ~} passare qcs a qcn, porgere qcs a qcn ♦ *reichst du mir bitte die Zeitung?* mi passi il giornale?

reichhaltig [-ˌhaltɪç] *(agg)* ***1*** ricco, ben fornito, ampio, vario (scelta e sim) ♦ *eine reichhaltige Bibliothek* una ricca biblioteca. ***2*** ricco, abbondante, copioso.

reichlich [-lɪç] *(agg)* ***1*** abbondante, ricco, copioso ♦ *ein reichlicher Schneefall* un'abbondante nevicata ♦ *ein reichliches Trinkgeld* una mancia abbondante. ***2*** *(avv)* abbondantemente, copiosamente, in abbondanza ♦ *reichlich vorhanden sein* essere presente in abbondanza. ***3*** *(avv)* qualcosa più di, abbondante ♦ *reichlich zwei Stunden* due ore abbondanti. ***4*** *(avv) (fam)* molto, piuttosto ♦ *reichlich langweilig* piuttosto noioso.

Reichstag [-sˌtaːk] *(m; -(e)s, -e)* ~ Reichstag, parlamento tedesco.

Reichtum [-ˌtuːm] *(m; -s, -tümer)* ***1*** ricchezza, beni, patrimonio ♦ *Reichtümer sammeln* accumulare ricchezze. ***2*** *(fig)* ricchezza, abbondanza, varietà ♦ *der Reichtum an exotischen Blumen* l'abbondanza di fiori esotici. ◆ **zu Reichtum kommen** diventare ricco.

Reichweite [-ˌvaitə] *(f; -, -n)* ***1*** gittata, tiro. ***2*** autonomia (di volo). ***3*** portata (di mano), distanza (breve) ♦ *etwas in Reichweite haben* avere qcs a portata di mano ♦ *in jmds Reichweite sein* essere a portata di mano di qcn. ***4*** *(fig)* portata ♦ *das liegt außerhalb meiner Reichweite* questo è fuori dalla mia portata.

reif [raif] *(agg)* ***1*** maturo *(anche fig)* ♦ *reife Birnen* pere mature. ***2*** *(fig)* maturo, compiuto (in sé), pronto ♦ *die Zeit ist reif für diese Veränderung* il tempo è maturo per questo cambiamento ♦ *er ist reif für den Auftrag* è pronto per quell'incarico. ◆ **im reiferen Alter/in reiferen Jahren** nella maturità, nella mezza età.

Reif *(m; -(e)s)* ~ brina, brinata ♦ *auf der Wiese liegt Reif* sul prato c'è la brina.

Reife [-ə] *(f; -)* ~ maturità *(anche fig)*, maturazione. ◆ **mittlere Reife** licenza ginnasiale.

reifen[1] [-ən] *(v meteor, hat)* ~ brinare.

reifen[2] *(vi, ist)* ~ maturare, diventare maturo *(anche fig)*.

reifen[3] *(vt, hat)* ~ maturare, far maturare *(anche fig)*.

Reifen *(m; -s, -)* ***1*** pneumatico, gomma. ***2*** cerchio (di botte).

Reifenpanne [-ənˌpanə] *(f; -, -n)* ~ foratura.

Reifeprüfung [-əˌpryːfʊŋ] *(f; -, -en)* ~ esame di maturità.

reiflich [-lɪç] *(agg)* ~ maturo, ponderato ♦ *nach reiflicher Überlegung* dopo matura riflessione.

Reihe [ˈraiə] *(f; -, -n)* ***1*** fila ♦ *eine Reihe Häuser* una fila di case ♦ *eine Reihe bil-*

den formare una fila. ***2*** fila (a teatro e sim) ♦ *in der ersten Reihe sitzen* essere seduto in prima fila. ***3*** serie, successione, sequela ♦ *eine Reihe schöner Gemälde/von schönen Gemälden* una serie di bei dipinti ♦ *seit einer langen Reihe von Jahren* da una lunga serie di anni. ***4*** serie, collana (di libri e sim). ***5*** *(pl)* fila ♦ *jmdn in seinen Reihen haben* avere qcn nelle proprie fila. ◆ **die Reihe ist an jmdm/jmd ist an der Reihe** tocca a qcn, è il turno di qcn ♦ *jetzt bin ich an der Reihe* ora tocca a me. ◆ **etwas ist an der Reihe** qcs è all'ordine del giorno. ◆ **an die Reihe kommen** essere il prossimo. ◆ **außer der Reihe** fuori turno, di straforo. ◆ (**wieder**) **in die Reihe kommen** *(fig/fam)* tornare a posto; guarire, rimettersi. ◆ **der Reihe nach** in ordine, in fila ♦ *die Anzeigen werden der Reihe nach veröffentlicht* gli annunci vengono pubblicati in ordine di arrivo.

reihen [-n] *(vt, hat)* ~ ordinare, mettere in fila. ◆ **sich an etwas** (Acc) **reihen** *(vr)* seguire qcs, susseguirsi (eventi e sim) ♦ *ein Unglück reihte sich an das andere* una disgrazia seguiva l'altra.

Reihenfolge [-nˌfɔlgə] *(f; -, -n)* ~ ordine, successione ♦ *in alphabetischer, chronologischer, umgekehrter Reihenfolge* in ordine alfabetico, cronologico, inverso.

Reihenhaus [-nˌhaus] *(n; -(e)s, -häuser)* ~ casa a schiera.

Reiher [ˈraiɐ] *(m; -s, -)* ~ *(zool)* airone.

reihum [ˌraiˈʔʊm] *(avv)* ~ in giro, in cerchio. ◆ **etwas reihum gehen lassen** far girare qcs, (far) passare qcs di mano in mano ♦ *sie ließ die Fotos reihum gehen* fece girare le foto.

Reim [raim] *(m; -(e)s, -e)* ~ rima ♦ *einen Reim auf ein Wort suchen* cercare una rima per una parola.

reimen [-ən] *(vi/vt, hat)* ***1*** *(vi)* scrivere versi, poetare. ***2*** *(vt)* far rimare, mettere in rima. ◆ **sich reimen** *(vr)* fare rima ♦ *„Maus" reimt sich auf „Laus"* "Maus" fa rima con "Laus".

rein[1] [rain] *(agg)* ***1*** puro, genuino ♦ *reines Gold* oro puro ♦ *reine Wolle* pura lana. ***2*** pulito, puro ♦ *reine Luft* aria pura ♦ *reine Wäsche* biancheria pulita. ***3*** puro, teorico ♦ *reine Mathematik* matematica pura. ***4*** puro, candido, casto. ***5*** puro, mero, puro e semplice, assoluto ♦ *es war ein reiner Zufall* è stato un puro caso ♦ *die reine Wahrheit* la pura verità. ***6*** *(fam)* puro, vero e proprio ♦ *das ist reiner Wahnsinn!* questa è pura follia! ***7*** *(avv)* puramente, strettamente, prettamente ♦ *vom rein wissenschaftlichen Standpunkt* dal punto di vista strettamente scientifico. ***8*** *(avv) (fam)* puramente, assolutamente, completamente, del tutto. ◆ **reine Hände haben** *(fig)* avere le mani pulite. ◆ **etwas rein machen** pulire qcs. ◆ **etwas ins Reine** († **reine**) **bringen** mettere in chiaro qcs, chiarire qcs. ◆ **mit jmdm ins Reine** († **reine**) **kommen** chiarirsi con qcn. ◆ **mit etwas ins Reine** († **reine**) **kommen** capire qcs. ◆ **mit jmdm im Reinen** († **reinen**) **sein** aver chiarito le cose con qcn. ◆ **mit etwas im Reinen** († **reinen**) **sein** aver chiaro qcs. ◆ **etwas ins Reine** († **reine**) **schreiben** scrivere qcs in bella copia.

rein[2], **rein-** *(avv)* ~ vedi **herein**, **herein-**, **hinein**, **hinein-**.

reineweg [-əˌvɛk] *(avv)* ~ *(fam)* del tutto, completamente.

Reinfall [-ˌfal] *(m; -(e)s, -fälle)* ~ *(fam)* fregatura.

rein|fallen *(vi, ist; irr fallen)* ***1*** *(fam)* {*mit jmdm etwas* ~} prendere una fregatura da qcn/con qcs. ***2*** *(fam)* cascarci, rimanere fregato.

Reinheit [-ˌhait] *(f; -)* ***1*** purezza, genuinità, pulizia. ***2*** purezza, onestà, integrità. ***3*** purezza, candore. ***4*** correttezza (di pronuncia e sim).

reinigen [-ɪgən] *(vt, hat)* ***1*** pulire, detergere; lavare. ***2*** disinfettare. ***3*** depurare.

Reiniger [-ɪgɐ] *(m; -s, -)* ~ detergente, detersivo.

Reinigung [-ɪgʊŋ] *(f; -, -en)* ***1*** pulizia, pulitura, lavaggio. ***2*** tintoria, lavanderia. ***3*** depurazione.

reinlich [-lɪç] *(agg)* ***1*** pulito, amante della pulizia. ***2*** pulito, lindo.

reinrassig [-ˌrasɪç] *(agg)* ~ di pura razza.

Reis [rais] *(m; -es, -e)* ~ *(bot)* riso.

Reise [ˈraizə] *(f; -, -n)* ~ viaggio ♦ *eine Reise mit dem Auto, dem Flugzeug, dem Zug* un viaggio in auto, in aereo, in treno. ◆ **eine Reise antreten** intraprendere un viaggio, mettersi in viaggio. ◆ **auf Reisen gehen**, **sein** andare, essere in viaggio. ◆ **auf der Reise** in viaggio, durante il viaggio. ◆ **gute Reise!** buon viaggio!

Reisebüro [-byˌroː] *(n; -s, -s)* ~ agenzia di viaggi.

Reisebus [-ˌbʊs] *(m; -ses, -se)* ~ abbrev di **Reiseomnibus**.

Reiseführer [-ˌfyːrɐ] *(m; -s, -; f* **-in***)* ~ guida turistica (persona; libro).

Reisegesellschaft [-gəˌzɛlʃaft] *(f; -, -en)* ~ comitiva.

reisen [-n] *(vi, ist)* **1** viaggiare ♦ *geschäftlich reisen* viaggiare per affari ♦ *mit dem Zug reisen* viaggiare in treno ♦ *erster Klasse reisen* viaggiare in prima classe. **2** andare (in viaggio), fare un viaggio ♦ *sie sind nach Berlin gereist* hanno fatto un viaggio a Berlino. **3** partire (per un viaggio).

Reisende(r) [-ndə (-ndɐ)] *(m/f; -n, -n)* **1** viaggiatore. **2** passeggero (di treno, ecc). **3** commesso viaggiatore.

Reiseomnibus [-ˌˀɔmnibʊs] *(m; -ses, -se)* ~ pullman, corriera.

<u>**Reisepass**</u> († **-paß**) [-ˌpas] *(m; -es, -pässe)* ~ passaporto.

Reisig [ˈraizɪç] *(n; -s)* ~ rami secchi.

reißen[1] [ˈraisən] *(vi, ist;* **riss**, **gerissen**; *ortogr pres* ich reiße, ecc; *pret* ich <u>riss</u>, ihr <u>risst</u>, *imperat* reiß!*)* ~ strapparsi, rompersi ♦ *die Schnur ist gerissen* lo spago si è strappato.

reißen[2] *(vt, hat;* **riss**, **gerissen**; *ortogr pres* ich reiße, ecc; *pret* ich <u>riss</u>, ihr <u>risst</u>, *imperat* reiß!*)* **1** strappare, stracciare, lacerare ♦ *ein Blatt in Stücke reißen* strappare un foglio in pezzi. **2** strappare via *(anche fig)* ♦ *jmdm etwas aus den Händen reißen* strappare qcs dalle mani a qcn. **3** trascinare, scaraventare ♦ *jmdn zu Boden reißen* scaraventare a terra qcn. **4** fare (con uno strappo) ♦ *ich habe mir ein Loch in das Hemd gerissen* mi sono fatto un buco nella camicia. **5** sbranare. **6** {*an etwas* (Dat) ~} *(vi)* tirare qcs (con violenza), dare strappi a qcs ♦ *der Hund reißt an der Leine* il cane dà strappi al guinzaglio. ◆ **sich reißen** *(vr)* **1** ferirsi, graffiarsi. **2** liberarsi, staccarsi (a strattoni). **3** {*sich um jmdn/etwas* ~} *(fig/fam)* accapigliarsi per qcn/qcs, contendersi qcn/qcs. ◆ **etwas an sich** (Acc) **reißen** afferrare qcs (con violenza), impadronirsi di qcs *(anche fig)*. ◆ **hin und her gerissen sein** *(fig/fam)* essere combattuto.

reißend [-t] *(agg)* ~ impetuoso (corrente e sim). ◆ **reißenden Absatz finden** andare a ruba. ◆ **reißender Schmerz** dolore lancinante. ◆ **reißendes Tier** animale feroce.

Reißer [ˈraisɐ] *(m; -s, -)* ~ *(fam)* successo (libro, film, ecc); articolo che va a ruba.

<u>**Reißverschluss**</u> († **-verschluß**) [ˈraisfɛɐ-ʃlʊs] *(m; -es, -schlüsse)* ~ cerniera lampo, lampo, zip.

Reißzahn [ˈraisˌtsaːn] *(m; -(e)s, -zähne)* ~ zanna, canino (di predatori).

Reißzwecke [ˈraisˌtsvɛkə] *(f; -, -n)* ~ puntina da disegno.

reiten[1] [ˈraitən] *(vi, ist/hat;* **ritt**, **geritten***)* **1** cavalcare, andare a cavallo ♦ *auf einem Pferd reiten* andare a cavallo, cavalcare un cavallo ♦ *ich bin/habe zwei Stunden geritten* ho cavalcato per due ore ♦ *wir sind bis zum Wald geritten* abbiamo cavalcato fino al bosco.

reiten[2] *(vt, hat;* **ritt**, **geritten***)* ~ cavalcare ♦ *ein Pferd reiten* cavalcare un cavallo.

Reiter [ˈraitɐ] *(m; -s, -; f* **-in***)* **1** cavaliere, cavallerizzo. **2** fantino. **3** *(mil)* soldato di cavalleria.

Reitsport [ˈraitˌʃpɔrt] *(m; -(e)s)* ~ equitazione, ippica.

Reitstall [ˈraitˌʃtal] *(m; -(e)s, -ställe)* ~ scuderia.

Reiz [raits] *(m; -es, -e)* **1** stimolo, stimolazione ♦ *ein chemischer Reiz* uno stimolo chimico. **2** *(fig)* fascino, attrattiva. **3** *(fig)* bellezza, grazia.

reizbar [-ˌbaːɐ] *(agg)* ~ irritabile, suscettibile.

Reizbarkeit [-baːɐˌkait] *(f; -)* ~ irritabilità, suscettibilità.

reizen [-ən] *(vt, hat)* **1** provocare, suscitare ♦ *jmds Neugier/jmdn zur Neugier reizen* suscitare la curiosità di qcn. **2** stuzzicare, irritare, far arrabbiare. **3** *(med)* irritare, infiammare. **4** stimolare, affascinare, interessare, stuzzicare. **5** stimolare, solleticare, risvegliare ♦ *den Appetit reizen* stimolare l'appetito.

reizend [-ənt] *(agg)* ***1*** affascinante, seducente; carino, grazioso. ***2*** *(fam)* magnifico.

reizvoll [-ˌfɔl] *(agg)* ***1*** bello, grazioso. ***2*** stimolante, interessante.

rekeln *(anche* **räkeln***)* ['reːkəln] *(vr,* hat*)* ~ **sich rekeln** *(fam)* stirarsi, stiracchiarsi. ◆ **sich im Bett rekeln** poltrire.

Reklamation [reklama'tsjoːn] *(f;* -, -en*)* ~ reclamo ♦ *eine Reklamation erheben/vorbringen* presentare un reclamo.

Reklame [re'klaːmə] *(f;* -, -n*)* ~ pubblicità, réclame ♦ *für etwas Reklame machen* fare pubblicità a qcs.

reklamieren [rekla'miːrən] *(vt/vi,* hat*)* ***1*** {*etwas* ~} *(vt)* fare reclamo per qcs (consegne e sim). ***2*** *(vi)* reclamare, protestare.

rekonstruieren [rekɔnstru'iːrən] *(vt,* hat*)* ***1*** ricostruire, riedificare. ***2*** *(fig)* ricostruire, dedurre.

Rekonstruktion [rekɔnstrʊk'tsjoːn] *(f;* -, -en*)* ~ ricostruzione *(anche fig)*.

Rekonvaleszenz [rekɔnvalɛs'tsɛnts] *(f;* -, -en*)* ~ convalescenza.

Rekord [re'kɔrt] *(m;* -(e)s, -e*)* ~ record ♦ *einen Rekord aufstellen, brechen, einstellen, halten* stabilire, battere, eguagliare, detenere un record.

Rekorder *(anche* **Recorder***)* [re'kɔrdɐ] *(m;* -s, -*)* ~ registratore.

Rekrut [re'kruːt] *(m;* -en, -en*)* ~ *(mil)* recluta.

rekrutieren [rekru'tiːrən] *(vt,* hat*)* ~ reclutare, assumere, ingaggiare.

Rektor ['rɛktoːɐ] *(m;* -s, -en; *f* **-in***)* ~ rettore, preside (di università).

Relation [rela'tsjoːn] *(f;* -, -en*)* ~ relazione (logica).

relativ [rela'tiːf] *(agg)* ***1*** relativo *(anche gramm)*. ***2*** *(avv)* relativamente, abbastanza ♦ *relativ selten* relativamente di rado.

relaxen [ri'lɛksən] *(vi,* hat*)* ~ rilassarsi.

relevant [rele'vant] *(agg)* ~ rilevante, importante.

Relief [re'ljɛf] *(n;* -s, -s/-e*)* ~ rilievo, decorazione a rilievo.

Religion [reli'gjoːn] *(f;* -, -en*)* ~ religione, fede.

religiös [reli'gjøːs] *(agg)* ~ religioso.

Relikt [re'lɪkt] *(n;* -(e)s, -e*)* ~ residuo.

Reliquie [re'liːkviə] *(f;* -, -n*)* ~ reliquia.

rempeln ['rɛmpəln] *(vt,* hat*)* ~ {*jmdn* ~} *(fam)* urtare qcn, dare una spinta a qcn.

Ren [rɛn] *(n;* -s, -s/-e*)* ~ *(zool)* renna.

Renaissance [rənɛ'sɑ̃ːs] *(f;* -, -n*)* ***1*** Rinascimento. ***2*** *(fig)* rinascita.

rennen ['rɛnən] *(vi,* ist; **rannte, gerannt***)* ***1*** correre (veloce). ***2*** {*an/gegen jmdn/etwas* ~} urtare, cozzare, sbattere contro qcn/qcs. ***3*** *(sport)* correre, gareggiare.

Rennen *(n;* -s, -*)* ~ *(sport)* corsa, gara (di corsa, ciclismo, automobilismo, ecc). ◆ **gut im Rennen liegen** *(fig)* avere buone prospettive di successo.

Renner ['rɛnɐ] *(m;* -s, -*)* ***1*** cavallo da corsa. ***2*** *(fig/fam)* successo, merce di successo.

Rennfahrer ['rɛnˌfaːrɐ] *(m;* -s, -; *f* **-in***)* ***1*** corridore, ciclista. ***2*** pilota, automobilista, motociclista.

Rennpferd ['rɛnˌpfeːɐt] *(n;* -(e)s, -e*)* ~ cavallo da corsa.

Rennsport ['rɛnˌʃpɔrt] *(m;* -(e)s*)* ~ sport di corsa (ciclismo, automobilismo, ecc).

Rennwagen ['rɛnˌvaːgən] *(m;* -s, -*)* ~ auto da corsa.

renovieren [reno'viːrən] *(vt,* hat*)* ~ ristrutturare, restaurare (edifici).

Renovierung [reno'viːrʊŋ] *(f;* -, -en*)* ~ ristrutturazione, restauro (di edifici).

rentabel [rɛn'taːbəl] *(agg)* ~ redditizio, vantaggioso.

Rente ['rɛntə] *(f;* -, -n*)* ***1*** pensione. ***2*** rendita. ◆ **auf/in Rente gehen, sein** *(fam)* andare, essere in pensione.

rentieren [rɛn'tiːrən] *(vr,* hat*)* ~ **sich rentieren** ***1*** rendere, fruttare. ***2*** *(fig)* valere la pena, convenire.

Rentner ['rɛntnɐ] *(m;* -s, -; *f* **-in***)* ~ pensionato.

Reparatur [repara'tuːɐ] *(f;* -, -en*)* ~ riparazione, aggiustatura.

reparieren [repa'riːrən] *(vt,* hat*)* ~ riparare, aggiustare.

Reportage [repɔr'taːʒə] *(f;* -, -n*)* ~ reportage, servizio giornalistico.

Reporter [re'pɔrtɐ] *(m;* -s, -; *f* **-in***)* ~ reporter, cronista.

repräsentieren [reprɛzɛn'tiːrən] *(vt,* hat*)* ***1*** rappresentare, fare le veci di. ***2*** rappresentare, essere rappresentativo di.

Reproduktion [reprodʊk'tsjo:n] *(f; -, -en)* ~ riproduzione *(anche biol)*, copia.
reproduzieren [reprodu'tsi:rən] *(vt, hat)* **1** riprodurre, ricreare. **2** riprodurre, copiare. ◆ **sich reproduzieren** *(vr) (biol)* riprodursi.
Reptil [rɛp'ti:l] *(n; -s, -ien)* ~ rettile.
Republik [repu'bli:k] *(f; -, -en)* ~ repubblica, stato repubblicano.
Republikaner [republi'ka:nɐ] *(m; -s, -; f* **-in***)* ~ repubblicano.
republikanisch [republi'ka:nɪʃ] *(agg)* ~ repubblicano.
Reserve [re'zɛrvə] *(f; -, -n)* **1** riserva, provvista, scorta ♦ *etwas in Reserve haben* avere qcs di scorta. **2** *(mil)* riserva. **3** *(fig)* riserbo.
reservieren [rezɛr'vi:rən] *(vt, hat)* ~ prenotare, riservare ♦ *einen Platz, einen Tisch reservieren* prenotare un posto, un tavolo.
reserviert [rezɛr'vi:ɐt] *(agg)* ~ riservato, schivo.
Reserviertheit [-ˌhait] *(f; -)* ~ riservatezza.
Reservierung [rezɛr'vi:rʊŋ] *(f; -, -en)* ~ prenotazione.
Resignation [rezɪgna'tsjo:n] *(f; -)* ~ rassegnazione.
resignieren [rezɪ'gni:rən] *(vi, hat)* ~ rassegnarsi, arrendersi.
resolut [rezo'lu:t] *(agg)* ~ risoluto, deciso, determinato.
Resolutheit [-ˌhait] *(f; -)* ~ risolutezza.
Resolution [rezolu'tsjo:n] *(f; -, -en)* ~ risolutezza, determinazione, decisione.
Resonanz [rezo'nants] *(f; -, -en)* ~ risonanza, eco.
Respekt [re'spɛkt] *(m; -(e)s)* **1** rispetto, stima ♦ *vor jmdm Respekt haben* avere rispetto di qcn. **2** soggezione. ◆ **(allen) Respekt!** complimenti!
respektabel [respɛk'ta:bəl] *(agg)* **1** rispettabile, degno di stima. **2** ragguardevole, considerevole.
respektieren [respɛk'ti:rən] *(vt, hat)* **1** rispettare. **2** *(comm)* onorare, pagare.
respektlos [re'spɛktˌlo:s] *(agg)* ~ irrispettoso, irriguardoso.
Respektlosigkeit [re'spɛktˌlo:zɪçkait] *(f; -, -en)* ~ mancanza di rispetto.
Ressort [rɛ'so:ɐ] *(n; -s, -s)* **1** settore, sfera di competenza. **2** dipartimento, sezione.
Ressource [rɛ'sʊrsə] *(f; -, -n)* **1** *(lett)* risorsa. **2** *(pl)* risorse finanziarie.
Rest [rɛst] *(m; -(e)s, -e)* **1** *(solo sing)* resto ♦ *für den Rest meines Lebens* per il resto della mia vita. **2** avanzo, resto *(anche mat)*, rimanenza.
Restaurant [rɛsto'rã:] *(n; -s, -s)* ~ ristorante ♦ *ins Restaurant gehen* andare al ristorante.
Restauration [restaura'tsjo:n] *(f; -, -en)* **1** restauro. **2** *(pol)* restaurazione.
restaurieren [restau'ri:rən] *(vt, hat)* ~ restaurare *(anche pol)*.
Restbetrag ['rɛstbəˌtra:k] *(m; -(e)s, -träge)* ~ saldo (da pagare).
restlich ['rɛstlɪç] *(agg)* ~ restante, rimanente.
Restmüll ['rɛstˌmʏl] *(m; -s)* ~ rifiuti non riciclabili.
Resultat [rezʊl'ta:t] *(n; -(e)s, -e)* **1** risultato (di un calcolo). **2** risultato, esito.
resultieren [rezʊl'ti:rən] *(vi, hat)* ~ risultare.
Retorte [re'tɔrtə] *(f; -, -n)* ~ alambicco, storta. ◆ **aus der Retorte** *(fig/spreg)* in provetta, artificiale.
retten ['rɛtən] *(vt, hat)* **1** {*jmdn/etwas vor jmdm/etwas ~*} salvare qcn/qcs da qcn/qcs ♦ *jmdn vor dem Tod retten* salvare qcn dalla morte. **2** {*jmdn/etwas aus etwas ~*} salvare qcn/qcs da qcs, trarre in salvo qcn/qcs da qcs ♦ *jmdn aus dem Feuer retten* trarre in salvo qcn dal fuoco. ◆ **sich retten** *(vr)* salvarsi; trovare rifugio ♦ *sie haben sich ins Ausland gerettet* hanno trovato rifugio all'estero. ◆ **jmdm das Leben retten** salvare la vita a qcn. ◆ **rette sich, wer kann** si salvi chi può.
Retter ['rɛtɐ] *(m; -s, -; f* **-in***)* ~ salvatore.
Rettich ['rɛtɪç] *(m; -s, -e)* ~ *(bot)* rafano.
Rettung ['rɛtʊŋ] *(f; -, -en)* **1** salvezza, salvataggio, soccorso ♦ *jmdm Rettung bringen* portare soccorso a qcn. **2** scampo, via d'uscita ♦ *es gibt keine Rettung mehr* non c'è più scampo.
Rettungsboot [-sˌbo:t] *(n; -(e)s, -e)* ~ scialuppa di salvataggio.
rettungslos [-sˌlo:s] *(avv)* ~ irrimediabilmente.
Rettungsring [-sˌrɪŋ] *(m; -(e)s, -e)* ~ salvagente.

Retusche [re'tʊʃə] *(f; -, -n)* ~ ritocco di foto.
retuschieren [retu'ʃiːrən] *(vt,* hat*)* ~ ritoccare (foto).
Reue ['rɔyə] *(f; -)* ~ pentimento, rimorso ♦ *tiefe Reue über etwas* (Acc) *empfinden/fühlen* provare profondo rimorso per qcs.
reuen [-n] *(vt,* hat*)* ***1*** *(lett)* pentirsi ♦ *die Entscheidung reut ihn* si pente della sua decisione. ***2*** *(impers) (lett)* pentirsi, essere pentito ♦ *es reut mich, ihm geholfen zu haben* mi sono pentita di averlo aiutato.
Revanche [re'vãːʃ(ə)] *(f; -, -n)* ***1*** vendetta. ***2*** *(sport)* rivincita ♦ *jmdm Revanche geben* concedere la rivincita a qcn. ***3*** ricompensa, sdebitamento, contraccambio.
revanchieren [revã'ʃiːrən] *(vr,* hat*)* ~ **sich revanchieren** ***1*** {*sich bei jmdm für etwas* ~} contraccambiare qcs a qcn; sdebitarsi per qcs con qcn ♦ *ich möchte mich bei ihm für seine Hilfe revanchieren* vorrei sdebitarmi con lui per il suo aiuto. ***2*** {*sich für etwas* ~} vendicarsi di qcs. ***3*** *(sport)* prendersi la rivincita.
Revers [re've:ɐ] *(n; -, -)* ~ risvolto, collo.
revidieren [revi'diːrən] *(vt,* hat*)* ~ rivedere ♦ *seine Meinung revidieren* rivedere la propria opinione.
Revier [re'viːɐ] *(n; -s, -e)* ***1*** distretto, territorio. ***2*** riserva (di caccia). ***3*** commissariato.
Revision [revi'zjoːn] *(f; -, -en)* ***1*** revisione, controllo. ***2*** revisione (di bozze).
Revolte [re'vɔltə] *(f; -, -n)* ~ rivolta, sommossa.
revoltieren [revɔl'tiːrən] *(vi,* hat*)* ***1*** rivoltarsi, sollevarsi. ***2*** ribellarsi.
Revolution [revolu'tsjoːn] *(f; -, -en)* ~ rivoluzione *(anche fig)* ♦ *die Französische Revolution* la Rivoluzione Francese ♦ *eine Revolution ist ausgebrochen* è scoppiata una rivoluzione.
Revolutionär [revolutsjo'nɛːɐ] *(m; -s, -e; f* **-in***)* ~ rivoluzionario.
Revue [re'vyː] *(f; -, -n)* ~ rivista (spettacolo teatrale; pubblicazione). ♦ **etwas Revue passieren lassen** passare in rassegna qcs, ripercorrere qcs.
rezensieren [retsɛn'ziːrən] *(vt,* hat*)* ~ recensire.
Rezension [retsɛn'zjoːn] *(f; -, -en)* ~ recensione.
Rezept [re'tsɛpt] *(n; -(e)s, -e)* ***1*** ricetta di cucina. ***2*** ricetta, prescrizione ♦ *jmdm ein Rezept schreiben* fare una ricetta a qcn.
rezeptpflichtig [-ˌpflɪçtɪç] *(agg)* ~ da vendersi dietro presentazione di ricetta medica.
Rhetorik [re'toːrɪk] *(f; -)* ~ retorica.
rhetorisch [re'toːrɪʃ] *(agg)* ~ retorico.
Rheuma ['rɔyma] *(n; -s)* ~ abbrev di **Rheumatismus**.
Rheumatismus [-'tɪsmʊs] *(m; -, -tismen)* ~ reumatismo, dolore reumatico.
Rhinozeros [ri'noːtserɔs] *(n; -ses, -se)* ~ *(zool)* rinoceronte.
Rhododendron [rodu'dɛndrɔn] *(m/n; -s, -dendren)* ~ *(bot)* rododendro.
Rhombus ['rɔmbʊs] *(m; -, -ben)* ~ *(geom)* rombo.
rhythmisch ['rʏtmɪʃ] *(agg)* ~ ritmico.
Rhythmus ['rʏtmʊs] *(m; -, -men)* ~ ritmo *(anche fig)*.
Richtbeil ['rɪçtˌbail] *(n; -(e)s, -e)* ~ mannaia, ascia.
richten[1] ['rɪçtən] *(vt,* hat*)* ***1*** puntare ♦ *das Gewehr aufs Ziel richten* puntare il fucile sul bersaglio. ***2*** orientare ♦ *die Segel nach dem Wind richten* orientare le vele secondo il vento. ***3*** {*etwas auf etwas* (Acc) ~} *(fig)* puntare qcs su qcs, rivolgere qcs a qcs ♦ *seinen Blick auf jmdn/etwas richten* puntare lo sguardo su qcn/qcs ♦ *sein Interesse auf etwas richten* rivolgere il proprio interesse verso qcs. ***4*** {*etwas an jmdn* ~} rivolgere qcs a qcn, indirizzare qcs a qcn (richieste e sim). ***5*** raddrizzare, drizzare. ***6*** mettere in ordine, riordinare. ***7*** preparare, allestire. ♦ **sich richten** *(vr)* ***1*** rivolgersi, essere rivolto ♦ *der Aufruf richtet sich an die ganze Bevölkerung* l'appello è rivolto a tutta la popolazione. ***2*** raddrizzarsi. ***3*** {*sich nach jmdm/etwas* ~} seguire qcn/qcs, regolarsi secondo qcn/qcs ♦ *sich nach den Vorschriften richten* seguire le prescrizioni.
richten[2] *(vi,* hat*)* ~ {*über jmdn/etwas* ~} giudicare qcn/qcs.
Richter ['rɪçtɐ] *(m; -s, -; f* **-in***)* ~ giudice ♦ *ein gerechter, strenger Richter* un giudice giusto, severo. ♦ **jmdn vor den Richter bringen** portare qcn davanti al giudice, citare qcn in giudizio.

richterlich [-lɪç] *(agg)* ~ giudiziario, del giudice.

richtig ['rɪçtɪç] *(agg)* ***1*** giusto, esatto, corretto ♦ *die richtige Antwort* la risposta giusta. ***2*** giusto, adatto, adeguato ♦ *im richtigen Augenblick* al momento giusto. ***3*** vero, vero e proprio ♦ *wir haben dieses Jahr keinen richtigen Urlaub gemacht* quest'anno non abbiamo fatto una vera vacanza. ***4*** vero, autentico. ***5*** *(avv)* esattamente, correttamente, bene ♦ *richtig antworten* rispondere esattamente ♦ *habe ich richtig verstanden?* ho capito bene? ♦ *ganz richtig* benissimo. ***6*** *(avv)* in modo adatto, adeguatamente. ***7*** *(avv)* per bene, come si deve. ***8*** *(avv)* *(fam)* proprio, davvero. ◆ **gerade richtig kommen** *(fam)* arrivare proprio al momento giusto. ◆ **richtig liegen** († **richtigliegen**) *(fig/fam)* non sbagliare, prenderci. ◆ **richtig machen** († **richtigmachen**) *(fam)* saldare (conto). ◆ **richtig stellen** († **richtigstellen**) rettificare.

Richtige ['rɪçtɪgə] *(n; -n)* ~ la cosa giusta ♦ *das Richtige tun* fare la cosa giusta.

Richtigkeit ['rɪçtɪçˌkait] *(f; -)* ***1*** giustezza, esattezza, correttezza ♦ *die Richtigkeit der Aussprache* la correttezza della pronuncia. ***2*** esattezza, veridicità ♦ *die Richtigkeit einer Aussage* l'esattezza di un'affermazione.

richtigliegen ~ **richtig liegen** (vedi **richtig**).

richtigmachen ~ **richtig machen** (vedi **richtig**).

richtigstellen ~ **richtig stellen** (vedi **richtig**).

Richtigstellung ['rɪçtɪçʃtɛlʊŋ] *(f; -, -en)* ~ rettifica.

Richtlinie ['rɪçtˌliːnjə] *(f; -, -n)* *(spec pl)* ~ direttiva, norma, linea guida.

Richtung ['rɪçtʊŋ] *(f; -, -en)* ***1*** direzione, senso *(anche fig)* ♦ *die Richtung ändern/wechseln* cambiare direzione ♦ *eine andere Richtung nehmen* prendere un'altra direzione ♦ *in entgegengesetzter Richtung gehen* procedere in direzione opposta ♦ *in die falsche Richtung gehen* andare nella direzione sbagliata ♦ *in Richtung München fahren* andare in direzione di Monaco ♦ *in südliche(r) Richtung fahren* andare in direzione sud ♦ *in welche Richtung?* in quale direzione? ♦ *aus welcher Richtung?* da quale direzione? ♦ *ein neuer Versuch in dieser Richtung* un nuovo tentativo in questa direzione. ***2*** *(fig)* corrente, movimento (artistico, politico, ecc). ***3*** *(fig)* tendenza, orientamento.

richtunggebend [-ˌgeːbənt] *(agg)* ~ direttivo, normativo.

rieb [riːp] ~ pret di **reiben**.

riechen[1] ['riːçən] *(vi, hat;* **roch**, **gerochen***)* ***1*** avere un odore, odorare; profumare, puzzare ♦ *die Seife riecht gut* il sapone ha un buon odore ♦ *das Hemd riecht nach Schweiß* la camicia puzza di sudore. ***2*** {*es riecht nach etwas*} *(impers)* c'è odore di, c'è puzzo di, c'è profumo di ♦ *hier riecht es nach Gas* qui c'è puzzo di gas. ***3*** {*an etwas* (Dat) ~} annusare qcs ♦ *an einer Blume riechen* annusare un fiore.

riechen[2] *(vt, hat;* **roch**, **gerochen***)* ~ {*etwas* ~} sentire l'odore di qcs, il profumo di qcs, il puzzo di qcs. ◆ **etwas nicht riechen können** *(fig/fam)* non poter intuire, prevedere qcs.

Riecher ['riːçɐ] *(m; -s, -)* ***1*** *(fam)* naso. ***2*** *(fig/fam)* naso, fiuto.

Riechsalz ['riːçˌzalts] *(n; -es, -e)* ~ sali (per rianimare).

rief [riːf] ~ pret di **rufen**.

Riegel ['riːgəl] *(m; -s, -)* ***1*** paletto, chiavistello; catenaccio ♦ *den Riegel vorschieben, zurückschieben* mettere, togliere il paletto. ***2*** traversa, trave. ***3*** stecca, barretta (di cioccolata). ◆ **einer Sache** (Dat) **einen Riegel vorschieben** *(fig)* mettere un freno a qcs.

Riemen ['riːmən] *(m; -s, -)* ~ cinghia, cintura, stringa (di cuoio). ◆ **sich** (Dat) **den Riemen enger schnallen** *(fig/fam)* tirare la cinghia. ◆ **sich am Riemen reißen** *(fig/fam)* sforzarsi.

Riese ['riːzə] *(m; -n, -n; f* **Riesin***)* ~ gigante *(anche fig)*.

rieseln [-ln] *(vi, ist)* ***1*** scorrere, stillare (piano). ***2*** cadere (leggero) ♦ *Schnee rieselt leise* la neve cade leggera.

riesig ['riːzɪç] *(agg)* ***1*** gigantesco, enorme. ***2*** *(avv)* *(fam)* moltissimo, enormemente.

riet [riːt] ~ pret di **raten**.

Riff [rɪf] *(n; -(e)s, -e)* ~ scoglio, scogliera.

Rille ['rɪlə] *(f; -, -n)* ~ scanalatura, solco.

Rind [rɪnt] *(n; -(e)s, -er)* ***1*** *(zool)* bovino, manzo. ***2*** carne bovina, carne di manzo.

Rinde ['rɪndə] *(f; -, -n)* ***1*** corteccia. ***2*** corteccia, crosta (di pane, formaggio, ecc). ***3*** *(anat)* corteccia (cerebrale).

Rinderwahnsinn ['rɪndɐˌvaːnzɪn] *(m; -s)* ~ *(fam)* morbo della mucca pazza.

Rindfleisch ['rɪntˌflaiʃ] *(n; -(e)s)* ~ carne bovina, carne di manzo.

Rindvieh ['rɪntˌfiː] *(n; -(e)s, -viecher)* ***1*** *(solo sing)* bovini. ***2*** *(fig)* cretino, stupido.

Ring [rɪŋ] *(m; -(e)s, -e)* ***1*** anello ♦ *ein goldener Ring* un anello d'oro ♦ *jmdm/sich einen Ring anstecken* mettere un anello a qcn/mettersi un anello. ***2*** cerchio ♦ *einen Ring bilden* formare un cerchio ♦ *einen Ring um jmdn schließen* mettersi in cerchio intorno a qcn. ***3*** circolo, associazione. ***4*** *(sport)* ring.

Ringbuch [-ˌbuːx] *(n; -(e)s, -bücher)* ~ quaderno ad anelli.

ringeln [-əln] *(vt, hat)* ~ arricciare, attorcigliare. ◆ **sich ringeln** *(vr)* arricciarsi, attorcigliarsi.

Ringelreigen [-əlˌraigən] *(m; -s, -)* ~ girotondo ♦ *Ringelreigen tanzen* fare il girotondo.

ringen [-ən] *(vi, hat;* **rang, gerungen***)* ~ {*(mit jmdm)* ~} lottare, combattere (contro qcn) *(anche fig)* ♦ *mit dem Tode ringen* lottare contro la morte ♦ *um den Sieg ringen* lottare per la vittoria. ◆ **die Hände ringen** *(vt) (lett)* torcersi le mani.

Ringfinger [-ˌfɪŋɐ] *(m; -s, -)* ~ anulare, dito anulare.

Ringkampf [-ˌkampf] *(m; -(e)s, -kämpfe)* ~ *(sport)* lotta.

rings [-s] *(avv)* ~ in cerchio, (tutto) intorno. ◆ **rings im Kreise** in cerchio, tutto intorno.

ringsherum [-shɛ'rʊm] *(avv)* ~ tutto intorno (a qcs), in giro, in ogni direzione.

Ringstraße [-ʃtraːsə] *(f; -, -n)* ~ strada di circonvallazione.

ringsum [-s'ʔʊm] *(avv)* ~ intorno, tutto intorno, in giro ♦ *ich konnte ringsum nichts sehen* non riuscivo a vedere niente tutto intorno.

ringsumher [-sʔʊm'heːɐ] *(avv)* ~ vedi **ringsherum**.

Rinne ['rɪnə] *(f; -, -n)* ***1*** canale, fossa (di scolo). ***2*** grondaia.

rinnen [-n] *(vi, ist;* **rann, geronnen***)* ***1*** scorrere, colare (acqua e sim). ***2*** perdere, versare, gocciolare.

Rinnsal ['rɪnˌzaːl] *(n; -(e)s, -e)* ~ rigagnolo.

Rippe ['rɪpə] *(f; -, -n)* ***1*** *(anat)* costola. ***2*** *(archit/geol)* costa, dorso, curvatura. ***3*** *(bot)* nervatura, costa. ***4*** elemento (di termosifone). ◆ **ich kann es mir doch nicht aus den Rippen schneiden!** *(fam)* non sono mica un mago!

Rippenfell [-nˌfɛl] *(n; -(e)s, -e)* ~ *(anat)* pleura.

Rippenfellentzündung [-nfɛlʔɛntˌtsʏndʊŋ] *(f; -, -en)* ~ *(med)* pleurite.

Rippenstück [-nˌʃtʏk] *(n; -(e)s, -e)* ~ costata.

Risiko ['riːziko] *(n; -s, -s)* ~ rischio ♦ *ein Risiko eingehen* correre un rischio. ◆ **auf eigenes Risiko** a proprio rischio e pericolo.

riskant [rɪs'kant] *(agg)* ~ rischioso, pericoloso.

riskieren [rɪs'kiːrən] *(vt, hat)* ***1*** rischiare ♦ *sein Leben riskieren* rischiare la vita. ***2*** arrischiare, azzardare ♦ *ein Lächeln riskieren* azzardare un sorriso.

riss († **riß**) [rɪs] ~ pret di **reißen**.

Riss († **Riß**) *(m; -es, -e)* ***1*** strappo, lacerazione ♦ *ein Riss im Mantel* uno strappo nel cappotto. ***2*** spacco, spaccatura, crepa. ***3*** screpolatura. ***4*** *(fig)* spaccatura, contrasto.

rissig [-ɪç] *(agg)* ~ strappato, spaccato, screpolato.

ritt [rɪt] ~ pret di **reiten**.

Ritt *(m; -(e)s, -e)* ~ cavalcata.

Ritter [-ɐ] *(m; -s, -)* ~ cavaliere (medievale).

ritterlich [-ɐlɪç] *(agg)* ***1*** cavalleresco, da cavaliere. ***2*** *(fig)* cavalleresco, cortese.

Ritterstand [-ɐʃtant] *(m; -(e)s)* ~ cavalleria.

Rittertum [-ɐˌtuːm] *(n; -s)* ~ cavalleria.

rittlings [-lɪŋs] *(avv)* ~ a cavallo, a cavalcioni ♦ *rittlings auf einer Bank sitzen* essere seduto a cavalcioni su una panca.

Ritual [ri'twaːl] *(n; -s, -e/-ien)* ~ rituale.

rituell [ri'twɛl] *(agg)* ~ rituale.

Ritus ['riːtʊs] *(m; -, Riten)* ~ rito, cerimonia.

Ritz [rɪts] *(m; -es, -e)* ~ vedi **Ritze**.
Ritze [-ə] *(f; -, -n)* ~ fessura, fenditura.
ritzen [-ən] *(vt, hat)* ***1*** graffiare, scalfire, rigare. ***2*** intagliare, incidere ♦ *seinen Namen in den Baum ritzen* intagliare il proprio nome sull'albero.
Rivale [ri'va:lə] *(m; -n, -n; f* **Rivalin***)* ~ rivale.
Rivalität [rivali'tɛ:t] *(f; -, -en)* ~ rivalità.
Robbe ['rɔbə] *(f; -, -n)* ~ *(zool)* foca.
Roboter ['rɔbɔtɐ] *(m; -s,)* ~ robot, automa.
robust [ro'bʊst] *(agg)* ~ robusto, resistente (corpo, spirito, salute).
roch [rɔx] ~ pret di **riechen**.
röcheln ['rœçəln] *(vi, hat)* ~ rantolare.
Rochen ['rɔxən] *(m; -s, -)* ~ *(zool)* razza.
Rock[1] [rɔk] *(m; -(e)s, Röcke)* ~ gonna, sottana ♦ *ein langer, kurzer Rock* una gonna lunga, corta ♦ *einen Rock tragen* portare la gonna.
Rock[2] *(m; -s)* ~ rock, musica rock.
rodeln ['ro:dəln] *(vi, ist/hat)* ~ andare in slitta.
Rodelschlitten ['ro:dəlʃlɪtən] *(m; -s, -)* ~ slitta, slittino.
roden ['ro:dən] *(vt, hat)* ~ disboscare; tagliare (boschi).
Roggen ['rɔgən] *(m; -s)* ~ *(bot)* segale.
Roggenbrot [-ˌbro:t] *(n; -(e)s, -e)* ~ pane di segale.
roh [ro:] *(agg)* ***1*** crudo ♦ *rohes Fleisch* carne cruda ♦ *rohe Kartoffeln* patate crude. ***2*** grezzo, greggio, non lavorato. ***3*** *(fig)* rozzo, brutale. ***4*** *(avv)* brutalmente. ◆ **roh schätzen** calcolare approssimativamente.
Rohbau [-ˌbau] *(m; -(e)s, -ten)* ~ edificio non finito ♦ *das Haus ist noch im Rohbau* la casa non è ancora finita.
Roheit ~ vedi **Rohheit**.
Rohheit († **Roheit**) [-ˌhait] *(f; -, -en)* ***1*** *(solo sing)* crudezza, l'essere crudo. ***2*** *(solo sing)* stato grezzo. ***3*** *(fig)* brutalità.
Rohmaterial [-mateˌrja:l] *(n; -s, -ien)* ~ materia prima.
Rohr [ro:ɐ] *(n; -(e)s, -e)* ***1*** *(bot)* canna. ***2*** tubo ♦ *ein Rohr legen* mettere un tubo. ◆ **ein schwankendes Rohr im Winde sein** *(fig)* essere una canna al vento.
Röhre ['rø:rə] *(f; -, -n)* ***1*** tubo, tubatura, tubazione. ***2*** forno (di cucina, stufa). ◆ **kommunizierende Röhren** *(fis)* vasi comunicanti. ◆ **in die Röhre gucken** *(fam)* guardare la tv.
röhren [-n] *(vi, hat)* ~ bramire.
Rohstoff ['ro:ʃtɔf] *(m; -(e)s, -e)* ~ materia prima.
Rolladen ~ vedi **Rollladen**.
Rolle[1] ['rɔlə] *(f; -, -n)* ***1*** rotolo, rullo, cilindro ♦ *eine Rolle Papier* un rotolo di carta. ***2*** ruota, rotella ♦ *ein Tisch auf Rollen* un tavolo su rotelle. ***3*** rocchetto ♦ *eine Rolle Garn* un rocchetto di filo.
Rolle[2] *(f; -, -n)* ***1*** *(teatr)* ruolo, parte ♦ *eine Rolle spielen* recitare una parte ♦ *die Rollen verteilen* distribuire le parti. ***2*** *(fig)* ruolo, funzione ♦ *die Rolle der Lehrer* il ruolo degli insegnanti. ◆ **bei etwas eine Rolle spielen** *(fig)* svolgere un ruolo in qcs. ◆ **keine Rolle spielen** non essere importante ♦ *das spielt doch keine Rolle!* questo non è importante! ◆ **aus der Rolle fallen** *(fig)* fare una gaffe.
rollen[1] [-n] *(vi, ist)* ***1*** rotolare. ***2*** girare (ruote); muoversi (veicoli su ruote). ***3*** *(aux hat)* rimbombare, brontolare (tuono e sim). ◆ **die See rollt** il mare è mosso.
rollen[2] *(vt, hat)* ***1*** rotolare, spingere (rotolando) ♦ *ein Fass rollen* spingere una botte. ***2*** girare, far girare. ***3*** arrotolare, avvolgere. ***4*** spianare (impasto). ◆ **sich rollen** *(vr)* avvolgersi, arrotolarsi. ◆ **die Augen/mit den Augen rollen** roteare gli occhi.
Roller ['rɔlɐ] *(m; -s, -)* ***1*** monopattino, skateboard. ***2*** *(abbrev di* **Motorroller***)* motorino, scooter.
Rollerbrett [-ˌbrɛt] *(n; -(e)s, -er)* ~ monopattino, skateboard.
Rollladen († **Rolladen**) ['rɔlˌla:dən] *(m; -s, -läden)* ~ avvolgibile, serranda avvolgibile.
Rollo ['rɔlo] *(anche* **Rouleau***)* *(n; -s, -s)* ~ tenda a rullo.
Rollschuh ['rɔlʃu:] *(m; -(e)s, -e)* ~ pattino a rotelle ♦ *Rollschuh laufen* andare sui pattini a rotelle.
Rollschuhlaufen [-ˌlaufən] *(n; -s)* ~ pattinaggio a rotelle.
Rollstuhl ['rɔlʃtu:l] *(m; -(e)s, -stühle)* ~ sedia a rotelle.
Rolltreppe ['rɔlˌtrɛpə] *(f; -, -n)* ~ scala mobile.

Rom [roːm] *(m; -, -a)* ~ zingaro, rom.

Roman [ro'maːn] *(m; -s, -e)* ~ romanzo ♦ *historischer Roman* romanzo storico.

Romanautor [-ˌˀautoːɐ] *(m; -s, -en; f* **-in***)* ~ autore di romanzi, romanziere.

romanhaft [-ˌhaft] *(agg)* ~ romanzesco *(anche fig)*.

Romanik [-ɪk] *(f; -)* ~ romanico, arte romanica, stile romanico.

romanisch [-ɪʃ] *(agg)* ***1*** romanico. ***2*** *(ling)* romanzo.

Romanschriftsteller [-ʃrɪft'ʃtɛlɐ] *(m; -s, -; f* **-in***)* ~ autore di romanzi, romanziere.

Romantik [ro'mantɪk] *(f; -)* ~ romanticismo.

romantisch [ro'mantɪʃ] *(agg)* ~ romantico

Rommé ~ vedi **Rommee**.

Rommee *(anche* **Rommé***)* ['rɔmə, rɔ'meː] *(n; -s)* ~ ramino (gioco di carte).

röntgen ['rœntgən] *(vt, hat)* ~ {*jmdn/etwas* ~} fare una radiografia, fare una lastra a qcn/qcs.

Röntgenaufnahme [-ˌˀaufnaːmə] *(f; -, -n)* ~ radiografia.

Röntgenstrahlen ['rœntgənʃtraːlən] *(pl)* ~ raggi X.

rosa ['roːza] *(agg indecl)* ~ rosa ♦ *ein rosa Schal* una sciarpa rosa.

Rosa *(n; -s, -)* ~ rosa, colore rosa.

rosarot [-ˌroːt] *(agg)* ~ roseo, rosa.

Rose ['roːzə] *(f; -, -n)* ~ *(bot)* rosa (fiore, pianta) ♦ *ein Strauß roter Rosen* un mazzo di rose rosse. ◆ **keine Rose ohne Dornen** *(prov)* non c'è rosa senza spine.

Rosengarten [-nˌgartən] *(m; -s, -gärten)* ~ roseto.

Rosenkohl [-nˌkoːl] *(m; -(e)s, -e)* ~ *(bot)* cavolino di Bruxelles.

Rosenkranz [-nˌkrants] *(m; -es, -kränze)* ~ rosario, corona del rosario ♦ *den Rosenkranz beten* dire il rosario.

Rosenmontag [-nˌmoːntaːk] *(m; -(e)s, -e)* ~ lunedì grasso

rosig ['roːzɪç] *(agg)* ***1*** roseo, rosa. ***2*** *(fig)* rosa, roseo, positivo ♦ *eine rosige Zukunft* un futuro roseo.

Rosine [ro'ziːnə] *(f; -, -n)* ***1*** *(pl)* uva passa, uvetta. ***2*** chicco di uva passa. ◆ **Rosinen im Kopf haben** *(fig)* avere grilli per la testa.

Rosmarin ['roːsmaˌriːn] *(m; -s)* ~ *(bot)* rosmarino.

Ross († **Roß**) [rɔs] *(n; -es, Rosse/Rösser)* ~ *(lett)* cavallo, destriero.

Rosskastanie († **Roß-**) [-kasˌtaːnjə] *(f; -, -n)* ~ *(bot)* ippocastano, castagno d'India.

Rost[1] [rɔst] *(m; -(e)s, -e)* ***1*** griglia, grata. ***2*** griglia, gratella (per cucinare).

Rost[2] *(m; -(e)s)* ~ ruggine. ◆ **Rost ansetzen** arrugginire, fare la ruggine.

rosten [-ən] *(vi, ist)* ~ arrugginire.

rösten ['røːstən] *(vt, hat)* ~ abbrustolire, tostare. ◆ **(sich) in der Sonne rösten** *(fig/fam)* arrostirsi al sole.

rostfrei ['rɔstˌfrai] *(agg)* ~ inossidabile ♦ *rostfreier Stahl* acciaio inossidabile.

rostig ['rɔstɪç] *(agg)* ~ arrugginito, rugginoso.

rot [roːt] *(agg)* ***1*** rosso ♦ *ein roter Rock* una gonna rossa ♦ *roter Wein* vino rosso. ***2*** arrossato, rosso ♦ *rote Augen haben* avere gli occhi rossi. ***3*** rosso, fulvo ♦ *rote Haare* capelli rossi. ◆ **roter Faden** *(fig)* filo rosso. ◆ **das Rote Meer** il Mar Rosso. ◆ **rotes Kreuz** Croce Rossa. ◆ **rot glühend** († **rotglühend**) incandescente. ◆ **rot sehen** *(fig/fam)* vedere rosso.

Rot *(n; -s, -)* ~ rosso, colore rosso ♦ *in Rot gekleidet sein* essere vestito di rosso.

Röte ['røːtə] *(f; -)* ***1*** rosso, colore rosso ♦ *die Röte des Abends* il rosso della sera. ***2*** rossore.

Röteln [-ln] *(pl)* ~ *(med)* rosolia.

röten [-n] *(vt, hat)* ~ *(lett)* arrossarsi. ◆ **sich röten** *(vr)* *(lett)* arrossarsi.

rotglühend ~ **rot glühend** (vedi **rot**).

rothaarig ['roːtˌhaːrɪç] *(agg)* ~ dai capelli rossi, fulvo.

Rothaut ['roːtˌhaut] *(f; -, -häute)* ~ *(fam)* pellerossa.

rotieren [ro'tiːrən] *(vi, ist)* ~ ruotare, roteare.

Rotkehlchen ['roːtˌkeːlçən] *(n; -s, -)* ~ *(zool)* pettirosso.

rötlich ['røːtlɪç] *(agg)* ~ rossiccio, rossastro.

Rotte ['rɔtə] *(f; -, -n)* ***1*** *(spreg)* masnada, banda. ***2*** *(mil)* reparto, squadra.

Rötung ['røːtʊŋ] *(f; -, -en)* ~ arrossamento; eritema.

Rotwein ['roːtˌvain] *(m; -s, -e)* ~ vino rosso.

Rotz [rɔts] *(m; -es, -e)* ~ *(volg)* moccio. ◆ **Rotz und Wasser heulen** *(fam)* piangere come una fontana.

Rotzbengel [-ˌbɛŋəl] *(m; -s, -)* ~ *(volg)* moccioso.
rotzig [-ɪç] *(agg)* ~ *(fig/fam)* impertinente.
Rouge [ruːʃ] *(n; -s, -s)* ~ trucco, fard.
Roulade [ru'laːdə] *(f; -, -n)* ~ involtino.
Rouleau [ru'loː] ~ vedi **Rollo**.
Roulette [ru'lɛt(ə)] *(n; -s, -s)* ~ roulette. ◆ **russisches Roulette** roulette russa.
Route ['ruːtə] *(f; -, -n)* ~ itinerario, rotta (di nave, aereo) *(anche fig)*.
Routine [ru'tiːnə] *(f; -)* ***1*** routine, pratica, esperienza. ***2*** routine, abitudine.
Routinier [ruti'njeː] *(m; -s, -s)* ~ persona pratica, esperto.
routiniert [ruti'niːɐt] *(agg)* ~ esperto, navigato.
rubbeln ['rʊbəln] *(vt, hat) (region)* ~ strofinare, sfregare, grattare.
Rübe ['ryːbə] *(f; -, -n)* ***1*** *(bot)* rapa. ***2*** *(fig/fam)* testa, zucca.
Rubel ['ruːbəl] *(m; -s, -)* ~ rublo.
rüber, rüber- ['ryːbɐ] *(avv)* ~ vedi **herüber**, **herüber-**, **hinüber**, **hinüber-**.
Rubin [ru'biːn] *(m; -s, -e)* ~ rubino.
Rubrik [ru'briːk] *(f; -, -en)* ***1*** rubrica (sezione di giornale). ***2*** sezione, suddivisione.
ruchbar ['ruːxˌbaːɐ] *(agg)* ~ **ruchbar werden** *(lett)* divenire noto.
ruchlos ['ruːxˌloːs] *(agg)* ~ *(lett)* crudele, scellerato.
ruck [rʊk] *(escl)* ~ issa ◆ *hau ruck!* oh, issa! ◆ **ruck, zuck** *(fam)* in un baleno, in men che non si dica.
Ruck *(m; -(e)s, -e)* ***1*** scossa, scossone, strattone. ***2*** scatto, balzo, sussulto. ◆ **mit einem Ruck** di colpo, di botto. ◆ **sich** (Dat) **einen Ruck geben** *(fig)* scuotersi, smuoversi (per fare qcs).
ruckartig [-ˌʔaːɐtɪç] *(agg)* ***1*** brusco, a scatti. ***2*** *(avv)* bruscamente, a scatti.
rückbezüglich ['rʏkbəˌtsyːklɪç] *(agg)* ~ *(gramm)* riflessivo.
Rückblick ['rʏkˌblɪk] *(m; -(e)s, -e)* ~ retrospettiva, rassegna ◆ *ein Rückblick auf die Politik des letzten Jahrzehntes* una retrospettiva sulla politica dell'ultimo decennio. ◆ **im Rückblick auf etwas** (Acc) guardando retrospettivamente qcs.
rucken ['rʊkən] *(vi, hat)* ***1*** fare uno scatto, muoversi con uno scatto. ***2*** {*an etwas* (Dat) ~} spostare qcs (a scatti).
rücken[1] ['rʏkən] *(vi, ist)* ***1*** spostarsi, muoversi ◆ *zur Seite rücken* spostarsi da un lato, farsi da parte. ***2*** {*an etwas* (Dat) ~} *(aux* hat*)* smuovere qcs. ◆ **(jmdm) näher rücken** avvicinarsi (a qcn). ◆ **nicht von der Stelle rücken** non muoversi. ◆ **an jmds Stelle rücken** prendere il posto di qcn *(anche fig)*.
rücken[2] *(vt, hat)* ~ spostare (spingendo), spingere ◆ *kannst du bitte den Stuhl unter den Tisch rücken?* puoi spostare la sedia sotto il tavolo per favore?
Rücken *(m; -s, -)* ***1*** schiena, dorso, spalle ◆ *ein breiter, krummer Rücken* una schiena larga, curva ◆ *auf dem Rücken schlafen* dormire sulla schiena ◆ *einen Rucksack auf dem Rücken tragen* portare uno zaino sulle spalle. ***2*** dorso, groppa (di animali). ***3*** dietro, parte posteriore. ***4*** dorso (di libro). ***5*** dorsale (di monti). ***6*** spalliera. ◆ **jmdm den Rücken decken** *(fig/fam)* coprire le spalle a qcn. ◆ **jmdm/etwas den Rücken kehren/wenden** *(fig)* voltare le spalle a qcn/qcs. ◆ **hinter jmds Rücken** *(fig)* dietro le spalle di qcn, all'insaputa di qcn. ◆ **im Rücken** dietro, alle spalle. ◆ **jmdn/etwas im Rücken haben** *(fig)* avere qcn dietro, avere qcn alle spalle. ◆ **jmdm in den Rücken fallen** piombare alle spalle di qcn.
Rückenlehne [-ˌleːnə] *(f; -, -n)* ~ spalliera.
Rückenmark [-ˌmark] *(n; -(e)s)* ~ *(anat)* midollo spinale.
Rückenschmerzen [-ʃmɛrtsən] *(pl)* ~ mal di schiena ◆ *ich habe Rückenschmerzen* ho mal di schiena.
rückerstatten ['rʏkʔɛɐʃtatən] *(vt, hat; solo inf e part pass)* ~ {*jmdm etwas* ~} rimborsare, restituire qcs a qcn.
Rückerstattung ['rʏkʔɛɐʃtatʊŋ] *(f; -, -en)* ~ rimborso.
Rückfahrkarte ['rʏkˌfaːɐkartə] *(f; -, -n)* ~ biglietto di andata e ritorno.
Rückfahrt ['rʏkˌfaːɐt] *(f; -, -en)* ~ ritorno, viaggio di ritorno.
Rückfall ['rʏkˌfal] *(m; -(e)s, -fälle)* ~ ricaduta *(anche med)*.
rückfällig ['rʏkˌfɛlɪç] *(agg)* ~ recidivo.
Rückfluss († **-fluß**) ['rʏkˌflʊs] *(m; -es, -flüsse)* ~ riflusso.

Rückgabe ['rʏkˌgaːbə] *(f; -, -n)* ~ restituzione.

Rückgang ['rʏkˌgaŋ] *(m; -(e)s, -gänge)* ~ riduzione, calo, diminuzione.

rückgängig ['rʏkˌgɛŋɪç] *(agg)* ~ **etwas rückgängig machen** annullare qcs, revocare qcs.

Rückgrat ['rʏkˌgraːt] *(n; -(e)s, -e)* ***1*** *(anat)* spina dorsale, colonna vertebrale. ***2*** *(fig)* spina dorsale, fondamento. ***3*** *(fig)* midollo, carattere.

Rückgratverkrümmung [-fɛɐˌkrʏmʊŋ] *(f; -, -en)* ~ *(med)* scoliosi.

Rückhalt ['rʏkˌhalt] *(m; -(e)s)* ~ sostegno, appoggio.

Rückkehr ['rʏkˌkeːɐ] *(f; -)* ~ ritorno (a casa), rientro.

Rücklage ['rʏkˌlaːgə] *(f; -, -n)* ~ riserva (di denaro); *(pl)* risparmi.

rückläufig ['rʏkˌlɔyfɪç] *(agg)* ***1*** inverso, regressivo, a ritroso; in calo, in diminuzione. ***2*** *(avv)* a ritroso, all'indietro.

Rücklicht ['rʏkˌlɪçt] *(n; -(e)s, -er)* ~ luce posteriore (di veicolo).

rücklings ['rʏklɪŋs] *(avv)* ***1*** all'indietro, di schiena ♦ *rücklings fallen* cadere di schiena. ***2*** da dietro, alle spalle.

Rücknahme ['rʏkˌnaːmə] *(f; -)* ~ ritiro (il ritirare).

Rucksack ['rʊkˌzak] *(m; -(e)s, -säcke)* ~ zaino.

Rückschlag ['rʏkˌʃlaːk] *(m; -(e)s, -schläge)* ***1*** *(fig)* regresso, peggioramento. ***2*** contraccolpo; rinculo.

Rückschritt ['rʏkˌʃrɪft] *(m; -(e)s, -e)* ~ *(fig)* regresso, peggioramento.

Rückseite ['rʏkˌzaitə] *(f; -, -en)* ~ parte posteriore, retro, verso ♦ *auf der Rückseite des Blattes* sul retro del foglio.

Rücksicht ['rʏkˌzɪçt] *(f; -)* ~ riguardo, rispetto. ◆ **auf jmdn/etwas Rücksicht nehmen** avere riguardo di qcn/qcs. ◆ **aus Rücksicht auf jmdn/etwas** per riguardo verso qcn/qcs. ◆ **ohne Rücksicht auf jmdn/etwas** senza riguardo per qcn/qcs.

rücksichtslos ['rʏkzɪçtsˌloːs] *(agg)* ***1*** senza riguardo, irrispettoso. ***2*** duro, inflessibile.

Rücksichtslosigkeit ['rʏkzɪçtsˌloːzɪçkait] *(f; -, -en)* ~ mancanza di riguardo, mancanza di rispetto.

rücksichtsvoll ['rʏkzɪçtsˌfɔl] *(agg)* ~ riguardoso, pieno di riguardo, premuroso.

Rücksitz ['rʏkˌzɪts] *(m; -es, -e)* ~ sedile posteriore (in auto).

Rückspiegel ['rʏkʃpiːgəl] *(m; -s, -)* ~ specchietto retrovisore.

Rückspiel ['rʏkʃpiːl] *(n; -(e)s, -e)* ~ *(sport)* ritorno, partita di ritorno.

Rücksprache ['rʏkʃpraːxə] *(f; -)* ~ chiarimento, colloquio (chiarificatore) ♦ *mit jmdm Rücksprache nehmen* avere un colloquio chiarificatore con qcn.

Rückstand ['rʏkʃtant] *(m; -(e)s, -stände)* ***1*** resto, residuo. ***2*** *(pl)* arretrati (di pagamento). ***3*** arretrato, lavoro arretrato. ◆ **mit etwas im Rückstand sein** essere indietro con qcs, essere in arretrato con qcs (lavoro, pagamenti, ecc).

rückständig ['rʏkʃtɛndɪç] *(agg)* ***1*** arretrato (pagamento). ***2*** *(fig)* arretrato, antiquato. ***3*** *(fig)* arretrato, sottosviluppato.

Rückstoß ['rʏkʃtoːs] *(m; -es, -stöße)* ~ contraccolpo, rinculo.

Rücktritt ['rʏkˌtrɪt] *(m; -(e)s, -e)* ***1*** ritiro, dimissioni (da una carica). ***2*** *(dir)* recesso (da un contratto).

rückwärts ['rʏkˌvɛrts] *(avv)* ***1*** all'indietro ♦ *zwei Schritte rückwärts gehen* fare due passi indietro. ***2*** in retromarcia ♦ *rückwärts fahren* fare retromarcia. ◆ **rückwärts gehen** († **rückwärtsgehen**) *(impers) (fig/fam)* peggiorare ♦ *mit seiner Gesundheit geht es rückwärts* la sua salute peggiora.

Rückwärtsgang [-ˌgaŋ] *(m; -(e)s)* ~ retromarcia ♦ *im Rückwärtsgang fahren* andare in retromarcia.

rückwärtsgehen ~ **rückwärts gehen** (vedi **rückwärts**).

Rückweg ['rʏkˌveːk] *(m; -(e)s, -e)* ~ via del ritorno ♦ *auf dem Rückweg* sulla via del ritorno.

ruckweise ['rʏkˌvaizə] *(avv)* ~ a scosse, a strattoni.

rückwirkend ['rʏkˌvɪrkənt] *(agg)* ~ retroattivo. ◆ **rückwirkend gelten** avere valore retroattivo.

Rückwirkung ['rʏkˌvɪrkʊŋ] *(f; -, -en)* ***1*** ripercussione ♦ *die Rückwirkungen auf die innere Politik* le ripercussioni sulla politica interna. *2* retroattività. ◆ **mit Rückwirkung** con effetto retroattivo.

Rückzieher ['rʏkˌtsiːɐ] *(m)* ~ **einen Rückzieher machen** *(fig/fam)* fare marcia indietro.

Rückzug ['rʏkˌtsuːk] *(m; -(e)s)* ~ *(mil)* ritirata ♦ *den Rückzug antreten* battere in ritirata.

rüde ['ryːdə] *(agg)* ~ rude, brusco.

Rüde *(m; -n, -n)* ~ maschio (di cane, lupo, ecc).

Rudel ['ruːdəl] *(n; -s, -)* *1* branco (di animali selvatici). *2* *(fig/fam)* branco, schiera.

Ruder ['ruːdɐ] *(n; -s, -)* *1* timone (di nave o aereo). *2* remo. ◆ **am Ruder sein** *(fig)* essere al timone.

Ruderboot [-ˌboːt] *(n; -(e)s, -e)* ~ barca a remi.

rudern[1] [-n] *(vi, hat/ist)* *1* *(aux hat)* remare. *2* *(aux ist)* andare (in barca a remi). *3* {*mit etwas* ~} *(fig)* agitare, roteare ♦ *mit den Armen rudern* agitare le braccia.

rudern[2] *(vt, hat)* ~ condurre, portare (a remi, in barca a remi).

Rudersport [-ʃpɔrt] *(m; -s)* ~ canottaggio.

Rudiment [rudiˈmɛnt] *(n; -(e)s, -e)* ~ residuo, resto.

Ruf [ruːf] *(m; -(e)s, -e)* *1* chiamata; esclamazione, grido, voce. *2* verso, richiamo (spec di uccelli) ♦ *der Ruf der Amsel* il verso del merlo. *3* *(fam)* richiamo, appello ♦ *Ruf zur Ordnung* richiamo all'ordine. *4* *(fig)* fama, reputazione ♦ *einen guten, schlechten Ruf haben, genießen* avere, godere di una buona, cattiva reputazione ♦ *in gutem, üblem Ruf stehen* avere una buona, cattiva fama. *5* chiamata, offerta (per una carica) ♦ *er bekam einen Ruf an die Universität Berlin* è stato chiamato (a insegnare) all'università di Berlino. ◆ **von Ruf** famoso, di fama ♦ *eine Marke von Ruf* un marchio di fama.

rufen[1] [-ən] *(vi, hat;* **rief**, **gerufen***)* *1* chiamare, esclamare ♦ *um Hilfe rufen* chiamare aiuto ♦ *„Komm her!", rief er* "Vieni qua!", esclamò. *2* {*nach jmdm* ~} chiamare qcn ♦ *ich habe lange nach dem Hund gerufen* ho chiamato a lungo il cane. *3* gridare, cantare (spec uccelli).

rufen[2] *(vt, hat;* **rief**, **gerufen***)* *1* chiamare, far venire ♦ *den Arzt, die Polizei rufen* chiamare il medico, la polizia. *2* {*jmdn zu etwas* ~} chiamare qcn a qcs ♦ *zum Essen rufen* chiamare per il pranzo. *3* chiamare, dare un nome a. *4* *(fig)* chiamare, invitare ♦ *die Pflicht ruft (mich)* il dovere (mi) chiama. ◆ **jmdm etwas ins Gedächtnis rufen** richiamare qcs alla memoria a qcn. ◆ **jmdn zur Ordnung rufen** richiamare qcn all'ordine.

Rüffel ['rʏfəl] *(m; -s, -)* ~ *(fam)* sgridata, strigliata ♦ *jmdm einen Rüffel erteilen* dare una strigliata a qcn.

rüffeln [-n] *(vt, hat)* ~ *(fam)* sgridare, strigliare.

Rüge ['ryːgə] *(f; -, -n)* ~ rimprovero ♦ *eine Rüge bekommen/erhalten* ricevere un rimprovero ♦ *jmdm eine Rüge für/wegen etwas erteilen* fare un rimprovero a qcn per qcs.

rügen [-n] *(vt, hat)* *1* {*jmdn für etwas* ~} rimproverare qcn per qcs. *2* criticare, biasimare.

Ruhe ['ruːə] *(n; -)* *1* silenzio, quiete ♦ *Ruhe, bitte!* silenzio, per favore! *2* calma, quiete, tranquillità, pace ♦ *die Ruhe der Natur* la quiete della natura ♦ *nächtliche Ruhe* quiete notturna. *3* pace, tranquillità ♦ *ich möchte meine Ruhe haben!* vorrei essere lasciato in pace! *4* riposo, sonno. *5* tranquillità, calma (interiore) ♦ *die Ruhe bewahren, verlieren* mantenere, perdere la calma. *6* immobilità. ◆ **Ruhe geben/halten** stare buono, fare silenzio. ◆ **sich nicht aus der Ruhe bringen lassen** non lasciarsi innervosire. ◆ **in aller Ruhe** in tutta tranquillità. ◆ **jmdn in Ruhe lassen** lasciare in pace qcn. ◆ **sich zur Ruhe setzen** andare in pensione.

Ruhegeld [-ˌgɛlt] *(n, (e)s, -er)* ~ pensione.

ruhelos [-ˌloːs] *(agg)* ~ irrequieto, agitato, senza pace.

Ruhelosigkeit [-ˌloːzɪçkait] *(f; -)* ~ irrequietezza, agitazione.

ruhen [-n] *(vi, hat)* *1* riposare, riposarsi, dormire. *2* *(fig)* essere sospeso, essere fermo (lavori e sim). *3* *(fig)* riposare, essere sepolto ♦ *in Frieden ruhen* riposare in pace. *4* {*auf jmdm/etwas* ~} essere basato su qcn/qcs, fondarsi su qcn/qcs. *5* {*auf jmdm/etwas* ~} essere posato su qcn/qcs (sguardo).

Ruhestand [-ʃtant] *(m; -(e)s)* ~ pensione ♦ *in den Ruhestand gehen* andare in pensione.

Ruhetag [-ˌtaːk] *(m, -(e)s, -e)* ~ giorno di riposo settimanale, giorno di chiusura ♦ *das Restaurant hat mittwochs Ruhetag* il ristorante è chiuso il mercoledì.

ruhig [ˈruːɪç] *(agg)* ***1*** fermo, immobile, calmo ♦ *ruhige See* mare calmo. ***2*** tranquillo, indisturbato. ***3*** tranquillo, calmo, pacato ♦ *ein ruhiger Charakter* un carattere tranquillo ♦ *ein ruhiges Kind* un bambino tranquillo ♦ *ein ruhiges Leben führen* fare una vita tranquilla. ***4*** tranquillo, silenzioso ♦ *ein ruhiges Viertel* un quartiere tranquillo. ***5*** *(avv)* tranquillamente, senza problemi ♦ *du kannst ihn ruhig einladen* puoi invitarlo tranquillamente. ◆ **ruhig bleiben** stare tranquillo, non preoccuparsi. ◆ **ruhig stellen** († **ruhigstellen**) *(med)* immobilizzare. ◆ **sei ruhig!** sta' zitto!

ruhigstellen ~ **ruhig stellen** (vedi **ruhig**).

Ruhm [ruːm] *(m; -(e)s)* ~ gloria, fama ♦ *Ruhm erlangen/erringen* acquisire fama ♦ *sich mit Ruhm bedecken* ricoprirsi di gloria.

rühmen [ˈryːmən] *(vt, hat)* ~ lodare, decantare, celebrare, esaltare. ◆ **sich einer Sache** (Gen) **rühmen** *(vr)* vantarsi di qcs ♦ *er rühmt sich seines Erfolges* si vanta del suo successo.

rühmlich [ˈryːmlɪç] *(agg)* ~ lodevole, degno di lode. ◆ **kein rühmliches Ende nehmen** non fare una fine gloriosa.

ruhmlos [ˈruːmˌloːs] *(agg)* ~ inglorioso.

Ruhr [ˈruːɐ] *(f; -)* ~ *(med)* dissenteria.

Rührei [ˈryːɐˌˀai] *(n, -(e)s, -er)* ~ uovo strapazzato.

rühren [ˈryːrən] *(vt, hat)* ***1*** agitare, girare (liquidi e sim); sbattere (uova) ♦ *die Suppe im Topf rühren* girare la minestra nella pentola. ***2*** muovere ♦ *ich kann vor Schmerz meine Hand nicht rühren* non riesco a muovere la mano dal dolore. ***3*** *(fig)* commuovere, toccare ♦ *jmdn zu Tränen rühren* commuovere qcn fino alle lacrime. ◆ **sich rühren** *(vr)* ***1*** muoversi. ***2*** *(fig)* muoversi, agire, fare qualcosa.

rührend [ˈryːrənt] *(agg)* ~ commovente, toccante.

rührig [ˈryːrɪç] *(agg)* ~ attivo, laborioso, operoso.

Rührigkeit [-ˌkait] *(f; -)* ~ laboriosità, operosità.

rührselig [ˈryːɐˌzeːlɪç] *(agg)* ***1*** lagnoso, piagnucoloso. ***2*** sentimentale, lacrimoso.

Rührung [ˈryːrʊŋ] *(f; -)* ~ commozione, emozione ♦ *vor Rührung weinen* piangere per la commozione.

Ruin [ruˈiːn] *(m; -s)* ~ rovina (morale; economica).

Ruine [-ə] *(f; -, -n)* ~ *(spec pl)* rovine, macerie.

ruinieren [ruiˈniːrən] *(vt, hat)* ~ *(fig)* rovinare, distruggere ♦ *seine Gesundheit ruinieren* rovinare la propria salute ♦ *jmdn wirtschaftlich ruinieren* rovinare qcn economicamente.

rülpsen [ˈrʏlpsən] *(vi, hat)* ~ ruttare, fare un rutto.

Rülpser [ˈrʏlpsɐ] *(m; -s, -)* ~ *(fam)* rutto.

rum, **rum-** [rʊm] *(avv)* *(fam)* ~ vedi **herum**, **herum-**.

Rum *(m; -s, -s)* ~ rum.

Rummel [ˈrʊməl] *(m; -s)* ***1*** *(fam)* chiasso, baccano. ***2*** *(region)* fiera.

rumoren [ruˈmoːrən] *(vi, hat)* ***1*** fare chiasso, strepitare, rumoreggiare. ***2*** *(fig)* inquietare, dare inquietudine ♦ *ein Gedanke rumort in ihm* un pensiero lo inquieta.

rumpeln [ˈrʊmpəln] *(vi, hat/ist)* ~ procedere con fracasso, passare con fracasso.

Rumpf [rʊmpf] *(m; -(e)s, Rümpfe)* ***1*** tronco (umano o di animale), torso. ***2*** scafo. ***3*** fusoliera.

rümpfen [ˈrʏmpfən] *(vt, hat)* ~ arricciare, storcere (il naso).

Rumpsteak [ˈrʊmpˌsteːk] *(n; -s, -s)* ~ costata (di manzo), bistecca.

rund [rʊnt] *(agg)* ***1*** rotondo, tondo, circolare ♦ *ein runder Tisch* un tavolo rotondo. ***2*** rotondo, grassoccio. ***3*** *(fig)* armonioso, armonico (suono). ***4*** *(fig)* tondo ♦ *eine runde Summe* una cifra tonda. ***5*** *(avv)* circa, all'incirca. ***6*** *(avv)* intorno, tutto intorno ♦ *eine Reise rund um die Welt* un viaggio intorno al mondo. ◆ **runder Tisch** *(fig)* tavola rotonda. ◆ **rund um die Uhr** ventiquattr'ore su ventiquattro.

Rundbrief ['rʊntˌbriːf] *(m; -(e)s, -e)* ~ circolare, lettera circolare.

Runde ['rʊndə] *(f; -, -n)* ***1*** cerchia, gruppo, giro. ***2*** giro (di bevute) ♦ *eine Runde spendieren* pagare da bere. ***3*** giro ♦ *eine Runde durch die Stadt machen* fare un giro per la città. ***4*** *(mil)* ronda. ***5*** *(sport)* girone; turno; round. ◆ **etwas über die Runden bringen** *(fig/fam)* portare a termine qcs. ◆ **über die Runden kommen** *(fig/fam)* cavarsela a stento, farcela appena (spec con i soldi).

runden [-n] *(vt, hat)* ***1*** arrotondare, dare una forma rotonda ♦ *die Lippen runden* arrotondare le labbra. ***2*** arrotondare (cifra). ◆ **sich runden** *(vr)* ***1*** arrotondarsi, diventare rotondo. ***2*** *(fig)* prendere forma, compiersi.

Rundfahrt ['rʊntˌfaːɐt] *(f; -, -en)* ~ giro (in auto), giro panoramico.

Rundfunk ['rʊntˌfʊŋk] *(m; -s)* ***1*** radio ♦ *die Nachrichten im Rundfunk hören* ascoltare le notizie alla radio ♦ *er arbeitet beim Rundfunk* lavora alla radio. ***2*** radiotelevisione.

Rundgang ['rʊntˌgaŋ] *(m; -(e)s, -gänge)* ~ giro (a piedi).

rundheraus ['rʊnthɛ'raus] *(avv)* ~ *(fam)* chiaro e tondo, apertamente.

rundherum ['rʊnthɛ'rʊm] *(avv)* ~ intorno, tutto intorno.

rundlich ['rʊntlɪç] *(agg)* ~ rotondeggiante.

Rundschreiben ['rʊntʃraibən] *(n; -s, -)* ~ circolare, lettera circolare.

rundum ['rʊnt'ʔʊm] *(avv)* ~ intorno, tutto intorno.

rundweg ['rʊnt'vɛk] *(avv)* ~ decisamente ♦ *etwas rundweg ablehnen* rifiutare decisamente qcs.

Rune ['ruːnə] *(f; -, -n)* ~ runa.

Runenschrift [-nʃrɪft] *(f; -, -en)* ~ alfabeto runico.

Runkelrübe ['rʊŋkəlˌryːbə] *(f; -, -n)* ~ *(bot)* barbabietola.

runter, runter- ['rʊntɐ] *(avv)* ~ vedi **herunter, herunter-, hinunter, hinunter-**.

Runzel ['rʊntsəl] *(f; -, -n)* ~ ruga, grinza (della pelle, di un frutto).

runzelig [-ɪç] *(anche* **runzlig***)* *(agg)* ~ rugoso, grinzoso (pelle, frutto).

runzeln [-n] *(vt, hat)* ~ **die Stirn runzeln** aggrottare la fronte. ◆ **sich runzeln** *(vr)* raggrinzirsi.

runzlig ['rʊntslɪç] ~ vedi **runzelig**.

Rüpel ['ryːpəl] *(m; -s, -)* ~ zotico, villano.

rupfen ['rʊpfən] *(vt, hat)* ***1*** spennare ♦ *ein Huhn rupfen* spennare un pollo. ***2*** strappare, estirpare ♦ *Unkraut rupfen* strappare le erbacce. ***3*** *(fig/fam)* spennare (far pagare troppo).

ruppig ['rʊpɪç] *(agg)* ~ sgarbato, screanzato.

Ruß [ruːs] *(m; -es)* ~ fuliggine.

Rüssel ['rʏsəl] *(m; -s, -)* ***1*** proboscide. ***2*** *(fig/fam)* proboscide, nasone.

rußen ['ruːsən] *(vi/vt, hat)* ***1*** *(vi)* produrre fuliggine. ***2*** *(vt)* sporcare di fuliggine.

rüsten ['rʏstən] *(vi, hat)* ~ armarsi.

rüstig ['rʏstɪç] *(agg)* ~ arzillo, in gamba.

rustikal [rʊsti'kaːl] *(agg)* ~ rustico, semplice.

Rüstung ['rʏstʊŋ] *(f; -, -en)* ***1*** armatura. ***2*** *(solo sing)* armamento, preparativi bellici.

Rüstzeug ['rʏstˌtsɔyk] *(n; -(e)s, -e)* ***1*** attrezzatura, equipaggiamento. ***2*** *(fig)* requisiti (per un lavoro e sim).

Rute ['ruːtə] *(f; -, -n)* ***1*** verga, bacchetta. ***2*** *(abbrev di* **Angelrute***)* canna da pesca. ◆ **mit eiserner Rute** col pugno di ferro.

Rutsch [rʊtʃ] *(m; -(e)s, -e)* ***1*** scivolone. ***2*** frana. ***3*** *(fam)* salto, scappata (breve gita). ◆ **guten Rutsch ins neue Jahr!** *(fam)* buon capodanno!

Rutschbahn [-ˌbaːn] *(f; -, -en)* ~ scivolo.

Rutsche [-ə] *(f; -, -n)* ~ scivolo.

rutschen [-ən] *(vi, ist)* ***1*** scivolare, scorrere. ***2*** scivolare, sdrucciolare, fare uno scivolone. ***3*** scivolare (giù), spostarsi ♦ *das Glas ist mir aus der Hand gerutscht* il bicchiere mi è scivolato di mano ♦ *der Teppich rutscht* il tappeto scivola.

Rutscher [-ɐ] *(m; -s, -)* ~ *(fam)* scivolone.

rutschig [-ɪç] *(agg)* ~ scivoloso, sdrucciolevole.

rütteln[1] ['rʏtəln] *(vi, ist/hat)* ~ sobbalzare, procedere a sobbalzi.

rütteln[2] *(vt/vi, hat)* ***1*** *(vt)* scuotere ♦ *jmdn aus dem Schlaf rütteln* scuotere qcn dal sonno. ***2*** {*an etwas* (Dat) ~} scuotere qcs ♦ *an der Tür rütteln* scuotere la porta.

S

s, S [ɛs] *(n; -, -)* ~ s, S *(diciannovesima lettera dell'alfabeto tedesco)*.

Saal [za:l] *(m; -(e)s, Säle)* ~ sala, salone.

Saat [za:t] *(f; -, -en)* ***1*** semina. ***2*** semi, sementi. ***3*** *(fig)* seme, germe.

Saatgut [-ˌgu:t] *(n; -(e)s)* ~ semi, sementi.

sabbern ['zabɐn] *(vi,* hat*)* ~ *(fam)* sbavare.

Säbel ['zɛ:bəl] *(m; -s, -)* ~ sciabola *(anche sport)* ♦ *den Säbel schwingen/ziehen* brandire la sciabola. ◆ **mit dem Säbel rasseln** *(fig)* mostrare i muscoli.

Säbelhieb [-ˌhi:p] *(m, -(e)s, -e)* ~ sciabolata, colpo di sciabola.

säbeln [-n] *(vt,* hat*)* ~ *(fam)* tagliare (maldestramente).

Sabotage [zabo'ta:ʒə] *(f; -, -n)* ~ sabotaggio.

sabotieren [zabo'ti:rən] *(vt,* hat*)* ~ sabotare.

Sachbuch ['zaxˌbu:x] *(n; -(e)s, -bücher)* ~ testo divulgativo.

Sache ['zaxə] *(f; -, -n)* ***1*** *(pl)* cose, oggetti, roba ♦ *alte Sachen* cose vecchie. ***2*** cosa, faccenda, affare, questione ♦ *eine wichtige Sache* una faccenda importante ♦ *das ist eine ganz andere Sache* questa è una cosa completamente diversa ♦ *die Sache liegt so:...* la cosa sta così:... ♦ *die Sache ist die, dass* il fatto è che ♦ *das ist meine Sache!* sono fatti miei! ***3*** questione, problema, fatto ♦ *das ist eine Sache des Geschmacks* è una questione di gusti. ***4*** causa ♦ *die Sache der Gleichberechtigung* la causa dell'uguaglianza. ***5*** *(pl) (fam)* storie ♦ *mach keine Sachen!* non fare storie! ***6*** *(dir)* causa, processo ♦ *eine Sache gewinnen, verlieren* vincere, perdere una causa ♦ *in Sachen Müller gegen Maier* nel processo Müller contro Maier. ***7*** *(pl) (dir)* beni ♦ *bewegliche, unbewegliche Sachen* beni mobili, immobili. ◆ **mit jmdm gemeinsame Sache machen** far causa comune con qcn. ◆ **sich** (Dat) **seiner Sache gewiss/sicher sein** sapere il fatto proprio. ◆ **bei der Sache bleiben** restare in argomento. ◆ **bei der Sache sein** essere concentrato sul proprio lavoro. ◆ **zur Sache kommen** venire al dunque.

Sachgebiet ['zaxgəˌbi:t] *(n; -(e)s, -e)* ~ campo (specifico), ambito, ramo.

Sachkenntnis ['zaxˌkɛntnɪs] *(f; -, -se)* ***1*** esperienza, competenza (in un dato campo). ***2*** cognizione di causa.

sachkundig ['zaxˌkʊndɪç] *(agg)* ***1*** esperto, competente. ***2*** da esperto.

sachlich ['zaxlɪç] *(agg)* ***1*** obiettivo, imparziale; realistico. ***2*** concreto, reale. ***3*** *(avv)* obiettivamente, con imparzialità; realisticamente. ***4*** *(avv)* concretamente.

sächlich ['zɛçlɪç] *(agg)* ~ *(gramm)* neutro.

Sachlichkeit ['zaxlɪçˌkait] *(f; -)* ~ obiettività, imparzialità, realismo.

Sachregister ['zaxreˌgɪstɐ] *(n; -s, -)* ~ indice analitico.

Sachschaden ['zaxʃa:dən] *(m; -s, -schäden)* ~ danno materiale.

sacht(e) ['zaxt(ə)] *(agg)* ***1*** delicato, lieve, leggero, impercettibile ♦ *sachte Schritte* passi leggeri. *2* *(avv)* delicatamente, lievemente ♦ *sie streichelte sachte das Kind* accarezzò delicatamente il bambino. ◆ **sachte, sachte!** *(fam)* piano, piano!

Sachverhalt ['zaxfɛɐ̯ˌhalt] *(m; -(e)s, -e)* ~ situazione, stato di cose, fatti.

Sachverstand ['zaxfɛɐ̯ʃtant] *(m; -(e)s)* ~ competenza, esperienza.

sachverständig ['zaxfɛɐ̯ʃtɛntlɪç] *(agg)* ~ competente, esperto.

Sachverständige(r) ['zaxfɛɐ̯ʃtɛndɪgə (-gɐ)] *(m/f; -n, -n)* ~ esperto.

Sack [zak] *(m; -(e)s, Säcke)* *1* sacco, sacca ♦ *ein leerer, voller Sack* un sacco vuoto, pieno ♦ *zwei Sack Nüsse* due sacchi di noci. *2* *(volg)* palle, coglioni. *3* *(volg)* coglione (persona). ◆ **jmdm auf den Sack gehen** *(volg)* rompere le palle a qcn. ◆ **jmdn in den Sack stecken** *(fig/fam)* mettere qcn nel sacco, imbrogliare qcn. ◆ **mit Sack und Pack** *(fig)* con armi e bagagli.

sacken [-ən] *(vi, hat)* ~ sprofondare (terreno e sim).

Sackgasse [-ˌgasə] *(f; -, -n)* ~ vicolo cieco, strada senza uscita ♦ *in eine Sackgasse geraten (fig)* finire in un vicolo cieco.

Sackpfeife [-ˌpfaifə] *(f; -, -n)* ~ *(mus)* cornamusa.

säen ['zɛːən] *(vt, hat)* *1* seminare, piantare ♦ *Blumen, Radieschen säen* seminare fiori, ravanelli. *2* *(fig)* seminare, diffondere ♦ *Zwietracht säen* seminare discordia. ◆ **dünn gesät sein** *(fig/fam)* scarseggiare.

Safe [zeːf] *(m; -s, -s)* *1* cassaforte. *2* cassetta di sicurezza.

Safran ['zafraːn] *(m; -s, -e)* ~ zafferano.

Saft [zaft] *(m; -(e)s, Säfte)* *1* succo; spremuta. *2* liquido (di cottura), brodo. *3* *(fig)* linfa vitale, energia. ◆ **im eigenen Saft schmoren** *(fig/fam)* cuocere nel proprio brodo. ◆ **ohne Saft und Kraft** *(fig)* senza sugo.

saftig [-ɪç] *(agg)* *1* succoso, sugoso. *2* *(fig/fam)* forte, notevole, come si deve ♦ *eine saftige Ohrfeige* un sonoro ceffone. *3* *(fig/fam)* salato (prezzo); pungente (risposta).

saftlos [-ˌloːs] *(agg)* *1* privo di succo. *2* *(fig)* senza sugo, insipido.

Saftpresse [-ˌprɛsə] *(f; -, -n)* ~ spremifrutta.

Sage ['zaːgə] *(f; -, -n)* *1* saga, leggenda. *2* *(fig)* voce, diceria ♦ *es geht die Sage, dass* gira la voce che.

Säge ['zɛːgə] *(f; -, -n)* ~ sega.

Sägefisch [-ˌfɪʃ] *(m; -es, -e)* ~ *(zool)* pesce sega.

Sägemehl [-ˌmeːl] *(n; -s)* ~ segatura.

sagen ['zaːgən] *(vt, hat)* *1* {*(jmdm) etwas* ~} dire qcs (a qcn) ♦ *die Wahrheit sagen* dire la verità ♦ *jmdm seine Meinung sagen* dire a qcn la propria opinione ♦ *was hat er gesagt?* che cosa ha detto? ♦ *sag mal...* di' un po'... ♦ *wie sagt man das auf Italienisch?* come si dice questo in italiano? *2* dire, affermare, sostenere ♦ *man sagt, dass* si dice che ♦ *er hat gesagt, dass er müde sei/ist* ha detto di essere stanco. *3* dire, significare, avere un significato ♦ *der Name sagt mir nichts* quel nome non mi dice niente ♦ *das will schon etwas sagen!* questo vorrà pur dire qualcosa! *4* dire, rispondere ♦ *auf seine Frage sagte sie nichts* alla sua domanda non disse niente. *5* {*etwas zu jmdm/etwas* ~} dire qcs di qcn/qcs, pensare qcs di qcn/qcs ♦ *was sagst du zu meinem neuen Auto?* che ne dici della mia nuova macchina? ♦ *was sagst du dazu?* che ne dici? *6* {*etwas über jmdn/etwas* ~}, {*etwas von jmdm/etwas* ~} dire qcs di qcn/qcs, affermare qcs su qcn/qcs ♦ *etwas Schlechtes über jmdn sagen* dire qcs di male su qcn. *7* dire, ammettere ♦ *man muss schon sagen, dass er es versucht hat* va detto che ci ha provato. ◆ **Ja, Nein sagen** *(anche* **ja, nein sagen***)* dire (di) sì, dire (di) no. ◆ **jmdm guten Tag, gute Nacht sagen** dare il buon giorno, la buonanotte a qcn. ◆ **sich** (Dat) **etwas sagen** dirsi qcs ♦ *ich habe mir gesagt, ich rufe sie mal an* mi sono detto, le telefono. ◆ **sich** (Dat) **nichts sagen lassen** *(fig)* non lasciarsi consigliare. ◆ **sich** (Dat) **etwas nicht zweimal sagen lassen** non farsi dire qcs due volte. ◆ **etwas zu sagen haben** *1* avere qcs da dire, significare qcs, essere importante. *2* avere qcs da dire, avere voce in capitolo. ◆ **gesagt - getan** detto, fatto, in men che non si dica. ◆ **das ist leichter gesagt als getan** questo è più facile a dirsi che a farsi. ◆ **unter uns gesagt** detto fra noi. ◆ **wie gesagt** come ho già detto. ◆ **sage und schreibe** nientemeno che, nientepopodimeno che. ◆ **sagen wir** diciamo ♦ *wir treffen uns, sagen wir, um halb fünf* ci incontriamo, diciamo, alle quattro e mezza. ◆ **wie man so schön sagt** come si suol dire. ◆ **um nicht zu sagen** per non dire.

sägen ['zɛ:gən] *(vt,* hat*)* ~ segare.

sagenhaft ['za:gən,haft] *(agg)* ***1*** leggendario. ***2*** *(fig/fam)* favoloso, incredibile.

Sägespäne ['zɛ:gəʃpɛ:nə] *(pl)* ~ segatura.

Sägewerk ['zɛ:gə,vɛrk] *(n;* -(e)s, -e*)* ~ segheria.

sah [za:] ~ pret di **sehen**.

Sahne ['za:nə] *(f;* -, -*)* ***1*** panna ♦ *saure Sahne* panna acida. ***2*** *(abbrev di* **Schlagsahne***)* panna montata.

Saison [zɛ'zõ:] *(f;* -, -s*)* ***1*** stagione (giusta) ♦ *die Saison für Orangen* la stagione delle arance. ***2*** stagione (teatrale, sportiva, ecc). ◆ **Hochsaison**, **Nebensaison** alta stagione, bassa stagione.

Saison- *(nei composti)* ~ stagionale ♦ *Saisonarbeit* lavoro stagionale.

saisonal [zɛzo'na:l] *(agg)* ~ stagionale.

Saite ['zaitə] *(f;* -, -n*)* ~ corda (di strumento musicale) ♦ *eine Saite stimmen* regolare una corda, accordare lo strumento. ◆ **andere/strengere Saiten aufziehen** *(fig)* cambiare musica.

Saiteninstrument [-nˀɪnstru,mɛnt] *(n;* -(e)s, -e*)* ~ strumento a corda.

Sakrament [zakra'mɛnt] *(n;* -(e)s, -e*)* ~ sacramento.

Sakrileg [zakri'le:k] *(n;* -s, -e*)* ~ sacrilegio *(anche fig)* ♦ *ein Sakrileg begehen* commettere un sacrilegio.

sakrilegisch [zakri'le:gɪʃ] *(agg)* ~ sacrilego.

Sakristei [zakrɪs'tai] *(f;* -, -en*)* ~ sacrestia.

Salamander [zala'mandɐ] *(m;* -s, -*)* ~ *(zool)* salamandra.

Salami [za'la:mi] *(f;* -, -/-s*)* ~ salame.

Salat [za'la:t] *(m;* -(e)s, -e*)* ***1*** insalata ♦ *den Salat anmachen* condire l'insalata ♦ *ein Kopf Salat* un cespo d'insalata. ***2*** *(fam)* confusione, casino. ◆ **da haben wir den Salat!** *(fam)* la frittata è fatta!

Salatschüssel [-ʃʏsəl] *(f;* -, -n*)* ~ insalatiera.

Salbe ['zalbə] *(f;* -, -n*)* ~ pomata ♦ *Salbe auf eine Wunde streichen* mettere della pomata su una ferita.

Salbei ['zalbai] *(m;* -s; *anche f;* -*)* ~ *(bot)* salvia.

salben ['zalbən] *(vt,* hat*)* ~ ungere, consacrare ♦ *jmdn zum Priester salben* consacrare prete qcn.

Salbung ['zalbʊŋ] *(f;* -, -en*)* ~ unzione, consacrazione.

Saldo ['zaldo] *(m;* -s, Salden/Saldi*)* ~ *(comm)* saldo.

Salm ['zalm] *(m;* -(e)s, -e*)* ~ *(zool)* salmone.

Salon [za'lõ:] *(m;* -s, -s*)* ***1*** sala, salone. ***2*** salone (di bellezza e sim).

salonfähig [-,fɛ:ɪç] *(agg)* ~ presentabile (in società).

salopp [za'lɔp] *(agg)* ***1*** casual, sportivo (abbigliamento). ***2*** informale, familiare, colloquiale ♦ *eine saloppe Redewendung* un modo di dire informale.

salutieren [zalu'ti:rən] *(vt,* hat*)* ~ *(mil)* salutare, fare il saluto militare.

Salve ['zalvə] *(f;* -, -n*)* ***1*** *(mil)* salva ♦ *Salve geben/schießen* sparare a salva. ***2*** *(fig)* scroscio (di applausi e sim).

Salz [zalts] *(n;* -(e)s, -e*)* ~ sale *(anche chim)* ♦ *feines, grobes Salz* sale fino, grosso ♦ *eine Prise Salz* una presa di sale ♦ *Salz in die Suppe tun* mettere il sale nella minestra. ◆ **in Salz legen** mettere sotto sale.

salzen [-ən] *(vt,* hat; **salzte**, **gesalzen***)* ~ salare ♦ *die Suppe salzen* salare la minestra.

salzhaltig [-,haltɪç] *(agg)* ~ salino, contenente sale.

salzig [-ɪç] *(agg)* ~ salato.

Salzkorn [-,kɔrn] *(n;* -(e)s, -körner*)* ~ grano di sale.

Salznapf [-,napf] *(m;* -(e)s, -näpfe*)* ~ saliera.

Salzsäure [-,zɔyrə] *(f;* -, -n*)* ~ acido muriatico.

Salzstange [-ʃtaŋə] *(f;* -, -n*)* ~ bastoncino salato, salatino.

Salzstreuer [-ʃtrɔyɐ] *(m;* -s, -*)* ~ saliera.

Salzwasser [-,vasɐ] *(n;* -s, -wässer*)* ~ acqua salata.

Samen ['za:mən] *(m;* -s, -*)* ***1*** seme ♦ *der Samen keimt* il seme germoglia ♦ *in Samen* *schießen* andare in seme. ***2*** *(fig/lett)* seme, germe. ***3*** seme, sperma.

Samenerguss († **-erguß**) [-ˀɛɐˌgʊs] *(m;* -es, -güsse*)* ~ eiaculazione.

Samenfaden [-ˌfaːdən] *(m;* -s, -fäden*)* ~ *(biol)* spermatozoo.

Samenkern [-ˌkɛrn] *(m;* -(e)s, -e*)* ~ seme, nòcciolo.

Sämerei [zɛːməˈrai] *(f;* -, -en*)* *(spec pl)* ~ semi, sementi.

sämig [ˈzɛːmɪç] *(agg)* ~ denso (salsa e sim).

Sammelband [ˈzaməlˌbant] *(m;* -(e)s, -bände*)* ~ raccolta (in un volume), antologia.

Sammelbecken [ˈzaməlˌbɛkən] *(n;* -s, -*)* ***1*** bacino di raccolta, cisterna. ***2*** *(fig)* ricettacolo.

Sammelbegriff [ˈzaməlbəˌgrɪf] *(m;* -(e)s, -e*)* ~ termine generico.

Sammelbezeichnung [ˈzaməlbəˌtsaiçnʊŋ] *(f;* -, -en*)* ~ *(ling)* collettivo.

sammeln [ˈzaməln] *(vt,* hat*)* ***1*** raccogliere, cogliere ◆ *Erdbeeren, Pilze sammeln* raccogliere le fragole, i funghi ◆ *Spenden sammeln* raccogliere offerte. ***2*** fare la raccolta di, collezionare ◆ *Briefmarken sammeln* collezionare francobolli. ***3*** accumulare, ammassare. ***4*** raccogliere, radunare, riunire ◆ *seine Anhänger sammeln* raccogliere i propri seguaci. ◆ **sich sammeln** *(vr)* ***1*** raccogliersi, adunarsi, riunirsi. ***2*** *(fig)* concentrarsi (mentalmente). ◆ **Erfahrungen sammeln** accumulare esperienze. ◆ **seine Gedanken sammeln** raccogliere i pensieri, concentrarsi. ◆ **seine Kräfte sammeln** chiamare a raccolta le proprie forze. ◆ **zum Sammeln blasen** suonare l'adunata; *(fig)* chiamare a raccolta.

Sammelname [ˈzaməlˌnaːmə] *(m;* -ns, -n*)* ~ *(ling)* collettivo.

Sammelwerk [ˈzaməlˌvɛrk] *(n;* -(e)s, -e*)* ~ raccolta (di scritti), miscellanea.

Sammler [ˈzamlɐ] *(m;* -s, -; *f* **-in***)* ~ collezionista.

Sammlung [ˈzamlʊŋ] *(f;* -, -en*)* ***1*** raccolta (il raccogliere). ***2*** collezione, raccolta. ***3*** *(fig)* concentrazione (mentale), raccoglimento.

Samstag [ˈzamsˌtaːk] *(m;* -(e)s, -e*)* ~ sabato ◆ *am Samstag* sabato, il sabato.

Samstag-, **samstag-** ~ vedi **Dienstag-**, **dienstag-**.

samstags [-s] *(avv)* ~ ogni sabato, tutti i sabati.

samt [zamt] *(prep* + Dat*)* ~ con, insieme con (qcn/qcs che fa parte di un tutto) ◆ *ein Brief samt Umschlag* una lettera con la busta ◆ *das Kind samt seiner Mutter* il bambino insieme con sua madre. ◆ **samt und sonders** tutto/tutti insieme, senza eccezione.

Samt *(m;* -(e)s, -e*)* ~ velluto.

samten [-ən] *(agg)* ***1*** di velluto. ***2*** vellutato, morbido.

samtig [-ɪç] *(agg)* ~ vellutato, morbido come il velluto.

sämtliche [ˈzɛmtlɪçə] *(agg pl)* ~ tutti ◆ *sämtliche Schüler* tutti gli alunni ◆ *sämtliche alten Bücher* tutti i vecchi libri. ◆ **sämtliche Werke** opera omnia, tutte le opere.

Sand [zant] *(m;* -(e)s, -e*)* ~ sabbia, rena. ◆ **auf Sand geraten** arenarsi *(anche fig)*. ◆ **jmdm Sand in die Augen streuen** *(fig)* gettare fumo negli occhi a qcn. ◆ **im Sand(e) verlaufen** *(fig)* arenarsi, finire insabbiato. ◆ **den Kopf in den Sand stecken** *(fig)* nascondere la testa sotto la sabbia.

Sandale [zanˈdaːlə] *(f;* -, -n*)* ~ sandalo.

Sandbank [ˈzantˌbaŋk] *(f;* -, -bänke*)* ~ banco di sabbia.

Sandelbaum [ˈzandəlˌbaum] *(m;* -(e)s, -bäume*)* ~ *(bot)* sandalo.

Sandelholz [ˈzandəlˌhɔlts] *(n;* -(e)s*)* ~ sandalo, legno di sandalo.

sandig [ˈzandɪç] *(agg)* ***1*** sabbioso. ***2*** pieno di sabbia, sporco di sabbia.

Sandkorn [ˈzantˌkɔrn] *(n;* -(e)s, -körner*)* ~ granello di sabbia.

Sandpapier [ˈzantpaˌpiːɐ] *(n;* -(e)s*)* ~ carta vetrata.

sandte [ˈzantə] ~ pret di **senden**.

Sanduhr [ˈzantˌˀuːɐ] *(f;* -, -en*)* ~ clessidra.

Sandwich [ˈzɛntvɪtʃ] *(n;* -es, -es*)* ~ sandwich, panino, tramezzino.

sanft [zanft] *(agg)* ***1*** mite, dolce, mansueto. ***2*** lieve, delicato ◆ *ein sanfter Kuss* un bacio delicato ◆ *ein sanfter Regen* una pioggia lieve. ***3*** delicato, tenue (colore); soffuso (luce). ***4*** delicato, lieve, sommesso (suono). ***5*** tranquillo, sereno ◆ *ein* *sanfter Tod* una morte serena. ***6*** lieve, dolce, non ripido. ***7*** *(avv)* delicatamente, leggermente, lievemente, con delicatezza. ◆ **sanft entschlafen** *(fig)* morire serenamente.

Sanftheit [-ˌhait] *(f; -)* ***1*** delicatezza, leggerezza, lievità. ***2*** dolcezza, mitezza, mansuetudine.

Sanftmut [-ˌmuːt] *(f; -)* ~ mitezza, mansuetudine, dolcezza.

sang [zaŋ] ~ pret di **singen**.

Sang *(m)* ~ **mit Sang und Klang** *(fig/fam)* clamorosamente.

Sänger [ˈzɛŋɐ] *(m; -s, -; f* **-in***)* ***1*** cantante. ***2*** cantore.

Sängerschaft [-ʃaft] *(f; -, -en)* ~ corale, coro.

sanieren [zaˈniːrən] *(vt,* hat*)* ***1*** risanare, ristrutturare ◆ *ein Gebäude sanieren* ristrutturare un edificio ◆ *einen Stadtteil sanieren* risanare un quartiere di una città. ***2*** *(fig)* risanare (economicamente).

Sanierung [zaˈniːrʊŋ] *(f; -, -en)* ***1*** risanamento, ristrutturazione. ***2*** *(fig)* risanamento (economico, ecc).

sanitär [zaniˈtɛːɐ] *(agg)* ~ sanitario ◆ *sanitäre Artikel* articoli sanitari.

Sanitäter [zaniˈtɛːtɐ] *(m; -s, -)* ~ sanitario; medico del pronto soccorso.

sank [zaŋk] ~ pret di **sinken**.

Sanktion [zaŋkˈtsjoːn] *(f; -, -en)* ***1*** sanzione, ratifica. ***2*** *(pl)* sanzioni, ammende.

sanktionieren [zaŋktsjoˈniːrən] *(vt,* hat*)* ~ sanzionare (ratificare; punire).

sann [zan] ~ pret di **sinnen**.

Saphir [ˈzaːfɪr] *(m; -s, -e)* ~ zaffiro.

Sardelle [zarˈdɛlə] *(f; -, -n)* ~ *(zool)* acciuga, alice.

Sardine [zarˈdiːnə] *(f; -, -n)* ~ *(zool)* sardina.

Sarg [zark] *(m; -(e)s, Särge)* ~ bara.

Sarkasmus [zarˈkasmʊs] *(m; -)* ~ sarcasmo.

sarkastisch [zarˈkastɪʃ] *(agg)* ~ sarcastico.

saß [zaːs] ~ pret di **sitzen**.

Satan [ˈzaːtan] *(m; -s, -e)* ***1*** Satana, diavolo. ***2*** *(fig)* demonio.

satanisch [zaˈtaːnɪʃ] *(agg)* ~ satanico.

Satellit [zatɛˈliːt] *(m; -en, -en)* ~ satellite.

Satellitenfernsehen [-ənˌfɛrnzeːən] *(n; -s)* ~ televisione via satellite.

Satellitenschüssel [-ənʃʏsəl] *(f; -, -n)* ~ *(fam)* antenna parabolica.

Satellitenstaat [-ənʃtaːt] *(m; -(e)s, -en)* ~ stato satellite.

Satire [zaˈtiːrə] *(f; -, -n)* ~ satira.

satirisch [zaˈtiːrɪʃ] *(agg)* ~ satirico.

satt [zat] *(agg)* ***1*** sazio. ***2*** *(fig)* soddisfatto, compiaciuto. ***3*** *(fig)* intenso (colore). ◆ **sich satt essen** mangiare a sazietà. ◆ **jmdn/etwas satt haben/sein** *(fig)* essere stufo di qcn/qcs, averne abbastanza di qcn/qcs ◆ *ich habe deine Lügen satt* sono stufo delle tue bugie ◆ *ich bin/habe es satt, dich daran erinnern zu müssen* sono stufa di dovertelo ricordare. ◆ **jmdn satt kriegen** *(fam)* riuscire a saziare qcn. ◆ **satt machen** saziare. ◆ **(von etwas) satt werden** saziarsi (con qcs). ◆ **sich an etwas** (Dat) **nicht satt sehen, hören können** *(fig)* non stancarsi mai di vedere, sentire qcs.

Sattel [ˈzatəl] *(m; -s, Sättel)* ***1*** sella. ***2*** sellino (di moto o bicicletta). ***3*** sella, passo (montano). ◆ **jmdn aus dem Sattel heben** *(fig)* sbalzare di sella qcn. ◆ **jmdn aus dem Sattel werfen** disarcionare qcn. ◆ **in allen Sätteln gerecht sein** *(fig)* cavarsela in tutti i campi, essere buono a far tutto. ◆ **sich im Sattel halten** reggersi in sella; *(fig)* restare in sella. ◆ **fest im Sattel sitzen** *(fig)* stare saldo in sella.

sattelfest [-ˌfɛst] *(agg)* ~ esperto, ferrato.

satteln [-n] *(vt,* hat*)* ~ sellare.

Sattheit [ˈzatˌhait] *(f; -)* ***1*** sazietà. ***2*** *(fig)* soddisfazione, compiacimento. ***3*** *(fig)* intensità (di colore).

sättigen [ˈzɛtɪgən] *(vt,* hat*)* ***1*** saziare. ***2*** *(econ/chim)* saturare. ***3*** *(fig)* saziare, soddisfare ◆ *jmds Neugierde sättigen* soddisfare la curiosità di qcn. ◆ **sich** (**an/mit/von etwas**) **sättigen** *(vr)* saziarsi (con qcs).

Sättigung [ˈzɛtɪgʊŋ] *(f; -, -en)* ~ sazietà.

sattsam [ˈzatˌzaːm] *(avv)* ~ ampiamente, abbondantemente.

Saturn [zaˈtʊrn] *(m; -s)* ~ *(astron)* Saturno.

Satz [zats] *(m; -es, Sätze)* ***1*** frase, proposizione ◆ *einen Satz bilden* formare una frase. ***2*** principio, teorema, tesi ◆ *einen Satz aufstellen* stabilire un principio. ***3*** *(tipogr)* composizione ◆ *das Manuskript ist im*

Satz il manoscritto è in composizione. **4** *(mus)* movimento. **5** fondo, fondata. **6** tariffa. **7** gruppo, serie, set; servizio, batteria (stoviglie, pentole, ecc) ♦ *ein Satz Briefmarken* una serie di francobolli. **8** *(sport)* set (di tennis) ♦ *in drei Sätzen gewinnen* vincere in tre set. **9** salto, balzo ♦ *einen Satz machen* fare un salto ♦ *mit einem Satz sprang er über den Graben* con un balzo saltò al di là del fossato.

Satzlehre [-ˌleːrə] *(f; -, -n)* ~ sintassi.

Satzung ['zatsʊŋ] *(f; -, -en)* ~ statuto.

satzweise ['zatsˌvaizə] *(avv)* ~ a frasi, frase per frase.

Satzzeichen ['zatsˌtsaiçən] *(n; -s, -)* ~ *(gramm)* segno d'interpunzione.

Sau [zau] *(f; -, Säue/Sauen)* **1** *(pl Säue) (zool)* scrofa. **2** *(pl Sauen)* femmina di cinghiale. **3** *(pl Säue) (fig/volg)* maiale, porco; troia. ◆ **unter aller Sau** *(volg)* schifoso, di merda. ◆ **jmdn zur Sau machen** *(fig/volg)* fare una parte di merda a qcn.

sauber ['zaubɐ] *(agg)* **1** pulito, lindo ♦ *saubere Wäsche* biancheria pulita. **2** *(fig)* pulito, ordinato, preciso. **3** *(fig/fam)* a posto, per bene, onesto. **4** *(avv)* ordinatamente, in modo preciso. ◆ **sauber halten** († **sauberhalten**) tenere pulito. ◆ **sauber machen** († **saubermachen**) *(vi/vt)* pulire.

sauberhalten ~ **sauber halten** (vedi **sauber**).

Sauberkeit [-ˌkait] *(f; -)* **1** pulizia. **2** *(fig)* pulizia, ordine, precisione. **3** *(fig/fam)* onestà.

säuberlich ['zɔybɐlɪç] *(agg)* **1** ordinato, pulito. **2** preciso, netto (divisione e sim).

saubermachen ~ **sauber machen** (vedi **sauber**).

säubern ['zɔybɐn] *(vt, hat)* **1** pulire; lavare. **2** *(fig)* {*etwas von etwas* ~} ripulire qcs da qcs, liberare qcs da qcs.

Säuberung ['zɔybərʊŋ] *(f; -, -en)* **1** pulizia; lavaggio. **2** *(fig)* epurazione, repulisti.

Sauce ~ vedi **Soße**.

saudumm ['zau'dʊm] *(agg)* ~ *(fam)* stupido, idiota.

sauer ['zauɐ] *(agg)* **1** acido *(anche chim)*. **2** aspro, acre. **3** sott'aceto ♦ *saure Gurken* cetrioli sott'aceto. **4** *(fig/fam)* duro, difficile. **5** *(fig/fam)* arrabbiato. ◆ **jmdm stößt sauer auf** *(impers)* qcn ha acidità di stomaco. ◆ **jmdm sauer aufstoßen** *(fig/fam)* rimanere sullo stomaco a qcn. ◆ **auf jmdn sauer sein** *(fig/fam)* essere arrabbiato con qcn, avercela con qcn. ◆ **sauer werden** **1** inacidirsi ♦ *die Milch ist sauer geworden* il latte si è inacidito. **2** prendere di aceto (vino). ◆ **sich** (Dat) **etwas sauer werden lassen** *(fig/fam)* mettercela tutta con qcs.

Sauerei [zauə'rai] *(f; -, -en)* ~ *(volg)* porcheria; porcata.

Sauerkirsche ['zauɐˌkɪrʃə] *(f; -, -n)* ~ *(bot)* amarena.

Sauerkraut ['zauɐˌkraut] *(n; -s)* ~ crauti.

säuerlich ['zɔyɐlɪç] *(agg)* **1** acidulo, asprigno. **2** *(fig)* acido.

säuern ['zɔyɐn] *(vi/vt, ist/hat)* **1** *(aux ist) (vi)* inacidire. **2** *(aux hat) (vt)* inacidire, far fermentare.

Sauerrahm ['zauɐˌraːm] *(m; -s)* ~ panna acida.

Sauerstoff ['zauɐʃtɔf] *(m; -(e)s)* ~ ossigeno.

<u>**Sauerstoffflasche**</u> († **Sauerstofflasche**) [-ˌflaʃə] *(f; -, -n)* ~ bombola di ossigeno.

Sauerstoffmaske [-ˌmaskə] *(f; -, -n)* ~ maschera a ossigeno.

Sauerteig ['zauɐˌtaik] *(m; -(e)s, -e)* ~ lievito naturale.

saufen ['zaufən] *(vi/vt, hat; er* **säuft**, **soff**, **gesoffen***)* **1** bere (animali). **2** *(volg)* bere (spec alcol).

Säufer ['zɔyfɐ] *(m; -s, -; f* **-in***)* ~ *(volg)* ubriacone, beone.

saugen ['zaugən] *(vt, hat;* **sog**, **gesogen***)* **1** succhiare ♦ *die Bienen saugen Nektar* le api succhiano il nettare. **2** succhiare, poppare (neonati). **3** {*etwas aus etwas* ~} *(fig)* trarre qcs da qcs. **4** {*an etwas* (Dat) ~} *(vi)* aspirare qcs, succhiare qcs. **5** (**saugte**, **gesaugt**) aspirare, pulire (con l'aspirapolvere); *(vi)* passare l'aspirapolvere. ◆ **sich voll saugen** *(vr)* inzupparsi, impregnarsi completamente ♦ *der Schwamm hat sich voll Wasser gesogen* la spugna si è completamente impregnata d'acqua.

säugen ['zɔygən] *(vt, hat)* ~ allattare.

Sauger ['zaugɐ] *(m; -s, -)* **1** succhiotto, ciucciotto. **2** tettarella.

Säugetier ['zɔygəˌtiːɐ] *(n; -(e)s, -e)* ~ mammifero.
Saugflasche ['zaugˌflaʃə] *(f; -, -n)* ~ poppatoio, biberon.
Säugling ['zɔykˌlɪŋ] *(m; -s, -e)* ~ neonato.
Säule ['zɔylə] *(f; -, -n)* **1** colonna, pilastro ♦ *das Dach ruht auf Säulen/wird von Säulen getragen* il tetto è retto da colonne. **2** *(fig)* colonna, pilastro, fondamento. **3** *(fig)* colonna (di fumo). **4** colonnina (di mercurio).
Säulengang [-nˌgaŋ] *(m; -(e)s, -gänge)* ~ colonnato, portico a colonne.
Saum [zaum] *(m; -(e)s, Säume)* **1** orlo, bordo (di stoffa). **2** *(fig/lett)* bordo, margine.
säumen[1] ['zɔymən] *(vt, hat)* **1** orlare, fare l'orlo a ♦ *einen Rock säumen* fare l'orlo a una gonna. **2** *(fig)* orlare, contornare, circondare.
säumen[2] *(vi, hat)* ~ *(lett)* indugiare, esitare.
säumig ['zɔymɪç] *(agg)* **1** *(lett)* in ritardo. **2** moroso.
Säumniszuschlag ['zɔymnɪsˌtsuʃlaːk] *(m; -(e)s, -schläge)* ~ soprattassa, mora.
saumselig ['zaumˌzeːlɪç] *(agg)* ~ *(lett)* lento, pigro, indolente.
Sauna ['zauna] *(f; -, -s/Saunen)* ~ sauna.
Säure ['zɔyrə] *(f; -, -n)* **1** *(chim)* acido. **2** acidità, gusto acido.
Saurier ['zauriɐ] *(m; -s, -) (spec pl)* ~ dinosauro.
Saus [zaus] *(m)* ~ **in Saus und Braus leben** fare la bella vita.
säuseln ['zɔyzəln] *(vi, hat)* **1** stormire, mormorare (vento). **2** mormorare, sussurrare.
sausen ['zauzən] *(vi, ist)* **1** fischiare, sibilare (vento e sim). **2** *(fam)* sfrecciare. ◆ **jmdn/etwas sausen lassen** *(fam)* lasciar perdere qcn/qcs.
Savanne [za'vanə] *(f; -, -n)* ~ savana.
Saxophon *(anche* **Saxofon***)* [zakso'foːn] *(n; -s, -e)* ~ sassofono.
S-Bahn ['ɛsˌbaːn] *(f; -, -en) (abbrev di* **Schnellbahn***)* ~ ferrovia urbana, metropolitana di superficie.
SBB [ˌɛsbe'beː] ~ abbrev di **Schweizerische Bundesbahnen** (vedi **schweizerisch**).
Scampi ['skampi] *(pl)* ~ scampi.
scannen ['skɛnən] *(vt, hat)* ~ scannerizzare.
Scanner ['skɛnɐ] *(m; -s, -)* ~ *(elab)* scanner.
Schabe ['ʃaːbə] *(f; -, -n)* ~ *(zool)* scarafaggio.
Schabeisen ['ʃaːpˌˀaizən] *(n; -s, -)* ~ raschietto.
schaben ['ʃaːbən] *(vt, hat)* **1** {*etwas aus/von etwas* ~} raschiare via qcs da qcs. **2** raschiare, pulire (raschiando) ♦ *Möhren schaben* raschiare le carote.
Schabernack ['ʃaːbɐˌnak] *(m; -(e)s, -e)* ~ scherzo, burla ♦ *jmdm einen Schabernack spielen* fare uno scherzo a qcn.
schäbig ['ʃɛːbɪç] *(agg)* **1** logoro, consunto, malandato. **2** misero, scarso. **3** gretto, meschino.
Schablone [ʃa'bloːnə] *(f; -, -n)* **1** sagoma, modello, forma (per disegni). **2** *(fig)* schema fisso, stereotipo ♦ *nach Schablone arbeiten* lavorare secondo uno schema fisso.
Schach [ʃax] *(n; -s)* ~ scacchi, gioco degli scacchi ♦ *Schach bieten* dare scacco ♦ *Schach spielen* giocare a scacchi. ◆ **jmdn in Schach halten** *(fig/fam)* tenere in scacco qcn.
Schachbrett ['ʃaxˌbrɛt] *(n; -(e)s, -er)* ~ scacchiera.
schachern ['ʃaxɐn] *(vi, hat)* ~ {*mit/um etwas* ~} *(spreg)* mercanteggiare su qcs. ◆ **um den Preis schachern** tirare sul prezzo.
schachmatt [ʃax'mat] *(avv)* ~ scacco matto, in scacco matto ♦ *der König ist schachmatt* il re è in scacco matto. ◆ **jmdn schachmatt setzen** dare scacco matto a qcn. ◆ **schachmatt sein** *(fig/fam)* essere distrutto, essere esausto.
Schachspiel ['ʃaxˌʃpiːl] *(n; -(e)s, -e)* **1** *(solo sing)* scacchi, gioco degli scacchi. **2** partita di scacchi.
Schachspieler ['ʃaxˌʃpiːlɐ] *(m; -s, -; f* **-in***)* ~ giocatore di scacchi, scacchista.
Schacht [ʃaxt] *(m; -(e)s, Schächte)* **1** pozzo (spec di miniera). **2** tromba, vano (dell'ascensore).
Schachtel ['ʃaxtəl] *(f; -, -n)* ~ scatola. ◆ **alte Schachtel** *(fig/fam)* vecchia befana.
Schachzug ['ʃaxˌtsuːk] *(m; -(e)s, -züge)* **1** mossa degli scacchi. **2** *(fig)* mossa (abile).

schade ['ʃa:də] *(avv)* ~ peccato ♦ *(es ist) schade, dass du nicht kommen kannst!* (è un) peccato che tu non possa venire! ◆ **es ist schade um jmdn/etwas** è un peccato per qcn/qcs ♦ *es ist schade um die kaputte Vase* peccato per il vaso rotto. ◆ **für/zu etwas zu schade sein** essere sprecato per qcs, essere troppo per qcs. ◆ **sich** (Dat) **für/zu etwas zu schade sein** non abbassarsi a (fare) qcs.

Schädel ['ʃɛ:dəl] *(m; -s, -)* ***1*** *(anat)* cranio; teschio. ***2*** *(fam)* testa, cranio.

schaden ['ʃa:dən] *(vi,* hat*)* ~ *{jmdm/etwas* ~*}* danneggiare qcn/qcs, nuocere a qcn/qcs ♦ *der Gesundheit schaden* danneggiare la salute. ◆ **das schadet ihm gar nichts!** gli sta bene!

Schaden *(m; -s,* Schäden*)* ***1*** danno ♦ *Schaden anrichten, erleiden* fare, subire danni ♦ *den Schaden ersetzen* risarcire i danni ♦ *der Schaden beträgt tausend Euro* il danno ammonta a mille euro. ***2*** danno (fisico), lesione ♦ *zu Schaden kommen* subire una lesione. ***3*** danno, perdita, svantaggio. ◆ **wer den Schaden hat, braucht für den Spott nicht zu sorgen** *(prov)* al danno si aggiunge anche la beffa. ◆ **durch Schaden wird man klug** *(prov)* sbagliando s'impara.

Schadenersatz [-ˀɛɐˌzats] *(m; -(e)s)* ~ risarcimento danni ♦ *auf Schadenersatz klagen* fare causa per ottenere il risarcimento danni.

Schadenfreude [-ˌfrɔydə] *(f; -)* ~ piacere maligno, piacere del male altrui.

schadenfroh [-ˌfro:] *(agg)* ~ che gode delle disgrazie altrui.

schadhaft ['ʃa:tˌhaft] *(agg)* ***1*** danneggiato, rovinato. ***2*** pericolante.

schädigen ['ʃɛ:dɪgən] *(vt,* hat*)* ~ *{jmdn/etwas* ~*}* danneggiare qcn/qcs, nuocere a qcn/qcs. ◆ **jmds Interessen schädigen** ledere gli interessi di qcn.

Schädigung ['ʃɛ:dɪgʊŋ] *(f; -, -en)* ~ danneggiamento, danno, lesione.

schädlich ['ʃɛ:tlɪç] *(agg)* ~ dannoso, nocivo.

Schädling ['ʃɛ:tˌlɪŋ] *(m; -(e)s, -e)* ~ parassita (insetto, pianta).

Schädlingsbekämpfung [-sbəˌkɛmpfʊŋ] *(f; -)* ~ lotta ai parassiti, disinfestazione.

Schädlingsbekämpfungsmittel [-sbəˌkɛmpfʊŋˌmɪtəl] *(n; -s, -)* ~ antiparassitario.

Schadstoff ['ʃa:tˌʃtɔf] *(m; -(e)s, -e)* ~ sostanza tossica, (agente) inquinante.

Schaf [ʃa:f] *(n; -(e)s, -e)* ***1*** *(zool)* pecora ♦ *Schafe scheren, weiden* tosare, portare al pascolo le pecore. ***2*** *(fig/fam)* stupido. ◆ **das schwarze Schaf sein** *(fig)* essere la pecora nera.

Schafbock [-ˌbɔk] *(m; -(e)s, -böcke)* ~ *(zool)* montone.

Schäfchen ['ʃɛ:fçən] *(n; -s, -)* ~ pecorella. ◆ **seine Schäfchen ins Trockene bringen** *(fam)* mettere da parte un bel gruzzolo.

Schäfer ['ʃɛ:fɐ] *(m; -s, -; f* **-in***)* ~ pastore, pecoraio.

Schäferhund [-ˌhʊnt] *(m; -(e)s, -e)* ~ cane da pastore. ◆ <u>**Deutscher**</u> († **deutscher**) **Schäferhund** *(zool)* pastore tedesco.

schaffen[1] ['ʃafən] *(vt,* hat*)* ***1*** fare, compiere, portare a termine ♦ *eine Arbeit schaffen* compiere un lavoro. ***2*** *(fam)* distruggere, stancare. ***3*** *(fam)* portare. ***4*** *(region) (vi)* lavorare. ◆ **es schaffen** farcela ♦ *ich habe es leider nicht geschafft, das Buch zu lesen* purtroppo non ce l'ho fatta a leggere il libro. ◆ **jmdm zu schaffen machen** dare un bel daffare a qcn. ◆ **sich** (Dat) **zu schaffen machen** darsi da fare, affaccendarsi. ◆ **mit jmdm/etwas etwas zu schaffen haben** avere qcs a che fare con qcn/qcs.

schaffen[2] *(vt,* hat; **schuf**, **geschaffen***)* ***1*** creare ♦ *Gott hat den Menschen geschaffen* Dio ha creato l'uomo. ***2*** † creare, ideare, realizzare ♦ *ein Kunstwerk schaffen* creare un'opera d'arte. ***3*** creare, fare ♦ *Platz schaffen* creare spazio ♦ *die Voraussetzungen für etwas schaffen* creare le premesse per qcs.

Schaffen *(n; -s)* ~ creazione, opera (di artista).

Schaffner ['ʃafnɐ] *(m; -s, -; f* **-in***)* ~ controllore (sul treno).

Schaffung ['ʃafʊŋ] *(f; -)* ~ creazione, produzione.

Schafherde ['ʃa:fˌhe:ɐdə] *(f; -, -n)* ~ gregge di pecore.

Schafott [ʃa'fɔt] *(n; -(e)s, -e)* ~ patibolo ♦ *auf dem Schafott enden* finire sul patibolo.

Schafskäse [ˈʃaːfsˌkɛːzə] *(m; -s)* ~ formaggio di pecora, pecorino.

Schaft [ʃaft] *(m; -(e)s, Schäfte)* ***1*** asta, manico. ***2*** fusto (di albero, colonna, armi da fuoco, ecc). ***3*** gambo (di alcuni fiori). ***4*** gambale.

Schakal [ʃaˈkaːl] *(m; -s, -e)* ~ sciacallo.

schäkern [ˈʃɛːkɐn] *(vi, hat)* ~ scherzare; civettare.

schal [ʃaːl] *(agg)* ***1*** stantio (bevande). ***2*** *(fig)* insulso, scialbo.

Schal *(m; -s, -e)* ***1*** sciarpa ♦ *sich* (Dat) *einen Schal um den Hals wickeln* mettersi una sciarpa intorno al collo. ***2*** scialle.

Schale[1] [-ə] *(f; -, -n)* ***1*** buccia ♦ *die Schale abziehen/entfernen* togliere la buccia. ***2*** guscio (di frutti, uova). ***3*** guscio, conchiglia (di molluschi). ◆ **eine raue Schale haben** *(fig)* avere una scorza ruvida. ◆ **in Schale sein** *(fig/fam)* essere in ghingheri. ◆ **sich in Schale werfen** *(fig/fam)* mettersi in ghingheri.

Schale[2] *(f; -, -n)* ~ scodella, ciotola, coppa (larga).

schälen [ˈʃɛːlən] *(vt, hat)* ***1*** sbucciare, sgusciare ♦ *einen Apfel schälen* sbucciare una mela ♦ *Eier schälen* sgusciare le uova. ***2*** scortecciare (albero). ◆ **sich schälen** *(vr)* spellarsi, squamarsi ♦ *meine Hände schälen sich* mi si spellano le mani.

Schalentier [ˈʃaːlənˌtiːɐ] *(n; -(e)s, -e)* ~ crostaceo.

Schalk [ʃalk] *(m; -(e)s, Schalke/Schälke)* ~ burlone, mattacchione.

Schall [ʃal] *(m; -(e)s, Schälle)* ***1*** suono, vibrazione sonora ♦ *der Schall einer Glocke* il suono di una campana. ***2*** *(fis)* suono. ◆ **leerer Schall** *(fig)* discorsi vuoti. ◆ **Schall und Rauch sein** *(fig)* essere solo fumo.

Schalldämpfer [-ˌdɛmpfɐ] *(m; -s, -)* ***1*** silenziatore (di armi). ***2*** marmitta, silenziatore (di auto).

schalldicht [-ˌdɪçt] *(agg)* ~ insonorizzato.

schallen [-ən] *(vi, hat; **schallte**/raro **scholl, geschallt**)* ~ risuonare, suonare, vibrare.

schallend [-ənt] *(agg)* ~ sonoro, vibrante, scrosciante ♦ *schallender Beifall* applausi scroscianti.

Schallplatte [-ˌplatə] *(f; -, -n)* ~ disco (musicale).

Schalotte [ʃaˈlɔtə] *(f; -, -n)* ~ *(bot)* scalogno.

schalt [ʃalt] ~ pret di **schelten**.

schalten [-ən] *(vi/vt, hat)* ***1*** *(vi)* azionare l'interruttore. ***2*** *(vi)* cambiare, mettere (marcia) ♦ *in den dritten Gang schalten* mettere la terza. ***3*** *(vt)* regolare (con un interruttore). ***4*** *(vi)* collegarsi (radio, tv). ***5*** *(vi)* *(fam)* capire, arrivarci. ◆ **schalten und walten** fare e disfare.

Schalter [-ɐ] *(m; -s, -)* ***1*** interruttore, pulsante ♦ *den Schalter betätigen* azionare l'interruttore. ***2*** sportello (di banca o posta).

Schalthebel [-ˌheːbəl] *(m; -s, -)* ***1*** leva del cambio. ***2*** leva di comando. ◆ **an den Schalthebeln der Macht sitzen** *(fig)* avere in mano le leve del comando.

Schaltjahr [-ˌjaːɐ] *(n; -(e)s, -e)* ~ anno bisestile.

Schalttag [-ˌtaːk] *(m; -(e)s, -e)* ~ giorno intercalare, giorno bisesto.

Schaltung [-ʊŋ] *(f; -, -en)* ***1*** circuito (elettrico). ***2*** cambio (di auto).

Scham [ʃaːm] *(f; -)* ***1*** vergogna ♦ *Scham empfinden* provare vergogna ♦ *vor Scham erröten* arrossire dalla vergogna. ***2*** pudore. ***3*** *(fig)* organi genitali, vergogne.

schämen [ˈʃɛːmən] *(vr, hat)* ~ **sich schämen** ***1*** {*sich einer Sache* (Gen) ~} vergognarsi di qcs ♦ *ich schäme mich meines Benehmens* mi vergogno del mio comportamento ♦ *du solltest dich schämen, so zu handeln* dovresti vergognarti di agire così ♦ *schäm(e) dich!* vergognati! ***2*** {*sich vor jmdm* ~} vergognarsi davanti a qcn.

Schamgefühl [ˈʃaːmgəˌfyːl] *(n; -(e)s)* ~ pudore, senso del pudore.

Schamgegend [ˈʃaːmˌgeːgənt] *(f; -, -en)* ~ *(anat)* pube.

schamhaft [ˈʃaːmˌhaft] *(agg)* ~ vergognoso, pudico.

schamlos [ˈʃaːmˌloːs] *(agg)* ***1*** svergognato, indecente, scandaloso. ***2*** spudorato, sfacciato.

schamrot [ˈʃaːmˌroːt] *(agg)* ~ rosso (per la vergogna).

Schande ['ʃandə] *(f; -, raro -n)* ~ vergogna, onta, disonore ♦ *es ist eine Schande, dass* è una vergogna che. ◆ **jmdm Schande machen** disonorare qcn ♦ *sein Benehmen macht seiner Familie Schande* il suo comportamento disonora la sua famiglia. ◆ **zu Schanden** vedi **zuschanden**.

schänden ['ʃɛndən] *(vt, hat)* ***1*** disonorare. ***2*** profanare.

Schandfleck ['ʃant,flɛk] *(m; -(e)s, -e)* ~ *(fig)* macchia, disonore.

schändlich ['ʃɛntlɪç] *(agg)* ***1*** vergognoso, ignobile, infame. ***2*** *(fam)* scandaloso, indecente. ***3*** *(avv) (fam)* schifosamente, dannatamente.

Schändung ['ʃɛndʊŋ] *(f; -, -en)* ***1*** disonore (il disonorare). ***2*** profanazione.

Schänke *(anche* **Schenke***)* ['ʃɛŋkə] *(f; -, -n)* ~ osteria, mescita.

Schankwirt ['ʃaŋk,vɪrt] *(m; -(e)s, -e; f* **-in***)* ~ oste.

Schanze ['ʃantsə] *(f; -, -n)* ***1*** *(mil)* trincea. ***2*** *(sport)* trampolino (sci). ◆ **sein Leben in die Schanze schlagen** *(fig)* mettere a repentaglio la propria vita.

Schar ['ʃa:ɐ] *(f; -, -en)* ***1*** branco; stormo. ***2*** schiera, gruppo, massa. ◆ **in Scharen** in massa, a frotte.

scharen ['ʃa:rən] *(vr, hat)* ~ **sich (um jmdn/etwas) scharen** raccogliersi, radunarsi, riunirsi (intorno a qcn/qcs).

scharf[1] [ʃarf] *(agg;* **schärfer, am schärfsten***)* ***1*** affilato, tagliente. ***2*** aguzzo, appuntito, acuminato. ***3*** corrosivo, caustico. ***4*** stretto, brusco (curva e sim). ***5*** piccante. ***6*** forte, acre, penetrante (odore). ***7*** stridulo, acuto. ***8*** pungente, gelido. ***9*** *(fig)* acuto, attento, penetrante, sottile ♦ *ein scharfer Blick* uno sguardo penetrante ♦ *ein scharfer Verstand* un intelletto acuto. ***10*** *(fig)* severo, aspro (critica e sim); duro, energico, violento (protesta e sim). ***11*** netto, preciso, nitido (contorni e sim) ♦ *ein scharfes Bild* un'immagine nitida. ***12*** preciso (strumenti ottici), forte (lenti e sim). ***13*** serrato, sostenuto, rapido (ritmo e sim). ***14*** carico, innescato (munizioni). ***15*** *(fam)* sexy, eccitante. ◆ **eine scharfe Zunge haben** *(fig)* avere una lingua tagliente. ◆ **auf jmdn/etwas scharf sein** *(fig/fam)* sbavare dietro a qcn.

scharf[2] *(avv;* **schärfer, am schärfsten***)* ***1*** acutamente, attentamente, in modo penetrante ♦ *jmdn scharf beobachten* osservare qcn in modo penetrante. ***2*** bruscamente, all'improvviso. ***3*** nettamente, nitidamente, precisamente. ***4*** severamente, aspramente, duramente ♦ *jmdn scharf kritisieren* criticare aspramente qcn. ***5*** rapidamente, a ritmo sostenuto. ◆ **scharf geladen sein** essere carico, essere innescato (munizioni). ◆ **scharf riechen** avere un odore forte. ◆ **scharf schmecken** avere un sapore piccante.

Scharfblick [-,blɪk] *(m; -(e)s)* ~ acume, perspicacia.

scharfblickend [-,blɪkənt] *(agg)* ~ acuto, perspicace.

Schärfe ['ʃɛ:rfə] *(f; -)* ***1*** filo (di lama), l'essere tagliente. ***2*** corrosività. ***3*** sapore piccante. ***4*** odore forte. ***5*** freddezza, rigidità. ***6*** *(fig)* acutezza, attenzione, penetrazione. ***7*** *(fig)* acutezza (visiva, uditiva). ***8*** *(fig)* severità, durezza. ***9*** durezza, violenza (di protesta e sim). ***10*** *(fig)* acredine, astio. ***11*** chiarezza, nitidezza (di contorni e sim). ***12*** precisione (di strumenti ottici).

schärfen [-n] *(vt, hat)* ***1*** affilare; aguzzare. ***2*** *(fig)* acuire, aguzzare, affinare (facoltà) ♦ *die Sinne schärfen* acuire i sensi. ◆ **sich schärfen** *(vr)* acuirsi, affinarsi (facoltà).

scharf|machen *(vt, hat)* ***1*** aizzare. ***2*** *(fig)* aizzare, istigare.

Scharfrichter [-,rɪçtɐ] *(m; -s, -)* ~ boia.

scharfsichtig [-,zɪçtɪç] *(agg)* ~ acuto, perspicace.

Scharfsinn [-,zɪn] *(m; -(e)s)* ~ arguzia.

Scharlach ['ʃarlax] *(m; -(e)s, -e)* ***1*** scarlatto, rosso scarlatto. ***2*** *(med)* scarlattina.

Scharlatan ['ʃarlatan] *(m; -s, -e)* ~ ciarlatano.

Scharmützel [ʃar'mʏtsəl] *(n; -s, -)* ~ scaramuccia, schermaglia.

Scharnier [ʃar'ni:ɐ] *(n; -(e)s, -e)* ~ cerniera (di porte, sportelli, ecc).

scharren ['ʃarən] *(vi/vt, hat)* ***1*** *(vi)* raspare, razzolare ♦ *an der Tür scharren* raspare alla porta. ***2*** *(vt)* scavare (raspando) ♦ *ein Loch scharren* scavare un buco raspando. ***3*** *(vt)* portare via, togliere (raspando, raschiando).

Scharte ['ʃartə] *(f; -, -n)* ***1*** graffio, tacca (spec su una lama). ***2*** *(abbrev di* **Schießscharte***)* feritoia.
Schaschlik ['ʃaʃlɪk] *(m/n; -s, -s)* ~ spiedino.
Schatten ['ʃatən] *(m; -s, -)* ***1*** ombra ♦ *im Schatten* all'ombra ♦ *im Schatten eines Baumes sitzen* essere seduto all'ombra di un albero ♦ *Schatten geben/spenden* dare/fare ombra. ***2*** *(fig)* ombra, traccia, parvenza. ◆ **jmdm wie sein Schatten folgen** seguire qcn come un'ombra. ◆ **einen/seinen Schatten auf etwas** (Acc) **werfen** gettare un'ombra su qcs. ◆ **in jmds Schatten stehen** vivere all'ombra di qcn.
Schattendasein [-ˌda:zain] *(n; -s)* ~ **ein Schattendasein führen/fristen** condurre un'esistenza grigia, vivere nell'ombra.
Schattenriss († **-riß**) [-ˌrɪs] *(m; -es, -e)* ~ silhouette, ritratto in silhouette.
Schattenseite [-ˌzaitə] *(f; -, -n)* ~ *(fig)* svantaggio, lato negativo.
schattieren [ʃa'ti:rən] *(vt, hat)* ~ ombreggiare (disegni).
Schattierung [ʃa'ti:rʊŋ] *(f; -, -en)* ***1*** ombreggiatura. ***2*** *(pl) (fig)* varietà, tipo, sfumatura.
schattig ['ʃatɪç] *(agg)* ~ ombroso, ombreggiato, all'ombra.
Schatz [ʃats] *(m; -(e)s, Schätze)* ***1*** tesoro ♦ *ein verborgener, vergrabener Schatz* un tesoro nascosto, sepolto. ***2*** *(pl)* tesori, ricchezze ♦ *Schätze ansammeln* accumulare tesori. ***3*** *(pl)* ricchezze (naturali, del sottosuolo). ***4*** *(fam) (anche alloc)* tesoro, amore ♦ *mein Schatz!* tesoro mio!
Schatzanweisung [-ˌ'anvaizʊŋ] *(f; -, -en)* ~ buono del Tesoro.
schätzbar ['ʃɛtsˌba:ɐ] *(agg)* ~ stimabile, valutabile.
schätzen ['ʃɛtsən] *(vt, hat)* ***1*** {*jmdn/etwas auf etwas* (Acc) ~} stimare qcn/qcs in qcs, valutare qcn/qcs in qcs ♦ *die Entfernung schätzen* valutare la distanza ♦ *den Schaden auf tausend Euro schätzen* stimare il danno in mille euro. ***2*** dare, fare (età presunta) ♦ *ich würde sie auf dreißig schätzen* le darei trent'anni ♦ *ich hätte ihn jünger geschätzt* l'avrei fatto più giovane. ***3*** presumere, pensare ♦ *ich schätze, er wird schon zu Hause sein* presumo che sia già a casa. ***4*** stimare, apprezzare ♦ *etwas zu schätzen wissen* saper apprezzare qcs. ◆ **sich glücklich schätzen** *(vr)* ritenersi fortunato ♦ *sie kann sich glücklich schätzen, dass sie die Stelle bekommen hat* può considerarsi fortunata ad aver ricevuto il posto. ◆ **jmdn/etwas schätzen lernen** († **schätzenlernen**) imparare ad apprezzare qcn/qcs.
schätzenlernen ~ **schätzen lernen** (vedi **schätzen**).
Schatzmeister ['ʃatsˌmaistɐ] *(m; -s, -; f* **-in***)* ~ tesoriere.
Schätzung ['ʃɛtsʊŋ] *(f; -, -en)* ***1*** valutazione, stima. ***2*** stima, apprezzamento.
schätzungsweise [-sˌvaizə] *(avv)* ~ approssimativamente, all'incirca, ad occhio e croce.
Schau [ʃau] *(f; -, -en)* ***1*** mostra, esposizione ♦ *etwas auf einer Schau ausstellen* esporre qcs a una mostra. ***2*** *(lett)* punto di vista. ***3*** *(lett)* panoramica, rassegna. ◆ **eine Schau abziehen** *(fam)* mettersi in mostra. ◆ **jmdm die Schau stehlen** *(fig)* rubare la scena a qcn. ◆ **etwas zur Schau stellen** ***1*** mettere in mostra qcs. ***2*** *(fig)* mettere in mostra qcs, ostentare qcs.
Schauder ['ʃaudɐ] *(m; -s, -)* ***1*** *(lett)* brivido ♦ *ein Schauder lief mir über den Rücken* un brivido mi percorse la schiena. ***2*** *(fig/lett)* orrore, fremito, raccapriccio.
schaudererregend [-ˀɛɐˌre:gənt] *(agg)* ~ raccapricciante.
schauderhaft [-ˌhaft] *(agg)* ~ *(fam)* orrendo, orribile, tremendo.
schaudern [-n] *(impers/vi, hat)* ***1*** *(impers)* {*es schaudert jmdn/jmdm vor jmdm/etwas*} *(fig)* qcn rabbrividisce di fronte a qcn/qcs, qcn prova orrore per qcn/qcs. ***2*** *(vi)* rabbrividire *(anche fig)*.
schauen ['ʃauən] *(vi/vt, hat)* ***1*** {*(auf jmdn/etwas)* ~} *(vi)* guardare (qcn/qcs), rivolgere lo sguardo (a qcn/qcs) ♦ *auf die Uhr schauen* guardare l'orologio ♦ *aus dem Fenster schauen* guardare dalla finestra ♦ *schau mal!* guarda un po'! ***2*** *(vt)* vedere (con la mente), contemplare ♦ *Gott schauen* contemplare Dio.
Schauer ['ʃauɐ] *(m; -s, -)* ***1*** rovescio, scroscio (di pioggia, grandine). ***2*** *(lett)* brivido, tremito. ***3*** *(fig/lett)* orrore, fremito, raccapriccio.

schauerlich [-lɪç] *(agg)* ~ orribile, orrendo, terribile.
Schaufel ['ʃaufəl] *(f; -, -n)* ***1*** pala, badile. ***2*** paletta. ***3*** pala (di mulino, turbina, ecc). ◆ **eine Schaufel voll** una palata ♦ *eine Schaufel voll Sand* una palata di sabbia.
schaufeln [-n] *(vi/vt,* hat*)* ***1*** *(vi/vt)* spalare. ***2*** *(vt)* scavare (con la pala).
Schaufenster ['ʃauˌfɛnstɐ] *(n; -s, -)* ~ vetrina ♦ *im Schaufenster liegen/stehen* essere esposto in vetrina.
Schaufensterpuppe [-ˌpʊpə] *(f; -, -n)* ~ manichino (da vetrina).
Schaukel ['ʃaukəl] *(f; -, -n)* ~ altalena.
schaukeln [-n] *(vi/vt,* hat*)* ***1*** *(vi)* andare in altalena, fare l'altalena; dondolarsi. ***2*** *(vi)* dondolare, oscillare. ***3*** *(vt)* dondolare, cullare.
Schaukelpferd [-ˌpfeːɐt] *(n; -(e)s, -e)* ~ cavallo a dondolo.
Schaukelstuhl [-ʃtuːl] *(m; -(e)s, -stühle)* ~ sedia a dondolo.
Schaulust ['ʃauˌlʊst] *(f; -)* ~ curiosità morbosa.
schaulustig [-ɪç] *(agg)* ~ morbosamente curioso.
Schaum [ʃaum] *(m; -(e)s,* Schäume*)* ***1*** schiuma, spuma. ***2*** schiuma, bava. ◆ **Eiweiß zu Schaum schlagen** montare a neve l'albume. ◆ **Schaum schlagen** *(fig)* vantarsi, darsi arie.
Schaumbad ['ʃaumˌbaːt] *(n; -(e)s, -bäder)* ~ bagnoschiuma.
schäumen ['ʃɔymən] *(vi,* hat*)* ***1*** schiumare, fare schiuma. ***2*** spumeggiare.
Schaumgebäck ['ʃaumgəˌbɛk] *(n; -(e)s, -e)* ~ meringa.
Schaumgummi ['ʃaumˌgʊmi] *(m; -)* ~ gommapiuma.
schaumig ['ʃaumɪç] *(agg)* ~ schiumoso.
Schaumschläger ['ʃaumˌʃlɛːgɐ] *(m; -s, -)* ~ spaccone.
Schauplatz ['ʃauˌplats] *(m; -(e)s, -e)* ~ *(fig)* teatro, luogo ♦ *der Schauplatz der Ereignisse* il teatro degli avvenimenti.
schaurig ['ʃaurɪç] *(agg)* ~ orribile, raccapricciante.
Schauspiel ['ʃauˌʃpiːl] *(n; -(e)s, -e)* ***1*** spettacolo (teatrale); dramma. ***2*** *(fig)* spettacolo, vista.
Schauspieler [-ɐ] *(m; -s, -; f* **-in***)* ***1*** attore. ***2*** *(fig)* commediante, simulatore.
schauspielerisch [-ərɪʃ] *(agg)* ***1*** di attore, da attore. ***2*** teatrale, scenico.
Schauspielkunst [-ˌkʊnst] *(f; -)* ~ arte drammatica.
Schauspielschule [-ʃuːlə] *(f; -, -n)* ~ scuola di recitazione.
Scheck [ʃɛk] *(m; -s, -s)* ~ assegno bancario.
Scheckheft [-ˌhɛft] *(n; -(e)s, -e)* ~ libretto degli assegni.
scheckig [-ɪç] *(agg)* ~ pezzato (spec cavalli e bovini).
scheel [ʃeːl] *(agg)* ~ **jmdn scheel, mit scheelen Blicken ansehen** guardare qcn storto, con sguardo torvo. ◆ **scheel blickend** († **scheelblickend**) torvo, invidioso.
scheelblickend ~ **scheel blickend** (vedi **scheel**).
scheffeln ['ʃɛfəln] *(vt,* hat*)* ~ *(fam/spreg)* accumulare, ammassare (ricchezze).
Scheibe ['ʃaibə] *(f; -, -n)* ***1*** disco ♦ *eine eiserne Scheibe* un disco di ferro ♦ *die Scheibe des Mondes* il disco della luna. ***2*** fetta ♦ *eine Scheibe Brot, Salami* una fetta di pane, di salame. ***3*** vetro (della finestra, dello specchio). ***4*** bersaglio. ***5*** tornio (del vasaio). ◆ **etwas in Scheiben schneiden** affettare qcs.
Scheibenschießen [-nʃiːsən] *(n; -s)* ~ *(mil, sport)* tiro a segno.
Scheibenwischer [-nˌvɪʃɐ] *(m; -s, -)* ~ tergicristallo.
Scheich [ʃaiç] *(m; -s, -e/-s)* ~ sceicco.
Scheide ['ʃaidə] *(f; -, -n)* ***1*** guaina, fodero. ***2*** *(anat)* vagina.
scheiden[1] [-n] *(vi,* ist; **schied**, **geschieden***)* ***1*** andarsene. ***2*** {*von jmdm/etwas ~*} separarsi da qcn/qcs, andarsene da qcn/qcs. ◆ **aus einem Amt scheiden** lasciare una carica. ◆ **aus dem Leben scheiden** andarsene per sempre, morire.
scheiden[2] *(vt,* hat; **schied**, **geschieden***)* ***1*** separare, dividere. ***2*** {*etwas von etwas ~*} *(fig)* distinguere qcs da qcs, tenere qcs separato da qcs. ***3*** distinguere, contraddistinguere. ***4*** {*jmdn ~*} sciogliere il matrimonio di qcn. ◆ **sich von jmdm/etwas scheiden** *(vr)* distinguersi, differenziarsi da qcn/qcs. ◆ **eine Ehe schei-**

den sciogliere un matrimonio. ◆ **sich scheiden lassen** divorziare.

Scheidewand [-ˌvant] *(f; -, -wände)* ~ parete divisoria, divisorio, tramezzo.

Scheideweg [-ˌveːk] *(m)* ~ **am Scheideweg stehen** *(fig)* essere a un bivio.

Scheidung [ˈʃaidʊŋ] *(f; -, -en)* ***1*** divorzio ◆ *die Scheidung beantragen, erlangen* chiedere, ottenere il divorzio ◆ *in die Scheidung einwilligen* concedere il divorzio. ***2*** separazione, divisione. ◆ **in Scheidung leben** essere in attesa di divorzio.

Schein[1] [ʃain] *(m; -(e)s)* ***1*** luce, chiarore, bagliore; splendore ◆ *der Schein des Mondes, der Sonne* la luce della luna, del sole. ***2*** *(fig)* apparenza ◆ *den Schein retten* salvare le apparenze. ◆ **der Schein trügt** *(prov)* l'apparenza inganna.

Schein[2] *(m; -(e)s, -e)* ***1*** ricevuta, scontrino. ***2*** banconota. ***3*** certificato, attestato (del superamento di un esame universitario).

scheinbar [-ˌbaːɐ] *(agg)* ***1*** apparente. ***2*** *(avv)* apparentemente, in apparenza.

scheinen [-ən] *(vi,* hat; **schien**, **geschienen***)* ***1*** splendere, risplendere, brillare ◆ *die Sonne scheint* splende il sole. ***2*** dare luce, illuminare. ***3*** {*(jmdm)* ~} sembrare, parere (a qcn) *(anche impers)* ◆ *er scheint nicht verstanden zu haben* sembra non aver capito ◆ *sie scheint glücklich zu sein* sembra felice ◆ *sie ist älter als sie scheint* è più vecchia di quanto sembri ◆ *so scheint es* così pare ◆ *das scheint mir gut zu sein* questo mi sembra buono.

scheinheilig [-ˌhailɪç] *(agg)* ~ ipocrita.

Scheinheiligkeit [-hailɪçˌkait] *(f; -)* ~ ipocrisia.

Scheintod [-ˌtoːt] *(m; -(e)s)* ~ morte apparente.

Scheinwerfer [-ˌvɛrfɐ] *(m; -s, -)* ***1*** riflettore. ***2*** faro, fanale (di auto).

Scheiß [ʃais] *(m; -)* ~ *(volg)* cazzata, stronzata.

Scheiße [-ə] *(f; -, -n)* ***1*** *(volg)* merda. ***2*** *(fig/volg)* schifezza; cazzata. ◆ **in der Scheiße sitzen** *(fig)* essere nella merda. ◆ **Scheiße!** cazzo!

scheißegal [-ˀeˈgaːl] *(agg)* ~ {*jmdm ist etwas* ~} a qcn non importa un cazzo di qcs ◆ *das ist mir scheißegal* non me ne importa un cazzo.

scheißen [-ən] *(vi,* hat; **schiss**, **geschissen**; *ortogr pret* ich <u>schiss</u>, ecc*)* ***1*** *(volg)* cacare. ***2*** {*auf etwas* (Acc) ~} *(fig/volg)* fregarsene di qcs, infischiarsene di qcs ◆ *ich scheiße auf seine Meinung* me ne frego della sua opinione ◆ *ich scheiße drauf!* me ne frego!

Scheit [ʃait] *(n; -(e)s, -e)* ~ ciocco, ceppo.

Scheitel [-əl] *(m; -s, -)* ***1*** *(anat)* testa, sommità della testa. ***2*** scriminatura, divisa ◆ *einen Scheitel ziehen* fare la divisa. ***3*** culmine, vertice (di traiettoria, orbita e sim). ***4*** *(geom)* vertice. ◆ **vom Scheitel bis zur Sohle** *(fig)* dalla testa ai piedi.

scheiteln [-əln] *(vt,* hat*)* ~ **das Haar scheiteln** fare la scriminatura (la divisa) ai capelli.

Scheitelpunkt [-əlˌpʊŋkt] *(m; -(e)s, -e)* ***1*** culmine, vertice (di traiettoria, orbita e sim). ***2*** *(fig)* culmine, apice. ***3*** zenit.

scheitern [ˈʃaitɐn] *(vi,* ist*)* ~ {*an etwas* (Dat) ~} *(fig)* naufragare, fallire per/a causa di qcs ◆ *der Versuch ist (an den hohen Kosten) gescheitert* il tentativo è fallito (per/a causa degli alti costi).

Scheitern *(n; -s)* ~ *(fig)* naufragio, fallimento.

Schelm [ʃɛlm] *(m; -(e)s, -e)* ***1*** briccone, furfante. ***2*** birba, birbante.

schelmisch [-ɪʃ] *(agg)* ***1*** birbone, birichino, discolo. ***2*** malizioso.

schelten [ˈʃɛltən] *(vt,* hat; er **schilt**, **schalt**, **gescholten***)* ***1*** *(lett)* rimproverare, sgridare. ***2*** *(lett)* insultare, dare del ◆ *jmdn einen Lügner schelten* dare del bugiardo a qcn. ***3*** {*(auf jmdn/etwas)* ~} *(vi)* *(lett)* imprecare (contro qcn/qcs).

Schema [ˈʃeːma] *(n; -s, -s/Schemata/Schemen)* ***1*** schema, modello ◆ *nach einem Schema arbeiten* lavorare secondo uno schema ◆ *etwas in ein Schema pressen* costringere qcs in uno schema. ***2*** schema, schizzo.

schematisch [ʃeˈmaːtɪʃ] *(agg)* ***1*** schematico, abbozzato. ***2*** schematico, meccanico. ***3*** *(avv)* schematicamente.

Schemel [ˈʃeːməl] *(m; -s, -)* ~ sgabello.

Schenke ~ vedi <u>**Schänke**</u>.

Schenkel [ˈʃɛŋkəl] *(m; -s, -)* ***1*** *(anat)* coscia. ***2*** impugnatura (di forbici, pinza, ecc). ***3*** *(geom)* lato (di un angolo).

Schenkelknochen [-ˌknɔxən] *(m; -s, -)* ~ *(anat)* femore.

schenken [ˈʃɛŋkən] *(vt, hat) **1*** {*jmdm etwas ~*} regalare qcs a qcn, donare qcs a qcn ♦ *jmdm etwas zum Geburtstag, zu Weihnachten schenken* regalare qcs a qcn per il compleanno, per Natale ♦ *er hat mir einen Ring geschenkt* mi ha regalato un anello. **2** *(fig)* donare, dare. **3** *(lett)* versare (bevande). ◆ **jmdm/etwas Aufmerksamkeit schenken** prestare attenzione a qcn/qcs. ◆ **jmdm Gehör schenken** dare ascolto a qcn. ◆ **jmdm Glauben schenken** prestar fede a qcn. ◆ **sich** (Dat) **etwas schenken können** *(fam)* potersi risparmiare qcs. ◆ **etwas geschenkt bekommen** ricevere qcs in regalo.

Schenkung [ˈʃɛŋkʊŋ] *(f; -, -en)* ~ *(dir)* donazione.

Scherbe [ˈʃɛrbə] *(f; -, -n) **1*** coccio, frammento. **2** *(fig)* cocci, resti. ◆ **in Scherben gehen** andare in pezzi.

Scherbengericht [-ngəˌrɪçt] *(n; -(e)s)* ~ ostracismo.

Schere [ˈʃeːrə] *(f; -, -n) **1*** forbici, paio di forbici. **2** *(fig)* forbice, divaricazione. **3** chela, pinza.

scheren[1] [-n] *(vt, hat;* **schor**, **geschoren***)* ***1*** tagliare, rasare a zero. **2** rasare; tosare ♦ *die Schafe scheren* tosare le pecore. **3** potare; tagliare.

scheren[2] *(vr, hat;* **scherte**, **geschert***)* ~ **sich um jmdn/etwas scheren** *(neg)* (non) curarsi di qcn/qcs, importare ♦ *ich schere mich nicht darum* non me ne importa. ◆ **sich scheren** andare (spec in imprecazioni) ♦ *scher dich zum Teufel!* va' al diavolo!

Schererei [-ˈrai] *(f; -, -en) (spec pl)* ~ *(fam)* noie, grane.

Scherz [ʃɛrts] *(m; -es, -e)* ~ scherzo, burla ♦ *einen Scherz machen* fare uno scherzo. ◆ **seinen Scherz mit jmdm treiben** fare scherzi a qcn, prendersi gioco di qcn. ◆ **keinen Scherz verstehen** non stare allo scherzo. ◆ **aus/im/zum Scherz** per scherzo. ◆ **Scherz beiseite!** scherzi a parte!

scherzen [-ən] *(vi, hat)* ~ *(lett)* scherzare ♦ *damit ist nicht zu scherzen* con questo non c'è da scherzare.

scherzhaft [-ˌhaft] *(agg)* ~ scherzoso. ◆ **etwas scherzhaft aufnehmen** prendere qcs come uno scherzo.

scherzweise [-ˌvaizə] *(avv)* ~ per scherzo.

scheu [ʃɔy] *(agg) **1*** timido; schivo, ritroso. **2** pauroso (animale).

Scheu *(f; -) **1*** paura, timore; rispetto, soggezione ♦ *voller Scheu vor jmdm/etwas sein* essere pieno di timore di fronte a qcn/qcs. **2** timidezza.

scheuchen [-çən] *(vt, hat)* ~ cacciare, scacciare via, spaventare (animali).

scheuen [-ən] *(vt, hat) **1*** temere. **2** evitare, rifuggire da, scansare ♦ *sie scheut keine Mühe* non scansa nessuna fatica. **3** *(vi)* adombrarsi. ◆ **sich vor jmdm/etwas scheuen** *(vr) **1*** temere qcn/qcs. **2** evitare, rifuggire da, scansare qcn/qcs.

scheuern [-ɐn] *(vt, hat) **1*** strofinare (energicamente), pulire (strofinando). **2** togliere (strofinando). **3** *(vi)* fregare, sfregare ♦ *der Sicherheitsgurt scheuert an meinem Hals* la cintura di sicurezza mi sfrega il collo. ◆ **jmdm eine scheuern** *(fam)* dare un ceffone a qcn.

Scheuklappe [-ˌklapə] *(f; -, -n) (spec pl)* ~ paraocchi *(anche fig)*.

Scheune [-nə] *(f; -, -n)* ~ granaio; fienile.

Scheusal [-zaːl] *(n; -(e)s, -e) **1*** mostro. **2** mostro, bruto.

scheußlich [-slɪç] *(agg) **1*** mostruoso, orribile, orrendo. **2** *(fam)* terribile, schifoso. **3** *(avv)* mostruosamente, terribilmente.

Scheußlichkeit [-slɪçˌkait] *(f; -, -en)* ~ mostruosità, orrore.

Schi, **Schi-** ~ vedi **Ski**, **Ski-**.

Schicht [ʃɪçt] *(f; -, -en) **1*** strato, livello, crosta. **2** ceto, classe sociale. **3** turno (di lavoro) ♦ *Schicht arbeiten* fare i turni.

schichten [-ən] *(vt, hat) **1*** disporre a strati, stratificare. **2** accatastare.

schicht(en)weise [-(ən)ˌvaizə] *(avv) **1*** a strati. **2** a turni.

schick [ʃɪk] *(agg) **1*** elegante, chic. **2** *(avv)* in modo elegante, chic.

Schick *(m; -s)* ~ eleganza.

schicken [-ən] *(vt, hat) **1*** {*(jmdm) etwas ~*} mandare qcs (a qcn) ♦ *ich habe ihr ein Paket geschickt* le ho mandato un pacchetto. **2** mandare (persona) ♦ *ein Kind in die Schule schicken* mandare un bambino a scuola ♦ *jmdn nach Hause schicken* mandare qcn a casa. ***3*** {*nach jmdm ~*} *(vi) (fam)* mandare a chiamare qcn. ◆ **sich schicken** *(vr)* ***1*** {*sich in etwas* (Acc) *~*} adattarsi a qcs, rassegnarsi a qcs. ***2*** {*es schickt sich*} *(impers) (spec neg)* convenirsi, star bene, essere educato ♦ *es schickt sich nicht, mit den Händen zu essen* non è educato mangiare con le mani.

schicklich [-lɪç] *(agg)* ***1*** *(lett)* conveniente, decoroso. ***2*** *(lett)* adatto, appropriato.

Schicksal [-zaːl] *(n; -s, -e)* ~ destino, sorte, fato ♦ *jmdn seinem Schicksal überlassen* lasciare qcn al proprio destino ♦ *das Schicksal wollte es, dass* il destino ha voluto che.

schicksalhaft [-zaːlˌhaft] *(agg)* ~ inevitabile, fatale.

Schicksalsglaube [-zaːlsˌglaubə] *(m; -ns)* ~ fatalismo.

Schicksalsschlag [-zaːlsˌʃlaːk] *(m; -(e)s, -schläge)* ~ disgrazia.

schieben [ˈʃiːbən] *(vt,* hat; **schob**, **geschoben***)* ***1*** spingere ♦ *eine Truhe in die Ecke schieben* spingere una cassapanca in un angolo ♦ *wir mussten das Auto schieben* abbiamo dovuto spingere l'auto. ***2*** {*etwas auf jmdn/etwas ~*} addossare qcs a qcn, attribuire qcs a qcn ♦ *er schob die Schuld auf mich* addossò la colpa a me. ***3*** {*mit etwas ~*} *(vi) (fam)* trafficare con qcs, contrabbandare qcs. ◆ **sich schieben** *(vr)* spingersi, penetrare.

Schieber [ˈʃiːbɐ] *(m; -s, -)* ***1*** paletto, chiavistello. ***2*** palettina. ***3*** padella (per malati). ***4*** trafficante.

Schiebetür [ˈʃiːbəˌtyːɐ] *(f; -, -en)* ~ porta scorrevole.

Schiebung [ˈʃiːbʊŋ] *(f; -, -en)* ***1*** favoritismo, spintarella. ***2*** *(fam)* traffico (illecito).

schied [ʃiːt] ~ pret di **scheiden**.

Schiedsrichter [ˈʃiːtsˌrɪçtɐ] *(m; -s, -; f* **-in***)* ***1*** arbitro, giudice arbitrale. ***2*** *(sport)* arbitro.

schief [ʃiːf] *(agg)* ***1*** obliquo, sbieco, storto. ***2*** inclinato, pendente, curvo, ricurvo ♦ *eine schiefe Haltung* una postura curva ♦ *der schiefe Turm von Pisa* la torre pendente di Pisa. ***3*** *(fig)* sbagliato, errato, distorto ♦ *ein schiefes Bild von etwas haben* avere un'immagine distorta di qcs. ***4*** *(fig)* ambiguo, sospetto. ***5*** *(avv)* obliquamente, di sbieco ♦ *der Spiegel hängt schief* lo specchio è appeso storto. ◆ **jmdn schief ansehen** *(fig)* guardare storto qcn. ◆ **schief gehen/laufen** († **schiefgehen**, **schieflaufen**) *(fig/fam)* andar male, andar storto. ◆ **schief liegen** († **schiefliegen**) sbagliarsi, essere in errore.

schiefgehen ~ **schief gehen** (vedi **schief**).

schieflaufen ~ **schief laufen** (vedi **schief**).

schiefliegen ~ **schief liegen** (vedi **schief**).

schielen [ˈʃiːlən] *(vi,* hat*)* ***1*** essere strabico ♦ *sie schielt mit dem rechten Auge* è strabica dall'occhio destro. ***2*** *(fig/fam)* sbirciare. ***3*** {*nach etwas ~*} *(fig/fam)* mettere gli occhi su qcs, desiderare qcs.

schien [ʃiːn] ~ pret di **scheinen**.

Schienbein [-ˌbain] *(n; -(e)s, -e)* ~ *(anat)* tibia.

Schienbeinschützer [-bainˌʃʏtsɐ] *(m; -s, -)* ~ parastinchi.

Schiene [ˈʃiːnə] *(f; -, -n)* ***1*** rotaia. ***2*** guida (di scorrimento). ***3*** *(med)* stecca ♦ *einen Finger in der Schiene tragen* avere un dito steccato. ◆ **aus den Schienen springen** deragliare.

Schienenstrang [-nˌʃtraŋ] *(m; -(e)s, -stränge)* ~ rotaie.

schier[1] [ˈʃiːɐ] *(agg)* ~ puro, genuino. ◆ **schieres Fleisch** carne magra senz'osso.

schier[2] *(avv) (region)* ~ quasi.

Schierling [-lɪŋ] *(m; -s, -e)* ~ *(bot)* cicuta.

schießen[1] [ˈʃiːsən] *(vi,* ist; **schoss**, **geschossen**; *ortogr pres* ich schieße, ecc; *pret* ich schoss, ihr schosst, *imperat* schieß!*)* ***1*** passare (veloce), sfrecciare. ***2*** sgorgare, zampillare. ***3*** crescere rapidamente (piante). ◆ **in die Höhe schießen** ***1*** balzare su. ***2*** crescere rapidamente (piante).

schießen[2] *(vi/vt,* hat; **schoss**, **geschossen**; *ortogr pres* ich schieße, ecc; *pret* ich schoss, ihr schosst, *imperat* schieß!*)* ***1*** sparare ♦ *mit der Pistole schießen* sparare con la pistola ♦ *in die Luft schießen* sparare in aria ♦ *jmdm in die Brust schießen* sparare al petto a qcn ♦ *auf einen Feind schießen* sparare a un nemico. ***2*** abbattere, uccidere (selvaggina). ***3*** sparare (proiettili); scoccare (frecce). ***4***

fare (sparando) ♦ *ein Loch in die Zielscheibe schießen* fare un buco nel bersaglio. **5** *(fig)* fare, scattare (fotografia). **6** *(sport)* tirare (la palla); fare (gol) ♦ *er hat zwei Tore geschossen* ha fatto due gol. **7** lanciare (satelliti e sim). **8** *(vi)* drogarsi, bucarsi, farsi.

Schießerei [ʃiːsəˈrai] *(f; -, -en)* ~ sparatoria.

Schießpulver [ˈʃiːsˌpʊlfɐ] *(n; -s, -)* ~ polvere da sparo.

Schießscharte [ˈʃiːsʃartə] *(f; -, -n)* ~ feritoia.

Schießsport [ˈʃiːsʃpɔrt] *(m; -(e)s)* ~ tiro a segno.

Schießstand [ˈʃiːsʃtant] *(m; -(e)s, -stände)* ~ poligono di tiro.

Schiff [ʃɪf] *(n; -(e)s, -e)* **1** nave, vascello ♦ *mit dem Schiff fahren* andare in nave. **2** navata (di chiesa).

schiffbar [-ˌbaːɐ] *(agg)* ~ navigabile.

Schiffahrt, **Schiffahrt-** ~ vedi **Schifffahrt**, **Schifffahrt-**, **Schiff-Fahrt**, **Schiff-Fahrt**.

Schiffbruch [-ˌbrʊx] *(m; -(e)s)* ~ naufragio. ◆ **Schiffbruch erleiden** *(fig)* naufragare, fallire.

Schiffchen [-çən] *(n; -s, -)* **1** navicella; barchetta (di carta). **2** navetta (del telaio).

Schiffer [-ɐ] *(m; -s, -)* ~ capitano di nave.

Schifffahrt, **Schiff-Fahrt** († **Schiffahrt**) [-ˌfaːɐt] *(f; -)* ~ navigazione.

Schifffahrtskunde, **Schiff-Fahrts-Kunde** († **Schiffahrts-**) [-faːɐtsˌkʊndə] *(f; -)* ~ nautica.

Schifffahrtsweg, **Schiff-Fahrts-Weg** († **Schiffahrts-**) [-faːɐtsˌveːk] *(m; -(e)s, -e)* ~ via d'acqua.

Schiffsfahrt [-sˌfaːɐt] *(f; -, -en)* ~ viaggio in nave.

Schiffsjunge [-sˌjʊŋə] *(m; -n, -n)* ~ mozzo.

Schiffsraum [-sˌraum] *(m; -(e)s, -räume)* ~ stazza.

Schiffsrumpf [-sˌrʊmpf] *(m; -(e)s, -rümpfe)* ~ scafo (della nave).

Schikane [ʃiˈkaːnə] *(f; -, -n)* **1** angheria. **2** *(sport)* chicane.

schikanieren [ʃikaˈniːrən] *(vt, hat)* ~ angariare, vessare.

Schikoree *(anche* **Chicorée***)* [ˈʃɪkore] *(m; -s; anche f; -)* ~ *(bot)* insalata belga.

Schild[1] [ʃɪlt] *(m; -(e)s, -e)* **1** scudo (arma). **2** stemma, scudo. **3** scudo (di tartaruga, insetti, ecc), carapace. ◆ **jmdn auf den Schild heben** *(fig)* portare qcn sugli scudi. ◆ **etwas im Schilde führen** *(fig)* tramare qcs.

Schild[2] *(n; -(e)s, -er)* **1** cartello, insegna. **2** targa, targhetta. **3** cartello, segnale (stradale). **4** etichetta, cartellino.

Schildbürger [-ˌbʏrgɐ] *(m; -s, -)* ~ *(fig)* filisteo, piccolo borghese.

Schilddrüse [-ˌdryːzə] *(f; -, -n)* ~ *(anat)* tiroide.

schildern [ˈʃildɐn] *(vt, hat)* ~ descrivere, raccontare (estesamente) ♦ *etwas in allen Einzelheiten schildern* descrivere qcs in tutti i dettagli.

Schilderung [ˈʃɪldərʊŋ] *(f; -, -en)* ~ descrizione, racconto (esteso).

Schildkröte [ˈʃɪltˌkrøːtə] *(f; -, -n)* ~ *(zool)* tartaruga.

Schilf [ʃɪlf] *(n; -(e)s, raro -e)* **1** *(bot)* canna palustre. **2** canneto.

Schilfrohr [-ˌroːɐ] *(n; -(e)s, -e)* ~ *(bot)* canna palustre.

schillern [ˈʃɪlɐn] *(vi, hat)* ~ avere riflessi (di diversi colori), cangiare.

schillernd [-t] *(agg)* **1** cangiante, iridescente. **2** *(fig)* mutevole, ambiguo.

Schilling [ˈʃɪlɪŋ] *(m; -s, -e)* ~ scellino.

Schimmel[1] [ˈʃɪməl] *(m; -s)* ~ muffa ♦ *das Brot ist mit Schimmel bedeckt* il pane è ricoperto di muffa.

Schimmel[2] *(m; -s, -)* ~ cavallo bianco.

schimmelig [-ɪç] *(agg)* ~ ammuffito. ◆ **schimmelig riechen** puzzare di muffa. ◆ **schimmelig werden** ammuffire.

schimmeln [-n] *(vi, hat/ist)* ~ ammuffire, fare la muffa.

Schimmer [ˈʃɪmɐ] *(m; -s, -)* **1** bagliore, barlume. **2** *(fig/fam)* barlume, accenno. ◆ **keinen blassen Schimmer von etwas haben** non avere la minima idea di qcs.

schimmern [-n] *(vi, hat)* ~ rilucere, mandare un bagliore.

Schimpanse [ʃɪmˈpanzə] *(m; -n, -n)* ~ *(zool)* scimpanzé, scimmia.

Schimpf [ˈʃɪmpf] *(m; -(e)s, -e)* ~ *(lett)* offesa, ingiuria.

schimpfen [-ən] *(vi, hat)* **1** {*(auf jmdn/etwas)* ~}, {*(über jmdn/etwas)* ~} imprecare, inveire (contro qcn/qcs). **2** {*mit jmdm* ~} sgridare qcn, rimproverare qcn.

3 dire parolacce, imprecare; bestemmiare. *4* *(vt)* *(lett)* chiamare, dare del (insulti) ♦ *jmdn einen Betrüger schimpfen* dare dell'imbroglione a qcn.

schimpflich [-lɪç] *(agg)* ~ offensivo, oltraggioso, ingiurioso.

Schimpfname [-ˌnaːmə] *(m; -ns, -n)* ~ epiteto (ingiurioso).

Schimpfwort [-ˌvɔrt] *(n; -(e)s, -wörter)* *1* offesa, insulto, parola ingiuriosa. *2* parolaccia.

schinden [ˈʃɪndən] *(vt, hat;* **schindete, geschunden***)* *1* maltrattare, strapazzare. *2* *(fig/fam)* scroccare. ◆ **sich schinden** *(vr)* affannarsi, arrabattarsi. ◆ **Eindruck schinden** cercare di fare una buona impressione.

Schinder [ˈʃɪndɐ] *(m; -s, -; f* **-in***)* ~ aguzzino.

Schinderei [ʃɪndəˈrai] *(f; -, -en)* ~ strapazzo, faticaccia.

Schindluder [ˈʃɪntˌluːdɐ] *(n)* ~ **mit jmdm/etwas Schindluder treiben** *(fig/fam)* maltrattare qcn/qcs.

Schinken [ˈʃɪŋkən] *(m; -s, -)* *1* prosciutto ♦ *gekochter, geräucherter Schinken* prosciutto cotto, affumicato ♦ *roher Schinken* prosciutto crudo (affumicato). *2* *(fig/fam)* librone, mattone. *3* *(fig/fam)* crosta, quadro brutto. *4* *(volg)* sedere.

Schinkenbrot [-ˌbroːt] *(n; -(e)s, -e)* ~ panino col prosciutto.

Schippe [ˈʃɪpə] *(f; -, -n)* *(region)* ~ pala, badile.

schippen [-n] *(vi/vt, hat)* *(region)* ~ spalare.

Schirm [ʃɪrm] *(m; -(e)s, -e)* *1* schermo (protettivo). *2* ombrello. *3* schermo, monitor.

schirmen [-ən] *(vt, hat)* ~ *(lett)* proteggere.

Schirmherrschaft [-ˌhɛrʃaft] *(f; -)* ~ patrocinio ♦ *unter der Schirmherrschaft des Kultusministers* sotto il patrocinio del ministro della cultura.

Schirokko [ʃiˈrɔko] *(m; -s, -s)* ~ scirocco.

schiss († **schiß**) [ʃɪs] ~ pret di **scheißen**.

schlabbern [ˈʃlabɐn] *(vt, hat)* *1* *(fam)* bere, lappare (rumorosamente). *2* *(fam)* sbrodolarsi.

Schlacht [ʃlaxt] *(f; -, -en)* *1* battaglia ♦ *eine blutige Schlacht* una sanguinosa battaglia ♦ *jmdm eine Schlacht liefern* dar battaglia a qcn. *2* *(fig)* battaglia, lotta.

Schlachtbank [-ˌbaŋk] *(f; -, -bänke)* ~ banco del macellaio.

schlachten [-ən] *(vt, hat)* ~ macellare.

Schlächter [ˈʃlɛçtɐ] *(m; -s, -; f* **-in***)* *1* macellaio. *2* *(fig)* carnefice.

Schlachtfeld [ˈʃlaxtˌfɛlt] *(n; -(e)s, -er)* ~ campo di battaglia.

Schlachthaus [ˈʃlaxtˌhaus] *(n; -(e)s, -häuser)* ~ macello, mattatoio.

Schlachthof [ˈʃlaxtˌhoːf] *(m; -(e)s, -höfe)* ~ macello, mattatoio.

Schlachtplan [ˈʃlaxtˌplaːn] *(m; -(e)s, -pläne)* ~ piano di battaglia.

Schlachttier [ˈʃlaxtˌtiːɐ] *(n; -(e)s, -e)* ~ animale da macello.

Schlachtvieh [ˈʃlaxtˌfiː] *(n; -s)* ~ bestiame da macello.

Schlacke [ˈʃlakə] *(f; -, -n)* ~ scoria (di combustione); cenere.

Schlaf [ʃlaːf] *(m; -(e)s)* ~ sonno ♦ *bleierner, tiefer, traumloser Schlaf* sonno di piombo, profondo, senza sogni ♦ *einen festen, leichten Schlaf haben* avere il sonno pesante, leggero ♦ *keinen Schlaf finden* non riuscire a prendere sonno ♦ *in tiefen Schlaf fallen/sinken* cadere in un sonno profondo ♦ *vom Schlaf erwachen* svegliarsi dal sonno. ◆ **im Schlaf(e)** *1* nel sonno ♦ *im Schlaf sprechen* parlare nel sonno. *2* *(fig)* a occhi chiusi, con facilità ♦ *das kann er im Schlaf* questo lo sa fare a occhi chiusi. ◆ **ein Kind in den Schlaf wiegen** addormentare un bambino cullandolo.

Schlafanzug [-ˌʔantsuːk] *(m; -(e)s, -züge)* ~ pigiama.

Schläfchen [ˈʃlɛːfçən] *(n; -s, -)* ~ *(fam)* sonnellino, pisolino.

Schläfe [ˈʃlɛːfə] *(f; -, -n)* ~ *(anat)* tempia.

schlafen [ˈʃlaːfən] *(vi, hat; er* **schläft, schlief, geschlafen***)* *1* dormire ♦ *ich kann nicht schlafen* non riesco a dormire ♦ *schlafen gehen* andare a dormire, andare a letto ♦ *ein Baby schlafen legen* mettere a dormire un bambino ♦ *er hat auf dem Sofa geschlafen* ha dormito sul divano ♦ *schlaf gut!* dormi bene! *2* *(fig/fam)* dormire, non stare attento. ◆ **mit jmdm schlafen** fare l'amore con qcn ♦ *miteinander schlafen* fare l'amore. ◆ **mit offenen Augen schlafen** *(fig)* dormire a occhi aperti.

schlaff [ʃlaf] *(agg)* ***1*** allentato, lento, non teso. ***2*** flaccido, cadente, moscio ♦ *schlaffe Haut* pelle flaccida. ***3*** floscio, molle. ***3*** fiacco, debole *(anche fig)*.

Schlaffheit [-ˌhait] *(f; -)* ~ fiacchezza.

Schlaflied [ˈʃlaːfˌliːt] *(n; -(e)s, -er)* ~ ninnananna.

schlaflos [ˈʃlaːfˌloːs] *(agg)* ~ insonne ♦ *eine schlaflose Nacht* una notte insonne.

Schlaflosigkeit [ˈʃlaːfˌloːzɪçkait] *(f; -)* ~ insonnia.

Schlafmittel [ˈʃlaːfˌmɪtəl] *(n; -s, -)* ~ sonnifero.

Schlafmütze [ˈʃlaːfˌmʏtsə] *(f; -, -n)* ***1*** berretto da notte. ***2*** *(fig/fam)* dormiglione, pigrone.

schläfrig [ˈʃlɛːfrɪç] *(agg)* ***1*** assonnato, stanco. ***2*** sonnolento, assonnato ♦ *mit schläfriger Stimme sprechen* parlare con voce assonnata. ◆ **jmdn schläfrig machen** far venire sonno a qcn.

Schlafsack [ˈʃlaːfˌzak] *(m; -(e)s, -säcke)* ~ sacco a pelo.

Schlaftablette [ˈʃlaːftaˌblɛtə] *(f; -, -n)* ~ sonnifero, pillola per dormire.

schlaftrunken [ˈʃlaːfˌtrʊŋkən] *(agg)* ~ *(lett)* assonnato, insonnolito.

Schlafwagen [ˈʃlaːfˌvaːgən] *(m; -s, -)* ~ vagone letto.

schlafwandeln [ˈʃlaːfˌvandəln] *(vi, hat/ist)* ~ essere sonnambulo.

Schlafwandler [ˈʃlaːfˌvandlɐ] *(m; -s, -; f* **-in***)* ~ sonnambulo.

Schlafzimmer [ˈʃlaːfˌtsɪmɐ] *(n; -s, -)* ~ camera da letto.

Schlag [ʃlaːk] *(m; -(e)s, Schläge)* ***1*** colpo, botta. ***2*** pacca. ***3*** *(pl)* botte, legnate. ***4*** scossa (elettrica) ♦ *einen (elektrischen) Schlag bekommen* prendere la scossa. ***5*** tocco, rintocco. ***6*** battito. ***7*** verso, canto (di uccelli) ♦ *der Schlag der Nachtigall* il canto dell'usignolo. ***8*** colombaia, piccionaia. ***9*** porta, sportello (di auto e sim). ***10*** *(fig)* colpo, disgrazia ♦ *das war ein harter Schlag für ihn* è stato un duro colpo per lui. ***11*** *(fig)* specie, sorta, razza, stampo (spec di persone) ♦ *Leute jeden Schlages* gente d'ogni specie ♦ *ein Lehrer alten Schlages* un insegnante di vecchio stampo. ***12*** *(fam)* colpo (apoplettico). ◆ **ein Schlag ins Wasser** *(fig)* un buco nell'acqua. ◆ **es geht Schlag auf Schlag** si va avanti a botta e risposta. ◆ **mit einem Schlag** *(fig)* di colpo.

Schlagader [-ˌʔaːdɐ] *(f; -, -n)* ~ *(anat)* arteria.

Schlaganfall [-ˌʔanfal] *(m; -(e)s, -fälle)* ~ *(med)* colpo apoplettico.

schlagartig [-ˌʔaːɐtɪç] *(agg)* ***1*** improvviso. ***2*** *(avv)* improvvisamente, di colpo.

Schlagbaum [-ˌbaum] *(m; -(e)s, -bäume)* ~ sbarra (di passaggi a livello e sim).

Schlägel († **Schlegel**) [ˈʃlɛːgəl] *(m; -s, -)* ***1*** mazza (di legno). ***2*** bacchetta, mazza (del tamburo).

schlagen[1] [ˈʃlaːgən] *(vi,* hat/ist; er **schlägt**, **schlug**, **geschlagen***)* ***1*** *(aux* hat*)* battere, colpire, dare colpi ♦ *er schlug mit der Faust auf den Tisch* batté il pugno sul tavolo ♦ *der Hahn schlägt mit den Flügeln* il gallo batte le ali. ***2*** *(aux* hat/ist*)* battere, picchiare ♦ *der Regen schlägt gegen die Fensterscheiben* la pioggia batte contro i vetri delle finestre. ***3*** *(aux* hat*)* battere (cuore, polso) ♦ *mein Herz schlug schnell* mi batteva forte il cuore. ***4*** *(anche vt)* suonare, battere (orologi, campane) ♦ *die Uhr schlägt Mitternacht* l'orologio batte la mezzanotte. ***5*** *(aux* ist*)* battere, picchiare, andare a sbattere. ***6*** *(aux* ist*)* cadere, abbattersi (fulmini, bombe, ecc). ***7*** *(aux* ist*)* uscire, levarsi (fumo, fuoco), divampare. ***8*** cantare (uccelli). ***9*** *(aux* hat/ist*)* *(fig)* rientrare ♦ *das schlägt nicht in mein Gebiet* questo non rientra nel mio campo. ***10*** {*nach jmdm ~*} *(aux* ist*)* *(fig)* somigliare a qcn, aver preso da qcn (aspetto, carattere, ecc) ♦ *er schlägt nach seinem Vater* ha preso da suo padre.

schlagen[2] *(vt,* hat; er **schlägt**, **schlug**, **geschlagen***)* ***1*** battere, picchiare, colpire. ***2*** picchiare, battere, bastonare ♦ *ein Tier schlagen* picchiare un animale ♦ *jmdn blutig schlagen* picchiare qcn a sangue. ***3*** piantare, conficcare ♦ *einen Pfahl in den Boden, einen Nagel in die Wand schlagen* conficcare un palo nel terreno, un chiodo nel muro. ***4*** abbattere (alberi); tagliare (legna). ***5*** gettare, buttare, mettere (per coprire) ♦ *sie schlug die Decke über ihre Beine* si buttò la coperta sulle gambe. ***6*** avvolgere ♦ *etwas in Papier schla-*

gen avvolgere qcs nella carta. ***7*** *(fig)* battere, sconfiggere *(anche sport)*. ***8*** *(fig)* colpire, affliggere (destino e sim). ***9*** battere, lavorare (metalli). ***10*** suonare (strumenti a percussione). ***11*** sbattere; montare a neve. ***12*** gettare (ponti) ♦ *eine Brücke über einen Fluss schlagen* gettare un ponte su un fiume ♦ *eine Brücke zu jmdm/etwas schlagen (fig)* gettare un ponte verso qcn/qcs. ***13*** fare battendo (buchi e sim). ***14*** mangiare (scacchi, dama). ***15*** *(econ)* aggiungere, conteggiare insieme ♦ *die Zinsen zum Kapital schlagen* conteggiare gli interessi con il capitale. ◆ **sich schlagen** *(vr)* ***1*** {*sich (mit jmdm) ~*} picchiarsi, fare a botte (con qcn). ***2*** {*sich um etwas ~*} fare a botte per qcs *(anche fig)*. ***3*** battersi, combattere *(anche fig)*. ◆ **sich durchs Leben schlagen** *(vr) (fig)* tirare avanti, tirare a campare. ◆ **sich geschlagen geben** darsi per vinto. ◆ **Falten schlagen** raggrinzirsi, prendere delle pieghe. ◆ **einen Kreis schlagen** descrivere un cerchio. ◆ **das Kreuz schlagen** farsi il segno della croce. ◆ **jmdn krumm und lahm schlagen** rompere le ossa a qcn. ◆ **etwas kurz und klein schlagen** fare a pezzi qcs. ◆ **jmdn ans Kreuz schlagen** crocifiggere qcn. ◆ **jmdn zu Boden schlagen** atterrare qcn, buttare a terra qcn.

schlagend [-t] *(agg)* ***1*** schiacchiante (prova), convincente. ***2*** *(avv)* in modo convincente. ◆ **ein schlagender Vergleich** un paragone calzante.

Schlager [ˈʃlaːgɐ] *(m; -s, -)* ~ canzone di successo, canzonetta, successo.

Schläger [ˈʃlɛːgɐ] *(m; -s, -)* ***1*** *(sport)* racchetta (da tennis); mazza (da baseball, da golf). ***2*** *(spreg)* attaccabrighe, tipo rissoso.

Schlägerei [ʃlɛːgəˈraɪ] *(f; -, -en)* ~ rissa, zuffa.

schlagfertig [ˈʃlaːkˌfɛrtɪç] *(agg)* ***1*** dalla risposta/battuta pronta. ***2*** pronto (risposta e sim). ◆ **schlagfertig antworten** rispondere prontamente.

Schlagfertigkeit [-ˌkait] *(f; -)* ~ prontezza (nel rispondere).

Schlaginstrument [ˈʃlaːkʔɪnstruˌmɛnt] *(n; -(e)s, -e)* ~ strumento a percussione.

Schlagkraft [ˈʃlaːkˌkraft] *(f; -)* ***1*** forza (nel colpire). ***2*** *(mil)* forza d'urto. ***3*** *(fig)* forza di persuasione. ***4*** *(fig)* forza, efficacia.

schlagkräftig [ˈʃlaːkˌkrɛftɪç] *(agg)* ***1*** forte (nel colpire). ***2*** *(mil)* forte, potente. ***3*** *(fig)* persuasivo, convincente (argomenti e sim).

Schlagloch [ˈʃlaːkˌlɔx] *(n; -(e)s, -löcher)* ~ buca (nella strada).

Schlagsahne [ˈʃlaːkˌzaːnə] *(f; -)* ~ panna montata.

Schlagwort [ˈʃlaːkˌvɔrt] *(n; -(e)s, -wörter/-worte)* ***1*** *(pl -worte)* motto, slogan. ***2*** *(pl -worte)* luogo comune. ***3*** *(pl -wörter)* parola chiave (in ricerche bibliotecarie).

Schlagzeile [ˈʃlaːkˌtsailə] *(f; -, -n)* ~ titolo (di giornale). ◆ **Schlagzeilen machen** *(fig)* fare notizia.

Schlagzeug [ˈʃlaːkˌtsɔyk] *(n; -(e)s, -e)* ~ *(mus)* batteria; percussioni.

Schlagzeuger [ˈʃlaːkˌtsɔygɐ] *(m; -s, -; f* **-in***)* ~ batterista; percussionista.

schlaksig [ˈʃlaːksɪç] *(agg)* ~ *(fam)* allampanato.

Schlamassel [ʃlaˈmasəl] *(m; -s, -)* ~ *(fam)* guaio, pasticcio.

Schlamm [ʃlam] *(m; -(e)s, Schlamme/Schlämme)* ~ fango, melma.

schlammig [-ɪç] *(agg)* ~ fangoso, melmoso.

Schlampe [ʃlampə] *(f; -, -n)* ***1*** donna sciatta. ***2*** donna di malaffare, sgualdrina.

schlampen [-n] *(vi, hat)* ~ *(fam)* abborracciare, lavorare in modo trascurato.

schlampig [ˈʃlampɪç] *(agg)* ~ sciatto, trasandato.

schlang [ʃlaŋ] ~ pret di **schlingen**.

Schlange [-ə] *(f; -, -n)* ***1*** *(zool)* serpente, serpe, biscia ♦ *eine giftige Schlange* un serpente velenoso. ***2*** *(fig)* serpe, vipera, donna falsa. ***3*** fila, coda (di persone); serpentone (di auto) ♦ *Schlange stehen* fare la coda, stare in coda.

schlängeln [ˈʃlɛŋəln] *(vr, hat)* ~ **sich schlängeln** ***1*** strisciare, serpeggiare. ***2*** *(fig)* snodarsi (sentieri, fiumi). ◆ **sich durch die Menge schlängeln** muoversi a zig zag fra la folla.

schlank [ʃlaŋk] *(agg)* ***1*** snello, slanciato, magro ♦ *schlanke Beine* gambe snelle ♦ *ein schlankes Mädchen* una ragazza snella. ***2*** alto, slanciato (alberi, colonne, ecc).

Schlankheit [-ˌhait] *(f; -)* ~ snellezza, magrezza.
Schlankheitskur [-haitsˌkuːɐ] *(f; -, -en)* ~ cura dimagrante.
schlapp [ʃlap] *(agg)* ~ vedi **schlaff**.
Schlappe [-ə] *(f; -, -n)* ~ *(fam)* batosta, sconfitta ♦ *eine Schlappe einstecken* subire una batosta.
schlapp|machen *(vi, hat)* ~ *(fam)* crollare (per la fatica).
Schlappschwanz [-ʃvants] *(m; -es, -schwänze)* ~ *(fam)* smidollato, rammollito, pappamolle.
Schlaraffenland [ʃla'rafənˌlant] *(n; -(e)s)* ~ bengodi, paese della cuccagna.
schlau [ʃlau] *(agg)* ***1*** astuto, furbo, scaltro (persona, idea, ecc). ***2*** *(avv)* astutamente, furbamente. ◆ **aus jmdm/etwas nicht schlau werden** non riuscire a capire qcn/qcs.
Schlauberger [-ˌbɛrgɐ] *(m; -s, -)* ~ furbacchione, volpone.
Schlauch [ʃlaux] *(m; -(e)s, Schläuche)* ***1*** tubo di gomma. ***2*** camera d'aria. ***3*** otre. ***4*** *(fig/fam)* strapazzo, faticaccia. ***5*** *(fig/fam)* buco (locale piccolo e stretto).
Schlauchboot [-ˌboːt] *(n; -(e)s, -e)* ~ canotto gonfiabile.
schlauchen [-ən] *(vt, hat)* ***1*** travasare (con un tubo di gomma). ***2*** *(fig/fam)* stancare, strapazzare.
Schlaufe ['ʃlaufə] *(f; -, -n)* ~ cappio; fiocco.
Schlauheit ['ʃlauˌhait] *(f; -)* ~ astuzia, furbizia, scaltrezza.
schlecht [ʃlɛçt] *(agg)* ***1*** cattivo (qualità), scadente ♦ *schlechtes Essen* cibo cattivo. ***2*** brutto, negativo, cattivo ♦ *eine schlechte Erfahrung* una brutta esperienza ♦ *ein schlechtes Ergebnis* un cattivo risultato ♦ *ein schlechtes Zeichen* un brutto segno ♦ *schlechte Zeiten* tempi brutti ♦ *einen schlechten Eindruck machen* fare una cattiva impressione. ***3*** cattivo, disonesto ♦ *schlechte Gesellschaft* cattiva compagnia ♦ *in schlechte Hände geraten* finire in cattive mani. ***4*** brutto (tempo) ♦ *es ist schlechtes Wetter* fa brutto tempo. ***5*** *(avv)* male, con difficoltà ♦ *schlecht hören* sentirci male ♦ *ich habe schlecht geschlafen* ho dormito male ♦ *es geht ihm schlecht* gli va male; sta male (di salute). ***6*** *(avv)* male, malamente, in modo sbagliato ♦ *eine schlecht gemachte Arbeit* un lavoro fatto male. ***7*** *(avv)* male (moralmente) ♦ *sich schlecht benehmen* comportarsi male ♦ *von jmdm schlecht sprechen* parlar male di qcn. ◆ **schlecht gelaunt** († **schlechtgelaunt**) di cattivo umore. ◆ **schlecht und recht** alla meno peggio. ◆ **jmdn/etwas schlecht machen** († **schlechtmachen**) *(fam)* mettere qcn/qcs in una cattiva luce, parlare male di qcn. ◆ **jmdm ist/wird schlecht** *(impers)* qcn si sente male, qcn non si sente bene.
schlechterdings [-ɐ'dɪŋs] *(avv)* ~ assolutamente *(spec con neg)* ♦ *das ist schlechterdings unmöglich* questo è assolutamente impossibile.
schlechtgelaunt ~ **schlecht gelaunt** (vedi **schlecht**).
schlechthin [-'hɪn] *(avv)* ***1*** per eccellenza, per antonomasia. ***2*** assolutamente, semplicemente.
Schlechtigkeit [-ɪçˌkait] *(f; -)* ***1*** *(solo sing)* cattiveria, malvagità. ***2*** cattiveria, azione cattiva.
schlechtmachen ~ **schlecht machen** (vedi **schlecht**).
schlechtweg [-'vɛk] *(avv)* ~ semplicemente, proprio ♦ *das ist schlechtweg unglaublich* questo è semplicemente incredibile.
schlecken ['ʃlɛkən] *(vt, hat)* ***1*** leccare. ***2*** sorbire, gustare. ***3*** {*von etwas ~*} *(vi)* spilluzzicare qcs.
Schlegel ~ vedi **Schlägel**.
schleichen ['ʃlaiçən] *(vi, ist;* **schlich, geschlichen***)* ***1*** strisciare. ***2*** *(fig)* sgusciare, muoversi con cautela, andare di soppiatto. ◆ **sich schleichen** *(vr)* sgusciare, andare di soppiatto ♦ *er schlich sich ins Zimmer* entrò di soppiatto nella stanza.
schleichend [-t] *(agg)* ~ *(fig)* strisciante, lento ♦ *schleichende Inflation* inflazione strisciante.
Schleichhandel ['ʃlaiçˌhandəl] *(m; -s)* ~ traffico illecito.
Schleichweg [-ˌveːk] *(m; -(e)s, -e)* ~ via nascosta *(anche fig)*. ◆ **auf Schleichwegen** *(fig)* per vie traverse.
Schleier ['ʃlaiɐ] *(m; -s, -)* ***1*** velo; veletta (di cappello). ***2*** *(fig)* velo, alone. ***3*** *(fig)* velo,

copertura. ◆ **den Schleier nehmen** *(fig)* prendere il velo, farsi suora.

Schleiereule [-ˌˀɔylə] *(f; -, -n)* ~ *(zool)* barbagianni.

schleierhaft [-ˌhaft] *(agg)* ~ **jmdm schleierhaft sein** essere un mistero per qcn.

Schleife [ˈʃlaifə] *(f; -, -n)* ***1*** cappio. ***2*** fiocco. ***3*** curva; ansa (di fiume).

schleifen[1] [-n] *(vt, hat;* **schliff, geschliffen***)* ***1*** affilare, arrotare. ***2*** levigare, smerigliare, molare (vetro, pietra, ecc).

schleifen[2] *(vt/vi, hat)* ***1*** trascinare (a fatica), strascicare. ***2*** *(vi)* strisciare, strascicare (per terra) ◆ *das Brautkleid schleift am/über den Boden* il vestito da sposa strascica per terra. ***3*** abbattere (fortificazioni, mura, ecc).

Schleifer [ˈʃlaifɐ] *(m; -s, -)* ~ arrotino.

Schleifmittel [ˈʃlaifˌmɪtəl] *(n; -s, -)* ~ abrasivo.

Schleifpapier [ˈʃlaifpaˌpiːɐ] *(n; -(e)s, -e)* ~ carta vetrata.

Schleim [ʃlaim] *(m; -(e)s, -e)* ***1*** muco, catarro. ***2*** bava (di lumaca). ***3*** pappa.

Schleimhaut [-ˌhaut] *(f; -, -häute)* ~ *(anat)* mucosa.

schleimig [-ɪç] *(agg)* ***1*** mucoso. ***2*** viscido, vischioso. ***3*** *(fig)* viscido.

schlemmen [ˈʃlɛmən] *(vi/vt, hat)* ~ mangiare molto e bene.

schlendern [ˈʃlɛndɐn] *(vi, ist)* ~ bighellonare, ciondolare.

Schlendrian [ˈʃlɛndriaːn] *(m; -s)* ~ *(fam/spreg)* tran-tran, routine.

Schlenker [ˈʃlɛŋkɐ] *(m; -s, -)* ***1*** sterzata. ***2*** giro, salto (durante un viaggio).

schlenkern [-n] *(vi/vt, hat)* ***1*** *(vi)* ciondolare, dondolare ◆ *mit den Armen schlenkern* ciondolare le braccia. ***2*** *(vt)* ciondolare, dondolare.

Schleppe [ˈʃlɛpə] *(f; -, -n)* ~ strascico (di vestito).

schleppen [-n] *(vt, hat)* ***1*** trascinare (a fatica); portare (con sforzo) ◆ *einen Koffer schleppen* trascinare una valigia. ***2*** trainare, rimorchiare. ***3*** *(fig/fam)* trascinare ◆ *sie wollten mich unbedingt in eine Kneipe schleppen* mi volevano per forza trascinare in una birreria. ◆ **sich schleppen** *(vr)* ***1*** trascinarsi (a fatica). ***2*** *(fig)* trascinarsi, protrarsi.

schleppend [-nt] *(agg)* ***1*** strascicato, lento (andatura, ritmo, ecc). ***2*** lento, che si trascina a lungo (lavori e sim).

Schlepper [ˈʃlɛpɐ] *(m; -s, -)* ***1*** rimorchiatore. ***2*** trattore. ***3*** *(fig/fam)* faccendiere.

Schlepptau [ˈʃlɛpˌtau] *(n; -(e)s, -e)* ~ cavo da rimorchio. ◆ **jmdn ins Schlepptau nehmen** *(fig/fam)* trascinare qcn, aiutare qcn.

Schleuder [ˈʃlɔydɐ] *(f; -, -n)* ***1*** fionda. ***2*** *(abbrev di* **Wäscheschleuder***)* centrifuga (del bucato).

schleudern [-n] *(vi/vt, ist/hat)* ***1*** *(vi, aux ist/hat)* sbandare, slittare (con un veicolo). ***2*** *(vt)* scagliare, lanciare, sbalzare, catapultare. ***3*** *(vt)* centrifugare. ◆ **ins Schleudern geraten** cominciare a sbandare.

schleunigst [ˈʃlɔynɪçst] *(avv)* ~ subito, immediatamente, al più presto.

Schleuse [ˈʃlɔyzə] *(f; -, -n)* ~ chiusa, cateratta, sbarramento.

schleusen [-n] *(vt, hat)* ***1*** condurre attraverso una chiusa (imbarcazioni). ***2*** *(fig)* far passare (a fatica; clandestinamente).

schlich [ʃlɪç] ~ pret di **schleichen**.

Schlich *(m; -(e)s, -e) (spec pl)* ~ trucco, astuzia. ◆ **jmdm auf die Schliche kommen/hinter jmds Schliche kommen** scoprire i trucchi di qcn.

schlicht [-t] *(agg)* ***1*** semplice, modesto, alla buona, frugale (vestiario, cibo, ecc). ***2*** semplice, alla mano (persona). ***3*** semplice, essenziale (forme e sim). ***4*** *(avv)* semplicemente, alla buona.

schlichten [-ən] *(vt, hat)* ***1*** *(fig)* appianare, risolvere (contrasti). ***2*** levigare (legno).

schlief [ʃliːf] ~ pret di **schlafen**.

schließen [ˈʃliːsən] *(vt/vi, hat;* **schloss, geschlossen**; *ortogr pres* ich schließe, ecc; *pret* ich <u>schloss</u>, ihr <u>schlosst</u>, *imperat* schließ!*)* ***1*** chiudere ◆ *die Augen schließen* chiudere gli occhi ◆ *die Tür schließen* chiudere la porta. ***2*** *(vi)* chiudere (in un certo modo), chiudersi ◆ *die Tür schließt nicht* la porta non si chiude. ***3*** chiudere (negozi e sim) *(anche vi)* ◆ *wir schließen um sieben* chiudiamo alle sette. ***4*** *(vi)* chiudere, essere chiuso (negozi e sim) ◆ *das Museum hat montags geschlossen* il museo è chiuso di lunedì. ***5*** chiudere, rinchiudere. ***6*** concludere, terminare ◆

einen Vortrag schließen concludere una conferenza. **7** concludere, stabilire (patti, legami). **8** {*etwas aus etwas* ~} dedurre qcs da qcs, concludere qcs da qcs ♦ *daraus kann man schließen, dass* da ciò si può dedurre che. **9** {*von etwas auf jmdn/etwas* ~} risalire da qcs a qcn/qcs, dedurre, desumere qcs da qcs. ◆ **sich schließen** *(vr)* chiudersi. ◆ **mit jmdm die Ehe schließen** contrarre matrimonio con qcn. ◆ **mit jmdm Freundschaft schließen** stringere amicizia con qcn. ◆ **etwas in sich schließen** *(fig)* contenere, racchiudere qcs. ◆ **jmdn in die Arme schließen** stringere qcn fra le braccia. ◆ **jmdn in sein Herz schließen** *(fig)* affezionarsi a qcn.

Schließfach [ˈʃliːsˌfax] *(n; -(e)s, -fächer) **1*** cassetta di sicurezza. **2** cassetta per deposito bagagli.

schließlich [ˈʃliːslɪç] *(avv) **1*** alla fine, infine, finalmente ♦ *schließlich antwortete er* alla fine rispose. **2** in fondo, in fin dei conti, pur sempre ♦ *schließlich ist es nicht so schlimm* in fondo non è così grave.

schliff [ʃlɪf] ~ pret di **schleifen**.

Schliff *(m; -(e)s, -e) **1*** molatura, levigatura; affilatura. **2** filo (di lama). **3** *(solo sing) (fig)* buone maniere ♦ *keinen Schliff haben* non conoscere le buone maniere.

schlimm [ʃlɪm] *(agg) **1*** grave, brutto ♦ *ein schlimmer Fehler* un grave errore ♦ *im schlimmsten Fall* nel peggiore dei casi ♦ *ein schlimmes Ende nehmen* fare una brutta fine ♦ *es ist doch nicht so schlimm!* non è poi così grave! **2** cattivo, malvagio (azione). **3** *(fam)* malato, dolorante (organo, arto). **4** *(fam)* brutto, spiacevole. **5** *(avv)* male. ◆ **aufs Schlimmste** *(anche* **schlimmste***)* **gefasst sein** essere preparato al peggio.

schlimmstenfalls [ˈʃlɪmstənˈfals] *(avv)* ~ nel peggiore dei casi.

Schlinge [ˈʃlɪŋə] *(f; -, -n) **1*** cappio. **2** laccio (da cattura), trappola ♦ *Schlingen legen* mettere lacci. **3** *(fig)* trappola ♦ *den Kopf in die Schlinge stecken* cadere nella trappola ♦ *den Kopf aus der Schlinge ziehen* tirarsi fuori da una trappola, cavarsela. ◆ **den Arm in der Schlinge tragen** avere un braccio al collo.

Schlingel [-l] *(m; -s, -)* ~ birba, monello.

schlingen[1] [-n] *(vt,* hat; **schlang**, **geschlungen***)* **1** {*etwas um jmdn/etwas* ~} avvolgere qcs intorno a qcn/qcs. **2** intrecciare, intessere. ◆ **sich um etwas schlingen** *(vr)* avvolgersi intorno a qcs, avviluppparsi intorno a qcs. ◆ **die Arme um jmdn/um jmds Hals schlingen** gettare le braccia al collo di qcn.

schlingen[2] *(vt,* hat; **schlang**, **geschlungen***)* ~ ingoiare, ingurgitare (avidamente).

Schlips [ʃlɪps] *(m; -es, -e)* ~ *(fam)* cravatta. ◆ **jmdm auf den Schlips treten** *(fig)* pestare i piedi a qcn. ◆ **sich auf den Schlips getreten fühlen** *(fig)* sentirsi offeso.

Schlitten [ˈʃlɪtən] *(m; -s, -) **1*** slitta, slittino ♦ *Schlitten fahren* andare in slitta. **2** *(fam)* auto (di lusso).

schlittern [ˈʃlɪtɐn] *(vi,* ist/hat*) **1** (aux* hat/ist*)* scivolare (sul ghiaccio), procedere scivolando. **2** *(aux* ist*)* slittare, scivolare.

Schlittschuh [ˈʃlɪtʃuː] *(m; -(e)s, -e)* ~ pattino (da ghiaccio). ◆ **Schlittschuh laufen** pattinare sul ghiaccio.

Schlittschuhlaufen [-ˌlaufən] *(n; -s)* ~ pattinaggio sul ghiaccio.

Schlittschuhläufer [-ˌlɔyfɐ] *(m; -s, -; f* **-in***)* ~ pattinatore (sul ghiaccio).

Schlitz [ʃlɪts] *(m; -(e)s, -e) **1*** fessura, fenditura. **2** spacco (di gonna e sim). **3** *(abbrev di* **Hosenschlitz***)* patta.

schlitzen [-ən] *(vt,* hat*)* ~ fendere, spaccare.

schlohweiß [ˈʃloːˈvais] *(agg)* ~ candido (capelli).

schloss († **schloß**) [ʃlɔs] ~ pret di **schließen**.

Schloss († **Schloß**) *(n; -es, Schlösser) **1*** serratura ♦ *der Schlüssel steckt im Schloss* la chiave è nella serratura. **2** castello. ◆ **hinter Schloss und Riegel sitzen** *(fig)* stare dietro le sbarre, essere in prigione.

Schlosser [-ɐ] *(m; -s, -)* ~ fabbro.

Schlosserei [ʃlɔsəˈrai] *(f; -, -en)* ~ officina del fabbro.

Schlot [ʃloːt] *(m; -(e)s, -e)* ~ ciminiera. ◆ **wie ein Schlot rauchen** *(fig)* fumare come una ciminiera/un turco.

schlottern ['ʃlɔtɐn] *(vi,* hat*)* ***1*** tremare (violentemente) ♦ *vor Kälte schlottern* tremare dal freddo. ***2*** *(fam)* stare largo (abiti).

Schlucht [ʃlʊxt] *(f;* -, -en*)* ~ gola, forra.

schluchzen ['ʃlʊxtsən] *(vi,* hat*)* ~ singhiozzare.

Schluck [ʃlʊk] *(m;* -(e)s, -e*)* ***1*** sorso, sorsata ♦ *ein Schluck Wasser* un sorso d'acqua. ***2*** bicchiere, goccetto (di alcolici).

Schluckauf [-ˌˀauf] *(m;* -s, -s*)* ~ singhiozzo ♦ *den Schluckauf haben* avere il singhiozzo.

schlucken [-ən] *(vt,* hat*)* ***1*** ingoiare, inghiottire. ***2*** *(fig)* finire, consumare (risorse e sim). ***3*** *(fig)* ingoiare, mandar giù. ***4*** *(fig)* ingoiare, assorbire (in sé).

schludern ['ʃluːdɐn] *(vi,* hat*)* ~ *(fam)* tirar via, lavorare male.

schludrig ['ʃluːdrɪç] *(agg)* ~ tirato via, abborracciato.

schlug [ʃluːk] ~ pret di **schlagen**.

Schlummer ['ʃlʊmɐ] *(m;* -s*)* ~ sopore, sonno leggero. ◆ **in Schlummer sinken** assopirsi.

schlummern [-n] *(vi,* hat*)* ~ sonnecchiare, dormicchiare, pisolare.

Schlund [ʃlʊnt] *(m;* -(e)s, Schlünde*)* ~ *(anat)* faringe; fauci, gola.

schlüpfen ['ʃlʏpfən] *(vi,* ist*)* ***1*** scivolare, sgusciare ♦ *unter die Decken schlüpfen* scivolare sotto le coperte. ***2*** sgusciare fuori, sgattaiolare ♦ *durch die Tür schlüpfen* sgusciare via attraverso la porta.

Schlüpfer ['ʃlʏpfɐ] *(m;* -s, -*)* ~ mutandina (da donna o bambino).

Schlupfloch ['ʃlʊpfˌlɔx] *(n;* -(e)s, -löcher*)* ~ nascondiglio.

schlüpfrig ['ʃlʏpfrɪç] *(agg)* ***1*** scivoloso, viscido. ***2*** scivoloso, sdrucciolevole. ***3*** *(fig)* lascivo, scurrile.

schlurfen ['ʃlʊrfən] *(vi,* ist*)* ~ strascicare i piedi.

schlürfen ['ʃlʏrfən] *(vt,* hat*)* ***1*** bere (rumorosamente). ***2*** sorbire, sorseggiare.

Schluss († **Schluß**) [ʃlʊs] *(m;* -es, Schlüsse*)* ***1*** *(solo sing)* fine, conclusione, termine ♦ *der Schluss der Sitzung* il termine della seduta. ***2*** conclusione, fine, chiusura (di libro, lettera, ecc). ***3*** conclusione, deduzione ♦ *aus etwas einen Schluss ziehen* trarre una conclusione da qcs. ◆ **mit etwas Schluss machen** chiudere con qcs, farla finita con qcs. ◆ **mit jmdm Schluss machen** rompere con qcn, lasciarsi con qcn. ◆ **am Schluss** alla fine, al termine. ◆ **zum Schluss** alla fine, da ultimo. ◆ **zum Schluss kommen** venire alla conclusione, concludere. ◆ **Schluss damit!** basta! ◆ **Schluss jetzt!** ora basta!

Schlussakt († **Schluß-**) [-ˌˀakt] *(m;* -(e)s,-e*)* ~ atto finale, ultimo atto.

Schlüssel ['ʃlʏsəl] *(m;* -s, -*)* ***1*** chiave *(anche mus)*. ***2*** *(fig)* chiave, soluzione ♦ *der Schlüssel zu einem Problem* la chiave di un problema.

Schlüsselanhänger [-ˌˀanhɛŋɐ] *(m;* -s, -*)* ~ portachiavi.

Schlüsselbein [-ˌbain] *(n;* -(e)s, -e*)* ~ *(anat)* clavicola.

Schlüsselloch [-ˌlɔx] *(n;* -(e)s, -löcher*)* ~ buco della chiave, buco della serratura.

Schlüsselring [-ˌrɪŋ] *(m;* -(e)s, -e*)* ~ anello portachiavi.

Schlüsselwort [-ˌvɔrt] *(n;* -(e)s, -wörter/-worte*)* ***1*** *(pl* -wörter*)* chiave, combinazione. ***2*** *(pl* -wörter/-worte*)* parola chiave.

schlussfolgern († **schluß-**) ['ʃlʊsˌfɔlgɐn] *(vt,* hat*)* ~ {*etwas aus etwas* ~} dedurre qcs da qcs.

Schlussfolgerung († **Schluß-**) ['ʃlʊsˌfɔlgərʊŋ] *(f;* -, -en*)* ~ deduzione.

schlüssig ['ʃlʏsɪç] *(agg)* ***1*** convincente. ***2*** *(avv)* in modo convincente. ◆ **sich** (Dat) **über etwas** (Acc) **schlüssig sein** essere deciso su qcs. ◆ **sich** (Dat) **über etwas** (Acc) **schlüssig werden** decidersi a qcs/su qcs.

Schlusslicht († **Schluß-**) ['ʃlʊsˌlɪçt] *(n;* -(e)s, -er*)* ***1*** luce posteriore (di veicolo). ***2*** *(fig)* fanalino di coda.

Schlusspunkt († **Schluß-**) ['ʃlʊsˌpʊŋkt] *(m;* -(e)s, -e*)* ~ punto finale (della frase). ◆ **einen Schlusspunkt unter/hinter etwas** (Acc) **setzen** *(fig)* fare punto e a capo con qcs.

Schlussstrich, **Schluss-Strich** († **Schluß**) ['ʃlʊsˌʃtrɪç] *(m;* -(e)s, -e*)* ~ linea di chiusura, tratto di chiusura (di uno scritto). ◆ **einen Schlussstrich unter/hinter etwas**

(Acc) **setzen** *(fig)* chiudere definitivamente con qcs.

Schlussverkauf († **Schluß-**) ['ʃlʊsfɛɐ̯ˌkauf] *(m; -(e)s, -käufe)* ~ svendita, saldo.

Schlusswort († **Schluß-**) ['ʃlʊsˌvɔrt] *(n; -(e)s, -e)* ~ *(fig)* parola finale, parola conclusiva.

Schmach [ʃmaːx] *(f; -)* ~ *(lett)* smacco.

schmachten [-tən] *(vi, hat)* **1** *(lett)* languire. **2** {*nach jmdm/etwas* ~} *(fig/lett)* struggersi per qcn/qcs.

schmachtend [-tənt] *(agg)* ~ *(fig/lett)* languido.

schmächtig ['ʃmɛçtɪç] *(agg)* ~ gracile, esile.

schmackhaft ['ʃmakˌhaft] *(agg)* ~ gustoso, buono, saporito. ◆ **jmdm etwas schmackhaft machen** *(fig/fam)* rendere qcs appetibile per qcn.

schmähen ['ʃmɛːən] *(vt, hat)* ~ *(lett)* oltraggiare, denigrare.

schmählich ['ʃmɛːlɪç] *(agg)* **1** *(lett)* vergognoso, ignobile, infame. **2** *(avv)* vergognosamente, in modo ignobile.

Schmähung ['ʃmɛːʊŋ] *(f; -, -en)* ~ oltraggio, ingiuria.

schmal [ʃmaːl] *(agg;* **schmäler**, **am schmälsten***)* **1** stretto, angusto ◆ *ein schmales Band* un nastro stretto ◆ *ein schmaler Gang* un passaggio stretto. **2** sottile. **3** magro, scarno. **4** *(fig)* scarso, magro, misero.

schmälern ['ʃmɛːlɐn] *(vt, hat)* **1** ridurre, diminuire. **2** *(fig)* sminuire.

Schmalspur ['ʃmaːlʃpuːɐ] *(f; -)* ~ scartamento ridotto.

Schmalz[1] [ʃmalts] *(n; -es, -e)* ~ strutto, lardo.

Schmalz[2] *(m; -es)* ~ *(fam)* sentimentalismo.

schmalzig ['ʃmaltsɪç] *(agg)* ~ *(fam)* sdolcinato, sentimentale.

schmarotzen [ʃma'rɔtsən] *(vi, hat)* ~ vivere da parassita.

Schmarotzer [ʃma'rɔtsɐ] *(m; -s, -)* **1** parassita. **2** *(f* **-in***)* *(fig)* parassita, scroccone.

schmatzen ['ʃmatsən] *(vi/vt, hat)* **1** *(vi)* schioccare le labbra. **2** mangiare, bere rumorosamente. **3** {*jmdn* ~} *(vt)* *(fam)* schioccare un bacio a qcn.

schmauchen ['ʃmauxən] *(vt, hat)* ~ fumare (con gusto).

Schmaus [ʃmaus] *(m; -es, Schmäuse)* ~ *(fam)* banchetto.

schmausen ['ʃmauzən] *(vi/vt, hat)* ~ banchettare.

schmecken ['ʃmɛkən] *(vi, hat)* **1** sapere, avere un sapore ◆ *gut, schlecht, süß schmecken* avere un sapore buono, cattivo, dolce. **2** {*nach etwas* ~} sapere di qcs ◆ *der Wein schmeckt nach Korken* il vino sa di tappo. **3** {*jmdm* ~} piacere a qcn (sapore) ◆ *(wie) hat dir der Kuchen geschmeckt?* ti è piaciuto il dolce? ◆ *der Kaffee hat mir gut geschmeckt* il caffè mi è piaciuto. **4** *(vt)* assaggiare.

Schmeichelei [ʃmaiçə'lai] *(f; -, -en)* ~ lusinga, adulazione.

schmeichelhaft ['ʃmaiçəlˌhaft] *(agg)* ~ lusinghiero, adulatorio.

schmeicheln ['ʃmaiçəln] *(vi, hat)* **1** {*jmdm* ~} lusingare qcn; adulare qcn. **2** {*jmdm* ~} donare a qcn, stare bene a qcn (abiti e sim). **3** {*mit jmdm* ~} accarezzare qcn, vezzeggiare qcn.

Schmeichler ['ʃmaiçlɐ] *(m; -s, -; f* **-in***)* ~ adulatore; ruffiano.

schmeichlerisch ['ʃmaiçlərɪʃ] *(agg)* ~ adulatorio.

schmeißen ['ʃmaisən] *(vt, hat;* **schmiss**, **geschmissen**; *ortogr pres* ich schmeiße, ecc; *pret* ich schmiss, ihr schmisst, *imperat* schmeiß!*)* **1** *(fam)* gettare, buttare. **2** *(fam)* gettare alle ortiche, abbandonare ◆ *er hat das Studium geschmissen* ha abbandonato gli studi. **3** *(fam)* risolvere, sistemare. **4** *(fam)* offrire (da bere) ◆ *eine Runde schmeißen* offrire una bevuta.

Schmelz [ʃmɛlts] *(m, -es, -e)* **1** smalto, vernice. **2** smalto (dei denti).

Schmelze [-ə] *(f; -, -n)* ~ scioglimento, fusione, liquefazione.

schmelzen[1] [-ən] *(vi, ist; er* **schmilzt**, **schmolz/schmelzte**, **geschmolzen/geschmelzt***)* ~ sciogliersi, fondersi, liquefarsi ◆ *der Schnee ist geschmolzen* la neve si è sciolta. **2** *(fig)* svanire, scomparire.

schmelzen[2] *(vt, hat; er* **schmilzt**, **schmolz/schmelzte**, **geschmolzen/geschmelzt***)* ~ sciogliere, fondere, liquefare.

Schmer ['ʃmeːɐ] *(m/n; -s)* ~ sugna.

Schmerz [ʃmɛrts] *(m; -es, -en)* **1** dolore (fisico) ◆ *ein reißender Schmerz* un dolore lancinante. **2** *(fig)* dolore, pena, dispiacere ♦ *jmdm Schmerz bereiten* addolorare qcn.

schmerzen [-ən] *(vi/vt,* hat*)* **1** {*(jmdm/jmdn)* ~} dolere, fare male (a qcn) ♦ *der Rücken schmerzt mir/mich* mi fa male la schiena. **2** *(vt)* *(fig)* addolorare, rattristare.

schmerzend [-ənt] *(agg)* ~ dolente, dolorante.

Schmerzensgeld [-əns͵gɛlt] *(n;* -(e)s*)* ~ *(dir)* risarcimento per danni morali.

schmerzhaft [-͵haft] *(agg)* ~ doloroso.

schmerzlich [-lɪç] *(agg)* **1** *(fig)* doloroso, penoso. **2** *(avv)* dolorosamente.

schmerzlos [-͵loːs] *(agg)* **1** indolore. **2** *(avv)* in modo indolore *(anche fig)*.

Schmerzmittel [-͵mɪtəl] *(n;* -s, -*)* ~ antidolorifico, analgesico.

schmerzstillend [-ʃtɪlənt] *(agg)* ~ antidolorifico, analgesico.

Schmerztablette [-ta͵blɛtə] *(f;* -, -n*)* ~ analgesico, cachet.

Schmetterling [ˈʃmɛtəlɪŋ] *(m;* -(e)s, -e*)* ~ *(zool)* farfalla.

schmettern [ˈʃmɛtɐn] *(vt,* hat*)* **1** gettare, scaraventare ♦ *jmdn zu Boden schmettern* gettare a terra qcn. **2** suonare forte; cantare a squarciagola.

Schmied [ʃmiːt] *(m;* -(e)s, -e*)* ~ fabbro.

Schmiede [ˈʃmiːdə] *(f;* -, -n*)* ~ fucina, officina del fabbro.

Schmiedeeisen [-͵ʔaizən] *(n;* -s, -*)* ~ ferro battuto.

schmieden [ˈʃmiːdən] *(vt,* hat*)* **1** battere, lavorare (metallo). **2** forgiare, fabbricare (oggetti in metallo). **3** *(fig)* ideare, escogitare.

schmiegen [ˈʃmiːgən] *(vr,* hat*)* ~ **sich schmiegen** **1** {*sich an etwas* (Acc) ~} adattarsi a qcs, modellarsi su qcs ♦ *das Kleid schmiegt sich an ihre Figur* il vestito si modella sul suo fisico. **2** {*sich an jmdn/in etwas* (Acc) ~} stringersi, appoggiarsi ♦ *sich an jmdn schmiegen* stringersi a qcn.

schmiegsam [ˈʃmiːk͵zaːm] *(agg)* ~ flessibile, morbido.

Schmiere [ˈʃmiːrə] *(f;* -, -n*)* **1** grasso, lubrificante. **2** unto, untuosità. ◆ **Schmiere stehen** *(fam)* fare il palo.

schmieren [-n] *(vt/vi,* hat*)* **1** *(vt)* ungere, ingrassare, lubrificare. **2** *(vt)* spalmare ♦ *Butter aufs Brot schmieren* spalmare il burro sul pane ♦ *ein Brötchen mit Butter schmieren* spalmare un panino col burro. **3** *(vi)* sporcare, macchiare (penna). **4** *(vt)* *(fig/fam)* ungere, corrompere. ◆ **jmdm eine schmieren** *(fam)* dare uno schiaffo a qcn. ◆ **wie geschmiert** *(fig/fam)* senza intoppi.

Schmiergeld [ˈʃmiːɐ͵gɛlt] *(n;* -(e)s*)* ~ bustarella, mazzetta.

schmierig [ˈʃmiːrɪç] *(agg)* **1** unto, untuoso, bisunto. **2** viscido, scivoloso. **3** *(fig)* viscido, untuoso (persona).

Schmierzettel [ˈʃmiːɐ͵tsɛtəl] *(m;* -s, -*)* ~ foglio per la brutta copia.

Schminke [ˈʃmɪŋkə] *(f;* -, -n*)* ~ trucco, make-up ♦ *Schminke auftragen* mettersi il trucco, truccarsi.

schminken [-n] *(vt,* hat*)* ~ truccare, imbellettare. ◆ **sich schminken** *(vr)* truccarsi, imbellettarsi.

schmiss († **schmiß**) [ʃmɪs] ~ pret di **schmeißen**.

Schmiss († **Schmiß**) *(m;* -es, -e*)* **1** *(fam)* sfregio, cicatrice. **2** *(fig/fam)* brio.

schmissig [-ɪç] *(agg)* ~ *(fam)* vivace, pieno di brio.

schmökern [ˈʃmøːkɐn] *(vi/vt,* hat*)* **1** *(vt)* *(fam)* leggere (con piacere). **2** *(vi)* *(fam)* sfogliare ♦ *in einem Buch schmökern* sfogliare un libro.

schmollen [ˈʃmɔlən] *(vi,* hat*)* ~ tenere il muso/broncio, essere imbronciato ♦ *mit jmdm schmollen* tenere il muso a qcn.

schmollend [-t] *(agg)* ~ imbronciato.

schmolz [ʃmɔlts] ~ pret di **schmelzen**.

schmoren [ˈʃmoːrən] *(vi/vt,* hat*)* **1** *(vi)* stufare, cuocere a fuoco lento. **2** *(vt)* stufare (carne). ◆ **jmdn schmoren lassen** *(fig/fam)* lasciare qcn sulle spine.

schmuck [ʃmʊk] *(agg)* ~ bello, grazioso. ◆ **sich schmuck machen** farsi bello.

Schmuck *(m;* -(e)s, *raro* -e*)* **1** decorazione, ornamento. **2** gioiello, gioia, gioielli ♦ *Schmuck tragen* portare dei gioielli ♦ *echter Schmuck* gioielli veri.

schmücken [ˈʃmʏkən] *(vt,* hat*)* ~ decorare, adornare, addobbare ♦ *den Weihnachtsbaum schmücken* addobbare l'albero di

Natale. ◆ **sich schmücken** *(vr)* ornarsi, adornarsi.

Schmuckkasten ['ʃmʊk,kastən] *(m; -s, -kästen)* ~ portagioie.

schmucklos ['ʃmʊk,lo:s] *(agg)* ~ disadorno.

Schmucksachen ['ʃmʊk,zaxən] *(pl)* ~ gioielli, gioie.

Schmuckstück ['ʃmʊk,ʃtʏk] *(n; -(e)s, -e)* ***1*** gioiello. ***2*** *(fig)* pezzo forte.

Schmuddel ['ʃmʊdəl] *(m; -s)* ~ *(fam/spreg)* sporco, sporcizia, sudiciume.

schmuddelig [-ɪç] *(agg)* ~ *(fam/spreg)* sporco, sudicio.

Schmuggel ['ʃmʊgəl] *(n; -s)* ~ contrabbando.

schmuggeln [-n] *(vt,* hat*)* ~ contrabbandare.

Schmuggelware [-,va:rə] *(f; -, -n)* ~ merce di contrabbando.

Schmuggler ['ʃmʊglɐ] *(m; -s, -; f* **-in***)* ~ contrabbandiere.

schmunzeln ['ʃmʊntsəln] *(vi,* hat*)* ~ ridere sotto i baffi, sorridere divertito.

Schmus [ʃmʊs] *(m; -es)* ~ *(fam)* moine.

schmusen ['ʃmu:zən] *(vi,* hat*)* ~ {*mit jmdm* ~} *(fam)* coccolare qcn; pomiciare con qcn.

Schmutz ['ʃmʊts] *(m; -es)* ~ sporco, sporcizia, sudiciume, sudicio. ◆ **jmdn mit Schmutz bewerfen** *(fig)* gettar fango addosso a qcn.

schmutzig [-ɪç] *(agg)* ***1*** sporco, sudicio ♦ *schmutzige Hände* mani sporche ♦ *schmutzige Wäsche* bucato sporco. ***2*** *(fig)* sporco, sconcio ♦ *ein schmutziger Witz* una barzelletta sporca. ***3*** *(fig)* sporco, disonesto. ***4*** sporco (colore). ◆ **etwas schmutzig machen** sporcare qcs, insudiciare qcs. ◆ **sich schmutzig machen** sporcarsi, insudiciarsi.

Schnabel ['ʃna:bəl] *(m; -s, -)* ***1*** becco ♦ *den Schnabel aufreißen* spalancare il becco. ***2*** *(fam)* bocca, becco ♦ *halt den Schnabel!* chiudi il becco! ***3*** *(fig)* becco, beccuccio. ◆ **seinen Schnabel an jmdm wetzen** *(fig)* sparlare di qcn, parlar male di qcn. ◆ **reden, wie einem der Schnabel gewachsen ist** *(fig)* parlare come si mangia.

Schnake ['ʃna:kə] *(f; -, -n)* *(region)* ~ zanzara.

Schnalle ['ʃnalə] *(f; -, -n)* ***1*** fibbia. ***2*** *(volg)* puttana.

schnallen [-n] *(vt,* hat*)* ~ allacciare, fermare, fissare (con una fibbia).

schnalzen ['ʃnaltsən] *(vi,* hat*)* ~ {*mit etwas* ~} schioccare qcs, far schioccare qcs ♦ *mit den Fingern, mit der Peitsche schnalzen* schioccare le dita, la frusta.

schnappen[1] ['ʃnapən] *(vi,* hat/ist*)* ***1*** {*nach jmdm/etwas* ~} *(aux* hat*)* cercare di addentare ♦ *der Hund schnappt nach der Wurst* il cane cerca di addentare la salsiccia. ***2*** *(aux* ist*)* scattare; aprirsi/chiudersi con uno scatto. ◆ **nach Luft schnappen** *(fig)* boccheggiare, ansimare.

schnappen[2] *(vt,* hat*)* ***1*** {*etwas* ~}, {*sich* (Dat) *etwas* ~} afferrare qcs, acchiappare qcs. ***2*** {*jmdn* ~} acchiappare, catturare qcn.

Schnaps [ʃnaps] *(m; -es,* Schnäpse*)* ~ acquavite.

schnarchen ['ʃnarçən] *(vi,* hat*)* ~ russare.

schnarren ['ʃnarən] *(vi,* hat*)* ~ stridere, gracchiare.

schnattern ['ʃnatɐn] *(vi,* hat*)* ~ starnazzare (oche e sim).

schnauben ['ʃnaubən] *(vi,* hat*)* ***1*** soffiare, sbuffare (con il naso). ***2*** *(fig)* sbuffare (per la rabbia).

Schnauze ['ʃnautsə] *(f; -, -n)* ***1*** muso (di cane, lupo, ecc). ***2*** *(fam/spreg)* bocca, becco; muso ♦ *Halt die Schnauze!* chiudi il becco! ◆ **die Schnauze voll haben** *(fig/fam)* avere le tasche piene.

schnäuzen († **schneuzen**) [-n] *(vr,* hat*)* ~ **sich schnäuzen** soffiarsi il naso. ◆ **sich** (Dat) **die Nase schnäuzen** soffiarsi il naso.

Schnecke ['ʃnɛkə] *(f; -, -n)* ***1*** *(zool)* lumaca; chiocciola. ***2*** *(fig)* spirale, voluta.

schneckenförmig [-n,fœrmɪç] *(agg)* ~ a spirale, a chiocciola.

Schneckenhaus [-n,haus] *(n; -(e)s, -häuser)* ~ guscio della chiocciola. ◆ **sich in sein Schneckenhaus zurückziehen** *(fig)* ritirarsi nel proprio guscio.

Schnee [ʃne:] *(m; -s)* ***1*** neve ♦ *frisch gefallener Schnee* neve fresca ♦ *es liegt viel Schnee* c'è molta neve. ***2*** albume montato a neve. ◆ **es fällt Schnee** nevica. ◆

das ist Schnee von gestern *(fig)* è roba vecchia, sono cose risapute.

Schneeball [-ˌbal] *(m; -(e)s, -bälle)* ~ palla di neve.

schneebedeckt [-bəˌdɛkt] *(agg)* ~ innevato, ricoperto di neve.

Schneebesen [-ˌbeːzən] *(m; -s, -)* ~ frusta, sbattitore, frullino.

Schneedecke [-ˌdɛkə] *(f; -, -n)* ~ coltre di neve.

Schneefall [-ˌfal] *(m; -(e)s, -fälle)* ~ nevicata.

Schneeflocke [-ˌflɔkə] *(f; -, -n)* ~ fiocco di neve.

schneeig [-ɪç] *(agg)* ~ innevato, coperto di neve.

Schneekatze [-ˌkatsə] *(f; -, -n)* ~ gatto delle nevi.

Schneemann [-ˌman] *(m; -(e)s, -männer)* ~ pupazzo di neve.

Schneepflug [-ˌpfluːk] *(m; -(e)s, -pflüge)* ~ spazzaneve, spartineve.

Schneeräumer [-ˌrɔymɐ] *(m; -s, -)* ~ spazzaneve.

schneeweiß [-'vais] *(agg)* ~ candido, bianco come la neve.

Schneewittchen [-'vɪtçən] *(np n)* ~ Biancaneve.

Schneid [ʃnait] *(m; -(e)s)* ~ coraggio, fegato.

Schneide ['ʃnaidə] *(f; -, -n)* ***1*** filo, taglio (di lama). ***2*** lama.

schneiden [-n] *(vt,* hat; **schnitt**, **geschnitten***)* ***1*** tagliare ♦ *Papier schneiden* tagliare la carta ♦ *das Messer schneidet nicht gut* il coltello non taglia bene. ***2*** tagliare, affettare ♦ *Brot (in Scheiben) schneiden* affettare il pane. ***3*** tagliare, falciare (erba). ***4*** tagliare, accorciare ♦ *sich* (Dat) *die Haare schneiden lassen* tagliarsi i capelli, farsi tagliare i capelli. ***5*** intagliare ♦ *eine Figur in Holz schneiden* intagliare una figura nel legno. ***6*** montare (film e sim). ***7*** tagliare, ferire. ***8*** castrare (animali). ***9*** *(fig)* tagliare, incrociare, intersecare ♦ *die Straße schneidet hier die Eisenbahn* la strada interseca qui la ferrovia. ***10*** *(fig/fam)* tagliar fuori, ignorare (persona). ◆ **sich schneiden** *(vr)* tagliarsi, ferirsi ♦ *ich habe mich in den Daumen geschnitten* mi sono tagliato il pollice. ◆ **eine Kurve schneiden** tagliare una curva.

Schneider ['ʃnaidɐ] *(m; -s, -; f* **-in***)* ***1*** sarto. ***2*** *(fam)* coltello, oggetto per tagliare. ◆ **frieren wie ein Schneider** *(fig/fam)* avere un freddo cane.

Schneiderei [ʃnaidə'rai] *(f; -, -en)* ***1*** sartoria, atelier del sarto. ***2*** *(solo sing)* sartoria, arte del sarto.

schneidern ['ʃnaidɐn] *(vt,* hat*)* ~ cucire, confezionare (abiti).

Schneidezahn ['ʃnaidəˌtsaːn] *(m; -(e)s, -zähne)* ~ incisivo, dente incisivo (di uomo o animale).

schneidig ['ʃnaidɪç] *(agg)* ***1*** risoluto, energico. ***2*** baldanzoso, spavaldo.

schneien ['ʃnaiən] *(v meteor,* hat*)* ~ nevicare ♦ *es schneit* nevica. ◆ **jmdm ins Haus schneien** *(fig/fam)* piovere in casa a qcn.

schnell [ʃnɛl] *(agg)* ***1*** veloce, rapido, svelto, spedito ♦ *ein schnelles Auto* un'auto veloce ♦ *mit schnellen Schritten* a passi rapidi. ***2*** improvviso, repentino ♦ *eine schnelle Bewegung* un movimento repentino. ***3*** *(avv)* velocemente, rapidamente, alla svelta, in fretta ♦ *schnell gehen* andare veloce ♦ *schnell fahren* andare veloce (veicolo); guidare veloce ♦ *mach schnell!* fa' alla svelta. ◆ **schnell wie der Blitz**, **wie ein Pfeil**, **wie der Wind** veloce come il lampo, come una freccia, come il vento.

Schnellbahn [-ˌbaːn] *(f; -, -en) (abbrev* **S-Bahn***)* ~ ferrovia urbana, metropolitana di superficie.

Schnelle [-ə] *(f; -, -n)* ~ rapida (di fiume). ◆ **auf die Schnelle** *(fam)* in fretta, di corsa; alla svelta.

schnellebig ~ vedi **schnelllebig**.

schnellen [-ən] *(vi/vt,* ist/hat*)* ***1*** *(vi) (aux* ist*)* balzare, scattare ♦ *in die Höhe schnellen* balzare su. ***2*** *(vt)* scoccare, lanciare (frecce e sim).

Schnelligkeit [-ɪcˌkait] *(f; -, -en)* ***1*** velocità. ***2*** *(solo sing)* rapidità, sveltezza.

Schnellkochtopf [-ˌkɔxtɔpf] *(m; -(e)s, -töpfe)* ~ pentola a pressione.

Schnellkraft [-ˌkraft] *(f; -)* ~ elasticità.

Schnellkurs [-ˌkʊrs] *(m; -es, -e)* ~ corso accelerato.

schnelllebig († **schnellebig**) [-ˌleːbɪç] *(agg)* ~ febbrile, frenetico.

schnellstens [-stəns] *(avv)* ~ più velocemente possibile, al più presto.
Schnellstraße [-ʃtraːsə] *(f; -, -n)* ~ superstrada.
Schnellzug [-ˌtsuːk] *(m; -(e)s, -züge)* ~ treno direttissimo.
Schnepfe [ˈʃnɛpfə] *(f; -, -n)* ~ *(zool)* beccaccia.
schneuzen ~ vedi **schnäuzen**.
schniegeln [ˈʃniːgəln] *(vt, hat)* ~ *(fam/spreg)* agghindare. ◆ **geschniegelt und gebügelt sein** *(fam)* essere in ghingheri.
Schnippchen [ˈʃnɪpçən] *(n)* ~ **jmdm ein Schnippchen schlagen** *(fam)* giocare un tiro a qcn.
schnippeln [ˈʃnɪpəln] *(anche* **schnipseln***)* *(vi/vt, hat)* **1** {*an etwas* (Dat) ~} *(vi)* tagliuzzare qcs ♦ *am Stoff schnippeln* tagliuzzare la stoffa. **2** *(vt)* fare tagliuzzando (buchi e sim).
schnippen [ˈʃnɪpən] *(anche* **schnipsen***)* *(vt, hat)* ~ buttare, gettare (con un dito). ◆ **mit den Fingern schnippen** schioccare le dita.
schnippisch [ˈʃnɪpɪʃ] *(agg)* ~ impertinente.
schnipseln [ˈʃnɪpsəln] ~ vedi **schnippeln**.
schnipsen [ˈʃnɪpsən] ~ vedi **schnippen**.
schnitt [ʃnɪt] ~ pret di **schneiden**.
Schnitt *(m; -(e)s, -e)* **1** taglio (il tagliare). **2** taglio, mietitura. **3** taglio, incisione, tacca. **4** taglio, ferita (da taglio). **5** taglio (di abiti). **6** taglio (degli occhi); tratti, lineamenti. **7** montaggio (di film). **8** cartamodello. **9** *(geom)* sezione. **10** media, valore intermedio. **11** *(fam)* profitto, guadagno.
Schnittblume [-ˌbluːmə] *(f; -, -n)* ~ fiore da taglio; fiore reciso.
Schnittchen [-çən] *(n; -s, -)* ~ tartina, crostino.
Schnitte [-ə] *(f; -, -n)* *(region)* ~ fetta.
schnittig [-ɪç] *(agg)* ~ elegante, di classe (auto).
Schnittlauch [-ˌlaux] *(m; -(e)s)* ~ *(bot)* erba cipollina.
Schnittmuster [-ˌmʊstɐ] *(n; -s, -)* ~ cartamodello.
Schnittpunkt [-ˌpʊŋkt] *(m; -(e)s, -e)* **1** *(geom)* punto d'intersezione. **2** incrocio, punto di incrocio.
Schnittwunde [-ˌvʊndə] *(f; -, -n)* ~ ferita da taglio.
Schnitzel [ˈʃnɪtsəl] *(n; -s, -)* **1** scaloppina, fettina, braciola. **2** *(anche m; -s, -)* ritaglio (di carta).
schnitzeln [-n] *(vt, hat)* ~ tagliuzzare.
schnitzen [ˈʃnɪtsən] *(vt/vi, hat)* ~ scolpire nel legno, intagliare ♦ *ein Kreuz schnitzen* intagliare una croce.
Schnitzer [ˈʃnɪtsɐ] *(m; -s, -)* **1** intagliatore. **2** *(fam)* strafalcione, svarione; cantonata.
schnodd(e)rig [ˈʃnɔd(ə)rɪç] *(agg)* ~ *(fam/spreg)* sfacciato, impertinente.
schnöde [ˈʃnøːdə] *(agg)* ~ *(lett)* vile, ignobile.
Schnörkel [ˈʃnœrkəl] *(m; -s, -)* **1** ghirigoro, svolazzo. **2** arabesco, fregio. **3** *(fig)* svolazzo (retorico), fronzolo.
schnörkelig [-ɪç] *(agg)* **1** pieno di ghirigori, pieno di svolazzi. **2** arabescato. **3** *(fig)* infiocchettato (discorso).
schnuckelig [ˈʃnʊkəlɪç] *(agg)* ~ *(fam)* carino, grazioso ♦ *ein schnuckeliges Mädchen* una ragazzina carina.
schnüffeln [ˈʃnʏfəln] *(vi, hat)* **1** {*an etwas* (Dat) ~} annusare qcs, fiutare qcs (animali). **2** {*in etwas* (Dat) ~} *(fig)* ficcare il naso in qcs.
Schnuller [ˈʃnʊlɐ] *(m; -s, -)* ~ succhiotto, ciuccio.
Schnulze [ˈʃnʊltsə] *(f; -, -n)* **1** *(fam)* canzone sdolcinata. **2** *(fam)* film sentimentale.
schnulzig [ˈʃnʊltsɪç] *(agg)* ~ *(fam)* sentimentale, melenso.
schnupfen [ˈʃnʊpfən] *(vi, hat)* **1** fiutare il tabacco. **2** *(vi/vt)* sniffare (cocaina).
Schnupfen *(m; -s, -)* ~ raffreddore ♦ *einen Schnupfen haben* avere il raffreddore ♦ *sich* (Dat) *einen Schnupfen holen* buscarsi un raffreddore.
schnuppern [ˈʃnʊpɐn] *(vi, hat)* ~ {*an etwas* (Dat) ~} annusare qcs, fiutare qcs.
Schnur [ʃnuːɐ] *(f; -, Schnüre)* ~ spago, corda.
schnüren [ˈʃnyːrən] *(vt, hat)* **1** legare (con corda, spago, ecc); legare insieme. **2** allacciare ♦ *sich* (Dat) *die Schuhe schnüren* allacciarsi le scarpe. **3** avvolgere, legare (corde e sim) ♦ *ein Band um ein Paket schnüren* legare un nastro intorno a un pacchetto.

schnurlos ['ʃnuːɐ̯ˌloːs] *(agg)* ~ senza fili ♦ *schnurloses Telefon* telefono senza fili, cordless.
Schnurrbart ['ʃnʊrˌbaːɐ̯t] *(m; -(e)s, -bärte)* ~ baffi ♦ *einen Schnurrbart tragen* portare i baffi.
schnurren ['ʃnʊrən] *(vi, hat)* ***1*** fare le fusa. ***2*** ronzare.
schnurrig ['ʃnʊrɪç] *(agg)* ~ bizzarro.
Schnürschuh ['ʃnyːɐ̯ʃuː] *(m; -(e)s, -e)* ~ scarpa con le stringhe.
Schnürsenkel ['ʃnyːɐ̯ˌzɛŋkəl] *(m; -s, -)* ~ laccio da scarpe, stringa da scarpe.
schnurstracks ['ʃnuːɐ̯'ʃtraks] *(avv)* ~ *(fam)* difilato, alla svelta.
schob [ʃoːp] ~ pret di **schieben**.
Schock [ʃɔk] *(m; -(e)s, -s)* ~ shock, trauma.
schocken [-ən] *(vt, hat)* ***1*** *(fam)* scioccare, sconvolgere. ***2*** *(med)* sottoporre a elettroshock.
schockieren [ʃɔ'kiːrən] *(vt, hat)* ~ scioccare, turbare, sconvolgere.
schofel ['ʃoːfəl] *(agg)* ~ *(fam)* vile, meschino.
Schöffe ['ʃœfə] *(m; -n, -n; f* **Schöffin***)* ~ giurato.
Schokolade [ʃoko'laːdə] *(f; -, -n)* ~ cioccolata, cioccolato ♦ *eine heiße Schokolade* una cioccolata calda.
scholl [ʃɔl] ~ pret di **schallen**.
Scholle ['ʃɔlə] *(f; -, -n)* ***1*** zolla (di terra). ***2*** lastra, lastrone (di ghiaccio). ***3*** *(fig)* terra, terra natia.
schon [ʃoːn] *(avv)* ***1*** già, ormai ♦ *schon heute* già oggi, oggi stesso ♦ *das Buch habe ich schon gelesen* il libro l'ho già letto ♦ *schon seit drei Jahren* già da due anni. ***2*** finalmente, una buona volta ♦ *nun sprich doch schon!* e parla una buona volta! ***3*** già, solo, soltanto ♦ *schon der Gedanke daran nervt mich* solo l'idea mi irrita. ***4*** sì, forse (spesso non tradotto) ♦ *es wird schon gehen* vedrai che andrà bene ♦ *er mag schon Recht haben, aber...* avrà anche ragione, ma... ♦ *das ist schon möglich, aber...* questo è sì possibile, ma... ***5*** sì, certo (spesso non tradotto) ♦ *du wirst schon sehen!* te ne accorgerai! ***6*** su, dai ♦ *komm schon!* su, vieni! ***7*** sì ♦ *ich glaube schon* credo di sì ♦ *er will nicht kommen, aber ich schon* lui non vuole venire, ma io sì. ◆ **schon gut** e va bene, e sia. ◆ **schon lange** già da molto tempo ♦ *das habe ich schon lange gewusst* questo lo sapevo già da molto tempo ♦ *ich habe ihn schon lange nicht mehr gesehen* non l'ho più visto già da molto tempo. ◆ **schon wieder** di nuovo ♦ *sie hat sich schon wieder verspätet* ha di nuovo fatto tardi. ◆ **ich komme schon!** arrivo! sto arrivando!
schön [ʃøːn] *(agg)* ***1*** bello ♦ *ein schönes Bild* un bel quadro ♦ *eine schöne Frau* una bella donna ♦ *eine schöne Landschaft* un bel paesaggio. ***2*** bello, piacevole ♦ *eine schöne Reise* un bel viaggio ♦ *das waren schöne Zeiten!* quelli erano bei tempi! ***3*** bello (tempo) ♦ *im Urlaub hatten wir schönes Wetter* in vacanza abbiamo avuto bel tempo. ***4*** *(fig/fam)* bello, grosso, notevole ♦ *eine schöne Bescherung* un bel guaio. ***5*** bello, buono (in auguri) ♦ *ich wünsche Ihnen einen schönen Tag* le auguro una buona giornata. ***6*** *(avv)* bene; per bene, come si deve ♦ *sie hat sehr schön gesungen* ha cantato molto bene. ◆ **jmdn/etwas <u>schön</u> <u>machen</u>** († **schönmachen**) abbellire qcn/qcs. ◆ **sich <u>schön</u> <u>machen</u>** († **schönmachen**) farsi bello. ◆ **ganz schön** molto ♦ *das Kleid ist ganz schön teuer* il vestito è molto caro ♦ *sie wird ganz schön staunen* si meraviglierà molto. ◆ **schöne Grüße** tanti saluti. ◆ **bitte schön!** prego! ◆ **danke schön!** tante grazie! ◆ **wie es so schön heißt, wie man so schön sagt** come si suol dire.
schonen ['ʃoːnən] *(vt, hat)* ***1*** {*etwas* ~} avere cura di qcs, tenere per bene qcs ♦ *seine Gesundheit schonen* aver cura della propria salute ♦ *seine Kleider schonen* tenere per bene i propri vestiti. ***2*** {*jmdn/etwas* ~} risparmiare qcn/qcs ♦ *den Gegner schonen* risparmiare l'avversario. ◆ **sich schonen** *(vr)* risparmiarsi, riguardarsi.
schonend [-t] *(agg)* ***1*** delicato, pieno di riguardo ♦ *eine schonende Behandlung* un trattamento delicato. ***2*** *(avv)* delicatamente, con tatto ♦ *jmdm etwas schonend beibringen* spiegare qcs a qcn con tatto.
Schoner ['ʃoːnɐ] *(m; -s, -)* ~ fodera (protettiva).

schön|färben *(vt, hat)* ~ abbellire, colorire (qcs di negativo).
Schönheit ['ʃø:nˌhait] *(f; -, -en)* **1** bellezza ♦ *eine Kirche von großer Schönheit* una chiesa di grande bellezza. **2** bellezza, donna bella. **3** *(pl)* bellezze (del luogo).
Schönheitschirurgie ['ʃø:nhaitsçirʊrˌgi:] *(f; -)* ~ chirurgia estetica.
Schönheitsfehler ['ʃø:nhaitsˌfe:lɐ] *(m; -s, -)* ~ difetto estetico, imperfezione, neo.
Schönheitswettbewerb ['ʃø:nhaitsˌvɛtbəvɛrp] *(m; -(e)s, -e)* ~ concorso di bellezza.
Schonkost ['ʃo:nˌkɔst] *(f; -)* ~ dieta (leggera).
schönmachen ~ **schön machen** (vedi **schön**).
schön|reden *(vi, hat)* ~ {*jmdm* ~} adulare qcn.
Schönrederei [ˌʃø:nre:də'rai] *(f; -)* ~ adulazione, ruffianeria.
Schönredner ['ʃø:nˌre:dnɐ] *(m; -s, -; f* **-in***)* ~ adulatore, ruffiano.
Schönschrift ['ʃø:nˌʃrɪft] *(f; -)* ~ calligrafia.
Schonung ['ʃo:nʊŋ] *(f; -)* **1** delicatezza, riguardo ♦ *jmdn/etwas mit Schonung behandeln* trattare qcn/qcs con riguardo. **2** riguardo, riposo (per malati). **3** riserva boschiva. ◆ **keine Schonung kennen** non avere riguardi.
schonungslos [-sˌlo:s] *(agg)* **1** implacabile, spietato. **2** *(avv)* implacabilmente, spietatamente.
Schopf [ʃɔpf] *(m; -(e)s, Schöpfe)* **1** ciocca, ciuffo (di capelli). **2** ciuffo (di foglie e sim). ◆ **eine Gelegenheit beim Schopf(e) ergreifen/fassen** cogliere al volo un'occasione.
schöpfen ['ʃœpfən] *(vt, hat)* **1** attingere. **2** *(fig)* attingere, trarre. ◆ **Atem/Luft schöpfen** tirare il fiato. ◆ **aus dem Vollen** († **vollen**) **schöpfen** *(fig)* attingere a piene mani.
Schöpfer ['ʃœpfɐ] *(m; -s, -; f* **-in***)* **1** creatore, ideatore, artefice; autore. **2** *(relig)* il Creatore, Dio.
schöpferisch ['ʃœpfərɪʃ] *(agg)* **1** creativo (persona, lavoro, ecc) ♦ *eine schöpferische Fantasie* una fantasia creativa. **2** *(avv)* creativamente. ◆ **eine schöpferische Pause einlegen** fare una pausa creativa. ◆ **schöpferisch tätig sein** svolgere un'attività creativa.
Schöpflöffel ['ʃœpfˌlœfəl] *(m; -s, -)* ~ ramaiolo, mestolo.
Schöpfung ['ʃœpfʊŋ] *(f; -, -en)* **1** creazione (il creare). **2** creazione, opera (d'arte). **3** *(relig)* creazione; il creato.
schor ['ʃo:ɐ] ~ pret di **scheren**.
Schorf [ʃɔrf] *(m; -(e), -e)* ~ crosta (di ferita).
Schorle ['ʃɔrlə] *(f; -, -n)* ~ vino (o succo di mela) con acqua gassata (bevanda tipica).
Schornstein ['ʃɔrnˌʃtain] *(m; -(e)s, -e)* ~ camino, comignolo. ◆ **etwas in den Schornstein schreiben** *(fig)* dare per perso qcs.
Schornsteinfeger [-ˌfe:gɐ] *(m; -s, -)* ~ spazzacamino.
Schoß [ʃɔs] *(m; -es, Schöße)* **1** grembo ♦ *ein Kind auf den Schoß nehmen* prendere un bambino in grembo ♦ *auf jmds Schoß sitzen* stare seduto in grembo a qcn. **2** *(fig)* grembo, seno ♦ *im Schoß der Familie* in seno alla famiglia. **3** *(lett)* grembo materno. **4** falda (di gonna). ◆ **die Hände in den Schoß legen** *(fig)* stare con le mani in mano.
schoss († **schoß**) ~ pret di **schießen**.
Schoss († **Schoß**) *(m; -es, -e)* ~ germoglio ♦ *Schosse treiben* mettere germogli.
Schössling († **Schößling**) ['ʃœslɪŋ] *(m; -s, -e)* ~ germoglio.
Schote ['ʃo:tə] *(f; -, -n)* **1** baccello. **2** *(fam)* storiella divertente.
Schotter ['ʃɔtɐ] *(m; -s, -)* **1** breccia, pietrisco (per asfalto). **2** ghiaia (di fiume).
schraffieren [ʃra'fi:rən] *(vt, hat)* ~ tratteggiare (con linee parallele) ♦ *Sprachinseln sind auf dieser Karte schraffiert* su questa carta le isole linguistiche sono tratteggiate.
schräg [ʃrɛ:k] *(agg)* **1** inclinato, sbieco ♦ *ein schräges Dach* un tetto inclinato. **2** obliquo, diagonale. **3** *(fam)* strambo. **4** *(avv)* di sbieco; obliquamente, in diagonale. ◆ **schräg laufend** († **schräglaufend**) obliquo, diagonale. ◆ **etwas schräg stellen** mettere qcs di sbieco; inclinare qcs.
schräglaufend ~ **schräg laufend** (vedi **schräg**).
Schräge ['ʃrɛ:gə] *(f; -, -n)* **1** inclinazione, obliquità. **2** superficie inclinata, parete inclinata.

Schramme [ˈʃramə] *(f; -, -n)* ~ graffio, scalfittura.
Schrank [ʃraŋk] *(m; -(e)s, Schränke)* ~ armadio ♦ *die Jacke hängt im Schrank* la giacca è appesa nell'armadio.
Schranke [-ə] *(f; -, -n)* **1** sbarra, barriera (di passaggio a livello e sim) ♦ *die Schranke öffnen, schließen* aprire, chiudere le sbarre. **2** *(fig)* barriera, muro; limite ♦ *Schranken errichten* erigere delle barriere ♦ *keine Schranken kennen* non conoscere limiti ♦ *die Schranken niederreißen* abbattere le barriere. ◆ **vor den Schranken erscheinen** comparire in tribunale. ◆ **jmdn in Schranken halten** *(fig)* tenere a freno qcn. ◆ **sich in Schranken halten** *(fig)* contenersi, moderarsi, frenarsi. ◆ **jmdn in die Schranken weisen** *(fig)* frenare qcn, richiamare all'ordine qcn.
schrankenlos [-ənˌlo:s] *(agg)* ~ *(fig)* illimitato, sconfinato.
Schraube [ˈʃraubə] *(f; -, -n)* **1** vite; bullone ♦ *eine Schraube anziehen, lockern* stringere, allentare una vite. **2** elica. ◆ **eine Schraube ohne Ende** *(fig)* una storia senza fine. ◆ **bei jmdm ist eine Schraube locker** *(fig/fam)* a qcn manca una rotella.
schrauben [-n] *(vt, hat)* ~ avvitare.
Schraubenzieher [-nˌtsi:ɐ] *(m; -s, -)* ~ cacciavite.
Schraubstock [ˈʃraupʃtɔk] *(m; -(e)s, -stöcke)* ~ morsa.
Schraubverschluss († **-verschluß**) [ˈʃraupfɛɐʃlʊs] *(m; -es, -schlüsse)* ~ chiusura a vite; tappo a vite.
Schrebergarten [ˈʃre:bɐˌgartən] *(m; -s, -gärten)* ~ piccolo orto, orticello (fuori città).
Schreck [ʃrɛk] *(m; -(e)s, -e)* ~ spavento, paura (improvvisa).
schrecken [-ən] *(vt, hat)* ~ *(lett)* spaventare, impaurire.
Schrecken *(m; -s, -)* **1** spavento, paura ♦ *einen Schrecken bekommen* prendersi uno spavento ♦ *jmdm einen Schrecken bereiten* spaventare qcn ♦ *vor Schrecken bleich sein* essere pallido per lo spavento. **2** *(pl) (lett)* orrore ♦ *die Schrecken des Krieges* gli orrori della guerra. **3** *(fig)* terrore, incubo (persona).
schreckenerregend [-ənˀɛɐˌre:gənt] *(agg)* ~ spaventoso.
Schreckgespenst [-gəʃpɛnst] *(m; -(e)s, -e)* ~ *(fig)* spettro, spauracchio.
schreckhaft [-ˌhaft] *(agg)* ~ pauroso, fifone.
schrecklich [-lɪç] *(agg)* **1** spaventoso, orribile, terribile. **2** *(fig/fam)* terribile, tremendo ♦ *eine schreckliche Reise* un viaggio terribile. **3** *(avv) (fam)* tremendamente, terribilmente; molto.
Schrei [ʃrai] *(m; -(e)s, -e)* ~ grido, urlo ♦ *ein Schrei der Freude, des Schmerzes* un grido di gioia, di dolore ♦ *einen Schrei ausstoßen* emettere un grido. ◆ **der letzte Schrei** *(fig/fam)* l'ultimo grido, l'ultima moda.
Schreibblock [ˈʃraipˌblɔk] *(m; -(e)s, -blöcke)* ~ blocco per scrivere.
Schreibe [ˈʃraibə] *(f; -, -n)* ~ *(fam)* stile, modo di scrivere.
schreiben [-n] *(vt/vi,* hat; **schrieb, geschrieben***)* **1** *(vt)* scrivere ♦ *ein Buch schreiben* scrivere un libro ♦ *jmdm einen Brief schreiben/einen Brief an jmdn schreiben* scrivere una lettera a qcn ♦ *ein Wort an die Tafel schreiben* scrivere una parola alla lavagna ♦ *sie hat mir geschrieben, dass sie nach Florenz kommt* mi ha scritto che viene a Firenze. **2** *(vi)* scrivere ♦ *das Kind kann nicht schreiben* il bambino non sa scrivere ♦ *mit der Hand schreiben* scrivere a mano ♦ *dieser Kuli schreibt gut* questa penna scrive bene. **3** {*an etwas* (Dat) ~} *(vi)* scrivere qcs, lavorare a qcs (di scritto) ♦ *an einem Referat schreiben* lavorare a una relazione. **4** *(vt)* avere, essere (data) ♦ *wir schreiben heute den 1. Januar* oggi è il primo gennaio. ◆ **sich schreiben** *(vr)* **1** {*sich mit jmdm* ~} *(fam)* scriversi con qcn, essere in corrispondenza con qcn. **2** *(fam)* scriversi, essere scritto ♦ *wie schreibt sich der Name?* come si scrive il nome?
Schreiben *(n; -s, -)* ~ missiva, lettera.
Schreibmaschine [ˈʃraipmaʃi:nə] *(f; -, -n)* ~ macchina da scrivere.
Schreibtisch [ˈʃraipˌtɪʃ] *(m; -es, -e)* ~ scrivania.
Schreibung [ˈʃraibʊŋ] *(f; -, -en)* ~ grafia (di una parola).

Schreibwaren [ˈʃraipˌvaːrən] *(pl)* ~ articoli di cartoleria, articoli di cancelleria.
Schreibwarenhändler [-ˌhɛndlɐ] *(m; -s, -; f -**in**)* ~ cartolaio.
Schreibwarenladen [-ˌlaːdən] *(m; -s, -läden)* ~ cartoleria.
Schreibweise [ˈʃraipˌvaizə] *(f; -, -n)* ***1*** grafia (di una parola). ***2*** stile (di scrittura).
schreien [ˈʃraiən] *(vi,* hat; **schrie, geschrie(e)n**) ***1*** gridare, urlare; strillare ♦ *vor Schmerz schreien* gridare di dolore. ***2*** gridare, chiamare ♦ *um Hilfe schreien* gridare aiuto. ***3*** piangere, strillare (bambini). ***4*** *(fig)* urlare, gridare, parlare ad alta voce. ***5*** bramire (cervo), strillare (scimmia), gridare (grossi uccelli). ***6*** *(vt)* urlare, gridare ♦ *jmdm etwas ins Gesicht schreien* urlare qcs in faccia a qcn. ***7*** {*nach jmdm/etwas* ~} chiedere (di) qcn/qcs gridando, chiamare qcn gridando. ◆ **sich heiser schreien** *(vr)* diventare roco a forza di gridare.
schreiend [-t] *(agg)* ***1*** *(fig)* stridente; vistoso ♦ *schreiende Farben* colori vistosi. ***2*** *(fig)* scandaloso.
Schrein [ʃrain] *(m; -(e)s, -e)* ***1*** *(lett)* stipo, scrigno. ***2*** reliquiario.
Schreiner [-ɐ] *(m; -s, -; f -**in**) (region)* ~ falegname.
schreiten [ˈʃraitən] *(vi,* ist; **schritt, geschritten**) ***1*** *(lett)* procedere, avanzare; incedere ♦ *feierlich schreiten* procedere solennemente. ***2*** {*zu etwas* ~} *(fig)* passare a qcs, procedere a qcs ♦ *zum Angriff schreiten* passare all'attacco ♦ *zur Wahl schreiten* procedere alla votazione.
schrie [ʃriː] ~ pret di **schreien**.
schrieb [-p] ~ pret di **schreiben**.
Schrieb *(m; -s, -e)* ~ cosa scritta male.
Schrift [ʃrɪft] *(f; -, -en)* ***1*** scrittura, caratteri, alfabeto ♦ *chinesische Schrift* scrittura cinese. ***2*** scrittura, calligrafia. ***3*** scritto, testo scritto. ◆ **die Heilige Schrift** *(relig)* la Sacra Scrittura.
Schriftdeutsch [-ˌdɔytʃ] *(n; -/-s)*, das **Schriftdeutsche** [-tʃə] *(n; -n)* ~ tedesco standard (scritto).
schriftlich [-lɪç] *(agg)* ***1*** scritto, per iscritto ♦ *schriftliche Prüfung* esame scritto. ***2*** *(avv)* per iscritto ♦ *etwas schriftlich festhalten* mettere qcs per iscritto.
Schriftsprache [-ʃpraːxə] *(f; -, -n)* ~ lingua scritta, lingua letteraria.
Schriftsteller [-ʃtɛlɐ] *(m; -s, -; f -**in**)* ~ scrittore.
schiftstellerisch [-ʃtɛlərɪʃ] *(agg)* ~ di scrittore, letterario.
Schriftstück [-ʃtʏk] *(n; -(e)s, -e)* ~ scritto, documento.
Schrifttum [-ˌtuːm] *(n; -s)* ~ letteratura, scritti (su un argomento).
schrill [ʃrɪl] *(agg)* ~ stridulo, acuto, penetrante.
Schrimp *(anche* **Shrimp**) [ʃrɪmp] *(m; -s, -s)* ~ *(zool)* gamberetto.
schritt [ʃrɪt] ~ pret di **schreiten**.
Schritt *(m; -(e)s, -e)* ***1*** passo ♦ *eilige Schritte* passi frettolosi ♦ *den Schritt beschleunigen, verlangsamen* accelerare, rallentare il passo ♦ *mit leisen Schritten* con passi silenziosi ♦ *die ersten Schritte machen/tun* muovere i primi passi ♦ *zwei Schritt vorgehen, zurücktreten* fare due passi avanti, indietro. ***2*** passo, andatura; passo cadenzato ♦ *im Schritt reiten* andare al passo (cavalcando). ***3*** passo, breve distanza ♦ *der Kiosk ist nur ein paar Schritte von hier entfernt* l'edicola è solo a pochi passi da qui. ***4*** *(fig)* passo, tappa ♦ *ein wichtiger Schritt zur Besserung* un passo importante verso il miglioramento. ***5*** *(fig)* passo, provvedimento ♦ *gegen etwas Schritte unternehmen* fare dei passi, prendere dei provvedimenti contro qcs. ◆ **Schritt fahren** procedere a passo d'uomo. ◆ **einen Schritt zu weit gehen** *(fig)* spingersi troppo avanti, passare il segno. ◆ **mit jmdm/etwas Schritt halten** *(fig)* stare al passo con qcn/qcs ♦ *mit der Zeit Schritt halten* stare al passo coi tempi. ◆ **einen guten Schritt am Leib haben** *(fam)* essere di passo svelto. ◆ **den ersten Schritt tun** *(fig)* fare il primo passo. ◆ **den zweiten Schritt vor dem ersten tun** *(fig)* mettere il carro davanti ai buoi. ◆ **auf Schritt und Tritt** a ogni passo, a ogni piè sospinto ♦ *jmdm auf Schritt und Tritt folgen* seguire qcn a ogni passo. ◆ **Schritt für Schritt** passo dopo passo, gradatamente. ◆ **Schritt um Schritt** sempre di più.

Schrittmacher [-ˌmaxɐ] *(m; -s, -)* **1** *(f* **-in***)* *(sport)* battistrada, lepre. **2** *(fig)* antesignano, precursore. **3** *(med)* pace-maker.

schrittweise [-ˌvaizə] *(avv)* **1** passo dopo passo, gradatamente, gradualmente. **2** *(agg)* graduale.

schroff [ʃrɔf] *(agg)* **1** ripido, scosceso, erto. **2** *(fig)* brusco, scortese. **3** *(fig)* brusco, repentino.

schröpfen [ˈʃrœpfən] *(vt, hat)* **1** *(med)* salassare, sottoporre a salasso. **2** *(fig)* salassare, spremere, spennare.

Schrot [ʃroːt] *(m/n; -(e)s, -e)* **1** cereali macinati grossolanamente. **2** pallini (di fucile). ◆ **von altem/echtem Schrot und Korn** *(fig)* di vecchio stampo, tutto d'un pezzo (persona).

schroten [-ən] *(vt, hat)* ~ macinare, triturare (grossolanamente).

Schrott [ʃrɔt] *(m; -(e)s, raro -e)* **1** ferraglia, rottami metallici. **2** *(fig/fam)* ciarpame, rottame. ◆ **ein Auto zu Schrott fahren** sfasciare una macchina (in un incidente).

schrubben [ˈʃrʊbən] *(vt, hat)* ~ sfregare, strofinare; pulire strofinando.

Schrubber [ˈʃrʊbɐ] *(m; -s, -)* ~ *(fam)* spazzolone.

Schrulle [ˈʃrʊlə] *(f; -, -n)* ~ grillo, capriccio, idea balzana.

schrumpfen [ˈʃrʊmpfən] *(vi, ist)* **1** ritirarsi, restringersi (tessuto). **2** avvizzire. **3** *(fig)* diminuire.

Schrunde [ˈʃrʊndə] *(f; -, -n)* ~ screpolatura, spaccatura (della pelle).

Schub [ʃuːp] *(m; -(e)s, Schübe)* **1** *(fis)* spinta. **2** mandata, infornata; ondata. **3** ondata, gruppo (di persone).

Schubfach [-ˌfax] *(n; -(e)s, -fächer)* ~ cassetto.

Schubkarre [-ˌkarə] *(f; -, -n)* ~ carriola.

Schubkarren [-ˌkarən] *(m; -s, -)* ~ carriola.

Schublade [-ˌlaːdə] *(f; -, -n)* ~ cassetto.

Schubs [-s] *(m; -es, -e)* ~ *(fam)* spinta.

schubsen [-sən] *(vt, hat)* ~ {*jmdn/etwas* ~} spingere qcn/qcs, dare una leggera spinta a qcn/qcs.

schubweise [-ˌvaizə] *(avv)* ~ a gruppi, a ondate.

schüchtern [ˈʃʏçtɐn] *(agg)* **1** timido, schivo. **2** *(fig)* timido ◆ *ein schüchterner Versuch* un timido tentativo.

Schüchternheit [-ˌhait] *(f; -)* ~ timidezza.

schuf [ʃuːf] ~ pret di **schaffen²**.

Schuft [ʃʊft] *(m; -(e)s, Schüfte)* ~ canaglia, furfante.

schuften [-ən] *(vi, hat)* ~ *(fam)* sgobbare, lavorare sodo.

Schuh [ʃuː] *(m; -(e)s, -e)* ~ scarpa, calzatura ◆ *bequeme, enge, orthopädische Schuhe* scarpe comode, strette, ortopediche ◆ *ein Paar Schuhe* un paio di scarpe ◆ *die Schuhe anziehen, ausziehen* mettersi, togliersi le scarpe. ◆ **jmdm etwas in die Schuhe schieben** *(fig/fam)* addossare a qcn la colpa di qcs.

Schuhband [-ˌbant] *(n; -(e)s, -bänder)* ~ laccio, stringa (da scarpe).

Schuhgeschäft [-gəʃɛft] *(n; -(e)s, -e)* ~ negozio di calzature.

Schuhgröße [-ˌgrøːsə] *(f; -, -n)* ~ numero di scarpe, numero di piede.

Schuhlöffel [-ˌlœfəl] *(m; -s, -)* ~ calzatoio.

Schuhmacher [-ˌmaxɐ] *(m; -s, -; f* **-in***)* ~ calzolaio, ciabattino.

Schuhputzer [-ˌpʊtsɐ] *(m; -s, -)* ~ lustrascarpe.

Schuhwerk [-ˌvɛrk] *(n; -(e)s)* ~ scarpe, calzature.

Schulabschluss († **-abschluß**) [ˈʃuːlˌˀapʃlʊs] *(m; -(e)s, -schlüsse)* ~ titolo di studio, grado d'istruzione.

Schulbank [ˈʃuːlˌbaŋk] *(f; -, -bänke)* ~ banco di scuola. ◆ **die Schulbank drücken** *(fig)* calcare i banchi, andare a scuola.

Schulbuch [ˈʃuːlˌbuːx] *(n; -(e)s, -bücher)* ~ libro scolastico, libro di testo.

Schulbus [ˈʃuːlˌbʊs] *(m; -ses, -se)* ~ scuolabus.

schuld [ʃʊlt] *(agg)* ~ (**an etwas**) (Dat) **schuld sein** essere colpevole (di qcs), avere la colpa (di qcs).

Schuld *(f; -, -en)* **1** debito ◆ *eine Schuld löschen/tilgen* estinguere un debito ◆ *eine Schuld eintragen/einziehen* riscuotere un debito ◆ *Schulden haben, machen* avere, fare debiti ◆ *bis über die Ohren in Schulden stecken (fig)* essere immerso nei debiti fino al collo. **2** *(solo sing)* colpa ◆ *die Schuld auf jmdn abwälzen/schieben* addossare la colpa a qcn ◆ *die Schuld auf sich* (Acc) *nehmen* prendere su di sé la colpa ◆ *jmdm die Schuld an etwas* (Dat) *geben* dare a qcn la colpa di qcs ♦ *die Schuld an etwas* (Dat) *tragen* avere la colpa di qcs ♦ *die Schuld fällt auf ihn* la colpa ricade su di lui. ***3*** *(dir)* colpa, colpevolezza ♦ *jmds Schuld beweisen* dimostrare la colpevolezza di qcn ♦ *seine Schuld abstreiten, eingestehen* negare, confessare la propria colpevolezza. ◆ **zu Schulden** vedi **zuschulden**.

schulden [ˈʃʊldən] *(vt,* hat*)* ~ {*jmdm etwas* ~} dovere qcs a qcn, essere debitore di qcs a qcn ♦ *sie schuldet ihm fünfzig Euro, ihr Leben* gli deve cinquanta euro, la vita.

Schuldgefühl [ˈʃʊltgəˌfyːl] *(n;* -(e)s, -e*)* ~ senso di colpa.

schuldig [ˈʃʊldɪç] *(agg)* ***1*** colpevole, reo *(anche dir)* ♦ *eines Mordes schuldig sein* essere colpevole di un omicidio ♦ *sich schuldig bekennen* confessarsi colpevole ♦ *sich schuldig an etwas* (Dat) *fühlen* sentirsi colpevole di qcs ♦ *sich einer Sache* (Gen) *schuldig machen* rendersi colpevole di qcs ♦ *wer ist der Schuldige?* chi è il colpevole? ***2*** debitore. ***3*** dovuto, debito ♦ *jmdn mit der schuldigen Achtung behandeln* trattare qcn con il dovuto rispetto. ◆ **jmdm etwas schuldig sein** essere debitore di qcs a qcn, dovere qcs a qcn ♦ *er ist mir eine große Summe, eine Antwort schuldig* mi deve una grossa somma, una risposta. ◆ **jmdn einer Tat schuldig sprechen** dichiarare qcn colpevole di un'azione.

Schuldigkeit [-ˌkait] *(f;* -*)* ~ dovere ♦ *seine Schuldigkeit tun* fare il proprio dovere.

schuldlos [ˈʃʊltˌloːs] *(agg)* ~ incolpevole, senza colpa, innocente.

Schuldner [ˈʃʊldnɐ] *(m;* -s, -; *f* **-in***)* ~ debitore.

Schule [ˈʃuːlə] *(f;* -, -n*)* ***1*** scuola ♦ *öffentliche, private Schule* scuola pubblica, privata ♦ *in die/zur Schule gehen* andare a scuola. ***2*** *(solo sing)* scuola, lezione ♦ *morgen fällt die Schule aus* domani non c'è scuola ♦ *die Schule schwänzen* marinare la scuola. ***3*** *(fig)* scuola, corrente (artistica). ◆ **Schule machen** *(fig)* fare scuola. ◆ **aus der Schule plaudern** *(fig)* stendere i panni in piazza.

schulen [-n] *(vt,* hat*)* ***1*** istruire. ***2*** esercitare ♦ *das Gedächtnis schulen* esercitare la memoria.

Schüler [ˈʃyːlɐ] *(m;* -s, -; *f* **-in***)* ***1*** scolaro, alunno, allievo (fino alle scuole superiori). ***2*** allievo, discepolo.

Schulfach [ˈʃuːlˌfax] *(n;* -(e)s, -fächer*)* ~ materia scolastica.

Schulferien [ˈʃuːlˌfeːrjən] *(pl)* ~ vacanze scolastiche.

Schulgeld [ˈʃuːlˌgɛlt] *(n;* -(e)s, -er*)* ~ tasse scolastiche.

schulisch [ˈʃuːlɪʃ] *(agg)* ~ scolastico, della scuola.

Schuljahr [ˈʃuːlˌjaːɐ] *(n;* -(e)s, -e*)* ~ anno scolastico.

Schulleiter [ˈʃuːlˌlaitɐ] *(m;* -s, -; *f* **-in***)* ~ preside, direttore della scuola.

Schulmeister [ˈʃuːlˌmaistɐ] *(m;* -s, -; *f* **-in***)* ~ pedante.

Schulpflicht [ˈʃuːlˌpflɪçt] *(f;* -*)* ~ obbligo scolastico, scuola dell'obbligo.

Schulranzen [ˈʃuːlˌrantsən] *(m;* -s, -*)* ~ zaino, cartella (per la scuola).

Schultag [ˈʃuːlˌtaːk] *(m;* -(e)s, -e*)* ~ giorno di scuola ♦ *mein erster Schultag* il mio primo giorno di scuola.

Schulter [ˈʃʊltɐ] *(f;* -, -n*)* ***1*** *(anat)* spalla ♦ *die Schultern heben* alzare le spalle ♦ *die Schultern einziehen* stringersi nelle spalle ♦ *die Schultern/mit den Schultern zucken* scrollare le spalle, fare spallucce. ***2*** spalla (di vestito; di animale). ◆ **Schulter an Schulter** spalla a spalla, fianco a fianco *(anche fig)*. ◆ **etwas auf die leichte Schulter nehmen** prendere qcs alla leggera. ◆ **jmdn über die Schulter ansehen** guardare qcn dall'alto in basso.

Schulterblatt [-ˌblat] *(n;* -(e)s, -blätter*)* ~ *(anat)* scapola.

Schulterhöhe [-ˌhøːə] *(f;* -*)* ~ altezza della spalla ♦ *in Schulterhöhe* all'altezza della spalla.

schultern [ˈʃʊltɐn] *(vt,* hat*)* ~ prendere sulle spalle, caricarsi in spalla, mettere in spalla ♦ *das Gewehr schultern* mettere in spalla il fucile.

Schulung [ˈʃuːlʊŋ] *(f;* -, -en*)* ~ formazione, istruzione, addestramento.

Schulwesen [ˈʃuːlˌveːzən] *(n;* -s*)* ~ scuola, sistema scolastico.

schummeln ['ʃʊməln] *(vi,* hat*)* ~ *(fam)* barare, imbrogliare.
Schund ['ʃʊnt] *(m;* -(e)s*)* ***1*** ciarpame, rifiuti. ***2*** libri (o film) da quattro soldi.
schunkeln ['ʃʊŋkəln] *(vi,* hat*)* ~ dondolarsi, ballare (tenendosi sottobraccio).
Schuppe ['ʃʊpə] *(f;* -, -n*)* ***1*** scaglia, squama (di pesce). ***2*** *(pl)* forfora.
Schuppen [-n] *(m;* -s, -*)* ~ rimessa, capannone.
schuppen *(vt,* hat*)* ~ squamare, togliere le squame. ◆ **sich schuppen** *(vr)* squamarsi.
schuppig ['ʃʊpɪç] *(agg)* ***1*** squamato, ricoperto di squame. ***2*** pieno di forfora.
Schur ['ʃuːɐ] *(f;* -, -en*)* ***1*** tosatura. ***2*** falciatura, taglio.
schüren ['ʃyːrən] *(vt,* hat*)* ***1*** attizzare (fuoco). ***2*** *(fig)* attizzare, alimentare (sentimenti).
schürfen ['ʃʏrfən] *(vt/vi,* hat*)* ***1*** {*sich* (Dat) *etwas* ~} *(vt)* graffiarsi qcs, sbucciarsi qcs ♦ *ich habe mir den Ellbogen geschürft* mi sono sbucciato il gomito. ***2*** {*auf/nach etwas* ~} *(vi)* saggiare il terreno in cerca di qcs (minerali) *(anche fig)*. ***3*** *(vt)* estrarre (minerali).
Schurke ['ʃʊrkə] *(m;* -n, -n*)* ~ canaglia.
Schurz [ʃʊrts] *(m;* -es, -e*)* ~ grembiule (da lavoro).
Schürze ['ʃʏrtsə] *(f;* -, -n*)* ~ grembiule (da cucina) ♦ *die Schürze anziehen, umbinden* mettersi, legarsi il grembiule.
schürzen [-n] *(vt,* hat*)* ~ *(lett)* sollevare, tirare su (gonna e sim). ◆ **die Lippen schürzen** arricciare le labbra.
Schuss († **Schuß**) [ʃʊs] *(m;* -es, Schüsse*)* ***1*** sparo, colpo (di arma da fuoco); tiro (con l'arco) ♦ *einen Schuss abgeben/abfeuern* far partire uno sparo ♦ *ein Schuss auf eine Zielscheibe* uno sparo contro un bersaglio ♦ *ein Schuss ins Herz* uno sparo al cuore ♦ *es fiel ein Schuss* ci fu uno sparo ♦ *der Schuss hat getroffen* lo sparo è andato a segno ♦ *auf den ersten Schuss treffen* far centro al primo colpo. ***2*** *(sport)* tiro (con la palla). ***3*** goccio, sorso, spruzzata; pizzico *(anche fig)*. ◆ **keinen Schuss Pulver wert sein** *(fig)* non valere un fico secco. ◆ **ein Schuss ins Schwarze** *(fig)* un colpo andato a segno. ◆ **ein Schuss in den Ofen** *(fig/fam)* un buco nell'acqua. ◆ **im/in Schuss** in ordine, a posto ♦ *etwas in Schuss halten* tenere qcs in ordine. ◆ **in Schuss kommen** ***1*** *(fam)* prendere velocità. ***2*** *(fig/fam)* cominciare. ***3*** *(fig/fam)* tornare a posto, tornare in ordine. ***4*** *(fig/fam)* rimettersi, guarire. ◆ **weit vom Schuss** ***1*** *(fig/fam)* a distanza di sicurezza, fuori tiro. ***2*** *(fig/fam)* fuori mano, lontano.
Schüssel ['ʃʏsəl] *(f;* -, -n*)* ***1*** scodella; ciotola; zuppiera. ***2*** catinella, bacinella.
schuss(e)lig ['ʃʊs(ə)lɪç] *(agg)* ~ sbadato.
Schusswaffe († **Schuß-**) ['ʃʊsˌvafə] *(f;* -, -n*)* ~ arma da fuoco.
Schusswunde († **Schuß-**) ['ʃʊsˌvʊndə] *(f;* -, -n*)* ~ ferita d'arma da fuoco.
Schuster ['ʃuːstɐ] *(m;* -s, -; *f* **-in***)* ~ calzolaio, ciabattino. ◆ **auf Schusters Rappen** *(fig/fam)* a piedi. ◆ **Schuster, bleib bei deinen Leisten** *(prov)* a ciascuno il suo mestiere.
Schutt [ʃʊt] *(m;* -(e)s*)* ***1*** calcinacci; macerie. ***2*** *(geol)* detriti. ◆ **etwas in Schutt und Asche legen** *(fig)* ridurre qcs in cenere. ◆ **in Schutt und Asche liegen** *(fig)* essere ridotto in cenere.
Schuttabladeplatz [-ˀaplaːdəˌplats] *(m;* -(e)s, -plätze*)* ~ discarica.
schütteln ['ʃʏtəln] *(vt,* hat*)* ***1*** {*jmdn/etwas* ~} scuotere, scrollare qcn/qcs ♦ *den Kopf schütteln* scuotere la testa ♦ *jmdn am Arm schütteln* scuotere qcn per il braccio. ***2*** scuotere, togliere scuotendo ♦ *die Krümel vom Tischtuch schütteln* scuotere le briciole dalla tovaglia. ***3*** {*es schüttelt jmdn*} *(impers)* rabbrividire, essere scosso dai brividi. ◆ **sich schütteln** *(vr)* ***1*** scuotersi. ***2*** essere scosso, rabbrividire. ◆ **sich vor Lachen schütteln** *(vr)* *(fig/fam)* ridere a crepapelle. ◆ **jmdm die Hand schütteln** stringere la mano a qcn.
schütten ['ʃʏtən] *(vt,* hat*)* ***1*** versare ♦ *Zucker in den Tee schütten* versare lo zucchero nel tè. ***2*** spandere, versare, rovesciare ♦ *ich habe Kaffee über das Buch geschüttet* ho versato il caffè sul libro. ***3*** *(v meteor)* *(fam)* piovere a catinelle.
schütter ['ʃʏtɐ] *(agg)* ~ rado, diradato.
Schutz [ʃʊts] *(m;* -es*)* ***1*** protezione, difesa, tutela ♦ *Schutz bieten, gewähren* offrire,

fornire protezione ♦ *Schutz finden* trovare protezione ♦ *bei jmdm Schutz vor jmdm/etwas suchen* cercare protezione da qcn/qcs presso qcn ♦ *unter jmds Schutz stehen* essere sotto la protezione di qcn ♦ *unter dem Schutz des Gesetzes* sotto la tutela della legge ♦ *unter Gottes Schutz* sotto la protezione divina. **2** protezione, riparo, rifugio ♦ *unter einem Baum Schutz suchen* cercare riparo sotto un albero ♦ *die Mauer bietet Schutz vor dem Wind/gegen den Wind* il muro offre riparo dal vento. **3** protezione, garanzia (di brevetto o sim). **4** difesa, tutela, salvaguardia. ◆ **jmdn (vor jmdm/gegen jmdn) in Schutz nehmen** prendere qcn sotto la propria protezione (contro qcn/qcs).

Schutz- *(nei composti)* ~ protettivo, di difesa ♦ *Schutzhelm* elmetto protettivo ♦ *Schutzwaffe* arma di difesa.

Schutzblech [-ˌblɛç] *(n; -(e)s, -e)* ~ parafango (di bicicletta e sim).

Schütze [ˈʃʏtsə] *(m; -n, -n; f* **Schützin***)* **1** tiratore. **2** arciere. **3** *(mil)* fuciliere. **4** *(astrol)* Sagittario.

schützen [-n] *(vt, hat)* **1** *{jmdn/etwas vor jmdm/etwas ~}* proteggere qcn/qcs da qcn/qcs, difendere qcn/qcs da qcn/qcs. **2** proteggere, tutelare (con brevetto o sim). **3** proteggere, difendere (natura e sim). ◆ **sich schützen** *(vr)* proteggersi, difendersi.

Schutzengel [ˈʃʊtsˌʔɛŋəl] *(m; -s, -)* ~ angelo custode.

Schützengraben [ˈʃʏtsənˌgraːbən] *(m; -s, -gräben)* ~ trincea.

Schutzgebiet [ˈʃʊtsgəˌbiːt] *(n; -(e)s, -e)* ~ area protetta, parco naturale.

Schutzgeld [ˈʃʊtsˌgɛlt] *(n; -(e)s)* ~ tangente, pizzo.

Schutzheilige(r) [ˈʃʊtsˌhailɪgə (-gɐ)] *(m/f; -n, -n)* ~ santo protettore, santo patrono.

Schutzherr [ˈʃʊtsˌhɛr] *(m; -n, -en)* ~ protettore.

Schützling [ˈʃʏtsˌlɪŋ] *(m; -(e)s, -e)* ~ protetto.

schutzlos [ˈʃʊtsˌloːs] *(agg)* ~ senza protezione, indifeso.

Schutzzollpolitik [ˈʃʊtstsɔlpoliˌtiːk] *(f; -)* ~ sistema protezionistico, protezionismo.

schwabbeln [ˈʃvabəln] *(vi, hat)* ~ *(fam)* tremolare (spec massa gelatinosa).

schwach [ʃvax] *(agg;* **schwächer**, **am schwächsten***)* **1** debole (fisicamente), indebolito, fiacco ♦ *ich fühle mich schwach* mi sento debole. **2** debole, gracile ♦ *ein schwaches Kind* un bambino debole. **3** delicato, cagionevole; malato ♦ *einen schwachen Magen haben* avere uno stomaco delicato ♦ *eine schwache Gesundheit* una salute cagionevole. **4** *(fig)* debole (di carattere) ♦ *ein schwacher Charakter* un carattere debole. **5** debole, poco resistente ♦ *ein schwacher Balken* una trave debole. **6** *(fig)* debole, scarso; misero, magro ♦ *eine schwache Hoffnung* una debole speranza ♦ *ein schwacher Trost* una magra consolazione. **7** *(fig)* scarso, debole (prestazioni e sim). **8** debole, flebile ♦ *eine schwache Stimme* una voce flebile. **9** *(econ)* debole, fiacco. **10** *(gramm)* debole ♦ *schwache Verben* verbi deboli. **11** *(avv)* debolmente *(anche fig)*. ◆ **schwache Seite** *(fig)* debole, punto debole ♦ *Pralinen sind ihre schwache Seite* ha un debole per i cioccolatini ♦ *Musik ist meine schwache Seite* la musica è il mio punto debole. ◆ **schwach auf den Beinen sein** reggersi a malapena in piedi. ◆ **schwach auf der Brust sein** **1** essere debole di petto. **2** *(fig/fam)* non avere il becco di un quattrino.

Schwäche [ˈʃvɛːçə] *(f; -, -n)* **1** debolezza. **2** *(fig)* debolezza (caratteriale); lato debole ♦ *ich kenne meine Schwächen* conosco le mie debolezze. ◆ **eine Schwäche für jmdn/etwas haben** avere un debole per qcn/qcs.

schwächen [-n] *(vt, hat)* **1** indebolire, debilitare. **2** *(fig)* indebolire; ridurre, diminuire ♦ *der Skandal hat sein Ansehen geschwächt* lo scandalo ha ridotto il suo prestigio.

Schwachheit [ˈʃvaxˌhait] *(f; -)* ~ debolezza (fisica).

Schwachkopf [ˈʃvaxˌkɔpf] *(m; -(e)s, -köpfe)* ~ scemo, cretino.

schwächlich [ˈʃvɛçlɪç] *(agg)* ~ deboluccio, cagionevole, delicato.

Schwächling [ˈʃvɛçlɪŋ] *(m; -(e)s, -e)* ~ debole, pappamolle.

Schwachsinn ['ʃvax,zɪn] *(m; -(e)s)* **1** *(med)* deficienza. **2** *(fam)* stupidaggini.
schwachsinnig [-ɪç] *(agg)* **1** *(med)* deficiente, minorato. **2** *(fam)* cretino, stupido.
Schwächung ['ʃvɛçʊŋ] *(f; -, -en)* ~ indebolimento *(anche fig)*.
Schwaden ['ʃva:dən] *(m; -s, -)* *(spec pl)* ~ nuvola (di fumo); banco (di nebbia).
schwafeln ['ʃva:fəln] *(vi, hat)* ~ *(fam)* parlare a vanvera.
Schwager ['ʃva:gɐ] *(m; -s, -; f* **Schwägerin***)* ~ cognato.
Schwalbe ['ʃvalbə] *(f; -, -n)* ~ *(zool)* rondine.
Schwall ['ʃval] *(m; -(e)s, -e)* ~ ondata, getto, fiotto. ◆ **ein Schwall von Worten** *(fig)* una fiumana di parole.
schwamm ['ʃvam] ~ pret di **schwimmen**.
Schwamm *(m; -(e)s, Schwämme)* **1** spugna *(anche zool)*. **2** *(fam)* muffa.
schwammig [-ɪç] *(agg)* **1** spugnoso. **2** gonfio, tumido; molle, molliccio.
Schwan [ʃva:n] *(m; -(e)s, Schwäne)* ~ *(zool)* cigno.
schwand [ʃvant] ~ pret di **schwinden**.
schwanen ['ʃva:nən] *(vi, hat)* ~ {*jmdm schwant etwas*} *(fam)* presentire, presagire.
Schwanengesang [-gə,zaŋ] *(m; -(e)s, -sänge)* ~ *(fig)* canto del cigno.
schwang [ʃvaŋ] ~ pret di **schwingen**.
Schwang *(m)* ~ **in Schwang kommen, sein** andare, essere in voga.
schwanger [-ɐ] *(agg)* ~ incinta ◆ *sie ist im fünften Monat schwanger* è incinta al quinto mese ◆ *sie ist mit ihrem zweiten Kind schwanger* è incinta del suo secondo figlio.
Schwangere [-ərə] *(f; -n, -n)* ~ gestante, donna incinta.
schwängern ['ʃvɛŋɐn] *(vt, hat)* ~ mettere incinta.
Schwangerschaft ['ʃvaŋɐʃaft] *(f; -, -en)* ~ gravidanza.
Schwangerschaftsabbruch ['ʃvaŋɐʃafts-,ʔapbrʊx] *(m; -(e)s, -brüche)* ~ interruzione volontaria di gravidanza.
Schwank [ʃvaŋk] *(m; -(e)s, Schwänke)* **1** farsa (teatrale), racconto farsesco. **2** aneddoto (divertente).
schwanken [-ən] *(vi, hat/ist)* **1** *(aux* hat*)* oscillare, ondeggiare, muoversi ◆ *die Rohre schwanken im Winde* le canne si muovono al vento. **2** *(aux* hat*)* tremare (terra). **3** *(aux* hat*)* barcollare, traballare. **4** *(fig)* *(aux* hat*)* oscillare, fluttuare, variare ◆ *die Preise schwanken* i prezzi oscillano. **5** *(fig)* *(aux* hat*)* tentennare, esitare. **6** *(aux* ist*)* barcollare, andare (barcollando).
schwankend [-ənt] *(agg)* **1** oscillante; barcollante, vacillante. **2** *(fig)* instabile, oscillante.
Schwankung [-ʊŋ] *(f; -, -en)* ~ *(fig)* oscillazione, fluttuazione, variazione.
Schwanz [ʃvants] *(m; -(e)s, Schwänze)* **1** coda ◆ *der Hund wedelt mit dem Schwanz* il cane scodinzola. **2** *(fig)* coda, parte posteriore, parte terminale ◆ *der Schwanz des Flugzeugs* la coda dell'aereo. **3** *(volg)* cazzo. ◆ **kein Schwanz** *(fam)* nessuno, nemmeno un cane. ◆ **den Schwanz einziehen** *(fig)* mettere la coda fra le gambe.
schwänzeln ['ʃvɛntsəln] *(vi, hat)* **1** scodinzolare. **2** *(aux* hat/ist*)* *(fig/fam)* sculettare, ancheggiare.
schwänzen ['ʃvɛntsən] *(vt, hat)* ~ *(fam)* saltare, marinare ◆ *die Schule schwänzen* marinare la scuola.
Schwapp [ʃvap] *(anche* **Schwaps***)* *(m; -(e)s, -e)* ~ *(fam)* tonfo (di acqua), ciaf.
schwappen [-ən] *(vi, ist/hat)* **1** *(aux* ist*)* traboccare ◆ *die Suppe ist über den Tellerrand geschwappt* la minestra è traboccata dal piatto. **2** *(aux* hat*)* sciabordare, sciaguattare.
Schwaps [-s] *(m; -es, -e)* ~ vedi **Schwapp**.
Schwarm [ʃvarm] *(m; -(e)s, Schwärme)* **1** sciame (d'insetti), stormo (di uccelli); banco (di pesci). **2** *(fig)* sciame, schiera, frotta. **3** *(fig/fam)* passione, amore (persona amata).
schwärmen ['ʃvɛrmən] *(vi, ist/hat)* **1** *(aux* ist*)* sciamare *(anche fig)*. **2** {*für jmdn/etwas ~*} *(aux* hat*)* avere una passione per qcn/qcs, andare matto per qcn/qcs. **3** {*von jmdm/etwas ~*} *(aux* hat*)* parlare entusiasticamente di qcn/qcs.
Schwärmer ['ʃvɛrmɐ] *(m; -s, -; f* **-in***)* ~ sognatore.
schwärmerisch ['ʃvɛrmərɪʃ] *(agg)* ~ entusiasta, appassionato.

Schwarte ['ʃvartə] *(f; -, -n)* ***1*** cotenna, cotica. ***2*** *(fig/fam)* librone.

schwarz [ʃvarts] *(agg;* **schwärzer, am schwärzesten***)* ***1*** nero ♦ *schwarze Augen* occhi neri ♦ *eine schwarze Katze* un gatto nero. ***2*** nero, cupo, scuro ♦ *schwarze Wolken* nubi nere. ***3*** nero, di colore ♦ *der schwarze Erdteil* il continente nero. ***4*** *(fig)* nero, cupo, fosco, pessimista ♦ *schwarze Gedanken* pensieri cupi ♦ *etwas in schwarzen Farben schildern* rappresentare qcs a tinte fosche. ***5*** *(fig)* nero, clandestino ♦ *schwarzer Markt* mercato nero. ***6*** *(avv)* in nero, di nero ♦ *sich schwarz kleiden* vestirsi di nero (in segno di lutto). ***7*** *(avv) (fig)* al nero, clandestinamente. ◆ **auf der schwarzen Liste stehen** *(fig)* essere nella lista nera. ◆ **das schwarze Schaf in der Familie sein** *(fig)* essere la pecora nera della famiglia. ◆ **schwarz sehen** († **schwarzsehen**) vedere tutto nero. ◆ **jmdm wird schwarz vor den Augen** a qcn si annebbia la vista, qcn si sente svenire. ◆ **schwarz auf weiß** *(fig/fam)* nero su bianco.

Schwarz *(n; -)* ***1*** nero, colore nero ♦ *in Schwarz gekleidet sein* essere vestito di nero. ***2*** nero (a carte, scacchi, ecc).

Schwarzarbeit [-ˌʔarbait] *(f; -, -en)* ~ lavoro nero.

schwarz|arbeiten *(vi,* hat*)* ~ lavorare in nero.

Schwarzbrot [-ˌbroːt] *(n;* (e)s, -e*)* ~ pane nero, pane di segale.

Schwarzdrossel [-ˌdrɔsəl] *(f; -, -n)* ~ *(zool)* merlo.

Schwarze [-ə] *(n; -n)* ~ centro (del bersaglio). ◆ **ins Schwarze treffen** fare centro *(anche fig)*.

Schwarze(r) [-ə (-ɐ)] *(m/f; -n, -n)* ~ nero, di colore.

Schwärze ['ʃvɛrtsə] *(f; -, -n)* ***1*** *(solo sing)* nero, colore nero, l'essere nero. ***2*** nerofumo.

schwarz|fahren *(vi,* ist; *irr* fahren*)* ***1*** guidare senza patente. ***2*** viaggiare senza biglietto.

Schwarzfahrer ['ʃvartsˌfaːrɐ] *(m; -s, -; f* **-in***)* ***1*** chi guida senza patente. ***2*** chi viaggia senza biglietto.

Schwarzhandel ['ʃvartsˌhandəl] *(m; -s)* ~ commercio clandestino, mercato nero.

schwärzlich ['ʃvɛrtslɪç] *(agg)* ~ nerastro.

Schwarzmarkt ['ʃvartsˌmarkt] *(m; -(e)s)* ~ mercato nero.

schwarz|sehen *(vi,* hat; *irr* sehen*)* ~ *(fam)* non pagare il canone tv. ◆ **schwarz sehen** vedi **schwarz**.

Schwarzsender ['ʃvartsˌzɛndɐ] *(m; -s, -)* ~ emittente clandestina.

schwarzweiß, **schwarz-weiß** ['ʃvartsˌvais] *(agg/avv)* ~ bianco e nero, in bianco e nero.

Schwarzweißfernseher [-ˌfɛrnzeːɐ] *(m; -s, -)* ~ televisore in bianco e nero.

Schwarzweißfilm [-ˌfɪlm] *(m; -(e)s, -e)* ~ pellicola, film in bianco e nero.

schwätzen ['ʃvɛtsən] *(vi/vt,* hat*) (region)* ***1*** *(vi)* parlare, chiacchierare. ***2*** *(vt)* dire, raccontare.

Schwebe ['ʃveːbə] *(f)* ~ **in der Schwebe** ***1*** in equilibrio ♦ *sich in der Schwebe halten* tenersi in equilibrio. ***2*** *(fig)* in sospeso ♦ *etwas in der Schwebe lassen* lasciare qcs in sospeso.

schweben [-n] *(vi,* ist/hat*)* ***1*** *(aux* hat*)* essere sospeso ♦ *über einem Abgrund schweben* essere sospeso sopra un abisso. ***2*** *(aux* ist/hat*)* volare, librarsi, fluttuare. ***3*** *(fig)* essere in sospeso. ◆ **in Gefahr schweben** essere in pericolo.

schwebend [-nt] *(agg)* ~ *(fig)* in sospeso, pendente.

Schwefel ['ʃveːfəl] *(m; -s)* ~ *(chim)* zolfo.

schwefelhaltig [-ˌhaltiç] *(agg)* ~ solforoso, sulfureo, contenente zolfo.

schwef(e)lig ['ʃveːf(ə)lɪç] *(agg)* ~ solforoso, sulfureo.

schweigen ['ʃvaigən] *(vi,* hat; **schwieg, geschwiegen***)* ***1*** tacere ♦ *auf eine Frage schweigen* tacere a una domanda. ***2*** {*über etwas* (Acc)/*von etwas* ~} tacere su qcs, passare sotto silenzio qcs. ◆ **ganz zu schweigen von** per non parlare di ♦ *das Essen war schlecht, ganz zu schweigen von der Bedienung* il cibo era cattivo, per non parlare del servizio.

Schweigen *(n; -s)* ~ silenzio ♦ *es herrscht tiefes Schweigen* regna un grande silenzio. ◆ **jmdn zum Schweigen bringen** ridurre qcn al silenzio.

schweigend [-t] *(agg)* ***1*** silenzioso, muto. ***2*** *(avv)* in silenzio, senza parlare.
schweigsam ['ʃvaik,zaːm] *(agg)* ~ silenzioso, taciturno.
Schwein [ʃvain] *(n; -(e)s, -e)* ***1*** maiale, porco, suino. ***2*** maiale, carne di maiale. ***3*** *(fig/volg)* maiale, porco, sporcaccione. ◆ **kein Schwein** *(fam)* nessuno, nemmeno un cane. ◆ **Schwein haben** *(fam)* avere culo, avere fortuna.
Schweinefleisch [-ə,flaiʃ] *(n; -es)* ~ maiale, carne di maiale.
Schweinerei [-ə'rai] *(f; -, -en)* ~ *(volg)* porcheria, porcata.
Schweinestall [-əʃtal] *(m; -(e)s, -ställe)* ~ porcile.
schweinisch [-ɪʃ] *(agg)* ***1*** *(fam)* sporco, sudicio. ***2*** *(fam)* sconcio.
Schweiß [ʃvais] *(m; -es)* ***1*** sudore ♦ *sich* (Dat) *den Schweiß trocknen* asciugarsi il sudore ♦ *in Schweiß gebadet sein* essere in un bagno di sudore. ***2*** *(fig)* fatica, sudore.
schweißbedeckt [-bə,dɛkt] *(agg)* ~ sudato, madido di sudore.
schweißen [-ən] *(vt, hat)* ~ saldare (metalli).
schweißgebadet [-gə,baːdət] *(agg)* ~ sudato, in un bagno di sudore.
Schweizer ['ʃvaitsɐ] *(agg indecl)* ~ **Schweizer Franken** *(abbrev* **sfr.**, **sFr.***)* Franco svizzero.
schweizerisch ['ʃvaitsərɪʃ] *(agg)* ~ **Schweizerische Bundesbahnen** *(abbrev* **SBB***)* Ferrovie Federali Svizzere.
schwelen ['ʃveːlən] *(vi, hat)* ***1*** bruciare lentamente, bruciare senza fiamma. ***2*** *(fig)* covare (sotto la cenere).
schwelgen ['ʃvɛlgən] *(vi, hat)* ***1*** gozzovigliare, straviziare. ***2*** {*in etwas* (Dat) ~} *(fig/lett)* bearsi, cullarsi, deliziarsi, crogiolarsi con qcs ♦ *in Erinnerungen schwelgen* cullarsi nei ricordi.
Schwelle ['ʃvɛlə] *(f; -, -n)* ***1*** soglia ♦ *auf der Schwelle stehen bleiben* fermarsi sulla soglia ♦ *über die Schwelle treten* oltrepassare la soglia. ***2*** *(fig/lett)* soglia, inizio; orlo ♦ *an der Schwelle des Jahrhunderts* all'inizio del secolo ♦ *auf der Schwelle zum Konkurs stehen* essere sull'orlo della bancarotta.
schwellen[1] [-n] *(vi, ist; er* **schwillt**, **schwoll**, **geschwollen***)* ***1*** gonfiarsi. ***2*** *(fig/lett)* gonfiarsi, crescere.
schwellen[2] *(vt, hat)* ~ *(lett)* gonfiare.
Schwellung ['ʃvɛlʊŋ] *(f; -, -en)* ~ gonfiore, rigonfiamento.
schwemmen ['ʃvɛmən] *(vt, hat)* ~ trascinare, portare (corrente).
Schwengel ['ʃvɛŋəl] *(m; -s, -)* ***1*** batacchio. ***2*** manico, braccio (della pompa).
schwenken[1] ['ʃvɛŋkən] *(vi, ist)* ~ voltare, svoltare, girare ♦ *nach links schwenken* svoltare a sinistra ♦ *um die Ecke schwenken* svoltare l'angolo.
schwenken[2] *(vt, hat)* ***1*** sventolare. ***2*** sciacquare (stoviglie). ***3*** girare (in un'altra direzione), rigirare, rivoltare.
Schwenkung ['ʃvɛŋkʊŋ] *(f; -, -en)* ~ svolta *(anche fig)*.
schwer[1] [ʃveːɐ] *(agg)* ***1*** pesante ♦ *eine schwere Kiste* una cassa pesante ♦ *ein schwer zu tragender Koffer* una valigia pesante da portare ♦ *die Last ist hundert Kilo schwer* il carico pesa cento chili ♦ *wie schwer ist das Gepäck?* quanto pesa il bagaglio? ***2*** carico, appesantito ♦ *die Zweige sind schwer von Früchten* i rami sono carichi di frutti. ***3*** *(fig)* pesante, stanco (membra). ***4*** pesante, massiccio, imponente. ***5*** *(fig)* pesante, goffo ♦ *ein schwerer Gang* un'andatura pesante ♦ *eine schwere Hand haben* avere la mano pesante. ***6*** *(fig)* pesante, duro, faticoso, difficile ♦ *eine schwere Arbeit* un lavoro pesante ♦ *ein schweres Leben* una vita dura. ***7*** *(fig)* difficile, complicato ♦ *eine schwere Aufgabe* un compito difficile. ***8*** *(fig)* duro, grande, forte ♦ *eine schwere Enttäuschung* una grande delusione ♦ *das war ein schwerer Schlag für ihn* è stato un duro colpo per lui. ***9*** pesante, indigesto ♦ *die Sahne liegt mir schwer im Magen* la panna mi rimane indigesta. ***10*** forte, intenso, violento ♦ *ein schwerer Sturm* una violenta tempesta. ***11*** pesante (sonno). ***12*** *(fig)* grave, serio (azione, malattia, ecc). ***13*** duro, severo (punizione). ***14*** *(mil)* pesante (armi e sim). ◆ **schweren Herzens** a malincuore. ◆ **schwer von Begriff sein** *(fig/fam)* essere duro di comprendonio. ◆ **aller Anfang**

ist schwer *(prov)* gli inizi sono sempre difficili.

schwer² *(avv)* ***1*** pesantemente. ***2*** *(fig)* duramente, faticosamente ♦ *schwer arbeiten* lavorare duramente. ***3*** *(fig)* difficilmente, con difficoltà, a stento ♦ *das kann ich nur schwer verstehen* questo riesco a comprenderlo solo a stento. ***4*** *(fig)* gravemente ♦ *schwer verletzt* († *schwerverletzt*) gravemente ferito ♦ *die schwer Verletzten* (anche *Schwerverletzten*) i feriti gravi. ◆ **schwer behindert** († **schwerbehindert**) invalido (oltre il 50%). ◆ **schwer beladen** († **schwerbeladen**) sovraccarico, stracarico. ◆ **(jmdm) schwer fallen** († **schwerfallen**) ***1*** essere difficile (per qcn), riuscire difficile (a qcn) ♦ *diese Aufgabe fällt ihm schwer* questo compito gli riesce difficile. ***2*** *(fig)* pesare, dispiacere (a qcn) ♦ *es fiel mir schwer, ihm das zu verbieten* mi è dispiaciuto proibirglielo. ◆ **schwer hören** essere duro d'orecchi, sentirci male. ◆ **etwas schwer nehmen** († **schwernehmen**) prendersela per qcs, dare troppo peso a qcs ♦ *nimm es nicht so schwer!* non darci troppo peso!

schwerbehindert ~ **schwer behindert** (vedi **schwer²**).

Schwerbehinderte(r) [-bəˌhɪndɐtə (-tɐ)] *(m/f; -n, -n)* ~ invalido (con invalidità oltre il 50%).

schwerbeladen ~ **schwer beladen** (vedi **schwer²**).

Schwere [ˈʃveːrə] *(f; -, -n)* ***1*** pesantezza, peso. ***2*** *(fig)* difficoltà. ***3*** *(fig)* forza, intensità. ***4*** *(fig)* durezza, severità. ***5*** *(fig)* serietà, gravità.

schwerfallen ~ **schwer fallen** (vedi **schwer²**).

schwerfällig [ˈʃveːɐˌfɛlɪç] *(agg)* ~ goffo, maldestro, pesante.

Schwergewicht [ˈʃveːɐgəˌvɪçt] *(n; -(e)s, -e)* ***1*** *(sport)* peso massimo. ***2*** *(fig)* importanza, peso.

Schwergewichtler [-lɐ] *(m; -s, -; f* **-in***)* ~ *(sport)* peso massimo.

schwerhörig [ˈʃveːɐˌhøːrɪç] *(agg)* ~ duro d'orecchio, sordo.

Schwerindustrie [ˈʃveːɐʔɪndʊsˌtriː] *(f; -, -n)* ~ industria pesante.

Schwerkraft [ˈʃveːɐˌkraft] *(f; -)* ~ *(fis)* forza di gravità ♦ *das Gesetz der Schwerkraft* la legge (della forza) di gravità.

Schwerkranke(r) [ˈʃveːɐˌkraŋkə (-kɐ)] *(m/f; -n, -n)* ~ malato grave.

schwerlich [ˈʃveːɐlɪç] *(avv)* ~ appena, a malapena, a stento.

Schwermut [ˈʃveːɐˌmuːt] *(f; -)* ~ malinconia, abbattimento.

schwermütig [ˈʃveːɐˌmyːtɪç] *(agg)* ~ malinconico, abbattuto.

schwernehmen ~ **schwer nehmen** (vedi **schwer²**).

Schwerpunkt [ˈʃveːɐˌpʊŋkt] *(m; -(e)s, -e)* ***1*** *(fis)* baricentro. ***2*** *(fig)* accento, punto chiave.

Schwert [ˈʃveːɐt] *(n; -(e)s, -er)* ***1*** spada ♦ *das Schwert ziehen* sguainare la spada. ***2*** *(naut)* deriva. ◆ **ein zweischneidiges Schwert** *(fig)* un'arma a doppio taglio.

Schwertfisch [-ˌfɪʃ] *(m; es, -e)* ~ *(zool)* pesce spada.

Schwertlilie [-ˌliːljə] *(f; -, -n)* ~ *(bot)* giaggiolo, iris.

Schwertwal [-ˌvaːl] *(m; -(e)s, -e)* ~ *(zool)* orca.

schwerverletzt ~ **schwer verletzt** (vedi **schwer² *4***).

Schwerverletzte(r) [ˈʃveːɐfɛɐˌlɛtstə (-tsɐ)] *(m/f; -n, -n)* ~ ferito grave.

schwerwiegend [ˈʃveːɐˌviːgənt] *(agg)* ~ grave, serio ♦ *schwerwiegende Gründe* motivi seri.

Schwester [ˈʃvɛstɐ] *(f; -, -n)* ***1*** sorella. ***2*** infermiera. ***3*** *(relig)* suora, monaca, sorella.

schwieg [ʃviːk] ~ pret di **schweigen**.

Schwiegereltern [ˈʃviːgɐˌʔɛltɐn] *(pl)* ~ suoceri.

Schwiegermutter [ˈʃviːgɐˌmʊtɐ] *(f; -, -mütter)* ~ suocera.

Schwiegersohn [ˈʃviːgɐˌzoːn] *(m; -(e)s, -söhne)* ~ genero.

Schwiegertochter [ˈʃviːgɐˌtɔxtɐ] *(f; -, -töchter)* ~ nuora.

Schwiegervater [ˈʃviːgɐˌfaːtɐ] *(m; -s, -väter)* ~ suocero.

Schwiele [ˈʃviːlə] *(f; -, -n)* ~ callo, callosità ♦ *Schwielen an den Händen haben* avere i calli alle mani.

schwielig [ˈʃviːlɪç] *(agg)* ~ calloso ♦ *schwielige Hände* mani callose.

schwierig [ˈʃviːrɪç] *(agg)* ~ difficile, complicato, problematico ♦ *eine schwierige Aufgabe* un compito difficile ♦ *eine schwierig zu lösende Aufgabe* un compito difficile da risolvere ♦ *eine schwierige Situation* una situazione complicata.

Schwierigkeit [-ˌkait] *(f; -, -en)* ***1*** difficoltà, problema ♦ *finanzielle Schwierigkeiten* difficoltà finanziarie. ***2*** difficoltà, ostacolo ♦ *jmdm Schwierigkeiten bereiten* creare difficoltà a qcn ♦ *jmdn in Schwierigkeiten bringen* mettere qcn in difficoltà ♦ *in Schwierigkeiten kommen* avere delle difficoltà.

Schwimmbad [ˈʃvɪmˌbaːt] *(n; -(e)s, -bäder)* ~ piscina (impianto) ♦ *ins Schwimmbad gehen* andare in piscina.

Schwimmbecken [ˈʃvɪmˌbɛkən] *(n; -s, -)* ~ piscina, vasca.

Schwimmeister ~ vedi **Schwimmmeister**.

schwimmen [ˈʃvɪmən] *(vi,* ist/hat; **schwamm**, **geschwommen***)* ***1*** *(aux* ist*)* nuotare ♦ *wir sind bis ans Ufer geschwommen* abbiamo nuotato fino a riva, abbiamo raggiunto la riva a nuoto. ***2*** *(aux* hat*)* nuotare; fare il bagno ♦ *kannst du schwimmen?* sai nuotare? ♦ *wir haben zwei Stunden im Schwimmbad geschwommen* abbiamo nuotato due ore in piscina. ***3*** galleggiare ♦ *ein Brett schwimmt auf dem Teich* un'asse galleggia sul laghetto ♦ *ein Haar schwimmt in der Suppe* c'è un capello nella minestra. ***4*** *(vi/vt) (aux* hat/ist*) (sport)* nuotare, percorrere nuotando ♦ *die hundert Meter schwimmen* nuotare i cento metri ♦ *einen Rekord schwimmen* stabilire un record (di nuoto). ***5*** *(aux* hat*)* essere inondato, essere allagato. ***6*** {*in etwas* (Dat) ~} *(fig/fam)* nuotare in qcs, sguazzare in qcs. ***7*** *(fig/fam)* annaspare; impappinarsi. ◆ **auf dem Rücken, im Schmetterlingsstil schwimmen** nuotare a dorso, a farfalla. ◆ **wie ein Fisch schwimmen** *(fig)* nuotare come un pesce. ◆ **in Tränen schwimmen** *(fig)* piangere a dirotto.

Schwimmer [ˈʃvɪmɐ] *(m; -s, -)* ***1*** *(f* **-in***)* nuotatore. ***2*** galleggiante.

Schwimmflosse [ˈʃvɪmˌflɔsə] *(f; -, -n)* ~ pinna (per nuotare).

Schwimmgürtel [ˈʃvɪmˌgʏrtəl] *(m; -s, -)* ~ cintura di salvataggio, salvagente.

Schwimmhalle [ˈʃvɪmˌhalə] *(f; -, -n)* ~ piscina (coperta).

Schwimmmeister, **Schwimm-Meister** († **Schwimmeister**) [ˈʃvɪmˌmaistɐ] *(m; -s, -; f* **-in***)* ~ bagnino.

Schwimmsport [ˈʃvɪmʃpɔrt] *(m; -(e)s)* ~ nuoto.

Schwindel [ˈʃvɪndəl] *(m; -s)* ***1*** capogiro, giramento di testa; vertigini ♦ *Schwindel bekommen, haben* avere un capogiro ♦ *an Schwindel leiden* soffrire di vertigini. ***2*** imbroglio, bidone, truffa ♦ *das ist Schwindel!* questo è un imbroglio! ***3*** *(fam)* roba.

schwindelig [-ɪç] ~ vedi **schwindlig**.

schwindeln[1] [-n] *(vi/vt,* hat*)* ***1*** *(vi)* imbrogliare, barare. ***2*** {*etwas* ~} *(vt) (fam)* inventare qcs, raccontare qcs (di falso).

schwindeln[2] *(impers,* hat*)* ~ {*es schwindelt jmdm/jmdn*} a qcn gira la testa; avere un capogiro, avere le vertigini ♦ *mir/mich schwindelt es* mi gira la testa/ho le vertigini.

schwinden [ˈʃvɪndən] *(vi,* ist; **schwand**, **geschwunden***)* ***1*** *(lett)* diminuire, calare; affievolirsi *(anche fig)*. ***2*** *(lett)* scomparire.

Schwindler [ˈʃvɪndlɐ] *(m; -s, -; f* **-in***)* ~ imbroglione.

schwindlig [ˈʃvɪndlɪç] *(anche* **schwindelig***) (agg)* ~ **jmdm ist schwindlig** a qcn gira la testa; qcn ha le vertigini. ◆ **jmdm wird schwindlig** a qcn gira la testa; a qcn vengono le vertigini.

Schwinge [ˈʃvɪŋə] *(f; -, -n)* ~ *(lett)* ala (di uccello).

schwingen[1] [-n] *(vi,* ist; **schwang**, **geschwungen***)* ***1*** oscillare, dondolare ♦ *das Pendel schwingt* il pendolo oscilla. ***2*** vibrare, oscillare. ***3*** *(lett)* vibrare, risuonare. ***4*** *(fig)* trasparire, trapelare.

schwingen[2] *(vt,* hat; **schwang**, **geschwungen***)* ***1*** agitare, alzare (in un ampio arco) ♦ *eine Fahne schwingen* agitare una bandiera. ***2*** sventolare. ***3*** brandire. ◆ **sich schwingen** *(vr)* ***1*** saltare, balzare ♦ *sich in den Sattel schwingen* balzare in sella. ***2*** *(lett)* formare un arco, inarcarsi.

Schwingung [ˈʃvɪŋʊŋ] *(f; -, -en)* ***1*** oscillazione; vibrazione. ***2*** *(fig)* vibrazione, moto ♦ *die Schwingungen der Seele* i moti dell'anima. ◆ **etwas in Schwingung versetzen** far oscillare, far vibrare qcs.

Schwips ['ʃvɪps] *(m; -es, -e)* ~ *(fam)* sbornia (leggera).

schwirren ['ʃvɪrən] *(vi, ist)* ***1*** svolazzare, frullare ♦ *Nachtfalter schwirren um die Lampe* le falene svolazzano intorno alla lampada. ***2*** sibilare (pallottole e sim). ***3*** *(fig)* passare, frullare ♦ *jmdm durch den Kopf schwirren* frullare per la testa a qcn (idee e sim). ◆ **jmdm schwirrt der Kopf** *(aux* hat*)* a qcn ronza la testa.

schwitzen ['ʃvɪtsən] *(vi, hat)* ***1*** sudare ♦ *am ganzen Körper schwitzen* sudare in tutto il corpo. ***2*** trasudare *(anche vt)*. ***3*** appannarsi. ◆ **Blut** (**und Wasser**) **schwitzen** *(fig)* sudar sangue.

schwoll [ʃvɔl] ~ pret di **schwellen**.

schwor ['ʃvoːɐ] ~ pret di **schwören**.

schwören ['ʃvøːrən] *(vi/vt, hat;* **schwor/schwur, geschworen***)* ***1*** {*(auf jmdn/etwas)* ~}, {*(bei jmdm/etwas)* ~} *(vi)* giurare (su qcn/qcs) ♦ *auf die Bibel, bei Gott schwören* giurare sulla Bibbia, su Dio ♦ *vor Gericht schwören* giurare davanti alla corte. ***2*** {*jmdm etwas* ~} *(vt)* giurare qcs a qcn, promettere qcs a qcn ♦ *jmdm ewige Treue schwören* giurare eterna fedeltà a qcn. ***3*** *(vt)* giurare, garantire ♦ *ich schwöre dir, dass* ti giuro che. ***4*** {*auf jmdn/etwas* ~} *(vi) (fig/fam)* mettere la mano sul fuoco per qcn/su qcs. ◆ **einen Eid schwören** prestare giuramento. ◆ **falsch schwören** giurare il falso, spergiurare.

schwul [ʃvuːl] *(agg)* ~ *(fam)* gay, omosessuale.

schwül [ʃvyːl] *(agg)* ***1*** afoso, soffocante. ***2*** *(fig)* soffocante, opprimente.

Schwüle [-ə] *(f; -)* ~ afa, pesantezza (dell'aria).

Schwulst [ʃvʊlst] *(f; -)* ***1*** ampollosità. ***2*** sfarzo (eccessivo), sontuosità.

schwulstig [-ɪç] *(agg)* ***1*** gonfio, ingrossato, tumefatto. ***2*** vedi **schwülstig**.

schwülstig ['ʃvʏlstɪç] *(agg)* ***1*** ampolloso. ***2*** sfarzoso, sontuoso.

Schwund [ʃvʊnt] *(m; -(e)s)* ***1*** diminuzione, calo. ***2*** *(med)* atrofia.

Schwung [ʃvʊŋ] *(m; -(e)s, Schwünge)* ***1*** *(solo sing)* slancio, spinta ♦ *Schwung nehmen* prendere lo slancio. ***2*** *(fig)* slancio, entusiasmo, brio. ***3*** *(solo sing)* oscillazione. ***4*** virata, mossa (che descrive un arco). ***5*** arco, linea arcuata. ***6*** *(fam)* mucchio, grande quantità. ◆ **jmdn in Schwung bringen** *(fig)* stimolare qcn, dare la carica a qcn. ◆ **etwas in Schwung bringen** *(fig)* dare impulso, dare slancio a qcs. ◆ **in Schwung geraten** *(fig)* avviarsi, mettersi in moto.

schwunghaft [-ˌhaft] *(agg)* ***1*** energico, pieno di slancio. ***2*** *(fig)* dinamico, vivace, pieno di slancio.

schwungvoll [-ˌfɔl] *(agg)* ~ pieno di slancio, vivace, dinamico.

schwur ['ʃvuːɐ] ~ pret di **schwören**.

Schwur *(m; -(e)s, Schwüre)* ~ giuramento ♦ *einen Schwur leisten, verletzen* prestare, violare un giuramento.

Score [skɔː] *(m; -s, -s)* ~ *(sport)* punteggio.

sechs [zɛks] *(num)* ~ sei.

Sechs *(f; -, -en)* ***1*** sei, numero sei. ***2*** *(fam)* sei, bus numero sei. ***3*** gravemente insufficiente, quattro (voto).

Sechseck [-ˌʔɛk] *(n; -(e)s, -e)* ~ *(geom)* esagono.

Sechser [-ɐ] *(m; -s, -)* ~ sei (al lotto).

sechshundert [-'hʊndɐt] *(num)* ~ seicento.

sechstausend [-'tauzənt] *(num)* ~ seimila.

sechstel ['zɛkstəl] *(num)* ~ un sesto ♦ *ein sechstel Liter* un sesto di litro.

Sechstel *(n; -s, -)* ~ sesto, sesta parte.

sechstellig [-ɪç] *(agg)* ~ a sei cifre, a cinque zeri.

sechzehn ['zɛçˌtseːn] *(num)* ~ sedici.

sechzehnhundert [-'hʊndɐt] *(num)* ~ milleseicento.

sechzehnjährig [-jɛːrɪç] *(agg)* ~ sedicenne.

sechzig ['zɛçtsɪç] *(num)* ~ sessanta.

sechziger ['zɛçtsɪgɐ] *(agg indecl)* ~ sessanta ♦ *die sechziger Jahre* gli anni sessanta.

Sechziger *(m; -s, -; f* **-in***)* ~ sessantenne.

Sechzigerjahre [-jaːrə] *(pl)* ~ anni sessanta.

See[1] [zeː] *(m; -s, -n)* ~ lago.

See[2] *(f; -, -n)* ~ mare ♦ *an die See fahren* andare al mare ♦ *auf hoher See* in alto mare. ◆ **Handel zur See** commercio marittimo. ◆ **zur See** *(mil)* di marina, di vascello ♦ *Leutnant zur See* sottotenente di vascello. ◆ **zur See fahren** essere in marina, essere marinaio. ◆ **zur See gehen** entrare in marina, diventare marinaio.

See- *(nei composti)* ~ marino ♦ *Seevogel* uccello marino.

Seebeben [-ˌbeːbən] *(n; -s, -)* ~ maremoto.

Seeelefant *(anche* **See-Elefant***)* [-ˀeleˌfant] *(m; -en, -en)* ~ *(zool)* elefante marino.

Seefahrer [-ˌfaːrɐ] *(m; -s, -)* ~ navigatore, navigante.

Seefahrt [-ˌfaːɐt] *(f; -, -en)* ***1*** navigazione (marittima). ***2*** viaggio in mare.

Seehecht [-ˌhɛçt] (m; -(e)s, -e) ~ *(zool)* nasello.

Seehund [-ˌhʊnt] *(m; -(e)s, -e)* ~ *(zool)* foca.

Seekrankheit [-ˌkraŋkhait] *(f; -, -en)* ~ mal di mare.

Seele [ˈzeːlə] *(f; -, -n)* ***1*** anima, animo ♦ *eine gutmütige Seele* un animo bonario. ***2*** *(relig)* anima. ***3*** *(fig)* persona, anima; abitante. ***4*** *(fig)* anima (persona più importante) ♦ *er ist die Seele der Gruppe* è l'anima del gruppo. ◆ **keine Seele** nessuno, nemmeno un'anima ♦ *keine Seele war zu sehen* non si vedeva anima viva. ◆ **aus ganzer/tiefster Seele** dal profondo dell'anima. ◆ **in tiefster Seele** nel profondo (dell'anima).

Seelenruhe [-nˌruːə] *(f; -)* ~ serenità, tranquillità (d'animo) ♦ *in aller Seelenruhe* in tutta serenità.

seelenruhig [-nˌruːɪç] *(agg)* ~ imperturbabile.

seelisch [ˈzeːlɪʃ] *(agg)* ***1*** psicologico, psichico ♦ *seelisches Gleichgewicht* equilibrio psichico. ***2*** *(avv)* psicologicamente ♦ *seelisch gestört sein* essere psicologicamente disturbato.

Seemann [ˈzeːˌman] *(m; -(e)s, Seeleute)* ~ marinaio.

Seenot [ˈzeːˌnoːt] *(f; -)* ~ pericolo di naufragio ♦ *in Seenot geraten* rischiare il naufragio.

Seenotruf [-ˌruːf] *(m; -(e)s, -e)* ~ richiesta di soccorso (in mare), SOS.

Seepferd, **Seepferdchen** [ˈzeːˌpfeːɐt(çən)] *(n; -, -e)* ~ *(zool)* cavalluccio marino, ippocampo.

Seeräuber [ˈzeːˌrɔybɐ] *(m; -s, -)* ~ pirata.

Seeräuberei [ˈzeːrɔybəˌrai] *(f; -)* ~ pirateria.

Seerose [ˈzeːˌroːzə] *(f; -, -n)* ~ *(bot)* ninfea.

Seeufer [ˈzeːˌˀuːfɐ] *(n; -s, -)* ~ riva del lago.

seewärts [ˈzeːˌvɛrts] *(avv)* ~ verso il mare, in direzione del mare.

Segel [ˈzeːgəl] *(n; -s, -)* ~ vela ♦ *die Segel aufziehen, einziehen* issare, ammainare le vele. ◆ **die Segel streichen** *(fig/lett)* ammainare le vele. ◆ **mit vollen Segeln** *(fig/fam)* a gonfie vele.

Segelboot [-ˌboːt] *(n; -(e)s, -e)* ~ barca a vela.

Segelflugzeug [-ˌfluːktsɔyk] *(n; -(e)s, -e)* ~ aliante.

segeln [-n] *(vi/vt, ist/hat)* ***1*** *(aux ist/hat)* andare in barca a vela; veleggiare. ***2*** *(aux ist)* volare, librarsi. ***3*** *(aux ist) (fig/fam)* volare, correre.

Segelohren [-ˌˀoːrən] *(pl)* ~ *(fam)* orecchie a sventola.

Segen [ˈzeːgən] *(m; -s, -)* ***1*** benedizione ♦ *jmdm den Segen erteilen/geben/spenden* dare la benedizione a qcn. ***2*** *(fig)* benedizione, fortuna. ***3*** *(fig)* abbondanza, messe. ***4*** *(fig/fam)* benedizione, approvazione. ◆ **sich regen bringt Segen** *(prov)* aiutati che Dio ti aiuta. ◆ **an Gottes Segen ist alles gelegen** *(prov)* siamo tutti nelle mani di Dio.

segensreich [-sˌraiç] *(agg)* ~ benefico.

segnen [ˈzeːgnən] *(vt, hat)* ~ *(relig)* benedire. ◆ **Gott segne dich!** che Dio ti benedica!

Segnung [ˈzeːgnʊŋ] *(f; -, -en)* ***1*** benedizione (il benedire). ***2*** beneficio, effetto benefico.

sehen [ˈzeːən] *(vt, hat; er* **sieht**, **sah**, **gesehen***)* ***1*** vedere ♦ *siehst du das Haus dort?* vedi quella casa là? ♦ *ich habe sie tanzen sehen* l'ho vista ballare ♦ *ich habe gesehen, wie sie zusammen tanzten* li ho visti ballare insieme. ***2*** vedere, guardare ♦ *etwas von weitem, von nahem sehen* vedere qcs da lontano, da vicino ♦ *jmdm in die Augen, ins Gesicht sehen* guardare qcn negli occhi, in faccia. ***3*** vedere, controllare ♦ *ich will sehen, ob die Uhr geht* voglio vedere se l'orologio va. ***4*** *(vi)* vedere, vederci ♦ *gut, schlecht sehen* vederci bene, male ♦ *auf einem Auge nicht sehen* non vederci da un occhio ♦ *(alles)* *doppelt sehen* vedere (tutto) doppio. ***5*** vedere (spettacoli) ♦ *einen Film sehen* vedere un film. ***6*** guardare, dare (finestre, porte) ♦ *das Fenster sieht auf die Straße* la finestra guarda sulla strada. ***7*** vedere, incontrare ♦ *ich habe sie in der Eisdiele gesehen* l'ho vista in gelateria. ***8*** *(fig)* vedere, riconoscere ♦ *seine Aufgabe in etwas* (Dat) *sehen* vedere il proprio compito in qcs. ***9*** *(fig)* vedere, giudicare, ritenere ♦ *wie siehst du ihre Entscheidung?* come vedi la sua decisione? ***10*** {*auf etwas* ~} badare a qcs, fare attenzione a qcs. ***11*** vedere, cercare ♦ *sieh mal, dass du noch eine Karte bekommst!* vedi un po' di avere un altro biglietto. ◆ **sich sehen** *(vr)* ***1*** vedersi; guardarsi ♦ *sich im Spiegel sehen* guardarsi allo specchio. ***2*** vedersi, incontrarsi ♦ *wann sehen wir uns?* quando ci vediamo? ***3*** vedersi, scoprirsi ♦ *ich sah mich in meinem Verdacht bestätigt* mi vidi confermata nel mio sospetto. ◆ **jmdm ähnlich sehen** somigliare a qcn. ◆ **jmdm ins Herz sehen** *(fig)* leggere nel cuore a qcn. ◆ **etwas durch eine gefärbte Brille sehen** *(fig)* essere prevenuto verso qcs. ◆ **wir werden schon sehen!** vedremo, vedremo. ◆ **mal sehen!** si vedrà, staremo a vedere. ◆ **siehe** *(imperat)* vedi ♦ *siehe oben* vedi sopra ♦ *siehe Seite...* vedi pagina...

sehenswert [-sˌveːɐt] *(agg)* ~ da vedere, bello ♦ *ist dieses Museum wirklich sehenswert?* questo museo è veramente da vedere?

Sehenswürdigkeit [-sˌvʏrdɪçkait] *(f; -, -en)* ~ cosa da vedere, bellezza ♦ *die Sehenswürdigkeiten einer Stadt* le bellezze di una città.

Seher ['zeːɐ] *(m; -s, -; f* **-in***)* ~ veggente.

Sehkraft ['zeːˌkraft] *(f; -)* ~ vista, facoltà visiva.

Sehne ['zeːnə] *(f; -, -n)* ***1*** *(anat)* tendine. ***2*** corda (dell'arco).

sehnen [-n] *(vr,* hat*)* ~ **sich nach jmdm/etwas sehnen** ***1*** avere nostalgia di qcn/qcs. ***2*** desiderare (intensamente) qcn/qcs ♦ *sich nach Ruhe sehnen* desiderare il riposo, desiderare di riposarsi.

sehnig ['zeːnɪç] *(agg)* ***1*** tiglioso, stopposo (carne). ***2*** nerboruto, muscoloso.

sehnlich ['zeːnlɪç] *(agg)* ***1*** fervido, ardente, profondo (desiderio e sim). ***2*** *(avv)* fervidamente, ardentemente.

Sehnsucht ['zeːnˌzʊxt] *(f; -)* ***1*** desiderio, anelito, struggimento ♦ *die Sehnsucht nach Liebe* il desiderio d'amore. ***2*** nostalgia.

sehnsüchtig ['zeːnˌzʏçtɪç] *(agg)* ***1*** struggente, appassionato, trepidante. ***2*** nostalgico. ***3*** *(avv)* in modo struggente, appassionatamente; con nostalgia.

sehr ['zeːɐ] *(avv)* ~ molto, tanto, assai ♦ *ich bin sehr glücklich* sono molto felice ♦ *ein sehr schönes Bild* un quadro molto bello/bellissimo ♦ *er liebt sie sehr* la ama tanto ♦ *es hat sehr geregnet* è piovuto molto. ◆ **sehr gut** ***1*** molto buono, ottimo (anche voto scolastico). ***2*** *(avv)* molto bene, benissimo. ◆ **sehr viel** moltissimo. ◆ **bitte sehr!** prego! ◆ **danke sehr!** molte grazie! ◆ **wie sehr** *(avv)* quanto ♦ *ich weiß, wie sehr du mich liebst* so quanto mi ami. ◆ **zu sehr** *(avv)* troppo ♦ *sie hätschelt das Kind zu sehr* vizia troppo il bambino.

Sehrohr ['zeːˌroːɐ] *(n; -(e)s, -e)* ~ periscopio.

Sehvermögen ['zeːfɛɐˌmøːgən] *(n; -s)* ~ vista, facoltà visiva.

seicht [zaiçt] *(agg)* ***1*** basso, poco profondo ♦ *ein seichter Bach* un ruscello poco profondo. ***2*** *(fig)* superficiale, piatto (nei contenuti).

seid [zait] ~ II pers pl pres di **sein**[1].

Seide ['zeidə] *(f; -, -n)* ~ seta.

seiden [-n] *(agg)* ***1*** di seta ♦ *eine seidene Bluse* una camicetta di seta. ***2*** *(fig)* morbido come seta.

Seidenraupe [-nˌraupə] *(f; -, -n)* ~ *(zool)* baco da seta.

seidig ['zeidɪç] *(agg)* ***1*** di seta. ***2*** *(fig)* morbido come la seta, serico.

Seife ['zaifə] *(f; -, -n)* ***1*** sapone. ***2*** saponetta, pezzo di sapone.

Seifenblase [-nˌblaːzə] *(f; -, -n)* ~ bolla di sapone *(anche fig)*.

Seifenoper [-nˌˀoːpɐ] *(f; -, -n)* ~ soap opera.

Seifenpulver [-nˌpʊlfɐ] *(n; -s, -)* ~ detersivo in polvere, sapone in polvere.

seifig ['zaifɪç] *(agg)* ~ saponoso, insaponato.

seihen ['zaiən] *(vt, hat)* ~ filtrare, colare.
Seil [zail] *(n; -(e)s, -e)* ~ corda, fune. ◆ **auf dem Seil tanzen** fare il funambolo. ◆ **mit dem Seil springen** saltare con la corda (gioco). ◆ **am gleichen Seil ziehen** *(fig)* remare tutti nella stessa direzione.
Seilbahn [-ˌba:n] *(f; -, -en)* ~ funivia.
Seilschaft [-ʃaft] *(f; -, -en)* ~ cordata.
Seiltänzer [-ˌtɛntsɐ] *(m; -s, -; f* **-in***)* ~ funambolo, equilibrista.
sein[1] [zain] *(vi, ist; er* **ist**, **war**, **gewesen***)* ***1*** essere ♦ *dieses Kleid ist schön* questo vestito è bello ♦ *sie ist meine Schwester* lei è mia sorella ♦ *wir sind gute Freunde* siamo buoni amici ♦ *es wäre besser, wenn* sarebbe meglio se. ***2*** essere (di professione, di origine, di materiale) ♦ *er ist Lehrer* è insegnante ♦ *ich bin Italienerin* sono italiana ♦ *ich bin aus Florenz* sono di Firenze ♦ *die Kiste ist aus Holz* la cassa è di legno. ***3*** essere, esserci ♦ *er ist zu Hause* è a casa ♦ *ist jemand zu Hause?* c'è qualcuno a casa? ***4*** avere (età) ♦ *sie ist dreißig (Jahre alt)* ha trent'anni ♦ *wie alt bist du?* quanti anni hai? ♦ *sie ist so alt wie ich* ha la mia stessa età. ***5*** essere (data, ora) ♦ *es ist acht Uhr* sono le otto ♦ *es ist der 1. (erste) August* è il primo agosto. ***6*** fare (risultato) ♦ *zwei und zwei ist vier* due più due fa quattro. ***7*** *(aux)* essere, avere ♦ *ich bin nach Rom gefahren* sono andato a Roma ♦ *ich bin Rita begegnet* ho incontrato Rita. ◆ **jmdm ist kalt**, **warm** qcn ha freddo, caldo ♦ *mir ist kalt* ho freddo. ◆ **jmdm ist schlecht/übel** qcn si sente male. ◆ **jmdm ist**, **als ob...** a qcn sembra che ♦ *mir ist, als ob jemand geschrien hätte* mi sembra che qcn abbia gridato. ◆ **jmdm ist (nicht) nach etwas** *(fam)* qcn (non) ha voglia di qcs ♦ *mir ist heute nicht nach Arbeiten* oggi non ho voglia di lavorare. ◆ **es sein** *(al passato)* essere stato (l'autore, il colpevole di qcs) ♦ *er war es* è stato lui. ◆ **sein zu** (+ *inf*) ***1*** dover essere, essere da ♦ *die Korrespondenz ist noch zu erledigen* la corrispondenza è ancora da sbrigare. ***2*** poter essere ♦ *der Fleck ist kaum zu sehen* la macchia si vede appena. ◆ **jmdn/etwas sein lassen** lasciar stare qcn/qcs, lasciar perdere qcn/qcs. ◆ **es sei denn**, **dass** a meno che ♦ *ich werde bestimmt kommen, es sei denn, dass ich arbeiten muss* verrò sicuramente, a meno che non debba lavorare. ◆ **es war einmal ein König** c'era una volta un re. ◆ **kann sein!** *(fam)* può essere! ◆ **was ist?** che c'è? che succede? ♦ *was ist mit dir?* come stai? cosa ti succede? ◆ **das wär's** e questo è tutto; ecco fatto.
sein[2] *(agg poss)* ~ suo (di lui) ♦ *seine Frau* sua moglie ♦ *das Kind und seine Mutter* il bambino e sua madre ♦ *sein Haus* la sua casa. ◆ **Seine Majestät** Sua Maestà

SEIN[2]**, SEINE, SEIN**

		MASCH	FEMM	NEUTRO
NOM	*sing*	sein	seine	sein
	pl	seine	seine	seine
GEN	*sing*	seines	seiner	seines
	pl	seiner	seiner	seiner
DAT	*sing*	seinem	seiner	seinem
	pl	seinen	seinen	seinen
ACC	*sing*	seinen	seine	sein
	pl	seine	seine	seine

Sein *(n; -s)* ~ l'essere, essenza.
seiner [-ɐ] *(pron, III pers sing m, n Gen)* ~ di lui ♦ *ich erinnere mich seiner* mi ricordo di lui.
seine(r, -s) [-ə (-ɐ, -əs)] *(pron poss)* ~ suo (di lui). ◆ **die seinen** *(anche* **die Seinen***)* i suoi, i suoi parenti.
seinerseits [-ɐ'zaits] *(avv)* ~ da parte sua, da lui.
seinerzeit [-ɐ'tsait] *(avv)* ~ allora, a quei tempi.
seinesgleichen [-əs'glaiçən] *(pron indecl)* ~ i suoi pari, gente come lui.
seinetwegen [-ət've:gən] *(avv)* ***1*** per lui, per amor suo. ***2*** per lui, a causa sua.
seinetwillen [-ət'vɪlən] *(avv)* ~ vedi **seinetwegen**.
seit [zait] *(prep* + Dat*)* ***1*** da (temporale) ♦ *seit einem Jahr* da un anno ♦ *seit kurzem, seit kurzer Zeit* da poco, da poco tempo ♦ *seit langem, seit langer Zeit* da molto, da molto tempo. ***2*** *(congiunz) (fam)* da quando (vedi **seitdem**).

seitdem [-ˌdeːm] *(congiunz subord)* ***1*** da quando ♦ *seitdem er nach Rom gezogen ist, haben wir uns nicht mehr getroffen* da quando si è trasferito a Roma non ci siamo più incontrati. ***2*** *(avv)* da allora, da quel momento.

Seite [-ə] *(f; -, -n)* ***1*** lato, parte ♦ *die äußere, hintere, innere, vordere Seite* il lato (la parte) esterno, posteriore, interno, anteriore ♦ *auf der rechten Seite* sul lato destro (stato). ***2*** fianco, lato ♦ *auf der Seite liegen* giacere sul fianco ♦ *an jmds Seite gehen* camminare a fianco di qcn ♦ *Seite an Seite gehen* camminare fianco a fianco. ***3*** verso, faccia (di moneta, stoffa, ecc). ***4*** pagina ♦ *auf der letzten Seite* nell'ultima pagina ♦ *auf Seite 100* a pagina cento. ***5*** *(geom)* lato. ***6*** lato, estremità; riva (di fiume) ♦ *die Haltestelle ist auf der anderen Seite der Straße* la fermata è sull'altro lato della strada. ***7*** parte, direzione ♦ *sich nach allen Seiten umsehen* guardarsi intorno in tutte le direzioni. ***8*** *(fig)* gruppo, parte, partito. ***9*** *(fig)* parte, fonte (d'informazione) ♦ *das weiß ich von zuverlässiger Seite* lo so da fonte sicura. ***10*** *(fig)* lato, qualità (caratteriale). ***11*** *(fig)* lato, aspetto ♦ *die theoretische Seite des Problems* l'aspetto teorico del problema. ***12*** fiancata, fianco. ***13*** parte, linea, ramo (familiare) ♦ *von der mütterlichen Seite* da parte materna. ◆ **auf seiten** *(anche* **auf Seiten***)* vedi **aufseiten**. ◆ **die gelben Seiten** le pagine gialle. ◆ **auf beiden Seiten** da ambo i lati, da ambo le parti. ◆ **auf der einen Seite... auf der anderen Seite...** da un lato... dall'altro... ◆ **etwas auf die Seite schaffen** *(fig/fam)* arraffare qcs, accaparrarsi. ◆ **etwas auf die Seite legen** mettere da parte qcs (spec soldi). ◆ **auf jmds Seite stehen** *(fig)* stare dalla parte di qcn. ◆ **von seiten** *(anche* **von Seiten***)* vedi **vonseiten**. ◆ **von jmds Seite** da parte di qcn. ◆ **jmdn von der Seite ansehen** *(fig)* guardare qcn di traverso. ◆ **jmdm nicht von der Seite gehen/weichen** *(fig/fam)* non staccarsi un attimo da qcn, tallonare qcn. ◆ **jmdm (mit Rat und Tat) zur Seite stehen** *(fig)* aiutare qcn, sostenere qcn.

Seitenausgang [-ənˌˀausgaŋ] *(m; -(e)s, -gänge)* ~ uscita laterale.

Seitenhieb [-ənˌhiːp] *(m; -(e)s, -e)* ***1*** colpo di fianco (nella scherma). ***2*** *(fig)* frecciata.

seitens [-əns] *(prep + Gen)* ~ *(lett)* da, da parte di.

Seitensprung [-ənˌʃprʊŋ] *(m; -(e)s, -sprünge)* ~ scappatella, avventura (amorosa).

seitenverkehrt [-ənfɛɐˌkeːɐt] *(agg)* ***1*** rovesciato, speculare. ***2*** *(avv)* a rovescio, specularmente.

seither [-ˈheːɐ] *(avv)* ~ da allora.

seitlich [-lɪç] *(agg)* ***1*** laterale. ***2*** *(avv)* lateralmente, a lato, a fianco ♦ *seitlich vom Eingang* a lato dell'entrata. ***3*** *(prep + Gen)* a lato di, a fianco di.

seitwärts [-ˌvɛrts] *(avv)* ***1*** lateralmente, a lato (moto o stato). ***2*** *(prep + Gen) (lett)* a lato di, a fianco di.

Sekretär [zekreˈtɛːɐ] *(m; -s, -e)* ***1*** *(f* **-in***)* segretario. ***2*** scrittoio.

Sekretariat [zekretaˈrjaːt] *(n; -(e)s, -e)* ~ segreteria.

Sekt [zɛkt] *(m; -(e)s, -e)* ~ spumante, vino spumante.

Sekte [-ə] *(f; -, -n)* ~ setta.

Sektion [zɛkˈtsjoːn] *(f; -, -en)* ***1*** sezione, gruppo. ***2*** *(med)* autopsia.

Sektor [ˈzɛktoːɐ] *(m; -s, -en)* ~ settore.

sekundär [zekʊnˈdɛːɐ] *(agg)* ~ secondario.

Sekunde [zeˈkʊndə] *(f; -, -n)* ***1*** secondo, minuto secondo. ***2*** *(fig/fam)* secondo, attimo. ***3*** *(mus)* seconda; intervallo di seconda.

sekundenlang [-nˌlaŋ] *(agg)* ***1*** che dura qualche secondo. ***2*** *(avv)* per qualche secondo.

Sekundenschnelle [-nˌʃnɛlə] *(f)* ~ **in Sekundenschnelle** in un lampo.

selbe [ˈzɛlbə] *(agg, solo attr; variante di* **derselbe**, **dieselbe**, **dasselbe** *dopo prep art)* ~ stesso, medesimo ♦ *am selben Tag* lo stesso giorno ♦ *zur selben Zeit* nello stesso momento.

selber [ˈzɛlbɐ] *(pron indecl)* ~ *(fam)* vedi **selbst**[1].

selbst[1] [zɛlpst] *(pron indecl)* ***1*** stesso, in persona ♦ *der Chef selbst* il capo stesso, il capo in persona ♦ *ich selbst weiß, dass* io stesso so che ♦ *sie ist die Geduld selbst* è la pazienza in persona. **2** da sé, da solo ♦ *das kann er selbst machen* questo può farlo da sé ♦ *die Tür schließt sich von selbst* la porta si chiude da sé ♦ *das versteht sich von selbst* questo si capisce da sé. **3** in sé, in sé e per sé. ◆ **selbst gebacken** († **selbstgebacken**) fatto in casa (dolci e sim). ◆ **sich selbst** se stesso ♦ *mit sich selbst sprechen* parlare fra sé e sé ♦ *du denkst immer nur an dich selbst* pensi sempre solo a te stesso.

selbst[2] *(avv)* ~ perfino, anche.

Selbst *(n; -)* ~ sé, io, animo ♦ *sein wahres Selbst* il suo vero io.

Selbst-, selbst- *(nei composti)* ~ auto-.

selbständig ['zɛlpˌʃtɛndɪç] ~ vedi **selbstständig**.

Selbständigkeit [-ˌkait] ~ vedi **Selbstständigkeit**.

Selbstbedienung ['zɛlpstbəˌdiːnʊŋ] *(f; -)* ~ self-service.

Selbstbefriedigung ['zɛlpstbəˌfriːdɪgʊŋ] *(f; -)* ~ masturbazione.

Selbstbeherrschung ['zɛlpstbəˌhɛrʃʊŋ] *(f; -)* ~ autocontrollo.

Selbstbeobachtung [-bəˌˀoːbaxtʊŋ] *(f; -)* ~ introspezione.

selbstbewusst († **-bewußt**) ['zɛlpstbəˌvʊst] *(agg)* ~ consapevole del proprio valore, sicuro di sé.

Selbstbewusstsein († **-bewußtsein**) [-zain] *(n; -s)* ~ consapevolezza del proprio valore, sicurezza di sé.

Selbstbildnis ['zɛlpstˌbɪltnɪs] *(n; -ses, -se)* ~ autoritratto.

selbstgebacken ~ **selbst gebacken** (vedi **selbst**[1]).

selbstgefällig ['zɛlpstgəˌfɛlɪç] *(agg)* ~ pieno di sé, vanitoso.

selbstgerecht ['zɛlpstgəˌrɛçt] *(agg)* ~ pieno di sé, presuntuoso.

Selbstgespräch ['zɛlpstgəʃprɛːç] *(n; -(e)s, -e)* ~ monologo, soliloquio.

selbstherrlich ['zɛlpstˌhɛrlɪç] *(agg)* ~ tirannico, dispotico.

Selbstkosten ['zɛlpstˌkɔstən] *(pl)* ~ spese di produzione.

selbstlos ['zɛlpstˌloːs] *(agg)* ~ altruista.

Selbstlosigkeit ['zɛlpstˌloːzɪçkait] *(f; -)* ~ altruismo.

Selbstmord ['zɛlpstˌmɔrt] *(m; -(e)s, -e)* ~ suicidio *(anche fig)*. ◆ **Selbstmord begehen** suicidarsi.

Selbstmörder ['zɛlpstˌmœrdɐ] *(m; -s, -; f* **-in***)* ~ suicida.

selbstmörderisch ['zɛlpstˌmœrdərɪʃ] *(agg)* ~ suicida.

Selbstporträt ['zɛlpstpɔrˌtrɛːt] *(n; -s, -s)* ~ autoritratto.

selbstsicher ['zɛlpstˌzɪçɐ] *(agg)* ~ sicuro di sé.

Selbstsicherheit [-ˌhait] *(f; -)* ~ sicurezza di sé.

selbstständig ['zɛlpstˌʃtɛndɪç] *(anche* **selbständig***)* *(agg)* **1** autonomo, indipendente. **2** in proprio, autonomo (lavoro) ♦ *ein selbstständiger Kaufmann* un commerciante in proprio. **3** *(gramm)* indipendente. ◆ **sich selbständig machen** **1** mettersi in proprio. **2** *(fig/fam)* andarsene, sparire.

Selbstständigkeit [-ˌkait] *(anche* **Selbständigkeit***)* *(f; -)* ~ autonomia, indipendenza.

Selbstsucht ['zɛlpstˌzʊxt] *(f, -)* ~ egoismo.

selbstsüchtig ['zɛlpstˌzʏxtɪç] *(agg)* ~ egoista.

selbsttätig ['zɛlpstˌtɛːtɪç] *(agg)* **1** automatico (funzionamento e sim). **2** *(avv)* automaticamente.

Selbstüberschätzung ['zɛlpstˀyːbɐʃɛtsʊŋ] *(f; -)* ~ presunzione.

selbstverständlich ['zɛlpstfɛɐʃtɛntlɪç] *(agg)* **1** ovvio, scontato, che va da sé, che si capisce da sé ♦ *es ist selbstverständlich, dass* va da sé che. **2** *(avv)* ovviamente. ◆ **selbstverständlich!** certamente! si capisce!

Selbstverständlichkeit [-ˌkait] *(f; -, -en)* ~ ovvietà (l'essere ovvio, cosa ovvia). ◆ **mit der größten Selbstverständlichkeit** con la massima naturalezza.

Selbstverteidigung ['zɛlpstfɛɐˌtaidɪgʊŋ] *(f; -)* ~ autodifesa.

Selbstvertrauen ['zɛlpstfɛɐˌtrauən] *(n; -s)* ~ fiducia in se stesso.

selbstzufrieden ['zɛlpsttsuˌfriːdən] *(agg)* ~ pieno di sé, compiaciuto.

Selbstzweck ['zɛlpstˌtsvɛk] *(m; -(e)s)* ~ fine a se stesso ♦ *etwas als Selbstzweck betrachten* considerare qcs fine a se stesso.

selig ['ze:lɪç] *(agg)* ***1*** *(relig)* beato. ***2*** *(fig)* felicissimo, beato ♦ *über etwas* (Acc) *selig sein* essere felicissimo per qcs. ***3*** defunto, buonanima ♦ *seine selige Mutter* la buonanima di sua madre.

Seligkeit [-ˌkait] *(f; -, -en)* ***1*** *(solo sing) (relig)* beatitudine. ***2*** *(fig)* beatitudine, felicità, gioia.

Sellerie ['zɛləri] *(m; -s, -/-s; anche f; -, -)* ~ *(bot)* sedano.

selten ['zɛltən] *(agg)* ***1*** raro ♦ *eine seltene Pflanze* una pianta rara. ***2*** *(fig)* raro, singolare. ***3*** *(avv)* raramente, di rado.

Seltenheit [-ˌhait] *(f; -, -en)* ~ rarità.

Selters ['zɛltɐs] *(n; -, -)* ~ selz, acqua selz.

Selters(wasser) [-(ˌvasɐ)] *(n; -s, -)* ~ selz, (acqua) selz.

seltsam ['zɛltˌza:m] *(agg)* ~ strano, insolito, curioso ♦ *ein seltsames Gefühl* una strana sensazione.

seltsamerweise [-ɐ'vaizə] *(avv)* ~ stranamente.

Seltsamkeit [-ˌkait] *(f; -, -en)* ~ stranezza.

Semester [ze'mɛstɐ] *(n; -s, -)* ~ semestre (universitario).

Semikolon [zemi'ko:lɔn] *(n; -s, -kolons/-kola)* ~ punto e virgola.

Seminar [zemi'na:ɐ] *(n; -s, -e)* ***1*** seminario (universitario), corso. ***2*** istituto (universitario) ♦ *sprachwissenschaftliches Seminar* istituto di linguistica. ***3*** seminario (religioso).

Semmel ['zɛməl] *(f; -, -n) (region)* ~ panino.

Senat [ze'na:t] *(m; -(e)s, -e)* ~ senato.

Senator [ze'na:to:ɐ] *(m; -s, -en)* ~ senatore.

Sendegerät ['zɛndəgəˌrɛ:t] *(n; -(e)s, -e)* ~ apparecchio trasmittente.

senden ['zɛndən] *(vt,* hat; **sandte/sendete, gesandt/gesendet***)* ***1*** {*(jmdm) etwas* ~} *(lett)* mandare, inviare, spedire qcs (a qcn). ***2*** (**sendete**, **gesendet**) trasmettere (radio, tv).

Sender ['zɛndɐ] *(m; -s, -)* ~ stazione (radio o tv) ♦ *einen Sender empfangen* ricevere una stazione.

Sendeschluss († **-schluß**) ['zɛndəʃlʊs] *(m; -es, -schlüsse)* ~ fine delle trasmissioni.

Sendung ['zɛndʊŋ] *(f; -, -en)* ***1*** invio, spedizione (l'inviare; oggetto inviato). ***2*** trasmissione, programma (tv, radio). ***3*** missione ♦ *diplomatische, religiöse Sendung* missione diplomatica, religiosa.

Senf [zɛnf] *(m; -(e)s, -e)* ***1*** senape, mostarda. ***2*** *(bot)* senape. ◆ **überall seinen Senf dazugeben müssen** *(fig/fam)* voler sempre dire la propria.

sengen ['zɛŋən] *(vt/vi,* hat*)* ***1*** *(vt)* strinare, bruciacchiare. ***2*** *(vi)* bruciare (sole).

Senior ['ze:njo:ɐ] *(m; -s, -en; f* **-in***)* ***1*** decano, persona più anziana. ***2*** *(sport)* senior. ***3*** *(spec pl)* anziano.

Seniorenheim ['ze:njo:rənˌhaim] *(n; -(e)s, -e)* ~ casa di riposo per anziani.

Senke ['zɛŋkə] *(f; -, -n)* ~ avvallamento.

senken [-n] *(vt,* hat*)* ***1*** abbassare, chinare ♦ *den Blick senken* abbassare lo sguardo. ***2*** calare, calare giù. ***3*** *(fig)* calare, abbassare, diminuire ♦ *die Preise senken* abbassare i prezzi. ◆ **sich senken** *(vr)* ***1*** affondare, inabissarsi. ***2*** chinarsi, piegarsi. ***3*** abbassarsi; avvallarsi.

Senkgrube ['zɛŋkˌgru:bə] *(f; -, -n)* ~ pozzo nero.

senkrecht ['zɛŋkˌrɛçt] *(agg)* ***1*** verticale. ***2*** *(geom)* verticale, perpendicolare. ***3*** *(avv)* verticalmente, in verticale.

Senkung ['zɛŋkʊŋ] *(f; -, -en)* ***1*** abbassamento. ***2*** cedimento, avvallamento (del terreno). ***3*** *(fig)* abbassamento, calo, diminuzione, ribasso ♦ *die Senkung der Tarife* l'abbassamento delle tariffe.

Sensation [zɛnzaˌtsjo:n] *(f; -, -en)* ***1*** sensazione, scalpore. ***2*** sensazione, evento sensazionale.

sensationell [zɛnzatsjo'nɛl] *(agg)* ~ sensazionale.

Sensationspresse [zɛnza'tsjo:nsˌprɛsə] *(f; -)* ~ stampa scandalistica.

Sense ['zɛnzə] *(f; -, -n)* ~ falce (fienaia).

sensibel [zɛn'zi:bəl] *(agg)* ~ sensibile (al dolore; d'animo).

Sensibilität [zɛnzibili'tɛ:t] *(f; -)* ~ sensibilità (al dolore; d'animo).

Sentenz [zɛn'tɛnts] *(f; -, -en)* ~ sentenza *(anche dir)*.

sentimental [zɛntimɛn'ta:l] *(agg)* ~ sentimentale.

separat [zepa'ra:t] *(agg)* ***1*** separato, a sé. ***2*** *(avv)* separatamente, a sé.

September [zɛp'tɛmbɐ] *(m; -s, -)* ~ settembre ♦ *im September* a settembre.

Sequenz [ze'kvɛnts] *(f; -, -en)* ~ sequenza.
Serenade [zere'naːdə] *(f; -, -n)* ~ serenata.
Serie ['zeːrjə] *(f; -, -n)* ***1*** serie, catena, gruppo. ***2*** serie, collana (di pubblicazioni). ◆ **in Serie** in serie.
Serienherstellung [-nˌheːɐ̯ʃtɛlʊŋ] *(f; -, -en)* ~ produzione in serie.
serienmäßig [-nˌmɛːsɪç] *(agg/avv)* ***1*** in serie. ***2*** di serie ♦ *ein Auto mit ABS serienmäßig* un'auto con ABS di serie.
serienweise [-nˌvaizə] *(avv)* ***1*** in serie ♦ *etwas serienweise herstellen* fabbricare qcs in serie. ***2*** *(fam)* in serie, in gran quantità.
seriös [ze'rjøːs] *(agg)* ***1*** serio, rispettabile. ***2*** serio, onesto (negli affari) ♦ *eine seriöse Firma* una ditta seria.
Sermon [zɛr'moːn] *(m; -s, -e)* ~ *(fig/fam)* sermone, predica (discorso noioso).
Serum ['zeːrʊm] *(n; -s, Seren/Sera)* ***1*** *(biol)* siero. ***2*** *(med)* siero, vaccino.
Service[1] [zɛr'viːs] *(n; -s, -)* ~ servizio (di piatti e sim).
Service[2] ['zøːɐvɪs] *(m/n; -, -s)* ~ servizio (ai clienti).
servieren [zɛr'viːrən] *(vt, hat)* ~ servire (a tavola).
Serviette [zɛr'vjɛtə] *(f; -, -n)* ~ tovagliolo, salvietta.
Serviettenring [-nˌrɪŋ] *(m; -(e)s, -e)* ~ portatovagliolo.
servus ['zɛrvʊs] *(region) (escl)* ~ salve.
Sessel ['zɛsəl] *(m; -s, -)* ~ poltrona.
Sesselbahn [-ˌbaːn] *(f; -, -en)* ~ seggiovia.
Sessellift [-ˌlɪft] *(m; -(e)s, -e/-s)* ~ seggiovia.
sesshaft († **seßhaft**) ['zɛsˌhaft] *(agg)* ~ sedentario, stanziale.
Set [zɛt] *(n/m; -/-s, -)* ~ set, servizio, completo.
setzen ['zɛtsən] *(vt, hat)* ***1*** mettere, posare; mettere (a sedere) ♦ *den Topf auf den Herd setzen* mettere la pentola sul fornello ♦ *sich* (Dat) *die Mütze auf den Kopf setzen* mettersi il berretto in testa ♦ *ein Kind auf den Kindersitz setzen* mettere un bambino sul seggiolino (in auto). ***2*** porre, apporre (firma e sim). ***3*** mettere (segni d'interpunzione). ***4*** {*über etwas* (Acc) ~} *(vi, ist/hat)* superare qcs, oltrepassare qcs *(anche fig)*. ***5*** erigere, innalzare; collocare ♦ *ein Denkmal setzen* erigere un monumento. ***6*** {*jmdm etwas* ~} porre qcs a qcn, imporre qcs a qcn (limiti, scadenze, ecc). ***7*** {*sich* (Dat) *etwas* ~} imporsi qcs; prefissarsi qcs. ***8*** riporre (speranza). ***9*** *(vi)* puntare, scommettere ♦ *auf ein Pferd setzen* puntare su un cavallo. ◆ **sich setzen** *(vr)* ***1*** sedersi, mettersi a sedere ♦ *sich an den Schreibtisch, auf eine Bank setzen* sedersi alla scrivania, su una panchina ♦ *sich zu Tisch setzen* sedersi a tavola (per mangiare). ***2*** posarsi ♦ *der Vogel hat sich aufs Dach gesetzt* l'uccello si è posato sul tetto. ***3*** posarsi, depositarsi (sul fondo). ◆ **sich in Bewegung setzen** *(vr)* mettersi in moto, in movimento. ◆ **jmdn in Freiheit setzen** mettere in libertà qcn. ◆ **etwas in Gang setzen** avviare, mettere in moto qcs. ◆ **etwas in Musik**, **in Szene setzen** mettere in musica, in scena qcs. ◆ **jmdn in Schrecken setzen** spaventare qcn. ◆ **ein Kind in die Welt setzen** mettere al mondo un bambino. ◆ **sich** (Dat) **etwas in den Kopf setzen** mettersi in testa qcs.
Seuche ['zɔyçə] *(f; -, -n)* ***1*** epidemia. ***2*** *(fig)* epidemia, cattiva tendenza.
seufzen ['zɔyftsən] *(vi, hat)* ***1*** sospirare. ***2*** *(vt)* sospirare, dire sospirando ♦ *„Na gut", seufzte er* "E va bene", sospirò. ***3*** {*unter jmdm/etwas* ~} *(fig/lett)* soffrire, patire a causa di qcn/per qcs.
Seufzer ['zɔyftsɐ] *(m; -s, -)* ~ sospiro.
Sex [zɛks] *(m; -es)* ***1*** sesso, sessualità. ***2*** sesso, rapporti sessuali ♦ *mit jmdm Sex haben/machen* fare sesso con qcn.
Sexualkunde [zɛ'kswaːlˌkʊndə] *(f; -)* ~ educazione sessuale (a scuola).
Sexualleben [zɛ'kswaːlˌleːbən] *(n; -s)* ~ vita sessuale.
sexuell [zɛ'kswɛl] *(agg)* ~ sessuale.
sexy ['zɛksi] *(agg indecl)* ~ sexy.
sezieren [ze'tsiːrən] *(vt, hat)* ***1*** sezionare (cadaveri). ***2*** *(fig/lett)* analizzare a fondo.
sfr., **sFr.** ~ abbrev di **Schweizer Franken** (vedi **Schweizer**).
Sheriff ['ʃɛrɪf] *(m; -s, -s)* ~ sceriffo.
Shopping ['ʃɔpɪŋ] *(n; -s, -s)* ~ spese, acquisti, shopping ♦ *Shopping gehen* andare a fare shopping.

Shorts [ˈʃoːɐts] *(pl)* ~ pantaloncini corti.
Show [ʃoʊ] *(f; -, -s)* ~ spettacolo, show.
Shrimp ~ vedi **Schrimp**.
sich [zɪç] *(pron rifl III pers sing/pl)* ***1*** (Acc) si, sé; (Dat) si, a sé ♦ *sie kämmt sich* si pettina ♦ *er hat sich ein Auto gekauft* si è comprato una macchina. ***2*** *(pron recipr)* si ♦ *sie kennen sich gut* si conoscono bene. ***3*** *(impers)* si ♦ *hier arbeitet es sich gut* qui si lavora bene. ◆ **an sich** in sé ♦ *der Vorschlag an sich wäre gut* la proposta in sé sarebbe buona. ◆ **an und für sich** in sé e per sé. ◆ **etwas an sich** (Dat) **haben** avere un certo non so che. ◆ **nicht bei sich sein** non essere in sé. ◆ **von sich aus** da sé, di propria iniziativa. ◆ **vor sich hin** fra sé (e sé) ♦ *vor sich hin reden* parlare fra sé.
Sichel [-əl] *(f; -, -n)* ~ falcetto, falce.
sicher [-ɐ] *(agg)* ***1*** sicuro, senza pericolo. ***2*** sicuro, assicurato, fisso ♦ *eine sichere Stelle* un posto (di lavoro) sicuro. ***3*** sicuro, certo ♦ *eine sichere Information* un'informazione sicura. ***4*** sicuro, esperto, competente. ***5*** sicuro (di sé), deciso, senza esitazione ♦ *mit sicherem Schritt* con passo sicuro. ***6*** sicuro, certo (esito e sim) ♦ *ein sicheres Ergebnis* un risultato certo. ***7*** sicuro, certo, convinto ♦ *ich bin sicher, dass* sono sicuro che. ***8*** *(avv)* in modo sicuro, senza pericolo. ***9*** *(avv)* senza esitazione. ***10*** *(avv)* sicuramente, con certezza; certamente, senza dubbio ♦ *das weiß ich sicher* questo lo so con certezza ♦ *er wird sicher kommen* verrà sicuramente.
sicher|gehen *(vi, ist; irr gehen)* ~ andare (sul) sicuro, non correre rischi.
Sicherheit [-ɐˌhait] *(f; -)* ***1*** sicurezza, protezione ♦ *öffentliche Sicherheit* pubblica sicurezza. ***2*** sicurezza, affidabilità (di impianti, informazioni, ecc). ***3*** sicurezza (di sé); esperienza, maestria. ***4*** sicurezza, certezza; garanzia ♦ *das kann ich dir nicht mit Sicherheit sagen* questo non posso dirtelo con sicurezza. ***5*** *(pl -en)* garanzia, cauzione. ◆ **jmdn/etwas in Sicherheit bringen** mettere qcn/qcs al sicuro. ◆ **in Sicherheit sein** essere al sicuro.
Sicherheitsabstand [-ɐhaitsˌʔapʃtant] *(m; -(e)s, -stände)* ~ distanza di sicurezza (alla guida) ♦ *den Sicherheitsabstand einhalten* rispettare la distanza di sicurezza.
Sicherheitsgründe [-ɐhaitsˌgrʏndə] *(pl)* ~ **aus Sicherheitsgründen** per motivi di sicurezza.
Sicherheitsgurt [-ɐhaitsˌgʊrt] *(m; -(e)s, -e)* ~ cintura di sicurezza.
sicherheitshalber [-ɐhaitsˌhalbɐ] *(avv)* ~ per sicurezza, per precauzione ♦ *sicherheitshalber habe ich das Gas abgedreht* per sicurezza ho chiuso il gas.
sicherlich [-ɐlɪç] *(avv)* ~ sicuramente, certamente, di sicuro ♦ *es wird sicherlich klappen* sicuramente andrà bene.
sichern [-ɐn] *(vt, hat)* ***1*** assicurare, fissare, fermare ♦ *das Fahrrad mit einem Schloss sichern* assicurare la bicicletta con un lucchetto. ***2*** mettere al sicuro; proteggere. ***3*** assicurare, garantire ♦ *ein Recht sichern* garantire un diritto. ***4*** {*jmdm etwas* ~} assicurare qcs a qcn, procurare qcs a qcn, garantire qcs a qcn. ◆ **sich sichern** *(vr)* {*sich gegen etwas* ~}, {*sich vor etwas* (Dat) ~} *(fig)* cautelarsi, difendersi da qcs; premunirsi.
sicher|stellen *(vt, hat)* ***1*** assicurare, garantire. ***2*** sequestrare (refurtiva).
Sicherung [ˈzɪçərʊŋ] *(f; -, -en)* ***1*** *(solo sing)* salvaguardia; protezione. ***2*** *(solo sing)* assicurazione, garanzia (il garantire). ***3*** dispositivo di sicurezza; sicura (di armi). ***4*** fusibile; salvavita.
Sicht [ˈzɪçt] *(f; -)* ***1*** visibilità ♦ *heute ist gute Sicht* oggi c'è una buona visibilità. ***2*** vista, visuale. ***3*** *(fig)* visuale, prospettiva, punto di vista ♦ *aus meiner Sicht* dal mio punto di vista. ◆ **auf kurze Sicht** a breve termine, per poco tempo. ◆ **auf lange/weite Sicht** a lungo termine, per molto tempo. ◆ **außer Sicht** fuori dalla visuale. ◆ **in Sicht** in vista, visibile.
sichtbar [-ˌbaːɐ] *(agg)* ***1*** visibile, evidente. ***2*** *(avv)* visibilmente, notevolmente.
Sichtbarkeit [-baːɐˌkait] *(f; -)* ~ visibilità.
sichten [-ən] *(vt, hat)* ***1*** avvistare. ***2*** *(fig)* esaminare, visionare.
sichtlich [-lɪç] *(agg)* ***1*** visibile, notevole. ***2*** *(avv)* visibilmente, notevolmente.
Sichtung [-ʊŋ] *(f; -, -en)* ***1*** *(solo sing)* avvistamento. ***2*** *(fig)* esame (di carte e sim).
Sichtweite [-ˌvaitə] *(f; -)* ~ vista, visibilità.

sickern ['zɪkɐn] *(vi, ist)* ***1*** filtrare. ***2*** colare, gocciolare.

sie[1] [ziː] *(pron, III pers sing f Nom/Acc; Gen* **ihrer**, *Dat* **ihr***)* ~ lei, la ♦ *sie heißt Tina* si chiama Tina ♦ *ich kenne sie nicht* non la conosco.

sie[2] *(pron, III pers pl Nom/Acc; Gen* **ihrer**, *Dat* **ihnen***)* ~ loro, essi, li, le ♦ *sie wohnen in Stuttgart* abitano a Stoccarda ♦ *kennst du sie?* li conosci?

Sie *(pron di cortesia Nom/Acc; Gen* **Ihrer**, *Dat* **Ihnen***)* ~ Lei, Loro, La, Loro ♦ *sind Sie verheiratet?* (lei) è sposato/a? ♦ *setzen Sie sich, bitte* si sieda/sedetevi, prego.

Sieb [ziːp] *(n; -(e)s, -e)* ***1*** colino; colabrodo, colapasta. ***2*** setaccio. ***3*** filtro.

sieben[1] ['ziːbən] *(vt, hat)* ***1*** colare, filtrare. ***2*** setacciare. ***3*** *(fig)* selezionare, fare una cernita.

sieben[2] *(num)* ~ sette.

Sieben *(f; -, -)* ***1*** numero sette. ***2*** bus numero sette.

Siebensachen [-ˌzaxən] *(pl; solo con poss)* ~ cose, carabattole ♦ *er packte seine Siebensachen und reiste ab* prese le sue cose e partì.

Siebenschläfer [-ʃlɛːfɐ] *(m, -s, -)* ~ *(zool)* ghiro.

siebentel [-təl] *(num)* ~ vedi **siebtel**.

Siebentel *(n; -s, -s)* ~ vedi **Siebtel**.

siebte(r, -s) ['ziːptə (-tɐ, -təs)] *(agg)* ~ settimo.

siebtel ['ziːptəl] *(num)* ~ settimo ♦ *ein siebtel Liter* un settimo di litro.

Siebtel *(n; -s, -)* ~ settimo, settima parte.

siebzehn ['ziːpˌtseːn] *(num)* ~ diciassette.

siebzehnhundert [-'hʊndɐt] *(num)* ~ millesettecento.

siebzig ['ziːptsɪç] *(num)* ~ settanta.

siebziger ['ziːptsɪgɐ] *(agg indecl)* ~ settanta ♦ *die siebziger Jahre* gli anni settanta.

Siebziger *(m; -s, -; f* **-in***)* ~ settantenne.

Siebzigerjahre [-jaːrə] *(pl)* ~ anni settanta.

siedeln ['ziːdəln] *(vi, hat)* ~ stabilirsi, insediarsi (come colono).

sieden ['ziːdən] *(vi, hat;* **sott/siedete, gesotten/gesiedet***) (region)* ~ bollire.

Siedler ['ziːdlɐ] *(m; -s, -; f* **-in***)* ~ colono.

Siedlung ['ziːdlʊŋ] *(f; -, -en)* ***1*** centro abitato (in periferia), quartiere. ***2*** comunità (di abitanti). ***3*** colonia, insediamento.

Sieg [ziːk] *(m; -(e)s, -e)* ~ vittoria ♦ *einen Sieg über jmdn/etwas erringen* riportare una vittoria su qcn/qcs.

Siegel ['ziːgəl] *(n; -s, -)* ~ sigillo ♦ *ein Siegel auf etwas* (Acc) *drücken* mettere un sigillo su qcs ♦ *ein Siegel aufbrechen* rompere un sigillo. ◆ **ein Buch mit sieben Siegeln** *(fig)* un mistero, un enigma. ◆ **unter dem Siegel der Verschwiegenheit** *(fig)* in gran segreto.

Siegellack [-ˌlak] *(m; -(e)s, -e)* ~ ceralacca.

siegeln [-n] *(vt, hat)* ~ sigillare (documenti).

siegen ['ziːgən] *(vi, hat)* ~ vincere ♦ *im Zweikampf siegen* vincere a duello ♦ *nach Punkten siegen* vincere ai punti ♦ *über jmdn siegen* vincere contro qcn.

Sieger ['ziːgɐ] *(m; -s, -; f* **-in***)* ~ vincitore.

Siegerehrung [-ˌʔeːrʊŋ] *(f; -, -en)* ~ premiazione, cerimonia di premiazione.

siegreich ['ziːkˌraiç] *(agg)* ~ vittorioso, vincitore ♦ *die siegreiche Mannschaft* la squadra vincitrice.

Siesta ['zjɛsta] *(f; -, Siestas/Siesten)* ~ pisolino, sonnellino (pomeridiano) ♦ *Siesta halten* fare un sonnellino.

siezen ['ziːtsən] *(vt, hat)* ~ {*jmdn* ~} dare del Lei a qcn.

Sigel ['ziːgəl] *(n; -s, -)* ~ abbreviazione, sigla.

Signal [zi'gnaːl] *(n; -s, -e)* ~ segnale ♦ *das Signal zum Angriff* il segnale dell'attacco.

signalisieren [zignali'ziːrən] *(vt, hat)* ***1*** {*jmdm etwas* ~} segnalare qcs a qcn, comunicare qcs a qcn (con un segnale). ***2*** segnalare, significare ♦ *das rote Licht signalisiert, dass* la luce rossa segnala che.

Signatur [zɪgna'tuːɐ] *(f; -, -en)* ***1*** firma. ***2*** codice (bibliotecario).

signieren [zɪ'gniːrən] *(vt, hat)* ~ autografare; firmare.

Silbe ['zɪlbə] *(f; -, -n)* ~ sillaba. ◆ **von etwas keine Silbe verstehen** non capire neanche una parola di qcs.

Silbentrennung [-nˌtrɛnʊŋ] *(f; -, -en)* ~ sillabazione, divisione in sillabe.

Silber ['zɪlbɐ] *(n; -s)* ***1*** argento. ***2*** argenteria.

silbern [-n] *(agg)* ~ d'argento ♦ *silberne Ohrringe* orecchini d'argento. ◆ **silberne Hochzeit** nozze d'argento.

Silberpapier ['zɪlbɐpa,piːɐ] *(n; -(e)s)* ~ carta stagnola, carta argentata.
silbisch ['zɪlbɪʃ] *(agg)* ~ sillabico.
silbrig ['zɪlbrɪç] *(agg)* ~ argenteo, dai riflessi argentei.
Silo ['ziːlo] *(n; -s, -s)* ~ silos, deposito.
Silvester [zɪl'vɛstɐ] *(n; -s, -)* ~ giorno di San Silvestro, ultimo dell'anno ♦ *an Silvester* per San Sivestro.
Silvesternacht [-,naxt] *(f; -, -nächte)* ~ notte di San Silvestro, notte di capodanno.
simpel ['zɪmpəl] *(agg)* ***1*** semplice, facile. ***2*** *(spreg)* sempliciotto, sciocco.
Sims ['zɪms] *(n/m; -es, -e)* ***1*** mensola (del camino). ***2*** cornice, cornicione. ***3*** davanzale.
Simse ['zɪmzə] *(f; -, -n)* ~ *(bot)* giunco.
simulieren [zimu'liːrən] *(vt, hat)* ***1*** simulare, fingere. ***2*** *(vi)* simulare, fare finta.
simultan [zimʊl'taːn] *(agg)* ***1*** simultaneo. ***2*** *(avv)* simultaneamente. ◆ **eine Rede simultan dolmetschen** fare una traduzione simultanea di un discorso.
Simultandolmetschen [-,dɔlmɛtʃən] *(n; -s)* ~ traduzione simultanea.
Simultandolmetscher [-,dɔlmɛtʃɐ] *(m; -s, -; f* **-in***)* ~ traduttore simultaneo.
Sinfonie *(anche* **Symphonie***)* [zɪnfo'niː] *(f; -, -n)* ~ sinfonia.
singen ['zɪŋən] *(vi/vt, hat;* **sang**, **gesungen***)* ***1*** cantare ♦ *ein Lied singen* cantare una canzone ♦ *sie singt gut* canta bene, è brava a cantare. ***2*** *(vi) (fig/fam)* cantare, vuotare il sacco.
Single[1] ['sɪŋgol] *(m; -/-s, -s)* ~ single, persona single.
Single[2] *(f; -, -s)* ~ singolo (disco).
Single[3] *(n; -/-s, -/-s)* ~ *(sport)* singolo.
Singular ['zɪŋgulaːɐ] *(m; -s, -e)* ***1*** singolare ♦ *ein Wort im Singular* una parola al singolare. ***2*** parola al singolare.
Singvogel ['zɪŋ,foːgəl] *(m; -s, -vögel)* ~ uccello canoro.
sinken ['zɪŋkən] *(vi, ist;* **sank**, **gesunken***)* ***1*** affondare, inabissarsi, colare a picco ♦ *das Schiff ist gesunken* la nave è affondata. ***2*** *(fig)* calare, diminuire, scendere, abbassarsi ♦ *die Temperaturen sind gesunken* le temperature sono scese ♦ *die Stimmung sank* il buonumore diminuì, l'atmosfera peggiorò. ***3*** cadere, lasciarsi cadere, andare giù ♦ *auf die Knie sinken* cadere in ginocchio. ***4*** calare (sole). ***5*** *(fig)* decadere (moralmente).
Sinn [zɪn] *(m; -(e)s, -e)* ***1*** senso ♦ *die fünf Sinne* i cinque sensi. ***2*** *(pl) (lett)* sensi, sensualità. ***3*** mente, pensiero ♦ *das will mir nicht aus dem Sinn gehen* questo non vuole uscirmi dalla mente. ***4*** animo, sentimenti ♦ *einen fröhlichen Sinn haben* avere un animo allegro. ***5*** opinione, idea ♦ *anderen Sinnes werden* cambiare opinione ♦ *mit jmdm eines Sinnes sein* essere della stessa opinione di qcn. ***6*** senso, gusto, sensibilità ♦ *(keinen) Sinn für Humor haben* (non) avere il senso dell'umorismo. ***7*** *(solo sing)* senso, significato ♦ *der Sinn meiner Worte* il senso delle mie parole ♦ *in diesem Sinn(e)* in questo senso ♦ *in welchem Sinn(e)?* in che senso? ♦ *im eigentlichen Sinn(e)* nel senso vero e proprio della parola ♦ *im engeren, weiteren Sinn(e)* in senso stretto, lato. ***8*** *(solo sing)* senso, obiettivo ♦ *der Sinn seines Handels* il senso del suo agire. ◆ **keinen Sinn haben** non avere senso ♦ *es hat keinen Sinn, noch länger zu warten* non ha senso aspettare ancora. ◆ **einen sechsten Sinn (für etwas) haben** *(fig)* avere un sesto senso (per qcs). ◆ **nicht bei Sinnen sein** non essere in sé, essere fuori di sé. ◆ **etwas im Sinne haben** avere in mente qcs, progettare qcs. ◆ **jmdm in den Sinn kommen** venire in mente a qcn, saltare in mente a qcn ♦ *was ist dir in den Sinn gekommen?* che ti è saltato in mente? ◆ **ohne Sinn und Verstand** senza alcun senso. ◆ **aus den Augen, aus dem Sinn** *(prov)* lontano dagli occhi, lontano dal cuore.
Sinnbild [-,bɪlt] *(n; -(e)s, -er)* ~ simbolo, emblema ♦ *ein Sinnbild für etwas sein* essere un simbolo di qcs.
sinnbildlich [-,bɪltlɪç] *(agg)* ~ simbolico, emblematico.
sinnen [-ən] *(vi, hat;* **sann**, **gesonnen***)* ***1*** {*auf etwas* (Acc) ~} *(lett)* meditare qcs, avere in animo qcs, tramare qcs ♦ *auf Rache sinnen* meditare vendetta. ***2*** {*über etwas* (Acc) ~} *(lett)* meditare su qcs.
Sinnenfreude [-ən,frɔydə] *(f; -, -n)* ***1*** *(solo sing)* sensualità. ***2*** *(pl)* piaceri dei sensi.

Sinneseindruck [-əsˌˀaindrʊk] *(m; -(e)s, -drücke)* ~ impressione, sensazione.

Sinnesorgan [-əsˀɔrˌgaːn] *(n; -s, -e)* ~ organo sensoriale.

sinngemäß [-gəˌmɛːs] *(agg)* ***1*** a senso, conforme al senso ♦ *eine sinngemäße Übersetzung* una traduzione a senso. ***2*** *(avv)* a senso, secondo il senso.

sinnig [-ɪç] *(agg)* ***1*** sensato. ***2*** ingegnoso. ***3*** azzeccato, indovinato.

sinnlich [-lɪç] *(agg)* ***1*** sensoriale, sensibile, dei sensi. ***2*** sensuale, erotico.

Sinnlichkeit [-lɪçˌkait] *(f; -)* ~ sensualità.

sinnlos [-ˌloːs] *(agg)* ***1*** insensato, senza senso. ***2*** vano, inutile.

sinnreich [-ˌraiç] *(agg)* ~ ingegnoso.

sinnverwandt [-fɛɐˌvant] *(agg)* ~ sinonimo, di senso affine.

sinnvoll [-ˌfɔl] *(agg)* ~ sensato, ragionevole.

Sintflut [ˈzɪntˌfluːt] *(f; -)* ~ diluvio universale.

Sippe [ˈzɪpə] *(f; -, -n)* ***1*** etnia, tribù, famiglia, clan. ***2*** *(fig/fam)* banda, parentado.

Sippschaft [ˈzɪpˌʃaft] *(f; -, -en)* ***1*** *(spreg)* parentado, parenti. ***2*** *(spreg)* gentaglia.

Sirene [ziˈreːnə] *(f; -, -n)* ***1*** sirena (figura mitologica). ***2*** sirena, allarme.

sirren [ˈzɪrən] *(vi, hat)* ***1*** ronzare ♦ *Steckmücken sirren* le zanzare ronzano. ***2*** *(aux* ist*)* ronzare, volare ronzando.

Sirup [ˈziːrʊp] *(m; -s, -e)* ~ sciroppo (di frutta); melassa.

Sitte [ˈzɪtə] *(f; -, -n)* ***1*** costume, uso, usanza ♦ *die Sitten und Gebräuche eines Landes* gli usi e costumi di un paese. ***2*** costume (morale), moralità. ***3*** *(pl)* maniere, educazione ♦ *gute Sitten* buone maniere. ◆ **das ist bei uns so Sitte** da noi si usa così.

sittenlos [-nˌloːs] *(agg)* ~ scostumato, immorale.

Sittenlosigkeit [-nˌloːzɪçkait] *(f; -)* ~ scostumatezza, immoralità.

Sittenpolizei [-npoliˌtsai] *(f; -)* ~ buoncostume, squadra del buoncostume.

sittenwidrig [-nˌviːdrɪç] *(agg)* ~ *(dir)* immorale.

Sittich [ˈzɪtɪç] *(m; -(e)s, -e)* ~ *(zool)* pappagallino, cocorita.

sittlich [ˈzɪtlɪç] *(agg)* ***1*** morale, moralmente buono. ***2*** onesto, integro.

Sittlichkeit [-ˌkait] *(f; -)* ***1*** morale, moralità. ***2*** onestà, integrità, senso morale.

sittsam [ˈzɪtˌzaːm] *(agg)* ~ costumato, virtuoso.

Situation [zitwaˈtsjoːn] *(f; -, -en)* ~ *(generic)* situazione.

situiert [zituˈiːɐt] *(agg)* ~ **gut**, **schlecht situiert sein** essere messo bene, male (finanziariamente).

Sitz [zɪts] *(m; -es, -e)* ***1*** posto (a sedere). ***2*** sedile, sedia. ***3*** seggio (in parlamento). ***4*** sede ♦ *die Firma hat ihren Sitz in Bonn* la ditta ha sede a Bonn. ***5*** taglio (di abiti). ***6*** posizione, postura (a sedere). ◆ **auf einen Sitz** *(fam)* tutto in una volta.

Sitzbank [-ˌbaŋk] *(f; -, -bänke)* ~ panchina, panca.

sitzen [-ən] *(vi,* hat; **saß**, **gesessen***)* ***1*** essere seduto, stare seduto, sedere ♦ *auf einem Stuhl sitzen* essere seduto su una sedia ♦ *er hat den ganzen Tag lang am Schreibtisch gesessen* è stato seduto tutto il giorno alla scrivania. ***2*** essere, stare, starsene, trovarsi (seduto) ♦ *beim Frühstück sitzen* essere a fare colazione ♦ *den ganzen Tag zu Hause sitzen* stare a casa tutto il giorno, non far niente tutto il giorno. ***3*** {*an etwas* (Dat) ~} essere occupato in qcs, lavorare a qcs. ***4*** essere posato, stare (volatili). ***5*** avere un seggio (in parlamento e sim). ***6*** stare, cadere (indumenti) ♦ *die Jacke sitzt gut* la giacca cade bene. ***7*** fare centro (colpi) ♦ *der Schuss hat gesessen* lo sparo ha fatto centro. ***8*** *(fam)* stare in galera. ***9*** rimanere impresso (nozioni). ***10*** stare fermo, essere ben fissato ♦ *die Schraube sitzt nicht* la vite non è ben fissata. ***11*** posare (come modello) ♦ *einem Künstler sitzen* posare per un artista. ◆ **sitzen bleiben** († **sitzenbleiben**) ***1*** *(fam)* essere bocciato (a scuola). ***2*** *(fam)* fare tappezzeria (a feste e sim). ***3*** {*auf etwas* (Dat) ~ *bleiben*} non trovare acquirenti per qcs. ◆ **sitzen lassen** († **sitzenlassen**) ***1*** *(fam)* piantare, lasciare, abbandonare ♦ *er hat seine Frau sitzen lassen* ha piantato la moglie. ***2*** *(fam)* bocciare, non promuovere (studenti). ◆ **einen sitzen haben** *(fam)* essere alticcio. ◆ **in der Tinte sitzen** *(fig/fam)* essere nei pasticci. ◆ **über den**

Büchern sitzen *(fig)* stare seduto sui libri, studiare molto.
sitzenbleiben ~ **sitzen bleiben** (vedi **sitzen**).
sitzend [-ənt] *(agg)* ***1*** seduto. ***2*** *(fam)* sedentario ♦ *eine sitzende Arbeit* un lavoro sedentario.
sitzenlassen ~ **sitzen lassen** (vedi **sitzen**).
Sitzplatz [-ˌplats] *(m; -es, -plätze)* ~ posto a sedere.
Sitzstreik [-ʃtraik] *(m; -(e)s, -s)* ~ sit-in.
Sitzung [-ʊŋ] *(f; -, -en)* ***1*** seduta, riunione ♦ *eine Sitzung einberufen, eröffnen* convocare, aprire una seduta ♦ *Sitzung haben* essere in riunione. ***2*** *(dir)* udienza.
Skala ['ska:la] *(f; -, Skalen)* ***1*** scala (graduata). ***2*** *(mus)* scala.
Skalpell [skal'pɛl] *(n; -s, -e)* ~ bisturi.
Skandal [skan'da:l] *(m; -s, -e)* ~ scandalo ♦ *einen Skandal verursachen* provocare uno scandalo.
Skat [ska:t] *(m; -(e)s)* ~ skat (gioco di carte tedesco).
Skelett [ske'lɛt] *(n; -(e)s, -e)* ***1*** scheletro. ***2*** *(fig)* scheletro, struttura, ossatura.
Skepsis ['skɛpsɪs] *(f; -)* ~ scetticismo.
Skeptiker ['skɛptɪkɐ] *(m; -s, -; f* **-in***)* ~ scettico.
skeptisch ['skɛptɪʃ] *(agg)* ~ scettico.
Ski *(anche* **Schi***)* [ʃi:] *(m; -/s, -/-er)* ~ sci (attrezzo per sciare).
Skifahren [-ˌfa:rən] *(n; -s)* ~ sci (sport).
Skilauf [-ˌlauf] *(m; -(e)s)* ~ vedi **Skilaufen**.
Skilaufen [-ˌlaufən] *(n; -s)* ~ sci (sport) ♦ *nordisches Skilaufen* sci nordico.
Skiläufer [-ˌlɔyfɐ] *(m; -s, -; f* **-in***)* ~ sciatore.
Skipiste [-ˌpɪstə] *(f; -, -n)* ~ pista da sci.
Skisport [-ʃpɔrt] *(m; -(e)s)* ~ sci (sport).
Skistiefel [-ʃti:fəl] *(m; -s, -)* ~ scarpone da sci.
Skizze ['skɪtsə] *(f; -, -n)* ***1*** schizzo, abbozzo. ***2*** resoconto (per sommi capi), appunti.
skizzieren [skɪ'tsi:rən] *(vt, hat)* ***1*** schizzare, abbozzare. ***2*** descrivere sommariamente, tratteggiare.
Sklave ['skla:və] *(m; -n, -n; f* **Sklavin***)* ~ schiavo ♦ *er ist der Sklave seiner Leidenschaften* è schiavo delle sue passioni.
Sklaverei [skla:və'rai] *(f; -)* ~ schiavitù, sistema schiavistico *(anche fig)*.
sklavisch ['skla:vɪʃ] *(agg)* ***1*** servile, da schiavo. ***2*** *(fig)* pedissequo, senza originalità. ***3*** *(avv)* servilmente, come uno schiavo.
Skonto ['skɔnto] *(n/m; -s, -s)* ~ *(comm)* sconto, ribasso.
Skorpion [skɔr'pjo:n] *(m; -s, -e)* ~ *(zool/astrol)* Scorpione.
Skript [skrɪpt] *(n; -(e)s, -en/-s)* ***1*** scritto, testo scritto. ***2*** manoscritto. ***3*** sceneggiatura, copione (di film).
Skrupel ['skru:pəl] *(m; -s, -)* ~ scrupolo ♦ *keine Skrupel haben/kennen* non avere scrupoli.
skrupellos [-ˌlo:s] *(agg)* ***1*** privo di scrupoli, senza scrupoli. ***2*** *(avv)* senza scrupoli.
Skulptur [skʊlp'tu:ɐ] *(f; -, -en)* ~ scultura (arte; opera).
skurril [skʊ'ri:l] *(agg)* ~ stravagante, strambo.
Slip [slɪp] *(m; -s, -s)* ~ mutandine, slip.
Slipper [-ɐ] *(m; -s, -)* ~ mocassino.
Smaragd [sma'rakt] *(m; -(e)s, -e)* ~ smeraldo.
smart ['sma:ɐt] *(agg)* ***1*** *(fam)* abile, in gamba, dritto. ***2*** *(fam)* elegante, chic.
Smog [smɔk] *(m; -s)* ~ smog, inquinamento dell'aria.
Smoking ['smo:kɪŋ] *(m; -s, -s)* ~ smoking, abito da sera (da uomo).
Snack [snɛk] *(m; -s, -s)* ~ spuntino, snack.
Snob [snɔp] *(m; -s, -s)* ~ snob, persona altezzosa.
snobistisch [sno'bɪstɪʃ] *(agg)* ~ snob, altezzoso.
so[1] [zo:] *(avv)* ***1*** così, in questo modo ♦ *es ist nicht so* non è così ♦ *so geht es nicht* così non va bene ♦ *gut so!* va bene così! ♦ *so hatte ich es nicht gemeint* non è così che intendevo. ***2*** così, di questo tipo ♦ *so ist das Leben!* così è la vita! ***3*** *(+ agg/avv/pron)* così, tanto, talmente ♦ *ist er wirklich so berühmt?* è davvero così famoso? ♦ *trinkst du immer so viel?* bevi sempre così tanto? ***4*** così, molto ♦ *ich bin so glücklich!* sono così felice! ***5*** all'incirca, più o meno ♦ *so gegen fünf Uhr* più o meno verso le cinque. ***6*** insomma, allora, una buona volta ♦ *so hör mir gut zu* insomma, ascoltami bene. ◆ **so eine Art...** una specie di..., qualcosa che so-

miglia a... ♦ *das ist so eine Art Rechner* è una specie di computer. ◆ **so etwas** qualcosa del genere, una cosa del genere ♦ *so etwas kann immer passieren* una cosa del genere può sempre succedere ♦ *so etwas Gutes, Schönes* una cosa così buona, bella. ◆ **so etwas wie** qualcosa come, una specie di ♦ *so etwas wie eine Rente* una specie di pensione. ◆ **so genannt** († **sogenannt**) *(abbrev* **sog.***)* *1* cosiddetto ♦ *der so genannte heilige Krieg* la cosiddetta guerra santa. *2* sedicente ♦ *sein so genannter Freund* il suo sedicente amico. ◆ **so mancher** molta gente. ◆ **so viel** († **soviel**) quanto ♦ *ich aß, so viel ich konnte* mangiai quanto potei ♦ *noch einmal so viel* altrettanto, due volte tanto. ◆ **so weit** († **soweit**) *1* fino a qui, fino a questo punto. *2* abbastanza ♦ *es geht mir so weit gut* sto abbastanza bene. ◆ **es ist so weit gekommen, dass** siamo arrivati al punto che. ◆ **so weit** († **soweit**) **sein** *1 (fam)* avere finito, esserci ♦ *sind wir so weit?* ci siamo? *2 (impers)* essere il momento ♦ *wenn es so weit ist* quando è il momento. ◆ **so wenig** († **sowenig**) **wie** tanto poco, altrettanto poco quanto ♦ *ich weiß so wenig wie du* ne so (tanto poco) quanto te. ◆ **so... wie...** così... come..., tanto... quanto... ♦ *sie ist so groß wie ich* è alta come me. ◆ **so gut wie** praticamente ♦ *das ist so gut wie ausgeschlossen* questo è praticamente escluso ♦ *so gut wie nichts* praticamente niente ♦ *so gut wie nie* praticamente mai. ◆ **so... dass** così... che ♦ *sie ist so reich, dass* è così ricca che ♦ *er hat so viel getrunken, dass* ha bevuto così tanto che ♦ *sie liebt ihn so sehr, dass* lo ama così tanto che. ◆ **so dass** vedi **sodass**. ◆ **so ein...** un tale..., un... simile, un... così ♦ *bei so einem Wetter* con un tempo così ♦ *für so einen guten Freund* per un così buon amico ♦ *so ein Pech!* che sfortuna! ◆ **so oder so** o così o così, in ogni caso. ◆ **wenn dem so ist** se le cose stanno così. ◆ **so!** finalmente! ecco! ecco fatto! ◆ **so lala** così così ♦ *„Wie geht's?" „So lala"* "Come va?" "Così così". ◆ **um so** vedi **umso**. ◆ **und so weiter/fort** vedi **weiter**, **fort**.

so[2] *(congiunz subord)* ~ per quanto, sebbene ♦ *so Leid es mir (auch) tut, ich kann nicht kommen* per quanto mi dispiaccia, non posso venire.

sobald [zo'balt] *(congiunz subord)* ~ appena, non appena ♦ *sobald ich fertig bin, können wir gehen* appena sono pronto possiamo andare ♦ *ruf mich an, sobald du kannst* telefonami appena puoi.

Socke ['zɔkə] *(f; -, -n)* ~ calzino, calzettone. ◆ **sich auf die Socken machen** *(fig/fam)* alzare i tacchi, andarsene. ◆ **von den Socken sein** *(fig/fam)* rimanere di stucco.

Sockel [-l] *(m; -s, -s)* ~ zoccolo, basamento (di costruzioni).

sodass *(anche* **so dass***)* [zo'das] *(congiunz subord)* ~ cosicché, tanto che, così ♦ *ich war krank, so dass ich zu Hause bleiben musste* ero malato, cosicché dovetti rimanere a casa.

soeben [zo'ʔeːbən] *(avv)* *1* proprio adesso, in questo istante. *2* poco fa, appena.

Sofa ['zoːfa] *(n; -s, -s)* ~ divano, sofà.

sofern [zo'fɛrn] *(congiunz subord)* ~ se, ammesso che, sempre che ♦ *ich werde kommen, sofern ich einen Tag freibekomme* verrò, ammesso/sempre che mi diano un giorno libero.

soff [zɔf] ~ pret di **saufen**.

sofort [zo'fɔrt] *(avv)* ~ subito, immediatamente.

sofortig [-ɪç] *(agg)* ~ immediato, istantaneo ♦ *wir bitten um sofortige Antwort* pregasi rispondere immediatamente.

Software ['zɔftˌvɛːɐ] *(f; -, -s)* ~ *(elab)* software.

sog [zoːk] ~ pret di **saugen**.

Sog *(m; -(e)s, -e)* *1* risucchio, vortice. *2* *(fig)* vortice, impeto travolgente.

sog. ~ abbrev di **so genannt** (vedi **so**[1]).

sogar [zo'gaːɐ] *(avv)* ~ perfino, persino, addirittura ♦ *sogar ich wusste es* persino io lo sapevo.

sogenannt ~ **so genannt** (vedi **so**[1]).

sogleich [zo'glaiç] *(avv)* ~ subito, immediatamente.

Sohle ['zoːlə] *(f; -, -n)* *1* suola. *2* suola, soletta (interna alla scarpa). *3* fondo, fondovalle; fondale (di fiume, lago, ecc). ◆ **auf leisen Sohlen** piano, di soppiatto.

Sohn [zoːn] *(m; -(e)s, Söhne)* ***1*** figlio (maschio) ♦ *er hat zwei Töchter und einen Sohn* ha due figlie femmine e un figlio maschio ♦ *jmdn wie einen Sohn lieben* amare qcn come un figlio. ***2*** *(fig)* figlio, appartenente.

Soja [ˈzoːja] *(f; -, Sojen)* ~ *(bot)* soja.

Sojabohne [-ˌboːnə] *(f; -, -n)* ~ *(bot)* soja.

solang(e) [zoˈlaŋ(ə)] *(congiunz)* ***1*** mentre, fintanto che ♦ *solange ich Urlaub habe, will ich nicht gestört werden* fintanto che sono in ferie non voglio essere disturbato ♦ *solange die Angelegenheit nicht geklärt ist, werden wir keine Entscheidung treffen* fintanto che la faccenda non sarà chiarita non vogliamo prendere decisioni. ***2*** finché, quanto ♦ *du darfst bleiben, solange du willst* puoi restare quanto vuoi. ***3*** se, purché, a patto che ♦ *du darfst bleiben, solange du ruhig bist* puoi rimanere a patto che tu stia zitto.

solar [zoˈlaːɐ] *(agg)* ~ solare ♦ *solare Energie* energia solare.

solch [zɔlç] ~ vedi **solche(r, -s)**.

solche(r, -s) [-ə (-ɐ, -əs)] *(agg dimostr)* ***1*** *(agg)* tale ♦ *ein solches Chaos* un tale caos. ***2*** così, tale, del genere ♦ *in solchen Fällen* in tali casi ♦ *bei solchem Wetter* con un tempo così. ***3*** tale, così forte ♦ *ich habe solchen Hunger* ho una tale fame. ◆ **solch ein** *(lett)* un tale, un così ♦ *solch ein lieber Freund* un così caro amico. ◆ **als solche(r, -s)** in quanto tale ♦ *das Risiko als solches* il rischio in quanto tale.

SOLCHER, SOLCHE, SOLCHES

	MASCH	FEMM	NEUTRO
NOM *sing*	solcher	solche	solch(es)
pl	solche	solche	solche
GEN *sing*	solches	solcher	solches
pl	solcher	solcher	solcher
DAT *sing*	solchem	solcher	solchem
pl	solchen	solchen	solchen
ACC *sing*	solchen	solche	solch(es)
pl	solche	solche	solche

solcherart [-ɐˌʔaːɐt] *(agg indecl)* ***1*** così, tale, di questo tipo. ***2*** *(avv)* in questo modo, in tal modo.

solcherlei [-ɐˈlai] *(agg/pron indecl)* ***1*** tale, di tal genere ♦ *solcherlei Leute* tali persone. ***2*** *(pron)* cose tali, cose di tal genere.

solchermaßen [-ɐˈmaːsən] *(avv)* ~ in questo modo, in tal modo.

Sold [zɔlt] *(m; -(e)s, -e)* ~ *(mil)* paga, soldo. ◆ **in jmds Sold stehen** essere al soldo di qcn.

Soldat [zɔlˈdaːt] *(m; -en, -en; f* **-in***)* ~ soldato.

soldatisch [-ɪʃ] *(agg)* ~ militare, soldatesco, di soldato.

Söldner [ˈzœldnɐ] *(m; -s, -)* ~ mercenario, soldato di ventura.

solid [zoˈliːt] ~ vedi **solide**.

solidarisch [zoliˈdaːrɪʃ] *(agg)* ~ solidale.

solidarisieren [zolidariˈziːrən] *(vr, hat)* ~ **sich mit jmdm solidarisieren** solidarizzare con qcn.

Solidarität [zolidariˈtɛːt] *(f; -)* ~ solidarietà.

solide [zoˈliːdə] *(anche* **solid***)* *(agg)* ***1*** solido, saldo, resistente. ***2*** *(fig)* solido, serio ♦ *eine solide Firma* una ditta solida. ***3*** *(fig)* onesto, serio, perbene.

Solist [zoˈlɪst] *(m; -en, -en; f* **-in***)* ~ solista.

Solitär [zoliˈtɛːɐ] *(m; -s, -)* ~ solitario (brillante).

Soll [zɔl] *(n; -s)* ***1*** *(econ)* dare, debito. ***2*** standard (di produzione); dovere, compito assegnato (sul lavoro) ♦ *sein Soll erfüllen* svolgere il proprio compito. ◆ **Soll und Haben** dare e avere.

sollen [-ən] *(v mod, hat; er* **soll**, **sollte**, **gesollt***)* ***1*** dovere (per ordine esterno, compito, consiglio, ecc) ♦ *ich soll ihn heute Abend anrufen* (ha detto che) devo telefonargli stasera ♦ *soll ich dir helfen?* ti devo aiutare? vuoi che ti aiuti? ♦ *du solltest mit ihm sprechen* dovresti parlare con lui, faresti meglio a parlare con lui ♦ *das hättest du mir sagen sollen* questo avresti dovuto dirmelo ♦ *du hättest sehen sollen, wie er ihn gescholten hat* avresti dovuto vedere come l'ha sgridato. ***2*** *(+ neg)* non dovere (divieto, consiglio) ♦ *du sollst nicht so schnell fahren* non devi guidare così veloce ♦ *du sollst nicht töten* non uccidere (quinto comandamento). ***3*** *(in frasi interrogative)* dovere (spesso tradotto con l'infinito) ♦ *was soll ich tun?* che devo fare? ♦ *ich weiß nicht, was ich tun soll* non so che devo fare ♦ *weißt du schon, an wen du dich wenden sollst?* sai già a chi rivolgerti? **4** *(cong)* dovere (probabilità) ♦ *wenn er sich verspäten sollte* se dovesse ritardare ♦ *solltest du mit ihm sprechen, frag ihn bitte, ob...* se dovessi parlare con lui, chiedigli per favore se... **5** dicono che ♦ *er soll krank sein* dicono che sia malato ♦ *in den Alpen soll es geschneit haben* dicono che sulle Alpi abbia nevicato. **6** significare ♦ *was soll das alles?* cosa significa (tutto questo)? ♦ *was soll denn das heißen?* questo cosa vorrebbe dire? **7** *(cong) (lett)* dovere, essere destinato a ♦ *er sollte nie wieder kommen* era destinato a non tornare più. ◆ **was soll das kosten?** quanto viene a costare? ◆ **was soll's?** che ci vuoi fare?

solo ['zo:lo] *(avv)* **1** *(mus)* in assolo. **2** solo, single.

Solo *(n*; -s, Solos/Soli*)* **1** *(mus)* assolo. **2** *(sport)* singolo (tennis).

somit [zo'mɪt] *(avv)* ~ con ciò, dunque, quindi.

Sommer ['zɔmɐ] *(m*; -s, -*)* ~ estate ♦ *im Sommer* d'estate, in estate. ◆ **Sommer wie Winter** d'estate e d'inverno, tutto l'anno.

Sommer- *(nei composti)* ~ estivo ♦ *Sommerferien* vacanze estive ♦ *Sommerschlussverkauf* saldi di fine stagione (estiva).

sommerlich [-lɪç] *(agg)* **1** estivo. **2** *(avv)* in modo estivo, da estate ♦ *sich sommerlich kleiden* vestirsi da estate.

sommers [-s] *(avv)* ~ d'estate, in estate.

Sommersprossen [-ʃprɔsən] *(pl)* ~ lentiggini.

sommersprossig [-ʃprɔsɪç] *(agg)* ~ lentigginoso.

Sommerzeit [-ˌtsait] *(f*; -, -en*)* **1** periodo estivo. **2** ora legale.

Sonate [zo'na:tə] *(f*; -, -n*)* ~ *(mus)* sonata.

Sonde ['zɔndə] *(f*; -, -n*)* **1** sonda. **2** *(med)* sonda, sondino.

Sonder- ['zɔndɐ-] *(nei composti)* ~ speciale, straordinario ♦ *Sonderangebot* offerta speciale ♦ *Sonderausgabe* edizione straordinaria.

sonderbar [-ˌba:ɐ] *(agg)* ~ strano, singolare, insolito ♦ *sonderbare Gewohnheiten* abitudini singolari.

Sonderfall [-ˌfal] *(m*; -(e)s, -fälle*)* ~ caso particolare, caso straordinario.

sondergleichen [-ˌglaiçən] *(agg indecl posp)* ~ unico, senza pari ♦ *eine Frechheit sondergleichen* una sfacciataggine senza pari.

sonderlich [-lɪç] *(agg)* **1** strano, stravagante (persona). **2** *(+ neg)* particolare ♦ *das kostete mich keine sonderliche Mühe* non mi è costato particolare fatica ♦ *nichts Sonderliches* niente di particolare. **3** *(avv) (+ neg)* particolarmente, molto ♦ *die Aufgabe war nicht sonderlich schwierig* il compito non era particolarmente difficile.

Sonderling [-ˌlɪŋ] *(m*; -s, -e*)* ~ stravagante, tipo originale.

Sondermüll [-ˌmʏl] *(m*; -(e)s*)* ~ rifiuti speciali.

sondern[1] [-n] *(congiunz)* ~ ma, bensì (dopo negazione) ♦ *er heißt nicht Peter, sondern Paul* non si chama Peter, bensì Paul ♦ *ich habe das Fleisch nicht gekocht, sondern gebraten* non ho bollito la carne, l'ho arrostita. ◆ **nicht nur... sondern auch...** non solo... ma anche... ♦ *nicht nur im Winter, sondern auch im Sommer* non solo in inverno, ma anche in estate.

sondern[2] *(vt*, hat*)* ~ *{jmdn/etwas von jmdm/etwas ~}* *(lett)* separare, dividere qcn/qcs da qcn/qcs, isolare qcn/qcs da qcn/qcs.

Sonderrecht [-ˌrɛçt] *(n*; -(e)s, -e*)* ~ privilegio, prerogativa.

Sonderschule [-ʃu:lə] *(f*; -, -n*)* ~ scuola speciale (per handicappati).

Sonderung ['zɔndərʊŋ] *(f*; -, -en*)* ~ *(lett)* separazione, cernita.

sondieren [zɔn'di:rən] *(vt*, hat*)* **1** sondare. **2** *(fig/fam)* sondare, saggiare.

Song [zɔŋ] *(m*; -s, -s*)* ~ *(fam)* canzone.

Sonnabend ['zɔnˌʔa:bənt] *(m*; -s, -e*)* *(region)* ~ sabato.

Sonne ['zɔnə] *(f*; -, -n*)* **1** sole ♦ *die Sonne geht auf, geht unter* il sole sorge, tramonta ♦ *die Sonne scheint* splende il sole ♦ *heute scheint die Sonne* oggi c'è il sole. **2** sole, luce del sole, calore del sole ♦ *in der Sonne sitzen* essere seduto al sole ♦ *eine Pflanze in die Sonne stellen* mettere una pianta al sole. ◆ **die Sonne bringt es an den Tag** *(prov)* la verità viene sempre a galla.

sonnen [-n] *(vr,* hat*)* ~ **sich sonnen** *1* abbronzarsi, prendere il sole. *2* {*sich in etwas* (Dat) ~} godere di qcs, bearsi di qcs.
Sonnenaufgang [-nˌˀaufgaŋ] *(m;* -(e)s, -gänge*)* ~ spuntar del sole, alba.
Sonnenbank [-nˌbaŋk] *(f;* -, -bänke*)* ~ lampada (abbronzante), lettino per abbronzatura.
Sonnenblume [-nˌbluːmə] *(f;* -, -n*)* ~ *(bot)* girasole.
Sonnenblumenöl [-nbluːmənˌˀøːl] *(n;* -(e)s, -e*)* ~ olio di semi di girasole.
Sonnenbrand [-nˌbrant] *(m;* -(e)s, -brände*)* ~ scottatura (solare) ♦ *einen Sonnenbrand bekommen, haben* farsi, avere una scottatura.
Sonnenbräune [-nˌbrɔynə] *(f;* -, -n*)* ~ abbronzatura.
Sonnenbrille [-nˌbrɪlə] *(f;* -, -n*)* ~ occhiali da sole.
Sonnenenergie [-nˀenɛrˌgiː] *(f;* -*)* ~ energia solare.
Sonnenfinsternis [-nˌfɪnstɐnɪs] *(f;* -, -se*)* ~ eclissi solare.
sonnenklar [-nˌklaːɐ] *(agg)* *1* chiaro come il sole. *2* *(fig/fam)* evidente.
Sonnenlicht [-nˌlɪçt] *(n;* -(e)s*)* ~ luce del sole.
Sonnenschein [-nˌʃain] *(m;* -(e)s*)* ~ luce del sole ♦ *bei/im Sonnenschein* alla luce del sole.
Sonnenschirm [-nˌʃɪrm] *(m;* -(e)s, -e*)* ~ ombrellone, ombrello parasole.
Sonnenschutzcreme [-nʃʊtsˌkreːm] *(f;* -, -n*)* ~ crema solare.
Sonnenstich [-nˌʃtɪç] *(m;* -(e)s, -e*)* ~ colpo di sole, insolazione ♦ *einen Sonnenstich bekommen* prendere un'insolazione.
Sonnenstrahl [-nˌʃtraːl] *(m;* -(e)s, -en*)* ~ raggio di sole, *(pl)* raggi del sole.
Sonnenuntergang [-nˌˀʊntɐgaŋ] *(m;* -(e)s, -gänge*)* ~ tramonto.
sonnenwende [-nˌvɛndə] *(f;* -, -n*)* ~ solstizio.
Sonntag ['zɔnˌtaːk] *(m;* -(e)s, -e*)* ~ domenica ♦ *am Sonntag* di domenica, la domenica. ◆ **an Sonn- und Feiertagen** la domenica e i festivi.
Sonntag-, sonntag- ~ vedi **Dienstag-, dienstag-**.
sonntäglich ['zɔnˌtɛːklɪç] *(agg)* ~ domenicale, della domenica.
sonntags ['zɔnˌtaːks] *(avv)* ~ tutte le domeniche.
Sonntagskind [-ˌkɪnt] *(n;* -(e)s, -er*)* ~ persona nata con la camicia.
sonor [zo'noːɐ] *(agg)* ~ sonoro, dal suono pieno (voce).
sonst [zɔnst] *(avv)* *1* altrimenti, in caso contrario ♦ *gib mir deine Adresse, sonst kann ich dir das Buch nicht schicken* dammi il tuo indirizzo, altrimenti non posso mandarti il libro. *2* oltre a ciò, inoltre, ancora ♦ *hat sich sonst noch jemand gemeldet?* si è fatto vivo qualcun altro? *3* di solito, abitualmente ♦ *mehr als sonst* più del solito ♦ *er ist sonst sehr pünktlich* di solito è molto puntuale. ◆ **sonst nichts** nient'altro. ◆ **sonst niemand** nessun altro. ◆ **wer sonst?** chi altrimenti? chi se no?
sonstig [-ɪç] *(agg)* ~ altro, ulteriore ♦ *sonstige Fragen* ulteriori domande. ◆ **Sonstiges** altre cose, altro (in elenchi, liste).
sooft [zo'ˀɔft] *(congiunz subord)* ~ ogni volta che, ogniqualvolta ♦ *sooft ich kann* ogni volta che posso. ◆ **sooft... auch** per quanto spesso, per quante volte ♦ *sooft ich ihn auch anrufe, ist er nie da* per quante volte io gli telefoni, non c'è mai.
Sorge ['zɔrgə] *(f;* -, -n*)* *1* preoccupazione, pensiero, pena, problema ♦ *berufliche Sorgen* problemi sul lavoro ♦ *finanzielle Sorgen* problemi finanziari ♦ *jmdm Sorge bereiten/machen* dare pensiero a qcn, preoccupare qcn ♦ *es macht mir Sorge, dass* mi preoccupa il fatto che. *2* *(solo sing)* cura, cure, premure ♦ *mütterliche Sorge* cure materne. ◆ **keine Sorge!** niente paura! ◆ **sich** (Dat) **um jmdn/ etwas** (**keine**) **Sorgen machen** (non) preoccuparsi per qcn/qcs, (non) darsi pensiero per qcn/qcs ♦ *mach dir keine unnötigen Sorgen um ihn!* non preoccuparti inutilmente per lui! ◆ **um jmdn in Sorge sein** essere in pensiero (in pena) per qcn.
sorgen [-n] *(vi,* hat*)* *1* {*für jmdn/etwas* ~} occuparsi di qcn/qcs, provvedere a qcn/qcs ♦ *sie sorgt alleine für ihre Familie* provvede da sola alla sua famiglia. *2* {*für etwas* ~} provvedere a qcs, procurare qcs, occuparsi di qcs ♦ *für das Essen sorgen* provvedere al cibo ♦ *sorgen Sie für*

ein Taxi faccia venire un taxi. ◆ **sich (um jmdn/etwas) sorgen** *(vr)* preoccuparsi (per qcn/qcs). ◆ **dafür sorgen, dass** stare attento che, badare che ♦ *sorge dafür, dass die Kinder sich warm anziehen* bada che i bambini si mettano qualcosa di caldo.

sorgenfrei [-nˌfrai] *(agg)* ***1*** senza pensieri, spensierato. ***2*** *(avv)* senza pensieri, spensieratamente.

sorgenvoll [-nˌfɔl] *(agg)* ~ pieno di pensieri, preoccupato.

Sorgfalt [ˈzɔrkˌfalt] *(f; -)* ~ accuratezza, precisione, meticolosità.

sorgfältig [ˈzɔrkˌfɛltɪç] *(agg)* ***1*** accurato, preciso, meticoloso. ***2*** *(avv)* accuratamente, con precisione.

sorglos [ˈzɔrkˌloːs] *(agg)* ***1*** spensierato, senza preoccupazioni. ***2*** irresponsabile, incosciente. ◆ **mit etwas sorglos umgehen** trattare (fare) qcs con troppa leggerezza.

Sorglosigkeit [ˈzɔrkˌloːzɪçkait] *(f; -)* ***1*** spensieratezza. ***2*** noncuranza, leggerezza.

sorgsam [ˈzɔrkˌzaːm] *(agg)* ***1*** premuroso, attento. ***2*** accurato, preciso.

Sorte [ˈzɔrtə] *(f; -, -n)* ***1*** tipo, specie, sorta (spec di merci) ♦ *Weine aller Sorten/in allen Sorten* vini di tutti i tipi ♦ *ein Stoff von derselben Sorte* una stoffa dello stesso tipo. ***2*** marca (di prodotti) ♦ *gute Sorte* buona marca. ***3*** *(pl) (econ)* valuta estera.

sortieren [zɔrˈtiːrən] *(vt,* hat*)* ~ classificare, ordinare (oggetti).

sortiert [zɔrˈtiːɐt] *(agg)* ***1*** assortito (negozi e sim). ***2*** scelto, selezionato (prodotti).

Sortiment [zɔrtiˈmɛnt] *(n; -(e)s, -e)* ~ assortimento ♦ *ein Sortiment an Stoffen* un assortimento di stoffe.

sosehr [zoˈzeːɐ] *(congiunz subord)* ~ per quanto, quantunque, malgrado ♦ *sosehr er mir leid tut* per quanto mi faccia pena.

soso [zoˈzoː] *(escl)* ***1*** ma va'! ***2*** ma guarda un po'! ◆ **soso (lala)** così così.

Soße *(anche* **Sauce***)* [ˈzoːsə] *(f; -, -n)* ~ salsa, sugo.

sott [zɔt] ~ pret di **sieden**.

soundso [ˈzoːˌʔʊntzoː] *(avv)* ***1*** tanto, un tot, così ♦ *er sagte, das Haus sei soundso groß und...* disse che la casa era grande un tot e... ***2*** *(posposto)* tale, tal dei tali, vattelapesca ♦ *ein gewisser Herr Soundso* un certo signor tal dei tali. ◆ **soundso oft** molto spesso, tante di quelle volte. ◆ **soundso viel** tanto, (un) tot.

Souvenir [zuvəˈniːɐ] *(n; -s, -s)* ~ souvenir, ricordino.

souverän [zuvəˈrɛːn] *(agg)* ***1*** sovrano ♦ *souveräner Staat* stato sovrano. ***2*** *(fig)* superiore, sicuro (delle proprie capacità).

Souverän *(m; -s, -e)* ~ sovrano (assoluto).

Souveränität [zuvərɛniˈtɛːt] *(f; -)* ***1*** sovranità ♦ *die Souveränität eines Staates über ein Gebiet* la sovranità di uno stato su un territorio. ***2*** *(fig/lett)* sicurezza di sé.

soviel[1] [zoˈfiːl] *(congiunz)* ~ per quanto ♦ *soviel ich weiß* per quanto ne sappia io.

soviel[2] *(avv)* ~ **so viel** (vedi **so**[1]).

soweit[1] [zoˈvait] *(congiunz)* ***1*** per quanto ♦ *soweit ich weiß* per quanto ne sappia io ♦ *soweit ich es beurteilen kann* per quanto io possa giudicare. ***2*** nella misura in cui, se ♦ *soweit es möglich ist* nella misura in cui è possibile.

soweit[2] *(avv)* ~ **so weit** (vedi **so**[1]).

sowenig[1] [zoˈveːnɪç] *(congiunz subord)* ~ per quanto poco ♦ *sowenig ich euch helfen kann, möchte ich etwas tun* per quanto poco io possa aiutarvi, vorrei fare qualcosa.

sowenig[2] *(avv)* ~ **so wenig** (vedi **so**[1]).

sowie [zoˈviː] *(congiunz subord)* ***1*** appena, non appena ♦ *sowie ich Näheres weiß, rufe ich dich an* appena so qualcosa di più preciso ti telefono. ***2*** così come, come pure, e anche ♦ *Hunde, Katzen, Hamster sowie andere Haustiere* cani, gatti, criceti, come pure altri animali domestici.

sowieso [zoviˈzoː] *(avv)* ~ tanto, comunque ♦ *gib mir das Paket, ich muss sowieso zur Post* dai a me il pacchetto, tanto devo andare alla posta. ◆ **sowieso nicht** tanto non, sicuramente non ♦ *ich habe kein Los gekauft, ich werde sowieso nicht gewinnen* non ho comprato nessun biglietto della lotteria, tanto non vincerò.

sowohl [zɔˈvoːl] *(congiunz)* ~ **sowohl... als auch...** sia... sia..., sia... che..., tanto... quanto... ♦ *sowohl Männer als auch Frauen* sia uomini che donne ♦ *sowohl in Europa als auch in Amerika* sia in Europa che in America.

sozial [zo'tsja:l] *(agg)* ***1*** sociale ♦ *soziale Fürsorge* previdenza sociale. ***2*** *(avv)* socialmente.

Sozialamt [-ˌʔamt] *(n; -(e)s, -ämter)* ~ ufficio per l'assistenza sociale.

Sozialdemokrat [-demoˌkra:t] *(m; -en, -en; f* **-in***)* ~ socialdemocratico.

sozialdemokratisch [-demoˌkra:tɪʃ] *(agg)* ~ socialdemocratico. ◆ **Sozialdemokratische Partei Deutschlands** *(abbrev* **SPD***)* partito socialdemocratico tedesco.

Sozialhilfe [-ˌhɪlfə] *(f; -)* ~ assistenza sociale.

Sozialismus [zotsja'lɪsmʊs] *(m; -)* ~ socialismo.

Sozialist [zotsja'lɪst] *(m; -en, -en; f* **-in***)* ~ socialista.

sozialistisch [-ɪʃ] *(agg)* ~ socialista.

Sozialprodukt [zo'tsja:lproˌdʊkt] *(n; -(e)s, -e)* ~ prodotto nazionale.

Sozialrente [zo'tsja:lˌrɛntə] *(f; -, -n)* ~ pensione sociale.

Sozialversicherung [zo'tsja:lfɛɐˌzɪçərʊŋ] *(f; -, -en)* ~ assicurazione sociale, previdenza sociale.

sozusagen [ˌzo:tsu'za:gən] *(avv)* ~ per così dire, quasi.

Spachtel ['ʃpaxtəl] *(m; -s, -; anche f; -, -n)* ~ spatola.

spachteln [-n] *(vt, hat)* ~ stuccare.

Spagetti *(anche* **Spaghetti***)* [ʃpa'gɛti] *(pl)* ~ spaghetti.

spähen ['ʃpɛ:ən] *(vi, hat)* ***1*** scrutare, spiare. ***2*** {*nach jmdm/etwas* ~} cercare qcn/qcs con gli occhi.

Spalt [ʃpalt] *(m; -(e)s, -e)* ***1*** fessura, spiraglio (di porta, finestra) ♦ *die Tür einen Spalt weit öffnen* aprire la porta di uno spiraglio. ***2*** crepa, fenditura.

Spalte [-ə] *(f; -, -n)* ***1*** crepa, fenditura. ***2*** colonna (di giornale e sim).

spalten [-ən] *(vt, hat;* **spaltete**, **gespalten***)* ***1*** spaccare (in due) ♦ *Holz spalten* spaccare la legna. ***2*** *(fig)* spaccare, dividere ♦ *die Wahl des Vorsitzenden hat die Partei gespalten* l'elezione del presidente ha spaccato il partito. ◆ **sich spalten** *(vr)* ***1*** spaccarsi (in due), fendersi. ***2*** *(fig)* spaccarsi; dividersi.

Spaltung [-ʊŋ] *(f; -, -en)* ***1*** spaccatura, divisione *(anche fig)*. ***2*** *(fis)* fissione.

Span [ʃpa:n] *(m; -(e)s, Späne)* ***1*** scheggia. ***2*** truciolo.

Spange ['ʃpaŋə] *(f; -, -n)* ~ fermaglio, fibbia.

spann [ʃpan] ~ pret di **spinnen**.

Spanne [-ə] *(f; -, -n)* ***1*** spanna. ***2*** *(fig)* scarto, differenza, margine.

spannen[1] [-ən] *(vi, hat)* ~ stringere, essere stretto (abiti).

spannen[2] *(vt, hat)* ***1*** tendere, tirare ♦ *einen Bogen, ein Seil spannen* tendere un arco, una fune. ***2*** tendere, contrarre, irrigidire (muscoli). ***3*** caricare (dispositivi, armi, ecc). ***4*** attaccare (animali da tiro) ♦ *das Pferd an den Wagen spannen* attaccare il cavallo alla carrozza. ***5*** {*etwas in etwas* (Acc) ~} inserire qcs in qcs (tendendolo) ♦ *einen Bogen in die Schreibmaschine spannen* inserire un foglio nella macchina da scrivere. ***6*** *(fig)* eccitare, stimolare (aspettative e sim). ◆ **sich spannen** *(vr)* ***1*** tendersi, tirarsi. ***2*** tendersi, irrigidirsi, contrarsi. ***3*** *(lett)* stendersi, estendersi.

spannend [-ənt] *(agg)* ~ emozionante, avvincente, appassionante.

Spannkraft [-ˌkraft] *(f; -)* ***1*** *(fis)* forza di tensione (di molla e sim), elasticità. ***2*** *(fig)* energia, forza.

Spannung [-ʊŋ] *(f; -, -en)* ***1*** tensione (il tendere, l'essere teso). ***2*** *(elettr)* tensione, voltaggio. ***3*** *(fig)* tensione, attesa impaziente, suspence. ***4*** *(fig)* tensione, disaccordo.

Spannweite [-ˌvaitə] *(f; -, -n)* ***1*** apertura alare. ***2*** campata (di ponte). ◆ **geistige Spannweite** levatura spirituale.

Sparbuch ['ʃpa:ɐˌbu:x] *(n; -(e)s, -bücher)* ~ libretto di risparmio.

sparen ['ʃpa:rən] *(vi/vt, hat)* ***1*** risparmiare *(anche fig)*, fare economia ♦ *Geld, Zeit sparen* risparmiare denaro, tempo ♦ *ich will auf/für ein Auto sparen* voglio risparmiare per comprarmi una macchina. ***2*** {*sich* (Dat) *etwas* ~} risparmiarsi qcs, evitare qcs ♦ *du kannst dir die Mühe sparen* ti puoi risparmare la fatica. ◆ **nicht mit etwas sparen** non lesinare qcs.

Spargel ['ʃpargəl] *(m; -s, -)* ~ *(bot)* asparago.

Sparkasse ['ʃpa:ɐˌkasə] *(f; -, -n)* ~ cassa di risparmio.

spärlich [ˈʃpɛːɐlɪç] *(agg)* ***1*** scarso, magro, misero (cibo, reddito). ***2*** scarso, esiguo. ***3*** rado.

sparsam [ˈʃpaːɐ̯ˌzaːm] *(agg)* ***1*** parsimonioso, risparmiatore, economo. ***2*** economico, che consuma poco (macchine e sim). ***3*** *(avv)* con parsimonia ♦ *mit etwas sparsam umgehen* amministrare, usare qcs con parsimonia. ◆ **sparsamen Gebrauch von etwas machen** *(fig)* usare qcs con parsimonia.

Sparsamkeit [-ˌkait] *(f; -)* ~ parsimonia.

Sparschwein [ˈʃpaːɐ̯ˌʃvain] *(n; -(e)s, -e)* ~ salvadanaio.

Sparte [ˈʃpartə] *(f; -, -n)* ***1*** campo, ramo, ambito. ***2*** *(sport)* specialità.

Spaß [ʃpaːs] *(m; -es, Späße)* ***1*** scherzo, burla ♦ *ein dummer Spaß* uno scherzo stupido. ***2*** *(solo sing)* divertimento, spasso ♦ *es war ein Spaß zu sehen, wie...* era uno spasso vedere come... ◆ **Spaß haben** divertirsi ♦ *wir hatten viel Spaß* ci siamo divertiti molto. ◆ **Spaß machen** ***1*** essere divertente, piacere ♦ *das macht keinen Spaß* questo non è divertente ♦ *das Spiel hat mir Spaß gemacht* il gioco mi è piaciuto. ***2*** *(fam)* scherzare, non fare sul serio. ◆ **sich** (Dat) **einen Spaß daraus machen, etwas zu tun** divertirsi a fare qcs (dispetti e sim). ◆ **keinen Spaß verstehen** non saper stare allo scherzo. ◆ **aus/im/zum Spaß** per scherzo. ◆ **viel Spaß!** buon divertimento!

spaßen [-ən] *(vi, hat)* ~ scherzare, non fare (o dire) sul serio ♦ *mit jmdm/etwas ist nicht zu spaßen* con qcn/qcs non c'è da scherzare.

spaßeshalber [-əsˌhalbɐ] *(avv)* ~ *(fam)* per scherzo, per divertimento.

spaßig [ˈʃpaːsɪç] *(agg)* ~ divertente.

Spaßvogel [ˈʃpaːsˌfoːgəl] *(m; -s, -vögel)* ~ burlone, buontempone, mattacchione.

spät [ʃpɛːt] *(agg)* ***1*** tardo ♦ *am späten Abend* a tarda sera ♦ *bis in die späte Nacht* fino a tarda notte ♦ *die späte Renaissance* il tardo Rinascimento. ***2*** tardo, tardivo, in ritardo ♦ *spätes Obst* frutta tardiva ♦ *eine späte Entscheidung* una decisione tardiva. ***3*** *(avv)* tardi ♦ *es ist zu spät* è troppo tardi ♦ *zu spät kommen* arrivare troppo tardi ♦ *spät abends/spät am Abend* a tarda sera. ***4*** *(avv)* tardi, di sera ♦ *von früh bis spät* da mattina a sera. ◆ **wie spät ist es?** che ore sono? ◆ **besser spät als nie** meglio tardi che mai.

Spatel [ˈʃpaːtəl] *(m; -s, -)* ~ spatola.

Spaten [ˈʃpaːtən] *(m; -s, -)* ~ vanga.

später [ˈʃpɛːtɐ] *(agg)* ***1*** posteriore, successivo, futuro ♦ *in späteren Jahren* in anni futuri. ***2*** *(avv compar)* più tardi. ***3*** *(avv)* poi, dopo, più tardi ♦ *wir sehen uns später* ci vediamo dopo ♦ *drei Stunden später* tre ore dopo, tre ore più tardi. ◆ **bis später!** a dopo! a più tardi! ◆ **in einem späteren Augenblick** in un secondo momento

spätestens [ˈʃpɛːtəstens] *(avv)* ~ al più tardi, non più tardi di ♦ *ich rufe dich spätestens heute Abend an* ti telefono al più tardi stasera.

Spatz [ʃpats] *(m; -en/-es, -en)* ***1*** *(zool)* passero, passerotto. ***2*** *(fam)* passerotto, tesoro. ◆ **das pfeifen die Spatzen von den Dächern** *(fam)* questo lo sanno anche i muri. ◆ **lieber ein Spatz in der Hand als eine Taube auf dem Dach** *(prov)* meglio un uovo oggi che una gallina domani.

spazieren [ʃpaˈtsiːrən] *(vi, ist)* ~ passeggiare, andare a passeggio. ◆ **auf und ab spazieren** andare avanti e indietro, su e giù. ◆ **spazieren fahren** († **spazierenfahren**) ***1*** *(vi, ist)* fare un giro in macchina. ***2*** *(vt, hat)* portare a passeggio (bambini in carrozzina). ◆ **spazieren gehen** († **spazierengehen**) fare una passeggiata, andare a passeggio ♦ *wir sind im Park spazieren gegangen* abbiamo fatto una passeggiata nel parco.

spazierenfahren ~ **spazieren fahren** (vedi **spazieren**).

spazierengehen ~ **spazieren gehen** (vedi **spazieren**).

Spazierfahrt [ʃpaˈtsiːɐ̯ˌfaːɐt] *(f; -, -en)* ~ giro in macchina.

Spaziergang [ʃpaˈtsiːɐ̯ˌgaŋ] *(m; -(e)s, -gänge)* ~ passeggiata ♦ *einen Spaziergang machen* fare una passeggiata.

SPD [ˌɛspeːˈdeː] ~ abbrev di **Sozialdemokratische Partei Deutschlands** (vedi **sozialdemokratisch**).

Specht [ʃpɛçt] *(m; -(e)s, -e)* ~ *(zool)* picchio.

Speck [ʃpɛk] *(m; -(e)s, -e)* **1** lardo. **2** pancetta, speck ♦ *geräucherter Speck* pancetta affumicata. **3** *(fam)* lardo, grasso ♦ *Speck ansetzen* ingrassare, metter su grasso. ◆ **ran an den Speck!** *(fam)* su, al lavoro! ◆ **mit Speck fängt man Mäuse** *(prov)* col formaggio si pigliano i topi.

speckig [-ɪç] *(agg)* **1** untuoso, unto, sporco. **2** *(fam)* grasso, ciccione.

Spediteur [ʃpedi'tøːɐ] *(m; -(e)s, -e; f* **-in***)* ~ spedizioniere.

Spedition [ʃpedi'tsjoːn] *(f; -, -en)* **1** spedizione (di merci). **2** ditta di spedizioni.

Speer ['ʃpeːɐ] *(m; -(e)s, -e)* **1** lancia, giavellotto. **2** *(sport)* giavellotto.

Speiche ['ʃpaiçə] *(f; -, -n)* **1** raggio (di ruota). **2** *(anat)* radio.

Speichel [-l] *(m; -s)* ~ saliva.

Speicher ['ʃpaiçɐ] *(m; -s, -)* **1** deposito, magazzino. **2** soffitta, solaio. **3** *(elab)* memoria.

speichern [-n] *(vt, hat)* **1** immagazzinare. **2** *(elab)* salvare, memorizzare.

Speicherung ['ʃpaiçərʊŋ] *(f; -, -en)* **1** immagazzinamento. **2** *(elab)* salvataggio, memorizzazione.

speien ['ʃpaiən] *(vi/vt, hat;* **spie, gespie(e)n***)* ~ *(lett)* sputare.

Speise ['ʃpaizə] *(f; -, -n)* **1** cibo, vivanda. **2** pietanza, piatto. ◆ **Speis und Trank** cibi e bevande.

Speiseeis [-ˌˀais] *(n; -es)* ~ gelato.

Speisekarte [-ˌkartə] *(f; -, -n)* ~ menu, lista delle vivande.

speisen [-n] *(vi/vt, hat)* **1** *(vi/vt) (lett)* mangiare. **2** {*jmdn ~*} *(vt) (lett)* dare da mangiare a qcn. **3** *(vt)* rifornire, alimentare (impianti).

Speisepilz [-ˌpɪlts] *(m; -es, -e)* ~ fungo commestibile.

Speiseröhre [-ˌrøːrə] *(f; -, -n)* ~ *(anat)* esofago.

Speisewagen [-ˌvaːgən] *(m; -s, -)* ~ vagone ristorante.

Spektakel [ʃpɛk'taːkəl] *(n; -s, -)* **1** *(fam)* chiasso, baccano, casino. **2** *(fam)* scenata.

spektakulär [ʃpɛktaku'lɛːɐ] *(agg)* ~ spettacolare.

Spektrum ['ʃpɛktrʊm] *(n; -s, Spektren/ Spektra)* **1** *(fis)* spettro. **2** *(fig)* spettro, gamma, varietà.

Spekulation [ʃpekula'tsjoːn] *(f; -, -en)* **1** congettura, riflessione. **2** *(econ)* speculazione.

spekulieren [ʃpeku'liːrən] *(vi, hat)* **1** *(econ)* speculare su qcs ♦ *mit Kaffee, auf Hausse, an der Börse spekulieren* speculare sul caffé, al rialzo, in borsa. **2** {*auf etwas* (Acc) *~*} *(fam)* mirare a qcs, contare su qcs. **3** fare congetture, riflettere.

Spelunke [ʃpe'lʊŋkə] *(f; -, -n)* **1** bettola. **2** spelonca, tugurio.

spendabel [ʃpɛn'daːbəl] *(agg)* ~ generoso, di manica larga.

Spende ['ʃpɛndə] *(f; -, -n)* ~ donazione, offerta ♦ *Spenden für die Armen* offerte per i poveri ♦ *eine Spende an die Kirche* una donazione alla chiesa.

spenden [-n] *(vt, hat)* **1** donare (in beneficenza) ♦ *Geld spenden* donare soldi ♦ *Blut spenden* donare il sangue. **2** *(lett)* dare, produrre, fare ♦ *der Herd spendet Wärme* il focolare dà calore. **3** dare, amministrare (sacramenti).

Spender ['ʃpɛndɐ] *(m; -s, -; f* **-in***)* ~ donatore.

spendieren [ʃpɛn'diːrən] *(vt, hat)* ~ {*(jmdm) etwas ~*} *(fam)* pagare, offrire. ◆ **eine Runde spendieren** pagare da bere a tutti.

Sperber ['ʃpɛrbɐ] *(m; -s, -)* ~ *(zool)* sparviero.

Sperling ['ʃpɛrlɪŋ] *(m; -s, -e)* ~ *(zool)* passero, passerotto.

Sperma ['ʃpɛrma] *(n; -s, Spermen/Spermata)* ~ sperma.

Spermium ['ʃpɛrmjʊm] *(n; -s, Spermien)* ~ spermatozoo.

Sperre ['ʃpɛrə] *(f; -, -)* **1** blocco, barriera, sbarramento. **2** cancello, passaggio (sorvegliato). **3** *(sport)* squalifica. **4** embargo ♦ *eine Sperre über etwas* (Acc) *verhängen* imporre l'embargo su qcs.

sperren [-n] *(vt, hat)* **1** bloccare, sbarrare, chiudere ♦ *eine Straße für den Verkehr sperren* chiudere una strada al traffico. **2** bloccare, proibire, vietare ♦ *den Eingang sperren* vietare l'ingresso. **3** tagliare (gas, acqua, ecc) ♦ *ihm wurde das Gas gesperrt* gli hanno tagliato il gas. **4** *(econ)* bloccare (conti e sim). **5** *(sport)* squalificare. **6** chiudere, rinchiudere ♦ *jmdn ins Gefängnis sperren* rinchiudere qnc in prigione.

7 spazieggiare, spaziare. *8* *(vi)* essere bloccato, chiudersi male ♦ *die Tür sperrt* la porta si chiude male.

Sperrgebiet [ˈʃpɛrgəˌbiːt] *(n; -(e)s, -e)* ~ zona vietata, zona interdetta.

Sperrgut [ˈʃpɛrˌguːt] *(n; -(e)s, -güter)* ~ merce ingombrante.

Sperrholz [ˈʃpɛrˌhɔlts] *(n; -es)* ~ compensato, legno compensato.

sperrig [ˈʃpɛrɪç] *(agg)* ~ ingombrante.

Sperrmüll [ˈʃpɛrˌmʏl] *(m; -s)* ~ rifiuti ingombranti.

Sperrsitz [ˈʃpɛrˌzɪts] *(m; -es, -e)* ~ posto distinto (di teatro, cinema).

Spesen [ˈʃpeːzən] *(pl)* ~ spese, costi (aggiuntivi).

spezialisieren [ʃpetsjaliˈziːrən] *(vr, hat)* ~ **sich auf etwas** (Acc) **spezialisieren** specializzarsi in qcs.

Spezialist [ʃpetsjaˈlɪst] *(m; -en, -en; f* **-in***)* ~ specialista.

Spezialität [ʃpetsjaliˈtɛːt] *(f; -, -en)* ~ specialità *(anche gastr)* ♦ *Kunstgeschichte ist ihre Spezialität* la storia dell'arte è la sua specialità.

speziell [ʃpeˈtsjɛl] *(agg)* *1* speciale, particolare, specifico. *2* *(avv)* specialmente, in particolare. *3* *(avv)* appositamente, apposta ♦ *das Programm ist speziell für Kinder ausgedacht* il programma è pensato apposta per i bambini.

spezifisch [ʃpeˈtsiːfɪʃ] *(agg)* ~ specifico, distinto, preciso. ◆ **spezifisches Gewicht** *(fis)* peso specifico.

spezifizieren [ʃpetsifiˈtsiːrən] *(vt, hat)* ~ specificare, precisare, distinguere.

Sphäre [ˈsfɛːrə] *(f; -, -n)* ~ sfera, ambito.

spicken [ˈʃpɪkən] *(vt, hat)* *1* farcire (con lardo). *2* {*etwas mit etwas ~*} *(fig/fam)* infarcire qcs di qcs, riempire qcs di qcs.

spie [ʃpiː] ~ pret di **speien**.

Spiegel [ˈʃpiːgəl] *(m; -s, -)* *1* specchio ♦ *sich im Spiegel betrachten* guardarsi allo specchio. *2* *(fig)* specchio, immagine, ritratto. *3* specchio (d'acqua), superficie. ◆ **jmdm den Spiegel vorhalten** *(fig)* mostrare a qcn i suoi errori.

Spiegelbild [-ˌbɪlt] *(n; -(e)s, -er)* *1* immagine allo specchio, immagine riflessa. *2* *(fig)* ritratto, specchio.

spiegelbildlich [-ˌbɪltlɪç] *(agg)* ~ speculare.

Spiegelei [-ˌʔai] *(n; -es, -er)* ~ uovo al tegamino.

Spiegelfechterei [-fɛçtəˌrai] *(f; -, -en)* ~ *(spreg)* finzione, falsità, bugia.

spiegelglatt [-ˌglat] *(agg)* ~ liscio come uno specchio.

spiegeln [-n] *(vt/vi, hat)* *1* rispecchiare, riflettere *(anche fig)*. *2* *(vi)* brillare, splendere (riflettendo la luce). ◆ **sich spiegeln** *(vr)* *1* specchiarsi ♦ *sich im Wasser spiegeln* specchiarsi nell'acqua. *2* {*sich in etwas* (Dat) *~*} *(fig)* riflettersi, rispecchiarsi in qcs.

Spiegelung [-ʊŋ] *(f; -, -en)* ~ riflesso, immagine riflessa.

Spiel [ʃpiːl] *(n; -(e)s, -e)* *1* gioco. *2* gioco, modo di giocare. *3* *(fig)* gioco, movimento ♦ *das Spiel der Schatten* il gioco delle ombre. *4* gioco (d'azzardo e sim) ♦ *Glück im Spiel haben* avere fortuna al gioco ♦ *er hat ein Vermögen im Spiel verloren* ha perso un patrimonio al gioco. *5* *(sport)* partita, gara; gioco ♦ *ein Spiel gewinnen, verlieren* vincere, perdere una partita ♦ *das Spiel steht 2:0 (zwei zu Null)* la partita è sul due a zero. *6* *(fig)* gioco, capriccio. *7* *(fig)* gioco, manovre, intrighi. *8* gioco (di ingranaggi e sim). *9* mazzo (di carte). *10* interpretazione (teatrale, musicale). *11* opera teatrale, dramma, commedia. ◆ **falsches Spiel mit jmdm treiben** *(fig)* fare il doppio gioco con qcn. ◆ **gewonnenes Spiel haben** *(fig)* avere partita vinta. ◆ **bei/mit jmdm leichtes Spiel haben** *(fig)* avere gioco facile con qcn. ◆ **jmdm das Spiel verderben** *(fig)* guastare la festa a qcn. ◆ **etwas aufs Spiel setzen** *(fig)* mettere in gioco qcs. ◆ **auf dem Spiel stehen** *(fig)* essere in gioco. ◆ **jmdn/etwas aus dem Spiel lassen** *(fig)* lasciare qcn/qcs fuori dai giochi, non coinvolgere qcn/qcs. ◆ **die Finger bei etwas im Spiel haben** *(fig)* avere le mani in pasta con qcs. ◆ **mit im Spiel sein** *(fig)* andarci di mezzo, entrarci.

Spielart [-ˌʔaːɐt] *(f; -, -en)* ~ varietà.

Spielball [-ˌbal] *(m; -(e)s, -bälle)* *1* pallone, palla (da gioco). *2* *(fig)* fantoccio, giocattolo (nelle mani di qcn/qcs).

Spielbank [-ˌbaŋk] *(f; -, -en)* ~ casinò.

Spieldose [-ˌdoːzə] *(f; -, -n)* ~ carillon.
spielen [-ən] *(vi/vt,* hat*)* ***1*** {*mit jmdm, mit etwas ~*} giocare con qcn, con qcs ♦ *das kleine Mädchen spielt mit seinem Bruder, mit der Puppe* la bambina gioca con suo fratello, con la bambola. ***2*** *(vt)* giocare a ♦ *Fußball, Karten, Verstecken spielen* giocare a calcio, a carte, a nascondino. ***3*** giocare (d'azzardo) ♦ *im Lotto spielen* giocare al lotto. ***4*** *(vi/vt) (sport)* giocare ♦ *auswärts, zu Hause spielen* giocare in trasferta, in casa. ***5*** *(vi/vt)* suonare ♦ *Gitarre spielen* suonare la chitarra ♦ *ein Lied spielen* suonare una canzone. ***6*** {*mit jmdm/etwas ~*} *(fig)* giocare con qcn/qcs, non fare sul serio con qcn/qcs. ***7*** *(fig)* muoversi, ondeggiare, svolazzare. ***8*** *(fig)* giocare, scintillare, brillare (luci, colori, ecc); dare ♦ *ins Blaue spielen* dare sul blu. ***9*** *(vi)* recitare. ***10*** recitare, interpretare, fare (ruoli); rappresentare (opere) ♦ *den Hamlet spielen* recitare nella parte di Amleto ♦ *Theater spielen* fare teatro. ***11*** *(fig)* fare, fingere ♦ *den Beleidigten spielen* fare l'offeso. ***12*** *(fig)* svolgersi, ambientarsi ♦ *das Drama spielt im alten Rom* il dramma è ambientato nell'antica Roma. ◆ **etwas spielen lassen** far valere qcs, mettere in campo qcs ♦ *er hat sein Ansehen spielen lassen* ha fatto valere il suo prestigio. ◆ **mit dem Feuer spielen** *(fig)* giocare col fuoco. ◆ **mit dem Gedanken spielen, etwas zu tun** *(fig)* accarezzare l'idea di fare qcs, avere voglia di fare qcs. ◆ **jmdm etwas in die Hände spielen** passare qcs sottobanco a qcn. ◆ **jmdn an die Wand spielen** *(fig)* mettere in ombra qcn, far sfigurare qcn.
spielend [-ənt] *(avv)* ~ come per gioco, con facilità.
Spieler [-ɐ] *(m; -s, -; f* **-in***)* ***1*** *(sport)* giocatore. ***2*** giocatore d'azzardo.
spielerisch [-ərɪʃ] *(agg)* ***1*** del gioco, relativo al gioco. ***2*** giocoso, scherzoso, ludico. ***3*** leggero, delicato (gesto, movimento, ecc).
Spielfeld [-ˌfɛlt] *(n; -(e)s, -er)* ~ campo di gioco.
Spielfigur [-fiˌguːɐ] *(f; -, -en)* ~ figura (in un gioco), pedina.
Spielfilm [-ˌfɪlm] *(m; -(e)s, -e)* ~ film, lungometraggio.
Spielgefährte [-gəˌfɛːɐtə] *(m; -n, -n; f* **-tin***)* ~ compagno di giochi.
Spielkamerad [-kaməˌraːt] *(m; -en, -en; f* **-in***)* ~ compagno di giochi.
Spielmarke [-ˌmarkə] *(f; -, -n)* ~ gettone, fiche.
Spielplan [-ˌplaːn] *(m; -(e)s, -pläne)* ~ repertorio, programma (teatrale).
Spielplatz [-ˌplats] *(m; -(e)s, -e)* ~ giardinetti, parco giochi (per bambini).
Spielraum [-ˌraum] *(m; -(e)s, -räume)* ***1*** gioco (di ingranaggi e sim). ***2*** *(fig)* libertà (d'azione).
Spieltag [-ˌtaːk] *(m; -(e)s, -e)* ~ *(sport)* giornata (del campionato).
Spielverderber [-fɛɐˌdɛrbɐ] *(m; -s, -; f* **-in***)* ~ guastafeste.
Spielwaren [-ˌvaːrən] *(pl)* ~ giocattoli.
Spielwarengeschäft [-vaːrəngəʃɛft] *(n; -(e)s, -e)* ~ negozio di giocattoli.
Spielzeug [-ˌtsɔyk] *(n; -(e)s, -e)* ~ giocattolo.
Spielzug [-ˌtsuːk] *(m; -(e)s, -züge)* ***1*** mossa (in un gioco). ***2*** *(sport)* azione.
Spieß [ʃpiːs] *(m; -es, -e)* ***1*** spiedo ♦ *am Spieß gebratenes Huhn* pollo arrostito allo spiedo. ***2*** lancia, giavellotto.
Spießbürger [-ˌbʏrgɐ] *(m; -s, -)* ~ *(spreg)* borghesuccio, perbenista.
spießbürgerlich [-ˌbʏrgɐlɪç] *(agg)* ~ *(spreg)* piccolo borghese, perbenistico.
spießen [ˈʃpiːsən] *(vt,* hat*)* ***1*** infilzare, trafiggere. ***2*** infilzare, prendere ♦ *eine Kartoffel auf die Gabel spießen* infilzare una patata con la forchetta.
Spießgeselle [ˈʃpiːsgəˌzɛlə] *(m; -n, -n; f* **-gesellin***)* ~ compare, complice.
spießig [ˈʃpiːsɪç] *(agg)* ~ gretto, piccolo borghese, dalla mentalità ristretta.
Spießrute [ˈʃpiːsˌruːtə] *(f)* ~ **Spießruten laufen** passare sotto le forche caudine.
Spike [ʃpaik] *(m; -s, -s)* ***1*** scarpa chiodata (da sport). ***2*** chiodo per scarpe sportive.
Spinat [ʃpiˈnaːt] *(m; -(e)s)* ~ *(bot)* spinacio, spinaci.
Spind [ʃpɪnt] *(m/n; -(e)s, -e)* ~ mobiletto, armadietto.
Spindel [ˈʃpɪndəl] *(f; -, -n)* ~ fuso.
Spinne [ˈʃpɪnə] *(f; -, -n)* ~ *(zool)* ragno ♦ *die Spinne webt ihr Netz* il ragno tesse la tela.

spinnen [-n] *(vt,* hat; **spann, gesponnen***)* ***1*** filare. ***2*** *(fig)* tessere, tramare (inganni e sim). ***3*** *(vi) (fam)* essere matto ♦ *du spinnst ja!* tu sei matto! ◆ **einen guten Faden miteinander spinnen** *(fig/fam)* andare d'amore e d'accordo.

Spinnennetz [-nˌnɛts] *(n;* -es, -e*)* ~ ragnatela.

Spinner ['ʃpɪnɐ] *(m;* -s, -; *f* **-in***)* ***1*** filatore. ***2*** *(fam)* matto.

Spinnrad ['ʃpɪnˌraːt] *(n;* -(e)s, -räder*)* ~ ruota dell'arcolaio.

Spinnwebe ['ʃpɪnˌveːbə] *(f;* -, -n*)* ~ ragnatela.

spintisieren [ʃpɪnti'ziːrən] *(vi,* hat*)* ~ *(spreg)* fantasticare, arzigogolare.

Spion [ʃpjoːn] *(m;* -(e)s, -e*)* ***1*** *(f* **-in***)* spia; agente segreto. ***2*** spioncino.

Spionage [ʃpjo'naːʒə] *(f;* -*)* ~ spionaggio.

Spionageabwehr [-ˌˀapveːɐ] *(f;* -*)* ~ controspionaggio.

spionieren [ʃpjo'niːrən] *(vi,* hat*)* ~ essere una spia, fare la spia.

Spirale [ʃpi'raːlə] *(f;* -, -n*)* ~ spirale.

spirituell [ʃpiri'twɛl] *(agg)* ~ spirituale.

Spirituose [ʃpiri'twoːzə] *(f;* -, -n*) (spec pl)* ~ bevanda alcolica.

Spiritus ['ʃpiːritʊs] *(m;* -, -se*)* ~ spirito, alcol.

Spital [ʃpi'taːl] *(n;* -s, -täler*) (region)* ~ ospedale.

spitz [ʃpɪts] *(agg)* ***1*** aguzzo, appuntito, acuminato. ***2*** *(fig)* tagliente, pungente (commenti e sim). ***3*** *(fam)* magro, smagrito (volto). ◆ **spitzer Winkel** *(geom)* angolo acuto. ◆ **eine spitze Zunge haben** *(fig)* avere una lingua tagliente.

Spitzbart [-ˌbaːɐt] *(m;* -(e)s, -bärte*)* ~ pizzo.

spitz|bekommen *(vt,* hat; *irr* kommen*)* ~ *(fam)* capire, scoprire.

Spitzbube [-ˌbuːbə] *(m;* -n, -n*)* ***1*** furfante, canaglia. ***2*** *(fam)* monello.

spitze [-ə] *(agg indecl)* ~ *(fam)* fantastico, forte ♦ *der Film ist echt spitze!* il film è proprio forte!

Spitze *(f;* -, -n*)* ***1*** punta, cima (appuntita) ♦ *die Spitze eines Bleistifts* la punta di una matita. ***2*** bocchino (per sigaretta). ***3*** *(fig)* vertice, vetta ♦ *an der Spitze eines Unternehmens stehen* essere ai vertici di un'impresa. ***4*** *(fig)* vertici; dirigenti, gruppo dirigente. ***5*** pizzo, merletto. ***6*** *(fig)* frecciata. ***7*** *(geom)* vertice. ◆ **die Spitze des Eisbergs** *(fig)* la punta dell'iceberg. ◆ **Spitze sein** *(fam)* essere fantastico, essere forte. ◆ **einer Sache** (Dat) **die Spitze abbrechen** *(fig)* attenuare qcs (di negativo). ◆ **etwas auf die Spitze treiben** *(fig)* spingere qcs fino alle estreme conseguenze.

Spitzel [-əl] *(m;* -s, -*)* ~ spia, infiltrato.

spitzeln [-əln] *(vi,* hat*)* ~ essere una spia, fare l'infiltrato.

spitzen [-ən] *(vt,* hat*)* ~ appuntare, appuntire, temperare, acuminare ♦ *einen Bleistift spitzen* appuntire una matita. ◆ **den Mund spitzen** fare boccuccia (per baciare o fischiare). ◆ **die Ohren spitzen** *(fig)* drizzare le orecchie.

Spitzengeschwindigkeit [-əngəʃvɪndɪçkait] *(f;* -*)* ~ velocità di punta.

Spitzenklasse [-ənˌklasə] *(f;* -*)* ~ prima qualità, qualità superiore ♦ *dieses Olivenöl ist Spitzenklasse* quest'olio d'oliva è di prima qualità.

Spitzenreiter [-ənˌraitɐ] *(m;* -s, -*)* ***1*** *(fam)* successo (sul mercato), best-seller. ***2*** *(fam)* leader, numero uno.

Spitzenzeit [-ənˌtsait] *(f;* -, -en*)* ~ ora di punta.

Spitzer [-ɐ] *(m;* -s, -*)* ~ *(fam)* appuntalapis, temperamatite.

spitzfindig [-ˌfɪndɪç] *(agg)* ~ sofistico, capzioso.

Spitzhacke [-ˌhakə] *(f;* -, -n*)* ~ piccone.

spitz|kriegen *(vt,* hat*)* ~ *(fam)* capire, scoprire.

Spitzname [-ˌnaːmə] *(m;* -ns, -n*)* ~ soprannome, nomignolo.

Splitt [ʃplɪt] *(m;* -(e)s, -e*)* ~ pietrisco.

Splitter [-ɐ] *(m;* -s, -*)* ***1*** scheggia (bombe e sim). ***2*** frammento (di vetro e sim).

splitterfasernackt [-ɐ'faːzɐ'nakt] *(agg)* ~ *(fam)* nudo come un verme.

splittern [-ɐn] *(vi,* ist/hat*)* ***1*** *(aux* ist*)* frantumarsi. ***2*** *(aux* hat*)* scheggiarsi, formare schegge.

splitternackt [-ɐ'nakt] *(agg)* ~ *(fam)* nudo come un verme.

sponsern ['ʃpɔnzɐn] *(vt,* hat*)* ~ sponsorizzare.

Sponsern *(n;* -s*)* ~ sponsorizzazione.

Sponsor [ˈʃpɔnzɐ] *(m; -s, -en/-s)* ~ sponsor.
spontan [ʃpɔnˈtaːn] *(agg)* ***1*** spontaneo ♦ *eine spontane Entwicklung* uno sviluppo spontaneo. ***2*** spontaneo, schietto (carattere). ***3*** *(avv)* spontaneamente.
Spontaneität [ʃpɔntaneiˈtɛːt] *(f; -)* ~ spontaneità.
sporadisch [ʃpoˈraːdɪʃ] *(agg)* ***1*** sporadico, saltuario. ***2*** *(avv)* sporadicamente.
Spore [ˈʃpoːrə] *(f; -, -n)* ~ spora.
Sporn [ʃpɔrn] *(m; -s, Sporen)* ***1*** *(spec pl)* sperone (di cavaliere) ♦ *dem Pferd die Sporen geben* spronare il cavallo. ***2*** sperone (di nave). ◆ **sich** (Dat) **die Sporen verdienen** *(fig)* guadagnarsi i galloni.
spornstreichs [-ʃtraiçs] *(avv)* ~ a spron battuto.
Sport [ʃpɔrt] *(m; -(e)s, Sportarten)* ***1*** sport ♦ *Sport treiben* fare sport. ***2*** hobby, passatempo ♦ *etwas aus Sport betreiben* fare qcs per passatempo.
Sportart [-ˌˀaːɐt] *(f; -, -en)* ~ disciplina sportiva, sport.
Sportgeschäft [-gəʃɛft] *(n; -(e)s, -e)* ~ negozio di articoli sportivi.
Sporthalle [-ˌhalə] *(f; -, -n)* ~ palazzetto dello sport.
Sportler [-lɐ] *(m; -s, -; f* **-in***)* ~ sportivo, atleta.
sportlich [-lɪç] *(agg)* ***1*** sportivo, atletico, di sport. ***2*** sportivo, allenato. ***3*** sportivo, da sport, casual ♦ *sportliche Kleidung* abbigliamento sportivo. ***4*** *(fig)* sportivo, leale, corretto.
Sportplatz [-ˌplats] *(m; -(e)s, -plätze)* ~ campo sportivo.
Sportschuh [-ʃuː] *(m; -(e)s, -e)* ~ scarpa sportiva; scarpa da ginnastica.
Sportswear [ˈʃpɔːtsˌwɛə] *(m/n; -/-s)* ~ abbigliamento sportivo, abbigliamento casual.
Sportverein [ˈʃpɔrtfɛɐˌˀain] *(m; -(e)s, -e)* ~ società sportiva, club sportivo.
Sportwagen [ˈʃpɔrtˌvaːgən] *(m; -s, -)* ***1*** auto sportiva. ***2*** passeggino.
Spot [spɔt] *(m; -s, -s)* ~ spot pubblicitario, pubblicità.
Spott [ʃpɔt] *(m; -(e)s)* ~ scherno, derisione, beffa ♦ *seinen Spott mit jmdm treiben* farsi beffe di qcn.
Spottbild [-ˌbɪlt] *(n; -(e)s, -er)* ~ *(fig)* caricatura ♦ *ein Spottbild seiner selbst sein* essere una caricatura di se stesso.
spottbillig [-ˌbɪlɪç] *(agg)* ~ *(fam)* molto economico, che costa pochissimo.
spotten [-ən] *(vi, hat)* ~ {*über jmdn/etwas* ~} schernire qcn/qcs, deridere qcn/qcs, farsi beffe di qcn/qcs. ◆ **das spottet jeder Beschreibung**, **jeder Vorstellung** questo è indescrivibile, inimmaginabile.
spöttisch [ˈʃpœtɪʃ] *(agg)* ~ derisorio, canzonatorio, di scherno.
sprach [ʃpraːx] ~ pret di **sprechen**.
Sprache [-ə] *(f; -, -n)* ***1*** lingua, idioma ♦ *die italienische Sprache* la lingua italiana ♦ *ein Buch in deutscher Sprache* un libro in lingua tedesca ♦ *fremde Sprachen* lingue straniere ♦ *er beherrscht vier Sprachen* parla bene quattro lingue. ***2*** lingua, linguaggio, gergo, parlata. ***3*** parola, facoltà di parlare ♦ *die Sprache verlieren* perdere la lingua, rimanere senza parole. ***4*** lingua, linguaggio, stile. ◆ **eine deutliche Sprache sprechen** *(fig)* parlar chiaro. ◆ **die gleiche Sprache sprechen** *(fig)* parlare la stessa lingua, intendersi. ◆ **die Sprache auf etwas** (Acc) **bringen/etwas zur Sprache bringen** far cadere il discorso su qcs. ◆ **zur Sprache kommen** venire discusso, essere argomento di discussione. ◆ **heraus mit der Sprache!** *(fam)* sputa il rospo!
Sprachfehler [-ˌfeːlɐ] *(m; -s, -)* ~ difetto di pronuncia.
Sprachforscher [-ˌfɔrʃɐ] *(m; -s, -; f* **-in***)* ~ linguista.
Sprachforschung [-ˌfɔrʃʊŋ] *(f; -)* ~ linguistica.
Sprachführer [-ˌfyːrɐ] *(m; -s, -)* ~ manuale di conversazione (per stranieri).
Sprachkenntnisse [-ˌkɛntnɪsə] *(pl)* ~ conoscenze linguistiche.
Sprachkurs [-ˌkʊrs] *(m; -es, -e)* ~ corso di lingue.
Sprachkursus [-ˌkʊrzʊs] *(m; -, -se)* ~ vedi **Sprachkurs**.
Sprachlehrer [-ˌleːrɐ] *(m; -s, -; f* **-in***)* ~ insegnante di lingue.
sprachlich [-lɪç] *(agg)* ~ linguistico, della lingua ♦ *sprachliche Unterschiede* differenze linguistiche.

sprachlos [-ˌloːs] *(agg)* ~ sbalordito, senza parole.
Sprachlosigkeit [-ˌloːzɪçkait] *(f; -)* ~ sbalordimento.
Sprachrohr [-ˌroːɐ] *(n; -s, -e)* **1** megafono. **2** *(fig)* portavoce.
Sprachschule [-ʃuːlə] *(f; -, -n)* ~ scuola di lingue.
Sprachunterricht [-ˌʔʊntɐrɪçt] *(m; -(e)s, -e)* ~ lezione di lingua.
Sprachwissenschaft [-ˌvɪsənʃaft] *(f; -)* ~ linguistica, glottologia.
Sprachwissenschaftler [-ˌvɪsənʃaftlɐ] *(m; -s, -; f* **-in***)* ~ linguista, glottologo.
sprachwissenschaftlich [-ˌvɪsənʃaftlɪç] *(agg)* ~ linguistico, glottologico.
sprang [ʃpraŋ] ~ pret di **springen**.
Spray [ʃpreː] *(m/n; -s, -s)* ~ spray, bomboletta spray.
Spraydose [-ˌdoːzə] *(f; -, -n)* ~ bomboletta spray.
Sprechanlage [ˈʃprɛçˌʔanlaːgə] *(f; -, -n)* ~ citofono.
sprechen [ˈʃprɛçən] *(vi/vt,* hat; er **spricht**, **sprach**, **gesprochen***)* **1** parlare ♦ *laut, leise sprechen* parlare forte, piano. **2** parlare, conversare, discorrere ♦ *mit jmdm sprechen* parlare con qcn. **3** {*über jmdn/etwas* ~}, {*von jmdm/etwas* ~} parlare di qcn/qcs, discutere di qcn/qcs ♦ *gut, schlecht von jmdm/über jmdn sprechen* parlare bene, male di qcn ♦ *wir haben lange darüber gesprochen, wie wir ihm helfen könnten* abbiamo discusso a lungo su come potremmo aiutarlo. **4** parlare, tenere un discorso. **5** *(vt)* dire, pronunciare, proferire ♦ *kein Wort sprechen* non dire parola ♦ *ein Gebet sprechen* dire una preghiera. **6** *(vt)* parlare (lingue) ♦ *er spricht gut Englisch* parla bene l'inglese. **7** {*jmdn* ~} *(vt)* parlare a qcn ♦ *kann ich Sie einen Augenblick sprechen?* posso parlarle un momento? **8** *(fig)* parlare, esprimere ♦ *aus seinen Worten sprach Dankbarkeit* le sue parole esprimevano gratitudine ♦ *alles spricht für seine Zuverlässigkeit* tutto parla a favore della sua affidabilità. ◆ **auf jmdn/etwas schlecht zu sprechen sein** non voler sentir nemmeno parlare di qcn/qcs.
sprechend [-t] *(agg)* **1** parlante. **2** *(fig)* eloquente, espressivo.
Sprecher [ˈʃprɛçɐ] *(m; -s, -; f* **-in***)* **1** portavoce. **2** annunciatore (tv, radio). **3** *(ling)* parlante.
Sprechstunde [ˈʃprɛçˌʃtʊndə] *(f; -, -n)* **1** orario di ambulatorio (di medico). **2** orario di ricevimento (di insegnanti, autorità, ecc). ◆ **Sprechstunde haben** fare ambulatorio (medici); fare ricevimento, ricevere (insegnanti, autorità).
Sprechzimmer [ˈʃprɛçˌtsɪmɐ] *(n; -s, -)* ~ ambulatorio.
spreizen [ˈʃpraitsən] *(vt,* hat*)* ~ aprire, divaricare, distendere (arti) ♦ *die Finger spreizen* aprire le dita ♦ *die Beine spreizen* divaricare le gambe ♦ *die Flügel spreizen* distendere le ali. ◆ **sich spreizen** *(vr)* **1** *(fig)* pavoneggiarsi. **2** *(fig)* fare il prezioso.
sprengen [ˈʃprɛŋən] *(vt,* hat*)* **1** far esplodere, far saltare in aria ♦ *ein Gebäude in die Luft sprengen* far saltare in aria un edificio. **2** scassinare, forzare (serrature e sim). **3** spezzare, spaccare (premendo); spezzare, rompere (strappando). **4** *(fig)* disperdere, scacciare (folla e sim). **5** bagnare, innaffiare (superfici); spruzzare, inumidire (biancheria).
Sprengkopf [ˈʃprɛŋˌkɔpf] *(m; -(e)s, -köpfe)* ~ *(mil)* testata.
Sprengkörper [ˈʃprɛŋˌkœrpɐ] *(m; -s, -)* ~ ordigno esplosivo, bomba.
Sprengladung [ˈʃprɛŋˌlaːdʊŋ] *(f; -, -en)* ~ carica esplosiva.
Sprengstoff [ˈʃprɛŋʃtɔf] *(m; -(e)s, -e)* ~ esplosivo.
Spreu [ʃprɔy] *(f; -)* ~ pula.
Sprichwort [ˈʃprɪçˌvɔrt] *(m; -(e)s, -wörter)* ~ proverbio.
sprichwörtlich [ˈʃprɪçˌvœrtlɪç] *(agg)* ~ proverbiale.
sprießen[1] [ˈʃpriːsən] *(vi,* ist; **spross**, **gesprossen**; *ortogr pres* ich sprieße, ecc; *pret* ich/er spross, ihr sprosst, *imperat* sprieß!*)* ~ *(lett)* germogliare.
sprießen[2] *(vt,* hat*)* ~ puntellare.
springen [ˈʃprɪŋən] *(vi,* ist; **sprang**, **gesprungen***)* **1** saltare, fare un salto ♦ *über einen Graben springen* saltare oltre un fosso ♦ *in die Höhe springen* saltare in al-

to. *2 (vi/vt,* ist/hat*) (sport)* saltare ♦ *sie ist/hat sieben Meter gesprungen* ha saltato sette metri. *3* sgorgare, sprizzare (acqua, scintille). *4* spaccarsi, spezzarsi, andare in frantumi (vetro e sim). *5 (region)* correre; fare un salto, una capatina. ◆ **in die Augen springen** *(fig)* saltare agli occhi. ◆ **etwas springen lassen** *(fam)* offrire qcs, elargire qcs.

Springer ['ʃprɪŋɐ] *(m; -s, -; f* **-in***) 1* saltatore. *2* cavallo (negli scacchi).

Sprinkler ['ʃprɪŋklɐ] *(m; -s, -)* ~ irrigatore.

Sprint [ʃprɪnt] *(m; -s, -s)* ~ scatto, sprint.

sprinten [-ən] *(vi,* ist*)* ~ scattare, sprintare.

Sprit [ʃprɪt] *(m; -(e)s, -e) 1* alcol, spirito. *2 (fam)* benzina.

Spritze ['ʃprɪtsə] *(f; -, -n) 1* iniezione, puntura ♦ *jmdm eine Spritze geben* fare un'iniezione a qcn. *2* siringa. *3* spruzzatore.

spritzen[1] [-n] *(vi,* ist/hat*)* ~ *(aux* ist/hat*)* sprizzare, schizzare, sgorgare.

spritzen[2] *(vt,* hat*) 1* spruzzare (acqua e sim). *2* spruzzare, bagnare (spruzzando). *3* schizzare, sporcare (schizzando). *4* verniciare (a spruzzo). *5* iniettare. *6* {*jmdn* ~} *(fam)* fare un'iniezione a qcn. *7* annacquare, allungare (alcolici).

Spritzer ['ʃprɪtsɐ] *(m; -s, -) 1* spruzzo, schizzo. *2* schizzo, macchia.

spritzig ['ʃprɪtsɪç] *(agg) 1* frizzante ♦ *ein spritziger Wein* un vino frizzante. *2 (fig)* frizzante, vivace, brioso.

spröd(e) [ʃprøːt ('ʃprøːdə)] *(agg) 1* fragile (vetro, porcellana e sim). *2* screpolato. *3* rauco. *4 (fig)* ritroso, scostante. *5 (fig)* ostico, difficile da trattare.

Sprödheit, **Sprödigkeit** ['ʃprøːtˌhait, 'ʃprøːdɪçˌkait] *(f; -) 1* fragilità (di vetro, porcellana e sim). *2 (fig)* ritrosia.

spross († **sproß**) [ʃprɔs] ~ pret di **sprießen**.

Spross († **Sproß**) *(m; -es, -e/-en) 1* germoglio. *2 (fig/lett)* rampollo.

Sprosse [-ə] *(f; -, -n)* ~ piolo.

Spruch [ʃprʊx] *(m; -(e)s, Sprüche) 1* massima, detto, motto, sentenza. *2* versetto (della Bibbia). *3 (dir)* verdetto, sentenza. ◆ **Sprüche machen** *(fig/fam)* fare grandi discorsi.

Spruchband [-ˌbant] *(n; -(e)s, -bänder)* ~ striscione.

Sprudel ['ʃpruːdəl] *(m; -s, -) 1* zampillo, spruzzo. *2* acqua gassata.

sprudeln [-n] *(vi,* hat/ist*) 1 (aux* ist*)* sgorgare, zampillare. *2 (aux* hat*)* ribollire, spumeggiare, essere effervescente. *3 (aux* ist*) (fig)* traboccare.

sprühen[1] ['ʃpryːən] *(vi,* ist*) 1* sprizzare, schizzare. *2 (fig)* brillare ♦ *ihre Augen sprühten vor Freude* i suoi occhi brillavano di gioia.

sprühen[2] *(vt,* hat*)* ~ spruzzare, schizzare.

sprühend [-t] *(agg)* ~ *(fig)* brioso, spumeggiante, brillante.

Sprühflasche ['ʃpryːˌflaʃə] *(f; -, -n)* ~ spruzzatore.

Sprung [ʃprʊŋ] *(m; -(e)s, Sprünge) 1* salto, balzo ♦ *einen Sprung über eine Pfütze machen* fare un salto al di là di una pozzanghera. *2 (fig/fam)* tiro di schioppo, breve distanza. *3* crepa, incrinatura (di vetro e sim). *4 (fig)* salto, passaggio rapido. *5 (sport)* salto, tuffo. ◆ **ein Sprung ins Ungewisse** *(fig)* un salto nel buio. ◆ **keine großen Sprünge machen können** *(fig/fam)* non potersi permettere grosse spese. ◆ **auf dem Sprung(e) sein/stehen, etwas zu tun** essere in procinto di fare qcs. ◆ **jmdm auf die Sprünge helfen** *(fig)* dare una mano a qcn. ◆ **jmdm auf die Sprünge kommen** *(fig/fam)* scoprire gli altarini di qcn.

Sprungbrett [-ˌbrɛt] *(n; -(e)s, -er) 1* trampolino. *2 (fig)* trampolino di lancio.

Sprungfeder [-ˌfeːdɐ] *(f; -, -n)* ~ molla.

sprunghaft [-ˌhaft] *(agg) 1* incostante, volubile. *2* discontinuo, variabile. *3* improvviso, repentino.

Sprungtuch [-ˌtuːx] *(n; -(e)s, -tücher)* ~ telone di salvataggio.

Spucke ['ʃpʊkə] *(f; -)* ~ *(fam)* saliva; sputo. ◆ **jmdm bleibt die Spucke weg** *(fig)* qcn rimane di stucco.

spucken [-ən] *(vi/vt,* hat*) 1* sputare. *2* {*auf jmdn/etwas* ~} *(fig/fam)* fregarsene di qcn/qcs, infischiarsene di qcn/qcs. ◆ **jmdm in die Suppe spucken** *(fig/fam)* rompere le uova nel paniere a qcn.

Spuk [ʃpuːk] *(m; -(e)s, raro -e) 1* apparizione (di fantasmi). *2 (fig)* incubo, piaga.

spuken [-ən] *(vi,* hat*) 1* apparire (fantasmi). *2 (fig)* aleggiare, esserci (qcs di negativo). *3* {*es spukt*} *(impers)* ci sono i fantasmi ♦ *in diesem Haus spukt es* in questa casa ci sono i fantasmi.

Spülbecken ['ʃpyːlˌbɛkən] *(n; -s, -)* ~ lavello, acquaio.

Spule ['ʃpuːlə] *(f; -, -n)* *1* bobina (di film). *2* rocchetto (di filo).

spulen [-n] *(vt, hat)* ~ avvolgere (su bobina e sim).

spülen ['ʃpyːlən] *(vt, hat)* *1* lavare, rigovernare ♦ *Geschirr spülen* lavare i piatti. *2* sciacquare, risciacquare. *3* *(vi)* tirare lo sciacquone. *4* portare, trasportare (con la corrente).

Spülmaschine ['ʃpyːlmaˌʃiːnə] *(f; -, -n)* *(abbrev di* **Geschirrspülmaschine***)* ~ lavastoviglie.

Spülmittel ['ʃpyːlˌmɪtəl] *(n; -s, -)* ~ detersivo (per piatti).

Spülung ['ʃpyːlʊŋ] *(f; -, -en)* *1* lavaggio. *2* *(med)* lavanda, lavaggio. *3* sciacquone.

Spur ['ʃpuːɐ] *(f; -, -en)* *1* orma, impronta; traccia ♦ *keine Spuren hinterlassen* non lasciare tracce. *2* *(fig)* pista, traccia ♦ *eine Spur verfolgen* seguire una pista ♦ *jmdm auf der Spur sein* essere sulle tracce di qcn ♦ *jmdn auf die richtige Spur bringen* mettere qcn sulla pista giusta. *3* *(fig)* traccia, indizio, ombra, parvenza ♦ *seine Miene zeigte keine Spur von Reue* la sua espressione non mostrava traccia di pentimento. *4* *(fig)* traccia, vestigio (del passato). *5* *(fig)* pizzico, briciolo. *6* traccia, pista (di nastro registrato). *7* carreggiata, corsia. ◆ **keine Spur/nicht die Spur** *(fam)* niente, per niente.

spürbar [-ˌbaːɐ] *(agg)* *1* percepibile, sensibile. *2* *(fig)* sensibile, notevole.

spuren ['ʃpuːrən] *(vi, hat)* ~ *(fam)* rigare diritto.

spüren ['ʃpyːrən] *(vt, hat)* ~ sentire, percepire (al tatto, fisicamente) ♦ *Schmerz spüren* sentire dolore ♦ *sein Alter spüren* sentire il peso degli anni. ◆ **etwas zu spüren bekommen** sentire qcs, conoscere qcs *(anche fig)*.

Spürhund ['ʃpyːɐˌhʊnt] *(m; -(e)s, -e)* ~ segugio.

spurlos ['ʃpuːɐˌloːs] *(agg/avv)* ~ senza traccia ♦ *spurlos verschwinden* sparire senza lasciare traccia.

Spürsinn ['ʃpyːɐˌzɪn] *(m; -(e)s)* ~ fiuto, intuito.

Spurt [ʃpʊrt] *(m; -(e)s, -s)* ~ *(sport)* volata, sprint.

spurten [-ən] *(vi, ist/hat)* ~ *(sport)* fare la volata, scattare.

Staat [ʃtaːt] *(m; -(e)s, -en)* *1* stato, nazione. *2* *(fig)* stato, governo. *3* *(solo sing)* *(fam)* gala, abito di gala; sfarzo, pompa. ◆ **Vereinigte Staaten von Amerika** Stati Uniti d'America.

staatlich [-lɪç] *(agg)* *1* statale, nazionale. *2* statale, pubblico.

Staatsaffäre ['ʃtaːtsˀaˌfɛːrə] *(f)* ~ **eine Staatsaffäre aus etwas machen** *(fig/fam)* fare un affare di stato di qcs.

Staatsaktion ['ʃtaːtsˀakˌtsjoːn] *(f)* ~ vedi **Staatsaffäre**.

Staatsamt ['ʃtaːtsˌˀamt] *(n; -(e)s, -ämter)* ~ carica pubblica.

Staatsangehörige(r) ['ʃtaːtsˌˀangəhørɪgə (-gɐ)] *(m/f; -n, -n)* ~ cittadino (di uno stato).

Staatsangehörigkeit ['ʃtaːtsˌˀangəhørɪçkait] *(f; -, -en)* ~ cittadinanza, appartenenza a uno stato ♦ *die deutsche Staatsangehörigkeit annehmen* prendere la cittadinanza tedesca ♦ *doppelte Staatsangehörigkeit* doppia cittadinanza.

Staatsanwalt ['ʃtaːtsˌˀanvalt] *(m; -(e)s, -anwälte; f* **-anwältin***)* ~ pubblico ministero.

Staatsanwaltschaft [-ʃaft] *(f; -)* ~ procura della repubblica.

Staatsbürger ['ʃtaːtsˌbʏrgɐ] *(m; -s, -; f* **-in***)* ~ cittadino (di uno stato).

staatsbürgerlich [-lɪç] *(agg)* ~ civico, del cittadino.

Staatsbürgerrecht [-ˌrɛçt] *(n; -(e)s, -e)* ~ diritto di cittadinanza.

Staatsbürgerschaft [-ʃaft] *(f; -, -en)* ~ cittadinanza, appartenenza a uno stato.

Staatschef ['ʃtaːtsʃɛf] *(m; -s, -s)* ~ capo di stato.

Staatsdienst ['ʃtaːtsˌdiːnst] *(m; -es)* ~ impiego statale ♦ *im Staatsdienst stehen* essere un impiegato statale.

Staatsgelder ['ʃtaːtsˌgɛldɐ] *(pl)* ~ denaro pubblico.

Staatsgewalt ['ʃtaːtsgəˌvalt] *(f; -)* ~ autorità dello stato, potere (dello stato) ♦ *die ge-*

setzgebende, richterliche, vollziehende Staatsgewalt il potere legislativo, giudiziario, esecutivo.

Staatsgrenze ['ʃtaːts,grɛntsə] *(f; -, -n)* ~ confine di stato.

Staatsgut ['ʃtaːts,guːt] *(n; -(e)s)* ~ demanio.

Staatshaushalt ['ʃtaːts,haushalt] *(m; -(e)s, -e)* ~ bilancio statale.

Staatskasse ['ʃtaːts,kasə] *(f; -, -n)* ~ casse dello stato; fisco, erario.

Staatsmann ['ʃtaːts,man] *(m; -(e)s, -männer)* ~ statista.

Staatsoberhaupt ['ʃtaːts,ʔoːbɐhaupt] *(n; -(e)s, -häupter)* ~ capo di stato.

Staatsrecht ['ʃtaːts,rɛçt] *(n; -(e)s)* ~ diritto pubblico.

Staatsschuld ['ʃtaːts,ʃʊlt] *(f; -, -en)* ~ debito pubblico.

Staatsstreich ['ʃtaːts,ʃtraiç] *(m; -(e)s, -e)* ~ colpo di stato.

Staatstrauer ['ʃtaːts,trauɐ] *(f; -)* ~ lutto nazionale ♦ *eine zweitägige Staatstrauer anordnen* proclamare due giorni di lutto nazionale.

Staatsverwaltung ['ʃtaːtsfɛɐ,valtʊŋ] *(f; -)* ~ pubblica amministrazione.

Stab [ʃtaːp] *(m; -(e)s, Stäbe)* ***1*** bastone, bacchetta. ***2*** asta *(anche sport)*. ***3*** *(fig)* staff, gruppo, equipe. ◆ **den Stab führen** dirigere l'orchestra.

Stabführung [-,fyːrʊŋ] *(f; -)* ~ direzione d'orchestra ♦ *unter der Stabführung von jmdm* sotto la direzione di qcn.

Stabhochspringer [-,hoːxʃprɪŋɐ] *(m; -s, -; f -in)* ~ *(sport)* saltatore con l'asta.

Stabhochsprung [-,hoːxʃprʊŋ] *(m; -(e)s, -sprünge)* ~ salto con l'asta (disciplina; singolo salto).

stabil [ʃta'biːl] *(agg)* ~ stabile, saldo.

stabilisieren [ʃtabili'ziːrən] *(vt, hat)* ~ stabilizzare, consolidare. ◆ **sich stabilisieren** *(vr)* stabilizzarsi.

Stabilisierung [ʃtabili'ziːrʊŋ] *(f; -, -en)* ~ stabilizzazione, consolidamento.

Stabilität [ʃtabili'tɛːt] *(f; -)* ~ stabilità, solidità.

Stabreim ['ʃtaːp,raim] *(m; -(e)s, -e)* ~ allitterazione.

Stabsoffizier ['ʃtaːpsʔɔfi,tsiːɐ] *(m; -s, -e)* ~ ufficiale di stato maggiore.

stach [ʃtaːx] ~ pret di **stechen**.

Stachel ['ʃtaxəl] *(m; -s, -n)* ***1*** spina, aculeo. ***2*** aculeo, pungiglione. ***3*** bastone appuntito, pungolo. ***4*** punteruolo, punta metallica. ***5*** *(fig)* pungolo, stimolo. ***6*** *(fig/lett)* assillo.

Stachelbeere [-,beːɐ] *(f; -, -n)* ~ *(bot)* uva spina.

Stacheldraht [-,draːt] *(m; -(e)s, -drähte)* ~ filo spinato.

stachelig [-ɪç] *(agg)* ***1*** spinoso, ricoperto di spine. ***2*** ispido, pungente ♦ *ein stacheliger Bart* una barba ispida.

Stachelschwein [-ʃvain] *(n; -(e)s, -e)* ~ *(zool)* istrice.

Stadion ['ʃtaːdjɔn] *(n; -s, Stadien)* ~ stadio (sportivo).

Stadium ['ʃtaːdjʊm] *(n; -s, Stadien)* ~ stadio, livello, fase.

Stadt [ʃtat] *(f; -, Städte)* ***1*** città ♦ *die Stadt Frankfurt* la città di Francoforte ♦ *lebst du in der Stadt oder auf dem Land?* vivi in città o in campagna? ***2*** centro città, centro ♦ *wir gingen in die Stadt einkaufen* siamo andati a far spese in centro. ***3*** *(fig/fam)* città, cittadinanza. ***4*** comune ♦ *bei der Stadt arbeiten* lavorare in comune.

Stadtbevölkerung [-bə,fœlkərʊŋ] *(f; -, -en)* ~ popolazione della città, cittadini, cittadinanza.

Stadtbewohner [-bə,voːnɐ] *(m; -s, -; f* **-in***)* ~ abitante della città, cittadino.

Städtebau ['ʃtɛːtə,bau] *(m; -(e)s)* ~ urbanistica.

städtebaulich [-lɪç] *(agg)* ~ urbanistico.

Städter ['ʃtɛːtɐ] *(m; -s, -; f* **-in***)* ~ cittadino, persona di città.

Stadtführer ['ʃtat,fyːrɐ] *(m; -s, -)* ~ guida della città (libro).

Stadtgemeinde ['ʃtatgə,maində] *(f; -, -n)* ~ comune.

städtisch ['ʃtɛːtɪʃ] *(agg)* ***1*** cittadino, urbano. ***2*** urbano, municipale, comunale. ***3*** di città, da città.

Stadtmensch ['ʃtat,mɛnʃ] *(m; -en, -en)* ~ tipo cittadino, persona di città.

Stadtmitte ['ʃtat,mɪtə] *(f; -, -n)* ~ centro, centro città.

Stadtplan ['ʃtat,plaːn] *(m; -(e)s, -pläne)* ~ pianta (della città).

Stadtrand ['ʃtat,rant] *(m; -(e)s, -rände)* ~ margine della città, periferia ♦ *am Stadtrand wohnen* abitare ai margini della città.

Stadtrat ['ʃtat,ra:t] *(m; -(e)s, -räte)* ***1*** consiglio comunale. ***2*** consigliere comunale.

Stadtstaat ['ʃtat,ʃta:t] *(m; -(e)s, -en)* ~ città-stato.

Stadtteil ['ʃtat,tail] *(m; -(e)s, -e)* ~ quartiere, rione, zona (della città).

Stadtverwaltung ['ʃtatfɛɐ,valtʊŋ] *(f; -, -en)* ~ amministrazione comunale.

Stadtviertel ['ʃtat,fɪrtəl] *(n; -s, -)* ~ quartiere, rione.

Stadtzentrum ['ʃtat,tsɛntrʊm] *(n; -s, -zentren)* ~ centro città, centro.

Staffel ['ʃtafəl] *(f; -, -n)* ***1*** *(sport)* staffetta. ***2*** *(mil)* scaglione; squadra.

Staffelei [ʃtafə'lai] *(f; -, -en)* ~ cavalletto (da pittore).

Staffellauf ['ʃtafəl,lauf] *(m; -(e)s, -läufe)* ~ *(sport)* staffetta (gara).

staffeln ['ʃtafəln] *(vt, hat)* ~ {*jmdn/etwas nach etwas* ~} differenziare, scaglionare qcn/qcs in base a qcs. ◆ **sich nach etwas staffeln** *(vr)* essere graduato, essere scaglionato in base a qcs.

Staffelung ['ʃtafəlʊŋ] *(f; -, -en)* ~ scaglionamento.

staffelweise ['ʃtafəl,vaizə] *(avv)* ~ a scaglioni.

Stagnation [ʃtagna'tsjo:n] *(f; -)* ~ stagnazione (economica), ristagno.

stagnieren [ʃta'gni:rən] *(vi, hat)* ~ ristagnare (economicamente).

stahl [ʃta:l] ~ pret di **stehlen**.

Stahl *(m; -(e)s, Stähle)* ~ acciaio. ◆ **Muskeln, Nerven aus Stahl** *(fig)* muscoli, nervi d'acciaio.

Stahlbeton [-bə,tɔŋ] *(m; -s, -s/-e)* ~ cemento armato.

stählen ['ʃtɛ:lən] *(vt, hat)* ***1*** temprare, trasformare in acciaio. ***2*** *(fig)* temprare.

stählern ['ʃtɛ:lɐn] *(agg)* ***1*** d'acciaio. ***2*** *(fig)* d'acciaio, ferreo.

stahlhart ['ʃta:l,hart] *(agg)* ~ duro come l'acciaio.

Stahlindustrie ['ʃta:lʔɪndʊs,tri:] *(f; -, -n)* ~ industria siderurgica.

Stahlwerk ['ʃta:l,vɛrk] *(n; -(e)s, -e)* ~ acciaieria.

Stall [ʃtal] *(m; -(e)s, Ställe)* ***1*** stalla; stalletto. ***2*** *(abbrev di* **Hühnerstall***)* pollaio. ***3*** *(fig/fam)* porcile.

Stallbursche [-,bʊrʃə] *(m; -n, -n)* ~ stalliere.

Stalldung [-dʊŋ] *(m; -(e)s)* ~ stallatico, concime.

Stamm [ʃtam] *(m; -(e)s, Stämme)* ***1*** tronco, fusto. ***2*** *(fig)* stirpe, famiglia, ceppo; tribù ♦ *aus königlichem Stamm* di stirpe reale. ***3*** *(fig)* vecchia guardia, zoccolo duro ♦ *zum alten Stamm gehören* appartenere alla vecchia guardia ♦ *ein fester Stamm von Kunden* un gruppo di clienti fissi. ***4*** *(gramm)* radice. ◆ **vom Stamme Nimm sein** *(fam)* essere avido, essere un pigliatutto.

Stammbaum ['ʃtam,baum] *(m; -(e)s, -bäume)* ***1*** albero genealogico. ***2*** pedigree.

stammeln ['ʃtaməln] *(vi/vt, hat)* ~ balbettare ♦ *eine Entschuldigung stammeln* balbettare una scusa.

stammen ['ʃtamən] *(vi, hat)* ***1*** {*von jmdm/aus etwas* ~} venire, provenire da qcn/da qcs, essere di qcn/qcs ♦ *diese Oliven stammen aus Spanien* queste olive vengono dalla Spagna ♦ *dieser Spruch stammt von Goethe* questo detto è di Goethe. ***2*** discendere ♦ *aus einer adligen Familie stammen* discendere da una famiglia nobile. ***3*** essere originario di ♦ *sie stammt aus Rom* è originaria di Roma. ***4*** {*aus etwas* ~} *(gramm)* derivare da qcs, discendere da qcs ♦ *das Wort stammt aus dem Griechischen* la parola deriva dal greco.

Stammgast ['ʃtam,gast] *(m; -(e)s, -gäste)* ~ ospite fisso, cliente fisso (di locali).

Stammhaus ['ʃtam,haus] *(n; -(e)s, -häuser)* ~ casa madre, sede centrale (di ditta e sim).

stämmig ['ʃtɛmɪç] *(agg)* ~ robusto, tarchiato.

Stammkapital [ʃtamkapi,ta:l] *(n; -s, -e/-ien)* ~ capitale sociale.

Stammlokal [ʃtamlo,ka:l] *(n; -s, -e)* ~ locale che si frequenta abitualmente.

Stammplatz ['ʃtam,plats] *(m; -es, -plätze)* ***1*** posto fisso, posto abituale. ***2*** *(sport)* posto da titolare.

Stammsitz ['ʃtam,zɪts] *(m; -es, -e)* ***1*** residenza, luogo d'origine (di una casata). ***2*** sede centrale (di ditta), casa madre.

Stammspieler ['ʃtamˌʃpiːlɐ] *(m; -s, -; f* **-in***)* ~ *(sport)* titolare, giocatore titolare.
Stammtisch ['ʃtamˌtɪʃ] *(m; -es, -e)* ***1*** tavolo fisso, tavolo riservato. ***2*** *(fig)* riunione abituale.
stammverwandt ['ʃtamfɛɐˌvant] *(agg)* ~ *(gramm)* della stessa origine.
stampfen[1] ['ʃtampfən] *(vi,* hat/ist*)* ***1*** *(aux* hat*)* pestare, pesticciare ♦ *mit den Füßen auf den Boden stampfen* pestare i piedi in terra. ***2*** *(aux* hat*)* scalpitare. ***3*** *(aux* ist*)* scalpitare, andare (scalpitando).
stampfen[2] *(vt,* hat*)* ***1*** pestare, calpestare. ***2*** pigiare, schiacciare. ***3*** pestare, triturare.
stand [ʃtant] ~ pret di **stehen**.
Stand *(m; -(e)s,* Stände*)* ***1*** posizione eretta, posizione ferma ♦ *keinen festen Stand haben* non stare in piedi ♦ *aus dem Stand springen* saltare da fermo. ***2*** posto, posizione, postazione. ***3*** banco, bancarella (di mercato e sim); stand. ***4*** *(fig)* stato, condizione, situazione ♦ *der Stand der Dinge* lo stato delle cose ♦ *gut im Stand(e)/in gutem Stand(e) sein* essere in buono stato. ***5*** livello, altezza. ***6*** ceto. ◆ **der dritte Stand** il terzo Stato, la borghesia. ◆ **keinen guten Stand mit jmdm haben** *(fig/fam)* essere malvisto da qcn. ◆ **auf dem neuesten Stand sein** essere aggiornato. ◆ **außer Stande** vedi **außerstande**. ◆ **im Stande** vedi **imstande**. ◆ **in Stand** vedi **instand**. ◆ **jmdn in den Stand setzen, etwas zu tun** mettere qcn in condizione di fare qcs.
Standard ['ʃtandart] *(m; -s, -s)* ~ standard, modello, norma.
Standardwerk [-ˌvɛrk] *(n; -(e)s, -e)* ~ classico, opera fondamentale (in un settore).
Standarte [ʃtan'dartə] *(f; -, -n)* ~ stendardo.
Standbild ['ʃtantˌbɪlt] *(n; -(e)s, -er)* ~ statua.
Ständchen ['ʃtɛntçən] *(n; -s, -)* ~ serenata ♦ *jmdm ein Ständchen bringen* fare una serenata a qcn.
Ständer ['ʃtɛndɐ] *(m; -s, -)* ***1*** sostegno, supporto, base. ***2*** leggìo.
Standesamt ['ʃtandəsˌˀamt] *(n; -(e)s, -ämter)* ~ ufficio di stato civile, anagrafe.
standesamtlich [-lɪç] *(agg)* ~ civile, di stato civile. ◆ **standesamtliche Trauung** matrimonio civile. ◆ **standesamtlich heiraten** sposarsi con rito civile, sposarsi in comune.
standfest ['ʃtantˌfɛst] *(agg)* ~ stabile, saldo. ◆ **nicht mehr ganz standfest sein** *(fig/fam)* essere un po' brillo.
Standfestigkeit [-ɪçˌkait] *(f; -)* ~ stabilità, saldezza.
Standgericht ['ʃtantgəˌrɪçt] *(n; -(e)s, -e)* ~ corte marziale.
standhaft ['ʃtantˌhaft] *(agg)* ***1*** fermo, saldo. ***2*** *(avv)* fermamente, saldamente ♦ *sich standhaft weigern* rifiutarsi fermamente.
Standhaftigkeit [-ɪçˌkait] *(f; -)* ~ fermezza.
stand|halten *(vi,* hat; *irr* halten*)* ***1*** {*jmdm/etwas* ~} resistere a qcn/qcs (attacchi e sim). ***2*** {*jmdm/etwas* ~} *(fig)* resistere a qcn/qcs, tener testa a qcn/qcs ♦ *einer Kritik standhalten* tener testa a una critica.
ständig ['ʃtɛndɪç] *(agg)* ***1*** permanente, fisso, stabile ♦ *ständiger Wohnsitz* dimora fissa. ***2*** continuo, continuato, persistente. ***3*** fisso, abituale ♦ *ein ständiger Besucher* un visitatore abituale. ***4*** *(avv)* continuamente, di continuo.
Standlicht ['ʃtantˌlɪçt] *(n; -(e)s, -er)* ~ luce di posizione.
Standort ['ʃtantˌˀɔrt] *(m; -(e)s, -e)* ***1*** posizione, ubicazione (attuale). ***2*** *(mil)* guarnigione, stanza.
Standpunkt ['ʃtantˌpʊŋkt] *(m; -(e)s, -e)* ~ punto di vista, prospettiva, parere ♦ *von diesem Standpunkt aus* da questo punto di vista.
Standuhr ['ʃtantˌˀuːɐ] *(f; -, -en)* ~ pendola.
Stange ['ʃtaŋə] *(f; -, -n)* ***1*** stanga, bastone, palo, asta. ***2*** morso (del cavallo). ***3*** stecca (di sigarette). ◆ **jmdm die Stange halten** *(fig/fam)* sostenere qcn, dare manforte a qcn. ◆ **das kostet eine Stange Geld** *(fam)* questo costa un mucchio di soldi. ◆ **bei der Stange bleiben** *(fig)* non mollare, tenere duro. ◆ **von der Stange** *(fam)* prodotto in serie, confezionato (abiti).
Stängel († **Stengel**) ['ʃtɛŋəl] *(m; -s, -)* ~ gambo, stelo. ◆ **vom Stängel fallen** *(fig/fam)* rimanere di stucco.
stank [ʃtaŋk] ~ pret di **stinken**.

stänkern [ˈʃtɛŋkɐn] *(vi, hat)* ~ *(fam/spreg)* seminare zizzania.

Stanniol [ʃtaˈnjoːl] *(n; -s, -e)* ~ stagnola, carta stagnola.

stanzen [ˈʃtantsən] *(vt, hat)* ***1*** lavorare a stampo (metallo, cuoio, ecc). ***2*** stampare, imprimere, fare (su metallo, cuoio, ecc).

Stapel [ˈʃtaːpəl] *(m; -s, -)* ***1*** pila, mucchio ♦ *ein Stapel Briefe, Wäsche* un mucchio di lettere, di panni. ***2*** catasta (di legna). ◆ **vom Stapel laufen** essere varato (nave). ◆ **vom Stapel lassen** varare (nave). ◆ **eine Rede vom Stapel lassen** *(fam/spreg)* tenere un discorso.

Stapellauf [-ˌlauf] *(m; -(e)s, -läufe)* ~ varo (di nave).

stapeln [ˈʃtaːpəln] *(vt, hat)* ***1*** ammucchiare (in ordine), impilare. ***2*** *(fig)* accumulare.

Stapfe [ˈʃtapfə] *(f; -, -n)* *(abbrev di* **Fußstapfe***)* ~ orma.

stapfen [-n] *(vi, ist)* ~ camminare con passi pesanti.

Star[1] [ˈʃtaːɐ] *(m; -s, -e)* ~ *(zool)* storno.

Star[2] *(m; -s, -e)* ~ *(med)* cataratta. ◆ **grüner Star** *(med)* glaucoma. ◆ **grauer Star** *(med)* cataratta.

Star[3] *(m; -s, -s)* ~ stella, star, celebrità.

starb [ʃtarp] ~ pret di **sterben**.

stark [ʃtark] *(agg;* **stärker, am stärksten***)* ***1*** forte, robusto, forzuto ♦ *ein starker Mann* un uomo forte. ***2*** forte, robusto, resistente, grosso, spesso ♦ *eine starke Mauer* un grosso muro. ***3*** grosso, grasso, robusto. ***4*** *(fig)* forte, grande ♦ *einen starken Einfluss ausüben* esercitare una forte influenza. ***5*** *(fig)* forte, numeroso ♦ *eine starke Beteiligung* una forte partecipazione. ***6*** *(fig)* grande, grosso; incallito ♦ *ein starker Esser* un gran mangiatore ♦ *ein starker Raucher* un grosso fumatore. ***7*** *(fig)* forte, intenso ♦ *ein starker Regen* una forte pioggia ♦ *starker Verkehr* traffico intenso. ***8*** *(fig)* forte, bravo, valido ♦ *er ist stark in Latein* è forte in latino ♦ *eine starke Mannschaft* una squadra forte. ***9*** *(fig)* forte, saldo ♦ *eine starke Überzeugung* una convinzione forte. ***10*** *(fig)* forte, concentrato ♦ *ein starker Kaffee* un caffè forte. ***11*** forte, potente ♦ *eine starke Brille* occhiali forti ♦ *eine starke Lampe* una lampada potente. ***12*** *(gramm)* forte ♦ *starke Verben* verbi forti. ***13*** *(avv)* fortemente, forte, intensamente, molto ♦ *es schneit stark* nevica forte ♦ *die Wunde blutet stark* la ferita sanguina molto. ◆ **das starke Geschlecht** *(fam)* il sesso forte. ◆ **das ist meine starke Seite** *(fig/fam)* questo è il mio forte.

Stärke[1] [ˈʃtɛrkə] *(f; -, -n)* ***1*** forza, robustezza, vigore. ***2*** robustezza, resistenza, grossezza, spessore. ***3*** *(fig)* forza, numero. ***4*** *(fig)* forte, specialità ♦ *das ist nicht meine Stärke* questo non è il mio forte. ***5*** forza, potenza. ***6*** forza, intensità ♦ *die Stärke des Regens* l'intensità della pioggia. ***7*** forza (di bevande e sim). ***8*** *(fig)* forza, saldezza (di fede e sim).

Stärke[2] *(f; -, -n)* ~ amido, fecola.

stärken [-n] *(vt, hat)* ***1*** rinforzare, rafforzare, irrobustire, rinvigorire. ***2*** inamidare. ◆ **sich stärken** *(vr)* ***1*** rinforzarsi, irrobustirsi, rinvigorirsi, rafforzarsi. ***2*** rifocillarsi.

Stärkung [ˈʃtɛrkʊŋ] *(f; -, -en)* ***1*** rafforzamento, irrobustimento ♦ *eine Kur zur Stärkung des Immunsystems* una cura per rinforzare il sistema immunitario. ***2*** rifocillamento, ristoro.

Stärkungsmittel [-sˌmɪtəl] *(n; -s, -)* ~ ricostituente.

starr [ʃtar] *(agg)* ***1*** rigido, irrigidito. ***2*** fisso (sguardo e sim). ***3*** rigido, non pieghevole ♦ *ein starrer Karton* un cartone rigido. ***4*** intirizzito. ***5*** *(fig)* rigido, severo, intransigente. ***6*** *(avv)* rigidamente; ostinatamente.

starren [-ən] *(vi, hat)* ***1*** {*auf jmdn/etwas* ~} fissare qcn/qcs, guardar fisso qcn/qcs. ***2*** {*von/vor etwas* (Dat) ~} essere pieno di qcs, essere ricoperto di qcs ♦ *von/vor Schmutz starren* essere pieno di sporcizia. ◆ **jmdm ins Gesicht starren** guardare fisso in viso qcn.

Starrheit [-ˌhait] *(f; -)* ***1*** rigidezza, rigidità. ***2*** *(fig)* rigidità, intransigenza, severità.

Starrkopf [-ˌkɔpf] *(agg)* ~ *(spreg)* testardo, testa dura.

starrköpfig [-ˌkœpfɪç] *(agg)* ~ *(spreg)* ostinato, caparbio, cocciuto.

Starrsinn [-ˌzɪn] *(m; -(e)s)* ~ *(spreg)* testardaggine, cocciutaggine.

starrsinnig [-ˌzɪnɪç] *(agg)* ~ vedi **starrköpfig**.

Start [ʃtart] *(m; -(e)s, -s)* ***1*** *(sport)* partenza, start, via. ***2*** *(fig)* inizio, principio. ***3*** decollo. ◆ **den Start freigeben** ***1*** *(sport)* dare il via. ***2*** dare il permesso di decollare.

starten[1] [-ən] *(vi, ist)* ***1*** *(sport)* partire, prendere il via. ***2*** decollare. ***3*** *(fam)* partire (in auto).

starten[2] *(vt, hat)* ***1*** far partire (velivoli), lanciare (missili e sim). ***2*** *(fig/fam)* iniziare, cominciare.

Starter [ˈʃtartɐ] *(m; -s, -; f* **-in***)* ~ starter.

Startlinie [ˈʃtartˌliːnjə] *(f; -, -n)* ~ *(sport)* linea di partenza.

Startschuss († **-schuß**) [ˈʃtartˌʃʊs] *(m; -es, -schüsse)* ~ *(sport)* segnale di partenza, via. ◆ **den Startschuss (für etwas) geben** dare il via (a qcs) *(anche fig)*.

Station [ʃtaˈtsjoːn] *(f; -, -en)* ***1*** fermata (di treni, bus, ecc), stazione (piccola) ♦ *der Zug hält an jeder Station* il treno ferma a ogni stazione. ***2*** stazione (tv, radio, ecc). ***3*** reparto (ospedaliero) ♦ *der Kranke liegt auf Station zwei* il malato è nel reparto due. ***4*** *(fig)* sosta, tappa ♦ *an einem Ort Station machen* fare una tappa in un luogo.

stationär [ʃtatsjoˈnɛːɐ] *(agg)* ***1*** fisso, permanente. ***2*** stazionario, costante. ***3*** ospedaliero, in ospedale (non ambulatoriale) ♦ *stationäre Behandlung* cura ospedaliera.

stationieren [ʃtatsjoˈniːrən] *(vt, hat)* ~ piazzare, sistemare.

Statist [ʃtaˈtɪst] *(m; -en, -en; f* **-in***)* ~ comparsa, figurante (di teatro o cinema).

Statistik [ʃtaˈtɪstɪk] *(f; -, -en)* ~ statistica.

statistisch [ʃtaˈtɪstɪʃ] *(agg)* ~ statistico.

Stativ [ʃtaˈtiːf] *(n; -s, -e)* ~ treppiede, cavalletto (di macchina fotografica).

statt [ʃtat] *(prep + Gen)* ***1*** invece di, al posto di ♦ *statt einer Entschuldigung* invece di una scusa ♦ *statt meiner* al posto mio. ***2*** *(congiunz)* invece di, al posto di ♦ *er spielt, statt zu lernen* gioca, invece di studiare. ◆ **statt dass** invece di, al posto di ♦ *er hört Musik, statt dass er arbeitet* ascolta la musica, invece di lavorare. ◆ **statt dessen** vedi **stattdessen**. ◆ **an Eides statt** († **Statt**) con valore di giuramento. ◆ **jmdn an Kindes statt** († **Statt**) **annehmen** adottare qcn.

stattdessen *(anche* **statt dessen***)* [-ˌdɛsən] *(avv)* ~ invece, invece di ciò.

Stätte [ˈʃtɛtə] *(f; -, -n)* ~ luogo, posto, sito (con uno scopo preciso) ♦ *eine archäologische Stätte* un sito archeologico. ◆ **die heiligen Stätten** i luoghi santi (del cristianesimo).

statt|finden *(vi, hat; irr* finden*)* ~ aver luogo ♦ *die Veranstaltung fand am Mittwoch statt* la manifestazione ebbe luogo mercoledì.

statt|geben *(vi, hat)* ~ {*einer Sache* (Dat) ~} acconsentire a qcs, accogliere qcs (richieste).

statthaft [ˈʃtatˌhaft] *(agg)* ~ permesso, consentito, lecito ♦ *es ist nicht statthaft, im Saal zu rauchen* non è consentito fumare in sala.

stattlich [ˈʃtatlɪç] *(agg)* ***1*** grande, imponente. ***2*** prestante (persona). ***3*** notevole, considerevole; numeroso.

Statue [ˈʃtaːtwə] *(f; -, -n)* ~ statua.

statuieren [ʃtatuˈiːrən] *(vt, hat)* ~ **ein Exempel statuieren** dare una punizione esemplare.

Statur [ʃtaˈtuːɐ] *(f; -, -en)* ~ corporatura, fisico, statura ♦ *ein Mann von kräftiger Statur* un uomo dal fisico robusto.

Status [ˈʃtaːtʊs] *(m; -, -)* ***1*** stato (di cose), situazione. ***2*** *(dir)* condizione (giuridica), status.

Statut [ʃtaˈtuːt] *(n; -(e)s, -en)* ~ statuto.

Stau [ʃtau] *(m; -s, -e/-s)* ***1*** ristagno. ***2*** *(pl -e)* *(fig)* ingorgo, coda (traffico).

Staub [-p] *(m; -(e)s)* ~ polvere. ◆ **Staub aufwirbeln** *(fig)* sollevare un polverone. ◆ **Staub saugen** *(anche* **staubsaugen***)* passare l'aspirapolvere. ◆ **Staub wischen** *(vi)* spolverare. ◆ **sich aus dem Staub(e) machen** *(fig/fam)* alzare i tacchi, tagliare la corda.

stauben [-bən] *(vi, hat)* ~ essere polveroso. ◆ **es staubt sehr** *(impers)* c'è molta polvere.

stäuben [ˈʃtɔybən] *(vi/vt, hat)* ***1*** *(vi)* polverizzarsi, ridursi in polvere. ***2*** *(vt)* spargere (polvere e sim) ♦ *Kakaopuder über einen Kuchen stäuben* spargere cacao in polvere su un dolce.

staubig ['ʃtaubɪç] *(agg)* ~ polveroso, ricoperto di polvere.
Staublappen ['ʃtaupˌlapən] *(m; -s, -)* ~ panno per spolverare.
staubsaugen *(anche* **Staub saugen***)* ['ʃtaupˌzaugən] *(vi,* hat; **staubsaugte**, **staubgesaugt***)* ~ passare l'aspirapolvere.
Staubsauger ['ʃtaupˌzaugɐ] *(m; -s, -)* ~ aspirapolvere.
Staubtuch ['ʃtaupˌtuːx] *(n; -(e)s, -tücher)* ~ panno per spolverare.
stauchen ['ʃtauxən] *(vt,* hat*)* ~ pigiare, schiacciare (qcs di malleabile).
Staudamm ['ʃtauˌdam] *(m; -(e)s, -dämme)* ~ diga.
stauen ['ʃtauən] *(vt,* hat*)* ~ bloccare, fermare, arrestare (qcs che scorre). ◆ **sich stauen** *(vr)* ***1*** ristagnare. ***2*** *(fig)* formare un ingorgo ♦ *die Autos haben sich an der Maut gestaut* le auto hanno formato un ingorgo al casello.
staunen ['ʃtaunən] *(vi,* hat*)* ***1*** stupirsi, meravigliarsi, rimanere di stucco ♦ *ich staunte, dass er es geschafft hatte* mi meravigliai che ce l'avesse fatta. ***2*** {*über etwas* (Acc) ~} meravigliarsi di qcs (di positivo), rimanere stupito da qcs ♦ *ich staune über deine Italienischkenntnisse* rimango stupito dalla tua conoscenza dell'italiano.
Staunen *(n; -s)* ~ meraviglia, stupore. ◆ **jmdn in Staunen (ver)setzen** meravigliare qcn.
Staupe ['ʃtaupə] *(f; -, -n)* ~ cimurro.
Stauung ['ʃtauʊŋ] *(f; -, -en)* ***1*** blocco, arresto (di qcs che scorre). ***2*** ristagno. ***3*** ingorgo.
Steak [steːk] *(n; -s, -s)* ~ bistecca.
stechen ['ʃtɛçən] *(vt,* hat; er **sticht**, **stach**, **gestochen***)* ***1*** pungere, bucare ♦ *eine Wespe hat mich gestochen* mi ha punto una vespa. ***2*** *(vi)* pungere, bucare (insetti, spine, ecc). ***3*** {*es sticht jmdm/jmdn*} *(impers)* avere delle fitte ♦ *es sticht mir/mich in der Seite* ho delle fitte a un fianco. ***4*** scannare, sgozzare (animali). ***5*** incidere (con il bulino). ***6*** *(sport)* fare lo spareggio. ***7*** prendere (a carte). ◆ **sich stechen** *(vr)* pungersi, bucarsi ♦ *ich habe mich mit der Nadel in den Finger gestochen* mi sono punto il dito con l'ago. ◆ **ein Loch stechen** fare un foro (con ago o sim). ◆ **in die Augen stechen** *(fig)* saltare agli occhi.
stechend [-t] *(agg)* ~ pungente, acre (odore).
Stechmücke ['ʃtɛçˌmʏkə] *(f; -, -n)* ~ *(zool)* zanzara.
Stechuhr ['ʃtɛçˌʔuːɐ] *(f; -, -en)* ~ orologio per timbrare il cartellino.
Steckbrief ['ʃtɛkˌbriːf] *(m; -(e)s, -e)* ***1*** dati segnaletici (di ricercati). ***2*** *(fam)* descrizione personale.
Steckdose ['ʃtɛkˌdoːzə] *(f; -, -n)* ~ presa di corrente.
stecken[1] ['ʃtɛkən] *(vi,* hat*)* ***1*** essere infilato ♦ *der Schlüssel steckt im Schloss* la chiave è infilata nella serratura ♦ *der Ring steckt am Finger* l'anello è infilato al dito. ***2*** essere conficcato, essere piantato. ***3*** essere, stare, essere finito, essersi ficcato (persona o cosa) ♦ *wo steckt denn die Fernbedienung?* ma dov'è finito il telecomando? ◆ **stecken bleiben** († **steckenbleiben**) ***1*** rimanere (infilato, conficcato). ***2*** bloccarsi, impantanarsi, rimanere impantanato ♦ *wir sind im Schlamm stecken geblieben* siamo rimasti impantanati nel fango. ***3*** *(fig)* impappinarsi. ◆ **stecken lassen** († **steckenlassen**) lasciare infilato. ◆ **da steckt etwas dahinter** *(fig)* c'è qualcosa sotto. ◆ **in ihm steckt etwas** *(fig/fam)* ci sa fare, ha della stoffa. ◆ **tief in Schulden stecken** *(fig)* essere sommerso dai debiti.
stecken[2] *(vt,* hat*)* ***1*** infilare, mettere ♦ *einen Brief in den Briefkasten stecken* infilare una lettera nella cassetta della posta ♦ *jmdm einen Ring an den Finger stecken* infilare un anello al dito di qcn. ***2*** conficcare, piantare. ***3*** fissare, appuntare (con spillo e sim). ***4*** {*jmdm etwas* ~} *(fig/fam)* spifferare qcs a qcn. ◆ **Geld in etwas** (Acc) **stecken** *(fig)* mettere, investire dei soldi in qcs.
steckenbleiben ~ **stecken bleiben** (vedi **stecken**[1]).
steckenlassen ~ **stecken lassen** (vedi **stecken**[1]).
Steckenpferd [-ˌpfeːɐt] *(n; -(e)s, -e)* ***1*** cavallo di legno (giocattolo). ***2*** *(fig)* hobby, passatempo.

Stecker [ˈʃtɛkɐ] *(m; -s, -)* ~ spina (elettrica).

Stecknadel [ˈʃtɛkˌnaːdəl] *(f; -, -n)* ~ spillo. ◆ **eine Stecknadel im Heuschober suchen** *(fig)* cercare un ago in un pagliaio. ◆ **jmdn/etwas wie eine Stecknadel suchen** *(fig)* cercare ovunque qcn/qcs.

Steg [ʃteːk] *(m; -s, -e)* ***1*** passerella. ***2*** pontile.

stehen [ˈʃteːən] *(vi,* hat; **stand**, **gestanden***)* ***1*** stare in piedi, essere in piedi, stare ritto ♦ *es gab keinen Sitzplatz und wir mussten stehen* non c'erano posti a sedere e dovemmo stare in piedi ♦ *sollen die Flaschen stehen oder liegen?* le bottiglie devono stare ritte o distese? ***2*** stare (in piedi), essere, trovarsi ♦ *er stand neben dem Fenster* stava in piedi vicino alla finestra ♦ *die Vase steht auf dem Tisch* il vaso è sul tavolo ♦ *die Sonne steht hoch am Himmel* il sole è alto nel cielo. ***3*** *(fig)* essere, stare, trovarsi ♦ *vor dem Bankrott stehen* essere sull'orlo della bancarotta. ***4*** *(fig)* essere, stare (scritto) ♦ *der Artikel steht in dieser Zeitschrift* l'articolo è in questa rivista ♦ *hier steht, dass* qui c'è scritto che. ***5*** *(fig)* stare, trovarsi, essere (situazioni e sim) ♦ *die Sache steht so* la cosa sta così ♦ *das Spiel steht 1:1 (eins zu eins)* la partita è sull'uno a uno. ***6*** {*es steht*} *(impers)* andare, stare ♦ *wie steht's mit der Schule?* come va la scuola? ♦ *wie geht's, wie steht's? (fam)* allora, come va? ***7*** stare, essere, indicare (lancette e sim) ♦ *das Thermometer steht auf Null Grad* il termometro indica zero gradi ♦ *die Ampel steht auf Grün* il semaforo indica il verde. ***8*** {*jmdm ~*} stare a qcn (in un certo modo) ♦ *die Jacke steht dir gut* la giacca ti sta bene. ***9*** *(fig)* essere finito, essere terminato (opere e sim). ***10*** essere fermo, non essere in funzione (macchinari e sim). ***11*** essere previsto (pene) ♦ *auf dieses Verbrechen steht Gefängnis* per questo crimine è prevista la prigione. ***12*** {*auf jmdn/etwas ~*} *(fig/fam)* andar matto per qcn/qcs. ***13*** {*zu jmdm ~*} *(fig)* stare dalla parte di qcn, sostenere qcn. ***14*** {*zu etwas ~*} mantenere qcn (promesse e sim). ***15*** {*zu jmdm/etwas ~*} avere un'opinione di qcn/qcs, giudicare qcn/qcs ♦ *wie stehst du zu seiner Entscheidung?* come giudichi la sua decisione? ◆ **stehen bleiben** († **stehenbleiben**) ***1*** fermarsi, bloccarsi, smettere di camminare ♦ *er blieb vor der Bank stehen* si fermò davanti alla panchina. ***2*** *(fig)* fermarsi, smettere di funzionare. ***3*** *(fig)* essere dimenticato (oggetti). ◆ **stehen lassen** († **stehenlassen**) ***1*** lasciare stare, non toccare, lasciare dove si trova. ***2*** lasciar perdere, non considerare (persona). ***3*** dimenticare (oggetti). ◆ **sich** (Dat) **einen Bart stehen lassen** lasciarsi crescere la barba. ◆ **hinter jmdm stehen** *(fig)* stare dietro a qcn, sostenere qcn. ◆ **im Stehen** in piedi.

stehenbleiben ~ **stehen bleiben** (vedi **stehen**).

stehenlassen ~ **stehen lassen** (vedi **stehen**).

stehend [-t] *(agg)* ***1*** in piedi, ritto. ***2*** fermo ♦ *ein stehender Zug* un treno fermo. ***3*** *(avv)* in piedi, da ritto.

stehlen [ˈʃteːlən] *(vt,* hat; er **stiehlt**, **stahl**, **gestohlen***)* ~ {*(jmdm) etwas ~*} rubare qcs (a qcn) ♦ *er hat der Frau die Tasche gestohlen* ha rubato la borsa alla donna. ◆ **sich stehlen** *(vr)* entrare di nascosto; andarsene di nascosto.

Stehplatz [ˈʃteːˌplats] *(m; -es, -plätze)* ~ posto in piedi.

steif [ʃtaif] *(agg)* ***1*** rigido, duro ♦ *steifer Karton* cartone rigido. ***2*** rigido, irrigidito (arti). ***3*** *(fig)* rigido (nei movimenti), goffo. ***4*** *(fig)* formale, forzato. ***5*** denso, compatto (salse e sim). ◆ **etwas steif und fest behaupten** *(fam)* affermare qcs con caparbietà.

Steifheit [-ˌhait] *(f; -)* ***1*** rigidità, durezza. ***2*** rigidità, irrigidimento (di arti). ***3*** *(fig)* rigidità, freddezza.

Steigbügel [ˈʃtaikˌbyːgəl] *(m; -s, -)* ~ staffa. ◆ **jmdm den Steigbügel halten** *(fig)* dare una spinta a qcn (nella carriera).

steigen [ˈʃtaigən] *(vi,* ist; **stieg**, **gestiegen***)* ***1*** salire (in alto) ♦ *der Rauch steigt* il fumo sale. ***2*** salire, montare ♦ *auf eine Leiter steigen* salire su una scala ♦ *aufs Fahrrad steigen* salire sulla bicicletta. ***3*** salire, montare (su mezzi di trasporto) ♦ *ins Auto, in den Zug steigen* salire in macchina, sul treno. **4** scendere, smontare ♦ *aus dem Zug steigen* scendere dal treno ♦ *vom Pferd steigen* smontare da cavallo ♦ *aus dem Bett steigen* scendere giù dal letto. **5** *(fig)* salire, crescere, aumentare ♦ *die Preise steigen* i prezzi salgono. ◆ **ins Bett steigen** *(fam)* andare a dormire. ◆ **im Preis steigen** aumentare di prezzo, rincarare. ◆ **im Rang steigen** *(fig)* salire di grado.

steigern [ˈʃtaigɐn] *(vt, hat)* **1** aumentare, accrescere; incrementare ♦ *die Geschwindigkeit steigern* aumentare la velocità ♦ *die Preise steigern* aumentare i prezzi. **2** *(gramm)* mettere al grado comparativo/superlativo (aggettivi). **3** *(vi)* fare un'offerta (all'asta). ◆ **sich steigern** *(vr)* crescere, accrescersi, aumentare *(anche fig)*.

Steigerung [ˈʃtaigərʊŋ] *(f; -, -en)* **1** aumento, accrescimento; incremento. **2** *(gramm)* comparazione, grado comparativo.

Steigung [ˈʃtaigʊŋ] *(f; -, -en)* **1** pendenza ♦ *eine Steigung von 10% (zehn Prozent)* una pendenza del 10 per cento. **2** salita, tratto in salita.

steil [ʃtail] *(agg)* ~ ripido, scosceso, erto.

Steilheit [-ˌhait] *(f; -)* ~ ripidezza.

Stein [ʃtain] *(m; -(e)s, -e)* **1** pietra, sasso, ciottolo. **2** masso, macigno; roccia. **3** pietra (materiale) ♦ *eine Bank aus Stein* una panchina in pietra. **3** mattone; pietra (da costruzione). **4** pietra (preziosa). **5** nocciolo (di frutto). **6** pedina, pezzo (in giochi da tavolo). **7** *(med)* calcolo. ◆ **Stein und Bein schwören** *(fam)* giurare e spergiurare, affermare con decisione. ◆ **es friert Stein und Bein** *(impers) (fig/fam)* fa un freddo cane. ◆ **mir ist ein Stein vom Herzen gefallen** *(fig)* mi sono levato un peso dal cuore. ◆ **jmdm die Steine aus dem Weg räumen** *(fig)* spianare la strada a qcn. ◆ **jmdm Steine in den Weg legen** *(fig)* mettere i bastoni fra le ruote a qcn. ◆ **bei jmdm ein Stein im Brett haben** *(fig)* essere nelle grazie di qcn. ◆ **den Stein ins Rollen bringen** *(fig/fam)* smuovere le acque, mettere in moto una faccenda. ◆ **ein Herz aus Stein** *(fig)* un cuore di pietra. ◆ **zu Stein werden/erstarren** *(fig)* restare di sasso.

Steinadler [-ˌˀaːdlɐ] *(m; -s, -)* ~ *(zool)* aquila reale.

steinalt [-ˌˀalt] *(agg)* ~ vecchissimo.

Steinblock [-ˌblɔk] *(m; -(e)s, -blöcke)* ~ blocco di pietra, masso.

Steinbock [-ˌbɔk] *(m; -s, -böcke)* **1** *(zool)* stambecco. **2** *(astrol)* Capricorno.

Steinbruch [-ˌbrʊx] *(m; -(e)s, -brüche)* ~ cava di pietra.

Steineiche [-ˌˀaiçə] *(f; -, -n)* ~ *(bot)* leccio.

steinern [-ɐn] *(agg)* **1** di pietra ♦ *eine steinerne Bank* una panchina di pietra. **2** *(fig)* duro, di pietra ♦ *ein steinernes Herz* un cuore di pietra.

steinhart [-ˌhart] *(agg)* ~ duro come un sasso, durissimo.

steinig [-ɪç] *(agg)* ~ sassoso, pietroso.

steinigen [-ɪgən] *(vt, hat)* ~ lapidare.

Steinigung [-ɪgʊŋ] *(f; -, -en)* ~ lapidazione.

Steinkohle [-ˌkoːlə] *(f; -, -n)* ~ carbon fossile.

Steinmetz [-ˌmɛts] *(m; -en, -en)* ~ scalpellino.

Steinobst [-ˌˀoːpst] *(n; -(e)s)* ~ frutta con il nocciolo.

Steinpilz [-ˌpɪlts] *(m; -es, -e)* ~ *(bot)* porcino, fungo porcino.

Steinschlag [-ʃlaːk] *(m; -(e)s, -schläge)* ~ caduta di massi, frana (in alta montagna).

Steinwurf [-ˌvʊrf] *(m; -(e)s, -würfe)* ~ sassata.

Steinzeit [-ˌtsait] *(f; -)* ~ età della pietra.

Steiß [ʃtais] *(m; -es, -e)* ~ sedere, didietro.

Stelle [ˈʃtɛlə] *(f; -, -n)* **1** posto, punto, luogo ♦ *eine schlammige Stelle auf dem Weg* un punto fangoso del sentiero ♦ *etwas an eine Stelle setzen* mettere qcs in un posto ♦ *an der richtigen Stelle stehen* essere al proprio posto, essere al posto giusto. **2** punto, passo, brano, passaggio (in un testo) ♦ *eine Stelle aus einem Buch vorlesen* leggere a voce alta un passo da un libro. **3** *(fig)* posto (di lavoro) ♦ *eine Stelle suchen, finden, verlieren* cercare, trovare, perdere un posto. **4** *(fig)* posizione ♦ *an erster Stelle* in prima posizione. **5** ufficio (pubblico). **6** *(mat)* posto (in una cifra),

cifra ♦ *eine Zahl mit vier Stellen* un numero di quattro cifre. ◆ **schwache Stelle** *(fig)* punto debole. ◆ **wunde Stelle** ferita. ◆ **an Stelle** vedi **anstelle**. ◆ **an jmds Stelle** *(fig)* al posto di qcn ♦ *wie würdest du dich an meiner Stelle verhalten?* come ti comporteresti al posto mio? ♦ *ich möchte nicht an deiner Stelle sein* non vorrei essere al tuo posto. ◆ **an erster Stelle stehen** *(fig)* essere al primo posto, essere il più importante. ◆ **auf der Stelle** *(fig)* su due piedi, subito. ◆ **auf der Stelle treten** *(fig)* non fare progressi. ◆ **zur Stelle sein** essere presente (dove c'è bisogno).

stellen [-n] *(vt,* hat*)* ***1*** mettere (in piedi, ritto), porre, collocare ♦ *ein Glas auf den Tisch stellen* mettere un bicchiere sul tavolo ♦ *soll ich die Flaschen stellen oder legen?* devo mettere le bottiglie ritte o distese? ♦ *ich habe das Bier kalt gestellt* ho messo in fresco la birra. ***2*** regolare (impianti, apparecchi, ecc) ♦ *den Wecker auf sieben Uhr stellen* mettere la sveglia alle sette. ***3*** procurare, fornire (persone o cose). ***4*** produrre (testimoni). ***5*** fare, porre, presentare (domande, richieste, ecc) ♦ *eine Frage stellen* fare una domanda. ***6*** fare, formulare (previsioni, conclusioni, ecc) ♦ *eine Diagnose stellen* fare una diagnosi. ◆ **sich stellen** *(vr)* ***1*** mettersi (in piedi), sistemarsi ♦ *er stellte sich neben die Tür* si mise (in piedi) accanto alla porta. ***2*** *(fig)* fingersi ♦ *sich taub stellen* fingersi sordo, far finta di essere sordo. ***3*** *(mil)* presentarsi (alla leva e sim). ***4*** costituirsi (ricercati). ***5*** *(fig)* porsi, avere un atteggiamento ♦ *sich abweisend zu jmdm stellen* avere un atteggiamento ostile verso qcn. ***6*** {*sich gegen jmdn/etwas* ~} *(fig)* mettersi contro qcn/qcs. ***7*** {*sich hinter jmdn* ~} *(fig)* sostenere qcn, appoggiare qcn. ◆ **lauter stellen** alzare (il volume) ♦ *ich darf die Stereoanlage nicht lauter stellen* non posso alzare il volume dello stereo. ◆ **leiser stellen** abbassare (il volume) ♦ *stell das Radio bitte leiser* abbassa la radio, per favore. ◆ **auf sich selbst gestellt sein** *(fig)* doversela cavare da solo, non poter contare su nessuno (economicamente).

Stellenangebot [-nˌˈangəboːt] *(n;* -(e)s, -e*)* ~ offerta di lavoro.

stellenlos [-nˌloːs] *(agg)* ~ senza lavoro, disoccupato.

stellenweise [-nˌvaizə] *(avv)* ***1*** qua e là. ***2*** in parte.

Stellplatz [ˈʃtɛlˌplats] *(m;* -es, -plätze*)* ~ posto auto (in parcheggio e sim).

Stellung [ˈʃtɛlʊŋ] *(f;* -, -en*)* ***1*** posizione, collocazione, posto ♦ *die Stellung des Verbs im Satz* la posizione del verbo nella frase. ***2*** posizione, postura, posa (del corpo) ♦ *in liegender, sitzender Stellung* in posizione sdraiata, seduta. ***3*** posizione (sociale), rango. ***4*** posto (di lavoro), impiego ♦ *eine Stellung suchen, finden* cercare, trovare un posto. ***5*** *(mil)* posizione, postazione. ◆ **zu etwas Stellung nehmen** *(fig)* prendere posizione riguardo a qcs.

Stellungnahme [-ˌnaːmə] *(f;* -, -n*)* ~ presa di posizione; opinione.

stellungslos [-sˌloːs] *(agg)* ~ senza lavoro, disoccupato.

stellvertretend [ˈʃtɛlfɛɐˌtreːtənt] *(agg)* ~ vice-, sostituto ♦ *der stellvertretende Leiter* il vicedirettore.

Stellvertreter [ˈʃtɛlfɛɐˌtreːtɐ] *(m;* -s, -; *f* **-in***)* ~ sostituto, vice.

Stelze [ˈʃtɛltsə] *(f;* -, -n*)* ~ trampolo ♦ *Stelzen laufen* camminare sui trampoli. ◆ **wie auf Stelzen gehen** *(fig)* essere affettato.

stelzen [-n] *(vi,* ist*)* ***1*** camminare sui trampoli. ***2*** *(fig)* camminare impettito.

stemmen [ˈʃtɛmən] *(vt,* hat*)* ***1*** sollevare (un peso sopra la testa). ***2*** puntare, appoggiare (con forza) ♦ *die Ellbogen auf den Tisch stemmen* puntare i gomiti sul tavolo. ◆ **sich stemmen** *(vr)* puntellarsi, appoggiarsi, piantarsi (con forza) ♦ *er stemmte sich gegen die Wand* si piantò contro la parete. ***2*** {*sich gegen etwas* ~} *(fig)* opporsi a qcs.

Stempel [ˈʃtɛmpəl] *(m;* -s, -*)* ***1*** timbro. ***2*** timbro, bollo ♦ *der Brief trägt den Stempel von gestern* la lettera porta il timbro di ieri ♦ *eine Urkunde mit einem Stempel versehen* apporre un timbro a un documento. ***3*** marchio (di metalli preziosi). ***4*** *(bot)* pistillo. ◆ **jmdm/etwas seinen**

Stempel aufdrücken *(fig)* dare la propria impronta a qcn/qcs.
Stempelmarke [-ˌmarkə] *(f; -, -n)* ~ marca da bollo.
stempeln [-n] *(vt, hat)* ***1*** timbrare ♦ *Briefe stempeln* timbrare lettere. **2** timbrare, mettere (con un timbro) ♦ *seine Adresse auf einen Umschlag stempeln* mettere un timbro con il proprio indirizzo su una busta. ***3*** marchiare (metalli preziosi). ***4*** {*jmdn zu etwas ~*} *(fig)* bollare, etichettare qcn come qcs ♦ *man hat ihn zum Betrüger gestempelt* l'hanno bollato come un imbroglione.
Stengel ~ vedi **Stängel**.
Stenograf *(anche* **Stenograph***)* [ʃteno'gra:f] *(m; -en, -en; f* **-in***)* ~ stenografo.
Stenografie *(anche* **Stenographie***)* [ʃtenogra'fi:] *(f; -)* ~ stenografia.
stenografieren *(anche* **stenographieren***)* [-rən] *(vt/vi, hat)* ~ stenografare, scrivere in stenografia.
Stenotypist [ʃtenoty'pɪst] *(m; -en, -en; f* **-in***)* ~ stenodattilografo.
Steppdecke ['ʃtɛpˌdɛkə] *(f; -, -n)* ~ trapunta, coperta imbottita.
Steppe ['ʃtɛpə] *(f; -, -n)* ~ steppa.
Sterbeamt ['ʃte:ɐbəˌʔamt] *(n; -(e)s, -ämter)* ~ funerale (cattolico).
Sterbehilfe ['ʃte:ɐbəˌhɪlfə] *(f; -)* ~ eutanasia.
sterben ['ʃtɛrbən] *(vi, ist; er* **stirbt**, **starb**, **gestorben***)* ***1*** morire ♦ *sie ist gestern gestorben* è morta ieri ♦ *jung, alt sterben* morire giovane, vecchio ♦ *an Altersschwäche, an Krebs sterben* morire di vecchiaia, di cancro. ***2*** *(fig/fam)* morire ♦ *ich sterbe vor Neugierde* muoio di curiosità. ◆ **durch jmdn/durch jmds Hand sterben** morire per mano di qcn. ◆ **im Sterben liegen** essere in punto di morte, stare per morire. ◆ **zum Sterben** da morire, mortalmente ♦ *zum Sterben langweilig* noioso da morire.
Sterbeurkunde ['ʃtɛrbəˌʔu:ɐkʊndə] *(f; -, -n)* ~ certificato di morte.
sterblich ['ʃtɛrplɪç] *(agg)* ~ mortale, destinato a morire.
Sterblichkeit [-ˌkait] *(f; -)* ***1*** mortalità, l'essere mortale. ***2*** mortalità, tasso di mortalità.
Stereoanlage ['ʃte:reoˌʔanla:gə] *(f; -, -n)* ~ stereo, impianto stereo.
stereotyp [ʃtereo'ty:p] *(agg)* ~ *(fig)* stereotipato, convenzionale.
Stereotyp *(n; -s, -e)* ~ *(fig)* stereotipo, cliché.
steril [ʃte'ri:l] *(agg)* ***1*** sterile, asettico. ***2*** sterile, infecondo *(anche fig)*. ***3*** *(fig)* freddo, asettico.
Sterilisation [ʃteriliza'tsjo:n] *(f; -, -en)* ~ sterilizzazione.
sterilisieren [ʃterili'zi:rən] *(vt, hat)* ***1*** sterilizzare, disinfettare. ***2*** sterilizzare; castrare.
Sterilität [ʃterili'tɛ:t] *(f; -)* ***1*** sterilità, assenza di germi. ***2*** sterilità, infecondità. ***3*** *(fig)* sterilità, aridità.
Stern [ʃtɛrn] *(m; -(e)s, -e)* ***1*** stella, astro, corpo celeste ♦ *die Sterne funkeln/leuchten* le stelle brillano. ***2*** *(pl)* *(fig)* stelle, astri, destino ♦ *in den Sternen lesen* leggere negli astri. ***3*** stella (oggetto a forma di stella) ♦ *ein Hotel mit drei Sternen* un hotel a tre stelle. ***4*** *(fig)* stella, star, celebrità. ***5*** asterisco. ◆ **Sterne sehen** *(fig/fam)* vedere le stelle (dal dolore).
Sternbild [-ˌbɪlt] *(n; -(e)s, -er)* ~ costellazione.
Sternchen [-çən] *(n; -s, -)* ***1*** stellina. ***2*** *(fig)* asterisco. ***3*** *(fig)* stellina, starlet.
Sterndeuter [-ˌdɔytɐ] *(m; -s, -; f* **-in***)* ~ astrologo.
Sterndeutung [-ˌdɔytʊŋ] *(f; -)* ~ astrologia.
sternhell [-ˌhɛl] *(agg)* ~ illuminato dalle stelle, stellato ♦ *eine sternhelle Nacht* una notte stellata.
sternklar [-ˌkla:ɐ] *(agg)* ~ stellato, cosparso di stelle.
Sternkunde [-ˌkʊndə] *(f; -)* ~ astronomia.
Sternschnuppe [-ʃnʊpə] *(f; -, -n)* ~ stella cadente.
Sternwarte [-ˌvartə] *(f; -, -n)* ~ osservatorio astronomico.
stetig ['ʃte:tɪç] *(agg)* ***1*** costante, continuo ♦ *stetige Arbeit* lavoro costante. ***2*** *(avv)* costantemente.
Stetigkeit [-ˌkait] *(f; -)* ~ continuità, costanza.
stets [ʃte:ts] *(avv)* ~ costantemente, sempre, ogni volta (cose positive) ♦ *sie ist stets gut gelaunt* è sempre di buon umo-

re ♦ *sie antworten stets pünktlich* rispondono sempre con puntualità.

Steuer[1] ['ʃtɔyɐ] *(n; -s, -)* ***1*** volante ♦ *am Steuer sitzen* essere al volante. ***2*** timone ♦ *am Steuer stehen* essere al timone. ***3*** *(fig)* timone, guida, comando.

Steuer[2] *(f; -, -n)* ~ tassa, imposta ♦ *Steuern zahlen* pagare le tasse ♦ *Steuern hinterziehen* evadere le tasse ♦ *eine Steuer auf etwas* (Acc) *legen/etwas mit einer Steuer belegen* tassare qcs.

Steuer- *(nei composti)* ~ fiscale ♦ *Steuerdruck* pressione fiscale ♦ *Steuerhinterziehung* evasione fiscale ♦ *Steuerreform* riforma fiscale.

steuerbar [-ˌbaːɐ] *(agg)* ~ manovrabile.

Steuerbord [-ˌbɔrt] *(n; -(e)s, -e)* ~ dritta (lato di nave o aereo).

Steuererklärung [-ɛɐˌklɛːrʊŋ] *(f; -, -en)* ~ dichiarazione dei redditi.

Steuerflucht [-ˌflʊxt] *(f; -)* ~ evasione fiscale, fuga di capitali all'estero.

steuerfrei [-ˌfrai] *(agg)* ~ non tassato, esentasse.

Steuerhinterzieher [-hɪnteˌtsiːɐ] *(m; -s, -; f* **-in***)* ~ evasore (fiscale).

Steuerknüppel [-ˌknʏpəl] *(m; -s, -)* ~ barra di comando (di aereo), cloche.

steuerlich [-lɪç] *(agg)* ~ fiscale, del fisco, tributario.

Steuermann [-ˌman] *(m; -(e)s, -männer/-leute)* ~ pilota (di imbarcazioni), timoniere.

steuern[1] [-n] *(vi, ist)* ~ {*nach etwas* ~} far rotta verso qcs, puntare su qcs ♦ *nach einer Insel, nach Süden steuern* far rotta verso un'isola, verso sud.

steuern[2] *(vt, hat)* ***1*** pilotare (nave, aereo). ***2*** pilotare, guidare (auto). ***3*** regolare (macchinari).

steuerpflichtig [-ˌpflɪçtɪç] *(agg)* ~ soggetto a imposta, tassabile.

Steuerrad [-ˌraːt] *(n; -(e)s, -räder)* ~ ruota del timone.

Steuerung ['ʃtɔyərʊŋ] *(f; -, -en)* ***1*** guida, pilotaggio (spec di aerei e navi). ***2*** comandi, leve. ***3*** regolazione.

Steuerzahler ['ʃtɔyeˌtsaːlɐ] *(m; -s, -; f* **-in***)* ~ contribuente.

Steward ['ʃtjuːɐt] *(m; -s, -s)* ~ steward, assistente di volo/di bordo.

Stewardess († **Stewardeß**) ['ʃtjuːɐdɛs] *(f; -, -en)* ~ hostess, assistente di volo/di bordo.

stich [ʃtɪç] ~ pret di **stechen**.

Stich *(m; -(e)s, -e)* ***1*** puntura (di insetto e sim). ***2*** colpo, ferita (con oggetto appuntito). ***3*** fitta, dolore acuto ♦ *ich fühle/spüre Stiche im Bauch* ho delle fitte alla pancia ♦ *das gab mir einen Stich ins Herz (fig)* questo mi ha dato una fitta al cuore. ***4*** punto (per cucire) ♦ *mit großen Stichen nähen* cucire a grossi punti ♦ *ein Stich ist aufgegangen* si è aperto un punto. ***5*** incisione (su rame e sim). ***6*** sfumatura ♦ *einen Stich ins Braune haben* dare sul marrone. ◆ **einen Stich haben** ***1*** *(fam)* essere leggermente inacidito (cibi), avere lo spunto (vino). ***2*** *(fig/fam)* essere un po' tocco. ◆ **jmdn im Stich lassen** piantare in asso qcn, lasciare qcn.

sticheln [-əln] *(vt, hat)* ~ cucire (a piccoli punti). ◆ **gegen jmdn sticheln** *(fig)* tirare frecciate contro qcn.

stichhaltig [-ˌhaltɪç] *(agg)* ~ convincente, plausibile ♦ *eine stichhaltige Erklärung* una spiegazione convincente.

Stichprobe [-ˌproːbə] *(f; -, -n)* ~ prova, verifica, controllo (fatta su campioni) ♦ *Stichproben machen* fare controlli a campione.

Stichpunkt [-ˌpʊŋkt] *(m; -(e)s, -e)* ~ appunto ♦ *sich* (Dat) *Stichpunkte machen* prendere appunti.

Stichtag [-ˌtaːk] *(m; -(e)s, -e)* ~ giorno fissato, scadenza (stabilita da enti pubblici).

Stichwahl [-ˌvaːl] *(f; -, -en)* ~ ballottaggio.

Stichwort [-ˌvɔrt] *(n; -(e)s, -wörter/-worte)* ***1*** *(pl* -wörter*)* lemma, voce. ***2*** *(pl* -worte*)* spunto, prima battuta. ***3*** *(pl* -worte*)* *(teatr)* battuta. ***4*** *(fig)* spunto, punto di partenza. ***5*** *(pl)* appunti ♦ *sich* (Dat) *Stichworte machen* prendere appunti.

sticken ['ʃtɪkən] *(vt, hat)* ~ ricamare.

stickig ['ʃtɪkɪç] *(agg)* ~ soffocante, viziato (aria e sim).

Stickstoff ['ʃtɪkʃtɔf] *(m; -(e)s)* ~ *(chim)* azoto.

stieben ['ʃtiːbən] *(vi, ist;* **stob/stiebte, gestoben/gestiebt***)* ***1*** sprizzare, schizzare. ***2*** disperdersi, fuggire via (gruppi di persone).

Stiefbruder ['ʃti:fˌbru:dɐ] *(m; -s, -brüder)* ~ fratellastro.

Stiefel ['ʃti:fəl] *(m; -s, -)* **1** stivale. **2** boccale da birra (a forma di stivale). ◆ **einen ordentlichen Stiefel vertragen** *(fig/fam)* reggere bene l'alcol. ◆ **einen Stiefel zusammenreden** *(fig/fam)* dire un sacco di stupidaggini. ◆ **es geht immer nach dem alten Stiefel** *(fig/fam)* è sempre il solito tran tran.

Stiefeltern ['ʃti:fˌʔɛltɐn] *(pl)* ~ patrigno e matrigna.

Stiefgeschwister ['ʃti:fgəʃvɪstɐ] *(pl)* ~ fratellastri.

Stiefkind ['ʃti:fˌkɪnt] *(n; -(e)s, -er)* **1** figliastro. **2** *(fig)* ultima ruota del carro, cenerentola.

Stiefmutter ['ʃti:fˌmʊtɐ] *(f; -, -n)* ~ matrigna.

Stiefmütterchen ['ʃti:fˌmʏtɐçən] *(n; -s, -)* ~ *(bot)* viola del pensiero.

stiefmütterlich ['ʃti:fˌmʏtɐlɪç] *(agg)* ~ *(fig)* da matrigna, cattivo.

Stiefschwester ['ʃti:fˌʃvɛstɐ] *(f; -, -n)* ~ sorellastra.

Stiefsohn ['ʃti:fˌzo:n] *(m; -(e)s, -söhne)* ~ figliastro.

Stieftochter ['ʃti:fˌtɔxtɐ] *(f; -, -töchter)* ~ figliastra.

Stiefvater ['ʃti:fˌfa:tɐ] *(m; -s, -väter)* ~ patrigno.

stieg [ʃti:k] ~ pret di **steigen**.

Stiege ['ʃti:gə] *(f; -, -n)* ~ scala (stretta e ripida).

Stiel [ʃti:l] *(m; -(e)s, -e)* **1** manico (sottile). **2** stelo, gambo.

Stielauge [-ˌʔaugə] *(n; -s, -n)* ~ occhio di crostacei. ◆ **Stielaugen machen** *(fig/fam)* far tanto d'occhi.

stier ['ʃti:ɐ] *(agg)* ~ fisso (sguardo).

Stier *(m; -(e)s, -e)* ~ *(zool/astrol)* toro. ◆ **den Stier bei den Hörnern packen/fassen** *(fig)* prendere il toro per le corna.

stieren ['ʃti:rən] *(vi, hat)* ~ {*auf jmdn/etwas* ~} guardar fisso qcn/qcs, fissare qcn/qcs.

Stierkampf ['ʃti:ɐˌkampf] *(m; -(e)s, -kämpfe)* ~ corrida.

Stierkämpfer ['ʃti:ɐˌkɛmpfɐ] *(m; -s, -; f -in)* ~ torero.

stieß [ʃti:s] ~ pret di **stoßen**.

Stift[1] [ʃtɪft] *(m; -(e)s, -e)* **1** perno. **2** matita, lapis; matita colorata, pastello. **3** *(fig/fam)* apprendista.

Stift[2] *(n; -(e)s, -e)* **1** fondazione religiosa. **2** istituto, collegio (femminile). **3** casa di riposo, pensionato.

stiften [-ən] *(vt, hat)* **1** donare (in beneficienza). **2** fondare, istituire (e finanziare) ◆ *ein Kloster stiften* fondare un convento ◆ *einen Preis stiften* istituire un premio. **3** *(fig)* creare, provocare. ◆ **einen Brand stiften** appiccare un incendio. ◆ **stiften gehen** († **stiftengehen**) *(fig/fam)* darsela a gambe.

stiftengehen ~ **stiften gehen** (vedi **stiften**).

Stifter [-ɐ] *(m; -s, -; f -in)* **1** fondatore (e finanziatore). **2** donatore, benefattore.

Stiftung [-ʊŋ] *(f; -, -en)* **1** fondazione, ente, istituzione (che finanzia qcs). **2** donazione. **3** fondazione (il fondare).

Stil [ʃti:l] *(m; -(e)s, -e)* **1** stile (artistico, letterario, ecc) ◆ *eine Kirche im gothischen Stil* una chiesa in stile gotico. **2** stile (di vita), modo di fare. ◆ **großen Stils/im großen Stil** in grande stile ◆ *ein Fest großen Stils* una festa in grande stile.

stilisieren [ʃtili'zi:rən] *(vt, hat)* ~ stilizzare.

Stilisierung [ʃtili'zi:rʊŋ] *(f; -, -en)* ~ stilizzazione.

stilistisch [ʃti'lɪstɪʃ] *(agg)* ~ stilistico.

still [ʃtɪl] *(agg)* **1** silenzioso, taciturno, zitto, muto ◆ *warum bist du heute so still?* perché sei così silenzioso oggi? **2** silenzioso, tranquillo (luoghi, momenti, ecc) ◆ *eine stille Straße* una strada silenziosa. **3** silenzioso, senza voci ◆ *es wurde plötzlich still im Zimmer* all'improvviso calò il silenzio nella stanza. **4** silenzioso, muto, inespresso ◆ *ein stilles Gebet* una preghiera silenziosa ◆ *ein stiller Vorwurf* un muto rimprovero. **5** immobile. **6** taciturno, riservato, introverso. **7** nascosto, segreto (sentimenti e sim) ◆ *eine stille Hoffnung* una segreta speranza. **8** *(avv)* silenziosamente, in silenzio, senza parlare. ◆ **still dasitzen** stare seduto immobile. ◆ **still halten** († **stillhalten**) restare fermo, non muoversi. ◆ **still stehen** († **stillstehen**) stare fermo (in piedi), non muoversi. ◆ **stille Nacht** notte silente. ◆ **das stille Örtchen** *(fam)* quel posticino, il gabinetto. ◆ **ein stilles Wasser sein** *(fig)* essere un'acqua cheta. ◆ **es ist still um jmdn/etwas geworden** *(fig)* è calato il silenzio su qcn/qcs. ◆ **im Stillen** in segreto, di nascosto.

Stille [-ə] *(f; -)* ***1*** silenzio, quiete, tranquillità ♦ *die Stille der Nacht* il silenzio della notte. ***2*** immobilità. ◆ **in aller Stille** senza clamori, senza grandi cerimonie.

Stilleben ~ vedi **Stillleben**.

stillegen ~ vedi **stilllegen**.

Stillegung ~ vedi **Stilllegung**.

stillen [-ən] *(vt, hat)* ***1*** allattare (al seno). ***2*** placare, calmare ♦ *den Hunger, den Schmerz, den Hass stillen* placare la fame, il dolore, l'odio. ***3*** arrestare, fermare ♦ *das Blut stillen* fermare il sangue.

stillhalten [-ˌhaltən] *(vi, hat; irr* halten*)* ***1*** **still halten** (vedi **still**). ***2*** {*bei etwas* ~} *(fig)* non reagire a qcs, non opporsi a qcs.

stilliegen ~ vedi **stillliegen**.

Stillleben († **Stilleben**) [-ˌleːbən] *(n; -s, -)* ~ natura morta.

still|legen († **stillegen**) *(vt, hat)* ***1*** chiudere (fabbriche e sim). ***2*** sospendere (attività, servizi, ecc).

Stilllegung († **Stillegung**) [-ˌleːgʊŋ] *(f; -, -en)* ~ chiusura (di fabbriche e sim).

still|liegen († **stilliegen**) *(vi, hat; irr* liegen*)* ***1*** essere fuori servizio (macchinari e sim). ***2*** essere chiuso (fabbriche e sim).

still|schweigen *(vi, hat; irr* schweigen*)* ~ tacere, stare zitto.

Stillschweigen [-ʃvaigən] *(n; -s)* ***1*** silenzio, mutismo ♦ *sich in Stillschweigen hüllen* rinchiudersi nel più assoluto silenzio. ***2*** *(fig)* riserbo, silenzio ♦ *über etwas* (Acc) *Stillschweigen bewahren* mantenere il silenzio su qcs.

stillschweigend [-ʃvaigənt] *(agg)* ***1*** tacito. ***2*** *(avv)* senza fare una parola; tacitamente.

Stillstand [-ʃtant] *(m; -(e)s)* ***1*** arresto (di macchinari e sim). ***2*** *(fig)* arresto, interruzione; stasi ♦ *ein Stillstand in den Verhandlungen* un arresto nelle trattative. ◆ **etwas zum Stillstand bringen** arrestare qcs (macchinari e sim). ◆ **zum Stillstand kommen** arrestarsi (macchinari e sim).

still|stehen *(vi, hat; irr* stehen*)* ***1*** **still stehen** (vedi **still**). ***2*** essere fermo, essere fuori servizio (macchinari e sim).

Stimmband [ˈʃtɪmˌbant] *(n; -(e)s, -bänder)* ~ *(anat)* corda vocale.

stimmberechtigt [ˈʃtɪmbəˌrɛçtɪç] *(agg)* ~ avente diritto al voto.

Stimmberechtigung [ˈʃtɪmbəˌrɛçtɪgʊŋ] *(f; -, -en)* ~ diritto al voto, diritto di votare.

Stimme [ˈʃtɪmə] *(f; -, -n)* ***1*** voce *(anche mus)* ♦ *eine männliche, weibliche Stimme* una voce maschile, femminile ♦ *eine laute, leise Stimme* una voce alta, bassa. ***2*** *(fig)* voce, ammonimento ♦ *die Stimme der Wahrheit* la voce della verità. ***3*** *(fig)* voce, richiamo ♦ *die Stimme des Blutes* la voce del sangue. ***4*** *(fig)* voce, opinione ♦ *die Stimme der Bürger* la voce dei cittadini. ***5*** voto ♦ *seine Stimme abgeben* esprimere il proprio voto. ◆ **mit halber Stimme sprechen** parlare a mezza voce.

stimmen[1] [-n] *(vi, hat)* ***1*** essere vero, essere giusto ♦ *das stimmt nicht* questo non è vero ♦ *es stimmt nicht, dass...* non è vero che... ***2*** essere esatto, tornare ♦ *die Rechnung stimmt* il conto torna. ***3*** {*für jmdn/etwas* ~} votare per qcn/qcs. ***4*** {*gegen jmdn/etwas* ~} votare contro qcn/qcs. ◆ **stimmt's?** vero? non è vero? ◆ **stimmt!** è vero!

stimmen[2] *(vt, hat)* ***1*** *(mus)* accordare. ***2*** *(fig)* mettere, rendere (in un dato stato d'animo) ♦ *jmdn fröhlich, traurig stimmen* rendere qcn allegro, triste.

Stimmgabel [ˈʃtɪmˌgaːbəl] *(f; -, -n)* ~ diapason.

stimmhaft [ˈʃtɪmˌhaft] *(agg)* ~ *(fon)* sonoro.

stimmlich [ˈʃtɪmlɪç] *(agg)* ~ vocale, della voce.

stimmlos [ˈʃtɪmˌloːs] *(agg)* ~ *(fon)* sordo.

Stimmung [ˈʃtɪmʊŋ] *(f; -, -en)* ***1*** stato d'animo, umore ♦ *(in) guter, schlechter Stimmung sein* essere di buono, cattivo umore ♦ *jmdn in gute, schlechte Stimmung versetzen* mettere qcn di buono, cattivo umore ♦ *nicht in der Stimmung sein, etwas zu tun* non essere nel giusto stato d'animo per fare qcs. ***2*** *(fig)* atmosfera, clima (positivo) ♦ *es herrschte eine ausgelassene Stimmung* c'era un clima rilassato ♦ *sein Auftreten verdarb die*

Stimmung il suo comportamento rovinò l'atmosfera ♦ *Stimmung machen* creare l'atmosfera. **3** *(fig)* atmosfera, impressione (di paesaggi e sim) ♦ *die Stimmung des Sonnenaufgangs beschreiben* descrivere l'atmosfera dell'alba.

Stimmzettel ['ʃtɪm,tsɛtəl] *(m; -s, -)* ~ scheda elettorale.

stinken ['ʃtɪŋkən] *(vi,* hat; **stank, gestunken***)* **1** {*(nach etwas)* ~} puzzare (di qcs) ♦ *das Hemd stinkt nach Schweiß* la camicia puzza di sudore. **2** {*es stinkt nach etwas*} *(impers)* c'è puzzo di ♦ *hier stinkt es nach Benzin* qui c'è puzzo di benzina. **3** *(fig/fam)* puzzare, essere sospetto. **4** {*jmdm* ~} *(fig/fam)* essere venuto a noia a qcn, dare ai nervi a qcn. ◆ **wie die Pest stinken** puzzare come una fogna.

stinkfaul ['ʃtɪŋk'faul] *(agg)* ~ pigrissimo.

stinkig ['ʃtɪŋkɪç] *(agg)* **1** puzzolente, fetido. **2** *(fig)* odioso, detestabile.

stinklangweilig ['ʃtɪŋk'laŋvailɪç] *(agg)* ~ *(fam)* noiosissimo, palloso.

Stinktier ['ʃtɪŋk,tiːɐ] *(n; -(e)s, -e)* ~ *(zool)* puzzola.

Stipendiat [ʃtipɛn'djaːt] *(m; -en, -en; f* **-in***)* ~ borsista.

Stipendium [ʃti'pɛndjʊm] *(n; -s, -dien)* ~ borsa di studio.

Stippvisite ['ʃtɪpvi,ziːtə] *(f, -, -n)* ~ *(fam)* visitina, capatina.

Stirn [ʃtɪrn] *(f; -, -en)* ~ fronte (di uomo o animale) ♦ *eine fliehende, hohe, niedrige Stirn* una fronte sfuggente, alta, bassa ♦ *die Stirn runzeln* aggrottare la fronte ♦ *sich* (Dat) *den Schweiß von der Stirn wischen* asciugarsi il sudore dalla fronte. ◆ **jmdm die Stirn bieten** *(fig)* tener testa a qcn. ◆ **die Stirn haben, zu behaupten, dass** *(fig)* avere la sfacciataggine di sostenere che. ◆ **jmdm auf der Stirn geschrieben stehen** *(fig)* stare scritto in fronte a qcn.

Stirnhöhlenentzündung [-høːlənˀɛnt,tsʏndʊŋ] *(f; -, -en)* ~ *(med)* sinusite.

stob [ʃtoːp] ~ pret di **stieben**.

stöbern ['ʃtøːbɐn] *(vi,* hat*)* ~ {*in etwas* (Dat) ~} rovistare, frugare in qcs ♦ *er stöbert in der Schublade nach schwarzen Socken* rovista nel cassetto in cerca di calzini neri.

Stocher ['ʃtɔxɐ] *(m; -s, -)* ~ attizzatoio.

stochern [-n] *(vi,* hat*)* ~ {*in etwas* (Dat) ~} frugare in qcs (con bastone e sim). ◆ **im Essen stochern** mangiare di malavoglia. ◆ **im Feuer stochern** attizzare il fuoco. ◆ **sich** (Dat) **in den Zähnen stochern** stuzzicarsi i denti.

Stock[1] [ʃtɔk] *(m; -(e)s, Stöcke)* **1** bastone. **2** bacchetta (di insegnante e sim). **3** ceppo (di pianta). ◆ **am Stock gehen** **1** camminare con il bastone. **2** *(fig/fam)* essere al verde. ◆ **über Stock und Stein** per monti e per valli.

Stock[2] *(m; -(e)s, -/Stockwerke)* ~ piano (di edificio) ♦ *wir wohnen im ersten Stock* abitiamo al primo piano ♦ *das Haus hat fünf Stock* la casa ha cinque piani.

stockdunkel [-,dʊŋkəl] *(agg)* ~ *(fam)* buio pesto.

Stöckelschuh ['ʃtœkəl,ʃuː] *(m; -(e)s, -e)* ~ *(fam)* scarpa con il tacco alto.

stocken ['ʃtɔkən] *(vi,* hat*)* **1** essere bloccato, essere fermo, languire ♦ *die Arbeit, der Verkehr stockt* il lavoro, il traffico è bloccato ♦ *das Gespräch, der Handel stockt* la conversazione, il commercio langue. **2** arrestarsi (respiro, cuore, ecc). **3** bloccarsi, interrompersi (nel parlare). **4** ammuffire, macchiarsi di muffa.

Stockfisch ['ʃtɔk,fɪʃ] *(m; -es, -e)* **1** stoccafisso, baccalà. **2** *(fig/fam)* baccalà, persona noiosa.

Stockholm ['ʃtɔkhɔlm] *(np n)* ~ *(geogr)* Stoccolma.

Stockschlag ['ʃtɔk,ʃlaːk] *(m; -(e)s, -schläge)* ~ bastonata, legnata.

stocksteif ['ʃtɔk,ʃtaif] *(agg)* ~ *(fam)* rigido, impalato ♦ *stocksteif dasitzen* stare seduto impalato.

Stockung ['ʃtɔkʊŋ] *(f; -, -en)* **1** blocco, arresto; ingorgo. **2** interruzione (nel parlare).

Stockwerk ['ʃtɔk,vɛrk] *(n; -(e)s, -e)* ~ piano (di edificio) ♦ *die unteren Stockwerke* i piani inferiori.

Stoff [ʃtɔf] *(m; -(e)s, -e)* **1** stoffa, tessuto. **2** sostanza, materia; materiale ♦ *chemischer, pflanzlicher Stoff* sostanza chimica, vegetale. **3** *(fig)* argomento, tema, oggetto.

stofflich [-lɪç] *(agg)* ~ materiale.

Stoffrest [-ˌrɛst] *(m; -(e)s, -e)* ~ scampolo (di stoffa).
Stoffwechsel [-ˌvɛksəl] *(m; -s, -)* ~ metabolismo.
stöhnen [ˈʃtøːnən] *(vi, hat)* ***1*** gemere, lamentarsi. ***2*** {*über etwas* (Acc) ~} *(fig)* lamentarsi di qcs.
Stollen [ˈʃtɔlən] *(m; -s, -)* ***1*** galleria (di miniera). ***2*** dolce natalizio, panettone.
stolpern [ˈʃtɔlpɐn] *(vi, ist)* ~ {*über etwas* (Acc) ~} inciampare in qcs ♦ *ich bin über einen Stein gestolpert* sono inciampato in un sasso.
stolz [ʃtɔlts] *(agg)* ***1*** orgoglioso, fiero. ***2*** orgoglioso, superbo. ***3*** imponente, maestoso. ***4*** *(fam)* notevole, grosso (somme e sim) ♦ *ein stolzer Preis* un prezzo notevole. ◆ **auf jmdn/etwas stolz sein** essere orgoglioso di qcn/qcs, andare fiero di qcn/qcs ♦ *ich bin stolz auf meinen Sohn* sono orgoglioso di mio figlio ♦ *er ist sehr stolz darauf, dass er es geschafft hat* va molto fiero di avercela fatta.
Stolz *(m; -es)* ***1*** orgoglio, fierezza ♦ *ihr Stolz auf ihren Sohn* il suo orgoglio per il figlio ♦ *sie hat meinen Stolz verletzt* mi ha ferito nell'orgoglio. ***2*** orgoglio, fonte di orgoglio ♦ *sein Sohn ist sein ganzer Stolz* suo figlio è il suo orgoglio. ***3*** superbia.
stolzieren [ʃtɔlˈtsiːrən] *(vi, ist)* ~ camminare impettito.
stopfen [ˈʃtɔpfən] *(vt, hat)* ***1*** rammendare. ***2*** infilare, cacciare, ficcare (fino a riempire) ♦ *sie hat die Bücher in den Rucksack gestopft* ha infilato i libri nello zaino, ha riempito lo zaino di libri. ***3*** riempire (completamente) ♦ *er hat sich die Taschen voll Nüsse gestopft* si è riempito le tasche di noci. ***4*** imbottire. ***5*** *(vi)* provocare stitichezza. ***6*** *(vi) (fam)* riempire, saziare. ◆ **ein Loch stopfen** *(fig)* tappare un buco. ◆ **jmdm den Mund stopfen** *(fig)* tappare la bocca a qcn.
stopp [ʃtɔp] *(escl)* ~ alt! stop!
Stopp *(m; -s, -s)* ***1*** fermata, sosta, stop (di un veicolo). ***2*** *(fig)* stop, battuta d'arresto.
Stoppel [-əl] *(f; -, -n)* ~ stoppia.
stoppen [-ən] *(vt/vi, hat)* ***1*** *(vt)* fermare, arrestare, bloccare. ***2*** *(vi)* fermarsi, arrestarsi. ◆ **die Zeit stoppen** cronometrare il tempo.
Stoppschild [-ʃɪlt] *(n; -(e)s, -er)* ~ segnale di stop.
Stöpsel [ˈʃtœpsəl] *(m; -s, -)* ***1*** tappo, turacciolo. ***2*** *(fig/fam)* ometto, ragazzino.
stöpseln [-n] *(vt, hat)* ~ infilare, mettere (tappo e sim).
Stör [ˈʃtøːɐ] *(m; -(e)s, -e)* ~ *(zool)* storione.
Storch [ʃtɔrç] *(m; -(e)s, Störche)* ~ *(zool)* cicogna. ◆ **wie ein Storch im Salat gehen** *(fig/fam)* camminare impacciato.
stören [ˈʃtøːrən] *(vt, hat)* ***1*** disturbare ♦ *störe ich?* disturbo? ♦ *ich will nicht gestört werden* non voglio essere disturbato ♦ *das Kind stört den Unterricht* il bambino disturba la lezione. ***2*** ostacolare, disturbare ♦ *jmds Vorhaben stören* ostacolare i progetti di qcn. ***3*** disturbare (trasmissioni e sim).
störend [-t] *(agg)* ~ che disturba, fastidioso.
Stornierung [ʃtɔrˈniːrʊŋ] *(f; -, -en)* ~ *(comm)* storno.
störrisch [ˈʃtœrɪç] *(agg)* ~ ricalcitrante, testardo (animale o persona). ◆ **störrisch wie ein Esel** testardo come un mulo.
Störung [ˈʃtøːrʊŋ] *(f; -, -en)* ***1*** disturbo, fastidio ♦ *entschuldigen Sie die Störung* scusi il disturbo. ***2*** ostacolo (l'ostacolare), impedimento. ***3*** disturbo, interferenza (in trasmissioni e sim). ***4*** disturbo, disfunzione.
Story [ˈstoːri] *(f; -, -s)* ***1*** storia, trama (di film o romanzo). ***2*** *(fam)* storia, racconto (strano).
Stoß [ʃtoːs] *(m; -es, Stöße)* ***1*** colpo, urto, botta ♦ *ein Stoß mit dem Kopf, mit dem Knie* un colpo con la testa, con il ginocchio (una testata, una ginocchiata). ***2*** spinta, spintone. ***3*** urto, impatto, scontro. ***4*** *(fig)* botta, batosta, colpo. ***5*** bracciata (a nuoto); colpo di remo. ***6*** stoccata. ***7*** *(abbrev di* **Erdstoß***)* scossa (di terremoto). ***8*** *(abbrev di* **Windstoß***)* folata di vento, ventata. ***9*** *(abbrev di* **Atemstoß***)* respiro. ***10*** catasta, pila. ***11*** *(med)* dose forte.
Stoßdämpfer [-ˌdɛmpfɐ] *(m; -s, -)* ~ ammortizzatore.
Stößel [ˈʃtøːsəl] *(m; -s, -)* ~ pestello.
stoßen[1] [ˈʃtoːsən] *(vi, ist/hat; er* **stößt**, **stieß**, **gestoßen***)* ***1*** {*an/gegen etwas* (Acc) ~} *(aux*

ist) urtare, sbattere contro qcs ♦ *sie ist gegen die Tür gestoßen* ha urtato contro la porta. **2** {*nach jmdm/etwas ~*} (*aux* hat) cercare di colpire qcn/qcs. **3** {*auf jmdn ~*} (*aux* ist) (*fig*) imbattersi in qcn, incontrare qcn (per caso) ♦ *auf dem Markt bin ich auf deine Schwester gestoßen* ho incontrato tua sorella al mercato. **4** {*auf etwas* (Acc) *~*} (*aux* ist) (*fig*) imbattersi in qcs, trovare qcs, incontrare qcs (per caso). **5** {*zu jmdm ~*} (*aux* ist) (*fig*) unirsi a qcn. **6** {*an etwas* (Acc) *~*} (*aux* hat) confinare con qcs, essere attiguo a qcs.

stoßen[2] (*vt*, hat; er **stößt**, **stieß**, **gestoßen**) **1** colpire, urtare, spingere ♦ *jmdn in die Ecke stoßen* spingere qcn in un angolo. **2** piantare, conficcare. **3** spingere via, allontanare (*anche fig*). **4** (*fig*) spingere, gettare ♦ *jmdn ins Elend stoßen* gettare qcn nella miseria. **5** pestare, triturare. ◆ **sich stoßen** (*vr*) **1** colpirsi, urtarsi, spingersi. **2** {*sich an etwas* (Dat) *~*} sbattere, urtare contro qcs ♦ *ich habe mich an dem Schrank gestoßen* ho urtato contro l'armadio. **3** {*sich an etwas* (Dat) *~*} (*fig*) scandalizzarsi per qcs, essere urtato da qcs. ◆ **jmdn vor den Kopf stoßen** (*fig*) offendere qcn.

Stoßkraft ['ʃto:sˌkraft] (*f*; -, -kräfte) ~ forza d'urto (*anche fig*).

Stoßseufzer ['ʃto:sˌzɔyftsɐ] (*m*; -s, -) ~ sospirone ♦ *einen Stoßseufzer ausstoßen/von sich geben* fare un sospirone.

Stoßstange ['ʃto:sʃtaŋə] (*f*; -, -n) ~ paraurti.

Stoßzahn ['ʃto:sˌtsa:n] (*m*; -(e)s, -zähne) ~ zanna (di elefante).

stottern ['ʃtɔtɐn] (*vi/vt*, hat) ~ balbettare.

stracks [ʃtraks] (*avv*) ~ difilato, subito.

Strafanstalt ['ʃtra:fˌʔanʃtalt] (*f*; -, -en) ~ istituto di pena, penitenziario, prigione.

Strafantrag ['ʃtra:fˌʔantra:k] (*m*; -(e)s, -träge) ~ querela ♦ *Strafantrag stellen* sporgere querela.

Strafanzeige ['ʃtra:fˌʔantsaigə] (*f*; -, -n) ~ (*dir*) denuncia ♦ *Strafanzeige erstatten* presentare denuncia.

strafbar ['ʃtra:fˌba:ɐ] (*agg*) ~ punibile, penalmente perseguibile. ◆ **sich strafbar machen** essere penalmente perseguibile.

Strafbarkeit [-ˌkait] (*f*; -) ~ punibilità.

Strafe ['ʃtra:fə] (*f*; -, -n) **1** punizione, castigo (*anche fig*) ♦ *eine exemplarische, gerechte, milde Strafe* una punizione esemplare, giusta, mite ♦ *jmdm eine Strafe auferlegen* infliggere una punizione a qcn. **2** (*dir*) pena ♦ *seine Strafe (im Gefängnis) absitzen* scontare la propria pena (in prigione) ♦ *eine Strafe vollstrecken/vollziehen* eseguire una pena ♦ *über jmdn eine Strafe verhängen* infliggere una pena a qcn. **3** (*abbrev di* **Geldstrafe**) (*fam*) multa. ◆ **eine Strafe Gottes** un castigo divino.

strafen [-n] (*vt*, hat) ~ {*jmdn (für etwas) ~*} punire qcn (per qcs).

Straferlass († **erlaß**) ['ʃtra:fʔɛɐˌlas] (*m*; -es, -lässe) ~ condono della pena; sanatoria.

straff [ʃtraf] (*agg*) **1** teso, tirato ♦ *ein straffes Seil* una fune tesa ♦ *eine straffe Haut* una pelle tirata. **2** eretto, diritto ♦ *eine straffe Haltung* un portamento eretto. **3** (*fig*) rigido, severo. ◆ **straff spannen** tendere qcs, mettere qcs in tirare.

straffen [-ən] (*vt*, hat) ~ tendere, tirare. ◆ **sich straffen** (*vr*) tendersi, irrigidirsi.

straffrei ['ʃtra:fˌfrai] (*agg*) ~ impunito ♦ *straffrei ausgehen/davonkommen* uscirne impunito.

Straffreiheit ['ʃtra:fˌfraihait] (*f*; -) ~ impunità.

Strafgericht ['ʃtra:fgəˌrɪçt] (*n*; -(e)s, -e) **1** tribunale penale. **2** (*fig*) punizione, castigo.

Strafgesetzbuch ['ʃtra:fgəˌzɛtsbu:x] (*n*; -(e)s, -bücher) ~ codice penale.

Strafkolonie ['ʃtra:fkoloˌni:] (*f*; -, -n) ~ colonia penale.

sträflich ['ʃtrɛ:flɪç] (*agg*) ~ gravissimo, imperdonabile.

Sträfling ['ʃtrɛ:flɪŋ] (*m*; -s, -e) ~ carcerato.

Strafmaß ['ʃtra:fˌma:s] (*n*; -es, -e) ~ entità della pena ♦ *das Strafmaß festsetzen* stabilire l'entità della pena.

strafmildernd ['ʃtra:fˌmɪldɐnt] (*agg*) ~ attenuante ♦ *strafmildernde Umstände* circostanze attenuanti.

Strafprozess († **-prozeß**) ['ʃtra:fproˌtsɛs] (*m*; -es, -e) ~ processo penale.

Strafraum ['ʃtra:fˌraum] (*m*; -(e)s, -räume) ~ (*sport*) area di rigore.

Strafrecht ['ʃtra:fˌrɛçt] (*n*; -(e)s) ~ diritto penale.

Straftat ['ʃtra:fˌta:t] *(f; -, -en)* ~ reato, crimine.
Straftäter ['ʃtra:fˌtɛ:tɐ] *(m; -s, -; f* **-in***)* ~ delinquente, criminale.
Strahl [ʃtra:l] *(m; -(e)s, -en)* ***1*** raggio (di sole, di luce, ecc). ***2*** getto, zampillo (d'acqua). ***3*** *(fig)* raggio, barlume. ***4*** *(geom)* retta. ***5*** *(pl) (fis)* raggi ♦ *ultraviolette Strahlen* raggi ultravioletti.
strahlen [-ən] *(vi,* hat*)* ***1*** emettere raggi. ***2*** splendere (sole), brillare. ***3*** *(fig)* essere raggiante ♦ *vor Freude strahlen* essere raggiante di gioia.
strahlend [-ənt] *(agg)* ***1*** *(fig)* raggiante, felice. ***2*** *(fig)* splendido, radioso. ***3*** radioattivo.
Strahlung [-ʊŋ] *(f; -, -en)* ***1*** irradiazione. ***2*** *(fis)* radiazione.
Strähne ['ʃtrɛ:nə] *(f; -, -n)* ~ ciocca, ciuffo (di capelli, di fili).
stramm [ʃtram] *(agg)* ***1*** teso, tirato. ***2*** diritto, eretto (postura). ***3*** *(fam)* forte, robusto. ***4*** *(fam)* faticoso. ***5*** aderente, attillato. ***6*** sodo, tonico (corpo, pelle). ◆ **stramm ziehen** († **strammziehen**) tirare, tendere.
stramm|stehen *(vi,* hat; *irr* stehen*)* ***1*** stare sull'attenti. ***2*** *(fig)* obbedire come un soldatino.
strammziehen ~ **stramm ziehen** (vedi **stramm**).
strampeln ['ʃtrampəln] *(vi,* hat*)* ***1*** sgambettare. ***2*** *(fam) (aux* ist*)* percorrere in bicicletta.
Strand [ʃtrant] *(m; -(e)s,* Strände*)* ~ spiaggia, litorale ♦ *an den Strand gehen* andare sulla spiaggia.
Strandbad [-ˌba:t] *(n; -(e)s, -bäder)* ~ stabilimento balneare.
stranden ['ʃtrandən] *(vi,* ist*)* ***1*** arenarsi, incagliarsi. ***2*** {*in etwas* (Dat) ~} *(fig/lett)* fallire in qcs.
Strandgut ['ʃtrantˌgu:t] *(n; -(e)s)* ~ relitto (arenato).
Strandkorb ['ʃtrantˌkɔrp] *(m; -(e)s, -körbe)* ~ poltroncina di vimini (per la spiaggia).
Strang [ʃtraŋ] *(m; -(e)s,* Stränge*)* ***1*** corda, fune. ***2*** *(fig/lett)* forca, impiccagione. ***3*** matassa. ***4*** fascio (di muscoli, nervi). ***5*** tronco (ferroviario). ***6*** cinghia (dei finimenti). ◆ **wenn alle Stränge reißen** *(fig/fam)* male che vada, alle brutte. ◆ **alle an einem/an demselben/am gleichen Strang ziehen** *(fig)* remare tutti dalla stessa parte. ◆ **über die Stränge hauen/schlagen** oltrepassare il limite.
Strapaze [ʃtra'pa:tsə] *(f; -, -n)* ~ strapazzo, fatica.
strapazieren [ʃtrapa'tsi:rən] *(vt,* hat*)* ***1*** strapazzare, affaticare. ***2*** strapazzare, consumare (oggetti).
strapazierfähig [ʃtrapa'tsi:ɐˌfɛ:ɪç] *(agg)* ~ resistente, robusto (materiali, oggetti) ♦ *strapazierfähige Schuhe* scarpe robuste.
Straps [ʃtraps] *(m; -es, -e)* ~ giarrettiera, reggicalze.
straßab [ˌʃtra:s'ʔap] *(avv)* ~ vedi **straßauf**.
straßauf [ˌʃtra:s'ʔauf] *(avv)* ~ **straßauf, straßab** su e giù per la strada, avanti e indietro per la strada.
Straße ['ʃtra:sə] *(f; -, -n)* ***1*** strada, via ♦ *eine breite, enge, kurze, lange Straße* una strada larga, stretta, breve, lunga ♦ *die Straße überqueren/über die Straße gehen* attraversare la strada ♦ *durch die Straßen gehen* girare per le strade ♦ *diese Straße führt nach Dresden, zum Dom* questa strada porta a Dresda, al duomo. ***2*** stretto (marino). ◆ **auf der Straße** in strada, per la strada (stato in luogo). ◆ **auf die Straße gehen** ***1*** *(fig)* scendere in piazza, manifestare. ***2*** *(fig)* battere la strada, prostituirsi. ◆ **auf der Straße liegen/sitzen** *(fig)* essere in mezzo alla strada (non avere lavoro o casa). ◆ **jmdn auf die Straße setzen/werfen** *(fig)* buttare qcn in mezzo alla strada (licenziare; cacciare di casa).
Straßenarbeiten [-nˌʔarbaitən] *(pl)* ~ lavori stradali, lavori in corso.
Straßenarbeiter [-nˌʔarbaitɐ] *(m; -s, -)* ~ stradino.
Straßenbahn [-nˌba:n] *(f; -, -en)* ~ tram, tranvia.
Straßenhandel [-nˌhandəl] *(m; -s)* ~ commercio ambulante.
Straßenhändler [-nˌhɛndlɐ] *(m; -s, -; f* **-in***)* ~ venditore ambulante.
Straßenkreuzung [-nˌkrɔytsʊŋ] *(f; -, -n)* ~ incrocio, crocevia.
Straßenpflaster [-nˌpflastɐ] *(n; -s, -)* ~ selciato, manto stradale.

Straßenreinigung [-nˌrainɪgʊŋ] *(f; -)* ~ pulizia delle strade.
Straßenüberführung [-nˀy:bɐˌfy:rʊŋ] *(f; -, -en)* ~ cavalcavia.
Straßenverkehrsordnung [-nfɛɐke:ɐsˌˀɔrdnʊŋ] *(f; -, -en)* ~ codice della strada.
Strategie [ʃtrate'gi:] *(f; -, -n)* ~ strategia.
strategisch [ʃtra'te:gɪʃ] *(agg)* ~ strategico.
sträuben ['ʃtrɔybən] *(vt, hat)* ~ rizzare, drizzare, arruffare (pelo, penne). ◆ **sich sträuben** *(vr)* ***1*** rizzarsi, drizzarsi, arruffarsi (pelo, penne, capelli). ***2*** {*sich gegen etwas ~*} *(fig)* ribellarsi contro qcs, rifiutare qcs ♦ *sich sträuben, etwas zu tun* rifiutarsi di fare qcs.
Strauch [ʃtraux] *(m; -(e)s, Sträucher)* ***1*** arbusto. ***2*** *(fam)* cespuglio.
Strauß[1] [ʃtraus] *(m; -es, -e)* ~ *(zool)* struzzo. ◆ **Vogel Strauß** struzzo.
Strauß[2] *(m; -es, Sträuße)* ~ mazzo di fiori.
streben ['ʃtre:bən] *(vi, hat)* ***1*** andare verso, cercare di raggiungere. ***2*** {*nach etwas ~*} *(fig)* mirare a qcs, aspirare a qcs, anelare a qcs ♦ *nach Erfolg streben* aspirare al successo.
Streben *(n; -s)* ~ anelito, desiderio, aspirazione.
Streber ['ʃtre:bɐ] *(m; -s, -; f* **-in***)* ~ arrivista; secchione.
strebsam ['ʃtre:pˌza:m] *(agg)* ~ assiduo, determinato (nel perseguire uno scopo).
Strecke ['ʃtrɛkə] *(f; -, -n)* ***1*** distanza, tratto, tragitto. ***2*** linea (ferroviaria). ***3*** tronco, tratto (di binari). ***4*** *(geom)* segmento. ◆ **auf der Strecke bleiben** *(fig/fam)* rimanere arenato, fallire. ◆ **jmdn zur Strecke bringen** catturare qcn; uccidere qcn (dopo un inseguimento).
strecken [-n] *(vt, hat)* ***1*** stendere, distendere, stirare (arti) ♦ *die Beine strecken* distendere le gambe. ***2*** allungare, diluire. ***3*** *(fig)* tirare per le lunghe ♦ *eine Arbeit strecken* tirare un lavoro per le lunghe. ◆ **sich strecken** *(vr)* ***1*** stendersi, distendersi. ***2*** stirarsi.
streckenweise [-nˌvaizə] *(avv)* ~ a tratti.
Streich [ʃtraiç] *(m; -(e)s, -e)* ***1*** scherzo, tiro ♦ *jmdm einen Streich spielen* giocare un tiro a qcn. ***2*** *(lett)* colpo, botta.
Streicheleinheit [-əlˌˀainhait] *(f; -, -en)* ~ *(spec pl) (fam)* carezza, tenerezza.
streicheln [-əln] *(vt, hat)* ~ accarezzare, carezzare.
streichen [-ən] *(vi/vt, hat;* **strich**, **gestrichen***)* ***1*** *(vi)* passare su (con la mano), accarezzare ♦ *jmdm (mit der Hand) durchs Haar streichen* passare la mano fra i capelli a qcn ♦ *jmdm über die Wange streichen* accarezzare la guancia a qcn. ***2*** girare, aggirarsi. ***3*** *(vt)* spalmare ♦ *Butter aufs Brot streichen* spalmare il burro sul pane. ***4*** *(vt)* verniciare; imbiancare. ***5*** *(vt)* cancellare, togliere, cassare ♦ *du kannst meinen Namen von der Teilnehmerliste streichen* puoi cancellare il mio nome dalla lista dei partecipanti. ***6*** *(vi)* soffiare, passare (vento) ♦ *der Wind streicht über den Strand* il vento soffia sulla spiaggia. ◆ **sich** (Dat) **den Bart streichen** passarsi la mano sulla barba.
Streichholz [-ˌhɔlts] *(n; -(e)s, -hölzer)* ~ fiammifero.
Streichinstrument [-ˀɪnstruˌmɛnt] *(n; -(e)s, -e)* ~ strumento ad arco.
Streife ['ʃtraifə] *(f; -, -n)* ~ pattuglia.
streifen[1] [-n] *(vi, ist)* ~ girare, vagare.
streifen[2] *(vt, hat)* ***1*** sfiorare, toccare leggermente ♦ *jmdm am Arm streifen* sfiorare il braccio di qcn ♦ *die Kugel hat ihn nur gestreift* la pallottola l'ha solo sfiorato. ***2*** *(fig)* sfiorare, toccare marginalmente (argomenti). ***3*** sfilare via, togliere ♦ *einen Ring vom Finger streifen* sfilare un anello dal dito. ***4*** infilare, mettere ♦ *einen Ring auf den Finger streifen* infilare un anello al dito.
Streifen *(m; -s, -)* ***1*** striscia (di stoffa, carta, territorio, ecc). ***2*** striscia, riga ♦ *eine weiße Hose mit einem roten Streifen* pantaloni bianchi con una riga rossa. ***3*** *(fam)* film.
Streiflicht ['ʃtraifˌlɪçt] *(n; -(e)s, -er)* ~ **ein Streiflicht auf ein Thema werfen** fare un accenno ad un argomento.
Streifzug ['ʃtraifˌtsu:k] *(m; -(e)s, -züge)* ***1*** escursione. ***2*** *(fig)* excursus, esposizione (per sommi capi).
Streik [ʃtraik] *(m; -s, -s)* ~ sciopero ♦ *einen Streik ausrufen* proclamare uno sciopero ♦ *in den Streik treten* entrare in sciopero.
Streikbrecher [-ˌbrɛçɐ] *(m; -s, -; f* **-in***)* ~ crumiro.

streiken [ˈʃtraikən] *(vi,* hat*)* ~ scioperare, fare sciopero, essere in sciopero.

Streit [ʃtrait] *(m;* -(e)s, -e*)* ***1*** lite, litigio, diverbio. ***2*** disputa, discussione, controversia ♦ *ein Streit um Kleinigkeiten* una disputa per delle inezie. ***3*** *(dir)* contesa, controversia. ◆ **Streit (miteinander) haben** litigare. ◆ **in Streit geraten** litigare. ◆ **ein Streit um des Kaisers Bart** *(fig)* una questione di lana caprina.

streitbar [-ˌbaːɐ] *(agg)* ~ combattivo, battagliero.

streiten [-ən] *(vi,* hat; **stritt, gestritten***)* ***1*** {*mit jmdm um etwas ~*} litigare con qcn per qcs. ***2*** {*über etwas* (Acc) *~*} discutere di qcs (animatamente), dibattere su qcs ♦ *darüber lässt sich streiten* su questo si può discutere. ***3*** {*für etwas ~*} *(fig/lett)* lottare per qcs. ◆ **sich mit jmdm um etwas streiten** *(vr)* litigare con qcn per qcs. ◆ **wenn zwei sich streiten, freut sich der Dritte** *(prov)* fra i due litiganti, il terzo gode.

Streitfall [-ˌfal] *(m;* -(e)s, -fälle*)* ~ controversia, vertenza.

streitig [-ɪç] *(agg)* ~ **jmdm etwas streitig machen** contestare qcs a qcn (diritti); contendere qcs a qcn.

Streitigkeit [-ɪçˌkait] *(f;* -, -en*)* *(spec pl)* ~ lite, litigio (continuo).

Streitkräfte [-ˌkrɛftə] *(pl)* ~ esercito, forze armate.

streitlustig [ˈʃtraitˌlʊstɪç] *(agg)* ~ litigioso, attaccabrighe.

streng [ʃtrɛŋ] *(agg)* ***1*** severo, inflessibile ♦ *ein strenger Vater* un padre severo. ***2*** severo, rigido, rigoroso (precetti e sim) ♦ *ein strenges Gesetz* una legge severa ♦ *eine strenge Erziehung* un'educazione severa. ***3*** serio, severo (espressione e sim). ***4*** preciso, esatto, rigoroso. ***5*** aspro (gusto). ***6*** rigido, duro (clima) ♦ *ein strenger Winter* un inverno rigido. ***7*** *(avv)* severamente ♦ *jmdn streng bestrafen* punire qcn severamente. ***8*** *(avv)* rigorosamente ♦ *das ist streng verboten* questo è rigorosamente proibito. ***9*** *(avv)* estremamente, molto. ◆ <u>**streng genommen**</u> († **strenggenommen**) a rigor di termini. ◆ **etwas** <u>**streng nehmen**</u> († **strengnehmen**) attenersi scrupolosamente a qcs. ◆ **auf das** <u>**Strengste**</u> *(anche* **strengste***)* scrupolosamente; con la massima severità.

Strenge [-ə] *(f;* -*)* ***1*** severità, rigore, inflessibilità. ***2*** precisione. ***3*** rigore (del clima). ***4*** asprezza (del gusto). ***5*** severità, austerità (di forme, aspetto, ecc).

strenggenommen ~ <u>**streng genommen**</u> (vedi **streng**).

strengnehmen ~ <u>**streng nehmen**</u> (vedi **streng**).

<u>**Stress**</u> († **Streß**) [ʃtrɛs] *(m;* -es*)* ~ stress, tensione.

stressen [-ən] *(vt,* hat*)* ~ stressare.

stressig [-ɪç] *(agg)* ~ stressante.

streuen [ˈʃtrɔyən] *(vt,* hat*)* ***1*** gettare, spargere ♦ *Samen auf das Beet streuen* spargere semi sull'aiuola ♦ *Kakao auf/über den Kuchen streuen* cospargere il dolce di cacao. ***2*** *(fig)* spargere, diffondere. ***3*** *(vi)* essere impreciso (armi).

streunen [ˈʃtrɔynən] *(vi,* hat*)* ~ *(fam)* vagabondare.

Streuner [ˈʃtrɔynɐ] *(m;* -s, -; *f* **-in***)* ***1*** vagabondo. ***2*** randagio, animale randagio.

Streuung [ˈʃtrɔyʊŋ] *(f;* -, -en*)* ~ spargimento, diffusione.

strich [ʃtrɪç] ~ pret di **streichen**.

Strich *(m;* -(e)s, -e*)* ***1*** linea, riga, tratto, frego, barra ♦ *einen Strich zeichnen* disegnare una linea ♦ *einen Strich durch etwas machen* fare un frego sopra qcs, cancellare qcs *(anche fig)*. ***2*** lineetta, trattino. ***3*** *(fig)* tratto ♦ *etwas mit knappen Strichen entwerfen* rappresentare qcs con pochi tratti, tratteggiare qcs. ***4*** verso (di pelo, stoffa) ♦ *ein Tier gegen den Strich bürsten* spazzolare un animale contropelo. ***5*** *(fam)* passeggio (delle prostitute) ♦ *auf den Strich gehen* stare sul marciapiede, prostituirsi. ◆ **keinen Strich machen/tun** *(fam)* non muovere un dito, non fare un tubo. ◆ **jmdm einen Strich durch die Rechnung machen** *(fig)* mandare a monte i progetti di qcn. ◆ **einen Strich unter etwas machen/ziehen** *(fig)* mettere una pietra sopra a qcs.

stricheln [-əln] *(vt,* hat*)* ~ tratteggiare.

Strichpunkt [-ˌpʊŋkt] *(m;* -(e)s, -e*)* ~ punto e virgola.

strichweise [-ˌvaizə] *(avv)* ~ a tratti, localmente (spec piogge e sim).

Strick [ʃtrɪk] *(m; -(e)s, -e)* ***1*** corda, fune; cordicella ♦ *einen Strick um etwas binden* legare una corda intorno a qcs. ***2*** capestro. ◆ **jmdm aus etwas einen Strick drehen** *(fig)* servirsi di qcs (errori e sim) per danneggiare qcn.

Strickarbeit [-ˌʔarbait] *(f; -, -en)* ~ lavoro a maglia.

stricken [-ən] *(vi/vt, hat)* ***1*** *(vi)* fare la calza, lavorare a maglia. ***2*** *(vt)* fare (a maglia) ♦ *einen Pullover stricken* fare un golf a maglia.

Strickleiter [-ˌlaitɐ] *(f; -, -n)* ~ scala di corda.

Stricknadel [-ˌna:dəl] *(f; -, -n)* ~ ferro da calza.

striegeln [ˈʃtri:gəln] *(vt, hat)* ***1*** strigliare. ***2*** *(fig/fam)* tiranneggiare.

Striemen [ˈʃtri:mən] *(m; -s, -)* ~ livido (da percosse).

strikt [ʃtrɪkt] *(agg)* ***1*** stretto, rigoroso. ***2*** categorico (rifiuto). ***3*** *(avv)* strettamente, rigorosamente ♦ *sich strikt an die Regeln halten* attenersi strettamente alle regole.

Strippe [ˈʃtrɪpə] *(f; -, -n)* ~ *(fig/fam)* telefono ♦ *dauernd an der Strippe hängen* essere continuamente al telefono.

strippen [-n] *(vi, hat)* ~ fare spogliarelli.

Striptease [ˈʃtrɪpti:s] *(m/n; -)* ~ striptease, spogliarello.

stritt [ʃtrɪt] ~ pret di **streiten**.

strittig [-ɪç] *(agg)* ~ controverso, dibattuto.

Stroh [ʃtro:] *(n; -(e)s)* ~ paglia. ◆ **leeres Stroh dreschen** *(fig/fam)* dire sciocchezze. ◆ **Stroh im Kopf haben** *(fig/fam)* avere la testa piena di segatura.

strohdumm [-ˌdʊm] *(agg)* ~ *(fam)* cretino, stupido.

Strohfeuer [-ˌfɔyɐ] *(n; -s, -)* ~ fuoco di paglia *(anche fig)*.

Strohhalm [-ˌhalm] *(m; -(e)s, -e)* ***1*** filo di paglia, pagliuzza. ***2*** cannuccia (per bere).

Strohhaufen [-ˌhaufən] *(m; -s, -)* ~ pagliaio.

strohig [-ɪç] *(agg)* ***1*** come paglia. ***2*** stopposo.

Strohmann [-ˌman] *(m; -(e)s, -männer)* ***1*** uomo di paglia, spaventapasseri. ***2*** *(fig)* prestanome ♦ *den Strohmann abgeben/machen* fare il prestanome.

Strohpuppe [-ˌpʊpə] *(f; -, -n)* ~ uomo di paglia, spaventapasseri.

Strohsack [-ˌzak] *(m; -(e)s, -säcke)* ~ sacco di paglia, pagliericcio.

Strolch [ʃtrɔlç] *(m; -(e)s, -e)* ***1*** farabutto, furfante. ***2*** *(fam)* monello.

strolchen [-ən] *(vi, ist)* ~ vagabondare, bighellonare.

Strom [ʃtro:m] *(m; -(e)s, Ströme)* ***1*** fiume (grande), corso d'acqua ♦ *ein breiter Strom* un largo corso d'acqua. ***2*** corrente (di fiume). ***3*** *(fig)* fiume, fiumana ♦ *ein Strom von Touristen* una fiumana di turisti ♦ *ein Strom von Tränen* un fiume di lacrime. ***4*** corrente (elettrica) ♦ *den Strom ausschalten* staccare la corrente. ◆ **es regnet in Strömen** piove a catinelle, diluvia. ◆ **gegen den Strom schwimmen** ***1*** nuotare controcorrente. ***2*** *(fig)* andare contro corrente. ◆ **mit dem Strom schwimmen** ***1*** nuotare seguendo la corrente. ***2*** *(fig)* seguire la corrente.

stromab(wärts) [ʃtro:mˈʔap(vɛrts)] *(avv)* ~ giù per il fiume, seguendo la corrente.

stromauf(wärts) [ʃtro:mˈʔauf(vɛrts)] *(avv)* ~ su per il fiume, risalendo la corrente.

Stromausfall [ˈʃtro:mˌʔausfal] *(m; -(e)s, -fälle)* ~ mancanza di corrente, blackout ♦ *es gab einen Stromausfall* è mancata la corrente.

strömen [ˈʃtrø:mən] *(vi, ist)* ***1*** scorrere, fluire. ***2*** fuoriuscire (acqua, gas, ecc). ***3*** *(fig)* affluire, dirigersi (in massa); uscire (in massa) ♦ *die Demonstranten strömten zum Bahnhof* i manifestanti si diressero in massa verso la stazione.

Stromerzeuger [ˈʃtro:mʔɛɐˌtsɔygɐ] *(m; -s, -)* ~ generatore di corrente.

Stromrechnung [ˈʃtro:mˌrɛçnʊŋ] *(f; -, -en)* ~ bolletta elettrica, bolletta della luce.

Stromschnelle [ˈʃtro:mˌʃnɛlə] *(f; -, -n)* ~ rapida.

Strömung [ˈʃtrø:mʊŋ] *(f; -, -en)* ***1*** corrente, flusso (d'acqua o aria). ***2*** *(fig)* corrente, tendenza (culturale).

Strophe [ˈʃtro:fə] *(f; -, -n)* ~ strofa.

strotzen [ˈʃtrɔtsən] *(vi, hat)* ~ {*von/vor etwas* (Dat) ~} essere pieno di qcs, scoppiare di qcs ♦ *vor Gesundheit strotzen* scoppiare di salute ♦ *von Fehlern strotzen* essere pieno di errori.

strubbelig ['ʃtrʊbəlɪç] *(agg)* ~ *(fam)* arruffato, spettinato.

Strudel ['ʃtruːdəl] *(m; -s, -)* ***1*** vortice, gorgo, mulinello ♦ *in einen Strudel geraten* finire in un vortice. ***2*** *(fig)* vortice ♦ *der Strudel der Leidenschaften* il vortice delle passioni. ***3*** *(region)* strudel.

Struktur [ʃtrʊk'tuːɐ] *(f; -, -en)* ~ struttura ♦ *die Struktur eines Gedichts* la struttura di una poesia.

strukturell [ʃtrʊktu'rɛl] *(agg)* ~ strutturale.

Strumpf [ʃtrʊmpf] *(m; -(e)s, Strümpfe)* ~ calza (lunga) ♦ *ein Paar Strümpfe* un paio di calze. ◆ **seine Ersparnisse im Strumpf haben** *(fig)* tenere i propri risparmi sotto il materasso.

Strumpfhalter [-ˌhaltɐ] *(m; -s, -)* ~ giarrettiera, reggicalze.

Strumpfhose [-ˌhoːzə] *(f; -, -n)* ~ calzamaglia; collant.

Strunk [ʃtrʊŋk] *(m; -(e)s, Strünke)* ***1*** ceppo (di albero tagliato). ***2*** torsolo (di insalata e sim).

struppig ['ʃtrʊpɪç] *(agg)* ~ ispido, arruffato.

Stube ['ʃtuːbə] *(f; -, -n)* ***1*** *(mil)* camerata. ***2*** *(region)* stanza, camera.

Stubenfliege [-nˌfliːgə] *(f; -, -n)* ~ *(zool)* mosca comune.

Stubenhocker [-nˌhɔkɐ] *(m; -s, -)* ~ *(fam)* casalingo, pantofolaio.

Stuck [ʃtʊk] *(m; -(e)s)* ~ stucco.

Stück [ʃtʏk] *(n; -(e)s, -e/-)* ***1*** pezzo, pezzetto (di un intero) ♦ *ein Stück Brot* un pezzo di pane ♦ *etwas in Stücke schneiden* tagliare qcs a pezzetti. ***2*** pezzo, frammento ♦ *in Stücke gehen* andare in pezzi. ***3*** pezzo, brano, passo (di un testo). ***4*** pezzo, appezzamento ♦ *ein Stück Land* un appezzamento di terreno. ***5*** *(pl -)* pezzo (di una merce) ♦ *das kostet zwei Euro das Stück* costa due euro al pezzo/l'uno ♦ *„Wie viele Briefmarken brauchen Sie?" „Drei Stück, bitte"* "Quanti francobolli le servono?" "Tre, prego". ***6*** pezzo (di collezione). ***7*** pezzo (musicale). ***8*** opera teatrale, pièce teatrale. ***9*** moneta, pezzo. ***10*** *(fam/spreg)* tipo, persona. ***11*** *(fig/fam)* quantità, un bel po' ♦ *ein schönes Stück Geld* un bel po' di soldi. ***12*** *(fig/fam)* azione, atto; scherzo ♦ *sich ein Stück leisten* farla grossa. ◆ **große Stücke auf jmdn halten** *(fig/fam)* avere una grande considerazione di qcn. ◆ **sich für jmdn in Stücke reißen lassen** *(fam)* farsi in quattro per qcn. ◆ **in einem Stück** ininterrottamente. ◆ **in allen Stücken** in tutti i punti, sotto tutti gli aspetti.

Stuckateur († **Stukkateur**) [ʃtʊka'tøːɐ] *(m; -s, -e; f* **-in***)* ~ stuccatore.

stückeln ['ʃtʏkəln] *(vt, hat)* ~ rappezzare.

Stückelung ['ʃtʏkəlʊŋ] *(f; -, -en)* ***1*** rappezzatura. ***2*** taglio (di monete).

stückweise ['ʃtʏkˌvaizə] *(avv)* ~ a pezzi; pezzo per pezzo.

Stückwerk ['ʃtʏkˌvɛrk] *(n; -(e)s)* ~ lavoro incompiuto, abbozzo.

Student [ʃtu'dɛnt] *(m; -en, -en; f* **-in***)* ~ studente (universitario) ♦ *Student der Chemie* studente di chimica.

Studenten(wohn)heim [-ənˌ(voːn)haim] *(n; -(e)s, -e)* ~ casa dello studente.

studentisch [-ɪʃ] *(agg)* ***1*** studentesco, degli studenti (universitari). ***2*** studentesco, goliardico.

Studie ['ʃtuːdjə] *(f; -, -n)* ***1*** studio, analisi. ***2*** studio, saggio. ***3*** studio, schizzo, bozzetto (di opera d'arte).

Studiengang [-nˌgaŋ] *(m; -(e)s, -gänge)* ~ corso di studi.

Studienplan [-nˌplaːn] *(m; -(e)s, -pläne)* ~ piano di studi.

studieren [ʃtu'diːrən] *(vi/vt, hat)* ***1*** *(vi)* andare all'università ♦ *sie studiert in Pisa* studia a Pisa. ***2*** *(vt)* studiare (all'università) ♦ *er studiert Jura* studia giurisprudenza. ***3*** *(vt)* studiare (una parte a teatro). ***4*** *(vt)* studiare, analizzare.

Studio ['ʃtuːdjo] *(n; -s, Studien)* ***1*** studio, atelier (di artista). ***2*** studio (tv e sim).

Studium ['ʃtuːdjʊm] *(n; -s, Studien)* ***1*** studio, studi (universitari) ♦ *sein Studium abbrechen* interrompere gli studi ♦ *sein Studium abschließen/beenden* terminare gli studi. ***2*** studio, ricerca.

Stufe ['ʃtuːfə] *(f; -, -n)* ***1*** gradino, scalino ♦ *die Stufen der Treppe* i gradini della scala. ***2*** *(fig)* grado, livello, stadio ♦ *die Stufen einer Entwicklung* gli stadi di uno sviluppo ♦ *auf einer hohen, niedrigen Stufe stehen* essere a un livello alto, basso. ***3*** *(mil)* grado, rango. ***4*** *(pl) (fig)* gradini, scala ♦ *die Stufen zum Erfolg hinaufsteigen* salire la scala che porta al successo. ◆ **auf einer Stufe/auf der gleichen Stufe stehen** *(fig)* essere allo stesso livello, sullo stesso piano. ◆ **jmdn/etwas auf eine Stufe/auf die gleiche Stufe setzen** *(fig)* mettere qcn/qcs allo stesso livello, sullo stesso piano.

Stufenleiter [-nˌlaitɐ] *(f; -, -n)* ~ *(fig)* scala, gerarchia.

stufenweise [-nˌvaizə] *(avv)* ~ gradualmente, per gradi.

Stuhl [ʃtuːl] *(m; -(e)s, Stühle)* ***1*** sedia, sedile ♦ *ein bequemer, gepolsterter Stuhl* una sedia comoda, imbottita ♦ *auf einem Stuhl sitzen* essere seduto su una sedia ♦ *sich auf einen Stuhl setzen* sedersi su una sedia ♦ *vom Stuhl fallen* cadere dalla sedia. ***2*** *(relig)* seggio (papale), Cattedra. ***3*** *(med)* defecazione; escrementi, feci. ◆ **elektrischer Stuhl** sedia elettrica. ◆ **jmdm den Stuhl vor die Tür setzen** *(fig)* mettere alla porta qcn. ◆ **sich zwischen zwei Stühle setzen** *(fig)* giocarsi tutto, perdere capra e cavoli.

Stuhlgang [-ˌgaŋ] *(m; -(e)s)* ~ defecazione. ◆ **Stuhlgang haben** andare d'intestino.

Stukkateur ~ vedi **Stuckateur**.

Stulpe [ˈʃtʊlpə] *(f; -, -n)* ~ risvolto (di manica e sim).

stülpen [ˈʃtʏlpən] *(vt, hat)* ~ risvoltare, rovesciare (maniche e sim).

stumm [ʃtʊm] *(agg)* ***1*** muto. ***2*** *(fig)* muto, ammutolito ♦ *er war stumm vor Schreck* era ammutolito dallo spavento. ***3*** *(fig)* muto, tacito, inespresso (sentimenti e sim). ***4*** *(fig)* muto, zitto, senza dire una parola ♦ *sie saß stumm da* sedeva lì senza dire una parola. ◆ **jmdm stumm machen** *(fig)* mettere qcn a tacere per sempre, uccidere qcn. ◆ **stumm werden** ammutolire. ◆ **stumm wie das Grab sein** *(fig)* essere muto come una tomba. ◆ **stumm wie ein Fisch/wie ein Stock** *(fig)* muto come un pesce. ◆ **besser stumm als dumm** *(prov)* è meglio tacere che dire stupidaggini.

Stummel [-əl] *(m; -s, -)* ~ *(fam)* mozzicone.

Stummfilm [-ˌfɪlm] *(m; -(e)s, -e)* ~ film muto.

Stümper [ˈʃtʏmpɐ] *(m; -s, -; f* **-in***)* ~ buono a nulla, dilettante.

stumpf [ʃtʊmpf] *(agg)* ***1*** smussato, spuntato, non appuntito, non affilato ♦ *ein stumpfer Bleistift* una matita spuntata. ***2*** opaco. ***3*** *(fig)* ottuso, apatico, ebete ♦ *ein stumpfer Blick* uno sguardo apatico. ◆ **stumpfer Winkel** *(geom)* angolo ottuso. ◆ **etwas stumpf machen** smussare, spuntare qcs.

Stumpf *(m; -(e)s, Stümpfe)* ***1*** troncone, ceppo (tagliato). ***2*** moncone. ◆ **mit Stumpf und Stiel** *(fig/fam)* completamente, senza che rimanga niente.

Stumpfheit [-ˌhait] *(f; -)* ***1*** ottusità *(anche fig)*. ***2*** *(fig)* apatia.

Stumpfnase [-ˌnaːzə] *(f; -, -n)* ~ naso schiacciato.

Stumpfsinn [-ˌzɪn] *(m; -(e)s)* ***1*** apatia, ottusità. ***2*** monotonia.

stumpfsinnig [-ˌzɪnɪç] *(agg)* ***1*** apatico, ottuso. ***2*** noioso, monotono.

Stündchen [ˈʃtʏntçən] *(n; -s, -)* ~ *(fam)* oretta ♦ *in einem Stündchen* fra un'oretta.

Stunde [ˈʃtʊndə] *(f; -, -n)* ***1*** ora ♦ *ich musste zwei Stunden warten* ho dovuto aspettare (per) due ore ♦ *der Wagen fährt 150 (hundertfünfzig) Kilometer in der Stunde/pro Stunde* l'auto va a 150 km l'ora. ***2*** lezione, ora di lezione, ora. ***3*** *(fig)* ora, momento, attimo ♦ *keine ruhige Stunde haben* non avere un'ora di tranquillità ♦ *seine Stunden sind gezählt* ha le ore contate ♦ *die Stunde der Wahrheit* l'ora della verità. ***4*** *(fig)* ora (della morte) ♦ *seine Stunde hat geschlagen* è giunta la sua ora. ◆ **eine halbe Stunde** mezz'ora. ◆ **eine viertel Stunde** *(anche* **Viertelstunde***)* un quarto d'ora ♦ *in einer viertel Stunde* fra un quarto d'ora. ◆ **eineinhalb/anderthalb Stunden** un'ora e mezzo ♦ *nach eineinhalb Stunden* dopo un'ora e mezzo. ◆ **alle zwei Stunden** ogni due ore. ◆ **bis zur Stunde** finora, fino a questo momento. ◆ **in einer Stunde** fra un'ora. ◆ **in letzter Stunde** all'ultim'ora, all'ultimo momento. ◆ **nach einer Stunde** dopo un'ora, un'ora dopo. ◆ **vor einer Stunde** un'ora fa. ◆ **zu früher Stunde** di buon'ora. ◆ **zu jeder Stunde** in ogni momento. ◆ **zu später Stunde** a tarda ora. ◆ **besser eine Stunde zu früh als eine Minute zu spät** *(prov)* meglio un'ora in anticipo che un minuto in ritardo. ◆ **Zeit und Stunde warten nicht** *(prov)* il tempo non aspetta.

stunden [-n] *(vt,* hat*)* ~ {*jmdm etwas* ~} *(comm)* concedere a qcn una dilazione per qcs, prorogare qcs.

Stundengeschwindigkeit [-ngəʃvɪndɪçkait] *(f;* -, -en*)* ~ velocità oraria, media oraria.

Stundenkilometer [-nkiloˌmeːtɐ] *(pl)* ~ *(fam)* chilometri orari ♦ *er fährt mit hundert Stundenkilometern* va a cento all'ora.

stundenlang [-nˌlaŋ] *(agg)* ***1*** di ore, che dura delle ore. ***2*** *(avv)* per ore (e ore) ♦ *ich habe stundenlang gewartet* ho aspettato per ore.

Stundenplan [-nˌplaːn] *(m;* -(e)s, -pläne*)* ~ orario (scolastico).

stundenweise [-nˌvaizə] *(avv)* ~ a ore.

Stundenzeiger [-nˌtsaigɐ] *(m;* -s, -*)* ~ lancetta delle ore.

stündlich [ˈʃtʏntlɪç] *(agg)* ***1*** orario, che si ripete ogni ora. ***2*** *(avv)* ogni ora, di ora in ora.

stupid(e) [ʃtuˈpiːt (ʃtuˈpiːdə)] *(agg)* ***1*** ottuso, limitato (persona). ***2*** noioso, monotono (attività).

Stups [ʃtʊps] *(m;* -es, -e*)* ~ *(fam)* colpetto, spintarella.

stupsen [-ən] *(vt,* hat*)* ~ {*jmdn* ~} *(fam)* dare una spintarella a qcn.

stur [ˈʃtuːɐ] *(agg)* ~ *(fam)* testardo, caparbio, ostinato.

Sturm [ʃtʊrm] *(m;* -(e)s, Stürme*)* ***1*** tempesta, burrasca, bufera ♦ *der Sturm tobt, legt sich, ist vorüber* la tempesta infuria, si placa, è passata. ***2*** *(mil)* assalto, carica *(anche fig)* ♦ *der Sturm auf eine Festung* l'assalto a una fortezza ♦ *der Sturm der Kunden auf die Kassen* l'assalto dei clienti alle casse. ***3*** *(fig)* tumulto (di sentimenti, di proteste, ecc). ***4*** *(sport)* attacco. ◆ **gegen etwas Sturm laufen** *(fig)* andare alla carica contro qcs.

stürmen[1] [ˈʃtʏrmən] *(vi,* hat/ist*)* ***1*** {*es stürmt*} *(aux* hat*)* *(impers)* c'è tempesta, infuria la tempesta. ***2*** *(aux* ist*)* infuriare (vento e sim). ***3*** *(aux* ist*)* precipitarsi, correre.

stürmen[2] *(vt,* hat*)* ~ *(mil)* assaltare, prendere d'assalto *(anche fig)* ♦ *die Zuschauer stürmten das Kino* gli spettatori presero d'assalto il cinema.

Stürmer [ˈʃtʏrmɐ] *(m;* -s, -; *f* **-in***)* ~ *(sport)* attaccante.

Sturmflut [ˈʃtʊrmˌfluːt] *(f;* -, -en*)* ~ mareggiata.

sturmfrei [ˈʃtʊrmˌfrai] *(agg)* ~ **sturmfreie Bude haben** *(fam)* avere la casa a disposizione (per feste e sim).

stürmisch [ˈʃtʏrmɪʃ] *(agg)* ***1*** tempestoso, burrascoso. ***2*** *(fig)* burrascoso, turbolento, impetuoso, veemente. ***3*** *(fig)* rapido, frenetico.

Sturz [ʃtʊrts] *(m;* -es, Stürze*)* ***1*** caduta ♦ *ein Sturz vom Pferd* una caduta da cavallo. ***2*** *(fig)* caduta, abbassamento, crollo. ***3*** *(fig)* caduta, peggioramento. ***4*** *(fig/pol)* caduta, rovesciamento ♦ *der Sturz der Regierung* la caduta del governo.

stürzen[1] [ˈʃtʏrtsən] *(vi,* ist*)* ***1*** cadere (persona) ♦ *vom Pferd stürzen* cadere da cavallo ♦ *er ist zu Boden gestürzt* è caduto a terra. ***2*** scendere a precipizio (rocce, prezzi, ecc). ***3*** precipitare, rovesciarsi (acqua, fiume). ***4*** *(fig)* correre, precipitarsi.

stürzen[2] *(vt,* hat*)* ***1*** far cadere, buttare a terra (persona). ***2*** capovolgere (contenitori). ***3*** *(fig/pol)* far cadere, rovesciare. ◆ **sich stürzen** *(vr)* ***1*** gettarsi, buttarsi giù ♦ *sie hat sich aus dem Fenster gestürzt* si è buttata dalla finestra ♦ *sich zu Tode stürzen* fare una caduta mortale. ***2*** {*sich auf/in etwas* (Acc) ~} *(fig)* buttarsi, gettarsi, precipitarsi su qcs; tuffarsi in qcs ♦ *sich in die Arbeit stürzen* tuffarsi nel lavoro ♦ *das Kind stürzte sich auf den Kuchen* il bambino si buttò sul dolce. ***3*** {*sich auf jmdn* ~} *(fig)* saltare addosso a qcn/qcs. ◆ **sich in Unkosten stürzen** *(vr)* spendere un patrimonio.

Sturzflug [ˈʃtʊrtsˌfluːk] *(m;* -(e)s, -flüge*)* ~ volo in picchiata.

Stute [ˈʃtuːtə] *(f;* -, -n*)* ***1*** *(zool)* cavalla. ***2*** asina; femmina di cammello, zebra, ecc.

Stütze [ˈʃtʏtsə] *(f;* -, -n*)* ~ appoggio, sostegno *(anche fig)* ♦ *(jmdm) als Stütze dienen* servire da appoggio (a qcn).

stutzen[1] ['ʃtʊtsən] *(vi,* hat*)* **1** essere sbalordito, rimanere interdetto. **2** insospettirsi.
stutzen[2] *(vt,* hat*)* ~ tagliare (poco), spuntare, accorciare ♦ *sich* (Dat) *den Bart stutzen* spuntarsi la barba.
Stutzen *(m; -/-s, -)* **1** fucile (corto). **2** raccordo (tubo).
stützen ['ʃtʏtsən] *(vt,* hat*)* **1** sostenere, sorreggere *(anche fig)*. **2** puntellare. ◆ **sich stützen** *(vr)* **1** {*sich auf jmdn/etwas ~*} appoggiarsi, sostenersi, sorreggersi a qcn/qcs. **2** {*sich auf etwas* (Acc) *~*} *(fig)* basarsi su qcs, fondarsi su qcs.
stutzig ['ʃtʊtsɪç] *(agg)* ~ **jmdn stutzig machen** insospettire qcn. ◆ **stutzig werden** insospettirsi.
Stützpunkt ['ʃtʏts,pʊŋkt] *(m; -(e)s, -e)* **1** punto di appoggio. **2** *(mil)* base.
Stützung ['ʃtʏtsʊŋ] *(f; -, -en)* ~ appoggio (l'appoggiare), sostegno *(anche fig)*.
stylen ['stailən] *(vt,* hat*)* ~ creare (design e sim), disegnare.
Styropor [ʃtyro'poːɐ] *(n; -s)* ~ polistirolo.
subaltern [zʊpˀal'tɛrn] *(agg)* **1** subalterno, sottoposto. **2** *(fig)* sottomesso, servile.
Subjekt [zʊp'jɛkt] *(m; -(e)s, -e)* **1** soggetto *(anche gramm)*. **2** soggetto, persona.
subjektiv [zʊpjɛk'tiːf] *(agg)* ~ soggettivo (del soggetto; personale) ♦ *ein subjektives Urteil* un giudizio soggettivo.
Subordination [zʊpˀɔrdina'tsjoːn] *(f; -, -en)* ~ subordinazione *(anche gramm)*.
Subskription [zʊpskrɪp'tsjoːn] *(f; -, -en)* ~ sottoscrizione, prenotazione (di libri) ♦ *Subskription auf ein Lexikon* sottoscrizione di un'enciclopedia.
substantiell ~ vedi **substanziell**.
Substantiv ['zʊpstantiːf] *(n; -s, -e)* ~ *(gramm)* sostantivo.
Substanz [zʊp'stants] *(f; -, -en)* **1** sostanza, essenza. **2** *(fis)* sostanza, materia. **3** *(fig/fam)* sostanze, capitale.
substanziell *(anche* **substantiell***)* [zʊpstan'tsjɛl] *(agg)* **1** sostanziale, essenziale. **2** materiale.
subtil [zʊp'tiːl] *(agg)* **1** sottile, preciso ♦ *ein subtiler Unterschied* una differenza sottile. **2** complicato.
subtrahieren [zʊptra'hiːrən] *(vt,* hat*)* ~ *(mat)* sottrarre ♦ *fünf von acht subtrahieren* sottrarre cinque da otto.
Subtraktion [zʊptrak'tsjoːn] *(f; -, -en)* ~ *(mat)* sottrazione.
Suche ['zuːxə] *(f; -)* ~ ricerca ♦ *die Suche nach einem Arbeitsplatz* la ricerca di un posto di lavoro. ◆ **auf der Suche nach jmdm/etwas sein** essere in cerca di qcn/qcs. ◆ **auf die Suche nach jmdm/etwas gehen** andare in cerca di qcn/qcs. ◆ **sich auf die Suche nach jmdm/etwas machen** mettersi alla ricerca di qcn/qcs.
suchen [-n] *(vt/vi,* hat*)* **1** {*jmdn/etwas ~*} *(vt)* cercare qcn/qcs ♦ *ich suche mein Buch* cerco il mio libro ♦ *wir suchen Mitarbeiter* cerchiamo collaboratori ♦ *wir gingen Pilze suchen* siamo andati a cercare i funghi ♦ *Hilfe suchen* cercare aiuto. **2** {*nach jmdm/etwas ~*} *(vi)* essere in cerca di qcn/qcs. **3** cercare, tentare ♦ *du solltest sie zu verstehen suchen* dovresti cercare di capirla.
Sucht [zʊxt] *(f; -, Süchte)* **1** dipendenza, assuefazione (a droghe e sim). **2** *(fig)* brama, avidità, fame ♦ *die Sucht nach Geld* la brama di denaro.
süchtig ['zʏçtɪç] *(agg)* **1** dipendente, assuefatto (a droghe e sim). **2** *(fig)* avido, bramoso, affamato. ◆ **süchtig machen** dare assuefazione.
Süchtige(r) ['zʏçtɪgə (-gɐ)] *(m/f; -n, -n)* ~ tossicodipendente.
Sud [zuːt] *(m; -(e)s, -e)* **1** fondo di cottura; brodo. **2** decotto.
Süd [zyːt] *(indecl) (senza art)* ~ *(naut/meteor)* sud.
Süden ['zyːdən] *(anche* **Süd***)* *(m; -s)* **1** sud, meridione. **2** sud, meridione, mezzogiorno (spec dell'Europa) ♦ *er kommt aus dem Süden* viene dal sud ♦ *wir fahren im August in den Süden* in agosto andiamo al sud. ◆ **im Süden** a sud (stato in luogo) ♦ *im Süden von München* a sud di Monaco. ◆ **nach Süden** a sud, verso sud.
Südländer ['zyːt,lɛndɐ] *(m; -s, -; f* **-in***)* ~ meridionale, abitante di un paese meridionale (mediterraneo).
südländisch ['zyːt,lɛndɪʃ] *(agg)* ~ meridionale, mediterraneo.
südlich ['zyːtlɪç] *(agg)* **1** meridionale, del sud, a sud. **2** *(avv)* a sud ♦ *südlich von München* a sud di Monaco.

südwärts ['zy:tˌvɛrts] *(avv)* ~ a sud (moto), verso sud.
süffisant [zʏfi'zant] *(agg)* ~ di sufficienza, sprezzante ♦ *ein süffisantes Lächeln* un sorrisetto di sufficienza.
Süffisanz [zʏfi'zants] *(f; -)* ~ sufficienza, altezzosità.
Suffix [zʊ'fɪks] *(n; -es, -e)* ~ *(gramm)* suffisso.
suggerieren [zʊge'ri:rən] *(vt,* hat*)* ~ {*jmdm etwas* ~} *(lett)* indurre qcn a credere qcs.
Suggestion [zʊgɛs'tjo:n] *(f; -, -en)* ~ suggestione; forza di suggestione.
suggestiv [zʊgɛs'ti:f] *(agg)* ~ suggestivo, di suggestione ♦ *suggestive Macht* potere di suggestione.
Suhle ['zu:lə] *(f; -, -n)* ~ pantano.
Suite ['svi:tə] *(f; -, -n)* **1** *(mus)* suite. **2** suite, camera di lusso.
Sülze ['zʏltsə] *(f; -, -n)* **1** carne (o pesce) in gelatina. **2** gelatina, aspic.
summarisch [zʊ'ma:rɪʃ] *(agg)* **1** sommario, breve, schematico. **2** *(avv)* sommariamente, per sommi capi.
Summe ['zʊmə] *(f; -, -n)* **1** *(mat)* somma. **2** somma, cifra ♦ *eine beträchtliche, große Summe* una somma notevole, grossa ♦ *eine runde Summe* una cifra tonda.
summen [-n] *(vi,* hat*)* **1** ronzare ♦ *Bienen summen* le api ronzano ♦ *mir summt es in den Ohren (impers)* mi ronzano le orecchie. **2** canticchiare (a bocca chiusa).
Summen *(n; -s)* ~ ronzio.
summieren [zʊ'mi:rən] *(vt,* hat*)* ~ sommare. ◆ **sich summieren** *(vr)* assommarsi, accumularsi.
Sumpf [zʊmpf] *(m; -(e)s,* Sümpfe*)* **1** palude, pantano, acquitrino ♦ *in einen Sumpf geraten* finire in una palude. **2** *(fig)* fango, marciume, corruzione.
Sumpfbiber [-ˌbi:bɐ] *(m; -s, -)* ~ *(zool)* nutria.
Sumpffieber [-ˌfi:bɐ] *(n; -s, -)* ~ malaria.
sumpfig [-ɪç] *(agg)* ~ paludoso, palustre.
Sünde ['zʏndə] *(f; -, -n)* **1** *(relig)* peccato ♦ *eine Sünde begehen* commettere un peccato ♦ *seine Sünden beichten* confessare i propri peccati ♦ *in Sünde fallen/geraten* peccare. **2** *(fig)* peccato, colpa ♦ *es wäre eine Sünde, wenn* sarebbe un peccato se.
Sündenbock [-nˌbɔk] *(m; -(e)s, -böcke)* ~ capro espiatorio ♦ *jmdn zum Sündenbock für etwas machen* fare di qcn il capro espiatorio per qcs.
Sündenfall [-nˌfal] *(m; -(e)s)* ~ *(relig)* peccato originale.
Sünder ['zʏndɐ] *(m; -s, -; f* **-in***)* ~ peccatore.
sündhaft ['zʏntˌhaft] *(agg)* **1** peccaminoso. **2** *(fig/fam)* eccessivo.
sündig ['zʏndɪç] *(agg)* ~ peccaminoso. ◆ **sündig werden** peccare.
sündigen ['zʏndɪgən] *(vi,* hat*)* ~ {*(gegen etwas)* ~} peccare, commettere peccato (contro qcs).
super ['zu:pɐ] *(agg indecl/avv)* ~ *(fam)* fantastico, super.
Superlativ [-lati:f] *(m; -s, -e)* **1** *(gramm)* superlativo. **2** *(pl) (fig)* superlativi, cose straordinarie ♦ *Berlin, die Stadt der Superlative* Berlino, la città delle cose straordinarie.
Supermarkt [-ˌmarkt] *(m; -(e)s, -märkte)* ~ supermercato, supermarket.
Suppe ['zʊpə] *(f; -, -n)* ~ minestra ♦ *die Suppe salzen, versalzen* salare, salare troppo la minestra. ◆ **sich** (Dat) **eine schöne Suppe einbrocken** *(fig)* cacciarsi in un bel pasticcio. ◆ **jmdm die Suppe versalzen** guastare la festa a qcn. ◆ **jmdm in die Suppe spucken** *(fig/fam)* rompere le uova nel paniere a qcn.
Suppeneinlage [-nˌˀainla:gə] *(f; -, -n)* ~ pasta da minestra, pastina.
Suppenschüssel [-nˌʃʏsəl] *(f; -, -n)* ~ zuppiera.
Suppenteller [-nˌtɛlɐ] *(m; -s, -)* ~ piatto da minestra, scodella.
Surfbrett ['zø:ɐfˌbrɛt] *(n; -(e)s, -er)* ~ tavola da surf.
surfen ['zø:ɐfən] *(vi,* ist/hat*)* **1** fare surf; andare in surf. **2** *(elab)* navigare ♦ *im Internet surfen* navigare in Internet.
Surfing ['zø:ɐfɪŋ] *(n; -s)* ~ surfing.
surren ['zʊrən] *(vi,* hat*)* ~ ronzare (motori e sim).
suspekt [zʊs'pɛkt] *(agg)* ~ sospetto.
suspendieren [zʊspɛn'di:rən] *(vt,* hat*)* **1** sospendere, rimuovere, esonerare ♦ *jmdn von einem Amt suspendieren* sospendere qcn da un incarico. **2** sospendere, interrompere. **3** esentare.

Suspension [zʊspɛn'zjo:n] *(f; -, -en)* ***1*** sospensione, rimozione, esonero (da una carica). ***2*** *(chim)* sospensione.

süß [zy:s] *(agg)* ***1*** dolce (sapore, odore) ♦ *der Kaffee ist zu süß* il caffè è troppo dolce. ***2*** *(fig)* dolce, gentile. ***3*** dolce, melodioso. ***4*** *(fig/fam)* dolce, grazioso, carino. ◆ **das süße Leben** la dolce vita. ◆ **das süße Nichtstun** il dolce far niente. ◆ **mein Süßer!/meine Süße!** *(fam)* dolcezza! tesoro!

Süße [-ə] *(f; -)* ***1*** dolcezza. ***2*** *(fig)* dolcezza, gentilezza.

süßen [-ən] *(vt, hat)* ~ addolcire, zuccherare.

Süßholz [-ˌhɔlts] *(n; -(e)s)* ~ liquirizia.

Süßigkeiten [-ɪçˌkaitən] *(pl)* ~ dolci, dolciumi.

süßlich [-lɪç] *(agg)* ***1*** dolciastro. ***2*** *(fig)* sdolcinato, sentimentale. ***3*** *(fig)* mellifluo.

süßsauer [-'zauɐ] *(agg)* ***1*** agrodolce, in agrodolce. ***2*** *(fig)* agrodolce.

Süßstoff [-ʃtɔf] *(m; -(e)s, -e)* ~ dolcificante.

Süßwaren [-ˌva:rən] *(pl)* ~ dolci, dolciumi, prodotti dolciari.

Süßwarengeschäft [-va:rəngəʃɛft] *(n; -(e)s, -e)* ~ negozio di dolciumi.

Süßwasser [-ˌvasɐ] *(n; -s, -)* ~ acqua dolce.

Sweatshirt ['swɛtˌʃə:t] *(n; -s, -s)* ~ felpa, maglione felpato.

Swimmingpool ['svɪmɪŋˌpu:l] *(n; -s, -s)* ~ piscina (privata).

Symbol [zʏm'bo:l] *(n; -s, -e)* ~ simbolo *(anche chim)* ♦ *ein Symbol für etwas sein* essere il simbolo di qcs.

symbolisch [-ɪʃ] *(agg)* ~ simbolico.

Symmetrie [zʏme'tri:] *(f; -, -n)* ~ simmetria.

symmetrisch [zʏ'me:trɪʃ] *(agg)* ~ simmetrico.

Sympathie [zʏmpa'ti:] *(f; -, -n)* ~ simpatia ♦ *Sympathie für jmdn empfinden* provare simpatia per qcn.

sympathisch [zʏm'pa:tɪʃ] *(agg)* ~ simpatico ♦ *jmdm sympathisch sein* essere (stare) simpatico a qcn.

Symphonie [zʏmfo'ni:] ~ vedi **Sinfonie**.

Symposium [zʏm'po:zjʊm] *(n; -s, -sien)* ~ simposio, convegno.

Symptom [zʏmp'to:m] *(n; -(e)s, -e)* ***1*** sintomo ♦ *die Symptome einer Krankheit* i sintomi di una malattia. ***2*** *(fig)* sintomo, caratteristica tipica.

Synagoge [zyna'go:gə] *(f; -, -n)* ~ sinagoga.

synchron [zʏn'kro:n] *(agg)* ~ sincronico, simultaneo.

Synchronisation [zʏnkroniza'tsjo:n] *(f; -, -en)* ***1*** sincronizzazione. ***2*** doppiaggio (di film).

synchronisieren [zʏnkroni'zi:rən] *(vt, hat)* ***1*** sincronizzare. ***2*** doppiare (film).

Synchronisierung [zʏnkroni'zi:rʊŋ] *(f; -, en)* ***1*** sincronizzazione. ***2*** doppiaggio (di film).

Syndikat [zyndi'ka:t] *(n; -(e)s, -e)* ***1*** *(econ)* cartello, trust. ***2*** racket, organizzazione malavitosa.

Syndrom [zʏn'dro:m] *(n; -s, -e)* ~ sindrome.

synonym [zyno'ny:m] *(agg)* ~ sinonimo ♦ *synonyme Wörter* parole sinonime, sinonimi.

Synonym *(n; -s, -e)* ~ sinonimo ♦ *nenn mir ein Synonym für „Bildung"* dimmi un sinonimo di "Bildung".

syntaktisch [zʏn'taktɪʃ] *(agg)* ~ sintattico.

Syntax ['zʏntaks] *(f; -)* ~ sintassi.

Synthese [zʏn'te:zə] *(f; -, -n)* ~ *(filos/chim)* sintesi.

synthetisch [zʏn'te:tɪʃ] *(agg)* ~ sintetico, artificiale.

System [zʏs'te:m] *(n; -s, -e)* ***1*** sistema, insieme, complesso. ***2*** sistema (sociale, politico, ecc). ***3*** sistema, metodo ♦ *nach einem System vorgehen* procedere secondo un sistema.

systematisch [zʏste'ma:tɪʃ] *(agg)* ***1*** sistematico, complessivo. ***2*** sistematico, metodico. ***3*** *(avv)* sistematicamente.

Szene ['stse:nə] *(f; -, -n)* ***1*** scena (di film, dramma, ecc). ***2*** scena, palcoscenico. ***3*** *(lett)* scena, fatto, episodio ♦ *eine erbärmliche Szene* una scena miserevole. ***4*** *(fig/fam)* scenata ♦ *jmdm eine Szene machen* fare una scenata a qcn. ***5*** *(fig)* scena, scenario ♦ *die politische Szene* la scena politica. ◆ **etwas in Szene setzen** mettere in scena, inscenare qcs *(anche fig)*.

t

t, T [teː] *(n; -/-s, -/-s)* ~ t, T *(ventesima lettera dell'alfabeto tedesco).*

Tabak ['taːbak] *(m; -s, -e)* ~ tabacco ♦ *Tabak kauen, rauchen, schnupfen* masticare, fumare, fiutare tabacco.

Tabakwaren [-ˌvaːrən] *(pl)* ~ tabacchi.

Tabakwarenladen [-vaːrənˌlaːdən] *(m; -s, -läden)* ~ tabaccheria.

Tabelle [ta'bɛlə] *(f; -, -n)* ***1*** tabella. ***2*** classifica.

Tablett [ta'blɛt] *(n; -(e)s, -e/-s)* ~ vassoio.

Tablette [-ə] *(f; -, -n)* ~ pastiglia, pillola ♦ *Tabletten gegen Kopfschmerzen* pastiglie per il mal di testa.

tabu [ta'buː] *(agg indecl)* ***1*** tabù. ***2*** *(fig)* proibito, tabù.

Tabu *(n; -s, -s)* ~ tabù.

Tachometer [taxo'meːtɐ] *(m; -s, -)* ~ tachimetro, contachilometri.

Tadel ['taːdəl] *(m; -s, -)* ~ rimprovero, biasimo ♦ *einen Tadel bekommen* ricevere un rimprovero. ◆ **ohne Tadel** *(lett)* senza macchia.

tadellos [-ˌloːs] *(agg)* ~ irreprensibile, perfetto, impeccabile.

tadeln ['taːdəln] *(vt, hat)* ~ rimproverare, biasimare ♦ *er hat ihn für sein Verhalten/wegen seines Verhaltens scharf getadelt* l'ha rimproverato aspramente per il suo comportamento. ◆ **an einer Sache** (Dat) **etwas zu tadeln haben** avere qcs da ridire su una cosa.

tadelnswert [-sˌveːɐt] *(agg)* ~ biasimevole, deplorevole.

Tafel ['taːfəl] *(f; -, -n)* ***1*** tavola (di legno); lastra (di pietra, metallo). ***2*** lavagna ♦ *einen Satz an die Tafel schreiben* scrivere una frase alla lavagna. ***3*** targa, targhetta. ***4*** tavola, tabella; illustrazione. ***5*** tavola, tavoletta (di cioccolata). ***6*** quadro (di comando). ***7*** tavolo, tavola (imbandita).

tafeln [-n] *(vi, hat)* ~ *(lett)* banchettare.

täfeln ['tɛːfəln] *(vt, hat)* ~ rivestire di legno.

Tag [taːk] *(m; -(e)s, -e)* ***1*** giorno ♦ *ich habe den ganzen Tag gearbeitet* ho lavorato tutto il giorno ♦ *ein paar Tage* un paio di giorni ♦ *er kommt für ein paar Tage zu mir* viene da me per un paio di giorni ♦ *dreimal am Tag(e)* tre volte al giorno ♦ *in diesen Tagen* in questi giorni ♦ *in den nächsten Tagen* nei prossimi giorni ♦ *in ein paar Tagen* fra un paio di giorni ♦ *vor einigen Tagen* alcuni giorni fa ♦ *vor ein paar Tagen* un paio di giorni fa ♦ *sie kommt einen Tag früher, später* viene un giorno prima, dopo ♦ *am gleichen/selben Tag* lo stesso giorno ♦ *an welchem Tag können wir uns treffen?* quando possiamo vederci? ♦ *am Tag vorher/zuvor* il giorno prima ♦ *am Tag danach* il giorno dopo ♦ *am folgenden Tag* il giorno seguente. ***2*** giornata ♦ *ein historischer Tag* una giornata storica ♦ *ein schwarzer Tag* *(fig)* una giornata nera. ***3*** *(pl)* giorni, tempo ♦ *dieses Haus hat bessere Tage gesehen* questa casa ha visto giorni migliori ♦ *seine Tage sind gezählt* ha i giorni contati. ***4*** giorno, giornata, luce del giorno ◆ *bei Anbruch des Tages* allo spuntare del giorno ◆ *die Tage werden kürzer, länger* le giornate si accorciano, si allungano ◆ *bis in den Tag hinein* fino a giorno fatto. **5** giorno, giornata (di lavoro) ◆ *heute habe ich einen freien Tag* oggi ho un giorno libero. ◈ **der jüngste Tag** *(relig)* il giorno del giudizio universale, l'ultimo giorno. ◈ **acht Tage** una settimana ◆ *heute in acht Tagen* fra una settimana. ◈ **dieser Tage** in questi giorni (pochi giorni fa; fra pochi giorni). ◈ **eines Tages** un giorno ◆ *eines Tages kam eine Frau und sagte…* un giorno venne una donna e disse… ◆ *eines schönen Tages* un bel giorno. ◈ **ewig und drei Tage** *(fig/fam)* un'eternità, un sacco di tempo. ◈ **guten Tag!** buongiorno ◆ *jmdm guten Tag sagen* dare il buongiorno a qcn. ◈ **am/bei Tag(e)** di giorno, a giorno. ◈ **etwas an den Tag bringen** *(fig)* portare qcs alla luce. ◈ **an den Tag kommen** *(fig)* venire alla luce, mostrarsi. ◈ **Tag für Tag** giorno per giorno, ogni giorno. ◈ **in den Tag hinein leben** *(fig)* vivere alla giornata. ◈ **seit Jahr und Tag** da molto tempo, da anni e anni. ◈ **von Tag zu Tag** di giorno in giorno. ◈ **man soll den Tag nicht vor dem Abend loben** *(prov)* non si deve gioire prima che la giornata sia finita.

tagaus [-ˌˀaus] *(avv)* ~ **tagaus, tagein** ogni giorno.

Tagebuch [ˈta:gəˌbu:x] *(n; -(e)s, -bücher)* ~ diario ◆ *ein Tagebuch führen* tenere un diario.

Tagedieb [ˈta:gəˌdi:p] *(m; -(e)s, -e)* ~ perdigiorno.

tagein [ˈta:kˌˀain] ~ vedi **tagaus**.

tagelang [ˈta:gəˌlaŋ] *(agg)* **1** di giorni, che dura giorni. **2** *(avv)* per giorni (e giorni).

Tagelöhner [ˈta:gəˌlø:nɐ] *(m; -s, -; f -in)* ~ lavoratore a giornata.

tagen[1] [ˈta:gən] *(vi, hat)* ~ essere in riunione.

tagen[2] *(impers, hat)* ~ *(lett)* fare giorno, farsi giorno.

Tagesablauf [ˈta:gəsˌˀaplauf] *(m; -(e)s, -läufe)* ~ giornata (nel suo corso) ◆ *ein gleichmäßiger Tagesablauf* una giornata monotona.

Tagesanbruch [ˈta:gəsˌˀanbru:x] *(m; -(e)s)* ~ lo spuntare dei giorno, alba ◆ *bei Tagesanbruch* all'alba.

Tageskarte [ˈta:gəsˌkartə] *(f; -, -n)* **1** menu del giorno. **2** biglietto giornaliero (di mezzi pubblici).

Tageslicht [ˈta:gəsˌlɪçt] *(n; -(e)s)* ~ giorno, luce del giorno ◆ *bei Tageslicht* di giorno, con la luce del giorno. ◈ **ans Tageslicht kommen** *(fig)* venire a galla.

Tagesordnung [ˈta:gəsˌˀɔrdnʊŋ] *(f; -, -en)* ~ ordine del giorno ◆ *auf der Tagesordnung stehen* essere all'ordine del giorno ◆ *etwas auf die Tagesordnung setzen* mettere qcs all'ordine del giorno. ◈ **an der Tagesordnung sein** *(fig)* essere all'ordine del giorno.

Tagesschau [ˈta:gəsˌʃau] *(f; -)* ~ telegiornale.

Tageszeit [ˈta:gəsˌtsait] *(f; -, -en)* ~ ora del giorno ◆ *zu dieser Tageszeit* a quest'ora del giorno. ◈ **zu jeder Tageszeit/zu jeder Tages- und Nachtzeit** a tutte le ore, sempre.

Tageszeitung [-ʊŋ] *(f; -, -en)* ~ quotidiano, giornale.

täglich [ˈtɛ:klɪç] *(agg)* **1** quotidiano, giornaliero ◆ *tägliche Besuche* visite quotidiane. **2** *(avv)* quotidianamente, tutti i giorni. ◈ **zweimal täglich** due volte al giorno.

tags [ta:ks] *(avv)* ~ di giorno. ◈ **tags darauf** il giorno dopo. ◈ **tags davor/zuvor** il giorno prima.

tagsüber [-ˌˀy:bɐ] *(avv)* ~ durante il giorno.

tagtäglich [ˈta:kˈtɛ:klɪç] *(agg)* **1** quotidiano. **2** *(avv)* tutti i giorni.

Tagundnachtgleiche [ˌta:kˀʊntˈnaxtˌglaiçə] *(f; -, -n)* ~ equinozio.

Tagung [ˈta:gʊŋ] *(f; -, -en)* ~ convegno, congresso.

Taifun [taiˈfu:n] *(m; -s, -e)* ~ tifone.

Taille [ˈtaljə] *(f; -, -n)* ~ *(anat)* vita ◆ *eine schlanke Taille* una vita sottile.

Takelage [takəˈla:ʒə] *(f; -, -n)* ~ *(naut)* vele, velame.

Takt [takt] *(m; -(e)s, -e)* **1** *(mus)* tempo, ritmo; battuta ◆ *den Takt halten* tenere il tempo ◆ *den Takt schlagen* battere il tempo ◆ *aus dem Takt kommen* perdere il ritmo ◆ *im Takt spielen* suonare a tempo. **2**

(fig) ritmo, moto (regolare). ***3*** *(solo sing)* tatto, delicatezza ♦ *(keinen) Takt haben* (non) avere tatto ♦ *etwas mit Takt fragen* chiedere qcs con tatto. ◆ **den Takt angeben** *(fig)* dare il tempo, comandare. ◆ **jmdn aus dem Takt bringen** *(fig)* confondere qcn.

taktfest [-ˌfɛst] *(agg)* ***1*** a tempo, che va a tempo. ***2*** *(avv)* a tempo, seguendo il tempo ♦ *taktfest spielen* suonare a tempo.

Taktgefühl [-gəˌfyːl] *(n; -(e)s)* ~ tatto, gentilezza.

taktieren [tak'tiːrən] *(vi, hat)* ~ usare la tattica.

Taktik ['taktɪk] *(f; -, -en)* ~ *(mil)* tattica *(anche fig/sport)*.

taktisch ['taktɪʃ] *(agg)* ~ tattico.

taktlos ['taktˌloːs] *(agg)* ***1*** privo di tatto, indelicato. ***2*** *(avv)* senza il minimo tatto.

Taktlosigkeit ['taktˌloːzɪçkait] *(f; -)* ~ mancanza di tatto.

taktvoll ['taktˌfɔl] *(agg)* ***1*** pieno di tatto, delicato. ***2*** *(avv)* con molto tatto.

Tal [taːl] *(n; -(e)s, Täler)* ~ valle, vallata ♦ *ein breites, enges Tal* una valle larga, stretta.

Talboden [-ˌboːdən] *(m; -s, -böden)* ~ fondovalle.

Talent [ta'lɛnt] *(n; -(e)s, -e)* ***1*** talento, dote ♦ *(kein) Talent zu etwas haben* (non) avere talento per qcs ♦ *sie hat Talent für Fremdsprachen* ha talento per le lingue straniere. ***2*** talento, persona di talento.

talentiert [talɛn'tiːɐt] *(agg)* ~ dotato, bravo, pieno di talento.

Taler ['taːlɐ] *(m; -s, -)* ~ tallero, moneta.

Talfahrt ['taːlˌfaːɐt] *(f; -, -en)* ***1*** discesa a valle. ***2*** *(fig)* declino.

Talk[1] [talk] *(m; -(e)s)* ~ talco.

Talk[2] [tɔːk] *(m; -s, -s)* ~ *(fam)* chiacchierata.

Talkum ['talkʊm] *(n; -s)* ~ talco.

Talmi ['talmi] *(n; -s)* ***1*** similoro. ***2*** *(fig)* cianfrusaglie, paccottiglia.

Talsperre ['taːlʃpɛrə] *(f; -, -n)* ~ diga.

Tampon ['tampɔn] *(m; -s, -s)* ***1*** tampone. ***2*** assorbente igienico interno.

Tamtam [tam'tam] *(n; -s, -s)* ~ **Tamtam um jmdn/etwas machen** *(fig/fam)* fare un gran cancan intorno a qcn/qcs.

Tand [tant] *(m; -(e)s)* ~ cianfrusaglie.

tändeln ['tɛndəln] *(vi, hat)* ***1*** trastullarsi, gingillarsi. ***2*** amoreggiare, flirtare.

Tang [taŋ] *(m; -(e)s, -e)* ~ *(bot)* fuco, alga.

Tangente [taŋ'gɛntə] *(f; -, -n)* ***1*** *(geom)* tangente. ***2*** tangenziale, strada tangenziale.

tangieren [taŋ'giːrən] *(vt, hat)* ***1*** *(geom)* toccare. ***2*** *(fig)* tangere, importare ♦ *das tangiert mich nicht* questo non mi tange.

Tank [taŋk] *(m; -(e)s, -s/-e)* ~ tanica, bidone (per benzina e sim).

tanken [-ən] *(vi/vt, hat)* ***1*** *(vi)* fare benzina, fare rifornimento. ***2*** *(vt)* fare rifornimento di ♦ *Benzin tanken* fare rifornimento di benzina. ***3*** *(fig)* raccogliere, fare il pieno di.

Tanker [-ɐ] *(m; -s, -)* ~ petroliera.

Tankfahrzeug [-ˌfaːɐtsɔyk] *(n; -(e)s, -e)* ~ autobotte, autocisterna.

Tankstelle [-ʃtɛlə] *(f; -, -n)* ~ distributore di benzina.

Tankwagen [-ˌvaːgən] *(m; -s, -)* ~ autobotte, autocisterna.

Tankwart [-ˌvart] *(m; -(e)s, -e)* ~ benzinaio.

Tanne ['tanə] *(f; -, -n)* ~ *(bot)* abete.

Tannenbaum [-nˌbaum] *(m; -(e)s, -bäume)* ~ albero di Natale, abete.

Tante ['tantə] *(f; -, -n)* ***1*** zia. ***2*** *(fam/spreg)* tizia, befana.

Tante-Emma-Laden [-'ʔɛmaˌlaːdən] *(m; -s, -Läden)* ~ piccolo emporio al minuto.

Tanz [tants] *(m; -(e)s, Tänze)* ***1*** danza, ballo ♦ *ein russischer Tanz* un ballo russo. ***2*** ballo, giro di danza ♦ *darf ich (Sie) um den nächsten Tanz bitten?* mi concede l'onore del prossimo ballo? ***3*** *(fig/fam)* scenata.

tanzen [-ən] *(vi/vt, hat)* ~ ballare, danzare ♦ *sie kann gut tanzen* sa ballare bene, è brava a ballare ♦ *Walzer tanzen* ballare il valzer. ◆ **aus der Reihe tanzen** *(aux ist)* *(fig)* cantare fuori dal coro.

Tänzer ['tɛntsɐ] *(m; -s, -; f* **-in***)* ~ ballerino, danzatore.

Tapet [ta'peːt] *(n)* ~ **etwas aufs Tapet bringen** *(fig)* discutere qcs.

Tapete [-ə] *(f; -, -n)* ~ carta da parati.

tapezieren [tape'tsiːrən] *(vt, hat)* ~ tappezzare, rivestire (pareti).

tapfer ['tapfɐ] *(agg)* ***1*** coraggioso, valoroso. ***2*** *(avv)* con coraggio, valorosamente.

Tapferkeit [-ˌkait] *(f; -)* ~ coraggio, valore.
tappen ['tapən] *(vi, ist)* ~ andare a tentoni. ◆ **im Dunkeln tappen** brancolare nel buio.
täppisch ['tɛpɪʃ] *(agg)* ~ goffo, maldestro.
tapsig ['tapsɪç] *(agg)* ~ *(fam)* goffo, imbranato.
Tara ['taːra] *(f; -, Taren)* ~ tara.
Tarantel [ta'rantəl] *(f; -, -n)* ~ *(zool)* tarantola.
Tarif [ta'riːf] *(m; -(e)s, -e)* ~ tariffa, prezzo (fisso).
tariflich [-lɪç] *(agg)* ~ tariffario.
Tariflohn [-ˌloːn] *(m; -(e)s, -löhne)* ~ paga sindacale.
Tarifvertrag [-fɛɐˌtraːk] *(m; -(e)s, -träge)* ~ contratto collettivo di lavoro.
Tarnanzug ['tarnˌˀantsuːk] *(m; -(e)s, -züge)* ~ tuta mimetica.
tarnen ['tarnən] *(vt, hat)* ***1*** mimetizzare, camuffare. ***2*** *(fig)* mimetizzare, nascondere.
Tarnung ['tarnʊŋ] *(f; -, -n)* ~ mimetizzazione, camuffamento *(anche fig)*.
Tasche ['taʃə] *(f; -, -n)* ***1*** tasca ◆ *sich* (Dat) *etwas in die Tasche stecken* mettersi qcs in tasca ◆ *etwas aus der Tasche ziehen* tirare fuori qcs dalla tasca. ***2*** taschino. ***3*** borsa ◆ *etwas in die Tasche stecken* mettere qcs nella borsa. ***4*** *(abbrev di* **Geldtasche***)* borsellino, portamonete. ◆ **tief in die Tasche greifen** *(fig)* spendere molti soldi. ◆ **jmdn/etwas wie seine eigene Tasche kennen** *(fig)* conoscere qcn/qcs come le proprie tasche. ◆ **etwas in der Tasche haben** *(fig/fam)* avere qcs in tasca, avere qcs garantito.
Taschen- [-n] *(nei composti)* ~ tascabile ◆ *Taschenbuch* libro tascabile.
Taschendieb [-nˌdiːp] *(m; -(e)s, -e; f* **-in***)* ~ borsaiolo, borseggiatore.
Taschengeld [-nˌgɛlt] *(n; -(e)s, -er)* ~ paghetta.
Taschenmesser [-nˌmɛsɐ] *(n; -s, -)* ~ coltellino (tascabile), temperino.
Taschenspieler [-nˌʃpiːlɐ] *(m; -s, -; f* **-in***)* ~ prestigiatore.
Taschentuch [-nˌtuːx] *(n; -(e)s, -tücher)* ~ fazzoletto.
Tasse ['tasə] *(f; -, -n)* ~ tazza ◆ *eine Tasse Tee* una tazza di tè. ◆ **nicht alle Tassen im Schrank haben** *(fig/fam)* avere qualche rotella fuori posto.
Tastatur [tasta'tuːɐ] *(f; -, -en)* ~ tastiera.
Taste ['tastə] *(f; -, -n)* ~ tasto ◆ *eine Taste drücken* premere un tasto.
tasten [-n] *(vi, hat)* ~ {*nach etwas* ~} cercare qcs a tastoni. ◆ **sich tasten** *(vr)* procedere, avanzare a tentoni.
Tastsinn ['tastˌzɪn] *(m; -(e)s)* ~ tatto, senso del tatto.
tat [taːt] ~ pret di **tun**.
Tat *(f; -, -en)* ***1*** azione (l'agire). ***2*** azione, atto, gesto, impresa ◆ *eine böse, edle, gute Tat* un'azione cattiva, nobile, buona. ***3*** *(dir)* reato. ◆ **ein Mann der Tat** un uomo d'azione. ◆ **etwas durch die Tat/ durch Taten beweisen** dimostrare qcs con i fatti. ◆ **etwas in die Tat umsetzen** attuare qcs. ◆ **in der Tat** in realtà. ◆ **zur Tat schreiten** passare all'azione/ai fatti.
Tatbestand [-bəˌʃtant] *(m; -(e)s)* ***1*** fatto, dato di fatto. ***2*** *(dir)* fatti, fattispecie ◆ *den Tatbestand aufnehmen* accertare la fattispecie.
Tatendrang [-ənˌdraŋ] *(m; -(e)s)* ~ dinamismo.
tatenlos [-ənˌloːs] *(agg)* ~ inattivo (persona).
Täter ['tɛːtɐ] *(m; -s, -; f* **-in***)* ~ autore (di un delitto), reo.
tätig ['tɛːtɪç] *(agg)* ~ concreto, fattivo ◆ *eine tätige Hilfeleistung* un aiuto fattivo. ◆ **tätig sein als...** lavorare come ◆ *er ist als Händler tätig* lavora come commerciante.
tätigen ['tɛːtɪgən] *(vt, hat)* ~ *(lett)* effettuare.
Tätigkeit ['tɛːtɪçˌkait] *(f; -, -en)* ***1*** attività (lavorativa), lavoro ◆ *eine Tätigkeit ausüben* svolgere un'attività. ***2*** attività, funzione, funzionamento ◆ *außer Tätigkeit sein* essere fuori servizio ◆ *etwas außer Tätigkeit setzen* mettere qcs fuori servizio ◆ *in Tätigkeit sein* essere in funzione ◆ *der Vulkan ist nicht mehr in Tätigkeit* il vulcano non è più in attività.
Tatkraft ['taːtˌkraft] *(f; -)* ~ energia, dinamismo.
tatkräftig ['taːtˌkrɛftɪç] *(agg)* ***1*** energico, dinamico. ***2*** efficace, fattivo.
tätlich ['tɛːtlɪç] *(agg)* ~ violento (persona, azione). ◆ **tätlich werden** diventare ag-

gressivo, diventare violento; passare alle vie di fatto.

Tätlichkeit [-ˌkait] *(f; -, -en)* ~ violenza, atto violento, aggressione ◆ *es kam zu Tätlichkeiten* si arrivò alle vie di fatto.

Tatmensch [ˈtaːtˌmɛnʃ] *(m; -en, -en)* ~ uomo d'azione.

Tatort [ˈtaːtˌʔɔrt] *(m; -(e)s, -e)* ~ luogo del delitto, luogo del crimine.

tätowieren [tɛtoˈviːrən] *(vt, hat)* ~ tatuare.

Tätowierung [tɛtoˈviːrʊŋ] *(f; -, -en)* ~ tatuaggio.

Tatsache [ˈtaːtˌzaxə] *(f; -, -n)* ~ fatto, dato di fatto, dato certo ◆ *die nackten Tatsachen* i fatti nudi e crudi.

tatsächlich [ˈtaːtˌzɛçlɪç] *(agg)* ***1*** effettivo, reale. ***2*** *(avv)* effettivamente, in effetti. ◆ **tatsächlich?** davvero?

tätscheln [ˈtɛːtʃəln] *(vt, hat)* ~ toccare, dare colpetti affettuosi a ◆ *jmdm die Hand tätscheln* toccare la mano a qcn.

tatschen [ˈtatʃən] *(vi/vt, hat)* ~ {*(an/auf) etwas* ~} *(fam)* toccare, brancicare qcs.

Tattoo [təˈtuː] *(m/n; -s, -s)* ~ tatuaggio.

Tatverdacht [ˈtaːtfɐɐˌdaxt] *(m; -(e)s)* ~ indizio di reato. ◆ **unter Tatverdacht stehen** essere indiziato (di reato).

tatverdächtig [ˈtaːtfɐɐˌdɛçtɪç] *(agg)* ~ indiziato.

Tatze [ˈtatsə] *(f; -, -n)* ***1*** zampa (di predatori). ***2*** *(fam)* mano (goffa), zampa.

Tau[1] [tau] *(n; -(e)s, -e)* ~ cima, fune.

Tau[2] *(m; -(e)s)* ~ rugiada.

taub [taup] *(agg)* ***1*** sordo ◆ *auf dem rechten Ohr taub sein* essere sordo dall'orecchio destro. ***2*** intorpidito (membra). ***3*** *(fig)* sordo, insensibile ◆ *er blieb gegen alle Bitten taub* rimase sordo a tutte le richieste. ***4*** vuoto (frutti) ◆ *eine taube Nuss* una noce vuota. ***5*** insipido (spezie).

Taube[1] [ˈtaubə] *(f; -, -n)* ~ *(zool)* colomba; piccione ◆ *die Taube girrt/gurrt* la colomba tuba.

Taube[2] *(m/f; -n, -n)* ~ sordo.

Tauber, Täuber [ˈtaubɐ, ˈtɔybɐ] *(m; -s, -s)* ~ *(zool)* colombo, piccione maschio.

Tauberich, Täuberich [ˈtaubərɪç, ˈtɔybərɪç] *(m; -s, -e)* ~ *(zool)* colombo, piccione maschio.

Taubheit [ˈtaupˌhait] *(f; -)* ~ sordità.

taubstumm [ˈtaupʃtʊm] *(agg)* ~ sordomuto.

tauchen[1] [ˈtauxən] *(vi, ist/hat)* ***1*** *(aux* ist*)* immergersi, tuffarsi; stare in immersione. ***2*** {*nach etwas* ~} *(aux* hat/ist*)* tuffarsi, immergersi in cerca di qcs ◆ *nach Muscheln tauchen* immergersi in cerca di conchiglie. ***3*** {*aus etwas* ~} *(aux* ist*)* riemergere (dall'acqua).

tauchen[2] *(vt, hat)* ~ tuffare, immergere ◆ *den Fuß ins Wasser tauchen* immergere il piede nell'acqua.

Taucher [ˈtauxɐ] *(m; -s, -; f* **-in***)* ~ sommozzatore, subacqueo, palombaro, sub.

Taucheranzug [-ˌʔantsuːk] *(m; -(e)s, -züge)* ~ tuta da sub, scafandro.

tauen [ˈtauən] *(vi, ist)* ***1*** sciogliersi (neve, ghiaccio). ***2*** {*es taut*} *(impers)* si scioglie il ghiaccio, la neve.

Taufe [ˈtaufə] *(f; -, -n)* ~ battesimo.

taufen [-n] *(vt, hat)* ~ battezzare ◆ *sie haben das Kind auf den Namen Paul getauft* hanno battezzato il bambino col nome di Paul.

Taufkirche [ˈtaufˌkɪrçə] *(f; -, -n)* ~ battistero.

Taufname [ˈtaufˌnaːmə] *(m; -ns, -n)* ~ nome di battesimo.

Taufpate [ˈtaufˌpaːtə] *(m; -n, -n; f* **-patin***)* ~ padrino (madrina) di battesimo.

taufrisch [ˈtauˌfrɪʃ] *(agg)* ***1*** fresco di rugiada. ***2*** *(fig)* freschissimo.

taugen [ˈtaugən] *(vi, hat)* ~ {*für etwas* ~}, {*zu etwas* ~} essere adatto per qcs ◆ *diese Schere taugt nicht zum Stoffschneiden* queste forbici non sono adatte per tagliare la stoffa. ◆ **nichts taugen** non valere niente; non servire a niente.

Taugenichts [ˈtaugəˌnɪçts] *(m; -/-es, -e)* ~ buono a nulla.

tauglich [ˈtauklɪç] *(agg)* ~ adatto, idoneo ◆ *zu etwas tauglich sein* essere adatto, idoneo a qcs.

Taumel [ˈtauməl] *(m; -s)* ***1*** capogiro, vertigine. ***2*** *(fig)* ebbrezza.

taumeln [-n] *(vi, ist/hat)* ~ barcollare, andare barcollando.

Tausch [tauʃ] *(m, -(e)s, -e)* ~ scambio, cambio ◆ *einen Tausch machen* fare uno scambio ◆ *etwas in Tausch geben, nehmen* dare, prendere qcs in cambio ◆ *etwas im Tausch für/gegen etwas erhalten* ottenere qcs in cambio di qcs.

tauschen [-ən] *(vt,* hat*)* ~ scambiare, scambiarsi ♦ *Briefmarken tauschen* scambiare francobolli ♦ *Blicke tauschen* scambiarsi sguardi ♦ *etwas gegen etwas tauschen* scambiare qcs con qcs ♦ *mit jmdm die Rollen tauschen* scambiarsi i ruoli con qcn ♦ *ich möchte nicht mit dir tauschen* non vorrei fare a cambio con te (con la tua situazione).

täuschen [ˈtɔyʃən] *(vt,* hat*)* ***1*** ingannare *(anche fig)* ♦ *wenn mein Gedächtnis mich nicht täuscht* se la memoria non m'inganna. ***2*** illudere. ***3*** tradire (la fiducia). ◆ **sich täuschen** *(vr)* ***1*** sbagliarsi, ingannarsi. ***2*** illudersi. ***3*** {*sich in jmdm ~*} sbagliarsi sul conto di qcn.

täuschend [-t] *(agg)* ~ ingannevole, che inganna. ◆ **täuschend ähnlich** incredibilmente somigliante.

Täuschung [ˈtɔyʃʊŋ] *(f;* -, -en*)* ***1*** inganno, imbroglio. ***2*** illusione.

tausend [ˈtauzənt] *(num)* ***1*** mille. ***2*** *(fig)* mille, moltissimi ♦ *tausend Dank* mille grazie.

Tausend[1] *(f;* -, -en*)* ~ mille, numero mille.

Tausend[2] *(n;* -s, -e*)* ~ migliaio ♦ *Tausende* (anche tausende) *von Menschen* migliaia di persone ♦ *Tausende* (anche tausende) *armer Menschen* migliaia di persone povere ♦ *einige Tausende* (anche tausende) *Bücher* alcune migliaia di libri.

tausendfach [-ˌfax] *(agg)* ***1*** mille volte maggiore, moltiplicato per mille. ***2*** *(avv)* mille volte (tanto).

Tausendfüßer, **Tausendfüßler** [-ˌfyːsɐ, -ˌfyːslɐ] *(m;* -s, -*)* ~ *(zool)* millepiedi.

tausendjährig [-jɛːrɪç] *(agg)* ~ millenario.

Tausendstel[1] [ˈtauzəntstəl] *(n;* -s, -*)* ~ millesimo, millesima parte.

Tausendstel[2] *(f;* -*)* ~ *(fam)* millesimo di secondo.

Tausendstelsekunde [-zeˈkʊndə] *(f;* -, -n*)* ~ millesimo di secondo.

Tauwetter [ˈtauˌvɛtɐ] *(n;* -s*)* ~ disgelo.

Tauziehen [ˈtauˌtsiːən] *(n;* -s*)* ***1*** tiro alla fune. ***2*** *(fig)* tira e molla, braccio di ferro.

Taverne [taˈvɛrnə] *(f;* -, -n*)* ~ taverna, osteria.

Taxe [ˈtaksə] *(f;*-, -n*)* ~ prezzo (fisso), tariffa.

Taxi [ˈtaksi] *(n;* -/-s, -/-s*)* ~ taxi.

taxieren [taˈksiːrən] *(vt,* hat*)* ~ stimare, valutare ♦ *den Wert auf tausend Euro taxieren* stimare il valore in mille euro.

Taxifahrer [ˈtaksiˌfaːrɐ] *(m;* -s, -; *f* **-in***)* ~ tassista.

Tb, **Tbc** [ˌteːˈbeː, ˌteːbeːˈtseː] ~ abbrev di **Tuberkulose**.

T-Bone-Steak [ˈtiːboʊnˌsteːk] *(n;* -s, -s*)* ~ bistecca (con l'osso).

Team [tiːm] *(n;* -s, -s*)* ~ squadra, team.

Technik [ˈtɛçnɪk] *(f;* -, -en*)* ***1*** tecnica; tecnologia. ***2*** procedimento, tecnica. ***3*** tecnica, abilità.

Techniker [-ɐ] *(m;* -s, -; *f* **-in***)* ~ tecnico.

technisch [ˈtɛçnɪʃ] *(agg)* ***1*** tecnico. ***2*** *(avv)* tecnicamente.

technisieren [tɛçniˈziːrən] *(vt,* hat*)* ~ meccanizzare.

Technologie [tɛçnoloˈgiː] *(f;* -, -n*)* ~ tecnologia.

technologisch [tɛçnoˈloːgɪʃ] *(agg)* ~ tecnologico.

Teddy [ˈtɛdi] *(m;* -s, -s*)* ~ orsacchiotto di pezza.

Teddybär [-ˌbɛːɐ] *(m;* -en, -en*)* ~ orsacchiotto di pezza.

Tee [teː] *(m;* -s, -s*)* ***1*** tè (pianta; bevanda) ♦ *eine Tasse Tee* una tazza di tè. ***2*** tisana.

Teekanne [-ˌkanə] *(f;* -, -n*)* ~ teiera.

Teelöffel [-ˌlœfəl] *(m;* -s, -*)* ~ cucchiaino da caffè.

Teer [-ɐ] *(m;* -(e)s, -e*)* ~ catrame.

Teestrauch [-ʃtraux] *(m;* -(e)s, -sträucher*)* ~ pianta del tè.

Teetasse [-ˌtasə] *(f;* -, -n*)* ~ tazza da tè.

Teich [taiç] *(m;* -(e)s, -e*)* ~ stagno, laghetto.

Teig [taik] *(m;* -(e)s, -e*)* ~ impasto, pasta (per pane, dolci, ecc).

teigig [ˈtaigɪç] *(agg)* ~ molle, non ben cotto (impasto).

Teigwaren [ˈtaikˌvaːrən] *(pl)* ~ pasta, paste (alimentari).

Teil [tail] *(m/n;* -(e)s, -e*)* ***1*** parte, pezzo (di un intero) ♦ *ein Teil der Straße ist gesperrt* una parte della strada è chiusa. ***2*** pezzo, elemento, componente ♦ *etwas in seine Teile zerlegen* smontare qcs pezzo per pezzo. ***3*** parte (di un'opera) ♦ *der erste Teil des Romans* la prima parte del romanzo. ***4*** parte, quota ♦ *zu gleichen Tei-*

len in parti uguali. ***5*** *(mat)* parte, frazione ♦ *der vierte Teil* la quarta parte, un quarto. ***6*** *(dir)* parte. ◆ **der größte Teil** la maggior parte ♦ *der größte Teil der Studenten ist dagegen* la maggior parte degli studenti è contraria. ◆ **sein(en) Teil bekommen haben** *(fig)* avere avuto quello che ci si merita. ◆ **sich** (Dat) **sein Teil denken** farsi un'idea personale (tenendola per sé). ◆ **ich für meinen Teil** io per parte mia. ◆ **zum Teil** in parte, parzialmente. ◆ **zum größten Teil** per la maggior parte, in gran parte.

teilbar [-ˌbaːɐ] *(agg)* ~ divisibile.

Teilchen [-çən] *(n; -s, -)* ~ particella.

teilen [-ən] *(vt,* hat*)* ***1*** dividere ♦ *etwas in zwei Teile teilen* dividere qcs in due. ***2*** spartire, spartirsi ♦ *die Kinder haben die Bonbons untereinander geteilt* i bambini si sono spartiti le caramelle. ***3*** {*etwas mit jmdm* ~} dividere qcs con qcn, condividere qcs con qcn *(anche fig)*. ***4*** condividere (opinioni) ♦ *ich teile deine Meinung* condivido la tua opinione. ***5*** *(mat)* dividere ♦ *sechs durch zwei teilen* dividere sei per due, fare sei diviso due. ◆ **sich teilen** *(vr)* ***1*** dividersi, frazionarsi. ***2*** biforcarsi (strada).

Teilgebiet [-gəˌbiːt] *(n; -(e)s, -e)* ~ ramo, settore (di una scienza).

teil|haben *(vi,* hat*)* ***1*** {*an etwas* (Dat) ~} aver parte in qcs, partecipare a qcs. ***2*** {*an etwas* (Dat) ~} *(fig)* essere partecipe di qcs, condividere qcs ♦ *an jmds Freude teilhaben* condividere la gioia di qcn.

Teilhaber [-ˌhaːbɐ] *(m; -s, -; f* **-in***)* ~ socio (in affari).

Teilhaberschaft [-ˌhaːbɐʃaft] *(f; -, -n)* ~ comproprietà, (com)partecipazione (a una proprietà).

teilhaftig [-ˌhaftɪç] *(agg)* ~ **einer Sache** (Gen) **teilhaftig werden** *(lett)* essere partecipe di qcs.

Teilnahme [-ˌnaːmə] *(f; -, -n)* ***1*** partecipazione ♦ *die Teilnahme an einem Wettbewerb* la partecipazione a una competizione. ***2*** *(fig)* partecipazione, simpatia. ◆ **meine herzlichste Teilnahme!** sentite condoglianze.

teilnahmslos [-naːmsˌloːs] *(agg)* ***1*** apatico, indifferente. ***2*** impassibile.

teil|nehmen *(vi,* hat; *irr* nehmen*)* ***1*** {*an etwas* (Dat) ~} partecipare a qcs, prendere parte a qcs ♦ *an einem Wettbewerb teilnehmen* partecipare a una competizione. ***2*** {*an etwas* (Dat) ~} *(fig)* partecipare a qcs, essere partecipe di qcs.

teilnehmend [-ˌneːmənt] *(agg)* ~ partecipe.

Teilnehmer [-ˌneːmɐ] *(m; -s, -; f* **-in***)* ~ partecipante ♦ *alle Teilnehmer an der Reise* tutti i partecipanti al viaggio.

teils [-s] *(avv)* ~ in parte, parzialmente. ◆ **teils, teils** un po' sì e un po' no, a volte sì e a volte no.

Teilung [-ʊŋ] *(f; -, -en)* ~ divisione *(anche mat)*, spartizione.

teilweise [-ˌvaizə] *(avv)* ~ in parte, parzialmente.

Teilzahlung [-ˌtsaːlʊŋ] *(f; -, -en)* ***1*** rata. ***2*** pagamento a rate. ◆ **auf/in Teilzahlung** a rate.

Teilzeit [-ˌtsait] *(f; -)* ~ tempo parziale, part-time ♦ *(in) Teilzeit arbeiten* lavorare a part-time.

Teilzeitbeschäftigung [-tsaitbəʃɛftɪgʊŋ] *(f; -, -en)* ~ occupazione a tempo parziale, lavoro part-time.

Teint [tɛ̃ː] *(m; -s, -s)* ~ colorito, carnagione.

Telefax ['teːləfaks] *(n; -, -e)* ~ telefax, fax (apparecchio; messaggio) ♦ *per Telefax* via fax.

Telefon [tele'foːn] *(n;* s, -e*)* ~ telefono.

Telefonapparat [-ˀapaˌraːt] *(m; -(e)s, -e)* ~ apparecchio telefonico, telefono.

Telefonat [telefo'naːt] *(n; -(e)s, -e)* ~ telefonata.

Telefonbuch [tele'foːnˌbuːx] *(n; -(e)s, -bücher)* ~ elenco telefonico.

Telefongespräch [tele'foːngəʃprɛːç] *(n; -(e)s, -e)* ~ telefonata.

telefonieren [telefo'niːrən] *(vi,* hat*)* ~ {*mit jmdm* ~} parlare al telefono con qcn.

telefonisch [tele'foːnɪʃ] *(agg)* ***1*** telefonico. ***2*** *(avv)* per telefono, telefonicamente ♦ *etwas telefonisch besprechen* discutere di qcs per telefono.

Telefonkarte [tele'foːnˌkartə] *(f; -, -n)* ~ scheda telefonica.

Telefonnummer [tele'foːnˌnʊmɐ] *(f; -, -n)* ~ numero di telefono.

Telefonrechnung [tele'foːnˌrɛçnʊŋ] *(f; -, -en)* ~ bolletta del telefono.

Telefonzelle [tele'fo:nˌtsɛlə] *(f; -, -n)* ~ cabina telefonica.
Telegraf [tele'gra:f] *(m; -en, -en)* ~ telegrafo.
telegrafieren [telegra'fi:rən] *(vt, hat)* ~ telegrafare ♦ *sie hat mir telegrafiert, dass* mi ha telegrafato che.
Telegramm [tele'gram] *(n; -s, -e)* ~ telegramma.
Teleskop [tele'sko:p] *(n; -s, -e)* ~ telescopio.
Television [televi'zjo:n] *(f; -)* ~ televisione.
Teller ['tɛlɐ] *(m; -s, -)* ~ piatto ♦ *flacher, tiefer Teller* piatto piano, fondo.
Tempel ['tɛmpəl] *(m; -s, -)* ~ tempio ♦ *ein Tempel der Musik* un tempio della musica. ◆ **jmdn zum Tempel hinausjagen** *(fig/fam)* mettere qcn alla porta.
Temperament [tɛmpəra'mɛnt] *(n; -(e)s, -e)* **1** temperamento, carattere. **2** *(fig)* carattere, forza di carattere, tenacia ♦ *Temperament haben* avere carattere.
temperamentvoll [-ˌfɔl] *(agg)* ~ pieno di temperamento, dal carattere forte.
Temperatur [tɛmpəra'tu:ɐ] *(f; -, -en)* **1** temperatura. **2** *(med)* temperatura, febbre ♦ *die Temperatur messen* misurare la febbre.
temperieren [tɛmpə'ri:rən] *(vt, hat)* **1** temperare, portare alla giusta temperatura. **2** *(fig)* temperare, mitigare, moderare.
Tempo ['tɛmpo] *(n; -s, -s/Tempi)* **1** *(solo sing)* velocità, tempo, ritmo ♦ *schnelles Tempo* ritmo veloce, velocità ♦ *das Tempo einhalten* mantenere il ritmo. **2** *(solo sing)* velocità (di marcia), andatura ♦ *in vollem Tempo* a tutta velocità. **3** *(mus)* ritmo ◆ **Tempo, Tempo!** *(fam)* veloci! sbrigarsi!
Tendenz [tɛn'dɛnts] *(f; -, -en)* **1** tendenza, inclinazione. **2** tendenza, orientamento (ideologico).
tendieren [tɛn'di:rən] *(vi, hat)* ~ {*zu etwas* ~} *(fig)* tendere a qcs, avere la tendenza a qcs.
Tenne ['tɛnə] *(f; -, -n)* ~ aia.
Tennis ['tɛnɪs] *(n; -)* ~ tennis ♦ *Tennis spielen* giocare a tennis.
Tennis- *(nei composti)* ~ da tennis, di tennis ♦ *Tennisplatz* campo da tennis ♦ *Tennisschuh* scarpa da tennis ♦ *Tennismatch* partita di tennis.
Tennisspieler [-ʃpi:lɐ] *(m; -s, -; f* **-in***)* ~ tennista.
Tenor[1] ['te:no:ɐ] *(m; -s)* ~ tenore, contenuto (di testo, discorso, ecc).
Tenor[2] [te'no:ɐ] *(m; -s, Tenöre)* ~ *(mus)* tenore.
Tentakel [tɛn'takəl] *(m/n; -s, -)* ~ tentacolo.
Teppich ['tɛpɪç] *(m; -s, -e)* **1** tappeto ♦ *Teppiche klopfen* battere i tappeti ♦ *den Teppich saugen* passare l'aspirapolvere sul tappeto. **2** moquette.
Teppichboden [-ˌbo:dən] *(m; -s, -böden)* ~ moquette.
Teppichklopfer [-ˌklɔpfɐ] *(m; -s, -)* ~ battipanni.
Termin [tɛr'mi:n] *(m; -s, -e)* **1** data ♦ *einen Termin vereinbaren* fissare una data. **2** appuntamento ♦ *einen Termin beim Zahnarzt haben* avere un appuntamento dal dentista. **3** termine, scadenza.
Terminal [tɛrmi'na:l] *(n; -s, -s)* **1** terminal (di aeroporto). **2** *(elab)* terminale.
Terminkalender [tɛr'mi:nkaˌlɛndɐ] *(m; -s, -)* ~ agenda.
Terrain [tɛ'rɛ̃:] *(n; -s, -s)* ~ *(mil)* terreno ♦ *das Terrain erkunden/sondieren* sondare il terreno *(anche fig)*.
Terrasse [tɛ'rasə] *(f; -, -n)* **1** terrazza. **2** terrazzamento.
Territorium [tɛri'to:rjʊm] *(n; -s, -rien)* ~ territorio.
Terror ['tɛro:ɐ] *(m; -s)* **1** terrore (politico). **2** terrorismo. **3** *(fig)* terrore, panico.
Terroranschlag [-ˌʔanʃla:k] *(m; -(e)s, -schläge)* ~ attentato terroristico.
terrorisieren [tɛrori'zi:rən] *(vt, hat)* ~ terrorizzare (con la violenza).
Terrorismus [tɛro'rɪsmʊs] *(m; -)* ~ terrorismo.
Terrorist [tɛro'rɪst] *(m; -en, -en; f* **-in***)* ~ terrorista.
terroristisch [-ɪʃ] *(agg)* ~ terroristico.
Terzett [tɛr'tsɛt] *(n; -(e)s, -e)* ~ *(mus)* terzetto.
Tesafilm ['te:zaˌfɪlm] *(m; -(e)s)* ~ nastro adesivo.
Test [tɛst] *(m; -(e)s, -e/-s)* ~ test, prova, controllo.
Testament [tɛsta'mɛnt] *(n; -(e)s, -e)* ~ testamento ♦ *ein Testament anfechten* impugnare un testamento ♦ *sein Testament*

machen fare testamento. ◆ **das Alte, Neue Testament** *(relig)* l'Antico, il Nuovo Testamento.

testen ['tɛstən] *(vt, hat)* ~ provare, testare, sottoporre a un test.

Testfahrt ['tɛstˌfa:ɐt] *(f; -, -en)* ~ collaudo (di veicolo).

Testperson ['tɛstpɛrˌzo:n] *(f; -, -en)* ~ cavia (umana).

Tetanus ['te:tanʊs] *(m; -)* ~ tetano.

Tetanusschutzimpfung [-ʃʊtsˀɪmpfʊŋ] *(f; -, -en)* ~ vaccinazione antitetanica.

teuer ['tɔyɐ] *(agg)* **1** caro, costoso ♦ *ein teurer Mantel* un cappotto costoso ♦ *diese Schuhe sind um zwanzig Euro teurer als die anderen* queste scarpe costano venti euro più delle altre ♦ *das ist mir zu teuer* questo per me è troppo caro. **2** *(fig)* caro, prezioso. **3** *(lett)* caro, amato. **4** *(avv)* caro, a caro prezzo ♦ *etwas teuer kaufen, verkaufen* comprare, vendere qcs a caro prezzo. ◆ **wie teuer ist das?** quanto costa? ◆ **sein Leben teuer verkaufen** *(fig)* vender cara la pelle. ◆ **jmdm/jmdn teuer zu stehen kommen** *(fig)* costar caro a qcn.

Teuerung ['tɔyərʊŋ] *(f; -, -en)* ~ rincaro.

Teufel ['tɔyfəl] *(m; -s, -)* **1** diavolo, demonio. **2** *(fig)* demonio. ◆ **kein Teufel** *(fam)* nessuno, nemmeno un cane. ◆ **den Teufel** *(fam)* niente, per niente ♦ *sie kümmert sich den Teufel darum* non se ne occupa per niente. ◆ **ein armer Teufel** *(fig)* un povero diavolo. ◆ **der Teufel ist los** *(fig/fam)* succede un pandemonio. ◆ **jmdn reitet der Teufel** *(fig)* qcn è impazzito. ◆ **den Teufel im Leib haben** *(fig)* avere il diavolo in corpo. ◆ **vom Teufel besessen sein** essere indemoniato *(anche fig)*. ◆ **zum Teufel/beim Teufel sein** *(fig/fam)* essere rotto; essere perduto. ◆ **zum Teufel!** al diavolo! ♦ *zum Teufel mit seinen Versprechungen* al diavolo le sue promesse. ◆ **hole dich der Teufel!/der Teufel soll dich holen!** che il diavolo ti porti! ◆ **es müsste mit dem Teufel zugehen, wenn er es nicht schaffen würde** *(fig)* dovrebbe proprio metterci lo zampino il diavolo perché lui non ce la faccia.

Teufelsbraten [-sˌbra:tən] *(m; -s, -)* ~ *(fam)* mascalzone, canaglia.

Teufelskreis [-sˌkrais] *(m; -es, -e)* ~ circolo vizioso ♦ *in einen Teufelskreis geraten* finire in un circolo vizioso.

teuflisch ['tɔyflɪç] *(agg)* **1** diabolico, demoniaco. **2** *(fig)* diabolico, crudele.

Text [tɛkst] *(m; -(e)s, -e)* **1** testo; libro ♦ *wo steht das im Text?* dove si trova questo nel testo? **2** didascalia. **3** testo, parole (di canzone e sim).

Textbuch [-ˌbu:x] *(n; -(e)s, -bücher)* ~ libretto (musicale).

textil [tɛks'ti:l] *(agg)* ~ tessile.

Textilien [-jən] *(pl)* ~ stoffe, tessuti, materiali tessili.

Theater [te'a:tɐ] *(n; -s, -)* **1** teatro ♦ *ins Theater gehen* andare a teatro. **2** spettacolo teatrale. **3** teatro, letteratura teatrale ♦ *das deutsche Theater* il teatro tedesco. **4** *(fig/fam)* scenata, dramma, storie ♦ *ein Theater machen* fare storie.

Theaterstück [-ʃtʏk] *(n; -(e)s, -e)* ~ opera teatrale; dramma.

Theke ['te:kə] *(f; -, -n)* ~ banco (di mescita).

Thema ['te:ma] *(n; -s, Themen)* **1** tema, argomento ♦ *beim Thema bleiben* rimanere in tema. **2** *(mus)* tema.

Theologe [teo'lo:gə] *(m; -n, -n; f* **-gin***)* ~ teologo.

theologisch [teo'lo:gɪʃ] *(agg)* ~ teologico.

theoretisch [teo're:tɪʃ] *(agg)* **1** teorico. **2** *(avv)* teoricamente.

Theorie [teo'ri:] *(f; -, -n)* **1** teoria ♦ *die Theorie in die Praxis umsetzen* tradurre la teoria nella prassi. **2** teoria, dottrina.

Therapie [tera'pi:] *(f; -, -n)* ~ terapia.

therapeutisch [tera'pɔytɪʃ] *(agg)* ~ terapeutico.

thermisch ['tɛrmɪʃ] *(agg)* ~ termico.

Thermometer [tɛrmo'me:tɐ] *(m; -s, -)* ~ termometro.

Thermosflasche ['tɛrmɔsˌflaʃə] *(f; -, -n)* ~ termos.

Thermostat [tɛrmo'sta:t] *(m; -(e)s/-en, -e/-en)* ~ termostato.

These ['te:zə] *(f; -, -n)* **1** tesi, principio. **2** tesi, opinione.

Thriller ['θrɪlə] *(m; -s, -)* ~ thriller, giallo (film o libro).

Thron [tro:n] *(m; -(e)s, -e)* **1** trono. **2** *(fig)* trono, potere ♦ *den Thron besteigen* salire al trono.

thronen [-ən] *(vi,* hat*)* ~ troneggiare.
Thunfisch ~ vedi **Tunfisch**.
Tick [tɪk] *(m;* -s, -s/-e*)* ~ mania, pallino, vezzo.
ticken [-ən] *(vi,* hat*)* ~ ticchettare, fare tic tac.
Ticket [-ət] *(n;* -s, -s*)* ~ biglietto (d'ingresso, di viaggio).
tief [ti:f] *(agg)* ***1*** profondo ♦ *ein tiefer Abgrund* un abisso profondo ♦ *das Wasser ist zehn Meter tief* l'acqua è profonda dieci metri. ***2*** fondo, profondo ♦ *ein tiefer Teller* un piatto fondo ♦ *eine tiefe Wunde* una ferita profonda ♦ *ein tiefer Schrank* un armadio profondo. ***3*** cupo (colore). ***4*** *(fig)* profondo; forte, grande ♦ *tiefe Not* grande miseria. ***5*** *(fig)* profondo, intenso (sentimenti). ***6*** profondo (sonno). ***7*** profondo, grave (voce). ***8*** *(avv)* in profondità; in basso ♦ *tief fliegen* volare basso. ***9*** *(avv)* profondamente ♦ *tief atmen* respirare profondamente. ***10*** *(avv) (fig)* profondamente, molto ♦ *tief gerührt* profondamente commosso. ***11*** *(avv)* inoltrato, pieno ♦ *bis tief in den Winter hinein* fino a inverno inoltrato. ◆ **tief empfunden** († **tiefempfunden**) profondo, profondamente sentito. ◆ **tief gehend** († **tiefgehend**) ***1*** profondo, che penetra in profondità. ***2*** *(fig)* profondo, intenso. ◆ **tief greifend** († **tiefgreifend**) profondo, che va in profondità ♦ *tief greifende Änderungen* cambiamenti profondi. ◆ **tief schürfend** († **tiefschürfend**) profondo, meditato. ◆ **aus tiefstem Herzen** *(fig)* dal profondo del cuore ♦ *ich bedaure es aus tiefstem Herzen* mi rincresce dal profondo del cuore.
Tief *(n;* -s, -s*)* ~ *(abbrev di* **Tiefdruck***)* bassa pressione (atmosferica).
Tiefdruck [-ˌdrʊk] *(m;* -(e)s*)* ~ bassa pressione (atmosferica).
Tiefe [-ə] *(f;* -, -n*)* ***1*** profondità. ***2*** abisso, baratro ♦ *in die Tiefe stürzen* precipitare nel baratro. ***3*** *(fig)* profondo, intimo ♦ *in der Tiefe meines Herzens* nel profondo del mio cuore. ***4*** *(fig)* profondità, intensità (di sentimenti e sim). ◆ **die Hohen und Tiefen des Lebens** gli alti e bassi della vita.
tiefempfunden ~ **tief empfunden** (vedi **tief**).
tiefernst [-ˌˀɛrnst] *(agg)* ~ serissimo.
Tiefgang [-ˌgaŋ] *(m;* -(e)s, -*)* ~ immersione (sub).
Tiefgarage [-gaˌra:ʒə] *(f;* -, -n*)* ~ garage sotterraneo.
tiefgefrieren [-gəˌfri:rən] *(vt, solo inf e part pass; irr* frieren*)* ~ congelare, surgelare (cibi).
tiefgehend ~ **tief gehend** (vedi **tief**).
tiefgreifend ~ **tief greifend** (vedi **tief**).
tiefgründig [-ˌgrʏndɪç] *(agg)* ~ profondo (pensiero e sim).
Tiefkühltruhe [-ky:lˌtru:ə] *(f;* -, -n*)* ~ congelatore (grande).
Tiefkühlung [-ˌky:lʊŋ] *(f;* -*)* ~ surgelazione.
Tiefpunkt [-ˌpʊŋkt] *(m;* -(e)s, -e*)* ~ punto più basso, livello minimo.
tiefschürfend ~ **tief schürfend** (vedi **tief**).
tiefsinnig [-ˌzɪnɪç] *(agg)* ***1*** profondo, meditato (pensieri). ***2*** *(fam)* malinconico.
Tiefsttemperatur [-sttɛmpəraˈtu:ɐ] *(f;* -, -en*)* ~ temperatura minima.
Tiegel [ˈti:gəl] *(m;* -s, -*)* ~ padella.
Tier [ˈti:ɐ] *(n;* -s, -e*)* ~ animale, bestia ♦ *ein wildes Tier* un animale selvatico.
Tierart [-ˌˀa:ɐt] *(f;* -, -en*)* ~ specie animale.
Tierarzt [-ˌˀa:ɐtst] *(m;* -(e)s, -ärzte; *f* **-ärztin***)* ~ veterinario.
Tiergarten [-ˌgartən] *(m;* -s, -gärten*)* ~ giardino zoologico, zoo.
Tierheim [-ˌhaim] *(n;* -(e)s, -e*)* ~ canile, rifugio per animali.
tierisch [ˈti:rɪʃ] *(agg)* ***1*** animale ♦ *tierische Fette* grassi animali. ***2*** *(fig)* bestiale. ***3*** *(avv) (fig/fam)* moltissimo, da matti.
Tierkreis [ˈti:ɐˌkrais] *(m;* -es*)* ~ zodiaco.
Tierkreiszeichen [-ˌtsaiçən] *(n;* -s, -*)* ~ segno zodiacale.
Tierkunde [-ˌkʊndə] *(f;* -*)* ~ zoologia.
Tierlaut [-ˌlaut] *(m;* -(e)s, -e*)* ~ verso di animale.
Tierreich [-ˌraiç] *(n;* -(e)s*)* ~ regno animale, fauna.
Tierversuch [-fɛɐˌzu:x] *(m;* -(e)s, -e*)* ~ esperimento sugli animali.
Tiger [ˈti:gɐ] *(m;* -s, -*)* ~ *(zool)* tigre.
tilgen [ˈtɪlgən] *(vt,* hat*)* ***1*** estinguere (debito). ***2*** *(lett)* cancellare, eliminare.
Tilgung [ˈtɪlgʊŋ] *(f;* -, -en*)* ***1*** estinzione (di un debito). ***2*** *(lett)* cancellazione, eliminazione.

Tinktur [tɪŋk'tuːɐ] *(f; -, -en)* ~ tintura.
Tinnef ['tɪnəf] *(m; -s)* ~ *(fam)* cianfrusaglie; stupidaggini.
Tinte ['tɪntə] *(f; -, -n)* ~ inchiostro. ◆ **in der Tinte sitzen** essere nei pasticci.
Tintenfass († **-faß**) [-n,fas] *(n; -es, -fässe)* ~ calamaio.
Tintenfisch [-n,fɪʃ] *(m; -(e)s, -e)* ~ *(zool)* seppia, calamaro.
Tipp († **Tip**) [tɪp] *(m; -s, -s)* ~ consiglio, suggerimento.
tippen [-ən] *(vi/vt, hat)* **1** *(vi/vt)* toccare (con la punta del dito, del piede) ♦ *jmdm* (anche *jmdn*) *auf die Schulter tippen* toccare qcn su una spalla. **2** {*an etwas* (Dat) ~} *(vi)* toccare qcs. **3** {*an etwas* (Dat) ~} *(vi) (fig)* toccare, sfiorare qcs (argomenti). **4** *(vi/vt)* battere, scrivere a macchina, o al computer. **5** {*auf etwas* (Acc) ~} puntare su qcs, prevedere qcs.
Tippfehler [-,feːlɐ] *(m; -s, -)* ~ errore di battitura.
tipptopp [-'tɔp] *(agg indecl)* ~ *(fam)* perfetto.
Tisch [tɪʃ] *(m; -es, -e)* **1** tavolo, tavola ♦ *den Tisch decken, abdecken* apparecchiare, sparecchiare la tavola. **2** tavola, pranzo ♦ *bei Tisch* a tavola, durante il pranzo ♦ *zu Tisch!* a tavola! ◆ **reinen Tisch machen** *(fig)* fare piazza pulita. ◆ **etwas auf den Tisch bringen** *(fig)* mettere qcs in tavola. ◆ **etwas unter den Tisch fallen lassen** *(fig)* lasciar stare qcs, lasciar cadere qcs nel dimenticatoio.
Tischdecke [-,dɛkə] *(f; -, -n)* ~ tovaglia.
Tischler [-lɐ] *(m; -s, -)* ~ falegname.
Tischtennis [-,tɛnɪs] *(n; -)* ~ ping-pong.
Tischtennisball [-tɛnɪs,bal] *(m; -(e)s, -bälle)* ~ pallina da ping-pong.
Tischtuch [-,tuːx] *(n; -(e)s, -tücher)* ~ tovaglia.
Titel ['tiːtəl] *(m; -s, -)* **1** titolo (onorifico, nobiliare, ecc). **2** titolo (di opera). **3** *(sport)* titolo (di vincitore).
Titelbild [-,bɪlt] *(n; -(e)s, -er)* ~ immagine di copertina.
Titelblatt [-,blat] *(n; -(e)s, -blätter)* ~ frontespizio (di libro).
titulieren [titu'liːrən] *(vt, hat)* ~ chiamare, definire, dare del ♦ *jmdn (als/mit) Versager titulieren* dare del fallito a qcn.

tja [tja] *(escl)* ~ mah, insomma.
Toast [toːst] *(m; -es, -e/-s)* **1** toast. **2** brindisi.
toben ['toːbən] *(vi, hat)* **1** infuriare (tempesta, battaglia, ecc). **2** *(fig)* essere fuori di sé. **3** *(fig/fam)* scatenarsi, fare casino.
Tobsucht ['toːp,zʊxt] *(f; -)* ~ furore, smania.
Tochter ['tɔxtɐ] *(f; -, Töchter)* ~ figlia.
Tochterfirma [-,fɪrma] *(f; -, -firmen)* ~ filiale, succursale.
Tochtergeschwulst [-gə,ʃvʊlst] *(f; -, -schwülste)* ~ *(med)* metastasi.
Tod [toːt] *(m; -(e)s, raro -e)* **1** morte, decesso ♦ *ein plötzlicher Tod* una morte improvvisa ♦ *einen sanften Tod sterben* fare una bella morte ♦ *eines natürlichen, gewaltsamen Todes sterben* morire di morte naturale, violenta. **2** morte, pena di morte ♦ *jmdn zum Tode verurteilen* condannare qcn a morte. **3** *(fig)* morte, fine. ◆ **bis dass der Tod euch scheide** finché morte non vi separi. ◆ **auf den Tod** ***1*** a morte, mortalmente ♦ *auf den Tod krank sein* avere una malattia mortale. **2** *(fig/fam)* affatto ♦ *ich kann sie auf den Tod nicht leiden* non la posso affatto soffrire. ◆ **es geht um Leben und Tod** *(fig)* è una questione di vita o di morte. ◆ **zu Tode** a morte, mortalmente ♦ *ich habe mich zu Tode gelangweilt* mi sono annoiata a morte ♦ *jmdn zu Tode schlagen* picchiare a morte qcn.
todernst [-,ˀɛrnst] *(agg)* ~ mortalmente serio.
Todesangst ['toːdəs,ˀaŋst] *(f; -, -ängste)* **1** paura della morte. **2** *(fig)* paura mortale.
Todesfall ['toːdəs,fal] *(m; -(e)s, -fälle)* ~ morte, lutto ♦ *wegen Todesfalls geschlossen* chiuso per lutto.
Todesopfer ['toːdəs,ˀɔpfɐ] *(n; -s, -)* ~ vittima, morto (per incidente e sim) ♦ *das Erdbeben forderte hundert Todesopfer* il terremoto ha fatto cento morti.
Todesstoß ['toːdəs,ʃtoːs] *(m; -es, -stöße)* ~ colpo mortale, colpo di grazia. ◆ **jmdm den Todesstoß geben** dare il colpo di grazia a qcn *(anche fig)*.
Todesstrafe ['toːdəs,ʃtraːfə] *(f; -)* ~ pena di morte.
Todesurteil ['toːdəs,ˀʊrtail] *(n; -(e)s, -e)* ~ condanna a morte.

Todfeind ['toːtˌfaint] *(m; -(e)s, -e)* ~ nemico mortale.
todkrank ['toːtˌkraŋk] *(agg)* ~ affetto da una malattia mortale, in fin di vita.
tödlich ['tøːtlɪç] *(agg)* ***1*** mortale, letale ♦ *eine tödliche Verletzung* una ferita mortale. ***2*** *(fig)* mortale, immenso ♦ *tödlicher Hass* odio mortale. ***3*** *(avv) (fig/fam)* mortalmente, a morte.
todmüde ['toːtˌmyːdə] *(agg)* ~ *(fam)* stanchissimo, stanco morto.
todsicher ['toːtˌzɪçɐ] *(agg)* ~ *(fam)* sicurissimo, certissimo.
Todsünde ['toːtˌzʏndə] *(f; -, -n)* ~ peccato mortale.
Toilette [twa'lɛtə] *(f; -, -n)* ***1*** toilette, gabinetto, bagno ♦ *auf die/zur Toilette gehen* andare alla toilette. ***2*** toilette, cura personale ♦ *Toilette machen* fare toilette. ***3*** abbigliamento, mise.
Toilettenpapier [-npaˌpiːɐ] *(n; -s)* ~ carta igienica.
Toilettenwasser [-nˌvasɐ] *(n; -s, -)* ~ eau de toilette, profumo.
toi, toi, toi ['tɔy 'tɔy 'tɔy] *(escl) (fam)* ***1*** in bocca al lupo. ***2*** facciamo le corna.
tolerant [tole'rant] *(agg)* ~ tollerante.
Toleranz [tole'rants] *(f; -)* ~ tolleranza.
tolerieren [tole'riːrən] *(vt,* hat*)* ~ tollerare.
toll [tɔl] *(agg)* ***1*** *(fam)* fantastico, bellissimo ♦ *ein tolles Kleid* un vestito fantastico ♦ *du siehst toll aus* hai un aspetto fantastico. ***2*** *(lett)* pazzo.
Tolle [-ə] *(f; -, -n)* ~ ricciolo, ciuffo (sulla fronte).
tollen [-ən] *(vi,* hat*)* ~ scatenarsi, sbizzarrirsi.
Tollkirsche [-ˌkɪrʃə] *(f; -, -n)* ~ *(bot)* belladonna.
tollkühn [-ˌkyːn] *(agg)* ~ ardito, temerario.
Tollpatsch († **Tolpatsch**) [-ˌpatʃ] *(m; -(e)s, -e)* ~ imbranato.
Tollwut [-ˌvuːt] *(f; -)* ~ *(med)* rabbia.
tollwütig [-ˌvyːtɪç] *(agg)* ~ *(med)* rabbioso.
Tolpatsch ~ vedi **Tollpatsch**.
Tölpel ['tœlpəl] *(m; -s, -)* ~ tonto, babbeo.
Tomate [to'maːtə] *(f; -, -n)* ~ *(bot)* pomodoro (pianta, frutto) ♦ *grüne, reife, rote Tomaten* pomodori verdi, maturi, rossi. ◆ **eine treulose Tomate** *(fam)* un traditore, uno che abbandona gli altri. ◆ **rot wie eine Tomate** *(fig/fam)* rosso come un peperone.
Tomatenmark [-nˌmark] *(n; -(e)s)* ~ concentrato di pomodoro.
Tomatensoße [-nˌzoːsə] *(f; -, -n)* ~ salsa di pomodoro.
Ton[1] [toːn] *(m; -(e)s, Töne)* ***1*** suono ♦ *keinen Ton von sich geben* non emettere suono. ***2*** *(mus)* tono ♦ *ein halber Ton* mezzo tono. ***3*** *(fig)* tono (del discorso) ♦ *etwas in wohlwollendem Ton sagen* dire qcs con tono benevolo ♦ *ich verbitte mir diesen Ton!* non permetto che si usi questo tono con me! ***4*** *(fig)* ambiente, atmosfera. ***5*** accento ♦ *der Ton liegt auf der zweiten Silbe* l'accento cade sulla seconda sillaba. ***6*** tono, tonalità (di colore). ***7*** suono (di tv, radio). ◆ **den Ton angeben** *(fig)* comandare. ◆ **jmdn/etwas in den höchsten Tönen loben** tessere lodi sperticate di qcn/qcs.
Ton[2] *(m; -s, -e)* ***1*** argilla. ***2*** creta.
tonal [to'naːl] *(agg)* ~ *(mus)* tonale.
tonangebend ['toːnˌˀangeːbənt] *(agg)* ~ *(fig)* che decide, influente.
Tonart ['toːnˌˀaːɐt] *(f; -, -en)* ***1*** *(mus)* tonalità. ***2*** *(fig)* tono (del discorso).
Tonband ['toːnˌbant] *(n; -(e)s, -bänder)* ~ nastro magnetico.
Tonbandgerät [-gəˌrɛːt] *(n; -(e)s, -e)* ~ registratore (a nastro).
tönen ['tøːnən] *(vi/vt,* hat*)* ***1*** risuonare ♦ *seine Stimme tönte im Saal* la sua voce risuonava nella sala. ***2*** {*von etwas* ~} *(vi) (fam)* vantarsi di qcs. ***3*** *(vt)* tingere, sfumare (pareti e sim).
tönend [-t] *(agg)* ~ *(fig)* altisonante.
tönern ['tøːnɐn] *(agg)* ~ d'argilla.
Tonfall ['toːnˌfal] *(m; -(e)s, -fälle)* ~ tono (di voce), inflessione; accento.
Tonfilm ['toːnˌfɪlm] *(m; -(e)s, -e)* ~ film sonoro.
tonhaltig ['toːnˌhaltɪç] *(agg)* ~ argilloso.
tonisch ['toːnɪʃ] *(agg)* ***1*** tonico, robusto. ***2*** tonico, corroborante.
Tonleiter ['toːnˌlaitɐ] *(f; -, -n)* ~ *(mus)* scala.
tonlos ['toːnˌloːs] *(agg)* ***1*** spento, inespressivo ♦ *eine tonlose Stimme* una voce spenta. ***2*** *(gramm)* atono.
Tonne ['tɔnə] *(f; -, -n)* ***1*** bidone. ***2*** tonnellata. ***3*** *(naut)* boa. ***4*** *(fam)* botte, grassone.

tonnenweise [-nˌvaizə] *(avv)* ~ a tonnellate *(anche fig)*.

Tönung [ˈtøːnʊŋ] *(f; -, -en)* ***1*** tonalità (di colore). ***2*** colorazione, sfumatura.

Tonwaren [ˈtoːnˌvaːrən] *(pl)* ~ terrecotte, ceramica (oggetti).

Topas [toˈpaːs] *(m; -es, -e)* ~ topazio.

Topf [tɔpf] *(m; -(e)s, Töpfe)* ***1*** pentola ♦ *den Topf aufs Feuer setzen* mettere la pentola sul fuoco. ***2*** vaso (di pianta; da notte). ◆ **alles in einen Topf werfen** *(fig)* fare di tutta l'erba un fascio. ◆ **wie Topf und Deckel zusammenpassen** *(fig/fam)* essere pappa e ciccia.

Töpfchen [ˈtœpfçən] *(n; -s, -)* ***1*** vasetto; pentolina. ***2*** vasino, vasetto (per bambini).

Töpfer [ˈtœpfɐ] *(m; -s, -; f* **-in***)* ~ vasaio.

topfit [ˈtɔpˈfit] *(agg solo pred)* ~ *(fam)* in ottima forma.

Topflappen [ˈtɔpfˌlapən] *(m; -s, -)* ~ presina, presa (per pentole).

Topfpflanze [ˈtɔpfˌpflantsə] *(f; -, -n)* ~ pianta in vaso, pianta da vaso.

Topografie *(anche* **Topographie***)* [topograˈfiː] *(f; -, -n)* ~ topografia.

topografisch *(anche* **topographisch***)* [topoˈgraːfɪʃ] *(agg)* ~ topografico.

Tor[1] [ˈtoːɐ] *(n; -(e)s, -e)* ***1*** porta (grande, della città, ecc) ♦ *das Tor der Garage* la porta del garage. ***2*** *(sport)* porta; gol ♦ *ein Tor schießen* segnare un gol.

Tor[2] *(m; -en, -en)* ~ *(lett)* stolto, folle.

Torf [tɔrf] *(m; -(e)s)* ~ torba ♦ *Torf stechen* scavare la torba.

Torheit [ˈtoːɐˌhait] *(f; -, -en)* ~ *(lett)* pazzia, follia.

Torhüter [ˈtoːɐˌhyːtɐ] *(m; -s, -)* ~ *(sport)* portiere.

töricht [ˈtøːrɪçt] *(agg)* ~ stolto, assurdo, insensato.

torkeln [ˈtɔrkəln] *(vi, ist/hat)* ~ barcollare, camminare barcollando (per ubriachezza e sim).

Tornister [tɔrˈnɪstɐ] *(m; -s, -)* ~ *(mil)* zaino.

torpedieren [tɔrpeˈdiːrən] *(vt, hat)* ***1*** silurare. ***2*** *(fig/fam)* intralciare (progetti e sim).

Torpedo [tɔrˈpeːdo] *(m; -s, -s)* ~ siluro.

Torte [ˈtɔrtə] *(f; -, -n)* ~ torta.

Tortur [tɔrˈtuːɐ] *(f; -, -en)* ~ tortura.

Torwart [ˈtoːɐˌvart] *(m; -(e)s, -e)* ~ *(sport)* portiere.

Torweg [ˈtoːɐˌveːk] *(m; -(e)s, -e)* ~ passo carraio.

tosen [ˈtoːzən] *(vi, hat)* ~ scrosciare, rumoreggiare (acque).

tot [toːt] *(agg)* ***1*** morto, defunto ♦ *der Präsident ist tot* è morto il presidente ♦ *sein Vater ist schon lange tot* suo padre è morto già da molto tempo. ***2*** morto, secco (pianta) ♦ *ein toter Ast* un ramo secco. ***3*** *(fig)* morto, disabitato. ***4*** smorto (colore). ◆ **totes Gleis** binario morto. ◆ **das Tote Meer** il Mar Morto. ◆ **toter Punkt** *(fig)* punto morto ♦ *an einem toten Punkt anlangen* arrivare a un punto morto. ◆ **tote Sprache** lingua morta. ◆ **tot und begraben** *(fam)* morto e sepolto. ◆ **tot geboren** († **totgeboren**) nato morto. ◆ **halb tot** *(fam)* mezzo morto ♦ *ich war halb tot vor Angst* ero mezzo morto di paura. ◆ **mehr tot als lebendig sein** *(fam)* essere più morto che vivo.

total [toˈtaːl] *(agg)* ***1*** totale, completo. ***2*** *(avv)* totalmente, completamente. ***3*** *(avv) (fam)* moltissimo, da matti ♦ *das gefällt mir total gut* questo mi piace moltissimo.

Tote(r) [ˈtoːtə (-tɐ)] *(m/f; -n, -n)* ~ morto, defunto ♦ *einen Toten begraben* seppellire un morto.

töten [ˈtøːtən] *(vt, hat)* ***1*** uccidere, ammazzare, assassinare. ***2*** *(fig)* uccidere, distruggere. ***3*** *(med)* devitalizzare. ◆ **du sollst nicht töten** *(relig)* non uccidere.

Totenbahre [ˈtoːtənˌbaːrə] *(f; -, -n)* ~ catafalco.

totenblass († **-blaß**) [ˈtoːtənˌblas] *(agg)* ~ pallido come un morto.

Totenkopf [ˈtoːtənˌkɔpf] *(m; -(e)s, -köpfe)* ~ teschio.

Totenmesse [ˈtoːtənˌmɛsə] *(f; -, -n)* ~ funerale (cattolico), messa funebre.

totgeboren ~ **tot geboren** (vedi **tot**).

tot|lachen *(vr, hat)* ~ **sich totlachen** *(fam)* ridere a crepapelle.

Toto [ˈtoːto] *(m/n; -s, -s)* ~ totocalcio ♦ *im Toto gewinnen* vincere al totocalcio.

tot|sagen *(vt, hat)* ~ dare per morto.

tot|schlagen *(vt, hat; irr* schlagen*)* ~ uccidere, ammazzare (con colpi, botte). ◆ **die Zeit totschlagen** *(fig)* ammazzare il tempo.

tot|stellen *(vr,* hat*)* ~ **sich totstellen** fingersi morto, fare il morto.
Tötung ['tøːtʊŋ] *(f; -, raro -en)* ~ uccisione, assassinio.
Tour ['tuːɐ] *(f; -, -en)* ***1*** giro, girata, gita. ***2*** giro (di motore). ***3*** *(fig/fam)* maniera, modo (di comportarsi). ◆ **auf vollen Touren laufen** andare a pieno regime *(anche fig)*. ◆ **jmdn auf Touren bringen** far andare su di giri qcn (farlo eccitare; farlo arrabbiare). ◆ **auf Touren kommen** andare su di giri (eccitarsi; arrabbiarsi). ◆ **in einer Tour** *(fig/fam)* in continuazione.
Tourismus [tu'rɪsmʊs] *(m; -)* ~ turismo.
Tourist [tu'rɪst] *(m; -en, -en; f* **-in***)* ~ turista.
Touristik [-ɪk] *(f; -)* ~ turismo, settore turistico.
touristisch [-ɪʃ] *(agg)* ~ turistico.
Tournee [tʊr'neː] *(f; -, -s/-n)* ~ tournée ◆ *auf Tournee gehen, sein* andare, essere in tournée.
Tower ['taʊə] *(m; -s, -)* ***1*** torre di controllo. ***2*** *(elab)* torre.
toxisch ['tɔksɪç] *(agg)* ~ tossico.
Trab [traːp] *(m; -(e)s)* ~ trotto. ◆ **jmdn auf Trab bringen** *(fig/fam)* far trottare qcn. ◆ **auf Trab sein** *(fig/fam)* non stare mai fermo. ◆ **jmdn in Trab halten** *(fig/fam)* tenere qcn sempre occupato. ◆ **sich in Trab setzen** *(fig/fam)* mettersi a trottare, darsi da fare.
Trabant [tra'bant] *(m; -en, -en)* ~ satellite (naturale, artificiale).
traben ['traːbən] *(vi,* ist/hat*)* ***1*** trottare, andare al trotto. ***2*** trotterellare, correre.
Tracht [traxt] *(f; -, -en)* ~ costume, abito (tradizionale). ◆ **eine Tracht Prügel** *(fam)* una buona dose di legnate.
trachten [-ən] *(vi,* hat*)* ~ {*nach etwas ~*} *(lett)* mirare a qcs, aspirare a qcs.
trächtig ['trɛçtɪç] *(agg)* ~ gravida, pregna.
Tradition [tradi'tsjoːn] *(f; -, -en)* ~ tradizione.
traditionell [traditsjio'nɛl] *(agg)* ~ tradizionale.
traditionsgemäß [tradi'tsjioːnsgəˌmɛːs] *(agg)* ***1*** conforme alla tradizione, tradizionale. ***2*** *(avv)* tradizionalmente.
traf [traːf] ~ pret di **treffen**.
träg [trɛːk] ~ vedi **träge**.
Tragbahre ['traːkˌbaːrə] *(f; -, -n)* ~ barella, portantina.
tragbar ['traːkˌbaːɐ] *(agg)* ***1*** portatile ◆ *ein tragbarer Fernseher* un televisore portatile. ***2*** indossabile. ***3*** *(fig)* sopportabile, accettabile.
Trage ['traːgə] *(f; -, -n)* ~ barella, portantina.
träge ['trɛːgə] *(agg)* ***1*** lento (nei movimenti). ***2*** pigro, indolente. ***3*** *(fis)* inerte.
tragen ['traːgən] *(vt,* hat; er **trägt**, **trug**, **getragen***)* ***1*** portare, trasportare (a mano, a spalla, ecc) ◆ *einen Koffer tragen* portare una valigia ◆ *ein Kind auf dem Arm/auf den Armen tragen* portare in braccio un bambino. ***2*** portare, indossare (abiti, gioielli, ecc) ◆ *eine Brille tragen* portare gli occhiali ◆ *das Haar lang tragen* portare i capelli lunghi ◆ *er trägt eine schwarze Jacke* indossa una giacca nera. ***3*** reggere, portare, sostenere (peso). ***4*** *(fig)* portare, trasportare (vento, acqua, ecc). ***5*** portare, dare (frutti) *(anche fig)* ◆ *Früchte tragen* *(fig)* dare frutto. ***6*** *(fig)* sopportare (destino). ***7*** sostenere, farsi carico di (spese). ***8*** portare, avere (nome). ***9*** *(vi)* avere una lunga gittata (armi). ◆ **sich tragen** *(vr)* ***1*** andare bene (aziende e sim). ***2*** fare una riuscita (abiti).
tragend [-t] *(agg)* ***1*** gravida, pregna. ***2*** portante, principale.
Träger ['trɛːgɐ] *(m; -s, -)* ***1*** *(f* **-in***)* *(med)* portatore. ***2*** *(f* **-in***)* facchino, portantino. ***3*** *(f* **-in***)* detentore. ***4*** bretella ; spallina.
tragfähig ['traːkˌfɛːɪç] *(agg)* ***1*** solido, in grado di reggere un peso. ***2*** *(fig)* accettabile.
Trägheit ['trɛːkˌhait] *(f; -)* ***1*** lentezza. ***2*** pigrizia, indolenza. ***3*** *(fis)* inerzia.
Tragik ['traːgɪk] *(f; -)* ***1*** tragicità, elemento tragico (di un'opera). ***2*** tragedia, dolore.
tragisch ['traːgɪʃ] *(agg)* ~ tragico.
Tragödie [tra'gøːdjə] *(f; -, -n)* ***1*** tragedia. ***2*** *(fig)* tragedia, disgrazia.
Tragkorb ['traːkˌkɔrp] *(m; -(e)s, -körbe)* ~ gerla.
Traglast ['traːkˌlast] *(f; -, -en)* ~ carico.
Tragweite ['traːkˌvaitə] *(f; -, -n)* ***1*** portata, gittata (di armi). ***2*** *(fig)* portata, importanza ◆ *ein Ereignis von großer Tragweite* un evento di grande portata.
Trainer ['trɛːnɐ] *(m; -s, -; f* **-in***)* ~ allenatore.
trainieren [trɛ'niːrən] *(vi/vt,* hat*)* ***1*** *(vi)* allenarsi. ***2*** *(vt)* allenare.

Training ['trɛ:nɪŋ] *(n; -s, -s)* ~ allenamento.
Trainingsanzug [-s,ʔantsu:k] *(m; -(e)s, -züge)* ~ tuta sportiva, da ginnastica.
traktieren [trak'ti:rən] *(vt, hat)* **1** maltrattare. **2** tormentare, tartassare.
Traktor ['trakto:ɐ] *(m; -s, -)* ~ trattore.
trällern ['trɛlɐn] *(vi/vt, hat)* ~ canticchiare, canterellare.
Trambahn ['tram,ba:n] *(f; -, -en)* *(region)* ~ tram, tranvai.
trampeln[1] ['trampəln] *(vi, ist/hat)* **1** camminare pesantemente, pesticciare. **2** battere i piedi, pestare i piedi.
trampeln[2] *(vt, hat)* ~ calpestare.
trampen ['trampən] *(vi, hat)* ~ fare l'autostop.
Tramper ['trɛmpɐ] *(m; -s, -; f* **-in***)* ~ autostoppista.
Trampolin [trampo'li:n] *(n; -s, -e)* ~ trampolino.
Tran [tra:n] *(m; -(e)s, raro -e)* ~ olio (di balena, di pesce, ecc). ◆ **im Tran** *(fam)* annebbiato, intontito (dal sonno, dall'alcol).
Trance ['trã:s(ə)] *(f; -, -n)* ~ trance, stato ipnotico ♦ *in Trance fallen* cadere in trance.
Träne ['trɛ:nə] *(f; -, -n)* ~ lacrima ♦ *sich* (Dat) *die Tränen abwischen* asciugarsi le lacrime ♦ *die Tränen stiegen ihm in die Augen* gli vennero le lacrime agli occhi ♦ *die Tränen standen ihm in den Augen* aveva le lacrime agli occhi. ◆ **Tränen lachen** *(fam)* ridere a crepapelle. ◆ **in Tränen ausbrechen** scoppiare in lacrime. ◆ **zu Tränen gerührt sein** essere commosso fino alle lacrime.
tränen [-n] *(vi, hat)* ~ lacrimare.
Tränengas [-n,ga:s] *(n; -es, -e)* ~ gas lacrimogeno.
trank [traŋk] ~ pret di **trinken**.
Trank *(m; -(e)s, Tränke)* ~ *(lett)* bevanda; pozione.
Tränke ['trɛŋkə] *(f; -, -n)* ~ abbeveratoio.
tränken [-n] *(vt, hat)* **1** abbeverare. **2** {*etwas mit etwas ~*} impregnare, inzuppare qcs di qcs.
Tranquilizer ['trɛŋkwɪlaɪzə] *(m; -s, -)* ~ tranquillante.
Transfer [trans'fe:ɐ] *(m; -s, -)* **1** trasferimento, passaggio. **2** *(econ)* trasferimento (di capitali all'estero).
Transfusion [transfu'zjo:n] *(f; -, -en)* ~ trasfusione.
Transit [tran'zi:t] *(m; -s, -e)* ~ transito (spec di merci).
transitiv ['tranziti:f] *(agg)* ~ *(gramm)* transitivo.
Transparent [transpa'rɛnt] *(n; -(e)s, -e)* ~ striscione.
Transplantation [transplanta'tsjo:n] *(f; -, -en)* ~ trapianto (di organi).
Transport [trans'pɔrt] *(m; -(e)s, -e)* **1** trasporto (di merci o persone). **2** carico (di merci); persone trasportate.
Transporter [-ɐ] *(m; -s, -)* ~ furgone.
transportieren [transpɔr'ti:rən] *(vt, hat)* ~ trasportare (persone o cose).
Transvestit [transvɛs'ti:t] *(m; -en, -en)* ~ travestito.
Trapez [tra'pe:ts] *(n; -es, -e)* **1** *(geom)* trapezio. **2** trapezio (attrezzo ginnico).
trappeln ['trapəln] *(vi, ist)* ~ camminare a passettini.
Trasse ['trasə] *(f; -, -n)* ~ tracciato (di strada e sim).
trat [tra:t] ~ pret di **treten**.
tratschen ['tra:tʃən] *(vi, hat)* ~ {*über jmdn/etwas ~*} *(fam)* spettegolare su qcn/qcs.
Traube ['traubə] *(f; -, -n)* **1** grappolo *(anche fig)*. **2** *(pl)* uva ♦ *grüne, blaue Trauben* uva bianca, nera.
Traubenzucker [-n,tsʊkɐ] *(m; -s)* ~ glucosio.
trauen[1] ['trauən] *(vi, hat)* **1** {*jmdm/etwas ~*} fidarsi di qcn/qcs. **2** {*jmdm/etwas ~*} credere a qcn/qcs ♦ *ich traute meinen Augen nicht* non credevo ai miei occhi. ◆ **sich trauen** *(vr)* osare ♦ *ich traue mich nicht, es ihm zu sagen* non oso dirglielo ♦ *sie traute sich nicht ins Zimmer* non osava entrare nella stanza. ◆ **trau, schau, wem** *(prov)* fidarsi è bene, non fidarsi è meglio.
trauen[2] *(vt, hat)* ~ sposare, unire in matrimonio ♦ *sich trauen lassen* sposarsi.
Trauer ['trauɐ] *(f; -)* **1** lutto, cordoglio; dolore ♦ *die Trauer um einen lieben Menschen* il lutto per la morte di una persona cara. **2** lutto, periodo del lutto. ◆ **Trauer haben/tragen** essere vestito a lutto.
Trauerfeier [-,faiɐ] *(f; -, -n)* ~ funerale, cerimonia funebre.

Trauerflor [-ˌfloːɐ] *(m; -s, -e)* ~ lutto (al braccio).
Trauerkleidung [-ˌklaidʊŋ] *(f; -)* ~ lutto, abito a lutto.
trauern [-n] *(vi, hat)* ***1*** {*(um jmdn) ~*} essere in lutto (per qcn), piangere la morte di qcn. ***2*** essere vestito a lutto, portare il lutto.
Trauerspiel [-ʃpiːl] *(n; -s, -e)* ***1*** tragedia. ***2*** *(fig/fam)* tragedia, disastro.
Traufe ['traufə] *(f; -, -n)* ~ gronda, grondaia.
träufeln ['trɔyfəln] *(vt, hat)* ~ versare (a piccole gocce) ♦ *Augentropfen ins Auge träufeln* versare il collirio nell'occhio.
traulich ['traulɪç] *(agg)* ~ accogliente, intimo (atmosfera e sim).
Traum ['traum] *(m; -(e)s, Träume)* ***1*** sogno ♦ *einen Traum haben* fare un sogno. ***2*** *(fig)* sogno, desiderio; fantasticheria ♦ *es war schon immer mein Traum, nach Amerika zu fliegen* è sempre stato il mio sogno andare in America. ◆ **im Traum** in sogno. ◆ **nicht im Traum** *(fig)* nemmeno per sogno. ◆ **Träume sind Schäume** *(prov)* i sogni sono illusioni.
Trauma [-a] *(n; -s, Traumen)* ~ trauma.
traumatisch [trau'maːtɪʃ] *(agg)* ~ traumatico.
träumen ['trɔymən] *(vi, hat)* ***1*** {*(von jmdm/etwas) ~*} sognare qcn/qcs ♦ *ich habe von dir geträumt* ti ho sognato ♦ *ich habe schlecht geträumt* ho sognato male. ***2*** *(fig)* sognare, desiderare ♦ *sie träumt davon, berühmt zu werden* sogna di diventare famosa. ◆ **träum süß!/träum was Schönes!** sogni d'oro!
träumerisch ['trɔymərɪʃ] *(agg)* ~ sognante, trasognato.
traumhaft ['traumˌhaft] *(agg)* ~ da sogno, meraviglioso.
traurig ['traurɪç] *(agg)* ***1*** triste, afflitto, mesto ♦ *ein trauriges Gesicht machen* fare una faccia triste ♦ *über etwas* (Acc) *traurig sein* essere triste per qcs. ***2*** triste, doloroso ♦ *eine traurige Nachricht* una notizia triste. ***3*** triste, misero, scarso. ◆ **jmdn traurig machen** rattristare qcn.
Traurigkeit [-ˌkait] *(f; -, -en)* ***1*** tristezza, afflizione, mestizia. ***2*** evento triste.
Trauung ['trauʊŋ] *(f; -, -en)* ~ matrimonio ♦ *kirchliche, standesamtliche Trauung* matrimonio religioso, civile.
Treck [trɛk] *(m; -s, -s)* ~ convoglio, carovana, colonna (di esuli e sim).
Trecker [-ɐ] *(m; -s, -)* ~ trattore.
Treff [trɛf] *(m; -s, -s)* ~ *(fam)* incontro; luogo d'incontro.
treffen [-ən] *(vt, hat; er* **trifft**, **traf**, **getroffen**) ***1*** centrare, raggiungere, colpire (obiettivo) ♦ *der Pfeil hat den Baum getroffen* la freccia ha centrato l'albero ♦ *die Kugel hat ihn tödlich getroffen* la pallottola l'ha colpito mortalmente. ***2*** *(fig)* toccare, colpire ♦ *seine Worte haben mich tief getroffen* le sue parole mi hanno toccato profondamente. ***3*** incontrare ♦ *ich habe sie auf dem Markt getroffen* l'ho incontrata al mercato. ***4*** {*auf jmdn/etwas ~*} *(vi; aux* ist*)* imbattersi in qcn/qcs. ***5*** *(fig)* cogliere, centrare, indovinare. ***6*** prendere (decisioni e sim); intraprendere, adottare (provvedimenti e sim) ♦ *eine Entscheidung treffen* prendere una decisione. ◆ **sich treffen** *(vr)* ***1*** incontrarsi ♦ *ich habe mich mit Cornelia getroffen* mi sono incontrata con Cornelia. ***2*** incontrarsi, incrociarsi. ◆ **es trifft sich, dass** *(impers)* succede che, accade che (per caso), si dà il caso che.
Treffen *(n; -s, -)* ~ incontro ♦ *bei unserem letzten Treffen* in occasione del nostro ultimo incontro.
treffend [-ənt] *(agg)* ~ appropriato, indovinato, esatto ♦ *ein treffender Ausdruck* un'espressione appropriata.
Treffer [-ɐ] *(m; -s, -)* ***1*** colpo, tiro, sparo (che va a segno), centro. ***2*** *(fig)* successo. ***3*** biglietto vincente. ***4*** *(sport)* gol, rete.
Treffpunkt [-ˌpʊŋkt] *(m; -(e)s, -e)* ~ luogo d'incontro.
treffsicher [-ˌzɪçɐ] *(agg)* ***1*** sicuro nel tiro, che fa sempre centro. ***2*** *(fig)* esatto, giusto, azzeccato.
treiben¹ ['traibən] *(vi, ist/hat)* ~ andare alla deriva, essere spinto (al largo).
treiben² *(vt, hat;* **trieb**, **getrieben**) ***1*** spingere, sospingere, portare ♦ *die Kühe auf die Weide treiben* portare le mucche al pascolo. ***2*** conficcare, piantare; fare, praticare (fori e sim). ***3*** {*jmdn zu etwas*

~} *(fig)* spingere, incitare, sollecitare qcn a qcs ♦ *jmdn zur Arbeit treiben* incitare qcn a lavorare. **4** {*jmdn zu etwas* ~}, {*jmdn in etwas* (Acc) ~} *(fig)* spingere qcn a qcs, indurre qcn a qcs ♦ *jmdn zur Verzweiflung treiben* spingere qcn alla disperazione. **5** mettere (bocci, foglie, ecc). **6** provocare, stimolare (reazioni fisiche) ♦ *jmdm die Tränen in die Augen treiben* far venire le lacrime agli occhi a qcn. **7** praticare, fare (attività) ♦ *Sport treiben* fare sport. **8** *(vi)* fermentare, lievitare. ◆ **etwas zu weit treiben** *(fig)* spingersi troppo in là con qcs, eccedere con qcs, tirare troppo la corda. ◆ **sich von jmdm/etwas treiben lassen** *(fig)* lasciarsi trascinare da qcn/qcs.

Treiben *(n; -s, -)* **1** attività, movimento, viavai. **2** traffici (loschi).

treibend [-t] *(agg)* ~ motore ♦ *treibende Kraft* forza motrice.

Treibhaus ['traipˌhaus] *(n; -es, -häuser)* ~ serra (riscaldata).

Treibhauseffekt [-ˀɛˌfɛkt] *(m; -(e)s)* ~ effetto serra.

Treibmittel ['traipˌmɪtəl] *(n; -s, -)* ~ lievito.

Treibstoff ['traipˌʃtɔf] *(m; -(e)s, -e)* ~ carburante.

trennbar ['trɛnˌbaːɐ] *(agg)* ~ separabile.

trennen ['trɛnən] *(vt, hat)* **1** separare, dividere ♦ *eine Straße trennt die beiden Grundstücke* una strada separa le due proprietà ♦ *die Streitenden trennen* dividere i litiganti. **2** {*jmdn/etwas von jmdm/etwas* ~} separare, dividere qcn/qcs da qcn/qcs ♦ *ein Kind von seinen Eltern trennen* dividere un bambino dai suoi genitori. **3** scucire. ◆ **sich trennen** *(vr)* **1** separarsi, dividersi (persone o cose). **2** salutarsi, congedarsi ♦ *wir haben uns vor der Haustür getrennt* ci siamo salutati davanti alla porta di casa. **3** separarsi (legalmente).

Trennung ['trɛnʊŋ] *(f; -, -en)* **1** separazione, divisione. **2** separazione (legale).

Trennwand ['trɛnˌvant] *(f; -, -wände)* ~ divisorio, parete divisoria.

Treppe ['trɛpə] *(f; -, -n)* **1** scala, scalinata; rampa di scale ♦ *die Treppe hinaufgehen/hinaufsteigen* salire la scala ♦ *die Treppe hinuntergehen/hinuntersteigen* scendere la scala. **2** *(fam)* piano (di edificio).

Treppenabsatz [-nˌˀapzats] *(m; -(e)s, -sätze)* ~ pianerottolo.

Treppenhaus [-nˌhaus] *(m; -es, -häuser)* ~ tromba delle scale, scale (di un edificio).

Tresen ['treːzən] *(m; -s, -)* *(region)* ~ banco, bancone (di negozio).

Tresor [tre'zoːɐ] *(m; -s, -e)* **1** cassaforte. **2** caveau.

Tresorraum [-ˌraum] *(m; -(e)s, -räume)* ~ caveau.

Trester ['trɛstɐ] *(pl)* ~ vinacce.

treten[1] ['treːtən] *(vi, ist; er* **tritt**, **trat**, **getreten***)* **1** andare; entrare; uscire (camminando) ♦ *ans Fenster treten* andare alla finestra ♦ *ins Zimmer treten* entrare nella stanza ♦ *aus dem Laden treten* uscire dal negozio. **2** {*auf etwas* (Acc) ~} calpestare qcs ♦ *auf den Rasen treten* calpestare il prato. **3** {*in etwas* (Acc) ~} *(fig)* entrare in qcs ♦ *in Kraft treten* entrare in vigore ♦ *mit jmdm in Beziehung treten* entrare in relazione con qcn. **4** {*auf etwas* (Acc) ~} *(aux* hat*)* pigiare qcs, azionare qcs (pedali e sim). ◆ **über die Ufer treten** straripare. ◆ **zur Seite treten** farsi da parte *(anche fig)*.

treten[2] *(vt, hat; er* **tritt**, **trat**, **getreten***)* **1** dare un calcio a ♦ *jmdn in den Hintern treten* dare un calcio nel sedere a qcn. **2** {*gegen etwas* ~} *(vi)* dare calci a qcs. **3** battere, aprire (sentiero e sim). **4** azionare (con un pedale). ◆ **Wasser treten** camminare dentro l'acqua.

treu [trɔy] *(agg)* **1** fedele ♦ *ein treuer Freund* un amico fedele ♦ *jmdm/etwas treu bleiben, sein* rimanere, essere fedele a qcn/qcs ♦ *sich* (Dat) *selber treu bleiben* rimanere fedele a se stesso. **2** leale. **3** *(avv)* fedelmente; lealmente. ◆ **eine treue Seele** *(fam)* una brava persona. ◆ **jmdm etwas zu treuen Händen übergeben** consegnare qcs a qcn in mani fidate.

Treu ~ vedi **Treue**.

Treue [-ə] *(f; -)* **1** fedeltà ♦ *die Treue zu seinen Grundsätzen* la fedeltà ai propri principi. **2** onestà, lealtà. **3** fedeltà, esattezza. ◆ **auf Treu und Glauben** *(dir)* in buona fede. ◆ **jmdm die Treue bre-**

chen tradire la fiducia di qcn. ◆ **jmdm die Treue halten** rimanere fedele a qcn.

treuherzig [-ˌhɛrtsɪç] *(agg)* ~ candido, ingenuo.

Treuherzigkeit [-hɛrtsɪçˌkait] *(f; -)* ~ candore, ingenuità.

treulos [-ˌloːs] *(agg)* *1* infedele. *2* sleale.

Treulosigkeit [-ˌloːzɪçkait] *(f; -)* *1* infedeltà. *2* slealtà.

Triangel ['triːaŋəl] *(m; -s, -)* ~ *(mus)* triangolo.

Tribüne [tri'byːnə] *(f; -, -n)* *1* tribuna, palco (di oratore). *2* tribuna (per spettatori). *3* *(fig)* pubblico, spettatori.

Tribut [tri'buːt] *(m; -(e)s, -e)* *1* tributo, tassa. *2* *(fig)* tributo, omaggio ◆ *jmdm/etwas den schuldigen Tribut zollen* rendere omaggio a qcn/qcs.

Trichter ['trɪçtɐ] *(m; -s, -)* *1* imbuto. *2* cratere. ◆ **jmdm auf den (richtigen) Trichter bringen** *(fig/fam)* dare l'idea giusta a qcn. ◆ **auf den (richtigen) Trichter kommen** *(fig/fam)* avere l'idea giusta.

Trick [trɪk] *(m; -s, -s/-e)* ~ trucco, stratagemma.

Trickfilm [-ˌfɪlm] *(m; -(e)s, -e)* ~ cartone animato.

trieb ['triːp] ~ pret di **treiben**.

Trieb *(m; -(e)s, -e)* *1* impulso, istinto, pulsione ◆ *seine Triebe beherrschen* controllare i propri istinti. *2* desiderio, appetito (sessuale). *3* *(bot)* germoglio, getto. *4* *(fis)* spinta.

Triebfeder [-ˌfeːdɐ] *(f; -, -n)* *1* molla (di orologio). *2* *(fig)* molla, impulso.

Triebkraft [-ˌkraft] *(f; -, -kräfte)* *1* forza motrice. *2* *(bot)* forza vegetativa. *3* *(fig)* molla, impulso.

Triebwagen [-ˌvaːgən] *(m; -s, -)* ~ motrice; locomotore.

triefen ['triːfən] *(vi, hat)* *1* grondare, gocciolare ◆ *das Hemd trieft von Wasser* la camicia gronda acqua. *2* {*von etwas* ~}, {*vor etwas* (Dat) ~} *(fig/fam)* grondare qcs, essere grondante di qcs.

triftig ['trɪftɪç] *(agg)* *1* fondato, motivato. *2* convincente.

Trikot [tri'koː] *(n; -s, -s)* ~ maglietta, maglia (sportiva).

Trikotagen [triko'taːʒən] *(pl)* ~ maglieria, prodotti di maglieria.

trillern ['trɪlɐn] *(vi, hat)* ~ gorgheggiare.

Trimester [tri'mɛstɐ] *(n; -s, -)* ~ trimestre.

trimmen ['trɪmən] *(vt, hat)* *1* allenare, mantenere in forma. *2* {*jmdn auf etwas* (Acc) ~} *(fig/fam)* inculcare qcs a qcn. ◆ **sich trimmen** *(vr)* mantenersi in forma, allenarsi.

trinkbar ['trɪŋkˌbaːɐ] *(agg)* ~ bevibile; potabile.

trinken ['trɪŋkən] *(vt, hat;* **trank, getrunken***)* *1* bere ◆ *ein Glas Milch trinken* bere un bicchiere di latte ◆ *aus der Flasche trinken* bere dalla bottiglia. *2* *(vi/vt)* *(fig)* bere, ubriacarsi. ◆ **auf jmds Wohl/Gesundheit trinken** bere alla salute di qcn, brindare a qcn/qcs.

Trinker ['trɪŋkɐ] *(m; -s, -; f* **-in***)* ~ bevitore, alcolizzato.

Trinkgefäß ['trɪŋkgəˌfɛːs] *(n; -(e)s, -e)* ~ recipiente per bere (generico).

Trinkgeld ['trɪŋkˌgɛlt] *(n; -(e)s, -er)* ~ mancia ◆ *jmdm ein Trinkgeld geben* dare una mancia a qcn.

Trinkhalm ['trɪŋkˌhalm] *(m; -(e)s, -e)* ~ cannuccia (per bere).

Trinkspruch ['trɪŋkˌʃprʊx] *(m; -(e)s, -sprüche)* ~ brindisi ◆ *einen Trinkspruch auf jmdn ausbringen* fare un brindisi per qcn.

Trinkwasser ['trɪŋkˌvasɐ] *(n; -s, -wässer)* ~ acqua potabile.

Trio ['triːo] *(n; -s, -s)* *1* *(mus)* trio. *2* *(fam)* terzetto, trio.

Trip [trɪp] *(m; -s, -s)* ~ *(fam)* viaggio, gita.

Tritt [trɪt] *(m; -(e)s, -e)* *1* passo. *2* passo, andatura. *3* calcio, pedata ◆ *jmdm einen Tritt geben/versetzen* dare un calcio a qcn.

Trittbrett [-ˌbrɛt] *(n; -(e)s, -er)* ~ predellino, pedana (su treno, bus, ecc).

Trittbrettfahrer [-brɛtˌfaːrɐ] *(m; -s, -; f* **-in***)* ~ approfittatore, opportunista.

Triumph [tri'ʊmf] *(m; -(e)s, -e)* ~ trionfo.

triumphieren [triʊm'fiːrən] *(vi, hat)* *1* trionfare, esultare. *2* {*über jmdn/etwas* ~} trionfare su qcn/qcs, vincere qcn/qcs.

triumphierend [-t] *(agg)* ~ trionfante.

trivial [tri'vjaːl] *(agg)* ~ banale.

trocken ['trɔkən] *(agg)* *1* asciutto ◆ *die Wäsche ist trocken* il bucato è asciutto. *2* asciutto, secco ◆ *ein trockenes Klima* un clima asciutto. *3* secco, essiccato ◆ *tro-*

ckene Blätter foglie secche. ***4*** *(fig)* asciutto, deciso (tono e sim). ***5*** *(fig)* arido, noioso. ◆ **auf dem Trockenen** († **trockenen**) **sitzen** *(fig/fam)* essere al verde.
Trockenfleisch [-ˌflaiʃ] *(n; -es)* ~ carne essiccata.
Trockenheit [-ˌhait] *(f; -, -en)* ***1*** secchezza; aridità. ***2*** siccità.
Trockenmilch [-ˌmɪlç] *(f; -)* ~ latte in polvere.
trocknen[1] ['trɔknən] *(vi, ist/hat)* ~ asciugarsi ♦ *an der Sonne trocknen* asciugarsi al sole. ◆ **trocknen lassen** asciugare, lasciar asciugare.
trocknen[2] *(vt, hat)* ***1*** asciugare ♦ *sich* (Dat) *die Stirn trocknen* asciugarsi la fronte. ***2*** essiccare.
Troddel ['trɔdəl] *(f; -, -n)* ~ nappa.
Trödel ['trø:dəl] *(m; -s)* ~ cianfrusaglie, ciarpame.
Trödelladen [-ˌla:dən] *(m; -s, -läden)* ~ negozio di rigattiere.
trödeln [-n] *(vi, hat)* ~ gingillarsi, trastullarsi, perder tempo.
Trödler ['trø:dlɐ] *(m; -s, -; f* **-in***)* ~ rigattiere, robivecchi.
trog [tro:k] ~ pret di **trügen**.
Trog *(m; -(e)s, Tröge)* ~ trogolo.
trollen ['trɔlən] *(vr, hat)* ~ **sich trollen** *(fam)* andarsene (di malumore).
Trommel ['trɔməl] *(f; -, -n)* ***1*** tamburo ♦ *die Trommel schlagen* suonare il tamburo. ***2*** tamburo (di pistola); cilindro. ◆ **die Trommel für jmdn rühren** *(fig)* fare propaganda a qcn.
trommeln [-n] *(vi, hat)* ***1*** suonare il tamburo. ***2*** tamburellare ♦ *mit den Fingern auf den Tisch trommeln* tamburellare con le dita sul tavolo.
Trommelschlag [-ʃla:k] *(m; -(e)s, -schläge)* ~ rullo di tamburo.
Trommelstock [-ʃtɔk] *(m; -(e)s, -stöcke)* ~ mazza di tamburo.
Trommler ['trɔmlɐ] *(m; -s, -)* ~ tamburino.
Trompete [trɔm'pe:tə] *(f; -, -n)* ~ tromba.
trompeten [-n] *(vi, hat)* ***1*** suonare la tromba. ***2*** barrire. ***3*** *(fam)* strombazzare.
Trompetenstoß [-nʃto:s] *(m; -(e)s, -stöße)* ~ squillo di tromba.
Tropenpflanze [-ˌpflantsə] *(f; -, -n)* ~ pianta tropicale.
Tropf[1] [trɔpf] *(m; -(e)s, Tröpfe)* ~ semplicione, babbeo.
Tropf[2] *(m; -(e)s, -e)* ~ flebo.
tröpfchenweise ['trœpfçənˌvaizə] *(avv)* ***1*** a piccole gocce. ***2*** *(fig/fam)* a piccole dosi, poco a poco.
tröpfeln ['trœpfəln] *(vi/vt, ist/hat)* ***1*** *(vi, aux* ist*)* gocciolare. ***2*** {*es tröpfelt*} *(v meteor, aux* hat*)* piovigginare. ***3*** *(vt, aux* hat*)* versare goccia a goccia.
tropfen ['trɔpfən] *(vi/vt, ist/hat)* ***1*** *(vi, aux* ist*)* gocciolare, grondare. ***2*** *(vi, aux* hat*)* versare, perdere, gocciolare ♦ *der Wasserhahn tropft* il rubinetto versa. ***3*** *(vt, aux* hat*)* versare goccia a goccia.
Tropfen *(m; -s, -)* ***1*** goccia ♦ *der Regen fällt in großen Tropfen* la pioggia cade a goccioloni. ***2*** *(fig)* goccia, goccio ♦ *wir haben keinen Tropfen Milch mehr* non abbiamo più un goccio di latte. ***3*** goccio, goccetto (di alcolico). ◆ **ein Tropfen auf den heißen Stein sein** *(fig/fam)* essere una goccia nel mare.
tropfenweise [-ˌvaizə] *(avv)* ***1*** a gocce. ***2*** *(fig/fam)* a piccole dosi, col contagocce.
tropfnass († **-naß**) ['trɔpfˌnas] *(agg)* ~ grondante, inzuppato.
Trophäe [tro'fɛ:ə] *(f; -, -n)* ~ trofeo.
Trost [tro:st] *(m; -(e)s)* ~ consolazione, conforto ♦ *Trost bei jmdm, in etwas* (Dat) *finden* trovare conforto presso qcn, in qcs. ◆ **jmdm Trost bringen/spenden** consolare qcn, offrire conforto a qcn. ◆ **ein schwacher Trost** una magra consolazione.
trösten ['trø:stən] *(vt, hat)* ~ consolare, confortare. ◆ **sich trösten** *(vr)* consolarsi.
tröstend [-t] *(agg)* ~ consolatorio, di conforto, confortante ♦ *tröstende Worte* parole di conforto.
tröstlich ['trø:stlɪç] *(agg)* ~ consolatorio, di conforto, consolante ♦ *tröstliche Worte* parole di conforto ♦ *es ist tröstlich, zu wissen, dass* è consolante sapere che.
trostlos ['tro:stˌlo:s] *(agg)* ***1*** sconsolato, triste, sconfortato. ***2*** sconfortante, desolante ♦ *trostlose Verhältnisse* una situazione desolante.
Trostlosigkeit ['tro:stˌlo:zɪçkait] *(f; -)* ~ sconforto, desolazione.

Trostpreis ['tro:st,prais] *(m; -(e)s, -e)* ~ premio di consolazione.

Tröstung ['trø:stʊŋ] *(f; -, -en)* ~ conforto, consolazione ♦ *religiöse Tröstungen* conforti religiosi.

Trott [trɔt] *(m; -(e)s, -e)* ***1*** trotto (lento). ***2*** *(fig)* tran tran.

Trottel [-əl] *(m; -s, -)* ~ *(fam)* cretino, tonto, tontolone.

trotten [-ən] *(vi, ist)* ~ camminare con passo stanco.

trotz [trɔts] *(prep + Gen/Dat)* ~ nonostante, malgrado ♦ *trotz des Regens* nonostante la pioggia. ◆ **trotz allem** nonostante tutto. ◆ **trotz alledem, was er getan hat** nonostante tutto ciò che ha fatto.

Trotz *(m; -es)* ~ ostinazione, testardaggine, cocciutaggine. ◆ **jmdm/etwas Trotz bieten** tener testa a qcn/qcs. ◆ **etwas aus Trotz tun** fare qcs per dispetto. ◆ **jmdm zum Trotz** per (far) dispetto a qcn ♦ *ihm zum Trotz bin ich geblieben* sono rimasto per fargli dispetto. ◆ **einer Sache** (Dat) **zum Trotz** a dispetto di qcs, nonostante qcs.

trotzdem [-,de:m] *(avv)* ***1*** tuttavia, ciononostante, eppure ♦ *er hat noch keinen Führerschein, trotzdem will er sich schon ein Auto kaufen* non ha ancora la patente, tuttavia vuole già comprarsi la macchina. ***2*** *(congiunz subord) (fam)* sebbene.

trotzen [-ən] *(vi, hat)* ***1*** {*jmdm/etwas* ~} tener testa a qcn/qcs. ***2*** tenere il broncio.

trotzig [-ɪç] *(agg)* ~ ostinato, testardo, cocciuto.

trüb(e) ['try:p (-bə)] *(agg)* ***1*** torbido (liquido). ***2*** opaco (superficie). ***3*** nuvoloso, coperto (cielo). ***4*** *(fig)* cupo, buio, triste ♦ *trübe Zeiten* tempi bui. ***5*** *(fig)* fosco, losco. ◆ **im Trüben** († **trüben**) **fischen** *(fig/fam)* pescare nel torbido.

Trubel ['tru:bəl] *(m; -s)* ~ trambusto.

trüben ['try:bən] *(vt, hat)* ***1*** intorbidire. ***2*** offuscare, rendere opaco, annebbiare. ***3*** offuscare, coprire (cielo) ♦ *große Wolken trübten den Himmel* dei nuvoloni coprivano il cielo. ***4*** *(fig)* offuscare, guastare ♦ *die Freude trüben* offuscare la gioia. ◆ **sich trüben** *(vr)* ***1*** *(fig)* offuscarsi, annebbiarsi (mente). ***2*** *(fig)* guastarsi (rapporti).

Trübsal ['try:p,za:l] *(f; -, -e)* ~ *(lett)* afflizione, dolore. ◆ **Trübsal blasen** *(fig/fam)* essere giù di corda.

trübselig ['try:p,ze:lɪç] *(agg)* ***1*** afflitto, malinconico, abbattuto. ***2*** cupo, desolato, tetro, deprimente (luogo e sim).

Trübsinn ['try:p,zɪn] *(m; -(e)s)* ~ malinconia.

trübsinnig [-ɪç] *(agg)* ~ malinconico.

Trübung ['try:bʊŋ] *(f; -, -en)* ***1*** annebbiamento, opacità; offuscamento, intorbidimento. ***2*** *(fig)* annebbiamento (mentale). ***3*** *(fig)* danneggiamento (di rapporti).

Truck [trak] *(m; -s, -s)* ~ camion, autotreno.

Trüffel ['trʏfəl] *(f, -, -n; fam anche m; -s, -)* ~ *(bot)* tartufo.

trug [tru:k] ~ pret di **tragen**.

Trug *(m; -(e)s)* ***1*** inganno. ***2*** illusione.

Trugbild [-,bɪlt] *(n; -(e)s, -er)* ~ allucinazione, miraggio *(anche fig)*.

trügen ['try:gən] *(vt/vi, hat;* **trog**, **getrogen***)* ~ ingannare; essere ingannevole ♦ *der Schein trügt* l'apparenza inganna.

trügerisch ['try:gərɪʃ] *(agg)* ~ ingannevole, fallace ♦ *Erinnerungen sind trügerisch* i ricordi sono ingannevoli.

Truhe ['tru:ə] *(f; -, -n)* ~ cassa, cassapanca.

Trümmer ['trʏmɐ] *(pl)* ***1*** macerie, rovine ♦ *etwas in Trümmer legen* ridurre qcs in macerie. ***2*** rottami (di aereo, nave, ecc).

Trumpf [trʊmpf] *(m; -(e)s, Trümpfe)* ***1*** briscola; carico (a carte). ***2*** *(fig)* asso (nella manica). ◆ **einen Trumpf ausspielen** ***1*** giocare una briscola (un carico). ***2*** *(fig)* giocare l'asso.

Trunk [trʊŋk] *(m; -(e)s, Trünke)* ***1*** *(lett)* bevuta. ***2*** *(lett)* bevanda.

trunken [-ən] *(agg)* ~ *(fig/lett)* ebbro.

Trunkenbold [-ən,bɔlt] *(m; -(e)s, -e)* ~ beone, ubriacone.

Trunkenheit [-ən,hait] *(f; -)* ***1*** ebbrezza, ubriachezza. ***2*** *(lett)* ebbrezza. ◆ **Trunkenheit am Steuer** guida in stato di ubriachezza.

Trupp [trʊp] *(m; -s, -s)* ~ gruppo, truppa *(anche mil)*.

Truppe [-ə] *(f; -, -n)* ~ *(mil)* truppa.

Truppenteil [-ən,tail] *(m; -(e)s, -e)* ~ *(mil)* reparto, unità.

Truthuhn ['tru:t,hu:n] *(n; -(e)s, -hühner)* ~ *(zool)* tacchino.

tschau [tʃau] *(escl)* ~ *(fam)* ciao, arrivederci.

tschüs(s) [tʃʏs, tʃy:s] *(escl)* ~ *(fam)* ciao, arrivederci.

T-Shirt ['ti:ʃə:t] *(n; -s, -s)* ~ maglietta, t-shirt.

Tuba ['tu:ba] *(f; -, Tuben)* ~ *(mus)* tuba.

Tube ['tu:bə] *(f; -, -n)* ~ tubetto (di dentifricio, pomata, ecc).

Tuberkulose [tubɛrku'lo:zə] *(f; -, -n) (abbrev* **Tb**, **Tbc**) ~ *(med)* tubercolosi.

Tuch [tu:x] *(n; -(e)s, Tücher)* ***1*** panno, pezzo di stoffa. ***2*** fazzoletto.

Tuchfühlung [-ˌfy:lʊŋ] *(f; -)* ***1*** *(fam)* contatto (del corpo), stretto contatto ♦ *in Tuchfühlung sitzen* essere seduti a stretto contatto. ***2*** *(fig)* contatto.

tüchtig ['tʏçtɪç] *(agg)* ***1*** abile, bravo, capace. ***2*** *(fam)* grande. ***3*** *(avv)* per bene, come si deve.

Tüchtigkeit [-ˌkait] *(f; -)* ~ abilità, bravura.

Tücke ['tʏkə] *(f; -, -n)* ***1*** perfidia, cattiveria. ***2*** insidia.

tückisch ['tʏkɪʃ] *(agg)* ***1*** perfido, malvagio. ***2*** subdolo, insidioso.

Tuff [tʊf] *(m; -s, -e)* ~ tufo.

tüftelig ['tʏftəlɪç] *(agg)* ~ *(fam)* complicato, difficile.

tüfteln ['tʏftəln] *(vi, hat)* ***1*** *(fam)* rimuginare, lambiccarsi (il cervello). ***2*** {*an etwas* (Dat) ~} *(fam)* trafficare, lavorare intorno a qcs.

Tugend ['tu:gənt] *(f; -, -en)* ~ virtù.

tugendhaft [-ˌhaft] *(agg)* ~ virtuoso.

Tulpe ['tʊlpə] *(f; -, -n)* ~ *(bot)* tulipano.

tummeln ['tʊməln] *(vr, hat)* ~ **sich tummeln** ***1*** scorrazzare. ***2*** *(fig/fam)* sbrigarsi, fare in fretta.

Tumor ['tu:mo:ɐ] *(m; -s, -en)* ~ *(med)* tumore.

Tümpel ['tʏmpəl] *(m; -s, -)* ~ stagno, acquitrino.

Tumult [tu'mʊlt] *(m; -(e)s, -e)* ~ tumulto, sollevazione.

tun [tu:n] *(vt, hat;* **tat**, **getan**) ***1*** *(generic)* fare ♦ *seine Pflicht tun* fare il proprio dovere ♦ *ich habe mein Bestes getan* ho fatto del mio meglio ♦ *tu, was du willst* fa' ciò che vuoi ♦ *kann ich etwas für dich tun?* posso fare qualcosa per te? ♦ *wir müssen etwas gegen diese Ungerechtigkeit tun* dobbiamo fare qualcosa contro questa ingiustizia. ***2*** {*jmdm etwas* ~} fare qcs a qcn (di bene, di male) ♦ *jmdm einen Gefallen, etwas Böses tun* fare un piacere, qualcosa di male a qcn. ***3*** mettere ♦ *Milch in den Kaffee tun* mettere il latte nel caffè ♦ *ich habe die Schachtel in den Schrank getan* ho messo la scatola nell'armadio. ***4*** emettere, fare (sospiro, grido). ◆ **sich tun** *(vr)* succedere, accadere. ◆ **sich mit etwas leicht/schwer tun** *(vr)* avere facilità/difficoltà a fare qcs ♦ *sie tut sich schwer mit dem Kopfrechnen* ha difficoltà a calcolare a mente. ◆ **es tun** bastare, andar bene ♦ *ein Lappen tut es auch* va bene anche uno straccio. ◆ **nichts tun** non far nulla, oziare. ◆ **nichts tun als** non fare altro che ♦ *er tut nichts als schimpfen* non fa altro che imprecare. ◆ **das tut nichts zur Sache** questo non importa. ◆ **gut daran tun** far bene a ♦ *du tätest gut daran, wenn du ihr helfen würdest* faresti bene ad aiutarla. ◆ **so tun, als (ob)** far finta di ♦ *er tut so, als ob er nichts wüsste/als wüsste er nichts* fa finta di non sapere niente. ◆ **zu tun sein** essere da fare, andar fatto. ◆ **jmdm etwas zu tun geben** dare qcs da fare a qcn. ◆ **zu tun haben** avere da fare ♦ *ich habe viel zu tun* ho molto da fare. ◆ **mit jmdm/etwas zu tun haben** avere a che fare con qcn/qcs ♦ *mit ihm will ich nichts mehr zu tun haben* con lui non voglio più avere niente a che fare. ◆ **damit ist es noch nicht getan** questo non è ancora abbastanza.

Tun *(n; -s)* ~ operato, agire.

Tünche ['tʏnçə] *(f; -, -n)* ***1*** intonaco. ***2*** *(fig)* apparenza, esteriorità.

tünchen [-n] *(vt, hat)* ~ intonacare.

Tunfisch *(anche* **Thunfisch**) ['tu:nˌfɪʃ] *(m; -(e)s, -e)* ~ *(zool)* tonno.

Tunichtgut ['tu:nɪçtˌgu:t] *(m; -(e)s, -e)* ~ buono a nulla.

Tunke ['tʊŋkə] *(f; -, -n)* ~ intingolo, salsa.

tunken [-n] *(vt, hat)* ~ intingere, inzuppare (in salsa e sim).

tunlich ['tu:nˌlɪç] *(agg)* ~ opportuno, consigliabile.

tunlichst [-st] *(avv)* ~ possibilmente, se è possibile.

Tunnel ['tʊnəl] *(m; -s, -/-s)* ~ tunnel, galleria.
Tüpfelchen ['tʏpfəlçən] *(n; -s, -)* ~ puntino. ◆ **das Tüpfelchen auf dem i** *(fig)* la ciliegina sulla torta.
tupfen ['tʊpfən] *(vt, hat)* ***1*** punteggiare, riempire di puntini. ***2*** picchiettare (leggermente), tamponare, asciugare ♦ *sich* (Dat) *den Mund mit einer Serviette tupfen* asciugarsi la bocca con un tovagliolo ♦ *mit Watte auf eine Wunde tupfen* tamponare una ferita con il cotone.
Tür ['ty:ɐ] *(f; -, -en)* ***1*** porta, portone ♦ *die Tür öffnen, schließen* aprire, chiudere la porta ♦ *die Tür ist auf/zu* la porta è aperta, chiusa ♦ *an die Tür klopfen* bussare alla porta. ***2*** sportello, portiera (di auto e sim). ***3*** anta, sportello. ◆ **einer Sache** (Dat) **Tür und Tor öffnen** *(fig)* aprire tutte le porte a qcs. ◆ **jmdm die Tür vor der Nase zuschlagen** *(fig)* sbattere la porta in faccia a qcn. ◆ **jmdm die Tür weisen** *(fig/lett)* mostrare la porta a qcn. ◆ **jmdn vor die Tür setzen** *(fig)* mettere qcn alla porta. ◆ **von Tür zu Tür gehen** andare di casa in casa. ◆ **vor der Tür stehen** *(fig)* essere alle porte. ◆ **zwischen Tür und Angel** su due piedi.
turbulent [tʊrbu'lɛnt] *(agg)* ~ turbolento.
Turbulenz [tʊrbu'lɛnts] *(f; -, -en)* ~ turbolenza.
Türflügel ['ty:ɐ̯ˌfly:gəl] *(m; -s, -)* ~ battente (della porta).
Türgriff ['ty:ɐ̯ˌgrɪf] *(m; -(e)s, -e)* ~ maniglia (della porta).
türkis [tʏr'ki:s] *(agg)* ~ turchino, turchese, azzurro.
Türkis[1] *(m; -es, -e)* ~ turchese (pietra).
Türkis[2] *(n; -)* ~ turchese, turchino (colore).
Türklinke ['ty:ɐ̯ˌklɪŋkə] *(f; -, -n)* ~ maniglia (della porta).
Turm [tʊrm] *(m; -(e)s, Türme)* ***1*** torre. ***2*** campanile. ***3*** torre (negli scacchi).
türmen[1] ['tʏrmən] *(vt, hat)* ~ accatastare, ammucchiare, impilare. ◆ **sich türmen** *(vr)* accatastarsi, ammucchiarsi.
türmen[2] *(vi, ist)* ~ *(fam)* tagliare la corda.
turmhoch ['tʊrmˌho:x] *(agg)* ~ altissimo.
turnen ['tʊrnən] *(vi, hat)* ~ fare ginnastica, fare esercizi ginnici.
Turnen *(n; -s)* ***1*** ginnastica (con attrezzi). ***2*** ginnastica, educazione fisica.
Turngerät ['tʊrngəˌrɛ:t] *(n; -(e)s, -e)* ~ attrezzo ginnico.
Turnhalle ['tʊrnˌhalə] *(f; -, -n)* ~ palestra (di scuola).
Turnier [tʊr'ni:ɐ] *(n; -s, -e)* ~ *(sport)* torneo.
Turnschuh ['tʊrnʃu:] *(m; -(e)s, -e)* ~ scarpa da ginnastica.
Turnübung ['tʊrnˌʔy:bʊŋ] *(f; -, -en)* ~ esercizio ginnico (con attrezzi).
Türöffner ['ty:ɐ̯ˌʔœfnɐ] *(m; -s, -)* ~ apriporta.
Türschloss († **-schloß**) ['ty:ɐ̯ʃlɔs] *(n; -es, -schlösser)* ~ serratura (della porta).
turteln ['tʊrtəln] *(vi, hat)* ***1*** tubare. ***2*** *(fig/fam)* tubare, amoreggiare.
Turteltaube ['tʊrtəlˌtaubə] *(f; -, -n)* ~ *(zool)* tortora.
Tusche ['tʊʃə] *(f; -, -n)* ~ china, inchiostro di china.
tuscheln [-ln] *(vi, hat)* ~ bisbigliare, parlottare.
Tüte ['ty:tə] *(f; -, -n)* ***1*** busta, sacchetto (di plastica o carta). ***2*** cartone (di latte e sim). ***3*** cono (di gelato). ◆ **das kommt nicht in die Tüte** *(fam)* non se ne parla nemmeno.
tuten ['tu:tən] *(vi, hat)* ~ fischiare (locomotiva, nave, ecc).
Typ [ty:p] *(anche* **Typus***)* *(m; -s, -en)* ***1*** tipo, persona; carattere ♦ *ein fröhlicher Typ* un carattere allegro ♦ *er ist ein netter Typ* è un tipo simpatico. ***2*** tipo, modello.
Type [-ə] *(f; -, -n)* ***1*** carattere (tipografico). ***2*** *(fam)* tipo strambo.
Typhus ['ty:fʊs] *(m; -)* ~ *(med)* tifo.
typisch ['ty:pɪʃ] *(agg)* ~ tipico ♦ *typisch für jmdn/etwas sein* essere tipico di qcn/qcs.
Typografie *(anche* **Typographie***)* [typogra'fi:] *(f; -, -n)* ~ tipografia.
typografisch *(anche* **typographisch***)* [typo'gra:fɪʃ] *(agg)* ~ tipografico.
Typus ['ty:pʊs] ~ vedi **Typ**.
Tyrann [ty'ran] *(m; -en, -en)* ~ tiranno.
Tyrannei [tyra'nai] *(f; -, -en)* ~ tirannide; tirannia.
tyrannisch [ty'ranɪʃ] *(agg)* ~ tirannico.

u, U [uː] *(n; -/-s, -/-s)* ~ u, U *(ventunesima lettera dell'alfabeto tedesco)*.

u.a. ~ abbrev di **und andere**(**s**), **unter anderem** (vedi **anderer**).

U-Bahn ['uːˌbaːn] *(f; -, -en)* ~ metropolitana.

U-Bahn-Station [-ʃtaˌtsjoːn] *(f; -, -en)* ~ stazione della metropolitana.

übel ['yːbəl] *(agg)* ***1*** cattivo, brutto (moralmente) ♦ *eine üble Gesellschaft* una cattiva compagnia ♦ *einen üblen Ruf haben* avere una cattiva fama. ***2*** brutto, grave (situazione). ***3*** cattivo, disgustoso (sapore, odore). ***4*** cattivo, nero (umore). ***5*** *(avv)* male. ◆ **übel gelaunt** († **übelgelaunt**) di cattivo umore. ◆ **übel gesinnt** († **übelgesinnt**) mal disposto. ◆ **übel nehmen** († **übelnehmen**) prendere male, aversene a male ♦ *er hat es übel genommen, dass* se ne è avuto a male che ♦ *nimm es mir nicht übel, aber...* non avertene a male, ma... ◆ **übel riechen** avere un cattivo odore. ◆ **übel schmecken** avere un saporaccio. ◆ **jmdm übel wollen** († **übelwollen**) volere male a qcn. ◆ **jmdm ist übel** qcn si sente male (spec nausea) ♦ *mir ist übel* mi sento male, ho la nausea. ◆ **es steht übel mit jmdm** qcn se la passa male. ◆ **nicht übel** *(fig/fam)* non male.

Übel *(n; -s, -)* ***1*** male, cosa grave ♦ *das kleinere Übel* il male minore ♦ *das Übel an der Wurzel packen* estirpare il male alla radice. ***2*** *(lett)* malattia, male. ◆ **zu allem Übel** per giunta, per colmo di sfortuna ♦ *zu allem Übel haben wir den Zug verpasst* per colmo di sfortuna abbiamo perso il treno.

übelgelaunt ~ **übel gelaunt** (vedi **übel**).

übelgesinnt ~ **übel gesinnt** (vedi **übel**).

Übelkeit [-ˌkait] *(f; -, -en)* ~ nausea; malessere.

übelnehmen ~ **übel nehmen** (vedi **übel**).

Übelstand [-ʃtant] *(m; -(e)s, -stände)* ~ inconveniente, guaio.

Übeltat [-ˌtaːt] *(f; -, -en)* ~ cattiva azione, malafatta.

Übeltäter [-ˌtɛːtɐ] *(m; -s, -; f* **-in**) ~ malfattore.

übelwollen ~ **übel wollen** (vedi **übel**).

üben ['yːbən] *(vt, hat)* ***1*** {*etwas* ~} esercitarsi a/su qcs, fare esercizi di/su qcs; studiare qcs ♦ *Gitarre üben* esercitarsi alla chitarra ♦ *die unregelmäßigen Verben üben* esercitarsi sui verbi irregolari. ***2*** esercitare, tenere in esercizio ♦ *das Gedächtnis üben* esercitare la memoria. ***3*** *(fig)* esercitare, usare, avere ♦ *Geduld üben* usare pazienza ♦ *Gewalt üben* esercitare violenza ♦ *Nachsicht üben* usare indulgenza. ***4*** *(vi)* esercitarsi, fare esercizio. ◆ **sich in etwas** (Dat) **üben** *(vr)* esercitarsi in qcs ♦ *er übt sich im Singen* si esercita nel canto.

über[1] ['yːbɐ] *(prep* + Dat/Acc; *prep art* **überm** = **über dem**; **übers** = **über das**) ***1*** *(stato* + Dat; *moto* + Acc) sopra, su ♦ *das Bild hängt über dem Sofa* il quadro è appeso sopra al divano ♦ *ich habe das Bild* *über das Sofa gehängt* ho appeso il quadro sopra al divano ♦ *wir wohnen über meinem Onkel* abitiamo sopra a mio zio. **2** (+ Acc) *(fig)* su, di ♦ *wir haben lange über dieses Problem diskutiert* abbiamo discusso a lungo di questo problema ♦ *ein Referat über die romantische Dichtung* una relazione sulla poesia romantica ♦ *alle lachten über ihn* tutti ridevano di lui. **3** (+ Acc) oltre, al di là di ♦ *die Kinder sprangen über die Grube* i bambini saltarono al di là del fosso ♦ *über eine Brücke gehen* oltrepassare un fiume ♦ *über die Straße gehen* attraversare la strada. **4** *(fig)* oltre, più di ♦ *er war über ein Jahr arbeitslos* è stato disoccupato per più di un anno ♦ *sie ist über achtzig Jahre alt* ha oltre ottant'anni ♦ *das kostet über tausend Euro* costa oltre mille euro. **5** (+ Acc) *(direzione)* per, da, attraverso ♦ *wir fahren über München nach Stuttgart* andiamo a Stoccarda passando per Monaco. **6** (+ Acc) *(tempo)* durante, per *(anche posp)* ♦ *über Nacht* durante la notte ♦ *wir fahren über Weihnachten, übers Wochenende in die Berge* andiamo in montagna per Natale, per il fine settimana ♦ *den ganzen Tag über* per tutto il giorno. **7** su ♦ *Fehler über Fehler* errori su errori. ◆ **über jmdm stehen** *(fig)* stare sopra a qcn (in una gerarchia).

über[2] *(avv)* ~ **jmdm über sein** († **übersein**) *(fam)* qcn è stufo di qcs.

überall [-ˈʔal] *(avv)* ~ dovunque, ovunque, dappertutto (stato in luogo).

überallher [-ʔalˈheːɐ] *(avv)* ~ da ogni luogo, da tutte le parti (moto da luogo).

überallhin [-ʔalˈhɪn] *(avv)* ~ dovunque, ovunque, dappertutto (moto a luogo).

überaltert [-ˈʔaltɐt] *(agg)* **1** invecchiato, con troppi anziani ♦ *eine überalterte Bevölkerung* una popolazione invecchiata. **2** *(fig)* vecchio, antiquato.

überanstrengen [-ˈʔanʃtrɛŋən] *(vt, hat)* ~ affaticare troppo, strapazzare. ◆ **sich überanstrengen** *(vr)* strapazzarsi.

Überanstrengung [-ˈʔanʃtrɛŋʊŋ] *(f; -, -en)* ~ strapazzo, affaticamento eccessivo.

überarbeiten [-ˌʔarbaitən] *(vt, hat)* ~ rielaborare, rivedere (testo). ◆ **sich überarbeiten** *(vr)* lavorare troppo.

Überarbeitung [-ˌʔarbaitʊŋ] *(f; -, -en)* ~ rielaborazione, revisione (di testi).

überaus [-ˌʔaus] *(avv)* ~ *(lett)* estremamente, oltremodo, molto.

über|bekommen *(vt, hat; irr kommen)* ~ {*etwas* ~} averne abbastanza di qcs, stufarsi di qcs.

über|belasten *(vt, hat)* ~ sovraccaricare, sollecitare troppo.

Überbelastung [-bəˌlastʊŋ] *(f; -, -en)* ~ sovraccarico, sollecitazione eccessiva.

überbieten [-ˈbiːtən] *(vt, hat; irr bieten)* **1** {*jmdn* ~} offrire più di qcn (in un'asta). **2** superare, battere. **3** {*jmdn an etwas* (Dat) ~} *(fig)* battere qcn in qcs ♦ *niemand kann ihn an Pünktlichkeit überbieten* nessuno riesce a batterlo in quanto a puntualità.

über|bleiben *(vi, ist; irr bleiben)* ~ *(fam)* avanzare.

Überbleibsel [-ˌblaipsəl] *(n; -s, -)* ~ *(fam)* avanzo, resto.

Überblick [-ˌblɪk] *(m; -(e)s, -e)* **1** vista, panorama ♦ *von hier hat man einen guten Überblick über die Stadt* da qui si ha una buona vista sulla città. **2** *(fig)* visione d'insieme, panoramica ♦ *einen Überblick über ein Problem haben* avere una visione d'insieme di un problema.

überblicken [-ˌblɪkən] *(vt, hat)* **1** dominare con lo sguardo. **2** *(fig)* {*etwas* ~} avere una visione d'insieme di qcs.

überbringen [-ˈbrɪŋən] *(vt, hat; irr bringen)* ~ {*jmdm etwas* ~} *(lett)* portare, consegnare qcs a qcn.

überbrücken [-ˈbrʏkən] *(vt, hat)* ~ superare, far fronte a (difficoltà e sim).

Überbrückung [-ˈbrʏkʊŋ] *(f; -, -en)* ~ superamento (di difficoltà, ostacoli, ecc).

überdachen [-ˈdaxən] *(vt, hat)* ~ coprire con un tetto.

Überdachung [-ˈdaxʊŋ] *(f; -, -en)* ~ copertura (con un tetto), tetto.

überdauern [-ˈdauɐn] *(vt, hat)* ~ {*etwas* ~} sopravvivere a qcs, durare più a lungo di qcs (oggetti) ♦ *die Kirche hat den Krieg überdauert* la chiesa è sopravvissuta alla guerra.

überdenken [-ˈdɛŋkən] *(vt, hat; irr denken)* ~ {*etwas* ~} riflettere (nuovamente) su qcs.

überdies [-ˈdiːs] *(avv)* ~ inoltre.
Überdosis [-ˌdoːzɪs] *(f; -, -dosen)* ~ overdose ♦ *er starb an einer Überdosis Heroin* è morto per un'overdose di eroina.
überdreht [-ˈdreːt] *(agg)* ~ sovreccitato.
Überdruss († **Überdruß**) [-ˌdrʊs] *(m; -es)* ~ noia, tedio, nausea. ◆ **bis zum Überdruss** fino alla nausea.
überdrüssig [-ˌdrʏsɪç] *(agg)* ~ **einer Sache** (Gen) **überdrüssig sein** essere stufo di qcs, essere nauseato da. ◆ **einer Sache** (Gen) **überdrüssig werden** stufarsi di qcs.
überdurchschnittlich [-ˌdʊrçʃnɪtlɪç] *(agg)* ~ superiore alla media, sopra la media.
übereignen [-ˈˀaignən] *(vt, hat)* ~ {*jmdm etwas* ~} trasferire qcs a qcn (proprietà).
Übereignung [-ˈˀaignʊŋ] *(f; -, -en)* ~ trasferimento (di proprietà).
übereilen [-ˈˀailən] *(vt, hat)* ~ {*etwas* ~} affrettare troppo, precipitare qcs. ◆ **sich mit etwas übereilen** *(vr)* fare troppo precipitosamente qcs, precipitare qcs.
übereilt [-ˈˀailt] *(agg)* ~ precipitoso, affrettato.
übereinander [-ˀaiˈnandɐ] *(avv)* ***1*** l'uno sopra l'altro. ***2*** *(fig)* l'uno dell'altro ♦ *sie sprachen übereinander* parlarono l'uno dell'altro. ◆ **übereinander legen** († **übereinanderlegen**) sovrapporre, mettere l'uno sull'altro (in posizione orizzontale). ◆ **übereinander liegen** († **übereinanderliegen**) essere sovrapposto (in posizione orizzontale). ◆ **übereinander schlagen** († **übereinanderschlagen**) accavallare (le gambe). ◆ **übereinander setzen** († **übereinandersetzen**) sovrapporre, mettere l'uno sull'altro. ◆ **übereinander stellen** († **übereinanderstellen**) sovrapporre, mettere l'uno sull'altro (in posizione verticale).
überein|kommen [-ˈˀainˌkɔmən] *(vi, ist; irr kommen)* ~ {*mit jmdm* ~} *(lett)* accordarsi con qcn, convenire con qcn ♦ *wir sind miteinander übereingekommen, die Verhandlungen fortzusetzen* abbiamo convenuto di proseguire le trattative.
Übereinkommen *(n; -s, -)* ~ vedi **Übereinkunft**.
Übereinkunft [-ˈˀainˌkʊnft] *(f; -, -künfte)* ~ accordo, intesa.
überein|stimmen [-ˈˀainʃtɪmən] *(vi, hat)* ***1*** {*mit jmdm in etwas* (Dat) ~} concordare con qcn su qcs, essere d'accordo con qcn su qcs ♦ *alle stimmen darin überein, dass* tutti concordano che. ***2*** {*in/mit etwas* (Dat) ~} concordare con qcs, corrispondere a qcs ♦ *die Aussagen der Zeugen stimmen nicht überein* le deposizioni dei testimoni non concordano. ***3*** andar bene, intonarsi (nel colore e sim).
Übereinstimmung [-ˈˀainʃtɪmʊŋ] *(f; -, -en)* ***1*** accordo (di idee). ***2*** concordanza, conformità ♦ *in Übereinstimmung mit den Normen* in conformità alle norme.
überempfindlich [-ɛmˌpfɪntlɪç] *(agg)* ~ ipersensibile.
Überempfindlichkeit [-ɛmˌpfɪntlɪçkait] *(f; -)* ~ ipersensibilità.
überfahren [-ˈfaːrən] *(vt, hat; irr fahren)* ***1*** investire ♦ *er wurde von einem Auto überfahren* è stato investito da un'auto. ***2*** ignorare, non rispettare (segnali stradali).
Überfall [-ˌfal] *(m; -(e)s, -fälle)* ~ aggressione, assalto.
überfallen [-ˈfalən] *(vt, hat; irr fallen)* ***1*** {*jmdn* ~} aggredire, assalire qcn *(anche fig)*. ***2*** {*jmdn mit etwas* ~} *(fig)* investire qcn con qcs ♦ *jmdn mit Fragen überfallen* investire qcn con domande. ***3*** {*jmdn* ~} *(fig)* sorprendere, cogliere qcn (sensazioni e sim) ♦ *der Schlaf überfiel ihn* lo colse il sonno.
überfällig [-ˌfɛlɪç] *(agg)* ***1*** in ritardo. ***2*** scaduto.
überfliegen [-ˈfliːgən] *(vt, hat)* ***1*** sorvolare. ***2*** *(fig)* scorrere, dare una scorsa a ♦ *einen Brief überfliegen* dare una scorsa a una lettera.
über|fließen *(vi, ist; irr/ortogr fließen)* ~ *(lett)* traboccare, straripare (liquido; recipiente).
Überfluss († **-fluß**) [-ˌflʊs] *(m; -es)* ***1*** abbondanza ♦ *an etwas* (Dat) *Überfluss haben* avere abbondanza di qcs ♦ *etwas im Überfluss haben* avere qcs in abbondanza. ***2*** abbondanza, opulenza ♦ *im Überfluss leben* vivere nell'abbondanza. ◆ **zum Überfluss** per giunta, come se non bastasse.
überfluten [-ˈfluːtən] *(vt, hat)* ***1*** inondare, allagare. ***2*** *(fig)* inondare, invadere.

überflutet [-ˈfluːtət] *(agg)* ~ allagato, inondato *(anche fig)*. ◆ **von etwas überflutet sein** *(fig)* essere inondato da qcs.

Überflutung [-ˈfluːtʊŋ] *(f; -, -en)* **1** inondazione, allagamento. **2** *(fig)* inondazione, invasione.

überfordern [-ˈfɔrdɐn] *(vt, hat)* ~ {*jmdn* ~} pretendere troppo da qcn, chiedere troppo a qcn ◆ *der Lehrer überfordert seine Schüler* l'insegnante pretende troppo dai suoi alunni.

Überforderung [-ˈfɔrdərʊŋ] *(f; -, -en)* ~ pretesa eccessiva, richiesta eccessiva.

über|führen[1] [-ˌfyːrən] *(anche* **überführen** [-ˈfyːrən]*)* *(vt, hat)* ~ trasferire, trasportare ◆ *der Kranke wurde ins Krankenhaus über(ge)führt* il malato fu trasportato in ospedale.

überführen[2] [-ˈfyːrən] *(vt, hat)* ~ {*jmdn einer Sache* (Gen) ~} dimostrare la colpevolezza di qcn in qcs ◆ *er wurde des Mordes überführt* fu dimostrata la sua colpevolezza nell'omicidio.

Überführung [-ˈfyːrʊŋ] *(f; -, -en)* **1** trasporto, trasferimento. **2** cavalcavia.

überfüllt [-ˌfʏlt] *(agg)* **1** colmo, stracolmo. **2** strapieno, sovraffollato.

Übergabe [-ˌgaːbə] *(f; -, -n)* **1** consegna. **2** *(mil)* resa.

Übergang [-ˌgaŋ] *(m; -(e)s, -gänge)* **1** passaggio (il passare; luogo del passaggio), attraversamento. **2** passaggio (a livello; pedonale). **3** *(fig)* passaggio, momento di passaggio, transizione; cambiamento ◆ *der Übergang von der Monarchie zur Republik* il passaggio dalla monarchia alla repubblica. **4** *(mus)* passaggio.

Übergangsphase [-gaŋsˌfaːzə] *(f; -, -n)* ~ fase di passaggio, fase transitoria.

Übergangszeit [-gaŋsˌtsait] *(f; -, -en)* ~ periodo di transizione.

übergeben [-ˈgeːbən] *(vt, hat; irr* geben*)* **1** {*jmdm etwas* ~} consegnare qcs a qcn ◆ *wir übergaben dem Hausmeister die Schlüssel* consegnammo le chiavi al portinaio. **2** *(mil)* consegnare ◆ *dem Feind die Stadt übergeben* consegnare la città al nemico. **3** {*jmdm etwas* ~} lasciare, affidare qcs a qcn (incarichi e sim). ◆ **sich übergeben** *(vr)* vomitare.

über|gehen[1] [-ˌgeːən] *(vi, ist; irr* gehen*)* **1** passare (di appartenenza, proprietà) ◆ *zur Opposition übergehen* passare all'opposizione ◆ *in jmds Besitz übergehen* diventare di proprietà di qcn. **2** *(fig)* trasformarsi, diventare, passare ◆ *in Fäulnis übergehen* diventare marcio, marcire. **3** {*zu etwas* ~} passare a qcs (argomenti) ◆ *gehen wir jetzt zu einem anderen Thema über* passiamo adesso a un altro argomento. **4** {*zu etwas* ~} passare a qcs, intraprendere qcs ◆ *zum Angriff übergehen* passare all'attacco.

übergehen[2] [-ˈgeːən] *(vt, hat; irr* gehen*)* ~ tralasciare, trascurare, ignorare.

übergenug [-gəˌnuːk] *(avv)* ~ in abbondanza, più che abbastanza.

übergeordnet [-gəˌɔrdnət] *(agg)* **1** superiore (in autorità) ◆ *jmdm übergeordnet sein* essere superiore a qcn. **2** prioritario, primario.

Übergewicht [-gəˌvɪçt] *(n; -(e)s)* **1** sovrappeso ◆ *Übergewicht haben* essere in sovrappeso. **2** *(fig)* sopravvento, predominio. **3** *(fig)* preponderanza. ◆ **Übergewicht bekommen** *(fam)* perdere l'equilibrio.

über|greifen *(vi, hat; irr* greifen*)* ~ {*auf etwas* (Acc) ~} propagarsi a qcs, estendersi a qcs, attaccare qcs ◆ *das Feuer hat auf den Wald übergegriffen* il fuoco si è propagato al bosco.

Übergriff [-ˌgrɪf] *(m; -(e)s, -e)* ~ sopruso.

über|haben *(vt, hat)* **1** *(fam)* avere di avanzo ◆ *wir haben ein Pfund Kartoffeln über* ci avanza mezzo chilo di patate. **2** *(fam)* avere sopra, indossare sopra (a qualcos'altro). **3** {*etwas* ~} *(fam)* averne abbastanza di qcs, essere stufo di qcs.

überhand [-ˈhant] *(avv)* ~ **überhand nehmen** († **überhandnehmen**) aumentare (eccessivamente), moltiplicarsi, prendere piede (cose negative).

überhandnehmen ~ **überhand nehmen** (vedi **überhand**).

Überhang [-ˌhaŋ] *(m; -(e)s, -hänge)* **1** sporgenza, aggetto (di edificio). **2** strapiombo. **3** *(fig)* surplus, eccedenza.

über|hängen[1] *(vi, hat; irr* hängen[1]*)* **1** sporgere, essere sporgente. **2** pendere, essere pendente. **3** essere a strapiombo.

über|hängen[2] *(vt,* hat*)* ~ {*jmdm/sich etwas* ~} mettere qcs sulle spalle a qcn, mettersi qcs sulle spalle (addosso) ♦ *er hängte sich einen Mantel über* si mise un cappotto sulle spalle.

überhängend [-ˌhɛŋənt] *(agg)* ***1*** sporgente, aggettante. ***2*** a strapiombo ♦ *überhängende Felsen* rocce a strapiombo.

überhäufen [-ˈhɔyfən] *(vt,* hat*)* ***1*** {*jmdn mit etwas* ~} *(fig)* sovraccaricare qcn con qcs, oberare qcn di qcs. ***2*** {*jmdn mit etwas* ~} *(fig)* riempire, colmare qcn di qcs (lodi, rimproveri, ecc).

überhaupt [-ˈhaupt] *(avv)* ***1*** *(interr)* poi, ma (spesso non tradotto) ♦ *hast du heute Nacht überhaupt geschlafen?* ma hai dormito (almeno un po') stanotte? ***2*** [atono] *(interr)* ma, ma come ♦ *ist das überhaupt möglich?* ma è possibile? ***3*** *(+ neg)* assolutamente (non), affatto, per niente ♦ *ich habe überhaupt keine Lust* non ho assolutamente voglia ♦ *er hat überhaupt nicht mitgeholfen* non ha aiutato affatto ♦ *überhaupt nichts* assolutamente niente. ***4*** particolarmente, in particolare. ***5*** a parte questo, inoltre, e poi ♦ *und überhaupt, wieso sollte ich ihm helfen?* e poi, perché dovrei aiutarlo? ***6*** in generale.

überheblich [-ˈheːplɪç] *(agg)* ~ superbo, presuntuoso, arrogante.

Überheblichkeit [-ˈheːplɪçˌkait] *(f; -)* ~ superbia, presunzione, arroganza.

überholen [-ˈhoːlən] *(vt,* hat*)* ***1*** sorpassare, superare. ***2*** revisionare, sottoporre a revisione (macchina).

Überholmanöver [-ˈhoːlmaˌnøːvɐ] *(n; -s, -)* ~ sorpasso, manovra di sorpasso.

überholt [-ˈhoːlt] *(agg)* ~ sorpassato, antiquato.

Überholung [-ˈhoːlʊŋ] *(f; -, -en)* ~ revisione (di macchina).

Überholverbot [-ˈhoːlfɛɐˌboːt] *(m; -(e)s, -e)* ~ divieto di sorpasso.

überhören [-ˈhøːrən] *(vt,* hat*)* ~ non sentire, non far caso a qcs ♦ *ich habe das Klingeln überhört* non ho sentito suonare.

überirdisch [-ˈʔɪrdɪç] *(agg)* ~ ultraterreno, sovrannaturale, divino.

überkommen[1] [-ˈkɔmən] *(vt,* hat; *irr* kommen*)* ~ {*jmdn* ~} assalire qcn, cogliere qcn (sentimenti e sim).

überkommen[2] *(agg)* ~ tramandato, tradizionale.

überkriegen [-ˈkriːgən] *(vt,* hat*)* ~ {*etwas* ~} *(fam)* essere stufo di qcs, averne abbastanza di qcs.

überladen[1] [-ˈlaːdən] *(vt,* hat*)* ~ sovraccaricare. ◆ **sich** (Dat) **den Magen überladen** riempirsi la pancia, mangiare troppo.

überladen[2] *(agg)* ***1*** sovraccarico. ***2*** *(fig)* carico, sovraccarico (stile e sim).

überlagern [-ˈlaːgɐn] *(vt,* hat*)* ~ {*etwas* ~} sovrapporsi a qcs, coprire qcs (formando uno strato). ◆ **sich überlagern** *(vr)* sovrapporsi.

Überlagerung [-ˈlaːgərʊŋ] *(f; -, -en)* ~ sovrapposizione.

überlassen [-ˈlasən] *(vt,* hat; *irr/ortogr* lassen*)* ***1*** {*jmdm etwas* ~} cedere qcs a qcn, lasciare qcs a qcn ♦ *er hat seinem Sohn das Ferienhaus überlassen* ha ceduto la casa delle vacanze a suo figlio. ***2*** {*jmdm etwas* ~} affidare qcs a qcn. ***3*** {*jmdm etwas* ~} lasciare, lasciar fare qcs a qcn ♦ *überlass das mir!* lascia fare a me! ◆ **sich einer Sache** (Dat) **überlassen** *(vr)* abbandonarsi a qcs (sentimenti e sim). ◆ **nichts dem Zufall überlassen** non lasciar niente al caso. ◆ **sich** (Dat) **selbst überlassen sein** essere abbandonato a se stesso.

überlasten [-ˈlastən] *(vt,* hat*)* ~ sovraccaricare, oberare *(anche fig)*.

überlastet [-ˈlastət] *(agg)* ~ sovraccarico, oberato ♦ *mit etwas überlastet sein* essere oberato da qcs.

über|laufen[1] [-ˌlaufən] *(vi,* ist; *irr* laufen*)* ~ traboccare, straripare (liquido; recipiente) ♦ *das Wasser, die Badewanne ist übergelaufen* l'acqua, la vasca da bagno è traboccata. ◆ **zum Feind überlaufen** passare al nemico, disertare.

überlaufen[2] [-ˈlaufən] *(vt,* hat; *irr* laufen*)* ~ {*jmdn* ~} cogliere, prendere, percorrere qcn (sensazioni) ♦ *ein Schauer überlief mich* un brivido mi percorse. ◆ **es überläuft jmdn eiskalt** qcn si sente gelare *(anche fig)*.

Überläufer [-ˌlɔyfɐ] *(m; -s, -)* ~ disertore.

überleben [-ˈleːbən] *(vi/vt,* hat*)* ***1*** *(vi)* sopravvivere. ***2*** *(vt)* {*jmdn/etwas* ~} sopravvivere a qcn/qcs ♦ *er hat den Unfall über-*

lebt è sopravvissuto all'incidente ♦ *sie hat ihre Kinder überlebt* è sopravvissuta ai suoi figli. ◆ **sich überleben** *(vr)* diventare antiquato, essere superato.

Überleben *(n; -s)* ~ sopravvivenza ♦ *der Kampf ums Überleben* la lotta per la sopravvivenza.

Überlebende(r) [-ˈleːbəndə (-dɐ)] *(m/f; -n, -n)* ~ sopravvissuto.

überlegen[1] [-ˈleːgən] *(vi/vt, hat)* ***1*** {*(etwas)* ~} meditare, riflettere (su qcs) ♦ *er antwortete, ohne zu überlegen* rispose senza riflettere. ***2*** {*sich* (Dat) *etwas* ~} riflettere, meditare su qcs, pensar bene a qcs ♦ *überleg es dir gut!* rifletticì bene ♦ *ich werde es mir überlegen* ci penserò. ◆ **sich** (Dat) **etwas anders überlegen** cambiare idea su qcs, ripensarci ♦ *ich habe es mir anders überlegt* ho cambiato idea, ci ho ripensato.

überlegen[2] *(agg)* ***1*** superiore, distaccato. ***2*** superiore, migliore ♦ *jmdm/etwas überlegen sein* essere superiore a qcn/qcs.

Überlegenheit [-ˈleːgənˌhait] *(f; -)* ***1*** superiorità, distacco. ***2*** superiorità, maggior valore.

überlegt [-ˈleːkt] *(agg)* ~ meditato, ponderato.

Überlegung [-ˈleːgʊŋ] *(f; -, -en)* ~ riflessione, meditazione; considerazione ♦ *nach reiflicher Überlegung* dopo matura riflessione ♦ *ohne Überlegung* senza riflettere.

über|leiten *(vi, hat)* ~ {*zu etwas* ~} passare a qcs ♦ *zu einem anderen Thema überleiten* passare a un altro argomento.

überlesen [-ˈleːzən] *(vt, hat; irr* lesen*)* ***1*** {*etwas* ~} scorrere qcs, dare una scorsa a qcs. ***2*** {*etwas* ~} non vedere qcs, farsi sfuggire qcs (nel leggere) ♦ *ich habe den Tippfehler überlesen* mi è sfuggito l'errore di battitura.

überliefern [-ˈliːfɐn] *(vt, hat)* ~ tramandare, trasmettere (cultura, opere, ecc) ♦ *etwas mündlich überliefern* tramandare qcs oralmente.

Überlieferung [-ˈliːfərʊŋ] *(f; -, -en)* ~ tradizione, trasmissione (di cultura) ♦ *die mündliche, schriftliche Überlieferung* la tradizione orale, scritta.

überlisten [-ˈlɪstən] *(vt, hat)* ~ raggirare.

Überlistung [-ˈlɪstʊŋ] *(f; -, -en)* ~ raggiro.

überm [-m] *(prep art)* ~ = **über dem** (vedi **über**[1]).

Übermacht [-ˌmaxt] *(f; -)* ~ superiorità, predominio ♦ *die Übermacht über jmdn/etwas haben* avere il predominio su qcn/qcs. ◆ **in der Übermacht sein** essere in superiorità (numerica).

übermächtig [-ˌmɛçtɪç] *(agg)* ***1*** superiore, potentissimo. ***2*** *(fig)* incontenibile, irresistibile.

übermannen [-ˈmanən] *(vt, hat)* ~ {*jmdn* ~} sopraffare, vincere qcn (sensazioni) ♦ *die Müdigkeit übermannte ihn* la stanchezza lo vinse.

Übermaß [-ˌmaːs] *(n; -es, -e)* ~ eccesso ♦ *ein Übermaß an Kontrolle* un eccesso di controllo. ◆ **etwas im Übermaß haben** avere qcs in eccesso.

übermäßig [-ˌmɛːsɪç] *(agg)* ***1*** eccessivo, esagerato. ***2*** *(avv)* eccessivamente, troppo.

Übermensch [-ˌmɛnʃ] *(m; -en, -en)* ~ superuomo.

übermenschlich [-ˌmɛnʃlɪç] *(agg)* ~ sovrumano ♦ *eine übermenschliche Anstrengung* uno sforzo sovrumano.

übermitteln [-ˌmɪtəln] *(vt, hat)* ~ {*jmdm etwas* ~} inviare, trasmettere qcs a qcn (notizie e sim).

übermorgen [-ˌmɔrgən] *(avv)* ~ dopodomani, domani l'altro.

übermüdet [-ˈmyːdət] *(agg)* ~ spossato, stanchissimo.

Übermut [-ˌmuːt] *(m; -(e)s)* ~ euforia.

übermütig [-ˌmyːtɪç] *(agg)* ~ eccitato, euforico; sfrenato, scatenato (bambini).

übernächste(r, -s) [-ˌnɛːçstə (-tɐ, -təs)] *(agg, solo attr)* ~ fra due, quello dopo il prossimo ♦ *an der übernächsten Haltestelle* fra due fermate ♦ *am übernächsten Sonntag* fra due domeniche.

übernachten [-ˈnaxtən] *(vi, hat)* ~ pernottare.

Übernachtung [-ˈnaxtʊŋ] *(f; -, -en)* ~ pernottamento.

Übernahme [-ˌnaːmə] *(f; -, -n)* ***1*** assunzione, presa. ***2*** elemento tratto (da qcs); citazione.

übernatürlich [-naˌtyːɐlɪç] *(agg)* ~ soprannaturale.

übernehmen [-ˈneːmən] *(vt, hat; irr* nehmen*)* ***1*** prendere (con sé), prendere in consegna. *2* acquisire, rilevare (attività commerciali). *3* accollarsi, assumersi, prendersi (compiti, oneri, ecc) ♦ *die Kosten übernehmen* accollarsi le spese. *4* far proprio, adottare (metodo). *5* riprendere, citare. ◆ **den Befehl übernehmen** assumere il comando.

über|ordnen *(vt,* hat*)* ~ {*einer Sache* (Dat) *etwas* ~} anteporre qcs a qcs.

überprüfen [-ˈpryːfən] *(vt,* hat*)* ~ rivedere, controllare, verificare.

Überprüfung [-ˈpryːfʊŋ] *(f;* -, -en*)* ~ controllo, revisione, verifica.

überqueren [-ˈkveːrən] *(vt,* hat*)* ~ attraversare ♦ *die Straße überqueren* attraversare la strada.

überragen [-ˈraːgən] *(vt,* hat*)* *1* {*jmdn/etwas* ~} superare qcn/qcs (in altezza), essere più alto di qcn/qcs, sovrastare qcs. *2* {*jmdn an etwas* (Dat) ~} *(fig)* superare qcn in qcs ♦ *er überragt alle an Erfahrung* supera tutti in esperienza.

überragend [-ˈraːgənt] *(agg)* ~ superiore, eccellente.

überraschen [-ˈraʃən] *(vt,* hat*)* *1* sorprendere, cogliere di sorpresa ♦ *die Dunkelheit überraschte sie* vennero sorpresi dal buio. *2* {*jmdn bei etwas* ~} sorprendere, scoprire qcn a fare qcs ♦ *einen Einbrecher beim Stehlen überraschen* sorprendere uno scassinatore a rubare. *3* sorprendere, stupire. *4* {*jmdn* ~} sorprendere qcn, fare una sorpresa a qcn ♦ *er überraschte uns mit einem schönen Geschenk* ci fece una sorpresa con un bel regalo.

überraschend [-ˈraʃənt] *(agg)* *1* sorprendente, stupefacente. *2* inatteso, inaspettato.

überrascht [-ˈraʃt] *(agg)* ~ sorpreso, stupito ♦ *über etwas* (Acc) *überrascht sein* essere sorpreso di qcs.

Überraschung [-ˈraʃʊŋ] *(f;* -, -en*)* *1* sorpresa, cosa inaspettata ♦ *eine böse, schöne Überraschung* una brutta, bella sorpresa ♦ *ich habe eine Überraschung für dich* ho una sorpresa per te. *2* sorpresa, stupore ♦ *zu meiner großen Überraschung* con mia grande sorpresa.

überreden [-ˈreːdən] *(vt,* hat*)* ~ {*jmdn zu etwas* ~} persuadere, convincere qcn a qcs (a parole) ♦ *er ließ sich zum Mitmachen überreden* si lasciò convincere a partecipare.

Überredung [-ˈreːdʊŋ] *(f;* -*)* ~ persuasione.

überreichen [-ˈraiçən] *(vt,* hat*)* ~ {*jmdm etwas* ~} *(lett)* consegnare qcs a qcn (formalmente, solennemente).

Überreichung [-ˈraiçʊŋ] *(f;* -, -en*)* ~ consegna (formale, solenne).

überrennen [-ˈrɛnən] *(vt,* hat; *irr* rennen*)* *1* *(mil)* travolgere. *2* {*jmdn mit etwas* ~} *(fig)* travolgere, investire qcn con qcs.

Überrest [-ˌrɛst] *(m;* -(e)s, -e*)* *1* resto, ultimo residuo. *2* *(pl)* rovine, macerie; vestigia.

überrollen [-ˈrɔlən] *(vt,* hat*)* *1* travolgere (con carro armato e sim). *2* *(fig)* travolgere, aggredire.

überrumpeln [-ˈrʊmpəln] *(vt,* hat*)* ~ sorprendere, cogliere di sorpresa/alla sprovvista.

überrunden [-ˈrʊndən] *(vt,* hat*)* ~ *(sport)* doppiare.

übers [-s] *(prep art)* ~ = **über das** (vedi **über**[1]).

übersät [-ˈzɛːt] *(agg)* ~ disseminato, cosparso, ricoperto, costellato.

überschätzen [-ˈʃɛtsən] *(vt,* hat*)* ~ sopravvalutare.

überschaubar [-ˈʃauˌbaːɐ] *(agg)* *1* chiaro, immediatamente comprensibile. *2* calcolabile, prevedibile.

überschauen [-ˈʃauən] *(vt,* hat*)* ~ vedi **überblicken**.

über|schäumen *(vi,* ist*)* *1* traboccare (spumeggiando). *2* *(fig)* traboccare.

überschäumend [-ˈʃɔymənt] *(agg)* ~ *(fig)* traboccante, straripante.

überschlafen [-ˈʃlaːfən] *(vt,* hat; *irr* schlafen*)* ~ {*etwas* ~} dormire sopra a qcs.

Überschlag [-ˈʃlaːk] *(m;* -(e)s, -schläge*)* *1* calcolo approssimativo, stima, preventivo. *2* salto mortale.

über|schlagen[1] [-ʃlaːgən] *(vi,* ist; *irr* schlagen*)* *1* sprizzare, schizzare (scintille e sim). *2* *(fig)* crescere, gonfiarsi (sentimenti).

über|schlagen[2] *(vt,* hat; *irr* schlagen*)* ~ accavallare ♦ *die Beine überschlagen* accavallare le gambe.

überschlagen[3] [-ˈʃlaːgən] *(vt,* hat; *irr* schlagen*)* ~ calcolare approssimativamente.

◆ **sich überschlagen** *(vr)* **1** ribaltarsi, rovesciarsi. **2** *(fig)* accavallarsi (eventi).

überschlägig [-ʃlɛːklɪç] *(agg)* ~ approssimativo.

überschneiden [-ˈʃnaidən] *(vr,* hat; *irr* schneiden*)* ~ **sich überschneiden** **1** incrociarsi, intersecarsi. **2** *(fig)* sovrapporsi, accavallarsi.

überschreiben [-ˈʃraibən] *(vt,* hat*)* **1** intitolare, dare un titolo a. **2** {*jmdm etwas ~*} *(dir)* intestare qcs a qcn.

überschreien [-ˈʃraiən] *(vt,* hat; *irr* schreien*)* ~ {*jmdn/etwas ~*} gridare più forte di qcn/qcs.

überschreiten [-ˈʃraitən] *(vt,* hat*)* **1** attraversare, varcare, oltrepassare ◆ *die Grenze, die Schwelle überschreiten* oltrepassare il confine, la soglia. **2** passare (età) ◆ *sie hat die sechzig bereits überschritten* ha passato la sessantina. **3** *(fig)* {*etwas ~*} superare qcs, andar oltre qcs (possibilità e sim). **4** *(fig)* violare, trasgredire, infrangere (legge e sim); superare, oltrepassare (il consentito) ◆ *die Geschwindigkeit überschreiten* superare il limite di velocità ◆ *das Maß überschreiten* passare la misura.

Überschreitung [-ˈʃraitʊŋ] *(f;* -, -en*)* ~ violazione, infrazione.

Überschrift [-ʃrɪft] *(f;* -, -en*)* ~ intestazione, titolo.

Überschuss († **-schuß**) [-ʃʊs] *(m;* -es, -schüsse*)* **1** profitto, utile. **2** eccedenza, sovrappiù.

überschüssig [-ʃʏsɪç] *(agg)* ~ eccedente, in eccesso, in sovrappiù.

überschütten [-ˈʃʏtən] *(vt,* hat*)* **1** {*jmdn/etwas mit etwas ~*} versare qcs su qcn/qcs. **2** {*jmdn mit etwas ~*} *(fig)* colmare, riempire qcn di qcs.

Überschwang [-ʃvaŋ] *(m;* -(e)s*)* **1** esuberanza. **2** trasporto, impeto (di sentimenti).

überschwänglich († **überschwenglich**) [-ʃvɛŋlɪç] *(agg)* ~ entusiasta, entusiastico (parole e sim).

überschwemmen [-ˈʃvɛmən] *(vt,* hat*)* **1** inondare, allagare ◆ *der Fluss hat die Äcker überschwemmt* il fiume ha inondato i campi. **2** {*jmdn/etwas mit etwas ~*} *(fig)* inondare qcn/qcs di qcs, riempire qcn/qcs di qcs ◆ *er wurde mit Angeboten überschwemmt* fu inondato di offerte.

Überschwemmung [-ˈʃvɛmʊŋ] *(f;* -, -en*)* ~ inondazione, alluvione.

überschwenglich ~ vedi **überschwänglich**.

Übersee [-ˌzeː] *(f;* -; sempre senza art*)* ~ oltreoceano, oltremare ◆ *aus Übersee* d'oltreoceano (provenienza) ◆ *in Übersee* oltreoceano (stato in luogo) ◆ *nach Übersee* oltreoceano (moto a luogo).

übersehbar [-ˈzeːˌbaːɐ] *(agg)* ~ comprensibile.

übersehen [-ˈzeːən] *(vt,* hat; *irr* sehen*)* **1** {*jmdn/etwas ~*} non vedere, non accorgersi di qcn/qcs ◆ *ich habe den Fehler übersehen* non ho visto l'errore. **2** dominare con lo sguardo. **3** {*etwas ~*} comprendere qcs, avere una visione d'insieme di qcs.

übersein ~ **über sein** (vedi **über**[2]).

über|setzen[1] [-ˌzɛtsən] *(vi/vt,* hat*)* **1** *(vi)* raggiungere l'altra sponda. **2** *(vt)* traghettare, trasportare sull'altra sponda.

übersetzen[2] [-ˈzɛtsən] *(vt,* hat*)* ~ tradurre ◆ *ein Gedicht aus dem Deutschen ins Italienische übersetzen* tradurre una poesia dal tedesco all'italiano ◆ *frei übersetzen* tradurre liberamente ◆ *wörtlich/Wort für Wort übersetzen* tradurre parola per parola ◆ *sinngemäß übersetzen* tradurre a senso.

Übersetzer [-ˈzɛtsɐ] *(m;* -s, -; *f* **-in***)* ~ traduttore.

Übersetzung [-ˈzɛtsʊŋ] *(f;* -, -en*)* ~ traduzione ◆ *eine Übersetzung aus dem Französischen ins Deutsche* una traduzione dal francese al tedesco.

Übersicht [-ˌzɪçt] *(f;* -, -en*)* **1** visione d'insieme ◆ *eine Übersicht über ein Problem haben* avere una visione d'insieme di un problema. **2** *(fig)* riassunto, sommario. **3** *(fig)* tabella, schema.

übersichtlich [-ˌzɪçtlɪç] *(agg)* **1** ben visibile, completamente visibile. **2** *(fig)* comprensibile, chiaro.

überspannt [-ˈʃpant] *(agg)* **1** estremo, esagerato. **2** *(fig)* stravagante, eccentrico.

überspielen [-ˈʃpiːlən] *(vt,* hat*)* **1** mascherare, nascondere. **2** registrare sopra (cassetta, videocassetta, ecc).

überspitzt [-ˈʃpɪts] *(agg)* ~ cavilloso, pedantesco, capzioso.

über|springen[1] [-ʃprɪŋən] *(vi,* ist; *irr* springen*)* ***1*** scoccare, sprizzare (scintille). ***2*** {*auf etwas* (Acc) ~} *(fig)* passare a qcs, saltare a qcs (senza preavviso) ♦ *auf ein anderes Thema überspringen* saltare a un altro argomento.

überspringen[2] [-ˈʃprɪŋən] *(vt,* hat; *irr* springen*)* ***1*** saltare, scavalcare (ostacoli). ***2*** saltare, tralasciare ♦ *dieses Kapitel können wir überspringen* questo capitolo possiamo saltarlo.

über|stehen[1] [-ʃteːən] *(vi,* hat; *irr* stehen*)* ~ sporgere, aggettare.

überstehen[2] [-ˈʃteːən] *(vt,* hat; *irr* stehen*)* ~ *(fig)* superare (difficoltà e sim) ♦ *eine Gefahr, eine Krankheit, eine Krise überstehen* superare un pericolo, una malattia, una crisi ♦ *er hat die Operation nicht überstanden* non ha superato l'operazione. ◆ **das Schlimmste ist überstanden** il peggio è passato.

übersteigen [-ˈʃtaigən] *(vt,* hat; *irr* steigen*)* ***1*** valicare, superare, scavalcare (salendo). ***2*** {*etwas* ~} *(fig)* superare qcs, essere superiore a qcs.

übersteigert [-ˈʃtaigɐt] *(agg)* ~ esagerato, eccessivo, esorbitante (prezzo, richiesta).

überstimmen [-ˈʃtɪmən] *(vt,* hat*)* ~ mettere in minoranza, battere (con la maggioranza dei voti).

über|strömen[1] [-ʃtrøːmən] *(vi,* ist*)* ~ traboccare, straripare *(anche fig)* ♦ *von/vor Freude überströmen* traboccare di gioia.

überströmen[2] [-ˈʃtrøːmən] *(vt,* hat*)* ~ inondare, allagare.

überströmend [-ˈʃtrøːmənt] *(agg)* ~ *(fig)* traboccante, straripante, immenso.

Überstunde [-ʃtʊndə] *(f;* -, -n*)* ~ straordinario, ora di straordinario ♦ *Überstunden machen* fare gli straordinari.

überstürzen [-ˈʃtʏrtsən] *(vt,* hat*)* ~ precipitare, affrettare (iniziative, decisioni, ecc). ◆ **sich überstürzen** *(vr)* accavallarsi, incalzare.

überstürzt [-ˈʃtʏrtst] *(agg)* ~ precipitoso, affrettato.

überteuert [-ˈtɔyɐt] *(agg)* ~ carissimo, eccessivamente rincarato.

übertölpeln [-ˈtœlpəln] *(vt,* hat*)* ~ gabbare, buggerare.

Übertrag [-ˌtraːk] *(m;* -(e)s, -träge*)* ~ *(comm)* riporto.

übertragbar [-ˈtraːkˌbaːɐ] *(agg)* ***1*** trasferibile. ***2*** contagioso. ***3*** rapportabile.

übertragen[1] [-ˈtraːgən] *(vt,* hat; *irr* tragen*)* ***1*** trasmettere (in tv, radio) ♦ *das Fußballspiel wird live übertragen* la partita di calcio viene trasmessa in diretta. ***2*** trasferire (soldi) ♦ *eine Summe auf ein Konto übertragen* trasferire una somma su un conto. ***3*** {*etwas* ~} *(lett)* tradurre qcs, fare una traduzione di qcs. ***4*** trascrivere. ***5*** trasmettere (malattia) ♦ *die Krankheit kann nicht auf den Menschen übertragen werden* la malattia non può essere trasmessa all'uomo. ***6*** applicare (in un ambito diverso dal consueto). ***7*** {*jmdm etwas* ~} *(dir)* cedere qcs a qcn, trasferire qcs a qcn (proprietà). ***8*** {*jmdm etwas* ~} affidare qcs a qcn (incarichi). ◆ **sich auf jmdn übertragen** *(vr)* trasmettersi a qcn (malattia e sim).

übertragen[2] *(agg)* ~ traslato, figurato ♦ *im übertragenen Sinne* in senso figurato.

Übertragung [-ˈtraːgʊŋ] *(f;* -, -en*)* ***1*** trasmissione (tv, radio). ***2*** traduzione. ***3*** trasformazione. ***4*** applicazione (di metodi a campi diversi). ***5*** trasmissione (di malattie), contagio. ***6*** assegnazione, conferimento (di incarichi).

übertreffen [-ˈtrɛfən] *(vt,* hat; *irr* treffen*)* ***1*** {*jmdn/etwas an etwas* (Dat) ~} superare, battere qcn/qcs quanto a qcs ♦ *niemand kann sie an Pünktlichkeit übertreffen* nessuno la batte quanto a puntualità. ***2*** superare, andare oltre ♦ *das übertrifft all meine Erwartungen* questo supera tutte le mie aspettative.

übertreiben [-ˈtraibən] *(vt,* hat; *irr* treiben*)* ~ {*etwas* ~}, {*es mit etwas* ~} esagerare con qcs, eccedere in qcs ♦ *ich übertreibe nicht, wenn ich sage...* non esagero se dico...

Übertreibung [-ˈtraibʊŋ] *(f;* -, -en*)* ~ esagerazione.

über|treten[1] [-ˌtreːtən] *(vi,* ist; *irr* treten*)* ***1*** straripare. ***2*** {*zu etwas* ~} *(fig)* passare a qcs (convinzioni e sim), convertirsi a qcs.

übertreten[2] [-ˈtreːtən] *(vt,* hat*)* ~ violare, infrangere, trasgredire.

Übertretung [-ˈtreːtʊŋ] *(f; -)* ~ violazione, infrazione (il violare).

übertrieben [-ˈtriːbən] *(agg)* ~ esagerato, eccessivo.

übertrumpfen [-ˈtrʊmpfən] *(vt, hat)* ***1*** ammazzare (una carta con una briscola). ***2*** {*jmdn ~*} *(fam)* battere, schiacciare qcn.

übervölkert [-ˈfœlkɐt] *(agg)* ~ sovrappopolato.

Übervölkerung [-ˈfœlkərʊŋ] *(f; -)* ~ sovrappopolamento.

übervoll [-ˌfɔl] *(agg)* ~ strapieno, stracolmo, pieno zeppo.

übervorteilen [-ˈfɔrˌtailən] *(vt, hat)* ~ imbrogliare, raggirare.

überwachen [-ˈvaxən] *(vt, hat)* ~ sorvegliare (persona o cosa).

Überwachung [-ˈvaxʊŋ] *(f; -, -en)* ~ sorveglianza.

überwältigen [-ˈvɛltɪgən] *(vt, hat)* ***1*** sopraffare. ***2*** disarmare, rendere inoffensivo. ***3*** {*jmdn ~*} sopraffare qcn (sentimenti, sensazioni).

überwältigend [-ˈvɛltɪgənt] *(agg)* ***1*** straordinario, sconvolgente. ***2*** schiacciante ♦ *mit überwältigender Mehrheit* con una maggioranza schiacciante.

überweisen [-ˈvaizən] *(vt, hat; irr* weisen*)* ***1*** trasferire, inviare tramite bonifico ♦ *jmdm Geld überweisen* fare un bonifico a qcn. ***2*** mandare (pazienti) ♦ *einen Kranken an einen/zu einem Facharzt überweisen* mandare un malato da uno specialista.

Überweisung [-ˈvaizʊŋ] *(f; -, -en)* ~ trasferimento (di soldi), bonifico.

über|werfen[1] [-ˌvɛrfən] *(vt, hat; irr* werfen*)* ~ {*jmdm/sich etwas ~*} buttare qcs sulle spalle a qcn, buttarsi qcs sulle spalle (addosso) ♦ *sie warf sich einen Mantel über* si buttò un cappotto sulle spalle.

überwerfen[2] [-ˈvɛrfən] *(vr, hat)* ~ **sich mit jmdm überwerfen** litigare, rompere con qcn.

überwiegen [-ˈviːgən] *(vt, hat; irr* wiegen*)* ~ {*etwas ~*} prevalere su qcs, superare qcs ♦ *die Vorteile überwiegen die Nachteile* i vantaggi prevalgono sugli svantaggi.

überwiegend [-ˈviːgənt] *(agg)* ***1*** prevalente, preponderante. ***2*** *(avv)* prevalentemente, in prevalenza.

überwinden [-ˈvɪndən] *(vt, hat; irr* winden*)* ~ superare (ostacoli, difficoltà). ◆ **sich überwinden** *(vr)* forzarsi, fare violenza a sé stesso, superare le proprie remore.

Überwindung [-ˈvɪndʊŋ] *(f; -, -en)* ***1*** superamento (di difficoltà, ostacoli). ***2*** forza di volontà, sforzo (per superare le proprie remore).

überwintern [-ˈvɪntɐn] *(vi, hat)* ~ passare l'inverno, svernare.

Überwurf [-ˌvʊrf] *(m; -(e)s, -würfe)* ~ soprabito (leggero).

Überzahl [-ˌtsaːl] *(f; -)* ~ maggioranza, superiorità numerica ♦ *in der Überzahl sein* essere in maggioranza.

überzeugen [-ˈtsɔygən] *(vt, hat)* ~ {*jmdn von etwas ~*} convincere qcn di qcs ♦ *ich konnte ihn nicht davon überzeugen, dass ich Recht habe* non sono riuscito a convincerlo che ho ragione. ◆ **sich von etwas überzeugen** *(vr)* convincersi di qcs.

überzeugend [-ˈtsɔygənt] *(agg)* ~ convincente.

überzeugt [-ˈtsɔykt] *(agg)* ***1*** convinto, sicuro ♦ *von etwas überzeugt sein* essere convinto di qcs ♦ *ich bin überzeugt, dass es so ist* sono convinto che sia così. ***2*** convinto ♦ *ein überzeugter Christ* un cristiano convinto.

Überzeugung [-ˈtsɔygʊŋ] *(f; -, -en)* ***1*** convinzione ♦ *ich habe die Überzeugung gewonnen, dass* sono giunto alla convinzione che. ***2*** convinzione, fede, opinione ♦ *politische Überzeugungen* convinzioni politiche.

über|ziehen[1] [-ˌtsiːən] *(vt, hat; irr* ziehen*)* ~ indossare, mettersi. ◆ **jmdm eins überziehen** dare un ceffone a qcn, colpire qcn.

überziehen[2] [-ˈtsiːən] *(vt, hat; irr* ziehen*)* ~ {*etwas mit etwas ~*} rivestire, ricoprire, foderare qcs con qcs. ◆ **das Bett (frisch) überziehen** cambiare le lenzuola.

Überzug [-ˌtsuːk] *(m; -(e)s, -züge)* ***1*** rivestimento, copertura. ***2*** federa, copripiumino.

üblich [ˈyːplɪç] *(agg)* ~ usuale, solito, consueto, abituale ♦ *es ist bei uns üblich, dass* da noi è consuetudine che. ◆ **wie üblich** come al solito, come di consueto.

üblicherweise [-ɐˈvaizə] *(avv)* ~ come di consueto, abitualmente.
U-Boot [ˈuːˌboːt] *(n; -(e)s, -e)* ~ sottomarino.
übrig [ˈyːbrɪç] *(agg)* ~ restante, rimanente ♦ *das übrige Geld* il denaro restante ♦ *die übrigen Kandidaten* i restanti candidati. ◆ **das Übrige** († **übrige**) il resto. ◆ **alles Übrige** († **übrige**) tutto il resto. ◆ **ein Übriges** († **übriges**) **tun** fare un ultimo tentativo. ◆ **im Übrigen** († **übrigen**) inoltre, d'altronde. ◆ **übrig behalten** († **übrigbehalten**) avere in avanzo ♦ *wir behielten fünfzig Euro übrig* ci avanzarono cinquanta euro. ◆ **übrig bleiben** († **übrigbleiben**) avanzare, rimanere ♦ *von der Torte ist noch ein Stück übrig geblieben* della torta è avanzato ancora un pezzo ♦ *es blieb mir nicht anderes übrig, als zu akzeptieren* non mi rimase altro che accettare. ◆ **übrig lassen** († **übriglassen**) lasciare (d'avanzo). ◆ **für jmdn/etwas etwas übrig haben** avere simpatia per qcn/qcs; avere interesse per qcs. ◆ **für jmdn/etwas nichts übrig haben** non avere simpatia per qcn/qcs; non avere interesse per qcs.
übrigens [ˈyːbrɪgəns] *(avv)* ***1*** a proposito, tra l'altro ♦ *übrigens, hast du mit Birgit gesprochen?* a proposito, hai parlato con Birgit? ***2*** del resto, d'altronde ♦ *übrigens hat sie recht* d'altronde ha ragione.
Übung [ˈyːbʊŋ] *(f; -, -en)* ***1*** esercizio, esercitazione (scolastico, ginnico, ecc) ♦ *Übungen in Englisch* esercizi d'inglese. ***2*** *(solo sing)* esercizio, pratica ♦ *aus der Übung sein* essere fuori esercizio ♦ *in der Übung bleiben* rimanere in esercizio. ***3*** *(mil)* esercitazione. ◆ **Übung macht den Meister** *(prov)* l'esercizio è un buon maestro.
Übungsstück [-sʃtʏk] *(n; -(e)s, -e)* ~ esercizio (di lingue; musicale).
Ufer [ˈuːfɐ] *(n; -s, -)* ***1*** riva, sponda ♦ *am anderen Ufer* sull'altra sponda (stato in luogo) ♦ *ans andere Ufer fahren* raggiungere l'altra sponda (con un'imbarcazione). ***2*** costa, riva.
uferlos [-ˌloːs] *(agg)* ~ *(fig)* sconfinato, infinito, interminabile.
Uhr [ˈuːɐ] *(f; -, -en)* ***1*** orologio ♦ *meine Uhr geht nicht* il mio orologio non va ♦ *auf/nach meiner Uhr ist es neun* al mio orologio sono le nove ♦ *die Uhr geht vor, geht nach* l'orologio va avanti, va indietro. ***2*** ora, ore (nelle indicazioni dell'ora) ♦ *es ist neun Uhr* sono le nove ♦ *wie viel Uhr ist es?* che ore sono? ♦ *um zehn Uhr* alle dieci ♦ *elf Uhr (und) zehn (Minuten)* le undici e dieci (minuti).
Uhr(arm)band [-ˌ(ʔarm)bant] *(n; -(e)s, -bänder)* ~ cinturino dell'orologio.
Uhrmacher [-ˌmaxɐ] *(m; -s, -)* ~ orologiaio.
Uhrwerk [-ˌvɛrk] *(n; -(e)s, -e)* ~ meccanismo dell'orologio.
Uhrzeiger [-ˌtsaigɐ] *(m; -s, -)* ~ lancetta dell'orologio.
Uhrzeigersinn [-tsaigɐˌzɪn] *(m; -(e)s)* ~ senso orario ♦ *im Uhrzeigersinn* in senso orario ♦ *entgegen dem Uhrzeigersinn* in senso antiorario.
Uhrzeit [-ˌtsait] *(f; -, -en)* ~ ora ♦ *du kannst mich nicht zu dieser Uhrzeit anrufen!* non puoi telefonarmi a quest'ora!
Uhu [ˈuːhu] *(m; -s, -s)* ~ *(zool)* gufo.
Ulk [ʊlk] *(m; -(e)s, -e)* ~ scherzo ♦ *aus Ulk* per scherzo.
ulken [-ən] *(fam)* ~ scherzare.
ulkig [-ɪç] *(agg)* ***1*** buffo, spassoso. ***2*** burlone.
Ulme [ˈʊlmə] *(f; -, -n)* ~ *(bot)* olmo.
ultimativ [ʊltimaˈtiːf] *(agg)* ~ ultimativo, ultimo (richieste e sim).
Ultimatum [ʊltiˈmaːtʊm] *(n; -s, -ten)* ~ ultimatum.
Ultraschall [ˈʊltraˌʃal] *(m; -(e)s)* ***1*** *(fis)* ultrasuoni. ***2*** *(med)* ecografia.
um[1] [ʊm] *(prep + Acc; prep art* **ums** = **um das***)* ***1*** *(stato, moto)* intorno ♦ *sie sitzen um den Tisch (herum)* sono seduti intorno al tavolo ♦ *die Schmetterlinge fliegen um die Blumen (herum)* le farfalle volano intorno ai fiori. ***2*** *(ora)* alle ♦ *um 15 (fünfzehn) Uhr 20 (zwanzig)* alle quindici e venti. ***3*** *(+ compar)* di ♦ *er ist um drei Jahre jünger als ich* è più giovane di me di tre anni ♦ *die Temperaturen sind um zehn Grad gesunken* le temperature sono scese di dieci gradi. ◆ **um die Ecke** dietro l'angolo. ◆ **um... zu** (+ *inf*) per (finale) ♦ *ich bin gekommen, um dir das Geschenk zu bringen* sono venuto per portarti il regalo. ◆ **um... willen** vedi **willen**.

um[2] *(avv)* ~ **um sein** († **umsein**) essere passato, essere finito (tempo) ♦ *die Ferien sind um* le vacanze sono finite. ◆ **um so** (vedi **umso**).

um|ändern *(vt,* hat*)* ~ modificare.

um|arbeiten *(vt,* hat*)* ~ rielaborare; rimaneggiare.

umarmen [-ˈʔarmən] *(vt,* hat*)* ~ abbracciare ♦ *jmdn fest umarmen* abbracciare qcn stretto.

Umarmung [-ˈʔarmʊŋ] *(f;* -, -en*)* ~ abbraccio.

Umbau [-ˌbau] *(m;* -(e)s*)* ~ ristrutturazione (di edifici).

um|bauen[1] [-ˌbauən] *(vt,* hat*)* ~ ristrutturare (edifici).

umbauen[2] [-ˈbauən] *(vt,* hat*)* ~ circondare (con costruzioni).

um|benennen *(vt,* hat; *irr* nennen*)* ~ {*jmdn/etwas* ~} ribattezzare qcn/qcs.

um|betten *(vt,* hat*)* **1** {*jmdn* ~} spostare qcn in un altro letto. **2** traslare (salma).

um|biegen[1] *(vi,* ist; *irr* biegen*)* ~ curvare, svoltare.

um|biegen[2] *(vt,* hat; *irr* biegen*)* ~ piegare, curvare.

um|binden *(vt,* hat; *irr* binden*)* **1** allacciare, mettere (legando) ♦ *sich* (Dat) *eine Schürze umbinden* mettersi un grembiule. **2** rilegare (nuovamente).

um|blättern *(vi,* hat*)* ~ girare/voltare pagina.

um|blicken *(vr,* hat*)* ~ **sich umblicken** voltarsi, guardarsi intorno.

umbrechen [-ˈbrɛçən] *(vt,* hat; *irr* brechen*)* ~ *(tipogr)* impaginare.

um|bringen *(vt,* hat*)* ~ uccidere, ammazzare. ◆ **sich umbringen** *(vr)* uccidersi.

Umbruch [-ˌbrʊx] *(m;* -(e)s, -brüche*)* ~ *(fig)* capovolgimento, stravolgimento (spec politico).

um|denken *(vi,* hat; *irr* denken*)* ~ cambiare idea.

um|drehen *(vt,* hat*)* **1** girare, voltare ♦ *den Schlüssel im Schloss umdrehen* girare la chiave nella serratura. **2** rovesciare, capovolgere. ◆ **sich umdrehen** *(vr)* girarsi, voltarsi ♦ *sich nach jmdm/etwas umdrehen* voltarsi verso qcn/qcs. ◆ **jmdm das Wort im Munde umdrehen** *(fig)* travisare le parole di qcn.

Umdrehung [-ˈdreːʊŋ] *(f;* -, -en*)* **1** giro, rotazione (di motore e sim). **2** mandata (di chiave).

umeinander [-ʔaiˈnandɐ] *(avv)* **1** l'uno intorno all'altro. **2** *(fig)* l'uno dell'altro ♦ *sie kümmern sich nicht umeinander* non si curano l'uno dell'altro.

um|fallen *(vi,* ist; *irr* fallen*)* **1** cadere (giù), rovesciarsi ♦ *die Blumentöpfe sind umgefallen* i vasi dei fiori si sono rovesciati. **2** *(fam)* cadere svenuto. **3** *(fig/fam)* fare un voltafaccia. ◆ **tot umfallen** cadere a terra morto.

Umfang [-ˌfaŋ] *(m;* -(e)s, -fänge*)* **1** perimetro, circonferenza. **2** *(fig)* entità, dimensioni, proporzioni ♦ *eine Katastrofe von großem Umfang* una catastrofe di grandi proporzioni. **3** estensione (di voce).

umfangreich [-faŋˌraiç] *(agg)* **1** voluminoso, grosso. **2** *(fig)* vasto, esteso, ampio ♦ *umfangreiche Recherchen* ampie ricerche.

umfassen [-ˈfasən] *(vt,* hat; *ortogr* fassen*)* **1** abbracciare, stringere. **2** stringere, afferrare. **3** *(fig)* comprendere, contenere, constare di ♦ *das Buch umfasst die ganze italienische Dichtung des Mittelalters* il libro comprende tutta la poesia italiana del medioevo.

umfassend [-ˈfasənt] *(agg)* ~ *(fig)* vasto, ampio, esteso ♦ *eine umfassende Kultur* una vasta cultura.

Umfeld [-ˌfɛlt] *(n;* -(e)s*)* ~ ambiente, contesto.

um|formen *(vt,* hat*)* ~ trasformare.

Umformung [-ˌfɔrmʊŋ] *(f;* -, -en*)* ~ trasformazione.

Umfrage [-ˌfraːgə] *(f;* -, -n*)* ~ inchiesta, sondaggio.

um|füllen *(vt,* hat*)* ~ travasare.

Umgang [-ˌgaŋ] *(m;* -(e)s, -gänge*)* **1** *(solo sing)* rapporti, relazioni (sociali) ♦ *freundschaftlicher Umgang* rapporti amichevoli ♦ *mit jmdm Umgang haben* essere in rapporti con qcn. **2** *(solo sing)* rapporto, il modo di trattare (persone o cose) ♦ *sie hat keine Erfahrung im Umgang mit Kindern* non ha esperienza nel rapporto coi bambini. **3** *(fam)* compagnia, giro.

umgänglich [-ˌgɛŋlɪç] *(agg)* ~ affabile, socievole.

Umgangssprache [-gaŋsʃpraːxə] *(f; -, -n)* ~ lingua parlata, lingua colloquiale.

umgangssprachlich [-gaŋsʃpraːxlɪç] *(agg)* ~ colloquiale, della lingua parlata.

umgeben [-ˈgeːbən] *(vt, hat)* ~ {*jmdn/etwas* ~} circondare qcn/qcs *(anche fig)* ♦ *jmdn mit Aufmerksamkeiten umgeben* circondare qcn di attenzioni.

Umgebung [-ˈgeːbʊŋ] *(f; -)* ***1*** dintorni, zona limitrofa ♦ *in Frankfurt und Umgebung* a Francoforte e dintorni. ***2*** ambiente, cerchia (di persone).

um|gehen[1] [-ˌgeːən] *(vi, ist; irr gehen)* ***1*** circolare (dicerie) ♦ *es geht das Gerücht um, dass* circola la voce che. ***2*** {*mit jmdm/etwas* ~} trattare qcn/qcs (in un certo modo); usare qcs ♦ *sie weiß, wie man mit Tieren umgehen soll* sa come si devono trattare gli animali ♦ *er geht mit seinem Geld sparsam um* usa con parsimonia il suo denaro. ***3*** {*mit etwas* ~} progettare qcs, avere in animo qcs. ***4*** apparire, girare (spettri).

umgehen[2] [-ˈgeːən] *(vt, hat; irr gehen)* ***1*** {*etwas* ~} girare intorno a qcs, fare il giro di qcs ♦ *den Teich umgehen* fare il giro dello stagno. ***2*** *(fig)* aggirare, evitare, eludere, scansare ♦ *eine Frage umgehen* eludere una domanda.

umgehend [-ˌgeːənt] *(agg)* ***1*** immediato. ***2*** *(avv)* immediatamente, senza indugio.

Umgehung [-ˈgeːʊŋ] *(f; -, -en)* ***1*** aggiramento; elusione. ***2*** circonvallazione.

Umgehungsstraße [-ˈgeːʊŋsʃtraːsə] *(f; -, -n)* ~ circonvallazione, strada di circonvallazione.

umgekehrt [-gəˌkeːɐt] *(agg)* ~ opposto, inverso ♦ *in umgekehrter Reihenfolge* in ordine inverso ♦ *es ist genau umgekehrt* è esattamente l'opposto.

umgreifen [-ˈgraifən] *(vt, hat; irr greifen)* ~ afferrare.

Umhang [-ˌhaŋ] *(m; -(e)s, -hänge)* ~ scialle, mantella.

um|hängen *(vt, hat)* ***1*** appendere altrove. ***2*** {*jmdm/sich etwas* ~} mettere qcs a qcn/mettersi qcs (al collo, sulle spalle) ♦ *er hängte sich einen Schal um* si mise una sciarpa al collo.

umher [-ˈheːɐ] *(avv)* ~ intorno, tutto intorno.

umher|blicken *(vi, hat)* ~ guardarsi intorno.

umher|irren *(vi, ist)* ~ vagare, errare.

umher|ziehen *(vi, ist; irr ziehen)* ~ girovagare.

umherziehend [-ˈheːɐˌtsiːənt] *(agg)* ~ girovago, nomade.

um|hören *(vr, hat)* ~ **sich umhören** chiedere in giro, informarsi.

umhüllen [-ˈhʏlən] *(vt, hat)* ~ avvolgere.

Umhüllung [-ˈhʏlʊŋ] *(f; -, -en)* ~ involucro.

Umkehr [-ˌkeːɐ] *(f; -)* ~ inversione (di rotta), virata, svolta.

um|kehren[1] *(vi, ist)* ~ invertire la rotta, tornare indietro.

um|kehren[2] *(vt, hat)* ~ rovesciare, ribaltare, rivoltare ♦ *eine Socke umkehren* rivoltare un calzino.

um|kippen[1] *(vi, ist)* ***1*** rovesciarsi, ribaltarsi. ***2*** *(fig/fam)* cadere svenuto. ***3*** *(fig/fam)* fare un voltafaccia.

um|kippen[2] *(vt, hat)* ~ rovesciare, ribaltare.

um|kleiden *(vt, hat)* ~ {*jmdn* ~} *(lett)* cambiare il vestito a qcn. ◆ **sich umkleiden** *(vr) (lett)* cambiarsi d'abito.

Umkleideraum [-klaidəˌraum] *(m; -(e)s, -räume)* ~ spogliatoio.

um|kommen *(vi, ist; irr kommen)* ***1*** morire, perire (in un incidente o sim). ***2*** andare a male (cibo).

Umkreis [-ˌkrais] *(m; -es)* ***1*** dintorni. ***2*** raggio, giro ♦ *im Umkreis von hundert Metern* in un raggio di cento metri. ***3*** *(fig)* cerchia, entourage.

umkreisen [-ˈkraizən] *(vt, hat)* ***1*** {*jmdn/etwas* ~} girare intorno a qcn/qcs *(anche fig)*. ***2*** {*etwas* ~} essere in orbita intorno a qcs ♦ *die Erde umkreist die Sonne* la terra gira intorno al sole.

um|krempeln [-ˌkrɛmpəln] *(vt, hat)* ***1*** rimboccare, arrotolare ♦ *sich* (Dat) *die Ärmel umkrempeln* rimboccarsi le maniche. ***2*** {*jmdn/etwas* ~} *(fig)* cambiare radicalmente qcn/qcs. ***3*** *(fig)* mettere a soqquadro.

Umlauf [-ˌlauf] *(m; -(e)s, -läufe)* ***1*** *(solo sing)* giro, circolo, circolazione ♦ *etwas in Umlauf bringen/setzen* mettere qcs in circolazione ♦ *in Umlauf sein* essere in circolazione. ***2*** *(astron)* rivoluzione.

Umlaufbahn [-lauf,ba:n] *(f; -, -en)* ~ orbita ♦ *einen Satelliten in eine Umlaufbahn bringen* mandare in orbita un satellite.
um|laufen¹ [-,laufən] *(vi, ist; irr laufen)* ~ girare, circolare (denaro; voci) ♦ *es läuft das Gerücht um, dass* gira voce che.
umlaufen² [-'laufən] *(vt, hat; irr laufen)* **1** {*etwas* ~} correre intorno a qcs. **2** orbitare intorno, girare intorno (pianeti e sim) ♦ *der Mond umläuft die Erde* la luna gira intorno alla terra.
Umlaut [-,laut] *(m; -(e)s, -e)* **1** *(fon)* metafonia. **2** *(fon)* vocale arrotondata.
um|legen *(vt, hat)* **1** ribaltare, rovesciare, piegare (in posizione orizzontale). **2** {*jmdm etwas* ~} mettere qcs al collo (sulle spalle) a qcn. **3** spostare. **4** {*jmdn* ~} *(fam)* buttare a terra qcn, stendere qcn. **5** *(fam)* ammazzare. **6** ripartire (spese e sim). **7** spostare, cambiare (appuntamenti).
Umlegung [-,le:gʊŋ] *(f; -, -en)* **1** ribaltamento, rovesciamento. **2** spostamento. **3** ripartizione.
um|leiten *(vt, hat)* ~ deviare ♦ *den Verkehr umleiten* deviare il traffico.
Umleitung [-,laitʊŋ] *(f; -, -en)* ~ deviazione.
umliegend [-,li:gənt] *(agg)* ~ circostante, vicino.
um|melden *(vr, hat)* ~ **sich ummelden** cambiare residenza (notificare il cambiamento).
Ummeldung [-,mɛldʊŋ] *(f; -, -en)* ~ (notifica del) cambiamento di residenza.
umnebeln [-,ne:bəln] *(vt, hat)* ~ annebbiare *(anche fig)*.
umrahmen [-'ra:mən] *(vt, hat)* ~ incorniciare *(anche fig)*.
um|rechnen *(vt, hat)* ~ convertire, calcolare il valore (in un'altra valuta) ♦ *Rubel in Euro umrechnen* convertire rubli in euro.
um|reißen¹ [-,raisən] *(vt, hat; irr/ortogr reißen)* **1** demolire, abbattere. **2** {*jmdn/etwas* ~} buttare a terra, far cadere qcn/qcs.
umreißen² [-'raisən] *(vt, hat; irr/ortogr reißen)* ~ *(fig)* tratteggiare, delineare.
umringen [-'rɪŋən] *(vt, hat)* ~ {*jmdn/etwas* ~} circondare, attorniare qcn/qcs (persone).
Umriss († **-riß**) [-,rɪs] *(m; -es, -e)* ~ contorno, profilo. ◆ **etwas in Umrissen schildern** descrivere qcs a grandi linee.
um|rühren *(vt, hat)* ~ mescolare, girare ♦ *die Suppe umrühren* girare la minestra.
ums [-s] *(prep art)* ~ = **um das** (vedi **um**¹).
um|satteln *(vi, ist)* ~ *(fam)* cambiar lavoro.
Umsatz [-,sats] *(m; -es, -sätze)* ~ volume d'affari.
um|schalten *(vi/vt, hat)* **1** commutare (con interruttore e sim). **2** *(vi)* cambiare canale; cambiare marcia. **3** {*auf etwas* (Acc) ~} *(vi) (fig/fam)* adattarsi a qcs.
Umschau [-ʃau] *(f; -)* ~ panoramica, rassegna. ◆ **nach jmdm/etwas Umschau halten** guardarsi intorno in cerca di qcn/qcs.
um|schauen *(vr, hat) (region)* ~ **sich umschauen** (vedi **umsehen**).
umschiffen [-'ʃɪfən] *(vt, hat)* ~ *(naut)* doppiare, circumnavigare.
Umschlag [-ʃla:k] *(m; -(e)s, -schläge)* **1** busta (da lettera). **2** copertina, fodera (di quaderno e sim). **3** impacco. **4** risvolto (di pantaloni). **5** *(fig)* cambiamento (improvviso), capovolgimento.
um|schlagen¹ *(vi, ist; irr schlagen)* **1** capovolgersi (barca). **2** inacidirsi (vino, birra). **3** *(fig)* cambiare improvvisamente, capovolgersi.
um|schlagen² *(vt, hat; irr schlagen)* **1** girare, voltare, rovesciare ♦ *den Kragen umschlagen* rovesciare il bavero. **2** abbattere, buttare a terra (alberi e sim).
umschließen [-'ʃli:sən] *(vt, hat; irr/ortogr schließen)* **1** circondare, accerchiare. **2** stringere, cingere, abbracciare. **3** circondare, girare intorno ♦ *eine Straße umschließt den See* una strada circonda il lago.
umschlingen [-'ʃlɪŋən] *(vt, hat; irr schlingen)* ~ avvinghiare, avvinghiarsi a.
um|schreiben¹ [-ʃraibən] *(vt, hat; irr schreiben)* **1** riscrivere, rielaborare ♦ *einen Brief umschreiben* riscrivere una lettera. **2** trascrivere. **3** {*etwas auf jmdn* ~} trasferire qcs a qcn (denaro); intestare qcs a qcn (proprietà).
umschreiben² [-'ʃraibən] *(vt, hat; irr schreiben)* **1** descrivere ♦ *jmds Aufgaben umschreiben* descrivere i compiti di qcn. **2** parafrasare, descrivere con altre parole.

Umschreibung [-ʃraibʊŋ] *(f; -, -en)* ***1*** rielaborazione, rifacimento. ***2*** trasferimento (di somme). ***3*** voltura. ***4*** perifrasi. ***5*** circoscrizione, delimitazione.

um|schulen *(vt, hat)* ***1*** mandare in un'altra scuola. ***2*** avviare a un'altra professione.

umschwärmen [-ˈʃvɛrmən] *(vt, hat)* ***1*** {*etwas* ~} sciamare intorno a qcs. ***2*** {*jmdn* ~} *(fig)* idolatrare qcn, corteggiare qcn.

Umschweife [-ʃvaifə] *(pl)* ~ giri di parole. ◆ **keine Umschweife machen** non fare troppi giri di parole. ◆ **ohne Umschweife** senza tanti giri di parole.

um|schwenken *(vi, ist)* ***1*** cambiare direzione. ***2*** *(fig)* fare un voltafaccia.

Umschwung [-ʃvʊŋ] *(m; -(e)s, -schwünge)* ***1*** cambiamento (improvviso), capovolgimento. ***2*** volteggio (ginnico).

um|sehen *(vr, hat; irr sehen)* ~ **sich umsehen** ***1*** guardarsi intorno. ***2*** {*sich nach jmdm/etwas* ~} *(fig)* guardarsi intorno in cerca di qcn/qcs ♦ *ich sehe mich nach einer neuen Stelle um* mi guardo intorno in cerca di un nuovo lavoro. ***3*** {*sich nach jmdm* ~} voltarsi verso qcn.

umsein ~ **um sein** (vedi **um**²).

um|setzen *(vt, hat)* ***1*** {*jmdn/etwas* ~} spostare qcs, cambiar posto a qcn/qcs. ***2*** trapiantare (piante). ***3*** *(mus)* trasportare. ***4*** *(comm)* vendere, piazzare. ***5*** {*etwas in etwas* (Acc) ~} *(chim/fis/anche fig)* convertire, trasformare qcs in qcs ♦ *Wasserkraft in Strom umsetzen* trasformare la forza idrica in corrente elettrica ♦ *die Theorie in die Praxis umsetzen* trasformare la teoria in pratica. ◆ **sich umsetzen** *(vr)* ***1*** *(fam)* sedersi altrove, cambiare posto. ***2*** {*sich in etwas* (Acc) ~} *(chim/fis)* convertirsi, trasformarsi. ◆ **Geld in etwas** (Acc) **umsetzen** *(fam)* spendere soldi in qcs. ◆ **etwas in die Tat umsetzen** mettere in atto qcs.

Umsetzung [-ˌsɛtsʊŋ] *(f; -, -en)* ***1*** spostamento, cambiamento di posto. ***2*** trapianto (di piante). ***3*** *(chim/fis)* conversione, commutazione, trasformazione *(anche fig)*.

Umsicht [-ˌzɪçt] *(f; -)* ~ accortezza, circospezione.

umsichtig [-ɪç] *(agg)* ~ accorto, avveduto; circospetto.

umso († **um so**) [-ˌzoː] *(congiunz correl)* ~ tanto più (che) ♦ *ihr Gehalt ist jetzt umso wichtiger, weil ihr Mann arbeitslos ist* il suo stipendio ora è tanto più importante perché suo marito è disoccupato. ◆ **umso besser** tanto meglio. ◆ **je...** (+ *compar*) **umso...** (+ *compar*) ♦ *je größer das Auto (ist), umso teurer (ist) die Versicherung* più grossa è l'auto, più costosa è l'assicurazione.

umsonst [-ˈzɔnst] *(avv)* ***1*** gratis, gratuitamente. ***2*** invano, inutilmente ♦ *es war alles umsonst* è stato tutto inutile.

um|springen *(vi, ist; irr springen)* ***1*** girarsi (con un salto). ***2*** cambiare direzione (vento). ***3*** {*mit jmdm* ~} trattar (male) qcn.

Umstand [-ʃtant] *(m; -(e)s, -stände)* ***1*** circostanza, fatto ♦ *ein bedeutender Umstand* una circostanza significativa. ***2*** *(pl)* disturbo ♦ *wenn es Ihnen keine Umstände macht* se non Le è di disturbo. ***3*** *(pl)* complimenti, cerimonie ♦ *mach keine Umstände!* non fare complimenti! ◆ **dem Kranken geht es den Umständen entsprechend** il malato sta abbastanza bene per la sua situazione. ◆ **in anderen Umständen sein** *(fig)* essere incinta. ◆ **unter Umständen** forse, eventualmente. ◆ **unter allen Umständen** in ogni caso. ◆ **unter diesen Umständen** allo stato attuale delle cose. ◆ **unter keinen Umständen** in nessun caso.

umständlich [-ʃtɛntlɪç] *(agg)* ***1*** contorto, complicato. ***2*** meticoloso, prolisso (persona, lavoro, ecc).

Umstandskleid [-ʃtantsˌklait] *(n; -(e)s, -er)* ~ abito premaman.

Umstandswort [-ʃtantsˌvɔrt] *(n; -(e)s, -wörter)* ~ *(gramm)* avverbio.

umstehend [-ʃteːənt] *(agg)* ***1*** circostante. ***2*** sul retro (pagina) ♦ *auf der umstehenden Seite* sulla pagina dietro. ***3*** *(avv)* sul retro della pagina.

um|steigen *(vi, ist; irr steigen)* ***1*** cambiare (treno, autobus, ecc) ♦ *ich muss in München umsteigen* devo cambiare a Monaco. ***2*** {*(von etwas) auf etwas* (Acc) ~} *(fig/fam)* passare (da qcs) a qcs (che si usa) ♦ *ich bin auf das Satellitenfernsehen umgestiegen* sono passato alla televisione via satellite.

um|stellen[1] [-ʃtɛlən] *(vt,* hat*)* ***1*** spostare, mettere in un altro posto, cambiare posto a ♦ *ich habe das Lexikon umgestellt* ho messo l'enciclopedia in un altro posto. ***2*** {*etwas auf etwas* (Acc) ~} cambiare qcs, passare a qcs ♦ *sie hat ihre Diät umgestellt* ha cambiato la sua dieta ♦ *man hat die Produktion auf Dieselmotoren umgestellt* sono passati a produrre motori diesel. ◆ **sich auf etwas** (Acc) **umstellen** *(vr)* adattarsi, adeguarsi a qcs ♦ *er ist zu alt, um sich auf die neue Währung umzustellen* è troppo anziano per adattarsi alla nuova moneta.

umstellen[2] [-ˈʃtɛlən] *(vt,* hat*)* ~ accerchiare, circondare.

Umstellung [-ʃtɛlʊŋ] *(f;* -, -en*)* ***1*** cambiamento ♦ *das war eine große Umstellung in meinem Leben* è stato un grosso cambiamento nella mia vita. ***2*** accerchiamento.

umstritten [-ˈʃtrɪtən] *(agg)* ~ controverso.

Umsturz [-ʃtʊrts] *(m;* -(e)s, -stürze*)* ~ rovesciamento (politico), colpo di Stato.

um|stürzen[1] *(vi,* ist*)* ~ ribaltare, cadere.

um|stürzen[2] *(vt,* hat*)* ***1*** rovesciare, ribaltare. ***2*** *(fig)* capovolgere, cambiare radicalmente. ***3*** *(fig)* rovesciare (governi).

Umtausch [-ˌtauʃ] *(m;* -(e)s, *raro* -e*)* ~ cambio, scambio.

um|tauschen *(vt,* hat*)* ~ {*etwas gegen/in etwas* (Acc) ~} cambiare, scambiare qcs con qcs.

um|tun *(vt,* hat; *irr* tun*)* ~ {*jmdm/sich etwas* ~} *(fam)* mettere qcs a qcn/mettersi qcs (al collo, sulle spalle) ♦ *tu dir einen Schal um* mettiti una sciarpa. ◆ **sich umtun** *(vr)* ***1*** *(fam)* guardarsi in giro, informarsi. ***2*** {*sich nach jmdm/etwas* ~} *(fam)* andare in cerca di qcn/qcs, cercare qcn/qcs (spec lavoro).

um|wälzen *(vt,* hat*)* ~ girare, capovolgere, rovesciare.

umwälzend [-ˌvɛltsənt] *(agg)* ~ rivoluzionario, innovatore.

um|wandeln *(vt,* hat*)* ~ {*etwas in etwas* (Acc) ~} trasformare, convertire qcs in qcs (nella sua funzione) ♦ *einen Raum in ein Büro umwandeln* trasformare una stanza in ufficio ♦ *Wasserkraft in Elektrizität umwandeln* trasformare la forza idrica in elettricità.

Umwandlung [-ˌvandlʊŋ] *(f;* -, -en*)* ~ trasformazione, conversione (di funzione).

um|wechseln *(vt,* hat*)* ~ cambiare (denaro) ♦ *Dollar in Euro umwechseln* cambiare dollari in euro.

Umweg [-ˌveːk] *(m;* -(e)s, -e*)* ~ deviazione, strada più lunga. ◆ **auf Umwegen** *(fig)* per vie traverse.

Umwelt [-ˌvɛlt] *(f;* -*)* ***1*** ambiente (naturale), natura. ***2*** ambiente (in cui si vive) ♦ *das ist für mich eine neue Umwelt* questo per me è un ambiente nuovo.

umweltfreundlich [-vɛltˌfrɔyntlɪç] *(agg)* ~ non inquinante, ecologico.

Umweltschutz [-vɛltˌʃʊts] *(m;* -es*)* ~ protezione ambientale, difesa dell'ambiente.

Umweltverschmutzung [-vɛltfɛɐʃmʊtsʊŋ] *(f;* -*)* ~ inquinamento (ambientale).

um|wenden *(vt/vi,* hat; *irr* wenden*)* ***1*** girare (pagine). ***2*** girare (veicolo). ***3*** *(vi)* girare, svoltare (in direzione opposta, con un veicolo). ◆ **sich** (**nach jmdm/etwas**) **umwenden** *(vr)* girarsi, voltarsi indietro (verso qcn/qcs).

um|werfen *(vt,* hat; *irr* werfen*)* ***1*** gettare a terra, far cadere. ***2*** {*jmdm/sich etwas* ~} gettare qcs sulle spalle a qcn/gettarsi qcs sulle spalle ♦ *ich warf ihr eine Decke um* le gettai una coperta sulle spalle. ***3*** *(fig)* capovolgere, cambiare radicalmente. ***4*** *(fig)* sconcertare, sconvolgere.

umwerfend [-ˌvɛrfənt] *(agg)* ~ *(fam)* sconvolgente, sconcertante.

umwittert [-ˌvɪtɐt] *(agg)* ~ **von etwas umwittert sein** essere circondato da qcs (di misterioso).

um|ziehen[1] *(vi,* ist; *irr* ziehen*)* ~ cambiare casa, trasferirsi ♦ *wir sind nach Rom umgezogen* ci siamo trasferiti a Roma.

um|ziehen[2] *(vt,* hat; *irr* ziehen*)* ~ {*jmdn* ~} cambiare (d'abito) qcn. ◆ **sich umziehen** *(vr)* cambiarsi (d'abito).

umzingeln [-ˌtsɪŋəln] *(vt,* hat*)* ~ accerchiare, circondare.

Umzug [-ˌtsuːk] *(m;* -(e)s, -züge*)* ***1*** trasferimento (in un'altra città); trasloco ♦ *mein Umzug nach München* il mio trasferimento a Monaco. ***2*** corteo.

Un-, un- [ʊn-] *(pref)* ~ in-, non…, senza ♦ *unbescheiden* immodesto ♦ *ungewollt* involontario, non voluto ♦ *unbesorgt* senza preoccupazioni.

unabänderlich [-ˀap'ɛndɐlɪç] *(agg)* ~ immutabile; ineluttabile, irrevocabile.

unabdingbar [-ˀap'dɪŋˌbaːɐ] *(agg)* **1** imprescindibile, indispensabile. **2** *(dir)* inalienabile.

unabhängig [-ˀapˌhɛŋɪç] *(agg)* **1** indipendente ♦ *von jmdm/etwas unabhängig sein* essere indipendente da qcn/qcs. **2** *(avv)* indipendentemente.

Unabhängigkeit [-ˀaphɛŋɪçˌkait] *(f; -)* ~ indipendenza.

unabkömmlich [-ˀap'kœmlɪç] *(agg)* ~ indispensabile, insostituibile.

unablässig [-ˀapˌlɛsɪç] *(agg)* ~ incessante.

unabsehbar [-ˀap'zeːˌbaːɐ] *(agg)* ~ imprevedibile, incalcolabile.

unabsichtlich [-ˀapˌzɪçtlɪç] *(agg)* ~ involontario, non intenzionale.

unabwendbar [-ˀap'vɛntˌbaːɐ] *(agg)* ~ ineluttabile.

unachtsam [-ˀaxtˌzaːm] *(agg)* ~ disattento, sbadato, distratto.

Unachtsamkeit [-ˀaxtzaːmˌkait] *(f; -)* ~ disattenzione, sbadatezza, distrazione.

unangebracht [-ˀangəˌbraxt] *(agg)* ~ inopportuno, fuori luogo.

unangemessen [-ˀangəˌmɛsən] *(agg)* ~ inadeguato ♦ *ein der Arbeit unangemessener Lohn* una paga inadeguata al lavoro.

unangenehm [-ˀangəˌneːm] *(agg)* **1** spiacevole. **2** imbarazzante (situazione). **3** sgradevole (odore).

Unannehmlichkeiten [-ˀanneːmlɪçˌkait] *(pl)* ~ guai, noie ♦ *jmdm Unannehmlichkeiten bereiten* procurare noie a qcn.

unanständig [-ˀanˌʃtɛndɪç] *(agg)* ~ indecente, sconveniente.

Unanständigkeit [-ˀanʃtɛndɪçˌkait] *(f; -, -en)* ~ indecenza.

unantastbar [-ˀan'tastˌbaːɐ] *(agg)* ~ intoccabile, intangibile, inviolabile ♦ *die Würde des Menschen ist unantastbar* la dignità dell'uomo è inviolabile.

Unart [-ˌˀaːɐt] *(f; -, -en)* **1** maleducazione, cattive maniere. **2** cattiva abitudine.

unartig [-ˌˀaːɐtɪç] *(agg)* ~ maleducato, che non conosce le buone maniere.

unaufdringlich [-ˀaufˌdrɪŋlɪç] *(agg)* ~ discreto, riservato.

unauffällig [-ˀaufˌfɛlɪç] *(agg)* **1** che passa inosservato. **2** non appariscente, discreto (aspetto). **3** *(avv)* passando inosservato, senza farsi notare.

unaufhaltsam [-ˀaufˌhaltzaːm] *(agg)* ~ inarrestabile.

unaufhörlich [-ˀaufˌhøːɐlɪç] *(agg)* ~ incessante.

unaufmerksam [-ˀaufˌmɛrkzaːm] *(agg)* ~ disattento, distratto.

Unaufmerksamkeit [-ˀaufmɛrkzaːmˌkait] *(f; -)* ~ disattenzione, distrazione.

unaufrichtig [-ˀaufˌrɪçtɪç] *(agg)* ~ insincero.

unausgeglichen [-ˀausgəˌglɪçən] *(agg)* ~ poco equilibrato, instabile (di carattere).

Unausgeglichenheit [-ˀausgəglɪçənˌhait] *(f; -)* ~ instabilità (caratteriale).

unausgesprochen [-ˀausgə'ʃprɔxən] *(agg)* ~ inespresso.

unaussprechlich [-ˀaus'ʃprɛçlɪç] *(agg)* ~ indicibile, indescrivibile.

unausstehlich [-ˀaus'ʃteːlɪç] *(agg)* ~ insopportabile.

unbändig [-ˌbɛndɪç] *(agg)* **1** irrefrenabile, immenso (sentimenti e sim). **2** irrefrenabile, scatenato (carattere).

unbarmherzig [-ˌbarmhɛrtsɪç] *(agg)* ~ spietato.

unbeachtet [-bəˌˀaxtət] *(agg)* ~ trascurato, inosservato.

unbeantwortet [-bəˌˀantvɔrtət] *(agg)* **1** senza risposta ♦ *eine unbeantwortete Frage* una domanda che non ha avuto risposta. **2** inevaso (corrispondenza).

unbedacht [-bəˌdaxt] *(agg)* ~ sconsiderato (azione e sim).

unbedenklich [-bəˌdɛŋklɪç] *(agg)* ~ sicuro, senza pericolo.

unbedeutend [-bəˌdɔytənt] *(agg)* ~ insignificante.

unbedingt [-bəˌdɪŋt] *(agg)* **1** assoluto, totale, incondizionato ♦ *unbedingtes Vertrauen* fiducia incondizionata. **2** *(avv)* assolutamente ♦ *ich muss unbedingt mit ihm reden* devo assolutamente parlare con lui.

unbefangen [-bəˌfaŋən] *(agg)* **1** disinvolto, spigliato. **2** imparziale.

Unbefangenheit [-bəfaŋənˌhait] *(f; -)* **1** disinvoltura, spigliatezza. **2** imparzialità.

unbefriedigend [-bəˌfriːdɪgənt] *(agg)* ~ insoddisfacente.

unbefristet [-bəˌfrɪstət] *(agg)* ~ illimitato, a tempo indeterminato.

unbefugt [-bəˌfuːkt] *(agg)* ***1*** non autorizzato (persona). ***2*** abusivo.

unbegabt [-bəˌgaːpt] *(agg)* ~ non dotato, non portato ♦ *er ist für Musik unbegabt* non è portato per la musica.

unbegreiflich [-bəˌgraiflɪç] *(agg)* ~ incomprensibile.

unbegrenzt [-bəˌgrɛntst] *(agg)* ~ illimitato.

unbegründet [-bəˌgrʏndət] *(agg)* ~ infondato.

Unbehagen [-bəˌhaːgən] *(n; -s)* ~ malessere.

unbehaglich [-bəˌhaːklɪç] *(agg)* ***1*** scomodo. ***2*** spiacevole, sgradevole. ◆ **sich unbehaglich fühlen** sentirsi a disagio.

unbehelligt [-bəˌhɛlɪçt] *(agg, spec pred)* ~ indisturbato. ◆ **von jmdm/etwas unbehelligt bleiben** non essere disturbato da qcn/qcs.

unbeherrscht [-bəˌhɛrʃt] *(agg)* ~ incapace di controllarsi (persona); incontrollato (azione).

unbeholfen [-bəˌhɔlfən] *(agg)* ~ goffo, impacciato.

unbeirrt [-bəˈʔɪrt] *(agg)* ~ fermo, imperterrito.

unbekannt [-bəˌkant] *(agg)* ~ sconosciuto, ignoto ♦ *ein unbekannter Maler* un pittore sconosciuto ♦ *sein Name ist mir unbekannt* il suo nome mi è sconosciuto.

unbekümmert [-bəˌkʏmɐt] *(agg)* ***1*** noncurante ♦ *unbekümmert um die Meinung der anderen* noncurante dell'opinione altrui. ***2*** spensierato.

Unbekümmertheit [-bəkʏmɐtˌhait] *(f; -)* ***1*** noncuranza. ***2*** spensieratezza.

unbeliebt [-bəˌliːpt] *(agg)* ~ malvisto, antipatico. ◆ **sich bei jmdm unbeliebt machen** rendersi antipatico a qcn.

unbemerkt [-bəˌmɛrkt] *(agg)* ~ inosservato, non notato. ◆ **unbemerkt bleiben** passare inosservato.

unbemittelt [-bəˌmɪtəlt] *(agg)* ~ povero, senza mezzi.

unbenommen [-bəˌnɔmən] *(agg)* ~ **jmdm unbenommen bleiben, sein** essere consentito a qcn; essere libero (di), avere la facoltà (di) ♦ *es bleibt dir unbenommen, zu entscheiden* sei libero di decidere.

unbenutzbar [-bəˈnʊtsˌbaːɐ] *(agg)* ~ inutilizzabile.

unbenutzt [-bəˌnʊtst] *(agg)* ~ inutilizzato, nuovo.

unbequem [-bəˌkveːm] *(agg)* ***1*** scomodo ♦ *ein unbequemer Stuhl* una sedia scomoda. ***2*** *(fig)* scomodo, imbarazzante.

unberechenbar [-bəˈrɛçənˌbaːɐ] *(agg)* ***1*** incalcolabile. ***2*** imprevedibile (persona).

unberechtigt [-bəˈrɛçtɪçt] *(agg)* ***1*** ingiustificato. ***2*** non autorizzato, abusivo.

unberührt [-bəˌryːɐt] *(agg)* ***1*** intatto ♦ *unberührt bleiben* rimanere intatto ♦ *etwas unberührt lassen* lasciare qcs intatto. ***2*** *(fig)* non toccato, indifferente ♦ *von etwas unberührt bleiben* rimanere indifferente a qcs.

unbeschadet [-bəˈʃaːdət] *(prep + Gen)* ~ fermo restando, nonostante.

unbescholten [-bəˈʃɔltən] *(agg)* ~ integerrimo.

unbeschränkt [-bəˈʃrɛŋkt] *(agg)* ~ illimitato, assoluto.

unbeschreiblich [-bəˈʃraiplɪç] *(agg)* ~ indescrivibile.

unbeschwert [-bəˈʃveːɐt] *(agg)* ~ sereno, spensierato. ◆ **ein unbeschwertes Gewissen haben** avere la coscienza leggera.

unbesehen [-bəˈzeːən] *(avv)* ~ senza controllare; senza riflettere.

unbesiegbar [-bəˈziːkˌbaːɐ] *(agg)* ~ invincibile.

unbesonnen [-bəˌzɔnən] *(agg)* ~ sconsiderato.

unbeständig [-bəˌʃtɛndɪç] *(agg)* ~ incostante, instabile, volubile (persona o cosa).

Unbeständigkeit [-bəʃtɛndɪçˌkait] *(f; -)* ~ incostanza, instabilità, volubilità.

unbestechlich [-bəˌʃtɛçlɪç] *(agg)* ~ incorruttibile.

unbestimmt [-bəˌʃtɪmt] *(agg)* ***1*** indeterminato, indefinito ♦ *ein unbestimmtes Gefühl* una sensazione indefinita. ***2*** *(gramm)* indeterminativo; indefinito ♦ *unbestimmter Artikel* articolo indeterminativo ♦ *unbestimmtes Fürwort* pronome indefinito.

unbestreitbar [-bəˈʃtraitˌbaːɐ] *(agg)* ~ indiscutibile, innegabile.

unbestritten [-bəˌʃtrɪtən] *(agg)* ~ indiscusso, indubbio.
unbeteiligt [-bəˈtailɪçt] *(agg)* ***1*** disinteressato, non partecipe. ***2*** estraneo, non coinvolto.
unbetont [-bəˌtoːnt] *(agg)* ~ *(fon)* atono.
unbeugsam [-ˈbɔykˌzaːm] *(agg)* ~ inflessibile, irremovibile.
unbewacht [-bəˌvaxt] *(agg)* ~ incustodito.
unbewaffnet [-bəˌvafnət] *(agg)* ~ disarmato.
unbeweglich [-bəˌveːklɪç] *(agg)* ***1*** immobile, fisso, fermo. ***2*** fisso (sguardo e sim; festività).
Unbeweglichkeit [-bəveːklɪçˌkait] *(f; -)* ~ immobilità, fissità.
unbewegt [-bəˌveːkt] *(agg)* ***1*** immobile. ***2*** impassibile.
unbewohnt [-bəˌvoːnt] *(agg)* ~ disabitato.
unbewusst († **unbewußt**) [-bəˌvʊst] *(agg)* ~ inconsapevole, inconscio.
unbezahlbar [-bəˈtsaːlˌbaːɐ] *(agg)* ***1*** proibitivo. ***2*** *(fig)* impagabile.
unbrauchbar [-ˌbrauxbaːɐ] *(agg)* ~ inutilizzabile, inservibile.
und [ʊnt] *(congiunz coord)* ***1*** e, ed ♦ *ein Buch und ein Heft* un libro e un quaderno ♦ *du und ich* io e te ♦ *er sieht fern und sie telefoniert* lui guarda la tv e lei telefona. ***2*** *(mat)* più ♦ *zwei und drei ist fünf* due più tre fa cinque. ***3*** *(+ compar)* sempre più ♦ *stärker und stärker* sempre più forte. ◆ **und so weiter/fort** vedi **weiter**, **fort**. ◆ **und ob!/und wie!** eccome!
Undank [ˈʊnˌdaŋk] *(m; -(e)s)* ~ ingratitudine ♦ *Undank ernten* ricavare solo ingratitudine.
undankbar [-baːɐ] *(agg)* ***1*** ingrato. ***2*** *(fig)* ingrato, faticoso.
undenkbar [ˌʊnˈdɛŋkˌbaːɐ] *(agg)* ~ impensabile.
undeutlich [ˈʊnˌdɔytlɪç] *(agg)* ***1*** non chiaro, incomprensibile; illeggibile. ***2*** vago, indistinto.
undicht [ˈʊnˌdɪçt] *(agg)* ~ non stagno, che perde ♦ *der Wasserhahn ist undicht* il rubinetto perde.
Unding [ˈʊnˌdɪŋ] *(n; -(e)s)* ~ pazzia, assurdità ♦ *es ist ein Unding zu denken, dass* è un'assurdità pensare che.
undurchdringlich [ˌʊndʊrçˈdrɪŋlɪç] *(agg)* ~ impenetrabile *(anche fig)*.
undurchführbar [ˌʊndʊrçˈfyːɐˌbaːɐ] *(agg)* ~ irrealizzabile.
undurchlässig [ˈʊndʊrçˌlɛsɪç] *(agg)* ~ impermeabile.
undurchschaubar [ˌʊndʊrçˈʃauˌbaːɐ] *(agg)* ~ impenetrabile, enigmatico.
undurchsichtig [ˈʊndʊrçˌzɪçtɪç] *(agg)* ***1*** opaco, non trasparente. ***2*** *(fig)* oscuro, losco.
uneben [ˈʊnˌˀeːbən] *(agg)* ~ accidentato, non piano.
unecht [ˈʊnˌˀɛçt] *(agg)* ***1*** falso, imitato ♦ *unechtes Gold* oro falso. ***2*** *(fig)* falso, insincero.
unehelich [ˈʊnˌˀeːəlɪç] *(agg)* ~ illegittimo, fuori dal matrimonio (figlio).
unehrlich [ˈʊnˌˀeːɐlɪç] *(agg)* ***1*** insincero. ***2*** disonesto.
uneingeschränkt [ˈʊnˀaingəʃrɛŋkt] *(agg)* ~ illimitato, incondizionato; totale, assoluto ♦ *uneingeschränktes Vertrauen* fiducia illimitata.
uneinig [ˈʊnˌˀainɪç] *(agg)* ~ discorde ♦ *über etwas* (Acc) *uneinig sein* essere in disaccordo su qcs.
unempfindlich [ˈʊnˀɛmpfɪntˌlɪç] *(agg)* ***1*** insensibile. ***2*** resistente (persona o cosa).
unendlich [ˌʊnˈˀɛntlɪç] *(agg)* ***1*** infinito, sconfinato *(anche fig)*. ***2*** *(avv)* infinitamente ♦ *unendlich glücklich* infinitamente felice. ◆ **bis ins Unendliche** fino all'infinito.
unentbehrlich [ˌʊnˀɛntˈbeːɐlɪç] *(agg)* ~ indispensabile, irrinunciabile ♦ *für jmdn/etwas unentbehrlich sein* essere indispensabile per qcn/qcs.
unentgeltlich [ˌʊnˀɛntˈgɛltlɪç] *(agg)* ***1*** gratuito, gratis. ***2*** *(avv)* gratuitamente.
unentschieden [ˈʊnˀɛntˌʃiːdən] *(agg)* ***1*** incerto, in sospeso ♦ *es ist noch unentschieden, wann* è ancora incerto quando. ***2*** indeciso, incerto (persona). ***3*** *(sport)* pari. ◆ **unentschieden spielen** *(sport)* pareggiare.
Unentschieden *(n; -s, -)* ~ *(sport)* pareggio.
unentschlossen [ˈʊnˀɛntˌʃlɔsən] *(agg)* ~ indeciso, irresoluto.
Unentschlossenheit [-ˌhait] *(f; -)* ~ indecisione, irresolutezza.

unentwegt [ˌʊnʔɛntˈveːkt] *(agg)* ~ imperterrito.
unerbittlich [ˌʊnʔɛɐ̯ˈbɪtlɪç] *(agg)* ~ spietato, inflessibile, inesorabile.
unerfahren [ˌʊnʔɛɐ̯ˌfaːrən] *(agg)* ~ inesperto.
Unerfahrenheit [-ˌhait] *(f; -)* ~ inesperienza.
unerfreulich [ˈʊnʔɛɐ̯ˌfrɔylɪç] *(agg)* ~ spiacevole.
unerfüllbar [ˌʊnʔɛɐ̯ˈfʏlˌbaːɐ̯] *(agg)* ~ irrealizzabile (desiderio e sim).
unergründlich [ˌʊnʔɛɐ̯ˈgrʏntlɪç] *(agg)* ~ inspiegabile, imperscrutabile.
unerheblich [ˈʊnʔɛɐ̯ˌheːplɪç] *(agg)* ~ irrilevante.
unerhört [ˌʊnʔɛɐ̯ˈhøːɐ̯t] *(agg)* ***1*** inaudito, incredibile. ***2*** *(lett)* inascoltato.
unerkannt [ˈʊnʔɛɐ̯ˌkant] *(agg)* ***1*** incognito, non riconosciuto. ***2*** *(avv)* in incognito.
unerkennbar [ˌʊnʔɛɐ̯ˈkɛnˌbaːɐ̯] *(agg)* ~ irriconoscibile.
unerklärlich [ˌʊnʔɛɐ̯ˈklɛːɐ̯lɪç] *(agg)* ~ inspiegabile.
unerlässlich († **unerläßlich**) [ˌʊnʔɛɐ̯ˈlɛslɪç] *(agg)* ~ indispensabile.
unerlaubt [ˈʊnʔɛɐ̯ˌlaupt] *(agg)* ***1*** vietato, proibito, non autorizzato. ***2*** illecito, illegale, abusivo.
unermesslich († **unermeßlich**) [ˌʊnʔɛɐ̯ˈmɛslɪç] *(agg)* ~ smisurato, immenso.
unermüdlich [ˌʊnʔɛɐ̯ˈmyːtlɪç] *(agg)* ~ instancabile.
unerreichbar [ˌʊnʔɛɐ̯ˈraiçˌbaːɐ̯] *(agg)* ~ irraggiungibile.
unersättlich [ˌʊnʔɛɐ̯ˈzɛtlɪç] *(agg)* ~ insaziabile *(anche fig)*.
unerschöpflich [ˌʊnʔɛɐ̯ˈʃœpflɪç] *(agg)* ~ inesauribile.
unerschrocken [ˈʊnʔɛɐ̯ˌʃrɔkən] *(agg)* ~ impavido.
unerschütterlich [ˈʊnʔɛɐ̯ˌʃʏtɐlɪç] *(agg)* ~ incrollabile, imperturbabile ◆ *sein Glaube ist unerschütterlich* la sua fede è incrollabile.
unerschwinglich [ˌʊnʔɛɐ̯ˈʃvɪŋlɪç] *(agg)* ~ esorbitante ◆ *unerschwingliche Preise* prezzi esorbitanti.
unersetzlich [ˌʊnʔɛɐ̯ˈzɛtslɪç] *(agg)* ~ insostituibile.
unerträglich [ˌʊnʔɛɐ̯ˈtrɛːklɪç] *(agg)* ~ insopportabile.
unerwartet [ˈʊnʔɛɐ̯ˌvartət] *(agg)* ~ inatteso, inaspettato.
unerwünscht [ˈʊnʔɛɐ̯ˌvʏnʃt] *(agg)* ~ indesiderato.
unerzogen [ˈʊnʔɛɐ̯ˌtsoːgən] *(agg)* ~ maleducato.
unfähig [ˈʊnˌfɛːɪç] *(agg)* ~ incapace ◆ *ein unfähiger Arzt* un medico incapace ◆ *er ist zu einer solchen Bosheit unfähig* è incapace di una tale cattiveria ◆ *sie ist unfähig, sich durchzusetzen* è incapace di imporsi.
unfair [ˈʊnˌfɛːɐ̯] *(agg)* ~ scorretto, sleale.
Unfall [ˈʊnˌfal] *(m; -(e)s, -fälle)* ***1*** incidente ◆ *er hatte einen Unfall* ha avuto un incidente. ***2*** incidente, infortunio.
Unfallstation [-ʃtaˌtsjoːn] *(f; -, -en)* ~ pronto soccorso (ospedaliero).
unfassbar († **unfaßbar**) [ˌʊnˈfasˌbaːɐ̯] *(agg)* ~ inconcepibile.
unfehlbar [ˌʊnˈfeːlˌbaːɐ̯] *(agg)* ***1*** infallibile. ***2*** incontestabile; sicuro, certo. ***3*** *(avv)* sicuramente, certamente.
unfern [ˈʊnˌfɛrn] *(prep + Gen)* ~ non lontano da ◆ *unfern des Kirchturms* non lontano dal campanile.
unfertig [ˈʊnˌfɛrtɪç] *(agg)* ***1*** incompiuto, non finito. ***2*** *(fig)* immaturo.
unflätig [ˈʊnˌflɛːtɪç] *(agg)* ~ *(lett)* sconcio, indecente.
unfolgsam [ˈʊnfɔlkˌzaːm] *(agg)* ~ disubbidiente.
unförmig [ˈʊnˌfœrmɪç] *(agg)* ~ informe; deforme (arti e sim).
unfrei [ˈʊnˌfrai] *(agg)* ***1*** non libero, sottomesso, soggiogato. ***2*** inibito.
unfreiwillig [-ˌvɪlɪç] *(agg)* ***1*** obbligato, forzato. ***2*** involontario, non intenzionale.
unfreundlich [ˈʊnˌfrɔyntlɪç] *(agg)* ~ scortese, sgarbato.
Unfreundlichkeit [-ˌkait] *(f; -)* ~ scortesia.
Unfriede [ˈʊnˌfriːdə] *(m; -ns)* ~ discordia.
Unfrieden [-n] *(m; -s)* ~ discordia.
unfruchtbar [ˈʊnˌfrʊxtbaːɐ̯] *(agg)* ~ sterile, improduttivo.
Unfruchtbarkeit [-ˌkait] *(f; -)* ~ sterilità.
Unfug [ˈʊnˌfuːk] *(m; -(e)s)* ***1*** *(dir)* molestia, molestie. ***2*** *(fig/fam)* stupidaggini.
ungeachtet [ˈʊngəˌaxtət] *(prep + Gen)* ~ *(lett)* nonostante, malgrado.
ungeahnt [ˈʊngəˌaːnt] *(agg)* ~ insospettato, imprevisto.

ungebildet ['ʊngəˌbɪldət] *(agg)* ~ ignorante, non istruito.
ungebräuchlich ['ʊngəˌbrɔyçlɪç] *(agg)* ~ insolito, inusuale.
ungebraucht ['ʊngəˌbrauxt] *(agg)* ~ nuovo, non usato ♦ *ungebrauchtes Wörterbuch zu verkaufen* vendesi vocabolario (come) nuovo.
ungebührlich ['ʊngəˌbyːɐlɪç] *(agg)* ***1*** sconveniente, disdicevole. ***2*** eccessivo.
ungebunden ['ʊngəˌbʊndən] *(agg)* ***1*** sciolto, slegato. ***2*** *(fig)* indipendente, senza legami. ◆ **ungebundene Rede** prosa.
ungedeckt ['ʊngəˌdɛkt] *(agg)* ***1*** scoperto, non coperto. ***2*** *(fig)* scoperto, indifeso. ***3*** non apparecchiato.
Ungeduld ['ʊngəˌdʊlt] *(f; -)* ~ impazienza.
ungeduldig ['ʊngəˌdʊldɪç] *(agg)* ~ impaziente.
ungeeignet ['ʊngəˌˀaignət] *(agg)* ~ inadatto ♦ *für/zu etwas ungeeignet sein* essere inadatto per qcs.
ungefähr ['ʊngəˌfɛːɐ] *(agg)* ***1*** approssimativo. ***2*** *(avv)* circa, all'incirca, approssimativamente ♦ *er ist ungefähr vierzig Jahre alt* ha circa quarant'anni ♦ *das kostet ungefähr dreißig Euro* costa all'incirca 30 Euro. ◆ **nicht von ungefähr kommen** non essere un caso, non capitare per caso.
ungefährlich [-lɪç] *(agg)* ~ innocuo, non pericoloso.
ungehalten ['ʊngəˌhaltən] *(agg)* ~ *(lett)* arrabbiato, adirato.
ungehemmt ['ʊngəˌhɛmt] *(agg)* ***1*** sfrenato (sentimenti e sim). ***2*** disinvolto.
ungeheuer ['ʊngəˌhɔyɐ] *(agg)* ***1*** enorme, immenso, straordinario ♦ *ungeheurer Mut* coraggio enorme. ***2*** *(avv)* enormemente, immensamente.
Ungeheuer *(n; -s, -)* ***1*** mostro. ***2*** *(fig)* mostro, criminale.
ungeheuerlich [-lɪç] *(agg)* ~ inaudito, scandaloso.
ungehindert ['ʊngəˌhɪndɐt] *(agg)* ***1*** incontrastato, libero. ***2*** *(avv)* liberamente, senza ostacoli.
ungehörig ['ʊngəˌhøːrɪç] *(agg)* ***1*** sconveniente, disdicevole, indecoroso. ***2*** sfrontato.
ungehorsam ['ʊngəˌhoːɐzaːm] *(agg)* ~ disubbidiente.
Ungehorsam *(m; -s)* ~ disubbidienza.
ungekürzt ['ʊngəˌkʏrtst] *(agg)* ~ integrale, non ridotto ♦ *ungekürzte Version* versione integrale.
ungelegen ['ʊngəˌleːgən] *(agg)* ~ inopportuno ♦ *zu ungelegener Stunde* a un'ora inopportuna.
Ungelegenheit [-ˌhait] *(f; -, -en) (spec pl)* ~ disturbo, fastidio, seccatura.
ungelenk ['ʊngəˌlɛŋk] *(agg)* ~ goffo, maldestro, imbranato.
ungelogen ['ʊngəˌloːgən] *(avv)* ~ *(fam)* senza esagerazione ♦ *er hat ungelogen drei Stunden gesprochen* ha parlato per tre ore, senza esagerazione.
Ungemach ['ʊngəˌmaːx] *(n; -s)* ~ *(lett)* avversità, sfortuna.
ungemein ['ʊngəˌmain] *(agg)* ***1*** enorme, immenso. ***2*** *(avv)* enormemente, immensamente ♦ *ich habe mich ungemein darüber gefreut* ne sono stato enormemente contento.
ungemütlich ['ʊngəˌmyːtlɪç] *(agg)* ***1*** non accogliente, non confortevole. ***2*** *(fig)* spiacevole, sgradevole (sensazione e sim).
ungenau ['ʊngəˌnau] *(agg)* ~ inesatto, impreciso.
ungeniert ['ʊnʒəˌniːɐt] *(agg)* ~ disinvolto.
Ungeniertheit [-ˌhait] *(f; -)* ~ disinvoltura.
ungenießbar ['ʊngəˌniːsbaːɐ] *(agg)* ***1*** immangiabile, guasto; imbevibile. ***2*** non commestibile. ***3*** *(fig/fam)* intrattabile.
ungenügend ['ʊngəˌnyːgənt] *(agg)* ~ insufficiente.
ungerade ['ʊngəˌraːdə] *(agg)* ~ dispari.
ungerecht ['ʊngəˌrɛçt] *(agg)* ~ ingiusto, iniquo.
ungereimt ['ʊngəˌraimt] *(agg)* ***1*** non in rima. ***2*** *(fig)* insensato.
ungern ['ʊnˌgɛrn] *(agg)* ~ malvolentieri.
ungerührt ['ʊngəˌryːɐt] *(agg)* ~ impassibile, insensibile.
Ungeschicklichkeit ['ʊngəʃɪklɪçˌkait] *(f; -, -en)* ~ imperizia, incapacità.
ungeschickt ['ʊngəʃɪkt] *(agg)* ~ imbranato, maldestro, incapace.
Ungeschicktheit [-ˌhait] *(f; -)* ~ imperizia, incapacità.
ungeschminkt ['ʊngəʃmɪŋkt] *(agg)* ***1*** non truccato, senza trucco. ***2*** *(fig)* nudo e

crudo ♦ *die ungeschminkte Wahrheit* la verità nuda e cruda.

ungesetzlich ['ʊngə̩zɛtslɪç] *(agg)* ~ illegale.

Ungesetzlichkeit [-̩kait] *(f; -, -en)* ~ illegalità.

ungestört ['ʊngəʃtø:ɐt] *(agg)* ~ indisturbato.

ungestraft ['ʊngəʃtra:ft] *(agg)* ~ impunito.

ungestüm ['ʊngəʃty:m] *(agg)* ~ *(lett)* impetuoso, irruente (carattere).

Ungestüm *(n; -s)* ~ *(lett)* irruenza, impeto (di carattere).

ungesund ['ʊngə̩zʊnt] *(agg)* ***1*** insalubre; dannoso, nocivo (alla salute) ♦ *diese Ernährung ist ungesund* questa alimentazione è dannosa. ***2*** malato, malaticcio (aspetto).

ungeteilt ['ʊngə̩tailt] *(agg)* ***1*** indiviso. ***2*** *(fig)* generale, unanime.

Ungetüm ['ʊngə̩ty:m] *(n; -(e)s, -e)* ~ *(fig)* colosso, mostro (animale o cosa).

ungewiss († **ungewiß**) ['ʊngə̩vɪs] *(agg)* ~ incerto, dubbio ♦ *es ist ungewiss, ob er kommen wird* è incerto se verrà. ◆ **ein Sprung ins Ungewisse** *(fig)* un salto nel buio. ◆ **jmdn im Ungewissen** († **ungewissen**) **lassen** lasciare qcn nell'incertezza.

Ungewissheit († **Ungewißheit**) [-̩hait] *(f; -, -en)* ~ incertezza, dubbio ♦ *in Ungewissheit sein* essere nel dubbio.

ungewöhnlich ['ʊngə̩vø:nlɪç] *(agg)* ***1*** insolito; strano. ***2*** insolito, inconsueto. ***3*** *(avv)* insolitamente, stranamente.

ungewohnt ['ʊngə̩vo:nt] *(agg)* ~ insolito, inconsueto ♦ *sie kam mit ungewohnter Pünktlichkeit* arrivò con insolita puntualità. ◆ **jmdm ungewohnt sein** essere insolito per qcn.

ungezählt ['ʊngə̩tsɛ:lt] *(agg)* ~ innumerevole.

Ungeziefer ['ʊngə̩tsi:fɐ] *(n; -s, -)* ~ parassita; insetto dannoso.

ungezogen ['ʊngə̩tso:gən] *(agg)* ~ maleducato (spec bambini).

Ungezogenheit [-̩hait] *(f; -, -en)* ~ maleducazione.

ungezügelt ['ʊngə̩tsy:gəlt] *(agg)* ~ sfrenato.

ungezwungen ['ʊngə̩tsvʊŋən] *(agg)* ~ naturale, spontaneo, disinvolto.

unglaubhaft ['ʊnglaup̩haft] *(agg)* ~ inattendibile.

ungläubig ['ʊn̩glɔybɪç] *(agg)* ~ incredulo.

unglaublich ['ʊn̩glauplɪç] *(agg)* ***1*** incredibile, improbabile ♦ *eine unglaubliche Geschichte* una storia incredibile. ***2*** incredibile, inaudito ♦ *das ist ja unglaublich!* questo è incredibile! ***3*** *(avv)* incredibilmente ♦ *unglaublich schön* incredibilmente bello.

ungleich ['ʊn̩glaiç] *(agg)* ***1*** disuguale, dissimile, diverso ♦ *ungleiche Größe* grandezza disuguale. ***2*** spaiato. ***3*** impari (lotta e sim). ***4*** *(avv)* assai, incomparabilmente ♦ *ungleich wichtiger* assai più importante.

Ungleichheit [-̩hait] *(f; -, -en)* ~ disuguaglianza, diversità.

ungleichmäßig [-̩mɛ:sɪç] *(agg)* ~ irregolare, non uniforme.

Ungleichmäßigkeit [-mɛ:sɪç̩kait] *(f; -, -en)* ~ irregolarità.

Unglück ['ʊn̩glʏk] *(n; -(e)s, -e)* ***1*** disgrazia; sciagura, incidente ♦ *es ist ein Unglück geschehen* è successa una disgrazia. ***2*** *(solo sing)* sfortuna, iella ♦ *Unglück haben* avere sfortuna ♦ *wir haben Glück im Unglück gehabt* abbiamo avuto fortuna nella sfortuna. ◆ **zu allem Unglück** per colmo di sfortuna. ◆ **ein Unglück kommt selten allein** *(prov)* le disgrazie non vengono mai da sole.

unglücklich [-lɪç] *(agg)* ***1*** infelice, triste ♦ *über etwas* (Acc) *unglücklich sein* essere infelice per qcs. ***2*** sfortunato, disgraziato. ***3*** *(fig)* infelice, sbagliato.

unglücklicherweise [-lɪçɐ'vaizə] *(avv)* ~ sfortunatamente.

unglückselig [-̩ze:lɪç] *(agg)* ~ disgraziato, sventurato.

Unglücksfall [-s̩fal] *(m; -(e)s, -fälle)* ~ incidente (grave), disgrazia.

Ungnade ['ʊn̩gna:də] *(f; -)* ~ sfavore, disgrazia ♦ *bei jmdm in Ungnade fallen* cadere in disgrazia con qcn.

ungnädig ['ʊn̩gnɛ:dɪç] *(agg)* ***1*** maldisposto, di cattivo umore, seccato. ***2*** *(lett)* spietato, impietoso.

ungültig ['ʊn̩gʏltɪç] *(agg)* ***1*** nullo, non valido. ***2*** scaduto ♦ *dieser Pass ist ungültig* questo passaporto è scaduto. ◆ **ungültig werden** diventare nullo; scadere.

Ungunst ['ʊn,gʊnst] *(f; -)* ***1*** *(lett)* sfavore, malevolenza. ***2*** *(fig/lett)* inclemenza (del tempo). ◆ **zu jmds Ungunsten** a sfavore di qcn. ◆ **zu Ungunsten** (vedi **zuungunsten**).

ungünstig ['ʊn,gʏnstɪç] *(agg)* ***1*** sfavorevole, avverso. ***2*** inclemente, sfavorevole (tempo).

ungut ['ʊn,gu:t] *(agg)* ~ cattivo, brutto ♦ *ungute Worte* parole cattive. ◆ **nichts für ungut** senza rancore, non prendertela.

unhaltbar ['ʊn,haltba:ɐ] *(agg)* ***1*** insostenibile, indifendibile. ***2*** *(sport)* imparabile.

unhandlich ['ʊn,hantlɪç] *(agg)* ~ poco pratico, poco maneggevole.

Unheil ['ʊn,hail] *(n; -s)* ~ sventura, disgrazia. ◆ **Unheil verkündend** (†**unheilverkündend**) foriero di disgrazie.

unheilbar [-ba:ɐ] *(agg)* ~ incurabile ♦ *eine unheilbare Krankheit* una malattia incurabile.

unheildrohend [-,dro:nənt] *(agg)* ~ minaccioso.

unheilverkündend ~ **Unheil verkündend** (vedi **Unheil**).

unheilvoll [-,fɔl] *(agg)* ~ funesto.

unheimlich ['ʊn,haimlɪç] *(agg)* ***1*** inquietante. ***2*** *(fig/fam)* enorme. ***3*** *(avv)* in modo inquietante; *(fam)* moltissimo, immensamente.

unhöflich ['ʊn,hø:flɪç] *(agg)* ~ scortese, sgarbato.

Unhöflichkeit [-,kait] *(f; -, -en)* ~ scortesia.

Unhold ['ʊn,hɔlt] *(m; -(e)s, -e)* ~ demonio; orco.

Uni ['ʊni] *(f; -, -s)* ~ *(fam)* università.

uni ['ʏni] *(agg indecl)* ~ a tinta unita ♦ *eine uni Bluse* una camicetta a tinta unita.

Uniform [uni'fɔrm] *(f; -, -en)* ~ uniforme.

uninteressant ['ʊnʔɪntərɛ,sant] *(agg)* ***1*** non interessante, irrilevante. ***2*** poco interessante, noioso.

Union [u'njo:n] *(f; -, -en)* ~ unione (politica, religiosa, ecc). ◆ **Europäische Union** Unione Europea.

universal [univɛr'za:l] *(agg)* ~ universale.

universell [univɛr'zɛl] *(agg)* ~ universale.

Universität [univɛrzi'tɛ:t] *(f; -, -en)* ~ università ♦ *die Universität (zu) Berlin* l'università di Berlino ♦ *an der Universität studieren* studiare all'università ♦ *auf die/zur Universität gehen* andare all'università, essere studente.

Universitätslehrer [univɛrzi'tɛ:ts,le:rɐ] *(m; -s, -; f* **-in***)* ~ docente universitario.

Universitätsprofessor [univɛrzi'tɛ:tspro,fɛso:ɐ] *(m; -s, -en; f* **-in***)* ~ professore universitario.

Universitätsstudium [univɛrzi'tɛ:ts,ʃtu:djʊm] *(n; -s, -dien)* ~ studi universitari.

Universum [uni'vɛrzʊm] *(n; -s)* ~ universo, cosmo.

Unke ['ʊŋkə] *(f; -, -n)* ~ *(fig/fam)* pessimista, uccello del malaugurio.

unken [-n] *(vi, hat)* ~ *(fam)* vedere nero, essere pessimista, gufare.

unkenntlich ['ʊn,kɛntlɪç] *(agg)* ~ irriconoscibile ♦ *sich unkenntlich machen* rendersi irriconoscibile.

Unkenntnis ['ʊn,kɛntnɪs] *(f; -)* ~ ignoranza ♦ *er hat den Fehler aus Unkenntnis begangen* ha commesso l'errore per ignoranza. ◆ **in Unkenntnis über etwas** (Acc) **sein** ignorare qcs.

unklar ['ʊn,kla:ɐ] *(agg)* ***1*** incomprensibile, non chiaro, oscuro ♦ *eine unklare Botschaft* un messaggio oscuro ♦ *es ist mir unklar, warum* non mi è chiaro perché. ***2*** non chiaro, sfocato, confuso (immagini). ***3*** vago, indefinito, confuso. ***4*** incerto ♦ *eine unklare Situation* una situazione incerta. ◆ **jmdn im Unklaren** († **unklaren**) **lassen** lasciare qcn nell'incertezza. ◆ **sich** (Dat) **über etwas** (Acc) **im Unklaren** († **unklaren**) **sein** non avere le idee chiare su qcs.

Unklarheit [-,hait] *(f; -)* ~ incertezza, mancanza di chiarezza, confusione.

unklug ['ʊn,klu:k] *(agg)* ~ imprudente, avventato.

unkorrekt ['ʊnkɔ,rɛkt] *(agg)* ***1*** sbagliato, errato. ***2*** scorretto, sleale.

Unkorrektheit [-,hait] *(f; -, -en)* ~ scorrettezza.

Unkosten ['ʊn,kɔstən] *(pl)* ~ spese (eccessive). ◆ **sich in Unkosten stürzen** spendere un patrimonio.

Unkraut ['ʊn,kraut] *(n; -(e)s, -kräuter)* ~ erbaccia. ◆ **Unkraut vergeht nicht** *(prov)* la malerba non muore mai.

unkultiviert ['ʊnkʊlti,viːɐt] *(agg)* **1** incolto, ignorante. **2** poco fine, rozzo.
unlängst ['ʊn,lɛŋst] *(avv)* ~ da poco (tempo), non molto tempo fa.
unleidlich ['ʊn,laitlɪç] *(agg)* ~ intrattabile, di cattivo umore, insopportabile.
unlesbar [ʊn'leːs,baːɐ] *(agg)* ~ illeggibile *(anche fig)*.
unleserlich ['ʊn,leːzɐlɪç] *(agg)* ~ illeggibile.
unleugbar ['ʊn,lɔykbaːɐ] *(agg)* ~ innegabile, incontestabile.
unliebsam ['ʊnliːp,zaːm] *(agg)* ~ spiacevole, sgradevole.
unlogisch ['ʊn,loːgɪʃ] *(agg)* ~ illogico.
unlösbar [ʊn'løːs,baːɐ] *(agg)* **1** indissolubile. **2** insolubile, non risolvibile.
Unlust ['ʊn,lʊst] *(f; -)* ~ svogliatezza.
unmäßig ['ʊn,mɛːsɪç] *(agg)* ~ smodato, eccessivo.
Unmenge ['ʊn,mɛŋə] *(f; -, -n)* ~ quantità enorme, montagna ◆ *eine Unmenge von/an Briefen* una montagna di lettere.
Unmensch ['ʊn,mɛnʃ] *(m; -en, -en)* ~ mostro, bruto.
unmenschlich [-lɪç] *(agg)* **1** disumano. **2** *(fig/fam)* disumano, enorme.
Unmenschlichkeit [-lɪç,kait] *(f; -, -en)* ~ disumanità, crudeltà.
unmerklich [ʊn'mɛrklɪç] *(agg)* ~ impercettibile.
unmissverständlich († **unmiß-**) ['ʊnmɪsfɛɐʃtɛntlɪç] *(agg)* ~ inequivocabile.
unmittelbar ['ʊn,mɪtəlbaːɐ] *(agg)* **1** diretto, immediato ◆ *in unmittelbarer Nähe* nelle immediate vicinanze. **2** *(avv)* direttamente, immediatamente ◆ *unmittelbar neben dem Rathaus* direttamente accanto al municipio. **3** *(avv)* immediatamente, subito.
Unmittelbarkeit [-,kait] *(f; -)* ~ immediatezza.
unmodern ['ʊnmo,dɛrn] *(agg)* ~ non moderno, fuori moda, antiquato.
unmöglich ['ʊn,møːklɪç] *(agg)* **1** impossibile ◆ *es ist mir unmöglich, heute zu kommen* mi è impossibile venire oggi. **2** *(fig/fam)* impossibile ◆ *du bist einfach unmöglich!* sei proprio impossibile! **3** *(avv)* in nessun caso, è impossibile che ◆ *ich kann unmöglich kommen* non posso venire in nessun caso, mi è impossibile venire. ◆ **jmdn unmöglich machen** denigrare qcn.
Unmöglichkeit [-,kait] *(f; -, -en)* ~ impossibilità; cosa impossibile.
unmoralisch ['ʊnmo,raːlɪʃ] *(agg)* ~ immorale.
unmündig ['ʊn,mʏndɪç] *(agg)* ~ minorenne.
Unmut ['ʊn,muːt] *(m; -(e)s)* ~ *(lett)* scontento.
unnachahmlich ['ʊnnaːx,ʔaːmlɪç] *(agg)* ~ inimitabile.
unnahbar [ʊn'naː,baːɐ] *(agg)* ~ inavvicinabile.
unnatürlich ['ʊnna,tyːɐlɪç] *(agg)* **1** innaturale. **2** innaturale, affettato.
unnötig ['ʊn,nøːtɪç] *(agg)* **1** inutile. **2** *(avv)* inutilmente.
unnütz ['ʊn,nʏts] *(agg)* **1** inutile ◆ *unnützes Zeug* roba inutile. **2** inutile, vano. **3** *(avv)* inutilmente.
UNO ['uːno] *(f; -)* ~ ONU.
unordentlich ['ʊn,ʔɔrdəntlɪç] *(agg)* ~ disordinato.
Unordnung ['ʊn,ʔɔrdnʊŋ] *(f; -)* ~ disordine ◆ *etwas in Unordnung bringen* mettere qcs in disordine.
unparteiisch ['ʊnpar,taiɪʃ] *(agg)* ~ imparziale, neutrale.
Unparteilichkeit ['ʊnpartailɪç,kait] *(f; -)* ~ imparzialità.
unpassend ['ʊn,pasənt] *(agg)* **1** inopportuno, sconveniente (comportamento). **2** inopportuno, sbagliato (momento) ◆ *im unpassendsten Augenblick* nel momento meno opportuno.
unpässlich († **unpäßlich**) ['ʊn,pɛslɪç] *(agg)* ~ indisposto, malato.
Unpässlichkeit († **Unpäßlichkeit**) [-,kait] *(f; -, -en)* ~ indisposizione (fisica), disturbo.
unpersönlich ['ʊnpɛr,zøːnlɪç] *(agg)* **1** impersonale, freddo. **2** *(gramm)* impersonale.
unpopulär ['ʊnpopu,lɛːɐ] *(agg)* ~ impopolare.
unpünktlich ['ʊn,pʏŋktlɪç] *(agg)* **1** non puntuale ◆ *sie ist immer unpünktlich* non è mai puntuale. **2** non puntuale, in ritardo.
Unrast ['ʊn,rast] *(f; -)* ~ inquietudine, irrequietezza.

Unrat ['ʊnˌraːt] *(m; -(e)s)* ~ *(lett)* immondizia, sudiciume.
unrecht ['ʊnˌrɛçt] *(agg)* ***1*** *(lett)* sbagliato (moralmente) ♦ *etwas Unrechtes sagen, tun* dire, fare qcs di sbagliato. ***2*** sbagliato, inopportuno. ◆ **unrecht daran tun** agire in modo sbagliato, far male (a fare qcs). ◆ **jmdm unrecht tun** far torto a qcn. ◆ **unrecht geben, haben** vedi **Unrecht.** ◆ **in unrechte Hände fallen** finire nelle mani sbagliate. ◆ **unrecht Gut gedeiht nicht** *(prov)* la farina del diavolo va in crusca.
Unrecht *(n; -(e)s)* ***1*** torto, ingiustizia ♦ *es geschieht ihm Unrecht* ha subito un torto ♦ *jmdm (ein) Unrecht antun* fare (un) torto a qcn. ***2*** torto, errore ♦ *sich im Unrecht befinden* trovarsi in errore. ◆ **jmdm Unrecht** († **unrecht**) **geben** dare torto a qcn. ◆ **Unrecht** († **unrecht**) **haben** avere torto. ◆ **zu Unrecht** a torto.
unrechtmäßig [-ˌmɛːsɪç] *(agg)* ~ illegittimo, illegale.
unredlich ['ʊnˌreːtlɪç] *(agg)* ~ *(lett)* disonesto.
unregelmäßig ['ʊnreːgəlˌmɛːsɪç] *(agg)* ~ irregolare *(anche gramm)*.
Unregelmäßigkeit [-ˌkait] *(f; -, -en)* ~ irregolarità.
unreif ['ʊnˌraif] *(agg)* ***1*** acerbo, non maturo. ***2*** *(fig)* immaturo.
unrein ['ʊnˌrain] *(agg)* ~ impuro.
Unreinheit [-ˌhait] *(f; -, -en)* ~ impurità.
Unruhe ['ʊnˌruːə] *(f; -, -n)* ***1*** *(solo sing)* inquietudine, agitazione. ***2*** agitazione, disordine ♦ *politische Unruhen* agitazioni politiche ♦ *Unruhe stiften* creare disordini.
unruhig ['ʊnˌruːɪç] *(agg)* ***1*** inquieto, agitato, irrequieto. ***2*** mosso, agitato (mare). ***3*** rumoroso.
uns [ʊns] *(pron, I pers pl Dat/Acc)* ***1*** ci, ce; noi, a noi ♦ *er hat uns gegrüßt* ci ha salutato ♦ *sie hat uns einen Brief geschrieben* ci ha scritto una lettera ♦ *wann kommst du zu uns?* quando vieni da noi? ***2*** *(rifl)* ci ♦ *wir kennen uns gut* ci conosciamo bene.
unsagbar [ʊn'zaːkˌbaːɐ] *(agg)* ***1*** indicibile, inenarrabile. ***2*** *(avv)* indicibilmente, enormemente.
unsauber ['ʊnˌzaubɐ] *(agg)* ***1*** sporco, sudicio. ***2*** *(fig)* sporco, disonesto.
Unsauberkeit [-ˌkait] *(f; -, -en)* ***1*** sporcizia. ***2*** *(fig)* disonestà; azione disonesta.
unschädlich ['ʊnʃɛːtlɪç] *(agg)* ~ innocuo, inoffensivo ♦ *jmdn unschädlich machen* rendere inoffensivo qcn *(anche fig)*.
unscharf ['ʊnʃarf] *(agg)* ~ *(fotogr)* sfocato.
unschätzbar [ʊn'ʃɛtsˌbaːɐ] *(agg)* ***1*** inestimabile, incalcolabile. ***2*** *(fig)* immenso, incalcolabile.
unscheinbar ['ʊnʃainbaːɐ] *(agg)* ***1*** non appariscente. ***2*** semplice, modesto (nell'aspetto e sim).
unschlagbar [ʊn'ʃlaːkˌbaːɐ] *(agg)* ~ imbattibile.
unschlüssig ['ʊnʃlʏsɪç] *(agg)* ~ indeciso, irresoluto ♦ *ich bin mir unschlüssig, was ich tun soll* sono indeciso su cosa devo fare.
unschön ['ʊnʃøːn] *(agg)* ***1*** brutto, non bello. ***2*** *(fig)* brutto, spiacevole.
Unschuld ['ʊnʃʊlt] *(f; -)* ***1*** innocenza, incolpevolezza ♦ *seine Unschuld beteuern, beweisen* sostenere, dimostrare la propria innocenza. ***2*** innocenza, purezza. ◆ **seine Hände in Unschuld waschen** *(fig)* lavarsene le mani.
unschuldig ['ʊnʃʊldɪç] *(agg)* ***1*** innocente, non colpevole. ***2*** innocente, puro.
unselbstständig ['ʊnzɛlpstʃtɛndɪç] *(anche* **unselbständig***)* ['ʊnzɛlpʃtɛndɪç] *(agg)* ~ non indipendente.
unselig ['ʊnˌzeːlɪç] *(agg)* ~ fatale, funesto.
unser[1] ['ʊnzɐ] *(agg poss)* ~ nostro ♦ *unser Vater* nostro padre ♦ *unser Haus* la nostra casa.

UNSER[1], UNSERE, UNSER

		MASCH	FEMM	NEUTRO
NOM	*sing*	unser	unsere	unser
	pl	unsere	unsere	unsere
GEN	*sing*	unseres	unserer	unseres
	pl	unserer	unserer	unserer
DAT	*sing*	unserem	unserer	unserem
	pl	unseren	unseren	unseren
ACC	*sing*	unseren	unsere	unser
	pl	unsere	unsere	unsere

unser[2] *(pron, I pers pl Gen)* ~ *(lett)* di noi ♦ *sie erinnert sich unser* si ricorda di noi.

unsereiner ['ʊnzɐˌˀainɐ] *(pron indef)* ~ *(fam)* uno come noi, qualcuno come noi.

unsereins ['ʊnzɐˌˀains] *(pron indef)* ~ *(fam)* vedi **unsereiner**.

unsere(r, -s) ['ʊnzərə (-rɐ, -rəs)] *(pron poss)* ~ nostro. ◆ **die <u>unseren</u>** *(anche* **die Unseren***)* i nostri (parenti).

unsererseits ['ʊnzərɐ'zaits] *(avv)* ~ da parte nostra.

unseresgleichen ['ʊnzərəs'glaiçən] *(pron indef)* ~ gente come noi.

unserseits ['ʊnzɐ'zaits] *(avv)* ~ vedi **unsererseits**.

unsersgleichen ['ʊnzɐs'glaiçən] *(pron indef)* ~ vedi **unseresgleichen**.

unsertwegen ['ʊnzɐt've:gən] *(avv)* *1* per noi, per amor nostro; a causa nostra. *2* per quanto ci riguarda.

unsertwillen ['ʊnzɐt'vɪlən] *(avv)* ~ **um unsertwillen** per noi, per amor nostro.

unsicher ['ʊnˌzɪçɐ] *(agg)* *1* incerto, insicuro, malfermo ♦ *er ist unsicher auf den Beinen* è insicuro sulle gambe. *2* incerto, dubbio ♦ *es ist unsicher, ob sie teilnehmen werden* è incerto se parteciperanno. *3* insicuro, pericoloso. ◆ **die Gegend unsicher machen** *(fig/fam)* far casino in giro.

Unsicherheit [-ˌhait] *(f; -, -en)* ~ insicurezza; incertezza.

unsichtbar ['ʊnˌzɪçtba:ɐ] *(agg)* ~ invisibile.

Unsinn ['ʊnˌzɪn] *(m; -(e)s)* *1* follia, assurdità, nonsenso. *2* sciocchezze, stupidaggini ♦ *Unsinn reden* dire stupidaggini.

unsinnig [-ɪç] *(agg)* *1* insensato, assurdo, folle. *2* *(fig/fam)* folle, enorme.

Unsitte ['ʊnˌzɪtə] *(f; -, -n)* ~ malcostume.

unsittlich ['ʊnˌzɪtlɪç] *(agg)* ~ immorale, scostumato.

unsterblich ['ʊnˌʃtɛrplɪç] *(agg)* ~ immortale.

Unsterblichkeit [-ˌkait] *(f; -)* ~ immortalità.

unstet ['ʊnˌʃte:t] *(agg)* ~ *(lett)* inquieto, irrequieto.

Unstimmigkeit ['ʊnʃtɪmɪçˌkait] *(f; -, -en)* *1* *(spec pl)* contraddizione, errore. *2* *(spec pl)* contrasto, disaccordo.

Unsumme ['ʊnˌzʊmə] *(f; -, -n)* ~ somma enorme.

unsympatisch ['ʊnzʏmˌpa:tɪʃ] *(agg)* ~ antipatico.

untadelig ['ʊnˌta:dəlɪç] *(agg)* ~ irreprensibile.

Untat ['ʊnˌta:t] *(f; -, -en)* ~ misfatto.

untätig ['ʊnˌtɛ:tɪç] *(agg)* ~ inattivo, inoperoso.

untauglich ['ʊnˌtauklɪç] *(agg)* ~ inadatto.

unten ['ʊntən] *(avv)* ~ sotto, giù, di sotto, in basso (stato in luogo) ♦ *sie wohnen unten* abitano di sotto. ◆ **<u>unten</u> <u>stehend</u>** *(anche* **untenstehend***)* sottostante ♦ *das <u>unten</u> <u>Stehende</u>* (anche *Untenstehende*) quanto segue. ◆ **siehe unten!** vedi sotto. ◆ **dort unten** laggiù (stato in luogo). ◆ **hier unten** quaggiù (stato in luogo). ◆ **nach unten** giù, sotto, verso il basso (moto a luogo). ◆ **von unten nach oben** dal basso verso l'alto. ◆ **bei jmdm unten durch sein** *(fam)* aver perso la stima di qcn.

untenstehend ~ anche **<u>unten</u> <u>stehend</u>** (vedi **unten**).

unter[1] ['ʊntɐ] *(prep + Dat/Acc)* *1* *(stato + Dat; moto + Acc)* sotto ♦ *der Hund schläft unter dem Tisch* il cane dorme sotto il tavolo ♦ *stell einen Teller unter die Schüssel* metti un piatto sotto la scodella. *2* (+ Dat/Acc) *(fig)* sotto, al di sotto di ♦ *die Temperaturen sind unter den Durchschnitt gesunken* le temperature sono scese sotto la media ♦ *Kinder unter zehn Jahren zahlen die Hälfte* i bambini sotto i dieci anni pagano la metà ♦ *die Situation ist unter Kontrolle* la situazione è sotto controllo ♦ *unter falschem Namen* sotto falso nome ♦ *ich arbeite unter ihr* lavoro sotto di lei. *3* (+ Dat) fra, tra ♦ *unter den Opfern war auch ein italienischer Tourist* fra le vittime c'era anche un turista italiano ♦ *unter seinen Büchern sind viele wertvolle Bände* fra i suoi libri ci sono molti volumi preziosi ♦ *wir wollen die Sachen unter uns besprechen* vogliamo parlare della cosa fra noi ♦ *einer unter vielen* uno fra tanti ♦ *unter ander(e)m* fra l'altro.

unter[2] *(avv)* ~ meno di ♦ *unter zweihundert Zuschauer* meno di duecento spettatori.

Unterarm [-ˌˀarm] *(m; -(e)s, -e)* ~ *(anat)* avambraccio.

Unterbau [-ˌbau] *(m; -(e)s, -ten)* **1** fondamenta, base. **2** *(fig)* fondamento, base.
unterbieten [-ˌbiːtən] *(vt, hat; irr bieten)* **1** {*jmdn* ~} offrire un prezzo più basso di qcn ♦ *er hat alle unterboten* ha offerto un prezzo più basso di tutti ♦ *einen Preis unterbieten* battere un prezzo (offrire di meno). **2** *(fig)* battere, superare.
unterbinden [-ˈbɪndən] *(vt, hat; irr binden)* **1** legare con un laccio (vene). **2** *(fig)* impedire.
unterbleiben [-ˈblaibən] *(vi, ist; irr bleiben)* ~ non verificarsi, non accadere.
unterbrechen [-ˈbrɛçən] *(vt, hat)* **1** interrompere ♦ *eine Arbeit unterbrechen* interrompere un lavoro ♦ *unterbrich mich nicht ständig!* non mi interrompere continuamente! **2** interrompere, sospendere.
Unterbrechung [-ˈbrɛçʊŋ] *(f; -, -en)* **1** interruzione. **2** pausa, intervallo.
unterbreiten [-ˈbraitən] *(vt, hat)* ~ {*jmdm etwas* ~} *(lett)* sottoporre, proporre qcs a qcn.
unter|bringen *(vt, hat; irr bringen)* **1** sistemare, collocare ♦ *das Gepäck im Kofferraum unterbringen* sistemare le valigie nel bagagliaio. **2** sistemare, alloggiare ♦ *jmdn im Gästezimmer unterbringen* sistemare qcn nella camera degli ospiti. **3** {*jmdn* ~} sistemare, mettere qcn (in un posto di lavoro). **4** piazzare, collocare, vendere.
Unterbringung [-ˌbrɪŋʊŋ] *(f; -, -en)* **1** sistemazione, collocazione. **2** sistemazione, alloggio. **3** ricovero.
unterbrochen [-ˌbrɔxən] *(agg)* ~ interrotto.
Unterdeck [-ˌdɛk] *(n; -(e)s, -s)* ~ sottocoperta.
unterderhand ~ <u>**unter**</u> <u>**der**</u> <u>**Hand**</u> (vedi **Hand**).
unterdessen [-ˈdɛsən] *(avv)* ~ intanto, nel frattempo.
unterdrücken [-ˈdrʏkən] *(vt, hat)* **1** reprimere, trattenere (sentimenti). **2** reprimere, domare; opprimere, tiranneggiare ♦ *einen Aufstand unterdrücken* reprimere una sollevazione.
Unterdrückung [-ˈdrʏkʊŋ] *(f; -, -en)* **1** repressione. **2** oppressione.
untere(r, -s) [ˈʊntərə (-rɐ, -rəs)] *(agg)* **1** inferiore, sottostante ♦ *im unteren Stock des Hauses* al piano inferiore della casa. **2** *(fig)* inferiore (di livello e sim) ♦ *die unteren Klassen* le classi inferiori (della scuola, della società).
untereinander [ˈʊntɐˀaiˈnandɐ] *(avv)* **1** l'uno sotto l'altro. **2** l'uno con l'altro, fra sé ♦ *das haben sie untereinander ausgemacht* l'hanno deciso fra sé.
unterentwickelt [ˈʊntɐˀɛntˌvɪkəlt] *(agg)* ~ sottosviluppato.
Unterentwicklung [ˈʊntɐˀɛntˌvɪklʊŋ] *(f; -, -en)* ~ sottosviluppo.
unterernährt [ˈʊntɐˀɛɐˌnɛːɐt] *(agg)* ~ denutrito.
Unterernährung [ˈʊntɐˀɛɐˌnɛːrʊŋ] *(f; -)* ~ denutrizione.
Unterfangen [ˈʊntɐˌfaŋən] *(n; -s, -)* ~ *(lett)* impresa, azione temeraria.
unter|fassen *(vt, hat; ortogr fassen)* ~ prendere a braccetto.
Unterführung [ˌʊntɐˈfyːrʊŋ] *(f; -, -en)* ~ sottopassaggio.
Untergang [ˈʊntɐˌgaŋ] *(m; -(e)s, -gänge)* **1** tramonto. **2** *(fig)* tramonto, declino, rovina. **3** affondamento (di nave), naufragio.
untergeben [ˈʊntɐˌgeːbən] *(agg)* ~ subalterno, sottoposto. ◆ **jmdm untergeben sein** essere alle dipendenze di qcn.
<u>**untergefasst**</u> († **-gefaßt**) [ˈʊntɐgəˌfast] *(avv)* ~ a braccetto ♦ *untergefasst gehen* andare a braccetto.
unter|gehen *(vi, ist; irr gehen)* **1** tramontare ♦ *die Sonne geht unter* il sole tramonta. **2** affondare (nave). **3** *(fig)* cadere, andare in rovina. **4** *(fig)* tramontare, declinare.
untergeordnet [ˈʊntɐgəˌˀɔrdnət] *(agg)* **1** subordinato, subalterno, sottoposto ♦ *jmdm untergeordnet sein* essere sottoposto a qcn. **2** secondario. **3** *(gramm)* subordinato.
untergliedern [ˌʊntɐˈgliːdɐn] *(vt, hat)* ~ suddividere.
Untergliederung [ˌʊntɐˈgliːdərʊŋ] *(f; -, -en)* ~ suddivisione.
untergraben [ˌʊntɐˈgraːbən] *(vt, hat; irr graben)* **1** scalzare. **2** *(fig)* minare, danneggiare.
Untergrund [ˈʊntɐˌgrʊnt] *(m; -(e)s, -gründe)* **1** sottosuolo. **2** sfondo (di pittura). **3** *(fig/pol)* illegalità.

Untergrundbahn [-ˌbaːn] *(f; -, -en) (abbrev* **U-Bahn***)* ~ metropolitana.

unter|haken *(vt,* hat*)* ~ *(fam)* prendere a braccetto.

unterhalb [ˈʊntɐˌhalp] *(prep* + Gen*)* ~ al di sotto di.

Unterhalt [ˈʊntɐˌhalt] *(m; -(e)s)* ***1*** mantenimento, sostentamento. ***2*** *(dir)* alimenti. ***3*** manutenzione.

unterhalten [ʊntɐˈhaltən] *(vt,* hat; *irr* halten*)* ***1*** {*jmdn* ~} mantenere qcn. ***2*** curare la manutenzione di (edifici e sim). ***3*** mantenere, intrattenere (relazioni). ***4*** intrattenere, divertire ♦ *die Gäste unterhalten* intrattenere gli ospiti. ◆ **sich (mit jmdm) unterhalten** *(vr)* conversare, chiacchierare con qcn, intrattenersi con qcn ♦ *wir haben uns über viele Themen unterhalten* abbiamo conversato di molti argomenti. ◆ **das Feuer unterhalten** alimentare il fuoco.

unterhaltsam [ˌʊntɐˈhaltˌzaːm] *(agg)* ~ divertente, spassoso.

Unterhaltung [ˌʊntɐˈhaltʊŋ] *(f; -, -en)* ***1*** mantenimento; manutenzione (di edifici e sim). ***2*** divertimento; intrattenimento ♦ *gute Unterhaltung!* buon divertimento! ***3*** conversazione ♦ *eine interessante Unterhaltung* una conversazione interessante.

unterhandeln [ʊntɐˈhandəln] *(vi,* hat*)* ~ {*über etwas* (Acc) ~} negoziare, trattare su qcs.

Unterhemd [ˈʊntɐˌhɛmt] *(n; -(e)s, -en)* ~ canottiera, maglietta.

Unterholz [ˈʊntɐˌhɔlts] *(n; -es)* ~ sottobosco.

Unterhose [ˈʊntɐˌhoːzə] *(f; -, -n) (anche pl)* ~ mutande ♦ *in Unterhosen* in mutande.

unterirdisch [ˈʊntɐˌʔɪrdɪʃ] *(agg)* ~ sotterraneo.

unterjochen [ˌʊntɐˈjɔxən] *(vt,* hat*)* ~ soggiogare.

Unterkiefer [ˈʊntɐˌkiːfɐ] *(m; -s, -)* ~ *(anat)* mandibola.

Unterkleid [ˈʊntɐˌklait] *(n; -(e)s, -er)* ~ vedi **Unterrock**.

unter|kommen *(vi,* ist; *irr* kommen*)* ***1*** trovare alloggio, essere alloggiato ♦ *im Hotel unterkommen* essere alloggiato in albergo. ***2*** *(fam)* trovare lavoro, sistemarsi ♦ *bei einer Firma unterkommen* trovare lavoro presso una ditta.

unter|kriegen *(vt,* hat*)* ~ *(fam)* sottomettere, mettere sotto. ◆ **sich nicht unterkriegen lassen** non lasciarsi abbattere.

Unterkunft [ˈʊntɐˌkʊnft] *(f; -, -künfte)* ~ sistemazione, alloggio ♦ *Unterkunft im Hotel* sistemazione in hotel.

Unterlage [ˈʊntɐˌlaːgə] *(f; -, -n)* ***1*** base, supporto. ***2*** *(pl)* scritti, carte, documenti.

unterlassen [ˌʊntɐˈlasən] *(vt,* hat; *irr/ortogr* lassen*)* ***1*** tralasciare, omettere ♦ *er hat es unterlassen, sich polizeilich anzumelden* ha tralasciato di comunicare il proprio cambio di residenza alla polizia. ***2*** {*etwas* ~} finirla, smetterla con qcs.

Unterlassung [ˌʊntɐˈlasʊŋ] *(f; -, -en)* ~ il tralasciare, omissione.

unterlaufen[1] [ˌʊntɐˈlaufən] *(vi,* ist; *irr* laufen*)* ~ {*jmdm* ~} sfuggire, scappare a qcn ♦ *mir ist ein Fehler unterlaufen* mi è scappato un errore.

unterlaufen[2] *(agg)* ~ **mit Blut unterlaufen** iniettato di sangue.

unter|legen[1] [ˈʊntɐˌleːgən] *(vt,* hat*)* ***1*** mettere sotto. ***2*** {*jmdm/etwas etwas* ~} *(fig)* attribuire qcs a qcn/qcs ♦ *einem Satz einen anderen Sinn unterlegen* attribuire un altro senso a una frase.

unterlegen[2] [ˌʊntɐˈleːgən] *(agg)* ~ inferiore ♦ *jmdm an etwas* (Dat) *unterlegen sein* essere inferiore a qcn in qcs.

Unterlegenheit [ʊntɐˈleːgənˌhait] *(f; -)* ~ inferiorità.

Unterleib [ˈʊntɐˌlaip] *(m; -(e)s, -er)* ~ basso ventre.

unterliegen [ˌʊntɐˈliːgən] *(vi,* ist; *irr* liegen*)* ***1*** soccombere, essere sconfitto. ***2*** {*einer Sache* (Dat) ~} sottostare a qcs, soggiacere a qcs. ◆ **es unterliegt keinem Zweifel, dass** è fuori di dubbio che.

untermalen [ˌʊntɐˈmaːlən] *(vt,* hat*)* ~ *(fig)* accompagnare (con un sottofondo) ♦ *eine Erzählung mit Musik untermalen* accompagnare un racconto con la musica.

Untermalung [ˌʊntɐˈmaːlʊŋ] *(f; -, -en)* ~ *(fig)* accompagnamento, sottofondo (musicale).

untermauern [ˌʊntɐˈmauɐn] *(vt,* hat*)* ***1*** costruire le fondamenta di. ***2*** *(fig)* suffragare, consolidare (teorie e sim).

Untermiete ['ʊntɐ,miːtə] *(f; -)* ~ subaffitto ♦ *bei jmdm in/zur Untermiete wohnen* abitare in subaffitto presso qcn. ◆ **ein Zimmer in Untermiete abgeben** subaffittare una stanza.

unterminieren [,ʊntɐmi'niːrən] *(vt, hat)* ~ *(fig)* minare.

unternehmen [,ʊntɐ'neːmən] *(vt, hat; irr nehmen)* ***1*** intraprendere, fare ♦ *eine Reise unternehmen* intraprendere un viaggio ♦ *wir haben viel im Urlaub unternommen* abbiamo fatto molte cose in vacanza. ***2*** fare, intraprendere (tentativi) ♦ *er unternahm den Versuch, die Firma zu retten* fece il tentativo di salvare la ditta.

Unternehmen *(n; -s, -)* ***1*** impresa, iniziativa. ***2*** impresa, ditta, azienda.

Unternehmer [,ʊntɐ'neːmɐ] *(m; -s, -; f* **-in***)* ~ imprenditore.

Unternehmergeist [-,gaist] *(m; -(e)s)* ~ iniziativa, spirito d'iniziativa.

unternehmerisch [,ʊntɐ'neːmərɪʃ] *(agg)* ~ imprenditoriale.

Unternehmung [,ʊntɐ'neːmʊŋ] *(f; -, -en)* ~ impresa, iniziativa.

Unternehmungsgeist [-s,gaist] *(m; -(e)s)* ~ iniziativa, spirito d'iniziativa.

Unternehmungslust [-s,lʊst] *(f; -)* ~ intraprendenza.

unternehmungslustig [-s,lʊstɪç] *(agg)* ~ intraprendente.

Unteroffizier ['ʊntɐˀɔfi,tsiːɐ] *(m; -s, -e)* ~ *(mil)* sottufficiale.

unter|ordnen *(vt, hat)* ~ {*etwas einer Sache* (Dat) ~} subordinare qcs a qcs. ◆ **sich jmdm/etwas unterordnen** *(vr)* sottomettersi a qcn/qcs.

Unterordnung ['ʊntɐ,ˀɔrdnʊŋ] *(f; -, -en)* ~ subordinazione *(anche gramm)*.

Unterpfand ['ʊntɐ,pfant] *(n; -(e)s, -pfänder)* ~ *(lett)* pegno.

Unterredung ['ʊntɐ,reːdʊŋ] *(f; -, -en)* ~ conversazione, colloquio (formale) ♦ *mit jmdm eine Unterredung führen/haben* avere un colloquio con qcn.

Unterricht ['ʊntɐ,rɪçt] *(m; -(e)s, raro -e)* ~ lezione ♦ *heute habe ich (keinen) Unterricht* oggi (non) ho lezione ♦ *jmdm in etwas* (Dat) *Unterricht geben* dare lezione a qcn in qcs ♦ *bei jmdm in etwas* (Dat) *Unterricht nehmen* prendere lezioni di qcs da qcn.

unterrichten [,ʊntɐ'rɪçtən] *(vt, hat)* ***1*** {*jmdn in etwas* (Dat) ~} insegnare qcs a qcn, dare lezione di qcs a qcn ♦ *sie unterrichtet ihn in Deutsch* gli dà lezione di tedesco. ***2*** {*jmdn über etwas* (Acc) ~}, {*jmdn von etwas* ~} informare, mettere al corrente qcn di qcs. ◆ **sich über etwas** (Acc) **unterrichten** *(vr)* informarsi su qcs.

Unterrichtsfach ['ʊntɐrɪçts,fax] *(n; -(e)s, -fächer)* ~ materia d'insegnamento.

Unterrock ['ʊntɐ,rɔk] *(m; -(e)s, -röcke)* ~ sottoveste.

untersagen [,ʊntɐ'zaːgən] *(vt, hat)* ~ {*jmdm etwas* ~} proibire qcs a qcn, interdire qcs a qcn ♦ *der Arzt hat mir das Rauchen untersagt* il medico mi ha proibito il fumo.

untersagt [,ʊntɐ'zaːkt] *(agg)* ~ proibito, vietato.

Untersatz ['ʊntɐ,zats] *(m; -(e)s, -sätze)* ~ sottobicchiere; sottopentola.

unterschätzen [,ʊntɐ'ʃɛtsən] *(vt, hat)* ~ sottovalutare.

unterscheidbar [ʊntɐ'ʃait,baːɐ] *(agg)* ~ distinguibile.

unterscheiden [,ʊntɐ'ʃaidən] *(vt, hat; irr scheiden)* ***1*** {*jmdn/etwas (von jmdm/etwas)* ~} distinguere qcn/qcs (da qcn/qcs) ♦ *er kann die Farben nicht unterscheiden* non riesce a distinguere i colori ♦ *ich kann sie von ihrer Zwillingsschwester nicht unterscheiden* non riesco a distinguerla dalla sua sorella gemella. ***2*** {*zwischen jmdm/etwas und jmdm/etwas* ~} *(vi)* distinguere fra qcn/qcs e qcn/qcs. ***3*** {*jmdn/etwas von jmdm/etwas* ~} distinguere, differenziare qcn/qcs da qcn/qcs. ◆ **sich von jmdm/etwas unterscheiden** *(vr)* distinguersi da qcn/qcs.

Unterscheidung [,ʊntɐ'ʃaidʊŋ] *(f; -, -en)* ~ distinzione ♦ *Unterscheidungen treffen* fare distinzioni, distinguere.

unter|schieben[1] ['ʊntɐ,ʃiːbən] *(vt, hat; irr schieben)* ~ spingere sotto ♦ *einem Kranken ein Kissen unterschieben* spingere un cuscino sotto a un malato.

unterschieben[2] [,ʊntɐ'ʃiːbən] *(vt, hat; irr schieben)* ~ {*jmdm etwas* ~} *(fig)* attribuire qcs a qcn (ingiustamente) ♦ *sie haben ihm unehrliche Vorhaben unterschoben* gli hanno attribuito propositi disonesti.

Unterschied ['ʊntɐʃiːt] *(m; -(e)s, -e)* ***1*** differenza ♦ *es besteht ein großer Unterschied zwischen ihnen* c'è una grossa differenza fra loro. **2** differenza, distinzione ♦ *einen Unterschied machen zwischen zwei Produkten* fare una distinzione fra due prodotti. ◆ **ein Unterschied wie Tag und Nacht** una differenza come fra il giorno e la notte. ◆ **das macht keinen Unterschied** *(fam)* questo non fa differenza. ◆ **im Unterschied zu jmdm/etwas** a differenza di qcn/qcs ♦ *im Unterschied zu ihm ist sie sehr sprachbegabt* a differenza di lui è molto portata per le lingue. ◆ **zum Unterschied von jmdm/etwas** a differenza di qcn/qcs.

unterschiedlich [-lɪç] *(agg)* ~ differente, diverso ♦ *unterschiedliche Produkte* prodotti differenti ♦ *wir sind unterschiedlicher Meinung* siamo di opinione diversa.

unterschlagen [ˌʊntɐ'ʃlaːgən] *(vt, hat; irr schlagen)* ***1*** sottrarre, far sparire ♦ *Geld, Papiere unterschlagen* sottrarre soldi, documenti. **2** tacere (notizie).

Unterschlagung [ˌʊntɐ'ʃlaːgʊŋ] *(f; -, -en)* ~ sottrazione (indebita).

Unterschlupf ['ʊntɐʃlʊpf] *(m; -(e)s, -schlüpfe)* ~ rifugio, riparo ♦ *bei jmdm Unterschlupf finden* trovare rifugio presso qcn.

unterschreiben [ˌʊntɐ'ʃraibən] *(vt, hat; irr schreiben)* ***1*** firmare, sottoscrivere ♦ *einen Brief unterschreiben* firmare una lettera. **2** sottoscrivere, approvare.

Unterschrift ['ʊntɐʃrɪft] *(f; -, -en)* ~ firma ♦ *seine Unterschrift unter etwas* (Acc) *setzen* mettere la propria firma in calce a qcs ♦ *für, gegen etwas Unterschriften sammeln* raccogliere firme a favore di, contro qcs.

Unterseeboot ['ʊntɐzeːˌboːt] *(n; -(e)s, -e) (abbrev* **U-Boot***)* ~ sottomarino.

Untersetzer ['ʊntɐˌzɛtsɐ] *(m; -s, -)* ~ sottobicchiere; sottopentola; sottovaso.

untersetzt [ˌʊntɐ'zɛtst] *(agg)* ~ tarchiato.

Unterstand ['ʊntɐʃtant] *(m; -(e)s, -stände)* ***1*** rifugio (contro i bombardamenti). **2** tettoia, riparo (per la pioggia).

unterste(r, -s) ['ʊntɐstə (-tɐ, -təs)] *(agg, superl di* **unterer***)* ~ (il) più basso, estremo (in basso), infimo.

unter|stehen[1] ['ʊntɐʃteːən] *(vi, hat; irr stehen)* ~ stare sotto (al riparo).

unterstehen[2] [ˌʊntɐ'ʃteːən] *(vi, hat; irr stehen)* ~ *{jmdm ~}* essere sottoposto a qcn, dipendere da qcn (gerarchicamente). ◆ **sich unterstehen** *(vr)* osare, provarsi, azzardarsi ♦ *untersteh dich!* provaci! guai a te se ci provi!

unter|stellen[1] ['ʊntɐʃtɛlən] *(vt, hat)* ~ mettere sotto, mettere al riparo. ◆ **sich unterstellen** *(vr)* mettersi al riparo, mettersi al coperto.

unterstellen[2] [ˌʊntɐ'ʃtɛlən] *(vt, hat)* ***1*** *{jmdm/etwas jmdn/etwas ~}* subordinare qcn/qcs a qcn/qcs, far dipendere qcn/qcs da qcn/qcs (gerarchicamente). **2** *{jmdm etwas ~}* attribuire qcs a qcn (ingiustamente) ♦ *jmdm böse Absichten unterstellen* attribuire cattive intenzioni a qcn. **3** ammettere, dare per vero.

Unterstellung [ˌʊntɐ'ʃtɛlʊŋ] *(f; -, -en)* ***1*** subordinazione (il subordinare). **2** accusa (ingiusta), insinuazione.

unterstreichen [ˌʊntɐ'ʃtraiçən] *(vt, hat; irr streichen)* ~ sottolineare *(anche fig)*.

unterstützen [ˌʊntɐ'ʃtʏtsən] *(vt, hat)* ~ sostenere, appoggiare (persone; progetti) ♦ *jmdn bei einem Plan unterstützen* sostenere qcn in un progetto.

Unterstützung [ˌʊntɐ'ʃtʏtsʊŋ] *(f; -, -en)* ***1*** *(fig)* sostegno, appoggio. **2** sussidio, aiuto finanziario ♦ *eine Unterstützung beantragen* far domanda per un sussidio ♦ *eine Unterstützung beziehen* percepire un sussidio ♦ *jmdm eine Unterstützung gewähren* concedere un sussidio a qcn.

Unterstützungsgeld [-sˌgɛlt] *(n; -(e)s, -er)* ~ sussidio, aiuto finanziario.

untersuchen [ˌʊntɐ'zuːxən] *(vt, hat)* ***1*** esaminare, analizzare ♦ *etwas chemisch untersuchen* analizzare qcs chimicamente. **2** visitare (malati) ♦ *jmdn auf seine Krankheit untersuchen* visitare qcn per stabilire che malattia ha. **3** ispezionare; perquisire ♦ *Koffer auf Waffen untersuchen* ispezionare i bagagli in cerca di armi. **4** *{etwas ~} (dir)* condurre un'inchiesta su qcs ♦ *die Unfallsursache untersu-*

chen condurre un'inchiesta sulla causa di un incidente.

Untersuchung [ˌʊntɐ'zuːxʊŋ] *(f; -, -en)* ***1*** esame, analisi; studio ◆ *chemische Untersuchung* analisi chimica ◆ *eine Untersuchung (durch)führen* compiere un esame. ***2*** visita (medica). ***3*** ispezione. ***4*** *(dir)* inchiesta ◆ *die Untersuchung eines Rechtsfalles* l'inchiesta su un caso giuridico.

Untersuchungsrichter [-sˌrɪçtɐ] *(m; -s, -; f* **-in***)* ~ giudice istruttore.

untertan ['ʊntɐˌtaːn] *(agg)* ***1*** sottoposto, subordinato (gerarchicamente) ◆ *jmdm untertan sein* essere sottoposto a qcn. ***2*** soggetto, assoggettato. ◆ **sich** (Dat) **jmdn untertan machen** assoggettare qcn.

Untertan *(m; -s/-en, -en)* ~ suddito.

Untertasse ['ʊntɐˌtasə] *(f; -, -n)* ~ piattino (di tazza). ◆ **fliegende Untertasse** *(fig)* disco volante.

unter|tauchen *(vi, ist)* ***1*** immergersi, tuffarsi. ***2*** *(fig)* scomparire.

unterteilen [ˌʊntɐ'tailən] *(vt, hat)* ~ suddividere.

Unterteilung [ˌʊntɐ'tailʊŋ] *(f; -, -en)* ~ suddivisione.

Untertitel [ˌʊntɐ'tiːtəl] *(m; -s, -)* ~ sottotitolo.

untertiteln [-n] *(vt, hat)* ~ sottotitolare.

Unterton ['ʊntɐˌtoːn] *(m; -(e)s, -töne)* ~ *(fig)* sfumatura, punta ◆ *mit einem Unterton von Ironie* con una punta d'ironia.

untertreiben [ˌʊntɐ'traibən] *(vt, hat)* ~ sminuire.

untervermieten ['ʊntɐfɛɐˌmiːtən] *(vt, hat)* ~ subaffittare, dare in subaffitto.

unterwandern [ˌʊntɐ'vandɐn] *(vt, hat)* ~ {*etwas* ~} *(fig)* infiltrarsi in qcs ◆ *eine Partei unterwandern* infiltrarsi in un partito.

Unterwäsche ['ʊntɐˌvɛʃə] *(f; -)* ~ biancheria intima, intimo.

unterwegs [ˌʊntɐ'veːks] *(avv)* ~ per la strada, durante il cammino, cammin facendo. ◆ **unterwegs sein** ***1*** essere in viaggio ◆ *er ist unterwegs nach Paris* è in viaggio per Parigi. ***2*** essere in viaggio, essere partito (posta e sim).

unterweisen [ˌʊntɐ'vaizən] *(vt, hat; irr weisen)* ~ {*jmdn in etwas* (Dat) ~} *(lett)* istruire qcn in qcs, insegnare qcs a qcn.

Unterweisung [ˌʊntɐ'vaizʊŋ] *(f; -, -en)* ~ insegnamento, istruzione.

Unterwelt ['ʊntɐˌvɛlt] *(f; -)* ~ malavita, criminalità.

unterwerfen [ˌʊntɐ'vɛrfən] *(vt, hat; irr werfen)* ***1*** sottomettere, assoggettare. ***2*** sottoporre ◆ *jmdn einer Prüfung unterwerfen* sottoporre qcn a un esame. ◆ **sich jmdm/etwas unterwerfen** *(vr)* sottomettersi, assoggettarsi a qcn/qcs.

Unterwerfung [ˌʊntɐ'vɛrfʊŋ] *(f; -, -en)* ~ sottomissione.

unterworfen [ˌʊntɐ'vɔrfən] *(agg)* ~ sottomesso, assoggettato ◆ *jmdm unterworfen sein* essere sottomesso a qcn.

unterwürfig [ˌʊntɐ'vʏrfɪç] *(agg)* ~ sottomesso, servile.

unterzeichnen [ˌʊntɐ'tsaiçnən] *(vt, hat)* ~ firmare, sottoscrivere (documenti ufficiali).

Unterzeichnung [ˌʊntɐ'tsaiçnʊŋ] *(f; -, -en)* ~ firma, sottoscrizione (di documenti ufficiali).

unter|ziehen[1] ['ʊntɐˌtsiːən] *(vt, hat; irr ziehen)* ~ indossare sotto, mettersi sotto ◆ *ich ziehe noch ein T-Shirt unter* mi metto sotto un'altra maglietta.

unterziehen[2] [ˌʊntɐ'tsiːən] *(vt, hat; irr ziehen)* ~ {*jmdn einer Sache* (Dat) ~} sottoporre qcn a qcs ◆ *jmdn einem Verhör unterziehen* sottoporre qcn a un interrogatorio. ◆ **sich einer Sache** (Dat) **unterziehen** *(vr)* sottoporsi a qcs ◆ *sich einer Operation unterziehen* sottoporsi a un'operazione.

Untiefe ['ʊnˌtiːfə] *(f; -, -n)* ~ secca (di fiume).

untragbar [ʊn'traːkˌbaːɐ] *(agg)* ~ insopportabile, intollerabile.

untrennbar [ʊn'trɛnˌbaːɐ] *(agg)* ~ inseparabile *(anche gramm)*, indivisibile.

untreu ['ʊnˌtrɔy] *(agg)* ~ infedele. ◆ **jmdm untreu werden** tradire qcn.

Untreue [-ə] *(f; -)* ~ infedeltà.

untröstlich [ʊn'trøːstlɪç] *(agg)* ~ inconsolabile.

untrüglich [ʊn'tryːklɪç] *(agg)* ~ infallibile.

Untugend ['ʊnˌtuːgənt] *(f; -, -en)* ~ vizio, cattiva abitudine.

untypisch ['ʊnˌtyːpɪʃ] *(agg)* ~ atipico.

unüberbrückbar [ˌʊnˀyːbɐ'brʏkˌbaːɐ] *(agg)* ~ insormontabile.

unüberlegt ['ʊnʔy:bɐˌle:kt] *(agg)* ~ avventato, sconsiderato.
Unüberlegtheit [-ˌhait] *(f; -, -en)* ~ avventatezza, sconsideratezza.
unübersehbar [ˌʊnʔy:bɐ'ze:ˌba:ɐ] *(agg)* ***1*** immenso, sterminato. ***2*** vistoso (errore e sim).
unübersichtlich ['ʊnʔy:bɐˌzɪçtlɪç] *(agg)* ~ confuso, complicato.
unüblich ['ʊnˌʔy:plɪç] *(agg)* ~ inusuale, inconsueto.
unumgänglich [ˌʊnʔʊm'gɛŋlɪç] *(agg)* ~ indispensabile; inevitabile.
unumstößlich [ˌʊnʔʊm'ʃtø:slɪç] *(agg)* ~ incontestabile, irrefutabile.
unumstritten [ʊnʔʊm'ʃtrɪtən] *(agg)* ~ incontestato, indiscusso.
ununterbrochen ['ʊnʔʊntɐˌbrɔxən] *(agg)* ***1*** ininterrotto, continuo. ***2*** *(avv)* ininterrottamente.
unveränderlich [ˌʊnfɛɐ'ʔɛndɐlɪç] *(agg)* ~ immutabile, invariabile *(anche mat)*.
unverändert ['ʊnfɛɐˌʔɛndɐt] *(agg)* ~ immutato, invariato.
unverantwortlich [ˌʊnfɛɐ'ʔantvɔrtlɪç] *(agg)* ~ irresponsabile.
unverbesserlich [ˌʊnfɛɐ'bɛsɐlɪç] *(agg)* ~ incorreggibile.
unverbindlich ['ʊnfɛɐˌbɪntlɪç] *(agg)* ***1*** non vincolante, non obbligatorio. ***2*** distaccato, distante. ◆ **unverbindliche Preisempfehlung** prezzo consigliato.
unverblümt [ˌʊnfɛɐ'bly:mt] *(agg/avv)* ~ nudo e crudo, senza mezzi termini.
unverdient ['ʊnfɛɐˌdi:nt] *(agg)* ~ immeritato.
unverfälscht ['ʊnfɛɐˌfɛlʃt] *(agg)* ~ genuino, non adulterato.
unverfroren ['ʊnfɛɐˌfro:rən] *(agg)* ~ sfacciato, sfrontato.
Unverfrorenheit [-ˌhait] *(f; -, -en)* ~ sfacciataggine, sfrontatezza.
unvergesslich († **unvergeßlich**) [ˌʊnfɛɐ'gɛslɪç] *(agg)* ~ indimenticabile.
unvergleichbar [ˌʊnfɛɐ'glaiçˌba:ɐ] *(agg)* ~ incomparabile.
unvergleichlich [ˌʊnfɛɐ'glaiçlɪç] *(agg)* ~ incomparabile, straordinario.
unverhältnismäßig ['ʊnfɛɐhɛltnɪsˌmɛ:sɪç] *(agg)* ~ sproporzionato, eccessivo.
unverheiratet ['ʊnfɛɐˌhaira:tət] *(agg)* ~ non sposato; celibe; nubile.
unverhofft ['ʊnfɛɐˌhɔft] *(agg)* ~ insperato.
unverkennbar [ˌʊnfɛɐ'kɛnˌba:ɐ] *(agg)* ~ inconfondibile.
unverletzbar [ˌʊnfɛɐ'lɛtsˌba:ɐ] *(agg)* ~ invulnerabile.
unverletzlich [ˌʊnfɛɐ'lɛtslɪç] *(agg)* ~ inviolabile (diritti e sim).
Unverletzlichkeit [-ˌkait] *(f; -)* ~ inviolabilità.
unvermeidlich [ˌʊnfɛɐ'maitlɪç] *(agg)* ~ inevitabile.
unvermindert ['ʊnfɛɐˌmɪndɐt] *(agg)* ~ non diminuito, immutato, uguale.
unvermittelt ['ʊnfɛɐˌmɪtəlt] *(agg)* ***1*** improvviso, repentino, brusco. ***2*** *(avv)* improvvisamente, bruscamente.
Unvermögen ['ʊnfɛɐˌmø:gən] *(n; -s, -)* ~ incapacità ◆ *das Unvermögen, etwas zu tun* l'incapacità di fare qcs.
Unvernunft ['ʊnfɛɐˌnʊnft] *(f; -)* ~ irragionevolezza.
unvernünftig ['ʊnfɛɐˌnʏnftɪç] *(agg)* ~ irragionevole.
unveröffentlicht ['ʊnfɛɐˌʔœfəntlɪçt] *(agg)* ~ inedito.
unverrichtet ['ʊnfɛɐˌrɪçtət] *(agg)* ~ non concluso. ◆ **unverrichteter Dinge/unverrichteter Sache** senza aver concluso nulla.
unverschämt ['ʊnfɛɐʃɛ:mt] *(agg)* ***1*** sfacciato, spudorato. ***2*** indecente.
Unverschämtheit [-ˌhait] *(f; -, -en)* ***1*** sfacciataggine. ***2*** indecenza.
unversehens ['ʊnfɛɐˌze:əns] *(avv)* ~ improvvisamente, all'improvviso.
unversehrt ['ʊnfɛɐˌze:ɐt] *(agg)* ***1*** illeso, salvo. ***2*** intatto.
unversöhnlich ['ʊnfɛɐˌzø:nlɪç] *(agg)* ~ insanabile, inconciliabile. ◆ **ein unversöhnlicher Feind** un nemico accanito.
unverständlich ['ʊnfɛɐʃtɛntlɪç] *(agg)* ***1*** incomprensibile. ***2*** incomprensibile, oscuro ◆ *sein Verhalten ist mir unverständlich* il suo comportamento mi è incomprensibile.
Unverständnis ['ʊnfɛɐʃtɛntnɪs] *(n; -ses)* ~ incomprensione.
unversucht ['ʊnfɛɐˌzu:xt] *(agg)* ~ **nichts unversucht lassen** non lasciar niente di intentato.

unverträglich ['ʊnfɛɐ̯ˌtrɛːklɪç] *(agg)* ***1*** indigesto. ***2*** intrattabile (persona). ***3*** inconciliabile (contrasto).
unverwechselbar [ˌʊnfɛɐ̯'vɛksəlˌbaːɐ̯] *(agg)* ~ inconfondibile.
unverwundbar [ˌʊnfɛɐ̯'vʊntˌbaːɐ̯] *(agg)* ~ invulnerabile.
unverwüstlich [ˌʊnfɛɐ̯'vyːstlɪç] *(agg)* ***1*** indistruttibile. ***2*** *(fig)* imperturbabile.
unverzeihlich [ˌʊnfɛɐ̯'tsailɪç] *(agg)* ~ imperdonabile.
unverzichtbar [ˌʊnfɛɐ̯'tsɪçtˌbaːɐ̯] *(agg)* ~ irrinunciabile, indispensabile.
unverzüglich [ˌʊnfɛɐ̯'tsyːklɪç] *(agg)* ***1*** immediato, senza esitazione. ***2*** *(avv)* immediatamente, senza esitazione.
unvollendet ['ʊnfɔlˌʔɛndət] *(agg)* ~ incompiuto.
unvollkommen ['ʊnfɔlˌkɔmən] *(agg)* ***1*** incompleto. ***2*** imperfetto.
Unvollkommenheit [-ˌhait] *(f; -, -en)* ~ imperfezione.
unvollständig ['ʊnfɔlʃtɛndɪç] *(agg)* ~ incompleto.
unvorbereitet ['ʊnfoːɐ̯bəˌraitət] *(agg)* ***1*** impreparato ♦ *jmdn unvorbereitet treffen* cogliere qcn impreparato. ***2*** non preparato, improvvisato.
unvoreingenommen ['ʊnfoːɐ̯ˌʔaingənɔmən] *(agg)* ~ imparziale, non prevenuto.
unvorhergesehen ['ʊnfoːɐ̯heːɐ̯gəˌzeːən] *(agg)* ~ imprevisto.
unvorhersehbar ['ʊnfoːɐ̯heːɐ̯ˌzeːbaːɐ̯] *(agg)* ~ imprevedibile.
unvorsichtig ['ʊnfoːɐ̯ˌzɪçtɪç] *(agg)* ~ imprudente.
Unvorsichtigkeit [-ˌkait] *(f; -, -en)* ~ imprudenza.
unvorstellbar [ˌʊnfoːɐ̯'ʃtɛlˌbaːɐ̯] *(agg)* ***1*** inimmaginabile, impensabile. ***2*** *(avv)* incredibilmente ♦ *unvorstellbar schön* incredibilmente bello.
unvorteilhaft ['ʊnfɔrtailˌhaft] *(agg)* ~ svantaggioso.
unwahr ['ʊnˌvaːɐ̯] *(agg)* ~ falso, non vero.
unwahrscheinlich [-ʃainlɪç] *(agg)* ***1*** improbabile, inverosimile ♦ *es ist unwahrscheinlich, dass sie kommen* è improbabile che vengano. ***2*** *(fam)* enorme, incredibile. ***3*** *(avv)* *(fam)* incredibilmente, enormemente.
unwegsam ['ʊnveːkˌzaːm] *(agg)* ~ impervio, impraticabile.
unweigerlich [ʊn'vaigɐlɪç] *(agg)* ***1*** immancabile, inevitabile. ***2*** *(avv)* immancabilmente, inevitabilmente.
unweit ['ʊnˌvait] *(prep + Gen)* ~ non lontano da ♦ *unweit des Bahnhofs* non lontano dalla stazione. ◆ **unweit von** non lontano da ♦ *unweit vom Bahnhof* non lontano dalla stazione.
Unwesen ['ʊnˌveːzən] *(n; -s)* ~ *(lett)* piaga, male. ◆ **sein Unwesen treiben** imperversare; aggirarsi.
unwesentlich [-tlɪç] *(agg)* ~ secondario, non essenziale.
Unwetter ['ʊnˌvɛtɐ] *(n; -s, -)* ~ maltempo; temporale.
unwichtig ['ʊnˌvɪçtɪç] *(agg)* ~ irrilevante.
unwiderruflich [ˌʊnviːdɐ'ruːflɪç] *(agg)* ~ irrevocabile.
unwiderstehlich [ˌʊnviːdɐ'ʃteːlɪç] *(agg)* ***1*** irresistibile. ***2*** *(fig)* affascinante, irresistibile.
Unwille ['ʊnˌvɪlə] *(m; -ns)* ~ *(lett)* indignazione, risentimento; irritazione.
Unwillen [-n] *(m; -s)* ~ vedi **Unwille**.
unwillig ['ʊnˌvɪlɪç] *(agg)* ~ indignato, risentito; irritato. ◆ **über etwas** (Acc) **unwillig werden** indignarsi per qcs.
unwillkommen ['ʊnvɪlˌkɔmən] *(agg)* ~ indesiderato, sgradito (visite, ospiti). ◆ **bei jmdm unwillkommen sein** non essere il benvenuto da qcn.
unwillkürlich ['ʊnvɪlˌkyːɐ̯lɪç] *(agg)* ~ involontario, spontaneo ♦ *eine unwillkürliche Reaktion* una reazione involontaria.
unwirklich ['ʊnˌvɪrklɪç] *(agg)* ~ irreale.
unwirksam ['ʊnvɪrkˌzaːm] *(agg)* ~ inefficace.
unwirsch ['ʊnˌvɪrʃ] *(agg)* ~ brusco, sgarbato.
unwirtlich ['ʊnˌvɪrtlɪç] *(agg)* ~ inospitale, desolato, inabitabile.
unwissend ['ʊnˌvɪsənt] *(agg)* ~ inesperto; ignaro.
Unwissenheit ['ʊnvɪsənˌhait] *(f; -)* ~ ignoranza (l'ignorare).
unwohl ['ʊnˌvoːl] *(agg; solo pred)* ~ indisposto. ◆ **unwohl sein** non sentirsi bene; avere le mestruazioni. ◆ **mir ist unwohl** non mi sento bene. ◆ **sich unwohl fühlen** non sentirsi bene.

unwürdig ['ʊnˌvʏrdɪç] *(agg)* **1** indegno ♦ *einer Sache* (Gen) *unwürdig sein* essere indegno di qcs. **2** indegno, umiliante.

Unzahl ['ʊnˌtsa:l] *(f; -)* ~ gran numero, gran quantità ♦ *eine Unzahl von Restaurants* un gran numero di ristoranti.

unzählbar ['ʊnˌtsɛ:lba:ɐ] *(agg)* ~ numeroso, innumerevole.

unzählig ['ʊnˌtsɛ:lɪç] *(agg)* ~ innumerevole.

Unzeit ['ʊnˌtsait] *(f)* ~ **zur Unzeit kommen** venire in un momento poco opportuno.

unzerbrechlich [ˌʊntsɛɐ'brɛçlɪç] *(agg)* ~ infrangibile.

unzerstörbar [ˌʊntsɛɐ'ʃtø:ɐˌba:ɐ] *(agg)* ~ indistruttibile.

unzertrennlich [ˌʊntsɛɐ'trɛnlɪç] *(agg)* ~ *(fig)* inseparabile ♦ *unzertrennliche Freunde* amici inseparabili.

Unzucht ['ʊnˌtsʊxt] *(f; -)* **1** lussuria. **2** *(dir)* atti di libidine. ◆ **gewerbsmäßige Unzucht** prostituzione.

unzüchtig ['ʊnˌtsʏçtɪç] *(agg)* **1** lussurioso, libidinoso. **2** pornografico, osceno.

unzufrieden ['ʊntsuˌfri:dən] *(agg)* ~ scontento, insoddisfatto ♦ *mit jmdm/etwas unzufrieden sein* essere scontento di qcn/qcs.

Unzufriedenheit [-ˌhait] *(f; -)* ~ insoddisfazione, scontentezza.

unzugänglich ['ʊntsu:ˌgɛ:ŋlɪç] *(agg)* **1** inaccessibile. **2** *(fig)* chiuso (di carattere).

unzulänglich ['ʊntsu:ˌlɛŋlɪç] *(agg)* ~ *(lett)* insufficiente, inadeguato.

unzuverlässig ['ʊntsu:fɛɐˌlɛsɪç] *(agg)* ~ inaffidabile (persona); inattendibile.

unzweckmäßig ['ʊntsvɛkˌmɛ:sɪç] *(agg)* ~ inadeguato, inadatto.

üppig ['ʏpɪç] *(agg)* **1** rigoglioso, lussureggiante, folto. **2** ricco, abbondante (pasto). **3** opulento. **4** formoso, florido.

Üppigkeit [-ˌkait] *(f; -)* **1** rigoglio. **2** ricchezza, abbondanza (di pasto). **3** opulenza. **4** formosità, floridezza.

Ur-, ur- ['u:ɐ-] *(pref)* **1** assai, -issimo ♦ *urkomisch* divertentissimo. **2** (indica origine) pre-, proto-; genuino, originario, primordiale ♦ *urgermanisch* protogermanico ♦ *Urkraft* forza primordiale. **3** bis- (antenati).

Urahn [-ˌʔa:n] *(m; -(e)s/-en, -en; f* **-ahne***)* ~ avo, antenato.

uralt [-ˌʔalt] *(agg)* ~ vecchissimo (persona o cosa), antichissimo.

Uran [u'ra:n] *(n; -s)* ~ uranio.

Uranus ['u:ranʊs] *(m; -)* ~ *(astron)* Urano.

Uraufführung ['u:ɐˌauffy:rʊŋ] *(f; -, -en)* ~ prima rappresentazione, prima.

urban [ʊr'ba:n] *(agg)* **1** urbano. **2** *(fig/lett)* urbano, educato.

urbar ['u:ɐˌba:ɐ] *(agg)* ~ **urbar machen** bonificare (terreni).

Urbarmachung [-ˌmaxʊŋ] *(f; -, -en)* ~ bonifica.

Urbild ['u:ɐˌbɪlt] *(n; -(e)s, -er)* **1** originale, prototipo. **2** *(fig)* originale, archetipo.

Urenkel ['u:ɐˌʔɛŋkəl] *(m; -s, -; f* **-in***)* ~ pronipote (di nonno).

Urgewalt ['u:egəˌvalt] *(f; -, -en)* ~ forza primordiale.

Urgroßeltern ['u:ɐˌgro:sʔɛltɐn] *(pl)* ~ bisnonni.

Urgroßmutter ['u:ɐˌgro:smʊtɐ] *(f; -, -mütter)* ~ bisnonna.

Urgroßvater ['u:ɐˌgro:sfa:tɐ] *(m; -s, -väter)* ~ bisnonno.

Urheber ['u:ɐˌhe:bɐ] *(m; -s, -; f* **-in***)* **1** *(dir)* autore (di un'opera). **2** *(fig)* autore, creatore, ideatore.

Urheberrecht ['u:ɐhe:bɐˌrɛçt] *(n; -(e)s, -e)* ~ diritti d'autore.

urig ['u:rɪç] *(agg)* **1** tradizionale, tipico. **2** originale, strano.

Urin [u'ri:n] *(m; -s, -e)* ~ urina.

urinieren [uri'ni:rən] *(vi, hat)* ~ urinare.

Urkunde ['u:ɐˌkʊndə] *(f; -, -n)* ~ documento, certificato ♦ *eine Urkunde ausstellen* rilasciare un documento.

Urlaub ['u:ɐˌlaup] *(m; -(e)s, -e)* **1** vacanza (dal lavoro), ferie ♦ *Urlaub nehmen* prendere ferie ♦ *wann hast du Urlaub?* quando hai le ferie? **2** vacanza, villeggiatura ♦ *Urlaub im Gebirge* vacanza in montagna. **3** *(mil)* licenza. ◆ **auf/in Urlaub fahren**; **auf/in Urlaub gehen** andare in vacanza, in villeggiatura. ◆ **auf/in/im Urlaub sein** essere in vacanza, in villeggiatura ♦ *wir waren im Urlaub am Meer* siamo stati in vacanza al mare.

Urlauber ['u:ɐˌlaubɐ] *(m; -s, -; f* **-in***)* ~ villeggiante, vacanziere.

Urlaubstag ['u:ɐlaupsˌta:k] *(m; -(e)s, -e)* ~ giorno di ferie.

Urlaubszeit ['uːɐlaupsˌtsait] *(f; -, -en)* ~ ferie, periodo delle ferie.

Urmensch ['uːɐˌmɛnʃ] *(m; -en, -en)* ~ uomo preistorico.

Urne ['ʊrnə] *(f; -, -n)* ~ urna (funebre; elettorale).

Uroma ['uːɐˌʔoːma] *(f; -, -s)* ~ *(fam)* bisnonna.

Uropa ['uːɐˌʔoːpa] *(m; -s, -s)* ~ *(fam)* bisnonno.

urplötzlich ['uːɐˌplœtslɪç] *(agg)* ***1*** improvviso. ***2*** *(avv)* tutto a un tratto, all'improvviso.

Ursache ['uːɐˌzaxə] *(f; -, -n)* ***1*** causa ♦ *Ursache und Wirkung* causa ed effetto ♦ *die Ursache eines Unfalls* la causa di un incidente. ***2*** motivo, ragione ♦ *die Ursache für seine Nervösität* il motivo del suo nervosismo ♦ *sie hat keine Ursache, sich zu beschweren* non ha motivo di lamentarsi. ◆ **jmdm Ursache geben, etwas zu tun** dar motivo a qcn di fare qcs. ◆ **keine Ursache!** *(fam)* non c'è di che! di niente!

ursächlich ['uːɐˌzɛçlɪç] *(agg)* ~ causale ♦ *in ursächlichem Zusammenhang mit etwas stehen* stare in un rapporto di causalità con qcs.

Urschrift ['uːɐˌʃrɪft] *(f; -, -en)* ~ autografo, originale (di testo).

Ursprung ['uːɐˌʃprʊŋ] *(m; -(e)s, -sprünge)* ***1*** origine, principio ♦ *seinen Ursprung in etwas* (Dat) *haben* avere la propria origine in qcs. ***2*** origine, nascita. ***3*** origine, provenienza ♦ *ein Wort griechischen Ursprungs* una parola di origine greca.

ursprünglich ['uːɐˌʃprʏŋlɪç] *(agg)* ***1*** originario, primitivo ♦ *der ursprüngliche Plan war anders* il progetto originario era diverso. ***2*** naturale, spontaneo. ***3*** *(avv)* in origine, inizialmente ♦ *ursprünglich wollten wir nach Amerika fliegen* inizialmente volevamo andare in America.

Urteil ['uːɐˌtail] *(n; -(e)s, -e)* ***1*** *(dir)* giudizio, sentenza ♦ *ein gerechtes, mildes, ungerechtes Urteil* una sentenza giusta, mite, ingiusta ♦ *ein Urteil aussprechen/fällen* pronunciare una sentenza ♦ *ein Urteil anfechten* impugnare una sentenza. ***2*** giudizio, valutazione; opinione, parere ♦ *ein fachmännisches Urteil* un giudizio da esperto ♦ *sich* (Dat) *über jmdn/etwas* (Acc) *ein Urteil bilden* formarsi un'opinione su qcn/qcs. ◆ **zu einem Urteil kommen** farsi un'opinione, giungere a una conclusione ♦ *ich bin zu dem Urteil gekommen, dass* sono giunto alla conclusione che.

urteilen [-ən] *(vi, hat)* ***1*** {*über jmdn/etwas* ~} giudicare qcn/qcs *(anche dir)*. ***2*** {*nach etwas* ~} giudicare in base a qcs ♦ *nach dem Äußeren urteilen* giudicare in base all'esteriorità.

urteilsfähig [-sˌfɛːɪç] *(agg)* ~ in grado di giudicare.

Urteilsspruch [-sˌʃprʊx] *(m; -(e)s, -sprüche)* ~ *(dir)* sentenza, verdetto.

urtümlich ['uːɐˌtyːmlɪç] *(agg)* ~ originario, primitivo, naturale.

Urvater ['uːɐˌfaːtɐ] *(m; -s, -väter)* ~ antenato, progenitore.

Urwald ['uːɐˌvalt] *(m; -(e)s, -wälder)* ~ foresta vergine.

urwüchsig ['uːɐˌvyːksɪç] *(agg)* ***1*** genuino, verace. ***2*** naturale, spontaneo (vegetazione e sim).

Urzeit ['uːɐˌtsait] *(f; -, -en)* ~ tempi remoti, preistoria. ◆ **seit Urzeiten** da un'infinità di tempo, da tempo immemorabile.

usf. ~ abbrev di **und so fort** (vedi **fort**).

Usus ['uːzʊs] *(m; -)* ~ *(fam)* uso, consuetudine.

usw. ~ abbrev di **und so weiter** (vedi **weiter**).

Utensilien [utɛn'ziːljən] *(pl)* ~ utensili, attrezzi.

UV-Strahlen [uː'fauˌʃtraːlən] *(pl)* ~ raggi ultravioletti.

V

v, V [fau] *(n; -/-s, -/-s)* ~ v, V *(ventiduesima lettera dell'alfabeto tedesco)*.

v.a. ~ abbrev di **vor allem** (vedi **vor**[1]).

vag [vaːk] *(agg)* ~ vedi **vage**.

Vagabund [vaga'bʊnt] *(m; -en, -en)* ~ vagabondo, girovago.

vage ['vaːgə] *(anche* **vag***)* *(agg)* ***1*** vago, indefinito, indistinto. ***2*** *(avv)* vagamente ♦ *ich kann mich nur vage an ihn erinnern* mi ricordo di lui solo vagamente.

Vagina [va'giːna] *(f; -, -nen)* ~ *(anat)* vagina.

vakant [va'kant] *(agg)* ~ vacante ♦ *vakante Stelle* posto vacante.

Valuta [va'luːta] *(f; -, -ten)* ~ valuta straniera.

Vampir ['vampiːɐ] *(m; -s, -e)* ~ vampiro.

Vandale ~ vedi **Wandale**.

Vandalismus ~ vedi **Wandalismus**.

Vanille [va'nɪljə] *(f; -)* ~ *(bot)* vaniglia.

Vanillezucker [-ˌtsʊkɐ] *(m; -s)* ~ zucchero vanigliato.

variabel [va'rjaːbəl] *(agg)* ~ variabile, mutevole.

Variante [va'rjantə] *(f; -, -n)* ~ variante, varietà.

Variation [varia'tsjoːn] *(f; -, -en)* ~ variazione.

Varietee *(anche* **Varieté***)* [varje'teː] *(n; -s, -s)* ~ varietà, spettacolo di varietà.

variieren [vari'iːrən] *(vi/vt, hat)* ~ variare, cambiare *(vi/vt)*.

Vase ['vaːzə] *(f ; -, -n)* ~ vaso (da fiori).

Vater ['faːtɐ] *(m; -s, Väter)* ***1*** padre, papà ♦ *mein Vater* mio padre ♦ *er ist Vater von zwei Kindern* è padre di due bambini. ***2*** *(fig)* padre, creatore. ***3*** *(relig)* padre, sacerdote.

Vaterland [-ˌlant] *(n; -(e)s, -länder)* ~ patria.

väterlich ['fɛːtɐlɪç] *(agg)* ***1*** paterno, del padre. ***2*** *(fig)* paterno, amorevole ♦ *väterliche Liebe* amore paterno. ***3*** *(avv)* paternamente, come un padre. ◆ **väterliche Gewalt** *(dir)* patria potestà.

väterlicherseits [-ɐ'zaits] *(avv)* ~ paterno, da parte di padre ♦ *meine Großeltern väterlicherseits* i miei nonni paterni.

Vaterschaft ['faːtɐʃaft] *(f; -, -en)* ~ paternità ♦ *die Vaterschaft anerkennen* riconoscere la paternità.

Vaterunser ['faːtɐ'ʔʊnzɐ] *(n; -s, -)* ~ *(relig)* padrenostro ♦ *das Vaterunser beten* dire il padrenostro.

Vatikan [vati'kaːn] *(m; -s)* ~ Vaticano.

vatikanisch [-ɪʃ] *(agg)* ~ vaticano.

v. Chr. ~ abbrev di **vor Christus** (vedi **Christus**).

Vegetarier [vege'taːrjɐ] *(m; -s, -; f* **-in***)* ~ vegetariano.

vegetarisch [vege'taːrɪʃ] *(agg)* ~ vegetariano.

Vegetation [vegeta'tsjoːn] *(f; -, -en)* ~ vegetazione, flora.

vegetieren [vege'tiːrən] *(vi, hat)* ***1*** vegetare, crescere (piante). ***2*** vegetare, vivacchiare.

Vehikel [ve'hiːkəl] *(n, -s, -)* ***1*** *(fam)* macinino, carretta. ***2*** *(fig)* veicolo, tramite.

Veilchen ['failçən] *(n; -s, -)* ~ *(bot)* violetta, viola mammola.
Vene ['ve:nə] *(f; -, -n)* ~ *(anat)* vena.
venös [ve'nø:s] *(agg)* ~ venoso.
Ventil [vɛn'ti:l] *(n; -s, -e)* ***1*** valvola. ***2*** *(fig)* valvola di sfogo.
Ventilator [vɛnti'la:to:ɐ] *(m; -s, -en)* ~ ventilatore.
Venus ['ve:nʊs] *(f; -)* ~ *(astron)* Venere.
Venusmuschel [-ˌmʊʃəl] *(f; -, -n)* ~ vongola.
verabreden [fɛɐ'ʔapˌre:dən] *(vt, hat)* ~ concordare, fissare ♦ *ein Gespräch verabreden* fissare un colloquio. ◆ **sich mit jmdm verabreden** *(vr)* fissare un appuntamento con qcn, darsi appuntamento con qcn ♦ *wir haben uns um 6 Uhr im Café verabredet* ci siamo dati appuntamento per le sei al bar.
Verabredung [fɛɐ'ʔapˌre:dʊŋ] *(f; -, -en)* ***1*** accordo, patto ♦ *eine Verabredung treffen* concludere un accordo. ***2*** appuntamento.
verabreichen [fɛɐ'ʔapˌraiçən] *(vt, hat)* ~ somministrare.
Verabreichung [fɛɐ'ʔapˌraiçʊŋ] *(f; -, -en)* ~ somministrazione.
verabscheuen [fɛɐ'ʔapˌʃɔyən] *(vt, hat)* ~ detestare, aborrire.
verabschieden [fɛɐ'ʔapˌʃi:dən] *(vt, hat)* ***1*** congedare, salutare. ***2*** congedare, mandare in pensione, mettere a riposo. ***3*** varare (leggi). ◆ **sich von jmdm verabschieden** *(vr)* congedarsi da qcn, salutare qcn (andando via) ♦ *sie hat sich weinend von uns verabschiedet* ci ha salutati piangendo.
Verabschiedung [fɛɐ'ʔapʃi:dʊŋ] *(f; -, -en)* ~ varo, approvazione.
verachten [fɛɐ'ʔaxtən] *(vt, hat)* ~ disprezzare.
verachtenswert [-sˌve:ɐt] *(agg)* ~ spregevole.
verächtlich [fɛɐ'ʔɛçtlɪç] *(agg)* ***1*** sprezzante. ***2*** dispregiativo *(anche gramm)*. ◆ **jmdn verächtlich machen** denigrare qcn.
Verachtung [fɛɐ'ʔaxtʊŋ] *(f; -)* ~ disprezzo.
veralbern [fɛɐ'ʔalbɐn] *(vt, hat)* ~ {*jmdn* ~} prendersi gioco di qcn, canzonare qcn.
verallgemeinern [fɛɐˌʔalgə'mainɐn] *(vt, hat)* ~ generalizzare.
Verallgemeinerung [fɛɐ'ʔalgə'mainərʊŋ] *(f; -, -en)* ~ generalizzazione.
veralten [fɛɐ'ʔaltən] *(vi, ist)* ~ cadere in disuso, passare di moda; diventare antiquato.
veraltet [fɛɐ'ʔaltət] *(agg)* ~ antiquato.
Veranda [ve'randa] *(f; -, -den)* ~ veranda.
veränderlich [fɛɐ'ʔɛndɐlɪç] *(agg)* ~ mutevole, variabile ♦ *das Wetter bleibt veränderlich* il tempo rimane variabile.
verändern [fɛɐ'ʔɛndɐn] *(vt, hat)* ~ trasformare, cambiare, mutare (completamente) ♦ *einen Plan verändern* cambiare (completamente) un progetto ♦ *an einer Sache* (Dat) *etwas verändern* cambiare qcs di qcs. ◆ **sich verändern** *(vr)* ***1*** trasformarsi, cambiare ♦ *er hat sich sehr verändert* è cambiato molto. ***2*** cambiare lavoro.
Veränderung [fɛɐ'ʔɛndərʊŋ] *(f; -, -en)* ***1*** trasformazione, cambiamento, mutamento. ***2*** modifica, cambiamento ♦ *eine Veränderung einführen* introdurre una modifica.
verankern [fɛɐ'ʔaŋkɐn] *(vt, hat)* ***1*** ancorare. ***2*** *(fig)* ancorare, fissare; radicare.
veranlagen [fɛɐ'ʔanˌla:gən] *(vt, hat)* ~ {*jmdn* ~} tassare qcn, calcolare le tasse che deve pagare qcn ♦ *er wurde mit zehn tausend Euro veranlagt* è stato tassato per diecimila euro.
veranlagt [fɛɐ'ʔanˌla:kt] *(agg)* ***1*** dotato, portato ♦ *für etwas veranlagt sein* essere dotato per qcs ♦ *er ist musikalisch veranlagt* è portato per la musica. ***2*** portato, tendente ♦ *masochistisch veranlagt sein* avere tendenze masochiste.
Veranlagung [fɛɐ'ʔanˌla:gʊŋ] *(f; -, -en)* ***1*** tassazione, determinazione delle tasse. ***2*** *(fig)* predisposizione, talento, attitudine.
veranlassen [fɛɐ'ʔanˌlasən] *(vt, hat; irr/ortogr* lassen*)* ***1*** {*jmdn zu etwas* ~} spingere qcn a (fare) qcs ♦ *jmdn veranlassen, etwas zu tun* spingere qcn a fare qcs. ***2*** disporre, predisporre (ciò che è necessario).
Veranlassung [fɛɐ'ʔanˌlasʊŋ] *(f; -, -en)* ***1*** motivo, ragione ♦ *du hast keine Veranlassung, dich zu beschweren* non hai motivo di lamentarti. ***2*** disposizione, ordine ♦ *auf jmds Veranlassung* su ordine di qcn.
veranschaulichen [fɛɐ'ʔanʃaulɪçən] *(vt, hat)* ~ illustrare, chiarire.

veranschlagen [fɛɐˈʔanˌʃlaːgən] *(vt, hat; irr schlagen)* ***1*** preventivare, stimare, calcolare (costi). ***2*** *(fig)* valutare, stimare.

veranstalten [fɛɐˈʔanˌʃtaltən] *(vt, hat)* ~ organizzare, allestire.

Veranstalter [fɛɐˈʔanˌʃtaltɐ] *(m; -s, -; f* **-in***)* ~ organizzatore.

Veranstaltung [fɛɐˈʔanˌʃtaltʊŋ] *(f; -, -en)* ***1*** organizzazione, allestimento. ***2*** manifestazione, spettacolo.

verantworten [fɛɐˈʔantˌvɔrtən] *(vt, hat)* ~ {*etwas* ~} rispondere di qcs, essere responsabile di qcs ♦ *eine Entscheidung verantworten* rispondere di una decisione. ◆ **sich wegen etwas/für etwas verantworten** *(vr)* giustificarsi per qcs, discolparsi da qcs.

verantwortlich [fɛɐˈʔantˌvɔrtlɪç] *(agg)* ***1*** responsabile ♦ *für eine Tat verantwortlich sein* essere responsabile di un'azione. ***2*** di responsabilità (incarico e sim). ◆ **jmdn für etwas verantwortlich machen** dare a qcn la responsabilità di qcs. ◆ **für etwas verantwortlich zeichnen** prendersi la responsabilità di qcs (firmando).

Verantwortliche(r) [-ə (-ɐ)] *(m/f; -n, -n)* ~ responsabile.

Verantwortlichkeit [-ˌkait] *(f; -, -en)* ~ responsabilità.

Verantwortung [fɛɐˈʔantˌvɔrtʊŋ] *(f; -)* ~ responsabilità ♦ *die Verantwortung für etwas ablehnen, tragen, übernehmen* declinare, avere, assumersi la responsabilità di qcs ♦ *auf jmds Verantwortung* sotto la responsabilità di qcn. ◆ **jmdn für etwas zur Verantwortung ziehen** chiedere conto a qcn di qcs.

verantwortungslos [-sˌloːs] *(agg)* ~ irresponsabile.

verantwortungsvoll [-sˌfɔl] *(agg)* ***1*** di responsabilità (incarico). ***2*** responsabile, coscienzioso.

verarbeiten [fɛɐˈʔarbaitən] *(vt, hat)* ***1*** lavorare (materiali). ***2*** {*etwas zu etwas* ~} trasformare qcs in qcs (materiali). ***3*** *(fig)* elaborare ♦ *Daten, Erlebnisse verarbeiten* elaborare dati, esperienze. ***4*** digerire.

Verarbeitung [fɛɐˈʔarbaitʊŋ] *(f; -, -en)* ***1*** lavorazione; trasformazione (di materiali). ***2*** *(fig)* elaborazione.

verargen [fɛɐˈʔargən] *(vt, hat)* ~ {*jmdm etwas* ~} *(lett)* avercela con qcn per qcs.

verärgern [fɛɐˈʔɛrgɐn] *(vt, hat)* ~ irritare, indispettire.

verarschen [fɛɐˈʔarʃən] *(vt, hat)* ~ *(volg)* prendere per il culo.

verausgaben [fɛɐˈʔausˌgaːbən] *(vt, hat)* ~ spendere. ◆ **sich verausgaben** ***1*** spendere tutti i soldi. ***2*** {*sich in/mit etwas* ~} *(fig)* dare tutto se stesso in qcs.

veräußern [fɛɐˈʔɔysɐn] *(vt, hat)* ~ *(dir)* alienare, vendere, cedere.

Verb [vɛrp] *(n; -s, -en)* ~ *(gramm)* verbo.

verbal [vɛrˈbaːl] *(agg)* ***1*** verbale, orale. ***2*** *(gramm)* verbale.

verballhornen [fɛɐˈbalˌhɔrnən] *(vt, hat)* ~ storpiare.

Verband [fɛɐˈbant] *(m; -(e)s, -bände)* ***1*** fasciatura ♦ *einen Verband anlegen* applicare una fasciatura. ***2*** associazione, lega, federazione. ***3*** *(mil)* formazione.

Verbandmull [-ˌmʊl] *(m; -(e)s, -e)* ~ garza (per fasciature).

verbannen [fɛɐˈbanən] *(vt, hat)* ***1*** esiliare, mandare in esilio ♦ *er wurde aus seinem Land verbannt* fu esiliato dal suo paese. ***2*** *(fig)* bandire.

Verbannung [fɛɐˈbanʊŋ] *(f; -, -en)* ~ esilio ♦ *in der Verbannung leben* vivere in esilio ♦ *jmdn in die Verbannung schicken* mandare qcn in esilio.

verbauen [fɛɐˈbauən] *(vt, hat)* ***1*** {*jmdm etwas* ~} precludere qcs a qcn (costruendo qcs) *(anche fig)*. ***2*** usare (per una costruzione). ***3*** spendere (per una costruzione). ***4*** costruire male. ◆ **sich** (Dat) **etwas verbauen** *(fig)* precludersi qcs.

verbeißen [fɛɐˈbaisən] *(vt, hat; irr/ortogr beißen)* ~ reprimere, soffocare (sentimenti). ◆ **sich in etwas** (Acc) **verbeißen** *(vr)* ***1*** accanirsi su qcs, azzannare qcs ♦ *der Hund verbeißt sich in den Knochen* il cane si accanisce sull'osso. ***2*** *(fig)* accanirsi, incaponirsi su qcs.

verbergen [fɛɐˈbɛrgən] *(vt, hat; irr bergen)* ***1*** nascondere, celare ♦ *sie hat die Schachtel unter dem Bett verborgen* ha nascosto la scatola sotto il letto. ***2*** *(fig)* nascondere, dissimulare ♦ *seine wahren Gefühle verbergen* nascondere i propri veri sentimenti.

verbessern [fɛɐ'bɛsɐn] *(vt,* hat*)* ***1*** migliorare ♦ *eine Arbeit verbessern* migliorare un lavoro. ***2*** correggere ♦ *einen Fehler verbessern* correggere un errore. ◆ **sich verbessern** *(vr)* ***1*** migliorare la propria posizione (economica). ***2*** correggersi.

Verbesserung [fɛɐ'bɛsərʊŋ] *(f;* -, -en*)* ***1*** miglioramento (il migliorare). ***2*** miglioramento, miglioria; correzione.

verbeugen [fɛɐ'bɔygən] *(vr,* hat*)* ~ **sich verbeugen** inchinarsi, fare un inchino.

Verbeugung [fɛɐ'bɔygʊŋ] *(f;* -, -en*)* ~ inchino.

verbiegen [fɛɐ'bi:gən] *(vt,* hat; *irr* biegen*)* ~ piegare (nel modo sbagliato), storcere, incurvare. ◆ **sich verbiegen** *(vr)* piegarsi (nel modo sbagliato), storcersi, incurvarsi.

verbieten [fɛɐ'bi:tən] *(vt,* hat; *irr* bieten*)* ~ {*(jmdm) etwas ~*} proibire qcs (a qcn) ♦ *der Arzt hat mir das Rauchen verboten* il medico mi ha proibito il fumo ♦ *ich verbiete dir, mein Tagebuch zu lesen* ti proibisco di leggere il mio diario. ◆ **sich verbieten** *(vr)* essere inammissibile.

verbinden [fɛɐ'bɪndən] *(vt,* hat; *irr* binden*)* ***1*** {*etwas mit etwas ~*} legare insieme, collegare, congiungere, unire qcs con qcs *(anche fig)* ♦ *die Straße verbindet den Park mit dem Fußballplatz* la strada collega il parco con il campo di calcio. ***2*** fasciare, bendare ♦ *jmdm einen Arm verbinden* fasciare un braccio a qcn ♦ *jmdm die Augen verbinden* bendare gli occhi a qcn. ***3*** *(fig)* legare ♦ *uns verbinden gemeinsame Erfahrungen* esperienze in comune ci legano. ***4*** {*jmdn mit jmdm ~*} *(fig)* collegare, mettere in collegamento (telefonico) qcn con qcn, passare qcn a qcn ♦ *könnten Sie mich mit dem Chef verbinden?* potrebbe passarmi il principale? ◆ **sich verbinden** *(vr)* ***1*** collegarsi, unirsi. ***2*** {*sich (mit jmdm) ~*} associarsi, allearsi (con qcn). ◆ **das Angenehme mit dem Nützlichen verbinden** unire l'utile al dilettevole.

verbindlich [fɛɐ'bɪntlɪç] *(agg)* ***1*** cortese, gentile. ***2*** vincolante, impegnativo.

Verbindlichkeit [-ˌkait] *(f;* -, -en*)* ***1*** *(solo sing)* carattere vincolante. ***2*** impegno ♦ *Verbindlichkeiten eingehen* assumersi degli impegni. ***3*** *(comm)* debito. ***4*** *(solo sing)* cortesia, gentilezza.

Verbindung [fɛɐ'bɪndʊŋ] *(f;* -, -en*)* ***1*** collegamento (il collegare; elemento che collega), congiungimento. ***2*** *(fig)* legame, relazione, contatto ♦ *eine freundschaftliche Verbindung* un legame amichevole ♦ *mit jmdm in Verbindung bleiben* rimanere in contatto con qcn. ***3*** *(fig)* relazione, nesso, collegamento, legame ♦ *eine Verbindung zwischen zwei Ereignissen herstellen* stabilire un nesso fra due eventi. ***4*** collegamento (telefonico), linea ♦ *ich bekomme keine Verbindung* non prendo la linea. ***5*** collegamento (tramite mezzi pubblici). ***6*** *(chim)* composto. ***7*** associazione (studentesca). ◆ **in Verbindung mit etwas** insieme a, congiuntamente a ♦ *die Karte gilt nur in Verbindung mit einem Ausweis* il biglietto vale solo se esibito insieme a un documento.

Verbindungsstraße [-sˌʃtra:sə] *(f;* -, -n*)* ~ raccordo stradale.

Verbindungsstück [-sˌʃtʏk] *(n;* -(e)s, -e*)* ~ raccordo, pezzo di raccordo.

verbissen [fɛɐ'bɪsən] *(agg)* ~ accanito, ostinato.

verbitten [fɛɐ'bɪtən] *(vt,* hat*)* ~ {*sich* (Dat) *etwas ~*} non ammettere, non permettere ♦ *ich verbitte mir diesen Ton!* non permetto che si usi questo tono con me!

verbittern [fɛɐ'bɪtɐn] *(vt,* hat*)* ~ amareggiare, rattristare.

verbittert [fɛɐ'bɪtɐt] *(agg)* ~ amareggiato.

verblassen [fɛɐ'blasən] *(vi,* ist; *ortogr pres* du/er/ihr verblasst, *pret* ich verblasste, ecc; *imperat* verblass!, *part pass* verblasst*)* ***1*** sbiadire, scolorirsi ♦ *die Farbe ist verblasst* il colore è sbiadito. ***2*** *(fig)* sbiadire, svanire (ricordi e sim).

verbleiben [fɛɐ'blaibən] *(vi,* ist; *irr* bleiben*)* ***1*** *(lett)* restare, rimanere, trattenersi. ***2*** *(fig)* rimanere (d'accordo) ♦ *wir sind so verblieben, dass er mich morgen anruft* siamo rimasti d'accordo che mi telefona domani. ***3*** {*jmdm ~*} avanzare, rimanere a qcn. ◆ **...und verbleiben mit freundlichen Grüßen** ...e porgiamo cordiali saluti.

verbleichen [fɛɐ'blaiçən] *(vi,* ist; **verblich, verblichen***)* ~ scolorire, sbiadire, stingere.

verblenden [fɛɐ'blɛndən] *(vt,* hat*)* ***1*** *(fig)* accecare ♦ *er ist von seiner Leidenschaft verblendet* è accecato dalla sua passione. ***2*** rivestire (muri).

verblich [fɛɐ'blɪç] ~ pret di **verbleichen**.

verblichen [-ən] ~ part pass di **verbleichen**.

verblüffen [fɛɐ'blʏfən] *(vt,* hat*)* ***1*** sconcertare, sbalordire. ***2*** confondere, disorientare.

verblüffend [-t] *(agg)* ~ sconcertante, sbalorditivo, sorprendente.

verblüfft [fɛɐ'blʏft] *(agg)* ~ sconcertato, sbalordito.

Verblüffung [fɛɐ'blʏfʊŋ] *(f;* -, -en*)* ~ sconcerto, sbalordimento.

verblühen [fɛɐ'bly:ən] *(vi,* ist*)* ~ appassire, sfiorire *(anche fig)*.

verbluten [fɛɐ'blu:tən] *(vi,* ist*)* ~ morire dissanguato.

Verblutung [fɛɐ'blu:tʊŋ] *(f;* -, -en*)* ~ dissanguamento.

verbohren [fɛɐ'bo:rən] *(vr,* hat*)* ~ **sich in etwas** (Acc) **verbohren** incaponirsi, intestardirsi, fissarsi su qcs.

verbohrt [fɛɐ'bo:ɐt] *(agg)* ~ *(fam)* fissato, ostinato, testardo.

verborgen[1] [fɛɐ'bɔrgən] *(agg)* ~ nascosto, occulto, segreto. ◆ **etwas verborgen halten** tenere nascosto qcs. ◆ **im Verborgenen** († **verborgenen**) di nascosto. ◆ **im Verborgenen** († **verborgenen**) **bleiben** rimanere segreto.

verborgen[2] *(vt,* hat*)* ~ prestare, dare in prestito.

Verbot [fɛɐ'bo:t] *(n;* -(e)s, -e*)* ~ divieto.

verboten [-ən] *(agg)* ~ proibito, vietato ♦ *Rauchen verboten* vietato fumare. ◆ **verboten aussehen** *(fig/fam)* avere un aspetto orribile.

Verbotsschild [fɛɐ'bo:tsʃɪlt] *(n;* -(e)s, -er*)* ~ cartello di divieto.

verbrämen [fɛɐ'brɛ:mən] *(vt,* hat*)* ***1*** orlare (spec con bordo di pelliccia). ***2*** *(fig)* abbellire, attenuare (il senso di qcs).

Verbrauch [fɛɐ'braux] *(m;* -(e)s*)* ~ consumo ♦ *der tägliche Verbrauch an Gemüse* il consumo quotidiano di verdura.

verbrauchen [-ən] *(vt,* hat*)* ***1*** consumare ♦ *wir verbrauchen viel Öl* consumiamo molto olio. ***2*** consumare, finire (provviste e sim). ***3*** *(fig)* esaurire ♦ *seine Energien verbrauchen* esaurire le proprie energie. ***4*** consumare, logorare.

Verbraucher [-ɐ] *(m;* -s, -; *f* **-in***)* ~ consumatore.

Verbraucherpreis [-ɐˌprais] *(m;* -es, -e*)* ~ prezzo al consumo.

Verbrauchsgut [-sˌgu:t] *(n;* -(e)s, -güter*)* ~ bene di consumo.

verbrechen [fɛɐ'brɛçən] *(vt,* hat; *irr* brechen*)* ~ *(fam)* commettere, fare, combinare (qcs di male).

Verbrechen *(n;* -s, -*)* ~ crimine, delitto *(anche fig)* ♦ *ein Verbrechen begehen* compiere un crimine.

Verbrecher [fɛɐ'brɛçɐ] *(m;* -s, -; *f* **-in***)* ~ criminale.

verbrecherisch [fɛɐ'brɛçərɪʃ] *(agg)* ~ criminale, delittuoso.

verbreiten [fɛɐ'braitən] *(vt,* hat*)* ***1*** diffondere, divulgare ♦ *eine Nachricht verbreiten* diffondere una notizia. ***2*** diffondere, spargere (panico e sim). ◆ **sich verbreiten** ***1*** diffondersi, propagarsi. ***2*** {*sich über etwas* (Acc) ~} dilungarsi su qcs.

verbreitern [fɛɐ'braitɐn] *(vt,* hat*)* ~ allargare, ampliare.

verbreitet [fɛɐ'braitət] *(agg)* ~ diffuso, comune, frequente.

Verbreitung [fɛɐ'braitʊŋ] *(f;* -, -en*)* ~ diffusione, divulgazione.

verbrennen[1] [fɛɐ'brɛnən] *(vi,* ist; *irr* brennen*)* ~ bruciare, essere bruciato ♦ *die Scheune ist verbrannt* il granaio è bruciato. ◆ **zu Asche verbrennen** ridursi in cenere.

verbrennen[2] *(vt,* hat; *irr* brennen*)* ***1*** bruciare ♦ *er hat alle Briefe verbrannt* ha bruciato tutte le lettere. ***2*** {*sich* (Dat) *etwas* ~} bruciarsi, ustionarsi qcs ♦ *ich habe mir den Finger verbrannt* mi sono bruciata il dito. ◆ **sich verbrennen** *(vr)* bruciarsi, ustionarsi.

Verbrennung [fɛɐ'brɛnʊŋ] *(f;* -, -en*)* ***1*** il bruciare. ***2*** bruciatura, scottatura, ustione ♦ *Verbrennungen dritten Grades* ustioni di terzo grado.

Verbrennungs(kraft)maschine [-s(kraft)-maʃi:nə] *(f;* -, -n*)* ~ motore a scoppio.

Verbrennungsmotor [-sˌmoto:ɐ] *(m;* -s, -en*)* ~ motore a scoppio.

verbringen [fɛɐ'brɪŋən] *(vt,* hat; *irr* bringen*)* ~ passare, trascorrere ♦ *wir haben den Sommer auf dem Land verbracht* abbiamo passato l'estate in campagna ♦ *ich habe den ganzen Tag mit Putzen verbracht* ho passato tutto il giorno a pulire.

Verbum ['vɛrbʊm] *(n;* -s, Verba/Verben*)* ~ *(gramm)* verbo.

Verbund [fɛɐ'bʊnt] *(m;* -(e)s, -e*)* ~ unione (di aziende, imprese).

verbünden [fɛɐ'bʏndən] *(vr,* hat*)* ~ **sich mit jmdm verbünden** allearsi, coalizzarsi con qcn.

Verbundenheit [fɛɐ'bʊndən,hait] *(f; -)* ~ attaccamento, affetto.

Verbündete(r) [fɛɐ'bʏndətə (-tɐ)] *(m/f;* -n, -n*)* ~ alleato.

verbürgen [fɛɐ'bʏrgən] *(vt,* hat*)* ~ garantire, assicurare. ◆ **sich für jmdn/etwas verbürgen** *(vr)* garantire per qcn/qcs, farsi garante per qcn/qcs.

verbüßen [fɛɐ'byːsən] *(vt,* hat*)* ~ *(dir)* scontare.

Verdacht [fɛɐ'daxt] *(m;* -(e)s, -e/-dächte*)* ~ sospetto ♦ *ein unbegründeter Verdacht* un sospetto infondato ♦ *Verdacht erregen* destare sospetto ♦ *ich habe den Verdacht, dass* ho il sospetto che. ◆ **in Verdacht geraten/kommen** essere sospettato. ◆ **über jeden Verdacht erhaben sein** essere al di sopra di ogni sospetto.

verdächtig [fɛɐ'dɛçtɪç] *(agg)* ***1*** sospetto, ambiguo ♦ *sein Benehmen ist verdächtig* il suo comportamento è sospetto. ***2*** sospettato ♦ *er ist des Diebstahls verdächtig* è sospettato di furto. ◆ **sich verdächtig machen** destare sospetto.

verdächtigen [fɛɐ'dɛçtɪgən] *(vt,* hat*)* ~ {*jmdn einer Sache* (Gen) ~} sospettare qcn di qcs ♦ *jmdn des Mordes verdächtigen* sospettare qcn di omicidio ♦ *er wird verdächtigt, seine Frau erstochen zu haben* è sospettato di aver accoltellato sua moglie.

verdammen [fɛɐ'damən] *(vt,* hat*)* ~ maledire; condannare.

verdammt [fɛɐ'damt] *(agg)* ***1*** maledetto, dannato ♦ *wo ist der verdammte Brief?* dov'è quella dannata lettera? ***2*** *(avv) (fam)* maledettamente, dannatamente. ◆ **zu etwas verdammt sein** essere condannato a qcs ♦ *das Unternehmen war zum Scheitern verdammt* l'impresa era condannata al fallimento. ◆ **verdammt!** maledizione! porca miseria!

Verdammte(r) [-ə (-ɐ)] *(m/f;* -n, -n*)* ~ *(relig)* dannato.

verdampfen [fɛɐ'dampfən] *(vi,* ist*)* ~ evaporare.

verdanken [fɛɐ'daŋkən] *(vt,* hat*)* ~ {*jmdm etwas* ~} dovere qcs a qcn, essere debitore di qcs a qcn ♦ *er verdankt ihm seine Karriere* deve a lui la sua carriera.

verdarb [fɛɐ'darp] ~ pret di **verderben**.

verdauen [fɛɐ'dauən] *(vt,* hat*)* ~ digerire *(anche fig)*.

verdaulich [fɛɐ'daulɪç] *(agg)* ~ digeribile.

Verdauung [fɛɐ'dauʊŋ] *(f; -)* ~ digestione ♦ *an schlechter Verdauung leiden* soffrire di cattiva digestione.

Verdeck [fɛɐ'dɛk] *(n;* -(e)s, -e*)* ***1*** ponte (di nave). ***2*** tettuccio apribile, capote.

verdecken [-ən] *(vt,* hat*)* ***1*** coprire (alla vista), nascondere. ***2*** *(fig)* nascondere, dissimulare.

verderben[1] [fɛɐ'dɛrbən] *(vi,* ist; er **verdirbt**, **verdarb**, **verdorben***)* ~ marcire, guastarsi ♦ *die Äpfel sind verdorben* le mele sono marcite.

verderben[2] *(vt,* hat; er **verdirbt**, **verdarb**, **verdorben***)* ~ guastare, rovinare *(anche fig)* ♦ *die Lakritze hat mir den Appetit verdorben* la liquirizia mi ha rovinato l'appetito ♦ *jmdm den Spaß verderben* guastare il divertimento a qcn. ◆ **es mit jmdm verderben** *(fig)* guastare i rapporti con qcn.

Verderben *(n;* -s*)* ***1*** rovina, perdizione. ***2*** deterioramento.

verderblich [fɛɐ'dɛrplɪç] *(agg)* ~ deperibile.

verderbt [fɛɐ'dɛrpt] *(agg)* ~ *(lett)* corrotto, depravato.

verdeutlichen [fɛɐ'dɔytlɪçən] *(vt,* hat*)* ~ chiarire, spiegare.

verdeutschen [fɛɐ'dɔytʃən] *(vt,* hat*)* ***1*** tradurre in tedesco. ***2*** *(fig/fam)* spiegare in parole povere.

verdichten [fɛɐ'dɪçtən] *(vt,* hat*)* ***1*** condensare, addensare. ***2*** *(fis)* comprimere. ◆ **sich verdichten** *(vr)* condensarsi, addensarsi.

Verdichtung [fɛɐ'dɪçtʊŋ] *(f; -, -en)* ***1*** condensazione, addensamento. ***2*** *(fis)* compressione.

verdienen [fɛɐ'di:nən] *(vt, hat)* ***1*** guadagnare. ***2*** *(fig)* meritare ♦ *er verdient unser Vertrauen* merita la nostra fiducia ♦ *das hatte sie nicht verdient* questo non se lo meritava.

Verdienst[1] [fɛɐ'di:nst] *(m; -(e)s, -e)* ~ guadagno.

Verdienst[2] *(n; -(e)s, -e)* ~ merito ♦ *es ist das Verdienst ihres Vaters, dass sie Karriere gemacht hat* è merito di suo padre se lei ha fatto carriera.

verdienstvoll [-ˌfɔl] *(agg)* ~ meritevole (persona o azione), meritorio.

Verdikt [vɛr'dɪkt] *(n; -(e)s, -e)* ~ verdetto, sentenza.

verdingen [fɛɐ'dɪŋən] *(vt, hat)* ~ appaltare, dare in appalto.

Verdingung [fɛɐ'dɪŋʊŋ] *(f; -, -en)* ~ appalto.

verdoppeln [fɛɐ'dɔpəln] *(vt, hat)* ***1*** raddoppiare. ***2*** *(fig)* raddoppiare, moltiplicare ♦ *seine Anstrengungen verdoppeln* moltiplicare gli sforzi.

Verdoppelung [fɛɐ'dɔpəlʊŋ] *(f; -, -en)* ~ raddoppiamento.

verdorben [fɛɐ'dɔrbən] *(agg)* ***1*** andato a male, guasto. ***2*** *(fig)* corrotto, depravato. ***3*** part pass di **verderben**.

verdorren [fɛɐ'dɔrən] *(vi, ist)* ~ seccarsi (piante).

verdrängen [fɛɐ'drɛŋən] *(vt, hat)* ***1*** soppiantare, sostituire. ***2*** rimuovere, allontanare (persona) ♦ *jmdn aus einem Amt verdrängen* rimuovere qcn da un incarico. ***3*** *(fig)* rimuovere (ricordi, sentimenti, ecc).

Verdrängung [fɛɐ'drɛŋʊŋ] *(f; -, -en)* ***1*** sostituzione, il soppiantare. ***2*** rimozione, allontanamento (di persona). ***3*** *(fig)* rimozione (di ricordi, sentimenti, ecc).

verdrehen [fɛɐ'dre:ən] *(vt, hat)* ***1*** torcere, storcere, contorcere. ***2*** *(fig)* distorcere, travisare.

verdreht [fɛɐ'dre:t] *(agg)* ***1*** storto. ***2*** *(fig/fam)* strambo.

verdreifachen [fɛɐ'draiˌfaxən] *(vt, hat)* ~ triplicare.

verdrießen [fɛɐ'dri:sən] *(vt, hat;* **verdross, verdrossen**; *ortogr pres* ich verdrieße, ecc; *pret* ich/er verdross, ihr verdrosst, *imperat* verdrieß!*)* ~ {*jmdn* ~} irritare, seccare qcn.

verdrießlich [fɛɐ'dri:slɪç] *(agg)* ***1*** irritato, seccato. ***2*** irritante, seccante.

verdross († **verdroß**) [fɛɐ'drɔs] ~ pret di **verdrießen**.

verdrossen [-ən] *(agg)* ***1*** seccato. ***2*** part pass di **verdrießen**. ***3*** *(avv)* controvoglia, di mala voglia.

verdrücken [fɛɐ'drʏkən] *(vt, hat)* ***1*** *(fam)* spiegazzare. ***2*** *(fam)* mangiare, buttare giù. ◆ **sich verdrücken** *(vr) (fam)* svignarsela.

Verdruss († **Verdruß**) [fɛɐ'drʊs] *(m; -es)* ~ fastidio, noia, seccatura ♦ *jmdm Verdruss bereiten* procurare noie a qcn.

verdunkeln [fɛɐ'dʊŋkəln] *(vt, hat)* ~ oscurare; rabbuiare ♦ *die Fenster verdunkeln* oscurare le finestre. ◆ **sich verdunkeln** *(vr)* oscurarsi, rabbuiarsi *(anche fig)*.

Verdunklung [fɛɐ'dʊŋklʊŋ] *(f; -, -en)* ~ oscuramento.

verdünnen [fɛɐ'dʏnən] *(vt, hat)* ~ diluire; annacquare. ◆ **sich verdünnen** *(vr)* assottigliarsi.

verdunsten [fɛɐ'dʊnstən] *(vi, ist)* ~ evaporare.

Verdunstung [fɛɐ'dʊnstʊŋ] *(f; -)* ~ evaporazione.

verdursten [fɛɐ'dʊrstən] *(vi, ist)* ~ morire di sete.

verdutzt [fɛɐ'dʊtst] *(agg)* ~ sorpreso, sbalordito.

veredeln [fɛɐ'ˀe:dəln] *(vt, hat)* ~ *(lett)* nobilitare.

verehren [fɛɐ'ˀe:rən] *(vt, hat)* ***1*** venerare, adorare (divinità) *(anche fig)*. ***2*** {*jmdm etwas* ~} regalare qcs a qcn.

Verehrer [fɛɐ'ˀe:rɐ] *(m; -s, -; f* **-in***)* ***1*** adoratore. ***2*** *(fig)* spasimante. ***3*** *(fig)* ammiratore.

Verehrung [fɛɐ'ˀe:rʊŋ] *(f; -)* ~ venerazione, adorazione.

vereidigen [fɛɐ'ˀaidɪgən] *(vt, hat)* ~ {*jmdn* ~} far giurare qcn.

Verein [fɛɐ'ˀain] *(m; -(e)s, -e)* ~ associazione, società; club, circolo ♦ *einem Verein beitreten* entrare a far parte di un'associazione. ◆ **im Verein mit** in collaborazione con, insieme a.

vereinbar [-ˌbaːɐ] *(agg)* ~ compatibile ♦ *mit etwas vereinbar sein* essere compatibile con qcn.

vereinbaren [-ˌbaːrən] *(vt,* hat*)* ~ {*etwas* ~} concordare, fissare qcs, accordarsi su qcs ♦ *einen Termin vereinbaren* fissare un appuntamento ♦ *wir haben vereinbart, dass* abbiamo concordato che.

Vereinbarung [-ˌbaːrʊŋ] *(f; -, -en)* *1* accordo. *2* il concordare, il fissare.

vereinen [-ən] *(vt,* hat*)* ~ *(lett)* unire, associare (stati, aziende, ecc). ◆ **sich zu etwas vereinen** *(vr)* unirsi, associarsi in qcs.

vereinfachen [-ˌfaxən] *(vt,* hat*)* ~ semplificare.

Vereinfachung [-ˌfaxʊŋ] *(f; -, -en)* ~ semplificazione.

vereinigen [-ɪgən] *(vt,* hat*)* *1* riunire, accentrare. *2 (pol)* unire, unificare. ◆ **sich vereinigen** *1* unirsi, associarsi, allearsi. *2* fondersi, unirsi. *3* riunirsi, congiungersi. ◆ **die Vereinigten Staaten von Amerika** gli Stati Uniti d'America.

Vereinigung [-ɪgʊŋ] *(f; -, -en)* *1* riunione, accentramento. *2* unione, unificazione. *3* unione, associazione.

vereinzelt [-tsəlt] *(agg)* *1* isolato, sporadico. *2 (avv)* sporadicamente.

vereisen [fɛɐˈʔaizən] *(vi,* ist*)* ~ gelare, congelarsi.

vereiteln [fɛɐˈʔaitəln] *(vt,* hat*)* ~ sventare.

vereitern [fɛɐˈʔaitɐn] *(vi,* ist*)* ~ infettarsi ♦ *die Wunde ist vereitert* la ferita si è infettata.

verenden [fɛɐˈʔɛndən] *(vi,* ist*)* ~ morire (animali), crepare.

verengen [fɛɐˈʔɛŋən] *(vt,* hat*)* ~ restringere. ◆ **sich verengen** *(vr)* restringersi ♦ *dort verengt sich die Straße* là la strada si restringe.

vererben [fɛɐˈʔɛrbən] *(vt,* hat*)* ~ {*jmdm etwas* ~} lasciare qcs in eredità a qcn *(anche fig)*. ◆ **sich vererben** *(vr)* trasmettersi ereditariamente (malattie e sim).

verewigen [fɛɐˈʔeːvɪgən] *(vt,* hat*)* *1* eternare, immortalare. *2* perpetuare. ◆ **sich verewigen** *(vr) (fam)* lasciare traccia di sé.

verfahren[1] [fɛɐˈfaːrən] *(vi,* ist; *irr* fahren*)* *1* procedere, agire ♦ *rücksichtslos verfahren* agire senza il minimo riguardo. *2* {*mit jmdm* ~} agire con qcn, trattare qcn (in un certo modo)

verfahren[2] *(vt,* hat; *irr* fahren*)* ~ spendere viaggiando (soldi); impiegare viaggiando (tempo). ◆ **sich verfahren** *(vr)* sbagliare strada (in auto).

Verfahren *(n; -s, -)* *1* procedimento, metodo. *2 (dir)* procedimento; processo ♦ *ein Verfahren gegen jmdn einleiten* istruire un processo contro qcn.

Verfall [fɛɐˈfal] *(m; -(e)s)* *1* rovina, decadenza, declino ♦ *moralischer Verfall* decadenza morale. *2* scadenza, perdita di validità.

verfallen[1] [-ən] *(vi,* ist; *irr* fallen*)* *1* andare in rovina ♦ *die alte Festung verfällt* la vecchia fortezza va in rovina. *2 (fig)* decadere, declinare, andare in rovina. *3 (fig)* deperire, perdere le forze (malati). *4 (fig)* scadere, perdere validità. *5* {*einer Sache* (Dat) ~} *(fig)* diventare schiavo di qcs, darsi a qcs ♦ *er ist dem Alkohol verfallen* si è dato all'alcol. *6* {*in etwas* (Acc) ~} cadere, ricadere in qcs (errori, sentimenti, ecc). *7* {*auf etwas* (Acc) ~} arrivare a pensare qcs ♦ *wie bist du denn auf die Idee verfallen?* come ti è venuta quest'idea?

verfallen[2] *(agg)* *1* cadente, in rovina. *2* scaduto.

Verfallsdatum [-sˌdaːtʊm] *(n; -s, -daten)* ~ data di scadenza.

verfälschen [fɛɐˈfɛlʃən] *(vt,* hat*)* *1* falsare, distorcere (la realtà). *2* adulterare. *3 (dir)* falsificare, contraffare.

Verfälschung [fɛɐˈfɛlʃʊŋ] *(f; -, -en)* *1* distorsione, falsificazione (della realtà). *2* adulterazione. *3 (dir)* falsificazione, contraffazione.

verfangen [fɛɐˈfaŋən] *(vi,* hat; *irr* fangen*)* ~ {*(bei jmdm)* ~} funzionare, attaccare, fare presa con qcn (comportamento, parole, ecc). ◆ **sich in etwas** (Dat) **verfangen** *(vr)* *1* impigliarsi in qcs ♦ *der Fuchs hat sich im Netz verfangen* la volpe si è impigliata nella rete. *2 (fig)* impelagarsi in qcs (errori e sim).

verfänglich [fɛɐˈfɛŋlɪç] *(agg)* ~ insidioso, compromettente.

verfärben [fɛɐˈfɛrbən] *(vt,* hat*)* ~ sciupare (macchiando, tingendo). ◆ **sich verfärben** *(vr)* cambiar colore; scolorirsi.

verfassen [fɛɐˈfasən] *(vt,* hat; *ortogr* fassen*)* ~ scrivere, redigere ♦ *einen Artikel verfassen* scrivere un articolo.
Verfasser [fɛɐˈfasɐ] *(m;* -s, -; *f* **-in***)* ~ autore (di uno scritto), scrittore.
Verfassung [fɛɐˈfasʊŋ] *(f;* -, -en*)* ***1*** *(pol)* costituzione. ***2*** stato, condizione (fisica o psicologica) ♦ *in guter Verfassung sein* essere in una buona condizione.
verfassunggebend [-ˌgeːbənt] *(agg)* ~ *(pol)* costituente ♦ *verfassunggebende Versammlung* assemblea costituente.
verfassungswidrig [-sˌviːdrɪç] *(agg)* ~ incostituzionale.
verfaulen [fɛɐˈfaulən] *(vi,* ist*)* ~ marcire.
verfechten [fɛɐˈfɛçtən] *(vt,* hat*)* ~ sostenere, difendere (opinioni e sim).
Verfechter [fɛɐˈfɛçtɐ] *(m;* -s, -; *f* **-in***)* ~ sostenitore (di opinioni e sim).
verfehlen [fɛɐˈfeːlən] *(vt,* hat*)* ***1*** mancare (bersaglio, obiettivo). ***2*** perdere, non raggiungere ♦ *den Zug verfehlen* perdere il treno. ***3*** sbagliare (strada) ♦ *wir haben den Weg verfehlt* abbiamo sbagliato strada. ◆ **seinen Beruf verfehlen** sbagliare professione.
verfehlt [fɛɐˈfeːlt] *(agg)* ~ sbagliato.
verfeinern [fɛɐˈfainɐn] *(vt,* hat*)* ~ raffinare, migliorare.
verfilmen [fɛɐˈfɪlmən] *(vt,* hat*)* ~ trarre un film da ♦ *einen Roman verfilmen* trarre un film da un romanzo.
Verfilmung [fɛɐˈfɪlmʊŋ] *(f;* -, -en*)* ~ versione cinematografica (di romanzi e sim).
verfinstern [fɛɐˈfɪnstɐn] *(vr,* hat*)* ~ **sich verfinstern** ***1*** oscurarsi. ***2*** *(fig)* rannuvolarsi, rabbuiarsi.
verflachen[1] [fɛɐˈflaxən] *(vi,* ist*)* ***1*** appiattirsi. ***2*** *(fig)* appiattirsi, diventare superficiale.
verflachen[2] *(vt,* hat*)* ~ appiattire.
verflechten [fɛɐˈflɛçtən] *(vt,* hat; *irr* flechten*)* ***1*** intrecciare, intessere. ***2*** *(fig)* intrecciare, collegare. ◆ **sich verflechten** *(vr)* intrecciarsi.
verfliegen [fɛɐˈfliːgən] *(vi,* ist; *irr* fliegen*)* ***1*** svanire (odori). ***2*** *(fig)* passare (tempo). ***3*** *(fig)* passare, svanire.
verfließen [fɛɐˈfliːsən] *(vi,* ist; *irr/ortogr* fließen*)* ***1*** *(lett)* passare, volare (tempo). ***2*** *(fig)* confondersi, mescolarsi.
verflixt [fɛɐˈflɪkst] *(agg)* ***1*** *(fam)* maledetto, dannato. ***2*** *(fam)* fastidioso, seccante. ◆ **verflixt!** maledizione!
verfluchen [fɛɐˈfluːxən] *(vt,* hat*)* ~ maledire.
verflucht [fɛɐˈfluːxt] *(agg)* ***1*** maledetto, dannato. ***2*** *(avv)* maledettamente, dannatamente. ◆ **verflucht noch mal!** maledizione!
verflüchtigen [fɛɐˈflʏçtɪgən] *(vr,* hat*)* ~ **sich verflüchtigen** volatilizzarsi.
verfolgen [fɛɐˈfɔlgən] *(vt,* hat*)* ***1*** inseguire, seguire ♦ *der Polizist verfolgt den Dieb* il poliziotto insegue il ladro ♦ *jmdn mit den Blicken verfolgen* seguire qcn con lo sguardo. ***2*** perseguitare *(anche fig)* ♦ *ein Gedanke verfolgt mich* un pensiero mi perseguita. ***3*** seguire, osservare. ***4*** perseguire (scopo).
Verfolger [fɛɐˈfɔlgɐ] *(m;* -s, -; *f* **-in***)* ~ inseguitore, persecutore.
Verfolgung [fɛɐˈfɔlgʊŋ] *(f;* -, -en*)* ***1*** inseguimento. ***2*** persecuzione.
verformen [fɛɐˈfɔrmən] *(vt,* hat*)* ~ deformare. ◆ **sich verformen** *(vr)* deformarsi.
verfroren [fɛɐˈfroːrən] *(agg)* ***1*** assiderato. ***2*** freddoloso.
verfügbar [fɛɐˈfyːkˌbaːɐ] *(agg)* ~ disponibile, a disposizione.
verfügen [fɛɐˈfyːgən] *(vi/vt,* hat*)* ***1*** {*über etwas* (Acc) ~} *(vi)* disporre di qcs, avere, possedere qcs ♦ *er verfügt über viele Mittel* dispone di molti mezzi. ***2*** {*über jmdn* ~} *(vi)* disporre di qcn, avere qcn a propria disposizione ♦ *bitte verfügen Sie über mich!* sono a sua disposizione! ***3*** *(vt)* disporre, ordinare.
Verfügung [fɛɐˈfyːgʊŋ] *(f;* -, -en*)* ~ disposizione, decisione, provvedimento. ◆ **jmdn/etwas zur Verfügung haben** avere qcn/qcs a disposizione. ◆ **jmdm zur Verfügung stehen** essere a disposizione di qcn. ◆ **jmdm etwas zur Verfügung stellen** mettere qcs a disposizione di qcn. ◆ **sich jmdm zur Verfügung stellen** mettersi a disposizione di qcn.
verführen [fɛɐˈfyːrən] *(vt,* hat*)* ***1*** sedurre. ***2*** *(fig)* attirare, allettare, sedurre.
Verführer [fɛɐˈfyːrɐ] *(m;* -s, -; *f* **-in***)* ~ seduttore.
verführerisch [fɛɐˈfyːrərɪʃ] *(agg)* ***1*** seducente. ***2*** *(fig)* allettante, seducente.

Verführung [fɛɐ'fy:rʊŋ] *(f; -, -en)* ~ seduzione.
Vergabe [fɛɐ'ga:bə] *(f; -)* ~ assegnazione.
vergangen [fɛɐ'gaŋən] *(agg)* ~ passato, scorso ♦ *am vergangenen Freitag* venerdì scorso.
Vergangenheit [-ˌhait] *(f; -, -en)* ~ passato, tempo passato *(anche gramm)* ♦ *das gehört der Vergangenheit an* questo appartiene al passato ♦ *in der Vergangenheit* in passato.
vergänglich [fɛɐ'gɛŋlɪç] *(agg)* ~ fugace.
vergasen [fɛɐ'ga:zən] *(vt, hat)* ~ gassare, uccidere con gas velenosi.
Vergaser [fɛɐ'ga:zɐ] *(m; -s, -)* ~ carburatore.
vergaß [fɛɐ'ga:s] ~ pret di **vergessen**[1].
vergeben [fɛɐ'ge:bən] *(vt, hat; irr* geben*)* ***1*** dare via; assegnare ♦ *die Hochschule vergibt drei Stipendien* l'università assegna tre borse di studio. ***2*** {*jmdm etwas* ~} *(lett)* perdonare qcs a qcn.
vergebens [-s] *(avv)* ~ invano, inutilmente.
vergeblich [fɛɐ'ge:plɪç] *(agg)* ***1*** inutile, vano. ***2*** *(avv)* invano, inutilmente.
vergegenwärtigen [fɛɐ'ge:gənˌvɛrtɪgən] *(vt, hat)* ~ {*sich* (Dat) *etwas* ~} richiamare alla memoria qcs, ripensare bene a qcs.
vergehen [fɛɐ'ge:ən] *(vi, ist; irr* gehen*)* ***1*** passare (tempo) ♦ *die Zeit vergeht im Fluge* il tempo passa in un baleno. ***2*** passare, svanire ♦ *der Schmerz ist vergangen* il dolore è passato. ***3*** {*vor etwas* (Dat) ~} *(fig)* morire di qcs ♦ *ich vergehe vor Hunger* muoio di fame. ◆ **sich vergehen** *(vr)* ***1*** {*sich an jmdm* ~} violentare qcn, abusare di qcn. ***2*** {*sich gegen etwas* ~} trasgredire qcs.
Vergehen *(n; -s, -)* ~ infrazione.
vergelten [fɛɐ'gɛltən] *(vt, hat; irr* gelten*)* ***1*** {*jmdm etwas* ~} ripagare qcs a qcn, ricompensare qcn per qcs ♦ *wie kann ich dir deine Hilfe vergelten?* come posso ripagarti per il tuo aiuto? ***2*** {*etwas mit etwas* ~} ripagare qcs con qcs ♦ *Böses mit Bösem vergelten* ripagare il male con il male. ◆ **Gleiches mit Gleichem vergelten** rendere pan per focaccia.
Vergeltung [fɛɐ'gɛltʊŋ] *(f; -, -en)* ~ vendetta, rivincita. ◆ **Vergeltung für etwas üben** vendicarsi di qcs.

vergessen[1] [fɛɐ'gɛsən] *(vt,* hat; er **vergisst**, **vergaß**, **vergessen**; *ortogr pres* du/er vergisst, ihr vergesst, *imperat* vergiss!*)* ***1*** dimenticare, scordare ♦ *ich habe ihren Namen vergessen* ho dimenticato il suo nome ♦ *ich habe vergessen, ihn anzurufen* ho dimenticato di telefonargli. ***2*** dimenticare, lasciare, scordare ♦ *ich habe mein Buch bei Sandra vergessen* ho dimenticato il mio libro da Sandra. ◆ **sich vergessen** *(vr)* perdere il controllo.
vergessen[2] *(agg)* ***1*** dimenticato. ***2*** part pass di **vergessen**[1].
Vergessenheit [-ˌhait] *(f; -)* ~ dimenticanza, oblio ♦ *in Vergessenheit geraten* cadere nell'oblio.
vergesslich († **vergeßlich**) [fɛɐ'gɛslɪç] *(agg)* ~ smemorato, sbadato.
vergeuden [fɛɐ'gɔydən] *(vt, hat)* ***1*** scialacquare (soldi). ***2*** sprecare, dissipare (tempo, energie).
vergewaltigen [fɛɛgəˌvaltɪgən] *(vt, hat)* ~ violentare, stuprare.
Vergewaltigung [fɛɛgəˌvaltɪgʊŋ] *(f; -, -en)* ~ violenza, stupro.
vergewissern [fɛɛgəˌvɪsɐn] *(vr, hat)* ~ **sich einer Sache** (Gen) **vergewissern** assicurarsi, sincerarsi di qcs ♦ *ich habe mich seiner Zuverlässigkeit vergewissert* ho voluto sincerarmi della sua affidabilità ♦ *hast du dich vergewissert, dass alle Fenster zu sind?* ti sei assicurato che tutte le finestre siano chiuse?
vergießen [fɛɐ'gi:sən] *(vt, hat; irr/ortogr* gießen*)* ~ versare, rovesciare ♦ *ich habe den Kaffee vergossen* ho versato il caffè. ◆ **Blut vergießen** spargere sangue. ◆ **Tränen vergießen** versare lacrime.
vergiften [fɛɐ'gɪftən] *(vt, hat)* ***1*** avvelenare (persona; cibo). ***2*** *(fig)* avvelenare, guastare, rovinare ♦ *die Stimmung vergiften* avvelenare l'atmosfera.
Vergiftung [fɛɐ'gɪftʊŋ] *(f; -, -en)* ~ avvelenamento.
vergilben [fɛɐ'gɪlbən] *(vi, ist)* ~ ingiallire.
Vergissmeinnicht († **Vergiß-**) [fɛɐ'gɪsmainˌnɪçt] *(n; -s, -e)* ~ *(bot)* nontiscordardimé.
Vergleich [fɛɐ'glaiç] *(m; -(e)s, -e)* ***1*** paragone, confronto ♦ *einen Vergleich anstellen/ziehen* fare un paragone ♦ *der Ver-*

gleich hinkt il paragone non regge. **2** comparazione, raffronto ♦ *der Vergleich zwischen dem Original und einer Kopie* il raffronto fra l'originale e una copia. **3** *(dir)* compromesso, accomodamento ♦ *zu einem Vergleich kommen* giungere a un compromesso. ◆ **den Vergleich mit jmdm/etwas aushalten** reggere il confronto con qcn/qcs. ◆ **im Vergleich zu jmdm/etwas** in confronto a qcn/qcs ♦ *im Vergleich zu seinem Bruder ist er sehr schüchtern* in confronto a suo fratello è molto timido.

vergleichbar [-ˌbaːɐ] *(agg)* ~ paragonabile.

vergleichen [-ən] *(vt,* hat; *irr* gleichen*)* ~ {*jmdn/etwas mit jmdm/etwas* ~} paragonare, confrontare qcn/qcs con qcn/qcs. ◆ **sich mit jmdm vergleichen** *(vr)* **1** confrontarsi con qcn. **2** *(dir)* accordarsi con qcn.

vergleichsweise [-sˌvaizə] *(avv)* ~ comparativamente, in paragone.

Vergletscherung [fɛɐ'glɛtʃərʊŋ] *(f;* -, -en*)* ~ glaciazione.

vergnügen [fɛɐ'gnyːgən] *(vt,* hat*)* ~ dilettare, divertire. ◆ **sich mit etwas vergnügen** *(vr)* dilettarsi, divertirsi con qcs.

Vergnügen *(n;* -s, -*)* **1** diletto, piacere, divertimento ♦ *etwas aus Vergnügen tun* fare qcs per diletto ♦ *es macht ihm Vergnügen, zu malen* si diletta a dipingere. **2** piacere, godimento ♦ *es ist ein Vergnügen, sie singen zu hören* è un piacere sentirla cantare. ◆ **viel Vergnügen!** buon divertimento! ◆ **mit Vergnügen!** con piacere! volentieri! ◆ **es war mir ein Vergnügen, Sie kennen zu lernen** è stato un piacere fare la Sua conoscenza. ◆ **mit wem habe ich das Vergnügen?** con chi ho il piacere di parlare?

vergnügt [fɛɐ'gnyːkt] *(agg)* ~ contento, allegro.

Vergnügung [fɛɐ'gnyːgʊŋ] *(f;* -, -en*)* **1** passatempo. **2** festa.

Vergnügungspark [-sˌpark] *(m;* -s, -s/-e*)* ~ parco dei divertimenti, luna park.

Vergnügungsreise [-sˌraizə] *(f;* -, -n*)* ~ viaggio di piacere.

vergolden [fɛɐ'gɔldən] *(vt,* hat*)* **1** dorare. **2** *(fig)* indorare, illuminare, abbellire.

vergönnen [fɛɐ'gœnən] *(vt,* hat*)* ~ {*jmdm etwas* ~} *(lett)* concedere, permettere qcs a qcn.

vergöttern [fɛɐ'gœtɐn] *(vt,* hat*)* ~ idolatrare.

Vergötterung [fɛɐ'gœtərʊŋ] *(f;* -, -en*)* ~ idolatria.

vergraben [fɛɐ'graːbən] *(vt,* hat; *irr* graben*)* ~ sotterrare, seppellire (cose). ◆ **sich in etwas** (Dat) **vergraben** *(vr) (fig)* buttarsi a capofitto su qcs, immergersi in qcs.

vergrämen [fɛɐ'grɛːmən] *(vt,* hat*)* ~ irritare, far arrabbiare.

vergreifen [fɛɐ'graifən] *(vr,* hat; *irr* greifen*)* ~ **sich vergreifen** **1** *(mus)* sbagliar nota. **2** {*sich in etwas* (Dat) ~} *(fig)* sbagliare qcs ♦ *sich im Ausdruck vergreifen* usare l'espressione sbagliata. **3** {*sich an etwas* (Dat) ~} impossessarsi di qcs (illegalmente). **4** {*sich an jmdm* ~} metter le mani addosso a qcn; violentare qcn.

vergriffen [fɛɐ'grɪfən] *(agg)* ~ esaurito, finito (merci).

vergrößern [fɛɐ'grøːsɐn] *(vt,* hat*)* **1** ingrandire, ampliare ♦ *ein Foto vergrößern lassen* far ingrandire una foto. **2** ingrandire, aumentare. ◆ **sich vergrößern** *(vr)* ingrandirsi, ampliarsi, aumentare *(anche fig)*.

Vergrößerung [fɛɐ'grøːsərʊŋ] *(f;* -, -en*)* ~ ingrandimento, ampliamento.

Vergrößerungsglas [-sˌglaːs] *(n;* -(e)s, -gläser*)* ~ lente d'ingrandimento.

vergüten [fɛɐ'gyːtən] *(vt,* hat*)* **1** {*jmdm etwas* ~} rimborsare qcs a qcn; risarcire qcs a qcn. **2** {*etwas* ~} pagare, retribuire qcs.

Vergütung [fɛɐ'gyːtʊŋ] *(f;* -, -en*)* **1** rimborso. **2** risarcimento. **3** pagamento, retribuzione.

verhaften [fɛɐ'haftən] *(vt,* hat*)* ~ arrestare, catturare.

verhaftet [fɛɐ'haftət] *(agg)* ~ *(lett)* legato, radicato.

Verhaftung [fɛɐ'haftʊŋ] *(f;* -, -en*)* ~ arresto, cattura.

verhallen [fɛɐ'halən] *(vi,* ist*)* ~ smorzarsi, spegnersi (suoni).

verhalten [fɛɐ'haltən] *(vt,* hat; *irr* halten*)* ~ *(lett)* trattenere (respiro, ira, ecc). ◆ **sich verhalten** *(vr)* **1** comportarsi ♦ *ich* *weiß nicht, wie ich mich verhalten soll* non so come comportarmi. *2* stare, essere (situazione e sim) ◆ *die Sache verhält sich so* la cosa sta così. *3 (mat)* stare ◆ *zwei verhält sich zu vier wie drei zu sechs* due sta a quattro come tre sta a sei.

Verhalten *(n; -s)* ~ comportamento.

Verhaltensweise [-sˌvaizə] *(f; -, -n)* ~ modo di comportarsi, comportamento.

Verhältnis [fɛɐ'hɛltnɪs] *(n; -ses, -se) 1* rapporto, proporzione. *2 (fig)* rapporto, relazione (umano, di parentela, ecc) ◆ *in freundschaftlichem Verhältnis zu jmdm stehen* essere in rapporti amichevoli con qcn. *3 (fig/fam)* relazione, storia (d'amore). *4 (pl)* situazione, condizioni ◆ *die politischen Verhältnisse* la situazione politica ◆ *unter normalen Verhältnissen* in condizioni normali. ◆ **über seine Verhältnisse leben** vivere al di sopra delle proprie possibilità. ◆ **im umgekehrten Verhältnis zu etwas stehen** essere inversamente proporzionale a qcs.

verhältnismäßig [-ˌmɛːsɪç] *(avv) 1* in proporzione, proporzionalmente ◆ *eine verhältnismäßig hohe Teilnehmerzahl* un numero di partecipanti proporzionalmente alto. *2* abbastanza, relativamente.

Verhältniswort [-ˌvɔrt] *(n; -(e)s, -wörter)* ~ *(gramm)* preposizione.

verhandeln [fɛɐ'handəln] *(vi/vt, hat) 1* {*mit jmdm über etwas* (Acc) ~} *(vi)* trattare, negoziare qcs con qcn. *2 (vt)* trattare, discutere. *3 (vt) (dir)* dibattere.

Verhandlung [fɛɐ'handlʊŋ] *(f; -, -en) 1* trattativa, negoziato. *2 (dir)* dibattimento, udienza.

verhängen [fɛɐ'hɛŋən] *(vt, hat) 1* coprire (con una tenda). *2 (fig)* infliggere (pena), imporre (provvedimenti e sim) ◆ *die Todesstrafe über jmdn verhängen* condannare qcn alla pena di morte.

Verhängnis [fɛɐ'hɛŋnɪs] *(n; -ses, -se)* ~ destino, fato (negativo), sventura.

verhängnisvoll [-sˌfɔl] *(agg)* ~ funesto, fatale, malaugurato.

verhärten [fɛɐ'hɛrtən] *(vt, hat)* ~ indurire. ◆ **sich verhärten** *(vr)* indurirsi.

Verhärtung [fɛɐ'hɛrtʊŋ] *(f; -, -en)* ~ indurimento.

verhasst († **verhaßt**) [fɛɐ'hast] *(agg) 1* odiato, detestato ◆ *jmdm verhasst sein* essere odiato da qcn. *2* odioso ◆ *sich bei jmdm verhasst machen* rendersi odioso a qcn.

verhauen [fɛɐ'hauən] *(vt, hat; irr* hauen[2]*) 1* picchiare, sculacciare. *2 (fig/fam)* sbagliare, toppare. ◆ **sich verhauen** *(vr)* sbagliarsi.

verheeren [fɛɐ'heːrən] *(vt, hat)* ~ devastare, distruggere.

verheerend [-t] *(agg) 1* devastante, disastroso. *2 (fig/fam)* terribile, orribile.

Verheerung [fɛɐ'heːrʊŋ] *(f; -, -en)* ~ devastazione, distruzione.

verhehlen [fɛɐ'heːlən] *(vt, hat)* ~ {*jmdm etwas* ~} *(lett)* nascondere, tacere qcs a qcn.

verheilen [fɛɐ'hailən] *(vi, ist)* ~ guarire, rimarginarsi (ferite).

verheimlichen [fɛɐ'haimlɪçən] *(vt, hat)* ~ {*jmdm etwas* ~} nascondere, tacere qcs a qcn.

verheiraten [fɛɐ'hairaːtən] *(vr, hat)* ~ **sich (mit jmdm) verheiraten** sposarsi (con qcn) ◆ *sie hat sich mit einem Ingenieur verheiratet* si è sposata con un ingegnere.

verheiratet [fɛɐ'hairaːtət] *(agg)* ~ sposato, coniugato ◆ *sind Sie verheiratet?* Lei è sposato?

verhelfen [fɛɐ'hɛlfən] *(vi, hat; irr* helfen*)* ~ {*jmdm zu etwas* ~} aiutare qcn a ottenere qcs ◆ *sie hat mir zu einer neuen Stelle verholfen* mi ha aiutato a ottenere un nuovo posto.

verherrlichen [fɛɐ'hɛrlɪçən] *(vt, hat)* ~ glorificare, esaltare.

verhindern [fɛɐ'hɪndɐn] *(vt, hat) 1* ostacolare, impedire. *2* evitare ◆ *es ließ sich nicht verhindern, dass* non è stato possibile evitare che.

verhohlen [fɛɐ'hoːlən] *(agg)* ~ nascosto, dissimulato (sentimenti).

verhöhnen [fɛɐ'høːnən] *(vt, hat)* ~ deridere.

Verhör [fɛɐ'høːɐ] *(n; -s, -e)* ~ interrogatorio ◆ *jmdn ins Verhör nehmen* sottoporre qcn a interrogatorio.

verhören [fɛɐ'høːrən] *(vt, hat)* ~ interrogare, sottoporre a interrogatorio. ◆ **sich verhören** *(vr)* sentir male, capir male ◆

ich werde mich wohl verhört haben probabilmente avrò capito male.

verhüllen [fɛɐ'hʏlən] *(vt, hat)* ***1*** velare, coprire (con velo e sim). ***2*** *(fig)* nascondere, celare.

verhüllend [-t] *(agg)* ~ eufemistico. ◆ **verhüllender Ausdruck** eufemismo.

verhundertfachen [fɛɐ'hʊndɐtˌfaxən] *(vt, hat)* ~ centuplicare.

verhungern [fɛɐ'hʊŋɐn] *(vi, ist)* ~ morire di fame.

verhüten [fɛɐ'hyːtən] *(vt, hat)* ~ prevenire, evitare.

Verhütung [fɛɐ'hyːtʊŋ] *(f; -, -en)* ***1*** prevenzione. ***2*** contraccezione.

Verhütungsmittel [-sˌmɪtəl] *(n; -s, -)* ~ contraccettivo, anticoncezionale.

verirren [fɛɐ'ʔɪrən] *(vr, hat)* ~ **sich verirren** smarrirsi, perdersi ◆ *sich im Wald verirren* smarrirsi nel bosco.

verjagen [fɛɐ'jaːgən] *(vt, hat)* ~ cacciare (via), scacciare *(anche fig)*.

verjähren [fɛɐ'jɛːrən] *(vi, ist)* ~ *(dir)* cadere in prescrizione.

verjüngen [fɛɐ'jʏŋən] *(vt, hat)* ~ ringiovanire. ◆ **sich verjüngen** *(vr)* ***1*** ringiovanire. ***2*** assottigliarsi, rastremarsi.

verkabeln [fɛɐ'kaːbəln] *(vt, hat)* ~ cablare.

Verkabelung [fɛɐ'kaːbəlʊŋ] *(f; -, -en)* ~ cablaggio.

verkalken [fɛɐ'kalkən] *(vi, ist)* ***1*** riempirsi di calcare, incrostarsi. ***2*** *(fam)* diventare arteriosclerotico. ***3*** *(med)* calcificarsi.

verkalkulieren [fɛɐkalku'liːrən] *(vr, hat)* ~ **sich verkalkulieren** sbagliare i calcoli.

Verkalkung [fɛɐ'kalkʊŋ] *(f; -, -en)* ***1*** calcificazione. ***2*** incrostazione di calcare.

verkannt [fɛɐ'kant] *(agg)* ~ non riconosciuto, incompreso ◆ *verkanntes Genie* genio incompreso.

Verkauf [fɛɐ'kauf] *(m; -(e)s, -käufe)* ~ vendita. ◆ **zum Verkauf stehen** essere in vendita.

verkaufen [-ən] *(vt, hat)* ~ {*(jmdm/an jmdn) etwas* ~} vendere qcs (a qcn) ◆ *er hat mir sein Fahrrad für fünfzig Euro verkauft* mi ha venduto la sua bicicletta per cinquanta euro. ◆ **sich verkaufen** *(vr)* ***1*** vendersi, trovare acquirenti ◆ *diese Ware verkauft sich gut* questa merce si vende bene. ***2*** *(fig)* vendersi ◆ *sich dem Gegner verkaufen* vendersi al nemico. ◆ **sein Leben teuer verkaufen** *(fig)* vendere cara la pelle. ◆ **jmdn für dumm verkaufen** *(fig)* prendere qcn per scemo.

Verkäufer [fɛɐ'kɔʏfɐ] *(m; -s, -; f* **-in***)* ***1*** venditore. ***2*** commesso.

Verkehr [fɛɐ'keːɐ] *(m; -(e)s)* ***1*** traffico ◆ *es herrscht viel, wenig Verkehr* c'è molto, poco traffico. ***2*** circolazione, uso ◆ *etwas aus dem Verkehr ziehen* togliere qcs di circolazione (monete, prodotti, ecc). ***3*** rapporti, relazione ◆ *brieflicher Verkehr* rapporti epistolari ◆ *den Verkehr mit jmdm abbrechen* interrompere i rapporti con qcn. ***4*** *(abbrev di* **Geschlechtsverkehr***)* rapporti sessuali.

verkehren [fɛɐ'keːrən] *(vi/vt, hat)* ***1*** *(vi)* circolare, passare (mezzi pubblici) ◆ *der Bus verkehrt alle zehn Minuten* l'autobus passa ogni dieci minuti. ***2*** *(vi)* frequentare (persone o luoghi) ◆ *bei jmdm, in einem Lokal verkehren* frequentare qcn, un locale. ***3*** {*mit jmdm* ~} *(vi)* essere in contatto con qcn ◆ *mit jmdm brieflich verkehren* essere in contatto epistolare con qcn. ***4*** *(vt)* volgere, tramutare ◆ *etwas ins Gegenteil verkehren* volgere qcs al contrario. ◆ **sich in etwas** (Acc) **verkehren** *(vr)* volgersi, tramutarsi in qcs (di opposto). ◆ **mit jmdm geschlechtlich verkehren** avere rapporti sessuali con qcn.

Verkehrsbetrieb [fɛɐ'keːɐsbəˌtriːp] *(m; -(e)s, -e)* ~ azienda di trasporti (pubblici).

Verkehrsmittel [fɛɐ'keːɐsˌmɪtəl] *(n; -s, -)* ~ mezzo di trasporto ◆ *die öffentlichen Verkehrsmittel* i mezzi di trasporto pubblici.

Verkehrspolizei [fɛɐ'keːɐspoliˌtsai] *(f; -)* ~ polizia stradale.

Verkehrsschild [fɛɐ'keːɐsʃɪlt] *(n; -(e)s, -er)* ~ cartello stradale.

Verkehrswesen [fɛɐ'keːɐsˌveːzən] *(n; -s)* ~ trasporti.

Verkehrszeichen [fɛɐ'keːɐsˌtsaiçən] *(n; -s, -)* ***1*** segnale stradale. ***2*** cartello stradale.

verkehrt [fɛɐ'keːɐt] *(agg)* ***1*** opposto, contrario. ***2*** *(fig)* sbagliato ◆ *eine verkehrte Verhaltensweise* un comportamento sbagliato. ***3*** *(avv)* alla rovescia ◆ *das Bild* *hängt verkehrt* il quadro è appeso alla rovescia. **4** *(avv) (fig)* male, nel modo sbagliato. ◆ **verkehrt herum** alla rovescia.

verkennen [fɛɐ'kɛnən] *(vt,* hat; *irr* kennen*)* **1** {*jmdn/etwas* ~} giudicare in modo sbagliato qcn/qcs. **2** non riconoscere (problemi e sim) ♦ *den Ernst der Situation verkennen* non riconoscere la serietà della situazione. ◆ **es ist nicht zu verkennen, dass** bisogna ammettere che.

verketten [fɛɐ'kɛtən] *(vt,* hat*)* ~ legare con una catena. ◆ **sich verketten** *(vr)* concatenarsi (circostanze).

Verkettung [fɛɐ'kɛtʊŋ] *(f;* -, -en*)* ~ concatenazione.

verklagen [fɛɐ'kla:gən] *(vt,* hat*)* ~ querelare.

verkleben[1] [fɛɐ'kle:bən] *(vi,* ist*)* ~ incollarsi, rimanere attaccato.

verkleben[2] *(vt,* hat*)* ~ incollare, rendere appiccicoso ♦ *vom Schweiß verklebte Haare* capelli (resi) appiccicosi dal sudore.

verkleiden [fɛɐ'klaidən] *(vt,* hat*)* **1** travestire. **2** rivestire, ricoprire ♦ *eine Wand mit Holz verkleiden* rivestire una parete di legno. ◆ **sich verkleiden** *(vr)* travestirsi ♦ *er hat sich als Clown verkleidet* si è travestito da clown.

Verkleidung [fɛɐ'klaidʊŋ] *(f;* -, -en*)* **1** travestimento. **2** rivestimento.

verkleinern [fɛɐ'klainɐn] *(vt,* hat*)* **1** rimpicciolire, ridurre. **2** ridurre, diminuire. ◆ **sich verkleinern** *(vr)* **1** rimpicciolirsi, ridursi. **2** *(fig/fam)* trasferirsi in una casa (un ufficio, ecc) più piccola.

Verkleinerung [fɛɐ'klainərʊŋ] *(f;* -, -en*)* **1** rimpicciolimento, riduzione. **2** *(fig)* riduzione, diminuzione.

Verkleinerungsform [-sˌfɔrm] *(f;* -, -en*)* ~ *(gramm)* diminutivo.

verklemmen [fɛɐ'klɛmən] *(vr,* hat*)* ~ **sich verklemmen** incastrarsi.

verklemmt [fɛɐ'klɛmt] *(agg)* **1** incastrato. **2** *(fig)* inibito.

verknallen [fɛɐ'knalən] *(vr,* hat*)* ~ **sich (in jmdn) verknallen** prendersi una cotta (per qcn).

verkneifen [fɛɐ'knaifən] *(vt,* hat; *irr* kneifen*)* **1** {*sich* (Dat) *etwas* ~} *(fam)* trattenere, reprimere, soffocare qcs ♦ *ich musste mir das Lachen verkneifen* dovetti trattenere le risa. **2** {*sich* (Dat) *etwas* ~} rinunciare a qcs.

verknoten [fɛɐ'kno:tən] *(vt,* hat*)* ~ annodare.

verknüpfen [fɛɐ'knʏpfən] *(vt,* hat*)* **1** annodare. **2** {*etwas mit etwas* ~} *(fig)* legare, collegare, associare qcs con qcs.

verkochen [fɛɐ'kɔxən] *(vi,* ist*)* **1** evaporare. **2** stracuocere.

verkommen [fɛɐ'kɔmən] *(vi,* ist; *irr* kommen*)* **1** andare in rovina (edifici e sim). **2** *(fig)* abbrutirsi. **3** andare a male, marcire (cibi).

verkörpern [fɛɐ'kœrpɐn] *(vt,* hat*)* ~ impersonare, personificare.

verkraften [fɛɐ'kraftən] *(vt,* hat*)* ~ superare, sormontare (sforzi, difficoltà, ecc).

verkrampfen [fɛɐ'krampfən] *(vr,* hat*)* ~ **sich verkrampfen** **1** contrarsi (spasmodicamente). **2** *(fig)* bloccarsi, inibirsi.

verkrampft [fɛɐ'krampft] *(agg)* ~ *(fig)* forzato, innaturale.

verkriechen [fɛɐ'kri:çən] *(vr,* hat; *irr* kriechen*)* ~ **sich verkriechen** rintanarsi ♦ *die Katze hat sich unter das Auto verkrochen* il gatto si è rintanato sotto la macchina.

verkrümmen [fɛɐ'krʏmən] *(vt,* hat*)* ~ storcere, deformare (arti e sim). ◆ **sich verkrümmen** *(vr)* storcersi, deformarsi (arti e sim).

verkrüppelt [fɛɐ'krʏpəlt] *(agg)* ~ storpio.

verkrustet [fɛɐ'krʊstət] *(agg)* **1** incrostato. **2** *(fig)* sclerotizzato, fossilizzato.

verkümmern [fɛɐ'kʏmɐn] *(vi,* ist*)* **1** intristire, intristirsi. **2** *(med)* atrofizzarsi.

Verkümmerung [fɛɐ'kʏmərʊŋ] *(f;* -, -en*)* ~ *(med)* atrofia.

verkünden [fɛɐ'kʏndən] *(vt,* hat*)* **1** *(lett)* annunciare. **2** pronunciare (sentenza).

verkündigen [fɛɐ'kʏndɪgən] *(vt,* hat*)* ~ *(lett)* annunciare *(anche relig)*.

Verkündigung [fɛɐ'kʏndɪgʊŋ] *(f;* -, -en*)* ~ *(lett)* annunciazione *(anche relig)*.

Verkündung [fɛɐ'kʏndʊŋ] *(f;* -, -en*)* **1** annunciazione, il rendere pubblico. **2** proclamazione (di una sentenza).

verkuppeln [fɛɐ'kʊpəln] *(vt,* hat*)* ~ {*jmdn (an jmdn)* ~} *(fig)* far sposare qcn (con qcn), combinare il matrimonio di qcn ♦ *sie wollten ihre Tochter an einen Mil-*

lionär verkuppeln volevano far sposare la loro figlia con un milionario.

verkürzen [fɛɐ'kʏrtsən] *(vt,* hat*)* ***1*** accorciare. ***2*** *(fig)* accorciare, ridurre ♦ *die Arbeitszeit verkürzen* ridurre l'orario di lavoro. ◆ **sich verkürzen** *(vr)* accorciarsi. ◆ **sich** (Dat) **die Zeit mit etwas verkürzen** ammazzare il tempo con qcs.

verladen [fɛɐ'la:dən] *(vt,* hat; *irr* laden*)* ~ caricare (su un veicolo).

Verlag [fɛɐ'la:k] *(m;* -(e)s, -e*)* ~ casa editrice, editore ♦ *das Buch ist in einem anderen Verlag erschienen* il libro è stato pubblicato da un'altra casa editrice.

verlagern [fɛɐ'la:gen] *(vt,* hat*)* ***1*** spostare (peso, baricentro e sim) ♦ *das Gewicht auf das andere Bein verlagern* spostare il peso sull'altra gamba. ***2*** spostare, trasferire. ◆ **sich verlagern** *(vr)* spostarsi (peso, baricentro e sim).

Verlagswesen [fɛɐ'la:ks,ve:zən] *(n;* -s*)* ~ editoria.

verlangen [fɛɐ'laŋən] *(vt,* hat*)* ***1*** {*etwas (von jmdm)* ~} pretendere, esigere qcs (da qcn) ♦ *sie verlangen absolute Geheimhaltung von mir* pretendono da me riservatezza assoluta ♦ *ich verlange, dass du mir jetzt zuhörst* pretendo che ora tu mi stia a sentire. ***2*** chiedere (prezzo) ♦ *einen zu hohen Preis verlangen* chiedere un prezzo troppo alto. ***3*** richiedere, necessitare ♦ *diese Arbeit verlangt viel Geduld* questo lavoro richiede molta pazienza. ***4*** {*jmdn* ~} chiedere di qcn (al telefono). ***5*** {*nach jmdm* ~} *(vi) (lett)* chiedere di qcn. ***6*** {*nach etwas* ~} *(vi) (lett)* desiderare qcs (spec cibo).

Verlangen *(n;* -s*)* ***1*** richiesta ♦ *auf Verlangen des Leiters* su richiesta del direttore. ***2*** voglia, desiderio.

verlängern [fɛɐ'lɛŋen] *(vt,* hat*)* ***1*** allungare. ***2*** *(fig)* prolungare ♦ *den Urlaub verlängern* prolungare la vacanza. ***3*** allungare, diluire.

Verlängerung [fɛɐ'lɛŋərʊŋ] *(f;* -, -en*)* ***1*** allungamento, prolungamento *(anche fig)*. ***2*** prolunga. ***3*** *(sport)* tempi supplementari.

verlangsamen [fɛɐ'laŋ,za:mən] *(vt,* hat*)* ~ rallentare ♦ *das Tempo verlangsamen* rallentare il ritmo/la velocità.

Verlass († **Verlaß**) [fɛɐ'las] *(m)* ~ **auf jmdn/etwas ist (kein) Verlass** (non) si può fare affidamento su qcn/qcs.

verlassen[1] [-ən] *(vt,* hat; *irr/ortogr* lassen*)* ***1*** abbandonare ♦ *er hat seine Familie verlassen* ha abbandonato la sua famiglia. ***2*** abbandonare, lasciare (luogo) ♦ *hat er die Stadt schon verlassen?* ha già lasciato la città? ◆ **sich auf jmdn/etwas verlassen** *(vr)* fare affidamento su qcn/qcs, contare su qcn/qcs, fidarsi di qcn/qcs.

verlassen[2] *(agg)* ***1*** abbandonato, deserto. ***2*** abbandonato, solo.

Verlassenheit [-ən,hait] *(f;* -*)* ~ solitudine, (senso di) abbandono.

verlässlich († **verläßlich**) [fɛɐ'lɛslɪç] *(agg)* ***1*** fidato, affidabile. ***2*** affidabile, attendibile.

Verlauf [fɛɐ'lauf] *(m;* -(e)s, -läufe*)* ***1*** corso, svolgimento, sviluppo, andamento. ***2*** corso, percorso (di strada e sim). ◆ **im Verlauf von** nel corso di ♦ *im Verlauf eines Jahres/von einem Jahr* nel corso di un anno.

verlaufen [-ən] *(vi,* ist; *irr* laufen*)* ***1*** andare, svolgersi, andare a finire ♦ *die Reise ist gut verlaufen* il viaggio è andato bene ♦ *es ist alles gut verlaufen* è andato tutto bene. ***2*** correre, passare (linea, strada, ecc) ♦ *die Straße verläuft durch den Wald* la strada passa attraverso il bosco. ◆ **sich verlaufen** *(vr)* ***1*** perdersi, smarrirsi, perdere la strada ♦ *sich im Wald verlaufen* perdersi nel bosco. ***2*** disperdersi, allontanarsi. ***3*** defluire, ritirarsi (acqua).

verlauten [fɛɐ'lautən] *(vi,* ist*)* ~ trapelare (notizie).

verleben [fɛɐ'le:bən] *(vt,* hat*)* ~ trascorrere, passare ♦ *den Sommer am Meer verleben* trascorrere l'estate al mare.

verlebt [fɛɐ'le:pt] *(agg)* ~ sciupato, segnato (volto).

verlegen[1] [fɛɐ'le:gən] *(vt,* hat*)* ***1*** mettere in un altro posto (e non trovare più) ♦ *ich habe meine Uhr verlegt* non mi ricordo dove ho messo il mio orologio. ***2*** posticipare, spostare ♦ *die Konferenz ist auf morgen verlegt worden* la conferenza è stata spostata a domani. ***3*** spostare, trasferire (persone o attività). ***4*** posare (cavi, pavimentazione, ecc). ***5*** pubblicare.

◆ **sich auf etwas** (Acc) **verlegen** *(vr)* **1** dedicarsi a qcs. **2** ricorrere a qcs.

verlegen[2] *(agg)* ~ imbarazzato. ◆ **um etwas verlegen sein** essere a corto di qcs, non avere qcs. ◆ **nie um etwas verlegen sein** avere qcs sempre a disposizione ♦ *er ist nie um eine Ausrede verlegen* ha sempre una scusa pronta.

Verlegenheit [-ˌhait] *(f; -, -en)* **1** imbarazzo ♦ *jmdn in Verlegenheit bringen/setzen* mettere qcn in imbarazzo. **2** difficoltà economica, ristrettezze.

Verleger [fɛɐ'leːgɐ] *(m; -s, -; f* **-in***)* ~ editore.

verleiden [fɛɐ'laidən] *(vt,* hat; *irr* leiden*)* ~ {*jmdm etwas* ~} rovinare, guastare qcs a qcn.

Verleih [fɛɐ'lai] *(m; -(e)s, -e)* **1** noleggio, affitto. **2** ditta di noleggio.

verleihen [fɛɐ'laiən] *(vt,* hat; *irr* leihen*)* **1** {*(jmdm) etwas* ~} noleggiare, affittare qcs a qcn. **2** {*jmdm etwas* ~} conferire, dare qcs a qcn *(anche fig)* ♦ *jmdm einen Titel verleihen* conferire un titolo a qcn ♦ *das verlieh seinen Worten einen bitteren Ton* questo conferiva un tono amaro alle sue parole.

Verleihung [fɛɐ'laiʊŋ] *(f; -, -en)* **1** noleggio, affitto. **2** conferimento.

verleiten [fɛɐ'laitən] *(vt,* hat*)* ~ {*jmdn zu etwas* ~} istigare, spingere qcn a qcs (di negativo).

verlernen [fɛɐ'lɛrnən] *(vt,* hat*)* ~ disimparare.

verlesen [fɛɐ'leːzən] *(vt,* hat; *irr* lesen*)* **1** leggere (in pubblico). **2** selezionare. ◆ **sich verlesen** *(vr)* leggere male, sbagliare a leggere.

verletzbar [fɛɐ'lɛtsˌbaːɐ] *(agg)* ~ suscettibile, permaloso.

verletzen [fɛɐ'lɛtsən] *(vt,* hat*)* **1** ferire ♦ *ich habe mir die Hand verletzt* mi sono ferito la mano. **2** *(fig)* ferire, offendere. **3** *(fig)* violare, trasgredire (legge, dovere, ecc). ◆ **sich verletzen** *(vr)* ferirsi; infortunarsi ♦ *er hat sich am Kopf verletzt* si è ferito alla testa.

verletzend [-t] *(agg)* ~ offensivo.

verletzlich [fɛɐ'lɛtslɪç] *(agg)* ~ vulnerabile.

Verletzte(r) [fɛɐ'lɛtstə (-tɐ)] *(m/f; -n, -n)* ~ ferito.

Verletzung [fɛɐ'lɛtsʊŋ] *(f; -, -en)* **1** ferimento. **2** *(fig)* violazione, trasgressione. **3** ferita, lesione ♦ *innere Verletzungen* lesioni interne.

verleugnen [fɛɐ'lɔygnən] *(vt,* hat*)* ~ rinnegare, ripudiare, disconoscere ♦ *seinen Glauben verleugnen* rinnegare la propria fede. ◆ **sich verleugnen lassen** negarsi, fingere di non essere in casa ♦ *er lässt sich immer verleugnen* si fa sempre negare.

verleumden [fɛɐ'lɔymdən] *(vt,* hat*)* ~ calunniare, diffamare.

Verleumdung [fɛɐ'lɔymdʊŋ] *(f; -, -en)* ~ calunnia, diffamazione.

verlieben [fɛɐ'liːbən] *(vr,* hat*)* ~ **sich in jmdn verlieben** innamorarsi di qcn.

verlieren [fɛɐ'liːrən] *(vt,* hat; **verlor**, **verloren***)* **1** perdere *(anche fig)*, smarrire ♦ *ich habe meinen Schirm verloren* ho perso l'ombrello ♦ *Haare verlieren* perdere i capelli ♦ *die Geduld verlieren* perdere la pazienza ♦ *sie hat ihren Mann im Krieg verloren* ha perso suo marito in guerra. **2** *(anche vi) (fig)* perdere, essere sconfitto ♦ *wir haben das Spiel verloren* abbiamo perso la partita. **3** {*an etwas* (Dat) ~} *(vi)* perdere (in) qcs ♦ *er hat an Glaubwürdigkeit veloren* ha perso in credibilità. ◆ **sich verlieren** *(vr)* **1** *(fig)* perdersi, svanire. **2** *(fig)* perdersi, confondersi. **3** {*sich in etwas* (Dat) ~} *(fig)* perdersi, immergersi in qcs.

Verlierer [fɛɐ'liːrɐ] *(m; -s, -; f* **-in***)* ~ perdente.

verloben [fɛɐ'loːbən] *(vr,* hat*)* ~ **sich (mit jmdm) verloben** fidanzarsi (con qcn).

Verlobte(r) [fɛɐ'loːptə (-tɐ)] *(m/f; -n, -n)* ~ fidanzato.

Verlobung [fɛɐ'loːbʊŋ] *(f; -, -en)* ~ fidanzamento.

verlocken [fɛɐ'lɔkən] *(vt,* hat*)* ~ {*jmdn zu etwas* ~} *(lett)* allettare, invitare qcn a qcs.

verlockend [-t] *(agg)* ~ allettante.

Verlockung [fɛɐ'lɔkʊŋ] *(f; -, -en)* ~ tentazione, allettamento.

verlogen [fɛɐ'loːgən] *(agg)* **1** bugiardo (persona). **2** falso, menzognero (cosa).

verlor [fɛɐ'loːɐ] ~ pret di **verlieren**.

verloren [fɛɐ'loːrən] *(agg)* **1** perduto, smarrito *(anche fig)*. **2** *(fig)* perso, inutile. **3** part pass di **verlieren**. ◆ **ein verlorenes**

Schaf *(fig)* una pecorella smarrita. ◆ **verloren gehen** († **verlorengehen**) andare perduto ♦ *der Brief ist verloren gegangen* la lettera è andata perduta.

Verlust [fɛɐ'lʊst] *(m;* -(e)s, -e*)* ~ perdita *(anche fig)* ♦ *finanzielle Verluste* perdite finanziarie.

vermachen [fɛɐ'maxən] *(vt,* hat*)* ~ {*jmdm etwas* ~} lasciare qcs in eredità a qcn.

Vermächtnis [fɛɐ'mɛçtnɪs] *(n;* -ses, -se*)* ***1*** *(dir)* legato, lascito. ***2*** eredità. ***3*** *(fig)* eredità (spirituale).

vermählen [fɛɐ'mɛːlən] *(vr,* hat*)* ~ **sich (mit jmdm) vermählen** *(lett)* sposarsi (con qcn).

vermehren [fɛɐ'meːrən] *(vt,* hat*)* ~ aumentare, accrescere, moltiplicare *(anche fig)* ♦ *seine Anstrengungen vermehren* moltiplicare gli sforzi. ◆ **sich vermehren** *(vr)* ***1*** aumentare, crescere, moltiplicarsi. ***2*** moltiplicarsi, riprodursi.

vermeidbar [fɛɐ'mait̮baːɐ] *(agg)* ~ evitabile.

vermeiden [fɛɐ'maidən] *(vt,* hat; *irr* meiden*)* ~ evitare ♦ *ich konnte es nicht vermeiden, ihnen zu begegnen* non potei evitare di incontrarli. ◆ **es lässt sich nicht vermeiden** è inevitabile.

vermeintlich [fɛɐ'maintlɪç] *(agg)* ~ presunto.

vermengen [fɛɐ'mɛŋən] *(vt,* hat*)* ***1*** mescolare, mischiare. ***2*** *(fig)* confondere.

Vermerk [fɛɐ'mɛrk] *(m;* -(e)s, -e*)* ~ annotazione.

vermerken [-ən] *(vt,* hat*)* ***1*** annotare. ***2*** *(fig)* prendere ♦ *etwas übel vermerken* prender male qcs.

vermessen[1] [fɛɐ'mɛsən] *(vt,* hat; *irr/ortogr* messen*)* ~ misurare (aree). ◆ **sich vermessen** *(vr) (lett)* osare, avere l'ardire.

vermessen[2] *(agg)* ~ *(lett)* presuntuoso.

vermieten [fɛɐ'miːtən] *(vt,* hat*)* ~ {*jmdm etwas* ~}, {*an jmdn etwas* ~} affittare, dare in affitto qcs a qcn.

Vermieter [fɛɐ'miːtɐ] *(m;* -s, -; *f* **-in***)* ~ locatore.

Vermietung [fɛɐ'miːtʊŋ] *(f;* -, -en*)* ~ affitto (il dare in affitto), locazione.

vermindern [fɛɐ'mɪndɐn] *(vt,* hat*)* ~ ridurre, diminuire ♦ *die Geschwindigkeit vermindern* ridurre la velocità. ◆ **sich vermindern** *(vr)* ridursi, diminuire.

verminen [fɛɐ'miːnən] *(vt,* hat*)* ~ *(mil)* minare.

vermischen [fɛɐ'mɪʃən] *(vt,* hat*)* ~ mescolare, mischiare ♦ *Wein mit Wasser vermischen* mescolare il vino con l'acqua. ◆ **sich vermischen** mescolarsi, mischiarsi.

vermissen [fɛɐ'mɪsən] *(vt,* hat; *ortogr pres* du/er/ihr vermisst, *pret* ich vermisste, ecc; *imperat* vermiss!, *part pass* vermisst*)* ***1*** {*jmdn* ~} sentire la mancanza di qcn ♦ *ich vermisse dich sehr* mi manchi molto. ***2*** {*etwas* ~} non trovare qcs ♦ *ich vermisse meine Geldbörse* non trovo il mio portafogli.

vermisst († **vermißt**) [fɛɐ'mɪst] *(agg)* ~ disperso ♦ *er ist im Krieg vermisst* è disperso in guerra.

Vermisste(r) [-ə (-ɐ)] († **Vermißte**) *(m/f;* -n, -n*)* ~ disperso.

vermitteln [fɛɐ'mɪtəln] *(vi/vt,* hat*)* ***1*** *(vi)* mediare, fare da mediatore ♦ *in einem Streit vermitteln* fare da mediatore in una lite. ***2*** {*jmdm jmdn/etwas* ~} *(vt)* procurare, trovare, procacciare qcn/qcs a qcn ♦ *jmdm eine Arbeit vermitteln* procurare un lavoro a qcn ♦ *die Agentur vermittelt Babysitter* l'agenzia procura babysitter.

Vermittler [fɛɐ'mɪtlɐ] *(m;* -s, -; *f* **-in***)* ***1*** mediatore, intermediario. ***2*** procacciatore.

Vermittlung [fɛɐ'mɪtlʊŋ] *(f;* -, -en*)* ***1*** mediazione, intermediazione. ***2*** centralino (telefonico).

vermögen [fɛɐ'møːgən] *(vt,* hat; *irr* mögen*)* ~ *(lett)* potere, riuscire a ♦ *er vermochte nicht, ihr die Wahrheit zu sagen* non riuscì a dirle la verità ♦ *ich werde alles tun, was ich zu tun vermag* farò tutto ciò che è in mio potere.

Vermögen *(n;* -s, -*)* ***1*** patrimonio, proprietà. ***2*** capacità, possibilità. ***3*** *(fig/fam)* patrimonio ♦ *das kostet ein Vermögen* costa un patrimonio.

vermuten [fɛɐ'muːtən] *(vt,* hat*)* ***1*** supporre, presumere ♦ *das lässt vermuten, dass* questo fa presumere che. ***2*** {*jmdn* ~} credere qcn (in un luogo) ♦ *ich vermutete dich in München* credevo che tu fossi a Monaco.

vermutlich [fɛɐ'muːtlɪç] *(agg)* ***1*** presunto. ***2*** probabile. ***3*** *(avv)* presumibilmente, probabilmente.

Vermutung [fɛɐ'muːtʊŋ] *(f; -, -en)* ~ supposizione, congettura.

vernachlässigen [fɛɐ'naːxˌlɛsɪgən] *(vt, hat)* ~ trascurare ♦ *er vernachlässigt seine Arbeit, seine Familie* trascura il lavoro, la famiglia.

vernarben [fɛɐ'narbən] *(vi, ist)* ~ cicatrizzarsi.

vernarren [fɛɐ'narən] *(vr, hat)* ~ **sich in jmdn vernarren** *(fam)* perdere la testa per qcn, essere pazzo di qcn.

vernehmen [fɛɐ'neːmən] *(vt, hat; irr nehmen)* **1** *(lett)* udire, sentire, percepire. **2** {*jmdn* ~} *(dir)* interrogare qcn.

Vernehmung [fɛɐ'neːmʊŋ] *(f; -, -en)* ~ *(dir)* interrogatorio.

verneinen [fɛɐ'nainən] *(vt, hat)* **1** {*etwas* ~} rispondere di no, rispondere negativamente a qcs ♦ *eine Frage verneinen* rispondere negativamente a una domanda. **2** *(fig)* negare, rifiutare, respingere ♦ *die Gewalt verneinen* rifiutare la violenza.

verneinend [-t] *(agg)* ~ negativo *(anche gramm)*.

Verneinung [fɛɐ'nainʊŋ] *(f; -, -en)* **1** negazione, rifiuto. **2** *(gramm)* negazione.

Verneinungswort [-sˌvɔrt] *(n; -(e)s, -wörter)* ~ *(gramm)* negazione.

vernichten [fɛɐ'nɪçtən] *(vt, hat)* **1** annientare, distruggere *(anche fig)*. **2** sterminare (parassiti).

Vernichtung [fɛɐ'nɪçtʊŋ] *(f; -, -en)* **1** annientamento, distruzione *(anche fig)*. **2** sterminio.

Vernichtungslager [-sˌlaːgɐ] *(n; -s, -)* ~ campo di sterminio.

Vernunft [fɛɐ'nʊnft] *(f; -)* **1** ragione, raziocinio. **2** ragionevolezza. ◆ **jmdn zur Vernunft bringen** ricondurre qcn alla ragione. ◆ **zur Vernunft kommen** tornare alla ragione.

vernünftig [fɛɐ'nʏnftɪç] *(agg)* **1** ragionevole, assennato, giudizioso (persona). **2** ragionevole, sensato.

veröffentlichen [fɛɐ'ˀœfəntlɪçən] *(vt, hat)* **1** pubblicare ♦ *einen Roman veröffentlichen* pubblicare un romanzo. **2** comunicare, rendere pubblico.

Veröffentlichung [fɛɐ'ˀœfəntlɪçʊŋ] *(f; -, -en)* ~ pubblicazione.

verordnen [fɛɐ'ˀɔrdnən] *(vt, hat)* **1** decretare. **2** {*jmdm etwas* ~} prescrivere qcs a qcn (cure e sim).

Verordnung [fɛɐ'ˀɔrdnʊŋ] *(f; -, -en)* **1** decreto. **2** prescrizione (medica).

verpacken [fɛɐ'pakən] *(vt, hat)* ~ confezionare, impacchettare, imballare (merci e sim).

Verpackung [fɛɐ'pakʊŋ] *(f; -, -en)* **1** confezionamento, imballaggio. **2** confezione, pacchetto, imballaggio (di un prodotto).

verpassen [fɛɐ'pasən] *(vt, hat; ortogr passen)* **1** perdere ♦ *ich habe den Bus verpasst* ho perso l'autobus. **2** lasciarsi sfuggire, perdere ♦ *eine Gelegenheit verpassen* lasciarsi sfuggire un'occasione. **3** *(fam)* affibbiare, appioppare. ◆ **jmdm eins/eine verpassen** *(fig/fam)* picchiare qcn.

verpesten [fɛɐ'pɛstən] *(vt, hat)* ~ appestare.

verpfänden [fɛɐ'pfɛndən] *(vt, hat)* ~ impegnare, dare in pegno.

verpflanzen [fɛɐ'pflantsən] *(vt, hat)* ~ trapiantare *(anche med)*.

Verpflanzung [fɛɐ'pflantsʊŋ] *(f; -, -en)* ~ trapianto *(anche med)*.

verpflegen [fɛɐ'pfleːgən] *(vt, hat)* ~ {*jmdn* ~} servire i pasti a qcn.

Verpflegung [fɛɐ'pfleːgʊŋ] *(f; -)* ~ pasti, vitto.

verpflichten [fɛɐ'pflɪçtən] *(vt, hat)* **1** {*jmdn (zu etwas)* ~} obbligare, impegnare qcn (a qcs) ♦ *jmdn durch Eid verpflichten* obbligare qcn con un giuramento ♦ *die Benutzung dieses Programms verpflichtet zur Registrierung* l'uso di questo programma obbliga alla registrazione. **2** ingaggiare, scritturare (attori, sportivi, ecc). ◆ **sich zu etwas verpflichten** *(vr)* impegnarsi a qcs.

verpflichtet [fɛɐ'pflɪçtət] *(agg)* ~ obbligato, tenuto, impegnato ♦ *zum Schweigen verpflichtet sein* essere tenuto al silenzio ♦ *verpflichtet sein, etwas zu tun* essere tenuto a fare qcs. ◆ **sich jmdm gegenüber verpflichtet fühlen** sentirsi in obbligo verso qcn. ◆ **jmdm zu Dank verpflichtet sein** essere in obbligo verso qcn.

Verpflichtung [fɛɐ'pflɪçtʊŋ] *(f; -, -en)* ~ obbligo, impegno ♦ *eine Verpflichtung eingehen* assumere un impegno ♦ *eine Ver-*

pflichtung erfüllen; einer Verpflichtung nachkommen assolvere un impegno.

verpfuschen [fɛɐ'pfʊʃən] *(vt,* hat*)* ~ *(fam)* abborracciare.

verplanen [fɛɐ'plaːnən] *(vt,* hat*)* ~ programmare, pianificare.

verplaudern [fɛɐ'plaudɐn] *(vt,* hat*)* ~ passare (tempo) conversando ♦ *wir haben zwei Stunden verplaudert* abbiamo passato due ore a chiacchierare.

verprügeln [fɛɐ'pryːgəln] *(vt,* hat*)* ~ picchiare, bastonare.

verpuffen [fɛɐ'pʊfən] *(vi,* ist*)* ***1*** esplodere (con rumore sordo). ***2*** *(fig)* fare flop, non avere successo.

Verputz [fɛɐ'pʊts] *(m;* -es*)* ~ intonaco.

verputzen [-ən] *(vt,* hat*)* ***1*** intonacare. ***2*** *(fig/fam)* divorare.

verquicken [fɛɐ'kvɪkən] *(vt,* hat*)* ~ {*etwas mit etwas* ~} *(lett)* mescolare qcs con qcs; collegare qcs con qcs.

Verrat [fɛɐ'raːt] *(m;* -(e)s*)* ~ tradimento ♦ *Verrat üben* commettere un tradimento ♦ *an jmdm/etwas Verrat begehen* compiere un tradimento nei confronti di qcn/qcs.

verraten [-ən] *(vt,* hat; *irr* raten*)* ***1*** tradire ♦ *einen Freund verraten* tradire un amico. ***2*** rivelare, svelare ♦ *ein Geheimnis verraten* svelare un segreto. ***3*** *(fig)* rivelare, denotare; tradire ♦ *seine Stimme verriet seine Unruhe* la sua voce tradiva la sua inquietudine. ◆ **sich verraten** *(vr)* tradirsi.

Verräter [fɛɐ'rɛːtɐ] *(m;* -s, -; *f* **-in***)* ~ traditore.

verräterisch [fɛɐ'rɛːtərɪʃ] *(agg)* ~ traditore, da traditore, proditorio.

verrechnen [fɛɐ'rɛçnən] *(vt,* hat*)* ***1*** {*etwas mit etwas* ~} scalare qcs da qcs (conto e sim). ***2*** *(comm)* accreditare. ◆ **sich verrechnen** *(vr)* ***1*** sbagliare a fare il conto. ***2*** *(fig)* far male i propri calcoli, sbagliarsi.

Verrechnung [fɛɐ'rɛçnʊŋ] *(f;* -, -en*)* ***1*** compensazione, scalare. ***2*** *(comm)* accredito.

verrecken [fɛɐ'rɛkən] *(vi,* ist*)* ~ crepare.

verreisen [fɛɐ'raizən] *(vi,* ist*)* ~ partire per un viaggio.

verrenken [fɛɐ'rɛŋkən] *(vt,* hat*)* ~ storcere, slogare ♦ *ich habe mir das Fußgelenk verrenkt* mi sono slogato la caviglia.

Verrenkung [fɛɐ'rɛŋkʊŋ] *(f;* -, -en*)* ~ storta, slogatura.

verrichten [fɛɐ'rɪçtən] *(vt,* hat*)* ~ eseguire, fare, sbrigare. ◆ **ein Gebet verrichten** dire una preghiera. ◆ **seine Notdurft verrichten** fare i propri bisogni.

verriegeln [fɛɐ'riːgəln] *(vt,* hat*)* ~ sprangare.

verringern [fɛɐ'rɪŋɐn] *(vt,* hat*)* ~ diminuire, ridurre ♦ *die Ausgaben, die Geschwindigkeit verringern* ridurre le spese, la velocità. ◆ **sich verringern** *(vr)* diminuire, ridursi.

Verringerung [fɛɐ'rɪŋərʊŋ] *(f;* -, -en*)* ~ diminuzione, riduzione.

verrinnen [fɛɐ'rɪnən] *(vi,* ist; *irr* rinnen*)* ***1*** infiltrarsi (scorrendo). ***2*** *(fig)* passare, trascorrere.

verrohen [fɛɐ'roːən] *(vi,* ist*)* ~ abbrutirsi.

verrosten [fɛɐ'rɔstən] *(vi,* ist*)* ~ arrugginire.

verrotten [fɛɐ'rɔtən] *(vi,* ist*)* ***1*** marcire. ***2*** sgretolarsi. ***3*** marcire, corrompersi.

verrückt [fɛɐ'rʏkt] *(agg)* ~ pazzo, folle, matto ♦ *eine verrückte Idee* un'idea pazza ♦ *bist du verrückt?* sei pazzo? ◆ **jmdn verrückt machen** far impazzire qcn. ◆ **auf etwas** (Acc) **verrückt sein** andare matto per qcs. ◆ **nach jmdm verrückt sein** *(fig)* essere pazzo di qcn. ◆ **verrückt werden** impazzire *(anche fig)*. ◆ **wie verrückt** ***1*** come un pazzo ♦ *wie verrückt schreien* gridare come un pazzo. ***2*** da matti, moltissimo.

Verrückte(r) [-ə (ɐ)] *(m/f;* -n, -n*)* ~ pazzo, matto.

Verrücktheit [-ˌhait] *(f;* -*)* ~ pazzia, follia.

Verruf [fɛɐ'ruːf] *(m;* -(e)s*)* ~ discredito, cattiva fama ♦ *jmdn in Verruf bringen* screditare qcn ♦ *in Verruf geraten/kommen* cadere in discredito.

Vers [fɛrs] *(m;* -es, -e*)* ***1*** verso (di poesia). ***2*** *(pl)* poesia, versi ♦ *etwas in Verse setzen* mettere qcs in versi. ***3*** versetto (della Bibbia).

versachlichen [fɛɐ'zaxlɪçən] *(vt,* hat*)* ~ oggettivare.

versagen[1] [fɛɐ'zaːgən] *(vi,* hat*)* ***1*** fallire, non avere successo ♦ *er hat in seinem Beruf versagt* ha fallito nella sua professione. ***2*** non funzionare (macchine e sim). ***3*** mancare (voce) ♦ *die Stimme versagte ihm* la voce gli mancò.

versagen² *(vt,* hat*)* ***1*** {*jmdm etwas* ~} *(lett)* rifiutare, negare qcs a qcn. ***2*** {*sich* (Dat) *etwas* ~} negarsi qcs, rinunciare a qcs.

Versagen *(n;* -s*)* ~ fallimento, insuccesso.

Versager [fɛɐ'za:gɐ] *(m;* -s, -; *f* **-in***)* ~ fallito, buono a nulla.

versalzen [fɛɐ'zaltsən] *(vt,* hat; *irr* salzen*)* ***1*** salare troppo ♦ *du hast die Nudeln versalzen* hai salato troppo la pasta. ***2*** *(fig/fam)* rovinare, mandare a monte.

versammeln [fɛɐ'zaməln] *(vt,* hat*)* ~ raccogliere, radunare. ◆ **sich versammeln** *(vr)* radunarsi, raccogliersi ♦ *die Teilnehmer versammelten sich in der Kongresshalle* i partecipanti si radunarono nella sala dei congressi.

Versammlung [fɛɐ'zamlʊŋ] *(f;* -, -en*)* ***1*** riunione, raduno, adunanza. ***2*** assemblea, convegno.

Versand [fɛɐ'zant] *(m;* -(e)s*)* ***1*** spedizione (di merci). ***2*** *(abbrev di* **Versandhaus***)* ditta di vendita per corrispondenza. ***3*** *(abbrev di* **Versandabteilung***)* reparto spedizioni.

Versandhandel [-ˌhandəl] *(m;* -s*)* ~ vendita per corrispondenza.

Versandhaus [-ˌhaus] *(n;* -(e)s, -häuser*)* ~ ditta di vendita per corrispondenza.

Versandkosten [-ˌkɔstən] *(pl)* ~ spese di spedizione.

versauen [fɛɐ'zauən] *(vt,* hat*)* ~ *(fam)* sporcare; rovinare.

versäumen [fɛɐ'zɔymən] *(vt,* hat*)* ***1*** perdere ♦ *den Zug versäumen* perdere il treno. ***2*** perdere (tempo, occasioni, ecc); perdersi ♦ *wir haben viel Zeit versäumt* abbiamo perso molto tempo ♦ *das Konzert war langweilig, du hast nichts versäumt* il concerto è stato noioso, non ti sei perso niente. ***3*** {*etwas* ~} perdere qcs, mancare a qcs ♦ *den Unterricht versäumen* perdere la lezione. ***4*** {*etwas* ~} trascurare qcs, mancare a qcs (doveri e sim).

Versäumnis [fɛɐ'zɔymnɪs] *(n;* -ses, -se*)* ~ omissione, mancanza, dimenticanza.

verschaffen [fɛɐ'ʃafən] *(vt,* hat*)* ***1*** {*jmdm etwas* ~} procurare qcs a qcn ♦ *jmdm eine Arbeit verschaffen* procurare un lavoro a qcn. ***2*** {*sich* (Dat) *etwas* ~} procurarsi qcs. ◆ **sich** (Dat) **Respekt verschaffen** farsi rispettare.

verschämt [fɛɐ'ʃɛ:mt] *(agg)* ~ vergognoso, timido.

verschanzen [fɛɐ'ʃantsən] *(vt,* hat*)* ~ *(mil)* trincerare. ◆ **sich verschanzen** *(vr)* ***1*** *(mil)* trincerarsi. ***2*** {*sich hinter etwas* (Dat) ~} *(fig)* trincerarsi dietro a qcs.

verschärfen [fɛɐ'ʃɛrfən] *(vt,* hat*)* ***1*** acuire, accentuare, inasprire ♦ *einen Kontrast, eine Strafe verschärfen* inasprire un contrasto, una pena. ***2*** peggiorare, aggravare. ◆ **das Tempo verschärfen** aumentare il ritmo. ◆ **sich verschärfen** *(vr)* ***1*** acuirsi, accentuarsi, inasprirsi. ***2*** peggiorare, aggravarsi ♦ *die Lage hat sich verschärft* la situazione è peggiorata.

Verschärfung [fɛɐ'ʃɛrfʊŋ] *(f;* -, -en*)* ***1*** accentuazione, inasprimento. ***2*** peggioramento, aggravamento (della situazione).

verschätzen [fɛɐ'ʃɛtsən] *(vr,* hat*)* ~ **sich verschätzen** sbagliarsi nel valutare.

verschenken [fɛɐ'ʃɛŋkən] *(vt,* hat*)* ~ regalare, dare in regalo ♦ *hier werden Tickets für das Konzert verschenkt* qui si regalano biglietti per il concerto.

verscherzen [fɛɐ'ʃɛrtsən] *(vt,* hat*)* ~ {*sich* (Dat) *etwas* ~} giocarsi qcs, perdere qcs ♦ *du hast dir sein Vertrauen verscherzt* ti sei giocato la sua fiducia.

verscheuchen [fɛɐ'ʃɔyçən] *(vt,* hat*)* ***1*** scacciare; spaventare ♦ *ich habe die Ratte verscheucht* ho scacciato il ratto. ***2*** *(fig)* scacciare, far passare.

verschicken [fɛɐ'ʃɪkən] *(vt,* hat*)* ***1*** spedire, inviare, mandare ♦ *Weihnachtskarten verschicken* spedire biglietti di Natale. ***2*** {*jmdn* ~} mandare qcn (in un luogo) ♦ *sie haben die Kinder zu den Großeltern verschickt* hanno mandato i bambini dai nonni.

verschieben [fɛɐ'ʃi:bən] *(vt,* hat; *irr* schieben*)* ***1*** spostare (spingendo) ♦ *einen Schrank verschieben* spostare un armadio. ***2*** *(fig)* spostare, posticipare, rinviare ♦ *wir haben den Termin auf den 10. (zehnten) März verschoben* abbiamo spostato l'appuntamento al 10 marzo. ◆ **sich verschieben** *(vr)* slittare (data e sim).

Verschiebung [fɛɐ'ʃi:bʊŋ] *(f;* -, -en*)* ***1*** spostamento, posticipo, rinvio. ***2*** *(geol)* deriva. ◆ **deriva dei continenti** Kontinentalverschiebung.

verschieden [fɛɐˈʃiːdən] *(agg)* ***1*** diverso, differente ♦ *wir sind verschiedener Meinung* siamo di parere diverso ♦ *die beiden Kinder sind sehr verschieden* i due bambini sono molto diversi ♦ *die Kleider sind in der Farbe verschieden* i vestiti sono diversi nel colore. ***2*** *(pl)* diversi, vari, molti ♦ *verschiedene Leute denken, dass* diverse persone pensano che. ***3*** *(avv)* diversamente, diverso ♦ *die Tische sind verschieden hoch* i tavoli sono di altezza diversa. ◆ **Verschiedenes** ***1*** diverse cose. ***2*** varie ed eventuali.

Verschiedenheit [-ˌhait] *(f; -, -en)* ~ diversità, differenza.

verschießen[1] [fɛɐˈʃiːsən] *(vi,* hat; *irr/ortogr* schießen*)* ~ sbiadire, scolorire.

verschießen[2] *(vt,* hat; *irr/ortogr* schießen*)* ~ sparare (tutto), consumare (sparando) ♦ *seine Munition verschießen* sparare tutte le proprie munizioni. ◆ **sich in jmdn verschießen** *(vr) (fam)* innamorarsi di qcn.

verschimmeln [fɛɐˈʃɪməln] *(vi,* ist*)* ~ ammuffire.

verschlafen[1] [fɛɐˈʃlaːfən] *(vi/vt,* hat; *irr* schlafen*)* ***1*** *(vi)* dormire troppo. ***2*** *(vt)* passare dormendo, dormire ♦ *ich habe den ganzen Vormittag verschlafen* ho dormito tutta la mattina. ***3*** {*etwas* ~} *(vt) (fig)* dormire sopra a qcs ♦ *seinen Kummer verschlafen* dormire sopra al proprio cruccio.

verschlafen[2] *(agg)* ***1*** assonnato, insonnolito. ***2*** *(fig)* addormentato, tranquillo ♦ *ein verschlafenes Dorf* un villaggio addormentato.

Verschlag [fɛɐˈʃlaːk] *(m; -(e)s, -schläge)* ~ rimessa, baracca.

verschlagen[1] [fɛɐˈʃlaːgən] *(vt,* hat; *irr* schlagen*)* ***1*** chiudere (con assi). ***2*** saltare (una pagina nello sfogliare). ***3*** {*jmdm etwas* ~} *(fig)* togliere qcs a qcn ♦ *jmdm den Appetit, den Atem verschlagen* togliere l'appetito, il respiro a qcn. ***4*** gettare, sbattere ♦ *das Boot wurde an eine unbekannte Küste verschlagen* la barca fu sbattuta su una costa sconosciuta. ◆ **es verschlägt jmdm die Sprache** *(impers)* qcn resta senza parole.

verschlagen[2] *(agg)* ~ astuto, scaltro.

verschlampen [fɛɐˈʃlampən] *(vt,* hat*)* ~ *(fam)* perdere, smarrire.

verschlampt [fɛɐˈʃlamp] *(agg)* ~ trascurato, trasandato (persona o cosa).

verschlechtern [fɛɐˈʃlɛçtɐn] *(vt,* hat*)* ~ peggiorare, aggravare. ◆ **sich verschlechtern** *(vr)* peggiorare, aggravarsi ♦ *die Lage hat sich verschlechtert* la situazione è peggiorata.

Verschlechterung [fɛɐˈʃlɛçtərʊŋ] *(f; -, -en)* ~ peggioramento, aggravamento.

verschleiern [fɛɐˈʃlaiɐn] *(vt,* hat*)* ***1*** velare ♦ *sich* (Dat) *das Gesicht verschleiern* velarsi il viso. ***2*** *(fig)* velare, mascherare, occultare. ◆ **sich verschleiern** *(vr)* velarsi *(anche fig)* ♦ *der Himmel hat sich verschleiert* il cielo si è velato.

Verschleiß [fɛɐˈʃlais] *(m; -es)* ~ usura, logoramento.

verschleißen [-ən] *(vi/vt,* ist/hat; **<u>verschliss</u>, verschlissen**; *ortogr pret* ich/er <u>verschliss</u>, ecc*)* ***1*** *(vi, aux* ist*)* logorarsi, consumarsi. ***2*** *(vt, aux* hat*)* logorare, consumare.

verschleppen [fɛɐˈʃlɛpən] *(vt,* hat*)* ***1*** trascinare via, portare via (con la forza). ***2*** deportare. ***3*** tirare per le lunghe. ◆ **eine Krankheit verschleppen** *(fig)* trascinare una malattia.

verschleudern [fɛɐˈʃlɔydɐn] *(vt,* hat*)* ***1*** scialacquare. ***2*** svendere, vendere sotto costo.

verschließen [fɛɐˈʃliːsən] *(vt,* hat; *irr/ortogr* schließen*)* ***1*** chiudere a chiave ♦ *die Tür verschließen* chiudere la porta a chiave. ***2*** chiudere a chiave, mettere sotto chiave. ◆ **sich einer Sache** (Dat) **verschließen** *(vr) (fig)* essere sordo a qcs, chiudere gli occhi di fronte a qcs.

verschlimmern [fɛɐˈʃlɪmɐn] *(vt,* hat*)* ~ aggravare, peggiorare. ◆ **sich verschlimmern** *(vr)* aggravarsi, peggiorare.

Verschlimmerung [fɛɐˈʃlɪmərʊŋ] *(f; -, -en)* ~ aggravamento, peggioramento.

verschlingen [fɛɐˈʃlɪŋən] *(vt,* hat; *irr* schlingen*)* ***1*** intrecciare. ***2*** ingoiare (avidamente), divorare *(anche fig)* ♦ *ich habe das Buch verschlungen* ho divorato il libro. ***3*** *(fig)* inghiottire, costare ♦ *der Bau der Brücke hat Millionen verschlungen* la costruzione del ponte ha inghiottito milioni. ◆ **jmdn mit den Blicken verschlingen** *(fig)* mangiare qcn con gli occhi.

verschlossen [fɛɐ̯'ʃlɔsən] *(agg)* ***1*** chiuso a chiave. ***2*** *(fig)* chiuso, riservato (di carattere). ◆ **hinter verschlossenen Türen** a porte chiuse.

Verschlossenheit [-ˌhait] *(f; -)* ~ carattere chiuso.

verschlucken [fɛɐ̯'ʃlʊkən] *(vt, hat)* ***1*** ingoiare, inghiottire. ***2*** *(fig)* inghiottire, costare ♦ *die neue Autobahn hat Millionen verschlungen* la nuova autostrada ha inghiottito milioni. ◆ **sich verschlucken** *(vr)* andare di traverso ♦ *ich habe mich verschluckt* mi è andato qualcosa di traverso. ◆ **Wörter verschlucken** *(fig)* mangiarsi le parole.

Verschluss († **Verschluß**) [fɛɐ̯'ʃlʊs] *(m; -(e)s, -schlüsse)* ***1*** chiusura, dispositivo di chiusura. ***2*** tappo; coperchio. ***3*** *(med)* occlusione.

verschlüsseln [fɛɐ̯'ʃlʏsəln] *(vt, hat)* ~ cifrare, codificare.

verschmähen [fɛɐ̯'ʃmɛːən] *(vt, hat)* ~ *(lett)* disprezzare, rifiutare.

verschmelzen [fɛɐ̯'ʃmɛltsən] *(vi/vt, ist/hat; irr* schmelzen*)* ***1*** *(vi, aux* ist*)* fondersi insieme *(anche fig)*. ***2*** *(vt, aux* hat*)* fondere insieme *(anche fig)*.

verschmerzen [fɛɐ̯'ʃmɛrtsən] *(vt, hat)* ~ {*etwas* ~} consolarsi di qcs, superare qcs.

verschmutzen [fɛɐ̯'ʃmʊtsən] *(vi/vt, ist/hat)* ***1*** *(vi, aux* ist*)* sporcarsi, insudiciarsi. ***2*** *(vt, aux* hat*)* sporcare, insudiciare, imbrattare. ***3*** *(vt, aux* hat*)* inquinare.

Verschmutzung [fɛɐ̯'ʃmʊtsʊŋ] *(f; -)* ~ inquinamento.

verschneiden [fɛɐ̯'ʃnaidən] *(vt, hat; irr* schneiden*)* ***1*** potare, tagliare. ***2*** tagliare male (stoffa). ***3*** tagliare (vini).

verschneit [fɛɐ̯'ʃnait] *(agg)* ~ innevato.

verschollen [fɛɐ̯'ʃɔlən] *(agg)* ~ scomparso, disperso (persona o cosa).

verschonen [fɛɐ̯'ʃoːnən] *(vt, hat)* ***1*** {*jmdn/etwas* ~} risparmiare qcn/qcs ♦ *das Haus blieb von der Überschwemmung verschont* la casa fu risparmiata dall'inondazione. ***2*** {*jmdn mit etwas* ~} risparmiare qcs a qcn ♦ *verschone mich mit deinen Ausreden* risparmiami le tue scuse.

verschönern [fɛɐ̯'ʃøːnɐn] *(vt, hat)* ~ abbellire.

verschränken [fɛɐ̯'ʃrɛŋkən] *(vt, hat)* ~ incrociare (braccia, gambe, ecc).

verschrauben [fɛɐ̯'ʃraubən] *(vt, hat)* ~ avvitare.

verschreiben [fɛɐ̯'ʃraibən] *(vt, hat; irr* schreiben*)* ***1*** {*jmdm etwas* ~} prescrivere qcs a qcn ♦ *der Arzt hat mir diese Tabletten verschrieben* il medico mi ha prescritto queste pillole. ***2*** consumare scrivendo (carta). ◆ **sich verschreiben** ***1*** {*sich einer Sache* (Dat) ~} dedicarsi interamente a qcs, votarsi a qcs. ***2*** sbagliare a scrivere.

Verschreibung [fɛɐ̯'ʃraibʊŋ] *(f; -, -en)* ~ prescrizione, ricetta.

verschrien († **verschrieen**) [fɛɐ̯'ʃriːən] *(agg)* ~ malfamato.

verschroben [fɛɐ̯'ʃroːbən] *(agg)* ~ strambo, svitato.

verschulden[1] [fɛɐ̯'ʃʊldən] *(vi, ist)* ~ indebitarsi.

verschulden[2] *(vt, hat)* ~ causare, provocare ♦ *einen Unfall verschulden* causare un incidente.

Verschulden *(n; -s)* ~ colpa ♦ *ohne mein Verschulden* non per colpa mia.

Verschuldung [fɛɐ̯'ʃʊldʊŋ] *(f; -, -en)* ~ indebitamento.

verschütten [fɛɐ̯'ʃʏtən] *(vt, hat)* ***1*** versare, far cadere (liquidi). ***2*** riempire (fossa e sim). ◆ **verschüttet werden** rimanere sepolto (da frana o sim).

verschweigen [fɛɐ̯'ʃvaigən] *(vt, hat; irr* schweigen*)* ~ tacere, non dire ♦ *er hat mir verschwiegen, dass er im Gefängnis war* mi ha taciuto che è stato in prigione.

verschwenden [fɛɐ̯'ʃvɛndən] *(vt, hat)* ~ sprecare, sciupare ♦ *Mühe, Zeit an etwas* (Acc)/*für etwas verschwenden* sprecare fatica, tempo per qcs.

verschwenderisch [fɛɐ̯'ʃvɛndərɪʃ] *(agg)* ***1*** spendaccione. ***2*** dissipato, dissoluto.

Verschwendung [fɛɐ̯'ʃvɛndʊŋ] *(f; -, -en)* ~ spreco.

verschwiegen [fɛɐ̯'ʃviːgən] *(agg)* ***1*** discreto, riservato. ***2*** tranquillo, appartato (luogo). ◆ **verschwiegen wie ein Grab sein** essere muto come una tomba.

Verschwiegenheit [-ˌhait] *(f; -)* ~ discrezione, riservatezza.

verschwimmen [fɛɐ'ʃvɪmən] *(vi,* ist; *irr* schwimmen*)* ~ sfumare, confondersi.

verschwinden [fɛɐ'ʃvɪndən] *(vi,* ist; *irr* schwinden*)* ***1*** sparire, scomparire *(anche fig)* ♦ *meine Tasche ist verschwunden* la mia borsa è sparita ♦ *der Schmerz ist verschwunden* il dolore è scomparso. ***2*** *(fig/fam)* sparire, andarsene ♦ *verschwinde!* sparisci!

Verschwinden *(n;* -s*)* ~ scomparsa, sparizione.

verschwindend [-t] *(agg)* ~ *(fig)* minimo, piccolissimo. ◆ **verschwindend klein** infinitamente piccolo.

verschwommen [fɛɐ'ʃvɔmən] *(agg)* ~ confuso, sfumato, indistinto.

verschwören [fɛɐ'ʃvøːrən] *(vr,* hat*)* ~ **sich verschwören** cospirare, complottare.

Verschwörer [fɛɐ'ʃvøːrɐ] *(m;* -s, -; *f* **-in***)* ~ cospiratore.

Verschwörung [fɛɐ'ʃvøːrʊŋ] *(f;* -, -en*)* ~ cospirazione, complotto.

versehen [fɛɐ'zeːən] *(vt,* hat; *irr* sehen*)* ***1*** {*jmdn mit etwas* ~} fornire, rifornire qcn di qcs ♦ *jmdn mit Geld, mit Vorräten versehen* rifornire qcn di denaro, di provviste. ***2*** {*etwas mit etwas* ~} dotare qcs di qcs ♦ *ein Haus mit einer Satellitenanlage versehen* dotare una casa di un impianto satellitare. ***3*** compiere, adempiere (dovere). ***4*** {*etwas* ~} occuparsi di qcs, provvedere a qcs. ◆ **sich versehen** *(vr)* sbagliare, sbagliarsi. ◆ **ehe man sich's versieht** prima che uno se ne renda conto.

Versehen *(n;* -s, -*)* ~ errore (di distrazione), svista ♦ *ich habe aus Versehen deinen Schirm genommen* ho preso per errore il tuo ombrello.

versehentlich [-tlɪç] *(avv)* ~ per errore, inavvertitamente.

Versehrte(r) [fɛɐ'zeːɐtə (-tɐ)] *(m/f;* -n, -n*)* ~ mutilato, invalido.

versenden [fɛɐ'zɛndən] *(vt,* hat; *reg/irr* senden*)* ~ mandare, inviare (a più persone).

versenken [fɛɐ'zɛŋkən] *(vt,* hat*)* ***1*** affondare, far affondare ♦ *ein Schiff versenken* affondare una nave. ***2*** calare giù, interrare, sotterrare. ***3*** *(fig)* affondare, mettere ♦ *die Hände in die Taschen versenken* affondare le mani nelle tasche. ◆ **sich in etwas** (Acc) **versenken** *(vr) (fig)* immergersi, sprofondarsi in qcs.

Versenkung [fɛɐ'zɛŋkʊŋ] *(f;* -, -en*)* ***1*** affondamento (di navi). ***2*** botola (a teatro). ***3*** *(fig)* concentrazione.

versessen [fɛɐ'zɛsən] *(agg)* ~ **auf jmdn/etwas versessen sein** andare pazzo per qcn/qcs; essere ghiotto di qcs.

versetzen [fɛɐ'zɛtsən] *(vt,* hat*)* ***1*** spostare. ***2*** trapiantare. ***3*** trasferire (lavoratori) ♦ *er wurde in eine andere Filiale versetzt* è stato trasferito in un'altra filiale. ***4*** promuovere (scolari) ♦ *er ist in die sechste Klasse versetzt worden* è stato promosso alla sesta classe. ***5*** {*jmdn* ~} *(fig)* mettere qcn (in uno stato d'animo e sim) ♦ *jmdn in Aufregung versetzen* mettere qcn in agitazione ♦ *jmdn in die Lage versetzen, etwas zu tun* mettere qcn in condizione di fare qcs. ***6*** dare, assestare ♦ *jmdm einen Fußtritt versetzen* dare un calcio a qcn. ***7*** {*etwas mit etwas* ~} mescolare qcs con qcs. ***8*** impegnare, dare in pegno. ***9*** {*jmdn* ~} *(fam)* far aspettare qcn inutilmente. ***10*** ribattere, replicare. ◆ **sich in jmdn/in jmds Lage versetzen** *(vr)* mettersi nei panni di qcn.

Versetzung [fɛɐ'zɛtsʊŋ] *(f;* -, -en*)* ***1*** spostamento. ***2*** trasferimento (di lavoratori). ***3*** promozione (scolastica). ***4*** miscuglio. ***5*** l'impegnare, il dare in pegno.

Verseuchung [fɛɐ'zɔyçʊŋ] *(f;* -*)* ~ contaminazione.

versichern [fɛɐ'zɪçɐn] *(vt,* hat*)* ***1*** {*(jmdm) etwas* ~} assicurare, garantire qcs a qcn ♦ *ich kann dir versichern, dass es so ist* posso assicurarti che è così. ***2*** assicurare, coprire con un'assicurazione ♦ *ein Haus gegen Feuer versichern* assicurare una casa contro gli incendi. ◆ **sich einer Sache** (Gen) **versichern** *(vr)* ***1*** assicurarsi, stipulare un'assicurazione. ***2*** assicurarsi, garantirsi qcs; sincerarsi di qcs ♦ *ich habe mich seiner Unterstützung versichert* mi sono assicurata il suo appoggio.

Versicherung [fɛɐ'zɪçərʊŋ] *(f;* -, -en*)* ***1*** assicurazione ♦ *eine Versicherung gegen Unfall abschließen* sottoscrivere un'assicurazione contro gli infortuni. ***2*** assicurazione, compagnia di assicurazioni. ***3*** assicurazione, garanzia, promessa.

Versicherungsbeitrag [-sˌbaitraːk] *(m; -(e)s, -träge)* ~ premio d'assicurazione.
Versicherungsgesellschaft [-sgəˌzɛlʃaft] *(f; -, -en)* ~ compagnia di assicurazioni.
versickern [fɛɐ'zɪkɐn] *(vi, ist)* ~ infiltrarsi (acqua) ♦ *das Wasser versickert im Boden* l'acqua si infiltra nel terreno.
versiegeln [fɛɐ'ziːgəln] *(vt, hat)* ~ sigillare.
versiert [vɛr'ziːɐt] *(agg)* ~ competente, esperto ♦ *in etwas* (Dat) *versiert sein* essere esperto in qcs.
versilbern [fɛɐ'zɪlbɐn] *(vt, hat)* ***1*** argentare, rivestire d'argento. ***2*** *(fig/fam)* vendere.
versinken [fɛɐ'zɪŋkən] *(vi, ist; irr* sinken*)* ***1*** affondare ♦ *das Schiff ist versunken* la nave è affondata. ***2*** {*in etwas* (Dat) ~} affondare, sprofondare in qcs *(anche fig)* ♦ *im Sumpf, in Gedanken versinken* sprofondare nella palude, nei pensieri.
Version [vɛr'zjoːn] *(f; -, -en)* ***1*** versione (di avvenimenti). ***2*** versione, traduzione ♦ *die deutsche Version eines Romans* la versione tedesca di un romanzo. ***3*** versione, modello ♦ *die neue Version eines Autos* la nuova versione di un'auto.
versklaven [fɛɐ'sklaːvən] *(vt, hat)* ~ asservire.
versöhnen [fɛɐ'zøːnən] *(vt, hat)* ~ {*jmdn (mit jmdm)* ~} conciliare, riconciliare qcn (con qcn). ◆ **sich mit jmdm versöhnen** *(vr)* riconciliarsi con qcn.
versöhnlich [fɛɐ'zøːnlɪç] *(agg)* ~ conciliante (persona, tono, ecc).
Versöhnung [fɛɐ'zøːnʊŋ] *(f; -, -en)* ~ riconciliazione.
versonnen [fɛɐ'zɔnən] *(agg)* ~ trasognato.
versorgen [fɛɐ'zɔrgən] *(vt, hat)* ***1*** {*jmdn mit etwas* ~} fornire, rifornire qcn di qcs. ***2*** {*jmdn* ~} mantenere qcn ♦ *er hat eine Familie zu versorgen* ha una famiglia da mantenere. ***3*** {*jmdn* ~} accudire qcn. ***4*** {*etwas* ~} occuparsi di qcs, essere responsabile di qcs ♦ *den Haushalt versorgen* occuparsi della casa. ◆ **sich mit etwas versorgen** *(vr)* rifornirsi di qcs, procurarsi qcs.
Versorgung [fɛɐ'zɔrgʊŋ] *(f; -, -en)* ***1*** rifornimento, fornitura. ***2*** mantenimento, sostentamento. ***3*** cura, assistenza (di malati e sim). ***4*** alimentazione (di corrente).
verspäten [fɛɐ'ʃpɛːtən] *(vr, hat)* ~ **sich verspäten** fare tardi, arrivare in ritardo ♦ *der Zug hat sich verspätet* il treno è arrivato in ritardo ♦ *verspäte dich nicht!* non fare tardi!
Verspätung [fɛɐ'ʃpɛːtʊŋ] *(f; -, -en)* ~ ritardo ♦ *der Zug hat zwanzig Minuten Verspätung* il treno ha venti minuti di ritardo.
verspeisen [fɛɐ'ʃpaizən] *(vt, hat)* ~ *(lett)* mangiare.
versperren [fɛɐ'ʃpɛrən] *(vt, hat)* ***1*** chiudere, serrare ♦ *die Tür versperren* chiudere la porta. ***2*** bloccare, sbarrare ♦ *jmdm den Weg versperren* sbarrare la strada a qcn.
verspielen [fɛɐ'ʃpiːlən] *(vt, hat)* ***1*** perdere (al gioco). ***2*** *(fig)* perdere, giocarsi. ◆ **es bei jmdm verspielt haben** aver perso la stima di qcn.
verspinnen [fɛɐ'ʃpɪnən] *(vt, hat; irr* spinnen*)* ~ filare ♦ *Wolle verspinnen* filare la lana.
verspotten [fɛɐ'ʃpɔtən] *(vt, hat)* ~ deridere, prendere in giro.
versprechen [fɛɐ'ʃprɛçən] *(vt, hat; irr* sprechen*)* ***1*** {*(jmdm) etwas* ~} promettere qcs a qcn ♦ *ich habe ihm ein Geschenk versprochen* gli ho promesso un regalo ♦ *sie hat mir versprochen, dass sie kommen wird* mi ha promesso che verrà. ***2*** promettere, annunciare, lasciar presagire. ***3*** {*sich* (Dat) *etwas von etwas* ~} aspettarsi qcs da qcs. ◆ **sich versprechen** *(vr)* impappinarsi, fare una papera.
Versprechen *(n; -s, -)* ~ promessa ♦ *ein Versprechen (ein)halten/einlösen* mantenere una promessa.
Versprechung [fɛɐ'ʃprɛçʊŋ] *(f; -, -en)* ~ *(spec pl)* promessa (vana) ♦ *leere Versprechungen* vuote promesse.
verspüren [fɛɐ'ʃpyːrən] *(vt, hat)* ~ sentire, provare (sensazioni; sentimenti).
Verstand [fɛɐ'ʃtant] *(m; -(e)s)* ***1*** intelletto, mente; intelligenza ♦ *ein wacher Verstand* un intelletto sveglio ♦ *einen klaren Verstand haben* avere una mente lucida. ***2*** ragione, senno, giudizio. ◆ **den Verstand verlieren** perdere la ragione. ◆ **bei klarem Verstand** a mente fredda. ◆ **nicht ganz bei Verstand sein** *(fam)* non essere normale, essere un po' matto. ◆

mit Verstand con giudizio, saggiamente ♦ *man muss mit Verstand Sport treiben* bisogna fare sport con giudizio. ◆ **das geht über meinen Verstand** non ci arrivo, non lo capisco. ◆ **jmdn um den Verstand bringen** far perdere la ragione a qcn.

verstandesmäßig [fɛɐ'ʃtandəs,mɛ:sɪç] *(agg)* ~ razionale.

verständig [fɛɐ'ʃtɛndɪç] *(agg)* ~ assennato, giudizioso.

verständigen [fɛɐ'ʃtɛndɪgən] *(vt, hat)* ~ {*jmdn von etwas ~*}, {*jmdn über etwas* (Acc) ~} informare, avvertire qcn di qcs. ◆ **sich (mit jmdm) verständigen** *(vr)* **1** intendersi (con qcn), farsi capire (da qcn) ♦ *ich kann etwas Deutsch und konnte mich mit den Kunden verständigen* so un po' di tedesco e mi sono potuto intendere con i clienti. **2** intendersi, mettersi d'accordo.

Verständigung [fɛɐ'ʃtɛndɪgʊŋ] *(f; -, -en)* **1** informazione (l'informare). **2** accordo. **3** comprensione, l'intendersi.

verständlich [fɛɐ'ʃtɛntlɪç] *(agg)* **1** comprensibile, chiaro ♦ *eine verständliche Aussprache* una pronuncia comprensibile. **2** comprensibile, giustificabile ♦ *sein Verhalten ist verständlich* il suo comportamento è comprensibile. **3** *(avv)* in modo comprensibile, chiaramente ♦ *verständlich sprechen* parlare in modo comprensibile. ◆ **sich verständlich machen** farsi capire. ◆ **jmdm etwas verständlich machen** far capire, spiegare qcs a qcn.

Verständnis [fɛɐ'ʃtɛntnɪs] *(n; -ses)* **1** comprensione ♦ *für jmdn/etwas Verständnis haben* avere comprensione per qcn/qcs. **2** sensibilità, capacità di capire ♦ *für etwas (kein) Verständnis haben* (non) avere sensibilità per qcs.

verständnisvoll [-,fɔl] *(agg)* ~ comprensivo.

verstärken [fɛɐ'ʃtɛrkən] *(vt, hat)* **1** rafforzare, rinforzare, irrobustire. **2** *(fig)* rafforzare, aumentare, intensificare ♦ *das verstärkt meine Überzeugung* questo rafforza la mia convinzione. ◆ **sich verstärken** *(vr)* **1** rafforzarsi, rinforzarsi. **2** *(fig)* rafforzarsi, aumentare, intensificarsi.

Verstärkung [fɛɐ'ʃtɛrkʊŋ] *(f; -, -en)* **1** rafforzamento, rinforzamento, rinforzo. **2** *(fig)* rafforzamento, aumento, intensificazione.

verstaubt [fɛɐ'ʃtaupt] *(agg)* **1** polveroso. **2** *(fig)* antiquato, superato.

verstauchen [fɛɐ'ʃtauxən] *(vt, hat)* ~ slogare ♦ *ich habe mir den Fuß verstaucht* mi sono slogato un piede.

verstauen [fɛɐ'ʃtauən] *(vt, hat)* ~ sistemare, stipare ♦ *das Gepäck im Kofferraum verstauen* sistemare le valigie nel bagagliaio.

Versteck [fɛɐ'ʃtɛk] *(m; -(e)s, -e)* ~ nascondiglio. ◆ **Versteck spielen** giocare a nascondino *(anche fig)*.

verstecken [-ən] *(vt, hat)* ~ nascondere ♦ *er hat die Schachtel unter dem Bett versteckt* ha nascosto la scatola sotto il letto. ◆ **sich verstecken** *(vr)* **1** nascondersi ♦ *er versteckte sich hinter einem Baum* si nascose dietro a un albero. **2** {*sich hinter jmdm/etwas ~*} *(fig)* nascondersi dietro a qcn/qcs. ◆ **Verstecken spielen** giocare a nascondino *(anche fig)*.

versteckt [-t] *(agg)* **1** nascosto, celato. **2** *(fig)* nascosto, occulto, segreto. **3** *(fig)* nascosto, indiretto, velato ♦ *ein versteckter Vorwurf* un velato rimprovero.

verstehen [fɛɐ'ʃte:ən] *(vt, hat; irr stehen)* **1** capire, intendere ♦ *sprich lauter, ich verstehe nichts!* parla più forte, non capisco niente. **2** capire, comprendere, afferrare ♦ *ich habe die Frage nicht verstanden* non ho capito la domanda ♦ *ich verstehe nicht, warum* non capisco il perché ♦ *wenn ich richtig verstanden habe* se ho capito bene. **3** capire, comprendere, giustificare ♦ *ich kann deine Zweifel gut verstehen* posso capire bene i tuoi dubbi ♦ *ich verstehe ihn nicht* non lo capisco. **4** {*etwas unter etwas* (Dat) ~} intendere qcs con qcs ♦ *was verstehst du darunter?* cosa intendi con questo? **5** conoscere (bene); sapere, saperci fare ♦ *sein Handwerk verstehen* conoscere il proprio mestiere ♦ *sie versteht (es gut), mit Tieren umzugehen* ci sa fare con gli animali. **6** {*etwas von etwas ~*} capire qcs di qcs ♦ *ich verstehe nichts von Physik* non capisco niente di fisica. ◆ **sich verstehen** *(vr)* **1**

intendersi, essere inteso ♦ *der Preis versteht sich pro Person* il prezzo si intende a persona ♦ *das versteht sich von selbst!* si capisce! questo va da sé! ***2*** {*sich (mit jmdm) ~*} intendersi (con qcn); andare d'accordo (con qcn) ♦ *wir verstehen uns sehr gut* ci intendiamo a meraviglia. ◆ **jmdn/etwas falsch verstehen** fraintendere qcn/qcs. ◆ (**keinen**) **Spaß verstehen** (non) stare allo scherzo. ◆ **verstanden?** capito?

versteifen [fɛɐ'ʃtaifən] *(vt, hat)* ***1*** irrigidire. ***2*** rinforzare, sostenere. ◆ **sich versteifen** *(vr)* ***1*** irrigidirsi *(anche fig)*. ***2*** {*sich auf etwas* (Acc) *~*} *(fig)* impuntarsi, insistere su qcs.

Versteifung [fɛɐ'ʃtaifʊŋ] *(f; -, -en)* ***1*** irrigidimento *(anche fig)*. ***2*** rinforzo, sostegno.

versteigern [fɛɐ'ʃtaigɐn] *(vt, hat)* ~ mettere all'asta.

Versteigerung [fɛɐ'ʃtaigərʊŋ] *(f; -, -en)* ~ asta, vendita all'asta.

verstellbar [fɛɐ'ʃtɛlˌbaːɐ] *(agg)* ~ regolabile.

verstellen [fɛɐ'ʃtɛlən] *(vt, hat)* ***1*** spostare, cambiare di posto ♦ *wer hat meine CD's verstellt?* chi ha spostato i miei CD? ***2*** regolare (dispositivi). ***3*** sbarrare, bloccare. ***4*** *(fig)* contraffare, camuffare ♦ *seine Stimme verstellen* camuffare la voce. ◆ **sich verstellen** *(vr)* fingere, simulare.

Verstellung [fɛɐ'ʃtɛlʊŋ] *(f; -, -en)* ~ finzione, simulazione.

versterben [fɛɐ'ʃtɛrbən] *(vi, ist; irr sterben)* ~ (spec *passato*) morire ♦ *er ist gestern verstorben* è deceduto ieri.

versteuern [fɛɐ'ʃtɔyɐn] *(vt, hat)* ~ {*etwas ~*} pagare le tasse su qcs.

verstimmen [fɛɐ'ʃtɪmən] *(vt, hat)* ***1*** *(mus)* scordare. ***2*** {*jmdn ~*} *(fig)* mettere qcn di malumore.

Verstimmung [fɛɐ'ʃtɪmʊŋ] *(f; -, -en)* ~ malumore, irritazione.

verstockt [fɛɐ'ʃtɔkt] *(agg)* ~ cocciuto, ostinato, impenitente.

verstohlen [fɛɐ'ʃtoːlən] *(agg)* ***1*** furtivo. ***2*** *(avv)* furtivamente.

verstopfen [fɛɐ'ʃtɔpfən] *(vt, hat)* ***1*** tappare, chiudere, otturare ♦ *ein Loch verstopfen* tappare un buco. ***2*** intasare *(anche fig)*.

Verstopfung [fɛɐ'ʃtɔpfʊŋ] *(f; -, -en)* ***1*** intasamento. ***2*** *(med)* stitichezza.

Verstorbene(r) [fɛɐ'ʃtɔrbənə (-nɐ)] *(m/f; -n, -n)* ~ defunto.

verstören [fɛɐ'ʃtøːrən] *(vt, hat)* ~ sconvolgere (persona).

Verstoß [fɛɐ'ʃtoːs] *(m; -(e)s, -stöße)* ~ infrazione, contravvenzione (a regola e sim). ◆ **Verstoß gegen die guten Sitten** offesa al buon costume.

verstoßen [-ən] *(vi/vt, hat)* ***1*** {*gegen etwas ~*} *(vi)* infrangere qcs, contravvenire a qcs (regole e sim). ***2*** {*jmdn ~*} *(vt)* ripudiare qcn, cacciare via qcn.

verstreichen[1] [fɛɐ'ʃtraiçən] *(vi, ist; irr streichen)* ~ *(lett)* passare, trascorrere.

verstreichen[2] *(vt, hat; irr streichen)* ***1*** spalmare. ***2*** consumare (colore, verniciando).

verstreuen [fɛɐ'ʃtrɔyən] *(vt, hat)* ~ spargere, gettare qua e là.

verstricken [fɛɐ'ʃtrɪkən] *(vt, hat)* ~ {*jmdn in etwas* (Acc) *~*} coinvolgere qcn in qcs. ◆ **sich in etwas** (Acc) **verstricken** *(vr)* impelagarsi, invischiarsi in qcs.

verstümmeln [fɛɐ'ʃtʏməln] *(vt, hat)* ***1*** mutilare. ***2*** *(fig)* mutilare, tagliare (testo).

verstummen [fɛɐ'ʃtʊmən] *(vi, ist)* ***1*** *(lett)* ammutolire. ***2*** *(fig)* spegnersi, cessare (suoni).

Versuch [fɛɐ'zuːx] *(m; -(e)s, -e)* ***1*** tentativo, prova ♦ *den Versuch machen, etwas zu tun* fare il tentativo di fare qcs ♦ *beim ersten Versuch* al primo tentativo. ***2*** esperimento.

versuchen [-ən] *(vi/vt, hat)* ***1*** tentare, provare ♦ *ich habe schon alles versucht* ho già tentato di tutto ♦ *er versuchte, mich zu überreden* tentò di persuadermi. ***2*** provare, assaggiare. ***3*** *(fig)* tentare, indurre in tentazione. ◆ **sich an/in etwas** (Dat) **versuchen** *(vr)* cimentarsi in qcs. ◆ **es mit jmdm versuchen** dare una chance a qcn. ◆ **es mit etwas versuchen** provare con qcs ♦ *wenn dein Schlüssel nicht passt, versuch es mal mit meinem* se la tua chiave non va bene, prova un po' la mia.

Versuchsperson [-spɛrˌzoːn] *(f; -, -en)* ~ cavia umana.

Versuchstier [-sˌtiːɐ] *(n; -(e)s, e)* ~ cavia.

versuchsweise [-sˌvaizə] *(avv)* ~ in via sperimentale.

Versuchung [-ʊŋ] *(f; -, -en)* ~ tentazione ♦ *einer Versuchung widerstehen* resistere a una tentazione ♦ *jmdn in Versuchung führen* indurre qcn in tentazione ♦ *in die Versuchung geraten/kommen, etwas zu tun* avere la tentazione di fare qcs, essere tentato di fare qcs.

versündigen [fɛɐ'zʏndɪgən] *(vr, hat)* ~ **sich an jmdm versündigen** *(lett)* fare del male a qcn.

vertagen [fɛɐ'ta:gən] *(vt, hat)* ~ aggiornare, rinviare ♦ *die Sitzung ist auf morgen vertagt worden* la seduta è stata aggiornata a domani.

Vertagung [fɛɐ'ta:gʊŋ] *(f, -, -en)* ~ aggiornamento, rinvio.

vertauschen [fɛɐ'tauʃən] *1 (vt, hat)* ~ scambiare (inavvertitamente) ♦ *wir haben unsere Schirme vertauscht* abbiamo scambiato i nostri ombrelli. *2* {*etwas mit etwas* ~} *(lett)* scambiare qcs con qcs.

verteidigen [fɛɐ'taidɪgən] *(vt, hat)* *1* {*jmdn/etwas* ~} difendere qcn/qcs *(anche fig)* ♦ *seine Ansichten verteidigen* difendere le proprie opinioni. *2 (dir, sport)* difendere. ◆ **sich verteidigen** *(vr)* difendersi.

Verteidiger [fɛɐ'taidɪgɐ] *(m; -s, -; f* **-in***)* ~ difensore *(anche dir/sport)*.

Verteidigung [fɛɐ'taidɪgʊŋ] *(f; -, -en)* ~ difesa *(anche dir/sport)*.

Verteidigungsminister [-smiˌnɪstɐ] *(m; -s, -; f* **-in***)* ~ ministro della difesa.

Verteidigungsministerium [-sminɪsˌte:rjʊm] *(n; -s, -rien)* ~ ministero della difesa.

verteilen [fɛɐ'tailən] *(vt, hat)* *1* distribuire ♦ *er verteilt Flugblätter an die Demonstranten* distribuisce volantini ai manifestanti. *2* distribuire, ripartire, spartire ♦ *das Gewicht verteilen* distribuire il peso. *3* stendere, distribuire (colore). ◆ **sich verteilen** *(vr)* *1* distribuirsi, ripartirsi. *2* distribuirsi, disporsi; sparpagliarsi. ◆ **die Rollen verteilen** assegnare le parti *(anche fig)*.

Verteilung [fɛɐ'tailʊŋ] *(f; -, -en)* ~ distribuzione, ripartizione, spartizione.

vertiefen [fɛɐ'ti:fən] *(vt, hat)* *1* scavare, rendere più profondo ♦ *eine Grube vertiefen* fare più profonda una fossa. *2 (fig)* approfondire ♦ *ein Thema vertiefen* approfondire un argomento. ◆ **sich vertiefen** *(vr)* *1* approfondirsi, diventare più profondo *(anche fig)*. *2* {*sich in etwas* (Acc) ~} *(fig)* immergersi in qcs ♦ *er vertiefte sich in die Arbeit* si immerse nel lavoro.

Vertiefung [fɛɐ'ti:fʊŋ] *(f; -, -en)* *1* approfondimento *(anche fig)*. *2* incavo.

vertikal [vɛrti'ka:l] *(agg)* ~ verticale.

vertilgen [fɛɐ'tɪlgən] *(vt, hat)* *1* sterminare, eliminare; estirpare ♦ *Unkraut vertilgen* estirpare le erbacce. *2 (fig/fam)* far fuori, divorare.

vertonen [fɛɐ'to:nən] *(vt, hat)* ~ musicare ♦ *ein Libretto vertonen* musicare un libretto.

vertrackt [fɛɐ'trakt] *(agg)* ~ *(fam)* ingarbugliato, complicato.

Vertrag [fɛɐ'tra:k] *(m; -(e)s, -träge)* *1* contratto ♦ *einen Vertrag mit jmdm abschließen* concludere un contratto con qcn ♦ *einen Vertrag unterzeichnen* firmare un contratto. *2 (pol)* trattato, accordo, patto.

vertragen [fɛɐ'tra:gən] *(vt, hat; irr* tragen*)* ~ sopportare, reggere ♦ *ich kann die Hitze gut vertragen* sopporto bene il caldo ♦ *sie verträgt kein Bier* non regge la birra. ◆ **sich vertragen** *(vr)* {*sich (mit jmdm)* ~} andare d'accordo, intendersi (con qcn) ♦ *sie vertragen sich gut* vanno d'accordo ♦ *wir vertragen uns schlecht* non andiamo d'accordo. ◆ **sich mit jmdm wieder vertragen** *(vr)* riconciliarsi con qcn.

vertraglich [fɛɐ'tra:klɪç] *(agg)* ~ contrattuale.

verträglich [fɛɐ'trɛ:klɪç] *(agg)* *1* (ben) tollerabile; digeribile. *2* affabile.

Vertragshändler [fɛɐ'tra:ksˌhɛndlɐ] *(m; -s, -; f* **-in***)* ~ *(comm)* concessionario (di auto ecc).

vertrauen [fɛɐ'trauən] *(vi, hat)* ~ {*jmdm* ~}, {*auf jmdn/etwas* ~} fidarsi di qcn/qcs, avere fiducia in qcn/qcs ♦ *ich vertraue ihm blind* mi fido ciecamente di lui. ◆ **sich** (Dat) **selbst vertrauen** avere fiducia in se stesso.

Vertrauen *(n; -s)* ~ fiducia ♦ *blindes Vertrauen* fiducia cieca ♦ *zu jmdm Vertrauen haben* avere fiducia in qcn ♦ *jmds Vertrauen genießen* godere della fiducia di qcn. ◆ **im Vertrauen** confidenzialmente ♦ *im Vertrauen gesagt* detto fra noi.

vertrauenerweckend [-ˀɛɐ̯ˌvɛkənt] *(agg)* ~ rassicurante, che ispira fiducia.

Vertrauensmann [-sˌman] *(m; -(e)s, -männer/-leute) 1 (pl -männer/-leute)* rappresentante, difensore. *2 (pl -männer)* uomo di fiducia.

Vertrauenssache [-sˌzaxə] *(f; -, -n)* ~ questione di fiducia.

vertrauenswürdig [-sˌvʏrdɪç] *(agg)* ~ degno di fiducia, fidato.

vertraulich [fɛɐ̯'traulɪç] *(agg) 1* confidenziale ♦ *eine vertrauliche Mitteilung* una comunicazione confidenziale. *2* amichevole, confidenziale. *3 (avv)* confidenzialmente, in confidenza, in via confidenziale ♦ *jmdm etwas vertraulich mitteilen* comunicare qcs a qcn in via confidenziale.

verträumt [fɛɐ̯'trɔymt] *(agg)* ~ trasognato.

vertraut [fɛɐ̯'traut] *(agg)* ~ intimo, familiare ♦ *ein vertrauter Freund* un amico intimo. ◆ **mit jmdm vertraut werden** diventare amico intimo di qcn. ◆ **sich mit etwas vertraut machen** prendere confidenza con qcs, familiarizzarsi con qcs. ◆ **mit etwas vertraut sein** avere confidenza con qcs, essere pratico di qcs.

Vertrautheit [-ˌhait] *(f; -)* ~ intimità, familiarità, confidenza.

vertreiben [fɛɐ̯'traibən] *(vt, hat; irr treiben) 1* cacciare via, scacciare, espellere, allontanare *(anche fig)* ♦ *jmdn aus seinem Land vertreiben* espellere qcn dal suo paese ♦ *die trüben Gedanken vertreiben* scacciare i pensieri cupi. *2* vendere (in grande quantità), essere distributore di.

Vertreibung [fɛɐ̯'traibʊŋ] *(f; -, -en)* ~ cacciata, allontanamento, espulsione.

vertreten [fɛɐ̯'tre:tən] *(vt, hat; irr treten) 1* {*jmdn* ~} sostituire qcn, fare le veci di qcn ♦ *ich vertrete hier den Leiter* qui faccio le veci del direttore. *2* {*jmdn/etwas* ~} rappresentare, difendere ♦ *jmds Interessen vertreten* rappresentare gli interessi di qcn. *3* sostenere, affermare ♦ *eine Meinung vertreten* sostenere un'opinione. ◆ **eine Firma vertreten** fare il rappresentante per una ditta. ◆ **sich** (Dat) **einen Fuß vertreten** slogarsi un piede. ◆ **vertreten sein** essere rappresentato, essere presente ♦ *bei der Sitzung war die Direktion nicht vertreten* alla seduta non erano presenti rappresentanti della direzione.

Vertreter [fɛɐ̯'tre:tɐ] *(m; -s, -; f* **-in***) 1* rappresentante. *2* sostituto. *3* rappresentante, difensore.

Vertretung [fɛɐ̯'tre:tʊŋ] *(f; -, -en) 1* rappresentanza. *2* rappresentanza, sostituzione. *3* rappresentanza, difesa. *4* supplenza (a scuola). ◆ **in jmds Vertretung/in Vertretung von jmdm** in rappresentanza di qcn.

Vertrieb [fɛɐ̯'tri:p] *(m; -(e)s, -e) 1 (solo sing)* vendita, distribuzione. *2* reparto vendite.

Vertriebene(r) [fɛɐ̯'tri:bənə (-nɐ)] *(m/f; -n, -n)* ~ profugo, rifugiato.

vertrocknen [fɛɐ̯'trɔknən] *(vi, ist) 1* seccarsi, prosciugarsi. *2* seccarsi (piante).

vertrösten [fɛɐ̯'trø:stən] *(vt, hat)* ~ {*jmdn* ~} far aspettare qcn (inutilmente), chiedere a qcn di pazientare, dare false speranze a qcn ♦ *er hat mich auf nächste Woche vertröstet* mi ha detto di aspettare fino alla prossima settimana (ma è inutile).

vertun [fɛɐ̯'tu:n] *(vt, hat; irr tun) 1 (fam)* scialacquare, sperperare. *2* perdere, sprecare (tempo). ◆ **sich vertun** *(vr)* sbagliarsi, sbagliare.

vertuschen [fɛɐ̯'tʊʃən] *(vt, hat)* ~ *(fam)* nascondere, occultare.

verübeln [fɛɐ̯'ˀy:bəln] *(vt, hat)* ~ {*jmdm etwas* ~} prendersela con qcn per qcs.

verüben [fɛɐ̯'ˀy:bən] *(vt, hat)* ~ compiere, commettere (qcs di violento).

verunglücken [fɛɐ̯'ˀʊnˌglʏkən] *(vi, ist)* ~ avere un incidente ♦ *er ist mit dem Auto verunglückt* ha avuto un incidente d'auto. ◆ **tödlich verunglücken** morire in un incidente.

verunreinigen [fɛɐ̯'ˀʊnˌrainɪgən] *(vt, hat) 1 (lett)* sporcare, insudiciare. *2* inquinare.

verunsichern [fɛɐ̯'ˀʊnˌzɪçɐn] *(vt, hat)* ~ {*jmdn* ~} rendere insicuro, rendere incerto qcn ♦ *ich bin etwas verunsichert* sono un po' incerto.

verunstalten [fɛɐ̯'ˀʊnˌʃtaltən] *(vt, hat)* ~ deturpare, sfigurare.

veruntreuen [fɛɐ̯'ˀʊnˌtrɔyən] *(vt, hat)* ~ sottrarre (denaro), malversare.

verursachen [fɛɐ'ʔuːɐˌzaxən] *(vt,* hat*)* ~ provocare, causare (qcs di negativo).

verurteilen [fɛɐ'ʔuːɐˌtailən] *(vt,* hat*)* ***1*** {*jmdn zu etwas ~*} *(dir)* condannare qcn a qcs ♦ *jmdn zum Tode verurteilen* condannare a morte qcn. ***2*** condannare, riprovare. ◆ **zu etwas verurteilt sein** *(fig)* essere condannato a qcs ♦ *das Unternehmen war zum Scheitern verurteilt* l'impresa era condannata al fallimento.

Verurteilung [fɛɐ'ʔuːɐˌtailʊŋ] *(f;* -, -en*)* ~ condanna.

vervielfältigen [fɛɐ'fiːlˌfɛltɪgən] *(vt,* hat*)* ~ riprodurre (in più copie); ciclostilare; fotocopiare.

vervierfachen [fɛɐ'fiːɐˌfaxən] *(vt,* hat*)* ~ quadruplicare.

vervollkommnen [fɛɐ'fɔlˌkɔmnən] *(vt,* hat*)* ~ perfezionare ♦ *seine Bildung vervollkommnen* perfezionare la propria cultura. ◆ **sich in etwas** (Dat) **vervollkommnen** *(vr)* perfezionarsi in qcs ♦ *ich möchte mich in Deutsch vervollkommnen* vorrei perfezionarmi nel tedesco.

vervollständigen [fɛɐ'fɔlˌʃtɛndɪgən] *(vt,* hat*)* ~ completare.

Vervollständigung [fɛɐ'fɔlˌʃtɛndɪgʊŋ] *(f;* -, -en*)* ~ completamento.

verwachsen[1] [fɛɐ'vaksən] *(vi,* ist; *irr* wachsen*)* ***1*** rimarginarsi, chiudersi (ferita). ***2*** crescere insieme. ***3*** {*mit etwas ~*} *(fig)* essere intimamente legato a qcs, essere tutt'uno con qcs.

verwachsen[2] *(agg)* ~ deforme, storto, curvo.

verwählen [fɛɐ'vɛːlən] *(vr,* hat*)* ~ **sich verwählen** sbagliare numero (al telefono).

verwahren [fɛɐ'vaːrən] *(vt,* hat*)* ~ *(lett)* custodire.

Verwahrer [fɛɐ'vaːrɐ] *(m;* -s, -; *f* **-in***)* ~ custode, depositario.

verwahrlosen [fɛɐ'vaːɐˌloːzən] *(vi,* ist*)* ***1*** andare in rovina, essere trascurato (oggetti, luoghi). ***2*** *(fig)* lasciarsi andare, trascurarsi.

Verwahrung [fɛɐ'vaːrʊŋ] *(f;* -, -en*)* ~ custodia, deposito ♦ *etwas in Verwahrung geben, haben, nehmen* dare, avere, prendere qcs in custodia.

verwaist [fɛɐ'vaist] *(agg)* ***1*** orfano. ***2*** *(fig)* abbandonato, desolato.

verwalten [fɛɐ'valtən] *(vt,* hat*)* ~ amministrare, gestire, guidare.

Verwalter [fɛɐ'valtɐ] *(m;* -s, -; *f* **-in***)* ~ amministratore.

Verwaltung [fɛɐ'valtʊŋ] *(f;* -, -en*)* ***1*** amministrazione, gestione. ***2*** amministrazione, personale amministrativo.

verwaltungsmäßig [-sˌmɛːsɪç] *(agg)* ~ amministrativo.

Verwaltungsrat [-sˌraːt] *(m;* -(e)s, -räte*)* ~ consiglio d'amministrazione.

verwandeln [fɛɐ'vandəln] *(vt,* hat*)* ***1*** trasformare, cambiare (completamente) ♦ *die Geburt ihrer Tochter hat sie verwandelt* la nascita di sua figlia l'ha trasformata. ***2*** {*jmdn in jmdn/etwas ~*} tramutare qcn in qcs (magicamente). ◆ **sich in jmdn/etwas verwandeln** *(vr)* trasformarsi, tramutarsi in qcn/qcs.

Verwandlung [fɛɐ'vandlʊŋ] *(f;* -, -en*)* ~ trasformazione, cambiamento (totale), metamorfosi.

verwandt [fɛɐ'vant] *(agg)* ***1*** imparentato, parente ♦ *mit jmdm nahe, entfernt verwandt sein* essere imparentato da vicino, alla lontana con qcn. ***2*** *(fig)* affine.

Verwandte(r) [-ə (-ɐ)] *(m/f;* -n, -n*)* ~ parente ♦ *ein Verwandter ersten Grades* un parente di primo grado.

Verwandtschaft [fɛɐ'vantsˌʃaft] *(f;* -n, -en*)* ***1*** parentela. ***2*** parenti, parentado. ***3*** *(fig)* affinità.

Verwandtschaftsgrad [fɛɐ'vantsʃaftsˌgrad] *(m;* -(e)s, -e*)* ~ grado di parentela.

verwarnen [fɛɐ'varnən] *(vt,* hat*)* ~ {*jmdn ~*} ammonire qcn *(anche sport)*, dare un avvertimento a qcn.

Verwarnung [fɛɐ'varnʊŋ] *(f;* -, -en*)* ~ avvertimento, ammonimento, ammonizione *(anche sport)*. ◆ **gebührenpflichtige Verwarnung** multa.

verwaschen [fɛɐ'vaʃən] *(agg)* ***1*** sbiadito, scolorito, slavato (stoffa; colore). ***2*** *(fig)* vago, sbiadito, confuso.

verwässern [fɛɐ'vɛsɐn] *(vt,* hat*)* ***1*** annacquare. ***2*** *(fig)* attenuare, indebolire.

verweben [fɛɐ'veːbən] *(vt,* hat; *reg/irr* weben*)* ~ {*etwas in etwas* (Acc) *~*}, {*etwas mit etwas ~*} intessere qcs con qcs *(anche fig)*.

verwechseln [fɛɐ'vɛksəln] *(vt,* hat*)* ***1*** {*jmdn/etwas mit jmdm/etwas ~*} scambiare, confondere qcn/qcs con qcn/qcs, prendere qcn/qcs per qcn/qcs ♦ *ich habe sie mit ihrer Schwester verwechselt* l'ho scambiata per sua sorella. *2* scambiare (per errore) ♦ *wir haben unsere Koffer verwechselt* abbiamo scambiato le nostre valige.

Verwechslung [fɛɐ'vɛkslʊŋ] *(f; -, -en)* ~ scambio (per errore), confusione.

verwegen [fɛɐ've:gən] *(agg)* ~ temerario.

verweichlichen [fɛɐ'vaiçlɪçən] *(vt, hat)* ~ {*jmdn* ~} rammollire qcn, rendere qcn rammollito.

Verweigerer [fɛɐ'vaigərɐ] *(m; -s, -)* ~ obiettore (di coscienza).

verweigern [fɛɐ'vaigɐn] *(vt, hat)* *1* rifiutare ♦ *den Wehrdienst verweigern* rifiutare il servizio militare. *2* {*jmdm etwas* ~} rifiutare, negare qcs a qcn.

Verweigerung [fɛɐ'vaigərʊŋ] *(f; -, -en)* ~ rifiuto.

verweilen [fɛɐ'vailən] *(vi, hat)* ~ *(lett)* rimanere, restare, indugiare.

Verweis [fɛɐ'vais] *(m; -es, -e)* *1* rimprovero ♦ *jmdm einen Verweis erteilen* fare un rimprovero a qcn. *2* rinvio, rimando (in un testo).

verweisen [fɛɐ'vaizən] *(vt, hat; irr* weisen*)* *1* {*(jmdn) auf etwas* (Acc) ~} rimandare, rinviare (qcn) a qcs. *2* {*jmdn an jmdn* ~} mandare qcn da qcn, dire a qcn di rivolgersi a qcn. *3* espellere ♦ *jmdn des Landes verweisen* espellere qcn dal paese ♦ *einen Schüler von der Schule verweisen* espellere un alunno dalla scuola.

verwelken [fɛɐ'vɛlkən] *(vi, ist)* ~ appassire, avvizzire (fiori) *(anche fig)*.

verwendbar [fɛɐ'vɛnt,ba:ɐ] *(agg)* ~ utilizzabile.

verwenden [fɛɐ'vɛndən] *(vt, hat; reg/irr* wenden*)* *1* usare, utilizzare, impiegare, adoperare. *2* *(fig)* impiegare, metterci ♦ *viel Zeit für etwas verwenden* impiegare molto tempo per qcs. ◆ **sich für jmdn verwenden** *(vr)* *(lett)* adoperarsi per qcn.

Verwendung [fɛɐ'vɛndʊŋ] *(f; -, -en)* ~ uso, utilizzo, impiego.

verwerfen [fɛɐ'vɛrfən] *(vt, hat; irr* werfen*)* *1* respingere, rifiutare, scartare ♦ *einen Plan verwerfen* respingere un progetto. *2* *(dir)* respingere ♦ *ein Urteil verwerfen* respingere una sentenza. *3* *(lett)* riprovare, biasimare.

verwerflich [fɛɐ'vɛrflɪç] *(agg)* ~ riprovevole.

Verwerfung [fɛɐ'vɛrfʊŋ] *(f; -, -en)* *1* rifiuto, il respingere. *2* riprovazione, biasimo. *3* incurvamento (spec del legno).

verwerten [fɛɐ've:ɐtən] *(vt, hat)* ~ {*etwas (zu etwas)* ~} utilizzare qcs (per qcs); recuperare, riciclare qcs (avanzi, rifiuti, ecc) ♦ *Altpapier verwerten* riciclare la carta usata.

Verwertung [fɛɐ've:ɐtʊŋ] *(f; -, -en)* ~ utilizzo, recupero, riciclaggio (di avanzi, rifiuti, ecc.).

verwesen [fɛɐ've:zən] *(vi, ist)* ~ putrefarsi, decomporsi.

Verwesung [fɛɐ've:zʊŋ] *(f; -)* ~ putrefazione, decomposizione.

verwickeln [fɛɐ'vɪkəln] *(vt, hat)* *1* ingarbugliare, aggrovigliare. *2* {*jmdn in etwas* (Acc) ~} coinvolgere, implicare qcn in qcs. ◆ **sich verwickeln** *1* ingarbugliarsi, aggrovigliarsi. *2* {*sich in etwas* (Acc) ~} *(fig)* impelagarsi in qcs.

verwickelt [fɛɐ'vɪkəlt] *(agg)* ~ ingarbugliato, intricato *(anche fig)*.

Verwick(e)lung [fɛɐ'vɪk(ə)lʊŋ] *(f; -, -en)* *1* intrico, groviglio. *2* *(spec pl)* *(fig)* intrico, complicazione.

verwildern [fɛɐ'vɪldɐn] *(vi, ist)* ~ inselvatichirsi *(anche fig)*.

verwirklichen [fɛɐ'vɪrklɪçən] *(vt, hat)* ~ realizzare, attuare ♦ *einen Plan verwirklichen* realizzare un progetto. ◆ **sich verwirklichen** *(vr)* realizzarsi ♦ *mein Traum hat sich verwirklicht* il mio sogno si è realizzato.

Verwirklichung [fɛɐ'vɪrklɪçʊŋ] *(f; -, -en)* ~ realizzazione, attuazione.

verwirren [fɛɐ'vɪrən] *(vt, hat)* *1* ingarbugliare, intricare. *2* {*jmdn* ~} *(fig)* confondere, disorientare qcn; turbare qcn. ◆ **sich verwirren** *(vr)* *1* ingarbugliarsi, intricarsi. *2* *(fig)* confondersi.

Verwirrung [fɛɐ'vɪrʊŋ] *(f; -, -en)* ~ confusione, disorientamento; turbamento. ◆ **jmdn in Verwirrung bringen** mandare qcn in confusione; turbare qcn. ◆ **in Verwirrung geraten** andare in confusione, confondersi; turbarsi.

verwischen [fɛɐ'vɪʃən] *(vt,* hat*)* **1** cancellare, far sbavare (scritta e sim). **2** *(fig)* cancellare, rendere irriconoscibile ♦ *die Spuren verwischen* cancellare le tracce. ◆ **sich verwischen** *(vr) (fig)* confondersi; sfumarsi.

verwischt [fɛɐ'vɪʃt] *(agg)* ~ confuso, indistinto.

verwittern [fɛɐ'vɪtɐn] *(vi,* ist*)* ~ andare in rovina (per le intemperie).

verwitwet [fɛɐ'vɪtvət] *(agg)* ~ vedovo.

verwöhnen [fɛɐ'vøːnən] *(vt,* hat*)* ~ viziare, abituare male.

verwöhnt [fɛɐ'vøːnt] *(agg)* **1** viziato, abituato male. **2** esigente, difficile.

verworren [fɛɐ'vɔrən] *(agg)* ~ confuso, poco chiaro.

verwunden [fɛɐ'vʊndən] *(vt,* hat*)* **1** ferire. **2** *(fig)* ferire, offendere.

verwundern [fɛɐ'vʊndɐn] *(vt,* hat*)* ~ {*jmdn* ~} meravigliare, stupire qcn ♦ *es verwundert mich sehr, dass* mi meraviglia molto che.

Verwunderung [fɛɐ'vʊndərʊŋ] *(f;* -*)* ~ meraviglia, stupore.

Verwundete(r) [fɛɐ'vʊndətə (-tɐ)] *(m/f;* -n, -n*)* ~ ferito.

verwünschen [fɛɐ'vʏnʃən] *(vt,* hat*)* ~ maledire. ◆ **verwünscht!** maledizione! accidenti!

verwurzeln [fɛɐ'vʊrtsəln] *(vi,* hat*)* ~ radicare, mettere radici. ◆ **in etwas** (Dat) **verwurzelt sein** *(fig)* essere radicato in qcs, essere profondamente legato a qcs.

verwüsten [fɛɐ'vyːstən] *(vt,* hat*)* ~ devastare, distruggere.

Verwüstung [fɛɐ'vyːstʊŋ] *(f;* -, -en*)* ~ devastazione, distruzione.

verzagen [fɛɐ'tsaːgən] *(vi,* ist*)* ~ *(lett)* avvilirsi, scoraggiarsi, perdersi d'animo.

verzählen [fɛɐ'tsɛːlən] *(vr,* hat*)* ~ **sich verzählen** contare male, sbagliare il conto.

verzaubern [fɛɐ'tsaubɐn] *(vt,* hat*)* **1** incantare, stregare; tramutare (con un incantesimo). **2** *(fig)* ammaliare, incantare.

Verzehr [fɛɐ'tseːɐ] *(m;* -s*)* ~ consumo (di generi alimentari) ♦ *zum baldigen Verzehr bestimmt* da consumarsi entro breve tempo.

verzehren [fɛɐ'tseːrən] *(vt,* hat*)* **1** *(lett)* consumare (generi alimentari); mangiare. **2** *(fig)* consumare, esaurire (energie e sim). ◆ **sich verzehren** *(vr)* struggersi, languire ♦ *sich in Leidenschaft verzehren* struggersi dalla passione.

verzehrend [-t] *(agg)* ~ struggente ♦ *verzehrende Sehnsucht* nostalgia struggente.

verzeichnen [fɛɐ'tsaiçnən] *(vt,* hat*)* **1** annotare, registrare *(anche fig)* ♦ *die Teilnehmer sind in einer Liste verzeichnet* i partecipanti sono registrati in una lista. **2** disegnare male. **3** *(fig)* stravolgere, rappresentare male. ◆ **einen Erfolg zu verzeichnen haben** *(fig)* avere riportato un successo.

Verzeichnis [fɛɐ'tsaiçnɪs] *(n;* -ses, -se*)* **1** lista, elenco; indice. **2** catalogo.

verzeihen [fɛɐ'tsaiən] *(vt,* hat; **verzieh, verziehen***)* ~ {*jmdm etwas* ~} *(lett)* perdonare qcs a qcn. ◆ **verzeihen Sie...** scusi...

Verzeihung [fɛɐ'tsaiʊŋ] *(f;* -*)* ~ perdono, scusa ♦ *jmdn um Verzeihung bitten* chiedere perdono a qcn. ◆ **Verzeihung!** scusi! chiedo scusa!

verzerren [fɛɐ'tsɛrən] *(vt,* hat*)* **1** distorcere, deformare, storcere ♦ *den Mund vor Schmerz verzerren* storcere la bocca per il dolore. **2** *(fig)* distorcere, alterare.

Verzerrung [fɛɐ'tsɛrʊŋ] *(f;* -, -en*)* ~ *(fis)* distorsione.

verzetteln [fɛɐ'tsɛtəln] *(vr,* hat*)* ~ **sich in etwas** (Dat)**/mit etwas verzetteln** disperdersi dietro a qcs (più cose) ♦ *er verzettelt sich an seine Hobbys* si disperde dietro ai suoi hobby.

Verzicht [fɛɐ'tsɪçt] *(m;* -(e)s, -e*)* ~ rinuncia ♦ *der Verzicht auf einen Schadenersatz* la rinuncia a un risarcimento.

verzichten [-ən] *(vi,* hat*)* ~ {*auf etwas* (Acc) ~} rinunciare a qcs ♦ *ich musste auf die Reise verzichten* dovetti rinunciare al viaggio. ◆ **auf jmdn/etwas nicht verzichten können** non poter fare a meno di qcn/qcs, non poter rinunciare a qcn/qcs.

verzieh [fɛɐ'tsiː] ~ pret di **verzeihen**.

verziehen[1] [-ən] ~ part pass di **verzeihen**.

verziehen[2] *(vi,* ist; *irr* ziehen*)* ~ andare a vivere, trasferirsi.

verziehen[3] *(vt,* hat; *irr* ziehen*)* **1** storcere, contrarre ♦ *den Mund verziehen* storcere la bocca. *2* {*jmdn* ~} educare male, viziare qcn. ◆ **sich verziehen** *(vr)* *1* storcersi; incurvarsi, imbarcarsi. *2* passare, sparire, dileguarsi. *3* *(fam)* andarsene.

verzieren [-rən] *(vt,* hat*)* ~ ornare, decorare.

Verzierung [-rʊŋ] *(f;* -, -en*)* ~ ornamento, decorazione.

verzinsen [fɛɐ'tsɪnzən] *(vt,* hat*)* ~ {*(jmdm) etwas* ~} pagare a qcn gli interessi su qcs ♦ *die Bank verzinst mir das Kapital mit 5% (fünf Prozent)* la banca mi paga il 5% di interessi sul capitale.

verzögern [fɛɐ'tsøːgɐn] *(vt,* hat*)* ~ ritardare, rallentare, tirare per le lunghe ♦ *die Arbeiten verzögern* ritardare i lavori. ◆ **sich verzögern** *(vr)* andare per le lunghe.

Verzögerung [fɛɐ'tsøːgərʊŋ] *(f;* -, -en*)* ~ ritardo, rallentamento.

verzollen [fɛɐ'tsɔlən] *(vt,* hat*)* ~ sdoganare. ◆ **haben Sie etwas zu verzollen?** ha qualcosa da dichiarare?

Verzugszinsen [fɛɐ'tsuːksˌtsɪnzən] *(pl)* ~ interessi di mora.

verzweifeln [fɛɐ'tsvaifəln] *(vi,* ist*)* ~ {*(an jmdm/etwas)* ~} perdere la speranza (in qcn/qcs), disperare (di qcn/qcs).

verzweifelt [fɛɐ'tsvaifəlt] *(agg)* *1* disperato (persona, situazione, ecc). *2* *(avv)* disperatamente.

Verzweiflung [fɛɐ'tsvaiflʊŋ] *(f;* -, -en*)* ~ disperazione. ◆ **in Verzweiflung geraten** cadere nella disperazione, disperarsi.

verzweigen [fɛɐ'tsvaigən] *(vr,* hat*)* ~ **sich verzweigen** ramificarsi *(anche fig)*.

verzwickt [fɛɐ'tsvɪkt] *(agg)* ~ *(fam)* complicato, ingarbugliato.

Vesper ['fɛspɐ] *(f;* -, -n*)* *1* vespro. *2* *(region)* merenda.

Veteran [vete'raːn] *(m;* -en, -en*)* ~ veterano.

Veterinär [veteri'nɛːɐ] *(m;* -s, -e; *f* **-in***)* ~ veterinario.

Veto ['veːto] *(n;* -s, -s*)* *1* veto ♦ *sein Veto gegen etwas einlegen* porre il proprio veto a qcs. *2* diritto di veto.

Vetter ['fɛtɐ] *(m;* -s, -*)* ~ cugino.

v.H. ~ abbrev di **vom Hundert** (vedi **Hundert**).

via ['viːa] *(prep* + Acc*)* ~ via, attraverso.

Viadukt [vja'dʊkt] *(m;* -(e)s, -e*)* ~ viadotto.

Vibration [vibra'tsjoːn] *(f;* -, -en*)* ~ vibrazione.

vibrieren [vi'briːrən] *(vi,* hat*)* ~ vibrare.

Video ['viːdeo] *(n;* -s, -s*)* *1* video, videofilm. *2* *(abbrev di* **Videofilm***)* videocassetta. *3* *(abbrev di* **Videorekorder***)* videoregistratore.

Videofilm [-ˌfɪlm] *(m;* -(e)s, -e*)* *1* videofilm. *2* videocassetta.

Videorekorder [-reˌkɔrdɐ] *(m;* -s, -*)* ~ videoregistratore.

Vieh [fiː] *(n;* -(e)s*)* *1* bestiame, bestie. *2* *(pl* Viecher*)* *(fam)* animale, bestia.

Viehfutter [-ˌfʊtɐ] *(n;* -s*)* ~ foraggio.

Viehhalter [-ˌhaltɐ] *(m;* -s, -; *f* **-in***)* ~ allevatore di bestiame.

Viehzucht [-ˌtsʊxt] *(f;* -*)* ~ allevamento di bestiame.

viel [fiːl] *(agg/pron indef; sing* viel; *pl Nom/Acc* viele, *Gen* vieler, *Dat* vielen*)* *1* molto ♦ *viel Brot* molto pane ♦ *viele Briefe* molte lettere ♦ *mit vielen Leuten* con molta gente ♦ *er trinkt viel* beve molto ♦ *viele sind nicht gekommen* molti non sono venuti ♦ *viele von ihnen* molti di loro. *2* *(+ agg sostantivato)* molte cose ♦ *viel Gutes* molte cose buone. *3* *(+ agg/avv compar)* molto (più) ♦ *viel kleiner* molto più piccolo ♦ *viel mehr* molto di più ♦ *viel weniger* molto meno ♦ *ein viel schöneres Bild* un quadro molto più bello. ◆ **viel versprechend** *(anche* **vielversprechend***)* promettente, che promette bene ♦ *ein viel versprechendes Angebot* un'offerta promettente ♦ *ein viel versprechender Sänger* un cantante promettente. ◆ **viel zu** (+ *agg*) troppo, fin troppo ♦ *das ist viel zu teuer für mich* è fin troppo caro per me. ◆ **gleich viel** *(pron)* la stessa quantità, altrettanto. ◆ **sehr viel** moltissimo ♦ *ich habe sehr viel bezahlt* ho pagato moltissimo. ◆ **ziemlich viel** *(pron)* abbastanza.

vieldeutig [-ˌdɔytɪç] *(agg)* ~ dai molti significati; ambiguo.

Vieleck [-ˌʔɛk] *(n;* -(e)s, -e*)* ~ *(geom)* poligono.

vielerlei ['fiːlɐ'lai] *(agg/pron indecl)* *1* di molti tipi, di molte specie ♦ *vielerlei Produkte* prodotti di molti tipi. *2* *(pron)* cose di molti tipi, molte cose.

vielerorts ['fi:lɐ'ʔɔrts] *(avv)* ~ in molti luoghi.
vieles [-əs] *(pron indef)* ~ molto, molte cose ♦ *ich habe vieles von ihr gelernt* ho imparato molte cose da lei.
vielfach [-ˌfax] *(agg)* ***1*** multiplo. ***2*** *(fig)* multi- pluri- ♦ *ein vielfacher Millionär* un multimilionario. ***3*** molteplice, svariato. ***4*** *(avv) (fam)* spesso, da più parti.
Vielfalt [-ˌfalt] *(f; -)* ~ molteplicità; abbondanza, gran numero ♦ *die Vielfalt an Angeboten* il gran numero di offerte.
vielfältig [-ˌfɛltɪç] *(agg)* ***1*** molteplice. ***2*** vario, svariato.
vielleicht [fi'laiçt] *(avv)* ***1*** forse ♦ *vielleicht schaffe ich es* forse ce la faccio. ***2*** *(+ num) (fam)* circa, all'incirca ♦ *vielleicht dreißig Leute* circa trenta persone. ***3*** *(fam)* molto, moltissimo, eccome.
vielmals ['fi:lˌma:ls] *(avv)* ~ molto (in ringraziamenti, saluti, ecc) ♦ *danke vielmals!* molte grazie! ♦ *sie lässt vielmals grüßen* manda tanti saluti.
vielmehr [fi:l'me:ɐ] *(avv)* ~ anzi, piuttosto ♦ *das glaube ich nicht, vielmehr bin ich der Meinung, dass* questo non lo credo, sono piuttosto dell'opinione che.
vielseitig ['fi:lˌzaitɪç] *(agg)* ***1*** versatile. ***2*** molteplice, vario, vasto ♦ *er hat vielseitige Interessen* ha molteplici interessi. ◆ **auf vielseitigen Wunsch** a grande richiesta-
Vielseitigkeit [-ˌkait] *(f; -)* ***1*** versatilità. ***2*** molteplicità, varietà.
vielversprechend ~ anche **viel versprechend** (vedi **viel**).
Vielzahl ['fi:lˌtsa:l] *(f; -)* ~ gran numero, varietà ♦ *eine Vielzahl interessanter Artikel* un gran numero di articoli interessanti ♦ *eine Vielzahl von Büchern* un gran numero di libri.
vier ['fi:ɐ] *(num)* ~ quattro. ◆ **alle viere** *(fam)* braccia e gambe ♦ *auf allen vieren gehen* andare carponi. ◆ **unter vier Augen** a quattr'occhi. ◆ **zu viert** in quattro.
Vier *(f; -, -en)* ***1*** quattro, il numero quattro. ***2*** *(fam)* quattro, autobus numero quattro. ***3*** sufficiente, sei (voto scolastico).
Vierbeiner [-ˌbainɐ] *(m; -s, -)* ~ quadrupede.
vierbeinig [-ˌbainɪç] *(agg)* ~ quadrupede, a quattro zampe.
Viereck [-ˌʔɛk] *(n; -(e)s, -e)* ***1*** *(geom)* quadrilatero. ***2*** quadrato.
viereckig [-ˌʔɛkɪç] *(agg)* ~ quadrangolare.
vierfach [-ˌfax] *(agg)* ***1*** quadruplice, quadruplo. ***2*** *(avv)* quattro volte; quattro volte tanto.
Vierfache [-ˌfaxə] *(n; -n, -n)* ~ quadruplo. ◆ **um das Vierfache** quattro volte, il quadruplo.
vierjährig [-jɛ:rɪç] *(agg)* ***1*** di quattro anni (di età) ♦ *sein vierjähriger Sohn* suo figlio di quattro anni. ***2*** quadriennale, che dura quattro anni.
vierjährlich [-ˌjɛ:ɐlɪç] *(agg)* ~ quadriennale, ogni quattro anni.
viermal [-ˌma:l] *(avv)* ~ quattro volte, per quattro volte.
viermonatig [-ˌmo:natɪç] *(agg)* ***1*** di quattro mesi (di età). ***2*** quadrimestrale, che dura quattro mesi.
viermonatlich [-ˌmo:natlɪç] *(agg)* ~ quadrimestrale, ogni quattro mesi.
vierstellig [-ʃtɛlɪç] *(agg)* ~ di quattro cifre; a tre zeri ♦ *eine vierstellige Zahl* un numero di quattro cifre.
vierte(r, -s) [-tə (-tɐ, -təs)] *(agg)* ~ quarto ♦ *zum vierten Mal* per la quarta volta ♦ *am vierten Juni* il quattro giugno.
Viertaktmotor [-taktˌmo:to:ɐ] *(m; -s, -en)* ~ motore a quattro tempi.
viertel ['fɪrtəl] *(num)* ~ quarto, un quarto ♦ *eine viertel Torte* un quarto della torta ♦ *drei viertel Stunden* tre quarti d'ora. ◆ **um viertel** († **Viertel**) **acht** *(region)* alle sette e un quarto. ◆ **um drei viertel** († **Viertel**) **acht** *(region)* alle sette e tre quarti, a un quarto alle otto.
Viertel *(n; -s, -)* ***1*** quarto, quarta parte ♦ *ein Viertel von der Torte* un quarto della torta ♦ *drei Viertel der Schüler* tre quarti degli alunni. ***2*** quartiere, rione. ***3*** quarto (di vino). ***4*** *(abbrev di* **Viertelpfund***)* 125 grammi ♦ *ein Viertel Schinken* 125 grammi di prosciutto. ***5*** quarto d'ora, quarto (vedi anche **viertel**) ♦ *es ist (ein) Viertel vor fünf* sono un quarto alle cinque ♦ *es ist (ein) Viertel nach fünf* sono le cinque e un quarto.
Viertelfinale [-fiˌna:lə] *(n; -s, -n)* ~ *(sport)* quarti di finale.
Vierteljahr [-'ja:ɐ] *(n; -(e)s, -e)* ~ trimestre.

Vierteljahrhundert [-jaːɐ'hʊndɐt] *(n; -(e)s, -e)* ~ quarto di secolo.
vierteljährlich [-jɛːɐlɪç] *(agg)* ~ trimestrale.
Viertelpfund [-ˌpfʊnt] *(n; -(e)s, -e)* ~ 125 grammi.
Viertelstunde [-'ʃtʊndə] *(f; -, -n)* ~ quarto d'ora ♦ *drei Viertelstunden* tre quarti d'ora.
vierzehn ['fɪrˌtseːn] *(num)* ~ quattordici.
vierzehnhundert [-'hʊndɐt] *(num)* ~ millequattrocento.
vierzehnjährig [-jɛːrɪç] *(agg)* ~ quattordicenne.
vierzig ['fɪrtsɪç] *(num)* *1* quaranta. *2* quarant'anni, quarantina ♦ *er ist über die vierzig* († *Vierzig*) ha passato la quarantina.
Vierzig *(f; -, -en)* *1* quaranta, numero quaranta. *2* vedi **vierzig**.
vierziger ['fɪrtsɪgɐ] *(agg indecl)* ~ quaranta ♦ *die vierziger Jahre* gli anni quaranta.
Vierziger *(m; -s, -; f* **-in***)* ~ quarantenne.
Vierzigerjahre [-jaːrə] *(pl)* ~ anni quaranta.
Vignette [vɪn'jɛtə] *(f; -, -n)* *1* vignetta. *2* tagliando per circolare in autostrada (Austria e Svizzera).
Villa ['vɪla] *(f; -, Villen)* ~ villa.
violett [vjo'lɛt] *(agg)* ~ viola.
Violine [vjo'liːnə] *(f; -, -n)* ~ *(mus)* violino.
Viper ['viːpɐ] *(f; -, -n)* ~ *(zool)* vipera.
viril [vi'riːl] *(agg)* ~ virile, maschio.
virtuell [vɪr'twɛl] *(agg)* ~ virtuale.
Virus ['viːrʊs] *(n; -, Viren)* ~ virus.
Visier [vi'ziːɐ] *(n; -s, -e)* *1* visiera. *2* mira (su armi). ◆ **mit offenem Visier** *(fig)* a viso aperto. ◆ **etwas ins Visier nehmen** mirare a qcs.
Vision [vi'zjoːn] *(f; -, -en)* ~ visione, apparizione, immagine ingannevole.
Visionär [vizjo'nɛːɐ] *(m; -s, -e; f* **-in***)* ~ visionario.
Visite [vi'ziːtə] *(f; -, -n)* ~ visita (medica).
Visitenkarte [-nˌkartə] *(f; -, -n)* ~ biglietto da visita.
Visum ['viːzʊm] *(n; -s, Visa/Visen)* ~ visto (per l'espatrio) ♦ *ein Visum beantragen* richiedere un visto.
vital [vi'taːl] *(agg)* *1* vitale, della vita. *2* vitale, essenziale.
Vitamin [vita'miːn] *(n; -s, -e)* ~ vitamina.
Vitrine [vi'triːnə] *(f; -, -n)* ~ vetrina (mobile), vetrinetta.
Vize ['fiːtsə] *(m; -s, -s)* ~ *(fam)* vice.
Vlies [fliːs] *(n; -es, -e)* ~ vello (di lana).
VN ~ abbrev di **Vereinte Nationen** (vedi **Nation**).
Vogel ['foːgəl] *(m; -s, Vögel)* *1* uccello. *2* *(fig/fam)* persona, tipo (buffo, strano). ◆ **den Vogel abschießen** *(fig)* battere tutti, vincere. ◆ **jmdm den Vogel zeigen** *(fig)* dare del matto a qcn (battendosi il dito sulla fronte). ◆ **friss Vogel, oder stirb!** *(prov)* o questo, o niente!
Vogelbeere [-ˌbeːrə] *(f; -, -n)* ~ *(bot)* sorba, sorbola.
Vogelhaus [-ˌhaus] *(n; -es, -häuser)* ~ voliera.
vögeln ['føːgəln] *(vi/vt, hat)* ~ *(volg)* scopare, trombare.
Vogelruf ['foːgəlˌruːf] *(m; -(e)s, -e)* ~ verso, richiamo (di uccello).
Vogelschar ['foːgəlˌʃaːɐ] *(f; -, -en)* ~ stormo (d'uccelli).
Vogelscheuche ['foːgəlˌʃɔyçə] *(f; -, -n)* ~ spaventapasseri.
Vogt [foːkt] *(m; -(e)s, Vögte)* ~ governatore (storico).
Vokabel [vo'kaːbəl] *(f; -, -n)* ~ vocabolo, parola.
Vokabular [vokabu'laːɐ] *(n; -s, -e)* ~ lessico, vocabolario.
vokal [vo'kaːl] *(agg)* ~ *(mus)* vocale.
Vokal *(m; -(e)s, -e)* ~ *(fon)* vocale.
Volk [fɔlk] *(n; -(e)s, Völker)* *1* popolo, gente. *2* popolo, popolazione (di uno stato) ♦ *das Parlament vertritt das Volk* il parlamento rappresenta il popolo. *3* popolo, classe inferiore ♦ *ein Mann aus dem Volk* un uomo del popolo. *4* sciame, popolazione (di insetti). ◆ **etwas unters Volk bringen** divulgare qcs.
Völkermord ['fœlkɐˌmɔrt] *(m; -(e)s, -e)* ~ genocidio.
Völkerrecht ['fœlkɐˌrɛçt] *(n; -(e)s)* ~ diritto internazionale.
Völkerwanderung ['fœlkɐˌvandərʊŋ] *(f; -, -en)* *1* migrazione di popoli. *2* *(fig/fam)* gran movimento (di gente).
Volks- [fɔlks-] *(nei composti)* ~ popolare; del popolo ♦ *Volksabstimmung* referendum popolare ♦ *Volksfest* festa popolare ♦ *Volkstanz* danza popolare.
Volkseinkommen [-ˌʔainkɔmən] *(n; -s, -)* ~ reddito nazionale.

Volksgruppe [-ˌgrʊpə] *(f; -, -n)* ~ gruppo etnico.

Volkshochschule [-ˌhoːxʃuːlə] *(f; -, -n)* ~ scuola di formazione per adulti.

Volkskunde [-ˌkʊndə] *(f; -)* ~ folclore, studio del folclore.

Volksmund [-ˌmʊnt] *(m; -(e)s)* ~ linguaggio popolare ♦ *Epilepsie heißt im Volksmund „Fallsucht"* nel linguaggio popolare l'epilessia si chiama "mal caduco".

Volksschule [-ʃuːlə] *(f; -, -n)* ~ scuola pubblica dell'obbligo.

Volkstracht [-ˌtraxt] *(f; -, -en)* ~ costume tradizionale.

volkstümlich [-ˌtyːmlɪç] *(agg)* **1** popolare, popolaresco ♦ *volkstümliche Traditionen* tradizioni popolari. **2** popolare, comune.

Volksvertreter [-fɛɐˌtreːtɐ] *(m; -s, -; f* **-in***)* ~ rappresentante del popolo.

Volkswirtschaft [-ˌvɪrt·ʃaft] *(f; -)* ~ economia politica.

Volkszählung [-ˌtsɛːlʊŋ] *(f; -, -en)* ~ censimento.

voll [fɔl] *(agg)* **1** pieno, colmo ♦ *eine volle Flasche* una bottiglia piena ♦ *eine Flasche voll Wasser* una bottiglia piena d'acqua ♦ *ein Korb voll reifer Äpfel* un cesto pieno di mele mature. **2** pieno, al completo ♦ *das Abteil ist voll* lo scompartimento è pieno. **3** *(fig)* pieno, completo, totale ♦ *die volle Wahrheit* la piena verità ♦ *in vollem Gange sein* essere in pieno corso ♦ *zum vollen Preis* a prezzo pieno. **4** *(fig)* pieno, intero (tempo) ♦ *zwei volle Wochen* due settimane intere. **5** *(fig)* pieno, paffuto. **6** *(fig)* pieno, sazio. **7** *(fig)* folto (capelli). ◆ **voll und ganz** pienamente, completamente. ◆ **sich voll essen** († **vollessen**) *(fam)* rimpinzarsi. ◆ **voll füllen** († **vollfüllen**) riempire (fino all'orlo). ◆ **voll laden** († **volladen**) caricare completamente (camion, auto, ecc). ◆ **voll laufen** († **vollaufen**) traboccare ♦ *die Wanne ist voll gelaufen* († *vollgelaufen*) la vasca è traboccata. ◆ **voll tanken** († **volltanken**) fare il pieno (di benzina). ◆ **halb voll** pieno per metà, mezzo pieno. ◆ **aus dem Vollen** († **vollen**) **schöpfen** attingere a piene mani. ◆ **jmdn nicht für voll nehmen** *(fig)* non prendere sul serio qcn. ◆ **in die Vollen gehen** *(fig/fam)* darsi da fare.

volladen ~ **voll laden** (vedi **voll**).

vollauf [-ˌˀauf] *(avv)* ~ pienamente, completamente. ◆ **vollauf mit etwas zu tun haben** essere completamente occupato con qcs.

vollaufen ~ **voll laufen** (vedi **voll**).

vollautomatisch [-ˀautoˌmaːtɪʃ] *(agg)* ~ completamente automatico.

Vollbad [-ˌbaːt] *(n; -(e)s, -bäder)* ~ bagno ♦ *ein Vollbad nehmen* fare un bagno.

Vollbart [-ˌbaːɐt] *(m; -(e)s, -bärte)* ~ barba folta.

vollbringen [-ˈbrɪŋən] *(vt, hat; irr bringen)* ~ *(lett)* compiere, realizzare.

vollenden [-ˈˀɛndən] *(vt, hat)* **1** terminare, finire, portare a compimento ♦ *eine Arbeit vollenden* terminare un lavoro. **2** compiere (anni).

vollendet [-ˈˀɛndət] *(agg)* **1** terminato, finito, compiuto. **2** *(fig)* compiuto, completo, perfetto.

vollends [-ˌˀɛnts] *(avv)* ~ completamente, interamente.

Vollendung [-ˈˀɛndʊŋ] *(f; -, -en)* **1** compimento, realizzazione. **2** perfezione.

voller [-ɐ] *(agg, solo pred o posposto)* ~ pieno, colmo *(anche fig)* ♦ *ein Korb voller Nüsse* una cesta piena di noci ♦ *die Hose ist voller Flecken* i pantaloni sono pieni di macchie.

vollessen ~ **voll essen** (vedi **voll**).

Volleyball [ˈvɔliˌbal] *(m; -(e)s, -bälle)* **1** *(solo sing) (sport)* pallavolo. **2** pallone da pallavolo.

vollfüllen ~ **voll füllen** (vedi **voll**).

Vollgas [ˈfɔlˌgaːs] *(n; -es)* ~ tutta velocità, tutto gas. ◆ **Vollgas geben** spingere al massimo sull'acceleratore. ◆ **mit Vollgas** a tutto gas.

Vollgefühl [ˈfɔlgəˌfyːl] *(n; -(e)s)* ~ **im Vollgefühl** nella piena coscienza, nella piena consapevolezza ♦ *im Vollgefühl seines Einflusses* nella piena consapevolezza della sua influenza.

völlig [ˈfœlɪç] *(agg)* **1** completo, pieno, totale ♦ *völlige Handlungsfreiheit* completa libertà d'azione. **2** *(avv)* completamente, pienamente ♦ *ich gebe dir völlig Recht* ti do pienamente ragione.

volljährig ['fɔlˌjɛːrɪç] *(agg)* ~ maggiorenne.
Volljährigkeit [-ˌkait] *(f; -)* ~ maggiore età ♦ *nach Erreichung der Volljährigkeit* dopo il compimento della maggiore età.
vollkommen [ˌfɔl'kɔmən] *(agg)* *1* perfetto. *2 (fam)* completo, totale. *3 (avv)* perfettamente. *4 (avv) (fam)* completamente, del tutto.
Vollkommenheit [-ˌhait] *(f; -)* ~ perfezione.
Vollkornbrot ['fɔlkɔrnˌbroːt] *(n; -(e)s, -e)* ~ pane integrale.
Vollkornmehl ['fɔlkɔrnˌmeːl] *(n; -(e)s, -e)* ~ farina integrale.
Vollmacht ['fɔlˌmaxt] *(f; -, -en)* ~ procura, delega ♦ *jmdm die Vollmacht für etwas/zu etwas erteilen* conferire a qcn la procura per qcs. ◆ **in Vollmacht** *(abbrev* **i.V.***)* per procura (firma di un documento).
Vollmilch ['fɔlˌmɪlç] *(f; -)* ~ latte intero.
Vollmond ['fɔlˌmoːnt] *(m; -(e)s, -e)* ~ luna piena.
Vollpension ['fɔlpãˌzjoːn] *(f; -)* ~ pensione completa.
vollständig ['fɔlˌʃtɛndɪç] *(agg)* *1* completo (in tutti i suoi elementi); compiuto. *2 (avv)* completamente, totalmente, del tutto. ◆ **etwas vollständig machen** completare qcs.
Vollständigkeit [-ˌkait] *(f; -)* ~ completezza.
vollstrecken ['fɔlˌʃtrɛkən] *(vt,* hat*)* ~ *(dir)* eseguire (sentenza).
Vollstreckung ['fɔlˌʃtrɛkʊŋ] *(f; -, -en)* ~ *(dir)* esecuzione (di sentenza).
volltanken ~ voll tanken (vedi **voll**).
Volltreffer ['fɔlˌtrɛfɐ] *(m; -s, -)* *1* centro, colpo che fa centro. *2 (fig)* successo.
vollzählig ['fɔlˌtsɛːlɪç] *(agg)* *1* completo (in tutti i suoi membri o elementi) ♦ *wir sind noch nicht vollzählig* non siamo ancora tutti. *2 (avv)* al completo.
Vollzeitbeschäftigung ['fɔltsaitbəˌʃɛftɪgʊŋ] *(f; -, -en)* ~ lavoro a tempo pieno.
vollziehen [ˌfɔl'tsiːən] *(vt,* hat; *irr* ziehen*)* *1* eseguire, compiere. *2 (dir)* eseguire.
vollziehend [-t] *(agg)* ~ esecutivo. ◆ **vollziehende Gewalt** potere esecutivo.
Vollziehung ['fɔlˌtsiːʊŋ] *(f; -, -en)* *1* esecuzione, compimento. *2 (dir)* esecuzione.
Vollzug [ˌfɔl'tsuːk] *(m; -(e)s, -züge)* *1* esecuzione, compimento. *2 (dir)* esecuzione.
Volontär [volɔn'tɛːɐ] *(m; -s, -e; f* **-in***)* ~ volontario, praticante (spec nel commercio e nel giornalismo).
Volumen [vo'luːmən] *(n; -s, -/-mina)* ~ volume (spazio; libro).
vom [fɔm] *(prep art)* ~ = **von dem** (vedi **von**).
von [fɔn] *(prep +* Dat; *prep art* **vom = von dem***)* *1* di ♦ *die Gedichte von Hölderlin* le poesie di Hölderlin ♦ *der König von Spanien* il re di Spagna ♦ *der Verkauf von Zigaretten* la vendita di sigarette ♦ *eine Frage von brennender Aktualität* una questione di scottante attualità ♦ *ein Mann von achtzig Jahren* un uomo di ottant'anni ♦ *Hunderte von Leuten* centinaia di persone. *2 (provenienza)* da ♦ *ich komme von Rom* vengo da Roma ♦ *ich komme gerade vom Zahnarzt* vengo dal (dallo studio del) dentista ♦ *das Kind ist vom Bett gefallen* il bambino è caduto dal letto ♦ *von hier, dort* da qui, là ♦ *von oben, unten* da sopra, sotto ♦ *von rechts* da destra ♦ *von Süden* da sud ♦ *die Blumen habe ich von meinem Freund bekommen* i fiori li ho ricevuti dal mio ragazzo. *3 (agente animato)* da ♦ *der Dieb wurde von einem Polizisten erschossen* il ladro fu ucciso da un poliziotto. *4 (argomento)* di ♦ *wir haben kurz von ihm gesprochen* abbiamo parlato brevemente di lui. *5 (titoli nobiliari)* di, de ♦ *Graf Otto von Bismark* il conte Ottone di Bismarck. ◆ **von... bis...** da... a... *(tempo; luogo)* ♦ *von gestern bis morgen* da ieri a domani ♦ *vom 5. bis zum 10. Mai habe ich Urlaub* dal 5 al 10 maggio sono in ferie ♦ *von Juli bis September* da luglio a settembre ♦ *von Stuttgart bis München* da Stoccarda a Monaco. ◆ **von... an** da... in poi, fino da ♦ *von nun an* d'ora in poi ♦ *von heute an* da oggi in poi ♦ *von Anfang an* fin dall'inizio. ◆ **von... aus** da *(un determinato punto)* ♦ *er hat uns von New York aus angerufen* ci ha telefonato da New York ♦ *von diesem Fenster aus kann man den Turm sehen* da questa finestra si può vedere la torre. ◆ **ein Freund von mir** un mio amico. ◆ **von**

heute auf morgen dall'oggi al domani. ◆ **in der Nacht von Freitag auf Samstag** nella notte fra venerdì e sabato. ◆ **von Tag zu Tag** di giorno in giorno.

voneinander [ˌfɔnˀaiˈnandɐ] *(avv)* ~ l'uno dall'altro, gli uni dagli altri; l'uno dell'altro, gli uni degli altri ◆ *wir haben lange nichts voneinander gehört* non abbiamo saputo niente l'uno dell'altro per molto tempo. ◆ **voneinander gehen** († **voneinandergehen**) staccarsi (l'uno dall'altro).

vonnöten [fɔnˈnøːtən] *(agg, solo pred)* ~ *(lett)* necessario.

vonseiten, **von Seiten** († **von seiten**) [fɔnˈzaitən] *(prep + Gen)* ~ da parte di.

vonstatten [fɔnˈʃtatən] *(avv)* ~ **vonstatten gehen** procedere, andare avanti; svolgersi, avere luogo.

vor[1] [ˈfoːɐ] *(prep + Dat/Acc; prep art* **vorm** = **vor dem**; **vors** = **vor das**) *1 (stato +* Dat; *moto +* Acc) davanti a ◆ *wir warten vor dem Kino auf dich* ti aspettiamo davanti al cinema ◆ *er stellte sich vor die Tür* si mise davanti alla porta. *2* (+ Dat) *(tempo)* prima di ◆ *vor der Arbeit gehe ich mit meinem Hund spazieren* prima del lavoro vado a passeggio con il mio cane. *3* (+ Dat) *(tempo)* fa ◆ *vor drei Minuten* tre minuti fa ◆ *vor einem Jahr* un anno fa. *4* (+ Dat) *(causa)* per, da ◆ *vor Freude konnte ich nicht sprechen* dalla gioia non riuscivo a parlare. ◆ **vor allem** *(abbrev* **v.a.**) soprattutto. ◆ **vor allen Dingen** vedi **Ding**. ◆ **vor sich hin** vedi **sich**.

vor[2] *(avv)* ~ **nach wie vor** sempre, ora come allora.

vorab [-ˈˀap] *(avv)* ~ anzitutto, prima di tutto, per prima cosa.

Vorabend [-ˌˀaːbənt] *(m; -s, -e)* ~ vigilia.

Vorahnung [-ˌˀaːnʊŋ] *(f; -, -en)* ~ presentimento.

voran [foˈran] *(avv)* ~ avanti, innanzi (in una fila o sim).

voran|gehen *(vi,* ist; *irr* gehen) *1* {*(jmdm)* ~} andare avanti (a qcn), precedere qcn (in una fila o sim) ◆ *geh du voran* vai avanti tu. *2 (fig)* andare avanti, procedere *(anche impers)* ◆ *wie geht es mit der Arbeit voran?* come procede il lavoro? ◆ **mit gutem Beispiel vorangehen** *(fig)* dare il buon esempio.

voran|kommen *(vi,* ist; *irr* kommen) *1* andare avanti, farsi strada. *2* {*mit etwas* ~} *(fig)* andare avanti, fare progressi in qcs.

vor|arbeiten *(vi/vt,* hat) ~ anticipare il lavoro, fare il lavoro in anticipo ◆ *einen Tag vorarbeiten* anticipare il lavoro di una giornata.

voraus [foˈraus] *(avv)* *1* avanti, innanzi. *2* avanti (nel tempo), in anticipo. ◆ **jmdm/etwas voraus sein** sopravanzare qcn/qcs, essere avanti rispetto a qcn/qcs. ◆ **seiner Zeit voraus sein** precorrere i tempi. ◆ **im Voraus** in anticipo, anticipatamente ◆ *im Voraus bezahlen* pagare in anticipo ◆ *ich danke Ihnen im Voraus* la ringrazio anticipatamente.

voraus|bezahlen *(vt,* hat) ~ pagare anticipatamente.

Vorausbezahlung [-bəˌtsaːlʊŋ] *(f; -, -en)* ~ pagamento anticipato.

voraus|gehen *(vi,* ist; *irr* gehen) *1* {*jmdm* ~} andare avanti a qcn, precedere qcn. *2* {*jmdm/etwas* ~} *(fig)* precedere qcn/qcs. ◆ **im Vorausgehenden** († **vorausgehenden**) sopra (in un testo).

voraus|haben *(vt,* hat) ~ {*jmdm etwas* ~} essere superiore a qcn in qcs.

Voraussage [-ˌzaːgə] *(f; -, -n)* ~ previsione.

voraus|sagen *(vt,* hat) ~ predire, prevedere ◆ *die Zukunft voraussagen* predire il futuro. ◆ **das Wetter voraussagen** fare le previsioni del tempo.

voraus|schicken *(vt,* hat) *1* mandare avanti, mandare prima. *2* {*einer Sache* (Dat) *etwas* ~} *(fig)* premettere qcs a qcs.

voraus|sehen *(vt,* hat; *irr* sehen) ~ prevedere.

voraus|setzen *(vt,* hat) ~ presupporre. ◆ **vorausgesetzt, dass** ammesso che, a condizione che.

Voraussetzung [-ˌzɛtsʊŋ] *(f; -, -en)* *1* presupposto, premessa. *2* condizione ◆ *unter der Voraussetzung, dass* a condizione che.

Voraussicht [-ˌzɪçt] *(f; -)* ~ previsione. ◆ **aller Voraussicht nach**; **nach menschlicher Voraussicht** con ogni probabilità.

voraussichtlich [-ˌzɪçtlɪç] *(agg)* *1* prevedibile, previsto. *2* probabile. *3 (avv)* prevedibilmente; probabilmente.

vor|bauen *(vi,* hat) ~ {*einer Sache* (Dat) ~} prevenire qcs.

Vorbedacht ['fo:ɐbə,daxt] *(m)* ~ **aus/mit/voll Vorbedacht** con premeditazione, premeditato. ◆ **ohne Vorbedacht** senza premeditazione.

Vorbehalt ['fo:ɐbə,halt] *(m; -(e)s, -e)* ~ riserva ♦ *Vorbehalte gegen etwas haben* avere delle riserve contro qcs ♦ *ohne Vorbehalt* senza riserve, incondizionatamente.

vor|behalten[1] ['fo:ɐbə,haltən] *(vt, hat; irr halten)* ~ {*sich* (Dat) *etwas* ~} riservarsi qcs ♦ *sich* (Dat) *das Recht vorbehalten, etwas zu tun* riservarsi il diritto di fare qcs.

vorbehalten[2] [,fo:ɐbə'haltən] *(agg)* ~ riservato. ◆ **jmdm vorbehalten bleiben, sein** spettare a qcn ♦ *die Entscheidung bleibt ihm vorbehalten* la decisione spetta a lui.

vorbei [fo:ɐ'bai] *(avv)* *1* {~ *an/neben jmdm/etwas*} vicino, accanto a qcn (di passaggio) ♦ *vorbei an unserem Haus* passando vicino alla nostra casa. *2* passato, finito (tempo) ♦ *die Urlaubszeit ist vorbei* il periodo delle ferie è finito. ◆ **es ist vorbei mit ihm** è spacciato, non c'è più nulla da fare per lui.

vorbei|fahren *(vi, ist; irr fahren)* ~ {*an jmdm/etwas* ~} passare davanti, passare accanto a qcn/qcs (con un veicolo).

vorbei|gehen *(vi, ist; irr gehen)* *1* {*an jmdm/etwas* ~} passare davanti, passare accanto a qcn/qcs. *2* {*bei jmdm* ~} *(fam)* fare un salto da qcn. *3* *(fig/fam)* passare; cessare. ◆ **im Vorbeigehen** di sfuggita *(anche fig)*.

vorbei|kommen *(vi, ist; irr kommen)* *1* {*an jmdm/etwas* ~} passare davanti, passare accanto a qcn/qcs. *2* {*an etwas* (Dat) ~} passare, superare qcs (ostacoli e sim). *3* {*bei jmdm* ~} *(fam)* fare un salto da qcn, ♦ *komm doch mal bei uns vorbei!* dai, fai un salto da noi qualche volta!

vorbei|lassen *(vi, hat; irr/ortogr lassen)* *1* *(fam)* lasciar passare. *2* *(fig/fam)* lasciarsi sfuggire (occasioni e sim).

vor|bereiten *(vt, hat)* *1* preparare, approntare ♦ *das Essen vorbereiten* preparare il pranzo ♦ *das Gepäck für die Reise vorbereiten* preparare i bagagli per il viaggio. *2* {*jmdn auf etwas* (Acc) ~} preparare qcn a/per qcs ♦ *die Schüler auf die Prüfung vorbereiten* preparare gli studenti per l'esame. ◆ **sich auf etwas** (Acc) **vorbereiten** *(vr)* prepararsi per qcs ♦ *ich bereite mich auf die Deutschprüfung vor* mi preparo per l'esame di tedesco.

Vorbereitung ['fo:ɐbə,raitʊŋ] *(f; -, -en)* *1* preparazione. *2* preparativo ♦ *Vorbereitungen für etwas treffen* fare preparativi per qcs.

vor|bestellen *(vt, hat)* ~ prenotare, riservare ♦ *wir haben die Karten für das Finale vorbestellt* abbiamo prenotato i biglietti per la finale.

vorbestraft ['fo:ɐbə∫tra:ft] *(agg)* ~ *(dir)* pregiudicato. ◆ **nicht vorbestraft** incensurato.

Vorbestrafte(r) [-ə (-ɐ)] *(m/f; -n, -n)* ~ pregiudicato.

vor|beugen *(vi, hat)* ~ {*einer Sache* (Dat) ~} prevenire qcs ♦ *einer Infektion vorbeugen* prevenire un'infezione. ◆ **sich vorbeugen** *(vr)* sporgersi in avanti.

vorbeugend ['fo:ɐ,bɔygənt] *(agg)* ~ preventivo.

Vorbeugung ['fo:ɐ,bɔygʊŋ] *(f; -, -en)* *1* prevenzione. *2* *(med)* profilassi.

Vorbild ['fo:ɐ,bɪlt] *(n; -(e)s, -er)* ~ modello, esempio ♦ *sich* (Dat) *jmdn zum Vorbild nehmen* prendere qcn a esempio ♦ *sein Benehmen sollte dir ein Vorbild sein* il suo comportamento dovrebbe essere di esempio per te.

vorbildlich [-lɪç] *(agg)* ~ esemplare, modello.

Vorbote ['fo:ɐ,bo:tə] *(m; -n, -n)* *1* precursore. *2* *(fig)* annunciatore, messaggero, portatore ♦ *Schwalben sind die Vorboten des Frühlings* le rondini sono le annunciatrici della primavera.

vor|bringen *(vt, hat; irr bringen)* *1* esprimere, manifestare (desideri, lamentele, ecc). *2* *(fam)* portare avanti.

Vorder- ['fɔrdɐ-] *(nei composti)* ~ anteriore, davanti ♦ *Vorderbein* zampa anteriore ♦ *Vorderreifen* pneumatico anteriore ♦ *Vordersitz* sedile davanti ♦ *Vorderseite* parte anteriore.

vordere(r; -s) ['fɔrdərə (-rɐ, -rəs)] *(agg)* ~ anteriore, davanti ♦ *die vorderen Fenster* le finestre davanti.

Vordergrund ['fɔrdɐ,grʊnt] *(m; -(e)s)* ~ parte anteriore (dello spazio), primo piano *(anche fig)*. ◆ **im Vordergrund stehen** *(fig)* essere in primo piano. ◆ **jmdn/etwas in den Vordergrund stellen** *(fig)* mettere qcn/qcs in primo piano. ◆ **in den Vordergrund treten** *(fig)* passare in primo piano.

vorderhand ['fɔrdɐ,hant] *(avv)* ~ per ora, per il momento.

Vordermann ['fɔrdɐ,man] *(m; -(e)s, -männer)* ~ capofila. ◆ **jmdn auf Vordermann bringen** *(fig/fam)* mettere qcn in riga, far rigare dritto qcn. ◆ **etwas auf Vordermann bringen** *(fig/fam)* rimettere qcs in ordine.

vor|dringen *(vi, ist; irr dringen)* ~ {*in etwas* (Acc) ~} inoltrarsi, penetrare in qcs *(anche fig)*.

vordringlich ['fo:ɐ,drɪŋlɪç] *(agg)* ~ urgente, prioritario.

voreilig ['fo:ɐ,ʔailɪç] *(agg)* **1** precipitoso (persona o cosa), affrettato. **2** avventato.

voreinander [,fo:ɐʔai'nandɐ] *(avv)* **1** l'uno davanti all'altro ◆ *sie standen voreinander, ohne etwas zu sagen* stavano l'uno davanti all'altro senza dire nulla. **2** *(fig)* l'uno dell'altro ◆ *sie haben Angst voreinander* hanno paura l'uno dell'altro.

voreingenommen ['fo:ɐʔaingə,nɔmən] *(agg)* ~ prevenuto ◆ *jmdm gegenüber voreingenommen sein* essere prevenuto nei confronti di qcn.

vor|enthalten *(vt, hat; irr halten)* **1** {*jmdm etwas* ~} defraudare qcn di qcs, sottrarre qcs a qcn (che ne ha diritto). **2** {*jmdm etwas* ~} celare, nascondere, tacere qcs a qcn.

vorerst ['fo:ɐ,ʔe:ɐst] *(avv)* ~ per il momento, per ora; in un primo momento.

Vorfahr ['fo:ɐ,fa:ɐ] *(m; -en, -en)* ~ antenato, avo.

Vorfahre ['fo:ɐ,fa:rə] *(m; -n, -n)* ~ vedi **Vorfahr**.

Vorfahrt ['fo:ɐ,fa:ɐt] *(f; -)* ~ precedenza, diritto di precedenza ◆ *die Vorfahrt beachten* rispettare la precedenza ◆ *(die) Vorfahrt haben* avere la precedenza.

Vorfahrtsrecht ['fo:ɐfa:ɐts,rɛçt] *(n; -(e)s)* ~ diritto di precedenza.

Vorfall ['fo:ɐ,fal] *(m; -(e)s, -fälle)* **1** fatto, avvenimento, episodio (spec negativo). **2** *(med)* prolasso.

vor|fallen *(vi, ist; irr fallen)* **1** accadere, succedere (imprevisti, contrattempi, ecc). **2** cadere in avanti.

vor|finden *(vt, hat; irr finden)* ~ {*jmdn/etwas* ~} trovare qcn/qcs, trovarsi davanti qcn/qcs (al proprio arrivo).

Vorfreude ['fo:ɐ,frɔydə] *(f; -)* ~ gioia (nell'attesa di qcs).

vor|führen *(vt, hat)* **1** {*jmdn jmdm* ~} portare qcn da qcn, davanti a qcn ◆ *einen Angeklagten dem Richter vorführen* portare un accusato davanti al giudice. **2** {*jmdm etwas* ~} mostrare, far vedere, presentare qcs a qcn (esibendolo) ◆ *der Verkäufer führte der Kundin verschiedene Stoffe vor* il commesso mostrò alla cliente diverse stoffe. **3** proiettare (film).

Vorführgerät ['fo:ɐfy:ɐgə,rɛ:t] *(n; -(e)s, -e)* ~ proiettore.

Vorführung ['fo:ɐ,fy:rʊŋ] *(f; -, -en)* **1** presentazione, esibizione. **2** proiezione.

Vorgang ['fo:ɐ,gaŋ] *(m; -(e)s, -gänge)* **1** processo, procedimento. **2** avvenimento, fatto.

Vorgänger ['fo:ɐ,gɛŋɐ] *(m; -s, -; f* **-in***)* ~ predecessore.

vor|geben *(vt, hat; irr geben)* **1** dare a intendere, far credere ◆ *er gibt vor, in Amerika geboren zu sein* fa credere di essere nato in America. **2** {*jmdm etwas* ~} dare a qcn qcs di vantaggio ◆ *komm, ich gebe dir zehn Meter vor* su, ti do dieci metri di vantaggio.

Vorgefühl ['fo:ɐgə,fy:l] *(n; -(e)s, -e)* ~ presentimento.

vor|gehen *(vi, ist; irr gehen)* **1** andare in avanti, avanzare. **2** *(fam)* andare avanti ◆ *geh bitte vor, ich komme gleich* vai avanti, io arrivo subito. **3** andare avanti, essere avanti (orologio) ◆ *meine Uhr geht fünf Minuten vor* il mio orologio va avanti di cinque minuti. **4** *(fig)* procedere, agire. **5** *(fig)* accadere, avvenire, succedere. **6** *(fig)* avere la precedenza, essere più importante ◆ *deine Gesundheit geht vor* la tua salute ha la precedenza. **7** *(dir)* procedere.

Vorgehen ['fo:ɐ,ge:ən] *(n; -s, -)* ~ procedimento, modo di procedere.

Vorgeschichte ['fo:ɐgəʃɪçtə] *(f; -, -n)* **1** *(solo sing)* preistoria. **2** antefatto.
vorgeschichtlich ['fo:ɐgəʃɪçtlɪç] *(agg)* ~ preistorico.
Vorgeschmack ['fo:ɐgəʃmak] *(m; -(e)s)* ~ *(fig)* assaggio, prova ♦ *das war ein kleiner Vorgeschmack des Konzerts von morgen* questo era un piccolo assaggio del concerto di domani.
Vorgesetzte(r) ['fo:ɐgəˌzɛtsɐ (-tə)] *(m/f; -n, -n)* ~ superiore ♦ *mein Vorgesetzter* il mio superiore.
vorgestern ['fo:ɐˌgɛstɐn] *(avv)* ~ l'altro ieri, ieri l'altro ♦ *vorgestern Abend* l'altro ieri sera. ◆ **von vorgestern** *(fig/fam)* vecchio, sorpassato.
vor|greifen *(vi, hat; irr greifen)* ~ {*jmdm/etwas* ~} anticipare qcn/qcs (l'azione di qcn; gli effetti di qcs).
vor|haben *(vt, hat)* ~ avere in mente, progettare, avere l'intenzione (di) ♦ *eine Reise vorhaben* progettare un viaggio ♦ *was hast du heute Abend vor?* che programmi hai per stasera? ♦ *ich habe vor, sie im Sommer zu besuchen* ho intenzione di andarli a trovare in estate.
Vorhaben ['fo:ɐˌha:bən] *(n; -s, -)* ~ intenzione, progetto, programma, piano.
vor|halten[1] *(vi, hat; irr halten)* ~ *(fam)* bastare, durare (abbastanza).
vor|halten[2] *(vt, hat; irr halten)* **1** {*(jmdm) etwas* ~} tenere, reggere qcs davanti (a qcn). **2** {*jmdm etwas* ~} *(fig/fam)* rinfacciare qcs a qcn.
Vorhaltung ['fo:ɐˌhaltʊŋ] *(f; -, -en)* ~ rimprovero, rimostranza ♦ *jmdm wegen etwas Vorhaltungen machen* fare delle rimostranze a qcn per qcs.
vorhanden [ˌfo:ɐ'handən] *(agg)* **1** presente, disponibile ♦ *von dieser CD ist keine Kopie mehr vorhanden* di questo CD non ci sono più copie disponibili. **2** presente, esistente.
Vorhandensein [-ˌzain] *(n; -s)* ~ presenza, disponibilità; esistenza.
Vorhang ['fo:ɐˌhaŋ] *(m; -(e)s, -hänge)* **1** tenda (di finestra) ♦ *die Vorhänge aufziehen, zuziehen* aprire, chiudere (tirare) le tende. **2** sipario ♦ *der Vorhang geht auf/öffnet sich* si apre il sipario ♦ *der Vorhang fällt* cala il sipario.
vorher [ˌfo:ɐ'he:ɐ] *(avv)* **1** prima ♦ *am Tag vorher* il giorno prima ♦ *kurz vorher* poco prima ♦ *ich will weggehen, aber vorher muss ich Petra anrufen* voglio uscire, ma prima devo telefonare a Petra. **2** prima, in anticipo ♦ *er hat die Karten eine Woche vorher gekauft* ha comprato i biglietti una settimana prima.
vorher|gehen *(vi, ist; irr gehen)* ~ {*einer Sache* (Dat) ~} precedere qcs ♦ *dem Brand ging eine Explosion vorher* un'esplosione precedette l'incendio.
vorhergehend [-ˌge:ənt] *(agg)* ~ precedente.
Vorherrschaft ['fo:ɐˌhɛrʃaft] *(f; -)* ~ supremazia, predominio, egemonia (politica).
vor|herrschen *(vi, hat)* ~ predominare, prevalere.
vorherrschend ['fo:ɐˌhɛrʃənt] *(agg)* ~ predominante, prevalente.
vorhersagbar [ˌfo:ɐ'he:ɐˌza:kba:ɐ] *(agg)* ~ prevedibile.
Vorhersage [ˌfo:ɐ'he:ɐˌza:gə] *(f; -, -n)* **1** previsione. **2** predizione.
vorher|sagen *(vt, hat)* **1** prevedere ♦ *das Wetter vorhersagen* prevedere il tempo. **2** predire.
vorhersehbar [ˌfo:ɐ'he:ɐˌze:ba:ɐ] *(agg)* ~ prevedibile.
vorher|sehen *(vt, hat; irr sehen)* ~ prevedere.
vorhin [ˌfo:ɐ'hɪn] *(avv)* ~ poco fa.
vorig ['fo:rɪç] *(agg)* **1** passato, scorso ♦ *voriges Jahr* l'anno scorso. **2** precedente.
Vorjahr ['fo:ɐˌja:ɐ] *(n; -(e)s, -e)* ~ anno scorso, anno passato.
Vorkämpfer ['fo:ɐˌkɛmpfɐ] *(m; -s, -; f* **-in***)* ~ propugnatore.
Vorkauf ['fo:ɐˌkauf] *(m; -(e)s, -käufe)* ~ *(econ)* prelazione.
Vorkehrung ['fo:ɐˌke:rʊŋ] *(f; -, -en)* ~ provvedimento ♦ *Vorkehrungen treffen* prendere provvedimenti.
Vorkenntnis ['fo:ɐˌkɛntnɪs] *(f; -, -se)* ~ conoscenze di base.
vor|kommen *(vi, ist; irr kommen)* **1** venire avanti, avanzare, farsi avanti. **2** {*(jmdm)* ~} accadere, capitare, succedere (a qcn) ♦ *das kommt öfters vor* questo capita abbastanza spesso. **3** trovarsi, esserci ♦ *diese Tiere kommen nur in der*

Steppe vor questi animali si trovano solo nella steppa. **4** {*jmdm* ~} sembrare, parere, risultare a qcn ◆ *der Anruf kommt mir verdächtig vor* la telefonata mi pare sospetta ◆ *sein Name kommt mir bekannt vor* il suo nome mi risulta noto ◆ *ich komme mir wie ein Idiot vor* mi sembra di essere un idiota ◆ *er kommt mir vor, als ob er sauer auf mich wäre* mi sa che è adirato con me.

Vorkommen ['foːɐ̯ˌkɔmən] (*n*; -s, -) **1** giacimento. **2** presenza (spec di minerali).

Vorkommnis ['foːɐ̯ˌkɔmnɪs] (*n*; -ses, -se) ~ evento, avvenimento.

vor|laden (*vt*, hat; *irr* laden) ~ (*dir*) citare in giudizio.

Vorladung ['foːɐ̯ˌlaːdʊŋ] (*f*; -, -en) ~ citazione in giudizio.

Vorlage ['foːɐ̯ˌlaːgə] (*f*; -, -n) **1** presentazione, esibizione (di documenti e sim). **2** disegno (di legge). **3** modello, originale (per fare copie).

vor|lassen (*vt*, hat; *irr/ortogr* lassen) **1** {*jmdn* ~} fare/lasciar entrare, ammettere qcn. **2** {*jmdn* ~} lasciar andare avanti, far passare qcn.

Vorläufer ['foːɐ̯ˌlɔyfɐ] (*m*; -s, -; *f* **-in**) ~ precursore.

vorläufig ['foːɐ̯ˌlɔyfɪç] (*agg*) **1** provvisorio. **2** (*avv*) provvisoriamente, per ora.

vorlaut ['foːɐ̯ˌlaut] (*agg*) ~ saccente, impertinente (spec bambini).

Vorleben ['foːɐ̯ˌleːbən] (*n*; -s, -) ~ passato (di una persona).

vor|legen (*vt*, hat) **1** {*etwas vor etwas* (Acc) ~} mettere qcs davanti a qcs. **2** {*jmdm etwas* ~} servire qcs a qcn (cibo). **3** {*jmdm etwas* ~} presentare, sottoporre qcs a qcn ◆ *jmdm einen Plan vorlegen* sottoporre un progetto a qcn. **4** presentare, esibire (documenti e sim). **5** anticipare (denaro).

vor|lesen (*vt*, hat; *irr* lesen) ~ leggere (a voce alta) ◆ *ich habe den Kindern ein Märchen vorgelesen* ho letto una favola ai bambini.

Vorlesung ['foːɐ̯ˌleːzʊŋ] (*f*; -, -en) ~ lezione (universitaria); corso (universitario) ◆ *eine Vorlesung belegen* seguire un corso (universitario) ◆ *in die/zur Vorlesung gehen* andare a lezione.

vorletzte(**r**; **-s**) ['foːɐ̯ˌlɛtstə (-tɐ, -təs)] (*agg*) ~ penultimo.

vorlieb ['foːɐ̯ˌliːp] (*avv*) ~ **mit jmdm/etwas vorlieb nehmen** († **vorliebnehmen**) accontentarsi di qcn/qcs.

Vorliebe ['foːɐ̯ˌliːbə] (*f*; -, -n) ~ predilezione ◆ *sie hat eine Vorliebe für klassische Musik* ha una predilezione per la musica classica.

vorliebnehmen ~ **vorlieb nehmen** (vedi **vorlieb**).

vor|liegen (*vi*, hat; *irr* liegen) **1** esserci, essere disponibile. **2** esserci, esistere ◆ *es liegt kein Grund zur Sorge vor* non c'è motivo di preoccupazione.

vorm ['foːɐm] (*prep art*) ~ = **vor dem** (vedi **vor**¹).

vor|machen (*vt*, hat) **1** {*jmdm etwas* ~} far vedere, mostrare qcs a qcn (come si fa qcs). **2** {*jmdm etwas* ~} (*fig*) dare a intendere, far credere qcs a qcn.

Vormacht ['foːɐ̯ˌmaxt] (*f*; -) ~ supremazia, predominio, egemonia (politica).

vormalig ['foːɐ̯ˌmaːlɪç] (*agg*) ~ ex, vecchio, di prima ◆ *das vormalige Rathaus* il vecchio municipio.

vormals ['foːɐ̯ˌmaːls] (*avv*) **1** in passato, prima. **2** già (nei nomi).

Vormarsch ['foːɐ̯ˌmarʃ] (*m*; -es, -märsche) ~ (*mil*) avanzata (*anche fig*). ◆ **auf dem/im Vormarsch sein** (*fig*) avanzare, prendere piede.

vor|merken (*vt*, hat) **1** annotare. **2** prenotare, riservare.

Vormittag ['foːɐ̯ˌmɪtaːk] (*m*; -(e)s, -e) ~ mattina, mattinata (fino verso mezzogiorno) ◆ *am Vormittag* la mattina, di mattina ◆ *im Laufe des Vormittags* nel corso della mattinata. ◆ **heute Vormittag** († **vormittag**) stamattina. ◆ **morgen Vormittag** († **vormittag**) domattina.

vormittags [-s] (*avv*) ~ la mattina, tutte le mattine.

Vormund ['foːɐ̯ˌmʊnt] (*m*; -(e)s, -münder/-munde) ~ tutore (di minorenne).

Vormundschaft [-ʃaft] (*f*; -, -en) ~ tutela (di minorenne).

vorn [fɔrn] (*fam* **vorne**) (*avv*) ~ davanti (stato) ◆ *das ist unser Haus und vorn ist die Bushaltestelle* questa è la nostra casa e davanti c'è la fermata dell'autobus. ◆

nach vorn in avanti. ◆ **von vorn** da capo, da principio ♦ *von vorn anfangen* cominciare da capo. ◆ **von vorn bis hinten** *(fig/fam)* da cima a fondo.

Vorname ['fo:ɐ̯ˌna:mə] *(m; -ns, -n)* ~ nome (di battesimo).

vorne ['fɔrnə] *(avv)* ~ vedi **vorn**.

vornehm ['fo:ɐ̯ˌne:m] *(agg)* *1* distinto, signorile; aristocratico (modi; origini). *2* *(fig)* nobile (di carattere).

vor|nehmen *(vt, hat; irr nehmen)* *1* {*sich* (Dat) *etwas* ~} preporsi, prefiggersi qcs ♦ *ich habe mir fest vorgenommen, mit dem Rauchen aufzuhören* mi sono fermamente prefisso di smettere di fumare. *2* intraprendere, effettuare, fare. *3* {*jmdn* ~} *(fam)* servire prima qcn (clienti e sim). ◆ **Abänderungen vornehmen** apportare modifiche.

vornherein ['fɔrnhɛˌrain] *(avv)* ~ **von vornherein** fin da principio, subito.

vornüber [ˌfɔrn'ʔy:bɐ] *(avv)* ~ in avanti (moto) ♦ *vornüber fallen* cadere in avanti.

vornweg ['fɔrnˌvɛk] *(avv)* ~ davanti, in testa.

Vorort ['fo:ɐ̯ˌʔɔrt] *(m; -(e)s, -e)* ~ sobborgo, frazione ♦ *er wohnt in einem Vorort von Florenz* abita in un sobborgo di Firenze.

Vorrang ['fo:ɐ̯ˌraŋ] *(m; -(e)s)* ~ priorità, precendenza ♦ *jmdm/etwas den Vorrang geben* dare la precedenza a qcn/qcs ♦ *diese Arbeit hat (den) Vorrang vor allem anderen* questo lavoro ha la precedenza su tutto il resto.

vorrangig [-ɪç] *(agg)* ~ prioritario.

Vorrat ['fo:ɐ̯ˌra:t] *(m; -(e)s, -räte)* ~ provvista, provviste, riserva, scorta ♦ *unser Vorrat an Lebensmitteln ist erschöpft* le nostre provviste alimentari sono esaurite. ◆ **solange der Vorrat reicht** *(comm)* fino a esaurimento delle scorte. ◆ **etwas auf Vorrat kaufen** fare provvista di qcs.

Vorratskammer ['fo:ɐra:tsˌkamɐ] *(f; -, -n)* ~ dispensa (stanza).

Vorratsraum ['fo:ɐra:tsˌraum] *(m; -(e)s, -räume)* ~ dispensa (stanza).

Vorratsschrank ['fo:ɐra:tsˌʃraŋk] *(m; -(e)s, -schränke)* ~ dispensa, credenza.

Vorrecht ['fo:ɐ̯ˌrɛçt] *(n; -(e)s, -e)* ~ privilegio ♦ *besondere Vorrechte genießen* godere di privilegi particolari.

Vorrichtung ['fo:ɐ̯ˌrɪçtʊŋ] *(f; -, -en)* ~ attrezzatura, apparecchio ♦ *eine Vorrichtung zum Besprengen* un'attrezzatura per innaffiare.

vor|rücken[1] *(vi, ist)* ~ avanzare, spostarsi in avanti. ◆ **die Zeit rückt vor** il tempo passa.

vor|rücken[2] *(vt, hat)* ~ spostare in avanti ♦ *einen Stuhl vorrücken* spostare in avanti una sedia.

vors ['fo:ɐs] *(prep art)* ~ = **vor das** (vedi **vor**[1]).

vor|sagen *(vt, hat)* ~ {*jmdm etwas* ~} suggerire qcs a qcn (spec a scuola); dire qcs a qcn (perché lo ripeta).

Vorsatz ['fo:ɐ̯ˌzats] *(m; -(e)s, -sätze)* *1* proposito, intenzione ♦ *ich habe viele gute Vorsätze für dieses Jahr* ho molti buoni propositi per quest'anno. *2* decisione, risoluzione ♦ *den Vorsatz fassen, etwas zu tun* prendere la decisione di fare qcs. *3* *(dir)* premeditazione.

vorsätzlich ['fo:ɐ̯ˌzɛtslɪç] *(agg)* *1* intenzionale, di proposito. *2* *(dir)* premeditato. *3* *(avv)* intenzionalmente, di proposito.

Vorschau ['fo:ɐ̯ˌʃau] *(f; -, -en)* ~ presentazione (di programmi tv, film, ecc).

Vorschein ['fo:ɐ̯ˌʃain] *(m)* ~ **etwas zum Vorschein bringen** tirare fuori, portare alla luce. ◆ **zum Vorschein kommen** venire alla luce, uscire fuori.

vor|schieben *(vt, hat; irr schieben)* *1* spingere in avanti. *2* *(fig)* prendere a pretesto, addurre come scusa ♦ *eine Grippe vorschieben* addurre come scusa un'influenza. *3* {*jmdn* ~} *(fig)* mandare avanti qcn (per non esporsi).

vor|schießen[1] *(vi, ist; irr/ortogr schießen)* ~ *(fam)* balzar fuori (all'improvviso).

vor|schießen[2] *(vt, hat; irr/ortogr schießen)* ~ anticipare (soldi) ♦ *kannst du mir hundert Euro vorschießen?* puoi anticiparmi cento euro?

Vorschlag ['fo:ɐ̯ˌʃla:k] *(m; -(e)s, -schläge)* ~ proposta ♦ *einen Vorschlag ablehnen, annehmen* rifiutare, accettare una proposta ♦ *jmdm einen Vorschlag machen* fare una proposta a qcn. ◆ **auf Vorschlag von jmdm** su proposta di qcn.

vor|schlagen *(vt, hat; irr schlagen)* *1* {*jmdm etwas* ~} proporre qcs a qcn, suggerire qcs a qcn ♦ *sie haben uns ein Geschäft vorgeschlagen* ci hanno proposto un affare ♦ *ich schlage vor, dass wir mit dem Zug fahren* propongo di andare in treno. **2** proporre, candidare ♦ *sie haben Herrn Maier für das Amt des Vorsitzenden vorgeschlagen* hanno proposto il signor Maier per la carica di presidente.

vorschnell ['fo:ɐʃnɛl] *(agg)* ~ avventato, precipitato, affrettato.

vor|schreiben *(vt,* hat; *irr* schreiben*)* **1** scrivere (a mo' di esempio), far vedere come si scrive ♦ *die Lehrerin hat den Kindern das Wort „Arzt" vorgeschrieben* la maestra ha fatto vedere ai bambini come si scrive la parola "Arzt". **2** {*jmdm etwas* ~} prescrivere, imporre, ordinare qcs a qcn. **3** imporre (prezzi).

Vorschrift ['fo:ɐʃrɪft] *(f;* -, -en*)* **1** prescrizione, disposizione, ordine ♦ *sich an die Vorschriften halten* attenersi alle disposizioni. **2** prescrizione (medica).

Vorschub ['fo:ɐʃu:p] *(m)* ~ **jmdm/etwas Vorschub leisten** *(fig)* aprire la strada a qcn/qcs, favorire qcn/qcs.

Vorschuss († **-schuß**) ['fo:ɐʃʊs] *(m;* -es, -schüsse*)* ~ anticipo (in denaro).

vor|schützen *(vt,* hat*)* ~ prendere a pretesto, addurre come scusa.

vor|schweben *(vi,* hat*)* ~ {*jmdm* ~} essere, stare in mente a qcn (progetti e sim) ♦ *mir schwebt ein ganz neuer Plan vor* ho in mente un progetto completamente nuovo.

vor|sehen *(vt,* hat; *irr* sehen*)* **1** prevedere ♦ *die Reise nach Rom sieht die Besichtigung des Kolosseums vor* il viaggio a Roma prevede la visita del colosseo. **2** {*jmdn für/zu etwas* ~} pensare a qcn per qcs (cariche e sim).

Vorsehung ['fo:ɐ̯ze:ʊŋ] *(f;* -*)* ~ provvidenza (divina).

vor|setzen *(vt,* hat*)* **1** {*einer Sache* (Dat) *etwas* ~} anteporre qcs a qcs, mettere qcs davanti a qcs. **2** mandare avanti, spingere in avanti. **3** {*jmdm etwas* ~} offrire qcs a qcn (cibo, bevanda).

Vorsicht ['fo:ɐ̯zɪçt] *(f;* -*)* ~ prudenza, cautela, accortezza, precauzione ♦ *Vorsicht üben* usare prudenza. ◆ **zur Vorsicht** per precauzione. ◆ **Vorsicht!** **1** attenzione! ♦ *Vorsicht, Stufe!* attenzione allo scalino! **2** permesso! ◆ **Vorsicht ist besser als Nachsicht** *(prov)* è meglio prevenire che curare.

vorsichtig [-ɪç] *(agg)* **1** prudente, cauto, accorto. **2** *(avv)* prudentemente, con cautela ♦ *vorsichtig öffnen* aprire con cautela.

vorsichtshalber ['fo:ɐzɪçts,halbɐ] *(avv)* ~ per precauzione.

Vorsilbe ['fo:ɐ̯zɪlbə] *(f;* -, -n*)* ~ *(gramm)* prefisso.

vor|singen *(vt,* hat; *irr* singen*)* ~ {*(jmdm) etwas* ~} cantare qcs (a qcn), far sentire qcs a qcn (cantando) ♦ *ich singe dir zuerst die Melodie vor* prima ti faccio sentire la melodia.

Vorsitz ['fo:ɐ̯zɪts] *(m;* -es*)* ~ presidenza ♦ *den Vorsitz einer Firma haben* avere la presidenza di una ditta.

Vorsitzende(r) [-əndə (-dɐ)] *(m/f;* -n, -n*)* **1** presidente. **2** segretario (di partito).

Vorsorge ['fo:ɐ̯zɔrgə] *(f;* -*)* ~ prevenzione (di malattie e sim).

vorsorglich ['fo:ɐ̯zɔrklɪç] *(agg)* **1** precauzionale. **2** *(avv)* per precauzione.

Vorspeise ['fo:ɐʃpaizə] *(f;* -, -n*)* ~ antipasto; primo piatto.

Vorspiel ['fo:ɐʃpi:l] *(n;* -(e)s, -e*)* **1** *(mus)* preludio, ouverture. **2** *(fig)* preludio, inizio.

vor|spielen *(vt,* hat*)* **1** {*jmdm etwas* ~} suonare qcs a qcn, suonare qcs davanti a qcn. **2** {*jmdm etwas* ~} *(fig)* fingere, simulare qcs con qcn, far credere qcs a qcn.

vor|sprechen *(vt,* hat; *irr* sprechen*)* **1** {*jmdm etwas* ~} scandire qcs a qcn (perché lo ripeta). **2** recitare, declamare. **3** {*bei jmdm* ~} *(vi)* andare a parlare con qcn, andare da qcn (per parlarci).

Vorsprung ['fo:ɐʃprʊŋ] *(m;* -(e)s, -sprünge*)* **1** aggetto, sporgenza. **2** *(fig)* vantaggio (sui concorrenti) ♦ *der Athlet hat schon zehn Meter Vorsprung* l'atleta ha già dieci metri di vantaggio.

Vorstadt ['fo:ɐʃtat] *(f;* -, -städte*)* ~ periferia, sobborgo.

Vorstand ['fo:ɐʃtant] *(m;* -(e)s, -stände*)* ~ presidenza, direzione; consiglio d'amministrazione.

vor|stehen *(vi,* hat; *irr* stehen*)* ***1*** sporgere, aggettare. ***2*** {*einer Sache* (Dat) ~} dirigere, presiedere qcs ♦ *einem Verein vorstehen* dirigere una società.

vorstehend ['foːɐ̯ʃteːənt] *(agg)* ***1*** sporgente. ***2*** precedente (nel testo). ***3*** *(avv)* precedentemente, in precedenza ♦ *wie vorstehend gesagt* come detto in precedenza.

Vorsteher ['foːɐ̯ʃteːɐ] *(m;* -s, -; *f* **-in***)* ~ direttore.

Vorsteherdrüse [-ˌdryːzə] *(f;* -, -n*)* ~ *(anat)* prostata.

vorstellbar ['foːɐ̯ʃtɛlbaːɐ] *(agg)* ~ immaginabile, concepibile.

vor|stellen *(vt,* hat*)* ***1*** {*jmdm jmdn* ~} presentare qcn a qcn ♦ *darf ich Ihnen Herrn Schulz vorstellen?* posso presentarle il signor Schulz? ***2*** {*sich* (Dat) *etwas* ~} immaginare, immaginarsi qcs, pensare qcs ♦ *ich kann mir gut vorstellen, wie schlecht es ihm geht* posso ben immaginare quanto stia male ♦ *stell dir vor, ich habe im Lotto gewonnen!* pensa un po', ho vinto al lotto! ***3*** *(fig)* rappresentare, significare. ***4*** mettere davanti; spostare in avanti ♦ *die Uhr vorstellen* spostare in avanti l'orologio. ◆ **sich** (**bei jmdm**) **vorstellen** *(vr)* presentarsi (a qcn) ♦ *darf ich mich vorstellen?* posso presentarmi?

vorstellig ['foːɐ̯ʃtɛlɪç] *(agg)* ~ **bei jmdm vorstellig werden** presentare un reclamo presso qcn.

Vorstellung ['foːɐ̯ʃtɛlʊŋ] *(f;* -, -en*)* ***1*** presentazione. ***2*** rappresentazione, spettacolo (cinema, teatro, ecc) ♦ *die letzte Vorstellung endet um ein Uhr* l'ultimo spettacolo finisce all'una. ***3*** idea, concetto ♦ *sich* (Dat) *eine Vorstellung von etwas machen* farsi un'idea di qcs.

Vorstellungsgespräch [-sgəʃprɛːç] *(n;* -(e)s, -e*)* ~ colloquio di lavoro.

Vorstellungskraft [-sˌkraft] *(f;* -*)* ~ immaginazione, fantasia.

Vorstrafe ['foːɐ̯ʃtraːfə] *(f;* -, -n*)* ~ *(dir)* precedente (penale).

vor|strecken *(vt,* hat*)* ***1*** stendere in avanti, allungare (arti). ***2*** anticipare (denaro).

Vorstufe ['foːɐ̯ʃtuːfə] *(f;* -, -n*)* ~ primo stadio, stadio iniziale.

Vortag ['foːɐ̯ˌtaːk] *(m;* -(e)s*)* ~ giorno precedente ♦ *am Vortag* il giorno precedente.

vor|täuschen *(vt,* hat*)* ~ fingere, simulare ♦ *eine Krankheit vortäuschen* fingere una malattia.

Vorteil ['fɔrˌtail] *(m;* -(e)s, -e*)* ***1*** vantaggio, beneficio, pro ♦ *einen Vorteil aus etwas ziehen* trarre vantaggio da qcs ♦ *die Vor- und Nachteile eines Unternehmens* i vantaggi e gli svantaggi di un'impresa ♦ *die Sache hat den Vorteil, dass* la cosa ha il vantaggio che. ***2*** vantaggio, utile, tornaconto ♦ *auf seinen Vorteil bedacht sein* mirare al proprio tornaconto. ◆ **im Vorteil sein** essere in vantaggio. ◆ **von Vorteil sein** essere vantaggioso. ◆ **sich zu seinem Vorteil verändern** cambiare in meglio.

vorteilhaft [-ˌhaft] *(agg)* ***1*** vantaggioso. ***2*** che sta bene, che dona (abito).

Vortrag ['foːɐ̯ˌtraːk] *(m;* -(e)s, -träge*)* ***1*** *(solo sing)* recitazione, declamazione. ***2*** conferenza ♦ *einen Vortrag über die Umweltverschmutzung halten* tenere una conferenza sull'inquinamento.

vor|tragen *(vt,* hat; *irr* tragen*)* ***1*** recitare, declamare. ***2*** cantare, suonare, interpretare. ***3*** {*jmdm etwas* ~} riferire, comunicare qcs a qcn (spec a superiori). ***4*** *(fam)* portare in avanti.

vortrefflich [ˌfoːɐ'trɛflɪç] *(agg)* ***1*** eccellente, ottimo. ***2*** *(avv)* benissimo, in modo eccellente.

vorüber [fo'ryːbɐ] *(avv)* ~ vedi **vorbei**.

vorüber|gehen *(vi,* ist; *irr* gehen*)* ***1*** {*an etwas* (Dat) ~} trascurare qcs, non considerare qcs. ***2*** passare, terminare ♦ *der Sturm geht vorüber* la tempesta sta passando. ◆ **im Vorübergehen** di sfuggita.

vorübergehend [-ˌgeːənt] *(agg)* ***1*** provvisorio, transitorio. ***2*** passeggero.

Vorurteil ['foːɐ̯ˌʔʊrtail] *(n;* -(e)s, -e*)* ~ pregiudizio ♦ *Vorurteile gegen jmdn/etwas haben* avere pregiudizi contro qcn/qcs.

Vorverkauf ['foːɐfɛɐ̯ˌkauf] *(m;* -(e)s*)* ~ prevendita.

vor|verlegen *(vt,* hat*)* ***1*** spostare in avanti. ***2*** anticipare (nel tempo) ♦ *die Prüfung ist vorverlegt worden* l'esame è stato anticipato.

Vorverlegung ['foːɐfɛɐ̯ˌleːgʊŋ] *(f;* -, -en*)* ~ anticipazione (nel tempo).

Vorwahl ['foːɐ̯ˌvaːl] *(f; -, -en)* ~ prefisso (telefonico).
vor|wählen *(vt,* hat*)* ~ comporre, digitare (prefisso telefonico).
Vorwahlnummer, **Vorwählnummer** ['foːɐ̯vaːlˌnʊmɐ, 'foːɐ̯vɛːlˌnʊmɐ] *(f; -, -n)* ~ prefisso (telefonico).
Vorwand ['foːɐ̯ˌvant] *(m; -(e)s, -wände)* ~ pretesto, scusa ♦ *etwas zum Vorwand nehmen* prendere qcs a pretesto. ◆ **unter dem Vorwand, dass** con il pretesto che.
vorwärts ['foːɐ̯ˌvɛrts] *(avv)* ~ avanti, in avanti ♦ *ein Schritt vorwärts* un passo (in) avanti *(anche fig)* ♦ *vorwärts gehen* andare avanti, avanzare. ◆ **vorwärts gehen** († **vorwärtsgehen**) *(fig)* procedere, andare avanti (bene). ◆ **vorwärts kommen** († **vorwärtskommen**) *(fig)* andare avanti, fare progressi; avere successo.
vorweg [ˌfoːɐ̯'vɛk] *(avv)* ~ prima, anticipatamente.
vorweg|nehmen *(vt,* hat; *irr* nehmen*)* ~ anticipare (fare o dire prima).
vor|weisen *(vt,* hat; *irr* weisen*)* ~ esibire, mostrare, presentare (documenti).
vor|werfen *(vt,* hat; *irr* werfen*)* ***1*** gettare (in avanti) ♦ *einem Hund einen Knochen vorwerfen* gettare un osso a un cane. ***2*** *[jmdm/sich etwas ~]* rimproverare, rinfacciare qcs a qcn/rimproverarsi qcs ♦ *sie wirft ihm vor, dass er ihr nicht geholfen habe* lo rimprovera di non averlo aiutato ♦ *ich habe mir nichts vorzuwerfen* non ho niente da rimproverarmi.
vorwiegend ['foːɐ̯ˌviːgənt] *(avv)* ~ prevalentemente, in prevalenza, principalmente.
Vorwitz ['foːɐ̯ˌvɪts] *(m; -es)* ~ impertinenza; saccenteria.
vorwitzig [-ɪç] *(agg)* ~ impertinente; saccente.
Vorwort ['foːɐ̯ˌvɔrt] *(n; -(e)s, -e)* ~ prefazione, premessa.
Vorwurf ['foːɐ̯ˌvʊrf] *(m; -(e)s, -würfe)* ~ rimprovero ♦ *jmdm Vorwürfe/einen Vorwurf wegen etwas machen* fare un rimprovero a qcn, rimproverare qcn per qcs.
vorwurfsvoll [-sˌfɔl] *(agg)* ~ severo, di rimprovero ♦ *ein vorwurfsvoller Blick* uno sguardo di rimprovero.
Vorzeichen ['foːɐ̯ˌtsaiçən] *(n; -s, -)* ***1*** segno, presagio. ***2*** *(mat)* segno.
vor|zeigen *(vt,* hat*)* ~ esibire, mostrare, presentare (documenti).
Vorzeit ['foːɐ̯ˌtsait] *(f; -, -en)* ~ preistoria.
vorzeitig [-ɪç] *(agg)* ***1*** anticipato. ***2*** prematuro. ***3*** *(avv)* in anticipo, prima del previsto ♦ *wir mussten vorzeitig zurückfahren* dovemmo tornare in anticipo.
vorzeitlich [-lɪç] *(agg)* ~ preistorico, primitivo.
vor|ziehen *(vt,* hat; *irr* ziehen*)* ***1*** tirare in avanti. ***2*** chiudere (tenda). ***3*** *(fam)* tirare fuori. ***4*** *[jmdn/etwas (jmdm/etwas) ~]* preferire qcn/qcs (a qcn/qcs) ♦ *ich ziehe Kaffee vor* preferisco il caffè ♦ *ich ziehe es vor, hier zu warten* preferisco aspettare qui ♦ *es ist vorzuziehen, so zu machen* è preferibile fare così.
Vorzimmer ['foːɐ̯ˌtsɪmɐ] *(n; -s, -)* ~ anticamera.
Vorzug ['foːɐ̯ˌtsuːk] *(m; -(e)s, -züge)* ***1*** vantaggio, pregio ♦ *die Vorzüge seines Charakters* i pregi del suo carattere ♦ *die Sache hat den Vorzug, dass* la cosa ha il vantaggio che. ***2*** preferenza, precedenza, priorità ♦ *einer Sache* (Dat) *den Vorzug geben* dare la precedenza a qcs.
vorzüglich ['foːɐ̯ˌtsyːklɪç] *(agg)* ~ eccellente, ottimo.
Vorzugspreis ['foːɐ̯tsuːksˌprais] *(m; -es, -e)* ~ prezzo di favore.
Votum ['voːtʊm] *(n; -s, Voten/Vota)* ***1*** voto ♦ *sein Votum für etwas abgeben* dare il proprio voto a qcs. ***2*** giudizio, parere.
vulgär [vʊl'gɛːɐ̯] *(agg)* ***1*** ordinario, comune, volgare. ***2*** volgare, grossolano.
Vulkan [vʊl'kaːn] *(m; -s, -e)* ~ vulcano ♦ *erloschener, tätiger Vulkan* vulcano spento, attivo ♦ *der Vulkan ist ausgebrochen* il vulcano ha eruttato.
Vulkanausbruch [-ˌʔausbrʊx] *(m; -(e)s, -brüche)* ~ eruzione vulcanica.
vulkanisch [-ɪʃ] *(agg)* ~ vulcanico.

W

w, W [veː] *(n; -/-s, -/-s)* ~ w, W *(ventitreesima lettera dell'alfabeto tedesco).*

Waage ['vaːgə] *(f; -, -n)* ~ bilancia *(anche astrol)* ♦ *etwas auf die Waage legen* mettere qcs sulla bilancia. ◆ **sich** (Dat) **die Waage halten** *(fig)* bilanciarsi, equilibrarsi.

waag(e)recht ['vaːkˌrɛçt ('vaːgəˌrɛçt)] *(agg)* *1* orizzontale. *2 (avv)* orizzontalmente, in orizzontale.

Waagschale ['vaːkˌʃaːlə] *(f; -, -n)* ~ piatto della bilancia. ◆ **etwas in die Waagschale werfen** *(fig)* mettere sul piatto della bilancia qcs.

wabb(e)lig ['vab(ə)lɪç] *(agg)* ~ gelatinoso, molle.

Wabe ['vaːbə] *(f; -, -n)* ~ favo.

wach [vax] *(agg)* *1* sveglio, desto ♦ *ich bin bis vier Uhr morgens wach geblieben* sono rimasto sveglio fino alle quattro di mattina. *2 (fig)* sveglio, vivace. ◆ **wach halten** († **wachhalten**) *1* tenere sveglio ♦ *das Baby hat uns die ganze Nacht wach gehalten* il bambino ci ha tenuti svegli tutta la notte. *2 (fig)* tenere desto, mantenere vivo. ◆ **jmdn wach rütteln** svegliare qcn (scuotendolo). ◆ **wach werden** svegliarsi, destarsi.

Wache [-ə] *(f; -, -n)* *1* guardia, servizio di guardia. *2* guardia, guardiano, sentinella; personale di guardia. ◆ **die Wache ablösen** dare il cambio della guardia. ◆ **Wache halten** stare di guardia.

wachen [-ən] *(vi, hat)* *1* vegliare, stare sveglio. *2* {*über jmdn/etwas ~*} *(fig)* vegliare su qcn/qcs, sorvegliare qcn/qcs. ◆ **bei einem Kranken wachen** vegliare un malato.

wachhalten ~ **wach halten** (vedi **wach**).

Wachhund [-ˌhʊnt] *(m; -(e)s, -e)* ~ cane da guardia.

Wachmann [-ˌman] *(m; -(e)s, -männer/-leute)* ~ guardia, guardiano.

Wacholder [va'xɔldɐ] *(m; -s, -)* ~ *(bot)* ginepro.

Wachposten ['vaxˌpɔstən] *(anche* **Wachtposten***)* *(m; -s, -)* ~ sentinella.

wach|rufen *(vt, hat; irr* rufen*)* ~ *(fig)* ridestare, risvegliare ♦ *eine Erinnerung wachrufen* ridestare un ricordo.

wach|rütteln *(vt, hat)* ~ scuotere, ridestare.

Wachs [vaks] *(n; -es, -e)* ~ cera. ◆ **weich wie Wachs werden** *(fig)* cedere, piegarsi.

wachsam ['vaxˌzaːm] *(agg)* ~ vigile, attento.

wachsen[1] ['vaksən] *(vi, ist; er* **wächst**, **wuchs**, **gewachsen***)* *1* crescere ♦ *das Kind ist im letzten Jahr um acht Zentimeter gewachsen* il bambino è cresciuto di otto centimetri nell'ultimo anno ♦ *er hat sich einen Schnurrbart wachsen lassen* si è lasciato crescere i baffi ♦ *hier wachsen Maiglöckchen* qui crescono i mughetti. *2 (fig)* crescere, aumentare ♦ *die Arbeitslosenquote ist gewachsen* il tasso di disoccupazione è aumentato. ◆ **jmdm/etwas nicht gewachsen sein** non essere all'altezza di qcn/qcs.

wachsen[2] *(vt,* hat*)* ~ dare la cera a ♦ *den Fußboden wachsen* dare la cera al pavimento.
wachsend [-t] *(agg)* ~ crescente.
wächsern ['vɛksɐn] *(agg)* *1* di cera. *2* *(fig)* cereo, di cera.
Wachsfigur ['vaksfi,gu:ɐ] *(f;* -, -en*)* ~ statua di cera.
Wachsfigurenkabinett ['vaksfigu:rənkabi,nɛt] *(n;* -s, -e*)* ~ museo delle cere.
Wachskerze ['vaks,kɛrtsə] *(f;* -, -n*)* ~ candela (di cera).
Wachsmalstift ['vaks,ma:lʃtɪft] *(m;* -(e)s, -e*)* ~ pastello a cera.
Wachstum ['vaks,tu:m] *(n;* -s*)* *1* crescita ♦ *das Wachstum der Bäume* la crescita degli alberi. *2* *(fig)* crescita, sviluppo.
Wachtel ['vaxtəl] *(f;* -, -n*)* ~ *(zool)* quaglia.
Wächter ['vɛçtɐ] *(m;* -s, -; *f* **-in***)* ~ guardiano, guardia.
Wachtposten ['vaxt,pɔstən] ~ vedi **Wachposten**.
Wach(t)turm ['vax(t),tʊrm] *(m;* -(e)s, -türme*)* ~ torre di guardia, torretta.
Wachzustand ['vax,tsu:ʃtant] *(m;* -(e)s*)* ~ veglia, stato di veglia.
wackelig ['vakəlɪç] *(anche* **wacklig***)* *(agg)* *1* traballante, malfermo ♦ *ein wackeliger Tisch* un tavolo traballante. *2* *(fig)* traballante, incerto, precario. ◆ **ein wackeliger Zahn** un dente che balla.
wackeln ['vakəln] *(vi,* hat/ist*)* *1* *(aux* hat*)* traballare, tentennare ♦ *der Schemel wackelt* lo sgabello traballa. *2* {*mit etwas* ~} *(aux* hat*)* tentennare qcs ♦ *mit dem Kopf wackeln* tentennare la testa. *3* *(aux* ist*)* *(fam)* barcollare, andare barcollando.
wacker ['vakɐ] *(agg)* ~ valoroso.
wacklig ['vaklɪç] *(agg)* ~ vedi **wackelig**.
Wade ['va:də] *(f;* -, -n*)* ~ *(anat)* polpaccio.
Waffe ['vafə] *(f;* -, -n*)* *1* arma *(anche fig)* ♦ *zur Waffe greifen* impugnare l'arma ♦ *die Waffen strecken* deporre le armi *(anche fig)*. *2* *(mil)* arma (dell'esercito).
Waffel [-l] *(f;* -, -n*)* ~ wafer, cialda.
Waffenhändler [-n,hɛndlɐ] *(m;* -s, -*)* *1* armaiolo. *2* trafficante d'armi.
Waffenkammer [-n,kamɐ] *(f;* -, -n*)* ~ *(mil)* armeria.
Waffenruhe [-n,ru:ə] *(f;* -*)* ~ tregua.
Waffenschein [-n,ʃain] *(m;* -(e)s, -e*)* ~ porto d'armi.
Waffenstillstand [-n,ʃtɪlʃtant] *(m;* -(e)s, -stände*)* ~ armistizio ♦ *den Waffenstillstand unterzeichnen* firmare l'armistizio.
wagehalsig ['va:gə,halzɪç] *(agg)* ~ vedi **waghalsig**.
Wägelchen ['vɛ:gəlçən] *(n;* -s, -*)* ~ carretto, carrettino.
wagemutig ['va:gə,mu:tɪç] *(agg)* ~ audace, temerario.
wagen ['va:gən] *(vt,* hat*)* *1* rischiare, mettere in gioco ♦ *sein Leben wagen* rischiare la vita. *2* osare, ardire ♦ *ich wage (es) nicht, ihm die Wahrheit zu sagen* non oso dirgli la verità. ◆ **sich wagen** *(vr)* avventurarsi ♦ *er wagte sich nicht aus seinem Versteck* non si avventurava fuori dal suo nascondiglio. ◆ **wer nicht wagt, der nicht gewinnt** *(prov)* chi non risica non rosica.
Wagen *(m;* -s, -*)* *1* carro. *2* carrozza (a cavalli; ferroviaria). *3* auto, automobile, macchina ♦ *in den Wagen steigen* salire in macchina ♦ *aus dem Wagen steigen* scendere dalla macchina. ◆ **Großer Wagen** *(astron)* Gran Carro, Orsa Maggiore. ◆ **Kleiner Wagen** *(astron)* Piccolo Carro, Orsa Minore.
wägen ['vɛ:gən] *(vt,* hat; **wog, gewogen***)* ~ ponderare, meditare. ◆ **erst wägen, dann wagen** *(prov)* prima pensa, poi agisci.
Wagentür ['va:gən,ty:ɐ] *(f;* -, -en*)* ~ porta, portiera (di auto).
Waggon ~ vedi **Wagon**.
waghalsig ['va:k,halzɪç] *(anche* **wagehalsig***)* *(agg)* ~ temerario, audace (persona, impresa, ecc).
Wagnis ['va:knɪs] *(n;* -ses, -se*)* ~ rischio, impresa rischiosa.
Wagon *(anche* **Waggon***)* [va'gõ:] *(m;* -s, -s*)* ~ vagone (merci).
Wahl [va:l] *(f;* -, -en*)* *1* elezione ♦ *politische Wahlen* elezioni politiche. *2* scelta ♦ *eine Wahl treffen* fare una scelta ♦ *die Wahl zwischen zwei Alternativen haben* avere la scelta fra due alternative ♦ *ich habe keine andere Wahl* non ho altra scelta.
wahlberechtigt [-bə,rɛçtɪçt] *(agg)* ~ avente diritto al voto.

Wahlberechtigung [-bə,rɛçtɪgʊŋ] *(f; -, -en)* ~ diritto al voto, diritto di votare.

wählen ['vɛ:lən] *(vt,* hat*)* ***1*** eleggere; votare ♦ *jmdn zum Ministerpräsidenten wählen* eleggere qcn Presidente del Consiglio. ***2*** scegliere ♦ *einen Beruf, ein Buch, den richtigen Augenblick wählen* scegliere una professione, un libro, il momento giusto. ***3*** comporre (numero telefonico). ***4*** *(vi)* votare, andare a votare.

Wähler ['vɛ:lɐ] *(m; -s, -; f* **-in***)* ~ elettore.

wählerisch ['vɛ:lərɪʃ] *(agg)* ~ schizzinoso, difficile (da accontentare), esigente.

wahlfrei ['va:l,frai] *(agg)* ~ facoltativo.

Wahlkampf ['va:l,kampf] *(m; -(e)s, -kämpfe)* ~ campagna elettorale.

Wahlliste ['va:l,lɪstə] *(f; -, -n)* ~ lista elettorale.

wahllos ['va:l,lo:s] *(agg)* ***1*** indiscriminato. ***2*** *(avv)* a caso.

Wahlrecht ['va:l,rɛçt] *(n; -(e)s)* ~ diritto di voto ♦ *aktives, passives Wahlrecht* diritto di voto attivo, passivo.

Wahlurne ['va:l,ˀʊrnə] *(f; -, -n)* ~ urna elettorale.

wahlweise ['va:l,vaizə] *(avv)* ~ a scelta; facoltativamente.

Wahn [va:n] *(m; -(e)s)* ~ *(lett)* illusione, inganno, errore.

wähnen ['vɛ:nən] *(vt,* hat*)* ~ *(lett)* credere, ritenere, supporre ♦ *ich wähnte dich zu Hause* ti credevo a casa.

Wahnsinn ['va:n,zɪn] *(m; -(e)s)* ***1*** follia, pazzia. ***2*** *(fam)* pazzia, assurdità, follia ♦ *das ist doch absoluter Wahnsinn!* ma questa è pura follia!

wahnsinnig [-ɪç] *(agg)* ***1*** pazzo, folle (persona). ***2*** *(fig/fam)* pazzo, matto ♦ *bist du wahnsinnig?* sei pazzo? ***3*** *(fig/fam)* grande, enorme. ***4*** *(avv)* pazzamente, follemente. ***5*** *(avv) (fig/fam)* enormemente, immensamente, in modo pazzesco ♦ *ich habe mich wahnsinnig über ihr Geschenk gefreut* sono stata immensamente contenta del suo regalo. ◆ **wahnsinnig werden** impazzire.

Wahnwitz ['va:n,vɪts] *(m; -es)* ~ pazzia, assurdità, idea (o azione) folle.

wahr ['va:r] *(agg)* ***1*** vero, reale, veritiero ♦ *eine wahre Geschichte* una storia vera ♦ *das ist zu schön, um wahr zu sein* è troppo bello per essere vero ♦ *ist es wahr, dass sie sich getrennt haben?* è vero che si sono separati? ***2*** *(fig/lett)* vero, sincero ♦ *ein wahrer Freund* un vero amico. ***3*** *(fig)* vero, proprio ♦ *es ist eine wahre Schande, dass* è una vera vergogna che. ◆ **wahr machen** realizzare, attuare (intenzioni e sim). ◆ **wahr werden** avverarsi, realizzarsi. ◆ **nicht wahr?** vero? non è vero? ◆ **so wahr mir Gott helfe** con l'aiuto di Dio.

wahren [-ən] *(vt,* hat*)* ~ *(lett)* difendere, tutelare (diritti e sim). ◆ **ein Geheimnis wahren** mantenere un segreto. ◆ **den Schein wahren** salvare le apparenze.

währen ['vɛ:rən] *(vi,* hat*)* ~ *(lett)* durare, perdurare.

während[1] [-t] *(congiunz subord)* ***1*** mentre ♦ *während das Kind schläft, schreibe ich Briefe* mentre il bambino dorme io scrivo le lettere. ***2*** *(fam)* mentre, invece ♦ *sie ist sehr sparsam, während ihre Schwester immer ihr ganzes Geld ausgibt* è molto parsimoniosa, mentre sua sorella spende sempre tutti i suoi soldi.

während[2] *(prep* + Gen; + Dat *se il* Gen *non è marcato)* ~ durante; per ♦ *während des Winters* durante l'inverno ♦ *während der Arbeit* durante il lavoro ♦ *während drei Jahren* per tre anni.

währenddessen [-t'dɛsən] *(avv)* ~ intanto, nel frattempo.

wahrhaft ['va:ɐ,haft] *(agg)* ~ *(lett)* vero ♦ *ein wahrhafter Freund* un vero amico.

wahrhaftig [-ɪç] *(agg)* ***1*** *(lett)* vero, sincero, amante della verità. ***2*** *(avv)* veramente, davvero.

Wahrhaftigkeit [-ɪç,kait] *(f; -)* ~ verità, veridicità.

Wahrheit ['va:ɐ,hait] *(f; -, -en)* ***1*** *(solo sing)* verità, vero ♦ *die nackte Wahrheit* la verità nuda e cruda ♦ *du musst die Wahrheit sagen* devi dire la verità. ***2*** verità, fatto, dato di fatto. ◆ **um die Wahrheit zu sagen** a dire il vero.

wahrheitsgemäß ['va:ɐhaitsgə,mɛ:s] *(agg)* ~ vero, conforme alla verità.

wahrlich ['va:ɐlɪç] *(avv)* ~ *(lett)* in verità, veramente.

wahrnehmbar ['va:ɐne:m,ba:ɐ] *(agg)* ~ percepibile, sensibile; udibile; visibile.

wahr|nehmen *(vt,* hat; *irr* nehmen*)* ***1*** {*etwas* ~} percepire qcs, accorgersi di qcs ♦ *ein Geräusch, eine Bewegung wahrnehmen* percepire un rumore, un movimento. ***2*** {*etwas* ~} sfruttare qcs, approfittare di qcs (occasioni e sim). ***3*** rispettare (scadenza). ***4*** tutelare, difendere (interessi).

Wahrnehmung ['va:ɐ̯ˌne:mʊŋ] *(f;* -, -en*)* ***1*** percezione. ***2*** tutela, difesa (di interessi, diritti, ecc).

wahr|sagen *(vt,* hat*)* ~ predire, prevedere (il futuro). ◆ **aus der Hand, aus den Karten wahrsagen** leggere la mano, le carte. ◆ **sich wahrsagen lassen** farsi predire il futuro.

Wahrsager ['va:ɐ̯ˌza:gɐ] *(m;* -s, -; *f* **-in***)* ~ indovino.

Wahrsagung ['va:ɐ̯ˌza:gʊŋ] *(f;* -, -en*)* ~ predizione.

wahrscheinlich [ˌva:ɐ̯'ʃainlɪç] *(agg)* ***1*** probabile. ***2*** *(avv)* probabilmente.

Wahrscheinlichkeit [-ˌkait] *(f;* -*)* ~ probabilità. ◆ **aller Wahrscheinlichkeit nach** con ogni probabilità.

Währung ['vɛ:rʊŋ] *(f;* -, -en*)* ***1*** valuta, moneta ♦ *harte, weiche Währung* moneta forte, debole. ***2*** sistema monetario.

Währungs- ['vɛ:rʊŋs-] *(nei composti)* ~ monetario ♦ *Währungseinheit* unità monetaria.

Wahrzeichen ['va:ɐ̯ˌtsaiçən] *(n;* -s, -*)* ~ emblema, simbolo.

Waise ['vaizə] *(f;* -, -n*)* ~ orfano.

Waisenhaus ['vaizənˌhaus] *(n;* -es, -häuser*)* ~ orfanotrofio.

Waisenkind ['vaizənˌkɪnt] *(n;* -(e)s, -er*)* ~ orfano.

Wal [va:l] *(m;* -(e)s, -e*)* ~ *(zool)* balena.

Wald [valt] *(m;* -(e)s, Wälder*)* ***1*** bosco, selva, foresta ♦ *ein dichter, lichter Wald* un bosco folto, rado. ***2*** *(fig)* selva (di bandiere, antenne, ecc).

Waldarbeiter [-ˌʔarbaitɐ] *(m;* -s, -*)* ~ boscaiolo.

Waldbestand [-bəˌʃtant] *(m;* -(e)s, -stände*)* ~ patrimonio forestale.

Waldkauz [-ˌkauts] *(m;* -es, -käuze*)* ~ *(zool)* allocco.

Waldrand [-ˌrant] *(m;* -(e)s, -ränder*)* ~ margine, limitare del bosco ♦ *am Waldrand* sul limitare del bosco (stato in luogo).

Walfang ['va:lˌfaŋ] *(m;* -(e)s*)* ~ caccia alla balena.

Walfisch ['valˌfɪʃ] *(m;* -es, -e*)* ~ balena.

Walküre [val'ky:rə] *(f;* -, -n*)* ~ valchiria.

Wall ['va:l] *(m;* -(e)s, Wälle*)* ~ vallo, bastione ♦ *einen Wall aufschütten/errichten* innalzare un bastione.

Wallfahrer [-ˌfa:rɐ] *(m;* -s, -; *f* **-in***)* ~ pellegrino.

Wallfahrt [-ˌfa:ɐ̯t] *(f;* -, -en*)* ~ pellegrinaggio.

Wallfahrtskirche [-fa:ɐ̯tsˌkɪrçə] *(f;* -, -n*)* ~ santuario.

Wallung ['valʊŋ] *(f;* -, -en*)* ***1*** ribollimento. ***2*** *(fig/lett)* ribollimento, agitazione. ***3*** bollore, vampata. ◆ **in Wallung geraten** agitarsi.

<u>**Walnuss**</u> († **-nuß**) ['valˌnʊs] *(f;* -, -nüsse*)* ~ noce (frutto).

<u>**Walnussbaum**</u> († **-nuß-**) [-ˌbaum] *(m;* -(e)s, -bäume*)* ~ *(bot)* noce (albero).

<u>**Walross**</u> († **-roß**) [-ˌrɔs] *(n;* -es, -e*)* ~ *(zool)* tricheco.

walten ['valtən] *(vi,* hat*)* ~ *(lett)* agire, esserci (forze, influssi, ecc). ◆ **Gnade walten lassen** usare clemenza.

Walze ['valtsə] *(f;* -, -n*)* ***1*** cilindro, rullo (meccanico). ***2*** *(geom)* cilindro.

walzen [-n] *(vt,* hat*)* ***1*** laminare (metallo). ***2*** battere, spianare (con rullo compressore o sim).

wälzen ['vɛltsən] *(vt,* hat*)* ***1*** rotolare ♦ *ein Fass wälzen* rotolare una botte. ***2*** *(fam)* scartabellare. ***3*** {*etwas* ~} *(fam)* rimuginare su qcs ♦ *ein Problem wälzen* rimuginare su un problema. ◆ **sich wälzen** *(vr)* ***1*** rotolarsi ♦ *ich habe mich stundenlang im Bett gewälzt* mi sono rigirato per ore nel letto. ***2*** rotolare, procedere rotolando. ◆ **sich vor Lachen wälzen** *(vr)* sganasciarsi dal ridere. ◆ **die Schuld auf jmdn wälzen** *(fig)* scaricare la colpa addosso a qcn.

Walzer ['valtsɐ] *(m;* -s, -*)* ~ valzer.

Wälzer ['vɛltsɐ] *(m;* -s, -*)* ~ *(fam)* mattone, librone.

Wampe ['vampə] *(f;* -, -n*)* ~ *(fam)* pancione, trippa.

wand [vant] ~ pret di **winden**.

Wand *(f;* -, Wände*)* ***1*** parete, muro ♦ *ein Bild an die Wand hängen* appendere un quadro alla parete ♦ *einen Nagel in die*

Wand schlagen piantare un chiodo nel muro. *2* parete (rocciosa). *3 (fig)* muro, ostacolo ♦ *zwischen ihnen steht eine Wand* fra loro c'è un muro. ◆ **tragende Wand** muro portante, muro maestro. ◆ **die (eigenen) vier Wände** *(fig/fam)* le proprie quattro mura. ◆ **die Wände haben Ohren!** *(fig/fam)* anche i muri hanno orecchi! ◆ **weiß wie eine Wand werden** *(fig)* diventare pallido come un muro. ◆ **jmdn an die Wand drücken** *(fig)* mettere qcn in ombra. ◆ **jmdn an die Wand stellen** *(fig)* mettere al muro qcn, fucilare qcn. ◆ **gegen eine Wand reden** *(fig)* parlare al muro.

Wandale *(anche* **Vandale***)* [van'da:lə] *(m; -n, -n)* ~ vandalo, teppista.

Wandalismus *(anche* **Vandalismus***)* [vanda'lɪsmʊs] *(m; -)* ~ vandalismo.

Wandbord ['vant,bɔrt] *(n; -(e)s, -e)* ~ mensola.

Wandbrett ['vant,brɛt] *(n; -(e)s, -er)* ~ mensola.

Wandel ['vandəl] *(m; -s)* ~ trasformazione, cambiamento, mutamento.

wandeln[1] [-n] *(vi, ist)* ~ passeggiare, camminare. ◆ **ein wandelnder/wandelndes, eine wandelnde... sein** *(fig/fam)* essere un, una... ambulante ♦ *er ist ein wandelndes Wörterbuch* è un dizionario ambulante.

wandeln[2] *(vt, hat)* ~ trasformare, cambiare, mutare. ◆ **sich wandeln** *(vr)* trasformarsi, cambiare ♦ *seine Ansicht hat sich gewandelt* la sua opinione è cambiata ♦ *ihre Liebe wandelte sich in Hass* il loro amore si tramutò in odio.

Wanderausstellung ['vandɐ,ˀausʃtɛlʊŋ] *(f; -, -en)* ~ mostra ambulante.

Wanderer ['vandərɐ] *(m; -s, -; f* **-in***)* ~ escursionista.

wandern ['vandɐn] *(vi, ist) 1* camminare, girare, passeggiare ♦ *wir sind stundenlang durch den Wald gewandert* abbiamo camminato per il bosco per ore. *2* migrare (animali, popoli). *3 (fig)* spaziare, vagare (sguardi, pensieri) ♦ *sein Blick wanderte über die Bilder* il suo sguardo vagava sui quadri. *4 (fig/fam)* finire, andare a finire ♦ *er ist ins Gefängnis gewandert* è finito in prigione.

Wanderschaft ['vandɐʃaft] *(f; -)* ~ viaggio (in giro per il mondo), giro ♦ *auf Wanderschaft gehen* andare in giro (per il mondo).

Wandersmann ['vandɐs,man] *(m; -(e)s, -leute)* ~ viandante.

Wanderung ['vandərʊŋ] *(f; -, -en) 1* escursione, gita (a piedi), camminata ♦ *eine Wanderung machen* fare un'escursione. *2* migrazione (di popoli o animali).

Wandlung ['vandlʊŋ] *(f; -, -en)* ~ trasformazione, cambiamento, mutamento.

Wandschrank ['vant,ʃraŋk] *(m; -(e)s, -schränke)* ~ armadio a muro.

Wandtafel ['vant,ta:fəl] *(f; -, -n)* ~ lavagna (al muro).

wandte ['vantə] ~ pret di **wenden**.

Wandteppich ['vant,tɛpɪç] *(m; -(e)s, -e)* ~ arazzo.

Wange ['vaŋə] *(f; -, -n) 1 (lett)* guancia. *2* fianco, lato (di macchine, scale, ecc).

wankelmütig ['vaŋkəl,my:tɪç] *(agg)* ~ *(lett)* incostante, volubile.

wanken ['vaŋkən] *(vi, ist) 1* oscillare, vacillare. *2* barcollare, andare barcollando. *3 (fig)* vacillare, barcollare ♦ *sein Selbstbewusstsein wankte* la sua sicurezza vacillò. ◆ **nicht wanken und nicht weichen** *(fig/lett)* non indietreggiare di un passo.

wankend [-t] *(agg) 1* oscillante, vacillante. *2* barcollante. *3 (fig)* barcollante, vacillante. ◆ **wankend werden** *(fig)* cominciare a vacillare.

wann [van] *(avv interr)* ~ quando ♦ *wann kommst du mich besuchen?* quando vieni a trovarmi? ♦ *bis wann kannst du bleiben?* fino a quando puoi restare? ♦ *seit wann wohnen sie in Florenz?* da quando abitano a Firenze? ♦ *von wann bis wann hast du Urlaub?* da quando a quando hai le ferie? ♦ *ich weiß noch nicht, wann ich Urlaub nehmen kann* non so ancora quando posso prendere ferie ♦ *schreib mir, wann du kannst* scrivimi quando puoi. ◆ **wann auch immer** quando sia, in qualsiasi momento ♦ *du kannst mich anrufen, wann auch immer du meine Hilfe brauchst* puoi telefonarmi in qualsiasi momento tu abbia bisogno del mio aiuto.

Wanne [-ə] *(f; -, -n)* **1** *(abbrev di* **Badewanne***)* vasca (da bagno). **2** bacinella, tinozza.

Wanst ['vanst] *(m; -(e)s, Wänste)* ~ *(fam)* pancia (grossa), pancione, trippa.

Wanze ['vantsə] *(f; -, -n)* **1** *(zool)* cimice. **2** *(fig)* cimice, microfono nascosto.

Wappen ['vapən] *(n; -s, -)* ~ stemma (di casata, corporazione, città, ecc).

wappnen ['vapnən] *(vr, hat)* ~ **sich gegen etwas wappnen** armarsi contro qcs *(anche fig)*. ◆ **sich mit Geduld wappnen** *(fig)* armarsi di pazienza.

war ['va:ɐ] ~ pret di **sein**[1].

warb [varp] ~ pret di **werben**.

Ware ['va:rə] *(f; -, -n)* ~ merce ◆ *gute, teure Ware* merce buona, cara ◆ *ausländische Waren* merci straniere ◆ *eine Ware auf den Markt bringen* immettere una merce sul mercato.

Warenhaus [-nˌhaus] *(n; -es, -häuser)* ~ grande magazzino.

Warenprobe [-nˌpro:bə] *(f; -, -n)* ~ campione (di merce).

Warenzeichen [-nˌtsaiçən] *(n; -s, -)* ~ marchio di fabbrica. ◆ **eingetragenes Warenzeichen** marchio registrato.

warf [varf] ~ pret di **werfen**.

warm [varm] *(agg;* **wärmer**, **am wärmsten***)* **1** caldo ◆ *die Suppe ist noch warm* la minestra è ancora calda ◆ *ein warmer Wind* un vento caldo ◆ *heute ist es warm* oggi fa caldo ◆ *mir ist warm* mi fa caldo. **2** caldo, pesante ◆ *ein warmer Pullover* un maglione caldo. **3** caldo, riscaldato ◆ *ein warmes Zimmer* una stanza calda. **4** *(fig)* caldo, cordiale, caloroso, affettuoso ◆ *ein warmer Empfang* un'accoglienza calorosa. **5** caldo (colore). **6** *(avv)* caldo, al caldo ◆ *warm sitzen* essere seduto al caldo. **7** *(avv)* *(fig)* caldamente ◆ *jmdm etwas warm empfehlen* consigliare caldamente qcs a qcn. ◆ **warm essen** mangiare qualcosa di caldo. ◆ <u>**warm**</u> <u>**halten**</u> **1** († **warmhalten**) tenere in caldo ◆ *die Suppe warm halten* tenere in caldo la minestra. **2** tenere caldo ◆ *der Pullover hält warm* il maglione tiene caldo. ◆ **mit jmdm warm werden** *(fig)* entrare in confidenza con qcn. ◆ **sich warm anziehen** vestirsi pesante. ◆ **sich warm laufen** *(sport)* riscaldarsi (correndo).

Warmblüter [-ˌbly:tɐ] *(m; -s, -)* ~ animale a sangue caldo.

warmblütig [-ˌbly:tɪç] *(agg)* ~ a sangue caldo (animale).

Wärme ['vɛrmə] *(f; -)* **1** calore. **2** *(fig)* calore, affetto.

Wärmeenergie [-ˀenɛrˌgi:] *(f; -)* ~ energia termica.

wärmen [-n] *(vt, hat)* **1** riscaldare ◆ *die Suppe wärmen* riscaldare la minestra ◆ *ich habe mir die Hände am Ofen gewärmt* mi sono riscaldato le mani alla stufa. **2** *(vi)* riscaldare, dare calore, tenere caldo ◆ *die Decke wärmt gut* la coperta tiene molto caldo.

Wärmequelle [-ˌkvɛlə] *(f; -, -n)* ~ fonte di calore.

Wärmflasche ['vɛrmˌflaʃə] *(f; -, -n)* ~ borsa dell'acqua calda.

warm|halten *(vt, hat; irr* halten*)* **1** <u>**warm**</u> <u>**halten**</u> (vedi **warm**). **2** {*sich* (Dat) *jmdn* ~} *(fig/fam)* tenersi buono qcn.

warmherzig ['varmˌhɛrtsɪç] *(agg)* ~ caldo, cordiale, affettuoso.

wärmstens ['vɛrmstəns] *(avv)* ~ caldamente ◆ *jmdm etwas wärmstens empfehlen* consigliare caldamente qcs a qcn.

Warnblinkanlage ['varnblɪŋkˌˀanla:gə] *(f; -, -n)* ~ luci di emergenza (su auto).

Warndreieck ['varnˌdraiˀɛk] *(n; -(e)s, -e)* ~ triangolo (segnale di pericolo su auto).

warnen ['varnən] *(vt, hat)* **1** {*jmdn vor jmdm/etwas* ~} mettere in guardia qcn da qcn/qcs. **2** avvertire, avvisare; ammonire. **3** diffidare ◆ *jmdn warnen, etwas zu tun* diffidare qcn dal fare qcs.

Warnschild ['varnˌʃɪlt] *(n; -(e)s, -er)* ~ segnale (stradale) di pericolo.

Warnsignal ['varnzɪˌgna:l] *(n; -s, -e)* ~ segnale d'allarme.

Warnung ['varnʊŋ] *(f; -, -en)* **1** avviso, avvertimento. **2** ammonimento. **3** monito, lezione ◆ *das soll dir eine Warnung sein* questo deve servirti di monito.

Warnzeichen ['varnˌtsaiçən] *(n; -s, -)* ~ segnale (stradale) di pericolo.

Warte ['vartə] *(f; -, -n)* **1** osservatorio; punto d'osservazione. **2** torre di guardia. **3** *(fig)* punto di vista.

Warteliste [-ˌlɪstə] *(f; -, -n)* ~ lista d'attesa.
warten[1] [-n] *(vi, hat)* ~ {*(auf jmdn/etwas)* ~} aspettare (qcn/qcs) ♦ *ich habe eine Stunde auf sie gewartet* l'ho aspettata per un'ora ♦ *ich warte auf eine Antwort, auf den Bus* aspetto una risposta, l'autobus ♦ *worauf wartest du?* cosa aspetti? ♦ *warte mal!* aspetta un po'! ♦ *warte einen Augenblick!* aspetta un attimo! ♦ *das kann warten* questo può aspettare (non è urgente). ◆ **auf sich** (Acc) **warten lassen** farsi attendere.
warten[2] *(vt, hat)* ~ *(tecn)* revisionare qcs, fare la manutenzione di qcs.
Warten *(n; -s, -)* ~ attesa ♦ *nach langem Warten* dopo una lunga attesa.
Wärter ['vɛrtɐ] *(m; -s, -; f -***in***)* ~ guardiano, custode.
Wartesaal ['vartəˌzaːl] *(m; -(e)s, -säle)* ~ sala d'aspetto.
Wartestand ['vartəʃtant] *(m; -(e)s, -stände)* ~ *(burocr)* aspettativa.
Wartezeit ['vartəˌtsait] *(f; -, -en)* ~ attesa, periodo di attesa.
Wartezimmer ['vartəˌtsɪmɐ] *(n; -s, -)* ~ sala d'aspetto.
Wartung ['vartʊŋ] *(f; -, -en)* ~ manutenzione.
warum [va'rʊm] *(avv interr)* ~ perché ♦ *warum bist du sauer auf mich?* perché ce l'hai con me? ♦ *ich weiß nicht, warum er nicht kommen wollte* non so perché non è voluto venire. ◆ **warum nicht?** perché no?
Warze ['vartsə] *(f; -, -n)* ***1*** verruca. ***2*** *(abbrev di* **Brustwarze***)* capezzolo.
was[1] [vas] *(pron interr;* Gen **wessen***)* ***1*** che, che cosa, cosa ♦ *was steht heute in der Zeitung?* che c'è scritto oggi sul giornale? ♦ *was hast du dir gekauft?* cosa ti sei comprato? ♦ *was gibt es Neues?* che c'è di nuovo? ♦ *was ist?* che c'è? ♦ *ich weiß nicht, was ich tun soll* non so che fare ♦ *ich habe sie gefragt, was sie vorhat* le ho chiesto che cosa ha in progetto. ***2*** quanto ♦ *was kostet der Schal?* quanto costa la sciarpa? ◆ **was?** che cosa? come? ◆ **was für ein-** che, che tipo di ♦ *was für ein Roman ist das?* che tipo di romanzo è questo? ♦ *was für einen Hut möchtest du kaufen?* che cappello vorresti comprare? ♦ *an was für einem Auto wären Sie interessiert?* a che tipo di auto sarebbe interessato?
was[2] *(pron rel, riferito a un pron indef;* Gen **wessen***)* ~ che ♦ *das, was du sagst, ist richtig* ciò che dici è giusto ♦ *das ist etwas, was mich glücklich macht* questo è qualcosa che mi rende felice ♦ *alles, was ich tun kann, ist warten* tutto ciò che posso fare è aspettare ♦ *es gibt nichts, was ich für sie nicht tun würde* non c'è niente che non farei per lei ♦ *das ist das Schlimmste, was uns passieren konnte* è la cosa più grave che poteva capitarci.
was[3] *(pron indef) (abbrev di* **etwas**[1]*)* ~ *(fam)* qualcosa ♦ *ich möchte ihr was Schönes schenken* vorrei regalarle qualcosa di bello ♦ *na, sag doch was!* e di' qualcosa! ♦ *das ist doch wenigstens was* questo è già qualcosa.
waschbar ['vaʃˌbaːɐ] *(agg)* ~ lavabile.
Waschbecken ['vaʃˌbɛkən] *(n; -s, -)* ~ lavandino, lavabo.
Wäsche ['vɛʃə] *(f; -, -n)* ***1*** *(solo sing)* bucato, panni ♦ *die Wäsche aufhängen* stendere i panni. ***2*** *(solo sing)* biancheria ♦ *frische Wäsche anziehen* indossare biancheria pulita. ***3*** lavaggio ♦ *das Hemd ist in der Wäsche eingegangen* la camicia si è ristretta nel lavaggio. ◆ **(die) Wäsche waschen** fare il bucato. ◆ **etwas zur/in die Wäsche geben** portare qcs in lavanderia. ◆ **etwas zur/in die Wäsche tun** mettere qcs a lavare, mettere qcs fra i panni sporchi.
waschecht ['vaʃˌˀɛçt] *(agg)* ***1*** resistente al lavaggio. ***2*** *(fig/fam)* vero, puro.
Wäscheklammer ['vɛʃəˌklamɐ] *(f; -, -n)* ~ molletta per i panni.
Wäscheleine ['vɛʃəˌlainə] *(f; -, -n)* ~ corda per stendere il bucato.
waschen ['vaʃən] *(vt, hat; er* **wäscht**, **wusch**, **gewaschen***)* ***1*** lavare ♦ *ich muss diese Hose waschen* devo lavare questi pantaloni ♦ *ich will mir die Haare waschen* voglio lavarmi i capelli. ***2*** *(vi) (fam)* fare il bucato. ◆ **sich waschen** *(vr)* lavarsi.
Wäscherei [vɛʃə'rai] *(f; -, -en)* ~ lavanderia.
Waschlappen ['vaʃˌlapən] *(m; -s, -)* ~ panno di spugna (per lavarsi).

Waschmaschine ['vaʃmaˌʃiːnə] *(f; -, -n)* ~ lavatrice.

Waschmittel ['vaʃˌmɪtəl] *(n; -s, -)* ~ detersivo.

Waschpulver ['vaʃˌpʊlfɐ] *(n; -s, -)* ~ detersivo in polvere.

Waschsalon ['vaʃzaˌlõː] *(m; -s, -s)* ~ lavanderia a gettoni.

Wasser ['vasɐ] *(n; -s, Wässer)* **1** acqua ♦ *kaltes, warmes, heißes Wasser* acqua fredda, calda, caldissima ♦ *stilles Wasser* acqua minerale naturale ♦ *kochend heißes Wasser* acqua bollente ♦ *Wasser aus der Leitung* acqua del rubinetto ♦ *ein Glas Wasser* un bicchiere d'acqua ♦ *das Wasser kocht* l'acqua bolle. **2** *(pl -)* acqua, acque (di mare, fiume, ecc) ♦ *unter Wasser* sott'acqua ♦ *unter Wasser stehen* essere sott'acqua, essere allagato. **3** *(solo sing)* lacrime; sudore; urina. **4** *(fig)* purezza (di gemme) ♦ *ein Diamant reinsten Wassers/von reinstem Wasser* un diamante di grande purezza. ◆ **ein stilles Wasser sein** *(fig)* essere un'acqua cheta. ◆ **stille Wasser sind/gründen tief** *(prov)* le acque chete rovinano i ponti. ◆ **das ist Wasser auf seine Mühle** *(fig)* questo porta acqua al suo mulino. ◆ **bis dahin fließt noch viel Wasser den Berg hinunter** *(fig)* prima deve ancora passare molta acqua sotto i ponti. ◆ **jmdm läuft das Wasser im Mund zusammen** *(fig)* a qcn viene l'acquolina in bocca. ◆ **das Wasser steht jmdm bis zum Halse** *(fig)* qcn ha l'acqua alla gola. ◆ **jmdm das Wasser abgraben** *(fig)* togliere a qcn il terreno sotto i piedi. ◆ **Wasser in den Wein gießen** *(fig)* gettare acqua sul fuoco. ◆ **jmdm das Wasser nicht reichen können** *(fig)* non legare le scarpe a qcn. ◆ **Wasser mit einem Sieb schöpfen** *(fig)* pestare l'acqua nel mortaio. ◆ **bei Wasser und Brot sein** *(fig)* essere a pane e acqua (stare in prigione). ◆ **ins Wasser fallen** *(fig)* andare in fumo. ◆ **mit allen Wassern gewaschen sein** *(fig)* saperne una più del diavolo. ◆ **sich über Wasser halten** *(fig)* tenersi a galla.

Wasserbad [-ˌbaːt] *(n; -(e)s, -bäder)* ~ bagnomaria ♦ *etwas im Wasserbad erwärmen* riscaldare qcs a bagnomaria.

Wasserball [-ˌbal] *(m; -(e)s, -bälle)* **1** pallanuoto. **2** pallone da pallanuoto.

Wasserdampf [-ˌdampf] *(m; -(e)s, -dämpfe)* ~ vapore acqueo.

wasserdicht [-ˌdɪçt] *(agg)* **1** stagno; impermeabile. **2** *(fig/fam)* inattacabile.

Wasserentzug [-ˀɛntˌtsuːk] *(m; -(e)s)* ~ disidratazione.

Wasserfahrzeug [-faːɐˌtsɔyk] *(n; -(e)s, -e)* ~ natante.

Wasserfall [-ˌfal] *(m; -(e)s, -fälle)* ~ cascata.

Wasserfarbe [-ˌfarbə] *(f; -, -n)* ~ acquerello.

wasserfest [-ˌfɛst] *(agg)* ~ resistente all'acqua.

Wasserfläche [-ˌflɛçə] *(f; -, -n)* ~ distesa d'acqua.

Wasserhahn [-ˌhaːn] *(m; -(e)s, -hähne)* ~ rubinetto dell'acqua.

wässerig ['vɛsərɪç] ~ vedi **wässrig**.

Wasserjungfer ['vasɐˌjʊŋfɐ] *(f; -, -n)* ~ *(zool)* libellula.

Wasserkessel ['vasɐˌkɛsəl] *(m; -s, -)* ~ bollitore.

Wasserkraft ['vasɐˌkraft] *(f; -)* ~ energia idraulica.

Wasserkraftwerk [-vɛrk] *(n; -(e)s, -e)* ~ centrale idroelettrica.

Wasserleitung ['vasɐˌlaitʊŋ] *(f; -, -en)* **1** conduttura dell'acqua. **2** acquedotto.

Wassermann ['vasɐˌman] *(m; -(e)s, -männer)* **1** spiritello delle acque. **2** *(astrol)* Acquario.

Wassermelone ['vasɐmeˌloːnə] *(f; -, -n)* ~ *(bot)* anguria, cocomero.

wassern ['vasɐn] *(vi, hat/ist)* ~ ammarare.

wässern ['vɛsɐn] *(vt, hat)* **1** mettere a bagno (alimenti). **2** annaffiare, irrigare.

Wasserpflanze ['vasɐˌpflantsə] *(f; -, -n)* ~ pianta acquatica.

Wasserpumpe ['vasɐˌpʊmpə] *(f; -, -n)* ~ pompa dell'acqua.

Wasserschi ~ vedi **Wasserski**.

Wasserski *(anche* **Wasserschi***)* ['vasɐˌʃiː] *(m; -/-s, -/-er)* ~ sci d'acqua (sport; attrezzo).

Wasserspiegel ['vasɐˌʃpiːgəl] *(m; -s, -)* ~ specchio d'acqua; livello d'acqua.

Wassersport ['vasɐˌʃpɔrt] *(m; -(e)s, -sportarten)* ~ sport acquatico.

Wasserstand ['vasɐˌʃtant] *(m; -(e)s, -stände)* ~ livello dell'acqua.

Wasserstoff ['vasɐʃtɔf] *(m; -(e)s)* ~ idrogeno.

Wasserstrahl ['vasɐʃtraːl] *(m; -(e)s, -en)* ~ getto d'acqua.

Wassertier ['vasɐˌtiːɐ] *(n; -(e)s, -e)* ~ animale acquatico.

Wasserweg ['vasɐˌveːk] *(m; -(e)s, -e)* ~ via d'acqua. ◆ **auf dem Wasserweg** per via d'acqua, via mare.

Wasserwerk ['vasɐˌvɛrk] *(n; -(e)s, -e)* ~ centrale idrica, acquedotto.

Wasserzeichen ['vasɐˌtsaiçən] *(n; -s, -)* ~ filigrana.

wäss(e)rig († **wäßrig**) ['vɛs(ə)rɪç] *(agg)* ***1*** acquoso. ***2*** *(fig)* insipido. ◆ **jmdm den Mund wässrig machen** *(fig)* far venire l'acquolina in bocca a qcn.

waten ['vaːtən] *(vi, ist)* ~ guadare, attraversare a guado ◆ *durch das Wasser waten* camminare coi piedi nell'acqua.

watscheln ['vaːtʃəln] *(vi, ist)* ~ *(fam)* barcollare.

Watte ['vatə] *(f; -, -n)* ***1*** ovatta, bambagia. ***2*** cotone idrofilo. ◆ **jmdn in Watte packen** *(fig/fam)* tenere qcn nella bambagia.

WC [ˌveːˈtseː] *(n; -/-s, -/-s)* ~ gabinetto, wc.

weben ['veːbən] *(vt, hat;* **wob/webte, gewoben/gewebt***)* ~ tessere.

Weber ['veːbɐ] *(m; -s, -; f* **-in***)* ~ tessitore.

Weberei [veːbəˈrai] *(f; -, -en)* ***1*** tessitura. ***2*** stabilimento tessile.

Webstuhl ['veːpʃtuːl] *(m; -(e)s, -stühle)* ~ telaio.

Wechsel ['vɛksəl] *(m; -s, -)* ***1*** cambio, cambiamento ◆ *der Wechsel des Wohnortes* il cambio della residenza. ***2*** cambiale ◆ *einen Wechsel ausstellen, einlösen* emettere, pagare una cambiale ◆ *der Wechsel ist fällig* la cambiale sta scadendo.

Wechselgeld [-ˌgɛlt] *(n; -(e)s)* ***1*** resto (soldi). ***2*** spiccioli.

wechselhaft [-ˌhaft] *(agg)* ***1*** variabile, mutevole. ***2*** incostante.

Wechseljahre [-ˌjaːrə] *(pl)* ~ menopausa.

Wechselkurs [-ˌkʊrs] *(m; -es, -e)* ~ *(econ)* corso (del cambio).

wechseln [-n] *(vt/vi, hat)* ***1*** cambiare ◆ *den Beruf, einen Reifen, die Strümpfe, den Wohnort wechseln* cambiare lavoro, una gomma, le calze, la residenza ◆ *das Thema wechseln* cambiare argomento. ***2*** *(vi/vt)* cambiare (soldi) ◆ *kannst du mir zwanzig Euro wechseln?* puoi cambiarmi venti euro? ◆ *ich muss Euro in Dollars wechseln* devo cambiare gli euro in dollari. ***3*** {*etwas mit jmdm ~*} scambiare qcs con qcn. ***4*** *(vi)* cambiare, mutare ◆ *das Wetter wechselt häufig hier* il tempo cambia di frequente qui.

wechselnd [-nt] *(agg)* ***1*** mutevole, variabile. ***2*** alterno ◆ *mit wechselndem Glück* con alterna fortuna.

wechselseitig [-ˌzaitɪç] *(agg)* ***1*** reciproco, scambievole. ***2*** *(avv)* reciprocamente, scambievolmente.

Wechselstrom [-ʃtroːm] *(m; -(e)s, -ströme)* ~ corrente alternata.

wechselvoll [-ˌfɔl] *(agg)* ***1*** multiforme, vario. ***2*** mutevole.

Wechselwirkung [-ˌvɪrkʊŋ] *(f; -, -en)* ~ interazione.

wecken ['vɛkən] *(vt, hat)* ***1*** svegliare ◆ *das Telefon hat mich geweckt* mi ha svegliato il telefono ◆ *ich möchte um 7 (sieben) Uhr geweckt werden* vorrei essere svegliato alle sette. ***2*** *(fig)* destare, ridestare (ricordi e sim).

Wecken *(n; -s)* ~ sveglia, ora della sveglia (in caserma e sim).

Wecker ['vɛkɐ] *(m; -s, -)* ~ sveglia ◆ *der Wecker klingelt* suona la sveglia ◆ *ich habe den Wecker (auf sieben) gestellt* ho messo la sveglia (alle sette).

Wedel ['veːdəl] *(m; -s, -)* ~ piumino (per spolverare).

wedeln [-n] *(vi, hat)* ***1*** {*mit etwas ~*} agitare qcs, sventolare qcs. ***2*** scodinzolare ◆ *der Hund wedelt (mit dem Schwanz)* il cane scodinzola.

weder ['veːdɐ] *(congiunz correl)* ~ **weder... noch...** né... né... ◆ *weder er noch sie wusste/wussten es* né lui né lei lo sapevano ◆ *er hat weder angerufen noch geschrieben* non ha né scritto né telefonato ◆ *ich kann weder heute noch morgen kommen* non posso venire né oggi né domani.

weg [vɛk] *(avv)* ~ *(fam)* via ◆ *Hände weg vom Kuchen!* via le mani dalla torta! ◆ *weg damit!* via! butta via! ◆ **weg sein** ***1*** *(fam)* essere (andato) via, essere partito ◆ *sie war schon weg, als ich ankam* era già andata via quando arrivai ♦ *er ist seit einem Jahr von zu Hause weg* è via da casa da un anno ♦ *der Zug ist schon weg* il treno è già partito. 2 *(fam)* essere perduto, essere sparito ♦ *meine Brille ist weg* i miei occhiali sono spariti. ◆ **über etwas** (Acc) **weg sein** *(fig/fam)* avere superato qcs (difficoltà, dispiaceri, ecc). ◆ **weit weg von** lontano da ♦ *ist das Stadion sehr weit weg von hier?* lo stadio è molto lontano da qui?

Weg [veːk] *(m*; -(e)s, -e*)* **1** via, strada (non asfaltata), sentiero ♦ *ein ebener, steiler Weg* un sentiero pianeggiante, erto. **2** via, strada, percorso, cammino ♦ *den Weg abkürzen* accorciare la strada, prendere una scorciatoia ♦ *wir treffen uns auf halbem Weg(e)* ci incontriamo a metà strada ♦ *auf dem Weg nach Mailand* sulla strada per Milano ♦ *könnten Sie mir den Weg zum Bahnhof zeigen?* potrebbe mostrarmi la strada per la stazione? **3** via, passaggio; accesso ♦ *sich* (Dat) *einen Weg durch das Gebüsch bahnen* aprirsi un passaggio attraverso i cespugli ♦ *das ist der einzige Weg zur Burg* questa è l'unica via per la fortezza. **4** *(fam)* commissione, giro ♦ *einen Weg erledigen* sbrigare una commissione. **5** *(fig)* via, strada, percorso ♦ *jmdm den Weg ebnen* spianare la strada a qcn ♦ *seinen Weg gehen* andare per la propria strada ♦ *der Weg zum Erfolg ist hart* la strada per il successo è dura ♦ *die Wege des Herrn* le vie del Signore. **6** *(fig)* via, mezzo, modo ♦ *wir müssen einen Weg finden, dieses Problem zu lösen* dobbiamo trovare un modo di risolvere questo problema. ◆ **auf... Weg(e)** in modo..., per via... ♦ *auf diesem Weg(e)* in questo modo ♦ *auf gesetzlichem Weg(e)* in modo legale. ◆ **auf dem rechten Weg(e) sein** *(fig)* essere sulla retta via. ◆ **sich auf den Weg machen** mettersi in marcia, mettersi in cammino. ◆ **jmdm/etwas aus dem Weg(e) gehen** *(fig)* evitare, scansare qcn/qcs. ◆ **jmdn aus dem Weg räumen/schaffen** *(fig)* togliere di mezzo qcn. ◆ **etwas in die Wege leiten** *(fig)* avviare qcs. ◆ **jmdm im Weg(e) stehen** *(fig)* essere di ostacolo, essere d'intralcio a qcn. ◆ **sich jmdm in den Weg stellen** *(fig)* ostacolare qcn, intralciare qcn. ◆ **jmdm in den Weg treten** *(fig)* sbarrare la strada a qcn. ◆ **jmdm über den Weg laufen** imbattersi in qcn, incontrare qcn (inaspettatamente).

weg|bekommen *(vt*, hat; *irr* kommen*)* ~ *(fam)* riuscire a togliere.

weg|bleiben *(vi*, ist; *irr* bleiben*)* **1** *(fam)* non venire, non farsi più vivo. **2** *(fam)* fermarsi, bloccarsi ♦ *der Motor blieb weg* il motore si fermò. **3** *(fam)* essere tralasciato, essere omesso ♦ *dieser Satz kann wegbleiben* questa frase può essere tralasciata.

weg|bringen *(vt*, hat; *irr* bringen*)* ~ portar via.

weg|dürfen *(vi*, hat; *irr* dürfen*)* ~ *(fam)* poter andar via, avere il permesso di andare via.

wegen [ˈveːgən] *(prep* + Gen; *fam* + Dat *o quando il* Gen *non è marcato)* **1** per, a causa di ♦ *wegen des Regens*/*(fam) wegen dem Regen* per la pioggia ♦ *wegen Geschäften* per affari. **2** per, a scopo di ♦ *wegen des Geldes* per soldi. ◆ **von wegen!** *(fam)* nemmeno per sogno! nemmeno per idea! ♦ *von wegen früh! Er kam mit einer Stunde Verspätung!* altro che presto! È arrivato con un'ora di ritardo! ◆ **wegen mir** per me (per quanto mi riguarda; a causa mia).

weg|fahren[1] *(vi*, ist; *irr* fahren*)* ~ andare via (con un veicolo) ♦ *ist Maik schon weggefahren?* è già andato via Maik?

weg|fahren[2] *(vt*, hat; *irr* fahren*)* ~ portare via (con un veicolo).

weg|fallen *(vi*, ist; *irr* fallen*)* ~ essere tralasciato, essere omesso ♦ *dieses Kapitel kann wegfallen* questo capitolo può essere tralasciato.

weg|führen *(vt*, hat*)* ~ portar via, condurre via.

weg|geben *(vt*, hat; *irr* geben*)* ~ dare via.

weg|gehen *(vi*, ist*)* **1** andare via, andarsene ♦ *wann ist er weggegangen?* quando è andato via? ♦ *sie ging weg, ohne ein Wort zu sagen* andò via senza dire una parola. **2** *(fam)* uscire (per divertirsi). **3** *(fig/fam)* andar via, scomparire ♦ *der Fleck geht nicht weg* la macchia non va via. **4** *(fig/fam)* andar via, essere venduto.

weg|haben *(vt,* hat*)* ***1*** *(fam)* avere, essersi preso (qcs di negativo) ♦ *seine Strafe weghaben* avere la propria punizione. ***2*** *(fam)* aver tolto (macchie e sim). ◆ **einen weghaben** *(fam)* essere brillo.
weg|kommen *(vi,* ist; *irr* kommen*)* ***1*** *(fam)* allontanarsi, andarsene. ***2*** *(fam)* andare perduto, sparire ♦ *meine Tasche ist weggekommen* la mia borsa è sparita. ***3*** {*über etwas* (Acc) ~} superare qcs (difficoltà). ◆ **gut, schlecht bei etwas wegkommen** *(fig)* cavarsela bene, male con qcs.
weg|können *(vi,* hat; *irr* können*)* ~ *(fam)* poter andare via.
weg|kriegen *(vt,* hat*)* ~ togliere, riuscire a togliere ♦ *ich kriege den Fleck nicht weg* non riesco a togliere la macchia.
weg|lassen *(vt,* hat; *irr/ortogr* lassen*)* ***1*** tralasciare, omettere ♦ *diese Daten können wir weglassen* questi dati possiamo ometterli. ***2*** {*jmdn* ~} lasciar andare (via) qcn.
weg|laufen *(vi,* ist; *irr* laufen*)* ***1*** correre via, scappare via. ***2*** scappare, fuggire ♦ *der Hund ist weggelaufen* il cane è scappato.
weg|legen *(vt,* hat*)* ~ mettere via, posare.
weg|machen *(vt,* hat*)* ~ *(fam)* togliere, levare.
weg|müssen *(vi,* hat; *irr* müssen*)* ~ *(fam)* dover andare via, dover essere tolto.
weg|nehmen *(vt,* hat; *irr* nehmen*)* ***1*** togliere, levare ♦ *nimmst du bitte deine Bücher vom Tisch weg?* togli i tuoi libri dal tavolo, per favore? ***2*** {*jmdm etwas* ~} togliere, sottrarre, portar via qcs a qcn.
weg|schaffen *(vt,* hat*)* ~ portar via.
weg|schicken *(vt,* hat*)* ***1*** spedire ♦ *ich habe das Paket gestern weggeschickt* ho spedito il pacchetto ieri. ***2*** {*jmdn* ~} mandar via qcn.
weg|schleichen *(vi,* ist; *irr* schleichen*)* ~ allontanarsi (di soppiatto), strisciare via. ◆ **sich wegschleichen** *(vr)* filare via, svignarsela.
weg|schleppen *(vt,* hat*)* ~ trascinare via.
weg|schmeißen *(vt,* hat; *irr/ortogr* schmeißen*)* ~ *(fam)* buttar via, gettare via.
weg|schnappen *(vt,* hat*)* ~ {*jmdm jmdn/etwas* ~} *(fam)* soffiare qcn/qcs a qcn ♦ *er hat ihm seine Freundin weggeschnappt* gli ha soffiato la ragazza.
weg|schneiden *(vt,* hat; *irr* schneiden*)* ~ tagliare via, togliere (tagliando).
weg|sollen *(vi,* hat; *irr* sollen*)* ~ *(fam)* dover andare via.
weg|stecken *(vt,* hat*)* ***1*** mettere via ♦ *hast du das Geld weggesteckt?* hai messo via i soldi? ***2*** incassare, ingoiare (delusione e sim).
weg|stehlen *(vr,* hat; *irr* stehlen*)* ~ **sich wegstehlen** *(vr)* svignarsela, andarsene alla chetichella.
weg|stellen *(vt,* hat*)* ~ mettere via ♦ *stell die Vase bitte weg* metti via il vaso, per favore.
weg|tragen *(vt,* hat; *irr* tragen*)* ~ portar via.
weg|treten *(vi,* ist; *irr* treten*)* ~ *(mil)* rompere le righe.
weg|tun *(vt,* hat; *irr* tun*)* ***1*** mettere via, mettere a posto ♦ *hast du die Winterschuhe schon weggetan?* hai già messo via le scarpe da inverno? ***2*** buttare via.
Wegweiser ['ve:kˌvaizɐ] *(m;* -s, -*)* ~ indicatore stradale.
weg|werfen *(vt,* hat; *irr* werfen*)* ***1*** buttare via, gettare via. ***2*** buttar via, sperperare (soldi).
weg|wollen *(vi,* hat; *irr* wollen*)* ~ *(fam)* voler andare via.
weg|ziehen *(vi,* ist; *irr* ziehen*)* ***1*** andare via, trasferirsi ♦ *sie sind von Köln weggezogen* sono andati via da Colonia. ***2*** migrare (uccelli).
weh[1] [ve:] *(agg)* ~ dolorante, dolente ♦ *ich habe einen wehen Fuß* ho un piede dolorante. ◆ **weh tun** vedi **wehtun**.
weh[2] *(anche* **wehe***)* *(escl)* ~ guai! ♦ *weh dir!* guai a te! ♦ *wehe den Besiegten!* guai ai vinti! ♦ *weh dem, der meinem Sohn etwas antut!* guai a chi fa qualcosa a mio figlio! ◆ **weh mir!** ahimé!
Weh *(n;* -(e)s, -e*)* ~ *(lett)* dolore, pena.
wehe [-ə] ~ vedi **weh**[2].
Wehe[1] *(f;* -, -n*)* *(spec pl)* ~ dolore del parto, doglie ♦ *Wehen haben* avere le doglie ♦ *die Wehen setzen ein* cominciano le doglie.
Wehe[2] *(f;* -, -n*)* ~ mucchio, cumulo (di neve o sabbia).
wehen [-ən] *(vi,* hat*)* ***1*** soffiare (vento) ♦ *der Wind weht aus Norden* il vento soffia da Nord ♦ *der Wind weht kalt* soffia un vento freddo. ***2*** aleggiare, alitare (odori,

brezza); diffondersi (suoni). ***3*** svolazzare, sventolare ♦ *die Fahnen wehen im Wind* le bandiere sventolano al vento. ***4*** *(vt)* soffiare, sospingere ♦ *der Wind weht die Blätter in die Luft* il vento sospinge in aria le foglie.

wehklagen [-ˌklaːgən] *(vi, hat)* ~ lamentarsi, gemere.

wehleidig [-ˌlaidɪç] *(agg)* ~ piagnucoloso.

Wehmut [-ˌmuːt] *(f; -)* ~ malinconia, tristezza.

wehmütig [-ˌmyːtɪç] *(agg)* ~ malinconico, triste.

Wehr[1] ['veːɐ] *(f; -)* ***1*** difesa, resistenza. ***2*** *(abbrev di* **Feuerwehr***)* pompieri, vigili del fuoco. ◆ **sich zur Wehr setzen** difendersi, opporre resistenza.

Wehr[2] *(n; -(e)s, -e)* ~ diga, sbarramento.

Wehrdienst [-ˌdiːnst] *(m; -(e)s)* ~ servizio militare ♦ *den Wehrdienst (ab)leisten* prestare servizio militare.

Wehrdienstverweigerer [-diːnstfɛɐˌvaigərɐ] *(m; -s, -)* ~ obiettore di coscienza.

Wehrdienstverweigerung [-diːnstfɛɐˌvaigərʊŋ] *(f; -)* ~ obiezione di coscienza.

wehren ['veːrən] *(vi/vt, hat)* ~ {*einer Sache* (Dat) ~} *(lett)* lottare contro qcs. ◆ **sich (gegen jmdn/etwas) wehren** *(vr)* difendersi (da qcn/qcs), opporre resistenza (a qcn/qcs).

Wehrersatzdienst ['veːɐʔɛɐzatsˌdiːnst] *(m; -(e)s)* ~ servizio civile sostitutivo.

wehrhaft ['veːɐˌhaft] *(agg)* ***1*** capace di difendersi. ***2*** fortificato.

wehrlos ['veːɐˌloːs] *(agg)* ~ inerme, indifeso.

Wehrmacht ['veːɐˌmaxt] *(f; -)* ~ esercito tedesco (nella II guerra mondiale), Wehrmacht.

Wehrpflicht ['veːɐˌpflɪçt] *(f; -)* ~ servizio militare obbligatorio, obbligo di leva.

weh|tun († **weh tun**) *(vi, hat; irr* tun*)* ***1*** {*(jmdm)* ~} fare male, dolere (a qcn) ♦ *mir tut ein Zahn weh* mi fa male un dente. ***2*** {*jmdm* ~} fare male a qcn, ferire qcn *(anche fig)* ♦ *Entschuldigung, ich wollte dir nicht wehtun* scusa, non volevo farti male ♦ *deine Worte haben mir wehgetan* le tue parole mi hanno fatto male. ***3*** {*sich* (Dat) ~} farsi male, ferirsi ♦ *ich habe mir am Arm wehgetan* mi sono fatto male al braccio.

Weib [vaip] *(n; -(e)s, -er)* ***1*** *(lett)* donna; moglie. ***2*** *(fam/spreg)* donna, femmina.

Weibchen ['vaipçən] *(n; -s, -)* ***1*** femmina (di animali). ***2*** *(spreg)* donnetta.

weibisch ['vaibɪʃ] *(agg)* ~ femminile; effeminato.

weiblich ['vaiplɪç] *(agg)* ***1*** femminile, femmina ♦ *weibliches Fürwort* pronome femminile ♦ *ein weibliches Tier* un animale femmina. ***2*** *(fig)* femminile, da femmina ♦ *weibliche Arbeiten* lavori femminili.

Weiblichkeit [-ˌkait] *(f; -)* ~ femminilità.

weich [vaiç] *(agg)* ***1*** molle, tenero; soffice, morbido ♦ *weicher Käse* formaggio molle ♦ *ein weiches Kissen* un cuscino soffice ♦ *das Fleisch ist weich* la carne è tenera. ***2*** molle, floscio. ***3*** morbido, liscio, delicato (pelle e sim) ♦ *die Katze hat ein weiches Fell* la gatta ha un pelo morbido. ***4*** *(fig)* tenero, sensibile ♦ *ein weiches Herz haben* avere il cuore tenero. ***5*** *(fig)* dolce, morbido, delicato (suono e sim). ◆ **weiche Drogen** droghe leggere. ◆ **ein weiches Ei** un uovo alla coque. ◆ **weicher Gaumen** *(anat)* palato molle. ◆ **weiches Wasser** acqua dolce (non calcarea). ◆ **weich liegen**, **sitzen** essere sdraiato, essere seduto sul morbido. ◆ **weich werden** ***1*** ammorbidirsi. ***2*** *(fig)* intenerirsi.

Weiche[1] [-ə] *(f; -)* ~ fianco.

Weiche[2] *(f; -, -n)* ~ scambio (ferroviario) ♦ *die Weichen stellen* manovrare gli scambi. ◆ **die Weichen für etwas stellen** *(fig)* preparare il terreno per qcs.

weichen [-ən] *(vi, ist;* **wich**, **gewichen***)* ***1*** {*jmdm/etwas* ~} arrendersi a qcn/qcs, cedere a qcn/qcs. ***2*** ritirarsi, indietreggiare; allontanarsi. ◆ **jmdm nicht von der Seite weichen** seguire qcn come un'ombra.

Weichheit [-ˌhait] *(f; -)* ***1*** mollezza, tenerezza, morbidezza. ***2*** *(fig)* tenerezza, sensibilità, delicatezza. ***3*** *(fig)* dolcezza, delicatezza, soavità.

Weichkäse [-ˌkɛːzə] *(m; -s)* ~ formaggio molle.

weichlich [-lɪç] *(agg)* ***1*** molle, molliccio. ***2*** *(fig)* debole (carattere). ***3*** *(fig)* rammollito, effeminato.

Weichspüler [-ʃpyːlɐ] *(m; -s, -)* ~ ammorbidente (per bucato).

Weichtier [-ˌtiːɐ] *(n; -(e)s, -e)* ~ *(zool)* mollusco.
Weide[1] ['vaidə] *(f; -, -n)* ~ *(bot)* salice.
Weide[2] *(f; -, -n)* ~ pascolo, prato ♦ *das Vieh auf die Weide führen/treiben* portare le bestie al pascolo.
weiden [-n] *(vi/vt,* hat*)* ***1*** *(vi)* pascolare. ***2*** *(vt)* portare al pascolo, pascolare. ◆ **sich an etwas** (Dat) **weiden** *(vr) (fig)* deliziarsi, pascersi di qcs.
Weidenbaum [-nˌbaum] *(m; -(e)s, -bäume)* ~ *(bot)* salice.
Weidenkorb [-nˌkɔrp] *(m; -(e)s, -körbe)* ~ cesto di vimini.
Weidewirtschaft [-ˌvɪrtˈʃaft] *(f; -)* ~ pastorizia.
weigern ['vaigɐn] *(vr,* hat*)* ~ **sich weigern (etwas zu tun)** rifiutarsi (di fare qcs) ♦ *alle weigerten sich, ihm Geld zu leihen* tutti si rifiutarono di prestargli soldi.
Weigerung ['vaigərʊŋ] *(f; -, -en)* ~ rifiuto (di fare qcs).
Weihe ['vaiə] *(f; -, -n)* ***1*** *(relig)* consacrazione; benedizione; ordinazione ♦ *die Weihe zum Priester empfangen* ricevere l'ordinazione a sacerdote. ***2*** *(fig/lett)* solennità.
weihen [-n] *(vt,* hat*)* ***1*** *(relig)* consacrare; benedire; ordinare ♦ *die Hostie weihen* consacrare l'ostia ♦ *jmdn zum Priester weihen* ordinare qcn sacerdote. ***2*** {*jmdm/etwas etwas ~*} *(fig/lett)* dedicare, consacrare qcs a qcn/qcs ♦ *er hat sein Leben der Wissenschaft geweiht* ha consacrato la sua vita alla scienza. ◆ **sich einer Sache** (Dat) **weihen** *(vr) (fig/lett)* dedicarsi a qcs, consacrarsi a qcs. ◆ **einer Sache** (Dat) **geweiht sein** *(fig/lett)* essere destinato a qcs ♦ *er war dem Tod geweiht* era destinato a morire.
Weihnacht ['vaiˌnaxt] *(f; -)* ~ *(lett)* Natale.
Weihnachten [-ən] *(n; -s, -)* ***1*** Natale ♦ *frohe/fröhliche Weihnachten!* buon Natale! ♦ *was hast du zu Weihnachten geschenkt bekommen?* che cosa hai ricevuto in regalo per Natale? ♦ *ich habe ihm eine Krawatte zu Weihnachten geschenkt* gli ho regalato una cravatta per Natale. ***2*** Natale, feste di Natale ♦ *wir fahren über Weihnachten nach Wien* andiamo a Vienna per le feste di Natale.
weihnachtlich [-lɪç] *(agg)* ~ natalizio, del Natale.
Weihnachts- ['vainaxts-] *(nei composti)* ~ natalizio, di Natale ♦ *Weihnachtsferien* vacanze di Natale ♦ *Weihnachtsstern* stella di Natale *(anche bot)*.
Weihnachtsabend [-ˌʔaːbənt] *(m; -(e)s, -e)* ~ vigilia di Natale.
Weihnachtsbaum [-ˌbaum] *(m; -(e)s, -bäume)* ~ albero di Natale ♦ *den Weihnachtsbaum schmücken* fare l'albero di Natale.
Weihnachtsfeiertag [-ˌfaiɐtaːk] *(m; -(e)s, -e)* ~ giorno di Natale ♦ *am ersten Weihnachtsfeiertag* il 25 dicembre ♦ *am zweiten Weihnachtsfeiertag* il 26 dicembre, a Santo Stefano.
Weihnachtskrippe [-ˌkrɪpə] *(f; -, -n)* ~ presepe.
Weihnachtstag [-ˌtaːk] *(m; -(e)s, -e)* ~ giorno di Natale ♦ *am ersten Weihnachtstag* il 25 dicembre ♦ *am zweiten Weihnachtstag* il 26 dicembre, a Santo Stefano.
Weihrauch ['vaiˌraux] *(m; -s)* ~ incenso. ◆ **jmdm Weihrauch streuen** *(fig)* incensare qcn.
Weihwasser ['vaiˌvasɐ] *(n; -s)* ~ acqua benedetta, acqua santa.
weil [vail] *(congiunz subord)* ~ perché, poiché ♦ *„Warum bist du nicht gekommen?" „Weil ich krank bin"* "Perché non sei venuto?" "Perché sono malato" ♦ *ich möchte ins Bett gehen, weil ich sehr müde bin* vorrei andare a letto perché sono molto stanco.
Weile [-ə] *(f; -)* ~ momento, tempo (breve) ♦ *könntest du noch eine Weile bleiben?* potresti restare ancora un momento? ◆ **eine lange Weile** un bel po' di tempo. ◆ **nach einer Weile** dopo un po'. ◆ **damit hat es gute Weile** per questo c'è tempo.
weilen [-ən] *(vi,* hat*)* ~ *(lett)* trattenersi, rimanere.
Weiler [-ɐ] *(m; -s, -)* ~ gruppo di case, piccolo villaggio.
Wein [vain] *(m; -(e)s, -e)* ***1*** vino ♦ *weißer, roter Wein* vino bianco, rosso ♦ *ein Glas Wein* un bicchiere di vino ♦ *eine Flasche jungen Weins* una bottiglia di vino novello. ***2*** *(solo sing)* vite, vigna ♦ *Wein bauen* coltivare la vite. ◆ **jmdm reinen Wein einschenken** *(fig)* dire pane al pane e vi-

no al vino, dire la verità a qcn. ◆ **im Wein ist Wahrheit** *(prov)* in vino veritas.

Weinbau [-ˌbau] *(m; -(e)s)* ~ viticoltura.

Weinbauer [-ˌbauɐ] *(m; -n, -n; f* **-bäuerin***)* ~ viticoltore.

Weinbeere [-ˌbeːrə] *(f; -, -n)* ~ chicco d'uva, acino.

Weinbrand [-ˌbrant] *(m; -(e)s, -brände)* ~ brandy.

weinen [-ən] *(vi, hat)* ***1*** piangere ◆ *bittere Tränen weinen* piangere amare lacrime ◆ *vor Freude weinen* piangere di gioia. ***2*** {*um jmdn* ~} piangere qcn ◆ *sie weint um ihren Sohn* piange suo figlio. ◆ **das ist zum Weinen!** è da piangere! c'è da mettersi a piangere!

weinerlich [-ɐlɪç] *(agg)* ~ piagnucoloso.

Weinernte [-ˌʔɛrntə] *(f; -, -n)* ~ vendemmia.

Weinflasche [-ˌflaʃə] *(f; -, -n)* ~ bottiglia di vino.

Weinhändler [-ˌhɛndlɐ] *(m; -s, -)* ~ vinaio.

Weinhandlung [-ˌhandlʊŋ] *(f; -, -en)* ~ negozio di vini.

Weinkarte [-ˌkartə] *(f; -, -n)* ~ lista dei vini (al ristorante).

Weinkeller [-ˌkɛlɐ] *(m; -s, -)* ***1*** cantina (di vini). ***2*** osteria, taverna.

Weinlese [-ˌleːzə] *(f; -, -n)* ~ vendemmia.

Weinrebe [-ˌreːbə] *(f; -, -n)* ~ *(bot)* vite.

Weinstock [-ʃtɔk] *(m; -(e)s, -stöcke)* ~ vite, vitigno.

Weintraube [-ˌtraubə] *(f; -, -n)* ~ grappolo d'uva.

weise [ˈvaizə] *(agg)* ***1*** saggio, assennato ◆ *ein weiser Mann* un uomo saggio ◆ *eine weise Entscheidung* una saggia decisione. ***2*** *(avv)* saggiamente.

Weise *(f; -, -n)* ***1*** modo, maniera ◆ *auf verschiedene Weise* in vario modo. ***2*** *(mus)* melodia. ◆ **auf diese Weise** in questo modo. ◆ **auf meine Weise** a modo mio. ◆ **auf keine Weise** in nessun modo. ◆ **in gewohnter Weise** nel solito modo. ◆ **in keiner Weise** in nessun modo, assolutamente no(n) ◆ *das brauche ich in keiner Weise* questo non mi serve assolutamente.

-weise *(suff)* ***1*** -mente; in modo... ◆ *glücklicherweise* fortunatamente. ***2*** a (quantità) ◆ *tonnenweise* a tonnellate.

Weise(r) [ˈvaizə (-zɐ)] *(m/f; -n, -n)* ~ saggio, persona saggia.

Weisel [-l] *(m; -s, -)* ~ *(zool)* ape regina.

weisen [-n] *(vt, hat;* **wies, gewiesen***)* ***1*** {*jmdm etwas* ~} mostrare, indicare qcs a qcn ◆ *jmdm den Weg weisen* indicare la strada a qcn. ***2*** cacciare, mandar via ◆ *jmdn aus dem Hause weisen* cacciare qcn di casa. ***3*** {*auf etwas* (Acc) ~} *(vi)* indicare qcs, segnare qcs ◆ *der Zeiger weist auf fünf* la lancetta segna le cinque. ◆ **jmdm die Tür weisen** *(fig)* mostrare la porta a qcn. ◆ **etwas (weit) von sich weisen** *(fig)* respingere qcs ◆ *einen Vorwurf von sich weisen* respingere un rimprovero.

Weisheit [ˈvaisˌhait] *(f; -, -en)* ***1*** *(solo sing)* saggezza. ***2*** *(solo sing)* sapienza. ***3*** sentenza, massima. ◆ **mit seiner Weisheit am Ende sein** *(fig/fam)* non saper più che pesci prendere.

weis|machen [ˈvaisˌmaxən] *(vt, hat)* ~ {*jmdm etwas* ~} dare a intendere (a bere) qcs a qcn, far credere qcs a qcn.

weiß [vais] *(agg)* ***1*** bianco ◆ *eine weiße Bluse* una camicetta bianca ◆ *weiße Haare* capelli bianchi ◆ *weiß wie Schnee* bianco come la neve. ***2*** bianco, innevato, con la neve ◆ *wir hatten dieses Jahr weiße Weihnachten* quest'anno abbiamo avuto il Natale con la neve. ***3*** *(fig)* bianco, pallido. ***4*** bianco, di razza bianca. ***5*** *(avv)* bianco, di bianco ◆ *eine Wand weiß streichen* tingere di bianco, imbiancare una parete ◆ *weiß gekleidet* vestito di bianco. ◆ **weißes Fleisch** carne bianca. ◆ **das Weiße Haus** la Casa Bianca. ◆ **eine weiße Weste haben** *(fig)* avere la coscienza pulita. ◆ **weiß werden** ***1*** imbiancare. ***2*** incanutirsi, avere i capelli bianchi. ◆ **weiß im Gesicht werden** sbiancare in volto, impallidire.

Weiß *(n; -es)* ~ bianco, colore bianco ◆ *in Weiß gekleidet sein* esser vestito di bianco.

weissagen [-ˌzaːgən] *(vt, hat)* ~ {*(jmdm) etwas* ~} predire, profetizzare qcs (a qcn).

Weissager [-ˌzaːgɐ] *(m; -s, -; f* **-in***)* ~ profeta, indovino.

Weissagung [-ˌzaːgʊŋ] *(f; -, -en)* ~ profezia.

Weißbier [-ˌbiːɐ] *(n; -(e)s, -e)* ~ birra chiara di grano.

Weiße(r) [-ə (-ɐ)] *(m/f; -n, -n)* ~ bianco, uomo bianco.

Weißglut [-ˌgluːt] *(f; -)* ~ incandescenza. ◆ **jmdn bis zur Weißglut bringen/reizen** *(fig/fam)* mandare in bestia qcn.
Weißgold [-ˌgɔlt] *(n; -(e)s)* ~ oro bianco.
weißhaarig [-ˌhaːrɪç] *(agg)* ~ dai capelli bianchi, canuto.
weißlich [-lɪç] *(agg)* ~ biancastro.
Weißwal [-ˌvaːl] *(m; -(e)s, -e)* ~ *(zool)* balena bianca.
weiß|waschen *(vt,* hat; *irr* waschen*)* ~ discolpare, scagionare. ◆ **sich weißwaschen** *(vr)* discolparsi, scagionarsi.
Weißwein [-ˌvain] *(m; -(e)s, -e)* ~ vino bianco.
Weisung ['vaizʊŋ] *(f; -, -en)* ~ direttiva, disposizione, istruzione.
weit[1] [vait] *(agg)* **1** largo, ampio, vasto, esteso (spazi) ◆ *eine weite Ebene* una vasta pianura ◆ *eine weite Öffnung* un'ampia apertura. **2** lungo (strada, percorso, ecc) ◆ *eine weite Reise* un lungo viaggio. **3** largo, ampio (indumenti) ◆ *ein weites Hemd* una camicia ampia. **4** *(fig)* largo, numeroso ◆ *weite Kreise der Gesellschaft* larghe fasce della società. ◆ **ein weites Herz haben** *(fig)* avere un cuore grande. ◆ **in weiter Ferne** molto lontano, in lontananza ◆ *in weiter Ferne war der Leuchtturm zu sehen* in lontananza si vedeva il faro.
weit[2] *(avv)* **1** lontano *(anche fig)* ◆ *sie sind weit gereist* hanno viaggiato lontano ◆ *das würde uns zu weit führen (fig)* questo ci porterebbe troppo lontano. **2** *(fig)* avanti, a un buon punto ◆ *wie weit bist du mit deinem Referat?* a che punto sei con la tua relazione? **3** *(+ compar)* di gran lunga, molto ◆ *dieser Film ist weit besser als der von gestern Abend* questo film è di gran lunga più bello di quello di ieri sera. **4** ampiamente, largamente *(anche fig)* ◆ *ein weit verbreitetes Vorurteil* un pregiudizio largamente diffuso. ◆ **weit sein** essere lontano, distare ◆ *wie weit ist es von hier bis zum Bahnhof?* quanto dista da qui la stazione? ◆ **weit entfernt (von...)** lontano (da...) ◆ *das Museum ist nicht weit entfernt von hier* il museo non è molto lontano da qui ◆ *meine Großeltern wohnen dreißig Kilometer weit entfernt von uns* i miei nonni abitano a 30 km da noi. ◆ **weit entfernt davon sein, etwas zu tun** *(fig)* essere ben lontano da fare qcs. ◆ **weit gehend** *(anche* **weitgehend***)* *(fig)* vasto, largo, ampio ◆ *weit gehende Unterstützung* ampio sostegno. ◆ **weit reichend** *(anche* **weitreichend***)* **1** a lunga gittata. **2** *(fig)* di ampia portata, ampio, grande. ◆ **weit weg von...** molto lontano da, molto distante da ◆ *sie wohnt (nicht) weit weg von mir* abita (non) molto lontano da me. ◆ **(von) weit her** da lontano ◆ *diese Touristen kommen von weit her* questi turisti vengono da lontano. ◆ **es weit bringen** *(fig)* andare lontano, fare molta strada. ◆ **das Fenster, die Tür weit öffnen** spalancare la finestra, la porta. ◆ **das Fenster, die Tür steht weit offen** la finestra, la porta è spalancata. ◆ **weit und breit** a perdita d'occhio. ◆ **bei weitem** di gran lunga. ◆ **von weitem** da lontano ◆ *das Kind erkannte seine Mutter schon von weitem* il bambino riconobbe sua madre già da lontano. ◆ **so weit, so gut** per ora tutto a posto.
weitab [-'ʔap] *(avv)* ~ lontano ◆ *weitab von der Stadt* lontano dalla città.
weitaus [-'ʔaus] *(avv)* ~ di gran lunga.
Weitblick [-ˌblɪk] *(m; -(e)s)* ~ lungimiranza.
Weite[1] [-ə] *(f; -, -n)* **1** distesa, vastità. **2** lontananza ◆ *in die Weite sehen* guardare in lontananza. **3** ampiezza, larghezza (di recipienti, vani, ecc). **4** *(spec sport)* distanza.
Weite[2] *(n)* ~ **das Weite suchen** *(fig)* prendere il largo, allontanarsi.
weiten [-ən] *(vt,* hat*)* ~ ampliare, allargare (spec scarpe). ◆ **sich weiten** *(vr)* allargarsi, ampliarsi *(anche fig)*.
weiter [-ɐ] *(agg)* **1** compar di **weit**. **2** altro, ulteriore ◆ *haben Sie weitere Fragen?* ha altre domande? ◆ *ich musste noch einen weiteren Monat warten* dovetti aspettare ancora un altro mese. **3** *(avv)* più lontano, più avanti, più in là ◆ *ich wohne drei Häuser weiter* abito tre case più avanti. **4** *(avv)* inoltre, oltre. **5** *(+ neg)* altro ◆ *weiter niemand* nessun altro. **6** *(avv)* poi, in seguito; continuare ◆ *wir werden weiter in Kontakt bleiben* continueremo a rimanere in contatto. **7** *(+ avv di luogo)* più ◆

weiter links più a sinistra ♦ *weiter unten* più in basso ♦ *weiter vorne* più in avanti. ◆ **weiter bestehen** (*anche* **weiterbestehen**) continuare a esistere, durare. ◆ **im weiteren Sinne** in senso lato. ◆ **und so weiter** (*abbrev* **usw.**) eccetera, e così via. ◆ **ohne Weiteres** senz'altro; senza problemi; senza esitazioni. ◆ **weiter!** avanti! continua!

weiter- (*preverbio*) ~ continuare a ♦ *weiterarbeiten* continuare a lavorare ♦ *lies bitte weiter* continua a leggere, per favore.

weiterbestehen ~ anche **weiter bestehen** (vedi **weiter**).

weiter|bilden (*vt*, hat) ~ {*jmdn* ~} aggiornare qcn (dopo gli studi). ◆ **sich weiterbilden** (*vr*) aggiornarsi, perfezionarsi (dopo gli studi).

Weiterbildung [-ɐˌbɪldʊŋ] (*f*; -) ~ aggiornamento, perfezionamento (dopo gli studi).

weiter|erzählen (*vt*, hat) ~ raccontare.

weiter|fahren (*vi*, ist; *irr* fahren) ~ proseguire (il viaggio), ripartire ♦ *nach dem Besuch bei Horst sind wir nach Leipzig weitergefahren* dopo la visita a Horst siamo ripartiti per Lipsia.

Weitergabe [-ɐˌgaːbə] (*f*; -) ~ trasmissione, inoltro.

weiter|geben (*vt*, hat; *irr* geben) ~ passare, dare (qcs che si è ricevuto).

weiter|gehen (*vi*, ist; *irr* gehen) ***1*** proseguire, andare avanti (a piedi). ***2*** (*fig*) continuare ♦ *so darf es nicht weitergehen!* non può continuare così!

weiter|helfen (*vi*, hat; *irr* helfen) ~ {*jmdm bei etwas* ~} aiutare qcn (ad andare avanti) in qcs.

weiterhin [-ɐˈhɪn] (*avv*) ***1*** in futuro, in seguito; ancora. ***2*** inoltre.

weiter|kommen (*vi*, ist; *irr* kommen) ***1*** andare avanti, proseguire. ***2*** (*fig*) andare avanti, progredire, fare progressi.

weiter|können (*vi*, hat; *irr* können) ~ (*fam*) riuscire ad andare avanti (*anche fig*).

weiter|leiten (*vt*, hat) ~ trasmettere, inoltrare ♦ *Ihre Anfrage wurde an das zuständige Amt weitergeleitet* la Sua richiesta è stata inoltrata all'ufficio di competenza.

weiter|machen (*vi*, hat) ~ {*mit etwas* ~} (*fam*) continuare, proseguire qcs.

weiter|verkaufen (*vt*, hat) ~ rivendere.

weiter|vermieten (*vt*, hat) ~ subaffittare.

weiter|wissen (*vi*, hat; *irr/ortogr* wissen) (*spec neg*) ~ sapere come andare avanti ♦ *ich weiß nicht mehr weiter* non so più come andare avanti.

weitgehend [-ˌgeːənt] (*agg*) ***1*** anche **weit gehend** (vedi **weit²**). ***2*** (*avv*) ampiamente, molto.

weither [-ˈheːɐ] (*avv*) ~ (*lett*) da lontano.

weitherzig [-ˌhɛrtsɪç] (*agg*) ~ generoso, magnanimo.

weithin [-ˈhɪn] (*avv*) ~ fino in lontananza, lontano ♦ *die Musik war weithin zu hören* la musica si sentiva fino in lontananza.

weitläufig [-ˌlɔyfɪç] (*agg*) ***1*** ampio, esteso, vasto. ***2*** (*fig*) dettagliato, esauriente. ***3*** lontano (parente). ***4*** (*avv*) dettagliatamente, in modo esauriente. ***5*** (*avv*) alla lontana ♦ *wir sind weitläufig verwandt* siamo parenti alla lontana.

weitreichend ~ anche **weit reichend** (vedi **weit²**).

weitschweifig [-ʃvaifɪç] (*agg*) ~ prolisso.

Weitsicht [-ˌzɪçt] (*f*; -) ~ lungimiranza.

weitsichtig [-ˌzɪçtɪç] (*agg*) ***1*** (*med*) presbite. ***2*** (*fig*) lungimirante.

Weitsichtigkeit [-zɪçtɪçˌkait] (*f*; -) ~ (*med*) presbiopia.

Weitsprung [-ʃprʊŋ] (*m*; -(e)s, -sprünge) ~ (*sport*) salto in lungo.

Weizen [ˈvaitsən] (*m*; -s) ~ (*bot*) grano, frumento. ◆ **sein Weizen blüht** (*fig/fam*) i suoi affari vanno bene.

Weizenmehl [-ˌmeːl] (*n*; -(e)s) ~ farina di frumento.

welch [vɛlç] (*pron interr indecl*) ~ che, quale (in esclamazioni) ♦ *welch ein Glück!* che fortuna! ♦ *welch eine Unverschämtheit!* che sfacciataggine!

welche(r, -s) [-ə (-ɐ, -əs)] (*agg/pron interr*) ***1*** quale ♦ *welche Jacke soll ich anziehen?* quale giacca devo mettermi? ♦ *hier sind die Pullover, welchen willst du anziehen?* ecco i maglioni, quale vuoi metterti? ♦ *ich wollte dich fragen, an welchem Tag wir uns sehen können* volevo chiederti quale giorno possiamo incontrarci. ***2*** (*pron rel; usato per evitare ripetizioni*) ♦ *alle die, welche sich noch einschreiben müssen* tutti quelli che si devono ancora iscrivere. ***3*** (*pron indef*) (*fam*) alcuni; un po' ♦ *wenn du CD's für die Party brauchst, könnte ich dir welche leihen* se hai bisogno di CD per la festa potrei prestartene alcuni ♦ *„Brauchst du Geld?" „Nein, ich habe noch welches"* "Hai bisogno di soldi?" "No, ne ho ancora un po'".

WELCHER, WELCHE, WELCHES

	MASCH	FEMM	NEUTRO
NOM	welcher	welche	welches
GEN	welches	welcher	welches
DAT	welchem	welcher	welchem
ACC	welchen	welche	welches

welcherlei [-ɐ'lai] *(agg indecl)* ~ *(lett)* di qualsivoglia natura, qualsiasi ♦ *welcherlei Einwände er haben mag, sollte er mit mir darüber sprechen* qualsiasi obiezione possa avere dovrebbe parlarne con me.
welk [vɛlk] *(agg)* ***1*** appassito, avvizzito ♦ *welke Blumen* fiori appassiti. ***2*** vizzo, avvizzito (pelle).
welken [-ən] *(vi, ist)* ~ appassire, avvizzire (fiori; pelle).
Welle ['vɛlə] *(f; -, -n)* ***1*** onda, ondata; *(pl)* onde, acque, flutti ♦ *hohe Wellen* onde alte ♦ *sich von den Wellen tragen lassen* lasciarsi trasportare dalle onde. ***2*** *(fig)* ondata ♦ *eine Welle von Protesten* un'ondata di proteste. ***3*** *(fig)* onda, tendenza. ***4*** ondulazione (del terreno). ***5*** *(fis)* onda ♦ *kurze, lange Wellen* onde corte, lunghe. ◆ **hohe Wellen schlagen** *(fig)* avere forti ripercussioni.
wellen [-n] *(vt, hat)* ~ ondulare.
Wellenberg [-n,bɛrk] *(m; -(e)s, -e)* ~ cresta dell'onda.
Wellebrecher [-,brɛçɐ] *(m; -s, -)* ~ frangiflutti.
Wellenlänge [-n,lɛŋə] *(f; -, -n)* ~ *(fis)* lunghezza d'onda. ◆ **mit jmdm auf der gleichen Wellenlänge liegen** *(fig/fam)* essere sulla stessa lunghezza d'onda con qcn.
Wellensittich [-n,zɪtlɪç] *(m; -(e)s, -e)* ~ *(zool)* pappagallino.
Welpe ['vɛlpə] *(m; -n, -n)* ~ cucciolo (di cane, lupo e sim).
Welt [vɛlt] *(f; -, -en)* ***1*** mondo, terra ♦ *eine Reise um die Welt machen* fare un viaggio intorno al mondo ♦ *das ist für mich die schönste Stadt auf der Welt* questa è per me la città più bella del mondo. ***2*** *(fig)* mondo, realtà ♦ *die Welt der Kunst, des Sports, der Tiere* il mondo dell'arte, dello sport, degli animali. ***3*** *(fig)* mondo, uomini, umanità. ***4*** mondo, vita ♦ *sich von der Welt zurückziehen* ritirarsi dal mondo. ◆ **die Alte, Neue Welt** il vecchio, nuovo mondo. ◆ **die Dritte Welt** il terzo mondo. ◆ **alle Welt; die ganze Welt** *(fig/fam)* tutto il mondo, tutti ♦ *vor aller Welt* davanti a tutti. ◆ **zwischen uns liegen Welten; uns trennen Welten** *(fig)* siamo agli antipodi. ◆ **auf die Welt kommen** venire al mondo, nascere. ◆ **etwas aus der Welt schaffen** *(fig)* togliere di mezzo, eliminare qcs. ◆ **in alle Welt** dappertutto, dovunque (moto a luogo). ◆ **in aller Welt** ***1*** dappertutto, dovunque (stato in luogo). ***2*** *(nelle domande)* ma ♦ *warum in aller Welt hast du mir nichts gesagt?* ma perché non mi hai detto niente? ◆ **über Gott und die Welt reden** parlare del più e del meno. ◆ **um nichts in der Welt** *(fig/fam)* per niente al mondo. ◆ **ein Mann von Welt** un uomo di mondo. ◆ **ein Kind zur Welt bringen** mettere al mondo un bambino. ◆ **die Welt ist klein; die Welt ist ein Dorf** *(prov)* il mondo è piccolo.
Weltall [-,ˀal] *(n; -s)* ~ universo, cosmo.
Weltanschauung [-,ˀanʃaʊʊŋ] *(f; -, -en)* ~ visione del mondo, ideologia.
weltbekannt [-bə,kant] *(agg)* ~ notissimo, noto dovunque.
weltberühmt [-bə,ryːmt] *(agg)* ~ famoso in tutto il mondo, di fama mondiale.
Weltberühmtheit [-bəryːmt,hait] *(f; -)* ~ fama mondiale.
weltbewegend [-bə,veːgənt] *(agg)* ~ sensazionale.
Weltbild [-,bɪlt] *(n; -(e)s, -er)* ~ concezione del mondo.
Weltbürger [-,bʏrgɐ] *(m; -s, -)* ~ cittadino del mondo, cosmopolita.
weltbürgerlich [-,bʏrgɐlɪç] *(agg)* ~ cosmopolita, cosmopolitico.
Weltbürgertum [-bʏrgɐ,tuːm] *(n; -s)* ~ cosmopolitismo.
weltfremd [-,frɛmt] *(agg)* ~ fuori dal mondo, fuori dalla realtà.

Weltfrieden [-ˌfriːdən] *(m; -s)* ~ pace mondiale.

weltgewandt [-gəˌvant] *(agg)* ~ di mondo, navigato.

Weltgewandtheit [-gəˌvanthait] *(f; -)* ~ esperienza.

Weltkrieg [-ˌkriːk] *(m; -(e)s, -e)* ~ guerra mondiale ♦ *der Erste, Zweite Weltkrieg* la Prima, la Seconda Guerra Mondiale.

Weltkugel [-ˌkuːgəl] *(f; -)* ~ globo terrestre, terra.

weltlich [-lɪç] *(agg)* ***1*** terreno, terrestre. ***2*** secolare, laico.

Weltmacht [-ˌmaxt] *(f; -, -mächte)* ~ *(pol)* potenza mondiale.

Weltmann [-ˌman] *(m; -(e)s, -männer)* ***1*** uomo di mondo. ***2*** laico.

Weltmeer [-ˌmeːɐ] *(n; -(e)s, -e)* ~ oceano.

Weltmeister [-ˌmaistɐ] *(m; -s, -; f* **-in***)* ~ campione del mondo ♦ *er ist Weltmeister im Gewichtsheben* è campione del mondo di sollevamento pesi.

Weltmeisterschaft [-ˌmaistɐʃaft] *(f; -, -en) (abbrev* **WM***)* ~ campionato del mondo, (campionato) mondiale.

weltoffen [-ˌˀɔfən] *(agg)* ~ cosmopolita.

Weltraum [-ˌraum] *(m; -(e)s)* ~ cosmo, spazio.

Weltraumfahrer [-raumˌfaːrɐ] *(m; -s, -; f* **-in***)* ~ astronauta.

Weltraumfahrt [-raumˌfaːɐt] *(f; -, -en)* ***1*** viaggio spaziale. ***2*** astronautica.

Weltraumschiff [-raumˌʃɪf] *(n; -(e)s, -e)* ~ astronave.

Weltreise [-ˌraizə] *(f; -, -n)* ~ viaggio intorno al mondo.

Weltrekord [-reˌkɔrt] *(m; -(e)s, -e)* ~ record mondiale.

Weltstadt [-ʃtat] *(f; -, -städte)* ~ metropoli.

weltstädtisch [-ʃtɛːtɪʃ] *(agg)* ~ metropolitano.

Weltumseg(e)lung [-ˀʊmˌzeːgəlʊŋ] *(f; -, -en)* ~ circumnavigazione del globo.

Weltuntergang [-ˌˀʊntɐgaŋ] *(m; -(e)s)* ~ fine del mondo.

weltweit [-ˌvait] *(agg)* ***1*** mondiale, internazionale. ***2*** *(avv)* in tutto il mondo, a livello mondiale.

Weltwunder [-ˌvʊndɐ] *(n; -s, -)* ~ meraviglia del mondo ♦ *die Sieben Weltwunder* le sette meraviglie del mondo.

wem [veːm] *(pron interr, Dat di* **wer***)* ~ a chi, chi ♦ *wem hast du die Blumen geschenkt?* a chi hai regalato i fiori? ♦ *mit wem bist du gekommen?* con chi sei venuto?

Wemfall [-ˌfal] *(m; -(e)s, -fälle)* ~ *(gramm)* dativo.

wen [veːn] *(pron interr, Acc di* **wer***)* ~ chi ♦ *wen möchtest du zur Party einladen?* chi vorresti invitare alla festa? ♦ *für wen sind die Blumen?* per chi sono i fiori?

Wende ['vɛndə] *(f; -, -n)* ***1*** svolta, rotazione (di 180°). ***2*** *(fig)* inizio, passaggio (di secolo, millennio) ♦ *an der/um die Wende des 21. (einundzwanzigsten) Jahrhunderts* all'inizio del XXI secolo. ***3*** *(fig)* svolta, cambiamento. ◆ **die Wende** i cambiamenti storici e politici che hanno portato alla riunificazione della Germania.

Wendekreis [-ˌkrais] *(m; -es, -e)* ~ *(geogr)* tropico.

Wendeltreppe [-lˌtrɛpə] *(f; -, -n)* ~ scala a chiocciola.

wenden [-n] *(vt, hat;* **wendete/wandte, gewendet/gewandt***)* ***1*** voltare, rivoltare, girare, rovesciare ♦ *das Schnitzel in der Pfanne wenden* rivoltare la braciola nel tegame ♦ *die Seiten wenden* girare le pagine. ***2*** girare, voltare (in direzione opposta; in un'altra direzione) ♦ *das Auto wenden* girare la macchina ♦ *den Kopf wenden* girare la testa. ***3*** *(vi)* girare (in direzione opposta), fare inversione ♦ *das Auto hat gewendet* la macchina ha fatto inversione. ***4*** volgere, dirigere ♦ *seine Schritte in eine andere Richtung wenden* volgere i propri passi in un'altra direzione. ◆ **sich wenden** *(vr)* ***1*** girarsi, voltarsi; girare ♦ *sich zur Seite wenden* voltarsi di lato ♦ *sich zu jmdm wenden* girarsi verso qcn ♦ *der Wind hat sich gewendet* il vento è girato. ***2*** {*sich an jmdn ~*} rivolgersi a qcn (per una richiesta) ♦ *an wen soll ich mich wenden?* a chi mi devo rivolgere? ***3*** {*sich gegen jmdn/etwas ~*} rivolgersi contro qcn/qcs, attaccare qcn/qcs. ◆ **sich zur Flucht wenden** *(vr)* darsi alla fuga. ◆ **sich zum Gehen wenden** *(vr)* incamminarsi, avviarsi. ◆ **sich zum Guten/zum Besseren wenden** *(vr)* volgere al meglio (situazione e sim). ◆ **jmdm**

den Rücken wenden voltare le spalle a qcn *(anche fig)*. ◆ **kein Auge/keinen Blick von jmdm wenden** *(fig)* non distogliere lo sguardo da qcn. ◆ **bitte wenden!** *(abbrev* **b.w.**) girare (pagina).

Wendepunkt [-ˌpʊŋkt] *(m; -(e)s, -e)* ~ svolta, cambiamento ♦ *ein Wendepunkt der Geschichte* una svolta storica ♦ *das war ein Wendepunkt in meinem Leben* ciò rappresentò una svolta nella mia vita.

wendig [ˈvɛndɪç] *(agg)* ***1*** maneggevole, facilmente manovrabile. ***2*** *(fig)* versatile, abile.

Wendigkeit [-ˌkait] *(f; -)* ~ maneggevolezza.

Wendung [ˈvɛndʊŋ] *(f; -, -en)* ***1*** svolta, cambiamento di direzione; sterzata. ***2*** *(fig)* svolta, piega (di situazione e sim) ♦ *die Sache nahm eine günstige Wendung* la cosa prese una piega favorevole ♦ *eine Wendung zum Besseren, zum Schlechteren* una svolta in meglio, in peggio. ***3*** modo di dire, locuzione.

Wenfall [ˈveːnˌfal] *(m; -(e)s, -fälle)* ~ *(gramm)* accusativo.

wenig [ˈveːnɪç] *(agg/pron indef; sing* wenig; *pl Nom/Acc* wenige, *Gen* weniger, *Dat* wenigen*)* ***1*** poco ♦ *mir ist nur noch wenig Geld geblieben* mi sono rimasti solo pochi soldi ♦ *ich habe wenig Lust dazu* ne ho poca voglia ♦ *das Brot ist zu wenig* il pane è troppo poco ♦ *das wenige Geld/mein weniges Geld reicht nicht* i pochi soldi/i miei pochi soldi non bastano ♦ *wenig(e) Leute* poca gente ♦ *wenige gute Freunde* ho pochi buoni amici ♦ *mit der Hilfe weniger guter Freunde* con l'aiuto di pochi buoni amici ♦ *mit wenigen Worten* con poche parole. ***2*** *(pron/avv)* poco ♦ *ich habe wenig geschlafen* ho dormito poco ♦ *du hast heute so wenig gegessen!* hai mangiato così poco oggi! ♦ *das ist eine wenig bekannte Kirche* questa è una chiesa poco conosciuta ♦ *sie ist wenig größer als ich* è poco più alta di me ♦ *die wenigen, die sich gemeldet haben* i pochi che si sono fatti vivi. ◆ **weniges** poco *(pron)*, poche cose. ◆ **ein wenig** un poco, un po' ♦ *ein wenig Salz* un po' di sale ♦ *mit ein wenig Wasser* con un po' d'acqua. ◆ **mit wenig(em) zufrieden sein** accontentarsi di poco.

weniger [ˈveːnɪgɐ] *(avv)* ***1*** *(compar di* **wenig***)* meno, di meno ♦ *du solltest weniger arbeiten* dovresti lavorare di meno ♦ *sie schläft immer weniger* dorme sempre di meno ♦ *er ist weniger reich als sein Bruder* è meno ricco di suo fratello ♦ *sie hat weniger Zeit als ich* ha meno tempo di me ♦ *es waren nicht weniger als tausend Leute da* c'erano non meno di mille persone. ***2*** *(mat)* meno ♦ *fünf weniger zwei ist drei* cinque meno due fa tre. ◆ **mehr oder weniger** più o meno; pressappoco. ◆ **um so weniger** tanto meno.

Wenigkeit [ˈveːnɪçˌkait] *(f; -)* ~ inezia, piccolezza. ◆ **meine Wenigkeit** *(fam)* il sottoscritto, la mia modesta persona.

wenigst- [ˈveːnɪçst-] *(agg; superl di* **wenig***)* ~ pochissimo; meno (di tutti) ♦ *die wenigsten Mitglieder sind damit einverstanden* pochissimi membri sono d'accordo/la maggior parte dei membri non è d'accordo ♦ *in den wenigsten Fällen* in pochissimi casi ♦ *der Schüler, der die wenigsten Rechtschreibfehler macht, gewinnt einen Preis* lo studente che fa meno errori di ortografia (di tutti) vince un premio. ◆ **am wenigsten** *(avv)* meno (di tutto, di tutti) ♦ *das interessiert mich am wenigsten* questo mi interessa meno (di tutto il resto). ◆ **das ist das wenigste, was ich tun kann** è il minimo che io possa fare.

wenigstens [-əns] *(avv)* ~ almeno, perlomeno ♦ *du hättest mich wenigstens anrufen können!* avresti almeno potuto telefonarmi! ♦ *ich muss dieses Jahr wenigstens fünf Prüfungen ablegen* quest'anno devo dare almeno cinque esami.

wenn [vɛn] *(congiunz subord)* ***1*** quando, ogni volta che ♦ *wenn wir zu unserer Oma gehen, bäckt sie immer einen Kuchen für uns* quando andiamo dalla nonna lei ci fa sempre un dolce. ***2*** quando, appena (al presente) ♦ *wenn ich Näheres weiß, werde ich euch Bescheid sagen* quando so qualcosa di più preciso, vi farò sapere. ***3*** *(+ ind/cong)* se ♦ *wenn ich im Sommer nach Deutschland fahre, komme ich dich besuchen* se in estate vado in Germania, vengo a trovarti ♦ *wenn ich das Geld hätte, würde ich mir ein* *neues Auto kaufen* se avessi i soldi mi comprerei una macchina nuova ♦ *wenn ich das gewusst hätte, wäre ich sofort zu ihm gegangen* se l'avessi saputo, sarei andato subito da lui. ◆ **wenn... auch** sebbene, anche se ♦ *wenn die Reise auch sehr teuer war, hat sie sich doch gelohnt* anche se il viaggio è stato molto caro, ne è valsa la pena. ◆ **wenn... doch**; **wenn... nur** *(escl)* se solo ♦ *wenn er doch sparsamer wäre!* se solo fosse più parsimonioso! ♦ *wenn ich nur mehr Geld hätte!* se solo avessi più soldi!

wenngleich [-'glaiç] *(congiunz subord)* ~ *(lett)* sebbene, quantunque, anche se.

wennschon [-ʃo:n] *(avv)* ~ **(na) wennschon**! *(fam)* e chi se ne importa! ◆ **wennschon, dennschon** *(fam)* se le cose si devono fare, vanno fatte bene.

wer ['ve:ɐ] *(pron interr;* Gen **wessen**, Dat **wem**, Acc **wen***)* **1** chi ♦ *wer ist die Frau da?* chi è quella donna? ♦ *ich weiß nicht, wer mir diese Blumen geschickt hat* non so chi mi ha mandato questi fiori. **2** *(pron indef)* chi, chiunque ♦ *wer dem Verein beitreten will, muss zuerst dieses Formular ausfüllen* chi vuole entrare nell'associazione deve prima riempire questo modulo. ◆ **wer weiß?** chissà? ♦ *er hat das Buch wer weiß wo gefunden* ha trovato il libro chissà dove.

Werbeanzeige ['vɛrbəˌʔantsaigə] *(f; -, -n)* ~ inserzione pubblicitaria, annuncio pubblicitario.

Werbekampagne ['vɛrbəkamˌpanjə] *(f; -, -n)* ~ campagna pubblicitaria.

werben ['vɛrbən] *(vi/vt,* hat; er **wirbt**, **warb**, **geworben***)* **1** {*für etwas ~*} *(vi)* pubblicizzare, reclamizzare qcs, fare pubblicità a qcs. **2** {*um etwas ~*} *(vi)* *(lett)* cercare di ottenere/di conquistare qcs ♦ *um jmds Gunst werben* cercare di ottenere i favori di qcn. **3** *(vt)* assoldare, arruolare, reclutare *(anche mil)*.

Werbespot ['vɛrbəˌspɔt] *(m; -s, -s)* ~ spot pubblicitario, pubblicità.

Werbung ['vɛrbʊŋ] *(f; -, -en)* **1** pubblicità, reclame; propaganda ♦ *die Werbung für ein neues Produkt* la pubblicità di un nuovo prodotto. **2** arruolamento, reclutamento.

Werdegang ['ve:ɐdəˌgaŋ] *(m; -(e)s, -gänge)* **1** sviluppo, evoluzione. **2** carriera, percorso (personale).

werden[1] ['ve:ɐdən] *(vi,* ist; du **wirst**, er **wird**, **wurde**, **geworden***)* **1** diventare ♦ *er ist reich, taub geworden* è diventato ricco, sordo ♦ *sie ist Mutter geworden* è diventata mamma ♦ *er möchte Polizist werden* vorrebbe fare il poliziotto. **2** {*aus jmdm/etwas ~*} diventare, divenire, farsi ♦ *aus dem unerfahrenen Studenten wurde ein berühmter Arzt* dallo studente inesperto che era è diventato un famoso medico ♦ *aus unserem Plan ist nichts geworden* del nostro progetto non se ne è fatto niente. **3** {*zu etwas ~*} diventare, trasformarsi in qcs ♦ *der Wein ist zu Essig geworden* il vino è diventato aceto. **4** venire, risultare ♦ *der Brief ist sehr lang geworden* la lettera è venuta molto lunga. ◆ **jmdm wird...** qcn si sente... (comincia a sentirsi) ♦ *mir wird schlecht* mi sento male. ◆ **es wird kalt** *(impers)* viene freddo, comincia a fare freddo. ◆ **es wird alles gut werden** andrà tutto bene. ◆ **es wird Tag**, **Nacht** fa giorno, notte. ◆ **es wird Zeit** arriva (è arrivato) il momento, è l'ora ♦ *es wird Zeit, wegzugehen* è arrivato il momento di andare via. ◆ **was soll jetzt werden?** e ora che succederà? ◆ **was ist ihm geworden?** che gli è successo? che ne è stato di lui? ◆ **alt werden** diventare vecchio, invecchiare. ◆ **rot werden** diventare rosso, arrossire.

werden[2] *(vi,* ist; du **wirst**, er **wird**, **wurde**, **worden***)* **1** *(aux)* *(forma il futuro)* ♦ *ich werde dich nächste Woche anrufen* ti telefonerò la prossima settimana ♦ *er wird es wohl vergessen haben* probabilmente lo avrà dimenticato. **2** *(aux)* *(forma il passivo)* ♦ *er wurde gestern am Magen operiert* è stato operato ieri allo stomaco ♦ *er ist von einem Auto überfahren worden* è stato investito da un'auto. **3** *(cong* **würde***)* *(forma congiuntivo e condizionale)* ♦ *wenn du mehr lernen würdest, würdest du bessere Noten bekommen* se tu studiassi di più prenderesti voti migliori ♦ *ich würde sagen, wir können uns um vier Uhr treffen* direi che ci possiamo incontrare alle quattro.

werdend [-t] *(agg)* ~ futuro ♦ *die werdende Mutter* la futura mamma.
Werfall ['veːɐˌfal] *(m; -(e)s, -fälle)* ~ *(gramm)* nominativo.
werfen ['vɛrfən] *(vt,* hat; er **wirft**, **warf**, **geworfen***)* ***1*** gettare, buttare; lanciare, scagliare, tirare ♦ *er warf die Flasche aus dem Fenster* buttò la bottiglia dalla finestra ♦ *sie warf die Tasche auf den Boden* gettò a terra la borsa ♦ *jmdn zu Boden werfen* gettare a terra qcn. ***2*** {*mit etwas* ~} *(vi)* lanciare, tirare qcs (a ripetizione) ♦ *mit Schneebällen werfen* lanciare palle di neve. ***3*** *(fig)* lanciare (sul mercato) ♦ *eine neue Ware auf den Markt werfen* lanciare una nuova merce sul mercato. ***4*** gettare, fare (ombra). ***5*** partorire (animali). ◆ **sich werfen** *(vr)* ***1*** gettarsi, buttarsi; lanciarsi, scagliarsi ♦ *sich in jmds Arme werfen* gettarsi fra le braccia di qcn ♦ *sich vor jmdm auf die Knie werfen* buttarsi in ginocchio di fronte a qcn ♦ *sich gegen jmdn werfen* scagliarsi contro qcn ♦ *er warf sich erschöpft in den Sessel* si buttò esausto sulla poltrona. ***2*** incurvarsi, deformarsi (per l'umidità e sim). ◆ **das Handtuch werfen** gettare la spugna. ◆ **die Tür ins Schloss werfen** sbattere la porta.
Werg [vɛrk] *(n; -(e)s)* ~ stoppa.
Werk *(n; -(e)s, -e)* ***1*** opera, lavoro ♦ *sein Werk ist vollendet* la sua opera è compiuta ♦ *ein unvollendetes Werk* un'opera incompiuta ♦ *Goethes sämtliche Werke* l'opera omnia di Goethe. ***2*** opera, azione ♦ *ein gutes Werk tun* fare un'opera buona. ***3*** impianto, stabilimento, fabbrica. ***4*** meccanismo ♦ *das Werk einer Uhr* il meccanismo di un orologio. ◆ **das ist sein Werk** questa è opera sua. ◆ **am Werk sein** essere all'opera *(anche fig)*. ◆ **sich ans Werk machen** mettersi all'opera. ◆ **etwas ins Werk setzen** *(lett)* mettere in opera qcs. ◆ **zu Werke gehen** *(lett)* procedere.
werken [-ən] *(vi,* hat*)* ~ lavorare (manualmente), fare bricolage.
Werkstatt [-ʃtat] *(f; -, -stätten)* ~ officina.
Werktag [-ˌtaːk] *(m; -(e)s, -e)* ~ giorno feriale, giorno lavorativo.
werktags [-ˌtaːks] *(avv)* ~ nei giorni feriali.
werktätig [-ˌtɛːtɪç] *(agg)* ~ attivo, che lavora.
Werkzeug [-ˌtsɔyk] *(n; -(e)s, -e)* ***1*** attrezzo, utensile. ***2*** *(pl)* attrezzatura, attrezzi. ***3*** *(fig)* strumento (persona strumentalizzata).
Werkzeugmaschine [-tsɔykmaˌʃiːnə] *(f; -, -n)* ~ macchina utensile.
Wermut ['veːɐmuːt] *(m; -(e)s)* ***1*** *(bot)* assenzio. ***2*** vermut.
wert [veːɐt] *(agg)* ~ **etwas wert sein** valere qcs ♦ *dieses Gemälde ist viel wert* questo dipinto vale molto ♦ *der Ring ist nichts wert* l'anello non vale niente. ◆ **jmdm viel wert sein** valere molto per qcn, significare molto per qcn, essere molto importante per qcn ♦ *deine Hilfe ist mir viel wert* il tuo aiuto significa molto per me. ◆ **jmds/einer Sache wert sein**; **etwas** (Acc) **wert sein** essere degno di qcn/qcs; valere qcs ♦ *du bist meiner Freundschaft nicht wert* non sei degno della mia amicizia ♦ *das ist der/die Mühe nicht wert* questo non vale la pena ♦ *er ist (es) nicht wert, dass man ihm zuhört* non è degno di essere ascoltato.
Wert *(m; -(e)s, -e)* ***1*** valore, importanza, significato ♦ *einem Ereignis großen Wert beimessen* attribuire grande valore a un avvenimento ♦ *keinen Wert haben* non avere valore, non avere importanza. ***2*** valore, prezzo ♦ *diese alten Möbel haben großen Wert* questi mobili antichi hanno un grande valore ♦ *ein Ring im Wert(e) von zweitausend Euro* un anello del valore di duemila euro. ***3*** valore, risultato (di calcolo, analisi, ecc) ♦ *der Bluttest hat zu hohe Werte ergeben* l'analisi del sangue ha dato valori troppo alti. ***4*** valore (morale e sim). ◆ **Wert auf etwas** (Acc) **legen** tenere a qcs, tenerci a qcs ♦ *ich lege viel Wert auf Pünktlichkeit* tengo molto alla puntualità ♦ *sie legt keinen Wert auf Kleidung* non tiene all'abbigliamento.
-wert *(suff)* ~ degno di, che vale la pena ♦ *erzählenswert* che vale la pena di essere raccontato.
werten [-ən] *(vt,* hat*)* ~ {*jmdn/etwas als jmdn/etwas* ~} giudicare, valutare qcn/qcs come... ♦ *ich werte sie als eine gute Freundin* la giudico una buona amica.

Wertgegenstand [-ˌgeːgənʃtant] *(m; -(e)s, -stände)* ~ oggetto di valore.

wertlos [-ˌloːs] *(agg)* ***1*** senza valore. ***2*** inutile.

Wertpapier [-paˌpiːɐ] *(n; -(e)s, -e)* ~ *(econ)* titolo.

Wertpapierbörse [-papiːɐˌbœrzə] *(f; -, -n)* ~ borsa valori.

wert|schätzen *(vt, hat)* ~ {*jmdn/etwas* ~} avere grande stima di qcn/qcs.

Wertung [-ʊŋ] *(f; -, -en)* ***1*** valutazione, stima. ***2*** *(sport)* valutazione, punteggio.

wertvoll [-ˌfɔl] *(agg)* ***1*** di valore, prezioso, pregiato. ***2*** *(fig)* prezioso, utile ♦ *ein wertvoller Ratschlag* un consiglio prezioso.

Wertzeichen [-ˌtsaiçən] *(n; -s, -)* ~ valore bollato; francobollo.

Werwolf [ˈveːɐˌvɔlf] *(m; -(e)s, -wölfe)* ~ lupo mannaro.

Wesen [ˈveːzən] *(n; -s, -)* ***1*** *(solo sing)* essenza, sostanza, natura ♦ *es liegt im Wesen der Dinge, dass* è nella natura delle cose che. ***2*** carattere, indole ♦ *ein kindliches Wesen haben* avere un carattere infantile. ***3*** essere, creatura. ***4*** *(fam)* persona, tipo ♦ *sie ist ein nettes Wesen* è una persona carina. ◆ **sein Wesen treiben** aggirarsi; *(fam)* essere, trovarsi.

Wesensart [-sˌʔaːɐt] *(f; -, -en)* ~ modo di essere, carattere.

wesenseigen [-sˌʔaigən] *(agg)* ~ caratteristico, connaturato ♦ *jmdm/etwas wesenseigen sein* essere connaturato a qcn/qcs.

Wesenszug [-sˌtsuːk] *(m; -(e)s, -züge)* ~ tratto caratteristico.

wesentlich [-tlɪç] *(agg)* ***1*** essenziale, fondamentale, importante, significativo ♦ *eine Änderung von wesentlicher Bedeutung* un cambiamento di importanza fondamentale ♦ *es gab keine wesentliche Verbesserung* non c'è stato nessun miglioramento essenziale. ***2*** *(avv)* molto, sensibilmente ♦ *es geht ihr wesentlich besser heute* oggi sta molto meglio. ◆ **ein wesentlicher Bestandteil von etwas sein** essere parte integrante di qcs.

Wesentliche [-tlɪçə] *(n; -n)* ~ l'essenziale. ◆ **im Wesentlichen** († **wesentlichen**) sostanzialmente.

Wesfall [ˈvɛsˌfal] *(m; -(e)s, -fälle)* ~ *(gramm)* genitivo.

weshalb [ˌvɛsˈhalp] *(avv/congiunz)* ***1*** *(avv interr)* perché ♦ *weshalb hat er gekündigt?* perché si è licenziato? ♦ *ich möchte wissen, weshalb er mich nicht mehr grüßt* vorrei sapere perché non mi saluta più. ***2*** *(congiunz subord)* per cui, perciò, per la qual cosa, ragion per cui ♦ *ich war krank, weshalb ich im Bett bleiben musste* ero malato, ragion per cui sono dovuto rimanere a letto ♦ *das ist der Grund, weshalb ich dir nicht früher geschrieben habe* questo è il motivo per cui non ti ho scritto prima.

Wespe [ˈvɛspə] *(f; -, -n)* ~ *(zool)* vespa.

Wespennest [-nˌnɛst] *(n; -(e)s, -er)* ~ nido di vespe, vespaio. ◆ **in ein Wespennest greifen/stechen** *(fig/fam)* sollevare un vespaio.

wessen [ˈvɛsən] *(pron interr, Gen di* **wer***)* ~ di chi ♦ *wessen Tasche ist das?* di chi è questa borsa? ♦ *auf wessen Rat hast du das getan?* su consiglio di chi l'hai fatto?

Wessi [ˈvɛsi] *(m; -s, -s)* ~ *(fam)* abitante della (ex) Germania Occidentale.

West [vɛst] *(indecl) (senza art)* ~ *(naut/meteor)* ovest.

Weste [-ə] *(f; -, -n)* ~ gilet; panciotto; cardigan.

Westen [-ən] *(m; -s)* ***1*** ovest, occidente ♦ *im Westen* a ovest (stato) ♦ *im Westen der Stadt* a ovest della città (stato) ♦ *in den Westen* a ovest, a occidente (moto) ♦ *von/vom Westen* da ovest, da occidente. ***2*** *(pol)* occidente, stati occidentali. ***3*** *(fam)* Germania occidentale.

westlich[1] [-lɪç] *(agg)* ***1*** occidentale. ***2*** *(avv)* a ovest, a occidente ♦ *westlich von Berlin* a ovest di Berlino.

westlich[2] *(prep* + Gen*)* ~ a ovest di, a occidente di.

westwärts [-ˌvɛrts] *(avv)* ~ verso ovest, verso occidente.

weswegen [vɛsˈveːgən] *(congiunz)* ~ vedi **weshalb**.

Wettbewerb [ˈvɛtbəˌvɛrp] *(m; -(e)s, -e)* ***1*** gara, competizione, concorrenza *(anche sport)*. ***2*** concorso.

Wette [ˈvɛtə] *(f; -, -n)* ~ scommessa ♦ *eine Wette abschließen/eingehen* fare una scommessa. ◆ **was gilt die Wette?** quanto vogliamo scommettere? ◆ **um**

die Wette... fare a... ♦ *um die Wette fahren, laufen, schwimmen* fare a chi guida, corre, nuota più veloce.

wetteifern ['vɛtˌˀaifɐn] *(vi,* hat*)* ~ {*mit jmdm um etwas* ~} gareggiare con qcn per qcs.

wetten ['vɛtən] *(vi/vt,* hat*)* ~ scommettere *(anche fig)* ♦ *ich habe fünfzig Euro auf das Pferd gewettet* ho scommesso cinquanta euro su quel cavallo ♦ *wir haben um zehn Euro gewettet* abbiamo scommesso dieci euro ♦ *worum/um wie viel wollen wir wetten?* quanto vogliamo scommettere? ♦ *ich wette, dass er nicht anrufen wird* scommetto che non telefonerà.

Wetter ['vɛtɐ] *(n;* -s, -*)* ***1*** *(solo sing)* tempo (atmosferico) ♦ *kaltes, regnerisches, warmes Wetter* tempo freddo, piovoso, caldo ♦ *schlechtes Wetter* tempo brutto, maltempo ♦ *es ist schönes, schlechtes Wetter* è bel tempo, brutto tempo ♦ *bei dem Wetter müssen wir leider zu Hause bleiben* con questo tempo purtroppo dobbiamo rimanere a casa. ***2*** *(lett)* temporale.

Wetterbericht [-bəˌrɪçt] *(m;* -(e)s, -e*)* ~ bollettino meteorologico.

Wetterfahne [-ˌfa:nə] *(f;* -, -n*)* ~ banderuola.

wetterfest [-ˌfɛst] *(agg)* ~ resistente alle intemperie.

Wetterhahn [-ˌha:n] *(m;* -(e)s, -hähne*)* ~ banderuola (a forma di gallo).

Wetterleuchten [-ˌlɔyçtən] *(n;* -s*)* ~ lampi (in lontananza).

wettern [-n] *(vi,* hat*)* ~ {*gegen jmdn/etwas* ~} *(fig/fam)* imprecare, inveire contro qcn/qcs.

Wettervorhersage [-fo:ɐˌhe:ɐza:gə] *(f;* -, -n*)* ~ previsioni del tempo, previsione meteorologica.

wetterwendisch [-ˌvɛndɪʃ] *(agg)* ~ incostante (di carattere).

Wettfahrer ['vɛtˌfa:rɐ] *(m;* -s, -; *f* **-in***)* ~ corridore (in gare di auto, moto, ecc).

Wettfahrt ['vɛtˌfa:ɐt] *(f;* -, -en*)* ~ corsa, gara (in auto, moto, ecc).

Wettkampf ['vɛtˌkampf] *(m;* -(e)s, -kämpfe*)* ~ competizione, gara (sportiva).

Wettkämpfer ['vɛtˌkɛmpfɐ] *(m;* -s, -; *f* **-in***)* ~ concorrente (di gara sportiva).

Wettlauf ['vɛtˌlauf] *(m;* -(e)s, -läufe*)* ~ gara (di corsa).

Wettläufer ['vɛtˌlɔyfɐ] *(m;* -s, -; *f* **-in***)* ~ concorrente (in gara di corsa).

wett|machen ['vɛtˌmaxən] *(vt,* hat*)* ~ *(fam)* riparare, compensare (errori, carenze, ecc).

Wettstreit ['vɛtˌʃtrait] *(m;* -(e)s*)* ~ *(fig)* competizione ♦ *mit jmdm in Wettstreit treten* entrare in competizione con qcn.

wetzen ['vɛtsən] *(vt,* hat*)* ***1*** affilare ♦ *ein Messer wetzen* affilare un coltello ♦ *die Katze wetzt sich die Krallen* il gatto si affila gli artigli. ***2*** *(vi, aux* ist*)* *(fam)* correre.

Whirlpool ['wə:lˌpu:l] *(m;* -s, -s*)* ~ idromassaggio, vasca idromassaggio.

Whisky ['vɪski] *(m;* -s, -s*)* ~ whisky.

wich [vɪç] ~ pret di **weichen**.

Wichse ['vɪksə] *(f;* -, -n*)* ***1*** lucido, cera (spec per scarpe). ***2*** *(solo sing)* *(fig/fam)* botte, legnate.

wichsen [-n] *(vt,* hat*)* ***1*** lucidare. ***2*** *(vi)* *(volg)* farsi una sega, masturbarsi.

Wicht ['vɪçt] *(m;* -(e)s, -e*)* ***1*** folletto; gnomo. ***2*** *(fam)* bambino. ***3*** *(spreg)* furfante.

wichtig [-ɪç] *(agg)* ***1*** importante ♦ *ein wichtiger Brief* una lettera importante. ***2*** importante, influente ♦ *wichtige Persönlichkeiten* personalità importanti. ◆ **etwas wichtig nehmen** prendere qcs sul serio. ◆ **sich wichtig machen/tun** darsi delle arie.

Wichtigkeit [-ɪçˌkait] *(f;* -*)* ~ importanza ♦ *eine Frage von großer Wichtigkeit* una questione di grande importanza.

Wickel ['vɪkəl] *(m;* -s, -*)* ***1*** gomitolo. ***2*** bigodino. ***3*** rocchetto (di filo). ***4*** impacco. ◆ **jmdn beim Wickel kriegen** *(fig/fam)* prendere qcn per la collottola.

wickeln [-n] *(vt,* hat*)* ***1*** avvolgere; aggomitolare ♦ *Wolle (zu einem Knäuel) wickeln* avvolgere la lana (in un gomitolo). ***2*** {*etwas um etwas* ~} avvolgere qcs intorno a qcs ♦ *ich wickelte mir einen Schal um den Hals* mi avvolsi una sciarpa intorno al collo. ***3*** {*jmdn/sich in etwas* (Acc) ~} avvolgere qcn/avvolgersi in qcs ♦ *sie wickelte das Kind in eine Decke* avvolse il bambino in una coperta. ◆ **ein Baby wickeln** cambiare (il pannolino a) un bambino.

Widder ['vɪdɐ] *(m; -s, -)* ***1*** *(zool)* montone. ***2*** *(astrol)* Ariete.

wider ['viːdɐ] *(prep* + Acc*)* ~ contro, contrariamente a. ◆ **wider Erwarten** contrariamente alle attese. ◆ **wider Willen** mio (tuo, suo...) malgrado. ◆ **wider besseres Wissen** in malafede.

widereinander [-ˀai'nandɐ] *(avv)* ~ l'uno contro l'altro.

widerfahren [-'faːrən] *(vi,* ist; *irr* fahren*)* {*jmdm* ~} ~ *(lett)* accadere, succedere, capitare a qcn.

Widerhaken [-ˌhaːkən] *(m; -s, -)* ~ uncino.

Widerhall [-ˌhal] *(m; -(e)s)* ***1*** eco. ***2*** *(fig)* eco, risonanza ♦ *(keinen) Widerhall finden* (non) avere risonanza.

wider|hallen [-ˌhalən] *(vi,* hat*)* ~ riecheggiare, risuonare.

widerlegen [-'leːgən] *(vt,* hat*)* ~ {*jmdn/etwas* ~} confutare qcn/qcs.

widerlich [-lɪç] *(agg)* ~ disgustoso, schifoso, ripugnante *(anche fig)*.

widernatürlich [-naˌtyːɐlɪç] *(agg)* ~ contro natura, perverso.

Widerpart [-ˌpart] *(m; -(e)s, -e)* ~ controparte, avversario.

widerrechtlich [-ˌrɛçtlɪç] *(agg)* ~ illegale, illecito.

Widerrede [-ˌreːdə] *(f; -, -n)* ~ obiezione, replica ♦ *ich dulde keine Widerrede* non ammetto repliche. ◆ **ohne Widerrede** senza replicare.

Widerruf [-ˌruːf] *(m; -(e)s, -e)* ***1*** revoca. ***2*** smentita. ◆ (**bis**) **auf Widerruf** fino a nuovo ordine.

widerrufen [-ˌruːfən] *(vt,* hat; *irr* rufen*)* ***1*** revocare ♦ *eine Erlaubnis widerrufen* revocare un permesso. ***2*** smentire ♦ *eine Nachricht widerrufen* smentire una notizia.

widerruflich [-ˌruːflɪç] *(agg)* ~ revocabile.

Widersacher [-ˌzaxɐ] *(m; -s, -; f* **-in***)* ~ oppositore, nemico.

Widerschein [-ʃain] *(m; -(e)s)* ~ riflesso, riverbero.

widersetzen [-'zɛtsən] *(vr,* hat*)* ~ **sich jmdm/etwas ~** opporsi a qcn/qcs.

widersetzlich [-'zɛtslɪç] *(agg)* ***1*** disubbidiente, riottoso, ribelle. ***2*** restio.

Widersinn [-ˌzɪn] *(m; -(e)s)* ~ controsenso.

widersinnig [-ˌzɪnɪç] *(agg)* ~ insensato, contraddittorio.

widerspenstig [-ʃpɛnstɪç] *(agg)* ~ ricalcitrante, ribelle. ◆ **widerspenstige Haare** *(fig)* capelli ribelli.

wider|spiegeln *(vt,* hat*)* ~ rispecchiare, riflettere *(anche fig)* ♦ *der Film spiegelt die Gesellschaft der dreißiger Jahre wider* il film rispecchia la società degli anni trenta. ◆ **sich in etwas** (Acc) **widerspiegeln** *(vr)* rispecchiarsi, riflettersi in qcs *(anche fig)*.

widersprechen [-'ʃprɛçən] *(vi,* hat; *irr* sprechen*)* ***1*** {*jmdm/etwas* ~} contraddire qcn/qcs. ***2*** {*jmdm/etwas* ~} opporsi a qcn/qcs, contrastare qcn/qcs. ◆ **sich widersprechen** *(vr)* contraddirsi ♦ *er hat sich mehrmals widersprochen* si è contraddetto più volte ♦ *die Aussagen der Zeugen widersprechen sich* le dichiarazioni dei testimoni si contraddicono.

Widerspruch [-ʃprʊx] *(m; -(e)s, -sprüche)* ***1*** contraddizione. ***2*** obiezione, protesta, replica ♦ *keinen Widerspruch dulden* non ammettere obiezioni ♦ *es erhob sich heftiger Widerspruch* si sollevò una violenta protesta. ***3*** contrasto, contraddizione ♦ *seine Worte stehen im Widerspruch zu seinem Verhalten* le sue parole sono in contrasto con il suo comportamento.

widersprüchlich [-ʃprʏçlɪç] *(agg)* ~ contraddittorio.

Widerstand [-ʃtant] *(m; -(e)s, -stände)* ***1*** resistenza, opposizione ♦ *jmdm Widerstand leisten* opporre resistenza a qcn ♦ *auf Widerstand stoßen* incontrare resistenza. ***2*** *(mil/elettr)* resistenza ♦ *bewaffneter Widerstand* resistenza armata ♦ *zum Widerstand aufrufen* incitare alla resistenza. ◆ **Widerstand gegen die Staatsgewalt** resistenza a pubblico ufficiale.

widerstandsfähig [-ʃtantsˌfɛːɪç] *(agg)* ~ resistente *(anche fig)* ♦ *gegen etwas widerstandsfähig sein* essere resistente a qcs.

Widerstandsfähigkeit [-ʃtantsfɛːɪçˌkait] *(f; -)* ~ resistenza, l'essere resistente.

Widerstandskraft [-ʃtantsˌkraft] *(f; -)* ~ resistenza.

widerstandslos [-ʃtantsˌloːs] *(agg/avv)* ***1*** senza opporre resistenza. ***2*** senza incontrare resistenza.

widerstehen [-'ʃteːən] *(vi,* hat; *irr* stehen*)* ***1*** {*einer Sache* (Dat) ~} resistere a qcs ♦

einer Versuchung widerstehen resistere a una tentazione. **2** {*jmdm* ~} ripugnare a qcn, disgustare qcn ♦ *es widersteht mir, mit ihm zu sprechen* mi ripugna parlare con lui.

widerstreben [-ˈʃtreːbən] *(vi*, hat*)* **1** {*jmdm/etwas* ~} *(lett)* opporsi a qcn/qcs. **2** {*jmdm* ~} essere restio, essere riluttante (a fare qcs) ♦ *es widerstrebt mir, das zu tun* sono restio a fare questo.

widerstrebend [-ˈʃtreːbənt] *(agg)* **1** riluttante, restio. **2** *(avv)* controvoglia.

Widerstreit [-ʃtrait] *(m*; -(e)s*)* ~ *(lett)* conflitto, contrasto.

widerstreitend [-ˈʃtraitənt] *(agg)* ~ contrastante ♦ *widerstreitende Gefühle* sentimenti contrastanti.

widerwärtig [-ˌvɛrtɪç] *(agg)* ~ disgustoso, ripugnante, schifoso.

Widerwille [-ˌvɪlə] *(m*; *Gen* -ns, *Dat/Acc* -n*)* ~ avversione, repulsione ♦ *Widerwillen gegen etwas haben* avere repulsione per qcs. ◆ **mit Widerwillen** controvoglia.

widerwillig [-ˌvɪlɪç] *(agg)* **1** restio, riluttante. **2** *(avv)* con riluttanza; controvoglia.

widmen [ˈvɪtmən] *(vt*, hat*)* **1** {*jmdm etwas* ~} dedicare qcs a qcn ♦ *er hat seiner Familie seinen ersten Roman gewidmet* ha dedicato il suo primo romanzo alla sua famiglia. **2** {*etwas einer Sache* (Dat) ~} *(lett)* dedicare, votare qcs a qcs ♦ *sie hat ihr Leben der Musik gewidmet* ha dedicato la sua vita alla musica. ◆ **sich jmdm/etwas widmen** *(vr)* dedicarsi a qcn/qcs.

Widmung [ˈvɪtmʊŋ] *(f*; -, -en*)* ~ dedica.

widrig [ˈviːdrɪç] *(agg)* ~ avverso, ostile, contrario (cosa) ♦ *widrige Umstände* circostanze avverse ♦ *widrige Winde* venti contrari.

Widrigkeit [-ˌkait] *(f*; -, -en*)* ~ avversità, ostilità (di situazione e sim).

wie [viː] *(avv/congiunz)* **1** *(interr/modale)* come ♦ *wie öffnet man diese Dose?* come si apre questo barattolo? ♦ *wie geht es dir?* come va? ♦ *ich weiß nicht, wie er heißt* non so come si chiama ♦ *wie hat dir der Film gefallen?* ti è piaciuto il film? ♦ *wie ich Ihnen schon erklärt habe* come le ho già spiegato ♦ *wie gesagt, ist das leider nicht möglich* come ti/le ho già detto, questo purtroppo non è possibile. **2** *(interr)* quanto, come ♦ *wie tief ist das Wasser?* quanto è profonda l'acqua? ♦ *wie lange sind sie geblieben?* quanto (per quanto tempo) sono rimasti? ♦ *wie alt ist sie?* quanti anni ha? **3** *(compar)* come, quanto ♦ *sie ist so groß wie ich* è alta quanto me ♦ *er ist so alt wie du* ha la tua stessa età ♦ *schlau wie ein Fuchs* furbo come una volpe ♦ *er sieht aus wie ein Bettler* sembra un mendicante ♦ *morgens trinke ich wie immer einen Kaffee* la mattina bevo come sempre un caffè. **4** *(escl)* come, che ♦ *wie schön!* che bello! ♦ *wie schade!* che peccato! ◆ **wie viel** († **wieviel**), **wie viele** *(pron interr)* quanto, quanti ♦ *wie viel kostet die Tasche?* quanto costa quella borsa? ♦ *wie viel Geld hast du noch?* quanti soldi hai ancora? ♦ *wie viele Kinder hat sie?* quanti figli ha? ♦ *wie viele Male?* quante volte? ◆ **und wie!** eccome! ◆ **wie, bitte?** come, prego? come hai/ha detto? ◆ **wie dem auch sei** comunque sia, come che sia. ◆ **wie spät ist es?** che ore sono? ◆ **wie wäre es, wenn** che ne dici/dite se… ♦ *wie wäre es, wenn wir Stephan besuchen würden?* che ne dici/dite se andassimo a trovare Stephan? ◆ **so gut wie** praticamente ♦ *sie ist so gut wie blind* è praticamente cieca. ◆ **wie du mir, so ich dir** *(prov)* chi la fa l'aspetti.

Wie *(n*; -s*)* ~ come, modo ♦ *das Wie und das Warum* il come e il perché.

wieder [ˈviːdɐ] *(avv)* **1** di nuovo, un'altra volta ♦ *er ist wieder krank* è di nuovo malato ♦ *sie hat wieder ihre Brille verloren* ha perso un'altra volta i suoi occhiali. ◆ **hin und wieder** a volte, di tanto in tanto. ◆ **nie wieder** mai più ♦ *ich will ihn nie wieder sehen* non voglio rivederlo mai più. ◆ **wieder da sein** *(fam)* tornare, essere tornato ♦ *ich bin gleich wieder da* torno subito.

Wieder-, wieder- *(pref* + verbo, sostantivo, ecc*)* ~ ri-; di nuovo.

Wiederabdruck [-ˈʔapdrʊk] *(m*; -(e)s, -drücke*)* ~ ristampa.

Wiederaufbau [-ˈʔaufbau] *(m*; -(e)s*)* ~ ricostruzione.

Wiederaufnahme [-'ʔauf,naːmə] *(f; -, -n)* ~ ripresa ♦ *die Wiederaufnahme der Verhandlungen* la ripresa delle trattative.

wieder|aufnehmen [-'ʔauf,neːmən] *(vt,* hat; *irr* nehmen*)* ~ riprendere, ricominciare ♦ *nach der Unterbrechung haben wir das Gespräch wiederaufgenommen* dopo l'interruzione abbiamo ripreso il colloquio.

wieder|bekommen *(vt,* hat; *irr* kommen*)* ~ riavere (indietro) ♦ *hast du dein Heft wiederbekommen?* hai riavuto indietro il tuo quaderno?

wieder|beleben *(vt,* hat*)* ***1*** *(med)* rianimare. ***2*** *(fig)* dare un nuovo impulso a, rilanciare.

Wiederbelebung [-bə,leːbʊŋ] *(f; -, -en)* ***1*** *(med)* rianimazione. ***2*** *(fig)* rilancio, rinascita.

Wiederbewaffnung [-bə,vafnʊŋ] *(f; -, -en)* ~ riarmo.

wieder|bringen *(vt,* hat; *irr* bringen*)* ~ {*(jmdm) etwas* ~} riportare qcs (a qcn).

wieder|erkennen *(vt,* hat; *irr* kennen*)* ~ {*jmdn* ~} riconoscere qcn (dopo tanto tempo).

wieder|erobern *(vt,* hat*)* ~ riconquistare.

Wiedereroberung [-ʔɛɐ,ʔoːbərʊŋ] *(f; -, -en)* ~ riconquista.

wieder|erstatten *(vt,* hat*)* ~ {*jmdm etwas* ~} rimborsare qcs a qcn.

Wiedererstattung [-ʔɛɐʃtatʊŋ] *(f; -, -en)* ~ rimborso.

wieder|finden *(vt,* hat; *irr* finden*)* ~ ritrovare ♦ *ich habe meinen Ring wiedergefunden* ho ritrovato il mio anello.

Wiedergabe [-,gaːbə] *(f; -, -n)* ***1*** rappresentazione, raffigurazione. ***2*** riproduzione. ***3*** esecuzione, interpretazione (di opera musicale). ***4*** resa, traduzione. ***5*** resa, restituzione.

wieder|geben *(vt,* hat; *irr* geben*)* ***1*** {*jmdm etwas* ~} rendere, ridare, restituire qcs a qcn. ***2*** *(fig)* rendere, descrivere. ***3*** *(fig)* rendere, rappresentare, raffigurare. ***4*** *(fig)* rendere, tradurre.

Wiedergeburt [-gə,buːɐt] *(f; -, -en)* ~ rinascita.

Wiedergutmachung [-'guːt,maxʊŋ] *(f; -, -en)* ~ risarcimento, indennizzo.

wieder|haben *(vt,* hat; *irr* haben*)* ~ riavere (indietro).

wieder|herstellen [-'heːɐʃtɛlən] *(vt,* hat*)* ***1*** ristabilire, ripristinare. ***2*** ristabilire, rimettere in salute.

Wiederherstellung [-'heːɐʃtɛlʊŋ] *(f; -, -en)* ~ ripristino, ristabilimento.

wieder|holen[1] [-,hoːlən] *(vt,* hat*)* ~ {*(sich)* (Dat) *etwas* ~} (andare a) riprendere qcs.

wiederholen[2] [-'hoːlən] *(vt,* hat*)* ***1*** ripetere (rifare; ridire) ♦ *ein Experiment wiederholen* ripetere un esperimento ♦ *könntest du das Wort nochmal wiederholen?* potresti ripetere la parola un'altra volta? ♦ *„Nein!" wiederholte er* "No!" ripeté. ***2*** ripetere, ripassare ♦ *ich muss die Vokabeln wiederholen* devo ripetere i vocaboli. ◆ **sich wiederholen** *(vr)* ripetersi (ridire le stesse cose; verificarsi più volte). ◆ **die Klasse wiederholen** ripetere l'anno (a scuola).

wiederholt [-'hoːlt] *(agg)* ***1*** ripetuto. ***2*** *(avv)* ripetutamente.

Wiederholung [-'hoːlʊŋ] *(f; -, -en)* ***1*** ripetizione. ***2*** replica (in teatro, tv, ecc).

Wiederhören [-,høːrən] *(n)* ~ **auf Wiederhören!** a risentirci!

wieder|käuen [-,kɔyən] *(vt,* hat*)* ***1*** ruminare. ***2*** *(fig/fam)* continuare a ripetere.

Wiederkäuer [-,kɔyɐ] *(m; -s, -)* ~ ruminante.

wieder|kehren *(vi,* ist*)* ***1*** *(lett)* tornare, ritornare. ***2*** *(fig/lett)* tornare, ripetersi.

wieder|kommen *(vi,* ist; *irr* kommen*)* ~ tornare, ritornare (indietro).

wieder|sehen *(vt,* hat; *irr* sehen*)* ~ rivedere ♦ *wann sehen wir uns wieder?* quando ci rivediamo?

Wiedersehen [-,zeːən] *(n; -s, -)* ~ incontro, il rivedersi ♦ *ein fröhliches Wiedersehen* un allegro incontro ♦ *ich freue mich schon auf das Wiedersehen* non vedo l'ora che ci rivediamo. ◆ **auf Wiedersehen** arrivederci ♦ *auf ein baldiges Wiedersehen!* arrivederci a presto!

wiederum ['viːdərʊm] *(avv)* ***1*** di nuovo, nuovamente. ***2*** d'altra parte, d'altro canto.

Wiedervereinigung ['viːdɐfɛɐ,ʔainɪgʊŋ] *(f; -, -en)* ~ riunificazione ♦ *die Wiedervereinigung Deutschlands* la riunificazione della Germania.

Wiege ['viːgə] *(f; -, -n)* ~ culla *(anche fig)*. ◆ **von der Wiege an** *(fig)* fin dalla culla.

wiegen[1] [-n] *(vi/vt,* hat; **wog**, **gewogen***)* ~ pesare *(vi/vt)* ♦ *der Koffer wiegt fünfzehn Kilo* la valigia pesa quindici chili ♦ *ich muss die Kartoffeln wiegen* devo pesare le patate. ◆ **schwer wiegen** *(vi)* ***1*** pesare, essere pesante. ***2*** *(fig)* avere peso, essere importante.

wiegen[2] *(vt,* hat*)* ***1*** cullare ♦ *ein Kind wiegen* cullare un bambino. ***2*** dondolare ♦ *den Kopf wiegen* dondolare la testa. ***3*** triturare (con la mezzaluna). ◆ **sich wiegen** *(vr)* ***1*** dondolarsi. ***2*** *(fig)* cullarsi ♦ *sich in Hoffnungen wiegen* cullarsi in speranze.

Wiegenlied [-nˌliːt] *(n;* -(e)s, -er*)* ~ ninnananna.

Wiegemesser [-ˌmɛsɐ] *(n;* -s, -*)* ~ mezzaluna (coltello).

wiehern [ˈviːɐn] *(vi,* hat*)* ***1*** nitrire. ***2*** *(fig)* sghignazzare.

wies [viːs] ~ pret di **weisen**.

Wiese [ˈviːzə] *(f;* -, -n*)* ~ prato.

Wiesel [-l] *(n;* -s, -*)* ~ *(zool)* donnola.

wieso [viˈzoː] *(avv interr)* ~ *(fam)* perché, come mai ♦ *wieso sagst du es ihm nicht?* perché non glielo dici?

wieviel ~ **wie viel** (vedi **wie**).

wievielmal [viˈfiːlˌmaːl] *(avv interr)* ~ quante volte.

wievielt [viˈfiːlt] *(num)* ~ **zu wievielt** in quanti ♦ *zu wievielt werdet ihr nach Griechenland fahren?* in quanti andrete in Grecia?

wievielte(r, -s) [-ə (-ɐ, -əs)] *(num)* ~ quale (ordinale) ♦ *beim wievielten Versuch hast du es geschafft?* a quale tentativo (dopo quanti tentativi) ce l'hai fatta? ◆ **den Wievielten haben wir heute?** quanti ne abbiamo oggi?

wieweit [viˈvait] *(congiunz)* ~ vedi **inwieweit**.

wiewohl [viˈvoːl] *(congiunz)* ~ vedi **obwohl**.

Wikinger [ˈviːkɪŋɐ] *(m;* -s, -*)* ~ vichingo.

wikingisch [ˈviːkɪŋɪʃ] *(agg)* ~ vichingo.

wild [vɪlt] *(agg)* ***1*** selvaggio, feroce; selvatico (animale, pianta). ***2*** selvaggio (popolo; luogo). ***3*** *(fig)* incolto, arruffato. ***4*** selvaggio, incontrollato ♦ *wildes Parken* parcheggio selvaggio ♦ *wilder Streik* sciopero selvaggio. ***5*** *(fig)* impetuoso, violento ♦ *ein wilder Kampf* una lotta violenta. ***6*** *(fig)* furioso, infuriato, adirato. ◆ **jmdn wild machen** far infuriare qcn. ◆ **wild auf etwas** (Acc) **sein** *(fig/fam)* andar matto per qcs. ◆ **wie wild** *(fig/fam)* come un matto.

Wild *(n;* -(e)s*)* ~ selvaggina; cacciagione.

Wildbret [-ˌbrɛt] *(n;* -(e)s*)* ~ selvaggina, cacciagione (carne).

wildern [ˈvɪldɐn] *(vi/vt,* hat*)* ~ cacciare di frodo.

wildfremd [ˈvɪltˈfrɛmt] *(agg)* ~ completamente estraneo, perfetto estraneo ♦ *ich kann doch nicht wildfremde Leute einladen* non posso mica invitare dei perfetti estranei.

Wildleder [ˈvɪltˌleːdɐ] *(n;* -s, -*)* ~ pelle scamosciata.

Wildnis [ˈvɪltnɪs] *(f;* -, -se*)* ~ luogo selvaggio, natura selvaggia.

Wildschwein [ˈvɪltˌʃvain] *(n;* -(e)s, -e*)* ~ cinghiale.

will [vɪl] ~ III pers sing pres di **wollen**.

Wille [ˈvɪlə] *(anche* **Willen***)* *(m; Gen* -ns, *Dat/Acc* -n*)* ***1*** volontà, volere ♦ *gegen jmds Willen entscheiden* decidere contro la volontà di qcn ♦ *er handelte nach dem Willen seines Vaters* agì secondo il volere di suo padre. ***2*** volontà, intenzione ♦ *den Willen haben, etwas zu tun* avere l'intenzione di fare qcs ♦ *es war kein böser Wille* non c'era cattiva intenzione. ◆ **freier Wille** libero arbitrio. ◆ **guter Wille** buona volontà ♦ *mit ein wenig gutem Willen* con un po' di buona volontà. ◆ **Letzter/letzter Wille** ultime volontà, testamento. ◆ **beim besten Willen** (pur) con tutta la buona volontà. ◆ **wider Willen** controvoglia.

willen [-n] *(prep +* Gen*)* ~ *(lett)* **um jmds/einer Sache willen** per qcn/qcs, per amore di qcn/qcs ♦ *um meines Bruders willen* per amore di mio fratello ♦ *um Gottes willen!* per l'amor di Dio!

Willen *(m;* -s*)* ~ vedi **Wille**.

willenlos [-nˌloːs] *(agg)* ~ senza volontà, abulico.

willens [-ns] *(avv)* ~ **willens sein**, **etwas zu tun** *(lett)* essere disposto a fare qcs.

Willensfreiheit [-nsˌfraihait] *(f;* -*)* ~ libero arbitrio.

Willenskraft [-nsˌkraft] *(f; -)* ~ forza di volontà.

willensstark [-nsˌʃtark] *(agg)* ~ forte, volitivo, dalla volontà forte.

willentlich [-ntlɪç] *(agg)* ***1*** intenzionale, volontario. ***2*** *(avv)* intenzionalmente, volontariamente.

willfährig [ˈvɪlˌfɛːrɪç] *(agg)* ~ remissivo.

willig [ˈvɪlɪç] *(agg)* ~ volenteroso.

willkommen [vɪlˈkɔmən] *(agg)* ~ benvenuto, gradito ♦ *ein willkommener Gast* un ospite gradito ♦ *du bist mir jederzeit willkommen* sei sempre il benvenuto da me. ◆ **(sei) willkommen!** benvenuto! ♦ *willkommen zu Hause!* benvenuto/i a casa! ♦ *willkommen in Italien!* benvenuto/i in Italia! ◆ **jmdm willkommen sein** essere gradito a qcn ♦ *Ihr Angebot ist mir sehr willkommen* la Sua offerta mi è molto gradita. ◆ **jmdn willkommen heißen** dare il benvenuto a qcn.

Willkommen *(n; -s)* ~ benvenuto, accoglienza.

Willkür [ˈvɪlˌkyːɐ] *(f; -)* ~ arbitrio, arbitrarietà.

willkürlich [-lɪç] *(agg)* ***1*** arbitrario. ***2*** volontario ♦ *eine willkürliche Bewegung* un movimento volontario. ***3*** *(avv)* arbitrariamente.

wimmeln [ˈvɪməln] *(vi, hat)* ~ brulicare, formicolare *(anche fig)* ♦ *die Ameisen wimmelten um das Stück Brot* le formiche brulicavano intorno al pezzo di pane ♦ *hier wimmelt es von Menschen* qui brulica di persone.

wimmern [ˈvɪmɐn] *(vi, hat)* ~ piagnucolare.

Wimpel [ˈvɪmpəl] *(m; -s, -)* ~ gagliardetto.

Wimper [ˈvɪmpɐ] *(f; -, -n)* ~ ciglio (degli occhi). ◆ **ohne mit der Wimper zu zucken** *(fig)* senza batter ciglio.

Wind [vɪnt] *(m; -(e)s, -e)* ***1*** vento ♦ *leichter, starker Wind* vento leggero, forte ♦ *der Wind bläst/weht* soffia il vento ♦ *der Wind pfeift, dreht sich* il vento fischia, gira ♦ *gegen den Wind laufen* correre contro vento. ***2*** *(fig)* vento, aria, atmosfera ♦ *hier weht ein neuer Wind* qui tira un'aria nuova. ***3*** peto, aria. ◆ **Wind machen** *(fig)* darsi arie. ◆ **wie der Wind** *(fig)* come il vento, veloce come il vento. ◆ **in alle Winde** *(fig)* ai quattro venti. ◆ **wissen, woher der Wind weht** *(fig)* sapere che vento tira. ◆ **wer Wind sät, wird Sturm ernten** *(prov)* chi semina vento, raccoglie tempesta.

Windbeutel [-ˌbɔytəl] *(m; -s, -)* ~ bignè.

Winde [ˈvɪndə] *(f; -, -n)* ~ argano.

Windel [-l] *(f; -, -n)* ~ pannolino, fascia (per neonati). ◆ **er liegt noch in den Windeln** *(fig)* è ancora in fasce.

winden [-n] *(vt,* hat; **wand, gewunden)** ***1*** *(lett)* intrecciare ♦ *eine Girlande winden* intrecciare una ghirlanda. ***2*** {*etwas um etwas ~*} attorcigliare, cingere qcs intorno a qcs. ◆ **sich winden** ***1*** {*sich um etwas ~*} attorcigliarsi, avvilupparsi intorno a qcs. ***2*** contorcersi. ***3*** serpeggiare.

Windhose [ˈvɪntˌhoːzə] *(f; -, -n)* ~ tromba d'aria.

Windhund [ˈvɪntˌhʊnt] *(m; -(e)s, -e)* ~ *(zool)* levriero.

windig [ˈvɪndɪç] *(agg)* ***1*** ventoso. ***2*** *(fig/fam)* poco chiaro, fumoso.

Windjacke [ˈvɪntˌjakə] *(f; -, -n)* ~ giacca a vento.

Windmühle [ˈvɪntˌmyːlə] *(f; -, -n)* ~ mulino a vento.

Windpocken [ˈvɪntˌpɔkən] *(pl)* ~ varicella.

Windsack [ˈvɪntˌzak] *(m; -(e)s, -säcke)* ~ manica a vento (che ne indica la direzione).

Windschatten [ˈvɪntˌʃatən] *(m; -s)* ~ lato riparato dal vento, zona sottovento.

windschief [ˈvɪntˌʃiːf] *(agg)* ***1*** sghembo. ***2*** *(fam)* storto.

Windschutzscheibe [ˈvɪntˈʃʊtsˌʃaibə] *(f; -, -n)* ~ parabrezza.

Windstille [ˈvɪntˌʃtɪlə] *(f;)* ~ calma di vento, bonaccia.

Windstoß [ˈvɪntˌʃtoːs] *(m; -(e)s, -stöße)* ~ raffica di vento, folata, ventata.

Windung [ˈvɪndʊŋ] *(f; -, -en)* ***1*** curva, ansa. ***2*** torsione.

Wink [vɪŋk] *(m; -(e)s, -e)* ***1*** cenno, segno ♦ *ein stummer Wink* un cenno muto. ***2*** *(fig)* consiglio, suggerimento, cenno.

Winkel [-əl] *(m; -s, -)* ***1*** angolo *(anche geom)* ♦ *gestreckter, rechter, spitzer, stumpfer Winkel* angolo piatto, retto, acuto, ottuso ♦ *im rechten Winkel* ad angolo retto. ***2*** angolo, canto. ***3*** *(fig)* angolo, cantuccio (luogo tranquillo).

Winkelmaß [-əlˌmaːs] *(n; -es, -e)* ~ squadra (da disegno).
Winkelmesser [-əlˌmɛsɐ] *(m; -s, -)* ~ goniometro.
Winkelzug [-əlˌtsuːk] *(m; -(e)s, -züge)* ~ stratagemma, sotterfugio.
winken ['vɪŋkən] *(vi, hat)* ***1*** {*jmdm* ~} fare cenno a qcn ♦ *jmdm mit der Hand winken* fare cenno a qcn con la mano. ***2*** {*jmdm* ~} salutare qcn (con la mano). ***3*** {*jmdm* ~} *(lett)* attendere qcn (destino e sim). ◆ **jmdn zu sich winken** fare cenno a qcn di venire.
winseln ['vɪnzəln] *(vi, hat)* ***1*** guaire; mugolare. ***2*** *(fig)* frignare, piagnucolare.
Winter ['vɪntɐ] *(m; -s, -)* ~ inverno ♦ *ein kalter, milder, strenger Winter* un inverno freddo, mite, rigido ♦ *im Winter* in inverno, d'inverno.
Winter- *(nei composti)* ~ invernale ♦ *Winterkleidung* abbigliamento invernale ♦ *Winterschlussverkauf* saldi di fine stagione (invernale).
Winterkleid [-ˌklait] *(n; -(e)s, -e)* ***1*** abito invernale, vestito invernale. ***2*** muta invernale.
winterlich [-lɪç] *(agg)* ~ invernale ♦ *winterliche Kleider* abiti invernali. ◆ **sich winterlich kleiden** vestirsi da inverno.
Wintermantel [-ˌmantəl] *(m; -s, -mäntel)* ~ cappotto.
winters [-s] *(avv)* ~ d'inverno, in inverno.
Winterschlaf [-ʃlaːf] *(m; -(e)s)* ~ letargo.
Winzer ['vɪntsɐ] *(m; -s, -; f* **-in***)* ~ viticoltore.
winzig ['vɪntsɪç] *(agg)* ~ minuscolo, piccolissimo. ◆ **winzig klein** minuscolo, piccolissimo.
Wipfel ['vɪpfəl] *(m; -s, -)* ~ cima (di albero).
Wippe ['vɪpə] *(f; -, -n)* ~ altalena (asse in bilico).
wippen [-n] *(vi, hat)* ***1*** fare l'altalena (asse in bilico). ***2*** dondolarsi.
wir ['viːɐ] *(pron, I pers pl Nom; Gen* **unser**, *Dat/Acc* **uns***)* ~ noi ♦ *wir wohnen in Florenz* abitiamo a Firenze ♦ *wollen wir ins Kino gehen?* vogliamo andare al cinema? ♦ *wir Deutschen* noi tedeschi.
Wirbel ['vɪrbəl] *(m; -s, -)* ***1*** vortice, gorgo. ***2*** *(fig)* vortice, turbinio (di eventi). ***3*** *(fig/fam)* casino. ***4*** rullo (di tamburo). ***5*** *(anat)* vertebra.
Wirbelknochen [-ˌknɔxən] *(m; -s, -)* ~ *(anat)* vertebra.
Wirbellose(s) [-ˌloːzə(s)] *(n; -n, -n)* ~ invertebrato.
wirbeln[1] [-n] *(vi, ist)* ~ vorticare, turbinare, mulinare. ◆ **jmdm wirbelt der Kopf** a qcn gira la testa.
wirbeln[2] *(vt, hat)* ~ spingere (in un vortice), far girare, far turbinare ♦ *der Wind wirbelt Blätter in die Luft* il vento spinge le foglie nell'aria.
Wirbelsäule [-ˌzɔylə] *(f; -, -n)* ~ *(anat)* colonna vertebrale.
Wirbelsäulenverkrümmung [-zɔylənfɛɐˌkrʏmʊŋ] *(f; -, -en)* ~ *(med)* scoliosi.
Wirbeltier [-ˌtiːɐ] *(n; -(e)s, -e)* ~ vertebrato.
Wirbelwind [-ˌvɪnt] *(m; -(e)s, -e)* ***1*** turbine, vento turbinoso. ***2*** *(fig/fam)* terremoto, ragazzino vivace.
wird [vɪrt] ~ III pers sing pres di **werden**.
wirken ['vɪrkən] *(vi, hat)* ***1*** agire, essere attivo, operare ♦ *sie wirkt seit Jahren als Krankenschwester in Afrika* opera da anni come infermiera in Africa. ***2*** {*(auf jmdn/etwas)* ~} avere un effetto, agire (su qcn/qcs); fare effetto ♦ *dieses Mittel wirkt abführend* questo farmaco ha un effetto lassativo ♦ *diese Tabletten wirken gegen Kopfschmerzen* queste pastiglie agiscono contro il mal di testa. ***3*** dare l'impressione, parere ♦ *er wirkt unsicher* dà l'impressione di essere insicuro. ***4*** *(vt) (lett)* produrre, fare, operare ♦ *Wunder wirken* fare miracoli.
wirklich ['vɪrklɪç] *(agg)* ***1*** reale, vero ♦ *das hat nichts mit dem wirklichen Leben zu tun* questo non ha niente a che fare con la vita reale. ***2*** *(avv)* davvero, veramente ♦ *ich war wirklich verwirrt* ero davvero confuso ♦ *wirklich?* davvero?
Wirklichkeit [-ˌkait] *(f; -, en)* ~ realtà. ◆ **der Wirklichkeit ins Auge sehen** guardare in faccia la realtà. ◆ **in Wirklichkeit** in realtà.
Wirklichkeitsform [-kaitsˌfɔrm] *(f; -, -en)* ~ *(gramm)* indicativo.
wirklichkeitsnah [-kaitsˌnaː] *(agg)* ~ realistico.
wirksam ['vɪrkˌzaːm] *(agg)* ~ efficace ♦ *ein wirksames Mittel gegen Zahnschmerzen* un rimedio efficace contro il mal di denti.

Wirksamkeit [-ˌkait] *(f; -)* ~ efficacia.
Wirkstoff [ˈvɪrkˌʃtɔf] *(m; -(e)s, -e)* ~ principio attivo, sostanza attiva.
Wirkung [ˈvɪrkʊŋ] *(f; -, -en)* ~ effetto, conseguenza ♦ *eine Wirkung auslösen* produrre un effetto ♦ *keine Wirkung haben* non avere effetto. ◆ **Ursache und Wirkung** causa ed effetto. ◆ **seine Wirkung tun** produrre l'effetto desiderato. ◆ **mit Wirkung vom 1. Mai** con effetto dal 1° maggio.
wirr [vɪr] *(agg)* *1* disordinato, in disordine, arruffato ♦ *wirres Haar* capelli arruffati. *2* confuso, stordito.
Wirren [-ən] *(pl)* ~ disordini, agitazioni.
Wirrwarr [-ˌvar] *(m; -s)* ~ disordine, confusione.
Wirsing [ˈvɪrzɪŋ] *(m; -s, -e)* ~ *(bot)* cavolo verza.
Wirsingkohl [-ˌkoːl] *(m; -(e)s, -e)* ~ *(bot)* cavolo verza.
Wirt [vɪrt] *(m; -(e)s, -e)* *1* oste. *2* albergatore; affittacamere. *3* *(biol)* ospite. ◆ **die Rechnung ohne den Wirt machen** *(fig)* fare i conti senza l'oste.
Wirtschaft [-ʃaft] *(f; -, -en)* *1* economia. *2* economia domestica, gestione domestica. *3* *(fig/fam)* confusione. *4* fattoria (piccola). *5* osteria, locanda; trattoria. ◆ **die Wirtschaft führen** mandare avanti la casa.
wirtschaften [-ʃaftən] *(vi, hat)* *1* amministrare. *2* lavorare in casa, fare le faccende.
Wirtschafterin [-ʃaftərɪn] *(f; -, -nen)* ~ governante.
wirtschaftlich [-ʃaftlɪç] *(agg)* *1* economico. *2* parsimonioso, economo. *3* *(avv)* economicamente, a livello economico.
Wirtschaftaufschwung [-ʃaftˌʔaufʃvʊŋ] *(m; -(e)s, -schwünge)* ~ ripresa economica.
Wirtschaftsbuch [-ʃaftsˌbuːx] *(n; -(e)s, -bücher)* ~ libro dei conti.
Wirtschaftsform [-ʃaftsˌfɔrm] *(f; -, -en)* ~ sistema economico ♦ *kapitalistische Wirtschaftsform* sistema economico capitalista.
Wirtschaftskrise [-ʃaftsˌkriːzə] *(f; -, -n)* ~ crisi economica.
Wirtschaftswissenschaft [-ʃaftsˌvɪsənʃaft] *(f; -)* ~ scienza economica.
Wirtschaftswissenschaftler [-ʃaftsˌvɪsənʃaftlɐ] *(m; -s, -; f* **-in***)* ~ economista.
Wirtshaus [ˈvɪrtsˌhaus] *(n; -es, -häuser)* ~ trattoria; osteria, locanda.
Wisch [vɪʃ] *(m; -es, -e)* ~ *(fam)* scritto (di nessun valore), cartaccia.
wischen [-ən] *(vi/vt, hat)* *1* *(vi)* passare sopra (spec con la mano) ♦ *mit der Hand über den Tisch wischen* passare con la mano sul tavolo. *2* *(vt)* strofinare, pulire (strofinando) ♦ *den Boden wischen* pulire il pavimento. *3* *(vt)* strofinare via, togliere (strofinando). ◆ **den Staub wischen** spolverare. ◆ **sich** (Dat) **den Schweiß von der Stirn wischen** asciugarsi il sudore dalla fronte.
Wischer [-ɐ] *(m; -s, -)* *(abbrev di* **Scheibenwischer***)* ~ tergicristallo.
wispern [ˈvɪspɐn] *(vi/vt, hat)* ~ sussurrare, bisbigliare.
wissen [ˈvɪsən] *(vi/vt, hat; er* **weiß**, **wusste**, **gewusst**; *ortogr pres* ich/er weiß, du weißt, wir/sie wissen, ihr wisst; *pret* ich wusste, ecc; *part pass* gewusst*)* *1* sapere ♦ *das wusste ich nicht* questo non lo sapevo ♦ *ich weiß nicht, wann ich kommen kann* non so quando posso venire ♦ *ich weiß (es)!* lo so! ♦ *woher weißt du das?* come fai a saperlo? ♦ *woher soll ich das wissen?* come faccio a saperlo? ♦ *weißt du, wir wollen heiraten* sai, vogliamo sposarci. *2* sapere, conoscere ♦ *weißt du ihren Namen?* sai il suo nome? *3* {*von etwas ~*}, {*um etwas ~*} sapere di qcs, essere al corrente di qcs ♦ *ich weiß nichts davon* non ne so niente. *4* {*~ zu (+ inf)*} sapere ♦ *er weiß sich zu beherrschen* sa controllarsi. ◆ **jmdn etwas wissen lassen** far sapere qcs a qcn ♦ *lass mich bitte wissen, wo wir uns treffen können* fammi sapere dove ci possiamo incontrare. ◆ **ich will nichts davon wissen** non ne voglio sapere niente. ◆ **nicht, dass ich wüsste** non che io sappia. ◆ **was weiß ich!** che ne so! ◆ **weiß der Himmel** chissà, lo sa il cielo.
Wissen *(n; -s, -)* *1* sapere, conoscenza. *2* conoscenze, nozioni ♦ *sie besitzt ein umfangreiches Wissen über Pflanzen* possiede vaste conoscenze sulle piante. ◆ **meines Wissens** per quanto ne so. ◆

nach bestem Wissen und Gewissen secondo scienza e coscienza. ◆ **ohne mein Wissen** a mia insaputa. ◆ **wider besseres Wissen** in malafede.

Wissenschaft [-ʃaft] *(f; -, -en)* ***1*** scienza. ***2*** scienza, mondo della scienza, scienziati.

Wissenschaftler [-ʃaftlɐ] *(m; -s, -; f* **-in***)* ~ scienziato.

wissenschaftlich [-ʃaftlɪç] *(agg)* ***1*** scientifico ♦ *eine wissenschafliche Studie* uno studio scientifico. ***2*** *(avv)* scientificamente ♦ *das ist wissenschaftlich erwiesen* questo è scientificamente provato.

wissentlich [-tlɪç] *(agg)* ~ intenzionale, consapevole (azione negativa).

wittern [ˈvɪtɐn] *(vt,* hat*)* ***1*** fiutare. ***2*** *(fig)* fiutare, intuire.

Witterung [ˈvɪtərʊŋ] *(f; -, -en)* ***1*** tempo (atmosferico) ♦ *eine feuchte Witterung* un tempo umido. ***2*** fiuto, odorato. ***3*** *(fig)* fiuto, naso ♦ *eine gute Witterung für etwas haben* avere buon fiuto per qcs.

Witwe [ˈvɪtvə] *(f; -, -n)* ~ vedova. ◆ **schwarze Witwe** *(zool)* vedova nera.

Witwer [ˈvɪtvɐ] *(m; -s, -)* ~ vedovo.

Witz [vɪts] *(m; -es, -e)* ***1*** spirito, arguzia. ***2*** barzelletta, battuta ♦ *einen schmutzigen Witz erzählen* raccontare una barzelletta sporca. ***3*** scherzo ♦ *einen Witz machen* fare uno scherzo. ◆ **Witze machen** fare dello spirito. ◆ **mach keine Witze!** *(fig/fam)* non scherzare!

Witzbold [-ˌbɔlt] *(m; -(e)s, -e)* ~ burlone.

witzig [-ɪç] *(agg)* ~ spiritoso, arguto.

WM [ˌveːˈʔɛm] ~ abbrev di **Weltmeisterschaft**.

wo [voː] *(avv interr/rel)* ***1*** dove (stato in luogo) ♦ *wo wohnst du?* dove abiti? ♦ *wo sind meine Schlüssel?* dove sono le mie chiavi? ♦ *weißt du, wo sie geboren ist?* sai dov'è nata? ***2*** dove, in cui ♦ *die Stadt, wo ich geboren bin* la città dove sono nato ♦ *dort, wo die Haltestelle ist* là, dove è la fermata. ***3*** *(tempor)* che ♦ *jetzt, wo er abgereist ist* ora che lui è partito. ***4*** *(fam)* da qualche parte ♦ *ich muss meinen Schirm wo vergessen haben* devo aver dimenticato il mio ombrello da qualche parte. ◆ **ach wo!** *(fam)* nemmeno per idea!

woanders [-ˈʔandɐs] *(avv)* ~ altrove, da un'altra parte (stato in luogo).

woandershin [-ˈʔandɐsˈhɪn] *(avv)* ~ altrove, da un'altra parte (moto a luogo).

wob [voːp] ~ pret di **weben**.

wobei [voˈbai] *(avv interr/rel; riferito a complementi introdotti da* bei*)* ***1*** in quale cosa, in quale circostanza. ***2*** in tale circostanza, mentre. ***3*** per quanto.

Woche [ˈvɔxə] *(f; -, -n)* ~ settimana ♦ *nächste Woche/in der nächsten Woche* la settimana prossima ♦ *kommende Woche/in der kommenden Woche* la settimana che viene ♦ *letzte Woche* la settimana scorsa ♦ *alle drei Wochen/jede dritte Woche* ogni tre settimane ♦ *zweimal die Woche/in der Woche* due volte la settimana ♦ *Anfang, Mitte der Woche* all'inizio, a metà della settimana. ◆ **in der Woche/während der Woche** durante la settimana (lavorativa), dal lunedì al sabato.

Wochenbett [-nˌbɛt] *(n; -(e)s)* ~ puerperio. ◆ **im Wochenbett sterben** morire dopo il parto.

Wochenende [-nˌʔɛndə] *(n; -s, -)* ~ fine settimana ♦ *verlängertes Wochenende* ponte (di fine settimana) ♦ *am Wochenende* il fine settimana.

wochenlang [-nˌlaŋ] *(agg)* ***1*** di settimane, lungo settimane. ***2*** *(avv)* per settimane.

Wochentag [-nˌtaːk] *(m; -(e)s, -e)* ~ giorno lavorativo (dal lunedì al sabato).

wöchentlich [ˈvœçəntlɪç] *(agg)* ***1*** settimanale. ***2*** *(avv)* settimanalmente, tutte le settimane.

Wochenzeitung [ˈvɔxənˌtsaitʊŋ] *(f; -, -en)* ~ settimanale (rivista).

Wöchnerin [ˈvœçnərɪn] *(f; -, -nen)* ~ puerpera.

Wodka [ˈvɔtka] *(m; -s, -s)* ~ vodka.

wodurch [voˈdʊrç] *(avv interr/rel; riferito a complementi introdotti da* durch*)* ***1*** come, attraverso che cosa, con che cosa. ***2*** per la qual cosa, per cui.

wofür [voˈfyːɐ] *(avv interr/rel; riferito a complementi introdotti da* für*)* ***1*** per che cosa, per cosa, per quanto ♦ *wofür hast du deine Mütze getauscht?* con che cosa hai scambiato il tuo berretto? ♦ *wofür interessierst du dich?* di cosa ti interessi? ***2*** per la qual cosa ♦ *sie hat mir viel Geld geliehen, wofür ich ihr sehr dankbar bin* mi ha prestato molti soldi, per la qual cosa le sono molto grato.

wog [vo:k] ~ pret di **wägen** e di **wiegen**[1].

Woge ['vo:gə] *(f; -, -n)* ***1*** *(lett)* onda (alta), flutto. ***2*** *(fig)* ondata, moto.

wogegen [vo'ge:gən] *(avv interr/rel; riferito a complementi introdotti da* gegen*)* ***1*** contro che cosa ♦ *wogegen kämpfen die Arbeiter?* contro che cosa lottano gli operai? ***2*** contro la qual cosa, contro cui.

wogen ['vo:gən] *(vi,* hat*)* ~ *(lett)* fluttuare, ondeggiare *(anche fig)*.

woher [vo'he:ɐ] *(avv interr)* ***1*** da dove ♦ *woher kommt der Zug?* da dove viene il treno? ♦ *woher kommen Sie?* da dove viene? di dove è lei? ***2*** come ♦ *woher weißt du das?* come fai a saperlo?

wohin [vo'hɪn] *(avv interr)* ~ dove (moto a luogo) ♦ *wohin gehst du?* dove vai? ♦ *wohin fahrt ihr im Urlaub?* dove andate in vacanza? ♦ *du kannst gehen, wohin du willst* puoi andare dove vuoi. ◆ **wohin damit?** *(fam)* che me ne faccio? questo dove lo metto?

wohingegen [-'ge:gən] *(congiunz subord)* ~ mentre ♦ *er ist immer hilfsbereit, wohingegen sein Bruder sehr egoistisch ist* lui è sempre disponibile, mentre suo fratello è molto egoista.

wohl [vo:l] *(avv)* ***1*** bene (di salute) ♦ *ich fühle mich nicht wohl/mir ist nicht wohl* non mi sento bene. ***2*** bene, a proprio agio ♦ *hier fühle ich mich wohl* qui mi sento a mio agio. ***3*** probabilmente, forse ♦ *er wird wohl krank sein* forse sarà malato ♦ *das kann wohl sein* può essere, questo è probabile. ***4*** circa ♦ *es waren wohl hundert Leute da* c'erano circa cento persone ♦ *ich werde wohl eine Woche brauchen* ci metterò circa una settimana. ***5*** certamente, proprio (in esclamazioni) ♦ *das kann man wohl sagen!* certamente così! ***6*** *(lett)* bene ♦ *ich weiß sehr wohl, dass* so molto bene che. ◆ **wohl tun** († **wohltun**) ***1*** fare bene, essere piacevole. ***2*** fare del bene. ◆ **wohl aber** invece (sì), ma (sì) ♦ *dieses Buch ist hier nicht erhältlich, wohl aber in einer größeren Buchhandlung* questo libro qui non è disponibile, ma in una libreria più grande sì. ◆ **wohl kaum** è improbabile. ◆ **wohl oder übel** volente o nolente. ◆ **leb/leben Sie wohl!** addio!

Wohl *(n, -(e)s)* ***1*** bene, benessere. ***2*** bene, interesse ♦ *das Wohl des Staates* il bene dello stato ♦ *du solltest mehr an dein Wohl denken* dovresti pensare di più al tuo bene. ◆ **auf jmds Wohl trinken** bere alla salute di qcn. ◆ **auf dein, Ihr Wohl** alla tua, sua salute! ◆ **zu jmds Wohl** per il bene di qcn, nell'interesse di qcn ♦ *zu deinem Wohl* per il tuo bene ♦ *zum Wohl der Stadt* nell'interesse della città. ◆ **zum Wohl!** alla salute!

wohlauf [-'ˀauf] *(avv)* ~ *(lett)* in salute, sano.

Wohlbefinden [-bəˌfɪndən] *(n; -s)* ~ salute, benessere (fisico).

wohlbehalten [-bəˌhaltən] *(agg; solo pred)* ***1*** sano e salvo ♦ *wir sind wohlbehalten zu Hause angekommen* siamo arrivati a casa sani e salvi. ***2*** in buono stato, non danneggiato.

Wohlergehen [-ˀɛɐˌge:ən] *(n; -s)* ~ benessere.

Wohlfahrt [-ˌfa:ɐt] *(f; -)* ~ *(lett)* benessere, bene (spec materiale).

Wohlfahrtsstaat [-fa:ɐtʃta:t] *(m; -(e)s, -en)* ~ stato assistenziale.

Wohlgefallen [-gəˌfalən] *(n; -s)* ~ soddisfazione, piacere, diletto ♦ *sein Wohlgefallen an etwas* (Dat) *haben* provare diletto in qcs. ◆ **sich in Wohlgefallen auflösen** ***1*** *(fig/fam)* andare in fumo. ***2*** *(fig/fam)* rompersi.

Wohlgefühl [-gəˌfy:l] *(n; -(e)s)* ~ senso di benessere.

wohlgemerkt [-gəˌmɛrkt] *(avv)* ~ beninteso.

Wohlgeruch [-gəˌrʊx] *(m; -(e)s, -rüche)* ~ profumo, buon odore.

wohlhabend [-ˌhabənt] *(agg)* ~ benestante, agiato.

wohlig [-ɪç] *(agg)* ~ piacevole, gradevole.

wohlriechend [-ˌri:çən] *(agg)* ~ profumato.

wohlschmeckend [-ʃmɛkənt] *(agg)* ~ *(lett)* buono, gustoso.

Wohlsein [-ˌzain] *(n; -s)* ~ *(lett)* benessere, salute. ◆ **(zum) Wohlsein!** alla salute!

Wohlstand [-ʃtant] *(m; -(e)s)* ~ agiatezza, benessere.

Wohltat [-ˌta:t] *(f; -, -en)* ***1*** opera di bene, buona azione, bene ♦ *jmdm eine Wohltat erweisen* fare del bene a qcn. ***2*** ristoro, sollievo ♦ *diese Ruhe ist eine wahre Wohltat* questo silenzio è un vero sollievo.

Wohltäter [-ˌtɛːtɐ] *(m; -s, -; f* **-in***)* ~ benefattore.

wohltätig [-ˌtɛːtɪç] *(agg)* ~ benefico, di beneficenza.

Wohltätigkeit [-tɛːtɪçˌkait] *(f; -)* ~ beneficenza.

wohltuend [-ˌtuːənt] *(agg)* ***1*** benefico. ***2*** piacevole.

wohl|tun ~ **wohl tun** (vedi **wohl**).

wohlverdient [-fɛɐˌdiːnt] *(agg)* ~ meritato, pienamente meritato.

Wohlwollen [-ˌvɔlən] *(n; -s)* ~ benevolenza.

wohlwollend [-ˌvɔlənt] *(agg)* ~ benevolo.

Wohnanlage [ˈvoːnˌʔanlaːgə] *(f; -, -n)* ~ residence, complesso residenziale.

Wohnblock [ˈvoːnˌblɔk] *(m; -(e)s, -s)* ~ isolato.

wohnen [ˈvoːnən] *(vi, hat)* ***1*** abitare, risiedere ♦ *sie hat drei Jahre in München gewohnt* ha abitato tre anni a Monaco ♦ *zur Miete bei jmdm wohnen* abitare in affitto da qcn. ***2*** alloggiare ♦ *im Hotel wohnen* alloggiare in albergo.

Wohngebäude [ˈvoːngəˌbɔydə] *(n; -s, -)* ~ edificio residenziale.

wohnhaft [ˈvoːnˌhaft] *(agg)* ~ residente, domiciliato ♦ *er ist in Pisa wohnhaft* è residente a Pisa.

Wohnheim [ˈvoːnˌhaim] *(n; -(e)s, -e)* ***1*** pensionato (per studenti e sim); casa dello studente. ***2*** casa di riposo.

wohnlich [ˈvoːnlɪç] *(agg)* ~ confortevole, accogliente.

Wohnmobil [ˈvoːnmoˌbiːl] *(n; -s, -e)* ~ autocaravan.

Wohnort [ˈvoːnˌʔɔrt] *(m; -(e)s, -e)* ~ luogo di residenza, domicilio, residenza.

Wohnsitz [ˈvoːnˌzɪts] *(m; -es, -e)* ~ domicilio ♦ *er hat seinen Wohnsitz in Leipzig* ha il domicilio a Lipsia. ◆ **ohne festen Wohnsitz** senza fissa dimora.

Wohnung [ˈvoːnʊŋ] *(f; -, -en)* ***1*** abitazione, appartamento ♦ *eine Wohnung beziehen* andare ad abitare in un appartamento ♦ *eine Wohnung mieten* affittare (prendere in affitto) un appartamento. ***2*** alloggio ♦ *freie Wohnung bei jmdm haben* avere l'alloggio gratuito presso qcn.

Wohnungstür [-sˌtyːɐ] *(f; -, -en)* ~ porta di casa (di un appartamento).

Wohnviertel [ˈvoːnˌfɪrtəl] *(n; -s, -)* ~ quartiere residenziale.

Wohnwagen [ˈvoːnˌvaːgən] *(m; -s, -)* ~ caravan; roulotte.

Wohnzimmer [ˈvoːnˌtsɪmɐ] *(n; -s, -)* ~ soggiorno, salotto.

wölben [ˈvœlbən] *(vt, hat)* ~ curvare (a volta). ◆ **sich wölben** *(vr)* inarcarsi.

Wölbung [ˈvœlbʊŋ] *(f; -, -en)* ~ volta, curvatura.

Wolf [vɔlf] *(m; -(e)s, Wölfe; f* **Wölfin***)* ***1*** *(zool)* lupo. ***2*** *(abbrev di* **Fleischwolf***)* tritacarne. ◆ **hungrig wie ein Wolf sein** *(fig/fam)* avere una fame da lupi. ◆ **mit den Wölfen heulen** *(fig/fam)* seguire il branco.

Wolke [ˈvɔlkə] *(f; -, -n)* ***1*** nuvola, nube ♦ *der Himmel hat sich mit Wolken bedeckt* il cielo si è ricoperto di nubi. ***2*** nuvola, nube (di fumo e sim). ◆ **aus allen Wolken fallen** *(fig)* cadere dalle nuvole. ◆ **in den Wolken schweben/sein** *(fig)* avere la testa fra le nuvole. ◆ **das ist 'ne Wolke!** *(fam)* questa è proprio forte!

Wolkenbank [-nˌbaŋk] *(f; -, -bänke)* ~ banco di nubi.

Wolkenbruch [-nˌbrʊx] *(m; -(e)s, -brüche)* ~ nubifragio.

Wolkendecke [-nˌdɛkə] *(f; -, -n)* ~ coltre di nubi.

Wolkenhimmel [-nˌhɪməl] *(m; -s)* ~ cielo nuvoloso.

Wolkenkratzer [-nˌkratzɐ] *(m; -s, -)* ~ *(fam)* grattacielo.

wolkenlos [-nˌloːs] *(agg)* ~ senza nubi, sereno.

wolkig [ˈvɔlkɪç] *(agg)* ***1*** nuvoloso. ***2*** velato, confuso (immagine).

Wolldecke [ˈvɔlˌdɛkə] *(f; -, -n)* ~ coperta di lana.

Wolle [ˈvɔlə] *(f; -, -n)* ~ lana ♦ *ein Pullover aus reiner Wolle* un golf di pura lana. ◆ **sich mit jmdm in die Wolle kriegen** *(fig)* litigare con qcn.

wollen[1] [-n] *(vi/vt, hat; du* **willst**, *ich/er* **will**, **wollte**, **gewollt***)* ***1*** volere ♦ *ich will kein Geld von ihm* non voglio soldi da lui ♦ *ich will mir ein neues Auto kaufen* voglio comprarmi una macchina nuova ♦

ich will nach Hause (gehen) voglio andare a casa ♦ *ich will, dass du mich in Ruhe lässt* voglio che tu mi lasci in pace ♦ *wenn du willst, schicke ich dir die Fotos* se vuoi ti mando le foto ♦ *er weiß, was er will* sa ciò che vuole ♦ *mach, was du willst* fa' ciò che vuoi ♦ *ich wollte, das wäre nicht passiert* vorrei che questo non fosse successo. **2** volere (formule di cortesia) ♦ *wollen Sie bitte einen Augenblick warten* attenda un attimo, per favore. **3** sostenere, dire (senza prove) ♦ *er will in Amerika gewesen sein* sostiene di essere stato in America. ◆ **komme, was da wolle** accada quel che accada. ◆ **koste es, was es wolle** costi quel che costi.

wollen[2] *(agg)* ~ di lana.

wollig ['vɔlɪç] *(agg)* **1** lanoso. **2** di lana. ◆ **wolliges Haar** capelli crespi.

Wollsachen ['vɔl,zaxən] *(pl)* ~ indumenti di lana.

Wollschal ['vɔl,ʃaːl] *(m; -s, -s/-e)* ~ sciarpa di lana.

Wollust ['vɔlʊst] *(f; -)* ~ voluttà, piacere.

womit [vo'mɪt] *(avv interr/rel; riferito a complementi introdotti da* mit*)* **1** con che cosa ♦ *womit hast du den Stoff geschnitten?* con che cosa hai tagliato la stoffa? ♦ *womit soll ich anfangen?* da dove comincio? **2** con la qual cosa, con ciò ♦ *er will nach Amerika ziehen, womit ich nicht einverstanden bin* vuole trasferirsi in America, cosa con cui io non sono d'accordo.

womöglich [vo'møːklɪç] *(avv)* ~ *(fam)* forse, magari, può darsi che ♦ *ruf ihn doch an, er kann dich womöglich abholen* telefonagli, magari può venirti a prendere.

wonach [vo'naːx] *(avv interr/rel; riferito a complementi introdotti da* nach*)* **1** dopo che cosa; secondo che cosa; di che cosa ♦ *wonach sucht ihr?* cosa state cercando? **2** dopo la qual cosa; secondo cui, in base a cui; di cui ♦ *es gibt ein neues System, wonach man im Voraus bezahlen muss* c'è un nuovo sistema, in base al quale si deve pagare in anticipo.

Wonne ['vɔnə] *(f; -, -n)* ~ *(lett)* godimento, gioia, piacere ♦ *es ist eine Wonne, sie singen zu hören* è un piacere sentirla cantare.

woran [vo'ran] *(avv interr/rel; riferito a complementi introdotti da* an*)* **1** a che cosa ♦ *woran denkst du?* a che cosa pensi? **2** alla qual cosa, a cui ♦ *man hat mir Karten für das Hockeyspiel geschenkt, woran ich nicht interessiert bin* mi hanno regalato dei biglietti per la partita di hockey, cosa a cui non sono interessato.

worauf [vo'rauf] *(avv interr/rel; riferito a complementi introdotti da* auf*)* **1** su che cosa; a che cosa; di che cosa; che cosa ♦ *worauf wartest du noch?* che cosa aspetti ancora? **2** della qual cosa, alla qual cosa ♦ *sie kommen uns im Sommer besuchen, worauf ich mich sehr freue* vengono a trovarci in estate, il che mi fa molto piacere.

woraus [vo'raus] *(avv interr/rel; riferito a complementi introdotti da* aus*)* **1** da che cosa; di che cosa. **2** dalla qual cosa; della qual cosa; da cui; di cui ♦ *er hat gekündigt, woraus man schließen kann, dass er ein besseres Angebot bekommen hat* si è licenziato, dal che si può dedurre che ha ricevuto un'offerta migliore.

worden ['vɔrdən] ~ pret di **werden**[2].

worin [vo'rɪn] *(avv interr/rel; riferito a complementi introdotti da* in*)* **1** in che cosa ♦ *worin besteht der Unterschied?* in che cosa consiste la differenza? **2** in cui, nella qual cosa.

Wort [vɔrt] *(n; -(e)s, Worte/Wörter)* **1** *(pl* Wörter*)* parola, vocabolo ♦ *ein Wort buchstabieren* sillabare una parola ♦ *was bedeutet dieses Wort?* cosa significa questa parola? ♦ *ich muss die neuen Wörter lernen* devo studiare i nuovi vocaboli. **2** *(pl* Worte*)* *(fig)* parola, parole, discorso ♦ *ohne ein Wort zu sagen* senza dire una parola ♦ *leere Worte* parole vuote, discorsi vuoti ♦ *ein paar Worte mit jmdm sprechen/wechseln* scambiare due parole con qcn ♦ *mir fehlen die Worte* mi mancano le parole ♦ *seine Worte haben mich beruhigt* le sue parole mi hanno tranquillizzato ♦ *ich verstehe kein Wort* non capisco una parola. **3** parola (d'onore), promessa ♦ *jmdm sein Wort geben, etwas zu tun* dare la propria parola a qcn di fare qcs ♦ *sein Wort halten* tener fede alla parola data. **4** *(relig)* parola, Verbo ♦ *das Wort Gottes* la parola di Dio. ◆ **Wort für Wort** parola per parola. ◆ **jmdm das**

Wort entziehen togliere la parola a qcn. ◆ **das Wort ergreifen** prendere la parola. ◆ **jmdm das Wort erteilen** dare la parola a qcn. ◆ **das Wort führen** avere la parola. ◆ **Worte machen** fare tanti discorsi. ◆ **jmdm das Wort aus dem Mund nehmen** togliere le parole di bocca a qcn. ◆ **ein offenes Wort mit jmdm reden** parlare apertamente con qcn. ◆ **das Wort an jmdn richten** rivolgere la parola a qcn. ◆ **jmdm etwas aufs Wort glauben** credere a qcn sulla parola. ◆ **auf mein Wort!** parola d'onore! ◆ **jmdn beim Wort nehmen** prendere qcn in parola. ◆ **jmdm ins Wort fallen** interrompere qcn (mentre parla). ◆ **ums Wort bitten** chiedere la parola. ◆ **nicht zu Wort kommen** non riuscire a parlare (perché parla un altro). ◆ **jmdn nicht zu Wort kommen lassen** non lasciar parlare qcn. ◆ **sich zu Wort melden** chiedere la parola.

Wortbruch [-ˌbrʊx] *(m; -(e)s, -brüche)* ~ il mancare alla parola data.

wortbrüchig [-ˌbrʏçɪç] *(agg)* ~ fedifrago, che manca alla parola data. ◆ **wortbrüchig werden** mancare alla parola data.

Wörterbuch ['vœrtɐˌbuːx] *(n; -(e)s, -bücher)* ~ dizionario, vocabolario.

Wortführer ['vɔrtˌfyːrɐ] *(m; -s, -; f* **-in***)* ~ portavoce ◆ *sich zum Wortführer einer Sache* (Gen) *machen* farsi portavoce di qcs.

Wortgefecht ['vɔrtgəˌfɛçt] *(n; -(e)s, -e)* ~ diverbio, discussione.

wortkarg ['vɔrtˌkark] *(agg)* ~ laconico, di poche parole.

Wortlaut ['vɔrtˌlaut] *(m; -(e)s)* ~ testo (letterale).

wörtlich ['vœrtlɪç] *(agg)* ***1*** letterale ◆ *wörtliche Interpretation* interpretazione letterale. ***2*** *(avv)* letteralmente, alla lettera, parola per parola ◆ *etwas wörtlich nehmen* prendere qcs alla lettera ◆ *einen Text wörtlich übersetzen* tradurre letteralmente un testo.

wortlos ['vɔrtˌloːs] *(agg)* ***1*** senza parole, muto. ***2*** *(avv)* senza parlare, in silenzio.

Wortmeldung ['vɔrtˌmɛldʊŋ] *(f; -, -en)* ~ richiesta di parlare ◆ *es liegt noch eine Wortmeldung vor* c'è ancora una persona che ha chiesto la parola.

Wortschatz ['vɔrtˌʃats] *(m; -(e)s, -schätze)* ~ lessico, vocabolario.

Wortspiel ['vɔrtˌʃpiːl] *(n; -(e)s, -e)* ~ gioco di parole.

Wortwechsel ['vɔrtˌvɛksəl] *(m; -s, -)* ~ diverbio, discussione, alterco.

worüber [vo'ryːbɐ] *(avv interr/rel; riferito a complementi introdotti da* über*)* ***1*** di che cosa, su che cosa ◆ *worüber hast du deinen Aufsatz geschrieben?* su che cosa hai scritto il tuo tema? ***2*** della qual cosa, sulla qual cosa ◆ *sie haben uns besucht, worüber ich mich sehr gefreut habe* sono venuti a trovarci, il che mi ha fatto molto piacere.

worum [vo'rʊm] *(avv interr/rel; riferito a complementi introdotti da* um*)* ***1*** di che cosa, intorno a che cosa ◆ *worum handelt es sich?* di che cosa si tratta? ***2*** della qual cosa, di cui ◆ *das ist etwas, worum ich mich nicht kümmern kann* questa è una cosa di cui non posso occuparmi.

worunter [vo'rʊntɐ] *(avv interr/rel; riferito a complementi introdotti da* unter*)* ***1*** sotto a che cosa. ***2*** sotto a cui, sotto alla qual cosa.

wovon [vo'fɔn] *(avv interr/rel; riferito a complementi introdotti da* von*)* ***1*** di che cosa ◆ *wovon redet ihr?* di che cosa parlate? ***2*** di cui, della qual cosa ◆ *es gibt etwas, wovon ich lieber nicht reden möchte* c'è qualcosa di cui preferirei non parlare.

wovor [vo'foːɐ] *(avv interr/rel; riferito a complementi introdotti da* vor*)* ***1*** davanti a che cosa; di che cosa ◆ *wovor hast du Angst?* di cosa hai paura? ***2*** davanti a cui; di cui ◆ *es gibt nichts, wovor er Angst hat* non c'è niente di cui abbia paura.

wozu [vo'tsuː] *(avv interr/rel; riferito a complementi introdotti da* zu*)* ***1*** a che cosa; a che scopo ◆ *wozu brauchst du die Schere?* a che cosa ti servono le forbici? ***2*** alla qual cosa, a cui ◆ *man hat mir vorgeschlagen, nach Paris zu ziehen, wozu ich mich aber nicht entscheiden kann* mi hanno proposto di trasferirmi a Parigi, cosa a cui però non so decidermi.

Wrack [vrak] *(n; -s, -s)* ~ relitto (di nave) *(anche fig)*.

wrang [vraŋ] ~ pret di **wringen**.

wringen ['vrɪŋən] *(vt,* hat; **wrang, gewrungen***)* ~ strizzare ♦ *Wäsche wringen* strizzare il bucato.

Wucher ['vu:xɐ] *(m;* -s*)* ~ usura, strozzinaggio ♦ *Wucher treiben* praticare l'usura.

Wucherer ['vu:xərɐ] *(m;* -s, -; *f* **-in***)* ~ usuraio, strozzino.

wuchern ['vu:xɐn] *(vi,* ist/hat*)* ***1*** *(aux* ist*)* crescere rigoglioso, lussureggiare. ***2*** *(aux* hat*)* praticare l'usura. ◆ **mit seinem Pfunde wuchern** *(fig)* sfruttare il proprio talento.

Wucherung ['vu:xərʊŋ] *(f;* -, -en*)* ~ escrescenza.

wuchs [vu:ks] ~ pret di **wachsen.**

Wuchs *(m;* -es*)* ***1*** crescita. ***2*** corporatura ♦ *von kräftigem Wuchs sein* essere di corporatura robusta.

Wucht [vʊxt] *(f;* -*)* ~ impeto, forza, energia ♦ *mit voller Wucht* con tutta la forza. ◆ **das ist 'ne Wucht!** *(fig/fam)* questa è proprio forte!

wuchtig [-ɪç] *(agg)* ***1*** massiccio, imponente (edificio, corporatura, ecc). ***2*** impetuoso, forte, energico (colpo).

wühlen ['vy:lən] *(vi,* hat*)* ***1*** grufolare, scavare. ***2*** *(fig)* frugare, rovistare ♦ *sie wühlte in der Schublade* rovistava nel cassetto.

Wulst [vʊlst] *(m;* -es, Wülste*)* *(anche f;* -, Wülste*)* ~ rigonfiamento, protuberanza.

wulstig [-ɪç] *(agg)* ***1*** rigonfio. ***2*** tumido (labbro).

wund [vʊnt] *(agg)* ~ piagato, coperto di piaghe. ◆ **ein wunder Punkt** *(fig)* un punto dolente. ◆ **sich wund liegen** († **wundliegen**) avere le piaghe da decubito. ◆ **sich** (Dat) **die Finger wund schreiben** farsi venire i calli alle dita a forza di scrivere.

Wunde ['vʊndə] *(f;* -, -n*)* ~ ferita *(anche fig)* ♦ *eine offene, tödliche Wunde* una ferita aperta, mortale ♦ *die Wunde blutet* la ferita sanguina ♦ *die Wunde muss genäht werden* vanno messi i punti alla ferita. ◆ **eine alte Wunde wieder aufreißen** *(fig)* riaprire una vecchia ferita. ◆ **sich** (Dat) **die Wunden lecken** *(fig)* leccarsi le ferite.

Wunder ['vʊndɐ] *(n;* -s, -*)* ***1*** miracolo, prodigio ♦ *Wunder tun* fare miracoli ♦ *das grenzt an ein Wunder* questo è quasi un miracolo, ha del miracoloso ♦ *auf ein Wunder hoffen* sperare in un miracolo. ***2*** meraviglia, cosa meravigliosa ♦ *die Wunder der Technik* le meraviglie della tecnica. ◆ **Wunder wirken** *(fig/fam)* fare miracoli (medicine e sim). ◆ **das ist kein Wunder** non c'è da meravigliarsi ♦ *kein Wunder, wenn...* non c'è da meravigliarsi se... ◆ **wie durch ein Wunder** come per miracolo.

wunderbar [-ˌba:ɐ] *(agg)* ***1*** miracoloso. ***2*** meraviglioso, splendido. ***3*** *(avv)* meravigliosamente, splendidamente, a meraviglia. ◆ **wunderbar!** benissimo! perfetto!

Wunderkind [-ˌkɪnt] *(n;* -(e)s, -er*)* ~ bambino prodigio.

Wunderland [-ˌlant] *(n;* -(e)s, -länder*)* ~ paese delle meraviglie.

wunderlich [-lɪç] *(agg)* ~ strambo, bizzarro, strano (persona, cosa).

wundern ['vʊndɐn] *(vt,* hat*)* ~ meravigliare, stupire ♦ *es wundert mich (nicht), dass* (non) mi meraviglia che. ◆ **sich über jmdn/etwas wundern** *(vr)* meravigliarsi, stupirsi di qcn/qcs.

wunder|nehmen *(vt,* hat; *irr* nehmen*)* ~ *(lett)* stupire, meravigliare.

wunderschön ['vʊndɐ'ʃø:n] *(agg)* ~ bellissimo, meraviglioso.

wundervoll ['vʊndɐˌfɔl] *(agg)* ~ meraviglioso, stupendo.

wund|liegen ~ **wund liegen** (vedi **wund**).

Wundmal ['vʊntˌma:l] *(n;* -(e)s, -e*)* ~ piaga, ferita.

Wundpflaster ['vʊntˌpflastɐ] *(n;* -s, -*)* ~ cerotto.

Wundstarrkrampf ['vʊntʃtarkrampf] *(m;* -(e)s*)* ~ *(med)* tetano.

Wunsch [vʊnʃ] *(m;* -es, Wünsche*)* ***1*** desiderio ♦ *einen stillen Wunsch hegen* nutrire un desiderio segreto ♦ *mein Wunsch hat sich erfüllt/ist in Erfüllung gegangen* il mio desiderio si è avverato ♦ *mein größter Wunsch wäre, nach New York zu fliegen* il mio più grande desiderio sarebbe andare a New York. ***2*** *(abbrev di* **Glückwunsch***)* augurio ♦ *mit den besten Wünschen für baldige Genesung* con i migliori auguri di pronta guarigione. ◆ **auf Wunsch** a/su richiesta ♦ *auf jmds Wunsch/auf Wunsch von jmdm* su richiesta di qcn.

wünschen ['vʏnʃən] *(vt,* hat*)* ***1*** {*(sich)* (Dat) *etwas* ~} desiderare, volere ♦ *er wünscht sich eine Krawatte zum Geburtstag* per il suo compleanno desidera una cravatta ♦ *ich wünsche, dass* desidero che ♦ *ich wünschte, ich könnte auch kommen* vorrei poter venire anch'io. ***2*** {*jmdm etwas* ~} augurare qcs a qcn ♦ *ich wünsche dir alles Gute zum Geburtstag* ti auguro buon compleanno. ◆ **das lässt (viel) zu wünschen übrig** questo lascia (molto) a desiderare.

Wunschform ['vʊnʃˌfɔrm] *(f; -, -en)* ~ *(gramm)* ottativo.

wurde ['vʊrdə] ~ pret di **werden**.

Würde ['vʏrdə] *(f; -, -n)* ***1*** dignità ♦ *die menschliche Würde* la dignità umana. ***2*** dignità, decoro. ***3*** dignità, titolo, grado ♦ *akademische Würde* grado accademico. ◆ **unter jmds Würde sein** essere indegno di qcn (azioni, comportamenti, ecc). ◆ **unter alles Würde** assolutamente indegno.

Würdenträger [-nˌtrɛːgɐ] *(m; -s, -)* ~ dignitario.

würdevoll [-ˌfɔl] *(agg)* ~ dignitoso.

würdig ['vʏrdɪç] *(agg)* ***1*** degno ♦ *ein würdiger Nachfolger* un degno successore. ***2*** rispettabile. ◆ **einer Sache** (Gen) **würdig sein** essere degno di qcs ♦ *er ist meines Vertrauens nicht würdig* non è degno della mia fiducia. ◆ (**nicht**) **würdig sein, etwas zu tun** (non) essere degno di fare qcs.

würdigen ['vʏrdɪgən] *(vt,* hat*)* ***1*** apprezzare, riconoscere ♦ *jmds Verdienste würdigen* riconoscere i meriti di qcn. ***2*** {*jmdn einer Sache* (Gen) ~} degnare qcn di qcs *(spec neg)* ♦ *sie hat ihn keiner Antwort, keines Blickes gewürdigt* non l'ha degnato di una risposta, di uno sguardo.

Wurf [vʊrf] *(m; -(e)s, Würfe)* ***1*** lancio, tiro, getto ♦ *ein guter Wurf* un buon lancio. ***2*** cucciolata. ***3*** *(fig)* colpo, successo. ◆ **alles auf einen Wurf setzen** *(fig)* rischiare il tutto per tutto.

Würfel ['vʏrfəl] *(m; -s, -)* ***1*** dado. ***2*** dado (da brodo); cubetto (di ghiaccio e sim). ***3*** *(geom)* cubo. ◆ **Würfel spielen** giocare a dadi. ◆ **die Würfel sind gefallen** *(fig)* il dado è tratto.

Würfelbrühe [-ˌbryːə] *(f; -, -n)* ~ brodo di dado.

würfeln [-n] *(vi/vt,* hat*)* ***1*** {*(um etwas)* ~} *(vi)* giocare (qcs) a dadi; tirare i dadi. ***2*** *(vt)* tagliare a cubetti.

würgen ['vʏrgən] *(vt,* hat*)* ***1*** strozzare, stringere alla gola. ***2*** {*an etwas* (Dat) ~} *(vi)* strozzarsi con qcs, non riuscire ad inghiottire qcs.

Wurm[1] [vʊrm] *(m; -(e)s, Würmer)* ***1*** verme, baco ♦ *in dem Apfel ist ein Wurm* nella mela c'è un verme. ***2*** *(fam)* tarlo. ***3*** drago. ◆ **da ist der Wurm drin** *(fig/fam)* c'è qualcosa che non va. ◆ **jmdm die Würmer aus der Nase ziehen** *(fig/fam)* cavare le parole di bocca a qcn.

Wurm[2] *(n; -(e)s, Würmer)* ~ creaturina, esserino.

Wurmfortsatz [-ˌfɔrtzats] *(m; -es, -sätze)* ~ *(anat)* appendice.

wurmig ['vʊrmɪç] *(agg)* ~ bacato.

wurmstichig ['vʊrmˌʃtɪçɪç] *(agg)* ***1*** tarlato. ***2*** bacato.

Wurst [vʊrst] *(f; -, Würste)* ***1*** salsiccia, würstel. ***2*** salamino. ***3*** salumi, insaccati. ◆ **Wurst wider Wurst** *(fig/fam)* occhio per occhio, dente per dente. ◆ **das ist mir Wurst** *(fig/fam)* non me ne frega niente.

Würstchen ['vʏrstçən] *(n; -s, -)* ~ salsicciotto, würstel.

Würstel ['vʏrstəl] *(n; -s, -)* *(region)* ~ vedi **Würstchen**.

Würze ['vʏrtsə] *(f; -, -n)* ***1*** condimento; spezia, droga. ***2*** *(fig)* pepe, mordente.

Wurzel ['vʊrtsəl] *(f; -, -n)* ***1*** radice (di pianta, capello, dente, ecc). ***2*** *(fig)* radice, origine ♦ *das Übel mit der Wurzel ausreißen* estirpare il male alla radice. ***3*** *(ling/mat)* radice ♦ *die Wurzel aus einer Zahl ziehen* fare la radice (quadrata) di un numero. ◆ **Wurzeln schlagen** ***1*** mettere radici, attecchire. ***2*** *(fig)* mettere radici, ambientarsi.

wurzeln [-n] *(vi,* hat*)* ***1*** mettere radici; essere radicato. ***2*** {*in etwas* (Dat) ~} essere radicato, avere le proprie radici in qcs.

Wurzelwerk [-ˌvɛrk] *(n; -(e)s, -e)* ~ radici, apparato radicale.

würzen ['vʏrtsən] *(vt,* hat*)* ***1*** condire, speziare, insaporire. ***2*** *(fig)* condire ♦ *eine*

Rede mit witzigen Bemerkungen würzen condire un discorso con osservazioni spiritose.

würzig ['vʏrtsɪç] *(agg)* ~ saporito; piccante.

wusch [vu:ʃ] ~ pret di **waschen**.

Wuschelhaar [-əlˌha:ɐ] *(n*; -(e)s, -e*)* ~ *(fam)* capelli crespi.

wusch(e)lig ['vʊʃ(ə)lɪç] *(agg)* ~ crespo.

wusste ['vʊstə] ~ pret di **wissen**.

Wust [vu:st] *(m*; -es*)* ~ confusione, ammasso ♦ *ein Wust von Papieren* un ammasso di carte.

wüst [vy:st] *(agg)* ***1*** deserto; desolato, abbandonato. ***2*** disordinato, arruffato ♦ *wüste Haare* capelli arruffati. ***3*** dissoluto, dissipato ♦ *ein wüstes Leben führen* fare una vita dissoluta. ***4*** rozzo, volgare. ◆ **eine wüste Unordnung** un enorme disordine.

Wüste [-ə] *(f*; -, -n*)* ~ deserto *(anche fig)*. ◆ **jmdm in die Wüste schicken** *(fig/fam)* dare il benservito a qcn.

wüsten [-ən] *(vi*, hat*)* ~ {*mit etwas* ~} sperperare qcs, sciupare qcs.

Wut ['vu:t] *(f*; -*)* ~ rabbia, ira, collera. ◆ **jmdn in Wut bringen** far arrabbiare qcn, mandare qcn su tutte le furie. ◆ **in Wut geraten** arrabbiarsi, andare su tutte le furie.

Wutausbruch [-ˌʔausbrʊx] *(m*; -(e)s, -brüche*)* ~ accesso d'ira.

wüten ['vy:tən] *(vi*, hat*)* ~ infuriare, imperversare, scatenarsi (lotta, fuoco, ecc).

wütend [-t] *(agg)* ***1*** infuriato, adirato, in collera. ***2*** forte, intenso (dolore). ◆ **jmdn wütend machen** far infuriare qcn.

x y

x, X [ɪks] *(n*; -, -*)* ~ x, X *(ventiquattresima lettera dell'alfabeto tedesco)*.

X-Beine [-ˌbainə] *(pl)* ~ *(fam)* gambe storte ♦ *X-Beine haben* avere le gambe storte.

x-beinig [-ˌbainɪç] *(agg)* ~ *(fam)* con le gambe storte.

x-beliebig [-bəˌli:bɪç] *(agg)* ~ *(fam)* qualsiasi, qualunque ♦ *eine x-beliebige Zeitschrift* una rivista qualsiasi.

x-fach [-ˌfax] *(agg)* ~ *(fam)* molteplice.

x-mal [-ˌma:l] *(avv)* ~ *(fam)* cento volte, mille volte.

x-te ['ɪkstə] *(agg, solo attr)* ~ ennesimo ♦ *die x-te Potenz* l'ennesima potenza ♦ *der x-te Misserfolg* l'ennesimo insuccesso. ◆ **zum x-ten Mal** *(fam)* per l'ennesima volta.

Xylofon *(anche* **Xylophon***)* [ksylo'fo:n] *(n*; -s, -e*)* ~ silofono, xilofono.

y, Y ['ʏpsilɔn] *(n*; -/-s, -/-s*)* ~ y, Y *(venticinquesima lettera dell'alfabeto tedesco)*.

Yacht [jaxt] *(f*; -, -en*)* ~ vedi **Jacht**.

Yen [jɛn] *(m*; -/-s, -/-s*)* ~ yen.

Yoga ['jo:ga] *(m/n*; -s*)* ~ vedi **Joga**.

Yoghurt ['jo:gʊrt] *(m/n*; -s, -s*)* ~ vedi **Jogurt**.

Yuppie ['jʊpi] *(m*; -s, -s*)* ~ yuppie.

Z

z, Z [tsɛt] *(n; -/-s, -/-s)* ~ z, Z *(ventiseiesima lettera dell'alfabeto tedesco)*.

Zacke ['tsakə] *(f; -, -n)* ***1*** punta (di roccia). ***2*** dente (di pettine e sim).

Zacken [-n] *(m; -s, -)* ~ vedi **Zacke**.

zackig ['tsakɪç] *(agg)* ***1*** frastagliato. ***2*** *(fig/fam)* energico, deciso.

zaghaft ['tsa:kˌhaft] *(agg)* ~ timoroso, timido, titubante.

zäh [tsɛ:] *(agg)* ***1*** duro, tiglioso ♦ *zähes Fleisch* carne dura ♦ *zähes Leder* cuoio duro. ***2*** denso, compatto. ***3*** *(fig)* tenace.

Zähheit († **Zäheit**) [-ˌhait] *(f; -)* ***1*** durezza. ***2*** densità (carattere denso). ***3*** *(fig)* tenacia.

zähflüssig [-ˌflʏsɪç] *(agg)* ~ viscoso, denso.

Zahl [tsa:l] *(f; -, -en)* ***1*** *(mat)* numero, cifra ♦ *gerade, ungerade Zahlen* numeri pari, dispari. ***2*** numero, cifra, quantità ♦ *die Zahl der Besucher* il numero dei visitatori. ◆ **in großer Zahl** in gran numero. ◆ **ohne Zahl** innumerevole, senza numero ♦ *Briefe ohne Zahl* innumerevoli lettere.

zählebig ['tsɛ:ˌle:bɪç] *(agg)* ~ resistente, robusto (animali o piante).

zahlen ['tsa:lən] *(vi/vt, hat)* ~ pagare ♦ *ich habe hundert Euro dafür gezahlt* l'ho pagato cento euro ♦ *er ging weg, ohne zu zahlen* andò via senza pagare.

zählen ['tsɛ:lən] *(vt/vi, hat)* ***1*** *(vt)* contare ♦ *sein Geld zählen* contare i propri soldi. ***2*** *(vt)* contare, avere ♦ *die Stadt zählt fünfzigtausend Einwohner* la città conta cinquantamila abitanti. ***3*** *(vi) (fig)* contare, essere importante, valere ♦ *das zählt nicht* questo non conta. ***4*** {*jmdn/sich zu jmdm/etwas ~*} *(vt)* contare/contarsi fra qcn/qcs, annoverare/annoverarsi fra qcn/qcs ♦ *ich zähle ihn zu meinen besten Freunden* lo considero uno dei miei migliori amici. ***5*** {*zu jmdm/etwas ~*} *(vi)* far parte di qcn/qcs, essere fra qcn/qcs ♦ *das zählt zu den schönsten Bildern von Picasso* questo è fra i quadri più belli di Picasso. ***6*** {*auf jmdn/etwas ~*} *(vi)* contare su qcn/qcs, fare affidamento su qcn/qcs. ***7*** {*nach etwas ~*} *(vi)* ammontare a qcs. ◆ **die Tage/die Stunden zählen** *(fig)* contare i giorni/le ore ♦ *ich zähle die Tage bis zu meinem Urlaub* conto i giorni che mancano alla mia vacanza.

zahlenmäßig ['tsa:lənˌmɛ:sɪç] *(agg)* ~ numerico.

Zähler ['tsɛ:lɐ] *(m; -s, -)* ~ contatore.

zahllos ['tsa:lˌlo:s] *(agg)* ~ innumerevole.

zahlreich ['tsa:lˌraiç] *(agg)* ***1*** numeroso. ***2*** *(avv)* in gran numero, numerosi ♦ *die Zuschauer kamen zahlreich* gli spettatori vennero numerosi.

Zahlung ['tsa:lʊŋ] *(f; -, -en)* ~ pagamento. ◆ **eine Zahlung leisten** pagare, fare un pagamento. ◆ **etwas in Zahlung nehmen** accettare qcs in pagamento (non soldi).

Zahlungsbedingung [-sbəˌdɪŋʊŋ] *(f; -, -en)* ~ condizione di pagamento.

Zahlungsbilanz [-sbiˌlants] *(f; -, -en)* ~ *(econ)* bilancia dei pagamenti.

zahlungsfähig [-sˌfɛːɪç] *(agg)* ~ solvibile.
zahlungsunfähig [-sˌˀʊnfɛːɪç] *(agg)* ~ insolvibile.
Zahlungsweise [-sˌvaizə] *(f; -, -n)* ~ modalità di pagamento.
Zahlwort [-ˌvɔrt] *(n; -(e)s, -wörter)* ~ *(gramm)* numerale.
zahm [tsaːm] *(agg)* ***1*** addomesticato; mansueto. ***2*** *(fig)* docile, mansueto. ***3*** *(fig)* mite, indulgente ♦ *eine zahme Kritik* una critica indulgente.
zähmen ['tsɛːmən] *(vt, hat)* ***1*** addomesticare; domare. ***2*** *(fig)* dominare, domare.
Zahn [tsaːn] *(m; -(e)s, Zähne)* ***1*** dente ♦ *obere, untere Zähne* denti di sopra, di sotto ♦ *kariöse Zähne* denti cariati ♦ *falsche/künstliche Zähne* denti finti ♦ *der Zahn wackelt* il dente dondola ♦ *sich* (Dat) *die Zähne putzen* lavarsi i denti ♦ *jmdm einen Zahn ziehen* togliere un dente a qcn. ***2*** dente (di pettine, sega, ecc). ◆ **sich** (Dat) **die Zähne an etwas** (Dat) **ausbeißen** *(fig)* rompersi le corna con qcs. ◆ **die Zähne zusammenbeißen** *(fig)* stringere i denti. ◆ **jmdm die Zähne zeigen** *(fig)* mostrare i denti a qcn. ◆ **bis an die Zähne bewaffnet** *(fig)* armato fino ai denti. ◆ **mit den Zähnen klappern** battere i denti. ◆ **mit den Zähnen knirschen** digrignare i denti. ◆ **etwas mit Zähnen und Klauen verteidigen** difendere qcs con le unghie e coi denti.
Zahnarzt [-ˌˀaːɐtst] *(m; -es, -ärzte, f* **-ärztin***)* ~ dentista.
zahnärztlich [-ˌˀɛːɐtstlɪç] *(agg)* ~ dentistico.
Zahnarztpraxis [-ˀaːɐtstˌpraksɪs] *(f; -, -praxen)* ~ studio del dentista.
Zahnbürste [-ˌbʏrstə] *(f; -, -n)* ~ spazzolino da denti.
Zahnersatz [-ˀɛɐˌzats] *(m; -es)* ~ protesi dentaria.
Zahnfäule [-ˌfɔylə] *(f; -)* ~ carie.
Zahnfleisch [-ˌflaiʃ] *(n; -es)* ~ gengiva.
Zahnfleischentzündung [-flaiʃˀɛntˌtsʏndʊŋ] *(f; -, -en)* ~ *(med)* gengivite.
zahnlos [-ˌloːs] *(agg)* ~ sdentato, senza denti.
Zahnpasta [-ˌpasta] *(anche* **Zahnpaste** [-ˌpastə]*)* *(f; -, -pasten)* ~ dentifricio.
Zahnrad [-ˌraːt] *(n; -(e)s, -räder)* ~ ruota dentata.
Zahnschmelz [-ʃmɛlts] *(m; -es, -e)* ~ smalto (dei denti).
Zahnschmerzen [-ʃmɛrtsən] *(pl)* ~ mal di denti ♦ *ich habe Zahnschmerzen* ho mal di denti.
Zahnseide [-ˌzaidə] *(f; -)* ~ filo interdentale.
Zahnspange [-ʃpaŋə] *(f; -, -n)* ~ apparecchio ortodontico.
Zahnstein [-ʃtain] *(m; -(e)s)* ~ tartaro.
Zahnstocher [-ʃtɔxɐ] *(m; -s, -)* ~ stuzzicadenti.
Zange ['tsaŋə] *(f; -, -n)* ***1*** tenaglia, tenaglie. ***2*** pinza, chela. ◆ **jmdn in die Zange nehmen** *(fig)* stringere qcn in una morsa; mettere qcn sotto torchio.
Zank [tsaŋk] *(m; -(e)s)* ~ lite, litigio.
zanken [-ən] *(vr, hat)* ~ **sich** (**um etwas**) **zanken** litigare (per qcs).
zänkisch ['tsɛŋkɪʃ] *(agg)* ~ litigioso.
Zäpfchen ['tsɛpfçən] *(n; -s, -)* ***1*** supposta. ***2*** *(anat)* ugola.
zapfen ['tsapfən] *(vt, hat)* ~ spillare (vino, birra).
Zapfen *(m; -s, -)* ***1*** tappo; zaffo. ***2*** *(bot)* pigna.
Zapfsäule ['tsapfˌzɔylə] *(f; -, -n)* ~ distributore di benzina.
zappeln ['tsapəln] *(vi, hat)* ***1*** dimenarsi; sgambettare. ***2*** zampettare. ◆ **jmdn zappeln lassen** *(fig)* tenere qcn sulla corda.
Zar ['tsaːɐ] *(m; -en, -en; f* **-in***)* ~ zar.
zart ['tsaːɐt] *(agg)* ***1*** tenero, delicato, fragile ♦ *zarte Knospen* bocci teneri. ***2*** tenero, morbido ♦ *zartes Fleisch* carne tenera. ***3*** delicato, gracile. ***4*** *(fig)* delicato, leggero, tenero (colore, suono, ecc) ♦ *ein zarter Kuss* un tenero bacio. ***5*** *(fig)* delicato, sensibile. ***6*** *(avv)* delicatamente *(anche fig)*. ◆ **zart fühlend** *(anche* **zartfühlend***)* sensibile (di animo).
zartfühlend ~ anche **zart fühlend** (vedi **zart**).
Zartgefühl [-gəˌfyːl] *(n; -(e)s)* ~ sensibilità, delicatezza, tatto.
Zartheit [-ˌhait] *(f; -)* ***1*** tenerezza, delicatezza. ***2*** morbidezza, tenerezza. ***3*** gracilità. ***4*** *(fig)* delicatezza, leggerezza. ***5*** *(fig)* delicatezza, sensibilità.
zärtlich ['tsɛːɐtlɪç] *(agg)* ***1*** tenero, affettuoso ♦ *zärtliche Blicke* sguardi teneri ♦ *ei-*

ne zärtliche Mutter una madre affettuosa. **2** *(avv)* teneramente, affettuosamente.

Zärtlichkeit [-ˌkait] *(f; -, -en)* ~ tenerezza ♦ *Zärtlichkeiten austauschen* scambiarsi tenerezze.

Zauber [ˈtsaubɐ] *(m; -s, -)* **1** incantesimo, magia ♦ *einen Zauber anwenden, lösen* fare, sciogliere un incantesimo. **2** *(fig)* incanto, fascino, magia.

Zauber- *(nei composti)* ~ magico, fatato ♦ *Zauberformel* formula magica ♦ *Zauberstab* bacchetta magica.

Zauberei [tsaubəˈrai] *(f; -, -en)* ~ magia.

Zauberer [ˈtsaubərɐ] *(m; -s, -; f* **-in***)* ~ mago.

zauberhaft [ˈtsaubɐˌhaft] *(agg)* ~ incantevole.

zaubern [ˈtsaubɐn] *(vi/vt,* hat*)* **1** *(vi)* fare magie, fare un incantesimo. **2** *(vt)* produrre per magia, tirar fuori con una magia.

zaudern [ˈtsaudɐn] *(vi,* hat*)* ~ esitare, titubare.

Zaum [tsaum] *(m; -(e)s, Zäume)* ~ briglia ♦ *einem Pferd den Zaum anlegen* mettere le briglie a un cavallo. ◆ **jmdn/etwas im Zaum halten** *(fig)* frenare, tenere a freno qcn/qcs.

Zaumzeug [-ˌtsɔyk] *(n; -(e)s, -e)* ~ briglie.

Zaun [tsaun] *(m; -(e)s, Zäune)* ~ recinto, recinzione; staccionata, steccato. ◆ **einen Streit vom Zaun brechen** *(fig)* provocare una lite.

Zaungast [-ˌgast] *(m; -(e)s, -gäste)* ~ spettatore abusivo; *(pl)* curiosi.

Zaunkönig [-ˌkøːnɪç] *(m; -(e)s, -e)* ~ *(zool)* scricciolo.

z.B. ~ abbrev di **zum Beispiel** (vedi **Beispiel**).

Zebra [ˈtseːbra] *(n; -s, -s)* ~ *(zool)* zebra.

Zebrastreifen [-ʃtraifən] *(m; -s, -)* ~ strisce pedonali, zebre.

Zeche [ˈtsɛçə] *(f; -, -n)* **1** conto (al ristorante). **2** miniera di carbone. ◆ **die Zeche prellen** *(fam)* non pagare il conto.

Zecke [ˈtsɛkə] *(f; -, -n)* ~ *(zool)* zecca.

Zeder [ˈtseːdɐ] *(f; -, -n)* ~ *(bot)* cedro.

Zeh [tseː] *(m; -s, -en)* ~ vedi **Zehe** ***1***.

Zehe [-ə] *(f; -, -n)* **1** dito (dei piedi). **2** spicchio (d'aglio). ◆ **die große Zeh(e)** l'alluce. ◆ **die kleine Zeh(e)** il mignolo (del piede). ◆ **auf den Zehen gehen** camminare in punta di piedi.

Zehenspitze [-ənʃpɪtsə] *(f; -, -n)* ~ punta dei piedi. ◆ **auf Zehenspitzen** in punta di piedi.

zehn [tseːn] *(num)* ~ dieci.

Zehn *(f; -, -en)* **1** dieci, numero dieci. **2** *(fam)* il dieci, l'autobus numero dieci.

Zehner [-ɐ] *(m; -s, -)* **1** *(mat)* decina. **2** moneta da dieci centesimi.

zehnfach [-ˌfax] *(agg)* **1** dieci volte, decuplo. **2** *(avv)* dieci volte, dieci volte tanto.

zehnjährig [-jɛːrɪç] *(agg)* **1** di dieci anni, decenne ♦ *seine zehnjährige Tochter* sua figlia di dieci anni. **2** decennale.

Zehnkampf [-ˌkampf] *(m; -(e)s)* ~ *(sport)* decathlon.

zehntausend [-ˈtauzənt] *(num)* ~ diecimila.

zehnte(r, -s) [-tə (-tɐ, -təs)] *(agg)* ~ decimo.

zehntel [-təl] *(num)* ~ decimo ♦ *ein zehntel Liter* un decimo di litro.

Zehntel *(n; -s, -)* ~ decimo, decima parte.

Zehntelsekunde [-təlzeˌkʊndə] *(f; -, -n)* ~ decimo di secondo.

zehren [ˈtseːrən] *(vi,* hat*)* **1** {*von etwas* ~} consumare qcs; vivere di qcs, nutrirsi di qcs *(anche fig)* ♦ *sie zehrt von ihren Erinnerungen* vive dei suoi ricordi. **2** {*an jmdm/etwas* ~} *(fig)* rodere, consumare, logorare qcn/qcs ♦ *die Sorge zehrt an seiner Gesundheit* la pena gli logora la salute.

Zeichen [ˈtsaiçən] *(n; -s, -)* **1** segno, segnale; cenno ♦ *ein deutliches Zeichen* un segnale chiaro ♦ *jmdm ein Zeichen geben* dare un segnale a qcn ♦ *das Zeichen zur Abfahrt geben* dare il segnale della partenza. **2** *(fig)* segno, segnale; sintomo ♦ *das ist ein gutes, schlechtes Zeichen* questo è un buon segno, un cattivo segno ♦ *Fieber ist ein Zeichen einer Krankheit* la febbre è un segnale di malattia. **3** *(fig)* segno, prova ♦ *er schenkte ihr einen Ring als Zeichen seiner Liebe* le regalò un anello come segno del suo amore. **4** segno *(anche mat)*, simbolo (grafico). **5** marchio. **6** segno zodiacale. ◆ **das Zeichen des Kreuzes machen/schlagen** fare il segno della croce. ◆ **Zeichen setzen** mettere i segni di interpunzione. ◆ **Zeichen/ein**

Zeichen setzen *(fig)* dare un segnale forte. ◆ **im Zeichen einer Sache** (Gen) **stehen** *(fig)* essere all'insegna di qcs. ◆ **zum Zeichen** in segno (di) ♦ *er schüttelte den Kopf zum Zeichen der Ablehnung* scosse la testa in segno di diniego.

Zeichenblock [-ˌblɔk] *(m; -(e)s, -blöcke/ -blocks)* ~ blocco da disegno.

Zeichensetzung [-ˌzɛtsʊŋ] *(f; -)* ~ interpunzione, punteggiatura.

Zeichensprache [-ʃpraːxə] *(f; -, -n)* ~ lingua dei segni.

Zeichentrickfilm [-trɪkˌfɪlm] *(m; -(e)s, -e)* ~ cartone animato.

zeichnen ['tsaiçnən] *(vt, hat)* ***1*** disegnare. ***2*** *(fig)* rappresentare, raffigurare, delineare ♦ *der Autor hat die Romangestalten realistisch gezeichnet* l'autore ha rappresentato le figure del romanzo realisticamente. ***3*** contrassegnare, marcare. ***4*** *(econ)* sottoscrivere, firmare.

Zeichner ['tsaiçnɐ] *(m; -s, -; f* **-in***)* ~ disegnatore.

zeichnerisch ['tsaiçnərɪʃ] *(agg)* ~ grafico.

Zeichnung ['tsaiçnʊŋ] *(f; -, -en)* ***1*** disegno. ***2*** *(fig)* rappresentazione, raffigurazione. ***3*** *(econ)* sottoscrizione, firma ♦ *die Zeichnung von Aktien* la sottoscrizione di azioni.

Zeigefinger ['tsaigəˌfɪŋɐ] *(m; -s, -)* ~ *(anat)* indice, dito indice.

zeigen ['tsaigən] *(vt/vi, hat)* ***1*** {*(jmdm) etwas ~*} mostrare, far vedere qcs a qcn ♦ *sie hat uns ihren Garten gezeigt* ci ha fatto vedere il suo giardino ♦ *er hat mir den Weg gezeigt* mi ha mostrato la strada. ***2*** indicare ♦ *er zeigte auf den Turm* indicò la torre ♦ *in eine Richtung zeigen* indicare una direzione ♦ *die Kompassnadel zeigt nach Norden* l'ago della bussola indica il nord. ***3*** {*(jmdm) etwas ~*} mostrare, manifestare, esprimere qcs (a qcn); far vedere, dimostrare qcs (a qcn) ♦ *jmdm seine Liebe zeigen* mostrare a qcn il proprio amore ♦ *jetzt musst du zeigen, was du kannst* ora devi far vedere cosa sai fare. ***4*** *(fig)* mostrare, indicare, significare ♦ *seine Worte zeigen, dass er den wahren Sachverhalt nicht kennt* le sue parole mostrano che lui non conosce la situazione. ***5*** indicare ♦ *die Uhr zeigt fünf nach neun* l'orologio indica le nove e cinque. ◆ **sich zeigen** *(vr)* ***1*** {*sich (jmdm) ~*} mostrarsi, farsi vedere (a qcn) ♦ *sie zeigt sich nicht mehr in der Öffentlichkeit* non si fa più vedere in pubblico. ***2*** mostrarsi, dimostrarsi ♦ *er zeigte sich beleidigt, mutig* si mostrò offeso, coraggioso. ***3*** mostrarsi, comparire, affacciarsi ♦ *der Regenbogen zeigt sich am Horizont* l'arcobaleno si mostra all'orizzonte. ***4*** rivelarsi, venir fuori ♦ *es wird sich zeigen, wer Recht hat* verrà fuori chi ha ragione.

Zeiger ['tsaigɐ] *(m; -s, -)* ***1*** lancetta ♦ *der große, kleine Zeiger* la lancetta dei minuti, delle ore. ***2*** ago (della bilancia).

Zeile ['tsailə] *(f; -, -n)* ***1*** riga, rigo. ***2*** fila. ◆ **neue Zeile!** a capo! ◆ **jmdm ein paar Zeilen schreiben** *(fig)* scrivere due righe a qcn. ◆ (**etwas**) **zwischen den Zeilen lesen** *(fig)* leggere (qcs) fra le righe.

Zeilenabstand [-nˌˀapʃtant] *(m; -(e)s, -stände)* ~ interlinea.

zeit [tsait] *(prep + Gen)* ~ **zeit meines, seines Lebens** per tutta la mia, la sua vita.

Zeit *(f; -, -en)* ***1*** tempo ♦ *Zeit und Raum* tempo e spazio ♦ *die Zeit vergeht* il tempo passa ♦ *ich habe nur eine Stunde Zeit* ho solo un'ora di tempo ♦ *ich habe keine Zeit, ihm zu schreiben* non ho tempo di scrivergli ♦ *wir wollen keine Zeit verlieren* non vogliamo perdere tempo ♦ *das ist nur eine Frage der Zeit* è solo questione di tempo. ***2*** tempo, periodo, epoca ♦ *schwere, vergangene Zeiten* tempi difficili, passati ♦ *zur Zeit der Aufklärung* al tempo dell'Illuminismo ♦ *zu dieser Zeit* in questi tempi ♦ *zu meiner Zeit* ai miei tempi. ***3*** momento (preciso), ora ♦ *Zeit und Ort eines Treffens* ora e luogo di un incontro ♦ *um diese Zeit* a quest'ora ♦ *du kannst zu jeder Zeit anrufen* puoi telefonare in qualsiasi momento ♦ *um welche Zeit?* a che ora? ♦ *mitteleuropäische Zeit* ora dell'Europa Centrale. ***4*** *(gramm)* tempo. ◆ **eine Zeit lang** († **Zeitlang**) un momento, un certo tempo ♦ *wir müssen eine Zeit lang warten* dobbiamo aspettare un momento. ◆ **das hat Zeit** questo non è urgente. ◆ **jmdm Zeit lassen** dare tempo a qcn. ◆ **sich** (Dat) **Zeit lassen** prendersi tempo, non affrettarsi. ◆ **die Zeit mit etwas**

verbringen passare il tempo facendo qcs ♦ *ich verbrachte die Zeit mit Lesen* passavo il tempo leggendo. ◆ **im Laufe der Zeit** nel corso del tempo. ◆ **es ist an der Zeit, etwas zu tun** è l'ora di fare qcs ♦ *es ist an der Zeit zu gehen* è l'ora di andare. ◆ **auf Zeit** a termine, a tempo. ◆ **in dieser Zeit** in questo tempo. ◆ **in kurzer Zeit** in poco tempo. ◆ **in letzter Zeit** negli ultimi tempi, ultimamamente. ◆ **mit der Zeit** col tempo, gradualmente. ◆ **nach kurzer**, **langer Zeit** dopo breve, molto tempo. ◆ **seit einiger Zeit** da un po' di tempo. ◆ **seit kurzer**, **langer Zeit** da poco, molto tempo. ◆ **von Zeit zu Zeit** di quando in quando. ◆ **vor der Zeit** prima del tempo, in anticipo. ◆ **vor kurzer**, **langer Zeit** poco, molto tempo fa. ◆ **zu keiner Zeit** mai. ◆ **zur Zeit** vedi zurzeit. ◆ **Zeit ist Geld** *(prov)* il tempo è denaro.

Zeitabschnitt [-ˌʔapʃnɪt] *(m; -(e)s, -e)* ~ periodo, epoca, tempo.

Zeitalter [-ˌʔaltɐ] *(n; -s, -)* ~ epoca, età, era.

Zeitaufwand [-ˌʔaufvant] *(m; -(e)s)* ~ dispendio di tempo.

Zeitbombe [-ˌbɔmbə] *(f; -, -n)* ~ bomba a orologeria.

Zeitenwende [-ənˌvɛndə] *(f; -)* ~ svolta epocale; anno zero.

Zeitfolge [-ˌfɔlgə] *(f; -, -n)* ~ ordine cronologico, cronologia.

Zeitform [-ˌfɔrm] *(f; -, -en)* ~ *(gramm)* tempo.

zeitgemäß [-gəˌmɛːs] *(agg)* ~ attuale, moderno.

Zeitgenosse [-gəˌnɔsə] *(m; -n, -n; f* **-genossin***)* ~ contemporaneo.

zeitgenössisch [-gəˌnœsɪʃ] *(agg)* ~ contemporaneo, coevo.

zeitig [-ɪç] *(agg)* **1** precoce ♦ *ein zeitiger Frühling* una primavera precoce. **2** *(avv)* presto, per tempo ♦ *zeitig aufstehen* alzarsi presto.

zeitigen [-ɪgən] *(vt,* hat*)* ~ *(lett)* produrre (effetti e sim).

Zeitkarte [-ˌkartə] *(f; -, -n)* ~ abbonamento (ad autobus, treno, ecc).

Zeitlang ~ **Zeit lang** (vedi **Zeit**).

Zeitlauf [-ˌlauf] *(m; -(e)s, -läuf(t)e)* ~ *(lett)* tempo, tempi che corrono ♦ *in diesen Zeitläuf(t)en* coi tempi che corrono.

zeitlebens [-ˌleːbəns] *(avv)* ~ per tutta la vita, vita natural durante.

zeitlich [-lɪç] *(agg)* **1** temporale, cronologico. **2** temporale, terreno. **3** *(avv)* dal punto di vista del tempo.

zeitlos [-ˌloːs] *(agg)* **1** senza tempo, eterno. **2** classico, non soggetto alla moda.

Zeitlupe [-ˌluːpə] *(f; -, -n)* ~ rallentatore, moviola ♦ *in Zeitlupe* al rallentatore.

Zeitmessung [-ˌmɛsʊŋ] *(f; -, -en)* ~ cronometraggio.

zeitnah(e) [-ˌnaː(ə)] *(agg)* ~ attuale, moderno.

Zeitplan [-ˌplaːn] *(m; -(e)s, -pläne)* ~ tabella di marcia, calendario.

Zeitpunkt [-ˌpʊŋkt] *(m; -(e)s, -e)* ~ momento, ora, punto. ◆ **zum richtigen Zeitpunkt** al momento giusto. ◆ **zu/in dem Zeitpunkt, wo** nel momento in cui.

Zeitraum [-ˌraum] *(m; -(e)s, -räume)* ~ spazio (di tempo), periodo, intervallo, arco, lasso di tempo ♦ *in einem Zeitraum von vier Monaten* nell'arco di quattro mesi.

Zeitrechnung [-ˌrɛçnʊŋ] *(f; -, -en)* ~ calcolo del tempo, cronologia. ◆ **nach**, **vor unserer Zeitrechnung** avanti, dopo Cristo.

Zeitschrift [-ʃrɪft] *(f; -, -en)* ~ rivista, periodico.

Zeitspanne [-ʃpanə] *(f; -, -n)* ~ periodo di tempo, intervallo di tempo.

Zeitung [-ʊŋ] *(f; -, -en)* ~ giornale; quotidiano ♦ *die Zeitung lesen* leggere il giornale ♦ *in der Zeitung steht, dass* sul giornale c'è scritto che. ◆ **bei der Zeitung arbeiten** lavorare al giornale.

Zeitungsverkäufer [-ʊŋsfɛɐˌkɔyfɐ] *(m; -s, -; f* **-in***)* ~ giornalaio.

Zeitverlust [-fɛɐˌlʊst] *(m; -(e)s)* ~ perdita di tempo.

zeitversetzt [-fɛɐˌzɛtst] *(agg/avv)* ~ registrato, in differita.

Zeitvertreib [-fɛɐˌtraip] *(m; -(e)s)* ~ passatempo ♦ *etwas zum Zeitvertreib tun* fare qcs come passatempo.

zeitweilig [-ˌvailɪç] *(agg)* **1** temporaneo, momentaneo. **2** *(avv)* temporaneamente.

zeitweise [-ˌvaizə] *(avv)* **1** temporaneamente, momentaneamente. **2** di tanto in tanto.

Zeitwort [-ˌvɔrt] *(n; -(e)s, -wörter)* ~ *(gramm)* verbo.

Zeitzone [-ˌtsoːnə] *(f; -, -n)* ~ fuso orario.
Zelle ['tsɛlə] *(f; -, -n)* ***1*** cella. ***2*** cabina del telefono. ***3*** *(biol)* cellula.
Zelt [tsɛlt] *(n; -(e)s, -e)* ~ tenda; tendone ♦ *ein Zelt aufschlagen* montare una tenda. ◆ **seine Zelte aufschlagen, abbrechen** *(fig/fam)* piantare, levare le tende.
zelten [-ən] *(vi,* hat*)* ~ campeggiare ♦ *im Wald zelten* campeggiare nel bosco.
Zeltler [-lɐ] *(m; -s, -; f* **-in***)* ~ campeggiatore.
Zeltmast [-ˌmast] *(m; -(e)s, -e/-en)* ~ palo della tenda.
Zeltpflock [-ˌpflɔk] *(m; -(e)s, -pflöcke)* ~ picchetto della tenda.
Zement [tse'mɛnt] *(m; -(e)s, -e)* ~ cemento.
zementieren [tsemɛn'tiːrən] *(vt,* hat*)* ~ cementare *(anche fig)*.
Zenit [tse'niːt] *(m; -(e)s)* ***1*** zenit. ***2*** *(fig)* culmine, apice ♦ *im Zenit des Erfolgs* all'apice del successo.
zensieren [tsɛn'ziːrən] *(vt,* hat*)* ***1*** {*etwas ~*} dare un voto a qcs (a scuola) ♦ *einen Aufsatz mit "gut" zensieren* dare "buono" a un tema. ***2*** censurare.
Zensur [tsɛn'zuːɐ] *(f; -, -en)* ***1*** censura. ***2*** voto (scolastico).
Zentimeter [tsɛnti'meːtɐ] *(m/n; -s, -)* ~ centimetro.
Zentner ['tsɛntnɐ] *(m; -s, -)* ~ 50 chili, mezzo quintale.
zentral [tsɛn'traːl] *(agg)* ~ centrale.
Zentrale [-ə] *(f; -, -n)* ***1*** centrale, sede centrale. ***2*** centralino (telefonico).
Zentralheizung [-ˌhaitsʊŋ] *(f; -)* ~ riscaldamento centralizzato.
zentralisieren [tsɛntrali'ziːrən] *(vt,* hat*)* ~ centralizzare; accentrare.
Zentrum ['tsɛntrʊm] *(n; -s, Zentren)* ***1*** centro. ***2*** centro città, centro ♦ *ich muss ins Zentrum gehen* devo andare in centro. ***3*** centro, località ♦ *politisches Zentrum* centro politico.
Zepter ['tsɛptɐ] *(n; -s, -)* ~ scettro. ◆ **das Zepter führen** *(fig)* detenere lo scettro del comando.
zerbrechen[1] [tsɛɐ'brɛçən] *(vi,* ist; *irr* brechen*)* ~ rompersi, frantumarsi, spaccarsi *(anche fig)*.
zerbrechen[2] *(vt,* hat; *irr* brechen*)* ~ rompere, frantumare ♦ *ich habe den Teller zerbrochen* ho rotto il piatto.
zerbrechlich [tsɛɐ'brɛçlɪç] *(agg)* ~ fragile, delicato (oggetto; salute).
Zerbrechlichkeit [-ˌkait] *(f; -)* ~ fragilità (di oggetto; di salute).
zerdrücken [tsɛɐ'drʏkən] *(vt,* hat*)* ***1*** schiacciare, spiaccicare ♦ *Kartoffeln zerdrücken* schiacciare le patate. ***2*** spiegazzare, sgualcire.
Zeremonie [tseremo'niː] *(f; -, -n)* ~ cerimonia.
zerfahren [tsɛɐ'faːrən] *(agg)* ~ distratto, sbadato.
Zerfall [tsɛɐ'fal] *(m; -(e)s)* ~ crollo, rovina, caduta *(anche fig)*; degrado, decadenza.
zerfallen[1] [-ən] *(vi,* ist; *irr* fallen*)* ***1*** cadere a pezzi, crollare. ***2*** *(fig)* crollare, decadere. ◆ **in Teile zerfallen** essere diviso in parti.
zerfallen[2] *(agg)* ~ **mit jmdm zerfallen sein** essere in rotta con qcn.
zerfetzen [tsɛɐ'fɛtsən] *(vt,* hat*)* ***1*** lacerare, strappare, fare a pezzi. ***2*** dilaniare.
zerfleischen [tsɛɐ'flaiʃən] *(vt,* hat*)* ~ dilaniare, sbranare. ◆ **sich zerfleischen** *(vr) (fig)* essere dilaniato (da sensi di colpa e sim).
zerfließen [tsɛɐ'fliːsən] *(vi,* ist; *irr/ortogr* fließen*)* ~ sciogliersi, liquefarsi. ◆ **in Tränen zerfließen** *(fig)* sciogliersi in lacrime.
zerfressen [tsɛɐ'frɛsən] *(vi,* hat; *irr/ortogr* fressen*)* ***1*** rodere, danneggiare (rodendo). ***2*** corrodere, mangiare ♦ *Rost zerfrisst das Eisen* la ruggine corrode il ferro.
zergehen [tsɛɐ'geːən] *(vi,* ist; *irr* gehen*)* ~ sciogliersi, disfarsi, liquefarsi.
zergliedern [tsɛɐ'gliːdɐn] *(vt,* hat*)* ***1*** scomporre, sezionare. ***2*** *(fig)* analizzare.
Zergliederung [tsɛɐ'gliːdərʊŋ] *(f; -, -en)* ***1*** scomposizione. ***2*** *(fig)* analisi.
zerkleinern [tsɛɐ'klainɐn] *(vt,* hat*)* ~ spezzettare, fare a pezzetti.
zerklüftet [tsɛɐ'klʏftət] *(agg)* ~ frastagliato.
zerknirscht [tsɛɐ'knɪrʃt] *(agg)* ~ contrito, pentito, mortificato ♦ *über etwas* (Acc) *zerknirscht sein* essere pentito di qcs.
zerknittern [tsɛɐ'knɪtɐn] *(vt,* hat*)* ~ spiegazzare, sgualcire.
zerknüllen [tsɛɐ'knʏlən] *(vt,* hat*)* ~ appallottolare, accartocciare.
zerkratzen [tsɛɐ'kratsən] *(vt,* hat*)* ~ graffiare, danneggiare (graffiando) ♦ *die Katze*

hat die Tapete zerkratzt il gatto ha graffiato la carta da parati.

zerkrümeln [tsɛɐ'kryːməln] *(vt,* hat*)* ~ sbriciolare.

zerlassen [tsɛɐ'lasən] *(vt,* hat; *irr/ortogr* lassen*)* ~ far sciogliere (alimenti).

zerlaufen [tsɛɐ'laufən] *(vi,* ist; *irr* laufen*)* ~ vedi **zerfließen**.

zerlegbar [tsɛɐ'leːkˌbaːɐ] *(agg)* ~ smontabile.

zerlegen [tsɛɐ'leːgən] *(vt,* hat*)* ***1*** smontare ♦ *einen Tisch zerlegen* smontare un tavolo. **2** *(gramm)* analizzare.

zerlesen [tsɛɐ'leːzən] *(agg)* ~ sciupato, sgualcito (libro e sim).

zerlöchert [tsɛɐ'lœçɐt] *(agg)* ~ bucherellato.

zerlumpt [tsɛɐ'lʊmpt] *(agg)* ***1*** liso, consunto. **2** cencioso, vestito di stracci.

zermalmen [tsɛɐ'malmən] *(vt,* hat*)* ~ stritolare, schiacciare.

zermürben [tsɛɐ'mʏrbən] *(vt,* hat*)* ~ logorare, fiaccare.

zermürbend [-t] *(agg)* ~ logorante ♦ *das Warten war zermürbend* l'attesa è stata logorante.

zerpflücken [tsɛɐ'pflʏkən] *(vt,* hat*)* ***1*** sfogliare (insalata, fiori). **2** *(fig)* smontare, criticare punto per punto.

zerquetschen [tsɛɐ'kvɛtʃən] *(vt,* hat*)* ~ schiacciare, stritolare.

Zerrbild ['tsɛɐˌbɪlt] *(n;* -(e)s, -er*)* ~ caricatura.

zerreißen[1] [tsɛɐ'raisən] *(vi,* ist; *irr/ortogr* reißen*)* ~ strapparsi; lacerarsi ♦ *dieser Stoff zerreißt leicht* questa stoffa si strappa facilmente.

zerreißen[2] *(vt,* hat; *irr/ortogr* reißen*)* ***1*** strappare ♦ *er hat den Brief zerrissen* ha strappato la lettera. **2** dilaniare, sbranare. **3** squarciare, spaccare. ◆ **sich zerreißen** *(vr) (fig)* farsi in quattro.

Zerreißprobe [tsɛɐ'raisˌproːbə] *(f;* -, -n*)* ~ dura prova.

zerren ['tsɛrən] *(vi/vt,* hat*)* ***1*** *(vi/vt)* tirare, trascinare ♦ *jmdn aus dem Bett zerren* tirare qcn giù dal letto ♦ *jmdn in den Schmutz zerren (fig)* trascinare qcn nel fango ♦ *der Hund zerrt an der Kette* il cane tira la catena. **2** *(vt) (med)* stirare ♦ *er hat sich eine Sehne gezerrt* si è stirato un tendine.

zerrinnen [tsɛɐ'rɪnən] *(vi,* ist; *irr* rinnen*)* ~ *(lett)* sciogliersi.

zerrissen [tsɛɐ'rɪsən] *(agg)* ***1*** strappato, lacero. **2** *(fig)* lacerato, dilaniato.

Zerrung ['tsɛrʊŋ] *(f;* -, -en*)* ~ *(med)* stiramento.

zerrütten [tsɛɐ'rʏtən] *(vt,* hat*)* ***1*** logorare, danneggiare (salute e sim). **2** *(fig)* rovinare, distruggere.

zerschellen [tsɛɐ'ʃɛlən] *(vi,* ist*)* ~ sfracellarsi.

zerschlagen[1] [tsɛɐ'ʃlaːgən] *(vt,* hat; *irr* schlagen*)* ***1*** spaccare, rompere, frantumare, fracassare. **2** smembrare ♦ *einen Staat zerschlagen* smembrare uno stato. **3** sgominare, sbaragliare. ◆ **sich zerschlagen** *(vr) (fig)* andare in fumo, fallire.

zerschlagen[2] *(agg)* ~ spossato, esaurito.

zerschmettern [tsɛɐ'ʃmɛtɐn] *(vt,* hat*)* ***1*** distruggere, sfracellare. **2** *(fig)* annientare, distruggere.

zersetzen [tsɛɐ'zɛtsən] *(vt,* hat*)* ***1*** *(chim)* sciogliere, scomporre, disgregare ♦ *Säure zersetzt das Metall* l'acido scioglie il metallo. **2** *(fig)* disgregare, distruggere. ◆ **sich zersetzen** *(vr) (chim)* sciogliersi, scomporsi, disgregarsi.

Zersetzung [tsɛɐ'zɛtsʊŋ] *(f;* -*)* ~ *(chim)* scioglimento, disgregazione *(anche fig)*.

zerspalten [tsɛɐ'ʃpaltən] *(vt,* hat*)* ~ spaccare.

zersplittern[1] [tsɛɐ'ʃplɪtɐn] *(vi,* ist*)* ~ disintegrarsi, frantumarsi.

zersplittern[2] *(vt,* hat*)* ***1*** disintegrare, frantumare. **2** *(fig)* smembrare, frazionare. **3** *(fig)* disperdere.

zersprengen [tsɛɐ'ʃprɛŋən] *(vt,* hat*)* ***1*** far scoppiare, far esplodere. **2** disperdere (truppe e sim).

zerspringen [tsɛɐ'ʃprɪŋən] *(vi,* ist; *irr* springen*)* ~ rompersi, andare in frantumi.

zerstäuben [tsɛɐ'ʃtɔybən] *(vt,* hat*)* ~ nebulizzare, spruzzare.

zerstören [tsɛɐ'ʃtøːrən] *(vt,* hat*)* ~ distruggere *(anche fig)* ♦ *das Haus wurde durch ein Erdbeben zerstört* la casa fu distrutta da un terremoto ♦ *das hat sein Leben zerstört* questo ha distrutto la sua vita.

zerstörerisch [tsɛɐ'ʃtøːrərɪʃ] *(agg)* ~ distruttivo.

Zerstörung [tsɛɐ'ʃtøːrʊŋ] *(f;* -, -en*)* ~ distruzione *(anche fig)*.

zerstreuen [tsɛɐ'ʃtrɔyən] *(vt,* hat*)* **1** disperdere, sparpagliare. **2** distrarre, svagare. **3** dissipare (dubbi e sim). ◆ **sich zerstreuen** *(vr)* disperdersi, sparpagliarsi ♦ *die Demonstranten haben sich zerstreut* i manifestanti si sono dispersi.

zerstreut [tsɛɐ'ʃtrɔyt] *(agg)* ~ distratto, svagato.

Zerstreuung [tsɛɐ'ʃtrɔyʊŋ] *(f;* -, -en*)* **1** distrazione, svago. **2** distrazione, sbadataggine. **3** dispersione.

zerstückeln [tsɛɐ'ʃtʏkəln] *(vt,* hat*)* ~ spezzettare, fare a pezzi.

zerteilen [tsɛɐ'tailən] *(vt,* hat*)* **1** dividere (in pezzi). **2** disperdere (nubi, nebbia) ♦ *der Wind zerteilt die Wolken* il vento disperde le nubi. ◆ **sich zerteilen** *(vr)* disperdersi, dissiparsi (nubi, nebbia).

Zertifikat [tsɛrtifi'ka:t] *(n;* -(e)s, -e*)* ~ certificato.

zertreten [tsɛɐ'tre:tən] *(vt,* hat; *irr* treten*)* ~ calpestare, pestare ♦ *Blumen zertreten* calpestare i fiori.

zertrümmern [tsɛɐ'trʏmɐn] *(vt,* hat*)* **1** frantumare, fracassare. **2** *(fig)* distruggere.

zerzausen [tsɛɐ'tsauzən] *(vt,* hat*)* ~ scompigliare, arruffare, mettere in disordine ♦ *der Wind zerzauste ihre Haare* il vento le scompigliava i capelli.

zetern ['tse:tɐn] *(vi,* hat*)* ~ urlare, imprecare.

Zettel ['tsɛtəl] *(m;* -s, -*)* ~ foglietto, pezzo di carta ♦ *sich* (Dat) *eine Adresse auf einen Zettel schreiben* scriversi un indirizzo su un foglietto.

Zeug [tsɔyk] *(n;* -(e)s, -e*)* **1** *(fam)* roba ♦ *altes Zeug* roba vecchia. **2** *(fig/fam)* discorsi (stupidi), scemenze. ◆ **das Zeug zu etwas haben** *(fig)* avere la stoffa per fare qcs ♦ *er hat das Zeug zum Sportler* ha la stoffa dello sportivo. ◆ **was das Zeug hält** *(fig)* a più non posso. ◆ **jmdm etwas am Zeug flicken** *(fig)* avere qcs da ridire con qcn. ◆ **sich ins Zeug legen** darsi da fare, mettersi di buona lena.

Zeuge ['tsɔygə] *(m;* -n, -n; *f* **Zeugin***)* ~ testimone *(anche dir)* ♦ *Zeuge eines Unfalls sein* essere testimone di un incidente ♦ *etwas in Gegenwart von Zeugen sagen* dire qcs in presenza di testimoni ♦ *einen Zeugen verhören* interrogare un testimone. ◆ **jmdn als Zeugen anrufen** chiamare qcn a testimoniare. ◆ **als Zeuge aussagen** testimoniare (in tribunale). ◆ **die Zeugen der Vergangenheit** *(fig)* le testimonianze del passato.

zeugen[1] [-n] *(vi,* hat*)* **1** *(dir)* testimoniare. **2** {*von etwas ~*} *(fig)* dimostrare, testimoniare qcs ♦ *seine Arbeit zeugt von großer Erfahrung* il suo lavoro dimostra grande esperienza.

zeugen[2] *(vt,* hat*)* ~ generare, procreare (detto di un uomo) ♦ *er hat drei Kinder gezeugt* ha generato tre figli.

Zeugenaussage [-n,ʔausza:gə] *(f;* -, -n*)* ~ deposizione, testimonianza.

Zeughaus ['tsɔyk,haus] *(n;* -es, -häuser*)* ~ arsenale.

Zeugnis ['tsɔyknɪs] *(n;* -ses, -se*)* **1** certificato ♦ *ärztliches Zeugnis* certificato medico. **2** pagella ♦ *ein gutes, schlechtes Zeugnis* una bella, brutta pagella. **3** referenza ♦ *ausgezeichnete Zeugnisse vorlegen* fornire ottime referenze. **4** *(fig/lett)* testimonianza ♦ *die Zeugnisse der altrömischen Kultur* le testimonianze della cultura di Roma antica. ◆ **Zeugnis (für, gegen jmdn) ablegen** testimoniare (per, contro qcn).

Zeugung ['tsɔygʊŋ] *(f;* -, -en*)* ~ procreazione.

Zichorie [tsɪ'ço:rjə] *(f;* -, -n*)* ~ *(bot)* cicoria.

Zicke ['tsɪkə] *(f;* -, -n*)* **1** *(zool)* capra (femmina). **2** *(fig/fam)* donna bisbetica. ◆ **Zicken machen** fare storie.

zickig ['tsɪkɪç] *(agg)* ~ *(fam)* bisbetico (spec donna).

Zicklein ['tsɪklain] *(n;* -s, -*)* ~ *(zool)* capretto.

Zickzack ['tsɪk,tsak] *(m;* -(e)s, -e*)* ~ zigzag, linea a zigzag. ◆ **im Zickzack gehen/laufen** andare a zigzag, zigzagare.

Ziege ['tsi:gə] *(f;* -, -n*)* **1** *(zool)* capra. **2** *(fam)* oca; strega.

Ziegel [-l] *(m;* -s, -*)* **1** mattone. **2** tegola.

Ziegelstein [-l,ʃtain] *(m;* -(e)s, -e*)* ~ mattone.

Ziegenbock [-n,bɔk] *(m;* -(e)s, -böcke*)* ~ *(zool)* caprone, becco.

Ziegenpeter [-n,pe:tɐ] *(m;* -s*)* ~ *(fam)* orecchioni.

ziehen[1] ['tsi:ən] *(vi,* ist; **zog**, **gezogen***)* **1** muoversi, andare; vagare ♦ *durch die Welt ziehen* andare per il mondo. **2** trasferirsi, andare a vivere ♦ *wir sind aufs Land, nach Mailand, ins Ausland gezogen* ci siamo trasferiti in campagna, a Milano, all'estero. ◆ **jmdn ziehen lassen** lasciar andar via qcn. ◆ **ins Feld/in den Krieg ziehen** andare in guerra.

ziehen² *(vt/vi,* hat; **zog, gezogen***)* ***1*** *(vt)* tirare; trascinare *(anche fig)* ♦ *die Pferde ziehen den Wagen* i cavalli tirano il carro ♦ *ein Gummiband ziehen* tirare un elastico ♦ *jmdn auf seine Seite ziehen* tirare qcn dalla propria parte. ***2*** {*an etwas* (Dat) *~*} *(vi)* tirare qcs ♦ *der Hund zieht an der Leine* il cane tira il guinzaglio. ***3*** *(vi)* tirare (caminetto e sim). ***4*** estrarre, tirare fuori; togliere, tirare via ♦ *sie zog ein Buch aus der Tasche* tirò fuori un libro dalla borsa ♦ *einen Ring vom Finger ziehen* togliere un anello dal dito ♦ *Banknoten aus dem Verkehr ziehen* togliere dalla circolazione delle banconote ♦ *die Fäden ziehen* togliere i punti (dopo un'operazione) ♦ *jmdm einen Zahn ziehen* estrarre un dente a qcn. ***5*** {*etwas aus etwas ~*} *(fig)* trarre qcs da qcs ♦ *daraus kann man den Schluss ziehen, dass* da ciò si può trarre la conclusione che. ***6*** tracciare, tirare ♦ *eine Linie ziehen* tracciare una linea. ***7*** *(vi/vt)* muovere (negli scacchi e sim). ***8*** allevare; coltivare. ***9*** *(vi)* avere successo, avere effetto ♦ *die Sendung zieht nicht mehr* la trasmissione non ha più successo. ***10*** *(vi)* stare in infusione (tè e sim). ***11*** {*es zieht*} *(impers)* c'è corrente. ***12*** {*es zieht jmdn*} *(impers)* avere nostalgia ♦ *es zieht mich nach Hause* ho nostalgia di casa. ◆ **sich ziehen** *(vr)* allungarsi, tendersi, estendersi. ◆ **den Hut (vor jmdm) ziehen** levarsi il cappello (di fronte a qcn). ◆ **eine Karte ziehen** pescare una carta. ◆ **die Notbremse ziehen** tirare il freno di emergenza. ◆ **an der Pfeife ziehen** tirare boccate dalla pipa. ◆ **jmdn ins Gespräch ziehen** coinvolgere qcn nella conversazione. ◆ **etwas ins Lächerliche ziehen** mettere in ridicolo qcs. ◆ **sich in die Länge ziehen** *(vr)* andare per le lunghe. ◆ **jmdn ins Vertrauen ziehen** confidarsi con qcn. ◆ **etwas in Zweifel ziehen** mettere in dubbio qcs. ◆ **etwas nach sich ziehen** *(fig)* avere qcs come conseguenza, comportare qcs.

Ziehung ['tsiːʊŋ] *(f;* -, -en*)* ~ estrazione (di lotteria).

Ziel [tsiːl] *(n;* -(e)s, -e*)* ***1*** meta, destinazione ♦ *das Ziel unserer Reise* la meta del nostro viaggio ♦ *sein Ziel erreichen* raggiungere la meta ♦ *ans Ziel gelangen/kommen* arrivare alla meta. ***2*** *(fig)* meta, obiettivo, scopo; traguardo ♦ *sich* (Dat) *ein Ziel im Leben setzen* porsi uno scopo nella vita ♦ *sein Ziel verfehlen* mancare il proprio traguardo ♦ *er studiert Medizin mit dem Ziel, Chirurg zu werden* studia medicina allo scopo di diventare chirurgo. ***3*** bersaglio. ***4*** *(sport)* traguardo ♦ *als Erster ins Ziel kommen* tagliare per primo il traguardo. ◆ **über das Ziel hinausschießen** *(fig/fam)* passare il segno.

zielen [-ən] *(vi,* hat*)* ***1*** {*auf jmdn/etwas ~*} mirare a qcn/qcs. ***2*** {*auf jmdn/etwas ~*} *(fig)* alludere a qcn/qcs.

ziellos [-ˌloːs] *(agg/avv)* ~ senza meta.

Zielscheibe [-ʃaibə] *(f;* -, -n*)* ~ bersaglio *(anche fig)*.

Zielsetzung [-ˌzɛtsʊŋ] *(f;* -, -en*)* ~ obiettivo, finalità.

zielstrebig [-ʃtreːbɪç] *(agg)* ~ tenace, determinato.

ziemen ['tsiːmən] *(vi,* hat*)* ~ {*jmdm ~*} *(lett)* addirsi, convenire a qcn. ◆ **sich ziemen** *(vr) (lett)* addirsi, convenire.

ziemlich ['tsiːmlɪç] *(agg)* ***1*** *(fam)* discreto, notevole ♦ *eine ziemliche Anstrengung* un discreto sforzo. ***2*** *(avv) (fam)* abbastanza, discretamente ♦ *ein ziemlich großer Schrank* un armadio abbastanza grosso ♦ *es geht mir ziemlich gut* sto abbastanza bene. ◆ **so ziemlich** *(fam)* quasi, all'incirca.

Zierat ~ vedi **Zierrat**.

Zierde ['tsiːɐdə] *(f;* -, -n*)* ***1*** ornamento, decorazione. ***2*** *(fig)* vanto, onore.

zieren ['tsiːrən] *(vt,* hat*)* ~ ornare, adornare, decorare ♦ *Blumen zierten ihren Hut* fiori adornavano il suo cappello. ◆ **sich zieren** *(vr)* fare il lezioso; fare complimenti.

zierlich ['tsiːɐlɪç] *(agg)* ~ grazioso, carino.

Zierrat († **Zierat**) ['tsiːraːt] *(m;* -(e)s, -e*)* ~ *(lett)* ornamento, decorazione.

Ziffer ['tsɪfɐ] *(f; -, -n)* ***1*** cifra, numero. ***2*** *(dir)* comma. ◆ **arabische**, **römische Ziffern** numeri arabi, romani.

Zifferblatt [-ˌblat] *(n; -(e)s, -blätter)* ~ quadrante.

zig [tsɪç] *(agg indecl)* ~ *(fam)* molto, parecchio.

Zigarette [tsiga'rɛtə] *(f; -, -n)* ~ sigaretta ♦ *eine Schachtel, eine Stange Zigaretten* un pacchetto, una stecca di sigarette ♦ *sich* (Dat) *eine Zigarette anzünden* accendersi una sigaretta ♦ *eine Zigarette rauchen, ausdrücken* fumare, spegnere una sigaretta.

Zigarre [tsi'garə] *(f; -, -n)* ***1*** sigaro. ***2*** *(fig/fam)* sgridata.

Zigeuner [tsi'gɔynɐ] *(m; -s, -; f* **-in***)* ~ zingaro.

zigmal ['tsɪçˌma:l] *(avv)* ~ *(fam)* un sacco di volte.

zigtausend ['tsɪç'tauzənt] *(agg indecl)* ~ *(fam)* migliaia ♦ *zigtausend Demonstranten* migliaia di manifestanti.

Zikade [tsi'ka:də] *(f; -, -n)* ~ *(zool)* cicala.

Zimbel ['tsɪmbəl] *(f; -, -n)* ~ *(mus)* cembalo.

Zimmer ['tsɪmɐ] *(n; -s, -)* ~ stanza; camera ♦ *ein großes, helles, möbliertes Zimmer* una stanza grande, luminosa, ammobiliata ♦ *er ist in seinem Zimmer* è nella sua stanza ♦ *Herr Maier ist auf seinem Zimmer* il Signor Maier è nella sua stanza (in hotel). ◆ **Zimmer frei** camere libere.

Zimmermädchen [-ˌmɛ:tçən] *(n; -s, -)* ~ cameriera, addetta alle camere.

Zimmermann [-ˌman] *(m; -(e)s, -männer/-leute)* ~ carpentiere.

zimmern [-n] *(vt, hat)* ~ costruire (oggetti in legno).

Zimmertemperatur [-tɛmpəraˌtu:ɐ] *(f; -, -en)* ~ temperatura ambiente.

zimperlich ['tsɪmpɐlɪç] *(agg)* ~ schizzinoso.

Zimt [tsɪmt] *(m; -(e)s, -e)* ***1*** *(bot)* cannella. ***2*** *(fig/fam)* sciocchezze.

Zink [tsɪŋk] *(n; -(e)s)* ~ zinco.

Zinke [-ə] *(f; -, -n)* ~ dente (di pettine, forchetta, ecc).

zinken [-ən] *(vt, hat)* ~ truccare (carte da gioco).

Zinken *(m; -s, -)* ~ *(fam)* nasone.

Zinn ['tsɪn] *(n; -(e)s)* ~ *(chim)* stagno.

Zinne [-ə] *(f; -, -n)* ~ merlo (di muro).

Zinnsoldat [-zɔlˌda:t] *(m; -en, -en)* ~ soldatino di piombo.

Zins [tsɪns] *(m; -es, -en)* *(spec pl)* ~ *(econ)* interessi ♦ *Zinsen bringen/tragen* fruttare interessi ♦ *jmdm etwas auf Zinsen leihen* prestare qcs a qcn a interesse ♦ *von seinen Zinsen leben* vivere di rendita. ◆ **jmdm etwas mit Zinsen zurückzahlen** *(fig/fam)* far ripagare qcs a qcn con gli interessi.

Zinsfuß [-ˌfu:s] *(m; -es, -füße)* ~ *(econ)* tasso d'interesse.

Zinssatz [-ˌzats] *(m; -es, -satze)* ~ *(econ)* tasso d'interesse.

Zipfel ['tsɪpfəl] *(m; -s, -)* ~ capo, estremità (di stoffe, indumenti, ecc). ◆ **etwas an allen vier Zipfeln haben** *(fig)* avere qcs in pugno.

zirka *(anche* **circa***)* ['tsɪrka] *(avv)* *(abbrev* **ca.***)* ~ circa.

Zirkel ['tsɪrkəl] *(m; -s, -)* ***1*** compasso. ***2*** *(fig)* cerchia, circolo.

Zirkon [tsɪr'ko:n] *(m; -s, -e)* ~ zircone.

zirkulieren [tsɪrku'li:rən] *(vi, hat)* ~ circolare.

Zirkus ['tsɪrkʊs] *(m; -, -se)* ~ circo. ◆ **Zirkus machen** *(fig/fam)* fare confusione; fare storie.

Zirkuszelt [-ˌtsɛlt] *(n; -(e)s, -e)* ~ tendone da circo.

Zirpe ['tsɪrpə] *(f; -, -n)* ~ *(zool)* cicala.

zirpen [-n] *(vi, hat)* ~ frinire.

zischeln ['tsɪʃəln] *(vi, hat)* ~ sussurrare, bisbigliare.

zischen ['tsɪʃən] *(vi, hat)* ***1*** sibilare; fischiare ♦ *die Schlange zischt* il serpente sibila. ***2*** sfrigolare. ***3*** *(aux* ist*)* sibilare, sfrecciare. ◆ **einen zischen** *(fig/fam)* bere un goccetto.

Zitat [tsi'ta:t] *(n; -(e)s, -e)* ~ citazione.

Zither ['tsɪtɐ] *(f; -, -n)* ~ *(mus)* cetra.

zitieren [tsi'ti:rən] *(vt, hat)* ~ citare *(anche dir)* ♦ *einen Satz aus einem Buch zitieren* citare una frase di un libro ♦ *jmdn vor Gericht zitieren* citare qcn in tribunale.

Zitrone [tsi'tro:nə] *(f; -, -n)* ~ limone (albero; frutto). ◆ **jmdn auspressen wie eine Zitrone** *(fig/fam)* spremere qcn come un limone.

Zitronatzitrone [tsitroˈnaːttsiˌtroːnə] *(f; -, -n)* ~ *(bot)* cedro (frutto).
Zitronenbaum [tsiˈtroːnənˌbaum] *(m; -(e)s, -bäume)* ~ limone, albero di limone.
Zitronenlimonade [tsiˈtroːnənlimoˌnaːdə] *(f; -, -n)* ~ limonata.
Zitronenpresse [tsiˈtroːnənˌprɛsə] *(f; -, -n)* ~ spremilimoni, spremiagrumi.
Zitrusfrucht [ˈtsiːtrʊsˌfrʊxt] *(f; -, -früchte)* ~ agrume.
Zitrusgewächs [ˈtsiːtrʊsgəˌvɛks] *(n; -es, -e)* ~ pianta di agrumi.
Zitruspflanze [ˈtsiːtrʊsˌpflantsə] *(f; -, -n)* ~ pianta di agrumi.
zitterig [ˈtsɪtərɪç] *(anche* **zittrig***)* *(agg)* ~ tremolante ♦ *zitterige Schrift* scrittura tremolante.
zittern [ˈtsɪtɐn] *(vi, hat)* **1** tremare, tremolare ♦ *ich zitterte vor Kälte* tremavo dal freddo ♦ *mir zittern die Knie* mi tremano le ginocchia ♦ *die Blätter zittern im Wind* le foglie tremolano al vento ♦ *seine Stimme zitterte* la sua voce tremava. **2** *(fig)* tremare, temere, avere paura.
Zitterpappel [ˈtsɪtɐˌpapəl] *(f; -, -n)* ~ pioppo tremulo.
zittrig [ˈtsɪtrɪç] *(agg)* ~ vedi **zitterig**.
Zitze [ˈtsɪtsə] *(f; -, -n)* ~ capezzolo, mammella (di animali).
zivil [tsiˈviːl] *(agg)* **1** civile. **2** *(fig)* civile, decente.
Zivil *(n; -s)* ~ abiti civili. ◆ **in Zivil** in borghese.
Zivildienst [-ˌdiːnst] *(m; -(e)s)* ~ servizio civile sostitutivo.
Zivildienstleistende(r) [-diːnstˌlaistəndə (-dɐ)] *(m/f; -n, -n)* ~ persona che presta servizio civile.
Zivilehe [-ˌʔeːə] *(f; -, -n)* ~ matrimonio civile.
Zivilisation [tsivilizaˈtsjoːn] *(f; -, -en)* ~ civilizzazione, civiltà.
zivilisieren [tsiviliˈziːrən] *(vt, hat)* ~ civilizzare, incivilire.
zivilisiert [tsiviliˈziːɐt] *(agg)* ~ civile; civilizzato, incivilito.
Zivilrecht [tsiˈviːlˌrɛçt] *(n; -(e)s)* ~ diritto civile.
Zobel [ˈtsoːbəl] *(m; -s, -)* ~ *(zool)* zibellino.
Zofe [ˈtsoːfə] *(f; -, -n)* ~ cameriera (personale).
Zoff [tsɔf] *(m; -s)* ~ *(fam)* lite.
zog [tsoːk] ~ pret di **ziehen**.
zögerlich [ˈtsøːgəlɪç] *(agg)* ~ esitante, titubante.
zögern [ˈtsøːgɐn] *(vi, hat)* **1** indugiare. **2** esitare, titubare ♦ *er zögerte nicht, zur Polizei zu gehen* non esitò ad andare dalla polizia ♦ *ohne zu zögern* senza esitare.
Zögern *(n; -s)* ~ indugio, esitazione ♦ *ohne Zögern* senza indugio, senza esitazione.
zögernd [-t] *(agg)* **1** esitante, titubante. **2** *(avv)* con esitazione.
Zoll[1] [tsɔl] *(m; -(e)s, Zölle)* ~ dazio; dogana ♦ *für eine Ware Zoll bezahlen* pagare il dazio per una merce.
Zoll[2] *(m; -(e)s)* ~ pollice (unità di misura).
Zollbeamte(r) [-bəˌʔamtə (-tɐ)] *(m; -n, -n; f* **-beamtin***)* ~ doganiere, impiegato della dogana.
zollen [-ən] *(vt, hat)* ~ {*jmdm etwas ~*} *(lett)* tributare qcs a qcn.
zollfrei [-ˌfrai] *(agg)* ~ esente da dazio.
Zollkontrolle [-kɔnˌtrɔlə] *(f; -, -n)* ~ controllo doganale.
Zöllner [ˈtsœlnɐ] *(m; -s, -; f* **-in***)* ~ *(fam)* doganiere, impiegato della dogana.
zollpflichtig [ˈtsɔlˌpflɪçtɪç] *(agg)* ~ soggetto a dazio.
Zollstock [ˈtsɔlˌʃtɔk] *(m; -(e)s, -stöcke)* ~ metro pieghevole.
Zone [ˈtsoːnə] *(f; -, -n)* ~ zona, area.
Zoo [tsoː] *(m; -s, -s)* ~ zoo, giardino zoologico.
Zoologe [tsooˈloːgə] *(m; -n, -n; f* **-login***)* ~ zoologo.
Zoologie [tsooloˈgiː] *(f; -)* ~ zoologia.
zoologisch [tsooˈloːgɪʃ] *(agg)* ~ zoologico.
Zopf [tsɔpf] *(m; -(e)s, Zöpfe)* ~ treccia ♦ *einen Zopf tragen* portare una treccia ♦ *das Haar in Zöpfe flechten* fare le trecce ai capelli.
Zorn [tsɔrn] *(m; -(e)s)* ~ ira, collera. ◆ **in Zorn geraten** adirarsi.
Zornesausbruch [-əsˌʔausbrʊx] *(m; -(e)s, -brüche)* ~ scatto d'ira, impeto di collera.
zornig [-ɪç] *(agg)* ~ adirato, in collera.
Zote [ˈtsoːtə] *(f; -, -n)* ~ oscenità, espressione oscena.
Zotte [ˈtsɔtə] *(f; -, -n)* ~ ciuffo di peli (di animali).

Zottel [-l] *(f; -, -n)* ~ *(fam)* ciocca di capelli, ciuffo (arruffato).

zottelig [-lɪç] *(agg)* ~ arruffato, scompigliato.

zu[1] [tsuː] *(prep* + Dat; *prep art* **zum** = **zu dem**; **zur** = **zu der***)* ***1*** *(direzione)* a, da ♦ *ich gehe zur Arbeit, zur Post, zur Schule, zum Arzt, zu Sandra* vado al lavoro, alla posta, a scuola, dal medico, da Sandra ♦ *wann kommst du zu mir?* quando vieni da me? ***2*** *(tempo)* a, per, in occasione di ♦ *zu Weihnachten* a/per Natale ♦ *zu meinem Geburtstag möchte ich eine Party geben* per il mio compleanno vorrei dare una festa ♦ *zur Zeit des ersten Weltkrieges* ai tempi della prima guerra mondiale. ***3*** *(scopo)* per, da ♦ *Papier zum Schreiben* carta per scrivere ♦ *nehmen wir etwas zum Essen mit!* prendiamo qualcosa da mangiare! ♦ *zum Spaß* per divertimento. ***4*** *(prezzo)* per, a ♦ *zum halben Preis* a metà prezzo ♦ *er verkauft die Pflanzen zu einem Preis von 10 Euro* vende le piante al prezzo di dieci euro. ***5*** verso, nei confronti di ♦ *sie waren sehr nett zu mir* sono stati molto carini con me. ***6*** *(trasformazione)* in ♦ *Pfefferkörner zu Pulver zermahlen* macinare in polvere granelli di pepe ♦ *er wurde zum Präsidenten gewählt* è stato eletto presidente ♦ *der Wein ist zu Essig geworden* il vino è diventato aceto. ***7*** con ♦ *zum Fleisch trinkt man Rotwein* con la carne si beve il vino rosso ♦ *zu meinem Bedauern* con mio dispiacere ♦ *zu meiner Erleichterung* con mio sollievo. ***8*** *(rapporti numerici)* a ♦ *wir haben 3:1 (drei zu eins) gewonnen* abbiamo vinto tre a uno. ***9*** *(+ inf)* di ♦ *ich habe keine Lust, ins Kino zu gehen* non ho voglia di andare al cinema ♦ *er ging weg, ohne sich zu verabschieden* andò via senza salutare. ***10*** *(+ inf)* da ♦ *es ist nicht zu glauben* è da non credere ♦ *es ist nichts zu machen* non c'è niente da fare ♦ *ich habe viel zu tun* ho molto da fare ♦ *das Problem ist schwer zu verstehen* il problema è difficile da capire ♦ *das ist ein schwer zu verstehendes Problem* questo è un problema difficile da capire. ◆ **zu... -t** *(ordinale)* in... ♦ *sie kamen zu zweit, zu dritt, zu viert, zu hunderten* vennero in due, in tre, in quattro, in cento. ◆ **zu alledem** oltretutto, oltre a tutto questo.

zu[2] *(avv)* ~ troppo ♦ *der Koffer ist zu klein* la valigia è troppo piccola ♦ *es ist zu spät* è troppo tardi ♦ *es ist zu schön, um wahr zu sein* è troppo bello per essere vero. ◆ **zu viel** († **zuviel**) *(pron/avv)* troppo ♦ *ich habe zu viel gegessen* ho mangiato troppo ♦ *das wäre zu viel verlangt* questo sarebbe pretendere troppo ♦ *viel zu viel* fin troppo. ◆ **jmdm zu viel** († **zuviel**) **werden** *(fam)* stufare qcn. ◆ **zu wenig** († **zu wenig**) *(pron/avv)* troppo poco ♦ *ich habe zu wenig geschlafen* ho dormito troppo poco ♦ *viel zu wenig* fin troppo poco. ◆ **besser zu viel** († **zuviel**) **als zu wenig** († **zuwenig**) meglio troppo che troppo poco. ◆ **zu** (+ *agg*) **als dass** troppo... per ♦ *er ist zu jung, als dass er alleine verreisen könnte* è troppo giovane per viaggiare da solo.

zu[3] *(avv)* ~ chiuso ♦ *Tür zu!* chiudete la porta! ◆ **zu sein** († **zusein**) essere chiuso ♦ *die Tür ist zu* la porta è chiusa. ◆ **ab und zu** a volte, talvolta, di tanto in tanto. ◆ **nur zu!** coraggio! al lavoro!

zuallererst [tsuˈʔalɐˈʔeːɐst] *(avv)* ~ vedi **zuerst**.

zuallerletzt [tsuˈʔalɐˈlɛtst] *(avv)* ~ vedi **zuletzt**.

zuallermeist [tsuˈʔalɐˈmaist] *(avv)* ~ vedi **zumeist**.

Zubehör [ˈtsuːbəˌhøːɐ] *(n; -(e)s, -e)* ***1*** accessori. ***2*** annessi (di una casa).

zu|beißen *(vi,* hat; *irr/ortogr* beißen*)* ~ mordere, dare un morso.

zu|bekommen *(vt,* hat; *irr* kommen*)* ~ *(fam)* riuscire a chiudere ♦ *ich bekomme den Koffer nicht zu* non riesco a chiudere la valigia.

zu|bereiten *(vt,* hat*)* ~ preparare, fare (cibi; medicine).

Zubereitung [ˈtsuːbəˌraitʊŋ] *(f; -, -en)* ~ preparazione (di cibi o medicine).

zu|billigen *(vt,* hat*)* ~ {*jmdm etwas* ~} accordare, concedere qcs a qcn.

Zubilligung [ˈtsuːˌbɪlɪgʊŋ] *(f; -, -en)* ~ concessione.

zu|binden *(vt,* hat; *irr* binden*)* ~ legare, chiudere (legando).

zu|bringen *(vt,* hat; *irr* bringen*)* ***1*** passare, trascorrere (malvolentieri) ♦ *er musste zwei Wochen im Krankenhaus zubringen* dovette passare due settimane in ospedale. ***2*** *(fam)* riuscire a chiudere.

Zubringer ['tsu:ˌbrɪŋɐ] *(m;* -s, -*)* ***1*** svincolo, raccordo. ***2*** servizio di collegamento, servizio navetta.

Zubringerstraße [-ʃtra:sə] *(f;* -, -n*)* ~ svincolo, raccordo.

Zucchini [tsʊ'ki:ni] *(f;* -, -*)* ~ zucchina, zucchine.

Zucht [tsʊxt] *(f;* -, -en*)* ***1*** allevamento ♦ *der Hund stammt aus einer Zucht* il cane viene da un allevamento. ***2*** *(solo sing)* disciplina, educazione (severa). ***3*** coltura, coltivazione.

züchten ['tsʏçtən] *(vt,* hat*)* ~ allevare (animali); coltivare (piante).

Züchter ['tsʏçtɐ] *(m;* -s, -; *f* **-in***)* ***1*** allevatore. ***2*** coltivatore.

züchtigen ['tsʏçtɪgən] *(vt,* hat*)* ~ *(lett)* castigare, punire (picchiando).

Züchtung ['tsʏçtʊŋ] *(f;* -, -en*)* ***1*** allevamento. ***2*** coltivazione.

zucken ['tsʊkən] *(vi,* hat*)* ***1*** sussultare; fare un movimento improvviso ♦ *sie zuckte, als jemand ihre Schulter berührte* sussultò quando qualcuno le toccò la spalla. ***2*** *(aux* ist/hat*)* guizzare (fiamme, lampi, ecc). ◆ **ohne mit der Wimper zu zucken** *(fig)* senza batter ciglio.

zücken ['tsʏkən] *(vt,* hat*)* ***1*** *(lett)* sguainare. ***2*** *(fam)* tirare fuori.

Zucker ['tsʊkɐ] *(m;* -s*)* ~ zucchero ♦ *ein Löffel (voll) Zucker* una cucchiaiata di zucchero. ◆ **Zucker haben** *(fam)* soffrire di diabete.

Zuckerdose [-ˌdo:zə] *(f;* -, -n*)* ~ zuccheriera.

zuckerig ['tsʊkərɪç] *(agg)* ~ zuccheroso, zuccherato.

zuckerkrank ['tsʊkɐˌkraŋk] *(agg)* ~ diabetico.

Zuckerkrankheit [-hait] *(f;* -*)* ~ diabete mellito.

zuckern ['tsʊkɐn] *(vt,* hat*)* ~ zuccherare.

Zuckerrohr ['tsʊkɐˌro:ɐ] *(n;* -(e)s, -e*)* ~ *(bot)* canna da zucchero.

Zuckerrübe ['tsʊkɐˌry:bə] *(f;* -, -n*)* ~ *(bot)* barbabietola da zucchero.

Zuckung ['tsʊkʊŋ] *(f;* -, -en*)* ~ spasimo, spasmo, convulsione.

zu|decken *(vt,* hat*)* ***1*** coprire, chiudere ♦ *den Topf zudecken* coprire la pentola. ***2*** coprire (con coperta) ♦ *die Mutter deckt das Baby zu* la mamma copre il bambino.

zudem [tsu'de:m] *(avv)* ~ *(lett)* inoltre, per di più.

zu|denken *(vt,* hat; *irr* denken*)* ~ {*jmdm etwas* ~} destinare qcs a qcn.

zu|drehen *(vt,* hat*)* ~ chiudere (girando) ♦ *das Gas, ein Marmeladenglas zudrehen* chiudere il gas, un vasetto di marmellata. ◆ **jmdm den Rücken zudrehen** voltare le spalle a qcn.

zudringlich ['tsu:ˌdrɪŋlɪç] *(agg)* ~ invadente, molesto. ◆ **jmdm gegenüber zudringlich werden** molestare qcn.

Zudringlichkeit [-ˌkait] *(f;* -, -en*)* ~ invadenza, molestia.

zu|drücken *(vt,* hat*)* ~ chiudere (spingendo) ♦ *die Tür zudrücken* chiudere la porta. ◆ **ein Auge zudrücken** *(fig/fam)* chiudere un occhio.

zueinander [tsuʔain'andɐ] *(avv)* ~ l'un l'altro, l'uno verso l'altro ♦ *sie sind immer höflich zueinander* sono sempre gentili l'uno verso l'altro. ◆ **zueinander finden** († **zueinanderfinden**) trovarsi (di carattere), diventare amici.

zu|erkennen *(vt,* hat; *irr* kennen*)* ***1*** {*jmdm etwas* ~} conferire, attribuire qcs a qcn ♦ *jmdm einen Preis zuerkennen* conferire un premio a qcn. ***2*** {*jmdm etwas* ~} accordare, concedere qcs a qcn (diritti e sim).

Zuerkennung ['tsu:ʔɛɐˌkɛnʊŋ] *(f;* -, -en*)* ***1*** conferimento, attribuzione. ***2*** concessione.

zuerst [tsu'ʔe:ɐst] *(avv)* ***1*** per prima cosa ♦ *zuerst muss ich einkaufen gehen* per prima cosa devo andare a fare la spesa. ***2*** all'inizio, inizialmente ♦ *zuerst hatte ich gedacht, dass* all'inizio avevo pensato che.

zu|fahren *(vi,* ist; *irr* fahren*)* ~ {*auf etwas (Acc)* ~} dirigersi verso qcs (veicoli). ◆ **fahr zu!** *(fam)* corri! sbrigati!

Zufahrt ['tsu:ˌfa:ɐt] *(f;* -, -en*)* ~ accesso (per veicoli).

Zufall ['tsu:ˌfal] *(m;* -(e)s, -fälle*)* ~ caso, combinazione ♦ *ein glücklicher Zufall* un caso fortunato ♦ *etwas dem Zufall überlassen* lasciare qcs al caso ♦ *es war reiner Zufall, dass ich ihn dort traf* è stato un puro caso che lo abbia incontrato là ♦ *durch Zufall habe ich erfahren, dass* per caso sono venuto a sapere che ♦ *der Zufall wollte (es), dass* il caso volle che. ◆ **was für ein Zufall!** che combinazione!

zu|fallen *(vi,* ist; *irr* fallen*)* ***1*** chiudersi ♦ *die Tür ist zugefallen* la porta si è chiusa ♦ *mir fallen die Augen vor Müdigkeit zu* mi si chiudono gli occhi dalla stanchezza. ***2*** {*jmdm* ~} toccare, spettare a qcn (premi, eredità).

zufällig ['tsu:ˌfɛlɪç] *(agg)* ***1*** casuale. ***2*** *(avv)* per caso, casualmente.

zu|fassen *(vi,* hat; *ortogr* fassen*)* ~ afferrare. ◆ **bei etwas mit zufassen** aiutare, dare una mano in qcs.

zu|fliegen *(vi,* ist; *irr* fliegen*)* ***1*** {*auf jmdn/etwas* ~} volare verso qcn/qcs; *(fig)* volare da qcn. ***2*** {*jmdm* ~} volare da qcn ♦ *der Wellensittich ist uns zugeflogen* il pappagallino è volato in casa nostra. ***3*** *(fam)* chiudersi (porta, finestra). ***4*** {*jmdm* ~} riuscire facile a qcn.

zu|fließen *(vi,* ist; *irr/ortogr* fließen*)* ***1*** {*einer Sache* (Dat) ~} scorrere verso qcs, affluire a qcs ♦ *der Fluss fließt dem Meer zu* il fiume scorre verso il mare. ***2*** {*jmdm* ~} *(fig)* andare a qcn, essere devoluto a qcn.

Zuflucht ['tsu:ˌflʊxt] *(f;* -, -en*)* ***1*** rifugio, asilo; scampo ♦ *bei jmdm Zuflucht vor den Verfolgern suchen* cercare scampo dagli inseguitori presso qcn. ***2*** riparo ♦ *Zuflucht vor dem Unwetter suchen* cercare riparo dal temporale. ***3*** *(fig)* via d'uscita, scappatoia.

Zufluss († **-fluß**) ['tsu:ˌflʊs] *(m;* -es, -flüsse*)* ***1*** afflusso, affluenza. ***2*** affluente.

zufolge [tsu'fɔlgə] *(prep* + Gen; *posp* + Dat*)* ~ in seguito a, secondo ♦ *zufolge eines Befehls; einem Befehl zufolge* in seguito a un ordine.

zufrieden [tsu'fri:dən] *(agg)* ~ soddisfatto, contento ♦ *mit jmdm/etwas zufrieden sein* essere soddisfatto di qcn/qcs. ◆ **sich (mit etwas) zufrieden geben** († **zufriedengeben**) accontentarsi di qcs. ◆ **jmdn zufrieden lassen** († **zufriedenlassen**) lasciare in pace qcn. ◆ **jmdn zufrieden stellen** († **zufriedenstellen**) accontentare, soddisfare qcn.

zufriedenstellend [-ʃtɛlənt] *(agg)* ~ soddisfacente.

zu|fügen *(vt,* hat*)* ***1*** {*jmdm etwas* ~} fare, causare qcs a qcn (di male) ♦ *jmdm Schaden zufügen* causare un danno a qcn. ***2*** {*einer Sache* (Dat) *etwas* ~} aggiungere qcs a qcs.

Zufuhr ['tsu:ˌfu:ɐ] *(f;* -, -en*)* ***1*** afflusso, arrivo. ***2*** approvvigionamento.

zu|führen *(vt,* hat*)* ***1*** {*jmdm/etwas etwas* ~} fornire, procurare qcs a qcn/qcs, portare qcs a qcn/qcs ♦ *einem Gerät Elektrizität zuführen* fornire elettricità a un apparecchio ♦ *einem Laden Kunden zuführen* procurare clienti a un negozio. ***2*** {*auf etwas* (Acc) ~} portare, condurre a qcs ♦ *die Straße führt auf unser Haus zu* la strada porta alla nostra casa.

Zug [tsu:k] *(m;* -(e)s, Züge*)* ***1*** treno ♦ *der Zug nach Hamburg* il treno per Amburgo ♦ *der Zug hält nicht an allen Stationen* il treno non ferma in tutte le stazioni ♦ *den Zug nehmen, verpassen* prendere, perdere il treno ♦ *mit dem Zug fahren* viaggiare in treno ♦ *in den Zug steigen* salire sul treno ♦ *aus dem Zug steigen* scendere dal treno. ***2*** corteo, colonna; plotone. ***3*** passaggio, il passare; migrazione ♦ *der Zug der Wolken* il passaggio delle nuvole. ***4*** sorso, sorsata ♦ *auf einen (in/mit einem) Zug* in un sorso solo, tutto d'un fiato. ***5*** respiro, boccata (d'aria, di fumo), tiro ♦ *ein Zug an der Zigarette* un tiro di sigaretta. ***6*** corrente (d'aria). ***7*** tiraggio. ***8*** *(fig)* linea, tratto ♦ *die Züge des Gesichts, des Charakters* i tratti del volto, del carattere. ***9*** *(tecn)* tiro, trazione. ***10*** tiro, coppia (di animali da tiro). ***11*** mossa (a scacchi e sim). ◆ **am Zug(e) sein** *(fig)* toccare a *(impers)* ♦ *er ist am Zuge* tocca a lui. ◆ **in großen Zügen** *(fig)* a grandi linee. ◆ **etwas in vollen Zügen genießen** *(fig)* godere profondamente, assaporare qcs. ◆ **Zug um Zug** senza interruzione. ◆ **zum Zug(e) kommen** *(fig)* entrare in azione.

Zugabe ['tsu:ˌga:bə] *(f;* -, -n*)* ***1*** aggiunta ♦ *unter Zugabe von Wasser* con l'aggiunta di acqua. ***2*** *(mus)* bis, fuori programma.

Zugang ['tsuː̦gaŋ] *(m; -(e)s, -gänge)* ***1*** entrata, ingresso; accesso *(anche fig)* ♦ *der Zugang zum Turm ist gesperrt* l'accesso alla torre è chiuso ♦ *ich habe keinen Zugang zu diesen Daten* non ho accesso a questi dati. ***2*** *(spec pl)* nuovi arrivi (di merce e sim).

zugänglich ['tsuː̦gɛŋlɪç] *(agg)* ***1*** accessibile (dati, informazioni). ***2*** accessibile, raggiungibile. ***3*** *(fig)* accessibile, comprensibile. ***4*** *(fig)* aperto ♦ *er ist immer für neue Vorschläge zugänglich* è sempre aperto a nuove proposte.

zu|geben *(vt, hat; irr geben)* ***1*** aggiungere; dare in aggiunta. ***2*** *(fig)* ammettere, riconoscere ♦ *ich gebe zu, dass ich mich geirrt hatte* ammetto che mi ero sbagliato.

zugegeben ['tsuːgə̦geːbən] *(agg)* ~ concesso, ammesso ♦ *das war, zugegeben, nicht sehr korrekt von uns* questo, ammettiamolo, non è stato molto corretto da parte nostra.

zugegebenermaßen [-ɐ'maːsən] *(avv)* ~ come (ho/abbiamo) già ammesso.

zu|gehen *(vi, ist; irr gehen)* ***1*** *(fam)* chiudersi ♦ *das Fenster geht nicht zu* la finestra non si chiude. ***2*** {*einer Sache* (Dat) ~}, {*auf jmdn* ~} avvicinarsi a qcn/qcs, andare verso qcn ♦ *es geht auf den Sommer zu (impers)* si va verso l'estate ♦ *wir gehen auf den Sommer zu* andiamo verso l'estate ♦ *das Kind ging auf seine Mutter zu* il bambino andò verso sua madre. ***3*** *(impers)* andare ♦ *hier geht es hektisch zu* qui le cose vanno con ritmo frenetico.

zugehörig ['tsuːgə̦høːrɪç] *(agg)* ~ appartenente, relativo ♦ *ein Bauernhof und das zugehörige Grundstück* una fattoria e il relativo terreno.

Zugehörigkeit [-̦kait] *(f; -)* ~ appartenenza ♦ *die Zugehörigkeit zu einer Partei* l'appartenenza a un partito.

zugeknöpft ['tsuːgə̦knœpft] *(agg)* ~ *(fig)* chiuso, abbottonato, riservato.

Zügel ['tsyːgəl] *(m; -s, -)* ***1*** briglia, redine ♦ *einem Pferd die Zügel anlegen* mettere le briglie a un cavallo. ***2*** *(fig)* freno, redini. ♦ **die Zügel lockern** *(fig)* allentare le redini. ♦ **die Zügel an sich reißen** *(fig)* prendere le redini.

zügellos [-̦loːs] *(agg)* ~ incontrollato, scatenato, sfrenato.

zügeln [-n] *(vt, hat)* ***1*** tenere con le briglie, tenere a freno. ***2*** {*jmdn/etwas* ~} *(fig)* controllare, tenere a freno qcn/qcs.

zugeneigt ['tsuːgə̦naikt] *(agg)* ~ affezionato, legato ♦ *jmdm/etwas zugeneigt sein* essere affezionato, essere legato a qcn/qcs.

zugeschnitten ['tsuːgəʃnɪtən] *(agg)* ~ **auf jmdn zugeschnitten sein** essere fatto su misura per qcn (compiti e sim).

zu|gesellen *(vr, hat)* ~ **sich zugesellen** ***1*** {*sich jmdm* ~} unirsi, associarsi a qcn. ***2*** {*sich einer Sache* (Dat) ~} (andare ad) aggiungersi a qcs.

Zugeständnis ['tsuːgəʃtɛntnɪs] *(n; -ses, -se)* ~ concessione ♦ *jmdm ein Zugeständnis machen* fare una concessione a qcn.

zu|gestehen *(vt, hat; irr stehen)* ***1*** {*jmdm etwas* ~} concedere, accordare qcs a qcn. ***2*** ammettere, concedere.

zugetan ['tsuːgə̦taːn] *(agg)* ~ affezionato, attaccato ♦ *jmdm/etwas zugetan sein* essere affezionato a qcn, essere appassionato di qcs.

Zugewinn ['tsuːgə̦vɪn] *(m; -(e)s, -e)* ~ incremento.

zugig ['tsuːgɪç] *(agg)* ~ ventoso, esposto alle correnti d'aria.

zügig ['tsyːgɪç] *(agg)* ~ scorrevole, rapido, sollecito.

Zügigkeit [-̦kait] *(f; -)* ~ scorrevolezza.

Zugkraft ['tsuːk̦kraft] *(f; -, -kräfte)* ***1*** attrattiva. ***2*** *(tecn)* forza di trazione.

zugkräftig ['tsuːk̦krɛftɪç] *(agg)* ~ di successo, che attira il pubblico.

zugleich [tsu'glaiç] *(avv)* ***1*** nello stesso tempo, contemporaneamente. ***2*** insieme, tutti insieme.

Zugluft ['tsuːk̦lʊft] *(f; -)* ~ corrente d'aria.

Zugmaschine ['tsuːkmaʃiːnə] *(f; -, -n)* ~ trattore, trattrice, motrice.

Zugpferd ['tsuːk̦pfeːɐt] *(n; -(e)s, -e)* ~ cavallo da tiro.

zu|greifen *(vi, hat; irr greifen)* ***1*** allungare la mano (per afferrare). ***2*** servirsi (a tavola). ***3*** approfittare dell'occasione (negli acquisti). ***4*** intervenire; dare una mano.

Zugriff ['tsuː̦grɪf] *(m; -(e)s, -e)* ***1*** presa. ***2*** intervento (di polizia e sim); arresto ♦

sich dem Zugriff der Polizei entziehen sottrarsi all'arresto. ***3*** *(elab)* accesso.

zugrunde *(anche* **zu Grunde***)* [tsu'grʊndə] *(avv)* ~ **zugrunde gehen** ***1*** *(fig)* andare in rovina. ***2*** morire. ◆ **einer Sache** (Dat) **etwas zugrunde legen** mettere qcs alla base di qcs. ◆ **einer Sache** (Dat) **zugrunde liegen** stare alla base di qcs. ◆ **jmdn/etwas zugrunde richten** mandare in rovina, rovinare qcn/qcs.

Zugtier ['tsu:kˌti:ɐ] *(n; -*(e)s, -e*)* ~ animale da tiro.

zu|gucken *(vi,* hat*)* *(fam)* ~ vedi **zusehen**.

zugunsten *(anche* **zu Gunsten***)* [tsu'gʊnstən] *(prep* + Gen*)* ~ a favore di.

zugute [tsu'gu:tə] *(avv)* ~ **jmdm zugute kommen** tornare utile a qcn, tornare di vantaggio a qcn. ◆ **sich** (Dat) **etwas zugute tun** concedersi qcs, godersi qcs. ◆ **jmdm etwas zugute halten** *(lett)* considerare qcs come scusante per qcn.

Zugvogel ['tsu:kˌfo:gəl] *(m;* -s, -vögel*)* ~ uccello migratore.

zu|haben *(vi,* hat; *irr* haben*)* ~ *(fam)* essere chiuso (negozi).

zu|halten *(vt/vi,* hat; *irr* halten*)* ***1*** *(vt)* tenere chiuso; tappare ◆ *jmdm den Mund zuhalten* tappare la bocca a qcn ◆ *sich* (Dat) *die Ohren zuhalten* tapparsi le orecchie. ***2*** {*auf etwas* (Acc) ~} *(vi)* dirigersi verso qcs.

Zuhälter ['tsu:ˌhɛltɐ] *(m;* -s, -*)* ~ protettore, magnaccia.

Zuhälterei [tsu:hɛltə'rai] *(f;* -*)* ~ sfruttamento della prostituzione.

Zuhause [tsu'hauzə] *(n;* -s*)* ~ casa, dimora ◆ *kein Zuhause haben* non avere una casa.

zu|hören *(vi,* hat*)* ~ {*(jmdm/etwas)* ~} ascoltare (qcn/qcs) ◆ *die Schüler hören dem Lehrer aufmerksam zu* gli alunni ascoltano attentamente l'insegnante ◆ *(bei) einem Gespräch zuhören* ascoltare una conversazione. ◆ **hör mal zu!** *(fam)* ascolta un po'!

Zuhörer ['tsu:ˌhø:rɐ] *(m;* -s, -; *f* **-in***)* ***1*** ascoltatore. ***2*** spettatore (di concerto e sim).

zu|knöpfen *(vt,* hat*)* ~ abbottonare, chiudere.

zu|kommen *(vi,* ist; *irr* kommen*)* ***1*** {*auf jmdn/etwas* ~} dirigersi, avvicinarsi verso qcn/qcs, venire verso qcn/qcs. ***2*** {*auf jmdn* ~} *(fig/fam)* aspettare qcn ◆ *sie hatte keine Ahnung, was auf sie zukommen sollte* non aveva idea di cosa la aspettasse. ***3*** {*jmdm* ~} addirsi a qcn (comportamento e sim). ***4*** {*jmdm* ~} spettare a qcn (compito e sim). ◆ **jmdm etwas zukommen lassen** mandare qcs a qcn, far pervenire qcs a qcn. ◆ **etwas auf sich** (Acc) **zukommen lassen** aspettare che succeda qcs.

Zukunft ['tsu:ˌkʊnft] *(f;* -*)* ~ futuro *(anche gramm)* ◆ *er denkt nicht an die Zukunft* non pensa al futuro. ◆ **eine Zukunft haben** *(fig)* avere un futuro. ◆ **in Zukunft** in futuro. ◆ **in ferner Zukunft** in un lontano futuro. ◆ **in nächster Zukunft** nell'immediato futuro.

zukünftig ['tsu:ˌkʏnftɪç] *(agg)* ***1*** futuro. ***2*** *(avv)* in futuro.

Zulage ['tsu:ˌla:gə] *(f;* -, -n*)* ~ aumento, maggiorazione (di stipendio e sim).

zu|langen *(vi,* hat*)* *(fam)* ***1*** servirsi (a tavola). ***2*** darci dentro.

zulänglich ['tsu:ˌlɛŋlɪç] *(agg)* ~ *(lett)* sufficiente, bastante.

zu|lassen *(vt,* hat; *irr/ortogr* lassen*)* ***1*** {*jmdn* ~} lasciar entrare qcn. ***2*** {*jmdn zu etwas* ~} ammettere qcn a qcs (esame e sim). ***3*** permettere, ammettere, concedere ◆ *ein solches Verhalten können wir nicht zulassen* non possiamo accettare un tale comportamento. ***4*** *(fam)* lasciare chiuso ◆ *er ließ die Tür zu* lasciò la porta chiusa. ***5*** immatricolare (veicolo).

zulässig ['tsu:ˌlɛsɪç] *(agg)* ~ permesso, autorizzato, ammesso.

Zulassung ['tsu:ˌlasʊŋ] *(f;* -, -en*)* ~ ammissione; immatricolazione (di veicolo).

Zulassungspapiere [-spaˌpi:rə] *(pl)* ~ documenti di circolazione.

zulasten *(anche* **zu Lasten***)* [tsu'lastən] *(prep* + Gen*)* ~ a carico di.

Zulauf ['tsu:ˌlauf] *(m;* -(e)s*)* ~ affluenza, afflusso (di persone). ◆ **Zulauf haben** avere molti clienti.

zu|laufen *(vi,* ist; *irr* laufen*)* ***1*** {*auf jmdn/etwas* ~} correre incontro a qcn/qcs, correre verso qcn/qcs. ***2*** terminare a punta. ◆ **uns ist eine Katze zugelaufen** da noi si è stabilito un gatto.

zu|legen *(vt,* hat*)* ***1*** aggiungere ♦ *jeder sollte noch zehn Euro zulegen* ognuno dovrebbe aggiungere dieci euro. ***2*** {*sich* (Dat) *etwas* ~} *(fam)* comprarsi qcs. ***3*** *(vi/vt) (fam)* metter su chili, ingrassare.

zuleide *(anche* **zu Leide***)* [tsu'laidə] *(avv)* ~ **jmdm etwas zuleide tun** fare del male a qcn.

zu|leiten *(vt,* hat*)* ***1*** far affluire, portare, convogliare (acqua). ***2*** trasmettere, recapitare (scritti).

Zuleitung ['tsuːˌlaitʊŋ] *(f;* -, -en*)* ***1*** afflusso. ***2*** trasmissione (di notizie), comunicazione.

zuletzt [tsu'lɛtst] *(avv)* ***1*** per ultimo, da ultimo. ***2*** alla fine, infine. ***3*** (per) l'ultima volta.

zuliebe [tsu'liːbə] *(posp* + Dat*)* ~ per amore di ♦ *dir zuliebe* per amor tuo.

zum [tsʊm] *(prep art)* ~ = **zu dem** (vedi **zu**[1]).

zu|machen *(vt,* hat*)* ***1*** chiudere ♦ *mach bitte die Tür zu* chiudi la porta, per favore. ***2*** *(vi)* chiudere (negozi e sim).

zumal[1] [tsu'maːl] *(congiunz subord)* ~ tanto più che ♦ *ich kann mir die Reise nicht leisten, zumal ich jetzt arbeitslos bin* non posso permettermi il viaggio, tanto più che ora sono disoccupato.

zumal[2] *(avv)* ~ specialmente, in particolare.

zumeist [tsu'maist] *(avv)* ***1*** per lo più. ***2*** *(fam)* per la maggior parte.

zumindest [tsu'mɪndəst] *(avv)* ~ almeno, per lo meno.

zumute *(anche* **zu Mute***)* [tsu'muːtə] *(avv)* ~ **jmdm zumute sein**, **werden** sentirsi; avere voglia di ♦ *mir ist nicht wohl zumute* non mi sento bene ♦ *mir war nach/zum Weinen zumute* mi veniva da piangere, avevo voglia di piangere.

zu|muten ['tsuːˌmuːtən] *(vt,* hat*)* ~ {*jmdm etwas* ~} pretendere, aspettarsi qcs (di eccessivo) da qcn.

Zumutung ['tsuːˌmuːtʊŋ] *(f;* -, -en*)* ~ pretesa, aspettativa (eccessiva). ◆ **das ist eine Zumutung!** è una bella pretesa!

zunächst [tsu'nɛːçst] *(avv)* ***1*** per il momento, per ora. ***2*** in un primo momento.

Zunahme ['tsuːˌnaːmə] *(f;* -, -n*)* ~ aumento, incremento; intensificazione.

Zuname *(m;* -n, -n*)* ~ cognome.

zünden ['tsʏndən] *(vi,* hat*)* ***1*** prendere fuoco, accendersi ♦ *diese Streichhölzer zünden nicht* questi fiammiferi non si accendono. ***2*** *(fig)* entusiasmare, appassionare.

zündend [-t] *(agg)* ~ entusiasmante.

Zunder ['tsʊndɐ] *(m;* -s, -*)* ***1*** miccia. ***2*** *(fig/fam)* botte, legnate.

Zünder ['tsʏndɐ] *(m;* -s, -*)* ~ detonatore.

Zündholz ['tsʏntˌhɔlts] *(n;* -(e)s, -hölzer*)* ~ fiammifero.

Zündkerze ['tsʏntˌkɛrtsə] *(f;* -, -n*)* ~ candela d'accensione.

Zündschlüssel ['tsʏntˌʃlʏsəl] *(m;* -s, -*)* ~ chiave d'accensione.

Zündschnur ['tsʏntˌʃnuːɐ] *(f;* -, -en*)* ~ miccia.

Zündung ['tsʏndʊŋ] *(f;* -, -en*)* ***1*** accensione (di motore). ***2*** innesco.

zu|nehmen *(vi,* hat; *irr* nehmen*)* ***1*** aumentare, crescere ♦ *die Hitze nimmt zu* l'afa aumenta. ***2*** *(vi/vt)* ingrassare ♦ *er hat drei Kilo zugenommen* è ingrassato di tre chili. ***3*** {*an etwas* (Dat) ~} crescere in qcs ♦ *er hat an Erfahrung zugenommen* è cresciuto in esperienza.

zunehmend ['tsuːˌneːmənt] *(agg)* ***1*** crescente. ***2*** *(avv)* sempre più. ◆ **zunehmender Mond** luna crescente.

zu|neigen *(vi,* hat*)* ~ {*einer Sache* (Dat) ~} tendere a qcs, propendere per qcs ♦ *ich neige der Ansicht zu, dass* sono propenso a ritenere che. ◆ **sich jmdm/etwas zuneigen** *(vr)* ***1*** inclinarsi verso qcn/qcs. ***2*** *(fig)* avvicinarsi a qcs, volgere a qcs ♦ *das Jahr neigt sich dem Ende zu* l'anno volge al termine.

Zuneigung ['tsuːˌnaigʊŋ] *(f;* -, -en*)* ***1*** inclinazione, propensione. ***2*** simpatia, affetto ♦ *zu jmdm Zuneigung haben* avere simpatia per qcn.

Zunft [tsʊnft] *(f;* -, Zünfte*)* ~ corporazione di mestieri.

zünftig ['tsʏnftɪç] *(agg)* ***1*** *(fam)* buono, ben fatto, come si deve. ***2*** corporativo.

Zunge ['tsʊŋə] *(f;* -, -n*)* ***1*** lingua ♦ *eine belegte Zunge haben* avere la lingua bianca (per malattia). ***2*** linguetta. ***3*** ago, lancetta (di bilancia). ***4*** *(mus)* ancia. ◆ **böse Zunge** *(fig)* malalingua, persona maldicente. ◆ **eine feine Zunge haben** *(fig)* avere il palato fino. ◆ **eine spitze Zunge haben** *(fig)* avere la lingua tagliente. ◆ **seine Zunge hüten** *(fig)* tenere a freno la lingua. ◆ **sich** (Dat) **die Zunge verbrennen** *(fig)* darsi la zappa sui piedi (dicendo qcs). ◆ **sich auf die Zunge beißen** mordersi la lingua *(anche fig)*. ◆ **mit der Zunge anstoßen** parlare con la lisca. ◆ **mit gespaltener Zunge reden** *(fig)* avere la lingua biforcuta.

züngeln ['tsʏŋəln] *(vi,* hat*)* ***1*** far guizzare la lingua (rettili). ***2*** *(fig)* guizzare (fiamme).

zungenfertig ['tsʊŋən,fɛrtɪç] *(agg)* ~ loquace.

Zungenschlag ['tsʊŋənʃla:k] *(m;* -(e)s, -schläge*)* ~ **falscher Zungenschlag** *(fig)* papera, gaffe.

zunichte [tsu'nɪçtə] *(avv)* ~ **etwas zunichte machen** *(fig)* distruggere qcs. ◆ **zunichte werden, sein** *(fig)* venire, essere distrutto.

zunutze *(anche* **zu Nutze***)* [tsu'nʊtsə] *(avv)* ~ **sich** (Dat) **etwas zunutze machen** approfittare di qcs, sfruttare qcs.

zuoberst [tsu'ʔo:bɐst] *(avv)* ~ in cima.

zu|packen *(vi,* hat*)* ***1*** afferrare (energicamente). ***2*** darsi da fare, lavorare di buona lena.

zupfen ['tsʊpfən] *(vt,* hat*)* ***1*** tirare (piano) ◆ *er zupfte ihn am Ärmel* lo tirò per la manica. ***2*** tirare via, strappare via ◆ *Unkraut zupfen* strappare via le erbacce. ***3*** *(mus)* pizzicare.

Zupfinstrument ['tsʊpfʔɪnstru,mɛnt] *(n;* -(e)s, -e*)* ~ *(mus)* strumento a pizzico.

zur ['tsu:ɐ] *(prep art)* ~ = **zu der** (vedi **zu**[1]).

zurande *(anche* **zu Rande***)* [tsu'randə] *(avv)* ~ **mit etwas (nicht) zurande kommen** (non) venire a capo di qcs.

zurate *(anche* **zu Rate***)* [tsu'ra:tə] *(avv)* ~ **jmdn/etwas zurate ziehen** consultare qcn/qcs, chiedere consiglio a qcn ◆ *ein Buch zurate ziehen* consultare un libro.

zu|raten *(vi,* hat; *irr* raten*)* ~ {*jmdm zu etwas* ~} consigliare qcs a qcn, raccomandare qcs a qcn.

zu|rechnen *(vt,* hat*)* ***1*** annoverare ◆ *der Wal wird den Säugetieren zugerechnet* la balena è annoverata fra i mammiferi. ***2*** {*jmdm etwas* ~} attribuire, imputare qcs a qcn.

Zurechnung ['tsu:,rɛçnʊŋ] *(f;* -, -en*)* ~ attribuzione, imputazione.

zurecht|finden [tsu'rɛçt,fɪndən] *(vr,* hat; *irr* finden*)* ~ **sich zurechtfinden** ***1*** orientarsi, trovare la strada ◆ *sich in einer Stadt zurechtfinden* orientarsi in una città. ***2*** {*sich in etwas* (Dat) ~} *(fig)* cavarsela con qcs.

zurecht|kommen [tsu'rɛçt,kɔmən] *(vi,* ist; *irr* kommen*)* ***1*** {*mit jmdm* ~} andare d'accordo con qcn (colleghi e sim). ***2*** {*mit etwas* ~} *(fig)* cavarsela con qcs ◆ *wie kommst du mit deinem neuen PC zurecht?* come te la cavi con il tuo nuovo PC?

zurecht|legen [tsu'rɛçt,le:gən] *(vt,* hat*)* ***1*** {*etwas für etwas* ~} preparare, sistemare qcs per qcs. ***2*** {*sich* (Dat) *etwas* ~} prepararsi qcs ◆ *ich habe mir einige Fragen zurechtgelegt* mi sono preparato alcune domande.

zurecht|machen [tsu'rɛçt,maxən] *(vt,* hat*)* ~ preparare, sistemare ◆ *das Bett für einen Gast zurechtmachen* preparare il letto per un ospite. ◆ **sich zurechtmachen** *(vr)* sistemarsi, vestirsi.

zurecht|rücken [tsu'rɛçt,rʏkən] *(vt,* hat*)* ~ rimettere a posto.

zurecht|setzen [tsu'rɛçt,zɛtsən] *(vr,* hat*)* ~ **sich zurechtsetzen** *(vr)* sedersi per bene.

zurecht|stellen [tsu'rɛçtʃtɛlən] *(vt,* hat*)* ~ rimettere a posto.

zurecht|weisen [tsu'rɛçt,vaizən] *(vt,* hat; *irr* weisen*)* ~ rimproverare.

Zurechtweisung [tsu'rɛçt,vaizʊŋ] *(f;* -, -en*)* ~ rimprovero.

zu|reden *(vi,* hat*)* ~ {*jmdm* ~} cercare di persuadere qcn; dare consigli a qcn.

zu|richten *(vt,* hat*)* ***1*** *(fig/fam)* conciare (male), rovinare. ***2*** {*jmdn* ~} *(fig/fam)* conciare male, picchiare qcn. ***3*** preparare (il pranzo).

zürnen ['tsʏrnən] *(vi,* hat*)* ~ {*jmdm* ~} *(lett)* essere adirato con qcn.

zurück [tsu'rʏk] *(avv)* ~ indietro *(anche fig)*. ◆ **zurück sein** († **zurücksein**) essere tornato ◆ *er ist noch nicht von seiner Reise zurück* non è ancora tornato dal suo viaggio. ◆ **hin und zurück** andata e ritorno.

zurück|bekommen *(vt,* hat; *irr* kommen*)* ***1*** riavere indietro ♦ *ich habe mein Geld nie wieder zurückbekommen* non ho più riavuto indietro i miei soldi. ***2*** dover avere di resto.

zurück|berufen *(vt,* hat; *irr* rufen*)* ~ richiamare, rimuovere (da una carica).

zurück|bilden *(vr,* hat*)* ~ **sich zurückbilden** regredire.

zurück|bleiben *(vi,* ist; *irr* bleiben*)* ***1*** rimanere indietro *(anche fig)* ♦ *er blieb zurück und konnte die anderen Läufer nicht mehr erreichen* rimase indietro e non poté più raggiungere gli altri corridori ♦ *mit der Arbeit zurückbleiben* rimanere indietro con il lavoro. ***2*** restare, rimanere, trattenersi. ***3*** rimanere, non andare più via ♦ *der Fleck ist zurückgeblieben* la macchia è rimasta. ◆ **hinter den Erwartungen zurückbleiben** essere inferiore alle aspettative.

zurück|blicken *(vt,* hat*)* ~ guardare indietro *(anche fig)* ♦ *auf die Vergangenheit zurückblicken* guardare indietro al passato.

zurück|bringen *(vt,* hat; *irr* bringen*)* ***1*** riportare (indietro) ♦ *wann bringst du mir mein Buch zurück?* quando mi riporti il mio libro? ***2*** riaccompagnare. ◆ **jmdn ins Leben zurückbringen** riportare in vita, rianimare qcn.

zurück|datieren *(vt,* hat*)* ~ retrodatare.

zurück|denken *(vi,* hat; *irr* denken*)* ~ {*an jmdn/etwas* ~} ripensare a qcn/qcs, tornare col pensiero a qcn/qcs.

zurück|drängen *(vt,* hat*)* ***1*** spingere indietro, respingere. ***2*** *(fig)* reprimere, soffocare ♦ *seinen Gefühle zurückdrängen* soffocare i propri sentimenti.

zurück|dürfen *(vi,* hat; *irr* dürfen*)* ~ *(fam)* poter tornare indietro.

zurück|erobern *(vt,* hat*)* ~ riconquistare.

Zurückeroberung [-ˀɛɐˌˀoːbərʊŋ] *(f;* -, -en*)* ~ riconquista.

zurück|erstatten *(vt,* hat*)* ~ rimborsare.

zurück|fahren[1] *(vi,* ist; *irr* fahren*)* ~ tornare indietro (con un veicolo) ♦ *ich fahre mit dem Taxi zurück* torno indietro in taxi.

zurück|fahren[2] *(vt,* hat; *irr* fahren*)* ~ riportare indietro (con un veicolo).

zurück|fallen *(vi,* ist; *irr* fallen*)* ***1*** cadere indietro. ***2*** *(fig)* ricadere ♦ *er fällt immer in die alten Fehler zurück* ricade sempre nei vecchi errori. ***3*** {*auf jmdn* ~} *(fig)* ricadere su qcn, ripercuotersi su qcn. ***4*** *(fig)* andare indietro, peggiorare. ***5*** {*an jmdn* ~} ritornare in possesso di qcn.

zurück|finden *(vi,* hat; *irr* finden*)* ***1*** ritrovare la strada. ***2*** *(fig/lett)* ritornare. ◆ **den Weg zurückfinden** ritrovare la strada.

zurück|führen *(vt,* hat*)* ***1*** ricondurre, riportare *(anche fig)*. ***2*** {*etwas auf etwas* (Acc) ~} *(fig)* ricondurre, far risalire qcs a qcs.

zurück|geben *(vt,* hat; *irr* geben*)* ***1*** {*jmdm etwas* ~} rendere, restituire, ridare qcs a qcn. ***2*** *(fam)* dare di resto. ***3*** *(lett)* rispondere, replicare.

zurückgeblieben [-gəˌbliːbən] *(agg)* ~ ritardato ♦ *geistig zurückgeblieben* ritardato mentale.

zurück|gehen *(vi,* ist; *irr* gehen*)* ***1*** andare indietro; tornare indetro ♦ *wir wollen zu Fuß zurückgehen* vogliamo tornare indietro a piedi. ***2*** *(fig)* diminuire, calare. ***3*** {*auf jmdn/etwas* ~} risalire a qcn/qcs ♦ *dieses Lied geht auf das Mittelalter zurück* questo canto risale al medioevo ♦ *auf die Quellen zurückgehen* risalire alle fonti. ◆ **einen Schritt zurückgehen** fare un passo indietro, indietreggiare di un passo.

zurückgezogen [-gəˌtsoːgən] *(agg)* ~ ritirato, solitario ♦ *ein zurückgezogenes Leben führen* fare una vita ritirata.

zurück|greifen *(vi,* hat; *irr* greifen*)* ***1*** {*auf jmdn/etwas* ~} ricorrere a qcn/qcs. ***2*** *(fig)* riandare, risalire a ♦ *in die Vergangenheit zurückgreifen* riandare al passato.

zurück|haben *(vt,* hat; *irr* haben*)* ~ *(fam)* riavere indietro.

zurück|halten *(vt/vi,* hat; *irr* halten*)* ***1*** {*jmdn* ~} trattenere qcn ♦ *ich will dich nicht länger zurückhalten* non voglio trattenerti oltre. ***2*** {*jmdn von/vor etwas* (Dat) ~} trattenere qcn da qcs (dal fare qcs). ***3*** *(fig)* trattenere, frenare, contenere (sentimenti). ***4*** {*mit etwas* ~} *(vi)* *(fig)* trattenersi dal dire qcs, nascondere qcs. ◆ **sich zurückhalten** *(vr)* trattenersi, frenarsi, contenersi.

zurückhaltend [-ˌhaltənt] *(agg)* ~ riservato, discreto.

Zurückhaltung [-ˌhaltʊŋ] *(f; -)* ~ riservatezza, discrezione.

zurück|kehren *(vi,* ist; *irr* kehren*)* ~ *(lett)* tornare (a casa), ritornare *(anche fig)* ♦ *zum Thema zurückkehren* tornare sull'argomento.

zurück|kommen *(vi,* ist; *irr* kommen*)* ***1*** tornare, ritornare (indietro) ♦ *er ist noch nicht zurückgekommen* non è ancora tornato. ***2*** {*auf etwas* (Acc) ~} *(fig)* ritornare su qcs, riprendere qcs ♦ *auf einen Plan zurückkommen* ritornare su un progetto.

zurück|können *(vi,* hat; *irr* können*)* ~ *(fam)* poter tornare indietro.

zurück|kriegen *(vt,* hat*)* *(fam)* ~ vedi **zurückbekommen**.

zurück|lassen *(vt,* hat; *irr/ortogr* lassen*)* ***1*** {*jmdn/etwas* ~} lasciare qcn/qcs ♦ *jmdm eine Nachricht zurücklassen* lasciare un messaggio a qcn. ***2*** {*jmdn* ~} lasciarsi dietro qcn, battere qcn.

zurück|laufen *(vi,* ist; *irr* laufen*)* ***1*** tornare indietro (a piedi). ***2*** scorrere indietro; riavvolgersi (nastro).

zurück|legen *(vt,* hat*)* ***1*** rimettere a posto ♦ *Papiere in die Schublade zurücklegen* rimettere a posto le carte nel cassetto. ***2*** mettere da parte, risparmiare. ***3*** fare, percorrere, coprire (distanza). ***4*** appoggiare indietro ♦ *den Kopf zurücklegen* appoggiare indietro la testa.

zurück|liegen *(vi,* hat; *irr* liegen*)* ***1*** essere dietro. ***2*** essere successo ♦ *es liegt vier Jahre zurück, dass* quattro anni fa è successo che.

zurückliegend [-ˌliːgənt] *(agg)* ***1*** passato (tempo). ***2*** retrostante.

zurück|müssen *(vi,* hat; *irr/ortogr* müssen*)* ~ dover tornare indietro.

Zurücknahme [-ˌnaːmə] *(f; -, -n)* ~ ritiro (il ritirare).

zurück|nehmen *(vt,* hat; *irr* nehmen*)* ***1*** riprendere (indietro). ***2*** *(fig)* ritirare, ritrattare ♦ *ein Angebot zurücknehmen* ritirare un'offerta.

zurück|prallen *(vi,* ist*)* ***1*** rimbalzare. ***2*** *(fig)* balzare indietro (per lo spavento).

zurück|rufen *(vt,* hat; *irr* rufen*)* ***1*** {*jmdn* ~} richiamare indietro qcn. ***2*** {*jmdn* ~} *(fam)* richiamare qcn, ritelefonare a qcn. ◆ **jmdm/sich etwas ins Gedächtnis zurückrufen** richiamare/richiamarsi alla memoria qcs, ricordare/ricordarsi qcs. ◆ **jmdn ins Leben zurückrufen** richiamare in vita, rianimare qcn.

zurück|schauen *(vi,* hat*)* *(region)* ~ vedi **zurückblicken**.

zurück|schicken *(vt,* hat*)* ~ {*(jmdm) etwas* ~} mandare, rimandare indietro qcs (a qcn).

zurück|schlagen *(vt,* hat; *irr* schlagen*)* ***1*** respingere (con un colpo) *(anche fig)*. ***2*** aprire (tende e sim). ***3*** {*auf etwas* (Acc) ~} *(vi)* ripercuotersi su qcs.

zurück|schrauben *(vt,* hat*)* ***1*** svitare. ***2*** *(fig/fam)* limitare, ridurre.

zurück|schrecken *(vi,* ist; *reg/irr* schrecken*)* ***1*** indietreggiare (per lo spavento). ***2*** {*vor etwas* (Dat) ~} *(fig)* indietreggiare di fronte a qcs, aver paura di qcs.

zurück|sein ~ **zurück sein** (vedi **zurück**).

zurück|setzen *(vt,* hat*)* ***1*** rimettere a posto. ***2*** mettere indietro, arretrare. ***3*** {*jmdn* ~} trascurare qcn.

zurück|sinken *(vi,* ist; *irr* sinken*)* ***1*** cadere indietro ♦ *aufs Bett zurücksinken* cadere indietro sul letto. ***2*** {*in etwas* (Acc) ~} *(fig)* ricadere in qcs.

zurück|sollen *(vi,* hat; *irr* sollen*)* ~ *(fam)* dover tornare indietro.

zurück|springen *(vi,* ist; *irr* springen*)* ***1*** saltare indietro. ***2*** rimbalzare. ***3*** formare una rientranza.

zurück|stecken *(vt,* hat*)* ***1*** rimettere a posto. ***2*** *(vi)* *(fig)* limitare le pretese, fare un passo indietro.

zurück|stehen *(vi,* hat; *irr* stehen*)* ***1*** stare dietro. ***2*** {*hinter jmdm/etwas* ~} *(fig)* essere inferiore a qcn/qcs. ***3*** *(fig)* rimanere indietro, essere trascurato.

zurück|stellen *(vt,* hat*)* ***1*** rimettere a posto. ***2*** mettere indietro, spostare indietro ♦ *einen Stuhl zurückstellen* spostare indietro una sedia ♦ *die Uhr fünf Minuten zurückstellen* spostare l'orologio indietro di cinque minuti. ***3*** rimandare, rinviare. ***4*** *(fig)* lasciare indietro, mettere da parte, accantonare ♦ *seine Bedenken zurückstellen* mettere da parte i propri scrupoli. **5** tenere da parte, mettere da parte (una merce).

Zurückstellung [-ʃtɛlʊŋ] *(f; -, -en)* ~ rinvio.

zurück|stoßen *(vt,* hat; *irr* stoßen*)* ~ respingere *(anche fig)*, spingere indietro.

zurück|treten *(vi,* ist; *irr* treten*)* **1** andare indietro, indietreggiare. **2** dimettersi ♦ *von einem Amt zurücktreten* dimettersi da una carica. **3** {*von etwas* ~} ritirarsi, recedere da qcs. **4** *(fig)* passare in secondo piano. **5** ritirarsi, rientrare nell'alveo.

zurück|versetzen *(vt,* hat*)* **1** rimandare (con un rango inferiore), declassare. **2** far ritornare, riportare al passato ♦ *das Buch versetzte mich in meine Kindheit zurück* il libro mi riportò alla mia infanzia. ◆ **sich zurückversetzen** *(vr)* ritornare col pensiero ♦ *sich in die Vergangenheit zurückversetzen* ritornare col pensiero al passato.

zurück|weichen *(vi,* ist; *irr* weichen*)* **1** retrocedere, indietreggiare. **2** {*vor jmdm/ etwas* ~} *(fig)* rifuggire di fronte a qcn/qcs, aver paura di qcn/qcs.

zurück|weisen *(vt,* hat; *irr* weisen*)* ~ rifiutare, respingere ♦ *ein Angebot zurückweisen* respingere un'offerta.

zurück|werfen *(vt,* hat; *irr* werfen*)* **1** gettare indietro, buttare indietro ♦ *den Kopf zurückwerfen* buttare indietro la testa. **2** rilanciare, ributtare. **3** riflettere, rispecchiare. **4** *(fig)* far tornare indietro, far rimanere indietro ♦ *die Krankheit hat ihn im Studium zurückgeworfen* la malattia lo ha fatto rimanere indietro nello studio.

zurück|wollen *(vi,* hat; *irr* wollen*)* ~ *(fam)* voler tornare indietro.

zurück|zahlen *(vt,* hat*)* ~ restituire (soldi), ripagare.

zurück|ziehen[1] *(vi,* ist; *irr* ziehen*)* ~ ritornare, tornare indietro.

zurück|ziehen[2] *(vt,* hat; *irr* ziehen*)* **1** tirare indietro. **2** *(fig)* ritirare, revocare. ◆ **sich zurückziehen** *(vr)* appartarsi; *(mil)* ritirarsi ♦ *sie hat sich in ein Kloster zurückgezogen* si è ritirata in convento.

Zuruf ['tsu:ˌru:f] *(m; -(e)s, -e)* ~ grido; acclamazione. ◆ **durch Zuruf** per acclamazione.

zu|rufen *(vt,* hat*)* ~ {*jmdm etwas* ~} gridare qcs a qcn.

zurzeit [tsʊr'tsait] († **zur Zeit**) *(avv)* ~ attualmente, in questo momento; per il momento.

Zusage ['tsu:ˌza:gə] *(f; -, -n)* **1** assenso, conferma. **2** promessa, impegno.

zu|sagen *(vi/vt,* hat*)* **1** {*jmdm etwas* ~} *(vt)* promettere qcs a qcn. **2** *(vi)* accettare, dire di sì. **3** {*jmdm* ~} piacere a qcn ♦ *ihre neue Arbeit sagt ihr nicht zu* il suo nuovo lavoro non le piace.

zusammen [tsu'zamən] *(avv)* **1** insieme ♦ *die Kinder spielen zusammen* i bambini giocano insieme. **2** insieme, contemporaneamente. **3** complessivamente, tutto insieme, in tutto ♦ *das macht zusammen zehn Euro* in tutto fa dieci Euro.

Zusammenarbeit [-ˌˀarbait] *(f; -)* ~ collaborazione, cooperazione.

zusammen|arbeiten *(vi,* hat*)* ~ collaborare, cooperare.

zusammen|ballen *(vt,* hat*)* ~ appallottolare. ◆ **sich zusammenballen** *(vr)* ammassarsi; addensarsi, concentrarsi ♦ *dunkle Wolken ballen sich am Himmel zusammen* nuvole scure si addensano in cielo.

zusammen|beißen *(vt,* hat; *irr/ortogr* beißen*)* ~ stringere ♦ *die Zähne zusammenbeißen* stringere i denti.

zusammen|bleiben *(vi,* ist; *irr* bleiben*)* ~ rimanere insieme, rimanere uniti.

zusammen|brechen *(vi,* ist; *irr* brechen*)* **1** crollare, rovinare *(anche fig)*. **2** *(fig)* crollare ♦ *vor Erschöpfung zusammenbrechen* crollare per la stanchezza ♦ *der Angeklagte brach zusammen und gestand die Tat* l'accusato crollò e confessò il delitto.

zusammen|bringen *(vt,* hat; *irr* bringen*)* **1** accumulare, ammassare (spec soldi). **2** *(fig/fam)* mettere insieme ♦ *ich konnte vor Aufregung keinen Satz zusammenbringen* per l'eccitazione non riuscivo a mettere insieme una frase. **3** {*jmdn* ~} far incontrare qcn; far riconciliare qcn.

Zusammenbruch [-ˌbrʊx] *(m; -(e)s, -brüche)* **1** *(fig)* crollo, rovina. **2** *(med)* collasso.

zusammen|fahren *(vi,* ist; *irr* fahren*)* **1** scontrarsi, entrare in collisione. **2** trasalire.

Zusammenfall [-ˌfal] *(m; -(e)s)* ~ coincidenza, contemporaneità.

zusammen|fallen *(vi, ist; irr* fallen*)* ***1*** crollare, rovinare *(anche fig)*. ***2*** afflosciarsi. ***3*** dimagrire, deperire. ***4*** {*(mit etwas) ~*} coincidere (con qcs), avvenire contemporaneamente.

zusammen|falten *(vt, hat)* ~ piegare, ripiegare (più volte).

zusammen|fassen *(vt, hat; ortogr* fassen*)* ***1*** riassumere, riepilogare. ***2*** riunire, raggruppare.

Zusammenfassung [-ˌfasʊŋ] *(f; -, -en)* ***1*** riassunto, riepilogo. ***2*** raggruppamento, riunione.

zusammen|finden *(vr, hat; irr* finden*)* ~ **sich zusammenfinden** riunirsi, ritrovarsi, incontrarsi.

zusammen|fließen *(vi, ist; irr/ortogr* fließen*)* ~ confluire.

zusammen|gehen *(vi, ist)* ~ unirsi, agire insieme.

zusammen|gehören *(vi, hat)* ***1*** *(fam)* appartenere allo stesso gruppo. ***2*** *(fam)* essere appaiato ♦ *diese Socken gehören nicht zusammen* questi calzini non sono appaiati.

zusammengehörig [-gəˌhøːrɪç] *(agg)* ***1*** affine, omogeneo. ***2*** che va insieme; appaiato.

Zusammengehörigkeit [-gəhøːrɪçˌkait] *(f; -)* ~ coesione, legame.

Zusammenhalt [-ˌhalt] *(m; -(e)s)* ~ unione, coesione.

zusammen|halten *(vi/vt, hat; irr* halten*)* ***1*** *(vi)* tenere, fare presa. ***2*** {*jmdn/etwas ~*} *(vt)* tenere insieme qcn/qcs. ***3*** *(fig)* essere uniti, sostenersi a vicenda. ◆ **sein Geld zusammenhalten** *(fam)* tenersi stretti i propri soldi.

Zusammenhang [-ˌhaŋ] *(m; -(e)s, -hänge)* ***1*** nesso, legame, collegamento. ***2*** rapporto, relazione ♦ *etwas mit etwas in Zusammenhang bringen* mettere qcs in relazione con qcs ♦ *im/in Zusammenhang mit etwas stehen* essere in rapporto con qcs. ***3*** contesto ♦ *einen Satz aus dem Zusammenhang reißen* separare una frase dal contesto.

zusammen|hängen *(vi, hat; irr* hängen*)* ***1*** {*mit etwas ~*} essere unito a qcs. ***2*** {*mit etwas ~*} essere collegato a qcs, essere in relazione con qcs, avere un nesso con qcs.

zusammen|klappen[1] *(vi, ist)* ~ *(fam)* crollare (per la stanchezza).

zusammen|klappen[2] *(vt, hat)* ~ chiudere, ripiegare ♦ *ein Buch, einen Liegestuhl zusammenklappen* chiudere un libro, una sdraio.

zusammen|kommen *(vi, ist; irr* kommen*)* ***1*** riunirsi, incontrarsi. ***2*** accumularsi, sommarsi (avvenimenti). ***3*** essere raccolto, essere messo insieme (soldi).

Zusammenkunft [-ˌkʊnft] *(f; -, -künfte)* ~ incontro, riunione, seduta.

zusammen|laufen *(vi, ist; irr* laufen*)* ***1*** accorrere, affluire. ***2*** affluire, confluire. ***3*** mescolarsi, fondersi (colori). ***4*** *(geom)* convergere.

zusammen|leben *(vi, hat)* ~ vivere insieme, convivere.

Zusammenleben [-ˌleːbən] *(n; -s, -)* ~ convivenza.

zusammen|legen *(vt, hat)* ***1*** piegare, ripiegare ♦ *eine Serviette zusammenlegen* ripiegare un tovagliolo. ***2*** mettere insieme. ***3*** unire, riunire, accorpare. ***4*** mettere insieme, raccogliere (soldi).

zusammen|nehmen *(vt, hat; irr* nehmen*)* ***1*** riunire, raccogliere (forze e sim) ♦ *seine Gedanken zusammennehmen* raccogliere le idee. ***2*** riunire, considerare insieme. ◆ **sich zusammennehmen** *(vr)* controllarsi, dominarsi. ◆ **alles zusammengenommen** tutto compreso, in tutto.

zusammen|packen *(vt, hat)* ~ {*etwas ~*} mettere insieme, raccogliere qcs.

zusammen|passen *(vi, hat; ortogr* passen*)* ~ stare (andare) bene insieme, armonizzarsi.

zusammen|pressen *(vt, hat)* ~ pressare, stringere ♦ *die Lippen zusammenpressen* stringere le labbra.

zusammen|raffen *(vt, hat)* ***1*** raccogliere (alla rinfusa). ***2*** arraffare.

zusammen|rotten [-ˌrɔtən] *(vr, hat)* ~ **sich zusammenrotten** assembrarsi.

zusammen|rücken[1] *(vi, ist)* ~ avvicinarsi, stringersi, serrarsi.

zusammen|rücken[2] *(vt, hat)* ~ avvicinare, accostare.

zusammen|schießen *(vt,* hat; *irr/ortogr* schießen*)* ~ massacrare (a colpi d'arma da fuoco).

zusammen|schlagen *(vt,* hat; *irr* schlagen*)* ***1*** *(fam)* fracassare, spaccare, sfasciare. ***2*** *(fam)* picchiare, legnare. ◆ **die Hacken zusammenschlagen** battere i tacchi.

zusammen|schließen *(vt,* hat; *irr* schließen*)* ~ incatenare insieme. ◆ **sich (mit jmdm) zusammenschließen** *(vr)* unirsi, associarsi (con qcn).

Zusammenschluss († **-schluß**) [-ʃlʊs] *(m;* -es, -schlüsse*)* ~ unione, associazione.

zusammen|schmelzen *(vi,* ist; *irr* schmelzen*)* ***1*** sciogliersi, fondersi. ***2*** *(fig)* diminuire, ridursi (scorte e sim).

zusammen|schreiben *(vt,* hat; *irr* schreiben*)* ***1*** scrivere attaccato. ***2*** compilare, scrivere (da altre fonti). ***3*** *(fam)* buttare giù, scrivere in fretta.

zusammen|schrumpfen *(vi,* ist*)* ***1*** raggrinzirsi, raggrinzire. ***2*** *(fig)* diminuire, ridursi (scorte).

Zusammensein [-ˌzain] *(n;* -s*)* ***1*** lo stare insieme. ***2*** incontro, riunione.

zusammen|setzen *(vt,* hat*)* ~ mettere insieme; montare, comporre, assemblare. ◆ **sich zusammensetzen** *(vr)* ***1*** riunirsi, incontrarsi. ***2*** {*sich aus etwas ~*} essere composto da qcs, constare di qcs.

Zusammensetzung [-ˌzɛtsʊŋ] *(f;* -, -en*)* ~ composizione.

zusammen|stecken *(vt,* hat*)* ***1*** attaccare, appuntare (con spilli). ***2*** *(vi)* *(fig/fam)* stare sempre insieme, stare appiccicati.

zusammen|stellen *(vt,* hat*)* ***1*** accostare (insieme) ◆ *etwas zum Vergleich zusammenstellen* accostare qcs per un confronto. ***2*** mettere insieme, comporre; compilare ◆ *eine Liste zusammenstellen* compilare una lista.

Zusammenstellung [-ʃtɛlʊŋ] *(f;* -, -en*)* ***1*** composizione, compilazione. ***2*** raccolta.

zusammen|stimmen *(vi,* hat*)* ***1*** armonizzare, accordarsi. ***2*** concordare (dati, opinioni, ecc).

Zusammenstoß [-ʃtoːs] *(m;* -es, -stöße*)* ***1*** collisione, scontro. ***2*** *(fig)* scontro, lite.

zusammen|stoßen *(vi,* ist; *irr* stoßen*)* ***1*** {*mit jmdm/etwas ~*} scontrarsi, entrare in collisione con qcn/qcs. ***2*** confinare, toccarsi.

zusammen|treffen *(vt,* hat*)* ***1*** {*mit jmdm ~*} incontrarsi. ***2*** *(fig)* coincidere, accadere insieme.

zusammen|treten[1] *(vi,* ist; *irr* treten*)* ~ riunirsi, radunarsi.

zusammen|treten[2] *(vt,* hat; *irr* treten*)* ~ calpestare, rovinare (calpestando).

zusammen|tun *(vt,* hat; *irr* tun*)* ~ *(fam)* mettere insieme, riunire. ◆ **sich zusammentun** *(vr)* associarsi, far causa comune.

zusammen|wachsen *(vi,* ist*)* ***1*** crescere attaccato. ***2*** *(fig)* affiatarsi.

zusammen|zählen *(vt,* hat*)* ~ addizionare, sommare.

zusammen|ziehen[1] *(vi,* ist; *irr* ziehen*)* ~ {*mit jmdm ~*} trasferirsi, andare a vivere con qcn.

zusammen|ziehen[2] *(vt,* hat; *irr* ziehen*)* ***1*** restringere, stringere (tirando). ***2*** contrarre. ***3*** *(mil)* concentrare. ***4*** sommare, addizionare. ◆ **sich zusammenziehen** *(vr)* ***1*** contrarsi, restringersi. ***2*** formarsi.

Zusatz [ˈtsuːˌzats] *(m;* -(e)s, -sätze*)* ~ aggiunta; appendice, postilla.

zusätzlich [ˈtsuːˌzɛtslɪç] *(agg)* ~ aggiuntivo, supplementare, in più, extra.

zuschanden *(anche* **zu Schanden***)* [tsuˈʃandən] *(avv)* ~ **etwas zuschanden machen** *(lett)* distruggere, rovinare, guastare qcs. ◆ **sich zuschanden arbeiten** *(vr)* *(fam)* ammazzarsi di lavoro.

zu|schauen *(vi,* hat*)* *(region)* ~ vedi **zusehen**.

Zuschauer [ˈtsuːʃauɐ] *(m;* -s, -; *f* **-in***)* ~ spettatore.

zu|schieben *(vt,* hat; *irr* schieben*)* ***1*** chiudere (spingendo) ◆ *eine Schublade zuschieben* chiudere un cassetto. ***2*** {*jmdm etwas ~*} spingere qcs verso qcn, passare qcs a qcn (spingendolo). ***3*** {*jmdm etwas ~*} *(fig)* addossare, attribuire qcs a qcn.

zu|schießen[1] *(vi,* ist; *irr/ortogr* schießen*)* ~ {*auf jmdn ~*} *(fam)* avventarsi, lanciarsi contro qcn.

zu|schießen[2] *(vt,* hat; *irr/ortogr* schießen*)* ~ *(fam)* mettere, contribuire con (soldi).

Zuschlag [ˈtsuːʃlaːk] *(m;* -(e)s, -schläge*)* ***1*** supplemento; soprattassa; sovrapprezzo. **2** aggiunta. **3** aggiudicazione (all'asta).

zu|schlagen[1] *(vi,* ist; *irr* schlagen*)* ~ chiudersi, sbattere ♦ *die Tür ist zugeschlagen* la porta si è chiusa sbattendo.

zu|schlagen[2] *(vt,* hat; *irr* schlagen*)* **1** chiudere, sbattere. **2** inchiodare, chiudere. **3** {*jmdm etwas* ~} lanciare, passare qcs a qcn. **4** {*etwas einer Sache* (Dat) ~} aggiungere qcs a qcs, maggiorare qcs di qcs. **5** *(vi)* picchiare, battere, dare colpi.

zu|schließen *(vt,* hat; *irr/ortogr* schließen*)* ~ chiudere (a chiave).

zu|schnappen[1] *(vi,* ist*)* ~ chiudersi di scatto.

zu|schnappen[2] *(vt,* hat*)* ~ cercare di addentare.

zu|schneiden *(vt,* hat; *irr* schneiden*)* ~ tagliare ♦ *den Stoff zuschneiden* tagliare la stoffa.

zu|schnüren *(vt,* hat*)* **1** legare (con spago). **2** allacciare. ◆ **jmdm die Kehle zuschnüren** stringere qcn alla gola.

zu|schrauben *(vt,* hat*)* ~ chiudere (avvitando).

zu|schreiben *(vt,* hat; *irr* schreiben*)* **1** {*jmdm/etwas etwas* ~} attribuire qcs a qcn/qcs ♦ *diese Statue wird Michelangelo zugeschrieben* questa statua è attribuita a Michelangelo ♦ *das ist deiner Leichtsinnigkeit zuzuschreiben* questo è da attribuire alla tua leggerezza. **2** {*jmdm etwas* ~} accreditare qcs a qcn; intestare qcs a qcn.

Zuschrift ['tsu:ʃrɪft] *(f;* -, -en*)* ~ risposta (ad annunci e sim), lettera di risposta.

zuschulden *(anche* **zu Schulden***)* [tsu'ʃʊldən] *(avv)* ~ **sich** (Dat) **etwas zuschulden kommen lassen** rendersi colpevole di qcs.

Zuschuss († **-schuß**) ['tsu:ʃʊs] *(m;* -es, -schüsse*)* ~ sovvenzione, sussidio ♦ *einen Zuschuss beantragen* fare domanda per un sussidio.

zu|sehen *(vi,* hat; *irr* sehen*)* **1** {*jmdm* ~} guardare qcn, stare a guardare qcn ♦ *das Kind sah seinem Vater bei der Arbeit zu* il bambino stava a guardare il padre durante il lavoro. **2** {*bei etwas* ~} assistere a qcs, essere spettatore di qcs. **3** guardare, vedere, fare in modo di ♦ *wir müssen zusehen, dass wir die Arbeit bis morgen erledigen* dobbiamo vedere di sbrigare il lavoro entro domani.

zusehends ['tsu:ˌze:ənts] *(avv)* ~ a vista d'occhio, rapidamente.

zu|sein ~ **zu sein** (vedi **zu**[3]).

zu|setzen *(vi/vt,* hat*)* **1** {*einer Sache* (Dat) *etwas* ~} *(vt)* aggiungere qcs a qcs. **2** {*jmdm mit etwas* ~} *(vi)* pressare, importunare qcn con qcs ♦ *jmdm mit Bitten zusetzen* importunare qcn con richieste. **3** {*jmdm* ~} *(vi)* provare, mettere alla prova qcn ♦ *die Krankheit hat ihm sehr zugesetzt* la malattia lo ha molto provato. **4** *(fam) (vi/vt)* rimetterci (soldi).

zu|sichern *(vt,* hat*)* ~ {*jmdm etwas* ~} assicurare, garantire qcs a qcn.

Zuspiel ['tsu:ʃpi:l] *(n;* -(e)s, -e*)* ~ *(sport)* passaggio.

zu|spielen *(vt,* hat*)* ~ {*jmdm etwas* ~} procurare qcs a qcn. ◆ **jmdm den Ball zuspielen** passare la palla a qcn.

zu|spitzen *(vt,* hat*)* ~ appuntare, fare la punta a. ◆ **sich zuspitzen** *(vr)* inasprirsi, aggravarsi (crisi e sim).

zu|sprechen *(vi/vt,* hat; *irr* sprechen*)* **1** {*jmdm* ~} *(vi)* parlare a qcn (in un dato modo) ♦ *jmdm freundlich zusprechen* parlare a qcn in tono amichevole. **2** {*jmdm etwas* ~} assegnare, aggiudicare qcs a qcn. **3** {*jmdm/etwas etwas* ~} attribuire, riconoscere qcs a qcn/qcs ♦ *jmdm Verdienste zusprechen* attribuire meriti a qcn. **4** {*einer Sache* (Dat) ~} *(vi) (lett)* servirsi abbondantemente di qcs ♦ *er sprach den Nudeln, dem Wein tüchtig zu* si servì abbondantemente di pasta, di vino. ◆ **jmdm Mut zusprechen** infondere coraggio a qcn. ◆ **jmdm Trost zusprechen** consolare qcn.

Zuspruch ['tsu:ʃprʊx] *(m;* -(e)s*)* **1** parole d'incoraggiamento, consigli. **2** successo, favore ♦ *(großen) Zuspruch finden* avere (un grande) successo.

Zustand ['tsu:ʃtant] *(m;* -(e)s, -stände*)* ~ stato, condizione ♦ *der Zustand des Kranken hat sich verschlechtert* lo stato del paziente è peggiorato ♦ *das Haus befindet sich in gutem Zustand* la casa è in un buono stato. ◆ **Zustände bekommen/kriegen** *(fam)* andare su tutte le furie. ◆ **das ist doch kein Zustand!** *(fam)* così non si può andare avanti!

zustande *(anche* **zu Stande***)* [tsu'ʃtandə] *(avv)* ~ **etwas zustande bringen** realizzare, riuscire a realizzare qcs. ◆ **zustande kommen** aver luogo; realizzarsi.

zuständig ['tsuːʃtɛndɪç] *(agg)* ~ competente, responsabile ◆ *die für diese Angelegenheiten zuständige Behörde* l'autorità competente per queste questioni.

Zuständigkeit [-ˌkait] *(f; -, -en)* ~ competenza, ambito di responsabilità.

zustatten [tsu'ʃtatən] *(avv)* ~ **jmdm zustatten kommen** *(lett)* tornare utile, servire a qcn.

zu|stecken *(vt, hat)* ***1*** fermare, chiudere (con spilli). ***2*** {*jmdm etwas* ~} dare qcs a qcn di nascosto.

zu|stehen *(vi, hat; irr* stehen*)* ~ {*jmdm* ~} spettare a qcn, toccare a qcn.

zu|stellen *(vt, hat)* ***1*** chiudere (mettendo qcs davanti) ◆ *wir haben die Tür mit einem Schrank zugestellt* abbiamo chiuso la porta mettendoci davanti un armadio. ***2*** {*jmdm etwas* ~} recapitare, consegnare qcs a qcn (posta).

Zustellung ['tsuːʃtɛlʊŋ] *(f; -, -en)* ~ consegna, recapito (della posta).

zu|steuern[1] *(vi, ist)* ~ {*auf etwas* (Acc) ~} dirigersi verso qcs, andare in direzione di qcs *(anche fig)* ◆ *die Lage steuert auf eine Krise zu* la situazione va verso una crisi.

zu|steuern[2] *(vt, hat)* ~ *(fam)* contribuire con ◆ *sie haben zur Party hundert Euro zugesteuert* hanno contribuito con cento euro alla festa.

zu|stimmen *(vi, hat)* ***1*** {*jmdm* ~} essere d'accordo con qcn. ***2*** {*einer Sache* (Dat) ~} essere d'accordo con qcs, approvare qcs ◆ *einem Vorschlag zustimmen* approvare una proposta.

Zustimmung ['tsuːʃtɪmʊŋ] *(f; -)* ***1*** approvazione, assenso ◆ *er nickte als Zeichen der Zustimmung* annuì in segno di assenso. ***2*** favore, successo ◆ *bei jmdm Zustimmung finden* incontrare il favore di qcn.

zu|stoßen[1] *(vi, ist; irr* stoßen*)* ~ {*jmdm* ~} accadere, succedere, capitare a qcn.

zu|stoßen[2] *(vi/vt, hat; irr* stoßen*)* ***1*** *(vi)* colpire, allungare un colpo. ***2*** *(vt)* chiudere (con una spinta).

zu|streben *(vi, ist)* ~ {*auf etwas* (Acc) ~}, {*einer Sache* (Dat) ~} dirigersi verso, andare verso qcs ◆ *die Zuschauer strebten dem Ausgang/auf den Ausgang zu* gli spettatori si dirigevano verso l'uscita.

Zustrom ['tsuːʃtroːm] *(m; -(e)s)* ~ afflusso, affluenza.

zu|strömen *(vi, ist)* ~ affluire *(anche fig)* ◆ *der Fluss strömt dem Meer/auf das Meer zu* il fiume affluisce al mare.

zutage *(anche* **zu Tage***)* [tsu'taːgə] *(avv)* ~ **etwas zutage bringen** portare alla luce qcs. ◆ **offen zutage liegen** essere evidente. ◆ **zutage kommen/treten** venire alla luce, divenire chiaro.

Zutat ['tsuːˌtaːt] *(f; -, -en)* ***1*** ingrediente. ***2*** aggiunta.

zuteil [tsu'tail] *(avv)* ~ **jmdm zuteil werden** toccare a qcn, essere riservato a qcn. ◆ **jmdm etwas zuteil werden lassen** concedere qcs a qcn.

zu|teilen *(vt, hat)* ***1*** {*jmdm etwas* ~} distribuire qcs a qcn, ripartire qcs fra qcn. ***2*** {*jmdm etwas* ~} assegnare qcs a qcn ◆ *jmdm eine Aufgabe zuteilen* assegnare un compito a qcn.

Zuteilung ['tsuːˌtailʊŋ] *(f; -, -en)* ***1*** distribuzione, ripartizione. ***2*** parte spettante, razione.

zutiefst [tsu'tiːfst] *(avv)* ~ profondamente ◆ *zutiefst beleidigt* profondamente offeso.

zu|tragen *(vt, hat; irr* tragen*)* ***1*** {*jmdm etwas* ~} portare qcs a qcn. ***2*** {*jmdm etwas* ~} riferire, riportare qcs a qcn (in segreto). ◆ **sich zutragen** *(vr)* avvenire, accadere.

zuträglich ['tsuːˌtrɛːklɪç] *(agg)* ***1*** vantaggioso, conveniente. ***2*** salutare, sano, salubre.

zu|trauen *(vt, hat)* ***1*** {*jmdm etwas* ~} credere qcn capace di qcs. ***2*** {*sich* (Dat) *etwas* ~} pretendere qcs da se stesso ◆ *du hast dir selbst zu viel zugetraut* hai preteso troppo da te stesso.

Zutrauen ['tsuːˌtrauən] *(n; -s)* ~ fiducia ◆ *ich habe kein Zutrauen zu ihr* non ho fiducia in lei.

zutraulich ['tsuːˌtraulɪç] *(agg)* ***1*** che dà confidenza. ***2*** mansueto.

zu|treffen *(vi, hat; irr* treffen*)* ***1*** essere giusto, essere appropriato ◆ *diese Bemerkung trifft nicht zu* questa osservazione non è giusta. *2* {*für/auf jmdn/etwas* ~} valere per qcn/qcs, riferirsi a qcn/qcs.

zutreffend ['tsu:ˌtrɛfənt] *(agg)* ~ giusto, appropriato.

zu|trinken *(vi,* hat; *irr* trinken*)* ~ {*jmdm* ~} brindare a qcn.

Zutritt ['tsu:ˌtrɪt] *(m;* -(e)s*)* ~ accesso ◆ *kein Zutritt!/Zutritt verboten!* divieto d'accesso!

zu|tun *(vt,* hat; *irr* tun*)* ~ *(fam)* chiudere.

Zutun ['tsu:ˌtu:n] *(n)* ~ **ohne jmds Zutun** senza l'intervento di qcn ◆ *ohne mein Zutun* senza il mio intervento.

zuungunsten *(anche* **zu Ungunsten***)* [tsu'ʔʊngʊnstən] *(prep* + Gen, *posp* + Dat*)* ~ a svantaggio di, a sfavore di.

zuunterst [tsu'ʔʊntɐst] *(avv)* ~ in fondo, in basso.

zuverlässig ['tsu:fɛɐˌlɛsɪç] *(agg)* *1* fidato, affidabile. *2* attendibile ◆ *ich weiß aus zuverlässiger Quelle, dass* so da fonte attendibile che.

Zuverlässigkeit [-ˌkait] *(f;* -*)* *1* affidabilità. *2* attendibilità.

Zuversicht ['tsu:fɛɐˌzɪçt] *(f;* -*)* ~ fiducia (nel futuro), speranza, ottimismo.

zuversichtlich [-lɪç] *(agg)* ~ fiducioso, ottimista.

zuviel ~ **zu viel** (vedi **zu²**).

Zuviel [tsu'fi:l] *(n;* -s*)* ~ eccesso, troppo.

zuvor [tsu'fo:ɐ] *(avv)* *1* prima ◆ *ich habe sie nie zuvor gesehen* non l'ho mai vista prima ◆ *am Tag zuvor* il giorno prima. *2* prima, per prima cosa.

zuvor|kommen *(vi,* ist; *irr* kommen*)* ~ {*jmdm/etwas* ~} prevenire, precedere, anticipare qcn/qcs ◆ *einer Frage zuvorkommen* anticipare una domanda.

zuvorkommend [-ˌkɔmənt] *(agg)* ~ premuroso, disponibile.

Zuwachs ['tsu:ˌvaks] *(m;* -es*)* *1* crescita. *2* accrescimento, incremento ◆ *der Zuwachs an Zuschauern* l'incremento degli spettatori. ◆ **Zuwachs bekommen** *(fam)* avere un bambino.

zu|wachsen *(vi,* ist; *irr* wachsen*)* *1* chiudersi, rimarginarsi. *2* ricoprirsi di vegetazione.

Zuwanderer ['tsu:ˌvandərɐ] *(m;* -s, -; *f* **-in***)* ~ immigrato.

Zuwanderung ['tsu:ˌvandərʊŋ] *(f;* -, -en*)* ~ immigrazione.

zuwege *(anche* **zu Wege***)* [tsu've:gə] *(avv)* ~ **etwas zuwege bringen/mit etwas zuwege kommen** riuscire a fare qcs.

zuweilen [tsu'vailən] *(avv)* ~ *(lett)* a volte, di tanto in tanto.

zu|weisen *(vt,* hat; *irr* weisen*)* ~ {*jmdm etwas* ~} assegnare qcs a qcn ◆ *jmdm eine Aufgabe zuweisen* assegnare un compito a qcn.

zu|wenden *(vt,* hat; *irr* wenden*)* *1* voltare, volgere, rivolgere ◆ *jmdm den Rücken zuwenden* voltare le spalle a qcn. *2* donare, devolvere. *3* *(fig)* rivolgere, dedicare ◆ *jmdm seine Aufmerksamkeit zuwenden* rivolgere la propria attenzione a qcn. ◆ **sich zuwenden** *(vr)* *1* {*sich jmdm/etwas* ~} voltarsi, rivolgersi verso qcn/qcs. *2* {*sich jmdm/etwas* ~} *(fig)* dedicarsi a qcn/qcs.

Zuwendung ['tsu:ˌvɛndʊŋ] *(f;* -, -en*)* *1* sovvenzione, sussidio. *2* attenzioni, cure.

zuwenig ~ **zu wenig** (vedi **zu²**).

zu|werfen *(vt,* hat; *irr* werfen*)* *1* sbattere, chiudere sbattendo. *2* riempire (di terra). *3* {*jmdm etwas* ~} gettare, lanciare qcs a qcn *(anche fig)* ◆ *jmdm Blicke zuwerfen* lanciare sguardi a qcn.

zuwider [tsu'vi:dɐ] *(agg)* ~ **zuwider sein** *1* {*jmdm* ~ *sein*} essere fastidioso per qcn; disgustare qcn ◆ *dieses Essen ist mir zuwider* questo cibo mi disgusta. *2* {*jmdm* ~ *sein*} essere antipatico a qcn. *3* {*einer Sache* (Dat) ~ *sein*} essere contrario a qcs.

zuwider|handeln *(vi,* hat*)* ~ {*einer Sache* (Dat) ~} contravvenire a qcs, trasgredire qcs ◆ *dem Gesetz zuwiderhandeln* contravvenire alla legge.

Zuwiderhandlung [-ˌhandlʊŋ] *(f;* -, -en*)* ~ contravvenzione, trasgressione.

zuwider|laufen *(vi,* ist; *irr* laufen*)* ~ {*einer Sache* (Dat) ~} essere in contrasto con qcs, andare contro qcs.

zu|winken *(vi,* hat*)* ~ {*jmdm* ~} fare cenno a qcn.

zuzeiten [tsu'tsaitən] *(avv)* ~ vedi **zuweilen**.

zu|ziehen *(vt,* hat; *irr* ziehen*)* *1* chiudere (tirando), tirare ◆ *die Vorhänge zuziehen* tirare le tende. *2* stringere ◆ *eine Schleife zuziehen* stringere un fiocco. *3* {*sich* (Dat) *etwas* ~) prendere, prendersi, buscarsi (malattie) ♦ *ich habe mir einen Schnupfen zugezogen* mi sono preso un raffreddore. ◆ **sich** (Dat) **jmds Tadel zuziehen** tirarsi addosso le critiche di qcn.

zuzüglich ['tsu:ˌtsy:klɪç] *(agg) (prep* + Gen*)* ~ più ♦ *zuzüglich der Versandkosten* più le spese di spedizione.

zwang [tsvaŋ] ~ pret di **zwingen**.

Zwang *(m*; -(e)s, *raro* Zwänge*)* ***1*** costrizione, obbligo, obbligatorietà. ***2*** vincolo ♦ *der Zwang des Gesetzes* il vincolo della legge. ***3*** costrizione, coercizione. ***4*** forza, violenza (fisica o psicologica) ♦ *jmdm Zwang antun* fare violenza a qcn. ◆ **sich** (Dat) **keinen Zwang antun/auferlegen** non avere riguardo. ◆ **etwas aus Zwang tun** fare qcs per costrizione.

zwängen ['tsvɛŋən] *(vt*, hat*)* ~ far entrare a forza, costringere, stipare.

zwanglos ['tsvaŋˌlo:s] *(agg)* ***1*** disinvolto. ***2*** informale.

Zwangslosigkeit ['tsvaŋˌlo:zɪçkait] *(f; -)* ~ disinvoltura, informalità.

Zwangsarbeit ['tsvaŋsˌˀarbait] *(f; -)* ~ lavori forzati.

Zwangsjacke ['tsvaŋsˌjakə] *(f*; -, -n*)* ~ camicia di forza.

Zwangslage ['tsvaŋsˌla:gə] *(f*; -, -n*)* ~ situazione di necessità, emergenza.

zwangsläufig ['tsvaŋsˌlɔyfɪç] *(agg)* ***1*** inevitabile, automatico. ***2*** *(avv)* inevitabilmente, automaticamente.

Zwangsmaßnahme ['tsvaŋsˌma:sna:mə] *(f*; -, -n*)* ~ sanzione.

Zwangsmittel ['tsvaŋsˌmɪtəl] *(n*; -s, -*)* ~ mezzo coercitivo.

Zwangsvorstellung ['tsvaŋsˌfo:ɐʃtɛlʊŋ] *(f*; -, -en*)* ~ ossessione, idea fissa.

zwangsweise ['tsvaŋsˌvaizə] *(avv)* ~ a forza, forzatamente.

zwanzig ['tsvantsɪç] *(num)* ~ venti.

zwanziger ['tsvantsɪgɐ] *(agg indecl)* ~ venti ♦ *die zwanziger Jahre* gli anni venti.

Zwanziger *(m*; -s, -; *f* **-in***)* ~ ventenne.

Zwanzigerjahre [-ˌja:rə] *(pl)* ~ anni venti ♦ *in den Zwanzigerjahren* negli anni venti.

zwanzigjährig ['tsvantsɪçˌjɛ:rɪç] *(agg)* ~ ventenne, di venti anni.

zwanzigjährlich ['tsvantsɪçˌjɛ:ɐlɪç] *(agg)* ~ ventennale.

zwanzigstel ['tsvantsɪçstəl] *(agg indecl)* ~ ventesimo (frazione).

Zwanzigstel *(n*; -s, -*)* ~ ventesimo, ventesima parte.

zwar ['tsva:ɐ] *(avv)* ~ certo, sì ♦ *das Auto ist zwar schön, aber auch teuer* quella macchina è bella, sì, ma anche cara. ◆ **und zwar** cioè, ovvero, precisamente ♦ *wir haben drei Haustiere, und zwar einen Hund und zwei Katzen* abbiamo tre animali domestici, e precisamente un cane e due gatti.

Zweck ['tsvɛk] *(m*; -(e)s, -e*)* ***1*** scopo, fine; intento ♦ *was ist der Zweck Ihres Anrufs?* qual è lo scopo della sua telefonata? ***2*** *(solo sing)* senso ♦ *es hat keinen Zweck, noch länger zu warten* non ha senso aspettare ancora. ◆ **zu diesem Zweck** a questo scopo. ◆ **zu welchem Zweck?** a che scopo? ◆ **zu einem Zweck dienen** servire a uno scopo. ◆ **der Zweck heiligt die Mittel** *(prov)* il fine giustifica i mezzi.

zwecklos [-ˌlo:s] *(agg)* ~ senza senso, inutile.

zweckmäßig [-ˌmɛ:sɪç] *(agg)* ***1*** adatto, adeguato. ***2*** opportuno, conveniente. ***3*** funzionale (arredamento e sim).

zwecks [-s] *(prep* + Gen*)* ~ allo scopo di, al fine di.

zwei [tsvai] *(num*; Gen **zweier**, Dat **zweien**, *se non preceduto da indicatori di caso)* ~ due ♦ *ich habe zwei Schwestern* ho due sorelle ♦ *sie ist Mutter zweier Kinder* è madre di due bambini. ◆ **wir, ihr zwei** *(fam)* noi, voi due. ◆ **zu zweit** in due.

Zwei *(f*; -, -en*)* ***1*** due, il numero due. ***2*** buono (voto scolastico). ***3*** l'autobus numero due.

zweideutig [-ˌdɔytɪç] *(agg)* ***1*** ambiguo, equivoco. ***2*** licenzioso, a doppio senso.

zweierlei [-ɐ'lai] *(agg indecl)* ***1*** di due tipi. ***2*** *(pron)* due cose diverse.

zweifach [-ˌfax] *(agg)* ***1*** duplice, doppio ♦ *eine Urkunde in zweifacher Ausfertigung* un documento in duplice copia. ***2*** *(avv)* due volte, in due ♦ *ein Tuch zweifach legen* piegare in due un telo.

Zweifel ['tsvaifəl] *(m*; -s, -*)* ~ dubbio ♦ *begründete Zweifel hegen* nutrire dubbi fondati ♦ *es besteht kein Zweifel, dass* non c'è dubbio che ♦ *es steht außer Zweifel, dass* è fuor di dubbio che ♦ *ich bin im Zweifel, ob ich es ihm sagen soll* sono in dubbio se dirglielo o no. ◆ **etwas in Zweifel stellen/ziehen** mettere in dubbio qcs. ◆ **ohne Zweifel!** senza dubbio! certamente!

zweifelhaft [-ˌhaft] *(agg)* ***1*** dubbio, incerto. ***2*** sospetto, dubbio.

zweifellos [-ˌloːs] *(avv)* ~ senza dubbio, indubbiamente.

zweifeln [-n] *(vi, hat)* ~ {*an jmdm/etwas* ~} dubitare di qcn/qcs ♦ *ich zweifle an seinem guten Glauben* dubito della sua buona fede ♦ *ich zweifle daran, dass er es schaffen wird* dubito che ce la faccia.

Zweifelsfall [-sˌfal] *(m; -(e)s, -fälle)* ~ caso dubbio. ◆ **im Zweifelsfall** nel dubbio.

zweifelsohne [-sˌˀoːnə] *(avv)* ~ senza dubbio, indubbiamente.

Zweig [tsvaik] *(m; -(e)s, -e)* ***1*** ramo, ramoscello. ***2*** ramo, diramazione ♦ *die Zweige einer Familie* i rami di una famiglia. ***3*** *(fig)* ramo, branca, ambito.

zweihundert [ˈtsvaiˈhʊndɐt] *(num)* ~ duecento.

zweijährig [ˈtsvaiˌjɛːrɪç] *(agg)* ~ di due anni.

zweijährlich [ˈtsvaiˌjɛːɐlɪç] *(agg)* ***1*** biennale. ***2*** *(avv)* ogni due anni.

Zweikampf [ˈtsvaiˌkampf] *(m; -(e)s, -kämpfe)* ~ duello ♦ *jmdn zum Zweikampf herausfordern* sfidare qcn a duello.

zweimal [ˈtsvaiˌmaːl] *(avv)* ~ due volte, per due volte ♦ *ich habe sie zweimal angerufen* le ho telefonato due volte ♦ *zweimal täglich/zweimal am Tag* due volte al giorno ♦ *ich ließ es mir nicht zweimal sagen* non me lo feci ripetere due volte.

zweimonatlich [ˈtsvaiˌmoːnatlɪç] *(agg)* ***1*** bimestrale. ***2*** *(avv)* ogni due mesi.

zweiseitig [ˈtsvaiˌzaitɪç] *(agg)* ~ bilaterale.

zweisilbig [ˈtsvaiˌzɪlbɪç] *(agg)* ~ bisillabo.

zweisprachig [ˈtsvaiˌʃpraːxɪç] *(agg)* ~ bilingue.

Zweisprachigkeit [-ˌkait] *(f; -)* ~ bilinguismo.

zweispurig [ˈtsvaiˌʃpuːrɪç] *(agg)* ~ a due corsie.

zweistöckig [ˈtsvaiˌʃtœkɪç] *(agg)* ~ a due piani.

zweistufig [ˈtsvaiˌʃtuːfɪç] *(agg)* ~ a due stadi, in due tempi.

zweit- [ˈtsvait-] *(pref + superl)* ~ secondo in ordine di ♦ *zweitältest-* secondo in ordine di età ♦ *zweithöchst-* secondo in ordine di altezza.

zweitausend [ˈtsvaiˈtauzənt] *(num)* ~ duemila.

zweite(r, -s) [ˈtsvaitə (-tɐ, -təs)] *(agg)* ~ secondo ♦ *der Zweite Weltkrieg* la Seconda Guerra Mondiale ♦ *zum zweiten Mal(e)* per la seconda volta ♦ *jeden zweiten Tag* ogni due giorni. ◆ **aus zweiter Hand** di seconda mano. ◆ **zum Ersten** († **ersten**)... **zum Zweiten** († **zweiten**)... in primo luogo... in secondo luogo...

zweitens [ˈtsvaitəns] *(avv)* ~ in secondo luogo.

zweitletzte(r, -s) [ˈtsvaitˈlɛtstə (-tɐ, -təs)] *(agg)* ~ penultimo.

zweitrangig [ˈtsvaitˌraŋɪç] *(agg)* ~ secondario, di second'ordine.

Zweitschrift [ˈtsvaitˌʃrɪft] *(f; -, -en)* ~ copia, duplicato.

Zwerg [tsvɛrk] *(m; -(e)s, -e)* ~ nano.

Zwetsche [ˈtsvɛtʃə] *(f; -, -n)* ~ susina, prugna.

Zwetschenbaum [-nˌbaum] *(m; -(e)s, -bäume)* ~ susino.

zwicken [ˈtsvɪkən] *(vt, hat)* ~ {*jmdn* ~} pizzicare, dare un pizzicotto a qcn ♦ *jmdn in die Wange zwicken* dare un pizzicotto sulla guancia a qcn.

Zwickmühle [ˈtsvɪkˌmyːlə] *(f; -, -n)* ~ pasticcio, guaio, vicolo cieco ♦ *in eine Zwickmühle geraten* finire nei pasticci.

Zwieback [ˈtsviːˌbak] *(m; -(e)s, -bäcke/-backe)* ~ fetta biscottata.

Zwiebel [ˈtsviːbəl] *(f; -, -n)* ***1*** cipolla. ***2*** bulbo. ***3*** crocchia.

Zwiegespräch [ˈtsviːgəʃprɛːç] *(n; -(e)s, -e)* ~ *(lett)* dialogo.

Zwielicht [ˈtsviːˌlɪçt] *(n; -(e)s)* ***1*** penombra. ***2*** crepuscolo. ◆ **ins Zwielicht geraten** *(fig)* essere messo in cattiva luce.

zwielichtig [-ɪç] *(agg)* ~ sospetto, equivoco.

Zwiespalt [ˈtsviːˌʃpalt] *(m; -(e)s)* ~ conflitto interiore.

Zwiesprache [ˈtsviːˌʃpraːxə] *(f; -, -n)* ~ *(lett)* dialogo.

Zwietracht [ˈtsviːˌtraxt] *(f; -)* ~ discordia.

Zwilling [ˈtsvɪlɪŋ] *(m; -(e)s, -e)* ***1*** gemello. ***2*** *(pl)* *(astrol)* Gemelli.

Zwillingsbruder [-sˌbruːdɐ] *(m*; -s, -brüder*)* ~ fratello gemello.
Zwillingsgeburt [-sgəˌbuːɐt] *(f*; -, -en*)* ~ parto gemellare.
Zwillingsschwester [-sˌʃvɛstɐ] *(f*; -, -n*)* ~ sorella gemella.
Zwinge ['tsvɪŋə] *(f*; -, -n*)* ***1*** morsetto. ***2*** ghiera.
zwingen [-n] *(vt*, hat; **zwang**, **gezwungen***)* ~ {*jmdn zu etwas* ~} costringere, forzare, obbligare qcn a qcs ♦ *jmdn zum Sprechen zwingen* costringere qcn a parlare ♦ *ich sehe mich leider gezwungen, das Angebot abzulehnen* purtroppo mi vedo costretto a rifiutare l'offerta.
zwingend [-nt] *(agg)* ***1*** costrittivo. ***2*** convincente.
Zwinger ['tsvɪŋɐ] *(m*; -s, -*)* ***1*** serraglio. ***2*** gabbia, recinto.
zwinkern ['tsvɪŋkɐn] *(vi*, hat*)* ~ ammiccare, strizzare gli occhi. ◆ **mit den Augen zwinkern** strizzare gli occhi.
zwirbeln ['tsvɪrbəln] *(vt*, hat*)* ~ attorcigliare, arricciare.
Zwirn ['tsvɪrn] *(m*; -(e)s, -e*)* ~ refe, filo di refe.
Zwirnsfaden [-sˌfaːdən] *(m*; -s, -fäden*)* ~ filo di refe.
zwischen ['tsvɪʃən] *(prep* + Dat/Acc*)* ***1*** *(stato* + Dat; *moto* + Acc*)* fra, tra, in mezzo a ♦ *das Fenster ist zwischen dem Bett und dem Schreibtisch* la finestra è fra il letto e la scrivania ♦ *ich habe das Lehrbuch zwischen die Wörterbücher gestellt* ho messo il manuale fra i vocabolari ♦ *der Bus verkehrt zwischen dem Bahnhof und dem Flughafen* l'autobus circola fra la stazione e l'aeroporto. ***2*** (+ Dat/Acc) *(fig)* fra, tra, in mezzo a ♦ *zwischen zwei Streitende treten* mettersi in mezzo fra due litiganti ♦ *zwischen den beiden Produkten ist kein großer Unterschied* fra i due prodotti non c'è una grande differenza. ***3*** (+ Dat) *(tempo)* fra ♦ *zwischen dem 2. (zweiten) und dem 12. (zwölften) April* fra il due e il 12 aprile ♦ *zwischen Weihnachten und Neujahr* fra Natale e Capodanno.
zwischendrin [-'drɪn] *(avv)* ~ nel mezzo.
zwischendurch [-'dʊrç] *(avv)* ~ nel frattempo, nei ritagli di tempo ♦ *ich arbeite im Büro und beantworte meine Post zwischendurch* lavoro in ufficio e nel frattempo rispondo alla mia posta.
Zwischenfall [-ˌfal] *(m*; -(e)s, -fälle*)* ***1*** contrattempo. ***2*** *(spec pl)* incidenti, scontri.
zwischen|landen *(vi*, ist; *spec all'inf e part pass)* ~ fare scalo (aereo) ♦ *wir müssen in Paris zwischenlanden* dobbiamo fare scalo a Parigi.
Zwischenlandung [-ˌlandʊŋ] *(f*; -, -en*)* ~ scalo (intermedio).
Zwischenmahlzeit [-ˌmaːltsait] *(f*; -, -en*)* ~ spuntino.
Zwischenraum [-ˌraum] *(m*; -(e)s, -räume*)* ~ spazio libero (fra due cose), distanza; interstizio.
Zwischenruf [-ˌruːf] *(m*; -(e)s, -e*)* ~ interruzione (di un discorso).
Zwischenspiel [-ʃpiːl] *(n*; -(e)s, -e*)* ~ intermezzo *(anche fig)*.
Zwischenzeit [-ˌtsait] *(f*; -, -en*)* ~ intervallo di tempo. ◆ **in der Zwischenzeit** nel frattempo.
Zwist [tsvɪst] *(m*; -(e)s, -e*)* ~ *(lett)* disaccordo, discordia.
zwitschern ['tsvɪtʃɐn] *(vi*, hat*)* ~ cinguettare.
Zwitter ['tsvɪtɐ] *(m*; -s, -*)* ~ ermafrodito.
zwo [tsvoː] *(num)* ~ *(fam)* due.
zwölf [tsvœlf] *(num)* ~ dodici.
zwölfhundert [-'hʊndɐt] *(num)* ~ milleduecento.
zwölfjährig [-jɛːrɪç] *(agg)* ~ dodicenne, di dodici anni.
zwölftel [-təl] *(agg indecl)* ~ dodicesimo, un dodicesimo.
Zwölftel *(n*; -s, -*)* ~ dodicesimo, dodicesima parte.
Zyklamen [tsy'klaːmən] *(n*; -s, -*)* ~ *(bot)* ciclamino.
zyklisch ['tsyːklɪç] *(agg)* ~ ciclico.
Zyklon [tsy'kloːn] *(m*; -s, -e*)* ~ ciclone.
Zyklus ['tsyːklʊs] *(m*; -, Zyklen*)* ~ ciclo.
Zylinder [tsi'lɪndɐ] *(m*; -s, -*)* ***1*** cilindro. ***2*** cappello a cilindro, tuba.
Zylinderhut [-ˌhuːt] *(m*; -(e)s, -hüte*)* ~ cappello a cilindro, tuba.
Zyniker ['tsyːnikɐ] *(m*; -s, -; *f* **-in***)* ~ cinico.
zynisch ['tsyːnɪʃ] *(agg)* ~ cinico.
Zypresse [tsy'prɛsə] *(f*; -, -n*)* ~ cipresso.
Zyste ['tsʏstə] *(f*; -, -n*)* ~ ciste.

Apparati

la nuova ortografia
die neue Rechtschreibung

La nuova riforma ortografica è stata approvata dai paesi di lingua tedesca il 1° luglio 1996 ed è entrata in vigore il 1° agosto 1998.

Fino al 2005 è prevista una fase di transizione, nella quale sono accettate sia le vecchie che le nuove varianti ortografiche.

Le nuove regole, che vanno a sostituire quelle definite nella precedente riforma del 1902, sono state pensate con lo scopo di semplificare alcuni aspetti della scrittura del tedesco, rendendo più coerente la grafia di alcune parole e semplificando il modo di scrivere le parole straniere.

Elenchiamo qui schematicamente le principali novità della nuova ortografia:

– **Grafia della doppia *s*: ss ~ ß**
Con la riforma ortografica, la *ß* viene usata solo dopo vocale lunga e dittongo; in tutti gli altri casi di doppia *s*, la grafia è *ss*: *Fuß* [fuːs], *draußen* ['drausən] ~ *muss* [mʊs] († *muß*), *Kuss* [kʊs] († *Kuß*).

– **Raddoppiamento della consonante dopo vocale breve**, per analogia con la grafia delle forme flesse o derivate: *Tipp* († *Tip*), cfr *tippen*; *Ass* († *As*), cfr pl *Asse*; *nummerieren* († *numerieren*), cfr *Nummer*.

– **Recupero di grafie etimologiche**: per coerenza etimologica, le parole derivate che presentano metafonia conservano la grafia della vocale radicale, modificata dal segno dell'Umlaut:
Bändel († *Bendel*), da *Bund*; *schnäuzen* († *schneuzen*), da *Schnauze*; *aufwändig* († *aufwendig*), da *Aufwand*, ecc.

– **Nei composti, è consentita la sequenza di tre consonanti o vocali uguali**: *Flanelllappen* († *Flanellappen*), *Schifffahrt* († *Schiffahrt*); tuttavia, per rendere più facilmente leggibili le parole, i due elementi del composto possono anche essere separati da un trattino: *Seeelefant*, *See-Elefant*.

– **Altri casi di uniformazione per analogia**: *rau* († *rauh*), cfr *blau*, *grau*; *Rohheit*, *Zähheit* († *Roheit*, *Zäheit*); *selbstständig* (si affianca a *selbständig*); *potenziell* (si affianca a *potentiell*), cfr *Potenz*; *substanziell* (si affianca a *substantiell*), cfr *Substanz*.

– Grafia delle parole straniere

La nuova riforma tende a semplificare l'ortografia delle parole straniere, eliminando le lettere o le sequenze di lettere non usate nel tedesco e rendendo la grafia quanto più vicina possibile alla pronuncia tedesca della parola. Le nuove forme, tuttavia, non sostituiscono le vecchie, che sono ancora accettate. Alcuni esempi: *Delfin* (*Delphin*); *Getto* (*Ghetto*); *Spagetti* (*Spaghetti*); *Panter* (*Panther*); *Schikoree* (*Chicorée*); *Necessär*, *Nessessär* (*Necessaire*); *Ketschup* (*Ketchup*); *Portmonee* (*Portemonnaie*); plur. *Babys* († *Babies*).

– Grafia separata e unita; grafia con il trattino

Nel caso di verbi composti il cui primo elemento sia un aggettivo (o un sostantivo, o un avverbio, o un altro verbo) la nuova ortografia privilegia la scrittura separata: *Eis laufen* († *eislaufen*); *Rad fahren* († *radfahren*); *kennen lernen* († *kennenlernen*); *sitzen bleiben* († *sitzenbleiben*); *auseinander gehen* († *auseinandergehen*).

Niente cambia, invece, nel caso dei verbi composti con i preverbi *ab-*, *auf-*, *aus-*, ecc.

Abbiamo inoltre *so viel* e *wie viel* († *soviel, wieviel*); *irgendetwas*, *irgendjemand* († *irgend etwas, irgend jemand*).

Il trattino diventa obbligatorio nelle parole contenenti numeri scritti in cifre: *20-jährig*, *100-prozentig*. Può essere inoltre usato, come abbiamo visto, per rendere più riconoscibili i componenti di una parola composta.

– Maiuscole e minuscole

I sostantivi e gli aggettivi sostantivati vengono scritti maiuscoli anche in locuzioni preposizionali o espressioni fisse: *auf Grund* († *aufgrund*); *außer Acht lassen* († *außer acht*); *in Bezug auf* († *in bezug auf*); *im Allgemeinen* († *im allgemeinen*); *im Großen und Ganzen* († *im großen und ganzen*).

I nomi delle parti del giorno dopo *gestern*, *heute*, ecc si scrivono maiuscoli: *heute Mittag* († *heute mittag*); *gestern Nacht* († *gestern nacht*); *morgen Abend* († *morgen abend*), ecc.

Parole come *Angst*, *Leid*, *Schuld* si scrivono generalmente maiuscole: *Angst machen* († *angst machen*); *Schuld haben* († *schuld haben*).

Nomi di lingue e di colori preceduti da preposizione si scrivono maiuscoli: *auf Deutsch*, *in Schwarz*.

Si scrivono minuscoli gli aggettivi in espressioni fisse come *erste Hilfe* († *Erste Hilfe*).

Nello stile epistolare, cade l'obbligo della maiuscola per *du* e *dein* ma non per il pronome di cortesia.

– Divisione in sillabe

Decade la grafia *k-k* per il gruppo *ck*: *Zu-cker* († *Zuk-ker*).

I composti che non vengono più percepiti come tali seguono le normali regole di divisione in sillabe: *be-o-bach-ten* († *be-ob-ach-ten*), *ei-nan-der* († *ein-ander*).

Il gruppo *st* diventa separabile: *Fens-ter* († *Fen-ster*).

È permesso separare una singola vocale all'inizio o al centro di una parola: *a-ber* († *aber*); *Ru-i-ne* († *Rui-ne*).

Deklination der Adjektive und Substantive

Declinazione degli aggettivi e dei sostantivi

AGGETTIVI SENZA ARTICOLO

		MASCHILE	FEMMINILE	NEUTRO
NOM	*sing*	guter Wein	helle Nacht	kleines Haus
	pl	gute Weine	helle Nächte	kleine Häuser
GEN	*sing*	guten Weines	heller Nacht	kleinen Hauses
	pl	guter Weine	heller Nächte	kleiner Häuser
DAT	*sing*	gutem Wein	heller Nacht	kleinem Haus
	pl	guten Weinen	hellen Nächte	kleinen Häusern
ACC	*sing*	guten Wein	helle Nacht	kleines Haus
	pl	gute Weine	helle Nächte	kleine Häuser

AGGETTIVI CON ARTICOLO DETERMINATIVO

		MASCHILE	FEMMINILE	NEUTRO
NOM	*sing*	der alte Mann	die alte Frau	das kleine Kind
	pl	die alten Männer	die alten Frauen	die kleinen Kinder
GEN	*sing*	des alten Mannes	der alten Frau	des kleinen Kindes
	pl	der alten Männer	der alten Frauen	der kleinen Kinder
DAT	*sing*	dem alten Mann	der alten Frau	dem kleinen Kind
	pl	den alten Männern	den alten Frauen	den kleinen Kindern
ACC	*sing*	den alten Mann	die alte Frau	das kleine Kind
	pl	die alten Männer	die alten Frauen	die kleinen Kinder

AGGETTIVI CON ARTICOLO INDETERMINATIVO

	MASCHILE	FEMMINILE	NEUTRO
NOM	ein alter Mann	eine alte Frau	ein kleines Kind
GEN	eines alten Mannes	einer alten Frau	eines kleinen Kindes
DAT	einem alten Mann	einer alten Frau	einem kleinen Kind
ACC	einen alten Mann	eine alte Frau	ein kleines Kind

AGGETTIVI CON POSSESSIVI O CON KEIN, KEINE, KEIN

		MASCHILE	FEMMINILE	NEUTRO
NOM	*sing*	mein, kein alter Mann	meine, keine alte Frau	mein, kein kleines Kind
	pl	meine, keine guten Männer	meine, keine guten Frauen	meine, keine kleinen Kinder
GEN	*sing*	meines, keines alten Mannes	meiner, keiner alten Frau	meines, keines kleinen Kindes
	pl	meiner, keiner guten Männer	meiner, keiner guten Frauen	meiner, keiner kleinen Kinder
DAT	*sing*	meinem, keinem alten Mann	meiner, keiner alten Frau	meinem, keinem kleinen Kind
	pl	meinen, keinen guten Männern	meinen, keinen guten Frauen	meinen, keinen kleinen Kindern
ACC	*sing*	meinen, keinen alten Mann	meine, keine alte Frau	mein, kein kleines Kind
	pl	meine, keine guten Männer	meine, keine guten Frauen	meine, keine kleinen Kinder

PRIMA DECLINAZIONE DEI SOSTANTIVI (FORTE)

		MASCHILE	FEMMINILE	NEUTRO
NOM	*sing*	der Tisch	die Mutter, Flasche	das Haus
	pl	die Tische	die Mütter, Flaschen	die Häuser
GEN	*sing*	des Tisch-es	der Mutter, Flasche	des Haus-es
	pl	der Tische	der Mütter, Flaschen	der Häuser
DAT	*sing*	dem Tisch	der Mutter, Flasche	dem Haus
	pl	den Tische-n	den Mütter-n, Flaschen	den Häuser-n
ACC	*sing*	den Tisch	die Mutter, Flasche	das Haus
	pl	die Tische	die Mütter, Flaschen	die Häuser

SECONDA DECLINAZIONE DEI SOSTANTIVI (DEBOLE)

		MASCHILE
NOM	*sing*	der Mensch
	pl	die Mensch-en
GEN	*sing*	des Mensch-en
	pl	der Mensch-en
DAT	*sing*	dem Mensch-en
	pl	den Mensch-en
ACC	*sing*	den Mensch-en
	pl	die Mensch-en

Zahlwörter
Numerali

GRUNDZAHLEN – NUMERI CARDINALI

null	0	achtzig	80
eins	1	neunzig	90
zwei	2	(ein)hundert	100
drei	3	(ein)hunderteins	101
vier	4	...	
fünf	5	zweihundert	200
sechs	6	zweihundert(und)eins	201
sieben	7	...	
acht	8	dreihundert	300
neun	9	vierhundert	400
zehn	10	fünfhundert	500
elf	11	sechshundert	600
zwölf	12	siebenhundert	700
dreizehn	13	achthundert	800
...		neunhundert	900
zwanzig	20	tausend	1000
einundzwanzig	21	tausendeins	1001
...		...	
dreißig	30	zweitausend	2000
einunddreißig	31	dreitausend	3000
...		viertausend	4000
vierzig	40	...	
fünfzig	50	zehntausend	10.000
sechzig	60	hunderttausend	100.000
siebzig	70	eine Million	1.000.000

ORDNUNGSZAHLEN – NUMERI ORDINALI

1. erste	20. zwanzigste	90. neunzigste
2. zweite	21. einundzwanzigste	100. (ein)hundertste
3. dritte	30. dreißigste	101. (ein)hunderterste
4. vierte	31. einunddreißigste	200. zweihundertste
5. fünfte	40. vierzigste	201. zweihunderterste
6. sechste	41. einundvierzigste	500. fünfhundertste
7. siebte	50. fünfzigste	1000. tausendste
8. achte	60. sechzigste	1001. tausenderste
9. neunte	70. siebzigste	2000. zweitausendste
10. zehnte	80. achtzigste	10.000. zehntausendste

Präpositionen
Preposizioni

ab	+ DAT	**halber**	+ GEN POSP
an	+ ACC/DAT	**hinsichtlich**	+ GEN
anhand	+ GEN	**hinter**	+ ACC/DAT
anlässlich	+ GEN	**in**	+ ACC/DAT
anstatt	+ GEN	**infolge**	+ GEN
anstelle	+ GEN	**inmitten**	+ GEN
auf	+ ACC/DAT	**innerhalb**	+ GEN/DAT
aufgrund	+ GEN	**laut**	+ DAT
aus	+ DAT	**mangels**	+ GEN/DAT
ausschließlich	+ GEN/DAT	**mit**	+ DAT
außer	+ DAT	**nach**	+ DAT PREP/POSP
außerhalb	+ GEN	**neben**	+ ACC/DAT
bei	+ DAT	**ohne**	+ ACC
bezüglich	+ GEN/DAT	**seit**	+ DAT
binnen	+ DAT	**trotz**	+ GEN/DAT
bis	+ ACC	**über**	+ ACC/DAT
dank	+ GEN/DAT	**um**	+ ACC
durch	+ ACC	**unter**	+ ACC/DAT
einschließlich	+ GEN/DAT	**von**	+ DAT
entgegen	+ DAT PREP/POSP	**vor**	+ ACC/DAT
entlang	POSP + ACC, PREP + DAT/GEN	**während**	+ GEN/DAT
entsprechend	+ DAT PREP/POSP	**wegen**	+ GEN/DAT
für	+ ACC	**wider**	+ ACC
gegen	+ ACC	**zeit**	+ GEN
gegenüber	+ DAT PREP/POSP	**zu**	+ DAT
gemäß	+ DAT POSP	**zufolge**	PREP + GEN, POSP + DAT

Konjugation der Verben

■

Coniugazione dei verbi

HABEN – AVERE

	Indikativ	Konjunktiv I	Konjunktiv II
Präsens	ich habe du hast er, sie, es hat wir haben ihr habt sie haben	ich habe du habest er, sie, es habe wir haben ihr habet sie haben	
Präteritum	ich hatte du hattest er, sie, es hatte wir hatten ihr hattet sie hatten		ich hätte du hättest er, sie, es hätte wir hätten ihr hättet sie hätten
Perfekt	ich habe gehabt du hast gehabt er, sie, es hat gehabt wir haben gehabt ihr habt gehabt sie haben gehabt	ich habe gehabt du habest gehabt er, sie, es habe gehabt wir haben gehabt ihr habet gehabt sie haben gehabt	
Plusquam-perfekt	ich hatte gehabt du hattest gehabt er, sie, es hatte gehabt wir hatten gehabt ihr hattet gehabt sie hatten gehabt		ich hätte gehabt du hättest gehabt er, sie, es hätte gehabt wir hätten gehabt ihr hättet gehabt sie hätten gehabt
Futur I	ich werde haben du wirst haben er, sie, es wird haben wir werden haben ihr werdet haben sie werden haben	ich werde haben du werdest haben er, sie, es werde haben wir werden haben ihr werdet haben sie werden haben	
Futur II	ich werde gehabt haben du wirst gehabt haben er, sie, es wird gehabt haben wir werden gehabt haben ihr werdet gehabt haben sie werden gehabt haben	ich werde gehabt haben du werdest gehabt haben er, sie, es werde gehabt haben wir werden gehabt haben ihr werdet gehabt haben sie werden gehabt haben	

Infinitiv Präsens	haben	Imperativ	Singular	hab(e)!
Infinitiv Perfekt	gehabt haben		Plural	habt!
Partizip I	habend		Höflichkeitsform	haben Sie!
Partizip II	gehabt			

Bandiere

e Stati del Mondo

■

Flaggen und Staaten

der Welt

Europa
Europa

Albania
Albanien

Andorra
Andorra

Austria
Österreich

Belgio
Belgien

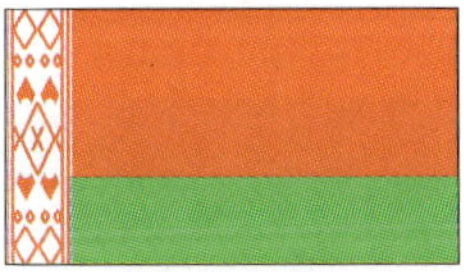

Bielorussia
Weißrußland

Bosnia-Erzegovina
Bosnien-Herzegowina

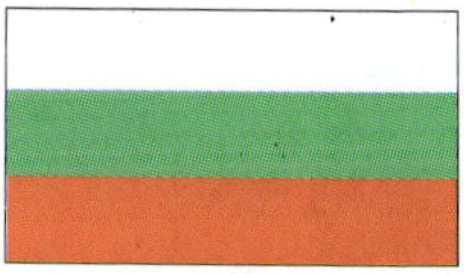

Bulgaria
Bulgarien

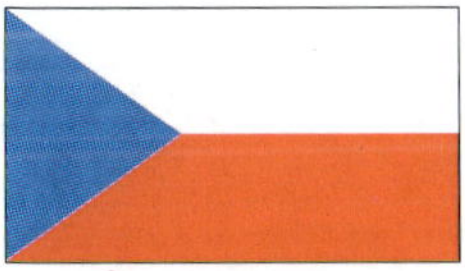

Ceca Repubblica
Tschechische Republik

Città del Vaticano
Vatikanstadt

Croazia
Kroatien

Danimarca
Dänemark

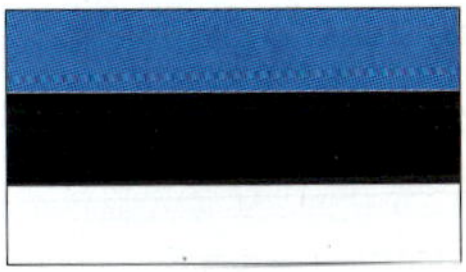

Estonia
Estland

Finlandia
Finnland

Francia
Frankreich

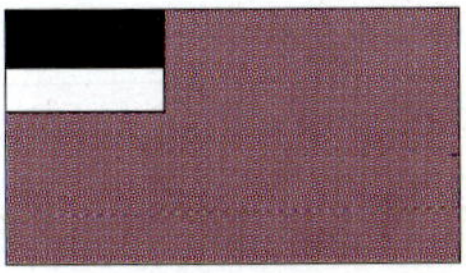

Georgia
Georgien

Germania
Deutschland

Grecia
Griechenland

Irlanda
Irland

Islanda
Island

Italia
Italien

Lettonia
Lettland

Liechtenstein
Liechtenstein

Lituania
Litauen

Lussemburgo
Luxemburg

Macedonia
Mazedonien

Malta
Malta

Moldavia
Moldawien

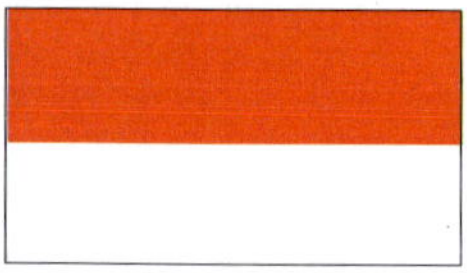

Monaco Principato
Monaco

Norvegia
Norwegen

Paesi Bassi
Niederlande

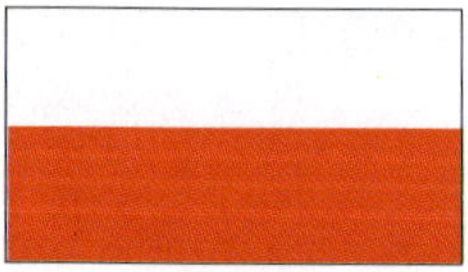

Polonia
Polen

Portogallo
Portugal

Regno Unito
Vereinigtes Königreich

Romania
Rumänien

Russia
Rußland

San Marino
San Marino

Serbia e Montenegro
Serbien und Montenegro

Slovacchia
Slowakei

Slovenia
Slowenien

Spagna
Spanien

Svezia
Schweden

Svizzera
Schweiz

Ucrania
Ukraine

Ungheria
Ungarn

Africa
Afrika

Algeria
Algerien

Angola
Angola

Benin
Benin

Botswana
Botsuana

Burkina Faso
Burkina Faso

Burundi
Burundi

Camerun
Kamerun

Capo Verde
Kap Verde

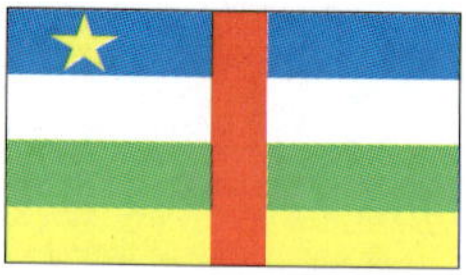

Centrafricana Repubblica
Zentralafrikanische Rep.

Ciad
Tschad

Comore
Komoren

Congo Repubblica
Kongo Republik

Congo Rep. Dem.
Kongo Dem. Rep.

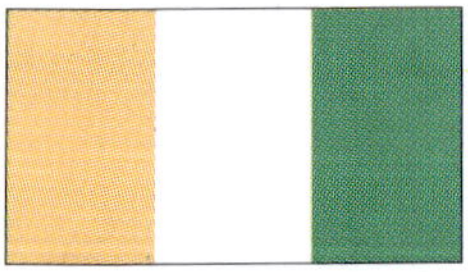

Costa d'Avorio
Elfenbeinküste

Egitto
Ägypten

Eritrea
Eritrea

Etiopia
Äthiopien

Gabon
Gabun

Gambia
Gambia

Ghana
Ghana

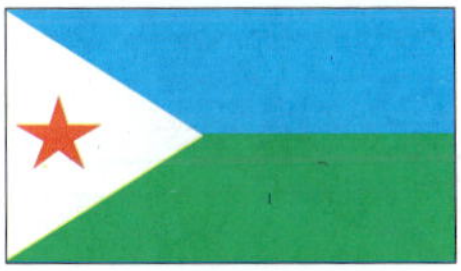
Gibuti
Dschibuti

Guinea
Guinea

Guinea Bissau
Guinea-Bissau

Guinea Equatoriale
Äquatorialguinea

Kenya
Kenia

Lesotho
Lesotho

Liberia
Liberia

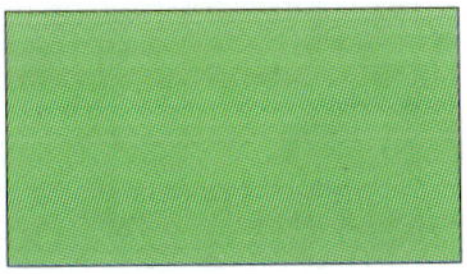
Libia
Libyen

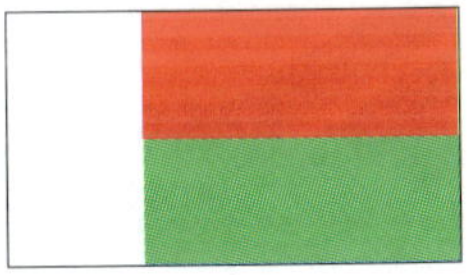
Madagascar
Madagaskar

Malawi
Malawi

Mali
Mali

Marocco
Marokko

Mauritania
Mauretanien

Maurizio
Mauritius

Mozambico
Mosambik

Namibia
Namibia

Niger
Niger

Nigeria
Nigeria

Ruanda
Ruanda

São Tomé e Príncipe
São Tomé und Príncipe

Seicelle
Seychellen

Senegal
Senegal

Sierra Leone
Sierra Leone

Somalia
Somalia

Sudafrica
Südafrika

Sudan
Sudan

Swaziland
Swasiland

Tanzania
Tansania

Togo
Togo

Tunisia
Tunesien

Uganda
Uganda

Zambia
Sambia

Zimbabwe
Simbabwe

Asia
Asien

Afganistan
Afghanistan

Arabia Saudita
Saudi-Arabien

Armenia
Armenien

Azerbaigian
Aserbaidschan

Bahrain
Bahrain

Bangladesh
Bangladesch

Bhutan
Bhutan

Brunei
Brunei

Cambogia
Kambodscha

Cina
China

Cipro
Zypern

Corea del Nord
Nordkorea

Corea del Sud
Südkorea

Emirati Arabi Uniti
Vereinigte Arabische Emirate

Filippine
Philippinen

X

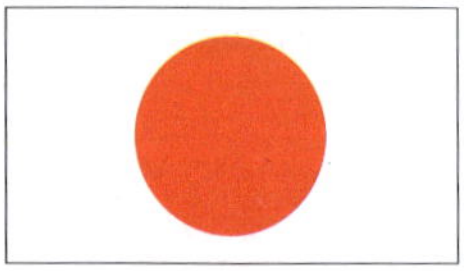

Giappone
Japan

Giordania
Jordanien

India
Indien

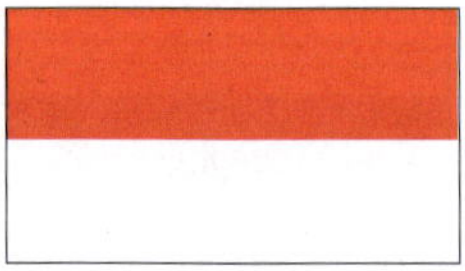

Indonesia
Indonesien

Iran
Iran

Iraq
Irak

Israele
Israel

Kazakistan
Kasachstan

Kirghizistan
Kirgisistan

Kuwait
Kuwait

Laos
Laos

Libano
Libanon

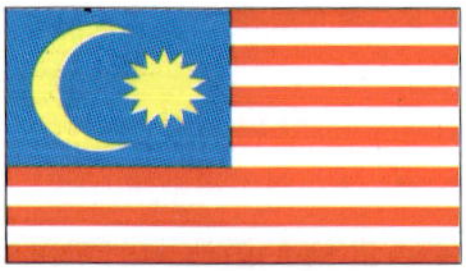

Malaysia
Malaysia

Maldive
Malediven

Mongolia
Mongolei

Myanmar (Birmania)
Myanmar

Nepal
Nepal

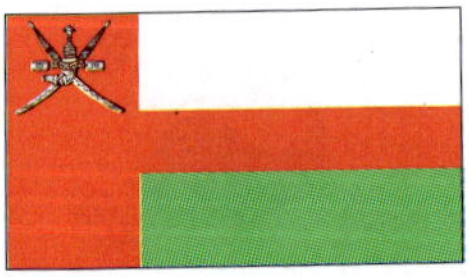

Oman
Oman

Pakistan
Pakistan

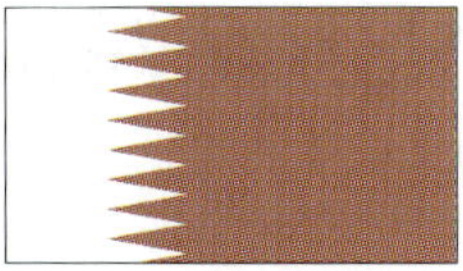

Qatar
Katar

Singapore
Singapur

Siria
Syrien

Sri Lanka
Sri Lanka

Tagikistan
Tadschikistan

Tailandia
Thailand

Taiwan
Taiwan

Timor Est
Osttimor

Turchia
Türkei

Turkmenistan
Turkmenistan

Uzbekistan
Usbekistan

Viet Nam
Vietnam

Yemen
Jemen

America del Nord e America Centrale
Nord- und Mittelamerika

Antigua e Barbuda
Antigua und Barbuda

Bahama
Bahamas

Barbados
Barbados

Belize
Belize

Canada
Kanada

Costa Rica
Costa Rica

Cuba
Kuba

Dominica
Dominica

Dominicana Repubblica
Dominikanische Rep.

El Salvador
El Salvador

Giamaica
Jamaika

Grenada
Grenada

Guatemala
Guatemala

Haiti
Haiti

Honduras
Honduras

Messico
Mexiko

Nicaragua
Nicaragua

Panamá
Panama

St. Kitts e Nevis
St. Kitts und Nevis

Saint Lucia
St. Lucia

St. Vincent e Grenadine
St. Vincent und die Grenadinen

Stati Uniti d'America
Vereinigte Staaten von Amerika

America del Sud
Südamerika

Argentina
Argentinien

Bolivia
Bolivien

Brasile
Brasilien

Cile
Chile

Colombia
Kolumbien

Ecuador
Ecuador

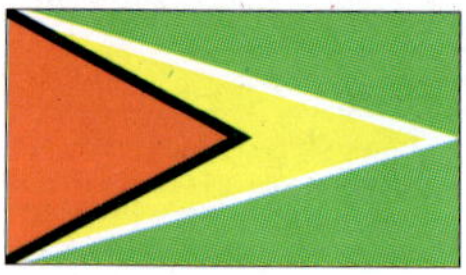

Guyana
Guyana

Paraguay
Paraguay

Perù
Peru

Suriname
Suriname

Trinidad e Tobago
Trinidad und Tobago

Uruguay
Uruguay

Venezuela
Venezuela

Oceania
Ozeanien

Australia
Australien

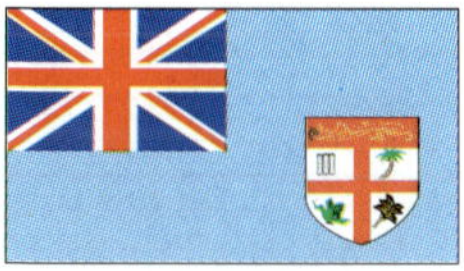

Figi Isole
Fidschi-Inseln

Kiribati
Kiribati

Marshall Isole
Marshall-Inseln

Micronesia
Mikronesien

Nauru
Nauru

Nuova Zelanda
Neuseeland

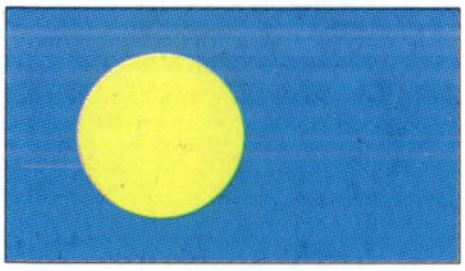

Palau
Palau

Papua Nuova Guinea
Papua-Neuguinea

Salomone Isole
Salomom-Inseln

Samoa Occidentali
Westsamoa

Tonga
Tonga

Tuvalu
Tuvalu

Vanuatu
Vanuatu

SEIN – ESSERE

	Indikativ	Konjunktiv I	Konjunktiv II
Präsens	ich bin du bist er, sie, es ist wir sind ihr seid sie sind	ich sei du sei(e)st er, sie, es sei wir seien ihr seiet sie seien	
Präteritum	ich war du warst er, sie, es war wir waren ihr wart sie waren		ich wäre du wär(e)st er, sie, es wäre wir wären ihr wär(e)t sie wären
Perfekt	ich bin gewesen du bist gewesen er, sie, es ist gewesen wir sind gewesen ihr seid gewesen sie sind gewesen	ich sei gewesen du sei(e)st gewesen er, sie, es sei gewesen wir seien gewesen ihr seiet gewesen sie seien gewesen	
Plusquamperfekt	ich war gewesen du warst gewesen er, sie, es war gewesen wir waren gewesen ihr wart gewesen sie waren gewesen		ich wäre gewesen du wär(e)st gewesen er, sie, es wäre gewesen wir wären gewesen ihr wär(e)t gewesen sie wären gewesen
Futur I	ich werde sein du wirst sein er, sie, es wird sein wir werden sein ihr werdet sein sie werden sein	ich werde sein du werdest sein er, sie, es werde sein wir werden sein ihr werdet sein sie werden sein	
Futur II	ich werde gewesen sein du wirst gewesen sein er, sie, es wird gewesen sein wir werden gewesen sein ihr werdet gewesen sein sie werden gewesen sein	ich werde gewesen sein du werdest gewesen sein er, sie, es werde gewesen sein wir werden gewesen sein ihr werdet gewesen sein sie werden gewesen sein	

Infinitiv Präsens	sein	Imperativ	Singular	sei!
Infinitiv Perfekt	gewesen sein		Plural	seid!
Partizip I	seiend		Höflichkeitsform	seien Sie!
Partizip II	gewesen			

WERDEN – DIVENTARE

	Indikativ	Konjunktiv I	Konjunktiv II
Präsens	ich werde du wirst er, sie, es wird wir werden ihr werdet sie werden	ich werde du werdest er, sie, es werde wir werden ihr werdet sie werden	
Präteritum	ich wurde du wurdest er, sie, es wurde wir wurden ihr wurdet sie wurden		ich würde du würdest er, sie, es würde wir würden ihr würdet sie würden
Perfekt	ich bin geworden du bist geworden er, sie, es ist geworden wir sind geworden ihr seid geworden sie sind geworden	ich sei geworden du sei(e)st geworden er, sie, es sei geworden wir seien geworden ihr seiet geworden sie seien geworden	
Plusquam-perfekt	ich war geworden du warst geworden er, sie, es war geworden wir waren geworden ihr wart geworden sie waren geworden		ich wäre geworden du wär(e)st geworden er, sie, es wäre geworden wir wären geworden ihr wär(e)t geworden sie wären geworden
Futur I	ich werde werden du wirst werden er, sie, es wird werden wir werden werden ihr werdet werden sie werden werden	ich werde werden du werdest werden er, sie, es werde werden wir werden werden ihr werdet werden sie werden werden	
Futur II	ich werde geworden sein du wirst geworden sein er, sie, es wird geworden sein wir werden geworden sein ihr werdet geworden sein sie werden geworden sein	ich werde geworden sein du werdest geworden sein er, sie, es werde geworden sein wir werden geworden sein du werdet geworden sein sie werden geworden sein	

Infinitiv Präsens	werden	Imperativ	Singular	werd[e]!
Infinitiv Perfekt	(ge)worden sein		Plural	werdet!
Partizip I	werdend		Höflichkeitsform	werden Sie!
Partizip II	(Vollverb:) geworden (Hilfsverb:) worden			

CONIUGAZIONE DEI MODALI

		DÜRFEN	KÖNNEN	MÖGEN	MÜSSEN	SOLLEN	WOLLEN
INDIKATIV PRÄSENS	ich	darf	kann	mag	muss	soll	will
	du	darfst	kannst	magst	musst	sollst	willst
	er sie es	darf	kann	mag	muss	soll	will
	wir	dürfen	können	mögen	müssen	sollen	wollen
	ihr	dürft	könnt	mögt	müsst	sollt	wollt
	sie	dürfen	können	mögen	müssen	sollen	wollen
INDIKATIV PRÄTERITUM	ich	durfte	konnte	mochte	musste	sollte	wollte
	du	durftest	konntest	mochtest	musstest	solltest	wolltest
	er sie es	durfte	konnte	mochte	musste	sollte	wollte
	wir	durften	konnten	mochten	mussten	sollten	wollten
	ihr	durftet	konntet	mochtet	musstet	solltet	wolltet
	sie	durften	konnten	mochten	mussten	sollten	wollten
KONJUNKTIV I PRÄSENS	ich	dürfe	könne	möge	müsse	solle	wolle
	du	dürfest	könnest	mögest	müssest	sollest	wollest
	er sie es	dürfe	könne	möge	müsse	solle	wolle
	wir	dürfen	können	mögen	müssen	sollen	wollen
	ihr	dürfet	könnet	möget	müsset	sollet	wollet
	sie	dürfen	können	mögen	müssen	sollen	wollen
KONJUNKTIV II PRÄTERITUM	ich	dürfte	könnte	möchte	müsste	sollte	wollte
	du	dürftest	könntest	möchtest	müsstest	solltest	wolltest
	er sie es	dürfte	könnte	möchte	müsste	sollte	wollte
	wir	dürften	könnten	möchten	müssten	sollten	wollten
	ihr	dürftet	könntet	möchtet	müsstet	solltet	wolltet
	sie	dürften	könnten	möchten	müssten	sollten	wollten
PARTIZIP II:		gedurft	gekonnt	gemocht	gemusst	gesollt	gewollt

CONIUGAZIONE REGOLARE (DEBOLE)

	INDIKATIV	KONJUNKTIV I	KONJUNKTIV II
PRÄSENS	ich frag-e du frag-st er, sie, es frag-t wir frag-en ihr frag-t sie frag-en	ich frag-e du frag-est er, sie, es frag-e wir frag-en ihr frag-et sie frag-en	
PRÄTERITUM	ich frag-t-e du frag-t-est er, sie, es frag-t-e wir frag-t-en ihr frag-t-et sie frag-t-en		ich frag-t-e du frag-t-est er, sie, es frag-t-e wir frag-t-en ihr frag-t-et sie frag-t-en
PERFEKT	ich habe gefragt du hast gefragt er, sie, es hat gefragt wir haben gefragt ihr habt gefragt sie haben gefragt	ich habe gefragt du habest gefragt er, sie, es hat habe gefragt wir haben gefragt ihr habet gefragt sie haben gefragt	
PLUSQUAM-PERFEKT	ich hatte gefragt du hattest gefragt er, sie, es hatte gefragt wir hatten gefragt ihr hattet gefragt sie hatten gefragt		ich hätte gefragt du hättest gefragt er, sie, es hätte gefragt wir hätten gefragt ihr hättet gefragt sie hätten gefragt
FUTUR I	ich werde fragen du wirst fragen er, sie, es wird fragen wir werden fragen ihr werdet fragen sie werden fragen	ich werde fragen du werdest fragen er, sie, es werde fragen wir werden fragen ihr werdet fragen sie werden fragen	
FUTUR II	ich werde gefragt haben du wirst gefragt haben er, sie, es wird gefragt haben wir werden gefragt haben ihr werdet gefragt haben sie werden gefragt haben	ich werde gefragt haben du werdest gefragt haben er, sie, es werde gefragt haben wir werden gefragt haben ihr werdet gefragt haben sie werden gefragt haben	

INFINITIV PRÄSENS	fragen	IMPERATIV	SINGULAR	frag[e]!
INFINITIV PERFEKT	gefragt haben		PLURAL	fragt!
PARTIZIP I	fragend		HÖFLICHKEITSFORM	fragen Sie!
PARTIZIP II	gefragt			

CONIUGAZIONE IRREGOLARE (FORTE)

	INDIKATIV	KONJUNKTIV I	KONJUNKTIV II
PRÄSENS	ich komm-e du komm-st er, sie, es komm-t wir komm-en ihr komm-t sie komm-en	ich komm-e du komm-est er, sie, es komm-e wir komm-en ihr komm-et sie komm-en	
PRÄTERITUM	ich kam du kam-st er, sie, es kam wir kam-en ihr kam-t sie kam-en		ich käm-e du käm-(e)st er sie es käm-e wir käm-en ihr käm-(e)t sie käm-en
PERFEKT	ich bin gekommen du bist gekommen er, sie, es ist gekommen wir sind gekommen ihr seid gekommen sie sind gekommen	ich sei gekommen du sei(e)st gekommen er, sie, es sei gekommen wir seien gekommen ihr seiet gekommen sie seien gekommen	
PLUSQUAM-PERFEKT	ich war gekommen du warst gekommen er, sie, es war gekommen wir waren gekommen ihr wart gekommen sie waren gekommen		ich wäre gekommen du wär(e)st gekommen er, sie, es wäre gekommen wir wären gekommen ihr wär(e)t gekommen sie wären gekommen
FUTUR I	ich werde kommen du wirst kommen er, sie, es wird kommen wir werden kommen ihr werdet kommen sie werden kommen	ich werde kommen du werdest kommen er, sie, es werde kommen wir werden kommen ihr werdet kommen sie werden kommen	
FUTUR II	ich werde gekommen sein du wirst gekommen sein er, sie, es wird gekommen wir werden gekommen sein ihr werdet gekommen sein sie werden gekommen sein	ich werde gekommen sein du werdest gekommen sein er, sie, es werde gekommen sein wir werden gekommen sein ihr werdet gekommen sein sie werden gekommen sein	

INFINITIV PRÄSENS	kommen	IMPERATIV	SINGULAR	komm!
INFINITIV PERFEKT	gekommen sein		PLURAL	kommt!
PARTIZIP I	kommend		HÖFLICHKEITSFORM	kommen Sie!
PARTIZIP II	gekommen			

Unregelmäßige Verben
Verbi irregolari

INFINITIV	PRÄTERITUM	PARTIZIP II	IMPERATIV	3. PERSON SINGULAR
INFINITO	PRETERITO	PARTICIPIO PASSATO	IMPERATIVO	3ª PERSONA SING
backen	backte buk	hat gebacken	back(e)/backt	bäckt, backt
befehlen	befahl	hat befohlen	befiehl/befehlt	befiehlt
beginnen	begann	hat begonnen	beginn(e)/beginnt	
beißen	biss	hat gebissen	beiß(e)/beißt	
bergen	barg	hat geborgen	birg/bergt	birgt
bersten	barst	ist geborsten	birst/berstet	birst
bewegen	bewog	hat bewogen	beweg(e)/bewegt	
biegen	bog	hat/ist gebogen	bieg(e)/biegt	
bieten	bot	hat geboten	biet(e)/bietet	
binden	band	hat gebunden	bind(e)/bindet	
bitten	bat	hat gebeten	bitt(e)/bittet	
blasen	blies	hat geblasen	blas(e)/blast	bläst
bleiben	blieb	ist geblieben	bleib(e)/bleibt	
braten	briet	hat gebraten	brat(e)/bratet	brät
brechen	brach	hat/ist gebrochen	brich/brecht	bricht
brennen	brannte	hat gebrannt	brenn(e)/brennt	
bringen	brachte	hat gebracht	bring(e)/bringt	
denken	dachte	hat gedacht	denk(e)/denkt	
dreschen	drosch	hat gedroschen	drisch/drescht	drischt
dringen	drang	ist gedrungen	dring(e)/dringt	
dürfen	durfte	hat gedurft		darf
empfangen	empfing	hat empfangen	empfang(e)/empfangt	empfängt
empfehlen	empfahl	hat empfohlen	empfiehl/empfehlt	empfiehlt
empfinden	empfand	hat empfunden	empfind(e)/empfindet	
erkiesen	erkor	hat erkoren		
erklimmen	erklomm	hat erklommen	erklimm(e)/erklimmt	
erlöschen	erlosch	ist erloschen	erlösch(e)/erlöscht	erlischt
erschrecken	erschrak	ist erschrocken	erschrick/erschreckt	erschrickt
essen	aß	hat gegessen	iss/esst	isst
fahren	fuhr	hat/ist gefahren	fahr(e)/fahrt	fährt
fallen	fiel	ist gefallen	fall(e)/fallt	fällt

fangen	fing	hat gefangen	fang(e)/fangt	fängt
fechten	focht	hat gefochten	ficht/fechtet	ficht
finden	fand	hat gefunden	find(e)/findet	
flechten	flocht	hat geflochten	flicht/flechtet	flicht
fliegen	flog	hat/ist geflogen	flieg(e)/fliegt	
fliehen	floh	ist geflohen	flieh(e)/flieht	
fließen	floss	ist geflossen	fließ(e)/fließt	
fressen	fraß	hat gefressen	friss/fresst	frisst
frieren	fror	hat gefroren	frier(e)/friert	
gären	gor gärte	hat/ist gegoren hat/ist gegärt	gär(e)/gärt	
gebären	gebar	ist geboren	gebier(e)/gebärt	
geben	gab	hat gegeben	gib/gebt	gibt
gedeihen	gedieh	ist gediehen	gedeih(e)/gedeiht	
gehen	ging	ist gegangen	geh(e)/geht	
gelingen	gelang	ist gelungen	geling(e)/gelingt	
gelten	galt	hat gegolten	gilt/geltet	gilt
genesen	genas	ist genesen	genes(e)/genest	
genießen	genoss	hat genossen	genieß(e)/genießt	
geraten	geriet	ist geraten	gerat(e)/geratet	gerät
geschehen	geschah	ist geschehen	geschieh/gescheht	geschieht
gewinnen	gewann	hat gewonnen	gewinn(e)/gewinnt	
gießen	goss	hat gegossen	gieß(e)/gießt	
gleichen	glich	hat geglichen	gleich(e)/gleicht	
gleiten	glitt	ist geglitten	gleit(e)/gleitet	
glimmen	glomm glimmte	hat geglommen hat geglimmt	glimm(e)/glimmt	
graben	grub	hat gegraben	grab(e)/grabt	gräbt
greifen	griff	hat gegriffen	greif(e)/greift	
haben	hatte	hat gehabt	hab(e)/habt	hat
halten	hielt	hat gehalten	halt(e)/haltet	hält
hängen	hing	hat gehangen	häng(e)/hängt	
hauen	haute	hat gehauen	hau(e)/haut	
heben	hieb hob	hat gehoben	heb(e)/hebt	
heißen	hieß	hat geheißen	heiß(e)/heißt	
helfen	half	hat geholfen	hilf/helft	hilft
kennen	kannte	hat gekannt	kenn(e)/kennt	
klingen	klang	hat geklungen	kling(e)/klingt	
kneifen	kniff	hat gekniffen	kneif(e)/kneift	
kommen	kam	ist gekommen	komm(e)/kommt	
können	konnte	hat gekonnt		kannst
kriechen	kroch	ist gekrochen	kriech(e)/kriecht	
laden	lud	hat geladen	lad(e)/ladet	lädt
lassen	ließ	hat gelassen	lass/lasst	lässt
laufen	lief	ist gelaufen	lauf(e)/lauft	läuft

leiden	litt	hat gelitten	leid(e)/leidet	
leihen	lieh	hat geliehen	leih(e)/leiht	
lesen	las	hat gelesen	lies/lest	liest
liegen	lag	hat gelegen	lieg(e)/liegt	
lügen	log	hat gelogen	lüg(e)/lügt	
mahlen	mahlte	hat gemahlen	mahl(e)/mahlt	
meiden	mied	hat gemieden	meid(e)/meidet	
melken	molk melkte	hat gemolken hat gemelkt	melk(e), milk/melkt	
messen	maß	hat gemessen	miss/messt	misst
misslingen	misslang	ist misslungen		
mögen	mochte	hat gemocht		magt
müssen	musste	hat gemusst		muss
nehmen	nahm	hat genommen	nimm/nehmt	nimmt
nennen	nannte	hat genannt	nenn(e)/nennt	
pfeifen	pfiff	hat gepfiffen	pfeif(e)/pfeift	
pflegen	pflegte pflog	hat gepflegt hat gepflogen	pfleg(e)/pfleget	
preisen	pries	hat gepriesen	preis(e)/preist	
quellen	quoll	ist gequollen	quill/quellt	quillt
raten	riet	hat geraten	rat(e)/ratet	rät
reiben	rieb	hat gerieben	reib(e)/reibt	
reißen	riss	hat/ist gerissen	reiß/reißt	
reiten	ritt	hat/ist geritten	reit(e)/reitet	
rennen	rannte	ist gerannt	renn(e)/rennt	
riechen	roch	hat gerochen	riech(e)/riecht	
ringen	rang	hat gerungen	ring(e)/ringt	
rinnen	rann	ist geronnen	rinn(e)/rinnt	
rufen	rief	hat gerufen	ruf(e)/ruft	
pfeifen	pfiff	hat gepfiffen	pfeif(e)/pfeift	
salzen	salzte	hat gesalzen	salze(e)/salzet	
saufen	soff	hat gesoffen	sauf(e)/sauft	säuft
saugen	sog	hat gesogen	saug(e)/saugt	
schaffen	schuf	hat geschaffen	schaff(e)/schafft	
schallen	schallte scholl	hat geschallt	schall(e)/schallt	
scheiden	schied	hat/ist geschieden	scheid(e)/scheidet	
scheinen	schien	hat geschienen	schein(e)/scheidet	
scheißen	schiss	hat geschissen	scheiß(e)/scheißt	
schelten	schalt	hat gescholten	schilt/scheltet	schilt
scheren	schor	hat geschoren	scher(e)/schert	
schieben	schob	hat geschoben	schieb(e)/schiebt	
schießen	schoss	hat geschossen	schieß(e)/schießt	
schinden	schindete	hat geschunden	schind(e)/schindet	
schlafen	schlief	hat geschlafen	schlaf(e)/schlaft	schläft
schlagen	schlug	hat geschlagen	schlag(e)/schlagt	schlägt

schleichen	schlich	ist geschlichen	schleich(e)/schleicht	
schleifen	schliff	hat geschliffen	schleif(e)/schleift	
schließen	schloss	hat geschlossen	schließ(e)/schließt	
schlingen	schlang	hat geschlungen	schling(e)/schlingt	
schmeißen	schmiss	hat geschmissen	schmeiß(e)/schmeißt	
schmelzen	schmolz schmelzete	ist geschmolzen ist geschmelzt	schmilz/schmelzt	schmilzt
schneiden	schnitt	hat geschnitten	schneid(e)/schneidet	
schreiben	schrieb	hat geschrieben	schreib(e)/schreibt	
schreien	schrie	hat geschrie(e)n	schrei(e)/schreit	
schreiten	schritt	ist geschritten	schreit(e)/schreitet	
schweigen	schwieg	hat geschwiegen	schweig(e)/schweigt	
schwellen	schwoll	ist geschwollen	schwill/schwellt	schwillt
schwimmen	schwamm	hat/ist geschwommen	schwimm(e)/schwimmt	
schwinden	schwand	ist geschwunden	schwind(e)/schwindet	
schwingen	schwang	hat geschwungen	schwing(e)/schwingt	
schwören	schwor schwur	hat geschworen	schwör(e)/schwört	
sehen	sah	hat gesehen	sieh/seht	sieht
sein	war	ist gewesen	sei/seid	ist
senden	sandte sendete	hat gesandt hat gesendet	send(e)/sendet	
sieden	sott siedete	hat gesotten hat gesiedet	sied(e)/siedet	
singen	sang	hat gesungen	sing(e)/singt	
sinken	sank	ist gesunken	sink(e)/sinkt	
sinnen	sann	hat gesonnen	sinn(e)/sinnt	
sitzen	saß	hat gesessen	sitz(e)/sitzt	
sollen	sollte	hat gesollt		soll
spalten	spaltete	hat gespalten	spalt(e)/spaltet	
speien	spie	hat gespie(e)n	spei(e)/speit	
spinnen	spann	hat gesponnen	spinn(e)/spinnt	
sprechen	sprach	hat gesprochen	sprich/sprecht	spricht
sprießen	spross	ist gesprossen	sprieß(e)/sprießt	
springen	sprang	ist gesprungen	spring(e)/springt	
stechen	stach	hat gestochen	stich/stecht	sticht
stehen	stand	hat gestanden	steh(e)/steht	
stehlen	stahl	hat gestohlen	stiehl/stehlt	stiehlt
steigen	stieg	ist gestiegen	steig(e)/steigt	
sterben	starb	ist gestorben	stirb/sterbt	stirbt
stieben	stob stiebte	ist gestoben ist gestieb	stib(e)/stiebt	
stinken	stank	hat gestunken	stink(e)/stinkt	
stoßen	stieß	hat gestoßen	stoß(e)/stoßt	stößt
streichen	strich	hat gestrichen	streich(e)/streicht	

streiten	stritt	hat gestritten	streit(e)/streitet	
tragen	trug	hat getragen	trag(e)/tragt	trägt
treffen	traf	hat getroffen	triff/trefft	trifft
treiben	trieb	hat getrieben	treib(e)/treibt	
treten	trat	hat getreten	tritt/tretet	tritt
trinken	trank	hat getrunken	trink(e)/trinkt	
trügen	trog	hat getrogen	trüg(e)/trügt	
tun	tat	hat getan	tu(e)/tut	
verbleichen	verblich	ist verblichen	verbleich(e)/verbleicht	
verderben	verdarb	hat/ist verdorben	verdirb/verderbt	verdirbt
verdrießen	verdross	hat verdrossen	verdrieß(e)/verdrießt	
vergessen	vergaß	hat vergessen	vergiss/vergesst	vergisst
verlieren	verlor	hat verloren	verlier(e)/verliert	
verzeihen	verzieh	hat verziehen	verzeih(e)/verzeiht	
wachsen	wuchs	ist gewachsen	wachs(e)/wachst	wächst
wägen	wog	hat gewogen	wäg(e)/wägt	
waschen	wusch	hat gewaschen	wasch(e)/wascht	wäscht
weben	wob webte	hat gewoben hat gewebt	web(e)/webt	
weichen	wich	ist gewichen	weich(e)/weicht	
weisen	wies	hat gewiesen	weis(e)/weist	
wenden	wendete wandte	hat gewendet hat gewandt	wend(e)/wendet	
werben	warb	hat geworben	wirb/werbt	wirbt
werden	wurde	ist geworden	werd(e)/werdet	wird
werfen	warf	hat geworfen	wirf/werft	wirft
wiegen	wog	hat gewogen	wieg(e)/wiegt	
winden	wand	hat gewunden	wind(e)/windet	
wissen	wusste	hat gewusst	wiss(e)/wisset	weiß
wollen	wollte	hat gewollt	woll(e)/wollt	will
wringen	wrang	hat gewrungen	wring(e)/wringet	
ziehen	zog	hat/ist gezogen	zieh(e)/zieht	
zwingen	zwang	hat gezwungen	zwing(e)/zwingt	

geographische Namen
nomi geografici

Aachen ['a:xən] *(np n)* ~ Aquisgrana.
Aargau ['a:ɐgau] *(np m)* ~ Argovia.
Adria ['a:dria] *(np f)* ~ Adriatico.
Afrika ['a:frika] *(np n)* ~ Africa.
Afrikaner [afri'ka:nɐ] *(m; -s, -; f* **-in***)* ~ africano.
afrikanisch [afri'ka:nɪʃ] *(agg)* ~ africano.
Ägypten [ɛ'gʏptən] *(np n)* ~ Egitto.
Ägypter [ɛ'gʏptɐ] *(m; -s, -; f* **-in***)* ~ egiziano.
ägyptisch [ɛ'gʏptɪʃ] *(agg)* ~ egiziano.
Albaner [al'ba:nɐ] *(m; -s, -; f* **-in***)* ~ albanese.
Albanien [al'ba:njən] *(np n)* ~ Albania.
albanisch [al'ba:nɪʃ] *(agg)* ~ albanese.
Albanisch *(n)*, das **Albanische** [al'ba:nɪʃə] *(n; -n)* ~ lingua albanese.
Algerien [al'ge:rjən] *(np n)* ~ Algeria.
Algerier [al'ge:rjɐ] *(m; -s, -; f* **-in***)* ~ algerino.
algerisch [al'ge:rɪʃ] *(agg)* ~ algerino.
Alpen ['alpən] *(np pl)* ~ Alpi.
alpin [al'pi:n] *(agg)* ~ alpino.
Amerika [a'me:rika] *(np n)* ~ America.
Amerikaner [ameri'ka:nɐ] *(m; -s, -; f* **-in***)* ~ americano.
amerikanisch [ameri'ka:nɪʃ] *(agg)* ~ americano.
Antarktis [ant'ʔarktɪs] *(np f)* ~ Antartide.
antarktisch [ant'ʔarktɪʃ] *(agg)* ~ antartico.
Araber ['arabɐ] *(m; -s, -; f* **-in***)* ~ arabo.
Arabien [a'ra:bjən] *(np n)* ~ Arabia.
arabisch [a'ra:bɪʃ] *(agg)* ~ arabo.
Arabisch *(n)*, das **Arabische** [a'ra:bɪʃə] *(n, -n)* ~ lingua araba.
Argentinien [argɛn'ti:njən] *(np n)* ~ Argentina.
Argentinier [argɛn'ti:njɐ] *(m; -s, -; f* **-in***)* ~ argentino.
argentinisch [argɛn'ti:nɪʃ] *(agg)* ~ argentino.
Arktis ['arktɪs] *(np f)* ~ Artide.
arktisch ['arktɪʃ] *(agg)* ~ artico.
Asiat [a'zja:t] *(m; -en, -en)* ~ asiatico.
asiatisch [a'zja:tɪʃ] *(agg)* ~ asiatico.
Asien ['a:zjən] *(np n)* ~ Asia.
Äthiopien [ɛ'tjo:pjən] *(np n)* ~ Etiopia.
Äthiopier [ɛ'tjo:pjɐ] *(m; -s, -; f* **-in***)* ~ etiope.
äthiopisch [ɛ'tjo:pɪʃ] *(agg)* ~ etiopico.
Atlantik [at'lantɪk] *(np m; -s)* ~ Atlantico.
atlantisch [at'lantɪʃ] *(agg)* ~ atlantico ◆ *der Atlantische Ozean* l'oceano atlantico.
Augsburg ['auks,bʊrk] *(np n)* ~ Augusta.
Australien [aus'tra:ljen] *(np n)* ~ Australia.
Australier [aus'tra:ljɐ] *(m; -s, -; f* **-in***)* ~ australiano.
australisch [aus'tra:lɪʃ] *(agg)* ~ australiano.
Balkan ['balka:n] *(m; -s)* ~ Balcani.
Balkanhalbinsel ['balka:n,halpʔɪnzəl] *(f; -)* ~ penisola balcanica.
balkanisch [bal'ka:nɪʃ] *(agg)* ~ balcanico.
Basel ['ba:zəl] *(np n; -s)* ~ Basilea.
Baseler ['ba:zəlɐ] *(m; -s, -; anche agg indecl) (anche* **Basler***)* ~ (abitante) di Basilea.
Baske ['baskə] *(m; -n, -n)* ~ basco.
Baskenland ['baskən,lant] *(np n)* ~ Paesi Baschi.
baskisch ['baskɪʃ] *(agg)* ~ basco.
Baskisch *(n)*, das **Baskische** ['baskɪʃə] *(n; -n)* ~ lingua basca.
Basler ['ba:zlɐ] ~ vedi **Baseler**.
Bayer ['baiɐ] *(m; -n, -n; f* **-in***)* ~ bavarese.
bayerisch ['baiərɪʃ] ~ vedi **bayrisch**, **Bayrisch**.
Bayern ['baiɐn] *(np n; -s)* ~ Baviera.
bayrisch ['bairɪʃ] *(agg)* ~ bavarese.
Bayrisch *(n)*, das **Bayrische** ['bairɪʃə] *(n, -n)* ~ bavarese, dialetto bavarese.
Belgien ['bɛlgjən] *(np n; -s)* ~ Belgio.
Belgier ['bɛlgjɐ] *(m; -s, -; f* **-in***)* ~ belga.
belgisch ['bɛlgɪʃ] *(agg)* ~ belga.
Belgrad ['bɛlgra:t] *(np n)* ~ Belgrado.

Benelux ['be:nelʊks] *(np n)* ~ Benelux.
Beneluxstaaten ['be:nelʊks,ʃta:tən] *(np pl)* ~ stati del Benelux.
Berlin [bɛr'li:n] *(np n)* ~ Berlino.
Berliner [bɛr'li:nɐ] *(m; -s, -; f* **-in**; *anche agg indecl)* ~ berlinese, di Berlino.
Bern [bɛrn] *(np n)* ~ Berna.
Berner ['bɛrnɐ] *(m; -s, -; f* **-in**; *anche agg indecl)* ~ bernese, di Berna.
Bodensee ['bo:dən,ze:] *(m; -s)* ~ lago di Costanza.
Böhme ['bø:mə] *(m; -n, -n; f* **Böhmin***)* ~ boemo.
Böhmen ['bø:mən] *(np n)* ~ Boemia.
böhmisch ['bø:mɪʃ] *(agg)* ~ boemo.
Bosnien ['bɔsniən] *(np n)* ~ Bosnia.
Bosnien und Herzegowina [-,ˀʊnthɛrtse'go:vina] *(np n)* ~ Bosnia-Erzegovina.
Bosnier ['bɔsniɐ] *(m; -s, -; f* **-in***)* ~ bosniaco.
Bozen ['bo:tsən] *(np n)* ~ Bolzano.
Bozner ['bo:tsnɐ] *(m; -s, -; f* **-in**; *anche agg indecl)* ~ bolzanino, di Bolzano.
Brandenburg ['brandən,bʊrk] *(np n)* ~ Brandeburgo (Land; città).
Brandenburger ['brandən,bʊrgɐ] *(m; -s, -; f* **-in**; *anche agg indecl)* ~ brandeburghese, (abitante) del/di Brandeburgo.
brandenburgisch ['brandən,bʊrgɪʃ] *(agg)* ~ brandeburghese, del/di Brandeburgo.
Brasilianer [brazi'lja:nɐ] *(m; -s, -; f* **-in***)* ~ brasiliano.
brasilianisch [brazi'lja:nɪʃ] *(agg)* ~ brasiliano.
Brasilien [bra'zi:ljən] *(np n)* ~ Brasile.
Bremen ['bre:mən] *(np n)* ~ Brema.
Bremer ['bre:mɐ] *(m; -s, -; f* **-in**; *anche agg indecl)* ~ (abitante) di Brema.
Brite ['brɪtə] *(m; -n, -n; f* **Britin***)* ~ britannico.
britisch ['brɪtɪʃ] *(agg)* ~ britannico ♦ *die Britischen Inseln* le isole britanniche.
Brüssel ['brʏsəl] *(np n)* ~ Bruxelles.
Bulgare [bʊl'ga:rə] *(m; -n, -n; f* **-rin***)* ~ bulgaro.
Bulgarien [bʊl'ga:rjən] *(np n)* ~ Bulgaria.
bulgarisch [bʊl'ga:rɪʃ] *(agg)* ~ bulgaro.
Bulgarisch *(n)*, das **Bulgarische** [bʊl'ga:rɪʃə] *(n; -n)* ~ bulgaro, lingua bulgara.
China ['çi:na] *(np n)* ~ Cina.
Chinese [çi'ne:zə] *(m; -n, -n; f* **Chinesin***)* ~ cinese.
chinesisch [çi'ne:zɪʃ] *(agg)* ~ cinese.
Chinesisch *(n)*, das **Chinesische** [çi'ne:zɪʃə] *(n; -n)* ~ cinese, lingua cinese.
Däne ['dɛ:nə] *(m; -n, -n; f* **Dänin***)* ~ danese.
Dänemark ['dɛ:nə,mark] *(np n)* ~ Danimarca.
dänisch ['dɛ:nɪʃ] *(agg)* ~ danese.
Dänisch *(n; -)*, das **Dänische** ['dɛ:nɪʃə] *(n; -n)* ~ danese, lingua danese.
Den Haag [,de:n 'ha:k] *(np n)* ~ L'Aia.
deutsch ['dɔytʃ] *(agg)* ~ tedesco ♦ *Deutsche Demokratische Republik (abbrev* **DDR***)* Repubblica Democratica Tedesca.
Deutsch *(n; -)*, das **Deutsche** ['dɔytʃə] *(n; -n)* ~ tedesco, la lingua tedesca.
Deutsche(r) ['dɔytʃə ('dɔytʃɐ)] *(m/f; -n, -n)* ~ tedesco.
Deutschland ['dɔytʃ,lant] *(np n)* ~ Germania.
Donau ['do:nau] *(np f; -)* ~ Danubio.
Dresden ['dre:sdən] *(np n)* ~ Dresda.
Elbe ['ɛlbə] *(np f)* ~ Elba (fiume).
Elsass († **Elsaß**) ['ɛlzas] *(np n; -/-es)* ~ Alsazia.
Elsässer ['ɛlzɛsɐ] *(m; -s, -; f* **-in***)* ~ alsaziano.
elsässisch ['ɛlzɛsɪʃ] *(agg)* ~ alsaziano.
England ['ɛŋ,lant] *(np n)* ~ Inghilterra.
Engländer ['ɛŋ,lɛndɐ] *(m; -s, -; f* **-in***)* ~ inglese.
englisch ['ɛŋlɪʃ] *(agg)* ~ inglese.
Englisch *(n)*, das **Englische** ['ɛŋlɪʃə] *(n; -n)* ~ inglese, lingua inglese.
Erzgebirge ['e:ɐtsgə,bɪrgə] *(np n)* ~ Monti metalliferi.
Este ['e:stə] *(m; -n, -n; f* **Estin***)* ~ estone.
Estland ['e:st,lant] *(np n)* ~ Estonia.
estnisch ['e:stnɪʃ] *(agg)* ~ estone.
Estnisch *(n)*, das **Estnische** ['e:stnɪʃə] *(n; -n)* ~ estone, lingua estone.
Etsch [ɛtʃ] *(np f)* ~ Adige.
Europa [ɔy'ro:pa] *(np n)* ~ Europa.
Europäer [ɔyro'pɛ:ɐ] *(m; -s, -; f* **-in***)* ~ europeo.
europäisch [ɔyro'pɛ:ɪʃ] *(agg)* ~ europeo ♦ *europäische Gemeinschaft (abbrev* **EG***)* Comunità Europea ♦ *Europäische Union (abbrev* **EU***)* Unione Europea.
Finne ['fɪnə] *(m; -n, -n; f* **Finnin***)* ~ finlandese.
finnisch ['fɪnɪʃ] *(agg)* ~ finlandese, finnico.

Finnisch *(n)*, das **Finnische** ['fɪnɪʃə] *(n; -n)* ~ finnico, lingua finnica.
Finnland ['fɪn,lant] *(np n)* ~ Finlandia.
Flame ['fla:mə] *(m; -n, -n; f* **Flamin**, **Flämin***)* ~ fiammingo.
flämisch ['flɛ:mɪʃ] *(agg)* ~ fiammingo.
Flämisch *(n)*, das **Flämische** ['flɛ:mɪʃə] *(n; -n)* ~ fiammingo, lingua fiamminga.
Flandern ['flandɐn] *(np n)* ~ Fiandre.
Florentiner [florɛn'ti:nɐ] *(m; -s, -; f* **-in***)* ~ fiorentino.
Florenz [flo'rɛnts] *(np n)* ~ Firenze.
Franken ['fraŋkən] *(np n)* ~ Franconia.
Frankfurt ['fraŋk,fʊrt] *(np n)* ~ Francoforte ♦ *Frankfurt am Main* Francoforte sul Meno ♦ *Frankfurt an der Oder* Francoforte sull'Oder.
Frankfurter ['fraŋk,fʊrtɐ] *(m; -s, -; anche agg indecl)* ~ (abitante) di Francoforte.
fränkisch ['frɛŋkɪʃ] *(agg)* ~ francone.
Frankreich ['fraŋk,raiç] *(np n)* ~ Francia.
Franzose [fran'tso:zə] *(m; -n, -n; f* **Französin***)* ~ francese.
französisch [fran'tsø:zɪʃ] *(agg)* ~ francese.
Französisch *(n)*, das **Französische** [fran'tsø:zɪʃə] *(n; -n)* ~ francese, lingua francese.
Freiburg ['frai,bʊrk] *(np n)* ~ Friburgo.
Genf [gɛnf] *(np n)* ~ Ginevra.
Genua ['ge:nwa] *(np n)* ~ Genova.
Glarus ['gla:rʊs] *(np m)* ~ Glarona.
Graubünden [,grau'bʏndən] *(np m)* ~ Grigioni.
Grieche ['gri:çə] *(m; -n, -n; f* **Griechin***)* ~ greco.
Griechenland ['gri:çən,lant] *(np n)* ~ Grecia.
griechisch ['gri:çɪʃ] *(agg)* ~ greco.
Griechisch *(n; -)*, das **Griechische** ['gri:çɪʃə] *(n; -n)* ~ greco, lingua greca.
Grönland ['grø:n,lant] *(np n)* ~ Groenlandia.
Grönländer ['grø:n,lɛndɐ] *(m; -s, -; f* **-in**; *anche agg indecl)* ~ groenlandese.
Großbritannien [,gro:sbri'tanjən] *(np n)* ~ Gran Bretagna.
großbritannisch [,gro:sbri'tanɪʃ] *(agg)* ~ della Gran Bretagna.
Hamburg ['hambʊrk] *(np n)* ~ Amburgo.
Hamburger ['hambʊrgɐ] *(m; -s, -; f* **-in**; *anche agg indecl)* ~ amburghese.
hebräisch [he'brɛ:ɪʃ] *(agg)* ~ ebraico, giudaico, israelita.
Hebräisch *(n; -)*, das **Hebräische** [he'brɛ:ɪʃə] *(n; -n)* ~ ebraico, lingua ebraica.
Helvetiker [hɛl,ve:tɪkɐ] *(m; -s, -; f* **-in***)* ~ elvetico.
helvetisch [hɛl,ve:tɪʃ] *(agg)* ~ elvetico.
Hesse ['hɛsə] *(m; -n, -n; f* **Hessin***)* ~ abitante dell'Assia.
Hessen ['hɛsən] *(np n)* ~ Assia.
hessisch ['hɛsɪʃ] *(agg)* ~ dell'Assia.
Holland ['hɔlant] *(np n)* ~ Olanda.
Holländer ['hɔlɛndɐ] *(m; -s, -; f* **-in**; *anche agg indecl)* ~ olandese.
holländisch ['hɔlɛndɪʃ] *(agg)* ~ olandese.
Holländisch *(n; -)*, das **Holländische** ['hɔlɛndɪʃə] *(n; -n)* ~ olandese, lingua olandese.
iberisch [i'be:rɪʃ] *(agg)* ~ iberico ♦ *Iberische Halbinsel* penisola iberica.
Inder ['ɪndɐ] *(m; -s, -; f* **-in***)* ~ indiano (abitante dell'India).
Indianer [ɪn'dja:nɐ] *(m; -, -; f* **-in***)* ~ indiano (d'America).
indianisch [ɪn'dja:nɪʃ] *(agg)* ~ indiano (d'America).
Indien ['ɪndjən] *(np n)* ~ India.
indisch ['ɪndɪʃ] *(agg)* ~ indiano (dell'India) ♦ *der Indische Ozean* l'Oceano Indiano.
Indonesien [ɪndo'ne:zjən] *(np n)* ~ Indonesia.
Indonesier [ɪndo'ne:zjɐ] *(m; -s, -; f* **-in***)* ~ indonesiano.
indonesisch [ɪndo'ne:zɪʃ] *(agg)* ~ indonesiano.
Irak [i'ra:k] *(np m)* ~ Iraq.
Iraker [i'ra:kɐ] *(m; -s, -s; f* **-in***)* ~ iracheno.
irakisch [i'ra:kɪʃ] *(agg)* ~ iracheno.
Iran [i'ra:n] *(np m)* ~ Iran.
Iraner [i'ra:nɐ] *(m; -s, -; f* **-in***)* ~ iraniano.
iranisch [i'ra:nɪʃ] *(agg)* ~ iraniano.
Ire ['i:rə] *(m; -n, -n; f* **Irin***)* ~ irlandese.
irisch ['i:rɪʃ] *(agg)* ~ irlandese.
Irisch *(n; -s)*, das **Irische** ['i:rɪʃə] *(n; -n)* ~ irlandese, lingua irlandese.
Irland ['ɪrlant] *(np n)* ~ Irlanda.
Island ['i:s,lant] *(np n)* ~ Islanda.
Isländer ['i:s,lɛndɐ] *(m; -s, -; f* **-in***)* ~ islandese.
isländisch ['i:s,lɛndɪʃ] *(agg)* ~ islandese.

Isländisch *(n; -)*, das **Isländische** ['i:sˌlɛndɪʃə] *(n; -n)* ~ islandese, lingua islandese.
Israel ['ɪsrae:l] *(np n)* ~ Israele.
Israeli [ɪsra'e:li] *(m; -/-s, -/-s; f -, -/-s)* ~ israeliano.
israelisch [ɪsra'e:lɪʃ] *(agg)* ~ israeliano.
Italien [i'ta:ljən] *(np n)* ~ Italia.
Italiener [ita'lje:nɐ] *(m; -s, -; f* **-in***)* ~ italiano.
italienisch [ita'lje:nɪʃ] *(agg)* ~ italiano.
Italienisch *(n; -)*, das **Italienische** [ita'lje:nɪʃə] *(n; -n)* ~ italiano, lingua italiana.
Japan ['ja:pan] *(np n)* ~ Giappone.
Japaner [ja'pa:nɐ] *(m; -s, -; f* **-in***)* ~ giapponese.
japanisch [ja'pa:nɪʃ] *(agg)* ~ giapponese.
Japanisch *(n; -)*, das **Japanische** [ja'pa:nɪʃə] *(n; -n)* ~ giapponese, lingua giapponese.
Jude ['ju:də] *(m; -n, -n; f* **Jüdin***)* ~ ebreo.
Jugoslawe [jugo'sla:və] *(m; -, -n; f* **Jugoslawin***)* ~ iugoslavo.
Jugoslawien [jugo'sla:vjən] *(np n)* ~ Iugoslavia.
jugoslawisch [jugo'sla:vɪʃ] *(agg)* ~ iugoslavo.
Jura ['ju:ra] *(np m)* ~ Giura.
Kanada ['kanada] *(np n)* ~ Canada.
Kanadier [ka'na:djɐ] *(m; -s, -; f* **-in***)* ~ canadese.
kanadisch [ka'na:dɪʃ] *(agg)* ~ canadese.
Kanaren [ka'na:rən] *(np pl)* ~ Canarie, Isole Canarie.
Kanarier [ka'na:rjɐ] *(m; -s, -; f* **-in***)* ~ abitante delle Isole Canarie.
kanarisch [ka'na:rɪʃ] *(agg)* ~ canario, delle Isole Canarie ♦ *Kanarische Inseln* Isole Canarie.
Karibe [ka'ri:bə] *(m; -n, -n; f* **Karibin***)* ~ caraibico (abitante dei Caraibi).
Karibik [ka'ri:bɪk] *(np f)* ~ Caraibi.
karibisch [ka'ri:bɪʃ] *(agg)* ~ caraibico.
Kärnten ['kɛrntən] *(np n)* ~ Carinzia.
Kärntner ['kɛrntnɐ] *(m; -s, -; f* **-in***)* ~ carinziano.
Kelte ['kɛltə] *(m; -n, -n; f* **Keltin***)* ~ celta.
keltisch ['kɛltɪʃ] *(agg)* ~ celtico.
Keltisch *(n; -)*, das **Keltische** ['kɛltɪʃə] *(n; -n)* ~ celtico, lingua celtica.
Kenia ['ke:nja] *(np n)* ~ Kenya.
Kenianer [ke'nja:nɐ] *(m; -s, -; f* **-in***)* ~ keniano, keniota.
kenianisch [ke'nja:nɪʃ] *(agg)* ~ keniano, keniota.
kleinasiatisch [ˌklainˀa'zja:tɪʃ] *(agg)* ~ dell'Asia minore.
Kleinasien [ˌklain'ˀa:zjən] *(np n)* ~ Asia minore.
Köln [kœln] *(np n)* ~ Colonia.
Kölner ['kœlnɐ] *(m; -s, -; f* **-in**; *anche agg indecl)* ~ (abitante) di Colonia.
kölnisch ['kœlnɪʃ] *(agg)* ~ di Colonia.
Korea [ko're:a] *(np n)* ~ Corea.
Koreaner [kore'a:nɐ] *(m; -s, -; f* **-in***)* ~ coreano.
koreanisch [kore'a:nɪʃ] *(agg)* ~ coreano.
Koreanisch *(n; -)* das **Koreanische** [kore'a:nɪʃə] *(n; -n)* ~ coreano, lingua coreana.
Korse ['kɔrzə] *(m; -n, -n; f* **Korsin***)* ~ corso.
Korsika ['kɔrzika] *(np n)* ~ Corsica.
korsisch ['kɔrzɪʃ] *(agg)* ~ corso, della Corsica.
Kroate [kro'a:tə] *(m; -n, -n; f* **Kroatin***)* ~ croato.
Kroatien [kro'a:tsjən] *(np n)* ~ Croazia.
kroatisch [kro'a:tɪʃ] *(agg)* ~ croato.
Kroatisch *(n; -s)*, das **Kroatische** [kro'a:tɪʃə] *(n; -n)* ~ croato, lingua croata.
Lappe ['lapə] *(m; -n, -n; f* **Lappin***)* ~ lappone.
lappländisch ['lapˌlɛndɪʃ] *(agg)* ~ lappone.
Lappland ['lapˌlant] *(np n)* ~ Lapponia.
Lateinamerika [la'tainˀa'me:rika] *(np n)* ~ America Latina.
lateinamerikanisch [la'tainˀameri'ka:nɪʃ] *(agg)* ~ latinoamericano.
Leipzig ['laiptsɪç] *(np n)* ~ Lipsia.
Lette ['lɛtə] *(m; -n, -n; f* **Lettin***)* ~ lettone.
lettisch ['lɛtɪʃ] *(agg)* ~ lettone.
Lettisch *(n; -)*, das **Lettische** ['lɛtɪʃə] *(n; -n)* ~ lettone, lingua lettone.
Lettland ['lɛtˌlant] *(np n)* ~ Lettonia.
Libanese [liba'ne:zə] *(m; -n, -n; f* **Libanesin***)* ~ libanese.
libanesisch [liba'ne:zɪʃ] *(agg)* ~ libanese.
Libanon ['li:banɔn] *(np n)* ~ Libano.
Lissabon ['lɪsabɔn] *(np n)* ~ Lisbona.
Litauen ['li:tauən] *(np n)* ~ Lituania.
Litauer ['li:tauɐ] *(m; -s, -; f* **-in***)* ~ lituano.
litauisch ['li:tauɪʃ] *(agg)* ~ lituano.
Litauisch *(n; -)*, das **Litauische** ['li:tauɪʃə] *(n; -n)* ~ lituano, lingua lituana.

London ['lɔndɔn] *(np n)* ~ Londra.
Lothringen ['lo:trɪŋən] *(np n)* ~ Lorena.
Lothringer ['lo:trɪŋɐ] *(m; -s, -; f* **-in**; *anche agg indecl)* ~ lorenese.
lothringisch ['lo:trɪŋɪʃ] *(agg)* ~ lorenese.
Lübeck ['ly:bɛk] *(np n)* ~ Lubecca.
Lübecker ['ly:bɛkɐ] *(m; -s, -; f* **-in**; *agg indecl)* ~ (abitante) di Lubecca.
Luxemburg ['lʊksəm,bʊrk] *(np n)* ~ Lussemburgo (stato e città).
Luxemburger ['lʊksəm,bʊrgɐ] *(m; -s, -; f* **-in**; *anche agg indecl)* ~ lussemburghese.
luxemburgisch ['lʊksəm,bʊrgɪʃ] *(agg)* ~ lussemburghese.
Luzern [lu'tsɛrn] *(np n)* ~ Lucerna.
Maas [ma:s] *(np f)* ~ Mosa.
Mähre ['mɛ:rə] *(m; -n, -n; f* **Mährin***)* ~ moravo.
Mähren ['mɛ:rən] *(np n)* ~ Moravia.
mährisch ['mɛ:rɪʃ] *(agg)* ~ moravo.
Mailand ['mai,lant] *(np n)* ~ Milano.
Mailänder ['mai,lɛndɐ] *(m; -s, -; f* **-in**; *anche agg indecl)* ~ milanese.
mailändisch ['mai,lɛndɪʃ] *(agg)* ~ milanese.
Main [main] *(np n)* ~ Meno.
Mainz [maints] *(np n)* ~ Magonza.
Mainzer ['maintsɐ] *(m; -s, -; f* **-in**; *agg indecl)* ~ (abitante) di Magonza.
Malta ['malta] *(np n)* ~ Malta.
Malteser [mal'te:zɐ] *(m; -s, -; f* **-in***)* ~ maltese.
maltesisch [mal'te:zɪʃ] *(agg)* ~ maltese.
Maltesisch *(n; -)*, das **Maltesische** [mal'te:zɪʃə] *(n; -n)* ~ maltese, lingua maltese.
Marokkaner [marɔ'ka:nɐ] *(m; -s, -; f* **-in***)* ~ marocchino.
marokkanisch [marɔ'ka:nɪʃ] *(agg)* ~ marocchino.
Marokko [ma'rɔko] *(np n)* ~ Marocco.
Mazedonien [matse'do:njən] *(np n)* ~ Macedonia.
Mazedonier [matse'do:njɐ] *(m; -s, -; f* **-in***)* ~ macedone.
mazedonisch [matse'do:nɪʃ] *(agg)* ~ macedone.
Mazedonisch *(n; -)*, das **Mazedonische** [matse'do:nɪʃə] *(n; -n)* ~ macedone, lingua macedone.
Mecklenburg ['me:klən,bʊrk] *(np n)* ~ Meclemburgo.
Mecklenburg-Vorpommern [-'fo:ɐ,pɔmɐn] *(np n)* ~ Meclemburgo-Pomerania occidentale.
Mittelamerika ['mɪtəlˀa'me:rika] *(np n)* ~ America centrale.
Mitteldeutschland ['mɪtəl,dɔyʧlant] *(np n)* ~ Germania centrale.
Mitteleuropa ['mɪtəlˀɔy'ro:pa] *(np n)* ~ Europa centrale.
Mittelmeer ['mɪtəl,me:ɐ] *(np n)* ~ Mare Mediterraneo.
Moldau ['mɔldau] *(np f)* ~ Moldava.
Moldawier [mɔl'da:vjɐ] *(m; -n, -n; f* **-in***)* ~ moldavo.
Moldawien [mɔl'da:vjən] *(np n)* ~ Moldavia.
moldawisch [mɔl'da:vɪʃ] *(agg)* ~ moldavo.
Monaco ['mo:nako] *(np f)* ~ Principato di Monaco.
Monegasse [mone'gasə] *(m; -, -n; f* **-assin***)* ~ monegasco.
Mongole [mɔŋ'go:lə] *(m; -, -n; f* **-lin***)* ~ mongolo.
Mongolei [mɔŋgo'lai] *(np f)* ~ Mongolia.
mongolisch [mɔŋ'go:lɪʃ] *(agg)* ~ mongolo.
Montblanc [mõ'blã:] *(np m)* ~ Monte Bianco.
Montenegriner [mɔntene'gri:nɐ] *(m, -s, -; f* **-in***)* ~ montenegrino.
montenegrinisch [mɔntene'gri:nɪʃ] *(agg)* ~ montenegrino.
Montenegro [mɔnte'ne:gro] *(np n)* ~ Montenegro.
Mosel ['mo:zəl] *(np f)* ~ Mosella.
Moskau ['mɔskau] *(np n)* ~ Mosca.
Moskauer ['mɔskauɐ] *(m; -s, -; f* **-in**; *anche agg indecl)* ~ moscovita, (abitante) di Mosca.
moskauisch ['mɔskauɪʃ] *(agg)* ~ moscovita, di Mosca.
Moskowiter [mɔsko'vi:tɐ] *(m; -s, -; f* **-in***)* ~ moscovita, abitante di Mosca.
moskowitisch [mɔsko'vi:tɪʃ] *(agg)* ~ moscovita, di Mosca.
München ['mʏnçən] *(np n)* ~ Monaco (di Baviera).
Münch(e)ner ['mʏnç(ə)nɐ] *(m; -s, -; f* **-in**; *anche agg indecl)* ~ (abitante) di Monaco di Baviera.
Neapel [ne'a:pəl] *(np n)* ~ Napoli.
Neap(e)ler [ne'a:p(ə)lɐ] *(m; -s, -; f* **-in***)* ~ napoletano.

Neapolitaner [neapoli'ta:nɐ] *(m; -s, -; f* **-in***; anche agg indecl)* ~ napoletano.

neapolitanisch [neapoli'ta:nɪʃ] *(agg)* ~ napoletano.

Neuseeland [nɔy'ze:ˌlant] *(np n)* ~ Nuova Zelanda.

Neuseeländer [nɔy'ze:ˌlɛndɐ] *(m; -s, -; f* **-in***; anche agg indecl)* ~ neozelandese.

neuseeländisch [nɔy'ze:ˌlɛndɪʃ] *(agg)* ~ neozelandese.

Niederlande ['ni:dɐˌlandə] *(np pl; sempre con art)* ~ Paesi Bassi.

Niederländer ['ni:dɐˌlɛndɐ] *(m; -s, -; f* **-in***)* ~ abitante dei Paesi Bassi, olandese.

niederländisch ['ni:dɐˌlɛndɪʃ] *(agg)* ~ dei Paesi Bassi, olandese.

Niederländisch *(n; -)*, das **Niederländische** ['ni:dɐˌlɛndɪʃə] *(n; -n)* ~ olandese, lingua olandese, neerlandese.

Niedersachsen ['ni:dɐˌzaksən] *(np n)* ~ Bassa Sassonia.

Nordamerika ['nɔrtʔa'me:rɪka] *(np n)* ~ America settentrionale, Nordamerica.

Nordamerikaner ['nɔrtʔameri'ka:nɐ] *(m; -s, -; f* **-in***)* ~ abitante dell'America settentrionale.

norddeutsch ['nɔrtˌdɔytʃ] *(agg)* ~ tedesco settentrionale, della Germania settentrionale.

Norddeutschland ['nɔrtˌdɔytʃlant] *(np n)* ~ Germania settentrionale.

Nordeuropa ['nɔrtʔɔy'ro:pa] *(np n)* ~ Europa settentrionale, Nordeuropa.

Nordirland ['nɔrt'ʔɪrlant] *(np n)* ~ Irlanda del Nord.

Nordpol ['nɔrtˌpo:l] *(m; -s)* ~ Polo Nord.

Nordrhein-Westfalen ['nɔrtˌrainvɛst'fa:lən] *(np n)* ~ Renania Settentrionale-Vestfalia.

Nordsee ['nɔrtˌze:] *(np f)* ~ Mare del Nord.

Norwegen ['nɔrve:gən] *(np n)* ~ Norvegia.

Norweger ['nɔrve:gɐ] *(m; -s, -; f* **-in***)* ~ norvegese.

norwegisch ['nɔrve:gɪʃ] *(agg)* ~ norvegese.

Norwegisch *(n; -)*, das **Norwegische** ['nɔrve:gɪʃə] *(n; -n)* ~ norvegese, lingua norvegese.

Nürnberg ['nʏrnˌbɛrk] *(np n)* ~ Norimberga.

Ostberlin ['ɔstbɛrˌli:n] *(np n)* ~ Berlino est.

ostdeutsch ['ɔstˌdɔytʃ] *(agg)* ~ tedesco orientale, tedesco dell'est.

Ostdeutschland ['ɔstˌdɔytʃlant] *(np n)* ***1*** Germania orientale. ***2*** DDR.

Österreich ['ø:stəˌraiç] *(np n)* ~ Austria.

Österreicher ['ø:stəˌraiç] *(m; -s, -; f* **-in***)* ~ austriaco.

österreichisch ['ø:stəˌraiçɪʃ] *(agg)* ~ austriaco.

Ostsee ['ɔstˌze:] *(np f)* ~ mar Baltico.

Ozeanien [otse'a:njən] *(np n)* ~ Oceania.

Padua ['pa:dwa] *(np n)* ~ Padova.

Palästina [palɛs'ti:na] *(np n)* ~ Palestina.

Palästinenser [palɛsti'nɛnzɐ] *(m; -s, -; f* **-in***)* ~ palestinese.

palästinensisch [palɛsti'nɛnzɪʃ] *(agg)* ~ palestinese.

Paris [pa'ri:s] *(np n)* ~ Parigi.

Pariser [pa'ri:zɐ] *(m; -s, -; f* **-in***; anche agg indecl)* ~ parigino, di Parigi.

Pazifik [pa'tsi:fɪk] *(m; -s)* ~ Pacifico, Oceano Pacifico.

pazifisch [pa'tsi:fɪʃ] *(agg)* ~ del Pacifico ♦ *der Pazifische Ozean* l'Oceano Pacifico.

Peking ['pe:kɪŋ] *(np n)* ~ Pechino.

Pekinger ['pe:kɪŋɐ] *(m; -s, -; f* **-in***; anche agg indecl)* ~ pechinese.

Perser ['pɛrzɐ] *(m; -s, -; f* **-in***)* ~ persiano.

Persien ['pɛrzjən] *(np n)* ~ Persia.

persisch ['pɛrzɪʃ] *(agg)* ~ persiano.

Persisch *(n; -)*, das **Persische** ['pɛrzɪʃə] *(n; -n)* ~ persiano, lingua persiana.

Peru [pe'ru:] *(np n)* ~ Perù.

Peruaner [pe'rwa:nɐ] *(m; -s, -; f* **-in***)* ~ peruviano.

peruanisch [pe'rwa:nɪʃ] *(agg)* ~ peruviano.

Pfalz [pfalts] *(np f)* ~ Palatinato.

pfälzisch ['pfɛltsɪʃ] *(agg)* ~ palatino, del Palatinato.

Pole ['po:lə] *(m; -n, -n; f* **Polin***)* ~ polacco.

Polen ['po:lən] *(np n)* ~ Polonia.

polnisch ['pɔlnɪʃ] *(agg)* ~ polacco.

Polnisch *(n; -)*, das **Polnische** ['pɔlnɪʃə] *(n; -n)* ~ polacco, lingua polacca.

Pommern ['pɔmɐn] *(np n)* ~ Pomerania.

pommerisch ['pɔmərɪʃ] *(agg)* ~ della Pomerania.

Portugal ['pɔrtugal] *(np n)* ~ Portogallo.

Portugiese [pɔrtu'gi:zə] *(m; -n, -n; f* **Portugiesin***)* ~ portoghese.

portugiesisch [pɔrtu'gi:zɪʃ] *(agg)* ~ portoghese.

Portugiesisch *(n; -)*, das **Portugiesische** [pɔrtu'gi:zɪʃə] *(n; -n)* ~ portoghese, lingua portoghese.
Prag [pra:k] *(np n)* ~ Praga.
Preuße ['prɔysə] *(m; -n, -n; f* **Preußin***)* ~ prussiano.
Preußen ['prɔysən] *(np n)* ~ Prussia.
preußisch ['prɔysɪʃ] *(agg)* ~ prussiano.
Rhein [rain] *(np m)* ~ Reno.
rheinisch ['rainɪʃ] *(agg)* ~ renano.
Rheinland ['rain,lant] *(np n)* ~ Renania.
Rheinland-Pfalz [-'pfalts] *(np n)* ~ Renania-Palatinato.
Rom [ro:m] *(np n)* ~ Roma.
Römer ['rø:mɐ] *(m; -s, -; f* **-in***)* ~ romano.
römisch ['rø:mɪʃ] *(agg)* ~ romano.
Rotes Meer ['ro:təs 'me:ɐ] *(n; -(e)s)*, das **Rote Meer** ['ro:tə 'me:ɐ] ~ Mar Rosso.
Rumäne [ru'mɛ:nə] *(m; -n, -n; f* **Rumänin***)* ~ rumeno.
Rumänien [ru'mɛ:njən] *(np n)* ~ Romania.
rumänisch [ru'mɛ:nɪʃ] *(agg)* ~ rumeno.
Rumänisch *(n; -s)*, das **Rumänische** [ru'mɛ:nɪʃə] *(n; -n)* ~ rumeno, lingua rumena.
Russe ['rʊsə] *(m; -, -n; f* **Russin***)* ~ russo.
russisch ['rʊsɪʃ] *(agg)* ~ russo.
Russisch *(n; -s)*, das **Russische** ['rʊsɪʃə] *(n; -n)* ~ russo, lingua russa.
Russland ['rʊs,lant] *(np n)* ~ Russia.
Sachse ['zaksə] *(m; -n, -n; f* **Sächsin***)* ~ sassone.
Sachsen ['zaksən] *(np n)* ~ Sassonia.
Sachsen-Anhalt [-,ʔanhalt] *(np n)* ~ Sassonia-Anhalt.
sächsisch ['zɛksɪʃ] *(agg)* ~ sassone.
Salzburg ['zalts,bʊrk] *(np n)* ~ Salisburgo.
Salzburger ['zalts,bʊrgɐ] *(m; -s, -; f* **-in**; *anche agg indecl)* ~ salisburghese.
Sankt Gallen [,zaŋkt 'galən] *(np m)* ~ San Gallo.
Sarde ['zardə] *(m; -n, -n; f* **-din***)* ~ sardo.
Sardinien [zar'di:njən] *(np n)* ~ Sardegna.
sardinisch [zar'di:nɪʃ] *(agg)* ~ sardo.
Saudi ['zaudi] *(m; -s, -s)* ~ saudita.
Saudi-Araber [-,ʔarabɐ] *(m; -s, -; f* **-in***)* ~ saudita, arabo saudita.
Saudi-Arabien [-ʔa,ra:bjən] *(np n)* ~ Arabia Saudita.
saudi-arabisch [-ʔa,ra:bɪʃ] *(agg)* ~ arabo saudita, dell'Arabia Saudita.
Schaffhausen [ʃaf'hauzən] *(np m)* ~ Sciaffusa.
Schlesien ['ʃle:zjən] *(np n)* ~ Slesia.
Schlesier ['ʃle:zjɐ] *(m; -s, -; f* **-in***)* ~ slesiano.
schlesisch ['ʃle:zɪʃ] *(agg)* ~ slesiano.
Schotte ['ʃɔtə] *(m; -n, -n; f* **Schottin***)* ~ scozzese.
schottisch ['ʃɔtɪʃ] *(agg)* ~ scozzese.
Schottland ['ʃɔt,lant] *(np n)* ~ Scozia.
Schwabe ['ʃva:bə] *(m; -n, -n; f* **Schwäbin***)* ~ svevo.
Schwaben ['ʃva:bən] *(np n)* ~ Svevia.
schwäbisch ['ʃvɛ:bɪʃ] *(agg)* ~ svevo.
Schwarzes Meer ['ʃvartsəs 'me:ɐ] *(n; -(e)s)*, das **Schwarze Meer** ['ʃvartsə 'me:ɐ] ~ Mar Nero.
Schwarzwald ['ʃvarts,valt] *(np m)* ~ Foresta nera.
Schwarzafrika ['ʃvarts,ʔa:frika] *(np n)* ~ Africa nera.
Schwede ['ʃve:də] *(m; -n, -n; f* **Schwedin***)* ~ svedese.
Schweden ['ʃve:dən] *(np n)* ~ Svezia.
schwedisch ['ʃve:dɪʃ] *(agg)* ~ svedese.
Schwedisch *(n; -)*, das **Schwedische** ['ʃve:dɪʃə] *(n; -n)* ~ svedese, lingua svedese.
Schweiz [ʃvaits] *(np f)* ~ Svizzera.
Schweizer ['ʃvaitsɐ] *(m; -s, -; f* **-in**; *anche agg indecl)* ~ svizzero.
Schweizerdeutsch ['ʃvaitsɐ,dɔytʃ] *(n; -)*, das **Schweizerdeutsche** ['ʃvaitsɐ,dɔytʃə] *(n; -n)* ~ tedesco della Svizzera.
schweizerisch ['ʃvaitsərɪʃ] *(agg)* ~ svizzero ♦ *Schweizerische Eidgenossenschaft* Confederazione Elvetica.
Seine ['zɛ:n(ə)] *(np f)* ~ Senna (fiume).
Serbe ['zɛrbə] *(m; -n, -n; f* **Serbin***)* ~ serbo.
Serbien ['zɛrbjən] *(np n)* ~ Serbia.
Serbisch *(n; -)*, das **Serbische** ['zɛrbɪʃə] *(n; -n)* ~ serbo, lingua serba.
Serbokroatisch [,zɛrbokro'a:tɪʃ] *(n; -)*, das **Serbokroatische** [,zɛrbokro'a:tɪʃə] *(n; -n)* ~ serbocroato, lingua serbocroata.
Sizilianer [zitsi'lja:nɐ] *(m; -s, -; f* **-in***)* ~ siciliano.
sizilianisch [zitsi'lja:nɪʃ] *(agg)* ~ siciliano.
Sizilien [zi'tsi:ljən] *(np n)* ~ Sicilia.
Skandinavien [skandi'na:vjən] *(np n)* ~ Scandinavia.
Skandinavier [skandi'na:vjɐ] *(m; -s, -; f* **-in***)* ~ scandinavo.

skandinavisch [skandi'na:vɪʃ] *(agg)* ~ scandinavo.
Slawe ['sla:və] *(m; -n, -n; f* **Slawin***)* ~ slavo.
slawisch ['sla:vɪʃ] *(agg)* ~ slavo.
Slowake [slo'va:kə] *(m; -n, -n; f* **-kin***)* ~ slovacco.
Slowakei [slova'kai] *(np f)* ~ Slovacchia.
slowakisch [slo'va:kɪʃ] *(agg)* ~ slovacco.
Slowakisch *(n; -)*, das **Slowakische** [slo'va:kɪʃə] *(n; -n)* ~ slovacco, lingua slovacca.
Slowene [slo've:nə] *(m; -n, -n; f* **-nin***)* ~ sloveno.
Slowenien [slo've:njən] *(np n)* ~ Slovenia.
Slowenier [slo've:njɐ] *(m; -s, -; f* **-in***)* ~ sloveno.
slowenisch [slo've:nɪʃ] *(agg)* ~ sloveno.
Slowenisch *(n; -)*, das **Slowenische** [slo've:nɪʃə] *(n; -n)* ~ sloveno, lingua slovena.
Solothurn ['zo:lo,tʊrn] *(np m)* ~ Soletta.
sowjetisch [zɔ'vjɛtɪʃ] *(agg)* ~ sovietico.
Sowjetunion [zɔ'vjɛtˀu,njo:n] *(np f)* ~ Unione Sovietica.
Spanien ['ʃpa:njən] *(np n)* ~ Spagna.
Spanier ['ʃpa:njɐ] *(m; -s, -; f* **-in***)* ~ spagnolo.
spanisch ['ʃpa:nɪʃ] *(agg)* ~ spagnolo.
Spanisch *(n; -)*, das **Spanische** ['ʃpa:nɪʃə] *(n; -n)* ~ spagnolo, lingua spagnola.
Steiermark ['ʃtaiɐ,mark] *(np f)* ~ Stiria.
Stockholm ['ʃtɔk,hɔlm] *(np n)* ~ Stoccolma.
Straßburg ['ʃtra:s,bʊrk] *(np n)* ~ Strasburgo.
Stuttgart ['ʃtʊt,gart] *(np n)* ~ Stoccarda.
Südafrika ['zy:tˀa:frika] *(np n)* ***1*** Africa meridionale. **2** Sudafrica.
Südafrikaner ['zy:tˀafri'ka:nɐ] *(m; -s, -; f* **-in***)* ~ sudafricano.
Südamerika ['zy:tˀa'me:rika] *(np n)* ~ America meridionale, Sudamerica.
Südamerikaner ['zy:tˀameri'ka:nɐ] *(m; -s, -; f* **-in***)* ~ sudamericano.
süddeutsch ['zy:t,dɔytʃ] *(agg)* ~ tedesco meridionale.
Süddeutschland ['zy:t,dɔytʃlant] *(np n)* ~ Germania meridionale.
Südpol ['zy:t,po:l] *(m; -s)* ~ Polo Sud.
Südtirol ['zy:tti,ro:l] *(np n)* ~ Alto Adige.
Syrer ['zy:rɐ] *(anche* **Syrier***)* *(m; -s, -; f* **-in***)* ~ siriano.
Syrien ['zy:rjən] *(np n)* ~ Siria.
syrisch ['zy:rɪʃ] *(agg)* ~ siriano.
Tessin [tɛ'si:n] *(np n)* ~ (Canton) Ticino.
Tessiner [tɛ'si:nɐ] *(m; -s, -; f* **-in**; *anche agg indecl)* ~ ticinese.
Themse ['tɛmzə] *(np f)* ~ Tamigi.
Thurgau ['tu:ɐ,gau] *(np m)* ~ Turgovia.
Thüringen ['ty:rɪŋgɐ] *(np n)* ~ Turingia.
Tirol [ti'ro:l] *(np n)* ~ Tirolo.
Tiroler [ti'ro:lɐ] *(m; -s, -; f* **-in**; *anche agg indecl)* ~ tirolese.
Toskana [tos'ka:na] *(np f)* ~ Toscana.
Toskaner [tos'ka:nɐ] *(m; -s, -; f* **-in**; *anche agg indecl)* ~ toscano.
Totes Meer ['to:təs 'me:ɐ] *(n; -(e)s)*, das **Tote Meer** ['to:tə 'me:ɐ] ~ Mar Morto.
Trient [tri'ɛnt] *(np n)* ~ Trento.
Trier ['tri:ɐ] *(np n)* ~ Treviri.
Tropen ['tro:pən] *(np pl)* ~ Tropici.
Tscheche ['tʃɛçə] *(m; -n, -n; f* **-in***)* ~ ceco.
Tschechien ['tʃɛçjən] *(np n)* ~ Repubblica Ceca.
tschechisch ['tʃɛçɪʃ] *(agg)* ~ ceco ♦ *Tschechische Republik* Repubblica Ceca.
Tschechisch *(n; -)*, das **Tschechische** ['tʃɛçɪʃə] *(n; -n)* ~ ceco, lingua ceca.
Tschechoslowake [tʃɛçoslo'va:kə] *(m; -n, -n; f* **-in***)* ~ cecoslovacco.
Tschechoslowakei [tʃɛçoslova'kai] *(np f)* ~ Cecoslovacchia.
tschechoslowakisch [tʃɛçoslo'va:kɪʃ] *(agg)* ~ cecoslovacco.
Tunesien [tu'ne:zjən] *(np n)* ~ Tunisia.
Tunesier [tu'ne:zjɐ] *(m; -s, -; f* **-in***)* ~ tunisino.
tunesisch [tu'ne:zɪʃ] *(agg)* ~ tunisino.
Turin [tu'ri:n] *(np n)* ~ Torino.
Türke ['tʏrkə] *(m; -n, -n; f* **-in***)* ~ turco.
Türkei [tʏr'kai] *(np f)* ~ Turchia.
türkisch ['tʏrkɪʃ] *(agg)* ~ turco.
Türkisch *(n; -)*, das **Türkische** ['tʏrkɪʃə] *(n; -n)* ~ turco, lingua turca.
Ukraine [ukra'i:nə] *(np f)* ~ Ucraina.
Ukrainer [ukra'i:nɐ] *(m; -s, -; f* **-in***)* ~ ucraino.
ukrainisch [ukra'i:nɪʃ] *(agg)* ~ ucraino.
Ukrainisch *(n; -)*, das **Ukrainische** [ukra'i:nɪʃə] *(n; -n)* ~ ucraino, lingua ucraina.
Ungar ['ʊŋgar] *(m; -n, -n; f* **-in***)* ~ ungherese.
ungarisch ['ʊŋgarɪʃ] *(agg)* ~ ungherese.
Ungarisch *(n; -)*, das **Ungarische** ['ʊŋgarɪʃə] *(n; -n)* ~ ungherese, lingua ungherese.
Ungarn ['ʊŋgarn] *(np n)* ~ Ungheria.

USA [ˌuːˀɛsˈˀaː] *(pl; solo con art)* ~ Stati Uniti d'America, USA.
US-Amerikaner [uːˈˀɛsˀameriˌkaːnɐ] *(m;* -s, -; *f* **-in***)* ~ statunitense, americano.
US-amerikanisch [uːˈˀɛsˀameriˌkaːnɪʃ] *(agg)* ~ statunitense, americano.
Vatikanstadt [vatiˈkaːnˌʃtat] *(np f)* ~ Città del Vaticano.
Venedig [veˈneːdɪç] *(np n)* ~ Venezia.
Venetien [veˈneːtsjən] *(np n)* ~ Veneto.
Vereinigten Arabischen Emirate, die [fɛɐˈˀainɪçtən aˈraːbɪʃən emiˈraːtə] *(np pl)* ~ Emirati Arabi Uniti.
Vereinigten Staaten (**von Amerika**), die [fɛɐˈˀainɪçtən ˈʃtaːtən (fɔn aˈmeːrika)] *(np pl)* ~ Stati Uniti (d'America).
Waadt [ˈva(ː)t] *(np m)* ~ Vaud.
Wales [ˈweɪlz] *(np n)* ~ Galles.
Wallis [ˈvalɪʃ] *(np m)* ~ Vallese.
Warschau [ˈvarʃau] *(np n)* ~ Varsavia.
Weißrusse [ˈvaisˌrʊsə] *(m;* -n, -n; *f* **-russin***)* ~ bielorusso.
weißrussisch [ˈvaisˌrʊsɪʃ] *(agg)* ~ bielorusso.
Weißrussisch *(n; -)*, das **Weißrussische** [ˈvaisˌrʊsɪʃə] *(n;* -n*)* ~ bielorusso, lingua bielorussa.
Weißrussland [ˈvaisˌrʊslant] *(np n)* ~ Bielorussia, Russia Bianca.
Westberlin [ˈvɛstbɛrˌliːn] *(np n)* ~ Berlino Ovest.
westdeutsch [ˈvɛstˌdɔytʃ] *(agg)* ~ tedesco occidentale.
Westdeutschland [ˈvɛstˌdɔytʃlant] *(np n)* ~ Germania Occidentale.
Westfalen [ˈvɛstˈfaːlən] *(np n)* ~ Vestfalia.
Wien [viːn] *(np n)* ~ Vienna.
Wiener [ˈviːnɐ] *(m;* -s, -; *f* **-in**; *anche agg indecl)* ~ viennese.
Zürich [ˈtsyːrɪç] *(np n)* ~ Zurigo.
Züricher [ˈtsyːrɪçɐ] *(m;* -s, -; *f* **-in**; *anche agg indecl)* ~ zurighese, abitante di Zurigo.
züricherisch [ˈtsyːrɪçərɪʃ] *(agg)* ~ zurighese.

nomi geografici
geographische Namen

Adige *(np m)* ~ Etsch *(np f)* ♦ *Alto Adige* Südtirol *(np n)*.
Adriatico *(np m)* ~ Adria *(np f)*.
Africa *(np f)* ~ Afrika *(np n)* ♦ *Africa nera* Schwarzafrika ♦ *Africa meridionale* Südafrika.
africano[1] *(agg)* ~ afrikanisch.
africano[2] *(m; f* **-a***)* ~ Afrikaner *(m; f* -in*)*.
albanese[1] *(agg)* ~ albanisch.
albanese[2] *(m)* ***1*** *(m/f) (persona)* Albaner *(m; f* -in*)*. **2** *(lingua)* Albanisch(e) *(n)*.
Albania *(np f)* ~ Albanien *(np n)*.
Algeria *(np f)* ~ Algerien *(np n)*.
algerino[1] *(agg)* ~ algerisch.
algerino[2] *(m; f* **-a***)* ~ Algerier *(m;* -s, -*; f* -in*)*.
Alpi *(np pl)* ~ Alpen *(np pl)*.
alpino *(agg)* ~ alpin.
Alsazia *(np f)* ~ Elsass *(np n)*.
alsaziano[1] *(agg)* ~ elsässisch.
alsaziano[2] *(m; f* **-a***)* ~ Elsässer *(m; f* -in*)*.
Alto Adige *(np m)* ~ Südtirol *(np n)*.
amburghese[1] *(agg)* ~ Hamburger *(agg indecl)*.
amburghese[2] *(m/f)* ~ Hamburger *(m; f* -in*)*.
Amburgo *(np m)* ~ Hamburg *(np n)*.
America *(np f)* ~ Amerika *(np n)* ♦ *America latina* Lateinamerika ♦ *America centrale* Mittelamerika ♦ *America settentrionale* Nordamerika ♦ *America meridionale* Südamerika.
americano[1] *(agg)* ~ amerikanisch.
americano[2] *(m; f* **-a***)* ~ Amerikaner *(m; f* -in*)*.
antartico *(agg)* ~ antarktisch ♦ *circolo polare antartico* südlicher Polarkreis.
Antartide *(np m)* ~ Antarktis *(np f)*.
Aquisgrana *(np f)* ~ Aachen *(np n)*.
Arabia *(np f)* ~ Arabien *(np n)* ♦ *Arabia Saudita* Saudi-Arabien ♦ *dell'Arabia Saudita* saudi-arabisch.
arabo[1] *(agg)* ~ arabisch.
arabo[2] *(m)* ***1*** *(m; f* **-a***) (persona)* Araber *(m; f* -in*)* ♦ *arabo saudita* Saudi-Araber. **2** *(lingua)* Arabisch(e) *(n)*.
Argentina *(np f)* ~ Argentinien *(np n)*.
argentino[1] *(agg)* ~ argentinisch.
argentino[2] *(m; f* **-a***)* ~ Argentinier *(m; f* -in*)*.
Argovia *(np f)* ~ Aargau *(np m)*.
artico *(agg)* ~ arktisch ♦ *circolo polare artico* nörlicher Polarkreis.
Artide *(np m)* ~ Arktis *(np f)*.
Asia *(np f)* ~ Asien *(np n)* ♦ *Asia minore* Kleinasien.
asiatico[1] *(agg)* ~ asiatisch ♦ *dell'Asia minore* kleinasiatisch.
asiatico[2] *(m; f* **-a***)* ~ Asiat *(m; f* -in*)*.
Assia *(np f)* ~ Hessen *(np n)* ♦ *dell'Assia* hessisch *(agg)* ♦ *abitante dell'Assia* Hesse *(m; f* Hessin*)*.
atlantico *(agg)* ~ atlantisch ♦ *l'Oceano Atlantico* der atlantische Ozean.
Atlantico *(np m)* ~ Atlantik *(np m)*.
Augusta *(np f)* ~ Augsburg *(np n)*.
Australia *(np f)* ~ Australien *(np n)*.
australiano[1] *(agg)* ~ australisch.
australiano[2] *(m; f* **-a***)* ~ Australier *(m; f* -in*)*.
Austria *(np f)* ~ Österreich *(np n)*.
austriaco[1] *(agg)* ~ österreichisch.
austriaco[2] *(m; f* **-a***)* ~ Österreicher *(m; f* -in*)*.
Balcani *(np m pl)* ~ Balkan *(np m)*.
balcanico *(agg)* ~ balkanisch ♦ *penisola balcanica* Balkanhalbinsel *(f)*.
basco[1] *(agg)* ~ baskisch.
basco[2] *(m)* ***1*** *(m; f* **-a***) (persona)* Baske *(m; f* Baskin*)*. **2** *(lingua)* Baskisch(e) *(n)*.
Basilea *(np f)* ~ Basel *(np n)* ♦ *abitante di Basilea* Baseler *(anche* Basler*)* *(m; f* -in*)* ♦ *di Basilea* Baseler *(agg indecl)*.

Bassa Sassonia *(np f)* ~ Niedersachsen *(np n)*.
bavarese[1] *(agg)* ~ bay(e)risch.
bavarese[2] *(m)* ***1*** *(m/f) (persona)* Bayer *(m; f* -in*)*. ***2*** *(dialetto)* Bayrisch(e) *(n)*.
Baviera *(np f)* ~ Bayern *(np n)*.
belga[1] *(agg)* ~ belgisch.
belga[2] *(m/f)* ~ Belgier *(m; f* -in*)*.
Belgio *(np m)* ~ Belgien *(np n)*.
Belgrado *(np m)* ~ Belgrad *(np n)*.
Benelux *(np m)* ~ Benelux *(np n)* ♦ *Stati del Benelux* Beneluxstaaten *(np pl)*.
berlinese[1] *(agg)* ~ Berliner *(agg indecl)*.
berlinese[2] *(m/f)* ~ Berliner *(m; f* -in*)*.
Berlino *(np m)* ~ Berlin *(np n)* ♦ *Berlino est* Ostberlin ♦ *Berlino ovest* Westberlin.
Berna *(np f)* ~ Bern *(np n)*.
bernese[1] *(agg)* ~ Berner *(agg indecl)*.
bernese[2] *(m/f)* ~ Berner *(m; f* -in*)*.
Bielorussia *(np f)* ~ Weißrussland *(np n)*.
bielorusso[1] *(agg)* ~ weißrussisch.
bielorusso[2] *(m)* ***1*** *(m; f* **-a***) (persona)* Weißrusse *(m;* -n, -n; *f* -russin*)*. ***2*** *(lingua)* Weißrussisch(e) *(n)*.
Boemia *(np f)* ~ Böhmen *(np n)*.
boemo[1] *(agg)* ~ böhmisch.
boemo[2] *(m; f* **-a***)* ~ Böhme *(m; f* Böhmin*)*.
bolzanino[1] *(agg)* ~ Bozner *(agg indecl)*.
bolzanino[2] *(m; f* **-a***)* ~ Bozner *(m; f* -in*)*.
Bolzano *(np f)* ~ Bozen *(np n)*.
Bosnia *(np f)* ~ Bosnien *(np n)*.
Bosnia-Erzegovina *(np f)* ~ Bosnien und Herzegowina *(np n)*.
bosniaco *(m; f* **-a***)* ~ Bosnier *(m; f* -in*)*.
brandeburghese[1] *(agg)* ~ brandenburgisch; Brandenburger *(agg indecl)*.
brandeburghese[2] *(m/f)* ~ *(di Land; di città)* Brandenburger *(m; f* -in*)*.
Brandeburgo *(np f)* ~ *(Land; città)* Brandenburg *(np n)*.
Brasile *(np m)* ~ Brasilien *(np n)*.
brasiliano[1] *(agg)* ~ brasilianisch.
brasiliano[2] *(m; f* **-a***)* ~ Brasilianer *(m; f* -in*)*.
Brema *(np f)* ~ Bremen *(np n)* ♦ *di Brema* bremisch *(agg)* ♦ *abitante di Brema* Bremer *(m; f* -in*)*.
britannico[1] *(agg)* ~ britisch ♦ *le Isole Britanniche* die Britischen Inseln.
britannico[2] *(m; f* **-a***)* ~ Brite *(m; f* Britin*)*.
Bruxelles *(np f)* ~ Brüssel *(np n)*.
Bulgaria *(np f)* ~ Bulgarien *(np n)*.
bulgaro[1] *(agg)* ~ bulgarisch.
bulgaro[2] *(m)* ***1*** *(m; f* **-a***) (persona)* Bulgare *(m; f* -rin*)*. ***2*** *(lingua)* Bulgarisch(e) *(n)*.
Canada *(np m)* ~ Kanada *(np n)*.
canadese[1] *(agg)* ~ kanadisch.
canadese[2] *(m/f)* ~ Kanadier *(m; f* -in*)*.
Canarie *(np f pl)* ~ Kanaren *(np pl)*.
canario[1] *(agg)* ~ kanarisch ♦ *Isole Canarie* Kanarische Inseln.
canario[2] *(m; f* **-a***)* ~ Kanarier *(m; f* -in*)*.
Caraibi *(np m pl)* ~ Karibik *(np f)*.
caraibico[1] *(agg)* ~ karibisch ♦ *le Isole dei Caraibi* die Karibischen Inseln.
caraibico[2] *(m; f* **-a***)* ~ Karibe *(m; f* Karabin*)*.
Carinzia *(np f)* ~ Kärnten *(np n)*.
carinziano *(m; f* **-a***)* ~ Kärntner *(m; f* -in*)*.
Ceca, Repubblica *(np f)* ~ Tschechien *(np n)*.
ceco[1] *(agg)* ~ tschechisch.
ceco[2] *(m)* ***1*** *(m; f* **-a***) (persona)* Tscheche *(m;* -n, -n; *f* **-in***)*. ***2*** *(lingua)* Tschechisch(e) *(n)*.
Cecoslovacchia *(np f)* ~ Tschechoslowakei *(np f)*.
cecoslovacco[1] *(agg)* ~ tschechoslowakisch.
cecoslovacco[2] *(m; f* **-a***)* ~ Tschechoslowake *(m;* -n, -n; *f* **-in***)*.
celta *(m/f)* ~ Kelte *(m; f* Keltin*)*.
celtico[1] *(agg)* ~ keltisch.
celtico[2] *(m)* ~ *(lingua)* Keltisch(e) *(n)*.
Cina *(np f)* ~ China *(np n)*.
cinese[1] *(agg)* ~ chinesisch
cinese[2] *(m)* ***1*** *(m/f) (persona)* Chinese *(m; f* Chinesin*)*. ***2*** *(lingua)* Chinesisch(e) *(n)*.
Colonia *(np f)* ~ Köln *(np n)* ♦ *abitante di Colonia* Kölner *(m; f* -in*)* ♦ *di Colonia* kölnisch, Kölner *(agg indecl)*.
Confederazione Elvetica *(np f)* ~ Schweizerische Eidgenossenschaft *(f)*.
Corea *(np f)* ~ Korea *(np n)*.
coreano[1] *(agg)* ~ koreanisch.
coreano[2] *(m)* ***1*** *(m; f* **-a***) (persona)* Koreaner *(m; f* -in*)*. ***2*** *(lingua)* Koreanisch(e) *(n)*.
Corsica *(np f)* ~ Korsika *(np n)*.
corso[1] *(agg)* ~ korsisch.
corso[2] *(m; f* **-a***)* ~ Korse *(m; f* -in*)*.
croato[1] *(agg)* ~ kroatisch.

croato[2] *(m)* ***1*** *(m; f* **-a***)* *(persona)* Kroate *(m; f* Kroatin*)*. ***2*** *(lingua)* Kroatisch(e) *(n)*.
Croazia *(np f)* ~ Kroatien *(np n)*.
danese[1] *(agg)* ~ dänisch.
danese[2] *(m)* ***1*** *(m/f)* *(persona)* Däne *(m; f* Dänin*)*. ***2*** *(lingua)* Dänisch(e) *(n)*.
Danimarca *(np f)* ~ Dänemark *(np n)*.
Danubio *(np m)* ~ Donau *(np f)*.
Dresda *(np f)* ~ Dresden *(np n)*.
ebraico[1] *(agg)* ~ hebräisch.
ebraico[2] *(m)* ~ *(lingua)* Hebräisch(e) *(n)*.
ebreo *(m; f* **-a***)* ~ Jude *(m; f* Jüdin*)*.
Egitto *(np m)* ~ Ägypten *(np n)*.
egiziano[1] *(agg)* ~ ägyptisch.
egiziano[2] *(m; f* **-a***)* ~ Ägypter *(m; f* -in*)*.
Elba *(np m)* ~ *(fiume)* Elbe *(np f)*.
elvetico[1] *(agg)* ~ helvetisch.
elvetico[2] *(m; f* **-a***)* ~ Helvetiker *(m; f* -in*)*.
Emirati Arabi Uniti *(np m pl)* ~ die Vereinigten Arabischen Emirate *(np pl)*.
estone[1] *(agg)* ~ estnisch.
estone[2] *(m)* ***1*** *(m/f)* *(persona)* Este *(m; f* Estin*)*. ***2*** *(lingua)* Estnisch(e) *(n)*.
Estonia *(np f)* ~ Estland *(np n)*.
etiope *(m/f)* ~ Äthiopier *(m; f* -in*)*.
Etiopia *(np f)* ~ Äthiopien *(np n)*.
etiopico *(agg)* ~ äthiopisch.
Europa *(np f)* ~ Europa *(np n)* ♦ *Europa centrale* Mitteleuropa ♦ *Europa settentrionale* Nordeuropa.
europeo[1] *(agg)* ~ europäisch ♦ *Comunità Europea* europäische Gemeinschaft *(abbrev* **EG***)* ♦ *Unione Europea* Europäische Union *(abbrev* **EU***)*.
europeo[2] *(m; f* **-a***)* ~ Europäer *(m; f* -in*)*.
fiammingo[1] *(agg)* ~ flämisch.
fiammingo[2] *(m)* ***1*** *(m; f* **-a***)* *(persona)* Flame *(m; f* Flamin, Flämin*)*. ***2*** *(lingua)* Flämisch(e) *(n)*.
Fiandre *(np f pl)* ~ Flandern *(np n)*.
finlandese[1] *(agg)* ~ finnisch.
finlandese[2] *(m/f)* ~ Finne *(m; f* Finnin*)*.
Finlandia *(np f)* ~ Finnland *(np n)*.
finnico[1] *(agg)* ~ finnisch.
finnico[2] *(m)* ~ *(lingua)* Finnisch(e) *(n)*.
fiorentino[2] *(m; f* **-a***)* ~ Florentiner *(m; f* -in*)*.
Firenze *(np f)* ~ Florenz *(np n)*.
Foresta Nera *(np f)* ~ Schwarzwald *(np m)*.
francese[1] *(agg)* ~ französisch.
francese[2] *(m)* ***1*** *(m/f)* *(persona)* Franzose *(m; f* Französin*)*. ***2*** *(lingua)* Französisch(e) *(n)*.
Francia *(np f)* ~ Frankreich *(np n)*.
Francoforte *(np f)* ~ Frankfurt *(np n)* Francoforte ♦ *Francoforte sul Meno* Frankfurt am Main ♦ *Francoforte sull'Oder* Frankfurt an der Oder ♦ *abitante di Francoforte* Frankfurter *(m; -s, -)* ♦ *di Francoforte* Frankfurter *(agg indecl)*.
francone *(agg)* ~ fränkisch.
Franconia *(np f)* ~ Franken *(np n)*.
Friburgo *(np f)* ~ Freiburg *(np n)*.
Galles *(np m)* ~ Wales *(np n)*.
Genova *(np f)* ~ Genua *(np n)*.
Germania *(np f)* ~ Deutschland *(np n)* ♦ *Germania centrale* Mitteldeutschland ♦ *Germania meridionale* Süddeutschland ♦ *Germania occidentale* Westdeutschland ♦ *Germania orientale* Ostdeutschland ♦ *Germania settentrionale* Norddeutschland.
Giappone *(np m)* ~ Japan *(np n)*.
giapponese[1] *(agg)* ~ japanisch.
giapponese[2] *(m)* ***1*** *(m/f)* *(persona)* Japaner *(m; f* -in*)*. ***2*** *(lingua)* Japanisch(e) *(n)*.
Ginevra *(np f)* ~ Genf *(np n)*.
Giura *(np m)* ~ Jura *(np n)*.
Glarona *(np f)* ~ Glarus *(np n)*.
Gran Bretagna *(np f)* ~ Großbritannien *(np n)* ♦ *della Gran Bretagna* großbritannisch *(agg)*.
Grecia *(np f)* ~ Griechenland *(np n)*.
greco[1] *(agg)* ~ griechisch.
greco[2] *(m)* ***1*** *(m; f* **-a***)* *(persona)* Grieche *(m; f* Griechin*)*. ***2*** *(lingua)* Griechisch(e) *(n)*.
Grigioni *(np m pl)* ~ Graubünden *(np m)*.
groenlandese[1] *(agg)* ~ Grönländer *(agg indecl)*.
groenlandese[2] *(m/f)* ~ Grönländer *(m; f* -in*)*.
Groenlandia *(np f)* ~ Grönland *(np n)*.
iberico *(agg)* ~ iberisch ♦ *penisola iberica* Iberische Halbinsel.
India *(np f)* ~ Indien *(np n)*.
indiano[1] *(agg)* ***1*** *(dell'India)* indisch ♦ *l'Oceano Indiano* der Indische Ozean. ***2*** *(d'America)* indianisch.
indiano[2] *(m; f* **-a***)* ***1*** *(dell'India)* Inder *(m; f* -in*)*. ***2*** *(d'America)* Indianer *(m; f* -in*)*.

Indonesia *(np f)* ~ Indonesien *(np n)*.
indonesiano[1] *(agg)* ~ indonesisch.
indonesiano[2] *(m; f* -**a**) ~ Indonesier *(m; f* -in*)*.
Inghilterra *(np f)* ~ England *(np n)*.
inglese[1] *(agg)* ~ englisch.
inglese[2] *(m) **1** (m/f) (persona)* Engländer *(m; f* -in*)*. ***2** (lingua)* Englisch(e) *(n)*.
iracheno[1] *(agg)* ~ irakisch.
iracheno[2] *(m; f* -**a**) ~ Iraker *(m; f* -in*)*.
Iran *(np m)* ~ Iran *(np m)*.
iraniano[1] *(agg)* ~ iranisch.
iraniano[2] *(m; f* -**a**) ~ Iraner *(m; f* -in*)*.
Iraq *(np m)* ~ Irak *(np m)*.
Irlanda *(np f)* ~ Irland *(np n)* ♦ *Irlanda del Nord* Nordirland.
irlandese[1] *(agg)* ~ irisch.
irlandese[2] *(m) **1** (m/f) (persona)* Ire *(m; f* Irin*)*. ***2** (lingua)* Irisch(e) *(n)*.
Islanda *(np f)* ~ Island *(np n)*.
islandese[1] *(agg)* ~ isländisch.
islandese[2] *(m) **1** (m/f) (persona)* Isländer *(m; f* -in*)*. ***2** (lingua)* Isländisch(e) *(n)*.
Israele *(np m)* ~ Israel *(np n)*.
israeliano[1] *(agg)* ~ israelisch.
israeliano[2] *(m; f* -**a**) ~ Israeli *(m; f* -, -/-s*)*.
Italia *(np f)* ~ Italien *(np n)*.
italiano[1] *(agg)* ~ italienisch.
italiano[2] *(m) **1** (m; f* -**a**) *(persona)* Italiener *(m; f* -in*)*. ***2** (lingua)* Italienisch(e) *(n)*.
Iugoslavia *(np f)* ~ Jugoslawien *(np n)*.
iugoslavo[1] *(agg)* ~ jugoslawisch.
iugoslavo[2] *(m; f* -**a**) ~ Jugoslawe *(m; f* Jugoslawin*)*.
Kenia *(np m)* ~ Kenia *(np n)*.
keniano[1] *(agg)* ~ kenianisch.
keniano[2] *(m; f* -**a**) ~ Kenianer *(m; f* -in*)*.
keniota[1] *(agg)* ~ kenianisch.
keniota[2] *(m/f)* ~ Kenianer *(m; f* -in*)*.
L'Aia *(np f)* ~ Den Haag *(np n)*.
lappone[1] *(agg)* ~ lappländisch.
lappone[2] *(m/f)* ~ Lappe *(m; f* Lappin*)*.
Lapponia *(np f)* ~ Lappland *(np n)*.
latinoamericano *(agg)* ~ lateinamerikanisch.
lettone[1] *(agg)* ~ lettisch.
lettone[2] *(m) **1** (m/f) (persona)* Lette *(m; f* Lettin*)*. ***2** (lingua)* Lettisch(e) *(n)*.
Lettonia *(np f)* ~ Lettland *(np n)*.
libanese[1] *(agg)* ~ libanesisch.
libanese[2] *(m/f)* ~ Libanese *(m; f* Libanesin*)*.
Libano *(np m)* ~ Libanon *(np n)*.
Lipsia *(np f)* ~ Leipzig *(np n)*.
Lisbona *(np f)* ~ Lissabon *(np n)*.
Lituania *(np f)* ~ Litauen *(np n)*.
lituano[1] *(agg)* ~ litauisch.
lituano[2] *(m) **1** (m; f* -**a**) *(persona)* Litauer *(m; f* -in*)*. ***2** (lingua)* Litauisch(e) *(n)*.
Londra *(np f)* ~ London *(np n)*.
Lorena *(np f)* ~ Lothringen *(np n)*.
lorenese[1] *(agg)* ~ lothringisch, Lothringer *(agg indecl)*.
lorenese[2] *(m/f)* ~ Lothringer *(m; f* -in*)*.
Lubecca *(np f)* ~ Lübeck *(np n)* ♦ *abitante di Lubecca* Lübecker *(m; f* -in*)* ♦ *di Lubecca* Lübecker *(agg indecl)*.
Lucerna *(np f)* ~ Luzern *(np n)*.
lussemburghese[1] *(agg)* ~ luxemburgisch, Luxemburger *(agg indecl)*.
lussemburghese[2] *(m/f)* ~ Luxemburger *(m; f* -in*)*.
Lussemburgo *(np m/f)* ~ *(stato e città)* Luxemburg *(np n)*.
macedone[1] *(agg)* ~ mazedonisch.
macedone[2] *(m) **1** (m/f) (persona)* Mazedonier *(m; f* -in*)*. ***2** (lingua)* Mazedonisch(e) *(n)*.
Macedonia *(np f)* ~ Mazedonien *(np n)*.
Magonza *(np f)* ~ Mainz *(np n)* ♦ *abitante di Magonza* Mainzer *(m; f* -in*)* ♦ *di Magonza* Mainzer *(agg indecl)*.
Malta *(np f)* ~ Malta *(np n)*.
maltese[1] *(agg)* ~ maltesisch.
maltese[2] *(m) **1** (m/f) (persona)* Malteser *(m; f* -in*)*. ***2** (lingua)* Maltesisch(e) *(n)*.
Mare del Nord *(np m)* ~ Nordsee *(np f)*.
Mar Baltico *(np m)* ~ Ostsee *(np f)*.
Mar Morto *(np m)* ~ Totes Meer *(n;* -(e)s*)*.
Mar Nero *(np m)* ~ Schwarzes Meer *(n;* -(e)s*)*.
Mar Rosso *(np m)* ~ Rotes Meer *(n;* -(e)s*)*.
marocchino[1] *(agg)* ~ marokkanisch.
marocchino[2] *(m; f* -**a**) ~ Marokkaner *(m;* -s, -; *f* -in*)*.
Marocco *(np m)* ~ Marokko *(np n)*.
Meclemburgo *(np f)* ~ Mecklenburg *(np n)* ♦ *Meclemburgo-Pomerania occidentale* Mecklenburg-Vorpommern.
Mediterraneo *(np m)* ~ Mittelmeer *(np n)*.
Meno *(np m)* ~ Main *(np n)*.

milanese[1] *(agg)* ~ mailändisch, Mailänder *(agg indecl)*.
milanese[2] *(m/f)* ~ Mailänder *(m; f* -in*)*.
Milano *(np f)* ~ Mailand *(np n)*.
Moldava *(np f)* ~ Moldau *(np f)*.
Moldavia *(np f)* ~ Moldawien *(np n)*.
moldavo[1] *(agg)* ~ moldawisch.
moldavo[2] *(m; f* **-a***)* ~ Moldawier *(m; f* -in*)*
monacense[1] *(agg)* ~ *(di Monaco di Baviera)* Münch(e)ner *(agg indecl)*.
monacense[2] *(m/f)* ~ *(abitante di Monaco di Baviera)* Münch(e)ner *(m; f* -in*)*.
Monaco *(np f)* ~ München *(np n)*.
monegasco *(m; f* **-a***)* ~ Monegasse *(m;* -, -n; *f* **-assin***)*.
Mongolia *(np f)* ~ Mongolei *(np f)*.
mongolo[1] *(agg)* ~ mongolisch.
mongolo[2] *(m; f* **-a***)* ~ Mongole *(m; f* Mongolin*)*.
Monte Bianco *(np m)* ~ Montblanc *(np m)*.
montenegrino[1] *(agg)* ~ montenegrinisch.
montenegrino[2] *(m; f* **-a***)* ~ Montenegriner *(m; f* -in*)*.
Montenegro *(np m)* ~ Montenegro *(np n)*.
Moravia *(np f)* ~ Mähren *(np n)*.
moravo[1] *(agg)* ~ mährisch.
moravo[2] *(m; f* **-a***)* ~ Mähre *(m; f* Mährin*)*.
Mosa *(np f)* ~ Maas *(np f)*.
Mosca *(np f)* ~ Moskau *(np n)*.
moscovita[1] *(agg)* ~ moskauisch, moskowitisch, Moskauer *(agg indecl)*.
moscovita[2] *(m/f)* ~ Moskauer *(m; f* -in*)*, Moskowiter *(m; f* -in*)*.
Mosella *(np f)* ~ Mosel *(np f)*
napoletano[1] *(agg)* ~ neapolitanisch, Neapolitaner *(agg indecl)*.
napoletano[2] *(m; f* **-a***)* ~ Neap(e)ler *(m; f* -in*)*, Neapolitaner *(m; f* -in*)*.
Napoli *(np f)* ~ Neapel *(np n)*.
neerlandese *(m)* ***1*** *(m/f) (persona)* Niederländer *(m* -s; *f* -in*)*. ***2*** *(lingua)* Niederländisch(e) *(n)*.
neozelandese[1] *(agg)* ~ neuseeländisch, Neuseeländer *(agg indecl)*.
neozelandese[2] *(m/f)* ~ Neuseeländer *(m; f* -in*)*.
Nordamerica *(np m)* ~ Nordamerika *(np n)*.
nordamericano[2] *(m; f* **-a***)* ~ Nordamerikaner *(m; f* -in*)*.
Norimberga *(np f)* ~ Nürnberg *(np n)*.
norvegese[1] *(agg)* ~ norwegisch.
norvegese[2] *(m)* ***1*** *(m/f) (persona)* Norweger *(m; f* -in*)*. ***2*** *(lingua)* Norwegisch(e) *(n)*.
Norvegia *(np f)* ~ Norwegen *(np n)*.
Nuova Zelanda *(np f)* ~ Neuseeland *(np n)*.
Oceania *(np f)* ~ Ozeanien *(np n)*.
Olanda *(np f)* ~ Holland *(np n)*.
olandese[1] *(agg)* ***1*** holländisch, niederländisch. ***2*** Holländer *(agg indecl)*.
olandese[2] *(m)* ***1*** *(m/f) (persona)* Holländer *(m; f* -in*)*, Niederländer *(m; f* -in*)*. ***2*** *(lingua)* Holländisch(e) *(n)*, Niederländisch(e) *(n)*.
pacifico *(agg)* ~ pazifisch ♦ *l'Oceano Pacifico* Pazifische Ozean.
Pacifico *(Oceano)* Pazifik *(m;* -s*)*
Padova *(np f)* ~ Padua *(np n)*.
Paesi Baschi *(np m pl)* ~ Baskenland *(np n)*.
Paesi Bassi *(np m pl)* ~ Niederlande *(np pl; sempre con art)* ♦ *abitante dei Paesi Bassi* Niederländer *(m; f* -in*)* ♦ *dei Paesi Bassi* niederländisch *(agg)*.
Palatinato *(np m)* ~ Pfalz *(np f)*.
Palestina *(np f)* ~ Palästina *(np n)*.
palestinese[1] *(agg)* ~ pälestinensisch.
palestinese[2] *(m/f)* ~ Palästinenser *(m; f* -in*)*.
Parigi *(np f)* ~ Paris *(np n)*.
parigino[1] *(agg)* ~ Pariser *(agg indecl)*.
parigino[2] *(m; f* **-a***)* ~ Pariser *(m; f* -in*)*.
pechinese[1] *(agg)* ~ Pekinger *(agg indecl)*.
pechinese[2] *(m/f)* ~ Pekinger *(m; f* -in*)*.
Pechino *(np f)* ~ Peking *(np n)*.
Persia *(np f)* ~ Persien *(np n)*.
persiano[1] *(agg)* ~ persisch.
persiano[2] *(m)* ***1*** *(m; f* **-a***) (persona)* Perser *(m; f* -in*)*. ***2*** *(lingua)* Persisch(e) *(n)*.
Perù *(np m)* ~ Peru *(np n)*.
peruviano[1] *(agg)* ~ peruanisch.
peruviano[2] *(m; f* **-a***)* ~ Peruaner *(m; f* -in*)*.
polacco[1] *(agg)* ~ polnisch.
polacco[2] *(m)* ***1*** *(m; f* **-a***) (persona)* Pole *(m; f* Polin*)*. ***2*** *(lingua)* Polnisch(e) *(n)*.
Polo Nord *(m)* ~ Nordpol *(m)*.
Polo Sud *(m)* ~ Südpol *(m)*.
Polonia *(np f)* ~ Polen *(np n)*.
Pomerania *(np f)* ~ Pommern *(np n)*.
Portogallo *(np m)* ~ Portugal *(np n)*.
portoghese[1] *(agg)* ~ portugiesisch.

portoghese[2] *(m)* ***1*** *(m/f) (persona)* Portugiese *(m; f* Portugiesin*)*. ***2*** *(lingua)* Portugiesisch(e) *(n)*.
Praga *(np f)* ~ Prag *(np n)*.
Principato di Monaco *(np m)* ~ Monaco *(np f)*.
Prussia *(np f)* ~ Preußen *(np n)*.
prussiano[1] *(agg)* ~ preußisch.
prussiano[2] *(m; f* **-a***)* ~ Preuße *(m; f* Preußin*)*.
Renania *(np f)* ~ Rheinland *(np n)* ♦ *Renania-Palatinato* Rheinland-Pfalz *(np n)* ♦ *Renania Settentrionale-Vestfalia* Nordrhein-Westfalen *(np n)*.
renano *(agg)* ~ rheinisch.
Reno *(np m)* ~ Rhein *(np m)*.
Roma *(np f)* ~ Rom *(np n)*.
Romania *(np f)* ~ Rumänien.
romano *(m; f* **-a***)* ~ Römer *(m;* -s, -; *f* -in*)*.
romano *(agg)* ~ römisch.
rumeno[1] *(agg)* ~ rumänisch.
rumeno[2] *(m)* ***1*** *(m; f* **-a***) (persona)* Rumäne *(m;* -n, -n; *f* Rumänin*)*. ***2*** *(lingua)* Rumänisch(e) *(n)*.
Russia *(np f)* ~ Russland *(np n)*.
russo[1] *(agg)* ~ russisch.
russo[2] *(m)* ***1*** *(m; f* **-a***) (persona)* Russe *(m;* -, -n; *f* Russin*)*. ***2*** *(lingua)* Russisch(e) *(n)*.
salisburghese[1] *(agg)* ~ Salzburger *(agg indecl)*.
salisburghese[2] *(m/f)* ~ Salzburger *(m;* -s, -; *f* -in*)*.
Salisburgo *(np f)* ~ Salzburg *(np n)*.
San Gallo *(np m)* ~ Sankt Gallen *(np m)*.
Sardegna *(np f)* ~ Sardinien *(np n)*.
sardo[1] *(agg)* ~ sardinisch.
sardo[2] *(m; f* **-a***)* ~ Sarde *(m;* -n, -n; *f* -din*)*.
sassone[1] *(agg)* ~ sächsisch.
sassone[2] *(m/f)* ~ Sachse *(m;* -n, -n; *f* Sächsin*)*.
Sassonia *(np f)* ~ Sachsen *(np n)* ♦ *Bassa Sassonia* Niedersachsen.
Sassonia-Anhalt *(np f)* ~ Sachsen-Anhalt *(np n)*.
saudita *(m/f)* ~ Saudi *(m;* -s, -s*)*, Saudi-Araber *(m;* -s, -; *f* **-in***)*.
Scandinavia *(np f)* ~ Skandinavien *(np n)*.
scandinavo[1] *(agg)* ~ skandinavisch.
scandinavo[2] *(m; f* **-a***)* ~ Skandinavier *(m;* -s, -; *f* **-in***)* .
Sciaffusa *(np m)* ~ Schaffhausen *(np m)*.
Scozia *(np f)* ~ Schottland *(np n)*.
scozzese[1] *(agg)* ~ schottisch.
scozzese[2] *(m/f)* ~ Schotte *(m;* -n, -n; *f* Schottin*)*.
Senna *(np f)* ~ Seine *(np f)*.
Serbia *(np f)* ~ Serbien *(np n)*.
serbo *(m)* ***1*** *(m; f* **-a***) (persona)* Serbe *(m;* -n, -n; *f* Serbin*)*. ***2*** *(lingua)* Serbisch(e) *(n)*.
serbocroato *(m)* ~ *(lingua)* Serbokroatisch(e) *(n)*.
Sicilia *(np f)* ~ Sizilien *(np n)*.
siciliano[1] *(agg)* ~ sizilianisch.
siciliano[2] *(m; f* **-a***)* ~ Sizilianer *(m;* -s, -; *f* in*)*.
Siria *(np f)* ~ Syrien *(np n)* .
siriano[1] *(agg)* ~ syrisch.
siriano[2] *(m; f* **-a***)* ~ Syrer, Syrier *(m;* -s, -; *f* -in*)*.
slavo[1] *(agg)* ~ slawisch.
slavo[2] *(m; f* **-a***)* ~ Slawe *(m;* -n, -n; *f* Slawin*)*.
Slesia *(np f)* ~ Schlesien *(np n)*.
slesiano[1] *(agg)* ~ schlesisch.
slesiano[2] *(m; f* **-a***)* ~ Schlesier *(m;* -s, -; *f* -in*)*.
Slovacchia *(np f)* ~ Slowakei *(np f)* .
slovacco[1] *(agg)* ~ slowakisch.
slovacco[2] *(m)* ***1*** *(m; f* **-a***) (persona)* Slowake *(m;* -n, -n; *f* -kin*)*. ***2*** *(lingua)* Slowakisch(e) *(n)*.
Slovenia *(np f)* ~ Slowenien *(np n)*.
sloveno[1] *(agg)* ~ slowenisch.
sloveno[2] *(m)* ***1*** *(m; f* **-a***) (persona)* Slowenier *(m;* -s, -; *f* -in*)*, Slowene *(m;* -n, -n; *f* -nin*)*. ***2*** *(lingua)* Slowenisch(e) *(n)*.
Soletta *(np m)* ~ Solothurn *(np m)*.
sovietico *(agg)* ~ sowjetisch.
Spagna *(np f)* ~ Spanien *(np n)*.
spagnolo[1] *(agg)* ~ spanisch.
spagnolo[2] *(m)* ***1*** *(m; f* **-a***) (persona)* Spanier *(m;* -s, -; *f* **-in***)*. ***2*** *(lingua)* Spanisch(e) *(n)*.
Stati Uniti d'America *(np m pl)* ~ die Vereinigten Staaten von Amerika, USA *(pl; solo con art)*.
statunitense[1] *(agg)* ~ US-amerikanisch.
statunitense[2] *(m/f)* ~ US-Amerikaner *(m;* -s, -; *f* -in*)*.
Stiria *(np f)* ~ Steiermark *(np f)*.
Stoccarda *(np f)* ~ Stuttgart *(np n)*.

Stoccolma *(np f)* ~ Stockholm *(np n)*.
Strasburgo *(np f)* ~ Straßburg *(np n)*.
Sudafrica *(np m)* ~ Südafrika *(np n)*.
sudafricano[1] *(agg)* ~ südafrikanisch.
sudafricano[2] *(m; f* **-a***)* ~ Südafrikaner *(m;* -s, -; *f* -in*)*.
Sudamerica *(np m)* ~ Südamerika *(np n)*.
sudamericano *(m; f* **-a***)* ~ Südamerikaner *(m;* -s, -; *f* -in*)*.
svedese[1] *(agg)* ~ schwedisch.
svedese[2] *(m)* ***1*** *(m/f) (persona)* Schwede *(m;* -n, -n; *f* Schwedin*)*. ***2*** *(lingua)* Schwedisch(e) *(n)*.
Svevia *(np f)* ~ Schwaben *(np n)*.
svevo[1] *(agg)* ~ schwäbisch.
svevo[2] *(m/f)* ~ Schwabe *(m;* -n, -n; *f* Schwäbin*)*.
Svezia *(np f)* ~ Schweden *(np n)*.
Svizzera *(np f)* ~ Schweiz *(np f)*.
svizzero[1] *(agg)* ~ Schweizer *(agg indecl)* ♦ *Franco svizzero* Schweizer Franken *(abbrev* **sfr.**, **sFr.***)*.
svizzero[2] *(agg)* ~ schweizerisch ♦ *Ferrovie Federali Svizzere* Schweizerische Bundesbahnen *(abbrev* SBB*)*.
svizzero[3] *(m)* ***1*** *(m; f* **-a***) (persona)* Schweizer *(m;* -s, -; *f* **-in***)*. ***2*** *(lingua)* Schweizerdeutsch(e) *(n)*.
tedesco[1] *(agg)* ~ deutsch ♦ *tedesco meridionale* süddeutsch ♦ *tedesco occidentale* westdeutsch ♦ *tedesco orientale* ostdeutsch ♦ *tedesco settentrionale* norddeutsch.
tedesco[2] *(m)* ***1*** *(m; f* **-a***) (persona)* Deutsche(r) *(m/f)*. ***2*** *(lingua)* Deutsch(e) *(n)*.
Ticino, **Canton Ticino** *(np m)* ~ Tessin *(np n)*.
ticinese *(m/f)* ~ Tessiner *(m;* -s, -; *f* -in*)*.
Tamigi *(np m)* ~ Themse *(np f)*.
Turgovia *(np f)* ~ Thurgau *(np m)*.
Turingia *(np f)* ~ Thüringen *(np n)*.
Tirolo *(np m)* ~ Tirol *(np n)*.
tirolese *(m/f)* ~ Tiroler *(m;* -s, -; *f* -in*)*.
Toscana *(np f)* ~ Toskana *(np f)*.
toscano *(m; f* **-a***)* ~ Toskaner *(m;* -s, -; *f* -in*)*.
Trento *(np f)* ~ Trient *(np n)*.
Treviri *(np f)* ~ Trier *(np n)*.
Tropici *(np m pl)* ~ Tropen *(np pl)*.
Tunisia *(np f)* ~ Tunesien *(np n)*.
tunisino[1] *(agg)* ~ tunesisch.
tunisino[2] *(m; f* **-a***)* ~ Tunesier *(m;* -s, -; *f* -in*)*.
Torino *(np f)* ~ Turin *(np n)*.
Turchia *(np f)* ~ Türkei *(np f)*.
turco[1] *(agg)* ~ türkisch.
turco[2] *(m)* ***1*** *(m; f* **-a***) (persona)* Türke *(m; f* -in*)*. ***2*** *(lingua)* Türkisch(e) *(n)*.
Ucraina *(np f)* ~ Ukraine *(np f)*.
ucraino[1] *(agg)* ~ ukrainisch.
ucraino[2] *(m)* ***1*** *(m; f* **-a***) (persona)* Ukrainer *(m;* -s, -; *f* -in*)*. ***2*** *(lingua)* Ukrainisch(e) *(n)*.
ungherese[1] *(agg)* ~ ungarisch.
ungherese[2] *(m)* ***1*** *(m; f* **-a***) (persona)* Ungar *(m;* -n, -n; *f* -in*)*. ***2*** *(lingua)* Ungarisch(e) *(n)*.
Ungheria *(np f)* ~ Ungarn *(np n)*.
Unione Sovietica *(np f)* ~ Sowjetunion *(np f)*.
USA *(np m pl)* ~ USA *(pl; solo con art)*.
Vaud *(np m)* ~ Waadt *(np m)*.
Vallese *(np m)* ~ Wallis *(np m)*.
Varsavia *(np f)* ~ Warschau *(np n)*.
vaticano *(agg)* ~ vatikanisch.
Vaticano, **Città di** *(np f)* ~ Vatikanstadt *(np f)*.
Venezia *(np f)* ~ Venedig *(np n)*.
Vestfalia *(np f)* ~ Westfalen *(np n)*.
Vienna *(np f)* ~ Wien *(np n)*.
viennese[1] *(agg)* ~ Wiener *(agg indecl)*.
viennese[2] *(m/f)* ~ Wiener *(m;* -s, -; *f* -in*)*.
zurighese[1] *(agg)* ~ züricherisch, Züricher *(agg indecl)*.
zurighese[2] *(m/f)* ~ Züricher *(m;* -s, -; *f* -in*)*.
Zurigo *(np f)* ~ Zürich *(np n)*.

Italiano

Tedesco

a

a *(prep)* ***1*** *(complemento di termine) (si traduce con il dativo)* ♦ *ho dato il libro a mio fratello* ich habe meinem Bruder das Buch gegeben ♦ *a chi hai regalato i fiori?* wem hast du die Blumen geschenkt? ***2*** *(destinatario)* an *(+ Acc)* ♦ *una lettera a mia sorella* ein Brief an meine Schwester. ***3*** *(luogo)* in, an *(stato + Dat; moto + Acc)* ♦ *andiamo al cinema o a teatro?* gehen wir ins Kino oder ins Theater? ♦ *Maria è all'ospedale* Maria liegt im Krankenhaus ♦ *al sole* in der Sonne *(stato)* ♦ *al buio* im Dunkeln ♦ *il quadro è appeso alla parete* das Bild hängt an der Wand ♦ *bussò alla porta* er klopfte an die Tür ♦ *andare al mare* ans Meer fahren ♦ *andare al telefono* ans Telefon gehen ♦ *al posto tuo non lo farei* an deiner Stelle würde ich das nicht tun. ***4*** *(direzione)* nach, zu ♦ *a sinistra* nach links ♦ *a nord* nach Norden ♦ *vado al lavoro, alla posta, a scuola* ich gehe zur Arbeit, zur Post, zur Schule. ***5*** *(luoghi e istituzioni pubbliche; isole piccole)* auf *(stato + Dat; moto + Acc)* ♦ *andare alla banca, al mercato, alla posta* auf die Bank, auf den Markt, auf die Post gehen ♦ *va già all'università* sie geht schon auf die Universität ♦ *a Maiorca* auf Mallorca *(stato/moto)*. ***6*** *(nomi di città)* in *(stato)*; nach *(moto)* ♦ *abito a Firenze* ich wohne in Florenz ♦ *vado a Monaco* ich fahre nach München. ***7*** *(tempo)* zu; an *(+ Dat)* ♦ *a Natale* zu Weihnachten ♦ *ai tempi della prima guerra mondiale* zur Zeit des ersten Weltkrieges ♦ *all'inizio* am Anfang ♦ *alla fine* am Ende. ***8*** *(ora)* um ♦ *alle quindici e venti* um 15 (fünfzehn) Uhr 20 (zwanzig). ***9*** *(età)* mit ♦ *si è sposato a trent'anni* er hat mit dreißig (Jahren) geheiratet. ***10*** *(mesi)* in ♦ *a settembre* im September. ***11*** *(saluti)* bis ♦ *a presto* bis bald ♦ *a domani* bis morgen ♦ *a sabato* bis Samstag. ***12*** *(modo)* mit, nach ♦ *scrivere a mano, a macchina* mit der Hand, mit der Maschine schreiben ♦ *a piacere* nach Belieben ♦ *suonare a orecchio* nach dem Gehör spielen. ***13*** *(prezzo)* zu ♦ *vende le piante a un prezzo di dieci euro* er verkauft die Pflanzen zu einem Preis von 10 Euro ♦ *a metà prezzo* zum halben Preis. ***14*** *(distributivo)* pro; an, in ♦ *il pernottamento costa 100 euro a persona* die Übernachtung kostet 100 Euro pro Person ♦ *due volte al giorno* zweimal am Tag ♦ *due volte al mese, all'anno* zweimal im Monat, im Jahr. ***15*** *(rapporti numerici)* zu ♦ *abbiamo vinto tre a uno* wir haben 3:1 (drei zu eins) gewonnen. ***16*** bei ♦ *a queste parole cominciò a piangere* bei diesen Worten fing sie an zu weinen. ***17*** *(+ inf)* anche non tradotto; zu; *(finale)* um zu ♦ *ich gehe jetzt schlafen* ora vado a dormire ♦ *er kam uns besuchen* venne a trovarci ♦ *cominciò a piangere* sie fing an zu weinen ♦ *sie ging hinunter, um den Müll in den Container zu werfen* scese a buttare l'immondizia nel cassonetto. ◆ **a casa** ***1***

(stato in luogo) zu Hause ♦ *è rimasto a casa* er ist zu Hause geblieben. **2** *(moto a luogo)* nach Hause ♦ *vado a casa* ich gehe nach Hause. ◆ **a condizione che** unter der Voraussetzung, dass. ◆ **a piedi** zu Fuß. ◆ **a quest'ora** zu dieser Zeit.

abate *(m)* ~ Abt *(m)*.

abat-jour *(f)* ~ Nachttischlampe *(f)*.

abbagliante *(agg)* ~ blendend. ◆ **fari abbaglianti** Fernlicht *(n)*.

abbagliare *(vt)* ~ blenden *(vt)* *(anche fig)* ♦ *non lasciarsi abbagliare* sich *(Acc)* nicht blenden lassen*.

abbaglio *(m)* ~ *(svista)* Versehen *(n)*. ◆ **prendere un abbaglio** einen Bock schießen.

abbaiare *(vi)* ~ bellen *(vi*, hat*)*.

abbaino *(m)* ~ Dachfenster *(n)*.

abbandonare *(vt)* **1** verlassen* *(vt)* ♦ *ha abbandonato la sua famiglia* er hat seine Familie verlassen. **2** *(bambini, animali, ecc)* aus|setzen *(vt)*. **3** auf|geben* *(vt)* ♦ *abbandonare la speranza, una partita, un'attività* die Hoffnung, eine Partie, eine Tätigkeit aufgeben. **4** *(cariche e sim)* ab|geben* *(vt)*. **5** *(associazioni e sim)* {~ *qcs*} aus etwas aus|treten* *(vi*, ist*)*. **6** *(abitudini, intenzioni, opinioni)* {~ *qcs*} von etwas ab|gehen* *(vi*, ist*)*.

abbandonarsi *(vr)* **1** *(a sentimenti, ricordi, ecc)* {~ *a qcs*} sich etwas *(Dat)* überlassen* *(vr)*, hin|geben* *(vr)*. **2** *(su una poltrona, sul letto, ecc)* sinken *(vi*, ist*)*.

abbandonato *(agg)* **1** verlassen. **2** *(deserto; incolto)* wüst. **3** *(inerme, indifeso)* hilflos. ◆ **essere abbandonato a se stesso** sich *(Dat)* selbst überlassen sein*.

abbandono *(m)* **1** Verlassen *(n)*. **2** *(trascuratezza)* Verwahrlosung *(f)*. **3** *(rinuncia)* Aufgabe *(f)* *(anche sport)*.

abbassamento *(m)* **1** Senken *(n)*. **2** *(diminuzione)* Senkung *(f)* *(anche fig)* ♦ *l'abbassamento delle tariffe* die Senkung der Tarife.

abbassare *(vt)* **1** *(volgere verso il basso)* senken *(vt)*, nieder|schlagen* *(vt)* ♦ *abbassare gli occhi/lo sguardo* die Augen/den Blick senken/niederschlagen. **2** *(diminuire)* senken *(vt)*, herab|setzen *(vt)* ♦ *abbassare i prezzi* die Preise senken/herabsetzen. **3** *(mettere in basso)* niedriger stellen *(vt)*. **4** *(volume)* leiser stellen *(vt)*. **5** *(finestrini)* herunter|kurbeln *(vt)*. **6** *(fari)* ab|blenden *(vt)*.

abbassarsi *(vr)* **1** *(chinarsi)* sich bücken *(vr)*. **2** *(calare, diminuire)* sinken *(vi*, ist*)* ♦ *le temperature si sono abbassate* die Temperaturen sind gesunken. **3** *(umiliarsi)* {~ *a qcs*} sich zu etwas herab|lassen* *(vr)*.

abbasso *(interiez)* ~ nieder mit.

abbastanza *(avv)* **1** *(a sufficienza)* genug *(con agg e avv viene posposto)*; genügend; ausreichend ♦ *ho abbastanza soldi* ich habe genug Geld ♦ *hai dormito abbastanza?* hast du genug geschlafen? ♦ *la giacca non è abbastanza grande* die Jacke ist nicht groß genug ♦ *averne abbastanza di qcn/qcs* von jmdm/etwas genug haben ♦ *abbastanza denaro* ausreichend Geld. **2** *(piuttosto)* ziemlich ♦ *un armadio abbastanza grosso* ein ziemlich großer Schrank ♦ *sto abbastanza bene* es geht mir ziemlich gut.

abbattere *(vt)* **1** nieder|schlagen* *(vt)*. **2** *(buttare giù)* nieder|drücken *(vt)* ♦ *questa notizia l'ha abbattuto* diese Nachricht hat ihn niedergedrückt. **3** *(demolire)* nieder|reißen* *(vt)*, ein|reißen* *(vt)*. **4** *(alberi e sim)* fällen *(vt)*. **5** *(aerei)* ab|schießen* *(vt)*. **6** *(selvaggina)* schießen* *(vt/vi*, hat*)*. **7** *(regimi e sim)* stürzen *(vt)*.

abbattersi *(vr)* **1** *(temporali)* nieder|gehen* *(vi*, ist*)*. **2** *(calamità e sim)* {~ *su qcn/qcs*} über jmdn/etwas herein|brechen* *(vi*, ist*)*. **3** *(cadere, di fulmini, bombe, ecc)* schlagen* *(vi*, ist*)*, ein|schlagen* *(vi*, hat*)*.

abbattimento *(m)* **1** *(demolizione)* Niederreißen *(n)*. **2** *(fisico)* Entkräftung *(f)*. **3** *(morale)* Niedergeschlagenheit *(f)*, Bedrücktheit *(f)*.

abbazia *(f)* ~ Abtei *(f)*.

abbellire *(vt)* **1** verschönern *(vt)*, jmdn/etwas schön machen *(vt)*. **2** *(ornare)* verzieren *(vt)*.

abbeverare *(vt)* ~ tränken *(vt)*.

abbeveratoio *(m)* ~ Tränke *(f)*.

abbiente[1] *(agg)* ~ wohlhabend, begütert.

abbiente[2] *(m/f)* ~ Wohlhabende *(m)*.

abbigliamento *(m)* ~ Bekleidung *(f)*, Kleidung *(f)* ♦ *abbigliamento da uomo* Her-

renbekleidung ♦ *abbigliamento invernale* Winterkleidung.
abbinamento *(m)* ~ Verbindung *(f)*.
abbinare *(vt)* ~ kombinieren *(vt)*.
abbindolare *(vt)* ~ ein|wickeln *(vt)*.
abboccare *(vt)* ~ *(anche fig)* an|beißen* *(vt)*.
abbonamento *(m)* ***1*** Abonnement *(n)*, Abo *(n)* ♦ *avere un abbonamento a qcs* ein Abonnement auf etwas *(Acc)* haben. ***2*** *(tessera)* Dauerkarte *(f)*. ***3*** *(mezzi di trasporto)* Zeitkarte *(f)*.
abbonare *(vt)* ~ abonnieren *(vt)* ♦ *abbonare qcn a una rivista* für jmdn eine Zeitschrift abonnieren.
abbonarsi *(vr)* ~ abonnieren *(vt)* ♦ *abbonarsi a una rivista* eine Zeitschrift abonnieren.
abbonato *(m; f* **-a***)* ~ Abonnent *(m; f* -in*)*. ◆ **essere abbonato a qcs** auf etwas *(Acc)* abonniert sein*. ◆ **abbonato alla tv** Fernsehteilnehmer *(m)*.
abbondante *(agg)* ***1*** reichlich, reich ♦ *un'abbondante nevicata* ein reichlicher Schneefall. ***2*** *(un po' più di)* reichlich *(avv)* ♦ *due ore abbondanti* reichlich zwei Stunden.
abbondantemente *(avv)* ~ reichlich.
abbondanza *(f)* ~ Überfluss *(m)* ♦ *abbondanza di qcs* Überfluss an etwas *(Dat)* ♦ *vivere nell'abbondanza* im Überfluss leben. ◆ **in abbondanza** reichlich *(avv)*, im Überfluss ♦ *essere presente in abbondanza* reichlich vorhanden sein.
abbordabile *(agg)* ***1*** erreichbar. ***2*** *(prezzo)* erschwinglich.
abbordare *(vt)* ***1*** *(naut)* entern *(vt)*. ***2*** *(persona)* an|machen *(vt)*.
abbottonare *(vt)* ~ knöpfen *(vt)*, zu|knöpfen *(vt)*.
abbozzare *(vt)* ***1*** *(buttare giù)* entwerfen* *(vt)*, skizzieren *(vt)*. ***2*** *(accennare)* an|deuten *(vt)*.
abbozzo *(m)* ~ Entwurf *(m)*, Skizze *(f)*.
abbracciare *(vt)* ***1*** umarmen *(vt)*. ***2*** *(fig)* umfassen *(vt)* ♦ *abbracciare con lo sguardo* mit einem Blick umfassen.
abbracciarsi *(vr)* ~ sich umarmen *(vr)*.
abbraccio *(m)* ~ Umarmung *(f)*.
abbreviare *(vt)* ~ ab|kürzen *(vt)*, kürzen *(vt)*.
abbreviarsi *(vr)* ~ kürzer werden* *(vi, ist)*.
abbreviazione *(f)* ~ Abkürzung *(f)*.
abbronzante[1] *(agg)* ~ bräunend.
abbronzante[2] *(m)* ~ Bräunungsmittel *(n)*.
abbronzare *(vt)* ~ bräunen *(vt)*.
abbronzarsi *(vr)* ~ sich bräunen *(vr)*.
abbronzato *(agg)* ~ braun.
abbronzatura *(f)* ~ Bräune *(f)*.
abbrustolire *(vt)* ~ rösten *(vt)*.
abbrustolirsi *(vr)* ~ sich rösten *(vr)*.
abbrutirsi *(vr)* ~ verrohen *(vi, ist)*.
abbuffarsi *(vr)* ~ sich vollstopfen *(vr)*.
abbuffata *(f)* ~ Gelage *(n)*.
abdicare *(vi)* ~ ab|danken *(vi, hat)*.
abete *(m)* ~ Tanne *(f)*. ◆ **abete rosso** Fichte *(f)*.
abietto *(agg)* ~ niederträchtig.
abiezione *(f)* ~ Niedertracht *(f)*.
abile *(agg)* ***1*** geschickt, tüchtig *(anche fig)* ♦ *è molto abile nel suonare il pianoforte* er ist sehr geschickt im Klavierspielen. ***2*** *(capace, dotato)* fähig.
abilità *(f)* ***1*** Geschicklichkeit *(f)*, Tüchtigkeit *(f)*. ***2*** *(capacità)* Fertigkeit *(f)* ♦ *abilità manuali* handwerkliche Fertigkeiten; Handfertigkeit *(f)*.
abilitare *(vt)* ***1*** *(preparare)* {~ *qcn a qcs*} jmdn zu etwas befähigen *(vt)*. ***2*** *(a una professione)* (zu etwas) zu|lassen* *(vt)*.
abilitazione *(f)* ~ *(a una professione)* Befähigung *(f)*.
abilmente *(avv)* ~ geschickt.
abissale *(agg)* ~ abgründig.
abisso *(m)* ***1*** Abgrund *(m)*, Tiefe *(f)*. ***2*** *(fig)* Kluft *(f)*, Abgrund *(m)* ♦ *fra noi c'è un abisso* zwischen uns liegt ein Abgrund/eine Kluft.
abitabile *(agg)* ~ bewohnbar, Wohn-.
abitacolo *(m)* ***1*** *(auto)* Fahrgastraum *(m)*. ***2*** *(aereo)* Cockpit *(n)*.
abitante *(m/f)* ***1*** Einwohner *(m; f* -in*)*. ***2*** *(di una casa)* Bewohner *(m; f* -in*)*.
abitare[1] *(vi)* ~ wohnen *(vi, hat)* ♦ *abitare in affitto da qcn* zur Miete bei jmdm wohnen.
abitare[2] *(vt)* ~ bewohnen *(vt)* ♦ *abitare una casa, un'isola* ein Haus, eine Insel bewohnen.
abitazione *(f)* ***1*** *(casa)* Haus *(n)*. ***2*** *(appartamento)* Wohnung *(f)*.
abito *(m)* ~ Kleidung *(f)*; *(da uomo)* Anzug *(m)*; *(da donna)* Kleid *(n)* ♦ *abito da*

sposa Hochzeitskleid ♦ *abito invernale* Winterkleid.

abituale *(agg)* ***1*** gewohnt, üblich, Gewohnheits- ♦ *delinquente abituale* Gewohnheitsverbrecher *(m; f* -in*)*. **2** *(fisso)* ständig.

abitualmente *(avv)* ~ üblicherweise.

abituare *(vt)* ~ {~ *qcn a qcs*} jmdn an etwas *(Acc)* gewöhnen *(vt)*.

abituarsi *(vr)* ~ sich gewöhnen *(vr)* ♦ *non mi sono ancora abituato/a al cambiamento* ich habe mich noch nicht an die Umstellung gewöhnt ♦ *ci sono abituato* ich bin schon daran gewöhnt.

abituato *(agg)* ~ {~ *a qcs*} an etwas *(Acc)* gewöhnt, etwas *(Acc)* gewohnt ♦ *sono abituato/a a viaggiare in treno* ich bin daran gewöhnt/ich bin es gewohnt, mit dem Zug zu fahren ♦ *non sono abituato/a al tempo freddo* ich bin das kalte Wetter nicht gewohnt.

abitudinario *(m)* ~ Gewohnheitsmensch *(m)*.

abitudine *(f)* ~ Gewohnheit *(f)*, Angewohnheit *(f)* *(spec cattiva)* ♦ *fare qcs per abitudine* etwas aus (reiner) Gewohnheit tun.

abnegazione *(f)* ~ Opferbereitschaft *(f)*.

abnorme *(agg)* ~ abnorm.

abolire *(vt)* ~ ab|schaffen *(vt)*, auf|heben* *(vt)*.

abolizione *(f)* ~ Aufhebung *(f)*.

aborigeno[1] *(agg)* ~ eingeboren.

aborigeno[2] *(m)* ~ Eingeborene(r) *(m/f)*.

aborrire *(vt)* ~ verabscheuen *(vt)*.

abortire *(vi)* ***1*** eine Fehlgeburt haben *(vt)*. **2** *(volontariamente)* ab|treiben* *(vt)*.

aborto *(m)* ***1*** *(med) (spontaneo)* Abort *(m)*, Fehlgeburt *(f)*; *(volontario)* Abtreibung *(f)*. **2** *(fig) (insuccesso)* Missgeburt *(f)*.

abracadabra *(m)* ~ Hokuspokus *(m)*.

abrasione *(f)* ***1*** *(med)* Abschürfung *(f)*. **2** *(raschiatura)* Abkratzen *(n)*.

abrasivo *(m)* ~ Schleifmittel *(n)*.

abrogare *(vt)* ~ auf|heben* *(vt)*, ab|schaffen *(vt)*. ◆ **abrogare una legge** ein Gesetz außer Kraft setzen.

abrogazione *(f)* ~ Aufhebung *(f)*, Abschaffung *(f)*.

abulico *(agg)* ~ willenlos.

abusare *(vi)* ***1*** {~ *di qcn*} jmdn aus|nutzen *(vt)*, sich an jmdm vergehen* *(vr)*. **2** {~ *di qcs*} etwas missbrauchen *(vt)*, etwas aus|nutzen *(vt)* ♦ *abusare della pazienza di qcn* jmds Geduld missbrauchen. **3** *(violentare qcn)* missbrauchen *(vt)*.

abusivamente *(avv)* ~ missbräuchlich.

abusivo *(agg)* ~ missbräuchlich.

abuso *(m)* ~ Missbrauch *(m)* ♦ *fare abuso di qcs* mit etwas Missbrauch treiben.

a.C. *(abbrev di* **avanti Cristo***)* ~ v. Chr.

acacia *(f)* ~ Akazie *(f)*.

acaro *(m)* ~ *(zool)* Milbe *(f)*.

accademia *(f)* ~ Akademie *(f)*. ◆ **accademia di belle arti** Kunstakademie *(f)*.

accademico[1] *(agg)* ~ akademisch ♦ *quarto d'ora accademico* akademisches Viertel.

accademico[2] *(m)* ~ Akademiker *(m)*.

accadere *(vi)* ~ {~ *(a qcn)*} (jmdm) geschehen* *(vi,* ist*)*, (jmdm) passieren *(vi,* ist*)*, (jmdm) vor|kommen* *(vi,* ist*)* ♦ *cosa è accaduto?* was ist passiert? ♦ *questo accade abbastanza spesso* das kommt öfters vor.

accadimento *(m)* ~ Ereignis *(n)*.

accaduto *(m)* ~ Ereignis *(n)*, Geschehen *(n)*, Vorfall *(m)*,

accalappiacani *(m)* ~ Hundefänger *(m; f* -in*)*.

accalcarsi *(vr)* ~ drängen *(vi,* hat*)*, sich drängen *(vr)*.

accalorarsi *(vr)* ~ sich ereifern *(vr)*.

accalorato *(agg)* ~ erregt.

accampamento *(m)* ~ Lager *(n)*.

accampare *(vt)* ***1*** lagern *(vi,* hat*)*. **2** *(fig)* erheben* *(vt)* ♦ *accampare pretese su qcs* Anspruch auf etwas *(Acc)* erheben*.

accamparsi *(vr)* lagern *(vi,* hat*)*, kampieren *(vi,* hat*)*.

accanimento *(m)* ~ Verbissenheit *(f)*.

accanirsi *(vi)* ~ {~ *su qcs*} sich in etwas *(Acc)* verbeißen* *(vr)* *(anche fig)*.

accanito *(agg)* ***1*** verbissen. **2** *(appassionato)* leidenschaftlich ♦ *un giocatore di carte accanito* ein leidenschaftlicher Kartenspieler.

accanto[1] *(agg)* ~ nebenan ♦ *l'appartamento accanto* die Wohnung nebenan.

accanto[2] *(avv)* ~ daneben, nebenan ♦ *accanto c'era una sedia* daneben stand ein Stuhl. ◆ **l'uno accanto all'altro** beieinander *(avv)*, nebeneinander *(avv)*.

accanto[3] *(prep)* ~ neben *(prep; stato* + Dat; *moto* + Acc*)* ♦ *posso sedermi accanto a te?* kann ich mich neben dich setzen?
accantonare *(vt)* ~ etwas beiseite legen* *(vt)*, zurück|stellen *(vt)* ♦ *accantonare un progetto* ein Projekt zurückstellen.
accaparramento *(m)* ~ Aufkauf *(m)*.
accaparrare *(vt)* ~ auf|kaufen *(vt)*.
accapigliarsi *(vr)* ~ einander in die Haare geraten* *(vi, ist)*.
accapo *(m)* ~ Absatz *(m)* ♦ *andare accapo* einen Absatz machen. ◆ **accapo!** neue Zeile!
accappatoio *(m)* ~ Bademantel *(m)*.
accarezzare *(vt)* **1** streicheln *(vt)*, streichen* *(vi*, hat*)* ♦ *accarezzare la guancia a qcn* jmdm über die Wange streichen. **2** *(fig)* liebäugeln mit *(vi*, hat*)* ♦ *accarezzare l'idea di (fare) qcs* mit etwas liebäugeln.
accartocciare *(vt)* ~ zerknüllen *(vt)*, zusammen|rollen *(vt)*.
accartocciarsi *(vr)* ~ sich zusammen|rollen *(vr)*.
accasciarsi *(vr)* **1** sinken* *(vi*, hat*)*. **2** *(fig)* verzagen *(vi*, ist*)*.
accatastare *(vt)* ~ türmen *(vt)*, auf|schichten *(vt)*, schichten *(vt)*.
accatastarsi *(vr)* ~ sich türmen *(vr)*.
accattivarsi *(vr)* ~ {~ *qcn*} jmdn für sich *(Acc)* gewinnen* *(vt)*, sich *(Dat)* etwas erwerben *(vt)*.
accattone *(m)* ~ Bettler *(m; f* -in*)*.
accavallare *(vt)* ~ über|schlagen* *(vt)*, übereinander schlagen* *(vt)* ♦ *accavallare le gambe* die Beine überschlagen.
accavallarsi *(vr)* ~ sich überschlagen* *(vr)*, sich überstürzen *(vr) (anche fig)*.
accecante *(agg)* ~ blendend.
accecare *(vt)* ~ verblenden *(vt)*, blenden *(vt)*, blind machen *(vt)* ♦ *l'odio lo acceca* sein Hass verblendet ihn.
accecato *(agg)* ~ blind, verblendet ♦ *accecato dall'ira* blind vor Wut.
accedere *(vi)* ~ {~ *qcs*} in etwas ein|treten* *(vi*, ist*)*, zu etwas Zugang haben *(vt)*.
accelerare[1] *(vi)* ~ Gas geben* *(vt)* ♦ *accelera!* gib Gas!
accelerare[2] *(vt)* ~ beschleunigen *(vt) (anche fig/fis)*.
acceleratore *(m)* ~ Gaspedal *(n)*.
accelerazione *(f)* ~ Beschleunigung *(f)*.
accendere *(vt)* **1** *(fiamma)* an|zünden *(vt)* ♦ *accendere una sigaretta* eine Zigarette anzünden. **2** *(forno, stufa e sim)* an|heizen *(vt)*. **3** *(luce, tv, ecc)* ein|schalten* *(vt)*, an|machen *(vt)*. **4** *(mettere in moto)* an|schalten *(vt)*. **5** *(sentimenti e sim)* entflammen *(vt)*. ◆ **chiedere da accendere** um Feuer bitten. ◆ **ha da accendere?** haben Sie Feuer?
accendersi *(vr)* **1** *(fiamma)* sich entzünden *(vr)*, an|brennen* *(vi*, ist*)*, zünden *(vi*, hat*) (anche fig)*. **2** *(luce, tv, ecc)* sich ein|schalten* *(vr)*. **3** *(illuminarsi)* auf|leuchten *(vi*, ist/hat*)*. **4** *(fig)* sich entflammen *(vr)*.
accendigas *(m)* ~ Gasanzünder *(m)*.
accendino *(m)* ~ Feuerzeug *(n)*.
accennare[1] *(vi)* **1** *(fare cenno)* {~ *a qcn*} jmdm winken *(vi*, hat*)*. **2** *(alludere)* {~ *a qcn/qcs*} auf jmdn/etwas an|spielen *(vt)*.
accennare[2] *(vt)* ~ an|deuten *(vt)* ♦ *accennare un sorriso, la questione* ein Lächeln, die Frage andeuten. ◆ **non accennare a fare qcs** keine Anstalten zu etwas machen ♦ *nessuno accennava a dire qualcosa* niemand machte Anstalt, etwas zu sagen.
accenno *(m)* **1** *(allusione)* Andeutung *(f)*. **2** *(traccia)* Ansatz *(m)* ♦ *un accenno di barba* der Ansatz eines Bartes.
accensione *(f)* **1** *(di fiamma)* Entzündung *(f)*. **2** *(elettrica)* Einschaltung *(f)*. **3** *(di stufa e sim)* Feuerung *(f)*. **4** *(di motore)* Zündung *(f)*. ◆ **candela d'accensione** Zündkerze *(f)*. ◆ **chiave d'accensione** Zündschlüssel *(m)*.
accentare *(vt)* ~ betonen *(vt)*.
accentazione *(f)* ~ Betonung *(f)*.
accento *(m)* ~ Akzent *(m)*, Betonung *(f)* ♦ *l'accento è sulla seconda sillaba* die Betonung liegt auf der zweiten Silbe ♦ *parla con accento italiano* sie spricht mit italienischem Akzent ♦ *mettere l'accento su qcs* auf etwas *(Acc)* der Akzent legen.
accentramento *(m)* ~ Konzentration *(f)*.
accentrare *(vt)* **1** *(centralizzare)* zentralisieren *(vt)*. **2** *(concentrare)* konzentrieren *(vt)*, vereinigen *(vt)*.
accentuare *(vt)* **1** betonen *(vt)*, hervor|heben *(vt)*. **2** *(inasprire)* verschärfen *(vt)* ♦

accentuare un contrasto einen Kontrast verschärfen.
accentuarsi *(vr)* ***1*** sich verstärken *(vr)*. ***2*** *(inasprirsi)* sich verschärfen *(vr)*.
accentuazione *(f)* ***1*** Betonung *(f)*. ***2*** *(inasprimento)* Verschärfung *(f)*.
accerchiare *(vt)* ~ ein|kreisen *(vt)*, umzingeln *(vt)*.
accertamento *(m)* ~ Feststellung *(f)*; Ermittlung *(f)* *(anche dir)*.
accertare *(vt)* ~ fest|stellen *(vt)*.
accertarsi *(vr)* ~ {~ *di qcs*} sich *(Dat)* Gewissheit über etwas *(Acc)* verschaffen *(vt)*, sich etwas *(Gen)* vergewissern *(vr)* ♦ *ho voluto accertarmi della sua affidabilità* ich habe mich seiner Zuverlässigkeit vergewissert.
acceso *(agg)* ***1*** brennend. ***2*** *(elettr)* eingeschaltet; *(fam)* an ♦ *la luce è accesa* das Licht ist an. ***3*** *(colore)* leuchtend, grell. ***4*** *(sentimenti e sim)* hitzig, glühend. ◆ **essere acceso** brennen* *(vi, hat)* ♦ *in quella casa è accesa una luce* in dem Haus brennt ein Licht.
accessibile *(agg)* ***1*** zugänglich. ***2*** *(prezzo)* erschwinglich.
accesso *(m)* ***1*** Zugang *(m)*, Zutritt *(m)* *(anche fig)* ♦ *l'accesso alla torre è chiuso* der Zugang zum Turm ist gesperrt ♦ *divieto d'accesso!* kein Zutritt!/Zutritt verboten! ***2*** *(per veicoli)* Zufahrt *(f)*. ***3*** *(permesso di entrare)* Einlass *(m)*. ***4*** *(elab)* Zugriff *(m)*. ***5*** *(med)* Anfall *(m)*. ◆ **accesso d'ira** Wutausbruch *(m)*.
accessoriato *(agg)* ~ mit Zubehör.
accessorio[1] *(agg)* ***1*** *(in più)* zusätzlich. ***2*** *(secondario)* nebensächlich.
accessorio[2] *(m)* ~ Zubehör *(n)*.
accetta *(f)* ~ Axt *(f)*.
accettabile *(agg)* ***1*** akzeptabel, annehmbar. ***2*** *(sopportabile)* tragbar.
accettare *(vt)* ***1*** an|nehmen* *(vt)*, akzeptieren *(vt)*. ***2*** *(accogliere)* auf|nehmen* *(vt)*.
accettazione *(f)* ~ Annahme *(f)*.
acchiappare *(vt)* ***1*** {~ *qcn/qcs*} jmdn/etwas ergreifen* *(vt)*, schnappen *(vt)*. ***2*** *(al volo)* haschen *(vt)*.
acciaieria *(f)* ~ Stahlwerk *(n)*.
acciaio *(m)* ~ Stahl *(m)* ♦ *acciaio inossidabile* Edelstahl. ◆ **d'acciaio** Stahl-, aus Stahl, stählern ♦ *fune d'acciaio* Stahlseil *(n)* ♦ *muscoli, nervi d'acciaio* Muskeln, Nerven aus Stahl ♦ *duro come l'acciaio* stahlhart *(agg)*.
accidentale *(agg)* ~ zufällig.
accidentato *(agg)* ~ holp(e)rig.
accidente *(m)* ***1*** Vorfall *(m)*. ***2*** *(disgrazia)* Unglücksfall *(m)*.
accidenti *(esclam)* ~ Herrgott noch mal!, Donnerwetter!
accingersi *(vr)* ~ {~ *a qcs*} sich zu etwas an|schicken *(vr)*, zu etwas an|setzen *(vi, hat)*.
acciuffare *(vt)* ~ schnappen *(vt)*, haschen *(vt)*.
acciuga *(f)* ~ Sardelle *(f)*.
acclamare[1] *(vi)* ~ {~ *a qcs*} etwas mit Beifall aufnehmen* *(vt)*.
acclamare[2] *(vt)* ~ *(eleggere)* aus|rufen* *(vt)*.
acclamazione *(f)* ~ Zuruf *(m)* ♦ *per acclamazione* durch Zuruf.
acclimatarsi *(vr)* ~ sich akklimatisieren *(vr)*.
accludere *(vt)* ~ bei|fügen *(vt)*.
accluso *(agg)* ~ beiliegend, in der Anlage.
accoccolarsi *(vr)* ~ sich kauern *(vr)*, hocken *(vi, hat)* ♦ *si accoccolò sotto il tavolo* er kauerte sich unter den Tisch.
accogliente *(agg)* ***1*** gemütlich. ***2*** *(ospitale)* freundlich.
accoglienza *(f)* ~ Aufnahme *(f)*, Empfang *(m)* ♦ *riservare un'accoglienza amichevole a qcn* jmdm einen freundlichen Empfang bereiten ♦ *trovare accoglienza* Aufnahme finden.
accogliere *(vt)* ***1*** auf|nehmen* *(vt)*, empfangen* *(vt)* ♦ *accogliere qcn freddamente, cordialmente* jmdn kühl, herzlich empfangen. ***2*** *(favorevolmente)* begrüßen *(vt)*. ***3*** *(burocr)* {~ *qcs*} etwas *(Dat)* statt|geben *(vi, hat)*.
accollarsi *(vr)* ~ übernehmen* *(vt)* ♦ *accollarsi le spese* die Kosten übernehmen.
accollato *(agg)* ~ hochgeschlossen.
accoltellare *(vt)* ~ erstechen* *(vt)*, nieder|stechen* *(vt)*.
accomandita *(f)* ~ **società in accomandita** Kommanditgesellschaft *(f)*.
accomiatarsi *(vr)* ~ {~ *da qcn*} sich von jmdm verabschieden *(vr)*, von jmdm Abschied nehmen* *(vt)*.
accomodamento *(m)* ~ *(dir)* Vergleich *(m)*, Ausgleich *(m)*.

accomodante *(agg)* ***1*** entgegenkommend. ***2*** *(negli affari)* kulant.
accomodare *(vt)* ~ reparieren *(vt)*, aus|bessern *(vt)*.
accomodarsi *(vr)* ***1*** *(mettersi comodo)* es sich *(Dat)* gemütlich machen *(vt)*. ***2*** *(sedersi)* Platz nehmen* *(vt)*, sich setzen *(vr)* ♦ *prego, si accomodi!* bitte nehmen Sie Platz! ***3*** *(entrare)* ein|treten* *(vi, ist)*.
accompagnamento Begleitung *(f)* *(anche mus)*. ◆ **bolla di accompagnamento** *(econ)* Begleitschein *(m)*. ◆ **indennità di accompagnamento** Pflegegeld *(n)*.
accompagnare *(vt)* ***1*** begleiten *(vt)* *(anche fig/mus)* ♦ *accompagnare le proprie parole con dei gesti* seine Worte mit Gesten begleiten. ***2*** *(condurre, portare)* führen *(vt)*, bringen* *(vt)* ♦ *accompagnare qcn per la città* jmdn durch die Stadt führen ♦ *accompagnare qcn a casa* jmdn nach Hause bringen. ◆ **accompagnare qcn/qcs con lo sguardo** jmdm/etwas nach|blicken *(vi, hat)*.
accompagnatore *(m; f* **-trice***)* ~ Begleiter *(m; f* -in*)*.
accomunare *(vt)* ~ verbinden *(vt)*.
acconciare *(vt)* ***1*** *(sistemare)* zurecht|machen *(vt)*. ***2*** *(pettinare)* frisieren *(vt)*.
acconciatura *(f)* ~ Frisur *(f)*.
accondiscendente *(agg)* ~ entgegenkommend.
accondiscendenza *(f)* ~ Entgegenkommen *(n)*.
accondiscendere *(vi)* ***1*** {~ *a qcn*} jmdm entgegen|kommen* *(vi, ist)*. ***2*** {~ *a qcs*} in etwas *(Acc)* ein|willigen *(vi, hat)*, etwas *(Dat)* entgegen|kommen* *(vi, ist)*.
acconsentire *(vi)* ***1*** {~ *a qcs*} in etwas *(Acc)* ein|willigen *(vi, hat)*, etwas *(Dat)* zu|stimmen *(vi, hat)*. ***2*** *(cedere)* {~ *a qcn/qcs*} jmdm/etwas nach|geben* *(vi, hat)*.
accontentare *(vt)* ***1*** {~ *qcn*} jmdn zufrieden stellen *(vt)*. ***2*** {~ *(qcn in qcs)*} (jmdm etwas) recht machen* *(vt)*.
accontentarsi *(vr)* ~ {~ *di qcs*} sich mit etwas zufrieden geben *(vr)*, sich mit etwas begnügen *(vr)* ♦ *mi accontento di quello che ho* ich begnüge mich mit dem, was ich habe. ◆ **accontentarsi di poco** mit wenig(em) zufrieden sein*.
acconto *(m)* ~ Anzahlung *(f)*. ◆ **dare in acconto** an|zahlen *(vt)*.
accoppiamento *(m)* ~ *(di animali)* Paarung *(f)*.
accoppiare *(vt)* ***1*** *(animali)* paaren *(vt)*. ***2*** *(mecc)* koppeln *(vt)*.
accoppiarsi *(vr)* ***1*** sich paaren *(vr)*. ***2*** *(animali)* sich begatten *(vr)*.
accorciamento *(m)* ~ Kürzung *(f)*.
accorciare *(vt)* ***1*** *(ridurre)* kürzen *(vt)*, verkürzen *(vt)*, kürzer machen* *(vt)* ♦ *accorciare l'orario di lavoro* die Arbeitszeit verkürzen ♦ *accorciare una gonna* einen Rock kürzen. ***2*** *(tragitto)* ab|kürzen *(vt)*.
accorciarsi *(vr)* ~ sich verkürzen *(vr)*, kürzer werden* *(vi, ist)*.
accordare *(vt)* ***1*** *(concedere)* bewilligen *(vt)*, gewähren *(vt)*. ***2*** *(diritti e sim)* zu|erkennen* *(vt)*. ***3*** *(mus)* stimmen *(vt)*, ab|stimmen *(vt)*.
accordarsi *(vr)* ***1*** {~ *su qcs con qcn*} sich mit jmdm auf/über etwas *(Acc)* einigen *(vr)*, mit jmdm etwas vereinbaren *(vt)*, (sich) *(Dat)* mit jmdm in etwas *(Dat)*/über etwas *(Acc)* einig werden* *(vi, ist)*. ***2*** *(mus)* ein|stimmen *(vi)*.
accordo *(m)* ***1*** Übereinstimmung *(f)*, Einverständnis *(n)*, Einigung *(f)*. ***2*** *(pol)* Abkommen *(n)* ♦ *accordo bilaterale* zweiseitiges Abkommen. ***3*** *(patto)* Vereinbarung *(f)*, Verabredung *(f)* ♦ *concludere un accordo* eine Verabredung treffen. ***4*** *(accomodamento)* Ausgleich *(m)*. ***5*** *(concordia)* Einklang *(m)*. ***6*** *(mus)* Akkord *(m)*. ◆ **come d'accordo** wie vereinbart. ◆ **d'accordo!** *(esclam)* einverstanden!, in Ordnung. ◆ **essere d'accordo con qcn(/qcs)** mit jmdm(/etwas) einverstanden sein*; (sich) *(Dat)* mit jmdm(/etwas) einig sein* ♦ *(non) andare d'accordo con qcn* sich mit jmdm (schlecht), gut vertragen *(vr)* ♦ *mettersi d'accordo (con qcn)* sich (mit jmdm) einigen *(vr)*.
accorgersi *(vr)* ~ merken *(vt)*, bemerken *(vt)* ♦ *accorgersi delle intenzioni di qcn* jmds Absicht merken ♦ *non mi sono accorto di niente* ich habe nichts (davon) gemerkt.
accorgimento *(m)* ~ Kunstgriff *(m)*.
accorpare *(vt)* ~ *(riunire)* zusammen|legen *(vt)*.

accorrere *(vi)* ~ herbeileilen *(vi, ist)*, herbeillaufen* *(vi, ist)*.
accortezza *(f)* ***1*** *(circospezione)* Umsicht *(f)*, Vorsicht *(f)*. ***2*** *(sagacia)* Klugheit *(f)*. ◆ **con accortezza** bedacht *(avv)*.
accorto *(agg)* ***1*** *(avveduto)* umsichtig, bedacht. ***2*** *(prudente, cauto)* vorsichtig. ***3*** *(ragionevole)* klug*.
accostare[1] *(vi)* ~ *(con un veicolo)* heranlfahren* *(vi, ist)*.
accostare[2] *(vt)* ***1*** *(insieme)* zusammenlstellen *(vt)*, zusammenlrücken *(vt)*. ***2*** anllehnen *(vt)* ♦ *accostare la* porta die Tür anlehnen. ***3*** *(abbinare, combinare)* kombinieren *(vt)*.
accostarsi *(vr)* ***1*** zusammenlrücken *(vi, ist)*, sich nähern *(vr)*. ***2*** *(con un veicolo)* heranlfahren* *(vi, ist)*.
accovacciarsi *(vr)* ~ sich hocken *(vr)*, in die Hocke gehen* *(vi, ist)* ♦ *si accovacciò dietro l'auto* er hockte sich hinter das Auto.
accovacciato *(agg)* ~ **stare accovacciato** hocken *(vi, hat)*, kauern *(vi, hat)*, in der Hocke sitzen* *(vi, hat)*.
accozzaglia *(f)* ~ Mischung *(f)*.
accreditare *(vt)* ***1*** *(econ)* gutlschreiben* *(vt)* ♦ *accreditare una somma a qcn/su un conto* jmdm/einem Konto einen Betrag gutschreiben. ***2*** *(comm)* verrechnen *(vt)*. ***3*** *(diplomatici e sim)* beglaubigen *(vt)*.
accredito *(m)* ***1*** *(econ)* Gutschrift *(f)*. ***2*** *(comm)* Verrechnung *(f)*.
accrescere *(vt)* ***1*** steigern *(vt)*, vergrößern *(vt)*. ***2*** *(quantità)* vermehren *(vt)* ♦ *accrescere gli sforzi* seine Anstrengungen vermehren. ***3*** *(elevare)* heben* *(vt)* ♦ *accrescere il livello culturale* das kulturelle Niveau heben.
accrescersi *(vr)* ***1*** sich steigern *(vr)* *(anche fig)*. ***2*** *(quantità)* sich vermehren *(vr)*.
accrescimento *(m)* ***1*** *(incremento)* Steigerung *(f)*, Zuwachs *(m)*. ***2*** *(miglioramento)* Hebung *(f)*.
accucciarsi *(vr)* ***1*** *(animali)* kuschen *(vi, hat)*. ***2*** sich kauern *(vr)*.
accudire *(vt)* ~ versorgen *(vt)*, pflegen *(vt)*.
accumulare *(vt)* ***1*** anlhäufen *(vt)*, häufen *(vt)* *(anche fig)* ♦ *accumulare denaro* Geld häufen. ***2*** *(raccogliere)* sammeln *(vt)* ♦ *accumulare esperienze* Erfahrungen sammeln. ***3*** *(ammassare)* horten *(vt)*.
accumularsi *(vr)* ~ sich häufen *(vr)*, sich ansammeln *(vr)* ♦ *la corrispondenza si accumula* die Korrespondenz sammelt sich an.
accumulatore *(m)* ~ *(elettr)* Akkumulator *(m)*, Akku *(m)*.
accumulo *(m)* ~ Ansammlung *(f)*, Anhäufung *(f)*.
accuratamente *(avv)* ~ sorgfältig, genau.
accuratezza *(f)* ~ Sorgfalt *(f)*, Gründlichkeit *(f)*.
accurato *(agg)* ~ sorgfältig, gründlich, genau.
accusa *(f)* ***1*** Beschuldigung *(f)*, Anschuldigung *(f)* ♦ *muovere delle accuse contro qcn* Beschuldigungen gegen jmdn erheben. ***2*** *(dir)* Anklage *(f)* ♦ *essere sotto accusa* unter Anklage stehen.
accusare *(vt)* ***1*** *(incolpare)* beschuldigen *(vt)*, bezichtigen *(vt)* ♦ *accusare qcn di omicidio* jmdn des Mordes beschuldigen. ***2*** *(dir)* anlklagen *(vt)* ♦ *fu accusato di furto* er wurde wegen Diebstahls angeklagt.
accusarsi *(vr)* ~ {~ *di qcs*} sich etwas *(Gen)* beschuldigen *(vr)*.
accusativo *(m)* ~ *(gramm)* Akkusativ *(m)*, Wenfall *(n)*.
accusato[1] *(agg)* ~ angeklagt, beschuldigt.
accusato[2] *(m; f* **-a***)* ~ Angeklagte(r) *(m/f)*.
accusatore[1] *(agg)* ~ anklagend.
accusatore[2] *(m; f* **-trice***)* ***1*** Ankläger *(m; f* -in*)*. ***2*** *(dir)* *(querelante)* Kläger *(m; f* -in*)*.
acerbo *(agg)* ~ unreif.
acero *(m)* ~ Ahorn *(m)*.
acerrimo *(agg)* ~ erbittert. ◆ **acerrimo nemico** Todfeind *(n)*.
aceto *(m)* ~ Essig *(m)* ♦ *mettere sott'aceto* in Essig einllegen. ◆ **sott'aceto** sauer *(agg)* ♦ *cetrioli sott'aceto* saure Gurken.
acetone *(m)* ~ Aceton *(n)*.
acidità *(f)* ~ *(gusto)* Säure *(f)*.
acido[1] *(agg)* ~ sauer *(anche chim)*, säuerlich *(anche fig)*.
acido[2] *(m)* ~ *(chim)* Säure *(f)* ♦ *acido muriatico* Salzsäure ♦ *acido carbonico* Kohlensäure.
acidulo *(agg)* ~ säuerlich.

acino *(m)* ~ Weinbeere *(f)*.
acne *(f)* ~ Akne *(f)*.
acqua *(f)* ***1*** Wasser *(n)* ♦ *acqua minerale naturale* stilles Wasser ♦ *acqua minerale gassata* Mineralwasser mit Kohlensäure ♦ *acqua del rubinetto* Wasser aus der Leitung, Leitungswasser ♦ *un bicchiere d'acqua* ein Glas Wasser ♦ *acqua piovana* Regenwasser ♦ *acqua benedetta, santa* Weihwasser ♦ *acqua potabile* Trinkwasser. ***2*** *(pl)* Gewässer *(n)* ♦ *acque territoriali* Küstengewässer *(pl)*, Hoheitsgewässer *(pl)*. ◆ **acqua dolce** ***1*** *(di fiume)* Süßwasser *(n)*. ***2*** *(non calcarea)* weiches Wasser. ◆ **getto d'acqua** Wasserstrahl *(m)*. ◆ **sci d'acqua** *(sport; attrezzo)* Wasserski *(m)*. ◆ **livello dell'acqua** Wasserstand *(m)*. ◆ **via d'acqua** Wasserweg *(m)*. ◆ **resistente all'acqua** wasserfest. ◆ **perdere acqua** *(recipienti, tubature)* lecken *(vi*, hat*)*.
acquaio *(m)* ~ Spülbecken *(n)*.
acquario *(m)* ***1*** Aquarium *(n)*. ***2*** *(astrol)* Wassermann *(m)*.
acquartieramento *(m)* ~ Quartier *(n)*.
acquartierare *(vt)* ~ ein|quartieren *(vt)*.
acquatico *(agg)* ~ Wasser- ♦ *animale acquatico* Wassertier *(n)* ♦ *pianta acquatica* Wasserpflanze *(f)*.
acquavite *(f)* ~ Schnaps *(m)*.
acquazzone *(m)* ~ Platzregen *(m)*.
acquedotto *(m)* ~ Wasserleitung *(f)*.
acqueo *(agg)* ~ Wasser- ♦ *vapore acqueo* Wasserdampf *(m)*.
acquerello *(m)* ***1*** Aquarell *(n)*. ***2*** *(colore)* Wasserfarbe *(f)*.
acquirente *(m/f)* ~ Käufer *(m; f* -in*)*, Abnehmer *(m; f* -in*)*.
acquisire *(vi)* ***1*** erwerben* *(vt)* ♦ *acquisire conoscenze, fama* Kenntnisse, Ruhm erwerben. ***2*** *(attività commerciali)* übernehmen^A *(vt)*.
acquisizione *(f)* ~ Erwerb *(m)*.
acquistabile *(agg)* ~ käuflich.
acquistare *(vi)* ~ {~ *in qcs*} an etwas *(Dat)* gewinnen* *(vi*, hat*)* ♦ *acquistare in fascino* an Reiz gewinnen.
acquistare *(vt)* ~ kaufen *(vt)*, ein|kaufen *(vt)* ♦ *acquistare qcs a rate* etwas auf Raten kaufen. ◆ **acquistare fama** Ruhm erwerben* *(vt)*.
acquisto *(m)* ~ Kauf *(m)*, Einkauf *(m)* ♦ *acquisto a credito, a rate* Kauf auf Kredit, auf Raten. ◆ **fare acquisti** einkaufen *(vt)*, Einkäufe machen *(vt)*. ◆ **potere d'acquisto** Geldwert *(m)*.
acquitrino *(m)* ~ Pfuhl *(m)*, Morast *(m)*.
acquolina *(f)* ~ **far venire l'acquolina in bocca a qcn** jmdm den Mund wässrig machen. ◆ **a qcn viene l'acquolina in bocca** jmdm läuft das Wasser im Mund zusammen.
acquosità *(f)* ***1*** Wässrigkeit *(f)*. ***2*** *(poca densità)* Dünne *(f)*, Dünnheit *(f)*.
acquoso *(agg)* ***1*** wäss(e)rig. ***2*** *(non denso)* dünn.
acre *(agg)* ***1*** *(aspro)* sauer. ***2*** *(gusto; odore)* herb. ***3*** *(fig) (parole)* scharf*.
acredine *(f)* ***1*** Herbheit *(f)* *(anche fig)*. ***2*** *(astio)* Schärfe *(f)*.
acrilico *(agg)* ~ *(chim)* Akryl-.
acriticamente *(avv)* ~ kritiklos.
acritico *(agg)* ~ kritiklos.
acrobata *(m/f)* ~ Akrobat *(m; f* -in*)*.
acrobazia *(f)* ~ Kunststück *(n)*.
acuire *(vt)* ***1*** schärfen *(vt)* ♦ *acuire i sensi* die Sinne schärfen. ***2*** *(inasprire)* verschärfen *(vt)*.
acuirsi *(vr)* ~ sich schärfen *(vr)*.
aculeo *(m)* ~ Stachel *(m)*.
acume *(m)* ~ Scharfblick *(m)*, Schärfe *(f)*.
acuminato *(agg)* ~ spitz, scharf*.
acustica *(f)* ~ Akustik *(f)*.
acustico *(agg)* ~ akustisch. ◆ **apparecchio acustico** Hörgerät *(n)*.
acutamente *(avv)* ~ scharf*.
acutezza *(f)* ~ Schärfe *(f)*.
acutizzare *(vt)* ~ verschärfen *(vt)*.
acutizzarsi *(vr)* ~ sich verschärfen *(vr)*.
acuto *(agg)* ***1*** spitz. ***2*** *(attento, penetrante)* scharf*, scharfblickend. ***3*** *(med)* akut. ***4*** *(suoni)* schrill, grell. ***5*** *(mus)* hoch.
adagiare *(vt)* ~ legen *(vt)*, betten *(vt)*, lagern *(vt)*.
adagiarsi *(vr)* ~ sich betten *(vr)*, sich hin|legen *(vr)*.
adagio *(agg)* ***1*** gemächlich, langsam. ***2*** *(con attenzione)* vorsichtig.
adattamento *(m)* ***1*** Anpassung *(f)* ♦ *l'adattamento alle nuove condizioni* die Anpassung an die neuen Bedingungen. ***2*** *(di film, musiche)* Bearbeitung *(f)* ♦ *adat-*

tamento cinematografico Filmbearbeitung.

adattare *(vt)* ***1*** an|passen* *(vt)* ♦ *adattare le proprie azioni alla situazione* seine Handlungen den Verhältnissen anpassen. ***2*** *(adeguare)* {~ *qcs a qcs*} etwas an etwas *(Acc)*/etwas *(Dat)* an|gleichen* *(vt)*, an|passen *(vt)*. ***3*** *(di film, musiche)* bearbeiten *(vt)*.

adattarsi *(vr)* ***1*** sich an|passen *(vr)*, sich an|gleichen* *(vr)* ♦ *adattarsi al modello* dem Muster anpassen. ***2*** *(ambientarsi)* {~ *a qcs*} sich an etwas *(Acc)* ein|gewöhnen *(vr)*, sich auf etwas *(Acc)* umstellen *(vr)*.

addattatore *(m)* ~ *(elettr)* Adapter *(m)*.

adatto *(agg)* ***1*** geeignet, passend ♦ *essere adatto per qcs* für etwas gut geeignet sein ♦ *un regalo adatto* ein passendes Geschenk. ***2*** *(giusto)* richtig, recht ♦ *al momento adatto* im richtigen Augenblick. ***3*** *(adeguato)* zweckmäßig.

addebitare *(vt)* ~ belasten *(vt)*.

addebito *(m)* ~ *(econ)* Belastung *(f)*.

addensamento *(m)* ***1*** Verdichtung *(f)*. ***2*** *(di nuvole)* Ballung *(f)*.

addensare *(vt)* ~ verdichten *(vt)*.

addensarsi *(vr)* ***1*** sich verdichten *(vr)*. ***2*** *(di nuvole)* sich zusammen|ballen *(vr)*.

addentare *(vt)* ~ beißen* *(vt)* an|beißen* *(vt)* ♦ *addentare il pane* ins Brot beißen.

addentrarsi *(vr)* ~ {~ *in qcs*} in etwas *(Acc)* ein|dringen* *(vi, ist)*.

addestramento *(m)* ***1*** *(formazione)* Schulung *(f)*, Ausbildung *(f)*. ***2*** *(animali)* Abrichtung *(f)*, Dressur *(f)*.

addestrare *(vt)* ***1*** ab|richten *(vt)*, dressieren *(vt)*. ***2*** *(mil)* drillen *(vt)*.

addetto[1] *(agg)* ~ {~ *a qcs*} für etwas zuständig.

addetto[2] *(m)* ~ Zuständige *(m)*. ◆ **addetto stampa** Pressesprecher *(m)*.

addio[1] *(m)* ~ Abschied *(m)*, Lebewohl *(n)* ♦ *dire addio a qcn* jmdm Lebewohl sagen ♦ *dare l'addio a qcn* von jmdm/etwas Abschied nehmen.

addio[2] *(interiez)* ~ leben Sie!, leb wohl!

addirittura *(avv)* ~ sogar, gar.

addirsi *(vr)* ~ passen *(vi, hat)*, sich ziemen *(vr)* ♦ *la borsa non si addice a queste scarpe* die Tasche passt nicht zu den Schuhen.

additare *(vt)* ~ {~ *qcn*} mit dem Finger auf jmdn/etwas zeigen *(vi, hat)*.

additivo *(m)* ~ *(chimico)* Chemikalie *(f)*.

addizionare *(vt)* ~ zusammen|zählen *(vt)*, addieren *(vt)*.

addizione *(f)* ~ Addition *(f)*.

addobbare *(vt)* ~ schmücken *(vt)*, aus|schmücken *(vt)* ♦ *addobbare l'albero di Natale* den Weihnachtsbaum schmücken.

addobbo *(m)* ~ Schmuck *(m)*.

addolcire *(vt)* ~ süßen *(vt)*.

addolorare *(vt)* ~ betrüben *(vt)*.

addolorarsi *(vr)* ~ bedauern *(vt)* ♦ *mi addolora (molto) non poter venire* ich bedauere (sehr), dass ich nicht kommen kann.

addome *(m)* ~ Bauch *(m)*.

addomesticare *(vt)* ~ bändigen *(vt)*, zähmen *(vt)*.

addomesticato *(agg)* ~ zahm.

addormentare *(vt)* ~ ein|schläfern *(vt)*.

addormentarsi *(vr)* ~ ein|schlafen* *(vi, ist)* ♦ *si è addormentato subito* er ist sofort eingeschlafen.

addormentato *(agg)* ***1*** eingeschlafen. ***2*** *(tranquillo)* verschlafen.

addossare *(vt)* ***1*** *(appoggiare)* an|lehnen *(vt)*. ***2*** *(attribuire)* zu|schieben* *(vt)* ♦ *addossò la colpa a me* er schob mir die Schuld zu.

addossarsi *(vt)* ~ {~ *qcs*} etwas auf sich *(Acc)* nehmen* *(vt)* ♦ *si addossò la colpa* er nahm die Schuld auf sich.

addosso *(avv)* ~ **avere addosso** an|haben *(vt)* ♦ *ha addosso delle scarpe nuove* sie hat neue Schuhe an. ◆ **addosso a** dicht neben *(prep; stato* + Dat; *moto* + Acc*)*.

addurre *(vt)* ~ an|führen *(vt)* ♦ *addurre un motivo* einen Grund anführen. ◆ **addurre come scusa** vor|schieben* *(vt)* ♦ *addurre come scusa un'influenza* eine Grippe vorschieben.

adeguamento *(m)* ~ Anpassung *(f)*.

adeguare *(vt)* ~ an|passen *(vt)*.

adeguarsi *(vr)* ~ sich an|passen *(vr)* ♦ *adeguarsi alle circostanze* sich den Umständen anpassen.

adeguato *(agg)* ***1*** angemessen, zweckmäßig. ***2*** *(giusto)* richtig. ◆ **adeguato a** entsprechend *(agg posp)* ♦ *una punizione adeguata alla colpa* eine der Schuld entsprechende Strafe.

adempiere *(vt)* ~ *(compiti, doveri, ecc)* erfüllen *(vt)*.
adempimento *(m)* ~ *(di compiti, doveri, ecc)* Erfüllung *(f)*.
aderente[1] *(agg)* ***1*** haftend. ***2*** *(abiti)* eng anliegend, hauteng.
aderente[2] *(m/f)* ~ *(membro)* Anhänger *(m; f* -in*)*.
aderenza *(f)* ***1*** *(auto)* Griffigkeit *(f)*. ***2*** *(presa)* Haften *(n)*.
aderire *(vi)* ***1*** *(restare attaccato)* haften *(vi*, hat*)* ♦ *il nastro adesivo non aderisce bene* das Klebeband haftet nicht gut. ***2*** *(abiti)* eng an|liegen* *(vi*, hat*)*. ***3*** *(accettare)* zu|stimmen *(vi*, hat*)* ♦ *aderire a una proposta* einem Vorschlag zustimmen. ***4*** *(associazioni e sim)* bei|treten* *(vi*, ist*)* ♦ *aderire a un club* einem Klub bei|treten.
adescamento *(m)* ~ Lockung *(f)*.
adescare *(vt)* ~ ködern *(vt)*.
adesione *(f)* ***1*** Haftung *(f)*. ***2*** *(accettazione)* Zustimmung *(f)*. ***3*** *(ad associazioni e sim)* Beitritt *(m)*.
adesivo[1] *(agg)* ~ Klebe- ♦ *nastro adesivo* Klebeband *(n)*, Tesafilm *(m)*.
adesivo[2] *(m)* ***1*** Aufkleber *(m)*. ***2*** *(colla)* Klebstoff *(m)*.
adesso *(avv)* ~ jetzt, nun ♦ *proprio adesso* eben jetzt ♦ *solo adesso* erst/nur jetzt ♦ *da adesso in poi* von jetzt an.
adiacente *(agg)* ~ anliegend.
adibire *(vt)* ***1*** {~ *qcs a qcs*} etwas als etwas *(Acc)* benutzen *(vt)*. ***2*** {~ *qcn a qcs*} jmdn für etwas *(Acc)*/zu etwas *(Dat)* bestimmen *(vt)*.
adipe *(m)* ~ Fett *(n)*.
adiposo *(agg)* ~ fettleibig, Fett-.
adirarsi *(vr)* ~ sich erzürnen *(vr)*, zornig werden* *(vi*, ist*)*.
adirato *(agg)* ~ zornig. ◆ **essere adirato con qcn** auf jmdn zornig sein*.
adolescente[1] *(agg)* ~ jugendlich, halbwüchsig.
adolescente[2] *(m/f)* ~ Jugendliche(r) *(m/f)*, Halbwüchsige(r) *(m/f)*.
adoperare *(vt)* ~ gebrauchen *(vt)*, benutzen *(vt)*, verwenden* *(vt)* ♦ *adoperare le forbici* die Schere benutzen.
adoperarsi *(vr)* ***1*** sich verwenden *(vr)* ♦ *adoperarsi per qcn* sich für jmdn verwenden. ***2*** *(sforzarsi)* sich bemühen *(vr)*, sich Mühe geben* *(vr)* ♦ *adoperarsi per fare qcs* sich bemühen, etwas zu tun.
adorare *(vt)* ***1*** *(divinità)* an|beten *(vt)*; verehren *(vt)* *(anche fig)*. ***2*** *(di cose)* lieben *(vt)*.
adoratore *(m)* ~ Vereherer *(m; f* -in*)*.
adorazione *(f)* ~ Verehrung *(f)*.
adornare *(vt)* ~ schmücken *(vt)*; *(sulla sommità)* krönen *(vt)*.
adornarsi *(vr)* ~ sich schmücken *(vr)*.
adottare *(vt)* ***1*** adoptieren *(vt)* ♦ *un bambino, un cane* ein Kind, einen Hund adoptieren. ***2*** *(metodo)* an|wenden *(vt)*. ***3*** *(provvedimenti)* ergreifen* *(vt)* ♦ *adottare provvedimenti contro qcs, in merito a qcs* Maßnahmen gegen etwas, zu etwas ergreifen.
adozione *(f)* ***1*** Adoption *(f)*. ***2*** *(attuazione)* Anwendung *(f)*.
adulare *(vt)* ~ {~ *qcn*} jmdm schmeicheln *(vi*, hat*)*.
adulatore[1] *(agg)* ~ schmeichlerisch.
adulatore[2] *(m; f* **-trice***)* ~ Schmeichler *(m; f* -in*)*.
adulatorio *(agg)* ~ schmeichelhaft.
adulazione *(f)* ~ Schmeichelei *(f)*.
adulterare *(vt)* ~ verfälschen *(vt)*.
adulterato *(agg)* ~ verfälscht.
adulterio *(n)* ~ Ehebruch *(m)*. ◆ **commettere adulterio** die Ehe brechen.
adultero[1] *(agg)* ~ ehebrecherisch.
adultero[2] *(m; f* **-a***)* ~ Ehebrecher *(m; f* -in*)*.
adulto[1] *(agg)* ***1*** erwachsen. ***2*** *(animali)* ausgewachsen. ***3*** *(maturo)* reif.
adulto[2] *(m)* ~ Erwachsene(r) *(m/f)*.
adunanza *(f)* ~ Versammlung *(f)*.
adunare *(vt)* ~ versammeln *(vt)*.
adunarsi *(vr)* ~ sich versammeln *(vr)*.
adunco *(agg)* ~ hakenförmig.
aerare *(vt)* ~ lüften *(vt)*.
aerazione *(f)* ~ Lüftung *(f)*.
aereo[1] *(agg)* ***1*** Luft- ♦ *posta aerea* Luftpost *(f)* ♦ *foto aerea* Luftaufnahme *(f)*. ***2*** *(leggero)* luftig.
aereo[2] *(m)* ~ Flugzeug *(m)* ♦ *aereo a reazione* Düsenflugzeug *(n)*.
aeronautica *(f)* ***1*** Flugwesen *(n)*, Luftfahrt *(f)*. ***2*** *(mil)* Luftwaffe *(f)*.
aeroplano *(m)* ~ Flugzeug *(m)*.
aeroporto *(m)* ~ Flughafen *(m)*.
afa *(f)* ~ Schwüle *(f)*.

affabile *(agg)* ~ leutselig, umgänglich.
affabilità *(f)* ~ Umgänglichkeit *(f)*.
affaccendarsi *(vr)* ~ sich *(Dat)* zu schaffen* machen ♦ *un uomo si affaccenda intorno ad una macchina* ein Mann macht sich zu schaffen an einem Wagen.
affaccendato *(agg)* ~ sehr beschäftigt.
affacciarsi *(vr)* ***1*** sich zeigen *(vr)* ♦ *affacciarsi alla finestra* sich am Fenster zeigen. ***2*** hinaus|gehen* *(vi, ist)* ♦ *la mia finestra si affaccia sulla strada* mein Fenster geht auf die Straße hinaus.
affamato *(agg)* ~ hungrig.
affannarsi *(vr)* ***1*** sich ab|mühen *(vr)*, sich an|strengen *(vr)*. ***2*** *(preoccuparsi)* sich beunruhigen *(vr)*.
affannato *(agg)* ~ atemlos.
affanno ***1*** Atemnot *(f)*. ***2*** *(preoccupazioni)* Kummer *(m)* ♦ *dare affanno a qcn* jmdm Kummer bereiten/machen.
affannoso *(agg)* ~ keuchend.
affare *(m)* ***1*** *(faccenda)* Angelegenheit *(f)*, Sache *(f)* ♦ *un affare importante* eine wichtige Sache. ***2*** *(comm)* Geschäft *(n)*, Handel *(m)* ♦ *fare un buon affare, un cattivo affare* ein gutes, schlechtes Geschäft machen ♦ *concludere un affare con qcn* einen Handel mit jmdm (ab)schließen. ***3*** *(caso)* Affäre *(f)*. ***4*** *(fam) (coso)* Ding *(n)*, Dingsda *(m/f/n)* ♦ *dammi un po' quell'affare* gib mir mal das Ding da! ◆ **d'affari/per affari** geschäftlich *(agg)* ♦ *è a Monaco per affari* er ist geschäftlich in München ♦ *è spesso in viaggio per affari* er ist geschäftlich viel unterwegs. ◆ **uomo d'affari** Geschäftsmann *(m)*. ◆ **in viaggio d'affari** auf Geschäftsreise.
affascinante *(agg)* ~ bezaubernd, charmant.
affascinare *(vt)* ***1*** faszinieren *(vt)*, bezaubern *(vt)*. ***2*** *(con la magia)* verzaubern *(vt)*.
affastellare *(vt)* ~ bündeln *(vt)*.
affaticamento *(m)* ~ Anstrengung *(f)*; *(eccessivo)* Überanstrengung *(f)*.
affaticare *(vt)* ~ an|strengen *(vt)*, müden *(vt)*.
affaticarsi *(vr)* ~ ermüden *(vi, ist)*, sich abmühen *(vr)*; *(troppo)* sich überanstrengen *(vr)*.
affaticato *(agg)* ~ müde, angestrengt ♦ *hai l'aria affaticata* du siehst müde aus.
affatto *(avv)* ~ *(in frasi negative)* überhaupt *(+ neg)*, gar nicht, ganz und gar nicht ♦ *non ho affatto voglia* ich habe überhaupt keine Lust ♦ *questo non è affatto vero* das ist gar nicht wahr.
affermare *(vt)* ***1*** behaupten *(vt)* ♦ *afferma di non essere stata là* sie behauptet, nicht dort gewesen zu sein. ***2*** *(dichiarare)* aus|sagen *(vt) (anche dir)* ♦ *affermare il falso* falsch aussagen. ***3*** *(far valere)* geltend machen *(vt)*.
affermarsi *(vr)* ~ sich behaupten *(vr)*, sich durch|setzen *(vr)* ♦ *affermarsi professionalmente* sich beruflich behaupten.
affermativo *(agg)* ~ bejahend.
affermato *(agg)* ~ *(di successo)* anerkannt.
affermazione *(f)* ***1*** Bejahung *(f)*. ***2*** *(dichiarazione)* Behauptung *(f)* ♦ *fare un'affermazione* eine Behauptung aufstellen/vorbringen. ***3*** *(successo)* Erfolg *(m)*.
afferrare *(vt)* ***1*** ergreifen* *(vt)*, packen *(vt)*, fassen *(vt)* ♦ *afferrare al volo un'occasione* eine Gelegenheit beim Schopf fassen ♦ *lo afferrò per un braccio* er packte/fasste ihn am/beim Arm. ***2*** *(capire)* erfassen *(vt)*, begreifen* *(vt)*.
affettare *(vt)* ~ auf|schneiden* *(vt)*, in Scheibe schneiden* *(vt)*.
affettato[1] *(agg)* ***1*** aufgeschnitten, in Scheiben. ***2*** *(innaturale)* gekünstelt, affektiert.
affettato[2] *(n)* ~ *(gastr)* Aufschnitt *(m)*.
affettazione *(f)* ~ *(maniera)* Manier *(f)*.
affetto[1] *(agg)* ~ {~ *da qcs*} leidend an etwas *(Dat)* ♦ *affetto da diabete* leidend an Zuckerkrankheit.
affetto[2] *(m)* ~ Liebe *(f)*, Zuneigung *(f)* ♦ *provare, sentire affetto per qcn* Liebe für jmdn empfinden, fühlen. ◆ **con affetto** *(formula epistolare)* mit herzlichen Grüßen.
affettuosamente *(avv)* ***1*** herzlich. ***2*** *(teneramente)* zärtlich.
affettuoso *(agg)* ***1*** herzlich ♦ *un'accoglienza affettuosa* ein herzlicher Empfang. ***2*** *(tenero)* zärtlich, liebevoll ♦ *una madre affettuosa* eine zärtliche Mutter.
affezionarsi *(vr)* ~ {~ *a qcn*} jmdn in sein Herz schließen* *(vt)*, jmdn lieb gewinnen *(vt)*. ◆ **mi sono affezionata molto a lui** er ist mir sehr ans Herz gewachsen.
affezionato *(agg)* ~ {~ *a qcn*} an jmdm/etwas hängend, jmdm/etwas zugeneigt.

affiancare *(vt)* ***1*** nebeneinander stellen *(vt)*. ***2*** *(sostenere)* unterstützen *(vt)*.

affiatamento *(m)* ~ Einvernehmen *(n)*, Übereinstimmung *(f)*.

affiatarsi *(vi)* ~ sich aufeinander ein|spielen *(vr)*.

affiatato *(agg)* ~ gut (aufeinander) eingespielt.

affibbiare *(vt)* ***1*** {~ *qcs a qcn*} jmdm etwas auf|hängen *(vt)*. ***2*** *(responsabilità)* zu|schieben* *(vt)*.

affidabile *(agg)* ~ zuverlässig.

affidabilità *(f)* ***1*** Zuverlässigkeit *(f)*. ***2*** *(di impianti, informazioni, ecc)* Sicherheit *(f)*.

affidamento *(f)* ***1*** Anvertrauen *(n)*. ***2*** *(dir)* Pflege ◆ *figlio, figlia in affidamento* Pflegesohn *(m)*, Pflegetochter *(f)*. ◆ **fare affidamento su qcn/qcs** sich auf jmdn/etwas verlassen* *(vr)*.

affidare *(vt)* ***1*** an|vertrauen *(vt)*. ***2*** *(incarichi e sim)* übergeben* *(vt)*.

affidarsi *(vr)* ~ {~ *a qcn/qcs*} sich jmdm/etwas an|vertrauen *(vr)*, sich auf jmdn/etwas verlassen* *(vr)*.

affievolire *(vt)* ~ schwächen *(vt)*.

affievolirsi *(vr)* ~ *(diminuire, calare)* schwinden* *(vi, ist)* *(anche fig)*, schwächer werden* *(vi, ist)*.

affiggere *(vt)* ~ an|schlagen* *(vt)* ◆ *affiggere un manifesto* ein Plakat anschlagen.

affilare *(vt)* ~ schärfen *(vt)*, schleifen* *(vt)*, wetzen *(vt)* *(anche fig)* ◆ *affilare un coltello* ein Messer schärfen.

affilarsi *(vr)* ~ sich wetzen *(vr)* ◆ *il gatto si affila gli artigli* die Katze wetzt sich die Krallen.

affilato *(agg)* ~ scharf*.

affilatura *(f)* ~ Schliff *(m)*.

affinare *(vt)* ***1*** schärfen *(vt)* ◆ *affinare i sensi* die Sinne schärfen. ***2*** *(perfezionare)* verfeinern *(vt)*, kultivieren *(vt)*.

affinarsi *(vr)* ***1*** sich schärfen *(vr)*. ***2*** sich verfeinern *(vr)*.

affinché *(congiunz)* ~ damit ◆ *questo te lo dico affinché tu riconosca il tuo errore* das sage ich dir, damit du deinen Irrtum einsiehst.

affine *(agg)* ***1*** ähnlich, zusammengehörig. ***2*** *(biol/ling/chim)* verwandt. ***3*** *(spiritualmente)* geistesverwandt.

affinità *(f)* ~ Verwandtschaft *(f)* ◆ *affinità elettiva* Wahlverwandtschaften.

affiorare *(vi)* ***1*** auf|tauchen *(vi, ist)*. ***2*** *(caratteri ereditari)* {~ *in qcn*} bei/in jmdm durch|schlagen* *(vi, ist)*. ***3*** *(geol)* zutage treten* *(vi, ist)*.

affittacamere *(m/f)* ~ Zimmervermieter *(m; f -in)*.

affittare *(vt)* ***1*** *(dare in affitto)* vermieten *(vt)* ◆ *affittare a qcn* jmdm/an jmdn vermieten *(vt)*. ***2*** *(prendere in affitto)* mieten *(vt)*, pachten *(vt)*. ***3*** *(noleggiare)* {~ *qcs (a qcn)*} (jmdm) etwas verleihen* *(vt)*.

affitto *(m)* ***1*** Miete *(f)* ◆ *pagare molto, poco di affitto* eine hohe, niedrige Miete zahlen ◆ *abitare in affitto (presso qcn)* (bei jmdm) zur Miete wohnen. ***2*** *(il dare in affitto)* Vermietung *(f)*. ◆ **appartamento in affitto** Mietwohnung *(f)*. ◆ **prendere in affitto** mieten *(vt)*. ◆ **dare in affitto a qcn** jmdm/an jmdn vermieten *(vt)*.

affittuario *(m; f* **-a***)* ~ *(inquilino)* Mieter *(m; f -in)*.

affliggere *(vt)* ***1*** *(rattristare)* betrüben *(vt)*, quälen *(vt)* ◆ *der Gedanke an ihre Krankheit quält sie* il pensiero della sua malattia la affligge. ***2*** *(opprimere)* belasten *(vt)*.

afflitto *(agg)* ***1*** *(abbattuto)* betrübt, bekümmert. ***2*** *(triste, mesto)* traurig ◆ *essere afflitto per qcs* über etwas *(Acc)* traurig sein.

afflizione *(f)* ***1*** Betrübnis *(f)*. ***2*** *(tristezza, mestizia)* Traurigkeit *(f)*.

afflosciarsi *(vr)* ~ erschlaffen *(vi, ist)*, zusammen|fallen* *(vi, ist)*.

affluente *(m)* ~ Nebenfluss *(m)*.

affluenza *(f)* ~ Zufluss *(m)*, Zustrom *(m)*; Zulauf *(m)* *(spec di persone)*.

affluire *(vi)* ***1*** {~ *a qcs*} etwas *(Dat)*/auf etwas *(Acc)* zu|strömen *(vi, ist)*, etwas *(Dat)* zu|fließen* *(vi, ist)* ◆ *il fiume affluisce al mare* der Fluss strömt dem Meer/auf das Meer zu. ***2*** *(fig)* fließen* *(vi, ist)* ◆ *le donazioni affluiscono abbondanti* die Spenden fließen reichlich. ***3*** *(di persone)* zusammen|laufen* *(vi, ist)*.

afflusso *(m)* ***1*** Zufluss *(m)*, Zustrom *(m)* *(anche fig)*. ***2*** *(di persone)* Zulauf *(m)*, Andrang *(m)*.

affogare[1] *(vi)* ~ ertrinken* *(vi, ist)* ◆ *è affogato nel fiume* er ist im Fluss ertrunken.
affogare[2] *(vt)* ~ ertränken *(vt)*.
affogarsi *(vr)* ~ sich ertränken *(vr)*.
affollare *(vt)* ~ bevölkern *(vt)*.
affollato *(agg)* ~ überfüllt, voll.
affollarsi *(vr)* ~ drängen *(vi, ist)*, sich bevölkern *(vr)* ◆ *affollarsi all'uscita* zum Ausgang drängen.
affondamento *(m)* ~ Versenkung *(f)*, Sinken *(n)*.
affondare[1] *(vi)* ~ sinken* *(vi, ist)*, versinken* *(vi, ist)* ◆ *la nave è affondata* das Schiff ist versunken.
affondare[2] *(vt)* ~ versenken *(vt)* ◆ *affondare le mani nelle tasche* die Hände in die Taschen versenken.
affrancare *(vt)* ~ frankieren *(vt)*, frei|machen *(vt)*.
affrancatura *(f)* ~ Porto *(n)*, Frankierung *(f)* ◆ *affrancatura a carico del destinatario* Porto zahlt der Empfänger.
affresco *(m)* ~ *(tecnica; dipinto)* Fresko *(n)*.
affrettare *(vt)* ~ beschleunigen *(vt)* ◆ *affrettare il passo* den Schritt beschleunigen.
affrettarsi *(vr)* ~ sich beeilen *(vr)*, eilen *(vi, ist/hat)* ◆ *affrettarsi a fare qcs* sich beeilen, etwas zu tun.
affrettato *(agg)* ~ eilig, hastig, übereilt.
affrontare *(vt)* ***1*** {~ *qcn/qcs*} jmdm/etwas entgegen|treten* *(vi, ist)*, jmdm/etwas gegenüber|treten* *(vi, ist)*. ***2*** *(fig)* an|gehen* *(vt)*, an|packen *(vt)* ◆ *affrontare un problema* ein Problem angehen.
affronto *(m)* ~ Beleidigung *(f)*.
affumicare *(vt)* ~ *(gastr)* räuchern *(vt)*.
afoso *(agg)* ~ schwül.
agenda *(f)* ~ Terminkalender *(m)*.
agente *(m/f)* ~ *(rappresentante; spia)* Agent *(m)*. ◆ **agente di polizia** Polizist *(m; f* -in*)*. ◆ **agente dei servizi segreti** Geheimpolizist *(m; f* -in*)*. ◆ **agente immobiliare** Immobilienhändler *(m)*, Makler *(m; f* -in*)*. ◆ **agente di commercio** Handelsvertreter *(m; f* -in*)*.
agenzia *(f)* ***1*** Agentur *(f)*. ***2*** *(di viaggio)* Reisebüro *(n)*.
agevolare *(vt)* ***1*** *(facilitare)* erleichtern *(vt)*. ***2*** *(favorire)* begünstigen *(vt)* ◆ *einen Kandidaten begünstigen* agevolare un candidato.
agevolazione *(f)* ~ Begünstigung *(f)* *(anche econ)*.
agevole *(agg)* ***1*** *(facile)* leicht. ***2*** *(comodo)* bequem ◆ *una strada agevole* ein bequemer Weg.
agevolmente *(avv)* ***1*** *(facilmente)* leicht. ***2*** *(comodamente)* bequem.
agganciare *(vt)* ***1*** *(rimorchi, vagoni, ecc)* koppeln *(vt)*, kuppeln *(vt)* ◆ *agganciare un rimorchio a un veicolo* einen Anhänger an ein Fahrzeug kuppeln. ***2*** *(fissare con un gancio)* ein|haken *(vt)*.
aggancio *(m)* ~ *(di rimorchi, vagoni, ecc)* Kopp(e)lung *(f)*.
aggeggio *(m)* ~ Ding *(n)*, Dings *(n)*.
aggettante *(agg)* ***1*** *(sporgente)* überhängend. ***2*** *(archit)* vorspringend.
aggettare *(vi)* ***1*** *(sporgere)* vor|stehen* *(vi, hat)*. ***2*** *(archit)* vor|springen* *(vi, ist)*.
aggettivo *(m)* ~ *(gramm)* Adjektiv *(n)*, Eigenschaftswort *(n)*.
aggetto *(m)* ~ *(sporgenza)* Überhang *(m)*, Vorsprung *(m)*.
agghiacciante *(vt)* ~ grauenhaft.
agghindare *(vt)* ~ heraus|putzen *(vt)*.
agghindarsi *(vr)* ~ sich heraus|putzen *(vr)*.
aggiornamento *(m)* ***1*** *(professionale)* Fortbildung *(f)*. ***2*** *(rinvio)* Vertagung *(f)*. ***3*** *(di testo)* Bearbeitung *(f)*. ◆ **corso di aggiornamento** Fortbildungskurs *(m)*.
aggiornare *(vt)* ***1*** aktualisieren *(vt)*. ***2*** *(rinviare)* vertagen *(vt)* ◆ *la seduta è stata aggiornata a domani* die Sitzung ist auf morgen vertagt worden. ***3*** *(testo)* bearbeiten *(vt)*. ◆ **essere aggiornato** auf dem neuesten Stand sein*.
aggiornarsi *(vr)* ***1*** *(professionalmente)* sich fort|bilden *(vr)*. ***2*** *(rinviare)* sich vertagen *(vr)*.
aggiramento *(m)* ~ Umgehung *(f)*.
aggirare *(vt)* ~ umgehen* *(vt)* *(anche fig)* ◆ *aggirare una domanda* eine Frage umgehen.
aggirarsi *(vr)* ***1*** herum|gehen* *(vi, ist)*, herum|laufen* *(vi, ist)*. ***2*** *(approssimarsi)* sich belaufen* *(vr)*, betragen* *(vt)* ◆ *il prezzo si aggira sui 100 euro* der Preis beläuft sich auf 100 Euro/beträgt 100 Euro.

aggiudicare *(vt)* ~ zu|sprechen* *(vt)*.
aggiudicarsi *(vr)* ~ {~ *qcs*} etwas erringen* *(vt)*, etwas erlangen *(vt)*.
aggiudicazione *(f)* ~ *(all'asta)* Zuschlag *(m)*.
aggiungere *(vt)* **1** hinzu|fügen *(vt)*, dazu|geben* *(vt)* ♦ *aggiungere farina all'impasto* dem Teig Mehl hinzufügen ♦ *aggiungi ancora un po' di latte* gib noch etwas Milch dazu. **2** *(soggiungere)* hinzu|fügen *(vt)*, dazu|sagen *(vt)* ♦ *"Sì, ma", aggiunse* „Ja, aber", fügte er hinzu. **3** *(in un calcolo)* dazu|rechnen *(vt)*.
aggiungersi *(vr)* ~ dazu|kommen* *(vi, ist)*, hinzu|kommen* *(vi, ist)* ♦ *a ciò si aggiunge che* hinzu kommt noch, dass.
aggiunta *(f)* **1** Zugabe *(f)*, Zusatz *(m)* ♦ *con l'aggiunta di acqua* unter Zugabe von Wasser. **2** *(integrazione)* Ergänzung *(f)*. ◆ **in aggiunta a** außer *(prep* + Dat*)*.
aggiuntivo *(agg)* ~ zusätzlich ♦ *uno spazio aggiuntivo* ein zusätzlicher Raum.
aggiustare *(vt)* ~ *(riparare)* reparieren *(vt)*, aus|bessern *(vt)*.
aggomitolare *(vt)* ~ wickeln *(vt)* ♦ *aggomitolare la lana (in un gomitolo)* Wolle (zu einem Knäuel) wickeln.
aggrapparsi *(vr)* **1** {~ *a qcn/qcs*} sich an jmdn/etwas klammern *(vr)*, sich an jmdn/etwas anklammern *(vr)*. **2** *(tenersi)* {~ *a qcn/qcs*} sich an jmdm/etwas fest|klammern *(vr)*.
aggravamento *(m)* ~ Verschlechterung *(f)*, Verschlimmerung *(f)*.
aggravante *(agg)* ~ *(dir)* erschwerend ♦ *circostanze aggravanti* erschwerende Umstände.
aggravare *(vt)* **1** verschlechtern *(vt)*, verschlimmern *(vt)*. **2** *(peggiorare)* verschärfen *(vt)* *(anche dir)* ♦ *aggravare la pena* die Strafe verschärfen.
aggravarsi *(vr)* **1** sich verschlechtern *(vr)* ♦ *la situazione si è aggravata* die Lage hat sich verschlechtert. **2** *(crisi e sim)* sich verschärfen *(vr)*, sich zu|spitzen *(vr)*.
aggredire *(vt)* ~ an|greifen* *(vt)*, überfallen* *(vt)* *(anche fig)*.
aggregare *(vt)* ~ {~ *qcs a una cosa*} etwas *(Dat)* etwas an|gliedern *(vt)*.
aggregarsi *(vr)* ~ {~ *a qcs*} sich etwas *(Dat)* an|gliedern *(vr)*.
aggressione *(f)* ~ Überfall *(m)*, Angriff *(m)* *(anche mil)*.
aggressivo *(agg)* ~ aggressiv.
aggressore *(m; f* **-ditrice***)* ~ Angreifer *(m; f* -in*)*.
aggrottare *(vt)* ~ runzeln *(vt)*.
aggrovigliare *(vt)* ~ verwickeln *(vt)*.
aggrovigliarsi *(vr)* ~ sich verwickeln *(vr)*.
agguantare *(vt)* ~ raffen *(vt)*.
agguato *(m)* ~ Lauer *(f)*, Hinterhalt *(m)* ♦ *stare in agguato* auf der Lauer liegen* ♦ *tendere un agguato a qcn/qcs* jmdm einen Hinterhalt legen, lauern *(vi, hat)*. ◆ **essere in agguato** *(fig)* lauern *(vi, hat)*.
aghifoglia *(f)* ~ Nadelbaum *(m)*.
agiatezza *(f)* ~ Wohlstand *(m)*.
agiato *(agg)* **1** *(benestante)* wohlhabend. **2** *(comodo)* bequem ♦ *una vita agiata* ein bequemes Leben.
agile *(agg)* **1** *(abile, destro)* flink, behänd(e). **2** *(snodato)* gelenkig.
agilità *(f)* ~ Gelenkigkeit *(f)*.
agilmente *(avv)* ~ flink.
agio *(m)* ~ Annehmlichkeit *(f)* *(spec pl)*. ◆ **a proprio agio** wohl *(avv)*, behaglich *(avv)* ♦ *qui mi sento a mio agio* hier fühle ich mich wohl. ♦ *mettersi a proprio agio* es sich *(Dat)* behaglich machen.
agire **1** handeln *(vi, hat)* ♦ *ora è il momento di agire* jetzt ist es Zeit zu handeln ♦ *agire bene/male nei confronti di qcn* an jmdm gut/schlecht handeln. **2** *(essere attivo; avere un effetto)* wirken *(vi, hat)* ♦ *queste pastiglie agiscono contro il mal di testa* diese Tabletten wirken gegen Kopfschmerzen. **3** *(comportarsi)* sich verhalten *(vr)* ♦ *come si deve agire in caso di incidente?* wie soll man sich bei einem Unfall verhalten? **4** *(dir)* vorgehen* *(vi, ist)*. ◆ **non posso agire diversamente** ich kann mir nicht helfen.
agitare *(vt)* **1** *(scuotere)* durch|schütteln *(vt)*. **2** *(sventolare, brandire)* schwingen* *(vt)*, schwenkel *(vt)* ♦ *agitare una bandiera* eine Fahne schwingen. **3** *(turbare, eccitare)* auf|regen *(vt)* ♦ *la notizia l'ha agitata* die Nachricht hat sie aufgeregt.
agitarsi *(vr)* **1** schwanken *(vi, hat)* ♦ *le canne si agitano al vento* die Rohre schwanken im Winde. **2** *(turbarsi, eccitarsi)* sich auf|regen *(vr)*.

agitato *(agg)* ***1*** *(irrequieto)* ruhelos. ***2*** *(turbato, eccitato)* erregt, aufgeregt.
agitatore *(m; f* **-trice***)* ~ Aufrührer *(m; f* -in*)*.
agitazione *(f)* ***1*** *(irrequietezza)* Ruhelosigkeit *(f)*. ***2*** *(eccitazione)* Aufregung *(f)*, Erregung *(f)* ♦ *non sono riuscito a dormire per l'agitazione* ich konnte vor lauter Aufregung nicht schlafen ♦ *mettere in agitazione* in Aufregung bringen. ***3*** *(pol) (disordini)* Aufruhr *(m)*. ◆ **essere in agitazione** *(fam)* durcheinander sein*.
aglio *(m)* ~ Knoblauch *(m)*. ◆ **capo d'aglio** Knoblauchknolle *(f)*. ◆ **spicchio d'aglio** Knoblauchzehe *(f)*.
agnello *(m)* ~ Lamm *(n)*.
ago *(m)* ***1*** Nadel *(f)* ♦ *ago da cucito* Nähnadel *(f)*. ***2*** *(della bilancia)* Zeiger *(m)*. ***3*** *(med)* Kanüle *(f)*. ◆ **infilare un ago** eine Nadel einfädeln.
agognare *(vt)* ~ ersehnen *(vt)*.
agonia *(f)* ~ Todeskampf *(m)*.
agonismo *(m)* ~ Kamfgeist *(m)*.
agonisticamente *(avv)* ~ kämpferisch.
agonistico *(agg)* ~ kämpferisch.
agopuntura *(f)* ~ Akupunktur *(f)*.
agosto *(m)* ~ August *(m)* ♦ *in Agosto* im August.
agrario *(agg)* ~ landwirtschaftlich.
agreste *(agg)* ~ ländlich.
agricolo *(agg)* ~ landwirtschaftlich.
agricoltore *(m; f* **-trice***)* ~ Bauer *(m; f* Bäuerin*)*, Landwirt *(m; f* -in*)*.
agricoltura *(f)* ~ Landwirtschaft *(f)*, Ackerbau *(m)*.
agro *(agg)* ~ sauer, säuerlich.
agrodolce *(agg)* ~ süßsauer.
agrume *(m)* ***1*** *(frutto)* Zitrusfrucht *(f)*. ***2*** *(pianta)* Zitrusgewächs *(n)*, Zitruspflanz *(f)*.
aguzzare *(vt)* ***1*** *(acuire)* spitzen *(vt)*. ***1*** *(fig)* schärfen *(vt)*.
aguzzino *(m; f* **-a***)* ~ Schinder *(m; f* -in*)*.
aguzzo *(agg)* ~ spitz, scharf*.
ahimé *(esclam)* ~ weh mir!
aia *(f)* ~ Tenne *(f)*.
aiola *(f)* ~ Beet *(n)*.
airone *(m)* ~ *(zool)* Reiher *(m)*.
aiutante *(m/f)* ~ Helfer *(m; f* -in*)*, Gehilfe *(m; f* -hilfin*)*.
aiutare *(vt)* ***1*** {~ *qcn*} jmdm helfen* *(vi,* hat*)* ♦ *aiutami, per favore!* hilf mir, bitte! ♦ *aiutare qcn nel lavoro* jmdm bei der Arbeit helfen ♦ *mi aiuta a fare le valigie* er hilft mir packen/beim Packen. ***2*** *(collaborare)* mit|helfen* *(vi,* hat*)* ♦ *aiuti anche tu?* hilfst du auch mit? ***3*** *(temporaneamente)* {~ *qcn*} jmdm aus|helfen* *(vi,* hat*)*. ***4*** *(facilitare)* erleichtern *(vt)*.
aiuto *(m)* ***1*** Hilfe *(f)* ♦ *ho bisogno del tuo aiuto* ich brauche deine Hilfe ♦ *chiedere aiuto a qcn* jmdn um Hilfe bitten ♦ *chiamare aiuto* um Hilfe rufen ♦ *con l'aiuto di altri* mit fremder Hilfe ♦ *prestare aiuto a qcn* jmdm Hilfe leisten ♦ *venire in aiuto di qcn* jmdm zu Hilfe kommen. ***2*** *(aiutante)* Helfer *(m; f* -in*)*, Gehilfe *(m; f* -hilfin*)*. ***3*** *(mezzo, strumento)* Hilfsmittel *(n)*. ***4*** *(pl) (materiali o finanziari)* Hilfsmittel *(pl)*. ◆ **essere d'aiuto a qcn** jmdm behilflich sein*.
aizzare *(vt)* ~ *(cani)* hetzen *(vt)* ♦ *aizzare il cane contro qcn* den Hund auf jmdn hetzen.
ala *(f)* ~ Flügel *(m) (anche aeron/archit/sport)* ♦ *sbattere le ali* mit den Flügeln schlagen.
alano *(n)* ~ *(zool)* Dogge *(f)*.
alare *(agg)* ~ **apertura alare** Spannweite *(f)*.
alato *(agg)* ~ geflügelt.
alba *(f)* ***1*** Morgengrauen *(n)*. ***2*** *(spuntar del sole)* Sonnenaufgang *(m)*.
albeggiare *(vi)* ~ *(impers)* dämmern *(vi,* hat*)* ♦ *albeggia* es dämmert.
albergatore *(m; f* **-trice***)* ~ Hotelbesitzer *(m; f* -in*)*.
albergo *(m)* ~ Hotel *(n)* ♦ *albergo a tre stelle* Dreisternenhotel *(n)*.
albero *(m)* ***1*** Baum *(m)* ♦ *albero da frutto* Obstbaum ♦ *albero di Natale* Tannenbaum, Weihnachtsbaum. ***2*** *(genealogico)* Stammbaum *(m)*. ***3*** *(di nave)* Mast *(m)*.
albicocca *(f)* ~ Aprikose *(f)*.
albicocco *(m)* ~ Aprikosenbaum *(m)*.
album *(m)* ~ Album *(n)* ♦ *album di fotografie* Fotoalbum.
albume *(m)* ~ Eiweiß *(n)*.
alce *(m)* ~ Elch *(m)*.
alcol *(m)* ~ *(anche bevanda)* Alkohol *(m)* ♦ *non reggere l'alcol* keinen Alkohol vertragen ♦ *essere sotto l'effetto dell'alcol* unter Alkohol stehen.

alcolico *(agg)* ~ alkoholisch ♦ *bevande alcoliche* alkoholische Getränke.
alcolizzato *(m;* f **-a***)* ***1*** Alkoholiker *(m; f* -in*)*. ***2*** *(bevitore)* Trinker *(m;* f -in*)*.
alcuno[1] *(agg indef)* ***1*** *(pl)* einige(r, -s), manche(r, -s) ♦ *alcuni dei miei colleghi* einige meiner Kollegen. ***2*** *(nessun tipo di)* kein, keinerlei *(agg indecl)* ♦ *questo non ha alcun senso* das hat keinerlei Sinn.
alcuno[2] *(pron indef)* ***1*** *(pl)* einige(r, -s), manche(r, -s) ♦ *alcuni dicono che* einige sagen, dass. ***2*** *(nessun tipo di)* keine(r, -s) ♦ *questo non ha alcun senso* das hat keinerlei Sinn. ◆ **alcuni** ein paar *(indecl)* ♦ *alcuni libri* ein paar Bücher.
aldilà *(m)* ~ Jenseits *(n)*.
aleggiare *(vi)* ~ *(odori, brezza)* wehen *(vi,* hat*)*.
alfabetico *(agg)* ~ alphabetisch ♦ *in ordine alfabetico* in alphabetischer Reihenfolge.
alfabeto *(m)* ~ Alphabet *(n)*.
alfiere *(m)* ~ *(negli scacchi)* Läufer *(m; f* -in*)*.
alga *(f)* ~ Alge *(f)*.
aliante *(m)* ~ Segelflugzeug *(n)*.
alibi *(m)* ~ Alibi *(n)* ♦ *fornire un alibi* ein Alibi beibringen.
alice *(f)* ~ *(zool)* Sardelle *(f)*.
alienante *(agg)* ~ entfremdend.
alienare *(vt)* ***1*** *(rendere estraneo)* entfremden *(vt)*. ***2*** *(dir)* veräußern *(vt)*.
alienazione *(f)* ***1*** Entfremdung *(f)*. ***2*** *(dir)* Veräußerung *(f)*.
alieno[1] *(agg)* ~ *(estraneo)* fremd.
alieno[2] *(m)* ~ *(extraterrestre)* Außerirdische *(n)*.
alimentare[1] *(agg)* ~ **generi alimentari** Lebensmittel *(n) (spec pl)*. ◆ **negozio di generi alimentari** Lebensmittelgeschäft *(n)*.
alimentare[2] *(vt)* ***1*** ernähren *(vt)*, nähren *(vt)*; *(animali)* füttern *(vt)*. ***2*** *(fig)* nähren *(vt)*. ***3*** *(impianti)* speisen *(vt)*.
alimentazione *(f)* ***1*** Ernährung *(f)*, Nahrung *(f)*. ***2*** *(dieta)* Kost *(f)* ♦ *sana alimentazione* gesunde Kost. ***3*** *(tecn/elettr)* Versorgung *(f)*.
alimento *(m)* ***1*** *(nutrizione, cibo)* Nahrung *(f)*, Nahrungsmittel *(n)*. ***2*** *(pl) (generi alimentari)* Lebensmittel *(n)*. ***3*** *(dir)* Lebensunterhalt *(m)*.
aliquota *(f)* ~ *(quota)* Anteil *(m)*. ◆ **aliquota fiscale** Steuersatz *(m)*.
alitare *(vi)* ***1*** hauchen *(vi,* hat*)*. ***2*** *(brezza)* wehen *(vi,* hat*)*.
alito *(m)* ~ Hauch *(m)*, Atem *(m)*. ◆ **alito cattivo** Mundgeruch *(m)*.
allacciamento *(m)* ~ *(tecn/elettr)* Anschluss *(m)* ♦ *allacciamento del telefono* Telefonanschluss.
allacciare *(vt)* ***1*** *(legare insieme)* zu|schnüren *(vt)*, schnüren *(vt)* ♦ *allacciare le scarpe (a qcn)* (jmdm) die Schuhe schnüren. ***2*** *(fissare con una fibbia)* schnallen *(vt)*. ***3*** *(tecn)* an|schließen* *(vt)*. ***4*** *(relazioni)* an|knüpfen *(vt)*. ◆ **allacciare la cintura di sicurezza** sich (im Auto) an|schnallen *(vr)*.
allacciarsi *(vr)* ***1*** sich *(Dat)* schnüren *(vr)* ♦ *allacciarsi le scarpe* sich die Schuhe schnüren. ***2*** *(le cinture di sicurezza)* sich an|schnallen *(vr)*, sich an|gurten *(vr)*.
allagamento *(m)* ~ Überflutung *(f)*.
allagare *(vt)* ~ überschwemmen *(vt)*, überfluten *(vt)*.
allagarsi *(vr)* ~ überschwemmt werden* *(vi,* ist*)*.
allagato *(agg)* ~ überflutet.
allampanato *(agg)* ~ abgemagert.
allargamento *(m)* ***1*** Erweiterung *(f)*. ***2*** *(estensione)* Dehnung *(f)*.
allargare *(vt)* ***1*** erweitern *(vt)*, verbreitern *(vt)*. ***2*** *(estendere)* aus|dehnen *(vt)*, erweitern *(vt)*, aus|weiten *(vt)* ♦ *allargare il proprio influsso* seinen Einfluss ausdehnen. ◆ **allargare le braccia** die Arme aus|breiten.
allargarsi *(vr)* ***1*** sich verbreitern *(vr)*, sich erweitern *(vr)*. ***2*** *(estendere)* sich aus|weiten *(vr)*.
allarmante *(agg)* ~ alarmierend.
allarmare *(vt)* ~ alarmieren *(vt)*.
allarme *(m)* ***1*** Alarm *(m)* ♦ *dare l'allarme* Alarm geben/schlagen. ***2*** *(fig) (ansia)* Aufregung *(f)* ♦ *mettere in allarme* in Aufregung bringen. ◆ **segnale d'allarme** Warnsignal *(n)*.
allattare *(vt)* ***1*** stillen *(vt)*. ***2*** *(animali)* säugen *(vt)*.
alleanza *(f)* ~ *(lega, patto)* Bund *(m)*, Allianz *(f)* ♦ *triplice alleanza (stor)* Dreibund.
allearsi *(vr)* ~ sich verbünden *(vr)*.

alleato *(m)* ~ Verbündete(r) *(m/f)*, Alliierte(r) *(m/f)*. ◆ **essere alleato con qcn** mit jmdm im Bunde sein*.
allegare *(vt)* ~ *(accludere)* beilfügen *(vt)*, beillegen *(vt)*.
allegato *(m)* ***1*** *(in una lettera)* Anlage *(f)* *(anche elab)*. ***2*** *(supplemento, di giornali o riviste)* Beilage *(f)*. ◆ **essere allegato a qcs** etwas *(Dat)* beiliegen* *(vi*, hat*)*. ◆ **in allegato** beiliegend, in der Anlage.
alleggerimento *(m)* ***1*** Entlastung *(f)*. ***2*** *(sollievo)* Erleichterung *(f)*.
alleggerire *(vt)* ~ erleichtern *(vt)*, entlasten *(vt)*, leichter machen *(vt)* *(anche fig)* ◆ *alleggerire il lavoro a qcn* jmdm die Arbeit erleichtern ◆ *alleggerire la propria coscienza* sein Gewissen entlasten ◆ *alleggerire qcn di qcs (denaro e sim)* jmdn um etwas leichter machen.
allegramente *(avv)* ~ fröhlich.
allegria *(f)* ***1*** Fröhlichkeit *(f)*, Lustigkeit *(f)*. ***2*** *(serenità)* Heiterkeit *(f)*.
allegro *(agg)* ***1*** *(gaio, contento)* fröhlich, lustig, heiter ◆ *una storia allegra* eine heitere Geschichte. ***2*** *(sereno)* heiter. ***3*** *(brillo) (fam)* angeheitert.
alleluia *(esclam)* ~ halleluja.
allenamento *(m)* ~ Training *(n)*.
allenare *(vt)* ~ trainieren *(vt)*.
allenarsi *(vr)* ~ trainieren *(vi*, hat*)*.
allenato *(agg)* ~ fit* ◆ *uno sportivo allenato* ein fitter Sportler.
allenatore *(m; f* **-trice***)* ~ Trainer *(m; f* -in*)*.
allentare *(vt)* ~ lockern *(vt)* *(anche fig)* ◆ *allentare la presa* den Griff lockern.
allentarsi *(vr)* ***1*** sich lockern *(vr)*, sich lösen *(vr)*. ***2*** *(tensione e sim)* nachlassen* *(vi*, hat*)*, sich entspannen *(vr)*.
allentato *(agg)* ~ locker, lose ◆ *una vite allentata* eine lockere Schraube.
allergia *(f)* ~ Allergie *(f)* ◆ *avere un'allergia a qcs* eine Allergie gegen etwas haben.
allergico *(agg)* ~ allergisch *(anche fig)* ◆ *sono allergica alle fragole* ich bin allergisch gegen Erdbeeren.
allestimento *(m)* ***1*** Einrichtung *(f)*, Ausstattung *(f)*. ***2*** *(teatr/cinem)* Inszenierung *(f)*.
allestire *(vt)* ***1*** einlrichten *(vt)*; *(mostre)* veranstalten *(vt)*. ***2*** *(teatr/cinem)* inszenieren *(vt)*.
allettante *(agg)* ~ lockend, verlockend.
allettare *(vt)* ~ locken *(vt)*, verlocken *(vt)*, verführen *(vt)*.
allevamento *(m)* ~ Züchtung *(f)*, Zucht *(f)* ◆ *allevamento di bestiame* Viehzucht.
allevare *(vt)* ***1*** *(bambini, animali)* auflziehen* *(vt)*, großlziehen* *(vt)*. ***2*** *(animali)* züchten *(vt)*.
allevatore *(m; f* **-trice***)* ***1*** Züchter *(m; f* -in*)*. ***2*** *(di bestiame)* Viehhalter *(m; f* -in*)*.
alleviare *(vt)* ~ lindern *(vt)*, erleichtern *(vt)* ◆ *alleviare i dolori a qcn* jmdm seine Schmerzen erleichtern.
allietare *(vt)* ~ erfreuen *(vt)*, erheitern *(vt)*.
allievo *(m)* ~ Schüler *(m; f* -in*)*.
allineare *(vt)* ~ *(mettere in linea, orientare)* in einer Reihe auflstellen *(vt)*.
allinearsi *(vr)* ~ {~ *a qcn/qcs*} sich nach jmdm/etwas richten *(vr)*.
allineato *(agg)* ~ *(pol)* linientreu.
allitterazione *(f)* ~ *(ling)* Alliteration *(f)*, Stabreim *(m)*.
allocco *(m)* ***1*** *(zool)* Waldkauz *(m)*. ***2*** *(fig)* Dummkopf *(m)*.
allodola *(f)* ~ *(zool)* Lerche *(f)*.
alloggiare[1] *(vi)* ~ untergebracht sein* *(vi*, ist*)*.
alloggiare[2] *(vt)* ***1*** beherbergen *(vt)* ◆ *alloggiare un amico per la notte* einen Freund über Nacht beherbergen. ***2*** *(mil)* einlquartieren *(vt)*.
alloggio *(m)* ***1*** Unterkunft *(f)*, Logis *(n)* ◆ *vitto e alloggio* Kost und Logis. ***2*** *(mil)* Quartier *(n)*.
allontanamento *(m)* ***1*** Entfernung *(f)*. ***2*** *(espulsione)* Vertreibung *(f)*.
allontanare *(vt)* ***1*** entfernen *(vt)*. ***2*** *(scacciare)* vertreiben* *(vt)* *(anche fig)*. ***3*** *(estraniare)* {~ *qcn da qcn*} jmdn jmdm entfremden *(vt)*.
allontanarsi *(vr)* ***1*** sich ablwenden* *(vr)*, sich entfernen *(vr)*. ***2*** *(deviare)* ablkommen* *(vi*, ist*)*, ablweichen *(vi*, ist*)* *(anche fig)* ◆ *allontanarsi dalla strada* vom Weg(e) abkommen ◆ *allontanarsi dall'argomento* vom Thema abweichen. ***3*** {~ *da qcn/qcs*} *(diventare estraneo)* sich jmdm/etwas entfremden *(vt)*.
allora[1] *(agg)* ~ *(di allora)* damalig ◆ *l'allora ministro degli Interni* der damalige Innenminister.

allora[2] *(avv)* ***1*** *(passato)* damals ♦ *allora vivevamo in campagna* damals lebten wir auf dem Land. ***2*** *(futuro)* dann ♦ *ne discuteremo solo allora* erst dann werden wir darüber sprechen. ***3*** *(in quel momento)* da ♦ *allora lui disse...* da sagte er... ◆ **da allora** seither *(avv)*.

allora[3] *(congiunz)* ***1*** *(ebbene)* also; denn ♦ *allora, che dobbiamo fare?* also, was sollen wir machen? ♦ *allora, come va?* wie geht's dir denn? ***2*** *(in tal caso)* dann ♦ *se non vuoi venire allora rimani a casa* wenn du nicht kommen willst, dann bleib zu Hause. ***3*** *(in frasi imperative)* *(dai, su)* doch ♦ *allora, vieni, per favore!* komm doch mal, bitte!

alloro *(m)* ~ Lorbeer *(m)*. ◆ **corona di alloro** Lorbeerkranz *(m)*.

alluce *(m)* ~ die große Zeh(e) *(f)*.

allucinazione *(f)* ~ Halluzination *(f)*.

alludere *(vi)* ~ {~ *a qcn/qcs*} auf jmdn/etwas an|spielen *(vi*, hat*)*.

alluminio *(m)* ~ Aluminium *(n)*. ◆ **rotolo di alluminio** Aluminiumfolie *(f)*, Alufolie *(f)*.

allungabile *(agg)* ~ verlängerbar.

allungamento *(m)* ***1*** Verlängerung *(f)*; *(estensione)* Dehnung *(f)*. ***2*** *(fon)* Dehnung *(f)*.

allungare *(vt)* ***1*** verlängern *(vt)*, länger machen *(vt)*. ***2*** *(tendendo o tirando)* dehnen *(vt)*. ***3*** *(tendere)* aus|strecken *(vt)*, hin|strecken *(vt)* ♦ *allungare la mano verso qcn/qcs* die Hand nach jmdm/etwas ausstrecken. ***4*** *(fon)* dehnen *(vt)*. ***5*** *(diluire)* verlängern *(vt)*, verdünnen *(vt)*.

allungarsi *(vr)* ***1*** sich verlängern *(vr)*, länger werden* *(vi*, ist*)*. ***2*** *(estendersi)* sich dehnen *(vr)*.

allungato *(agg)* ~ länglich.

allusione *(f)* ~ Anspielung *(f)* ♦ *fare un'allusione a qcn/qcs* eine Anspielung auf jmdn/etwas machen.

alluvione *(f)* ~ Überschwemmung *(f)*.

almeno *(avv)* ~ mindestens, wenigstens, zumindest ♦ *ci metterò almeno due ore* ich werde mindestens zwei Stunden brauchen.

alone *(m)* ***1*** *(di astri)* Hof *(m)*. ***2*** *(fotogr)* Lichthof *(m)*. ***3*** *(macchia)* Schmutzrand *(m)*.

Alpi *(np pl)* ~ Alpen *(np pl)* ♦ *sulle Alpi (stato)* in den Alpen.

alpinismo *(m)* ~ Bergsport *(m)*.

alpinista *(m/f)* ~ Bergsteiger *(m*; *f* -in*)*.

alpino *(agg)* ***1*** alpin. ***2*** *(di montagna)* Berg- ♦ *rifugio alpino* Berghütte.

alquanto[1] *(agg)* ~ etwas, einige.

alquanto[2] *(avv)* ~ ziemlich.

alt *(esclam)* ~ halt, stopp.

altalena *(f)* ~ Schaukel *(f)*; *(asse in bilico)* Wippe *(f)*. ◆ **andare in altalena**, **fare l'altalena** schaukeln *(vi*, hat*)*; wippen *(vi*, hat*)*.

altamente *(avv)* ~ hoch* ♦ *altamente qualificato* hoch qualifiziert.

altare *(m)* ~ Altar *(m)* ♦ *altare maggiore* Hochaltar.

alterare *(vt)* ***1*** verändern *(vt)*. ***2*** *(contraffare)* fälschen *(vt)*.

alterarsi *(vr)* ***1*** sich verändern *(vr)*. ***2*** *(irritarsi)* sich erregen *(vr)*.

alterazione *(f)* ***1*** Veränderung *(f)*. ***2*** *(contraffazione)* Fälschung *(f)*. ***3*** *(lieve febbre)* erhöhte Temperatur.

alterco *(m)* ~ Wortwechsel *(m)*.

alternare *(vt)* ~ abwechseln lassen* *(vt)*.

alternarsi *(vr)* ~ sich ab|wechseln *(vr)* ♦ *alternarsi nel lavoro* sich bei der Arbeit abwechseln.

alternativa *(f)* ~ Alternative *(f)*.

alternativamente *(avv)* ~ abwechselnd.

alternativo *(agg)* ~ abwechselnd, alternativ.

alternato *(agg)* ~ Wechsel- ♦ *corrente alternata* Wechselstrom *(m)*.

alterno *(agg)* ~ *(mutevole)* wechselnd ♦ *con alterna fortuna* mit wechselndem Glück. ◆ **a giorni alterni** jeden zweiten Tag.

altezza *(f)* ***1*** Höhe *(f)* ♦ *l'altezza di un monte, di una torre* die Höhe eines Berges, eines Turmes ♦ *ci troviamo all'altezza di Vienna* wir befinden uns auf der Höhe von Wien. ***2*** *(statura)* Größe *(f)*, Körpergröße *(f)*. ***3*** *(titolo)* Hoheit *(f)* ♦ *Vostra Altezza* Eure Hoheit ♦ *Altezza reale* Königliche Hoheit. ◆ **avere un'altezza di due metri** zwei Meter hoch sein*. ◆ **(non) essere all'altezza di qcn/qcs** jmdm/etwas (nicht) gewachsen sein*. ◆ **ad altezza d'uomo** mannshoch *(agg/avv)*.

altezzosità *(f)* ~ Hochmut *(m)*.

altezzoso *(agg)* ~ hochmütig.
alticcio *(agg)* ~ angetrunken.
altisonante *(agg)* ***1*** tönend. ***2*** *(fig)* bombastisch.
altitudine *(f)* ~ Höhe *(f)*.
alto[1] *(agg)* ***1*** hoch* ♦ *un albero, un prezzo alto* ein hoher Baum, Preis ♦ *una torre alta venti metri* ein zwanzig Meter hoher Turm ♦ *il monte è alto 2000 metri* der Berg ist 2000 Meter hoch ♦ *un'alta personalità* eine hohe Persönlichkeit. ***2*** *(persona)* groß* ♦ *quanto sei alto/a?* wie groß bist du? ♦ *è alto un metro e ottanta* er ist 1,80 Meter groß. ***3*** *(suono)* hoch, laut. ◆ **alta stagione** Hochsaison *(f)*. ◆ **alta pressione** Hochdruck *(m)*. ◆ **alta, bassa marea** *vedi* **marea**.
alto[2] *(avv)* ***1*** hoch ♦ *volare in alto* hoch fliegen. ***2*** *(suono)* hoch, laut ♦ *parlare a voce alta* laut sprechen. ◆ **in alto** ***1*** *(stato)* oben ♦ *ho messo le scatole in alto sopra l'armadio* ich habe die Schachteln oben auf den Schrank gestellt. ***2*** *(moto)* nach oben, hinauf, aufwärts. ◆ **dall'alto** von oben.
altoforno *(m)* ~ Hochofen *(m)*.
altolocato *(agg)* ~ hochstehend.
altoparlante *(m)* ~ Lautsprecher *(m)*.
altopiano *(m)* ~ Hochland *(n)*.
altrettanto[1] *(agg indef)* ~ ebenso viel, genauso viel ♦ *tanti vantaggi ma altrettanti svantaggi* viele Vorteile, aber ebenso viele Nachteile.
altrettanto[2] *(avv)* ~ ebenso, ebenfalls, gleichfalls ♦ *grazie, altrettanto!* danke, ebenfalls!
altrettanto[3] *(pron indef)* ***1*** *(la stessa quantità)* ebenso viel, genauso viel ♦ *ieri abbiamo lavorato duro e oggi altrettanto* gestern haben wir hart gearbeitet und heute genauso viel. ***2*** *(la stessa cosa)* dasselbe ♦ *si allontanò velocemente e io feci altrettanto* er ging schell weg und ich tat dasselbe.
altri *(pron indef sing)* ~ ein andere(r, -s). ◆ **chi altri?** wer sonst?
altrimenti *(avv)* ***1*** sonst ♦ *fai in fretta, altrimenti vado da solo* beeile dich, sonst gehe ich alleine. ***2*** *(in altro modo)* anders ♦ *non posso fare altrimenti* ich kann nicht anders (machen).
altro *(agg/pron indef)* ***1*** andere(r, -s) ♦ *un altro film (diverso)* ein anderer Film ♦ *un'altra volta (non adesso)* ein anderes Mal ♦ *in altre parole* mit anderen Worten ♦ *un altro lo farebbe* ein anderer würde das tun. ***2*** *(ulteriore)* weiter, sonstig ♦ *un altro film (ulteriore)* ein weiterer Film ♦ *ha altre domande?* haben Sie weitere Fragen? ♦ *altre cose, altro (in elenchi, liste, ecc)* Sonstiges ♦ *nessun altro* weiter niemand. ***3*** *(ancora uno)* noch ein, noch jemand ♦ *vuoi un altro bicchiere di vino?* möchtest du noch ein Glas Wein? ♦ *un altro film (uno ancora)* noch ein Film ♦ *si è fatto vivo qualcun altro?* hat sich sonst noch jemand gemeldet? ◆ **l'uno o l'altro** der/das eine oder andere. ◆ **qualcos'altro** etwas Anderes. ◆ **nient'altro che...** nichts anderes als... ◆ **tutt'altro che...** alles andere als... ♦ *è tutt'altro che semplice* das ist alles andere als einfach. ◆ **e altri** und andere *(abbrev* u.a.*)*. ◆ **e altro, e altre cose** und anderes *(abbrev* u.a.*)*. ◆ **fra l'altro** unter anderem *(abbrev* u.a.*)*. ◆ **da una parte... dall'altra...** einerseits... andererseits .../zum einen... zum anderen.... ◆ **tutt'altro!** (ganz) im Gegenteil! ◆ **senz'altro** *(senza problemi; senza esitazioni)* ohne Weiteres. ◆ **nient'altro** sonst nichts. ◆ **nessun altro** sonst niemand. ◆ **l'altro ieri** vorgestern *(avv)*. ◆ **d'altra parte** andererseits *(avv)*. ◆ **l'un l'altro, l'uno verso l'altro** zueinander *(avv)* ♦ *sono sempre gentili l'uno verso l'altro* sie sind immer höflich zueinander. ◆ **l'uno nell'altro, l'uno dentro l'altro** ineinander *(avv)*. ◆ **l'un l'altro** ineinander *(avv)*, aufeinander *(avv)* ♦ *aspettarsi l'un l'altro* aufeinander warten ♦ *si sono innamorati (l'uno dell'altra)* sie haben sich ineinander verliebt. ◆ **l'uno presso l'altro** *(accanto, vicino)* beieinander *(avv)* ♦ *stare sdraiato, seduto, in piedi l'uno vicino all'altro* beieinander liegen, sitzen, stehen. ◆ **uno sull'altro, uno sopra l'altro** aufeinander *(avv)* ♦ *mettere dei quaderni uno sopra l'altro* Hefte aufeinander legen. ◆ **l'uno contro l'altro** widereinander *(avv)*.
altronde ~ **d'altronde** *(avv)* im Übrigen, übrigens.

altrove *(avv)* ***1*** *(stato)* anderswo, woanders. **2** *(moto)* anderswohin.

altrui *(agg poss)* ~ fremd, anderer ♦ *con il sostegno altrui* mit fremder Unterstützung.

altruismo *(m)* ~ Selbstlosigkeit *(f)*.

altruista *(agg)* ~ selbstlos.

altura *(f)* ~ Höhe *(f)*, Anhöhe *(f)*, Erhebung *(f)*.

alunno *(m)* ***1*** *(di scuola elementare)* Grundschüler *(m; f* -in*)*. **2** *(fino alle scuole superiori)* Schüler *(m; f* -in*)*.

alveare *(m)* ~ Bienenstock *(m)*.

alveo *(m)* ~ *(letto di fiume)* Flussbett *(n)*, Bett *(n)*.

alzacristallo *(m)* ~ Fensterheber *(m)*.

alzare *(vt)* ***1*** heben* *(vt)*, erheben* *(vt)* ♦ *alzare il braccio, la testa* den Arm, den Kopf heben ♦ *alzare il bicchiere* das Glas erheben. **2** *(sollevare)* auf|heben* *(vt)*, erheben* *(vt)* ♦ *alzare lo sguardo* den Blick aufheben. **3** *(aumentare)* erhöhen *(vt)* *(anche fig)*. **4** *(il volume)* lauter stellen *(vt)*.

alzarsi *(vr)* ***1*** sich heben* *(vr)*, sich erheben* *(vr)* *(anche fig)* ♦ *si alzò dalla sua sedia* er erhob sich von seinem Stuhl ♦ *la nebbia si alza* der Nebel hebt sich. **2** *(in piedi; dal letto)* auf|stehen* *(vi)* ♦ *alzarsi presto* früh aufstehen. **3** *(aumentare)* sich erhöhen *(vr)*. **4** *(in volo)* auf|fliegen* *(vi*, ist*)*. **5** *(temperatura)* steigen* *(vi*, ist*)*.

alzato *(agg)* ~ **essere alzato** auf sein* *(vi*, ist*)* ♦ *sei già alzato?* bist du schon auf? ◆ **rimanere alzato** auf|bleiben* *(vi*, ist*)*.

amabile *(agg)* ***1*** liebenswert, liebenswürdig. **2** *(di vino)* lieblich.

amabilità *(f)* ~ Liebenswürdigkeit *(f)*.

amaca *(f)* ~ Hängematte *(f)*.

amalgamare *(vt)* ~ *(mescolare)* vermengen *(vt)*, vermischen *(vt)*.

amante *(m/f)* ***1*** Geliebte(r) *(m/f)*, Liebhaber *(m; f* -in*)*. **2** *(fig)* Liebhaber *(m; f* -in*)*, Freund *(m; f* -in*)* ♦ *un amante della natura* ein Freund der Natur, ein Naturfreund.

amaramente *(avv)* ~ bitter ♦ *pentirsi amaramente di qcs* etwas bitter bereuen.

amare *(vt)* ~ lieben *(vt)* *(anche fig)* ♦ *amare la propria moglie, la natura* seine Frau, die Natur lieben.

amareggiare *(vt)* ~ verbittern *(vt)*.

amareggiato *(agg)* ~ verbittert.

amarena *(f)* ~ *(bot)* Sauerkirsche *(f)*.

amarezza *(f)* ~ Bitterkeit *(f)*.

amaro[1] *(agg)* ~ bitter ♦ *versare lacrime amare* bittere Tränen weinen ♦ *un boccone amaro* eine bittere Pille.

amaro[2] *(m)* ***1*** *(liquore)* Bittere *(m)*. **2** *(sapore)* Bitterkeit *(f)*.

amarognolo *(agg)* ~ bitterlich.

amato *(agg)* ***1*** geliebt. **2** *(stimato, popolare)* beliebt.

amato *(m)* ~ Geliebte(r) *(m/f)*.

amatore *(m; f* **-trice***)* ***1*** Liebhaber *(m; f* -in*)*. **2** *(sport)* Amateur *(m)*.

ambasciata *(f)* ~ Botschaft *(f)*.

ambasciatore *(m)* ~ Botschafter *(m; f* -in*)*.

ambientare *(vt)* ***1*** ein|gewöhnen *(vt)*, akklimatisieren *(vt)*. **2** *(film, libri, ecc)* spielen *(vi/vt*, hat*)*.

ambientarsi *(vr)* ~ sich ein|gewöhnen *(vr)* ♦ *mi sono ambientata in questa città* ich habe mich in dieser Stadt eingewöhnt.

ambiente *(m)* ***1*** Umwelt *(f)*, Umgebung *(f)* ♦ *questo per me è un ambiente nuovo* das ist für mich eine neue Umwelt. **2** *(biol)* Umwelt *(f)*. **3** *(sociale)* Milieu *(n)*. ◆ **difesa dell'ambiente** Umweltschutz *(m)*.

ambiguità *(f)* ~ Doppeldeutigkeit *(f)*, Mehrdeutigkeit *(f)*.

ambiguo *(agg)* ***1*** *(equivoco)* zweideutig, doppeldeutig. **2** *(dai molti significati)* vieldeutig. **3** *(sospetto)* zweifelhaft.

ambire *(vi)* ~ streben *(vi*, hat*)* ♦ *ambire al successo* nach Erfolg streben.

ambire *(vt)* ~ begehren *(vt)*.

ambito[1] *(agg)* ~ begehrt.

ambito[2] *(m)* ***1*** Bereich *(m)* ♦ *questo non rientra nel mio ambito (di competenze)* das fällt nicht in meinen Bereich. **2** *(contesto)* Rahmen *(m)*.

ambizione *(f)* ~ Ehrgeiz *(m)*.

ambizioso *(agg)* ~ ehrgeizig, aufstrebend.

ambo *(agg)* ~ beide.

ambra *(agg)* ~ Bernstein *(m)*.

ambulante[1] *(agg)* ~ fliegend ♦ *venditore ambulante* fliegender Händler.

ambulante[2] *(m/f)* ~ Straßenhändler *(m; f* -in*)*, fliegender Händler *(m; f* -in*)*.

ambulanza *(f)* ~ Krankenwagen *(m)*.

ambulatorio *(m)* ~ Praxis *(f)*, Sprechzimmer *(n)*. ◆ **fare ambulatorio** Praxis ha-

ben/halten*. ◆ **orario di ambulatorio** Sprechstunde *(f)*.
amen *(m)* ~ Amen *(n)*.
ameno *(agg)* ~ *(luogo)* lieblich.
amianto *(m)* ~ Asbest *(m)*.
amichevole *(agg)* ***1*** freundschaftlich. ***2*** *(confidenziale)* vertraulich. ***3*** *(dir)* gütlich.
amichevolmente *(avv)* ***1*** freundschaftlich. ***2*** *(dir)* gütlich.
amicizia *(f)* ~ Freundschaft *(f)*. ◆ **fare amicizia con qcn** sich mit jmdm befreunden *(vr)*, mit jmdm Freundschaft schließen* *(vi, hat)*.
amico[1] *(agg)* ~ *(legato da amicizia)* befreundet ◆ *stati amici* befreundete Staaten.
amico[2] *(m)* ~ Freund *(m; f* -in*)* ◆ *un mio amico* ein Freund von mir ◆ *fra amici* unter Freunden ◆ *farsi amico qcn* sich *(Dat)* jmdn zum Freund machen, jmdn zum Freund gewinnen*. ◆ **essere amico di qcn** mit jmdm befreundet sein*.
amido *(m)* ~ Stärke *(f)* ◆ *amido di mais* Maisstärke.
ammaccare *(vt)* ~ ein|drücken *(vt)*.
ammaccatura *(f)* ~ Beule *(f)*.
ammaestrare *(vt)* ***1*** belehren *(vt)*. ***2*** *(animali)* dressieren *(vt)*.
ammainare *(vt)* ~ ein|holen *(vt)*.
ammalarsi *(vr)* ***1*** krank werden* *(vi,* ist*)*. ***2*** {~ *di qcs*} an etwas *(Dat)* erkranken *(vi,* ist*)*.
ammalato[1] *(agg)* ~ krank*.
ammalato[2] *(m)* ~ Kranke(r) *(m/f)*.
ammaliare *(vt)* ~ verzaubern *(vt)*.
ammanco *(m)* ~ Fehlbetrag *(m)*.
ammassare *(vt)* ***1*** häufen *(vt)*, an|sammeln *(vt)*. ***2*** *(truppe e sim)* zusammen|ziehen *(vt)*.
ammassarsi *(vr)* ***1*** sich häufen *(vr)*. ***2*** *(persone, raccogliersi)* sich sammeln *(vr)*.
ammattire *(vi)* ~ verrückt werden* *(vi,* ist*)*.
ammasso *(m)* ~ Haufen *(m)*, Ansammlung *(f)*.
ammazzare *(vt)* ***1*** töten *(vt)*, um|bringen *(vt)*. ***2*** *(assassinare)* ermorden *(vt)*. ***3*** *(di botte)* tot|schlagen* *(vt)*. ◆ **ammazzare il tempo** die Zeit totschlagen.
ammazzarsi *(vr)* ~ sich umbringen *(vr)*.
ammenda *(f)* ~ *(dir)* Buße *(f)*.
ammesso *(agg)* ~ zulässig. ◆ **ammesso che** *(a condizione che)* vorausgesetzt, dass.
ammettere *(vt)* ***1*** zu|lassen* *(vt)* ◆ *ammettere qcn a un esame* jmdn zu einer Prüfung zulassen. ***2*** *(riconoscere)* zu|geben* *(vt)* ◆ *ammetto che mi ero sbagliato* ich gebe zu, dass ich mich geirrt hatte.
ammiccare *(vi)* ~ zwinkern *(vi,* hat*)*.
amministrare *(vt)* ***1*** verwalten *(vt)*. ***2*** *(denaro)* wirtschaften *(vi,* hat*)*. ***3*** *(sacramenti)* spenden *(vt)*.
amministrativo *(agg)* ***1*** verwaltungsmäßig. ***2*** *(che tiene l'amministrazione)* geschäftsführend ◆ *impiegato amministrativo* geschäftsführender Angestellter.
amministratore *(m; f* **-trice***)* ***1*** Verwalter *(m; f* -in*)*. ***2*** *(del condominio)* Hausverwalter *(m; f* -in*)*. ◆ **amministratore d'azienda** Geschäftsführer *(m; f* -in*)*.
amministrazione *(f)* ~ Verwaltung *(f)* ◆ *amministrazione pubblica* Staatsverwaltung ◆ *amministrazione comunale* Stadtverwaltung ◆ *consiglio d'amministrazione* Verwaltungsrat *(m)*.
ammiraglio *(m)* ~ Admiral *(m)*.
ammirare *(vt)* ~ bewundern *(vt)*.
ammiratore *(m; f* **-trice***)* ***1*** Bewunderer *(m; f* -in*)*. ***2*** *(corteggiatore)* Vereherer *(m; f* -in*)*.
ammirazione *(f)* ~ Bewunderung *(f)*.
ammirevole *(agg)* ~ bewundernswert.
ammissibile *(agg)* ~ annehmbar.
ammissione *(f)* ***1*** Zulassung *(f)*, Aufnahme *(f)* ◆ *l'ammissione a una scuola* die Aufnahme in eine Schule. ***2*** *(confessione)* Eingeständnis *(n)*, Bekenntnis *(n)*.
ammobiliare *(vt)* ~ möblieren *(vt)*.
ammollare *(vt)* ~ ein|weichen *(vt)*, auf|weichen *(vt)*.
ammollarsi *(vr)* ~ weich werden* *(vi,* ist*)*.
ammonimento *(m)* ***1*** *(esortazione, invito)* Mahnung *(f)*, Ermahnung *(f)*, Warnung *(f)*. ***2*** *(dir/sport)* Verwarnung *(f)*.
ammonire *(vt)* ***1*** tadeln *(vt)*, rügen *(vt)*. ***2*** {~ *qcn a (fare) qcs*} jmdn zu etwas ermahnen, mahnen *(vt)*. ***3*** *(dir/sport)* verwarnen *(vt)*.
ammonitore *(agg)* ~ mahnend ◆ *uno sguardo ammonitore* ein mahnender Blick.

ammonizione *(f)* **1** Warnung *(f)*. **2** *(dir/sport)* Verwarnung *(f)*.
ammontare[1] *(m)* ~ Betrag *(m)*, Höhe *(f)* ♦ *l'ammontare di una somma* die Höhe einer Summe ♦ *un pagamento per l'ammontare di 100 euro* eine Bezahlung in Höhe/im Betrag(e) von 100 Euro.
ammontare[2] *(vi)* ~ betragen* *(vt)*, sich belaufen *(vr)* ♦ *il prezzo ammonta a 100 euro* der Preis beläuft sich auf 100 Euro.
ammorbidente *(m)* ~ *(per bucato)* Weichspüler *(m)*.
ammorbidire *(vt)* **1** erweichen *(vt)*, weich machen *(vt)*. **2** *(mitigare)* mildern *(vt)*.
ammorbidirsi *(vr)* **1** erweichen *(vi, ist)*, weich werden* *(vi, ist)*. **2** *(mitigarsi)* sich mildern *(vr)*.
ammortizzare *(vt)* **1** *(colpi, urti)* dämpfen *(vt)*. **2** *(econ)* tilgen *(vt)*.
ammortizzatore *(m)* ~ Stoßdämpfer *(m)*.
ammucchiare *(vt)* ~ häufen *(vt)*, an|häufen *(vt)* ♦ *ammucchiare denaro* Geld häufen.
ammucchiarsi *(vr)* ~ sich häufen *(vr)*.
ammuffire *(vi)* ~ schimmeln *(vi, hat/ist)*, verschimmeln *(vi, ist)*, schimmelig werden* *(vi, ist)*.
ammuffito *(agg)* **1** schimmelig. **2** *(stantio)* dumpf.
ammutinamento *(m)* ~ Meuterei *(f)*.
ammutinarsi *(vr)* ~ meutern *(vi, hat)*.
ammutolire *(vi)* ~ verstummen *(vi, ist)*.
amnesia *(f)* ~ Gedächtnisschwund *(m)*.
amnistia *(f)* ~ Amnestie *(f)*, Gnadenerlass *(m)* ♦ *concedere un'amnistia* eine Amnestie erlassen.
amo *(m)* ~ *(da pesca)* Angelhaken, Haken *(m)*.
amore[1] *(m)* ~ Liebe *(f)* ♦ *per amore di qcn* aus Liebe zu jmdm ♦ *l'amore per la natura* Liebe zur Natur ♦ *amore a prima vista* Liebe auf den ersten Blick. ◆ **fare l'amore con qcn** mit jmdm schlafen* *(vi, hat)*. ◆ **per amore di qcn/qcs** zuliebe *(posp + Dat)* ♦ *per amor tuo* dir zuliebe ♦ *per amore della natura, della salute* der Natur, der Gesundheit zuliebe. ◆ **per l'amor di Dio!** um Gottes willen!
amore[2] *(m)* ~ *(alloc)* Liebling *(m)*.
amoreggiare *(vi)* ~ flirten *(vi, hat)*.
amorevole *(agg)* ~ liebevoll.
amorevolmente *(avv)* ~ liebevoll.
ampiamente *(avv)* ~ weit.
ampiezza *(f)* **1** Weite *(f)*. **2** *(larghezza)* Breite *(f)*. **3** *(spaziosità)* Geräumigkeit *(f)*.
ampio *(agg)* **1** *(esteso)* weit ♦ *un'ampia pianura* eine weite Ebene ♦ *una camicia ampia* ein weites Hemd. **2** *(largo)* breit ♦ *un ampio arco fa da entrata* ein breiter Bogen dient als Eingang. **3** *(spazioso)* geräumig.
ampliamento *(m)* **1** Erweiterung *(f)*. **2** *(ingrandimento)* Vergrößerung *(f)*. **3** *(allargamento)* Verbreiterung *(f)*. **4** *(di edificio)* Ausbau *(m)*.
ampliare *(vt)* **1** erweitern *(vt)*. **2** *(ingrandire)* vergrößern *(vt)*. **3** *(allargare)* verbreitern *(vt)*. **4** *(edificio)* aus|bauen *(vt)*.
ampliarsi *(vr)* **1** sich erweitern *(vr)*. **2** *(ingrandirsi, aumentare)* sich vergrößern *(vr)*.
amplificare *(vt)* ~ verstärken *(vt)*.
amplificatore *(m)* ~ Verstärker *(m)*.
ampollosità *(f)* ~ Schwulst *(f)*.
ampolloso *(agg)* ~ schwülstig, geschwollen.
amputare *(vt)* **1** amputieren *(vt)*. **2** *(fig)* kürzen *(vt)*.
amputazione *(f)* ~ Amputation *(f)*. **2** *(fig)* Kürzung *(f)*.
amuleto *(m)* ~ Amulett *(n)*.
anabbagliante *(agg)* ~ Abblend- ♦ *fari anabbaglianti* Abblendlicht *(n)*.
anagrafe *(f)* ~ Standesamt *(n)*.
anagramma *(m)* ~ Buchstabenrätsel *(n)*.
analcolico *(agg)* ~ alkoholfrei.
analfabeta[1] *(agg)* ~ analphabetisch.
analfabeta[2] *(m/f)* ~ Analphabet *(m; f -in)*.
analgesico[1] *(agg)* ~ schmerzstillend.
analgesico[2] *(m)* ~ Schmerzmittel *(n)*.
analisi *(f)* ~ Analyse *(f)*.
analista *(m/f)* ~ Analytiker *(m; f -in)*.
analitico *(agg)* ~ analytisch. ◆ **indice analitico** Sachregister *(n)*.
analizzare *(vt)* **1** analysieren *(vt)*. **2** *(gramm)* zergliedern *(vt)*.
analogamente *(agg)* ~ analog. ◆ **analogamente a qcs** analog zu etwas.
analogia *(f)* ~ Analogie *(f)*.
analogico *(agg)* **1** analogisch. **2** *(elab)* analog.
analogo *(agg)* ~ analog.

ananas *(m)* ~ Ananas *(f)*.
anarchia *(f)* ~ Anarchie *(f)*.
anarchico *(agg)* ~ Anarchist *(m)*.
anarchico *(agg)* ~ anarchisch.
anatomia *(f)* ~ Anatomie *(f)*.
anatomico *(agg)* **1** anatomisch. **2** *(modellato sul corpo)* körpergerecht ♦ *sedia anatomica* körpergerechter Stuhl.
anatra *(f)* ~ Ente *(f)*; *(maschio)* Enterich *(m)*.
anca *(f)* ~ Hüfte *(f)*.
anche *(congiunz)* **1** auch ♦ *vieni anche tu?* kommst du auch mit? ♦ *anch'io* ich auch. **2** *(perfino)* selbst. **3** *(altrettanto)* ebenfalls ♦ *anche lui è disoccupato* er ist ebenfalls arbeitslos. **4** *(+ compar)* noch ♦ *è anche più bello* es ist noch schöner. ◆ **non solo... ma anche** nicht nur... sondern auch. ◆ **anche se** wenn auch, auch wenn.
ancheggiare *(vr)* ~ sich in den Hüften wiegen *(vr)*.
ancia *(f)* ~ *(mus)* Zunge *(f)*.
ancora[1] *(avv)* **1** noch ♦ *il bambino è ancora troppo piccolo* das Kind ist noch zu klein ♦ *avrei ancora una domanda* ich hätte noch eine Frage. **2** *(di nuovo)* noch einmal, nochmals ♦ *ci ha provato ancora* er hat es noch einmal versucht. **3** *(continuare a)* noch immer, immer noch, nach wie vor ♦ *è ancora malato?* ist er immer noch krank? ♦ *vivono ancora a Colonia* sie leben nach wie vor in Köln. ◆ **ancora uno** *(un altro)* noch ein ♦ *vuoi ancora un bicchiere di vino?* möchtest du noch ein Glas Wein?
ancora[2] *(f)* ~ Anker *(m)* ♦ *levare l'ancora* den Anker lichten.
ancorare *(vt)* ~ verankern *(vt)*.
andamento *(m)* **1** Verlauf *(m)*. **2** *(sviluppo, progresso)* Entwicklung *(f)*.
andare *(vi)* **1** *(a piedi)* gehen* *(vi, ist)* ♦ *andare dal medico, al cinema, a casa* zum Arzt, ins Kino, nach Hause gehen ♦ *andare a dormire, a giocare* schlafen, spielen gehen ♦ *andare a piedi* zu Fuß gehen. **2** *(con un veicolo)* fahren* *(vi, ist)* ♦ *andare in auto, in autobus, in bicicletta, in nave, in treno* mit dem Auto, dem Bus, dem Fahrrad, dem Schiff, dem Zug fahren ♦ *andiamo a casa, al mare (con un veicolo)* wir fahren nach Hause, ans Meer. **3** *(in aereo)* fliegen* *(vi, ist)* ♦ *è andato in Australia* er ist nach Australien geflogen. **4** *(funzionare)* gehen* *(vi, ist)*, laufen* *(vi, ist)*.♦ *il mio orologio non va più bene* meine Uhr geht nicht mehr richtig. **5** *(procedere)* gehen* *(vi, ist)*, voran|gehen* *(vi, ist)* ♦ *come va il lavoro?* wie geht es mit der Arbeit voran? ♦ *come va?* wie geht's? ♦ *come ti va?* wie geht es dir? **6** *(essere della misura giusta)* passen *(vi, hat)* ♦ *questa giacca mi va bene* diese Jacke passt mir gut. **7** *(svolgersi, andare a finire)* verlaufen* *(vi, ist)*, gehen* *(vi, ist)* ♦ *è andato tutto bene* es ist alles gut verlaufen. **8** *(convenire)* passen *(vi, hat)*, recht sein* *(vi, ist)* ♦ *ti andrebbe bene lunedì sera?* würde es dir am Montag Abend passen? **9** *(a concerti, musei)* besuchen *(vt)* ♦ *andare a un concerto* ein Konzert besuchen. **10** *(dover essere)* müssen, sollen, sein*... zu ♦ *questo film va visto* dieser Film ist zu sehen ♦ *questo va fatto* das soll/muss gemacht werden. **11** *(+ agg)* sein* *(vi, ist)* ♦ *andare fiero* stolz sein. ◆ **e va bene!** schon gut! ◆ **a lungo andare** auf die Dauer. ◆ **andare bene insieme** *(armonizzarsi)* zusammen|passen *(vi, hat)*. ◆ **andare e venire** kommen und gehen. ◆ **andare in rovina** zugrunde *(anche* zu Grunde*)* gehen*. ◆ **andare in fumo** sich *(Acc)* in Wohlgefallen auflösen. ◆ **andare su tutte le furie** in Wut geraten* *(vi, ist)*. ◆ **andare bene** *(bastare)* es tun* ♦ *va bene anche uno straccio* ein Lappen tut es auch.
andarsene *(vr)* **1** *(andare via)* gehen*, weggehen*, fort|gehen* *(vi, ist)* ♦ *quando se ne è andato?* wann ist er weggegangen? ♦ *se ne andò senza dire una parola* sie ging weg, ohne ein Wort zu sagen. **2** *(con un veicolo)* fort|fahren*, weg|fahren* *(vi, ist)* ♦ *se ne è già andato via?* ist er schon weggefahren? ◆ **vattene!** geh weg!/fort!, fort mit dir!
andata *(f)* **1** *(a piedi)* Hinweg *(m)*. **2** *(con un veicolo)* Hinfahrt *(f)* ♦ *all'andata* auf/bei der Hinfahrt. **3** *(in aereo)* Hinflug *(m)*. **4** *(sport)* Hinspiel *(n)*. ◆ **andata e ritorno** hin und zurück. ◆ **biglietto di andata e ritorno** Rückfahrkarte *(f)* ♦ *un*

biglietto per Monaco, andata e ritorno eine Fahrkarte nach München, hin und zurück/eine Rückfahrkarte nach München. ◆ **biglietto di sola andata** einfache Fahrkarte. ◆ **viaggio di sola andata** einfache Fahrt.

andatura *(f)* ***1*** Gang *(m)* ♦ *un'andatura pesante* ein schwerer Gang. **2** *(sport)* Gangart *(f)*.

andirivieni *(m)* ~ Kommen und Gehen *(n)*, Hin und Her *(n)*.

andito *(m)* ~ Flur *(m)* ♦ *nell'andito (stato)* auf dem/im Flur.

aneddoto *(m)* ~ Anekdote *(m)*.

anelito *(m)* ***1*** *(aspirazione)* Streben *(n)*. **2** *(struggimento)* Sehnsucht *(f)*.

anello *(m)* ***1*** Ring *(m)* ♦ *mettere un anello a qcn/mettersi un anello* jmdm/sich einen Ring anstecken. **2** *(di una catena)* Glied, Kettenglied *(n)*. ◆ **anello nuziale** Ehering *(m)*.

anemia *(f)* ~ Blutarmut *(f)*.

anemico *(agg)* ~ blutarm.

anestesia *(f)* ~ Betäubung *(f)*, Narkose *(f)* ♦ *anestesia locale* örtliche Betäubung ♦ *essere sotto anestesia* in (der) Narkose liegen.

anestetico[1] *(agg)* ~ narkotisch.

anestetico[2] *(m)* ~ Betäubungsmittel *(n)*, Narkosemittel *(n)*.

anestetizzare *(vt)* ~ betäuben *(vt)*, narkotisieren *(vt)*.

aneto *(m)* ~ *(bot)* Dill *(m)*.

anfibio[1] *(agg)* ~ amphibisch, Amphibien- ♦ *mezzo anfibio* Amphibienfahrzeug *(n)*.

anfibio[2] *(m)* ~ *(animale)* Amphibie *(f)*, Lurch *(m)*.

angariare *(vt)* ~ schikanieren *(vt)*.

angelico *(agg)* ~ engelhaft.

angelo *(m)* ~ Engel *(m)* ♦ *angelo custode* Schutzengel.

angheria *(f)* ~ Schikane *(f)*.

anglofono *(agg)* ~ englischsprachig.

anglosassone[1] *(agg)* ~ angelsächsisch.

anglosassone[2] *(m/f)* ~ Angelsachse *(m; f* -sächsin*)*.

angolare *(agg)* ~ eckig, Eck- ♦ *pietra angolare* Eckstein.

angolazione *(f)* ~ Gesichtswinkel *(m)*.

angolo ***1*** *(geom)* Winkel *(m)* ♦ *angolo piatto, retto, acuto, ottuso* gestreckter, rechter, spitzer, stumpfer Winkel ♦ *ad angolo retto* im rechten Winkel. **2** *(di un oggetto, di strada, ecc)* Ecke *(f)*, Winkel *(m)* ♦ *mettere qcs in un angolo (anche fig)* etwas in die Ecke stellen ♦ *dietro l'angolo* um die Ecke. ◆ **calcio d'angolo** *(sport)* Eckball *(m)*.

angoloso *(agg)* ~ eckig *(anche fig)*.

angoscia *(f)* ~ Beklemmung *(f)*.

angosciante *(agg)* ~ beängstigend, beklemmend, bange*.

angosciare *(vt)* ~ beklemmen *(vt)*.

angosciato *(agg)* ~ beklommen, angstvoll.

angoscioso *(agg)* ~ beängstigend, beklemmend, bange*.

anguilla *(m)* ~ Aal *(m)*.

anguria *(f)* ~ Wassermelone *(f)*.

angustia *(f)* ~ Enge *(f)*.

angustiare *(vt)* ~ quälen *(vt)*.

angustiarsi *(vr)* ~ sich quälen *(vr)*.

angusto *(agg)* ~ *(stretto)* eng, schmal*.

anidride *(f)* ~ **anidride carbonica** Kohlendioxyd *(n)*.

anima *(f)* ~ Seele *(f)* ♦ *non si vedeva anima viva* keine Seele war zu sehen ♦ *dal/nel profondo dell'anima* aus/in tiefster Seele. ◆ **dedicarsi anima e corpo a qcn/qcs** sich jmdm/etwas mit Haut und Haar(en) verschreiben.

animale[1] *(agg)* ~ tierisch, Tier- ♦ *grassi animali* tierische Fette ♦ *regno animale* Tierreich *(n)*.

animale[2] *(m)* ~ Tier *(n)* ♦ *animale da macello* Schlachttier ♦ *animale acquatico* Wassertier ♦ *animale domestico* Haustier. ♦ *animale da tiro* Zugtier. ◆ **animale a sangue caldo** Warmblüter *(m)*. ◆ **animale da cortile** Kleinvieh *(n)*.

animalista *(m/f)* ~ Tierschützer *(m; f* -in*)*.

animare *(vt)* ~ beleben *(vt)*.

animarsi *(vr)* ***1*** sich beleben *(vr)*. **2** *(infervorarsi)* sich ereifern *(vr)*.

animato *(agg)* ***1*** lebendig. **2** *(luogo, atmosfera, discussione)* belebt, lebhaft, angeregt.

animazione *(f)* ***1*** *(vivacità)* Lebhaftigkeit *(f)*. **2** *(movimento, viavai)* Betrieb *(m)*.

animo *(m)* ***1*** Seele *(f)*, Geist *(m)*, Gemüt *(n)* ♦ *è uno animo nobile* er ist ein edler Geist ♦ *scaldare gli animi* die Gemüter erregen. **2** *(coraggio)* Mut *(m)* ♦ *non avere l'animo di fare qcs* keinen Mut haben, etwas zu tun ♦ *perdersi d'animo* den Mut verlieren. **3** *(intimo)* Innerste *(n)*, Herz *(n)*. ◆ **stato d'animo** Gemütslage *(f)*, Gemütszustand *(m)*.

annacquare *(vt)* ~ verwässern *(vt)*, verdünnen *(vt)*.

annaffiare *(vt)* **1** gießen* *(vt)*, begießen* *(vt)*. **2** *(irrigare)* wässern *(vt)*.

annaffiatoio *(m)* ~ Gießkanne *(f)*.

annata *(f)* ~ Jahrgang *(m)*.

annebbiamento *(m)* **1** Umnebelung *(f)*. **2** *(offuscamento)* Trübung *(f)*.

annebbiare *(vt)* **1** umnebeln *(vt)*. **2** *(fig)* umnebeln *(vt)*, trüben *(vt)*.

annebbiarsi *(vr)* **1** neblig werden* *(vi, ist)*. **2** *(mente)* sich trüben *(vr)*.

annebbiato *(agg)* ~ *(intontito)* getrübt; *(fam)* im Tran.

annegare *(vt)* ~ ertränken *(vt)* ♦ *annegare le preoccupazioni nell'alcol* seine Sorgen im Alkohol ertränken.

annegarsi *(vr)* ~ sich ertränken *(vr)*.

annessione *(f)* ~ Anschluss *(m)*.

annesso[1] *(agg)* **1** *(adiacente)* anliegend. **2** *(allegato)* beiliegend.

annesso[2] *(m)* ~ *(edificio)* Anbau *(m)*, Nebengebäude *(n)*. ◆ **gli annessi e connessi** das Drum und Dran.

annettere *(vt)* ~ an|schließen *(vt)*, an|gliedern *(vt)*.

annidarsi *(vr)* ~ *(idee e sim)* sich fest|setzen *(vr)*.

annientamento *(m)* ~ Vernichtung *(f)*.

annientare *(vt)* ~ vernichten *(vt)*.

anniversario *(m)* **1** Jahrestag *(m)*. **2** *(eventi)* Jubiläum *(n)*. ◆ **anniversario di nozze** Hochzeitstag *(m)*.

anno *(m)* ~ Jahr *(n)* ♦ *quest'anno* dieses Jahr ♦ *l'anno prossimo* nächstes Jahr ♦ *l'anno scorso* voriges Jahr, Vorjahr *(n)* ♦ *ogni anno* jedes Jahr; *(annualmente)* jährlich ♦ *l'anno 2000* das Jahr 2000 ♦ *nell'anno 2005* im Jahr(e) 2005 ♦ *fra, da dieci anni* in, seit zehn Jahren ♦ *felice anno nuovo!* ein glückliches neues Jahr! ♦ *anno dopo anno* Jahr für Jahr. ◆ **anno bisestile** Schaltjahr *(n)*. ◆ **anno santo** *(rel)* Jubeljahr *(n)*. ◆ **anno scolastico** Schuljahr *(n)*. ◆ **inizio dell'anno** Jahresanfang *(m)*, Jahresbeginn *(m)*. ◆ **quanti anni hai?** wie alt bist du? ◆ **ha trent'anni** er ist dreißig (Jahre alt). ◆ **a trent'anni** mit dreißig Jahren. ◆ **buon anno!** *(esclam)* prosit Neujahr! ◆ **di... anni** -jährig *(suff agg)* ♦ *un bambino di un anno, di nove anni* ein einjähriges, neunjähriges Kind. ◆ **ogni... anni** **1** jedes ... Jahr ♦ *ogni anno, ogni due anni* jedes Jahr, jedes zweite Jahr. **2** -jährlich *(suff avv)* ♦ *ogni due, tre anni (biennale, triennale)* zweijährlich, dreijährlich. ◆ **per anni** jahrelang *(avv)*. ◆ **di quest'anno** diesjährig *(agg)*. ◆ **per tutto l'anno** ganzjährig *(agg)*.

annodare *(vt)* ~ verknoten *(vt)*, verknüpfen *(vt)*, an|knüpfen *(vt)*.

annoiare *(vt)* ~ langweilen *(vt)*.

annoiarsi *(vr)* ~ sich langweilen *(vr)*.

annoso *(agg)* ~ jahrelang.

annotare *(vt)* ~ notieren *(vt)*, vermerken *(vt)*, vor|merken *(vt)*.

annotarsi *(vr)* ~ sich *(Dat)* auf|schreiben* *(vt)* ♦ *mi annotai l'indirizzo su un foglietto* ich schrieb mir die Adresse auf einem/einen Zettel auf.

annotazione *(f)* **1** Notiz *(f)*, Vermerk *(m)*. **2** *(osservazione)* Anmerkung *(f)*.

annoverare *(vt)* ~ zählen *(vt)*, zu|rechnen *(vt)* ♦ *lo annovero fra i miei migliori amici* ich zähle ihn zu meinen besten Freunden.

annuale *(agg)* **1** jährlich. **2** *(che dura tutto l'anno)* ganzjährig.

annualmente *(avv)* jährlich.

annuario *(m)* ~ Jahrbuch *(n)*.

annuire *(vi)* ~ nicken *(vi, hat)*.

annullamento *(m)* **1** *(abolizione)* Aufhebung *(f)*. **2** *(scioglimento)* Auflösung *(f)*. **3** *(francobollo, biglietto)* Entwertung *(f)*. **4** *(disdetta)* Absage *(f)*.

annullare *(vt)* **1** *(abolire)* auf|heben* *(vt)*. **2** *(contratti, accordi)* auf|lösen. **3** *(obliterare)* entwerten *(vt)*. **4** *(eventi)* ab|sagen *(vt)*. ◆ **essere annullato** aus|fallen* *(vi, ist)* ♦ *la seduta fu annullata* die Sitzung fiel aus.

annullarsi *(vr)* ~ sich auf|heben* *(vr)*.

annunciare *(vt)* **1** *(dare un annuncio)* verkündigen *(vt)*, an|kündigen *(vt)*. **2** *(una persona)* an|melden *(vt)*, melden *(vt)*. **3** *(radio, tv)* an|sagen *(vt)*.

annunciarsi *(vr)* ~ *(presentarsi)* sich melden *(vr)*, sich anmelden *(vr)*.
annunciatore *(m; f* **-trice)** ***1*** *(radio, tv)* Ansager *(m; f* -in*)*, Sprecher *(m; f* -in*)*. ***2*** *(messaggero)* Vorbote *(m) (fig)*.
annunciazione *(f)* ~ Verkündung *(f)*.
annuncio *(m)* ***1*** Verkündung *(f)*, Ankündigung *(f)*, Meldung *(f)*. ***2*** *(scritto)* Anzeige *(f)* ♦ *annuncio pubblicitario* Werbeanzeige ♦ *mettere un annuncio sul giornale* eine Anzeige bei/in der Zeitung aufgeben. ***3*** *(appeso)* Aushang *(m)*. ***4*** *(comunicazione ufficiale)* Bekanntmachung *(f)*, Bekanntgabe *(f)*. ***5*** *(radio, tv)* Ansage *(f)*.
annuo *(agg)* ~ jährlich.
annusare *(vt)* ~ {~ *qcs*} an etwas *(Dat)* riechen* *(vi,* hat*)*, schnuppern *(vi,* hat*)*.
ano *(m)* ~ After *(m)*.
anomalo *(agg)* ~ unregelmäßig.
anonimo *(agg)* ~ anonym.
anormale *(agg)* ***1*** anormal. ***2*** *(abnorme)* abnorm.
ansa *(f)* ~ *(di fiume)* Schleife *(f)*.
ansia *(f)* ~ *(inquietudine)* Unruhe *(f)*, Sorge *(f)*.
ansimante *(agg)* ~ *(trafelato)* atemlos, keuchend.
ansimare *(vi)* ~ keuchen *(vi,* hat*)*.
ansiosamente *(avv)* ~ gespannt.
ansioso *(agg)* ***1*** *(inquieto)* besorgt. ***2*** *(eccitato)* gespannt ♦ *in ansiosa attesa* in gespannter Erwartung.
anta *(f)* ~ *(sportello)* Tür *(f)*.
antagonismo *(m)* ~ Gegnerschaft *(f)*.
antagonista *(m/f)* ~ Gegner *(m; f* -in*)*.
antefatto *(m)* ~ Vorgeschichte *(f)*.
antenato *(m; f* **-a)** ~ Vorfahr *(m)*, Ahn *(m; f* Ahne*)*.
antenna *(f)* ***1*** Antenne *(f)*. ***2*** *(zool)* Fühler *(m)*. ◆ **antenna parabolica** Parabolantenne *(f)*, Satellitenschüssel *(f)*.
anteporre *(vt)* ***1*** vor|setzen *(vt)*. ***2*** *(fig)* über|ordnen *(vt)*.
anteprima *(f)* ~ Voraufführung *(f)*. ◆ **in anteprima** im Voraus.
anteriore *(agg)* ~ *(davanti)* vordere(r), Vorder- ♦ *zampa anteriore* Vorderbein *(n)*.
antibiotico *(m)* ~ Antibiotikum *(n)*.
anticamera *(f)* ~ Vorzimmer *(n)*.
antichità *(f)* ***1*** *(mondo antico)* Altertum *(n)*. ***2*** *(oggetti)* Antiquität *(f)*, Altertümer *(pl)*.
anticiclone *(m)* ~ Hochdruckgebiet *(n)*.
anticipare *(vt)* ***1*** *(nel tempo)* vor|verlegen *(vt)*. ***2*** *(precedere)* vorweg|nehmen* *(vt)*. ***3*** *(soldi)* vor|schießen* *(vt)*, aus|legen *(vt)*. ***4*** *(prevenire)* {~ *qcn/qcs*} jmdm/etwas zuvor|kommen* *(vi,* ist*)* ♦ *anticipare una domanda* einer Frage zuvorkommen.
anticipatamente *(avv)* ~ im Voraus ♦ *la ringrazio anticipatamente* ich danke Ihnen im Voraus. ◆ **pagare anticipatamente** voraus|bezahlen *(vt)*.
anticipato *(agg)* ~ vorzeitig, Voraus- ♦ *pagamento anticipato* Vorauszahlung *(f)*.
anticipazione *(f)* ~ *(nel tempo)* Vorverlegung *(f)*.
anticipo *(m)* ~ *(in denaro)* Vorschuss *(m)*. ◆ **in anticipo** ***1*** *(prima del previsto)* vorzeitig *(avv)*. ***2*** *vedi* **anticipatamente**. ◆ **arrivare in anticipo** zu früh an|kommen.
antico *(agg)* ***1*** alt*. ***2*** *(dell'antichità)* antik, altertümlich.
anticoncezionale[1] *(agg)* ~ empfängnisverhütend.
anticoncezionale[2] *(m)* ~ Empfängnisverhütungsmittel *(n)*.
anticorpo *(m)* ~ Antikörper *(m)*.
antidolorifico[1] *(agg)* ~ schmerzstillend.
antidolorifico[2] *(m)* ~ Schmerzmittel *(n)*.
antidoto *(m)* ~ Gegengift *(n)*, Gegenmittel *(n)*.
antifiamma *(agg)* ~ feuerhemmend.
antincendio *(agg)* ~ Feuer- ♦ *assicurazione antincendio* Feuerversicherung *(f)* ♦ *allarme antincendio* Feuermelder *(m)*.
antiparassitario *(m)* ~ Schädlingsbekämpfungsmittel *(n)*.
antipasto *(m)* ~ Vorspeise *(f)*.
antipatia *(f)* ~ Abneigung *(f)* Antipathie *(f)* ♦ *provare antipatia per qcn/qcs* eine Abneigung gegen jmdn/etwas empfinden.
antipatico *(agg)* ~ unsympatisch.
antipiretico *(agg)* ~ fiebersenkend.
antiquariato *(m)* ~ *(commercio)* Antiquitätenhandel *(m)*. ◆ **pezzo d'antiquariato** Antiquität *(f)*.

antiquario[1] *(agg)* ~ antiquarisch.
antiquario[2] *(m; f* **-a***)* ~ Antiquitätenhändler *(m; f* -in*)*.
antiquato *(agg)* ~ veraltet, altmodisch. ◆ **diventare antiquato** *(passare di moda)* veralten *(vi,* ist*)*.
antitetanica *(f)* ~ Tetanusschutzimpfung *(f)*.
antologia *(f)* ~ Auswahl *(f)*, Anthologie *(f)*.
antonomasia *(f)* ~ **per antonomasia** schlechthin *(avv)*.
anulare[1] *(agg)* ~ ringförmig. ◆ **raccordo anulare** Umgehungsstraße *(f)*.
anulare[2] *(m)* ~ Ringfinger *(m)*.
anzi *(congiunz)* ~ *(piuttosto)* im Gegenteil, vielmehr ◆ *anzi sono dell'opinone che* vielmehr bin ich der Meinung, dass.
anzianità *(f)* ~ Alter *(n)* ◆ *anzianità di servizio* Dienstalter.
anziano[1] *(agg)* ~ alt*, bejahrt ◆ *una donna anziana* eine alte Frau.
anziano[2] *(m)* ~ Alte(r) *(m/f)*. ◆ **gli anziani** die alten Leute.
anziché *(congiunz)* ~ (an)statt ◆ *il bambino gioca anziché studiare* das Kind spielt, anstatt zu lernen.
anzitutto *(avv)* ~ vor allem.
aorta *(f)* ~ Hauptschlagader *(f)*.
apatia *(f)* ~ Teilnahmslosigkeit *(f)*, Lustlosigkeit *(f)*, Stumpfheit *(f)*.
apatico *(agg)* ~ teilnahmslos, stumpf, lustlos.
ape *(n)* ~ *(zool)* Biene *(f)*, Honigbiene *(f)*. ◆ **ape regina** Weisel *(m)*.
apertamente *(avv)* ~ offen.
aperto *(agg)* **1** geöffnet, offen ◆ *il negozio è aperto fino alle sette* das Geschäft ist/hat bis 7 Uhr offen ◆ *una questione aperta* eine offene Frage. **2** *(disponibile)* offen, aufgeschlossen. **3** *(accessibile)* offen, zugänglich. **4** *(spazi)* offen, frei ◆ *in aperta campagna* auf freiem Feld. ◆ **all'aperto** unter freiem Himmel; im Freien *(stato)*, ins Freie *(moto)*. ◆ **rimanere aperto** *(fig)* **1** offen bleiben*. **2** *(questioni e sim)* dahingestellt bleiben*, sein*. ◆ **tenere aperto** *(anche fig)* offen halten*, auf|halten* ◆ *tenersi aperta una via d'uscita* sich *(Dat)* einen Ausweg offen halten. ◆ **lasciare aperto** *(anche fig)* offen lassen*. ◆ **essere aperto** *(anche fig)* offen stehen*.
apertura *(f)* **1** Öffnung *(f)*. **2** *(buco)* Öffnung *(f)*, Lücke *(f)*. **3** *(inaugurazione)* Eröffnung *(f)* ◆ *l'apertura di un teatro* die Eröffnung eines Theaters. **4** *(inizio)* Eröffnung *(f)*, Beginn *(m)*. **5** *(mentale)* Offenheit *(f)*. ◆ **orario di apertura** Geschäftszeit *(f)*.
apice *(f)* **1** Gipfel *(m)*. **2** *(culmine)* Höhe *(f)*, Höhepunkt *(m)*.
apicoltore *(m)* ~ Imker *(m; f* -in*)*.
apicoltura *(f)* ~ Imkerei *(f)*.
apoplettico *(agg)* ~ **colpo apoplettico** *(med)* Schlaganfall *(m)*.
apostata *(m)* ~ Abtrünnige *(m)*.
apostolo *(m)* ~ Apostel *(m)*.
apostrofo *(m)* ~ Apostroph *(m)*, Auslassungszeichen *(n)*.
appagamento *(m)* ~ *(soddisfazione)* Befriedigung *(f)*.
appagare *(vt)* ~ befriedigen *(vt)* ◆ *appagare la propria curiosità, un desiderio* seine Neugier, einen Wunsch befriedigen.
appaiare *(vt)* ~ paaren *(vt)*.
appaiato *(agg)* ~ zusammengehörig.
appallottolare *(vt)* ~ zerknüllen *(vt)*, zusammen|ballen *(vt)*.
appaltare *(vt)* ~ im Auftrag geben; *(burocr)* verdingen *(vt)*.
appalto *(m)* ~ Auftrag *(m)*. ◆ **dare in appalto** im Auftrag geben; *(burocr)* verdingen *(vt)*.
appannare *(vt)* **1** beschlagen *(vt)*. **2** *(offuscare)* trüben *(vt)*.
appannarsi *(vr)* **1** *(vetri)* beschlagen *(vi,* ist*)*, an|laufen* *(vi,* ist*)*, sich beschlagen *(vr)*. **2** *(fig)* sich trüben *(vr)*.
appannato *(agg)* ~ beschlagen.
apparato *(agg)* ~ Apparat *(m)* ◆ *l'apparato amministrativo* der Apparat der Verwaltung.
apparecchiare *(vt)* ~ *(tavola)* decken *(vt)*.
apparecchiatura *(f)* **1** *(tavola)* Vorbereitung *(f)*, Einrichtung *(f)*. **2** *(insieme di strumenti)* Vorrichtung *(f)*.
apparecchio *(m)* **1** Gerät *(n)* ◆ *apparecchio acustico* Hörgerät. **2** *(telefono)* Apparat *(m)* ◆ *rimanga all'apparecchio, prego* bleiben Sie bitte am Apparat. ◆ **apparecchio ortodontico** Zahnspange *(f)*.

apparente *(agg)* ***1*** scheinbar. ***2*** *(riconoscibile)* erkennbar ♦ *senza motivo apparente* ohne erkennbaren Grund.
apparentemente *(avv)* ~ anscheinend, allem Anschein nach.
apparenza *(f)* ***1*** Schein *(m)*, Anschein *(m)* ♦ *l'apparenza inganna* der Schein trügt. ***2*** *(aspetto)* Aussehen *(n)*. ***3*** *(esteriorità)* Äußerlichkeit *(f)*. ◆ **in apparenza** anscheinend, allem Anschein nach.
apparire *(vi)* ***1*** erscheinen* *(vi*, ist*)*, in Erscheinung treten* *(vi*, ist*)*. ***2*** *(in pubblico)* auf|treten* *(vi*, ist*)*. ***3*** *(sembrare)* scheinen* *(vi*, hat*)*, aus|sehen* *(vi*, hat*)* ♦ *appare stanco* er sieht müde aus. ***4*** *(fantasmi)* spuken *(vi*, hat*)*.
appariscente *(agg)* ~ auffällig, auffallend ♦ *in modo appariscente* in auffälliger Weise.
apparizione *(f)* ***1*** Erscheinung *(f)*. ***2*** *(di fantasmi)* Spuk *(m)*.
appartamento *(m)* ~ Wohnung *(f)*.
appartarsi *(vr)* ~ sich zurück|ziehen *(vr)*.
appartato *(agg)* ***1*** abgelegen. ***2*** *(tranquillo)* lauschig.
appartenente[1] *(agg)* ~ gehörig, zugehörig ♦ *appartenente a qcn, a qcs* jmdm, zu etwas gehörig.
appartenente[2] *(m/f)* ~ Angehörige(r) *(m/f)*.
appartenenza *(f)* ***1*** Zugehörigkeit *(f)*. ***2*** *(ad associazioni e sim)* Mitgliedschaft *(f)*. ◆ **senso di appartenenza** *(a una comunità)* Gemeinschaftsgefühl *(n)*.
appartenere *(vi)* ***1*** {~ *a qcn*} jmdm gehören *(vi*, hat*)*. ***2*** *(fare parte)* {~ *a qcs*} zu etwas gehören *(vi*, hat*)*, etwas *(Dat)* an|gehören *(vi*, hat*)*.
appassionante *(agg)* ~ *(avvincente)* spannend.
appassionare *(vt)* ~ begeistern *(vt)*; zünden *(vt)* ♦ *il film ci ha appassionato* der Film hat uns gezündet.
appassionarsi *(vr)* ***1*** {~ *a qcn/qcs*} sich für jmdn/etwas erwärmen *(vr)*. ***2*** {~ *a qcs*} sich für etwas begeistern *(vr)*.
appassionatamente *(avv)* ~ leidenschaftlich.
appassionato[1] *(agg)* ~ leidenschaftlich, begeistert.
appassionato[2] *(m; f* **-a***)* ~ Liebhaber *(m; f* -in*)*.
appassire *(vi)* ~ verwelken *(vi*, ist*)*.
appassito *(agg)* ~ welk.
appellarsi *(vr)* ~ {~ *a qcn/qcs*} an jmdn/etwas appellieren *(vi*, hat*)*, sich auf jmdn/etwas berufen* *(vr)*.
appellativo *(m)* ~ Anrede *(f)* ♦ *il "Lei" è un appellativo di cortesia* „Sie" ist eine höfliche Anrede.
appello *(m)* ***1*** Appell *(m)* ♦ *mancare all'appello* beim Appell fehlen. ***2*** Aufruf *(m)*, Appell *(m)* ♦ *rivolgere un appello alla popolazione* ein Aufruf an die Bevölkerung richten. ***3*** *(dir)* Berufung *(f)*. ◆ **corte d'appello** *(dir)* Berufungsgericht *(n)*. ◆ **processo d'appello** *(dir)* Berufungsverfahren *(n)*.
appena[1] *(avv)* ***1*** *(poco)* kaum ♦ *hai mangiato appena* du hast kaum etwas gegessen ♦ *è appena più grande di me* sie ist kaum älter als ich. ***2*** *(a malapena)* schwerlich, eben. ***3*** *(or ora)* eben, gerade, soeben, frisch ♦ *è appena arrivato* er ist gerade angekommen ♦ *neve appena caduta* frisch gefallener Schnee. ***4*** *(solo, di tempo)* erst ♦ *sono appena le tre* es ist erst drei Uhr. ◆ **appena..., non appena... che** kaum... als ♦ *ero appena arrivata che suonò il telefono* ich war kaum angekommen, als das Telefon klingelte.
appena[2] *(congiunz)* ~ sobald, sowie ♦ *telefonami appena puoi* ruf mich an, sobald du kannst ♦ *appena so qualcosa di più preciso ti telefono* sowie ich Näheres weiß, rufe ich dich an.
appendere *(vt)* ~ hängen *(vt)*, auf|hängen *(vt)* ♦ *appendere un quadro alla parete* ein Bild an die Wand hängen ♦ *appendere il cappotto a un gancio* den Mantel an einem Haken aufhängen. ◆ **essere**, **stare appeso** hängen* *(vi*, hat*)*.
appendice *(f)* ***1*** *(aggiunta, postilla)* Anhang *(m)*. ***2*** *(anat)* Blinddarm *(m)*.
appendicite *(f)* ~ Blinddarmentzündung *(f)*.
appesantire *(vt)* ~ schwer machen *(vt)*, beschweren *(vt)*.
appesantirsi *(vr)* ***1*** schwer werden* *(vi*, ist*)*. ***2*** *(ingrassare)* zu|nehmen* *(vi*, hat*)*.
appestare *(vt)* ~ verpesten *(vt)*.
appetibile *(agg)* ~ *(fig)* attraktiv. ◆ **rendere qcs appetibile per qcn** jmdm etwas schmackhaft machen.

appetito *(m)* ***1*** Appetit *(m)*. ***2*** *(sessuale)* Trieb *(m)*, Verlangen *(n)*. ◆ **buon appetito!** guten Appetit!, Mahlzeit!

appetitoso *(agg)* ~ appetitlich.

appianare *(vt)* ***1*** ebnen *(vt)*. ***2*** *(contrasti)* aus|gleichen* *(vt)*, schlichten *(vt)*.

appiattire *(vt)* ~ verflachen *(vt)*.

appiattirsi *(vr)* ~ flach werden* *(vi*, ist*)*, verflachen *(vi*, ist*)*.

appiattito *(agg)* ~ flach.

appiccare *(vt)* ~ *(il fuoco)* Feuer an|legen *(vt)*.

appiccicare[1] *(vi)* ~ kleben *(vi*, hat*)*.

appiccicare[2] *(vt)* ~ kleben *(vt)*, an|kleben *(vt)*.

appiccicarsi *(vr)* ~ kleben *(vi*, hat*)*.

appiccicoso *(agg)* ~ klebrig.

appiglio *(m)* ~ *(sostegno)* Halt *(m)* ♦ *non trovare appiglio* keinen Halt finden.

appioppare *(vt)* ~ auf|hängen *(vt)*.

applaudire[1] *(vi)* ~ klatschen *(vi*, hat*)*.

applaudire[2] *(vt)* ~ {~ *qcn/qcs*} jmdm/etwas applaudieren *(vi*, hat*)*, jmdm Beifall klatschen *(vt)*.

applauso *(m)* ~ Beifall *(m)*, Applaus *(m)*.

applicare *(vt)* ***1*** {~ *qcs su qcs*} etwas auf etwas *(Acc)* auf|legen *(vt)*. ***2*** *(ad abiti)* an|setzen *(vt)*. ***3*** *(un metodo)* an|wenden* *(vt)*.

applicarsi *(vr)* ~ *(dedicarsi)* {~ *a qcs*} sich etwas *(Dat)* widmen *(vr)*.

applicazione *(f)* ***1*** *(di metodi)* Anwendung *(f)* ♦ *trovare applicazione* Anwendung finden. ***2*** *(incollando)* Aufkleben *(n)*.

appoggiare *(vt)* ***1*** an|legen *(vt)*, an|stellen *(vt)*. ***2*** {~ *qcs a qcs*} etwas an etwas *(Acc)* lehnen *(vt)*, an|lehnen *(vt)*. ***3*** *(sostenere)* unterstützen *(vt)*, befürworten *(vt)* ♦ *appoggiare una proposta* einen Vorschlag befürworten ♦ *appoggiare qcn in un progetto* jmdn bei einem Plan unterstützen. ◆ **essere**, **stare appoggiato a qcn/qcs** an jmdm/etwas lehnen *(vi*, hat*)*.

appoggiarsi *(vr)* ***1*** {~ *(a qcn/qcs)*} sich (an jmdn/etwas) an|lehnen *(vr)*, lehnen *(vr)*. ***2*** *(fig)* {~ *a qcn/qcs*} sich auf jmdn/etwas stützen *(vr)*.

appoggio *(m)* ***1*** Halt *(m)*, Stütze *(f)* ♦ *servire da appoggio (a qcn)* (jmdm) als Stütze dienen. ***2*** *(solo fig)* Befürwortung *(f)*, Unterstützung *(f)* ♦ *dare appoggio a qcn* jmdm Unterstützung geben. ◆ **punto d'appoggio** Anhaltspunkt *(m)*.

apporre *(vt)* ***1*** setzen *(vt)* ♦ *apporre la firma a qcs* die Unterschrift unter etwas *(Acc)* setzen. ***2*** *(timbri e sim)* {~ *qcs su qcs*} etwas auf etwas *(Acc)* auf|drücken *(vt)*.

apportare *(vt)* ~ *(modifiche)* {~ *qcs (a qcs)*} etwas (an etwas) *(Dat)* vor|nehmen* *(vt)*.

apporto *(m)* ***1*** *(afflusso)* Zufuhr *(f)*. ***2*** *(contributo)* Beitrag *(m)*.

appositamente *(avv)* ~ eigens, extra.

apposito *(agg)* ~ dazu bestimmt, dafür vorgesehen.

apposta *(avv)* ***1*** eigens, extra ♦ *sono venuto apposta* ich bin eigens gekommen. ***2*** *(intenzionalmente)* absichtlich ♦ *fare qcs apposta* etwas absichtlich tun.

appostamento *(m)* ~ Lauer *(f)*.

appostare *(vt)* ~ auf|lauern *(vt)*.

appostarsi *(vr)* ~ sich auf die Lauer legen *(vr)*.

apprendere *(vt)* ***1*** *(imparare)* lernen *(vt)*, erlernen *(vt)*. ***2*** *(venire a sapere)* erfahren* *(vt)*.

apprendimento *(m)* ~ Lernen *(n)*.

apprendista *(m)* ~ Auszubildende(r) *(m/f)*, Lehrling *(m)*.

apprendistato *(m)* ~ Lehre *(f)*. ◆ **periodo di apprendistato** Lehrzeit *(f)*.

apprensione *(f)* ~ Sorge *(f)*, Besorgnis *(f)*.

apprensivo *(agg)* ~ ängstlich.

appresso *(avv)* ***1*** *(vicino)* daneben, dabei. ***2*** *(con sé)* bei sich, mit sich. ***3*** *(poi, in seguito)* nachher, später.

apprestarsi *(vr)* ~ {~ *a qcs*} sich zu etwas an|schicken *(vr)*.

apprezzamento *(m)* ~ Schätzung *(f)*.

apprezzare *(vt)* ~ schätzen *(vt)*, würdigen *(vt)* ♦ *apprezzarere i meriti di qcn* jmds Verdienste würdigen.

approccio *(m)* ~ Annäherung *(f)*.

approdare *(vi)* ***1*** *(imbarcazioni)* landen *(vi*, ist*)*. ***2*** *(portare)* führen *(vt)*.

approdo *(m)* ***1*** *(l'approdare)* Landung *(f)*. ***2*** *(luogo)* Landungsplatz *(m)*.

approfittare *(vi)* ~ {~ *di qcn/qcs*} jmdn/etwas nutzen *(vt)*, aus|nutzen *(vt)*.

approfittarsi *(vr)* ***1*** {~ *di qcn/qcs*} jmdn/etwas aus|nutzen *(vt)*. ***2*** *(abusare)* {~ *di qcn*} jmdn missbrauchen *(vt)*.

approfondimento *(m)* ~ Vertiefung *(f)*.
approfondire *(vt)* ~ vertiefen *(vt)*.
approfondirsi *(vr)* ~ sich vertiefen *(vr)*.
approfonditamente *(avv)* ~ eingehend, gründlich.
approfondito *(agg)* ~ eingehend, gründlich.
approntare *(vt)* ~ vor|bereiten *(vt)*.
appropriato *(agg)* ***1*** angemessen, passend, geeignet. **2** *(espressione)* treffend.
approssimarsi *(vr)* ~ sich nähern *(vr)*, nahen *(vi, ist)*.
approssimativamente *(avv)* ~ ungefähr, annähernd, grob*.
approssimativo *(agg)* ~ ungefähr, annähernd, grob*.
approvare *(vt)* ***1*** [~ qcs] etwas *(Dat)* zu|stimmen *(vi, hat)*, etwas billigen *(vt)*. **2** *(varare)* verabschieden *(vt)*.
approvazione *(f)* ***1*** Zustimmung *(f)*, Billigung *(f)* ♦ *annuì in segno di approvazione* er nickte als Zeichen der Zustimmung. **2** *(varo)* Verabschiedung *(f)*. ◆ **di approvazione, in segno di approvazione** beifällig *(agg)*.
approvvigionamento *(m)* ***1*** Versorgung *(f)*. **2** *(tecn)* Zufuhr *(f)*.
appuntalapis *(m)* ~ Bleistiftspitzer *(m)*.
appuntamento *(m)* ~ Termin *(m)*, Verabredung *(f)* ♦ *avere un appuntamento dal dentista* einen Termin beim Zahnarzt haben. ◆ **darsi appuntamento con qcn** sich mit jmdm verabreden *(vr)*.
appuntare[1] *(vt)* ***1*** *(fare la punta)* spitzen *(vt)* ♦ *appuntare una matita* einen Bleistift spitzen. **2** *(con spilli)* an|stecken *(vt)*, heften *(vt)*.
appuntare[2] *(vt)* ~ notieren *(vt)*.
appuntire *(vt)* ~ spitzen *(vt)*.
appuntito *(agg)* ~ spitz.
appunto[1] *(m)* ***1*** Notiz *(f)* ♦ *prendere appunti* sich *(Dat)* Notizen machen. **2** *(pl)* *(di lezioni)* Notizen *(pl)*. **3** *(rimprovero)* Vorwurf *(m)*.
appunto[2] *(avv)* ~ ebendarum, genau, eben. ◆ **appunto!** (ja) eben!
appurare *(vt)* ~ überprüfen *(vt)*.
apribottiglie *(m)* ~ Flaschenöffner *(m)*.
aprile *(m)* ~ April *(m)* ♦ *im April* in Aprile ♦ *fare un pesce d'aprile a qcn* jmdn in den April schicken.
aprire[1] *(vi)* ~ öffnen *(vi, hat)*, auf|machen *(vi, hat)* ♦ *i negozi aprono alle 9* die Geschäfte öffnen um 9 Uhr.
aprire[2] *(vt)* ***1*** öffnen *(vt)*, auf|machen *(vt)* ♦ *aprire una lattina, la bocca, la porta* eine Dose, den Mund, die Tür öffnen ♦ *aprire gli occhi a qcn* jmdm die Augen öffnen. **2** *(avviare, iniziare)* eröffnen *(vt)* ♦ *aprire il fuoco, un conto, nuovi mercati* das Feuer, ein Konto, neue Märkte eröffnen. **3** *(con una chiave)* auf|schließen* *(vt)*. **4** *(girando)* auf|drehen *(vt)*, auf|schrauben *(vt)*. **5** *(vt)* *(accendere radio, gas, ecc)* an|stellen *(vt)*. **6** *(dispiegare)* aus|breiten *(vt)* ♦ *aprire una cartina* eine Karte ausbreiten. **7** *(divaricare)* spreizen *(vt)* ♦ *aprire le dita, le ali* die Finger, die Flügel spreizen.
aprirsi *(vr)* ***1*** sich öffnen *(vr)*, auf|gehen* *(vi, ist)* ♦ *la porta si aprì all'improvviso* die Tür ging plötzlich auf. **2** *(prospettarsi)* sich eröffnen *(vr)* ♦ *si sono aperte nuove prospettive* neue Aussichten haben sich eröffnet. ◆ **aprirsi con qcn** sich jmdm auf|schließen* *(vr)*, an|vertrauen *(vr)*.
apriscatole *(m)* ~ Dosenöffner *(m)*.
aquila *(m)* ~ *(zool)* Adler *(m)* ♦ *aquila reale* Steinadler.
aquilone *(m)* ~ Drachen *(m)*.
arabesco *(m)* ~ *(fregio)* Schnörkel *(m)*.
arachide *(f)* ~ Erdnuss *(f)*.
aragosta *(f)* ~ Languste *(f)*.
araldica *(f)* ~ Heraldik *(f)*.
arancia *(f)* ~ Orange *(f)*, Apfelsine *(f)*.
aranciata *(f)* ~ Orangensaft *(m)*.
arancio *(m)* ~ *(albero)* Orangenbaum *(m)*.
arancione[1] *(agg)* ~ orange *(agg indecl)*.
arancione[2] *(m)* ~ Orange *(n)*.
arare *(vt)* ~ ackern *(vt)*, pflügen *(vt)*.
aratro *(m)* ~ Pflug *(m)*.
arazzo *(m)* ~ Wandteppich *(m)*.
arbitrare *(vt)* ~ schiedsrichtern *(vt)*.
arbitrariamente *(avv)* ~ willkürlich.
arbitrarietà *(f)* ~ Willkür *(f)*, Eigenmächtigkeit *(f)*.
arbitrario *(agg)* ~ willkürlich, eigenmächtig.
arbitrio *(m)* ***1*** *(discrezione)* Gutdünken *(n)*. **2** *(abuso)* Willkür *(f)*. ◆ **libero arbitrio** freier Wille *(m)*, Willensfreiheit *(f)*.
arbitro *(m; f* **-a***)* ~ Schiedsrichter *(m; f* -in*)*.
arbusto *(m)* ~ Strauch *(m)*.
arcaico *(agg)* ~ archaisch.

archeologia *(f)* ~ Archäeologie *(f)*.
archeologo *(m; f* **-a***)* ~ Archäeologe *(m; f* -login*)*.
architetto *(m)* ~ Architekt *(m)*.
architettura *(f)* ~ Architektur *(f)*.
archiviare *(vt)* ***1*** archivieren *(vt)*. ***2*** *(dir)* ein|stellen *(vt)*.
archivio *(m)* ***1*** Archiv *(n)* ♦ *archivio fotografico* Bildarchiv. ***2*** *(elab)* Datei *(f)*.
arciere *(m)* ~ Bogenschütze *(m; f* -schützin*)*.
arcipelago *(m)* ~ Inselgruppe *(f)*.
arcivescovo *(m)* ~ Erzbischof *(m)*.
arco *(m)* ***1*** Bogen *(m)*. ***2*** *(tempo)* Zeitraum *(m)* ♦ *nell'arco di quattro mesi* in einem Zeitraum von vier Monaten.
arcobaleno *(m)* ~ Regenbogen *(m)*.
ardente *(agg)* ***1*** brennend, glühend. ***2*** *(fig)* sehnlich, glühend.
ardentemente *(avv)* ~ sehnlich.
ardere *(vi)* ***1*** *(bruciare)* brennen* *(vi,* hat*)* ♦ *ardere di passione* vor Leidenschaft brennen. ***2*** *(senza fiamma)* glimmen* *(vi,* hat*)*, glühen *(vi,* hat*)*.
ardimento *(m)* ~ Kühnheit *(f)*.
ardire[1] *(m)* ~ Kühnheit *(f)*.
ardire[2] *(vt)* ~ wagen *(vt)*.
ardito *(agg)* ***1*** *(coraggioso)* mutig. ***2*** *(audace, temerario)* kühn, gewagt.
ardore *(m)* ***1*** Glut *(f)*. ***2*** *(entusiasmo, passione)* Eifer *(m)*, Leidenschaft *(f)*.
arduo *(agg)* ***1*** *(impervio)* steil. ***2*** *(difficile)* schwierig.
area *(f)* ***1*** *(superficie)* Fläche *(f)* *(anche geom)*. ***2*** *(zona, territorio)* Gebiet *(n)*, Zone *(f)* ♦ *area protetta* Schutzgebiet *(n)*. ◆ **area di rigore** *(sport)* Strafraum *(m)*. ◆ **area di servizio** Raststätte *(f)*.
arena *(f)* ~ Arena *(f)*.
arenarsi *(vr)* ***1*** *(finire insabbiato)* auf Sand geraten* *(vi,* ist*)*, im Sand(e) verlaufen* *(vi,* ist*)*; stranden *(vi,* ist*)* *(anche fig)*. ***2*** *(rimanere bloccato)* fest|fahren* *(vi,* ist*)*, sich festfahren* *(vr)* ♦ *il nostro progetto si è arenato* unser Plan ist festgefahren.
argano *(m)* ~ Winde *(f)*.
argentare *(vt)* ~ versilbern *(vt)*.
argentato *(agg)* ~ versilbert, Silber- ♦ *carta argentata* Silberpapier *(n)*.
argenteo *(agg)* ~ silbrig.
argenteria *(f)* ~ Silber *(n)*.
argento *(agg)* ~ Silber *(n)*. ◆ **d'argento** silbern *(agg)* ♦ *nozze d'argento* silberne Hochzeit. ◆ **avere l'argento vivo addosso** Quecksilber im Leib/im Hintern haben.
argilla *(f)* ***1*** Lehm *(m)*. ***2*** *(per vasai)* Ton *(m)*. ◆ **d'argilla** tönern *(agg)*.
argilloso *(agg)* ~ lehmig, tonhaltig.
arginamento *(m)* ~ Eindämmung *(f)*.
arginare *(vt)* ~ ein|dämmen *(vt)*.
argine *(m)* ~ Deich *(m)*; Damm *(m)* ♦ *costruire un argine* einen Damm bauen/errichten.
argomentare *(vt)* ~ {~ *qcs*} über etwas argumentieren *(vi,* hat*)*.
argomentazione *(f)* ~ Argument *(n)*, Gedankengang *(m)*.
argomento *(m)* ***1*** *(tema)* Thema *(n)*, Gegenstand *(m)*. ***2*** *(ragionamento)* Argument *(n)*. ◆ **restare in argomento** bei der Sache bleiben.
arguto *(agg)* ***1*** scharfsichtig. ***2*** *(spiritoso)* witzig.
arguzia *(f)* ***1*** Scharfsinn *(m)*. ***2*** *(battuta)* Witz *(m)*.
aria *(f)* ***1*** Luft *(f)* ♦ *aria viziata* verbrauchte Luft ♦ *mi manca l'aria* ich bekomme keine Luft ♦ *uscire all'aria aperta* an die (frische) Luft gehen ♦ *aria compressa* Pressluft, Druckluft. ***3*** *(vento, atmosfera)* Wind *(m)* ♦ *qui tira un'aria nuova* hier weht ein neuer Wind. ***2*** *(mus)* Arie *(f)*. ◆ **impianto di aria condizionata** Klimaanlage *(f)*. ◆ **gettare in aria qcs** *(moto a luogo)* etwas in die Höhe werfen. ◆ **essere campato in aria** aus der Luft gegriffen sein*. ◆ **saltare in aria** in die Luft gehen*. ◆ **aver l'aria** aus|sehen* *(vi,* hat*)* ♦ *hai l'aria triste* du siehst traurig aus. ◆ **aver l'aria di** *(impers)* nach etwas aus|sehen* *(vi,* hat*)* ♦ *questa ha l'aria di essere una truffa* das sieht nach Betrug aus. ◆ **darsi (delle) arie** sich *(Acc)* wichtig machen/tun*.
aridità *(f)* ~ Trockenheit *(f)*, Dürre *(f)*.
arido *(agg)* ~ trocken, dürr.
arieggiare *(vt)* ~ lüften *(vt)*.
arieggiato *(agg)* ~ luftig.
ariete *(m)* ***1*** Bock *(m)*. ***2*** *(astrol)* Widder *(m)*.
aringa *(f)* ~ *(zool)* Hering *(m)*.

arioso *(agg)* ~ luftig.
aristocratico[1] *(agg)* **1** aristokratisch. **2** *(distinto)* vornehm.
aristocratico[2] *(m)* ~ Aristokrat *(m)*.
aristocrazia *(f)* ~ Aristokratie *(f)*, Adel *(m)*.
aritmetica *(f)* ~ Rechnen *(n)*.
aritmetico *(agg)* ~ rechnerisch.
aritmia *(f)* ~ *(med)* Herzrhythmusstörung *(f)*.
arlecchino *(m)* ~ Harlekin *(m)*.
arma *(f)* **1** Waffe *(f)* ♦ *deporre le armi* die Waffen strecken ♦ *arma da fuoco* Feuerwaffe, Schusswaffe ♦ *arma da taglio* Hiebwaffe. **2** *(arma dell'esercito)* Waffe *(f)*. ◆ **porto d'armi** Waffenschein *(m)*. ◆ **trafficante d'armi** Waffenhändler *(m; f* -in*)*. ◆ **con armi e bagagli** mit Sack und Pack. ◆ **un'arma a doppio taglio** ein zweischneidiges Schwert.
armadietto *(m)* ~ Spind *(m/n)*.
armadio *(m)* ~ Schrank *(m)* ♦ *armadio a muro* Wandschrank, Einbauschrank.
armaiolo *(m; f* **-a***)* ~ Waffenhändler *(m; f* -in*)*.
armamento *(m)* **1** Bewaffnung *(f)*. **2** *(mil)* Rüstung *(f)*.
armare *(vt)* **1** bewaffnen *(vt)*. **2** *(naut)* aus|rüsten *(vt)*.
armarsi *(vr)* ~ sich bewaffnen *(vr)*, rüsten *(vi, hat)*. ◆ **armarsi di pazienza** sich mit Geduld wappnen *(vr)*.
armata *(f)* ~ Heer *(n)*, Armee *(f)*. **2** *(naut)* Flotte *(f)*.
armatore *(m)* ~ *(naut)* Reeder *(m)*.
armatura *(f)* ~ Rüstung *(f)*.
armeggiare *(vi)* ~ {~ *a qcs*} an etwas *(Dat)* hantieren *(vi, hat)*.
armeria *(f)* ~ *(mil)* Waffenkammer *(f)*. **2** *(negozio)* Waffengeschäft *(n)*.
armistizio *(m)* ~ Waffenstillstand *(m)*.
armonia *(f)* **1** Harmonie *(f)*, Gleichklang *(m)*. **2** *(concordia)* Eintracht *(f)*. **3** *(proporzione)* Gleichmaß *(n)*. ◆ **in armonia** einträchtig.
armonica *(f)* ~ Harmonika *(f)*.
armonico *(agg)* **1** harmonisch *(anche mus/fis)*. **2** *(concorde)* einträchtig.
armonioso *(agg)* **1** harmonisch *(anche mus/fis)*. **2** *(proporzionato)* gleichmäßig.
armonizzare *(vt)* **1** harmonisieren. **2** *(interessi)* ab|stimmen *(vt)*.
armonizzarsi *(vr)* ~ *(accordarsi)* harmonieren *(vi, hat)*.
arnese *(m)* ~ Gerät *(n)*, Werkzeug *(n)*.
arnia *(f)* ~ Bienenstock *(m)*.
aroma *(m)* **1** Aroma *(n)*. **2** *(gastr)* Gewürz *(n)*.
aromatico *(agg)* **1** aromatisch. **2** *(gastr)* würzig.
arpa *(f)* ~ Harfe *(f)*.
arpione *(m)* ~ Harpune *(f)*.
arrabattarsi *(vr)* ~ sich schinden* *(vr)*.
arrabbiare *(vi)* ~ **far arrabbiare qcn** jmdn ärgern *(vt)* ♦ *mi fa arrabbiare il fatto che* es ärgert mich, dass.
arrabbiarsi *(vr)* ~ {~ *con qcn/per qcs*} sich über jmdn/etwas ärgern *(vr)*, auf|regen *(vr)* ♦ *non ti arrabbiare!* reg dich nicht auf!
arrabbiato *(agg)* ~ böse, sauer ♦ *essere arrabbiato con qcn* mit jmdm/auf jmdn böse/sauer sein.
arraffare *(vt)* ~ zusammen|raffen *(vt)*, (an sich) raffen *(vt)*.
arrampicarsi *(vr)* ~ hinauf|klettern *(vi, ist)*, klettern *(vi, ist)* ♦ *arrampicarsi su un albero* auf einen Baum klettern.
arrampicatore *(m)* **1** Bergsteiger *(m)*. **2** *(sociale)* Emporkömmling *(m)*.
arrangiare *(vt)* ~ arrangieren *(vt)* *(anche mus)*.
arrangiarsi *(vr)* **1** {~ *(con qcs)*} sich (mit etwas) arrangieren *(vr)*. **2** *(cavarsela)* zurecht|kommen* *(vi, ist)*.
arrecare *(vt)* ~ bringen* *(vt)* ♦ *arrecare danno a qcn* jmdm Schaden bringen.
arredamento *(m)* ~ Einrichtung *(f)*, Ausstattung *(f)* ♦ *arredamento d'interni* Innenausstattung, Inneneinrichtung.
arredare *(vt)* ~ ein|richten *(vt)*, aus|statten *(vt)*.
arredo *(m)* ~ Ausstattung *(f)*. ◆ **arredo sacro** Kirchengerät *(n)*.
arrembaggio *(m)* ~ Entern *(n)*.
arrendersi *(vr)* ~ sich ergeben* *(vr)* ♦ *arrendersi al nemico* sich dem Feind ergeben ♦ *arrendersi al proprio destino* sich in sein Schicksal ergeben.
arrendevole *(agg)* ~ ergeben, nachgiebig.
arrendevolezza *(f)* ~ Ergebenheit *(f)*.
arrendevolmente *(avv)* ~ nachgiebig.
arrestare *(vt)* **1** *(catturare)* fest|nehmen* *(vt)*, verhaften *(vt)*. **2** *(veicoli)* an|halten

(vt). **3** *(macchinari e sim)* etwas zum Stillstand bringen* *(vt)*.

arrestarsi *(vr)* **1** an|halten *(vi*, hat*)*. **2** *(macchinari e sim)* zum Stillstand kommen* *(vi*, ist*)*. **3** *(respiro, cuore, ecc)* stocken *(vi*, hat*)*.

arresto *(m)* **1** *(l'arrestare)* Verhaftung *(f)*. **2** *(stato di arresto)* Haft *(f)* ♦ *tenere qcn in arresto* jmdn in Haft behalten. **3** *(di macchinari e sim)* Stillstand *(m)* *(anche fig)* ♦ *un arresto nelle trattative* ein Stillstand in den Verhandlungen. ◆ **arresto cardiaco** *(med)* Herzversagen *(n)*.

arretrare[1] *(vi)* ~ zurück|ziehen* *(vi*, ist*)*.

arretrare[2] ~ *(mettere indietro)* zurück|setzen *(vt)*, zurück|ziehen* *(vt)*.

arretrato[1] *(agg)* ~ rückständig.

arretrato[2] *(m)* ~ Rückstand *(m)* ♦ *essere in arretrato con qcs* mit etwas im Rückstand sein.

arricchimento *(m)* ~ Bereicherung *(f)*.

arricchire *(vt)* ~ bereichern *(vt)*.

arricchirsi *(vr)* ~ sich bereichern *(vr)* ♦ *arricchirsi alle spalle di qcn/sfruttando qcs* sich (an jmdm/etwas) bereichern.

arricciare *(vt)* ~ locken *(vt)*, kräuseln *(vt)* ♦ *arricciare i capelli* das Haar kräuseln. ◆ **arricciare il naso su qcn/qcs** über jmdn/etwas die Nase rümpfen *(vt)*.

arricciarsi *(vr)* ~ sich kräuseln *(vr)*.

arringa *(f)* ~ *(dir)* Plädoyer *(n)* ♦ *tenere un'arringa* ein Plädoyer halten.

arrischiare *(vt)* ~ riskieren *(vt)*.

arrivare *(vi)* **1** kommen* *(vi*, ist*)*, an|kommen* *(vi*, ist*)*, ein|treffen* *(vi*, ist*)* ♦ *arrivare alla stazione, a Firenze, a casa* am Bahnhof, in Florenz, zu Hause ankommen ♦ *arrivo subito* ich komme gleich. **2** *(impers)* {~ *a qcs*} zu etwas kommen* *(vi*, ist*)* ♦ *si arrivò a violenti scontri* es kam zu heftigen Auseinandersetzungen. **3** *(raggiungere)* {~ *a qcs*} etwas erreichen *(vt)*, zu etwas kommen* *(vi*, ist*)* ♦ *come arrivo alla stazione?* wie komme ich zum Bahnhof? **4** *(estendersi)* reichen *(vi*, hat*)* ♦ *l'acqua ci arrivava alle ginocchia* das Wasser reichte uns bis zu den Knien. **5** *(capire)* begreifen* *(vt)*. ◆ **arrivare fino a qcs** bis (an) etwas gehen* *(vi*, ist*)* ♦ *la gonna arriva fino ai piedi* der Rock geht bis an die Füße.

arrivederci *(interiez)* ~ auf Wiedersehen ♦ *arrivederci a presto!* auf ein baldiges Wiedersehen!

arrivista *(m)* ~ Emporkömmling *(m)*.

arrivo *(m)* **1** Ankunft *(f)*. **2** *(di posta, merci, ecc)* Eingang *(m)*. **3** *(di/con veicoli)* Einfahrt *(f)*. **4** *(sport)* Ziel *(n)*.

arrogante *(agg)* ~ arrogant, anmaßend.

arroganza *(f)* ~ Arroganz *(f)*, Überheblichkeit *(f)*.

arrogarsi *(vr)* ~ *(capacità, diritti, ecc)* sich *(Dat)* etwas an|maßen *(vt)*.

arrossamento *(m)* ~ Rötung *(f)*.

arrossarsi *(vr)* ~ sich röten *(vr)*, rot werden* *(vi*, ist*)*.

arrossato *(agg)* ~ rot.

arrossire *(vi)* ~ erröten *(vi*, ist*)*, rot werden* *(vi*, ist*)*.

arrostire *(vt)* **1** braten* *(vt)*. **2** *(abbrustolire)* rösten *(vt)*.

arrostirsi *(vr)* ~ braten* *(vi*, hat*)*, rösten *(vi*, hat*)*. ◆ **arrostirsi al sole** (sich) in der Sonne rösten *(vr)*.

arrosto[1] *(agg)* ~ gebraten, Brat- ♦ *patate arrosto* Bratkartoffeln *(pl)* ♦ *pollo arrosto* Brathähnchen *(n)*.

arrosto[2] *(m)* ~ Braten *(m)*.

arrotare *(vt)* **1** schleifen* *(vt)*, schärfen *(vt)*. **2** *(levigare vetro, pietra, ecc)* schleifen* *(vt)*, polieren *(vt)*.

arrotino *(m)* ~ Schleifer *(m)*.

arrotolare *(vt)* **1** ein|rollen, rollen *(vt)*. **2** *(sigarette)* drehen *(vt)*.

arrotolarsi *(vr)* ~ sich rollen *(vr)*, sich ein|rollen *(vr)*.

arrotondare *(vt)* **1** runden *(vt)*, ab|runden *(vt)* ♦ *arrotondare le labbra* die Lippen runden. **2** *(cifra)* runden *(vt)*.

arrotondarsi *(vr)* ~ sich runden *(vr)*.

arroventare *(vt)* ~ glühen *(vt)*.

arroventarsi *(vr)* ~ glühend werden* *(vi*, ist*)*.

arruffare *(vt)* **1** *(pelo, penne)* sträuben *(vt)*. **2** *(scompigliare)* zerzausen *(vt)*.

arruffato *(agg)* **1** *(spettinato)* strubbelig. **2** *(pelo, penne)* struppig. **3** *(disordinato, in disordine)* wirr.

arruffianarsi *(vr)* ~ {~ *con qcn*} sich (bei jmdm) ein|schmeicheln *(vr)*.

arrugginire *(vi)* **1** rosten *(vi*, ist*)*, verrosten *(vi*, ist*)*. **2** *(fig)* einrosten *(vi*, ist*)*.

arrugginirsi *(vr)* ~ rosten *(vi,* ist*)*, verrosten *(vi,* ist*)* ♦ *la serratura si è arrugginita* das Schloss ist verrostet.
arrugginito *(agg)* ~ rostig, eingerostet.
arruolamento *(m)* ~ Einziehung *(f)*, Anwerbung *(f)*.
arruolare *(vt)* ~ an|werben* *(vt)*, ein|ziehen* *(vt)*.
arsenale *(m)* ~ *(mil)* Zeughaus *(n)*.
arte *(f)* ***1*** Kunst *(f)* ♦ *le belle arti* die schönen Künste. ◆ **a regola d'arte** nach allen Regeln der Kunst, fachgemäß *(agg/avv)*. ◆ **d'arte, dell'arte** Kunst- ♦ *storia dell'arte* Kunstgeschichte ♦ *storico dell'arte* Kunsthistoriker.
artefice *(m)* ~ Schöpfer *(m; f* -in*)*.
arteria *(f)* ~ *(anat)* Schlagader *(f)*, Arterie *(f)*.
articolare *(vt)* ***1*** *(pronunciare)* artikulieren *(vt)*. ***2*** gliedern *(vt)*.
articolarsi *(vr)* ~ sich gliedern *(vr)*.
articolato *(agg)* ~ *(fig)* gegliedert.
articolazione *(f)* ***1*** *(anat)* Gelenk *(n)*. ***2*** *(fig)* Gliederung *(f)*. ***3*** *(fon)* Artikulation *(f)*.
articolo *(m)* ~ Artikel *(m)* ♦ *articolo determinativo, indeterminativo* bestimmter, unbestimmter Artikel ♦ *articolo per la casa* Haushaltsartikel ♦ *scrivere un articolo* einen Artikel schreiben ♦ *articolo di fondo* Leitartikel.
artificiale *(agg)* ***1*** künstlich, Kunst- ♦ *fiore artificiale* künstliche Blume, Kunstblume ♦ *fecondazione artificiale* künstliche Befruchtung. ***2*** *(sintetico)* synthetisch.
artificio *(m)* ~ Kunstgriff *(m)*.
artificioso *(agg)* ~ künstlich.
artigianale *(agg)* ~ handwerklich.
artigianalmente *(avv)* ~ handwerklich.
artigianato *(m)* ***1*** Handwerk *(n)*. ***2*** *(artistico)* Kunstgewerbe *(n)*.
artigiano[1] *(agg)* ~ handwerklich, Handwerks- ♦ *maestro artigiano* Handwerksmeister *(m)*.
artigiano[2] *(m)* ~ Handwerker *(m)*.
artiglieria *(f)* ~ Artillerie *(f)*.
artiglio *(m)* ~ Klaue *(f)*, Kralle *(f)*.
artista *(m/f)* ***1*** Künstler *(m; f* -in*)*. ***2*** *(di circo o varietà)* Artist *(m; f* -in*)*.
artistico *(agg)* ~ künstlerisch.
arto *(m)* ***1*** Glied *(n)*. ***2*** *(pl)* Gliedmaßen *(pl)*.
artrite *(f)* ~ Gelekentzündung *(f)*.
arzigogolato *(agg)* ~ spitzfindig.
arzillo *(agg)* ~ rüstig.
ascella *(f)* ~ Achselhöhle *(f)*.
ascensione *(m)* ~ *(relig)* Himmelfahrt *(f)* ♦ *Ascensione di Cristo* Christi Himmelfahrt.
ascensore *(m)* ~ Aufzug *(m)*, Fahrstuhl *(m)*.
ascesa *(f)* ~ Aufstieg *(m)*.
ascesso *(m)* ~ *(med)* Abszess *(m)*.
ascia *(f)* ~ Axt *(f)*. ◆ **ascia di guerra** Kriegsbeil *(n)*.
asciugacapelli *(m)* ~ Haartrockner *(m)*, Föhn *(m)*.
asciugamano *(m)* ~ Handtuch *(n)*.
asciugare *(vt)* ***1*** trocknen *(vi,* ist/hat*)*. ***2*** *(con un panno)* ab|trocknen *(vt)*. ***3*** *(seccare)* aus|trocknen *(vt)*. ◆ **asciugare con il fon** föhnen *(vt)*.
asciugarsi *(vr)* ***1*** trocknen *(vi,* ist/hat*)*, sich trocknen *(vr)* ♦ *asciugarsi al sole* an der Sonne trocknen. ***2*** *(prosciugarsi)* aus|trocknen *(vi,* ist*)*.
asciutto *(agg)* ~ trocken ♦ *un clima asciutto* ein trockenes Klima.
ascoltare *(vt)* ***1*** {~ *(qcn/qcs)*} (jmdn/etwas) hören *(vt)*, an|hören; (jmdm/etwas) zu|hören *(vi,* hat*)* ♦ *ascoltare la musica* Musik hören ♦ *ascoltare una conversazione* (bei) einem Gespräch zuhören. ***2*** *(seguire)* {~ *qcn/qcs*} auf jmdn/etwas hören *(vi,* hat*)* ♦ *ascoltare un consiglio* auf einen Rat hören. ***3*** *(per caso; di nascosto)* mithören *(vt)*. ***4*** *(origliare)* lauschen *(vi,* hat*)*, horchen *(vi,* hat*)*. ◆ **ascolta un po'!** hör mal!, hör mal zu!
ascoltatore *(m; f* **-trice***)* ~ Hörer *(m; f* -in*)*, Zuhörer *(m; f* -in*)*.
ascolto *(m)* ~ Gehör *(n)* ♦ *prestare/dare ascolto a qcn* jmdm Gehör schenken.
asessuato *(agg)* ~ geschlechtslos.
asfaltare *(vt)* ~ asphaltieren *(vt)*.
asfalto *(m)* ~ Asphalt *(m)*.
asfissiante *(agg)* ~ erstickend.
asfissiare *(vi)* ~ ersticken *(vi)*.
asilo *(m)* ***1*** *(pol)* Asyl *(n)* ♦ *chiedere asilo politico* um politisches Asyl bitten. ***2*** *(rifugio)* Zuflucht *(f)*. ***3*** *(scuola materna)* Kindergarten *(m)*. ***4*** *(nido)* Krippe *(f)*.
asina *(f)* ~ *(zool)* Stute *(f)*.

asino *(m)* ~ Esel *(m)*.
asma *(f)* ~ *(med)* Asthma *(n)*.
asola *(f)* ***1*** Knopfloch *(n)*. ***2*** *(occhiello)* Öse *(f)*.
asparago *(m)* ~ *(bot)* Spargel *(m)*.
asperità *(f)* ~ *(del suolo)* Unebenheit.
aspettare *(vt)* ~ {~ *qcn/qcs*} auf jmdn/etwas warten *(vi*, hat*)*, jmdn/etwas erwarten *(vt)* ♦ *aspetto visite* ich erwarte Besuch ♦ *aspettare un bambino (essere incinta)* ein Kind erwarten ♦ *aspetto una risposta, l'autobus* ich warte auf eine Antwort, auf den Bus ♦ *cosa aspetti?* worauf wartest du? ♦ *aspetta un po'!* warte mal! ♦ *farsi aspettare* auf sich *(Acc)* warten lassen.
aspettarsi *(vr)* ~ erwarten *(vt)* ♦ *mi aspetto da te che* ich erwarte von dir, dass ♦ *c'è da aspettarsi che* es ist zu erwarten, dass.
aspettativa *(f)* ~ Erwartung *(f)* ♦ *contro ogni aspettativa* gegen alle Erwartungen.
aspetto *(m)* ***1*** *(apparenza)* Aussehen *(n)*, Äußere *(n)* ♦ *giudicare solo dall'aspetto* (nur) nach dem Äußeren urteilen ♦ *all'aspetto* dem Aussehen nach. ***2*** *(lato)* Seite *(f)* ♦ *l'aspetto teorico del problema* die theoretische Seite des Problems. ***3*** *(riguardo)* Hinsicht *(f)*, Aspekt *(m)* ♦ *sotto questo aspetto* unter diesem Aspekt, in dieser Hinsicht. ◆ **avere un aspetto** aus|sehen* *(vi*, hat*)* *la torta ha un aspetto gustoso* die Torte sieht köstlich aus. ◆ **di bell'aspetto** gut aussehend. ◆ **sala d'aspetto** Wartesaal *(m)*.
aspirante *(m/f)* ~ Anwärter *(m; f* -in*)*.
aspirapolvere *(m)* ~ Staubsauger *(m)*. ◆ **passare l'aspirapolvere** saugen *(vi*, hat*)*. ◆ **pulire con l'aspirapolvere** saugen *(vt)*.
aspirare[1] *(vi)* ***1*** *(inspirare)* ein|atmen *(vi)*. ***2*** *(pulire con l'aspirapolvere)* saugen *(vi*, hat*)*. ***3*** {~ *a qcs*} nach etwas streben *(vi*, hat*)* ♦ *aspirare al successo* nach Erfolg streben.
aspirare[2] *(vt)* ***1*** *(aria e sim)* ein|atmen *(vt)*. ***2*** *(pulire con l'aspirapolvere)* absaugen* *(vt)*, saugen *(vt*, hat*)*.
aspirazione *(f)* ~ *(anelito, desiderio)* Streben *(n)*.
asportare *(vt)* ~ *(organi)* heraus|nehmen* *(vt)*, entfernen *(vt)*.
aspramente *(avv)* ~ *(severamente)* scharf*.
asprezza *(f)* ***1*** *(acredine)* Herbheit *(f)*. ***2*** *(del clima)* Rauheit *(f)*.
aspro *(agg)* ***1*** *(gusto; odore)* sauer, herb. ***2*** *(di critica e sim; di protesta e sim)* scharf*, herb. ***3*** *(clima)* rau.
assaggiare *(vt)* ~ kosten *(vt)*, probieren *(vt)*, schmecken *(vt)*.
assaggio *(m)* ***1*** Kostprobe *(f)*. ***2*** *(prova)* Vorgeschmack *(m)*.
assai *(avv)* ***1*** sehr. ***2*** *(+ compar)* viel.
assalire *(vt)* ***1*** überfallen* *(vt)*. ***2*** *(sentimenti e sim)* überkommen* *(vt)*.
assaltare *(vt)* ~ stürmen *(vt)*.
assalto *(m)* ~ Sturm *(m)*, Überfall *(m)*, Angriff *(m)*.
assaporare *(vt)* ***1*** schmecken *(vt)*. ***2*** *(godere)* aus|kosten *(vt)*.
assassinare *(vt)* ~ ermordern *(vt)*.
assassinio *(m)* ~ Mord *(m)*, Ermordung *(m)*.
assassino[1] *(agg)* ~ mörderisch.
assassino[2] *(m)* ~ Mörder *(m; f* -in*)*.
asse[1] *(m)* ~ Achse *(f)* ♦ *asse Roma-Berlino* Achse Berlin-Rom ♦ *asse terrestre* Erdachse ♦ *asse di rotazione* Drehachse.
asse[2] *(f)* ~ *(tavola)* Brett *(n)* ♦ *asse da stiro* Bügelbrett.
assecondare *(vt)* ***1*** *(favorire)* begünstigen *(vt)*. ***2*** *(soddisfare)* unterstützen *(vt)*.
assediare *(vt)* ***1*** *(mil)* belagern *(vt)*. ***2*** *(fig)* belagern *(vt)*, bestürmen *(vt)*.
assedio *(m)* ~ Belagerung *(f)*. ◆ **tenere sotto assedio** belagern *(vt)*.
assegnare *(vt)* ***1*** zu|teilen *(vt)* zu|weisen* *(vt)* ♦ *assegnare un posto a qcn* jmdm einen Platz zuweisen. ***2*** *(a scuola, compiti)* auf|geben* *(vt)*. ***3*** *(premi)* vergeben* *(vt)*.
assegnazione *(f)* ***1*** Zuweisung *(f)*. ***2*** *(premi)* Vergabe *(f)*.
assegno *(m)* ~ Scheck *(m)* ♦ *assegno circolare* Barscheck ♦ *assegno al portatore* Inhaberscheck ♦ *assegno in bianco* Blankoscheck. ◆ **libretto degli assegni** Scheckheft *(n)*.
assemblare *(vt)* ~ zusammen|setzen *(vt)*.
assemblea *(f)* ~ Versammlung *(f)*.
assembramento *(m)* ~ Auflauf *(m)*, Ansammlung *(f)*.
assembrarsi *(vr)* ~ sich zusammen|rotten *(vr)*.

assennatezza *(f)* ~ Vernünftigkeit *(f)*, Klugheit *(f)*.
assennato *(agg)* ~ vernünftig, verständig.
assenso *(m)* ~ Zustimmung *(f)*.
assente *(agg)* ***1*** abwesend ♦ *oggi sono assenti tre alunni* heute sind drei Schüler abwesend ♦ *ha un'aria assente* er wirkt abwesend. **2** *(distratto)* geistesabwesend.
assentire *(vi)* ***1*** zu|stimmen *(vi,* hat*)*. **2** *(annuire)* nicken *(vi,* hat*)*.
assenza *(f)* ~ Abwesenheit *(f)*.
assenzio *(m)* ~ *(bot)* Wermut *(m)*.
asserire *(vt)* ~ behaupten *(vt)*.
asservire *(vt)* ~ versklaven *(vt)*.
asserzione *(f)* ~ Behauptung *(f)*.
assestare *(vt)* ***1*** *(sferrare)* versetzen *(vt)* ♦ *assestare un calcio a qcn* jmdm einen Fußtritt versetzen. **2** *(econ)* aus|gleichen* *(vr)*.
assestarsi *(vr)* ***1*** *(geol)* sich setzen *(vr)*. **2** *(sistemarsi)* sich ein|richten *(vr)*.
assetato *(agg)* ~ durstig.
assicella *(f)* ~ Latte *(f)*.
assicurare *(vt)* ***1*** *(con un'assicurazione; garantire)* versichern *(vt)* ♦ *assicurare una casa contro gli incendi* ein Haus gegen Feuer versichern ♦ *posso assicurarti che è così* ich kann dir versichern, dass es so ist. **2** *(fissare, fermare)* sichern *(vt)*.
assicurarsi *(vr)* ***1*** *(stipulare un'assicurazione; garantirsi)* sich versichern *(vr)* ♦ *mi sono assicurata il suo appoggio* ich habe mich seiner Unterstützung versichert. **2** *(sincerarsi di qcs)* sich vergewissern *(vr)*.
assicuratore *(m; f* **-trice***)* ~ Versicherer *(m; f* -in*)*.
assicurazione *(f)* ~ Versicherung *(f)* ♦ *assicurazione sociale (previdenza)* Sozialversicherung. ♦ *assicurazione sanitaria* Krankenversicherung ♦ *assicurazione sulla vita* Lebensversicherung ♦ *assicurazione casco* Kaskoversicherung *(f)*.
assideramento *(m)* ~ Erfrierung *(f)*.
assiderare *(vi)* ~ erfrieren* *(vi,* ist*)*.
assiderato *(agg)* ~ erfroren.
assiduo *(agg)* ~ *(costante)* beständig.
assillante *(agg)* ~ eindringlich.
assillare *(vt)* ~ {~ *qcn*} jmdn belasten *(vt)*, auf jmdn ein|dringen* *(vi,* ist*)*.

assistente *(m/f)* ***1*** *(spec scientifico)* Assistent *(m; f* -in*)*. **2** *(aiutante)* Gehilfe *(m; f* -hilfin*)*. ◆ **assistente sociale** Fürsorger *(m; f* -in*)*.
assistenza *(f)* ***1*** *(sostegno)* Beistand *(m)* ♦ *prestare assistenza a qcn* jmdm Beistand leisten. **2** *(medica)* Pflege *(f)*, Betreuung *(f)*. ◆ **assistenza sociale** Fürsorge *(f)*, Sozialhilfe *(f)*.
assistenziale *(agg)* ~ **stato assistenziale** Wohlfahrtsstaat *(m)*.
assistere *(vt)* ***1*** pflegen *(vt)*, betreuen *(vt)* ♦ *assistere un malato* einen Kranken betreuen. **2** {~ *a qcs (evento)*} etwas an|sehen^A *(vt)*.
asso *(m)* ~ Ass *(n)*.
associare *(vt)* ***1*** *(ad un circolo)* als Mitglied annehmen* *(vt)*. **2** *(unire)* vereinigen *(vt)*. **3** *(collegare)* assoziieren *(vt)*.
associarsi *(vr)* ***1*** sich assoziieren *(vr)*. **2** *(unirsi)* sich zusammen|schließen* *(vt)*, sich vereinigen *(vr)*.
associazione *(f)* ***1*** *(società; club)* Verein *(m)*, Verband *(m)*. ♦ *entrare a fare parte di un'associazione* einem Verein beitreten. **2** *(studentesca)* Studentenverbindung *(f)*, Korps *(n)*.
assoggettare *(vt)* ~ unterwerfen* *(vt)*.
assoggettarsi *(vr)* ~ {~ *a qcn/qcs*} sich jmdm/etwas unterwerfen* *(vr)*.
assolato *(agg)* ~ sonnig.
assoldare *(vt)* ~ *(reclutare)* an|werben* *(vt)*.
assolutamente *(avv)* ***1*** unbedingt, absolut ♦ *devo assolutamente parlare con lui* ich muss unbedingt mit ihm reden. **2** *(in frasi negative)* überhaupt *(+ neg)*. ◆ **assolutamente no!** ganz und gar nicht.
assoluto *(agg)* ~ absolut, unbedingt ♦ *la monarchia assoluta* die absolute Monarchie ♦ *riposo assoluto* absolute Ruhe.
assoluzione *(f)* ***1*** *(dir)* Freispruch *(m)*. **2** *(relig)* Lossprechung *(f)*.
assolvere *(vt)* ***1*** *(dir)* frei|sprechen* *(vt)* ♦ *assolvere qcn da un'accusa* jmdn von einer Anklage freisprechen. **2** *(doveri, ecc)* erfüllen *(vt)*. **3** *(relig)* los|sprechen *(vt)*.
assomigliare *(vi)* ~ {~ *a qcn/qcs*} jmdm/etwas ähnlich sein* *(vi,* ist*)*.
assommare *(vi)* ~ sich belaufen *(vr)* ♦ *il prezzo assomma a 100 euro* der Preis beläuft sich auf 100 Euro.

assonnato *(agg)* ~ schläfrig, verschlafen.
assopire *(vt)* ~ ein|schläfern *(vt)*.
assopirsi *(vr)* ~ in Schlummer sinken* *(vi, ist)*.
assorbente[1] *(agg)* ~ aufsaugend.
assorbente[2] *(m)* ~ Damenbinde *(f)*; *(interno)* Tampon *(m)*.
assorbire *(vt)* ~ absorbieren *(vt)* auf|saugen* *(vt)*.
assordante *(agg)* ~ betäubend.
assordare *(vt)* ~ taub machen *(vt)*.
assortimento *(m)* ~ Sortiment *(n)*, Auswahl *(f)* ◆ *un assortimento di stoffe* ein Sortiment an Stoffen.
assortito *(agg)* ***1*** *(merce)* sortiert. ***2*** *(misto)* gemischt.
assottigliarsi *(vr)* ***1*** *(dimagrire)* schmal, dünn werden* *(vi, ist)*. ***2*** *(rastremare)* sich verjüngen *(vr)*.
assuefarsi *(vr)* ~ {~ *a qcs*} sich an etwas *(Acc)* gewöhnen *(vr)*.
assuefazione *(f)* ***1*** Gewöhnung *(f)*. ***2*** *(a droghe e sim)* Sucht *(f)*.
assumere *(vt)* ***1*** *(lavoratori)* an|stellen *(vt)*, ein|stellen *(vt)*. ***2*** *(atteggiamenti, abitudini, opinioni)* an|nehmen* *(vt)*, übernehmen* *(vt)* ◆ *assumere il comando* den Befehl übernehmen. ***3*** *(medicine)* nehmen* *(vt)*, ein|nehmen* *(vt)*.
assunzione *(f)* ***1*** *(di lavoratori)* Einstellung *(f)*, Anstellung *(f)*. ***2*** *(presa)* Übernahme *(f)*. ***3*** *(relig)* Himmelfahrt *(f)* ◆ *assunzione della Vergine* Mariä Himmelfahrt.
assurdità *(f)* ~ Absurdität *(f)*, Unsinn *(m)*.
assurdo *(agg)* ~ absurd.
asta *(f)* ***1*** Schaft *(m)*, Stab *(m)* *(anche sport)*. ***2*** *(incanto)* Auktion *(f)*. ***3*** *(di bandiera e sim)* Mast *(m)*. ◆ **a mezz'asta** halbmast *(avv)*. ◆ **mettere all'asta** versteigern *(vt)*. ◆ **vendita all'asta** Versteigerung *(f)*.
astemio[1] *(agg)* ~ abstinent.
astemio[2] *(m; f* **-a***)* ~ Abstinenzler *(m; f* -in*)*.
astenersi *(vr)* ~ sich enthalten* *(vr)* ◆ *astenersi dal fumo* sich des Rauchens enthalten ◆ *astenersi dal voto* sich der Stimme enthalten.
astensione *(f)* ~ Enthaltung *(f)*.
asterisco *(m)* ~ Sternchen *(n)*.
astice *(m)* ~ Hummer *(m)*.
astinenza *(f)* ~ Enthaltsamkeit *(f)*. ◆ **crisi di astinenza** Entzugserscheinung *(f)*.
astio *(m)* ~ Groll *(m)*.
astioso *(agg)* ~ gehässig.
astore *(m)* ~ *(zool)* Habicht *(m)*.
astratto *(agg)* ~ abstrakt.
astro *(m)* ~ Stern *(m)*, Gestirn *(n)*.
astrologia *(f)* ~ Astrologie *(f)*, Sterndeutung *(f)*.
astrologo *(m; f* **-a***)* ~ Astrologe *(m; f* -login*)*.
astronauta *(m/f)* ~ Astronaut *(m; f* -in*)*, Raumfahrer *(m; f* -in*)*.
astronautica *(n)* ~ Weltraumfahrt *(f)*.
astronave *(f)* ~ Weltraumschiff *(n)*, Raumschiff *(n)*.
astronomia *(f)* ~ Astronomie *(f)*, Sternkunde *(f)*.
astronomico *(agg)* ~ astronomisch.
astronomo *(m; f* **-a***)* ~ Astronom *(m; f* -in*)*.
astuccio *(m)* ***1*** *(per penne e matite)* Mäppchen *(n)*. ***2*** *(per occhiali e sim)* Etui *(n)*, Futteral *(n)*.
astuto *(agg)* ~ schlau, listig.
astuzia *(f)* ~ Schlauheit *(f)*, List *(f)*. ◆ **con grande astuzia** mit List und Tücke.
at *(m)* ~ *(elab)* Klammeraffe *(m)*.
ateo[1] *(agg)* ~ atheist.
ateo[2] *(m; f* **-a***)* ~ Atheist *(m; f* -in*)*.
atlante *(m)* ~ Atlas *(m)*.
atleta *(m/f)* ***1*** Athlet *(m; f* -in*)*. ***2*** *(sportivo)* Sportler *(m; f* -in*)*.
atletica *(f)* ~ Athletik *(f)* ◆ *atletica leggera* Leichtathletik.
atletico *(agg)* ~ athletisch.
atmosfera *(f)* ***1*** *(fis)* Atmosphäre *(f)*. ***2*** *(fig)* Stimmung *(f)*, Atmosphäre *(f)* ◆ *creare, rovinare l'atmosfera* Stimmung machen, verderben.
atomico *(agg)* ~ atomar, Atom- ◆ *bomba atomica* Atombombe *(f)* ◆ *centrale atomica* Atomkraftwerk *(n)*.
atomo *(m)* ~ Atom *(n)*.
atono *(agg)* ~ *(fon)* unbetont.
atrio *(m)* ~ Halle *(f)*.
atroce *(agg)* ~ grausam, grauenhaft.
atrocità *(f)* ~ Grausamkeit *(f)*.
atrofia *(f)* ~ *(med)* Verkümmerung *(f)*.
atrofizzarsi *(vr)* ~ *(med)* verkümmern *(vi, ist)*.

attaccabrighe *(m)* ~ Raufbold *(m)*.
attaccamento *(m)* ~ Verbundenheit *(f)* ♦ *attaccamento alla famiglia* Familienverbundenheit.
attaccante *(m/f)* ~ *(sport)* Stürmer *(m; f -in)*.
attaccapanni *(m)* ~ Kleiderständer *(m)*.
attaccare[1] *(vi)* ***1*** kleben *(vi, hat)*, haften *(vi, hat)* ♦ *il nastro adesivo non attacca bene* das Klebeband haftet nicht gut. ***2*** *(mus)* ein|setzen *(vi, hat)*. ◆ **essere, stare attaccato** *(appeso)* hängen* *(vi, hat)*. ◆ **essere attaccato a qcn/qcs** an jmdm/etwas hängen* *(vi, hat)*.
attaccare[2] *(vt)* ***1*** *(appiccicare)* kleben *(vt)*, an|kleben *(vt)*. ***2*** *(cucire)* an|nähen *(vt)*. ***3*** *(appendere)* hängen *(vt)*, an|hängen *(vt)*. ***4*** *(fissare)* befestigen *(vt)*. ***5*** *(malattia)* an|stecken *(vt)*. ***6*** *(aggredire)* an|greifen* *(vt)*. ***7*** *(mus)* ein|setzen *(vt)*.
attaccarsi *(vr)* ***1*** kleben *(vi, hat)*, an|kleben *(vi, ist)* ♦ *i capelli le si attaccavano alla fronte* die Haare klebten ihr an der Stirn. ***2*** {~ *a qcs*} sich an etwas *(Acc)* hängen *(vr)* ♦ *si è attaccata al telefono* sie hat sich ans Telefon gehängt. ***3*** *(affezionarsi)* {~ *a qcn*} sich an jmdn hängen *(vr)*. ***4*** *(nella cottura)* an|brennen* *(vi, ist)*. ***5*** *(attecchire)* an|wachsen *(vi, ist)*.
attaccatura *(f)* ~ *(anat)* Ansatz *(m)*.
attacco *(m)* ***1*** *(attaccatura)* Ansatz *(m)*. ***2*** *(mil)* Angriff *(m)* ♦ *un attacco a/contro qcn/qcs* ein Angriff auf (gegen) jmdn/etwas ♦ *attacco aereo* Luftangriff. ***2*** *(med)* Anfall *(m)*, Attacke *(f)* ♦ *attacco cardiaco* Herzanfall. ***3*** *(mus)* Einsatz *(m)*.
attardarsi *(vr)* ~ sich auf|halten* *(vr)*.
attecchire *(vi)* ~ Wurzeln schlagen* *(vt)*.
atteggiamento *(m)* ~ Einstellung *(f)*, Haltung *(f)*.
atteggiarsi *(vr)* ~ sich auf|spielen *(vr)* ♦ *atteggiarsi a vittima* sich als Opfer aufspielen.
attempato *(agg)* ~ betagt.
attendere *(vt)* ~ {~ *qcn/qcs*} auf jmdn/etwas warten *(vi, hat)* ♦ *attendo una risposta* ich warte auf eine Antwort. ◆ **farsi attendere** auf sich *(Acc)* warten lassen*.
attendibile *(agg)* ~ glaubwürdig, zuverlässig.
attendibilità *(f)* ~ Glaubwürdigkeit *(f)*, Zuverlässigkeit *(f)*.
attenersi *(vr)* ~ sich halten* *(vr)* ♦ *attenersi ai fatti* sich an die Tatsachen halten.
attentamente *(avv)* ~ aufmerksam.
attentato *(m)* ~ Anschlag *(m)*, Attentat *(n)* ♦ *compiere un attentato contro qcn* einen Anschlag auf jmdn verüben ♦ *attentato terroristico* Terroranschlag.
attentatore *(m; f* **-trice***)* ~ Attentäter *(m; f -in)*.
attento *(agg)* ***1*** aufmerksam ♦ *uno scolaro attento* ein aufmerksamer Schüler. ***2*** *(accurato)* sorgsam, sorgfältig. ◆ **(sta') attento!** pass auf! ◆ **stare attento a qcs** auf etwas *(Acc)* auf|passen *(vi, hat)*. ◆ **attenti!** Achtung!
attenuante[1] *(agg)* ~ mildernd, lindernd ♦ *circostanze attenuanti (dir)* mildernde Umstände.
attenuante[2] *(f)* ~ Milderungsgrund *(m)*.
attenuare *(vt)* ~ mildern *(vt)*, ab|schwächen *(vt)*.
attenuarsi *(vr)* ~ sich mildern *(vr)*.
attenuazione *(f)* ~ Milderung *(f)*.
attenzione *(f)* ~ *(solo sing)* Aufmerksamkeit *(f)*, Beachtung *(f)* ♦ *rivolgere l'attenzione a qcs* die Aufmerksamkeit auf etwas *(Acc)* richten. ◆ **attenzione!** Achtung!, Vorsicht! ♦ *attenzione allo scalino!* Vorsicht, Stufe! ◆ **fare attenzione a qcn/qcs** auf jmdn/etwas auf|passen. ◆ **alla cortese attenzione di** zu Händen von.
atterraggio *(m)* ~ Landung *(f)* ♦ *atterraggio di emergenza* Notlandung. ◆ **fare un atterraggio di emergenza** notlanden *(vi, ist)*.
atterrare *(vt)* ***1*** *(aeron)* landen *(vi, ist)*. ***2*** *(buttare a terra)* nieder|schlagen* *(vt)*.
atterrire *(vt)* ~ entsetzen *(vt)*.
attesa *(f)* ***1*** Warten *(n)*, Wartezeit *(f)*. ***2*** *(aspettativa)* Erwartung *(f)* ♦ *in attesa di una Sua risposta* in Erwartung einer Antwort von Ihnen.
atteso *(agg)* ***1*** erwartet. ***2*** *(desiderato)* erwünscht.
attestare *(vt)* ***1*** *(documentare)* bezeugen *(vt)*. ***2*** *(certificare)* bescheinigen *(vt)*.
attestato *(m)* ***1*** Bescheinigung *(f)*, Attest *(n)*, Zeugnis *(n)*. ***2*** *(di esame universitario)* Schein *(m)*.

attestazione *(f)* ~ Bescheinigung *(f)*.
attico *(m)* ~ Dachwohnung *(f)*.
attillato *(agg)* ~ eng anliegend.
attimo *(m)* ~ Augenblick *(m)*, Moment *(m)* ♦ *in un attimo di debolezza* in einem schwachen Augenblick. ◆ **in un attimo** im Nu; in einem Nu.
attinente *(agg)* ~ betreffend, einschlägig.
attingere *(vt)* ~ schöpfen *(vt)* ♦ *attingere a piene mani* aus dem Vollen schöpfen.
attirare *(vt)* **1** an|ziehen* *(vt)*. **2** *(allettare)* an|locken *(vt)*, locken *(vt)*.
attitudinale *(agg)* ~ **test attitudinale** Eignungstest *(m)*.
attitudine *(f)* ~ Eignung *(f)*, Befähigung *(f)*.
attivamente *(avv)* ~ aktiv.
attivare *(vt)* ~ in Betrieb setzen *(vt)*.
attività *(f)* **1** Aktivität *(f)*, Tätigkeit *(f)* ♦ *svolgere un'attività* eine Tätigkeit ausüben. **2** *(occupazione; lavoro)* Beschäftigung *(f)*.
attivo[1] *(agg)* **1** aktiv, tätig. **2** *(che lavora)* werktätig. **3** *(efficace)* wirksam. ◆ **sostanza, principio attivo** Wirkstoff *(m)*.
attivo[2] *(m)* **1** *(di conto)* Guthaben *(n)*. **2** *(gramm)* Aktiv *(n)*.
attizzare *(vt)* ~ schüren *(vt)*.
attizzatoio *(m)* ~ Feuerhaken *(m)*.
atto *(m)* **1** *(azione, gesto, impresa)* Tat *(f)*, Akt *(m)*. **2** *(pl) (documenti)* Akte *(f)*, Papier *(n)* ♦ *mettere qcs agli atti* etwas zu den Akten legen. **3** *(teatr)* Akt *(m)*. ◆ **prendere atto di qcs** von etwas Kenntnis nehmen.
attonito *(agg)* ~ entgeistert.
attorno *(avv)* ~ *vedi* **intorno**.
attorcigliare *(vt)* **1** *(arricciare)* ringeln *(vt)*. **2** {~ *qcs intorno a qcs*} etwas um etwas winden* *(vt)*.
attorcigliarsi *(vr)* **1** *(capelli)* sich ringeln *(vr)*. **2** {~ *intorno a qcs*} sich um etwas winden* *(vr)*.
attore *(m; f* **-trice***)* ~ Schauspieler *(m; f* -in*)* *(anche fig)*. ◆ **di attore, da attore** schauspielerisch *(agg)*.
attorniare *(vt)* ~ umringen *(vt)*.
attraccare *(vi)* ~ an|legen *(vi*, hat*)*.
attraente *(agg)* **1** *(persona)* attraktiv. **2** *(allettante)* lockend.
attrarre *(vt)* **1** {~ *qcn verso qcs*} jmdn zu jmdm/etwas hin|ziehen* *(vt)*. **2** *(allettare)* an|locken *(vt)*.
attrattiva *(f)* ~ Anziehungskraft *(f)*, Reiz *(m)*.
attraversamento *(m)* ~ Übergang *(m)*, Durchzug *(m)* ♦ *attraversamento pedonale* Fußgängerübergang.
attraversare *(vt)* **1** überqueren *(vt)*; durchqueren *(vt)* ♦ *attraversare un paese* ein Land durchqueren ♦ *attraversare la strada* die Straße überqueren. **2** *(con un veicolo)* durch|fahren* *(vi*, ist*)*. **3** *(volando)* durchfliegen* *(vt)*. **4** *(luoghi, in un viaggio)* (durch etwas) durch|reisen *(vi*, ist*)*. **5** *(sensazioni, pensieri, ecc)* durchzucken *(vt)*, gehen**(vt)* ♦ *un pensiero gli attraversò la mente* ein Gedanke ging ihm durch den Kopf.
attraverso[1] *(prep)* **1** *(moto a luogo; tempo)* durch *(+ Acc)*. **2** *(mezzo)* durch *(+ Acc)*, mittels *(+ Gen)*.
attraverso[2] *(avv)* **1** *(obliquamente)* quer durch. **2** *(di traverso)* schief.
attrazione *(f)* ~ Anziehung *(f)*.
attrezzare *(vt)* ~ aus|rüsten *(vt)*, aus|statten *(vt)*.
attrezzatura *(f)* **1** Ausstattung *(f)*, Ausrüstung *(f)*. **2** *(pl) (attrezzi)* Werkzeuge *(pl)*.
attrezzo *(m)* **1** Gerät *(n)*. ♦ *attrezzo ginnico* Turngerät. **2** *(di lavoro)* Werkzeug *(n)*.
attribuire *(vt)* **1** zu|schreiben* *(vt)*. **2** *(premi)* zu|erkennen* *(vt)*. **3** *(importanza)* bei|legen *(vt)*, bei|messen* *(vt)*.
attributo *(m)* ~ Attribut *(n)*.
attribuzione *(f)* ~ *(conferimento)* Zuerkennung *(f)*.
attrito *(m)* **1** *(fis)* Reibung *(f)*. **2** *(contrasto)* Reiberei *(f)* *(spec pl)*.
attuabile *(agg)* ~ *(fattibile)* machbar.
attuale *(agg)* **1** aktuell, zeitgemäß. **2** *(presente)* derzeitig, gegenwärtig ♦ *la situazione attuale* die derzeitige Lage.
attualità *(f)* ~ Aktualität *(f)*.
attualmente *(avv)* **1** gegenwärtig, derzeit. **2** *(in questo momento)* zurzeit, im Moment.
attuare *(vt)* ~ verwirklichen *(vt)*, durch|führen *(vt)* ♦ *attuare un progetto* einen Plan verwirklichen.
attuarsi *(vr)* ~ sich verwirklichen *(vr)*.
attuazione *(f)* ~ Verwirklichung *(f)*, Ausführung *(f)*, Realisierung *(f)*.
attutire *(vt)* ~ *(luce, suoni)* dämpfen *(vt)*.

audace[1] *(agg)* **1** *(temerario; idee, progetti)* kühn, wagemutig. **2** *(osé)* gewagt.
audace[2] *(m/f)* ~ Draufgänger *(m; f* -in*)*.
audacia *(f)* ~ *(temerarietà)* Kühnheit *(f)*.
audio *(m)* ~ Ton *(m)*.
augurare *(vt)* ~ wünschen *(vt)* ♦ *augurare buona fortuna a qcn* jmdm viel Glück wünschen.
augurio *(m)* ~ Glückwunsch, Wunsch *(m)* ♦ *auguri sinceri* herzlichen Glückwunsch. ➡ **tanti auguri** alles Gute. ➡ **fare gli auguri di compleanno a qcn** jmdm zum Geburtstag gratulieren, jmdm alles Gute zum Geburtstag wünschen.
aula *(f)* **1** *(scolastica)* Klassenzimmer *(n)*, Klasse *(f)*. **2** *(universitaria)* Hörsaal *(m)*.
aumentare[1] *(vi)* **1** *(crescere)* zu|nehmen* *(vi*, hat*)*, wachsen* *(vi*, ist*)* ♦ *l'afa aumenta* die Hitze nimmt zu. **2** *(crescere, moltiplicarsi)* sich vermehren *(vr)*. **3** *(ingrandirsi)* sich vergrößern *(vr)*.
aumentare[2] *(vt)* **1** *(incrementare)* steigern *(vt)* ♦ *aumentare la velocità* die Geschwindigkeit steigern. **2** *(moltiplicare)* vermehren *(vt) (anche fig)* ♦ *aumentare gli sforzi* seine Anstrengungen vermehren. **3** *(ingrandire)* vergrößern *(vt)*. **4** *(alzare)* erhöhen *(vt) (anche mus)* ♦ *aumentare le tasse* die Steuern erhöhen.
aumento *(m)* ~ Steigerung *(f)*, Erhöhung *(f)*; *(peso)* Zunahme *(f)* ♦ *aumento di stipendio* Lohnerhöhung.
aureo *(agg)* ~ golden, Gold-.
aureola *(f)* ~ Heiligenschein *(m)*.
aurora *(f)* ~ Morgenröte *(f)*.
auscultare *(vt)* ~ ab|horchen *(vt)*.
ausiliare *(agg)* ~ Hilfs- ♦ *verbo ausiliare* Hilfsverb *(n)*.
ausiliario *(agg)* ~ Hilfs-.
ausilio *(m)* ~ Hilfe ♦ *con l'ausilio di qcs* mit Hilfe etwas *(Gen)*.
auspicabile *(agg)* ~ erstrebenswert.
auspicio *(m)* **1** *(segno, presagio)* Vorzeichen *(n)*. **2** *(protezione)* Schutz *(m)*.
austero *(agg)* ~ streng, hart.
autenticamente *(avv)* ~ echt.
autenticare *(vt)* ~ beglaubigen *(vt)*.
autenticità *(f)* ~ Echtheit *(f)*.
autentico *(agg)* ~ echt.
autista *(m)* ~ Fahrer *(m; f* -in*)*.
auto *(f)* ~ Wagen *(m)*, Auto *(n)* ♦ *auto da corsa* Rennwagen ♦ *auto sportiva* Sportwagen. ➡ **posto auto** Parkplatz *(m)*.
auto- *(pref)* ~ Selbst-, selbst- ♦ *autoaccusa* Selbstanklage *(f)*.
autoadesivo *(agg)* ~ selbstklebend.
autoambulanza *(f)* ~ Krankenwagen *(m)*.
autobiografia *(f)* ~ Autobiografie *(f)*.
autobiografico *(agg)* ~ autobiografisch.
autobotte *(f)* ~ Tankfahrzeug *(n)*, Tankwagen *(m)*.
autobus *(m)* ~ Autobus, Bus *(m)* ♦ *prendere l'autobus* den Bus nehmen/mit dem Bus fahren.
autocaravan *(m)* ~ Wohnmobil *(n)*.
autocisterna *(f)* ~ Tankfahrzeug *(n)*, Tankwagen *(m)*.
autocontrollo *(m)* ~ Selbstbeherrschung *(f)*.
autocritica *(f)* ~ Selbstkritik *(f)*.
autoctono *(agg)* ~ einheimisch.
autodidatta *(m/f)* ~ Autodidakt *(m; f* -in*)*.
autodifesa *(f)* ~ Selbstverteidigung *(f)*.
autodromo *(m)* ~ Autorennbahn *(f)*.
autofficina *(f)* ~ Autowerkstatt *(f)*.
autogol *(m)* ~ Eigentor, Selbsttor *(n)*.
autografare *(vt)* ~ signieren *(vt)*.
autografo *(m)* ~ *(di persone famose)* Autogramm *(n)*.
autogrill *(m)* ~ Autobahnrasthof *(m)*, Raststätte *(f)*.
autoironia *(f)* ~ Selbstironie *(f)*.
automa *(m)* ~ Roboter *(m)*, Automat *(m)*.
automaticamente *(avv)* ~ automatisch.
automatico *(agg)* ~ automatisch; selbsttätig ♦ *completamente automatico* vollautomatisch.
automobile *(f)* ~ Automobil *(n)*, Wagen *(m)*.
automobilista *(m/f)* ~ Autofahrer *(m; f* -in*)*, Fahrer *(m; f* -in*)* ♦ *automobilista sportivo* Rennfahrer.
autonoleggio *(m)* ~ Autoverleih *(m)*.
autonomia *(f)* **1** *(indipendenza)* Selbstständigkeit *(f)*. **2** *(di mezzi)* Reichweite *(f)*.
autonomo *(agg)* ~ *(indipendente)* selbstständig.
autopsia *(f)* ~ *(med)* Sektion *(f)*, Obduktion *(f)* ♦ *fare un'autopsia* eine Obduktion durchführen.
autoradio *(f)* ~ Autoradio *(n)*.

autore *(m)* ***1*** Urheber *(m; f* -in*)*. ***2*** *(di uno scritto)* Autor *(m)*, Verfasser *(m; f* -in*)*. ***3*** *(di un delitto)* Täter *(m;* f -in*)*.
autorevole *(agg)* ~ *(influente)* maßgebend.
autorità *(f)* ***1*** *(potere)* Autorität *(f)*, Gewalt *(f)*, Macht *(f)* ♦ *autorità dello stato* Staatsgewalt. ***2*** *(organo amministrativo)* Behörde *(f)*. ***3*** *(persona autorevole)* Autorität *(f)*, Prominenz *(f)*.
autoritario *(agg)* ~ autoritär.
autoritratto *(m)* ~ Selbstbildnis *(n)*, Selbstporträt *(n)*.
autorizzare *(vt)* ***1*** *(concedere, accordare)* bewilligen *(vt)*, genehmigen *(vt)*. ***2*** *(delegare)* {~ *qcn a qcs*} jmdn zu etwas ermächtigen *(vt)*. ***3*** *(permettere)* erlauben *(vt)*.
autorizzato *(agg)* ***1*** *(permesso)* erlaubt. ***2*** *(avente diritto)* berechtigt. ◆ **non autorizzato** *(persona)* unbefugt.
autorizzazione *(f)* ***1*** *(concessione)* Bewilligung *(f)*. ***2*** *(permesso)* Erlaubnis *(f)*. ***3*** *(delega)* Ermächtigung *(f)*.
autoscuola *(f)* ~ Fahrschule *(f)*.
autostop *(m)* ~ Autostopp *(m)*. ◆ **fare l'autostop** trampen *(vi*, hat*)*.
autostoppista *(m/f)* ~ Anhalter *(m; f* -in*)*, Tramper *(m;* f -in*)*.
autostrada *(f)* ~ Autobahn *(f)*.
autosufficiente *(agg)* ~ *(agg)* selbstständig.
autotreno *(m)* ~ Lastzug *(m)*.
autoveicolo *(m)* ~ Kraftfahrzeug *(n)* *(abbrev* Kfz*)*.
autovettura *(f)* ~ Personen(kraft)wagen *(m)* *(abbrev* PKW*)*.
autunnale *(agg)* ~ herbstlich.
autunno *(m)* ~ Herbst *(m)* ♦ *in autunno* im Herbst.
avambraccio *(m)* ~ Unterarm *(m)*.
avanti *(avv)* ***1*** *(stato)* vorn *(fam* vorne*)*, voran, voraus ♦ *è seduto due file avanti* er sitzt zwei Reihen vorne ♦ *essere avanti rispetto a qcn/qcs* jmdm/etwas voraus sein. ***2*** *(moto a luogo)* nach vorn(e), vorwärts, voran ♦ *un passo (in) avanti* ein Schritt vorwärts ♦ *andare avanti* vorwärts gehen/voran gehen. ***3*** *(moto)* näher ♦ *vieni avanti* komm näher. ***4*** *(tempo)* voraus; *(dopo)* später ♦ *essere avanti con il lavoro* mit der Arbeit voraus sein ♦ *ci vediamo più avanti* wir treffen uns später. ***5*** *(ad un punto)* weit ♦ *quanto sei avanti con la tua relazione?* wie weit bist du mit deinem Referat? ◆ **avanti Cristo** vor Christus *(abbrev* v.Chr.*)*. ◆ **l'orologio va avanti** die Uhr geht vor. ◆ **avanti e indietro** hin und zurück/ein und aus. ◆ **avanti!** ***1*** *(invito ad entrare)* herein! *(avv)*. ***2*** *(continua!)* weiter! ◆ **in avanti** *(moto)* vornüber *(avv)* ♦ *cadere in avanti* vornüber fallen. ◆ **più avanti** *(spazio)* weiter *(avv)* ♦ *abito tre case più avanti* ich wohne drei Häuser weiter. ◆ **farsi avanti** *(a spinte)* sich drängen *(vr)* ♦ *farsi avanti fra la folla* sich durch die Menge drängen.
avanzamento *(m)* ***1*** *(il procedere)* Fortkommen *(n)*. ***2*** *(in carriera)* Fortkommen *(n)*, Aufstieg *(m)*.
avanzare[1] *(vi)* ***1*** *(andare avanti)* vorwärts gehen**(vi*, ist*)*, vor|rücken *(vi*, ist*)*, vor|kommen *(vi*, ist*)*. ***2*** *(socialmente)* hoch|kommen* *(vi*, ist*)*. ***3*** *(nella carriera o nello sport)* auf|steigen* *(vi*, ist*)*. ***4*** *(rimanere)* übrig bleiben* *(vi*, ist*)* ♦ *della torta è avanzato ancora un pezzo* von der Torte ist noch ein Stück übrig geblieben.
avanzare[2] *(vt)* ***1*** *(spostare avanti)* vor|rücken *(vt)*. ***2*** *(presentare)* vor|bringen* *(vt)*, ein|reichen *(vt)*.
avanzata *(f)* ~ Vormarsch *(m)*.
avanzato *(agg)* ***1*** *(in avanti)* vorgerückt. ***2*** fortgeschritten ♦ *un uomo in età avanzata* ein Mann im fortgeschrittenen Alter. ***3*** *(progredito)* fortschrittlich ♦ *idee avanzate* fortschrittliche Idee. ***4*** *(rimasto in avanzo)* übrig geblieben.
avanzo *(m)* ~ Rest *(m)*.
avaria *(f)* ~ Havarie *(f)*, Schaden *(m)*. ◆ **essere in, avere un'avaria** havarieren *(vi*, hat*)*.
avariato *(agg)* ~ *(cibo)* verdorben.
avarizia *(f)* ~ Geiz *(m)*.
avaro[1] *(agg)* ***1*** geizig. ***2*** *(fig)* karg ♦ *avaro di parole* wortkarg.
avaro[2] *(m)* ~ Geizhals *(m)*.
avena *(f)* ~ *(bot)* Hafer *(m)*.
avere[1] *(vt)* ***1*** haben *(vt)* ♦ *avere una famiglia* eine Familie haben ♦ *avere paura, fame* Angst, Hunger haben ♦ *avere una malattia* eine Krankheit haben. ***2*** *(posse-*

dere) besitzen* *(vt) (anche fig)* ♦ *avere un cane* einen Hund besitzen ♦ *avere talento* Talent besitzen. ***3*** *(ricevere)* bekommen* *(vt)* ♦ *avere visite* Besuch bekommen ♦ *avere fame, la pelle d'oca* Hunger, eine Gänsehaut bekommen ♦ *ha avuto un bambino* sie hat ein Kind bekommen. ***4*** *(ausiliare)* haben, sein* ♦ *ho mangiato* ich habe gegessen ♦ *ho incontrato tua madre al mercato* ich bin Deiner Mutter auf dem Markt begegnet. ◆ **avere da** *(dovere)* haben zu *(+ inf)* ♦ *ho molto da fare* ich habe viel zu tun ♦ *ho due lettere da scrivere* ich habe zwei Briefe zu schreiben. ◆ **avercela con qcn** auf jmdn sauer, jmdm böse sein* ♦ *non avercela con me!* sei mir nicht böse!

avere[2] *(m)* ***1*** *(patrimonio)* Gut *(n)*. ***2*** *(econ)* Guthaben, Haben *(n)*.

aviatore *(m* ~ Flieger *(m)*.

aviazione *(f)* ***1*** Luftfahrt *(f)*. ***2*** *(mil)* Luftwaffe *(f)*.

avidità *(f)* ~ Gier, Habgier *(f)* ♦ *l'avidità di potere* die Gier nach Macht.

avido *(agg)* ~ begierig, süchtig, habgierig ♦ *essere avido di qcs* auf etwas *(Acc)* begierig sein.

aviere *(m)* ~ *(mil)* Flieger *(m)*.

avorio *(m)* ~ Elfenbein *(n)*.

avvallamento *(m)* ~ Senke *(f)*.

avvallarsi *(vr)* ~ ein|sinken* *(vi*, ist*)*.

avvantaggiare *(vt)* ~ bevorteilen *(vt)*.

avvantaggiarsi *(vr)* ~ *(guadagnare tempo)* Zeit gewinnen* *(vt)*.

avveduto *(agg)* ~ umsichtig, besonnen.

avvelenamento *(m)* ~ Vergiftung *(f)*.

avvelenare *(vt)* ***1*** *(persona; cibo)* vergiften *(vt)*. ***2*** *(appestare)* verpesten *(vt)* ♦ *avvelenare l'aria, l'ambiente* die Luft, die Umwelt verpesten.

avvelenarsi *(vr)* ~ Gift nehmen* *(vt)*, sich vergiften *(vr)*.

avvenimento *(m)* ***1*** Ereignis *(n)*, Vorfall *(m)* ♦ *un avvenimento felice triste* ein frohes, trauriges Ereignis. ***2*** *(pl)* Geschehen *(n)*.

avvenire *(vr)* ~ geschehen* *(vi*, ist*)*, vor|fallen* *(vi*, ist*)*.

avventatamente *(avv)* ~ leichthin.

avventatezza *(f)* ~ Leichtfertigkeit *(f)*.

avventato *(agg)* ~ leichtfertig, vorschnell.

Avvento *(m)* ~ *(relig)* Advent *(m)* ♦ *nel periodo dell'Avvento* im Advent.

avventura *(f)* ***1*** Abenteuer *(n)*. ***2*** *(scappatella)* Seitensprung *(m)*.

avventurarsi *(vr)* ~ sich wagen *(vr) (anche fig)*.

avventuriero *(m; f* **-a***)* ***1*** Abenteurer *(m; f* -in*)*. ***2*** *(imbroglione)* Hochstapler *(m; f* -in*)*.

avventuroso *(agg)* ~ abenteuerlich.

avverarsi *(vr)* ***1*** *(desideri, sogni)* sich erfüllen. ***2*** *(previsioni, timori, ecc)* sich bewahrheiten *(vr)*, ein|treffen* *(vi*, ist*)*.

avverbio *(m)* ~ *(gramm)* Adverb *(n)*, Umstandswort *(n)*.

avversare *(vt)* ~ {~ *qcn/qcs*} jmdn/etwas behindern *(vt)*, jmdm/etwas entgegen|treten* *(vi*, ist*)*.

avversario[1] *(agg)* ~ gegnerisch.

avversario[2] *(m)* ***1*** *(anche sport)* Gegner *(m; f* -in*)*. ***2*** *(pl) (sport)* Gegenpartei *(f)*.

avversione *(f)* ~ Abneigung *(f)*, Widerwille *(m)* ♦ *provare avversione per qcn/qcs* eine Abneigung gegen jmdn/etwas empfinden.

avversità *(f)* ~ *(di situazione e sim)* Widrigkeit *(f)*.

avverso *(agg)* ~ widrig, feindlich, gegnerisch.

avvertenza *(f)* ~ Anweisung *(f)*.

avvertimento *(m)* ***1*** *(consiglio)* Hinweis *(m)*. ***2*** *(ammonimento)* Warnung *(f)*.

avvertire *(vt)* ***1*** *(informare)* benachrichtigen *(vt)*. ***2*** *(ammonire)* warnen *(vt)*. ***3*** *(percepire)* spüren *(vt)*.

avviamento *(m)* ***1*** *(a un lavoro)* Einführung *(f)*. ***2*** *(dispositivo d'avviamento)* Anlasser *(m)*.

avviare *(vt)* ***1*** *(macchinari)* betreiben* *(vt)*, an|lassen* *(vt)*. ***2*** *(procedimenti e sim)* ein|leiten *(vt)*, an|bahnen *(vt)*. ***3*** *(iniziare, inaugurare)* auf|nehmen* *(vt)* ♦ *avviare relazioni con qcn* Beziehungen zu jmdm aufnehmen. ***4*** *(qcn a un lavoro)* ein|führen *(vt)*.

avviarsi *(vr)* ***1*** *(incamminarsi)* sich zum Gehen wenden* *(vr)*. ***2*** *(con veicoli)* an|fahren* *(vi*, ist*)*. ***3*** *(entrare in moto)* an|laufen* *(vi*, ist*)*.

avvicendamento *(m)* ~ Abwechseln *(n)*, Wechsel *(m)*.

avvicendare *(vt)* ~ ab|wechseln *(vt)*.
avvicendarsi *(vr)* ~ sich ab|wechseln *(vr)*.
avvicinamento *(m)* ~ Annäherung *(f)*.
avvicinare *(vt)* ***1*** {~ *qcs a qcs*} etwas an etwas *(Acc)* heran|rücken *(vt)*, heran|bringen *(vt)*. **2** *(due oggetti, stringere)* zusammen|rücken *(vt)*. ***3*** *(fig)* {~ *qcn/qcs a qcn*} jmdm jmdn/etwas nahe bringen *(vi*, ist*)*. ♦ *avvicinare gli alunni alla matematica* den Schülern die Mathematik nahe bringen.
avvicinarsi *(vr)* ***1*** {~ *a qcn/qcs*} sich jmdm/etwas nähern *(vr)*, annähern *(vr) (anche fig)*. **2** {~ *a qcn*} jmdm näher kommen*, näher treten*.
avvilente *(agg)* ~ entmutigend.
avvilimento *(m)* ~ Entmutigung *(f)*.
avvilire *(vt)* ~ entmutigen *(vt)*, nieder|drücken *(vt)*.
avvilito *(agg)* ~ niedergedrückt, entmutigt.
avvincente *(agg)* ~ spannend, fesselnd.
avvincere *(vt)* ~ *(coinvolgere, affascinare)* fesseln* *(vt)*, fangen* *(vt)*.
avvinghiare *(vt)* ~ umschlingen* *(vt)*.
avvinghiarsi *(vr)* ~ {~ *a qcn/qcs*} sich an jmdn/etwas klammern *(vr)*.
avvio *(m)* ~ Anbahnung *(f)*, Start *(m)*.
avvisare *(vt)* ***1*** {~ *qcn (di qcs)*} jmdn (von etwas) benachrichtigen *(vt)*. **2** *(avvertire)* warnen *(vt)*.
avviso *(m)* **1** *(annuncio)* Bekanntmachung *(f)*, Bekanntgabe *(f)*. **2** *(ammonimento)* Warnung *(f)*. **3** *(su giornali)* Anzeige *(f)*.
avvistamento *(m)* ~ Sichtung *(f)*.
avvistare *(vt)* ~ sichten *(vt)*.
avvitare *(vt)* ~ an|schrauben *(vt)*, schrauben *(vt)*, verschrauben *(vt)*.
avvizzire *(vi)* ~ welken *(vi*, ist*)*, verwelken *(vi*, ist*)*.
avvizzito *(agg)* ~ welk.
avvocato *(m; f* **-a***)* ~ Rechtsanwalt, Anwalt *(m; f* -wältin*)*.
avvolgere *(vt)* ***1*** *(arrotolare)* wickeln *(vt)*, ein|wickeln *(vt)*, auf|wickeln *(vt)* ♦ *mi avvolsi una sciarpa intorno al collo* ich wickelte mir einen Schal um den Hals. **2** *(avviluppare)* ein|hüllen *(vt)*, umhüllen *(vt)*.
avvolgersi *(vr)* ***1*** *(arrotolarsi)* sich rollen *(vr)*, sich ein|rollen *(vr)*. **2** *(avvilupparsi)* sich ein|hüllen *(vr)*.
avvolgibile *(m)* ~ *(serranda)* Rollladen *(m)*, Rollo *(n)*.
avvoltoio *(m)* ~ Geier *(m)*.
azalea *(f)* ~ Azalee *(f)*.
azienda *(f)* ~ Betrieb *(m)*.
aziendale *(agg)* ~ betrieblich.
azionamento *(m)* ~ Betätigung *(f)*.
azionare *(vt)* ***1*** betätigen *(vt)* ♦ *azionare una leva einen Hebel* betätigen. **2** *(macchinari)* betreiben* *(vt)*. ***3*** *(con un interruttore)* schalten *(vi)*.
azionarsi *(vr)* ~ *(elettricamente)* sich ein|schalten*.
azione *(f)* ***1*** *(atto)* Tat *(f)*, Handlung *(f)* ♦ *un uomo d'azione* ein Mann der Tat. **2** *(attività)* Aktion *(f)* ♦ *essere, entrare in azione* in Aktion sein, treten. ***3*** *(di romanzo e sim)* Handlung *(f)*. ***4*** *(econ)* Aktie *(f)*. ***5*** *(intervento)* Einsatz *(m)*. ***6*** *(effetto)* Einwirkung *(f)*. ***7*** *(sport)* Spielzug *(m)*.
azionista *(m/f)* ~ *(econ)* Aktionär *(m; f* -in*)*.
azoto *(m)* ~ *(chim)* Stickstoff *(m)*.
azzannare *(vt)* ~ beißen* *(vt)*, auf|schnappen *(vt)*.
azzardare *(vt)* ~ riskieren *(vt)*, wagen *(vt)*.
azzardarsi *(vr)* ~ (sich) wagen *(vr)*.
azzardo *(m)* ~ Risiko *(n)*. ◆ **gioco d'azzardo** Glücksspiel *(n)*.
azzeccare *(vt)* ~ erraten* *(vt)*.
azzerare *(vt)* ~ auf Null stellen *(vt)*.
azzoppare *(vt)* ~ lahm machen *(vt)*.
azzopparsi *(vr)* ~ lahm werden* *(vi*, ist*)*.
azzuffarsi *(vr)* ~ sich raufen *(vr)*, sich balgen *(vr)*.
azzurro[1] *(agg)* ~ blau, hellblau.
azzurro[2] *(m)* ~ Blau *(n)*.
azzurrognolo *(agg)* ~ bläulich.

b

babbeo *(m)* ~ Tölpel *(m)*, Tropf *(m)*.
babbo *(m)* ~ Papa *(m)*.
babbuino *(m)* ~ Pavian *(m)*.
babysitter *(f)* ~ Babysitter *(m; f* -in*)*.
bacato *(agg)* ~ wurmig, wurmstichig.
bacca *(f)* ~ Beere *(f)*.
baccalà *(m)* ~ Stockfisch *(m)*.
baccano *(m)* ~ Lärm *(m)*. ◆ **fare baccano** lärmen *(vi,* hat*)*.
baccello *(m)* ~ Hülse *(f)*, Schote *(f)*.
bacchetta *(f)* ***1*** Stock *(m)*, Stab *(m)* ◆ *bacchetta magica* Zauberstab. ***2*** *(di tamburo e sim)* Schlägel *(m)*.
bacheca *(f)* ~ *(per affissioni)* schwarzes Brett *(n)*.
baciare *(vt)* ~ küssen *(vt)* ◆ *baciare qcn sulla bocca* jmdn auf den Mund küssen.
baciarsi *(vr)* ~ sich küssen *(vr)*.
bacinella *(f)* ***1*** Schüssel *(f)*. ***2*** *(tinozza)* Wanne *(f)*.
bacino *(m)* ***1*** *(geol/anat)* Becken *(n)* ◆ *bacino carbonifero* Kohlenbecken. ***2*** *(conca)* Mulde *(f)*. ***3*** *(idrico artificiale)* Bassin *(n)*. ***4*** *(naut)* Dock *(n)*. ◆ **bacino industriale** Ballungsgebiet *(n)*.
bacio *(m)* ~ Kuss *(m)* ◆ *dare un bacio sulla guancia a qcn* jmdm einen Kuss auf die Wange geben.
baco *(m)* ~ Wurm *(m)*, Made *(f)*. ◆ **baco da seta** Seidenraupe *(f)*.
badare *(vi)* ~ {~ *a qcn/qcs*} auf jmdn/etwas auf|passen* *(vi,* hat*)*, achten *(vi,* hat*)*, sich um jmdn/etwas kümmern *(vr)* ◆ *badare ai bambini* auf die Kinder aufpassen/achten ◆ *bada ai fatti tuoi!* kümmere dich um deine Angelegenheiten! ◆ **badare che** dafür sorgen, dass ◆ *bada che i bambini si mettano qualcosa di caldo* sorge dafür, dass die Kinder sich warm anziehen.
badile *(m)* ~ Schaufel *(f)*.
baffo *(m)* ***1*** *(pl)* Schnurrbart *(m)* ◆ *portare i baffi* einen Schnurrbart tragen. ***2*** *(macchia)* Fleck *(m)*.
bagagliaio *(m)* ~ Kofferraum *(m)*.
bagaglio *(m)* ***1*** Gepäckstück *(n)*, Gepäck *(n)* ◆ *due bagagli* zwei Stück Gepäck. ***2*** *(a mano)* Handgepäck *(n)*. ◆ **deposito bagagli** Gepäckaufbewahrung *(f)*. ◆ **con armi e bagagli** mit Sack und Pack.
bagliore *(m)* ~ Schein *(m)*, Schimmer *(m)*.
bagnare *(vt)* ***1*** nass machen *(vt)*. ***2*** *(territori e sim)* durchfließen *(vt)* ◆ *il Danubio bagna l'Austria* die Donau durchfließt Österreich. ***3*** *(di sudore)* durch|schwitzen *(vt)*.
bagnato[1] *(agg)* ***1*** nass* ◆ *vestiti bagnati* nasse Kleider ◆ *l'erba è ancora bagnata di rugiada* das Gras ist noch nass vom Tau. ***2*** *(fradicio)* durchnässt.
bagnato[2] *(m)* ~ Nässe *(f)*.
bagnino *(m)* ~ Bademeister *(m; f* -in*)*, Schwimmmeister *(m; f* -in*)*.
bagno *(m)* ***1*** Bad *(n)*, Vollbad *(n)* ◆ *bagno caldo, freddo* heißes, kaltes Bad. ***2*** *(stanza)* Badezimmer *(n)*, Bad *(n)*. ***3*** *(toilette)* Toilette *(f)* ◆ *andare al bagno* auf die/zur

Toilette gehen. ◆ **fare il bagno** baden *(vi, hat)*; ein Bad nehmen *(vt)* ♦ *fare il bagno al mare* im Meer baden. ◆ **fare il bagno a qcn/qcs** jmdn/etwas baden *(vt)*. ◆ **mettere a bagno** *(alimenti)* wässern *(vt)*.

bagnomaria *(m)* ~ Wasserbad *(n)* ♦ *riscaldare qcs a bagnomaria* etwas im Wasserbad erwärmen.

bagnoschiuma *(m)* ~ Schaumbad *(n)*.

baia *(f)* ~ Meeresbucht, Bucht *(f)*, Haff *(n)*.

baita *(f)* ~ Berghütte, Hütte *(f)*.

balaustra *(f)* ~ Brüstung *(f)*, Geländer *(n)*.

balbettare *(vi/vt)* ~ stammeln *(vi/vt, hat)*, stottern *(vi/vt, hat)*, lallen *(vi/vt, hat)* *(spec bambini)* ♦ *balbettare una scusa* eine Entschuldigung stammeln/stottern.

balbettio *(m)* ~ Gestammel *(n)*, Gestotter *(n)*.

balconata *(f)* ~ *(teatr)* Rang *(m)*.

balcone *(m)* ~ Balkon *(m)*.

baldacchino *(m)* ~ **letto a baldacchino** Himmelbett *(n)*.

baldanzoso *(agg)* ~ schneidig.

balena *(f)* ~ Walfisch *(m)*, Wal *(m)* ♦ *caccia alla balena* Walfang *(m)*.

balenare *(vi)* ~ auf|blitzen *(vi, ist)* ♦ *all'improvviso gli balenò un'idea* plötzlich blitzte eine Idee in ihm auf.

baleno *(m)* ~ Blitz *(m)*. ◆ **in un baleno** blitzschnell *(avv)*; im Nu; in einem Nu.

balestra *(f)* ~ Armbrust *(f)*.

balia[1] *(f)* ~ Amme *(f)*.

balia[2] *(f)* ~ **essere in balia di qcn/qcs** jmdm/etwas ausgeliefert sein*. ◆ **lasciare qcn/qcs in balia di qcn/qcs** *(pericoli e sim)* jmdn/etwas jmdm/etwas preis|geben* *(vt)*.

balla *(f)* ~ *(sacco; unità di misura)* Ballen *(m)*.

ballare *(vi/vt)* ~ tanzen *(vi/vt, hat)* ♦ *sa ballare bene, è brava a ballare* sie kann gut tanzen.

ballata *(f)* ~ Ballade *(f)*.

ballerino *(m)* ~ Balletttänzer, Tänzer *(m; f -in)*.

balletto *(m)* ~ Ballett *(n)*.

ballo *(m)* ***1*** *(danza)* Tanz *(m)*. ***2*** *(festa)* Ball *(m)* ♦ *andare ad un ballo* auf einen Ball gehen. ◆ **corpo di ballo** Ballett *(n)*. ◆ **essere in ballo** ins Spiel kommen* *(vi, ist)*.

ballottaggio *(m)* ~ Stichwahl *(f)*.

baluardo *(m)* ~ Bollwerk *(n)*.

balzare *(vi)* ***1*** *(in piedi)* auf|springen ♦ *balzare su dal letto* aus dem Bett aufspringen. ***2*** {~ *fuori (da qcs)*} (aus etwas) hervor|springen* *(vi, ist)*. ***3*** sich schwingen* *(vr)* ♦ *balzare in sella* sich in den Sattel schwingen. ***4*** *(temperature, prezzi, ecc)* klettern *(vi, ist)*. ◆ **balzare agli occhi** ins Auge springen*.

balzo *(m)* ***1*** *(salto)* Sprung *(m)*, Satz *(m)*. ***2*** *(scatto, sussulto)* Ruck *(m)*.

bambagia *(f)* ~ Watte *(f)* ♦ *tenere qcn nella bambagia* jmdn in Watte packen.

bambina *(f)* ~ Mädchen *(n)*.

bambinaia *(f)* ~ Kindermädchen *(n)*, Kinderfrau *(f)*.

bambinata *(f)* ~ Kinderei *(f)*.

bambino *(m)* ***1*** Kind *(n)*, Kleine(r, -s) *(m/f/n)* ♦ *aspettare un bambino* ein Kind bekommen/erwarten ♦ *da bambino* als (kleines) Kind ♦ *fin da bambino* von Kind an. ***2*** *(ragazzino)* ein kleiner Junge *(m)*; *(ragazzina)* ein kleines Mädchen *(n)*.

bambola *(f)* ~ Puppe *(f)*.

bambù *(m)* ~ Bambus *(m)*.

banale *(agg)* ***1*** banal, trivial. ***2*** *(superficiale)* flach.

banana *(f)* ~ Banane *(f)*.

banano *(m)* ~ Banane *(f)*.

banca *(f)* ~ Bank *(f)* ♦ *in banca (stato)* auf der Bank ♦ *in banca (moto)* auf die/zur Bank ♦ *aprire un conto in banca* ein Konto bei der Bank eröffnen ♦ *banca dati* Datenbank.

bancarella *(f)* ***1*** *(chiosco)* Bude *(f)*. ***2*** *(del mercato)* Marktbude *(f)*, Marktstand *(m)*.

bancarotta *(f)* ~ Bankrott *(m)* *(anche fig)*; Konkurs *(m)*, Pleite *(f)* ♦ *bancarotta fraudolenta* betrügerischer Bankrott ♦ *dichiarare bancarotta* seinen Bankrott erklären, Konkurs anmelden ♦ *fare bancarotta* Bankrott machen, Pleite gehen/-machen.

banchettare *(vi)* ~ tafeln *(vi, hat)*.

banchetto *(m)* ~ Festmahl *(n)*, Schmaus *(m)*.

banchiere *(m)* ~ Bankier *(m)*.
banchina *(f)* ~ Kai *(m)*.
banco *(m)* ***1*** Bank *(f)* ♦ *far saltare il banco* die Bank sprengen ♦ *banco di nebbia* Nebelbank ♦ *banco di nubi* Wolkenbank ♦ *banco da lavoro* Werkbank ♦ *banco di scuola* Schulbank, Bank. ***2*** *(di mercato e sim)* Marktbude *(f)* Marktstand *(m)*. ***3*** *(di bar e sim)* Büfett *(n)*. ***4*** *(di mescita)* Theke *(f)*. ◆ **banco di pesci** Fischschwarm *(m)*.
bancomat *(m)* ***1*** *(sportello)* Bankautomat, Geldautomat *(m)*. ***2*** Kreditkarte *(f)*.
bancone *(m)* ~ Tresen *(m)*, Theke *(f)*.
banconota *(f)* ~ Banknote *(f)*, Geldschein *(m)*.
banda *(f)* ***1*** *(di malviventi)* Bande *(f)*, Gang *(f)*. ***2*** *(musicale)* Kapelle *(f)*, Musikkapelle *(f)*. ***3*** *(radio)* Band *(n)*.
banderuola *(f)* ~ Wetterfahne *(f)*, Wetterhahn *(m)*.
bandiera *(f)* ~ Fahne *(f)*; *(di navi)* Flagge *(f)* ♦ *la nave batte bandiera tedesca* das Schiff fährt unter deutscher Flagge ♦ *alzare bandiera bianca* die weiße Fahne zeigen.
bandire *(vt)* ***1*** *(concorso)* aus|schreiben* *(vt)*. ***2*** *(esiliare)* verbannen *(vt)*.
bandito *(m; f* **-a***)* ~ Bandit *(m)*; *(brigante)* Räuber *(m; f* -in*)*.
bando *(m)* ***1*** *(di concorso)* Ausschreibung *(f)*. ***2*** *(cacciata)* Verbannung *(f)*.
bar *(m)* ***1*** Bar *(f)*. ***2*** *(in teatri, aziende, ecc)* Erfrischungsraum *(m)*.
bara *(f)* ~ Sarg *(m)*.
baracca *(f)* ***1*** Baracke *(f)*. ***2*** *(rimessa)* Verschlag *(m)*.
barare *(vi)* ~ falsch spielen *(vt)*, betrügen* *(vt)* ♦ *barare al gioco* beim/im Spiel betrügen.
baratro *(m)* ~ Tiefe *(f)*.
barattare *(vt)* ~ ein|handeln *(vt)* ♦ *barattare qcs con qcs* etwas gegen/für etwas ein|handeln.
barattolo *(m)* ***1*** Dose *(f)*, Büchse *(f)*. ***2*** *(di vetro)* Glas *(n)*.
barba *(f)* ~ Bart *(m)* ♦ *lasciarsi crescere la barba* sich *(Dat)* einen Bart stehen/wachsen lassen. ◆ **lametta da barba** Rasierklinge *(f)*. ◆ **schiuma da barba** Rasierschaum *(m)*. ◆ **farsi la barba** sich rasieren *(vr)*. ◆ **fare la barba a qcn** jmdn rasieren *(vt)*.
barbabietola *(f)* ~ Runkelrübe *(f)*. ◆ **barbabietola da zucchero** Zuckerrübe *(f)*.
barbagianni *(m)* ~ Schleiereule *(f)*.
barbarico *(agg)* ~ barbarisch.
barbaro *(m)* ~ Barbar *(m; f* -in*)*.
barbiere *(m)* ~ Friseur *(m)*, Herrenfriseur *(m)*.
barboncino *(m)* ~ Pudel *(m)*.
barbone *(m)* ~ Penner *(m)*.
barbuto *(agg)* ~ bärtig.
barca *(f)* ***1*** Boot *(n)* ♦ *andare in barca* in einem/mit einem Boot fahren ♦ *barca a remi* Ruderboot ♦ *barca a vela* Segelboot ♦ *barca da pesca* Fischerboot. ***2*** *(chiatta)* Kahn *(m)*. ◆ **andare in barca a remi** rudern *(vi*, ist*)*. ◆ **andare in barca a vela** segeln *(vi*, ist/hat*)*.
barcaiolo *(m)* ~ Fährmann *(m)*.
barcollante *(agg)* ~ wankend, schwankend.
barcollare *(vi)* ~ taumeln *(vi*, ist/hat*)*, wanken *(vi*, ist*)*, schwanken *(vi*, hat*)*.
barcone *(m)* ~ *(chiatta)* Kahn *(m)*.
barella *(f)* ~ Tragbahre, Bahre *(f)* ♦ *portare via qcn in barella* jmdn auf einer Bahre wegtragen.
baricentro *(m)* ~ *(fis)* Schwerpunkt *(m)*.
barista *(m/f)* ~ Barmann *(m; f* Barfrau*)*.
barlume *(m)* ~ Schimmer *(m)*.
baro *(m)* ~ Falschspieler *(m; f* -in*)*.
barocco *(agg)* ~ barock.
barometro *(m)* ~ Barometer *(n)*.
barone *(m)* ~ Baron *(m; f* -in*)*.
barra *(f)* ***1*** Stange *(f)*. ***2*** *(di metallo)* Barren *(m)*. ***3*** *(di comando)* Steuerknüppel *(m)*. ◆ **barra spaziatrice** Leertaste *(f)*.
barricata *(f)* ~ Barrikade *(f)* ♦ *andare, salire sulle barricate* auf die Barrikaden gehen, steigen.
barriera *(f)* ~ Barriere *(f)*, Sperre *(f)*, Schranke *(f)* ♦ *abbattere le barriere* die Schranken niederreißen.
barrire *(vi)* ~ trompeten *(vi*, hat*)*.
barzelletta *(f)* ~ Witz *(m)*.
basare *(vt)* ~ {~ *qcs su qcs*} etwas auf etwas *(Acc)* gründen *(vt)*, etwas auf etwas *(Dat)* auf|bauen.
basarsi *(vr)* ~ {~ *su qcs*} sich auf etwas *(Acc)* gründen *(vr)*, sich auf etwas *(Acc)*

stützen *(vr)*, auf etwas *(Dat)* beruhen *(vi, hat)*.

base *(f)* ***1*** Basis *(f)*, Grundlage *(f)*, Unterlage *(f)*. ***2*** *(su cui costruire, ecc)* Grundstock *(m)*, Unterbau *(m)*. ***3*** *(mil)* Stützpunkt *(m)* ♦ *base navale* Flottenstützpunkt *(m)* ♦ *base aerea* Luftstützpunkt *(m)*. ◆ **di base** Grund- ♦ *nozioni di base* Grundkenntnisse. ◆ **sulla base di** anhand *(prep* + Gen*)*, auf der Basis *(+ Gen)* ♦ *sulla base delle testimonianze* anhand der Zeugnisse ♦ *su questa base* auf dieser Basis. ◆ **mettere qcs alla base di qcs** etwas *(Dat)* etwas zugrunde legen. ◆ **stare alla base di qcs** etwas *(Dat)* zugrunde liegen*.

basilare *(agg)* ~ grundlegend, grundsätzlich.

basilica *(f)* ~ Basilika *(f)*.

basilico *(m)* ~ Basilikum *(n)*.

basket *(m)* ~ Basketball *(m)*.

bassezza *(f)* ***1*** Niedertracht *(f)*. ***2*** *(meschinità)* Gemeinheit *(f)*.

basso[1] *(agg)* ***1*** niedrig ♦ *un tavolo basso* ein niedriger Tisch ♦ *una bassa pressione sanguigna* ein niedriger Blutdruck ♦ *un basso rischio* ein niedriges Risiko. ***2*** *(statura; cifre)* klein. ***3*** *(qualità; ceto)* gering, niedrig. ***4*** *(suono)* leise. ***5*** *(poco profondo)* seicht, niedrig ♦ *in questo punto l'acqua è bassa* an dieser Stelle ist der Wasserstand niedrig. ◆ **bassa pressione** *(atmosferica)* Tiefdruck *(m)*. ◆ **bassa stagione** Nebensaison.

basso[2] *(avv)* ~ unten *(stato in luogo)* ♦ *verso il basso* nach unten ♦ *dal basso verso l'alto* von unten nach oben. ◆ **in basso** ***1*** *(moto a luogo verso chi parla)* herunter, herab. ***2*** *(moto a luogo, lontano da chi parla)* hinunter.

basso[3] *(m)* ~ *(mus)* Bass *(m)*.

bassopiano *(m)* ~ Niederung *(f)*.

bassotto *(m)* ~ Dackel *(m)*.

basta *(interiez)* ~ **basta!** Schluss damit! ◆ **ora basta!** Schluss jetzt! ◆ **adesso basta!** jetzt ist's aber genug!/genug davon!, *(fam)* jetzt reicht's aber!

bastardo *(m)* ~ Bastard *(m)*.

bastare *(vi)* ***1*** reichen *(vi*, hat*)*, genügen *(vi*, hat*)* ♦ *ti bastano i soldi?* reicht dir das Geld? ***2*** *(impers)* man braucht, es genügt ♦ *basta chiedere* man braucht nur zu fragen. ◆ **come se non bastasse** obendrein *(avv)*, zum Überfluss.

bastonare *(vt)* ~ schlagen* *(vt)*, prügeln *(vt)*, verprügeln *(vt)*.

bastonata *(f)* ~ Stockschlag *(m)*.

bastone *(m)* ***1*** Stock *(m)*, Stange *(f)* ♦ *camminare con il bastone* Stock gehen. ***2*** *(randello)* Knüppel *(m)*.

batacchio *(m)* ~ Klöppel *(m)*, Schwengel *(m)*.

batosta *(f)* ~ Schlappe *(f)* ♦ *prendere una batosta* eine Schlappe einstecken.

battaglia *(f)* ~ Kampf *(m)*, Schlacht *(f)* ♦ *accettare battaglia* den Kampf aufnehmen. ◆ **campo di battaglia** Schlachtfeld *(n)*, Kampfplatz *(m)*. ◆ **piano di battaglia** Schlachtplan *(m)*. ◆ **da/in battaglia** kämpferisch *(agg/avv)*.

battagliero *(agg)* ~ kämpferisch, streitbar.

battaglio *(m)* ~ *vedi* **batacchio**.

battelliere *(m)* ~ Fährmann *(m)*.

battente *(m)* ~ Flügel *(m)*; *(della porta)* Türflügel *(m)*.

battere[1] *(vi)* ***1*** schlagen* *(vi*, hat*)*, klopfen *(vi*, hat*)*, pochen *(vi*, hat*)* ♦ *battere con i pugni sulla porta* mit der Faust an die Tür schlagen ♦ *battere sulla spalla di qcn* jmdm auf die Schulter klopfen ♦ *mi batteva forte il cuore* mein Herz schlug schnell ♦ *battono le ore* die Stunden schlagen. ***2*** {~ *contro qcn/qcs*} auf/gegen jmdn/etwas prallen *(vi*, ist*)*, an/gegen jmdn/etwas stoßen* *(vi*, ist*)* ♦ *ha battuto contro l'albero* sie ist gegen den Baum gestoßen. ***3*** *(della pioggia)* klatschen *(vi*, hat*)*, schlagen* *(vi*, hat*)* ♦ *la pioggia batte contro i vetri delle finestre, sul tetto* der Regen schlägt gegen die Fensterscheiben, klatscht auf das Dach. ***4*** *(con rumore)* klappern *(vi*, hat*)* ♦ *gli battono i denti* ihm klappern die Zähne.

battere[2] *(vt)* ***1*** *(colpire)* schlagen* *(vi*, hat*)*, zuschlagen *(vt)*, klopfen *(vt)* ♦ *batté il pugno sul tavolo* er schlug mit der Faust auf den Tisch ♦ *il gallo batte le ali* der Hahn schlägt mit den Flügeln ♦ *battere la carne, i tappeti* Fleisch, Teppiche klopfen ♦ *battere il tempo (mus)* den Takt schlagen ♦ *l'orologio batte la mezzanotte* die Uhr schlägt Mitternacht. ***2*** *(ur-*

tare) {~ *qcs*} sich *(Dat)* etwas prellen *(vt)*, sich an etwas *(Dat)* prellen *(vr)* ♦ *ho battuto il gomito* ich habe mir den Ellbogen geprellt/ich habe mich am Ellbogen geprellt. **3** *(superare)* {~ *qcn in qcs*} jmdn an etwas *(Dat)* überbieten*, jmdn/etwas an etwas *(Dat)* übertreffen* *(vt)* ♦ *nessuno riesce a batterlo in quanto a puntualità* niemand kann ihn an Pünktlichkeit überbieten. **4** *(nello sport)* übertreffen* *(vt)*. **5** *(ai voti)* überstimmen *(vt)*. **6** *(le mani)* (in die Hände) klatschen *(vi*, hat*)*. **7** *(scrivere a macchina)* tippen *(vi/vt*, hat*)*, an|schlagen* *(vt)*. **8** *(vt) (sentieri)* aus|treten* *(vi*, ist*)*, treten* *(vt)*. ◆ **battere un record** einen Rekord brechen.

battersi *(vr)* **1** sich schlagen* *(vr)* ♦ *si è battuto con lui* er hat sich mit ihm geschlagen. **2** *(fig)* {~ *per qcs*} für etwas kämpfen.

batteria *(f)* **1** *(elettr/mil)* Batterie *(f)*. **2** *(mus)* Schlagzeug *(n)*. **3** *(da cucina)* Satz *(m)*, Kochtöpfe *(pl)*.

batterio *(m)* ~ Bakterie *(f)*.

batterista *(m/f)* ~ *(mus)* Schlagzeuger *(m; f* -in*)*.

battesimo *(m)* ~ Taufe *(f)*.

battezzare *(vt)* ~ taufen *(vt)* ♦ *l'hanno battezzato col nome di Paul* sie haben ihn auf den Namen Paul getauft.

batticuore *(m)* ~ Herzklopfen *(n)*.

battipanni *(m)* ~ Klopfer, Teppichklopfer *(m)*.

battistero *(m)* ~ Taufkirche *(f)*.

battistrada *(m)* **1** *(di pneumatici)* Profil *(n)*. **2** *(sport/fig)* Schrittmacher *(m; f* -in*)*.

battito *(m)* **1** Schlag *(m)*. **2** *(cardiaco)* Herzschlag *(m)*.

battuta *(f)* **1** *(mus)* Takt *(m)*. **2** *(a macchina)* Anschlag *(m)*. **3** *(di spirito)* Witz *(m)*. **4** *(teatr)* Stichwort *(n)*. **5** *(sport)* Aufschlag *(m)*.

batuffolo *(m)* ~ Bausch *(m)*, Flocke *(f)*.

baule *(m)* ~ Koffer *(m)*.

bava *(f)* **1** Geifer *(m)*. **2** *(di lumaca)* Schleim *(m)*.

bavaglio *(m)* **1** Knebel *(m)*. **2** *(da bambini)* Lätzchen *(n)*.

bavero *(m)* ~ Kragen *(m)*.

bazzecola *(f)* ~ Kleinigkeit *(f)*, Lappalie *(f)*.

bazzicare *(vt)* ~ verkehren *(vi*, hat*)* ♦ *bazzicare qcn, un locale* bei jmdm, in einem Lokal verkehren.

bearsi *(vr)* ~ {~ *di, in qcs*} in etwas *(Dat)* schwelgen *(vi*, hat*)*.

beatitudine *(f)* ~ Seligkeit *(f)*.

beato *(agg)* ~ glückselig, selig *(anche relig)*. ◆ **beato te! beata te!** du Glücklicher! du Glückliche!

beautycase *(m)* ~ Nessessär *(n)*.

beccaccia *(f)* ~ Schnepfe *(f)*.

beccare *(vt)* **1** *(mangiare)* {~ *qcs*} etwas picken *(vt)*, nach etwas/in etwas *(Acc)* picken *(vi*, hat*)*. **2** *(acciuffare)* kriegen *(vt)* ♦ *la polizia ha beccato il colpevole* die Polizei hat den Täter gekriegt. **3** *(sorprendere)* erwischen *(vt)*.

beccarsi *(vr)* ~ {~ *qcs*} sich *(Dat)* etwas holen ♦ *mi sono beccata il raffreddore* ich habe mir einen Schnupfen geholt.

becchime *(m)* ~ Hühnerfutter, Futter *(n)*.

becchino *(m)* ~ Leichenbestatter *(m)*.

becco[1] *(m)* **1** Schnabel *(m)* ♦ *spalancare il becco* den Schnabel aufreißen. **2** *(bocca) (fam)* Schnauze *(f)*, Maul *(n)* ♦ *chiudi il becco!* halt's Maul!/halt die Schnauze!

becco[2] *(m)* ~ Ziegenbock *(m)*.

beccuccio *(m)* ~ Schnabel *(m)*.

befana *(f)* **1** *(Epifania)* Dreikönigsfest *(n)*. **2** *(donna brutta)* Schreckschraube *(f)*.

beffa *(f)* ~ Spott *(m)* ♦ *farsi beffe di qcn* seinen Spott mit jmdm treiben.

beffardo *(agg)* ~ höhnisch ♦ *un sorriso beffardo* ein höhnisches Lächeln .

beige *(agg)* ~ beige.

belare *(vi)* **1** *(di capra)* meckern *(vi*, hat*)*. **2** *(di pecora)* blöken *(vi*, hat*)*. **3** *(piagnucolare)* jammern *(vi*, hat*)*.

belladonna *(f)* ~ *(bot)* Tollkirsche *(f)*.

bellezza *(f)* **1** Schönheit *(f)* ♦ *una chiesa di grande bellezza* eine Kirche von großer Schönheit. **2** *(pl) (del luogo)* Schönheiten *(pl)*, Sehenswürdigkeit *(f)* ♦ *le bellezze di una città* die Sehenswürdigkeiten einer Stadt.

bellico, bellicoso *(agg)* ~ kriegerisch.

belligerante *(m)* ~ Krieg führend.

bello *(agg)* **1** schön ♦ *un bel quadro* ein schönes Bild ♦ *un bel viaggio* eine schöne Reise ♦ *quelli erano bei tempi!* das waren schöne Zeiten! ♦ *un bel guaio* eine schöne Bescherung. **2** *(buono)* gut* ◆ *un bel libro* ein gutes Buch ◆ *un bel film* ein guter Film ◆ *bel tempo* gutes Wetter. **3** *(lieto)* erfreulich ◆ *una bella notizia* eine erfreuliche Nachricht.

belva *(f)* ~ Bestie *(f)* *(anche fig)*.

benché *(congiunz subord)* ~ obwohl, obgleich ◆ *benché fosse malato andò al lavoro* obwohl er krank war, ging er zur Arbeit.

benda *(f)* ~ Binde *(f)*.

bendaggio *(m)* ~ Verband *(m)*, Bandage *(f)*.

bendare *(vt)* ~ verbinden* *(vt)*, bandagieren *(vt)*.

bene[1] *(avv)* **1** gut* ◆ *sto bene* es geht mir gut ◆ *la conosco bene* ich kenne sie gut ◆ *sarebbe bene se tu non ti immischiassi* es wäre gut, wenn du dich nicht einmischen würdest. **2** *(salute; a proprio agio)* wohl ◆ *non mi sento bene* ich fühle mich nicht wohl/mir ist nicht wohl ◆ *qui mi sento bene* hier fühle ich mich wohl. **3** *(esattamente)* recht, richtig ◆ *ho capito bene?* habe ich richtig verstanden? ◆ *non so bene cosa fare* ich weiß nicht recht, was ich tun soll. ◆ **molto bene** sehr gut, ausgezeichnet ◆ *parla molto bene il tedesco* sie kann ausgezeichnet Deutsch sprechen. ◆ **benissimo!** *(esclam)* sehr gut!; wunderbar! ◆ **e va bene!** *(esclam)* na gut, also gut!, also schön!, nun ja! ◆ *e va bene, la smetto* also gut, ich höre auf ◆ *e va bene, ci vediamo venerdì* also schön, dann treffen wir uns am Freitag. ◆ **stammi bene!** mach's gut! ◆ **per bene** *(come si deve)* tüchtig *(avv)*, richtig *(avv)*. ◆ **far bene a qcn** jmdm gut tun*, jmdm wohl tun* ◆ *la vacanza mi ha fatto bene* der Urlaub hat mir gut getan. ◆ **far bene a** (**fare qcs**) gut daran tun* (etwas zu tun) ◆ *hai fatto bene a interpellarmi* du hast gut daran getan, mich zu fragen.

bene[2] *(m)* **1** Wohl *(n)* ◆ *il bene dello stato* das Wohl des Staates ◆ *dovresti pensare di più al tuo bene* du solltest mehr an dein Wohl denken ◆ *per il tuo bene* zu deinem Wohl ◆ *bene comune* Gemeinwohl. **2** *(buona azione)* Wohltat *(f)* ◆ *fare del bene a qcn* jmdm eine Wohltat erweisen. **3** *(proprietà, beni)* Gut *(n)*; *(dir)* Sache *(pl)* ◆ *beni mobili, immobili* bewegliche, unbewegliche Sachen/Güter. ◆ **voler bene a qcn** jmdn gern haben, jmdn lieb haben, lieben *(vt)* ◆ *ti voglio molto bene* ich habe dich sehr gern ◆ *gli voglio bene come a un fratello* ich liebe ihn wie einen Bruder.

benedire *(vt)* ~ segnen *(vt)*, weihen *(vt)* ◆ *che Dio ti benedica!* Gott segne dich!

benedizione *(f)* ~ Segen *(m)* ◆ *dare la benedizione a qcn* jmdm den Segen erteilen/geben/spenden.

benefattore *(m; f* **-trice***)* ~ Wohltäter *(m; f* -in*)*.

beneficenza *(f)* ~ Wohltätigkeit *(f)*.

beneficiario *(m)* **1** Nutznießer *(m; f* -in*)*. **2** *(comm)* Empfänger *(m)*.

beneficio *(m)* ~ Nutzen *(m)*, Vorteil *(m)* ◆ *trarre beneficio da qcs* aus etwas Nutzen ziehen, einen Vorteil aus etwas ziehen.

benefico *(agg)* **1** *(piacevole)* wohltuend. **2** *(cura e sim)* heilbringend. **3** *(di beneficenza)* wohltätig.

benessere *(m)* **1** *(fisico, salute)* Wohlbefinden *(n)*. **2** *(agiatezza)* Wohlstand *(m)*. ◆ **senso di benessere** Wohlgefühl *(n)*.

benestante *(agg)* ~ wohlhabend, begütert.

benevolenza *(f)* **1** Wohlwollen *(n)*, Gunst *(f)*. **2** *(mitezza, clemenza)* Milde *(f)*.

benevolmente *(avv)* ~ gnädig, glimpflich.

benevolo *(agg)* **1** wohlwollend. **2** *(mite, clemente)* gnädig, mild. **3** *(umano, comprensivo)* menschlich.

beniamino *(m)* ~ Liebling *(m)* ◆ *è il beniamino dell'insegnante* er ist der Liebling des Lehrers.

benigno *(agg)* **1** wohlwollend. **2** *(med)* gutartig.

benintenzionato *(agg)* ~ gut gemeint, gut gesinnt ◆ *essere benintenzionato verso qcn* jmdm gut gemeint sein.

beninteso *(avv)* ~ wohlgemerkt, selbstverständlich.

benservito *(agg)* ~ **dare a qcn il benservito** jmdm den Laufpass geben.

bensì *(congiunz subord)* ~ *(dopo negazione)* sondern ◆ *non si chama Peter, bensì Paul* er heißt nicht Peter, sondern Paul.

benvenuto[1] *(agg)* ~ willkommen ◆ *dare il benvenuto a qcn* jmdn willkommen

heißen. ◆ **non essere il benvenuto da qcn** bei jmdm unwillkommen sein*.
benvenuto[2] *(m)* ~ *(accoglienza)* Willkommen *(n)*.
benvenuto[3] *(interiez)* ~ (sei) (herzlich) willkommen! ♦ *benvenuto/i a casa!, in Italia!* willkommen zu Hause!, in Italien!
benzina *(f)* ~ Benzin *(n)*. ◆ **benzina senza piombo** Bleifrei *(n)*. ◆ **fare benzina** tanken *(vi/vt*, hat*)*.
benzinaio *(m)* ***1*** Tankwart *(m)*. ***2*** *(distributore)* Tankstelle *(f)*.
bere *(vt)* ***1*** trinken* *(vt)* ♦ *bere dalla bottiglia* aus der Flasche trinken ♦ *bere alla salute di qcn* auf jmds Wohl/Gesundheit trinken. ***2*** *(fino in fondo)* aus|trinken *(vt)* ♦ *non hai ancora bevuto tutto il latte?* hast du die Milch noch nicht ausgetrunken? ***3*** *(animali; spreg, spec alcol)* saufen* *(vi/vt*, hat*)*. ***4*** *(consumare, di auto)* fressen* *(vt)*. ◆ **dare a bere qcs a qcn** jmdm etwas weis|machen *(vt)*.
berlina[1] *(f)* ~ Limousine *(f)*.
berlina[2] *(f)* ~ *(gogna)* Pranger *(m)* ♦ *mettere alla berlina qcn* jmdn/etwas an den Pranger stellen.
bernoccolo *(m)* ~ Beule *(f)*.
berretto *(m)* ~ Mütze *(f)* ♦ *berretto da notte* Schlafmütze.
bersaglio *(m)* ~ Zielscheibe *(f)*.
besciamella *(f)* ~ Béchamelsoße *(f)*.
bestemmia *(f)* ~ Fluch *(m)*, Gotteslästerung *(f)*.
bestemmiare *(vt)* ~ fluchen *(vi*, hat*)*, verfluchen *(vt)*.
bestia *(f)* ~ Tier *(n)* ♦ *una bestia selvatica* ein wildes Tier. ◆ **mandare in bestia qcn** jmdn bis zur Weißglut bringen*/reizen.
bestiale *(agg)* ~ tierisch.
bestiame *(m)* ~ Vieh *(n)* ♦ *bestiame da macello* Schlachtvieh *(n)*.
betoniera *(f)* ~ Betonmischmaschine *(f)*.
bettola *(f)* ~ Spelunke *(f)*.
betulla *(f)* ~ Birke *(f)*.
bevanda *(f)* ***1*** Getränk *(n)*. ***2*** *(alcolica)* Spirituose *(f) (spec pl)*.
bevibile *(agg)* ~ trinkbar.
bevitore *(m; f* **-trice***)* ~ Trinker *(m; f* -in*)*.
Biancaneve *(f)* ~ Schneewittchen *(np n)*.
biancastro *(agg)* ~ weißlich.
biancheria *(f)* ~ Wäsche *(f)* ♦ *biancheria intima* Unterwäsche ♦ *biancheria per il letto* Bettwäsche.
bianco[1] *(agg)* ***1*** weiß ♦ *una camicetta bianca* eine weiße Bluse ♦ *capelli bianchi* weiße Haare ♦ *bianco come la neve* weiß wie Schnee ♦ *carne bianca* weißes Fleisch. ***2*** *(pallido)* weiß, blass, bleich. ***3*** *(di razza bianca)* weiß. ◆ **di bianco** weiß *(avv)* ♦ *vestito di bianco* weiß gekleidet. ◆ **bianco e nero** schwarzweiß, schwarz- weiß *(agg/avv)*. ◆ **in bianco** *(econ)* blanko *(agg indecl/avv)* ♦ *firmare un assegno in bianco* einen Scheck blanko unterschreiben.
bianco[2] *(m; f* **-a***)* ***1*** Weiß *(n)* ♦ *essere vestito in bianco* in Weiß gekleidet sein. ***2*** *(uomo bianco)* Weiße(r) *(m/f)*.
biancospino *(m)* ~ Weißdorn *(m)*.
biasimare *(vt)* ~ rügen *(vt)*, tadeln *(vt)*.
biasimevole *(agg)* ~ tadelnswert.
biasimo *(m)* ~ Tadel *(m)*.
bibbia *(f)* ~ Bibel *(f)*.
biberon *(m)* ~ Milchflasche *(f)*, Fläschchen *(f)*.
bibita *(f)* ~ Getränk *(n)* ♦ *bibita fresca* Erfrischungsgetränk.
biblico *(agg)* ~ biblisch.
bibliografia *(f)* ~ Bibliografie *(f)*, Literaturverzeichnis *(n)*.
bibliografico *(agg)* ~ bibliografisch.
biblioteca *(f)* ~ Bibliothek *(f)*.
bibliotecario *(m; f* **-a***)* ~ Bibliothekar *(m; f* -in*)*.
bicarbonato *(m)* ~ Bikarbonat *(n)*.
bicchiere *(m)* ~ Glas *(n)* ♦ *un bicchiere d'acqua fresca* ein Glas frisches Wasser ♦ *un bicchiere da vino* ein Weinglas. ◆ **bicchiere di carta** Pappbecher *(m)*.
bicicletta *(f)* ~ Fahhrad, Rad *(n)* ♦ *andare in bicicletta* Rad fahren, Fahrrad fahren ♦ *bicicletta da uomo, da donna* Herrenfahrrad, Damenfahrrad.
bicipite *(m)* ~ *(anat)* Bizeps *(m)*.
bidello *(m)* ~ Schuldiener *(m; f* -in*)*.
bidone *(m)* ***1*** Tonne *(f)* ♦ *bidone per i rifiuti* Mülltonne ♦ *bidone per i rifiuti biologici* Biotonne. ***2*** *(per benzina e sim)* Tank *(m)*. ***3*** *(imbroglio)* Schwindel *(m)*.
biennale *(agg)* ***1*** *(che dura due anni)* zweijährig. ***2*** *(ogni due anni)* zweijährlich.

bietola *(f)* ~ Mangold *(m)*.
biforcarsi *(vr)* ~ *(strade e sim)* sich gabeln *(vr)*, sich ab|zweigen *(vr)*.
biforcazione *(f)* ~ Gabelung *(f)*.
bigamia *(f)* ~ Bigamie *(f)*, Doppelehe *(f)*.
bighellonare *(vt)* ~ *(gironzolare)* sich herum|drücken *(vr)*, bummeln *(vi*, ist*)*.
biglietteria *(f)* ***1*** *(treno, autobus, ecc)* Fahrkartenschalter *(m)*. **2** Kasse *(f)* ♦ *biglietteria del cinema, del teatro* Kinokasse, Theaterkasse.
biglietto *(m)* ***1*** *(di treno, autobus, ecc)* Fahrkarte *(f)*, Fahrausweis *(m)*, Ticket *(n)* ♦ *biglietto giornaliero* Tageskarte ♦ *biglietto di sola andata* einfache Fahrkarte ♦ *biglietto di andata e ritorno* Hin- und Rückfahrkarte. ***2*** *(d'ingresso)* Eintrittskarte, Karte *(f)*, Ticket *(n)*. ***3*** *(d'auguri)* Karte *(f)* ♦ *biglietto (di auguri) di compleanno* Geburtstagskarte. ◆ **biglietto da visita** Visitenkarte. ◆ **biglietto gratuito, omaggio** Freikarte. ◆ **prezzo del biglietto** *(della corsa)* Fahrpreis *(m)*, Fahrgeld *(n)*. ◆ **biglietto della lotteria** Los *(n)*.
bignè *(m)* ~ Windbeutel *(m)*.
bigodino *(m)* ~ Lockenwickler, Wickel *(m)*.
bigotto *(agg)* ~ frömmelnd.
bikini *(m)* ~ Bikini *(m)*.
bilancia *(f)* ~ Waage *(f)* *(anche astrol)* ♦ *mettere qcs sulla bilancia* etwas auf die Waage legen. ◆ **bilancia dei pagamenti** Zahlungsbilanz *(f)*.
bilanciare *(vt)* ***1*** balancieren *(vt)*. ***2*** *(compensare)* auf|wiegen* *(vt)* ♦ *i vantaggi bilanciano gli svantaggi* die Vorteile wiegen die Nachteile auf.
bilanciarsi *(vr)* ~ balancieren *(vi*, hat*)*, sich *(Dat)* die Waage halten.
bilancio *(m)* ***1*** Haushalt *(m)*, Bilanz *(f)* ♦ *bilancio pubblico* öffentlicher Haushalt ♦ *bilancio statale* Staatshaushalt ♦ *fare il bilancio (di qcs)* die Bilanz (aus etwas) ziehen. ***2*** *(familiare)* Haushaltskasse *(f)*.
bilaterale *(agg)* ~ zweiseitig, beiderseitig.
bile *(f)* ~ Galle *(f)*.
biliardo *(m)* ~ Billard *(n)*.
bilingue *(agg)* ~ zweisprachig.
bilinguismo *(m)* ~ Zweisprachigkeit *(f)*.
bimestrale *(agg/avv)* ~ zweimonatlich.
bimestre *(m)* ~ zwei Monate.
binario *(m)* ***1*** Gleis *(n)* ♦ *il treno parte dal binario uno* der Zug fährt von Gleis eins ab ♦ *il treno arriva al binario uno* der Zug fährt auf Gleis eins ein ♦ *vietato attraversare i binari* Überschreiten der Gleise verboten. ***2*** *(marciapiede)* Bahnsteig *(m)*.
binocolo *(m)* ~ Fernglas *(n)*.
biografia *(f)* ~ Biografie *(f)*.
biografico *(agg)* ~ biografisch.
biologia *(f)* ~ Biologie *(f)*.
biologico *(agg)* ~ biologisch.
biologo *(m)* ~ Biologe *(m; f* -login*)*.
bionda *(f)* ~ Blondine *(f)*.
biondo *(agg)* ~ blond.
birba *(m/f)* ~ Schlingel *(m)*, Schelm *(m)*.
birbante *(m/f)* ~ Schelm *(m)*, Schlingel *(m)*.
birbone *(agg)* ~ schelmisch.
birillo *(m)* ~ Kegel *(m)*.
biro *(f)* ~ Kugelschreiber *(m)*, *(fam)* Kuli *(m)*.
birra *(f)* ~ Bier *(n)* ♦ *birra chiara, scura* helles, dunkles Bier ♦ *birra alla spina* Bier vom Fass, Fassbier ♦ *un boccale, un litro di birra* ein Krug, ein Liter Bier ♦ *produrre birra* Bier brauen. ◆ **fabbrica di birra** Brauerei *(f)*.
birreria *(f)* ***1*** Kneipe *(f)*. ***2*** *(all'aperto)* Biergarten *(m)*.
bis *(m)* ~ *(fuori programma)* Zugabe *(f)*.
bis- *(pref)* ~ *(antenati)* Ur-, ur- ♦ *bisnonno* Urgroßvater.
bisbigliare *(vt/vi)* ***1*** flüstern *(vt)*, wispern *(vi/vt*, hat*)*. ♦ *bisbigliare qcs all'orecchio di qcn* jmdm etwas ins Ohr flüstern. ***2*** *(parlottare)* tuscheln *(vi*, hat*)*.
bisbiglio *(m)* ~ Flüstern *(n)*, Geflüster *(n)*.
biscia *(f)* ~ Natter *(f)*.
biscotto *(m)* ***1*** Keks *(m/n)*. ***2*** *(pl)* Gebäck *(n)*.
bisestile *(agg)* ~ **anno bisestile** Schaltjahr *(n)*.
bisillabo *(agg)* ~ zweisilbig.
bisnonna *(f)* ~ Urgroßmutter *(f)*
bisnonno *(m)* ~ Urgroßvater *(m)*. ◆ **bisnonni** *(pl)* Urgroßeltern.
bisognare *(v impers)* ~ müssen* *(v mod)*, sollen *(v mod)* ♦ *bisogna dirglielo prima o poi* man soll es ihm irgendwann sagen ♦

bisogna che tu telefoni oggi du musst heute anrufen.

bisogno *(m)* ***1*** *(necessità)* Bedürfnis *(n)*, Bedarf *(m)* ♦ *sentire il bisogno di qcs* ein Bedürfnis nach etwas verspüren. ***2*** *(emergenza)* Not *(f)*, Notfall *(m)*. ◆ **avere bisogno di qcn/qcs** jmdn/etwas brauchen *(vt)* ♦ *ho bisogno di te, del tuo aiuto* ich brauche dich, deine Hilfe ♦ *aver urgentemente bisogno di qcn/qcs* jmdm/etwas notwendig/nötig brauchen. ◆ **in caso di bisogno** notfalls *(avv)*, im Notfall, bei Bedarf. ◆ **non c'è bisogno di** *(+ inf)* es ist nicht nötig zu *(+ inf)*.

bisognoso *(agg)* ***1*** bedürftig ♦ *bisognoso d'aiuto* hilfsbedürftig. ***2*** *(indigente)* Not leidend, arm.

bisonte *(m)* ~ Bison *(m)*.

bistecca *(f)* ~ Steak *(n)*; *(con l'osso)* T-Bone-Steak *(n)*.

bisturi *(m)* ~ Skalpell *(n)*.

bivio *(m)* ~ Abzweigung *(f)*, Scheideweg *(m)* ♦ *essere a un bivio* am Scheideweg stehen.

bisticciare *(vi)* ~ {~ *con qcn per qcs*} mit jmdm um etwas streiten* *(vi*, hat*)*.

bizzarro *(agg)* ~ wunderlich.

blackout *(m)* ~ Stromausfall *(m)*, Black-out *(m/n)*.

blasfemo *(agg)* ~ gotteslästerlich.

blindare *(vt)* ~ panzern *(vt)*.

blindato *(agg)* ~ Panzer-.

bloccaggio *(m)* ~ Blockierung *(f)*.

bloccare *(vt)* ***1*** *(fermare)* stoppen *(vt)*. ***2*** *(sbarrare)* sperren *(vt)* *(anche econ)*, versperren *(vt)*, blockieren *(vt)* ♦ *bloccare la strada a qcn* jmdm den Weg versperren. ***3*** *(trattenere)* auf|halten* *(vt)*, fest|halten* *(vt)*.

bloccarsi *(vr)* ***1*** *(fermarsi)* stehen bleiben* *(vi*, ist*)*. ***2*** *(incepparsi)* klemmen *(vi*, hat*)* ♦ *la serratura si è bloccata* das Schloss klemmt. ***3*** *(rimanere incastrato, arenarsi)* stecken bleiben*, sich festfahren* *(vr)* fest|sitzen* *(vi*, hat*)* ♦ *l'auto si è bloccata nel fango* das Auto ist im Schlamm stecken geblieben/hat sich im schlamm festgefahren.

bloccato *(agg)* ~ gesperrt, blockiert.

blocco[1] *(m)* ~ Block *(m)* ♦ *blocco di pietra* Steinblock *(m)* ♦ *blocco di abitazioni* Wohnblock *(m)* ♦ *blocco da disegno, per appunti* Zeichenblock *(m)*, Notizblock *(m)*. ◆ **in blocco** in Bausch und Bogen ♦ *comprare in blocco* in Bausch und Bogen kaufen.

blocco[2] *(m)* ***1*** *(barriera, sbarramento)* Stopp *(m)*, Sperre *(f)*. ***2*** *(mil)* Blockade *(f)*. ◆ **posto di blocco** Absperrung *(f)*. ◆ **blocco intestinale** Darmverschluss.

blu[1] *(agg)* ~ blau.

blu[2] *(m)* ~ Blau *(n)* ♦ *essere vestito di blu* in Blau gekleidet sein.

bluastro *(agg)* ~ bläulich.

boa[1] *(f)* ~ *(naut)* Boje *(f)*.

boa[2] *(m)* ~ *(zool)* Boa *(f)*.

bobina *(f)* ~ Spule *(f)*.

bocca *(f)* ***1*** Mund *(m)*. ***2*** *(di animali)* Maul *(n)*. ***3*** *(apertura)* Öffnung *(f)*, Mund *(m)*. ***4*** *(di armi da fuoco)* Mündung *(f)*. ***5*** *(dello stomaco)* Eingang *(m)*. ◆ **non aprire bocca** *(non dire niente)* keinen Laut von sich geben. ◆ **rimanere a bocca aperta** mit offenem Mund dastehen. ◆ **mettere bocca (in qcs)** (in etwas) *(Acc)* hinein|reden *(vt)*. ◆ **portare alla bocca** an|setzen *(vt)* ♦ *portare il bicchiere alla bocca* das Glas ansetzen. ◆ **in bocca al lupo!** Hals- und Beinbruch!

boccale *(m)* ~ Krug *(m)*.

boccata *(f)* ~ *(d'aria, di fumo)* Zug *(m)*.

boccheggiare *(vi)* ~ nach Luft schnappen *(vi*, hat/ist*)*.

bocchino *(m)* ~ *(di sigaretta, strumenti a fiato, ecc)* Mundstück *(n)*.

boccia *(f)* ***1*** *(palla)* Kugel *(f)*. ***2*** *(recipiente)* Karaffe *(f)*.

bocciare *(vt)* ***1*** ab|lehnen *(vt)* ♦ *bocciare una proposta* einen Vorschlag ablehnen. ***2*** *(a scuola, esame)* durch|fallen lassen* *(vt)*. ◆ **essere bocciato (a scuola)** durch|fallen* *(vi*, ist*)*

bocciatura *(f)* ~ *(insuccesso)* Durchfall *(m)*.

boccio *(m)* ~ Knospe *(f)*.

boccone *(m)* ***1*** Bissen *(m)*, Happen *(m)* ♦ *un boccone di carne* ein Bissen Fleisch. ***2*** *(frammento)* Brocken *(m)*. ◆ **a bocconi** *(a pezzetti)* mundgerecht *(avv)*. ◆ **ingoiare un boccone amaro** eine bittere Pille schlucken.

bocconi *(avv)* ~ bäuchlings.
bofonchiare *(vi)* ~ brummen *(vi,* hat*)*.
boia *(m)* ~ Henker *(m)*.
boicottaggio *(m)* ~ Boykott *(m)* ♦ *imporre il boicottaggio a qcn/qcs* jmdn/etwas mit Boykott belegen, den Boykott über jmdn/etwas verhängen.
boicottare *(vt)* ~ boykottieren *(vt)*.
bolla[1] *(f)* ~ Blase *(f)* *(anche med)* ♦ *bolla di sapone* Seifenblase.
bolla[2] *(f)* ~ *(econ)* Schein *(m)* ♦ *bolla di consegna* Lieferschein.
bollare *(vt)* ~ stempeln *(vt)*, abstempeln *(vt)* ♦ *l'hanno bollato come un imbroglione* man hat ihn zum Betrüger gestempelt.
bollato *(agg)* ~ **valore bollato** Wertzeichen *(n)*.
bollente *(agg)* ~ heiß, kochend, kochend heiß. ◆ **una patata bollente** *(fam)* ein heißes Eisen.
bolletta *(f)* ~ Rechnung *(f)* ♦ *bolletta della luce* Stromrechnung ♦ *bolletta del telefono* Telefonrechnung.
bollettino *(m)* ***1*** *(rapporto)* Bericht *(m)* ♦ *bollettino meteorologico* Wetterbericht ♦ *bollettino medico* Krankenbericht. **2** *(modulo)* Formular *(n)*.
bollire *(vt/vi)* ***1*** kochen *(vt/vi,* hat*)*, ab|kochen *(vt)*. **2** *(a lungo)* aus|kochen *(vt)*.
bollitore *(m)* ~ Wasserkessel *(m)*.
bollo *(m)* ***1*** *(timbro)* Stempel *(m)*. **2** *(marca)* Marke *(f)*.
bollore *(m)* ***1*** Kochen *(n)*. **2** *(calura)* Hitze *(f)*.
bomba *(f)* ~ Bombe *(f)* ♦ *sganciare una bomba* eine Bombe abwerfen ♦ *bomba a orologeria* Zeitbombe. ◆ **a prova di bomba** bombensicher, bombenfest.
bombardamento *(m)* ~ Bombardement *(n)*.
bombardare *(vt)* ~ bombardieren *(vt)* ♦ *bombardare qcn di domande* jmdn mit Fragen bombardieren.
bombardiere *(m)* ~ Bomber *(m)*.
bombo *(m)* ~ *(zool)* Hummel *(f)*.
bombola *(f)* ~ Stahlflasche *(f)*. ◆ **bombola di gas** Gasflasche *(f)*. ◆ **bombola di ossigeno** Sauerstoffflasche *(f)*.
bomboletta *(f)* ~ *(spray)* Spraydose *(f)*.
bombolone *(m)* ~ Krapfen *(m)*.
bonaccia *(f)* ~ *(naut)* Windstille *(f)*, Flaute *(f)*.
bonario *(agg)* ~ gutmütig.
bonifica *(f)* ~ Urbarmachung *(f)*.
bonificare *(vt)* ~ urbar machen.
bonifico *(m)* ~ *(bancario)* Banküberweisung *(f)*, Überweisung *(f)*. ◆ **fare un bonifico** überweisen* *(vt)*.
bontà *(f)* ***1*** *(d'animo)* Güte *(f)*. **2** *(di una merce)* Güte *(f)*, Qualität *(f)*.
borbottare *(vt/vi)* ~ murmeln *(vt/vi,* hat*)*.
borbottio *(m)* ~ Gemurmel *(n)*, Murmeln *(n)*.
borchia *(f)* ***1*** Beschlag *(m)*. **2** *(da tappezziere)* Polsternagel *(m)*.
bordare *(vt)* ***1*** *(abiti)* ein|säumen *(vt)*, ein|fassen *(vt)*. **2** *(delimitare)* ein|fassen *(vt)*.
bordello *(m)* ~ Bordell *(n)*.
bordo *(m)* ***1*** *(naut)* Bord *(m)*. **2** *(margine)* Rand *(m)*, Bord *(m)* ♦ *sul bordo della pagina* am Rand der Seite ♦ *ai bordi della città* am Rand der Stadt. **3** *(superiore)* Krone *(f)*. **4** *(orlo di abiti)* Einfassung *(f)*, Saum *(m)*. ◆ **essere**, **salire**, **prendere a bordo** *(aeron/naut)* an Bord sein*, gehen*, nehmen*. ◆ **di bordo** *(aeron)* fliegend *(agg)* ♦ *il personale di bordo* das fliegende Personal.
borghese[1] *(agg)* ***1*** bürgerlich. **2** *(spreg)* kleinbürgerlich, spießbürgerlich.
borghese[2] *(m/f)* ~ *(cittadino)* Bürger *(m; f* -in*)*. ◆ **in borghese** in Zivil.
borghesia *(f)* ~ Bürgertum *(n)*.
borgo *(m)* ~ Ortschaft *(f)*, Flecken *(m)*.
boria *(f)* ~ Hochmut *(m)*, Dünkel *(m)*.
borioso *(agg)* ~ hochmütig, aufgeblasen, großspurig.
borotalco *(m)* ~ Puder *(m)*. ◆ **cospargere di borotalco** pudern *(vt)*.
borraccia *(f)* ~ Feldflasche *(f)*.
borsa *(f)* ***1*** Tasche *(f)*, Handtasche *(f)*, Beutel *(m)* ♦ *mettere qcs nella borsa* etwas in die Tasche stecken ♦ *mettere mano alla borsa* den Beutel ziehen ♦ *borsa della spesa* Einkaufstasche ♦ *borsa dell'acqua calda* Wärmflasche ♦ *borsa portadocumenti* Aktentasche. **2** *(cartella)* Mappe *(f)*. **3** *(econ)* Börse *(f)* ♦ *operare, speculare in borsa* an der Börse handeln, spekulieren ♦ *borsa valori* Effektenbör-

se, Wertpapierbörse. ◆ **borsa di studio** Stipendium *(n)*.

borseggiatore *(m)* ~ Taschendieb *(m; f -in)*.

borsellino *(m)* ~ Geldbeutel, Beutel *(m)*, Portmonee *(n)*.

borsetta *(f)* ~ Handtasche *(f)*.

borsista *(m/f)* ~ Stipendiat *(m; f -in)*.

boscaglia *(f)* ~ Dickicht *(n)*, Busch *(m)*.

boscaiolo *(m)* ~ Holzfäller *(m)*.

bosco *(m)* ***1*** Wald *(m)*. **2** *(demaniale)* Forst *(m)*.

bossolo *(m)* ~ Patronenhülse *(f)*.

botanica *(f)* ~ Botanik *(f)*, Pflanzenkunde *(f)*.

botanico[1] *(agg)* ~ botanisch.

botanico[2] *(m/f)* ~ Botaniker *(m; f -in)*.

botola *(f)* ~ Falltür *(f)*.

botta *(f)* ***1*** *(colpo, urto)* Schlag *(m)*, Stoß *(m)*. **2** *(dato con bastone, spada e sim)* Hieb *(m)* ◆ *dare una botta a qcn* jmdm einen Hieb versetzen. ***3*** *(pl)* Hiebe *(pl)*, Prügel *(pl)*, Schläge *(pl)*. ◆ **fare a botte** (**con qcn**) (**per qcs**) sich (mit jmdm) (um etwas) prügeln *(vr)*, schlagen *(vr)*. ◆ **prendere a botte** *(fig/fam)* dreschen* *(vt)*, Dresche bekommen.

bottaio *(m)* ~ Böttcher *(m)*.

botte *(f)* ~ Fass *(n)*.

bottega *(f)* ~ Laden *(m)*, Geschäft *(n)*.

bottiglia *(f)* ~ Flasche *(f)* ◆ *bere dalla bottiglia* aus der Flasche trinken ◆ *bottiglia di vino* Weinflasche.

bottino *(m)* ~ Beute *(f)* ◆ *fare un ricco bottino* fette Beute machen. ◆ **fare bottino di qcs** erbeuten.

bottone *(m)* ***1*** Knopf *(m)* ◆ *cucire/attaccare un bottone* einen Knopf annähen ◆ *chiudere i bottoni della camicia* die Knöpfe am Hemd zuknöpfen ◆ *il bottone si è staccato* der Knopf ist abgerissen. **2** *(pulsante)* Druckknopf *(m)*, Drücker *(m)*.

bovino *(m)* ***1*** *(zool)* Rind *(n)*. **2** *(carne di manzo)* Rindfleisch *(n)*.

bowling *(m)* ~ *(gioco)* Kegelspiel *(n)*. ◆ **giocare a bowling** Kegel spielen.

box *(f)* ~ *(di stalla; garage)* Box *(f)*; Garage *(f)*.

boxare *(vi)* ~ boxen *(vi, hat)*.

boxe *(f)* ~ Boxen *(n)*.

boxeur *(m)* ~ *(pugile)* Boxer *(m)*.

boyscout *(m/f)* ~ Pfadfinder *(m; f -in)*.

bozza *(f)* ***1*** Entwurf *(m)*, Skizze *(f)* ◆ *bozza di contratto* Vertragsentwurf. **2** *(editoria)* Druckfahne *(f)*, Korrekurabzug *(m)*, Korrekturfahne *(f)*. ◆ **rivedere le bozze** Korrekturen lesen.

braccare *(vt)* ~ hetzen *(vt)*.

braccetto *(m)* ~ **a braccetto** eingehakt *(avv)* ◆ *andare a braccetto* eingehakt gehen, Arm in Arm gehen ◆ *prendere qcn a braccetto* sich bei jmdm ein|haken *(vr)*.

bracciale *(m)* ~ Armband *(n)*.

braccialetto *(m)* ~ Armband *(n)*.

bracciante *(m)* ~ Tagelöhner *(m)*.

braccio *(m)* ***1*** Arm *(m)* ◆ *allargare, allungare, sollevare, incrociare le braccia* die Arme ausbreiten, ausstrecken, heben, kreuzen ◆ *prendere qcn per un braccio* jmdn am/beim Arm nehmen ◆ *prendere qcn in braccio* jmdn auf den Arm nehmen ◆ *accogliere qcn a braccia aperte* jmdn mit offenen Armen aufnehmen. **2** *(pl)* *(manodopera)* Arbeitskräfte *(pl)*. **3** *(archit)* Flügel *(m)*. ◆ **parlare a braccio** frei sprechen. ◆ **essere il braccio destro di qcn** jmds rechte Hand sein*. ◆ **braccio della bilancia** Waagebalken *(m)*. ◆ **braccio di fiume** Flussarm *(m)*. ◆ **braccio di mare** Meeresarm *(m)*.

bracciolo *(m)* ~ Armlehne *(f)*.

bracconiere *(m)* ~ Wilderer *(m)*.

brace *(f)* ~ Glut *(f)* ◆ *attizzare la brace* die Glut anfachen.

braciere *(m)* ~ Kohlenbecken *(n)*.

braciola *(f)* ~ Schnitzel *(n)*.

brama *(f)* ~ Gier *(f)*, Begierde *(f)* ◆ *avere brama di qcs* Begierde nach etwas haben.

bramare *(vt)* ~ herbei|sehnen *(vt)*; *(lett)* begehren *(vt)*; sich nach etwas *(Dat)* sehnen *(vr)*.

bramire *(vi)* ~ *(cervo)* röhren *(vi, hat)*; *(orso)* brummen.

bramoso *(agg)* ~ begehrlich, begierig.

branca *(f)* ***1*** *(settore)* Gebiet *(n)*. **2** *(econ)* Branche *(f)*.

branchia *(f)* ~ Kieme *(f)*.

branco *(m)* ***1*** *(di animali selvatici)* Rudel *(n)*, Schar *(f)*. **2** *(pecore)* Herde *(f)* ◆ *un branco di turisti* eine Herde Touristen ◆

seguire il branco der Herde folgen/mit der Herde laufen.

brancolare *(vi)* ~ tappen *(vi,* ist/hat*)*.

branda *(f)* ~ Feldbett *(n)*.

brandello *(m)* ~ Fetzen *(m)*, Stück *(n)* ♦ *fare qcs a brandelli* etwas in Fetzen reißen.

brandire *(vt)* ~ schwingen* *(vt)*.

brandy *(m)* ~ Weinbrand *(m)*.

brano *(m)* ***1*** *(brandello)* Fetzen *(m)*, Stück *(n)* ♦ *brano musicale* Musikstück. ***2*** *(di un testo)* Abschnitt *(m)*, Passage *(f)* ♦ *un brano di un capitolo* ein Abschnitt aus einem Kapitel.

bravo[1] *(agg)* ***1*** *(abile, capace)* gut*, tüchtig, fähig ♦ *un bravo scolaro* ein guter Schüler ♦ *un bravo giocatore* ein fähiger Spieler. ***2*** *(ubbidiente, buono)* brav, lieb, artig, gut* ♦ *è una brava persona* sie/er ist ein guter Mensch ♦ *fare il bravo* artig/brav sein. ***3*** *(intelligente)* clever.

bravo[2] *(interiez)* ~ bravo!

bravura *(f)* ***1*** *(abilità)* Tüchtigkeit *(f)*; *(manuale)* Geschicklichkeit *(f)*. ***2*** *(maestria)* Meisterschaft *(f)*. ◆ **pezzo di bravura** *(virtuosismo)* Bravourstück *(n)*.

breccia[1] *(f)* ~ Bresche *(f)*, Durchbruch *(m)* ♦ *aprire una breccia in qcs* in etwas einen Bresche schlagen*.

breccia[2] *(f)* ~ *(pietrisco)* Schotter *(m)*.

Bretagna *(np f)* ~ *(geogr)* Bretagne *(f)*. ◆ **Gran Bretagna** Großbritannien *(np n)*.

bretella *(f)* ***1*** Träger *(m)* ♦ *bretelle dei pantaloni* Hosenträger *(m) (spec pl)*. ***2*** *(stradale)* Anschlussstraße *(f)*, Verbindungsstraße *(f)*.

breve *(agg)* ~ kurz*, klein ♦ *una breve vacanza* ein kurzer Urlaub ♦ *una breve pausa* eine kleine Pause ♦ *un breve discorso* eine kurze Rede. ◆ **fra breve** in Kürze. ◆ **per farla breve** um es kurz zu machen, kurzum *(avv)* ♦ *per farla breve: se n'è andato* kurzum: er ist weggegangen. ◆ **nel modo più breve** auf dem kürzesten Wege. ◆ **abbastanza breve, relativamente breve** kürzer ♦ *per un tempo relativamente breve* für kürzere Zeit.

brevemente *(avv)* ~ kurz ♦ *ha anche brevemente raccontato che* er hat noch kurz erzählt, dass.

brevettare *(vt)* ~ patentieren *(vt)*.

brevetto *(m)* ~ Patent *(n)*. ◆ **brevetto di pilota** Flugschein.

brevità *(f)* ~ Kürze *(f)*.

brezza *(f)* ~ Brise *(f)*.

bricco *(m)* ~ Kanne *(f)*.

briccone *(m)* ~ Schelm *(m)*.

briciola *(f)* ~ Krume *(f)*, Krümel *(m)*. ◆ **pieno di briciole** krüm(e)lig.

briciolo *(m)* ~ Funke *(m)*, Spur *(f)* ♦ *non ebbe un briciolo di comprensione* er hatte keinen Funken Verständnis.

bricolage *(m)* ~ Bastelarbeit *(f)*. ◆ **fare bricolage** basteln *(vi,* hat*)*.

brigante *(m/f)* ~ Räuber *(m; f* -in*)*.

briglia *(f)* ~ Zügel *(m)*, Zaum *(m)*. ◆ **a briglia sciolta** zügellos *(agg)*.

brillante[1] *(agg)* ***1*** *(colore)* leuchtend, glänzend. ***2*** *(fig)* glänzend, blendend, brillant ♦ *un'idea brillante* eine glänzende Idee ♦ *un brillante oratore* ein blendender Redner.

brillante[2] *(m)* ~ *(pietra)* Brillant *(m)*.

brillantemente *(avv)* ~ glanzvoll.

brillantezza *(f)* ~ Glanz *(m)*.

brillantina *(f)* ~ Pomade *(f)*.

brillare[1] *(vi)* ~ glänzen *(vi,* hat*)*, leuchten *(vi,* hat*)*, strahlen *(vi,* hat*)*, funkeln *(vi,* hat*)* ♦ *le stelle brillano* die Sterne leuchten, glänzen ♦ *i suoi occhi brillavano di gioia* seine Augen leuchteten vor Freude.

brillare[2] *(vt)* ~ sprengen *(vt)*.

brillo *(agg)* ~ beschwipst.

brina *(f)* ~ Reif *(m)*, Raureif *(m)*.

brinare *(v meteor)* ~ reifen *(v meteor,* hat*)*.

brinata *(f)* ~ Reif *(m)*.

brindare *(vi)* ***1*** {~ *a qcn*} jmdm zu|trinken* *(vi,* hat*)*. ***2*** {~ *a qcs*} auf etwas *(Acc)* an|stoßen* *(vi,* hat*)*, trinken* *(vi,* hat*)* ♦ *brindare alla salute di qcn* auf jmds Gesundheit anstoßen/trinken.

brindisi *(m)* ~ Toast *(m)*, Trinkspruch *(m)* ♦ *fare un brindisi per qcn* einen Trinkspruch auf jmdn ausbringen.

brio *(m)* ~ Schmiss *(m)*, Schwung *(m)*.

brioso *(agg)* ~ sprühend, lebhaft.

briscola *(f)* ***1*** *(gioco)* Briskola *(f)*. ***2*** *(carta)* Trumpf *(m)* ♦ *giocare una briscola* einen Trumpf ausspielen.

brivido *(m)* ***1*** *(tremito)* Schauer *(m)*, Schauder *(m)*. ♦ *un brivido mi percorse*

la schiena ein Schauder lief mir über den Rücken. **2** *(di febbre)* Frost *(m)*. ◆ **avere i brividi** frösteln *(vi, hat)*.
brizzolato *(agg)* ~ grau meliert.
brocca *(f)* ~ Krug *(m)*.
brodo ***1*** Brühe *(f)* ♦ *brodo di dado* Würfelbrühe ♦ *brodo di pollo* Hühnerbrühe. ***2*** *(liquido di cottura)* Saft *(m)*.
bronchite *(f)* ~ Bronchitis *(f)*.
broncio *(m)* ~ Schmollmund *(m)*. ◆ **tenere il broncio a qcn** mit jmdm schmollen.
bronco *(m)* ~ *(anat)* Bronchie *(f)*.
brontolare[1] *(vi)* ***1*** {~ *per qcs*} über etwas *(Acc)* murren *(vi, hat)*, meckern *(vi, hat)*. ***2*** {~ *contro qcn*} über jmdn meckern *(vi, hat)*. ***2*** *(tuono e sim)* rollen *(vi, hat)*. ***3*** *(stomaco)* knurren ♦ *mi brontola lo stomaco* mein Magen knurrt.
brontolare[2] *(vt)* ~ {~ *qcs (fra sé)*} etwas (vor sich hin) brummen *(vt)*.
brontolio *(m)* ~ Gemurre *(n)*.
bronzeo *(agg)* ~ Bronze-.
bronzo *(m)* ~ Bronze *(f)*.
bruciare[1] *(vi)* ***1*** brennen* *(vi, hat)*, verbrennen* *(vi, ist)*; *(completamente)* aus|brennen* *(vi, ist)* ♦ *quella baracca sta bruciando* die Baracke brennt ♦ *la baracca è bruciata completamente* die Baracke ist ausgebrannt. ***2*** *(di cibi)* heiß sein* *(vi, ist)* ♦ *la minestra brucia* die Suppe ist heiß. ***3*** *(consumarsi bruciando)* ab|brennen* *(vi, ist)*. ***4*** *(fig)* {~ *per qcs*} vor etwas *(Dat)* fiebern *(vi, hat)*. ***5*** *(essere irritato)* brennen* *(vi, hat)* ♦ *mi bruciano gli occhi* mir brennen die Augen. ***6*** *(sole)* sengen *(vi, hat)*.
bruciare[2] *(vt)* ***1*** verbrennen* *(vt)*, ab|brennen* *(vt)* ♦ *ha bruciato tutte le lettere* er hat alle Briefe verbrannt. ***2*** *(med)* *(cauterizzare)* aus|brennen* *(vt)*.
bruciarsi *(vr)* ~ sich verbrennen* *(vr)*; sich *(Dat)* etwas verbrennen* *(vt)* ♦ *mi sono bruciata il dito* ich habe mir den Finger verbrannt.
bruciato *(agg)* ***1*** verbrannt. ***2*** *(completamente arso)* abgebrannt.
bruciatura *(f)* ~ Verbrennung *(f)* ♦ *bruciature superficiali, estese* oberflächliche, großflächige Verbrennungen.
bruco *(m)* ~ *(zool)* Raupe *(f)*.
brufolo *(m)* ~ Pickel *(m)*.
brughiera *(f)* ~ Heide *(f)*.
brulicare *(vi)* ~ wimmeln *(vi, hat)* ♦ *qui brulica di persone* hier wimmelt es von Menschen.
brullo *(agg)* ~ kahl, nackt.
bruma *(f)* ~ Nebel *(f)*.
bruno *(agg)* ***1*** braun. ***2*** *(colorito)* brünett.
brusco *(agg)* ***1*** *(sgarbato)* brüsk, schroff. ***2*** *(improvviso, repentino)* jäh, scharf*. ***3*** *(a scatti)* ruckartig.
brutale *(agg)* ~ brutal, roh, gewalttätig.
brutalità *(f)* ***1*** Brutalität *(f)*. ***2*** *(crudeltà)* Rohheit *(f)*.
bruto[1] *(agg)* ~ brutal, roh ♦ *forza bruta* rohe Gewalt.
bruto[2] *(m)* ~ Unmensch *(m)*, Scheusal *(n)*.
bruttezza *(f)* ~ Hässlichkeit *(f)*.
brutto *(agg)* ***1*** hässlich, unschön ♦ *un naso brutto* eine hässliche Nase. ***2*** *(cattivo)* böse, schlimm. ***3*** *(negativo)* schlecht, schlimm ♦ *una brutta esperienza* eine schlechte Erfahrung ♦ *una brutta faccenda* eine schlimme Angelegenheit ♦ *un brutto risultato* ein schlechtes Ergebnis ♦ *un brutto segno* ein schlechtes Zeichen ♦ *fare una brutta impressione* einen schlechten Eindruck machen ♦ *fa brutto tempo* es ist schlechtes Wetter ♦ *fare una brutta fine* ein schlimmes Ende nehmen. ◆ **brutta copia** Konzept *(n)* ♦ *in brutta copia* im Konzept.
buca *(f)* ~ Loch *(n)*, Grube *(f)* ♦ *ein Loch graben* scavare una buca. ◆ **buca delle lettere** Briefkasten *(m)*.
bucare[1] *(vi)* ~ *(pungere)* stechen *(vi)*.
bucare[2] *(vt)* ***1*** lochen *(vt)*, ein Loch machen* *(vt)* ♦ *bucare un biglietto* einen Fahrschein lochen ♦ *bucare un muro* ein Loch in eine Wand machen. ***2*** *(con trapano o sim)* bohren *(vt)*. ***3*** *(pungere)* stechen *(vt)*, durchstechen* *(vt)*.
bucarsi *(vr)* ***1*** ein Loch bekommen* *(vt)*. ***2*** *(pungersi)* sich stechen *(vr)*. ***3*** *(drogarsi)* sich (Drogen) schießen* *(vi, hat)*.
bucato[1] *(agg)* ~ durchlöchert.
bucato[2] *(m)* ~ Wäsche *(f)* ♦ *stendere il bucato* die Wäsche aufhängen ♦ *bucato a mano* Handwäsche ♦ *fare il bucato* (die) Wäsche waschen.
buccia *(f)* ~ Schale *(f)*.

bucherellare *(vt)* ~ durchllöchern *(vt)*.
bucherellato *(agg)* ~ zerlöchert, löcherig.
buco *(m)* ***1*** Loch *(n)*, Lücke *(f)* ♦ *fare un buco* ein Loch machen ♦ *fare un buco con il trapano* ein Loch bohren ♦ *scavare un buco* ein Loch graben. ***2*** *(apertura)* Lücke *(f)*, Öffnung *(f)* ♦ *c'è un buco nella rete* es gibt eine Lücke im Zaun. ***3*** *(locale piccolo)* Loch *(n)*, Schlauch *(m)*. ◆ **buco della chiave** Schlüsselloch *(n)*.
budello *(m; pl* -a, -i*)* ***1*** *(pl* -a*)* *(anat)* Darm *(m)*, Eingeweide *(pl)*. ***2*** *(pl* -i*)* *(vicolo)* enge Gasse *(f)*.
budget *(m)* ~ Etat *(m)*.
budino *(m)* ~ Pudding *(m)*.
bue *(m)* ~ *(zool)* Ochse *(m)*.
bufala *(f)* ***1*** *(zool)* Büffelkuh *(f)*. ***2*** *(falsa notizia)* Zeitungsente *(f)*.
bufalo *(m)* ~ *(zool)* Büffel *(m)*.
bufera *(f)* ~ Sturm *(m)* ♦ *la bufera infuria, si placa, è passata* der Sturm tobt, legt sich, ist vorüber.
buffet *(m)* ~ *(rinfresco)* Büfett *(n)*.
buffo *(agg)* ***1*** *(spassoso)* komisch, lustig. ***2*** *(strambo)* komisch ♦ *questa è proprio buffa!* das ist aber komisch!
buffonata *(f)* ***1*** Narrenposse *(f)*. ***2*** *(stupidaggine)* Dummheit *(f)*.
buffone *(m/f)* ~ Narr *(m; f* -in*)*, Spaßvogel *(m)*.
buggerare *(vt)* ~ übertölpeln *(vt)*.
bugia *(f)* ~ Lüge *(f)*. ◆ **dire bugie** lügen. ◆ **quella era una bugia** das war gelogen.
bugiardo[1] *(agg)* ~ *(persona)* verlogen.
bugiardo[2] *(m)* ~ Lügner *(m; f* -in*)*.
buio[1] *(agg)* ***1*** *(scuro, oscuro)* finster, dunkel ♦ *buio pesto* stockdunkel. ***2*** *(cupo, triste)* düster, dunkel ♦ *tempi bui per la nostra squadra* düstere Zeiten für unsere Mannschaft. ◆ **fare buio** *(impers)* dunkel werden*, *(lett)* dunkeln ♦ *fa buio* es wird dunkel, es dunkelt. ◆ **al buio** im Dunkeln ♦ *brancolare nel buio* im Dunkeln tappen *(vi,* ist*)*.
buio[2] *(m)* ~ Finsternis *(f)*, Dunkelheit *(f)* ♦ *al calare del buio* bei Einbruch der Dunkelheit.
bulbo *(m)* ~ Zwiebel *(f)*, Knolle *(f)*. ◆ **bulbo oculare** Augapfel *(m)*.
bullone *(m)* ~ Schraube *(f)* ♦ *stringere, allentare un bullone* eine Schraube anziehen, lockern.
bunker *(m)* ~ Bunker *(m)*.
buonanotte *(interiez)* ~ gute Nacht! ♦ *dare la buonanotte a qcn* jmdm guten Nacht sagen.
buonasera *(interiez)* ~ guten Abend!
buoncostume *(f)* ~ *(polizia)* Sittenpolizei *(f)*.
buongiorno *(interiez)* ~ *(la mattina presto)* guten Morgen!; *(buona giornata)* guten Tag! ♦ *dare il buongiorno a qcn* jmdm guten Morgen sagen.
buongustaio *(m; f* **-a***)* ~ Feinschmecker *(m; f* -in*)*.
buono[1] *(agg)* ***1*** gut* ♦ *la qualità della merce è buona* die Qualität der Ware ist gut ♦ *un buon affare* ein gutes Geschäft ♦ *queste patate sono buone da fare arrosto* diese Kartoffeln sind gut zum Braten ♦ *buone maniere* gute Manieren ♦ *avere gli occhi buoni* gute Augen haben ♦ *un buon amico* ein guter Freund. ***2*** *(bravo, spec bambino)* brav. ***3*** *(gustoso)* lecker. ***4*** *(voto scolastico)* gut, Zwei *(f)*. ***5*** *(in auguri)* schön, gut*, froh ♦ *le auguro una buona giornata* ich wünsche Ihnen einen schönen Tag. ***6*** *(bonario)* gütig, gutmütig. ◆ **alla buona** *(semplice, modesto)* schlicht *(agg/avv)*. ◆ **molto buono** sehr gut *(avv)*. ◆ **buona fede** *(dir)* guter Glaube ♦ *agire in buona fede* in gutem Glauben handeln. ◆ **con le buone** im Guten. ◆ **buono a nulla** Nichtsnutzig *(m)*, Taugenichts *(m)*. ◆ **in buono stato** wohlbehalten *(agg; solo pred)* ♦ *la merce è arrivata in buono stato* die Ware ist wohlbehalten eingetroffen.
buono[2] *(m)* ~ *(d'acquisto)* Gutschein *(m)*. ◆ **buono del Tesoro** Schatzanweisung *(f)*.
buontempone *(m)* ~ Spaßvogel *(m)*.
buonumore *(m)* ~ gute Laune *(f)* ♦ *essere di buonumore* guter Laune sein.
burattinaio *(m)* ***1*** Puppenspieler *(m)*. ***2*** *(fig)* Drahtzieher *(m)*.
burattino *(m)* ~ Handpuppe *(f)*.
burbero[1] *(agg)* ~ mürrisch, griesgrämig.
burbero[2] *(m)* ~ Griesgram *(m)*.
burla *(f)* ~ Scherz *(m)*.

burlarsi *(vr)* ~ {~ *di qcn/qcs*} sich *(Acc)* über jmdn/etwas lustig machen.
burlone *(m)* ~ Witzbold *(m)*, Spaßvogel *(m)*.
burocrate *(m)* ~ Bürokrat *(m)*.
burocratico *(agg)* ~ bürokratisch, Amts- ♦ *linguaggio burocratico* Amtssprache *(f)*.
burocrazia *(f)* ~ Bürokratie *(f)*.
burrasca *(f)* ~ Sturm *(m)*.
burrascoso *(agg)* ~ stürmisch.
burro *(m)* ~ Butter *(f)*.
burrone *(m)* ~ Abgrund *(m)*.
bus *(m)* ~ Bus *(m)* ♦ *prendere, perdere il bus* den Bus nehmen*, verpassen ♦ *andare in bus* mit dem Bus fahren*.
buscarsi *(vr)* ~ *(malattie)* {~ *qcs*} sich *(Dat)* etwas holen *(vt)*, sich *(Dat)* etwas zu|ziehen* *(vt)* ♦ *mi sono buscata il raffreddore* ich habe mir einen Schnupfen geholt.
bussare *(vi)* ~ klopfen *(vi*, hat*)*, an|klopfen *(vi*, hat*)*, pochen *(vi*, hat*)* ♦ *bussare alla porta* an die Tür klopfen ♦ *bussano alla porta* es klopft an der Tür.
bussola *(f)* ~ Kompass *(m)*.
busta *(f)* **1** *(da lettera)* Briefumschlag, Umschlag *(m)*. **2** *(sacchetto di plastica o carta)* Tüte *(f)*. ◆ **busta paga** Lohntüte *(f)*.
bustarella *(f)* ~ Schmiergeld *(n)*.
bustina *(f)* ~ *(di tè e sim)* Beutel *(m)*.
busto *(m)* **1** *(anat)* Oberkörper *(m)*. **2** *(scultura)* Büste *(f)*. **3** *(bustino)* Mieder *(n)*. **4** *(med)* Korsett *(n)*.
buttare[1] *(vi)* ~ sich wenden *(vr)*, werden* *(vi*, ist*)* ♦ *la situazione butta al peggio* die Lage wendet sich zum Schlechten.
buttare[2] *(vt)* **1** *(gettare, scagliare, tirare)* werfen* *(vt)*, *(fam)* schmeißen* *(vt)* ♦ *buttò la bottiglia dalla finestra* er warf die Flasche aus dem Fenster ♦ *buttò a terra la borsa* sie warf die Tasche auf den Boden. **2** *(lanciare)* {~ *qcs a qcn*} jmdm etwas zu|werfen* *(vt)*. ◆ **buttare via** weg|werfen* *(vt)*, *(fam)* weg|schmeißen* *(vt)*. ◆ **buttare fuori** **1** hinaus|werfen* *(vt)*. **2** *(da un locale)* schmeißen* *(vt)*. ◆ **buttare indietro** zurück|werfen* *(vt)* ♦ *buttare indietro la testa* den Kopf zurückwerfen. ◆ **buttare lì** *(accennare)* ein|werfen*. ◆ **buttare giù** **1** *(spingere giù)* stürzen *(vt)*, hinunter|stürzen *(vt)*. **2** *(scrivere)* hin|werfen* *(vt)* ♦ *buttare giù uno schizzo* eine Skizze hinwerfen. **3** *(abbattere)* heraus|schlagen* *(vt)*; *(fig)* nieder|schmettern *(vt)* ♦ *questa notizia l'ha buttato giù* diese Nachricht hat ihn niedergeschmettert. ◆ **buttare all'aria** durcheinander werfen*. ◆ **buttare a terra qcn** jmdn zu Boden schlagen*, werfen*.
buttarsi *(vr)* **1** sich werfen *(vr)* ♦ *si buttò sulla poltrona* er warf sich in den Sessel ♦ *buttarsi in ginocchio di fronte a qcn* sich vor jmdm auf die Knie werfen. **2** *(lanciarsi)* sich stürzen *(vr)* ♦ *si è buttata dalla finestra* sie hat sich aus dem Fenster gestürzt. **3** *(fig)* {~ *su qcs*} sich in etwas *(Acc)* hineinstürzen *(vr)*, sich auf/in etwas *(Acc)* stürzen ♦ *buttarsi sul lavoro* sich in die Arbeit hineinstürzen/-stürzen ♦ *il bambino si buttò sul dolce* das Kind stürzte sich auf den Kuchen. ◆ **buttarsi giù** *(fig)* den Kopf hängen lassen*. ◆ **buttarsi a capofitto su qcs** sich in etwas *(Dat)* vergraben* *(vr)*.
by-pass *(m)* ~ Bypass *(m)*.
byte *(m)* ~ *(elab)* Byte *(n)*.

C

cabaret *(m)* ~ Kabarett *(n)*.
cabina *(f)* ***1*** *(su barche e navi)* Kajüte *(f)*. ***2*** *(spogliatoio)* Kabine *(f)*. ***3*** *(aeron)* Kanzel *(f)*. ◆ **cabina telefonica** Telefonzelle *(f)*.
cablaggio *(m)* ~ Verkabelung *(f)*.
cablare *(vt)* ~ verkabeln *(vt)*.
cacao *(m)* ***1*** *(pianta)* Kakaobaum *(m)*. ***2*** *(polvere)* Kakaopulver *(n)*.
cacare *(vi)* ~ scheißen* *(vi,* hat*)*, kacken *(vi,* hat*)*.
cacca *(f)* ~ *(volg)* Kacke *(f)*.
caccia *(f)* ***1*** Jagd *(f)* ♦ *la caccia alla lepre* die Jagd auf Hasen ♦ *la caccia ai soldi* die Jagd nach Geld. ***2*** *(cacciagione; bottino)* Fang *(m)* ♦ *caccia alla balena* Walfang. ***3*** *(arte venatoria)* Jagdwesen *(n)*. ◆ **(aereo da) caccia** *(mil)* Jagdflugzeug *(n)*. ◆ **cane da caccia** Jagdhund *(m)*. ◆ **andare a caccia** auf die Jagd gehen*, jagen gehen*. ◆ **dare la caccia a qcn/qcs** auf jmdn/etwas Jagd machen.
cacciagione *(f)* ***1*** *(carne)* Wildbret *(n)*. ***2*** *(selvaggina)* Wild *(n)*.
cacciare[1] *(vt)* ***1*** jagen *(vt)*. ***2*** *(selvaggina)* hetzen *(vt)*. ***3*** *(scacciare)* vertreiben* *(vt)*, verjagen *(vt)* ♦ *cacciare qcn dal suo paese* jmdn aus seinem Land vertreiben. ***4*** *(esiliare)* aus|weisen* *(vt)*. ◆ **cacciare di frodo** wildern *(vt/vi)*.
cacciare[2] *(vi)* ~ *(andare a caccia)* jagen *(vi,* ist/hat*)*.
cacciata *(f)* ~ Vertreibung *(f)*.
cacciatore *(m)* ~ Jäger *(m)*.
cacciavite *(m)* ~ Schraubenzieher *(m)*.
cachet *(m)* ***1*** *(analgesico)* Schmerztablette *(f)*. ***2*** *(di artisti)* Gage *(f)*. ***3*** *(per capelli)* Haarfärbemittel *(n)*.
cactus *(m)* ~ Kaktus *(m)*.
cadavere *(m)* ~ Leiche *(f)*.
cadente *(agg)* ***1*** *(in rovina)* verfallen. ***2*** *(flaccido, moscio)* schlaff.
cadenza *(f)* ***1*** *(inflessione)* Tonfall *(m)*. ***2*** *(ritmo, andatura)* Takt *(m)*, Schritt *(m)*.
cadere *(vi)* ***1*** fallen* *(vi,* ist*)* ♦ *cade la neve* der Schnee fällt ♦ *mi cadde lo sguardo sul giornale* mein Blick fiel auf die Zeitung ♦ *la scelta cadde su di lei* die Wahl fiel auf sie ♦ *quest'anno la Pasqua cade in aprile* Ostern fällt dieses Jahr in den April ♦ *cadere dalle nuvole* aus Wolken fallen. ***2*** *(precipitando da qcs)* stürzen *(vi,* ist*)* ♦ *cadere da cavallo* vom Pferd stürzen. ***3*** *(di fulmini, bombe, ecc)* schlagen* *(vi,* ist*)*, ein|schlagen* *(vi,* ist*)*. ***4*** *(capelli, denti, ecc)* aus|fallen* *(vi,* ist*)*. ***5*** *(della pioggia)* nieder|gehen* *(vi,* ist*)*. ***6*** *(foglie)* ab|fallen* *(vi,* ist*)*. ***7*** *(in errori, sentimenti, ecc)* {~ *in qcs*} in etwas *(Acc)* verfallen* *(vi,* ist*)*. ***8*** *(indumenti)* sitzen* *(vi,* hat*)* ♦ *la giacca cade bene* die Jacke sitzt gut. ***9*** *(a pezzi, crollare)* zerfallen* *(vi,* ist*)*. ◆ **cadere giù** ***1*** hinunter|fallen* *(vi,* ist*)*, hinunter|stürzen *(vi,* ist*)* ♦ *cadere giù dalle scale* die Treppe hinunterfallen. ***2*** *(verso chi parla)* herunter|fallen* *(vi,* ist*)*.
cadetto *(m)* ***1*** jüngerer Sohn *(m)*. ***2*** *(mil)* Kadett *(m)*.

caduta *(f)* ***1*** Fall *(m)*. ***2*** *(crollo)* Sturz *(m)* ♦ *la caduta del governo* der Sturz der Regierung. ***3*** *(di capelli, denti, ecc)* Ausfall *(m)* ♦ *caduta dei capelli* Haarausfall. ***4*** *(nel vuoto)* Absturz *(m)*.

caduto *(m)* ~ Gefallene(r) *(m/f)*.

caffè *(m)* ***1*** Kaffee *(m)* ♦ *una tazzina di caffè* eine Tasse Kaffee ♦ *caffè lungo, forte* dünner, starker Kaffee ♦ *fare il caffè* Kaffee kochen. ***2*** *(locale)* Café *(n)*. ◆ **caffè espresso** Espresso *(m)*.

caffeina *(f)* ~ Koffein *(n)*.

caffellatte *(m)* ~ Milchkaffee *(m)*.

caffettiera *(f)* ~ Kaffeemaschine *(f)*.

cafone *(m)* ~ Flegel *(m)*.

cagionevole *(agg)* ~ schwächlich.

cagliare *(vi)* ~ gerinnen* *(vi, ist)*.

caglio *(m)* ~ Lab *(n)*.

cagna *(f)* ~ Hündin *(f)*.

calabrone *(m)* ~ Hornisse *(f)*.

calamaio *(m)* ~ Tintenfass *(n)*.

calamaro *(m)* ~ Tintenfisch *(m)*.

calamita *(f)* ~ Magnet *(m)* *(anche fig)*.

calamità *(f)* ~ Unheil *(n)*.

calante *(agg)* ~ abnehmend, sinkend ♦ *luna calante* abnehmender Mond.

calare[1] *(m)* ~ *(del buio)* Einbruch *(m)* ♦ *al calare della sera* bei Einbruch der Dämmerung.

calare[2] *(vi)* ***1*** *(scendere, abbassarsi)* sinken* *(vi, ist)*, fallen* *(vi, ist)*. ***2*** *(diminuire)* ab|nehmen* *(vi, hat)* ♦ *calare di peso* an Gewicht abnehmen. ***3*** *(di intensità o qualità)* nach|lassen* *(vi, hat)* ♦ *il suo rendimento è calato* seine Leistungen haben nachgelassen. ***4*** *(buio)* ein|brechen* *(vi, ist)*; *(sera)* dämmern *(vi, hat)* *(impers)* ♦ *cala la sera* der Abend dämmert. ***5*** *(prezzi)* sinken* *(vi, ist)*.

calare[3] *(vt)* ***1*** *(tirare giù)* herunter|lassen*, herab|lassen* *(vt)* ♦ *calare il sipario* den Vorhang herablassen. ***2*** *(abbassare)* nieder|lassen* *(vt)*. ***3*** senken *(vt)* ♦ *calare i prezzi* die Preise senken. ***4*** *(in giochi di carte e sim)* blättern *(vt)*.

calarsi *(vr)* ~ sich herab|lassen* *(vr)*.

calca *(f)* ~ Gedränge *(n)*.

calcagno *(m)* ~ Ferse *(f)* ♦ *avere qcn alle calcagna* jmdn auf den Fersen haben.

calcare[1] *(m)* ~ Kalk *(m)*.

calcare[2] *(vt)* ***1*** *(premere)* drücken *(vt)*. ***2*** *(accentuare)* betonen *(vt)*.

calcareo *(agg)* ~ kalkhaltig, kalkig, Kalk- ♦ *pietra calcarea* Kalkstein *(m)* ♦ *terreno calcareo* Kalkboden *(m)*.

calce *(f)* ~ Kalk *(m)*.

calcestruzzo *(m)* ~ Beton *(m)*.

calciare *(vt)* ~ treten* *(vt)*.

calciatore *(m; f* **-trice***)* ~ Fußballspieler *(m; f* -in*)*.

calcificarsi *(vr)* ~ verkalken *(vi, ist)*.

calcificazione *(f)* ~ Verkalkung *(f)*.

calcina *(f)* ~ Mörtel *(m)*.

calcinaccio *(m)* ~ Schutt *(m)*.

calcio *(m)* ***1*** *(pedata)* Tritt *(m)*, Fußtritt *(m)*. ***2*** *(sport; pallone da calcio)* Fußball *(m)*. ***3*** *(del fucile)* Gewehrkolben *(m)*. ***4*** *(chim)* Kalzium *(n)*. ◆ **carenza di calcio** Kalkmangel *(m)*. ◆ **partita di calcio** Fußballspiel *(n)*. ◆ **calcio di punizione** Freistoß *(m)*. ◆ **dare calci a qcs** gegen etwas treten*.

calco *(m)* ~ *(in gesso, ecc)* Abdruck *(m)*, Abguss *(m)*.

calcolabile *(agg)* ~ berechenbar, überschaubar.

calcolare *(vt/vi)* ~ rechnen *(vt/vi*; hat*)*, berechnen *(vt)* *(anche fig)* ♦ *calcolare a mente* mit dem Kopf rechnen ♦ *calcolando a partire dal primo gennaio* vom 1. Januar an gerechnet.

calcolatore[1] *(agg)* ~ *(opportunista)* berechnend.

calcolatore[2] *(m; f* **-trice***)* ~ Rechengerät *(n)*; Rechner *(m; f* -in*)*.

calcolatrice *(f)* ~ Rechner *(m)* ♦ *calcolatrice tascabile* Taschenrechner.

calcolo[1] *(m)* ~ Rechnung *(f)*, Berechnung *(f)* ♦ *il calcolo non torna* die Rechnung geht nicht auf ♦ *secondo i miei calcoli* nach meiner Berechnung/meiner Berechnung nach. ◆ **sbagliare i calcoli** sich verkalkulieren *(vr)*. ◆ **far male i propri calcoli** sich verrechnen *(vr)*.

calcolo[2] *(m)* ~ *(med)* Stein *(m)* ♦ *calcolo renale* Nierenstein.

caldaia *(f)* ~ Kessel, Heizkessel *(m)*.

caldamente *(avv)* ~ warm, wärmstens.

caldeggiare *(vt)* ~ befürworten *(vt)*.

caldo[1] *(agg)* ***1*** warm* ♦ *un vento caldo* ein warmer Wind ♦ *oggi fa caldo* heute ist es warm ♦ *ho caldo, mi fa caldo* mir ist warm ♦ *una calda accoglienza* ein warmer Empfang ♦ *colori caldi* warme Farben ♦ *mangiare qualcosa di caldo* warm essen. **2** *(molto caldo)* heiß ♦ *acqua calda* heißes Wasser ♦ *un'estate calda* ein heißer Sommer. ◆ **tenere caldo** wärmen ♦ *la coperta tiene molto caldo* die Decke wärmt gut. ◆ **non fare né caldo né freddo a qcn** jmdn kalt lassen*.

caldo[2] *(m)* ~ *(calura)* Hitze *(f)* ♦ *con il gran caldo, con questo caldo* bei der Hitze.

calendario *(m)* ~ Kalender *(m)* ♦ *sul calendario* im Kalender.

calibro *(m)* ~ Kaliber *(n)* *(anche fig)*.

calice *(m)* ~ Kelch *(m)* *(anche bot)*.

caligine *(f)* ~ Dunst *(m)*.

caliginoso *(agg)* ~ dunstig.

calligrafia *(f)* **1** Handschrift, Schrift *(f)*. **2** *(tecnica)* Schönschrift *(f)*.

calligrafico *(agg)* ~ kalligrafisch.

callo *(m)* ~ Hornhaut *(f)*; *(alle mani)* Schwiele *(f)*; *(ai piedi)* Hühnerauge *(n)*.

callosità *(f)* ~ Hornhaut *(f)*.

calloso *(agg)* ~ hornig, schwielig.

calma *(n)* **1** Ruhe *(n)* ♦ *mantenere, perdere la calma* die Ruhe bewahren, verlieren. **2** *(autocontrollo)* Fassung *(f)*, Gemütsruhe *(f)*. **3** *(di vento)* Windstille *(f)*.

calmante[1] *(agg)* ~ beruhigend.

calmante[2] *(m)* ~ Beruhigungsmittel *(n)*.

calmare *(vt)* **1** *(tranquillizzare)* beruhigen *(vt)*. **2** *(placare, mitigare)* besänftigen *(vt)*. **3** *(alleviare)* lindern *(vt)*.

calmarsi *(vr)* **1** *(tranquillizzarsi)* sich beruhigen *(vr)*. **2** *(vento e sim)* sich legen *(vr)*. **3** *(dolore)* nach|lassen* *(vi*, hat*)*.

calmo *(agg)* ~ ruhig ♦ *stai calmo!* bleib ruhig!

calo *(m)* **1** *(abbassamento)* Senkung *(f)*. **2** *(riduzione)* Rückgang *(m)*.

calore *(m)* **1** Wärme *(f)*, Hitze *(f)* ♦ *fonte di calore* Wärmequelle. **2** *(zool)* Brunst *(f)*. ◆ **in calore** *(zool)* brünstig *(agg)*.

caloria *(f)* ~ Kalorie *(f)*.

calorico *(agg)* ~ Kalorien- ♦ *a basso, alto contenuto calorico* kalorienarm, kalorienreich *(agg)*.

calorifero *(m)* ~ Heizkörper *(m)*.

caloroso *(agg)* ~ *(cordiale)* warm*, herzlich.

calotta *(f)* ~ Kappe *(f)*, Kalotte *(f)*.

calpestare *(vt)* ~ treten* *(vi*, hat*)*, betreten* *(vt)*; *(con rabbia)* trampeln *(vt)* ♦ *calpestare il prato* auf den Rasen treten.

calunnia *(f)* ~ Verleumdung *(f)*.

calunniare *(vt)* ~ verleumden *(vt)*.

calura *(f)* ~ Hitze *(f)* ♦ *calura opprimente* drückende Hitze.

calvizie *(f)* ~ Kahlköpfigkeit *(f)*, Kahlheit *(f)*.

calvo[1] *(agg)* ~ kahlköpfig.

calvo[2] *(m)* ~ Kahlkopf *(m)*.

calza *(f)* **1** *(lunga)* Strumpf *(m)* ♦ *un paio di calze* ein Paar Strümpfe ♦ *calza a rete* Netzstrumpf. **2** *(calzino)* Socke *(f)*.

calzamaglia *(f)* ~ Strumpfhose *(f)*.

calzare *(vt)* **1** *(mettersi)* an|ziehen* *(vt)*. **2** *(portare)* tragen* *(vt)*.

calzatoio *(m)* ~ Schuhlöffel *(m)*.

calzatura *(f)* ~ Schuhwerk *(n)*, Schuh *(m)*.

calzettone *(m)* ~ Socke *(f)*.

calzino *(m)* ~ Socke *(f)*.

calzolaio *(m; f* **-a***)* ~ Schuhmacher *(m; f* -in*)*.

calzoncini *(m pl)* ~ kurze Hosen *(pl)*.

calzone *(m)* ~ Hose *(f)*, Hosen *(pl)* ♦ *indossa dei calzoni blu* sie trägt blaue Hosen/eine blaue Hose ♦ *un paio di calzoni* eine Hose/ein Paar Hosen.

cambiale *(f)* ~ Wechsel *(m)* ♦ *emettere, pagare una cambiale* einen Wechsel ausstellen, einlösen ♦ *la cambiale sta scadendo* der Wechsel ist fällig.

cambiamento *(m)* **1** Änderung *(f)* ♦ *salvo cambiamenti* Änderungen vorbehalten. **2** *(profondo)* Veränderung *(f)* **3** *(cambio)* Wechsel *(m)* ♦ *cambiamento di clima, d'aria* Klimawechsel.

cambiare[1] *(vi)* **1** sich ändern *(vr)*, sich verändern *(vr)*. **2** *(treno, autobus, ecc)* um|steigen* *(vi*, ist*)* ♦ *devo cambiare a Monaco* ich muss in München umsteigen. ◆ **non cambiare mai** immer der Alte bleiben*, sein*. ◆ **non cambia nulla** alles bleibt beim Alten.

cambiare[2] *(vt)* **1** wechseln *(vt)* ♦ *cambiare lavoro, le calze, la residenza* den Beruf, die Strümpfe, den Wohnort wechseln ♦ *cambiare argomento* das Thema wechseln. **2** *(trasformare)* verändern *(vt)* ♦ *cambiare (completamente) un progetto* einen Plan verändern ♦ *cambiare qcs di qcs* an etwas *(Dat)* etwas verändern **3**

(denaro) wechseln; *(in moneta)* klein machen ♦ *devo cambiare gli euro in dollari* ich muss Euro in Dollars wechseln. **4** *(marcia)* schalten *(vi,* hat*)*. **5** *(canale)* um|schalten *(vi,* hat*)*. **6** *(treno, autobus, ecc)* um|steigen* *(vi,* ist*)* ♦ *devo cambiare treno a Monaco* ich muss in München umsteigen. ◆ **cambiare casa** um|ziehen* *(vi,* ist*)*. ◆ **cambiare (il pannolino a) un bambino** ein Baby wickeln *(vt)*. ◆ **cambiare posto a** um|stellen *(vt)*. ◆ **per cambiare** zur Abwechslung.

cambiarsi *(vr)* ~ *(d'abito)* sich um|ziehen* *(vr)*.

cambio *(m)* **1** *(cambiamento)* Wechsel *(m)*, Tausch *(m)* ♦ *il cambio della residenza* der Wechsel des Wohnortes ♦ *dare, prendere qcs in cambio di qcs* etwas in Tausch für/gegen etwas geben, nehmen. **2** *(di denaro)* Geldwechsel *(m)*; *(quotazione)* Wechselkurs *(m)* **3** *(di veicoli)* Schaltung *(f)*; *(leva del cambio)* Schalthebel *(m)*. ◆ **fare a cambio con qcn** mit jmdm tauschen *(vt)*. ◆ **dare il cambio a qcn** jmdn ab|lösen.

camelia *(f)* ~ Kamelie *(f)*.

camera *(f)* **1** Zimmer *(n)* ♦ *una camera ammobiliata* ein möbliertes Zimmer ♦ *camera di albergo* Hotelzimmer ♦ *camera matrimoniale (in hotel)* Doppelzimmer ♦ *camere libere* Zimmer frei. **2** *(da letto)* Schlafzimmer *(n)*. **3** *(pol)* Kammer *(f)*, Haus *(n)* ♦ *Camera dei Deputati* Abgeordnetenhaus. ◆ **camera oscura** Dunkelkammer *(f)*. ◆ **camera d'aria** Schlauch *(m)*.

cameraman *(m)* ~ Kameramann *(m; f* Kamerafrau*)*.

camerata[1] *(f)* ~ Stube *(f)*.

camerata[2] *(m/f)* ~ Kamerad *(m; f* -in*)*.

cameratismo *(m)* ~ Kameradschaft *(f)*.

cameriera *(f)* **1** *(di locale)* Kellnerin **2** *(di hotel)* Zimmermädchen *(n)*.

cameriere *(m)* ~ *(in ristoranti e sim)* Kellner *(m)*, Ober *(m)* ♦ *cameriere, il conto per favore!* Herr Ober, bitte zahlen!

camerino *(m)* ~ Garderobe *(f)*.

camice *(m)* ~ Kittel *(m)*.

camicetta *(f)* ~ *(da donna)* Bluse *(f)*.

camicia *(f)* ~ Hemd *(n)* ♦ *camicia da notte* Nachthemd. ◆ **camicia di forza** Zwangsjacke *(f)*.

caminetto *(m)* ~ Kamin *(m)*.

camino *(m)* **1** *(caminetto)* Kamin *(m)*. **2** *(comignolo)* Schornstein *(m)*.

camion *(m)* ~ Lastkraftwagen *(m)*, Lastwagen *(m)*.

camionista *(m)* ~ Lastkraftwagenfahrer *(m; f* -in*)*, Lkw-Fahrer *(m; f* -in*)*.

cammello *(m)* ~ Kamel *(n)*.

camminare *(vi)* **1** gehen* *(vi,* ist*)*, laufen* *(vi,* ist*)*. **2** *(passeggiare)* wandern *(vi,* ist*)*.

cammino *(m)* ~ Weg *(m)* ♦ *accorciare il cammino* den Weg abkürzen. ◆ **mettersi in cammino** sich *(Acc)* auf den Weg machen, sich auf|machen *(vr)*. ◆ **durante il cammino** unterwegs *(avv)*.

camomilla *(f)* **1** *(bot)* Kamille *(f)*. **2** *(infuso)* Kamillentee *(m)*.

camoscio *(m)* ~ Gämse *(f)*.

campagna *(f)* **1** Land *(n)* ♦ *in campagna* aufs Land *(moto)*; auf dem Land *(stato)*. **2** *(mil)* Feldzug *(m)*; Kampagne *(f)* ♦ *una campagna contro le droghe* ein Feldzug gegen Drogen ♦ *campagna pubblicitaria* Werbekampagne. ◆ **campagna elettorale** Wahlkampf *(m)*.

campana *(f)* ~ Glocke *(f)*.

campanaro *(m)* ~ Glöckner *(m)*.

campanello *(m)* ~ *(di porta, bicicletta, ecc)* Klingel *(f)*.

campanile *(m)* ~ Glockenturm *(m)*.

campanula *(f)* ~ Glockenblume *(f)*.

campata *(f)* ~ *(di ponte)* Spannweite *(f)*.

campeggiare *(vi)* **1** *(fare camping)* zelten *(vi,* hat*)*, campen *(vi,* hat*)*. **2** *(risaltare)* hervor|treten* *(vi,* ist*)*.

campeggiatore *(m; f* **-trice***)* ~ Zeltler *(m; f* -in*)*.

campeggio *(m)* **1** *(attività)* Camping *(n)* **2** *(area)* Campingplatz *(m)*.

camper *(m)* ~ Wohnmobil *(m)*.

campestre *(agg)* ~ Feld-.

camping *(m)* **1** *(attività)* Camping *(n)* **2** *(area)* Campingplatz *(m)*.

campionario *(m)* ~ Musterbuch *(n)*.

campionato *(m)* ~ Meisterschaft *(f)*.

campione *(m; f* **-essa***)* **1** *(sport)* Meister *(m; f* -in*)* ♦ *campione del mondo* Weltmeister ♦ *campione del mondo di sollevamento pesi* Weltmeister im Gewichtsheben. **2** *(di merce)* Muster *(n)*, Warenprobe *(f)*.

campo *(m)* ***1*** Feld *(n)* ♦ *nel campo* auf dem Feld *(stato)*; aufs Feld *(moto)* ♦ *una croce rossa su campo bianco* ein rotes Kreuz auf weißem Feld ♦ *campo di battaglia* Schlachtfeld ♦ *campo magnetico* magnetisches Feld ♦ *campo visivo* Gesichtsfeld, Blickfeld. ***2*** *(coltivato)* Acker *(m)* ♦ *nel campo (stato)* auf dem Acker. ***3*** *(sport)* Spielfeld *(n)*. ***4*** *(disciplina, settore)* Feld *(n)*, Gebiet *(n)*, Bereich *(m)* ♦ *è molto esperto nel suo campo* er ist sehr erfahren auf seinem Gebiet. ***5*** *(di vacanza, di prigionia, ecc)* Lager *(n)*. ◆ **fiore di campo** Feldblume *(f)*. ◆ **campo sportivo** Sportplatz *(m)*. ◆ **campo da tennis** Tennisplatz *(m)*. ◆ **scendere in campo** *(sport)* ein|laufen* *(vi, ist)*.

camuffamento *(m)* ***1*** Verkleidung *(f)*. ***2*** *(fig)* Tarnung *(f)*.

camuffare *(vt)* ***1*** verkleiden *(vt)*. ***2*** tarnen *(vt)*. ◆ **camuffare la voce** seine Stimme verstellen.

canaglia *(f)* ~ Schurke *(m)*.

canale *(m)* ***1*** Kanal *(m)* ***2*** *(tv, radio)* Kanal *(m)*, Programm *(n)* ♦ *sul secondo canale* auf dem zweiten Kanal ♦ *canale televisivo* Fernsehkanal. ◆ **canale navigabile** Fahrwasser *(n)*. ◆ **cambiare canale** um|schalten *(vi, hat)*.

canalizzare *(vt)* ~ kanalisieren *(vt)*.

canalizzazione *(f)* ***1*** *(di fiumi e sim)* Kanalisation *(f)*. ***2*** *(rete di condutture)* Kanalisation *(f)*.

canapa *(f)* ~ Hanf *(m)*.

canarino *(m)* ~ Kanarienvogel *(m)*.

cancellare *(vt)* ***1*** streichen* *(vt)*. ***2*** *(con la gomma)* radieren *(vt)*, aus|radieren *(vt)*. ***3*** *(cose registrate)* löschen *(vt)*. ***4*** *(estinguere, eliminare)* tilgen *(vt)*.

cancellata *(f)* ~ Gitter *(n)*.

cancellazione *(f)* ***1*** Streichung *(f)*. ***2*** *(di cose registrate)* Löschung *(f)*. ***3*** *(eliminazione)* Tilgung *(f)*.

cancelleria *(f)* ***1*** *(pol)* Kanzlei *(f)*. ***2*** *(articoli di)* Schreibwaren *(pl)*.

cancelliere *(m/f)* ~ *(pol)* Kanzler *(m; f -in)* ♦ *cancelliere federale* Bundeskanzler.

cancello *(m)* ~ Gitter *(n)*.

cancerogeno *(agg)* ~ Krebs erregend.

cancrena *(f)* ~ Gangrän *(f/n)*.

cancro *(m)* ~ Krebs *(m)* *(anche astrol)*.

candeggiare *(vt)* ~ bleichen *(vt)*.

candeggina *(f)* ~ Bleichmittel *(n)*.

candela *(f)* ***1*** Kerze, Wachskerze *(f)* ♦ *accendere, spegnere una candela* eine Kerze anzünden, auslöschen ♦ *a lume di candela* bei Kerzenlicht. ***2*** *(del motore)* Zündkerze, Kerze *(f)* ♦ *cambiare le candele* die Kerzen auswechseln.

candelabro *(m)* ~ Kerzenleuchter *(m)*.

candidare *(vt)* ~ als Kandidaten auf|stellen *(vt)*.

candidarsi *(vr)* ***1*** kandidieren *(vi, hat)* ♦ *candidarsi per una carica* für ein Amt kandidieren. ***2*** {~ *(a qcs)*} sich (um etwas) bewerben* *(vr)* ♦ *candidarsi per un posto* sich um eine Stelle bewerben.

candidato *(m; f* **-a***)* ***1*** *(di esami, elezioni)* Kandidat *(m; f -in)* ♦ *proporre qcn come candidato* jmdn als Kandidaten aufstellen. ***2*** *(a un concorso)* Bewerber *(m; f -in)*.

candidatura *(f)* ***1*** Kandidatur *(f)*. ***2*** *(a un concorso)* Bewerbung *(f)*.

candido *(agg)* ***1*** schneeweiß, weiß. ***2*** *(fig)* unschuldig; *(ingenuo)* naiv.

candire *(vt)* ~ *(frutta)* kandieren *(vt)*.

candito *(agg/m)* ~ kandiert ♦ *frutta candita, canditi* kandierte Früchte.

candore *(m)* ~ *(ingenuità)* Naivität *(f)*.

cane *(m)* ~ Hund *(m; f Hündin)* ♦ *cane da caccia* Jagdhund ♦ *cane da guardia* Wachhund ♦ *cane da pastore* Schäferhund ♦ *portare un cane al guinzaglio* einen Hund an der Leine führen. ◆ **trattare qcn da cani** jmdn wie einen Hund behandeln. ◆ **fare una vita da cani** wie ein Hund leben, ein Hundeleben führen.

canestro *(m)* ~ Korb *(m)* *(anche sport)*.

canfora *(f)* ~ Kampfer *(m)*.

cangiante *(agg)* ~ schillernd.

canguro *(m)* ~ Känguru *(n)*.

canicola *(f)* ~ Hundstage *(pl)*.

canile *(m)* ~ Tierheim *(n)*.

canino *(m)* ***1*** *(dente)* Eckzahn *(m)*. ***2*** *(di predatori)* Reißzahn *(m)*.

canna *(f)* ***1*** *(bot)* Rohr ♦ *canna da zucchero* Zuckerrohr. ***2*** *(da pesca)* Angelrute, Rute *(f)*; *(con lenza e amo)* Angel *(f)*. ***3*** *(del fucile)* Gewehrlauf *(m)*. ***4*** *(dell'organo)* Orgelpfeife *(f)*. ◆ **canna fumaria** Rauchabzug *(m)*.

cannella *(f)* ~ *(bot)* Zimt *(m)*.
canneto *(m)* ~ Schilf *(n)*.
cannibale *(m/f)* ~ Kannibale *(m; f* Kannibalin*)*.
cannocchiale *(m)* ~ Fernglas *(n)*, Fernrohr *(n)*.
cannonata *(f)* ~ Kanonenschlag *(m)*.
cannone *(m)* ~ Kanone *(f)*.
cannuccia *(f)* ~ Trinkhalm *(m)*.
cannula *(f)* ~ *(med)* Kanüle *(f)*.
canoa *(f)* ~ Kanu *(n)*, Paddelboot *(n)*. ◆ **andare in canoa** paddeln *(vi,* ist*)*.
canone *(m)* ***1*** *(tariffa)* Gebühr *(f)* ***2*** *(regola)* Kanon *(m)*. ◆ **canone fisso** Grundtarif *(m)*. ◆ **canone d'affitto** Miete *(f)*.
canottaggio *(m)* ~ Rudersport *(m)*.
canottiera *(f)* ~ Unterhemd, Hemd *(n)*.
canotto *(m)* ~ Schlauchboot *(n)*.
cantante *(m)* ~ Sänger *(m; f* -in*)* ♦ *cantante d'opera* Opernsänger.
cantare *(vi/vt)* ***1*** singen* *(vi/vt,* hat*)* *(anche fig)*. ***2*** *(uccelli)* schlagen* *(vi,* hat*)*; *(gallo)* krähen *(vi,* hat*)*; *(merlo, tordo, ecc)* pfeifen* *(vi,* hat*)*.
cantautore *(m; f* **-trice***)* ~ Liedermacher *(m; f* -in*)*.
canterellare, **canticchiare** *(vt/vi)* ~ trällern *(vt/vi,* hat*)*.
cantiere *(m)* ~ Baustelle *(f)*.
cantina *(f)* ~ Keller *(m)*.
canto *(m)* ***1*** *(canzone)* Lied *(n)* ♦ *canto natalizio* Weihnachtslied. ***2*** *(di uccelli)* Gesang *(m)*, Schlag *(m)*. ***3*** *(angolo)* Ecke *(f)*. ◆ **d'altro canto** andererseits, auf der anderen Seite.
cantonale *(agg)* ~ kantonal.
cantone *(m)* ~ *(svizzero)* Kanton *(m)*.
cantore *(m; f* **-a***)* ~ Sänger *(m; f* -in*)*.
cantuccio *(m)* ***1*** *(angolo; luogo tranquillo)* Winkel *(m)*. ***2*** *(del pane)* Kanten *(m)*.
canuto *(agg)* ~ weißhaarig.
canzonare *(vt)* ~ hänseln *(vt)*.
canzonatorio *(agg)* ~ neckisch.
canzone *(f)* ~ Lied *(n)*.
canzonetta *(f)* ~ Schlager *(m)*.
caos *(m)* ~ Chaos *(n)*.
caotico *(agg)* ~ chaotisch.
capace *(agg)* ***1*** *(abile, dotato)* fähig, tüchtig ♦ *è capace di tutto* er ist zu allem fähig. ***2*** *(capiente)* groß. ◆ **essere capace di fare qcs** im Stande sein*, etwas zu tun*.
capacità *(f)* ***1*** Fähigkeit *(f)* ♦ *possiede grandi capacità musicali* sie besitzt große musikalische Fähigkeiten. ***2*** *(capienza)* Fassungsvermögen *(n)*, Kapazität *(f)*. ◆ **misura di capacità** Hohlmaß *(n)*.
capacitarsi *(vr)* ~ fassen *(vt)*.
capanna *(f)* ~ Hütte *(f)*.
capannone *(m)* ***1*** *(di fabbrica e sim)* Halle *(f)*. ***2*** *(rimessa)* Schuppen *(m)*.
caparbietà *(f)* ~ Eigensinn *(m)*, Hartnäckigkeit *(f)*.
caparbio *(agg)* ~ eigensinnig, hartnäckig.
caparra *(f)* ~ Handgeld *(n)*.
capello *(m)* ~ Haar *(n)*; *(pl)* Haar *(n)*. ◆ **colore dei capelli** Haarfarbe *(f)*. ◆ **taglio di capelli** Haarschnitt *(m)*.
capestro *(m)* ~ Strick *(m)*.
capezzolo *(m)* ***1*** *(anat)* Brustwarze, Warze *(f)* ***2*** *(di animali)* Zitze *(f)*.
capienza *(f)* ~ *(capacità)* Fassungsvermögen *(n)*. ◆ **avere una capienza di** *(contenere)* fassen *(vt)* ♦ *lo stadio ha una capienza di 60000 spettatori* das Stadion fasst 60000 Zuschauer.
capire *(vt)* ~ verstehen* *(vt)*, begreifen *(vt)* ♦ *non capisco il perché* ich verstehe nicht, warum ♦ *se ho capito bene* wenn ich richtig verstanden habe ♦ *capito?* verstanden? ♦ *si capisce!* das versteht sich von selbst! ♦ *non capisco niente di fisica* ich verstehe nichts von Physik. ◆ **capir male** ***1*** *(fraintendere)* missverstehen*. ***2*** *(ascoltando)* sich verhören *(vr)*. ◆ **farsi capire (da qcn)** sich verständlich machen, sich (mit jmdm) verständigen *(vr)*. ◆ **non riuscire a capire qcn/qcs** aus jmdm/etwas nicht klug/schlau werden*.
capitale[1] *(agg)* ***1*** Todes- ♦ *pena capitale* Todesstrafe *(f)*. ***2*** *(essenziale)* wesentlich.
capitale[2] *(f)* ~ *(città)* Hauptstadt *(f)*.
capitale[3] *(m)* ~ *(econ)* Kapital *(n)* ♦ *capitale fisso, liquido* fixes, flüssiges Kapital ♦ *capitale sociale* Grundkapital, Stammkapital ♦ *investire capitale* Kapital anlegen. ◆ **società di capitali** Kapitalgesellschaft, KG *(f)*.
capitalismo *(m)* ~ Kapitalismus *(m)*.
capitalista[1] *(agg)* ~ kapitalistisch.
capitalista[2] *(m/f)* ~ Kapitalist *(m; f* -in*)*.

capitalistico *(agg)* ~ kapitalistisch.
capitaneria *(f)* ~ *(di porto)* Hafenamt *(n)*.
capitano *(m)* ***1*** *(mil)* Hauptmann *(m)*, Kapitän *(m)*. ***2*** *(sport)* Kapitän *(m)*. ***3*** *(di nave)* Schiffer *(m)*.
capitare *(vt)* ***1*** *(accadere, succedere)* geschehen* *(vi*, ist*)*, passieren *(vi*, ist*)*, vor|kommen* *(vi*, ist*)* ♦ *mi è capitato un incidente* mir ist ein Unfall passiert ♦ *questo capita abbastanza spesso* das kommt öfters vor. ***2*** *(contrattempi)* dazwischen|kommen* *(vi*, ist*)* ♦ *se non capita niente di nuovo* wenn (mir) nichts dazwischenkommt. ***3*** *(trovarsi)* geraten* *(vi*, ist*)*.
capitolare *(vi)* ~ kapitulieren *(vi*, hat*)*.
capitolazione *(f)* ~ Kapitulation *(f)*.
capitolo *(m)* ~ Kapitel *(n)* ♦ *un capitolo a sé* ein Kapitel für sich.
capo *(m)* ***1*** *(testa)* Haupt *(n)*, Kopf *(m)* ♦ *girare, chinare, abbassare il capo* den Kopf drehen, neigen, senken. ***2*** *(guida)* Haupt *(n)*, Führer *(m; f* -in*)*; *(di tribù)* Häuptling *(m)* ♦ *il capofamiglia* das Haupt der Familie. ***3*** *(capufficio)* Chef *(m)*. ***4*** *(d'abbigliamento)* Kleidungsstück *(n)*. ***5*** *(estremità)* Kopf *(m)*, Ende *(n)* ♦ *all'altro capo del telefono* am anderen Ende des Telefons ♦ *a capotavola (stato)* am Kopf des Tisches. ***6*** *(geogr)* Kap *(n)*. ◆ **capo di stato** Staatschef *(m)*, Staatsoberhaupt *(n)*. ◆ **da capo a piedi** von oben bis unten. ◆ **venire a capo di qcs** *(difficoltà e sim)* etwas meistern, mit etwas fertig werden*.
capobanda *(m)* ~ Rädelsführer *(m)*, Anführer *(m)*.
capocchia *(f)* ~ Kopf *(m)*.
capodanno *(m)* ***1*** *(primo gennaio)* Neujahr *(n)*, Neujahrstag *(m)* ♦ *a capodanno* zu Neujahr. ***2*** *(notte di San Silvestro)* Silvesternacht *(f)*.
capofamiglia *(m)* ~ Familienoberhaupt *(n)*.
capofila *(m)* ~ Vordermann *(m)*.
capofitto ~ **a capofitto** kopfüber *(avv)* ♦ *buttarsi a capofitto su un lavoro* sich *(Acc)* kopfüber in eine Arbeit stürzen.
capogiro *(m)* ~ Schwindel *(m)*.
capogruppo *(m/f)* ***1*** Gruppenführer *(m; f* -in*)*. ***2*** *(pol)* Fraktionsvorsitzende *(m; f* -in*)*.
capolavoro *(m)* ~ Meisterwerk *(n)*.
capolinea *(f)* ~ Endhaltestelle *(f)*, Endstation *(f)*.
capolino *(m)* ~ **fare capolino** blicken *(vi*, hat*)*.
capoluogo *(m)* ~ Landeshauptstadt *(f)*. ◆ **capoluogo di provincia** Provinzhauptstadt *(f)*.
caporale *(m)* ~ Gefreite(r) *(m)*.
caporione *(m)* ~ Rädelsführer *(m)*.
caposala *(f)* ~ *(infermiera)* Oberschwester *(f)*.
caposquadra *(m/f)* ***1*** *(di operai)* Werkmeister *(m; f* -in*)*. ***2*** *(sport)* Mannschaftsführer *(m; f* -in*)*.
capostazione *(m/f)* ~ Bahnhofsvorsteher *(m; f* -in*)*.
capotreno *(m/f)* ~ Zugführer *(m; f* -in*)*.
capote *(m)* ~ *(tettuccio apribile)* Verdeck *(n)*.
capoufficio *(m/f)* ~ Büroleiter *(m; f* -in*)*, Chef *(m; f* -in*)*.
capoverso *(m)* ~ Absatz *(m)*.
capovolgere *(vt)* ~ umkehren *(vt)*, auf den Kopf stellen *(vt)*, umdrehen *(vt)*.
capovolgersi *(vr)* ***1*** *(imbarcazioni)* kentern *(vi*, ist*)*. ***2*** *(situazione)* sich wenden *(vr)*.
capovolgimento *(m)* ~ *(cambiamento improvviso)* Umschlag *(m)*, Umschwung *(m)*.
capovolto *(agg)* ~ **essere capovolto** auf dem Kopf stehen*.
cappa *(f)* ***1*** *(del camino)* Rauchfang *(m)*. ***2*** *(di foschia)* Dunstglocke *(f)*.
cappella *(f)* ~ Kapelle *(f)*.
cappellano *(m)* ~ Kaplan *(m)*.
cappello *(m)* ~ Hut *(m)* ♦ *togliersi, mettersi il cappello* den Hut abnehmen, aufsetzen.
cappero *(m)* ~ Kaper *(f)*.
cappio *(m)* ~ Schlinge *(f)*.
cappone *(m)* ~ Kapaun *(m)*.
cappotto *(m)* ~ Mantel *(m)* ♦ *mettersi, togliersi il cappotto* den Mantel anziehen, ausziehen.
cappuccino *(m)* ***1*** *(relig)* Kapuziner *(m)*. ***2*** *(bevanda)* Cappuccino *(m)*.
cappuccio *(m)* ***1*** *(di mantello, tonaca, ecc)* Kapuze *(f)*. ***2*** *(berretto; di penna)* Kappe *(f)*.

capra *(f)* ~ *(zool)* Ziege *(f)*; *(femmina)* Zicke *(f)*.
capretto *(m)* ~ Zicklein *(n)*.
capriccio *(m)* ~ *(idea balzana)* Schrulle *(f)*, Grille *(f)*, Laune *(f)*.
Capricorno *(m)* ~ *(astrol)* Steinbock *(m)*.
capriola *(f)* ~ Purzelbaum *(m)*.
capriolo *(m)* ~ *(zool)* Reh *(n)*.
capro *(m)* ~ Bock *(m)* ♦ *fare di qcn il capro espiatorio per qcs* jmdn zum Sündenbock für etwas machen.
caprone *(m)* ~ *(zool)* *(becco)* Ziegenbock, Bock *(m)*.
capsula *(f)* ~ Kapsel *(f)*.
captare *(vt)* ~ auf|fangen* *(vt)*; empfangen* *(vt)*.
capzioso *(agg)* ~ spitzfindig.
carabina *(f)* ~ Karabiner *(m)*.
caraffa *(f)* ~ Karaffe *(f)*.
carambola *(f)* ~ Karambolage *(f)*.
caramella *(f)* ~ Bonbon *(n)*.
caramello *(m)* ~ Karamell *(m)*.
carapace *(m)* ~ *(scudo, di tartaruga, insetti, ecc)* Schild *(m)*.
carato *(m)* ~ Karat *(n)*. ◆ **a molti carati** hochkarätig *(agg)*.
carattere *(m)* *1* Charakter *(m)* ♦ *il colloquio ha avuto carattere confidenziale* das Gespräch trug vertraulichen Charakter ♦ *un uomo di carattere* ein Mann von Charakter. *2* *(scrittura, alfabeto)* Schrift *(f)*; *(lettera)* Buchstabe *(m)*. *3* *(tipogr)* Type *(f)*. ◆ **carattere ereditario** Erbanlage *(f)*. ◆ **dal carattere forte** temperamentvoll *(agg)*.
caratteriale *(agg)* ~ charakterlich.
caratteristica *(f)* *1* *(peculiarità)* Eigenart *(f)*. *2* *(tratto distintivo)* Merkmal *(n)*.
caratteristico *(agg)* *1* charakteristisch, kennzeichnend ♦ *essere caratteristico di qcn/qcs* für jmdn/etwas charakteristisch sein. *2* *(proprio, peculiare)* eigen, eigentümlich. *3* *(tipico)* typisch.
caratterizzare *(vt)* *1* charakterisieren *(vt)*. *2* *(contraddistinguere)* kennzeichnen *(vt)*.
caravan *(m)* ~ *(roulotte)* Wohnwagen *(m)*.
carboidrato *(m)* ~ Kohlenhydrat *(n)*.
carbonaio *(m)* ~ Köhler *(m)*.
carboncino *(m)* ~ *(da disegno)* Kohlestift *(m)*, Kohle *(f)*.
carbone *(m)* ~ Kohle *(f)* ♦ *carbone di legna* Holzkohle ♦ *carbon fossile* Steinkohle. ◆ **carta carbone** Kohlepapier *(n)*. ◆ **miniera di carbone** Kohlenbergwerk *(n)*, Kohlengrube *(f)*.
carbonio *(m)* ~ *(chim)* Kohlenstoff *(m)*.
carburante *(m)* ~ Kraftstoff *(m)*, Treibstoff *(m)*.
carburatore *(m)* ~ Vergaser *(m)*.
carcassa *(f)* *1* *(di animale)* Tiergerippe *(n)*. *2* *(di nave)* Schiffsgerippe *(n)*. *3* *(auto vecchia)* Klapperkiste, Kiste *(f)*.
carcerato *(m)* ~ Häftling *(m)*.
carcere *(m)* *1* Gefängnis *(n)*, Haftanstalt *(f)*. *2* *(minorile)* Jugendstrafanstalt *(f)*.
carciofo *(m)* ~ Artischocke *(f)*.
cardellino *(m)* ~ *(zool)* Distelfink *(m)*.
cardiaco *(agg)* ~ Herz- ♦ *attacco cardiaco* Herzanfall *(m)*.
cardinale[1] *(agg)* ~ Haupt-. ◆ **numero cardinale** Kardinalzahl *(f)*. ◆ **punto cardinale** Himmelsrichtung *(f)*.
cardinale[2] *(m)* ~ Kardinal *(m)*.
cardine *(m)* ~ Angel *(f)*.
cardiochirurgo *(m; f* **-a***)* ~ Herzchirurg *(m; f* -in*)*.
cardiologia *(f)* ~ Kardiologie *(f)*.
cardiologo *(m; f* **-a***)* ~ Kardiologe *(m; f* -login*)*.
cardiopatia *(f)* ~ Herzkrankheit *(f)*.
cardiopatico[1] *(agg)* ~ herzkrank.
cardiopatico[2] *(m)* ~ Herzkranke(r) *(m/f*, -n*)*.
cardo *(m)* *1* *(bot)* Distel *(f)*. *2* *(tessile)* Karde *(f)*.
carente *(agg)* ~ mangelnd ♦ *carente di ferro* mangelnd an Eisen *(Dat)*.
carenza *(f)* ~ Mangel *(m)*.
carestia *(f)* ~ Hungersnot *(f)*.
carezza *(f)* ~ Streicheln *(n)*.
carezzare *(vt)* ~ streicheln *(vt)*.
cargo *(m)* ~ Frachtschiff *(n)*, Frachter *(m)*.
cariarsi *(vr)* ~ faulen *(vi*, ist /hat*)*.
cariato *(agg)* ~ faul.
carica *(f)* *1* *(pubblica)* Amt *(n)* ♦ *assumere, rivestire una carica* ein Amt antreten, bekleiden ♦ *essere in carica* im Amt sein. *2* *(elettrica; di armi)* Ladung *(f)* ♦ *carica esplosiva* Sprengladung. *3* *(mil)* Angriff *(m)*. ◆ **in carica** *(dirigente e sim)* geschäftsführend, amtierend.
caricabatteria *(m)* ~ Akkumulator *(m)*, Akku *(m)*.

caricamento *(m)* ~ Verladung *(f)*, Laden *(n)*.
caricare *(vt)* ***1*** laden* *(vt)* *(anche elab)*; auf|laden* *(vt)*, verladen* *(vt)* ♦ *caricare merci su un camion* Waren auf einen Lkw laden ♦ *caricare il fucile* das Gewehr laden. ***2*** *(orologio)* auf|drehen *(vt)*, auf|ziehen* *(vt)*. ***3*** *(mil)* an|greifen *(vt)*.
caricatura *(f)* ~ Karikatur *(f)*; *(fig)* Spottbild *(n)*.
carico[1] *(agg)* ***1*** *(innescato)* geladen ***2*** *(pesante, appesantito)* beladen, schwer.
carico[2] *(m)* ***1*** *(il caricare)* Verladung *(f)*, Laden *(n)*. ***2*** *(peso)* Last *(f)*. ***3*** *(merce)* Fracht *(f)*, Ladung *(f)*. ***4*** *(onere)* Belastung *(f)*. ***5*** *(a carte)* Trumpf *(m)*. ◆ **a carico di** zulasten *(prep* + Gen*)*. ◆ **farsi carico di** *(spese)* tragen*.
carie *(f)* ~ Karies *(f)*.
carillon *(m)* ~ Spieldose *(f)*.
carino *(agg)* ***1*** *(grazioso)* hübsch. ***2*** *(gentile)* nett, lieb.
carisma *(m)* ~ *(fascino, influenza)* Ausstrahlung *(f)*.
carità *(f)* ***1*** *(amore per il prossimo)* Nächstenliebe *(f)*. ***2*** *(elemosina)* Almosen *(n)*.
caritatevole *(agg)* ~ wohltätig.
carnagione *(f)* ~ *(colorito, carnato)* Teint *(m)*, Hautfarbe *(f)*.
carne *(f)* ~ Fleisch *(n)* ♦ *carne fresca, arrosto, cruda* frisches, gebratenes, rohes Fleisch ♦ *carne di maiale* Schweinefleisch ♦ *carne in scatola* Dosenfleisch ♦ *carne macinata* Hackfleisch. ◆ **color carne** fleischfarben *(agg)*. ◆ **in carne ed ossa** *(anche fig)* leibhaftig *(avv)*, wie er/sie leibt und lebt.
carnefice *(m/f)* ~ Henker *(m)*.
carneficina *(f)* ~ Gemetzel *(n)*.
carnevale *(m)* ~ Karneval *(m)*, Fastnacht *(f)* ♦ *a carnevale* an/zu Karneval.
carnevalesco *(agg)* ~ Karnevals-.
carnivoro[1] *(agg)* ~ Fleisch fressend.
carnivoro[2] *(m)* ~ Fleischfresser *(m)*.
carnoso *(agg)* ~ fleischig.
caro *(agg)* ***1*** lieb ♦ *un mio caro amico* ein lieber Freund von mir ♦ *essere caro a qcn* jmdm lieb sein ♦ *caro/a (appellativo)* mein Lieber, meine Liebe ♦ *caro Frank,* ... lieber Frank ♦ *cari saluti* viele liebe Grüße. ***2*** *(costoso)* teuer ♦ *questo per me è troppo caro* das ist mir zu teuer.
carogna *(f)* ~ Kadaver *(n)*, Aas *(n)* *(anche fig)*.
carota *(f)* ~ Karotte *(f)*, Möhre *(f)*.
carotide *(f)* ~ Halsschlagader *(f)*.
carovana *(f)* ***1*** Karawane *(f)*. ***2*** *(di esuli e sim)* Treck *(m)*.
carpa *(f)* ~ Karpfen *(m)*.
carpentiere *(m)* ~ Zimmermann *(m)*.
carpire *(vt)* ~ *(segreti e sim)* entlocken *(vt)*.
carponi ~ **andare carponi** auf allen vieren gehen*.
carrabile *(agg)* ~ **passo carrabile** Einfahrt *(m)*.
carraio *(agg)* ~ **passo carraio** Einfahrt *(m)*.
carreggiata *(f)* ~ Fahrbahn *(f)*.
carrello *(m)* ***1*** *(supermercato)* Einkaufswagen *(m)*. ***2*** *(portabagagli)* Kofferkuli *(m)*. ***3*** *(aereo)* Fahrgestell *(n)*.
carrettino *(m)* ~ Wägelchen *(n)*.
carretto *(m)* ~ Karren *(m)*.
carriera *(f)* ~ Karriere *(f)*, Laufbahn *(f)* ♦ *fare carriera* Karriere machen.
carriola *(f)* ~ Schubkarre *(f)*.
carro *(m)* ~ Wagen *(m)*, Karren *(m)* ♦ *carro attrezzi* Abschleppwagen ♦ *carro funebre* Leichenwagen. ◆ **carro armato** Panzerwagen, Panzer *(m)*. ◆ **Gran Carro**, **Piccolo Carro** *(astron)* Großer, Kleiner Wagen.
carrozza *(f)* ***1*** Kutsche *(f)*. ***2*** *(ferroviaria)* Wagen *(m)*.
carrozzeria *(f)* ~ Karosserie *(f)*.
carrozzina *(f)* ~ Kinderwagen *(m)*.
carta *(f)* ***1*** Papier *(n)* ♦ *un foglio di carta* ein Blatt Papier ♦ *carta assorbente* Löschpapier ♦ *carta igienica* Toilettenpapier, Klopapier ♦ *carta vetrata* Glaspapier, Sandpapier. ***2*** *(pl)* *(documenti)* Papiere, Unterlagen *(pl)*. ***3*** *(menu; da gioco)* Karte *(f)* ♦ *à la carte* nach der Karte ♦ *giocare una carta* eine Karte ausspielen. ***4*** *(geografica)* Landkarte *(f)*. ◆ **carta di credito** Kreditkarte *(f)*. ◆ **carta da parati** Tapete *(f)*. ◆ **carta bianca** *(autorizzazione)* Freibrief *(m)*.
cartaceo *(agg)* ~ Papier-.
cartamoneta *(f)* ~ Papiergeld *(n)*.
cartapesta *(f)* ~ Pappmaschee *(n)*.
carteggio *(m)* ~ Briefwechsel *(m)*.
cartella *(f)* ***1*** *(custodia; borsa)* Mappe *(f)*. ***2*** *(dattiloscritta)* Seite *(f)*. ***3*** *(per la scuo-*

la) Schulranzen, Ranzen *(m)*. ◆ **cartella clinica** Krankenblatt *(n)*.

cartellino *(m)* ***1*** Etikett *(n)* ***2*** *(sport)* Karte *(f)* ♦ *cartellino giallo, rosso* gelbe, rote Karte.

cartello *(m)* ***1*** *(insegna)* Schild *(n)*. ***2*** *(stradale)* Verkehrsschild *(n)*, Verkehrszeichen *(n)*. ***3*** *(econ/pol)* Kartell *(n)*, Syndikat *(n)*.

cartellone *(m)* ~ Plakat *(n)*.

cartilagine *(f)* ~ Knorpel *(m)*.

cartina *(f)* ***1*** *(geografica)* Landkarte *(f)*; *(di città)* Stadtplan *(m)*. ***2*** *(per sigaretta)* Zigarettenpapier *(n)*.

cartolaio *(m)* ~ Schreibwarenhändler *(m; f -in)*.

cartoleria *(f)* ~ Schreibwarenladen *(m)*. ◆ **articoli di cartoleria** Papierwaren *(pl)*, Schreibwaren *(pl)*.

cartolina *(f)* ~ Postkarte *(f)*, Karte *(f)*.

cartomante *(m/f)* ~ Kartenleger *(m; f -in)*.

cartomanzia *(f)* ~ Kartenlegen *(n)*.

cartoncino *(m)* ~ Pappe *(f)*.

cartone *(m)* ***1*** Pappe *(f)*, Karton *(m)*. ***2*** *(scatola)* Karton *(m)*. ***3*** *(di latte e sim)* Tüte *(f)*. ◆ **cartone animato** Zeichentrickfilm, Trickfilm *(m)*.

cartuccia *(f)* ~ Patrone *(f)*.

casa *(f)* ***1*** *(dimora; edificio)* Haus *(n)*; *(appartamento)* Wohnung *(f)* ♦ *essere fuori casa* außer Haus(e) sein ♦ *comprare, prendere in affitto, vendere, dare in affitto una casa* ein Haus/eine Wohnung kaufen, mieten, verkaufen, vermieten ♦ *ho telefonato, scritto a casa* ich habe nach Hause angerufen, geschrieben ♦ *casa colonica* Bauernhaus ♦ *casa paterna* Elternhaus ♦ *casa unifamiliare* Einfamilienhaus ♦ *casa madre (comm)* Mutterhaus. ***2*** *(luogo natio)* Heimat *(f)*. ◆ **casa editrice** Verlag *(m)*. ◆ **casa di riposo** *(per anziani)* Altersheim *(n)*, Seniorenheim *(n)*. ◆ **casa dello studente** Studentenheim *(n)*, Studentenwohnheim *(n)*. ◆ **a casa** ***1*** *(stato in luogo)* zu Hause; daheim ♦ *preferisco rimanere a casa* ich bleibe lieber zu Hause ♦ *rimanere, essere a casa* daheim bleiben, sein. ***2*** *(moto a luogo)* nach Hause; heim *(avv)* ♦ *devo andare a casa* ich muss nach Hause (gehen) ♦ *torno a casa* ich gehe wieder heim. ◆ **da casa** *(moto da luogo)* von zu Hause, von daheim ♦ *vengo da casa* ich komme gerade von zu Hause. ◆ **fatto in casa** ***1*** hausgemacht. ***2*** *(dolci e sim)* selbst gebacken. ◆ **cambiare casa** um|ziehen* *(vi, ist)*. ◆ **mandare avanti la casa** den Haushalt führen.

casalinga *(f)* ~ Hausfrau *(f)*.

casalingo[1] *(agg)* ~ häuslich.

casalingo[2] *(m)* ~ *(pl)* Haushaltsartikel *(pl)*, Haushaltswaren *(pl)*.

casato *(m)* ~ *(dinastia)* Haus *(n)*.

cascare *(vi)* ~ vedi **cadere**.

cascata *(f)* ~ Wasserfall *(m)*.

cascina *(f)* ~ Hof *(m)*.

casco *(m)* ***1*** *(protettivo)* Schutzhelm, Helm *(m)*. ***2*** *(asciugacapelli)* Haube *(f)*.

caseificio *(m)* ~ Molkerei *(f)*.

casella *(f)* ~ *(quadrato, riquadro)* Feld *(n)*. ◆ **casella postale** Postfach *(n)*.

casellante *(m/f)* ~ Bahnwärter *(m; f -in)*.

casello *(m)* ~ *(autostradale)* Maut *(f)*, Mautstelle *(f)*.

caserma *(f)* ~ Kaserne *(f)*.

casino *(m)* ~ *(chiasso)* Radau *(m)*.

casinò *(m)* ~ Spielkasino, Kasino *(n)*.

caso *(m)* ***1*** *(combinazione)* Zufall *(m)* ♦ *è stato un puro caso che lo abbia incontrato* es war reiner Zufall, dass ich ihn traf ♦ *il caso volle che* der Zufall wollte (es), dass. ***2*** *(eventualità; situazione)* Fall *(m)* *(anche dir/med/gramm)* ♦ *caso particolare* Sonderfall ♦ *in questo caso* in diesem Fall ♦ *poniamo il caso/posto il caso che* setzen wir den Fall/gesetzt den Fall, dass. ◆ **a caso** ***1*** aufs Geratewohl. ***2*** *(tentando la fortuna)* auf gut Glück. ◆ **in tutti i casi, in ogni caso** auf alle Fälle, auf jeden Fall, jedenfalls. ◆ **in nessun caso** auf keinen Fall, keinesfalls. ◆ **in caso contrario** anderenfalls *(avv)*. ◆ **nel caso che** für den Fall, dass (+ *ind*); im Fall, dass (+ *ind*); falls (+ *cong*). ◆ **per caso** zufällig, durch Zufall. ◆ **caso per caso** von Fall zu Fall. ◆ **non far caso a qcs** *(non sentire)* überhören *(vt)*.

cassa *(f)* ***1*** *(cassetta)* Kasten *(m)*, Kiste *(f)*. ***2*** *(di negozi e sim)* Kasse *(f)* ♦ *pagare alla cassa* an der Kasse bezahlen. ***3*** *(di stereo)* Box *(f)*. ***4*** *(cassapanca)* Truhe *(f)*. ◆ **cassa toracica** Brustkorb *(m)*. ◆ **tenere la cassa** die Kasse führen.

cassaforte *(f)* ~ Safe *(m)*, Tresor *(m)*.

cassapanca *(f)* ~ Truhe *(f)*.
cassare *(vt)* ***1*** aus|streichen* *(vt)*. ***2*** *(dir)* kassieren *(vt)*.
casseruola *(f)* ~ Kasserolle *(f)*.
cassetta *(f)* ***1*** Kasten *(m)* ♦ *cassetta delle lettere* Briefkasten. ***2*** *(mus)* Kassette *(f)*. ◆ **cassetta di sicurezza** Schließfach *(n)*; *(in banca)* Bankfach *(n)*.
cassetto *(m)* ~ Schublade *(f)*.
cassettone *(m)* ~ Kommode *(f)*.
cassiere *(m/f)* ~ Kassierer *(m; f* -in*)*.
cassonetto *(m)* ~ *(dei rifiuti)* Müllcontainer *(m)*.
casta *(f)* ~ Kaste *(f)*.
castagna *(f)* ~ Kastanie *(f)*.
castagno *(m)* ~ Kastanienbaum *(m)*.
castano *(agg)* ***1*** *(colore)* kastanienbraun, braun. ***2*** *(persona)* brünett.
castello *(m)* ***1*** Schloss *(n)* ♦ *castello reale* Königsschloss. ***2*** *(fortezza, rocca)* Burg *(f)*.
castigare *(vt)* ~ bestrafen *(vt)*.
castigo *(m)* ~ Strafe *(f)*, Bestrafung *(f)*.
castità *(f)* ~ Keuschheit *(f)*. ◆ **voto di castità** Keuschheitsgelübde *(n)*.
casto *(agg)* ~ keusch.
castoro *(m)* ~ *(zool)* Biber *(m)*.
castrare *(vt)* ***1*** kastrieren *(vt)*. ***2*** *(evirare)* entmannen.
castrato *(m)* ~ *(montone)* Hammel *(m)*.
castrazione *(f)* ~ Kastration *(f)*.
casual *(agg)* ~ salopp, sportlich.
casuale *(agg)* ~ zufällig, beiläufig.
casualmente *(avv)* ~ zufällig.
catafalco *(m)* ~ Totenbahre *(f)*.
catalitico *(agg)* ~ **marmitta catalitica** Katalysator *(m)*.
catalogare *(vt)* ~ katalogisieren *(vt)*.
catalogazione *(f)* ~ Katalogisierung *(f)*.
catalogo *(m)* ~ Katalog *(m)*, Verzeichnis *(n)*.
catapulta *(f)* ~ Katapult *(m/n)*.
catapultare *(vt)* ***1*** katapultieren ***2*** *(fig)* schleudern.
cataratta *(f)* ~ *(med)* Star *(m)*.
catarro *(m)* ***1*** *(med)* Katarr *(m)*. ***2*** *(muco)* Schleim *(m)*.
catasta *(f)* ~ *(di legna)* Stapel *(m)*.
catasto *(m)* ***1*** Grundbuch *(n)* ♦ *registrare al catasto* ins Grundbuch eintragen ***2*** *(ufficio)* Grundbuchamt *(n)*.
catastrofe *(f)* ~ Katastrophe *(f)*.
catastrofico *(agg)* ~ katastrophal.
catechismo *(m)* ~ Katechismus *(m)*.
categoria *(f)* ~ Kategorie *(f)*, Klasse *(f)*.
categorico *(agg)* ***1*** kategorisch. ***2*** *(fermo, risoluto)* entschieden.
catena *(f)* ~ Kette *(f)* ♦ *catena montuosa* Gebirgskette ♦ *catena di negozi* Ladenkette. ◆ **catena di montaggio** Fließband *(n)*.
catenaccio *(m)* ~ Riegel *(m)*.
catenina *(f)* ~ Halskette, Kette *(f)*.
cateratta *(f)* ***1*** *(chiusa, sbarramento)* Schleuse *(f)*. ***2*** *(med)* Katarakt *(f)*.
catinella *(f)* ~ Schüssel *(f)*.
catino *(m)* ~ Becken *(n)*.
catrame *(m)* ~ Teer *(m)*.
cattedra *(f)* ***1*** *(in classe)* Katheder *(m/n)*, Pult *(n)* ***2*** *(universitaria)* Lehrstuhl *(m)*.
cattedrale *(f)* ~ Kathedrale *(f)*, Dom *(m)*.
cattiveria *(f)* ~ Bosheit *(f)*.
cattività *(f)* ~ Gefangenschaft *(f)*.
cattivo *(agg)* ***1*** schlecht ♦ *cibo cattivo* schlechtes Essen ♦ *un cattivo risultato* ein schlechtes Ergebnis ♦ *fare una cattiva impressione* einen schlechten Eindruck machen ♦ *finire in cattive mani* in schlechte Hände geraten ♦ *fa tempo cattivo* es ist schlechtes Wetter. ***2*** *(malvagio)* böse ♦ *un'azione cattiva* eine böse Tat. ***3*** *(spiacevole)* schlecht, übel ♦ *avere un cattivo odore* übel riechen ♦ *avere una cattiva fama* einen üblen Ruf haben. ◆ **di cattivo umore** schlecht gelaunt, übel gelaunt.
cattolico[1] *(agg)* ~ katholisch.
cattolico[2] *(m)* ~ Katholik *(m; f* -in*)*.
cattura *(f)* ***1*** *(di malviventi)* Ergreifung *(f)*. ***2*** *(di animali)* Fang *(m)*.
catturare *(vt)* ***1*** *(malviventi)* ergreifen* *(vt)*. ***2*** *(animali)* fangen* *(vt)*. ◆ **catturare l'attenzione** die Aufmerksamkeit auf sich ziehen.
caucciù *(m)* ~ Kautschuk *(m)*.
causa *(f)* ***1*** Ursache *(f)*, Grund *(m)* ♦ *causa ed effetto* Ursache und Wirkung ♦ *la causa di un incidente* die Ursache eines Unfalls ♦ *la causa del suo nervosismo* die Ursache für seine Nervösität. ***2*** *(dir)* Prozess *(m)*, Sache *(f)*. ***3*** *(fig)* Sache *(f)* ♦ *la causa dell'uguaglianza* die Sache der Gleichberechtigung. ◆ **cognizione di causa** Sachkenntnis *(f)*. ◆ **far causa comune con qcn** mit jmdm gemeinsame

Sache machen. ◆ **a causa di** ***1*** wegen *(prep* + Gen; + Dat *quando il* Gen *non è marcato)*, aufgrund *(+ Gen)*, infolge *(+ Gen)*. ◆ **a causa mia, tua, sua, ecc** meinetwegen, deinetwegen, seinetwegen/ihretwegen, ecc *(avv)*.

causale *(agg)* ~ ursächlich.

causare *(vt)* ~ verursachen *(vt)*, bewirken *(vt)*.

caustico *(agg)* ~ ätzend *(anche fig)*.

cautela *(f)* ***1*** Vorsicht *(f)*.♦ *usare cautela* Vorsicht üben. ◆ **con cautela** vorsichtig *(avv)*.

cautelarsi *(vr)* ~ {~ *da qcs*} sich gegen etwas sichern *(vr)*.

cauterizzare *(vt)* ~ auslbrennen* *(vt)*.

cauto *(agg)* ~ vorsichtig.

cauzione *(f)* ~ Kaution *(f)*.

cava *(f)* ~ Grube *(f)*, Bruch *(m)* ♦ *cava di pietra* Steinbruch.

cavalcare *(vi/vt)* ~ reiten* *(vi/vt*, ist/hat*)* ♦ *ho cavalcato per due ore* ich bin/habe zwei Stunden geritten.

cavalcata *(m)* ~ Ritt *(m)*.

cavalcavia *(m)* ~ Überführung *(f)*.

cavalcioni ~ **a cavalcioni** rittlings *(avv)* ♦ *essere seduto a cavalcioni di una panca* rittlings auf einer Bank sitzen.

cavaliere *(m)* ***1*** Reiter *(m)*. ***2*** *(medievale)* Ritter *(m)*. ***3*** *(fig)* Kavalier *(m)*.

cavalla *(f)* ~ Stute *(f)*.

cavalleresco *(agg)* ~ ritterlich.

cavalleria *(f)* ***1*** Kavallerie *(f)*. ***2*** *(ceto)* Rittertum *(n)*.

cavallerizzo *(m; f* **-a***)* ~ Reiter *(m; f* -in*)*.

cavalletta *(f)* ~ Heuschrecke *(f)*.

cavalletto *(m)* ***1*** Bock *(m)*. ***2*** *(da pittore)* Staffelei *(f)*. ***3*** *(fotogr)* Stativ *(n)*.

cavallo *(m)* ***1*** Pferd *(n)* ♦ *cavallo da tiro* Zugpferd ♦ *cavallo da corsa* Rennpferd ♦ *cavallo a dondolo* Schaukelpferd. ***2*** *(cavallo vapore) (fis)* Pferdestärke *(f) (abbrev* PS*)*. ***3*** *(attrezzo ginnico)* Bock *(m)*. ***4*** *(negli scacchi)* Springer *(m)*. ◆ **a cavallo** rittlings *(avv)* ♦ *essere seduto a cavallo di una panca* rittlings auf einer Bank sitzen. ◆ **andare a cavallo** auf einem Pferd reiten. ◆ **polizia a cavallo** berittene Polizei. ◆ **corsa di cavalli** Pferderennen *(n)*.

cavalluccio *(m)* ~ *(zool) (marino)* Seepferd *(n)*.

cavallone *(m)* ~ große Welle *(f)*.

cavare *(vt)* ~ herauslziehen* *(vt)*.

cavarsela *(vr)* ~ davonlkommen* *(vi*, ist*)* ♦ *cavarsela a buon mercato* mit einem blauen Auge davonlkommen. ◆ **sapersela cavare da solo** sich *(Dat)* zu helfen wissen. ◆ **cavarsela con qcs** mit etwas zurechtlkommen* *(vi*, ist*)*.

cavatappi *(m)* ~ Korkenzieher *(m)*.

caveau *(m)* ~ Tresorraum *(m)*.

caverna *(f)* ~ Höhle *(f)*.

cavezza *(f)* ~ Halfter *(m/n)*.

cavia *(f)* ~ Versuchstier *(n)*.

caviale *(m)* ~ Kaviar *(m)*.

caviglia *(f)* ~ *(anat)* Fessel *(f)*.

cavillare *(vi)* ~ *(sottilizzare)* Haarspaltereien treiben*.

cavillo *(m)* ~ Haarspalterei *(f)*.

cavilloso *(agg)* ~ überspitzt.

cavità *(f)* ~ Höhle *(f)*, Höhlung *(f)* ♦ *cavità orale* Mundhöhle *(f)*.

cavo[1] *(agg)* ~ *(vuoto)* hohl.

cavo[2] *(m)* ***1*** Tau *(n)*, Seil *(n)*. ***2*** *(elettrico, metallico)* Kabel *(n)*. ◆ **televisione via cavo** Kabelfernsehen *(n)*.

cavolata *(f)* ~ Dreck *(m)*.

cavolfiore *(m)* ~ Blumenkohl *(m)*.

cavolino *(m)* ~ *(di Bruxelles)* Rosenkohl *(m)*.

cavolo *(m)* ~ *(bot)* Kohl *(m)*. ◆ **cavolo verza** Wirsingkohl *(m)*.

cazzata *(f)* ~ Scheiß *(m)*.

cazzo *(m)* ~ Schwanz *(m)*. ◆ **non me ne importa un cazzo** das ist mir scheißegal. ◆ **cazzo!** Scheiße!

cazzotto *(m)* ~ *(pugno)* Faustschlag *(m)* ♦ *dare un cazzotto a qcn* jmdm einen Faustschlag versetzen.

cazzuola *(f)* ~ Kelle *(f)*.

CD *(m)* ~ CD *(f)*.

CD-ROM *(m)* ~ CD-ROM *(f)*.

ce[1] *(pron pers pl)* ~ uns ♦ *diccelo!* sag es uns! ♦ *ce l'ha detto* er hat uns gesagt.

ce[2] *(avv)* ~ da, hier *(anche non tradotto)* ♦ *non ce ne sono* es gibt keine (da).

cecchino *(m)* ~ Heckenschütze *(m)*.

cece *(m)* ~ Kichererbse *(f)*.

cecità *(f)* ~ Blindheit *(f)*.

cedere[1] *(vi)* ***1*** *(arrendersi)* {~ *a qcn/qcs*} jmdm/etwas weichen* *(vi*, ist*)*. ***2*** *(allentarsi)* nachlgeben* *(vi*, hat*)* ♦ *il terreno ce-*

dette sotto i loro piedi der Boden gab unter ihren Füßen nach. ◆ **cedere a una tentazione** einer Versuchung erliegen*.
cedere[2] *(vt)* ~ {~ *qcs a qcn*} jmdm etwas überlassen* *(vt)*.
cedevole *(agg)* ~ nachgiebig.
cedola *(f)* ~ Schein *(m)*.
cedimento *(m)* ~ *(del terreno)* Senkung *(f)*.
cedro[1] *(m)* ~ *(del Libano)* Zeder *(f)*.
cedro[2] *(m)* ***1*** *(albero)* Zitronatbaum *(m)*. ***2*** *(frutto)* Zitronatzitrone *(f)*.
ceffone *(m)* ~ Ohrfeige *(f)*.
celare *(vt)* ~ verbergen* *(vt)*.
celebrare *(vt)* ***1*** *(festeggiare)* feiern *(vt)*. ***2*** *(lodare)* preisen* *(vt)*. ◆ **celebrare la messa** die Messe halten.
celebrazione *(f)* ***1*** Feiern *(n)*. ***2*** *(festa)* Feier *(f)*.
celebre *(agg)* ~ berühmt.
celebrità *(f)* ***1*** *(fama)* Ruhm *(m)*, Berühmtheit *(f)*. ***2*** *(personaggio famoso)* Berühmtheit *(f)*; Prominente *(pl)*.
celere *(agg)* ~ schnell. ◆ **posta celere** Eilpost *(f)*.
celeste *(agg)* ***1*** *(azzurro)* hellblau, himmelblau. ***2*** *(del cielo)* Himmel-. ***3*** *(divino)* himmlisch.
celestiale *(agg)* ~ himmlisch.
celibe[1] *(agg)* ~ ledig, unverheiratet.
celibe[2] *(m)* ~ Junggeselle *(m)*.
cella *(f)* ~ Zelle *(f)*.
cellula *(f)* ~ *(biol)* Zelle *(f)*.
cellulare *(m)* ~ *(telefono)* Mobiltelefon *(n)*, *(fam)* Handy *(n)*.
cellulite *(f)* ~ Zellulitis *(f)*, Orangehaut *(f)*.
cembalo *(m)* ~ *(mus)* Zimbel *(f)*.
cementare *(vt)* ~ zementieren *(vt)*.
cemento *(m)* ~ Zement *(m)*. ◆ **cemento armato** Eisenbeton *(m)*, Stahlbeton *(m)*.
cena *(f)* ~ Abendessen *(n)*.
cenare *(vi)* ~ zu Abend essen*.
cencio *(m)* ***1*** Lappen *(m)*. ***2*** *(vestito logoro)* Lumpen *(m)*.
cencioso *(agg)* ~ *(vestito di stracci)* zerlumpt.
cenere *(f)* ~ Asche *(f)*. ◆ **Mercoledì delle Ceneri** Aschermittwoch *(m)*.
Cenerentola *(f)* ~ Aschenputtel *(n)*.
cenno *(f)* ***1*** Wink *(m)*, Zeichen *(n)*. ***2*** *(accenno)* Andeutung *(f)*, Hinweis *(m)*. ◆ **fare cenno a qcn** jmdm winken, jmdm zu|winken *(vi*, hat*)* ♦ *fare cenno a qcn con la mano* jmdm mit der Hand winken.
censimento *(m)* ~ Volkszählung *(f)*.
censura *(f)* ~ Zensur *(f)*.
censurare *(vt)* ~ zensieren *(vt)*.
centellinare *(vt)* ~ {~ *qcs*} an etwas *(Dat)*/ von etwas nippen *(vi*, hat*)*.
centenario[1] *(agg)* ~ hundertjährig.
centenario[2] *(m)* ***1*** *(persona)* Hundertjährige *(m)*. ***2*** *(anniversario)* Hundertjahresfeier *(f)*.
centennale *(agg)* ~ hundertjährig *(agg)*.
centesimo[1] *(agg num ord)* ~ hundertste(r, -s).
centesimo[2] *(m)* ***1*** Hundertste *(m)*. ***2*** *(frazione)* Hundertstel *(n)*. ***3*** *(moneta)* Eurocent *(m)*, Zent *(m)*. ◆ **centesimo di secondo** Hundertstelsekunde *(f)*.
centimetro *(m)* ~ Zentimeter *(m/n)*.
centinaio *(m)* ~ Hundert *(n)* *(spec pl)*, etwa hundert ♦ *centinaia di persone* Hunderte von Menschen.
cento[1] *(agg num)* ~ hundert, einhundert *(vedi anche* **cinque***)*. ◆ **cento volte** hundertmal *(avv)*. ◆ **cento volte tanto** hundertfach *(avv)*. ◆ **per cento** Prozent *(n)* ♦ *dieci per cento* zehn Prozent. ◆ **al cento per cento** hundertprozentig *(agg/avv)*.
cento[2] *(m)* ~ Hundert *(f)*.
centomila *(agg num)* ~ hunderttausend.
centrale *(agg)* ***1*** zentral. ***2*** *(geogr)* Mittel- ♦ *America centrale* Mittelamerika. ***3*** *(mediano, che sta nel mezzo)* mittlere(r, -s). ***4*** *(principale)* Haupt- ♦ *stazione centrale* Hauptbahnhof.
centrale *(f)* ***1*** *(sede centrale)* Zentrale *(f)*. ***2*** *(tecn)* Werk *(n)* ♦ *centrale elettrica* Elektrizitätswerk ♦ *centrale idroelettrica* Wasserkraftwerk ♦ *centrale nucleare* Atomkraftwerk. ◆ **centrale del latte** Molkerei *(f)*. ◆ **centrale di polizia** Polizeirevier *(n)*.
centralinista *(m/f)* ~ Telefonist *(m; f* -in*)*.
centralino *(m)* ~ Vermittlung *(f)*, Zentrale *(f)*.
centralizzare *(vt)* ~ *(accentrare)* zentralisieren *(vt)*.
centrare *(vt)* ~ *(obiettivo)* treffen* *(vt)*.
centrifuga *(f)* ~ *(della lavatrice)* Schleuder, Wäscheschleuder *(f)*.
centrifugare *(vt)* ~ schleudern *(vt*, ist/hat*)*.

centro *(m)* ***1*** Zentrum *(n)* ♦ *devo andare in centro* ich muss ins Zentrum gehen ♦ *centro politico* politisches Zentrum. ***2*** *(mezzo)* Mitte *(f)* *(anche pol)* ♦ *al centro del tavolo* in der Mitte des Tisches. ***3*** *(punto centrale)* Mittelpunkt *(m)* ♦ *stare al centro dell'interesse* im Mittelpunkt des Interesses stehen. ***4*** *(della città)* Innenstadt *(f)*, Stadtmitte *(f)*, Stadtzentrum *(n)*; *(centro storico)* Altstadt *(f)*. ◆ **centro commerciale** Einkaufszentrum *(n)*.

centrocampista *(m)* ~ Mittelfeldspieler *(m)*.

centrocampo *(m)* ~ *(sport)* Mittelfeld *(n)*.

ceppo *(m)* ***1*** Baumstumpf *(m)*, Klotz *(m)*. ***2*** *(da ardere)* Scheit *(n)*. ***3*** *(origine)* Ursprung *(m)* ***4*** *(pl)* *(catene)* Fesseln *(pl)*.

cera *(f)* ~ Wachs *(n)* ♦ *cera da pavimenti* Bohnerwachs. ◆ **pastello a cera** Wachsmalstift *(m)*. ◆ **statua di cera** Wachsfigur *(f)*. ◆ **museo delle cere** Wachsfigurenkabinett *(n)*.

ceralacca *(f)* ~ Siegellack *(m)*.

ceramica *(f)* ***1*** Keramik *(f)*. ***2*** *(oggetto)* Keramik *(f)*, Tonwaren *(pl)*.

cerbiatto *(m)* ~ Hirschkalb *(n)*.

cerbottana *(f)* ~ Blasrohr *(n)*.

cercare *(vt)* ***1*** suchen *(vt)* ♦ *cerchiamo collaboratori* wir suchen Mitarbeiter ♦ *andare a cercare* suchen gehen ♦ *cercare aiuto* Hilfe suchen. ***2*** *(essere in cerca di qcn/qcs)* nach jmdm/etwas suchen. ***3*** *(tentare)* versuchen ♦ *cercai di convincerlo* ich versuchte ihn zu überzeugen.

cerchia *(f)* ***1*** *(di mura e sim)* Ring *(m)*. ***2*** *(fig)* Kreis *(m)* ♦ *nella cerchia degli amici* im Kreis der Freunde, im Freundeskreis.

cerchio *(m)* ***1*** Kreis *(m)* ♦ *tracciare un cerchio* einen Kreis ziehen. ***2*** *(di botte)* Reifen *(m)*. ◆ **in cerchio** im Kreis.

cerchione *(m)* ~ Felge *(f)*.

cereale *(m)* ~ *(pl)* Getreide *(n)*.

cerebroleso *(agg)* ~ hirngeschädigt.

cereo *(agg)* ~ *(fig)* wächsern.

ceretta *(f)* ~ Enthaarungswachs *(f)*.

cerimonia *(f)* ~ Zeremonie *(f)*, Feier *(f)*.

cerimoniale *(agg)* ~ zeremoniell.

cerniera *(f)* ***1*** *(lampo)* Reißverschluss *(m)*. ***2*** *(di porte, sportelli, ecc)* Scharnier *(n)*.

cero *(m)* ~ große Kerze *(f)*.

cerone *(m)* ~ Schminke *(f)*.

cerotto *(m)* ~ Heftpflaster *(n)*, Pflaster *(n)*.

certamente *(avv)* ***1*** *(di sicuro)* sicherlich ♦ *certamente andrà bene* es wird sicherlich klappen. ***2*** *(con certezza)* bestimmt ♦ *vengo certamente* ich komme (ganz) bestimmt. ***3*** *(sì)* freilich.

certezza *(f)* ~ Sicherheit *(f)*, Gewissheit *(f)*.

certificare *(vt)* ~ bescheinigen *(vt)*.

certificato *(m)* ~ Bescheinigung *(f)*, Urkunde *(f)* ♦ *presentare un certificato* eine Bescheinigung vorlegen ♦ *rilasciare un certificato* eine Urkunde ausstellen ♦ *certificato di nascita* Geburtsurkunde ♦ *certificato di morte* Sterbeurkunde.

certificazione *(f)* ~ Bescheinigung *(f)*.

certo[1] *(agg)* ~ sicher ♦ *un risultato certo* ein sicheres Ergebnis.

certo[2] *(agg/pron indef)* ***1*** *(indeterminato)* gewiss ♦ *sotto un certo aspetto* in gewisser Hinsicht ♦ *un certo signor Schulz* ein gewisser Herr Schulz ♦ *essere certo di qcs* etwas *(Gen)* gewiss sein. ***2*** *(determinato)* gewiss, bestimmt ♦ *in certi casi* in bestimmten Fällen. ***3*** *(tempo)* einige(r, -s). ◆ **certi** *(pron indef pl)* einige, manche.

certo[3] *(avv)* ~ sicher(lich), gewiss, bestimmt. ◆ **ma certo!** (aber) gewiss!

cerume *(m)* ~ Ohrenschmalz *(m)*.

cervello *(m)* ~ Gehirn *(n)*, Hirn *(n)*.

cervo *(m)* ~ Hirsch *(m)*.

cesareo *(agg)* ~ **taglio cesareo** Kaiserschnitt *(m)*.

cesoie *(f)* ~ Schere *(f)* ♦ *cesoie per potare* Heckenschere.

cespuglio *(m)* ~ Busch *(m)*.

cessare *(vi)* ~ auf|hören *(vi, hat)* ♦ *la pioggia è cessata* der Regen hat aufgehört.

cessare *(vt)* ~ ein|stellen *(vt)* ♦ *cessare il fuoco* das Feuer einstellen.

cessazione *(f)* ~ *(di attività)* Einstellung *(f)*. ◆ **cessazione di un'attività** *(commerciale)* Geschäftsaufgabe *(f)*, Geschäftsauflösung *(f)*.

cessione *(f)* ~ Abtretung *(f)*.

cesta *(f)* ~ Korb *(m)*.

cestino *(m)* ***1*** Körbchen *(n)*. ***2*** *(per la carta straccia)* Papierkorb *(m)*.

cesto *(m)* ~ Korb *(m)* ♦ *cesto di vimini* Weidenkorb.

ceto *(m)* ~ Schicht *(f)*, Stand *(m)* ♦ *ceto medio* Mittelschicht.

cetra *(f)* ~ *(mus)* Zither *(f)*.
cetriolo *(m)* ~ Gurke *(f)*.
champagne *(m)* ~ Champagner *(m)*.
chance *(f)* ~ Chance *(f)* ◆ *avere delle chance con qualcosa* Chanchen auf etwas *(Acc)* haben.
charter *(m)* ~ *(volo)* Charterflug *(m)*.
che[1] *(congiunz)* ***1*** dass ◆ *so che è sposata* ich weiß, dass sie verheiratet ist. ***2*** *(+ compar)* als; denn *(quando ci siano già altri "als" nella frase)* ◆ *questo è meglio che niente* das ist besser als nichts ◆ *è più bravo come cantante che come pianista* er ist besser als Sänger denn als Klavierspieler. ***3*** *(dubitativo)* ob ◆ *che sia malata?* ob sie krank ist? ◆ **più che mai** mehr denn je. ◆ **meglio che mai** besser denn je. ◆ **ora che...** jetzt, wo...◆ *ora che lui è partito* jetzt, wo er abgereist ist.
che[2] *(pron)* ***1*** *(rel)* der, die, das ◆ *das ist der Junge, der neben mir wohnt* questo è il ragazzo che abita accanto a me ◆ *hier ist das Buch, das du haben wolltest* ecco il libro che volevi avere. ***2*** *(riferito a pron indef)* was ◆ *ciò che dici è giusto* das, was du sagst, ist richtig ◆ *tutto ciò che posso fare è aspettare* alles, was ich tun kann, ist warten. ***3*** *(interr)* was ◆ *che ti sei comprato?* was hast du dir gekauft? ◆ *non so che fare* ich weiß nicht, was ich tun soll ◆ *le ho chiesto che ha in progetto* ich habe sie gefragt, was sie vorhat. ***4*** *(con verbi che reggono preposizioni)* woran, worauf, wozu, wovon, worum, wonach, ecc ◆ *a che (cosa) pensi?* woran denkst du? ◆ *a che (cosa) ti servono le forbici?* wozu brauchst du die Schere? ◆ *che (cosa) aspetti ancora?* worauf wartest du noch? ◆ *di che (cosa) parlate?* wovon redet ihr? ◆ *di che cosa si tratta?* worum handelt es sich? ***5*** *(esclam)* welch, wie ◆ *che fortuna!* welch ein Glück! ◆ *che bello!* wie schön! ◆ *che peccato!* wie schade! ◆ **che cosa?** was? ◆ **che, che tipo di** was für ein- ◆ *che cappello vorresti comprare?* was für einen Hut möchtest du kaufen? ◆ *a che tipo di auto sarebbe interessato?* an was für einem Auto wären Sie interessiert? ◆ **che ore sono?** wie spät ist es?
check-in *(m)* ~ Check-in *(m)*. ◆ **fare il check-in** ein|checken *(vi*, hat*)*.
Chef *(m)* ~ Chefkoch *(m)*.
chela *(f)* ~ Schere *(f)*, Zange *(f)*.
cherosene *(m)* ~ Kerosin *(n)*.
chewing-gum *(m)* ~ Kaugummi *(m/n)*.
chi[1] *(pron interr/rel)* ***1*** *(interr)* wer ◆ *chi ha telefonato?* wer hat angerufen? ◆ *chi vorresti invitare?* wen möchtest du einladen? ◆ *di chi è questa borsa?* wessen Tasche ist das? ◆ *con chi andrai alla festa?* mit wem wirst du zur Party gehen? ***2*** *(rel)* wer; derjenige, der... ◆ *chi tace, acconsente* wer schweigt, stimmt zu.
chi[2] *(pron rel indef)* ***1*** *(qualcuno che)* jemand, der...; einer, der... ◆ *ho trovato chi mi aiuta* ich habe jemand(en) gefunden, der mir hilft. ***2*** *(nessuno che)* keiner, der...; niemand, der... ◆ *non trovo chi mi aiuti* ich finde niemand(en), der mir hilft. ***3*** *(chiunque)* wer ◆ *dillo a chi vuoi* sag es, wem du willst.
chiacchiera *(f)* ***1*** Plauderei *(f)*. ***2*** *(diceria)* Gerücht *(n)*; *(pl)* Gerede *(n)*. ◆ **fare una chiacchierata (con qcn)** (mit jmdm) plaudern.
chiacchierare *(vi)* ~ plaudern *(vi*, hat*)*, schwätzen *(vi*, hat*)*.
chiacchierata *(f)* ~ Plauderei *(f)*.
chiacchierone[1] *(agg)* ~ geschwätzig.
chiacchierone[2] *(m; f -a)* ~ Schwäter *(m; f* **-in***)*.
chiamare *(vt)* ***1*** rufen* *(vt)* ◆ *chiamare per il pranzo* zum Essen rufen. ***2*** *(dare un nome, rivolgersi con un nome)* nennen* *(vt)* ◆ *come hanno chiamato il bambino*? wie haben sie das Kind genannt? ◆ *puoi chiamarmi Alex* du kannst mich Alex nennen ◆ *questa io la chiamo sfacciataggine* das nenne ich Frechheit! ***3*** *(telefonare)* an|rufen* *(vt)*. ***4*** *(far venire)* holen *(vt)*, rufen* *(vt)* ◆ *chiamare il medico, la polizia* den Arzt, die Polizei holen/rufen. ◆ **chiamare a sé qcn** jmdn zu sich bitten.
chiamarsi *(vr)* ~ heißen* *(vi*, hat*)* ◆ *come ti chiami?* wie heißt du? ◆ *mi chiamo Maria* ich heiße Maria.
chiamata *(f)* ***1*** Ruf *(m)*. ***2*** *(telefonata)* Anruf *(m)*.
chiara *(f)* ~ *(d'uovo)* Eiweiß *(n)*.
chiaramente *(avv)* ~ deutlich, klar.
chiarezza *(f)* ***1*** Klarheit *(f)*. ***2*** *(comprensibilità)* Klarheit *(f)*, Deutlichkeit *(f)*.

chiarificatore *(agg)* ~ klärend.
chiarimento *(m)* ~ *(spiegazione)* Erklärung *(f)*, Erläuterung *(f)*.
chiarire *(vt)* ***1*** klären *(vt)* ♦ *chiarire un equivoco* ein Missverständnis klären. ***2*** *(spiegare)* erklären *(vt)*, erläutern *(vt)*.
chiarirsi *(vr)* ***1*** sich klären *(vr)*, sich auf|klären *(vr)* ♦ *la faccenda si è già chiarita* die Sache hat sich schon geklärt. ***2*** {~ *(con qcn)*} sich (mit jmdm) aus|sprechen* *(vr)*, mit jmdm ins Reine kommen* *(vi, ist)* ♦ *mi sono già chiarita con lui* ich habe mich schon mit ihm ausgesprochen.
chiaro[1] *(agg)* ***1*** klar ♦ *una calligrafia chiara* eine klare Handschrift ♦ *non mi è chiaro perché* es ist mir nicht klar, warum ♦ *ti vengo a prendere, è chiaro!* ich hole dich ab, das ist doch klar! ***2*** *(colore, suono)* hell. ***3*** *(comprensibile)* deutlich, klar ♦ *una risposta chiara* eine deutliche Antwort. ◆ **birra chiara** helles Bier.
chiaro[2] *(avv)* ~ deutlich, klar. ◆ **avere ben chiaro qcs** sich *(Dat)* über etwas *(Acc)* im Klaren sein*. ◆ **mettere in chiaro qcs** etwas klar|stellen *(vt)*. ◆ **chiaro e tondo** klipp und klar.
chiarore *(m)* ~ Schein *(m)*.
chiaroscuro *(m)* ~ Helldunkel *(n)*.
chiaroveggente *(m/f)* ~ Hellseher *(m; f -in)*.
chiasso *(m)* ~ Krach *(m)*, Lärm *(m)*.
chiatta *(f)* ~ Kahn *(m)*.
chiave *(f)* ***1*** Schlüssel *(m)* ♦ *chiave della porta (di casa)* (Haus)türschlüssel ♦ *la chiave di un problema* der Schlüssel zu einem Problem ♦ *chiave d'accensione* Zündschlüssel. ***2*** *(soluzione)* Schlüsselwort *(n)*. ◆ **chiave inglese** Schraubenschlüssel, Engländer *(m)*. ◆ **chiudere a chiave** verschließen* *(vt)*. ◆ **chiudere qcn a chiave** jmdn ein|sperren *(vt)*.
chiavistello *(m)* ~ Riegel *(m)* ♦ *mettere, togliere il chiavistello* den Riegel vorschieben, zurückschieben.
chiazza *(m)* ~ Fleck *(m)*.
chic *(agg)* ~ schick.
chicco *(m)* ***1*** *(di sale e sim)* Korn *(n)* ♦ *chicco di grandine* Hagelkorn ♦ *chicco di granturco* Maiskorn. ***2*** *(di caffè o cacao)* Bohne *(f)* ♦ *chicco di caffè* Kaffeebohne. ◆ **chicco d'uva** Traube *(f)*, Weinbeere *(f)*.
chiedere[1] *(vi)* ~ {~ *(a qcn) di qcn/qcs*} (jmdn) nach jmdm/etwas fragen *(vt)* ♦ *qualcuno ha chiesto di me oggi?* hat heute jemand nach mir gefragt?
chiedere[2] *(vt)* ***1*** *(domandare)* {~ *qcs (a qcn)*} (jmdn) etwas fragen *(vt)*, (jmdn) nach etwas *(Dat)* fragen *(vt)* ♦ *mi ha chiesto quando posso venire* er hat mich gefragt, wann ich kommen kann ♦ *chiedere a qcn la sua opinione* jmdn nach seiner Meinung fragen ♦ *chiedere l'ora* nach der Uhrzeit fragen. ***2*** *(per ottenere)* {~ *qcs a qcn*} jmdn um etwas bitten* *(vt)* ♦ *gli ho chiesto di aiutarmi* ich habe ihn gebeten, mir zu helfen. ***3*** *(pretendere)* verlangen *(vt)*.
chiedersi *(vr)* ~ sich fragen *(vr)* ♦ *mi chiedo se sia vero* ich frage mich, ob das stimmt.
chiesa *(f)* ~ Kirche *(f)* ♦ *la chiesa evangelica, cattolica* die evangelische, katholische Kirche.
chiglia *(f)* ~ Kiel *(m)*.
chilo *(m)* ~ Kilo *(n)*. ◆ **mezzo chilo** Pfund *(n)* ♦ *mezzo chilo di formaggio* ein Pfund Käse ♦ *un chilo e mezzo di frutta* drei Pfund Obst.
chilogrammo *(m)* ~ Kilogramm *(n)*.
chilometrico *(agg)* ***1*** kilometrisch. ***2*** *(lungo chilometri)* kilometerlang, kilometerweit.
chilometro *(m)* ~ Kilometer *(m)*. ◆ **chilometro quadrato** Quadratkilometer *(m/n)*.
chimica *(f)* ~ Chemie *(f)*.
chimico[1] *(agg)* ~ chemisch.
chimico[2] *(m)* ~ Chemiker *(m)*.
china *(f)* ***1*** *(discesa)* Abhang *(m)*. ***2*** *(inchiostro)* Tusche *(f)*.
chinare *(vt)* ~ *(schiena, testa)* beugen *(vt)*, neigen *(vt)*.
chinarsi *(vr)* ~ sich bücken *(vr)*, sich beugen *(vr)*.
chioccia *(f)* ~ Glucke *(f)*, Bruthenne *(f)*.
chiocciola *(f)* ***1*** *(zool)* Schnecke *(f)*. ***2*** *(elab)* Klammeraffe *(m)*. ◆ **scala a chiocciola** Wendeltreppe *(f)*.
chiodato *(agg)* ~ benagelt, Nagel-.
chiodo *(m)* ~ Nagel *(m)*.
chioma *(f)* ***1*** *(capelli)* Haar *(n)*. ***2*** *(di albero)* Krone *(f)*.

chiosco *(m)* ***1*** *(edicola)* Kiosk *(m)*. ***2*** *(bancarella)* Bude *(f)*.
chiostro *(m)* ***1*** Kreuzgang *(m)*. ***2*** *(convento)* Kloster *(n)*.
chirurgia *(f)* ~ Chirurgie *(f)* ♦ *chirurgia estetica* Schönheitschirurgie.
chirurgico *(agg)* ~ chirurgisch.
chirurgo *(m)* ~ Chirurg *(m)*.
chissà *(avv)* ~ wer weiß ♦ *chissà quando telefonerà* wer weiß wann er anruft ♦ *ha trovato il libro chissà dove* er hat das Buch wer weiß wo gefunden.
chitarra *(f)* ~ Gitarre *(f)*.
chitarrista *(m/f)* ~ Gitarrenspieler *(m; f* -in*)*, Gitarrist *(m; f* -in*)*.
chiudere[1] *(vi)* ***1*** schließen* *(vi,* hat*)* ♦ *la porta non si chiude* die Tür schließt nicht ♦ *il museo è chiuso di lunedì* das Museum hat montags geschlossen. ***2*** *(negozi)* schließen* *(vi,* hat*)*, zu|machen *(vi,* hat*)* ♦ *chiudiamo alle sette* wir schließen um sieben. ◆ **chiudere con qcs** mit etwas Schluss machen.
chiudere[2] *(vt)* ***1*** schließen* *(vt)*, zu|machen *(vt)* ♦ *chiudere gli occhi* die Augen schließen ♦ *chiudi la porta, per favore* mach bitte die Tür zu. ***2*** *(a chiave)* ab|schließen* *(vt)*, verschließen* *(vt)*. ***3*** {~ *qcn/qcs in qcs*} jmdn/etwas in etwas *(Dat)* ein|schließen* *(vt)*, ein|sperren *(vt)*. ***4*** *(girando)* zu|drehen *(vt)* ♦ *chiudere il gas, un vasetto di marmellata* das Gas, ein Marmeladenglas zudrehen. ***5*** *(sbarrare)* sperren *(vt)*, versperren *(vt)* ♦ *chiudere una strada al traffico* eine Straße für den Verkehr sperren. ***6*** *(tirando)* zu|ziehen* ♦ *chiudere le tende* die Vorhänge zuziehen. ***7*** *(terminare)* schließen* *(vt)*, beenden *(vt)*. ◆ **chiudere fuori** aus|sperren *(vt)*, aus|schließen* *(vt)*.
chiudersi *(vr)* ***1*** sich schließen* *(vr)*. ***2*** *(dentro, a chiave)* sich ein|schließen* *(vr)*, sich ein|sperren *(vr)*.
chiunque[1] *(pron indef)* ~ jeder, jedermann ♦ *questo lo capirebbe chiunque* das würde jeder verstehen.
chiunque[2] *(pron rel indef)* ~ wer auch immer ♦ *chiunque venga* wer auch immer kommt.
chiusa *(f)* ~ *(cateratta)* Schleuse *(f)*.
chiuso *(agg)* ***1*** geschlossen, zu ♦ *il negozio è chiuso* der Laden ist geschlossen ♦ *la porta è chiusa* die Tür ist zu. ***2*** *(a chiave; di carattere)* verschlossen ***3*** *(sbarrato)* gesperrt. ◆ **chiuso per ferie** wegen Betriebsferien geschlossen.
chiusura *(f)* ***1*** Schluss *(m)*, Schließung *(f)*. ***2*** *(meccanismo)* Verschluss *(m)*. ***3*** *(termine)* Schluss *(m)*, Ende *(n)*. ***4*** *(di carattere)* Verschlossenheit *(f)*. ◆ **giorno di chiusura** *(negozi)* Ruhetag *(m)*. ◆ **orario di chiusura dei negozi** Ladenschlusszeit *(f)*.
ci[1] *(avv)* ***1*** *(stato in luogo)* da, dort, *(qui)* hier ♦ *conosco Bonn, ci ho abitato* ich kenne Bonn, ich habe dort gewohnt. ***2*** *(moto a luogo)* dahin, dorthin, *(qui)* hierhin ♦ *non ci va mai* er geht nie dahin. ***3*** *(indet)* man ♦ *quanto ci vuole ancora?* wie lange braucht man noch?
ci[2] *(pron dimostr)* ~ *(a ciò, di ciò)* daran, damit, darüber, ecc ♦ *non ci credo* daran glaube ich nicht ♦ *ci hai pensato?* hast du daran gedacht?
ci[3] *(pron pers pl)* ~ uns ♦ *ci ha salutato* er hat uns gegrüßt ♦ *ci ha scritto* er hat uns geschrieben ♦ *ci conosciamo bene* wir kennen uns gut ♦ *ci annoieremo* wir werden uns langweilen.
ciabatta *(f)* ~ Hausschuh *(m)*, Pantoffel *(m)*.
cialda *(f)* ~ Waffel *(f)*.
ciambella *(f)* ***1*** *(dolce)* Kringel *(m)*, Krengel *(m)*. ***2*** *(salvagente)* Rettungsring *(m)*.
cianfrusaglie *(f pl)* ~ Kram *(m)*, Krempel *(m)*.
cianuro *(m)* ~ Zyanid *(n)*.
ciao *(interiez)* ***1*** *(quando ci si incontra)* hallo ♦ *ciao, come va?* hallo, wie geht's? ***2*** *(di commiato)* tschüs(s), tschau.
ciarlatano *(m)* ~ Scharlatan *(m)*.
ciascuno *(agg/pron indef)* ~ jeder. ◆ **per ciascuno** *(a testa)* je.
cibarsi *(vr)* ~ {~ *di qcs*} sich von etwas (er)nähren *(vr)*.
cibo *(m)* ***1*** Nahrung *(f)*, Kost *(f)*, Essen. ***2*** *(vivanda)* Speise *(f)*. ***3*** *(per animali)* Futter *(n)*.
cicala *(f)* ~ *(zool)* Zikade *(f)*.
cicatrice *(f)* ~ Narbe *(f)*.
cicatrizzarsi *(vr)* ~ vernarben *(vi,* ist*)*.
cicatrizzazione *(f)* ~ Narbenbildung *(f)*.

ciclamino *(m)* ~ Alpenveilchen *(n)*.
ciclico *(agg)* ~ zyklisch.
ciclismo *(m)* ~ Radsport *(m)*.
ciclista *(m)* ***1*** Fahrradfahrer *(m)*, Radfahrer *(m)*. ***2*** *(sport)* Radrennfahrer *(m)*.
ciclo *(m)* ***1*** Zyklus *(m)*. ***2*** *(serie)* Reihe *(f)*. ***3*** *(mestruale)* Regel *(f)*, Periode *(f)*.
ciclomotore *(m)* ~ Moped *(n)*, Mofa *(n)*.
ciclone *(m)* ~ Zyklon *(m)*.
ciclostilare *(vt)* ~ vervielfältigen *(vt)*.
cicogna *(f)* ~ Storch *(m)*.
cicoria *(f)* ~ Zichorie *(f)*.
cicuta *(f)* ~ Schierling *(m)*.
cieco *(agg)* ~ blind ♦ *fiducia cieca* blindes Vertrauen ♦ *finestra cieca* blindes Fenster. ◆ **alla cieca** blind.
cieco *(m)* ~ Blinde(r) *(m/f)*.
cielo *(m)* ~ Himmel *(m)* ♦ *cielo nuvoloso, azzurro, sereno* bewölkter, blauer, heiterer Himmel. ◆ **essere al settimo cielo** im sieb(en)ten Himmel sein*. ◆ **santo cielo!** *(esclam)* (ach) du lieber Himmel! ach, du meine Güte!
cifra *(f)* ~ Ziffer *(f)*, Zahl *(f)*.
cifrare *(vt)* ~ verschlüsseln *(vt)*.
ciglio *(m)* ***1*** *(degli occhi)* Wimper *(f)*. ***2*** *(bordo)* Rand *(m)*.
cigno *(m)* ~ Schwan *(m)*.
cigolare *(vi)* ~ quietschen *(vi*, hat*)*.
ciliegia *(f)* ~ Kirsche *(f)*.
ciliegio *(m)* ***1*** Kirschbaum *(m)*. ***2*** *(legno)* Kirschholz *(n)*.
cilindrata *(f)* ~ Hubraum *(m)*. ◆ **auto di media cilindrata** Mittelklassewagen *(m)*.
cilindro *(m)* ~ Zylinder *(m)*. ◆ **cappello a cilindro** Zylinderhut *(m)*, Zylinder *(m)*.
cima *(f)* ***1*** *(vetta)* Gipfel *(m)*. ***2*** *(fune)* Tau *(n)*. ◆ **da cima a fondo** von vorn bis hinten. ◆ **in cima** (ganz) oben.
cimentarsi *(vr)* ~ {~ *in qcs*} sich an/in etwas *(Dat)* versuchen *(vt)*.
cimice *(f)* ***1*** *(zool)* Wanze *(f)* *(anche microspia)*. ***2*** *(puntina da disegno)* Reißzwecke *(f)*.
ciminiera *(f)* ~ Schornstein *(m)*.
cimitero *(m)* ~ Friedhof *(m)* ♦ *al cimitero (stato)* auf dem Friedhof ♦ *al cimitero (moto)* auf den Friedhof.
cimurro *(m)* ~ Staupe *(f)*.
cinema *(m)* ***1*** Kino *(n)* ♦ *andare al cinema* ins Kino gehen. ***2*** *(cinematografia)* Film *(m)*.
cinematografico *(agg)* ~ Film-, Kino- ♦ *industria cinematografica* Filmindustrie ♦ *produttore cinematografico* Filmproduzent.
cineoperatore *(m; f* **-trice***)* ~ Kameramann *(m; f* Kamerafrau*)*.
cinepresa *(f)* ~ Kamera *(f)*.
cingere *(vt)* ***1*** umschließen* *(vt)*, umgeben* *(vt)*. ***2*** *(abbracciare)* umarmen *(vt)*, umfassen *(vt)*.
cinghia *(f)* ***1*** *(cintura)* Gürtel *(m)*. ***2*** *(mecc)* Riemen *(m)*. ◆ **tirare la cinghia** *(fig)* den Gürtel enger schnallen.
cinghiale *(m)* ~ Wildschwein *(n)*.
cingolato *(agg)* ~ Raupen- ♦ *veicolo cingolato* Raupenfahrzeug *(n)*.
cingolo *(m)* ~ Raupenkette *(f)*.
cinguettare *(vi)* ~ zwitschern *(vi*, hat*)*.
cinguettio *(m)* ~ Gezwitscher *(n)*.
cinico[1] *(agg)* ~ zynisch.
cinico[2] *(m)* ~ Zyniker *(m; f* -in*)*.
cinquanta[1] *(agg num)* ~ fünfzig *(vedi anche* **cinque***)*.
cinquanta[2] *(m)* ~ Fünfzig.
cinquantenne *(agg)* ~ fünfzigjährig.
cinquantesimo[1] *(agg num ord)* ~ fünfzigste(r, -s).
cinquantesimo[2] *(m)* ***1*** Fünfzigste *(m)*. ***2*** *(frazione)* Fünfzigstel *(n)*.
cinquantina *(num)* ~ etwa fünfzig; *(età)* fünfzig ◆ **essere sulla cinquantina** um die Fünfzig sein*.
cinque[1] *(agg num)* ~ fünf ♦ *in cinque* zu fünft ♦ *sono le cinque* es ist fünf Uhr ♦ *alle cinque (orario)* um fünf (Uhr) ♦ *cinque volte* fünfmal ♦ *avere cinque anni* fünf Jahre alt sein ♦ *di cinque anni* fünfjährig ♦ *a pagina cinque* auf Seite fünf ♦ *il cinque luglio* am fünften Juli.
cinque[2] *(m)* ~ Fünf *(f)* ♦ *Firenze, cinque aprile* Florenz, den fünften April ♦ *prendere il cinque (bus)* die Fünf nehmen.
cinquecento[1] *(agg num)* ~ fünfhundert.
cinquecento[2] *(m)* ***1*** Fünfhundert *(f)*. ***2*** *(secolo)* sechzehntes Jahrhundert.
cinta *(f)* ~ *(muraria)* Stadtmauer *(f)*.
cintura *(f)* ~ Gürtel *(m)*, Gurt *(m)*. ◆ **cintura di sicurezza** Sicherheitsgurt *(m)*.

cinturino *(m)* ~ *(dell'orologio)* Uhrarmband *(n)*, Uhrband *(n)*.
ciò *(pron dim)* ***1*** *(questo/a, quello/a; ciò)* das, dies ♦ *chi ti ha detto ciò?* wer hat dir das gesagt? ***2*** *(rel)* was ♦ *ciò che dici è giusto* was du sagst ist richtig. ◆ **tutto ciò** das alles; all(es) das. ◆ **ciò che** das, was ♦ *ciò che hai visto* das, was du gesehen hast.
ciocca *(f)* ~ Strähne *(f)*, Büschel *(n)*.
ciocco *(m)* ~ Scheit *(n)*, Klotz *(m)*.
cioccolata *(f)* ~ Schokolade *(f)*.
cioccolatino *(m)* ~ Praline *(f)*.
cioè *(avv)* ***1*** das heißt *(abbrev* d.h.*)* ♦ *questo costa cinquanta euro, cioè circa cento marchi* das kostet fünfzig Euro, das heißt, zirka hundert Mark. ***2*** *(ovvero, precisamente)* und zwar, nämlich ♦ *abbiamo tre animali domestici, cioè un cane e due gatti* wir haben drei Haustiere, und zwar einen Hund und zwei Katzen.
ciondolo *(m)* ~ Anhänger *(m)*.
ciononostante *(avv)* ~ dennoch, trotzdem.
ciotola *(f)* ***1*** Schüssel *(f)*. ***2*** *(per animali)* Napf *(m)*.
ciottolo *(m)* ~ Kiesel *(m)*.
cipolla *(f)* ~ Zwiebel *(f)*.
cippo *(m)* ~ Grenzstein *(m)*.
cipresso *(m)* ~ Zypresse *(f)*.
cipria *(f)* ~ Puder *(m)*.
circa[1] *(avv)* ***1*** ungefähr, etwa, zirka *(abbrev* ca.*)* ♦ *ha circa quarant'anni* er ist ungefähr vierzig Jahre alt ♦ *il film dura circa due ore* der Film dauert etwa zwei Stunden. ***2*** *(tempo)* gegen, ungefähr ♦ *sono circa le cinque* es ist gegen fünf Uhr.
circa[2] *(prep)* ~ *(a proposito di)* bezüglich *(+ Gen)*, was... *(Acc)* betrifft, in Bezug auf *(+ Acc)*.
circo *(m)* ~ Zirkus *(m)*. ◆ **tendone da circo** Zirkuszelt *(n)*.
circolare[1] *(agg)* ~ *(rotondo, tondo)* rund, Kreis-, kreisförmig.
circolare[2] *(f)* ~ Rundschreiben *(n)*, Rundbrief *(m)*.
circolare[3] *(vt)* ***1*** *(veicolo)* fahren* *(vi*, ist*)*. ***2*** *(mezzi pubblici)* verkehren *(vi*, hat*)*. ***3*** *(sangue)* kreisen. ***4*** *(dicerie)* um|gehen* *(vi*, ist*)* ♦ *circola voce che* es geht das Gerücht um, dass.
circolazione *(f)* ***1*** *(traffico)* Verkehr *(m)*. ***2*** *(sanguigna)* Kreislauf *(m)*. ***3*** *(uso, mercato)* Umlauf *(m)*, Verkehr *(m)* ♦ *togliere qcs di circolazione (monete, prodotti, ecc)* etwas aus dem Verkehr ziehen ♦ *mettere qcs in circolazione* etwas in Umlauf setzen. ◆ **libretto di circolazione** Zulassungspapiere *(pl)*.
circolo *(m)* ***1*** *(cerchio)* Kreis *(m)* *(anche fig)* ♦ *in circolo intorno a qcn/qcs* im Kreis um jmdn/etwas. ***2*** *(associazione)* Klub *(m)*. ◆ **circolo vizioso** Teufelskreis *(m)*.
circoncidere *(vt)* ~ beschneiden* *(vt)*.
circoncisione *(f)* ~ Beschneidung *(f)*.
circondare *(vt)* ***1*** ein|schließen* *(vt)*, umschließen* *(vt)* ♦ *un muro circonda il giardino* eine Mauer schließt den Garten ein. ***2*** *(attorniare)* umgeben* *(vt)*; umringen* *(vt)*. ***3*** *(accerchiare)* umzingeln *(vt)*, umstellen *(vt)*. ***3*** *(delimitare)* ein|kreisen *(vt)*.
circonferenza *(f)* ~ Umfang *(m)* ♦ *circonferenza terrestre* Erdumfang.
circonvallazione *(f)* ~ *(strada)* Umgehungsstraße *(f)*, Umgehung *(f)*, Ring *(m)*.
circoscrivere *(vt)* ***1*** *(geom)* umschließen* *(vt)*. ***2*** *(un tema)* ein|kreisen *(vt)*.
circospetto *(agg)* ~ umsichtig.
circospezione *(f)* ~ Umsicht *(f)*.
circostante *(agg)* ***1*** *(luogo e sim)* umliegend. ***2*** *(persona)* umstehend.
circostanza *(f)* ~ Umstand *(m)*, Gegebenheit *(f)*.
circuito *(m)* ***1*** *(elettrico)* Kreis *(m)*. ***2*** *(sport)* Ring *(m)*. ◆ **corto circuito** Kurzschluss *(m)* ♦ *andare in corto circuito* eine Kurzschluss geben.
ciste *(f)* ~ Zyste *(f)*.
cisterna *(f)* ***1*** Zisterne *(f)*. ***2*** *(carburante e sim)* Tank *(m)*.
cistifellea *(f)* ~ Gallenblase *(f)*.
cistite *(f)* ~ Blasenentzündung *(f)*.
citare *(vt)* ***1*** zitieren *(vt)*, an|führen *(vt)*. ***2*** *(dir)* vor|laden* *(vt)*, vor Gericht laden* *(vt)*. ***3*** *(menzionare)* erwähnen *(vt)*.
citato *(agg)* ~ erwähnt.
citazione *(f)* ***1*** Zitat *(n)*, Anführung *(f)*. ***2*** *(dir)* Vorladung *(f)*.
citofono *(m)* ~ Sprechanlage *(f)*.
città *(f)* ~ Stadt *(f)* ♦ *città natale* Heimatstadt ♦ *la città di Francoforte* die Stadt Frankfurt. ◆ **città-stato** Stadtstaat *(m)*.

cittadina *(f)* ~ Kleinstadt *(f)*.
cittadinanza *(f)* ***1*** *(della città)* Stadtbevölkerung *(f)*; *(dello Stato)* Bürgerschaft *(f)*. ***2*** *(appartenenza a uno stato)* Staatsangehörigkeit *(f)* ♦ *prendere, avere la cittadinanza tedesca* die deutsche Staatsangehörigkeit annehmen, besitzen.
cittadino[1] *(agg)* ~ städtisch, Stadt ♦ *mura cittadine* Stadtmauer.
cittadino[2] *(m)* ***1*** Bürger *(m; f* -in*)* ♦ *cittadino onorario* Ehrenbürger *(m)*. ***2*** *(dir)* Staatsangehörige(r) *(m/f)*, Staatsbürger *(m; f* -in*)*. ***3*** *(abitante della città)* Stadtbewohner *(m; f* -in*)*, Städter *(m; f* -in*)*.
ciuffo *(m)* ~ Büschel *(n)*.
civetta *(f)* ~ Kauz *(m)*, Eule *(f)*. ◆ **fare la civetta (con qcn)** (mit jmdm) kokettieren *(vi,* hat*)*.
civettuolo *(agg)* ~ kokett.
civico *(agg)* ***1*** *(della città)* städtisch, Stadt-. ***2*** *(di cittadini)* staatsbürgerlich, Bürger-. ◆ **numero civico** Hausnummer *(f)*.
civile[1] *(agg)* ***1*** zivil, Zivil- ♦ *abiti civili* Zivil *(n)* ♦ *in abiti civili* in Zivil ♦ *diritto civile* Zivilrecht *(n)*. ***2*** *(del cittadino)* bürgerlich, Bürger- ♦ *guerra civile* Bürgerkrieg. ***3*** *(civilizzato)* zivilisiert. ***4*** *(educato)* gesittet. ◆ **matrimonio civile** Zivilehe, standesamtliche Trauung. ◆ **servizio civile** Zivildienst *(m)*. ◆ **costituirsi parte civile** *(dir)* als Nebenkläger auf|treten*.
civile[2] *(m)* ~ Zivilist *(m)*.
civilizzare *(vt)* ~ zivilisieren.
civiltà *(f)* ~ Zivilisation *(f)*, Kultur *(f)* ♦ *la civiltà occidentale* die westliche Kultur.
clacson *(m)* ~ Hupe *(f)*. ◆ **suonare il clacson** hupen *(vi,* hat*)*.
clamore *(m)* ***1*** *(scalpore)* Aufsehen *(n)*. ***2*** *(rumore)* Lärm *(m)*.
clamoroso *(agg)* ~ Aufsehen erregend, sensationell.
clandestino[1] *(agg)* ***1*** illegal. ***2*** *(segreto)* heimlich.
clandestino[2] *(m)* ***1*** *(passeggero)* blinder Passagier. ***2*** *(immigrato)* illegaler Einwanderer.
clarinetto *(m)* ~ *(mus)* Klarinette *(f)*.
classe *(f)* ***1*** Klasse *(f)* ♦ *suddividere in classi* in Klassen einteilen ♦ *avere classe* Klasse haben ♦ *un biglietto di seconda classe* eine Fahrkarte zweiter Klasse ♦ *viaggiare in prima, seconda classe* erster, zweiter Klasse fahren ♦ *classe media (ceto)* Mittelklasse ♦ *frequentare la sesta classe (prima media)* in die sechste Klasse gehen. ***2*** *(aula)* Klassenzimmer *(n)*. ***3*** *(anno di nascita)* Jahrgang *(m)*.
classicismo *(m)* ~ Klassik *(f)*.
classico[1] *(agg)* ~ klassisch.
classico[2] *(m)* ~ Klassiker *(m)*.
classifica *(f)* ~ Tabelle *(f)*, Rangliste *(f)*.
classificare *(vt)* ***1*** klassifizieren *(vt)*, ein|ordnen *(vt)*. ***2*** *(valutare)* bewerten *(vt)*.
classificarsi *(vr)* ~ sich platzieren.
classificazione *(f)* ***1*** Klassifizierung *(f)*, Einordnung *(f)*. ***2*** *(valutazione)* Bewertung *(f)*.
clausola *(f)* ~ Klausel *(f)*.
clausura *(f)* ~ Klausur *(f)*.
clava *(f)* ~ Keule *(f)*.
clavicola *(f)* ~ Schlüsselbein *(n)*.
clemente *(agg)* ~ gnädig, mild.
clemenza *(f)* ***1*** Gnade *(f)* *(anche dir)*. ***2*** *(di giudizio, clima)* Milde *(f)*.
clero *(m)* ~ Klerus *(m)*.
clessidra *(f)* ~ Sanduhr *(f)*.
clic *(m)* ~ klick. ◆ **fare clic** klicken.
cliccare *(vt)* ***1*** klicken *(vt)*. ***2*** {~ *su qcs*} etwas an|klicken *(vt)*.
cliché *(m)* ~ Klischee *(n)* *(anche fig)*.
cliente *(m)* ***1*** Kunde *(m; f* -din*)*. ***2*** *(di ristorante, hotel, ecc)* Gast *(m)* ♦ *cliente fisso* Dauergast, Stammgast. ***3*** *(di avvocato, commercialista, ecc)* Klient *(m; f* -in*)*.
clientela *(f)* ~ Kundschaft *(f)*.
clima *(m)* ~ Klima *(n)*.
climatico *(agg)* ~ klimatisch.
climatizzare *(vt)* ~ klimatisieren *(vt)*.
climatizzatore *(m)* ~ Klimaanlage *(f)*.
clinica *(f)* ~ Klinik *(f)*.
clinico *(agg)* ~ klinisch.
clistere *(m)* ~ Einlauf *(m)*, Klistier *(n)*.
cloaca *(f)* ~ Kloake *(f)*.
cloche *(f)* ~ *(aeron)* Steuerknüppel *(m)*.
clonare *(vt)* ~ klonen *(vt)*.
clone *(m)* ~ Klon *(m)*.
cloro *(m)* ~ Chlor *(n)*.
clorofilla *(f)* ~ Chlorophyll *(n)*, Blattgrün *(n)*.
clorofluorocarburo *(m)* ~ *(pl)* Fluorchlorkohlenwasserstoffe *(m pl)*.

clou *(m)* ~ Clou *(m)*, Höhepunkt *(m)*.
clown *(m)* ~ Clown *(m)*.
club *(m)* ~ Klub *(m)*, Verein *(m)*.
coagulare *(vi)* ~ gerinnen* *(vi, ist)*.
coagularsi *(vr)* ~ gerinnen* *(vi, ist)*.
coagulazione *(f)* ~ Gerinnung *(f)*.
coagulo *(m)* ~ Gerinnsel *(n)*.
coalizione *(f)* ~ Koalition *(f)*.
coalizzare *(vt)* ~ vereinen *(vt)*.
coalizzarsi *(vr)* ~ sich verbünden *(vr)*.
cobra *(m)* ~ *(zool)* Kobra *(f)*.
cocaina *(f)* ~ Kokain *(n)*.
coccarda *(f)* ~ Kokarde *(f)*.
cocchiere *(m)* ~ Kutscher *(m)*.
cocchio *(m)* ~ Kutsche *(f)*.
coccinella *(f)* ~ Marienkäfer *(m)*.
coccio *(m)* ***1*** *(frammento)* Scherbe *(f)*. ***2*** *(di vetro)* Glasscherbe *(f)*.
cocciutaggine *(f)* ~ Starrsinn *(m)*.
cocciuto *(agg)* ~ verstockt, starrköpfig, starrsinnig.
cocco *(m)* ***1*** *(palma)* Kokospalme *(f)*. ***2*** *(noce)* Kokosnuss *(f)*.
coccodè *(m)* ~ **fare coccodè** gackern *(vi, hat)*.
coccodrillo *(m)* ~ Krokodil *(n)*.
coccolare *(vt)* ~ *(fam)* {~ *qcn*} mit jmdm schmusen *(vi, hat)*.
cocente *(agg)* ***1*** glühend heiß. ***2*** *(delusione e sim)* bitter.
cocktail *(m)* ***1*** Cocktail *(m)*. ***2*** *(rinfresco)* Cocktailparty *(f)*.
cocomero *(m)* ~ Wassermelone *(f)*.
coda *(f)* ***1*** Schwanz *(m)* ♦ *la coda dell'aereo* der Schwanz des Flugzeugs ♦ *coda di cavallo* Pferdeschwanz. ***2*** *(di persone, di auto)* Schlange *(f)* *(fig)* ♦ *fare la coda, stare in coda* Schlange stehen.
codardia *(f)* ~ Feigheit *(f)*.
codardo[1] *(agg)* ~ feige.
codardo[2] *(m)* ~ Feigling *(m)*.
codice *(m)* ***1*** *(cifrario)* Kode *(m)*, Code *(m)*. ***2*** *(dir)* Gesetzbuch *(n)* ♦ *codice penale* Strafgesetzbuch. ◆ **codice di avviamento postale** Postleitzahl *(f)*. ◆ **codice della strada** Straßenverkehrsordnung *(f)*.
codificare *(vt)* ***1*** verschlüsseln *(vt)*. ***2*** *(dir)* kodifizieren *(vt)*.
coercitivo *(agg)* ~ Zwangs- ♦ *mezzo coercitivo* Zwangsmittel *(n)*.
coercizione *(f)* ~ Zwang *(m)*.
coerente *(agg)* ~ konsequent, folgerichtig.
coerenza *(f)* ~ Konsequenz *(f)*.
coesione *(f)* ~ Zusammenhalt *(m)*.
coesistenza *(f)* ~ Koexistenz *(f)*.
coetaneo[1] *(agg)* ~ gleichalt(e)rig.
coetaneo[2] *(m; f* **-a***)* ~ Altersgenosse *(m; f* -genossin*)*.
cofanetto *(m)* ~ Kassette *(f)*.
cofano *(m)* ~ *(auto)* Motorhaube *(f)*.
cogliere *(vt)* ***1*** *(frutti, fiori)* pflücken *(vt)*. ***2*** *(afferrare)* ergreifen* *(vt)*, fassen *(vt)* ♦ *cogliere un'occasione* eine Gelegenheit ergreifen. ***3*** *(sorprendere)* ertappen *(vt)*, überraschen *(vt)* ♦ *cogliere qcn in flagrante* jmdn auf frischer Tat ertappen. ***4*** *(centrare, indovinare)* treffen* *(vt)*.
coglione *(m)* ***1*** Ei *(n)*; *(pl)* Eier *(pl)*, Sack *(m)* ♦ *rompere i coglioni a qcn* jmdm auf den Sack gehen. ***2*** *(persona)* Sack *(m)*.
cognac *(m)* ~ Kognak *(m)*, Cognac *(m)*.
cognato *(m)* ~ Schwager *(m; f* Schwägerin*)*.
cognizione *(f)* ~ Kenntnis *(f)*, Erkenntnis *(f)*.
cognome *(m)* ~ Familienname *(m)*, Nachname *(m)*.
coincidenza *(f)* ***1*** *(caso)* Zufall *(m)*. ***2*** *(di treni)* Anschluss *(m)* ♦ *perdere la coincidenza* den Anschluss verpassen.
coincidere *(vi)* ***1*** *(avvenire contemporaneamente)* zusammen|fallen* *(vi, ist)*, zusammen|treffen *(vi, hat)*. ***2*** *(fig)* überein|stimmen *(vi, hat)*.
coinquilino *(m)* ~ Mitbewohner *(m)*.
coinvolgente *(agg)* ~ fesselnd.
coinvolgere *(vt)* ***1*** *(implicare)* {~ *qcn in qcs*} jmdn in etwas *(Acc)* verwickeln *(vt)*, hinein|ziehen* *(vt)*. ***2*** *(far partecipare)* {~ *qcn/qcs in qcs*} jmdn/etwas in etwas *(Acc)* ein|beziehen* *(vt)*.
coito *(m)* ~ Koitus *(m)*, Beischlaf *(m)*.
colabrodo *(m)* ~ Sieb *(n)*.
colapasta *(m)* ~ Nudelsieb *(n)*, Sieb *(n)*.
colare[1] *(vi)* ***1*** *(gocciolare)* tropfen *(vi, hat)*. ***2*** *(a picco)* sinken* *(vi, ist)*.
colare[2] *(vt)* ***1*** *(filtrare)* seihen *(vt)*. ***2*** *(scolare)* ab|gießen* *(vt)*.
colata *(f)* ~ Guss *(m)*. ◆ **colata lavica** Lavastrom *(m)*.
colazione *(f)* ~ Frühstück *(n)* ♦ *a colazione* zum Frühstück. ◆ **fare colazione**

frühstücken *(vi,* hat*)* ♦ *hai già fatto colazione?* hast du schon gefrühstückt?

colei *(pron dimostr f sing)* ~ die, diejenige.

coleottero *(m)* ~ Käfer *(m)*.

colera *(m)* ~ Cholera *(f)*.

colesterolo *(m)* ~ Cholesterin *(n)*. ◆ **livello di colesterolo** Cholesterinspiegel *(m)*.

colf *(f)* ~ Putzfrau *(f)*.

colica *(f)* ~ Kolik *(f)*.

colino *(m)* ~ Sieb *(n)*.

colite *(f)* ~ Dickdarmentzündung *(f)*.

colla *(f)* ***1*** Leim *(m)*, Klebstoff *(m)*. ***2*** *(in stick)* Klebestift *(m)*.

collaborare *(vi)* ~ mit|arbeiten *(vi,* hat*)*, zusammen|arbeiten *(vi,* hat*)* ♦ *collaborare a qcs* an etwas *(Dat)*/bei etwas mitarbeiten.

collaboratore *(m; f* **-trice***)* ~ Mitarbeiter *(m; f* -in*)*.

collaborazione *(f)* ~ Mitarbeit *(f)*, Zusammenarbeit *(f)* ♦ *con la collaborazione di* unter Mitarbeit von.

collana *(f)* ***1*** Halskette *(f)*, Kette *(f)*. ***2*** *(edit)* Reihe *(f)*.

collant *(m)* ~ Strumpfhose *(f)*.

collante *(m)* ~ Klebstoff *(m)*.

collare *(m)* ~ Halsband *(n)*. ◆ **collare ortopedico** *(med)* Gipskravatte *(f)*.

collassare *(vi)* ~ *(med)* kollabieren *(vi,* ist/hat*)*.

collasso *(m)* ***1*** *(med)* Kollaps *(m)*. ***2*** *(nervoso)* Zusammenbruch *(m)*.

collaudare *(vt)* ~ testen *(vt)*, prüfen *(vt)*.

collaudo *(m)* ***1*** Test *(m)*. ***2*** *(di veicolo)* Testfahrt *(f)*

collega *(m/f)* ~ Kollege *(m; f* Kollegin*)*.

collegamento *(m)* ***1*** Verbindung *(f)*. ***2*** *(elettr/tecn)* Anschluss *(m)*.

collegare *(vt)* ***1*** verbinden* *(vt)*. ***2*** *(elettr/tecn)* an|schließen* *(vt)*. ***3*** *(associare)* verknüpfen *(vt)*.

collegarsi *(vr)* ***1*** sich verbinden *(vr)*, sich in Verbindung setzen *(vr)*. ***2*** *(radio, tv)* schalten *(vi,* hat*)*.

collegiale *(agg)* ~ kollegial.

collegio *(m)* ***1*** *(commissione)* Kollegium *(n)*. ***2*** *(convitto)* Internat *(n)*.

collera *(f)* ~ Zorn *(m)*, Wut *(f)*. ◆ **essere in collera** wütend/zornig sein*.

collerico *(agg)* ~ cholerisch.

colletta *(f)* ~ Geldsammlung *(f)*.

collettività *(f)* ~ Gemeinschaft *(f)*.

collettivo *(agg)* ~ gemeinschaftlich, Kollektiv-.

colletto *(m)* ~ Kragen *(m)*.

collezionare *(vt)* ~ sammeln *(vt)*.

collezione *(f)* ***1*** Sammlung *(f)*. ***2*** *(di moda)* Kollektion *(f)*.

collezionista *(m)* ~ Sammler *(m)*.

collina *(f)* ~ Hügel *(m)*.

collinoso *(agg)* ~ hügelig.

collirio *(m)* ~ Augentropfen *(pl)*.

collisione *(f)* ~ Zusammenstoß *(m)*, Kollision *(f)*.

collo *(m)* ***1*** *(anat)* Hals *(m)* ♦ *buttarsi al collo di qcn* jmdm um den Hals fallen ♦ *collo di bottiglia* Flaschenhals. ***2*** *(di indumenti)* Kragen *(m)*. ***3*** *(pacco)* Frachtstück *(n)*. ◆ **fino al collo** *(anche fig)* bis an den Hals/bis zum Hals ♦ *è immerso nei debiti fino al collo* er steckt in Schulden bis an den Hals. ◆ **mettersi qcs al collo** sich *(Dat)* etwas um|hängen*.

collocamento *(m)* ~ *(ufficio)* Arbeitsamt *(n)*.

collocare *(vt)* ~ *(in piedi)* stellen *(vt)*; *(disteso)* legen *(vt)*.

collocarsi *(vr)* ~ sich stellen *(vr)*.

collocazione *(f)* ***1*** Stellung *(f)*. ***2*** *(in biblioteca)* Standort *(m)*.

colloquiale *(agg)* ~ umgangssprachlich.

colloquio *(m)* ~ Gespräch *(n)* ♦ *avere un colloquio (con qcn)* (mit jmdm) ein Gespräch führen ♦ *colloquio di lavoro (per l'assunzione)* Vorstellungsgespräch *(n)*.

colloso *(agg)* ***1*** leimig. ***2*** *(appiccicoso)* klebrig.

collutorio *(m)* ~ Mundwasser *(n)*.

colmare *(vt)* ***1*** füllen *(vt)*, aus|füllen *(vt)*. ***2*** *(di lodi, rimproveri, ecc)* [~ *qcn di qcs*] jmdn mit etwas überhäufen *(vt)*.

colmo[1] *(agg)* ~ voll.

colmo[2] *(m)* ~ Gipfel *(m)*. ◆ **questo è il colmo!** das ist doch die Höhe!

colomba *(f)* ~ Taube *(f)*.

colombaia *(f)* ~ Taubenschlag *(m)*.

colombo *(m)* ~ Taube *(f)*.

colon *(m)* ~ Grimmdarm *(m)*.

colonia *(f)* ***1*** Kolonie *(f)*. ***2*** *(acqua di Colonia)* Kölnischwasser *(n)*.

colonico *(agg)* ~ Bauern- ♦ *casa colonica* Bauernhaus *(n)*.

colonizzare *(vt)* ***1*** kolonisieren. ***2*** *(popolare)* besiedeln *(vt)*.

colonizzatore *(m; f* **-trice***)* ~ Kolonisator *(m; f* -in*)*.

colonizzazione *(f)* ~ Kolonisierung *(f)*, Besied(e)lung *(f)*.

colonna *(f)* ***1*** Säule *(f)* ♦ *colonna per affissioni* Litfaßsäule ♦ *colonna di fumo* Rauchsäule. ***2*** *(tipogr)* Spalte *(f)*. ***3*** *(di numeri e sim)* Reihe *(f)*. ***4*** *(schiera)* Kolonne *(f)* *(anche mil)*. ◆ **colonna sonora** Filmmusik *(f)*. ◆ **colonna vertebrale** Wirbelsäule *(f)*, Rückgrat *(n)*.

colonnato *(m)* ~ Säulengang *(m)*.

colonnello *(m)* ~ Oberst *(m)*.

colonnina *(f)* ***1*** *(di mercurio)* Säule *(f)*. ***2*** *(di SOS)* Notrufsäule *(f)*.

colono *(m; f* **-a***)* ~ Kolonist *(m)*, Siedler *(m; f* -in*)*.

colorante *(m)* ~ Farbstoff *(m)*.

colorare *(vt)* ***1*** färben *(vt)*. ***2*** *(dipingere superfici e sim)* aus|malen *(vt)*.

colorarsi *(vr)* ~ sich färben *(vr)*.

colorato *(agg)* ~ bunt, farbig.

colorazione *(f)* ~ Färbung *(f)*.

colore *(m)* ~ Farbe *(f)* ♦ *colore a olio* Ölfarbe. ◆ **televisore a colori** Farbfernseher *(m)*. ◆ **di colore** *(persona)* farbig *(agg)*. ◆ **persona di colore** Farbige *(m/f)*.

colorito[1] *(agg)* ***1*** *(roseo)* rosig. ***2*** *(vivace)* farbig.

colorito[2] *(m)* ~ Gesichtsfarbe *(f)*, Teint *(m)*.

coloro *(pron dimostr pl)* ~ die, diejenigen.

colossale *(agg)* ~ kolossal, riesig.

colosso *(m)* ~ Koloss *(m)*.

colpa *(f)* ~ Schuld *(f)* ♦ *dare a qcn la colpa di qcs* jmdm die Schuld an etwas *(Dat)* geben ♦ *avere la colpa di qcs* die Schuld an etwas *(Dat)* tragen. ◆ **senso di colpa** Schuldgefühl *(n)*.

colpevole *(m)* ~ schuldig *(agg)* *(anche dir)* ♦ *essere colpevole di un omicidio* eines Mordes schuldig sein. ◆ **riconoscersi colpevole** sich schuldig bekennen*.

colpevolezza *(f)* ~ Schuld *(f)* *(dir)* ♦ *dimostrare la colpevolezza di qcn* jmds Schuld beweisen.

colpire *(vt)* ***1*** schlagen* *(vt)*. ***2*** *(urtare)* stoßen* *(vt)*. ***3*** *(obiettivo)* treffen* *(vt)*. ***4*** *(impressionare)* beeindrucken *(vt)*.

colpo *(m)* ***1*** *(botta)* Schlag *(m)*. ***2*** *(urto)* Stoß *(m)*. ***3*** *(con bastone, spada e sim)* Hieb *(m)*. ***4*** *(di arma da fuoco)* Schuss *(m)* ♦ *far centro al primo colpo* auf den ersten Schuss treffen. ◆ **al primo colpo** auf Anhieb. ◆ **di colpo** mit einem Schlag. ◆ **colpo apoplettico** Schlaganfall *(m)*. ◆ **colpo di grazia** Todesstoß *(m)*. ◆ **colpo di stato** Staatsstreich *(m)*. ◆ **colpo di fortuna** Glücksfall *(m)*.

colposo *(agg)* ~ *(dir)* fahrlässig.

coltellata *(f)* ~ Messerstich *(m)*.

coltello *(m)* ~ Messer *(n)* ♦ *coltello a serramanico* Klappmesser ♦ *coltello tascabile* Taschenmesser.

coltivare *(vt)* ***1*** *(terreni)* bestellen *(vt)*, bebauen *(vt)* ♦ *coltivare un campo a patate* einen Acker mit Kartoffeln bebauen. ***2*** *(ortaggi)* an|bauen *(vt)*. ***3*** *(legami, amicizie, ecc)* pflegen* *(vt)*.

coltivatore *(m; f* **-trice***)* ***1*** Bauer *(m; f* Bäuerin*)*. ***2*** *(produttore)* Züchter *(m; f* -in*)*.

coltivazione *(f)* ***1*** *(di terreni)* Bebauung *(f)*, Bestellung *(f)*. ***2*** *(estesa)* Anbau *(m)*.

colto *(agg)* ~ gebildet, kultiviert.

coltre *(f)* ~ Bettdecke *(f)*, Decke *(f)* ♦ *coltre di neve* Schneedecke ♦ *coltre di nubi* Wolkendecke.

coltura *(f)* ~ Anbau *(m)*, Kultur *(f)*.

colui *(pron dimostr m sing)* ~ der, derjenige.

coma *(m)* ~ *(med)* Koma *(n)* ♦ *coma profondo* schweres Koma ♦ *essere in coma* im Koma liegen.

comandamento *(m)* ~ *(relig)* Gebot *(n)*.

comandante *(m/f)* ***1*** *(mil)* Kommandant *(m)*. ***2*** *(direttore, guida, capo)* Führer *(m; f* -in*)*.

comandare ***1*** *(mil)* kommandieren *(vt)*. ***2*** befehlen* *(vt)*.

comando ***1*** Befehl *(m)*, Kommando *(n)* *(anche mil)* ♦ *essere sotto il comando di qcn* unter jmds Befehl stehen ♦ *avere il comando delle truppe* das Kommando über die Truppen führen. ***2*** *(direzione, guida)* Führung *(f)*. ***3*** *(meccanico)* Steuerung *(f)*.

combaciare *(vi)* ~ genau passen *(vi*, hat*)*.

combattente *(m/f)* ~ Kämpfer *(m; f* -in*)*.

combattere *(vi/vt)* ~ kämpfen *(vi/vt*, hat*)* ♦ *combattere per la libertà* um seine Freiheit kämpfen ♦ *combattere contro/con qcn/qcs* gegen jmdn/etwas kämpfen ♦ *combattere qcn/qcs* gegen jmdn/etwas kämpfen.

combattimento *(m)* **1** Kampf *(m)*. **2** *(armato)* Gefecht *(n)*. ◆ **mettere qcn fuori combattimento** jmdn außer Gefecht setzen.

combattività *(f)* ~ Kampflust *(f)*.

combattivo *(agg)* ~ kämpferisch. ◆ **spirito combattivo** Kampfgeist *(m)*.

combattuto *(agg)* **1** *(sport)* umkämpft. **2** *(indeciso)* hin und her gerissen.

combinare *(vt)* **1** *(abbinare, accostare)* kombinieren *(vt)*. **2** *(danni e sim)* an|stellen *(vt)*, an|richten *(vt)* ♦ *cosa hai combinato stavolta?* was hast du da wieder angestellt?

combinazione *(f)* **1** Kombination *(f)*. **2** *(caso)* Zufall *(m)* ♦ *che combinazione!* was für ein Zufall!

combustibile[1] *(agg)* ~ Brenn-, brennbar.

combustibile[2] *(m)* ~ Brennstoff *(m)*.

combutta *(f)* ~ **essere in combutta con qcn** mit jmdm unter einer Decke stecken *(fig/fam)*.

come[1] *(avv)* **1** *(interr/modale)* wie ♦ *come si apre questo barattolo?* wie öffnet man diese Dose? ♦ *come va?* wie geht es dir? ♦ *non so come si chiama* ich weiß nicht, wie er heißt. ◆ **come, prego?** wie, bitte? ◆ **come fai a saperlo?** woher weißt du das? ◆ **come mai** wieso ♦ *come mai non glielo dici?* wieso sagst du es ihm nicht?

come[2] *(congiunz)* **1** *(temporale)* wie, als, sobald ♦ *come entrò in casa, lo vide* wie er ins Haus kam, sah er ihn. **2** *(dichiarativa)* wie ♦ *come le ho già spiegato* wie ich Ihnen schon erklärt habe. ◆ **come se** als (ob)/als wenn ♦ *ci tratta come se fossimo estranei* er behandelt uns, als ob wir Fremde wären. ◆ **fare come se** so tun, als ob... ♦ *fa come se non ne sapesse niente* er tut so, als ob er nichts davon wüsste.

come[3] *(prep)* **1** *(compar)* wie ♦ *è alta come me* sie ist so groß wie ich ♦ *furbo come una volpe* schlau wie ein Fuchs. **2** *(in qualità di)* als ♦ *come testimone* als Zeuge ♦ *è meglio come pianista che come cantante* er ist besser als Klavierspieler denn als Sänger ♦ *usa una sedia come comodino* er benutzt einen Stuhl als Nachttisch.

cometa *(f)* ~ Komet *(m)*.

comfort *(m)* ~ Bequemlichkeit *(f)*, Komfort *(m)*.

comicità *(f)* ~ Komik *(f)*.

comico[1] *(agg)* **1** komisch. **2** *(della commedia)* Komödien-.

comico[2] *(m)* ~ Komiker *(m)*.

comignolo *(m)* ~ Schornstein *(m)*.

cominciare *(vi/vt)* **1** an|fangen* *(vi/vt*, hat*)*, beginnen* *(vi/vt*, hat*)* ♦ *la scuola comincia il primo settembre* die Schule beginnt am 1. September ♦ *è cominciato a piovere* es hat angefangen zu regnen. **2** {~ *da qcs*} mit etwas an|fangen* *(vi*, hat*)* ♦ *da dove devo cominciare?* womit soll ich anfangen? ♦ *cominciare dall'inizio* von vorn(e) anfangen. ◆ **comincia a fare freddo** es wird kalt.

comitato *(m)* ~ Komitee *(n)*.

comitiva *(f)* ~ Gruppe *(f)*, Reisegesellschaft *(f)*.

comizio *(m)* ~ Versammlung *(f)* ♦ *comizio elettorale* Wahlversammlung.

comma *(f)* ~ *(dir)* Absatz *(m)*.

commando *(m)* ~ Kommando *(n)*.

commedia *(f)* ~ Komödie *(f)*.

commediante *(m/f)* ~ Komödiant *(m; f* -in*)*.

commemorare *(vi)* ~ {~ *qcn/qcs*} jmds/etwas gedenken* *(vi*, hat*)*.

commemorazione *(f)* ~ Gedenkfeier *(f)*.

commentare *(vt)* **1** *(spiegare)* kommentieren *(vt)*, erläutern *(vt)*. **2** *(giudicare)* beurteilen *(vt)*.

commento *(m)* **1** Kommentar *(m)* ♦ *fare un commento su qcs* einen Kommentar zu etwas abgeben. **2** *(spiegazione)* Erläuterung *(f)*. **3** *(giudizio)* Beurteilung *(f)*.

commerciale *(agg)* ~ kaufmännisch, Handels- ♦ *accordo commerciale* Handelsabkommen ♦ *bilancia commerciale* Handelsbilanz ♦ *impiegato commerciale* kaufmännischer Angestellter. ◆ **quartiere commerciale** Geschäftsviertel *(n)*.

commercialista *(m/f)* ~ Steuerberater *(m; f* -in*)*.

commerciante *(m/f)* ~ Geschäftsmann *(m; f* Geschäftsfrau*)*, Händler *(m)*, Kaufmann *(m; f* Kauffrau*)*.

commerciare *(vi)* **1** {~ *(in qcs)*} (mit etwas) handeln *(vi*, hat*)*. **2** {~ *con qcn*} mit jmdm Handel treiben* *(vt)*.

commercio *(m)* ~ Handel *(m)* ♦ *commercio clandestino* Schwarzhandel ♦ *commercio con l'estero* Außenhandel ♦ *ritirare qcs dal commercio* etwas aus dem Handel ziehen ♦ *essere in commercio* im Handel sein ♦ *mettere in commercio qcs* etwas in den Handel bringen. ◆ **camera di commercio** Handelskammer *(f)*.

commesso *(m; f* **-a***)* ~ Verkäufer *(m; f* -in*)*. ◆ **commesso viaggiatore** Handelsreisende(r) *(m/f)*.

commestibile *(agg)* ~ essbar, genießbar.

commettere *(vt)* ~ begehen* *(vt)*, verüben *(vt)* ♦ *commettere suicidio* Selbstmord begehen.

commiato *(m)* ~ Abschied *(m)*.

commilitone *(m)* ~ Kamerad *(m)*.

commiserare *(vt)* ~ bemitleiden *(vt)*, bedauern *(vt)*.

commiserarsi *(vr)* ~ sich bemitleiden *(vr)*.

commiserazione *(f)* ~ Mitleid *(n)*.

commissariato *(m)* ~ Revier *(n)*, Kommissariat *(n)* ♦ *commissariato di polizia* Polizeirevier.

commissario *(m; f* **-a***)* ~ Kommissar *(m; f* -in*)*.

commissione *(f)* ***1*** *(comitato)* Kommission *(f)*, Ausschuss *(m)*. ***2*** *(incarico)* Auftrag *(m)*. ***3*** *(faccenda)* Besorgung *(f)*.

committente *(m/f)* ~ Auftraggeber *(m; f* -in*)*.

commosso *(agg)* ~ bewegt, gerührt.

commovente *(agg)* ~ rührend, ergreifend.

commozione *(f)* ***1*** Rührung *(f)*, Ergriffenheit *(f)* ♦ *per la commozione* vor Rührung. ***2*** *(med)* Eschütterung *(f)* ♦ *commozione cerebrale* Gehirnerschütterung.

commuovere *(vt)* ~ rühren *(vt)*, bewegen *(vt)* ♦ *commuovere qcn fino alle lacrime* jmdn zu Tränen rühren.

commuoversi *(vr)* ~ gerührt sein* *(vi*, ist*)*.

commutare *(vt)* ***1*** *(elettr)* um|schalten *(vt)*. ***2*** *(dir)* um|wandeln *(vt)*.

comò *(m)* ~ Kommode *(f)*.

comodamente *(avv)* ~ bequem.

comodino *(m)* ~ Nachttisch *(m)*.

comodità *(f)* ~ Bequemlichkeit *(f)*.

comodo[1] *(agg)* ~ bequem, behaglich. ◆ **prendersela comoda** sich *(Dat)* Zeit lassen*. ◆ **mettersi comodo** es sich *(Dat)* gemütlich machen. ◆ **tornare comodo a qcn** jmdm passen ♦ *se ti torna comodo* wenn es dir passt.

comodo[2] *(m)* ~ *(agio)* Bequemlichkeit *(f)*.

compact disc *(m)* ~ Compact Disc *(f) (abbrev* CD*)*.

compaesano *(m)* ~ Landsmann *(m; f* -männin*)*.

compagine *(f)* ~ Gefüge *(n)*.

compagnia *(f)* ***1*** Gesellschaft *(f)* ♦ *fare compagnia a qcn* jmdm Gesellschaft leisten ♦ *compagnia aerea* Fluggesellschaft. ***2*** *(gruppo di amici)* Gruppe *(f)*, Clique *(f)*. ***3*** *(mil)* Kompanie *(f)*. ***4*** *(teatrale)* Ensemble *(n)*.

compagno *(m; f* **-a***)* ***1*** Kamerad *(m; f* -in*)*, Gefährte *(m; f* -tin*)* ♦ *compagno di classe, di squadra* Klassenkamerad, Mannschaftskamerad. ***2*** *(di università)* Kommilitone *(m; f* -tonin*)*. ***3*** *(partner)* Partner *(m; f* -in*)*, Lebensgefärte *(m; f* -in*)*. ***4*** *(pol)* Genosse *(m; f* -sin*)*.

comparabile *(agg)* ~ vergleichbar.

comparare *(vt)* ~ {~ *qcn/qcs con qcn/qcs*} jmdn/etwas mit jmdm/etwas vergleichen* *(vt)*.

comparativo[1] *(agg)* ~ vergleichend; *(gramm)* komparativ. ◆ **frase comparativa** Komparativsatz *(m)*.

comparativo[2] *(m)* ~ *(gramm)* Komparativ *(m)*.

comparazione *(f)* ***1*** Vergleich *(m)*. ***2*** *(gramm)* Komparation *(f)* Steigerung *(f)* ♦ *grado di comparazione* Steigerungsstufe.

compare *(m)* ***1*** *(padrino)* Pate *(m)*. ***2*** *(complice)* Kumpan *(m)*, Spießgeselle *(m)*.

comparire *(vi)* ***1*** *(presentarsi)* erscheinen* *(vi*, hat*)*, auf|treten* *(vi*, ist*)* ♦ *comparire in tribunale* vor Gericht erscheinen. ***2*** *(apparire)* auf|tauchen *(vi*, hat*)*, sich zeigen *(vr)*. ***3*** *(essere pubblicato)* erscheinen* *(vi*, ist*)*.

comparsa *(f)* ***1*** *(breve apparizione)* Erscheinen *(n)*; *(a teatro)* Auftritt *(m)*. ***2*** *(teatr/cinem)* Statist *(m; f* -in*)* ♦ *fare da comparsa* nur Statist sein.

compartecipazione *(f)* ***1*** *(a costi, ecc)* Beteiligung *(f)*. ***2*** *(a una proprietà)* Teilhaberschaft *(f)*.

compartimento *(m)* ***1*** *(di treno)* Abteil *(n)*. ***2*** *(amministrativo)* Bezirk *(m)*.

compassato *(agg)* ~ bedächtig, besonnen.

compassione *(f)* ~ Mitleid *(n)*, Erbarmen *(n)* ♦ *avere compassione per qcn* Mitleid mit jmdm haben.

compassionevole *(agg)* **1** *(che sente compassione)* mitleidig, barmherzig. **2** *(che provoca compassione)* bedauernswert.

compasso *(m)* ~ Zirkel *(m)*.

compatibile *(agg)* **1** vereinbar ♦ *essere compatibile con qcs* mit etwas vereinbar sein. **2** *(tecn/elab)* kompatibel.

compatibilità *(f)* **1** Vereinbarkeit *(f)*. **2** *(tecn/elab)* Kompatibilität *(f)*.

compatire *(vt)* ~ bedauern *(vt)*, bemitleiden *(vt)*.

compatriota *(m/f)* ~ Landsmann *(m; f* -männin*)*.

compattezza *(f)* **1** *(di materiale)* Kompaktheit *(f)*. **2** *(unità)* Geschlossenheit *(f)*.

compatto *(agg)* **1** *(sodo, duro)* fest, kompakt. **2** *(unito)* geschlossen.

compendiare *(vt)* ~ *(riassumere)* zusammen|fassen *(vt)*.

compendio *(m)* ~ Grundriss *(m)*, Abriss *(m)*.

compensare *(vt)* **1** *(errori, carenze, ecc)* wett|machen *(vt)*, aus|gleichen* *(vt)*. **2** *(retribuire)* entlohnen *(vt)*.

compensarsi *(vr)* ~ sich aus|gleichen* *(vr)*.

compensato *(m)* ~ *(legno)* Sperrholz *(n)*.

compensazione *(f)* ~ Ausgleich *(m)*.

compenso *(m)* **1** *(compensazione, risarcimento)* Entschädigung *(f)*. **2** *(onorario)* Entgelt *(m)*, Bezahlung *(f)*, Honorar *(n)*. **3** *(di artisti)* Gage *(f)*. ◆ **in compenso** dafür, zum Ausgleich

compera *(f)* ~ Kauf *(m)*. ◆ **fare compere** Einkäufe machen.

competente *(agg)* **1** sachkundig, kompetent ♦ *essere competente in qcs* in etwas *(Dat)* kompetent sein. **2** *(responsabile)* zuständig ♦ *l'autorità competente* die zuständige Behörde.

competenza *(f)* **1** Sachverstand *(m)*, Kompetenz *(f)*. **2** *(ambito di responsabilità)* Zuständigkeit *(f)*.

competere *(vi)* **1** *(gareggiare)* {~ *con qcn per qcs*} mit jmdm um etwas konkurrieren *(vi, hat)*, wetteifern *(vi, hat)*. **2** *(spettare)* {~ *a qcn*} jmdm zu|stehen* *(vi, hat)* ♦ *non compete a te giudicarlo* es steht dir nicht zu, ihn zu verurteilen.

competitività *(f)* ~ Wettbewerbsfähigkeit *(f)*.

competitivo *(agg)* ~ wettbewerbsfähig, konkurrenzfähig.

competizione *(f)* **1** *(scontro)* Konkurrenz *(f)*, Wettstreit *(m)*. **2** *(sport)* Wettkampf *(m)*.

compiacente *(agg)* ~ gefällig.

compiacenza *(f)* ~ Gefälligkeit *(f)*.

compiacere *(vi)* ~ {~ *a qcn*} jmdm entgegen|kommen* *(vi, hat)*.

compiacersi *(vr)* **1** {~ *di qcs*} sich über etwas freuen *(vr)*. **2** {~ *con qcn per qcs*} jmdm zu etwas gratulieren *(vi, hat)*.

compiacimento *(m)* ~ Genugtuung *(f)*.

compiaciuto *(agg)* ~ selbstzufrieden.

compiangere *(vt)* ~ bemitleiden *(vt)*, bedauern *(vt)*.

compianto *(agg)* ~ *(defunto)* verstorben.

compiere *(vt)* **1** *(portare a termine)* vollbringen* *(vt)*, vollenden *(vt)*. **2** *(fare)* schaffen* *(vt)* ♦ *compiere qualcosa di straordinario* etwas Außerordentliches schaffen. **3** *(delitto)* begehen* *(vt)*. **4** *(un dovere, ecc)* erfüllen* *(vt)*. ◆ **ha compiuto venti anni** er ist zwanzig geworden.

compilare *(vt)* **1** *(questionari e sim)* aus|füllen *(vt)*. **2** *(stendere, elaborare)* auf|stellen *(vt)*, zusammen|stellen *(vt)*.

compilazione *(f)* ~ Aufstellung *(f)*.

compimento *(m)* ~ Vollendung *(f)*. ◆ **portare a compimento qcs** etwas vollenden, etwas zu Ende führen.

compito *(m)* **1** Aufgabe *(f)*, Auftrag *(m)* ♦ *è compito mio* es ist meine Aufgabe. **2** *(scuola)* *(a casa)* Hausaufgabe *(f)*; *(in classe)* Klassenarbeit *(f)*.

compiuto *(agg)* ~ vollendet.

compleanno *(m)* ~ Geburtstag *(m)* ♦ *fare gli auguri di compleanno a qcn* jmdm zum Geburtstag gratulieren. ◆ **buon compleanno!** alles Gute zum Geburtstag! ◆ **festa di compleanno** Geburtstagsfeier *(n)*.

complementare *(agg)* ~ Zusatz-, ergänzend. ◆ **colore complementare** Komplementärfarbe *(f)*.

complemento *(m)* ~ Ergänzung *(f)* *(anche gramm)*. ◆ **complemento di luogo, di tempo** Ortsbestimmung *(f)*, Zeitbestimmung *(f)*. ◆ **complemento oggetto, di termine** Akkusativobjekt *(n)*, Dativobjekt *(n)*.

complessato *(agg)* ~ komplexbeladen.

complessità *(f)* **1** Vielschichtigkeit *(f)*. **2** *(difficoltà)* Schwierigkeit *(f)*.

complessivamente *(avv)* ~ insgesamt.

complessivo *(agg)* ~ gesamt, Gesamt- ◆ *risultato complessivo* Gesamtergebnis *(n)*.

complesso[1] *(agg)* **1** *(di struttura complessa)* vielschichtig, komplex. **2** *(difficile)* schwierig.

complesso[2] *(m)* **1** *(insieme, totalità)* Gesamtheit *(f)*. **2** *(psicol)* Komplex *(n)*. **3** *(mus)* Band *(f)*, Gruppe *(f)*. ◆ **nel complesso** im (Großen und) Ganzen, insgesamt *(avv)*.

completamente *(avv)* ~ völlig, total, ganz.

completamento *(m)* **1** *(conclusione, ultimazione)* Fertigstellung *(f)*, Vervollständigung *(f)*. **2** *(integrazione)* Ergänzung *(f)*.

completare *(vt)* **1** *(concludere)* vervollständigen *(vt)*. **2** *(integrare)* ergänzen *(vt)* ◆ *completare una collezione* eine Sammlung ergänzen.

completarsi *(vr)* ~ sich ergänzen *(vr)*.

completezza *(f)* ~ Vollständigkeit *(f)*.

completo[1] *(agg)* **1** *(in tutti i suoi elementi)* vollständig, komplett. **2** *(pieno)* voll. **3** *(totale)* völlig, total ◆ *completa libertà d'azione* völlige Handlungsfreiheit. ◆ **al completo** vollzählig.

completo[2] *(m)* ~ *(abito da uomo)* Anzug *(m)*; *(abito da donna)* Kostüm *(n)*.

complicare *(vt)* ~ komplizieren *(vt)*.

complicarsi *(vr)* ~ sich komplizieren *(vr)*, komplizierter werden* *(vi, ist)*.

complicato *(agg)* **1** *(complesso)* kompliziert. **2** *(difficile)* kompliziert, schwierig.

complicazione *(f)* **1** Verwick(e)lung *(f)*, Komplikation *(f)* *(anche med)*. **2** *(difficoltà)* Schwierigkeit *(f)*.

complice *(m/f)* ~ Komplize *(m; f -zin)*, Mittäter *(m; f -in)*.

complicità *(f)* **1** Komplizenschaft *(f)*. **2** *(favore, aiuto)* Hilfe *(f)*.

complimentarsi *(vr)* ~ {~ *con qcn per qcs*} jmdn zu etwas beglückwünschen *(vt)*, jmdm zu etwas gratulieren *(vi, hat)*.

complimento *(m)* ~ Kompliment *(n)*. ◆ **complimenti!** ich gratuliere. ◆ **fare i complimenti a qcn per qcs** jmdm zu etwas gratulieren. ◆ **non fare complimenti!** mach keine Umstände!

complottare *(vi)* ~ {~ *contro qcn/qcs*} sich gegen jmdn/etwas verschwören* *(vr)*.

complotto *(m)* ~ Verschwörung *(f)*, Komplott *(n)*.

componente *(m/f)* **1** *(parte)* Bestandteil *(m)*. **2** *(chim/mat)* Komponente *(f)*. **3** *(membro)* Mitglied *(n)*.

componimento *(m)* ~ *(tema scolastico)* Aufsatz *(m)*.

comporre *(vt)* **1** zusammen|stellen *(vt)*, zusammen|setzen *(vt)*. **2** *(mus)* komponieren *(vt)*. **3** *(opera letteraria)* schreiben* *(vt)*. **4** *(numero telefonico)* wählen *(vt)*. ◆ **essere composto da qcs** aus etwas bestehen*.

comportamento *(m)* ~ Benehmen *(n)*, Verhalten *(n)*.

comportare *(vt)* ~ {~ *qcs*} etwas mit sich bringen* *(vt)*.

comportarsi *(vr)* ~ sich benehmen* *(vr)*, sich verhalten* *(vr)*.

compositore *(m; f* **-trice***)* ~ *(mus)* Komponist *(m; f -in)*.

composizione *(f)* **1** Zusammenstellung *(f)* *(anche chim)*. **2** *(mus)* Komposition *(f)*; *(opera letteraria)* Werk *(n)*. **3** *(tipogr)* Satz *(m)* ◆ *il manoscritto è in composizione* das Manuskript ist im Satz.

composta *(f)* ~ *(di frutta)* Kompott *(n)*.

compostaggio *(m)* ~ Kompostierung *(f)*.

composto[1] *(agg)* ~ zusammengesetzt ◆ *tempi composti (gramm)* zusammengesetzte Tempora.

composto[2] *(m)* ~ *(chim)* Verbindung *(f)*.

comprare *(vt)* ~ kaufen *(vt)* ◆ *comprare un regalo a qcn* jmdm ein Geschenk kaufen ◆ *comprare qcs a rate* etwas auf Raten kaufen.

comprarsi *(vr)* ~ {~ *qcs*} sich *(Dat)* etwas kaufen *(vr)*.

compratore *(m; f* **-trice***)* ~ Käufer *(m; f -in)*.

compravendita *(f)* ~ *(contratto)* Kaufvertrag *(m)*, Kauf *(m)*.

comprendere *(vt)* **1** verstehen* *(vt)*, begreifen* *(vt)* ◆ *non comprendo il perché* ich verstehe nicht, warum. **2** *(giustificare)* verstehen* *(vt)* ◆ *posso comprendere i tuoi dubbi* ich kann deine Zweifel gut verstehen. **3** *(contenere, constare di)* umfassen *(vt)*, ein|schließen* *(vt)*.

comprensibile *(agg)* ~ verständlich.

comprensibilità *(f)* ~ Verständlichkeit *(f)*.

comprensione *(f)* **1** *(intelligenza)* Verstehen *(n)*, Verständnis *(n)*. **2** *(indulgenza)* Verständnis *(n)* ♦ *avere comprensione per qcn/qcs* für jmdn/etwas Verständnis haben. ◆ **di difficile comprensione** schwer verständlich.

comprensivo *(agg)* **1** *(indulgente)* verständnisvoll. **2** *(che comprende più elementi)* einschließlich *(prep + Gen; +Dat se il Gen non è marcato)*, inklusive *(prep + Gen/Dat)* ♦ *comprensivo di IVA* inklusive Mehrwertsteuer.

compreso *(agg)* ~ *(incluso)* einschließlich *(prep + Gen; +Dat se il Gen non è marcato)*, inklusive *(+ Gen/Dat)*, inbegriffen ♦ *fino a domenica compresa* bis einschließlich Sonntag ♦ *la spedizione è compresa nel prezzo* die Versandkosten sind im Preis inbegriffen ♦ *tutto compreso* alles inbegriffen.

compressa *(f)* **1** *(pastiglia)* Tablette *(f)*. **2** *(garza)* Kompresse *(f)*.

compressione *(f)* ~ *(fis)* Verdichtung *(f)*.

compresso *(agg)* **1** komprimiert, verdichtet. **2** *(fig)* unterdrückt *(f)*. ◆ **aria compressa** Druckluft *(f)*.

compressore *(m)* ~ *(tecn)* Verdichter *(m)*. ◆ **compressore stradale** Straßenwalze *(f)*.

comprimere *(vt)* **1** zusammen|drücken *(vt)*, pressen *(vt)*. **2** *(fis)* verdichten *(vt)*; komprimieren *(vt) (anche elab)*.

compromesso[1] *(agg)* ~ *(a rischio)* gefährdet.

compromesso[2] *(m)* **1** *(accordo)* Kompromiss *(m)* ♦ *abbiamo trovato un compromesso con loro* wir haben uns mit ihnen auf einen Kompromiss geeinigt. **2** *(dir)* Vorvertrag *(m)*. ◆ **disposto a compromessi** kompromissbereit *(agg)*.

compromettente *(agg)* ~ kompromittierend.

compromettere *(vt)* **1** kompromittieren *(vt)*. **2** *(pregiudicare)* gefährden *(vt)*.

compromettersi *(vr)* ~ sich kompromittieren *(vr)*.

comproprietà *(f)* ~ Miteigentum *(n)*.

comprovare *(vt)* ~ beweisen* *(vt)*, nach|weisen* *(vt)*.

computer *(m)* ~ Computer *(m)*, Rechner *(m)*. ◆ **personal computer** Personalcomputer *(m) (abbrev* PC*)*.

computo *(m)* ~ Berechnung *(f)*, Kalkulation *(f)*.

comunale *(agg)* ~ kommunal, Kommunal- ♦ *imposte comunali* kommunale Steuern ♦ *elezioni comunali* Kommunalwahlen.

comune[1] *(agg)* **1** *(generale)* allgemein. **2** *(condiviso)* gemeinsam ♦ *il nostro amico comune* unser gemeinsamer Freund. **3** *(semplice)* gemein ♦ *le persone comuni* die gemeinen Leute. **4** *(diffuso)* gängig, geläufig ♦ *una prassi comune* eine gängige Praxis. ◆ **avere qcs in comune** etwas gemeinsam haben. ◆ **bene comune** Gemeinwohl *(n)*.

comune[2] *(m)* **1** *(circoscrizione)* Kommune *(f)*, Gemeinde *(f)*. **2** *(amministrazione comunale)* Stadtverwaltung *(f)*, Gemeindeverwaltung *(f)*. **3** *(edificio)* Rathaus *(n)*.

comunemente *(avv)* ~ allgemein.

comunicare[1] *(vi)* **1** kommunizieren *(vi*, hat*)*. **2** *(essere comunicante)* {~ *con qcs*} mit etwas verbunden sein* *(vi*, ist*)* ♦ *le due stanze comunicano* die zwei Räume sind miteinander verbunden.

comunicare[2] *(vt)* **1** {~ *qcs a qcn*} jmdm etwas mit|teilen *(vt)*. **2** *(diffondere, trasmettere)* übertragen* *(vt)*.

comunicarsi *(vr)* **1** *(trasmettersi)* sich übertragen* *(vr)*. **2** *(relig)* kommunizieren *(vi*, hat*)*.

comunicativo *(agg)* ~ *(loquace)* kommunikativ, mitteilsam.

comunicato *(m)* ~ Meldung *(f)*, Mitteilung *(f)*.

comunicazione *(f)* **1** *(notizia, messaggio)* Mitteilung *(f)*. **2** *(il comunicare)* Kommunikation *(f)*. **3** *(tecn)* Übertragung *(f)*. ◆ **mezzo di comunicazione** Kommunikationsmittel *(n)*. ◆ **mezzi di comunicazione** *(mass media)* Medien *(pl)*.

comunione *(f)* **1** *(comunità; comunanza)* Gemeinschaft *(f)* ♦ *vivere in comunione con qcn* in Gemeinschaft mit jmdm leben. **2** *(relig)* Kommunion *(f)* ♦ *fare la comunione* die Kommunion empfangen.

◆ **comunione dei beni** *(dir)* Gütergemeinschaft *(f)*.
comunismo *(m)* ~ Kommunismus *(m)*.
comunista[1] *(agg)* ~ kommunistisch.
comunista[2] *(m/f)* ~ Kommunist *(m; f* -in*)*.
comunità *(f)* ***1*** Gemeinschaft *(f)*, Gemeinde *(f)* ♦ *la comunità internazionale* die internationale Gemeinschaft ♦ *Comunità Economica Europea* Europäische Wirtschaftsgemeinschaft. ***2*** *(centro di recupero)* Rehabilitationszentrum *(n)*.
comunitario *(agg)* ~ gemeinschaftlich.
comunque[1] *(congiunz)* ***1*** *(in qualunque modo)* wie auch immer, egal wie ♦ *comunque tu la pensi* egal wie du darüber denkst. ***2*** *(tuttavia)* dennoch ♦ *capisco, comunque avresti potuto telefonarmi* ich verstehe schon, dennoch hättest du mich anrufen können. ◆ **comunque sia** wie dem auch sei.
comunque[2] *(avv)* ~ *(in ogni caso)* sowieso, auf jeden Fall ♦ *ce la farò comunque* ich werde es auf jeden Fall schaffen.
con *(prep)* ***1*** *(compagnia; mezzo, strumento)* mit ♦ *sono andato al cinema con i miei amici* ich bin mit meinen Freunden ins Kino gegangen ♦ *un appartamento con il balcone* eine Wohnung mit Balkon ♦ *l'uomo con la giacca nera* der Mann mit der schwarzen Jacke ♦ *vado col treno* ich fahre mit dem Zug ♦ *ha dipinto il quadro con colori a olio* sie hat das Bild mit Ölfarben gemalt ♦ *con violenza* mit Gewalt ♦ *col tempo* mit der Zeit. ***2*** *(mezzo, strumento)* durch ♦ *con la cura giusta fu guarito* durch die richtige Kur wurde er geheilt. ***3*** *(causa, motivo)* bei ♦ *con questo tempo non si può fare niente* bei diesem Wetter kann man nichts unternehmen ♦ *con le tue conoscenze di tedesco non dovresti avere difficoltà* bei deinen Deutschkenntnissen solltest du keine Schwierigkeiten haben ♦ *con la finestra aperta* bei offenem Fenster. ***4*** zu ♦ *mangiare patate con la carne* Kartoffeln zum Fleisch essen ♦ *con mio dispiacere* zu meinem Bedauern ♦ *con mio sollievo* zu meiner Erleichterung. ◆ **avere qcs con sé** etwas bei sich haben.
conca *(f)* ~ Becken *(n)*.
concatenazione *(f)* ~ Verkettung *(f)*.
concavo *(agg)* ~ hohl, konkav.
concedere *(vt)* ***1*** gewähren *(vt)*, bewilligen *(vt)* ♦ *concedere un mutuo a qcn* jmdm einen Kredit gewähren. ***2*** *(permettere)* erlauben *(vt)*. ***3*** *(riconoscere)* zu|gestehen* *(vt)* ♦ *mi concederà che...* Sie werden mir zugestehen müssen, dass....
concedersi *(vr)* ***1*** *(permettersi)* sich *(Dat)* gönnen *(vr)* ♦ *vorrei concedermi una pausa* ich möchte mir eine Pause gönnen. ***2*** *(darsi)* {~ *a qcn*} sich jmdm hin|geben* *(vr)*.
concentramento *(m)* ~ Konzentration *(f)*. ◆ **campo di concentramento** Konzentrationslager *(n)*.
concentrare *(vt)* ~ konzentrieren *(vt)* *(anche fig/mil)*.
concentrarsi *(vr)* ~ {~ *su qcs*} sich auf etwas *(Acc)* konzentrieren *(vr)*.
concentrato[1] *(agg)* ~ konzentriert.
concentrato[2] *(m)* ***1*** *(di pomodoro)* Tomatenmark *(n)*. ***2*** *(chim)* Konzentrat *(n)*.
concentrazione *(f)* ~ Konzentration *(f)* *(anche chim)*.
concepibile *(agg)* ~ denkbar, vorstellbar.
concepimento *(m)* ***1*** Zeugung *(f)*. ***2*** *(ideazione)* Entwerfen *(n)*.
concepire *(vt)* ***1*** *(figlio)* zeugen *(vt)*. ***2*** *(ideare)* konzipieren *(vt)*, entwerfen* *(vt)*. ***3*** *(comprendere; capacitarsi)* verstehen* *(vt)*, nach|vollziehen* *(vt)*.
conceria *(f)* ~ Gerberei *(f)*.
concernere *(vt)* ~ *(riguardare)* betreffen* *(vt)* ♦ *per quanto mi concerne* was mich betrifft.
concerto *(m)* ~ Konzert *(n)*.
concessionario *(m; f* **-a***)* ***1*** *(dir)* Konzessionär *(m; f* -in*)*. ***2*** *(di auto, ecc)* Vertragshändler *(m; f* -in*)*.
concessione *(f)* ***1*** *(autorizzazione)* Bewilligung *(f)*, Erlaubnis *(f)* ♦ *la concessione di un mutuo* die Bewilligung eines Kredits. ***2*** *(licenza)* Konzession *(f)*. ***3*** *(atto di indulgenza)* Zugeständnis *(n)* ♦ *fare concessioni a qcn* jmdm Zugeständnisse machen.
concessivo *(agg)* ~ konzessiv.
concetto *(m)* ***1*** Begriff *(m)* ♦ *un concetto filosofico* ein philosophischer Begriff. ***2*** *(opinione)* Meinung *(f)*, Vorstellung *(f)*.
concettuale *(agg)* ~ begrifflich.

concezione *(f)* ***1*** *(idea, concetto)* Auffassung *(f)*, Konzeption *(f)*. ***2*** *(ideazione)* Entwerfen *(n)*. ◆ **l'Immacolata Concezione** *(relig)* die unbefleckte Empfängnis. ◆ **concezione del mondo** Weltanschauung *(f)*.
conchiglia *(f)* ~ Muschel *(f)*.
conciare *(vt)* ~ *(pelli)* gerben *(vt)*. ◆ **conciare (male) qcn/qcs** jmdn/etwas übel zu|richten *(vt)*.
conciarsi *(vr)* ***1*** *(vestirsi male)* sich auf|takeln *(vr)*. ***2*** *(sporcarsi)* sich schmutzig machen *(vr)*.
conciatore *(m; f* **-trice***)* ~ Gerber *(m; f* -in*)*.
conciliante *(agg)* ~ versöhnlich.
conciliare *(vt)* ***1*** versöhnen *(vt)*. ***2*** {~ *qcs con qcs*} etwas mit etwas in Einklang bringen* *(vt)*, vereinbaren *(vt)*. ***3*** *(favorire)* fördern *(vt)* ♦ *la camomilla concilia il sonno* Kamillentee fördert den Schlaf.
conciliazione *(f)* ~ Versöhnung *(f)*.
concilio *(m)* ~ *(relig)* Konzil *(n)*.
concimaia *(f)* ~ Mistgrube *(f)*, Misthaufen *(m)*.
concimare *(vt)* ~ düngen *(vt)*.
concime *(m)* ~ Dünger *(m)*, Düngemittel *(n)*,
concisione *(f)* ~ Knappheit *(f)*, Kürze *(f)*.
conciso *(agg)* ~ knapp, bündig.
concitato *(agg)* ~ aufgeregt.
concitazione *(f)* ~ Aufregung *(f)*.
concittadino *(m)* ~ Mitbürger *(m; f* -in*)*.
concludere *(vt)* ***1*** *(portare a termine)* ab|schließen* *(vt)*, fertig bringen* *(vt)* ♦ *concludere un lavoro, un affare* eine Arbeit, ein Geschäft abschließen. ***2*** *(finire)* beschließen* *(vt)* ♦ *concludere un discorso* eine Rede beschließen. ***3*** *(dedurre)* {~ *qcs da qcs*} etwas aus etwas schließen* *(vt)*. ***4*** *(combinare)* zustande bringen* *(vt)* ♦ *non ha mai concluso nulla* sie hat nie etwas zustande gebracht.
concludersi *(vr)* ~ enden *(vi*, hat*)*.
conclusione *(f)* ***1*** *(fine, termine)* Schluss *(m)*, Ende *(n)*, Abschluss *(m)* ♦ *a conclusione del dibattito* zum Schluss der Debatte. ***2*** *(deduzione)* Folgerung *(f)*, Schluss *(m)* ♦ *trarre le conclusioni* die Folgerungen ziehen.
conclusivo *(agg)* ~ abschliessend, Schluss- ♦ *fase conclusiva* Schlussphase *(f)*.
concordanza *(f)* ***1*** *(corrispondenza)* Übereinstimmung *(f)*. ***2*** *(gramm)* Kongruenz *(f)*.
concordare[1] *(vi)* ***1*** {~ *(con qcn) su qcs*} (mit jmdm) in etwas *(Dat)* überein|stimmen *(vi*, hat*)*. ***2*** *(coincidere)* {~ *(con qcs)*} (mit etwas) überein|stimmen *(vi*, hat*)* *(anche gramm)*.
concordare[2] *(vt)* ~ aus|machen *(vt)*, vereinbaren *(vt)* ♦ *abbiamo concordato che* wir haben vereinbart, dass.
concordato *(m)* ***1*** *(accordo politico)* Vereinbarung *(f)*. ***2*** *(stor)* Konkordat *(n)*.
concorde *(agg)* ***1*** *(unanime)* einstimmig. ***2*** *(d'accordo)* einverstanden, einig.
concordia *(f)* ***1*** *(concordanza)* Einigkeit *(f)*, Übereinstimmung *(f)*. ***2*** *(armonia)* Eintracht *(f)*.
concorrente *(m/f)* ***1*** *(rivale)* Konkurrent *(m; f* -in*)* *(anche sport)*. ***2*** *(a un concorso)* Kandidat *(m; f* -in*)* .
concorrenza *(f)* ***1*** *(spec econ)* Konkurrenz *(f)*, Wettbewerb *(m)* ♦ *essere in concorrenza con qcn* mit jmdm in Konkurrenz stehen. ***2*** *(concorrenti)* *(spec econ)* Konkurrenz *(f)* ♦ *passare alla concorrenza* zur Konkurrenz gehen.
concorrenziale *(agg)* ~ konkurrenzfähig.
concorrere *(vi)* ***1*** *(contribuire)* {~ *a qcs*} zu etwas bei|tragen* *(vi, hat)*, sich an etwas *(Dat)* beteiligen *(vr)*. ***2*** *(gareggiare)* konkurrieren *(vi*, hat*)*.
concorso *(m)* ***1*** *(gara)* Wettbewerb *(m)*; *(per un impiego)* Ausschreibung *(n)* ♦ *concorso di bellezza* Schönheitswettbewerb. ***2*** *(concomitanza)* Zusammentreffen *(n)*. ◆ **concorso ippico** Reitturnier *(n)*.
concretezza *(f)* ~ Konkretheit *(f)*.
concretizzare *(vt)* ~ *(realizzare)* verwirklichen *(vt)*.
concretizzarsi *(vr)* ~ *(realizzarsi)* sich verwirklichen *(vr)*.
concreto *(agg)* ~ konkret.
condanna *(f)* ~ Verurteilung *(f)* ♦ *condanna a sei anni di reclusione* Verurteilung zu sechs Jahren Haft. ◆ **condanna a morte** Todesurteil *(n)*.
condannare *(vt)* ***1*** {~ *qcn a qcs*} jmdn zu etwas verurteilen *(vt)*. ***2*** *(disapprovare)* verurteilen *(vt)*, missbilligen *(vt)*. ◆ **es-**

sere condannato a qcs *(fig)* zu etwas verurteilt sein*.
condannato *(m)* ~ Verurteilte(r) *(m/f)*.
condensa *(f)* ~ Kondenswasser *(n)*.
condensare *(vt)* ***1*** verdichten *(vt)*. ***2*** *(riassumere)* zusammen|fassen *(vt)*.
condensarsi *(vr)* ~ *(vapore)* kondensieren *(vi,* hat*)*.
condensazione *(f)* ~ Kondensation *(f)*.
condimento *(m)* ***1*** *(per insalata)* Dressing *(n)*. ***2*** *(per pasta)* Soße *(f)*. ***3*** *(spezie)* Gewürz *(n)*.
condire *(vt)* ~ an|machen *(vt)*; *(speziare, insaporire)* würzen *(vt) (anche fig)*.
condiscendente *(agg)* ~ nachsichtig, nachgiebig.
condiscendenza *(f)* ~ Nachsicht *(f)*.
condividere *(vt)* ~ {~ *qcs (con qcn)*} etwas (mit jmdm) teilen *(vt) (anche fig)* ♦ *condivido la tua opinione* ich teile deine Meinung.
condizionale[1] *(agg)* ***1*** *(dir)* bedingt. ***2*** *(gramm)* konditional. ◆ **proposizione condizionale** Konditionalsatz *(m)*.
condizionale[2] *(f)* ~ *(dir)* Bewährung *(f)* ♦ *concedere la condizionale* eine Strafe auf Bewährung aussetzen.
condizionale[3] *(m)* ~ *(gramm)* Konditional *(m)*.
condizionamento *(m)* ~ *(influsso)* Beeinflussung *(f)*.
condizionare *(vt)* ***1*** *(influenzare)* beeinflussen *(vt)*. ***2*** *(tecn) (climatizzare)* klimatisieren *(vt)*.
condizionatore *(m)* ~ *(tecn)* Klimaanlage *(f)*.
condizione *(f)* ***1*** Bedingung *(f)*, Voraussetzung *(f)* ♦ *a ogni, a nessuna condizione* unter jeder, keiner Bedingung ♦ *a condizione che* unter der Bedingung, dass. ***2*** *(richiesta; clausola)* Bedingung *(f)* ♦ *porre una condizione a qcn* jmdm eine Bedingung stellen. ***3*** *(stato)* Zustand *(m)*, Lage *(f)* ♦ *la casa è in buone condizioni* das Haus befindet sich in gutem Zustand. ***4*** *(classe, ceto)* Stand *(m)*, Verhältnisse *(pl)*. ◆ **senza condizioni** bedingungslos *(avv)*.
condoglianza *(f)* ~ Beileid *(n)* ♦ *fare le proprie condoglianze a qcn* jmdm sein Beileid aussprechen ♦ *sentite condoglianze!* (mein) herzliches Beileid!
condominio *(m)* ~ *(edificio)* Mehrfamilienhaus *(n)*.
condonare *(vt)* ~ {~ *qcs a qcn*} jmdm etwas erlassen* *(vt)*.
condono *(m)* ~ *(della pena)* Straferlass *(m)*.
condotta *(f)* ***1*** *(comportamento)* Benehmen *(n)*, Verhalten *(n)*. ***2*** *(conduttura)* Leitung *(f)*. ◆ **scarcerare qcn per buona condotta** jmdn wegen guter Führung entlassen*.
condotto *(m)* ***1*** *(conduttura)* Leitung *(f)*. ***2*** *(anat)* Gang *(m)*, Leiter *(m)* ♦ *condotto uditivo* Gehörgang.
conducente *(m/f)* ~ *(autista)* Fahrer *(m; f* -in*)*.
condurre[1] *(vi)* ***1*** *(strade)* führen *(vi,* hat*) (anche fig)*. ***2*** *(sport)* führen *(vi,* hat*)*.
condurre[2] *(vt)* ***1*** *(portare)* führen *(vt)*, begleiten *(vt)* ♦ *condurre qcn per la città* jmdn durch die Stadt führen. ***2*** *(gestire)* leiten *(vt)*, führen *(vt)* ♦ *condurre un'impresa* ein Unternehmen leiten. ***3*** *(fis)* leiten *(vt)*. ***4*** *(veicoli)* fahren* *(vt)*. ***5*** *(trasmissioni tv o radio)* moderieren *(vt)*.
conduttore *(m; f* **-trice***)* ***1*** *(conducente)* Fahrer *(m; f* -in*)*. ***2*** *(in tv o radio)* Moderator *(m; f* -in*)*. ***3*** *(fis)* Leiter *(m)* ♦ *conduttore elettrico* Stromleiter.
conduttura *(f)* ~ Leitung *(f)* ♦ *conduttura dell'acqua* Wasserleitung.
conduzione *(f)* ***1*** *(gestione)* Leitung *(f) (anche fis/tecn)*. ***2*** *(di una trasmissione)* Moderation *(f)*. ◆ **azienda a conduzione familiare** Familienbetrieb *(m)*.
confederato *(agg)* ~ konföderiert, verbundet.
confederazione *(f)* ***1*** *(pol)* Konföderation *(f)*. ***2*** *(unione sindacale, ecc)* Verband *(m)*, Bund *(m)*.
conferenza *(f)* ***1*** *(discorso)* Vortrag *(m)* ♦ *tenere una conferenza su qcs* einen Vortrag über etwas halten. ***2*** *(riunione)* Konferenz *(f)* ♦ *conferenza sulla pace* Friedenskonferenz ♦ *conferenza stampa* Pressekonferenz.
conferenziere *(m/f)* ~ Redner *(m; f* -in*)*.
conferimento *(m)* ~ Verleihung *(f)*, Vergabe *(f)*.
conferire[1] *(vi)* ~ konferieren *(vi,* hat*)*, sich besprechen* *(vr)*.

conferire[2] *(vt)* ~ *(assegnare)* verleihen* *(vt) (anche fig)* ♦ *conferire un titolo a qcn* jmdm einen Titel verleihen.

conferma *(f)* **1** Bestätigung *(f)*. **2** *(dichiarazione di convalida)* Bestätigung *(f)*, Zusage *(f)* ♦ *conferma dell'ordine* Auftragsbestätigung. ◆ **trovare conferma** sich bestätigen *(vr)*.

confermare *(vt)* ~ bestätigen *(vt)* ♦ *confermare un ordine* einen Auftrag bestätigen ♦ *è stato confermato sindaco* er wurde als Bürgermeister bestätigt.

confessare *(vt)* **1** gestehen* *(vt)*. **2** *(relig)* beichten *(vt)*.

confessarsi *(vr)* ~ beichten *(vi*, hat*)*.

confessionale *(m)* ~ Beichtstuhl *(m)*.

confessione *(f)* **1** Geständnis *(n)* ♦ *rilasciare una confessione (dir)* ein Geständnis ablegen. **2** *(relig) (comunità di fede)* Konfession *(f)*; *(sacramento)* Beichte *(f)*.

confesso *(agg)* ~ *(dir)* geständig ♦ *essere reo confesso* geständig sein.

confessore *(m)* ~ *(relig)* Beichtvater *(m)*.

confetto *(m)* ~ Dragee *(n)*.

confettura *(f)* ~ Konfitüre *(f)*.

confezionamento *(m)* ~ Verpackung *(f)*.

confezionare *(vt)* **1** *(abiti)* schneidern *(vt)*, an|fertigen *(vt)*. **2** *(impacchettare)* verpacken *(vt)*.

confezione *(f)* **1** *(di abiti)* Konfektion *(f)*. **2** *(pacco)* Packung *(f)*.

conficcare *(vt)* ~ schlagen* *(vt)*, stoßen* *(vt)*.

conficcarsi *(vr)* **1** *(penetrare)* ein|dringen* *(vi*, ist*)*. **2** *(imprimersi)* sich ein|prägen *(vr)*.

confidare[1] *(vi)* ~ {~ *in qcs*} auf etwas *(Acc)* vertrauen *(vi*, hat*)*.

confidare[2] *(vt)* ~ an|vertrauen *(vt)*.

confidarsi *(vr)* ~ {~ *con qcn*} sich jmdm an|vertrauen *(vr)*.

confidente *(m/f)* ~ Vertraute(r) *(m/f)*.

confidenza *(f)* ~ Vertrautheit *(f)* ♦ *in tutta confidenza* im Vertrauen. ◆ **avere confidenza con qcs** mit etwas vertraut sein*. ◆ **prendere confidenza con qcs** sich mit etwas vertraut machen. ◆ **prendersi troppe confidenze** zudringlich werden*.

confidenziale *(agg)* ~ vertraulich.

configurare *(vt)* ~ *(elab)* konfigurieren *(vt)*.

configurarsi *(vr)* ~ sich darstellen *(vr)*.

configurazione *(f)* ~ Konfiguration *(f)* *(anche elab)*.

confinante *(agg)* ~ angrenzend. ◆ **paese confinante** Nachbarland *(n)*.

confinare[1] *(vi)* ~ {~ *con qcs*} an etwas *(Acc)* grenzen ♦ *la Germania confina con la Svizzera* Deutschland grenzt an die Schweiz.

confinare[2] *(vt)* ~ verbannen *(vt)*.

confine *(m)* ~ Grenze *(f)* *(anche fig)* ♦ *al confine* an der Grenze ♦ *oltrepassare il confine* über die Grenze gehen/fahren ♦ *confine di stato* Staatsgrenze. ◆ **linea di confine** Grenzlinie *(f)*. ◆ **senza confini** grenzenlos *(agg)*.

confino *(m)* ~ Verbannung *(f)*.

confisca *(f)* ~ Beschlagnahme *(f)*.

confiscare *(vt)* ~ beschlagnahmen *(vt)*.

conflitto *(m)* **1** *(contrasto)* Konflikt *(m)* ♦ *entrare in conflitto con qcn/qcs* mit jmdm/etwas in Konflikt geraten. **2** *(guerra)* Konflikt *(m)*, Krieg *(m)*.

confluenza *(f)* ~ Zusammenfluß *(m)*.

confluire *(vi)* **1** *(fiumi)* zusammen|fließen* *(vi*, ist*)*. **2** *(convergere)* zusammen|laufen* *(vi*, ist*)*.

confondere *(vt)* **1** *(scambiare)* verwechseln *(vt)* ♦ *l'ho confusa per sua sorella* ich habe sie mit ihrer Schwester verwechselt. **2** *(disorientare)* durcheinander bringen* *(vt)*, verwirren *(vt)* ♦ *questa domanda mi ha confuso* diese Frage hat mich verwirrt. **3** *(mettere in disordine)* durcheinander bringen* *(vt)*.

confondersi *(vr)* **1** *(turbarsi)* in Verwirrung geraten* *(vi*, ist*)*. **2** *(sfumare)* verschwimmen* *(vi*, ist*)* ♦ *le immagini si confondono* die Bilder verschwimmen. ◆ **confondersi tra la folla** sich unter die Menge mischen.

conformare *(vt)* **1** *(modellare)* formen *(vt)*. **2** *(adeguare, adattare)* an|passen *(vt)*.

conformarsi *(vr)* ~ sich an|passen *(vr)*.

conformazione *(f)* ~ *(struttura fisica)* Beschaffenheit *(f)*.

conforme *(agg)* ~ entsprechend, -gemäß ♦ *conforme alle aspettative* erwartungsgemäß.

conformemente *(avv)* ~ entsprechend *(prep/posp* + Dat*)*, gemäß *(posp* + Dat*)*.

conformista[1] *(agg)* ~ konformistisch.

conformista[2] *(m/f)* ~ Konformist *(m; f* -in*)*.
conformità *(f)* ~ Übereinstimmung *(f)* ♦ *in conformità alle norme* in Übereinstimmung mit den Normen.
confortante *(agg)* ~ tröstend.
confortare *(vt)* ~ trösten *(vt)*.
confortevole *(agg)* ~ gemütlich, komfortabel.
conforto *(m)* ~ Trost *(m)*. ◆ **di conforto** tröstend *(agg)*.
confrontare *(vt)* ~ vergleichen* *(vt)*.
confrontarsi *(vr)* ***1*** *(paragonarsi)* sich vergleichen *(vr)*. ***2*** *(misurarsi)* {*~ con qcn*} sich mit jmdm messen *(vr)*. ***3*** *(discutere)* sich auseinander setzen *(vr)*.
confronto *(m)* ***1*** *(paragone)* Vergleich *(m)* ♦ *in confronto* im Vergleich. ***2*** *(scontro, discussione)* Auseinandersetzung *(f)*. ***3*** *(sport)* Spiel *(n)*. ***4*** *(dir)* Gegenüberstellung *(f)*. ◆ **fare un confronto** vergleichen* *(vt)*. ◆ **nei confronti di qcn/qcs** gegenüber *(prep/posp + Dat)* ♦ *è sempre gentile nei suoi confronti* er ist ihr gegenüber immer nett.
confusamente *(avv)* ~ konfus.
confusione *(f)* ***1*** *(disordine)* Durcheinander *(n)*, Wirrwarr *(m)*. ***2*** *(caos, movimento)* Trubel *(m)*. ***3*** *(scambio per errore)* Verwechslung *(f)*. ***4*** *(disorientamento)* Verwirrung *(f)* ♦ *mandare qcn in confusione* jmdn in Verwirrung bringen.
confuso *(agg)* ***1*** *(disordinato)* wirr. ***2*** *(poco chiaro)* konfus, unklar. ***3*** *(indistinto)* verschwommen ♦ *un ricordo confuso* eine verschwommene Erinnerung. ***4*** *(disorientato)* verwirrt.
confutare *(vt)* ~ {*~ qcn/qcs*} jmdn/etwas widerlegen *(vt)*.
confutazione *(f)* ~ Widerlegung *(f)*.
congedare *(vt)* ***1*** *(salutare)* verabschieden *(vt)*. ***2*** *(mil)* entlassen* *(vt)*.
congedarsi *(vr)* ***1*** *(andarsene)* {*~ da qcn*} sich von jmdm verabschieden *(vr)*, von jmdm Abschied nehmen* *(vt)*. ***2*** *(mil)* seinen Abschied nehmen* *(vt)*.
congedo *(m)* ***1*** *(commiato)* Abschied *(m)*. ***2*** *(mil)* Entlassung *(f)*, Abschied *(m)*. ***3*** *(permesso)* Urlaub *(m)*.
congegno *(m)* ~ Mechanismus *(m)*.
congelamento *(m)* ***1*** *(di alimenti)* Einfrieren *(n)* *(anche fig)*. ***2*** *(med)* Erfrierung *(f)*.
congelare *(vt)* ~ *(cibi)* ein|frieren* *(vt)* *(anche fig)*.
congelarsi *(vr)* ***1*** *(gelare)* gefrieren* *(vi, ist)*. ***2*** *(naso, piedi)* ein|frieren* *(vi, ist)* ♦ *mi si sono congelati i piedi* mir sind die Füsse eingefroren.
congelato *(agg)* ***1*** *(cibi)* tiefgefroren. ***2*** *(piedi; riforme)* eingefroren. ◆ **carne congelata** Gefrierfleisch *(n)*.
congelatore *(m)* ~ Tiefkühltruhe *(f)*.
congenito *(agg)* ~ angeboren.
congestione *(f)* ***1*** *(med)* Blutdrang *(m)*. ***2*** *(ingorgo)* Stau *(m)*.
congettura *(f)* ~ Vermutung *(f)*, Mutmaßung *(f)*.
congetturare *(vt)* ~ vermuten *(vt)*, mutmaßen *(vt)*.
congiungere *(vt)* ~ {*~ qcs con qcs*} etwas mit etwas verbinden* *(vt)*. ◆ **congiungere le mani** *(in gesto di preghiera e sim)* die Hände falten.
congiungersi *(vr)* ~ *(strade, ecc)* zusammen|laufen* *(vi, ist)*.
congiungimento *(m)* ~ Verbindung *(f)*.
congiuntiva *(f)* ~ Bindehaut *(f)*.
congiuntivite *(f)* ~ Bindehautentzündung *(f)*.
congiuntivo *(m)* ~ Konjunktiv *(m)*.
congiunto *(m)* ~ Verwandte(r) *(m/f)*.
congiuntura *(f)* ~ Konjunktur *(f)*.
congiunzione *(f)* ~ Konjunktion *(f)*.
congiura *(f)* ~ Verschwörung *(f)*.
congiurare *(vi)* ~ sich verschwören* *(vr)* *(anche fig)*.
congratularsi *(vr)* ~ {*~ con qcn per qcs*} jmdn zu etwas beglückwünschen *(vt)*, jmdm zu etwas gratulieren *(vi, hat)*.
congratulazioni *(f pl)* ~ Glückwunsch *(m)*, Gratulation *(f)* ♦ *congratulazioni!* herzlichen Glückwunsch! ◆ **fare le congratulazioni a qcn per qcs** jmdm zu etwas gratulieren.
congresso *(m)* ***1*** Kongress *(m)*, Tagung *(f)*. ***2*** *(di partito)* Parteitag *(m)*.
congruenza *(f)* ***1*** *(logicità)* Folgerichtigkeit *(f)*. ***2*** *(geom)* Kongruenz *(f)*.
congruo *(agg)* ~ angemessen.
conguaglio *(m)* ~ Ausgleich *(m)*.
coniare *(vt)* ~ prägen *(vt)*.

coniazione *(f)* ~ Prägung *(f)*.
conico *(agg)* ~ kegelförmig, konisch.
conifera *(f)* ~ Nadelbaum *(m)*.
coniglio *(m)* ~ Kaninchen *(n)*.
conio *(m)* ~ Prägung *(f)*.
coniugale *(agg)* ~ ehelich.
coniugare *(vt)* ***1*** *(gramm)* konjugieren *(vt)*. **2** *(unire)* verbinden* *(vt)*.
coniugato *(agg)* ~ *(sposato)* verheiratet ♦ *Lei è coniugato?* sind Sie verheiratet?
coniugazione *(f)* ~ Konjugation *(f)*.
coniuge *(m/f)* ~ *(marito)* Ehemann *(m)*; *(moglie)* Ehefrau *(f)*. ◆ **coniugi** Ehepaar *(n)*, Eheleute *(pl)*.
connaturato *(agg)* ~ angeboren.
connazionale *(m/f)* ~ Landsmann *(m; f* -männin*)*.
connessione *(f)* ***1*** *(punto di collegamento)* Verbindung *(f)*. **2** *(nesso)* Zusammenhang *(m)*. **3** *(elettr)* Anschluss *(m)*.
connettere *(vt)* ~ verbinden* *(vt)*.
connivente *(m/f)* ~ Mitwisser *(m; f* -in*)*.
connivenza *(f)* ~ Mitwisserschaft *(f)*.
connotato *(m)* ~ Merkmal *(n)*.
cono *(m)* ***1*** *(geom)* Kegel *(m)*. ◆ **cono gelato** Eistüte *(f)*.
conoscente *(m/f)* ~ Bekannte(r) *(m/f)*.
conoscenza *(f)* ***1*** *(cognizione)* Kenntnis *(f)* ♦ *mettere qcn a conoscenza di qcs* jmdn von etwas in Kenntnis setzen. **2** *(pl)* Kenntnisse *(pl)*, Wissen *(n)* ♦ *avere buone conoscenze di una lingua* gute Kenntnisse in einer Sprache haben. **3** *(di una persona)* Bekanntschaft ♦ *fare la conoscenza di qcn* jmds Bekanntschaft machen. **4** *(persona conosciuta)* Bekannte(r) *(m/f)*. **5** *(sensi)* Bewusstsein *(n)* ♦ *riprendere conoscenza* das Bewusstsein wiedererlangen.
conoscere *(vt)* ***1*** kennen* *(vt)* ♦ *conoscere bene, personalmente qcn* jmdn gut, persönlich kennen ♦ *non conoscere limiti* keine Grenzen kennen. **2** *(fare la conoscenza)* {~ *qcn*} jmdn kennen lernen ♦ *l'ho conosciuto a una festa* ich habe ihn auf einer Party kennen gelernt. **3** *(aver provato)* kennen* *(vt)*, kennen lernen *(vt)* ♦ *ho conosciuto la miseria* ich habe die Not kennen gelernt.
conoscersi *(vr)* ***1*** sich kennen* *(vr)* ♦ *mi conosco bene* ich kenne mich gut. **2** *(fare la conoscenza)* sich kennen lernen *(vr)* ♦ *si sono conosciuti a Roma* sie haben sich in Rom kennen gelernt.
conoscitore *(m; f* **-trice***)* ~ Kenner *(m; f* -in*)*.
conosciuto *(agg)* ~ bekannt.
conquista *(f)* ***1*** *(occupazione)* Eroberung *(f)*. **2** *(sociale, scientifica, ecc)* Errungenschaft *(f)*.
conquistare *(vt)* ***1*** erobern *(vt)* ♦ *conquistare un paese* ein Land erobern. **2** *(conseguire)* erreichen *(vt)* ♦ *conquistare il primo posto* den ersten Platz erreichen. **3** *(guadagnarsi)* gewinnen* *(vt)*, erobern *(vt)* ♦ *conquistare la fiducia di qcn* jmds Vertrauen gewinnen.
conquistatore *(m; f* **-trice***)* ***1*** Eroberer *(m; f* -berin*)*. **2** *(rubacuori)* Herzensbrecher *(m; f* -in*)*.
consacrare *(vt)* ***1*** *(relig)* weihen *(vt)* ♦ *consacrare l'ostia* die Hostie weihen. **2** *(dedicare)* {~ *qcs a qcn/qcs*} jmdm/etwas etwas weihen *(vt)*.
consacrarsi *(vr)* ~ {~ *a qcs*} sich etwas *(Dat)* weihen *(vr)*.
consacrazione *(f)* ~ *(relig)* Weihe *(f)*.
consanguineo *(m)* ~ Blutsverwandte(r) *(m/f)*.
consapevole *(agg)* ~ bewusst ♦ *sono consapevole del mio errore* ich bin mir meines Fehlers bewusst.
consapevolezza *(f)* ~ Bewusstsein *(n)* ♦ *in piena consapevolezza* bei/mit vollem Bewusstsein.
consapevolmente *(avv)* ~ bewusst.
conscio *(agg)* ~ bewusst ♦ *essere conscio di qcs* sich *(Dat)* etwas *(Gen)* bewusst sein.
consecutivo *(agg)* ~ hintereinander, nacheinander ♦ *quattro giorni consecutivi* vier Tage hintereinander.
consegna *(f)* ***1*** *(di merci)* Lieferung *(f)*, Zustellung *(f)* ♦ *pagabile alla consegna* zahlbar bei Lieferung ♦ *consegna franco domicilio* Lieferung frei Haus. **2** *(di appartamento, ecc)* Übergabe *(f)*. **3** *(di compiti, moduli, ecc)* Abgabe *(f)*. **4** *(deposito)* Verwahrung *(f)* ♦ *prendere in consegna qcs* etwas in Verwahrung nehmen. ◆ **termine di consegna** Lieferfrist *(f)*.
consegnare *(vt)* ***1*** *(merci)* liefern *(vt)*, aus|liefern *(vt)* ♦ *consegnare merci a do-*

micilio Waren ins Haus/frei Haus liefern. **2** *(posta; burocr)* zu|stellen *(vt)*. **3** *(compiti; regali, ecc)* ab|geben* *(vt)*. **4** *(dare, affidare)* übergeben* *(vt) (anche fig)*.

conseguente *(agg)* **1** *(coerente, logico)* folgerichtig. **2** *(risultante)* darausfolgend.

conseguenza *(f)* **1** Folge *(f)* ♦ *avere qcs come conseguenza* etwas zur Folge haben. **2** *(deduzione)* Konsequenz *(f)* ♦ *trarre le conseguenze da qcs* die Konsequenzen aus etwas ziehen. ◆ **di conseguenza** folglich *(avv)*, daher *(avv)*. ◆ **in conseguenza di ciò** infolgedessen *(avv)*.

conseguire[1] *(vi)* ~ {~ *da qcs*} aus etwas folgen *(vi, ist)* ♦ *ne consegue che* daraus folgt, dass.

conseguire[2] *(vt)* ~ *(realizzare)* erreichen *(vt)*; *(un utile)* erzielen *(vt)*.

consenso *(m)* **1** Einverständnis *(n)*. **2** *(permesso)* Einwilligung *(f)* ♦ *dare il proprio consenso a qcs* seine Einwilligung zu etwas geben. **3** *(gradimento)* Anklang *(m)*, Zuspruch *(m)* ♦ *incontrare il consenso di qcn* bei jmdm Anklang finden.

consentire[1] *(vi)* ~ {~ *con qcn su qcs*} jmdm in etwas *(Dat)* zu|stimmen *(vi, hat)*.

consentire[2] *(vt)* ~ {~ *qcs a qcn*} jmdm etwas erlauben *(vt)*. ◆ **essere consentito** gestattet sein*, erlaubt sein* ♦ *qui non è consentito fumare* hier es ist das Rauchen nicht gestattet.

consenziente *(agg)* ~ zustimmend.

conserva *(f)* ~ Konserve *(f)*. ◆ **mettere in conserva** konservieren *(vt)*. ◆ **conserva di pomodoro** Tomatenmark *(n)*.

conservante *(m)* ~ Konservierungsmittel *(n)* ♦ *senza conservanti* ohne Konservierungsmittel.

conservare *(vt)* **1** auf|bewahren *(vt)*, auf|heben* *(vt)* ♦ *conservare dei vecchi giocattoli* alte Spielzeuge aufheben. **2** *(alimenti)* auf|bewahren *(vt)*; *(sott'olio e sim)* konservieren *(vt)*. **3** *(mantenere)* behalten* *(vt)*, bewahren *(vt)* ♦ *conservare il buonumore* seine gute Laune behalten.

conservarsi *(vr)* **1** *(alimenti e sim)* sich halten* *(vr)*. **2** *(mantenersi)* sich bewahren *(vr)*.

conservatore[1] *(agg)* ~ konservativ.

conservatore[2] *(m; f* **-trice***)* ~ Konservative(r) *(m/f)*.

conservatorio *(m)* ~ Konservatorium *(n)*.

conservazione *(f)* **1** *(di alimenti)* Konservierung *(f)*. **2** *(salvaguardia)* Erhaltung *(f)*.

considerare *(vt)* **1** *(tenere presente)* berücksichtigen *(vt)*, bedenken* *(vt)* ♦ *occorre considerare la situazione finanziaria* man muss die finanzielle Lage berücksichtigen. **2** *(ritenere, reputare)* betrachten *(vt)*, halten* *(vt)* ♦ *lo considero il mio migliore amico* ich betrachte ihn als meinen besten Freund. **3** *(stimare, apprezzare)* schätzen *(vt)* ♦ *i suoi superiori non lo considerano abbastanza* seine Vorgesetzten schätzen ihn nicht genug.

considerarsi *(vr)* ~ sich halten* *(vr)* ♦ *si considera particolarmente intelligente* er hält sich für besonders klug.

considerazione *(f)* **1** *(valutazione)* Berücksichtigung *(f)*. **2** *(stima, reputazione)* Ansehen *(n)* ♦ *godere di molta considerazione* ein großes Ansehen genießen. **3** *(osservazione, riflessione)* Überlegung *(f)*, Betrachtung *(f)*. ◆ **in considerazione di** angesichts *(prep + Gen)*.

considerevole *(agg)* ~ beträchtlich, erheblich.

consigliabile *(agg)* ~ ratsam.

consigliare *(vt)* **1** *(dare consigli)* beraten* *(vt)*. **2** *(suggerire)* raten* *(vi, hat)* ♦ *mi ha consigliato la prudenza* er hat mir zur Vorsicht geraten. **3** *(raccomandare)* empfehlen* *(vt)* ♦ *mi potrebbe consigliare un buon albergo?* könnten Sie mir ein gutes Hotel empfehlen?

consigliarsi *(vr)* ~ sich beraten* *(vr)*.

consigliere *(m)* **1** Berater *(m; f* -in*)* Ratgeber *(m; f* -in*)* ♦ *essere un cattivo consigliere* ein schlechter Ratgeber sein. **2** *(membro di un consiglio)* Rat *(m; f* Rätin*)* ♦ *consigliere comunale* Stadtrat, Gemeinderat.

consiglio *(m)* **1** *(suggerimento)* Rat *(m)*, Empfehlung *(f)* ♦ *su consiglio di qcn* auf jmds Empfehlung. **2** *(consultazione)* Beratung *(f)*. **3** *(comitato, consulta)* Rat *(m)* ♦ *consiglio comunale* Stadtrat, Gemeinderat. ◆ **consiglio d'amministrazione** Vorstand *(m)*. ◆ **presidente del consiglio** Ministerpräsident *(m; f* -in*)*.

consistente *(agg)* **1** *(solido)* fest, konsistent. **2** *(valido, convincente)* stichhaltig. **3** *(notevole)* beträchtlich, erheblich.

consistenza *(f)* ***1*** *(solidità)* Festigkeit *(f)*, Konsistenz *(f)*. ***2*** *(validità)* Stichhaltigkeit *(f)*.
consistere *(vi*, hat*)* ~ {~ *in qcs*} in etwas *(Dat)* bestehen* ♦ *la differenza consiste nel fatto che* der Unterschied besteht darin, dass.
consolante *(agg)* ~ tröstlich.
consolare *(vt)* ~ trösten *(vt)*.
consolarsi *(vr)* ~ sich trösten *(vr)*.
consolato *(m)* ~ Konsulat *(n)*.
consolatorio *(agg)* ~ tröstend, tröstlich.
consolazione *(f)* ~ Trost *(m)* ♦ *una magra consolazione* ein schwacher Trost. ◆ **premio di consolazione** Trostpreis *(m)*.
console *(m/f)* ~ Konsul *(m; f* -in*)*.
consolidamento *(m)* ***1*** Befestigung *(f)*. ***2*** *(rafforzamento)* Festigung *(f)*. ***3*** *(finanziario)* Konsolidierung *(f)*.
consolidare *(vt)* ***1*** befestigen *(vt)*. ***2*** *(rafforzare)* festigen *(vt)* ♦ *consolidare la propria posizione* seine Position festigen.
consolidarsi *(vr)* ~ sich festigen *(vr)*.
consolidato *(agg)* ~ *(econ)* fundiert ♦ *debito consolidato* fundierte Schuld.
consonante *(f)* ~ *(fon)* Konsonant *(m)*.
consonanza *(f)* ***1*** Übereinstimmung *(f)*. ***2*** *(mus)* Konsonanz *(f)*.
consono *(agg)* ~ gemäß ♦ *essere consono a qcn/qcs* jmdm/etwas gemäß sein.
consorte *(m/f)* ~ Ehegatte *(m; f* -gattin*)*.
consorzio *(m)* ***1*** Interessengemeinschaft *(f)*. ***2*** *(econ)* Konsortium *(n)*. ***3*** *(cooperativa)* Genossenschaft *(f)*.
constare *(vi)* ~ {~ *di qcs*} aus etwas bestehen* *(vi*, hat*)*.
constatare *(vt)* ~ fest|stellen *(vt)*.
constatazione *(f)* ~ Feststellung *(f)*.
consueto *(agg)* ~ gewöhnlich, üblich. ◆ **come di consueto** wie üblich.
consuetudine *(f)* ***1*** *(abitudine)* Gewohnheit *(f)*. ***2*** *(usanza)* Brauch *(m)*.
consulente *(m/f)* ~ Berater *(m; f* -in*)*.
consulenza *(f)* ~ Beratung *(f)* ♦ *consulenza finanziaria* finanzielle Beratung.
consultare *(vt)* ***1*** {~ *qcn*} jmdn zurate ziehen* *(vt)*, jmdn konsultieren *(vt)* ♦ *consultare un medico* einen Arzt konsultieren. ***2*** {~ *qcs*} in etwas *(Dat)* nach|schlagen* *(vt)*.
consultarsi *(vr)* ~ {~ *con qcn*} sich mit jmdm beraten* *(vr)*.
consultazione *(f)* ***1*** Konsultation *(f)*. ***2*** *(di un libro, ecc)* Konsultierung *(f)*. ◆ **opera di consultazione** Nachschlagewerk *(n)*.
consulto *(m)* ~ Konsultation *(f)*, Beratung *(f)*.
consultorio *(m)* ~ Beratungsstelle *(f)*.
consumare *(vt)* ***1*** verbrauchen *(vt)*. ***2*** *(vestiti e sim)* ab|tragen* *(vt)*. ***3*** *(alimentari)* verzehren *(vt)* *(anche fig)*. ***4*** *(finire, esaurire)* auf|brauchen *(vt)*. ◆ **consumare il matrimonio** die Ehe vollziehen*. ◆ **da consumare preferibilmente entro** mindestens haltbar bis.
consumarsi *(vr)* ~ verschleißen* *(vi*, ist*)*.
consumato *(agg)* ***1*** *(logoro)* abgenutzt, abgetragen. ***2*** *(esperto)* erfahren.
consumatore *(m; f* **-trice***)* ***1*** Verbraucher *(m; f* -in*)*. ***2*** *(econ)* Konsument *(m; f* -in*)*.
consumazione *(f)* ***1*** *(uso)* Verbrauch *(m)*. ***2*** *(cibo o bevanda)* Verzehr *(m)*.
consumismo *(m)* ~ Konsumismus *(m)*.
consumo *(m)* ***1*** Verbrauch *(m)* ♦ *il consumo di verdura* der Verbrauch an Gemüse ♦ *consumo di benzina* Benzinverbrauch. ***2*** *(econ)* Konsum *(m)*. ◆ **bene di consumo** Konsumgut *(n)*.
consuntivo *(m)* ~ Schluss-. ***2*** *(bilancio)* Bilanz *(f)*.
consunto *(agg)* ~ abgenutzt, verbraucht.
contabile *(m/f)* ~ Buchhalter *(m; f* -in*)*.
contabilità *(f)* ~ Buchführung *(f)*, Buchhaltung *(f)*.
contachilometri *(m)* ~ Tachometer *(m)*.
contadino[1] *(agg)* ~ bäuerlich, ländlich.
contadino[2] *(m)* ~ Bauer *(m; f* Bäuerin*)*.
contagiare *(vt)* ~ an|stecken *(vt)* *(anche fig)*.
contagiarsi *(vr)* ~ {~ *(da qcn)*} sich (bei jmdm) anstecken *(vr)*.
contagio *(m)* ~ Ansteckung *(f)*. ◆ **rischio di contagio** Ansteckungsgefahr *(f)*.
contagioso *(agg)* ~ ansteckend.
contagocce *(m)* ~ Tropfenzähler *(m)*. ◆ **col contagocce** *(fig)* tröpfchenweise *(avv)*.
container *(m)* ~ Container *(m)*.
contaminare *(vt)* ***1*** verunreinigen *(vt)*; *(con radiazioni)* verstrahlen *(vt)*. ***2*** *(corrompere)* verderben* *(vt)*.
contaminazione *(f)* ~ Kontamination *(f)*.

contante[1] *(agg)* ~ bar ◆ *denaro contante* bares Geld.
contante[2] *(m)* ~ Bargeld *(n)*. ◆ **pagamento in contanti** Barzahlung *(f)*. ◆ **pagare in contanti** in bar zahlen.
contare[1] *(vi)* **1** zählen *(vi,* hat*)* ◆ *conto fino a dieci* ich zähle bis zehn. **2** *(fare affidamento)* {~ *su qcn/qcs*} mit jmdm/etwas rechnen *(vi,* hat*)*, auf jmdn/etwas zählen *(vi,* hat*)* ◆ *conto su di te* ich rechne mit dir. **3** *(avere valore)* zählen *(vi,* hat*)* gelten* *(vi,* hat*)* ◆ *questo non conta* das zählt nicht.
contare[2] *(vt)* **1** zählen *(vt)* *(anche fig)* ◆ *contare i giorni/le ore* die Tage/die Stunden zählen. **2** *(conteggiare, includere)* mit|zählen *(vt)*.
contato *(agg)* ~ *(preciso, somma)* abgezählt. ◆ **ho i minuti contati** meine Zeit ist knapp (bemessen). ◆ **ha i giorni contati** seine Tage sind gezählt.
contatore *(m)* ~ Zähler *(m)* ◆ *contatore del gas, della luce* Gaszähler, Stromzähler.
contattare *(vt)* ~ {~ *qcn*} sich mit jmdm in Verbindung setzen *(vr)*, jmdn kontaktieren *(vt)*.
contatto *(m)* **1** Kontakt *(m)*, Berührung *(f)*. **2** *(rapporto)* Kontakt *(m)* ◆ *rimanere in contatto con qcn* mit jmdm in Kontakt bleiben ◆ *entrare in contatto con qcn* mit jmdm Kontakt auf|nehmen. **3** *(collegamento radio/TV)* Verbindung *(f)*. **4** *(elettr)* Kontakt *(m)*.
conte *(m)* ~ Graf *(m)*.
conteggiare *(vt)* **1** *(calcolare)* kalkulieren *(vt)*. **2** *(mettere in conto)* an|rechnen *(vt)*, berechnen *(vt)*.
conteggio *(m)* ~ Auszählung *(f)*, Kalkulation *(f)*.
contegno *(m)* ~ Haltung *(f)*.
contemplare *(vt)* **1** betrachten *(vt)*, beschauen *(vt)*. **2** *(burocr)* vor|sehen* *(vt)* ◆ *questo caso non è contemplato dalla legge* dieser Fall ist vom Gesetz nicht vorgesehen.
contemplativo *(agg)* ~ beschaulich, kontemplativ.
contemplazione *(f)* **1** *(osservazione)* Betrachtung *(f)*. **2** *(meditazione)* Kontemplation *(f)*.
contemporaneamente *(avv)* ~ gleichzeitig, zugleich.
contemporaneità *(f)* ~ Gleichzeitigkeit *(f)*.
contemporaneo[1] *(agg)* **1** *(simultaneo)* gleichzeitig. **2** *(coevo)* zeitgenössisch ◆ *musica contemporanea* zietgenössische Musik.
contemporaneo[2] *(m; f* **-a***)* ~ Zeitgenosse *(m; f* -genossin*)*.
contendente *(m/f)* ~ Rivale *(m; f* -lin*)*.
contendere[1] *(vi)* ~ *(competere)* streiten* *(vi,* hat*)*, kämpfen *(vi,* hat*)*.
contendere[2] *(vt)* ~ {~ *qcs a qcn*} jmdm etwas streitig machen *(vt)*.
contendersi *(vr)* ~ {~ *qcs*} um etwas kämpfen *(vi,* hat*)*.
contenere *(vt)* **1** enthalten* *(vt)* ◆ *questa bottiglia contiene un litro d'olio* diese Flasche enthält einen Liter Öl. **2** *(accogliere)* fassen* *(vt)* ◆ *lo stadio può contenere 80000 spettatori* das Stadion fasst 80000 Zuschauer. **3** *(arginare, frenare)* ein|dämmen *(vt)*. **4** *(sentimenti)* zähmen *(vt)*, zurück|halten* *(vt)*. ◆ **contenere i danni** die Schaden begrenzen.
contenersi *(vr)* ~ sich mäßigen *(vr)*, sich zurück|halten* *(vr)*.
contenimento *(m)* ~ Eindämmung *(f)*, Einschränkung *(f)*.
contenitore *(m)* ~ Behälter *(m)*.
contentare *(vt)* ~ {~ *qcn*} jmdn zufrieden stellen *(vt)*.
contentarsi *(vr)* ~ {~ *di qcs*} sich mit etwas begnügen *(vr)*.
contentezza *(f)* ~ Freude *(f)*.
contento *(agg)* **1** *(soddisfatto)* zufrieden ◆ *essere contento di qcn/qcs* mit jmdm/etwas zufrieden sein. **2** *(allegro)* froh, glücklich. ◆ **essere contento** sich freuen, froh sein* ◆ *sono contenta che tu sia venuto* ich bin froh, dass du gekommen bist.
contenutistico *(agg)* ~ inhaltlich.
contenuto[1] *(agg)* ~ *(moderato)* mäßig, maßvoll.
contenuto[2] *(m)* **1** Inhalt *(m)*, Gehalt *(m)* ◆ *il contenuto di una bottiglia* der Inhalt einer Flasche. **2** *(argomento)* Inhalt *(m)*. ◆ **privo, ricco di contenuti** inhaltslos, inhaltsreich.
contesa *(f)* **1** *(lite)* Streit *(m)*. **2** *(gara)* Wettkampf *(m)*.
contessa *(f)* ~ Gräfin *(f)*.

contestare *(vt)* ***1*** bestreiten* *(vt)*. ***2*** *(criticare)* {~ *qcn/qcs*} gegen jmdn/etwas protestieren *(vi,* hat*)*.

contestatore *(m; f* **-trice***)* ~ Protestler *(m; f* -in*)*.

contestazione *(f)* ~ Protest *(f)* ♦ *contestazione studentesca* Studentenprotest.

contesto *(m)* ~ Zusammenhang *(m)*, Kontext *(m)*.

continentale *(agg)* ~ Kontinental- ♦ *clima continentale* Kontinentalklima *(n)*.

continente *(m)* ~ Erdteil *(m)*, Kontinent *(m)*.

contingente *(m)* ~ Kontingent *(n)* *(anche mil)*

continuamente *(avv)* ***1*** *(ininterrottamente)* andauernd. ***2*** *(ripetutamente)* immer wieder.

continuare[1] *(vi)* ***1*** an|dauern *(vi,* hat*)*, an|halten* *(vi,* hat*)* ♦ *la pioggia continua* der Regen dauert an. ***2*** *(insistere)* {~ *in/con qcs*} mit etwas weiter|machen *(vi,* hat*)* ♦ *dobbiamo continuare con le proteste* wir müssen mit den Protesten weitermachen. ***3*** *(andare avanti)* weiter|gehen* *(vi,* ist*)* ♦ *come continua questa storia?* wie geht diese Geschichte weiter? ***4*** *(riprendere)* fort|fahren* *(vi,* hat*)* ♦ *continui (a parlare), prego* fahren Sie bitte fort. ◆ **continuare a** weiter- ♦ *continuare a lavorare* weiterarbeiten ♦ *continua a leggere, per favore* lies bitte weiter.

continuare[2] *(vt)* ~ fort|setzen *(vt)* ♦ *continuare il lavoro* die Arbeit fortsetzen.

continuato *(agg)* ~ durchgehend, fortgesetzt.

continuazione *(f)* ~ Fortsetzung *(f)*. ◆ **in continuazione** ununterbrochen *(avv)*, ständig *(avv)*.

continuità *(f)* ~ Kontinuität *(f)*; *(costanza)* Stetigkeit *(f)*.

continuo *(agg)* ***1*** *(persistente)* ununterbrochen, ständig, anhaltend. ***2*** *(continuato)* kontinuierlich. ◆ **di continuo** ständig.

conto *(m)* ***1*** Rechnung *(f)* *(anche mat)* ♦ *il conto torna* die Rechnung stimmt ♦ *saldare, pagare un conto* eine Rechnung begleichen, bezahlen ♦ *il conto, per favore* die Rechnung, bitte. ***2*** *(banca)* Konto *(n)* ♦ *aprire, estinguere, chiudere un conto* ein Konto eröffnen, löschen, schließen ♦ *avere soldi in un conto* Geld auf einem Konto haben ♦ *conto corrente* Girokonto. ◆ **chiedere conto a qcn di qcs** jmdn für etwas zur Rechenschaft ziehen*. ◆ **rendere conto a qcn di qcs** jmdm über etwas *(Acc)* Rechenschaft ablegen. ◆ **tenere conto di qcn/qcs** jmdn/etwas berücksichtigen. ◆ **fare i conti con qcn** *(fig)* mit jmdm eine Rechnung begleichen*. ◆ **mettere in conto qcs** *(svantaggi e sim)* etwas in Kauf nehmen*. ◆ **per conto di qcn** im Auftrag von jmdm. ◆ **per conto terzi** auf/für Rechnung eines Dritten. ◆ **rendersi conto di qcs** sich *(Dat)* über etwas *(Acc)* klar werden*.

contorcere *(vt)* ~ verdrehen *(vt)*.

contorcersi *(vr)* ~ sich winden* *(vr)*.

contornare *(vt)* ***1*** umranden *(vt)*. ***2*** *(attorniare)* umgeben* *(vt)*.

contorno *(m)* ***1*** *(profilo)* Umriss *(m)*. ***2*** *(gastr)* Beilage *(f)* ♦ *con contorno di patate* mit Kartoffelbeilage, mit Kartoffeln als Beilage.

contorto *(agg)* ***1*** *(storto)* krüppelig. ***2*** *(ragionamento e sim)* umständlich, gewunden.

contrabbandare *(vt)* ~ schmuggeln *(vt)*.

contrabbandiere *(m; f* **-a***)* ~ Schmuggler *(m; f* -in*)*.

contrabbando *(m)* ~ Schmuggel *(n)*. ◆ **merce di contrabbando** Schmuggelware *(f)*.

contrabbasso *(m)* ~ Kontrabass *(m)*.

contraccambiare *(vt)* ~ erwidern *(vt)*, sich revanchieren *(vr)* ♦ *come posso contraccambiare?* wie kann ich mich revanchieren?

contraccambio *(m)* ~ Erwiderung *(f)*; *(contropartita)* Gegenleistung *(f)*.

contraccettivo[1] *(agg)* ~ empfängnisverhütend.

contraccettivo[2] *(m)* ~ Verhütungsmittel *(n)*.

contraccezione *(f)* ~ Empfängnisverhütung *(f)*.

contraccolpo *(m)* ~ Rückschlag *(m)*.

contraddire *(vt)* ~ {~ *qcn/qcs*} jmdm/etwas widersprechen* *(vi,* hat*)*.

contraddirsi *(vr)* ~ sich widersprechen* *(vr)*.

contraddistinguere *(vt)* ~ aus|zeichnen *(vt)*, charakterisieren *(vt)*.
contraddistinguersi *(vr)* ~ {~ *per qcs*} sich durch etwas aus|zeichnen *(vr)*.
contraddittorio[1] *(agg)* ~ widersprüchlich.
contraddittorio[2] *(m)* ~ Streitgespräch *(n)*.
contraddizione *(f)* ~ Widerspruch *(m)* ♦ *essere in contraddizione con qcs* in Widerspruch zu etwas stehen.
contraente *(m/f)* ~ *(dir)* Vertragspartner *(m; f -in)*.
contraffare *(vt)* ~ fälschen *(vt)*, verfälschen *(vt)*.
contraffazione *(f)* ~ Fälschung *(f)*, Verfälschung *(f)*.
contralto *(m)* ~ *(mus)* Alt *(m)*.
contrappeso *(m)* ~ Gegengewicht *(n)*.
contrapporre *(vt)* ~ {~ *qcn/qcs a qcn/qcs*} jmdn/etwas jmdm/etwas entgegen|setzen *(vt)*.
contrapposizione *(f)* ~ Gegensatz *(m)*.
contrapposto *(agg)* **1** *(messo di fronte)* gegenübergestellt. **2** *(contrario)* gegensätzlich.
contrariamente *(avv)* ~ {~ *a*} im Gegensatz zu, entgegen *(posp/prep + Dat)*.
contrariare *(vt)* **1** *(seccare)* verärgern *(vt)*. **2** *(contrastare)* behindern *(vt)*.
contrariato *(agg)* ~ ärgerlich, verärgert.
contrario[1] *(agg)* **1** entgegengesetzt, gegensätzlich ♦ *andare (in auto) nella direzione contraria* in die entgegengesetzte Richtung fahren. **2** *(avverso)* widrig ♦ *circostanze contrarie* widrige Umstände. ◆ **essere contrario a qcs** gegen etwas sein*.
contrario[2] *(m)* ~ Gegenteil *(n)* ♦ *è il contrario di sua sorella* er ist das Gegenteil von seiner Schwester ♦ *l'ho convinto del contrario* ich habe ihn vom Gegenteil überzeugt. ◆ **al contrario** hingegen *(avv)*. ◆ **al contrario di qcn/qcs** im Gegensatz zu jmdm/etwas. ◆ **avere qualcosa in contrario** etwas dagegen haben*.
contrarre *(vt)* **1** *(bocca e sim)* verziehen* *(vt)*; *(muscoli)* spannen *(vt)*. **2** *(prestito)* auf|nehmen* *(vt)*. ◆ **contrarre matrimonio con qcn** mit jmdm die Ehe schließen*. ◆ **contrarre una malattia** sich *(Dat)* eine Krankheit zu|ziehen*.
contrarsi *(vr)* **1** *(bocca e sim)* sich verziehen* *(vr)*. **2** *(muscoli)* sich verspannen *(vr)*.
contrassegnare *(vt)* **1** *(rendere riconoscibile)* {~ *qcn/qcs*} jmdn/etwas kenntlich machen *(vt)*. **2** kennzeichnen *(vt)* *(anche fig)* ♦ *il sentiero è contrassegnato con delle frecce* der Weg ist durch Pfeile gekennzeichnet.
contrassegno *(m)* ~ Kennzeichen *(n)*. ◆ **spedire qcs in contrassegno** etwas als/mit/per/unter Nachnahme schicken.
contrastante *(agg)* ~ gegensätzlich.
contrastare[1] *(vi, hat)* ~ {~ *con qcs*} mit/zu etwas in Widerspruch stehen* *(vi, hat)*.
contrastare[2] *(vt)* ~ behindern *(vt)*.
contrasto *(m)* **1** Gegensatz *(m)*, Kontrast *(m)* ♦ *un contrasto insanabile* ein unversöhnlicher Gegensatz. **2** *(contraddizione)* Widerspruch *(m)* ♦ *le sue parole sono in contrasto con il suo comportamento* seine Worte stehen im Widerspruch zu seinem Verhalten. **3** *(disaccordo, conflitto)* Auseinandersetzung *(f)*. **4** *(video)* Kontrast *(m)*.
contrattacco *(m)* ~ *(mil/sport)* Gegenangriff *(m)*.
contrattare[1] *(vi)* ~ {~ *su qcs*} um etwas handeln *(vi, hat)*, feilschen *(vi, hat)*.
contrattare[2] *(vt)* ~ {~ *qcs*} um etwas handeln *(vi, hat)*, etwas verhandeln *(vt)*.
contrattazione *(f)* ~ Verhandlung *(f)*.
contrattempo *(m)* ~ Zwischenfall *(m)*.
contratto *(m)* ~ Vertrag *(m)* ♦ *contratto d'affitto* Mietvertrag ♦ *contratto di formazione* Ausbildungsvertrag ♦ *contratto (di lavoro) a termine* befristeter Arbeitsvertrag ♦ *firmare un contratto* einen Vertrag unterzeichnen.
contrattuale *(agg)* ~ vertraglich.
contravvenire *(vi)* ~ {~ *a qcs*} gegen etwas verstoßen *(vi, hat)*.
contravvenzione *(f)* **1** *(a regola e sim)* Verstoß *(m)*. **2** *(multa)* Geldstrafe *(f)*.
contrazione *(f)* ~ *(med)* Kontraktion *(f)*.
contribuente *(m/f)* ~ Steuerzahler *(m; f -in)*.
contribuire *(vi)* ~ {~ *a qcs*} zu etwas bei|tragen* *(vi, hat)*, sich an etwas *(Dat)* beteiligen *(vr)* ♦ *contribuire alle spese* sich an den Kosten beteiligen.
contributo *(m)* **1** *(aiuto, concorso)* Beitrag *(m)* ♦ *prestare il proprio contributo*

per qcs seinen Beitrag zu etwas leisten. **2** *(pl)* Abgabe *(f)* ♦ *contributi previdenziali* Sozialabgaben.

contrito *(agg)* ~ zerknirscht.

contro[1] *(prep)* **1** gegen, wider ♦ *essere contro la guerra* gegen den Krieg sein ♦ *un medicinale contro la tosse* ein Medikament gegen Husten ♦ *agire contro le regole* gegen die Regeln handeln. **2** *(in senso contrario)* gegen ♦ *nuotare contro corrente* gegen den Strom schwimmen. **3** *(a contatto)* gegen *(+ Acc)*, an *(stato + Dat; moto + Acc)* ♦ *si appoggiò contro l'albero* er lehnte sich an den Baum ♦ *è appoggiato all'albero* er lehnt am Baum.

contro[2] *(avv)* ~ dagegen ♦ *votare contro* dagegen stimmen.

contro- *(pref)* ~ Gegen- ♦ *contromisura* Gegenmaßnahme *(f)* ♦ *contromossa* Gegenzug *(m)* ♦ *controvalore* Gegenwert *(m)* ♦ *controindicazione* Gegenanzeige *(f)* ♦ *contropartita* Gegenleistung *(f)*.

controbattere *(vt)* ~ widerlegen *(vt)*, zurück|weisen* *(vt)*.

controcorrente[1] *(agg)* ~ unkonventionell.

controcorrente[2] *(avv)* ~ stromaufwärts. ◆ **andare controcorrente** *(fig)* gegen den Strom schwimmen*.

controfirmare *(vt)* ~ gegen|zeichnen *(vt)*.

controllabile *(agg)* ~ kontrollierbar.

controllare *(vt)* **1** kontrollieren *(vt)*, überprüfen *(vt)* ♦ *controllare un conto* eine Rechnung überprüfen ♦ *controllare i passaporti* die Passe kontrollieren. **2** *(sorvegliare)* überwachen *(vt)*. **3** *(tenere a freno)* beherrschen *(vt)* ♦ *controllare la propria rabbia* seinen Zorn beherrschen.

controllarsi *(vr)* ~ sich beherrschen *(vr)*.

controllo *(m)* **1** Kontrolle *(f)*, Überprüfung *(f)* ♦ *controllo dei documenti, del passaporto* Ausweiskontrolle, Passkontrolle ♦ *controllo doganale* Zollkontrolle ♦ *ha perso il controllo dell'auto* er hat die Kontrolle über den Wagen verloren ♦ *avere qcn/qcs sotto controllo* jmdn/etwas unter Kontrolle haben. **2** *(sorveglianza)* Überwachung *(f)*.

controllore *(m)* ~ Kontrolleur *(m; f -in)*; *(sul treno)* Schaffner *(m; f -in)*. ◆ **controllore di volo** Fluglotse *(m)*.

controluce *(avv)* ~ **in controluce** im Gegenlicht *(n)*.

contromarca *(f)* ~ Marke *(f)*.

controparte *(f)* **1** *(in un processo)* Gegenpartei *(f)*. **2** *(in trattative sindacali e sim)* Gegenseite *(f)*.

contropiede *(m)* ~ *(sport)* Konter *(m)*. ◆ **prendere qcn in contropiede** *(fig)* jmdn überrumpeln.

controproducente *(agg)* ~ kontraproduktiv.

controprova *(f)* **1** *(verifica)* Gegenprobe *(f)*. **2** *(dir)* Gegenbeweis *(m)*.

controsenso *(m)* ~ Widersinn *(m)*.

controspionaggio *(m)* ~ Spionageabwehr *(f)*.

controversia *(f)* **1** *(discussione, disputa)* Auseinandersetzung *(f)*, Streit *(m)*. **2** *(dir)* Streitfall *(m)*.

controverso *(agg)* ~ umstritten.

controvoglia *(avv)* ~ widerwillig, ungern.

contumacia *(f)* ~ *(dir)* Abwesenheit *(f)*, Säumnis *(f)* ♦ *condannare qcn in contumacia* jmdn in Abwesenheit verurteilen. ◆ **procedimento in contumacia** Säumnisverfahren *(n)*.

contusione *(f)* ~ *(med)* Prellung *(f)*.

convalescente *(agg)* ~ rekonvaleszent.

convalescenza *(f)* ~ Rekonvaleszenz *(f)*.

convalida *(f)* **1** Bestätigung *(f)* *(anche dir)*. **2** *(di biglietto)* Entwertung *(f)*.

convalidare *(vt)* **1** bestätigen *(vt)* *(anche dir)*. **2** *(biglietto)* entwerten *(vt)*.

convegno *(m)* ~ Tagung *(f)*.

convenevoli *(m pl)* ~ Höflichkeiten *(pl)* ♦ *scambiarsi i convenevoli* Höflichkeiten austauschen.

conveniente *(agg)* **1** günstig. **2** *(opportuno)* angemessen.

convenienza *(f)* **1** *(vantaggio)* Vorteil *(m)*. **2** *(buona educazione)* Anstand *(m)*.

convenire[1] *(vi)* **1** *(radunarsi)* zusammen|kommen* *(vi, ist)*. **2** *(tornare utile)* {~ *a qcn*} sich für jmdn lohnen *(vr)* ♦ *mi conviene investire in questo progetto* es lohnt sich für mich, in dieses Projekt zu investieren. **3** *(concordare)* {~ *su qcs*} über etwas *(Dat)* überein|kommen* *(vi, ist)*.

convenire[2] *(vt)* ~ *(concordare)* vereinbaren *(vt)*.

convenirsi *(vr)* ~ *(confarsi)* sich schicken *(vr)*, sich gehören *(vr)* ♦ *come si conviene* wie es sich gehört.
convento *(m)* ~ Kloster *(n)*.
convenuto *(agg)* ~ vereinbart, abgemacht.
convenzionale *(agg)* ~ konventionell.
convenzione *(f)* **1** *(accordo, intesa)* Konvention *(f)*, Vereinbarung *(f)*. **2** *(norma)* Konvention *(f)* ♦ *le convenzioni sociali* die gesellschaftlichen Konventionen. **3** *(patto tra Stati)* Abkommen *(n)*. ◆ **Convenzione di Ginevra** Genfer Konvention.
convergente *(agg)* **1** *(geom)* konvergent. **2** *(simile)* übereinstimmend.
convergenza *(f)* **1** *(geom)* Konvergenz *(f)*. **2** *(accordo)* Übereinstimmung *(f)*.
convergere *(vi)* **1** *(geom)* konvergieren *(vi*, ist*)*. **2** *(dirigersi verso lo stesso punto)* zusammen|laufen* *(vi*, ist*)*. **3** *(concordare)* überein|stimmen *(vi*, hat*)*.
conversare *(vi)* ~ {~ *(con qcn)*} sich (mit jmdm) unterhalten* *(vr)*; (mit jmdm) plaudern *(vi*, hat*)*.
conversazione *(f)* ~ Unterhaltung *(f)*, Gespräch *(n)* ♦ *conversazione telefonica* Telefongespräch. ◆ **fare conversazione** sich unterhalten.
conversione *(f)* **1** *(relig)* Konversion *(f)*, Bekehrung *(f)*. **2** *(di funzione)* Umwandlung *(f)* *(anche chim/fis)* ♦ *la conversione dell'acqua in vapore* die Umwandlung des Wassers in Dampf. **3** *(elab)* Konvertierung *(f)*.
convertire *(vt)* **1** *(relig)* {~ *qcn a qcs*} jmdn (zu etwas) bekehren *(vt)*. **2** *(nella sua funzione)* {~ *qcs in qcs*} etwas in etwas *(Acc)* um|wandeln *(vt)* *(anche chim/fis)* ♦ *convertire la forza idrica in elettricità* Wasserkraft in Elektrizität umwandeln. **3** *(econ)* um|rechnen *(vt)*, konvertieren *(vt)* ♦ *convertire rubli in euro* Rubel in Euro umrechnen.
convertirsi *(vr)* **1** *(chim/fis)* {~ *in qcs*} sich in etwas *(Acc)* um|wandeln *(vr)*. **2** *(relig)* {~ *(a qcs)*} sich (zu etwas) bekehren *(vr)*.
convesso *(agg)* **1** *(lente)* konvex. **2** *(geom)* stumpf.
convincente *(agg)* ~ überzeugend, schlagend ♦ *una spiegazione convincente* eine stichhaltige Erklärung.
convincere *(vt)* ~ {~ *qcn di qcs*} jmdn von etwas überzeugen *(vt)*.
convincersi *(vr)* ~ {~ *di qcs*} sich von etwas überzeugen *(vr)*.
convincimento *(m)* ~ Überzeugung *(f)*.
convinto *(agg)* ~ überzeugt ♦ *essere convinto di qcs* von etwas überzeugt sein.
convinzione *(f)* ~ Überzeugung *(f)* ♦ *sono giunto alla convinzione che* ich bin zu der Überzeugung gelangt, dass.
convitto *(m)* ~ Internat *(n)*.
convivente *(m/f)* ~ Lebensgefährte *(m; f* -tin*)*.
convivenza *(f)* ~ Zusammenleben *(n)*.
convivere *(vi)* ~ zusammen|leben *(vi*, hat*)*.
conviviale *(agg)* ~ Tisch-, Tafel-.
convocare *(vt)* **1** *(riunione, assemblea)* ein|berufen* *(vt)*. **2** *(far venire)* bestellen *(vt)*, zusammen|rufen* *(vt)* ♦ *convocare gli esperti* die Experten zusammenrufen. **3** *(sport)* nominieren *(vt)*.
convocazione *(f)* **1** *(di assemblea e sim)* Einberufung *(f)*. **2** *(sport)* Nominierung *(f)*.
convogliare *(vt)* ~ leiten *(vt)*.
convoglio *(m)* ~ Kolonne *(f)*, Konvoi *(m)*.
convulsione *(f)* ~ Konvulsion *(f)*.
convulso *(agg)* **1** krampfhaft *(anche med)*. **2** *(frenetico)* hektisch.
cooperare *(vi)* ~ zusammen|arbeiten *(vi*, hat*)*, kooperieren *(vi*, hat*)*.
cooperativa *(f)* ~ Genossenschaft *(f)*.
cooperativo *(agg)* ~ kooperativ.
cooperazione *(f)* ~ Zusammenarbeit *(f)*, Kooperation *(f)*.
coordinamento *(m)* ~ Koordination *(f)*.
coordinare *(vt)* ~ koordinieren *(vt)*.
coordinata *(f)* ~ Koordinate *(f)*. ◆ **coordinate bancarie** Bankverbindung *(f)*.
coordinato[1] *(agg)* ~ koordiniert.
coordinato[2] *(m)* ~ Garnitur *(f)* ♦ *coordinato di biancheria intima* Unterwäschegarnitur.
coordinazione *(f)* ~ Koordination *(f)*.
coperchio *(m)* ~ Deckel *(m)*.
coperta *(f)* **1** Decke *(f)* ♦ *coperta di lana* Wolldecke. **2** *(naut)* Deck *(n)* ♦ *sopra, sotto coperta* auf, unter Deck.
copertina *(f)* ~ *(di libro o quaderno)* Umschlag *(m)*; *(rigida)* Deckel *(m)*.
coperto[1] *(agg)* **1** bedeckt *(anche meteor)*. **2** *(munito di tetto)* überdacht. **3** *(adegua-*

tamente vestito) angezogen. ◆ **piscina coperta** Hallenbad *(n)*. ◆ **assegno coperto** gedeckter Scheck.

coperto[2] *(m)* ~ *(posto a tavola)* Gedeck *(n)* ♦ *aggiungere un coperto* ein weiteres Gedeck auflegen.

copertone *(m)* *1* Mantel *(m)*. *2* *(telone)* Plane *(f)*.

copertura *(f)* *1* *(per protezione o chiusura)* Abdeckung *(m)* *(anche edil)*. *2* *(strato)* Überzug *(m)*. *3* *(econ)* Deckung *(f)* ♦ *a copertura delle spese* zur Deckung der Kosten. *4* *(falsa apparenza)* Tarnung *(f)* ♦ *a copertura di attività illegali* zur Tarnung illegaler Aktivitäten.

copia *(f)* *1* *(di uno scritto)* Kopie *(f)*, Abschrift *(f)* ♦ *copia autenticata* beglaubigte Abschrift. *2* *(di opere d'arte)* Fälschung *(f)*. *3* *(di libro)* Exemplar *(n)*. ◆ **scrivere qcs in bella copia** etwas ins Reine schreiben. ◆ **brutta copia** Konzept *(n)*.

copiare *(vt)* *1* *(trascrivere)* ab|schreiben* *(vt)*, kopieren *(vt)*. *2* *(imitare)* nach|ahmen *(vt)*. *3* *(elab)* kopieren *(vt)*; *(salvare)* speichern *(vt)* ♦ *copiare un file su dischetto* eine Datei auf Diskette speichern. ◆ **copiare qcs in bella** etwas ins Reine schreiben.

copione *(m)* ~ *(cinem)* Drehbuch *(n)*; *(teatr)* Regiebuch *(n)*.

copioso *(agg)* ~ reichlich.

copisteria *(f)* ~ Kopierladen *(m)*.

coppa *(f)* ~ *(calice)* Kelch *(m)*; Pokal *(m)* *(anche sport)*. ◆ **coppa di gelato** Eisbecher *(n)*. ◆ **coppa da spumante** Sektglas *(n)*. ◆ **coppa dell'olio** *(dell'auto)* Ölwanne *(f)*. ◆ **coppa UEFA** UEFA-Pokal *(m)*.

coppia *(f)* ~ Paar *(n)*; *(sposata)* Ehepaar *(n)*. ◆ **a coppie** paarweise.

coppietta *(f)* ~ Pärchen *(n)* .

copricapo *(m)* ~ Kopfbedeckung *(f)*.

coprifuoco *(m)* ~ *(mil)* Ausgangssperre *(f)*.

coprire *(vt)* *1* {~ *qcs con qcs*} etwas mit etwas bedecken *(vt)*. *2* *(nascondere, proteggere)* decken *(vt)*. *3* *(costi, spese)* ab|decken *(vt)*. *4* *(colmare, riempire)* überschütten *(vt)*, bedecken *(vt)* ♦ *coprire qcn di lodi* jmdn mit Lob überschütten ♦ *coprire qcn di baci* jmdn mit Küssen bedecken. *5* *(percorrere)* zurück|legen *(vt)*.

coprirsi *(vr)* ~ sich zu|decken *(vr)* ♦ *copriti bene!* zieh dich warm an!

coproduzione *(f)* ~ Gemeinschaftsproduktion *(f)*.

copula *(f)* ~ *(gramm)* Kopula *(f)*.

coraggio *(m)* *1* Mut *(m)*, Courage *(f)* ♦ *coraggio!* nur Mut! *2* *(faccia tosta)* Frechheit *(f)*.

coraggioso *(agg)* ~ mutig.

corale[1] *(agg)* *1* *(mus)* Chor- ♦ *canto corale* Chorgesang *(m)*. *2* *(unanime)* einhellig.

corale[2] *(m)* ~ *(mus)* Choral *(m)*.

corallo *(m)* ~ Koralle *(f)*.

Corano *(m)* ~ *(relig)* Koran *(m)*.

corazza *(f)* *1* Rüstung *(f)*, Panzer *(m)*. *2* *(zool)* Panzer *(m)*.

corazzare *(vt)* ~ *(mil)* panzern *(vt)*.

corazzarsi *(vr)* ~ *(mil)* sich panzern *(vr)* *(anche fig)*.

corazzata *(f)* ~ Panzerschiff *(n)*.

corda *(f)* *1* Schnur *(f)*, Seil *(n)*. *2* *(dell'arco, geom)* Sehne *(f)*. *3* *(di strumento musicale)* Saite *(f)*. ◆ **tagliare la corda** sich aus dem Staub machen *(vr)*. ◆ **tenere qcn sulla corda** jmdn auf die Folter spannen. ◆ **tirare troppo la corda** den Bogen überspannen. ◆ **corda vocale** Stimmband *(n)*.

cordata *(f)* ~ Seilschaft *(f)* *(anche fig)*.

cordiale *(agg)* *1* *(affettuoso)* herzlich ♦ *cordiali saluti* herzliche Grüße. *2* *(affabile)* freundlich.

cordialità *(f)* ~ Herzlichkeit *(f)*.

cordialmente *(avv)* ~ herzlich.

cordoglio *(m)* ~ Trauer *(f)*.

cordoncino *(m)* ~ Kordel *(f)*.

cordone *(m)* *1* *(corda)* Schnur *(f)*. *2* *(mil)* Kordon *(m)*. ◆ **cordone di poliziotti** Polizeikette *(f)*. ◆ **cordone ombelicale** Nabelschnur *(f)*.

coreografia *(f)* ~ Choreografie *(f)*.

coreografico *(agg)* ~ choreografisch.

coreografo *(m; f* **-a***)* ~ Choreograf *(m; f* -in*)*.

coriaceo *(agg)* *1* ledern. *2* *(tenace)* zäh.

coriandoli *(m pl)* ~ Konfetti *(pl)*.

coriandolo *(m)* ~ *(bot)* Koriander *(m)*.

coricarsi *(vr)* ~ sich hin|legen *(vr)*.

corista *(m/f)* ~ Chorsänger *(m; f* -in*)*.

cornacchia *(f)* ~ *(zool)* Krähe *(f)*.

cornamusa *(f)* ~ Dudelsack *(m)*.

cornea *(f)* ~ *(anat)* Hornhaut *(f)*.

corneo *(agg)* ~ hornig.
corner *(m)* ~ *(sport)* Eckball *(m)*.
cornetta *(f)* ***1*** *(del telefono)* Hörer *(m)* ♦ *riappendere la cornetta* den Hörer auflegen. ***2*** *(mus)* Kornett *(n)*.
cornetto *(m)* ***1*** *(piccolo corno)* Hörnchen *(n)*. ***2*** *(croissant)* Croissant *(n)*.
cornice *(f)* ~ Rahmen *(m)*.
cornicione *(m)* ~ Gesims *(n)* .
corno *(m)* ***1*** Horn *(n) (anche mus)*; *(di cervidi)* Geweih *(n)* ♦ *le corna del toro* die Hörner des Stiers ♦ *il cerbiatto ha perso le corna* das Reh hat das Geweih abgeworfen. ***2*** *(materiale)* Horn *(n)* ♦ *un pettine di corno* ein Kamm aus Horn. ◆ **mettere le corna a qcn** jmdm Hörner auf|setzen. ◆ **facciamo le corna!** toi, toi, toi.
cornuto[1] *(agg)* ***1*** *(zool)* gehörnt. ***2*** *(spreg)* *(becco, marito)* betrogen.
cornuto[2] *(m)* ~ *(spreg)* Hahnrei *(m)*.
coro *(m)* ~ Chor *(m)* ♦ *cantare in coro* im Chor singen.
corolla *(f)* ~ *(bot)* Korolla *(f)*.
corona *(f)* ***1*** Krone *(f) (anche moneta)* ♦ *deporre la corona* die Krone niederlegen ♦ *corona dei denti* Zahnkrone. ***2*** *(ghirlanda)* Kranz *(m)* ♦ *corona d'alloro* Lorbeerkranz.
coronamento *(m)* ~ Krönung *(f)*.
coronare *(vt)* ***1*** *(cingere)* umgeben* *(vt)*. ***2*** *(fig)* krönen *(vt)* ♦ *i suoi sforzi furono coronati dal successo* seine Mühe wurde von Erfolg gekrönt.
corpo *(m)* ***1*** *(oggetto, sostanza)* Körper *(m) (anche fis)* ♦ *corpi celesti* Himmelskörper ♦ *un corpo solido* ein fester Körper. ***2*** *(fisico, organismo)* Körper *(m)*, Leib *(m)* ♦ *il corpo umano* der menschliche Körper ♦ *il corpo e l'anima* Leib und Seele. ***3*** *(cadavere)* Leiche *(f)*. ***4*** *(gruppo)* Körperschaft *(f)*, Körper *(m)* ♦ *corpo insegnante* Lehrkörper. ***5*** *(mil)* Korps *(n)*, Corps *(n)*. ***6*** *(tipogr)* Schriftgrad *(m)*. ◆ **prendere corpo** Gestalt annehmen*. ◆ **corpo a corpo** Nahkampf. ◆ **corpo diplomatico** diplomatisches Korps.
corporale *(agg)* ~ körperlich, leiblich.
corporatura *(f)* ~ Körperbau *(m)*, Gestalt *(m)*.
corporazione *(f)* ~ Körperschaft *(f)*; *(stor)* Zunft *(f)*.
corporeo *(agg)* ~ körperlich, Körper- ♦ *peso corporeo* Körpergewicht *(n)*.
corpulento *(agg)* beleibt, korpulent.
Corpus Domini *(m)* ~ *(relig)* Fronleichnam *(m)*.
corredare *(vt)* ~ {~ *qcs di qcs*} etwas mit etwas aus|statten *(vt)*.
corredo *(m)* ***1*** *(di sposa)* Aussteuer *(f)*. ***2*** *(equipaggiamento)* Ausstattung *(f)*.
correggere *(vt)* ~ korrigieren *(vt)*, verbessern *(vt)* ♦ *correggere i compiti* die Hausaufgaben korrigieren ♦ *correggere la pronuncia* die Aussprache verbessern.
correggersi *(vr)* ***1*** *(migliorarsi)* sich bessern *(vr)*. ***2*** *(riprendersi)* sich korrigieren *(vr)*, sich verbessern *(vr)*.
correlazione *(f)* ~ Korrelation *(f)*.
corrente[1] *(agg)* ***1*** *(acqua)* fließend. ***2*** *(in corso)* laufend ♦ *il due del corrente mese* am zweiten des laufenden Monats. ***3*** *(comune)* geläufig, gängig ♦ *l'opinione corrente* die gängige Meinung. ◆ **tenere qcn al corrente** jmdn auf dem Laufenden halten*. ◆ **essere al corrente (di qcs)** (mit etwas) auf dem Laufenden sein*. ◆ **mettere al corrente qcn di qcs** jmdn über etwas *(Acc)* unterrichten.
corrente[2] *(f)* ***1*** Strom *(m)*; Strömung *(f) (anche artistica, letteraria)* ♦ *corrente del Golfo* Golfstrom ♦ *andare contro corrente* gegen den Strom schwimmen. ***2*** *(spiffero)* Luftzug *(m)*. ***3*** *(pol)* Flügel *(m)*. ***4*** *(elettrica)* Strom *(m)* ♦ *staccare la corrente* den Strom ausschalten ♦ *corrente alternata, continua* Wechselstrom, Gleichstrom.
correntemente *(avv)* ***1*** fließend ♦ *parlare correntemente una lingua* eine Sprache fließend sprechen. ***2*** *(comunemente)* allgemein.
correre[1] *(vi)* ***1*** laufen* *(vi*, ist*)*; *(con un mezzo)* schnell fahren* *(vi*, ist*)* ♦ *i bambini corsero fino al parco giochi* die Kinder liefen bis zum Spielplatz ♦ *non correre così! (in auto)* fahr nicht so schnell! ***2*** *(sport) (a piedi)* laufen* *(vi*, ist*)*; *(con un mezzo)* fahren* *(vi*, ist*)* ♦ *correre alle olimpiadi* bei Olympia laufen ♦ *correre per la Ferrari* für Ferrari fahren. ***3*** *(circolare)* kursieren *(vi*, hat*)* ♦ *corre voce che* es kursiert das Gerücht, dass. ***4*** *(tempo)*

vergehen* *(vi, ist)*. ◆ **correre via** weg|laufen* *(vi, ist)*. ◆ **lasciar correre** *(fig)* es gut sein lassen* *(vt)*.

correre² *(vt)* ~ *(sport) (a piedi)* laufen* *(vt)*; *(con un mezzo)* fahren* *(vt)* ♦ *correre i 100 metri* die 100 Meter laufen ♦ *correre la 24 ore di Le Mans* die 24 Stunden von Le Mans fahren. ◆ **correre un rischio** ein Risiko eingehen* ♦ *non voglio correre rischi* ich will kein Risiko eingehen.

correttezza *(f)* *1* *(esattezza)* Korrektheit *(f)*, Richtigkeit *(f)*. *2* *(onestà)* Korrektheit *(f)*.

corretto *(agg)* *1* *(giusto, esatto)* richtig, korrekt ♦ *la risposta corretta* die richtige Antwort. *2* *(perbene)* korrekt, ehrlich. *3* *(sport)* fair ♦ *una partita corretta* ein faires Spiel.

correttore *(m; f* **-trice**) ~ Korrektor *(m; f* -in).

correzione *(f)* *1* Korrektur *(f)* ♦ *correzione di bozze* Fahnenkorrektur. *2* *(modifica)* Änderung *(f)*.

corrida *(f)* ~ Stierkampf *(m)*.

corridoio *(m)* *1* Flur *(m)*, Korridor *(m)*; *(in treno)* Gang *(m)* ♦ *nel corridoio (stato)* auf dem/im Flur. *2* *(striscia di territorio)* Korridor *(m)*.

corridore *(m; f* **-trice**) ~ *(a piedi)* Läufer *(m; f* -in); *(ciclista; di auto)* Rennfahrer *(m; f* -in).

corriera *(f)* ~ Bus *(m)*.

corriere *(m)* ~ Kurier *(m)* ♦ *mandare qcs tramite corriere* etwas per/mit Kurier schicken.

corrispettivo¹ *(agg)* ~ entsprechend.

corrispettivo² *(m)* ~ *(compenso)* Vergütung *(f)*.

corrispondente¹ *(agg)* ~ entsprechend.

corrispondente² *(m/f)* ~ Korrespondent *(m; f* -in), Berichterstatter *(m; f* -in).

corrispondenza *(f)* *1* *(analogia, conformità)* Übereinstimmung *(f)*. *2* *(posta)* Korrespondenz *(f)*, Post *(f)*, Briefwechsel *(m)* ♦ *sbrigare la corrispondenza* die Korrespondenz erledigen ♦ *essere in corrispondenza con qcn* mit jmdm im Briefwechsel stehen. *3* *(servizio giornalistico)* Berichterstattung *(f)*. ◆ **corso per corrispondenza** Fernkurs *(m)*. ◆ **vendita per corrispondenza** Versandhandel *(m)*.

corrispondere¹ *(vi)* *1* *(coincidere)* {~ *a qcs*} etwas *(Dat)* entsprechen* *(vi, hat)*, in/mit etwas *(Dat)* überein|stimmen *(vi, hat)*. *2* *(scambiare lettere)* {~ *con qcn*} mit jmdm korrespondieren *(vi, hat)*.

corrispondere² *(vt)* ~ *(pagare)* bezahlen *(vt)*.

corroborante *(agg)* ~ stärkend.

corroborare *(vt)* ~ stärken *(vt)*.

corrodere *(vt)* ~ *(chim)* ätzen *(vt)*, zerfressen* *(vt)* ♦ *la ruggine corrode il ferro* Rost zerfrisst das Eisen.

corrompere *(vt)* *1* *(traviare)* verderben* *(vt)*. *2* *(pagare)* bestechen* *(vt)*.

corrosione *(f)* ~ *(chim)* Korrosion *(f)*.

corrosivo *(agg)* ~ *(chim)* ätzend, korrosiv.

corrotto *(agg)* *1* *(depravato)* verdorben. *2* *(disonesto)* korrupt.

corrugare *(vt)* ~ runzeln *(vt)*.

corrugato *(agg)* ~ gerunzelt.

corruttibile *(agg)* ~ käuflich, bestechlich.

corruzione *(f)* *1* *(attività illecita)* Korruption *(f)*, Bestechung *(f)*. *2* *(depravazione)* Verderbnis *(f)*.

corsa *(f)* *1* Lauf *(m)* ♦ *nella corsa* im Lauf. *2* *(sport) (a piedi)* Lauf *(m)*; *(con veicolo)* Rennen *(n)* ♦ *corsa a ostacoli* Hürdenlauf ♦ *vincere la corsa (automobilistica)* das Rennen gewinnen. *3* *(di mezzi pubblici)* Fahrt *(f)* ♦ *corsa semplice* einfache Fahrt. ◆ **fare una corsa in banca** schnell zur Bank gehen*. ◆ **arrivare di corsa** angelaufen kommen.

corsaro *(m)* ~ Freibeuter *(m)*.

corsia *(f)* *1* *(di strada o pista)* Spur *(f)*, Fahrbahn *(f)* ♦ *corsia d'emergenza (in autostrada)* Standspur. *2* *(d'ospedale)* Krankensaal *(m)*. *3* *(sport)* Bahn *(f)*. ◆ **a/su una, due corsie** *(agg/avv)* einspurig, zweispurig.

corsivo¹ *(agg)* ~ kursiv.

corsivo² *(m)* ~ Kursivschrift *(f)*.

corso *(m)* *1* *(svolgimento)* Lauf *(m)* *(anche fiumi, ecc)* ♦ *nel corso degli anni* im Laufe der Jahre ♦ *il corso del fiume* der Lauf des Flusses. *2* *(serie di lezioni; econ)* Kurs *(m)*; *(universitario)* Seminar *(n)* ♦ *corso di lingue* Sprachkurs ♦ *mettere fuori corso qcs* etwas außer Kurs setzen. ◆ **lavori in corso** Baustelle *(f)*.

corte *(f)* ***1*** *(di sovrani; cortile; corteggiamento)* Hof *(m)* ♦ *a corte* am Hof ♦ *fare la corte a una donna* einer Frau den Hof machen. **2** *(dir)* Gericht *(n)* ♦ *la corte si ritira* das Gericht zieht sich zurück ♦ *Corte Costituzionale* Verfassungsgericht ♦ *corte marziale* Kriegsgericht. ◆ **fare la corte a qcn** jmdm den Hof machen.

corteccia *(f)* ~ Rinde *(f)* *(anche anat)* ♦ *corteccia cerebrale* Hirnrinde.

corteggiamento *(m)* ~ Hof *(m)*.

corteggiare *(vt)* ~ {~ *qcn*} jmdm den Hof machen *(vt)*.

corteggiatore *(m; f* **-trice***)* ~ Verehrer *(m; f* -in*)*.

corteo *(m)* ~ Umzug *(m)*, Zug *(m)* ♦ *corteo funebre* Trauerzug.

cortese *(agg)* ***1*** höflich, freundlich. **2** *(poesia e sim)* höfisch.

cortesia *(f)* ***1*** Freundlichkeit *(f)*, Höflichkeit *(f)*. **2** *(piacere, gentilezza)* Gefallen *(m)* ♦ *mi faresti una cortesia?* könntest du mir einen Gefallen tun?

cortigiano[1] *(agg)* ~ höfisch.

cortigiano[2] *(m; f* **-a***)* ~ Höfling *(m; f* Hofdame*)*. ◆ **cortigiani** Hofleute *(pl)*.

cortile *(m)* ~ Hof *(m)* ♦ *nel cortile (stato in luogo)* auf dem Hof/im Hof.

cortina *(f)* ~ Vorhang *(m)* ♦ *la cortina di ferro (pol)* der Eiserne Vorhang. ◆ **cortina di nebbia** Nebelwand *(f)*.

corto *(agg)* ~ kurz ♦ *avere la memoria corta* ein kurzes Gedächtnis haben ♦ *tagliar corto* es kurz machen.

cortocircuito *(m)* ~ Kurzschluss *(m)*.

cortometraggio *(m)* ~ Kurzfilm *(m)*.

corvo *(m)* ~ Rabe *(m)*.

cosa[1] *(f)* ***1*** Ding *(n)*, Sache *(f)* ♦ *una sveglia è una cosa utile* ein Wecker ist ein nützliches Ding ♦ *questa è una cosa completamente diversa* das ist eine ganz andere Sache ♦ *devo sistemare ancora un paio di cose* ich muss noch ein paar Dinge erledigen ♦ *cose genuine (gastr)* gesunde Sachen. **2** *(con agg, di solito non tradotto)* etwas ♦ *è successa una cosa interessante* es ist etwas Interessantes passiert ♦ *fare la cosa giusta* das Richtige tun ♦ *è la stessa cosa* das ist das Gleiche. ◆ **per prima cosa** zuerst *(avv)*. ◆ **cose da pazzi!** unglaublich! ◆ **cosa da nulla** Kleinigkeit *(f)*. ◆ **una cosa per volta** eins nach dem andern. ◆ **ogni cosa** alles.

cosa[2] *(pron interr)* ~ was ♦ *cosa ti sei comprato?* was hast du dir gekauft? ♦ *non so cosa fare* ich weiß nicht, was ich tun soll. ◆ **(che) cosa?** was?

coscia *(f)* ***1*** *(anat)* Oberschenkel *(m)*. **2** *(gastr)* Keule *(f)*, Schenkel *(m)* ♦ *coscia di pollo* Hühnerschenkel.

cosciente *(agg)* ~ bewusst. ◆ **essere cosciente** *(in sé)* bei Bewusstsein sein*.

coscienza *(f)* ***1*** *(consapevolezza; sensi)* Bewusstsein *(n)* ♦ *coscienza di classe* Klassenbewusstsein. **2** *(valore morale)* Gewissen *(n)* ♦ *avere la coscienza sporca* ein schlechtes Gewissen haben.

coscienziosità *(f)* ~ Gewissenhaftigkeit *(f)*.

coscienzioso *(agg)* ~ gewissenhaft.

così[1] *(agg invar)* ~ so ein, ein solche(r, -s) ♦ *in una situazione così* in einer solchen Lage.

così[2] *(avv)* ***1*** *(in questo modo, di questo tipo)* so ♦ *così non va bene* so geht es nicht ♦ *va bene così!* gut so! ♦ *così è la vita!* so ist das Leben! **2** *(tanto, talmente)* *(+ agg/avv/pron)* so ♦ *è davvero così famoso?* ist er wirklich so berühmt? ♦ *sono così felice!* ich bin so glücklich! ◆ **così così** so lala. ◆ **e così via** *(eccetera)* und so weiter *(abbrev* usw.*)*. ◆ **per così dire** sozusagen *(avv)*.

così[3] *(congiunz)* ***1*** *(quindi, perciò)* deshalb, so. **2** *(comparativa, modale)* so ♦ *così... come...* so... wie.... **3** *(consecutiva)* so ♦ *così... che* so... dass.

cosicché *(congiunz)* ~ so dass.

cosiddetto *(agg)* ~ so genannt *(abbrev* sog.*)* ♦ *la cosiddetta guerra santa* der so genannte heilige Krieg.

cosmesi *(f)* ~ Kosmetik *(f)*.

cosmetica *(f)* ~ Kosmetik *(f)*.

cosmetico[1] *(agg)* ~ kosmetisch.

cosmetico[2] *(m)* ~ Kosmetikartikel *(m)*.

cosmico *(agg)* ***1*** kosmisch. **2** *(fig)* Welt-.

cosmo *(m)* ~ *(spazio)* Weltraum *(m)*, Kosmos *(m)*.

cosmopolita[1] *(agg)* ~ kosmopolitisch.

cosmopolita[2] *(m/f)* ~ Kosmopolit *(m; f* -in*)*.

cosmopolitismo *(m)* ~ Kosmopolitismus *(m)*.

cospargere *(vt)* ~ bestreuen *(vt)*.
cospicuo *(agg)* ~ namhaft, beträchtlich.
cospirare *(vi)* ~ sich verschwören* *(vr)* *(anche fig)*.
cospiratore *(m; f* -**trice***)* ~ Verschwörer *(m; f* -in*)*.
cospirazione *(f)* ~ Verschwörung *(f)*.
costa *(f)* ***1*** *(litorale)* Küste *(f)*. ***2*** *(fianco di un monte)* Hang *(m)* ♦ *a mezza costa* auf halber Höhe.
costante[1] *(agg)* ***1*** *(invariabile)* konstant, gleichmäßig. ***2*** *(continuo)* stetig, kontinuierlich. ***3*** *(perseverante)* ausdauernd, beständig.
costante[2] *(f)* ~ *(mat/fis)* Konstante *(f)* *(anche fig)*.
costantemente *(avv)* ~ ständig.
costanza *(f)* ***1*** *(continuità)* Stetigkeit *(f)*. ***2*** *(perseveranza)* Beständigkeit *(f)*.
costare[1] *(vi)* ***1*** kosten *(vi,* hat*)* ♦ *quanto costa quella pianta?* wie viel kostet/was kostet die Pflanze? ***2*** *(essere caro)* teuer sein* *(vi,* ist*)* ♦ *questa macchina costa molto* dieser Wagen ist sehr teuer. ◆ **costare poco** billig sein*.
costare[2] *(vt)* ~ kosten *(vt)* ♦ *costi quel che costi* koste es, was es wolle.
costata *(f)* ~ *(di manzo)* Rumpsteak *(n)*.
costeggiare *(vt)* ~ {~ *qcs*} *(a piedi)* etwas entlang|gehen* *(vt)*; *(con una barca, un veicolo)* etwas entlang|fahren* *(vt)*.
costellazione *(f)* ~ Sternbild *(n)*.
costernare *(vt)* ~ *(lasciare sgomento)* bestürzen *(vt)*.
costernato *(agg)* ~ bestürzt.
costernazione *(f)* ~ Bestürzung *(f)*.
costiero *(agg)* ~ Küsten-.
costituente *(agg)* ~ *(pol)* kostituierend, verfassunggebend ♦ *assemblea costituente* verfassunggebende Versammlung.
costituire *(vt)* ***1*** *(fondare)* gründen *(vt)* ♦ *costituire un'impresa* ein Unternehmen gründen. ***2*** *(rappresentare)* bilden *(vt)*, dar|stellen *(vt)* ♦ *costituire un'eccezione* eine Ausnahme bilden. ◆ **essere costituito da qcn/qcs** aus jmdm/etwas bestehen* *(vi,* hat*)*.
costituirsi *(vr)* ~ *(dir)* sich stellen *(vr)*.
costituzionale *(agg)* ~ konstitutionell, Verfassungs- ♦ *diritto costituzionale* Verfassungsrecht *(n)*.
costituzione *(f)* ***1*** *(fondazione)* Gründung *(f)*, Bildung *(f)* ♦ *la costituzione del nuovo governo* die Bildung der neuen Regierung. ***2*** *(fisico)* Konstitution *(f)* ♦ *essere di costituzione robusta* von kräftiger Konstitution sein. ***3*** *(dir)* Verfassung *(f)* Konstitution *(f)*.
costo *(m)* ***1*** *(prezzo)* Preis *(m)* ♦ *vendere sotto costo* unter (dem) Preis verkaufen. ***2*** *(pl)* *(costi, spese)* Kosten *(pl)* ♦ *sostenere i costi di qcs* die Kosten für etwas tragen. ◆ **a ogni costo, a tutti i costi** um jeden Preis.
costola *(f)* ~ *(anat)* Rippe *(f)*.
costoso *(agg)* ~ teuer.
costretto *(agg)* ~ gezwungen.
costringere *(vt)* ***1*** {~ *qcn a qcs*} jmdn zu etwas zwingen* *(vt)* ♦ *costringere qcn a parlare* jmdn zum Sprechen zwingen. ***2*** *(immobilizzare)* fesseln *(vt)*, zwingen* *(vt)* ♦ *la malattia la costringe a letto* die Krankheit fesselt ihr ans Bett. ***3*** *(stipare)* zwängen *(vt)*.
costrittivo *(agg)* ~ zwingend.
costrizione *(f)* ~ *(obbligo)* Zwang *(m)* ♦ *fare qcs per costrizione* etwas aus Zwang tun.
costruire *(vt)* ***1*** *(fabbricare)* bauen *(vt)*, konstruieren *(vt)*. ***2*** *(edificare)* bauen *(vt)*, errichten *(vt)*.
costruttivo *(agg)* ~ konstruktiv.
costrutto *(m)* ~ *(gramm)* Fügung *(f)*.
costruttore *(m; f* -**trice***)* ~ Erbauer *(m; f* -in*)*.
costruzione *(f)* ***1*** Bau *(m)*, Konstruktion *(f)* ♦ *in costruzione* im Bau ♦ *costruzioni moderne* moderne Bauten. ***2*** *(gramm)* Konstruktion *(f)*, Satzbau *(m)*.
costume *(m)* ***1*** *(uso, usanza)* Brauch *(m)*, Sitte *(f)* ♦ *gli usi e costumi di un paese* die Sitten und Gebräuche eines Landes. ***2*** *(condotta morale)* Sitte *(f)*. ***3*** *(abito tradizionale)* Tracht *(f)*. ***4*** *(di attori, da carnevale, ecc)* Kostüm *(n)*. ◆ **costume da bagno** *(da uomo)* Badehose *(f)*; *(intero, da donna)* Badeanzug *(m)*.
cotenna *(f)* ~ Schwarte *(f)*.
cotica *(f)* ~ Schwarte *(f)*.
cotogna *(f)* ~ Quitte *(f)*.
cotoletta *(f)* ~ Schnitzel *(n)* ♦ *cotoletta alla milanese* Wiener Schnitzel.

cotone *(m)* ***1*** *(pianta, tessuto)* Baumwolle *(f)* ♦ *di cotone* aus Baumwolle. ***2*** *(idrofilo)* Watte *(f)*.

cotta *(f)* ~ **prendersi una cotta per qcn** sich in jmdn verknallen *(vr)*.

cottimo *(m)* ~ Akkord *(m)* ♦ *a cottimo* im Akkord.

cotto *(agg)* ***1*** *(lesso)* gekocht; *(in padella o arrosto)* gebraten; *(pane, dolci)* gebacken ♦ *verdura cotta* gekochtes Gemüse ♦ *carne cotta in forno* im Ofen gebratenes Fleisch ♦ *prosciutto cotto* gekochter Schinken. ***2*** *(pronto)* fertig. ***3*** *(innamorato)* verknallt.

cottura *(f)* ~ Kochen *(n)*; *(al forno)* Backen *(n)*. ◆ **tempo di cottura** Kochzeit *(f)*.

cova *(f)* ~ Brut *(f)*.

covare *(vt)* ***1*** *(uova; malattia)* aus|brüten *(vt)*. ***2*** *(vendetta, speranza)* hegen *(vt)*, brüten *(vt)*.

covata *(f)* ~ Brut *(f)*.

covo *(m)* ***1*** *(tana)* Bau *(m)*, Höhle *(f)*. ***2*** *(di malfattori)* Versteck *(n)*.

covone *(m)* ~ Garbe *(f)*.

coyote *(m)* ~ Kojote *(m)*.

cozza *(f)* ~ Miesmuschel *(f)*.

cozzare *(vi)* ~ {~ *contro qcn/qcs*} auf/gegen jmdn/etwas prallen *(vi*, ist*)*.

cozzo *(m)* ~ Aufprall *(m)*.

crampo *(m)* ~ Krampf *(m)*.

cranio *(m)* ~ *(anat)* Schädel *(m)*.

cratere *(m)* ~ Krater *(m)*.

crauti *(m pl)* ~ Sauerkraut *(n)*.

cravatta *(f)* ~ Krawatte *(f)* ♦ *mettersi la cravatta* sich *(Dat)* die Krawatte binden.

creare *(vt)* ***1*** schaffen* *(vt)* ♦ *creare un'opera d'arte* ein Kunstwerk schaffen. ***2*** *(moda e sim)* entwerfen* *(vt)* ♦ *creare un nuovo stile* einen neuen Style entwerfen. ***3*** *(causare)* verursachen *(vt)* ♦ *creare difficoltà* Schwierigkeiten verursachen.

crearsi *(vr)* ~ entstehen* *(vi*, ist*)*.

creatività *(f)* ~ Kreativität *(f)*.

creativo *(agg)* ~ schöpferisch, kreativ ♦ *svolgere un'attività creativa* schöpferisch tätig sein.

creatore *(m; f* **-trice***)* ~ Schöpfer *(m; f* -in*)*, Erfinder *(m; f* -in*)*.

creatura *(f)* ~ Geschöpf *(n)*, Wesen *(n)*.

creazione *(f)* ***1*** *(di opera d'arte)* Schöpfung *(f)* *(anche relig)*; Schaffen *(n)*. ***2*** *(oggetto artistico)* Werk *(n)*, Schöpfung *(f)*, Kreation *(f)* *(anche moda)*. ***3*** *(istituzione)* Gründung *(f)* ♦ *la creazione di un istituto* die Gründung eines Instituts.

credente[1] *(agg)* ~ *(relig)* gläubig.

credente[2] *(m/f)* ~ Gläubige(r) *(m/f)*.

credenza *(f)* ***1*** *(dispensa)* Anrichte *(f)*. ***2*** *(opinione)* Meinung *(f)*.

credere[1] *(vi)* ***1*** *(aver fede)* {~ *a qcn/qcs*} an jmdn/etwas glauben *(vi*, hat*)* ♦ *credere in Dio, nella libertà* an Gott, an die Freiheit glauben. ***2*** *(prestare fede)* {~ *a qcn/qcs*} jmdm/etwas glauben *(vi*, hat*)* ♦ *non credo alle sue parole* ich glaube ihren Worten nicht.

credere[2] *(vt)* ***1*** glauben *(vt)*, denken* *(vt)*, meinen *(vt)* ♦ *crede che non ne valga la pena* er meint, dass es sich nicht lohne ♦ *credo di sì/no* ich glaube schon/nicht ♦ *credevo che fosse a Colonia* ich glaubte ihn in Köln. ***2*** *(ritenere)* {~ *qcn qcs*} jmdn für etwas halten* *(vt)* ♦ *lo credevo sincero* ich hielt ihn für ehrlich. ◆ **far credere qcs a qcn** jmdn etwas glauben machen. ◆ **da non credere!** kaum zu glauben!

credersi *(vr)* ~ {~ *qcs*} sich für jmdn/etwas halten *(vr)* ♦ *si credeva imbattibile* er hielt sich für unschlagbar.

credibile *(agg)* ~ glaubhaft, glaubwürdig.

credibilità *(f)* ~ Glaubhaftigkeit *(f)*, Glaubwürdigkeit *(f)*.

credito *(m)* ***1*** *(stima)* Ansehen *(n)* ♦ *godere di un certo credito presso qcn* ein großes Ansehen bei jmdm geniessen. ***2*** *(fiducia, attendibilità)* Glauben *(m)* ♦ *dare credito a qcn* jmdm Glauben schenken. ***3*** *(comm)* Kredit *(m)* *(anche fig)* ♦ *fare credito a qcn* jmdm Kredit geben ♦ *comprare a credito* auf Kredit kaufen. ◆ **carta di credito** Kreditkarte *(f)*. ◆ **istituto di credito** Kreditinstitut *(n)*.

creditore *(m; f* **-trice***)* ~ Gläubiger *(m; f* -in*)*.

credo *(m)* ***1*** *(relig)* Kredo *(n)*. ***2*** *(ideale)* Glaubensbekenntnis *(n)*.

credulità *(f)* ~ Leichtgläubigkeit *(f)*.

credulone *(agg)* ~ naiv, einfältig.

crema *(f)* ***1*** *(cosmetica; alimentare)* Creme *(f)*, Krem *(f)* ♦ *torta alla crema* Cremetorte ♦ *crema idratante* Feuchtigkeitscreme ♦ *crema solare* Sonnencreme. ◆ **gelato alla crema** Vanilleeis *(n)*.

cremare *(vt)* ~ ein|äschern *(vt)*.
crematorio *(m)* ~ Krematorium *(n)*.
cremazione *(f)* ~ Einäscherung *(f)*.
crepa *(f)* ~ Spalt *(m)*, Riss *(m)* *(anche fig)*; Spalte *(f)*.
crepaccio *(m)* ~ Felsspalte *(f)*.
crepapelle ~ **ridere a crepapelle** sich kaputt|lachen *(vr)*.
crepare *(vi)* ~ krepieren *(vi*, ist*)*. ◆ **crepare d'invidia** vor Neid platzen. ◆ **crepare di caldo** vor Hitze um|kommen*.
crêpe *(f)* ~ *(gastr)* Krepp *(f)*.
crepitare *(vi)* **1** *(fuoco)* knistern *(vi*, hat*)*, prasseln *(vi*, ist*)*. **2** *(mitragliatrice e sim)* knattern *(vi*, hat*)*.
crepitio *(m)* **1** *(del fuoco)* Knistern *(n)*. **2** *(di mitragliatrice e sim)* Knattern *(n)*.
crepuscolare *(agg)* ~ *(luce)* dämm(e)rig.
crepuscolo *(m)* **1** Dämmerung *(f)*. **2** *(declino)* Untergang *(m)*.
crescente *(agg)* ~ wachsend, steigend. ◆ **luna crescente** zunehmender Mond.
crescere[1] *(vi)* **1** *(venire su, svilupparsi)* wachsen* *(vi*, ist*)* ◆ *qui crescono i mughetti* hier wachsen Maiglöckchen. **2** *(trascorrere l'infanzia)* auf|wachsen* *(vi)*, groß werden* *(vi*, ist*)*. **3** *(aumentare, salire)* zu|nehmen* *(vi*, hat*)*, wachsen* *(vi*, ist*)*, steigen* *(vi*, ist*)* ◆ *la tensione cresceva* die Spannung stieg.
crescere[2] *(vt)* ~ *(bambini)* auf|ziehen* *(vt)*, groß|ziehen* *(vt)*.
crescita *(f)* **1** *(di persone, piante)* Wachstum *(n)*, Wachsen *(n)*. **2** *(di capelli e sim)* Wuchs *(m)* ◆ *crescita della barba* Bartwuchs. **3** *(sviluppo econ)* Wachstum *(n)*; *(di prezzi, inflazione)* Anstieg *(m)*.
cresima *(f)* ~ *(relig)* Firmung *(f)*; *(nella chiesa evangelica)* Konfirmation *(f)*.
cresimare *(vt)* ~ *(relig)* firmen *(vt)*; *(nella chiesa evangelica)* konfirmieren *(vt)*.
crespo *(agg)* ~ kraus.
cresta *(f)* ~ Kamm *(m)* ◆ *qcn alza la cresta* jmdm schwillt der Kamm. ◆ **abbassare la cresta** den Schwanz ein|ziehen*.
creta *(f)* ~ Ton *(m)*.
cretinata *(f)* ~ *(stupidaggine)* Dummheit *(f)*, Blödsinn *(m)*.
cretino[1] *(agg)* ~ blöd, dumm.
cretino[2] *(m)* ~ Idiot *(m*; *f* -in*)*, Dummkopf *(m)*.
cricca *(f)* ~ Clique *(f)*; *(delinquenti)* Bande *(f)*.
criceto *(m)* ~ *(zool)* Hamster *(m)*.
criminale[1] *(agg)* ~ kriminell, verbrecherisch ◆ *atti criminali* verbrecherische Handlungen.
criminale[2] *(m/f)* ~ Kriminelle(r) *(m/f)*, Verbrecher *(m*; *f* -in*)* ◆ *criminale di guerra* Kriegsverbrecher.
criminalità *(f)* ~ Kriminalität *(f)*.
crimine *(m)* ~ Verbrechen *(n)* ◆ *compiere un crimine* ein Verbrechen begehen ◆ *crimine di guerra* Kriegsverbrechen.
crinale *(m)* ~ Grat *(m)*, Gebirgskamm *(m)*.
criniera *(f)* ~ Mahne *(f)*.
cripta *(f)* ~ Krypta *(f)*.
crisi *(f)* ~ Krise *(f)* ◆ *andare in crisi* in eine Krise geraten ◆ *superare una crisi* eine Krise überwinden ◆ *crisi di governo* Regierungskrise ◆ *crisi economica* Wirtschaftskrise.
cristallino *(m)* ~ Linse *(f)*.
cristallizzare *(vt)* ~ *(chim)* kristallisieren *(vt)*.
cristallizzarsi *(vr)* ~ *(chim)* sich kristallisieren *(vr)*.
cristallo *(m)* **1** *(geol)* Kristall *(m)*. **2** *(vetro)* Kristall *(n)*. ◆ **di cristallo** kristallen *(agg)*, Kristall- ◆ *bicchiere di cristallo* Kristallglas.
cristianesimo *(m)* ~ Christentum *(n)*.
cristiano[1] *(agg)* ~ christlich ◆ *la morale cristiana* die christliche Moral.
cristiano[2] *(m*; *f* -**a**) ~ *(relig)* Christ *(m*; *f* -in*)*.
Cristo *(m)* ~ Christus *(m)*. ◆ **avanti, dopo Cristo** vor, nach Christus *(abbrev* v. Chr.; n. Chr.*)*.
criterio *(m)* **1** Kriterium *(n)*, Maßstab *(m)* ◆ *fissare dei criteri* Kriterien fest|legen. **2** *(buon senso)* Verstand *(m)*, Vernunft *(f)*.
critica *(f)* **1** *(giudizio negativo)* Kritik *(f)* ◆ *muovere una critica a qcn/qcs* an jmdm/etwas Kritik üben. **2** *(recensione)* Rezension *(f)*, Besprechung *(f)*.
criticare *(vt)* ~ *(negativamente)* kritisieren *(vt)*.
critico[1] *(agg)* ~ kritisch ◆ *edizione critica* kritische Ausgabe ◆ *una situazione critica* eine kritische Situation.
critico[2] *(m)* ~ Kritiker *(m*; *f* -in*)* ◆ *critico letterario* Literaturkritiker.

croccante *(agg)* ~ knusprig.
crocchetta *(f)* ~ *(gastr)* Krokette *(f)*.
crocchia *(f)* ~ Haarknoten *(m)*.
croce *(f)* ***1*** Kreuz *(n)* ♦ *croce al merito* Verdienstkreuz ♦ *portare la propria croce* sein Kreuz tragen ♦ *croce rossa* Rotes Kreuz. ◆ **a occhio e croce** Pi mal Daumen ♦ *potrebbe costare a occhio e croce 50 euro* das könnte Pi mal Daumen 50 Euro kosten. ◆ **testa o croce** Kopf oder Zahl. ◆ **segno della croce** *(relig)* Kreuzzeichen *(n)*. ◆ **farsi il segno della croce** sich bekreuzigen *(vr)*.
crocevia *(f)* ~ *(incrocio)* Kreuzung *(f)*.
crociata *(f)* ***1*** *(stor)* Kreuzzug *(m)*. ***2*** *(fig)* Kampagne *(f)*.
crociera *(f)* ~ Kreuzfahrt *(f)*.
crocifiggere *(vt)* ~ kreuzigen *(vt)*.
crocifissione *(f)* ~ Kreuzigung *(f)*.
crocifisso *(m)* ~ Kreuz *(n)*, Kruzifix *(n)*.
crogiolo *(m)* ~ Schmelztiegel *(m)*.
crollare *(vi)* ***1*** *(costruzioni)* ein|stürzen *(vi*, ist*)*, zusammen|brechen* *(vi*, ist*)*. ***2*** *(essere sopraffatto)* zusammen|brechen* *(vi*, ist*)* ♦ *crollare per la stanchezza* vor Erschöpfung zusammenbrechen. ***3*** *(andare in fumo)* zerplatzen *(vi*, ist*)* ♦ *le speranze sono crollate* die Hoffnungen sind zerplatzt. ***4*** *(prezzi)* stürzen *(vi*, ist*)*.
crollo *(m)* ***1*** Einsturz *(m)* ♦ *il crollo di una casa* der Einsturz eines Hauses. ***2*** *(pol/econ)* Zusammenbruch *(m)* ♦ *il crollo del regime, dell'economia* der Zusammenbruch des Regimes, der Wirtschaft.
cromatico *(agg)* ~ chromatisch.
cromato *(agg)* ~ verchromt.
cromo *(m)* ~ *(chim)* Chrom *(n)*.
cronaca *(f)* ***1*** *(stor)* Chronik *(f)*. ***2*** *(di radio, TV e sim)* Bericht *(m)*. ***3*** *(dei giornali)* Nachrichten *(pl)* ♦ *cronaca locale* Lokalnachrichten.
cronico *(agg)* ~ chronisch *(anche fig)*.
cronista *(m/f)* ***1*** *(stor)* Chronist *(m)*. ***2*** *(reporter)* Berichterstatter *(m; f* -in*)*, Reporter *(m; f* -in*)*.
cronologia *(f)* ~ Chronologie *(f)*.
cronologico *(agg)* ~ chronologisch ♦ *in ordine cronologico* in chronologischer Reihenfolge.
cronometraggio *(m)* ~ Zeitmessung *(f)*.
cronometrare *(vt)* ~ ab|stoppen *(vt)*.
cronometro *(m)* ~ Chronometer *(n)*, Zeitmesser *(m)*.
cross *(m)* ~ *(sport)* Flanke *(f)*.
crosta *(f)* ***1*** *(di ghiaccio; di pane)* Kruste *(f)*; *(di formaggio, ecc)* Rinde *(f)*. ***2*** *(med)* *(di ferita)* Schorf *(m)*. ◆ **crosta terrestre** Erdkruste *(f)* .
crostaceo *(m)* ~ Schalentier *(n)*.
crostino *(m)* ~ *(gastr)* Schnittchen *(n)*.
crucciarsi *(vr)* ~ sich grämen *(vr)*.
cruciale *(agg)* ~ entscheidend ♦ *la fase cruciale* die entscheidende Phase.
cruciverba *(m)* ~ Kreuzworträtsel *(n)*.
crudele *(agg)* ~ grausam.
crudeltà *(f)* ~ Grausamkeit *(f)*.
crudo *(agg)* ***1*** *(cibi)* roh ♦ *carne cruda* rohes Fleisch. ***2*** *(espressioni, scene)* hart.
cruento *(agg)* ~ blutig.
crumiro *(m)* ~ Streikbrecher *(m; f* -in*)*.
cruna *(f)* ~ *(dell'ago)* Nadelöhr *(n)*.
crusca *(f)* ~ Kleie *(f)*.
cruscotto *(m)* ~ Armaturenbrett *(n)*.
cubetto *(m)* ~ Würfel *(m)*.
cubico *(agg)* ~ *(geom)* kubisch.
cubo *(m)* ~ *(geom)* Kubus *(m)* *(anche mat)*; Würfel *(m)* ♦ *3 al cubo fa 27* 3 hoch drei macht 27.
cuccagna *(f)* ~ *(paese della cuccagna)* Schlaraffenland *(n)*.
cuccetta *(f)* ~ *(treno)* Platz *(m)* im Liegewagen; *(nave)* Koje *(f)*.
cucchiaiata *(f)* ~ Löffel *(m)*.
cucchiaino *(m)* ~ Teelöffel *(m)*.
cucchiaio *(m)* ~ Löffel *(m)* ♦ *un cucchiaio di sale* ein Löffel Salz.
cuccia *(f)* ~ Hundehütte *(f)*. ◆ **a cuccia!** Platz!
cucciolata *(f)* ~ Wurf *(m)*.
cucciolo *(m)* ~ *(zool)* Junge(r); *(di cane, lupo e sim)* Welpe *(m)*.
cucina *(f)* ***1*** Küche *(f)* *(anche gastr)*. ***2*** *(elettrodomestico)* Herd *(m)* ♦ *cucina a gas, elettrica* Gasherd, Elektroherd.
cucinare[1] *(vi/vt)* ***1*** kochen *(vi/vt*, hat*)* ♦ *cucina bene* sie kann gut kochen. ***2*** *(al forno)* backen* *(vi/vt*, hat*)*.
cucire[1] *(vi)* ~ nähen *(vi*, hat*)*.
cucire[2] *(vt)* ***1*** *(fissare cucendo)* an|nähen *(vt)*. ***2*** *(confezionare abiti)* schneidern *(vt)*. ◆ **macchina da cucire** Nähmaschine *(f)*.

cucitrice *(f)* ~ *(pinzatrice)* Hefter *(m)*.

cucitura *(f)* ~ Naht *(f)* ♦ *fare una cucitura* eine Naht nähen.

cuculo *(m)* ~ *(zool)* Kuckuck *(m)*.

cuffia *(f)* **1** Haube *(f) (anche tecn)*, Kappe *(f)* ♦ *cuffia da bagno* Badekappe. **2** *(da ascolto)* Kopfhörer *(m)* ♦ *ascoltare la musica in cuffia* Musik über Kopfhörer hören.

cugina *(f)* ~ Kusine *(f)*.

cugino *(m)* ~ Cousin *(m; f* Kusine*)*, Vetter *(m)*.

cui *(pron rel)* **1** *(riferito a persone o cose)* der, die, das ♦ *l'uomo con cui è venuta è il suo fidanzato* der Mann, mit dem sie gekommen ist, ist ihr Verlobter ♦ *l'attore di cui tutti parlano* der Schauspieler, von denen alle reden. **2** *(riferito a cose; con verbi che reggono preposizioni)* woran, worauf, wozu, wovon, worum, ecc ♦ *questa è una cosa di cui non posso occuparmi* das ist etwas, worum ich mich nicht kümmern kann ♦ *c'è qualcosa di cui preferirei non parlare* es gibt etwas, wovon ich lieber nicht reden möchte. **3** *(preceduto da art det oppure compl di specificazione)* deren *(f/pl)*, dessen *(m/n)* ♦ *un uomo il cui nome è noto a tutti* ein Mann dessen Name alle kennen. ◆ **in cui** *(dove)* wo ♦ *la città in cui sono nato* die Stadt, wo ich geboren bin. ◆ **per cui** weshalb *(congiunz subord)* ♦ *questo è il motivo per cui non ti ho scritto* das ist der Grund, weshalb ich dir nicht geschrieben habe.

culla *(f)* ~ Wiege *(f)* ♦ *fin dalla culla* von der Wiege an.

cullare *(vt)* ~ schaukeln *(vt)*, wiegen *(vt)*.

cullarsi *(vr)* ~ *(fig)* sich wiegen *(vr)* ♦ *si cullava nell'illusione* er wiegte sich in der Illusion.

culminare *(vi)* ~ gipfeln *(vt*, hat*)*.

culmine *(m)* ~ Gipfel *(m) (anche fig)*.

culo *(m)* ~ *(volg)* Arsch *(m)* ♦ *leccare il culo a qcn* jmdm in den Arsch kriechen ♦ *prendere qcn a calci nel culo* jmdm in den Arsch treten. ◆ **prendere per il culo** verarschen *(vt)*. ◆ **avere culo** *(fam) (avere fortuna)* Schwein haben.

culto *(m)* ~ *(relig)* Verehrung *(f)*, Kult *(m) (anche fig)* ♦ *culto della Madonna* Marienkult ♦ *il culto della bellezza* der Schönheitskult. ◆ **luogo di culto** Kultstätte *(f)*. ◆ **libertà di culto** Kultusfreiheit *(f)*.

cultore *(m; f* **-trice***)* ~ Liebhaber *(m; f* -in*)*. ◆ **cultore della materia** Spezialist *(m; f* -in*)*.

cultura *(f)* **1** *(sapere; civiltà)* Kultur *(f)* ♦ *(non) avere una cultura* (keine) Kultur haben ♦ *la cultura occidentale* die westliche Kultur. **2** *(formazione culturale)* Bildung *(f)* ♦ *cultura scientifica* wissenschaftliche Bildung.

culturale *(agg)* ~ kulturell, Kultur- ♦ *una manifestazione culturale* eine kulturelle Veranstaltung.

cumulativo *(agg)* ~ Sammel-.

cumulo *(m)* ~ Haufen *(m) (anche fig)*.

cuneiforme *(agg)* ~ keilförmig. ◆ **scrittura cuneiforme** Keilschrift *(f)*.

cuneo *(m)* ~ Keil *(m)*.

cuocere *(vt/vi)* **1** kochen *(vt/vi*, hat*) (spec in acqua)*. **2** *(a fuoco lento)* garen *(vt/vi*, hat*)*. **3** *(in forno)* backen* *(vt/vi*, hat*)*. **4** *(carne in padella o in forno)* braten* *(vt/vi*, hat*)*. **5** *(mattoni, argilla, ecc)* brennen* *(vt)*.

cuoco *(m)* ~ Koch *(m; f* Köchin*)*.

cuoio *(m)* ~ Leder *(n)*. ◆ **di cuoio** aus Leder, ledern *(agg)*. ◆ **cuoio capelluto** *(anat)* Kopfhaut *(f)*.

cuore *(m)* **1** Herz *(n) (anche fig)* ♦ *il cuore batte* das Herz klopft/schlägt ♦ *mi andò il cuore in gola* das Herz schlug mir bis zum Halse ♦ *a cuor leggero* leichten Herzens ♦ *stare a cuore a qcn (fig)* jmdm am Herzen liegen ♦ *avere qcn nel cuore* jmdn ins Herz/in sein Herz schließen*. **2** *(pl) (nelle carte)* Herz *(n)*. ◆ **nel cuore della notte** mitten in der Nacht. ◆ **di cuore** herzlich *(avv)* ♦ *grazie di cuore!* herzlichen Dank! ◆ **di tutto cuore** von ganzem Herzen. ◆ **senza cuore** herzlos *(agg)*.

cupidigia *(f)* ~ Gier *(f)*.

cupo *(agg)* **1** düster, finster. **2** *(colore)* tief. **3** *(suono)* hohl; *(voce)* dunkel. **4** *(sguardo e sim)* finster.

cupola *(f)* ~ Kuppel *(f)*.

cura *(f)* **1** Pflege *(f)* ♦ *la cura del giardino* die Pflege des Gartens ♦ *la cura del corpo* die Pflege des Körpers. **2** *(accuratezza)* Sorgfalt *(f)* ♦ *fare qcs con cura* etwas mit Sorgfalt tun. **3** *(assistenza di malati e sim)* Pflege *(f)*, Versorgung *(f)*. **4** *(med) (terapia)* Kur *(f)*, Behandlung *(f)* ♦ *essere in cura da qcn* bei jmdm in Behandlung sein ♦ *cura dimagrante* Schlankheitskur. ◆ **a cura di** *(edit)* herausgegeben von *(agg) (abbrev* hg, hrsg*)*. ◆ **luogo di cura** Kurort *(m)*. ◆ **avere cura di qcs** etwas pflegen *(vt)*. ◆ **prendersi cura di qcn/qcs** sich um jmdn/etwas kümmern *(vr)*.

curabile *(agg)* ~ heilbar.

curare *(vt)* **1** pflegen *(vt)* ♦ *curare il proprio aspetto esteriore* sein Äußeres pflegen. **2** *(progetti e sim)* betreuen *(vt)*. **3** *(edizioni)* heraus|geben* *(vt)*. **4** *(affari e sim)* verwalten *(vt)*. **5** *(med)* behandeln *(vt)*; *(guarire)* kurieren *(vt)*.

curarsi *(vr)* **1** *(aver cura di sé)* sich pflegen *(vr)*. **2** *(med)* sich behandeln lassen* *(vr)*. ◆ **non curarsi di qcn/qcs** sich nicht um jmdn/etwas scheren*.

curativo *(agg)* ~ heilkräftig.

curato[1] *(agg)* ~ *(nell'aspetto)* gepflegt.

curato[2] *(m)* ~ *(relig)* Pfarrer *(m)*.

curatore *(m; f* **-trice***)* **1** *(editore)* Herausgeber *(m; f* -in*) (abbrev* Hg., Hrsg.*)*. **2** *(dir)* Pfleger *(m) (m; f* -in*)*. ◆ **curatore fallimentare** Konkursverwalter *(m; f* -in*)*.

curia *(f)* ~ *(relig)* Kurie *(f)*.

curiosare *(vi)* ~ herum|schnüffeln *(vi,* hat*)*.

curiosità *(f)* ~ Neugier *(f)*, Neugierde *(f)* ♦ *soddisfare la propria curiosità* seine Neugier befriedigen ♦ *solo per curiosità* nur aus Neugier.

curioso[1] *(agg)* **1** neugierig ♦ *essere curioso di qcs* auf etwas *(Acc)* neugierig sein. **2** *(impaziente)* gespannt. **3** *(strano)* merkwürdig.

curioso[2] *(m)* ~ Schaulustige(r) *(m/f)*.

curriculum *(m)* ~ Lebenslauf *(m)*.

curva *(f)* ~ Kurve *(f) (anche geom)*, Biegung *(f)* ♦ *curva a gomito* Haarnadelkurve.

curvare[1] *(vi)* ~ ab|biegen* *(vi,* ist*)* ♦ *curvare a destra* nach rechts abbiegen.

curvare[2] *(vt)* **1** biegen* *(vt)*, krümmen *(vt)* ♦ *curvare un filo metallico* einen Draht biegen. **2** *(testa, schiena)* beugen *(vt)*.

curvarsi *(vr)* ~ *(persona)* sich beugen *(vr)*; *(oggetto)* sich biegen* *(vr)* ♦ *curvarsi in avanti* sich nach vorn beugen.

curvatura *(f)* ~ Krümmung *(f)*, Biegung *(f)*.

curvo *(agg)* **1** krumm ♦ *un tronco curvo* ein krummer Baumstamm. **2** *(chino, persona)* gebeugt; *(piegato, cosa)* gebogen.

cuscinetto *(m)* **1** Kissen *(n)* ♦ *cuscinetto per timbri* Stempelkissen. **2** *(mecc)* Lager *(n)* ♦ *cuscinetto a sfera* Kugellager. ◆ **stato cuscinetto** Pufferstaat *(m)*.

cuscino *(m)* **1** Kissen *(n)*. **2** *(guanciale)* Kopfkissen *(n)*.

custode *(m/f)* **1** *(di condominio, di scuola)* Hausmeister *(m; f* -in*)*. **2** *(di musei e sim)* Aufseher *(m; f* -in*)*, Wärter *(m; f* -in*)*.

custodia *(f)* **1** *(deposito)* Aufbewahrung *(f)*, Verwahrung *(f)* ♦ *dare in custodia* zur Aufbewahrung geben. **2** *(persona)* Pflege *(f)* ♦ *prendere in custodia un bambino* ein Kind in Pflege nehmen. **3** *(astuccio)* Futteral *(n)*; *(per occhiali e sim)* Etui *(n)*; *(di un CD)* Hülle *(f)*. ◆ **custodia cautelare** Untersuchungshaft *(f)*.

custodire *(vt)* **1** *(conservare)* auf|bewahren *(vt)*. **2** *(sorvegliare)* hüten *(vt)*, beaufsichtigen *(vt)*.

cute *(f)* ~ *(anat)* Haut *(f)*.

d

da *(prep)* ***1*** *(dall'interno di, fuori da)* aus ♦ *uscì dalla stanza* er ging aus dem Zimmer ♦ *prese un libro dalla borsa* sie holte ein Buch aus der Tasche ♦ *bere dalla bottiglia* aus der Flasche trinken ♦ *buttare qcs dalla finestra* etwas aus dem Fenster werfen. ***2*** *(provenienza)* aus *(quando la prep dello stato in luogo è* in*)*; von *(quando la prep dello stato in luogo è diversa da* in*)* ♦ *una lettera dalla Germania* ein Brief aus Deutschland ♦ *vengo da Roma (sono di Roma)* ich komme aus Rom ♦ *vengo da Roma (da un viaggio a Roma)* ich komme von Rom ♦ *vengo dal (dallo studio del) dentista* ich komme gerade vom Zahnarzt ♦ *il bambino è caduto dal letto* das Kind ist vom Bett gefallen ♦ *da qui, da là* von hier, von dort ♦ *da sopra, da sotto* von oben, von unten ♦ *da destra* von rechts ♦ *da sud* von Süden ♦ *i fiori li ho ricevuti dal mio ragazzo* die Blumen habe ich von meinem Freund bekommen. ***3*** *(persona)* bei *(stato)*; zu *(moto)* ♦ *sono stata dal medico* ich war beim Arzt ♦ *abita dai suoi nonni* sie wohnt bei ihren Großeltern ♦ *vorreste festeggiare il Natale da noi?* möchtet ihr bei uns Weihnachten feiern? ♦ *vado dal medico, da Sandra* ich gehe zum Arzt, zu Sandra ♦ *quando vieni da me?* wann kommst du zu mir? ***4*** *(punto determinato)* von... aus ♦ *ci ha telefonato da New York* er hat uns von New York aus angerufen ♦ *da questa finestra si può vedere la torre* von diesem Fenster aus kann man den Turm sehen. ***5*** *(tempo)* seit ♦ *ci conosciamo da gennaio, da due anni* wir kennen uns seit Januar, seit zwei Jahren ♦ *non la vedo da un anno* ich habe sie seit einem Jahr nicht mehr gesehen. ***6*** *(a partire da)* ab ♦ *a partire dal 2 luglio* ab dem zweiten Juli ♦ *(a partire) da oggi* ab heute ♦ *(a partire) da domani* ab morgen ♦ *bambini dai sei anni (in su)* Kinder ab sechs Jahren. ***7*** *(agente animato)* von ♦ *il ladro fu ucciso da un poliziotto* der Dieb wurde von einem Polizisten erschossen. ***8*** *(agente inanimato)* durch ♦ *la casa fu distrutta dal terremoto* das Haus wurde durch das Erdbeben zerstört. ***9*** *(causa)* vor ♦ *dalla gioia non riuscivo a parlare* vor Freude konnte ich nicht sprechen. ***10*** *(funzione, scopo)* parola composta ♦ *spazzolino da denti* Zahnbürste ♦ *biglietto da visita* Visitenkarte. ***11*** *(+ inf)* zu, zum; participio ♦ *è da non credere* es ist nicht zu glauben ♦ *non c'è niente da fare* es ist nichts zu machen ♦ *ho molto da fare* ich habe viel zu tun ♦ *prendiamo qualcosa da mangiare!* nehmen wir etwas zum Essen mit! ♦ *il problema è difficile da capire* das Problem ist schwer zu verstehen ♦ *un problema difficile da capire* ein schwer zu verstehendes Problem ♦ *un libro facile da leggere* ein einfach zu lesendes Buch. ***12*** *(limitazione)* auf ♦ *è sordo dall'orecchio destro* er ist auf dem rechten Ohr taub. ***13*** *(lato)* auf ♦ *da questo lato* auf dieser Seite *(stato)* ♦ *da una parte... dall'altra...* auf der einen Seite... auf der anderen... ◆ **dall'oggi al domani** von heute auf morgen. ◆ **da... a...** von... bis... *(tempo; luogo)* ♦ *da ieri a domani* von gestern bis morgen ♦ *dal 5 al 10 maggio sono in ferie* vom 5. bis zum 10 Mai habe ich Urlaub ♦ *da luglio a settembre* von Juli bis September ♦ *da Stoccarda (fino) a Monaco* von Stuttgart bis München. ◆ **da quando** seitdem ♦ *da quando si è sposata, non ci ha più telefonato* seitdem sie geheiratet hat, hat sie uns nicht mehr angerufen. ◆ **da... in poi, fino da** von... an ♦ *d'ora in poi* von nun an ♦ *da oggi in poi, fin da oggi* von heute an ♦ *fin dall'inizio* von Anfang an. ◆ **diverso da, diversamente da** anders als ♦ *sie sieht anders aus als ihre Schwester* è diversa (nell'aspetto) da sua sorella ♦ *das Spiel endete anders, als ich gehofft hatte* la partita finì diversamente da come avevo sperato.

dabbenaggine *(f)* ~ Einfalt *(f)*.

daccapo *(avv)* ~ von vorn ♦ *cominciare da capo* von vorn anfangen. ◆ **daccapo** von neuem.

dado *(m)* ***1*** Würfel *(m)*. ***2*** *(mecc)* Mutter *(f)*. ***3*** *(gastr)* Brühewürfel *(m)*. ◆ **tirare i dadi** würfeln *(vi, hat)*.

daffare *(m)* ~ Mühe *(f)* ♦ *darsi un gran daffare* sich redliche Mühe geben.

dai *(interiez)* ~ komm!, los! ♦ *dai racconta!* los erzähl mal!

daino *(m)* ~ *(zool)* Damhirsch *(m)*.

dalia *(f)* ~ *(bot)* Dahlie *(f)*.

daltonico *(agg)* ~ farbenblind.

daltonismo *(m)* ~ Farbenblindheit *(f)*.

dama *(f)* ***1*** Dame *(f)*. ***2*** *(gioco)* Damespiel *(n)*.

damigiana *(f)* ~ Korbflasche *(f)*, Ballon *(m)*.

dannarsi *(vr)* ~ {~ *per qcs*} sich mit etwas plagen *(vr)*.

dannatamente *(avv)* ~ verdammt, verflucht.

dannato[1] *(agg)* ~ verdammt, verflucht.

dannato[2] *(m)* ~ Verdammte(r) *(m/f)*.

dannazione *(f)* ***1*** Verdammung *(f)*. ***2*** *(interiez)* verdammt!

danneggiamento *(m)* ~ Beschädigung *(f)*, Schädigung *(f)*.

danneggiare *(vt)* ~ {~ *qcn/qcs*} jmdn/etwas beschädigen *(vt)*; jmdm/etwas schaden *(vi, hat)*.

danneggiato *(agg)* ***1*** beschädigt, schadhaft. ***2*** *(difettoso)* defekt.

danno *(m)* ~ Schaden *(m)* ♦ *risarcire i danni* den Schaden ersetzen ♦ *il danno ammonta a mille euro* der Schaden beträgt tausend Euro. ◆ **risarcimento danni** Schadenersatz *(m)*.

dannoso *(agg)* ***1*** schädlich. ***2*** *(sfavorevole)* nachteilig. ***3*** *(per la salute)* gesundheitsschädlich, ungesund.

danza *(f)* ***1*** Tanz *(m)*. ***2*** *(classica)* Ballett *(n)*.

danzare *(vt/vi)* ~ tanzen *(vt/vi, hat)*.

danzatore *(m; f* **-trice***)* ~ Tänzer *(m; f* -in*)*.

dappertutto *(avv)* ***1*** *(stato in luogo)* überall, kreuz und quer. ***2*** *(moto a luogo)* überallhin, kreuz und quer.

dardo *(m)* ~ Pfeil *(m)*.

dare[1] *(vi)* ~ auf etwas *(Acc)* gehen* *(vi, ist)*, hinaus|gehen* *(vi, ist)* ♦ *la finestra dà sulla strada* das Fenster geht auf die Straße.

dare[2] *(vt)* ***1*** geben* *(vt)* ♦ *dare un bacio, uno schiaffo, la mano a qcn* jmdm einen Kuss, eine Ohrfeige, die Hand geben ♦ *dare a intendere qcs a qcn* jmdm etwas zu verstehen geben ♦ *dare un incarico a qcn* jmdm einen Auftrag geben. ***2*** *(film, trasmissione)* laufen* *(vi, ist)*, geben* *(vt)* ♦ *che film danno oggi?* welcher Film läuft heute? ♦ *cosa danno al cinema?* was wird im Kino gegeben? ***3*** *(valutare)* bewerten *(vt)* ♦ *dare "ottimo" a una relazione* ein Referat mit einer „1" bewerten. ***4*** *(compito scolastico)* auf|geben* *(vt)*. ***5*** *(risultati)* ergeben* ♦ *il sondaggio ha dato che* die Umfrage ergab, dass. ***6*** *(attribuire)* bei|messen* *(vt)* ♦ *dare peso, importanza a un fatto* einer Gewicht, Wichtigkeit beimessen. ***7*** *(età)* schätzen *(vt)* ♦ *le darei trent'anni* ich würde sie auf dreißig schätzen. ***8*** *(frutti)* tragen *(vt)* *(anche fig)*. ***9*** *(ordini, una lezione)* erteilen *(vt)*. ***10*** *(assestare)* versetzen *(vt)* ♦ *dare un calcio a qcn* jmdm einen Fußtritt versetzen. ◆ **dare il buongiorno, la buonanotte a qcn** jmdm guten Tag, gute Nacht sagen. ◆ **dare ascolto a qcn**

jmdm Gehör schenken. ◆ **dare del tu, del Lei a qcn** jmdn duzen *(vt)*, siezen *(vt)*. ◆ **si dà il caso che** *(impers)* es trifft sich, dass. ◆ **dare sui nervi a qcn** jmdm auf die Nerven gehen*. ◆ **dare alla luce** zur Welt bringen*.

dare[2] *(m)* ~ *(econ)* Soll *(n)* ♦ *dare e avere* Soll und Haben.

darsena *(f)* ~ Hafenbecken *(n)*, Dock *(n)*.

darsi *(vr)* ***1*** *(dedicarsi)* {~ *a qcn/qcs*} sich jmdm/etwas widmen *(vr)*. ***2*** {~ *a qcs*} etwas *(Dat)* verfallen* *(vi*, ist*)* ♦ *si è dato all'alcol* er ist dem Alkohol verfallen. ***3*** *(recipr)* sich geben *(vr)*. ◆ **darsi da fare** sich *(Dat)* zu schaffen machen. ◆ **darsi alla fuga** sich zur Flucht wenden* *(vr)*. ◆ **darsi per vinto** sich geschlagen geben. ◆ **può darsi che** es kann sein, dass.

data *(f)* ***1*** Datum *(n)* ♦ *data di scadenza* Verfallsdatum ♦ *data di nascita* Geburtsdatum. ***2*** *(appuntamento)* Termin *(m)* ♦ *fissare una data* einen Termin vereinbaren. ◆ **data di consegna** Lieferfrist *(f)*.

database *(m)* ~ *(elab)* Datenbank *(f)*.

databile *(agg)* ~ datierbar.

datare *(vt/vi)* ~ datieren *(vt/vi)*.

datato *(agg)* ***1*** datiert. ***2*** *(antiquato)* überholt.

dativo *(m)* ~ *(gramm)* Dativ *(m)*, Wemfall *(n)*.

dato[1] *(agg)* ***1*** *(determinato)* bestimmt ♦ *in dati casi* in bestimmten Fällen. ***2*** *(considerato)* in Anbetracht *(+ Gen)* ♦ *date le circostanze* in Anbetracht der Umstände. ***3*** *(mat)* gegeben.

dato[2] *(m)* ***1*** Angabe *(f)*. ***2*** *(pl)* *(elab)* Daten *(pl)*. ◆ **dato di fatto** Tatsache *(f)*. ◆ **banca dati** Datenbank *(f)*.

dattero *(m)* ~ Dattel *(f)*.

dattilografia *(f)* ~ Maschinenschreiben *(n)*.

dattilografo *(m; f* **-a***)* ~ Maschinenschreiber *(m; f* -in*)*.

dattiloscritto[1] *(agg)* ~ maschinengeschrieben.

dattiloscritto[2] *(m)* ~ Maschinenschrift *(f)*.

davanti[1] *(agg)* ~ vordere(r), Vorder- ♦ *sedile davanti* Vordersitz.

davanti[2] *(avv)* ***1*** vorn(e). ***2*** *(di fronte)* gegenüber. ◆ **davanti a** ***1*** *(stato)* vor *(+ Dat)*. ***2*** *(moto)* vor *(+ Acc)*. ***3*** {~ *a qcn/qcs*} jmdm/etwas gegenüber, gegenüber jmdm/etwas.

davanti[3] *(m)* ~ Vorderseite *(f)*, Vorderteil *(m)*.

davanzale *(m)* ~ Fensterbank *(f)*.

davvero *(avv)* ~ wirklich, wahrhaftig; recht. ◆ **davvero?** echt?, tatsächlich?, wirklich?

dazio *(m)* ~ Zoll *(m)* ♦ *pagare il dazio* Zoll bezahlen.

d.C. *(abbrev di* **dopo Cristo***)* ~ n. Chr.

dea *(f)* ~ Göttin *(f)*.

debilitare *(vt)* ~ schwächen *(vt)*.

debito[1] *(agg)* ~ *(dovuto)* schuldig. ◆ **a tempo debito** zu gegebener Zeit.

debito[2] *(m)* ~ Schuld *(f)* ♦ *estinguere un debito* eine Schuld löschen ♦ *debito pubblico* Staatsschuld. ◆ **essere in debito di qcs verso qcn** jmdm etwas schuldig sein* *(vi*, ist*)*.

debitore *(agg)* ***1*** schuldig. ***2*** *(riconoscente)* dankbar. ◆ **essere debitore di qcs a qcn** jmdm etwas schulden *(vt)*, schuldig sein* *(vi*, ist*)*.

debitore *(m; f* **-trice***)* ~ Schuldner *(m; f* -in*)*.

debole[1] *(agg)* ***1*** schwach* ♦ *mi sento debole* ich fühle mich schwach ♦ *verbi deboli* schwache Verben. ***2*** *(luce)* matt. ***3*** *(voce)* dünn.

debole[2] *(m/f)* ***1*** *(persona)* Schwächling *(m)*. ***2*** *(punto debole)* Schwäche *(f)* ♦ *avere un debole per qcn/qcs* eine Schwäche für jmdn/etwas haben.

debolezza *(f)* ~ Schwäche *(f)* *(anche fig)*; Schwachheit *(f)*.

debuttante *(m/f)* ~ Debütant *(m; f* -in*)*.

debuttare *(vi)* ~ debütieren *(vi*, hat*)*.

debutto *(m)* ~ Debüt *(n)*.

decade *(f)* ~ Dekade *(f)*.

decadente *(agg)* ~ dekadent.

decadenza *(f)* ~ Verfall *(m)*, Niedergang *(m)*.

decadere *(vi)* ***1*** verfallen* *(vi*, ist*)*. ***2*** *(non essere più valido)* fallen* *(vi*, ist*)*.

decaffeinato *(agg)* ~ koffeinfrei.

decano *(m; f* **-a***)* ***1*** *(relig)* Dekan *(m)*. ***2*** *(estens)* Senior *(m; f* -in*)*.

decantare *(vt)* ~ rühmen *(vt)*.

decapitare *(vt)* ~ enthaupten *(vt)*, köpfen *(vt)*.

decapottabile *(f)* ~ Kabriolett *(n)*.
decathlon *(m)* ~ Zehnkampf *(m)*.
decennale *(agg)* **1** *(che dura dieci anni)* zehnjährig. **2** *(ogni dieci anni)* zehnjährlich.
decennio *(m)* ~ Jahrzehnt *(n)*. ◆ **per decenni** jahrzehntelang *(avv)*.
decente *(agg)* ~ anständig *(anche fig)*.
decentemente *(avv)* ~ anständig.
decenza *(f)* ~ Anstand *(m)*.
decesso *(m)* ~ Ableben *(n)*.
decidere[1] *(vi)* ~ entscheiden* *(vi,* hat*)* ♦ *decidere della sorte di qcn* über jmds Schicksal entscheiden.
decidere[2] *(vt)* **1** beschließen* *(vt)*, entscheiden* *(vi,* hat*)*. **2** *(stabilire)* fest|setzen *(vt)*. **3** *(essere decisivo)* entscheiden* *(vt)* ♦ *un rigore decise la partita* ein Elfmeter entschied das Spiel.
decidersi *(vr)* ~ sich entscheiden* *(vr)*, sich entschließen* *(vr)* ♦ *decidersi a (fare) qcs* sich zu etwas entschließen.
decifrare *(vt)* ~ entziffern *(vt)*, entschlüsseln *(vt)*.
decifrazione *(f)* ~ Entzifferung *(f)*.
decimale *(agg)* ~ dezimal. ◆ **numero decimale** Dezimalzahl *(f)*. ◆ **sistema decimale** Dezimalsystem *(n)*.
decimare *(vt)* ~ dezimieren *(vt)*.
decimo[1] *(agg num ord)* ~ zehnte(r, -s).
decimo[2] *(m)* **1** Zehnte *(m)*. **2** *(frazione)* Zehntel *(n)*.
decina *(f)* ~ *(mat)* Zehner *(m)*.
decisamente *(avv)* ~ entschieden, rundweg.
decisione *(f)* **1** Entschluss *(m)*, Entscheidung *(f)* ♦ *prendere una decisione* eine Entscheidung treffen. **2** *(risolutezza)* Entschlossenheit *(f)*.
decisivo *(agg)* ~ entscheidend, ausschlaggebend.
deciso *(agg)* **1** entschieden; entschlossen ♦ *un carattere deciso* ein entschlossener Charakter. **2** *(fermo)* fest ♦ *con passo deciso* mit festen Schritten. ◆ **essere deciso a tutto** zu allem entschlossen sein.
declamare *(vt)* ~ vor|tragen* *(vt)*, vor|sprechen* *(vt)*.
declamazione *(f)* ~ Vortrag *(m)*.
declassare *(vt)* ~ deklassieren, herab|setzen *(vt)*.
declinare[1] *(vi)* **1** *(di pendii e sim)* ab|fallen* *(vi,* ist*)*. **2** *(andare in rovina)* verfallen* *(vi,* ist*)*. **3** *(tramontare)* unter|gehen* *(vi,* ist*)*.
declinare[2] *(vt)* **1** *(offerte e sim)* ab|lehnen, aus|schlagen* *(vt)*. **2** *(gramm)* deklinieren *(vt)*.
declinazione *(f)* ~ *(gramm)* Deklination *(f)*.
declino *(m)* ~ Untergang *(m)*, Verfall *(m)*, Abstieg *(m)* ♦ *declino culturale* kultureller Untergang.
declivio *(m)* ~ Hang *(m)*.
decodificatore *(m)* ~ Decoder *(m)*.
decollare *(vi)* ~ ab|heben* *(vi,* hat*)*, fliegen* *(vi,* ist*)*, starten *(vi,* ist*)*.
decollo *(m)* ~ Abflug *(m)*, Start *(m)*.
decolorare *(vt)* ~ entfärben *(vt)*.
decomporsi *(vr)* **1** sich auf|lösen *(vr)*. **2** *(putrefarsi)* verwesen *(vi,* ist*)*. **3** *(chim)* sich zersetzen *(vr)*.
decomposizione *(f)* **1** Auflösung *(f)*. **2** *(putrefazione)* Verwesung *(f)*. **3** *(chim)* Zersetzung *(f)*.
decorare *(vt)* **1** schmücken *(vt)*, verzieren *(vt)*. **2** *(conferire un'onorificenza)* dekorieren *(vt)*.
decorativo *(agg)* ~ schmückend, dekorativ.
decoratore *(m; f* **-trice***)* ~ Dekorateur *(m; f* -in*)*.
decorazione *(f)* **1** Dekoration *(f)*, Verzierung *(f)*, Schmuck *(m)*; *(in pittura)* Dekor *(n/m)*. **2** *(onorificenza)* Ehrenzeichen *(n)*.
decoro *(m)* **1** *(decenza)* Anstand *(m)*. **2** *(dignità)* Würde *(f)*.
decoroso *(agg)* ~ anständig, schicklich.
decorso *(m)* ~ Verlauf *(m)*, Ablauf *(m)* ♦ *il decorso della malattia* der Krankenheitsverlauf.
decrepito *(agg)* ~ hinfällig.
decretare *(vt)* ~ verordnen *(vt)*, dekretieren *(vt)*, erlassen* *(vt)*.
decreto *(m)* ~ Verordnung *(f)*, Dekret *(n)*, Erlass *(m)*.
dedica *(f)* ~ Widmung *(f)*.
dedicare *(vt)* **1** widmen *(vt)*. **2** *(rivolgere)* zu|wenden* *(vt)* ♦ *dedicare la propria attenzione a qcn* jmdm seine Aufmerksamkeit zuwenden.

dedicarsi *(vr)* ~ sich widmen *(vr)*, sich zu|wenden* *(vr)*. ◆ **dedicarsi anima e corpo a qcs** in etwas *(Dat)* auf|gehen* *(vi*, ist*)*.
dedito *(agg)* ~ ergeben ◆ *dedito al bere* dem Trunk ergeben.
dedizione *(f)* ~ Hingabe *(f)*, Ergebenheit *(f)* ◆ *la dedizione al lavoro* die Hingabe an die Arbeit.
dedurre *(vt)* **1** schließen* *(vt)*, folgern *(vt)* ◆ *da ciò si può dedurre che* daraus kann man schließen, dass. **2** *(econ)* ab|ziehen* *(vt)*.
deduzione *(f)* **1** Folgerung *(f)*, Schlussfolgerung *(f)*. **2** *(econ)* Abzug *(m)*.
defecazione *(f)* ~ Stuhlgang *(m)*.
deferente *(agg)* ~ ehrerbietig.
deferenza *(f)* ~ Ehrerbietung *(f)*.
defezione *(f)* ~ Abfall *(m)*.
deficiente[1] *(agg)* ~ *(med)* schwachsinnig, geistesschwach.
deficiente[2] *(m/f)* ~ *(fam)* Dummkopf.
deficienza *(f)* **1** *(med)* Schwachsinn *(m)*, Geistesschwäche *(f)*. **2** *(mancanza)* Mangel *(m)*.
deficit *(m)* ~ *(econ)* Defizit *(n)*; Ausfall *(m)*, Fehlbetrag *(m)*.
deficitario *(agg)* ~ *(econ)* defizitär.
definire *(vt)* **1** *(chiarire)* bestimmen *(vt)*, definieren *(vt)*. **2** *(reputare)* bezeichnen *(vt)* ◆ *definire qcn un bugiardo* jmdn als Lügner bezeichnen. **3** *(fissando limiti)* ab|grenzen *(vt)* ◆ *definire delle precise mansioni* genaue Aufgaben abgrenzen.
definirsi *(vr)* ~ sich nennen* *(vr)*.
definitivamente *(avv)* ~ endgültig, definitiv.
definitivo *(agg)* ~ endgültig, definitiv.
definito *(agg)* ~ fest.
definizione *(f)* **1** *(spiegazione)* Bestimmung *(f)*, Definition *(f)*. **2** *(nei cruciverba)* Definition *(f)*. **3** *(di immagini)* Schärfe *(f)*.
defluire *(vi)* **1** *(di liquidi)* ab|fließen* *(vi*, ist*)*, ab|laufen* *(vi*, ist*)*. **2** *(di gas)* aus|strömen *(vi*, ist*)*.
deflusso *(m)* ~ Abfluss *(m)*.
deformare *(vt)* **1** verformen *(vt)*, aus der Form bringen* *(vt)*. **2** *(membra e sim)* verkrümmen *(vt)*. **3** *(alterare)* verzerren *(vt)*.
deformarsi *(vr)* **1** sich verformen *(vr)*. **2** *(arti e sim)* sich verkrümmen *(vr)*.
deformazione *(f)* **1** Verformung *(f)*. **2** *(arti e sim)* Verkrümmung *(f)*. **3** *(fis)* Deformation *(f)*.
deforme *(agg)* **1** unförmig. **2** *(storpio)* verwachsen.
deformità *(f)* ~ Missbildung *(f)*, Deformation *(f)*.
defraudare *(vt)* ~ {~ *qcn di qcs*} jmdn um etwas betrügen* *(vt)*, jmdm etwas vor|enthalten* *(vt)*.
defunto[1] *(agg)* ~ verstorben.
defunto[2] *(m; f* **-a***)* ~ Verstorbene(r) *(m/f)*.
degenerare *(vi)* ~ {~ *in qcs*} in etwas *(Acc)*/zu etwas aus|arten *(vi*, ist*)*, zu etwas entarten *(vi*, ist*)*.
degenerazione *(f)* ~ Entartung *(f)*, Degeneration *(f)*.
degenere *(agg)* ~ entartet.
degente *(m/f)* ~ Krankenhauspatient *(m; f* -in*)*.
degenza *(f)* ~ Krankenhausaufenthalt *(m)*.
degnare *(vt)* ~ {~ *qcn di qcs*} *(spec neg)* jmdn etwas *(Gen)* würdigen *(vt)*.
degnarsi *(vr)* ~ sich herab|lassen* *(vr)* ◆ *degnarsi di fare qcs* sich zu etwas herab|lassen.
degno *(agg)* **1** würdig, wert, -wert ◆ *essere degno di qcs* etwas *(Gen)* würdig/wert sein, etwas *(Acc)* wert sein ◆ *(non) essere degno di fare qcs* (nicht) würdig sein, etwas zu tun ◆ *degno di menzione, di nota* nennenswert, bemerkenswert. **2** *(di pari valore)* ebenbürtig ◆ *un degno avversario* ein ebenbürtiger Gegner.
degrado *(m)* ~ Zerfall *(m)*.
delega *(f)* ~ Ermächtigung *(f)*, Vollmacht *(f)*.
delegare *(vt)* **1** {~ *qcn a fare qcs*} jmdn zu etwas ermächtigen *(vt)*, bevollmächtigen *(vt)*. **2** *(affidare un compito)* delegieren *(vt)*.
delegato *(m; f* **-a***)* **1** *(incaricato)* Beauftragte(r) *(m/f)*. **2** *(rappresentante)* Delegierte(r), Abgeordnete(r) *(m/f)*.
delegazione *(f)* ~ *(di rappresentanti)* Delegation, Abordnung *(f)*.
delfino *(m)* ~ *(zool)* Delphin *(m)*.
deliberare *(vt)* ~ beschließen *(vt)*.

deliberato *(agg)* ~ absichtlich.
deliberazione *(f)* ~ Beschluss *(m)*.
delicatamente *(avv)* ~ zart, fein.
delicatezza *(f)* ***1*** Feinheit *(f)*, Zartheit *(f)*. ***2*** *(d'animo, gentilezza)* Feingefühl *(n)*, Zartgefühl *(n)*. ***3*** *(fragilità)* Zerbrechlichkeit *(f)*. ***4*** *(di luce, colore, cibo, ecc)* Milde *(f)*. ***5*** *(sensibilità)* Empfindlichkeit *(f)*. ***6*** *(discrezione)* Takt *(m)*. ◆ **con delicatezza** behutsam *(avv)*.
delicato *(agg)* ***1*** *(tenero; lieve)* zart, sanft. ***2*** *(fine, minuto)* fein. ***3*** *(d'animo)* feinfühlig. ***4*** *(sensibile)* zart, empfindlich. ***5*** *(di luce, colore, cibo, ecc)* mild. ***6*** *(cagionevole)* schwächlich, schwach*. ***7*** *(scabroso, spinoso)* delikat, heikel. ***8*** *(fragile)* zerbrechlich.
delimitare *(vt)* ~ begrenzen *(vt)*, ab|grenzen *(vt)*.
delineare *(vt)* ~ umreißen* *(vt)*, zeichnen *(vt)*.
delinearsi *(vr)* ~ sich ab|zeichnen *(vr)*.
delinquente *(m/f)* ~ Verbrecher *(m; f* -in*)*, Straftäter *(m; f* -in*)* ♦ *delinquente abituale* Gewohnheitsverbrecher.
delinquenza *(f)* ~ Kriminalität *(f)*.
delirare *(vi)* ~ fantasieren *(vi*, hat*)*.
delirio *(m)* ***1*** *(med)* Wahn *(m)*. ***2*** *(fig)* Rausch *(m)*, Taumel *(m)*.
delitto *(m)* ~ *(dir)* Delikt *(n)*; Verbrechen *(n)* ♦ *compiere un delitto* ein Verbrechen begehen.
delittuoso *(agg)* ~ verbrecherisch.
delizia *(f)* ~ Entzückung *(f)*, Freude *(f)*.
deliziare *(vt)* ~ entzücken *(vt)*.
deliziarsi *(vr)* ***1*** sich erfreuen *(vt)*. ***2*** *(crogiolarsi)* {~ *di, con, in qcs*} in etwas *(Dat)* schwelgen *(vi*, hat*)*.
delizioso *(agg)* ***1*** entzückend. ***2*** *(cibo)* köstlich.
deltaplano *(m)* ***1*** Drachen *(m)*. ***2*** *(sport)* Drachenfliegen *(n)*.
deludente *(agg)* ~ enttäuschend.
deludere *(vt)* ~ enttäuschen *(vt)*.
delusione *(f)* ~ Enttäuschung *(f)*.
deluso *(agg)* ~ enttäuscht ♦ *essere deluso da qcn/qcs* von jmdm/etwas enttäuscht sein.
demanio *(m)* ~ Domäne *(f)*, Staatsgut *(n)*.
demente *(m/f)* ~ Schwachsinnige(r) *(m)*; Idiot *(m; f* -in*)*.
democratico[1] *(agg)* ~ demokratisch.
democratico[2] *(m; f* **-a***)* ~ Demokrat *(m; f* -in*)*.
democrazia *(f)* ~ Demokratie *(f)*.
demografia *(f)* ~ Demographie *(f)*.
demografico *(agg)* ~ demographisch.
demolire *(vt)* ***1*** *(edifici)* ab|reißen* *(vt)*, nieder|reißen* *(vt)*. ***2*** *(fig)* zunichte machen *(vt)*.
demolizione *(f)* ~ Abbau *(m)*, Abriss *(m)*.
demone *(m)* ~ Dämon *(m)*.
demoniaco *(agg)* ~ dämonisch, teuflisch.
demonio *(m)* ~ Teufel *(m)*, Satan *(m)*.
demoralizzante *(agg)* ~ entmutigend.
demoralizzare *(vt)* ~ entmutigen *(vt)*.
demoralizzarsi *(vr)* ~ den Mut verlieren* *(vt)*.
denaro *(m)* ~ Geld *(n)*.
denigrare *(vt)* ~ verleumden *(vt)*.
denominare *(vt)* ~ benennen* *(vt)*, bezeichnen *(vt)*.
denominarsi *(vr)* ~ sich nennen* *(vr)*.
denominatore *(m)* ~ *(mat)* Nenner *(m)* ♦ *ridurre a un denominatore comune* auf einen Nenner bringen.
denominazione *(f)* ~ Benennung *(f)*, Bezeichnung *(f)*.
densamente *(avv)* ~ dicht.
densità *(f)* ~ Dichte *(f)* ♦ *densità di popolazione* Bevölkerungsdichte.
denso *(agg)* ***1*** *(fitto)* dicht. ***2*** *(liquidi)* dick. ***3*** *(compatto)* zäh. ***4*** *(viscoso)* dickflüssig, zähflüssig. ***5*** *(fig)* {~ *di qcs*} reich an etwas *(Dat)*, voll von etwas.
dentale *(agg)* ~ *(anat)* Zahn-.
dentatura *(f)* ~ *(anat)* Gebiss *(n)*.
dente *(m)* ***1*** Zahn *(m)* *(anche mecc)* ♦ *denti di sopra, di sotto* obere, untere Zähne ♦ *il dente dondola* der Zahn wackelt ♦ *lavarsi i denti* sich *(Dat)* die Zähne putzen ♦ *togliere un dente a qcn* jmdm einen Zahn ziehen ♦ *dente di latte* Milchzahn ♦ *battere i denti* mit den Zähnen klappern. ***2*** *(di pettine, forchetta, ecc)* Zinke; Zacke *(f)*. ◆ **mal di denti** Zahnschmerzen *(pl)*. ◆ **spazzolino da denti** Zahnbürste *(f)*.
dentiera *(f)* ~ Gebiss *(n)*.
dentifricio *(m)* ~ Zahnpasta *(f)*.
dentista *(m/f)* ~ Zahnarzt *(m; f* -ärztin*)*.
dentistico *(agg)* ~ zahnärztlich. ◆ **studio dentistico** Zahnarztpraxis *(f)*.

dentro[1] *(avv)* ***1*** *(stato in luogo)* innen, drin(nen), darin. ***2*** *(moto a luogo, lontano da chi parla)* hinein ♦ *vai dentro!* geh hinein! ***3*** *(moto a luogo, verso chi parla)* herein ♦ *vieni dentro!* komm herein! ***4*** *(nell'animo)* im Innern *(n)*. ◆ **da dentro** von drinnen, von innen. ◆ **lì, là, qui dentro** da, dort, hier drinnen; hierin. ◆ **qui/lì dentro** *(moto a luogo) (lontano da chi parla)* dahinein; *(verso chi parla)* daherein. ◆ **verso dentro** *(moto a luogo)* nach innen. ◆ **esserci dentro** *(fam)* drin|sitzen* *(vi,* hat*)* ♦ *esserci dentro fino al collo* ganz schön drinsitzen.

dentro[2] *(prep)* ***1*** *(stato in luogo)* in *(+ Dat)*. ***2*** *(moto a luogo)* in *(+ Acc)*.

denuncia *(f)* ***1*** *(dir)* Anzeige *(f)*; Strafanzeige *(f)* ♦ *presentare denuncia* Strafanzeige erstatten. ***2*** *(notifica)* Anmeldung *(f)*.

denunciare *(vt)* ***1*** *(dir)* an|zeigen *(vt)*; melden *(vt)*. ***2*** *(notificare)* an|melden *(vt)*.

denutrito *(agg)* ~ unterernährt.

denutrizione *(f)* ~ Unterernährung *(f)*.

deodorante *(m)* ~ Deodorant *(n)*, Deo *(n)*.

dependance *(f)* ~ Nebengebäude *(n)*.

depennare *(vt)* ~ durch|streichen* *(vt)*.

deperibile *(agg)* ~ verderblich.

deperire *(vi)* ***1*** verfallen* *(vi,* ist*)*; *(dimagrire)* zusammen|fallen* *(vi,* ist*)*. ***2*** *(andare a male)* verderben* *(vi,* ist*)*.

depilare *(vt)* ~ enthaaren *(vt)*.

depilarsi *(vr)* ~ sich enthaaren *(vr)*.

depilazione *(f)* ~ Enthaarung *(f)*.

depistaggio *(m)* ~ Irreführung *(f)*.

depistare *(vt)* ~ irre|führen *(vt)*.

dépliant *(m)* ~ Prospekt *(m)*, Broschüre *(f)*.

deplorare *(vt)* ***1*** bedauern *(vt)*. ***2*** *(biasimare)* tadeln *(vt)*, missbilligen *(vt)*.

deplorevole *(agg)* ***1*** bedauerlich. ***2*** *(biasimevole)* tadelnswert.

deporre *(vi)* ***1*** *(dir)* aus|sagen *(vi)*. ◆ **deporre in difesa di qcn** *(dir)* jmdn entlasten. ◆ **qcs depone a favore di qcn/qcs** etwas spricht für jmdn/etwas.

deporre *(vt)* ***1*** *(posare)* ab|legen* *(vt)*, ab|setzen *(vt)*. ***2*** *(mandato, carica e sim)* nieder|legen *(vt)*. ***3*** *(destituire)* ab|setzen *(vt)*. ***4*** *(uova)* legen *(vt)*. ***5*** *(dir)* aus|sagen *(vt)*. ◆ **deporre le armi** die Waffen strecken.

deportare *(vt)* ~ deportieren *(vt)*.

deportato *(m; f* **-a***)* ~ Deportierte(r) *(m/f)*.

deportazione *(f)* ~ Deportation *(f)*.

depositare *(vt)* ***1*** *(sedimenti e sim)* ab|lagern *(vt)*. ***2*** *(lasciare in custodia)* ab|geben* *(vt)*, zur Aufbewahrung geben* *(vt)*. ***3*** *(soldi e sim)* hinterlegen *(vt)*, deponieren *(vt)*.

depositario *(m)* ~ Verwahrer *(m; f* -in*)*.

depositarsi *(vr)* ***1*** sich setzen *(vr)*. ***2*** *(sedimenti e sim)* sich ab|lagern *(vr)*. ***3*** *(chim)* sich nieder|schlagen* *(vr)*.

deposito *(m)* ***1*** Aufbewahrung *(f)*, Verwahrung *(f)* ♦ *dare qcs a qcn in deposito* jmdm etwas zur Aufbewahrung geben. ***2*** *(di valori)* Hinterlegung *(f)*, Einlage *(f)*. ***3*** *(luogo)* Lager *(n)*, Aufbewahrung *(f)* ♦ *deposito bagagli* Gepäckaufbewahrung ♦ *deposito merci* Warenlager. ***4*** *(di mezzi pubblici)* Depot *(n)*. ***5*** *(sedimento)* Bodensatz *(m)*, Depot *(n)*. ***6*** *(chim)* Niederschlag *(m)*. ◆ **deposito bancario** Depot *(n)*.

deposizione *(f)* ***1*** *(di una carica)* Niederlegung *(f)*. ***2*** *(dir)* Aussage *(f)*.

depravato *(agg)* ~ pervers, verdorben.

depravazione *(f)* ~ Perversion *(f)*.

depressione *(f)* ***1*** *(psicol)* Depression *(f)* *(spec pl)*; Depressivität *(f)* ♦ *soffrire di depressione* an/unter Depressionen leiden. ***2*** *(scoraggiamento)* Bedrücktheit *(f)*. ***3*** *(econ/geol)* Depression *(f)*.

depresso *(agg)* ***1*** *(psicol)* depressiv. ***2*** *(scoraggiato)* bedrückt, gedrückt, niedergedrückt. ***3*** *(econ)* unterentwickelt.

deprezzamento *(m)* ~ Entwertung *(f)*.

deprezzare *(vt)* ~ entwerten *(vt)*.

deprimente *(agg)* ~ deprimierend.

deprimere *(vt)* ~ deprimieren *(vt)*, bedrücken *(vt)*.

deprimersi *(vr)* ~ sich deprimieren lassen* *(vt)*.

depurare *(vt)* ***1*** reinigen *(vt)*. ***2*** *(acque)* klären *(vt)*.

depurazione *(f)* ~ *(di acque)* Klärung *(f)*. ◆ **impianto di depurazione** Kläranlage *(f)*.

deputato *(m; f* **-a***)* ~ Abgeordnete(r) *(m/f)*.

deragliamento *(m)* ~ Entgleisung *(f)*.
deragliare *(vi)* ~ entgleisen *(vi*, ist*)*.
deridere *(vt)* ~ aus|lachen *(vt)*, verspotten *(vt)*.
derisione *(f)* ~ Verspottung *(f)*, Spott *(m)*.
derisorio *(agg)* ~ spöttisch, neckisch.
deriva *(f)* *1* Drift *(f)*. *2 (geol)* Verschiebung *(f)*. *3 (naut)* Schwert *(n)*. ◆ **andare alla deriva** *1 (naut)* treiben *(vi*, ist/hat*)*. *2 (fig)* sich treiben lassen* *(vt)*.
derivare *(vi)* *1* {~ *da qcs*} von etwas her|rühren *(vi*, hat*)*; etwas *(Dat)* entspringen* *(vi*, ist*)*. *2 (conseguire)* hervor|gehen* *(vi*, ist*)*, folgen *(vi*, ist*)*, entstehen* *(vi*, ist*)* ◆ *ne deriva che* daraus folgt/geht hervor, dass. *3 (ling)* stammen *(vi*, hat*)*, ab|stammen *(vi*, ist*)* ◆ *la parola deriva dal greco* das Wort stammt aus dem Griechischen.
derivato *(m)* *1 (ling)* Ableitung *(f)*. *2 (tecn)* Folgeprodukt *(n)*.
derivazione *(f)* ~ *(telefono)* Ableitung *(f)*.
dermatite *(f)* ~ Dermatitis *(f)*, Hautentzündung *(f)*.
dermatologia *(f)* ~ Dermatologie *(f)*.
dermatologico *(agg)* ~ dermatologisch.
dermatologo *(m/f)* ~ Dermatologe *(m; f* -login*)*, Hautarzt *(m; f* -ärztin*)*.
derubare *(vt)* ~ {~ *qcn di qcs*} jmdn etwas *(Gen)* berauben *(vt)*; jmdn um etwas bestehlen* *(vt)*.
descrivere *(vt)* ~ beschreiben* *(vt)*, schildern *(vt)*.
descrizione *(f)* ~ Beschreibung *(f)*, Schilderung *(f)*.
deserto[1] *(agg)* *1 (desolato, abbandonato)* wüst, öd(e), einsam. *2 (spopolato)* menschenleer.
deserto[2] *(m)* *1* Wüste *(f)*. *2 (fig)* Öde, Einöde *(f)*.
desiderare *(vt)* *1* (sich) *(Dat)* etwas wünschen *(vt)* ◆ *desidero che* ich wünsche, dass. *2 (intensamente)* {~ *qcn/qcs*} sich nach jmdm/etwas sehnen *(vr)*. *3 (carnalmente)* begehren *(vt)*. ◆ **desidera altro?** sonst noch etwas gefällig?
desiderato *(agg)* ~ *(auspicato)* erwünscht.
desiderio *(m)* *1* Wunsch *(m)* ◆ *il mio desiderio si è avverato* mein Wunsch hat sich erfüllt. *2 (brama)* Begierde *(f)* ◆ *avere un grande desiderio di qcs* große Begierde nach etwas haben. *3 (sessuale)* Trieb *(m)*.
desideroso *(agg)* ~ {~ *di qcs*} etwas *(Acc)* wünschend, verlangend.
designare *(vt)* *1* bestimmen *(vt)*, ernennen* *(vt)* ◆ *designare qcn come successore* jmdn zum/als Nachfolger bestimmen. *2 (stabilire)* fest|setzen *(vt)*. *3 (denominare)* bezeichnen *(vt)*.
designazione *(f)* *1* Bestimmung *(f)*. *2 (denominazione)* Benennung *(f)*.
desinenza *(f)* ~ Endung *(f)*.
desistere *(vi)* ~ {~ *da qcs*} von etwas ab|lassen* *(vi*, hat*)*, ab|sehen* *(vi*, hat*)*.
desolante *(agg)* ~ trostlos.
desolato *(agg)* *1 (abbandonato)* trübselig, wüst, öd(e). *2 (sconsolato)* betrübt, trostlos.
desolazione *(f)* *1* Öde *(f)*. *2 (sconforto)* Trostlosigkeit *(f)*.
despota *(m)* ~ Despot *(m)*.
dessert *(m)* ~ Nachtisch *(m)*, Dessert *(n)*.
destare *(vt)* *1* wecken *(vt)*, auf|rütteln *(vt)*. *2 (fig)* erregen *(vt)*, erwecken *(vt)* ◆ *destare preoccupazione, interesse* Besorgnis, Interesse erregen.
destarsi *(vr)* ~ auf|wachen *(vi*, ist*)*, erwachen *(vi*, ist*)*.
destinare *(vt)* *1* {~ *qcn/qcs a qcn/qcs*} jmdn/etwas für jmdn/etwas bestimmen *(vt)*. *2* {~ *qcs a qcn*} jmdm etwas zu|denken* *(vt)*. *3 (assegnare)* zu|weisen* *(vt)*.
destinatario *(m; f* **-a***)* ~ Empfänger *(m; f* -in*)*, Adressat *(m)*.
destinazione *(f)* *1 (d'uso)* Bestimmung *(f)*. *2 (meta)* Ziel *(n)*.
destino *(m)* Schicksal *(n)*.
destituire *(vt)* ~ ab|setzen *(vt)*, entheben* *(vt)*.
destituzione *(f)* ~ Enthebung *(f)*.
desto *(agg)* ~ wach ◆ *tenere desto* wach halten.
destra *(f)* ~ Rechte *(f)* ◆ *alla destra di qcn* zu jmds Rechten. ◆ **a destra** rechts *(avv)*, nach rechts ◆ *a destra del teatro* rechts vom Theater ◆ *svoltare a destra* (nach) rechts abbiegen. ◆ **da destra** von rechts.
destrezza *(f)* ~ Geschicklichkeit *(f)*; Können *(n)*.

destrimano *(m; f* **-a***)* ~ Rechtshänder *(m; f* -in*)*.
destro *(agg)* ~ recht ◆ *essere il braccio destro di qcn* jmds rechte Hand sein.
desumere *(vt)* ~ {~ *qcs da qcs*} etwas aus etwas schließen* *(vt)*.
detective *(m/f)* ~ Detektiv *(m; f* -in*)*.
detenere *(vt)* ***1*** *(cariche)* inne|haben *(vt)*. ***2*** *(dir)* halten* *(vt)*, besitzen* *(vt)*. ***3*** *(in prigione)* in Haft halten* *(vt)*.
detentore *(m; f* **-trice***)* ~ Inhaber *(m; f* -in*)*, Besitzer *(m; f* -in*)*, Träger *(m; f* -in*)*.
detenuto *(m; f* **-a***)* ~ Häftling *(m)*; Insasse *(m; f* -sassin*)*.
detenzione *(f)* ***1*** *(dir)* Besitz *(m)* ◆ *detenzione abusiva* unerlaubter Besitz. ***2*** *(stato di arresto)* Haft *(f)*.
detergente *(m)* ~ Reiniger *(m)*.
detergere *(vt)* ~ reinigen *(vt)*.
deteriorare *(vt)* ~ verderben *(vt)*.
determinante *(agg)* ~ *(decisivo)* entscheidend, maßgebend.
determinare *(vt)* ***1*** *(stabilire)* bestimmen *(vt)*, fest|stellen *(vt)*. ***2*** *(causare)* bewirken *(vt)*, bedingen *(vt)*. ***3*** *(calcolare)* ermitteln *(vt)*.
determinativo *(agg)* ~ bestimmend, festlegend ◆ *articolo determinativo (gramm)* bestimmter Artikel.
determinato *(agg)* ***1*** *(certo)* bestimmt; gegeben ◆ *in determinati casi* in bestimmten Fällen. ***2*** *(risoluto)* entschlossen; zielstrebig, strebsam.
determinazione *(f)* ***1*** *(definizione)* Bestimmung *(f)*. ***2*** *(il fissare)* Festlegung *(f)*, Festsetzung *(f)*. ***3*** *(risolutezza)* Entschlussfreudigkeit *(f)*.
deterrente[1] *(agg)* ~ abschreckend.
deterrente[2] *(m)* ~ Abschreckung *(f)*.
detersivo *(m)* ~ Waschmittel *(n)*, Reiniger *(m)*. ◆ **detersivo in polvere** Waschpulver *(n)*. ◆ **detersivo per piatti** Spülmittel *(n)*.
detestare *(vt)* ~ verabscheuen *(vt)*.
detestarsi *(vr)* ~ sich verabscheuen *(vr)*.
detestato *(agg)* ~ verhasst ◆ *essere detestato da qcn* jmdm verhasst sein.
detrarre *(vt)* ~ ab|ziehen* *(vt)*, ab|rechnen *(vt)*.
detrazione *(f)* ~ Abzug *(m)*, Abrechnung *(f)*.
detrito *(m)* ~ *(geol)* Schutt *(m)*.
dettagliante *(m/f)* ~ Einzelhändler *(m; f* -in*)*.
dettagliatamente *(avv)* ~ ausführlich, weitläufig.
dettagliato *(agg)* ~ ausführlich, weitläufig, näher.
dettaglio *(m)* ~ Einzelheit *(f)*, Detail *(n)* ◆ *scendere nei dettagli* auf Einzelheiten eingehen. ◆ **fin nei minimi dettagli** bis ins Kleinste, aufs Genaueste. ◆ **commercio, commerciante al dettaglio** Einzelhandel *(m)*, Einzelhändler *(m; f* -in*)*.
dettame *(m)* ~ Gebot *(n)*.
dettare *(vt)* ~ diktieren *(vt)* *(anche condizioni e sim)*.
dettato *(m)* ~ Diktat *(n)* ◆ *fare un dettato* ein Diktat schreiben/machen.
dettatura *(f)* ~ Diktat *(n)* ◆ *scrivere sotto dettatura* nach Diktat schreiben.
detto *(m)* ~ Spruch *(m)*, Ausspruch *(m)*.
deturpare *(vt)* ~ entstellen *(vt)*, verunstalten *(vt)* *(anche fig)*.
devastante *(agg)* ~ verheerend.
devastare *(vt)* ~ verwüsten *(vt)*, verheeren *(vt)*.
devastazione *(f)* ~ Verwüstung *(f)*, Verheerung *(f)*.
deviare[1] *(vi)* ~ ab|schweifen *(vi*, ist*)*, ab|weichen* *(vi*, ist*)* ◆ *deviare dalla rotta, dall'argomento* vom Kurs, vom Thema abschweifen.
deviare[2] *(vt)* ***1*** ab|lenken *(vt)*, um|leiten *(vt)* ◆ *deviare il traffico* den Verkehr umleiten. ***2*** *(corsi d'acqua)* ab|leiten *(vt)*, ab|graben* *(vt)*.
deviazione *(f)* ***1*** Ablenkung *(f)*, Abweichung *(f)*. ***2*** *(stradale)* Umleitung *(f)*. ***3*** *(via diversa)* Umweg *(m)*.
devolvere *(vt)* ~ zu|wenden* *(vt)*.
devoto *(agg)* ***1*** *(relig)* fromm. ***2*** ergeben ◆ *essere devoto a qcn* jmdm ergeben sein.
devozione *(f)* ***1*** *(relig)* Andacht *(f)*. ***2*** Ergebenheit *(f)*.
di *(prep)* ***1*** *(si traduce con il genitivo)* ◆ *la casa di mia zia* das Haus meiner Tante ◆ *le pagine del quaderno* die Seiten des Heftes ◆ *l'acquisto di una nuova auto* der Kauf eines neuen Autos. ***2*** von ◆ *le poesie di Hölderlin* die Gedichte von Hölderlin ◆ *il re di Spagna* der König von Spa-

nien ♦ *la vendita di sigarette* der Verkauf von Zigaretten ♦ *una questione di scottante attualità* eine Frage von brennender Aktualität ♦ *un uomo di ottant'anni* ein Mann von achtzig Jahren ♦ *centinaia di persone* Hunderte von Leuten. **3** *(partitivo: del, degli, ecc)* etwas *(sing)*, einige *(pl)*; ein... von *(+ pron)* ♦ *è rimasto ancora del pane* es ist noch etwas Brot übrig geblieben ♦ *devo scrivere delle lettere* ich muss einige Briefe schreiben ♦ *uno dei miei amici* ein Freund von mir. **4** *(materiale; provenienza, origine)* aus ♦ *un anello d'oro* ein Ring aus Gold ♦ *un ragazzo di buona famiglia* ein Junge aus guter Familie ♦ *sono di Firenze* ich komme aus Florenz ♦ *una poesia del medioevo* ein Gedicht aus dem Mittelalter. **5** *(argomento)* von; über *(+Acc)* ♦ *abbiamo parlato brevemente di lui* wir haben kurz von ihm gesprochen ♦ *abbiamo discusso a lungo di questo problema* wir haben lange über dieses Problem diskutiert. **6** *(+ inf)* zu ♦ *non ho voglia di andare al cinema* ich habe keine Lust, ins Kino zu gehen ♦ *mi ha chiesto di prestargli i miei libri* er hat mich gebeten, ihm meine Bücher zu leihen. **7** *(mese, stagione)* im; *(giorno)* am ♦ *di maggio* im Mai ♦ *d'estate* im Sommer ♦ *(di) lunedì* am Montag ♦ il venti di aprile *am 20. April*. **8** *(secondo termine di paragone)* als ♦ *è più giovane di suo fratello* er ist jünger als sein Bruder ♦ *ci volle di più di quanto avessimo creduto* es dauerte länger, als wir gedacht hatten. **9** *(+ compar)* um ♦ *è più giovane di me di tre anni* er ist um drei Jahre jünger als ich ♦ *le temperature sono scese di dieci gradi* die Temperaturen sind um zehn Grad gesunken. **10** *(causa)* vor *(+ Dat)* ♦ *tremava di paura* sie zitterte vor Angst. **11** *(mezzo)* mit ♦ *riempì il bicchiere di birra* er füllte das Glas mit Bier. **12** *(odore, sapore)* nach ♦ *la bibita sa di limone* das Getränk schmeckt nach Zitrone ♦ *qui c'è odore di gas* hier riecht es nach Gas. **13** *(abiti, colori)* in ♦ *era vestita di rosso* sie war in Rot angezogen. **14** *(obiettivo, desiderio)* nach ♦ *sono in cerca di un buon lavoro* ich bin auf der Suche nach einer guten Stelle ♦ *ho voglia di un gelato* ich habe Lust nach einem Eis ♦ *qualcuno ha chiesto di me?* hat jemand nach mir gefragt? **15** *(titoli nobiliari)* von ♦ *il conte Ottone di Bismarck* Graf Otto von Bismark. ◆ **di giorno** bei Tage. ◆ **di notte** bei Nacht. ◆ **di giorno in giorno** von Tag zu Tag.

diabete *(m)* ~ Diabetes *(m)*. ◆ **diabete mellito** Zuckerkrankheit *(f)*.

diabetico[1] *(agg)* ~ zuckerkrank.

diabetico[2] *(m; f* **-a***)* ~ Diabetiker *(m; f* -in*)*.

diabolico *(agg)* ~ dämonisch; teuflisch *(anche fig)*.

diafano *(agg)* ~ durchsichtig.

diaframma *(m)* **1** Trennwand *(f)*. **2** *(anat)* Zwerchfell *(n)*. **3** *(fot)* Blende *(f)*.

diagnosi *(f)* ~ Diagnose *(f)*.

diagnosticare *(vt)* ~ diagnostizieren *(vt)*.

diagonale[1] *(agg)* ~ diagonal, schräg.

diagonale[2] *(f)* ~ *(geom)* Diagonale *(f)*. ◆ **in diagonale** diagonal, quer *(avv)*.

diagramma *(m)* ~ Diagramm *(n)*.

dialettale *(agg)* ~ mundartlich, dialektal.

dialetto *(m)* ~ Mundart *(f)*, Dialekt *(m)*.

dialisi *(f)* ~ Dialyse *(f)*.

dialogo *(m)* ~ Dialog *(m)*, Gespräch *(n)*.

diamante *(m)* ~ Diamant *(m)*.

diametro *(m)* ~ *(geom)* Durchmesser *(m)*.

diapason *(m)* ~ Stimmgabel *(f)*.

diapositiva *(f)* ~ Diapositiv *(n)*, Dia *(n)*.

diario *(m)* ~ Tagebuch *(n)* ♦ *tenere un diario* ein Tagebuch führen.

diarrea *(f)* ~ Durchfall *(m)*.

diavolo *(m)* ~ Teufel *(m)*; Satan *(m)* *(anche fig)* ♦ *al diavolo le sue promesse!* zum Teufel mit seinen Versprechungen! ♦ *che il diavolo ti porti!* hole dich der Teufel! ♦ *dove diavolo sei?* wo zum Teufel bist du?

dibattere *(vt)* **1** erörtern *(vt)*, debattieren *(vt)*. **2** *(dir)* verhandeln *(vt)*.

dibattersi *(vr)* ~ *(dimenarsi)* zappeln *(vi, hat)*. ◆ **dibattersi nel dubbio** mit dem Zweifel ringen *(vi, hat)*.

dibattimento *(m)* ~ *(dir)* Verhandlung *(f)*, Gerichtsverhandlung *(f)*.

dibattito *(m)* ~ Debatte *(f)* *(anche parlamentare)*; Erörterung *(f)* ♦ *mettere qcs a dibattito* etwas zur Debatte stellen.

dicembre *(m)* ~ Dezember *(m)* ♦ *a dicembre* im Dezember.

diceria *(f)* ~ Gerede *(n)*, Gerücht *(n)*.

dichiarare *(vt)* **1** erklären *(vt)*, aus|sagen *(vt)* ♦ *fu dichiarato morto* er wurde für tot erklärt. **2** *(alla dogana)* verzollen *(vt)*, deklarieren *(vt)* ♦ *ha qualcosa da dichiarare?* haben Sie etwas zu verzollen?
dichiararsi *(vr)* ~ sich erklären *(vr)* ♦ *dichiararsi pronto a fare qcs* sich bereit erklären, etwas zu tun.
dichiarazione *(f)* **1** Erklärung *(f)* ♦ *dichiarazione dei redditi* Steuererklärung ♦ *dichiarazione d'amore* Liebeserklärung. **2** *(affermazione)* Äußerung *(f)*; Aussage *(f)*.
diciannove *(num)* ~ neunzehn.
diciassette *(num)* ~ siebzehn.
diciotto *(num)* ~ achtzehn.
dicitura *(f)* ~ Aufschrift *(f)*.
didascalia *(f)* **1** Bildunterschrift *(f)*. **2** *(cinem)* Untertitel *(m)*.
didattica *(f)* ~ Didaktik *(f)*.
didattico *(agg)* ~ didaktisch.
dieci[1] *(agg num)* ~ zehn *(vedi anche* **cinque**).
dieci[2] *(m)* ~ Zehn *(f)*.
diecimila *(agg num)* ~ zehntausend.
dieresi *(f)* **1** Diäresis *(f)*. **2** *(segno di metafonia)* Umlautzeichen *(n)*.
diesel *(m)* ~ Diesel *(m)*. ◆ **carburante diesel** Dieselkraftstoff *(m)*. ◆ **motore diesel** Dieselmotor *(m)*.
diesis *(m)* ~ Kreuz *(n)*.
dieta *(f)* ~ Diät *(f)*; Kost *(f)* ♦ *seguire una dieta* eine Diät (ein)halten.
dietetico *(agg)* ~ diätetisch, Diät- ♦ *cucina dietetica* Diätküche *(f)*.
dietro[1] *(avv)* **1** *(stato in luogo; di dietro)* hinten ♦ *vorresti stare seduto (di) dietro o davanti?* möchtest du hinten oder vorne sitzen? **3** *(per di dietro) (moto)* hintenherum. ◆ **da dietro** von hinten ♦ *venire da dietro* von hinten kommen. ◆ **qui, lì, là dietro** *(stato)* hier hinten, dahinten, dort hinten *(avv)*. ◆ **di dietro** hintere(r) *(agg, solo attr)* ♦ *nelle file dietro* in den hinteren Reihen. ◆ **esserci dietro** *(persona o cosa) (fam)* dahinter stecken ♦ *vorrei sapere cosa c'è dietro* ich möchte wissen, was dahinter steckt.
dietro[2] *(m)* ~ Rücken *(m)*.
dietro[3] *(prep)* **1** *(stato)* hinter (+ *Dat)* ♦ *stai dietro di me* bleib hinter mir. **2** *(moto)* hinter (+ *Acc)*. ◆ **l'uno dietro l'altro** hintereinander *(avv)*. ◆ **andar dietro a qcn/qcs** hinter jmdm/etwas her|gehen*. ◆ **star dietro a qcn/qcs** *(badare)* auf jmdn/etwas auf|passen*.
difendere *(vt)* **1** {~ *qcs da qcs*} etwas gegen etwas verteidigen *(vt)*. **2** *(proteggere)* {~ *qcs da qcs*} etwas vor etwas *(Dat)* schützen *(vt)*. **3** *(tutelare)* wahr|nehmen* *(vt)*.
difendersi *(vr)* **1** {~ *(da qcs)*} sich (gegen etwas) verteidigen *(vr)*. **2** *(proteggersi)* {~ *(da qcs)*} sich (vor etwas) *(Dat)* schützen *(vr)*.
difensivo *(agg)* ~ defensiv.
difensore *(m)* ~ Verteidiger *(m; f* -in) *(anche dir/sport)*.
difesa *(f)* **1** Verteidigung *(f)*. **2** *(protezione)* Schutz *(m)*. **3** *(tutela)* Wahrnehmung *(f)*. ◆ **legittima difesa** Notwehr *(f)* ♦ *agire per legittima difesa* aus Notwehr handeln. ◆ **prendere le difese di qcn/qcs** für jmdn/etwas ein|treten*.
difetto *(m)* **1** *(fisico o morale)* Defekt *(m)*. **2** *(imperfezione)* Fehler *(m)* ♦ *difetto di fabbricazione* Fabrikationsfehler ♦ *difetto di pronuncia* Sprachfehler. **3** *(mancanza)* Mangel *(m)*. **4** *(colpa)* Schuld *(f)*. ◆ **far difetto a qcn** jmdm mangeln *(vi, hat)*; es mangelt/fehlt jmdm an etwas *(Dat) (impers)*. ◆ **sentirsi in difetto** sich schuldig fühlen.
difettoso *(agg)* **1** fehlerhaft, mangelhaft. **2** *(guasto)* defekt.
diffamare *(vt)* ~ verleumden *(vt)*.
diffamazione *(f)* **1** Verleumdung *(f)*. **2** *(dir)* üble Nachrede *(f)*.
differente *(agg)* ~ verschieden, unterschiedlich, unterschieden.
differenza *(f)* **1** Unterschied *(m)*, Verschiedenheit *(f)*, Differenz *(f)* ♦ *a differenza di qcn/qcs* im Unterschied zu jmdm/etwas; zum Unterschied von jmdm/etwas. **2** *(mat)* Differenz *(f)*.
differenziare *(vt)* ~ differenzieren *(vt)*, unterscheiden* *(vt)* ♦ *differenziare qcn/qcs da qcn/qcs* jmdn/etwas von jmdm/etwas unterscheiden.
differenziarsi *(vr)* **1** sich differenzieren, sich unterscheiden* *(vr)*.
differenziato *(agg)* ~ unterschieden, verschieden. ◆ **raccolta differenziata** Mülltrennung *(f)*.

differenziazione *(f)* ~ Differenzierung *(f)*.
differire[1] *(vi)* ~ ab|weichen* *(vi, ist)*.
differire[2] *(vt)* ~ verschieben *(vt)*.
differito *(agg)* ~ zeitversetzt.
difficile *(agg)* ***1*** schwierig, schwer, heikel ♦ *sono tempi difficili* das sind schwere Zeiten ♦ *difficile a dirsi* schwer zu sagen. ***2*** *(esigente)* verwöhnt, wählerisch. ***3*** *(improbabile)* kaum *(avv)*, schwerlich *(avv)* ♦ *ormai è difficile che vengano* sie werden kaum noch kommen. ◆ **rendere difficile qcs (a qcn)** (jmdm) etwas erschweren *(vt)*.
difficilmente *(avv)* ***1*** schwer. ***2*** *(improbabile)* kaum.
difficoltà *(f)* ~ Schwierigkeit *(f)* ♦ *avere delle difficoltà* in Schwierigkeiten kommen.
diffidare[1] *(vi)* ~ {~ *di qcn/qcs*} jmdm/etwas misstrauen *(vi, hat)*.
diffidare[2] *(vt)* ~ warnen *(vt)* ♦ *diffidare qcn dal fare qcs* jmdn warnen, etwas zu tun.
diffidente *(agg)* ~ misstrauisch.
diffidenza *(f)* ~ Misstrauen *(n)*. ◆ **con diffidenza** misstrauisch *(avv)*.
diffondere *(vt)* ***1*** *(divulgare)* verbreiten *(vt)*. ***2*** *(emanare)* aus|strömen *(vt)*.
diffondersi *(vr)* sich verbreiten *(vr)*, sich aus|breiten *(vr)*.
diffusamente *(avv)* ~ ausführlich, lang und breit.
diffusione *(f)* ***1*** Verbreitung *(f)*. ***2*** *(propagazione)* Ausbreitung *(f)*. ***3*** *(fis)* Streuung *(f)*.
diffuso *(agg)* ~ verbreitet, gängig.
difilato *(avv)* ~ *(subito)* unverzüglich, stracks.
diga *(f)* ***1*** Damm *(m)* *(anche fig)* ♦ *diga di sbarramento* Staudamm. ***2*** *(argine)* Deich *(m)*.
digeribile *(agg)* ~ verdaulich, verträglich *(anche fig)*.
digerire *(vt)* ***1*** verdauen *(vt)*, verarbeiten *(vt)*. ***2*** *(persone)* aus|stehen* *(vt)*.
digestivo *(m)* ~ Magenbitter *(m)*.
digestione *(f)* ~ Verdauung *(f)*.
digitale *(agg)* ***1*** *(anat)* Finger- ♦ *impronta digitale* Fingerabdruck *(m)*. ***2*** *(tecn)* digital, Digital-.
digitare *(vt)* ***1*** tippen *(vt/vi, hat)*. ***2*** *(inserire dati)* ein|geben* *(vt)*. ***3*** *(al telefono)* wählen *(vt)*.
digiunare *(vi)* ~ fasten *(vi, hat)*.
digiuno[1] *(agg)* ~ nüchtern. ◆ **a digiuno** auf nüchternen Magen.
digiuno[2] *(m)* ~ *(relig)* Fasten *(pl)*.
dignità *(f)* ~ Würde *(f)*.
dignitario *(m)* ~ Würdenträger *(m)*.
dignitoso *(agg)* ~ würdevoll.
digressione *(f)* ~ Exkurs *(m)*.
digrignare *(vt)* ~ **digrignare i denti** ***1*** *(animali)* die Zähne fletschen *(vt)*. ***2*** *(persone)* mit den Zähnen knirschen *(vi, hat)*.
diktat *(m)* ~ Diktat *(n)*.
dilagare *(vi)* ~ sich verbreiten *(vr)*.
dilaniare *(vt)* ***1*** zerreißen* *(vt)*, zerfetzen *(vt)*. ***2*** *(fig)* plagen, quälen *(vt)*.
dilaniato *(agg)* ~ zerrissen.
dilatare *(vt)* ~ aus|dehnen *(vt)*, dehnen *(vt)* *(anche fig)*.
dilatarsi *(vr)* ***1*** sich aus|dehnen *(vr)*, sich dehnen *(vr)*. ***2*** *(delle pupille)* sich weiten *(vr)*.
dilatazione *(f)* ***1*** Dehnung *(f)*, Ausdehnung *(f)* *(anche fig)*. ***2*** *(med)* Erweiterung *(f)*.
dilazionare *(vt)* ~ auf|schieben* *(vt)*, stunden *(vt)*.
dilazione *(f)* ~ Aufschub *(m)*, Stundung *(f)*.
dileguare *(vt)* ***1*** vertreiben* *(vt)*. ***2*** *(fig)* verscheuchen *(vt)*.
dileguarsi *(vt)* ~ verschwinden* *(vi, ist)*.
dilemma *(m)* ~ Dilemma *(n)*.
dilettante *(m/f)* ***1*** Amateur *(m)* *(anche sport)*; Laie *(m)*. ***2*** *(buono a nulla)* Stümper *(m; f* -in*)*. ◆ **da dilettante** laienhaft *(agg)*.
dilettare *(vt)* ***1*** erfreuen *(vt)*, vergnügen *(vt)*. ***2*** *(divertire)* unterhalten *(vt)*.
dilettarsi *(vr)* ~ sich vergnügen *(vr)*.
diletto[1] *(agg)* ~ geliebt, teuer.
diletto[2] *(m; f* **-a***)* ~ Geliebte(r) *(m/f)*; Liebling *(m)*.
diletto[3] *(m)* ***1*** Vergnügen *(n)* ♦ *fare qcs per diletto* etwas aus Vergnügen tun. ***2*** *(soddisfazione)* Wohlgefallen *(n)*, Gefallen *(n)*.
diligente *(agg)* ~ fleißig.
diligentemente *(avv)* ~ fleißig.
diligenza *(f)* ~ Fleiß *(m)*.
diluire *(vt)* ***1*** verdünnen. ***2*** *(gastr)* verlängern *(vt)*; *(cibi)* strecken *(vt)*.

dilungarsi *(vr)* ***1*** {~ *su qcs*} sich über etwas *(Acc)* verbreiten *(vr)*. ***2*** {~ *in qcs*} sich in etwas *(Dat)* ergehen* *(vr)*.
diluviare *(vi)* ~ in Strömen regnen *(v meteor,* hat*)*.
diluvio *(m)* ***1*** strömender Regen *(m)*. ***2*** *(fig)* Schwall *(m)*. ◆ **diluvio universale** Sintflut *(f)*.
dimagrire *(vi)* ***1*** ab|magern *(vi,* ist*)*, ab|nehmen* *(vi,* hat*)* ◆ *è dimagrita sui fianchi, di tre chili* sie hat an den Hüften, drei Kilo abgenommen. ***2*** *(deperire)* zusammen|fallen* *(vi,* ist*)*.
dimenare *(vt)* ~ wedeln *(vi,* hat*)*, schlenkern *(vi,* hat*)*.
dimenarsi *(vr)* ~ zappeln *(vi,* hat*)*; sich winden *(vr)*.
dimensione *(f)* ***1*** Ausmaß *(n)*, Dimension *(f)*, Größe *(f)* ◆ *in/di grandi, minime dimensioni* in/von großem, geringem Ausmaß. ***2*** *(proporzioni)* Ausmaß *(n)*, Umfang *(m)*.
dimenticanza *(f)* ***1*** Vergessen *(n)*, Vergessenheit *(f)*. ***2*** *(omissione)* Versäumnis *(n)*.
dimenticare *(vt)* ~ vergessen* *(vt)*.
dimenticato *(agg)* ~ vergessen.
dimenticatoio *(m)* ~ **cadere nel dimenticatoio** in Vergessenheit geraten.
dimettere *(vt)* ~ *(da ospedale)* entlassen* *(vt)*.
dimettersi *(vr)* ~ zurück|treten* *(vi,* ist*)*, ab|danken *(vi,* hat*)* ◆ *dimettersi da una carica* von einem Amt zurücktreten.
dimezzare *(vt)* ***1*** *(dividere in due)* halbieren *(vt)*, in zwei teilen *(vt)*. ***2*** *(ridurre alla metà)* auf die Hälfte herab|setzen *(vt)*, reduzieren *(vt)*.
diminuire[1] *(vi)* ***1*** ab|nehmen* *(vi,* hat*)* ◆ *la febbre è diminuita* das Fieber hat abgenommen. ***2*** *(di intensità)* nach|lassen* *(vi,* hat*)* ◆ *la pioggia è diminuita* der Regen hat nachgelassen. ***3*** *(scendere)* sinken* *(vi,* ist*)*, fallen* *(vi,* ist*)*. ***4*** *(di numero)* geringer/weniger werden* *(vi,* ist*)*. ***5*** *(diradarsi)* seltener werden* *(vi,* ist*)*.
diminuire[2] *(vt)* ***1*** herab|setzen *(vt)*, senken *(vt)*, reduzieren *(vt)* ◆ *diminuire i prezzi* die Preise herabsetzen/senken. ***2*** *(limitare)* verringern *(vt)*, vermindern *(vt)* ◆ *diminuire la velocità* die Geschwindigkeit vermindern. ***3*** *(rimpicciolire)* verkleinern *(vt)*. ***4*** *(diradare)* seltener machen *(vt)*; ein|schränken *(vt)*.
diminutivo *(m)* ~ Verkleinerungsform *(f)*.
diminuzione *(f)* ***1*** *(ribasso)* Herabsetzung *(f)*, Rückgang *(m)*. ***2*** *(riduzione)* Kürzung *(f)*, Verringerung *(f)*, Verkleinerung *(f)*. ***3*** *(calo)* Abfall *(m)*, Abnahme *(f)*.
dimissione *(f)* ***1*** *(da ospedale)* Entlassung *(f)*. ***2*** *(pl)* Demission *(f)*, Rücktritt *(m)* ◆ *rassegnare/dare le dimissioni* seinen Rücktritt einreichen *(vt)*.
dimora *(f)* ***1*** *(abitazione)* Heim *(n)*, Zuhause *(n)*. ***2*** *(domicilio)* Wohnsitz *(m)* ◆ *senza fissa dimora* ohne festen Wohnsitz. ◆ **mettere a dimora** *(piante)* ein|setzen, ein|pflanzen.
dimostrabile *(agg)* ~ nachweisbar.
dimostrante *(m)* ~ Demonstrant *(m; f* -in*)*.
dimostrare[1] *(vi)* ~ demonstrieren *(vi,* hat*)*.
dimostrare[2] *(vt)* ***1*** beweisen* *(vt)*, nach|weisen* *(vt)* ◆ *dimostrare qcs con i fatti* etwas durch die Tat/durch Taten beweisen. ***2*** *(provare)* zeigen *(vt)*, demonstrieren *(vt)*. ***3*** *(spiegare; mostrare)* zeigen, vor|führen *(vt)*.
dimostrarsi *(vr)* ***1*** sich aus|weisen* *(vr)*, sich erweisen* *(vr)* ◆ *ti sei dimostrato un vero amico* du hast dich als ein wahrer Freund erwiesen. ***2*** sich zeigen *(vr)* ◆ *si dimostrò coraggioso* er zeigte sich mutig.
dimostrativo *(agg)* ~ demonstrativ.
dimostrato *(agg)* ~ nachweislich.
dimostrazione *(f)* ***1*** *(prova)* Nachweis *(m)*, Beweis *(m)*, Demonstration *(f)*. ***2*** *(segno)* Äusserung *(f)*. ***3*** *(pratica)* Vorführung *(f)*. ***4*** *(di piazza)* Demonstration *(f)*, Demo *(f)*.
dinamica *(f)* ***1*** *(fis/mus)* Dynamik *(f)*. ***2*** Ablauf *(m)*, Hergang *(m)*.
dinamico *(agg)* ***1*** *(fis)* dynamisch. ***2*** *(fig)* dynamisch, tatkräftig.
dinamismo *(agg)* ~ *(vivacità)* Dynamik *(f)*.
dinamite *(f)* ~ Dynamit *(n)*.
dinamo *(f)* ~ Dynamo *(m)*.
dinastia *(f)* ~ Dynastie *(f)*.
dinastico *(agg)* ~ dynastisch.
dinosauro *(m)* ~ Dinosaurier *(m)*.
dintorni *(m pl)* ~ Umgebung *(f)*; Nähe *(f)*, Gegend *(f)* ◆ *vive nei dintorni di Berlino* er lebt in der Nähe von Berlin.

Dio *(m)* ***1*** Gott *(m)*. ***2*** *(divinità)* Gott *(m; f* Göttin*)*, Abgott *(m; f* Göttin*)*. ◆ **grazie a Dio!** Gott sei Dank! ◆ **mio Dio!** mein Gott! ach, du lieber Gott! ◆ **per l'amor di Dio!** um Gottes willen!

diocesi *(f)* ~ *(relig)* Diözese *(f)*, Bistum *(n)*.

dipanare *(vt)* ***1*** *(lana)* auf|wickeln *(vt)*. ***2*** *(fig)* entwirren *(vt)*.

dipartimento *(m)* ~ *(università)* Fachbereich *(m)*.

dipendente[1] *(agg)* ***1*** *(da droghe e sim)* süchtig. ***2*** *(subordinato)* abhängig ♦ *avere un lavoro dipendente* in abhängiger Stellung arbeiten. ◆ **proposizione dipendente** Nebensatz *(m)*.

dipendente[2] *(m/f)* ***1*** *(impiegato)* Angestellte(r) *(m/f)*, Beamte(r) *(m; f* Beamtin*)*. ***2*** *(pl)* Belegschaft *(f)*.

dipendenza *(f)* ***1*** Abhängigkeit *(f)*. ***2*** *(med)* Abhängigkeit *(f)*, Sucht *(f)*. ◆ **essere alle dipendenze di qcn** jmdm untergeben sein.

dipendere *(vi)* ***1*** {~ *da qcn/qcs*} von jmdm/etwas ab|hängen* *(vi,* hat*)*, von jmdm/etwas abhängig sein* *(vi,* ist*)*. ***2*** *(impers)* {~ *da qcn/qcs*} von jmdm/etwas ab|hängen* *(vi,* hat*)*, auf jmdn/etwas an|kommen* *(vi,* ist*)* ♦ *dipende* es kommt darauf an. ***3*** *(gerarchicamente)* {~ *da qcn*} jmdm unterstehen* *(vi,* hat*)*.

dipingere *(vt/vi)* ***1*** malen *(vt/vi,* hat*)*, bemalen *(vt)*; aus|malen *(vt) (anche fig)* ♦ *dipingere a olio, ad acquerello* in Öl, Wasserfarben malen. ***2*** *(vt) (verniciare)* an|streichen* *(vt)*.

dipinto *(m)* ~ Gemälde *(n)*, Bild *(n)* ♦ *dipinto a olio* Ölgemälde.

diploma *(m)* ***1*** Diplom *(n) (anche universitario)*. ***2*** *(di maturità)* Abiturzeugnis *(n)*; *(burocr)* Hochschulreife *(f)*. ***3*** *(universitario)* Hochschulabschluss *(m)*.

diplomarsi *(vr)* ~ sein Diplom erwerben* *(vt)*.

diplomatico[1] *(agg)* ~ diplomatisch.

diplomatico[2] *(m; f* **-a***)* ~ Diplomat *(m; f* -in*)*.

diplomazia *(f)* ~ Diplomatie *(f)*.

diradare *(vt)* ***1*** *(nebbia; foglie, ecc)* lichten *(vt)*. ***2*** *(limitare)* ein|schränken *(vt)*; verringern *(vt)*.

diradarsi *(vr)* ***1*** sich lichten *(vr)*. ***2*** *(diventare meno frequente)* seltener werden* *(vi,* ist*)*.

diramare *(vt)* ~ verbreiten *(vt)*.

diramarsi *(vr)* ***1*** ab|zweigen *(vi,* hat*)*. ***2*** *(diffondersi)* sich verbreiten *(vr)*.

diramazione *(f)* ~ Abzweigung *(f)*.

dire *(vt)* ***1*** sagen *(vt)* ♦ *di' un po'...* sag mal... ♦ *come si dice questo in italiano?* wie sagt man das auf Italienisch? ♦ *ha detto di essere stanco* er hat gesagt, dass er müde sei/ist ♦ *quel nome non mi dice niente* der Name sagt mir nichts ♦ *che ne dici?* was sagst du dazu? ♦ *dire qcs di male su qcn* etwas Schlechtes über jmdn sagen ♦ *si dice/dicono che (impers)* man sagt, dass ♦ *come si suol dire* wie man so schön sagt. ***2*** *(affermare)* behaupten *(vt)*, sagen *(vt)*. ***3*** *(recitare)* auf|sagen, sprechen* *(vt)* ♦ *dire una preghiera* ein Gebet sprechen. ***4*** *(pensare)* denken *(vt)*, sagen *(vt)* ♦ *che ne dici della mia nuova macchina?* was sagst du zu meinem neuen Auto? ***5*** *(intendere)* meinen *(vt)* ♦ *cosa vuoi dire con questo?* was meinst du damit? ♦ *non l'ho detto con cattiveria* ich habe es nicht böse gemeint. ◆ **voler dire** *(significare)* heißen* *(vi,* hat*)*, bedeuten *(vt)* ♦ *questo non vuol dire niente* das will nichts heißen ♦ *cosa vuol dire questa parola?* was bedeutet dieses Wort? ◆ **come sarebbe a dire?** was soll denn das heißen? ◆ **per così dire** sozusagen, gewissermaßen. ◆ **dire (di) sì, dire (di) no a qcn** zu jmdm Ja, Nein sagen. ◆ **detto fra noi** unter uns gesagt. ◆ **come ho già detto** wie gesagt. ◆ **diciamo** sagen wir ♦ *ci incontriamo, diciamo, alle quattro e mezza* wir treffen uns, sagen wir, um halb fünf. ◆ **chi l'avrebbe mai detto!** wer hätte das gedacht! ◆ **a dir poco** gelinde gesagt. ◆ **avere un bel dire** *(vi,* hat*)* gut reden haben. ◆ **dire la propria in qcs** bei etwas mitsprechen* *(vi,* hat*)*.

dirsi *(vr)* ***1*** *(chiamarsi)* sich nennen *(vr)*. ***2*** *(ritenersi)* sich schätzen *(vr)*. ***3*** *(tra sè)* sich *(Dat)* sagen ♦ *mi sono detto, le telefono* ich habe mir gesagt, ich rufe sie mal an. ◆ **più facile a dirsi che a farsi** leichter gesagt als getan.

direttamente *(avv)* ***1*** direkt, geradewegs. ***2*** *(senza mediazioni)* direkt, unmittelbar.
direttissimo *(m)* ~ *(treno)* Schnellzug *(m)*.
direttiva *(f)* ***1*** Weisung *(f)*, Vorschrift *(f)* ♦ *dare direttive* Weisungen erteilen/geben. ***2*** *(dir)* Richtlinie *(f)* *(spec pl)*.
direttivo *(agg)* ***1*** leitend. ***2*** *(dir)* richtunggebend.
diretto[1] *(agg)* ***1*** *(volto a)* gerichtet. ***2*** *(in direzione di)* auf dem Weg. ***3*** *(senza mediazioni)* direkt, unmittelbar ♦ *collegamento diretto* direkte Verbindung ♦ *elezione diretta* unmittelbare Wahl. ◆ **discorso diretto** direkte Rede.
diretto[2] *(m)* ***1*** *(nella boxe)* Gerade *(f)*. ***2*** *(treno)* Eilzug *(m)*.
direttore *(m; f* **-trice***)* ***1*** Direktor *(m; f* -in*)*, Leiter *(m; f* -in*)*. ***2*** *(mus)* Dirigent *(m; f* -in*)*.
direzione *(f)* ***1*** Richtung *(f)* ♦ *in quale/da quale direzione?* in welche/aus welcher Richtung? ♦ *andare in direzione di Monaco* in Richtung München fahren. ***2*** *(il dirigere)* Leitung *(f)*, Führung *(f)*. ***3*** *(dirigenza)* Direktion *(f)*, Vorstand *(m)*. ◆ **direzione di marcia** Fahrtrichtung *(f)*.
dirigente[1] *(agg)* ~ Führungs-.
dirigente[2] *(m/f)* ~ Führungskraft *(f)*, leitender Angestellte(r) *(m/f)*.
dirigenza *(f)* ~ Führung *(f)*, Leitung *(f)*.
dirigenziale *(agg)* ~ leitend, führend.
dirigere *(vt)* ***1*** *(indirizzare)* richten *(vt)*, zu|wenden* *(vt)*, wenden* *(vt)* ♦ *dirigere lo sguardo su qcn/qcs* seinen Blick auf jmdn/etwas richten. ***2*** *(amministrare)* leiten *(vt)*, führen *(vt)*. ***3*** *(traffico)* regeln *(vt)*. ***4*** *(mus)* dirigieren *(vt)*.
dirigersi *(vr)* ~ {~ *verso qcs*} etwas *(Dat)*/auf etwas *(Acc)* zu|streben *(vi*, ist*)*, auf etwas *(Acc)* zu|steuern *(vi*, ist*)*; *(di veicoli)* zu|fahren* *(vi*, ist*)*.
dirigibile *(m)* ~ Luftschiff *(n)*.
dirimpetto *(avv)* ~ gegenüber.
diritto[1] *(agg)* ***1*** gerade. ***2*** *(eretto)* aufrecht, gerade, stramm ♦ *camminare diritto* aufrecht *(avv)* gehen.
diritto[2] *(avv)* ~ gerade, geradeaus. ◆ **a diritto** geradeaus.
diritto[3] *(m)* ***1*** *(dir)* Recht *(n)* ♦ *diritto pubblico, civile, penale, internazionale* Staatsrecht, Zivilrecht, Strafrecht, Völkerrecht ♦ *diritto d'autore* Urheberrecht ♦ *diritti civili* Bürgerrechte ♦ *diritti umani* Menschenrechte. ***2*** *(autorizzazione)* Recht *(n)*, Berechtigung *(f)* ♦ *diritto di voto* Wahlrecht, Stimmberechtigung ♦ *avere diritto a qcs* das Recht auf etwas *(Acc)* haben ♦ *avere il diritto di fare qcs* das Recht (dazu) haben, etwas zu tun. ◆ **avente diritto** berechtigt *(agg)*. ◆ **a buon diritto** zu Recht. ◆ **di diritto** von Rechts wegen. ◆ **con diritto** rechtens *(avv)*. ◆ **tutti i diritti riservati** alle Rechte vorbehalten. ◆ **dare a qcn il diritto di fare qcs** jmdn zu etwas berechtigen *(vt)*. ◆ **privare qcn dei diritti** jmdn entrechten *(vt)*.
diritto[4] *(m)* ~ *(di stoffa)* die rechte Seite. ◆ **sul diritto** rechts *(avv)*.
diroccato *(agg)* ~ verfallen.
dirottamento *(m)* ~ Entführung *(f)*.
dirottare *(vt)* ***1*** *(deviare)* um|leiten *(vt)*. ***2*** *(atto di pirateria)* entführen *(vt)*.
dirotto ~ **a dirotto** heftig *(avv)*.
dirupo *(m)* ~ Abschuss *(m)*, Absturz *(m)*.
disabile[1] *(agg)* ~ behindert.
disabile[2] *(m/f)* ~ Behinderte(r) *(m/f)*.
disabitato *(agg)* ~ unbewohnt.
disabituare *(vt)* ~ {~ *qcn a qcs*} jmdm etwas ab|gewöhnen *(vt)*.
disabituarsi *(vr)* ~ {~ *a qcs*} sich *(Dat)* etwas ab|gewöhnen *(vr)*.
disaccordo *(m)* ~ Uneinigkeit *(f)*, Unstimmigkeit *(f)* *(spec pl)*. ◆ **essere in disaccordo su qcs** über etwas *(Acc)* uneinig sein.
disadorno *(agg)* ~ schmucklos; nackt.
disagio *(m)* ***1*** *(imbarazzo)* Unbehagen *(n)*, Verlegenheit *(f)*. ***2*** *(privazione)* Entbehrung *(f)*. ***3*** *(scomodità)* Unbequemlichkeit *(f)*. ◆ **sentirsi a disagio** sich *(Acc)* unbehaglich fühlen.
disapprovare *(vt)* ~ missbilligen *(vt)*.
disapprovazione *(f)* ~ Missbilligung *(f)*.
disappunto *(m)* ~ Missmut *(m)*.
disarcionare *(vt)* ~ aus dem Sattel werfen* *(vt)*.
disarmante *(agg)* ~ entwaffnend.
disarmare *(vt)* ***1*** entwaffnen *(vt)* *(anche fig)*. ***2*** *(rendere inoffensivo)* überwältigen *(vt)*.
disarmato *(agg)* ~ unbewaffnet.

disarmo *(m)* ~ Abrüstung *(f)*.

disastro *(m)* **1** Unglück *(n)*, Katastrophe *(f)* ♦ *disastro aereo* Flugzeugunglück. **2** *(estens)* Misserfolg *(m)*.

disastroso *(agg)* ~ verheerend, katastrophal.

disattento *(agg)* ~ unaufmerksam, unachtsam.

disattenzione *(f)* ~ Unaufmerksamkeit, Unachtsamkeit *(f)*.

disavanzo *(m)* ~ Defizit *(n)*.

disavventura *(f)* ~ Missgeschick *(n)*.

disbrigo *(m)* ~ Bewältigung *(f)*, Erledigung *(f)*.

discapito *(m)* ~ Nachteil *(m)* ♦ *a discapito di qcn* zum Nachteil von jmdm/zu jmds Nachteil.

discarica *(f)* ~ Deponie *(f)*, Schuttabladeplatz *(m)*.

discendente *(m)* ~ Nachkomme *(m)*.

discendenza *(f)* **1** *(origine)* Abstammung *(f)*. **2** *(discendenti)* Nachkommenschaft *(f)*.

discendere[1] *(vi)* **1** {~ *da qcn*} von jmdm stammen *(vi*, hat*)*, ab|stammen *(vi*, ist*)*. **2** *(da veicoli)* aus|steigen* *(vi*, ist*)*.

discendere[2] *(vt)* ~ hinuntergehen* *(vi)*; *(con veicoli)* hinunterfahren* *(vi)*.

discepolo *(m; f* **-a***)* **1** *(seguace)* Anhänger *(m; f* -in*)*. **2** *(allievo)* Schüler *(m; f* -in*)*. **3** *(relig)* Jünger *(m)*.

discesa *(f)* **1** Abstieg *(m)* ♦ *una discesa ripida* ein steiler Abstieg. **2** *(da veicoli)* Ausstieg *(m)*. **3** *(nello sci)* Abfahrt *(f)*. ◆ **in discesa** bergab *(avv)*.

dischetto *(m)* ~ *(elab)* Diskette *(f)*.

disciplina *(f)* **1** Disziplin *(f)*, Zucht *(f)*. **2** *(materia)* Fach *(n)*; Disziplin *(f)* *(anche sport)*.

disciplinare[1] *(agg)* ~ disziplinarisch, Disziplinar-.

disciplinare[2] *(vt)* ~ disziplinieren *(vt)*.

disco *(m)* **1** Scheibe *(f)* ♦ *un disco di ferro* eine eiserne Scheibe. **2** *(mus)* Schallplatte *(f)*, Platte *(f)*. ◆ **disco orario** Parkscheibe *(f)*. ◆ **disco rigido** *(elab)* Festplatte *(f)*. ◆ **disco volante** fliegende Untertasse *(f)*.

discolpa *(f)* ~ Entlastung *(f)*, Rechtfertigung *(f)* ♦ *a mia discolpa* zu meiner Rechtfertigung.

discolpare *(vt)* ~ rechtfertigen *(vt)*, entlasten *(vt)*.

discolparsi *(vr)* ~ sich rechtfertigen *(vr)*, sich entlasten *(vr)*.

disconoscere *(vt)* nicht an|erkennen* *(vt)*.

discontinuo *(agg)* **1** unterbrochen. **2** *(variabile)* sprunghaft.

discordante *(agg)* ~ nicht übereinstimmend, geteilt.

discorde *(agg)* **1** *(persone)* uneinig. **2** *(dissimile)* verschieden.

discordia *(f)* ~ Zwietracht *(f)*, Uneinigkeit *(f)*.

discorso *(m)* **1** Rede *(f)* ♦ *tenere un discorso* eine Rede halten. **2** *(conversazione)* Gespräch *(n)*, Rede *(f)*. ◆ **discorso (in)diretto** (in)direkte Rede.

discostarsi *(vr)* ~ {~ *da qcn/qcs*} von jmdm/etwas ab|weichen* *(vi*, ist*)*.

discoteca *(f)* ~ *(locale)* Diskothek *(f)*, Disko *(f)*.

discredito *(m)* ~ Verruf *(m)*, Misskredit *(m)* ♦ *cadere in discredito* in Verruf geraten/kommen.

discretamente *(avv)* **1** *(con discrezione)* diskret, taktvoll. **2** *(abbastanza)* leidlich, ziemlich. **3** *(abbastanza bene)* einigermaßen ♦ *"Come va?" "Discretamente"* „Wie geht es dir?" „Einigermaßen".

discreto *(agg)* **1** *(riservato)* unaufdringlich. **2** *(pieno di tatto)* taktvoll, diskret. **3** *(passabile)* leidlich, ziemlich gut. **4** *(notevole)* ziemlich ♦ *un discreto sforzo* eine ziemliche Anstrengung. **5** *(voto scolastico)* Drei *(f)*; befriedigend.

discrezione *(f)* **1** *(riservatezza)* Verschwiegenheit *(f)*. **2** *(tatto)* Diskretion *(f)*. **3** *(arbitrio)* Gutdünken *(n)*, Ermessen *(n)* ♦ *a mia discrezione* nach meinem Gutdünken. ◆ **con discrezione** dezent, diskret *(avv)*.

discriminare *(vt)* **1** diskriminieren *(vt)*. **2** *(differenziare)* unterscheiden* *(vt)*.

discriminazione *(f)* ~ Diskriminierung *(f)*.

discussione *(f)* **1** Diskussion *(f)*, Erörterung *(f)*, Debatte *(f)*. **2** *(diverbio)* Wortwechsel *(m)*, Auseinandersetzung *(f)*. ◆ **mettere in discussione** infrage stellen. ◆ **essere fuori discussione** außer Betracht bleiben* *(vi*, ist*)*. ◆ **essere in discussione** zur Debatte stehen.

discutere[1] *(vi)* ***1*** {~ *di qcn/qcs*} über jmdn/etwas *(Acc)* sprechen* *(vi,* hat*)*, diskutieren *(vi,* hat*)*; etwas besprechen* *(vt)*. ***2*** *(animatamente)* {~ *di qcn/qcs*} über etwas *(Acc)* streiten* *(vi,* hat*)*.
discutere[2] *(vt)* ~ erörtern *(vt)*; besprechen* *(vt)*, diskutieren *(vt)*.
discutibile *(agg)* ***1*** diskutabel, strittig. ***2*** *(dubbio)* zweifelhaft. ◆ **questo è discutibile** das lässt sich bestreiten.
disdegnare *(vt)* ~ verschmähen *(vt)*, missachten *(vt)*.
disdetta *(f)* ***1*** *(annullamento)* Kündigung *(f)*, Aufkündigung *(f)*. ***2*** *(sfortuna)* Unglück *(n)*, Missgeschick *(n)*.
disdicevole *(agg)* ~ ungehörig, ungebührlich.
disdire *(vt)* ***1*** ab|sagen *(vt)* ◆ *disdire un appuntamento* ein Termin absagen. ***2*** *(dir)* kündigen *(vt)*.
disegnare *(vt)* ***1*** zeichnen *(vt)*. ***2*** *(delineare)* beschreiben *(vt)*.
disegnatore *(m; f* **-trice***)* ~ Zeichner *(m; f* -in*)*.
disegno *(m)* ***1*** Zeichnung *(f)*. ***2*** *(progetto)* Plan *(m)*. ***3*** *(motivo ornamentale)* Muster *(n)*. ◆ **disegno di legge** Gesetzentwurf *(m)*.
diserbante *(agg)* ~ Unkraut vertilgend.
diseredare *(vt)* ~ enterben *(vt)*.
disertare *(vi)* ~ *(mil)* desertieren *(vi,* ist/hat*)*.
disertore *(m)* ~ *(mil)* Fahnenflüchtige(r) *(m)*.
diserzione *(f)* ~ *(mil)* Fahnenflucht *(f)*.
disfare *(vt)* ***1*** *(sciogliere)* lösen *(vt)*. ***2*** *(pacco, valigia)* aus|packen *(vt)*. ***3*** *(letto)* auf|decken *(vt)*. ***4*** *(smontare)* auseinander nehmen* *(vt)*. ◆ **fare e disfare** schalten und walten.
disfarsi *(vr)* ***1*** *(liquefarsi)* schmelzen* *(vi,* ist*)*; sich auf|lösen *(vr)*. ***2*** *(sciogliersi)* sich lösen *(vr)*, auf|gehen *(vi,* ist*)*. ***3*** {~ *di qcn/qcs*} jmdn/etwas los|werden* *(vt,* ist*)*.
disfatta *(f)* ~ Niederlage *(f)*.
disfunzione *(f)* ~ Dysfunktion *(f)*.
disgelo *(m)* ~ Tauwetter *(n)* *(anche pol)*.
disgrazia *(f)* ***1*** Unglück *(n)*, Unglücksfall *(m)*. ***2*** *(sfavore)* Ungnade *(f)* ◆ *cadere in disgrazia presso qcn* bei jmdm in Ungnade fallen.
disgraziato[1] *(agg)* ***1*** *(sfortunato)* unglücklich, unglückselig.
disgraziato[2] *(m; f* **-a***)* ***1*** *(mascalzone)* Gauner *(m; f* -in*)*. ***2*** *(sfortunato)* Unglückliche(r) *(m/f)*.
disgregare *(vt)* ~ zersetzen *(vt)* *(anche fig/chim)*.
disgregarsi *(vr)* ~ sich zersetzen *(vr)* *(anche fig)*.
disgregazione *(f)* ~ Zersetzung *(f)* *(anche fig)*.
disgustare *(vt)* ***1*** an|widern *(vt)*, ekeln *(vt)* *(anche fig)*.
disgusto *(m)* ~ Ekel *(m)*.
disgustoso *(agg)* widerlich, ekelhaft, eklig.
disidratare *(vt)* ***1*** aus|trocknen *(vt)*. ***2*** *(alimenti)* dörren *(vt)*, trocknen *(vt)*.
disidratarsi *(vr)* ~ aus|trocknen *(vi,* ist*)*.
disidratazione *(f)* ***1*** *(med)* Wasserentzug *(m)*. ***2*** *(alimenti)* Trocknen *(n)*.
disilludere *(vt)* ~ ernüchtern *(vt)*; enttäuschen *(vt)*.
disillusione *(f)* ~ Ernüchterung *(f)*, Enttäuschung *(f)*.
disilluso *(agg)* ~ ernüchtert, enttäuscht.
disimparare *(vt)* ~ verlernen *(vt)*.
disimpegnare *(vt)* ***1*** entbinden* *(vt)*. ***2*** *(pegno)* aus|lösen *(vt)*.
disimpegnarsi *(vr)* ~ sich entledigen *(vr)*.
disincagliare *(vt)* ~ flott|machen *(vt)*.
disincantare *(vt)* ~ ernüchtern *(vt)*.
disincanto *(m)* ~ Ernüchterung *(f)*.
disinfestazione *(f)* ~ Schädlingsbekämpfung *(f)*.
disinfettante *(m)* ~ Desinfektionsmittel *(n)*.
disinfettare *(vt)* ~ desinfizieren *(vt)*; *(ferita)* reinigen *(vt)*.
disinfezione *(f)* ~ Desinfektion *(f)*.
disinibito *(agg)* ~ hemmungslos.
disinnescare *(vt)* ~ entschärfen *(vt)*.
disintegrare *(vt)* ~ zertrümmern *(vt)*; zersplittern *(vt)*.
disintegrarsi *(vr)* ~ zertrümmert werden* *(vi,* ist*)*; zersplittern *(vi,* ist*)*.
disintegrazione *(f)* ***1*** Zertrümmerung *(f)*. ***2*** *(fig)* Auflösung *(f)*.
disinteressarsi *(vr)* ~ {~ *di qcs*} sich für etwas nicht mehr interessieren *(vr)*.
disinteressato *(agg)* ***1*** unbeteiligt. ***2*** *(altruista)* selbstlos.

disinteresse *(m)* ***1*** Desinteresse *(n)*, Gleichgültigkeit *(f)*. ***2*** *(altruismo)* Selbstlosigkeit *(f)*.
disintossicare *(vt)* ~ entschlacken *(vt)*.
disintossicarsi *(vt)* ~ {~ *da qcs*} sich von etwas *(Dat)* entschlacken *(vr)*.
disintossicazione *(f)* ~ Entzug *(f)*.
disinvoltamente *(avv)* ***1*** ungezwungen. ***2*** *(informale)* formlos.
disinvolto *(agg)* ***1*** unbefangen, ungezwungen, ungeniert. ***2*** *(informale)* formlos, zwanglos.
disinvoltura *(f)* ***1*** Unbefangenheit, Ungeniertheit *(f)*. ***2*** Zwangslosigkeit *(f)*.
dislivello *(m)* ***1*** Höhenunterschied *(m)*, Gefälle *(n)*. ***2*** *(differenza)* Unterschied *(m)*.
dismisura *(f)* ~ **a dismisura** übermäßig *(avv)*.
disoccupato[1] *(agg)* ~ arbeitslos.
disoccupato[2] *(m; f* **-a***)* ~ Arbeitslose(r) *(m/f)*.
disoccupazione *(f)* ~ Arbeitslosigkeit *(f)*. ◆ **sussidio di disoccupazione** Arbeitslosengeld *(n)*.
disonestamente *(avv)* ~ unehrlich.
disonestà *(f)* ~ Ehrlosigkeit *(f)*.
disonesto *(agg)* ~ unehrlich, unredlich.
disonorare *(vt)* ~ entehren *(vt)*.
disonore *(m)* ***1*** Schande *(f)*. ***2*** *(onta)* Schandfleck *(m)*.
disonorevole *(agg)* ~ ehrlos.
disopra[1] *(agg)* ~ ober ◆ *l'appartamento disopra* die obere Wohnung.
disopra[2] *(avv)* ***1*** *(stato)* oben. ***2*** *(moto)* nach oben.
disordinatamente *(avv)* ~ unordentlich; durcheinander.
disordinato *(agg)* ***1*** unordentlich; *(sciatto)* liederlich. ***2*** *(confuso)* wüst, wirr. ***3*** *(sregolato)* liederlich, ungeordnet.
disordine *(m)* ***1*** Unordnung *(f)*. ***2*** *(caos)* Durcheinander *(n)*, Wirrwarr *(m)*. ***3*** *(pl)* *(tumulti)* Unruhen *(pl)*, Wirren *(pl)*.
disorganizzato *(agg)* ***1*** aufgelöst. ***2*** *(persona)* unordentlich.
disorganizzazione *(f)* ~ Desorganisation *(f)*.
disorientamento *(m)* ***1*** Orientierungslosigkeit *(f)*. ***2*** *(turbamento)* Verwirrung *(f)*.
disorientare *(vt)* ***1*** in die Irre führen *(vt)*. ***2*** *(turbare)* verwirren *(vt)*, irre|machen *(vt)*, konfus machen *(vt)*.
disorientato *(agg)* ***1*** orientierungslos. ***2*** *(turbato)* verwirrt.
disotto[1] *(agg)* ~ unter ◆ *l'appartamento disotto* die untere Wohnung.
disotto[2] *(avv)* ***1*** *(stato)* unten. ***2*** *(moto)* nach unten.
dispaccio *(m)* ~ Botschaft *(f)*, Meldung *(f)*.
disparato *(agg)* ~ divers, unterschiedlich *(solo attrib)*.
disparità *(f)* ~ Verschiedenheit *(f)*.
dispari *(agg)* ~ ungerade.
disparte *(avv)* ~ **in disparte** beiseite, abseits ◆ *tenersi in disparte* sich *(Acc)* abseits halten.
dispendio *(m)* ~ Aufwand *(m)* *(anche fig)*.
dispendioso *(agg)* ~ kostspielig, aufwändig.
dispensa *(f)* ***1*** *(credenza)* Vorratsschrank *(m)*. ***2*** *(stanza)* Vorratskammer *(f)*. ***3*** *(fascicolo)* Lieferung *(f)*, Heft *(n)*. ***4*** *(esenzione)* Befreiung *(f)*.
dispensare *(vt)* ***1*** verteilen *(vt)*, aus|teilen *(vt)*. ***2*** {~ *qcn da qcs*} jmdn von etwas frei|stellen *(vt)*, jmdn von etwas entbinden* *(vt)*.
disperare *(vi)* ~ {~ *di qcn/qcs*} an jmdm/etwas verzweifeln *(vi*, ist*)*.
disperatamente *(avv)* ~ verzweifelt.
disperato *(agg)* ~ verzweifelt. ***2*** *(senza speranza)* hoffnungslos, aussichtslos.
disperazione *(f)* ~ Verzweiflung *(f)*, Hoffnungslosigkeit *(f)* ◆ *cadere nella disperazione* in Verzweiflung geraten.
disperdere *(vt)* ***1*** *(nubi, nebbia)* zerteilen *(vt)*. ***2*** *(gruppi di persone)* zerstreuen *(vt)*.
disperdersi *(vi)* ***1*** *(di gruppi di persone)* sich zerstreuen *(vr)*. ***2*** *(di nubi, nebbia)* sich zerteilen *(vr)*.
dispersione *(f)* ***1*** Zerstreuung *(f)*. ***2*** *(fis)* Streuung *(f)*.
disperso[1] *(agg)* vermisst *(anche mil)*.
disperso[2] *(m; f* **-a***)* ~ Vermisste(r) *(m/f)*.
dispetto *(m)* ***1*** *(spregio)* Bosheit *(f)*. ***2*** *(stizza)* Ärger *(m)*. ◆ **per dispetto** aus Trotz. ◆ **per (far) dispetto a qcn** jmdm zum Trotz. ◆ **a dispetto di qcs** etwas *(Dat)* zum Trotz.
dispettoso *(agg)* ~ lästig.

dispiacere[1] *(m)* ***1*** Bedauern *(n)*. ***2*** *(pl)* Kummer *(m)*.
dispiacere[2] *(vi)* ***1*** {*~ a qcn*} jmdm Leid tut *(impers)*, jmd bedauert *(vt)* ♦ *mi dispiace per lei* es tut mir Leid um sie ♦ *mi dispiace (molto) di non poter venire* ich bedauere (sehr), dass ich nicht kommen kann. ***2*** *(formule di cortesia)* aus|machen *(vt)* ♦ *Le dispiace se...* würde es Ihnen etwas ausmachen, wenn...
dispiacersi *(vr)* ~ {*~ di qcs*} etwas bedauern *(vt)*.
dispiegare *(vt)* ***1*** *(oggetti piegati; le ali)* aus|breiten *(vt)*. ***2*** *(forze e mezzi)* auf|bieten* *(vt)*.
dispiegarsi *(vr)* ~ sich entfalten *(vr)*.
disponibile *(agg)* ***1*** verfügbar, vorhanden. ***2*** *(libero)* frei, freistehend. ***3*** *(reperibile)* erhältlich. ***4*** *(cortese)* abkömmlich; *(servizievole)* hilfsbereit. ***5*** *(senza impegni)* frei, zur Verfügung.
disponibilità *(f)* ***1*** Verfügbarkeit *(f)*. ***2*** *(di merce)* Vorhandensein *(n)*. ***3*** *(cortesia)* Hilfsbereitschaft *(f)*.
disporre[1] *(vi)* ***1*** *(dare disposizioni)* {*~ di qcn/qcs*} über jmdn/etwas *(Acc)* bestimmen *(vi, hat)*. ***2*** *(avere a diposizione)* verfügen *(vi, hat)*.
disporre[2] *(vt)* ***1*** an|ordnen *(vt)*, ordnen *(vt)*, auf|stellen *(vt)*. ***2*** *(approntare il necessario)* vorbereiten *(vt)*. ***3*** *(comandare)* ordnen *(vt)*.
disporsi *(vr)* ***1*** sich auf|stellen *(vr)*. ***2*** *(prepararsi)* sich vor|bereiten *(vr)*.
dispositivo *(m)* ~ Vorrichtung *(f)* ♦ *dispositivo di sicurezza* Sicherheitsvorrichtung.
disposizione *(f)* ***1*** Anordnung *(f)*, Aufstellung *(f)*, Stellung *(f)*. ***2*** *(umore)* Stimmung *(f)*, Verfassung *(f)*. ***3*** *(direttiva)* Verfügung *(f)*, Disposition *(f)*, Bestimmung *(f)*, Vorschrift *(f)* ♦ *attenersi alle disposizioni* sich *(Acc)* an die Vorschriften halten. ***4*** *(inclinazione)* Veranlagung *(f)*. ◆ **essere a disposizione di qcn** jmdm zur Verfügung stehen.
disposto *(agg)* ***1*** angeordnet. ***2*** *(pronto)* bereit. ***3*** *(prescritto)* vorgeschrieben. ◆ **essere ben/mal disposto verso qcn** jmdm gut/übel gesinnt sein. ◆ **(non) essere disposto a fare qcs** (nicht) gewillt sein, etwas zu tun.
dispotico *(agg)* ~ despotisch, herrisch.
dispotismo *(m)* ~ Despotismus *(m)*.
dispregiativo *(agg)* ~ verächtlich.
disprezzare *(vt)* ~ verachten *(vt)*, missachten *(vt)*.
disprezzo *(m)* ~ Verachtung *(f)*, Missachtung *(f)*.
disputa *(f)* ~ Disput *(m)*, Streitgespräch *(n)*.
disputare[1] *(vi)* ***1*** {*~ di, su qcs*} über etwas *(Acc)* disputieren *(vi, hat)*. ***2*** *(litigare)* streiten* *(vi, hat)*.
disputare[2] *(vt)* ~ aus|tragen* *(vt)*.
dissacrare *(vt)* ~ entweihen *(vt)*.
dissanguamento *(m)* ~ Verblutung *(f)*.
dissanguarsi *(vr)* ***1*** verbluten *(vi, ist)*. ***2*** *(fig)* aus|bluten *(vi, ist)*.
dissanguato *(agg)* ~ ausgeblutet, verblutet.
dissapore *(m)* ~ Zwist *(m)*, Missstimmung *(f)*.
disseccare *(vt)* ~ aus|trocknen *(vt)*.
disseminare *(vt)* ***1*** verstreuen *(vt)*. ***2*** *(fig)* verbreiten *(vt)*.
disseminato *(agg)* ~ übersät.
dissenso *(m)* ~ Dissens *(m)*.
dissenteria *(f)* ~ Ruhr *(f)*.
dissentire *(vi)* ~ {*~ con qcn su qcs*} mit jmdm in etwas *(Dat)* nicht überein|stimmen *(vi, hat)*.
disseppellire *(vt)* ~ aus|graben *(vt)*.
dissertazione *(f)* ***1*** Abhandlung. ***2*** *(tesi di dottorato)* Dissertation *(f)*
dissesto *(m)* ~ Zerrüttung *(f)* *(anche fig)*.
dissetante *(agg)* ~ durstlöschend, durststillend.
dissetare *(vt)* ~ jmds Durst löschen *(vt)*, stillen *(vt)*.
dissetarsi *(vr)* ~ seinen Durst löschen *(vt)*, stillen *(vt)*.
dissidente *(m/f)* ~ Dissident *(m; f in)*.
dissimile *(agg)* ~ ungleich, verschieden.
dissimulare *(vt)* ~ verbergen* *(vt)*, verhehlen *(vt)*.
dissimulato *(agg)* ~ verhohlen.
dissipare *(vt)* ***1*** *(nubi e sim)* vertreiben* *(vt)*. ***2*** *(dubbi e sim)* zerstreuen *(vt)*. ***3*** *(tempo, energie, denaro)* vergeuden *(vt)*.
dissiparsi *(vr)* ***1*** *(nubi, nebbia)* sich zerteilen *(vr)*. ***2*** *(dubbi e sim)* verfliegen *(vi, ist)*, sich zerstreuen *(vr)*.

dissodare *(vt)* ~ auf|lockern *(vt)*, lockern *(vt)*.
dissolutezza *(f)* ~ Ausschweifung *(f)* *(spec pl)*.
dissoluto *(agg)* ~ *(sfrenato)* liederlich, ausschweifend.
dissolvere *(vt)* ~ zerstreuen *(vt)*.
dissolversi *(vr)* ~ sich auf|lösen *(vr)*, sich zerstreuen *(vr)* *(anche fig)*.
dissonante *(agg)* ~ dissonant.
dissonanza *(f)* ~ Dissonanz *(f)*, Missklang *(m)*.
dissotterramento *(agg)* ***1*** *(esumazione)* Ausgrabung *(f)*. ***2*** *(di tesori)* Hebung *(f)*.
dissotterrare *(vt)* ***1*** *(esumare)* aus|graben *(vt)*. ***2*** *(portare alla luce)* aus|heben* *(vt)*, frei|legen *(vt)*.
dissuadere *(vt)* ~ {~ *qcn da qcs*} jmdm etwas aus|reden *(vi*, hat*)*; jmdn von etwas ab|bringen* *(vt)*.
distaccare *(vt)* ***1*** {~ *qcs da qcs*} etwas von etwas *(Dat)* ab|nehmen *(vt)*, ab|trennen *(vt)*. ***2*** *(burocr)* versetzen *(vt)*. ***3*** *(sport)* ab|hängen *(vt)*.
distaccarsi *(vr)* ***1*** {~ *da qcs*} von etwas los|kommen* *(vi*, ist*)*, sich von etwas *(Dat)* los|lösen *(vr)*. ***2*** *(psicologicamente)* {~ *da qcn/qcs*} sich von jmdm/etwas *(Dat)* ab|wenden* *(vr)*. ***3*** *(distinguersi)* sich ab|heben* *(vr)*.
distaccato *(agg)* ~ unbeteiligt; *(indifferente)* gleichgültig. ◆ **in modo distaccato** distanziert *(avv)*.
distacco *(m)* ***1*** *(separazione)* Trennung *(f)*, Ablösung *(f)*. ***2*** *(dagli affetti)* Trennung *(f)*, Abschied *(m)*. ***3*** *(freddezza)* Unbeteiligkeit *(f)*; *(indifferenza)* Gleichgültigkeit. ***4*** *(sport)* Abstand *(m)*.
distante *(agg/avv)* ***1*** *(lontano)* weit, fern; weit entfernt, weit weg von ◆ *il museo non è molto distante da qui* das Museum ist nicht weit entfernt von hier. ***2*** *(distaccato)* distanziert. ***3*** *(diverso)* verschieden, unterschiedlich.
distanza *(f)* ***1*** Abstand *(m)*, Entfernung *(f)*, Distanz *(f)* ◆ *a una distanza di 100 metri* in 100 Meter Abstand, im Abstand von 100 Meter ◆ *rispettare la distanza di sicurezza* den Sicherheitsabstand einhalten. ***2*** *(tratto)* Strecke *(f)* ◆ *percorrere una breve distanza* eine kurze Strecke zurücklegen. ***3*** *(sport)* Distanz *(f)*, Abstand *(f)*. ***4*** *(differenza)* Unterschied *(m)*. ◆ **a un chilometro di distanza da qui** ein kilometer von hier entfernt. ◆ **a distanza di un anno, di due settimane** nach einem Jahr, im Abstand von zwei Wochen. ◆ **prendere le distanze da qcn/qcs** sich von jmdm/etwas distanzieren *(vr)*. ◆ **tenersi a distanza** sich fern halten* *(vr)*.
distanziare *(vt)* ***1*** im Abstand auf|stellen *(vt)*. ***2*** *(concorrenti e sim)* ab|hängen *(vt)*, distanzieren *(vt)*.
distare *(vi)* ~ weit sein* ◆ *quanto dista da qui la stazione?* wie weit ist es von hier bis zum Bahnhof?
distendere *(adagiare)* ***1*** legen *(vt)*, betten *(vt)*. ***2*** *(aprire, dispiegare)* aus|breiten *(vt)*, auf|spannen *(vt)*. ***3*** *(arti, membra)* entspannen *(vt)*, recken *(vt)*. ***4*** *(fig)* entspannen *(vt)* ◆ *distendere i nervi* die Nerven entspannen.
distendersi *(vr)* ***1*** *(adagiarsi)* sich hin|legen *(vr)*, sich aus|strecken *(vr)*. ***2*** *(rilassarsi)* sich entspannen *(vr)* *(anche fig)*.
distensione *(f)* ***1*** *(il distendere)* Ausstreckung *(f)*. ***2*** *(rilassamento)* Entspannung *(f)* *(anche fig)*.
distensivo *(agg)* ~ entspannend.
distesa *(f)* ***1*** Weite *(f)*. ***2*** *(d'acqua)* Wasserfläche *(f)*.
distillare *(vt)* ***1*** destillieren *(vt)*. ***2*** *(liquori)* brennen* *(vt)*.
distillato *(agg)* ~ destilliert ◆ *acqua distillata* destilliertes Wasser.
distinguere ***1*** unterscheiden* *(vt)*. ***2*** *(scorgere)* erkennen*. ***3*** *(mettere in evidenza)* aus|zeichen *(vt)*, kennzeichen *(vt)*.
distinguersi *(vr)* ***1*** {~ *da qcn/qcs*} sich von jmdm/etwas unterscheiden* *(vr)*. ***2*** *(mettersi in evidenza)* hervor|ragen *(vi*, hat*)*; sich hervor|tun* *(vr)*.
distinguibile *(agg)* ~ unterscheidbar.
distintamente *(avv)* ~ distinkt.
distintivo[1] *(agg)* ~ unterscheidend.
distintivo[2] *(m)* ~ Abzeichen *(n)*, Plakette *(f)*.
distinto *(agg)* ***1*** *(separato)* getrennt. ***2*** *(diverso)* verschieden. ***3*** *(signorile)* distinguiert; *(aristocratico)* vornehm. ***4*** *(chia-*

ro) klar, deutlich; *(suono)* hell. ◆ **distinti saluti** *(nelle lettere)* mit freundlichen Grüßen.

distinzione *(f)* ***1*** Unterscheidung *(f)*, Unterschied *(m)* ♦ *fare distinzioni* Unterscheidungen treffen. ***2*** *(eleganza)* Vornehmheit *(f)*.

distogliere *(vt)* ***1*** ab|wenden* *(vt)* ♦ *distogliere lo sguardo da qcn* den Blick von jmdm abwenden. ***2*** *(dissuadere)* ab|bringen* *(vt)*. ***3*** *(distrarre)* ab|lenken *(vt)*.

distorcere *(vt)* ***1*** verzerren *(vt)* *(anche fig/fis)*. ***2*** *(travisare)* verdrehen, verfälschen.

distorsione *(f)* ***1*** *(med)* Verstauchung *(f)*. ***2*** *(travisamento)* Verzerrung *(f)* *(anche fis)*.

distrarre *(vt)* ***1*** {~ *qcn (da qcs)*} jmdn (von etwas) ab|lenken *(vt)*, zerstreuen *(vt)*. ***2*** *(svagare)* zerstreuen *(vt)*.

distrarsi *(vr)* ~ sich ablenken *(vr)*, sich zerstreuen *(vr)*.

distratto *(agg)* ***1*** *(sbadato)* unachtsam, zerstreut. ***2*** *(disattento)* unaufmerksam.

distrazione *(f)* ***1*** *(sbadataggine)* Zerstreuung *(f)*, Unachtsamkeit *(f)*. ***2*** *(disattenzione)* Unaufmerksamkeit *(f)*.

distretto *(m)* ***1*** Bezirk *(m)*, Distrikt *(m)*. ***2*** *(regione)* Revier *(n)*, Gebiet *(n)* ♦ *distretto di polizia* Polizeirevier.

distribuire *(vt)* ***1*** verteilen *(vt)*, aus|teilen *(vt)*. ***2*** *(merci)* vertreiben* *(vt)*. ***3*** *(disporre)* an|ordnen, ordnen *(vt)*.

distribuirsi *(vr)* ~ sich verteilen *(vr)*.

distributore *(m)* ***1*** Verteiler *(m)*. ***2*** *(di benzina)* Tankstelle *(f)*. ◆ **distributore automatico** Automat *(m)*.

distribuzione *(f)* ***1*** *(ripartizione)* Verteilung *(f)*, Zuteilung *(f)*, Aufteilung *(f)*. ***2*** *(di merci)* Vertrieb *(m)*; *(consegna)* Ausgabe *(f)*.

districare *(vt)* ~ entwirren *(vt)*.

distruggere *(vt)* ***1*** zerstören *(vt)*. ***2*** *(annientare)* vernichten *(vt)*.

distruttivo *(agg)* ~ zerstörerisch.

distrutto *(agg)* ~ zerstört. ◆ **essere distrutto** *(esausto)* kaputt sein.

distruzione *(f)* ***1*** Zerstörung *(f)*. ***2*** *(annientamento)* Vernichtung *(f)*.

disturbare *(vt)* ***1*** stören *(vt)*, belästigen *(vt)* ♦ *disturbo?* störe ich?

disturbo *(m)* ***1*** Störung *(f)* *(anche tecn)* ♦ *scusi il disturbo* entschuldigen Sie die Störung. ***2*** *(seccatura)* Belästigung *(f)*. ***3*** *(di salute)* Beschwerden *(pl)*.

disubbidiente *(agg)* ***1*** ungehorsam, unfolgsam. ***2*** *(ribelle)* widersetzlich.

disubbidienza *(f)* ~ Ungehorsam *(m)*.

disubbidire *(vi)* ~ {~ *a qcn/qcs*} jmdm/etwas nicht gehorchen *(vi, hat)*.

disuguaglianza *(f)* ~ Ungleichheit *(f)*.

disuguale *(agg)* ***1*** ungleich. ***2*** *(terreno)* uneben.

disumanità *(f)* ~ Unmenschlichkeit *(f)*.

disumano *(agg)* ~ unmenschlich.

disuso *(m)* ~ **cadere in disuso** außer Brauch kommen* *(vi, ist)*; veralten *(vi, ist)*.

ditale *(m)* ~ Fingerhut *(m)*.

dito *(m)* ~ *(della mano)* Finger *(m)*; *(dei piedi)* Zehe *(f)*.

ditta *(f)* ~ Firma *(f)* *(abbrev* Fa*)*; Geschäftshaus *(n)*.

dittatore *(m)* ~ Diktator *(m)*.

dittatura *(f)* ~ Diktatur *(f)*.

dittongo *(m)* ~ *(fon)* Doppellaut *(m)*, Diphtong *(m)*.

diuretico *(agg)* ~ harntreibend.

divagare *(vi)* ~ ab|schweifen *(vt, ist)*.

divampare *(vi)* ~ in Flammen auf|gehen* *(vi, ist)*; lodern *(vi, hat)*.

divano *(m)* ~ Sofa *(n)*, Couch *(f)*.

divaricare *(vt)* ~ spreizen *(vt)*.

divario *(m)* ~ Unterschied *(m)*, Verschiedenheit *(f)*.

divellere *(vt)* ~ los|reißen* *(vt)*, reißen *(vt)*.

divenire *(vi)* ~ *vedi* **diventare**.

diventare *(vi)* ***1*** werden* *(vi, ist)* ♦ *diventare vecchio* alt werden ♦ *vorrebbe diventare poliziotto* er möchte Polizist werden. ***2*** *(trasformarsi)* {~ *qcs*} sich zu etwas aus|wachsen* *(vr)*, zu etwas werden* *(vi, ist)*. ***3*** *(svilupparsi)* {~ *qcs*} sich zu etwas entwickeln *(vr)*.

diverbio *(m)* ~ Wortwechsel *(m)*, Auseinandersetzung *(f)*.

divergente *(agg)* ~ divergent *(anche mat)*.

divergenza *(f)* ***1*** Verschiedenheit *(f)* ♦ *divergenza di opinioni* Meinungsverschiedenheit. ***2*** *(mat/fis)* Divergenz *(f)*.

divergere *(vi)* ***1*** auseinander gehen *(vi)* ♦ *su questo le nostre opinioni divergono* darüber gehen unsere Meinungen auseinander. **2** {~ *da qcn/qcs*} von jmdm/etwas ab|weichen* *(vi, ist)*.

diversamente *(avv)* **1** anders. **2** *(altrimenti)* ander(e)nfalls.

diversificare *(vt)* **1** unterscheiden* *(vt)*. **2** *(produzione e sim)* diversifizieren *(vt)*.

diversificazione *(f)* ~ *(econ)* Diversifikation *(f)*.

diversità *(f)* ~ Verschiedenheit *(f)*, Ungleichheit *(f)*.

diversivo *(m)* ~ Abwechs(e)lung *(f)*, Ablenkung *(f)*.

diverso[1] *(agg/pron)* **1** *(differente)* unterschiedlich, verschieden. **2** *(pl) (agg indef)* verschiedene ♦ *diverse persone pensano che* verschiedene Leute denken, dass. **3** *(pl) (pron indef)* einige ♦ *devo sbrigare ancora diverse cose* ich muss noch einiges erledigen.

divertente *(agg)* unterhaltsam, amüsant, lustig. ◆ **essere divertente** Spaß machen ♦ *questo non è divertente* das macht keinen Spaß.

divertimento *(m)* ~ Spaß *(m)*, Vergnügen *(n)*, Unterhaltung *(f)* ♦ *buon divertimento!* viel Spaß!

divertire *(vt)* ~ {~ *qcn*} jmdn amüsieren *(vt)*, jmdm Spaß machen *(vt)*.

divertirsi *(vr)* ~ sich amüsieren *(vr)*, Spaß haben* *(vt)*.

dividendo *(m)* ~ Dividende *(f)* ♦ *pagare i dividendi* Dividenden ausschütten.

dividere *(vt)* **1** teilen *(vt)* ♦ *dividere qcs in due, con qcn* etwas in zwei Teile, mit jmdm teilen. **2** *(separare)* trennen *(vt)*. **3** *(suddividere)* auf|teilen *(vt)*. **4** *(mat)* teilen *(vt)*, dividieren *(vt)* ♦ *dividere otto per due* acht durch zwei teilen. ◆ **dividere a metà** halbieren *(vt)*.

dividersi *(vr)* **1** sich teilen *(vr)*. **2** *(separarsi)* sich trennen *(vr)*; auseinander gehen* *(vi, ist)*.

divieto *(m)* ~ Verbot *(n)*. ◆ **cartello di divieto** Verbotsschild *(n)*.

divincolarsi *(vr)* ~ sich durch|winden* *(vr)*.

divinità *(f)* ~ Gottheit *(f)*.

divino *(agg)* **1** göttlich. **2** *(celeste)* himmlisch.

divisa *(f)* **1** *(uniforme)* Uniform *(f)*. **2** *(scriminatura)* Scheitel *(m)*. **3** *(econ)* Devisen *(pl)*.

divisibile *(agg)* ~ teilbar.

divisione *(f)* **1** Teilung *(f)*. **2** *(separazione)* Trennung *(f)*. **3** *(mat)* Teilung *(f)*, Division *(f)*. **4** *(mil/naut)* Division *(f)*. **5** *(spaccatura)* Spaltung *(f)* *(anche fig)*. **6** *(suddivisione)* Einteilung *(f)*. **7** *(sport)* Liga *(f)*.

diviso *(agg)* **1** geteilt, getrennt. **2** *(mat)* geteilt ♦ *otto diviso due fa quattro* acht geteilt durch zwei macht vier.

divisorio *(agg)* Trenn- ♦ *parete divisoria* Trennwand *(f)*.

divo *(m; f* **-a***)* ~ Stern *(m)*.

divorare *(vt)* ~ verschlingen* *(vt)*, fressen* *(vt)* *(anche fig)*.

divorziare *(vi)* ~ die Ehe scheiden*, sich scheiden lassen*.

divorziato[1] *(agg)* ~ geschieden.

divorziato[2] *(m; f* **-a***)* ~ Geschiedene *(m/f)*.

divorzio *(m)* **1** Scheidung *(f)* ♦ *chiedere, ottenere il divorzio* die Scheidung beantragen, erlangen. **2** *(fig)* Trennung *(f)*.

divulgare *(vt)* ~ verbreiten *(vt)*.

divulgazione *(f)* ~ Verbreitung *(f)*.

dizionario *(m)* ~ Wörterbuch *(n)*.

dizione *(f)* ~ Aussprache *(f)*.

do *(m)* ~ *(mus)* c, C *(n)*. ◆ **do diesis** cis, Cis *(n)*.

doccia *(f)* **1** Dusche *(f)* ♦ *una doccia fredda* eine kalte Dusche *(anche fig)*. **2** *(grondaia)* Regenrinne *(f)*. ◆ **fare la doccia** duschen *(vi, hat)*, sich duschen *(vr)*.

docciaschiuma *(m)* ~ Duschgel *(n)*.

docente *(m/f)* **1** Lehrer *(m; f* -in*)*. **2** *(superiori o università)* Dozent *(m; f* -in*)*.

docile *(agg)* **1** fügsam, folgsam. **2** *(animali)* zahm.

docilità *(f)* ~ Folgsamkeit *(f)*.

docilmente *(avv)* ~ fügsam, gefügig.

documentare *(vt)* ~ dokumentieren *(vt)*, belegen *(vt)*.

documentario *(m)* ~ Dokumentarfilm *(m)*.

documentazione *(f)* ~ Dokumentation *(f)*.

documento *(m)* **1** Dokument *(n)*, Urkunde *(f)*; *(dir)* Schriftstück *(n)*. **2** *(pl)* Unterlagen *(pl)*, Papiere *(pl)*. **3** *(di riconoscimento)* Ausweis *(m)*.

dodicenne *(agg)* ~ zwölfjährig.

dodicesimo[1] *(agg num ord)* ~ zwölfte(r, -s).
dodicesimo[2] *(m)* ***1*** Zwölfte *(m)*. ***2*** *(frazione)* Zwölftel *(n)*.
dodici[1] *(agg num)* ~ zwölf *(vedi anche* **cinque***)*.
dodici[2] *(m)* ~ Zwölf *(f)*.
doga *(f)* ~ Daube *(f)*, Fassdaube *(f)*.
dogana *(f)* ~ Zoll *(m)*.
doganale *(agg)* ~ Zoll- ♦ *controllo doganale* Zollkontrolle.
doganiere *(m; f* **-a***)* ~ Zollbeamte(r) *(m; f* -beamtin*)*.
doglie *(f pl)* ~ Wehe *(f)* *(spec pl)*.
dogma *(m)* ~ Dogma *(n)*.
dogmatico *(agg)* ~ dogmatisch.
dolce[1] *(agg)* ***1*** süß *(anche fig)*. ***2*** *(delicato)* sanft. ***3*** *(di clima)* mild.
dolce[2] *(m)* ***1*** Kuchen *(m)* ♦ *fare un dolce* einen Kuchen backen. ***2*** *(pl)* *(dolciumi)* Süßwaren *(pl)*, Süßigkeiten *(pl)*.
dolcemente *(avv)* ~ sanft.
dolcezza *(f)* ***1*** Süße *(f)* *(anche fig)*. ***2*** *(mitezza)* Sanftheit *(f)*, Sanftmut *(f)*.
dolciastro *(agg)* ~ süßlich.
dolcificante *(m)* ~ Süßstoff *(m)*.
dolcificare *(vt)* ~ süßen *(vt)*.
dolciumi *(m pl)* ~ Süßwaren *(pl)*, Süßigkeiten *(pl)*.
dolente *(agg)* ***1*** *(dolorante)* weh, schmerzend. ***2*** *(fig)* wund. ◆ **essere dolente** bedauern *(vt)*.
dolere *(vi)* ~ schmerzen *(vt/vi*, hat*)*, wehtun* *(vi*, hat*)* ♦ *mi duole la schiena* der Rücken schmerzt mir/mich ♦ *mi duole un dente* mir tut ein Zahn weh.
dollaro *(m)* ~ Dollar *(m)*.
dolo *(m)* ~ *(dir)* Vorsatz *(m)*.
dolorante *(agg)* ~ weh, schmerzend.
dolore *(m)* ***1*** Schmerz *(m)*, Weh *(n)*. ***2*** *(dispiacere, pena)* Leid *(n)*. ***3*** *(pl)* *(med)* Beschwerden *(pl)*.
doloroso *(agg)* ***1*** schmerzhaft, schmerzlich *(anche fig)*. ***2*** *(triste)* traurig.
domanda *(f)* ***1*** Frage *(f)* ♦ *fare una domanda a qcn* jmdm/an jmdn eine Frage stellen. ***2*** *(econ)* Nachfrage *(f)* ♦ *domanda e offerta* Angebot und Nachfrage. ***3*** *(di assunzione)* Bewerbung *(f)*. ***4*** *(burocr)* Antrag *(m)*, Anfrage *(f)*. ◆ **fare domanda** *(di assunzione)* sich bewerben* *(vr)*.
domandare *(vt)* ***1*** *(per sapere)* {~ *qcs (a qcn)*} (jmdn) etwas/nach etwas fragen *(vt)*. ***2*** *(per avere)* {~ *qcs (a qcn)*} (jmdn) um etwas bitten. ***3*** *(pretendere)* verlangen *(vt)*.
domandarsi *(vr)* ~ sich fragen *(vr)*.
domani[1] *(avv)* ~ morgen ♦ *domani mattina* morgen früh ♦ *domani sera* morgen Abend. ◆ **domani l'altro** übermorgen. ◆ **di domani** morgig, von morgen.
domani[2] *(m)* ~ Morgen *(n)*.
domare *(vt)* ***1*** zähmen *(vt)* *(anche fig)*, bändigen *(vt)*. ***2*** *(reprimere)* unterdrücken *(vt)*.
domatore *(m; f* **-trice***)* ~ Dompteur *(m; f* Dompteuse*)*, Bändiger *(m; f* -in*)*.
domattina *(avv)* ~ morgen früh, morgen Vormittag.
domenica *(f)* ~ Sonntag *(m)* ♦ *(di) domenica* am Sonntag ♦ *la domenica che viene, domenica prossima* am kommenden/nächsten Sonntag ♦ *oggi è domenica* heute ist Sonntag ◆ **Domenica delle Palme** *(relig)* Palmsonntag *(m)*. ◆ **tutte le domeniche** sonntags *(avv)* ♦ *mi alleno la domenica (tutte le domeniche)* sonntags gehe ich trainieren. ◆ **domenica mattina** *(presto)* Sonntagmorgen *(m)*; *(mattinata)* Sonntagvormittag *(m)*. ◆ **tutte le domeniche mattina** *(presto)* sonntagmorgens, sonntags morgens *(avv)*; *(mattinata)* sonntagvormittags, sonntags vormittags *(avv)*. ◆ **domenica verso mezzogiorno** Sonntagmittag *(m)* ♦ *telefonami domenica verso mezzogiorno* rufe mich am Sonntagmittag an. ◆ **tutte le domeniche verso mezzogiorno** sonntagmittags, sonntags mittags *(avv)*. ◆ **domenica pomeriggio** Sonntagnachmittag *(m)*. ◆ **tutte le domeniche pomeriggio** sonntagnachmittags, sonntags nachmittags *(avv)*. ◆ **domenica sera** Sonntagabend *(m)*. ◆ **tutte le domeniche sera** sonntagabends, sonntags abends *(avv)*. ◆ **domenica notte** Sonntagnacht *(f)* ♦ *è successo domenica notte* es geschah in der Sonntagnacht. ◆ **tutte le domeniche notte** sonntagnachts, sonntags nachts *(avv)*.
domenicale *(agg)* ~ sonntäglich.
domestica *(f)* ~ Hausangestellte *(f)*.

domestico[1] *(agg)* ~ häuslich. ◆ **economia domestica** Wirtschaft *(f)*.
domestico[2] *(m)* ~ Diener *(m; f* -in*)*; *(pl)* Dienerschaft *(f)*.
domiciliato *(agg)* ~ wohnhaft.
domicilio *(m)* ~ Wohnsitz *(m)*, Wohnort *(m)*. ◆ **violazione di domicilio** *(dir)* Hausfriedensbruch *(m)*.
dominante *(agg)* ***1*** herrschend. ***2*** *(biol)* dominant.
dominare[1] *(vi)* ~ {~ *su qcn/qcs*} über jmdn/etwas herrschen *(vi,* hat*)*.
dominare[2] *(vt)* ~ beherrschen *(vt)*, dominieren *(vt) (anche fig)*.
dominarsi *(vr)* ~ sich beherrschen *(vr)*.
dominatore *(m; f* **-trice***)* ~ Herrscher *(m; f* -in*)*.
dominazione *(f)* ~ Herrschaft *(f)*.
dominio *(m)* ***1*** Herrschaft *(f)*, Beherrschung *(f) (anche fig)*.
donare[1] *(vi)* ~ {~ *a qcn*} jmdm schmeicheln *(vi,* hat*)*.
donare[2] *(vt)* ***1*** {~ *qcs a qcn*} jmdm etwas schenken *(vt)*. ***2*** spenden *(vt)*, stiften *(vt)* ◆ *donare il sangue* Blut spenden.
donatore *(m; f* **-trice***)* ~ *(benefattore)* Spender *(m; f* -in*)*, Stifter *(m; f* -in*)* ◆ *donatore di organi* Organspender.
donazione *(f)* ***1*** *(dir)* Schenkung *(f)*. ***2*** *(di beneficenza e sim)* Spende *(f)*, Stiftung *(f)*.
dondolare[1] *(vi)* ~ schaukeln *(vi,* hat*)*.
dondolare[2] *(vt)* ~ schaukeln *(vt)*, wiegen *(vt)*.
dondolarsi *(vr)* ~ schaukeln *(vi,* hat*)*, schunkeln *(vi,* hat*)*.
dondolio *(m)* ~ Schaukelei *(n)*.
dondolo *(m)* ~ **cavallo a dondolo** Schaukelpferd *(n)*. ◆ **sedia a dondolo** Schaukelstuhl *(m)*.
donna *(f)* ***1*** Frau *(f)*; Dame *(f)* ◆ *donna delle pulizie* Putzfrau. ***2*** *(carte)* Dame.
donnola *(f)* ~ *(zool)* Wiesel *(n)*.
dono *(m)* ***1*** Geschenk *(n)*. ***2*** *(fig)* Gabe *(f)*; *(talento)* Naturbegabung *(f)*.
doping *(m)* ~ Doping *(n)*.
dopo[1] *(agg invar)* ~ folgend, nächst ◆ *il giorno dopo* am folgenden Tag.
dopo[2] *(avv)* ***1*** *(tempo)* dann; *(più tardi)* danach, nachher, später ◆ *poco dopo* bald/kurz danach. ***2*** *(luogo)* danach, nachher. ◆ **a dopo!** bis gleich!, bis später! ◆ **l'uno dopo l'altro** nacheinander. ◆ **poco dopo** kurz danach.
dopo[3] *(congiunz)* ~ *(dopo che)* nachdem *(congiunz subord)* ◆ *dopo aver scritto la lettera* nachdem ich den Brief geschrieben hatte. ◆ **poco dopo (che)** kurz nachdem.
dopo[4] *(prep)* ~ *(tempo/spazio)* nach *(+ Dat)*. ◆ **poco dopo (di)** kurz nach ◆ *poco dopo il suo arrivo* kurz nach seiner Ankunft.
dopobarba *(m)* ~ Aftershave *(n)*.
dopodichè *(avv)* ~ danach, darauf.
dopodomani *(avv)* ~ übermorgen.
dopoguerra *(m)* ~ Nachkriegzeit *(f)*.
doposcuola *(m)* ~ Hort *(m)*.
doppiaggio *(m)* ~ *(cinem)* Synchronisation *(f)*.
doppiare *(vt)* ***1*** *(cinem)* synchronisieren *(vt)*. ***2*** *(sport)* überrunden *(vt)*. ***3*** *(naut)* umschiffen *(vt)*.
doppiezza *(f)* ~ Doppelzüngigkeit *(f)*.
doppio[1] *(agg)* ~ doppelt, zweifach ◆ *in doppia copia* in zweifacher Ausfertigung. ◆ **camera doppia** Doppelzimmer *(n)*. ◆ **doppio senso** Doppeldeutigkeit *(f)*, Doppelsinn *(m)*. ◆ **a doppio senso** *(ambiguo)* doppeldeutig *(agg)*. ◆ **vedere doppio** doppelt sehen* *(vt)*.
doppio[2] *(m)* ***1*** Doppelte *(n)* ◆ *pagare il doppio per qcs* das Doppelte für etwas bezahlen. ◆ **essere grande, alto, lungo il doppio (di qcs)** doppelt so groß, hoch, lang (wie etwas) sein*. ***2*** *(sport)* Doppel *(n)*.
doppiogioco *(m)* ~ Doppelspiel *(n)* ◆ *fare il doppiogioco* ein Doppelspiel treiben.
dorare *(vt)* ~ vergolden *(vt)*.
dorato *(agg)* ~ vergoldet.
dormiglione *(m)* ~ Schlafmütze *(f)*.
dormire *(vi)* ~ schlafen* *(vi,* hat*)* ◆ *andare a dormire* schlafen gehen ◆ *mettere a dormire qcn* jmdn schlafen legen. ◆ **dormirci sopra** überschlafen* *(vt)*, verschlafen* *(vt)*.
dormita *(f)* ~ Schlaf *(m)*.
dormiveglia *(m)* ~ Halbschlaf *(m)*.
dorso *(m)* ~ Rücken *(m)* ◆ *dorso della mano* Handrücken.
dosaggio *(m)* ~ Dosierung *(f)*.

dosare *(vt)* ~ dosieren *(vt)*; *(misurare)* bemessen* *(vt)*.
dose *(f)* ~ Dosis *(f)*; *(quantità)* Maß *(n)*.
dotare *(vt)* ~ aus|statten *(vt)*, versehen* *(vt)*.
dotato *(agg)* ***1*** ausgestattet. ***2*** *(che ha talento)* begabt.
dotazione *(f)* ~ Ausstattung *(f)*.
dote *(f)* ***1*** *(di sposa)* Aussteuer *(f)*, Mitgift *(f)*. ***2*** *(capacità)* Gabe *(f)*; *(talento)* Naturbegabung *(f)*.
dotto[1] *(agg)* ~ gelehrt.
dotto[2] *(m)* ~ Gelehrte(r) *(m/f)*.
dottore *(m; f* **-essa***)* ***1*** *(medico)* Arzt *(m; f* Ärztin*)* ◆ *andare dal dottore* zum Arzt gehen ◆ *chiamare il dottore* den Arzt holen. ***2*** *(titolo accademico)* Doktor *(m; f* -in*)* *(abbrev* Dr*)*.
dottrina *(f)* ~ Lehre *(f)*; *(politica, scientifica, ecc)* Doktrin *(f)*.
double-face *(agg)* ~ doppelseitig.
dove *(avv)* ***1*** *(stato in luogo)* wo *(interr/rel)* ◆ *dove abiti?* wo wohnst du? ◆ *la città dove sono nato* die Stadt, wo ich geboren bin ◆ *là, dove è la fermata* dort, wo die Haltestelle ist. ***2*** *(moto a luogo)* wohin *(interr)* ◆ *dove vai?* wohin gehst du? ◆ *puoi andare dove vuoi* du kannst gehen, wohin du willst. ◆ **da dove, di dove** woher *(avv interr)* ◆ *da dove viene il treno?* woher kommt der Zug? ◆ *da dove viene? (di dove è lei?)* woher kommen Sie? ◆ **per ogni dove** *(stato)* überall; *(moto)* überallhin.
dovere[1] *(m)* ~ Pflicht *(f)*, Schuldigkeit *(f)* ◆ *fare il proprio dovere* seine Schuldigkeit tun/seine Pflicht erfüllen. ◆ **senso del dovere** Pflichtgefühl *(n)*.
dovere[2] *(v mod)* ***1*** *(essere obbligato a)* müssen* *(v mod)* ◆ *devi telefonare oggi* du musst heute anrufen ◆ *devo andare a casa* ich muss nach Hause. ***2*** *(eseguire un ordine)* sollen *(v mod)* ◆ *devi andare dal direttore* du sollst zum Direktor ◆ *(ha detto che) devo telefonargli stasera* ich soll ihn heute Abend anrufen. ***3*** *(+ neg)* *(non essere obbligato)* müssen* *(v mod)*; *(non essere necessario)* brauchen *(vt)*; *(non avere il permesso)* dürfen* *(v mod)* ◆ *non devi pagare tutto in una volta* du musst nicht alles auf einmal bezahlen ◆ *non devi andare lontano* du brauchst nicht weit zu gehen ◆ *non devo bere caffé (il dottore me lo ha proibito)* ich darf keinen Kaffee trinken. ***4*** *(essere opportuno)* sollen* *(v mod,* hat*)* ◆ *questo avresti dovuto dirmelo* das hättest du mir sagen sollen ◆ *non so che devo fare* ich weiß nicht, was ich tun soll. ***5*** *(essere probabile)* müssen* *(v mod)*, sollen *(v mod)*; dürfen* *(v mod)* ◆ *ora dovrebbe essere a casa* er müsste jetzt zu Hause sein ◆ *deve essere malata* sie soll krank sein ◆ *questo dovrebbe essere possibile* das dürfte möglich sein. ***6*** *(nelle ipotetiche)* sollen* *(v mod)* ◆ *se dovessi parlare con lui, chiedigli se...* solltest du mit ihm sprechen, frag ihn, ob...
dovere[3] *(vt)* ~ {~ *qcs a qcn*} jmdm etwas schulden, jmdm schuldig sein*; *(fig)* verdanken *(vt)*. ◆ **quanto Le devo?** was bekommen Sie?
doverosamente *(avv)* ~ pflichtgemäß.
doveroso *(agg)* ~ pflichtgemäß.
dovunque[1] *(avv)* ***1*** *(stato in luogo)* überall. ***2*** *(moto a luogo)* überallhin.
dovunque[2] *(congiunz)* ***1*** *(stato in luogo)* wo (auch) immer. ***2*** *(moto a luogo)* wohin (auch) immer.
dovuto *(agg)* ~ schuldig, gebührend.
dozzina *(f)* Dutzend *(n)*. ◆ **a dozzine** zu dutzenden; dutzendweise *(avv)*.
draga *(f)* ~ Bagger *(m)*.
dragare *(vt)* ~ baggern *(vt)*.
drago *(m)* ~ Drache *(m)*.
dramma *(m)* ~ *(teatr)* Theaterstück *(n)*; Drama *(n)* *(anche fig)*.
drammaticamente *(avv)* ~ dramatisch.
drammaticità *(f)* ~ Dramatik *(f)*.
drammatico *(agg)* ~ dramatisch *(anche fig)*. ◆ **arte drammatica** Schauspielkunst *(f)*.
drammaturgia *(f)* ~ Dramaturgie *(f)*.
drammaturgo *(m; f* **-a***)* ~ Bühnenautor *(m; f* -in*)*.
drappello *(m)* ~ Schar *(f)*.
drasticamente *(avv)* ~ drastisch.
drastico *(agg)* ~ drastisch.
drenaggio *(m)* ~ *(geol/med)* Dränage *(f)*.
dritta *(f)* ***1*** *(naut/aeron)* Steuerbord *(n)*. ***2*** *(suggerimento)* Tipp *(m)*.
dritto[1] *(agg)* ***1*** gerade. ***2*** *(destro)* recht. ***3*** *(astuto)* schlau; *(fam)* smart.

dritto² *(avv)* gerade, geradeaus.
dritto³ *(m)* ***1*** rechte Seite. ***2*** *(persona astuta)* Schlauberger *(m)*.
drizzare *(vt)* ~ *(raddrizzare)* richten *(vt)*, gerade machen *(vt)*. ◆ **drizzare le orecchie** die Ohren spitzen.
droga *(f)* ***1*** *(spezia)* Gewürz *(n)*. ***2*** *(stupefacente)* Droge *(f)*, Rauschgift *(n)*.
drogarsi *(vr)* ***1*** Rauschgift nehmen* *(vt)*. ***2*** *(bucarsi)* schießen* *(vi*, hat*)*.
drogato¹ *(agg)* ***1*** *(speziato)* gewürzt. ***2*** *(tossicodipendente)* drogenabhängig.
drogato² *(m; f* **-a***)* ~ Drogenabhängige(r) *(m/f)*.
drogheria *(f)* ~ Drogerie *(f)*.
dromedario *(m)* ~ *(zool)* Dromedar *(n)*.
dubbio¹ *(agg)* ***1*** *(incerto; sospetto)* zweifelhaft, fragwürdig. ◆ **caso dubbio** Zweifelsfall *(m)*.
dubbio² *(m)* ~ Zweifel *(m)* ♦ *non c'è dubbio che* es besteht kein Zweifel, dass ♦ *sono in dubbio se* ich bin im Zweifel, ob. ◆ **senza dubbio** ohne Zweifel; zweifellos *(avv)*. ◆ **nel dubbio** im Zweifelsfall. ◆ **mettere in dubbio** infrage stellen; in Zweifel stellen/ziehen *(vt)*.
dubbioso *(agg)* ~ bedenklich.
dubitare *(vi)* ***1*** {~ *di qcn*} an jmdm zweifeln *(vi*, hat*)*. ***2*** {~ *di qcs*} etwas bezweifeln *(vt)* ♦ *ne dubito* das bezweifle ich.
duca *(m)* ~ Herzog *(m)*.
ducale *(agg)* ~ herzoglich.
ducato *(m)* ~ Herzogtum *(n)*.
duchessa *(f)* ~ Herzogin *(f)*.
due¹ *(agg num)* ~ zwei *(vedi anche* **cinque***)*.
due² *(m)* ~ Zwei *(f)*.
duecento¹ *(agg num)* ~ zweihundert.
duecento² *(m)* ***1*** Zweihundert *(f)*. ***2*** *(secolo)* dreizehntes Jahrhundert.
duellante *(m)* ~ Duellant *(m)*.
duello *(m)* ~ Zweikampf *(m)*; Duell *(n)* *(anche sport)*.
duetto *(m)* ~ *(mus)* Duett *(n)*.
duna *(f)* ~ Düne *(f)*.
dunque *(congiunz)* ***1*** *(conclusivo)* also, demnach, somit. ***2*** *(insomma, allora)* also, nun ♦ *dunque, cosa facciamo* nun, was wollen wir machen? ◆ **venire al dunque** zur Sache kommen*.
duo *(m)* ~ *(mus)* Duo *(n)*.
duomo *(m)* ~ Dom *(m)*.
duplicato *(m)* ~ Duplikat *(n)*, Zweitschrift *(f)*.
duplice *(agg)* ~ zweifach ♦ *in duplice copia* in zweifacher Ausfertigung.
duramente *(avv)* ~ hart.
durante *(prep)* ~ während *(+ Gen; + Dat se il Gen non è marcato)* ♦ *durante l'inverno* während des Winters.
durare *(vi)* ***1*** dauern *(vi*, hat*)*, währen *(vi*, hat*)* ♦ *il film è durato due ore* der Film hat zwei Stunden gedauert. ***2*** *(persistere)* dauern *(vi*, hat*)*. ***3*** *(alimenti e sim)* sich halten* *(vr)*. ***4*** *(reggere)* halten* *(vi*, hat*)*, sich halten* *(vr)*.
durata *(f)* ~ Dauer *(f)* ♦ *per la durata di un mese* für die Dauer eines Monats/von einem Monat.
duraturo *(agg)* ~ dauerhaft, nachhaltig.
durevole *(agg)* ~ dauerhaft, haltbar.
durezza *(f)* ***1*** Härte *(f)* *(anche fig)*. ***2*** *(severità)* Strenge *(f)*.
duro *(agg)* ***1*** hart*. ***2*** *(difficile, pesante)* hart*, schwer. ***3*** *(severo)* hart*, streng. ***4*** *(rigido)* steif. ***5*** *(sodo, compatto)* fest.

e

e *(congiunz coord)* ~ und ♦ *io e te* du und ich. ◆ **e perché?** warum denn?

eau de toilette *(f)* ~ Toilettenwasser *(n)*.

ebano *(m)* ~ *(legno)* Ebenholz *(n)*.

ebbene *(congiunz)* ***1*** nun ♦ *ebbene sì!* nun ja! ***2*** *(dunque)* also. ◆ **ebbene?** na und?

ebbrezza *(f)* ***1*** Trunkenheit *(f)*. ***2*** *(fig)* Rausch *(m)*.

ebbro *(agg)* ~ trunken.

ebete *(agg)* ~ schwachsinnig.

ebraico *(agg)* ~ jüdisch, hebräisch. ◆ **comunità ebraica** Judentum *(n)*.

ebraismo *(m)* ~ Judentum *(n)*.

ebreo[1] *(agg)* ~ jüdisch.

ebreo[2] *(m; f* **-a***)* ~ Jude *(m; f* Jüdin*)*.

eccedente *(agg)* ~ überschüssig.

eccedenza *(f)* ~ Überschuss *(m)*.

eccedere *(vi)* ~ {~ *in/con qcs*} mit etwas übertreiben* *(vi,* hat*)*.

eccellente *(agg)* ~ hervorragend, vorzüglich, ausgezeichnet.

eccellere *(vi)* ~ hervor|ragen *(vi,* hat*)*.

eccentrico[1] *(agg)* ~ exzentrisch, überspannt.

eccentrico[2] *(m; f* **-a***)* ~ Ekzentriker *(m; f* -in*)*.

eccessivamente *(avv)* ~ übermäßig.

eccessivo *(agg)* ~ übertrieben, übermäßig.

eccesso *(m)* ***1*** Übermaß *(n)*, Exzess *(m)* ♦ *avere qcs in eccesso* etwas im Übermaß haben ♦ *fino all'eccesso* bis zum Exzess. ***2*** *(sregolatezza)* Ausschweifung *(f) (spec pl)*. ***3*** *(abuso)* Auswuchs *(m)*. ◆ **eccesso di velocità** Geschwindigkeitsüberschreitung *(f)*. ◆ **in eccesso** überschüssig *(agg)*.

eccetera *(avv)* ~ und so weiter *(abbrev* usw.*)*.

eccetto *(prep)* ~ außer *(prep + Dat)*, ausgenommen *(+ Acc, anche posp)* ♦ *nessuno eccetto me lo sa* niemand außer mir weiß es ♦ *aiutò tutti, eccetto mio fratello* er half allen, ausgenommen meinem Bruder. ◆ **eccetto che** *(congiunz)* außer, dass. ◆ **eccetto se** es sei denn.

eccezionale *(agg)* ~ außergewöhnlich, ungewöhnlich. ◆ **in via eccezionale** ausnahmsweise *(avv)*.

eccezione *(f)* ~ Ausnahme *(f)* ♦ *un'eccezione alla regola* eine Ausnahme von der Regel ♦ *a eccezione di* mit Ausnahme von. ◆ **senza eccezione** ausnahmslos *(avv)*.

eccitabile *(agg)* ~ reizbar, erregbar.

eccitabilità *(f)* ~ Reizbarkeit *(f)*.

eccitante *(agg)* ***1*** aufregend, erregend. ***2*** *(provocante)* aufreizend.

eccitare *(vt)* ***1*** auf|regen *(vt)*, an|regen *(vt)*, an|reizen *(vt)*. ***2*** *(sessualmente)* erregen *(vt)*. ***3*** *(con sostanze)* auf|putschen *(vt)* ♦ *la caffeina eccita* das Koffein putscht auf.

eccitarsi *(vr)* ~ sich auf|regen *(vr)*, sich erregen *(vr)*.

eccitato *(agg)* ***1*** aufgeregt, erregt. ***2*** *(euforico)* übermütig.

eccitazione *(f)* ***1*** Aufregung *(f)*, Erregung *(f)*. ***2*** *(agitazione)* Aufgeregtheit *(f)*. ***3*** *(incontrollata)* Affekt *(m)* ♦ *fare qcs in stato di eccitazione* etwas im Affekt tun.

ecclesiastico[1] *(agg)* ~ kirchlich.
ecclesiastico[2] *(m)* ~ Geistliche(r) *(m)*.
ecco *(avv)* ~ hier, da ♦ *ecco il giornale* hier ist die Zeitung ♦ *eccomi* hier/da bin ich ♦ *ecco che arriva Claudia* da kommt Claudia.
eccome *(avv)* ~ und wie, und ob.
echeggiare *(vi)* ~ wieder|hallen *(vi, hat)*.
eclatante *(agg)* ~ eklatant.
eclettico *(agg)* ~ vielseitig.
eclissare *(vt)* ~ verdunkeln *(vt)*.
eclissarsi *(vr)* ~ sich verdunkeln *(vr)*.
eclissi *(f)* ~ Finsternis *(f)* ♦ *eclissi di luna, di sole* Mondfinsternis, Sonnenfinsternis.
eco *(f)* ~ Widerhall *(m)*, Echo *(n)* *(anche fig)*.
ecografia *(f)* ~ *(med)* Ultraschall *(m)*.
ecologia *(f)* ~ Ökologie *(f)*.
ecologico *(agg)* ~ ökologisch; umweltfreundlich.
ecologista *(m/f)* ~ Umweltschützer *(m; f -in)*.
economia *(f)* **1** Wirtschaft *(f)*, Ökonomie *(f)* ♦ *economia domestica* Hauswirtschaft. **2** *(scienza)* Wirtschaftswissenschaft *(f)*. ◆ **far economia di qcs** mit etwas haus|halten* *(vi, hat)* *(anche fig)*.
economico *(agg)* **1** wirtschaftlich, ökonomisch, Wirtschafts- ♦ *sistema economico* Wirtschaftsform *(f)*. **2** *(a buon mercato)* billig. **3** *(che consuma poco)* sparsam.
economista *(m/f)* ~ Wirtschaftswissenschaftler *(m; f -in)*.
economizzare *(vt)* ~ {~ *qcs*} etwas sparen *(vt)*, mit etwas haus|halten* *(vi, hat)* *(anche fig)*.
ecosistema *(m)* ~ Ökosystem *(n)*.
eczema *(m)* ~ Ekzem *(n)*.
ed *(congiunz coord)* ~ *vedi* **e**.
edera *(f)* ~ *(bot)* Efeu *(m)*.
edicola *(f)* ~ *(di giornali)* Kiosk *(m)*.
edificabile *(agg)* ~ bebaubar, Bau- ♦ *area edificabile* Bauplatz *(m)* ♦ *terreno edificabile* Bauland *(n)*.
edificante *(agg)* ~ erhebend.
edificare *(vt)* **1** bauen *(vt)*, auf|bauen *(vt)*, errichten *(vt)*. **2** *(spiritualmente)* erheben* *(vt)*.
edificarsi *(vr)* ~ *(spiritualmente)* {~ *con qcs*} sich an etwas *(Dat)* erbauen.
edificazione *(f)* **1** Erbauung *(f)*, Bau *(m)*. **2** *(spirituale)* Erhebung *(f)*.
edificio *(m)* ~ Gebäude *(n)*, Bau *(m)*, Bauwerk *(n)*.
edile *(agg)* ~ baulich.
edilizia *(f)* ~ Bauwesen *(n)*; Hochbau *(m)*.
edilizio *(agg)* ~ baulich.
edito *(agg)* ~ herausgegeben *(abbrev* hg., hrsg.*)* ♦ *le opere di Schiller, edite da* Schillers Werke, herausgegeben von.
editore *(m)* **1** Verleger *(m; f -in)*. **2** *(casa editrice)* Verlag *(m)*. **3** *(curatore)* Herausgeber *(m; f -in)* *(abbrev* Hg., Hrsg.*)*.
editoria *(f)* ~ Verlagswesen *(n)*.
editoriale *(m)* ~ Leitartikel *(m)*, Editorial *(n)*.
editto *(m)* ~ Edikt *(n)*.
edizione *(f)* **1** Ausgabe *(f)* *(abbrev* Ausg.*)* ♦ *edizione ampliata, ridotta* erweiterte, gekürzte Ausgabe ♦ *edizione completa* Gesamtausgabe ♦ *nuova edizione* Neuausgabe. **2** *(tiratura)* Auflage *(f)*. **3** *(di manifestazioni, spettacoli e sim)* Veranstaltung *(f)*.
educare *(vt)* **1** erziehen* *(vt)* ♦ *educare qcn alla parsimonia* jmdn zur Sparsamkeit erziehen. **2** *(istruire)* bilden *(vt)*, aus|bilden *(vt)*.
educativo *(agg)* ~ erzieherisch.
educato *(agg)* **1** gesittet, artig. **2** *(gentile)* höflich.
educatore *(m; f* **-trice***)* ~ Erzieher *(m; f -in)*.
educazione *(f)* ~ Erziehung *(f)*. ◆ **educazione fisica** Turnen *(n)*. ◆ **educazione civica** Gemeinschaftskunde *(f)*. ◆ **educazione sessuale** sexuelle Aufklärung.
effeminato *(agg)* ~ weichlich, weibisch.
efferatezza *(f)* ~ Grausamkeit *(f)*.
efferato *(agg)* ~ grausam.
effervescente *(agg)* ~ sprudelnd.
effettivamente *(avv)* ~ tatsächlich, wirklich.
effettivo *(agg)* ~ tatsächlich, faktisch, effektiv.
effetto *(m)* **1** Wirkung *(f)* ♦ *effetto collaterale* Nebenwirkung ♦ *causa ed effetto* Ursache und Wirkung ♦ *produrre un effetto* eine Wirkung auslösen. **2** *(conseguenza)* Folge *(f)*, Effekt *(m)*. **3** *(impressione)* Eindruck *(m)*. **4** *(fis)* Effekt *(m)* ♦ *effetto serra* Treibhauseffekt. ◆ **in effetti** tatsächlich *(avv)*. ◆ **effetti personali** persönliche Dinge. ◆ **di grande effetto** *(agg)* effektvoll. ◆ **avere effetto** wirken

(vi, hat*)* ◆ *questo farmaco ha un effetto lassativo* dieses Mittel wirkt abführend.

effettuare *(vt)* ~ aus|führen *(vt)*, tätigen *(vt)*, vor|nehmen* *(vt)*.

efficace *(agg)* ***1*** wirksam, effektiv ◆ *un rimedio efficace contro il mal di denti* ein wirksames Mittel gegen Zahnschmerzen. ***2*** *(energico)* tatkräftig.

efficacia *(f)* ***1*** Wirksamkeit *(f)*. ***2*** *(di cure e sim)* Kraft *(f)*.

efficiente *(agg)* ***1*** *(persona)* tüchtig, leistungsfähig, fähig. ***2*** *(cosa)* leistungsfähig.

efficienza *(f)* ~ Leistungsfähigkeit *(f)*.

effimero *(agg)* ~ kurzlebig.

egemonia *(f)* ~ Vorherrschaft *(f)*, Vormacht *(f)*.

egli *(pron pers)* ~ er.

egoismo *(f)* ~ Egoismus *(m)*, Selbstsucht *(f)*.

egoista[1] *(agg)* ~ egoistisch, selbstsüchtig.

egoista[2] *(m/f)* ~ Egoist *(m; f* -in*)*.

egoistico *(agg)* ~ egoistisch, selbstsüchtig.

egregio *(agg)* ***1*** ausgezeichnet, vortrefflich. ***2*** *(nelle lettere)* sehr geehrt ◆ *egregio Sig Schwarz* sehr geehrter Herr Schwarz.

eguagliare *(e derivati)* ~ *vedi* **uguagliare** *(e derivati)*.

eiaculazione *(f)* ~ Samenerguss *(m)*.

elaborare *(vt)* ***1*** aus|arbeiten *(vt)*, bearbeiten *(vt)*. ***2*** *(elab)* verarbeiten *(vt)*.

elaborazione *(f)* ***1*** Bearbeitung *(f)*, Ausarbeitung *(f)*. ***2*** *(elab)* Verarbeitung *(f)*.

elargire *(vt)* ~ spenden *(vt)*.

elasticità *(f)* ***1*** Elastizität *(f)*, Dehnbarkeit *(f)*. ***2*** *(fis)* Spannkraft *(f)*. ***3*** *(mentale)* Elastizität, Spannkraft *(f)*. ***4*** *(agilità)* Geschmeidigkeit *(f)*.

elastico[1] *(agg)* ***1*** elastisch, dehnbar *(anche fig)*. ***2*** *(agile)* geschmeidig.

elastico[2] *(m)* ~ Gummiband *(n)*; *(di indumenti)* Gummizug *(m)*.

elefante *(m)* ~ Elefant *(m)* ◆ *elefante marino* Seeelefant *(m)*.

elefantessa *(f)* ~ Elefantenkuh *(f)*.

elegante *(agg)* ~ elegant, schick.

elegantemente *(agg)* ~ elegant.

eleganza *(f)* ~ Eleganz *(f)*, Schick *(m)*.

eleggere *(vt)* ~ wählen *(vt)* ◆ *eleggere qcn Presidente* jmdn zum präsidenten wählen.

eleggibile *(agg)* ~ wählbar.

elementare *(agg)* ~ elementar.

elemento ***1*** Element *(n)* *(anche fig)*. ***2*** *(chim)* Grundstoff *(m)*, Element *(n)*. ***3*** *(componente)* Glied *(n)*, Teil *(m)*.

elemosina *(f)* ~ Almosen *(n)* ◆ *fare l'elemosina a qcn* jmdm ein Almosen geben. ◆ **chiedere l'elemosina** betteln *(vi,* hat*)*.

elemosinare *(vt)* ~ {~ *qcs*} um etwas betteln *(vi,* hat*)* *(anche fig)*.

elencare *(vt)* ***1*** verzeichnen *(vt)*. ***2*** *(enumerare)* auf|zählen *(vt)*.

elencazione *(f)* ***1*** *(enumerazione)* Aufzählung *(f)*. ***2*** *(indicazione)* Aufführung *(f)*.

elenco *(m)* ~ Verzeichnis *(n)*, Liste *(f)* ◆ *fare un elenco* eine Liste aufstellen. ◆ **elenco telefonico** Telefonbuch *(n)*.

elettorale *(agg)* ~ Wahl- ◆ *campagna elettorale* Wahlkampf *(m)*.

elettore *(m; f* **-trice***)* ~ Wähler *(m; f* -in*)*.

elettrauto *(m)* ~ Elektrodienst *(m)*.

elettricista *(m/f)* ~ Elektriker *(m; f* -in*)*, Installateur *(m; f* -in*)*.

elettricità *(f)* ~ Elektrizität *(f)*.

elettrico *(agg)* ~ elektrisch ◆ *corrente elettrica* elektrischer Strom.

elettrizzare *(vt)* ***1*** elektrisieren *(vt)*. ***2*** *(fig)* erregen *(vt)*, elektrisieren *(vt)*.

elettrocardiogramma *(m)* ~ Elektrokardiogramm *(n)* *(abbrev* EKG*)*.

elettrodomestico *(m)* ~ Elektrogerät *(n)*.

elettroencefalogramma *(m)* ~ Elektroenzephalogramm *(n)* *(abbrev* EEG*)*.

elettrone *(m)* ~ Elektron *(n)*.

elettronica *(f)* ~ Elektronik *(f)*.

elettronico *(agg)* ~ elektronisch.

elettrotecnica *(f)* ~ Elektrotechnik *(f)*.

elettrotecnico[1] *(agg)* ~ elektrotechnisch.

elettrotecnico[2] *(m)* ~ Elektrotechniker *(m; f* -in*)*.

elevare *(vt)* ***1*** erhöhen *(vt)*. ***2*** *(lo sguardo, lo spirito)* erheben* *(vt)*. ***3*** *(migliorare)* heben* *(vt)*. ***4*** *(innalzare di grado)* {~ *qcn/qcs a qcs*} jmdn/etwas zu etwas erheben* *(vt)*. ***5*** *(mat)* erheben* *(vt)* ◆ *elevare un numero al quadrato* eine Zahl ins Quadrat erheben.

elevarsi *(vr)* ~ sich erheben* *(vr)*, sich heben* *(vr)* *(anche fig)*.

elevato *(agg)* ***1*** *(alto)* hoch, *(in posizione attr)* hohe(r). ***2*** *(ricercato; di rango)* gehoben. ***3*** *(sublime)* erhaben.

elevazione *(f)* ***1*** Erhebung *(f)*, Erhöhung *(f)*. ***2*** *(miglioramento)* Hebung *(f)*. ***3*** *(spirituale)* Erbauung *(f)*.
elezione *(f)* ~ Wahl *(f)* ♦ *elezioni amministrative/comunali* Gemeindewahl.
elica *(f)* ***1*** Schraube *(f)*. ***2*** *(di aereo o nave)* Propeller *(m)*.
elicottero *(m)* ~ Hubschrauber *(m)*, Helikopter *(m)*.
eliminare *(vt)* ***1*** *(cose o persone)* auslschalten *(vt)*. ***2*** *(rimuovere)* entfernen *(vt)*, beseitigen *(vt)*, auslräumen *(vt)*. ***3*** *(scartare)* auslscheiden* *(vt)*, auslsortieren *(vt)*. ***3*** *(uccidere)* beseitigen *(vt)*. ***4*** *(sport)* auslschließen* *(vt)*, auslscheiden* *(vt)*. ***5*** *(estirpare)* auslmerzen *(vt)*, auslrotten *(vt)*, vertilgen *(vt)* ♦ *eliminare il male alla radice* das Übel an der Wurzel ausrotten. ◆ **essere eliminato** *(sport)* auslscheiden* *(vi, ist)*.
eliminazione *(f)* ***1*** Entfernung *(f)*, Beseitigung *(f)*. ***2*** *(sport/med)* Ausscheidung *(f)*.
elitario *(agg)* ~ elitär.
élite *(f)* ~ Elite *(f)*.
ella *(pron pers)* ~ sie.
ellissi *(f)* ~ *(geom/ling)* Ellipse *(f)*.
ellittico *(agg)* ~ *(geom/ling)* elliptisch.
elmetto *(m)* ~ Helm *(m)* ♦ *elmetto protettivo* Schutzhelm.
elmo *(m)* ~ Helm *(m)*.
elogiare *(vt)* ~ loben *(vt)*.
elogio *(m)* ~ Lob *(n)*. ◆ **di elogio** lobend *(agg)*.
eloquente *(agg)* ***1*** beredt, beredsam. ***2*** *(fig)* bedeutungsvoll, bedeutsam.
eloquenza *(f)* ~ Beredsamkeit *(f)*.
eludere *(vt)* ~ umgehen* *(vt)*, auslweichen* *(vi, ist)* ♦ *eludere una domanda* einer Frage ausweichen.
elusione *(f)* ~ Umgehung *(f)*.
elusivo *(agg)* ~ ausweichend.
emaciato *(agg)* ~ abgezehrt.
e-mail *(f)* ~ *(elab)* E-Mail *(f)*.
emanare[1] *(vi)* ***1*** auslströmen *(vi, ist)*, auslstrahlen *(vi, ist)*. ***2*** *(fig)* auslgehen* *(vi, ist)* ♦ *dal suo sguardo emana tranquillità* von seinem Blick geht Ruhe aus.
emanare[2] *(vt)* ***1*** *(diffondere)* auslstrahlen *(vt)*; auslströmen *(vt)*. ***2*** *(dir)* erlassen* *(vt)*.
emanazione *(f)* ***1*** Ausstrahlung *(f)*, Ausströmung *(f)*. ***2*** *(dir)* Verkündung *(f)*.
emancipare *(vt)* ~ freilassen* *(vt)*, befreien *(vt)*.
emanciparsi *(vr)* ~ sich emanzipieren *(vr)*.
emancipazione *(vt)* ~ Emanzipation *(f)*.
emarginare *(vt)* ~ auslgrenzen *(vt)*.
emarginato[1] *(agg)* ~ ausgegrenzt.
emarginato[2] *(m)* ~ Außenseiter *(m)*.
emarginazione *(f)* ~ Ausgrenzung *(f)*.
ematoma *(m)* ~ Bluterguss *(m)*.
embargo *(m)* ~ Embargo *(n)*, Sperre *(f)*.
emblema *(m)* ***1*** Emblem *(n)*. ***2*** *(fig)* Sinnbild *(n)*, Emblem *(n)*.
emblematico *(agg)* ~ sinnbildlich.
embrionale *(agg)* ***1*** embryonal. ***2*** *(fig)* im Keim vorhanden.
embrione *(m)* ***1*** Embryo *(m)*. ***2*** *(fig)* Keim *(m)*.
emendamento *(m)* ~ *(pol)* Abänderung *(f)*.
emendare *(vt)* ~ *(pol)* abländern *(vt)*.
emergenza *(f)* ~ Notfall *(m)*, Ernstfall *(m)* ♦ *in caso di emergenza* im Notfall. ◆ **di emergenza** Not- ♦ *scala di emergenza* Notleiter *(f)* ♦ *uscita di emergenza* Notausgang *(m)*. ◆ **luci di emergenza** *(su auto)* Warnblinkanlage *(f)*.
emergere *(vi)* ***1*** {~ *da qcs*} aus etwas auf|tauchen *(vi, ist)*, hervorlragen *(vi, hat)*. ***2*** *(distinguersi)* sich auslzeichnen *(vr)*. ***3*** *(risultare)* sich ergeben* *(vr)*.
emettere *(vt)* ***1*** auslstoßen* *(vt)*, von sich geben *(vt)* ♦ *non emettere suono* keinen Laut von sich geben. ***2*** *(emanare)* auslstrahlen *(vt)*. ***3*** *(dir)* erlassen* *(vt)*. ***4*** *(econ)* auslstellen *(vt)* ♦ *emettere una fattura* eine Rechnung ausstellen. ◆ **emettere una condanna a qcs** *(dir)* auf etwas *(Acc)* erkennen.
emicrania *(m)* ~ *(med)* Migräne *(f)*.
emigrante *(m/f)* ~ Auswanderer *(m)*, Emigrant *(m; f -in)*.
emigrare *(vi)* ~ auslwandern *(vi, ist)*, emigrieren *(vi, ist)*.
emigrato *(m; f* **-a***)* ~ Ausgewanderte(r) *(m/f)*.
emigrazione *(f)* ~ Auswanderung *(f)*, Emigration *(f)*.
eminente *(agg)* ~ hervorragend, vortrefflich.
eminenza *(f)* ***1*** Vortrefflichkeit *(f)*. ***2*** *(relig)* Eminenz *(f)*.
emisfero *(m)* ~ Halbkugel *(f)*.

emissario *(m)* ***1*** *(fiume)* Ausfluss *(m)*. ***2*** *(pol)* Abgesandte(r) *(m/f)*.
emissione *(f)* ***1*** Ausstoß *(m)*. ***2*** *(di calore, ecc)* Ausstrahlung *(f)*. ***3*** *(econ)* Ausstellung. ***4*** *(fis)* Emission *(f)*.
emittente *(f)* ~ Sender *(m)* ♦ *emittente clandestina* Schwarzsender.
emorragia *(m)* ~ Blutung *(f)*.
emorroidi *(pl)* ~ Hämorriden *(pl)*, Hämorrhoiden *(pl)*.
emotività *(m)* ~ Empfindlichkeit *(f)*, Empfindsamkeit *(f)*.
emotivo *(pl)* ~ emotional, empfindlich.
emozionante *(agg)* ~ aufregend, spannend.
emozionare *(vt)* ~ auf|regen *(vt)*.
emozionarsi *(vr)* ~ sich auf|regen *(vr)*; in Aufregung geraten* *(vi, ist)*.
emozionato *(agg)* ~ aufgeregt.
emozione *(f)* ***1*** Erregung *(f)*, Aufregung *(f)*. ***2*** *(sentimento)* Emotion *(f)*.
empietà *(f)* ***1*** Gottlosigkeit *(f)*. ***2*** *(crudeltà)* Grausamkeit *(f)*.
empio *(agg)* ***1*** gottlos. ***2*** *(crudele)* grausam.
empirico *(agg)* ~ erfahrungsmäßig.
emporio *(m)* ~ *(negozio)* Warenhaus *(n)*, Kaufhaus *(n)*.
emulare *(vt)* ~ {~ *qcn*} jmdm nach|eifern *(vi, hat)*.
emulazione *(f)* ~ Nacheiferung *(f)*.
enciclopedia *(f)* ~ Lexikon *(n)*, Enzyclopädie *(f)*.
encomiabile *(agg)* ~ lobenswert.
encomio *(m)* ~ Lob *(n)*.
endemico *(agg)* ~ endemisch.
energetico *(agg)* ~ Energie-.
energia *(f)* ***1*** Energie *(f)* *(anche fig)* ♦ *energia solare* Sonnenenergie ♦ *energia termica* Wärmeenergie. ***2*** *(fisica o spirituale)* Kraft *(f)*. ◆ **energia idraulica** Wasserkraft *(f)*.
energico *(agg)* ***1*** energisch. ***2*** *(vigoroso)* kräftig, kraftvoll.
enfasi *(f)* ~ Emphase *(f)*, Nachdruck *(m)*.
enfatico *(agg)* ~ emphatisch.
enigma *(m)* ~ Rätsel *(n)*.
enigmatico *(agg)* ~ rätselhaft.
enigmistica *(f)* ~ Rätselkunde *(f)*. ◆ **rivista di enigmistica** Rätselheft *(n)*.
ennesimo *(agg)* ~ x-te *(solo attr)* ♦ *per l'ennesima volta* zum x-ten Mal.
enologia *(f)* ~ Weinkunde *(f)*.
enorme *(agg)* ~ riesig *(anche fig)*, enorm.
enormemente *(avv)* ~ enorm, ungemein, ungeheuer.
enoteca *(f)* ~ Weinhandlung *(f)*.
ente *(m)* ***1*** *(dir)* Körperschaft *(f)*. ***2*** *(che finanzia)* Stiftung *(f)*. ***3*** *(filos)* Wesen *(n)*.
entità *(f)* ~ Umfang *(m)*; Bedeutung *(f)*.
entourage *(m)* ~ Umkreis *(m)*.
entrambi[1] *(agg pl)* ~ beide ♦ *con entrambe le mani* mit beiden Händen. ◆ **di entrambi** beiderlei ♦ *bambini di entrambi i sessi* Kinder beiderlei Geschlechts.
entrambi[2] *(pron pl)* ~ beide ♦ *ne parlano entrambi/e* sie sprechen beide davon.
entrare *(vi)* ***1*** treten* *(vi, ist)*, ein|treten* *(vi, ist)* ♦ *entrare nella stanza* ins Zimmer treten ♦ *entrare in vigore* in Kraft treten ♦ *entrare in un'associazione* in einen Verein eintreten. ***2*** *(allontanandosi da chi parla)* hinein|treten* *(vi, ist)*, hinein|gehen* *(vi, ist)* ♦ *entrate (dentro), noi aspettiamo qua fuori* geht hinein, wir warten hier draußen. ***3*** *(verso chi parla)* herein|kommen* *(vi, ist)* ♦ *entri, per favore* kommen Sie bitte herein. ***4*** *(veicoli, navi, ecc)* ein|fahren* *(vi, ist)* ♦ *il treno entra in stazione* der Zug fährt (in den Bahnhof) ein. ***5*** *(essere contenuto, starci)* passen *(vi, hat)*, hinein|gehen* *(vi, ist)*. ***6*** *(stare)* passen *(vi, hat)* ♦ *ti entrano le scarpe?* passen dir die Schuhe? ***7*** *(viaggiando)* ein|reisen *(vi, ist)* ♦ *entrare in Germania, negli USA* nach Deutschland, in die USA einreisen. ◆ **lasciar entrare** herein|lassen* . ◆ **far entrare qcs in qcs** etwas in etwas *(Acc)* passen*. ◆ **posso entrare?** darf ich hinein? ◆ **entrarci** mit etwas zu tun haben ♦ *questo non c'entra niente* das hat damit nichts zu tun.
entrata *(f)* ***1*** *(l'entrare)* Eintritt *(m)* ♦ *quanto costa l'entrata?* was kostet der Eintritt? ***2*** *(ingresso)* Eingang *(m)* ♦ *entrata secondaria, posteriore* Nebeneingang, Hintereingang. ***3*** *(accesso)* Zugang *(m)* *(anche fig)*. ***4*** *(di autostrada e sim)* Einfahrt *(f)*. ***5*** *(in associazioni e sim)* Beitritt *(m)*. ***6*** *(in un paese straniero)* Einreise *(f)*. ***7*** *(in scena)* Auftritt *(m)*. ***8*** *(econ)* *(spec pl)* Bezug *(m)*, Einkünfte *(pl)*.
entro *(prep)* ~ innerhalb (+ *Gen*; + *Dat, se il Gen non è marcato*) ♦ *entro pochi minuti* innerhalb weniger Minuten.

entroterra *(m)* ~ Hinterland *(n)*.
entusiasmante *(agg)* ~ begeisternd, zündend.
entusiasmare *(vt)* ~ begeistern *(vt)*, mitreißen* *(vt)*.
entusiasmarsi *(vr)* ~ sich begeistern *(vr)*.
entusiasmo *(m)* ~ Begeisterung *(f)*, Enthusiasmus *(m)*.
entusiasta[1] *(agg)* ~ begeistert ♦ *essere entusiasta di qcn/qcs* von jmdm/etwas begeistert sein.
entusiasta[2] *(m/f)* ~ Enthusiast *(m; f* -in*)*.
entusiastico *(agg)* enthusiastisch; *(parole e sim)* überschwänglich.
enumerare *(vt)* ~ auf|zählen *(vt)*.
enumerazione *(f)* ~ Aufzählung *(f)*.
enunciare *(vt)* ~ aus|stellen *(vt)*.
enunciato *(m)* ~ Aussage *(f)*, Formulierung *(f)*.
enunciazione *(f)* ~ Ausstellung *(f)*.
epatite *(f)* ~ Hepatitis *(f)*, Leberentzündung *(f)*.
epica *(f)* ~ Epik *(f)*.
epico *(agg)* ~ episch.
epicentro *(m)* ***1*** *(geol)* Epizentrum *(n)*. ***2*** *(fig)* Herd *(m)*.
epidemia *(f)* ~ Epidemie *(f)*; Seuche *(f)* *(anche fig)*.
epidemico *(agg)* ~ epidemisch.
Epifania *(f)* ~ Dreikönigsfest *(n)*.
epigrafe *(f)* ~ Inschrift *(f)* ♦ *epigrafe tombale* Grabinschrift.
epilessia *(f)* ~ Epilepsie *(f)*, Fallsucht *(f)*.
epilettico[1] *(agg)* ~ epileptisch, fallsüchtig.
epilettico[2] *(m; f* **-a***)* ~ Epileptiker *(m; f* -in*)*.
epilogo *(m)* ***1*** Epilog *(m)*. ***2*** *(teatr)* Nachrede *(f)*; Nachspiel *(n)* *(anche fig)*.
episodio *(m)* ***1*** Episode *(f)*. ***2*** *(fatto, spec negativo)* Vorfall *(m)*.
epistolare *(agg)* ~ brieflich.
epiteto *(m)* ***1*** Beiname *(m)*. ***2*** *(spreg)* Schimpfname *(m)*.
epoca *(f)* ***1*** Epoche *(f)*, Zeit *(f)* ♦ *all'epoca dell'Illuminismo* zur Zeit der Aufklärung. ***2*** *(era)* Zeitalter *(n)*.
epocale *(agg)* ~ epochal.
epos *(m)* ~ Epos *(n)*.
eppure *(congiunz)* ***1*** aber, aber doch, jedoch. ***2*** *(esclam)* doch *(avv)*.
epurare *(vt)* ~ säubern *(vt)*.
epurazione *(f)* ~ Säuberung *(f)*.
equatore *(m)* ~ Äquator *(m)*.
equazione *(f)* ~ *(mat)* Gleichung *(f)* *(anche fig)*.
equestre *(agg)* ~ Reiter-.
equilatero *(agg)* ~ gleichseitig.
equilibrare *(vt)* ~ aus|gleichen* *(vt)*.
equilibrarsi *(vr)* ~ sich aus|gleichen* *(vr)*.
equilibrato *(agg)* ~ ausgeglichen *(anche fig)*.
equilibrio *(m)* ***1*** Gleichgewicht *(anche fig)* ♦ *mantenere, perdere l'equilibrio* das Gleichgewicht halten, verlieren. ***2*** *(psicol)* Ausgeglichenheit *(f)*. ***3*** *(pol)* Gleichstand *(m)*. ◆ **senso dell'equilibrio** Gleichgewichtssinn *(m)*. ◆ **tenersi in equilibrio** balancieren *(vi*, hat*)*.
equinozio *(m)* ~ Tagundnachtgleiche *(f)*.
equipaggiamento *(m)* ***1*** Ausrüstung *(f)*. ***2*** *(dotazioneo)* Ausstattung *(f)*.
equipaggiare *(vt)* ~ aus|rüsten *(vt)*.
equipaggio *(m)* ***1*** Mannschaft *(f)*. ***2*** *(di navi, aerei, ecc)* Besatzung *(f)*.
equiparare *(vt)* ~ {~ *qcn a qcn*} jmdn jmdm/mit jmdm gleich|stellen *(vt)*; {~ *qcs a qcs*} etwas mit etwas gleich|setzen *(vt)*.
equiparazione *(f)* ~ Gleichstellung *(f)*, Gleichsetzung *(f)*.
équipe *(f)* ~ Stab *(m)*.
equità *(f)* ~ Gerechtigkeit *(f)*.
equitazione *(f)* ~ Reitsport *(m)*.
equivalente *(agg)* ***1*** *(per valore)* gleichwertig. ***2*** *(per significato)* gleichbedeutend.
equivalenza *(f)* ***1*** Gleichwertigkeit *(f)*. ***2*** *(mat)* Äquivalenz *(f)*.]
equivalere *(vi)* ***1*** {~ *a qcs*} mit etwas gleichbedeutend sein. ***2*** *(corrispondere)* gleich|kommen* *(vi*, ist*)*.
equivoco[1] *(agg)* ***1*** *(ambiguo)* mehrdeutig, zweideutig, missverständlich. ***2*** *(sospetto)* zwielichtig, fragwürdig.
equivoco[2] *(m)* ~ Missverständnis *(n)*.
equo *(agg)* ~ gerecht.
era *(f)* ~ Zeitalter *(n)*, Ära *(f)*.
erba *(f)* ***1*** Gras *(n)*. ***2*** *(pianta medicinale, aromatica)* Kraut *(n)* ♦ *erba aromatica* Gewürzkraut. ◆ **fare di tutta l'erba un fascio** alles in einen Topf werfen. ◆ **in erba** angehend *(agg)*.

erbaccia *(f)* ~ Unkraut *(n)*.
erbivoro *(m)* ~ Pflanzenfresser *(m)*.
erboristeria *(f)* ~ Reformhaus *(n)*.
erede *(m/f)* ~ Erbe *(m; f* Erbin*)* ♦ *nominare qcn erede* jmdn als/zum Erben einsetzen.
eredità *(f)* ***1*** Erbschaft *(f)*, Erbe *(n)* *(anche fig)* ♦ *ricevere un'eredità* eine Erbschaft machen. ***2*** *(terriera)* Erbgut *(n)*. ◆ **lasciare qcs in eredità a qcn** jmdm etwas vererben *(vt)*.
ereditare *(vt)* ~ erben *(vt)* *(anche fig)*.
ereditarietà *(f)* ~ Erblichkeit *(f)*.
ereditario *(agg)* ~ erblich.
eremita *(m/f)* ~ Einsiedler *(m; f* -in*)*, Eremit *(m)*.
eremo *(m)* ~ Klause *(f)*.
eresia *(f)* ~ Ketzerei *(f)* *(anche fig)*.
eretico[1] *(agg)* ~ ketzerisch *(anche fig)*.
eretico[2] *(m; f* **-a***)* ~ Ketzer *(m; f* -in*)*.
eretto *(agg)* ~ aufrecht, gerade, straff ♦ *in posizione eretta* in aufrechter Haltung.
erezione *(f)* ***1*** *(edil)* Errichtung *(f)*. ***2*** *(anat)* Erektion *(f)*.
ergastolo *(m)* ~ lebenslängliche Freiheitsstrafe *(f)*.
ergersi *(vr)* ~ ragen *(vi,* hat*)*; sich über etwas *(Acc)* erheben* *(vr)* *(anche fig)*.
erica *(f)* ~ *(bot)* Heidekraut *(n)*, Erika *(f)*.
erigere *(vr)* ~ errichten *(vt)*, auf|stellen *(vt)*.
erigersi *(vr)* ~ sich zu etwas auf|werfen* *(vr)*.
eritema *(m)* ~ Rötung *(f)*. ◆ **eritema solare** Sonnenbrand *(m)*.
ermafrodito *(m)* ~ Zwitter *(m)*.
ermellino *(m)* ~ *(zool)* Hermelin *(n)*.
ermeticamente *(avv)* ~ dicht.
ermetico *(agg)* ~ dicht; hermetisch *(anche fig)*. ◆ **chiusura ermetica** Dichtung *(f)*.
ernia *(f)* ~ Hernie *(f)*, Bruch *(m)* ♦ *ernia intestinale* Eingeweidebruch.
erodere *(vt)* ~ aus|waschen* *(vt)*.
eroe *(m)* ~ Held *(m)*.
eroico *(agg)* ~ heroisch, heldenhaft.
eroina *(f)* ***1*** Heldin *(f)*. ***2*** *(droga)* Heroin *(n)*.
eroismo *(m)* ***1*** Heldentum *(n)*. ***2*** *(atto eroico)* Heldentat *(f)*.
erosione *(f)* ~ Erosion *(f)*.
erotico *(agg)* ~ erotisch.
erotismo *(m)* ~ Erotik *(f)*.
erpice *(m)* ~ Egge *(f)*.
errare *(vt)* ***1*** sich irren *(vr)*. ***2*** *(vagare)* umher|irren *(vi,* ist*)*, irren *(vi,* ist*)*.
errato *(agg)* ~ falsch, irrig.
erroneamente *(avv)* ~ fälschlicherweise, falsch.
erroneo *(agg)* ~ irrig.
errore *(m)* ~ Fehler *(m)*, Irrtum *(m)* ♦ *errore di stampa* Druckfehler. ◆ **per errore** *(inavvertitamente)* aus Versehen, versehentlich *(avv)*.
erto *(agg)* ~ schroff.
erudito[1] *(agg)* ~ gelehrt.
erudito[2] *(m; f* **-a***)* ~ Gelehrte(r) *(m/f)*.
eruttare *(vt)* ~ aus|stoßen* *(vt)*, aus|werfen* *(vt)*.
eruzione *(f)* ***1*** *(geol)* Vulkanausbruch *(m)*. ***2*** *(med)* Ausschlag *(m)* ♦ *eruzione cutanea* Hautausschlag.
esagerare *(vt/vi)* ~ {~ *con qcs*} etwas übertreiben* *(vt)*; es mit etwas übertreiben* *(vt)*.
esageratamente *(avv)* ~ übertrieben, abgöttisch.
esagerato[1] *(agg)* ***1*** übertrieben. ***2*** *(prezzo, richiesta)* übersteigert.
esagerato[2] *(m; f* **-a***)* ~ Übertrieber *(m; f* -in*)*.
esagerazione *(f)* ~ Übertreibung *(f)*.
esagono *(m)* ~ Sechseck *(n)*.
esalare *(vt)* ~ *(odori)* aus|dunsten *(vt)*.
esalazione *(f)* ~ Ausströmung *(f)*.
esaltare *(vt)* ***1*** *(entusiasmare)* begeistern *(vt)*. ***2*** *(far risaltare)* hervor|heben* *(vt)*. ***3*** *(celebrare)* preisen* *(vt)*.
esaltarsi *(vr)* ~ *(entusiasmarsi)* sich begeistern *(vr)*.
esaltato *(agg)* ~ erregt; *(invasato)* besessen.
esaltazione *(f)* ~ Erregung, Erregtheit *(f)*.
esame *(m)* ***1*** *(scolastico)* Prüfung *(f)* ♦ *esame orale, scritto* mündliche, schriftliche Prüfung ♦ *sostenere, superare un esame* eine Prüfung ablegen, bestehen ♦ *essere bocciato all'esame* durch die Prüfung fallen. ***2*** *(di laurea)* Examen *(n)*. ***3*** *(scritto)* Klausur; *(di laurea)* Examensarbeit *(f)* ♦ *fare un esame scritto* eine Klausur schreiben. ***4*** *(controllo)* Prüfung *(f)*, Durchsicht *(f)*. ***5*** *(med)* Untersuchung *(f)* ♦ *fare un esame* eine Untersuchung (durch)führen.

esaminando *(m)* ~ Prüfling *(m)*.
esaminare *(vt)* **1** *(materie scolastiche e sim)* prüfen *(vt)*, ab|fragen *(vt)*. **2** *(controllare)* prüfen *(vt)*. **3** *(med)* untersuchen *(vt)*.
esaminatore *(m; f* **-trice***)* ~ Prüfer *(m; f* -in*)*.
esasperare *(vt)* ~ erbittern *(vt)*.
esasperato *(agg)* ~ erbittert.
esasperazione *(f)* ~ Erbitterung *(f)*.
esattamente *(avv)* **1** genau, genauso wie. **2** *(in modo giusto)* richtig.
esattezza *(f)* **1** Genauigkeit *(f)*. **2** *(giustezza; veridicità)* Richtigkeit *(f)*.
esatto *(agg)* **1** exakt, genau ♦ *la distanza esatta* die genaue Entfernung. **2** *(giusto, corretto)* richtig, korrekt ♦ *la risposta esatta* die richtige Antwort.
esaudire *(vt)* ~ erfüllen *(vt)*.
esauriente *(agg)* **1** erschöpfend. **2** *(dettagliato)* ausführlich, weitläufig.
esaurimento *(m)* ~ Erschöpfung *(f)*. ◆ **esaurimento nervoso** Nervenzusammenbruch *(m)*.
esaurire *(vt)* **1** erschöpfen *(vt)*, auf|brauchen *(vt)* ♦ *esaurire le provviste, un argomento* die Vorräte, ein Thema erschöpfen. **2** *(vendere fino all'ultimo pezzo)* aus|verkaufen *(vt)* ♦ *i biglietti sono esauriti* die Karten sind ausverkauft.
esaurirsi *(vr)* ~ sich erschöpfen *(vr)*.
esaurito *(agg)* **1** erschöpft *(anche di persona)*. **2** *(merci)* ausverkauft; *(libri)* vergriffen.
esausto *(agg)* ~ erschöpft, abgespannt.
esautorare *(vr)* ~ entmachten.
esca *(f)* ~ Köder *(m)* *(anche fig)*.
escavatore *(m)* ~ Bagger *(m)*.
escavazione *(f)* ~ *(di miniere)* Bau *(m)*.
eschimese *(m/f)* ~ Eskimo *(m)*.
eschimo *(m)* ~ Eskimo *(m)*.
esclamare *(vi)* ~ aus|rufen* *(vt)*.
esclamativo *(agg)* ~ **punto esclamativo** Ausrufezeichen *(n)*.
esclamazione *(f)* ~ Ausruf *(m)*, Ruf *(m)* ♦ *un'esclamazione di gioia* ein Ausruf der Freude.
escludere *(vt)* ~ aus|schließen* *(vt)*.
esclusione *(f)* ~ Ausschluss *(m)*. ◆ **a esclusione di** mit Ausnahme von.
esclusiva *(f)* ~ *(intervista)* Exlusivinterview *(n)*. ◆ **diritto di esclusiva** Exklusivrecht *(n)*. ◆ **in esclusiva** exklusiv.
esclusivamente *(avv)* ~ ausschließlich.
esclusivo *(agg)* ~ ausschließlich, exklusiv ♦ *diritto esclusivo* ausschließliches Recht.
escluso *(agg)* **1** *(emarginato; impossibile)* ausgeschlossen. **2** *(non compreso)* ausschließlich *(+ Gen; pl anche + Dat)*, exklusive *(+ Gen)* ♦ *IVA esclusa* ausschließlich Mehrwertsteuer ♦ *esclusi i costi del viaggio* ausschließlich der Fahrkosten ♦ *bevande escluse* ausschließlich Getränken.
escogitare *(vt)* ~ (sich) *(Dat)* aus|denken* *(vt)*; aus|klügeln *(vt)* ♦ *escogitare un piano* einen Plan ausdenken.
escoriare *(vt)* ~ auf|reiben*.
escoriarsi *(vr)* ~ {~ *qcs*} sich *(Dat)* auf|schürfen *(vt)*.
escremento *(m)* ~ Exkrement *(n)* *(spec pl)*.
escrescenza *(f)* ~ Auswuchs *(m)*, Wucherung *(f)*.
escursione *(f)* **1** Ausflug *(m)*, Wanderung *(f)*. **3** *(termica)* Schwankung *(f)*.
escursionista *(m/f)* ~ *(a piedi)* Wanderer *(m; f* -in*)*.
esecutivo[1] *(agg)* **1** auszuführend ♦ *progetto esecutivo* auszuführender Plan. **2** *(pol)* vollziehend ♦ *potere esecutivo* vollziehende Gewalt.
esecutivo[2] *(m)* ~ *(pol)* Exekutive *(f)*.
esecuzione *(f)* **1** Durchführung *(f)*, Ausführung *(f)* ♦ *l'esecuzione di un progetto* die Ausführung eines Plans. **2** *(dir)* Vollstreckung *(f)*, Vollzug *(m)*. **3** *(teatr)* Darbietung *(f)*; *(mus)* Vortrag *(m)*. ◆ **esecuzione capitale** Hinrichtung *(f)*.
eseguire *(vt)* **1** *(compiere)* aus|führen *(vt)*, durch|führen *(vt)*. **2** *(attuare)*, vollziehen* *(vt)*. **3** *(sbrigare)* erledigen *(vt)*, verrichten *(vt)*. **4** *(dir)* vollstrecken *(vt)*. **5** *(teatr)* dar|bieten* *(vt)*; *(mus)* vor|tragen* *(vt)*.
esempio *(m)* **1** Beispiel *(n)* ♦ *fare un esempio* ein Beispiel geben ♦ *prendere esempio da qcn* sich *(Dat)* ein Beispiel an jmdm nehmen. **2** *(modello)* Vorbild *(n)*, Muster *(n)* ♦ *prendere qcn a esempio* sich *(Dat)* jmdn zum Vorbild nehmen ♦ *è un esempio di zelo* sie ist ein Muster an Fleiß. ◆ **per esempio** zum Beispiel *(abbrev* z.B.*)*, beispielsweise.

esemplare[1] *(agg)* ~ beispielhaft, mustergültig. ◆ **in modo esemplare** musterhaft *(avv)*.
esemplare[2] *(m)* ***1*** Exemplar *(n)*. ***2*** *(modello)* Musterexemplar, Musterstück *(n)*.
esentare *(vt)* ~ {~ *qcn da qcs*} jmdn von etwas befreien *(vt)*, entbinden *(vt)*.
esentasse *(agg)* ~ steuerfrei.
esente *(agg)* ~ frei ♦ *esente da tasse* gebührenfrei.
esenzione *(f)* ***1*** Entbindung *(f)*, Befreiung *(f)*. ***2*** *(da una tassa)* Gebührenerlass *(m)*.
esequie *(f pl)* ~ Begräbnisfeier *(f)*.
esercente *(m/f)* ~ Gewerbetreibende *(m/f)*.
esercitare *(vt)* ***1*** *(fare esercizio)* üben *(vt)*, aus|üben *(vt)* *(anche fig)* ♦ *esercitare la memoria* das Gedächtnis üben. ***2*** *(mettere in atto)* aus|üben *(vt)* ♦ *esercitare una pressione su qcn/qcs* einen Druck auf jmdn/etwas ausüben. ***3*** *(attività)* aus|üben *(vt)*, betreiben* *(vt)* ♦ *esercitare una professione* einen Beruf ausüben.
esercitarsi *(vr)* ~ üben *(vt/vi*, hat*)*, sich üben *(vr)* ♦ *esercitarsi alla chitarra* Gitarre üben.
esercitazione *(f)* ***1*** *(scolastica, ginnica, ecc)* Übung *(f)*. ***2*** *(mil)* Übung *(f)*, Kriegsspiel *(n)*. ◆ **fare esercitazioni** *(mil)* exerzieren *(vi*, hat*)*.
esercito *(m)* ~ *(forze armate)* Armee *(f)*; Heer *(n)* *(anche fig)*. ◆ **esercito federale tedesco** Bundeswehr *(f)*.
esercizio *(m)* ***1*** Übung *(f)* *(anche fig)* ♦ *esercizi d'inglese* Übungen in Englisch ♦ *essere fuori esercizio* aus der Übung sein. ***2*** *(di un'attività)* Ausübung *(f)*, Praktik *(f)*. ***3*** *(negozio)* Geschäft *(n)*. ***4*** *(sport)* Übung; *(con attrezzi)* Turnübung *(f)*. ◆ **tenere in esercizio** üben *(vt)*.
esibire *(vt)* ~ *(documenti e sim)* vor|weisen* *(vt)*, vor|zeigen *(vt)*, vor|legen *(vt)*.
esibirsi *(vr)* ~ auf|treten* *(vi*, ist*)*, sich produzieren *(vr)*.
esibizione *(f)* ***1*** *(di documenti e sim)* Vorlage *(f)*. ***2*** *(spettacolo)* Vorführung *(f)*.
esibizionista *(m/f)* ~ Prahler *(m; f* -in*)*; *(fam)* Anger *(m; f* -in*)*.
esigente *(agg)* ~ anspruchsvoll, wählerisch.
esigenza *(f)* ***1*** Erfordernis *(n)*, Bedürfnis *(n)*. ***2*** *(pretesa)* Forderung *(f)*, Anspruch *(m)*.
esigere *(vt)* ***1*** fordern *(vt)*, verlangen *(vt)*. ***2*** *(necessitare)* erfordern *(vt)*, beanspruchen *(vt)*. ***3*** *(crediti)* ein|fordern *(vt)*.
esiguo *(agg)* ~ gering, spärlich, knapp.
esilarante *(agg)* ~ belustigend; lächerlich. ◆ **gas esilarante** Lachgas *(n)*.
esile *(agg)* ~ schmächtig, dünn.
esiliare *(vt)* ~ verbannen *(vt)* ♦ *fu esiliato dal suo paese* er wurde aus seinem Land verbannt.
esiliato *(m; f* **-a***)* ~ Verbannte *(m/f)*.
esilio *(m)* ~ Verbannung *(f)*, Exil *(n)* ♦ *vivere, andare in esilio* im Exil leben, ins Exil gehen.
esistente *(agg)* ~ vorhanden.
esistenza *(f)* ***1*** Existenz *(f)*, Dasein *(n)*. ***2*** *(vita)* Existenz *(f)*, Leben *(n)*.
esistenziale *(agg)* ~ existenziell.
esistere *(vi)* ***1*** existieren *(vi*, hat*)*, bestehen* *(vi*, hat*)*. ***2*** *(esserci, trovarsi)* geben *(+ Acc)* *(impers)*; vorhanden sein* *(vi*, ist*)*, da sein* *(vi*, ist*)*.
esitante *(agg)* ~ zögernd.
esitare *(vi)* ~ zögern *(vi*, hat*)*, zaudern *(vi*, hat*)*.
esitazione *(f)* ~ Zögern *(n)*. ◆ **con esitazione** zögernd *(avv)*. ◆ **senza esitazione** unverzüglich *(avv)*.
esito *(m)* ***1*** Ergebnis *(n)*, Ausgang *(m)*. ***2*** *(successo)* Erfolg *(m)*.
esodo *(m)* ~ Auszug *(m)*.
esofago *(m)* ~ Speiseröhre *(f)*.
esonerare *(vt)* ~ {~ *qcn da qcs*} jmdn von etwas frei|stellen *(vt)*, befreien *(vt)*.
esonero *(m)* ~ Befreiung *(f)*.
esorbitante *(agg)* ~ übermäßig, übersteigert.
esorcizzare *(vt)* ~ *(spiriti)* beschwören *(vt)*.
esordio *(m)* ***1*** Einleitung *(f)*. ***2*** *(estens)* Anfang *(m)*, Beginn *(m)*.
esordire *(vi)* ***1*** an|fangen* *(vi*, hat*)*, beginnen* *(vi*, hat*)*. ***2*** *(debuttare)* debütieren *(vi*, hat*)*.
esortare *(vt)* ~ auf|fordern *(vt)*, ermahnen *(vt)*, mahnen *(vt)* ♦ *esortare qcn alla prudenza* jmdn zur Vorsicht ermahnen.
esortazione *(f)* ~ Ermahnung, Mahnung, Aufforderung *(f)*.
esotico *(agg)* ~ exotisch.

esotismo *(m)* ~ Exotik *(f)*.
espandere *(vt)* ~ aus|dehnen *(vt)*, erweitern *(vt)*.
espandersi *(vt)* ***1*** expandieren *(vi*, hat*)*, sich aus|dehnen. ***2*** *(diffondersi)* sich verbreiten *(vr)*.
espansione *(f)* ***1*** Ausdehnung, Erweiterung *(f)*. ***2*** *(pol/econ)* Expansion *(f)*.
espatriare *(vi)* ~ aus|reisen *(vi*, ist*)*.
espatrio *(m)* ~ Ausreise *(f)*.
espediente *(m)* ***1*** Mittel *(n)*. ***2*** *(scappatoia)* Ausweg *(m)*.
espellere *(vt)* ***1*** aus|weisen* *(vt)*, verweisen* *(vt)*. ***2*** *(emettere)* aus|stoßen* *(vt)*. ***3*** *(med)* aus|scheiden* *(vt)*.
esperienza *(f)* ***1*** Erfahrung *(f)* ♦ *non ha esperienza in questo campo* er hat keine Erfahrung auf diesem Gebiet. ***2*** *(avvenimento)* Erlebnis *(n)* ♦ *una bella esperienza* ein schönes Erlebnis. ◆ **per esperienza** aus eigener Erfahrung, erfahrungsgemäß *(avv)*.
esperimento *(m)* ~ Experiment *(n)*, Versuch *(m)* ♦ *condurre un esperimento* ein Experiment durchführen ♦ *esperimento sugli animali* Tierversuch. ◆ **fare esperimenti** experimentieren *(vi*, hat*)* *(anche fig)*.
esperto[1] *(agg)* ***1*** erfahren, kundig. ***2*** *(competente)* sachkundig. ◆ **da esperto** fachmännisch.
esperto[2] *(m; f* **-a***)* ~ *(specialista)* Fachmann *(m; f* Fachfrau*)*, Experte *(m; f* Expertin*)*.
espiatorio *(agg)* ~ **capro espiatorio** Sündenbock *(m)* ♦ *fare di qcn il capro espiatorio per qcs* jmdn zum Sündenbock für etwas machen.
espirare *(vt)* ~ aus|atmen *(vt)*.
esplicativo *(agg)* ~ erläuternd.
esplicitamente *(avv)* ~ ausdrücklich.
esplicito *(agg)* ~ ausdrücklich, eindeutig.
esplodere *(vi)* ***1*** explodieren *(vi*, ist*)*, platzen *(vi*, ist*)*. ***2*** *(fig)* aus|brechen* *(vi*, ist*)*. ◆ **far esplodere** sprengen *(vt)*.
esplorare *(vt)* erforschen *(vt)*; *(spec mil)* erkunden *(vt)*.
esploratore *(m; f* **-trice***)* ~ Erforscher *(m; f* -in*)*.
esplorazione *(f)* Erforschung; *(spec mil)* Erkundung *(f)*. ◆ **viaggio d'esplorazione** Forschungsreise *(f)*.

esplosione *(f)* ***1*** Explosion *(f)*. ***2*** *(scoppio)* Knall *(m)*. ***3*** *(fig)* Ausbruch *(m)*.
esplosivo[1] *(agg)* ***1*** explosiv. ***2*** *(fig)* brisant.
esplosivo[2] *(m)* ~ Sprengstoff *(m)*.
esponente *(m)* ***1*** *(rappresentante)* Vertreter *(m; f* -in*)*. ***2*** *(mat)* Exponent *(m)*.
esporre *(vt)* ***1*** aus|stellen *(vt)*, aus|legen *(vt)*; *(appendere)* aus|hängen* ♦ *esporre un orario* einen Fahrplan aushängen. ***2*** *(fig)* aus|setzen *(vt)* ♦ *esporre qcn a un pericolo* jmdn einer Gefahr aussetzen. ***3*** *(fotogr)* belichten *(vt)*. ***4*** *(spiegare)* aus|führen *(vt)*, dar|legen *(vt)*.
esporsi *(vr)* ~ {~ *a qcs*} sich etwas *(Dat)* aus|setzen *(vr)*.
esportare *(vt)* ~ aus|führen *(vt)*, exportieren *(vt)*.
esportatore[1] *(agg)* ~ Export- ♦ *paese esportatore* Exportland.
esportatore[2] *(m)* ~ Exporteur *(m)*.
esportazione *(m)* ~ Ausfuhr *(f)*, Export *(m)*.
esposizione *(f)* ***1*** Ausstellung *(f)*. ***2*** *(mostra)* Ausstellung *(f)*, Schau *(f)*; *(fiera)* Messe *(f)*. ***3*** *(fotogr)* Belichtung *(f)*. ***4*** *(spiegazione)* Darlegung *(f)*. ***5*** *(posizione)* Lage *(f)*.
espressamente *(avv)* ~ ausdrücklich.
espressione *(f)* ***1*** *(generic)* Ausdruck *(m)*, Äußerung *(f)* ♦ *un'espressione dialettale* ein mundartlicher Ausdruck. ***2*** *(del viso)* Miene *(f)*, Gesichtsausdruck *(m)*.
espressività *(f)* ~ Ausdruck *(m)*, Expressivität *(f)*.
espressivo *(agg)* ~ ausdrucksvoll, expressiv.
espresso[1] *(agg)* ~ ausdrücklich ♦ *su espressa richiesta* auf ausdrücklichen Wunsch. ◆ **spedizione per espresso** Eilsendung *(f)*.
espresso[2] *(m)* ***1*** *(posta)* Eilbrief *(m)*. ***2*** *(treno)* D-Zug *(m)*. ***3*** *(caffè)* Espresso *(m)*.
esprimere *(vt)* ~ aus|drücken *(vt)*, äußern *(vt)*, aus|sprechen* *(vt)* ♦ *esprimere il proprio parere su qcn/qcs* sich über/zu jmdn/etwas äußern *(vr)*.
esprimersi *(vr)* ***1*** sich aus|drücken, *(vr)* ♦ *esprimersi in modo ricercato, chiaro* sich gewählt, klar ausdrücken. ***2*** {~ *(su qcn/qcs)*} sich (über jmdn/etwas) sich äußern *(vr)*.

espropriare *(vt)* ~ enteignen *(vt)*.
esproprio *(m)* ~ Enteignung *(f)*.
espulsione *(f)* **1** Ausschluss *(m)*. **2** *(da uno stato)* Ausweisung *(f)*. **3** *(emissione)* Ausstoß *(m)*.
essa *(pron pers)* ~ *vedi* **esso**.
esse *(pron pers)* ~ *vedi* **esso**.
essenza *(f)* **1** *(chim)* Essenz *(f)*. **2** *(natura)* Wesen *(n)* *(anche filos)*.
essenziale[1] *(agg)* **1** essenziell, wesentlich. **2** *(sobrio)* nüchtern, schlicht. **3** *(importante)* lebenswichtig.
essenziale[2] *(m)* ~ Wesentliche *(n)*, Hauptsache *(f)*.
esserci **1** *(esistere)* es gibt (+ *Acc*) *(impers)*, da sein ♦ *c'è qualcuno che mi può aiutare?* gibt es jemanden, der mir helfen kann? ♦ *c'è gente che pensa che* es gibt Leute, die denken, dass ♦ *che c'è? (che succede?)* was gibt's? ♦ *non c'è più vino* es ist kein Wein mehr da ♦ *non c'era nessuno* es war niemand da. **2** *(avere luogo)* statt|finden* *(vi*, hat*)*. ◆ **ci sono!** ich hab's! ◆ **c'era una volta un re** es war einmal ein König.
essere[1] *(vi)* **1** sein* *(vi*, ist*)* ♦ *lei è mia sorella* sie ist meine Schwester ♦ *sarebbe meglio se* es wäre besser, wenn ♦ *sono italiana* ich bin Italienerin ♦ *c'è qualcuno a casa?* ist jemand zu Hause? ♦ *sono le otto* es ist acht Uhr ♦ *è il primo agosto* es ist der 1. (erste) August. **2** *(appartenere)* {~ *di qcn*} jmdm gehören ♦ *questa borsa è mia* diese Tasche gehört mir ♦ *di chi sono questi occhiali?* wem gehört diese Brille? **3** *(avere un aspetto)* aus|sehen* *(vi*, hat*)* ♦ *essere bello, brutto* schön, hässlich aussehen. **4** *(in posizione orizzontale)* liegen* *(vi*, hat*)* ♦ *essere a letto* im Bett liegen ♦ *il libro è sul tavolo* das Buch liegt auf dem Tisch. **5** *(in posizione verticale)* stehen* *(vi*, hat*)* ♦ *la bottiglia è sul tavolo* die Flasche steht auf dem Tisch. **6** *(al telefono)* hier ist. ♦ *pronto, sono Rossi* hallo, hier ist Rossi. **7** *(provenienza)* kommen* *(vi*, ist*)* ♦ *sono di Firenze* ich komme aus Florenz. ◆ **essere da** *(dovere)* sein zu (+ *inf*) ♦ *la corrispondenza è ancora da sbrigare* die Korrespondenz ist noch zu erledigen. ◆ **"Chi è?" "Sono io"** *(alla porta)* "Wer ist da?" "Ich bin's". ◆ **e sia!** schon gut! ◆ **che ne è stato di lui?** was ist ihm geworden?
essere[2] *(aux)* **1** sein* *(aux*, ist*)*, haben *(vt)* ♦ *sono andato a Roma* ich bin nach Rom gefahren ♦ *la situazione è cambiata* die lage hat sich verändert. **2** *(aux passivo)* werden* *(vi*, ist*)* ♦ *ciò è stato dimenticato* das ist vergessen worden.
essere[3] *(m)* ~ Wesen *(n)* ♦ *essere vivente* Lebewesen. ◆ **essere umano** Mensch *(m)*.
essi *(pron pers)* ~ *vedi* **esso**.
essiccare *(vt)* **1** *(asciugare)* aus|trocknen *(vt)*. **2** *(alimenti)* dörren *(vt)*.
essiccato *(agg)* ~ trocken. ◆ **carne essiccata** Trockenfleisch *(n)*.
esso *(pron pers)* **1** *(animati)* er. **2** *(inanimati)* es.
est *(m)* **1** Osten *(m)*. **2** *(naut/meteor)* Ost *(m)*. ◆ **a est** *(stato)* im Osten, östlich; *(moto)* nach Osten, östlich ♦ *a est della città* im Osten der Stadt ♦ *a est di Berlino* östlich von Berlin, östlich Berlins ♦ *in direzione est* in östlicher Richtung.
estasi *(f)* ~ Ekstase *(f)*.
estate *(f)* ~ Sommer *(m)* ♦ *d'estate, in estate* im Sommer. ◆ **estate di San Martino** Nachsommer *(m)*. ◆ **da estate** sommerlich *(avv)*. ◆ **d'estate, in estate** sommers.
estatico *(agg)* ~ ekstatisch.
estendere *(vt)* ~ aus|weiten *(vt)*, erweitern *(vt)*.
estendersi *(vr)* **1** sich erstrecken *(vr)* *(anche fig)*, sich aus|dehnen *(vr)*, sich aus|breiten *(vr)*. **2** *(diffondersi)* über|greifen* *(vi*, hat*)*, sich aus|breiten *(vr)*, ♦ *il fuoco si è esteso al bosco* das Feuer hat auf den Wald übergegriffen.
estensibile *(agg)* ~ dehnbar.
estensione *(f)* **1** Ausdehnung *(f)*. **2** *(dimensione, proporzioni)* Ausmaß *(n)*. **3** *(diffusione)* Ausbreitung *(f)*, Erweiterung *(f)*. **4** *(di voce)* Umfang *(m)*.
estenuante *(agg)* ~ zermürbend.
estenuare *(vt)* ~ auf|reiben* *(vt)*.
esteriore *(agg)* **1** äußere(r, -s). **2** *(superficiale)* äußerlich *(anche fig)*.
esteriorità *(f)* **1** *(aspetto esteriore)* Äußere *(n)*. **2** *(formalità)* Äußerlichkeit *(f)*.
esteriormente *(avv)* ~ äußerlich.
esternamente *(avv)* ~ äußerlich, außen.

esterno[1] *(agg)* ***1*** äußerlich, äußere(r, -s), Außen- ♦ *per uso esterno* zur äußerlichen Anwendung ♦ *parete esterna* Außenwand. ***2*** *(che viene da fuori)* auswärtig.

esterno[2] *(m)* ~ Äußere *(n)* ♦ *l'esterno di un edificio* das Äußere eines Gebäudes. ◆ **all'esterno** außen *(avv)* ♦ *dall'esterno* von außen ♦ *verso l'esterno* nach außen.

estero[1] *(agg)* ***1*** *(straniero)* ausländisch, Auslands-. ***2*** *(pol)* auswärtig, Außen- ♦ *affari esteri* auswärtige Angelegenheiten ♦ *politica estera* Außenpolitik *(f)*.

estero[2] *(m)* ~ Ausland *(n)*, Fremde *(f)*.

esteso *(agg)* ***1*** *(ampio, vasto)* ausgedehnt. ***2*** *(fig)* umfangreich, umfassend.

estetica *(f)* ~ Ästhetik *(f)*.

estetico *(agg)* ~ ästethisch.

estetista *(m/f)* ~ Kosmetiker *(m; f* -in*)*.

estinguere *(vt)* ***1*** *(fiamma, sete)* löschen *(vt)*. ***2*** *(debiti, conti, ecc)* tilgen *(vt)*, löschen *(vt)*.

estinguersi *(vr)* ***1*** *(fiamma, sete)* erlöschen* *(vi,* ist*)*. ***2*** *(biol)* aus|sterben* *(vi,* ist*)*.

estintore *(m)* ~ Feuerlöscher *(m)*.

estinzione *(f)* ***1*** *(incendio)* Löschen *(n)*. ***2*** *(di debiti, conti, ecc)* Löschung; Tilgung *(f)*. ***3*** *(biol)* Aussterben *(n)*.

estirpare *(vt)* ***1*** *(piante e sim)* vertilgen *(vt)*. ***2*** *(fig)* aus|rotten *(vt)*, aus|merzen *(vt)*.

estivo *(agg)* ~ sommerlich, Sommer-.

estorcere *(vt)* ~ [~ *qcs a qcn*] etwas von jmdm erpressen *(vt)*.

estorsione *(f)* ~ Erpressung *(f)*.

estradare *(vt)* ~ *(dir)* aus|liefern *(vt)*.

estradizione *(f)* ~ *(dir)* Auslieferung *(f)*.

estraneo[1] *(agg)* ***1*** fremd ♦ *sentirsi estraneo* sich *(Acc)* fremd fühlen. ***2*** *(non coinvolto)* unbeteiligt.

estraneo[2] *(m)* ~ Fremde(r) *(m/f)*. ◆ **corpo estraneo** Fremdkörper *(m)*.

estraniamento *(m)* ~ Entfremdung *(f)*.

estraniare *(vt)* ~ entfremden *(vt)*.

estrapolare *(vt)* ~ heraus|ziehen* *(vt)*.

estrarre *(vt)* ***1*** *(tirare fuori)* aus|ziehen*, heraus|ziehen* *(vt)*. ***2*** *(a sorte)* auslosen *(vt)*. ***3*** *(minerali e sim)* ab|bauen *(vt)*, fördern *(vt)*.

estratto *(m)* ***1*** Extrakt *(m)*. ***2*** *(compendio)* Auszug *(m)*. ***3*** *(numero estratto)* Los *(n)*. ◆ **estratto conto** Kontoauszug *(m)*, Auszug *(m)*.

estrazione *(f)* ***1*** Ziehung *(f)*. ***2*** *(di minerali)* Abbau *(m)*, Förderung *(f)*. ***3*** *(di lotteria)* Ziehung *(f)*, Auslosung *(f)*. ◆ **l'estrazione sociale** die soziale Herkunft *(f)*.

estremamente *(avv)* ~ äußerst.

estremista[1] *(agg)* ~ extremistisch.

estremista[2] *(m/f)* ~ Extremist *(m; f* -in*)*.

estremità *(f)* ***1*** Ende *(n)*. ***2*** *(pl)* Extremitäten *(pl)*.

estremo[1] *(agg)* ***1*** äußerst *(solo attr)* ♦ *all'estremo sud* im äußersten Süden. ***2*** *(pol)* extrem.

estremo[2] *(m)* ***1*** Ende *(n)*. ***2*** *(fig)* Extrem *(n)*.

estro *(m)* ***1*** *(ispirazione)* Eingebung *(f)*. ***2*** *(impeto, impulso)* Anwandlung *(f)*.

estroverso *(agg)* ~ extrovertiert, kontaktfreudig.

estuario *(m)* ~ Trichtermündung *(f)*.

esuberante *(agg)* ~ lebhaft, lebendig.

esuberanza *(f)* ~ Überschwang *(m)*, Lebendigkeit *(f)*, Lebhaftigkeit *(f)* .

esule *(m/f)* ~ Verbannte *(m/f)*.

esultanza *(f)* ~ Jubel *(m)*.

esultare *(vi)* ~ jubeln *(vi,* hat*)*, jauchzen *(vi,* hat*)*.

esumare *(vt)* ~ aus|graben* *(vt)*.

esumazione *(f)* ~ Ausgrabung *(f)*.

età *(f)* ***1*** Alter *(n)* ♦ *di mezza età* mittleren Alters ♦ *all'età di quarant'anni* im Alter von vierzig Jahren ♦ *ha la mia età* er ist in meinem Alter. ***2*** *(epoca, era)* Zeitalter *(n)*. ◆ **maggiore età** Mündigkeit *(f)*, Volljährigkeit *(f)*. ◆ **età della pietra** Steinzeit *(f)*.

etere *(m)* ~ Äther *(m)* *(anche chim)*.

eternamente *(avv)* ~ ewig.

eternare *(vt)* ~ verewigen *(vt)*.

eternità *(f)* ~ Ewigkeit *(f)*.

eterno *(agg)* ~ ewig, zeitlos. ◆ **in eterno** ewig, in (alle) Ewigkeit.

eterogeneo *(agg)* ~ verschiedenartig.

eterosessuale *(agg)* ~ heterosexuell.

etica *(f)* ~ Ethik *(f)*.

etichetta *(f)* ***1*** *(cartellino)* Etikett *(n)*, Schild *(n)*. ***2*** *(cerimoniale)* Etikette *(f)*, Protokoll *(n)*.

etichettare *(vt)* ~ stempeln *(vt)* *(anche fig)* ♦ *l'hanno etichettato come un imbroglio-*

ne man hat ihn zum Betrüger gestempelt.

etico *(agg)* ~ ethisch, moralisch.

etimologia *(f)* ~ Etymologie *(f)*.

etnia *(f)* ~ Ethnie *(f)*.

etnico *(agg)* ~ ethnisch, Volks- ♦ *gruppo etnico* Volksgruppe *(f)*.

etnologia *(f)* ~ Ethnologie *(f)*.

ettaro *(m)* ~ Hektar *(n)*.

etto *(m)* ~ hundert Gramm *(pl)*.

eucarestia *(f)* ~ Eucharistie *(f)*.

eufemismo *(m)* ~ Euphemismus *(m)*.

eufemistico *(agg)* ~ verhüllend.

euforia *(f)* ~ Euphorie *(f)*, Übermut *(m)*.

euforico *(agg)* ~ übermütig.

euro *(m)* ~ Euro *(m)*.

europeo *(agg)* ~ europäisch, Europa- ♦ *Consiglio Europeo (pol)* Europarat *(m)* ♦ *campionato europeo* Europameisterschaft *(f)* ♦ *Comunità Europea* europäische Gemeinschaft *(abbrev* EG*)* ♦ *Unione Europea* Europäische Union *(abbrev* EU*)*.

eutanasia *(f)* ~ Euthanasie *(f)*, Sterbehilfe *(f)*.

evacuare *(vt)* ***1*** evakuieren *(vt)*, räumen *(vt)*. **2** *(defecare)* sich entleeren *(vr)*.

evacuazione *(f)* ***1*** Evakuierung *(f)*, Räumung *(f)*. **2** *(defecazione)* Entleerung *(f)*.

evadere[1] *(vi)* ~ aus|brechen* *(vi*, ist*)*.

evadere[2] *(vt)* ***1*** *(tasse)* hinterziehen* *(vt)*. **2** *(pratiche)* erledigen *(vt)*.

evangelico *(agg)* ~ evangelisch.

evaporare *(vt)* ***1*** verdunsten *(vi*, ist*)*. **2** *(per ebollizione)* verdampfen *(vi*, ist*)*.

evaporazione *(f)* ~ Verdunstung *(f)*.

evasione *(f)* ***1*** Ausbruch *(m)*. **2** *(fiscale)* Hinterziehung *(f)*. **3** *(fig)* Flucht *(f)*.

evasivo *(agg)* ~ ausweichend.

evaso *(m)* ~ Flüchtling *(m)*, Ausbrecher *(m; f* -in*)*.

evasore *(m)* ~ Steuerhinterzieher *(m, f* -in*)*.

evento *(m)* ***1*** Geschehen *(n)*, Ereignis *(n)*. **2** Vorkommnis *(n)*.

eventuale *(agg)* ~ eventuell, etwaig.

eventualità *(f)* ~ Möglichkeit *(f)*.

eventualmente *(avv)* ~ eventuell.

evidente *(agg)* ~ offensichtlich, offenkundig, ersichtlich. ♦ **in modo evidente** deutlich.

evidentemente *(avv)* ~ offensichtlich, offenbar.

evidenza *(f)* ~ Offensichtlichkeit *(f)*, Sichtbarkeit *(f)*. ♦ **mettersi in evidenza** sich hervor|tun* *(vr)*.

evidenziare *(vt)* ***1*** hervor|heben* *(vt)*. **2** *(marcare)* markieren *(vt)*.

evidenziatore *(m)* ~ Marker *(m)*.

evirare *(vt)* ~ entmannen *(vt)*.

evitabile *(agg)* ~ vermeidbar.

evitare *(vt)* ***1*** vermeiden* *(vt)*. **2** *(aggirare, eludere)* aus|weichen* *(vi*, ist*)* ♦ *evitare lo sguardo di qcn* jmds Blick ausweichen. **3** *(impedire)* verhindern *(vt)* ♦ *non è stato possibile evitare che* es ließ sich nicht verhindern, dass.

evocare *(vt)* ***1*** *(spiriti)* herauf|beschwören *(vt)*; *(con la stregoneria)* hexen *(vt)*. **2** beschwören *(vt)*.

evocazione *(f)* ~ *(di spiriti e sim)* Beschwörung *(f)*.

evolutivo *(agg)* ~ Evolutions-.

evoluto *(agg)* ~ fortgeschritten.

evoluzione *(f)* ***1*** Entwicklung *(f)*. **2** *(biol)* Evolution *(f)*.

evolversi *(vr)* ~ sich entwickeln *(vr)*.

evviva[1] *(esclam)* ~ hoch lebe!, es lebe! ♦ *evviva il vincitore!* hoch lebe der Sieger!

evviva[2] *(m)* ~ Hoch *(n)*.

ex *(agg)* ~ ehemalig, früher, Ex-; *(pref)* Ex- ♦ *l'ex preside* der ehemalige Schulleiter ♦ *la ex- DDR* die Ex-DDR.

excursus *(m)* ~ Exkurs *(m)*.

export *(m)* ~ Export *(m)*.

extra[1] *(agg)* ~ extra, Neben- ♦ *sigarette extra forti* extra starke Zigaretten ♦ *spesa extra (spec pl)* Nebenausgabe *(f)*.

extra[2] *(avv)* ~ zusätzlich.

extra[3] *(m)* ~ *(sovrapprezzo)* Draufgeld *(n)*.

extra- *(pref)* ~ außer-, Außer-.

extraterrestre[1] *(agg)* ~ außerirdisch.

extraterrestre[2] *(m/f)* ~ Außerirdische *(m/f)*.

f

fa[1] *(m)* ~ *(mus)* f, F *(n)*. ◆ **fa diesis** fis, Fis *(n)*.

fa[2] *(avv)* ~ vor *(prep + Dat)* ◆ *poco fa* vor kurzem ◆ *fino a poco fa* bis vor kurzem ◆ *un anno fa* vor einem Jahr. ◆ **è stato tanto tempo/non molto tempo fa** es ist schon lange/nicht so lange her.

fabbisogno *(m)* ~ Bedarf *(m)* ◆ *il fabbisogno di generi alimentari* der Bedarf an Lebensmitteln.

fabbrica *(f)* ~ Fabrik *(f)*, Werk *(n)*. ◆ **marchio di fabbrica** Warenzeichen *(n)*.

fabbricare *(vt)* ***1*** her|stellen *(vt)*, an|fertigen *(vt)*. ***2*** *(edificare)* bauen *(vt)*.

fabbricazione *(f)* ***1*** *(produzione)* Herstellung *(f)*, Fertigung *(f)*. ***2*** Bau *(m)*.

fabbro *(m)* ~ Schlosser *(m)*, Schmied *(m)*.

faccenda *(f)* ***1*** *(affare, questione)* Sache *(f)*, Angelegenheit *(f)* ◆ *devo sistemare ancora un paio di faccende* ich muss noch ein paar Sachen erledigen ◆ *immischiarsi in faccende altrui* sich in fremde Angelegenheiten mischen. ***2*** *(storia)* Geschichte *(f)*.

facchino *(m; f* **-a***)* ~ Träger *(m; f* -in*)*, Kuli *(m)*.

faccia *(f)* ***1*** Gesicht *(n)* *(anche fig)* ◆ *guardare in faccia qcn, la realtà* jmdm, der Wirklichkeit ins Gesicht sehen. ***2*** *(espressione)* Ausdruck *(m)*. ***3*** *(superficie)* Fläche *(f)*, Seite *(f)*. ◆ **faccia a faccia** Auge in Auge. ◆ **in faccia a qcn** vor/unter jmds Nase ◆ *mi chiuse la porta in faccia* er schlug mir die Tür vor der Nase zu.

facciata *(f)* ***1*** *(archit)* Fassade *(f)*. ***2*** *(pagina)* Seite *(f)*.

facile *(agg)* ~ einfach, leicht ◆ *è facile a dirsi* das ist leicht gesagt ◆ *riuscire facile a qcn* jmdm leicht fallen.

facilità *(f)* ~ Leichtigkeit *(f)*.

facilitare *(vt)* ~ erleichtern *(vt)*.

facilitazione *(f)* ~ Erleichterung *(f)*.

facilmente *(avv)* ~ leicht.

facoltà *(f)* ***1*** Fähigkeit *(f)*. ***2*** *(universitaria)* Fakultät *(f)* ◆ *facoltà di legge, di filosofia* juristische, philosophische Fakultät.

facoltativamente *(avv)* ~ wahlweise.

facoltativo *(agg)* ~ wahlfrei.

facoltoso *(agg)* ~ wohlhabend, reich.

faggio *(m)* ~ *(bot)* Buche *(f)*.

fagiano *(m)* ~ *(zool)* Fasan *(m)*.

fagiolino *(m)* ~ Brechbohne *(f)*.

fagiolo *(m)* ~ Bohne *(f)*.

fagotto[1] *(m)* ~ *(mus)* Fagott *(n)*.

fagotto[2] *(m)* ~ Bündel *(n)* ◆ *fare fagotto* sein Bündel schnüren.

faida *(f)* ~ Fehde *(f)*.

falange *(f)* ~ Glied, Fingerglied *(n)*.

falce *(f)* ***1*** Sichel *(f)*. ***2*** *(fienaia)* Sense *(f)*.

falcetto *(m)* ~ Sichel *(f)*.

falciare *(vt)* ~ mähen *(vt)*.

falciatrice *(f)* ~ Rasenmähmaschine *(f)*, Rasenmäher *(m)*.

falciatura *(f)* ~ Schur *(f)*.

falco *(m)* ~ *(zool)* Falke *(f)*.

falda *(f)* ***1*** *(geol)* Schicht *(f)*. ***2*** *(di gonna)* Schoß *(m)*. ◆ **falda acquifera** Grundwasser *(n)*.

falegname *(m)* ~ Tischler *(m)*.
falena *(f)* ~ Nachtfalter *(m)*.
falla *(f)* ~ Leck *(n)*. ◆ **avere una falla** lecken *(vi, hat)*. ◆ **che ha una falla** leck *(agg)*.
fallace *(agg)* ~ trügerisch.
fallimento *(m)* *1* *(dir)* Konkurs *(m)* ♦ *dichiarare fallimento* Konkurs anmelden. *2* *(econ)* Bankrott *(m)* *(anche fig)* ♦ *andare in, fare fallimento* Bankrott gehen, machen. *3* *(insuccesso)* Scheitern *(n)*, Misslingen *(n)*.
fallire *(vi)* *1* *(dir)* Konkurs machen, Pleite gehen*. *2* *(non riuscire)* misslingen* *(vi, ist)*, versagen *(vi, hat)* ♦ *ha fallito nella sua professione* er hat in seinem Beruf versagt. *3* {~ *per/a causa di qcs*} an etwas *(Dat)* scheitern *(vi, ist)*.
fallito *(agg)* *1* gescheitert. *2* *(dir)* bankrott.
fallito *(m)* ~ Versager *(m; f* -in*)*.
fallo *(m)* *1* Fehler *(m)*. *2* *(infrazione)* Verstoß *(m)*. *3* *(sport)* Foul *(n)*. ◆ **fare fallo contro qcn** *(sport)* jmdn foulen *(vt)*.
falsamente *(avv)* ~ falsch.
falsare *(vt)* ~ verfälschen *(vt)*; entstellen *(vt)*.
falsario *(m)* ~ Fälscher *(m; f* -in*)*.
falsetto *(m)* ~ *(mus)* Falsett *(n)*.
falsificare *(vt)* ~ fälschen *(vt)*, verfälschen *(vt)*.
falsificazione *(f)* ~ Verfälschung *(f)* *(anche dir)*; Entstellung *(f)*.
falsità *(f)* *1* Unwahrheit *(f)*. *2* *(slealtà)* Falschheit *(f)*. *3* *(bugia)* Lüge *(f)*.
falso[1] *(agg)* *1* falsch, unwahr. *2* *(bugiardo)* lügenhaft. *3* *(artificiale)* künstlich. ◆ **falsa credenza, falsa convinzione** Irrglaube *(m)*. ◆ **giurare il falso** falsch *(avv)* schwören.
falso[2] *(m)* ~ Fälschung *(f)*.
fama *(f)* *1* Ruhm *(m)*, Berühmtheit *(f)* ♦ *acquisire fama* Ruhm erlangen/erringen. *2* *(reputazione)* Ruf *(m)* ♦ *di fama* von Ruf. ◆ **di fama mondiale** weltberühmt *(agg)*.
fame *(f)* ~ Hunger *(m)* ♦ *avere fame* hungrig sein, Hunger haben ♦ *avere fame di qcs* Hunger nach etwas haben, hungrig nach etwas sein. ◆ **patire la fame** hungern *(vi, hat)*. ◆ **morire di fame** vor Hunger sterben, verhungern *(vi, ist)*.
famigerato *(agg)* ~ berüchtigt.
famiglia *(f)* ~ Familie *(f)* ♦ *una famiglia di quattro persone* eine vierköpfige Familie ♦ *mettere su famiglia* eine Familie gründen.
familiare *(agg)* *1* familiär, Familien-. *2* *(intimo)* vertraut, gemütlich.
familiare *(m)* ~ Angehörige(r) *(m/f)*, Leute *(pl)*.
familiarità *(f)* ~ *(di atmosfera e sim)* Vertrautheit *(f)*, Gemütlichkeit *(f)*.
familiarizzare *(vi)* ~ {~ *con qcn/qcs*} mit jmdm/etwas vertraut werden* *(vi, ist)*.
familiarizzarsi *(vr)* ~ {~ *con qcn/qcs*} sich mit jmdm/etwas vertraut machen.
famoso *(agg)* ~ berühmt, bekannt. ◆ **famoso in tutto il mondo** weltberühmt.
fanale *(m)* ~ *(di auto)* Licht *(n)*, Scheinwerfer *(m)*.
fanatico *(agg)* ~ fanatisch.
fanatico *(m)* ~ Fanatiker *(m; f* -in*)*.
fanciulla *(f)* ~ kleines Mädchen *(n)*.
fanciullo *(m)* ~ Knabe *(m)*.
fango *1* *(melma)* Schlamm *(m)*. *2* *(sporcizia)* Dreck *(m)* ♦ *gettare fango addosso a qcn* jmdn mit Dreck bewerfen.
fangoso *(agg)* ~ schlammig, matschig.
fannullone *(m)* ~ Nichtstuer *(m; f* -in*)*, Faulpelz *(m)*.
fantasia *(f)* *1* Fantasie *(f)*, Einbildungskraft *(f)*. *2* *(fantasticheria)* Fantasie *(f)*, Einbildung *(f)*. *3* *(motivo, decorazione)* Muster *(n)*.
fantasioso *(agg)* ~ fantasievoll, ideenreich.
fantasma *(m)* ~ Gespenst *(n)*.
fantasticare *(vi)* ~ {~ *di/su qcs*} von etwas fantasieren *(vi, hat)*.
fantastico *(agg)* *1* fantastisch. *2* *(straordinario)* großartig, toll, prima *(agg indecl)*, spitze *(agg indecl)* ♦ *una prestazione fantastica* eine prima Leistung.
fante *(m)* *1* *(mil)* Infanterist *(m)*. *2* *(nelle carte)* Bube *(m)*.
fanteria *(f)* ~ *(mil)* Infanterie *(f)*.
fantino *(m)* ~ Reiter *(m; f* -in*)*, Jockey *(m)*.
fantoccio *(m)* ~ Popanz *(m)*, Puppe *(f)*.
farabutto *(m)* ~ Halunke *(m)*.
faraone *(m)* ~ Pharao *(m)*.
faraonico *(agg)* ~ pharaonisch; pompös.

farcire *(vt)* ~ *(gastr)* füllen *(vt)*.
fardello *(m)* ~ Bündel *(n)*, Last *(f)*.
fare[1] *(vi)* ***1*** *(essere adatto)* sein* *(vi*, ist*)* ♦ *questo libro non fa per me* dieses Buch ist nicht für mich. ***2*** *(impers) (condizioni atmosferiche)* sein* *(vi*, ist*)* ♦ *oggi fa caldo* heute ist es warm. ***3*** *(mat)* sein* *(vi*, ist*)* ♦ *quattro per due fa otto* zwei mal vier ist acht. ***4*** *(esercitare una professione)* sein* *(vi*, ist*)*, arbeiten *(vi*, hat*)* ♦ *fa il parrucchiere* er arbeitet als Friseur, er ist Friseur.
fare[2] *(vt)* ***1*** tun* *(vt)*, machen *(vt)* ♦ *cosa fate stasera?* was macht ihr heute Abend? ♦ *cosa stai facendo?* was machst du da? ♦ *non so che fare* ich weiß nicht, was ich machen soll ♦ *fare un piacere a qcn* jmdm einen Gefallen tun ♦ *fare il proprio dovere* seine Pflicht tun ♦ *posso fare qualcosa per te?* kann ich etwas für dich tun? ♦ *fare i compiti a casa, un vestito* die Hausaufgaben, ein Kleid machen ♦ *fare un viaggio* eine Reise machen ♦ *fare baccano* Lärm machen. ***2*** *(causativo)* lassen* *(vt)* ♦ *fece cadere il bicchiere* er ließ das Glas fallen ♦ *lo fece chiamare* sie ließ ihn rufen ♦ *devo farmi operare* ich muss mich operieren lassen. ***3*** *(permettere)* lassen* *(vt)* ♦ *mi fece guidare la sua macchina* er ließ mich sein Auto fahren. ***4*** *(rendere)* machen *(vt)* ♦ *far felice qcn* jmdn glücklich machen. ***5*** *(interpretare, rappresentare)* spielen *(vt)* ♦ *fare la parte di Amleto* den Hamlet spielen ♦ *fare teatro* Theater spielen ♦ *fare l'offeso* den Beleidigten spielen. ***6*** *(bagagli e sim)* packen *(vt)* ♦ *fare la valigia* den Koffer packen. ***7*** *(costare, venire)* machen *(vt)* aus|machen *(vt)* ♦ *quanto fa?* wie viel macht es aus?♦ *in totale fanno dieci euro* das macht zusammen 10 Euro. ***8*** *(compiere, portare a termine)* schaffen* *(vt)*. ***9*** *(tenere lezioni e sim)* halten* *(vt)*. ◆ **non fare altro che** nichts tun als ♦ *non fa altro che imprecare* er tut nichts als schimpfen. ◆ **fare la calza** stricken *(vi*, hat*)*. ◆ **fare a botte con qcn per qcs** sich mit jmdm um etwas schlagen *(vr)*. ◆ **fare l'amore con qcn** mit jmdm schlafen* *(vi*, hat*)*, miteinander schlafen* *(vi*, hat*)*. ◆ **fare benzina** tanken *(vi*, hat*)*. ◆ **fare in modo che** es so einrichten, dass. ◆ **fare male a qcn** jmdm weh|tun* *(vi*, hat*)* *(anche fig)* ♦ *mi fa male un dente* mir tut ein Zahn weh. ◆ **stare per fare qcs** im Begriff sein, etwas zu tun. ◆ **essere fatto di qcs** aus etwas bestehen ♦ *essere fatto d'oro, di legno* aus Gold, Holz bestehen. ◆ **avere a che fare con qcn/qcs** mit jmdm/etwas zu tun haben. ◆ **darsi da fare** sich *(Dat)* zu schaffen machen. ◆ **non fa niente!** es macht nichts! ◆ **fa lo stesso** es ist egal. ◆ **farcela** es schaffen ♦ *ce l'ho fatta!* ich habe es geschafft! ◆ **non ce la faccio più!** ich kann nicht mehr!
farfalla *(f)* ~ *(zool)* Schmetterling *(m)*.
farfallino *(m)* ~ *(papillon)* Fliege *(f)*.
farina *(f)* ~ Mehl *(n)* ♦ *farina di frumento* Weizenmehl ♦ *farina integrale* Vollkornmehl.
farinata *(f)* ~ Mehlbrei *(m)*.
faringe *(f)* ~ *(anat)* Rachen *(m)*, Schlund *(m)*.
faringite *(f)* ~ Rachenentzündung *(f)*.
farinoso *(agg)* ~ mehlig.
farmacia *(f)* ~ Apotheke *(f)*.
farmacista *(m/f)* ~ Apotheker *(m; f* -in*)*.
farmaco *(m)* ~ Medikament *(n)*, Arzneimittel *(f)* ♦ *assumere un farmaco* eine Arzneimittel einnehmen.
faro *(m)* ***1*** Leuchtturm *(m)*. ***2*** *(di auto)* Scheinwerfer *(m)* ♦ *faro antinebbia* Nebelscheinwerfer *(m) (spec pl)* ♦ *faro abbagliante, anabbagliante* vedi **abbagliante, anabbagliante**.
farsa *(f)* ***1*** *(teatr)* Schwank *(m)*. ***2*** *(fig)*, Farce *(f)*.
farsi *(vr)* ***1*** *(divenire)* werden* *(vi*, ist*)* ♦ *farsi grande* groß werden ♦ *si fa giorno, notte* es wird Tag, Nacht. ***2*** *(+ inf)* lassen* *(vt)* ♦ *farsi aiutare* helfen lassen. ***3*** *(drogarsi)* sich (Drogen) schießen* *(vi*, hat*)*. ◆ **farsi largo** sich *(Dat)* einen Weg bahnen. ◆ **farsi male** sich *(Dat)* weh|tun* *(vi*, hat*)* ♦ *mi sono fatto male al braccio* ich habe mir am Arm wehgetan. ◆ **farsi da parte** *(anche fig)* zur Seite treten. ◆ **farsi in quattro** sich zerreißen *(vr)*.
fascia *(f)* ***1*** *(benda)* Binde *(f)*. ***2*** *(per neonati)* Windel *(f)*. ◆ **fascia oraria** Zeit-

raum *(m)*. ◆ **fascia costiera** Küstenstrich *(m)*.

fasciare *(vt)* ~ verbinden* *(vt)*, bandagieren *(vt)*.

fasciatura *(f)* ~ Bandage *(f)*, Verband *(m)* ♦ *applicare una fasciatura* einen Verband anlegen.

fascicolo *(m)* ***1*** *(di rivista)* Heft *(n)*. ***2*** *(burocr)* Akte *(f)*.

fascina *(f)* ~ Bündel *(n)*.

fascino *(m)* ***1*** Charme *(m)*, Reiz *(m)*. ***2*** *(magia)* Zauber *(m)*.

fascio *(m)* ~ Bündel *(n)* ♦ *fascio di muscoli, di nervi* Muskelbündel, Nervenbündel ♦ *fascio di luce* Lichtbündel.

fascismo *(m)* ~ Faschismus *(m)*.

fascista[1] *(agg)* ~ faschistisch.

fascista[2] *(m)* ~ Faschist *(m)*.

fase *(f)* ***1*** Phase *(f)*. ***2*** *(livello)* Stadium *(n)*.

fastidio *(n)* ~ *(seccatura)* Verdruss *(m)* ♦ *procurare fastidi a qcn* jmdm Verdruss bereiten. ◆ **dare fastidio a qcn** jmdn belästigen/jmdm lästig fallen/sein.

fastidioso *(agg)* ~ lästig, störend.

fasto *(m)* ~ Prunk *(m)*.

fastoso *(agg)* ~ prunkvoll.

fata *(f)* ~ Fee *(f)*.

fatale *(agg)* ***1*** *(inevitabile)* schicksalhaft. ***2*** *(funesto)* verhängnisvoll, fatal. ***3*** *(irresistibile)* unwiderstehlich.

fatalismo *(m)* ~ Fatalismus *(m)*.

fatalista[1] *(agg)* ~ fatalistisch.

fatalista[2] *(f)* ~ Fatalist *(m; f* -in*)*.

fatalistico *(agg)* ~ fatalistisch.

fatato *(agg)* ~ Zauber- ♦ *anello fatato* Zauberring.

fatica *(f)* ***1*** *(sforzo, impegno)* Mühe *(f)* Anstrengung *(f)* ♦ *costare fatica a qcn* jmdm Mühe machen. ***2*** *(stanchezza)* Müdigkeit *(f)*. ◆ **a fatica** mit Mühe, mit Mühe und Not. ◆ **senza fatica** mühelos *(avv)*.

faticare *(vi)* ~ sich plagen *(vr)*. ◆ **faticare a fare qcs** Mühe haben, etwas zu tun.

faticosamente *(avv)* ~ hart.

faticoso *(agg)* ~ anstrengend, hart*, mühsam.

fato *(m)* ***1*** Schicksal *(n)*. ***2*** *(negativo)* Verhängnis *(n)*.

fattibile *(agg)* ~ machbar. ◆ **la cosa è fattibile** die Sache lässt sich machen.

fattispecie *(f)* ~ *(dir)* Tatbestand *(m)*.

fattivo *(agg)* ~ tätig, tatkräftig.

fatto[1] *(agg)* ***1*** gemacht, getan, geschafft. ***2*** *(fabbricato)* -gemacht ♦ *fatto in casa* Hausgemacht. ***3*** *(a forma di)* -förmig ♦ *fatto a stella* sternförmig.

fatto[2] *(m)* ***1*** *(dato di fatto)* Tat *(f)* *(anche dir)*, Tatsache *(f)* ♦ *è un dato di fatto* das ist eine Tatsachen. ***2*** *(avvenimento)* Ereignis *(n)* Vorfall *(m)*. ***3*** *(faccenda)* Ding *(n)*, Sache *(f)* ♦ *questi sono fatti privati* das sind private Dinge. ◆ **di fatto** tatsächlich *(avv)*. ◆ **passare ai fatti** zur Tat schreiten.

fattore *(m)* ***1*** *(in fattoria)* Gutsverwalter *(m)*. ***2*** Faktor *(m)* *(anche mat)*.

fattoria *(f)* ~ Bauernhof *(m)*, Bauerngut *(n)*.

fattorino *(m; f* **-a***)* ~ Bote *(m; f* Botin*)*.

fattura *(f)* ***1*** *(realizzazione)* Ausführung *(f)*. ***2*** *(di abiti)* Anfertigung *(f)*. ***3*** *(comm)* Rechnung *(f)*.

fauci *(n)* ~ Rachen *(m)*.

fauna *(f)* ~ Fauna *(f)*, Tierreich *(n)*.

fautore *(m; f* **-trice***)* ~ Förderer *(m; f* -in*)*.

fava *(f)* ~ Bohne *(f)*.

favo *(m)* ~ Wabe *(f)*.

favola *(f)* ~ Fabel *(f)*, Märchen *(n)*.

favoloso *(agg)* ~ fabelhaft, märchenhaft.

favore *(m)* ***1*** *(benevolenza)* Gunst *(f)*. ***2*** *(piacere)* Gefallen *(m)*, Gefälligkeit *(f)*, ♦ *fare un favore a qcn* jmdm einen Gefallen tun. ◆ **per favore** bitte. ◆ **a favore di** zu Gunsten *(prep* + Gen*)*. ◆ **a favore** dafür *(avv)* ♦ *Lei è a favore o contrario?* sind Sie dafür oder dagegen?

favoreggiamento *(m)* ~ *(dir)* Begünstigung *(f)*.

favoreggiare *(vt)* ~ *(dir)* begünstigen *(vt)*.

favorevole *(agg)* ***1*** günstig ♦ *circostanze favorevoli* günstige Umstände. ***2*** *(giudizio)* positiv.

favorevolmente *(avv)* ~ günstig.

favorire *(vt)* ***1*** begünstigen *(vt)*, bevorteilen *(vt)*. ***2*** *(promuovere)* fördern *(vt)*.

favoritismo *(m)* ~ Bevorzugung *(f)*.

favorito[1] *(agg)* ~ bevorzugt, Lieblings-.

favorito[2] *(m)* ***1*** Liebling *(m)*, Favorit *(m; f* -in*)*. ***2*** *(sport)* Favorit *(m; f* -in*)*.

fax *(m)* ~ Fax *(n)*. ◆ **mandare per fax** faxen *(vt)*, per Fax schicken. ◆ **numero di fax** Faxnummer *(f)*.

faxare *(vt)* ~ faxen *(vt)*.
fazione *(f)* ~ Partei *(f)*.
fazzoletto *(m)* ***1*** Tuch *(n)*, Taschentuch *(n)* ♦ *fazzoletto di carta* Papiertaschentuch. **2** *(foulard)* Halstuch *(n)*.
febbraio *(m)* ~ Februar *(m)* ♦ *a febbraio* im Februar.
febbre *(f)* ~ Fieber *(n)* ♦ *prendere la febbre* Fieber bekommen ♦ *avere la febbre a 38°* 38 Grad Fieber haben. ◆ **avere la febbre** Fieber haben*, fiebern *(vi, hat)*. ◆ **misurare la febbre** *(med)* die Temperatur messen.
febbricitante *(agg)* ~ fieberig.
febbrile *(agg)* ~ fieberig, fieberhaft.
feccia *(f)* ~ *(fig)* Abschaum *(m)*.
feci *(f pl)* ~ *(escrementi)* Fäkalien *(pl)*.
fecola *(f)* ~ Stärke *(f)*. ◆ **fecola di patate** Kartoffelmehl *(n)*.
fecondare *(vt)* ~ befruchten *(vt)*.
fecondazione *(f)* ~ Befruchtung *(f)* ♦ *fecondazione artificiale* künstliche Befruchtung.
fecondità *(f)* ~ Fruchtbarkeit *(f)*.
fecondo *(agg)* ~ fruchtbar, fruchtbringend.
fede *(f)* ***1*** Glaube *(m)* ♦ *la fede in Dio* der Glaube an Gott ♦ *in buona fede* in gutem Glauben. **2** *(anello nuziale)* Ehering *(m)*. ◆ **avere fede in qcn** jmdm vertrauen.
fedele[1] *(agg)* ***1*** treu. **2** *(copia e sim)* getreu.
fedele[2] *(m/f)* ~ *(relig)* Kirchenbesucher *(m; f -in)*.
fedelmente *(avv)* ~ treu.
fedeltà *(f)* ~ Treue *(f)* ♦ *la fedeltà ai propri principi* die Treue zu seinen Grundsätzen. ◆ **alta fedeltà** High Fidelity, Hi-Fi *(f)*.
federa *(f)* ~ Kissenbezug *(m)*.
federale *(agg)* ~ föderativ, Bundes-, bundes-.
federato *(agg)* ~ föderiert.
federazione *(f)* ***1*** Föderation *(f)*, Bund *(m)*. **2** *(associazione, lega)* Verband *(m)*. ◆ **federazione sportiva** Sportverein.
fegato *(m)* ***1*** *(anat)* Leber *(f)*. **2** *(coraggio)* Schneid *(m)*.
felce *(f)* ~ *(bot)* Farn *(m)*.
felice *(agg)* ~ froh, glücklich.
felicemente *(avv)* ~ glückich.
felicità *(f)* ~ Glück *(n)*.
felicitazione *(f)* ~ *(pl)* Glückwunsch *(m)*.
felpa *(f)* ***1*** Sweatshirt *(n)*. **2** *(tessuto)* Plüsch *(m)*.
feltro *(m)* ~ Filz *(m)*.
femmina *(f)* ***1*** *(di animali)* Weibchen *(n)*, weibliches Tier. **2** Mädchen *(n)*.
femminile[1] *(agg)* ***1*** weiblich, feminin ♦ *pronome femminile* weibliches Fürwort. **2** *(gramm)* feminin.
femminile[2] *(m)* ~ *(gramm)* Femininum *(n)*.
femminilità *(f)* ~ Weiblichkeit *(f)*.
femminismo *(m)* ~ Feminismus *(m)*, Frauenbewegung *(f)*.
femminista[1] *(agg)* ~ feministisch.
femminista[2] *(f)* ~ Feministin *(f)*.
femore *(m)* ~ Schenkelknochen *(m)*.
fendere *(vt)* ~ auf|spalten* *(vt)*. ◆ **fendere la nebbia** den Nebel zerteilen.
fendersi *(vr)* ~ sich spalten* *(vr)*, auf|reißen* *(vi, ist)*.
fendinebbia *(m)* ~ Nebelscheinwerfer *(m)*.
fenditura *(f)* ~ Spalt *(m)*, Spalte *(f)*.
fenicottero *(m)* ~ Flamingo *(m)*.
fenomeno *(m)* ~ Phänomen *(n)* *(anche fig)*; Erscheinung *(f)* ♦ *fenomeno astronomico* Himmelserscheinung *(f)*.
feriale *(agg)* ~ Werk-, werk- ♦ *giorno feriale* Werktag *(m)* ♦ *nei giorni feriali* werktags *(avv)*.
ferie *(f pl)* ~ Urlaub *(m)* Ferien *(pl)* ♦ *prendere ferie* Urlaub nehmen. ◆ **giorno di ferie** Urlaubstag *(m)*.
ferimento *(m)* ~ Verletzung *(f)*.
ferire *(vt)* ***1*** verletzen *(vt)*, verwunden *(vt)* ♦ *mi sono ferito la mano* ich habe mir die Hand verletzt. **2** *(offendere)* verletzen *(vt)*, weh|tun* *(vi, hat)*.
ferirsi *(vr)* ~ sich verletzen *(vr)* ♦ *si è ferito alla testa* er hat sich am Kopf verletzt.
ferita *(f)* ***1*** Verletzung *(f)*, Wunde *(f)* ♦ *ferita da taglio* Schnittwunde ♦ *ferita d'arma da fuoco* Schusswunde.
ferito *(m; f* **-a***)* ~ Verletzte(r) *(m/f)*, Verwundete(r) *(m/f)* ♦ *ferito grave* Schwerverletzte(r).
feritoia *(f)* ~ Schießscharte *(f)*.
fermaglio *(f)* ***1*** Spange *(f)*. **2** *(graffetta)* Büroklammer *(f)*, Heftklammer *(f)*.
fermamente *(avv)* ~ fest.

fermare *(vt)* ***1*** auf|halten* *(vt)*, an|halten* *(vt)* ♦ *fermare una macchina* ein Auto anhalten. ***2*** *(fissare)* {~ *qcs a qcs*} etwas an etwas fest|machen *(vi,* hat*)*, befestigen *(vi,* hat*)*. ***3*** *(con chiodi)* fest|nageln *(vt)*. ***4*** *(polizia)* fest|nehmen *(vt)*.

fermarsi *(vr)* ***1*** an|halten *(vi,* hat*)*, stehen bleiben ♦ *la macchina si fermò* das Auto hielt an. ***2*** *(treno, bus)* halten* *(vi,* hat*)* ♦ *il treno non ferma qui* der Zug hält nicht hier. ◆ **senza fermarsi** ununterbrochen *(avv)*.

fermata *(f)* ***1*** Halt *(m)*. ***2*** *(di autobus e sim)* Haltestelle *(f)*.

fermentare *(vi)* ~ gären* *(vi,* hat*)*.

fermentazione *(f)* ~ Gärung *(f)*.

fermento *(m)* ***1*** Gärungsmittel *(n)*; *(biol)* Gärungserreger *(m)*. ***2*** *(fig)* Gärung *(f)*.

fermezza *(f)* ***1*** Festigkeit *(f)* ♦ *fermezza di carattere* Charakterfestigkeit. ***2*** *(impassibilità)* Standhaftigkeit *(f)*.

fermo *(agg)* ***1*** *(immobile)* unbeweglich, still. ***2*** *(saldo)* fest ♦ *fermo di carattere* charakterfest. ***3*** *(deciso)* entschieden, standhaft. ***4*** *(esclam)* halt! ◆ **fermo restando** unbeschadet *(prep + Gen)*.

feroce *(agg)* ***1*** wild ♦ *un animale feroce* ein wildes Tier. ***2*** *(crudele)* grausam.

ferocia *(f)* ***1*** Wildheit *(f)*. ***2*** *(crudeltà)* Grausamkeit *(f)*.

ferraglia *(f)* ~ Schrott *(m)*.

ferramenta *(f)* ***1*** Eisenwaren *(pl)*. ***2*** *(negozio)* Eisenwarenhandlung *(f)*.

ferrare *(vt)* ~ beschlagen *(vt)*.

ferrato *(agg)* ~ beschlagen *(anche fig)*.

ferreo *(agg)* ~ eisern ♦ *disciplina ferrea* eiserne Disziplin.

ferro *(m)* ***1*** Eisen *(n)* ♦ *ferro battuto* geschmiedetes Eisen, Schmiedeeisen ♦ *ferro da stiro* Bügeleisen ♦ *ferro di cavallo* Hufeisen. ***2*** *(pl) (chirurgici e sim)* Besteck *(n)*. ◆ **di ferro** *(anche fig)* eisern, aus Eisen. ◆ **ferro da calza** Stricknadel *(f)*. ◆ **lavorare ai ferri** stricken *(vt/vi)*. ◆ **ai ferri** *(gastr)* gegrillt.

ferroso *(agg)* ~ eisenhaltig.

ferrovia *(f)* ***1*** Eisenbahn, Bahn *(f)*. ***2*** *(pl) (ente)* Eisenbahnwesen *(n)*.

ferroviario *(agg)* ~ Eisenbahn- ♦ *linea ferroviaria* Eisenbahnstrecke ♦ *disastro ferroviario* Eisenbahnunglück.

fertile *(agg)* ~ fruchtbringend, fruchtbar.

fertilità *(f)* ~ Fruchtbarkeit *(f)*.

fertilizzante *(m)* ~ Dünger *(m)*.

fervente *(agg)* ~ inbrünstig, leidenschaftlich.

fervido *(agg)* ~ inbrünstig, leidenschaftlich.

fervore *(m)* ~ Eifer *(m)*.

fesseria *(f)* ~ Quatsch *(m)*, Unsinn *(m)*.

fesso[1] *(agg)* ***1*** *(spaccato)* rissig. ***2*** *(stupido)* blöd(e), dumm.

fesso[2] *(m)* ~ *(stupido)* Dummkopf *(m)*.

fessura *(f)* ***1*** Spalt *(m)*, Ritze *(f)*. ***2*** *(fenditura per lettere, monete)* Schlitz *(m)*, Einwurf *(m)*.

festa *(f)* ***1*** *(festività)* Feiertag *(m)*, Fest *(n)* ♦ *buone feste!* frohes Fest! ***2*** *(ricevimento)* Fest *(n)*, Party *(f)*, Feier *(f)* ♦ *dare una festa per il compleanno* ein Fest zum Geburtstag geben. ◆ **di festa** *(festoso)* festlich *(agg)*. ◆ **a festa** festlich *(avv)*.

festeggiare *(vt)* ~ feiern *(vt)*.

festival *(m)* ***1*** Festival *(n)* ♦ *festival del cinema* Filmfestival. ***2*** *(di teatro, musica, ecc)* Festspiel *(pl)*.

festività *(f)* ~ Feiertag *(m)* Fest *(n)*.

festivo *(agg)* ~ Feier-, feier-, Fest- ♦ *giorno festivo* Feiertag *(m)* ♦ *nei giorni festivi* feiertags *(avv)*.

festone *(m)* ***1*** Girlande *(f)*. ***2*** *(per l'albero di Natale)* Lametta *(n/f)*.

festoso *(agg)* ~ festlich, freudig.

fetale *(agg)* ~ fetal.

feticcio *(m)* ~ Fetisch *(m)*.

fetido *(agg)* ~ stinkig.

feto *(m)* ~ *(med)* Fetus *(m)*.

fetore *(m)* ~ Gestank *(m)*.

fetta *(f)* ***1*** Scheibe *(f)*, Schnitte *(f)* ♦ *una fetta di pane, di salame* eine Scheibe Brot, Salami. ***2*** *(di torta)* Stück *(n)*. ◆ **fetta biscottata** Zwieback *(m)*.

feudale *(agg)* ~ feudal.

feudalesimo *(m)* ~ Feudalismus *(m)*, Lehnswesen *(n)*.

feudatario *(m)* ~ Lehnsherr *(m)*.

feudo *(m)* ~ Lehen *(n)*, Lehnsgut *(n)*.

fiaba *(f)* ~ Märchen *(n)*.

fiabesco *(agg)* ~ märchenhaft.

fiaccare *(vt)* ***1*** ermatten *(vt)*, entkräften *(vt)*. ***2*** *(logorare, snervare)* zermürben *(vt)*.

fiacchezza *(f)* ~ Kraftlosigkeit *(f)*.

fiacco *(agg)* ***1*** matt, schlaff. ***2*** *(fisicamente)* schwach* *(anche econ)*, kraftlos. ***2*** *(debole, flebile)* schwach*.
fiaccola *(f)* ~ Fackel *(f)*.
fiamma *(f)* ~ Flamme *(f)* ♦ *essere in fiamme* in Flammen stehen. ◆ **in fiamme** brennend *(agg)*.
fiammante *(agg)* ~ flammend, feuer- ♦ *rosso fiammante* feuerrot.
fiammeggiante *(agg)* ~ flammend.
fiammeggiare *(vi)* ~ lodern *(vi, hat)*.
fiammifero *(m)* ~ Streichholz *(n)*, Zündholz *(n)*.
fianco *(m)* ***1*** Flanke *(f)* *(anche mil)*, Seite *(f)* ♦ *giacere sul fianco* auf der Seite liegen ♦ *camminare a fianco di qcn* an jmds Seite gehen. ***2*** *(anat)* Hüfte *(f)*. ◆ **fianco a fianco** Seite an Seite, nebeneinander *(avv)*.
fiasco *(m)* ***1*** Korbflasche *(f)*. ***2*** *(insuccesso)* Fiasko *(n)*, Pleite *(f)*.
fiato *(m)* ~ Atem *(m)* ♦ *riprendere fiato (anche fig)* wieder zu Atem kommen ♦ *avere il fiato grosso* außer Atem sein. ◆ **strumento a fiato** Blasinstrument *(n)*.
fibbia *(f)* ~ Schnalle *(f)*.
fibra *(f)* ~ Faser *(f)* ♦ *fibra sintetica* Kunstfaser *(f)* ♦ *fibra vegetale* Pflanzenfaser *(f)*.
ficcare *(vt)* ~ stecken *(vt)*. ◆ **ficcare il naso in qcs** *(fig)* in etwas *(Dat)* schnüffeln.
fiche *(f)* ~ Spielmarke *(f)*.
fico *(m)* ***1*** *(frutto)* Feige *(f)*. ***2*** *(albero)* Feigenbaum *(m)*.
fidanzamento *(m)* ~ Verlobung *(f)*.
fidanzarsi *(vr)* ~ {~ *(con qcn)*} sich (mit jmdm) verloben *(vr)*.
fidanzato *(m; f -a)* ~ Verlobte(r) *(m/f)*.
fidarsi *(vr)* ~ {~ *di qcn/qcs*} jmdm/etwas vertrauen *(vi, hat)*, sich auf jmdn/etwas verlassen* *(vr)*.♦ *mi fido ciecamente di lui* ich vertraue ihm blind. ◆ **non fidarsi di qcn/qcs** jmdm/etwas misstrauen.
fidato *(agg)* ~ treu, zuverlässig, verlässlich.
fiducia *(f)* ~ Vertrauen *(n)* ♦ *fiducia in se stesso* Selbstvertrauen ♦ *godere della fiducia di qcn* jmds Vertrauen genießen. ◆ **tradire la fiducia di qcn** jmdm die Treue brechen. ◆ **aver fiducia in qcn** jmdm vertrauen, zu jmdm Vertrauen haben. ◆ **degno di fiducia** vertrauenswürdig *(agg)*.
fiducioso *(agg)* ~ vetrauensvoll, zuversichtlich.
fienile *(m)* ~ Heuboden *(m)*, Heuschober *(m)*.
fieno *(m)* ~ Heu *(n)*.
fiera *(f)* ***1*** Messe *(f)*. ***2*** *(fiera annuale)* Jahrmarkt *(m)*.
fierezza *(m)* ~ Stolz *(m)*.
fiero *(agg)* ~ stolz ♦ *essere fiero di qcn/qcs* stolz auf jmdn/etwas sein.
fifone *(agg)* ~ schreckhaft.
fifone *(m)* ~ Angsthase *(m)*.
figlia *(f)* ~ Tochter *(f)*.
figliastra *(f)* ~ Stieftochter *(f)*.
figliastro *(m)* ***1*** Stiefkind *(n)*. ***2*** *(maschio)* Stiefsohn *(m)*.
figlio *(m)* ***1*** Kind *(n)* ♦ *aspettare un figlio* ein Kind bekommen/erwarten ♦ *figlio unico* Einzelkind. ***2*** *(maschio)* Sohn *(m)* ♦ *ha due figlie e un figlio* er hat zwei Töchter und einen Sohn.
figlioccio *(m)* ~ Patenkind *(n)*.
figura *(f)* ***1*** *(sagoma; personaggio)* Gestalt *(f)*, Figur *(f)*. ***2*** *(corporatura)* Figur *(f)*. ***3*** *(illustrazione)* Bild *(n)*, Abbildung *(f)*, Illustration *(f)*. ***4*** *(in un gioco, pedina)* Spielfigur *(f)*. ◆ **fare una bella, una brutta figura** eine gute, schlechte Figur machen.
figuraccia *(f)* ~ Blamage *(f)*. ◆ **fare una figuraccia** sich blamieren.
figurante *(m/f)* ~ *(teatr/cinem)* Statist *(m; f -in)*.
figurare *(vi)* ~ erscheinen* *(vi, ist)*, verzeichnet sein* ♦ *i partecipanti figurano in una lista* die Teilnehmer sind in einer Liste verzeichnet.
figurativo *(agg)* ~ bildend ♦ *arte figurativa* bildende Kunst.
figurato *(agg)* ***1*** *(con immagini)* bildlich. ***2*** *(ling)* übertragen ♦ *in senso figurato* im übertragenen Sinne.
fila *(f)* ***1*** Reihe *(f)* ♦ *una fila di case* eine Reihe Häuser ♦ *in fila* der Reihe nach. ***2*** *(coda)* Schlange *(f)* ♦ *fare la fila, stare in fila* Schlange stehen. ◆ **di fila** hintereinander. ◆ **mettere in fila** reihen *(vt)*. ◆ **mettersi in fila** sich ein|reihen *(vr)*.
filamento *(m)* ~ Faden *(m)*.

filare[1] *(vi)* ~ *(scappare)* sich wegschleichen* *(vr,* ist*)*.

filare[2] *(vt)* ~ verspinnen* *(vt)*, spinnen* *(vt)*.

filato *(m)* ~ Garn *(n)*, Gespinst *(n)*.

filato *(agg)* ~ gesponnen. ◆ **di filato** ***1*** *(alla svelta)* schnurstracks *(avv) (fam)*. ***2*** *(ininterrotto)* ununterbrochen.

filatore *(m; f* **-trice***)* ~ Spinner *(m; f* -in*)*.

file *(m)* ~ *(elab)* Datei *(f)*.

filetto *(m)* ~ *(gastr)* Filet *(n)*.

filiale *(f)* ~ Filiale *(f)*, Tochterfirma *(f)*.

filiforme *(agg)* ~ fadenförmig.

filigrana *(f)* ***1*** Filigran *(n)*. ***2*** *(della carta, banconote)* Wasserzeichen *(n)*.

film *(m)* ~ Film *(m)*, Spielfilm *(m)* ♦ *film in bianco e nero* Schwarzweißfilm ♦ *film muto* Stummfilm. ◆ **girare un film** einen Film drehen *(vt)*, filmen *(vi,* hat*)*.

filmare *(vt)* ~ filmen *(vt/vi)*, auf|nehmen* *(vt)*.

filo *(m)* ***1*** Faden *(m) (anche fig)*, Garn *(n)* ♦ *filo da cucito* Garn, Nähgarn ♦ *filo di refe* Zwirnsfaden ♦ *perdere il filo (del discordo)* den Faden verlieren. ***2*** *(del telefono)* Telefonkabel *(n)*. ***3*** *(elettr)* Leitung *(f)*. ***4*** *(di lama)* Schärfe *(f)*. ***5*** *(metallico)* Draht *(m)* ♦ *filo di ferro* Eisendraht *(m)* ♦ *filo spinato* Stacheldraht. ***6*** *(per stendere il bucato)* Wäscheleine, Leine *(f)*. ***7*** *(d'erba)* Grashalm *(m)*. ***8*** *(di paglia)* Strohhalm *(m)*. ***9*** *(pl) (fila)* Faden *(m)* ♦ *avere in mano le fila (di qcs)* die/alle Fäden (von etwas) in der Hand haben. ◆ **filo a piombo** Lot *(n)*. ◆ **filo conduttore** Leitfaden *(m)*. ◆ **filo interdentale** Zahnseide *(f)*. ◆ **senza fili** ***1*** *(cavi)* drahtlos *(agg)*. ***2*** *(elettr)* schnurlos *(agg)* ♦ *telefono senza fili* schnurloses Telefon.

filodiffusione *(f)* ~ Drahtfunk *(m)*.

filone *(m)* ***1*** Stangenbrot *(n)*. ***2*** *(corrente)* Bewegung *(f)*.

filosofia *(f)* ~ Philosophie *(f)*.

filosofico *(agg)* ~ philosophisch.

filosofo *(m)* ~ Philosoph *(m; f* -in*)*.

filtrare[1] *(vi)* ***1*** sickern *(vi,* ist*)*. ***2*** *(luce)* {~ *attraverso qcs*} durch etwas durch|leuchten *(vi,* hat*)*.

filtrare[2] *(vt)* ~ filtern *(vt)*, seihen *(vt)*.

filtro *(m)* ~ Filter *(m)*.

finale[1] *(agg)* ~ final, Schluss-.

finale[2] *(m)* ***1*** Ende *(n)*, Schluss *(m)*. ***2*** *(mus)* Finale *(n)*. ***3*** *(sport)* Endspiel *(n)*, Finale *(n)*. ***4*** *(gramm)* Finalsatz *(m)*.

finalista *(m)* ~ *(sport)* Finalist *(m)*.

finalità *(f)* ~ Zielsetzung *(f)*.

finalmente *(avv)* ~ endlich, schließlich ♦ *finalmente ce l'ho fatta!* endlich habe ich es geschafft!

finanza *(f)* ***1*** *(mondo della finanza)* Finanz *(f)*. ***2*** *(sistema finanziario)* Finanzwesen *(n)*, Geldwesen *(n)*. ***3*** *(pl) (risorse finanziarie)* Finanzen *(pl)*.

finanziamento *(m)* ~ Finanzierung *(f)*.

finanziare *(vt)* ~ finanzieren *(vt)*.

finanziario *(agg)* ~ finanziell, Finanz- ♦ *possibilità finanziarie* Finanzkraft ♦ *situazione finanziaria* Finanzlage. ◆ **mezzi finanziari** Geldmittel *(pl)*.

finanziatore *(m; f* **-trice***)* ~ Geldgeber *(m; f* -in*)*.

finché *(congiunz)* ***1*** *(per tutto il tempo in cui)* solang(e). ***2*** *(fino al momento in cui)* bis ♦ *aspetta finché non ritorna* warte bis er zurückkommt.

fine[1] *(agg)* ***1*** fein ♦ *sabbia fine* feiner Sand ♦ *un fine ingegno* ein feiner Geist. ***2*** *(acuto)* scharf, fein ♦ *un udito fine* ein feines Gehör. ***3*** *(distinto)* vornehm.

fine[2] *(f)* ~ Ende *(n)*, Schluss *(m)* ♦ *dall'inizio alla fine* von Anfang bis Ende. ◆ **alla fine** ***1*** am Ende, am Schluss ♦ *alla fine di maggio* am Ende Mai. ***2*** *(da ultimo)* zum Schluss. ***3*** *(infine, finalmente)* schließlich *(avv)* ♦ *alla fine rispose* schließlich antwortete er. ◆ **in fin dei conti** letzthin, letztlich *(avv)*. ◆ **senza fine** endlos *(agg/avv)*.

fine[3] *(m)* ~ *(scopo, intento)* Ziel *(n)*, Zweck *(m)* ♦ *a questo fine* zu diesem Zweck ♦ *a che fine?* zu welchem Ziel? ♦ *fine ultimo* Endzweck. ◆ **al fine di** zwecks *(prep + Gen)*. ◆ **secondo fine** Hintergedanke *(m)*.

finemente *(avv)* ~ fein.

finestra *(f)* ~ Fenster *(n) (anche elab)*.

finestrino *(m)* ~ *(di auto, treno, ecc)* Fenster *(n)* ♦ *abbassare il finestrino* das Fenster herunterkurbeln.

finezza *(f)* ***1*** Feinheit *(f)*. ***2*** *(acutezza)* Schärfe *(f)*.

fingere[1] *(vi)* ~ sich verstellen *(vr)*, heucheln *(vi,* hat*)*.

fingere[2] *(vt)* ~ *(simulare)* vor|täuschen *(vt)*, vor|spielen *(vt)* ♦ *fingere compassione, amore* Mitleid, Liebe vorspielen.
fingersi *(vr)* ~ sich stellen *(vr)* ♦ *fingersi sordo* sich taub stellen.
finimenti *(m pl)* ~ Geschirr *(n)*.
finire[1] *(vi)* ***1*** enden *(vi*, hat*)* ♦ *la conferenza finì alle undici* der Vortrag endete um 11 Uhr. ***2*** *(cessare)* auf|hören *(vi*, hat*)* ♦ *finiscila con questo rumore!* hör auf, mit diesem Lärm! ***3*** *(terminare)* aus|gehen* *(vi*, ist*)*, aus|laufen* *(vi*, ist*)* ♦ *per fortuna la cosa è finita bene* die Sache ist zum Glück gut ausgegangen ♦ *la parola finisce per vocale* das Wort geht auf einen Vokal aus. ***4*** *(capitare)* geraten* *(vi*, ist*)* ♦ *finire in difficoltà* in Schwierigkeiten geraten. ◆ **finire di** zu Ende *(+ inf)* ♦ *finire di leggere un libro* ein Buch zu Ende lesen. ◆ **a non finire** noch und noch.
finire[2] *(vt)* ***1*** *(terminare, concludere)* beenden *(vt)* ♦ *finire un lavoro* eine Arbeit beenden. ***2*** *(provviste e sim)* verbrauchen *(vt)*. ***3*** *(portare a compimento)* vollenden *(vt)* ♦ *finire un lavoro* eine Arbeit vollenden. ◆ **avere finito qcs** mit etwas fertig sein.
finito *(agg)* ***1*** *(pronto)* fertig *(solo pred)* ♦ *il lavoro è finito* die Arbeit ist fertig. ***2*** *(gramm)* finit ♦ *forma verbale finita* finite Verbform. ***3*** *(mat)* endlich ♦ *una grandezza finita* eine endliche Größe. ◆ **essere finito** *(di tempo)* aus sein, vorbei sein ♦ *il periodo delle ferie è finito* die Urlaubszeit ist vorbei ♦ *la scuola è finita* die Schule ist aus.
fino *(prep)* ~ bis ♦ *fino qui* bis hierher. ◆ **fino a** ***1*** *(tempo)* bis, bis + *prep* ♦ *fino a domani* bis morgen ♦ *fino a notte* bis in die Nacht ♦ *fino alla fine della settimana* bis zum Ende der Woche ♦ *fino a due giorni fa* bis vor zwei Tagen. ***2*** *(spazio)* bis, bis + *prep* ♦ *fino a casa* bis nach Hause ♦ *fino alla spiaggia* bis zur Strand ♦ *fino a Monaco* bis München. ◆ **fino a ora** bis jetzt. ◆ **fino a quel momento** bis dahin. ◆ **fino da** *(temporale)* von… an, ab ♦ *fino da ora, da oggi* von jetzt an, von heute an/ab heute.
finocchio *(m)* ***1*** *(bot)* Fenchel *(m)*. ***2*** *(fam/spreg)* warmer Bruder.
finora *(avv)* ~ bis jetzt, bisher.
finta *(f)* ***1*** Vortäuschung *(f)*. ***2*** *(sport)* Finte *(f)*. ◆ **fare finta di** so tun, als (ob).
finto *(agg)* ***1*** falsch. ***2*** *(artificiale)* künstlich, Kunst- ♦ *fiore finto* Kunstblume *(f)*.
finzione *(f)* ***1*** Fiktion *(f)*. ***2*** *(simulazione)* Vortäuschung *(f)*, Verstellung *(f)*.
fioccare *(v impers)* ***1*** *(neve)* fallen* *(vi*, ist*)* ♦ *la neve fiocca* der Schnee fällt. ***2*** *(fig)* regnen ♦ *fioccarono lamentele* es regnete Beschwerden.
fiocco *(m)* ***1*** Schleife *(f)*. ***2*** *(di neve)* Flocke, Schneeflocke *(f)*. ***3*** *(di cotone e sim)* Flocke *(f)*, Bausch *(m)*. ***4*** *(pl) (di cereali)* Haferflocken *(pl)*.
fiocina *(f)* ~ Harpune *(f)*.
fioco *(agg)* ***1*** *(luce)* schwach. ***2*** *(suono)* leise.
fionda *(f)* ~ Schleuder *(m)*.
fioraio *(m; f* **-a***)* ~ Florist *(m; f* -in*)*.
fiordaliso *(m)* ~ *(bot)* Kornblume *(f)*.
fiordo *(m)* ~ Fjord *(m)*.
fiore *(m)* ***1*** Blume *(f)* ♦ *fiore reciso* Schnittblume ♦ *fiore di campo* Feldblume. ***2*** *(infiorescenza)* Blüte *(f)* ♦ *gli alberi da frutto sono già in fiore* die Obstbäume tragen schon Blüten. ***3*** *(pl) (nelle carte)* Kreuz *(n)*. ◆ **mazzo di fiori** Blumenstrauß *(m)*. ◆ **a fiori** geblümt *(agg)*. ◆ **in fiore** blühend *(agg)*.
fiorente *(agg)* ~ blühend.
fioretto *(m)* ~ *(sport)* Florett *(n)*.
fiorire *(vi)* ***1*** blühen *(vi*, hat*)*, auf|blühen *(vi*, hat*) (anche fig)*. ***2*** *(speranza)* keimen *(vi*, hat*)*.
fiorista *(m/f)* ~ Florist *(m; f* -in*)*.
fiorito *(agg)* ~ blühend, blumenreich.
fioritura *(f)* ~ Blüte *(f)*.
fiotto *(m)* ~ Schwall *(m)*.
firma *(f)* ***1*** Unterschrift *(f)*, Signatur *(f)*. ***2*** *(di documenti ufficiali)* Unterzeichnung *(f)*.
firmamento *(m)* ~ Firmament *(n)*.
firmare *(vt)* ***1*** unterschreiben* *(vt)* signieren *(vt)*. ***2*** *(documenti ufficiali)* unterzeichnen *(vt)*.
fisarmonica *(f)* ~ Akkordeon *(n)*.
fiscale *(agg)* ~ steuerlich, Steuer- ♦ *pressione fiscale* Steuerdruck ♦ *evasione fiscale* Steuerhinterziehung.
fischiare *(vt/vi)* ***1*** pfeifen* *(vt/vi)*. ***2*** *(locomotiva, nave, ecc)* tuten *(vi*, hat*)*. ***3*** *(vento e sim)* sausen *(vi*, ist*)*.

fischiettare *(vt/vi)* ~ flöten *(vt/vi)*, pfeifen* *(vt/vi)*.
fischietto *(m)* ~ Pfeife *(f)*.
fischio *(m)* ~ Pfiff *(m)*, Pfeife *(f)* ♦ *fischio d'inizio* Anpfiff *(m)*.
fisco *(m)* ~ Fiskus *(m)*.
fisica *(f)* ~ Physik *(f)*.
fisicamente *(avv)* ~ körperlich, physisch.
fisico *(agg)* **1** *(del corpo)* physisch, körperlich. **2** *(della fisica)* physikalisch.
fisico *(m)* **1** *(corpo)* Körper *(m)*. **2** *(figura, corporatura)* Figur *(f)* ♦ *un fisico snello* eine schlanke Figur. **3** Physiker *(m; f* -in*)*.
fisioterapia *(f)* ~ Physiotherapie *(f)*.
fisioterapista *(m/f)* ~ Physiotherapeut *(m; f* -in*)*.
fissaggio *(m)* ~ Befestigung *(f)*.
fissare *(vt)* **1** befestigen *(vt)*, fest|machen *(vt)*. **2** *(allacciare con una fibbia)* schnallen *(vt)*. **3** *(con chiodi)* fest|nageln *(vt)*, an|nageln *(vt)*. **4** *(con mollette)* fest|klammern *(vt)* an|klammern *(vt)*. **5** *(con spilli e sim)* heften *(vt)*, stecken *(vt)*. **6** *(guardare fisso)* {~ *qcn/qcs*} jmdn/etwas an|starren *(vt)*, auf jmdn/etwas starren *(vi, hat)*. **7** *(data e sim)* verabreden *(vt)*, vereinbaren *(vt)*, fest|setzen *(vt)* ♦ *fissare un appuntamento* einen Termin vereinbaren ♦ *fissare con qcn* sich mit jmdm verabreden ♦ *abbiamo fissato per le sei al bar* wir haben uns um 6 Uhr im Café verabredet. **8** *(fotogr)* fixieren *(vt)*. ◆ **fissare lo sguardo su qcn/qcs** den Blick auf jmdn/etwas heften.
fissarsi *(vr)* ~ {~ *su qcs*} *(sentimenti, idee, ecc)* sich auf etwas *(Acc)* versteifen *(vr)*.
fissato[1] *(agg)* ~ festgesetz, vereinbart.
fissato[2] *(m; f* **-a***)* ~ Fanatiker *(m; f* -in*)*.
fissazione *(f)* **1** *(determinazione)* Festsetzung *(f)*. **2** *(mania)* Marotte *(f)*, fixe Idee *(f)*.
fissione *(f)* ~ *(fis)* Spaltung *(f)* ♦ *fissione nucleare* Kernspaltung.
fissità *(f)* **1** Unbeweglichkeit *(f)*. **2** *(di sguardo)* Starre *(f)*.
fisso *(agg)* **1** fest ♦ *prezzi fissi* feste Preise. **2** *(sguardo e sim)* starr. **3** *(immobile)* unbeweglich. ◆ **dimora fissa** ständiger Wohnsitz. ◆ **chiodo fisso** fixe Idee. ◆ **disco fisso** *(elab)* Festplatte *(f)*.
fistola *(f)* ~ *(med)* Fistel *(f)*.
fitta *(f)* ~ Stich *(m)*.
fittizio *(agg)* ~ fiktiv.
fitto *(agg)* **1** dicht ♦ *nebbia fitta* dichter Nebel. **2** *(a maglia fitta)* fein. **3** *(pioggia)* stark.
fiumana *(f)* ~ Strom *(m)*. ◆ **una fiumana di parole** ein Wortschwall.
fiume *(m)* ~ Fluss *(m)* Strom *(m)* ♦ *un fiume di lacrime* ein Strom von Tränen.
fiutare *(vt)* **1** *(spec animali)* {~ *qcs*} an etwas *(Dat)* schnüffeln *(vi, hat)*. **2** *(fig)* wittern *(vt)*. **3** *(il tabacco)* schnupfen *(vi, hat)*.
fiuto *(m)* **1** Witterung *(f)*. **2** *(fig)* Gespür *(n)*, Spürsinn *(m)*.
flaccido *(agg)* ~ schlaff.
flacone *(m)* ~ Flakon *(n/m)*.
flagellare *(vt)* ~ geißeln *(vt)* *(anche fig)*.
flagello *(m)* ~ Geißel *(f)* *(anche fig)*.
flanella *(f)* ~ Flanell *(m)*.
flash *(m)* ~ *(fotogr)* Blitzlicht *(n)*.
flauto *(m)* ~ Flöte *(f)* ♦ *flauto dolce* Blockflöte *(f)* ♦ *flauto traverso* Querflöte *(f)*.
flebile *(agg)* ~ schwach*, kraftlos.
flebo *(f)* ~ *(med)* Tropf *(m)*.
fleboclisi *(f)* ~ *(med)* Infusion *(f)*.
flemma *(f)* ~ *(lentezza)* Trägheit *(f)*.
flemmatico *(agg)* **1** träge. **2** *(movimento)* behäbig.
flessibile *(agg)* ~ biegsam, flexibel *(anche fig)*.
flessibilità *(f)* ~ Flexibilität *(f)*.
flessione *(f)* ~ *(ling)* Flexion *(f)*, Beugung *(f)*.
flessuoso *(agg)* ~ biegsam, geschmeidig.
flettere *(vt)* ~ beugen *(vt)*.
flirt *(m)* ~ Flirt *(m)*, Liebelei *(f)*.
flirtare *(vi)* ~ flirten *(vi, hat)*.
floppy disk *(m)* ~ *(elab)* Floppy Disk *(f)*.
flora *(f)* ~ Flora *(f)*, Pflanzenwelt *(f)*.
floricoltura *(f)* ~ Blumenzucht *(f)*.
floridezza *(f)* ~ Blüte *(f)*, Üppigkeit *(f)*.
florido *(agg)* ~ blühend, üppig.
floscio *(agg)* ~ schlaff.
flotta *(f)* ~ Flotte *(f)* ♦ *flotta mercantile* Handelsflotte *(f)*.
fluente *(agg)* ~ fließend.
fluidità *(f)* ~ Flüssigkeit *(f)*.
fluido[1] *(agg)* ~ flüssig, fließend.
fluido[2] *(m)* ~ Flüssigkeit *(f)*.

fluire *(vi)* ~ fließen *(vi,* ist*).*
fluoro *(m)* ~ *(chim)* Fluor *(n).*
fluoruro *(m)* ~ *(chim)* Fluorid *(n).*
flusso *(m)* ~ Fluss *(m)* ♦ *il flusso del discorso* der Fluss der Rede.
flutto *(m)* ***1*** *(onda alta)* Woge *(f).* ***2*** *(pl)* Fluten *(pl).*
fluttuare *(vi)* ***1*** wogen *(vi,* hat*).* ***2*** *(di nuvole)* schweben *(vi,* ist/hat*).* ***3*** *(econ)* schwanken *(vi,* hat*).*
fluttuazione *(f)* ~ *(econ)* Schwankung *(f).*
fobia *(f)* ~ Phobie *(f).*
foca *(f)* ~ *(zool)* Robbe *(f),* Seehund *(m).*
foce *(f)* ~ Mündung *(f).*
focolaio *(m)* ***1*** *(med)* Entzündungsherd *(m),* Herd *(m)* ♦ *focolaio d'infezione* Infektionsherd. ***2*** *(fig)* Herd *(m).*
focolare *(m)* ~ Herd *(m),* Feuerstelle *(f).*
focoso *(agg)* ~ feurig, heißblütig.
fodera *(f)* ***1*** Futter *(n).* ***2*** *(rivestimento)* Bezug *(m).*
foderare *(vt)* ***1*** füttern *(vt).* ***2*** *(ricoprire)* überziehen* *(vt).*
foga *(f)* ~ Hitze *(f)* ♦ *nella foga della discussione* in der Hitze des Gefechts. ◆ **nella foga del momento** im Eifer des Gefechts.
foglia *(f)* ***1*** Blatt *(n).* ***2*** *(commestibili)* Kraut *(n).*
fogliame *(m)* ~ Laub *(n).*
foglietto *(m)* ~ Zettel *(m).*
foglio *(m)* ***1*** *(di carta)* Blatt *(n),* Bogen *(m).* ***2*** *(lamina, pellicola)* Folie *(f).*
folata *(f)* ~ Bö *(f),* Böe *(f)* ♦ *folata di vento* Windbö.
folclore *(m)* ~ Folklore *(f),* Volkskunde *(f).*
folcloristico *(agg)* ~ folkloristisch.
folgorare *(vt)* ~ mit dem Blitz treffen* *(vt).*
folgore *(f)* ~ Blitz *(m).*
folla *(f)* ~ Menge *(f).*
folle[1] *(agg)* ***1*** *(persona)* wahnsinnig, irrsinnig. ***2*** *(insensato)* unsinnig. ◆ **idea (o azione) folle** Wahnwitz *(m).*
folle[2] *(m)* ~ Irre(r) *(m).*
follemente *(avv)* ~ wahnsinnig, irre.
folletto *(m)* ~ Kobold *(m)*; *(gnomo)* Wicht *(m).*
follia *(f)* ***1*** Wahnsinn *(m),* Irrsinn *(m)* ♦ *che follia!* so ein Irrsinn! ***2*** *(assurdità)* Unsinn *(m).*
folto *(agg)* ***1*** dicht. ***2*** *(barba)* buschig.
fon *(m)* ~ *(asciugacapelli)* Föhn *(m),* Haartrockner *(m).*
fonare *(vt)* ~ föhnen *(vt).*
fondale *(m)* ***1*** Meeresgrund *(m).* ***2*** *(teatr)* Bühnenhintergrund *(m).*
fondamentale *(agg)* ~ wesentlich, grundsätzlich, Grund- ♦ *concetto fondamentale* Grundbegriff.
fondamentalmente *(avv)* ~ grundsätzlich, hauptsächlich.
fondamento *(m)* ***1*** *(pl -i)* Fundament *(n),* Grundlage *(f).* ***2*** *(pl -a)* Fundament *(n),* Grundmauer *(f),* Basis *(f).*
fondare *(vt)* ***1*** gründen *(vt)* ♦ *fondare un partito, un'impresa* eine Partei, ein Unternehmen gründen ♦ *fondare qcs su qcs* etwas auf etwas *(Acc)* gründen. ***2*** *(istituire e finanziare)* stiften *(vt).*
fondarsi *(vr)* ~ {~ *su qcs*} sich auf etwas *(Acc)* gründen *(vr),* auf etwas *(Dat)* fußen *(vi,* hat*).*
fondata *(f)* ~ *(sedimento)* Satz *(m).*
fondato *(agg)* ~ *(motivato)* triftig, begründet. ◆ **essere fondato su** in/durch etwas begründet sein.
fondatore *(m; f* **-trice***)* ***1*** Gründer *(m; f* -in*).* ***2*** *(finanziatore)* Stifter *(m; f* -in*).*
fondazione *(f)* ***1*** Gründung *(f).* ***2*** *(di dottrine e sim)* Begründung *(f).* ***3*** *(ente finanziatore)* Stiftung *(f).*
fondere[1] *(vi)* ~ schmelzen* *(vi,* hat*).*
fondere[2] *(vi/vt)* ***1*** schmelzen* *(vt),* verschmelzen* *(vt).* ***2*** *(metalli)* gießen* *(vt).* ***3*** *(vetro)* brennen* *(vt).*
fonderia *(f)* ~ Eisengießerei *(f).*
fondersi *(vr)* ***1*** schmelzen* *(vi,* hat*),* verschmelzen* *(vi,* ist*).* ***2*** *(unirsi)* sich vereinigen *(vr),* verschmelzen* *(vi,* ist*).* ***3*** *(società)* sich zusammenschließen *(vr).*
fondo[1] *(agg)* ~ *(profondo)* tief ♦ *un piatto fondo* ein tiefer Teller. ◆ **a notte fonda** spät in der Nacht.
fondo[2] *(m)* ***1*** Boden *(m),* Grund *(m)* ♦ *in fondo al mio cuore* im Grunde meines Herzens. ***2*** *(estremità)* Ende *(n)* ♦ *in fondo alla strada* am Ende der Straße. ***3*** *(sport)* Langlauf *(m).* ***4*** *(sedimento)* Satz *(m)* ♦ *fondo di caffè* Kaffeesatz. ***5*** *(proprietà)* Grundbesitz *(m)*; *(appezzamento)* Grundstück *(n).* ***6*** *(pl)* *(econ)* Gelder *(pl),* Fonds *(pl).* ◆ **fondo di cassa** *(comm)*

Kassenbestand *(m)*. ◆ **fondo di magazzino** Ladenhüter *(m)*. ◆ **a fondo** *(approfonditamente)* gründlich. ◆ **andare a fondo** *1 (affondare)* unter|gehen* *(vi, ist)*. *2 (fig)* [~ *di qcs*] etwas *(Dat)* auf den Grund gehen. ◆ **dal fondo** von hinten. ◆ **da cima a fondo** von vorn bis hinten, von oben bis unten. ◆ **senza fondo** bodenlos *(agg)*. ◆ **in fondo** *1* letztlich *(avv)*, hinten *(avv)* ♦ *in fondo al libro, all'armadio* hinten im Buch, im Schrank. *2 (in fin dei conti, pur sempre)* schließlich *(avv)*, eigentlich *(avv)*. ◆ **fino in fondo** bis ins Letzte.

fondovalle *(m)* ~ Talboden *(m)*.

fonetica *(f)* ~ Fonetik *(f)*, Lautlehre *(f)*.

fonetico *(agg)* ~ fonetisch.

fontana *(f)* ~ Brunnen *(m)*.

fonte *(f)* ~ Brunnen *(m)*; Quelle *(f) (anche fig)* ♦ *fonte d'informazione* Informationsquelle ♦ *fonte di calore* Wärmequelle ♦ *fonte di guadagno* Einnahmequelle.

foraggiare *(vt)* ~ füttern *(vt)*.

foraggio *(m)* ~ Futter *(n)*, Viehfutter *(n)*.

forare *(vt)* *1 (con ago e sim)* durchstechen* *(vt)*. *2 (biglietti)* lochen *(vt)*. *3 (trapanare)* bohren *(vt)*.

foratura *(f)* *1 (di pneumatico)* Reifenpanne *(f)*. *2 (di biglietto)* Lochung *(f)*.

forbice *(f)* ~ *(spec pl)* Schere *(f)*.

forca *(f)* *1 (forcone)* Heugabel *(f)*. *2 (patibolo)* Galgen *(m)*.

forchetta *(f)* ~ Gabel *(f)*.

forcina *(f)* ~ Haarnadel *(f)*.

forcone *(m)* ~ Heugabel *(f)*, Gabel *(f)*.

foresta *(f)* *1* Wald *(m)*. *2 (demaniale)* Forst *(m)*.

forestale *(agg)* ~ Wald- ♦ *patrimonio forestale* Waldbestand *(m)*. ◆ **guardia forestale** Förster *(m; f -in)*.

forestiero[1] *(agg)* ~ fremd.

forestiero[2] *(m; f* **-a***)* ~ Fremde(r) *(m/f)*.

forfait *(m)* ~ Pauschale *(f)*. ◆ **a forfait** pauschal *(avv)*.

forfettario *(agg)* ~ pauschal.

forfora *(f)* ~ Schuppe *(f) (pl)*.

forgiare *(vt)* *1* schmieden *(vt)*. *2 (fig)* formen *(vt)*.

forma *(f)* *1* Form *(f)*, Gestalt *(f)* ♦ *badare, tenere alla forma* auf Formen achten, halten ♦ *in forma di, sotto forma di qcs* in Form/Gestalt von etwas ♦ *prendere forma* Form/feste Formen/Gestalt annehmen. *2 (stampo)* Form *(f)*. *3 (di pane, formaggio, ecc)* Laib *(m)*. ◆ **a forma di** -förmig ♦ *a forma di cuore* herzförmig. ◆ **in forma** *(allenato)* fit* *(agg)*.

formaggio *(m)* *1* Käse *(m)*. *2 (molle)* Quark *(m)*. *3 (di pecora, pecorino)* Schafskäse *(m)*.

formale *(agg)* *1* förmlich, steif ♦ *un invito formale* eine förmliche Einladung. *2 (ufficiale)* formell ♦ *una visita formale* ein formeller Besuch. ◆ **in modo formale** formell *(avv)*.

formalismo *(m)* ~ Förmlichkeit *(f)*.

formalità *(f)* ~ Formalität *(f)* ♦ *sbrigare tutte le formalità* alle Formalitäten erledigen. ◆ **formalità doganali** Grenzformalitäten *(pl)*.

formalizzare *(vt)* ~ formalisieren *(vt)*.

formalizzarsi *(vr)* ~ an etwas *(Dat)* Anstoß nehmen.

formalmente *(avv)* ~ formal.

formare *(vt)* *1* bilden *(vt)* ♦ *formare un cerchio* einen Kreis bilden. *2 (istruire)* aus|bilden *(vt)*. *3 (modellare)* formen *(vt)*. *4 (costituire)* auf|stellen *(vt)* ♦ *formare una squadra* eine Mannschaft aufstellen.

formarsi *(vr)* *1* sich bilden *(vr) (anche fig)* ♦ *formarsi un'opinione su qcs* sich *(Dat)* eine Meinung über etwas *(Acc)* bilden. *2 (istruirsi)* sich aus|bilden *(vr)*. *3 (lasciarsi plasmare)* sich formen *(vr)*. *2 (derivare, risultare)* an|fallen* *(vi, ist)* ♦ *nella produzione si formano residui velenosi* bei der Herstellung fallen giftige Abfallprodukte an.

formato *(m)* ~ Format *(n)*.

formazione *(f)* *1* Bildung *(f)*. *2 (cultura)* Bildung *(f)*, Ausbildung *(f)* ♦ *formazione universitaria* Hochschulbildung. *3 (sport)* Besetzung *(f)*. *4 (mil)* Verband *(m)*.

-forme *(suff)* ~ -förmig *(agg)* ♦ *cuneiforme* keilförmig.

formica *(f)* ~ Ameise *(f)*.

formicolare *(vi)* ~ wimmeln *(vi, hat)*, kribbeln *(vi, ist)*.

formicolio *(m)* ~ Kribbeln *(n)*.

formosità *(f)* ~ Üppigkeit *(f)*.

formoso *(agg)* ~ üppig.

formula *(f)* ***1*** *(chim/mat)* Formel *(f)*. ***2*** *(magica)* Beschwörung *(f)*. ***3*** *(sport)* Formel *(f)* ♦ *formula uno* Formel-1.

formulare *(vt)* ***1*** formulieren *(vt)* ♦ *formulare una domanda* eine Frage formulieren. ***2*** *(esprimere)* vor|bringen* *(vt)*.

formulazione *(f)* ***1*** Formulierung *(f)*. ***2*** *(di teorie e sim)* Aufstellung *(f)*. ◆ **formulazione di una domanda** Fragestellung *(f)*.

fornaio *(m; f* **-a***)* ~ Bäcker *(m; f* -in*)*.

fornello *(m)* ***1*** Herdplatte *(f)*, Kochplatte *(f)*. ***2*** *(elettrico)* Heizplatte *(f)*.

fornire *(vt)* ***1*** liefern *(vt)* ♦ *fornire una prova* einen Beweis liefern. ***2*** *(merci)* {~ *qcs a qcn*} jmdn mit etwas beliefern *(vt)*. ***3*** *(rifornire, procurare)* {~ *qcn di qcs*} jmdn mit etwas versorgen *(vt)*, versehen* *(vt)* ♦ *rifornire qcn di provviste* jmdn mit Vorräten versehen.

fornitore *(m; f* **-trice***)* ~ Lieferant *(m; f* -in*)*.

fornitura *(f)* ***1*** Lieferung *(f)*. ***2*** *(regolare)* Belieferung *(f)*. ***3*** *(rifornimento)* Versorgung *(f)*.

forno *(m)* ***1*** Ofen *(m)*, Backofen *(m)*. ***2*** *(negozio)* Bäckerei *(f)*. ◆ **prodotti da forno** Backwaren *(pl)*.

foro *(m)* ***1*** Loch *(n)*. ***2*** *(dir)* Gerichtsstand *(m)*.

forse *(avv)* ~ vielleicht *(avv)*. ◆ **mettere in forse** infrage stellen.

forte[1] *(agg)* ***1*** stark*, kräftig ♦ *esercitare una forte influenza* einen starken Einfluss ausüben ♦ *è forte in latino* er ist stark in Latein ♦ *un caffè forte* ein starker Kaffee ♦ *verbi forti (gramm)* starke Verben. ***2*** *(sapore, odore)* scharf*. ***3*** *(intenso)* heftig ♦ *un forte dolore* ein heftiger Schmerz. ***4*** *(suono)* laut. ***5*** *(saldo)* fest ♦ *un forte abbraccio* eine feste Umarmung.

forte[2] *(avv)* ***1*** stark, kräftig, heftig ♦ *nevica forte* es schneit stark. ***2*** *(saldamente)* fest ♦ *abbracciare forte qcn* jmdn fest umarmen.

forte[3] *(m)* ~ Fort *(n)*, Festung *(f)*.

fortezza *(f)* ~ *(mil)* Festung *(f)*.

fortificare *(vt)* ***1*** stärken *(vt)*. ***2*** *(mil)* befestigen *(vt)*.

fortino *(m)* ~ Fort *(n)*.

fortuna *(f)* ~ Glück *(n)* ♦ *fortuna in amore, al gioco* Glück in der Liebe, im Spiel ♦ *buona fortuna!* viel Glück! ◆ **per fortuna** zum Glück, glücklicherweise.

fortunatamente *(avv)* ~ glücklicherweise, zum Glück *(avv)*.

fortunato *(agg)* ~ glücklich.

foruncolo *(m)* ~ Pickel *(m)*, Furunkel *(m/n)*.

forza *(f)* ***1*** Kraft *(f)* *(anche fis)* ♦ *forza fisica* körperliche Kraft, Körperkraft ♦ *forza di gravità* Schwerkraft ♦ *la legge (della forza) di gravità* das Gesetz der Schwerkraft. ***2*** *(morale)* Stärke *(f)*. ***3*** *(intensità)* Heftigkeit *(f)*, Kraft *(f)*. ***4*** *(violenza)* Gewalt *(f)* ♦ *usare la forza* Gewalt anwenden. ***5*** *(potenza)* Macht *(f)* ♦ *la forza dell'abitudine* die Macht der Gewohnheit. ◆ **forze armate** Streitkräfte *(pl)*. ◆ **camicia di forza** Zwangsjacke *(f)*. ◆ **per forza** gezwungenermaßen. ◆ **a/con la forza** gewaltsam. ◆ **con forza** kräftig, heftig *(avv)*. ◆ **forza!** *(esclam)* hopp!; *(incitamento)* also los!, los!

forzare *(vt)* ***1*** auf|brechen* *(vt)* ♦ *forzare un lucchetto* ein Schloss aufbrechen. ***2*** *(costringere)* {~ *qcn a qcs*} jmdn zu etwas zwingen* *(vt)* ♦ *forzare qcn a parlare* jmdn zum Sprechen zwingen. ***3*** *(aumentare, accelerare a forza)* forcieren *(vt)* ♦ *forzare un processo di sviluppo* einen Entwicklungsprozess forcieren.

forzarsi *(vr)* ***1*** *(costringersi)* sich zwingen* *(vr)*. ***2*** *(vincersi)* sich überwinden* *(vr)*.

forzatamente *(avv)* ~ gezwungenermaßen, zwangsweise.

forzato[1] *(agg)* ***1*** *(costretto)* gezwungen. ***2*** *(innaturale)* verkrampft. ◆ **lavori forzati** Zwangsarbeit *(f)*.

forzato[2] *(m; f* **-a***)* ~ Zwangsarbeiter *(m; f* -in*)*.

foschia *(f)* ~ Dunst *(m)*. ◆ **cappa di foschia** Dunstglocke *(f)*.

fosco *(agg)* ***1*** *(aria)* dämm(e)rig, dunstig. ***2*** *(cupo)* trüb(e).

fosforo *(m)* ~ Phosphor *(m)*.

fossa *(f)* ***1*** Grube *(f)*. ***2*** *(tomba)* Grab *(n)* ♦ *fossa comune* Massengrab.

fossato *(m)* ~ Graben *(m)*.

fossile[1] *(agg)* ~ fossil.
fossile[2] *(m)* ~ Fossil *(n)*.
fossilizzarsi *(vr)* ***1*** versteinern *(vi*, ist*)*. ***2*** *(cultura, mentalità, ecc)* erstarren *(vi*, ist*)*.
fosso *(m)* ~ Graben *(m)* ♦ *saltare un fosso* über einen Graben springen.
foto *(f)* ***1*** Foto *(n)*. ***2*** *(aerea)* Luftaufnahme *(f)*.
fotocopia *(f)* ~ Fotokopie *(f)*, Kopie.
fotocopiare *(vt)* ~ kopieren *(vt)*.
fotocopiatrice *(f)* ~ Kopiergerät *(n)*.
fotogenico *(agg)* ~ fotogen.
fotografare *(vt)* ~ fotografieren *(vt)*.
fotografia *(f)* ***1*** Fotografie *(f)*, Bild *(n)*, Aufnahme *(f)* ♦ *fare una fotografia* ein Bild aufnehmen. ***2*** *(tecnica)* Fotografie *(f)*.
fotografo *(m; f* **-a***)* ~ Fotograf *(m; f* -in*)*.
fotomodello *(m; f* **-a***)* ~ Fotomodell *(n)*.
fotomontaggio *(m)* ~ Fotomontage *(f)*.
foulard *(m)* ~ Halstuch *(n)*.
fra *(prep)* ~ vedi **tra**.
frac *(m)* ~ Frack *(m)*.
fracassare *(vt)* ~ zertrümmern *(vt)*, zerschlagen* *(vt)*.
fracasso *(m)* ~ Lärm *(m)*, Krach *(m)*. ◆ **fare fracasso** lärmen *(vi*, hat*)*, Krach machen.
fradicio *(agg)* ***1*** durchnässt. ***2*** *(marcio)* mürb(e).
fragile *(agg)* ~ zerbrechlich.
fragilità *(f)* ~ Zerbrechlichkeit *(f)*.
fragola *(f)* ~ Erdbeere *(f)*.
fragore *(m)* ***1*** Getöse *(n)*. ***2*** *(di tuono)* Donner *(m)*.
fragranza *(f)* ~ Duft *(m)*.
fraintendere *(vt)* ~ missverstehen* *(vt)*, falsch verstehen*.
frammento *(m)* ***1*** Bruchstück *(n)*, Fragment *(n)*. ***2*** *(coccio)* Scherbe *(f)*. ***3*** *(di vetro e sim)* Splitter *(m)*. ***4*** *(di brano)* Ausschnitt *(m)*.
frana *(f)* ~ Erdrutsch, Rutsch *(m)*.
francamente *(avv)* ***1*** *(apertamente)* freiheraus, freimütig. ***2*** *(chiaramente)* deutlich.
franchezza *(f)* ~ Freimut *(m)*, Offenheit *(f)*. ◆ **in tutta franchezza** frank und frei.
franchigia *(f)* ~ Gebührenerlass *(m)*. ◆ **in franchigia** gebührenfrei *(agg)*.
franco[1] *(agg)* ***1*** *(aperto)* freimütig. ***2*** *(comm)* frei ♦ *franco domicilio* frei Haus ♦ *franco destino* frachtfrei.
franco[2] *(m)* ~ *(moneta svizzera)* Franken *(m)* *(abbrev* Fr., sFr.*)*.
francobollo *(m)* ~ Briefmarke, Marke *(f)* ♦ *un francobollo da 56 centesimi* eine Briefmarke zu 56 Cent.
frangia *(f)* ~ Franse *(f)*.
frangiflutti *(n)* ~ Wellebrecher *(m)*.
frantumare *(vt)* ~ zertrümmern *(vt)*, zerbrechen* *(vt)*, zerschlagen* *(vt)*.
frantumarsi *(vr)* ~ zerbrechen* *(vi*, ist*)*.
frantumi *(m pl)* ***1*** Bruchstück *(n)*. ***2*** *(cocci)* Scherbe *(f)*. ◆ **andare in frantumi** in die Brüche gehen*.
frappé *(m)* ~ Frappee *(n)*.
frase *(f)* ***1*** Satz *(m)* ♦ *formare una frase* einen Satz bilden. ♦ *frase subordinata (gramm)* Nebensatz. ***2*** *(mus)* Phrase *(f)*. ◆ **a frasi**, **frase per frase** satzweise *(avv)*.
frassino *(m)* ~ Esche *(f)*.
frastagliato *(agg)* ~ zackig, zerklüftet.
frastuono *(m)* ***1*** Getöse *(n)*. ***2*** *(di tuono)* Donner *(m)*.
frate *(m)* ~ Mönch *(m)*.
fratellanza *(f)* ~ Brüderschaft *(f)*.
fratellastro *(m)* ***1*** Stiefbruder *(m)*. ***2*** *(pl)* *(maschi e femmine)* Stiefgeschwister *(pl)*.
fratello *(m)* ***1*** Bruder *(m)* ♦ *mio fratello maggiore, minore* mein älterer, jüngerer Bruder ♦ *fratello gemello* Zwillingsbruder. ***2*** *(pl)* *(fratelli e sorelle)* Geschwister *(pl)* ♦ *Sandra e Ralf sono fratelli* Sandra und Ralf sind Geschwister.
fraterno *(agg)* ~ brüderlich.
frattaglie *(f pl)* ~ Innereien *(pl)*; *(gastr)* Kaldaunen *(pl)*.
frattanto *(avv)* ~ indessen, inzwischen.
frattempo *(avv)* ~ **nel frattempo** zwischendurch, unterdessen, währenddessen.
frattura *(f)* ~ *(med)* Knochenbruch *(m)*.
fratturare *(vt)* ~ brechen *(vt)*.
fratturarsi *(vr)* ~ {~ *qcs*} sich *(Dat)* etwas brechen *(vr)*.
fraudolento *(agg)* ~ betrügerisch ♦ *bancarotta fraudolenta* betrügerischer Bankrott.

frazionare *(vt)* ~ unterteilen *(vt)*, zersplittern *(vt)*.
frazionarsi *(vr)* ~ sich teilen *(vr)*, sich zersplitten *(vr)*.
frazione *(f)* ***1*** Bruch *(m)*, Bruchteil *(m)* ♦ *in una frazione di secondo* im Bruchteil einer Sekunde. ***2*** *(mat)* Bruch *(m)*. ***3*** *(pol)* Fraktion *(f)*. ***4*** *(sobborgo)* Vorort *(m)*.
freccia *(f)* ***1*** Pfeil *(m)*. ***2*** *(in auto)* Blinker *(m)*, Blinkleuchte *(f)*. ◆ **mettere la freccia** blinken *(vi*, hat*)*.
frecciata *(f)* ~ Spitze *(f)*.
freddamente *(avv)* ~ kalt.
freddezza *(f)* ~ Kälte *(f)*, Kühle *(f)*, Gefühlskälte *(f)*.
freddo[1] *(agg)* ***1*** kalt* ♦ *ho freddo* mir ist kalt ♦ *una doccia fredda (anche fig)* eine kalte Dusche ♦ *colori freddi* kalte Farben. ***2*** *(distaccato)* kühl, kalt* ♦ *una risposta fredda* eine kühle Antwort. ◆ **non fare né caldo né freddo a qcn** jmdn kalt lassen*.
freddo[2] *(avv)* ~ kalt ♦ *mangiare freddo* kalt essen.
freddo[3] *(m)* ~ Kälte *(f)* ♦ *tremare dal freddo* vor Kälte zittern.
freddoloso *(agg)* ~ verfroren.
freezer *(m)* ~ Gefrierfach *(n)*.
fregare *(vt)* ***1*** *(sfregare)* scheuern *(vi*, hat*)*. ***2*** *(imbrogliare)* herein|legen *(vt)*. ◆ **fregarsene di qcn/qcs** *(fam)* auf jmdn/etwas pfeifen* *(vt/vi)*; *(volg)* auf etwas *(Acc)* scheißen* *(vi*, hat*)* ♦ *non me ne frega un fico secco!* ich pfeife darauf! ♦ *me ne frego!* ich scheiße drauf!
fregata *(f)* ~ *(naut)* Fregatte *(f)*.
fregatura *(f)* ~ *(fam)* Reinfall *(m)*.
fregio *(m)* ~ Schnörkel *(m)*.
frego *(m)* ~ Strich *(m)*.
fregola *(f)* ~ *(zool)* Brunst *(f)*.
fremito *(m)* ~ *(brivido di orrore, raccapriccio)* Schauer *(m)*.
frenare[1] *(vi)* ~ bremsen *(vi*, hat*)*.
frenare[2] *(vt)* ***1*** bremsen *(vt)*. ***2*** *(ostacolare)* bremsen *(vt)*, hemmen *(vt)*. ***3*** *(dominare)* bezähmen *(vt)*, zügeln *(vt)*.
frenarsi *(vr)* ~ *(dominarsi)* sich bezähmen *(vr)*, sich zurückhalten *(vr)*.
frenesia *(f)* ~ Hektik *(f)*.
frenetico *(agg)* ~ hektisch, schnelllebig.
freno *(m)* ~ Bremse *(f)* *(anche fig)* ♦ *azionare, tirare il freno* die Bremse betätigen, anziehen ♦ *freno di emergenza* Notbremse ♦ *freno a mano* Handbremse. ◆ **pedale del freno** Bremspedal *(n)*. ◆ **tenere a freno qcn/qcs** jmdn/etwas zügeln/im Zaum halten*.
frequentare *(vt)* ***1*** *(persone o luoghi)* verkehren *(vi*, hat*)* ♦ *frequentare qcn, un locale* bei jmdm, in einem Lokal verkehren. ***2*** *(scuola)* besuchen *(vt)*.
frequente *(agg)* ~ häufig. ◆ **di frequente** häufig, oft *(avv)*.
frequentemente *(avv)* ~ häufig, oft.
frequenza *(f)* ***1*** Häufigkeit *(f)*. ***2*** *(a scuola)* Besuch *(m)*. ***3*** *(fis)* Frequenz *(f)*.
fresa *(f)* ~ Fräse *(f)*.
freschezza *(f)* ~ Frische *(f)*.
fresco[1] *(agg)* ***1*** frisch *(anche fig)* ♦ *aria fresca* frische Luft ♦ *un aspetto fresco* ein frisches Aussehen. ***2*** *(freddo)* kühl ♦ *una bibita fresca* ein kühles Getränk. ***3*** *(appena sfornato)* frisch gebacken. ***4*** *(vernice; sangue)* nass*.
fresco[2] *(m)* ~ Kühle *(f)*, Kühlung *(f)*.♦ *il fresco della sera* die Kühle des Abends. ◆ **mettere qcs in fresco** etwas kühlen *(vi*, hat*)*, etwas kalt stellen.
fretta *(f)* ~ Eile *(f)*, Hast *(f)* ♦ *in gran fretta* in großer Hast, in (aller) Eile ♦ *avere fretta* Eile haben, in Eile sein. ◆ **in/di fretta** eilig. ◆ **andare in fretta** eilen *(vi*, ist/hat*)*. ◆ **non c'è fretta** damit eilt es nicht.
frettoloso *(agg)* ***1*** eilig ♦ *passi frettolosi* eilige Schritte. ***2*** *(veloce)* flüchtig.
friabile *(agg)* ~ krümelig; *(di cibo)* mürb(e).
friggere *(vt)* ~ braten* *(vt)*, frittieren *(vt)*.
friggitrice *(f)* ~ Fritteuse *(f)*.
frigido *(agg)* ~ *(med)* frigid.
frigidità *(f)* ***1*** *(med)* Frigidität. ***2*** *(fig)* Gefühlskälte.
frignare *(vi)* ~ *(fam)* quengeln *(vi*, hat*)*.
frigorifero[1] *(agg)* ~ Kühl-.
frigorifero[2] *(m)* ~ Kühlschrank *(m)*.
fringuello *(m)* ~ Fink *(m)*.
frinire *(vi)* ~ zirpen *(vi*, hat*)*.
frittata *(f)* ~ Eierkuchen *(m)*, Omelett *(n)*.
fritto[1] *(agg)* ~ gebraten, Brat-. ◆ **patate fritte** Pommes frites *(pl)*.

fritto[2] *(m)* ~ Gebratene *(n)*.
frittura *(f)* ~ Frittüre *(f)*.
frizione *(f)* ***1*** Reibung *(f) (anche fis)*. ***2*** *(mecc)* Kupplung *(f)*. ◆ **pedale della frizione** Kupplungspedal *(n)*.
frizzante *(agg)* ~ spritzig, prickelnd. ◆ **acqua frizzante** Sprudel *(m)*.
frizzare *(vi)* ***1*** *(bevande gassate)* prickeln *(vi*, hat*)*. ***2*** *(ferite)* brennen* *(vi*, hat*)*.
frodare *(vt)* ~ betrügen *(vt)*.
frode *(f)* ~ Betrug *(m)*.
frodo *(m)* ~ Hinteziehung *(f)*. ◆ **cacciare di frodo** wildern *(vt/vi)*.
fronda *(f)* ~ *(pl)* Laub *(n)*, Laubwerk *(n)*.
frondoso *(agg)* ~ Laub tragend, blätterreich.
frontale *(agg)* ~ frontal.
frontalmente *(avv)* ~ frontal.
fronte *(f)* ***1*** *(di uomo o animale)* Stirn *(f)* ♦ *aggrottare la fronte* die Stirn runzeln. ***2*** *(di edifici; anche mil/pol)* Front *(f)* ♦ *al fronte* an die Front *(moto)*; an der Front *(stato)* ♦ *una battaglia su due fronti (anche fig)* ein Kampf an/nach zwei Fronten. ◆ **di fronte** gegenüber ♦ *la casa di fronte* das Haus gegenüber. ◆ **di fronte a** gegeüber *(prep/posp + Dat)* ♦ *abitano di fronte a me* sie wohnen mir gegenüber ♦ *era scettico di fronte alla mia proposta* er stand meinem Vorschlag skeptisch gegenüber.
fronteggiare *(vt)* ~ {~ *qcn/qcs*} jmdm/etwas entgegen|treten* *(vi*, ist*)*.
frontespizio *(m)* ~ *(di libro)* Titelblatt *(n)*; *(di rivista)* Titelseite *(f)*.
frontiera *(f)* ~ Grenze *(f)*. ◆ **controllo alla frontiera** Grenzkontrolle *(f)*. ◆ **posto di frontiera** Grenzposten *(m)*.
frontone *(m)* ~ Giebel *(f)*.
fronzuto *(agg)* ~ Laub tragend, blätterreich.
frotta *(f)* ~ Schar *(f)*. ◆ **a frotte** in Scharen.
frottola *(f)* ~ Lügengeschichte *(f)*.
frugale *(agg)* ~ karg, schlicht.
frugare *(vi)* ~ *(rovistare)* wühlen *(vi*, hat*)*, stöbern *(vi*, hat*)* ♦ *frugare in cerca di* nach etwas stöbern.
fruizione *(f)* ~ Inanspruchnahme *(f)*.
frullare[1] *(vi)* ~ schwirren *(vi*, ist*) (anche fig)* ♦ *frullare per la testa a qcn (idee e sim)* jmdm durch den Kopf schwirren.
frullare[2] *(vt)* ~ quirlen *(vt)*.
frullatore *(m)* ~ Mixgerät *(n)*.
frullino *(m)* ~ Quirl *(m)*.
frumento *(m)* ~ *(bot)* Weizen *(m)*.
frusciare *(vi)* ~ rascheln *(vi*, hat*)*, rauschen *(vi*, hat*)*.
frusta *(f)* ***1*** Peitsche *(f)* ♦ *far schioccare la frusta* mit der Peitsche knallen. ***2*** *(sbattitore, frullino)* Schneebesen *(m)*.
frustare *(vt)* ~ peitschen *(vt)*.
frustata *(f)* ~ Peitschenhieb *(m)*.
frustino *(m)* ~ Gerte *(f)*.
frustrante *(agg)* ~ frustrierend.
frustrare *(vt)* ~ zunichte machen *(vt)*.
frustrazione *(f)* ~ Frustration *(f)*.
frutta *(f)* ~ Obst *(n)*, Früchte *(pl)* ♦ *frutta secca* Dörrobst. ◆ **frutta cotta** Kompott *(n)*.
fruttare[1] *(vi)* ~ Früchte tragen*.
fruttare[2] *(vt)* ~ *(econ)* ab|werfen* *(vt)*, ein|bringen* *(vt)*.
frutteto *(m)* ~ Obstgarten *(m)*.
fruttifero *(agg)* ~ fruchtbringend.
fruttivendolo *(m)* ~ Obsthändler *(m; f* -in*)*. ◆ **negozio di fruttivendolo** Gemüseladen *(m)*.
frutto *(m)* ~ Frucht *(f)* ♦ *frutti di mare* Meeresfrüchte. ◆ **dare frutti** *(bot)* fruchten *(vt)*; Früchte tragen*.
fruttuoso *(agg)* ~ fruchtbringend.
fucilare *(vt)* ~ erschießen* *(vt)*.
fucilazione *(f)* ~ Erschießung *(f)*.
fucile *(m)* ~ Gewehr *(n)*, Flinte *(f)*.
fucina *(f)* ~ Schmiede *(f)*.
fuco *(m)* ***1*** *(zool)* Drohne *(f)*. ***2*** *(alga)* Tang *(m)*.
fuga *(f)* ***1*** Flucht *(f)* ♦ *darsi alla fuga* die Flucht ergreifen ♦ *essere in fuga* auf der Flucht sein. ***2*** *(mus)* Fuge *(f)*.
fugace *(agg)* ~ vergänglich.
fuggiasco *(m)* ~ Flüchtling *(m)*.
fuggire *(vi)* ***1*** fliehen* *(vi*, ist*)*, entfliehen* *(vi*, ist*)*, flüchten *(vi*, ist*)* ♦ *fuggire dalla guerra* vor dem Krieg fliehen. ***2*** *(evadere)* aus|brechen* *(vi*, ist*)* ♦ *fuggire di prigione* aus dem Gefängnis ausbrechen.
fuggitivo[1] *(agg)* ~ flüchtig.
fuggitivo[2] *(m)* ~ Flüchtling *(m)*.
fuliggine *(f)* ~ Ruß *(m)*.
fulminare *(vt)* ~ mit einem Blitz treffen* *(vt)*.

fulminarsi *(vr)* ~ durch|brennen* *(vi*, ist*)* ♦ *la lampadina si è fulminata* die Birne ist durchgebrannt.
fulmine *(vr)* ~ Blitz *(m)*. ◆ **colpo di fulmine** Liebe auf den ersten Blick.
fulmineo *(agg)* ~ blitzschnell.
fulvo *(agg)* ***1*** rot, rötlich. ***2*** *(dai capelli rossi)* rothaarig.
fumaiolo *(m)* ~ Schornstein *(m)*.
fumare *(vi/vt)* ***1*** rauchen *(vi/vt*, hat*)* ♦ *qui non si può fumare* hier darf man nicht rauchen. ***2*** *(esalare vapore)* dampfen *(vi*, ist/hat*)* ♦ *la minestra fuma ancora* die Suppe dampft noch. ◆ **vietato fumare** Rauchen verboten.
fumatore *(m; f* **-trice***)* ~ Raucher *(m; f* -in*)*. ◆ **non fumatori** Nichtraucher *(m)*.
fumetto *(m)* ***1*** *(giornalino)* Comicheft *(n)*. ***2*** *(pl) (fumetti)* Comics *(pl)*.
fumo *(m)* ***1*** Rauch *(m)*; *(denso)* Qualm *(m)* ♦ *andare in fumo* in Rauch aufgehen. ***2*** *(vapore)* Dampf *(m)*, Dunst *(m)*. ***3*** *(il fumare)* Rauchen *(n)*.
fumoso *(agg)* ***1*** *(pieno di fumo)* rauchig. ***2*** *(pieno di vapori)* dunstig.
funambolo *(m; f* **-a***)* ~ Seiltänzer *(m; f* -in*)*.
fune *(f)* ***1*** Seil *(n)*, Strick *(m)* ♦ *fune metallica* Drahtseil. ***2*** *(naut)* Tau *(n)*. ◆ **tiro alla fune** Tauziehen *(n)*.
funebre *(agg)* ~ Trauer-, Toten- ♦ *cerimonia funebre* Trauerfeier *(f)* ♦ *messa funebre* Totenmesse *(f)*.
funerale *(m)* ~ Begräbnis *(n)*, Beerdigung *(f)*.
funestare *(vt)* ~ heim|suchen *(vt)*.
funesto *(agg)* ***1*** unheilvoll. ***2*** *(fatale)* unselig.
fungere *(vi)* ~ {~ *da*} als etwas *(Nom)* fungieren *(vi*, hat*)*.
fungo *(m)* ~ *(bot)* Pilz *(m) (anche med)* ♦ *fungo porcino* Steinpilz ♦ *fungo della pelle* Hautpilz.
funivia *(f)* ~ Seilbahn *(f)*.
funzionale *(agg)* ~ zweckmäßig.
funzionamento *(m)* ~ *(di macchine e sim)* Betrieb *(m)*, Lauf *(m)* ♦ *funzionamento manuale* Handbetrieb.
funzionare *(vi)* ***1*** funktionieren *(vi*, hat*)*, laufen* *(vi*, ist*)* ♦ *il mio orologio non funziona* meine Uhr läuft nicht. ***2*** *(tecn)* arbeiten *(vi*, hat*)*.
funzionario *(m; f* **-a***)* ***1*** Funktionär *(m; f* -in*)*. ***2*** *(pubblico)* Beamte(r) *(m; f* Beamtin*)*.
funzione *(f)* ***1*** Funktion *(f) (anche mat)*. ***2*** *(attività)* Betrieb *(m)*, Tätigkeit *(f)* ♦ *entrare in funzione* in Betrieb treten ♦ *essere, mettere in funzione* in Betrieb sein, setzen. ***3*** *(ruolo, carica)* Funktion *(f)*, Amt *(n)*. ***4*** *(relig)* Gottesdienst *(m)*.
fuoco *(m)* ***1*** Feuer *(n)* ♦ *accendere, spegnere il fuoco* das Feuer anzünden, löschen ♦ *prendere fuoco* Feuer fangen ♦ *aprire il fuoco su qcn/qcs* das Feuer auf jmdn/etwas eröffnen. ***2*** *(fornello)* Feuer *(n)*, Herd *(m)* ♦ *mettere una pentola sul fuoco* einen Topf auf den Herd/aufs Feuer stellen. ***3*** *(fotogr/geom)* Fokus *(m)*, Brennpunkt *(m)*. ◆ **fuochi d'artificio** Feuerwerk *(n)* ♦ *fare i fuochi d'artificio* ein Feuerwerk abbrennen. ◆ **fuoco di paglia** Strohfeuer *(n)*. ◆ **al fuoco!** Feuer! ◆ **cessate il fuoco** *(mil)* Feuereinstellung *(f)*. ◆ **fare fuoco (su qcn)** *(mil)* (auf jmdn) feuern *(vi*, hat*)*.
fuori[1] *(avv)* ***1*** *(stato in luogo)* draußen ♦ *là fuori* da draußen. ***2*** *(moto a luogo, lontano da chi parla)* hinaus ♦ *fuori!* hinaus mit dir! ***3*** *(moto a luogo, verso chi parla)* heraus ♦ *vieni fuori!* komm heraus! ***4*** *(all'esterno)* außen. ***5*** *(moto a luogo)* nach außen, nach draußen. ***6*** *(moto da luogo)* von außen, von draußen. ***7*** *(fuori casa, fuori residenza, fuori sede)* auswärts. ◆ **fuori da qcs** *(moto a luogo)* zu etwas hinaus ♦ *fuori dalla porta* zur Tür hinaus. ◆ **fuori servizio** außer Dienst; *(apparecchi)* außer Betrieb. ◆ **fuori pericolo** außer Gefahr. ◆ **fuori di dubbio** außer Zweifel. ◆ **essere fuori di sè** außer sich *(Dat)* sein. ◆ **fuori mano** *(distante)* abgelegen *(agg)*. ◆ **in fuori** *(sporgente)* vorstehend *(agg)*.
fuori[2] *(prep)* ~ *(fuori da/di, al di fuori di)* außerhalb *(prep* + Gen*)* ♦ *fuori dall'Italia* außerhalb Italiens ♦ *fuori dall'orario di lavoro* außerhalb der Arbeitszeit ♦ *fuori città* außerhalb (der Stadt) ♦ *vengo da fuori città* ich komme von außerhalb der Stadt.
fuorigioco *(m)* ~ *(sport)* Abseits *(n)*.
fuoriserie *(agg)* ~ Sonder-.

fuoristrada *(m)* ~ Geländewagen *(m)*, Jeep *(m)*.
fuoriuscire *(vi)* ~ aus|treten* *(vi*, ist*)*, aus|strömen *(vi*, ist*)*.
fuoriuscita *(f)* ~ Austritt *(m)*, Ausströmung *(f)*.
fuorviante *(agg)* ~ irreführend.
furbacchione *(m)* ~ Schlauberger *(m)*.
furbizia *(f)* ~ Schlauheit *(f)*.
furbo *(agg)* ~ schlau, gewitzt.
furetto *(m)* ~ *(zool)* Frettchen *(n)*.
furfante *(m/f)* ~ Gauner *(m; f* -in*)*, Spitzbube *(m)*.
furgone *(m)* ~ Lieferwagen *(m)*, Transporter *(m)*.
furia *(f)* ***1*** *(ira)* Wut ♦ *andare su tutte le furie* in Wut geraten. ***2*** *(violenza, intensità)* Wüten *(n)*, Heftigkeit *(f)*. ***3*** *(fretta)* Hast *(f)* ♦ *in gran furia* in großer Hast.
furioso *(agg)* ***1*** *(infuriato)* wütend. ***2*** *(fig)* wild.
furore *(m)* ~ *(ira)* Tobsucht *(f)*. ***2*** *(violenza, intensità)* Heftigkeit *(f)*.
furoreggiare *(vi)* ~ Furore machen.
furtivamente *(avv)* ~ verstohlen.
furtivo *(agg)* ~ verstohlen, heimlich.
furto *(m)* ~ Diebstahl *(m)* ♦ *compiere un furto* einen Diebstahl begehen ♦ *furto con scasso* Einbruch(s)diebstahl.
fusa *(f pl)* ~ Schnurren *(n)*. ◆ **fare le fusa** schnurren *(vi*, hat*)*.
fuseaux *(m pl)* ~ Leggin(g)s *(pl)*.
fusione *(f)* ***1*** *(liquefazione)* Schmelze *(f)*. ***2*** *(di metalli)* Guss *(m)*. ***3*** *(fis/chim)* Fusion *(f)*. ***4*** *(di società)* Zusammenschluss *(m)*.
fuso[1] *(agg)* ***1*** geschmolzen. ***2*** *(metalli)* gegossen.
fuso[2] *(m)* ***1*** Spindel *(f)*. ***2*** *(orario)* Zeitzone *(f)*
fusoliera *(f)* ~ Rumpf *(m)*.
fustigare *(vt)* ***1*** peitschen *(vt)*. ***2*** *(fig)* geißeln *(vt)*.
fusto *(m)* ***1*** *(tronco)* Stamm *(m)*. ***2*** *(di colonna)* Schaft *(m)*. ***3*** *(botte)* Fass *(n)*.
futile *(agg)* ~ nichtig, unbedeutend.
futilità *(f)* ~ Nichtigkeit *(f)*.
futurismo *(m)* ~ Futurismus *(m)*.
futuro[1] *(agg)* ~ künftig, zukünftig ♦ *il nostro futuro appartamento* unsere künftige Wohnung.
futuro[2] *(m)* ***1*** Zukunft *(f)*. ***2*** *(gramm)* Zukunft *(f)*, Futur *(n)*. ◆ **in futuro** in Zukunft, zukünftig *(avv)*, weiterhin *(avv)*.

g

gabbare *(vt)* ~ übertölpeln *(vt)*.
gabbia *(f)* ~ Käfig *(m)*.
gabbiano *(m)* ~ *(zool)* Möwe *(f)*.
gabinetto *(m)* ***1*** Klo *(n)* ♦ *andare al gabinetto* aufs Klo gehen. ***2*** *(studio)* Praxis *(f)* ♦ *studio medico* Arztpraxis. ***3*** *(pol)* Kabinett *(n)*.
gaffe *(f)* ~ Ausrutscher *(m)*. ◆ **fare una gaffe** entgleisen *(vi, ist)*.
gaio *(agg)* ~ fröhlich.
gala *(m)* ***1*** *(serata)* Gala *(f)*. ***2*** *(ricevimento)* Galaempfang *(m)*. ◆ **spettacolo di gala** Galavorstellung *(f)*.
galante *(agg)* ***1*** galant, höflich. ***2*** *(amoroso)* Liebes- ♦ *avventura galante* Liebesabenteuer.
galantuomo *(m)* ~ Ehrenmann *(m)*, Gentleman *(m)*.
galassia *(f)* ~ Galaxis *(f)*.
galateo *(m)* ***1*** *(comportamento)* gute Benehmen, gute Erziehung. ***2*** *(libro)* Anstandsbuch.
galattico *(agg)* ***1*** galaktisch. ***2*** *(fantastico)* Super-.
galeotto *(m; f* **-a***)* ***1*** *(stor)* Galeerensklave *(m; f* -sklavin*)*. ***2*** *(detenuto)* Zuchthäusler *(m; f* -in*)*.
galera *(f)* ***1*** *(nave)* Galeere *(f)*. ***2*** *(prigione)* Gefängnis *(f)*.
galla *(f)* ***1*** *(bot)* Galle *(f)*. ***2*** *(med)* Blase *(f)*. ◆ **a galla** an der Oberfläche. ◆ **tenersi a galla** sich *(Acc)* über Wasser halten*. ◆ **rimanere a galla** *(fig)* sich *(Acc)* oben halten*. ◆ **venire a galla** an die Oberfläche kommen*; *(fig)* ans Licht kommen*.
galleggiante[1] *(agg)* ~ schwimmend.
galleggiante[2] *(m)* ~ Schwimmer *(m)*.
galleggiare *(vi)* ~ schwimmen *(vi, ist/hat)*.
galleria *(f)* ***1*** Tunnel *(m)*. ***2*** *(di miniera)* Stollen *(m)*. ***3*** *(corridoio; museo)* Galerie *(f)*. ***4*** *(teatr)* Rang *(m)*. ***5*** *(commerciale)* Passage *(f)*.
gallina *(f)* ~ Henne *(f)*.
gallo *(m)* ~ *(zool)* Hahn *(m)* ♦ *il gallo canta* der Hahn kräht. ◆ **canto del gallo** Hahnenschrei *(m)*.
gallone[1] *(m)* ~ *(mil)* Tresse *(f)*, Litze *(f)*.
gallone[2] *(m)* ~ *(misura)* Gallone *(f)*.
galoppare *(vi)* ~ Galopp reiten*, galoppieren *(vi, ist)*.
galoppata *(f)* ~ Galopprennen *(n)*, Galoppritt *(m)*.
galoppo *(m)* ~ Galopp *(m)* ♦ *andare al galoppo* Galopp reiten. ◆ **al galoppo** *(fig)* im Galopp.
galvanico *(agg)* ~ galvanisch.
galvanizzare *(vt)* ***1*** *(med/tecn)* elektrisieren *(vt)*. ***2*** *(fig)* in Begeisterung versetzen *(vt)*.
gamba *(f)* ***1*** *(persona, animale; tavolo)* Bein *(n)*. ***2*** *(dal ginocchio al piede)* Unterschenkel *(m)*. ◆ **a gambe larghe** *(divaricate)* breitbeinig *(avv)*. ◆ **in gamba** *(capace)* tüchtig *(agg)*. ◆ **in gamba!** mach's gut! ◆ **essere in gamba** auf Draht sein.

gamberetto *(m)* ~ *(zool)* Garnele *(f)*.
gambero *(m)* ~ *(zool)* Krebs *(m)*. ◆ **gambero di mare** Hummer *(m)*.
gambo *(m)* ~ Stiel *(m)*, Stängel *(m)*.
gamma *(f)* ***1*** *(spettro, varietà)* Palette *(f)*, Auswahl *(f)*. ***2*** *(mus)* Tonleiter *(f)*.
ganascia *(f)* ***1*** Kinnbacke *(f)*. ***2*** *(tecn)* Backe *(f)*. ***3*** *(per auto)* Bremsbacke *(f)*.
gancio *(m)* ~ Haken *(m)* *(anche sport)*.
ganghero *(m)* ~ Angel *(f)*. ◆ **uscire dai gangheri** aus der Haut fahren*.
ganzo[1] *(agg)* ~ toll.
ganzo[2] *(m)* ~ *(amante)* Geliebter *(m)*.
gara *(f)* ***1*** Wettbewerb *(m)*. ***2*** *(sport)* Wettkampf *(m)*; *(di corsa)* Wettlauf *(m)*; *(in auto, moto, ecc)* Wettfahrt *(f)*.
garage *(m)* ~ Garage *(f)* ♦ *garage sotterraneo* Tiefgarage.
garante *(m)* ~ Bürge *(m)* *(anche dir)*. ◆ **farsi garante di qcn/qcs** für jmdn/etwas bürgen *(vi*, hat*)*.
garantire[1] *(vi)* ~ {~ *per qcn/qcs*} für jmdn/etwas bürgen *(vi*, hat*)* *(anche dir)*.
garantire[2] *(vt)* ***1*** *(assicurare)* gewährleisten *(vt)*, verbürgen *(vt)*. ***2*** *(avallare)* {~ *qcs*} für etwas bürgen *(vi*, hat*)* *(anche dir)*. ***3*** *(una merce)* Garantie geben*. ***4*** {~ *qcs (a qcn)*} (jmdm) (für) etwas garantieren *(vt)*, jmdm etwas zu|sichern *(vt)* ♦ *ti garantisco che* ich garantiere dir, dass.
garantirsi *(vr)* ~ *(cautelarsi)* sich ab|sichern *(vr)*.
garantito *(agg)* ***1*** *(di sicuro)* garantiert. ***2*** *(sicuro)* sicher.
garanzia *(f)* ***1*** Garantie *(f)* ♦ *un anno di garanzia su un apparecchio* ein Jahr Garantie auf ein Gerät. ***2*** *(dir)* Bürgschaft *(f)*. ***3*** *(sicurezza)* Gewähr *(f)*, Gewährleistung *(f)*. ◆ **avviso di garanzia** Ermittlungsbescheid *(m)*.
garbare *(vi)* ~ gefallen *(vi*, hat*)*.
garbato *(agg)* ~ höflich.
garbo *(m)* ~ Höflichkeit *(f)*; *(grazia)* Anmut *(f)*. ◆ **con garbo** höflich *(avv)*, ordentlich *(avv)*.
garbuglio *(m)* ~ Gewirr *(n)*.
gareggiare *(vi)* ~ {~ *con qcn per qcs*} mit jmdm um etwas wetteifern *(vi*, hat*)*.
gargarismo *(m)* ~ Gurgeln *(n)*. ◆ **fare i gargarismi** gurgeln *(vi*, hat*)*.
garofano *(m)* ~ *(bot)* Nelke *(f)*.
garrire *(vi)* ~ zwitschern *(vi*, hat*)*.
garrito *(m)* ~ Gezwitscher *(n)*.
garza *(f)* ***1*** Gaze *(f)*. ***2*** *(per fasciature)* Verbandmull *(m)*.
garzone *(m)* ***1*** Geselle *(m*; *f* -lin*)*. ***2*** *(apprendista)* Lehrling.
gas *(m)* ~ Gas *(n)* ♦ *gas naturale* Erdgas, Naturgas ♦ *gas di scarico* Abgas ♦ *mettere la pentola sul gas* den Topf aufs Gas stellen. ◆ **allacciamento al gas** Gasanschluss *(m)*. ◆ **a tutto gas** mit Vollgas.
gasare *(vt)* ***1*** vedi **gassare**. ***2*** *(eccitare)* begeistern *(vt)*.
gasarsi *(vr)* ~ *(montarsi la testa)* sich auf|blasen *(vr)*.
gasato *(agg)* ~ *(esaltato)* eingbildet, aufgeblasen.
gasdotto *(m)* ~ Pipeline *(f)*.
gasolio *(m)* ~ Gasöl *(n)*. ◆ **riscaldamento a gasolio** Ölheizung *(f)*.
gassare *(vt)* ***1*** {~ *qcs*} etwas *(Dat)* Kolenhsäure zu|setzen. ***2*** *(uccidere con gas)* vergasen *(vt)*.
gassato *(agg)* ~ kohlensäurehaltig. ◆ **acqua gassata** Sprudelwasser *(n)*.
gassosa *(m)* ~ Limonade *(f)*.
gassoso *(agg)* ~ gasförmig.
gastrico *(agg)* ~ gastrisch, Magen- ♦ *succo gastrico* Magensaft *(m)* ♦ *lavanda gastrica* Magenspülung *(f)*.
gastrite *(f)* ~ *(med)* Gastritis *(f)*, Magenschleimhautentzündung *(f)*.
gastrointestinale *(agg)* ~ **apparato gastrointestinale** Magen-Darm-Kanal *(m)*.
gastronomia *(f)* ***1*** Gastronomie *(f)*. ***2*** *(negozio)* Delikatessengeschäft *(n)*.
gastronomico *(agg)* ~ gastronomisch.
gattabuia *(f)* ~ *(fam)* Kittchen *(n)*.
gatto *(m)* ~ Katze *(f)*; *(maschio)* Kater *(m)* ♦ *gatto delle nevi* Schneekatze.
gattoni *(avv)* ~ **andare a gattoni** auf allen vieren gehen*.
gaudente *(m/f)* ~ Genießer *(m*; *f* -in*)*.
gaudio *(m)* ~ Wonne *(f)*.
gavetta *(f)* ~ *(mil)* Kochgeschirr *(n)*. ◆ **venire dalla gavetta** von der Pike auf dienen *(vi*, hat*)*.
gay *(agg)* ~ schwul.
gazebo *(m)* ~ Pavillon *(n)*.
gazza *(f)* ~ Elster *(f)* ♦ *gazza ladra* diebische Elster.

gazzella *(f)* ~ Gazelle *(f)*.
gazzetta *(f)* ~ Zeitung *(f)*. ◆ **gazzetta ufficiale** Gesetzblatt *(n)*, Amtsblatt *(n)*.
gel *(m)* ~ Gel *(n)*.
gelare[1] *(vi)* ~ gefrieren *(vi*, hat*)*, frieren* *(vi/impers*, hat*)* ♦ *stanotte ha gelato* heute Nacht hat es gefroren ♦ *sto gelando* ich friere.
gelare[2] *(vt)* **1** gefrieren* *(vt)*, zufrieren lassen* *(vt)*. **2** *(fig)* erstarren lassen* *(vt)*.
gelarsi *(vr)* ~ vereisen *(vi*, ist*)*, frieren *(vi*, ist*)*, gefrieren* *(vi*, ist*)*.
gelata *(f)* ~ Frost *(m)*.
gelataio *(m)* **1** *(fabbricante)* Eishersteller *(m)*. **2** *(venditore)* Eisverkäufer *(m)*.
gelateria *(f)* ~ Eisdiele *(f)*.
gelatina *(f)* ~ *(gastr)* Gallert *(n)*; *(di frutta)* Gelee *(f)*.
gelatinoso *(agg)* **1** gallertartig. **2** *(fig)* wabb(e)lig.
gelato[1] *(agg)* **1** *(gelido)* eisig, eiskalt. **2** *(ghiacciato)* gefroren.
gelato[2] *(m)* ~ Eis *(n)*, Eiscreme *(f)* ♦ *una coppetta, un cono di gelato* ein Becher, eine Tüte Eis.
gelido *(agg)* ~ eisig, eiskalt.
gelo *(m)* **1** *(gelata)* Frost *(m)*. **2** *(fig)* Kälte *(f)*.
gelosamente *(avv)* **1** eifersüchtig. **2** *(con attenzione)* sorgfältig.
gelosia *(f)* **1** Eifersucht *(f)*. **2** *(invidia)* Missgunst *(f)*.
geloso *(agg)* **1** eifersüchtig ♦ *essere geloso di qcn* auf jmdn eifersüchtig sein. **2** *(invidioso)* missgünstig.
gelso *(m)* ~ *(bot)* Maulbeerbaum *(m)*.
gelsomino *(m)* ~ *(bot)* Jasmin *(m)*.
gemellaggio *(m)* ~ Partnerschaft *(f)* ♦ *gemellaggio tra città* Städtepartnerschaft.
gemellare[1] *(agg)* ~ Zwillings- ♦ *parto gemellare* Zwillingsgeburt *(f)*.
gemellare[2] *(vt)* ~ durch eine Partnerschaft verbinden*.
gemellarsi *(vr)* ~ Partnerschaft schließen*.
gemello *(m)* **1** Zwilling *(m)*; *(di tre)* Drilling *(m)* ♦ *ha avuto tre gemelli* sie hat Drillinge bekommen. **2** *(per polsino)* Manschettenknopf *(m)*. **3** *(pl)* *(astrol)* Zwillinge. ◆ **sorella, fratello gemello** Zwillingsschwester *(f)*, Zwillingsbruder *(m)*.
gemere *(vi)* ~ stöhnen *(vi*, hat*)*, ächzen *(vi*, hat*)*.
gemito *(m)* ~ Stöhnen *(n)*, Ächzen *(n)*.
gemma *(f)* **1** *(bot)* Knospe *(f)*. **2** *(miner)* Edelstein *(m)*. **3** *(fig)* Perle *(f)*.
gendarme *(m)* ~ Gendarm *(m)*.
gene *(m)* ~ *(biol)* Gen *(n)*.
genealogia *(f)* ~ Geneaologie *(f)*.
generale[1] *(agg)* **1** allgemein ♦ *consenso generale* allgemeine Zustimmung ♦ *medicina generale* allgemeine Medizin. **2** *(complessivo)* gesamt, Gesamt- ♦ *quadro generale* Gesamtbild *(n)*. **3** *(principale)* General-, Haupt- ♦ *direttore generale* Generaldirektor *(m)*. ◆ **in generale** im Allgemeinen, überhaupt *(avv)*.
generale[2] *(m)* ~ *(mil)* General *(m)*.
generalità *(f)* **1** Allgemeinheit *(f)*. **2** *(pl)* Personalien *(pl)* ♦ *fornire le proprie generalità* seine Personalien angeben.
generalizzare *(vt)* ~ verallgemeinern *(vt)*.
generalizzazione *(f)* ~ Verallgemeinerung *(f)*.
generalmente *(avv)* **1** allgemein. **2** *(di solito)* gewöhnlich.
generare *(vt)* **1** *(procreare)* zeugen *(vt)*. **2** *(fare, produrre)* schaffen *(vt)*, erzeugen *(vt)*.
generatore[1] *(agg)* ~ zeugend.
generatore[2] *(m)* ~ Erzeuger *(m)* ♦ *generatore di corrente* Stromerzeuger *(m)*.
generazionale *(agg)* ~ Generations- ♦ *conflitto generazionale* Generationskonflikt.
generazione *(f)* **1** *(procreazione)* Zeugung. **2** *(età)* Generation *(f)*.
genere *(m)* **1** *(tipo)* Art *(f)* ♦ *unico nel suo genere* einzig in seiner Art. **2** *(sesso; specie)* Geschlecht *(n)* ♦ *genere umano* Menschengeschlecht *(n)*. **3** *(biol/artistico)* Gattung *(f)* ♦ *genere letterario* Literaturgattung. **4** *(gramm)* Geschlecht *(n)*, Genus *(n)*. **5** *(pl)* Artikel *(pl)*, Ware *(f)* ♦ *generi di prima necessità* Bedarfsartikel. ◆ **generi alimentari** Lebensmittel *(n)*. ◆ **una cosa del genere** so etwas. ◆ **niente del genere** nichts dergleichen.
genericità *(f)* ~ Allgemeinheit *(f)*; Unbestimmtheit *(f)*.
generico *(agg)* **1** *(generale)* allgemein. **2** *(vago)* unbestimmt.
genero *(m)* ~ Schwiegersohn *(m)*.

generosamente *(avv)* ~ großzügig.
generosità *(f)* ***1*** Großherzigkeit *(f)*, Großzügigkeit *(f)*. ***2*** *(liberalità)* Freigebigkeit *(f)*.
generoso *(agg)* ***1*** *(magnanimo)* großherzig, großmütig. ***2*** *(di manica larga)* großzügig, freigebig.
genesi *(f)* ***1*** *(origine)* Entstehung *(f)*, Ursprung *(f)*. ***2*** *(relig)* Genesis *(f)*.
genetica *(f)* ~ Genetik *(f)*.
genetico *(agg)* ~ genetisch. ◆ **ricerca genetica** Genforschung *(f)*.
gengiva *(f)* ~ Zahnfleisch *(n)*.
gengivite *(f)* ~ *(med)* Zahnfleischentzündung *(f)*.
genia *(f)* ~ *(razza)* Menschenschlag *(m)*.
geniale *(agg)* ~ genial.
genialità *(f)* ~ Genialität *(f)*.
geniere *(m)* ~ *(mil)* Pionier *(m)*.
genio *(m)* ~ Genie *(n)*. ◆ **andare a genio a qcn** jmdm liegen* *(vi,* hat*)*. ◆ **genio militare** Pioniertruppe. ◆ **genio civile** technischer Hilfdienst.
genitale *(agg)* ~ genital.
genitale *(m)* ~ *(pl)* Genitalien *(pl)*, Geschlechtsorgane *(pl)*.
genitivo *(m)* ~ Genitiv *(m)*, Wesfall *(m)*.
genitore *(m)* ~ *(singolo)* Elternteil *(m)*; *(pl)* Eltern.
gennaio *(m)* ~ Januar *(m)* ♦ *a gennaio* im Januar.
genocidio *(m)* ~ Völkermord *(m)*.
gentaglia *(f)* ~ Pack *(n)*.
gente *(f)* ~ Leute *(pl)* ♦ *c'era molta gente* viele Leute waren da. ***3*** *(popolazione)* Volk *(n)*.
gentile *(agg)* ~ *(cortese)* freundlich, nett, lieb ♦ *un'accoglienza gentile* eine freundliche Aufnahme ♦ *è molto gentile da parte tua* das ist sehr nett von dir. ◆ **Gentile Signor/Signora Schulz** *(formula epistolare)* sehr geherte Frau/Herr Schulz.
gentilezza *(f)* ***1*** Freundlichkeit, Liebenswürdigkeit *(f)*. ***2*** *(tatto)* Taktgefühl *(n)*. ***3*** *(favore)* Gefälligkeit *(f)*.
gentilmente *(avv)* ~ freundlich.
gentiluomo *(m)* ~ Ehrenmann *(m)*, Gentleman *(m)*.
genuflessione *(f)* ~ Kniefall *(m)*.
genuinità *(f)* ***1*** Unverfälschtheit *(f)*. ***2*** *(autenticità)* Echtheit *(f)*.
genuino *(agg)* ***1*** unverfälscht. ***2*** *(vero, sincero)* echt.
geografia *(f)* ~ Geografie *(f)*, Erdkunde *(f)*.
geografico *(agg)* ~ geografisch.
geologia *(f)* ~ Geologie *(f)*, Erdgeschichte *(f)*.
geologico *(agg)* ~ geologisch, erdgeschichtlich.
geologo *(m; f* **-a***)* ~ Geologe *(m; f* -login*)*.
geometra *(m/f)* ~ Vermessungstechniker *(m; f* -in*)*.
geometria *(f)* ~ Geometrie *(f)*.
geometrico *(agg)* ~ geometrisch.
geranio *(m)* ~ Geranie *(f)*.
gerarchia *(f)* ~ Hierarchie *(f)*, Rangordnung *(f)*.
gerarchico *(agg)* ~ hierarchisch.
gerente *(m)* ~ Führer *(m)*, Leiter *(m)*.
gergo *(m)* ~ Jargon *(m)*.
germanesimo *(m)* ~ Deutschtum *(n)*.
germanico *(agg)* ~ germanisch.
germanista *(m/f)* ~ Germanist *(m; f* -in*)*.
germanistica *(f)* ~ Germanistik *(f)*.
germanistico *(agg)* ~ germanistisch.
germanizzare *(vt)* ~ ein|deutschen *(vt)*.
germe *(m)* ~ Keim *(m)* *(anche fig)*.
germinare *(vi)* ~ keimen *(vi,* hat*)*.
germogliare *(vi)* ***1*** *(dal seme)* aus|keimen *(vi,* hat*)*. ***2*** *(dalla gemma)* aus|treiben* *(vi,* hat*)*.
germoglio *(m)* ~ Keim *(m)*; Trieb *(m)*.
gerundio *(m)* ~ *(gramm)* Gerundium *(n)*.
gessato *(agg)* ***1*** übergipst, Gips- ♦ *benda gessata* Gipsverband *(m)*. ***2*** *(tessuto)* Nadelstreifen- ♦ *(abito da uomo) gessato* Nadelstreifenanzug *(m)*.
gessetto *(m)* ~ Kreide *(f)*.
gesso *(m)* ***1*** *(materiale; ingessatura)* Gips *(m)*. ***2*** *(gessetto)* Kreide *(f)*. ◆ **(fatto) di gesso/in gesso** gipsern *(agg)*. ◆ **sporco di gesso** kreidig *(agg)*.
gestante *(f)* ~ Schwangere *(f)*.
gestazione *(f)* ***1*** Schwangerschaft *(f)*. ***2*** *(fig)* Vorbereitung *(f)*.
gesticolare *(vi)* ~ gestikulieren *(vi,* hat*)*.
gestione *(f)* ***1*** Leitung *(f)* ♦ *la gestione di un'impresa* die Leitung eines Unternehmens. ***2*** *(amministrazione)* Verwaltung *(f)*.
gestire *(vt)* ***1*** leiten *(vt)*. ***2*** *(amministrare)* verwalten *(vt)*. ***3*** *(ristoranti e sim)* bewirtschaften *(vt)*.

gesto *(m)* ~ Geste *(f)*, Gebärde *(f)* ♦ *un gesto d'amicizia* eine freundliche Geste ♦ *farsi capire a gesti* sich durch Gebärden verständigen.
gestore *(m)* ***1*** Leiter *(m)*. ***2*** *(amministratore)* Verwalter *(m)*.
gestualità *(f)* ~ Gestik *(f)*.
Gesù *(np m)* ~ Jesus *(np m)*. ◆ **Gesù bambino** Christkind *(np n)*.
gettare *(vt)* ***1*** werfen* *(vt)* ♦ *gettò la bottiglia dalla finestra* er warf die Flasche aus dem Fenster ♦ *gettò a terra la borsa* sie warf die Tasche auf den Boden ♦ *gettare a terra qcn* jmdn zu Boden werfen ♦ *gettare a mare qcs (anche fig)* etwas über Bord werfen ♦ *gettare la spugna* das Handtuch werfen ♦ *gettare l'ancora* den Anker werfen. ***2*** *(buttare via)* werfen* *(vt)*, weg|werfen* *(vt)*, *(fam)* weg|schmeißen* *(vt)*. ***3*** *(fig)* versetzen *(vt)* ♦ *gettare qcn nel panico* jmdn in Panik versetzen. ***4*** *(spargere, diffondere)* streuen *(vt)* *(anche fig)*. ***5*** {~ *qcs a qcn*} jmdm etwas zu|werfen* *(vt)* *(anche fig)* ♦ *gettare sguardi a qcn* jmdm Blicke zuwerfen. ◆ **gettare le fondamenta** ein Fundament legen. ◆ **gettare un ponte** eine Brücke bauen. ◆ **gettare indietro** zurück|werfen* *(vt)* ♦ *gettare indietro la testa* den Kopf zurückwerfen. ◆ **gettare in avanti** vor|werfen* *(vt)* ♦ *gettare un osso a un cane* einem Hund einen Knochen vorwerfen. ◆ **gettare a terra** um|werfen* *(vt)*; hin|werfen* *(vt)*. ◆ **gettare dentro** ein|werfen* *(vt)*.
gettarsi *(vr)* ***1*** sich werfen* *(vr)*; sich stürzen *(vr)* ♦ *gettarsi addosso a qcn/su qcs* sich auf jmdn/etwas stürzen ♦ *gettarsi in ginocchio di fronte a qcn* sich vor jmdm auf die Knie werfen. ***2*** *(sfociare)* münden *(vi, hat)* ♦ *il Reno si getta nel Mare del Nord* der Rhein mündet in die Nordsee.
gettata *(f)* ***1*** *(lancio)* Wurf *(m)*, Werfen *(n)*. ***2*** *(metalli)* Guss *(m)*. ***3*** *(edilizia)* Schüttung *(f)*.
gettito *(m)* ~ *(econ)* Aufkommen *(n)*.
getto *(m)* ***1*** *(lancio)* Wurf *(m)*, Werfen *(n)*. ***2*** *(zampillo d'acqua)* Wasserstrahl *(m)*. ***3*** *(di metallo)* Guss *(m)*
gettone *(m)* ***1*** *(contromarca)* Marke *(f)*, Münze *(f)*. ***2*** *(fiche)* Spielmarke *(f)*, Chip *(m)*.
geyser *(m)* ~ Geysir *(m)*.
ghepardo *(m)* ~ Gepard *(m)*.
ghermire *(vt)* ~ packen *(vt)*.
ghetta *(f)* ~ Gamasche *(f)*.
ghetto *(m)* ~ Getto *(n)* *(anche fig)*
ghiacciaio *(m)* ~ Gletscher *(m)*.
ghiacciare *(vi)* ~ *(ghiacciarsi)* grefrieren* *(vi, ist)*, zufrieren* *(vi, ist)*.
ghiacciato *(agg)* ***1*** gefroren, zugefroren. ***2*** *(freddissimo)* eiskalt; *(bevande)* eisgekühlt. ◆ **strada ghiacciata** Glatteis *(n)*.
ghiaccio *(m)* ~ Eis *(n)*. ◆ **borsa del ghiaccio** Eisbeutel *(m)*. ◆ **cubetto di ghiaccio** Eiswürfel *(m)*.
ghiacciolo *(m)* ***1*** Eiszapfen *(m)*. ***2*** *(gelato)* Wassereis *(n)*.
ghiaia *(f)* ***1*** Kies *(m)*. ***2*** *(di fiume)* Schotter *(m)*.
ghianda *(f)* ~ Eichel *(f)*.
ghiandaia *(f)* ~ *(zool)* Häher *(m)*.
ghiandola *(f)* ~ Drüse *(f)*.
ghiera *(f)* ~ Zwinge *(f)*.
ghigliottina *(f)* ~ Guillotine *(f)*, Fallbeil *(n)*.
ghignare *(vi)* ~ grinsen *(vi, hat)*.
ghigno *(m)* ~ Grinsen *(n)*.
ghingheri ~ **essere in ghingheri** in Schale sein*. ◆ **mettersi in ghingheri** sich in Schale werfen*.
ghiotto *(agg)* ***1*** *(di persona)* gierig, naschhaft ♦ *essere ghiotto di qcs* nach etwas gierig sein. ***2*** *(appetitoso)* lecker.
ghiottone *(m)* ~ Leckermaul *(n)*.
ghiottoneria *(f)* ***1*** *(golosità)* Naschhaftigkeit *(f)*. ***2*** *(cibo o cosa ghiotta)* Leckerbissen *(m)*.
ghiribizzo *(m)* ~ Schrulle *(f)*.
ghirigoro *(m)* ~ Schnörkel *(m)*. ◆ **pieno di ghirigori** schnörkelig *(agg)*.
ghirlanda *(f)* ~ Kranz *(m)*, Girlande *(f)*.
ghiro *(m)* ~ Siebenschläfer *(m)*. ◆ **dormire come un ghiro** wie ein Murmeltier schlafen*.
ghisa *(f)* ~ Gusseisen *(n)*.
già *(avv)* ***1*** schon, bereits ♦ *il libro l'ho già letto* das Buch habe ich schon gelesen ♦ *ho già fatto la doccia* ich habe bereits geduscht. ***2*** *(nei nomi)* vormals. ***3*** *(un tempo)* ehemalig, früher. ◆ **già da molto tempo** schon lange. ◆ **ah già!** ach ja!

giacca *(f)* ~ Jacke *(f)* ♦ *giacca a vento* Windjacke.
giacché *(congiunz)* ~ da, weil.
giacenza *(f)* ***1*** *(scorte di magazzino)* Lagerbestand *(m)*. **2** *(periodo)* Lagerzeit. ◆ **rimanere in giacenza** *(posta)* liegen bleiben.
giacere *(vi)* ***1*** *(essere sdraiato)* liegen* *(vi,* hat*)* ♦ *giacere a letto* im Bett liegen. **2** *(riposare; essere sepolto)* ruhen *(vi,* hat*)*.
giaciglio *(m)* ~ Lager *(n)*.
giacimento *(m)* ***1*** Vorkommen *(n)* ♦ *giacimento petrolifero* Erdölvorkommen. **2** *(di minerali e sim)* Lager *(n)*.
giacinto *(m)* ~ *(bot)* Hyazinthe *(f)*.
giada *(f)* ~ Jade *(f/m)*.
giaggiolo *(m)* ~ *(bot)* Schwertlilie *(f)*.
giaguaro *(m)* ~ Jaguar *(m)*.
giallastro *(agg)* ~ gelblich.
giallo[1] *(agg)* ~ gelb ♦ *pagine gialle* gelbe Seiten.
giallo[2] *(m)* ***1*** Gelb *(n)*. **2** *(romanzo)* Kriminalroman *(m)*; *(film)* Kriminalfilm *(m)*.
giammai *(avv)* ~ niemals, nimmer.
gianduia *(m)* ~ Nugat *(m/n)*.
giardinaggio *(m)* ~ Gartenbau *(m)*, Gärtnerei *(f)*.
giardiniere *(m/f)* ~ Gärtner *(m; f* -in*)*.
giardino *(m)* ~ Garten *(m)*. **2** *(parco)* Park *(m)* ♦ *giardino pubblico* Stadtpark. ◆ **giardino zoologico** Tiergarten *(m)*, Zoo *(m)*.
giarrettiera *(f)* ~ Strumpfhalter *(m)*.
giavellotto *(m)* ~ Speer *(m)*.
gibboso *(agg)* ~ buck(e)lig.
gigante[1] *(agg)* ~ Riesen-.
gigante[2] *(m/f)* ~ Riese *(m; f* Riesin*)*.
gigantesco *(agg)* ~ riesig, gigantisch.
giglio *(m)* ~ *(bot)* Lilie *(f)*, Iris *(f)*.
gilet *(m)* ~ Weste *(f)*.
gin *(m)* ~ Gin *(m)*.
ginecologia *(f)* ~ Gynäkologie *(f)*, Frauenheilkunde *(f)*.
ginecologico *(agg)* ~ gynäkologisch. ◆ **clinica ginecologica** Frauenklinik *(f)*.
ginecologo *(m; f* **-a***)* ~ Gynäkologe *(m; f* -login*)*, Frauenarzt *(m; f* -ärztin*)*.
ginepro *(m)* ~ *(bot)* Wacholder *(m)*.
ginestra *(f)* ~ Ginster *(m)*.
gingillarsi *(trastullarsi)* tändeln *(vi,* hat*)*.
gingillo *(m)* ~ Nippsache *(f)*.
ginnasio *(m)* ~ Gymnasium *(n)*.
ginnasta *(m/f)* ~ Turner *(m; f* -in*)*.
ginnastica *(f)* ~ Gymnastik *(f)*; *(con attrezzi)* Turnen *(n)*. ◆ **scarpa da ginnastica** Turnschuh *(m)*. ◆ **fare ginnastica** turnen *(vi,* hat*)*.
ginnico *(agg)* ~ Turn-.
ginocchio *(m)* ~ Knie *(n)*. ◆ **alto fino al ginocchio** kniehoch *(agg)*. ◆ **stare in ginocchio** knien *(vi,* hat*)*. ◆ **mettere in ginocchio qcn** *(fig)* jmdn in die Knie zwingen.
giocare *(vi/vt)* ***1*** spielen *(vi/vt,* hat*)* *(anche fig)* ♦ *giocare a calcio, a carte, a nascondino* Fußball, Karten, Verstecken spielen ♦ *giocare al lotto* im Lotto spielen ♦ *giocare una partita a tennis* eine Partie Tennis spielen. **2** *(carte)* aus|spielen *(vt)* ♦ *giocare l'ultima carta* den letzten Trumpf ausspielen. ◆ **giocare un numero** auf eine Zahl setzen.
giocarsi *(vr)* ~ *(perdere)* verspielen *(vt)* ♦ *giocarsi la sua fiducia di qcn* jmds Vertrauen verspielen.
giocata *(f)* ***1*** Spiel *(n)*. **2** *(puntata)* Einsatz *(m)*.
giocatore *(m; f* **-trice***)* ~ Spieler *(m; f* -in*)* ♦ *giocatore di scacchi* Schachspieler ♦ *giocatore della nazionale* Nationalspieler.
giocattolo *(m)* ***1*** Spielzeug *(n)*. **2** *(pl)* Spielwaren *(pl)*.
gioco *(m)* ***1*** Spiel *(n)* *(anche fig)* ♦ *gioco di società* Gesellschaftsspiel ♦ *gioco d'azzardo* Glücksspiel ♦ *gioco di carte* Kartenspiel ♦ *gioco degli scacchi* Schachspiel ♦ *gioco di parole* Wortspiel ♦ *essere un gioco da ragazzi per qcn* für jmdn ein Kinderspiel sein ♦ *essere in gioco* auf dem Spiel stehen ♦ *fare il doppio gioco con qcn* falsches Spiel mit jmdm treiben ♦ *prendersi gioco di qcn* sein Spiel mit jmdm treiben ♦ *mettere in gioco qcs* etwas aufs Spiel setzen. **2** *(giocattolo)* Spielzeug *(n)*. **3** *(di ingranaggi e sim)* Spielraum *(m)*.
giocoforza *(m)* ~ **essere giocoforza** nötig sein.
giocoliere *(m)* ~ Jongleur *(m)*.
giocondo *(agg)* ~ fröhlich, heiter.
giocoso *(agg)* ~ spielerisch.

giogo *(m)* ~ Joch *(n)* ♦ *mettere al giogo un animale da tiro* ein Zugtier ins/unter das Joch spannen.
gioia[1] *(f)* ~ Freude *(f)* ♦ *dare una gioia a qcn* jmdm eine Freude bereiten/machen ♦ *gioia di vivere* Lebensfreude.
gioia[2] *(f)* ~ *(gioiello)* Schmuck *(m)*, Juwel *(m/n)*.
gioielleria *(f)* ~ *(negozio)* Juweliergeschäft *(n)*.
gioielliere *(m)* ~ Juwelier *(m)*.
gioiello *(m)* ***1*** Juwel *(m/n)*, Schmuck *(m)*. ***2*** *(pl)* Schmucksachen *(pl)*.
gioioso *(agg)* ~ fröhlich.
gioire *(vi)* ~ {~ *di qcs*} sich über etwas *(Acc)* freuen.
giornalaio *(m; f* **-a***)* ~ Zeitungsverkäufer *(m; f* -in*)*.
giornale *(m)* ***1*** *(quotidiano)* Zeitung *(f)*, Tageszeitung *(f)* ♦ *sul giornale c'è scritto che* in der Zeitung steht, dass. ***2*** *(giornale radio)* Nachrichten *(pl)*, Nachrichtensendung *(f)*.
giornaliero *(agg)* ***1*** *(quotidiano)* täglich. ***2*** *(di un giorno)* Tages-, Tage- ♦ *biglietto giornaliero (di mezzi pubblici)* Tageskarte *(f)*.
giornalismo *(m)* ~ Journalismus *(m)*.
giornalista *(m/f)* ~ Journalist *(m; f* -in*)*.
giornalistico *(agg)* ~ journalistisch.
giornalmente *(avv)* ~ täglich, jeden Tag.
giornata *(f)* ~ Tag *(m)* ♦ *le giornate si accorciano, si allungano* die Tage werden kürzer, länger ♦ *giornata di campionato* Spieltag. ◆ **vivere alla giornata** *(fig)* in den Tag hinein leben. ◆ **a mezza giornata** halbtags *(avv)*.
giorno *(m)* ~ Tag *(m)* ♦ *ogni giorno* jeden Tag ♦ *un paio di giorni* ein paar Tage ♦ *fra un paio di giorni* in ein paar Tagen ♦ *in questi giorni* in diesen Tagen ♦ *nei prossimi giorni* in den nächsten Tagen ♦ *alcuni giorni fa* vor einigen Tagen ♦ *il giorno precedente* am Vortag, am Tag vorher/zuvor ♦ *il giorno dopo* am Tag danach, am folgenden Tag ♦ *viene un giorno prima, dopo* sie kommt einen Tag früher, später ♦ *lo stesso giorno* am gleichen/selben Tag ♦ *fino a giorno fatto* bis in den Tag hinein ♦ *giorno feriale* Werktag ♦ *giorno festivo* Feiertag ♦ *di giorno, a giorno* am/bei Tag(e) ♦ *giorno per giorno* Tag für Tag ♦ *di giorno in giorno* von Tag zu Tag. ◆ **un giorno** eines Tages ♦ *un bel giorno* eines schönen Tages. ◆ **ordine del giorno** Tagesordnung *(f)* ♦ *essere all'ordine del giorno* auf der Tagesordnung stehen; *(fig)* an der Tagesordnung sein. ◆ **tutti i giorni** alltäglich, tagtäglich *(avv)*. ◆ **al giorno** *(tutti i giorni, quotidianamente)* am Tag, täglich *(avv)* ♦ *due volte al giorno* zweimal täglich. ◆ **tutto il giorno** ganztägig, ganztags. ◆ **tutto il giorno** den ganzen Tag, ganztägig *(agg)*. ◆ **di giorni** *(che dura giorni)* tagelang *(agg)*. ◆ **durante il giorno** tagsüber *(avv)*. ◆ **buon giorno!** guten Morgen!, guten Tag! ◆ **far giorno** *(albeggiare) (impers)* dämmern *(vi*, hat*)*.
giostra *(f)* ~ Karussell *(n)*.
giovane[1] *(agg)* ~ jung* ♦ *fin da giovane* von jung an. ◆ **il giovane** *(nei nomi)* der Jüngere ♦ *Hohlbein il giovane* Hohlbein der Jüngere.
giovane[2] *(m)* ***1*** junger Mann, junge Frau. ***2*** *(pl)* Jugendliche *(pl)*.
giovanile *(agg)* ~ jugendlich, Jugend- ♦ *linguaggio giovanile* Jugendsprache.
giovanotto *(m)* ~ junger Mann *(m)*, Bursche *(m)*.
giovare *(vi)* ~ {~ *a qcn*} jmdm nützen *(vi*, hat*)*.
Giove *(m)* ~ *(astron)* Jupiter *(m)*.
giovedì *(m)* ~ Donnerstag *(m) (vedi anche* **domenica***)*.
giovenca *(f)* ~ *(zool)* Färse *(f)*.
gioventù *(f)* ***1*** *(età giovanile)* Jugendzeit *(f)*. ***2*** *(giovani)* Jugend *(f)*, Jugendlichen *(pl)*.
giovevole *(agg)* ~ förderlich.
gioviale *(agg)* ~ heiter, jovial.
giovinezza *(f)* ~ Jugend *(f)*, Jugendzeit *(f)*.
giradischi *(m)* ~ Plattenspieler *(m)*.
giraffa *(f)* ~ Giraffe *(f)*.
giramento *(m)* ~ *(di testa)* Schwindel *(m)*.
giramondo *(m)* ~ Weltbummler *(m)*.
girandola *(f)* ***1*** *(pirotecnica)* Feuerrad *(n)*. ***2*** *(giocattolo)* Windrädchen *(n)*.
girare[1] *(vi)* ***1*** (sich) drehen *(vr/vi*, hat*)*, kreisen *(vi*, ist*)* ♦ *le ruote girano* die Räder drehen sich ♦ *la terra gira intorno al sole* die Erde kreist um die Sonne ♦ *gira-*

re in tondo (anche fig) sich im Kreise drehen. **2** *(vento)* (sich) drehen *(vr/vi,* hat*)* ♦ *il vento è girato* der Wind hat (sich) gedreht. **3** *(svoltare)* ab|biegen* *(vi,* ist*)*. **4** *(andare in giro)* herum|gehen* *(vi,* ist*)*; herum|laufen* *(vi,* ist*)*; *(con veicoli)* herum|fahren* *(vi,* ist*)* ♦ *girare per la città* in der Stadt herumgehen. **5** *(circolare, denaro, voci)* um|laufen* *(vi,* ist*)* ♦ *gira voce che* es läuft das Gerücht um, dass. **6** { ~ *intorno a qcn/qcs*} um jmdn/etwas herum|gehen* *(vi,* ist*)*; jmdn/etwas umkreisen *(vt,* hat*)*, etwas umgehen* *(vt,* hat*)* ♦ *un recinto gira intorno al giardino* ein Zaun geht um den Garten herum ♦ *girare intorno allo stagno* den Teich umgehen. **7** *(fam) (passare di mano in mano)* herum|gehen* *(vi,* ist*)* ♦ *l'album di fotografie girò fra gli ospiti* das Fotoalbum ging bei den Gästen herum. **8** *(vorticare, turbinare)* wirbeln *(vi,* ist*)*. ◆ **girare intorno a qcs** *(discorsi e sim)* um etwas herum|reden *(vi,* hat*)*. ◆ **a qcn gira la testa** jmdm wird schwindlig ♦ *mi gira la testa* mir/mich schwindelt es.

girare² *(vt)* **1** drehen *(vt)* ♦ *girare l'interruttore, la chiave nella serratura* den Schalter, den Schlüssel im Schloss drehen. **2** *(voltare, rovesciare)* wenden* *(vt)*, drehen *(vt)*, um|drehen *(vt)* ♦ *girare la testa* den Kopf drehen ♦ *girare le pagine* die Seiten wenden. **3** *(film)* drehen *(vt)*. **4** *(mescolare)* rühren *(vt)*, um|rühren *(vt)*. **5** *(passare, inoltrare)* weiter|geben* *(vt)* ♦ *girare una domanda a qcn* jmdm eine Frage weitergeben. **6** *(soldi, assegno)* übertragen* *(vt)*. **7** *(viaggiare)* bereisen *(vt)* ♦ *girare il mondo* die Welt bereisen.

girarsi *(vr)* ~ sich wenden* *(vr)*, sich um|wenden* *(vr)*, sich drehen *(vr)*, sich um|drehen *(vr)* ♦ *girarsi di lato* sich zur Seite wenden ♦ *girarsi verso qcn* sich zu jmdm wenden ♦ *girarsi verso qcn/qcs* sich nach jmdm/etwas umdrehen.

girasole *(m)* ~ *(bot)* Sonnenblume *(f)*. ◆ **olio di semi di girasole** Sonnenblumenöl *(n)*.

girata *(f)* **1** *(gita)* Bummel *(m)*, Gang *(m)*. **2** *(econ)* Giro *(n)*.

giravolta *(f)* ~ Drehung *(f)*.

girevole *(agg)* ~ drehbar, Dreh- ♦ *sedia girevole* Drehstuhl *(m)* ♦ *porta girevole* Drehtür *(f)*.

girino *(m)* ~ *(zool)* Kaulquappe *(f)*.

giro *(m)* **1** *(rotazione)* Drehung *(f)*. **2** *(percorso circolare)* Kreislauf *(m)*, Umlauf *(m)*. **3** *(astron)* Umlauf *(m)*. **4** *(di motore)* Tour *(f)*, Umdrehung *(f)* **5** *(perimetro)* Umfang *(m)*. **6** *(girata)* Spaziergang *(m)*, Gang *(m)*; *(turistica)* Tour *(f)*, Rundgang *(m)*; *(in auto)* Rundfahrt *(f)*, Spazierfahrt *(m)*. **7** *(deviazione)* Umweg *(m)*. **8** *(circolazione)* Umlauf *(m)* ♦ *mettere qcs in giro* etwas in Umlauf bringen/setzen. **9** *(cerchia)* Kreis *(m)*, Runde *(f)*. **10** *(di carte)* Runde *(f)*. ◆ **giri di parole** Umschweife *(pl)*. ◆ **fare un giro** *(in macchina)* spazieren fahren* *(vi,* ist*)*; *(a piedi)* spazieren *(vi,* ist*)*, spazieren gehen* *(vi,* ist*)*. ◆ **fare il giro di qcs** etwas umgehen* *(vt)* ♦ *fare il giro dello stagno* den Teich umgehen. ◆ **far andare su di giri qcn** jmdn auf Touren bringen*. ◆ **andare su di giri** *(eccitarsi; arrabbiarsi)* auf Touren kommen*. ◆ **mettere in giro** *(dicerie)* auf|bringen* *(vt)*. ◆ **in giro** *(tutto intorno)* ringsum, ringsumher, reihum *(avv)*. ◆ **andare in giro** herum|gehen*, herum|laufen* *(vi,* ist*)*; *(con un veicolo)* herum|fahren* *(vi,* ist*)*; *(vagare)* sich herum|treiben* *(vr)*. ◆ **portare in giro** herum|führen *(vt)*; *(con un veicolo)* herum|fahren* *(vt)*. ◆ **prendere in giro qcn** jmdn verspotten *(vt)*, sich *(Acc)* über jmdn/etwas lustig machen. ◆ **nel giro di** innerhalb *(prep + Gen, + Dat, se il Gen non è marcato)* ♦ *nel giro di due anni* innerhalb zweier Jahre.

girocollo *(m)* **1** *(maglia)* Halsausschnitt *(m)*. **2** *(gioiello)* Halskette *(f)*.

giroconto *(m)* ~ Girokonto *(n)*

girone *(m)* ~ *(sport)* Runde *(f)*.

gironzolare *(vi)* ~ bummeln *(vi,* ist*)*, herum|streifen *(vi,* ist*)*.

girotondo *(m)* ~ Ringelreigen *(m)*.

girovagare *(vi)* ~ herum|streifen *(vi,* ist*)*.

girovago¹ *(agg)* ~ umherziehend, Wander-.

girovago² *(m)* ~ *(vagabondo)* Vagabund *(m)*.

gita *(f)* ***1*** Ausflug *(m)*, Tour *(f)*. **2** *(escursione a piedi)* Wanderung *(f)*.
gitano *(m)* ~ Zigeuner *(m)*.
gitante *(m)* ~ Ausflügler *(m)*.
gittata *(f)* ~ Reichweite *(f)*. ◆ **a lunga gittata** weit reichend *(agg)*.
giù *(avv)* ***1*** *(stato in luogo)* unten *(avv)*. **2** *(moto a luogo)* nach unten; *(verso chi parla)* herunter, herab; *(lontano da chi parla)* hinunter, hinab. ***3*** *(depresso)* niedergeschlagen *(agg)*. ◆ **giù le armi!** die Waffen nieder! ◆ **giù le mani!** Hände weg! ◆ **su e giù** auf und nieder. ◆**essere giù di corda** *(fam)* herunter sein.
giubbotto *(m)* ***1*** Jacke *(f)*. **2** *(senza maniche)* Weste *(f)* ◆ *giubbotto di salvataggio* Rettungsweste, Schwimmweste.
giubileo *(m)* ~ Jubeljahr *(n)*.
giudaico *(agg)* ~ hebräisch.
giudaismo *(m)* ~ Judentum *(n)*.
giudeo *(m; f* **-a)** ~ *(nella Bibbia)* Hebräer *(m; f* -in*)*.
giudicare *(vt)* ***1*** beurteilen *(vt)*, halten* *(vt)* ◆ *giudicare qcn/qcs in modo sbagliato, giusto* jmdn/etwas falsch, richtig beurteilen ◆ *giudicare qcn stupido* jmdn für dumm halten. **2** *(dir)* {~ *qcn/qcs*} über jmdn/etwas urteilen *(vi*, hat*)*, jmdn/etwas richten *(vt)*, etwas entscheiden* *(vt)*.
giudice *(m)* ***1*** Richter *(m; f* -in*)* ◆ *giudice istruttore* Ermittlungsrichter ◆ *giudice unico* Einzelrichter ◆ *giudice di pace* Friedensrichter. **2** *(sport)* Kampfrichter *(m; f* -in*)*.
giudiziario *(agg)* ***1*** gerichtlich, Gerichts-. **2** *(del giudice)* richterlich.
giudizio *(m)* ***1*** *(opinione)* Urteil *(n)*, Meinung *(f)* ◆ *un giudizio da esperto* ein fachmännisches Urteil. **2** *(dir)* Urteil *(n)*, Gericht *(n)*. ***3*** *(valutazione)* Beurteilung *(f)*, Einschätzung *(f)*; *(voto)* Bewertung *(f)*. ***4*** *(ragione)* Verstand *(m)* ◆ *con giudizio (saggiamente)* mit Verstand.
giudizioso *(agg)* ~ verständig, vernünftig.
giugno *(m)* ~ Juni *(m)* ◆ *a giugno* im Juni.
giullare *(m)* ~ Spielmann *(m)*.
giumenta *(f)* ~ Stute *(f)*.
giunco *(m)* ~ Binse *(f)*.
giungere *(vi)* ***1*** ankommen* *(vi*, ist*)*. **2** *(pervenire)* {~ *a qcs*} zu etwas gelangen *(vi*, ist*)*, zu etwas kommen* *(vi*, ist*)* ◆ *giungere a compimento* zur Ausführung gelangen.
giungla *(f)* ~ Dschungel *(m)*.
giunta[1] *(f)* ~ *(aggiunta)* Beigabe *(f)*. ◆ **per giunta** obendrein, zu allem Übel.
giunta[2] *(f)* ~ *(consiglio)* Ausschuß *(m)*, Rat *(m)*.
giunto *(m)* ~ Gelenk *(n)*.
giuntura *(f)* ***1*** Verbindung *(f)*. **2** *(anat)* Gelenk *(n)*.
giuramento *(m)* ~ Eid *(m)*, Schwur *(m)* ◆ *fare, prestare un giuramento* einen Eid ablegen, leisten ◆ *sotto giuramento (dir)* unter Eid.
giurare[1] *(vi)* ~ {~ *(su qcn/qcs)*} (auf jmdn/etwas), (bei jmdm/etwas) schwören* *(vi*, hat*)* ◆ *giurare davanti alla corte* vor Gericht schwören.
giurare[2] *(vt)* ~ beschwören* *(vt)*, schwören* *(vt)* ◆ *giurare eterna fedeltà a qcn* jmdm ewige Treue schwören ◆ *ti giuro che* ich schwöre dir, dass. ◆ **giurare il falso** *(spergiurare)* falsch schwören, einen Meineid leisten.
giurato[1] *(agg)* ***1*** *(dichiarazioni)* eidlich. **2** *(implacabile)* geschworen.
giurato[2] *(m)* ~ Geschworene(r) *(m/f)*.
giuria *(f)* ***1*** Jury *(f)*. **2** *(sport)* Kampfgericht *(n)*.
giuridicamente *(avv)* ~ rechtlich.
giuridico *(agg)* ~ juristisch, rechtlich.
giurisdizione *(f)* ~ Gerichtsbarkeit *(f)*.
giurisprudenza *(f)* ~ Rechtswissenschaft *(f)*, Jura *(senza art)* ◆ *studiare giurisprudenza* Jura studieren.
giurista *(m/f)* ~ Jurist *(m; f* -in*)*.
giustamente *(avv)* ***1*** richtig. **2** *(di diritto)* billigerweise.
giustificabile *(agg)* ~ entschuldbar.
giustificare *(vt)* ~ rechtfertigen *(vt)*, entschuldigen *(vt)*.
giustificarsi *(vr)* ~ {~ *(di fronte a qcn per qcs)*} sich (vor jmdm wegen etwas) rechtfertigen *(vr)*, sich (bei jmdm für etwas) entschuldigen *(vr)*.
giustificato *(agg)* ~ berechtigt ◆ *una protesta giustificata* ein berechtigter Protest.
giustificazione *(f)* ~ Rechtfertigung *(f)*, Entschuldigung *(f)* ◆ *addurre qcs a propria giustificazione* etwas zu seiner Entschuldigung anführen.

giustizia *(f)* ***1*** Gerechtigkeit *(f)*. ***2*** *(sistema giudiziario)* Justiz *(f)*, Recht *(n)*. ◆ **ottenere giustizia** zu seinem Recht kommen*.
giustiziare *(vt)* ~ hin|richten *(vt)*, richten *(vt)*.
giusto *(agg)* ***1*** *(equo)* gerecht. ***2*** *(esatto, corretto)* richtig, recht, korrekt. ***3*** *(adatto, appropriato)* richtig, recht, zutreffend. ◆ **giusto!** stimmt! ◆ **essere giusto** *(essere esatto)* stimmen *(vi, hat)*. ◆ **essere nel giusto** im Recht sein*. ◆ **la cosa giusta** Richtige *(n)*.
giusto *(avv)* ***1*** richtig. ***2*** *(proprio)* genau ◆ *cercavo giusto te* ich habe genau dich gesucht.
glabro *(agg)* ~ nackt.
glaciale *(agg)* ~ eisig, Eis- *(anche fig)* ◆ *era glaciale* Eiszeit *(f)*.
glaciazione *(f)* ***1*** Vergletscherung *(f)*. ***2*** *(periodo)* Eiszeit *(f)*.
gladiolo *(m)* ~ Gladiole *(f)*.
glassa *(f)* ~ Glasur *(f)*, Guss *(m)*.
glassare *(vt)* ~ glasieren *(vt)*.
gli¹ *(art det m pl)* ~ *vedi* **il**.
gli² *(pron pers)* ***1*** *(m sing)* ihn, ihm ◆ *gli chiese perché* er fragte ihn, warum ◆ *gli dette uno schiaffo* sie gab ihm eine Ohrfeige. ***2*** *(fam)* *(m/f pl)* *(= a loro)* ihnen ◆ *gli ho scritto (a loro) una cartolina* ich habe ihnen eine Karte geschrieben.
glicemia *(f)* ~ Glykämie *(f)*.
glicerina *(f)* ~ Glyzerin *(n)*.
glissare *(vt)* ~ übergehen* *(vt)*.
globale *(agg)* ~ global, gesamt, Gesamt- ◆ *bilancio globale* Gesamtbilanz.
globalizzare *(vt)* ~ globalisieren *(vt)*.
globalizzazione *(f)* ~ Globaliserung *(f)*.
globalmente *(avv)* ~ global.
globo *(m)* ***1*** Kugel *(f)* ◆ *globo terrestre* Erdkugel *(f)*. ***2*** *(mondo)* Welt *(f)*. ***3*** *(mappamondo)* Globus *(m)*. ◆ **globo oculare** Augenapfel *(m)*.
globulo *(m)* ~ *(sanguigno)* Blutkörperchen *(n)*.
gloria *(f)* ~ Ruhm *(m)*.
glorificare *(vt)* ~ verherrlichen *(vt)*.
glorioso *(agg)* ~ glorreich.
glossa *(f)* ~ Glosse *(f)*.
glossario *(m)* ~ Glossar *(n)*.
glottologia *(f)* ~ Sprachwissenschaft *(f)*.
glucosio *(m)* ~ Glukose *(f)*, Traubenzucker *(m)*.
gluteo *(m)* ~ Gesäßmuskel *(m)*.
glutine *(m)* ~ Gluten *(n)*.
gnocco *(m)* ~ Kloß *(m)* ◆ *gnocco di semolino* Grießkloß.
gnomo *(m)* ~ Gnom *(m)*; *(folletto)* Wicht *(m)*.
goal *(m)* ~ Tor *(n)* ◆ *segnare un goal* ein Tor schießen.
gobba *(f)* ***1*** Buckel *(m)*. ***2*** *(del cammello)* Höcker *(m)*.
gobbo *(m)* ~ buck(e)lig, krumm.
goccetto *(m)* ~ *(di alcolici, bicchiere)* Schluck *(m)*, Tropfen *(m)*.
goccia *(f)* ~ Tropfen *(m)*. ◆ **a gocce** tropfenweise *(avv)*.
goccio *(m)* ***1*** Tropfen *(m)*. ***2*** *(di alcolici, bicchiere)* Schluck *(m)*.
gocciolare *(vi)* ~ tröpfeln *(vi, ist)*, tropfen *(vi, ist)*
gocciolare *(vt)* ~ tropfen *(vt)*.
gocciolio *(m)* ~ Tropfen *(n)*, Tröpfeln *(n)*.
godere *(vi/vt)* ***1*** {~ *qcs/di qcs*} etwas genießen* *(vt)* ◆ *godere di un diritto* ein Recht genießen. ***2*** *(provare piacere)* {~ *in qcs*} Vergnügen an etwas *(Dat)* finden*.
godersi *(vr)* ~ genießen* *(vt)*.
godimento *(m)* ***1*** Genuss *(m)*, Vergnügen *(n)*, Lust *(f)*. ***2*** *(fruizione)* Inanspruchnahme *(f)*.
goffaggine *(f)* ~ Plumpheit *(f)*.
goffo *(agg)* ~ plump, unbeholfen.
gogna *(f)* ~ Pranger *(m)* ◆ *mettere alla gogna qcn* jmdn/etwas an den Pranger stellen.
gol *(m)* ~ *vedi* **goal**.
gola *(f)* ***1*** *(anat)* Kehle *(f)*; Hals *(m)*, ◆ *avere la gola secca* eine trockene Kehle haben ◆ *mi fa male la gola* mir tut der Hals weh. ***2*** *(golosità)* Gefräßigkeit *(f)*. ***3*** *(forra)* Schlucht *(f)*. ◆ **mal di gola** Halsschmerzen *(pl)*.
golf¹ *(m)* ~ *(sport)* Golf *(n)*.
golf² *(m)* ~ Pullover *(m)*, Pulli *(m)*.
golfo *(m)* ~ Golf *(m)*.
golosità *(f)* ***1*** *(gola)* Gefräßigkeit *(f)*. ***2*** *(cibo squisito)* Leckerbissen *(m)*.
goloso¹ *(agg)* ~ gierig ◆ *essere goloso di qcs* gierig auf etwas *(Acc)* sein.
goloso² *(m)* ~ Schlemmer *(m)*.

golpe *(m)* ~ Putsch *(m)*.
gomitata *(f)* ~ Ellbogenstoß *(m)*.
gomito *(m)* ***1*** Ellbogen *(m)* ♦ *appoggiarsi sui gomiti* sich auf die Ellbogen stützen. ***2*** *(curva)* Knick *(m)*. ◆ **alzare il gomito** zu tief ins Glas gucken.
gomitolo *(m)* ~ Knäuel *(n/m)*.
gomma *(f)* ***1*** *(caucciù; oggetto di gomma)* Gummi *(n)* ♦ *gomma da cancellare* Radiergummi. ***2*** *(chewing-gum)* Kaugummi *(m/n)*. ***3*** *(pneumatico)* Reifen *(m)*.
gommapiuma *(f)* ~ Schaumgummi *(m)*.
gommone *(m)* ~ Schlauchboot *(n)*.
gommoso *(agg)* ~ gummihaltig, gummiartig.
gondola *(f)* ~ Gondel *(f)*.
gondoliere *(m)* ~ Gondelführer *(m)*.
gonfalone *(m)* ~ Banner *(n)*.
gonfiare[1] *(vi)* ~ an|schwellen* *(vi*, ist*)*.
gonfiare[2] *(vt)* ***1*** *(soffiando)* auf|blasen* *(vt)*; *(con una pompa)* auf|pumpen *(vt)*. ***2*** *(rendere teso, tirato)* blähen *(vt)* ♦ *il vento gonfia le vele* der Wind bläht die Segel. ***3*** *(esagerare)* auf|bauschen *(vt)*.
gonfiarsi *(vr)* ***1*** *(vele, tende, ecc)* sich blähen *(vr)*. ***2*** *(ingrossarsi)* an|schwellen* *(vi*, ist*)*. ***3*** *(fig)* sich auf|blasen *(vr)*.
gonfio *(agg)* ***1*** prall. ***2*** *(ingrossato, tumefatto)* angeschwollen. ***3*** *(fig)* aufgeblasen; *(fam)* schwulstig.
gonfiore *(m)* ~ Schwellung *(f)*, Beule *(f)*.
goniometro *(m)* ~ Winkelmesser *(m)*.
gonna *(f)* ~ Rock *(m)* ♦ *portare la gonna* einen Rock tragen.
gorgheggiare *(vi)* ~ trillern *(vi*, hat*)*.
gorgheggio *(m)* ~ Triller *(m)*.
gorgo *(m)* ~ Wirbel *(m)*, Strudel *(m)*.
gorgogliare *(vi)* ***1*** gluckern *(vi*, hat*)*, gurgeln *(vi*, hat*)*. ***2*** *(pancia)* knurren *(vi*, hat*)*. ***3*** *(acque)* plätschern *(vi*, hat*)*.
gorilla *(m)* ~ Gorilla *(m)*.
gotico[1] *(agg)* ~ *(del popolo)* gotisch.
gotico[2] *(m)* ***1*** *(stile)* Gotik *(f)*. ***2*** *(lingua)* Gotisch(e) *(n)*.
goto *(m)* ~ *(stor)* Gote *(m; f* Gotin*)*.
gotta *(f)* ~ Gicht *(f)*.
governabilità *(f)* ~ Lenkbarkeit *(f)*.
governante[1] *(f)* ~ *(della casa)* Wirtschafterin *(f)*.
governante[2] *(m)* ~ *(spec pl) (politici)* regierende Politiker *(pl)*.
governare *(vt)* ***1*** regieren *(vt/vi*, hat*)* ♦ *governare (su) un paese* (über) ein Land regieren. ***2*** *(guidare, pilotare)* steuern *(vt)*. ***3*** *(accudire)* versorgen *(vt)*.
governativo *(agg)* ~ Regierungs- ♦ *circolo governativo* Regierungskreis.
governatore *(m)* ~ Gouverneur *(m)*.
governo *(m)* ***1*** *(pol)* Regierung *(f)* ♦ *formare il nuovo governo* die neue Regierung bilden ♦ *far cadere il governo* die Regierung stürzen. ***2*** *(della casa)* Haushalt *(m)*. ***3*** *(della nave)* Ruder *(n)*.
gozzo *(m)* ~ Kropf *(m) (anche med)*.
gozzovigliare *(vi)* ~ *(straviziare)* schwelgen *(vi*, hat*)*.
gracchiare *(vi)* ~ krächzen *(vi*, hat*)*.
gracidare *(vi)* ~ quaken *(vi*, hat*)*.
gracile *(agg)* ***1*** *(delicato)* zart. ***2*** *(esile)* schmächtig.
gracilità *(f)* ~ Zartheit *(f)*.
gradasso *(m)* ~ Prahler *(m)*. ◆ **fare il gradasso** prahlen *(vi*, hat*)*.
gradatamente *(avv)* ~ schrittweise.
gradazione *(f)* ***1*** Abstufung *(f)*. ***1*** *(alcolica)* Alkoholgehalt *(m)*.
gradevole *(agg)* ~ gefällig, wohlig.
gradimento *(m)* ***1*** Wohlgefallen. ***2*** *(approvazione)* Zustimmung *(f)*.
gradinata *(f)* ***1*** Treppe *(f)*. ***2*** *(di stadio)* Reihe *(f)*. ***3*** *(di teatro)* Rang *(m)*.
gradino *(m)* ~ Stufe *(f)*.
gradire *(vt)* ***1*** gern annehmen* *(vt)*. ***2*** *(desiderare)* mögen* *(vt)*, wünschen *(vt)* ♦ *gradisce un po' di vino?* wünschen Sie ein wenig Wein?
gradito *(agg)* ***1*** willkommen, lieb, genehm ♦ *se Le è gradito* wenn es Ihnen genehm ist ♦ *la Sua offerta mi è molto gradita* Ihr Angebot ist mir sehr willkommen. ***2*** *(apprezzato)* erwünscht ♦ *è gradita la conoscenza del tedesco* Deutschkenntnisse erwünscht.
grado[1] *(m)* ***1*** *(generic)* Stufe *(f)*, Grad *(m)* ♦ *cugino di secondo grado* Vetter zweiten Grades. ***2*** *(unità di misura)* Grad *(m)* ♦ *due gradi sotto zero* zwei Grad unter null. ***3*** *(mil)* Rang *(m)* ♦ *ha il grado di ufficiale* er hat den Rang/steht im Rang eines Offiziers. ◆ **al massimo grado** in höchstem Grad(e). ◆ **per gradi** stufenweise. ◆ **essere in grado di fare qcs**

im Stande/in der Lage sein*, etwas zu tun. ◆ **non essere in grado (di fare qcs)** außer Stande sein (etwas zu tun). ◆ **non sentirsi in grado (di fare qcs)** sich außer Stande fühlen (etwas zu tun) *(vr)*. ◆ **di buon grado** gern.

graduale *(agg)* ~ graduell, allmählich, schrittweise.

gradualmente *(avv)* ~ schrittweise, stufenweise, graduell.

graduare *(vt)* ~ ab|stufen *(vt)* staffeln *(vt)*.

graduato *(agg)* ~ Mess- ◆ *recipiente graduato* Messbecher.

graduatoria *(f)* ***1*** Rangordnung *(f)*. ***2*** *(sport)* Rangliste *(f)*.

graduazione *(f)* ***1*** Abstufung *(f)*, Staffelung *(f)*. ***2*** *(divisione in gradi)* Gradeinteilung *(f)*.

graffa *(f)* ***1*** *(parentesi)* geschweifte Klammer *(f)*. ***2*** *(graffetta)* Klammer *(f)*.

graffetta *(f)* ~ Büroklammer *(f)*.

graffiare *(vt)* ~ kratzen *(vt)*, zerkratzen *(vt)*.

graffiarsi *(vr)* ~ sich auf|kratzen *(vr)*.

graffio *(m)* ~ Kratzer *(m)*, Schramme *(f)*.

graffito *(m)* ~ Graffito *(m/n)*.

grafia *(f)* ~ Grafie *(f)*, Schreibweise *(f)*.

grafica *(f)* ~ Grafik *(f)*.

grafico¹ *(agg)* ~ grafisch, zeichnerisch.

grafico² ***1*** *(disegnatore)* Grafiker *(m; f* -in*)*. ***2*** *(diagramma)* Diagramm *(n)*.

grafite *(f)* ~ Grafit *(m)*.

grafologia *(f)* ~ Grafologie *(f)*.

gramigna *(f)* ~ Unkraut *(n)*.

grammatica *(f)* ~ *(scienza; libro)* Grammatik *(f)*.

grammaticale *(agg)* ~ grammatisch.

grammatico *(m; f* **-a***)* ~ Grammatiker *(m; f* -in*)*.

grammo *(m)* ~ Gramm *(n)*.

grammofono *(m)* ~ Grammofon *(n)*.

gramo *(agg)* ~ elend, trostlos.

grana *(f)* ***1*** *(consistenza, trama)* Korn *(n)* ◆ *grana fine, grossa* feines, grobes Korn. ***2*** *(seccatura)* Scherereі *(f)*. ***3*** *(soldi)* Kohle *(f)*. ◆ **di grana fine** feinkörnig *(agg)*.

granaio *(m)* ~ Kornspeicher *(m)*.

granata *(f)* ~ *(bomba)* Granate *(f)*.

grancassa *(f)* ~ große Trommel *(f)*.

granché *(pron indef)* ~ viel, besonders ◆ *non capisce un granché* er versteht nicht viel ◆ *non è un granché* es ist nicht besonders gut.

granchio *(m)* ~ *(zool)* Krabbe *(f)*.

grande *(agg)* ***1*** groß* ◆ *una grande quantità* eine große Menge ◆ *avere una gran fame* großen Hunger haben ◆ *un grande poeta* ein großer Dichter. ***2*** *(largo, ampio, esteso)* breit ◆ *il grande pubblico* die breite Öffentlichkeit ◆ *incontrare un grande interesse* ein breites Interesse finden. ***3*** *(imponente)* stattlich. ***4*** *(forte, notevole)* stark* ◆ *esercitare una grande influenza* einen starken Einfluss ausüben. ***5*** *(grosso, ricco)* dick ◆ *un grande errore* ein dicker Fehler ◆ *siamo grandi amici* wir sind dicke Freunde. ***6*** *(profondo, forte)* tief ◆ *grande miseria* tiefe Not. ***7*** *(di alto grado)* hochgradig *(agg)* ◆ *grande tensione* hochgradige Spannung. ◆ **diventare grande** groß werden*. ◆ **in grande** in größerem Rahmen.

grandezza *(f)* ~ Größe *(f)* *(anche fig/mat)* ◆ *a grandezza naturale* in Lebensgröße; *(agg)* lebensgroß.

grandinare *(vi)* ~ hageln *(v meteor*, hat*)*.

grandinata *(f)* ~ Hagelschlag *(m)*.

grandine *(f)* ~ Hagel *(m)*. ◆ **chicco di grandine** Hagelkorn *(n)*.

grandioso *(agg)* ~ großartig.

granduca *(m; f* **-duchessa***)* ~ Großherzog *(m; f* -herzogin*)*.

granducato *(m)* ~ Großherzogtum *(n)*.

granello *(m)* ~ Korn *(n)* ◆ *granello di sabbia* Sandkorn.

granito *(m)* ~ Granit *(m)*.

grano *(m)* ***1*** *(cereale)* Weizen *(m)*, Korn *(n)*. ***2*** *(granello)* Korn *(n)*. ◆ **campo di grano** Kornfeld *(n)*.

granturco *(m)* ~ *(bot)* Mais *(m)*.

granulare *(agg)* ~ körnig.

granuloso *(agg)* ~ körnig *(agg)*.

grappa *(f)* ~ Schnaps.

grappolo *(m)* ~ Traube *(f)* ◆ *grappolo d'uva* Weintraube.

grassetto *(m)* ~ *(neretto)* Fettdruck *(m)*. ◆ **in grassetto** *(tipogr)* fett *(agg)*.

grassezza *(f)* ~ Dicke *(f)*.

grasso¹ *(agg)* ***1*** fett, fettig; *(alimenti)* fetthaltig. ***2*** *(corpulento, paffuto)* dick, fett.

grasso² *(m)* ***1*** Fett *(n)* ◆ *grassi vegetali, animali* pflanzliche, tierische Fette. ***3*** *(lubrificante)* Schmiere *(f)*.

grassoccio *(agg)* ~ füllig.
grata *(f)* ~ Gitter *(n)*.
gratella *(f)* ~ *(per cucinare)* Rost *(m)*.
graticcio *(m)* ~ Geflecht *(n)*.
graticola *(f)* ***1*** *(per cucinare)* Rost *(m)*, Grill. **2** *(inferriata)* Gitter *(n)*.
gratificante *(agg)* ~ befriedigend.
gratificare *(vt)* ***1*** befriedigen *(vt)*. **2** *(dare una gratifica)* gratifizieren *(vt)*.
gratis[1] *(agg)* ~ frei, gratis, Frei- ♦ *gli opuscoli sono gratis* die Broschüren sind frei.
gratis[2] *(avv)* ~ kostenlos, umsonst, gratis.
gratitudine *(f)* ~ Dank *(m)*, Dankbarkeit *(f)*. ◆ **con gratitudine** dankbar.
grato *(agg)* ~ dankbar ♦ *essere grato a qcn (per qcs)* jmdm (für etwas) dankbar sein.
grattacapo *(m)* ~ Sorge *(f)*, Schererei *(f)*.
grattacielo *(m)* ~ Wolkenkratzer *(m)*.
grattare *(vt)* ***1*** kratzen *(vt)*. **2** *(grattugiare)* reiben* *(vt)*.
grattarsi *(vr)* ~ sich kratzen *(vr)* ♦ *grattarsi la testa* sich am Kopf kratzen.
grattugia *(f)* ***1*** *(per formaggio)* Reibe *(f)*. **2** *(per verdure)* Raspel *(f)*.
grattugiare *(vt)* ***1*** reiben* *(vt)*. **2** *(tritare) (verdure e sim)* raspeln *(vt)*.
gratuitamente *(avv)* ~ umsonst, unentgeltlich.
gratuito *(agg)* ***1*** kostenlos, unentgeltlich, frei. **2** *(senza motivo)* grundlos.
gravame *(m)* ***1*** Last *(f)*. **2** *(econ)* Belastung *(f)* ♦ *gravame fiscale* Steuerbelastung.
gravare[1] *(vi)* ~ {~ *su qcn/qcs* } auf jmdm/etwas lasten *(vi*, hat*)* *(anche fig)*.
gravare[2] *(vt)* ~ *(con tasse, ipoteche, ecc)* {~ *qcn con qcs*} jmdn/etwas mit etwas belasten *(vt)*.
grave *(agg)* ***1*** schwer ♦ *una malattia, un incidente grave* eine schwere Krankheit, ein schwerer Unfall. **2** *(serio)* ernst ♦ *la situazione è grave* die Lage ist ernst. **3** *(spiacevole)* schlimm, übel ♦ *un grave errore* ein schlimmer Fehler. **4** *(suono)* tief.
gravemente *(agg)* ~ schwer, ernst ♦ *gravemente ferito* schwer verletzt.
gravidanza *(f)* ~ Schwangerschaft *(f)*. ◆ **interruzione volontaria di gravidanza** Schwangerschaftsabbruch *(m)*.
gravido *(agg)* ***1*** -voll, -schwer ♦ *gravido di conseguenze* folgenschwer. **2** *(di donna)* schwanger; *(di animali)* trächtig, tragend.
gravità *(f)* ***1*** *(serietà)* Schwere *(f)*, Ernst *(m)*. **2** *(severità)* Strenge *(f)*. **3** *(fis)* Schwerkraft *(f)* ♦ *la legge (della forza) di gravità* das Gesetz der Schwerkraft.
gravitare *(vi)* ~ gravitieren *(vi*, hat*)*.
gravitazione *(f)* ~ Gravitation *(f)*.
gravoso *(agg)* ~ schwer, schwierig.
grazia *(f)* ***1*** *(bellezza, fascino)* Liebreiz *(m)*, Anmut *(f)*. **2** *(favore)* Gunst *(f)* ♦ *essere nelle grazie di qcn* in jmds Gunst/bei jmdm in Gunst stehen. **3** *(dir)* Begnadigung *(f)*, Gnade *(f)*. ◆ **colpo di grazia** Gnadenstoß *(m)*; *(sparato)* Gnadenschuss *(m)*, Todesstoß *(m)*.
graziare *(vt)* ~ begnadigen *(vt)*.
grazie *(interiez)* ~ danke, Dank *(m)* ♦ *molte grazie* danke schön/sehr/vielmals ♦ *mille grazie, grazie di cuore* herzlichen Dank ♦ *tante grazie* besten Dank ♦ *grazie per l'interessamento* danke der Nachfrage. ◆ **(sì), grazie!** bitte (ja). ◆ **grazie a** dank *(prep +Gen/Dat, al plur spec + Gen)* ♦ *grazie al suo coraggio* dank seinem Mut/seines Muts.
grazioso *(agg)* ***1*** hübsch, nett, reizend, niedlich ♦ *una ragazza graziosa* ein nettes Mädchen. **2** *(aggraziato)* lieblich, graziös.
gregario[1] *(agg)* Herden- ♦ *spirito gregario* Herdengeist ♦ *animali gregari* Herdentiere.
gregario[2] *(m; f* **-a***)* ~ ***1*** *(pol)* Anhänger *(m)*, Parteigenosse *(m; f* –in*)*. **2** *(sport)* Helfer *(m)*. **3** *(fig)* Mitläufer *(m)*.
gregge *(m)* ~ Herde *(f)* ♦ *gregge di pecore* Schafherde.
greggio *(m)* ~ Rohöl *(n)*.
grembiule *(m)* ***1*** *(da cucina)* Schürze *(f)*. **2** *(da lavoro)* Schurz *(m)*.
grembo *(m)* ~ Schoß *(m)* ♦ *prendere un bambino in grembo* ein Kind auf den Schoß nehmen. ◆ **grembo materno** Mutterleib *(m)*.
gremire *(vt)* ~ bevölkern *(vt)*.
greppia *(f)* ~ *(mangiatoia)* Krippe *(f)*.
greto *(m)* ~ Kiesgrund *(m)*.
gretto *(agg)* ***1*** *(meschino)* schäbig. **2** *(avaro)* geizig. **3** *(di mentalità)* spießig; *(provinciale)* kleinstädtisch.

greve *(agg)* ***1*** *(opprimente)* schwer. ***2*** *(aria)* schwül. ***3*** *(penoso)* schmerzlich.
grezzo *(agg)* ***1*** *(materiale)* roh, Roh- ♦ *materiale grezzo* Rohmaterial *(n)* ♦ *stato grezzo* Rohheit *(f)*. ***2*** *(persona)* grob.
gridare *(vi/vt)* ***1*** schreien* *(vi, hat)*, rufen* *(vi, hat)* ♦ *gridare di dolore* vor Schmerz schreien ♦ *gridare aiuto* um Hilfe schreien. ***2*** {~ *qcs a qcn*} jmdm etwas zu|rufen *(vt)*.
grido *(m)* ***1*** Ruf *(m)*, Schrei *(m)* ♦ *un grido di dolore* ein Schrei des Schmerzes ♦ *emettere un grido* einen Schrei ausstoßen ♦ *grido di gioia* Jubelruf ♦ *grido d'aiuto* Notschrei ♦ *un marchio di grido* eine Marke von Ruf. ***2*** *(pl)* Geschrei. ***3*** *(richiamo)* Zuruf *(m)*.
grigio *(agg)* ~ grau *(anche fig)* ♦ *la grigia quotidianeità* der graue Alltag ♦ *materia grigia* graue Substanz.
grigiore *(m)* ~ Grau *(n)*.
griglia *(f)* ***1*** Grill *(m)*, Rost *(m)* ♦ *carne alla griglia* Fleisch vom Grill. ***2*** *(grata)* Gitter *(n)*. ◆ **cucinare alla griglia** grillen *(vt)*.
grigliata *(f)* ~ Grillgericht *(n)*.
grilletto *(m)* ~ Abzug *(m)*.
grillo *(m)* ***1*** *(zool)* Grille *(f)*. ***2*** *(capriccio)* Grille *(f)*, Laune *(f)*.
grimaldello *(m)* ~ Dietrich *(m)*.
grinfia *(f)* ~ Klaue *(f)*, Krallen *(pl)*.
grinta *(f)* ***1*** finsteres Gesicht. ***2*** *(agonismo)* Kampfgeist *(m)*. ***3*** *(decisione)* Entschlossenheit *(f)*.
grinza *(f)* ***1*** *(della pelle, di un frutto)* Runzel *(f)*. ***2*** *(di stoffa, carta, ecc)* Falte *(f)*, Knitter *(m)*.
grinzoso *(agg)* ***1*** *(rugoso)* runz(e)lig, faltig. ***2*** *(raggrinzito, sgualcito)* faltig.
grizzly *(m)* ~ Grislibär *(m)*.
gronda *(f)* ~ Traufe *(f)*.
grondaia *(f)* ~ Regenrinne *(f)*.
grondante *(agg)* ~ tropfnass.
grondare *(vi)* ~ *(gocciolare)* triefen *(vi, hat)*, tropfen *(vi, ist)* ♦ *la camicia gronda acqua* das Hemd trieft von Wasser.
groppa *(f)* ~ Kruppe *(f)*; *(fam)* Buckel *(m)*.
groppo *(m)* ~ Knoten *(m)*. ◆ **avere un groppo alla gola** einen Kloß im Hals haben.
grossezza *(f)* ***1*** Größe *(f)*. ***2*** *(spessore)* Dicke *(f)*.
grossista *(m)* ~ Großhändler *(m)*.
grosso *(agg)* ***1*** groß*; *(voluminoso)* umfangreich; *(corporatura)* grobschlächtig ♦ *un grosso pezzo di pane* ein großes Stück Brot. ***2*** *(spesso, alto)* dick ♦ *un grosso tronco d'albero* ein dicker Baumstamm. ***3*** *(somme di denaro)* groß*, hoch*. ***4*** *(grave, estremo)* groß*, schlimm ♦ *un grosso errore* ein schlimmer, ein großer Fehler. ***5*** *(notevole, importante)* wichtig, deftig. ***6*** *(materiale non raffinato)* grob* ♦ *sale grosso* grobes Salz.
grossolanamente *(avv)* ~ grob*.
grossolanità *(f)* ***1*** Grobheit *(f)*. ***2*** *(ruvidezza)* Derbheit.
grossolano *(agg)* ***1*** *(materiale grezzo)* grob*, derb, roh. ***2*** *(rozzo)* grob*, derb ♦ *una bugia grossolana* eine grobe Lüge.
grossomodo *(avv)* ~ ungefähr, etwa.
grotta *(f)* ~ Grotte *(f)*, Höhle *(f)*.
grottesco *(agg)* ~ grotesk.
groviera *(m)* ~ Gruyèrekäse *(m)*.
groviglio *(m)* ~ Gewirr *(n)*.
gru *(f)* ***1*** *(zool)* Kranich *(m)*. ***2*** *(argano)* Kran *(m)*.
gruccia *(f)* ***1*** Kleiderbügel *(m)* ♦ *appendere la giacca alla gruccia* die Jacke auf/über den Bügel hängen. ***2*** *(stampella)* Krücke *(f)* ♦ *camminare con le grucce* an Krücken gehen.
grufolare *(vi)* ~ wühlen *(vi, hat)*.
grugnire *(vi)* ***1*** grunzen *(vi, hat)*. ***2*** *(fig)* brummen *(vi, hat)*.
grugnito *(m)* ~ Grunzen *(n)*.
grugno *(m)* ***1*** *(di animali)* Schnauze *(f)*, Maul *(n)*. ***2*** *(fig)* *(volg)* Schnauze *(f)*, Fresse *(f)*.
grumo *(m)* ~ Klumpen *(m)*.
gruppo *(m)* ***1*** Gruppe *(f)* ♦ *un gruppo di scolari* eine Gruppe Schüler/von Schülern ♦ *a gruppi* in Gruppen ♦ *gruppo sanguigno* Blutgruppe. ***2*** *(industriale, di imprese)* Konzern *(n)*. ◆ **lavoro di gruppo** Gruppenarbeit *(f)*. ◆ **a gruppi** gruppenweise.
guadagnare *(vt)* ***1*** verdienen *(vt)*. ***2*** *(conquistare)* gewinnen*, erwerben* ♦ *guadagnare tempo* Zeit gewinnen.

guadagno *(m)* ***1*** Verdienst *(m)*, Gewinn *(m)*. **2** *(vantaggio)* Nutzen *(m)*, Gewinn *(m)*.
guadare *(vi)* ~ waten *(vi*, ist*)*.
guado *(m)* ~ Furt *(f)*.
guai *(interiez)* ~ weh(e)! ♦ *guai a te!* weh dir!
guaina *(f)* ***1*** *(fodero)* Scheide *(f)*. **2** *(di cavi, tubi, ecc)* Mantel *(m)*.
guaio *(m)* ***1*** Schwierigkeit *(f)*. **2** *(disavventura)* Missgeschick *(n)* ♦ *ho combinato un guaio* mir ist ein Missgeschick passiert.
guaire *(vi)* ~ winseln *(vi*, hat*)*, jaulen *(vi*, hat*)*.
guaito *(m)* ~ Winseln *(n)*.
guancia *(f)* ~ Wange *(f)*, Backe *(f)* ♦ *guance paffute* dicke Backen.
guanciale *(m)* ~ Kopfkissen *(n)*.
guanto *(m)* ~ Handschuh *(m)*.
guantone *(m)* ~ *(sport)* Boxhandschuh.
guardaboschi *(m)* ~ Förster *(m)*.
guardacaccia *(m)* ~ Jagdaufseher *(m)*.
guardacoste *(m)* ~ Künstenwache *(f)*.
guardalinee *(m/f)* ~ Linienrichter *(m; f* -in*)*.
guardare[1] *(vi)* ***1*** sehen* *(vi*, hat*)*, schauen *(vi*, hat*)*, blicken *(vi*, hat*)*; *(fam)* gucken *(vi*, hat*)* ♦ *guarda un po'!* schau mal!, guck mal! **2** *(con attenzione, controllare)* nach|sehen* *(vi*, hat*)*, nach|schauen *(vi*, hat*)* ♦ *hai guardato nel cassetto?* hast du in der Schublade nachgeschauen? **3** *(affacciare)* gehen* *(vi*, ist*)* ♦ *la finestra guarda sulla strada* das Fenster geht auf die Straße.
guardare[2] *(vt)* ***1*** sehen* *(vt)*, an|sehen* *(vt)*, schauen *(vt)*, an|schauen *(vt)* ♦ *guardare l'orologio* auf die Uhr schauen ♦ *guardare l'orario dei treni* auf den Zugfahrplan sehen. **2** *(osservare)* beobachten *(vt)*, an|sehen* *(vt)* ♦ *guardami!* sieh mich an! ♦ *guardare qcn negli occhi, in faccia* jmdm in die Augen, ins Gesicht sehen. **3** *(controllare)* nach|sehen* *(vt)* ♦ *guarda qcs nel vocabolario* etwas im Wörterbuch nachsehen. **4** *(con attenzione, stare a guardare)* zu|sehen* *(vi*, hat*)*. **5** *(sorvegliare, accudire)* auf|passen *(vt)*, schauen *(vt)* ♦ *guardare i bambini* auf die Kinder aufpassen. ◆ **guardare la televisione** fern|sehen* *(vi*, hat*)*.
guardaroba *(m)* ~ Garderobe *(f)*.
guardarsi *(vr)* ***1*** sich sehen *(vr)* ♦ *guardarsi allo specchio* sich im Spiegel sehen. **2** *(reciproco)* sich ansehen *(vr)*. **3** *(guardarsi intorno)* sich um|sehen* *(vr)*, umher|blicken *(vi*, hat*)* ♦ *guardarsi intorno in cerca di qcn/qcs* sich nach jmdm/etwas um|sehen*. **4** {~ *da qcn/qcs*} sich vor jmdm/etwas in Acht nehmen* *(vr)*, sich vor jmdm/etwas hüten *(vr)* ♦ *me ne guardo bene! (fam)* ich werde mich hüten!
guardia *(f)* ***1*** *(servizio)* Wache *(f)* ♦ *dare il cambio della guardia* die Wache ablösen ♦ *stare di, fare la guardia* Wache halten. **2** *(guardiano)* Wächter *(m; f* -in*)* ♦ *guardia carceraria* Gefängniswächter. **3** *(mil)* Garde *(f)* ♦ *guardia reale* königliche Garde. **4** *(sport)* Deckung *(f)* ♦ *abbassare la guardia* die Deckung fallen lassen. ◆ **guardia del corpo** *(servizio)* Leibwache *(f)*; *(persona)* Leibwächter *(m; f* -in*)*. ◆ **guardia medica** *(servizio di)* Notdienst *(m)* **medico di guardia** Bereitschaftarzt *(m; f* -ärztin*)*, Notarzt *(m; f* -ärztin*)*. ◆ **torre di guardia** Wacht(t)urm *(m)*, Warte *(f)*. ◆ **fare la guardia a qcn/qcs** jmdn/etwas bewachen *(vt)*. ◆ **mettere in guardia qcn da qcn/qcs** jmdn vor jmdm/etwas warnen.
guardiano *(m)* ~ Wächter *(m; f* -in*)*, Aufseher *(m; f* -in*)*.
guardingo *(agg)* ~ vorsichtig, behutsam.
guardiola *(f)* ~ Pförtnerloge *(f)*.
guardrail *(m)* ~ Leitplanke *(f)*.
guaribile *(agg)* ~ heilbar.
guarigione *(f)* ~ Heilung *(f)*, Genesung *(f)* ♦ *essere in via di guarigione* auf dem Wege der Genesung sein.
guarire[1] *(vi)* ~ heilen *(vi*, ist*)*, wieder gesund werden* *(vi*, ist*)* ♦ *la ferita è guarita* die Verletzung ist geheilt.
guarire[2] *(vt)* ~ heilen *(vt)*; wieder gesund machen *(vt)* ♦ *guarire qcn da una malattia* jmdn von einer Krankheit heilen.
guarito *(agg)* ~ heil ♦ *il mio ginocchio è guarito* mein Knie ist wieder heil.
guarnigione *(f)* ~ *(mil)* Garnison *(f)*, Standort *(m)*.
guarnire *(vt)* ***1*** *(cibi)* garnieren *(vt)*. **2** *(indumenti)* besetzen *(vt)*.

guarnitura *(f)* ~ Garnitur *(f)*.
guarnizione *(f)* **1** Garnitur *(f)*. **2** *(di abiti)* Besatz *(m)*. **3** *(isolante)* Dichtung *(f)*.
guastafeste *(m/f)* ~ Spielverderber *(m; f -in)*.
guastare *(vt)* **1** *(rovinare)* beschädigen *(vt)*. **2** *(fig)* verderben* *(vt)* ◆ *guastare i rapporti con qcn* es mit jmdm verderben. **3** *(assol)* *(essere sgradito)* schaden *(vi, hat)* ◆ *un po' di allegria non guasta mai* etwas mehr Fröhlichkeit schadet nie.
guastarsi *(vr)* **1** *(marcire)* faulen *(vi, ist/hat)*, verderben* *(vi, ist)*. **2** *(oggetti)* kaputt|gehen* *(vi, ist)*. **3** *(veicoli)* eine Panne haben. **4** *(fig)* verderben* *(vi, ist)*.
guasto[1] *(agg)* **1** verdorben, faul. **2** *(danneggiato)* defekt, kaputt.
guasto[2] *(m)* **1** Defekt *(m)*, Schaden *(m)*. **2** *(veicoli)* Panne *(f)*.
guazzabuglio *(m)* ~ Mischmasch *(m)*.
guercio[1] *(agg)* ~ schielend. ◆ **occhio guercio** Schielauge *(n)*.
guercio[2] *(m)* ~ Schielende *(m)*.
guerra *(f)* **1** Krieg *(m)* ◆ *è scoppiata la guerra* der Krieg ist ausgebrochen ◆ *dichiarare guerra a uno stato* einem Staat den Krieg erklären ◆ *fare la guerra* Krieg führen ◆ *entrare in guerra* in den Krieg ziehen ◆ *la Prima, la Seconda Guerra Mondiale* der Erste, Zweite Weltkrieg ◆ *guerra civile* Bürgerkrieg ◆ *guerra di religione* Glaubenskrieg. ◆ **da/di guerra** Kriegs- ◆ *azione di guerra* Kriegshandlung *(f)* ◆ *dichiarazione di guerra* Kriegserklärung *(f)* ◆ *scoppio della guerra* Kriegsausbruch *(m)*.
guerreggiare *(vi)* ~ Krieg führen *(vt)*.
guerresco *(agg)* ~ kriegerisch, Kriegs- ◆ *azione guerresca* Kriegshandlung.
guerriero *(m)* ~ Krieger *(m)*.
guerriglia *(f)* ~ Guerilla *(f)*.
guerrigliero *(m)* ~ Guerillakämpfer *(m)*.
gufo *(m)* ~ *(zool)* Uhu *(m)*.
guida *(f)* **1** *(persona)* Führer *(m; f -in)* ◆ *guida alpina* Bergführer. **2** *(direzione, comando)* Führung *(f)*, Leitung *(f)*, Lenkung *(f)* ◆ *assumere la guida* die Führung übernehmen ◆ *sotto la guida di qcn altro* unter (der) Leitung eines anderen ◆ *la guida di un'impresa* die Leitung eines Unternehmens. **3** *(libro)* Führer *(m; f -in)*, Reiseführer *(m; f -in)*; *(della città)* Stadtführer *(m)*. **4** *(conduzione)* Lenkung *(f)*; *(macchina)* Autofahren *(n)*; *(spec di aerei e navi)* Steuerung *(f)*. **5** *(di scorrimento)* Schiene *(f)*. **6** *(passatoia)* Läufer *(m)*.
guidare *(vt)* **1** *(condurre)* führen *(vt)*, leiten *(vt)* ◆ *guidare un esercito* eine Armee führen ◆ *si lascia sempre guidare dal proprio istinto* er lässt sich immer von seinem Instinkt leiten. **2** *(amministrare, gestire)* verwalten *(vt)*, dirigieren *(vt)*. **3** *(veicoli)* fahren* *(vt)*, lenken *(vt)*; *(aerei)* fliegen* *(vt)*.
guidatore *(m; f* **-trice***)* ~ Fahrer *(m; f -in)*.
guinzaglio *(m)* ~ Leine *(f)*.
guizzare *(vi)* **1** *(sgusciare)* huschen *(vi, ist)*. **2** *(di rettili; di fiamme)* züngeln *(vi, hat)*. **3** *(fiamme, lampi, ecc)* zucken *(vi, ist/hat)*.
guizzo *(m)* **1** Züngeln *(n)*. **2** Zucken *(n)*.
gulasch *(m)* ~ Gulasch *(n/m)*.
guscio *(m)* **1** Schale *(f)* ◆ *guscio d'uovo* Eierschale ◆ *guscio di noce* Nussschale. **2** *(di mollusco)* Gehäuse *(n)*. **3** *(della chiocciola)* Schneckenhaus *(n)*. **4** *(zool)* Panzer *(m)*. ◆ **ritirarsi nel proprio guscio** *(fig)* sich *(Acc)* in sein Schneckenhaus zurückziehen.
gustare *(vt)* ~ genießen* *(vt)*, kosten *(vt)*.
gusto *(m)* **1** *(senso, sapore, anche fig)* Geschmack *(m)* ◆ *avere buon gusto, cattivo gusto* einen guten, schlechten Geschmack haben ◆ *con (buon) gusto* mit Geschmack ◆ *per i miei gusti* für meinen Geschmack ◆ *trovare gusto in qcs* an etwas *(Dat)* Geschmack finden ◆ *prenderci gusto* auf den Geschmack kommen. **2** *(senso)* Geschmackssinn *(m)*. **3** *(tipo)* Geschmacksrichtung *(f)* ◆ *gelato di quattro gusti diversi* Eis in vier verschiedenen Geschmacksrichtungen. **4** *(piacere)* Gefallen *(n)*, Freude *(f)*, Spaß *(m)* ◆ *non c'è gusto a giocare con te* es amcht keinen Spaß, mit dir zu spielen. ◆ **è questione di gusti** das ist Geschmackssache. ◆ **di cattivo gusto** geschmacklos *(agg)*, kitschig *(agg)*. ◆ **di buon gusto** geschmackvoll *(agg)*.
gustoso *(agg)* ~ schmackhaft, lecker.
gutturale *(agg)* ~ kehlig, guttural ◆ *voce gutturale* kehlige Stimme.

h

habitat *(m)* ~ Habitat *(n)*.
hall *(f)* ~ *(di albergo)* Halle *(f)*.
hamburger *(m)* ~ Hamburger *(m)*.
handicap *(m)* ***1*** *(sport)* Handikap *(n)*. **2** Behinderung *(f)*.
handicappato[1] *(agg)* ~ behindert ♦ *handicappato fisicamente, mentalmente* körperlich, seelisch behindert.
handicappato[2] *(m; f* **-a***)* ~ *(fisico o mentale)* Behinderte(r) *(m/f)*.
hangar *(m)* ~ Hangar *(m)*, Flugzeughalle *(f)*.
hanseatico *(agg)* ~ *(stor)* hanseatisch. ◆ **Lega hanseatica** Hanse *(f)*.
hard disk *(m)* ~ *(elab)* Festplatte *(f)*.
hardware *(m)* ~ *(elab)* Hardware *(f)*.
harem *(m)* ~ Harem *(m)*.
hashish *(m)* ~ Haschisch *(n/m)*.
herpes *(m)* ~ *(med)* Herpes *(m)*.
hi-fi *(m)* ***1*** *(impianto)* Hi-Fi-Anlage *(f)*. **2** *(alta fedeltà)* High Fidelity *(f)*.
hinterland *(m)* ~ Hinterland *(n)*.
hit-parade *(m)* ~ Hitparade *(f)*.
HIV *(m)* ~ *(med)* HIV *(n)*.
hobby *(m)* ~ Hobby *(n)*.
hockey *(m)* ~ Hockey *(n)* ♦ *hockey sul ghiaccio* Eishockey.
honoris causa *(agg)* ~ ehrenhalber. ◆ **dottore honoris causa** Ehrendoktor *(m)*.
hostess *(f)* ***1*** Stewardess *(f)*. **2** *(in congressi, fiere)* Hostess *(f)*.
hotel *(m)* ~ Hotel *(n)* ♦ *hotel a tre stelle* Dreisternenhotel.
humour *(m)* ~ Humor *(m)*.

i

i *(art det m pl)* ~ *vedi* **il**.
iato *(m)* ***1*** *(gramm)* Hiat, Hiatus *(m)*. ***2*** *(fig)* Unterbrechung *(f)*.
ibidem *(avv)* ~ ebenda.
ibrido[1] *(agg)* ~ hybrid.
ibrido[2] *(m)* ***1*** Hybride *(f/m)*. ***2*** *(mescolanza)* Mischung *(f)*.
iceberg *(m)* ~ Eisberg *(m)*.
icona *(f)* ~ Ikone *(f)*.
idea *(f)* ***1*** Idee *(f)*, Vorstellung *(f)* ♦ *farsi un'idea di qcs* sich *(Dat)* eine Vorstellung von etwas machen. ***2*** *(opinione, parere)* Meinung *(f)* ♦ *esprimere, avere, sostenere un'idea* eine Meinung äußern, haben, vertreten ♦ *cambiare idea* seine Meinung ändern ♦ *essere di un'altra idea* anderer/verschiedener Meinung sein ♦ *sono dell'idea che* ich bin der Meinung, dass. ***3*** *(pensiero)* Gedanke *(m)* ♦ *come ti è venuta questa idea?* wie bist du auf diesen Gedanken gekommen? ♦ *dare a qcn l'idea di fare qcs* jmdn auf den Gedanken bringen, etwas zu tun ♦ *avere l'idea di fare qcs* auf den Gedanken kommen, etwas zu tun. ***4*** *(trovata)* Einfall *(m)* ♦ *un'idea geniale* ein genialer Einfall. ◆ **non ne ho idea** (ich habe) keine Ahnung. ◆ **cambiare idea** um|denken* *(vi*, hat*)*. ◆ **cambiare idea su qcs** sich *(Dat)* etwas anders überlegen ♦ *ho cambiato idea* ich habe es mir anders überlegt. ◆ **farsi venire un'idea** sich *(Dat)* etwas einfallen lassen*.
ideale[1] *(agg)* ~ ideal.
ideale[2] *(m)* ~ Ideal *(n)*.
idealismo *(m)* ~ Idealismus *(m)*.
idealista *(m/f)* ~ Idealist *(m; f* -in*)*.
idealizzare *(vt)* ~ idealisieren *(vt)*.
ideare *(vt)* ***1*** *(architettare, escogitare)* sich *(Dat)* aus|denken* *(vt)*. ***2*** *(progettare)* planen *(vt)*.
ideatore *(m; f* **-trice***)* ***1*** Planer *(m; f* -in*)*. ***2*** *(inventore)* Erfinder *(m; f* -in*)*.
identico *(agg)* ~ identisch.
identificare *(vt)* ***1*** identifizieren *(vt)*. ***2*** *(autore di crimini)* ermitteln *(vt)*.
identificarsi *(vr)* ~ sich identifizieren *(vr)*.
identificazione *(f)* ~ Erkennung *(f)*, Identifizierung *(f)*.
identikit *(m)* ~ Phantombild *(n)*.
identità *(f)* ~ Identität *(f)*. ◆ **carta d'identità** Personalausweis *(m)*.
ideologia *(f)* ~ Ideologie *(f)*.
ideologico *(agg)* ~ ideologisch.
idilliaco, **idillico** *(agg)* ~ idyllisch.
idillio *(m)* ~ Idyll *(n)*.
idioma *(m)* ~ Idiom *(n)*.
idiomatico *(agg)* ~ idiomatisch. ◆ **espressione idiomatica** Redewendung *(f)*.
idiota[1] *(agg)* ~ idiotisch.
idiota[2] *(m/f)* ~ Idiot *(m; f* -in*)*.
idiozia *(f)* ~ Idiotie *(f)* *(anche med)*, Dummheit *(f)*.
idolatrare *(vt)* ~ vergöttern *(vt)*.
idolatria *(f)* ~ Götzendienst *(m)*, Vergötterung *(f)*.
idolo *(m)* ~ Götze *(f)* *(anche fig)*.
idoneità *(f)* ~ Eignung *(f)*, Tauglichkeit *(f)*, Befähigung *(f)*.

idoneo *(agg)* ~ geeignet, tauglich ♦ *essere idoneo a qcs* für etwas geeignet sein/zu etwas tauglich sein.

idrante *(m)* ~ Hydrant *(m)*.

idratante *(agg)* ~ Feuchtigkeits- ♦ *crema idratante* Feuchtigkeitscreme *(f)*.

idratare *(vt)* ~ {~ *qcs*} etwas *(Dat)* Feuchtigkeit zu|führen *(vt)*.

idraulica *(f)* ~ Hydraulik *(f)*.

idraulico[1] *(agg)* ~ hydraulisch.

idraulico[2] *(m)* ~ Klempner *(m)*.

idrocarburo *(m)* ~ Kohlenwasserstoff *(m)*.

idrofilo *(agg)* ~ hydrophil.

idrofobo *(agg)* ***1*** *(animale)* tollwütig. ***2*** *(fig)* wütend, rasend.

idrogeno *(m)* ~ *(chim)* Wasserstoff *(m)*, Hydrogen *(n)*.

iella *(f)* ~ Pech *(n)*.

iena *(f)* ~ *(zool)* Hyäne *(f)*.

ieri *(m)* ~ gestern ♦ *ieri sera* gestern Abend ♦ *da ieri* seit gestern. ◆ **di ieri** gestrig, von gestern ♦ *il programma di ieri* das gestrige Programm. ◆ **l'altro ieri**, **ieri l'altro** vorgestern *(avv)* ♦ *l'altro ieri sera* vorgestern Abend.

igiene *(f)* ***1*** Hygiene *(f)*, Gesundheitspflege *(f)*. ***2*** *(pulizia)* Pflege *(f)* ♦ *l'igiene del corpo* Körperpflege. ◆ **ufficio d'igiene** Gesundheitsamt *(n)*.

igienico *(agg)* ~ hygienisch. ◆ **carta igienica** Toilettenpapier *(n)*.

ignaro *(agg)* ~ unwissend, ahnungslos.

ignifugo *(agg)* ~ feuerhemmend.

ignobile *(agg)* ~ verwerflich, niederträchtig, schändlich.

ignorante[1] *(agg)* ***1*** *(non istruito)* ungebildet. ***2*** *(maleducato)* unerzogen. ◆ **essere ignorante di qcs** von etwas keine Ahnung haben.

ignorante[2] *(m/f)* ***1*** *(non istruito)* Ungebildete(r) *(m/f)*. ***2*** *(maleducato)* Unerzogene(r) *(m/f)*.

ignoranza *(f)* ~ Unkenntnis *(f)*, Unwissenheit *(f)* ♦ *per ignoranza* aus Unkenntnis.

ignorare *(vt)* ***1*** *(non sapere)* nicht kennen* *(vt)*, nicht wissen* *(vt)*. ***2*** *(fingere di non vedere, di non sentire)* übergehen* *(vt)*, über|sehen* *(vt)*, ignorieren *(vt)* ♦ *ignorai le sue osservazioni maligne* ich überging über ihre bösen Bemerkungen.

ignorarsi *(vr)* ~ *(reciproco)* sich ignorieren *(vt)*.

ignoto *(agg)* ~ unbekannt.

iguana *(m)* ~ Leguan *(m)*.

il, **la**, **lo** *(art det)* ***1*** der, die, das ♦ *prese il cappello* er nahm den Hut ♦ *il mio libro* mein Buch ♦ *la mia zia* meine Tante ♦ *il dottor Schmidt* Doktor Schmidt ♦ *la signora Müller* Frau Müller ♦ *la Germania* Deutschland ♦ *la settimana prossima* nächtse Woche ♦ *sono le cinque* es ist fünf Uhr. ***2*** *(nelle date)* am ♦ *partiamo il 20 giugno* wir fahren am 20 Juni ♦ *il mese prossimo* nächtsen Monat.

ilare *(agg)* ~ heiter, fröhlich.

ilarità *(f)* ~ Heiterkeit *(f)* ♦ *suscitare ilarità* Heiterkeit erregen.

illecito *(agg)* ~ unerlaubt, unrechtmäßig.

illegale *(agg)* ~ unrechtmäßig, ungesetzlich.

illegalità *(f)* ~ Illegalität *(f)*, Gesetzwidrigkeit *(f)*.

illeggibile *(agg)* ***1*** unleserlich. ***2*** *(stile, contenuto)* unlesbar.

illegittimo *(agg)* ***1*** *(illegale)* unrechtmäßig. ***2*** *(figlio)* unehelich.

illeso *(agg)* ~ unversehrt, unbeschadet.

illetterato[1] *(agg)* ~ ungebildet.

illetterato[2] *(m)* ~ Ungebildete *(m)*.

illibato *(agg)* ~ jungfräulich.

illimitato *(agg)* ***1*** unbegrenzt, unbeschränkt, grenzenlos. ***2*** *(scadenza)* unbefristet.

illogico *(agg)* ~ unlogisch.

illudere *(vt)* ***1*** {~ *qcn su qcs*} jmdm falsche Hoffnung(en) auf etwas *(Acc)* machen *(vt)*. ***2*** *(ingannare)* täuschen *(vt)*.

illudersi *(vr)* ~ sich falsche Hoffnung(en) machen, sich täuschen *(vr)*.

illuminante *(agg)* ***1*** Leucht- ♦ *gas illuminante* Leuchtgas. ***2*** *(chiarificatore)* erhellend.

illuminare *(vt)* ***1*** beleuchten *(vt)*, erleuchten *(vt)*; *(intensamente)* bestrahlen *(vt)*. ***2*** *(fig)* erhellen *(vt)*.

illuminarsi *(vr)* ***1*** sich erleuchten *(vr)*. ***2*** *(fig)* sich erhellen *(vr)*.

illuminato *(agg)* ~ *(senza pregiudizi)* aufgeklärt.

illuminazione *(f)* ***1*** Beleuchtung *(f)*; *(intensa)* Bestrahlung *(f)*. ***2*** *(fig)* Erleuchtung *(f)*.

Illuminismo *(m)* ~ Aufklärung *(f)*.

illuminista *(m)* ~ Aufklärer *(m)*.
illuministico *(agg)* ~ aufklärerisch.
illusione *(f)* ***1*** Täuschung *(f)*. ***2*** *(speranza)* Illusion *(f)*.
illuso *(m; f* **-a***)* ~ Träumer *(m; f* -in*)*.
illustrare *(vt)* ***1*** illustrieren *(vt)*. ***2*** *(chiarire)* veranschaulichen *(vt)*, illustrieren *(vt)*.
illustrativo *(agg)* ~ erläuternd.
illustrazione *(f)* ***1*** *(immagine)* Bild *(n)*, Abbildung *(f)*. ***2*** *(fig)* Erläuterung *(f)*.
illustre *(agg)* ~ berühmt.
imballaggio *(m)* ~ Verpackung *(f)*.
imballare[1] *(vt)* ~ verpacken *(vt)*, ein|packen *(vt)*.
imballare[2] *(vt)* ~ *(motore)* überdrehen *(vt)*.
imbalsamare *(vt)* ~ *(impagliare)* aus|stopfen *(vt)*.
imbarazzante *(agg)* ~ peinlich, unangenehm.
imbarazzare *(vt)* ***1*** {~ *qcn*} jmdn in Verlegenheit bringen* *(vt)*, jmdm peinlich sein* *(vi*, ist*)*. ***2*** *(confondere)* verwirren *(vt)*.
imbarazzarsi *(vr)* ~ verlegen werden* *(vi*, ist*)*.
imbarazzato *(agg)* ***1*** verlegen. ***2*** *(confuso)* betreten ♦ *essere imbarazzato per qcs* über etwas *(Acc)* betreten sein.
imbarazzo *(m)* ~ Verlegenheit *(f)* ♦ *mettere qcn in imbarazzo* jmdn in Verlegenheit bringen/setzen. ◆ **avere l'imbarazzo della scelta** die Qual der Wahl haben.
imbarcare *(vt)* ~ ein|schiffen *(vt)*.
imbarcarsi *(vr)* ***1*** sich ein|schiffen *(vr)*. ***2*** *(fig)* sich ein|lassen* *(vr)* ♦ *imbarcarsi in qcs* sich auf etwas *(Acc)* einlassen. ***3*** *(incurvarsi)* sich verziehen* *(vr)*.
imbarcazione *(f)* ~ Wasserfahrzeug *(n)*.
imbarco *(m)* ~ Einschiffung *(f)*.
imbastire *(vt)* ***1*** *(cuciture)* heften *(vt)*. ***2*** *(abbozzare)* entwerfen *(vt)*.
imbattersi *(vr)* ~ {~ *in qcn/qcs*} auf jmdn/etwas stoßen* *(vi*, ist*)*, auf jmdn/etwas treffen* *(vi*, ist*)*.
imbattibile *(agg)* ~ unschlagbar.
imbavagliare *(vt)* ~ knebeln *(vt)*.
imbeccata *(f)* ***1*** Futtermenge *(f)*. ***2*** *(fig)* Einflüsterung *(f)*.
imbecille[1] *(agg)* ~ dumm, blöd.
imbecille[2] *(m)* ~ Dumme *(m)*, Dummkopf *(m/f)*.
imbecillità *(f)* ~ Dummheit *(f)*.
imbellettare *(vt)* ~ schminken *(vt)*.
imberbe *(agg)* ***1*** bartlos. ***2*** *(fig)* unreif.
imbestialirsi *(vr)* ~ wild/rasend werden* *(vi*, ist*)*.
imbevibile *(agg)* ~ ungenießbar.
imbiancare *(vi)* ~ weiß werden* *(vi*, ist*)*.
imbiancare *(vt)* ***1*** weiß machen *(vt)*, weiß färben. ***2*** *(pareti)* an|streichen* *(vt)*, malen *(vt*, hat*)*.
imbiancarsi *(vr)* ~ weiß werden* *(vi*, ist*)*.
imbiancatura *(f)* ~ Anstrich *(m)*.
imbianchino *(m; f* **-a***)* ~ Anstreicher *(m)*, Maler *(m; f* -in*)*.
imbizzarrirsi *(vr)* ***1*** scheuen *(vi*, hat*)*. ***2*** *(fig)* sich erregen *(vr)*.
imboccare *(vt)* ***1*** füttern *(vt)* ♦ *imboccare un bambino* ein Kind füttern. ***2*** *(strada)* fahren auf *(+ Acc)*.
imboccatura *(f)* ***1*** *(apertura)* Mündung *(f)*, Öffnung *(f)*. ***2*** *(di pipa, sigaretta, strumenti a fiato, ecc)* Mundstück *(n)*. ***3*** *(imbocco di strada)* Einfahrt *(f)*.
imboscata *(f)* ~ Hinterhalt *(m)*.
imbottigliare *(vt)* ~ in Flaschen füllen *(vt)* ♦ *imbottigliare il vino* Wein in Flaschen füllen.
imbottigliarsi *(vr)* ~ *(nel traffico)* im Verkehrsstau stecken bleiben*.
imbottire *(vt)* ***1*** aus|stopfen *(vt)*. ***2*** *(divani, sedie, ecc)* polstern *(vt)*. ***3*** *(panini)* belegen *(vt)*. ***4*** *(fig)* (voll) stopfen *(vt)*.
imbottirsi *(vr)* ~ {*di qcs*} sich mit etwas voll stopfen *(vr)*.
imbottito *(agg)* ***1*** *(divani, sedie, ecc)* gepolstert, Polster-. ***2*** *(panini)* belegt ♦ *panino imbottito* belegtes Brötchen.
imbottitura *(f)* ***1*** Füllung *(f)*. ***2*** *(di divani e sim)* Polsterung *(f)*.
imbranato[1] *(agg)* ~ ungeschickt, tollpatschig.
imbranato[2] *(m)* ~ Tollpatsch *(m)*.
imbrattare *(vt)* ~ beschmieren *(vt)*.
imbrattarsi *(vr)* ~ sich beschmieren *(vr)*.
imbrogliare *(vt)* ***1*** *(truffare)* betrügen* *(vt)*, hintergehen* *(vt)*. ***2*** *(arruffare)* verwickeln *(vt)*, verwirren *(vt)*.
imbroglio *(m)* ~ Betrug *(m)*.
imbroglione *(m/f)* ~ Betrüger *(m; f* -in*)*.
imbronciato *(m)* ~ schmollend. ◆ **essere imbronciato con qcn** mit jmdm schmollen *(vi*, hat*)*.

imbrunire[1] *(vi)* ~ *(impers)* dämmern *(vi, hat) (impers)*, dunkel werden* *(vi, ist)* ♦ *imbrunisce* es dämmert.
imbrunire[2] *(m)* ~ Dämmerung *(f)*.
imbruttire[1] *(vi)* ~ häßlich werden* *(vi, ist)*.
imbruttire[2] *(vt)* *1* *(persone)* häßlich machen *(vt)*. **2** *(cose)* entstellen *(vt)*.
imbruttirsi *(vr)* ~ häßlich werden* *(vi, ist)*.
imbucare *(vt)* ~ ein|werfen* *(vt)*.
imbucarsi *(vr)* ~ *(fam)* sich verstecken *(vr)*.
imburrare *(vt)* ~ buttern *(vt)*, mit Butter bestreichen *(vt)*.
imbuto *(m)* ~ Trichter *(m)*.
imitare *(vt)* ~ nachahmen *(vt)*, nachmachen *(vt)*.
imitatore *(m/f)* ~ *(emulatore)* Nachahmer *(m; f* -in*)*.
imitazione *(f)* ~ Nachahmung *(f)*.
immacolato *(agg)* ~ unbefleckt, fleckenlos *(anche fig)*.
immagazzinamento *(m)* ~ Lagerung *(f)*, Speicherung *(f)*.
immagazzinare *(vt)* *1* lagern *(vt)*, ein|lagern *(vt)*, speichern *(vt)*. **2** *(fig)* speichern *(vt)*.
immaginabile *(agg)* *1* vorstellbar. **2** *(possibile)* erdenklich ♦ *ti auguro tutto il bene immaginabile* ich wünsche dir alles erdenklich(e) Gute.
immaginare *(vt)* *1* {~ *qcs*} sich *(Dat)* etwas vor|stellen *(vt)*. **2** *(supporre, pensare)* ahnen *(vt)*, denken* *(vt)* ♦ *chi l'avrebbe mai immaginato!* wer hätte das gedacht!
immaginario[1] *(agg)* ~ erdacht, unwirklich, imaginär.
immaginario[2] *(m)* *1* Vorstellungswelt *(f)*. **2** *(inconscio)* Unbewusste *(n)* ♦ *immaginario collettivo* kollektives Unbewusste.
immaginarsi *(vr)* *1* {~ *qcs*} sich *(Dat)* etwas vor|stellen *(vt)* ♦ *me lo posso immaginare* ich kann mir das schon vorstellen. **2** {~ *qcs*} *(cose non vere)* sich *(Dat)* etwas ein|bilden.
immaginazione *(f)* ~ Einbildungskraft *(f)*.
immagine *(f)* *1* *(illustrazione)* Bild *(n)*. **2** *(riproduzione)* Ebenbild *(n)*. **3** *(di azienda, di personaggio)* Image *(n)*.
immancabile *(agg)* ~ unvermeidlich.
immanente *(agg)* ~ immanent.
immangiabile *(agg)* ~ ungenießbar.
immatricolare *(vt)* *1* *(studenti)* ein|schreiben* *(vt)*. **2** *(veicoli)* zu|lassen* *(vt)*.
immatricolarsi *(vr)* ~ sich ein|schreiben* *(vr)* ♦ *immatricolarsi a un'università* sich an einer Universität einschreiben.
immatricolazione *(f)* *1* *(studenti)* Ein|schreibung *(f)*. **2** *(veicoli)* Zulassung *(f)*.
immaturità *(f)* *1* Unreife. **2** *(fig)* Unfertigkeit.
immaturo *(agg)* *1* unreif. **2** *(fig)* unfertig.
immedesimarsi *(agg)* ~ {~ *in qcn/qcs*} sich in jmdn/etwas ein|fühlen *(vr)*, hinein|versetzen *(vr)*.
immedesimazione *(f)* ~ Einfühlung *(f)*.
immediatamente *(avv)* *1* unmittelbar, direkt ♦ *immediatamente accanto al municipio* unmittelbar neben dem Rathaus. **2** *(subito)* sofort, sogleich, prompt ♦ *pregasi rispondere immediatamente* wir bitten um sofortige Antwort.
immediatezza *(f)* *1* Unmittelbarkeit *(f)*. **2** Promptheit *(f)*.
immediato *(agg)* *1* unmittelbar ♦ *nelle immediate vicinanze* in unmittelbarer Nähe. **2** *(istantaneo)* sofortig, unverzüglich, prompt. **3** *(il più semplice)* nächstliegend *(agg, solo attr)* ♦ *la soluzione più immediata* die nächstliegende Lösung. **4** *(spontaneo)* spontan.
immemorabile *(agg)* ~ undenklich.
immensità *(f)* *1* *(infinitezza)* Unendlichkeit *(f)*, Unermesslichkeit *(f)*. **2** *(quantità)* Unmenge *(f)*.
immenso *(agg)* ~ unermesslich, ungemein.
immergere *(vt)* ~ tauchen *(vt)*, ein|tauchen *(vt)*.
immergersi *(vr)* *1* tauchen *(vi, ist/hat)*, unter|tauchen *(vi, ist)* ♦ *immergersi in cerca di conchiglie* nach Muscheln tauchen. **2** {~ *in qcs*} *(fig)* sich in etwas *(Acc)* versenken, vertiefen *(vr)* ♦ *si immerse nel lavoro* er vertiefte sich in die Arbeit.
immeritato *(agg)* ~ unverdient.
immersione *(f)* *1* Tauchen *(n)*, Eintauchen *(n)*. **2** *(sub)* Tiefgang *(m)*.
immerso *(agg)* ~ versunken. ◆ **essere immerso in qcs** *(occupato, preso)* in etwas *(Dat)* drin|stecken *(vi, hat)*.
immettere *(vt)* *1* einführen *(vt)*. **2** *(liquidi)* einlassen* *(vt)*. **3** *(elab)* ein|geben* *(vt)*.

immettersi *(vr)* ~ einfahren *(vi, ist)*.
immigrante *(m/f)* ~ Einwanderer *(m; f -in)*.
immigrare *(vi)* ~ ein|wandern *(vi, ist)*.
immigrato *(m; f* **-a***)* ~ Einwanderer *(m; f* -in*)*, Zuwanderer *(m; f* -in*)*.
immigrazione *(f)* ~ Einwanderung *(f)*, Zuwanderung *(f)*.
imminente *(agg)* ~ bevorstehend. ◆ **essere imminente** bevor|stehen* *(vi, hat)*.
immischiarsi *(vr)* ~ {~ *in qcs*} sich in etwas *(Acc)* ein|mischen.
immissione *(f)* ***1*** Einlassung *(f)*. ***2*** *(burocr)* Einsetzung *(f)*. ***3*** *(elab)* Eingabe *(f)*.
immobile[1] *(agg)* ~ unbeweglich, bewegungslos ♦ *beni immobili* unbewegliche Sachen.
immobile[2] *(m)* ~ *(spec pl)* Immobilien *(pl)*.
immobiliare *(agg)* ~ Immobilien-, Immobiliar- ♦ *agente immobiliare* Immobilienhändler *(m)*.
immobilità *(f)* ~ Unbeweglichkeit *(f)*.
immobilizzare *(vt)* ***1*** fest halten* *(vt)*. ***2*** *(un arto)* ruhig stellen *(vt)*.
immobilizzarsi *(vr)* ~ stehen bleiben* *(vi, ist)*, unbeweglich werden* *(vi, ist)*.
immodesto *(agg)* ~ unbescheiden.
immolare *(vt)* ~ opfern *(vt)*.
immolarsi *(vr)* ~ sich opfern.
immondizia *(f)* ~ Müll *(m)*, Abfall *(m)*. ◆ **secchio dell'immondizia** Mülleimer *(m)*. ◆ **raccolta delle immondizie** Müllabfuhr *(f)*.
immondo *(agg)* ~ unsauber.
immorale *(agg)* ~ unmoralisch; sittenwidrig *(anche dir)*.
immoralità *(f)* ~ Sittenlosigkeit *(f)*.
immortalare *(vt)* ~ verewigen *(vt)*.
immortale *(agg)* ~ unsterblich, unvergänglich.
immortalità *(f)* ***1*** Unsterblichkeit *(f)*, Unvergänglichkeit *(f)*.
immotivato *(agg)* ~ grundlos.
immune *(agg)* ***1*** *(med)* {~ *da*} immun gegen *(Acc)*. ***2*** *(esente)* {~ *da*} frei von *(Dat)*.
immunità *(f)* ~ Immunität *(f)*.
immunizzare *(vt)* ~ immunisieren *(vt)*, immun machen *(vt)*.
immunizzarsi *(vr)* ~ sich immunisieren *(vr)*, immun werden* *(vi, ist)*.
immunodeficienza *(f)* ~ Immunschwäche *(f)*.
immutabile *(agg)* ~ unveränderlich.
immutato *(agg)* ~ unverändert.
impacchettare *(vt)* ~ ein|packen *(vt)*; *(merci e sim)* verpacken *(vt)*.
impacciato *(agg)* ~ unbeholfen, ungeschickt.
impaccio *(f)* ***1*** Klemme *(f)*. ***2*** *(imbarazzo)* Verlegenheit *(f)*.
impacco *(m)* ***1*** Umschlag *(m)*. ***2*** *(med)* Packung *(f)*.
impadronirsi *(vr)* ***1*** {~ *di qcs*} sich etwas *(Gen)* bemächtigen *(vr)*, etwas an sich *(Acc)* reißen *(vr)*. ***2*** {~ *di qcn*} *(fig)* *(sentimenti e sim)* jmdn erfassen *(vt)* ♦ *la paura si impadronì di lui* Angst erfasste ihn.
impagabile *(agg)* ~ unbezahlbar.
impaginare *(vt)* ~ umbrechen *(vt)*.
impagliare *(vt)* ***1*** *(sedie)* mit Stroh bespannen *(vt)*. ***2*** *(animali)* aus|stopfen *(vt)*.
impalato *(agg)* ~ angewurzelt ♦ *stare lì impalato* wie angewurzelt dastehen.
impalcatura *(f)* ~ Gerüst *(n)*.
impallidire *(vi)* ~ erbleichen *(vi, ist)*, blass/bleich werden* *(vi, ist)*.
impantanarsi *(vr)* ~ fest|fahren* *(vi, ist)*, im Schlamm stecken bleiben* *(vi, ist)* ♦ *l'auto si è impantanata nella sabbia* das Auto ist im Sand festgefahren.
impappinarsi *(vr)* ~ sich versprechen* *(vr)*.
imparare *(vt)* ~ lernen *(vt)*; *(bene, a fondo)* erlernen *(vt)* ♦ *imparare a nuotare* schwimmen lernen ♦ *imparare (qcs) da qcn* (etwas) von jmdm lernen ♦ *imparare dai propri errori* aus seinen Fehlern lernen.
impareggiabile *(agg)* ~ unvergleichlich.
imparentarsi *(vr)* ~ verwandt werden* *(vi, ist)*.
impari *(agg)* ~ ungleich.
impartire *(vt)* ~ erteilen *(vt)* ♦ *impartire lezioni di latino* Unterricht in Latein erteilen.
imparziale *(agg)* ~ unparteiisch.
imparzialità *(f)* ~ Unparteilichkeit *(f)*.
impassibile *(agg)* ~ gleichmütig.
impassibilità *(f)* ~ Gleichmut *(m)*.
impastare *(vt)* ***1*** *(creta, impasti, ecc)* kneten *(vt)*. ***2*** *(amalgamare)* mischen *(vt)*.
impasto *(m)* ***1*** Kneten *(n)*. ***2*** *(gastr)* Teig *(m)*. ***3*** *(fig)* Mischung *(f)*.
impatto *(m)* ~ Aufschlag *(m)*.

impaurire *(vt)* ~ ängstigen *(vt)*, beängstigen *(vt)*.
impaurirsi *(vr)* ~ sich erschrecken *(vr)*, Angst/Furcht bekommen* *(vt)*.
impaurito *(agg)* ~ ängstlich.
impavido *(agg)* ~ unerschrocken.
impaziente *(agg)* ~ ungeduldig, gespannt ♦ *sono impaziente di sapere il risultato* ich bin gespannt auf das Ergebnis.
impazienza *(f)* ~ Ungeduld *(f)*.
impazzata *(f)* ~ **all'impazzata** wie wahnsinnig, wie verrückt.
impazzire *(vi)* ~ verrückt werden* *(vi, ist)* *(anche fig)*. ◆ **far impazzire qcn** jmdn verrückt machen.
impeccabile *(agg)* ~ tadellos, makellos.
impedimento *(m)* ~ Hinderung *(f)*, Hindernis *(n)*. ◆ **di impedimento** hinderlich *(agg)* ♦ *essere di impedimento a qcn/qcs* jmdm/etwas hinderlich sein, für jmdn/etwas hinderlich sein.
impedire *(vt)* ***1*** *(evitare)* verhindern *(vt)*. ***2*** {~ *qcs a qn*} jmdn an etwas *(Dat)* hindern *(vt)* ♦ *impedire a qcn di camminare* jmdn am Gehen hindern. ***3*** *(impacciare)* behindern *(vt)*.
impegnare *(vt)* ***1*** *(dare in pegno)* verpfänden *(vt)*, versetzen *(vt)*. ***2*** *(tenere occupato)* beschäftigen *(vt)*, in Anspruch nehmen* *(vt)*. ***3*** *(vincolare)* verpflichten *(vt)* ♦ *impegnare qcn con un giuramento* jmdn durch Eid verpflichten.
impegnarsi *(vr)* ***1*** {~ *a/in qcs*} sich zu etwas verpflichten *(vr)*. ***2*** *(dedicarsi)* {~ *per qcs*} sich für etwas engagieren *(vr)*, sich ein|setzen *(vr)*. ***3*** *(sforzarsi)* sich anstrengen *(vr)*.
impegnativo *(agg)* ***1*** anspruchsvoll. ***2*** *(vincolante)* verbindlich.
impegnato *(agg)* ***1*** *(occupato)* beschäftigt. ***2*** *(obbligato)* verpflichtet. ***3*** *(pol)* engagiert.
impegno *(m)* ***1*** *(obbligo)* Verpflichtung *(f)*, Verbindlichkeit ♦ *assumere un impegno* eine Verpflichtung eingehen ♦ *assolvere un impegno* eine Verpflichtung erfüllen, einer Verpflichtung nachkommen. ***2*** *(occupazione)* Aufgabe *(f)*. ***3*** *(sforzo, fatica)* Mühe *(f)*, Fleiß *(m)*. ***4*** *(politico, ideologico, ecc)* Engagement *(n)*. ◆ **avere già un impegno** schon etwas vor|haben. ◆ **senza impegno** unverbindlich *(agg)*.
impelagarsi *(vr)* ~ {~ *in qcs*} sich in etwas *(Acc)* verstricken *(vr)*.
impellente *(agg)* ~ dringend.
impenetrabile *(agg)* ~ undurchdringlich, unergründlich.
impenitente *(agg)* ~ eingefleischt.
impennarsi *(vr)* ***1*** sich auf|bäumen *(vr)*. ***2*** *(aeron)* steigen *(vi, ist)*.
impensabile *(agg)* ~ undenkbar, unvorstellbar.
impensato *(agg)* ~ unvermutet.
impensierire *(vt)* ~ bekümmern *(vt)*, Sorgen machen *(vt)*.
imperativo *(m)* ~ *(gramm)* Befehlsform *(f)*, Imperativ *(m)*.
imperatore *(m; f* **-trice***)* ~ Kaiser *(m; f* -in*)*.
impercettibile *(agg)* ***1*** unhörbar. ***2*** *(minimo)* unmerklich.
imperdonabile *(agg)* ~ unverzeihlich.
imperfetto[1] *(agg)* ~ unvollkommen.
imperfetto[2] *(m)* ~ *(gramm)* Imperfekt.
imperfezione *(f)* ***1*** Unvollkommenheit *(f)*. ***2*** *(difetto estetico, neo)* Schönheitsfehler *(m)*.
imperiale *(agg)* ~ kaiserlich, Kaiser-.
imperialismo *(m)* ~ Imperialismus *(m)*.
imperialista[1] *(agg)* ~ imperialistisch.
imperialista[2] *(m)* ~ Imperialist *(m)*.
imperioso *(agg)* ***1*** gebieterisch, herrisch. ***2*** *(impellente)* dringlich.
imperizia *(f)* ~ Ungeschicklichkeit *(f)*.
imperlarsi *(vi)* ~ (sich) perlen *(vi, hat/ist)*.
impermeabile[1] *(agg)* ~ undurchlässig, -dicht ♦ *impermeabile all'acqua* Wasserdicht.
impermeabile[2] *(m)* ~ Regenmantel *(m)*.
impermeabilizzare *(vt)* ~ ab|dichten *(vt)*.
impermeabilizzazione *(f)* ~ Abdichtung *(f)*.
impero *(m)* ***1*** Reich *(n)*, Kaiserreich *(n)*. ***2*** *(fig)* Imperium *(n)*.
imperscrutabile *(agg)* ~ unergründlich.
impersonale *(agg)* ~ unpersönlich *(anche gramm)*.
impersonare *(vt)* ***1*** verkörpern *(vt)*. ***2*** *(teatr)* dar|stellen *(vt)*.
imperterrito *(agg)* ~ unerschütterlich.
impertinente *(agg)* ~ frech, ungehörig.
impertinenza *(f)* ~ Frechheit *(f)*.
imperturbabile *(agg)* ~ unerschütterlich.

imperturbabilità *(f)* ~ Gleichmut *(m)*.
imperversare *(vi)* ~ toben *(vi,* hat*)*, wüten *(vi,* hat*)*.
impervio *(agg)* ~ unwegsam.
impeto *(m)* ***1*** *(violenza)* Gewalt *(f)*. ***2*** *(accesso)* Ausbruch *(m)* ♦ *impeto di collera* Ausbruch des Zorns/von Zorn, Zornesausbruch. ***3*** *(foga)* Hitze *(f)*, Eifer *(m)*.
impetuoso *(agg)* ***1*** *(corrente e sim)* reißend. ***2*** *(di persona)* ungestüm.
impiantare *(vt)* ***1*** installieren *(vt)*. ***2*** *(med)* ein|pflanzen *(vt)*.
impianto *(m)* ~ Anlage *(f)*, Einrichtung *(f)* ♦ *impianto elettrico* elektrische Anlage.
impiastrare, **impiastricciare** *(vt)* ~ beschmieren *(vt)*.
impiastrarsi, **impiastricciarsi** *(vr)* ~ sich beschmieren *(vr)*.
impiastro *(m)* ***1*** Umschlag. ***2*** *(fig)* Nervensäge *(f)*.
impiccagione *(f)* ~ Erhängen *(n)*.
impiccare *(vt)* ~ erhängen *(vt)*, hängen *(vt)*.
impiccarsi *(vr)* ~ sich erhängen *(vr)*.
impicciare *(vt)* ~ behindern *(vt)*.
impicciarsi *(vr)* ~ {~ *in qcs*} sich in etwas *(Acc)* einmischen *(vr)*.
impiccio *(m)* ***1*** *(ostacolo, disturbo)* Hindernis *(n)*, Störung *(f)*. ***2*** *(guaio)* Klemme *(f)*.
impiegare *(vt)* ***1*** ein|setzen *(vt)*, verwenden* *(vt)*, auf|wenden* *(vt)* ♦ *impiegare tutte le proprie energie, una nuova macchina* all seine Kräfte, eine neue Maschine einsetzen ♦ *impiegare molto tempo per un lavoro* viel Zeit für eine Arbeit aufwenden. ***2*** *(metterci tempo)* brauchen *(vt)* ♦ *il treno impiega tre ore fino a Milano* der Zug braucht drei Stunden bis Mailand. ***3*** *(assumere)* einstellen *(vt)*.
impiegato *(m; f* **-a***)* ***1*** *(di ditta e sim)* Angestellte(r) *(m/f)*. ***2*** *(in uffici pubblici)* Beamte(r) *(m; f* Beamtin*)*.
impiego *(m)* ***1*** *(uso)* Anwendung *(f)*, Einsatz *(m)* ♦ *impiego di uomini e mezzi* Einsatz von Menschen und Material. ***2*** *(posto di lavoro)* Stelle *(f)*; *(pubblico)* Amt *(n)*.
impietosire *(vt)* ~ {~ *qcn*} jmds Mitleid erregen *(vt)*.
impietosirsi *(vr)* ~ {~ *per qcn*} mit jmdm Mitleid fühlen* *(vt)*.
impigliarsi *(vr)* ~ {~ *in qcs*} sich in etwas *(Dat)* verfangen* *(vr)* ♦ *la volpe si è impigliata nella rete* der Fuchs hat sich im Netz verfangen.
impigrirsi *(vr)* ~ faul werden* *(vi,* ist*)*.
impilare *(vt)* ~ stapeln *(vt)*.
implacabile *(agg)* ~ unversöhnlich, unerbittilich.
implicare *(vt)* ***1*** einschließen *(vt)*, mit sich bringen* *(vt)*. ***2*** *(coinvolgere)* {~ *qcn in qcs*} jmdn in etwas *(Acc)* verwickeln *(vt)*.
implicarsi *(vr)* ~ {~ *in qcs*} sich in etwas *(Acc)* verwickeln *(vr)*.
implicato *(agg)* ~ verwickelt.
implicazione *(f)* ~ Verwicklung *(f)*.
implicito *(agg)* ***1*** implizit. ***2*** *(tacito)* unausgesprochen. ***3*** *(ovvio)* selbstverständlich.
implorante *(agg)* ~ flehend.
implorare *(vt)* ***1*** an|flehen *(vt)*. ***2*** {~ *qcs (da qcn)*} (jmdn) um etwas an|flehen *(vt)* ♦ *implorare aiuto* um Hilfe flehen.
implume *(agg)* ~ nackt.
impollinazione *(f)* ~ Bestäubung *(f)*.
imponderabile[1] *(agg)* ~ unwägbar.
imponderabile[2] *(m)* ~ Unwägbare.
imponente *(agg)* ~ stattlich.
imponibile[1] *(agg)* ~ *(econ)* besteuerbar, steuerpflichtig.
imponibile[2] *(m)* ~ Bemessungsgrundlage *(f)*.
impopolare *(agg)* ~ unpopulär.
imporre *(vt)* ***1*** auf|erlegen *(vt)*. ***2*** {~ *qcs a qcn*} jmdm etwas auf|zwingen* *(vt)*. ***3*** *(provvedimenti e sim)* verhängen *(vt)* ♦ *imporre tasse* Steuern ausschreiben. ***4*** *(far valere)* durch|setzen *(vt)*.
imporsi *(vr)* ***1*** *(farsi valere)* sich durch|setzen *(vr)*. ***2*** {~ *qcs*} sich *(Dat)* etwas setzen *(vt)*. ***3*** *(essere necessario)* nötig sein.
importante *(agg)* ***1*** wichtig. ***2*** *(rilevante)* bedeutend. ◆ **essere importante** bedeuten *(vt)* ♦ *sei molto importante per me* du bedeutest mir viel.
importanza *(f)* ***1*** Wichtigkeit *(f)*. ***2*** *(rilevanza)* Bedeutung *(f)* ♦ *non attribuire importanza a una cosa* etwas *(Dat)* keine Bedeutung beimessen. ***3*** *(valore)* Wert *(m)*, Gewicht *(n)*.
importare[1] *(vi)* ***1*** *(essere importante)* wichtig sein* *(vi,* ist*)*. ***2*** *(essere necessario)* nötig sein* *(vi,* ist*)*. ***3*** {~ *a qcn*} jmdn inte-

ressieren *(vt)*, für jmdn wichtig sein* *(vi, ist)* ♦ *questo non m'importa* das interessieren mich nicht. ◆ **non importa** das macht nichts. ◆ **a qcn non importa un cazzo di qcs** *(volg)* jmdm ist etwas scheißegal. ◆ **non importa cosa (chi, come)...** egal was (wer, wie)... ♦ *questo non lo faccio, non importa quello che dici tu* ich mache das nicht, egal was du sagst.

importare[2] *(vt)* ~ *(econ)* ein|führen *(vt)*.

importazione *(f)* ~ Einfuhr *(f)*, Import *(m)*.

importo *(m)* ~ Betrag *(m)* ♦ *per l'importo di 100 euro* im Betrag(e) von 100 Euro.

importunare *(vt)* ~ belästigen *(vt)*, quälen *(vt)*.

imposizione *(f)* **1** Auferlegung *(f)*. **2** *(ordine)* Befehl *(m)*.

impossessarsi *(vr)* ~ {~ *di qcs*} sich *(Dat)* etwas an|eignen *(vr)*.

impossibile *(agg)* ~ unmöglich ♦ *mi è impossibile venire oggi* es ist mir unmöglich, heute zu kommen.

impossibilità *(f)* ~ Unmöglichkeit *(f)*. ◆ **essere nell'impossibilità di fare qcs** außerstande sein, etwas zu tun.

imposta[1] *(f)* ~ *(di finestra)* Fensterladen *(m)*.

imposta[2] *(f)* ~ Steuer *(f)*. ◆ **imposta sul valore aggiunto** *vedi* **IVA**. ◆ **esente da imposta** steuerfrei *(agg)*. ◆ **soggetto a imposta** steuerpflichtig *(agg)*. ◆ **ufficio delle imposte** Finanzamt *(n)*.

impostare[1] *(vt)* **1** *(progetto e sim)* entwerfen *(vt)*. **2** *(fondare su)* gründen *(vt)*.

impostare[2] *(vt)* ~ *(imbucare)* ein|werfen *(vt)*, auf|geben *(vt)*.

impostazione *(f)* **1** *(abbozzo)* Entwurf *(m)*, Ansatz *(m)*. **2** *(strutturazione)* Gliederung *(f)*.

impostore *(m)* ~ Schwindler *(m)*.

impotente *(agg)* **1** ohnmächtig, machtlos. **2** *(med)* impotent.

impotenza *(f)* **1** Ohnmacht *(f)*, Machtlosigkeit *(f)*. **2** *(med)* Impotenz.

impoverire *(vt)* ~ arm machen *(vt)*, verarmen lassen* *(vt)*.

impoverirsi *(vr)* ~ verarmen *(vi, ist)*, arm werden* *(vi, ist)*.

impraticabile *(agg)* **1** unbegehbar. **2** *(inattuabile)* undurchführbar.

impratichirsi *(vr)* ~ sich ein|üben *(vr)*; *(in un lavoro)* sich ein|arbeiten *(vr)*.

imprecare *(vi)* ~ {~ *contro qcn/qcs*} auf/über jmdn/etwas fluchen *(vi, hat)*.

imprecazione *(f)* ~ Fluch *(m)*.

imprecisabile *(agg)* ~ unbestimmbar.

imprecisato *(agg)* ~ unbestimmt, unbekannt.

imprecisione *(f)* ~ Ungenauigkeit *(f)*, Unbestimmheit *(f)*.

impreciso *(agg)* ~ ungenau.

impregnare *(vt)* ~ {~ *qcs di qcs*} etwas mit etwas tränken *(vt)*.

impregnarsi *(vr)* ~ sich voll saugen* *(vr)* ♦ *la spugna si è completamente impregnata d'acqua* der Schwamm hat sich voll Wasser gesogen.

imprenditore *(m; f* **-trice***)* ~ Unternehmer *(m; f* -in*)*.

imprenditoriale *(agg)* ~ unternehmerisch, Unternehmer-.

impreparato *(agg)* ~ unvorbereitet ♦ *cogliere qcn impreparato* jmdn unvorbereitet treffen.

impresa *(f)* **1** Unterfangen *(n)*. **2** *(azienda)* Unternehmen *(n)*; Betrieb *(m)* ♦ *piccola impresa* Gewerbebetrieb.

impresario *(m)* **1** Unternehmer *(m)*. **2** *(teatr)* Agent *(m)*.

imprescindibile *(agg)* ~ unabdingbar.

impressionabile *(agg)* ~ empfindlich *(anche fotogr)*, beeindruckbar.

impressionante *(agg)* ~ eindrucksvoll.

impressionare *(vt)* **1** *(fare impressione)* beeindrucken *(vt)*. **2** *(sconvolgere)* erschüttern *(vt)*. **3** *(fotogr)* belichten *(vt)*.

impressionarsi *(vr)* ~ sich beeindrucken lassen* *(vt)*, beeindruckt werden* *(vi, ist)*.

impressionato *(agg)* ~ beeindruckt.

impressione *(f)* ~ Eindruck *(m)* ♦ *fare una buona, cattiva impressione a qcn* einen guten, schlechten Eindruck auf jmdn machen.

impresso *(agg)* ~ eingeprägt.

imprevedibile *(agg)* **1** unvorhersehbar. **2** *(persona)* unberechenbar.

imprevisto[1] *(agg)* ~ unvorhergesehen.

imprevisto[2] *(m)* ~ Unvorhergesehene *(n)*.

imprigionare *(vt)* **1** ein|sperren *(vt)*. **2** *(bloccare)* ein|klemmen *(vt)*.

imprimere *(vt)* **1** ein|prägen *(vt)*, prägen *(vt)*, ein|drücken *(vt)*. **2** *(marchi a fuoco e sim)* ein|brennen* *(vt)*.
imprimersi *(vr)* ~ sich drücken *(vr)*, sich ein|prägen *(vr)*. ◆ **imprimersi qcs nella memoria** sich *(Dat)* etwas ein|prägen.
improbabile *(agg)* **1** unwahrscheinlich. **2** *(incredibile)* unglaublich ♦ *una storia improbabile* eine unglaubliche Geschichte.
improbo *(agg)* ~ anstrengend.
improduttivo *(agg)* ~ unfruchtbar.
impronta *(f)* **1** Abdruck *(m)*. **2** *(digitale)* Fingerabdruck *(m)*. **3** *(traccia)* Spur *(f)*. **4** *(fig) (carattere)* Prägung *(f)*.
improperio *(m)* ~ Schmähung *(f)*.
improprietà *(f)* ~ Unangemessenheit *(f)* ♦ *improprietà di linguaggio* sprachliche Unangemessenheit.
improprio *(agg)* ~ unpassend, uneigentlich.
improrogabile *(agg)* ~ unaufschiebbar.
improvvisare *(vt)* **1** improvisieren *(vt)*; *(discorsi)* frei sprechen* *(vi*, hat*)*. **2** *(mus)* fantasieren *(vi*, hat*)*. **3** *(preparare in fretta)* rasch vorbereiten.
improvvisarsi *(vr)* ~ spielen *(vt)* ♦ *improvvisarsi cuoco* den Koch spielen.
improvvisata *(f)* **1** Überraschung *(f)*. **2** *(visita)* überraschender Besuch *(m)*.
improvvisato *(agg)* ~ unvorbereitet.
improvviso *(agg)* **1** plötzlich. **2** *(inaspettato)* unerwartet. ◆ **all'improvviso** plötzlich *(avv)*.
imprudente *(agg)* ~ unvorsichtig.
imprudenza *(f)* ~ Unvorsichtigkeit *(f)*.
impudente[1] *(agg)* ~ unverschämt, frech.
impudente[2] *(m)* ~ unverschämter Mensch.
impudenza *(f)* ~ Unverschämtheit *(f)*.
impugnare *(vt)* **1** in der Hand halten* *(vt)*, in die Hand nehmen* *(vt)*. **2** *(dir)* an|fechten* *(vt)*.
impugnatura *(f)* ~ Griff *(m)*.
impulsivo *(agg)* ~ impulsiv.
impulso *(f)* **1** *(fis)* Impuls *(m)*. **2** *(pulsione)* Trieb *(m)*, Drang *(m)* ♦ *controllare i propri impulsi* seine Triebe beherrschen ♦ *l'impulso di fare qcs* der Drang, etwas zu tun. **3** *(mecc)* Antrieb *(m)*. **4** *(fig)* Anstoß *(m)* ♦ *dare nuovo impulso a qcn/qcs* jmdm/etwas neuen Anstoß geben.
impunità *(f)* ~ Straffreiheit *(f)*.
impunito *(agg)* ~ ungestraft, straffrei ♦ *uscirne impunito* straffrei ausgehen/davonkommen.
impuntarsi *(vr)* ~ {~ *su qcs*} sich auf etwas *(Acc)* versteifen *(vr)*.
impurità *(f)* ~ Unreinheit *(f)*.
impuro *(agg)* ~ unrein.
imputabile *(agg)* **1** {~ *a qcn/qcs*} jmdm/etwas *(Dat)* zuzuschreibend. **2** *(responsabile)* {~ *di qcs*} für etwas *(Acc)* verantwortlich.
imputare *(vt)* **1** *(dir)* anklagen *(vt)*. **2** *(attribuire)* {~ *qcs a qcn*} jmdm etwas zu|rechnen, jmdm etwas zu|schreiben *(vt)*.
imputato *(m*; f **-a***)* ~ Angeklagte(r) *(m/f)*.
imputazione *(f)* **1** *(dir)* Anklage *(f)*. **2** *(attribuzione)* Zurechnung *(f)*.
in *(prep)* **1** *(in, dentro a)* in *(stato + Dat; moto = Acc)* ♦ *i libri sono nel mio zaino* die Bücher sind in meinem Rucksack ♦ *ho messo i libri nello zaino* ich habe die Bücher in den Rucksack gesteckt ♦ *siamo andati a fare una passeggiata nel bosco* wir gingen im Wald spazieren ♦ *ci siamo trasferiti nelle vicinanze di Colonia* wir sind in die Nähe von Köln gezogen ♦ *in questa poesia l'autore loda la natura* in diesem Gedicht lobt der Autor die Natur. **2** *(stato, condizione)* in *(+ Dat)* ♦ *nel suo stato non può venire* in seinem Zustand kann er nicht kommen ♦ *in ordine, a posto (anche fig)* in Ordnung ♦ *in sogno* im Traum. **3** *(nomi di stati)* in *(stato)*, nach *(moto)*; *(nomi di isole)* auf ♦ *ich wohne in Deutschland* abito in Germania ♦ *si è trasferita in Francia* sie ist nach Frankreich gezogen ♦ *in Sicilia (stato/moto)* auf Sizilien. **4** auf ♦ *in strada (stato)* auf der Straße ♦ *vive in campagna* er lebt auf dem Land ♦ *in estate andiamo in campagna* im Sommer fahren wir aufs Land ♦ *in fuga* auf der Flucht. **5** an *(stato + Dat; moto + Acc)* ♦ *in cielo* am Himmel ♦ *in questo punto* an dieser Stelle. **6** *(mesi, stagioni anni)* in, im ♦ *in maggio* im Mai ♦ *in autunno* im Herbst ♦ *nell'anno 1988* im Jahr(e) 1988 ♦ *nel ventesimo secolo* im zwanzigsten Jahrhundert. **7** *(modo; lingua)* auf *(+ Acc)* ♦ *in questo modo* auf diese Weise ♦ *in ogni caso* auf jeden Fall ♦ *come si dice questo in italiano?* wie sagt

man das auf Italienisch? **8** *(mezzo)* mit ♦ *vado in treno* ich fahre mit dem Zug. **9** *(trasformazione)* zu ♦ *macinare in polvere granelli di pepe* Pfefferkörner zu Pulver zermahlen. **10** *(+ num)* zu ...-t *(ordinale)* ♦ *vennero in due, in tre, in quattro, in cento* sie kamen zu zweit, zu dritt, zu viert, zu hunderten. ◆ **in sé, in sé e per sé** für sich. ◆ **essere in sé** bei sich sein.

in- *(pref)* ~ un-.

inabile *(agg)* ~ unfähig ♦ *inabile al lavoro* erwerbunsfähig.

inabissarsi *(vr)* ~ sinken* *(vi, ist)*, unter|gehen *(vi, ist)*.

inabitabile *(agg)* ~ unbewohnbar.

inaccessibile *(agg)* **1** unzugänglich. **2** *(prezzi)* unerschwinglich. **3** *(incomprensibile)* unverständlich.

inaccettabile *(agg)* ~ unannehmbar.

inacidire *(vt/vi)* ~ säuern *(vt/vi, ist/hat)*.

inacidirsi *(vr)* ~ sauer werden* *(vi, ist)* ♦ *il latte si è inacidito* die Milch ist sauer geworden.

inadatto *(agg)* **1** ungeeignet ♦ *essere inadatto per qcs* für/zu etwas ungeeignet sein. **2** *(inopportuno)* unpassend.

inadeguato *(agg)* **1** *(inadatto)* unzweckmäßig, unangemessen. **2** *(insufficiente)* unzulänglich ♦ *una paga inadeguata al lavoro* ein der Arbeit unangemessener Lohn.

inadempiente *(agg)* **1** *(econ)* säumig. **2** *(dir)* vertragsbrüchig.

inadempimento *(m)* **1** Nichteinhaltung *(f)*. **2** *(dir)* Vertragsbruch *(m)*.

inafferrabile *(agg)* **1** nicht zu greifen. **2** *(incomprensibile)* unverständlich, nicht fassbar.

inaffidabile *(agg)* ~ unzuverlässig.

inaffidabilità *(f)* ~ Unzuverlässigkeit *(f)*.

inalare *(vt)* **1** *(med)* inhalieren *(vt)*. **2** ein|atmen *(vi/vt, hat)*.

inalberare *(vt)* ~ *(bandiere)* auf|pflanzen *(vt)*.

inalberarsi *(vr)* ~ sich aufbäumen.

inalienabile *(agg)* ~ *(dir)* unveräußerlich.

inalterabile *(agg)* ~ unveränderlich.

inalterato *(agg)* ~ unverändert.

inamidare *(vt)* ~ stärken *(vt)*.

inammissibile *(agg)* ~ unzulässig.

inanimato *(agg)* **1** *(senza vita)* unbelebt. **2** *(esanime)* leblos.

inappagato *(agg)* ~ unerfüllt.

inappuntabile *(agg)* ~ tadellos, untadelig.

inarcare *(vt)* ~ krümmen *(vt)*. ◆ **inarcare le sopracciglia** die Augenbraunen hochziehen.

inarcarsi *(vr)* ~ sich krümmen *(vr)*.

inaridire *(vi)* ~ aus|dörren *(vi, ist)*, aus|trocknen *(vi, ist)* *(anche fig)*.

inaridirsi *(vr)* ~ aus|dörren *(vi, ist)*, aus|trocknen *(vi, ist)* *(anche fig)*.

inarrestabile *(agg)* ~ unaufhaltsam.

inascoltato *(agg)* ~ ungehört.

inaspettato *(agg)* ~ unerwartet.

inasprimento *(m)* ~ Verschärfung *(f)*.

inasprire *(vt)* ~ verschärfen *(vt)* ♦ *inasprire un contrasto, una pena* einen Kontrast, eine Strafe verschärfen.

inasprirsi *(vr)* ~ sich verschärfen *(vr)*.

inattaccabile *(agg)* **1** unangreifbar. **2** *(irreprensibile)* tadellos, untadelig.

inattendibile *(agg)* ~ unglaubhaft, unglaubwürdig.

inatteso *(agg)* ~ unerwartet.

inattività *(f)* ~ Untätigkeit *(vt)*.

inattivo *(agg)* ~ untätig.

inattuabile *(agg)* ~ undurchführbar.

inaudito *(agg)* ~ unerhört, unglaublich.

inaugurale *(agg)* ~ Eröffnungs- ♦ *cerimonia inaugurale* Eröffnungsfeier *(f)*.

inaugurare *(vt)* **1** eröffnen *(vt)*. **2** *(edifici)* ein|weihen *(vt)* ♦ *inaugurare un ospedale* ein Krankenhaus einweihen.

inaugurazione *(f)* **1** Eröffnung *(f)*. **2** *(di edifici)* Einweihung *(f)*.

inavvertenza *(f)* ~ Unachtsamkeit *(f)*, Versehen *(n)*.

inavvertitamente *(avv)* ~ versehentlich.

inavvicinabile *(agg)* **1** unnahbar. **2** *(di prezzi)* unerschwinglich.

incagliarsi *(vr)* **1** stranden *(vi, ist)*. **2** *(fig)* ins Stocken geraten* *(vi, ist)*.

incalcolabile *(agg)* **1** unberechenbar. **2** *(fig)* *(immenso)* unschätzbar.

incallito *(agg)* **1** schwielig. **2** *(fig)* eingefleischt.

incalzare *(vt)* **1** {~ *qcn*} bedrängen *(vt)*. **2** *(tempo)* drängen *(vt)*. **3** *(accavallarsi)* sich überstürzen *(vr)*.

incamerare *(vt)* **1** *(dir)* ein|ziehen *(vt)*. **2** *(appropriarsi)* sich *(Dat)* an|eignen *(vr)*.

incamminarsi *(vr)* ~ sich auf den Weg machen *(vr)*.

incanalare *(vt)* ***1*** lenken *(vt)*, leiten *(vt)*. ***2*** *(fig)* kanalisieren *(vt)*.
incanalarsi *(vr)* ***1*** fließen *(vi*, ist*)*. ***2*** *(fig)* zusammen|laufen* *(vi*, ist*)*.
incandescente *(agg)* ~ glühend; *(metallo)* rot glühend.
incantare *(vt)* ***1*** verzaubern *(vt)*. ***2*** *(affascinare)* bezaubern *(vt)*, entzücken *(vt)*.
incantatore[1] *(agg)* ~ bezaubernd.
incantatore[2] *(m; f* **-trice***)* ~ Zauberer *(m; f* -in*)*.
incantesimo *(m)* ~ Zauber *(m)* ♦ *fare, sciogliere un incantesimo* einen Zauber anwenden, lösen. ◆ **fare un incantesimo** zaubern *(vi*, hat*)*.
incantevole *(agg)* ~ bezaubernd, entzückend.
incanto[1] *(m)* ~ Zauber *(m)*, Entzückung *(f)*. ◆ **come per incanto** wie von Zauberhand.
incanto[2] *(m)* ~ *(asta)* Versteigerung *(f)*, Auktion *(f)*.
incanutire *(vi)* ~ grau werden* *(vi*, ist*)*.
incapace[1] *(agg)* ~ unfähig, ungeschickt ♦ *un medico incapace* ein unfähiger Arzt ♦ *è incapace di una tale cattiveria* er ist zu einer solchen Bosheit unfähig ♦ *è incapace di imporsi* sie ist unfähig, sich durchzusetzen.
incapace[2] *(m)* ~ unfähiger Mensch.
incapacità *(f)* ~ Unfähigkeit *(f)*.
incaponirsi *(vr)* ~ {~ *su qcs*} *(fig)* sich in etwas *(Acc)* verbeißen* *(vt)*.
incappare *(vi)* ~ {~ *in qcn/qcs*} in jmdn/etwas *(Acc)* geraten, auf jmdn/etwas *(Acc)* stoßen.
incapricciarsi *(vr)* ***1*** {~ *di qcs*} sich etwas in den Kopf setzen *(vt)*. ***2*** *(invaghirsi)* {~ *di qcn*} sich in jmdn vernarren *(vr)*.
incarcerare *(vt)* ~ ein|sperren *(vt)*.
incaricare *(vt)* ~ {~ *qcn di qcs*} jmdn mit etwas beauftragen *(vt)*.
incaricarsi *(vr)* ~ {~ *di qcs*} etwas übernehmen *(vt)*.
incaricato *(m; f* **-a***)* ~ Beauftragte(r) *(m/f)*.
incarico *(m)* ***1*** *(compito)* Auftrag *(m)* ♦ *affidare, assumere un incarico a qcn* jmdm einen Auftrag erteilen, übernehmen ♦ *su incarico di qcn* im Auftrag von jmdm. ***2*** *(di avvocato o politico)* Mandat *(n)*. ***3*** *(fig)* Amt *(n)*.
incarnare *(vt)* ***1*** verkörpern *(vt)*. ***2*** *(teatr)* darstellen *(vt)*.
incarnarsi *(vr)* ***1*** *(relig)* Fleisch werden* *(vi*, ist*)*. ***2*** *(fig)* sich verkörpern *(vr)*.
incarnazione *(f)* ***1*** *(relig)* Fleischwerdung *(f)*. ***2*** *(fig)* Verkörperung *(f)*.
incartamento *(m)* ~ Akte *(f)*.
incartare *(vt)* ~ (in Papier) ein|wickeln *(vt)*.
incassare *(vt)* ***1*** *(assegno)* ein|lösen *(vt)*; *(denaro)* kassieren *(vt)*. ***2*** *(elettrodomestici)* ein|bauen *(vt)*. ***3*** *(fig)* ein|stecken *(vt)* ♦ *incassare critiche* Kritik einstecken.
incasso *(m)* ***1*** Einnahme *(f)*. ***2*** *(di assegno)* Einlösung *(f)*. ◆ **da incasso** *(mobili e sim)* Einbau-.
incastonare *(vt)* ~ ein|fassen *(vt)*.
incastonatura *(f)* ~ Einfassung *(f)*.
incastrare *(vt)* ***1*** ineinander stecken *(vi*, hat*)*. ***2*** *(coinvolgere)* {~ *qcn in qcs*} jmdn in etwas *(Acc)* verwickeln *(vt)*.
incastrarsi *(vr)* ~ sich verklemmen *(vr)*.
incastro *(m)* ~ Einspannung *(f)*.
incatenare *(vt)* ~ fesseln *(vt)*, ketten *(vt)*.
incauto *(agg)* ~ unvorsichtig.
incavato *(agg)* ~ eingefallen ♦ *guance incavate* eingefallene Wangen.
incavo *(m)* ~ Höhlung *(f)*, Vertiefung *(f)*.
incavolarsi *(vr)* ~ stinksauer werden* *(vi*, ist*)*.
incendiare *(vt)* ~ ab|brennen* *(vt)*, in Brand setzen *(vt)*.
incendiarsi *(vr)* ~ in Brand geraten* *(vi*, ist*)*.
incendiario[1] *(agg)* ~ Brand- ♦ *bomba incendiaria* Brandbombe.
incendiario[2] *(m; f* **-a***)* ~ Brandstifter *(m; f* -in*)*.
incendio *(m)* ~ Brand *(m)*; *(doloso)* Brandstiftung *(f)*, ♦ *spegnere, appiccare un incendio* einen Brand löschen, stiften.
incenerimento *(m)* ~ Einäscherung *(f)*.
incenerire *(vt)* ~ ein|äschern *(vt)*.
inceneritore *(m)* ~ Müllverbrennungsanlage *(f)*.
incenso *(m)* ~ Weihrauch *(m)*.
incensurato *(agg)* ~ unbescholten.
incentivare *(vt)* ~ fördern *(vt)* ♦ *questa legge incentiva il piccolo commercio* dieses Gesetz fördert den Kleinhandel.
incentivazione *(f)* ~ Förderung *(f)*.
incentivo *(m)* ~ Ansporn *(m)*.

inceppare *(vt)* ~ hemmen *(vt)*, hindern *(vt)*.
incepparsi *(vr)* ~ klemmen *(vi*, hat*)*, sich verklemmen *(vr)*.
incertezza *(f)* **1** Ungewissheit *(f)*. **2** *(insicurezza)* Unsicherheit *(f)*. **3** *(mancanza di chiarezza)* Unklarheit *(f)*.
incerto[1] *(agg)* **1** *(malfermo)* unsicher ♦ *è incerto sulle gambe* er ist unsicher auf den Beinen. **2** *(dubbio)* ungewiss, zweifelhaft ♦ *è incerto se verrà* es ist ungewiss, ob er kommen wird. **3** *(indeciso, persona)* unentschieden.
incerto[2] *(m; f* **-a***)* ~ Ungewissheit *(f)*, Ungewisse *(n)*.
incessante *(agg)* ~ unaufhörlich.
incesto *(m)* ~ Blutschande *(f)*.
incetta *(f)* ~ Aufkauf *(m)*. ◆ **fare incetta di qcs** etwas hamstern *(vt)*, auf|kaufen *(vt)*.
inchiesta *(f)* **1** *(dir)* Untersuchung *(f)*. **2** *(sondaggio)* Umfrage *(f)*, Befragung *(f)*. ◆ **condurre un'inchiesta su qcs** *(dir)* etwas untersuchen *(vt)*.
inchinarsi *(vr)* ~ sich verbeugen *(vr)*.
inchino *(m)* ~ Verbeugung *(f)*. ◆ **fare un inchino** verbeugen *(vr)*.
inchiodare *(vt)* ~ *(fissare con chiodi)* nageln *(vt)*; fest|nageln *(vt) (anche fig)*.
inchiostro *(m)* **1** Tinte *(f)* ♦ *inchiostro invisibile* Geheimtinte. **2** *(stampa)* Druckschwärze *(f)*. ◆ **inchiostro di china** Tusche *(f)*.
inciampare *(vi)* ~ {~ *in qcs*} über etwas *(Acc)* stolpern *(vi*, ist*)*.
inciampo *(m)* ~ Hindernis *(n)*.
incidentale *(agg)* **1** *(casuale)* zufällig. **2** *(marginale)* beiläufig.
incidentalmente *(avv)* ~ beiläufig.
incidente *(m)* **1** *(disgrazia)* Unfall *(m)*, Unglück *(n)* ♦ *è successo un incidente* es ist ein Unglück geschehen ♦ *incidente sul lavoro* Betriebsunfall. **3** *(incidenti, scontri) (spec pl)* Zwischenfall *(m)*. ◆ **avere un incidente** verunglücken *(vi*, ist*)* ♦ *ha avuto un incidente d'auto* er ist mit dem Auto verunglückt.
incidenza *(f)* **1** *(fis)* Einfall *(m)*. **2** *(fig)* Auswirkung *(f)*.
incidere[1] *(vi)* ~ {~ *su qcn/qcs*} sich auf jmdn/etwas *(Acc)* aus|wirken *(vr)*.
incidere[2] *(vt)* **1** ein|schneiden* *(vt)*. **2** *(metallo, pietra, ecc)* gravieren, *(con il bulino)*, stechen* *(vt)*. **3** *(dischi o nastri)* auf|nehmen* *(vt)*.
incinta *(agg)* ~ schwanger ♦ *è incinta al quinto mese* sie ist im fünften Monat schwanger ♦ *è incinta del suo secondo figlio* sie ist mit ihrem zweiten Kind schwanger.
incipiente *(agg)* ~ beginnend.
incipriare *(vt)* ~ pudern *(vt)*.
incipriarsi *(vr)* ~ sich pudern *(vr)*.
incirca ~ **all'incirca** ungefähr, (in) etwa ♦ *costa all'incirca trenta Euro* das kostet ungefähr dreißig Euro.
incisione *(f)* **1** Einschnitt *(m)*. **2** *(tecnica)* Gravierung *(f)*. **3** *(opera)* Gravüre *(f)*, Stich *(m)*. **4** *(video, audio)* Aufnahme *(f)*.
incisivo[1] *(agg)* ~ einschneidend.
incisivo[2] *(m)* ~ *(dente)* Schneidezahn *(m)*.
inciso *(m)* ~ **per inciso** nebenbei, beiläufig ♦ *detto per inciso* nebenbei bemerkt.
incitamento *(m)* ~ Aufhetzung *(f)*.
incitare *(vt)* **1** {~ *qcn a qcs*} jmdn zu etwas an|treiben* *(vt)*. **2** *(fig)* {~ *a qcs*} zu etwas hetzen *(vi*, hat*)*.
incivile *(agg)* **1** unzivilisiert. **2** *(maleducato)* grob, ungesittet.
incivilire *(vt)* ~ *(civilizzare)* zivilisieren *(vt)*.
incivilito *(agg)* ~ *(civile, civilizzato)* zivilisiert.
inclemente *(agg)* **1** *(spietato)* erbarmunglos. **2** *(tempo)* ungünstig.
inclinare *(vt)* ~ neigen *(vt)*, schräg stellen *(vt)* ♦ *inclinare una bottiglia* eine Flasche neigen.
inclinarsi *(vr)* ~ sich neigen *(vr)*.
inclinato *(agg)* **1** *(sbieco, obliquo)* schräg ♦ *un tetto inclinato* ein schräges Dach. **2** *(pendente, curvo)* schief.
inclinazione *(f)* ~ Neigung *(f)* ♦ *inclinazioni artistiche* künstlerische Neigungen ♦ *ha un'inclinazione per il canto* er hat eine Neigung zum Singen.
incline *(agg)* ~ **essere incline a qcs** zu etwas neigen *(vi*, hat*)*, geneigt sein* *(vi*, ist*)*.
includere *(vt)* **1** auf|nehmen* *(vt)* ♦ *includere qcs in un elenco* etwas in eine Liste auf|nehmen. **2** *(comprendere)* ein|schließen* *(vt)*, ein|beziehen* *(vt)*.

inclusione *(f)* ~ Einbeziehung *(f)*, Einschluss *(m)*.
inclusivo *(agg)* ~ einschließlich ♦ *inclusivo dell'IVA* einschließlich der Mw-St.
incluso *(agg)* ~ einbegriffen, eingeschlossen *(posp* + Acc*)*, einschließlich *(prep* + Gen, al plur anche + Dat*)* ♦ *nel prezzo è incluso il servizio* im Preis ist die Bedienung (mit) einbegriffen ♦ *nel prezzo è incluso anche il servizio?* ist die Bedienung im Preis auch (mit) eingeschlossen? ♦ *tutti incluso me* alle, mich eingeschlossen ♦ *bevande incluse* einschließlich Getränken.
incoerente *(agg)* **1** *(pensiero, comportamento, ecc)* inkohärent, folgewidrig, zusammenhanglos. **2** *(persona)* unschlüssig.
incognita *(f)* **1** *(mat)* Unbekannte *(f)*. **2** *(fig)* Ungewissheit *(f)*.
incognito *(agg)* ~ unerkannt, unbekannt. ◆ **in incognito** incognito *(avv)*.
incollare[1] *(vi)* ~ *(rimanere incollato)* kleben *(vi*, hat*)* ♦ *il nastro adesivo non incolla bene* das Klebeband klebt nicht gut.
incollare[2] *(vt)* ~ kleben *(vt)*, leimen *(vt)*.
incollarsi *(vr)* **1** kleben *(vi*, hat*)*. **2** {~ *a qcs*} an etwas *(Dat)* an|kleben *(vi*, ist*)*.
incolonnare *(vt)* **1** in Kolonnen ein|ordnen *(vt)*. **2** *(cifre)* Ziffern in Kolonnen schreiben* *(vt)*.
incolonnarsi *(vr)* ~ Kolonne bilden *(vt)*.
incolore *(agg)* **1** *(pallido, smorto)* farblos. **2** *(fig) (inespressivo)* fade.
incolpare *(vt)* ~ {~ *qcn di qcs*} jmdn etwas *(Gen)* beschuldigen *(vt)*.
incolparsi *(vr)* **1** sich beschuldigen *(vr)*, die Schuld auf sich nehmen* *(vt)*. **2** *(reciproco)* sich gegenseitig beschuldigen *(vr)*.
incolpevolezza *(vt)* ~ Unschuld *(f)*.
incolto *(agg)* **1** *(campo)* unbebaut. **2** *(trascurato)* ungepflegt. **3** *(ignorante)* unkultiviert.
incolume *(agg)* **1** *(persone)* unversehrt. **2** *(cose)* unbeschädigt.
incombente *(agg)* **1** bevorstehend. **2** *(pericolo)* drohend.
incombenza *(f)* ~ Auftrag *(m)*, Erledigung *(f)*.
incombere *(vi)* ~ drohen *(vi*, hat*)* ♦ *un pericolo incombe su di lui* ihm droht eine Gefahr.
incominciare *(vt)* ~ an|fangen* *(vt)*, beginnen* *(vt)* ♦ *incomincia a piovere* es frängt zu regnen.
incomparabile *(agg)* ~ unvergleichbar, unvergleichlich.
incompatibile *(agg)* ~ {~ *con qcn/qcs*} mit jmdm/etwas *(Dat)* unvereinbar/unverträglich ♦ *incompatibili tra loro* miteinander unvereinbar.
incompatibilità *(f)* **1** Unvereinbarkeit *(f)*. **2** *(med)* Unverträglichkeit *(f)*.
incompetente *(agg)* ~ unfähig, nicht zuständig.
incompetenza *(f)* ~ Unfähigkeit *(f)*, Unzuständigkeit *(f)*.
incompiuto *(agg)* ~ unvollendet, unfertig.
incompleto *(agg)* ~ unvollständig, unvollkommen.
incomprensibile *(agg)* ~ unverständlich, unbegreiflich ♦ *il suo comportamento mi è incomprensibile* sein Verhalten ist mir unverständlich.
incomprensione *(f)* ~ Unverständnis *(n)*.
incompreso *(agg)* ~ unverstanden. ◆ **genio incompreso** verkanntes Genie.
incomunicabilità *(f)* **1** Nichtmitteilbarkeit *(f)*. **2** *(difficoltà di relazione)* Kontaktunfähigkeit *(f)*.
inconcepibile *(agg)* **1** unbegreiflich, unfassbar. **2** *(impensabile)* undenkbar.
inconciliabile *(agg)* ~ unvereinbar, unversöhnlich.
inconcludente *(agg)* ~ zusammenhanglos, folgewidrig.
incondizionato *(agg)* **1** bedingungslos. **2** *(assoluto)* unbedingt, uneingeschränkt ♦ *fiducia incondizionata* unbedingtes Vertrauen.
inconfessabile *(agg)* **1** nicht eingestehbar. **2** *(abietto)* schändlich.
inconfondibile *(agg)* ~ unverwechselbar, unverkennbar.
inconfutabile *(agg)* ~ unwiderlegbar, unanfechtbar.
incongruente *(agg)* ~ nicht übereinstimmend.
incongruenza *(f)* ~ Widerspruch *(m)*.
incongruo *(agg)* ~ unpassend, unangemessen.
inconsapevole *(agg)* ~ unbewusst.
inconscio[1] *(agg)* ~ unbewusst.

inconscio[2] *(m)* ~ Unbewusste *(n)*.
inconseguente *(agg)* ~ folgewidrig.
inconsistente *(agg)* ~ gegenstandslos, haltlos.
inconsistenza *(f)* ~ Haltlosigkeit *(f)*.
inconsolabile *(agg)* ~ untröstlich.
inconsueto *(agg)* ~ ungewohnt, unüblich.
incontenibile *(agg)* ~ unbändig.
incontentabile *(agg)* ~ unersättlich, unerfüllbar.
incontestabile *(agg)* ~ unbestreitbar.
incontestato *(agg)* ~ unbestritten.
incontrare *(vt)* ***1*** treffen* *(vt)*. ***2*** *(per caso)* {~ *qcn*} jmdm begegnen *(vi*, ist*)* ♦ *l'ho incontrato al supermercato* ich bin ihm im Supermarkt begegnet.
incontrarsi *(vr)* ~ sich treffen* *(vr)*, sich zusammen|finden* *(vr)* ♦ *mi sono incontrata con Cornelia* ich habe mich mit Cornelia getroffen.
incontrastato *(agg)* ~ ungehindert.
incontro[1] *(avv)* ~ entgegen *(posp* + Dat, *prep* + Dat*)* ♦ *incontro al sole* der Sonne entgegen. ◆ **andare incontro a qcn/qcs** *(affrontare)* jmdm/etwas entgegen|gehen* *(vi*, ist*)*. ◆ **andare incontro a qcn** *(con un veicolo)* jmdm entgegen|fahren* *(vi*, ist*)*. ◆ **venire incontro a qcn/qcs** *(anche fig)* jmdm/etwas entgegen|kommen* *(vi*, ist*)* ♦ *venire incontro ai desideri di qcn* jmds Wünschen entgegenkommen.
incontro[2] *(m)* ***1*** Begegnung *(f)*, Treffen *(n)* ♦ *in occasione del nostro ultimo incontro* bei unserem letzten Treffen ♦ *incontro al vertice* Gipfeltreffen. ***2*** *(sport)* Wettkampf *(m)*. ***3*** *(riunione)* Zusammenkunft *(f)*. ◆ **luogo d'incontro** Treffpunkt *(m)*.
incontrollato *(agg)* ~ *(azione)* unbeherrscht, zügellos.
inconveniente *(m)* ***1*** Zwischenfall *(m)*, Missstand *(m)* ♦ *eliminare un inconveniente* einen Missstand beseitigen. ***2*** *(lato negativo)* Nachteil *(m)*.
incoraggiamento *(m)* ~ Ermutigung *(f)*.
incoraggiante *(agg)* ~ ermutigend.
incoraggiare *(vt)* ~ {~ *qcn q qcs*} jmdn zu etwas ermutigen *(vt)*, ermuntern *(vt)*.
incorniciare *(vt)* ***1*** ein|rahmen *(vt)*. ***2*** *(fig)* umrahmen *(vt)*.
incoronare *(vt)* ~ krönen *(vt)* ♦ *incoronare re qcn* jmdn zum König krönen.
incoronazione *(f)* ~ Krönung *(f)*.
incorporare *(vt)* ~ {~ *qcs a qcs*} etwas *(Dat)* etwas an|gliedern *(vt)*, ein|verleiben *(vt)*.
incorporeo *(agg)* ~ körperlos, unkörperlich.
incorreggibile *(agg)* ~ unverbesserlich, eingefleischt ♦ *un incorreggibile ottimista* ein eingefleischter Optimist.
incorrere *(vi)* ~ {~ *in qcs*} in etwas *(Acc)* verfallen* *(vi*, ist*)*, geraten* *(vi*, ist*)*.
incorruttibile *(agg)* ***1*** unverderblich. ***2*** *(fig)* unbestechlich.
incosciente *(agg)* ***1*** *(privo di sensi)* bewusstlos. ***2*** *(irresponsabile)* leichtsinnig.
incoscienza *(f)* ***1*** *(svenimento)* Bewusstlosigkeit *(f)*. ***2*** *(irresponsabilità)* Leichtsinn *(m)*.
incostante *(agg)* ~ unbeständig, haltlos.
incostanza *(f)* ~ Unbeständigkeit *(f)*, Haltlosigkeit *(f)*.
incostituzionale *(agg)* ~ verfassungswidrig.
incredibile *(agg)* ~ unglaublich.
incredibilmente *(avv)* ~ unglaublich, unvorstellbar ♦ *incredibilmente bello* unglaublich schön.
incredulo *(agg)* ~ ungläubig.
incrementare *(vt)* ***1*** steigern *(vt)*. ***2*** *(incentivare)* fördern *(vt)*.
incremento *(m)* ***1*** Steigerung *(f)*, Zuwachs *(m)*. ***2*** *(incentivazione)* Förderung *(f)*.
increscioso *(agg)* ~ bedauerlich.
increspare *(vt)* ***1*** *(stoffa, capelli, onde, ecc)* kräuseln *(vt)*, krausen *(vt)*. ***2*** *(la fronte)* runzeln *(vt)*.
incresparsi *(vr)* ~ sich kräuseln *(vr)*.
incriminare *(vt)* ~ {~ *qcn per qcs*} jmdn etwas *(Gen)* anklagen *(vt)*, beschuldigen *(vt)*.
incrinare *(vt)* ***1*** {~ qcs} einen Sprung in etwas verursachen *(vt)*, machen *(vt)*. ***2*** *(fig)* schädigen.
incrinarsi *(vr)* ***1*** einen Sprung bekommen* *(vi*, ist*)*. ***2*** *(rapporti)* Risse bekommen* *(vi*, ist*)*.
incrinato *(agg)* ~ brüchig.
incrinatura *(f)* ~ Sprung *(m)*, Riss *(m)*.
incrociare *(vt)* ***1*** kreuzen *(vt)* ♦ *incrociare le braccia* die Arme kreuzen ♦ *incrociare la strada di qcn* jmds Weg kreuzen ♦ *la*

strada incrocia qui la ferrovia die Straße kreuzt hier die Eisenbahn. ***2*** *(incontrare)* treffen *(vt)*.
incrociarsi *(vr)* ***1*** *(intersecarsi)* sich kreuzen *(vr)*. ***2*** *(incontrarsi)* sich treffen *(vr)*.
incrociato *(agg)* ~ kreuzweise, Kreuz-.
incrociatore *(m)* ~ Kreuzer *(m)*.
incrocio *(m)* ~ Kreuzung *(f)* *(anche biol)*.
incrollabile *(agg)* ~ unerschütterlich.
incrostarsi *(vr)* ***1*** verkrusten *(vi*, ist*)*. ***2*** *(di calcare)* verkalken *(vi*, ist*)*.
incrostato *(agg)* ~ verkrustet.
incrostazione *(f)* ***1*** Verkrustung *(f)*. ***2*** *(di calcare)* Verkalkung *(f)*.
incubatrice *(f)* ~ *(med)* Brutkasten *(m)*.
incubazione *(f)* ***1*** *(zool)* Brüten *(n)*. ***2*** *(med)* Inkubation *(f)*. ◆ **periodo d'incubazione** *(zool)* Brutzeit *(f)*; *(med)* Inkubationszeit *(f)*.
incubo *(m)* ~ Albtraum *(m)*.
incudine *(m)* ~ Amboss *(m)* ♦ *trovarsi fra l'incudine e il martello* zwischen Hammer und Amboss geraten.
inculcare *(vt)* ~ {~ *qcs a qcn*} jmdm etwas ein|prägen *(vt)*, ein|schärfen *(vt)*.
incurabile *(agg)* ~ unheilbar.
incurante *(agg)* ~ ungeachtet, nachlässig.
incuria *(f)* ~ Sorglosigkeit *(f)*, Unbekümmerheit *(f)*.
incuriosire *(vt)* ~ neugierig machen *(vt)*.
incuriosirsi *(vr)* ~ neugierig werden* *(vi*, ist*)*.
incursione *(f)* ***1*** Einfall *(m)*. ***2*** *(mil)* Angriff *(m)*.
incurvare *(vt)* ~ krümmen *(vt)*, ein|biegen* *(vt)*, verbiegen* *(vt)*.
incurvarsi *(vr)* ~ sich krümmen *(vr)*, sich verbiegen* *(vr)*.
incustodito *(agg)* ~ unbewacht.
incutere *(vt)* ~ ein|flößen *(vt)* ♦ *incutere paura a qcn* jmdm Angst einflößen.
indaffarato *(agg)* ~ beschäftigt.
indagare[1] *(vi)* ~ {~ *su qcs*} gegen etwas ermitteln *(vi*, hat*)*.
indagare[2] *(vt)* ~ erforschen *(vt)*, untersuchen *(vt)*.
indagatore *(agg)* ~ forschend ♦ *uno sguardo indagatore* ein forschender Blick.
indagine *(f)* ***1*** Erforschung *(f)*, Untersuchung *(f)* ♦ *condurre indagini* Nachforschungen anstellen. ***2*** *(dir)* Ermittlung *(f)*.
indebitamento *(m)* ~ Verschuldung *(f)*.
indebitarsi *(vr)* ~ verschulden *(vi*, ist*)*.
indebito *(agg)* ***1*** unrechtmäßig. ***2*** *(immeritato)* unverdient.
indebolimento *(m)* ~ Schwächung *(f)*.
indebolire *(vt)* ~ schwächen *(vt)*, ab|schwächen *(vt)*.
indebolirsi *(vr)* ~ schwach werden* *(vi*, ist*)*.
indecente *(agg)* ~ unanständig, unverschämt.
indecenza *(f)* ~ Unanständigkeit *(f)*, Unverschämtheit *(f)*.
indecifrabile *(agg)* ***1*** *(grafia)* unentzifferbar. ***2*** *(incomprensibile)* unerklärlich.
indecisione *(f)* ~ Unentschlossenheit *(f)*.
indeciso *(agg)* ***1*** *(non definito)* unentschieden. ***2*** *(irresoluto)* unentschlossen.
indecoroso *(agg)* ~ ungehörig.
indefesso *(agg)* ~ nimmermüde.
indefinibile *(agg)* ~ undefinierbar.
indefinito *(agg)* ~ unbestimmt *(anche gramm)* ♦ *una sensazione indefinita* ein unbestimmtes Gefühl ♦ *pronome indefinito* unbestimmtes Fürwort.
indegno *(agg)* ~ unwürdig ♦ *essere indegno di qcs* etwas *(Gen)* unwürdig sein.
indelebile *(agg)* ~ unauslöschlich.
indelicatezza *(f)* ~ Taktlosigkeit *(f)*.
indelicato *(agg)* ~ taktlos.
indemoniato *(m)* ***1*** (vom Teufel) besessen. ***2*** *(fig)* wild.
indenne *(agg)* ~ unverletzt, unversehrt.
indennità *(f)* ***1*** Entschädigung *(f)*. ***2*** *(compenso aggiuntivo)* Zulage *(f)*. ◆ **indennità di malattia** Krankengeld *(n)*.
indennizzare *(vt)* ~ {~ *qcn per qcs*/~ *qcs a qcn*} jmdn für etwas entschädigen *(vt)*.
indennizzo *(m)* ~ Ersatz *(m)*, Entschädigung *(f)* ♦ *versare un indennizzo per qcs* für etwas Ersatz leisten.
inderogabile *(agg)* ***1*** *(dir)* unabdingbar. ***2*** *(improrogabile)* unaufschiebbar.
indescrivibile *(agg)* ~ unbeschreiblich. ◆ **essere indescrivibile** nicht zu beschreiben sein.
indesiderato *(agg)* ~ unerwünscht; *(visite, ospiti)* unwillkommen.
indeterminativo *(agg)* ~ *(gramm)* unbestimmt ♦ *articolo indeterminativo* unbestimmter Artikel.

indeterminato *(agg)* ~ unbestimmt.
indiavolato *(agg)* ***1*** besessen. ***2*** *(scatenato)* teuflisch, höllisch.
indicare *(vt)* ***1*** {~ *qcn/qcs*} (mit dem Finger) auf jmdn/etwas zeigen *(vt/vi,* hat*)*, deuten *(vi,* hat*)*, weisen* *(vi,* hat*)* ♦ *indicò la torre* er zeigte auf den Turm. ***2*** *(segnalare)* zeigen *(vt/vi,* hat*)* ♦ *l'orologio indica le nove e cinque* die Uhr zeigt fünf nach neun ♦ *indicare a qcn l'uscita* jmdm den Ausgang zeigen ♦ *indicare una direzione* in eine Richtung zeigen ♦ *l'ago della bussola indica il nord* die Kompassnadel zeigt nach Norden. ***3*** *(rivelare, suggerire)* an|geben* *(vt)*, nennen* *(vt)* ♦ *indicare esempi* Beispiele angeben ♦ *indicare un indirizzo, un motivo* eine Adresse, einen Grund angeben. ***4*** *(mostrare)* an|zeigen *(vt)*. ***5*** *(suggerire)* empfehlen *(vt)*.
indicativo *(agg)* ***1*** *(approssimato)* ungefähr. ***2*** *(rivelatore)* bezeichnend.
indicativo *(m)* ~ *(gramm)* Indicativ *(m)*.
indicatore *(m)* ***1*** Anzeiger *(m)*. ***2*** *(chim/fis/tecn)* Indikator *(m)*.
indicazione *(f)* ***1*** Hinweis *(m)*, Angabe *(f)* ♦ *una buona indicazione* ein guter Hinweis ♦ *dare un'indicazione a qcn su qcs* jmdm einen Hinweis zu etwas/für etwas geben. ***2*** *(direttiva)* Weisung *(f)*.
indice *(m)* ***1*** *(dito)* Zeigefinger *(m)*. ***2*** *(segno)* Zeichen *(n)*. ***3*** *(lista)* Verzeichnis *(n)*, Inhaltsverzeichnis *(n)*; *(di rubriche e sim)* Register *(n)* ♦ *indice analitico* Sachregister. ***4*** *(quota)* Quote *(f)* ♦ *indice d'ascolto* Einschaltquote.
indicibile *(agg)* ~ unsagbar.
indietreggiare *(vi)* ***1*** zurück|gehen* *(vi,* ist*)*, zurück|treten* *(vi,* ist*)* ♦ *indietreggiare di un passo* einen Schritt zurückgehen. ***2*** {~ *di fronte a qcs*} vor etwas *(Dat)* zurück|weichen* *(vi,* ist*)*.
indietro *(avv)* ***1*** *(stato in luogo)* zurück *(anche come pref di verbi)*; im Rückstand ♦ *rimanere indietro* zurück|bleiben* *(vi,* ist*)* ♦ *essere indietro con qcs (lavoro, pagamenti, ecc)* mit etwas im Rückstand sein. ***2*** *(moto a luogo)* rückwärts, zurück *(anche come pref di verbi)*, nach hinten ♦ *tornare indietro* zurück|kommen* *(vi,* ist*)* ♦ *andare indietro* nach hinten/rückwärts gehen. ***3*** *(in restituzione)* zurück- ♦ *dare indietro, volere indietro* zurück|geben* *(vt)*, zurück|wollen *(vt)*. ◆ **all'indietro** ***1*** *(di schiena)* rücklings, nach hinten ♦ *cadere all'indietro* rücklings fallen. ***2*** *(a ritroso)* rückwärts ♦ *camminare all'indietro* rückwärts gehen.
indifendibile *(agg)* ~ unhaltbar.
indifeso *(agg)* ***1*** hilflos. ***2*** *(senza protezione)* schutzlos.
indifferente *(agg)* ***1*** *(disinteressato, uguale)* gleichgültig, unberührt ♦ *essere indifferente verso/a qcn/qcs* gegen jmdn/etwas gleichgültig sein ♦ *rimanere indifferente a qcs* von etwas unberührt bleiben. ***2*** *(uguale)* gleichgültig, egal ♦ *questo mi è indifferente* das ist mir gleichgültig/egal.
indifferenza *(f)* ~ Gleichgültigkeit *(f)*, Lustlosigkeit *(f)*.
indigeno[1] *(agg)* ~ *(locale)* eingeboren, einheimisch.
indigeno[2] *(m; f* **-a***)* ~ Eingeborene(r) *(m/f)*, Einheimische(r) *(m/f)*.
indigente *(agg)* ~ bedürftig.
indigenza *(f)* ~ Elend *(n)*.
indigestione *(f)* ~ Verdauungsstörung *(f)*.
indigesto *(agg)* ~ unverdaulich, schwer verdaulich *(anche fig)*. ◆ **rimanere indigesto a qcn** jmdm im Magen schwer liegen*.
indignare *(vt)* ~ empören *(vt)*, entrüsten *(vt)*.
indignarsi *(vr)* ~ {~ *per qcs*} sich über etwas *(Acc)* empören *(vr)*.
indignato *(agg)* ~ empört.
indignazione *(f)* ~ Empörung *(f)*, Entrüstung *(f)*.
indimenticabile *(agg)* ~ unvergesslich.
indipendente *(agg)* ***1*** unabhängig ♦ *essere indipendente da qcn/qcs* von jmdm/etwas unabhängig sein. ***2*** *(autonomo)* eigenständig, selbstständig. ***3*** *(a sé)* eigen ♦ *un appartamento con un ingresso indipendente* eine Wohnung mit eigenem Eingang.
indipendenza *(f)* ***1*** Unabhängigkeit *(f)*. ***2*** *(autonomia)* Selbstständigkeit *(f)*.
indire *(vt)* ***1*** *(concorso, elezioni)* aus|schreiben* *(vt)*. ***2*** *(sciopero)* aus|rufen *(vt)*.
indiretto *(agg)* ~ *(mediato)* mittelbar.
indirizzare *(vt)* ***1*** *(richieste e sim)* {~ *qcs a qcn/qcs*} etwas an jmdn richten *(vt)*, et-

was auf jmdn/etwas lenken *(vt)*. **2** {~ *qcn a qcs*} jmdn zu etwas hin|führen *(vt)*.

indirizzo *(m)* **1** Adresse *(f)*, Anschrift *(f)*, Postanschrift *(f)* ♦ *il mio indirizzo è...* meine Adresse ist/lautet... ♦ *spedisca la lettera al seguente indirizzo* schicken Sie den Brief an folgende Adresse ♦ *rivolgere minacce all'indirizzo di qcn (fig)* Drohungen an jmds Adresse richten. **2** *(direzione)* Richtung.

indisciplina *(f)* ~ Disziplinlosigkeit *(f)*.

indisciplinato *(agg)* ~ undiszipliniert.

indiscreto *(agg)* ~ indiskret, taktlos.

indiscrezione *(f)* **1** Indiskretion *(f)*, Taktlosigkeit *(f)*. **2** *(notizia riservata)* Gerücht *(n)*.

indiscusso *(agg)* ~ unbestritten, unumstritten.

indiscutibile *(agg)* ~ unbestreitbar.

indispensabile *(agg)* ~ unentbehrlich, unerlässlich, notwendig ♦ *essere indispensabile per qcn/qcs* für jmdn/etwas unentbehrlich sein. ◆ **lo stretto indispensabile** das Notwendigste.

indispettire *(vt)* ~ verärgern *(vt)*.

indisporre *(vt)* ~ verstimmen *(vt)*, irritieren *(vt)*.

indisposto *(agg)* ~ unwohl *(solo pred)*.

indissolubile *(agg)* ~ unlösbar.

indistintamente *(avv)* **1** *(in maniera confusa)* undeutlich, vage. **2** *(senza distinzioni)* unterschiedslos.

indistinto *(agg)* ~ undeutlich, verschwommen.

indistruttibile *(agg)* ~ unzerstörbar, unverwüstlich.

indisturbato *(agg)* ~ ungestört.

individuabile *(agg)* ~ feststellbar.

individuale *(agg)* **1** individuell. **2** *(singolo)* Einzel- ♦ *prova individuale (sport)* Enzelkampf *(m)*.

individualità *(f)* ~ Individualität *(f)*.

individuare *(vt)* **1** fest|stellen *(vt)*, bestimmen *(vt)*. **2** *(identificare)* ermitteln *(vt)*.

individuazione *(f)* **1** Bestimmung *(f)*. **2** *(identificazione)* Ermittlung *(f)*.

individuo *(m)* ~ Individuum *(n)*.

indivisibile *(agg)* ~ untrennbar.

indiziare *(vt)* ~ verdächtigen *(vt)*.

indiziato *(agg)* ~ tatverdächtig.

indizio *(m)* **1** Anzeichen *(n)*. **2** *(dir)* Indiz *(n)*.

indole *(f)* ~ Wesen *(n)*, Natur *(f)*.

indolente *(agg)* ~ träg(e), faul.

indolenza *(f)* ~ Trägheit *(f)*, Faulheit *(f)*.

indolenzito *(agg)* ~ schmerzend. ◆ **sentirsi indolenzito** Gliederschmerzen haben.

indolore *(agg)* ~ schmerzlos.

indomani[1] *(avv)* ~ **l'indomani** am nächsten Tag, am Tag darauf/danach.

indomani[2] *(m)* ~ am Tag nach *(+ Dat)* ♦ *all'indomani del nostro arrivo* am Tag nach unserer Ankunft.

indorare *(vt)* ~ vergolden *(vt)*. ◆ **indorare la pillola** die Pille versüßen.

indossare *(vt)* **1** *(mettere indosso)* an|ziehen* *(vt)*. **2** *(avere indosso)* tragen* *(vt)*, an|haben *(vt)* ♦ *indossa una giacca nera* er trägt eine schwarze Jacke ♦ *indossa delle scarpe nuove* sie hat neue Schuhe an.

indossatore *(m)* ~ Dressman *(m)*.

indossatrice *(f)* ~ Model *(n)*, Mannequin *(n)*.

indotto *(agg)* **1** *(fis)* induziert. **2** *(fig)* bedingt.

indovinare *(vt)* **1** raten* *(vt/vi, hat)* ♦ *indovina un po' chi ha telefonato!* rate mal, wer angerufen hat! **2** *(azzeccare)* erraten* *(vt)*, treffen* *(vt)*. ◆ **cercare di indovinare qcs** über etwas *(Acc)* rätseln *(vi, hat)*.

indovinato *(agg)* ~ treffend; *(azzeccato)* sinnig ♦ *un'espressione indovinata* ein treffender Ausdruck.

indovinello *(m)* ~ Rätsel *(n)* ♦ *risolvere un indovinello* ein Rätsel lösen/raten.

indovino *(m)* ~ Wahrsager *(m)*.

indubbiamente *(avv)* ~ zweifellos.

indubbio *(agg)* ~ unzweifelhaft.

indugiare *(vi)* ~ zögern *(vi, hat)*.

indugio *(m)* ~ Zögern *(n)* ♦ *senza indugio* ohne Zögern.

indulgente *(agg)* ~ nachsichtig.

indulgenza *(f)* **1** *(comprensione)* Nachsicht *(f)*. **2** *(relig)* Ablass *(m)*.

indulgere *(vi)* ~ *(acconsentire)* nachgeben* *(vi, hat)*.

indumento *(m)* ~ Kleidungsstück *(n)*.

indurire *(vt)* ~ verhärten *(vt)*.

indurirsi *(vr)* ~ sich verhärten *(vr)*; *(solidificarsi)* hart werden* *(vi, ist)*.

indurre *(vt)* ***1*** {~ *qcn a qcs*} jmdn zu etwas bewegen* *(vt)*, veranlassen* *(vt)*. ***2*** *(med)* provozieren *(vt)*.
industria *(f)* ***1*** Industrie *(f)* ♦ *industria pesante* Schwerindustrie ♦ *industria siderurgica* Eisenindustrie, Stahlindustrie.
industriale[1] *(agg)* ~ Industrie-.
industriale[2] *(m)* ~ Industrielle(r) *(m/f)*.
industrializzare *(vt)* ~ industrialisieren *(vt)*.
industrializzazione *(f)* ~ Industrialisierung *(f)*.
industrioso *(agg)* ~ betriebsam, emsig.
induzione *(f)* ~ Induktion *(f)*.
inebriante *(agg)* ~ berauschend.
inebriare *(vt)* ~ *(esaltare)* berauschen *(vt)*.
ineccepibile *(agg)* ~ einwandfrei, tadellos.
inedia *(f)* ~ Hunger *(m)* ♦ *morire d'inedia* Hungers/vor Hunger sterben.
inedito *(agg)* ***1*** unveröffentlicht. ***2*** *(fig)* neuartig.
ineffabile *(agg)* ~ unsagbar, unaussprechlich.
inefficace *(agg)* ~ unwirksam.
inefficacia *(f)* ~ Unwirksamkeit *(f)*.
inefficiente *(agg)* ~ ineffizient.
inefficienza *(f)* ~ Leistungsschwäche *(f)*.
ineguale *(agg)* ~ ungleich.
ineluttabile *(agg)* ~ unabwendbar.
inequivocabile *(agg)* ~ unmissverständlich, eindeutig.
inerente *(agg)* ~ {~ *a qcn/qcs*} mit *(Dat)* etwas verknüpft, verbunden.
inerme *(agg)* ***1*** hilflos. ***2*** *(disarmato)* unbewaffnet.
inerte *(agg)* ***1*** träg(e) *(anche fis)*. ***2*** *(chim)* reaktionsträge.
inerzia *(f)* ***1*** Trägheit *(f)* *(anche fis)*. ♦ **per forza d'inerzia** aus reiner Gewohnheit.
inesattezza *(f)* ~ Ungenauigkeit *(f)*.
inesatto *(agg)* ~ ungenau.
inesauribile *(agg)* ~ unerschöpflich.
inesistente *(agg)* ~ nicht bestehend, inexistent.
inesorabile *(agg)* ~ unerbittlich.
inesperienza *(f)* ~ Unerfahrenheit *(f)*.
inesperto *(agg)* ~ unerfahren.
inesplicabile *(agg)* ~ unerklärlich.
inespressivo *(agg)* ~ ausdruckslos.
inesprimibile *(agg)* ~ unaussprechlich.
inestimabile *(agg)* ~ unschätzbar.
inestricabile *(agg)* ~ unentwirrbar.
inettitudine *(f)* ~ Untauglichkeit *(f)*.
inetto[1] *(agg)* ~ unfähig, untauglich.
inetto[2] *(m)* ~ Nichtsnutz *(m)*.
inevaso *(agg)* ~ unerledigt.
inevitabile[1] *(agg)* ***1*** unvermeidlich. ***2*** *(necessario)* notwendig.
inevitabile[2] *(m)* ~ Unvermeidliche *(n)*.
inezia *(f)* ~ Kleinigkeit *(f)*, Lappalie *(f)*.
infallibile *(agg)* ~ unfehlbar, untrüglich.
infamante *(agg)* ~ entehrend.
infamare *(vt)* ~ entehren *(vt)*, mit Schande bedecken *(vt)*.
infame *(agg)* ~ schändlich.
infamia *(f)* ~ Schande *(f)*.
infangare *(vt)* ~ mit Schlamm beschmutzen *(vt)* *(anche fig)*.
infanticida *(m/f)* ~ Kindesmörder *(m; f -in)*.
infantile *(agg)* ***1*** kindlich, Kinder- ♦ *linguaggio infantile* Kindersprache *(f)* ♦ *mortalità infantile* Kindersterblichkeit *(f)*. ***2*** *(spreg)* kindisch.
infanzia *(f)* ~ Kindheit *(f)* ♦ *fin dall'infanzia* von Kindheit an.
infarcire *(vt)* ***1*** *(gastr)* füllen *(vt)*. ***2*** *(fig)* spicken *(vt)*.
infarinare *(vt)* ~ mit Mehl bestreuen *(vt)*, in Mehl wenden* *(vt)*.
infarinato *(agg)* ~ mehlig.
infarinatura *(f)* ***1*** Wenden *(n)* in Mehl. ***2*** *(fig)* oberflächliche Kenntnisse *(pl)*.
infarto *(m)* ~ *(med)* Infarkt *(m)* ♦ *infarto cardiaco* Herzinfarkt.
infastidire *(vt)* ~ belästigen *(vt)*.
infastidirsi *(vr)* ~ {~ *per qcs*} sich durch etwas belästigt fühlen *(vr)*.
infaticabile *(agg)* ~ nimmermüde, rastlos.
infatti *(congiunz)* ***1*** nämlich. ***2*** *(invero)* tatsächlich. ***2*** *(per confermare)* genau.
infatuarsi *(vr)* ***1*** {~ *di qcn/qcs*} sich für jmdn/etwas *(Acc)* begeistern *(vr)*. ***2*** {~ *di qcn*} sich in jmdn/etwas *(Acc)* vernarren *(vr)*.
infatuato *(agg)* ~ {~ *di qcn/qcs*} von jmdm/etwas *(Dat)* begeistert.
infatuazione *(f)* ~ Begeisterung *(f)*.
infausto *(agg)* ~ unselig.
infedele[1] *(agg)* ~ untreu, treulos.
infedele[2] *(m/f)* ~ *(relig)* Ungläubige *(m/f)*.
infedeltà *(f)* ~ Untreue *(f)*, Treulosigkeit *(f)*.
infelice *(agg)* ***1*** *(triste)* unglücklich ♦ *essere infelice per qcs* über etwas *(Acc)* un-

glücklich sein. **2** *(fuori luogo)* unglücklich, unpassend.
infelicità *(f)* ~ Unglück *(n)*.
infeltrire *(vi/vr)* ~ filzen *(vi*, hat*)*.
inferiore *(agg)* **1** untere(r, -s), Unter- ♦ *al piano inferiore della casa (stato)* im unteren Stock des Hauses ♦ *le classi inferiori (della scuola, della società)* die unteren Klassen. **2** *(di misura, altezza, numeri)* niedriger, minder, kleiner. **3** *(di valore)* minder, minderwertig. **4** *(di rango e sim)* niedere(r, -s). ◆ **essere inferiore a qcn in qcs** jmdm in etwas *(Dat)* nach|stehen* *(vi*, hat*)*, jmdm an etwas *(Dat)* unterlegen sein* *(vi*, ist*)*.
inferiorità *(f)* ~ Unterlegenheit *(f)*; *(psicol)* Miderwertigkeit *(f)*.
infermiere *(m; f* **-a***)* ~ Krankenpfleger *(m; f* Krankenschwester*)*.
infermità *(f)* ~ Krankheit ♦ *infermità mentale* Geisteskrankheit.
infermo[1] *(agg)* ~ krank ♦ *infermo di mente* geisteskrank.
infermo[2] *(m)* ~ Kranke *(m)*.
infernale *(agg)* ~ höllisch, Höllen-.
inferno *(m)* ~ Hölle *(f)* *(anche fig)* ♦ *rendere la vita un inferno a qcn* jmdm das Leben zur Hölle machen. ◆ **va' all'inferno!** geh zum Teufel!
inferocirsi *(vr)* ~ wild werden* *(vi*, ist*)*.
inferriata *(f)* ~ Gitter *(n)*.
infervorare *(vt)* ~ begeistern *(vt)*, erhitzen *(vt)*.
infervorarsi *(vr)* ~ sich ereifern *(vr)*, sich erhitzen *(vr)*.
infestare *(vt)* ~ heim|suchen *(vt)*.
infettare *(vt)* ~ infizieren *(vt)*.
infettarsi *(vr)* ~ sich infizieren *(vr)*.
infettivo *(agg)* ~ ansteckend, Infektions- ♦ *malattia infettiva* Infektionskrankheit *(f)*.
infetto *(agg)* ~ infiziert.
infezione *(f)* ~ Infektion *(f)*.
infiammabile *(agg)* ~ entflammbar.
infiammare *(vt)* **1** *(irritare)* reizen *(vt)*. **2** *(fig) (sentimenti e sim)* entflammen *(vt)*.
infiammarsi *(vr)* **1** sich entzünden *(anche med)*. **2** *(fig)* sich entflammen *(vr)*.
infiammato *(agg)* **1** *(med)* entzündet. **2** *(fig) (acceso, appassionato)* flammend.
infiammatorio *(agg)* ~ Entzündungs- ♦ *processo infiammatorio* Entzündungsvorgang.
infiammazione *(f)* ~ Entzündung *(f)*.
infido *(agg)* ~ unzuverlässig.
infierire *(vi)* ~ {~ *su qcn/qcs*} über jmdn/etwas *(Acc)* wüten *(vi*, hat*)*.
infiggersi *(vr)* ~ *(imprimersi)* sich ein|prägen *(vr)*.
infilare *(vt)* **1** stecken *(vt)* ♦ *infilare la chiave nella serratura* den Schlüssel in das Schloss stecken. **2** *(anelli)* an|stecken *(vt)*. **3** *(vestiti)* an|ziehen* *(vt)*. **4** *(forando)* ein|stechen *(vt)*. **5** *(in borsa, in tasca)* ein|stecken *(vt)*. ◆ **essere infilato** stecken *(vi*, hat*)* ♦ *la chiave è infilata nella serratura* der Schlüssel steckt im Schloss ♦ *l'anello è infilato al dito* der Ring steckt am Finger.
infilarsi *(vr)* **1** {~ *in qcs*} in etwas *(Acc)* ein|dringen* *(vi*, ist*)*, schlüpfen *(vi*, ist*)* ♦ *infilarsi sotto le coperte* unter die Decke schlüpfen. **2** *(vestiti)* sich an|ziehen* *(vr)*.
infiltrarsi *(vr)* **1** versickern *(vi*, ist*)* ♦ *l'acqua si infiltra nel terreno* das Wasser versickert im Boden. **2** *(fig)* ein|dringen* *(vi*, ist*)*.
infiltrazione *(f)* **1** Eindringen *(n)*. **2** *(med)* Infiltration *(f)*.
infilzare *(vt)* ~ durchstechen *(vt)*, spießen *(vt)*.
infimo *(agg)* ~ unterste(r, -s), niedrigste(r, -s).
infine *(avv)* ~ schließlich, zuletzt, letztlich.
infinità *(f)* **1** Unendlichkeit *(f)*. **2** *(quantità)* Unzahl *(f)*, Unmenge *(f)*.
infinito[1] *(agg)* ~ endlos, unendlich.
infinito[2] *(m)* **1** Unendliche *(n)*. **2** *(gramm)* Grundform *(f)*, Infinitiv *(m)*.
infiorescenza *(f)* ~ *(bot)* Blüte *(f)*.
infischiarsi *(vr)* ~ {~ *di qcn/qcs*} auf jmdn/etwas spucken *(vt/vi*, hat*)*.
infisso *(m)* ~ Rahmen *(m)*.
infittire *(vt)* ~ verdichten *(vt)*, dichter machen *(vt)*.
infittirsi *(vr)* ~ sich verdichten *(vr)*, dichter werden* *(vi*, ist*)*.
inflazione *(f)* ~ Inflation *(f)*.
inflessibile *(agg)* ~ unbeugsam, unerbittlich.
inflessibilità *(f)* ~ Unbeugsamkeit *(f)*.

inflessione *(f)* ~ *(di voce)* Tonfall *(m)*.
infliggere *(vt)* ~ *(pena)* verhängen *(vt)*.
influente *(agg)* ~ einflussreich.
influenza *(f)* ***1*** *(influsso)* Einfluss *(m)*, Beeinflussung *(f)* ♦ *esercitare, avere influenza su qcn/qcs* Einfluss auf jmdn/ etwas ausüben, haben. ***2*** *(med)* Grippe *(f)* ♦ *prendersi un'influenza* sich *(Dat)* eine Grippe zuziehen.
influenzabile *(agg)* ~ beeinflussbar.
influenzare *(vt)* ~ beeinflussen *(vt)* ♦ *questo non influenzerà la mia decisione* das wird meine Entscheidung nicht beeinflussen.
influenzarsi *(vr)* ~ *(reciproco)* einander beeinflussen *(vt)*.
influire *(vt)* ~ {~ *su qcn/qcs*} auf jmdn/ etwas ein|wirken.
influsso *(m)* ~ Einfluss *(m)*, Beeinflussung *(f)*.
infoltire *(vt)* ~ verdichten *(vt)*, dicht machen *(vt)*.
infoltirsi *(vr)* ~ sich verdichten *(vr)*, dicht werden* *(vi*, ist*)*.
infondatezza *(f)* ~ Unbegründetheit *(f)*.
infondato *(agg)* ~ unbegründet, grundlos.
infondere *(vt)* ~ ein|flößen *(vt)*.
inforcare *(vt)* ***1*** *(prendere con il forcone)* auf|gabeln *(vt)*. ***2*** *(occhiali)* auf|setzen *(vt)*. ◆ **inforcare la bicicletta** sich aufs Rad schwingen*.
informale *(agg)* ***1*** informell, formlos. ***2*** *(colloquiale)* salopp.
informare *(vt)* ~ {~ *qcn di qcs*} jmdn von etwas benachrichtigen *(vt)*, jmdn über etwas *(Acc)* unterrichten *(vt)*, informieren *(vt)*.
informarsi *(vr)* ~ {~ *da qcn di qcn/qcs*} sich bei jmdm nach jmdm/etwas erkundigen *(vr)*.
informatica *(f)* ~ elektronische Datenverarbeitung *(f)* *(abbrev* EDV*)*, Informatik *(f)*.
informativo *(agg)* ~ informativ, Informations- ♦ *materiale informativo* Informationsmaterial.
informato *(agg)* ~ informiert.
informatore *(m; f* **-trice***)* ~ *(segreto)* Informant *(m; f* -in*)*.
informazione *(f)* ~ Auskunft *(f)*, Information *(f)* ♦ *dare un'informazione su qcs* eine Auskunft über etwas geben ♦ *chiedere informazioni* um Auskunft bitten. ◆ **ufficio informazioni** Auskunftbüro *(n)*.
informe *(agg)* ~ unförmig, formlos.
infortunarsi *(vr)* ~ sich verletzen *(vr)*.
infortunio *(m)* ~ Unfall *(m)* ♦ *infortunio sul lavoro* Betriebsunfall.
infossarsi *(vr)* ~ ein|sinken* *(vi*, ist*)*.
infossato *(agg)* ~ eingefallen ♦ *guance infossate* eingefallene Wangen.
infrangere *(vt)* ***1*** zerbrechen* *(vt)*. ***2*** *(legge e sim)* überschreiten* *(vt)*. ***3*** *(fig)* brechen* *(vt)*.
infrangersi *(vr)* ~ {~ *contro qcs*} sich an etwas *(Dat)* brechen* *(vr)* ♦ *le onde si infrangono sugli scogli* die Wellen brechen sich an den Felsen.
infrangibile *(agg)* ~ unzerbrechlich, bruchfest.
infranto *(agg)* ***1*** zerbrochen. ***2*** *(fig)* gebrochen ♦ *cuore infranto* gebrochenes Herz.
infrarosso *(agg)* ~ infrarot, Infrarot- ♦ *raggi infrarossi* Infrarotstrahlen.
infrazione *(f)* ~ *(contravvenzione a regola e sim)* Verstoß *(m)*.
infreddatura *(f)* ~ Erkältung *(f)*.
infreddolirsi *(vr)* ~ frieren *(vi*, hat/ist*)*.
infreddolito *(agg)* ~ frierend.
infruttuoso *(agg)* ***1*** unfruchtbar. ***2*** *(fig)* erfolglos.
infuori[1] *(avv)* ~ **all'infuori** nach außen, hinaus, heraus.
infuori[2] *(prep)* ~ **all'infuori di** außer *(+ Dat)*, ausgenommen *(+ Acc)*.
infuriare *(vi)* ~ *(vento e sim)* stürmen *(vi*, hat/ist*)* ♦ *infuria la tempesta (impers)* es stürmt.
infuriarsi *(vr)* ~ wütend werden* *(vi*, ist*)*.
infuriato *(agg)* ~ wütend.
infusione *(f)* ~ Aufguss *(m)*. ◆ **stare in infusione** *(tè e sim)* ziehen* *(vi)*.
infuso *(m)* ~ *(tisana)* Aufguss *(m)*, Tee *(m)* ♦ *infuso alle erbe* Kräutertee.
ingaggiare *(vt)* ~ verpflichten *(vt)*, engagieren *(vt)*.
ingaggio *(m)* ~ Engagement *(n)*.
ingannare *(vt)* ***1*** täuschen *(vt)* *(anche fig)* ♦ *se la memoria non m'inganna* wenn mein Gedächtnis mich nicht täuscht. ***2*** *(imbrogliare)* betrügen* *(vt)*.
ingannarsi *(vr)* ~ {~ *sul conto di qcn*} sich in jmdm täuschen *(vr)*.

ingannatore[1] *(agg)* ~ trügerisch.
ingannatore[2] *(m; f* **-trice***)* ~ Betrüger *(m; f* -in*)*.
ingannevole *(agg)* ~ trügerisch ♦ *i ricordi sono ingannevoli* Erinnerungen sind trügerisch.
inganno *(m)* ***1*** *(imbroglio)* Betrug *(m)*. ***2*** *(fig)* Täuschung *(f)*.
ingarbugliare *(vt)* ~ verwickeln *(vt)*, verwirren *(vt)*.
ingarbugliarsi *(vr)* ***1*** *(aggrovigliarsi)* sich verwickeln *(vr)*. ***2*** *(confondersi)* sich verwirren *(vt)*.
ingarbugliato *(agg)* ~ verwickelt.
ingegnarsi *(vr)* ~ sich ein|setzen *(vr)*.
ingegnere *(m)* ~ Ingenieur *(m)* ♦ *ingegnere elettronico* Elektroingenieur ♦ *ingegnere meccanico* Maschinenbauingenieur.
ingegneria *(f)* ***1*** Ingenieurwesen *(n)*. ***2*** *(università)* Technische Hochschule *(f)*. ◆ **ingegneria genetica** Gentechnik *(f)*.
ingegno *(m)* ~ Geist *(m)*.
ingegnoso *(agg)* ***1*** geistreich, findig. ***2*** *(fatto con ingegno)* sinnreich.
ingelosire *(vt)* ~ eifersüchtig machen *(vt)*.
ingelosirsi *(vr)* ~ eifersüchtig werden* *(vi, ist)*.
ingente *(agg)* ~ riesig, ungeheuer.
ingenuamente *(avv)* ~ arglos.
ingenuità *(f)* ***1*** *(innocenza)* Naivität *(f)*, Arglosigkeit *(f)*. ***2*** *(credulità)* Gutgläubigkeit *(f)*.
ingenuo *(agg)* ***1*** *(innocente)* naiv, arglos. ***2*** *(credulone)* gutgläubig.
ingerenza *(f)* ~ Einmischung *(f)*.
ingerire *(vt)* ~ ein|nehmen* *(vt)*.
ingessare *(vt)* ~ *(med)* ein|gipsen *(vt)*, in Gips legen *(vt)*.
ingessatura *(f)* ~ Gips *(m)*, Gipsverband *(m)*.
inghiottire *(vt)* ~ schlucken *(vt)*, hinunter|schlucken *(vt)*.
ingiallire *(vi)* ~ vergilben *(vi, ist)*.
ingigantire *(vt)* ~ auf|bauschen *(vt)*.
ingigantirsi *(vr)* ~ riesengroß/größer werden* *(vi, ist)*.
inginocchiarsi *(vr)* ~ sich knien *(vr)*.
ingiungere *(vt)* ~ auf|fordern *(vt)*.
ingiunzione *(f)* ~ Mahnung *(f)*, Aufforderung *(f)* ♦ *ingiunzione di pagamento* Zahlungsaufforderung.
ingiuria *(f)* ~ Beleidigung *(f)*, Schmähung *(f)*.
ingiuriare *(vt)* ~ beleidigen *(vt)*, schmähen *(vt)*.
ingiurioso *(agg)* ~ beleidigend.
ingiustificato *(agg)* ~ unbegründet.
ingiustizia *(f)* ~ Unrecht *(n)*, Unrechtigkeit *(f)* ♦ *ha subito un'ingiustizia* es geschieht ihm Unrecht.
ingiusto *(agg)* ~ ungerecht.
inglobare *(vt)* ***1*** ein|verleiben *(vt)*. ***2*** *(ditte, società)* übernehmen* *(vt)*.
ingoiare *(vt)* ***1*** schlucken *(vt)*, hinunter|schlucken *(vt)*.
ingolfarsi *(vr)* ~ ab|saufen *(vi, hat)*.
ingombrante *(agg)* ~ sperrig, Sperr- ♦ *rifiuti ingombranti* Sperrmüll *(m)*.
ingombrare *(vt)* ~ versperren *(vt)*.
ingombro *(m)* ~ Versperren *(n)*. ◆ **essere d'ingombro** im Weg sein*.
ingordigia *(f)* ***1*** Essgier *(f)*, Gefräßigkeit *(f)*. ***2*** *(avidità)* Gier *(f)*.
ingordo *(agg)* ***1*** essgierig, gefräßig. ***2*** *(avido)* gierig.
ingorgo *(m)* ***1*** Verstopfung *(f)*. ***2*** *(nel traffico)* Stau *(m)*.
ingovernabile *(agg)* ~ unregierbar.
ingranaggio *(m)* ~ Getriebe *(n)*, Räderwerk *(n)*.
ingranare[1] *(vi)* ~ *(tecn)* ein|greifen* *(vi, hat)*, greifen* *(vi, hat)*.
ingranare[2] *(vt)* ~ *(marcia)* ein|schalten* *(vt)*.
ingrandimento *(m)* ***1*** Vergrößerung *(f)* *(anche fotogr)*. ***2*** *(di edificio)* Ausbau *(m)*.
ingrandire *(vt)* ***1*** vergrößern *(vt)* ♦ *far ingrandire una foto* ein Foto vergrößern lassen. ***2*** *(ampliare)* aus|bauen *(vt)* ♦ *ingrandire un edificio* ein Gebäude ausbauen.
ingrandirsi *(vr)* ~ sich vergrößern *(vr)*, größer werden* *(vi, ist)*.
ingrassare[1] *(vi)* ~ zu|nehmen* *(vi, hat)* ♦ *è ingrassato di tre chili* er hat drei Kilo zugenommen.
ingrassare[2] *(vt)* ***1*** *(far aumentare di peso)* dick machen *(vt)*. ***2*** *(lubrificare)* ab|schmieren *(vt)*.
ingratitudine *(f)* ~ Undank *(m)* ♦ *ricavare solo ingratitudine* Undank ernten.
ingrato[1] *(agg)* ~ undankbar.
ingrato[2] *(m)* ~ Undankbare *(n)*.

ingraziarsi *(vr)* ~ {~ *qcn*} jmds Gunst erwerben* *(vt)*.

ingrediente *(m)* **1** Zutat *(f)*. **2** *(componente)* Bestandteil.

ingresso *(m)* **1** *(entrata)* Eingang *(m)*. **2** *(accesso)* Eintritt *(m)*, Zugang *(m)* ♦ *ingresso vietato* Eintritt verboten! ♦ *l'ingresso alla torre è chiuso* der Zugang zum Turm ist gesperrt. **3** *(anticamera)* Diele *(f)*; *(corridoio, andito)* Flur *(m)* ♦ *nell'ingresso (stato)* auf dem/im Flur.

ingrossare *(vt)* **1** dick machen *(vt)*, vergrößern *(vt)*. **2** *(gonfiare)* an|schwellen lassen* *(vt)*.

ingrossarsi *(vr)* **1** zu|nehmen* *(vt)*. **2** *(gonfiarsi)* an|schwellen* *(vi, ist)*.

ingrosso *(avv)* ~ **all'ingrosso** en gros, Groß- ♦ *acquisto all'ingrosso* Großeinkauf *(m)* ♦ *commerciante all'ingrosso* Großhändler *(m)* ♦ *commercio all'ingrosso* Großhandel *(m)* ♦ *prezzo all'ingrosso* Großhandelspreis *(m)*.

inguaribile *(agg)* **1** unheilbar. **2** *(fig)* unverbesserlich.

inguine *(m)* ~ Leiste *(f)*.

ingurgitare *(vt)* ~ schlingen* *(vt)*.

inibire *(vt)* **1** *(vietare)* verbieten *(vt)*, untersagen *(vt)*. **2** *(psic)* hemmen *(vt)*.

inibito *(agg)* ~ gehemmt.

inibizione *(f)* **1** *(divieto)* Verbot *(n)*, Untersagung *(f)*. **2** *(psic)* Hemmung *(f)*.

iniettare *(vt)* ~ ein|spritzen *(vt)*.

iniezione *(f)* ~ Injektion *(f)*, Spritze *(f)* ♦ *fare un'iniezione a qcn* jmdm eine Spritze geben. ◆ **motore a iniezione** *(tecn)* Einspritzmotor *(m)*.

inimicare *(vt)* ~ zum Feind machen *(vt)*.

inimicarsi *(vr)* ~ sich verfeinden *(vr)*.

inimicizia *(f)* ~ Feindschaft *(f)*.

inimitabile *(agg)* ~ unnachahmlich.

inimmaginabile *(agg)* ~ unvorstellbar.

ininterrotto *(agg)* ~ ununterbrochen.

iniquità *(f)* ~ Ungerechtigkeit *(f)*.

iniquo *(agg)* ~ ungerecht.

iniziale[1] *(agg)* ~ anfänglich, Anfangs- ♦ *fase iniziale* Anfangsstadium.

iniziale[2] *(f)* ~ *(lettera iniziale)* Anfangsbuchstabe *(m)*.

inizialmente *(avv)* ~ zuerst, ♦ *inizialmente avevo pensato che* zuerst hatte ich gedacht, dass.

iniziare[1] *(vi)* ~ an|fangen* *(vi, hat)*, beginnen* *(vi, hat)* ♦ *la scuola inizia il primo settembre* die Schule fängt am 1 September an ♦ *è iniziato a piovere* es hat angefangen zu regnen.

iniziare[2] *(vt)* **1** an|fangen* *(vt)*, beginnen* *(vt)* ♦ *iniziare un lavoro* eine Arbeit anfangen. **2** *(avviare)* {~ *qcn a qcs*} jmdn in etwas *(Acc)* ein|weihen *(vt)*, ein|weisen* *(vt)*.

iniziativa *(f)* **1** Initiative *(f)* ♦ *di propria iniziativa* aus eigener Initiative. **2** *(intraprendenza)* Unternehmung *(f)* ♦ *spirito d'iniziativa* Unternehmungsgeist *(m)*.

iniziato[1] *(agg)* ~ eingeweiht, eingeführt.

iniziato[2] *(m; f* **-a***)* ~ Eingeweihte(r) *(m/f)*.

iniziazione *(f)* ~ Einweihung *(f)*.

inizio *(m)* ~ Anfang *(m)*, Beginn *(m)* ♦ *all'inizio di maggio* Anfang Mai ♦ *dall'inizio* seit Beginn ♦ *dall'inizio alla fine* von Anfang bis (zu) Ende. ◆ **all'inizio** am Anfang, bei/zu Beginn, zuerst *(avv)* ♦ *all'inizio dell'anno* am Anfang des Jahres ♦ *all'inizio avevo pensato che* zuerst hatte ich gedacht, dass.

innaffiare *(vt)* **1** gießen* *(vt)*, begießen *(vt)*. **2** *(irrigare)* wässern *(vt)*.

innalzamento *(m)* **1** Erhöhung *(f)*. **2** *(costruzione)* Aufstellung *(f)*, Errichtung *(f)*.

innalzare *(vt)* **1** *(erigere)* errichten *(vt)*, auf|stellen *(vt)* ♦ *innalzare un monumento* ein Denkmal aufstellen. **2** *(aumentare)* erhöhen *(vt)*.

innalzarsi *(vr)* ~ sich erheben *(vr)*.

innamoramento *(m)* ~ Verliebtsein *(n)*.

innamorarsi *(vr)* ~ {~ *(di qcn)*} sich (in jmdn) verlieben *(vr)*.

innamorato[1] *(agg)* ~ verliebt ♦ *innamorato di qcn/qcs* in jmdn/etwas verliebt.

innamorato[2] *(m; f* **-a***)* ~ Verliebte *(m/f)*.

innanzi *(agg)* ~ vorig; zuvor ♦ *il giorno innanzi* der vorige Tag, der Tag zuvor. ◆ **d'ora innanzi** von jetzt ab. ◆ **innanzi tutto** vor allem.

innato *(agg)* ~ angeboren.

innaturale *(agg)* **1** unnatürlich. **2** *(artificioso)* gekünstelt.

innegabile *(agg)* ~ unbestreitbar.

innervosire *(vt)* ~ nervös machen *(vt)*.

innervosirsi *(vr)* ~ nervös werden* *(vi, ist)*.

innescare *(vt)* ***1*** *(bombe)* scharf machen, zünden. ***2*** *(fig)* entfesseln.
innescato *(agg)* ~ *(carico, di munizioni)* scharf*.
innesco *(m)* ~ Zündung *(f)*.
innestare *(vt)* ***1*** *(piante)* pfropfen *(vt)*. ***2*** *(med)* transplantieren *(vt)*. ***3*** *(ingranare, fare presa)* fassen *(vi, hat)*.
innesto *(m)* ***1*** *(bot)* Veredelung *(f)*; *(parte innestata)* Pfropfreis *(n)*. ***2*** *(med)* Transplantation *(f)*. ***2*** *(mecc)* Kupplung *(f)*.
innevato *(agg)* ~ verschneit, schneebedeckt.
inno *(m)* ~ Hymne *(f)*.
innocente *(agg)* ***1*** unschuldig, schuldlos. ***2*** *(senza malizia)* arglos, harmlos ♦ *un animale innocente* ein harmloses Tier ♦ *una domanda innocente* eine harmlose Frage.
innocenza *(f)* ***1*** *(incolpevolezza)* Unschuld *(f)* ♦ *sostenere, dimostrare la propria innocenza* seine Unschuld beteuern, beweisen. ***2*** *(ingenuità)* Harmlosigkeit *(f)*.
innocuo *(agg)* ~ ungefährlich, unschädlich, harmlos.
innovativo *(agg)* ~ neuartig, innovativ.
innovazione *(agg)* ~ Neuerung *(f)*, Neuentwicklung *(f)*.
innumerevole *(agg)* ~ unzählig.
inodore *(agg)* ~ geruchlos.
inoffensivo *(agg)* ~ harmlos, unschädlich ♦ *rendere inoffensivo qcn* jmdn unschädlich machen.
inoltrare *(vt)* ***1*** weiter|leiten *(vt)*. ***2*** *(documenti, istanze, ecc)* ein|reichen *(vt)* ♦ *inoltrare un'istanza* einen Antrag einreichen.
inoltrarsi *(vr)* ~ {~ *in qcs*} in etwas *(Acc)* ein|dringen* *(vi, ist)*.
inoltrato *(agg)* ~ tief, hoch* ♦ *nell'estate inoltrata* im hohen Sommer.
inoltre *(avv)* ~ außerdem, darüber hinaus, daneben.
inoltro *(m)* ***1*** Weiterleitung *(f)*. ***2*** *(di istanze e sim)* Einreichung *(f)*.
inondare *(vt)* ~ überschwemmen *(vt)*, überfluten *(vt)* *(anche fig)* ♦ *il fiume ha inondato i campi* der Fluss hat die Äcker überschwemmt ♦ *fu inondato di offerte* er wurde mit Angeboten überschwemmt.
inondato *(agg)* ~ überflutet.
inondazione *(f)* ~ Überschwemmung *(f)*.
inoperoso *(agg)* ~ untätig.
inopportuno *(agg)* ***1*** unpassend, unangebracht. ***2*** *(momento)* ungelegen ♦ *a un'ora inopportuna* zu ungelegener Stunde.
inorganico *(agg)* ***1*** *(chim)* anorganisch. ***2*** *(fig)* unorganisch.
inorgoglire *(vt)* ~ stolz machen *(vt)*.
inorgoglirsi *(vr)* ~ stolz werden* *(vi, ist)*.
inorridire[1] *(vi)* ~ sich entsetzen *(vr)*.
inorridire[2] *(vt)* ~ entsetzen *(vt)*.
inorridito *(agg)* ~ entsetzt.
inospitale *(agg)* ***1*** ungastlich. ***2*** *(inabitabile)* unwirtlich.
inosservanza *(f)* ~ Nichtbeachtung *(f)*.
inosservato *(agg)* ***1*** unbemerkt, unbeachtet ♦ *passare inosservato* unbemerkt bleiben. ***2*** *(non rispettato)* nicht eingehalten. ◆ **che passa inosservato** unauffällig.
inossidabile *(agg)* ~ rostfrei.
inquadrare *(vt)* ***1*** *(ordinare)* einordnen *(vt)*, eingliedern *(vt)*. ***2*** *(fotogr)* ins Bild nehmen* *(vt)*.
inqualificabile *(agg)* ***1*** unqualifizierbar. ***2*** *(fig)* unglaublich.
inquietante *(agg)* ~ unheimlich, beängstigend. ◆ **in modo inquietante** unheimlich *(avv)*.
inquietare *(vt)* ~ beängstigen *(vt)*, beunruhigen *(vt)*,
inquietarsi *(vr)* ~ {~ *per qcn/qcs*} sich um jmdn/etwas (wegen jmds/etwas) beunruhigen *(vr)*.
inquieto *(agg)* ~ unruhig; beunruhigt.
inquietudine *(f)* ~ Unruhe *(f)*, Unrast *(f)*.
inquilino *(m)* ***1*** Hausbewohner *(m; f* -in*)*. ***2*** *(affittuario)* Mieter *(m; f* -in*)*.
inquinamento *(m)* ~ Verschmutzung *(f)* ♦ *inquinamento ambientale, atmosferico* Umweltverschmutzung, Luftverschmutzung.
inquinante *(agg)* ~ umweltschädlich. ◆ **non inquinante** umweltfreundlich.
inquinare *(vt)* ~ verschmutzen *(vt)*.
inquirente[1] *(agg)* ~ Untersuchungs- , Ermittlungs- ♦ *commissione inquirente* Untersuchungskommission.
inquirente[2] *(m/f)* ~ Ermittler *(m; f* -in*)*.
inquisire *(vt)* ~ *(dir)* ermitteln *(vt)*, untersuchen *(vt)*.
inquisitore *(m)* ~ Inquisitor *(m)*.
inquisizione *(f)* ~ Inquisition *(f)*.

insabbiarsi *(vr)* ~ *(fig)* im Sand(e) verlaufen *(vi, ist)*.
insaccato *(m)* ~ Wurst *(f)*, Wurstwaren *(pl)*.
insalata *(f)* ~ Salat *(m)* ♦ *condire l'insalata* den Salat anmachen ♦ *un cespo d'insalata* ein Kopf Salat. ◆ **insalata belga** Schikoree *(m/f)*.
insalatiera *(f)* ~ Salatschüssel *(f)*.
insalubre *(agg)* ~ ungesund.
insanabile *(agg)* **1** unheilbar. **2** *(inconciliabile)* unversöhnlich.
insanguinare *(vt)* ~ mit Blut beflecken *(vt)*.
insanguinarsi *(vr)* ~ sich mit Blut beflecken *(vr)*.
insaponare *(vt)* ~ ein|seifen *(vt)*.
insapore *(agg)* ~ geschmacklos.
insaporire *(vt)* **1** schmackhaft machen *(vt)*. **2** *(con spezie)* würzen *(vt)*.
insaporirsi *(vr)* ~ schmackhaft werden* *(vi, ist)*.
insaputa *(f)* ~ **all'insaputa di qcn** ohne jmds Wissen.
insaziabile *(agg)* ~ unersättlich.
inscenare *(vt)* ~ inszenieren *(vt)*.
insediamento *(m)* **1** Ansiedlung *(f)*. **2** *(burocr)* Antritt *(m)*.
insediare *(vt)* **1** an|siedeln *(vt)*. **2** *(burocr)* in ein Amt ein|setzen *(vt)*.
insediarsi *(vr)* **1** siedeln *(vi, hat)*. **2** *(burocr)* ein Amt an|treten *(vt)*.
insegna *(f)* **1** Wappen *(n)*. **2** *(cartello)* Schild *(n)*; *(di negozio)* Ladenschild *(n)* ♦ *insegna pubblicitaria* Reklameschild. ◆ **all'insegna di** im Zeichen etwas *(Gen)*.
insegnamento *(m)* **1** Unterricht *(m)*. **2** *(professione)* Lehrerberuf *(m)*. **3** *(monito)* Lehre *(f)*.
insegnante *(m/f)* ~ Lehrer *(m; f* -in*)* ♦ *insegnante di lingue* Sprachlehrer.
insegnare *(vt)* ~ {~ *qcs a qcn*} (jmdn) etwas lehren *(vt)*, jmdm etwas bei|bringen* *(vt)* ♦ *insegna filosofia* er lehrt Philosophie ♦ *le insegna a nuotare* er lehrt sie schwimmen ♦ *mi ha insegnato un nuovo gioco con le carte* sie hat mir ein neues Kartenspiel beigebracht. **2** *(a scuola)* unterrichten *(vt)* ♦ *gli insegna il tedesco* sie unterrichtet ihn in Deutsch.
inseguimento *(m)* ~ Verfolgung *(f)*.
inseguire *(vt)* **1** verfolgen *(vt)* ♦ *il poliziotto insegue il ladro* der Polizist verfolgt den Dieb. **2** *(dare la caccia)* {~ *qcn*} jmdm/etwas nachjagen *(vi, ist)*.
inseguitore *(m; f* **-trice***)* ~ Verfolger *(m; f* -in*)*.
inselvatichirsi *(vr)* ~ verwildern *(vi, ist)*.
inseminazione *(f)* ~ Besamung *(f)* ♦ *inseminazione artificiale* künstliche Besamung.
insenatura *(f)* ~ Bucht *(f)*.
insensato *(agg)* ~ unsinnig, sinnlos.
insensibile *(agg)* **1** unempfindlich. **2** *(fig)* gefühllos.
insensibilità *(f)* **1** Unempfindlichkeit *(f)*. **2** *(fig)* Gefühllosigkeit *(f)*.
inseparabile *(agg)* **1** untrennbar *(anche gramm)* ♦ *verbi inseparabili* untrennbare Verben. **2** *(di persone)* unzertrennlich.
inserimento *(m)* ~ Einfügung *(f)*.
inserire *(vt)* **1** *(infilare)* ein|stecken *(vt)*. **2** *(clausola, nome)* ein|fügen *(vt)*. **3** *(monete e sim)* ein|werfen* *(vt)*. **4** *(qcn in un lavoro)* ein|arbeiten *(vt)*.
inserirsi *(vr)* **1** {~ *in qcs*} sich in etwas *(Acc)* ein|fügen *(vr)*. **2** *(integrarsi)* sich ein|ordnen *(vr)*, sich eingliedern *(vr)* ♦ *inserirsi nella comunità* sich in die Gemeinschaft einordnen. **3** *(in un lavoro)* sich ein|arbeiten *(vr)*.
inserto *(m)* **1** *(di giornale)* Beilage *(f)*. **2** *(abbigliamento)* Einsatz *(m)*.
inserviente *(m/f)* ~ Bedienstete *(m/f)*.
inservibile *(agg)* ~ unbrauchbar.
inserzione *(f)* **1** *(inserimento)* Einfügung *(f)*. **2** Anzeige *(f)*, Inserat *(n)* ♦ *mettere un'inserzione sul giornale* eine Anzeige bei/in der Zeitung aufgeben ♦ *rispondere a un'inserzione* sich *(Acc)* auf eine Anzeige melden. ◆ **fare un'inserzione** annoncieren *(vi, hat)*.
insicurezza *(f)* ~ Unsicherheit *(f)*.
insicuro *(agg)* ~ unsicher ♦ *è insicuro sulle gambe* er ist unsicher auf den Beinen.
insidia *(f)* ~ Tücke *(f)*.
insidioso *(agg)* ~ tückisch, hinterhältig.
insieme[1] *(avv)* **1** *(l'uno con l'altro)* zusammen, miteinander, gemeinsam ♦ *i bambini giocano insieme* die Kinder spielen zusammen/miteinander ♦ *vivere insieme* gemeinsam leben. **2** *(contemporanea-*

mente) zugleich, gleichzeitig, auf einmal, zusammen ♦ *parlano tutti insieme* alle sprechen gleichzeitig. ◆ **insieme a, con** (zusammen) mit *(prep + Dat)*. ◆ **tutti insieme** alle zusammen. ◆ **tutto insieme** alles zusammen. ◆ **andare insieme (con qcn)** mit|gehen* *(vi, ist)*; *(con un veicolo)* mit|fahren* *(vi, ist)* ♦ *vieni anche tu in Germania (insieme a noi)?* fährst du auch nach Deutschland mit? ♦ *vai anche tu al cinema (insieme a loro)?* gehst du auch ins Kino mit?

insieme[2] *(m)* *1* Gesamtheit *(f)*. *2* *(mat)* Menge *(f)*. ◆ **visione d'insieme** Überblick *(m)*.

insigne *(agg)* ~ hervorragend, berühmt.

insignificante *(agg)* *1* bedeutungslos. *2* *(irrisorio)* unbedeutend, nichtssagend.

insignire *(vt)* ~ *(con titoli e sim)* {~ *qcn di qcs*} jmdn mit etwas aus|zeichnen *(vt)* ♦ *fu insignito del premio Nobel* er wurde mit dem Nobelpreis ausgezeichnet.

insincero *(agg)* ~ unehrlich, unaufrichtig.

insinuare *(vt)* *1* *(introdurre)* hinein|stecken *(vt)*, ein|führen *(vt)*. *2* *(dubbi, sospetti)* erwecken *(vt)*, erregen *(vt)*. *3* *(accusare)* unterstellen *(vt)*.

insinuarsi *(vr)* *1* *(introdursi)* ein|dringen* *(vi, ist)*. *2* *(dubbi, sospetti)* sich ein|schleichen* *(vr)* ♦ *si insinuò un sospetto* ein Verdacht schlich sich ein.

insinuazione *(f)* ~ Unterstellung *(f)*.

insipido *(agg)* *1* geschmacklos, fade. *2* *(fig)* abgeschmackt, schal.

insistente *(agg)* *1* *(assillante)* eindringlich, dringlich. *2* *(continuo)* unaufhörlich.

insistenza *(f)* ~ Dringlichkeit *(f)*, Nachdruck *(m)*.

insistere *(vi)* *1* {~ *su/per qcs*} auf etwas *(Dat)* dringen* *(vi, hat)*. *2* {~ *in qcs*} auf/bei etwas *(Dat)* beharren *(vi, hat)*, bestehen* *(vi, hat)* ♦ *insiste (a dire) che* er besteht darauf, dass ♦ *insistere su un'opinione* auf/bei einer Meinung beharren.

insito *(agg)* ~ angeboren.

insoddisfacente *(agg)* ~ unbefriedigend.

insoddisfatto *(agg)* ~ unzufrieden ♦ *essere insoddisfatto di qcn/qcs* mit jmdm/etwas unzufrieden sein.

insoddisfazione *(f)* ~ Unzufriedenheit *(f)*.

insofferente *(agg)* ~ unduldsam.

insofferenza *(f)* ~ Unduldsamkeit *(f)*.

insolazione *(f)* ~ Sonnenstich *(m)* ♦ *prendere un'insolazione* einen Sonnenstich bekommen.

insolente *(agg)* ~ frech ♦ *una risposta insolente* eine freche Antwort.

insolenza *(f)* ~ Frechheit *(f)*.

insolito *(agg)* *1* *(strano, inconsueto)* ungewöhnlich, außergewöhnlich ♦ *arrivò con insolita puntualità* sie kam mit ungewohnter Pünktlichkeit ♦ *essere insolito per qcn* jmdm ungewöhnlich sein. *2* *(curioso, singolare)* sonderbar, seltsam ♦ *abitudini insolite* sonderbare Gewohnheiten ♦ *una sensazione insolita* ein seltsames Gefühl.

insolubile *(agg)* ~ unlösbar *(anche chim)*.

insoluto *(agg)* *1* *(dubbi)* ungelöst. *2* *(debiti, conti, ecc)* ungelöst, unbezahlt. *3* *(chim)* nicht gelöst.

insolvibile *(agg)* ~ zahlungsunfähig.

insomma[1] *(avv)* ~ *(in conclusione)* also, schließlich, somit.

insomma[2] *(interiez)* ~ *(allora, una buona volta)* so, also, endlich ♦ *insomma, ascoltami bene* so hör mir gut zu. ◆ **beh, insomma** na ja, tja.

insonne *(agg)* ~ schlaflos ♦ *una notte insonne* eine schlaflose Nacht.

insonnia *(f)* ~ Schlaflosigkeit *(f)*.

insonnolito *(agg)* ~ verschlafen.

insonorizzato *(agg)* ~ schalldicht.

insopportabile *(agg)* ~ unerträglich.

insorgenza *(f)* ~ Auftreten *(n)*, Ausbruch *(m)*.

insorgere *(vi)* *1* {~ *contro qcs*} gegen etwas auf|stehen* *(vi, ist)*. *2* *(dubbi, difficoltà)* auf|treten* *(vi, ist)*, entstehen* *(vi, ist)*.

insormontabile *(agg)* ~ unüberwindbar.

insorto *(m)* ~ Aufständische *(m)*.

insospettabile *(agg)* *1* unverdächtig. *2* *(inatteso)* unvermutet, ungeahnt.

insospettato *(agg)* ~ *(imprevisto)* ungeahnt.

insospettire *(vt)* ~ {~ *qcn*} jmds/bei jmdm Verdacht erregen *(vt)*.

insospettirsi *(vr)* ~ Verdacht schöpfen *(vt)*.

insostenibile *(agg)* ~ unhaltbar.

insostituibile *(agg)* ~ unersetzlich.

insperato *(agg)* ~ unverhofft.

inspiegabile *(agg)* ~ unerklärlich.
inspirare *(vt/vi)* ~ ein|atmen *(vi/vt*, hat*)*.
inspirazione *(f)* ~ Einatmung *(f)*.
instabile *(agg)* **1** instabil *(anche fis/chim)*. **2** *(incostante)* unbeständig. **3** *(volubile)* labil, haltlos.
instabilità *(f)* **1** Instabilität *(anche fis/chim)*. **2** *(di carattere)* Haltlosigkeit *(f)*. **3** *(volubilità)* Unbeständigkeit *(f)*.
installare *(vt)* ~ installieren *(vt)*, ein|bauen *(vt)*.
installarsi *(vr)* **1** *(stabilirsi)* sich nieder|lassen* *(vt)*. **2** *(burocr)* sein Amt ein|treten* *(vt)*.
installatore *(m; f* **-trice***)* ~ Installateur *(m; f* -in*)*.
installazione *(f)* ~ Installation *(f)*, Einbau *(m)*.
instancabile *(agg)* ~ unermüdlich.
instaurare *(vt)* **1** *(legami, rapporti)* her|stellen *(vt)*. **2** *(pol)* errichten *(vt)*.
insubordinazione *(f)* ~ Aufsässigkeit *(f)*.
insuccesso *(m)* ~ Misserfolg *(m)*.
insudiciare *(vt)* ~ beschmutzen *(vt)*, verschmutzen *(vt)*.
insudiciarsi *(vr)* ~ sich *(Acc)* schmutzig machen *(vr)*.
insufficiente *(agg)* **1** ungenügend. **2** *(voto scolastico)* ungenügend, mangelhaft.
insufficienza *(f)* **1** Mangel *(m)* ♦ *insufficienza di prove* Mangel an Beweisen. **2** *(voto scolastico)* Ungenügend *(n)*. **3** *(med)* Schwäche *(f)*, Insuffizienz *(f)* ♦ *insufficienza cardiaca* Herzinsuffizienz.
insulare *(agg)* ~ Insel-, insular.
insulso *(agg)* ~ abgeschmackt, schal.
insultare *(vt)* ~ {~ *qcn per qcs*} jmdn wegen etwas beleidigen *(vt)*, beschimpfen *(vt)*.
insulto *(m)* ~ Beschimpfung *(f)*.
insurrezione *(f)* ~ Aufstand *(m)* ♦ *provocare, reprimere una insurrezione* einen Aufstand anstiften, unterdrücken.
intaccare *(vt)* ~ *(risparmi, provviste)* an|greifen* *(vt)*, an|brechen* *(vt)*.
intagliare *(vt)* **1** *(legno)* schnitzen *(vt/vi*, hat*)*. **2** *(metallo)* stechen* *(vt)*. **3** *(pietra)* meißeln *(vt)*.
intagliatore *(m)* ~ Schnitzer *(m)*.
intangibile *(agg)* **1** unberührbar. **2** *(inviolabile)* unantastbar.
intanto *(avv)* **1** *(nel frattempo)* inzwischen, mittlerweile, unterdessen. **2** *(fino a quel momento)* bis dahin ♦ *aspetto con impazienza la tua lettera, intanto ti faccio tanti saluti* ich freue mich auf deinen Brief, bis dahin liebe Grüße. **3** *(avversativo)* aber, stattdessen, indessen. **4** *(conclusivo)* schließlich. ◆ **intanto che** während *(congiunz)*.
intarsiare *(vt)* ~ (in/mit) Holz ein|legen *(vt)*.
intarsio *(m)* ~ Einlegearbeit *(f)*.
intasamento *(m)* ~ Verstopfung *(f)*.
intasare *(vt)* ~ verstopfen *(vt)*.
intasarsi *(vr)* ~ sich verstopfen *(vr)*.
intascare *(vt)* ~ ein|stecken *(vt)*, ein|kassieren *(vt)*.
intatto *(agg)* **1** unversehrt, unberührt ♦ *rimanere intatto* unberührt bleiben. **2** *(immutato)* unverändert.
intavolare *(vt)* ~ *(discussioni, trattative)* an|knüpfen *(vt)*.
integerrimo *(agg)* ~ unbestechlich.
integrale[1] *(agg)* **1** ungekürzt, vollständig ♦ *versione integrale* ungekürzte Fassung. **2** *(di alimento)* Vollkorn- ♦ *farina integrale* Vollkornmehl *(n)* ♦ *pane integrale* Vollkornbrot *(n)*. **3** *(mat)* Integral- ♦ *calcolo integrale* Integralrechnung *(f)*.
integrale[2] *(m)* ~ *(mat)* Integral *(n)*.
integrante *(agg)* ~ essenziell, integrierend.
integrare *(vt)* **1** *(completare)* ergänzen *(vt)*. **2** *(inserire)* integrieren *(vt)*.
integrarsi *(vr)* **1** *(inserirsi)* sich integrieren. **2** *(completarsi)* sich ergänzen.
integrazione *(f)* **1** *(completamento)* Ergänzung *(f)* ♦ *integrazioni a un articolo* Ergänzungen zu einem Artikel. **2** *(inserimento)* Integration *(f)*.
integrità *(f)* **1** Vollständigkeit *(f)*. **2** *(onestà)* Integrität *(f)*.
integro *(agg)* **1** *(intero)* vollständig, unversehrt, ganz. **2** *(onesto)* unbestechlich.
intelaiatura *(f)* **1** Rahmen *(m)*. **2** *(edil)* Gerüst *(n)*. **3** *(fig)* Struktur *(f)*.
intelletto *(m)* ~ Verstand *(m)*.
intellettuale[1] *(agg)* **1** geistig, gedanklich. **2** *(colto)* intellektuell.
intellettuale[2] *(m/f)* ~ Intellektuelle *(m/f)*.
intellettualmente *(avv)* ~ geistig.
intelligente *(agg)* ~ klug*, intelligent.

intelligenza *(f)* ***1*** *(capacità di comprendere)* Klugheit *(f)*, Fassungsvermögen *(n)*. ***2*** *(intelletto, mente)* Verstand *(m)*.

intendere *(vt)* ***1*** *(capire)* verstehen* *(vt)*. ***2*** *(avere intenzione)* beabsichtigen *(vt)*, vor|haben *(vt)* ♦ *intendo andare in Germania per Natale* ich beabsichtige über Weihnachten nach Deutschland zu fahren. ***3*** *(fare riferimento)* {~ *qcn/qcs*} jmdn/etwas meinen *(vt)* ♦ *quale film intendi?* welchen Film meinst du? ***4*** *(voler dire)* {~ *qcs con qcs*} etwas mit etwas meinen *(vt)*, etwas unter etwas *(Dat)* verstehen* *(vt)* ♦ *cosa intendi con questo?* was meinst du damit?, was verstehst du darunter? ◆ **non intendere ragione** nicht hören wollen.

intendersi *(vr)* ***1*** *(essere esperto)* {~ *di qcs*} sich in etwas *(Dat)* (gut) aus|kennen* *(vr)* ♦ *intendersi di una materia* sich in einem Fach auskennen. ***2*** *(essere inteso)* sich verstehen* *(vr)* ♦ *il prezzo si intende a persona* der Preis versteht sich pro Person ♦ *si intende!* das versteht sich von selbst! ***3*** *(capirsi, mettersi d'accordo)* {~ *(con qcn)*} sich (mit jmdm) verständigen *(vr)*. ***4*** *(andare d'accordo)* {~ *(con qcn)*} sich (mit jmdm) verstehen *(vr)* ♦ *ci intendiamo a meraviglia* wir verstehen uns sehr gut.

intenditore *(m; f* **-trice***)* ~ Kenner *(m; f* -in*)*.

intenerire *(vt)* ***1*** weich machen *(vt)*. ***2*** *(fig)* erweichen *(vt)*.

intenerirsi *(vr)* ***1*** weich werden* *(vi*, ist*)*. ***2*** *(fig)* erweichen *(vi*, ist*)*.

intensificare *(vt)* ~ intensivieren *(vt)*, steigern *(vt)*.

intensificarsi *(vr)* ~ sich verstärken *(vr)*.

intensificazione *(f)* ~ Intensivierung *(f)*, Verstärkung *(f)*.

intensità *(f)* ***1*** *(forza)* Heftigkeit *(f)*. ***2*** *(di sentimenti e sim)* Tiefe *(f)*, Lebhaftigkeit *(f)*.

intensivo *(agg)* ~ Intensiv- ♦ *corso intensivo* Intensivkurs. ◆ **terapia intensiva** Intensivbehandlung *(f)*.

intenso *(agg)* ***1*** heftig, tief, stark ♦ *un dolore intenso* ein heftiger Schmerz ♦ *una pioggia intensa* ein heftiger Regen ♦ *una intensa passione* eine heftige Leidenschaft. ***2*** *(colore)* satt, lebhaft ♦ *colori intensi* lebhafte Farben.

intentato *(agg)* ~ **non lasciar niente di intentato** nichts unversucht lassen*.

intento[1] *(agg)* ~ {~ *a qcs*} mit etwas *(Dat)* beschäftigt.

intento[2] *(m)* ***1*** *(intenzione)* Absicht *(f)*. ***2*** *(fine, scopo)* Zweck *(m)*.

intenzionale *(agg)* ***1*** absichtlich. ***2*** *(dir)* vorsätzlich.

intenzionato *(agg)* ~ gesinnt ♦ *bene, male intenzionato verso qcn* jmdm gut, übel gesinnt.

intenzione *(f)* ***1*** Absicht *(f)*, Vorsatz *(m)* ♦ *una buona, cattiva intenzione* eine gute, böse Absicht ♦ *avere l'intenzione di fare qcs* die Absicht haben, etwas zu tun ♦ *non era mia intenzione fare questo* es war nicht meine Absicht, das zu tun ♦ *con l'intenzione di fare qcs* in/mit der Absicht, etwas zu tun. ***2*** *(progetto, programma, piano)* Vorhaben *(n)*. ◆ **avere intenzione** meinen *(vt)* ♦ *non avevo cattive intenzioni* es war nicht böse gemeint ♦ *avere buone intenzioni con qcn* es gut mit jmdm meinen. ◆ **avere intenzione** beabsichtigen *(vt)*, vor|haben *(vt)* ♦ *ho intenzione di andare in Germania per Natale* ich beabsichtige über Weihnachten nach Deutschland zu fahren.

interamente *(avv)* ~ vollständig.

intercalare[1] *(m)* ~ Füllwort *(n)*.

intercalare[2] *(vt)* ~ ein|schieben *(vt)*.

intercapedine *(f)* ~ Zwischenraum *(m)*.

intercedere *(vi)* ~ {~ *presso qcn per qcn/qcs*} sich bei jmdm für jmdn/etwas verwenden* *(vr)*.

intercessione *(f)* ~ Fürsprache *(f)*.

intercettare *(vt)* ***1*** ab|fangen* *(vt)*. ***2*** *(spec telefonate)* ab|hören *(vt)*. ***3*** *(ascoltare di nascosto)* ab|horchen *(vt)* ♦ *intercettare un dialogo* ein Gespräch abhorchen.

intercettazione *(f)* ***1*** Abfangen *(n)*. ***2*** *(telefonica)* Ab|hören *(n)*.

intercontinentale *(agg)* ~ interkontinental.

intercorrere *(vt)* ***1*** dazwischen|liegen* *(vi*, hat*)*. ***2*** *(esistere, esserci)* bestehen* *(vi*, hat*)*.

interdentale *(agg)* ~ **filo interdentale** Zahnseide *(f)*.

interdetto[1] *(agg)* ~ *(sconcertato)* sprachlos. ◆ **rimanere interdetto** stutzen *(vi*, hat*)*.

interdetto² *(agg)* ~ *(dir)* entmündigt.
interdire *(vt)* ***1*** *(proibire)* {~ *qcs a qcn*} jmdm etwas untersagen *(vt)*. ***2*** *(dir)* entmündigen.
interdizione *(f)* ***1*** Untersagung *(f)*, Verbot *(n)*. ***2*** *(dir)* Entmündigung *(f)*.
interessamento *(m)* ***1*** *(richiesta di notizie)* Nachfrage *(f)* ♦ *sto bene, grazie dell'interessamento* es geht mir gut, danke der Nachfrage. ***2*** *(intervento)* Bemühung *(f)*.
interessante *(agg)* ~ interessant.
interessare¹ *(vi)* ***1*** {~ *a qcn*} jmdn interessieren *(vt)*. ***2*** *(importare)* {~ *a qcn*} jmdn kümmern *(vt)* ♦ *questo non m'interessa* das kümmert mich nicht.
interessare² *(vt)* ***1*** interessieren *(vt)*, Interesse wecken *(vt)*. ***2*** *(riguardare)* betreffen *(vt)* ♦ *un problema che interessa tutti* ein Problem, das alle betrifft.
interessarsi *(vr)* ***1*** {~ *a qcs*} sich für etwas *(Acc)* interessieren *(vr)*.
interessato¹ *(agg)* ***1*** interessiert. ***2*** *(egoista)* eigennützig. ◆ **non interessato** *(indifferente)* desinteressiert.
interessato² *(m; f* **-a***)* ~ Beteiligte(r) *(m/f)*.
interesse *(m)* ***1*** *(partecipazione)* Anteil *(m)*, Anteilnahme *(f)*. ***2*** *(pl)* Belange *(pl)* ♦ *rappresentare gli interessi di qcn* jmds Belange vertreten. ***3*** *(econ) (spec pl)* Zins *(m)* ♦ *fruttare interessi* Zinsen bringen/tragen ♦ *prestare qcs a qcn a interesse* jmdm etwas auf Zinsen leihen. ◆ **tasso d'interesse** *(econ)* Zinsfuß *(m)*, Zinssatz *(m)*.
interezza *(f)* ~ Ganzheit *(f)*.
interferenza *(f)* ***1*** *(fis/ling)* Interferenz *(f)*. ***2*** *(fig)* Einmischung *(f)*.
interferire *(vi)* ***1*** *(fis)* interferieren *(vi*, hat*)*. ***2*** *(fig)* sich einmischen *(vr)*.
interiezione *(f)* ~ Ausrufewort *(n)*, Interjektion *(f)*.
interiora *(pl)* ***1*** Eingeweide *(n)*. ***2*** *(gastr)* Kaldaunen *(pl)*.
interiore *(agg)* ~ innerlich, Innen-.
interiormente *(avv)* ***1*** *(all'interno)* innen. ***2*** *(fig)* innerlich.
interlinea *(f)* ~ Zeilenabstand *(m)*.
interlocutore *(m; f* **-trice***)* ~ Gesprächspartner *(m; f* -in*)*.
intermediario *(m; f* **-a***)* ~ Vermittler *(m; f* -in*)*.
intermediazione *(f)* ~ Vermittlung *(f)*.
intermedio *(agg)* ~ Zwischen- ♦ *livello intermedio* Zwischenstufe.
intermezzo *(m)* ~ *(mus/teatr)* Zwischenspiel *(n) (anche fig)*.
interminabile *(agg)* ~ endlos.
intermittente *(agg)* ~ intermittierend.
internamente *(avv)* ~ innen, auf der Innenseite.
internazionale *(agg)* ~ international. ◆ **voli internazionali** Auslandsflüge *(pl)*.
interno¹ *(agg)* ***1*** inner, Innen- ♦ *ministro degli Interni* Innenminister ♦ *medicina interna* innere Medizin. ***2*** *(nazionale)* Binnen-, Inlands- ♦ *mercato interno* Binnenmarkt. ◆ **verso l'interno** einwärts ♦ *piegare qcs verso l'interno* etwas einwärts biegen.
interno² *(m)* ***1*** Innenraum *(m)*, Innenseite *(f)*. ***2*** *(telefono)* Durchwahl *(f)*.
intero *(agg)* ~ *(tutto)* ganz *(anche mat)* ♦ *numero intero* ganze Zahl. ◆ **per intero** völlig, ganz, gänzlich.
interpellare *(vt)* ***1*** *(domandare)* befragen *(vt)*. ***2*** *(consultare)* konsultieren *(vt)*, heran|ziehen* *(vt)*.
interporre *(vt)* ~ dazwischen|legen *(vt)*.
interporsi *(vr)* ~ dazwischen|treten *(vt)*, sich dazwischen|legen *(vt)*.
interposto *(agg)* ~ dazwischenliegend.
interpretare *(vt)* ***1*** deuten *(vt)*, aus|legen *(vt)* ♦ *interpretare qcs in modo sbagliato, giusto* etwas falsch, richtig deuten ♦ *interpretare un testo* einen Text auslegen. ***2*** *(teatr)* dar|stellen *(vt)*. ***3*** *(mus)* interpretieren *(vt)*.
interpretativo *(agg)* ~ *(teatr)* darstellerisch.
interpretazione *(f)* ***1*** *(spiegazione)* Deutung *(f)*, Auslegung *(f)* ♦ *l'interpretazione di un sogno* die Deutung eines Traums. ***2*** *(di spettacoli, brani musicali, ecc)* Darstellung *(f)*. ***3*** *(mus)* Interpretation *(f)*.
interprete *(m/f)* ***1*** Dolmetscher *(m; f* -in*)*. ***2*** *(teatr)* Darsteller *(m; f* -in*)*. ◆ **fare da interprete**, **lavorare come interprete** dolmetschen *(vi*, hat*)*.
interpunzione *(f)* ~ *(punteggiatura)* Zeichensetzung *(f)*. ◆ **segno d'interpunzione** Zeichen *(n)*, Satzzeichen *(n)*.
interrare *(vt)* ~ ein|graben* *(vt)*, versenken *(vt)*.

interrogare *(vt)* ***1*** befragen *(vt)*, aus|fragen *(vt)* ♦ *interrogare qcn su un fatto* jmdn über einen Vorfall befragen. ***2*** *(studenti e sim)* ab|fragen *(vt)*, prüfen *(vt)*. ***3*** *(dir)* vernehmen* *(vt)*, verhören *(vt)*.

interrogativamente *(avv)* ~ fragend.

interrogativo *(agg)* ~ fragend, Frage- ♦ *uno sguardo interrogativo* ein fragender Blick ♦ *frase interrogativa* Fragesatz *(m)* ♦ *parola interrogativa, pronome interrogativo* Fragewort *(n)* ♦ *punto interrogativo* Fragezeichen *(n)*. ◆ **con aria interrogativa** fragend *(avv)*.

interrogatorio *(m)* ~ Verhör *(n)*, Vernehmung *(f)* ♦ *sottoporre qcn a interrogatorio* jmdn ins Verhör nehmen.

interrogazione *(f)* ***1*** *(consultazione)* Befragung *(f)*. ***2*** *(scuola)* Abfragung *(f)*. ***3*** *(dir)* Verhör *(n)*.

interrompere *(vt)* ***1*** unterbrechen* *(vt)* ♦ *non mi interrompere continuamente!* unterbrich mich nicht ständig! ***2*** *(sospendere)* ab|brechen* *(vt)* ♦ *interrompere una relazione, un discorso* eine Beziehung, ein Gespräch abbrechen.

interrompersi *(vr)* ~ sich unterbrechen *(vr)*, ab|brechen *(vi, ist)*.

interrotto *(agg)* ~ unterbrochen.

interruttore *(m)* ~ Schalter *(m)* ♦ *interruttore della luce* Lichtschalter.

interruzione *(f)* ~ Unterbrechung *(f)*, Abbruch *(m)* ♦ *l'interruzione di una relazione, di un viaggio* der Abbruch einer Beziehung, einer Reise.

intersecare *(vt)* ***1*** schneiden* *(vt)*. ***2*** *(incrociare)* kreuzen *(vt)* ♦ *la strada interseca qui la ferrovia* die Straße kreuzt hier die Eisenbahn.

intersecarsi *(vr)* ***1*** sich schneiden* *(vr)*. ***2*** sich kreuzen *(vr)*.

intersezione *(f)* ***1*** *(geom)* Überschneidung *(f)*. ***2*** Schnittpunkt *(m)*.

interstizio *(m)* ~ Zwischenraum *(m)*.

interurbana *(f)* ~ Ferngespräch *(n)*.

interurbano *(agg)* ~ Fern- ♦ *trasporti interurbani* Fernverkehr *(m)*.

intervallo *(m)* ***1*** *(spazio)* Abstand *(m)*. ***2*** *(tempo)* Zeitspanne *(f)*, Zeitabstand *(m)*. ***3*** *(pausa)* Pause *(f)*. ◆ **a intervalli** periodisch *(avv)*.

intervenire *(vi)* ***1*** ein|greifen* *(vi, hat)* *(anche med)* ♦ *intervenire in una discussione* in eine Diskussion eingreifen. ***2*** *(partecipare)* teil|nehmen* *(vt)*. ***3*** *(sopraggiungere)* hinzu|kommen* *(vi, ist)*.

intervento *(m)* ***1*** Eingreifen *(n)*, Eingriff *(m)* *(anche mil)*. ***2*** *(partecipazione)* Teilnahme *(f)*. ***3*** *(relazione)* Vortrag *(m)*. ***4*** *(med)* Eingriff *(m)* ♦ *un intervento chirurgico* ein chirurgischer Eingriff.

intervista *(f)* ~ Befragung *(f)*, Interview *(n)*.

intervistare *(vt)* ~ interviewen *(vt)*, befragen *(vt)*.

intervistatore *(m; f* **-trice***)* ~ Interviewer *(m; f* -In*)*.

intesa *(f)* ***1*** *(accordo)* Einigung *(f)*, Einverständnis *(n)*. ***2*** *(pol)* Bündnis *(n)*.

inteso *(agg)* ***1*** *(finalizzato)* {~ *a qcs*} auf etwas *(Acc)* ausgerichtet. ***2*** *(concordato)* abgemacht. ◆ **intesi!** einverstanden!

intessere *(vr)* ~ verweben* *(vt)*.

intestardirsi *(vr)* ~ {~ *su qcs*} sich auf etwas *(Acc)* versteifen *(vt)*.

intestare *(vt)* ***1*** *(libro)* mit einer Überschrift versehen* *(vt)*; *(busta)* mit Namen versehen* *(vt)*. ***2*** *(dir)* überschreiben *(vt)*.

intestazione *(f)* ***1*** *(titolo)* Überschrift *(f)*; *(di lettera)* Briefkopf *(m)*; *(giornale)* Zeitungskopf *(m)*. ***2*** *(dir)* Überschreibung *(f)*.

intestino[1] *(agg)* ~ innere ♦ *discordie intestine* innere Zwistigkeiten. ◆ **guerra intestina** Bürgerkrieg.

intestino[2] *(m)* ~ Darm *(m)* ♦ *intestino retto* Mastdarm ♦ *intestino crasso* Dickdarm ♦ *intestino tenue* Dünndarm ♦ *intestino cieco* Blinddarm.

intimare *(vt)* ~ {~ *qcs a qcn*} jmdn zu etwas auf|fordern *(vt)* ♦ *intimare la resa a una città* eine Stadt zur Übergabe auffordern.

intimazione *(f)* ~ Aufforderung *(f)* ♦ *intimazione di pagamento* Zahlungsaufforderung.

intimidatorio *(agg)* ~ einschüchternd.

intimidazione *(f)* ~ Einschüchterung *(f)*.

intimidire *(vt)* ~ ein|schüchtern *(vt)*.

intimidirsi *(vr)* ~ schüchtern werden* *(vi, ist)*.

intimità *(f)* ~ Vertrautheit *(f)*, Intimität *(f)*.

intimo[1] *(agg)* ***1*** *(familiare)* vertraut, eng ♦ *un amico intimo* ein vertrauter Freund.

2 (atmosfera e sim) gemütlich. ***3*** *(interiore)* tief, innerste.

intimo² *(m)* ***1*** *(parte interna)* Innerste *(n)*. ***2*** *(profondo)* Tiefe *(f)*. ***3*** *(biancheria)* Unterwäsche *(f)*.

intimorire *(vt)* ~ ein|schüchtern *(vt)*, ab|schrecken *(vt)* ♦ *non mi lascio intimorire da niente* ich lasse mich durch nichts abschrecken.

intimorirsi *(vr)* ~ sich ängstigen *(vr)*, Angst bekommen* *(vt)*.

intingere *(vt)* ***1*** ein|tauchen *(vt)*. ***2*** *(inzuppare in salsa e sim)* tunken *(vt)*.

intingolo *(m)* ~ *(salsa)* Tunke *(f)*.

intirizzire *(vt)* ~ starr machen *(vt)*.

intirizzirsi *(vr)* ~ erstarren *(vi, ist)*, durch|frieren* *(vi, ist)*.

intirizzito *(agg)* ~ starr, klamm.

intitolare *(vt)* ***1*** *(dare un titolo)* überschreiben *(vt)*. ***2*** *(chiamare, denominare)* benennen* *(vt)* ♦ *la strada fu intitolata a uno scrittore famoso* die Straße wurde nach einem berühmten Schriftsteller benannt.

intitolarsi *(vr)* ~ betitelt sein* *(vi, ist)*, den Titel haben *(vt)*.

intollerabile *(agg)* ~ untragbar.

intollerante *(agg)* ~ intolerant.

intolleranza *(f)* ~ Intoleranz *(f)*.

intonacare *(vt)* ~ verputzen *(vt)*.

intonaco *(m)* ~ Putz *(m)*.

intonare *(vt)* ***1*** *(mus)* an|stimmen *(vt)*. ***2*** *(fig)* ab|stimmen *(vt)*.

intonarsi *(vr)* ~ überein|stimmen *(vi, hat)*.

intonazione *(f)* ***1*** *(di voce)* Anstimmen *(n)*. ***2*** *(di strumento)* Stimmen *(n)*. ***3*** *(fig)* Einklang *(m)*.

intontire *(vt)* ~ betäuben *(vt)*.

intontito *(agg)* ~ betäubt.

intoppo *(m)* ~ Hindernis *(n)*.

intorbidimento *(m)* ~ Trübung *(f)*.

intorbidire *(vt)* ~ trüben *(vt)*.

intorno *(avv)* ***1*** *(luogo)* umher, herum *(anche come pref di verbi)*, um... herum ♦ *intorno alla casa* um das Haus herum ♦ *guardarsi intorno* herum|blicken. ***2*** *(tutto intorno)* ringsherum, rundherum, rundum ♦ *non riuscivo a vedere niente tutto intorno* ich konnte ringsherum nichts sehen. ***3*** *(tempo)* herum, zirka, ungefähr. ***4*** *(argomento)* über *(+ Acc)*, an *(+ Dat)*. ◆ **intorno a** um, rund um, um... herum.

intorpidire *(vt)* ~ gefühllos machen *(vt)*.

intorpidirsi *(vr)* ***1*** *(membra)* gefühllos werden* *(vi, ist)*. ***2*** *(intontirsi)* stumpf werden* *(vi, ist)*.

intorpidito *(agg)* ***1*** *(membra)* gefühllos, taub. ***2*** *(intontito)* dumpf.

intossicare *(vt)* ~ vergiften *(vt)*.

intossicarsi *(vr)* ~ sich vergiften *(vr)*.

intossicazione *(f)* ~ Vergiftung *(f)*.

intralciare *(vt)* ~ behindern *(vt)*, hemmen *(vt)*.

intralcio *(m)* ~ Behinderung *(f)*, Hindernis *(n)*. ◆ **di intralcio** hinderlich *(agg)*.

intransigente *(agg)* ~ unnachgiebig.

intransigenza *(f)* ~ Unnachgiebigkeit *(f)*.

intransitivo *(agg)* ~ intransitiv.

intrappolare *(vt)* ***1*** *(prendere in trappola)* in einer Falle fangen* *(vt)*. ***2*** *(bloccare)* blockieren *(vt)*.

intraprendente *(agg)* ~ unternehmungslustig.

intraprendenza *(f)* ~ Unternehmungslust *(f)*.

intraprendere *(vt)* ***1*** unternehmen* *(vt)* ♦ *intraprendere un viaggio* eine Reise unternehmen. ***2*** *(professione)* ergreifen* *(vt)*.

intrattabile *(agg)* ~ unverträglich.

intrattenere *(vt)* ***1*** *(relazioni; ospiti)* unterhalten* *(vt)* ♦ *intrattenere gli ospiti* die Gäste unterhalten.

intrattenersi *(vr)* ~ {~ *(con qcn)*} sich (mit jmdm) unterhalten *(vr)*.

intrattenimento *(m)* ~ Unterhaltung *(f)*.

intrattenitore *(m; f* **-trice***)* ~ Gesellschafter *(m; f* -in*)*.

intravedere *(vt)* ***1*** undeutlich erkennen* *(vt)*. ***2*** *(fig)* ahnen *(vt)*.

intrecciare *(vt)* ***1*** flechten* *(vt)*, ein|flechten* *(vt)* ♦ *intrecciare una cesta* einen Korb flechten ♦ *intrecciare i capelli* das Haar zu einem Zopf flechten. ***3*** *(relazioni)* anknüpfen *(vt)*.

intrecciarsi *(vr)* ***1*** sich verwickeln *(vr)*. ***2*** *(fig)* sich verflechten* *(vr)*.

intreccio *(m)* ***1*** Geflecht *(n)*. ***2*** *(trama)* Handlung *(f)*.

intrepido *(agg)* ~ furchtlos.

intricare *(vt)* ~ verwirren *(vt)*.

intricarsi *(vr)* ~ sich verwickeln *(vr)*.

intricato *(agg)* ~ verwickelt.
intrico *(m)* ***1*** Gewirr *(n)* *(anche fig)*, Verwick(e)lung *(f)*.
intrigante *(agg)* ***1*** intrigant. ***2*** *(interessante)* faszinierend.
intrigo *(m)* ~ Intrige *(f)*.
intrinseco *(agg)* ~ innewohnend.
intriso *(agg)* ~ durchnässt, durchtränkt.
intristire *(vi)* ~ traurig werden* *(vi*, ist*)*.
introdurre *(vt)* ***1*** *(infilare)* ein|führen *(vt)*, ein|stecken *(vt)*. ***2*** *(far entrare)* ein|lassen* *(vt)*. ***3*** *(in società)* ein|führen *(vt)*. ***4*** *(avviare un argomento)* ein|leiten *(vt)*.
introdursi *(vr)* ~ sich einschleichen *(vr)*.
introduttivo *(agg)* ~ einleitend.
introduzione *(f)* ***1*** Einführung *(f)*. ***2*** *(prefazione)* Einleitung *(f)*. ***3*** *(a un lavoro)* Einweisung *(f)*.
introito *(m)* ~ Einnahme *(f)*.
intromettersi *(vr)* ~ {~ *in qcs*} sich in etwas *(Acc)* ein|mischen.
intromissione *(f)* ~ Einmischung *(f)*, Eingriff *(m)*.
introspezione *(f)* ~ Selbstbeobachtung *(f)*.
intrufolarsi *(vr)* ~ sich ein|schleichen* *(vr)*.
intruglio *(m)* ~ Gemisch *(n)*, Mischmasch *(m)*.
intrusione *(f)* ~ Einmischung *(f)*, Eindringen *(n)*.
intruso *(m)* ~ Eindringling *(m)*.
intuire *(vt)* ~ ahnen *(vt)* ◆ *intuire la verità* die Wahrheit ahnen.
intuito *(m)* ~ Intuition *(f)*.
inumidire *(vt)* ~ befeuchten *(vt)*.
inumidirsi *(vr)* ~ feucht werden* *(vi*, ist*)*.
inutile *(agg)* ***1*** nutzlos, unnütz ◆ *roba inutile* unnützes Zeug. ***2*** *(vano)* sinnlos, vergeblich, umsonst ◆ *è stato tutto invano* es war alles umsonst.
inutilità *(f)* ***1*** Nutzlosigkeit *(f)*. ***2*** *(vanità)* Vergeblichkeit *(f)*.
inutilizzabile *(agg)* ~ unbenutztbar, unbrauchbar.
invadente *(agg)* ~ *(insistente)* aufdringlich.
invadenza *(f)* ~ Aufdringlichkeit *(f)*.
invadere *(vt)* ***1*** *(mil)* {~ *qcs*} in etwas *(Acc)* ein|fallen* *(vi*, ist*)*. ***2*** *(fig)* sich verbreiten *(vr)*. ***3*** *(intromettersi)* sich ein|mischen *(vr)*.
invaghirsi *(vr)* ~ {~ *di qcn*} sich in jmdn *(Acc)* verknallen *(vr)*.
invalidità *(f)* ***1*** Invalidität *(f)*. ***2*** *(dir)* Rechtsungültigkeit.
invalido *(m; f* **-a***)* ***1*** Invalide *(m; f* -in*)*, Körperbehinderte(r) *(m/f)*. ***2*** *(di guerra)* Kriegsbeschädigte(r) *(m/f)*, Kriegsinvalide *(m; f* -din*)*.
invano *(agg)* ~ umsonst, vergeblich.
invariabile *(agg)* ~ unveränderlich *(anche mat)*.
invariato *(agg)* ~ unverändert.
invasato *(agg)* ~ *(esaltato)* besessen.
invasione *(f)* ~ Einfall *(m)*.
invasore[1] *(agg)* ~ einfallend, eindringend.
invasore[2] *(m)* ~ Eindringling *(m)*.
invecchiare[1] *(vi)* ***1*** *(persona)* alt werden* *(vi*, ist*)*, altern *(vi*, ist*)*. ***2*** *(stagionare)* ab|lagern *(vi*, hat*)*; *(vino)* lagern *(vi*, hat*)*.
invecchiare[2] *(vt)* ~ *(far stagionare)* ab|lagern lassen* *(vt)*.
invece *(avv)* ~ jedoch, dagegen, stattdessen. ◆ **invece che** statt dass, anstatt zu *(congiunz)* ◆ *ascolta la musica, invece che lavorare* er hört Musik, anstatt zu arbeite. ◆ **invece di** statt *(prep* + Gen*)*, anstelle *(prep* + Gen*)*, anstatt *(prep* + Gen*)* ◆ *invece di suo fratello* anstatt seines Bruders.
inveire *(vi)* ~ {~ *(contro qcn/qcs)*} (auf jmdn/etwas) schimpfen *(vi*, hat*)*.
inventare *(vt)* ~ erfinden* *(vt)*, erdenken* *(vt)* ◆ *inventare una scusa* eine Ausrede erfinden.
inventario *(m)* ~ Bestandsaufnahme *(f)*.
inventiva *(f)* ~ Erfindungsgabe *(f)*. ◆ **pieno d'inventiva** einfallsreich.
inventore *(m; f* **-trice***)* ~ Erfinder *(m; f* -in*)*.
invenzione *(f)* ~ Erfindung *(f)*.
invernale *(agg)* ~ winterlich, Winter- ◆ *sport invernale* Wintersport *(m)*.
inverno *(m)* ~ Winter ◆ *d'inverno* im Winter.
inverosimile *(agg)* ~ unwahrscheinlich.
inversione *(f)* ***1*** *(di marcia)* Umkehr *(f)*. ***2*** *(gramm/chim/fis)* Inversion *(f)*.
inverso *(agg)* ~ umgekehrt ◆ *in ordine inverso* in umgekehrter Reihenfolge ◆ *è esattamente l'inverso* es ist genau umgekehrt.

invertebrato *(m)* ~ *(zool) (pl)* niedere Tiere.
invertire *(vi)* ***1*** *(la marcia)* um|kehren *(vi, ist)*. ***2*** *(scambiare)* vertauschen *(vt)*.
investigare[1] *(vi)* ***1*** {~ *su qcs*} etwas *(Dat)* nachforschen *(vi*, hat*)*. ***2*** *(polizia)* ermitteln *(vi*, hat*)*.
investigare[2] *(vt)* ***1*** *(studiare)* erforschen *(vt)*. ***2*** *(indagare)* untersuchen *(vt)*.
investigazione *(f)* ***1*** Untersuchung *(f)*. ***2*** *(di polizia)* Fahndung *(f)*.
investimento *(m)* ***1*** *(econ)* Investition *(f)* ♦ *investimento sbagliato* Fehlinvestition *(f)*. ***2*** *(collisione)* Anfahren *(n)*. ◆ **investimento di capitale** Kapitalanlage *(f)*. ◆ **investimento finanziario** Geldanlage *(f)*.
investire *(vt)* ***1*** überfahren* *(vt)*, an|fahren* *(vt)* ♦ *è stato investito da un'auto* er wurde von einem Auto überfahren. ***2*** überfallen* *(vt)* ♦ *investire qcn con domande* jmdn mit Fragen überfallen. ***3*** *(di cariche e sim)* {~ *qcn di qcs*} jmdn mit etwas bekleiden *(vt)*. ***4*** *(denaro)* an|legen *(vt)*, platzieren *(vt)*.
inveterato *(agg)* ~ hartgesotten.
invettiva *(f)* ~ Ausfall *(m)*.
inviare *(vt)* ~ schicken *(vt)*, senden**(vt)* ♦ *inviare biglietti di Natale* Weihnachtskarten verschicken.
inviato *(m; f* **-a***)* ***1*** *(giornalista)* Korrespondent *(m; f* -in*)*. ***2*** *(diplomatico)* Abgesandte(r) *(m/f)*.
invidia *(f)* ~ Neid *(m)* Missgunst *(f)*.
invidiabile *(agg)* ~ beneidenswert.
invidiare *(vt)* ~ {~ *qcs a qcn*, ~ *qcn per qcs*} jmdn um etwas beneiden *(vt)* ♦ *gli invidia il suo successo* er beneidet ihn um seinen Erfolg.
invidioso *(agg)* ~ neidisch, missgünstig ♦ *essere invidioso di qcn/qcs* auf jmdn/etwas neidisch sein.
invincibile *(agg)* ~ unbesiegbar.
invio *(m)* ~ Einsendung *(f)*, Sendung *(f)*. ***2*** *(l'oggetto inviato)* Sendung *(f)*. ***3*** *(elab) (tasto)* Eingebetaste *(f)*.
inviolabile *(agg)* ~ unantastbar, unverletzlich ♦ *la dignità dell'uomo è inviolabile* die Würde des Menschen ist unantastbar.
invisibile *(agg)* ~ unsichtbar.
invitante *(agg)* ~ einladend.
invitare *(vt)* ***1*** ein|laden* *(vt)* ♦ *invitare qcn a pranzo, al cinema* jmdn zum Essen, ins Kino einladen ♦ *oggi sono invitato/a a casa di parenti* heute bin ich bei Verwandten eingeladen. ***2*** *(esortare)* auf|fordern *(vt)* ♦ *invitare qcn a partecipare* jmdn zur Teilnahme auffordern/jmdn auffordern teilzunehmen.
invitato *(m; f* **-a***)* ~ Eingeladene *(m/f)*.
invito *(m)* ***1*** Einladung *(f)* ♦ *ricevere, rifiutare, accettare un invito* eine Einladung bekommen, ablehnen, annehmen. ***2*** *(esortazione)* Aufforderung *(f)*. ◆ **biglietto d'invito** Einladungskarte *(f)*.
invocare *(vt)* ***1*** *(chiamare, chiedere)* an|rufen* *(vt)* ♦ *invocare Dio* Gott anrufen. ***2*** *(richiedere)* fordern *(vt)*.
invogliare *(vt)* ~ an|regen *(vt)*.
involontario *(agg)* ~ unabsichtlich.
involtino *(m)* ~ Roulade *(f)*.
involucro *(m)* ~ Hülle *(f)*, Packung *(f)*.
invulnerabile *(agg)* ~ unverwundbar, unverletzbar.
inzuppare *(vt)* ***1*** *(intingere)* tunken *(vt)*. ***2*** *(impregnare)* durchtränken *(vt)*.
inzupparsi *(vr)* ~ sich voll saugen* *(vr)*.
inzuppato *(agg)* ~ durchnässt, tropfnass.
io[1] *(pron pers)* ~ ich ♦ *anch'io* ich auch ♦ *neanch'io* ich auch nicht.
io[2] *(m)* ~ *(sé, animo)* Ich *(n)*, Selbst *(n)*.
iodio *(m)* ~ Jod *(n)*. ◆ **tintura di iodio** Jodtinktur *(f)*.
ione *(m)* ~ Ion *(n)*.
iosa ~ **a iosa** in Hülle und Fülle.
iperattivo *(agg)* ~ hektisch.
iperbole *(f)* ~ Hyperbel *(f)*.
iperbolico *(agg)* ~ hyperbolisch.
ipercalorico *(agg)* ~ kalorienreich.
ipersensibile *(agg)* ~ überempfindlich.
ipertensione *(f)* ~ Bluthochdruck *(m)*.
ipnosi *(f)* ~ Hypnose *(f)*.
ipnotico *(agg)* ~ hypnotisch.
ipnotizzare *(vt)* ~ hypnotisieren *(vt)*.
ipocalorico *(agg)* ~ kalorienarm.
ipocrisia *(f)* ~ Heuchelei *(f)*.
ipocrita[1] *(agg)* ~ heuchlerisch. ◆ **essere ipocrita** heucheln *(vi*, hat*)*.
ipocrita[2] *(m/f)* ~ Heuchler *(m; f* -in*)*.
ipoteca *(f)* ~ Hypothek *(f)* ♦ *mettere un'ipoteca su una casa* eine Hypothek auf ein Haus aufnehmen.
ipotecare *(vt)* ~ mit einer Hypothek belasten *(vt)*.

ipotesi *(f)* ~ Hypothese *(f)*, Vermutung *(f)* ♦ *fare un'ipotesi* eine Hypothese aufstellen.
ipotizzare *(vt)* ~ an|nehmen* *(vt)*, vermuten *(vt)* ♦ *ipotizziamo che sia così* nehmen wir an, dass es so sei ♦ *ipotizzando che* angenommen, dass.
ippica *(f)* ~ Pferdesport *(m)*, Reitsport *(m)*.
ippico *(agg)* ~ Reit-, Pferde- ♦ *concorso ippico* Reitturnier.
ippocampo *(m)* ~ Seepferdchen *(n)*.
ippocastano *(m)* ~ Rosskastanie *(f)*.
ippodromo *(m)* ~ Pferderennbahn *(f)*.
ippopotamo *(m)* ~ Flusspferd *(n)*.
ira *(f)* ~ Zorn *(m)*. ◆ **scatto d'ira** Zornesausbruch *(m)*.
iracondia *(f)* ~ Jähzorn *(f)*.
irascibile *(agg)* ~ jähzornig, heftig.
irascibilità *(f)* ~ Reizbarkeit *(f)*.
iride *(f)* ***1*** *(anat)* Iris *(f)*. ***2*** *(arcobaleno)* Regenbogen *(m)*.
iridescente *(agg)* ~ schillernd.
iris *(m)* ~ *(giaggiolo)* Schwertlilie *(f)*.
ironia *(f)* ~ Ironie *(f)*.
ironico *(agg)* ~ ironisch.
irradiare *(vt)* ~ aus|strahlen *(vt)* ♦ *irradiare calore* Wärme ausstrahlen ♦ *il suo volto irradiava gioia* ihr Gesicht strahlte Freude aus.
irradiarsi *(vr)* ~ aus|strahlen *(vi, ist)*.
irradiazione *(f)* ~ Ausstrahlung *(f)*, Strahlung *(f)*.
irraggiungibile *(agg)* ~ unerreichbar.
irragionevole *(agg)* ~ unvernünftig.
irreale *(agg)* ~ unwirklich.
irrealizzabile *(agg)* ***1*** undurchführbar. ***2*** *(desiderio e sim)* unerfüllbar.
irrecuperabile *(agg)* ***1*** unwiederbringlich. ***2*** *(persona)* unrettbar.
irrefrenabile *(agg)* ~ unbändig.
irregolare ***1*** unregelmäßig *(anche gramm)*. ***2*** *(procedure)* regelwidrig. ***3*** *(non uniforme)* uneben, holprig.
irregolarità *(f)* ***1*** Unregelmäßigkeit *(f)*. ***2*** Regelwidrigkeit *(f)*.
irremovibile *(agg)* ~ unerschütterlich.
irreparabile *(agg)* ~ unersetzlich, nicht wieder gutzumachen.
irreprensibile *(agg)* ~ untadelig, tadellos.
irrequietezza *(f)* ~ Ruhelosigkeit *(f)*, Unrast *(f)*.
irrequieto *(agg)* ~ unruhig, rastlos.
irresistibile *(agg)* ~ unwiderstehlich.
irresoluto *(agg)* ~ unentschlossen.
irresponsabile *(agg)* ~ unverantwortlich, verantwortungslos.
irretire *(vt)* ~ ein|wickeln *(vt)*.
irreversibile *(agg)* ~ nicht umkehrbar.
irrevocabile *(agg)* ~ unwiderruflich.
irriconoscibile *(agg)* ~ unerkennbar, nicht wieder zu erkennen.
irriducibile *(agg)* ***1*** nicht herabsetzbar. ***2*** *(mat)* unkürzbar. ***3*** *(tenace)* unbeugsam.
irrigare *(vt)* ~ bewässern *(vt)*.
irrigatore *(m)* ~ Sprenger *(m)*.
irrigazione *(f)* ~ Bewässerung *(f)*.
irrigidimento *(m)* ~ Versteifung *(f)* *(anche fig)*.
irrigidirsi *(vr)* ~ sich versteifen *(vr)*, erstarren *(vi, ist)*.
irrigidito *(agg)* ~ starr.
irriguardoso *(agg)* ~ rücksichtslos.
irrilevante *(agg)* ~ unerheblich, unwichtig.
irrimediabile *(agg)* ~ nicht wieder gutzumachen.
irrimediabilmente *(avv)* ~ rettungslos.
irrinunciabile *(agg)* ~ unverzichtbar.
irripetibile *(agg)* ***1*** unwiederholbar. ***2*** *(unico)* einzigartig.
irrisolto *(agg)* ***1*** ungelöst. ***2*** *(fig)* offen ♦ *rimanere irrisolto* offen bleiben.
irrisorio *(agg)* ~ lächerlich.
irrispettoso *(agg)* ~ respektlos.
irritabile *(agg)* ***1*** erregbar. ***2*** *(pelle)* empfindlich.
irritante *(agg)* ***1*** irritierend. ***2*** *(med)* reizend. ***3*** *(fastidioso)* beißend.
irritare *(vt)* ~ reizen *(vt)*, irritieren *(vt)*.
irritarsi *(vr)* ***1*** {~ *con qcn/per qcs*} sich über jmdn/etwas erregen. ***2*** *(med)* gereizt werden* *(vi, ist)*.
irritato *(agg)* ~ gereizt *(anche med)*.
irritazione *(f)* ***1*** *(malumore)* Erregung *(f)*. ***2*** *(med)* Reizung *(f)*.
irriverente *(agg)* ~ respektlos.
irrobustire *(vt)* ~ stärken *(vt)*, verstärken *(vt)*.
irrobustirsi *(vr)* ~ erstarken *(vi, ist)*.
irrompere *(vi)* ~ ein|dringen* *(vi, ist)*.
irruente, **irruento** *(agg)* ~ ungestüm, heftig.

irruzione *(f)* ~ Eindingen *(n)*, Einbruch *(m)*.
iscritto[1] *(agg)* ~ eingeschrieben, eingetragen. ◆ **per iscritto** schriftlich.
iscritto[2] *(m)* ~ Eingeschriebene *(m)*, Mitglied *(m)*.
iscrivere *(vt)* **1** *(inserire)* ein|tragen* *(vt)*, ein|schreiben* *(vt)* ◆ *iscrivere qcn in una lista* jmdn in eine Liste einschreiben. **2** *(scuola, corsi e sim)* an|melden *(vt)* ◆ *iscrivere un bambino a scuola* ein Kind in der/zur Schule anmelden .
iscriversi *(vr)* **1** sich ein|tragen* *(vr)*. **2** *(scuola, corsi e sim)* sich an|melden *(vr)* ◆ *iscriversi a un corso* sich zu einem Kurs anmelden.
iscrizione *(f)* ~ Eintragung *(f)*; Anmeldung *(f)*.
Islam *(np m)* ~ Islam *(m)*.
islamico *(agg)* ~ islamisch.
isola *(f)* ~ Insel *(f)*. ◆ **isola pedonale** Fußgängerzone *(f)*.
isolamento *(m)* **1** Absonderung *(f)*. **2** *(tecn)* Isolierung *(f)*.
isolano[1] *(agg)* ~ insular, Insel-.
isolano[2] *(m; f* **-a***)* ~ Inselbewohner *(m; f* -in*)*.
isolante *(agg)* ~ isolierend, Isolier- ◆ *materiale isolante* Isoliermaterial *(n)*.
isolare *(vt)* **1** ab|sondern *(vt)*; isolieren *(vt) (anche tecn)* ◆ *isolare i malati* Kranke absondern.
isolarsi *(vr)* ~ sich ab|sondern *(vr)*, sich isolieren *(vr)*.
isolato[1] *(agg)* **1** *(luogo)* abgelegen; isoliert *(anche tecn)*. **2** *(sporadico)* vereinzelt, Einzel- ◆ *fenomeno isolato* Einzelerscheinung *(f)*.
isolato[2] *(m)* ~ Häuserblock *(m)*.
ispanoamericano *(agg)* ~ lateinamerikanisch.
ispettorato *(m)* ~ Aufsichtsamt *(n)* ◆ *ispettorato del lavoro* Gewerbeaufsichtsamt.
ispettore *(m)* ~ Inspektor *(m)*.
ispezionare *(vt)* ~ kontrollieren *(vt)*, überprüfen *(vt)* ◆ *ispezionare i passaporti* die Pässe kontrollieren.
ispezione *(f)* ~ Kontrolle *(f)*, Inspektion *(f)*.
ispido *(agg)* **1** borstig, struppig. **2** *(pungente)* stachelig ◆ *una barba ispida* ein stacheliger Bart. **3** *(tessuti e sim)* pelzig.
ispirare *(vt)* **1** *(suscitare)* ein|flößen *(vt)*, erwecken *(vt)*. **2** *(arte)* inspirieren *(vt)*.
ispirarsi *(vr)* ~ {~ *a qcs*} *(modelli, teorie, ecc)* sich (an jmdn/etwas) an|lehnen *(vr)*.
ispirazione *(f)* ~ Eingebung *(f)*, Inspiration *(f)*.
israelita *(m/f)* ~ Hebräer *(m; f* -in*)*.
issa *(interiez)* ~ **oh, issa!** hau ruck!
issare *(vt)* ~ *(bandiera)* hissen *(vt)*.
istantanea *(f)* ~ *(fotogr)* Momentbild *(n)*.
istantaneo *(agg)* ~ augenblicklich, sofortig.
istante *(m)* ~ Augenblick *(m)* ◆ *un istante, per favore!* einen (kleinen) Augenblick, bitte! ◆ *nello stesso istante* in einem/im selben Augenblick ◆ *all'istante* im Augenblick. ◆ **in un istante** im Nu.
istanza *(f)* **1** Antrag *(m)* ◆ *presentare un'istanza* einen Antrag einreichen. **2** *(dir)* Instanz *(f)*.
isteria *(f)* ~ Hysterie *(f)*.
isterico[1] *(agg)* ~ hysterisch.
isterico[2] *(m; f* **-a***)* ~ Hysteriker *(m; f* -in*)*.
istigare *(vt)* **1** {~ *a qcs*} zu etwas an|stiften *(vt)*, verleiten *(vt)*, hetzen *(vi, hat)*.
istigatore *(m; f* **-trice***)* ~ Anstifter *(m; f* -in*)*, Hetzer *(m; f* -in*)*.
istigazione *(f)* ~ Anstiftung *(f)*, Verleitung *(f)*.
istintivo *(agg)* ~ instinktiv.
istinto *(m)* **1** Instinkt *(m)*. **2** *(impulso)* Trieb *(m)* ◆ *controllare i propri istinti* seine Triebe beherrschen.
istituire *(vt)* **1** *(fondare e finanziare)* stiften *(vt)*, gründen *(vt)* ◆ *istituire un premio* einen Preis stiften. **2** *(dir)* ein|setzen *(vt)*.
istituto *(m)* **1** Institut *(n)* ◆ *istituto finanziario* Geldinstitut ◆ *istituto di ricerca* Forschungsinstitut. **2** *(spec di cura)* Anstalt *(f)*. ◆ **istituto tecnico** Fachhochschule *(f)*.
istituzione *(f)* **1** *(di premi e sim)* Gründung *(f)*, Einrichtung *(f)*. **2** *(ente)* Einrichtung *(f)*. **3** *(fondazione)* Stiftung *(f)*. ◆ **istruzioni per l'uso** Gebrauchsanweisung *(f)*.
istmo *(m)* ~ Isthmus *(m)*.
istrice *(m)* ~ Stachelschwein *(n)*.
istrione *(m)* ~ Komödiant *(m)*.
istruire *(vt)* **1** {~ *qcn su qcs*} jmdn über etwas *(Acc)* belehren *(vt)*, aus|bilden

(vt). **2** *(dare istruzioni)* an|weisen* *(vi, hat)*. **3** *(dir)* ein|leiten *(vt)*.
istruirsi *(vr)* ~ sich aus|bilden *(vr)*, sich bilden *(vr)*.
istruito *(agg)* ~ gebildet.
istruttivo *(agg)* ~ lehrreich.
istruttore *(m; f* **-trice***)* ~ Lehrer *(m; f* -in*)*, Ausbilder *(m; f* -in*)* ♦ *istruttore di guida* Fahrlehrer.
istruttoria *(f)* ~ Ermittlungsverfahren *(n)*, Ermittlung *(f)* ♦ *fare, svolgere un'istruttoria* Ermittlungen anstellen, durchführen.
istruzione *(f)* **1** Bildungswesen *(n)*. **2** *(cultura)* Ausbildung *(f)*. **3** *(formazione scolastica)* Schulbildung *(f)*. **4** *(spiegazioni)* Anweisung *(f)*, Anleitung *(f)* ♦ *istruzioni per l'uso* Bedienungsanleitung. ◆ **pubblica istruzione** Erziehungswesen *(n)*.
itinerario *(m)* ~ Route *(f)*, Weg *(m)*.
itterizia *(f)* ~ Gelbsucht *(f)*.
ittico *(agg)* ~ Fisch- ♦ *mercato ittico* Fischmarkt *(m)* ♦ *fauna ittica* Fischwelt *(m)*.
iuta *(f)* ~ Jute *(f)*.
IVA *(f)* ~ *(imposta sul valore aggiunto)* Mehrwertsteuer *(f)* *(abbrev* MwSt, Mw-St*)*.

jack *(m)* ~ *(nelle carte)* Bube *(m)*.
jazz *(m)* ~ Jazz *(m)*.
jeans *(m pl)* ~ Jeans *(pl)*.
jeep *(f)* ~ Jeep *(m)*.
jet *(m)* ~ Jet *(m)*.
jogging *(m)* ~ Jogging *(n)*. ◆ **fare jogging** joggen *(vi*, ist/hat*)*.
jolly *(m)* ~ Joker *(m)* ♦ *pescare il jolly (anche fig)* den Joker (gezogen) haben.
joule *(m)* ~ *(fis)* Joule *(n)*.
judo *(m)* ~ *(sport)* Judo *(n)*.
jukebox *(m)* ~ Jukebox *(f)*, Musikbox *(f)*.
jumbo *(m)* ~ Jumbo(jet) *(m)*.
junior[1] *(agg invar)* ~ junior.
junior[2] *(m)* ~ Junior *(m; f* -in*)*.
juta *(f)* ~ Jute *(f)*.
kamikaze *(m)* ~ Kamikazeflieger *(m)*.
karaoke *(m)* ~ Karaoke *(n)*.
karate *(m)* ~ Karate *(n)*.
kayak *(m)* ~ Kajak *(m)*.
ketchup *(m)* ~ Ketschup *(m/n)*.
keyword *(f)* ~ Schlüsselwort *(n)*.
kit *(m)* **1** *(insieme di pezzi)* Satz *(m)*. **2** *(astuccio)* Set *(n)* ♦ *kit di pronto soccorso* Erste-Hilfe-Set.
kitsch[1] *(agg)* ~ kitschig.
kitsch[2] *(m)* ~ Kitsch *(m)*.
kiwi *(m)* ~ *(bot)* Kiwi *(f)*.
knockout *(m)* ~ Knock-out *(m)*.
k.o. *(m)* k.o. *(m)* ♦ *mettere qcn k.o.* jmdn k.o. schlagen.
koala *(m)* ~ Koalabär *(m)*.
krapfen *(m)* ~ Krapfen *(m)*.

l

la[1] *(art det f sing)* ~ *vedi* **il**.

la[2] *(pron pers)* ***1*** sie, ihn, es ◆ *la vedo stasera* ich sehe sie heute abend ◆ *c'è una stella, la vedi?* da ist ein Stern, siehst du ihn? ◆ *c'è una casa, la vedi?* da ist ein Haus, siehst du es? ***2*** *(forma di cortesia)* Sie, Ihnen ◆ *La ringrazio* ich danke Ihnen ◆ *quando La rivedrò?* wann werde ich Sie wieder sehen? ***3*** *(in espressioni ellittiche, non tradotto)* ◆ *per farla breve* kurz gesagt ◆ *non ce la faccio più* ich kann nicht mehr.

la[3] *(mus)* ~ a, A *(n)*. ◆ **la bemolle** as, As *(n)*. ◆ **dare il la** den Ton angeben*.

là *(avv)* ***1*** *(stato in luogo)* da, dort ◆ *il libro è là* das Buch ist da ◆ *la mia auto è là* mein Auto steht dort. ***2*** *(moto a luogo)* dahin, dorthin ◆ *vai là!* geh dahin!, geh dorthin! ***3*** *(moto da luogo)* dorther, daher ◆ *sto venendo da là* ich komme gerade von dorther. ◆ **di là** ***1*** dortig *(agg)*. ***2*** *(dall'altra parte)* da drüben *(avv)* ◆ *di là c'è una chiesa* da drüben steht eine Kirche. ◆ **al di là di** jenseits *(prep + Gen)* ◆ *al di là del fiume* jenseits des Flusses. ◆ **più in là** ***1*** *(spazio)* weiter *(avv)* ◆ *abito tre case più in là* ich wohne drei Häuser weiter. ***2*** *(tempo)* später *(avv)* ◆ *ci vediamo più in là* wir sehen uns später.

labbro *(m)* ***1*** Lippe *(f)* ◆ *pendere dalle labbra di qcn* an jmds Lippen hängen. ***2*** *(di cani e animali)* Lefze *(f)*.

labiale *(agg)* ~ Lippen- ◆ *suono labiale* Lippenlaut.

labile *(agg)* ***1*** *(instabile)* schwankend, flüchtig. ***2*** *(psic)* labil.

labilità *(f)* ~ Labilität *(f)*.

labirinto *(m)* ~ Labyrinth *(n)* *(anche anat)*, Irrgarten *(m)*.

laboratorio *(m)* ~ Labor *(n)*.

laboriosità *(f)* ~ Betriebsamkeit *(f)*.

laborioso *(agg)* ***1*** *(attivo)* fleißig, betriebsam. ***2*** *(complicato)* mühsam, schwierig.

lacca *(f)* ***1*** Lack *(m)*. ***2*** *(per capelli)* Haarlack *(m)*, Haarspray *(m/n)*.

laccare *(vt)* ~ lackieren *(vt)*.

laccio *(m)* ***1*** *(trappola)* Schlinge *(f)*. ***2*** *(cordoncino)* Schnur *(f)*. ***3*** *(da scarpe)* Schnürsenkel *(m)*.

lacerante *(agg)* ~ zerreißend.

lacerare *(vt)* ~ zerreißen* *(vt)*.

lacerarsi *(vr)* ~ zerreißen* *(vi*, ist*)*.

lacerazione *(f)* ***1*** Zerreißen *(n)*. ***2*** *(med)* *(interna)* Riss *(m)*; *(esterna)* Wunde *(f)*.

lacero *(agg)* ~ zerrissen.

laconico *(agg)* ***1*** lakonisch. ***2*** *(persona)* wortkarg.

lacrima *(f)* ***1*** Träne *(f)* ◆ *ridere fino alle lacrime* Tränen lachen ◆ *scoppiare in lacrime* in Tränen ausbrechen. ***2*** *(goccia)* Tropfen *(m)*.

lacrimare *(vi)* ~ tränen *(vi*, hat*)*.

lacrimogeno *(agg)* ~ Tränen- ◆ *gas lacrimogeno* Tränengas *(n)*.

lacrimoso *(agg)* ***1*** tränenvoll. ***2*** *(triste)* traurig.

lacuna *(f)* ~ Lücke *(f)*.

lacunoso *(agg)* ~ lückenhaft.

lacustre *(agg)* ~ See- ♦ *pianta lacustre* Seepflanze.
ladro[1] *(agg)* ~ diebisch.
ladro[2] *(m; f* **-a***)* ***1*** Dieb *(m; f* -in*)* ♦ *al ladro!* haltet den Dieb! ***2*** *(scassinatore)* Einbrecher *(m; f* -in*)*.
laggiù *(avv)* ~ da unten, dort unten, drunten.
lagna *(f)* ***1*** *(persona lamentosa)* Quengler *(m)*. ***2*** *(musica noiosa)* Leiermusik *(f)*. ***3*** *(discorso noioso, lamentela)* Gejammer *(n)*.
lagnanza *(f)* ~ Klage *(f)*, Beschwerde *(f)*.
lagnarsi *(vr)* ~ {~ *di qcs*} über etwas *(Acc)* klagen *(vi,* hat*)*, jammern *(vi,* hat*)*. ◆ **(non) avere di che lagnarsi** (keinen) Grund zur Klage haben.
lagnoso *(agg)* ~ rührselig.
lago *(m)* ~ See *(m)*.
laguna *(f)* ~ Lagune *(f)*.
laico[1] *(agg)* ***1*** Laien-. ***2*** *(secolare)* weltlich.
laico[2] *(m)* ~ Laie *(m)*.
lama[1] *(f)* ***1*** *(coltello)* Klinge *(f)* ♦ *affilare, arrotare una lama* ein Messer schärfen, schleifen. ***2*** *(sega, forbici, falce ecc)* Blatt *(n)*.
lama[2] *(m)* ~ *(zool)* Lama *(n)*.
lambiccarsi *(vr)* ~ {~ *su qcs*} an etwas *(Dat)* knobeln *(vi,* hat*)*. ◆ **lambiccarsi il cervello** sich den Kopf zerbrechen*.
lambire *(vt)* ***1*** lecken *(vt)* *(anche di fiamme)*. ***2*** *(acqua)* bespülen *(vt)*.
lamella *(f)* ~ Lamelle *(f)*.
lamentare *(vt)* ***1*** beklagen *(vt)*. ***2*** *(deplorare)* sich über etwas *(Acc)* beschweren *(vr)*.
lamentarsi *(vr)* ***1*** *(gemere)* wehklagen *(vi,* hat*)*. ***2*** *(lagnarsi)* {~ *di qcn/qcs*} sich über jmdn/etwas beklagen *(vr)*, über etwas *(Acc)* klagen *(vi,* hat*)*, über etwas *(Acc)* jammern *(vi,* hat*)* ♦ *lamentarsi del rumore, del servizio* über den Lärm, über die Bedienung klagen ♦ *"Come va?" "Non mi posso lamentare"* „Wie geht's?" „Ich kann nicht klagen". ◆ **senza lamentarsi** klaglos *(agg/avv)*.
lamentela *(f)* ~ Klage *(f)*, Beschwerde *(f)*.
lamentevole *(agg)* ~ *(lamentoso)* klagend, kläglich.
lamento *(m)* ***1*** Klage *(f)*, Jammer *(m)*. ***2*** *(di animale)* Winseln *(n)*. ***3*** *(rimostranza)* Beschwerde *(f)*.
lamentoso *(agg)* ~ kläglich *(agg)*.
lametta *(f)* ~ Rasierklinge *(f)*.
lamiera *(f)* ~ Blech *(n)* ♦ *lamiera ondulata* Wellblech.
lamina *(f)* ~ Blatt *(n)*, Folie *(f)*, Lamelle *(f)*.
laminare[1] *(agg)* ~ blättchenförmig, lamellenförmig.
laminare[2] *(vt)* ~ walzen *(vt)*.
laminato[1] *(agg)* ~ gewaltz, Walz-.
laminato[2] *(m)* ~ Walzstück *(n)*.
lampada *(f)* ~ Lampe *(f)* ♦ *lampada abbronzante* UV-Lampe ♦ *lampada da tavolo* Tischlampe.
lampadario *(m)* ~ Hängelampe *(f)*, Kronleuchter *(m)*.
lampadina *(f)* ~ Birne *(f)*, Glühbirne *(f)* ♦ *la lampadina è bruciata* die Birne ist durchgebrannt.
lampante *(agg)* ~ einleuchtend, offensichtlich.
lampeggiamento *(m)* ***1*** *(lampi)* Blitzen *(n)*. ***2*** *(auto)* Blinken *(n)*.
lampeggiare *(vi)* ***1*** *(meteor)* blitzen *(vi,* hat*)*, aufblitzen *(vi,* hat*)*. ***2*** *(fare segnali luminosi)* blinken *(vi,* hat*)*.
lampeggiatore *(m)* ~ *(auto)* Blinker *(m)*.
lampione *(m)* ~ Laterne *(f)*.
lampo[1] *(f)* ~ *(cerniera)* Reißverschluss *(m)*.
lampo[2] *(m)* ***1*** *(fulmine)* Blitz *(m)*, Wetterleuchten *(n)* ♦ *(veloce) come un lampo* wie ein Blitz. ***2*** *(tempo brevissimo)* Sekundenschnelle *(f)* ♦ *in un lampo* in Sekundenschnelle. ***3*** *(di genio)* Erleuchtung *(f)*, Geistesblitz *(m)*.
lampone *(m)* ***1*** *(pianta)* Himbeerstrauch *(m)*. ***2*** *(frutto)* Himbeere *(f)*.
lana *(f)* ~ Wolle *(f)* ♦ *un golf di pura lana* ein Pullover aus reiner Wolle ♦ *lana di vetro* Glaswolle *(f)*. ◆ **di lana** wollen *(agg)*.
lancetta *(f)* ~ Zeiger *(m)* ♦ *lancetta dell'orologio* Uhrzeiger ♦ *lancetta dei minuti* Minutenzeiger, kleiner Zeiger ♦ *lancetta delle ore* Stundenzeiger, großer Zeiger.
lancia[1] *(f)* ~ Lanze *(f)* ♦ *spezzare una lancia in favore di qcn* eine Lanze für jmdn brechen.
lancia[2] *(f)* ~ *(barca)* Boot *(n)*.
lanciare *(vt)* ***1*** werfen* *(vt)*, schleudern *(vt)*. ***2*** {~ *qcs a qcn*} jmdm etwas zuwer-

fen* *(vt)*, zu|schlagen* *(vt)* ♦ *lanciare sguardi a qcn* jmdm Blicke zuwerfen. ***3*** *(mil)* ab|schießen* *(vt)*, starten *(vt)*. ***4*** *(sul mercato)* auf den Markt bringen* *(vt)*. ***5*** *(elab)* ein|geben* *(vt)*.

lanciarsi *(vr)* ***1*** {~ *su qcs/qcn*} sich auf jmdn/etwas *(Acc)* stürzen *(vr)*. ***2*** {~ *in qcs*} sich in etwas *(Acc)* stürzen *(vr)* ♦ *lanciarsi in un'impresa* sich in ein Unternehmen stürzen.

lancinante *(agg)* ~ stechend.

lancio *(m)* ***1*** *(tiro, getto)* Wurf *(m)* ♦ *un buon lancio* ein guter Wurf. ***2*** *(sport)* Werfen *(n)*. ***3*** *(di bombe)* Abwurf *(m)*; *(di missili)* Abschuss *(m)*. ***4*** *(pubblicitario)* Verbreitung *(f)*.

landa *(f)* ~ *(brughiera)* Heide *(f)*.

languido *(agg)* ~ schmachtend.

languire *(vi)* ***1*** schmachten *(vi*, hat*)*. ***2*** *(conversazione)* stocken *(vi*, hat*)*.

languore *(m)* ***1*** *(spossatezza)* Schwäche *(f)*. ***2*** *(struggimento)* Schmachten *(n)*. ◆ **languore di stomaco** Leergefühl im Magen.

lanificio *(m)* ~ Wollfabrik *(f)*.

lanoso *(agg)* ~ wollig.

lanterna *(f)* ***1*** Laterne *(f)*. ***2*** *(faro)* Leuchtturm *(m)*.

lanugine *(f)* ~ Flaum *(m)* *(anche bot)*.

lanuginoso *(aggg)* ~ flaumig.

lanzichenecco *(m)* ~ Landsknecht *(m)*.

lapidare *(vt)* ~ steinigen *(vt)*.

lapidario *(agg)* ***1*** Stein-. ***2*** *(fig)* lapidar.

lapidazione *(f)* ~ Steinigung *(f)*.

lapide *(f)* ***1*** Grabstein *(m)*. ***2*** *(commemorativa)* Gedenkstein *(m)*.

lapis *(m)* ***1*** Bleistift *(m)*. ***2*** *(colorato)* Buntstift *(m)*.

lapsus *(m)* ~ *(psic)* Fehlleistung *(f)*.

lardo *(m)* ~ Speck *(m)*; *(strutto)* Fett *(n)*.

largamente *(avv)* ~ weit ♦ *un pregiudizio largamente diffuso* ein weit verbreitetes Vorurteil.

larghezza *(f)* ***1*** Breite *(f)* ♦ *la strada ha una larghezza di 10 metri* die Straße hat eine Breite von 10 Metern. ***2*** *(ampiezza)* Weite *(f)*. ***3*** *(generosità)* Großzügigkeit *(f)*.

largo[1] *(agg)* ***1*** *(ampio, esteso)* *(spazi)* weit, breit ♦ *una larga apertura* eine weite Öffnung ♦ *una strada larga* eine breite Straße ♦ *la strada è larga 10 metri* die Straße ist 10 Meter breit. ***2*** *(indumenti)* weit ♦ *una camicia larga* ein weites Hemd. ***3*** *(numeroso)* weit ♦ *larghe fasce della società* weite Kreise der Gesellschaft. ***4*** *(generoso)* großzügig.

largo[2] *(m)* ***1*** Breite *(f)*, Weite *(f)*. ***2*** *(alto mare)* offene See.

larice *(m)* ~ *(bot)* Lärche *(f)*.

laringe *(f)* ~ *(anat)* Kehlkopf *(m)*.

laringite *(f)* ~ Kehlkopfentzündung *(f)*.

larva *(f)* ~ Larve *(f)*.

lasciapassare *(m)* ~ Passierschein *(m)*.

lasciare *(vt)* ***1*** lassen* *(vt)* ♦ *lascia le chiavi sul tavolo* lass die Schlüssel auf dem Tisch ♦ *lasciagli i suoi sogni*! lass ihm doch seine Träume! ♦ *lasciare in pace qcn* jmdn in Ruhe lassen. ***2*** *(smettere di tenere)* los|lassen* *(vt)* ♦ *lasciami!* lass mich los! ***3*** *(dimenticare)* liegen lassen* *(vt)*, lassen * *(vt)* ♦ *ho lasciato la borsa a casa* ich habe die Tasche zu Hause gelassen. ***4*** *(dietro di sé)* hinterlassen* *(vt)* *(anche fig)* ♦ *lasciare un messaggio a qcn* jmdm eine Nachricht hinterlassen ♦ *lasciare una buona impressione* einen guten Eindruck hinterlassen ♦ *ha lasciato tre bambini (alla morte)* er hat drei Kinder hinterlassen. ***5*** *(abbandonare)* verlassen* *(vt)* ♦ *lasciare la sala, la città* den Saal, die Stadt verlassen ♦ *ha lasciato il suo ragazzo* sie hat ihren Freund verlassen. ***6*** *(rinunciare)* auf|geben* *(vt)* ♦ *lasciare il lavoro, un'attività* die Arbeit, eine Tätigkeit aufgeben ♦ *lasciare gli studi* das Studium aufgeben. ***7*** *(causativo)* *(fare)* lassen* ♦ *lasciò cadere il bicchiere* er ließ das Glas fallen. ***8*** *(permettere)* lassen ♦ *mi lasciò guidare la sua macchina* er ließ mich sein Auto fahren ♦ *lasciami telefonare in pace* lass mich in Ruhe telefonieren. ***9*** *(in avanzo)* übrig lassen* ♦ *lasciami un pezzo di torta* laß mir ein Stück Kuchen übrig. ◆ **lasciar perdere** es bleiben lassen*. ◆ **lascia stare** lass es sein. ◆ **lasciar entrare** *(persone o cose)* ein|lassen*; hinein|lassen* *(vt)*. ◆ **lasciar uscire** heraus|lassen*; hinaus|lassen* *(vt)*. ◆ **lasciar passare** *(a confini, posti di blocco, ecc)* durch|lassen* *(vt)*.

lasciarsi *(vr)* ***1*** *(separarsi)* sich trennen *(vr)*. ***2*** *(+ inf)* sich lassen *(+ inf)* ♦ *lasciar-*

si andare sich gehen lassen. ◆ **lasciarsi con qcn** mit jmdm Schluss machen.

lascito *(m)* ~ Hinterlassenschaft *(f)*.

lascivo *(agg)* ***1*** geil. ***2*** *(scurrile)* schlüpfrig.

laser[1] *(agg)* ~ Laser- ♦ *raggio laser* Laserstrahl.

laser[2] *(m)* ~ Laser *(m)*.

laserterapia *(f)* ~ Lasertherapie *(f)*.

lassativo[1] *(agg)* ~ abführend, Abführ- .

lassativo[2] *(m)* ~ Abführmittel *(n)*.

lasso *(m)* ~ *(di tempo)* Zeitraum *(m)*, Zeitspanne *(f)*.

lassù *(avv)* ~ da oben, dort oben.

lastra *(f)* ***1*** Platte *(f)* *(anche fotogr)*. ***2*** *(radiografia)* Röntgenaufnahme *(f)*. ◆ **lastra di vetro** Glasscheibe *(f)*.

lastricare *(vt)* ~ pflastern *(vt)*.

lastrico *(m)* ~ Straßenpflaster *(n)*. ◆ **ridursi sul lastrico** an den Bettelstab kommen*.

latente *(agg)* ~ latent *(anche med)*.

laterale *(agg)* ~ seitlich, Seiten- ♦ *porta laterale* Seitentür.

lateralmente *(avv)* ~ *(moto o stato)* seitwärts, seitlich.

laterizio *(m)* ~ Ziegel *(m)*.

latifondo *(m)* ~ Großgrundbesitz *(m)*.

latino[1] *(agg)* ***1*** *(dell'antica Roma)* römisch ♦ *cultura latina* römische Kultur. ***2*** *(della lingua)* lateinisch. ***3*** *(neolatino)* Latein- ♦ *America Latina* Lateinamerika *(np n)*.

latino[2] *(m; f* **-a***)* ***1*** *(abitante dell'antica Roma)* Römer *(m; f* -in*)*. ***2*** *(lingua)* Latein(e) *(n)*. ***3*** *(di popolo neolatino)* Südländer *(m; f* -in*)*.

latitante[1] *(agg)* ~ flüchtig.

latitante[2] *(m/f)* ~ Flüchtige *(m/f)*.

latitudine *(f)* ~ Breite *(f)*.

lato[1] *(agg)* ~ weit ♦ *in senso lato* im weiteren Sinn.

lato[2] *(m)* ***1*** Seite *(f)* *(anche geom)* ♦ *sul lato destro (stato)* auf der rechten Seite ♦ *la fermata è sull'altro lato della strada* die Haltestelle ist auf der anderen Seite der Straße ♦ *da ambo i lati* auf beiden Seiten. ***2*** *(fianco, anche mil)* Flanke *(f)*. ◆ **a lato** *(a fianco)* seitlich *(avv)*, seitwärts *(avv)*. ◆ **a lato di** *(a fianco di)* *(prep + Gen)* seitlich ♦ *a lato dell'entrata* seitlich vom Eingang. ◆ **da un solo lato** *(agg/avv)* einseitig. ◆ **da/su entrambi i lati** beiderseits *(prep + Gen)* ♦ *su entrambi i lati del fiume* beiderseits des Flusses. ◆ **da un lato... dall'altro** einerseits... andererseits.

latrare *(vi)* ~ kläffen *(vi, hat)*.

latta *(f)* ***1*** *(foglio di latta)* Blech *(n)*. ***2*** *(contenitore)* Blechdose *(f)*. ◆ **di latta** blechern *(agg)*.

lattaio *(m)* ~ Milchmann *(m)*.

lattante *(m)* ~ Säugling *(m)*.

latte *(m)* ~ Milch *(f)* ♦ *latte intero* Vollmilch ♦ *latte materno* Muttermilch ♦ *latte in polvere* Trockenmilch ♦ *latte condensato* Kondensmilch. ◆ **cartone di latte** Milchtüte *(f)*. ◆ **dente di latte** Milchzahn *(m)*. ◆ **cioccolata al latte** Milchschokolade *(f)*.

latteo *(agg)* ***1*** Milch-. ***2*** *(simile al latte)* milchig. ◆ **Via Lattea** *(astron)* Milchstraße *(f)*.

latteria *(f)* ***1*** *(stabilimento)* Molkerei *(f)*. ***2*** *(negozio)* Milchgeschäft *(n)*.

latticino *(m)* ~ *(spec al pl)* Milchprodukt *(n)*.

lattiginoso *(agg)* ~ milchig.

lattina *(f)* ~ Dose *(f)*.

lattosio *(m)* ~ Milchzucker *(m)*.

lattuga *(f)* ~ *(bot)* Lattich *(m)*.

laurea *(f)* ~ Diplom *(n)*, Hochschulabschluss *(m)*; *(umanistica)* Magister Artium *(m)* *(abbrev* MA*)*. ◆ **esame di laurea** Diplomprüfung *(f)*. ◆ **tesi di laurea** Diplomarbeit *(f)*.

laureando *(m)* ~ Doktorand *(m)*, Diplomand *(m)*.

laurearsi *(vr)* ~ promovieren *(vi, hat)*.

laureato[1] *(agg)* ~ Diplom-, diplomiert.

laureato[2] *(m)* ~ Akademiker.

lauto *(agg)* ~ reich.

lava *(f)* ~ Lava *(f)*.

lavabile *(agg)* ~ waschbar.

lavabo *(m)* ~ Waschbecken *(n)*.

lavaggio *(m)* ***1*** Wäsche *(f)*, Reinigung *(f)* ♦ *lavaggio a mano* Handwäsche ♦ *lavaggio del cervello* Gehirnwäsche. ***2*** *(tecn/med)* Spülung *(f)*. ◆ **resistente al lavaggio** waschecht *(agg)*.

lavagna *(f)* ~ Tafel *(f)* ♦ *lavagna a muro* Wandtafel.

lavanda[1] *(f)* ~ *(bot)* Lavendel *(m)*.
lavanda[2] *(f)* ~ *(med)* Spülung *(f)* ♦ *lavanda gastrica* Magenspülung.
lavandaia *(f)* ~ Wäscherin *(f)*.
lavanderia *(f)* **1** Wäscherei *(f)*, Wäsche *(f)* ♦ *portare qcs in lavanderia* etwas zur/in die Wäsche geben. **2** *(a gettoni)* Waschsalon *(m)*.
lavandino *(m)* ~ Waschbecken *(n)*.
lavapiatti *(m/f)* ~ Tellerwäscher *(m; f -in)*.
lavare *(vt)* **1** waschen* *(vt)*, ab|waschen* *(vt)* ♦ *devo lavare questi pantaloni* ich muss diese Hose waschen ♦ *voglio lavarmi i capelli* ich will mir die Haare waschen ♦ *lavare via lo sporco* den Schmutz abwaschen. **2** *(rigovernare)* spülen *(vt)* ♦ *lavare i piatti* Geschirr spülen. ◆ **lavarsi i denti** sich *(Dat)* die Zähne putzen. ◆ **mettere qcs a lavare** etwas zur/in die Wäsche tun.
lavarsi *(vr)* ~ sich waschen* *(vr)* ♦ *mi lavo* ich wasche mich ♦ *mi lavo i capelli* ich wasche mir die Haare. ◆ **lavarsi i denti** sich *(Dat)* die Zähne putzen.
lavastoviglie *(f)* ~ Spülmaschine *(f)*.
lavata *(f)* ~ Abwaschen *(n)*.
lavatrice *(f)* ~ Waschmaschine *(f)*.
lavello *(m)* ~ Spülbecken *(n)*.
lavorare[1] *(vi)* **1** arbeiten *(vi, hat)* ♦ *lavorare presso una ditta* bei einer Firma arbeiten ♦ *lavoriamo a un nuovo progetto* wir arbeiten an einem neuen Projekt. **2** *(saltuariamente)* jobben *(vi, hat)* ♦ *in estate lavora in un supermercato* im Sommer jobbt er in einem Supermarkt. ◆ **lavorare come** tätig sein als ♦ *lavora come commerciante* er ist als Händler tätig. ◆ **lavorare in nero** schwarz|arbeiten *(vi, hat)*. ◆ **lavorare part-time** halbtags arbeiten. ◆ **lavorare a maglia** stricken *(vi, hat)*.
lavorare[2] *(vt)* **1** bearbeiten *(vt)* ♦ *lavorare il legno* Holz bearbeiten. **2** *(creta, impasti, ecc)* kneten *(vt)*. **3** *(coltivare terreni)* bestellen *(vt)*.
lavorativo *(agg)* ~ Werk-, Arbeits-. ◆ **giorno lavorativo** *(dal lunedì al sabato)* Wochentag *(m)*.
lavoratore[1] *(agg)* ~ Arbeiter- ♦ *classe lavoratrice* Arbeiterklasse.
lavoratore[2] *(m/f)* **1** Werktätige *(m)*. **2** *(estens)* Arbeiter *(m; f -in)* ♦ *lavoratore agricolo* Landarbeiter. ◆ **lavoratore a giornata** Tagelöhner *(m; f -in)*. ◆ **lavoratore dipendente** Arbeitnehmer *(m)*.
lavorazione *(f)* **1** Bearbeitung *(f)*, Verarbeitung *(f)*. **2** *(di terreni)* Bestellung *(f)*. ◆ **essere, dare in lavorazione** in Arbeit sein*, geben*.
lavorio *(m)* **1** Betriebsamkeit *(f)*. **2** *(intrigo)* Machenschaften *(pl)*.
lavoro *(m)* **1** Arbeit *(f)* ♦ *un lavoro faticoso, pesante* eine anstrengende, schwere Arbeit ♦ *essere al lavoro* an der Arbeit sein ♦ *andare al lavoro* zur Arbeit gehen ♦ *lavoro a mezza giornata* Halbtagsarbeit ♦ *lavoro nero* Schwarzarbeit ♦ *lavoro salariato* Lohnarbeit ♦ *lavori domestici* Hausarbeit ♦ *lavori forzati* Zwangsarbeit ♦ *lavoro a maglia* Strickarbeit. **2** *(professione, mestiere)* Beruf *(m)* ♦ *secondo lavoro* Nebenberuf. **3** *(saltuario)* Job *(m)* ♦ *vorrei trovarmi un lavoro per l'estate* ich möchte mir für den Sommer einen Job suchen. **4** *(occupazione, attività)* Beschäftigung *(f)*. ◆ **datore di lavoro** Arbeitgeber *(m)*. ◆ **posto di lavoro** Arbeitsplatz *(m)*, Arbeitsstelle *(f)*. ◆ **offerta di lavoro** Stellenangebot *(n)*. ◆ **per lavoro** beruflich *(avv)* ♦ *viaggiare per lavoro* beruflich verreisen. ◆ **lavori stradali** Straßenarbeiten *(pl)*. ◆ **lavori in corso** Baustelle *(f)*. ◆ **dare lavoro a qcn** beschäftigen *(vt)* ♦ *quell'impenditore dà lavoro a 200 operai* der Unternehmer beschäftigt 200 Arbeiter.
lazo *(m)* ~ Lasso *(n)*.
lazzarone *(m)* ~ Schuft *(m)*, Faulenzer *(m)*.
le[1] *(art det f pl)* ~ *vedi* **il**.
le[2] *(pron pers sing)* ~ *vedi* **lei**.
le[3] *(pron pers pl)* ~ sie ♦ *non le ho viste* ich habe sie nicht gesehen.
leader[2] *(agg)* ~ führend ♦ *azienda leader* führendes Unternehmen.
leader[1] *(m)* ~ Führer *(m)*.
leadership *(m)* ~ Führung *(f)*.
leale *(agg)* **1** *(corretto, onesto)* fair, aufrichtig ♦ *una partita leale* ein faires Spiel. **2** *(fedele, fidato)* treu.
lealtà *(f)* **1** *(sincerità)* Aufrichtigkeit *(f)*. **2** *(fedeltà)* Treue *(f)*.
leasing *(m)* ~ Leasing *(n)*. ◆ **prendere in leasing** leasing leasen *(vt)*.

lebbra *(f)* ~ Aussatz *(m)*, Lepra *(f)*.
lebbroso *(agg)* ~ aussätzig.
lecca-lecca *(m)* ~ Lutscher *(m)*.
leccapiedi *(m)* ~ Kriecher *(m; f -in)*.
leccare *(vt)* ~ lecken *(vt)*, ab|lecken *(vt)* ♦ *il cane gli leccò la mano* der Hund leckte ihm die Hand.
leccarsi *(vr)* ~ sich lecken *(vr)*, sich ab|lecken *(vr)*.
leccata *(f)* ~ Lecken *(n)*, Ablecken *(n)*.
leccio *(m)* ~ *(bot)* Steineiche *(f)*.
leccornia *(f)* ~ Delikatesse *(f)*, Leckerbissen *(m)*.
lecito *(agg)* ~ erlaubt, gestattet.
ledere *(vt)* ~ verletzen *(vt)*, schädigen *(vt)* ♦ *ledere gli interessi di qcn* jmds Interessen schädigen.
lega *(f)* **1** *(federazione)* Bund *(m)*, Liga *(f)*, Verband *(m)*. **2** *(patto, coalizione)* Bündnis *(n)*. **3** *(di metalli)* Legierung *(f)*. **4** *(misura)* Meile *(f)*.
legaccio *(m)* ~ Schnürband *(n)*.
legale[1] *(agg)* **1** *(giuridico)* rechtlich, Rechts-. **2** *(fissato per legge)* gesetzlich. **3** *(conforme alle leggi)* legal, gesetzmäßig. **4** *(giudiziario)* gerichtlich. ◆ **studio legale** Anwaltskanzlei *(f)*. ◆ **ora legale** Sommerzeit *(f)*. ◆ **medico legale** Gerichtsartz *(m)*.
legale[2] *(m)* ~ *(avvocato)* Rechtsanwalt *(m)*.
legalità *(f)* ~ Gesetzlichkeit *(f)*.
legalizzare *(vt)* ~ legalisieren *(vt)*.
legame *(m)* **1** Verbindung *(f)*, Bindung *(f)* ♦ *un legame amichevole* eine freundschaftliche Verbindung ♦ *legami politici* politische Bindungen. **2** *(coesione)* Zusammengehörigkeit *(f)*. **3** *(chim)* Bindung *(f)*.
legamento *(m)* **1** Verbindung *(f)*. **2** *(anat)* Band *(n)*.
legare *(vi)* **1** *(di colori)* zueinander passen *(vi, hat)*. ◆ **legare con qcn** Freundschaft schließen*.
legare *(vt)* **1** binden* *(vt)*; *(insieme)* zusammen|binden* *(vt)* ♦ *legare dei fiori in un mazzo* Blumen zu einem Strauß binden ♦ *legare qcn con una promessa* jmdn durch ein Versprechen binden. **2** {~ *qcs (a qcs)*} etwas (an etwas) *(Acc)* an|binden* *(vt)* ♦ *legare un cane a un albero* einen Hund an einem Baum anbinden. **3** *(per chiudere)* zu|binden* *(vt)*. **4** *(con corda, spago, ecc)* schnüren, zu|schnüren *(vt)*; *(annodare)* knoten *(vt)* ♦ *legare un nastro intorno a un pacchetto* ein Band um ein Paket schnüren.
legarsi *(vr)* **1** {~ *a qcn*} sich an jmdn binden* *(vr)*. **2** {~ *a qcs*} sich *(Acc)* an etwas knüpfen *(vr)*.
legato *(agg)* **1** gebunden. **2** *(fig)* verbunden, gebunden ♦ *essere legato a qcn/qcs* jmdm/etwas verbunden sein.
legatura *(f)* **1** Verband *(m)*. **2** *(di libri)* Einband *(m)*.
legenda *(f)* ~ Legende *(f)*.
legge *(f)* **1** Gesetz *(n)* *(anche fis/biol)* ♦ *una legge sull'adozione* ein Gesetz über Adoption ♦ *la legge sulla protezione della natura* das Gesetz zum Schutz der Natur ♦ *promulgare, violare una legge* ein Gesetz erlassen, verletzen ♦ *una legge entra in vigore* ein Gesetz tritt in Kraft ♦ *legge finanziaria* Haushaltsgesetz. **2** *(diritto)* Recht *(n)*. **3** *(dottrina)* Jura *(n)*, Rechtswissenschaft *(f)*. ◆ **forza di legge** Gesetzeskraft *(f)*. ◆ **progetto/proposta di legge** Gesetzentwurf *(m)*.
leggenda *(f)* ~ Legende *(f)*.
leggendario *(agg)* ~ legendär, sagenhaft *(anche fig)*.
leggere *(vt)* **1** lesen* *(vt)* ♦ *leggere un libro, la musica* ein Buch, Noten lesen ♦ *gli ho letto sul volto la delusione* ich las ihm die Enttäuschung am Gesicht. **2** *(a voce alta)* vor|lesen* *(vt)* ♦ *ho letto una favola ai bambini* ich habe den Kindern ein Märchen vorgelesen. **3** *(interpretare)* verstehen* *(vt)*, deuten *(vt)*. ◆ **leggere la mano, le carte** aus der Hand, aus den Karten wahrsagen.
leggerezza *(f)* **1** *(l'essere leggero)* Leichtigkeit *(f)*. **2** *(lievità, delicatezza)* Sanftheit *(f)*, Zartheit *(f)*. **3** *(noncuranza)* Sorglosigkeit *(f)*. **4** *(avventatezza)* Leichtfertigkeit *(f)*.
leggero *(agg)* **1** leicht ♦ *la cassa è leggera* die Kiste ist leicht ♦ *una valigia leggera da portare* ein Koffer, der leicht zu tragen ist/ein leicht zu tragender Koffer ♦ *indumenti leggeri* leichte Kleider ♦ *un leggero raffreddore* ein leichter Schnup-

fen ♦ *cibi leggeri* leichte Kost. **2** *(suono)* leise ♦ *un rumore leggero* ein leises Geräusch. **3** *(lieve)* leicht, sacht(e) ♦ *una pioggia leggera* ein leichter Regen ♦ *passi leggeri* sachte Schritte. ◆ **droghe leggere** weiche Drogen. ◆ **prendere qcs alla leggera** etwas auf die leichte Achsel nehmen.

leggiadria *(f)* ~ Anmut *(f)*, Liebreiz *(m)*.

leggiadro *(agg)* ~ anmutig.

leggibile *(agg)* ~ leserlich, lesbar.

leggio *(m)* ~ Pult *(n)*, Ständer *(m)*.

legiferare *(vt)* ~ Gesetze erlassen* *(vt)*.

legionario *(m)* ~ Legionär *(m)*.

legione *(f)* ~ *(mil)* Legion *(f)*.

legislativo *(agg)* ~ gesetzgebend, gesetzgeberisch.

legislatore *(m; f* **-trice***)* ~ Gesetzgeber *(m; f* -in*)*.

legislatura *(f)* ~ *(periodo)* Legislaturperiode *(f)*.

legislazione *(f)* ~ Legislatur, Gesetzgebung *(f)* .

legittimare *(vt)* **1** *(dir)* legitimieren *(vt)*. **2** *(giustificare)* rechtfertigen *(vt)*.

legittimità *(f)* **1** *(dir)* Rechtmäßigkeit *(f)*. **2** *(estens)* Berechtigung *(f)* ♦ *la legittimità di una richiesta* die Berechtigung einer Forderung.

legittimo *(agg)* **1** *(legale)* rechtmäßig, legitim. **2** *(figlio)* ehelich ♦ *legittimo proprietario* rechtmäßiger Eigentümer. **3** *(lecito)* erlaubt, berechtigt.

legna *(f)* ~ Holz *(n)* ♦ *legna da ardere* Feuerholz.

legname *(m)* ~ Holz *(n)*.

legnata *(f)* **1** Stockschlag *(m)*. **2** *(botte, legnate)* Prügel *(pl)*.

legno *(m)* ~ Holz *(n)*. ◆ **di legno** hölzern *(agg)*, aus Holz ♦ *una scatola di legno* eine hölzerne Schachtel.

legnoso *(agg)* ~ holzig, hölzern.

legume *(f)* ~ Hülsenfrucht *(f)*.

lei, le *(pron pers)* **1** *(sogg)* sie ♦ *lei non è venuta* sie ist nicht gekommen. **2** *(compl)* ihr, sie ♦ *ho visto lui, ma non lei* ich habe ihn, aber nicht sie gesehen ♦ *l'ho dato a lei* ich habe es ihr gegeben ♦ *vado da lei, con lei* ich gehe zu ihr, mit ihr ♦ *lei come sta?* wie geht's ihr? ♦ *le ha regalato un anello* er hat ihr einen Ring geschenkt. **3** *(cortesia)* Ihnen ♦ *Lei come sta?* wie geht's Ihnen? ♦ *vorrei parlare con Lei* ich möchte mit Ihnen sprechen ♦ *Le comunicherò presto la risposta* ich werde Ihnen die Antwort bald mitteilen ♦ *vorrei parlarLe un momento, per favore* ich möchte kurz mit Ihnen sprechen. ◆ **dare del Lei a qcn** jmdn siezen *(vt)*, jmdn mit „Sie" anreden *(vt)*.

lembo *(m)* **1** Saum *(m)*, Zipfel *(m)*. **2** *(di ferita)* Wundrand *(m)*. ◆ **lembo di terra** Landstreifen *(m)*.

lemma *(m)* ~ Stichwort *(n)*.

lena *(f)* ~ Eifer *(m)*. ◆ **di buona lena** eifrig.

lenimento *(m)* ~ Linderung *(f)*.

lenire *(vt)* ~ lindern *(vt)* ♦ *lenire il dolore* den Schmerz lindern.

lenitivo *(agg)* ~ lindernd, schmerzstillend.

lentamente *(avv)* ~ langsam.

lente *(f)* **1** Linse *(f)* ♦ *lente a contatto* Kontaktlinse. **2** *(di occhiali)* Brillenglas *(n)*. ◆ **lente d'ingrandimento** Lupe *(f)*.

lentezza *(f)* ~ Langsamkeit *(f)*, Trägheit *(f)*.

lenticchia *(f)* ~ Linse *(f)*.

lentiggini *(f pl)* ~ Sommersprossen *(pl)*.

lentigginoso *(agg)* ~ sommersprossig.

lento *(agg)* **1** langsam. **2** *(allentato)* locker, lose ♦ *una vite lenta* eine lose Schraube.

lenza *(f)* ~ Angelschnur *(f)*.

lenzuolo *(m)* ~ Betttuch *(n)*, Bettlaken *(n)*. ◆ **cambiare le lenzuola** das Bett (frisch) überziehen.

leone *(m; f* **leonessa***)* ~ *(zool/astrol)* Löwe *(m; f* -in*)* ♦ *leone marino* Seelöwe. ◆ **parte del leone** *(fig)* Löwenanteil *(m)*.

leopardo *(m)* ~ *(zool)* Leopard *(m)*.

lepre *(f)* **1** *(zool)* Hase *(m; f* Häsin*)*. **2** *(carne)* Hasenfleisch *(n)*.

lercio *(agg)* ~ dreckig.

lesbica *(f)* ~ Lesbierin *(f)*.

lesinare *(vi/vt)* **1** {~ *(su) qcs*} mit etwas, an etwas *(Dat)* sparen *(vt/vi*, hat*)*.

lesione *(f)* **1** *(danno)* Schädigung *(f)*. **2** *(med)* Verletzung *(f)*, Schaden *(m)* ♦ *lesioni interne* innere Verletzungen ♦ *subire una lesione* zu Schaden kommen. ◆ **lesione personale** *(dir)* Körperverletzung *(f)*.

lesivo *(agg)* ~ schädigend.

leso *(agg)* **1** beschädigt. **2** *(med)* verletzt. ◆ **la parte lesa** *(dir)* der Geschädigte.

lessare *(vt)* ~ kochen *(vt)*, ab|kochen *(vt)*.

lessicale *(agg)* ~ lexikalisch.
lessico *(m)* ***1*** Wortschatz *(m)*. ***2*** *(dizionario)* Lexikon *(n)*.
lesso[1] *(agg)* ~ gekocht.
lesso[2] *(m)* ~ Kochfleisch *(n)*.
lesto *(agg)* ~ rasch, flink ♦ *un movimento lesto* eine rasche Bewegung.
letale *(agg)* ~ tödlich.
letamaio *(m)* ***1*** *(concimaia)* Misthaufen *(m)*. ***2*** *(fig)* Schweinestall *(m)*.
letame *(m)* ~ Mist *(m)*.
letargo *(m)* ***1*** *(zool)* Winterschlaf *(m)*. ***2*** *(fig)* Tiefschlaf *(m)*.
letizia *(f)* ~ Fröhlichkeit *(f)*.
lettera *(f)* ***1*** *(dell'alfabeto)* Buchstabe *(m)* ♦ *lettera maiuscola, minuscola* großer, kleiner Buchstabe ♦ *scrivere un numero in lettere* eine Zahl in Buchstaben schreiben. ***2*** *(missiva)* Brief *(m)*, Schreiben *(n)* ♦ *scrivere una lettera a qcn* jmdm/an jmdn einen Brief schreiben ♦ *lettera commerciale* Geschäftsbrief. ***3*** *(pl) (scienze umanistiche)* Geisteswissenschaft *(f)*, Literaturwissenschaft *(f)*. ◆ **alla lettera** *(letteralmente)* wörtlich *(avv)*. ◆ **carta da lettere** Briefpapier *(n)*. ◆ **buca**, **cassetta delle lettere** Briefkasten *(m)*. ◆ **per lettera** brieflich *(avv)*.
letterale *(agg)* ~ wörtlich.
letteralmente *(avv)* ***1*** wörtlich ♦ *tradurre letteralmente un testo* einen Text wörtlich übersetzen. ***2*** *(estens)* förmlich, buchstäblich ♦ *è letteralmente impazzito* er ist förmlich durchgedreht.
letterario *(agg)* ~ literarisch, Literatur- ♦ *linguaggio letterario* Literatursprache *(f)*.
letterato *(agg)* ~ Literat *(m)*.
letteratura *(f)* ***1*** Literatur *(f)* ♦ *la letteratura tedesca del XIX secolo* die deutsche Literatur des 19. Jahrhunderts ♦ *letteratura specialistica* Fachliteratur. ***2*** *(bibliografia)* Sekundärliteratur *(f)*. ◆ **storia della letteratura** Literaturgeschichte *(f)* ♦ *storia della letteratura tedesca* deutsche Literaturgeschichte.
lettiga *(f)* ~ *(barella)* Tragbahre *(f)*.
lettino *(m)* ***1*** Kinderbett *(n)*. ***2*** *(spiaggia; del medico)* Liege *(f)*. ◆ **lettino per abbronzatura** Sonnenbank *(f)*.
letto *(m)* ~ Bett *(n)* ♦ *rifare il letto* das Bett machen ♦ *andare a letto* ins Bett gehen ♦ *andare a letto con qcn (fam)* mit jmdm ins Bett gehen ♦ *mettersi a letto* sich *(Acc)* ins Bett legen ♦ *essere a letto* im Bett liegen ♦ *letto matrimoniale* Doppelbett, Ehebett ♦ *letto singolo* Einzelbett ♦ *letto a castello* Etagenbett ♦ *letto con le sbarre (per bambini)* Gitterbett ♦ *letto del fiume* Flussbett. ◆ **vagone letto** Schlafwagen *(m)*. ◆ **rimanere a letto** liegen bleiben*.
lettore *(m; f* **-trice***)* ~ ***1*** Leser *(m; f* -in*)*. ***2*** *(università)* Lektor *(m)*. ***3*** *(CD)* CD- Player *(m)*, CD-Spieler *(m)*.
lettura *(f)* ***1*** Lesen *(n)*. ***2*** *(rilevamento)* Ablesen *(n)*. ***3*** *(testo)* Lektüre *(f)* ♦ *una lettura interessante* eine interessante Lektüre ♦ *dalla lettura di questo libro ho capito che* bei der Lektüre dieses Buches wurde mir klar, dass. ***4*** *(in pubblico)* Lesung *(f)*.
leucemia *(f)* ~ Leukämie *(f)*, Blutkrebs *(m)*.
leva[1] *(f)* ***1*** Hebel *(m) (anche fis)* ♦ *leva di comando* Schalthebel ♦ *azionare una leva* einen Hebel betätigen. ***2*** *(piede di porco)* Brecheisen *(n)*. ◆ **avere in mano le leve del comando** an den Schalthebeln der Macht sitzen.
leva[2] *(f)* ~ *(mil)* ***1*** Einberufung *(f)*. ***2*** *(classe)* Jahrgang *(m)*. ◆ **visita di leva** Musterung *(f)*. ◆ **servizio di leva** Wehrdienst *(m)*. ◆ **obbligo di leva** Wehrpflicht *(f)*. ◆ **sottoporre alla visita di leva** *(mil)* mustern *(vt)*.
levante *(m)* ***1*** *(est)* Osten *(m)*. ***2*** *(vento)* Ostwind *(m)*.
levare *(vt)* ***1*** *(togliere)* weg|nehmen* *(vt)* ♦ *levi i tuoi libri dal tavolo, per favore?* nimmst du bitte deine Bücher vom Tisch weg? ***2*** *(vestiti)* aus|ziehen* *(vt)*. ***3*** *(sollevare)* erheben* *(vt)*.
levarsi *(vr)* ***1*** *(alzarsi)* auf|stehen* *(vi, ist)*. ***2*** *(togliersi, tirare via)* ziehen* *(vi, hat)*, *(vestiti)* aus|ziehen* *(vi, hat)* ♦ *levarsi un anello dal dito* einen Ring vom Finger ziehen ♦ *levarsi il cappello* den Hut ziehen ♦ *levarsi la giacca* die Jacke ausziehen. ***3*** *(vento; proteste)* sich erheben* *(vr)* ♦ *si è levata una tempesta, una protesta* ein Sturm, ein Streit hat sich erhoben.
levata *(f)* ***1*** Aufgang *(f)*. ***2*** *(posta)* Leerung *(f)*.

levatrice *(f)* ~ Hebamme *(f)*.
levatura *(f)* ~ *(livello)* Format *(n)*.
levigare *(vt)* ***1*** *(vetro, pietra, ecc)* schleifen* *(vt)*. ***2*** *(lucidare)* polieren *(vt)*.
levigatezza *(f)* ~ Glätte *(f)*.
levigatrice *(f)* ~ Schleifmaschine *(f)*.
levigatura *(f)* ~ *(molatura)* Schliff *(m)*.
levitare *(vi)* ~ frei schweben *(vi,* ist/hat*)*.
levriero *(m)* ~ *(zool)* Windhund *(m)*.
lezione *(f)* ***1*** Unterricht *(m)*, Unterrichtsstunde *(f)* ♦ *oggi (non) ho lezione* heute habe ich (keinen) Unterricht ♦ *prendere lezioni di qcs da qcn* bei jmdm in etwas *(Dat)* Unterricht nehmen ♦ *lezione di lingua* Sprachunterricht. ***2*** *(universitaria)* Vorlesung *(f)* ♦ *andare a lezione* in die/zur Vorlesung gehen ♦ *fare lezione* eine Vorlesung halten. ***3*** *(ciò che si studia)* Unterrichtsstoff *(m)*, Lektion *(f)*. ***4*** *(fig)* Lehre *(f)*, Lektion *(f)* ♦ *questo deve servirti di lezione* das soll dir eine Lehre sein. ◆ **dare lezione di qcs a qcn** jmdn in etwas *(Dat)* unterrichten *(vt)* ♦ *gli dà lezione di tedesco* sie unterrichtet ihn in Deutsch.
lezioso *(agg)* ~ geziert, affektiert.
li *(pron pers)* ~ sie, ihnen ♦ *li ho visti ieri* ich habe sie gestern gesehen ♦ *li hai ringraziati?* hast du ihnen gedankt?
lì *(avv)* ~ *(stato in luogo)* da, dort ♦ *quel libro lì* das Buch da ♦ *la mia auto è lì* mein Auto steht dort ♦ *lì fuori, lì dentro* da draußen, drinnen ♦ *da lì* von dort. ***2*** *(moto a luogo)* dahin, dorthin ♦ *vai lì!* geh dahin!, geh dorthin! ***3*** *(moto da luogo)* dorther, daher ♦ *sto venendo da lì* ich komme gerade von dorther. ◆ **di lì** dortig *(agg)*. ◆ **lì per lì** im ersten Augenblick.
liana *(f)* ~ Liane *(f)*.
libbra *(f)* ~ Pfund *(n)*.
libeccio *(m)* ~ Südwestwind *(m)*.
libellula *(f)* ~ Libelle *(f)*, Wasserjungfer *(f)*.
liberale[1] *(agg)* ***1*** *(pol)* liberal, freiheitlich. ***2*** *(libero)* frei ♦ *opinioni liberali* freie Ansichten.
liberale[2] *(m/f)* ~ Liberale *(m/f)*.
liberalizzare *(vt)* ~ liberalisieren *(vt)*.
liberare *(vt)* ***1*** befreien *(vt)*, frei|lassen* *(vt)* ♦ *liberare gli schiavi* die Sklaven freilassen ♦ *liberare qcn dalla paura, dai dolori* jmdn von Angst, Schmerzen befreien. ***2*** *(sgombrare)* räumen *(vt)* ♦ *dobbiamo liberare l'appartamento entro il primo gennaio* wir müssen die Wohnung bis zum 1. Januar räumen. ***3*** *(da un vincolo)* {~ *qcn di qcs*} jmdn von etwas entbinden *(vt)*.
liberarsi *(vr)* ***1*** {~ *di qcs*} sich von etwas befreien *(vr)*, sich von etwas frei machen *(vr)*. ***2*** *(diventare libero)* frei werden* *(vi,* ist*)*. ◆ **essersi liberato di qcn/qcs** jmdn/etwas los sein ♦ *finalmente si è liberato di lei* er ist sie endlich los.
liberatore[1] *(agg)* ~ befreiend, Befreiungs-.
liberatore[2] *(m)* ~ Befreier *(m)*.
liberatorio *(agg)* ***1*** befreiend. ***2*** *(dir/econ)* schuldentilgend.
liberazione *(f)* ***1*** Befreiung *(f)*, Freilassung *(f)*. ***2*** *(sollievo)* Erlösung *(f)*, Befreiung *(f)*. ◆ **guerra di liberazione** Freiheitskrieg *(m)*.
libero *(agg)* ~ frei ♦ *libera professione* freier Beruf ♦ *traduzione libera* freie Übersetzung ♦ *avere libera scelta* freie Wahl haben ♦ *ci sono ancora posti liberi?* gibt es noch freie Plätze? ♦ *camere libere* Zimmer frei ♦ *libero da preoccupazioni* frei von Sorgen ♦ *ingresso libero* Eintritt frei ♦ *avere libero accesso a qcs* freien Zutritt zu etwas haben. ◆ **tempo libero** Freizeit *(f)*. ◆ **dare libero** *(sul lavoro)* jmdm frei|geben* ♦ *mi potrebbe dare libero domani?* könnten Sie mir morgen freigeben? ◆ **tenere libero** frei|halten* ♦ *mi puoi tenere libero un posto?* kannst du mir einen Platz freihalten?
libertà *(f)* ~ Freiheit *(f)* ♦ *mettere qcn in libertà* jmdn in Freiheit setzen ♦ *prendersi la libertà di fare qcs* sich *(Dat)* die Freiheit nehmen, etwas zu tun ♦ *libertà religiosa* Glaubensfreiheit ♦ *prendersi delle libertà* sich *(Dat)* Freiheiten erlauben. ◆ **statua della libertà** Freiheitsstatue *(f)*. ◆ **lasciare a qcn la libertà di qcs** jmdm etwas frei|stellen. ◆ **rimettere qcn in libertà** *(dir)* jmdn auf freien Fuß setzen.
libertino[1] *(agg)* ~ liederlich, zügellos.
libertino[2] *(m)* ~ zügelloser Mensch.
libidine *(f)* ~ Lüsternheit *(f)*. ◆ **atti di libidine** *(dir)* Unzucht *(f)*.

libidinoso *(agg)* ~ lüstern, geil.
libraio *(m; f* -**a**) ~ Buchhändler *(m; f* -in).
librario *(agg)* ~ Buch- , Bücher- ♦ *mercato librario* Büchermarkt.
librarsi *(vr)* ~ schweben *(vi,* ist/hat).
libreria *(f)* ***1*** *(negozio)* Buchhandlung *(f)*. ***2*** *(mobile)* Bücherschrank *(m)*; *(scaffale)* Bücherregal *(n)*.
libretto *(m)* ***1*** Büchlein *(n)*. ***2*** *(mus)* Libretto *(n)*, Textbuch *(n)*. ◆ **libretto d'istruzioni** Bedienungsanleitung *(f)*. ◆ **libretto di circolazione** Kraftfahrzeugschein *(m)*. ◆ **libretto degli assegni** Scheckheft *(n)*.
libro *(m)* ~ Buch *(n) (anche comm)* ♦ *libro di testo* Lehrbuch ♦ *libro scolastico* Schulbuch ♦ *libro paga* Lohnbuch ♦ *libro dei conti* Wirtschaftsbuch. ◆ **essere nel libro nero** auf der schwarzen Liste stehen.
liceale[1] *(agg)* ~ gymnasial.
liceale[2] *(m)* ~ Gymnasiast *(m; f* -in).
licenza *(f)* ***1*** Erlaubnis *(f)*. ***2*** *(per attività commerciali, brevetti, ecc)* Lizenz *(f)*, Schein *(m)* ♦ *ottenere una licenza* eine Lizenz erwerben ♦ *licenza di pesca, di caccia* Angelschein, Jagdschein ♦ *licenza commerciale* Gewerbeschein. ***3*** *(mil)* Urlaub *(m)*. ◆ **licenza di scuola superiore** mittlere Reife. ◆ **licenza media** Hauptschulabschluss *(m)*.
licenziamento *(m)* ~ Entlassung *(f)*, Kündigung *(f)*. ◆ **lettera di licenziamento** Kündigungsschreiben *(n)*.
licenziare *(vt)* ***1*** {~ *qcn*} jmdm kündigen *(vi,* hat), jmdn entlassen* *(vt)* ♦ *sono stato licenziato* mir ist gekündigt worden.
licenziarsi *(vr)* ~ kündigen *(vi,* hat) ♦ *mi sono licenziato dalla ditta* ich habe bei der Firma gekündigt.
licenziosità *(f)* ~ Freizügigkeit *(f)*.
licenzioso *(agg)* ~ freizügig.
liceo *(m)* ~ Gymnasium *(n)* ♦ *liceo classico, linguistico, scientifico* humanistisches, neusprachliches, naturwissenschaftliches Gymnasium.
lichene *(m)* ~ Flechte *(f)*.
lieto *(agg)* ***1*** *(contento, felice)* froh, frölich ♦ *essere lieto di qcs, per qcs* über etwas *(Acc)* froh sein. ***2*** *(evento, notizia)* freudig, erfreulich ♦ *una lieta notizia* eine freudige Nachricht.
lieve *(agg)* ***1*** *(leggero)* leicht, sanft ♦ *una pioggia lieve* ein leichter Regen. ***2*** *(suono)* leise ♦ *una voce lieve* eine leise Stimme. ***3*** *(di poco conto)* leicht ♦ *un lieve raffreddore* ein leichter Schnupfen.
lievità *(f)* ~ Sanftheit *(f)*.
lievitare *(vi)* ***1*** auf|gehen* *(vi,* ist). ***2*** *(aumentare)* ansteigen* *(vi,* ist).
lievitazione *(f)* ***1*** Aufgehen *(n)*. ***2*** *(fig)* Anstieg *(m)*.
lievito *(m)* ~ Hefe *(f)*. ***2*** *(per dolci)* Backpulver *(n)*. ***3*** *(naturale)* Sauerteig *(m)*.
ligio *(agg)* ~ treu.
ligneo *(agg)* ~ hölzern.
lillà *(m)* ~ *(bot)* Flieder *(m)*.
lilla *(agg)* ~ lila, fliederfarben.
lima *(f)* ~ Feile *(f)*.
limare *(vt)* ***1*** feilen *(vt)*. ***2*** *(fig)* {~ *qcs*} an etwas *(Dat)* feilen *(vi,* hat), etwas *(Acc)* aus|feilen *(vt)*.
limatura *(f)* ***1*** Feilen *(n)*. ***2*** *(concr)* Feilstaub *(m)*.
limetta *(f)* ~ *(per unghie)* Nagelfeile *(f)*.
limitare[1] *(vt)* ***1*** ein|grenzen *(vt)*. ***2*** *(fig)* beschränken *(vt)*, begrenzen *(vt)*, ein|schränken *(vt)* ♦ *limitare le spese* die Ausgaben beschränken ♦ *limitare il numero dei partecipanti* die Teilnehmerzahl beschränken ♦ *limitare qcn nella sua libertà* jmdn in seiner Freiheit beschränken.
limitare[2] *(m)* ~ Schwelle *(f)*, Rand *(m)* ♦ *al limitare del bosco* am Waldrand.
limitarsi *(vr)* ***1*** {~ *a qcn/qcs*} sich auf jmdn/etwas beschränken *(vr)* ♦ *limitarsi all'essenziale* sich auf das Wesentliche beschränken. ***2*** {~ *in qcs*} sich bei etwas ein|schränken *(vr)*.
limitatezza *(f)* ***1*** Beschränktheit *(f)*. ***2*** *(mentale e sim)* Engstirnigkeit *(f)*.
limitativo *(agg)* ~ einschränkend.
limitato *(agg)* ~ beschränkt, begrenzt.
limitazione *(f)* ~ Beschränkung *(f)* Begrenzung *(f)* ♦ *imporre delle limitazioni a qcn* jmdm Beschränkungen auferlegen.
limite[1] *(agg)* ~ Grenz- ♦ *caso limite* Grenzfall *(m)* ♦ *valore limite* Grenzwert *(m)*.
limite[2] *(m)* ~ Grenze *(f)*, Begrenzung *(f)* ♦ *non conoscere limiti* keine Grenzen kennen ♦ *a qcn/qcs sono posti dei limiti* jmdm/etwas sind Grenzen gesetzt ♦ *pas-*

sare ogni limite alle Grenzen überschreiten ♦ *conoscere i propri limiti* seine Grenzen kennen ♦ *oltrepassare un limite* eine Begrenzung überschreiten. ◆ **al limite** im Notfall *(m)*.

limitrofo *(agg)* ~ angrenzend.

limonata *(f)* ~ Zitronenlimonade *(f)*.

limone *(m)* ***1*** *(albero)* Zitronenbaum *(m)*. ***2*** *(frutto)* Zitrone *(f)*.

limpidezza *(f)* ~ Klarheit *(f)*.

limpido *(agg)* ~ klar ♦ *acqua limpida* klares Wasser ♦ *cielo limpido* klarer Himmel.

lince *(f)* ~ *(zool)* Luchs *(m)* ♦ *avere occhi di lince* Luchsaugen haben.

linciaggio *(m)* ~ Lynchjustiz *(f)*.

linciare *(vt)* ~ lynchen *(vt)*.

lindo *(agg)* ~ reinlich, sauber.

linea *(f)* ***1*** Linie *(f) (anche geom/mil)* ♦ *linea retta* gerade Linie ♦ *linea aerea* Fluglinie ♦ *linea di partenza (sport)* Startlinie ♦ *su tutta la linea (fig)* auf der ganzen Linie ♦ *andiamo con la linea numero tre* wir fahren mit der Linie 3 ♦ *seguire una linea politica* eine politische Linie verfolgen. ***2*** *(pl)* Züge *(pl)* ♦ *a grandi linee* in großen Zügen. ***3*** *(riga, frego, barra)* Strich *(m)* ♦ *disegnare una linea* einen Strich zeichnen. ***4*** *(elettrica, telefonica, ecc)* Leitung *(f)*, Verbindung *(f)* ♦ *la linea è occupata, libera* die Leitung ist besetzt, frei ♦ *non prendo la linea* ich bekomme keine Verbindung. ***5*** *(tratto)* Strecke *(f)* ♦ *la linea Francoforte-Colonia* die Strecke Frankfurt-Köln ♦ *linea ferroviaria* Eisenbahnstrecke. ◆ **rimanga in linea, prego** bleiben Sie bitte am Apparat.

lineamento *(m)* ~ *(tratti)* Zug *(m)*, Gesichtszug *(m)* ♦ *i lineamenti del volto* die Züge des Gesichts.

lineare *(agg)* ~ linear.

lineetta *(f)* ***1*** *(trattino)* Bindestrich *(m)*. ***2*** *(nel discorso diretto o nelle incidentali)* Gedankenstrich *(m)*.

linfa *(f)* ***1*** *(anat)* Lymphe *(f)*. ***2*** *(bot)* Pflanzensaft *(m)*. ***3*** *(fig) (energia)* Saft *(m)*.

lingotto *(m)* ~ Barren *(m)* ♦ *lingotto d'oro* Goldbarren.

lingua *(f)* ***1*** Zunge *(f) (anche gastr)* ♦ *avere la lingua biforcuta* mit gespaltener Zunge reden ♦ *lingua di terra* Landzunge. ***2*** *(linguaggio)* Sprache *(f)* ♦ *la lingua italiana* die italienische Sprache ♦ *un libro in lingua tedesca* ein Buch in deutscher Sprache ♦ *lingua straniera* fremde Sprache, Fremdsprache ♦ *perdere la lingua (rimanere senza parole)* die Sprache verlieren ♦ *lingua parlata* Umgangssprache ♦ *lingua letteraria* Schriftsprache ♦ *lingua standard* Hochsprache ♦ *lingua materna (madrelingua)* Muttersprache ♦ *lingua morta* tote Sprache ♦ *lingua ufficiale* Amtssprache. ◆ **di lingua straniera, in lingua straniera** fremdsprachlich, fremdsprachig *(agg)* ♦ *lezione di lingua straniera* fremdsprachlicher Unterricht.

linguaggio *(m)* ~ Sprache *(f)* ♦ *linguaggio giuridico* Gesetzessprache ♦ *linguaggio settoriale* Fachsprache. ◆ **linguaggio popolare** Volksmund *(m)*.

linguetta *(f)* ~ Zunge *(f)*, Lasche *(f)*.

linguista *(m/f)* ~ Sprachwissenschaftler *(m; f -in)*, Sprachforscher *(m; f -in)*.

linguistica *(f)* ~ Sprachwissenschaft *(f)*, Sprachforschung *(f)*.

linguistico *(agg)* ~ sprachlich, sprachwissenschaftlich, Sprach- ♦ *area linguistica* Sprachraum *(m)*.

lino *(m)* ***1*** *(bot)* Flachs *(m)*. ***2*** *(tessuto)* Leinen *(n)*; *(tela di lino)* Leinwand *(f)*. ◆ **di lino** leinen *(agg)*.

liofilizzato *(agg)* ~ gefriergetrocknet.

liquame *(m)* ~ Jauche *(f)*.

liquefare *(vt)* ***1*** flüssig machen *(vt)*. ***2*** *(fondere)* schmelzen* *(vt)* ♦ *liquefare il burro* die Butter schmelzen.

liquefarsi *(vr)* ***1*** flüssig werden* *(vi*, ist*)*. ***2*** *(fondersi)* schmelzen* *(vi*, ist*)*.

liquefazione *(f)* ***1*** Verflüssigung *(f)*. ***2*** *(fusione)* Schmelze *(f)*.

liquidare *(vt)* ***1*** *(pagare)* begleichen *(vt)*, auszahlen *(vt)* ♦ *liquidare un conto* eine Rechnung begleichen. ***2*** *(aziende)* liquidieren *(vt)* ♦ *liquidare un'impresa* ein Unternehmen liquidieren. ***3*** *(svendere)* aus|verkaufen *(vt)*. ***4*** *(sbrigativamente)* {~ *qcn*} ab|fertigen *(vt)*.

liquidazione *(f)* ***1*** *(di un'impresa)* Liquidation *(f)*. ***2*** *(indennità di fine rapporto)* Abfindung *(f)*. ***3*** *(svendita)* Ausverkauf *(m)* ♦ *acquistare qcs a liquidazione* etwas im Ausverkauf erwerben.

liquidità *(f)* ***1*** Flüssigkeit *(f)*. ***2*** *(econ)* Liquidität *(f)*.
liquido[1] *(agg)* ***1*** flüssig ◆ *denaro liquido* flüssige Gelder ◆ *cristalli liquidi* flüssige Kristalle. ***2*** *(ling)* liquid.
liquido[2] *(f)* ***1*** Flüssigkeit *(f)*. ***2*** *(contanti)* Bargeld *(n)*.
liquirizia *(f)* ~ Lakritz *(m/n)*, Süßholz *(n)*.
liquore *(m)* ~ Likör *(m)*.
lira[1] *(f)* ***1*** *(italiana)* Lira *(f)*. ***2*** *(quattrino)* Pfennig *(m)* ◆ *non avere una lira* keinen Pfennig haben.
lira[2] *(f)* ~ *(mus)* Leier *(f)*, Lyra *(f)*.
lirica *(f)* ***1*** *(poesia)* Lyrik *(f)*. ***2*** *(mus)* Opernmusik *(f)*.
lirico *(agg)* ***1*** *(poetico)* lyrisch. ***2*** *(mus)* Opern- ◆ *cantante lirico* Opernsänger *(m)*.
lisca *(f)* ***1*** Gräte *(f)*. ***2*** *(fig)* Lispeln *(n)*. ◆ **parlare con la lisca** lispeln *(vi*, hat*)*.
lisciare *(vt)* ***1*** glätten *(vt)*, glatt machen *(vt)*. ***2*** *(con la mano)* glatt streichen* *(vt)*. ***3*** *(adulare)* {~ *qcn*} jmdm schmeicheln *(vi*, hat*)*.
liscio *(agg)* ***1*** glatt ◆ *capelli lisci* glatte Haare ◆ *una parete liscia* eine glatte Wand. ***2*** *(alcolici)* pur. ◆ **passarla liscia** frei aus|gehen*.
liso *(agg)* ~ *(consunto)* abgenutz.
lista *(f)* ***1*** Liste *(f)* ◆ *fare una lista* eine Liste aufstellen ◆ *lista della spesa* Einkaufsliste ◆ *lista d'attesa* Warteliste ◆ *lista elettorale* Wahlliste. ***2*** *(menu)* Karte *(f)* ◆ *lista dei vini* Weinkarte.
listello *(agg)* ~ Leiste *(f)*.
listino *(m)* ***1*** Liste *(f)* ◆ *listino prezzi* Preisliste. ***2*** *(borsa)* Kursbericht *(m)*. ◆ **listino dei cambi** Kurszettel *(m)*.
litania *(f)* ~ Litanei *(f)*.
lite *(f)* ~ Streit *(m)*, Zank *(m)* ◆ *una lite per delle inezie* ein Streit um Kleinigkeiten.
litigante *(m/f)* ~ Streitende *(m/f)*.
litigare *(vi)* ***1*** {~ *con qcn per qcs*} mit jmdm um etwas streiten* *(vi*, hat*)*.
litigio *(m)* ~ Streit *(m)*, Zank *(m)*.
litigioso *(agg)* ~ streitlustig, zänkisch.
litografia *(f)* ***1*** *(tecnica)* Lithographie *(f)*. ***2*** *(opera)* Steindruck *(m)*.
litorale[1] *(agg)* ~ litoral, Küsten- .
litorale[2] *(m)* ~ Küste *(f)*, Strand *(m)* ◆ *sul litorale (stato in luogo)* an der Küste.
litro *(m)* ~ Liter *(m/n)*.
liturgia *(f)* ~ Liturgie *(f)*.
liturgico *(agg)* ~ liturgisch *(agg)*.
liuto *(m)* ~ Laute *(f)*.
livella *(f)* ~ Wasserwaage *(f)*.
livellamento *(m)* ***1*** Ebnen *(n)*. ***2*** *(fig)* Ausgleich *(m)*.
livellare *(vt)* ***1*** ebnen *(vt)*. ***2*** *(fig)* aus|gleichen* *(vt)* ◆ *livellare delle tensioni* Spannungen ausgleichen.
livellarsi *(vr)* ***1*** sich ebnen *(vr)*. ***2*** *(fig)* sich aus|gleichen* *(vr)*.
livello *(m)* ***1*** Stand *(m)* ◆ *livello dell'acqua* Wasserstand. ***2*** *(altezza)* Höhe *(f)* ◆ *allo stesso livello della strada* auf gleicher Höhe mit der Straße. ***3*** *(grado)* Stufe *(f)*, Niveau *(n)*, Ebene *(f)* ◆ *livello intellettuale, sociale* geistiges, soziales Niveau ◆ *essere a un livello alto, basso* auf einer hohen, niedrigen Stufe stehen ◆ *livello elementare, intermedio* Grundstufe, Mittelstufe ◆ *a livello teorico, scientifico* auf theoretischer, wissenschaftlicher Ebene ◆ *ai massimi livelli (di importanza)* auf höchster Ebene. ***4*** *(geol)* Schicht *(f)*. ◆ **livello del mare** Meeresspiegel *(m)* ◆ *100 metri sopra, sotto al livello del mare* 100 Meter über, unter dem Meeresspiegel. ◆ **a livello del terreno** *(agg/avv)* ebenerdig. ◆ **essere allo stesso livello** auf einer Stufe/auf der gleichen Stufe stehen.
livido[1] *(agg)* ~ blau.
livido[2] *(m)* ~ blauer Fleck *(m)*.
livrea *(f)* ~ Livree *(f)*.
lizza *(f)* ~ **scendere, entrare in lizza** zum Kampf an|treten*.
lo[1] *(art det m sing)* ~ *vedi* **il**.
lo[2] *(pron pers)* ***1*** *(animato)* ihn, ihm, sie, es ◆ *non lo conosco* ich kenne ihn nicht ◆ *lo ha aiutato* sie hat ihm geholfen ◆ *ho un gatto, lo hai visto?* ich habe eine Katze, hast du sie gesehen? ◆ *"Conosci quel bambino?" "Sì, lo conosco"* „Kennst du das Kind?" „Ja, ich kenne es". ***2*** *(inanimato)* es, das ◆ *me lo ha già detto* er hat es mir schon gesagt ◆ *lo capisci?* verstehst du das?
lobo *(m)* ***1*** *(anat)* Lappen *(m)*. ***2*** *(dell'orecchio)* Ohrläppchen *(n)*.
locale[1] *(agg)* ~ lokal, örtlich, Lokal- ◆ *gli*

usi locali die örtlichen Bräuche ♦ *anestesia locale* örtliche Betäubung.
locale[2] *(m)* **1** *(vano)* Raum *(m)*. **2** *(pubblico)* Lokal *(n)* ♦ *locale notturno* Nachtlokal.
località *(f)* ~ Ort *(m)*, Ortschaft *(f)*.
localizzare *(vt)* ~ lokalisieren *(vt)*, orten *(vt)*.
localizzazione *(f)* ~ Ortsbestimmung *(f)*.
localmente *(avv)* ~ strichweise.
locanda *(f)* ~ Gasthaus *(n)*, Wirtshaus *(n)*.
locatario *(m; f* **-trice***)* ~ Mieter *(m; f* -in*)*.
locatore *(m; f* **-trice***)* ~ Vermieter *(m; f* -in*)*.
locazione *(f)* ~ Vermietung *(f)*.
locomotiva *(f)* ~ Lokomotive *(f)*, Maschine *(f)*.
locomotore[1] *(agg)* ~ Bewegungs-.
locomotore[2] *(m)* ~ Triebwagen *(m)*.
locomozione *(f)* ~ Fortbewegung *(f)*. ◆ **mezzo di locomozione** Fahrzeug *(n)*.
locusta *(f)* ~ Heuschrecke *(f)*.
locuzione *(f)* ~ Redewendung *(f)*.
lodare *(vt)* ~ loben *(vt)*.
lodarsi *(vr)* ~ sich loben *(vr)*.
lode *(f)* **1** Lob *(n)* ♦ *cantare le lodi di qcn* jmds Lob singen. **2** *(onore)* Auszeichnung *(f)* ♦ *superare un esame con lode* eine Prüfung mit Auszeichnung bestehen. ◆ **di lode** lobend ♦ *parole di lode* lobende Worte. ◆ **tessere le lodi di qcn/qcs** an|preisen* *(vt)*.
lodevole *(agg)* ~ lobenswert.
logaritmo *(m)* ~ Logarithmus *(m)*.
loggione *(m)* ~ *(teatr)* Galerie *(f)*.
logica *(f)* ~ Logik *(f)*.
logicamente *(avv)* ~ logischerweise.
logico *(agg)* ~ logisch.
logistica *(f)* ~ Logistik *(f)*.
logopedia *(f)* ~ Sprachheilkunde *(f)*.
logoramento *(m)* **1** Verschleiß *(m)*. **2** *(fig)* Zerrüttung *(f)*.
logorante *(agg)* **1** verschleißend. **2** *(fig)* zermürbend ♦ *l'attesa è stata logorante* das Warten war zermürbend.
logorare *(vt)* **1** *(con l'uso)* ab|nutzen *(vt)*, verschleißen* *(vt)*. **2** *(fiaccare, danneggiare la salute)* zermürben *(vt)*, zerrütten *(vt)*.
logorarsi *(vr)* **1** *(con l'uso)* sich ab|nutzen *(vr)*, verschleißen* *(vi, ist)*. **2** *(fig)* sich auf|reiben* *(vr)*; *(salute)* zerrütten *(vt)*.
logorio *(m)* **1** Abnutzung *(f)*. **2** *(fig)* Aufreibung *(f)*, Zerrüttung *(f)*.
logoro *(agg)* **1** abgenutzt. **2** *(nervi)* zerrüttet.
lombaggine *(f)* ~ Hexenschuss *(m)*.
lombata *(f)* ~ *(carne)* Lendenstück *(n)*.
lombo *(m)* ~ *(anat)* Lende *(f)*.
lombrico *(m)* ~ *(zool)* Regenwurm *(m)*.
longevità *(f)* ~ Langlebigkeit *(f)*.
longevo *(agg)* ~ langlebig.
longilineo *(agg)* ~ schlank.
longitudine *(f)* ~ Länge *(f)*.
lontanamente *(avv)* ~ weit, entfernt.
lontananza *(f)* **1** *(distanza)* Ferne *(f)* ♦ *in lontananza* in der Ferne. **2** *(assenza)* Abwesenheit *(f)*.
lontano[1] *(agg)* **1** *(nello spazio)* fern, entfernt, weit ♦ *paesi lontani* ferne Länder ♦ *quant'è lontana da qui la stazione?* wie weit ist es von hier bis zum Bahnhof? **2** *(nel tempo)* fern ♦ *in tempi lontani* in fernen Zeiten ♦ *in un lontano futuro* in ferner Zukunft. **3** *(parente)* entfernt ♦ *un lontano parente* ein entfernter Verwandter. ◆ **non lontano da qui** nicht weit ab von hier.
lontano[2] *(avv)* ~ weit, fern, abseits, weitab ♦ *questo ci porterebbe troppo lontano* das würde uns zu weit führen ♦ *da lontano* von fern ♦ *lontano dalla città* abseits von der Stadt. ◆ **lontano da** weit weg von, weit entfernt (von...) ♦ *lo stadio è molto lontano da qui?* ist das Stadion sehr weit weg von hier? ♦ *il ristorante non è lontano da qui* das Restaurant liegt nicht weit von hier entfernt. ◆ **tenere lontano** *(tenere a distanza)* fern halten ♦ *tenersi lontano* sich fern halten *(vr)*. ◆ **essere ben lontano dal fare qcs** *(fig)* weit entfernt davon sein, etwas zu tun.
lontra *(f)* ~ *(zool)* Otter *(m)*.
loquace *(agg)* ~ redselig, gesprächig.
lordo *(agg)* ~ *(econ)* brutto, Brutto-, roh ♦ *peso lordo* Bruttogewicht *(n)* ♦ *reddito lordo* Bruttoeinkommen *(n)*.
loro[1] *(agg poss)* **1** ihr ♦ *la loro casa è molto bella* ihr Haus ist sehr schön. **2** *(forma di cortesia)* Ihr ♦ *la Loro gentile offerta* Ihr freundliches Angebot.

loro² *(pron poss)* ~ ihrer ♦ *la nostra casa è più bella della loro* unser Haus ist schöner als ihres. ◆ **i loro (genitori)** die Ihren.

loro³ *(pron pers)* ***1*** *(sogg)* sie ♦ *loro vengono* sie kommen. ***2*** *(compl)* sie, ihnen ♦ *ho scritto loro una cartolina* ich habe ihnen eine Karte geschrieben ♦ *abita da loro* sie wohnt bei ihnen ♦ *ho visto proprio loro* gerade sie habe ich gesehen. ***2*** *(cortesia)* Sie, Ihnen ♦ *come Loro preferiscono* wie Sie wünschen ♦ *vorrei parlare con Loro* ich möchte mit Ihnen sprechen. ◆ **per loro** *(a causa loro, per amor loro)* ihretwegen *(avv)*, um ihretwillen.

losco *(agg)* ~ krumm, finster.

lotta *(f)* ***1*** Kampf *(m)* ♦ *la lotta per la sopravvivenza* der Kampf ums Überleben ♦ *la lotta contro i pregiudizi* die bekämpfen der Vorurteile ♦ *lotta di classe* Klassenkampf. ***2*** *(sport)* Ringkampf *(m)*, Kampfsport *(m)*.

lottare *(vt)* ***1*** {~ *(contro/con qcn/qcs)*} (gegen jmdn/etwas, mit jmdm/etwas) kämpfen *(vi,* hat*)*, (jmdn/etwas) bekämpfen *(vt)* ♦ *lottare per qcs* für etwas/um etwas *(Acc)* kämpfen ♦ *lottare contro la morte* mit dem Tod kämpfen ♦ *lottare contro i pregiudizi* Vorurteile bekämpfen. ***2*** *(sport)* ringen* *(vi,* hat*)*.

lottatore *(m; f* **-trice***)* ***1*** Kämpfer *(m; f* -in*)*. ***2*** *(sport)* Ringer *(m; f* -in*)*.

lotteria *(f)* ~ Lotterie *(f)*.

lottizzare *(vt)* ~ in Parzellen auf|teilen *(vt)*.

lottizzazione *(f)* ~ Parzellierung *(f)*.

lotto *(m)* ***1*** *(gioco)* Lotto *(n)* ♦ *vincere al lotto* im Lotto gewinnen. ***2*** *(terreno)* Parzelle *(f)*. ***3*** *(di merce)* Partie *(f)*.

lozione *(f)* ~ Lotion *(f)*.

lubrificante¹ *(agg)* ~ Schmier- ♦ *olio lubrificante* Schmieröl.

lubrificante² *(m)* ~ Schmiere *(f)*.

lubrificare *(vt)* ~ schmieren *(vt)*, ab|schmieren *(vt)*.

lucchetto *(vt)* ~ Hängeschloß *(n)*.

luccicante *(agg)* ~ glänzend.

luccicare *(vi)* ~ glänzen *(vi,* hat*)*, funkeln *(vi,* hat*)* ♦ *le stelle luccicano* die Sterne glänzen.

luccichio *(m)* ~ Funkeln *(n)*, Glanz *(m)*.

luccio *(m)* ~ *(zool)* Hecht *(m)*.

lucciola *(f)* ***1*** *(zool)* Leuchtkäfer *(m)*. ***2*** *(prostituta)* Freudenmädchen *(n)*.

luce *(f)* ***1*** Licht *(n)* ♦ *la luce del sole* das Licht der Sonne ♦ *luce di posizione* Standlicht ♦ *luce posteriore (di veicolo)* Rücklicht ♦ *luce di arresto* Stopplicht. ***2*** *(corrente)* Licht *(n)*, Strom *(m)* ♦ *è andata via la luce* der Strom ist ausgefallen ♦ *spegnere, accendere la luce* das Licht ausschalten, einschalten ♦ *con la luce accesa* bei Licht. ◆ **luce di emergenza** *(su auto)* Warnblinkanlage *(f)*. ◆ **fare luce su qcs** *(fig)* auf|hellen *(vt)* ♦ *far luce su un enigma* ein Rätsel aufhellen. ◆ **portare qcs alla luce** etwas ans Licht bringen* *(vt)*.

lucente *(agg)* ~ glänzend, blank ♦ *metallo lucente* blankes Metall.

lucentezza *(f)* ~ Glanz *(m)*, Hochglanz *(m)*.

lucernario *(m)* ~ Dachfenster *(n)*.

lucertola *(f)* ~ Eidechse *(f)*.

lucidare *(vt)* ***1*** polieren *(vt)*. ***2*** *(pavimenti)* bohnern *(vt)*.

lucidatrice *(f)* ~ Bohnermaschine *(f)*.

lucidatura *(f)* ~ Politur *(f)*.

lucidità *(f)* ~ *(mentale)* klarer Verstand *(m)*.

lucido¹ *(agg)* ***1*** *(lucente)* blank. ***2*** *(acuto, perspicace)* klar ♦ *avere la mente lucida* einen klaren Kopf/Geist haben ♦ *rimanere lucido* einen klaren Kopf bewahren. ◆ **tirare a lucido qcs** etwas auf Hochglanz polieren.

lucido² *(m)* ***1*** Poliermittel *(n)*. ***2*** *(foglio per lavagne luminose)* Folie *(f)*. ◆ **lucido da scarpe** Schuhcreme *(f)*.

lucro *(m)* ~ Gewinn *(m)*. ◆ **a scopo di lucro** zu Gewinnzwecken.

lucroso *(agg)* ~ gewinnbringend.

ludico *(agg)* ~ spielerisch.

luglio *(m)* ~ Juli *(m)* ♦ *a luglio* im Juli.

lugubre *(agg)* ~ düster.

lui *(pron pers)* ***1*** *(sogg)* er ♦ *lui non è venuto* er ist nicht gekommen. ***2*** *(compl)* ihn, ihm ♦ *l'ho dato a lui* ich habe es ihm gegeben ♦ *ho visto lui, ma non lei* ich habe ihn, aber nicht sie gesehen ♦ *vado da lui* ich gehe zu ihm ♦ *il libro è per lui* das Buch ist für ihn. ◆ **gente come lui** *(i* *suoi pari)* seinesgleichen *(pron indecl).* ◆ **per lui** *(per amor suo o a causa sua)* seinetwegen *(avv).*

lumaca *(f)* ~ *(zool)* Schnecke *(f).*

lume *(m)* ~ Lampe *(f)*, Leuchte *(f)*, Licht *(n)* ◆ *a lume di candela* bei Kerzenlicht.

lumino *(m)* ~ *(da cimitero)* Grablicht *(n).*

luminosità *(f)* ~ Helligkeit *(f).*

luminoso *(agg)* ***1*** leuchtend, Leucht-. ***2*** *(pieno di luce)* hell ◆ *una stanza luminosa* ein helles Zimmer.

luna *(f)* ~ Mond *(m)* ◆ *luna calante, crescente* abnehmender, zunehmender Mond ◆ *luna piena, plenilunio* voller Mond, Vollmond ◆ *luna nuova, novilunio* Neumond ◆ *la luna sorge, tramonta* der Mond geht auf, geht unter. ◆ **avere la luna storta** schlechter Laune sein*. ◆ **vivere sulla luna** auf dem Mond leben. ◆ **al chiaro di luna** bei/im Mondschein *(m).* ◆ **luna di miele** Flitterwochen *(pl).*

luna park *(m)* ~ Vergnügungspark *(m).*

lunare *(agg)* ~ Mond- ◆ *fase lunare* Mondphase.

lunario *(m)* ~ Kalender *(m).* ◆ **sbarcare il lunario** um die Runden kommen*.

lunatico *(agg)* ~ launisch, launenhaft.

lunedì *(m)* ~ Montag *(m) (vedi anche* **domenica***).*

lunghezza *(f)* ***1*** Länge *(f)* ◆ *la barca misura quattro metri di lunghezza* das Boot misst vier Meter in der Länge ◆ *lunghezza d'onda (fis)* Wellenlänge *(anche fig).* ***2*** *(durata)* Dauer *(f)* ◆ *la lunghezza di una riunione* die dauer einer Sitzung.

lungi *(avv)* ~ **lungi da me!** das sei fern von mir!, das liegt mir völlig fern! ◆ **essere ben lungi dal fare qcs** weit davon entfernt sein, etwas zu tun.

lungimirante *(agg)* ~ weitsichtig.

lungimiranza *(f)* ~ Weitsicht *(f)*, Weitblick *(m).*

lungo[1] *(agg)* ***1*** lang* ◆ *capelli lunghi* langes Haar ◆ *uno spago lungo tre metri* eine drei Meter lange Schnur ◆ *quanto è lungo il tavolo?* wie lang ist der Tisch? ◆ *una lunga malattia* eine lange Krankheit. ***2*** *(diluito)* lang, dünn ◆ *caffè lungo* dünner Kaffee. ◆ **a lungo andare** auf die Dauer. ◆ **a lungo** lange* *(avv)* ◆ *ho aspettato a lungo* ich habe lange gewartet. ◆ **di gran lunga** bei weitem, weitaus, weit *(+ compar).* ◆ **per lungo** längs *(avv).* ◆ **andare per le lunghe** sich in die Länge ziehen* *(vr).* ◆ **tirare per le lunghe** in die Länge ziehen* *(vt).*

lungo[2] *(prep)* ~ entlang *(posp + Acc; prep + Dat/Gen)*, längs *(+ Gen)* ◆ *lungo il fiume* entlang dem Fluss, den Fluss entlang, längs des Flusses. ◆ **andare/camminare lungo qcs** etwas entlang|gehen* *(vi, ist)* ◆ *andammo lungo la strada* wir gingen die Straße entlang. ◆ **andare/viaggiare lungo qcs** etwas *(Acc)*/an etwas *(Dat)* entlang|fahren* *(vi, ist).*

lungolago *(m)* ~ Seepromenade *(f).*

lungomare *(m)* ~ Strandpromenade *(f).*

lungometraggio *(m)* ~ Spielfilm *(m).*

lunotto *(m)* ~ Heckfenster *(n)*, Heckscheibe *(f)* ◆ *lunotto termico* heizbare Heckscheibe.

luogo *(m)* ***1*** *(posto)* Ort *(m)*, Platz *(m)* ◆ *in un luogo (stato)* an einem Ort; *(moto)* an einen Ort ◆ *nel luogo giusto* am richtigen Ort ◆ *luogo di residenza* Wohnort ◆ *luogo natale* Heimatort ◆ *luogo di lavoro* Arbeitsplatz. ***2*** *(spazio)* Stätte *(f)*, Raum *(m)* ◆ *i luoghi santi (del cristianesimo)* die heiligen Stätten. ◆ **luogo d'incontro** Treffpunkt *(m).* ◆ **complemento di luogo** *(gramm)* Ortsbestimmung *(f).* ◆ **del luogo** ortsansässig *(agg).* ◆ **da ogni luogo** *(moto da luogo)* überallher *(avv).* ◆ **fuori luogo** *(inopportuno)* unangebracht *(agg)*, am unrechten Ort. ◆ **in primo luogo** in erster Linie, erstens *(avv).* ◆ **in secondo luogo** zweitens *(avv).* ◆ **luogo comune** Gemeinplatz *(m).* ◆ **aver luogo** statt|finden* *(vi, hat)* ◆ *la manifestazione ebbe luogo mercoledì* die Veranstaltung fand am Mittwoch statt. ◆ **non avere luogo** *(manifestazioni, programmi ecc)* entfallen* *(vi, ist).*

lupo *(m; f* **-a***)* ~ *(zool)* Wolf *(m; f* Wölfin*)* ◆ *lupo mannaro* Werwolf ◆ *avere una fame da lupi* hungrig wie ein Wolf sein. ◆ **in bocca al lupo!** Hals- und Beinbruch!

luppolo *(m)* ~ *(bot)* Hopfen *(m).*

lusinga *(f)* ~ Schmeichelei *(f).*

lusingare *(vt)* ~ {~ *qcn*} jmdm schmeicheln *(vi, hat).*

lusinghiero *(agg)* ~ schmeichelhaft.
lussazione *(f)* ~ Verrenkung *(f)*.
lusso *(m)* ~ Luxus *(m)*, Prunk *(m)*. ◆ **di lusso** Luxus- ♦ *albergo di lusso* Luxushotel *(n)*.
lussuoso *(agg)* ~ luxuriös, prächtig, Luxus-.
lussureggiante *(agg)* ~ üppig.
lussureggiare *(vi)* ~ üppig sein* *(vi*, ist*)*.
lussuria *(f)* ~ Unzucht *(f)*.
lussurioso *(agg)* ~ unzüchtig.
lustrare *(vt)* ~ polieren *(vt)*.
lustrascarpe *(m)* ~ Schuhputzer *(m)*.
lustrino *(m)* ~ Flitter *(m)*.
lustro[1] *(agg)* ~ blank, glänzend.
lustro[2] *(m)* ***1*** Glanz *(m)*. ***2*** Ruhm *(m)*, Ehre *(f)* ♦ *dare lustro a qcn/qcs* jmdm/etwas Ehre machen.
lustro[3] *(m)* ~ Jahrfünft *(n)*.
luterano[1] *(agg)* ~ lutherisch *(agg)*.
luterano[2] *(m; f* **-a***)* ~ Lutheraner *(m; f* -in*)*.
lutto *(m)* ***1*** *(cordoglio)* Trauer *(f)* ♦ *il lutto per la morte di una persona cara* die Trauer um einen lieben Menschen ♦ *lutto nazionale* Staatstrauer. ***2*** *(evento luttuoso)* Todesfall *(m)* ♦ *chiuso per lutto* wegen Todesfalls geschlossen. ◆ **abito a lutto** Trauerkleidung *(f)*. ◆ **essere vestito a lutto** Trauer haben/tragen*. ◆ **essere in lutto (per qcn)** (um jmdn) trauern *(vi*, hat*)*.
luttuoso *(agg)* ~ traurig, trauervoll.

ma *(congiunz)* ***1*** aber, doch ♦ *vorrei venire, ma non posso* ich möchte kommen, aber ich kann nicht ♦ *parlò in modo amichevole ma deciso* er sprach freundlich und doch entschieden. ***2*** *(dopo negazione)* sondern ♦ *non si chama Peter, ma Paul* er heißt nicht Peter, sondern Paul ♦ *non ho bollito la carne, ma l'ho arrostita* ich habe das Fleisch nicht gekocht, sondern gebraten. ***3*** *(in frasi interrogative)* denn *(avv)* ♦ *ma che ti succede?* was ist denn mit dir los? ♦ *ma che fai?* was machst du denn da? ◆ **ma certo!** aber ja!, aber sicher! ◆ **non solo... ma anche...** nicht nur... sondern auch...

macabro *(agg)* ~ makaber.

macché *(interiez)* ~ ach was.

maccheroni *(m pl)* ~ Makkaroni *(f)*.

macchia[1] *(f)* ~ Fleck *(m)* ♦ *c'è una macchia sulla tua camicia* dein Hemd hat einen Fleck. ◆ **senza macchia** *(senza biasimo)* ohne Tadel, ohne Fehl (und Tadel).

macchia[2] *(f)* ~ *(bot)* Macchia *(f)*.

macchiare[1] *(vi)* ~ klecksen *(vi*, hat*)* ♦ *la penna macchia* der Kuli kleckst.

macchiare[2] *(vt)* ~ beflecken *(vt)*, beschmutzen *(vt)* *(anche fig)* ♦ *macchiare una tovaglia di salsa* ein Tischtuch mit Soße beflecken ♦ *macchiare l'onore di qcn* jmds Ehre beschmutzen.

macchiarsi *(vr)* ~ sich beschmutzen *(vr)*.

macchina *(f)* ***1*** *(macchinario)* Maschine *(f)* ♦ *macchina da scrivere* Schreibmaschine ♦ *macchina da cucire* Nähmaschine ♦ *macchina utensile* Werkzeugmaschine. ***2*** *(automobile)* Auto *(n)*, Wagen *(m)*. ***3*** *(fotografica)* Kamera *(f)*, Fotoapparat *(m)*. ◆ **a macchina** maschinell *(agg/avv)*. ◆ **scritto a macchina** *(dattiloscritto)* maschinengeschrieben *(agg)*.

macchinare *(vt)* ~ an|zetteln *(vt)*.

macchinario *(m)* ~ Maschinerie *(f)*, Maschine *(f)*.

macchinazione *(f)* ~ Machenschaften *(pl)*.

macchinista *(m/f)* ~ Lokomotivführer *(m; f -in)*.

macedonia *(f)* ~ Obstsalat *(m)*.

macellaio *(m)* ~ Metzger *(m; f -in)*. ◆ **banco del macellaio** Schlachtbank *(f)*.

macellare *(vt)* ~ schlachten *(vt)*.

macelleria *(f)* ~ Metzgerei *(f)*.

macello *(m)* ~ *(mattatoio)* Schlachthof *(m)*. ◆ **bestiame da macello** Schlachtvieh *(n)*.

macerare *(vt)* ***1*** *(carta)* ein|stampfen *(vt)*, ein|weichen *(vt)*. ***2*** *(carne)* mürbe machen *(vt)*.

macerie *(f pl)* ~ *(rovine)* Trümmer *(pl)*, Schutt *(m)* ♦ *ridurre qcs in macerie* etwas in Trümmer legen.

macero *(m)* ~ Einstampfung *(f)*. ◆ **mandare al macero** einstampfen lassen*.

macigno *(m)* ~ Felsblock *(m)*.

macina *(f)* ~ Mühlstein *(m)*.

macinare *(vt)* ***1*** mahlen* *(vt)*. ***2*** *(triturare grossolanamente)* schroten *(vt)*.

macinato *(agg)* ~ gemahlen. ◆ **carne macinata** Hackfleisch *(n)*.
macinino *(m)* *1* Mühle *(f)*. *2* *(vecchia auto)* Karre *(f)*, Kiste *(f)*.
maculato *(agg)* ~ gescheckt.
madido *(agg)* ~ **madido di sudore** schweißnass.
Madonna *(f)* ~ *(relig)* Madonna *(f)*.
madornale *(agg)* ~ grob, riesig.
madre *(f)* *1* Mutter *(f)* ♦ *divenire madre* Mutter werden. *2* *(suora)* Schwester *(f)*. ◆ **da parte di madre** *(materno)* mütterlicherseits *(avv)*. ◆ **ragazza madre** ledige Mutter.
madrelingua[1] *(f)* ~ *(lingua materna)* Muttersprache *(f)*.
madrelingua[2] *(m/f)* ~ *(parlante di madrelingua)* Muttersprachler *(m; f* -in*)*.
madrepatria *(f)* ~ Vaterland *(n)*.
madreperla *(f)* ~ Perlmutter *(f/n)*.
madrina *(f)* ~ Patin *(f)*.
maestà *(f)* *1* *(maestosità)* Majestät *(f)*. *2* *(sovrano)* Majestät *(f)*.
maestosità *(f)* ~ Majestät *(f)*, Hoheit *(f)*.
maestoso *(agg)* ~ majestätisch.
maestranze *(f pl)* ~ Arbeiterschaft *(f)*.
maestria *(f)* ~ Meisterschaft *(f)*.
maestro *(m; f* **-a***)* *1* *(di scuola)* Lehrer *(m; f* -in*)*; *(d'asilo)* Kindergärtner *(m; f* -in*)*; *(elementare)* Grundschullehrer *(m; f* -in*)*. *2* *(artigiano, esperto)* Meister *(m; f* -in*)*. ◆ **da maestro** *(magistrale)* meisterhaft *(agg)*, Meister-. ◆ **strada maestra** Hauptstraße *(f)*.
mafia *(f)* ~ Mafia *(f)*.
mafioso *(agg)* ~ Mafioso *(m)*.
magari[1] *1* *(interiez)* und ob! *2* *(in frasi esclamative, con valore ottativo)* wenn doch ♦ *magari potessi vincere!* wenn ich doch gewinnen könnte!
magari[2] *(avv)* ~ vielleicht, wahrscheinlich, womöglich ♦ *telefonagli, magari può venirti a prendere* ruf ihn doch an, er kann dich wahrscheinlich abholen.
magazziniere *(m; f* **-a***)* ~ Lagerarbeiter *(m; f* -in*)*.
magazzino *(m)* ~ Lager *(n)*, Lagerraum *(m)* ♦ *avere una merce disponibile in magazzino* eine Ware auf/am Lager haben. ◆ **grande magazzino** Kaufhaus *(n)*, Warenhaus *(m)*.

maggio *(m)* ~ Mai *(m)* ♦ *a maggio* im Mai.
maggiolino *(m)* ~ *(zool)* Maikäfer *(m)*.
maggioranza *(f)* ~ Mehrheit *(f)* ♦ *maggioranza assoluta, relativa* absolute, relative Mehrheit ♦ *a grande maggioranza* mit großer Mehrheit.
maggiorare *(vt)* ~ erhöhen *(vt)*, zu|schlagen* *(vt)*.
maggiorazione *(f)* ~ Zuschlag *(m)*, Zulage *(f)*.
maggiordomo *(m)* ~ Diener *(m)*, Hofmeister *(m)*.
maggiore[1] *(agg compar/superl)* *1* *(superiore)* höher, höchste ♦ *un prezzo maggiore* ein höherer Preis. *2* *(più grande)* größer; größte. *3* *(più vecchio)* älter; älteste. ◆ **la maggior parte di** meist ♦ *nella maggior parte dei casi* in den meisten Fällen. ◆ **per la maggior parte** *(per lo più)* meistens *(avv)*.
maggiore[2] *(m)* ~ *(mus)* Dur *(n)*.
maggiore[3] *(m)* ~ *(mil)* Major *(m)*.
maggiorenne *(m)* ~ volljährig *(agg)*.
maggiormente *(avv)* *1* *(di più)* mehr. *2* *(in modo particolare)* am meisten, am stärksten.
magia *(f)* *1* Zauberei *(f)*, Magie *(f)*. *2* *(incantesimo)* Zauber *(m)* ♦ *fare, sciogliere una magia* einen Zauber anwenden, lösen. ◆ **per magia** magisch *(agg)*. ◆ **fare magie** zaubern *(vi*, hat*)*.
magico *(agg)* ~ magisch, Zauber- ♦ *formula magica* Zauberformel *(f)* ♦ *bacchetta magica* Zauberstab *(m)*.
magistero *(m)* *1* Lehramt *(n)*. *2* *(facoltà)* pädagogische Hochschule *(f)*.
magistrale *(agg)* ~ *(da maestro)* meisterhaft.
magistrato *(m)* ~ Richter *(m)*.
magistratura *(f)* ~ Richteramt *(n)*.
maglia *(f)* *1* *(anello)* Masche *(f)*. *2* *(maglione)* Pullover *(m)*. *3* *(maglietta)* T-Shirt *(n)*. *4* *(sportiva)* Trikot *(n)*. ◆ **lavorare a maglia** stricken *(vt/vi*, hat*)*.
maglietta *(f)* *1* T-Shirt *(n)*. *2* *(canottiera)* Unterhemd *(n)*.
maglione *(m)* ~ Pullover *(m)*, Pulli *(m)*.
magma *(m)* ~ Magma *(n)*.
magnaccia *(m)* ~ Zuhälter *(m)*.
magnanimità *(m)* ~ Großmut *(f)*.
magnanimo *(agg)* ~ großmütig.

magnete *(m)* ~ Magnet *(m)*.
magnetico *(agg)* ~ magnetisch, Magnet- ♦ *campo magnetico* Magnetfeld *(n)* ♦ *nastro magnetico* Magnetband *(n)*.
magnificenza *(f)* ~ Pracht *(f)*, Prunk *(m)*.
magnifico *(agg)* ~ großartig, herrlich.
magno *(agg)* ~ *(stor)* der Große ♦ *Carlo Magno* Karl der Große.
magnolia *(f)* ~ *(bot)* Magnolie *(f)*.
mago *(m; f* **-a***)* ***1*** Zauberer *(m; f* -in*)*. ***2*** *(fig)* Zauberkünstler *(m; f* -in*)*.
magrezza *(f)* ~ Magerkeit *(f)*.
magro *(agg)* ***1*** *(snello)* mager, dünn, schlank. ***2*** *(alimento)* fettarm, mager.
mah *(esclam)* ~ tja.
mai *(avv)* ***1*** nie, niemals ♦ *questo non l'ho mai detto* das habe ich nie gesagt. ***2*** *(ancora)* noch nie ♦ *non sono mai stato in Russia* ich war noch nie in Russland ♦ *una cosa del genere non l'avevo mai sentita* so etwas hatte ich noch nie gehört. ***3*** *(qualche volta)* jemals ♦ *sei mai stato a Berlino?* warst du jemals in Berlin? ***4*** *(rafforzativo)* je ♦ *questo è il più bel libro che io abbia mai letto* das ist das schönste Buch, das ich je gelesen habe. ◆ **adesso o mai più** jetzt oder nie. ◆ **mai e poi mai!** nie im Leben!, nie und nimmer! ◆ **mai più** nie mehr, nie wieder ♦ *non voglio rivederlo mai più* ich will ihn nie wieder sehen. ◆ **più che mai** mehr denn/als je (zuvor) ♦ *più bello che mai* schöner denn je. ◆ **ora più che mai** nun erst recht. ◆ **ora meno che mai** nun erst recht nicht. ◆ **meglio tardi che mai** besser spät als nie.
maiale *(m)* ***1*** Schwein *(n)* *(anche fig/volg)*. ***2*** *(carne di maiale)* Schweinefleisch *(n)*.
maionese *(f)* ~ Majonäse *(f)*.
mais *(m)* ~ *(bot)* Mais *(m)*.
maiuscola *(f)* ~ Großbuchstabe *(m)*.
maiuscolo *(agg)* ~ groß*, großgeschrieben. ◆ **scrivere maiuscolo** groß|schreiben*.
make-up *(m)* ~ *(trucco)* Schminke *(f)*.
malafede *(f)* ~ **in malafede** böswillig.
malalingua *(f)* ~ *(persona maldicente)* böse Zunge *(f)*.
malandato *(agg)* ***1*** heruntergekommen. ***2*** *(logoro, consunto)* schäbig.
malanno *(m)* ~ Krankheit *(f)*.
malapena ~ **a malapena** kaum *(avv)*, schwerlich *(avv)*.
malaria *(f)* ~ *(med)* Malaria *(f)*.
malaticcio *(agg)* ~ kränklich.
malato[1] *(agg)* ***1*** krank* ♦ *è malata* sie ist krank ♦ *essere a letto malato* krank im Bett liegen ♦ *malato mentale* geisteskrank ♦ *malato di cuore* herzkrank. ***2*** *(aspetto)* ungesund.
malato[2] *(m; f* **-a***)* ~ Kranke(r) *(m/f)* ♦ *malato grave* Schwerkranke(r) ♦ *malato di cuore* Herzkranke(r).
malattia *(f)* ***1*** Krankheit *(f)* ♦ *malattia venerea* Geschlechtskrankheit ♦ *soffrire di una malattia* an einer Krankheit leiden ♦ *guarire da una malattia* von einer Krankheit genesen. ***2*** *(stato di malattia)* Erkrankung *(f)*.
malaugurato *(agg)* ~ verhängnisvoll.
malavita *(f)* ~ Unterwelt *(f)*.
malcostume *(m)* ***1*** Unsitte *(f)*. ***2*** *(amministrativo e sim)* Missstand *(m)*.
maldestro *(agg)* ~ ungeschickt.
maldicente *(agg)* ~ lästerlich.
maldicenza *(f)* ~ Lästern *(n)*, Nachrede *(f)*.
maldisposto *(agg)* ~ übel gesinnt.
male[1] *(avv)* ***1*** übel, schlecht, schlimm ♦ *sentirci male* schlecht hören ♦ *sta male (di salute)* es geht ihm schlecht ♦ *un lavoro fatto male* eine schlecht gemachte Arbeit ♦ *comportarsi male* sich schlimm benehmen. ***2*** *(erroneamente)* falsch ♦ *ho capito male* ich habe falsch verstanden. ◆ **fare male** weh|tun* *(vi*, hat*)* ♦ *mi fa male un dente* mir tut ein Zahn weh. ◆ **non c'è male** einigermaßen ♦ *"Come va?" "Non c'è male"* „Wie geht's?" „Einigermaßen". ◆ **andare a male** *(marcire)* verderben *(vi*, ist*)*, faulen *(vi*, ist/hat*)*. ◆ **aversene a male** übel nehmen* ♦ *se ne è avuto a male che* er hat es übel genommen, dass ♦ *non avertene a male, ma…* nimm es mir nicht übel, aber…
male[2] *(m)* ***1*** Übel *(n)*, Böse *(n)* ♦ *il male minore* das kleinere Übel ♦ *nel bene e nel male* im Guten wie im Bösen. ***2*** *(malattia)* Krankheit *(f)*. ***3*** *(dolore)* Schmerz *(m)*, Weh *(n)*. ◆ **mal di mare** Seekrankheit *(f)*. ◆ **dire, fare qcs di male** etwas Böses sagen, tun*.

maledetto *(agg)* ~ verflucht, verdammt ♦ *dov'è quella maledetta lettera?* wo ist der verdammte Brief?
maledire *(vt)* ~ verdammen *(vt)*, verfluchen *(vt)*.
maledizione *(f)* ~ Fluch *(m)* ♦ *una maledizione grava su questa famiglia* ein Fluch lastet auf dieser Familie. ◆ **maledizione!** verwünscht!, verdammt noch mal!
maleducato[1] *(agg)* ~ ungezogen.
maleducato[2] *(m)* ~ Flegel *(m)*.
maleducazione *(f)* ~ Ungezogenheit *(f)*.
malerba *(f)* ~ Unkraut *(n)*.
maleficio *(m)* ~ Hexerei *(f)*.
malefico *(agg)* ~ unheilvoll.
malessere *(m)* ***1*** Übelkeit *(f)*. ***2*** *(disagio)* Unbehagen *(n)*.
malevolo *(agg)* ~ boshaft, hämisch.
malfamato *(agg)* ~ anrüchig.
malfattore *(m; f* **-trice***)* ~ Übeltäter *(m; f* -in*)*.
malfermo *(agg)* ~ wack(e)lig, unsicher ♦ *è malfermo sulle gambe* er ist unsicher auf den Beinen.
malformazione *(f)* ~ Missbildung *(f)*.
malgrado[1] *(congiunz)* ~ obwohl ♦ *malgrado mi faccia pena* obwohl er mir leid tut. ◆ **mio** (**tuo**, **suo...**) **malgrado** gegen meinen (deinen, seinen...) Willen.
malgrado[2] *(prep)* ~ trotz *(prep + Gen; + Dat se il Gen non è marcato)* ♦ *malgrado la pioggia* trotz des Regens.
malia *(f)* ~ Zauber *(m)*.
malignità *(f)* ~ Bosheit *(f)*.
maligno *(agg)* ***1*** *(perfido)* boshaft, hämisch. ***2*** *(med)* bösartig.
malinconia *(f)* ~ Melancholie *(f)*, Schwermut *(f)*, Trübsinn *(m)*.
malinconico *(agg)* ~ melancholisch, schwermütig.
malincuore ~ **a malincuore** schweren Herzens.
malintenzionato *(agg)* ~ böswillig.
malinteso *(m)* ~ Missverständnis *(n)*.
malizia *(f)* ~ Arglist *(f)*. ◆ **senza malizia** arglos.
malizioso *(agg)* ~ arglistig.
malleabile *(agg)* ~ formbar.
malleolo *(m)* ~ *(anat)* Knöchel *(m)*.
malloppo *(m)* ***1*** Bündel *(n)*. ***2*** *(fig)* Beute *(f)*.
mallevadore *(m)* ~ Bürge *(m)*.
malleveria *(f)* ~ Bürgschaft *(f)*.
malmenare *(m)* ~ verprügeln *(vt)*.
malnutrito *(agg)* ~ unterernährt.
malnutrizione *(f)* ~ Unterernährung *(f)*.
malora *(f)* ~ Verderben *(n)*. ◆ **alla malora!** zum Teufel!
malore *(m)* ~ Unwohlsein *(n)*.
malridotto *(agg)* ~ heruntergekommen.
malriuscito *(agg)* ~ misslungen, plump.
malta *(f)* ~ *(calcina)* Mörtel *(m)*.
maltempo *(m)* ~ Unwetter *(n)*.
malto *(m)* ~ *(d'orzo)* Malz *(n)*.
maltrattamento *(m)* ~ Misshandlung *(f)*.
maltrattare *(vt)* ~ misshandeln *(vt)*.
malumore *(m)* ***1*** Missmut *(m)*, schlechte Laune *(f)*. ***2*** *(irritazione)* Verstimmung *(f)*. ◆ **di malumore** missgelaunt *(agg)*.
malvagio *(agg)* ***1*** *(persona)* böse, schlecht. ***2*** *(azione)* schlimm.
malvagità *(f)* ~ Bosheit *(f)*, Schlechtigkeit *(f)*.
malversazione *(f)* ~ Veruntreuung *(f)*.
malvisto *(agg)* ~ unbeliebt.
malvivente *(m/f)* ~ Verbrecher *(m; f* **-in***)*.
malvolentieri *(avv)* ~ ungern.
mamma *(f)* ~ Mama *(f)*, Mutti *(f)*.
mammella *(f)* ***1*** *(anat)* Brust *(f)*. ***2*** *(di animali)* Zitze *(f)*.
mammifero *(m)* ~ Säugetier *(n)*.
manager *(m)* ~ Manager *(m; f* -in*)*.
mancanza *(f)* ***1*** Mangel *(m)* ♦ *la mancanza di energie, di forza lavoro* der Mangel an Energie, an Arbeitskräften. ***2*** *(errore)* Fehler *(m)*. ◆ **per mancanza di** mangels *(prep + Gen; + Dat se il Gen non è marcato)*; aus Mangel an etwas *(Dat)* ♦ *per mancanza di denaro* mangels Geldmitteln. ◆ **sentire la mancanza di qcn** jmdn vermissen.
mancare[1] *(vi)* ***1*** *(essere assente)* fehlen *(vi, hat)* ♦ *mancare a scuola* in der Schule fehlen ♦ *manca un pezzo del puzzle* ein Teil von dem Puzzle fehlt. ***2*** *(fare difetto a qcn)* {~ *a qcn*} jmdm fehlen *(vi, hat)*; jmdm an etwas *(Dat)* fehlen *(impers)*, mangeln *(impers)* ♦ *gli manca il coraggio* ihm fehlt der Mut/es fehlt ihm an Mut ♦ *mi manca solo il tuo numero di telefono* mir fehlt nur noch deine Telefonnummer. ***3*** *(sentire la mancanza)* {~ *a qcn*}

jmdm fehlen *(vi,* hat*)*, jmdn vermissen *(vt)* ♦ *mi mancherai* du wirst mir fehlen/ich werde dich vermissen. ***4*** *(non esserci)* {~ *a qcs*} etwas versäumen *(vt)* ♦ *mancare alla lezione* den Unterricht versäumen. ***5*** *(spazio, tempo)* sein* *(vi,* ist*)*, fehlen *(vi,* hat*)* ♦ *mancano tre chilometri, venti minuti all'arrivo* es sind noch drei Kilometer, zwanzig Minuten bis wir ankommen ♦ *manca poco* es fehlt nicht viel. ***6*** *(luce, acqua)* aus|fallen* *(vi,* hat*)* ♦ *è mancata la luce* der Strom ist ausgefallen. ◆ **ci è mancato poco che** es fehlte nicht viel, und *(impers)* ♦ *ci è mancato poco che non perdessi il treno* es fehlte nicht viel, und ich hätte den Zug verpasst. ◆ **non farsi mancare niente** sich *(Dat)* nichts abgehen lassen.

mancare[2] *(vt)* ~ *(bersaglio, obiettivo)* verfehlen *(vt)*.

manche *(f)* ~ *(sport)* Durchgang *(m)*.

mancia *(f)* ~ Trinkgeld *(n)*.

manciata *(f)* ~ Hand *(f)* voll ♦ *una manciata di noci* eine Hand voll Nüsse.

mancino[1] *(agg)* ~ linkshändig.

mancino[2] *(m; f* **-a***)* ~ Linkshänder *(m; f* -in*)*.

mandante *(m/f)* ***1*** Auftraggeber *(m)*. ***2*** *(dir)* Mandant *(m; f* -in*)*.

mandare *(vt)* ***1*** schicken *(vt)*, senden* *(vt)* ♦ *le ho mandato un pacchetto, una lettera* ich habe ihr ein Paket, einen Brief geschickt ♦ *mandare un bambino a scuola* ein Kind in die Schule schicken ♦ *mandare qcn a casa, in camera sua* jmdn nach Hause, in sein Zimmer schicken. ***2*** *(emettere)* aus|stoßen* *(vt)*; aus|strahlen *(vt)* ♦ *mandare un sospiro* einen Seufzer ausstoßen ♦ *il focolare manda calore* der Herd strahlt Wärme aus. ◆ **mandare via qcn** jmdn weg|schicken *(vt)*. ◆ **mandare giù** hinunter|schlucken *(vt) (anche fig)* ♦ *mandar giù un'offesa* eine Beleidigung hinunterschlucken. ◆ **mandar avanti qcs** mit etwas weiter|machen *(vi,* hat*)*. ◆ **mandare avanti qcn** jmdn voraus|schicken *(vt)*.

mandarino *(m)* ***1*** *(frutto)* Mandarine *(f)*. ***2*** *(albero)* Mandarinenbaum *(m)*.

mandata *(f)* ~ *(di chiave)* Umdrehung *(f)*.

mandato *(m)* ~ Mandat *(n)*. ◆ **mandato d'arresto** Haftbefehl *(m)*.

mandibola *(f)* ~ Unterkiefer *(m)*.

mandorla *(f)* ~ Mandel *(f)*. ◆ **occhi a mandorla** Mandelaugen *(pl)*.

mandorlo *(m)* ~ Mandelbaum *(m)*.

mandria *(f)* ~ Herde *(f)*.

maneggevole *(agg)* ~ handlich, wendig.

maneggevolezza *(f)* ~ Wendigkeit *(f)*.

maneggiare *(vt)* ~ {~ *qcs*} mit etwas hantieren *(vi,* hat*)*, etwas handhaben *(vt)*.

maneggio *(m)* ***1*** *(di strumenti e sim)* Handhabung *(f)*. ***2*** *(di cavalli)* Reitbahn *(f)*.

manesco *(agg)* ~ handgreiflich.

manette *(f pl)* ~ Handschellen *(pl)* ♦ *mettere le manette a qcn* jmdm Handschellen anlegen.

manganello *(m)* ~ Knüppel *(m)*.

mangiabile *(agg)* ~ essbar.

mangianastri *(m)* ~ Kassettenspieler *(m)*.

mangiare[1] *(vt)* ***1*** essen* *(vt)* ♦ *mangiare poco, molto* viel, wenig essen. ***2*** *(di animali)* fressen* *(vt)* ♦ *i polli mangiano il granturco* Hühner fressen Mais. ***3*** *(corrodere)* zerfressen* *(vi,* hat*)* ♦ *la ruggine mangia il ferro* Rost zerfrisst das Eisen. ***4*** *(a scacchi, a dama)* schlagen* *(vt)*. ◆ **dare da mangiare a** *(animali)* füttern *(vt)* ♦ *dar da mangiare ai polli* die Hühner füttern.

mangiare[2] *(m)* ~ Essen *(n)* ♦ *far da mangiare* das Essen kochen/machen.

mangiatoia *(f)* ~ Futterkrippe *(f)*.

mangime *(m)* ~ Futter *(n)*.

mangiucchiare *(vt/vi)* ~ {~ *qcs*} etwas/von etwas naschen *(vt/vi,* hat*)*.

mania *(f)* ~ Manie *(f)*. ◆ **mania di grandezza** Größenwahn *(m)*.

maniaco *(m; f* **-a***)* ***1*** Wahnsinnige *(m/f)*. ***2*** *(fig)* Fanatiker *(m; f* -in*)*.

manica *(f)* ~ Ärmel *(m)* ♦ *maniche corte, lunghe* kurze, lange Ärmel ♦ *rimboccarsi le maniche (fig)* sich *(Dat)* die Ärmel hochkrempeln. ◆ **a maniche lunghe, corte** langärm(e)lig, kurzärm(e)lig *(agg)*. ◆ **manica a vento** Windsack *(m)*.

manichino *(m)* ~ Puppe *(f)*; *(da vetrina)* Schaufensterpuppe *(f)*.

manico *(m)* ***1*** Griff *(m)*. ***2*** *(impugnatura)* Henkel *(m)* ♦ *il manico di una tazza, di un secchio* der Henkel einer Tasse, eines Eimer. ***3*** *(sottile)* Stiel *(m)* ♦ *manico di* *scopa* Besenstiel. **4** *(di strumenti a corda)* Hals *(m)*.

manicomio *(m)* ~ Irrenhaus *(n)*.

manicotto *(m)* ~ *(tecn)* Muffe *(f)*.

manicure *(f)* ~ Maniküre *(f)*.

maniera *(f)* ***1*** Weise *(f)*, Art *(f)*, Art und Weise ♦ *in varia maniera* auf verschiedene Art (und Weise) ♦ *in nessuna maniera* auf keine Weise ♦ *nella solita maniera* in gewohnter Weise. **2** *(pl) (educazione)* Manier *(f)* ♦ *buone, cattive maniere* gute, schlechte Manieren.

manifattura *(f)* ~ Manufaktur *(f)*.

manifestante *(m/f)* ~ Demonstrant *(m; f -in)*.

manifestare[1] *(vi)* ~ *(partecipare a una manifestazione)* demonstrieren *(vi, hat)*.

manifestare[2] *(vt)* ***1*** *(esprimere)* äußern *(vt)*, aus|drücken *(vt)*, bezeigen *(vt)* ♦ *manifestare un'opinione* eine Meinung äußern. **2** *(mostrare)* zeigen *(vt)* ♦ *manifestare a qcn il proprio amore* jmdm seine Liebe zeigen.

manifestarsi *(vr)* ***1*** sich äußern *(vr)* ♦ *la malattia si manifesta con febbre alta* die Krankheit äußert sich durch hohes/in hohem Fieber. **2** *(comparire, presentarsi)* auf|treten* *(vi, ist)*.

manifestazione *(f)* ***1*** *(espressione)* Bezeigung *(f)*. **2** *(comparsa)* Auftreten *(n)*. **3** *(spettacolo)* Veranstaltung *(f)*. **4** *(corteo)* Demonstration *(f)*, Demo *(f)*.

manifesto[1] *(agg)* ~ offensichtlich.

manifesto[2] *(m)* ***1*** Plakat *(n)*, Poster *(n/m)*. **2** *(annuncio appeso)* Anschlag *(m)*.

maniglia *(f)* ***1*** *(della porta)* Türklinke *(f)*. **2** *(di auto)* Türgriff *(m)*.

manipolare *(vt)* ***1*** *(materiali)* kneten *(vt)* ♦ *manipolare l'argilla* Ton kneten. **2** *(alterare)* manipulieren *(vt)*.

manipolo *(m)* ~ Hand *(f)* voll ♦ *un manipolo di persone* eine Hand voll Leute.

maniscalco *(m)* ~ Hufschmied *(m)*.

manna *(f)* ~ Himmelsbrot *(n)*.

mannaia *(f)* ~ Richtbeil *(n)*.

mano *(f)* ***1*** Hand *(f)* ♦ *la mano sinistra, destra* die linke, rechte Hand ♦ *dare, stringere la mano a qcn* jmdm die Hand geben, schütteln ♦ *prendere per mano qcn* jmdn an die Hand nehmen ♦ *scrivere a mano* mit der Hand schreiben ♦ *mettere le mani su qcs* die Hand auf etwas *(Acc)* legen ♦ *cadere/finire nelle mani di qcn* jmdm in die Hände fallen/geraten ♦ *essere in buone mani* in guten Händen sein. **2** *(di vernice)* Anstrich *(m)*. **3** *(nei giochi di carte)* Runde *(f)*; Blatt *(n)* ♦ *fare una mano* eine Runde spielen ♦ *avere una buona mano* ein gutes Blatt haben. ◆ **fatto, lavorato a mano** handgemacht *(agg)*, handgearbeitet *(agg)*. ◆ **mani in alto!** Hände hoch! ◆ **di prima, seconda mano** aus erster, zweiter Hand. ◆ **a mano libera** freihändig *(agg/avv)*. ◆ **alla mano** *(semplice)* schlicht *(agg)*. ◆ **dare una mano in qcs** *(aiutare)* bei etwas mithelfen* *(vi, hat)* ♦ *dai una mano anche tu?* hilfst du auch mit? ◆ **fuori mano** *(agg/avv)* entlegen. ◆ **andare contro mano** in Gegenrichtung fahren*. ◆ **stare con le mani in mano** die Hände in den Schoß legen. ◆ **a portata di mano** bei der Hand.

manodopera *(f)* ~ Arbeitskräfte *(pl)* ♦ *abbiamo bisogno di nuova manodopera* wir brauchen neue Arbeitskräfte.

manopola *(f)* ~ Drehknopf *(m)*.

manoscritto[1] *(agg)* ~ handschriftlich.

manoscritto[2] *(m)* ~ Handschrift *(f)*, Manuskript *(n)*.

manovale *(m)* ~ Hilfsarbeiter *(m)*.

manovella *(f)* ~ Kurbel *(f)*.

manovra *(f)* ***1*** Manöver *(n) (anche mil)*. **2** *(provvedimenti)* Maßnahme *(f)*. **3** *(pl) (macchinazioni)* Machenschaften *(pl)*. ◆ **fare manovra** manövrieren *(vt)*.

manovrabile *(agg)* ~ wendig.

manovrare *(vt)* ***1*** *(macchine, attrezzi)* bedienen *(vt)*. **2** *(veicoli)* manövrieren *(vt)*. **3** *(naut/aeron)* steuern *(vt)*.

mansarda *(f)* ~ Mansarde *(f)*.

mansione *(f)* ~ Aufgabe *(f)*.

mansueto *(agg)* ***1*** *(mite)* sanft. **2** *(animali)* zahm.

mansuetudine *(f)* ***1*** *(mitezza)* Sanftheit *(f)*, Milde *(f)*. **2** *(animali)* Zahmheit *(f)*.

mantello *(m)* ***1*** Umhang *(m)*, Mantel *(m)*. **2** *(pelo, pelliccia)* Fell *(n)*.

mantenere *(vt)* ***1*** *(portare avanti)* erhalten* *(vt)*, ein|halten* *(vt)*, aufrecht|erhalten ♦ *mantenere la rotta* den Kurs einhalten ♦ *mantenere un'amicizia* eine Freundschaft aufrechterhalten. **2** *(conservare)* behalten* *(vt)* ♦ *mantenere il buonumore* seine gute Laune behalten ♦ *mantenere un lavoro* einen Job behalten. **3** *(custodire)* wahren *(vt)*, bewahren *(vt)* ♦ *mantenere un segreto* ein Geheimnis wahren ♦ *mantenere il silenzio su qcs* über etwas *(Acc)* Stillschweigen bewahren ♦ *mantenere il sangue freddo* einen klaren/kühlen Kopf bewahren. **4** *(finanziariamente)* unterhalten* *(vt)*; *(fam/spreg)* aus|halten* *(vt)*. ◆ **mantenere una promessa** ein Versprechen halten.

mantenersi *(vr)* ~ sich halten* *(vr)*, bleiben *(vi, ist)* ♦ *mantenersi bene* sich gut halten ♦ *il tempo si mantiene bello* das Wetter bleibt schön.

mantenimento *(m)* **1** *(conservazione)* Erhaltung *(f)*. **2** *(sostentamento)* Unterhalt *(m)*.

mantice *(m)* **1** Gebläse *(n)*. **2** *(mus)* Balg *(m)*.

manto *(m)* **1** Mantel *(m)*. **2** *(strato)* Decke *(f)*. ◆ **manto erboso** Grasboden *(m)*. ◆ **manto stradale** Straßenpflaster *(n)*.

manuale[1] *(agg)* ~ manuell, Hand- ♦ *lavoro manuale* Handarbeit *(f)* ♦ *lavoratore manuale* Handarbeiter *(m; f -in)* ♦ *funzionamento manuale* Handbetrieb *(m)*.

manuale[2] *(m)* ~ Handbuch *(n)*.

manualità *(f)* ~ Handfertigkeit *(f)*.

manualmente *(avv)* ~ manuell.

manubrio *(m)* ~ Lenker *(m)*, Lenkstange *(f)*.

manufatto *(m)* ~ Manufaktur *(f)*.

manutenzione *(f)* ~ Wartung *(f)*. ◆ **curare la manutenzione di qcs** etwas in Stand halten* *(vt)*, etwas warten *(vt)*.

manzo *(m)* **1** *(zool)* Rind *(n)*. **2** *(carne)* Rinde *(f)*, Rindfleisch *(n)*.

maomettano[1] *(agg)* ~ mohammedanisch.

maomettano[2] *(m; f* **-a***)* ~ Mohammedaner *(m; f -in)*.

mappa *(f)* ~ Karte *(f)*, Plan *(m)*.

mappamondo *(m)* ~ Globus *(m)*.

maratona *(f)* ~ *(sport)* Marathonlauf *(m)*.

maratoneta *(m/f)* ~ Marathonläufer *(m; f -in)*.

marca *(f)* **1** *(di prodotti)* Marke *(f)*. **2** *(da bollo)* Stempelmarke *(f)*.

marcare *(vt)* **1** *(contrassegnare)* markieren *(vt)*, kennzeichnen *(vt)*, zeichnen *(vt)*. **2** *(sport)* schießen* *(vi, hat)*.

marcato *(agg)* **1** markiert. **2** *(spiccato)* ausgeprägt.

marchese *(m; f* **-a***)* ~ Marquis *(m; f -e)*.

marchiare *(vt)* **1** *(animali)* ein|brennen* *(vt)*. **2** *(bollare)* brandmarken *(vt)*.

marchio *(m)* **1** Zeichen *(n)* ♦ *marchio di fabbrica* Markenzeichen, Warenzeichen ♦ *marchio registrato* eingetragenes Warenzeichen. **2** *(su metalli)* Stempel *(m)*.

marcia *(f)* **1** Marsch *(m)* *(anche mil/mus)* ♦ *intraprendere una marcia* einen Marsch antreten. **2** *(di auto)* Gang *(m)* ♦ *mettere/ingranare la marcia* den Gang einlegen. **3** *(sport)* Gehen *(n)*. ◆ **tabella di marcia** Zeitplan *(m)*. ◆ **cambiare marcia** um|schalten. ◆ **fare marcia indietro** rückwärts fahren*.

marciapiede *(m)* **1** Bürgersteig *(m)*, Gehweg *(m)*. **2** *(stazione)* Bahnsteig *(m)*.

marciare *(mil)* marschieren *(vi, ist)* ♦ *marciare al passo* im Gleichschritt marschieren.

marcio[1] *(agg)* **1** verfault, faul *(anche fig)* ♦ *frutta marcia* faules Obst ♦ *un puzzo di marcio* ein fauler Geruch. **2** *(legno, stoffa, ecc)* morsch, mürb(e). ◆ **di marcio** faul *(avv)* ♦ *puzzare, sapere di marcio* faul riechen, schmecken.

marcio[2] *(m)* ~ Fäulnis *(f)*.

marcire *(vi)* ~ verfaulen *(vi, ist)*, verrotten *(vi, ist)*, faul werden* *(vi, ist)*.

marciume *(m)* ~ Fäulnis *(f)*.

marco *(m)* ~ *(moneta)* Mark *(f)*.

marconista *(m)* ~ Funker *(m)*.

mare *(m)* **1** Meer *(n)*, See *(f)* ♦ *uscire in mare aperto* auf das offene Meer hinausfahren ♦ *nuotare nel mare* im Meer schwimmen ♦ *in agosto andiamo al mare* im August fahren wir ans Meer ♦ *in alto mare* auf hoher See/auf Hochsee ♦ *il Mar Morto* das Tote Meer ♦ *Mar del Nord* Nordsee. **2** *(fig)* Meer *(n)*, Menge *(f)* ♦ *un mare di lacrime* ein Meer von Tränen/eine Menge Tränen. ◆ **via mare** auf dem Wasserweg.

marea *(f)* ~ Gezeiten *(pl)*. ◆ **bassa marea** Ebbe *(f)*. ◆ **alta marea** Flut *(f)*.

mareggiata *(f)* ~ Sturmflut *(f)*.

maremoto *(m)* ~ Seebeben *(n)*.

maresciallo *(m)* ***1*** *(sottufficiale)* Feldwebel *(m)*. ***2*** *(stor)* Marschall *(m)*.
margarina *(m)* ~ Margarine *(f)*.
margherita *(f)* ~ *(bot)* Margerite *(f)*. ◆ **margherita di campo** Gänseblümchen *(n)*.
marginale *(agg)* ***1*** Rand- ♦ *zona marginale* Randgebiet. ***2*** *(secondario)* nebensächlich. ◆ **essere marginale** am Rand(e) liegen*.
marginalmente *(avv)* ~ *(a margine)* am Rand(e) ♦ *citare qcs marginalmente* etwas am Rand(e) erwähnen.
margine *(m)* ~ *(bordo, estremità)* Rand *(m)* ♦ *sul margine della pagina* am Rand der Seite/am Seitenrand ♦ *ai margini della città* am Rand der Stadt.
marijuana *(f)* ~ Marihuana *(n)*.
marina *(f)* ***1*** *(costa)* Küste *(f)*. ***2*** *(civile o militare)* Marine *(f)*. ◆ **essere in marina** zur See fahren. ◆ **tenente di marina** Leutnant zur See.
marinaio *(m)* ***1*** Seemann *(m)*. ***2*** *(mil)* Matrose *(m)*.
marinare *(vt)* ***1*** *(gastr)* marinieren *(vt)*. ***2*** *(la scuola)* schwänzen *(vt)*, blau|machen *(vt)*.
marinata *(f)* ~ *(gastr)* Marinade *(f)*.
marino *(agg)* ~ See- ♦ *uccello marino* Seevogel *(m)*.
marionetta *(f)* ~ Marionette *(f)*. ◆ **teatro delle marionette** Puppenspiel *(n)*.
marito *(m)* ~ Ehemann *(m)*, Mann *(m)*.
marittimo *(agg)* ~ See- ♦ *porto marittimo* Seehafen *(m)*.
marmaglia *(f)* ~ Gesindel *(n)*.
marmellata *(f)* ~ Marmelade *(f)*.
marmista *(m)* ~ Marmorschleifer *(m)*.
marmitta *(f)* ~ Auspufftopf *(m)*. ◆ **marmitta catalitica** Katalysator *(m)*.
marmo *(m)* ~ Marmor *(m)*.
marmotta *(f)* ~ *(zool)* Murmeltier *(n)*.
marrone[1] *(agg)* ~ *(castano)* braun.
marrone[2] *(m)* ~ *(colore)* Braun *(n)*.
marrone[3] *(m)* ~ *(bot)* Marone *(f)*.
marsupiali *(m pl)* ~ Beuteltier *(n)*.
marsupio *(m)* ~ *(zool)* Beutel *(m)*.
Marte *(m)* ~ *(astron)* Mars *(m)*.
martedì *(m)* ~ Dienstag *(m)* *(vedi anche* **domenica***)*. ◆ **martedì grasso** Fastnacht *(f)*.
martellare[1] *(vi)* ~ hämmern *(vi*, hat*)* *(anche di cuore, pulsazioni, ecc)*.
martellare[2] *(vt)* ***1*** *(lavorare con il martello)* hämmern *(vt)*. ***2*** *(fig)* {~ *qcn con qcs*} jmdn mit etwas überhäufen *(vt)*.
martellata *(f)* ~ Hammerschlag *(m)*.
martello *(m)* ~ Hammer *(m)* *(anche sport)* ♦ *martello pneumatico* Presslufthammer.
martire *(m/f)* ~ Märtyrer *(m; f* -in*)*.
martirio *(m)* ***1*** Martyrium *(n)*. ***2*** *(tormento)* Qual *(f)*.
martora *(f)* ~ *(zool)* Marder *(m)*.
martoriare *(vt)* ***1*** martern *(vt)*. ***2*** quälen *(vt)*.
marxismo *(m)* ~ Marxismus *(m)*.
marxista[1] *(agg)* ~ marxistisch.
marxista[2] *(m/f)* ~ Marxist *(m; f* -in*)*.
marzapane *(m)* ~ Marzipan *(n)*.
marziale *(agg)* ~ militärisch. ◆ **corte marziale** Kriegsgericht *(n)*.
marziano *(m)* ***1*** *(di Marte)* Marsbewohner *(m)*. ***2*** *(extraterrestre)* außerirdisches Wesen *(n)*.
marzo *(m)* ~ März *(m)* ♦ *a marzo* im März.
mascalzone *(m)* ~ Halunke *(m)*.
mascella *(f)* ~ *(anat)* Kiefer *(m)*.
maschera *(f)* ***1*** Maske *(f)* *(anche fig)* ♦ *dietro la maschera dell'amicizia* unter der Maske der Freundschaft ♦ *maschera a ossigeno* Sauerstoffmaske ♦ *maschera antigas* Gasmaske. ***2*** *(costume)* Karnevalkostüm *(n)*. ***3*** *(al cinema e sim)* Platzanweiser *(m; f* -in*)*. ◆ **ballo in maschera** Maskenball *(m)*.
mascherare *(vt)* ***1*** maskieren *(vt)* *(anche fig)*. ***2*** *(travestire)* verkleiden *(vt)*. ***3*** *(sentimenti)* überspielen *(vt)*, verschleiern *(vt)*. ***4*** *(qcs di sbagliato, spiacevole, ecc)* beschönigen *(vt)*.
mascherarsi *(vr)* ~ {~ *da qcs*} sich als etwas maskieren *(vr)*, verkleiden *(vr)*.
maschile[1] *(agg)* ***1*** *(da uomo)* männlich, Männer- ♦ *lavori maschili* männliche Arbeiten ♦ *voce maschile* Männerstimme. ***2*** *(moda/sport)* Herren- ♦ *abito maschile* Herrenanzug. ***3*** *(gramm)* männlich, maskulin.
maschile[2] *(m)* ~ *(gramm)* Maskulinum *(n)*.
maschio[1] *(agg)* ~ *(maschile)* männlich ♦ *animale maschio* männliches Tier.

maschio² *(m)* ***1*** Mann *(m)*. ***2*** *(ragazzo)* Junge *(m)*. ***3*** *(figlio maschio)* Junge *(m)*, Sohn *(m)* ♦ *ha avuto un maschio* sie hat einen Jungen bekommen. ***4*** *(di animali)* Männchen *(n)*.

mascolinità *(f)* ~ Männlichkeit *(f)*.

mascolino *(agg)* ~ maskulin.

mascotte *(f)* ~ Maskottchen *(n)*.

massa *(f)* ***1*** Masse *(f)* *(anche fis)*. ***2*** *(folla)* Menge *(f)*, Masse *(f)*. ◆ **in massa** in Massen, massenhaft *(agg)* ♦ *gli spettatori vennero in massa* die Zuschauer kamen in Massen.

massacrante *(agg)* ~ strapaziös.

massacrare *(vt)* ~ massakrieren *(vt)*.

massacro *(m)* ~ Massaker *(f)*.

massaggiare *(vt)* ~ massieren *(vt)*.

massaggiatore *(m; f* **-trice***)* ~ Masseur *(m; f* -in*)*.

massaggio *(m)* ~ Massage *(f)* ♦ *massaggio cardiaco* Herzmassage.

massaia *(f)* ~ Hausfrau *(f)*.

massicciata *(f)* ***1*** Bettung *(f)*. ***2*** *(di binari)* Gleisbett *(n)*.

massiccio¹ *(agg)* ~ massiv, massig ♦ *oro massiccio* massives Gold.

massiccio² *(m)* ~ *(roccioso)* Felsmassiv, Massiv *(n)*.

massima *(f)* ~ *(motto, sentenza)* Spruch *(m)*.

massimo¹ *(agg)* ~ maximal, größte(r), höchste(r), Höchst- ♦ *età massima* Höchstalter ♦ *velocità massima* Höchstgeschwindigkeit ♦ *con mia massima soddisfazione* zu meiner höchsten Zufriedenheit ♦ *la capacità massima di un cinema* das maximale Fassungsvermögen eines Kinos. ◆ **peso massimo** *(sport)* Schwergewichtler *(m; f* -in*)*. ◆ **dare il massimo** sein Bestes geben*. ◆ **al massimo** höchstens *(avv)* ♦ *avrà al massimo quarant'anni* er ist höchstens vierzig Jahre alt.

massimo² *(m)* ~ Höchst- ♦ *ricevere il massimo dei voti* die Höchstnote bekommen.

mass-media *(m pl)* ~ Massenmedien *(pl)*.

masso *(m)* ~ Felsblock *(m)*, Steinblock *(m)*. ◆ **caduta di massi** Steinschlag *(m)*.

massone *(m)* ~ Freimaurer *(m)*.

massoneria *(f)* ~ Freimaurerei *(f)*.

mastello *(m)* ~ Bütte *(f)*.

masterizzatore *(m)* ~ *(elab)* CD-Brenner *(m)*.

masticare *(vt)* ~ kauen *(vt)*.

mastice *(m)* ~ Kitt *(m)*.

mastodontico *(agg)* ~ kolossal.

mastro *(m)* ~ *(artigiano)* Meister *(m; f* -in*)*.

masturbarsi *(vr)* ~ sich befriedigen *(vr)*.

masturbazione *(f)* ~ Masturbation *(f)*, Selbstbefriedigung *(f)*.

matassa *(f)* ~ Strang *(m)*.

matematica *(f)* ~ Mathematik *(f)*.

matematico¹ *(agg)* ~ mathematisch.

matematico² *(m)* ~ Mathematiker *(m)*.

materassino *(m)* ~ *(gonfiabile)* Luftmatratze *(f)*.

materasso *(m)* ~ Matratze *(f)*.

materia *(f)* ***1*** Stoff *(m)*, Materie *(f)*. ***2*** *(disciplina)* Fach *(n)*, Schulfach *(n)*. ***3*** *(argomento)* Thema *(n)*, Stoff *(m)*. ◆ **materia prima** Rohmaterial *(n)*, Rohstoff *(m)*.

materiale¹ *(agg)* ~ materiell, stofflich, dinglich.

materiale² *(m)* ~ Material *(n)* ♦ *materiale da disegno* Material zum Zeichnen.

materializzarsi *(vr)* ~ konkret werden* *(vi, ist)*.

maternità *(f)* ***1*** *(l'essere madre)* Mutterschaft *(f)*. ***2*** *(sentimento materno)* Mütterlichkeit *(f)*. ***3*** *(reparto di ospedale)* Entbindungsabteilung *(f)*.

materno *(agg)* ***1*** mütterlich. ***2*** *(da parte di madre)* mütterlicherseits *(avv)* ♦ *i miei nonni materni* meine Großeltern mütterlicherseits.

matita *(f)* ~ Stift *(m)*, Bleistift *(m)* ♦ *matita colorata* Buntstift, Farbstift.

matrigna *(f)* ~ Stiefmutter *(f)*.

matrimoniale *(agg)* ~ ehelich.

matrimonio *(m)* ***1*** *(unione coniugale)* Ehe *(f)* Heirat *(f)* ♦ *contrarre matrimonio* eine Heirat eingehen/die Ehe schließen. ***2*** *(cerimonia)* Hochzeit *(f)*, Trauung *(f)* ♦ *matrimonio religioso, civile* kirchliche, standesamtliche Trauung.

mattacchione *(agg)* ~ Spaßvogel *(m)*.

mattatoio *(m)* ~ Schlachthof *(m)*.

matterello *(m)* ~ Nudelholz *(n)*.

mattina *(f)* ***1*** *(presto)* Morgen *(m)* ♦ *la mattina dopo* am nächsten Morgen; am

Morgen darauf. **2** *(mattinata, fino verso mezzogiorno)* Vormittag *(m)* ♦ *la mattina, di mattina* am Vormittag. ◆ **di mattina, di mattina** morgens *(avv)*, am Morgen ♦ *alle quattro di mattina* um vier Uhr morgens ♦ *da mattina a sera* von morgens bis abends. ◆ **la mattina, tutte le mattine** ***1*** *(presto)* morgens *(avv)*. **2** *(mattinata)* vormittags *(avv)*.

mattinata *(f)* ~ *(mattina, fino verso mezzogiorno)* Vormittag *(m)* ♦ *nel corso della mattinata* im Laufe des Vormittags.

mattiniero *(agg)* ~ früh aufstehend.

mattino *(m)* ***1*** Morgen *(m)* ♦ *un mattino fresco, sereno* ein frischer, heiterer Morgen. **2** *(ora mattutina)* Morgenstunde *(f)* ♦ *nelle prime ore del mattino* in den frühen Morgenstunden.

matto[1] *(agg)* ***1*** verrückt *(anche fig)* ♦ *sei matto?* bist du verrückt? ♦ *diventare matto* verrückt werden. **2** *(scacco)* matt *(agg/avv)* ♦ *scacco matto!* (Schach und) matt! ♦ *dare scacco matto a qcn (anche fig)* jmdn matt setzen. ◆ **andare matto per qcn/qcs** für jmdn/etwas schwärmen *(vi*, hat*)*.

matto[2] *(m)* ~ Verrückte(r) *(m/f)*.

mattone *(m)* ~ Backstein *(m)*, Ziegelstein *(m)*.

mattonella *(f)* ~ Fliese *(f)* ♦ *mettere le mattonelle* Fliesen legen.

mattutino *(agg)* ~ morgendlich.

maturando *(m; f* **-a***)* ~ Abiturient *(m; f* -in*)*.

maturare[1] *(vi)* ***1*** reifen *(vi*, ist*)*, reif werden* *(vi*, ist*)*. **2** *(econ)* fällig sein* *(vi*, ist*)*.

maturare[2] *(vt)* ~ reifen lassen* *(vt)*.

maturato *(m; f* **-a***)* ~ *(studente)* Abiturient *(m; f* -in*)*.

maturazione *(f)* ~ Reife *(f)*.

maturità *(f)* ***1*** Reife *(f)*. **2** *(esame di maturità liceale)* Abitur *(n)*; *(licenza di scuola superiore)* mittlere Reife *(f)*. ◆ **nella maturità** im reiferen Alter, in reiferen Jahren.

maturo *(agg)* ***1*** reif *(anche fig)* ♦ *pere mature* reife Birnen ♦ *una persona matura* ein reifer Mensch ♦ *il tempo è maturo per questo cambiamento* die Zeit ist reif für diese Änderung. **2** *(ponderato)* reiflich ♦ *dopo matura riflessione* nach reiflicher Überlegung. **3** *(econ)* fällig.

mazza *(f)* ***1*** Knüppel *(m)*. **2** *(di tamburo e sim)* Klöppel *(m)*, Schlägel *(m)*. **3** *(da baseball, da golf)* Schläger *(m)*.

mazzata *(f)* ~ Keulenschlag *(m)* *(anche fig)*.

mazzetta *(f)* ~ *(bustarella)* Schmiergeld *(n)*.

mazzo *(m)* ***1*** *(di fiori)* Strauß *(m)*, Blumenstrauß *(m)*. **2** *(di chiavi; di verdure)* Bund *(n)*. **3** *(di carte)* Kartenspiel *(n)*, Spiel *(n)*.

me *(pron pers)* ~ mir, mich ♦ *quando vieni da me?* wann kommst du zu mir? ♦ *è per me la lettera?* ist der Brief für mich? ♦ *dimmelo!* sag es mir! ♦ *me lo ha dato* er hat es mir gegeben. **2** *(in espressioni esclam e compar)* ich ♦ *è più alta di me* sie ist größer als ich. ◆ **per me** ***1*** *(a causa mia)* meinetwegen *(avv)*. **2** *(secondo me)* meiner Meinung nach.

meccanica *(f)* ***1*** Mechanik *(f)*. **2** *(tecn)* Maschinenbau *(m)*.

meccanicamente *(avv)* ***1*** mechanisch. **2** *(a macchina)* maschinell.

meccanico[1] *(agg)* ***1*** mechanisch. **2** *(a macchina)* maschinell.

meccanico[2] *(m; f* **-a***)* ~ Mechaniker, Kfz-Mechaniker *(m; f* -in*)*.

meccanismo *(m)* ***1*** Mechanismus *(m)*, Getriebe *(n)*. **2** *(dell'orologio)* Uhrwerk *(n)*.

meccanizzare *(vt)* ~ technisieren *(vt)*, mechanisieren *(vt)*.

mecenate *(m)* ~ Mäzen *(m; f* -in/Mäzenatin*)*, Gönner *(m; f* -in*)*.

medaglia *(f)* ~ Medaille *(f)* ♦ *medaglia d'oro* Goldmedaille ♦ *il rovescio della medaglia* die Kehrseite der Medaille.

medaglione *(m)* ~ Medaillon *(n)*.

medesimo *(agg)* ~ derselbe, dieselbe, dasselbe; *(dopo prep art)* selbe ♦ *avere il medesimo scopo* dasselbe Ziel haben ♦ *nel medesimo momento* zur selben Zeit.

media[1] *(m)* ~ Durchschnitt *(m)*, Mittelwert *(m)* ♦ *essere nella media* im Mittelwert sein ♦ *essere sopra/sotto la media* über/unter dem Durchschnitt liegen. ◆ **in media** im Durchschnitt, durchschnittlich *(avv)*. ◆ **superiore alla media, infe-**

riore alla media überdurchschnittlich, unterdurchschnittlich *(agg)*.

media² *(m pl)* ~ *(mass media)* Media *(pl)*.

mediamente *(avv)* ~ durchschnittlich; im Durchschnitt *(m)*.

mediano¹ *(agg)* ~ mittlere(r, -s).

mediano² *(m; f* **-a***)* ~ *(sport)* Mittelfeldspieler *(m; f* -in*)*.

mediante *(prep)* ~ durch *(prep + Acc)*, mittels *(prep + Gen)*.

mediare *(vi)* ~ vermitteln *(vi,* hat*)* ♦ *mediare in una lite* in einem Streit vermitteln.

mediato *(agg)* ~ mittelbar.

mediatore *(m; f* **-trice***)* ***1*** Vermittler *(m; f* -in*)* ♦ *fare da mediatore* als Vermittler handeln. **2** *(d'affari)* Makler *(m; f* -in*)*.

mediazione *(f)* ~ Vermittlung *(f)*.

medicamento *(m)* ~ Medikament *(n)*.

medicare *(vt)* ~ behandeln *(vt)*.

medicina *(f)* ***1*** *(scienza medica)* Medizin *(f)*, Heilkunde *(f)* ♦ *medicina legale* Gerichtsmedizin. **2** *(farmaco)* Medikament *(n)*, Medizin *(f)*.

medicinale¹ *(agg)* ~ *(curativo)* medizinisch.

medicinale² *(m)* ~ Arznei *(f)*, Medikament *(n)* ♦ *assumere un medicinale* eine Arznei einnehmen.

medico¹ *(agg)* ~ ärztlich, medizinisch.

medico² *(m/f)* ~ Arzt *(m; f* Ärztin*)* ♦ *andare dal medico* zum Arzt gehen ♦ *chiamare il medico* den Arzt holen ♦ *medico legale* Gerichtsarzt ♦ *medico di famiglia* Hausarzt ♦ *medico generico* praktischer Arzt ♦ *medico della mutua* Kassenarzt. ◆ **medico del pronto soccorso** Sanitäter *(m)*.

medievale *(agg)* ~ mittelalterlich.

medio *(agg)* ***1*** mittlere(r, -s) ♦ *altezza media* mittlere Größe. **2** *(risultato di una media)* durchschnittlich, Durchschnitts- ♦ *età media* Durchschnittsalter *(n)* ♦ *velocità media* Durchschnittsgeschwindigkeit *(f)* ♦ *il prezzo medio* der durchschnittliche Preis. **3** *(di media grandezza)* mittelgroß. **4** *(di media lunghezza)* mittellangs.

medio *(m)* ~ *(dito)* Mittelfinger *(m)*.

mediocre *(agg)* ~ mittelmäßig, mäßig ♦ *una prestazione mediocre* eine mittelmäßige Leistung.

mediocrità *(f)* ~ Mittelmaß *(n)*.

medioevo *(m)* ~ Mittelalter *(n)*.

mediorientale *(agg)* ~ nahöstlich.

meditare¹ *(vi)* ***1*** meditieren *(vi,* hat*)*. **2** {~ *su qcs*} über etwas *(Acc)* nachdenken* *(vi,* hat*)*, über etwas *(Acc)* sinnen* *(vi,* hat*)*, sich *(Dat)* etwas überlegen *(vt)* ♦ *meditare su un problema* über ein Problem nachdenken.

meditare² *(vt)* ~ {~ *qcs*} auf etwas *(Acc)* sinnen* *(vi,* hat*)* ♦ *meditare vendetta* auf Rache sinnen.

meditativo *(agg)* ~ *(riflessivo)* besinnlich.

meditato *(agg)* ~ überlegt.

meditazione *(f)* ***1*** Meditation *(f)*. **2** *(riflessione)* Überlegung *(f)*.

mediterraneo *(agg)* ~ mittelmeerisch, Mittelmeer-.

Mediterraneo *(m)* ~ Mittelmeer *(n)*.

medium *(m)* ~ *(sensitivo)* Medium *(n)*.

medusa *(f)* ~ Qualle *(f)*.

megafono *(m)* ~ Sprachrohr *(n)*, Megafon *(n)*.

megalomane *(agg)* ~ größenwahnsinnig.

megalomania *(f)* ~ Größenwahn *(m)*.

meglio¹ *(avv)* ~ besser; *(superl)* am besten ♦ *lei sa cucinare meglio di me* sie kann besser kochen als ich ♦ *lei è quella che cucina meglio (di tutti)* sie kocht am besten ♦ *canta meglio di tutti* sie kann am besten singen ♦ *sto meglio* es geht mir besser ♦ *meglio tardi che mai* besser spät als nie. ◆ **per meglio dire**, **o meglio** ***1*** besser gesagt. **2** beziehungsweise *(congiunz) (abbrev* bzw*)*. ◆ **meglio possibile** so gut wie möglich, möglichst gut.

meglio² *(agg indecl)* ~ besser; *(superl)* am besten ♦ *è meglio che tu non gli dica niente* es ist besser, dass du ihm nichts sagst; am besten, sagst du ihm nichts ♦ *è meglio come cantante che come pianista* er ist besser als Sänger denn als Klavierspieler. ◆ **tanto meglio!** umso besser! ◆ **meglio che mai** besser denn je. ◆ **meglio che niente!** immerhin! *(avv)*.

meglio³ *(m)* ~ Besseres, Beste(s) ♦ *ho di meglio da fare* ich habe Besseres zu tun ♦ *un cambiamento in meglio* eine Wendung zum Besseren ♦ *fare del proprio meglio* sein Bestes tun ♦ *qualcosa, niente di meglio* etwas, nichts Besseres.

mela *(f)* ~ Apfel *(m)*.
melagrana *(f)* ~ Granatapfel *(m)*.
melanzana *(f)* ~ Aubergine *(f)*.
melenso *(agg)* ~ einfältig.
mellifluo *(agg)* ~ honigsüß, süßlich.
melma *(f)* ***1*** *(fango)* Schlamm *(m)*. ***2*** *(di neve, fanghiglia)* Matsch *(m)*.
melmoso *(agg)* ***1*** *(fangoso)* schlammig. ***2*** matschig.
melo *(m)* ~ Apfelbaum *(m)*.
melodia *(f)* ***1*** Melodie *(f)*. ***2*** *(motivo)* Weise *(f)*.
melodico *(agg)* ~ melodisch.
melodioso *(agg)* ~ melodisch.
melograno *(m)* ~ Granatapfelbaum *(m)*.
melone *(m)* ~ *(bot)* Melone *(f)*.
membrana *(f)* ~ Membrane *(f)*.
membro *(m)* ***1*** *(socio)* Mitglied *(n)* ♦ *membro della famiglia* Familienmitglied ♦ *membro onorario* Ehrenmitglied. ***2*** *(elemento; arto)* Glied *(n)* ♦ *distendere le membra* die Glieder strecken. ***3*** *(pl -a)* Gliedmaßen *(pl)*.
memorabile *(agg)* ~ denkwürdig.
memoria *(f)* ***1*** Gedächtnis *(n)* ♦ *avere buona, cattiva memoria* ein gutes, schlechtes Gedächtnis haben. ***2*** *(ricordo)* Erinnerung *(f)*, Andenken *(n)* ♦ *un monumento in memoria dei caduti* ein Denkmal zur Erinnerung an die Gefallenen. ***3*** *(pl)* Memoiren *(pl)*. ***4*** *(elab)* Speicher *(m)* ♦ *memoria RAM* Arbeitsspeicher. ◆ **a memoria** auswendig *(avv)*, aus dem Kopf. ◆ **vuoto di memoria** Erinnerungslücke *(f)*. ◆ **a memoria d'uomo** seit Menschengedenken.
memoriale *(m)* ~ Denkschrift *(f)*.
memorizzare *(vt)* ***1*** {~ *qcs*} sich *(Dat)* etwas ein|prägen *(vt)*. ***2*** *(elab)* speichern *(vt)*.
menare *(vt)* ***1*** *(condurre)* führen *(vt)*. ***2*** *(picchiare)* {~ *qcn*} auf jmdn hauen* *(vi, hat)*, jmdn hauen *(vt)*.
mendicante *(m/f)* ~ Bettler *(m; f -in)*.
mendicare[1] *(vi)* ~ betteln *(vi, hat)*.
mendicare[2] *(vt)* ~ {~ *qcs*} um etwas betteln *(vi, hat)* *(anche fig)*.
meninge *(f)* ***1*** *(anat)* Hirnhaut *(f)*. ***2*** *(fig)* Hirn *(m)* ♦ *spremersi le meningi* sein Hirn anstrengen.
meningite *(f)* ~ *(med)* Hirnhautentzündung *(f)*.
menisco *(m)* ~ Meniskus *(m)*.
meno[1] *(avv)* ***1*** weniger ♦ *dovresti lavorare meno* du solltest weniger arbeiten ♦ *c'erano non meno di mille persone* es waren nicht weniger als tausend Leute da. ***2*** *(compar)* weniger... als... ♦ *è meno ricco di suo fratello* er ist weniger reich als sein Bruder. ***3*** *(superl)* am wenigsten *(avv)* ♦ *questo mi interessa meno (di tutto il resto)* das interessiert mich am wenigsten. ***4*** *(mat)* weniger, minus ♦ *cinque meno due fa tre* fünf minus/weniger zwei ist drei. ***5*** *(temperatura)* minus ♦ *ieri notte abbiamo avuto meno cinque gradi* gestern Nacht hatten wir minus 15°/15° minus. ***6*** *(ore)* vor ♦ *sono le cinque meno dieci* es ist zehn vor fünf. ◆ **più o meno** mehr oder weniger. ◆ **tanto meno** um so weniger. ◆ **ora meno che mai** nun erst recht nicht. ◆ **per lo meno** *(almeno)* zumindest *(avv)*, zum Mindesten *(avv)*, mindestens *(avv)* ♦ *ci metterò per lo meno due ore* ich werde mindestens zwei Stunde brauchen. ◆ **meno male!** *(esclam)* Gott sei Dank! ◆ **a meno che** es sei denn, (dass) ♦ *verrò, a meno che non debba lavorare* ich werde kommen, es sei denn, ich muss arbeiten. ◆ **meno di** unter *(avv)* ♦ *meno di duecento spettatori* unter zweihundert Zuschauer. ◆ **non poter fare a meno di qcn/qcs** auf jmdn/etwas nicht verzichten können*. ◆ **essere da meno di qcn** jmdm in etwas nachstehen* *(vi, hat)* ♦ *non è da meno di lui in niente* er steht ihm in nichts nach. ◆ **fare a meno di qcn/qcs** ohne jmdn/etwas aus|kommen* *(vi, hat)* ♦ *posso anche fare a meno di te* ich kann auch ohne dich auskommen. ◆ **non potere fare a meno di (fare) qcs** sich etwas *(Gen)* nicht enthalten* können *(vr)* ♦ *non potei fare a meno di ridere* ich konnte mich des Lachens nicht enthalten; ich konnte mich nicht enthalten, zu lachen.
meno[2] *(agg indecl)* ***1*** weniger ♦ *ci ho messo meno tempo di ieri* ich brauchte weniger Zeit als gestern. ***2*** *(di tutti, di tutto)* wenigste ♦ *lo studente che fa meno errori di ortografia (di tutti) vince un premio* der Schüler, der die wenigsten Rechtschreibfehler macht, gewinnt einen Preis.

meno[3] *(prep)* ~ außer *(prep+ Dat)* ♦ *c'erano tutti meno lei* außer ihr waren alle da ♦ *posso venire in qualsiasi momento, meno il martedì* ich kann jederzeit kommen, außer dienstags.
menopausa *(f)* ~ Wechseljahre *(pl)*.
mensa *(f)* **1** *(tavola)* Tisch *(m)*. **2** *(universitaria)* Mensa *(f)*. **3** *(in aziende e sim)* Kantine *(f)*. **4** *(degli ufficiali)* Kasino *(n)*.
mensile[1] *(agg)* ~ monatlich.
mensile[2] *(m)* ~ *(rivista mensile)* Monatsheft *(n)*.
mensilmente *(avv)* ~ monatlich.
mensola *(f)* ~ Wandbrett *(n)*, Wandbord *(n)*.
menta *(f)* ~ *(bot)* Minze *(f)*.
mentale *(agg)* ~ geistig, mental. ◆ **calcolo mentale** Kopfrechnen *(n)*.
mentalità *(f)* ~ Mentalität *(f)*. ◆ **avere una mentalità aperta** geistig aufgeschlossen sein*.
mentalmente *(avv)* ~ geistig.
-mente *(suff)* ~ -weise *(suff)* ♦ *fortunatamente* glücklicherweise.
mente *(f)* **1** *(intelletto; intelligenza)* Verstand *(m)*, Geist *(m)* ♦ *una mente sveglia* ein wacher Verstand ♦ *avere una mente lucida* einen klaren Verstand haben ♦ *a mente fredda* bei klarem Verstand. **2** *(pensiero)* Sinn *(m)*, Kopf *(m)* ♦ *questo non vuole uscirmi dalla mente* das will mir nicht aus dem Sinn gehen ♦ *che ti è saltato in mente?* was ist dir in den Sinn gekommen? ♦ *ha in mente solo i soldi* er hat nur Geld im Kopf. **3** *(persona)* Kopf *(m)* ♦ *la mente del gruppo* der Kopf der Gruppe. ◆ **avere in mente** *(progettare)* vor|haben *(vt)*, im Sinne haben *(vt)*. ◆ **venire in mente a qcn** jmdm ein|fallen* *(vi*, ist*)* ♦ *mi è venuto in mente che* mir ist eingefallen, dass. ◆ **a mente** *(a memoria)* auswendig. ◆ **tenere a mente qcs** etwas im Gedächtnis/im Kopf behalten, sich *(Dat)* etwas merken *(vt)*. ◆ **calcolare a mente** kopfrechnen *(vi*, hat; *solo inf)* ♦ *so fare bene i conti a mente* ich kann gut kopfrechnen.
mentire *(vi)* **1** lügen *(vi*, hat*)*. **2** {~ *a qcn*} jmdn an|lügen *(vt)*.
mentitore *(m; f* **-trice***)* ~ Lügner *(m; f* -in*)*.
mento *(m)* ~ *(anat)* Kinn *(n)* ♦ *un mento sfuggente* ein fliehendes Kinn ♦ *doppio mento* Doppelkinn.
mentre *(congiunz)* **1** während ♦ *mentre il bambino dorme io scrivo le lettere* während das Kind schläft, schreibe ich Briefe. **2** *(finché)* solang(e) ♦ *mentre sono in ferie non voglio essere disturbato* solange ich Urlaub habe, will ich nicht gestört werden. **3** *(invece)* während, wohingegen.
menu *(m)* ~ Karte, Speisekarte *(f)*; Menü *(n)* *(anche elab)* ♦ *à la carte* nach der Karte ♦ *menu del giorno* Tageskarte.
menzionare *(vt)* ~ erwähnen *(vt)* ♦ *menzionare qcs di sfuggita* etwas nebenbei erwähnen.
menzogna *(f)* ~ Lüge *(f)*.
menzognero *(agg)* **1** lügnerisch ♦ *una dichiarazione menzognera* eine lügnerische Aussage. **2** *(cosa)* verlogen.
meraviglia *(f)* **1** *(stupore)* Verwunderung *(f)*. **2** *(cosa meravigliosa)* Wunder *(n)* ♦ *le meraviglie della tecnica* die Wunder der Technik ♦ *le sette meraviglie del mondo* die Sieben Weltwunder. ◆ **a meraviglia** wunderbar *(avv)*; *(fam)* prima.
meravigliare *(vt)* ~ {~ *qcn*} jmdn verwundern *(vt)*, wundern *(vt)* ♦ *(non) mi meraviglia che* es wundert mich (nicht), dass.
meravigliarsi *(vr)* ~ {~ *di qcn/qcs*} sich über jmdn/etwas wundern *(vr)*. ◆ **non c'è da meravigliarsi** (das ist) kein Wunder ♦ *non c'è da meravigliarsi se...* kein Wunder, wenn...
meravigliato *(agg)* ~ verwundert.
meravigliosamente *(avv)* ~ wunderbar.
meraviglioso *(agg)* ~ wunderschön, wunderbar ♦ *una vista meravigliosa* ein wunderbarer Anblick.
mercante *(m/f)* ~ Händler *(m; f* -in*)*.
mercanteggiare *(vt)* ~ *(spreg)* {~ *su qcs*} um etwas feilschen *(vi*, hat*)*, mit etwas *(Dat)*/um etwas *(Acc)* schachern *(vi*, hat*)*.
mercantile[1] *(agg)* ~ Handels- ♦ *flotta mercantile* Handelsflotte *(f)* ♦ *porto mercantile* Handelshafen *(m)*.
mercantile[2] *(m)* ~ *(nave)* Frachter *(m)*, Handelsschiff *(n)*.
mercato *(m)* ~ Markt *(m)* ♦ *i mercati asiatici* die asiatischen Märkte ♦ *comprare*

qcs al mercato etwas auf dem Markt kaufen ♦ *mercato delle pulci* Flohmarkt. ◆ **mercato al chiuso** Markthalle *(f)*. ◆ **piazza del mercato** Marktplatz *(m)*. ◆ **a buon mercato** billig, preiswert *(agg/avv)*.

merce *(f)* ~ Ware *(f)*, Gut *(n)* ♦ *merce buona, cara* gute, teure Ware ♦ *merce ingombrante* Sperrgut ♦ *merce rara* Mangelware ♦ *merce di contrabbando* Schmuggelware.

mercenario[1] *(agg)* ***1*** Söldner-. ***2*** *(fig)* käuflich.

mercenario[2] *(m)* ~ Söldner *(m)*.

merceria *(f)* ***1*** *(negozio)* Kurzwarenhandlung *(f)*. ***2*** *(articoli)* Kurzwaren *(pl)*.

mercoledì *(m)* ~ Mittwoch *(m)* *(vedi anche* **domenica***)*. ◆ **mercoledì delle ceneri** Aschermittwoch *(m)*.

mercurio *(m)* ~ *(chim)* Quecksilber *(n)*.

Mercurio *(m)* ~ *(astron)* Merkur *(m)*.

merda *(f)* ~ Scheiße *(f)* ♦ *essere nella merda* in der Scheiße sitzen ♦ *merda!* Scheiße! ◆ **di merda** *(volg)* *(schifoso)* unter aller Sau, Scheiß-. ◆ **pezzo di merda** *(volg)* Dreckskerl *(m)*, Drecksack *(m)*.

merenda *(f)* ~ Imbiss *(m)* ♦ *fare una merenda* einen Imbiss (ein)nehmen.

meridiano[1] *(agg)* ~ Mittags-.

meridiano[2] *(m)* ~ Langenkreis *(m)*.

meridionale[1] *(agg)* ~ südlich, Süd-, südländisch.

meridionale[2] *(m/f)* ~ Südländer *(m; f* -in*)*.

meridione *(m)* ~ Süden *(m)*.

meringa *(f)* ~ Schaumgebäck *(n)*.

meritare[1] *(vi)* ~ wert sein* *(vi*, ist*)* ♦ *non merita che se ne parli* es ist nicht wert, dass man darüber spricht.

meritare[2] *(vt)* ~ verdienen *(vt)*, wert sein* *(vi*, ist*)* ♦ *merita la nostra fiducia* er verdient unser Vertrauen ♦ *questo non se lo meritava* das hatte sie nicht verdient.

meritarsi *(vr)* ~ sich verdienen *(vr)*.

meritato *(agg)* ~ wohlverdient *(agg)*.

meritevole *(agg)* ~ verdienstvoll.

merito *(m)* ***1*** Verdienst *(n)* ♦ *è merito di suo padre* es ist das Verdienst ihres Vaters. ***2*** *(nocciolo della questione)* Kern *(m)*. ◆ **in merito a** in Bezug auf etwas *(Acc)*, bezüglich *(+ Gen)*.

meritorio *(agg)* ~ verdienstvoll.

merletto *(m)* ~ Spitze *(f)*.

merlo[1] *(m)* ~ *(zool)* Amsel *(f)*.

merlo[2] *(m)* ~ *(di mura)* Zinne *(f)*.

merluzzo *(m)* ~ Kabeljau *(m)*.

mescere *(vt)* ~ aus|schenken *(vt)*.

meschinità *(f)* ~ Gemeinheit *(f)*, Kleinlichkeit *(f)*.

meschino *(agg)* ***1*** gemein, kleinlich. ***2*** *(misero)* schäbig, kläglich.

mescita *(f)* ~ *(osteria)* Ausschank *(m)*, Schenke *(f)*.

mescolanza *(f)* ~ Mischung *(f)*.

mescolare *(vt)* ***1*** mischen *(vt)*, vermischen *(vt)* ♦ *mescolare gli ingredienti* die Zutaten mischen ♦ *mescolare le carte* die Karten mischen. ***2*** *(agitare)* um|rühren *(vt)* ♦ *mescolare la minestra* die Suppe umrühren.

mescolarsi *(vr)* ~ sich mischen *(vr)*, sich vermischen *(vr)* ♦ *mescolarsi tra la folla* sich unter die Menge mischen.

mescolato *(agg)* ~ gemischt.

mese *(m)* ~ Monat *(m)* ♦ *ogni mese* jeden Monat ♦ *il mese scorso, prossimo* letzten, nächsten Monat ♦ *dopo quattro mesi* nach vier Monaten ♦ *quattro mesi fa* vor vier Monaten ♦ *è al terzo mese (di gravidanza)* sie ist im dritten Monat. ◆ **ogni mese** monatlich *(avv)*. ◆ **ogni due mesi** zweimonatlich *(avv)*. ◆ **sei mesi** ein halbes Jahr. ◆ **di mesi, per mesi** monatelang *(agg/avv)*.

messa[1] *(f)* ~ *(funzione)* Messe *(f)*, Gottesdienst *(m)* ♦ *celebrare una messa* einen Gottesdienst abhalten/halten.

messa[2] *(f)* ~ **messa a fuoco** Scharfeinstellung *(f)*. ◆ **messa in scena** *(teatr)* Inszenierung *(f)*. ◆ **messa in moto** Ingangsetzen *(n)*. ◆ **messa a punto** Einstellung *(f)*.

messaggero *(m)* ~ Bote *(m; f* Botin*)*.

messaggio *(m)* ***1*** Nachricht *(f)*, Mitteilung *(f)* ♦ *Peter ha lasciato un messaggio per te* Peter hat eine Nachricht für dich hinterlassen. ***2*** *(ambasciata)* Botschaft *(f)*.

Messia *(m)* ~ *(relig)* Messias *(m)*.

messinscena *(f)* ~ Inszenierung *(f)*.

mestiere *(m)* ***1*** *(lavoro, professione)* Beruf *(m)* ♦ *esercitare un mestiere* einen Beruf ausüben ♦ *di mestiere fa il cuoco* er ist Koch von Beruf. **2** *(artigianale)* Handwerk *(n)*. ◆ **essere del mestiere** vom Fach sein*.

mestizia *(f)* ~ Wehmut *(f)*, Traurigkeit *(f)*.

mesto *(agg)* ~ traurig.

mestolo *(m)* ~ Schöpflöffel *(m)*.

mestruazione *(f)* ~ Menstruation *(f)*, Periode *(f)*, Regel *(f)*.

meta *(f)* ~ Ziel *(n)* ♦ *meta finale* Endziel ♦ *raggiungere la meta* sein Ziel erreichen ♦ *porsi una meta nella vita* sich *(Dat)* ein Ziel im Leben setzen. ◆ **senza meta** ziellos *(agg/avv)*.

metà *(f)* **1** Hälfte *(f)* ♦ *la metà sinistra e destra* die linke und die rechte Hälfte ♦ *metà della classe* die Hälfte der Klasse ♦ *la mia (dolce) metà* meine bessere Hälfte. **2** *(spaziale, temporale)* Mitte *(f)* *(+ Gen)* ♦ *a metà della settimana* in der Mitte der Woche ♦ *alla metà di agosto* Mitte August ♦ *stare a metà strada (anche fig)* in der Mitte stehen/liegen. ◆ **per metà, a metà** halb, zur Hälfte ♦ *ha letto il libro per metà* er hat das Buch zur Hälfte gelesen ♦ *vuoto a metà* halb leer, halbleer ♦ *aperto a metà* halb offen, halboffen ♦ *pieno a metà* halb voll, halbvoll ♦ *ha capito solo a metà* er hat nur halb verstanden ♦ *a metà strada* auf halbem Wege. ◆ **metà... metà...** halb... halb... ♦ *mi dette metà monete e metà banconote* er gab mir halb Münzen, halb Scheine. ◆ **la metà** halb so *(+ agg/avv)* ♦ *grande la metà* halb so groß ♦ *ho pagato la metà (rispetto a te)* ich habe halb so viel bezahlt (wie du). ◆ **fare a metà con qcn** *(fam)* mit jmdm halb und halb/halbe-halbe machen.

metabolismo *(m)* ~ Metabolismus *(m)*, Stoffwechsel *(m)*.

metafisica *(f)* ~ Metaphysik *(f)*.

metafonia *(f)* ~ *(fon)* Umlaut *(m)*.

metafora *(f)* ~ Metapher *(f)*; *(immagine)* Bild *(n)* ♦ *parlare per metafore* in Bildern sprechen.

metaforico *(agg)* ~ bildlich *(agg)* ♦ *un'espressione metaforica* ein bildlicher Ausdruck.

metallico *(agg)* ~ Metall-, metallisch ♦ *filo metallico* Metalldraht *(m)*.

metallo *(m)* ~ Metall *(n)* ♦ *lavorare, fondere, saldare il metallo* Metall bearbeiten, gießen, schweißen. ◆ **di metallo** aus Metall.

metallurgia *(f)* ~ Hüttenkunde *(f)*.

metallurgico *(agg)* ~ Hütten- ♦ *operaio metallurgico* Hüttenarbeiter ♦ *industria metallurgica* Hüttenindustrie.

metalmeccanico *(m)* ~ Metallarbeiter *(m; f* -in*)*.

metamorfosi *(f)* ~ Verwandlung *(f)*.

metano *(m)* ~ Erdgas *(n)*.

metastasi *(f)* ~ *(med)* Tochtergeschwulst *(f)*.

meteora *(f)* ~ Meteor *(m/n)*.

meteorologia *(f)* ~ Meteorologie *(f)*.

meteorologico *(agg)* ~ meteorologisch, Wetter- ♦ *bollettino meteorologico* Wetterbericht *(m)*.

meticcio *(m)* ~ Mestize *(m; f* Mestizin*)*.

meticolosamente *(avv)* ~ gewissenhaft.

meticolosità *(f)* ~ Gewissenhaftigkeit *(f)*, Sorgfalt *(f)*.

meticoloso *(agg)* ~ gewissenhaft, sorgfältig.

metodico *(agg)* ~ methodisch.

metodo *(m)* ~ Methode *(f)* ♦ *applicare un metodo* eine Methode anwenden ♦ *avere metodo in un lavoro* in einer Arbeit Methode haben ♦ *metodo didattico* Lehrmethode. ◆ **con metodo** metodisch *(agg/avv)*.

metrica *(f)* ~ Metrik *(f)*.

metrico *(agg)* ~ metrisch, Mess- ♦ *sistema metrico* metrisches System, Messsystem *(n)*.

metro *(m)* **1** Meter *(m)* ♦ *la stanza è alta quattro metri* das Zimmer ist vier Meter hoch ♦ *metro quadrato* Quadratmeter ♦ *metro cubo* Kubikmeter. **2** *(parametro, criterio)* Maßstab *(m)* ♦ *fissare un metro severo* einen strengen Maßstab anlegen. ◆ **metro pieghevole** Zollstock *(m)*.

metropoli *(f)* ~ Weltstadt *(f)*, Großstadt *(f)*.

metropolitana *(f)* **1** U-Bahn *(f)*. **2** *(di superficie)* S-Bahn *(f)*. ◆ **stazione della metropolitana** U-Bahn-Station *(f)*.

metropolitano *(agg)* ~ weltstädtisch, großstädtisch.

mettere *(vt)* **1** setzen *(vt)*, *(in posizione verticale)* stellen *(vt)*; *(in posizione oriz-*

zontale) legen *(vt)* ♦ *mettere la pentola sul fornello* den Topf auf den Herd setzen ♦ *mettere un bicchiere sul tavolo* ein Glas auf den Tisch stellen ♦ *ho messo in fresco la birra* ich habe das Bier kalt gestellt ♦ *mettere a letto un bambino* ein Kind ins Bett legen ♦ *mettere qcn all'ufficio estero* jmdn an die Export-Abteilung stellen. **2** *(infilare)* stecken *(vt)* ♦ *mettere un anello al dito di qcn* jmdm einen Ring an den Finger stecken. **3** *(tempo, impiegare)* brauchen *(vt)* ♦ *il treno ci mette tre ore fino a Milano* der Zug braucht drei Stunden bis Mailand. **4** *(una marcia)* ein|schalten* *(vt)*, schalten *(vi, hat)* ♦ *mettere la seconda* den zweiten Gang einschalten, in den zweiten Gang schalten. **5** *(indossare)* an|ziehen; *(in testa)* auf|setzen ♦ *mettere gli occhiali, il cappello* die Brille, den Hut aufsetzen. **6** *(infondere)* machen *(vt)* ♦ *mettere coraggio, paura a qcn* jmdm Mut, Angst machen ♦ *mettere sete* Durst machen. **7** *(in uno stato d'animo e sim)* versetzen *(vt)* ♦ *mettere qcn in agitazione* jmdn in Aufregung versetzen ♦ *mettere qcn in condizione di fare qcs* jmdn in die Lage versetzen, etwas zu tun. **8** *(foglie, denti)* bekommen* *(vt)* ♦ *l'albero ha messo le foglie* der Baum hat Blätter bekommen. **9** *(dischi e sim)* ein|legen ♦ *mettere un rullino nella macchina fotografica* einen Film in die Kamera einlegen. **10** *(supporre)* an|nehmen* *(vt)* ♦ *mettiamo che sia così* nehmen wir an, dass es so sei. **11** *(regolare l'orologio)* stellen *(vt)*; *(indietro)* zurück|stellen *(vt)* ♦ *mettere la sveglia alle sette* den Wecker auf sieben Uhr stellen ♦ *mettere l'orologio indietro di cinque minuti* die Uhr fünf Minuten zurückstellen. ◆ **mettere in libertà qcn** jmdn in Freiheit setzen. ◆ **mettere in moto qcs** etwas in Gang setzen. ◆ **mettere in musica, in scena qcs** etwas in Musik, in Szene setzen. ◆ **mettere al mondo un bambino** ein Kind in die Welt setzen. ◆ **mettere a bagno** *(alimenti)* wässern. ◆ **mettere a posto** *(riporre)* ein|räumen. ◆ **mettere in ridicolo qcs** etwas ins Lächerliche ziehen*. ◆ **mettere in dubbio qcs** etwas in Zweifel ziehen*. ◆ **mettere qcs alla base di qcs** etwas *(Dat)* etwas zugrunde *(anche* zu Grunde*)* legen. ◆ **mettere dentro** *(infilare)* **1** *(in borsa, in tasca)* ein|stecken *(vt)*, hinein|stecken *(vi, hat)*. ♦ *hai messo dentro (in borsa) la guida turistica?* hast du den Reiseführer eingesteckt? **2** *(in posizione verticale)* hinein|stellen *(vt)* ♦ *mise dentro le bottiglie* stellte die Flaschen hinein.

mettersi *(vr)* **1** sich stellen *(vr)*; *(in posizione orizzontale)* sich legen *(vr)*; *(sedersi)* sich setzen *(vr)* ♦ *si mise (in piedi) accanto alla porta* er stellte sich neben die Tür ♦ *mettersi a letto* sich ins Bett/zu Bett legen ♦ *mettersi sul divano* sich auf das Sofa setzen. **2** *(indossare)* an|ziehen *(vt)*; *(indossare sotto)* unter|ziehen* *(vt)*; *(in testa)* auf|setzen *(vt)* ♦ *mettersi le scarpe* die Schuhe anziehen ♦ *mi metto (sotto) un'altra maglietta* ich ziehe noch ein T-Shirt unter. ◆ **mettersi contro qcn/qcs** sich gegen jmdn/etwas stellen. ◆ **mettersi in moto** sich in Bewegung setzen. ◆ **mettersi in marcia, in cammino** sich auf den Weg machen. ◆ **mettersi nel mezzo** *(in liti e sim)* dazwischen|treten*.

mezzaluna *(f)* **1** Halbmond *(m)*. **2** *(coltello)* Wiegemesser *(n)*.

mezzanino *(m)* ~ Zwischengeschoss *(n)*.

mezzanotte *(f)* ~ Mitternacht *(f)* ♦ *è mezzanotte* es ist Mitternacht ♦ *verso mezzanotte* gegen Mitternacht ♦ *dopo, prima di mezzanotte* nach, vor Mitternacht ♦ *a mezzanotte* um Mitternacht. ◆ **a mezzanotte** *(tutti i giorni)* mitternachts *(avv)*.

mezzo[1] *(agg)* **1** *(metà)* halb ♦ *mezzo litro* ein halber Liter ♦ *mezz'ora* eine halbe Stunde ♦ *mezza classe* die halbe Klasse ♦ *mezzo vuoto* halb leer ♦ *mezzo pieno* halb voll ♦ *mezzo aperto* halb offen ♦ *mezzo nudo* halb nackt ♦ *mezzo morto* halb tot ♦ *sono le tre e mezzo* es ist halb vier ♦ *mezza verità* die halbe Wahrheit. **2** *(medio)* mittlere(r, -s) ♦ *una donna di mezza età* eine Frau mittleren Alters. ◆ **mezzo... mezzo...** halb... halb... ♦ *il secchio è mezzo vuoto e mezzo pieno* der Eimer ist halb voll, halb leer. ◆ **fare a mezzo con qcn** *(fam)* mit jmdm halb und halb/halbe-halbe machen. ◆ **in**

mezzo, nel mezzo *(stato)* mittendrin *(avv)*. ◆ **nel mezzo** *(a metà, al centro)* mitten *(avv)*, in der Mitte *(f)* ♦ *in mezzo al tavolo* in der Mitte des Tisches ♦ *in mezzo di strada (stato in luogo)* mitten auf der Straße ♦ *nel mezzo della notte* mitten in der Nacht. ◆ **di mezzo** Mittel- ♦ *la porta di mezzo* die Mitteltür. ◆ **uno e mezzo** eineinhalb *(num)* ♦ *un'ora e mezzo* eineinhalb Stunden ♦ *un anno e mezzo* eineinhalb Jahre. ◆ **stare nel mezzo** dazwischen|stehen* *(vi,* hat*)*.

mezzo[2] *(m)* ***1*** *(strumento)* Mittel *(n)* ♦ *tentammo con tutti i mezzi* wir versuchten es mit allen Mitteln. ***2*** *(pl) (economici)* Mittel *(n)* ♦ *non avere mezzi (economici)* ohne Mittel sein. ***3*** *(di trasporto)* Verkehrsmittel *(n)* ♦ *i mezzi di trasporto pubblici* die öffentlichen Verkehrsmittel. ◆ **mezzi di comunicazione** *(mass media)* Medien *(pl)*, Media *(pl)*. ◆ **per mezzo di** mit Hilfe, mithilfe *(+ Gen)* ♦ *per mezzo di un martello* mit Hilfe eines Hammers.

mezzogiorno *(m)* ~ *(ora intorno a mezzogiorno)* Mittag *(m)* ♦ *intorno a mezzogiorno* am Mittag, gegen Mittag ♦ *oggi verso mezzogiorno* heute Mittag. ◆ **a mezzogiorno** *(tutti i giorni)* mittags *(avv)* ♦ *a mezzogiorno mangio volentieri un'insalata, la sera...* mittags esse ich gern Salate, abends...

mi[1] *(pron pers)* ***1*** mir, mich ♦ *mi ha scritto una lettera* er hat mir einen Brief geschrieben ♦ *non mi ha riconosciuto* sie hat mich nicht erkannt. ***2*** *(rifl)* mich ♦ *mi annoierò* ich werde mich langweilen ♦ *mi lavo* ich wasche mich. ***3*** *(rifl indiretto)* mir ♦ *mi lavo le mani* ich wasche mir die Hände.

mi[2] *(m)* ~ *(mus)* e, E *(n)*. ◆ **mi bemolle** es, Es *(n)*.

miagolare *(vi)* ~ miauen *(vi,* hat*)*.

mica[1] *(avv)* ***1*** *(rafforzativo in frasi negative)* doch ♦ *non dici mica sul serio, vero?* das ist doch nicht dein Ernst, oder? ♦ *non voglio mica rovinare tutto!* ich will doch nicht alles verderben! ♦ *non sarà mica successo niente?* es wird doch nichts passiert sein? ***2*** *(rafforzativo)* nicht, und keine ♦ *è la verità mica una bugia* das ist die Wahrheit und keine Lüge ♦ *mica male* nicht schlecht. ***3*** *(in interrogative)* zufällig ♦ *hai mica visto la mia penna?* hast du zufällig meinen Kuli gesehen?

mica[2] *(f)* ~ *(geol)* Glimmer *(m)*.

miccia *(f)* ~ Lunte *(f)*, Zündschnur *(f)*.

micidiale *(agg)* ~ tödlich, mörderisch.

micro- *(pref)* ~ Mikro-.

microfono *(m)* ***1*** Mikrofon *(n)*. ***2*** *(del telefono)* Muschel *(f)*.

microonda *(f)* ~ *(fis)* Mikrowelle *(f)*. ◆ **forno a microonde** Mikrowellenherd *(m)*.

microscopio *(agg)* ~ Mikroskop *(n)*.

midollo *(m)* ***1*** *(anat/bot)* Mark *(n)* ♦ *midollo osseo* Knochenmark ♦ *midollo spinale* Rückenmark. ***2*** *(carattere)* Rückgrat *(n)*.

miele *(m)* ~ Honig *(m)*.

mietere *(vt)* ~ mähen *(vt)*, ernten *(vt)*.

mietitrice *(f)* ~ *(macchina)* Mähmaschine *(f)*.

mietitura *(f)* ~ Ernte *(f)*.

migliaio *(m)* ~ Tausend *(n)* ♦ *migliaia di persone* Tausende von Menschen ♦ *migliaia di persone povere* tausende armer Menschen ♦ *alcune migliaia di libri* einige tausende Bücher. ◆ **a migliaia** zu Tausenden.

miglio[1] *(m)* ~ *(unità di misura)* Meile *(f)*.

miglio[2] *(m)* ~ *(bot)* Hirse *(f)*.

miglioramento *(m)* ~ Verbesserung *(f)*, Besserung *(f)*.

migliorare[1] *(vi)* ~ besser werden* *(vi,* ist*)*, sich bessern *(vr)*.

migliorare[2] *(vt)* ~ verbessern *(vt)*, bessern *(vt)* ♦ *migliorare un lavoro* eine Arbeit verbessern.

migliorarsi *(vr)* ~ sich bessern *(vr)*, sich verbessern *(vr)*.

migliore[1] *(agg)* ***1*** *(compar)* besser ♦ *un prodotto migliore* ein besseres Produkt ♦ *queste mele sono migliori delle altre* diese Äpfel sind besser als die anderen. ***2*** *(superl)* beste(r, -s) ♦ *la mia migliore amica* meine beste Freundin ♦ *il migliore sportivo dell'anno* der beste Sportler des Jahres ♦ *nel senso migliore del termine* im besten Sinne des Wortes. ◆ **con i migliori saluti** *(formula epistolare)* mit den besten Grüßen. ◆ **nel miglior modo possibile** so gut wie möglich, möglichst gut. ◆ **nel migliore dei casi** bestenfalls *(avv)*. ◆ **nel migliore dei modi** aufs Beste.

migliore[2] *(m/f)* **1** *(fra due)* Bessere(r, -s) ♦ *la nostra squadra è stata la migliore (delle due)* unsere Mannschaft war die Bessere. **2** *(di tutti)* Beste(r, -s) ♦ *è il migliore (di tutti)* er ist der Beste.

miglioria *(f)* ~ Verbesserung *(f)*.

mignolo *(m)* **1** *(dito della mano)* der kleine Finger *(m)*. **2** *(del piede)* die kleine Zeh(e) *(f)*.

migrare *(vi)* **1** *(animali; popoli)* wandern *(vi, ist)*. **2** *(uccelli)* weg|ziehen* *(vi, ist)*.

migrazione *(f)* **1** Wanderung *(f)* ♦ *migrazione di popoli* Völkerwanderung. **2** *(di uccelli)* Vogelzug *(m)*.

miliardario[1] *(agg)* ~ Millionen- ♦ *cifra miliardaria* Millionenbetrag *(m)*.

miliardario[2] *(m)* ~ Millionär *(m; f -in)*.

miliardo *(m)* ~ Milliarde *(f)*.

miliare *(agg)* ~ Meilen- ♦ *pietra miliare* Meilenstein *(m)*.

milieu *(m)* ~ Milieu *(n)*.

milionario[1] *(agg)* ~ Millionen- ♦ *cifra milionaria* Millionenbetrag *(m)*.

milionario[2] *(m; f -a)* ~ Millionär *(m; f -in)*.

milione *(m)* ~ Million *(f)* ♦ *un milione di persone povere* eine Million armer Menschen/von armen Menschen. ◆ **milioni di volte** Millionen Mal.

militante *(m/f)* ~ Aktivist *(m; f -in)*.

militare[1] *(agg)* ~ militärisch, Militär- ♦ *servizio militare* Militärdienst *(m)*.

militare[2] *(m)* **1** Soldat *(m; f -in)*, Militär *(m)*. **2** *(servizio militare)* Militär *(n)* ♦ *fare il (servizio) militare* beim Militär sein.

militare[3] *(vi)* **1** Wehrdienst (ab)leisten. **2** *(essere attivo)* aktiv sein* *(vi, ist)*.

militaresco *(agg)* ~ soldatisch.

millantatore[1] *(agg)* ~ prahlerisch.

millantatore[2] *(m)* ~ Prahler *(m)*, Angeber *(m)*.

mille[1] *(agg num)* ~ tausend ♦ *mille grazie* tausend Dank *(vedi anche* **cinque**). ◆ **mille volte** *(tanto)* tausendfach *(avv)*.

mille[2] *(m)* ~ Tausend *(f)*.

millenario *(agg)* **1** *(di mille anni)* tausendjährig. **2** *(ogni mille anni)* tausendjährlich.

millennio *(m)* ~ Jahrtausend *(n)*.

millepiedi *(m)* ~ Tausendfüßler *(m)*.

millesimo[1] *(agg num ord)* ~ tausendste(r, -s).

millesimo[2] *(m)* **1** Tausendste *(m)*. **2** *(frazione)* Tausendstel *(n)*. ◆ **millesimo di secondo** Tausendstelsekunde *(f)*, Tausendstel *(f)*.

milligrammo *(m)* ~ Milligramm *(n)*.

millimetro *(m)* ~ Millimeter *(m)*.

milza *(f)* ~ *(anat)* Milz *(f)*.

mimare *(vt)* ~ mimen *(vt) (anche fig)*.

mimetico *(agg)* **1** *(che imita)* Nachahmungs- ♦ *abilità mimetica* Nachahmungsfähigkeit *(f)*. **2** *(mimetizzante)* Tarn- ♦ *tuta mimetica* Tarnanzug *(m)*. **3** *(zool)* mimetisch.

mimetizzare *(vt)* ~ tarnen *(vt)*.

mimetizzarsi *(vr)* **1** sich tarnen *(vr)*. **2** *(zool)* sich an|passen *(vr)*.

mimetizzazione *(f)* ~ Tarnung *(f)*.

mimica *(f)* ~ Mimik *(f)*.

mimico *(agg)* ~ mimisch.

mimo *(m)* ~ Mime *(m)*.

mimosa *(f)* ~ *(bot)* Mimose *(f)*.

mina *(f)* ~ *(bomba; di matita)* Mine *(f)* ♦ *posare mine* Minen legen ♦ *finire su una mina* auf eine Mine treten.

minaccia *(f)* ~ Bedrohung *(f)*, Drohung *(f)* ♦ *proferire una minaccia* eine Drohung ausstoßen.

minacciare[1] *(vi)* ~ drohen *(vi, hat)* ♦ *il fiume minaccia di straripare* der Fluss droht überzutreten ♦ *il tentativo minaccia di fallire* der Versuch droht zu scheitern.

minacciare[2] *(vt)* ~ {~ *(qcn)*} jmdm drohen *(vi, hat)*, jmdn bedrohen *(vt) (anche fig)* ♦ *mi ha minacciato* er hat mir gedroht ♦ *lo minacciò con una pistola* er bedrohte ihn mit einer Pistole ♦ *minaccia un temporale* es droht ein Gewitter.

minacciosamente *(avv)* ~ bedrohlich.

minaccioso *(agg)* **1** drohend. **2** *(pericoloso)* bedrohlich ♦ *fare un'impressione minacciosa* einen bedrohlichen Eindruck machen.

minare *(vt)* **1** *(mil)* verminen *(vt)*. **2** *(fig)* unterminieren *(vt)*, untergraben* *(vt)*.

minato *(agg)* **1** Minen- ♦ *campo minato* Minenfeld *(n)*. **2** *(salute)* angegriffen.

minatore *(m)* ~ Bergmann *(m)*.

minerale[1] *(agg)* ~ mineralisch, Mineral- ◆ *acqua minerale gassata, non gassata* Mineralwasser mit, ohne Kohlensäure.

minerale[2] *(m)* ~ Mineral *(n)*.

minerario *(agg)* ***1*** *(di miniera)* Bergbau- ◆ *ingegnere minerario* Bergbauingenieur *(m; f -in)*. ***2*** *(di minerali)* Erz-.

minestra *(f)* ~ Suppe *(f)* ◆ *minestra di verdura* Gemüsesuppe.

minestrone *(m)* ~ *(di verdura)* Minestrone *(f)*.

mingherlino *(agg)* ~ schmächtig.

miniatura *(f)* ~ *(arte; oggetto)* Miniatur *(f)*.

miniaturista *(m)* ~ Miniaturmaler *(m)*.

miniera *(f)* ***1*** Bergwerk *(n)*, Mine *(f)*, Grube *(f)* ◆ *miniera d'oro* Goldmine ◆ *miniera di carbone* Kohlengrube, Kohlenbergwerk. ***2*** *(fig) (fonte inesauribile)* Fundgrube *(f)*.

minigonna *(f)* ~ Minirock *(m)*.

minimamente *(avv)* ~ überhaupt nicht, um Haaresbreite *(spec neg)*.

minimo[1] *(agg)* ***1*** kleinst, geringst, Mindest- ◆ *mi sveglio al minimo rumore* beim kleinsten Geräusch wache ich auf ◆ *non ho la minima idea del perché...* ich habe nicht die geringste Ahnung, warum... ◆ *età minima* Mindestalter *(n)* ◆ *numero minimo* Mindestzahl *(f)*. ***2*** *(piccolissimo)* minimal. ***3*** *(basso)* Tiefst- ◆ *temperatura minima* Tiefsttemperatur *(f)*. ◆ **come minimo** *(per lo meno)* mindestens *(avv)* ◆ *ci metterò come minimo due ore* ich werde mindestens zwei Stunden brauchen. ◆ **è il minimo che io possa fare** das ist das wenigste, was ich tun kann.

minimo[2] *(m)* ~ Minimum *(n)* ◆ *un minimo di mezzi finanziari* ein Minimum an finanziellen Mitteln.

ministero *(m)* ***1*** Ministerium *(n)* ◆ *ministero degli esteri* Außenministerium ◆ *ministero degli interni* Innenministerium ◆ *ministero dell'agricoltura* Landwirtschaftsministerium ◆ *ministero della difesa* Verteidigungsministerium ◆ *ministero della giustizia* Justizministerium ◆ *ministero delle finanze* Finanzministerium ◆ *ministero della pubblica istruzione* Kultusministerium. ***2*** *(carica di ministro)* Ministeramt *(n)*. ◆ **pubblico ministero** *(dir)* Staatsanwalt *(m; f -anwältin)*.

ministro *(m)* ~ Minister *(m; f -in)* ◆ *ministro degli esteri* Außenminister ◆ *ministro degli interni* Innenminister ◆ *ministro dell'agricoltura* Landwirtschaftsminister ◆ *ministro della difesa* Verteidigungsminister ◆ *ministro della giustizia* Justizminister ◆ *ministro delle finanze* Finanzminister ◆ *ministro della pubblica istruzione* Kultusminister ◆ *ministro senza portafoglio* Minister ohne Geschäftsbereich.

minoranza *(f)* ~ Minderheit *(f)* ◆ *minoranza linguistica* sprachliche Minderheit ◆ *essere in minoranza* in der Minderheit sein.

minorato *(agg)* ***1*** *(fisico)* behindert. ***2*** *(mentale)* schwachsinnig, behindert.

minore[1] *(agg compar/superl)* ***1*** *(più piccolo)* kleiner; kleinste. ***2*** *(più giovane)* jünger ◆ *il mio fratello minore* mein jüngerer Bruder. ***3*** *(più contenuto)* geringer, geringste ◆ *una questione di minore importanza* eine Frage von geringerer Bedeutung ◆ *le nostre possibilità diventano sempre minori* unsere Chancen werden immer geringer. ***4*** *(più breve)* kürzer.

minore[2] *(agg)* ~ *(mus) (tonalità minore)* Moll *(n)*.

minore[3] *(m)* ~ *vedi* **minorenne**.

minorenne *(m)* ~ Minderjährige(r) *(m/f)*.

minorile *(agg)* ~ minderjährig.

minuscola *(f)* ~ Kleinbuchstabe *(m)*.

minuscolo *(agg)* ***1*** klein, klein- ◆ *scritto minuscolo* kleingeschrieben. ***2*** *(piccolissimo)* winzig, winzig klein.

minuta *(f)* ~ Konzept *(n)*.

minuto[1] *(agg)* ~ *(fine, delicato)* fein, klein. ◆ **commercio al minuto** Kleinhandel *(m)*.

minuto[2] *(m)* ~ Minute *(f)* ◆ *sono le quattro e cinque minuti* es ist fünf Minuten nach vier ◆ *fino all'ultimo minuto* bis zur letzten Minute ◆ *all'ultimo minuto* in letzter Minute ◆ *aspetta ancora due minuti* warte noch zwei Minuten ◆ *tra un minuto* in einer Minute.

minuzia *(f)* ~ Kleinigkeit *(f)*.

minuziosamente *(avv)* ~ eingehend.

minuzioso *(agg)* ~ eingehend.

mio[1] *(agg poss)* ***1*** mein ◆ *mio figlio* mein Sohn ◆ *non è stata colpa mia* es war nicht meine Schuld. ***2*** *(predicativo)* me ner, meine, meines ♦ *questo libro è mio* dieses Buch ist meines.

mio[2] *(pron poss)* ~ meiner, meine, meines ♦ *puoi prendere il mio* kannst du meinen nehmen. ◆ **i miei (parenti)** die meinen *(anche* die Meinen*)*.

miope *(agg)* ~ kurzsichtig *(anche fig)*.

miopia *(f)* ~ Kurzsichtigkeit *(f)*.

mira *(f)* ***1*** Ziel *(n)*. ***2*** *(mirino)* Visier *(n)*. ◆ **prendere la mira** zielen *(vi*, hat*)*.

miracolo *(m)* ~ Wunder *(n)* ♦ *fare miracoli* Wunder tun ♦ *sperare in un miracolo* auf ein Wunder hoffen ♦ *come per miracolo* wie durch ein Wunder.

miracoloso *(agg)* ~ wunderbar *(agg)*.

miraggio *(m)* ~ Luftspiegelung *(f)*.

mirare *(vi)* ***1*** {~ *a qcn/qcs*} auf jmdn/etwas zielen *(vi*, hat*)*. ***2*** *(fig)* nach etwas streben *(vi*, hat*)* ♦ *mirare al successo* nach Erfolg streben.

miriade *(f)* ~ Unmenge *(f)*.

mirino *(m)* ~ Visier *(n)*.

mirtillo *(m)* ~ *(bot)* *(pianta, bacca)* Heidelbeere *(f)* ♦ *mirtillo blu, rosso* Blaubeere *(f)*, Preiselbeere *(f)*.

mirto *(m)* ~ *(bot)* Myrte *(f)*.

miscela *(f)* ~ Mischung *(f)*, Gemisch *(n)*.

miscelare *(vt)* ~ mischen *(vt)*.

miscellanea *(f)* ~ Sammelwerk *(n)*.

mischiare *(vt)* ~ mischen *(vt)*, vermischen *(vt)* ♦ *mischiare il vino con l'acqua* Wein mit Wasser vermischen ♦ *mischiare le carte* die Karten mischen.

miscuglio *(m)* ~ Mischung *(f)*, Gemisch *(n)*, Mischmasch *(m)*.

miserabile *(agg)* ~ elend, erbärmlich.

miseramente *(avv)* ~ kläglich, erbärmlich ♦ *fallire miseramente* kläglich scheitern.

miserevole *(agg)* ~ jämmerlich, armselig ♦ *in uno stato miserevole* in einem jämmerlichen Zustand.

miseria *(f)* ***1*** Elend *(n)*, Not *(f)*, Armut *(f)* ♦ *finire in miseria* ins Elend geraten ♦ *miseria spirituale* geistige Armut. ***2*** *(piccolezza)* Kleinigkeit *(f)*. ◆ **per la miseria!** *(esclam)* zum Donnerwetter! ◆ **porca miseria!** *(volg)* so ein Mist!, verdammt!

misericordia *(f)* ~ Erbarmen *(n)*, Barmherzigkeit *(f)*.

misericordioso *(agg)* ~ barmherzig *(agg)*.

misero *(agg)* ~ armselig, erbärmlich, kläglich, kümmerlich ♦ *un misero risultato* ein klägliches Ergebnis.

misfatto *(m)* ~ Missetat *(f)*, Untat *(f)*.

misogino[1] *(agg)* ~ frauenfeindlich.

misogino[2] *(m)* ~ Frauenfeind *(m)*.

missile *(m)* ~ *(razzo)* Rakete *(f)*.

missionario[1] *(agg)* ~ missionarisch.

missionario[2] *(m; f* **-a***)* ~ *(relig)* Missionar *(m; f* -in*)*.

missione *(m)* ~ Mission *(f)* *(anche pol/relig)* ♦ *missione segreta* geheime Mission.

misterioso *(agg)* ***1*** geheimnisvoll. ***2*** *(enigmatico)* rätselhaft.

mistero *(m)* ***1*** Geheimnis *(n)* ♦ *non far mistero di qcs* kein Geheimnis aus etwas machen. ***2*** *(enigma)* Rätsel *(n)*.

mistica *(f)* ~ Mystik *(f)*.

mistico[1] *(agg)* ~ mystisch.

mistico[2] *(m)* ~ Mystiker.

misto[1] *(agg)* ~ gemischt, Misch- ♦ *gruppi misti* gemischte Gruppen ♦ *matrimonio misto* Mischehe *(f)*.

misto[2] *(m)* ~ Gemenge *(n)*, Gemisch *(n)*.

mistura *(f)* ~ Gemisch *(n)*.

misura *(f)* ***1*** Maß *(n)* ♦ *un vestito su misura* ein Kleid nach Maß ♦ *la giusta misura* das rechte/richtige Maß ♦ *passare la misura* das Maß überschreiten ♦ *in misura ridotta* in beschränktem Maß(e) ♦ *in una certa misura* in gewissem Maß(e) ♦ *oltre ogni misura* über die Maßen. ***2*** *(taglia)* Größe *(f)* ♦ *misura di scarpe* Schuhegröße. ***3*** *(provvedimento)* Maßnahme *(f)* ♦ *prendere misure contro qcs, in merito a qcs* Maßnahmen gegen etwas, zu etwas ergreifen/treffen. ***4*** *(moderazione)* Mäßigkeit *(f)*. ◆ **in che misura** inwieweit *(avv interr)*. ◆ **in ugual misura** gleichermaßen. ◆ **nella misura in cui** insofern (...als) ♦ *nella misura in cui le sarà possibile ci aiuterà* insofern es ihr möglich ist, wird sie uns helfen.

misurare *(vi/vt)* ~ messen* *(vt)*, aus|messen* *(vt)* ♦ *la stanza misura quattro metri di lunghezza* das Zimmer misst 4 Meter in der Länge ♦ *misurare la larghezza, la lunghezza* die Breite, die Länge messen ♦ *misurare in metri* nach Metern messen. ◆ **misurare le proprie parole** seine Worte ab|wägen *(vt)*.

misurarsi *(vr)* ~ sich messen *(vr)* ♦ *misurarsi con qcn* sich mit jmdm messen.
misurato *(agg)* ~ gemessen.
misuratore *(m)* ~ *(strumento)* Messer *(m)*, Messgerät *(n)*.
misurazione *(f)* ~ Messung *(f)*.
misurino *(m)* ~ Messbecher *(m)*.
mite *(agg)* ***1*** *(persona, giudizio; clima)* mild ♦ *una critica mite* eine milde Kritik. ***2*** *(mansueto)* sanft.
mitezza *(f)* ***1*** *(di persona, giudizio, clima)* Milde *(f)*. ***2*** *(mansuetudine)* Sanftheit *(f)*.
mitico *(agg)* ***1*** mythisch. ***2*** *(fig)* sagenhaft. ◆ **mitico!** Wahnsinn!
mitigare *(vt)* ***1*** *(attenuare)* mildern *(vt)*. ***2*** *(placare)* lindern *(vt)*.
mitigarsi *(vr)* ~ sich mildern *(vr)*.
mitigazione *(f)* ~ Milderung *(f)*.
mito *(m)* ~ Mythos *(m)* *(anche fig)*.
mitologia *(f)* ~ Mythologie *(f)*.
mitologico *(agg)* ~ mythologisch.
mitra *(m)* ~ Maschinenpistole *(f)*.
mitragliatrice *(f)* ~ Maschinengewehr *(n)*.
mittente *(m)* ~ Absender *(m)*.
mixer *(m)* ~ Mixer *(m)*, Mixgerät *(n)*.
mo' *(m)* ~ **a mo' di esempio** beispielweise *(agg)*.
mobile[1] *(agg)* ~ beweglich ♦ *beni mobili* bewegliche Güter.
mobile[2] *(m)* ***1*** *(pezzo di arredamento)* Möbel *(n)*, Möbelstück *(n)*. ***2*** *(pl)* Möbel *(n)*.
mobilia *(f pl)* ~ Mobiliar *(n)*.
mobilificio *(m)* ~ Möbelfabrik *(f)*.
mobilità *(f)* ~ Beweglichkeit *(f)*.
mobilitare *(vt)* ~ auf|bieten* *(vt)*.
mobilitarsi *(vr)* ~ sich in Bewegung setzen *(vr)*.
moca *(f)* ***1*** Mokka *(m)*. ***2*** *(macchinetta)* Kafeemaschine *(f)*.
mocassino *(m)* ~ Slipper *(m)*.
moccolo *(m)* ***1*** Kerzenstummel *(m)*. ***2*** *(moccio)* Rotz *(m)*.
moda *(m)* ~ Mode *(f)* ♦ *passare di moda* aus der Mode kommen ♦ *essere di moda* in Mode sein ♦ *seguire la moda* mit/nach der Mode gehen. ◆ **di moda, alla moda** modisch *(agg/avv)* ♦ *una giacca alla moda* eine modische Jacke ♦ *vestirsi alla moda* sich modisch kleiden. ◆ **fuori moda** altmodisch *(agg)*.
modale *(agg)* ~ Modal- ♦ *verbo modale* Modalverb *(n)*.
modella *(f)* ***1*** Model *(n)*. ***2*** *(indossatrice)* Mannequin *(n)*.
modellabile *(agg)* ~ plastisch.
modellare *(vt)* ***1*** modellieren *(vt)*. ***2*** *(plasmare)* formen *(vt)* ♦ *modellare la creta* Ton formen.
modellarsi *(vr)* ***1*** {~ *su qcs*} *(conformarsi)* sich an etwas *(Dat)* orientieren. ***2*** *(adattarsi)* sich schmiegen *(vr)* ♦ *il vestito si modella sul suo fisico* das Kleid schmiegt sich an ihre Figur.
modellino *(m)* ~ Modell *(n)*.
modello *(m)* ***1*** Muster *(n)*, Modell *(n)* ♦ *disegnare seguendo un modello* nach Muster zeichnen. ***2*** *(esempio, paradigma)* Muster *(n)*, Vorbild *(n)* ♦ *prendere qcn a modello* sich *(Dat)* jmdn zum Muster nehmen ♦ *è un modello di zelo* sie ist ein Muster an Fleiß. ***3*** *(esemplare)* vorbildlich *(agg)*, Muster- ♦ *un'organizzazione (da prendersi a) modello* eine vorbildliche Organisation. ***4*** *(indossatore)* Modell *(n)*.
moderare *(vt)* ~ mäßigen *(vt)* ♦ *moderare l'impazienza* die Ungeduld mäßigen.
moderarsi *(vr)* ~ sich mäßigen *(vr)* ♦ *moderatevi!* mäßigt euch!
moderato *(agg)* ~ *(modesto)* mäßig, gemäßigt.
moderazione *(f)* ~ Mäßigkeit *(f)*, Mäßigung *(f)*.
modernità *(f)* ~ *(tempi moderni)* Moderne *(f)*.
modernizzare *(vt)* ~ modernisieren *(vt)*.
moderno *(agg)* ~ modern.
modestia *(f)* ~ Bescheidenheit *(f)*.
modesto *(agg)* ~ bescheiden *(agg)* ♦ *una condizione di vita modesta* bescheidene Lebensverhältnisse.
modico *(agg)* ~ *(prezzo)* erschwinglich, mäßig.
modifica *(f)* ~ Änderung *(f)*, Veränderung *(f)* ♦ *introdurre una modifica* eine Veränderung einführen ♦ *salvo modifiche* Änderungen vorbehalten.
modificare *(vt)* ~ ändern *(vt)*.
modificazione *(f)* ~ Änderung *(f)*.
modo *(m)* ***1*** *(maniera)* Art *(f)*, Weise *(f)*, Art und Weise ♦ *in questo modo* auf die-

se Art (und Weise) ♦ *in un altro modo* auf andere Art ♦ *a modo mio, suo* auf meine, seine Art ♦ *nel solito modo* in gewohnter Weise ♦ *un modo (di fare) gentile* eine höfliche Art ♦ *un modo di parlare* eine Art zu sprechen ♦ *ma che modi sono questi?* was ist denn das für eine Art? **2** *(via)* Weg *(m)* ♦ *dobbiamo trovare un modo di risolvere questo problema* wir müssen einen Weg finden, dieses Problem zu lösen. **3** *(possibilità)* Möglichkeit *(f)*. **4** *(gramm)* Modus *(m)*. ◆ **in (un) qualche modo** irgendwie *(avv)* irgend *(avv)* ♦ *se ti è possibile in qualche modo* wenn es dir irgend möglich ist. ◆ **in nessun modo** auf keine Weise, keineswegs *(avv)*. ◆ **nello stesso modo** gleicherweise. ◆ **modo di dire** Redensart *(f)*, Redewendung *(f)*. ◆ **fare in modo di** es so ein|richten, dass.

modulare *(vt)* ~ modulieren *(vt)* ♦ *modulare la voce* die Stimme modulieren.

modulo *(m)* ~ Formular *(n)* ♦ *riempire un modulo* ein Formular ausfüllen.

mogano *(m)* ~ Mahagoni *(n)*.

moglie *(f)* ~ Ehefrau, Frau *(f)* ♦ *prendere in moglie* zur Frau nehmen.

moina *(f)* **1** *(lusinga)* Schmeichelei *(f)*. **2** *(affettuosa)* Schmus *(m)*.

mola *(f)* **1** *(strumento)* Schleifstein *(m)*. **2** *(macina)* Mühlstein *(m)*.

molare¹ *(m)* ~ *(dente)* Backenzahn *(m)*.

molare² *(vt)* ~ schleifen *(vt)*.

molatura *(f)* ~ Schliff *(m)*.

mole *(f)* **1** Ausmaß *(n)*. **2** *(quantità)* Menge *(f)*.

molecola *(f)* ~ Molekül *(n)*.

molecolare *(agg)* ~ molekular, Molekular-.

molestare *(vt)* ~ belästigen *(vt)*.

molestia *(f)* **1** *(fastidio, disagio)* Lästigkeit *(f)*. **2** *(azione molesta; sessuale)* Belästigung *(f)* *(anche dir)*.

molesto *(agg)* ~ lästig.

molla *(f)* **1** Feder *(f)*; *(di materasso, divano)* Sprungfeder *(f)* ♦ *la molla è saltata* die Feder ist gesprungen. **2** *(impulso, spinta)* Antrieb *(m)*, Triebfeder *(f)*.

mollare¹ *(vi)* ~ *(desistere)* locker|lassen* *(vi, hat)*.

mollare² *(vt)* **1** *(allentare)* lockern *(vt)*. **2** *(lasciare andare)* los|lassen* *(vt)* ♦ *mollami!* lass mich los! **3** *(lasciare)* sitzen lassen* *(vt)* ♦ *ha mollato la moglie* er hat seine Frau sitzen lassen.

molle *(agg)* **1** *(soffice, morbido)* weich ♦ *formaggio molle* weicher Käse/Weichkäse. **2** *(bagnato)* nass. **3** *(fig)* weichlich.

molleggiare¹ *(vi)* ~ *(essere elastico)* federn *(vi, hat)*.

molleggiare² *(vt)* ~ *(dotare di molle)* federn *(vt)*.

molletta *(f)* ~ Klammer *(f)* ♦ *molletta per i panni* Wäscheklammer.

mollica *(f)* ~ Krume *(f)*.

molliccio *(agg)* ~ weich.

mollo *(agg)* ~ **mettere a mollo** ein|weichen *(vt)*. ◆ **tenere a mollo** ein|weichen lassen* *(vt)*.

mollusco *(m)* ~ *(zool)* Weichtier *(n)*.

molo *(m)* ~ Mole *(f)*, Kai *(m)*.

molteplice *(agg)* ~ *(vario, vasto)* vielfach, vielseitig, vielfältig ♦ *ha molteplici interessi, esperienze* er hat vielseitige Interessen, Erfahrungen.

molteplicità *(f)* ~ *(abbondanza, varietà)* Vielfalt *(f)*, Vielseitigkeit *(f)*.

moltiplicare *(vt)* **1** *(mat)* multiplizieren *(vt)* ♦ *moltiplicare dieci per cinque* zehn mit fünf multiplizieren. **2** *(aumentare)* vermehren *(vt)* ♦ *moltiplicare gli sforzi* seine Anstrengungen vermehren.

moltiplicarsi *(vr)* ~ sich vermehren *(vr)*.

moltiplicazione *(f)* **1** *(mat)* Multiplikation *(f)*. **2** *(fig)* Vermehrung *(f)*.

moltitudine *(f)* **1** Vielzahl *(f)*. **2** *(folla)* Menge *(f)*, Masse *(f)*.

molto¹ *(agg/pron indef)* **1** viel ♦ *molto pane* viel Brot ♦ *molte lettere* viele Briefe ♦ *con molta gente* mit vielen Leuten ♦ *beve molto* er trinkt viel ♦ *molti di loro* viele von ihnen. **2** *(temporale)* lange ♦ *dopo molto tempo* nach langer Zeit.

molto² *(avv)* **1** *(quantità)* viel ♦ *è piovuto molto* es hat viel geregnet. **2** *(con compar)* viel ♦ *molto più piccolo* viel kleiner ♦ *molto di più* viel mehr ♦ *molto meno* viel weniger. **3** *(intensità)* sehr ♦ *sono molto felice* ich bin sehr glücklich ♦ *un quadro molto bello* ein sehr schönes Bild ♦ *la ama molto* er liebt sie sehr. **4** *(temporale)* lange ♦ *ho aspettato molto* ich habe lange gewartet ♦ *non lo vedo da mol-*

to ich habe ihn lange nicht gesehen. ◆ **molto prima che** lange bevor ♦ *molto prima che venisse* lange bevor sie kam. ◆ **già da molto** schon lange ♦ *non la vedo già da molto* ich habe sie schon lange nicht mehr gesehen.

momentaneamente *(avv)* ~ zurzeit.

momentaneo *(agg)* ~ momentan, augenblicklich.

momento *(m)* **1** *(attimo)* Moment *(m)*, Augenblick *(m)* ♦ *aspetta un momento, per favore* bitte warte einen Moment ♦ *un momento, per favore!* einen (kleinen) Augenblick, einen Moment, bitte! ♦ *all'ultimo momento* im letzten Moment ♦ *in questo momento* im Moment/im Augenblick ♦ *in un primo momento* im ersten Augenblick ♦ *all'ultimo momento* im letzten Augenblick. **2** *(periodo)* Zeit *(f)* ♦ *momenti difficili* schwere Zeiten. **3** *(fis)* Moment *(n)*. ◆ **al momento giusto** recht *(avv)* ♦ *capitare al momento giusto* recht kommen. ◆ **in ogni momento, da un momento all'altro** jederzeit *(avv)*, jeden Augenblick. ◆ **in quel momento** da ♦ *in quel momento squillò il telefono* da klingelte das Telefon. ◆ **dal momento che** da ♦ *dal momento che sono molto occupata* da ich sehr beschäftigt bin. ◆ **in questo momento** gerade. ◆ **per il momento** zurzeit *(avv)*. ◆ **in qualsiasi momento** wann auch immer ♦ *puoi telefonarmi in qualsiasi momento tu abbia bisogno* du kannst mich anrufen, wann auch immer du brauchst.

monaca *(f)* ~ Nonne *(f)*, Schwester *(f)*.

monacale *(agg)* ~ mönchisch *(anche fig)*; Mönchs-, Nonnen-.

monaco *(m)* ~ Mönch *(m)*.

monarca *(m/f)* ~ Monarch *(m; f* -in*)*.

monarchia *(f)* ~ Monarchie *(f)*.

monarchico[1] *(agg)* **1** monarchisch. **2** *(favorevole alla monarchia)* monarchistisch.

monarchico[2] *(m)* ~ Monarchist *(m)*.

monastero *(m)* ~ Kloster *(n)*.

monastico *(agg)* **1** klösterlich, Kloster-. **2** *(dei monaci)* Mönchs-.

monco *(agg)* **1** einarmig. **2** *(incompleto)* verstümmelt.

moncone *(m)* ~ Stumpf *(m)*.

mondiale[1] *(agg)* ~ Welt-, weltweit ♦ *guerra mondiale* Weltkrieg *(m)* ♦ *la Prima, la Seconda Guerra Mondiale* der Erste, Zweite Weltkrieg ♦ *pace mondiale* Weltfrieden *(m)* ♦ *potenza mondiale* Weltmacht *(f)*. ◆ **a livello mondiale** weltweit *(avv)*.

mondiale[2] *(m)* ~ *(sport)* Weltmeisterschaft *(f)* *(abbrev* WM*)*.

mondo *(m)* **1** Welt *(f)* *(anche fig)* ♦ *fare un viaggio intorno al mondo* eine Reise um die Welt/eine Weltreise machen ♦ *la città più bella del mondo* die schönste Stadt auf der Welt ♦ *tutto il mondo (tutti)* alle Welt; die ganze Welt ♦ *il mondo dell'arte, degli animali* die Welt der Kunst, der Tiere ♦ *il vecchio, nuovo mondo* die Alte, Neue Welt ♦ *il terzo mondo* die Dritte Welt ♦ *mettere al mondo un bambino* ein Kind zur Welt bringen. ♦ *venire al mondo* auf die Welt kommen ♦ *per niente al mondo* um nichts in der Welt. **2** *(terra)* Erde *(f)*. ◆ **campionato del mondo** Weltmeisterschaft *(f)* *(abbrev* WM*)*. ◆ **campione del mondo** Weltmeister *(m; f* -in*)*. ◆ **fine del mondo** Weltuntergang *(m)*. ◆ **meraviglia del mondo** Weltwunder *(n)* ♦ *le sette meraviglie del mondo* die Sieben Weltwunder. ◆ **uomo di mondo** Weltmann *(m)*, ein Mann von Welt. ◆ **fuori dal mondo** weltfremd *(agg)*. ◆ **in tutto il mondo** weltweit *(avv)*.

monello *(m)* ~ Schlingel *(m)*.

moneta *(f)* **1** Münze *(f)* ♦ *falsificare, coniare monete* Münzen fälschen, prägen. **2** *(valuta)* Währung *(f)* ♦ *moneta forte, debole* harte, weiche Währung. **3** *(pl)* *(spiccioli)* Kleingeld *(n)* ♦ *non ho monete* ich habe kein Kleingeld. ◆ **moneta locale** Landeswährung *(f)*.

monetario *(agg)* ~ Währungs- ♦ *unità monetaria* Währungseinheit.

mongolfiera *(f)* ~ Ballon *(m)*.

mongoloide *(agg)* ~ *(med)* mongoloid.

monile *(m)* ~ Juwel *(m/n)*.

monito *(m)* ~ Mahnung *(f)*.

monitor *(m)* **1** *(apparecchio)* Monitor *(m)*. **2** *(schermo)* Bildschirm *(m)*.

monocromatico *(agg)* ~ einfarbig.

monografia *(f)* ~ Monographie *(f)*.

monolingue *(agg)* ~ einsprachig.

monolocale *(m)* ~ Einzimmerwohnung *(f)*.

monologo *(m)* ~ Monolog *(m)*, Selbstgespräch *(n)*. ◆ **monologo interiore** erlebte Rede *(f)*.

monopattino *(m)* ~ Roller *(m)*.

monopolio *(m)* ~ Monopol *(n)* ◆ *avere il monopolio su qcs* das Monopol auf/für etwas haben.

monopolizzare *(vt)* ~ monopolisieren *(vt)*.

monoposto *(agg)* ~ einsitzig.

monosillabo[1] *(agg)* ~ einsilbig.

monosillabo[2] *(m)* ~ einsilbiges Wort *(n)*.

monoteismo *(m)* ~ Monotheismus *(m)*.

monotonia *(f)* ***1*** Eintönigkeit *(f)*. ***2*** *(uniformità)* Einförmigkeit *(f)*, Gleichförmigkeit *(f)*.

monotono *(agg)* ***1*** eintönig. ***2*** *(uniforme)* gleichförmig.

monouso *(agg)* ~ Einweg- ◆ *siringa monouso* Einwegspritze *(f)*.

monsone *(m)* ~ Monsun *(m)*.

monta *(f)* ~ *(zool)* Deckung *(f)*.

montacarichi *(m)* ~ Lastenaufzug *(m)*.

montaggio *(m)* ***1*** Montage *(f)*. ***2*** *(installazione)* Einbau *(m)*. ***3*** *(di film)* Schnitt *(m)*.

montagna *(f)* ***1*** Berg *(m)* ◆ *salire su una montagna* einen Berg besteigen, auf einen Berg steigen. ***2*** *(monti)* Gebirge *(n)*, Berge *(pl)* ◆ *andare in montagna* ins Gebirge fahren ◆ *passare le vacanze in montagna* den Urlaub im Gebirge verbringen ◆ *in montagna (stato)* in den Bergen, *(moto)* in die Berge. ***3*** *(fig)* Berg *(m)*, Unmenge *(f)* ◆ *una montagna di lettere* eine Unmenge von/an Briefen, ein Berg Briefe. ◆ **montagne russe** Achterbahn *(f)*.

montante *(m)* ~ Pfosten *(m)*. ***2*** *(pugilato)* Aufwärtshaken *(m)*.

montare[1] *(vi)* ~ steigen* *(vi*, ist*)*, aufsteigen* *(vi*, ist*)* ◆ *montare su una scala* auf eine Leiter steigen ◆ *montare sulla bicicletta* aufs Fahrrad steigen ◆ *montare in macchina, sul treno* ins Auto, in den Zug steigen.

montare[2] *(vt)* ***1*** aufstellen *(vt)*, montieren *(vt)* ◆ *montare una tenda, un letto* ein Zelt, ein Bett aufstellen. ***2*** *(installare)* montieren *(vt)* ◆ *montare un'antenna sul tetto* eine Antenne auf das/dem Dach montieren. ***3*** *(film)* montieren *(vt)*, schneiden* *(vt)*. ***4*** *(zool)* decken *(vt)*. ***5*** *(gastr)* schlagen* *(vt)* ◆ *montare a neve l'albume* Eiweiß zu Schaum schlagen.

montato *(agg)* ~ *(presuntuoso)* eingebildet. ◆ **panna montata** Schlagsahne *(f)*.

montatore *(m)* ~ *(installatore)* Monteur *(m; f* -in*)*.

montatura *(f)* ***1*** *(di occhiali)* Brillengestell *(n)*. ***2*** *(pietre preziose, ecc)* Fassung *(f)*. ***3*** *(esagerazione)* Aufbauschung *(f)*.

monte *(m)* ***1*** Berg *(m)* ◆ *salire su un monte* einen Berg besteigen/auf einen Berg steigen. ***2*** *(monti)* Gebirge *(n)*. ***3*** *(fig)* Menge *(f)*. ◆ **a monte** *(controcorrente)* flussaufwärts *(avv)*. ◆ **a monte di** *(stato in luogo)* oberhalb *(prep + Gen)*, oberhalb von. ◆ **monte di pietà** Leihhaus *(n)* ◆ *impegnare qcs al monte di pietà* etwas aufs Leihhaus tragen.

montone *(m)* ~ *(zool)* ***1*** Schafbock *(m)*. ***2*** *(castrato)* Hammel *(m)*.

montuoso *(agg)* ~ bergig.

monumentale *(agg)* ~ monumental.

monumento *(m)* ***1*** *(statua)* Denkmal *(n)* ◆ *fare, erigere un monumento a qcn* jmdm ein Denkmal setzen.

moquette *(f)* ~ Teppichboden *(m)*.

mora[1] *(f)* ~ *(bot)* Brombeere *(f)*.

mora[2] *(f)* ~ *(soprattassa)* Verzugszinsen *(pl)*.

morale[1] *(agg)* ~ *(etico)* moralisch, sittlich.

morale[2] *(f)* ~ Moral *(f)*, Sittlichkeit *(f)*.

moralismo *(m)* ~ Moralismus *(m)*.

moralità *(f)* ~ Sittlichkeit *(f)*.

morbidezza *(f)* ~ Weichheit *(f)*, Zartheit *(f)*.

morbido *(agg)* ~ weich, zart ◆ *carne morbida* zartes Fleisch. ◆ *un cuscino morbido* ein weiches Kissen.

morbillo *(m)* ~ Masern *(pl)*.

morbo *(m)* ~ Krankheit *(f)*.

morbosità *(f)* ~ Krankhaftigkeit *(f)*.

morboso *(agg)* ~ krankhaft *(agg)*.

mordace *(agg)* ~ bissig.

mordente[1] *(agg)* ~ beißend *(anche fig)*.

mordente[2] *(m)* ~ Kampfgeist *(m)*.

mordere *(vt)* ***1*** *(addentare)* beißen* *(vt)* ◆ *mi ha morso un cane* ein Hund hat mich gebissen ◆ *mordere un panino* in einem Brötchen beißen. ***2*** *(insetti)* stechen* *(vt)*.

mordersi *(vr)* ~ sich beißen ♦ *mordersi la lingua* sich *(Dat/Acc)* auf die Zunge beißen *(anche fig)*.
morfina *(f)* ~ Morphin *(n)*, Morphium *(n)*.
moria *(f)* ~ Massensterben *(n)*.
morigerato *(agg)* ~ sittsam.
morire *(vi)* **1** sterben* *(vi, ist)* ♦ *morire di vecchiaia, di cancro* an Altersschwäche, an Krebs sterben ♦ *muoio di curiosità* ich sterbe vor Neugierde ♦ *morire per mano di qcn* durch jmdn/durch jmds Hand sterben. **2** *(in un incidente o sim)* ums Leben kommen* *(vi, ist)*, um|kommen* *(vi, ist)*. **3** *(piante)* ein|gehen* *(vi, ist)*. ◆ **da morire** *(mortalmente)* zum Sterben ♦ *noioso da morire* zum Sterben langweilig. ◆ **morire dal ridere** sich tot|lachen *(vr)*. ◆ **morire di sete** verdursten *(vi, ist)*. ◆ **morire di fame** verhungern *(vi, ist)*. ◆ **morire soffocato** ersticken *(vi, ist)*.
mormorare *(vt/vi)* **1** murmeln *(vt/vi)*. **2** *(di acqua, cespugli)* rauschen *(vi, hat)*.
mormorio *(m)* **1** Murmeln *(n)*. **2** *(di acqua, cespugli)* Rauschen *(n)*.
moro[1] *(agg)* **1** *(dalla pelle scura)* dunkelhäutig. **2** *(con i capelli scuri)* dunkelhaarig.
moro[2] *(m)* **1** *(con la pelle scura)* Schwarze(r) *(m/f)*. **2** *(dai capelli scuri)* Dunkelhaarige(r).
moroso *(agg)* ~ *(dir)* säumig *(agg)*.
morsa *(f)* ~ Schraubstock *(m)*.
morsetto *(m)* ~ Zwinge *(f)*.
morso *(m)* **1** Biss *(m)*. **2** *(di insetto)* Stich *(m)*. **3** *(boccone)* Bissen *(m)*. **4** *(del cavallo)* Kandare *(f)*. ◆ **dare un morso a qcs** an|beißen* *(vt)* ♦ *dare un morso a una mela* einen Apfel anbeißen.
mortale *(agg)* **1** *(destinato a morire)* sterblich. **2** *(letale)* tödlich ♦ *una ferita mortale* eine tödliche Verletzung ♦ *odio mortale* tödlicher Hass.
mortalità *(f)* ~ Sterblichkeit *(f)*.
mortalmente *(avv)* ~ *(a morte)* tödlich, auf den Tod, zu Tode ♦ *mi sono annoiata mortalmente* ich habe mich tödlich/zu Tode gelangweilt.
morte *(f)* ~ Tod *(m)* ♦ *morire di morte naturale, violenta* eines natürlichen, gewaltsamen Todes sterben ♦ *condannare qcn a morte* jmdn zum Tode verurteilen ♦ *è una questione di vita o di morte* es geht um Leben und Tod. ◆ **a morte** *(mortalmente)* tödlich, auf den Tod, zu Tode. ◆ **condanna a morte** Todesurteil *(n)*. ◆ **pena di morte** Todesstrafe *(f)*. ◆ **morte apparente** Scheintod *(m)*. ◆ **morte cerebrale** Hirntod *(m)*.
mortificare *(vt)* ~ demütigen *(vt)*.
mortificarsi *(vr)* ~ *(relig)* sich kasteien *(vr)*.
mortificato *(agg)* ~ zerknirscht ♦ *essere mortificato per qcs* über etwas *(Acc)* zerknirscht sein.
mortificazione *(f)* **1** Demütigung *(f)*. **2** *(relig)* Kasteiung *(f)*.
morto[1] *(agg)* ~ tot ♦ *suo padre è morto già da molto tempo* sein Vater ist schon lange tot ♦ *binario morto* totes Gleis ♦ *arrivare a un punto morto* an einem toten Punkt anlangen ♦ *lingua morta* tote Sprache. ◆ **mezzo morto** halb tot ♦ *ero mezzo morto di paura* ich war halb tot vor Angst. ◆ **fingersi morto** sich tot|stellen *(vr)*.
morto[2] *(m; f* **-a***)* ~ Tote(r) *(m/f)*.
mosaico *(m)* ~ Mosaik *(n)*.
mosca *(f)* ~ *(zool)* Fliege *(f)*. ◆ **una mosca bianca** *(fig)* ein weißer Rabe. ◆ **giocare a mosca cieca** Blindekuh spielen.
moscerino *(m)* ~ kleine Fliege *(f)*.
moschea *(f)* ~ Moschee *(f)*.
moscio *(agg)* ~ schlaff.
moscone *(m)* ~ *(zool)* Brummer *(m)*.
mossa *(f)* **1** *(movimento)* Bewegung *(f)*. **2** *(in un gioco)* Zug *(m)* ♦ *mossa a scacchi* Schachzug. ◆ **mossa falsa**, **mossa sbagliata** *(anche fig)* Fehlgriff *(m)*.
mosso *(agg)* **1** *(mare)* bewegt, unruhig. **2** *(capelli)* gewellt.
mostarda *(f)* ~ *(senape)* Senf *(m)*.
mosto *(m)* ~ Most *(m)*.
mostra *(f)* **1** *(sfoggio)* Schau *(f)* ♦ *mettere in mostra qcs* etwas zur Schau stellen *(anche fig)*. **2** *(esposizione)* Ausstellung *(f)* ♦ *andare a una mostra* in eine Ausstellung gehen ♦ *mostra itinerante* Wanderausstellung. **3** *(fiera)* Messe *(f)*. ◆ **mettere in mostra** aus|stellen *(vt)*.
mostrare *(vt)* **1** zeigen *(vt)* ♦ *ci ha mostrato il suo giardino* sie hat uns ihren Gar-

ten gezeigt ♦ *mi ha mostrato la strada* er hat mir den Weg gezeigt ♦ *mostrare a qcn il proprio amore* jmdm seine Liebe zeigen ♦ *le sue parole mostrano che lui non conosce la situazione* seine Worte zeigen, dass er den wahren Sachverhalt nicht kennt. **2** *(esibire, presentare documenti)* vor|zeigen *(vt)*.

mostrarsi *(vr)* **1** sich zeigen *(vr)* ♦ *non si mostra più in pubblico* sie zeigt sich nicht mehr in der Öffentlichkeit ♦ *si mostrò offeso, coraggioso* er zeigte sich beleidigt, mutig ♦ *l'arcobaleno si mostra all'orizzonte* der Regenbogen zeigt sich am Horizont. **2** *(dimostrarsi)* sich erweisen* *(vr)* ♦ *mostrarsi un bravo studente* sich als guter Student erweisen.

mostro *(m)* ~ Ungeheuer *(n)*, Scheusal *(n)*.

mostruosità *(f)* **1** *(orrore)* Scheußlichkeit *(f)*. **2** *(crudeltà)* Grausamkeit *(f)*.

mostruoso *(agg)* ~ *(orribile)* scheußlich.

motivare *(vt)* **1** *(spiegare)* begründen *(vt)*. **2** *(causare)* motivieren *(vt)*.

motivato *(agg)* **1** begründet. **2** *(persona, determinato)* motiviert.

motivazione *(f)* **1** Begründung *(f)* ♦ *fornire una motivazione per qcs* eine Begründung für etwas vorbringen. **2** *(causa)* Motivation *(f)*.

motivo *(m)* **1** Grund *(m)* ♦ *un motivo serio, plausibile* ein schwerwiegender, zwingender Grund ♦ *addurre dei motivi per qcs* Gründe für etwas anführen/vorbringen ♦ *non avere motivo di lamentarsi, di preoccuparsi* keinen Grund zum Klagen, zur Sorge haben ♦ *per quale motivo?* aus welchem Grund? **2** *(mus/arte)* Motiv *(n)* ♦ *motivo conduttore* Leitmotiv. ◆ **senza motivo** grundlos. ◆ **dare motivo di qcs a qcn** jmdm Anlass zu etwas geben*.

moto *(m)* **1** *(movimento)* Bewegung *(f)* ♦ *mettersi in moto* sich in Bewegung setzen ♦ *fare del moto* sich *(Dat)* Bewegung machen. **2** *(dell'animo)* Regung *(f)* ♦ *un moto di compassione* eine Regung des Mitleids. **3** *(pol/stor)* Unruhe *(f)*. ◆ **entrare in moto** in Gang kommen*. ◆ **essere in moto** in Gang sein*. ◆ **mettere in moto** *(veicoli)* an|fahren* *(vi, ist)*. ◆ **fare del moto** sich bewegen *(vr)*.

motocicletta *(f)* ~ Motorrad *(n)*.

motociclismo *(m)* ~ Motorradsport *(m)*.

motociclista *(m/f)* ~ Motorradfahrer *(m)*.

motociclo *(m)* ~ Kraftrad *(n)*.

motore[1] *(agg)* ~ treibend ♦ *forza motrice* treibende Kraft.

motore[2] *(m)* **1** Motor *(m)* ♦ *fermare, avviare il motore* den Motor abstellen, anstellen ♦ *motore a quattro tempi* Viertaktmotor ♦ *motore a reazione* Düsenmotor. **2** *(impulso)* Motor *(m)*, Triebfeder *(f)*.

motorino *(m)* ~ *(ciclomotore)* Mofa *(n)*.

motorizzare *(vt)* ~ motorisieren *(vt)*.

motorizzazione *(f)* ~ *(ufficio)* Zulassungsstelle *(f)*.

motoscafo *(m)* ~ Motorboot *(n)*.

motosega *(f)* ~ Kettensäge *(f)*.

motrice *(f)* **1** Zugmaschine *(f)*. **2** *(locomotore)* Triebwagen *(m)*.

motto *(m)* **1** *(massima)* Motto *(n)*, Spruch *(m)*. **2** *(di spirito)* Witz *(m)*.

mouse *(m)* ~ *(elab)* Maus *(f)*.

movente *(m)* ~ *(motivo)* Beweggrund *(m)*, Motiv *(n)*.

movimentato *(agg)* ~ bewegt.

movimento *(m)* **1** Bewegung *(f)* *(anche fig)* ♦ *fare un movimento improvviso* eine plötzliche Bewegung machen ♦ *movimento religioso, femminista* religiöse Bewegung, Frauenbewegung ♦ *movimento rotatorio* Drehbewegung. **2** *(attività, viavai)* Treiben *(n)*. **3** *(mus)* Satz *(m)*.

moviola *(f)* ~ Zeitlupe *(f)* ♦ *alla moviola* in Zeitlupe.

mozione *(f)* ~ *(pol)* Antrag *(m)*.

mozzafiato *(agg)* ~ atemberaubend.

mozzare *(vt)* ~ ab|schlagen *(vt)*.

mozzicone *(m)* ~ Stummel *(m)*.

mozzo[1] *(agg)* ~ abgeschlagen.

mozzo[2] *(m)* ~ Schiffsjunge *(m)*.

mucca *(f)* ~ *(zool)* Kuh *(f)*. ◆ **morbo della mucca pazza** Rinderwahnsinn *(m)*.

mucchio *(m)* ~ Haufen *(m)* ♦ *un mucchio di soldi* ein Haufen Geld. ◆ **a mucchi** haufenweise *(avv)*.

muco *(m)* ~ Schleim *(m)*.

mucosa *(f)* ~ Schleimhaut *(f)*.

mucoso *(agg)* ~ schleimig *(anche fig)*.

muffa *(f)* ~ Schimmel *(m)*. ◆ **fare la muffa** schimmeln *(vi, ist)*. ◆ **puzzare di muffa** schimmelig riechen*.

mugghiare *(vi)* ~ *(acque)* brausen *(vi,* hat*)*, tosen *(vi,* hat*)*.
muggire *(vi)* ~ muhen *(vi,* hat*)*.
muggito *(m)* ~ Muhen *(n)*.
mughetto *(m)* ~ *(bot)* Maiglöckchen *(n)*.
mugnaio *(m; f* **-a***)* ~ Müller *(m; f* -in*)*.
mugolare *(vi)* ~ winseln *(vi,* hat*)*.
mugugnare *(vi)* ~ brummen *(vi,* hat*)*.
mulatto *(m; f* **-a***)* ~ Mulatte *(m; f* Mulattin*)*.
mulinare *(vi)* ***1*** *(turbinare)* wirbeln *(vi,* ist*)*. ***2*** *(pensieri)* schwirren *(vi,* ist*)*.
mulinello *(m)* ***1*** Wirbel *(m)*. ***2*** *(canna da pesca)* Rolle *(f)*.
mulino *(m)* ~ Mühle *(f)* ♦ *mulino a vento* Windmühle. ◆ **ruota del mulino** Mühlrad *(n)*.
mulo *(m)* ~ *(zool)* Maultier *(n)*. ◆ **lavorare come un mulo** *(fig)* wie ein Pferd arbeiten. ◆ **testardo come un mulo** störrisch wie ein Esel.
multa *(f)* ***1*** Geldstrafe *(f)*. ***2*** *(ammenda, risarcimento)* Buße *(f)*.
multicolore *(agg)* ~ mehrfarbig, farbenreich.
multiforme *(agg)* ~ vielfältig.
multiplo *(agg)* ~ vielfach *(agg)*.
mummia *(f)* ~ Mumie *(f)*.
mungere *(vt)* ~ melken* *(vt)* ♦ *mungere una mucca* eine Kuh melken ♦ *mungere il latte* Milch melken.
municipale *(agg)* ~ Gemeinde-.
municipalità *(f)* ~ Gemeinderat *(m)*.
municipio *(m)* ~ Rathaus *(n)*.
munire *(vt)* ~ {~ *qcn/qcs di qcs*} jmdn/etwas mit etwas aus|statten *(vt)*.
munirsi *(vr)* ***1*** *(equipaggiarsi)* sich aus|rüsten *(vr)*. ***2*** *(fig)* sich wappnen *(vr)* ♦ *munirsi di pazienza* sich mit Geduld wappnen.
munizione *(f)* ***1*** Patrone *(f)*. ***2*** *(pl)* Munition *(f)*.
muovere[1] *(vi)* ~ *(dirigersi)* fahren* *(vi,* ist*)*, gehen* *(vi,* ist*)*.
muovere[2] *(vt)* ***1*** bewegen *(vt)*, rühren *(vt)* ♦ *non riesco a muovere la mano dal dolore* ich kann vor Schmerz meine Hand nicht rühren. ***2*** *(nei giochi)* ziehen* *(vt/vi,* hat*)*. ***3*** *(spingere)* leiten *(vt)* ♦ *è mosso da motivi personali* er ist von persönlichen Gründen geleitet. ◆ **muovere una critica** eine Kritik erheben. ◆ **muovere qcn a pietà** jmds Mitleid erregen.
muoversi *(vr)* ***1*** sich bewegen *(vr)*, sich in Bewegung setzen *(vr)* ♦ *non ti muovere!* bewegt dich nicht! ***2*** *(allontanarsi)* weg|gehen* *(vi,* ist*)*, sich fort|rühren *(vr)*. ◆ **muoviti!** *(fa' presto)* beeile dich!
muraglia *(f)* ~ Mauer *(f)* ♦ *la Grande Muraglia* die Chinesische Mauer.
murare *(vt)* ~ mauern *(vt)*.
muratore *(m)* ~ Maurer *(m)*.
muratura *(f)* ~ Mauerwerk *(n)*.
muro *(m)* ***1*** *(pl -i)* Mauer *(f)* ♦ *un muro alto* eine hohe Mauer ♦ *il muro di Berlino* die Berliner Mauer. ***2*** *(pl -a)* *(cinta muraria)* Stadtmauer *(f)*. ***3*** *(parete interna)* Wand *(f)* ♦ *piantare un chiodo nel muro* einen Nagel in die Wand schlagen ♦ *muro portante* tragende Wand. ◆ **parlare al muro** *(fig)* gegen eine Wand reden. ◆ **costruire un muro** mauern *(vi,* hat*)*.
musa *(f)* ~ Muse *(f)*.
muschio *(m)* ~ Moos *(n)*.
muscolare *(agg)* ~ Muskel-.
muscolo *(m)* ~ *(anat)* Muskel *(m)*.
muscoloso *(agg)* ~ muskulös.
museo *(m)* ~ Museum *(n)* ♦ *museo di arte moderna* Museum für moderne Kunst. ◆ **museo delle cere** Wachsfigurenkabinett *(n)*.
museruola *(f)* ~ Maulkorb *(m)*.
musica *(f)* ~ Musik *(f)* ♦ *ascoltare la musica* Musik hören ♦ *fare musica* Musik machen ♦ *musica da camera* Kammermusik ♦ *musica sacra* Kirchenmusik.
musicale *(agg)* ~ musikalisch, Musik-.
musicalità *(f)* ~ Musikalität *(f)*.
musicante *(m/f)* ~ Musikant *(m; f* -in*)*.
musicare *(vt)* ~ vertonen *(vt)* ♦ *musicare un libretto* ein Libretto vertonen.
musicassetta *(f)* ~ Musikkassette *(f)*.
musicista *(m/f)* ***1*** Musiker *(m; f* -in*)*. ***2*** *(compositore)* Komponist *(m; f* -in*)*.
muso *(m)* ~ Maul *(n)*, Schnauze *(f)*. ◆ **mettere il muso** ein Gesicht machen/ziehen*. ◆ **fare il muso lungo** ein langes Gesicht machen.
musulmano[1] *(agg)* ~ moslemisch.
musulmano[2] *(m; f* **-a***)* ~ Moslem *(m; f* Moslime*)*.

mutaⁱ *(f)* ***1*** *(da sub)* Taucheranzug *(m)*. **2** *(di cani)* Meute *(f)*. **3** *(rettili)* Häutung *(f)*.

mutamento *(m)* ***1*** *(cambiamento)* Wechsel *(m)*. **2** *(trasformazione)* Veränderung *(f)*, Wandel *(m)*.

mutande *(f pl)* ~ Unterhose *(f)* *(anche pl)* ♦ *in mutande* in Unterhosen.

mutandina *(f)* ***1*** Slip *(m)*. **2** *(da bambino)* Höschen *(n)*.

mutare[1] *(vi)* ~ sich verändern *(vr)*, sich ändern *(vr)* ♦ *è molto mutato* er hat sich sehr verändert.

mutare[2] *(vt)* ~ ändern *(vt)*; *(completamente)* verändern *(vt)*. ◆ **mutare pelle** sich häuten *(vr)*.

mutarsi *(vr)* ~ sich verwandeln *(vr)*.

mutazione *(f)* ***1*** *(biol)* Mutation *(f)*. **2** *(cambiamento)* Änderung *(f)*.

mutevole *(agg)* ~ wechselhaft, veränderlich.

mutilare *(vt)* ~ verstümmeln *(vt)*.

mutilato[1] *(agg)* ~ verstümmelt.

mutilato[2] *(m; f* **-a***)* ~ Verstümmelte(r) *(m/f)*.

mutismo *(m)* ***1*** *(med)* Stummheit *(f)*. **2** Stillschweigen *(n)* ♦ *rinchiudersi nel più assoluto mutismo* sich *(Acc)* in Stillschweigen hüllen.

muto[1] *(agg)* ***1*** stumm. **2** *(senza parole)* wortlos. **3** *(silenzioso)* schweigend, stumm ♦ *era muto per lo spavento* er war stumm vor Schreck ♦ *muto come un pesce* stumm wie ein Fisch/wie ein Stock. ◆ **film muto** Stummfilm *(m)*.

muto[2] *(m; f* **-a***)* ~ Stumme(r) *(m/f)*.

mutua *(f)* ~ Krankenkasse *(f)*.

mutuo[1] *(agg)* ~ beiderseitig, gegenseitig.

mutuo[2] *(m)* ~ Kredit *(m)* ♦ *sottoscrivere un mutuo presso la banca* einen Kredit bei der Bank aufnehmen.

n

nacchera *(f)* ~ Kastagnette *(f)*.
nafta *(f)* ~ Dieselkraftstoff *(m)*.
naftalina *(f)* ~ Naphtalin *(n)*.
nano *(m)* ~ Zwerg *(m)*.
nappa *(f)* ~ Quaste *(f)*, Troddel *(f)*.
narcisismo *(m)* ~ Eigenliebe *(f)*, Narzissmus *(m)*.
narcosi *(f)* ***1*** Narkose *(f)*. ***2*** *(anestesia)* Betäubung *(f)*.
narcotico *(m)* ***1*** Narkotikum *(n)*. ***2*** *(anestetico)* Betäubungsmittel *(n)*.
narcotizzare *(vt)* ***1*** narkotisieren *(vt)*, ein|schläfern *(vt)*. ***2*** *(anestetizzare)* betäuben *(vt)*.
narice *(f)* ~ *(anat)* Nasenloch *(n)*.
narrare *(vt)* ~ erzählen *(vt)*.
narratore *(m; f* **-trice***)* ~ Erzähler *(m; f* -in*)*.
narrazione *(f)* ~ Erzählung *(f)*.
nasale *(agg)* ~ *(anat/fon)* nasal.
nasale *(f)* ~ *(fon)* Nasallaut *(m)*.
nascere *(vi)* ***1*** geboren werden* *(vi,* ist*)* ◆ *è nato nel 1960* er wurde/ist 1960 geboren. ***2*** *(piante)* keimen *(vi,* hat*)*. ***3*** *(venire al mondo)* auf die Welt kommen* *(vi,* ist*)*. ***4*** *(sorgere)* entstehen* *(vi,* ist*)* ◆ *come è nata quest'impresa?* wie ist dieses Unternehmen entstanden? ***5*** *(fiumi)* entspringen* *(vi,* ist*)* ◆ *il Reno nasce dalle Alpi* der Rhein enspringt in den Alpen. ***6*** *(svilupparsi, sorgere)* auf|kommen* *(vi,* ist*)* ◆ *nascono dei dubbi* Zweifel kommen auf.
nascita *(f)* ***1*** Geburt *(f)* ◆ *è tedesca di nascita* sie ist von Geburt Deutsche. ***2*** *(piante)* Keimen *(n)*. ***3*** *(formazione)* Entstehung *(f)* ◆ *la nascita di un movimento politico* die Entstehung einer politischen Bewegung. ◆ **data di nascita** Geburtsdatum *(n)*. ◆ **certificato di nascita** Geburtsschein *(m)*, Geburtsurkunde *(f)*. ◆ **paese di nascita** Geburtsland *(n)*. ◆ **luogo di nascita** Geburtsort *(m)*.
nascondere *(vt)* ***1*** verstecken *(vt)* ◆ *ha nascosto la scatola sotto il letto* er hat die Schachtel unter dem Bett versteckt. ***2*** *(fig)* verbergen* *(vt)* ◆ *nascondere i propri veri sentimenti* seine wahren Gefühle verbergen.
nascondersi *(vr)* ***1*** sich verstecken *(vr)* ◆ *si nascose dietro a un albero* er versteckte sich hinter einem Baum. ***2*** *(fig)* verbergen* *(vt)*.
nascondiglio *(m)* ~ Versteck *(m)*, Schlupfloch *(n)*.
nascondino *(m)* ~ **giocare a nascondino** Versteck spielen.
nascosto *(agg)* ~ versteckt, verborgen *(anche fig)*. ◆ **di nascosto** heimlich *(avv)* ◆ *se n'è andato di nascosto* er ist heimlich weggegangen.
nasello *(m)* ~ Seehecht *(m)*.
naso *(m)* ***1*** *(anat)* Nase *(f)* ◆ *un naso aquilino, appuntito, schiacciato* eine krumme, spitze, stumpfe Nase ◆ *soffiarsi il naso* sich *(Dat)* die Nase putzen/schnäuzen ◆ *mi sanguina il naso* mir blutet die Nase, meine Nase blutet ◆ *ho il naso chiuso (per il raffreddore)* meine Nase ist verstopft. ***2*** *(fiuto)* Nase *(f)*, Witterung *(f)* ◆

avere naso per qcs eine gute Witterung/feine Nase für etwas haben. ◆ **sotto al naso di qcn** vor/unter jmds Nase ♦ *il treno mi è passato via sotto al naso* der Zug fuhr mir vor der Nase weg. ◆ **ficcare il naso in qcs/dappertutto** seine Nase in etwas *(Acc)*/in alles stecken. ◆ **prendere qcn per il naso** jmdn an der Nase herumführen. ◆ **mettersi le dita nel naso** in der Nase bohren.

nastro *(m)* ~ Band *(n)* ♦ *quella bambina ha un nastro rosso fra i capelli* das kleine Mädchen trägt ein rotes Band im Haar ♦ *registrare qcs su nastro* etwas auf Band aufnehmen ♦ *nastro isolante* Isolierband ♦ *nastro trasportatore* Fließband, Förderband ♦ *nastro adesivo* Klebeband. ◆ **nastro magnetico** Tonband *(n)*, Magnetband *(n)*.

natale *(agg)* ~ Heimat- ♦ *città natale* Heimatstadt *(f)*.

Natale *(m)* *1* Weihnachten *(n)*, Weihnacht *(f)* ♦ *buon Natale!* frohe/fröhliche Weihnachten! ♦ *ricevere in regalo per Natale* zu Weihnachten geschenkt bekommen. *2* *(feste di Natale)* Weihnachten *(n)* ♦ *andiamo a Vienna per (le feste di) Natale* wir fahren über Weihnachten nach Wien. ◆ **di Natale** Weihnachts- ♦ *vacanze di Natale* Weihnachtsferien *(pl)* ♦ *stella di Natale (anche bot)* Weihnachtsstern *(m)* ♦ *regalo di Natale* Weihnachtsgeschenk *(n)*. ◆ **Babbo Natale** Weihnachtsmann *(m)*. ◆ **albero di Natale** Weihnachtsbaum *(m)*, Tannenbaum *(m)* ♦ *fare l'albero di Natale* den Weihnachtsbaum schmücken. ◆ **vigilia di Natale** Weihnachtsabend *(m)*, Heligabend *(m)*. ◆ **la notte di Natale** die Heilige Nacht.

natalità *(f)* ~ Geburtenzahl *(f)*. ◆ **tasso di natalità** Geburtenrate *(f)*.

natalizio *(agg)* ~ weihnachtlich, Weihnachts- ♦ *canto natalizio* Weihnachtslied *(n)*.

natante *(m)* ~ Wasserfahrzeug *(n)*.

natica *(f)* ~ Backe *(f)*.

natio *(agg)* ~ heimatlich. ◆ **nel luogo natio** *(città o stato)* daheim.

nativo[1] *(agg)* ~ gebürtig ♦ *è nativo di Roma* er ist ein gebürtiger Römer, er ist aus Rom gebürtig.

nativo[2] *(m)* ~ Eingeborene(r) *(m/f)*.

nato *(m)* ~ geboren ♦ *la signora Müller, nata Schmidt* Frau Müller geboren Schmidt ♦ *è un attore nato* er ist ein geborener Schauspieler. ◆ **essere nato** geboren (worden) sein* ♦ *è nato in Germania* er ist in Deutschland geboren (worden).

NATO *(f)* ~ NATO *(f)* *(abbrev* di Nordatlantischer Verteidigungspakt*)*.

natura *(f)* *1* Natur *(f)*. *2* *(essenza, sostanza)* Wesen *(n)* ♦ *è nella natura delle cose che* es liegt im Wesen der Dinge, dass. *3* *(caratteristica, spec di cose)* Beschaffenheit *(f)*. ◆ **andare**, **essere contro natura** wider/gegen die Natur gehen*, sein*. ◆ **per natura** von Natur aus. ◆ **contro natura** widernatürlich *(agg)*. ◆ **natura morta** Stillleben *(n)*.

naturale *(agg)* *1* natürlich, Natur- ♦ *fenomeno naturale* Naturerscheinung ♦ *parco naturale* Naturpark ♦ *scienze naturali* Naturwissenschaften ♦ *a grandezza naturale* in natürlicher Größe ♦ *morire di morte naturale* eines natürlichen Todes sterben ♦ *è naturale che* es ist natürlich, dass. *2* *(per, secondo natura)* naturgemäß. *3* *(spontaneo)* ungezwungen. *4* *(innato)* angeboren. ◆ **acqua naturale** stilles Wasser.

naturalezza *(f)* ~ Natürlichkeit *(f)*.

naturalista *(m/f)* ~ Naturforscher *(m; f -in)*.

naturalizzare *(vt)* ~ ein|bürgern *(vt)*.

naturalizzazione *(f)* ~ Einbürgerung *(f)*.

naturalmente *(avv)* ~ natürlich.

naufragare *(vi)* *1* *(navi)* unter|gehen* *(vi, ist)*. *2* *(persone)* Schiffbruch erleiden* *(vt)*. *3* *(fallire)* {~ *per/a causa di qcs*} an etwas *(Dat)* scheitern *(vi, ist)* ♦ *il tentativo è naufragato a causa degli alti costi* der Versuch ist an den hohen Kosten gescheitert.

naufragio *(m)* *1* Schiffbruch *(m)*, Untergang *(m)*. *2* *(fallimento)* Scheitern *(n)*. ◆ **fare naufragio** *(anche fig)* Schiffbruch erleiden.

nausea *(f)* ~ Überdruss *(m)*, Übelkeit *(f)* ♦ *fino alla nausea* bis zum Überdruss.

nauseare *(vt)* ~ an|widern *(vt)*.

nauseato *(agg)*. ◆ **essere nauseato da qcs** etwas *(Gen)* überdrüssig sein.

nautica *(f)* ~ Schifffahrtskunde *(f)*.

navata *(f)* ~ Kirchenschiff *(n)*.

nave *(f)* ~ Schiff *(n)* ♦ *andare in nave* mit dem Schiff fahren ♦ *nave da guerra* Kriegsschiff. ◆ **nave a vapore** Dampfer *(m)*. ◆ **nave rompighiaccio** Eisbrecher *(m)*.

navetta *(f)* ~ *(del telaio)* Schiffchen *(n)*. ◆ **servizio navetta** Zubringer *(m)*.

navigabile *(agg)* ~ schiffbar.

navigante *(m)* ~ Seefahrer *(m)*.

navigare *(vi)* **1** zur See fahren* *(vi, ist)*. **2** *(elab)* surfen *(vi, ist/hat)* ♦ *navigare in Internet* im Internet surfen.

navigato *(agg)* ~ *(esperto)* erfahren.

navigatore *(m)* ~ Seefahrer *(m)*.

navigazione *(f)* **1** *(naut)* Seefahrt *(f)*, Schifffahrt *(f)*. **2** *(aeron)* Luftfahrt *(f)*.

nazionale *(agg)* **1** national, National- ♦ *festa nazionale* Nationalfeiertag ♦ *inno nazionale* Nationalhymne ♦ *parco nazionale* Nationalpark. **2** *(statale)* staatlich. ◆ **costume nazionale** Landestracht *(f)*. ◆ **lingua nazionale** Landessprache *(f)*. ◆ **prodotto nazionale** Landesprodukt *(n)*.

nazionale *(f)* **1** *(sport)* Nationalmannschaft *(f)*. **2** *(di calcio)* Nationalelf *(f)*.

nazionalismo *(m)* ~ Nationalismus *(m)*.

nazionalista[1] *(agg)* ~ nationalistisch.

nazionalista[2] *(m/f)* ~ Nationalist *(m; f -in)*.

nazionalità *(f)* ~ Staatsangehörigkeit *(f)*, Nationalität *(f)* ♦ *è di nazionalità francese* sie ist französischer Nationalität.

nazionalizzare *(vt)* ~ nationalisieren *(vt)*.

nazionalizzazione *(f)* ~ Nationalisierung *(f)*.

nazionalsocialismo *(m)* ~ *vedi* **nazismo**.

nazionalsocialista[1] *(agg)* ~ *vedi* **nazista**[1].

nazionalsocialista[2] *(m/f)* ~ *vedi* **nazista**[2].

nazione *(f)* **1** Nation *(f)* ♦ *Nazioni Unite* Vereinte Nationen *(abbrev* **VN***)*. **2** *(stato, governo)* Staat *(m)*, Land *(n)*.

nazismo *(f)* ~ Nationalsozialismus *(m)*.

nazista[1] *(agg)* ~ nationalsozialistisch.

nazista[2] *(m/f)* ~ Nationalsozialist *(m; f -in)*.

ne[1] *(avv)* ~ von hier, von dort *(anche non tradotto)* ♦ *andiamocene!* gehen wir (von hier) weg! ♦ *ne torno ora* ich komme gerade (von dort) ♦ *starsene a casa* zu Hause bleiben.

ne[2] *(pron)* **1** *(riferito a persone, si traduce con la prep e il pron pers corrispondente; anche non tradotto)* ♦ *se ne è innamorato* er hat sich in sie verliebt ♦ *eccone uno* da ist einer von ihnen ♦ *ne abbiamo parlato (di lui)* wir haben von ihm gesprochen. **2** *(riferito a cose, si traduce con gli avv corrispondenti)* darüber, davon, dazu, damit, darunter, ecc *(anche non tradotto)* ♦ *ne abbiamo parlato* wir haben darüber gesprochen ♦ *ne sai qualcosa?* weißt du etwas davon? ♦ *ne sei contento* bist du damit zufrieden?

né *(congiunz)* ~ weder. ◆ **né... né...** weder... noch... ♦ *né lui né lei lo sapevano* weder er noch sie wusste/wussten es ♦ *non ha né scritto né telefonato* er hat weder angerufen noch geschrieben.

neanche[1] *(avv)* ~ nicht einmal, noch nicht einmal ♦ *non mi ha neanche salutato* er hat mich nicht einmal gegrüßt. ◆ **neanche un po'** kein bisschen.

neanche[2] *(congiunz)* ~ auch, auch nicht ♦ *neanche io l'ho capito* ich habe es auch nicht verstanden ♦ *neanch'io ho tempo* ich habe auch keine Zeit ♦ *neanch'io* ich auch nicht.

nebbia *(f)* **1** Nebel *(m)* ♦ *nebbia fitta, leggera* dichter, leichter Nebel ♦ *la nebbia cala, si dirada, si alza* der Nebel fällt, lichtet sich, hebt sich ♦ *nella nebbia, con la nebbia (anche fig)* bei Nebel/im Nebel. **2** *(caligine, foschia)* Dunst *(m)* ♦ *sulla città c'è una leggera nebbia* über der Stadt liegt ein feiner Dunst. ◆ **banco di nebbia** Nebelbank *(f)*. ◆ **coltre di nebbia** Nebeldecke *(f)*.

nebbioso *(agg)* **1** neb(e)lig. **2** *(caliginoso)* diesig, dunstig.

nebulizzare *(vt)* ~ zerstäuben *(vt)*.

nebuloso *(agg)* ~ nebelhaft *(anche fig)*.

necessaire *(m)* ~ Nessessär *(n)*.

necessario *(agg)* **1** notwendig, nötig ♦ *prendere i necessari provvedimenti* die notwendigen Maßnahmen treffen ♦ *è necessario agire così* es ist notwendig, so zu handeln ♦ *se necessario* wenn nötig. **2** *(richiesto)* erforderlich ♦ *l'età necessaria* das erforderliche Alter. ◆ **lo stretto necessario** das Notwendigste.

necessità *(f)* **1** Notwendigkeit *(f)*. **2** *(bisogno)* Bedürfnis *(n)*, Bedarf *(m)* ♦ *sentire la necessità di qcs* ein Bedürfnis nach etwas/Bedarf an etwas *(Dat)* verspüren. **3** *(miseria)* Not *(f)*. ◆ **costretto dalla necessità** notgedrungen. ◆ **in caso di**

necessità zur Not. ◆ **stato di necessità** Notstand *(m)*.

necessitare[1] *(vi)* ~ {~ *di qcn/qcs*} jmdn/ etwas brauchen *(vt)*, benötigen *(vt)* ◆ *necessito del tuo aiuto* ich brauche deine Hilfe.

necessitare[2] *(vt)* ~ erfordern *(vt)* ◆ *questo lavoro necessita molta pazienza* diese Arbeit erfordet viel Geduld.

necrologio *(m)* ~ Nachruf *(m)* ◆ *scrivere un necrologio per qcn* einen Nachruf auf jmdn schreiben.

nefrite *(f)* ~ Nierenentzündung *(f)*.

negare *(vt)* ***1*** verneinen *(vt)*. ***2*** *(rifiutare)* verweigern *(vt)*, versagen *(vt)*. ***3*** *(mettere in dubbio)* bestreiten* *(vt)*, leugnen *(vt)* ◆ *nega di essere stato là* er bestreitet, dort gewesen zu sein ◆ *nega di aver rubato i soldi* er leugnet, das Geld gestohlen zu haben. ***4*** *(dir)* ab|erkennen* *(vt)* ◆ *negare i diritti civili a qcn* jmdm die bürgerlichen Rechte aberkennen.

negarsi *(vr)* ***1*** {~ *qcs*} sich *(Dat)* etwas versagen *(vt)*. ***2*** sich verleugnen lassen* *(vr)* ◆ *si nega sempre al telefono* am Telefon lässt er sich immer verleugnen.

negativamente *(avv)* ~ negativ, ablehnend.

negativo[1] *(agg)* ~ negativ *(anche gramm)*, verneinend.

negativo[2] *(m)* ~ *(fotogr)* Negativ *(n)*.

negazione *(f)* ***1*** Verneinung *(f)*. ***2*** *(gramm)* Verneinung *(f)*, Verneinungswort *(n)*. ***3*** *(di accuse e sim)* Leugnung *(f)*.

negligente *(agg)* ***1*** nachlässig. ***2*** *(trascurato)* fahrlässig.

negligenza *(f)* ***1*** Nachlässigkeit *(f)*. ***2*** *(trascuratezza)* Fahrlässigkeit *(f)*.

negoziante *(m/f)* ***1*** Kaufmann *(m; f* -frau*)*. ***2*** *(proprietario del negozio)* Ladenbesitzer *(m; f* -in*)*.

negoziare[1] *(vi)* ~ {~ *su qcs*} über etwas *(Acc)* unterhandeln *(vi,* hat*)*.

negoziare[2] *(vt)* ~ {~ *qcs con qcn*} mit jmdm über etwas *(Acc)* verhandeln *(vi,* hat*)*.

negoziato *(m)* ~ Verhandlung *(f)*.

negozietto *(m)* ~ Kramladen *(m)*.

negozio *(m)* ~ Geschäft *(n)*, Laden *(m)* ◆ *negozio di dolciumi* Süßwarengeschäft ◆ *negozio specializzato* Fachgeschäft.

negro *(m)* ~ Neger *(m; f* -in*)*, Schwarze(r) *(m/f)*.

nemico *(agg)* ~ feindlich, gegnerisch.

nemico *(m)* ~ Feind *(m; f* -in*)* ◆ *il mio peggior nemico* mein schlimmster Feind ◆ *nemico pubblico numero uno* Hauptfeind ◆ *nemico giurato, mortale* Erzfeind, Todfeind ◆ *un nemico accanito* ein unversönlicher Feind.

nemmeno[1] *(avv)* ~ *vedi* **neanche**[1].

nemmeno[2] *(congiunz)* ~ *vedi* **neanche**[2].

neo *(m)* ~ Leberfleck *(m)*.

neo- *(pref)* ~ neo-, neu- ◆ *neogotico* neugotisch.

neon *(m)* ~ *(chim)* Neon *(n)*. ◆ **al neon** Neon- ◆ *luce al neon* Neonlicht *(n)* ◆ *lampada al neon* Neonlampe *(f)*.

neonato[1] *(agg)* ~ neugeboren.

neonato[2] *(m)* ~ Neugeborene *(n)*, Säugling *(m)*.

neppure[1] *(avv)* ~ *vedi* **neanche**[1].

neppure[2] *(congiunz)* ~ *vedi* **neanche**[2].

nerboruto *(agg)* ~ drahtig, sehnig.

neretto *(m)* ~ *(grassetto)* Fettdruck *(m)*. ◆ **in neretto** *(tipogr)* fett.

nero *(agg)* ~ schwarz* ◆ *nubi nere* schwarze Wolken ◆ *il continente nero* der schwarze Erdteil ◆ *mercato nero* schwarzer Markt ◆ *pensieri neri* schwarze Gedanken ◆ *vedere tutto nero* schwarz sehen ◆ *nero su bianco* schwarz auf weiß ◆ *la pecora nera (fig)* das schwarze Schaf. ◆ **in bianco e nero** schwarzweiß, schwarz-weiß. ◆ **un occhio nero** *(livido)* ein blaues Auge.

nero[2] *(m)* ***1*** Schwarz *(n)* *(anche nelle carte, scacchi, ecc)* ◆ *essere vestito di nero* in Schwarz gekleidet sein ◆ *vestirsi di nero* sich *(Acc)* schwarz kleiden. ***2*** *(persona di colore)* Schwarze(r) *(m/f)*, Farbige *(m/f)*.

nervatura *(f)* ~ Nerv *(m)*.

nervo *(m)* ~ Nerv *(m)* ◆ *mantenere i nervi saldi* die Nerven behalten ◆ *avere nervi d'acciaio* Nerven wie Drahtseile haben ◆ *avere i nervi a pezzi* mit den Nerven herunter sein ◆ *dare ai nervi a qcn* jmdm auf die Nerven fallen/gehen. ◆ **crisi di nervi** Nervenkrise *(f)*. ◆ **essere un fascio di nervi** ein Nervenbündel sein*.

nervosismo *(m)* ~ Nervosität *(f)*.

nervoso *(agg)* ***1*** Nerven-, nervlich ◆ *malattia nervosa* Nervenkrankheit *(f)* ◆ *sistema nervoso* Nervensystem *(n)*. ***2*** *(teso)* nervös.

nespola *(f)* ~ *(bot)* Mispel *(f)*.
nespolo *(m)* ~ *(bot)* Mispel *(f)*.
nesso *(m)* ~ Verbindung *(f)*, Zusammenhang *(m)* ♦ *stabilire un nesso fra due eventi* eine Verbindung zwischen zwei Ereignissen herstellen. ◆ **avere un nesso con qcs** mit etwas zusammen|hängen *(vi, hat)*.
nessuno[1] *(agg indef)* **1** *(alcuno)* kein ♦ *nessun libro* kein Buch ♦ *in nessun caso* auf keinen Fall, keinesfalls ♦ *in nessun modo* in keiner Weise. **2** *(preceduto da senza)* jeglich ♦ *senza nessuna fretta* ohne jegliche Eile. **3** *(qualche)* irgendein ♦ *hai nessuna notizia?* hast du irgendeine Nachricht? ◆ **in nessun posto, da nessuna parte** nigerndwo *(avv)*, nirgends *(avv)*.
nessuno[2] *(pron indef)* ~ niemand; keine(r, -s) ♦ *non c'era nessuno* es war niemand da, keiner war da ♦ *non ho visto nessuno* ich habe niemanden gesehen ♦ *nessuno degli uomini* keiner der Männer ♦ *nessuna delle donne* keine der Frauen ♦ *con nessuno dei bambini* mit keinem der Kinder ♦ *nessuno di noi, di loro* keiner von uns, von ihnen ♦ *non conosco nessun altro* ich kenne niemand anders.
nettamente *(avv)* ~ scharf*.
nèttare *(m)* ~ Nektar *(m)*.
nettezza *(f)* ~ Sauberkeit *(f)*. ◆ **servizio di nettezza urbana** Müllabfuhr *(f)*. ◆ **autocarro della nettezza urbana** Müllwagen *(m)*.
netto[1] *(agg)* **1** *(pulito)* sauber, säuberlich. **2** *(fig)* eindeutig, glatt ♦ *un netto rifiuto* eine glatte Absage. **3** *(preciso, nitido)* scharf*. **4** *(econ/comm)* netto- ♦ *stipendio netto* Nettogehalt ♦ *peso netto* Nettogewicht.
netto[2] *(avv)* ~ *(econ)* netto ♦ *la somma ammonta al netto a 800 euro* die Summe beträgt netto 800 Euro.
Nettuno *(m)* ~ *(astron)* Neptun *(m)*.
netturbino *(m; f* **-a***)* ~ Müllwerker *(m; f* -in*)*.
neurologia *(f)* ~ Nervenheilkunde *(f)*.
neurologico *(agg)* ~ neurologisch.
neurologo *(m)* ~ Nervenarzt *(m)*, Neurologe *(m; f* -login*)*.
neutrale *(agg)* ~ neutral, unparteiisch.
neutralità *(f)* ~ Neutralität *(f)*.
neutralizzare *(vt)* ~ neutralisieren *(vt)*.
neutralizzazione *(f)* ~ Neutralisation *(f)*.
neutro *(agg)* **1** *(chim)* neutral. **2** *(gramm)* neutral, sächlich.
neutro *(m)* ~ *(gramm)* Neutrum *(n)*.
neve *(f)* ~ Schnee *(m)* ♦ *neve fresca* frisch gefallener Schnee ♦ *c'è molta neve* es liegt viel Schnee. ◆ **coltre di neve** Schneedecke *(f)*. ◆ **palla di neve** Schneeball *(m)*.
nevicare *(vi)* ~ schneien *(v meteor*, hat*)* ♦ *nevica* es schneit.
nevicata *(f)* ~ Schneefall *(m)*.
nevralgia *(f)* ~ Nervenschmerz *(m)*.
nevrosi *(f)* ~ *(med)* Neurose *(f)*.
nevrotico *(agg)* ~ neurotisch.
nibbio *(m)* ~ *(zool)* Milan *(m)*.
nicchia *(f)* ~ Nische *(f)*; Höhlung *(f)*.
nichel *(m)* ~ Nickel *(n)*.
nicotina *(f)* ~ Nikotin *(n)*.
nidificare *(vi)* ~ nisten *(vi*, hat*)*.
nido *(m)* **1** Nest *(n)* ♦ *gli uccelli fanno il nido* die Vögel bauen ihr Nest ♦ *nido di vespe* Wespennest. **2** *(di rapaci)* Horst *(m)*.
niente[1] *(pron indef)* **1** nichts ♦ *non ha comprato niente* sie hat nichts gekauft ♦ *non hanno niente da mangiare* sie haben nichts zu essen ♦ *non c'è niente di meglio che* es gibt nichts Besseres als ♦ *nient'altro* nichts anderes ♦ *non fa niente!* das macht nichts! ♦ *(non c'è) nient'altro?* sonst nichts? ♦ *per niente al mondo* um nichts in der Welt ♦ *quasi niente* so gut wie nichts. **2** *(qualcosa)* etwas ♦ *ti serve niente?* brauchst du etwas? ◆ **assolutamente niente** ganz und gar nichts, nicht das Mindeste.
niente[2] *(avv)* **1** nichts ♦ *non c'entra niente* das hat nichts damit zu tun. **2** *(affatto, per niente)* nicht im Mindesten, überhaupt *(+ neg)* ♦ *non ho (per) niente voglia* ich habe überhaupt keine Lust ♦ *non ha aiutato (per) niente* er hat überhaupt nicht mitgeholfen. ◆ **per niente** *(invano)* umsonst ♦ *ho lavorato per niente* ich habe umsonst gearbeitet.
nientemeno *(avv)* ~ **nientemeno che** **1** *(persona)* kein Geringerer als ♦ *nientemeno che Einstein* kein geringerer als Einstein. **2** *(cosa)* nichts Geringeres ♦ *si è comprato nientemeno che un fuoristrada* er hat sich nichts Geringeres als einen Geländewagen gekauft.

ninfa *(f)* ~ Nymphe *(f)*, Nixe *(f)*.
ninfea *(f)* ~ *(bot)* Seerose *(f)*.
ninnananna *(f)* ~ Schlaflied *(n)*, Wiegenlied *(n)*. ◆ **cantare la ninna nanna a un bambino** ein Kind in den Schlaf lullen.
ninnare *(vt)* ~ lullen *(vt)*.
ninnolo *(m)* ~ Nippsachen *(pl)*.
nipote *(m/f)* **1** *(di nonno)* Enkel *(m; f -in)*, Enkelkind *(n)*. **2** *(di zio)* Neffe *(m)*, Nichte *(f)*.
nitidamente *(avv)* ~ scharf*.
nitidezza *(f)* ~ *(di contorni e sim)* Schärfe *(f)*.
nitido *(agg)* ~ *(di contorni e sim)* scharf* ♦ *un'immagine nitida* ein scharfes Bild.
nitrire *(vi)* ~ wiehern *(vi, hat)*.
no[1] *(avv)* **1** nein, nicht ♦ *vieni con noi, o no?* kommst du mit oder nicht? ♦ *credo di no* ich glaube nicht ♦ *ma no!* aber nein! ♦ *oh, no!* oh nein! ♦ *no e poi no!* nein und abermals nein! ♦ *no di certo* bestimmt nicht ♦ *assolutamente no* (ganz und) gar nicht, überhaupt nicht ♦ *perché no?* warum nicht? **2** *(in domande retoriche)* oder? ♦ *vieni con noi, no?* kommst du mit, oder?
no[2] *(m)* ~ Nein *(n)* ♦ *votare no* mit Nein stimmen ♦ *dire di no* Nein sagen.
nobildonna *(f)* ~ Dame *(f)*.
nobile[1] *(agg)* **1** ad(e)lig, nobel. **2** *(distinto)* vornehm. **3** *(pregiato)* edel.
nobile[2] *(m/f)* ~ Adlige *(m/f)*.
nobiltà *(f)* ~ Adel *(m)* ♦ *alta nobiltà* Hochadel.
nocca *(f)* ~ *(anat)* Knöchel *(m)*.
nocciola *(f)* ~ Haselnuss *(f)*.
nocciolina *(f)* ~ *(arachide)* Erdnuss *(f)*.
nocciòlo[1] *(m)* ~ *(bot)* Haselnussstrauch *(m)*.
nòcciolo[2] *(m)* ~ *(di frutta)* Kern *(m)* *(anche fig)*, Samenkern *(m)* ♦ *il nocciolo della questione* der Kern der Frage.
noce *(m)* **1** *(albero)* Walnussbaum *(m)*. **2** *(frutto)* Walnuss, Nuss *(f)* ♦ *schiacciare le noci* Nüsse knacken. ◆ **noce moscata** Muskat *(m)*, Muskatnuss *(f)*.
nocivo *(agg)* **1** schädlich, abträglich ♦ *essere nocivo per qcn/qcs* jmdm/etwas abträglich sein. **2** *(alla salute)* gesundheitsschädigend, gesundheitsschädlich, ungesund.
nodo **1** Knoten *(m)* *(anche unità di misura)*. **2** *(del legno)* Knoten *(m)*, Ast *(m)*. **3** *(stradale e sim)* Knotenpunkt *(m)*.
nodoso *(agg)* ~ *(legno)* knorrig.
nodulo *(m)* ~ *(med)* Knoten *(m)*.
noi *(pron pers pl)* **1** *(sogg)* wir ♦ *noi veniamo con voi* wir kommen mit euch ♦ *vogliamo andare al cinema?* wollen wir ins Kino gehen? **2** *(compl)* uns ♦ *quando vieni da noi?* wann kommst du zu uns? ♦ *ha visto lui, ma non noi* er hat ihn, aber nicht uns gesehen. **3** *(impers)* wir, man ♦ *se pensiamo che* wenn man denkt, dass.
noia *(f)* **1** Langeweile *(f)*, Überdruss *(m)* ♦ *per noia* aus Langeweile. **2** *(pl)* *(fastidio)* Unannehmlichkeiten *(pl)*. **3** *(problema)* Verdruss *(m)*, Ärger *(m)* ♦ *procurare noie a qcn* jmdm Verdruss bereiten ♦ *avere delle noie con qcn* mit jmdm Ärger haben.
noiosissimo *(agg)* ~ *(fam)* stinklangweilig.
noioso *(agg)* **1** langweilig. **2** *(fastidioso)* lästig.
noleggiare *(vt)* **1** *(dare a nolo)* vermieten, verleihen* *(vt)*. **2** *(prendere a nolo)* mieten *(vt)*.
noleggio *(m)* **1** Miete *(f)*, Verleihung *(f)*. **2** *(prezzo)* Mietpreis *(m)*. ◆ **auto a noleggio** Mietauto *(n)*.
nolo *(m)* ~ Miete *(f)*. ◆ **prendere a nolo** mieten *(vt)*.
nomade[1] *(agg)* ~ nomadisch, Nomaden-.
nomade[2] *(m/f)* ~ Nomade *(m; f -in)*.
nome *(m)* ~ Name *(m)* *(anche fig/gramm)* ♦ *il mio nome è Rossi* mein Name ist Rossi ♦ *avere un nome* einen Namen haben ♦ *farsi un nome* sich *(Dat)* einen Namen machen ♦ *nome proprio* Eigenname ♦ *nome da ragazza (non sposata)* Mädchenname ♦ *nome di battesimo* Vorname, Taufname ♦ *nome d'arte* Künstlername ♦ *a nome di qcn, in nome di qcn* in jmds Namen ♦ *nel nome della legge* im Namen des Gesetzes ♦ *sotto falso nome* unter falschem Namen. ◆ **di nome** namens *(avv)* ♦ *un uomo di nome Bauer* ein Mann namens Bauer. ◆ **chiamare qcn per nome** jmdn beim Namen nennen. ◆ **chiamare qcs con il proprio nome** *(fig)* etwas beim rechten Namen nennen.
nomignolo *(m)* ~ Spitzname *(m)*.
nomina *(f)* ~ Ernennung *(f)*, Berufung *(f)*, Nominierung *(f)*, Aufstellung *(f)*, Bestellung *(f)*.

nominale *(agg)* ***1*** *(gramm)* Nominal-. ***2*** *(econ)* Nominal-, Nenn- ♦ *valore nominale* Nennwert *(m)*. ***3*** *(per nome)* Namens-.
nominalmente *(avv)* ~ nominell.
nominare *(vt)* ***1*** *(designare)* ernennen* *(vt)* ♦ *nominare qcn presidente* jmdn zum Vorsitzenden ernennen. ***2*** *(citare)* nennen* *(vt)*, erwähnen *(vt)*. ◆ **mai sentito nominare** nie gehört.
nominativo[1] *(agg)* ~ Namen- ♦ *elenco nominativo* Namenliste *(f)*.
nominativo[2] *(m)* ~ *(gramm)* Nominativ *(m)*, Werfall *(m)*.
non *(avv)* ***1*** *(con verbi, agg e avv)* nicht ♦ *non posso venire* ich kann nicht kommen ♦ *non è sposato* er ist nicht verheiratet ♦ *non si chiama Markus, ma Horst* er heißt nicht Markus, sondern Horst. ***2*** *(con sostantivi e aggettivi)* kein ♦ *non ho l'auto* ich habe kein Auto ♦ *non ho paura* ich habe keine Angst. ***3*** *(con agg e avv)* nicht, kein ♦ *non è italiana* sie ist keine Italienerin ♦ *non è una cattiva idea* das ist keine schlechte Idee ♦ *non troppo tardi* nicht zu spät. ◆ **non che io sappia** nicht, dass ich wüsste. ◆ **non più** nicht mehr ♦ *non la ama più* er liebt sie nicht mehr. ◆ **non solo... ma anche...** nicht nur... sondern auch.... ◆ **assolutamente non** (ganz und) gar nicht, überhaupt nicht ♦ *non sono assolutamente d'accordo* ich bin überhaupt nicht einverstanden. ◆ **non ancora** noch nicht, noch kein.
non- *(pref)* ~ un-, nicht-.
noncurante *(agg)* ~ unbekümmert, nachlässig ♦ *noncurante dell'opinione altrui* unbekümmert um die Meinung der anderen.
noncuranza *(f)* ~ Nachlässigkeit *(f)*, Unbekümmertheit *(f)*.
nonna *(f)* ~ Großmutter *(f)*.
nonno *(m)* ~ Großvater *(m)*. ◆ **i nonni** Großeltern *(pl)*.
nonnulla *(f)* ~ Nichts *(n)*.
nono[1] *(agg num ord)* ~ neunte(r, -s).
nono[2] *(m)* ***1*** Neunte *(m)*. ***2*** *(frazione)* Neuntel *(n)*.
nonostante[1] *(congiunz subord)* ~ obwohl, obgleich ♦ *nonostante (che) fosse malato andò al lavoro* obwohl er krank war, ging er zur Arbeit.
nonostante[2] *(prep)* ~ trotz *(+ Gen/Dat)* ♦ *nonostante la pioggia* trotz des Regens ♦ *nonostante tutto* trotz allem. ◆ **nonostante ciò** trotzdem *(avv)*.
nonsenso *(m)* ~ *(assurdità)* Unsinn *(m)*.
nontiscordardimé *(m)* ~ *(bot)* Vergissmeinnicht *(n)*.
nord[1] *(agg)* ~ Nord- ♦ *Polo nord* Nordpol *(m)*.
nord[2] *(m)* ~ Norden *(m)* ♦ *a nord, nel nord (stato)* im Norden ♦ *a nord, verso nord (moto)* nach Norden ♦ *viene dal nord* er kommt aus dem Norden ♦ *a nord di Monaco* im Norden von München. ***2*** *(naut/meteor)* Nord *(indecl, senza art)*. ◆ **a nord** nördlich *(avv)*. ◆ **a nord di** nördlich *(prep + Gen)* ♦ *il confine passa a nord della città* die Grenze verläuft nördlich der Stadt.
nordico *(agg)* ~ nordisch ♦ *paesi nordici* nordische Länder.
norma *(f)* ***1*** Norm *(f)* ♦ *valere come norma* als Norm dienen. ***2*** *(principio)* Bestimmung *(f)*. ***3*** *(scritta)* Vorschrift *(f)*. ***4*** *(consuetudine)* Gewohnheit *(f)*. ◆ **di norma** normalerweise *(avv)*, üblicherweise *(avv)*. ◆ **a norma di legge** laut Gesetz.
normale *(agg)* ***1*** normal. ***2*** *(consueto)* gewöhnlich.
normalità *(f)* ~ Normalität *(f)*.
normalizzare *(vt)* ~ normalisieren *(vt)*.
normalizzarsi *(vr)* ~ sich normalisieren *(vt)*.
normalmente *(avv)* ***1*** *(di norma)* normalerweise, üblicherweise. ***2*** *(in modo normale)* normal.
normativo *(agg)* ~ richtunggebend.
nostalgia *(f)* ~ Heimweh *(n)*, Sehnsucht *(f)*, Nostalgie *(f)* ♦ *la nostalgia del passato* die Sehnsucht nach der Vergangenheit. ◆ **avere nostalgia di qcn/qcs** sich nach jmdm/etwas sehnen *(vr)*.
nostalgico *(agg)* ~ nostalgisch, sehnsüchtig.
nostrano *(agg)* ~ einheimisch.
nostro[1] *(agg poss)* ***1*** unser ♦ *la nostra casa* unser Haus ♦ *nostra madre, nostro fratello* unsere Mutter, unser Bruder ♦ *di nostra madre, a nostro fratello* unserer Mutter, unserem Bruder. ***2*** *(predicativo)* unserer, unsere, unseres ♦ *questo libro è nostro* dieses Buch ist unseres. ◆ **da parte nostra** unsererseits *(avv)*.

nostro[2] *(pron poss)* ~ unserer, unsere, unseres ♦ *la loro casa è più piccola della nostra* ihr Haus ist kleiner als unseres. ◆ **i nostri (genitori)** die Unseren.
nostromo *(m)* ~ *(naut)* Maat *(m)*.
nota *(f)* ***1*** *(mus)* Note *(f)*. **2** *(annotazione)* Notiz *(f)*. ***3*** *(caratteristica)* Merkmal *(n)*. ◆ **nota a piè di pagina** Fußnote *(f)*. ◆ **sbagliar nota** *(mus)* sich vergreifen* *(vr)*. ◆ **nota stonata** *(anche fig)* Misston *(m)*.
notabile *(m/f)* ~ Prominenz *(f)*.
notabili *(m pl)* ~ Honoratioren *(pl)*.
notaio *(m)* ~ Notar *(m; f -in)*.
notare *(vt)* ***1*** *(constatare)* merken *(vt)*, bemerken ♦ *purtroppo ho notato che* leider habe ich bemerkt, dass ♦ *non ho notato niente* ich habe nichts (davon) gemerkt. ***3*** *(segnare)* an|streichen* *(vt)*. ◆ **far notare qcs a qcn** jmdn auf jmdn/etwas aufmerksam machen, jmdn auf etwas *(Acc)* hin|weisen* *(vt/vi, hat)* ♦ *mi fece notare che* er machte mich darauf aufmerksam, dass ♦ *vorrei far notare che* ich möchte darauf hinweisen, dass. ◆ **senza farsi notare** unauffällig.
notarile *(agg)* ~ notariell.
notevole *(agg)* ***1*** *(rilevante)* beträchtlich. **2** *(degno di nota)* bemerkenswert.
notevolmente *(avv)* ~ beträchtlich, bemerkenswert.
notifica *(f)* ~ Anmeldung *(f)*.
notificare *(vt)* ~ an|melden *(vt)*.
notizia *(f)* ***1*** Nachricht *(f)*; *(novità)* Neuigkeit *(f)* ♦ *ricevere una notizia* eine Nachricht bekommen ♦ *(non) avere notizie di qcn* (keine) Nachricht von jmdm haben. **2** *(giornalistica)* Meldung *(f)* ♦ *ultime notizie* letzte Meldungen. ◆ **chiedere notizie di qcn/qcs** sich nach jmdm/etwas erkundigen *(vr)*. ◆ **fare notizia** *(fig)* Schlagzeilen machen. ◆ **avere notizie di qcn** von jmdm hören *(vi, hat)* ♦ *non ho più avuto sue notizie* ich habe nichts mehr von ihr gehört.
notiziario *(m)* ~ Nachrichten *(f pl)* ♦ *al notiziario hanno detto che* man hat in den Nachrichten gesagt, dass.
noto *(agg)* ~ bekannt ♦ *rendere noto qcs (a qcn)* (jmdm) etwas bekannt geben/machen ♦ *un noto attore* ein bekannter Schauspieler.
notoriamente *(avv)* ~ bekanntlich.
notorietà *(f)* ~ Bekanntheit *(f)*.
notte *(f)* ~ Nacht *(f)* ♦ *una notte stellata* eine sternklare Nacht ♦ *una notte insonne* eine schlaflose Nacht ♦ *cala la notte* die Nacht bricht an ♦ *buona notte!* gute Nacht! ♦ *fino a notte fonda* bis spät in der Nacht/bis in die späte Nacht ♦ *nel mezzo della notte* mitten in der Nacht. ◆ **di notte, la notte** in der Nacht, nachts *(avv)*. ◆ **durante la notte** nachtsüber *(avv)*. ◆ **farsi notte** *(impers)* dunkel werden*, Nacht werden*.
nottetempo *(avv)* ~ bei Nacht, nachts.
notturno *(agg)* ~ nächtlich, Nacht- ♦ *vita notturna* Nachtleben *(n)* ♦ *locale notturno* Nachtlokal *(n)* ♦ *guardia notturna* Nachtwächter *(m; f -in)*.
novanta[1] *(agg num)* ~ neunzig *(vedi anche* **cinque***)*.
novanta[2] *(m)* ~ Neunzig *(f)*.
novantenne *(agg)* ~ neunzigjährig.
novantesimo[1] *(agg num ord)* ~ neunzigste(r, -s).
novantesimo[2] *(m)* ***1*** Neunzigste *(m)*. **2** *(frazione)* Neunzigstel *(n)*.
nove[1] *(agg num)* ~ neun *(vedi anche* **cinque***)*.
nove[2] *(m)* ~ Neun *(f)*.
novecento[1] *(agg num)* ~ neunhundert.
novecento[2] *(m)* ***1*** Neunhundert *(f)*. **2** *(secolo)* zwanzigstes Jahrhundert.
novella *(f)* ~ *(racconto)* Erzählung *(f)*, Novelle *(f)*.
novellino *(m)* ~ Neuling *(m)*.
novembre *(m)* ~ November *(m)* ♦ *a novembre* im November.
novilunio *(m)* ~ Neumond *(m)*.
novità *(f)* ***1*** Neuheit *(f)*. **2** *(notizia)* Neuigkeit *(f)*. ***3*** *(innovazione)* Neuerung *(f)*.
nozione *(f)* ***1*** *(conoscenza)* Kenntnis *(f)* ♦ *avere (buone) nozioni di una lingua* (gute) Kenntnisse in einer Sprache haben. **2** *(concetto)* Begriff *(m)* ♦ *nozione di tempo* Zeitbegriff.
nozze *(f pl)* ~ Hochzeit *(f)* ♦ *invitare qcn alle nozze* jmdn zur Hochzeit einladen ♦ *nozze d'argento, d'oro* silberne, goldene Hochzeit. ◆ **di nozze** Hochzeits- ♦ *viaggio di nozze* Hochzeitsreise *(f)*.
nube *(f)* ~ Wolke *(f)* ♦ *ricoperto di nubi* mit Wolken bedeckt ♦ *nube temporalesca*

Gewitterwolke. ◆ **banco di nubi** Wolkenbank *(f)*. ◆ **senza nubi** *(sereno)* wolkenlos *(agg)*.
nubifragio *(m)* ~ Wolkenbruch *(m)*.
nubile *(agg)* ~ ledig.
nuca *(f)* ~ *(anat)* Nacken *(m)*, Genick *(n)*.
nucleare *(agg)* ~ nuklear, Kern-, Atom- ♦ *energia nucleare* Kernenergie *(f)* ♦ *centrale nucleare* Atomkraftwerk *(n)*.
nucleo *(m)* ***1*** *(biol/fis)* Kern *(m)* *(anche fig)*. ***2*** *(unità)* Einheit *(f)*. 3 *(familiare)* Haushalt *(m)*.
nudismo *(m)* ~ Nudismus *(m)*, Freikörperkultur *(f)* *(abbrev* FKK*)*.
nudista *(f)* ~ Nudist *(m; f* -in*)*.
nudità *(f)* ~ Nacktheit *(f)*.
nudo *(agg)* ***1*** nackt, bloß ♦ *dormire sulla nuda terra* auf der nackten Erde schlafen. ***2*** *(parete, pianta, ecc)* kahl ♦ *un albero nudo* ein kahler Baum. ◆ **a piedi nudi** mit bloßen Füßen, barfuß *(avv)*. ◆ **nudo e crudo** ungeschminkt, unverblümt *(agg/avv)*.
nudo *(m)* ~ *(arte)* Akt *(m)*.
nulla *(m)* ~ Nichts *(n)*.
nulla[1] *(pron indef)* ~ *vedi* **niente**[1].
nulla[2] *(avv)* ~ *vedi* **niente**[2].
nullità *(f)* ~ Nichtigkeit *(f)*.
nullo *(agg)* ~ nichtig, ungültig.
numerale *(m)* ~ *(gramm)* Zahlwort *(n)*.
numerare *(vt)* ~ nummerieren *(vt)*.
numerazione *(f)* ~ Nummerierung *(f)*.
numerico *(agg)* ~ numerisch, zahlenmäßig.
numero *(m)* ***1*** Nummer *(f)* ♦ *numero di telefono, di casa* Telefonnummer, Hausnummer. ***2*** *(cifra)* Ziffer *(f)* ♦ *numeri arabi, romani* arabische, römische Ziffern. ***3*** *(mat)* Zahl *(f)* ♦ *numeri pari, dispari* gerade, ungerade Zahlen ♦ *numero cardinale* Grundzahl. ***4*** *(imprecisato, quantità)* Anzahl *(f)* ♦ *il numero dei partecipanti* die Anzahl der Teilnehmer ♦ *un certo numero* eine Anzahl. ***5*** *(taglia, misura)* Größe *(f)* ♦ *numero di scarpe* Schuhgröße. ***6*** *(di rivista)* Heft *(n)*.
numeroso *(agg)* ~ zahlreich.
nuocere *(vi)* ~ {~ *a qcn/qcs*} jmdm/etwas schaden *(vi,* hat*)* ♦ *nuocere alla salute* der Gesundheit schaden.
nuora *(f)* ~ Schwiegertochter *(f)*.
nuotare *(vi/vt)* ~ schwimmen *(vt/vi,* ist/hat*)* ♦ *abbiamo nuotato fino a riva* wir sind bis ans Ufer geschwommen ♦ *sai nuotare?* kannst du schwimmen? ♦ *nuotare i cento metri* die hundert Meter schwimmen ♦ *nuotare a dorso, a farfalla* auf dem Rücken, im Schmetterlingsstil schwimmen.
nuotata *(f)* ~ Schwimmen *(n)*.
nuotatore *(m; f* -**trice***)* ~ Schwimmer *(m; f* -in*)*.
nuoto *(m)* ***1*** Schwimmen *(n)*. ***2*** *(sport)* Schwimmsport *(m)*. ◆ **a nuoto** schwimmend.
nuovamente *(avv)* ~ wieder, erneut, nochmals.
nuovo *(agg)* ~ neu ♦ *una nuova casa* ein neues Haus ♦ *come nuovo* wie neu ♦ *l'anno nuovo* das neue Jahr ♦ *nuove prospettive* neue Perspektiven ♦ *questa mi giunge nuova* das ist mir ganz neu ♦ *sono ancora nuovo di questo lavoro* ich bin in dieser Arbeit noch neu ♦ *il Nuovo Testamento (relig)* das Neue Testament. ◆ **rimettere a nuovo** erneuern. ◆ **di nuovo** wieder *(avv)*, noch einmal *(avv)* ♦ *è di nuovo malato* er ist wieder krank. ◆ **che c'è di nuovo?** was gibt es Neues?
nutria *(f)* ~ *(zool)* Sumpfbiber *(m)*.
nutriente *(agg)* ~ nahrhaft, gehaltreich.
nutrimento *(m)* ~ Nahrung *(f)*, Ernährung *(f)*.
nutrire *(vt)* ***1*** ernähren *(vt)*, nähren *(vt)*. ***2*** *(sentimenti e sim)* hegen *(vt)* ♦ *nutrire dubbi* Zweifel hegen.
nutrirsi *(vr)* ~ {~ *di qcs*} sich von etwas nähren *(vr)*.
nutrizione *(f)* ~ Nahrung *(f)*.
nuvola *(f)* ~ Wolke *(f)* ♦ *ricoperto di nuvole* mit Wolken bedeckt ♦ *cadere dalle nuvole* aus allen Wolken fallen ♦ *avere la testa fra le nuvole* in den Wolken sein.
nuvolosità *(f)* ~ Bewölkung *(f)*.
nuvoloso *(agg)* ~ bewölkt, wolkig, bedeckt ♦ *poco, molto nuvoloso* leicht, stark bewölkt. ◆ **cielo nuvoloso** Wolkenhimmel *(m)*.
nuziale *(agg)* ~ hochzeitlich.
nylon *(m)* ~ Nylon *(n)*.

O

o *(congiunz)* ***1*** oder ♦ *vuoi del caffè o del tè?* möchtest du Kaffee oder Tee? ♦ *vieni con noi o rimani a casa?* kommst du mit oder bleibst du zu Hause? **2** *(altrimenti)* sonst ♦ *fai in fretta, o vado da solo* beeile dich, sonst gehe ich alleine. ◆ **o... o...** entweder... oder... ♦ *o tutto o niente* entweder alles oder nichts.

oasi *(f)* ~ Oase *(f)*.

obbedire *(e derivati)* ~ *vedi* **ubbidire** *(e derivati)*.

obbligare *(vt)* ***1*** *(impegnare)* {~ *qcn (a qcs)*} jmdn (zu etwas) verpflichten *(vt)*. **2** *(costringere)* {~ *qcn a qcs*} jmdn zu etwas zwingen* *(vt)* ♦ *obbligare qcn a parlare* jmdn zum Sprechen zwingen.

obbligato *(agg)* ***1*** verpflichtet ♦ *essere obbligato al silenzio* zum Schweigen verpflichtet sein. **2** *(forzato)* unfreiwillig.

obbligatorietà *(f)* ~ Zwang *(m)*.

obbligatorio *(agg)* ~ obligatorisch.

obbligo *(m)* ***1*** Pflicht *(f)*, Verpflichtung *(f)* ♦ *obbligo di leva* Wehrpflicht ♦ *obbligo scolastico* Schulpflicht. **2** *(costrizione)* Zwang *(m)*. ◆ **essere in obbligo verso qcn** jmdm zu Dank verpflichtet sein*.

oberare *(vt)* ~ {~ *qcn di qcs*} jmdn mit etwas überlasten, überhäufen *(vt)*.

oberato *(agg)* ~ überlastet ♦ *essere oberato da qcs* mit etwas überlastet sein.

obiettare *(vt)* ***1*** ein|wenden* *(vt)* ♦ *non ho niente da obiettare* ich habe nichts dagegen einzuwenden. **2** {~ *qcs a qcn*} jmdm etwas entgegen|halten* *(vt)*.

obiettività *(f)* ~ Sachlichkeit *(f)*.

obiettivo[1] *(agg)* ***1*** *(imparziale)* objektiv. **2** *(realistico)* sachlich.

obiettivo[2] *(m)* ***1*** *(meta, scopo)* Ziel *(n)* ♦ *porsi un obiettivo nella vita* sich *(Dat)* ein Ziel im Leben setzen. **2** *(fotogr)* Objektiv *(n)*.

obiettore *(m)* ~ **obiettore di coscienza** Wehrdienstverweigerer *(m)*.

obiezione *(f)* ***1*** Einwand *(m)*, Widerspruch *(m)* ♦ *sollevare, far valere un'obiezione* einen Einwand erheben, geltend machen ♦ *non ammetto obiezioni* ich dulde keine Widerrede. **2** *(dir)* Einspruch *(m)*. ◆ **obiezione di coscienza** Wehrdienstverweigerung *(f)*.

obitorio *(m)* ~ Leichenschauhaus *(n)*.

oblio *(m)* ~ Vergessenheit *(f)* ♦ *cadere nell'oblio* in Vergessenheit geraten.

obliquo *(agg)* ***1*** *(inclinato)* schräg, schief. **2** *(sbieco, storto)* schief.

obliterare *(vt)* ~ *(un biglietto)* entwerten *(vt)*.

obliterazione *(f)* ~ Entwertung *(f)*.

oblò *(m)* ~ Bullauge *(n)*.

oblungo *(agg)* ~ länglich.

oboe *(m)* ~ *(mus)* Oboe *(f)*.

oca *(f)* ***1*** Gans *(f)* *(anche fig)*. **2** *(oca maschio)* Gänserich *(m)*.

occasionale *(agg)* ~ gelegentlich, Gelegenheits-.

occasione *(f)* ***1*** *(opportunità, circostanza)* Gelegenheit *(f)* ♦ *alla prima occasione* bei erster/bei der besten Gelegenheit ♦

all'occasione bei Gelegenheit ♦ *un'occasione solenne* eine feierliche Gelegenheit ♦ *dare/offrire a qcn l'occasione di fare qcs* jmdm die Gelegenheit bieten/geben, etwas zu tun. **2** *(motivo)* Anlass *(m)*. **3** *(offerta conveniente)* günstiges Angebot *(n)*. ◆ **in occasione di** anlässlich *(prep + Gen)* ♦ *in occasione del mio compleanno* anlässlich meines Geburtstages.

occhiaie *(f pl)* ~ Ränder *(pl)* ♦ *avere le occhiaie* dunkle Ränder um die Augen haben.

occhiali *(m pl)* ~ Brille *(f)* ♦ *portare gli occhiali* eine Brille tragen ♦ *occhiali da sole* Sonnenbrille.

occhiata *(f)* ~ Blick *(m)* ♦ *dare un'occhiata a qcn/qcs* einen Blick auf jmdn/etwas werfen ♦ *dare un'occhiata a qcn/qcs (tenere d'occhio)* auf jmdn/etwas Acht geben.

occhiello *(m)* **1** *(asola)* Knopfloch *(n)*. **2** *(anello metallico)* Öse *(f)*.

occhio *(m)* **1** Auge *(n)* ♦ *occhio di pernice* Hühnerauge ♦ *chiudere un occhio* ein Auge zudrücken ♦ *non chiudere occhio (non dormire)* kein Auge zutun ♦ *tenere gli occhi aperti* die Augen offen halten ♦ *a quattr'occhi* unter vier Augen. **2** *(sguardo)* Blick *(m)*. **3** *(esclam)* pass auf!, Vorsicht! ♦ *occhio al gradino!* Vorsicht, Stufe! ◆ **in un batter d'occhio** im Nu. ◆ **sotto gli occhi di tutti** am hellen Tage. ◆ **a perdita d'occhio** weit und breit, so weit das Auge reicht. ◆ **a vista d'occhio** zusehends *(avv)*. ◆ **a occhio e croce** über den Daumen gepeilt. ◆ **saltare all'occhio a qcn** jmdm in die Augen fallen*/springen*, jmdm auf|fallen* ♦ *non mi aveva dato nell'occhio questo errore* mir war dieser Fehler nicht aufgefallen. ◆ **capitare sotto gli occhi (di qcn)** (jmdm) zu Gesicht kommen.

occhiolino *(m)* ~ **fare l'occhiolino** *(ammiccare)* blinzeln *(vi, hat)*.

occidentale *(agg)* ~ westlich, West-.

occidente *(m)* ~ Westen *(m)* ♦ *a occidente (stato)* im Westen, westlich; *(moto)* in den Westen, westwärts ♦ *da occidente* von/vom Westen. ◆ **a occidente di** westlich *(prep + Gen)*.

occlusione *(f)* ~ *(med)* Verschluss *(m)* ♦ *occlusione intestinale* Darmverschluss.

occorrente *(agg)* ~ nötig, erforderlich.

occorrenza *(f)* ~ Bedarf *(m)*, Notfall *(m)*. ◆ **all'occorrenza** im Notfall, notfalls.

occorrere *(vt)* **1** *(impers) (essere necessario)* nötig sein* *(vi, ist)*, notwendig sein* *(vi, ist)*. **2** *(avere bisogno)* {~ *di qcn/qcs*} jmdn/etwas brauchen *(vt)*, benötigen *(vt)* ♦ *mi occorrono molti soldi* ich brauche viel Geld.

occultare *(vt)* **1** verbergen *(vt)*. **2** *(fig)* verheimlichen *(vt)*.

occulto *(agg)* **1** okkult. **2** *(nascosto)* verborgen, geheim.

occupante[1] *(agg)* ~ besetzend, Besatzungs- ♦ *esercito occupante* Besatzungsheer *(n)*.

occupante[2] *(m)* **1** *(di abitazioni)* Bewohner *(m)*. **2** *(di veicoli)* Insasse *(m)*.

occupare *(vt)* **1** besetzen *(vt)* ♦ *occupare un posto nello scompartimento, un paese, una casa* einen Platz im Abteil, ein Land, ein Haus besetzen. **2** *(mil)* besetzen *(vt)*, ein|nehmen* *(vt)*. **3** *(cariche)* bekleiden *(vt)*. **4** *(impegnare, di attività)* erfüllen *(vt)*, beschäftigen *(vt)*. **5** *(dare lavoro)* beschäftigen *(vt)*. **6** *(tempo)* verbringen* *(vt)*.

occuparsi *(vr)* **1** {~ *di qcn/qcs*} sich mit jmdm/etwas beschäftigen *(vr)*. **2** *(prendersi cura)* {~ *di qcn/qcs*} sich um jmdn/etwas kümmern *(vr)*, jmdn/etwas besorgen *(vt)* ♦ *chi si occupa dei bambini?* wer kümmert sich um die Kinder?

occupato *(agg)* **1** besetzt, belegt *(anche linea telefonica)*. **2** *(impegnato)* beschäftigt. ◆ **tenere occupato qcn** jmdn beschäftigen *(vt)*.

occupazione *(f)* **1** Besetzung *(f) (anche mil)*. **2** *(attività; lavoro)* Beschäftigung *(f)* ♦ *seconda occupazione* Nebenbeschäftigung ♦ *occupazione part-time* Teilzeitbeschäftigung. **3** *(posti di lavoro)* Arbeitsplätze *(pl)*.

oceanico *(agg)* ~ ozeanisch.

oceano *(m)* ~ Ozean *(m)*, Weltmeer *(n)*.

oceanografia *(f)* ~ Ozeanographie *(f)*, Meereskunde *(f)*.

ocra[1] *(agg)* ~ ockerfarben, ockergelb.

ocra[2] *(f)* ~ Ocker *(m/n)*.

oculare *(agg)* ~ Aug(en)- ♦ *testimone oculare* Augenzeuge *(m; f -gin)*.

oculista *(m/f)* ~ Augenarzt *(m; f* -ärztin*)*.
oddio *(esclam)* ~ mein Gott!
ode *(f)* ~ Ode *(f)*.
odiare *(vt)* ***1*** hassen *(vt)* ♦ *odiare qcn/qcs a morte* jmdn/etwas tödlich/bis auf den Tod hassen. **2** *(detestare)* verabscheuen *(vt)*, nicht leiden können* *(v mod,* hat*)*.
odiato *(agg)* ~ verhasst ♦ *essere odiato da qcn* jmdm verhasst sein.
odierno *(agg)* ~ heutig ♦ *in data odierna* unter dem heutigen Datum, am heutigen Tag.
odio *(m)* ~ Hass *(m)* ♦ *odio cieco* blinder Hass ♦ *provare odio per qcn* Hass gegen jmdn empfinden.
odioso *(agg)* ***1*** verhasst, gehässig. **2** *(antipatico)* abscheulich.
odontoiatra *(m/f)* ~ Zahnarzt *(m; f* -ärztin*)*.
odontoiatria *(f)* ~ Zahnheilkunde *(f)*.
odorare[1] *(vi)* ~ {~ *(di qcs)*} (nach etwas) duften *(vi,* hat*)* ♦ *l'asciugamano odora di sapone* das Handtuch duftet nach Seife.
odorare[2] *(vt)* ***1*** {~ *qcs*} an etwas *(Dat)* riechen* *(vi,* hat*)* ♦ *odorare i fiori* an Blumen riechen. **2** *(sospettare)* wittern *(vt)*.
odorato *(m)* ~ Geruch *(m)*, Geruchssinn *(m)*.
odore *(m)* ***1*** Geruch *(m)* ♦ *buon odore* Wohlgeruch ♦ *odore di chiuso* muffiger Geruch. **2** *(profumo)* Duft *(m)* ♦ *un odore gradevole, delicato* ein angenehmer, zarter Duft. **3** *(pl)* Gewürzkreuter *(pl)*. ◆ **avere un cattivo/buon odore** übel/gut riechen*. ◆ **sentire l'odore di qcs** etwas riechen* *(vt)*. ◆ **c'è odore di qcs** *(impers)* es riecht nach etwas ♦ *qui c'è odore di gas* hier riecht es nach Gas.
odoroso *(m)* ~ duftend.
offendere *(vt)* ***1*** beleidigen *(vt)*, kränken *(vt)*, verletzen *(vt)*. **2** *(insultare)* beschimpfen *(vt)*.
offensiva *(f)* ~ Offensive *(f)* ♦ *passare all'offensiva* in die/zur Offensive übergehen.
offensivo *(agg)* ***1*** beleidigend, verletzend. **2** *(oltraggioso)* schimpflich. **3** *(mil)* offensiv, Angriffs- ♦ *manovra offensiva* Angriffsmanöver *(n)*.
offerente *(m/f)* ~ Bieter *(m)*. ◆ **maggiore, miglior offerente** Höchstbietende(r) *(m/f)*.
offerta *(f)* ~ Angebot *(n)* *(anche econ)* ♦ *accettare, rifiutare un'offerta* ein Angebot annehmen, ablehnen ♦ *la domanda e l'offerta* Angebot und Nachfrage ♦ *offerta di lavoro* Stellenangebot ♦ *offerta speciale* Sonderangebot. **2** *(beneficenza e sim)* Spende *(f)* ♦ *offerte per i poveri* Spenden für die Armen.
offesa *(f)* ***1*** *(danno)* Beleidigung *(f)*, Kränkung *(f)*. **2** *(infrazione)* Verletzung *(f)* ♦ *offesa al pudore* Verletzung des Schamgefühls. **3** *(insulto)* Beschimpfung *(f)*. **4** *(parolaccia)* Schimpfwort *(n)*.
offeso *(agg)* ***1*** beleidigt, gekränkt. **2** *(risentito)* pikiert.
officina *(f)* ***1*** Werkstatt *(f)* ♦ *officina autorizzata* Vertragswerkstatt. **2** *(del fabbro)* Schlosserei *(f)*, Schmiede *(f)*.
offrire *(vt)* ***1*** {~ *qcs a qcn (per qcs)*} jmdm etwas (für etwas) bieten, an|bieten* *(vt)* ♦ *mi ha offerto 100 euro per il biglietto* er hat mir 100 Euro für die Karte geboten ♦ *offrire a qcn l'occasione di fare qcs* jmdm Gelegenheit bieten, etwas zu tun. **2** *(pagare)* {~ *qcs a qcn*} (jmdm) etwas spendieren *(vt)*. ◆ *offrire da bere a tutti* eine Runde spendieren. ◆ **offro io** ich bezahle. ◆ **offrire un prezzo più basso (di qcn)** (jmdn) unterbieten* *(vt)* ♦ *ha offerto un prezzo più basso di tutti* er hat alle unterboten. ◆ **offrire di più (di qcn)** *(in un'asta)* (jmdn) überbieten* *(vt)*.
offrirsi *(vr)* ***1*** *(proporsi)* sich an|bieten* *(vr)* ♦ *si è offerto volontario* er hat sich freiwillig angeboten. **2** {~ *a qcn*} sich jmdm bieten* *(vr)* ♦ *ci si offrì un'occasione fantastica* uns bot sich eine tolle Gelegenheit. **3** *(alla vista)* {~ *(a qcn)*} sich (jmdm) dar|bieten* *(vr)*.
offuscamento *(m)* ~ Trübung *(f)*, Verdunklung *(f)*.
offuscare *(vt)* ~ trüben *(vt)*, verdunkeln *(vt)* *(anche fig)*.
offuscarsi *(vr)* ~ sich trüben *(vr)*.
oftalmologia *(f)* ~ Augenheilkunde *(f)*.
oggettistica *(f)* ~ *(comm)* Geschenk- und Hausartikel *(pl)*.
oggettivare *(vt)* ~ versachlichen *(vt)*.
oggettivazione *(f)* ~ Versachlichung *(f)*.
oggettività *(f)* ~ Objektivität *(f)*, Sachlichkeit *(f)*.

oggettivo *(agg)* ~ objektiv, sachlich. ◆ **frase oggettiva** Obiektsatz *(m)*.
oggetto *(m)* ***1*** Gegenstand *(m)* ♦ *oggetto di valore* Wertgegenstand ♦ *divenne oggetto della critica generale* er wurde zum Gegenstand der allgemeinen Kritik. ***2*** *(argomento)* Objekt *(n)*, Gegenstand *(m)* ♦ *l'oggetto di uno studio* das Objekt einer Studie. ***3*** *(contenuto)* Betreff *(m)* ♦ *in oggetto (di cui sopra)* im Betreff.
oggi *(m)* ***1*** heute ♦ *oggi è lunedì* heute ist Montag ♦ *oggi non posso venire* ich kann heute nicht kommen ♦ *da oggi in poi* von heute an ♦ *dall'oggi al domani* von heute auf morgen ♦ *oggi come oggi* wie es heute steht. ***2*** *(oggigiorno)* heute, heutzutage. ◆ **oggi** *(in data odierna)* am heutigen Tage. ◆ **fino a oggi** bis heute, bis auf den heutigen Tag. ◆ **di oggi** von heute, heutig.
oggigiorno *(avv)* ~ heute, heutzutage.
ogiva *(f)* ***1*** *(mil)* Raketenkopf *(m)*. ***2*** *(archit)* Spitzbogen *(m)*.
ogni *(agg indef)* ***1*** *(ciascuno)* jede(r, -s) ♦ *ogni ora* jede Stunde. ***2*** *(tutti)* all ♦ *ogni due giorni* alle zwei Tage ♦ *ogni 100 metri* alle 100 Meter ♦ *con ogni mezzo* mit allen Mitteln. ***3*** *(qualsiasi)* jegliche(r, -s). ***4*** *(ogni volta)* jeweils ♦ *la rivista esce il dieci di ogni mese* die Zeitschrift erscheint jeweils am 10. des Monats. ◆ **in ogni caso** auf jeden Fall. ◆ **ad ogni modo** jedenfalls.
ogniqualvolta *(congiunz subord)* ~ sooft, jedesmal wenn.
Ognissanti *(m)* ~ Allerheiligen *(n)*.
ognuno *(pron indef)* ~ jedermann, jede(r, -s).
oh *(interiez)* ~ oh!, o!, ach! ♦ *oh, che bravo!* oh wie tüchtig!
ohé *(interiez)* ~ he! heda!
ohi *(interiez)* ~ aua!, au!
oleandro *(m)* ~ *(bot)* Oleander *(m)*.
oleodotto *(m)* ~ Erdölleitung *(f)*, Pipeline *(f)*.
oleografia *(f)* ~ Öldruck *(m)*.
oleografico *(agg)* ***1*** Öldruck-. ***2*** *(di cattivo gusto)* kitschig.
oleoso *(agg)* ~ ölig.
olezzo *(m)* ~ Duft *(m)*.
olfatto *(m)* ~ Geruch *(m)*, Geruchssinn *(m)*.
oliare *(vt)* ~ ein|ölen *(vt)*, ölen *(vt)*, schmieren *(vt)*.
oliato *(agg)* ~ eingeölt, geschmiert.
oligarchia *(f)* ~ Oligarchie *(f)*.
oligarchico *(agg)* ~ oligarchisch.
olimpiade *(f)* ~ Olympiade *(f)*.
olimpico *(agg)* ~ olympisch *(anche fig)*, Olympia- ♦ *giochi olimpici* olympische Spiele ♦ *stadio olimpico* Olympiastadion *(n)*.
olimpionico *(agg)* ~ olympisch, Olympia- ♦ *(campione) olimpionico* Olympiasieger *(m; f -in)*.
olio *(m)* ~ Öl *(n)* ♦ *friggere con l'olio* in/mit Öl braten ♦ *olio d'oliva* Olivenöl ♦ *olio di semi di girasole* Sonnenblumenöl ♦ *olio solare* Sonnenöl ♦ *olio vegetale* Pflanzenöl. ◆ **mettere sott'olio** ein|legen *(vt)*, ein|machen *(vt)*. ◆ **sott'olio** eingemacht. ◆ **olio di pesce** *(e di grasso animale)* Tran *(m)*. ◆ **dipinto ad olio** Ölbild *(n)*, Ölgemälde *(n)*.
oliva *(f)* ~ *(bot)* Olive *(f)*.
olivastro *(agg)* ~ oliv, olivenfarben.
olivo *(m)* ~ *(bot)* Olivenbaum *(m)*, Ölbaum *(m)*.
oliveto *(m)* ~ Olivenhain *(m)*.
olmo *(m)* ~ *(bot)* Ulme *(f)*.
olocausto *(m)* ~ Holocaust *(m)*.
oltraggiare *(vt)* ~ (schwer) beleidigen *(vt)*, schmähen *(vt)*.
oltraggio *(m)* ~ Schmähung *(f)*. ◆ **oltraggio al pudore** *(dir)* Erregung (des) öffentlichen Ärgernisses.
oltraggioso *(agg)* ~ beleidigend, schimpflich.
oltranza *(f)* ~ **a oltranza** bis zum Äussersten. ◆ **sciopero a oltranza** unbegrenzter Streik *(m)*.
oltre[1] *(avv)* ***1*** *(più in là)* weiter *(anche come pref di verbi)* ♦ *andare oltre (proseguire)* weiter|gehen, weiter|fahren. ***2*** *(più a lungo)* länger ♦ *non possiamo aspettare oltre* wir können nicht länger warten.
oltre[2] *(prep)* ***1*** *(al di là, stato)* jenseits *(prep + Gen)* ♦ *oltre il fiume* jenseits des Flusses. ***2*** *(al di là, moto e tempo)* über *(prep + Acc)*... hinaus, hinweg ♦ *andare oltre il confine* über die Grenze hinaus gehen ♦ *fino a martedì e oltre* über Dienstag hinaus ♦ *è oltre l'ottantina* er ist über die

achtzig hinaus ♦ *questo va oltre ogni immaginazione* das geht über jede Vorstellungskraft. **3** *(più di, quantità)* über *(prep + Acc)*, mehr (als) ♦ *oltre 500 persone* mehr als 500 Personen. **4** *(più di, tempo)* mehr als, länger als ♦ *aspettare oltre un'ora* mehr als eine Stunde warten. **5** *(dopo, fin dopo)* nach, bis nach. ◆ **oltre a** außer *(prep + Dat)*, neben *(prep + Dat)*, über *(prep + Acc)* hinaus ♦ *oltre al mio stipendio ricevo anche la mancia* außer meinem Lohn bekomme ich auch noch Trinkgeld. ◆ **oltre che** *vedi* **oltreché**. ◆ **oltre a ciò** *(inoltre)* außerdem.

oltreché *(congiunz)* ~ nicht nur... sondern auch... ♦ *oltre che bella è anche simpatica* sie ist nicht nur hübsch sondern auch nett.

oltremare *(avv)* **1** *(stato in luogo)* in Übersee. **2** *(moto a luogo)* nach Übersee. ◆ **d'oltremare** *(provenienza)* aus Übersee.

oltremodo *(avv)* **1** *(troppo)* überaus, extrem. **2** *(estremamente)* äußerst, ausgesprochen.

oltreoceano ~ *vedi* **oltremare**.

oltrepassare *(vt)* ~ überschreiten *(vt)* ♦ *oltrepassare il confine, la soglia* die Grenze, die Schwelle überschreiten. ◆ **oltrepassare in altezza qcn/qcs** über jmdn/etwas hinaus|wachsen* *(vi, ist)*.

oltretomba *(m)* ~ Jenseits *(n)*.

oltretutto *(avv)* ~ ausserdem, obendrein.

omaggio *(m)* **1** *(ossequio)* Tribut *(m)*, Ehrerbietung *(f)* ♦ *rendere omaggio a qcn/qcs* jmdm/etwas den schuldigen Tribut zollen ♦ *i miei omaggi!* meine Hochachtung! **2** *(dono)* Geschenk *(n)*. ◆ **biglietto omaggio** Freikarte *(f)*. ◆ **buono omaggio** Geschenkbonus *(m)*.

ombelicale *(agg)* ~ Nabel- ♦ *cordone ombelicale* Nabelschnur *(f)*.

ombelico *(m)* ~ Nabel *(m)*

ombra *(f)* **1** Schatten *(m)* ♦ *all'ombra di un albero* im Schatten eines Baumes ♦ *fare ombra* Schatten spenden. **2** *(traccia, sentore)* Spur *(f)*, Hauch *(m)* ♦ *un'ombra di malinconia* ein Hauch von Schwermut. ◆ **all'ombra** schattig.

ombreggiare *(vt)* **1** *(riparare dal sole)* beschatten *(vt)*, überschatten *(vt)*. **2** *(disegni e sim)* schattieren *(vt)*.

ombreggiato *(agg)* **1** schattig. **2** *(di disegni, caratteri, ecc)* schattiert.

ombreggiatura *(f)* **1** Beschattung *(f)*. **2** *(di disegni, caratteri, ecc)* Schattierung *(f)*.

ombrello *(m)* ~ Schirm, Regenschirm *(m)*.

ombrellone *(m)* ~ Sonnenschirm *(m)*.

ombretto *(m)* ~ Lidschatten *(m)*.

ombroso *(agg)* **1** *(ombreggiato)* schattig. **2** *(suscettibile, lunatico)* argwöhnisch. **3** *(cavallo)* scheu.

omelette *(f)* ~ Omelett *(n)*, Eierkuchen *(m)*.

omeopatia *(f)* ~ Homöopathie *(f)*.

omeopatico *(agg)* ~ homöopathisch.

òmero *(m)* ~ Oberarmknochen *(m)*.

omesso *(agg)* ~ ausgelassen, weggelassen. ◆ **essere omesso** weg|bleiben* *(vi, ist)*, weg|fallen* *(vi, ist)* ♦ *questa frase può essere omessa* dieser Satz kann wegbleiben.

omettere *(vt)* ~ aus|lassen* *(vt)*, weg|lassen* *(vt)*, unterlassen* *(vt)*.

omicida[1] *(agg)* ~ mörderisch, Mord-, Tötungs-.

omicida[2] *(m/f)* ~ Mörder *(m; f -in)*.

omicidio *(m)* ~ Mord *(m)*, Tötung *(f)* ♦ *compiere un omicidio* einen Mord begehen/verüben ♦ *omicidio colposo, premeditato* fahrlässige, vorsätzliche Tötung. ◆ **tentato omicidio** Mordversuch *(m)*. ◆ **squadra omicidi** Mordkommission *(f)*.

omissione *(f)* ~ Unterlassung *(f)*, Auslassung *(f)*, Versäumnis *(n)*.

omofonia *(f)* **1** Gleichlaut *(m)*. **2** *(mus)* Homophonie *(f)*.

omofono *(agg)* ~ gleichlautend.

omogeneità *(f)* ~ Homogenität *(f)*, Gleichmässigkeit *(f)*.

omogeneizzare *(vt)* ~ homogenisieren *(vt)*, homogen machen *(vt)*.

omogeneizzato[1] *(agg)* ~ homogenisiert.

omogeneizzato[2] *(m)* ~ Babynahrung *(f)*.

omogeneo *(agg)* **1** homogen, einheitlich. **2** *(affine)* zusammengehörig.

omologare *(vt)* **1** zu|lassen* *(vt)* ♦ *omologare un motore* einen Motor zulassen. **2** *(dir)* bestätigen *(vt)*.

omologazione *(f)* **1** Zulassung *(f)*. **2** *(dir)* Bestätigung *(f)*.

omonimia *(f)* ~ Homonymie *(f)*.
omonimo[1] *(agg)* ~ gleichnamig.
omonimo[2] *(m; f* **-a***)* ~ Namensvetter *(m; f* -in*)*.
omosessuale[1] *(agg)* ~ homosexuell.
omosessuale[2] *(m/f)* ~ Homosexuelle(r) *(m/f)*.
omosessualità *(f)* ~ Homosexualität *(f)*.
oncologia *(f)* ~ *(med)* Onkologie *(f)*.
oncologico *(agg)* ~ *(med)* onkologisch. ◆ **terapia oncologica** Krebstherapie *(f)*. ◆ **reparto oncologico** Krebsstation *(f)*.
oncologo *(m; f* **-a***)* ~ *(med)* Onkologe *(m; f* -gin*)*.
onda *(f)* ~ Welle *(f)* *(anche fig/fis)* ♦ *onde alte* hohe Wellen ♦ *onde corte, lunghe* kurze, lange Wellen. ◆ **messa in onda** *(tv o radio)* Ausstrahlung *(f)*. ◆ **cresta dell'onda** Wellenberg *(m)*. ◆ **lunghezza d'onda** *(fis)* Wellenlänge *(f)* *(anche fig)*.
ondata *(f)* ~ Welle *(f)* *(anche fig)* ♦ *un'ondata di proteste* eine Welle von Protesten.
ondeggiare *(vi)* **1** *(oscillare, muoversi)* schwanken *(vi,* hat/ist*)* ♦ *le canne ondeggiano al vento* die Rohre schwanken im Winde. **2** *(fluttuare)* wogen *(vi,* hat*)*.
ondoso *(agg)* ~ Wellen- ♦ *moto ondoso* Wellengang *(m)*.
ondulare *(vt)* ~ wellen *(vt)*.
ondulato *(agg)* ~ wellig, Well(en)- ♦ *cartone ondulato* Wellpappe *(f)*.
ondulazione *(f)* **1** *(del terreno)* Wölbung *(f)*. **2** *(dei capelli)* Welle *(f)*.
onere *(m)* ~ Last *(f)*, Belastung *(f)*.
oneroso *(agg)* **1** belastend. **2** *(dir)* entgeltlich.
onestà *(f)* ~ Ehrlichkeit *(f)*, Aufrichtigkeit *(f)*.
onestamente *(avv)* **1** ehrlich, rechtschaffen. **2** *(con correttezza)* fair.
onesto *(agg)* **1** *(retto)* rechtschaffen, ehrlich, aufrecht ♦ *una persona onesta* ein aufrechter Mensch. **2** *(corretto, leale)* fair ♦ *un prezzo onesto* ein fairer Preis.
onice *(f)* ~ Onyx *(m)*.
onirico *(agg)* ~ Traum-.
online *(agg/avv)* ~ *(elab)* online.
onnipotente *(agg)* ~ allmächtig.
onnipresente *(agg)* ~ allgegenwärtig.
onnisciente *(agg)* ~ allwissend.
onomastico *(m)* ~ Namenstag *(m)*.
onorabile *(agg)* ~ ehrbar.
onorabilità *(f)* ~ Ehrbarkeit *(f)*.
onoranza *(f)* ~ Ehrung *(f)* ♦ *onoranze funebri* Totenehrung.
onorare *(vt)* **1** ehren *(vt)* ♦ *la Sua offerta mi onora* Ihr Angebot ehrt mich. **2** *(pagare)* honorieren *(vt)* ♦ *onorare una cambiale* einen Wechsel honorieren.
onorario[1] *(agg)* **1** Ehren- ♦ *membro onorario* Ehrenmitglied *(m)* ♦ *cittadinanza onoraria* Ehrenbürgerrecht *(n)* ♦ *cittadino onorario* Ehrenbürger *(m; f* -in*)*. **2** *(dato a titolo onorifico)* ehrenamtlich.
onorario[2] *(m)* ~ Honorar *(n)*.
onorato *(agg)* ~ ehrenhaft, ehrenwert ♦ *onorato (di conoscerLa)* es ist mir eine Ehre (Sie kennen zu lernen).
onore *(m)* **1** Ehre *(f)* ♦ *un uomo d'onore* ein Mann von Ehre ♦ *questo è un grande onore per me* das ist eine große Ehre für mich ♦ *con chi ho l'onore di parlare?* mit wem habe ich die Ehre? ♦ *(lo giuro) sul mio onore!* bei meiner Ehre! **2** *(pl)* Ehren *(pl)*, Ehrung *(f)* ♦ *onori militari* militarische Ehren. **3** *(lode)* Auszeichnung *(f)* ♦ *superare un esame con onore* eine Prüfung mit Auszeichnung bestehen. ◆ **parola d'onore** Ehrenwort *(n)*. ◆ **questione d'onore** Ehrensache *(f)*. ◆ **posto d'onore** Ehrenplatz *(m)*.
onorevole[1] *(agg)* ~ ehrenvoll, ehrenwert, ehrenhaft.
onorevole[2] *(m/f)* ~ *(parlamentare)* Abgeordnete *(m/f)*.
onorevolmente *(avv)* ~ ehrenhaft, ehrenvoll.
onorificenza *(f)* ~ Orden *(m)*, Ehrenzeichen *(n)*. ◆ **conferire un'onorificenza (a qcn)** (jmdm) einen Orden verleihen*, (jmdn) dekorieren.
onorifico *(agg)* ~ Ehren- ♦ *titolo onorifico* Ehrentitel *(m)*.
onta *(f)* ~ Schande *(f)*.
ontano *(m)* ~ *(bot)* Erle *(f)*.
ONU *(f)* ~ UNO *(f)*.
opacità *(f)* **1** Undurchsichtigkeit *(f)*. **2** *(mancanza di luminosità)* Glanzlosigkeit *(f)* *(anche fig)*.
opaco *(agg)* **1** undurchsichtig. **2** *(smorto)* glanzlos, stumpf, matt. **3** *(superficie)* trüb(e) ♦ *rendere opaco* trüben *(vt)*.

opale *(f)* ~ Opal *(m)*.
opalescente *(agg)* ~ glasig.
opera *(f)* ***1*** Werk *(n)*, Arbeit *(f)* ♦ *l'opera omnia di Goethe* Goethes sämtliche Werke ♦ *essere all'opera* am Werk sein ♦ *mettersi all'opera* sich ans Werk machen ♦ *opera d'arte* Kunstwerk *(n)*. ***2*** *(mus)* Oper *(f)*. ***3*** *(teatro dell'opera)* Opernhaus *(n)*. ***4*** *(teatrale)* Spiel *(n)*, Theaterstück *(n)*. ◆ **opera di bene** *(buona azione)* Wohltat *(f)*.
operabile *(agg)* ~ operierbar.
operaio *(m; f* **-a***)* ***1*** Arbeiter *(m; f* -in*)* ♦ *operaio qualificato, non specializzato* qualifizierter, ungelernter Arbeiter ♦ *operaio specializzato* Facharbeiter *(m; f* -in*)*. ***2*** *(manovale)* Hilfsarbeiter *(m; f* -in*)*.
operante *(agg)* ***1*** wirksam, wirkend. ***2*** *(valido)* gültig.
operare[1] *(vi)* ***1*** wirken *(vi,* hat*)*, tätig sein* *(vi,* ist*)* ♦ *opera da anni come infermiera* sie wirkt seit Jahren als Krankenschwester. ***2*** *(agire)* handeln *(vi,* hat*)*.
operare[2] *(vt)* ***1*** *(compiere)* vollbringen* *(vt)*. ***2*** *(med)* operieren *(vt)*.
operarsi *(vr)* ***1*** *(compiersi)* sich vollziehn* *(vr)*. ***2*** *(med)* {~ *a/di qcs*} sich an etwas *(Dat)* operieren lassen* *(vr)*.
operatività *(f)* ~ Wirksamkeit *(f)*.
operativo *(agg)* ***1*** operativ, wirksam, gültig. ***2*** *(esecutivo)* Vollstreckungs-. ◆ **sistema operativo** *(elab)* Betriebssystem *(n)*.
operato[1] *(agg)* ~ operiert.
operato[2] *(m)* ~ *(azione)* Tun *(n)*, Wirken *(n)*.
operatore *(m; f* **-trice***)* ***1*** Fachmann *(m)*, Techniker *(m; f* -in*)*. ***2*** *(econ)* Makler *(m; f* -in*)* ♦ *operatore di borsa* Börsenmakler. ***3*** *(mat)* Operator *(m)*. ***4*** *(cinema, tv)* Kameramann *(m)*.
operatorio *(agg)* ~ operativ, Operations- ♦ *intervento operatorio* operativer Eingriff ♦ *sala operatoria* Operationssaal.
operazione *(f)* ***1*** *(procedimento)* Verfahren *(n)*. ***2*** *(impresa)* Unternehmen *(n)*. ***3*** *(med/mil/mat)* Operation *(f)*.
operetta *(f)* ~ *(mus)* Operette *(f)*.
operosità *(f)* ~ Arbeitsamkeit *(f)*, Fleiss *(m)*.
operoso *(agg)* ~ fleissig, betriebsam.
opinabile *(agg)* ~ diskutierbar, fraglich.
opinabilità *(f)* ~ Fraglichkeit *(f)*.
opinare *(vt/vi)* ~ meinen *(vt/vi,* hat*)*.
opinione *(f)* ~ Meinung *(f)*, Ansicht *(f)* ♦ *esprimere, sostenere un'opinione* eine Meinung äußern, vertreten ♦ *sono dell'opinione che* ich bin der Meinung/der Ansicht, dass ♦ *secondo la mia opinione* meiner Meinung nach ♦ *farsi un'opinione* sich *(Dat)* eine Meinung bilden. ◆ **libertà di opinione** Meinungsfreiheit *(f)*. ◆ **opinione pubblica** Öffentlichkeit *(f)*. ◆ **opinione contraria** Gegenstimme *(f)*.
oppio *(m)* ~ Opium *(n)*.
opporre *(vt)* ~ entgegen|setzen *(vt)*, entgegen|stellen *(vt)*.
opporsi *(vr)* ***1*** sich entgegen|stellen *(vr)*, entgegen|setzen *(vr)*. ***2*** *(contrastare)* {~ *a qcn/qcs*} sich jmdm/etwas widersetzen *(vr)*. ***3*** *(dir)* {~ *(a qcs)*} (gegen etwas) Einspruch erheben* *(vt)*.
opportunismo *(m)* ~ Opportunismus *(m)*.
opportunista *(m/f)* ~ Opportunist *(m; f* -in*)*.
opportunistico *(agg)* ~ opportunistisch.
opportunità *(f)* ***1*** Angemessenheit *(f)*. ***2*** *(occasione)* Gelegenheit *(f)*.
opportuno *(agg)* ~ gelegen, angebracht, passend. ◆ **al momento opportuno** zum richtigen Zeitpunkt.
oppositore *(m; f* **-trice***)* ~ Widersacher *(m; f* -in*)*, Gegner *(m; f* -in*)*.
opposizione *(f)* ***1*** *(pol)* Opposition *(f)* ♦ *fare opposizione contro qcn/qcs* gegen jmdn/etwas Opposition (be)treiben ♦ *andare all'opposizione* in die Opposition gehen. ***2*** *(resistenza)* Widerspruch *(m)*. ***3*** *(contrasto)* Gegensatz *(m)*. ◆ **partito di opposizione** Oppositionspartei *(f)*.
opposto[1] *(agg)* ***1*** *(che è posto di fronte)* gegenüberliegend. ***2*** *(contrario, a rovescio)* entgegengesetzt, umgekehrt ♦ *va nella direzione opposta* er geht in die entgegengesetzte Richtung ♦ *è esattamente l'opposto* es ist genau umgekehrt. ***3*** *(contrapposto)* gegenteilig ♦ *opinioni opposte* gegenteilige Meinungen. ◆ **lato opposto** Gegenseite *(f)*.
opposto[2] *(m)* ~ Gegenteil *(n)*.
oppressione *(f)* ***1*** Unterdrückung *(f)*. ***2*** *(angoscia)* Beklemmung *(f)*.

oppresso *(agg)* ***1*** unterdrückt. ***2*** *(spiritualmente)* beklommen.
opprimente *(agg)* ***1*** drückend, bedrückend *(anche fig)* ♦ *afa opprimente* drückende Hitze. ***2*** *(angosciante)* beklemmend.
opprimere *(vt)* ***1*** unterdrücken *(vt)*. ***2*** *(angosciare)* belasten *(vt)*, beklemmen *(vt)*.
oppure *(congiunz)* ***1*** oder ♦ *oggi oppure domani* heute oder morgen. ***2*** *(altrimenti)* sonst ♦ *fai in fretta, oppure vado da solo* beeile dich, sonst ich gehe alleine.
optare *(vt)* ~ {~ *per qcn/qcs*} sich für jmdn/ etwas entscheiden *(vr)*.
opulento *(agg)* ~ üppig.
opulenza *(f)* ~ Üppigkeit *(f)*.
opuscolo *(m)* ~ Heft *(n)*, Prospekt *(m)*, Broschüre *(f)*.
opzione *(f)* ~ Option *(f)* *(anche econ)* ♦ *avere un'opzione su qcs* eine Option auf etwas *(Acc)* besitzen.
ora[1] *(f)* ***1*** Stunde *(f)* ♦ *mezz'ora* eine halbe Stunde ♦ *un quarto d'ora* eine viertel Stunde, Viertelstunde ♦ *un'ora e mezzo* eineinhalb/anderthalb Stunden ♦ *tre quarti d'ora* Dreiviertelstunde ♦ *all'ora* Pro Stunde, in der Stunde ♦ *ogni due ore* alle zwei Stunden ♦ *fra un'ora* in einer Stunde ♦ *dopo un'ora, un'ora dopo* nach einer Stunde ♦ *un'ora fa* vor einer Stunde ♦ *di buon'ora* zu früher Stunde ♦ *a tarda ora* zu später Stunde ♦ *ho dovuto aspettare (per) due ore* ich musste zwei Stunden warten. ***2*** *(tempo, momento)* Zeit *(f)*, Zeitpunkt *(m)*, Moment *(m)*. ***3*** *(nelle indicazioni dell'ora)* Uhr *(f)*, Uhrzeit *(f)* ♦ *che ore sono?* wie viel Uhr ist es? Wie spät ist es? ♦ *sono le nove* es ist neun Uhr ♦ *non puoi telefonarmi a quest'ora!* du kannst mich nicht zu dieser Uhrzeit anrufen! ◆ **ora di punta** Spitzenzeit *(f)*; *(del traffico)* Hauptverkehrszeit *(f)*, *(in uffici, negozi, ecc)* Hauptgeschäftszeit *(f)*. ◆ **ora legale** Sommerzeit *(f)*. ◆ **ora locale** Ortszeit *(f)*. ◆ **a che ora?** um welche Zeit? ◆ **per ore** (**e ore**), **di ore** stundenlang *(agg/avv)*. ◆ **ventiquattr'ore su ventiquattro** rund um die Uhr. ◆ **a tutte le ore** *(sempre)* zu jeder Tageszeit/zu jeder Tages- und Nachtzeit. ◆ **a ore** stundenweise *(avv)*. ◆ **ultim'ora** *(notizie)* letzte Meldungen *(pl)*. ◆ **non vedere l'ora di qcs** etwas kaum erwarten können ♦ *non vedo l'ora di andare in vacanza* ich kann es kaum erwarten, in Urlaub zu gehen.
ora[2] *(avv)* ***1*** jetzt, nun ♦ *ora non posso venire* jetzt kann ich nicht kommen ♦ *ora devo andare* ich muss nun gehen ♦ *solo ora* erst jetzt ♦ *d'ora in poi* von jetzt/nun an, ab jetzt ♦ *proprio ora* eben jetzt. ***2*** *(poco fa)* eben, soeben, gerade jetzt ♦ *è arrivato ora* er ist gerade angekommen. ***3*** *(subito)* sofort, gleich ♦ *ora vengo* ich komme gleich. ***4*** *(avversativa)* nun aber ♦ *ora ti dimostro il contrario* nun aber beweise ich dir das Gegenteil. ***5*** *(conclusiva)* nun, also. ◆ **or ora** eben. ◆ **ora... ora...** einmal... einmal..., bald... bald... ♦ *ora qui, ora lì* bald hier, bald da. ◆ **per ora** *(per il momento, intanto)* vorderhand, vorerst. ◆ **ora che** nun, jetz ♦ *ora che è tutto passato* nun, da alles vorbei ist.
oracolo *(m)* ~ Orakel *(n)*.
orafo *(m)* ~ Goldschmied *(m)*. ◆ **arte orafa** Goldschmiedekunst *(f)*.
orale *(agg)* ***1*** *(a voce)* mündlich ♦ *esame orale* mündliche Prüfung. ***2*** *(med/ling)* oral, Mund-.
orario[1] *(agg)* ***1*** *(dell'ora, di ogni ora)* stündlich, Stunden-, Zeit- ♦ *chilometri orari* Stundenkilometer *(pl)* ♦ *fuso orario* Zeitzone *(f)*. ◆ **in senso orario** im Uhrzeigersinn *(m)*. ◆ **in senso antiorario** entgegen dem Uhrzeigersinn.
orario[2] *(m)* ***1*** Zeit *(f)* ♦ *orario di apertura (dei negozi)* Öffnungszeit, Geschäftszeit ♦ *orario (d'ufficio)* Amtszeit ♦ *orario (di lavoro)* Arbeitszeit. ***2*** *(di ambulatorio, di ricevimento, di autorità, ecc)* Sprechstunde *(f)*. ***3*** *(di mezzi di trasporto e sim)* Plan, Fahrplan *(m)* ♦ *orario (scolastico)* Stundenplan. ◆ **in orario** *(di mezzi)* (fahr)-planmäßig *(agg/avv)*. ◆ **orario ferroviario** Kursbuch *(n)*. ◆ (**fare**) **orario continuato** durchgehend geöffnet sein*.
oratore *(m; f* **-trice***)* ~ Redner *(m; f* -in*)*.
oratoria *(f)* ~ Redekunst *(f)*, Beredsamkeit *(f)*.
orazione *(f)* ~ *(discorso)* Rede *(f)*.
orbita *(f)* ***1*** *(di corpi celesti)* Kreisbahn, Bahn *(f)* ♦ *orbita terrestre* Erdbahn. ***2***

(di satelliti, ecc) (Erd)umlaufbahn *(f)*. ***3*** *(anat)* Augenhöhle *(f)*. ◆ **mandare in orbita qcs** etwas in eine Umlaufbahn bringen*.

orbitare *(vi)* ~ *(pianeti e sim)* umkreisen *(vt)*, umlaufen* *(vt)* ◆ *la terra orbita intorno al sole* die Erde umkreist die Sonne.

orbo *(agg)* ~ einäugig.

orca *(f)* ~ *(zool)* Schwertwal *(m)*.

orchestra *(f)* ~ Orchester *(n)*.

orchidea *(f)* ~ *(bot)* Orchidee *(f)*.

orco *(m)* ~ Unhold *(m)*, Ungeheuer *(m)*.

orda *(f)* ~ Horde *(f)*.

ordigno *(m)* ~ Sprengkörper *(m)*.

ordinale *(agg)* ~ Ordinal- ◆ *numero ordinale* Ordinalzahl.

ordinamento *(m)* ~ Ordnung *(f)*.

ordinare *(vt)* ***1*** *(mettere in ordine)* ordnen *(vt)*. **2** *(dare un comando)* befehlen* *(vt)*, an|ordnen *(vt)*. **3** *(richiedere)* bestellen *(vt)*. **4** *(prescrivere,* verschreiben* *(vt)* *(anche med)*. **5** *(relig)* weihen *(vt)* ◆ *ordinare qcn sacerdote* jmdn zum Priester weihen.

ordinario *(agg)* ***1*** alltäglich, gewönlich. **2** *(carica)* ordentlich ◆ *professore ordinario* ordentlicher Professor *(m)*. ◆ **fuori dall'ordinario** außerordentlich.

ordinato *(agg)* ~ ordentlich; *(stanza)* aufgeräumt.

ordinazione *(f)* ***1*** *(merce)* Bestellung *(f)* Auftrag *(m)* ◆ *fare, prendere un'ordinazione* eine Bestellung aufgeben, annehmen. **2** *(relig)* Weihe *(f)* ◆ *ricevere l'ordinazione a sacerdote* die Weihe zum Priester empfangen.

ordine *(m)* ***1*** Ordnung *(anche fig)* ◆ *fare ordine* Ordnung machen/schaffen ◆ *richiamare qcn all'ordine* jmdn zur Ordnung rufen ◆ *ordine politico* politische Ordnung ◆ *in ordine* in Ordnung ◆ *ordine del giorno* Tagesordnung. **2** *(successione)* Folge, Reihenfolge *(f)* ◆ *in ordine alfabetico, inverso* in alphabetischer, umgekehrter Reihenfolge ◆ *ordine cronologico* Zeitfolge. **3** *(comando)* Befehl *(m)* ◆ *eseguire, seguire, ricevere un ordine* einen Befehl ausführen, befolgen, bekommen ◆ *obbedire a un ordine* einem Befehl gehorchen ◆ *agli ordini!* zu Befehl! **4** *(ordinazione di merce)* Bestellung *(f)*, Auftrag *(m)*. **5** *(disposizione, prescrizione)* Anordnung *(f)*, Veranlassung *(f)* ◆ *per ordine di qcn* auf jmds Veranlassung ◆ *dare ordine di fare qcs* Anordnung geben, etwas zu tun. **6** *(livello, natura)* Bedeutung *(f)*, Natur *(f)* ◆ *di ordine generale* von allgemeiner Bedeutung. **7** *(associazione professionale)* Verband *(m)*. **8** *(relig)* Orden *(m)* ◆ *ordine monastico* Mönchsorden. ◆ **ordine degli avvocati** Rechtsanwatskammer *(f)*. ◆ **servizio d'ordine** Ordnungsdienst *(m)*. ◆ **in ordine** *(in sequenza)* der Reihe nach. ◆ **fino a nuovo ordine** (bis) auf Widerruf. ◆ **mettere in ordine una stanza** ein Zimmer auf|räumen.

ordire *(vt)* ~ an|zetteln *(vt)*, entwerfen* *(vt)*.

orecchino *(m)* ~ Ohrring *(m)*.

orecchio *(m)* ***1*** *(anat)* Ohr *(n)* ◆ *essere sordo da un orecchio* auf einem Ohr taub sein ◆ *orecchie a sventola* abstehende Ohren, Segelohren ◆ *fino alle orecchie, fin sopra le orecchie* bis an die Ohren, bis über die Ohren ◆ *giungere all'orecchio a qcn* jmdm zu Ohren kommen ◆ *tendere l'orecchio* lange Ohren machen ◆ *essere tutto orecchi* ganz Ohr sein. **2** *(udito)* Ohr *(n)*, Gehör *(n)* *(anche mus)* ◆ *a orecchio* nach dem Gehör. **3** *(di carta, stoffa, ecc)* Knick *(m)*.

orecchioni *(m pl)* ~ *(parotite)* Ziegenpeter *(m)*.

orefice *(m/f)* ~ Juwelier *(m; f -in)*.

oreficeria *(f)* ***1*** *(arte orafa)* Goldschmiedekunst *(f)*. **2** *(negozio)* Juweliergeschäft *(n)*.

orfano[1] *(agg)* ~ verwaist. ◆ **orfano di madre** *(senza madre)* mutterlos.

orfano[2] *(m)* ~ Waise *(f)*, Waisenkind *(n)*.

orfanotrofio *(m)* ~ Waisenhaus *(n)*.

organetto *(m)* ~ Drehorgel *(f)*.

organico *(agg)* ***1*** *(med/biol)* organisch ◆ *malattia organica* organisches Leiden ◆ *chimica organica* organische Chemie. **2** *(unitario, organizzato)* organisch, einheitlich ◆ *un tutto organico* ein organisches Ganzes.

organico *(agg)* ~ *(manodopera)* Personal *(n)*.

organismo *(m)* ***1*** *(biol)* Organismus *(m)*. **2** *(fisico, corpo)* Körper *(m)*.

organista *(m/f)* ~ Orgelspieler *(m; f -in)*.
organizzare *(vt)* ~ organisieren *(vt)*.
organizzarsi *(vr)* **1** sich einrichten *(vr)*. **2** *(associarsi)* sich organisieren *(vr)*.
organizzativo *(agg)* ~ organisatorisch, Organisations- ♦ *struttura organizzativa* Organisationsstruktur *(f)*.
organizzato *(agg)* ~ organisiert.
organizzatore[1] *(agg)* ~ Organisations-.
organizzatore[2] *(m; f* **-trice***)* ~ Veranstalter *(m; f -in)*, Organisator *(m; f -in)*.
organizzazione *(f)* **1** Organisation *(f)* ♦ *organizzazione umanitaria* Hilfsorganisation. **2** *(allestimento)* Gestaltung *(f)*, Veranstaltung *(f)*.
organo *(m)* **1** *(anat)* Organ *(n)* *(anche burocr)* ♦ *organo sensoriale* Sinnesorgan ♦ *organi genitali* Geschlechtsorgan. **2** *(mus)* Orgel *(f)*.
orgasmo *(m)* **1** Orgasmus *(m)*. **2** *(agitazione)* Aufregung *(f)*, Erregung *(f)*.
orgia *(f)* ~ Orgie *(f)*.
orgiastico *(agg)* ~ orgiastisch.
orgoglio *(m)* **1** Stolz *(m)* ♦ *il suo orgoglio per il figlio* ihr Stolz auf ihren Sohn. **2** *(superbia)* Hochmut *(m)*.
orgoglioso *(agg)* **1** stolz ♦ *essere orgoglioso di qcn/qcs* auf jmdn/etwas stolz sein ♦ *di questo sono molto orgogliosa* darauf bin ich sehr stolz. **2** *(superbo)* hochmütig.
orientabile *(agg)* ~ einstellbar, ausrichtbar.
orientale *(agg)* **1** *(dell'est)* östlich, Öst- ♦ *paesi orientali* östliche Länder. **2** *(dell'oriente)* orientalisch, Orient-.
orientamento *(m)* **1** Orientierung *(f)* ♦ *perdere l'orientamento* die Orientierung verlieren. **2** *(tendenza, inclinazione)* Richtung *(f)*. **3** *(consiglio, guida)* Beratung *(f)* ♦ *orientamento professionale* Berufsberatung. ◆ **senso dell'orientamento** Orientierungssinn *(m)*, Ortssinn *(m)*.
orientare *(vt)* **1** richten *(vt)*, aus|richten *(vt)* ♦ *orientare le vele secondo il vento* die Segel nach dem Wind richten. **2** {~ *qcs secondo qcs*} etwas auf etwas *(Acc)* aus|richten *(vt)* ♦ *la produzione è orientata sulla domanda del mercato* die Produktion ist auf die Nachfrage ausgerichtet.
orientarsi *(vr)* **1** sich orientieren *(vr)*, sich richten *(vr)*. **2** *(essere pratico)* heimisch sein* *(vi, ist)* ♦ *si orienta in questa città, in questo campo* er ist in dieser Stadt, auf diesem Gebiet heimisch. **3** *(trovare la strada)* sich zurecht|finden* *(vr)* ♦ *orientarsi in una città* sich in einer Stadt zurechtfinden.
orientativo *(agg)* ~ Orientierungs-.
orientato *(agg)* ~ orientiert, gerichtet.
oriente *(m)* **1** *(est)* Osten *(m)* ♦ *l'Estremo, Medio, Vicino Oriente* der Fernere, Mittlere, Nahe Osten ♦ *a oriente (stato)* im Osten; *(moto)* nach Osten. **2** *(Asia)* Orient *(m)*. **3** *(naut/meteor)* Ost *(m)*. ◆ **a oriente di** östlich *(prep + Gen)*.
orifizio *(m)* ~ *(anat)* Öffnung *(f)*.
origano *(m)* ~ *(bot)* Oregano *(m)*.
originale[1] *(agg)* **1** original, Original- ♦ *edizione originale* Originalausgabe *(f)* ♦ *in lingua originale* in Originalfassung *(f)*. **2** *(particolare)* originell ♦ *un'idea originale* ein origineller Einfall. **3** *(autentico)* echt.
originale[2] *(m)* ~ Original *(n)*; *(di testo)* Urschrift *(f)* ♦ *l'originale di una poesia* das Original eines Gedichts.
originalità *(f)* **1** Originalität *(f)*. **2** *(autenticità)* Echtheit *(f)*.
originare *(vt)* ~ verursachen *(vt)*, hervor|rufen* *(vt)*.
originarsi *(vr)* ~ her|rühren *(vi, hat)*.
originario *(agg)* **1** gebürtig, stammend. **2** *(delle origini)* ursprünglich ♦ *il progetto originario era diverso* der ursprüngliche Plan war anders. **3** *(flora, fauna)* beheimatet. ◆ **essere originario di** von jmdm/aus etwas stammen *(vi, hat)*.
origine *(f)* **1** Ursprung *(m)*, Anfang *(m)* ♦ *una parola di origine greca* ein Wort griechischen Ursprungs. **2** *(discendenza)* Abstammung *(f)*, Herkunft *(f)* ♦ *essere di nobili origini* von edler Abstammung sein ♦ di origine tedesca deutscher Herkunft. ◆ **denominazione di origine controllata** kontrollierte Herkunftsbezeichnung. ◆ **paese d'origine** Herkunftsland *(n)*. ◆ **in origine** ursprünglich *(agg/avv)*.
origliare *(vi)* ~ horchen *(vi, hat)*, lauschen *(vi, hat)* ♦ *origliare alla porta* an der Tür horchen.
orinare *(vi)* ~ urinieren *(vi, hat)*.
oriundo *(agg)* ~ gebürtig, stammend, -stämmig ♦ *oriundo italiano* gebürtiger Italiener ♦ *oriundo tedesco* deutschstämmig.

orizzontale *(agg)* ~ waag(e)recht, horizontal. ◆ **in orizzontale** waag(e)recht.
orizzonte *(m)* ~ Horizont *(n)*.
orlare *(vt)* ~ ein|säumen *(vt)*.
orlatura *(f)* ~ Säumen *(n)*.
orlo *(m)* ***1*** Saum *(m)* *(anche fig)*. ***2*** *(bordo)* Rand *(m)* ♦ *essere sull'orlo dell'abisso* am Rand(e) des Abgrundes stehen. ***3*** *(soglia)* Schwelle *(f)* *(fig)* ♦ *essere sull'orlo della bancarotta* auf der Schwelle zum Konkurs stehen. ◆ **fare l'orlo a qcs** etwas ein|säumen.
orma *(f)* ***1*** *(impronta)* Spur *(f)*, Fußstapfe *(f)* ♦ *seguire le orme di qcn* in jmds Fußstapfe treten. ***2*** *(vestigia)* *(spec pl)* Reste *(m)*.
ormai *(avv)* ***1*** *(già)* schon, bereits ♦ *ormai da tre anni* schon seit drei Jahren. ***2*** *(ora)* nun, jetzt ♦ *ormai ci siamo* jetzt sind wir fast da.
ormeggiare *(vt)* ~ festmachen *(vt)*.
ormeggio *(m)* ***1*** Verankerung *(f)*. ***2*** *(luogo di ancoraggio)* Ankerplatz *(m)*. ***3*** *(cavi)* *(spec pl)* Halteleinen *(pl)*. ◆ **mollare gli ormeggi** die Leinen losmachen.
ormone *(m)* ~ Hormon *(n)*.
ornamentale *(agg)* ~ Zier-, ornamental.
ornamento *(m)* ~ Schmuck *(m)*, Verzierung *(f)*, Zierde *(f)*.
ornare *(vt)* ~ verzieren *(vt)*, schmücken *(vt)*.
ornarsi *(vr)* ~ sich schmücken *(vr)*.
ornato *(agg)* ~ verziert, geschmückt.
ornitologia *(f)* ~ Ornithologie *(f)*, Vogelkunde *(f)*.
oro *(m)* ~ Gold *(n)* *(anche fig)* ♦ *oro a 24 carati* 24-karätiges Gold ♦ *oro bianco* Weißgold ♦ *cercare l'oro* nach Gold graben. ◆ **cercatore d'oro** Goldgräber *(m)*. ◆ **giacimento/miniera d'oro** *(anche fig)* Goldgrube *(f)*. ◆ **d'oro** *(anche fig)* golden, Gold- ♦ *avere un cuore d'oro* ein goldenes Herz haben ♦ *medaglia d'oro* Goldmedaille *(f)* ♦ *moneta d'oro* Goldmünze *(f)*. ◆ **sogni d'oro!** träum süß!
orologeria *(f)* ***1*** *(meccanismo)* Uhrwerk *(n)*. ***2*** *(negozio)* Uhrengeschäft *(n)*. ◆ **bomba a orologeria** Zeitbombe *(f)*.
orologiaio *(m; f* **-a**) ~ Uhrmacher *(m; f* -in*)*.
orologio *(m)* ~ Uhr *(f)* ♦ *al mio orologio sono le nove* auf/nach meiner Uhr ist es neun ♦ *l'orologio va avanti, va indietro* die Uhr geht vor, geht nach ♦ *orologio da polso* Armbanduhr ♦ *orologio a pendolo* Standuhr ♦ *orologio a cucù* Kuckucksuhr.
oroscopo *(m)* ~ Horoskop *(n)*.
orrendo *(agg)* ***1*** *(che desta orrore)* grauenhaft, grauenvoll. ***2*** *(pessimo)* schrecklich.
orribile *(agg)* ***1*** *(che desta orrore)* grauenhaft, entsetzlich, abscheulich ♦ *un orribile assassinio* ein grauenhafter Mord. ***2*** *(pessimo)* schrecklich.
orripilante *(agg)* ~ haarsträubend.
orrore *(m)* ***1*** *(spavento)* Entsetzen *(n)*, Grausen *(n)*, Schrecken *(m)*. ***2*** *(disgusto)* Abscheu *(m/f)*, Horror *(m)*. ***3*** *(mostruosità)* Scheußlichkeit *(f)*. ◆ **film dell'orrore** Horrorfilm *(m)*.
orsacchiotto *(m)* ***1*** Bärchen *(n)*. ***2*** *(di pezza)* Teddy *(m)*, Teddybär *(m)*.
orsa *(f)* ~ Bärin *(f)*. ◆ **Orsa Maggiore/Minore** *(astron)* Großer/Kleiner Bär, Großer/Kleiner Wagen.
orso *(m)* ***1*** Bär *(m)* ♦ *orso polare* Eisbär. ***2*** *(persona scontrosa)* Eigenbrötler *(m)*.
ortaggio *(m)* ~ *(pl)* Gemüse *(n)*.
ortensia *(f)* ~ *(bot)* Hortensie *(f)*.
ortica *(f)* ~ *(bot)* Brennnessel.
orticaria *(f)* ~ *(med)* Nesselsucht *(f)*.
orticoltura *(f)* ~ Gartenbau *(m)*, Gemüseanbau *(m)*.
orto *(m)* ~ Gemüsegarten *(m)*.
ortodossia *(f)* ~ Orthodoxie *(f)*, Rechtgläubigkeit *(f)*.
ortodosso *(agg)* ~ orthodox, rechtgläubig.
ortofrutticolo *(agg)* ~ Obst- und Gemüse- ♦ *mercato ortofrutticolo* Obst- und Gemüsemarkt *(m)*. ◆ **azienda ortofrutticola** Gärtnerei *(f)*.
ortografia *(f)* ~ Rechtschreibung *(f)*.
ortografico *(agg)* ~ Rechtschreib-, orthografisch.
ortopedico[1] *(agg)* ~ orthopädisch.
ortopedico[2] *(m; f* **-a**) ~ Orthopäde *(m; f* -pädin*)*.
orzaiolo *(m)* ~ Gerstenkorn *(n)*.
orzata *(f)* ~ Gerstenmilch *(f)*.
orzo *(m)* ~ Gerste *(f)*. ◆ **caffè d'orzo** Malzkaffee *(m)*.

osannare *(vt)* ~ *(esaltare, celebrare)* {~ *qcn*} jmdm zujubeln.
osare *(vt)* ~ wagen *(vt)* ♦ *non oso dirgli la verità* ich wage (es) nicht, ihm die Wahrheit zu sagen. ◆ **ma come osa?** was erlauben Sie sich?
oscenità *(f)* ***1*** Obszönität *(f)*. ***2*** *(espressione oscena)* Zote *(f)*.
osceno *(agg)* ***1*** obszön, unzüchtig. ***2*** *(fig)* dreckig ♦ *una barzelletta oscena* ein dreckiger Witz. ◆ **atti osceni** Unzucht *(f)*.
oscillante *(agg)* ***1*** schwingend, oszillierend. ***2*** *(vacillante)* schwankend.
oscillare *(vt)* ***1*** schwingen* *(vi, ist)* ♦ *il pendolo oscilla* das Pendel schwingt. ***2*** *(ondeggiare, vacillare)* schwanken *(vi, hat/ist)*, wanken *(vi, ist)* ♦ *i prezzi oscillano* die Preise schwanken.
oscillazione *(f)* ***1*** Schwingung *(f)*. ***2*** *(fig)* Schwankung *(f)*.
oscuramento *(m)* ~ Verdunk(e)lung *(f)*.
oscurare *(vt)* ~ verdunkeln *(vt)*, ab|dunkeln *(vt)* ♦ *oscurare le finestre* die Fenster abdunkeln. ◆ **oscurare qcs/qcn** *(fig)* einen Schatten auf etwas/jmdn werfen*. ◆ **oscurare una emittente televisiva** einen Fersehsender abschalten.
oscurarsi *(vr)* ~ sich verdunkeln *(vr)* *(anche fig)*.
oscurità *(f)* ~ Finsternis *(f)*, Dunkelheit *(f)* ♦ *al calare dell'oscurità* bei einbrechender/bei Einbruch der Dunkelheit.
oscuro *(agg)* ***1*** finster, dunkel ♦ *una stanza oscura* ein dunkles Zimmer. ***2*** *(fig)* unklar, dunkel ♦ *un messaggio oscuro* eine unklare Botschaft.
ospedale *(m)* ~ Krankenhaus *(n)*.
ospedaliero *(agg)* ~ Krankenhaus- ♦ *degenza ospedaliera* Krankenhausaufenthalt *(m)*.
ospitale *(agg)* ~ gastfreundlich, gastlich.
ospitalità *(f)* ***1*** Gastfreundschaft *(f)* ♦ *dare ospitalità a qcn* jmdm Gastfreundschaft gewähren. ***2*** *(atteggiamento ospitale)* Gastfreundlichkeit *(f)*.
ospitare *(vt)* ***1*** zu Gast haben. ***2*** *(contenere)* beherbergen, unterbringen ♦ *l'edificio ospita una mostra* das Gebäude beherbergt eine Ausstellung.
ospite *(m/f)* ***1*** Gast *(m)* ♦ *essere ospite di qcn* bei jmdm zu Gast sein ♦ *avere ospite qcn* jmdn zu Gast haben ♦ *ospite d'onore* Ehrengast ♦ *ospite fisso* Dauergast, Stammgast. ***2*** *(che ospita)* Gastgeber *(m; f -in)*. ***3*** *(di casa di cura, carcere, ecc)* Insasse *(m; f -sin)*. ***4*** *(visitatore, spettatore)* Besucher *(m; f -in)*. ***5*** *(biol)* Wirt *(m)*. ◆ **camera per gli ospiti** Gästezimmer *(n)*.
ospizio *(m)* ~ Heim, Altersheim *(n)*.
ossatura *(f)* ***1*** Knochenbau *(m)*. ***2*** *(intelaiatura)* Gerüst *(n)*.
osseo *(agg)* ~ Knochen-, knöchern.
ossequio *(m)* ***1*** Ehrerbietung *(f)*, Hochachtung *(f)*. ***2*** *(deferenza)* Ehrfurcht *(f)*.
ossequioso *(agg)* ~ ehrerbietig.
osservabile *(agg)* ~ beobachtbar.
osservante *(agg)* ***1*** beachtend, befolgend. ***2*** *(relig)* strenggläubig.
osservanza *(f)* ~ Befolgung *(f)*, Beachtung *(f)* ♦ *l'osservanza della legge* die Befolgung des Gesetzes.
osservare *(vt)* ***1*** beobachten *(vt)*, betrachten *(vt)* ♦ *osservare qcs da vicino* etwas aus der Nähe beobachten. ***2*** *(notare)* bemerken *(vt)*, fest|stellen *(vt)*. ***3*** *(regole, consigli, ecc)* beachten *(vt)*, befolgen *(vt)*. ◆ **fare osservare qcs a qcn** jmdn auf etwas aufmerksam machen. ◆ **non osservare** *(leggi e sim)* missachten *(vt)*.
osservatore *(m; f* **-trice***)* ~ Beobachter *(m; f -in)*, Betrachter *(m; f -in)*.
osservatorio *(m)* ***1*** Observatorium *(n)*. ***2*** *(punto d'osservazione)* Warte *(f)* ♦ *osservatorio astronomico* Sternwarte ♦ *osservatorio metereologico* Wetterwarte.
osservazione *(f)* ***1*** Beobachtung *(f)*, Betrachtung *(f)* ♦ *essere sotto osservazione* unter Beobachtung stehen. ***2*** *(considerazione)* Bemerkung *(f)*, Einwurf *(m)* ♦ *un'osservazione ironica, fuori luogo* eine ironische, unpassende Bemerkung.
ossessionare *(vt)* ~ plagen *(vt)*, quälen *(vt)*.
ossessionato *(agg)* ~ besessen ♦ *essere ossessionato da un'idea* von einer Idee besessen sein.
ossessione *(f)* ~ Zwangsvorstellung *(f)*, Manie *(f)*.
ossesso *(m)* ~ Besessene *(m)*.
ossia *(congiunz)* ~ das heißt, beziehungsweise.
ossidarsi *(vr)* ~ oxydieren *(vi, hat/ist)*.

ossidazione *(f)* ~ Oxydation *(f)*.
ossido *(m)* ~ *(chim)* Oxyd *(n)* ♦ *ossido di carbonio* Kohlenoxyd.
ossigenare *(vt)* ***1*** {~ *qcs*} etwas mit Sauerstoff anreichern. ***2*** *(dare aria)* lüften *(vt)*. ***3*** *(decolorare)* bleichen *(vt)*, blondieren *(vt)*.
ossigenarsi *(vr)* ***1*** frische Luft tanken *(vt)*. ***2*** *(i capelli)* sich *(Dat)* die Haare bleichen *(vt)*.
ossigenatura *(f)* ~ Bleichen *(n)*, Blondieren *(n)*.
ossigeno *(m)* ~ Sauerstoff *(m)*. ◆ **bombola di ossigeno** Sauerstoffflasche *(f)*. ◆ **maschera a ossigeno** Sauerstoffmaske *(f)*.
osso *(m)* ***1*** Knochen *(m)*. ***2*** *(pl)* *(ossa, membra)* Knochen *(pl)*, Gebein *(n)* ♦ *rompersi le ossa* sich *(Dat)* die Knochen brechen. ◆ **osso sacro** *(anat)* Kreuzbein *(n)*.
ossuto *(agg)* ***1*** knochig. ***2*** *(magro, secco)* mager, hager. ***3*** *(scarno)* fleischlos.
ostacolare *(vt)* ~ {~ *qcn/qcs in qcs*} jmdn/ etwas an etwas *(Dat)* hindern *(vt)*, jmdn/ etwas bei etwas *(Dat)* behinern *(vt)*.
ostacolo *(m)* ***1*** Hindernis *(n)*, Behinderung *(f)* *(anche fig)*. ***2*** *(sport)* Hürde *(f)* ♦ *superare un ostacolo* eine Hürde nehmen. ◆ **essere di ostacolo (a qcn/qcs)** (jmdm/etwas) hinderlich sein*, (für jmdn/etwas) ein Hindernis sein*.
ostaggio *(m)* ~ Geisel *(f)* ♦ *prendere qcn in ostaggio* jmdn als Geisel nehmen
oste *(m)* ~ Wirt, Gastwirt *(m)*.
ostello *(m)* ~ Herberge *(f)* ♦ *ostello della gioventù* Jugendherberge.
ostentare *(vt)* ~ {~ *qcs*} etwas zur Schau stellen *(vt)*, mit etwas *(Dat)* prahlen.
ostentazione *(f)* ~ Zurschaustellung *(f)*.
osteria *(f)* ***1*** *(trattoria)* Wirtschaft *(f)*, Gasthaus *(n)*, Kneipe *(f)*. ***2*** *(cantina)* Weinkeller *(m)*.
ostetrica *(f)* ~ Geburtshelferin *(f)*, Hebamme *(f)*.
ostetricia *(f)* ~ Geburtshilfe *(f)*.
ostia *(f)* ***1*** *(relig)* Hostie *(f)*. ***2*** *(cialda)* Oblate *(f)*.
ostico *(agg)* ~ hart, schwierig.
ostile *(agg)* ***1*** feindlich, feindselig ♦ *un atteggiamento ostile* eine feindliche Einstellung. ***2*** *(avverso, contrario)* widrig ♦ *circostanze ostili* widrige Umstände.
ostilità *(f)* ~ Feindseligkeit *(f)*, Feindlichkeit *(f)*.
ostinarsi *(vr)* ~ {~ *in/a/su qcs*} sich auf etwas *(Acc)* versteifen *(vr)*, auf etwas *(Dat)* beharren *(vi*, hat*)*.
ostinato *(agg)* ~ beharrlich, hartnäckig.
ostinazione *(f)* ~ Beharrlichkeit *(f)*, Hartnäckigkeit *(f)*.
ostracismo *(m)* ~ Scherbengericht *(n)* *(anche fig)*.
ostrica *(f)* ~ Auster *(f)*.
ostruire *(vt)* ***1*** versperren *(vt)*. ***2*** *(intasare)* verstopfen *(vt)*.
ostruirsi *(vr)* ~ sich verstopfen *(vr)*.
ostruito *(agg)* ~ verstopft, versperrt.
ostruzione *(f)* ***1*** Sperrung *(f)*, Sperre *(f)* *(anche sport)*. ***2*** *(intasamento)* Verstopfung *(f)*. ***3*** *(med)* Verschluss *(m)*. ***4*** *(pol)* Obstruktion *(f)*.
ostruzionismo *(m)* ~ Obstruktion *(f)*.
ostruzionista *(m)* ~ Obstruktionist *(m)*.
otite *(f)* ~ Ohrenentzündung *(f)*.
otorinolaringoiatra *(m/f)* ~ Hals-Nasen-Ohren-Arzt *(m; f* -Ärztin*)*.
otre *(m)* ~ Schlauch *(m)*.
ottagono *(m)* ~ Achteck *(n)*.
ottanta[1] *(agg num)* ~ achtzig *(vedi anche* **cinque***)*.
ottanta[2] *(m)* ~ Achtzig *(f)*.
ottantenne *(agg)* ~ achtzigjährig.
ottantesimo[1] *(agg num ord)* ~ achtzigste(r, -s).
ottantesimo[2] *(m)* ***1*** Achtzigste *(m)*. ***2*** *(frazione)* Achtzigstel *(n)*.
ottantina *(f)* ~ etwa achtzig ♦ *è ormai sull'ottantina* er ist schon um die achtzig.
ottativo *(m)* ~ *(gramm)* Wunschform *(f)*.
ottava *(f)* ~ *(mus)* Oktav(e) *(f)*.
ottavino *(m)* ~ *(mus)* Pikkolo *(m)*, Pikkoloflöte *(f)*.
ottavo[1] *(agg num ord)* ~ achte(r, -s).
ottavo[2] *(m)* ***1*** Achte *(m)*. ***2*** *(frazione)* Achtel *(n)*. ***3*** *(mus)* Achtelnote *(f)*.
ottenere *(vt)* ***1*** erlangen *(vt)*, erzielen *(vt)*. ***2*** *(ricevere)* bekommen* *(vt)*, erhalten* *(vt)*.
ottica *(f)* ***1*** *(fis)* Optik *(f)*. ***2*** *(punto di vista)* Gesichtspunkt *(m)*.
ottico[1] *(agg)* ~ optisch, Seh- ♦ *illusione ottica* optische Täuschung.

ottico[2] *(m; f* **-a***)* Optiker *(m; f* -in*)*.
ottimale *(agg)* ~ optimal.
ottimamente *(avv)* ***1*** bestens, hervorragend, sehr gut ♦ *"Come va?" "Ottimamente"* „Wie geht's dir?" „Bestens!". ***2*** *(senza difetti)* einwandfrei.
ottimismo *(m)* ~ Optimismus *(m)*.
ottimista *(m/f)* ~ Optimist *(m; f* -in*)*.
ottimistico *(agg)* ~ optimistisch.
ottimo *(agg)* ***1*** best ♦ *essere in ottime mani* in besten Händen sein. ***2*** *(eccellente)* ausgezeichnet, vortrefflich, vorzüglich ♦ *questo vino è ottimo* dieser Wein ist ausgezeichnet. ***3*** *(senza difetti)* einwandfrei ♦ *il suo tedesco è perfetto* sein/ihr Deutsch ist einwandfrei. ***4*** *(esclam)* prima *(agg indecl)*. ***5*** *(voto scolastico)* ausgezeichnet *(agg)*, Eins *(f)*.
otto[1] *(agg num)* ~ acht *(vedi anche* **cinque***)*.
otto[2] *(m)* ~ Acht *(f)*.
ottobre *(m)* ~ Oktober *(m)* ♦ *in ottobre* im Oktober.
ottocento[1] *(agg num)* ~ achthundert.
ottocento[2] *(m)* ***1*** Achthundert *(f)*. ***2*** *(secolo)* neunzehntes Jahrhundert.
ottone *(m)* ***1*** Messing *(m)*. ***2*** *(pl) (mus)* Blechblasinstrumente *(n)*.
ottovolante *(m)* ~ Achterbahn *(f)*.
ottuagenario *(m)* ~ Achtizjährige *(m)*.
otturare *(vt)* ***1*** *(tappare)* verstopfen *(vt)*. ***2*** *(denti)* füllen *(vt)*.
otturazione *(f)* ***1*** *(occlusione)* Verstopfung *(f)*. ***2*** *(dentaria)* Plombe *(f)*, Füllung *(f)*.
ottusità *(f)* ~ Stumpfheit *(f)*, Stumpfsinnigkeit *(f)*.
ottuso *(agg)* ***1*** stumpf *(anche fig)* ♦ *angolo ottuso (geom)* stumpfer Winkel. ***2*** *(limitato)* stupid(e), stumpfsinnig.
outsider *(m)* ~ *(sport)* Außenseiter *(m)*.
ouverture *(f)* ~ *(mus)* Vorspiel *(n)*, Ouvertüre *(f)*.
ovaia *(f)* ~ *(anat)* Eierstock *(m)*.
ovale[1] *(agg)* ~ oval.
ovale[2] *(m)* ~ Oval *(n)*.
ovatta *(f)* ~ Watte *(f)*.
ovazione *(f)* ~ Ovation *(f)* ♦ *tributare un'ovazione a qcn* jmdm eine Ovation darbringen.
overdose *(f)* ~ Überdosis *(f)*.
ovest *(m)* ***1*** *(naut/meteor)* West *(indecl) (senza art)*. ***2*** Westen *(m)* ♦ *da ovest* von/vom Westen. ◆ **a ovest** *(stato)* westlich, im Westen; *(moto)* in den Westen, westwärts. ◆ **a ovest di** westlich *(prep + Gen)* ♦ *a ovest di Berlino* westlich von Berlin.
ovile *(m)* ~ Schafstall *(m)*.
ovino *(m)* ~ *(pl)* Schafe *(pl)*.
ovulo *(m)* ***1*** *(biol)* Ei *(n)*, Eizelle *(f)*. ***2*** *(farmaco)* Scheidenzäpfchen *(n)*.
ovunque ~ vedi **dovunque**.
ovvero *(congiunz)* ***1*** *(o, oppure)* oder. ***2*** *(cioè, precisamente)* und zwar, also ♦ *abbiamo tre animali domestici, ovvero un cane e due gatti* wir haben drei Haustiere, und zwar einen Hund und zwei Katzen. ***3*** *(anzi, o meglio)* beziehungsweise.
ovviamente *(avv)* ~ natürlich, selbstverständlich.
ovviare *(vi)* ~ {~ *a qcs*} etwas *(Dat)* ab|helfen* *(vi,* hat*)*.
ovvietà *(f)* ~ Selbstverständlichkeit *(f)*.
ovvio *(agg)* ~ selbstverständlich, natürlich.
oziare *(vi)* ~ faulenzen *(vi,* hat*)*, nichts tun* *(vt)*.
ozio *(m)* ***1*** *(pigrizia)* Müßiggang *(m)*, Nichtstun *(n)*. ***2*** *(momento di riposo)* Muße(stunde) *(f)*.
oziosità *(f)* ~ Müßigkeit *(f)*.
ozioso *(agg)* ~ müßig ♦ *una questione oziosa* eine müßige Frage.
ozono *(m)* ~ *(chim)* Ozon *(n/m)*. ◆ **buco nell'ozono** Ozonloch *(n)*.

P

pacare *(vt)* ~ beruhigen *(vt)*.
pacarsi *(vr)* ~ sich beruhigen *(vr)*.
pacatamente *(avv)* ~ gelassen.
pacatezza *(f)* ~ Gelassenheit *(f)*.
pacca *(f)* ~ Schlag *(m)*.
pacchetto *(m)* ***1*** Paket *(n)* *(anche econ, postale)*; Päckchen *(n)*. ***2*** *(di un prodotto)* Verpackung *(f)*. ◆ **pacchetto di sigarette** Zigarettenschachtel *(f)*. ◆ **pacchetto turistico** Pauschalreise *(f)*.
pacchiano *(agg)* ~ geschmacklos.
pacco *(m)* ~ Pack *(m)*, Paket *(n)*.
paccottiglia *(f)* ~ Talmi *(n)*.
pace *(f)* ***1*** Frieden *(m)* ♦ *concludere la pace* Frieden schließen ♦ *firmare la pace* den Frieden unterzeichnen. ***2*** *(tranquillità)* Ruhe *(f)*, Frieden *(m)* ♦ *non dar pace a qcn* jmdm keine Ruhe lassen ♦ *lasciare in pace qcn* jmdn in Frieden/in Ruhe lassen. ◆ **giudice di pace** Friedensrichter *(m; f* -in*)*.
pace-maker *(m)* ~ *(med)* (Herz)schrittmacher *(m)*.
pachiderma *(m)* ~ Dickhäuter *(m)*.
pacificamente *(avv)* ~ friedlich, gütlich.
pacificare *(vt)* ***1*** befrieden *(vt)*. ***2*** *(riconciliare)* versöhnen *(vt)*.
pacificatore *(m; f* **-trice***)* ~ Friedensstifter *(m; f* -in*)*.
pacifico *(agg)* ***1*** friedlich, gütlich. ***2*** *(placido, tranquillo)* beschaulich.
pacifismo *(m)* ~ Pazifismus *(m)*.
pacifista *(m/f)* ***1*** pazifistisch. ***2*** *(persona)* Pazifist *(m; f* -in*)*. ◆ **movimento pacifista** Friedensbewegung *(f)*.
padella *(f)* ***1*** Pfanne *(f)*. ***2*** *(per malati)* Schieber *(m)*. ***3*** *(tegame; teglia)* Tiegel *(m)*.
padiglione *(m)* ***1*** Pavillon *(m)*. ***2*** *(per esposizioni, spettacoli, ecc)* Halle *(f)*. ***3*** *(auricolare)* Ohrmuschel *(f)*.
padre *(m)* ~ Vater *(m)* ♦ *padre di famiglia* Familienvater ♦ *padre affidatario* Pflegevater ♦ *di padre in figlio* vom Vater auf den Sohn.
padrenostro *(m)* ~ *(relig)* Vaterunser *(n)* ♦ *dire il padrenostro* das Vaterunser beten.
padrino *(m)* ~ Pate *(m; f* Patin*)* ♦ *padrino di battesimo* Taufpate ♦ *fare da padrino a qcn* bei jmdm Pare stehen.
padronale *(agg)* ~ herrschaftlich, Herren- ♦ *casa padronale* Herrenhaus *(n)*.
padronanza *(f)* ~ Beherrschung *(f)*. ◆ **avere padronanza di una lingua** eine Sprache beherrschen.
padrone *(m)* ***1*** *(proprietario)* Besitzer *(m)*, Eigentümer *(m)*. ***2*** *(di casa)* Hausherr *(m; f* -in*)*. ***3*** *(datore di lavoro)* Arbeitgeber *(m)*. ***4*** *(di cane e sim)* Herrchen *(n)*. ◆ **essere padrone della situazione** Herr der Lage sein*.
padroneggiare *(vt)* ~ beherrschen *(vt)*.
paesaggio *(m)* ***1*** *(geogr/arte)* Landschaft *(f)*. ***2*** *(vista)* Aussicht *(f)*, Panorama *(n)*.
paesaggistico *(agg)* ~ landschaftlich.
paesano[1] *(agg)* ~ dörflich, Dorf-.
paesano[2] *(m)* ~ Dorfbewohner *(m; f* -in*)*, Dörfler *(m)*.

paese *(m)* ***1*** Land *(n)* ♦ *paese natale* Heimatland ♦ *paese in via di sviluppo* Entwicklungsland. **2** *(cittadina)* Dorf *(n)*.
paffuto *(agg)* ~ pummelig, pausbäckig.
paga *(f)* ***1*** Lohn *(m)* ♦ *paga sindacale* Tariflohn. **2** *(mil)* Sold *(m)*. ◆ **busta paga** Lohntüte *(f)*.
pagaia *(f)* ~ Paddel *(n)*.
pagamento *(m)* ~ Zahlung *(f)*, Bezahlung *(f)* ♦ *fare un pagamento* eine Zahlung leisten ♦ *pagamento anticipato* Vorausbezahlung ♦ *pagamento in contanti* Barzahlung ♦ *pagamento a rate* Ratenzahlung. ◆ **condizione di pagamento** Zahlungsbedingung *(f)*. ◆ **modalità di pagamento** Zahlungsweise *(f)*. ◆ **ricevuta di pagamento** Quittung *(f)*. ◆ **scadenza di pagamento** Zahlungsfrist *(f)*. ◆ **pagamento alla consegna** Lieferung gegen Nachnahmne. ◆ **a pagamento** kostenpflichtig *(agg/avv)*. ◆ **bilancia dei pagamenti** Zahlungsbilanz *(f)*.
paganesimo *(m)* ~ Heidentum *(n)*.
pagano[1] *(agg)* ~ heidnisch.
pagano[2] *(m)* ~ Heide *(m; f* Heidin*)*.
pagare *(vt)* ***1*** bezahlen *(vt)*, zahlen *(vt)* ♦ *pagare qcs in contanti, con la carta di credito, con un assegno* etwas (in) bar, mit Kreditkarte, mit Scheck bezahlen ♦ *l'ho pagato cento euro* ich habe hundert Euro dafür gezahlt. **2** *(scontare)* {*~ per qcs*} (für) etwas büßen *(vt/vi,* hat*)* ♦ *questa me la paga* das soll er mir büßen. ◆ **pagare una cambiale** *(econ)* einen Wechsel honorieren.
pagella *(f)* ~ Zeugnis *(n)*, Schulzeugnis *(n)* ♦ *una bella, brutta pagella* ein gutes, schlechtes Zeugnis.
paghetta *(f)* ~ Taschengeld *(n)*.
pagina *(f)* ~ Seite *(f)* ♦ *nell'ultima pagina* auf der letzten Seite ♦ *a pagina due* auf Seite 2 ♦ *le pagine gialle* die gelben Seiten ♦ *prima pagina (frontespizio)* Titelseite. ◆ **a tutta pagina** ganzseitig *(agg)*. ◆ **girare/voltare pagina** um|blättern *(vi,* hat*)*; *(fig)* einen neuen Abschnitt beginnen*.
paglia *(f)* ~ Stroh *(n)*. ◆ **avere la coda di paglia** ein schlechtes Gewissen haben.
pagliacciata *(f)* ~ Narrenposse *(f)*.
pagliaccio *(m)* ***1*** Clown *(m)*. **2** *(buffone)* Narr *(m)*.
pagliaio *(m)* ~ Strohhaufen *(m)*.
pagliericcio *(m)* ~ Strohsack *(m)*.
paglierino *(agg)* ~ strohgelb.
pagliuzza *(f)* ~ Strohhalm *(m)*.
paillettes *(f pl)* ~ Flitter *(m)*.
paio *(m)* ***1*** Paar *(n)* ♦ *un paio di guanti neri* ein Paar schwarze Handschuhe. **2** *(estens)* ein paar *(indecl)* ♦ *un paio di volte* ein paar Mal.
paiolo *(m)* ~ Kessel *(m)*.
pala *(f)* ***1*** *(badile)* Schaufel *(f)*. **2** *(tecn)* Schaufel *(f)*, Flügel *(m)* ♦ *pala del mulino (a vento)* Mühlenflügel.
palafitta *(f)* ~ Pfahlwerk *(n)*.
palata *(f)* ~ eine Schaufel voll ♦ *una palata di sabbia* eine Schaufel voll Sand.
palatale *(agg)* ~ Gaumen-.
palato *(m)* ~ Gaumen *(m)* ♦ *palato molle* weicher Gaumen.
palazzetto *(m)* ~ **palazzetto dello sport** Sporthalle *(f)*.
palazzo *(m)* ***1*** Palast *(m)*. **2** *(edificio)* Gebäude *(n)*. **3** *(grande condominio)* Hochhaus *(n)*. **4** *(reggia)* Hof *(m)*.
palco *(m)* ***1*** *(di oratore)* Tribüne *(f)*. **2** *(palcoscenico)* Bühne *(f)*. **3** *(a teatro)* Loge *(f)*. **4** *(pedana)* Podest *(n/m)*.
palcoscenico *(m)* ~ Bühne *(f)*, Szene *(f)*.
palesare *(vt)* ~ offenbaren *(vt)*.
palesarsi *(vr)* ~ sich offenbaren *(vr)*.
palese *(agg)* ~ offenbar, offensichtlich.
palestra *(f)* ***1*** *(di scuola)* Turnhalle *(f)*. **2** *(privata)* Fitnesscenter *(n)*.
paletta *(f)* ***1*** (kleine) Schaufel *(f)*. **2** *(da cucina)* Bratenwender *(m)*.
paletto *(m)* ***1*** *(di porte, finestre)* Riegel *(m)*, Schieber *(m)* ♦ *mettere, togliere il paletto* den Riegel vorschieben, zurückschieben. **2** Pflock *(m)*, Pfahl *(m)* ♦ *piantare un paletto in terra* einen Pflock in die Erde treiben.
palizzata *(f)* ~ Palisade *(f)*.
palla *(f)* ***1*** Ball *(m)* ♦ *giocare a palla* Ball spielen ♦ *palla da tennis* Tennisball ♦ *palla di neve* Schneeball. **2** *(sfera)* Kugel *(f)* ♦ *palla di cannone* Kanonenkugel. **3** *(pallottola)* Kugel *(f)*. **4** *(pl) (volg)* Eier *(pl)*, Sack *(m)* ♦ *rompere le palle a qcn (volg)* jmdm auf den Sack/die Eier gehen.
pallacanestro *(f)* ~ Basketball *(m)*.
pallamano *(f)* ~ Handball *(m)*.

pallanuoto *(f)* ~ Wasserball *(m)*.
pallavolo *(f)* ~ Volleyball *(m)*.
palleggiare[1] *(vi)* ~ mit dem Ball üben *(vi, hat)*.
palleggiare[2] *(vt)* ~ hin und her werfen* *(vt)*.
palleggio *(m)* ~ Ballübung *(f)*.
palliativo[1] *(agg)* ~ schmerzlindernd.
palliativo[2] *(m)* ~ *(farmaco)* Linderungsmittel *(n)*.
pallido *(agg)* ~ bleich, blass ◆ *pallido come un morto* leichenblass.
pallina *(f)* **1** *(da ping-pong)* Tischtennisball *(m)*. **2** *(di gelato)* Eiskugel *(f)*.
pallino *(m)* **1** *(biliardo e bocce)* Zielkugel *(f)*, Setzkugel *(f)*. **2** *(pl)* Schrot *(m/n)*. **3** *(mania)* fixe Idee *(f)*.
palloncino *(m)* ~ Luftballon *(m)*. ◆ **fare la prova del palloncino** ins Röhrchen blasen müssen.
pallone *(m)* **1** Ball *(m)* ◆ *giocare a pallone* Ball spielen ◆ *pallone da pallavolo, da calcio, da basket, da pallanuoto* Volley- Fuß-, Basket-, Wasserball. **2** *(aerostatico)* Ballon *(m)*.
pallore *(m)* ~ Blässe *(f)*.
palloso *(agg)* ~ stinklangweilig.
pallottola *(f)* ~ Kugel *(f)*.
pallottoliere *(m)* ~ Rechenbrett *(n)*.
palma[1] *(f)* ~ *(bot)* Palme *(f)*.
palma[2] *(f)* ~ *(della mano)* Handfläche *(f)*.
palmo *(m)* **1** *(misura, distanza)* Handbreit *(f)*. **2** *(della mano)* Handfläche *(f)*.
palo *(m)* **1** Pfahl *(m)*. **2** *(di sostegno; sport)* Pfosten *(m)*. ◆ **fare il palo** Schmiere stehen*.
palombaro *(m)* ~ Taucher *(m*; f -in*)*.
palpabile *(agg)* **1** tastbar *(anche med)*. **2** *(evidente)* deutlich.
palpare *(vt)* ~ betasten *(vt)*.
palpebra *(f)* ~ *(anat)* Augenlid *(n)*.
palpitare *(vi)* ~ klopfen *(vi, hat)*, schlagen* *(vi, hat)*.
palpitazione *(f)* **1** *(pl)* *(med)* Herzklopfen *(n)*. **2** *(fig)* Erregung *(f)*.
palpito *(m)* ~ Pulsschlag *(m)*, Herzschlag *(m)*.
palude *(f)* ~ Sumpf *(m)*, Moor *(n)*.
paludoso *(agg)* ~ sumpfig, moorig.
palustre *(agg)* ~ sumpfig, Sumpf-.
panca *(f)* ~ Sitzbank *(f)*.
pancetta *(f)* ~ *(gastr)* Speck *(m)* ◆ *pancetta affumicata* geräucherter Speck.
panchina *(f)* ~ Bank *(f)*, Gartenbank *(f)*.
pancia *(f)* **1** Bauch *(m)*. **2** *(arrotondamento)* Rundung *(f)*. ◆ **mal di pancia** Bauchschmerzen *(pl)*. ◆ **sulla pancia** *(bocconi)* bäuchlings *(avv)*.
panciotto *(m)* ~ Weste *(f)*.
pancreas *(m)* ~ *(anat)* Bauchspeicheldrüse *(f)*.
panda *(m)* ~ *(zool)* Panda *(m)*.
pane *(m)* ~ Brot *(n)* *(anche fig)* ◆ *pane fresco, fatto in casa* frisches, hausbackenes Brot ◆ *una fetta di pane* eine Scheibe Brot ◆ *pane integrale* Vollkornbrot ◆ *pane nero* Schwarzbrot.
panetteria *(f)* ~ Bäckerei *(f)*.
panettiere *(m)* ~ Bäcker *(m)*.
panfilo *(m)* ~ Jacht *(f)*.
pangrattato *(m)* ~ Brösel *(pl)*.
pànico[1] *(agg)* ~ panisch ◆ *timor panico* panische Angst.
pànico[2] *(m)* ~ Panik *(f)*, Terror *(m)* ◆ *farsi prendere dal panico* in Panik geraten.
paniere *(m)* **1** Korb *(m)*. **2** *(econ, dei prodotti)* Warenkorb *(m)*.
panificio *(m)* ~ Bäckerei *(f)*.
panino *(m)* ~ Brot *(n)*, Brötchen *(n)* ◆ *panino imbottito* belegtes Brötchen ◆ *panino col prosciutto* Schinkenbrot ◆ *panino imburrato* Butterbrot.
panna *(f)* ~ Sahne *(f)* ◆ *panna montata* Schlagsahne.
panne *(f)* ~ Panne *(f)* ◆ *essere in panne* eine Panne haben.
pannello *(m)* **1** Brett *(n)*, Platte *(f)*.
panno *(m)* **1** Tuch *(n)*, Lappen *(m)* ◆ *panno per spolverare* Staublappen. **2** *(pl)* *(biancheria)* Wäsche *(f)* ◆ *lavare i panni* (die) Wäsche waschen ◆ *stendere i panni* die Wäsche aufhängen. ◆ **mettersi nei panni di qcn** sich in jmds Lage versetzen *(vr)*.
pannocchia *(f)* **1** *(bot)* Rispe *(f)*. **2** *(gastr)* Maiskolben *(m)*.
pannolino *(m)* ~ Windel *(f)*.
panorama *(m)* **1** Panorama *(n)*, Ausblick *(m)*, Aussicht *(f)*. **2** *(visione d'insieme)* Überblick *(m)*.
panoramica *(f)* **1** *(foto, ripresa)* Panoramaaufnahme *(f)*. **2** *(strada)* Panorama-

straße *(f)*. **3** *(visione d'insieme)* Überblick *(m)*.
panoramico *(agg)* ~ Panorama-, Aussichts-.
pantaloncino *(m)* ~ *(pl)* Shorts *(pl)*.
pantaloni *(m pl)* ~ Hose *(f)* *(spec pl)* ♦ *indossa dei pantaloni blu* sie trägt eine blaue Hose/blaue Hosen ♦ *un paio di pantaloni* eine Hose/ein Paar Hosen.
pantano *(m)* **1** Morast *(m)*. **2** *(estens)* Sumpf *(m)*.
pantera *(f)* ~ *(zool)* Panther *(m)*.
pantofola *(f)* ~ Pantoffel *(m)*, Hausschuh *(m)*.
papà *(m)* ~ Papa *(m)*.
Papa *(m)* ~ *(relig)* Papst *(m)*.
papale *(agg)* ~ päpstlich.
papato *(m)* ~ Papsttum *(n)*.
papavero *(m)* ~ *(bot)* Mohn *(m)*.
papera *(f)* **1** *(zool)* (junge) Gans *(f)*. **2** *(errore; gaffe)* Versprecher *(m)*. ◆ **fare una papera** sich versprechen* *(vr)*.
papero *(m)* ~ *(zool)* Gänserich *(m)*.
papillon *(m)* ~ Fliege *(f)*.
papiro *(m)* **1** *(materiale; documento)* Papyrus *(m)* **2** *(bot)* Papyrusstaude *(f)*.
pappa *(f)* ~ Brei *(m)*, Schleim *(m)*.
pappagallino *(m)* ~ Wellensittich *(m)*.
pappagallo *(m)* **1** *(zool)* Papagei *(m)*. **2** *(fig, con le ragazze)* Anmacher *(m)*.
pappamolle *(m)* ~ Schwächling *(m)*, Schlappschwanz *(m)*.
paprica *(f)* ~ Paprika *(m)*.
parabola[1] *(f)* ~ *(mat)* Parabel *(f)*.
parabola[2] *(f)* ~ *(relig)* Gleichnis *(n)*.
parabolico *(agg)* ~ parabolisch, Parabol-. ◆ **antenna parabolica** Satellitenschüssel *(f)*.
parabrezza *(m)* ~ Windschutzscheibe *(f)*.
paracadute *(m)* ~ Fallschirm *(m)*.
paracadutismo *(m)* ~ Fallschirmspringen *(n)*.
paracadutista *(m)* ~ Fallschirmspringer *(m)* *(anche mil)*.
paradigma *(m)* **1** *(ling)* Paradigma *(n)*. **2** *(fig)* Muster *(n)*.
paradisiaco *(agg)* ~ himmlisch.
paradiso *(m)* ~ Paradies *(n)*, Himmel *(m)* ♦ *andare in paradiso* ins Paradies/in den Himmel kommen.
paradossale *(agg)* ~ paradox.
paradosso *(m)* ~ Paradox *(n)*.
parafango *(m)* **1** Kotflügel *(m)*. **2** *(di bicicletta e sim)* Schutzblech *(n)*.
paraffina *(f)* ~ Paraffin *(n)*.
parafrasare *(vt)* ~ paraphrasieren *(vt)*, umschreiben *(vt)*.
parafrasi *(m)* ~ Paraphrase *(f)*, Umschreibung *(f)*.
parafulmine *(m)* ~ Blitzableiter *(m)*.
paraggi *(m pl)* ~ **nei paraggi** in der Nähe, in der Umgebung.
paragonabile *(agg)* ~ vergleichbar.
paragonare *(vt)* **1** vergleichen* *(vt)*. **2** *(ritenere simile)* gleich|stellen *(vt)*.
paragone *(m)* ~ Vergleich *(m)*, Nebeneinanderstellung *(f)* ♦ *fare un paragone* einen Vergleich anstellen/ziehen. ◆ **in paragone** vergleichsweise *(avv)*.
paragrafo *(m)* ~ Absatz *(m)*; Paragraph *(m)* *(anche dir)*.
paralisi *(f)* ~ Lähmung *(f)* *(anche fig)*.
paralitico[1] *(agg)* ~ lahm, gelähmt.
paralitico[2] *(m)* ~ Gelähmte *(m)*.
paralizzare *(vt)* ~ lähmen *(vt)*, lahm legen *(vt)* ♦ *la paura la paralizzò* die Angst lähmte sie.
parallela *(f)* **1** *(mat)* Parallele *(f)*. **2** *(sport)* Barren *(m)*.
parallelo[1] *(agg)* ~ parallel, parallel laufend.
parallelo[2] *(m)* **1** *(confronto)* Parallele *(f)* ♦ *tracciare un parallelo con qcs* eine Parallele zu etwas ziehen. **2** *(geom)* Parallelkreis *(m)*. **3** *(geogr)* Breitenkreis *(m)*.
paralume *(m)* ~ Lampenschirm *(m)*.
parametro *(m)* **1** *(mat/fis)* Parameter *(m)*. **2** *(criterio)* Maßstab *(m)*.
paranco *(m)* ~ Flaschenzug *(m)*.
paraocchi *(m)* ~ Scheuklappe *(f)* *(spec pl)* *(anche fig)*.
paraorecchi *(m)* ~ Ohrenschützer *(pl)*.
parapendio *(m)* **1** *(sport)* Paragliding *(n)*. **2** *(attrezzatura)* Paraglider *(m)*.
parapetto *(m)* ~ Geländer *(n)*, Brüstung *(f)*.
parare *(vt)* **1** *(proteggere)* schützen *(vt)*. **2** *(colpi e sim)* auf|fangen* *(vt)*. **3** *(sport)* parieren *(vt)*. **4** *(adornare)* schmücken *(vt)*.
parasole *(m)* ~ Sonnenschirm *(m)*.
parassita *(m)* **1** *(biol)* Parasit *(m)*, Schädling *(m)*. **2** *(fig)* Schmarotzer *(m; f -in)*.

parastinchi *(m)* ~ Schienbeinschützer *(m)*.
parata[1] *(f)* **1** *(scherma, pugilato)* Parade *(f)*. **2** *(calcio)* Abwehr *(f)*.
parata[2] *(f)* ~ *(mil)* Heerschau *(f)*.
parato *(m)* ~ **carta da parati** Tapete *(f)*.
paraurti *(m)* ~ Stoßstange *(f)*.
paravento *(m)* **1** Blende *(f)*. **2** *(fig)* Vorwand *(f)*.
parcella *(f)* **1** Honorarforderung *(f)*. **2** *(particella)* Parzelle *(f)*.
parcheggiare *(vt)* ~ parken *(vt)*. ◆ **essere parcheggiato** parken *(vi, hat)* ♦ *la mia auto è parcheggiata davanti al cinema* mein Auto parkt vor dem Kino.
parcheggio *(m)* **1** *(il parcheggiare)* Parken *(n)*. **2** *(area di sosta)* Parkplatz *(m)*; *(edificio, a più piani)* Parkhaus *(n)* ♦ *parcheggio a pagamento* gebührenplichtiger Parkplatz. ◆ **divieto di parcheggio** Parkverbot *(n)*.
parchimetro *(m)* ~ Parkuhr *(f)*.
parco *(m)* **1** Park *(m)* ♦ *parco nazionale* Nationalpark. **2** *(area protetta)* Schutzgebiet *(n)*. ◆ **parchi cittadini** öffentliche/städtische Anlagen. ◆ **parco giochi** *(per bambini)* Spielplatz *(m)*.
parecchio[1] *(agg)* **1** ziemlich viel ♦ *ci sono parecchi fiori qui* es gibt ziemlich viele Blumen hier. **3** *(di tempo)* (ziemlich) lang. **2** *(pl)* etliche, mehrere. ◆ **da parecchio** seit langem.
parecchio[2] *(avv)* **1** ziemlich viel, sehr. **2** *(di tempo)* lange.
parecchio[3] *(pron indef)* **1** ziemlich viel ♦ *ho parecchio da fare* ich habe ziemlich viel zu tun. **2** *(di tempo)* lange. **3** *(pl)* etliche, mehrere.
pareggiare[1] *(vi)* ~ *(sport)* unentschieden spielen *(vi, hat)*.
pareggiare[2] *(vt)* **1** *(livellare)* gleich schneiden* *(vt)*. **2** *(terreno)* ebnen *(vt)*. **3** *(econ)* aus|gleichen* *(vt)*
pareggio *(m)* **1** *(sport)* Unentschieden *(n)*, Gleichstand *(m)*. **2** *(econ)* Ausgleich *(m)*.
parente *(m/f)* ~ Verwandte(r) *(m/f)*, Angehörige(r) *(m/f)*.
parentela *(f)* ~ Verwandtschaft *(f)*.
parentesi *(f)* ~ Klammer *(f)* ♦ *parentesi quadre, graffe, tonde, uncinate* eckige, geschweifte, runde, spitze Klammern ♦ *aperta parentesi, chiusa parentesi* Klammer auf, Klammer zu ♦ *mettere qcs fra parentesi* etwas in Klammern setzen.
parere[1] *(m)* ~ Meinung *(f)*, Ansicht *(f)*, Erachten *(n)* ♦ *abbiamo cambiato parere* wir haben unsere Meinung geändert ♦ *essere del parere* der Meinung sein ♦ *essere di diverso parere* anderer Meinung sein ♦ *a parer mio* meiner Meinung nach, nach meinem Erachten.
parere[2] *(vi)* **1** scheinen* *(vi, hat)* *(anche impers)* ♦ *pare non aver capito* er scheint nicht verstanden zu haben ♦ *questo mi pare buono* das scheint mir gut zu sein. **2** *(ritenere)* glauben *(vt)*, halten *(vt)* ♦ *questo mi pare improbabile* das halte ich für unwahrscheinlich. ◆ **a quanto pare** allem Anschein nach, offensichtlich *(avv)*.
parete *(f)* **1** Wand *(f)*. **2** *(di monti, rocciosa)* Felswand *(f)*, Bergwand *(f)*.
pari *(agg)* **1** *(mat)* gerade ♦ *numero pari* gerade Zahl. **2** *(uguale)* gleich. **3** *(allo stesso livello)* ebenbürtig. **4** *(sport, pareggio)* unentschieden. ◆ **senza pari** ohnegleichen *(agg pred)*. ◆ **ragazza alla pari** Aupairmädchen *(n)*.
parificare *(vt)* **1** gleichstellen. **2** *(una scuola)* staatlich anerkennen.
pariglia *(f)* **1** Paar *(n)*. **2** *(tiro)* Gespann *(n)*.
parità *(f)* **1** Gleichheit *(f)*. **2** *(di diritti)* Gleichberechtigung *(f)*. **3** *(sport)* Unentschieden *(n)*. **4** *(econ)* Parität *(f)*.
parlamentare[1] *(agg)* ~ parlamentarisch, Parlament-.
parlamentare[2] *(m/f)* ~ Parlamentarier *(m; f -in)*, Abgeordnete(r) *(m/f)*.
parlamento *(m)* **1** Parlament *(n)*. **2** *(tedesco)* Reichstag *(m)*.
parlante *(agg)* **1** sprechend. **2** *(espressivo)* ausdrucksvoll.
parlante *(m/f)* ~ *(ling)* Sprecher *(m; f -in)*.
parlare[1] *(vi)* **1** sprechen* *(vi, hat)*, reden *(vi)* ♦ *parlare con qcn di qcn/qcs* mit jmdm über jmdn/etwas (von jmdm/etwas) sprechen/reden ♦ *parlare bene, male di qcn* gut, schlecht von jmdm sprechen ♦ *parlare fra sé e sé* vor sich hin reden. **2** *(riferire, raccontare)* erzählen *(vt)*, berichten *(vt)* ♦ *mi ha parlato delle sue esperienze* er hat mir von seinen Erfahrungen erzählt. ◆ **pronto, chi parla?** hallo, wer ist am Apparat? ◆ **per non**

parlare di ganz zu schweigen von. ◆ **parlar chiaro** *(fig)* eine deutliche Sprache sprechen. ◆ **parlare apertamente con qcn** ein offenes Wort mit jmdm reden. ◆ **non se ne parla nemmeno!** davon kann keine Rede sein!, das kommt nicht infrage! ◆ **parlare tutti insieme** durcheinander reden.

parlare² *(vt)* ~ sprechen* *(vt)* ◆ *parla bene l'inglese* er spricht gut Englisch.

parlata *(f)* ***1*** Sprechweise *(f)*. ***2*** *(dialetto)* Dialekt *(m)*.

parlato *(agg)* ~ gesprochen, Sprach- ◆ *lingua parlata* Umgangssprache.

parlottare *(vi)* ~ tuscheln *(vi,* hat*)*.

parmigiano *(m)* ~ *(formaggio)* Parmesan *(m)*, Parmesankäse *(m)*.

parodia *(f)* ~ Parodie *(f)*.

parodiare *(vt)* ~ parodieren *(vt)*.

parola *(f)* ***1*** Wort *(n)* *(anche fig)* ◆ *sillabare una parola* ein Wort buchstabieren ◆ *cosa significa questa parola?* was bedeutet dieses Wort? ◆ *senza dire una parola* ohne ein Wort zu sagen ◆ *scambiare due parole con qcn* ein paar Worte mit jmdm sprechen/wechseln ◆ *mi mancano le parole* mir fehlen die Worte ◆ *ti do la mia parola* ich gebe dir mein Wort ◆ *parola chiave* Schlagwort ◆ *parola per parola* Wort für Wort ◆ *parola d'ordine, di accesso* Passwort, Kennwort ◆ *parola straniera* Fremdwort ◆ *chiedere la parola* ums Wort bitten ◆ *tener fede alla parola data* sein Wort halten. ***2*** *(facoltà di parlare)* Sprache *(f)* ◆ *ha perso la parola* er hat die Sprache verloren. ◆ **parola d'onore** Ehrenwort *(n)*, *(esclam)* Hand aufs Herz!, auf mein Wort! ◆ **parole crociate** Kreuzworträtsel *(n)*. ◆ **rivolgere la parola a qcn** jmdn an|reden. ◆ **togliere le parole di bocca a qcn** jmdm das Wort aus dem Mund nehmen. ◆ **in poche parole** kurz und gut, kurzum *(avv)*. ◆ **in parole povere** einfach ausgedrückt. ◆ **di poche parole** wortkarg, einsilbig *(agg)*. ◆ **gioco di parole** Wortspiel *(n)*. ◆ **senza parole** *(muto)* wortlos.

parolaccia *(f)* ~ Schimpfwort *(n)*.

parotite *(f)* ~ *(med)* Mumps *(m)*.

parquet *(m)* ~ Parkett *(n)* ◆ *mettere il parquet* Parkett legen.

parrocchia *(f)* ***1*** Pfarrei *(f)*. ***2*** *(edificio)* Pfarrkirche *(f)*. ***3*** *(gruppo di fedeli)* Pfarrgemeinde *(f)*.

parroco *(m)* ~ Pfarrer *(m)*.

parrucca *(f)* ~ Perücke *(f)*.

parrucchiera *(f)* ~ Friseuse *(f)*.

parrucchiere *(m)* ~ Friseur *(m; f* -in*)* ◆ *parrucchiere per signora* Damenfriseur.

parsimonia *(f)* ~ Sparsamkeit *(f)*. ◆ **con parsimonia** sparsam *(avv)*.

parsimonioso *(agg)* ***1*** sparsam. ***2*** *(economo)* wirtschaftlich.

parte *(f)* ***1*** Teil *(m)* ◆ *la prima parte del romanzo* der erste Teil des Romans ◆ *in parti uguali* zu gleichen Teilen ◆ *la maggior parte degli studenti è contraria* der größte Teil der Studenten ist dagegen ◆ *parti del corpo* Körperteile ◆ *parti di ricambio* Ersatzteile. ***2*** *(fazione)* Partei *(f)* *(anche dir)* ◆ *le parti avverse* die streitenden Parteien ◆ *essere parte in causa* Partei sein. ***3*** *(lato, condizione)* Seite *(f)* ◆ *la parte esterna, posteriore, interna, anteriore* die äußere, hintere, innere, vordere Seite ◆ *sulla parte destra (stato)* auf der rechten Seite ◆ *da parte materna* von der mütterlichen Seite. ***4*** *(direzione; luogo)* Gegend *(f)*, Richtung *(f)* ◆ *se passi da queste parti* wenn du hier in die Gegend kommst. ***5*** *(sezione, brano)* Abschnitt *(m)*. ***6*** *(teatr/cinem)* Rolle ◆ *recitare una parte* eine Rolle spielen ◆ *distribuire le parti* die Rollen verteilen. ◆ **dalle nostre parti** hierzulande, hier zu Lande. ◆ **di parte** parteiisch. ◆ **per parte mia** für meinen Teil. ◆ **da parte mia, tua,...** meinerseits, deinerseits,... ◆ **da(lla) parte di** aufseiten, auf Seiten (+ *Gen)* ◆ *da(lla) parte dell'opposizione* aufseiten der Opposition. ◆ **in parte** zum Teil, teils *(avv)*. ◆ **in parte... in parte...** halb..., halb... ◆ **per la maggior parte, in gran parte** zum größten Teil, größtenteils *(avv)*. ◆ **da ambo le parti** auf beiden Seiten. ◆ **da una parte... dall'altra...** auf der einen Seite... auf der anderen Seite...; einerseits... andererseits...; zum einen... zum anderen... ◆ **da qualche parte** *(moto)* irgendwohin; *(stato)* irgendwo; *(moto da luogo)* irgendwoher. ◆ **da nessuna parte** *(moto)* nirgend(wo)hin; *(stato)* nirgends, nirgendwo; *(moto da* *luogo)* nirgend(wo)her. ◆ **da un'altra parte** *(stato)* anderswo, woanders; *(moto)* anderswohin, woandershin; *(moto da luogo)* anderswoher. ◆ **d'altra parte** ander(er)seits. ◆ **a parte questo** abgesehen davon/davon abgesehen. ◆ **in parti uguali** gleichmäßig. ◆ **prendere parte a qcs** an etwas *(Dat)* teil|nehmen* *(vi, hat)*. ◆ **fare parte di qcs** zu etwas zählen, zu etwas gehören. ◆ **mettere da parte qcs** *(spec soldi)* etwas auf die Seite/beiseite legen. ◆ **stare dalla parte di qcn** auf jmds Seite stehen*, zu jmdm halten*. ◆ **farsi da parte** zur Seite treten*, sich zurück|ziehen*.

partecipante *(m/f)* ~ Teilnehmer *(m*; f -in*)* ◆ *i partecipanti al viaggio* die Teilnehmer an der Reise.

partecipare[1] *(vi)* ***1*** {~ *a qcs*} an etwas *(Dat)* teil|nehmen* *(vi, hat)*, sich an etwas *(Dat)* beteiligen *(vr)*, etwas mitmachen *(vi, hat)*. ***2*** *(avere parte)* {~ *a qcs*} an etwas *(Dat)* teil|haben *(vi, hat)*. ***3*** *(condividere sentimenti)* nach|empfinden* *(vt)*, mit|fühlen *(vt)*. ◆ **partecipare a una discussione** mitreden *(vi, hat)*.

partecipare[2] *(vt)* ~ *(rendere noto)* {~ *qcs*} etwas bekannt geben* *(vt)*.

partecipazione *(f)* ***1*** Teilnahme *(f)*, Beteiligung *(f)* ◆ *la partecipazione a una società* die Beteiligung an einer Gesellschaft. ***2*** *(interesse)* Anteil *(m)*, Anteilnahme *(f)*. ***3*** *(econ)* Partnerschaft *(f)*. ***4*** *(frequenza)* Besuch *(m)* ◆ *la partecipazione alla messa* der Besuch der Messe. ◆ **partecipazione di nascita** Geburtsanzeige *(f)*. ◆ **partecipazione di nozze** Heiratsanzeige *(f)*.

partecipe *(agg)* ~ teilnehmend, teilhaftig. ◆ **essere partecipe di qcs** etwas *(Dat)* teil|nehmen* *(vi, hat)*, an etwas *(Dat)* teil|haben *(vi, hat)*.

parteggiare *(vt)* ~ {~ *per qcn/qcs*} für jmdn/etwas Partei ergreifen* *(vt)*.

partenza *(f)* ***1*** Abreise *(f)*, Abfahrt *(f)*; *(in volo)* Ausflug *(m)*; *(con un veicolo)* Ausfahrt *(f)*. ***2*** *(sport)* Start *(m)*; *(segnale di via)* Startschuss *(m)* ◆ *falsa partenza* Fehlstart. ◆ **punto di partenza** Ausgangspunkt *(m)*.

particella *(f)* ***1*** *(piccola parte)* Teilchen *(n)*. ***2*** *(ling)* Partikel *(f)*. ***3*** *(fis)* Partikel *(n)*.

participio *(m)* ~ *(ling)* Partizip *(n)* ◆ *participio presente, passato* Partizip Präsens, Perfekt.

particolare[1] *(agg)* ***1*** *(speciale)* besonder, sonderlich, Sonder- ◆ *un'occasione particolare* eine besondere Gelegenheit ◆ *segni particolari* besondere Kennzeichen. ***2*** *(specifico)* spezifisch, speziell. ***3*** *(strano)* sonderbar. ◆ **niente di particolare** nichts Besonderes. ◆ **in particolare** im Besonderen, besonders *(avv)*, insbesondere *(avv)*.

particolare[2] *(m)* ~ *(dettaglio)* Detail *(n)*, Einzelheit *(f)* ◆ *riferire qcs fin nei minimi particolari* bis ins kleinste Detail von etwas berichten.

particolareggiato *(agg)* ~ ausführlich, detailliert.

particolarità *(f)* ***1*** Besonderheit *(f)*. ***2*** *(caratteristica specifica)* Eigenart *(f)* Eigenheit *(f)*.

partigiano *(agg)* ***1*** *(di parte)* parteiisch. ***2*** *(stor/pol)* Partisanen- ◆ *guerra partigiana* Partisanenkrieg *(m)*.

partigiano *(m*; *f* **-a***)* ~ Partisan *(m*; *f* -en*)*.

partire *(vi)* ***1*** ab|fahren* *(vi, ist)*, ab|reisen *(vi, ist)*; *(con l'aereo)* ab|fliegen* *(vi, ist)* ◆ *partiamo domani con il treno* wir fahren morgen mit dem Zug ab. ***2*** *(andarsene)* los|gehen* *(vi, ist)*, fort|gehen* *(vi, ist)*. ***3*** *(dipartirsi, provenire da)* {~ *da qcn/qcs*} von jmdm/etwas aus|gehen* *(vi, ist)* ◆ *l'iniziativa parte da lui* die Initiative geht von ihm aus. ***4*** *(sport)* starten *(vi, ist)*.

partita *(f)* ***1*** Spiel *(n)*, Partie *(f)* ◆ *la partita è sul due a zero* das Spiel steht 2:0 (zwei zu Null) ◆ *una partita di scacchi, di tennis* eine Partie Schach, Tennis ◆ *partita di calcio* Fußballspiel ◆ *partita di ritorno* Rückspiel. ***2*** *(di merci)* Partie *(f)*, Posten *(m)*. ◆ **partita doppia** doppelte Buchführung *(f)*.

partitico *(agg)* ~ parteilich, Partei-.

partito *(m)* ~ Partei *(f)* *(anche fig)* ◆ *votare per un partito* eine Partei wählen ◆ *essere un buon partito* eine gute Partie sein ◆ *prendere partito a favore di, contro qcn/qcs* für, gegen jmdn/etwas Partei nehmen. ◆ **congresso del partito** Parteitag *(m)*. ◆ **per partito preso** von vornherein, vorsätzlich *(avv)*.

partitura *(f)* ~ *(mus)* Partitur *(f)*.
partner *(m/f)* ~ Partner *(m; f* -in*)*.
parto *(m)* ~ Geburt *(f)*, Entbindung *(f)* ♦ *parto prematuro* Frühgeburt ♦ *parto gemellare* Zwillingsgeburt. ◆ **parto cesareo** Kaiserschnitt *(m)*. ◆ **sala parto** Kreißsaal *(m)*.
partoriente *(f)* ~ Gebärende *(f)*.
partorire *(vt)* ***1*** gebären* *(vt) (anche fig)*. ***2*** *(animali)* werfen* *(vt)*.
part-time *(agg)* ~ Teilzeit-, Halbtags- ♦ *lavoro part-time* Teilzeitbeschäftigung *(f)*, Halbtagsarbeit *(f)*.
part-time *(avv)* ~ halbtags ♦ *lavorare part-time* halbtags arbeiten.
parziale *(agg)* ***1*** Teil-, partiell ♦ *visione parziale* Teilansicht *(f)*. ***2*** *(di parte)* parteiisch.
parzialità *(f)* ~ Parteilichkeit *(f)*, Befangenheit *(f)*. ◆ **giudicare con parzialità** nach Gunst urteilen.
parzialmente *(avv)* ~ teils, teilweise.
pascolare[1] *(vi)* ~ grasen *(vi*, hat*)*, weiden *(vi*, hat*)*.
pascolare[2] *(vt)* ~ *(portare al pascolo)* weiden *(vt)*, hüten *(vt)*.
pascolo *(m)* ~ Weide *(f)*. ◆ **portare al pascolo** weiden *(vt)*, auf die Weide führen*.
Pasqua *(f)* ~ Ostern *(n)* ♦ *per Pasqua* an Ostern ♦ *buona Pasqua!* frohe Ostern! ◆ **uovo di Pasqua** Osterei *(n)*.
pasquale *(agg)* ~ österlich, Oster-.
pasquetta *(f)* ~ Ostermontag *(m)*.
passabile *(agg)* ~ leidlich, passabel.
passaggio *(m)* ***1*** *(il passare)* Vorbeigehn *(n)*, Vorbeifahren *(n)*. ***2*** *(cambiamento)* Übergang *(m)* ♦ *il passaggio dalla monarchia alla repubblica* der Übergang von der Monarchie zur Republik. ***3*** *(transito; strada) (a piedi)* Durchgang *(m)*, Durchlass *(m)*; *(con veicoli)* Durchfahrt *(f)*. ***4*** *(accesso, via)* Durchgang *(m)*, Weg *(m)* ♦ *aprirsi un passaggio attraverso i cespugli* sich *(Dat)* einen Weg durch das Gebüsch bahnen. ***5*** *(sport)* Zuspiel *(n)*. ***6*** *(mus)* Passage *(f)*. ◆ **passaggio vietato** Durchgang verboten; *(per veicoli)* Durchfahrt verboten. ◆ **fase di passaggio** Übergangsphase *(f)*. ◆ **vuole un passaggio?** wollen Sie mitfahren?
passante *(m/f)* ***1*** *(pedone)* Passant *(m; f* -in*)*. ***2*** *(in cinture, borse e sim)* Lasche *(f)*.
passaporto *(m)* ~ Reisepass *(m)*, Pass *(m)* ♦ *rinnovare il proprio passaporto* seinen Pass erneuern.
passare[1] *(vi)* ***1*** {~ *accanto, vicino a qcn/qcs*} an jmdm/etwas *(Dat)* vorbeigehen* *(vi*, ist*)*; *(con un mezzo)* vorbeifahren* *(vi*, ist*)*; *(volando)* vorbeifliegen* *(vi*, ist*)*. ***2*** *(attraversare)* {~ *per qcs*} durch/in etwas *(Acc)* gehen* *(vi*, ist*)*, laufen* *(vi*, ist*)*; *(con un mezzo)* fahren* *(vi*, ist*)*; *(scorrendo, fiumi e sim)* fließen* *(vi*, ist*)* ♦ *la strada passa attraverso i campi* die Straße läuft durch die Felder. ***3*** *(sfilare)* vorbeiziehen**(vi*, ist*)*. ***4*** *(mezzi di trasporto)* fahren* *(vi*, ist*)*, verkehren *(vi*, hat*)* ♦ *il prossimo autobus passa fra dieci minuti* der nächste Bus fährt in zehn Minuten. ***5*** *(visitare brevemente)* {~ *da qcn*} zu jmdm vorbei|kommen* *(vi*, ist*)* ♦ *passa da me stasera!* komm doch mal heute Abend zu mir herüber! ***6*** *(leggi)* durch|kommen* *(vi*, ist*)*, durchgehen* *(vi*, ist*)*. ***7*** *(cambiare, mutare)* {~ *a/di qcs*} über|gehen* *(vi*, ist*)* ♦ *passare all'opposizione* zur Opposition übergehen ♦ *passare di proprietà di qcn* in jmds Besitz übergehen ♦ *passiamo adesso a un altro argomento* gehen wir jetzt zu einem anderen Thema über. ***8*** *(trascorrere)* vergehen* *(vi*, ist*)* ♦ *il tempo passa* die Zeit vergeht. ***9*** *(svanire, terminare)* vergehen* *(vi*, ist*)*, vorbei sein* *(vi*, ist*)* ♦ *la tempesta sta passando* der Sturm geht vorüber. ***10*** *(valere come, sembrare)* {~ *per qcn/qcs*} als jmd/etwas gelten* *(vi*, ist*)* ♦ *passare da furbo* als schlau gelten. ***11*** *(penetrare in, attraverso) (luce)* durch|leuchten *(vi*, hat*)*; *(liquidi e sim)* durch|laufen* *(vi*, ist*)*. ◆ **passare sopra qcs** *(fig)* etwas durch|lassen*.
passare[2] *(vt)* ***1*** *(superare)* überschreiten *(vt)* ♦ *ha già passato la sessantina* sie hat die sechzig bereits überschritten. ***2*** *(attraversare)* {~ *qcs*} etwas überschreiten *(vt)*, über etwas gehen* *(vi*, ist*)*; *(con un veicolo)* durch etwas fahren*. ***3*** *(trascorrere)* verbringen* *(vt)* ♦ *abbiamo passato l'estate al mare* wir haben den Sommer am Meer verbracht. ***4*** *(dare, porgere)*

weiter|reichen *(vt)*, herüber|geben* *(vt)* ♦ *passami il pane, per favore* reiche mir bitte das Brot, gibst du mir bitte das Brot herüber? **5** *(al telefono)* verbinden* *(vt)* ♦ *potrebbe passarmi il principale?* könnten Sie mich mit dem Chef verbinden? **6** *(sopportare, soffrire) (fam)* durch|machen *(vt)* ♦ *ne ha già passate tante* sie hat schon viel durchgemacht. **7** *(con la mano)* fahren* ♦ *passare la mano fra i capelli sui capelli di qcn* jmdm mit der Hand durchs Haar/über das Haar fahren ♦ *passare uno strofinaccio sul tavolo* mit einem Putzlappen über den Tisch fahren. **8** *(gastr)* passieren *(vt)*. ◆ **passare un esame** *(superare)* eine Prüfung bestehen*. ◆ **lasciare passare qcs (a qcn)** *(fig)* (jmdm) etwas durch|gehen lassen*. ◆ **far passare qcn** *(ammettere, ricevere)* jmdn vor|lassen*. ◆ **far passare** *(a confini, posti di blocco, ecc)* durch|lassen* *(vt)*. ◆ **farsi passare per qcs** sich als etwas hinstellen *(vr)*.

passarsi *(vr)* ~ **passarsela bene**, **male** gute, schlechte Zeiten durch|machen *(vt)* ♦ *se l'è sempre passata male nella vita* er hat es immer schlecht im Leben gehabt.

passatempo *(m)* ~ Zeitvertreib *(m)* ♦ *fare qcs come passatempo* etwas zum Zeitvertreib tun. ◆ **costruire per passatempo** *(bricolage)* basteln *(vt)*.

passato[1] *(agg)* **1** *(scorso)* vorig, letzt ♦ *l'anno passato* voriges Jahr. **2** *(precedente)* früher ♦ *in tempi passati* in früheren Zeiten. **3** *(finito)* vergangen, vorbei.

passato[2] *(m)* **1** Vergangenheit *(f)* *(anche gramm)* ♦ *questo appartiene al passato* das gehört der Vergangenheit an ♦ *in passato* in der Vergangenheit. **2** *(pappa)* Püree *(n)*, Brei *(m)*.

passatutto *(m)* ~ Passiermaschine *(f)*.

passeggero[1] *(agg)* ~ vorübergehend.

passeggero[2] *(m; f* **-a**) **1** *(di treno, ecc)* Reisende(r) *(m/f)*, Passagier *(m; f* -in*)*. **2** *(in auto)* Insasse *(m; f* -sassin*)*, Fahrgast *(m)*.

passeggiare *(vi)* ~ spazieren gehen* *(vi, ist)*, bummeln *(vi, ist/hat)*.

passeggiata *(f)* **1** Spaziergang *(m)*; *(con un veicolo)* Spazierfahrt *(f)*. **2** *(viale di passeggio)* Promenade *(f)*. ◆ **fare una passeggiata** spazieren gehen*.

passeggino *(m)* ~ Kinderwagen *(m)*.

passeggio *(m)* ~ Spaziergang *(m)*. ◆ **andare a passeggio** spazieren (gehen*) *(vi, ist)*.

passe-partout *(m)* **1** *(chiave)* Hauptschlüssel *(m)*. **2** *(nei quadri)* Passepartout *(n)*.

passerella *(f)* **1** Steg *(m)*. **2** *(per sfilate)* Laufsteg *(m)*.

passero *(m)* ~ *(zool)* Spatz *(m)*, Sperling *(m)*.

passionale *(agg)* ~ leidenschaftlich, Leidenschaft-.

passione *(f)* **1** Leidenschaft *(f)* *(anche estens)* ♦ *lo sport è la sua passione* Sport ist seine Leidenschaft. **2** *(relig)* Passion *(f)*. ◆ **con passione** leidenschaftlich *(avv)*.

passività *(f)* **1** Passivität *(f)*. **2** *(pl) (econ)* Passiva *(pl)*.

passivo[1] *(agg)* ~ passiv, Passiv- *(anche gramm)* ♦ *fumo passivo* Passivrauchen *(n)*.

passivo[2] *(m)* ~ *(econ)* Passiva *(pl)*, Soll *(n)*.

passo *(m)* **1** Schritt *(m)* *(anche fig)* ♦ *accelerare, rallentare il passo* den Schritt beschleunigen, verlangsamen ♦ *un passo importante verso il miglioramento* ein wichtiger Schritt zur Besserung ♦ *passo di danza* Tanzschritt ♦ *passo (di corsa)* Laufschritt ♦ *procedere a passo d'uomo* Schritt fahren ♦ *passo dopo passo* Schritt für Schritt. **2** *(andatura)* Tritt *(m)*, Gang *(m)*. **3** *(valico)* Pass, Engpass *(m)*. **4** *(punto, brano, in un testo)* Ausschnitt *(m)*. ◆ **passo falso** Fehlgriff *(m)*, Fehltritt *(m)*. ◆ **lasciare libero il passo** Ausfahrt/Einfahrt freihalten!

password *(f)* ~ *(elab)* Passwort *(n)*, Kennwort *(n)*.

pasta *(f)* **1** *(impasto)* Teig *(m)*. **2** *(pastasciutta)* Nudel *(f)*. **3** *(spalmabile)* Paste *(f)*.

pastafrolla *(f)* ~ *(gastr)* Mürbeteig *(m)*.

pastella *(f)* ~ Panade *(f)*.

pastello *(m)* **1** *(matita colorata)* Stift *(m)* ♦ *pastello a cera* Wachsmalstift. **2** *(quadro)* Pastell *(n)*. ◆ **colore (a) pastello** Pastellfarbe *(f)*.

pasticceria *(f)* **1** *(negozio)* Konditorei *(f)*. **2** *(pasticcini)* Gebäck *(n)*.

pasticciere *(m; f* **-a**) ~ Konditor *(m; f* -in*)*.

pasticcino *(m)* ~ Gebäckstück *(n)*.

pasticcio *(m)* ***1*** *(gastr)* Pastete *(f)*. ***2*** *(guaio)* Schlamassel *(m)* ♦ *essere nei pasticci* in Schlamassel sitzen. ***3*** *(lavoro fatto male)* Pfuscherei *(f)*.
pasticcione *(m; f* **-a***)* ~ Pfuscher *(m, f* -in*)*.
pastificio *(m)* ~ Teigwarenfabrik *(f)*.
pastiglia *(f)* ~ Tablette *(f)*.
pastina *(f)* ~ Suppennudeln *(pl)*.
pasto *(m)* ~ Mahlzeit *(f)*, Essen *(n)* ♦ *consumare un pasto* eine Mahlzeit einnehmen.
pastore *(m)* ***1*** Hirt *(m; f* -in*)*. ***2*** *(pecoraio)* Schäfer *(m; f* -in*)*. ***3*** *(relig)* *(evangelico)* Pfarrer *(m; f* -in*)*, Pastor *(m)*. ◆ **pastore tedesco** *(zool)* Deutscher Schäferhund.
pastorizia *(f)* ~ Viehzucht *(f)*.
pastoso *(agg)* ***1*** dickflüssig. ***2*** *(fig)* weich.
patata *(f)* ~ Kartoffel *(f)* ♦ *patate lesse* gekochte Kartoffeln ♦ *patate arrosto* Bratkartoffeln. ◆ **patate fritte** Pommes frites *(pl)*.
patè *(m)* ~ Pastete *(f)*.
patente *(f)* ***1*** *(autorizzazione)* Schein *(m)*, Lizenz *(f)*. ***2*** *(di guida)* Führerschein *(m)* ♦ *prendere la patente* den Führerschein machen *(fam)* ♦ *ritirare la patente a qcn* jmdm den Führerschein entziehen.
paternale *(f)* ~ Strafpredigt *(f)* ♦ *fare la paternale a qcn* jmdm eine Strafpredigt halten.
paternità *(f)* ~ *(dir)* Vaterschaft *(f)* ♦ *riconoscere la paternità* die Vaterschaft anerkennen.
paterno *(agg)* ***1*** väterlich. ***2*** *(da parte di padre)* väterlicherseits *(avv)*.
patetico *(agg)* ~ pathetisch.
patibolo *(m)* ~ Schafott *(n)*.
patina *(f)* ***1*** *(strato sottile)* Belag *(m)*. ***2*** *(su metalli)* Patina *(f)*.
patire *(vi/vt)* ***1*** leiden* *(vi/vt,* hat*)* ♦ *patire il caldo* unter der Hitze leiden ♦ *patire la sete, la fame* Durst, Hunger leiden. ***2*** *(subire)* erleiden* *(vt)*.
patito *(m)* ~ Fanatiker *(m)*, Fan *(m)*.
patologia *(f)* ~ Pathologie *(f)*.
patologico *(agg)* ~ pathologisch, krankhaft.
patria *(f)* ~ Vaterland *(n)*, Heimat *(f)*.
patrigno *(m)* ~ Stiefvater *(m)*.
patrimonio *(m)* ***1*** Vermögen *(n)*. ***2*** *(estens)* Reichtum *(m)*, Gut *(n)* ♦ *patrimonio comune* Gemeingut ♦ *patrimonio genetico* Erbgut.
patrio *(agg)* ***1*** heimatlich, vaterländisch, Vaterlands-. ***2*** *(del padre)* väterlich ♦ *patria potestà (dir)* väterliche Gewalt.
patriota *(m/f)* ~ Patriot *(m; f* -in*)*.
patriottico *(agg)* ~ patriotisch.
patriottismo *(m)* ~ Vaterlandsliebe *(f)*.
patrocinare *(vt)* ***1*** *(dir)* verteidigen *(vt)*. ***2*** *(sostenere)* unterstützen *(vt)*.
patrocinio *(m)* ***1*** *(dir)* Verteidigung *(f)*. ***2*** *(sostegno)* Schirmherrschaft *(f)*, Unterstützung *(f)*.
patrono *(m; f* **-a***)* ***1*** *(relig)* Patron *(m; f* -in*)*. ***2*** *(di iniziative)* Schirmherr *(m)*.
patta[1] *(f)* ~ *(dei pantaloni)* Hosenschlitz *(m)*.
patta[2] *(f)* ~ *(scacchi e sim)* Patt *(n)*.
patteggiamento *(m)* ~ Aushandeln *(n)*.
patteggiare *(vi/vt)* ~ verhandeln *(vi/vt,* hat*)*, aus|handeln *(vt)* *(anche dir)*.
pattinaggio *(m)* ***1*** *(sul ghiaccio)* Schlittschuhlaufen *(n)*. ***2*** *(a rotelle)* Rollschuhlaufen *(n)*. ◆ **pattinaggio artistico** *(su ghiaccio)* Eiskunstlauf *(m)*.
pattinare *(vi)* ***1*** *(sul ghiaccio)* Schlittschuh laufen* *(vi,* ist*)*. ***2*** *(a rotelle)* Rollschuh laufen* *(vi,* ist*)*.
pattinatore *(m; f* **-trice***)* ***1*** *(sul ghiaccio)* Schlittschuhläufer *(m; f* -in*)*. ***2*** *(a rotelle)* Rollschuhläufer *(m; f* -in*)*.
pattino *(m)* ***1*** *(da ghiaccio)* Schlittschuh *(m)*. ***2*** *(a rotelle)* Rollschuh *(m)*.
patto *(m)* ***1*** Vereinbarung *(f)*. ***2*** *(lega, alleanza)* Bündnis *(n)*, Pakt *(m)* ♦ *sciogliere, concludere un patto* einen Bund lösen, schließen.
pattuglia *(f)* ~ Patrouille *(f)*, Streife *(f)*.
pattumiera *(f)* ~ Mülleimer *(m)*.
paura *(f)* ~ Furcht *(f)*, Angst *(f)* ♦ *avere paura (di qcn/qcs)* Angst/Furcht vor jmdm/etwas haben ♦ *mettere paura a qcn* jmdm Furcht einjagen ♦ *dalla paura* aus (lauter) Angst ♦ *niente paura!* keine Angst!
pauroso *(agg)* ***1*** furchtsam, ängstlich. ***2*** *(che fa paura)* schreckhaft, schrecklich.
pausa *(f)* ~ Pause *(f)* *(anche mus)* ♦ *pausa (per il) pranzo* Mittagspause.
pavimentare *(vt)* ***1*** *(strada)* pflastern *(vt)*. ***2*** *(edificio)* den Fußboden verlegen *(vt)*.

pavimentazione *(f)* ***1*** *(stradale)* Pflaster *(n)*. ***2*** *(edificio)* Fußbodenverlegen *(n)*.
pavimento *(m)* ~ Fußboden, Boden *(m)*.
pavone *(m)* ~ *(zool)* Pfau *(m)*.
pavoneggiarsi *(vr)* ~ sich spreizen *(vr)*.
pazientare *(vt)* ~ sich gedulden *(vr)*, Geduld haben* *(vt)*.
paziente[1] *(agg)* ~ geduldig.
paziente[2] *(m/f)* ~ Patient *(m; f* -in*)*.
pazienza *(avv)* ***1*** Geduld *(f)*. ◆ **avere/portare pazienza** sich gedulden *(vr)*. ◆ **pazienza!** so ist es eben!
pazzia *(f)* ~ Irrsinn *(m)*, Wahnsinn *(m)*, Verrücktheit *(f)* *(anche fig)* ♦ *che pazzia!* so ein Irrsinn!
pazzo[1] *(agg)* ~ verrückt, irre, wahnsinnig *(anche fig)* ♦ *sei pazzo?* bist du verrückt? ♦ *essere pazzo di qcn* nach jmdm verrückt sein ♦ *diventare pazzo* verrückt werden. ◆ **da pazzi** wie verrückt. ◆ **cose da pazzi!** (reiner) Wahnsinn!
pazzo[2] *(m; f* **-a***)* ~ Verrückte *(m/f)*, Irre *(m/f)*.
pecca *(f)* ~ Fehler *(m)*, Mangel *(m)*.
peccaminoso *(agg)* ~ sündhaft, sündig.
peccare *(vi)* ~ {~ *contro qcs*} (gegen etwas) sündigen *(vi, hat)*.
peccato *(m)* ***1*** *(relig)* Sünde *(f)* ♦ *commettere un peccato* eine Sünde begehen ♦ *confessare i propri peccati* seine Sünden beichten ♦ *peccato di gioventù* Jugendsünde ♦ *peccato originale* Erbsünde *(f)* ♦ *peccato mortale* Todsünde. ***2*** *(rammarico)* schade *(avv)* ♦ *peccato!* schade! ♦ *peccato per il vaso rotto* es ist schade um die kaputte Vase.
peccatore *(m; f* **-trice***)* ~ Sünder *(m; f* -in*)*.
pece *(f)* ~ Pech *(n)*. ◆ **nero come la pece** pechfinster, pechschwarz.
pecora *(f)* ~ Schaf *(n)*.
pecoraio *(m; f* **-a***)* ~ Schäfer *(m; f* -in*)*.
pecorino *(m)* ~ Schafskäse *(m)*.
peculato *(m)* ~ Amtsunterschlagung *(f)*.
peculiare *(agg)* ~ eigenartig.
peculiarità *(f)* ~ Eigenart *(f)*, Eigenheit *(f)*, Eigentümlichkeit *(f)*.
pedaggio *(m)* ***1*** Gebühr *(f)*. ***2*** *(su autostrade e sim)* Maut *(f)*.
pedagogia *(f)* ~ Erziehungswissenschaft *(f)*.
pedagogico *(agg)* ~ erzieherisch, Erziehungs-.
pedalare *(vi)* ~ in die Pedale treten* *(vi, ist)*.
pedale *(m)* ~ Pedal *(n)* *(anche mus)* ♦ *pedale dell'acceleratore* Gaspedal.
pedana *(f)* ***1*** *(predellino su treno, bus, ecc)* Trittbrett *(n)*. ***2*** *(per cattedre e sim)* Podest *(n/m)*. ***3*** *(per discorsi)* Pult *(n)*.
pedante *(m/f)* ~ Schulmeister *(m; f* -in*)*.
pedanteria *(f)* ~ Pedanterie *(f)*.
pedata *(f)* ~ Fußtritt *(m)*.
pediatra *(m/f)* ~ Kinderarzt *(m; f* -ärztin*)*.
pediatria *(f)* ***1*** Kinderheilkunde *(f)*. ***2*** *(reparto ospedaliero)* Kinderstation *(f)*.
pedicure *(m)* ***1*** Fußpflege *(f)*. ***2*** *(persona)* Fußpfleger *(m, f* -in*)*.
pedigree *(m)* ~ Stammbaum *(m)*.
pediluvio *(m)* ~ Fußbad *(n)*.
pedina *(f)* ***1*** *(in un gioco)* Spielfigur *(f)*. ***2*** *(scacchi)* Bauer *(m)*.
pedinare *(vt)* ~ beschatten *(vt)*.
pedissequo *(agg)* ~ sklavisch.
pedonale *(agg)* ~ Fußgänger- ♦ *zona pedonale* Fußgängerzone *(f)*. ◆ **strisce pedonali** Zebrastreifen *(m)*.
pedone *(m)* ***1*** Fußgänger *(m; f* -in*)*. ***2*** *(negli scacchi)* Bauer *(m)*.
peduncolo *(agg)* ~ *(bot/anat)* Stiel *(m)*.
peggio[1] *(avv)* ~ *(compar)* schlechter, schlimmer; *(superl)* am schlechtesten.
peggio[2] *(m)* ~ Schlechteste *(n)*, Schlimmste *(n)* ♦ *il peggio è passato* das Schlimmste ist überstanden. ◆ **alla peggio** im schlimmsten Fall, schlimmstenfalls *(avv)*.
peggioramento *(m)* ~ Verschlechterung *(f)*.
peggiorare *(vi/vt)* ~ sich verschlechtern *(vr)*, verschlechtern *(vt)*.
peggiore *(agg)* ~ *(compar)* schlechter, schlimmer; *(superl)* schlechtest, schlimmst. ◆ **nel peggiore dei casi** schlimmstenfalls *(avv)*, im schlimmsten Fall.
pegno *(m)* ~ Pfand *(n)*.
pelame *(m)* ~ Haarwuchs *(m)*.
pelato *(agg)* ***1*** *(calvo)* kahl. ***2*** *(sbucciato)* geschält. ◆ **testa pelata** Kahlkopf *(m)*.
pellame *(m)* ~ Lederwaren *(pl)*, Leder *(n)*.
pelle *(f)* ***1*** Haut *(f)* ♦ *pelle sensibile, arrossata, grassa, screpolata, secca, delicata* empfindliche, gerötete, fettige, rissige, trockene, zarte Haut ♦ *la pelle brucia, si arrossa, si screpola* die Haut brennt, rötet sich, springt auf ♦ *pelle d'oca* Gänsehaut *(f)*. ***2*** *(di animali)* Fell *(n)*, Haut *(f)*. ***3*** *(cuoio)*

Leder *(n)* ♦ *pelle scamosciata* Wildleder. **4** *(buccia)* Schale *(f)*. ◆ **di pelle** ledern. ◆ **giacca di pelle** Lederjacke *(f)*.

pellegrinaggio *(m)* ~ Pilgerfahrt *(f)*, Wallfahrt *(f)*. ◆ **andare in pellegrinaggio** pilgern.

pellegrino *(m; f* **-a***)* ~ Pilger *(m; f* -in*)*, Wallfahrer *(m; f* -in*)*.

pellerossa *(m/f)* ~ Rothaut *(f)*.

pelletteria *(f)* **1** *(oggetti)* Lederwaren *(pl)*. **2** *(fabbrica)* Lederwarenfabrik *(f)*. **3** *(negozio)* Lederwarengeschäft *(n)*.

pellicano *(m)* ~ *(zool)* Pelikan *(m)*.

pellicceria *(f)* **1** *(oggetti)* Pelzwaren *(pl)*. **2** *(lavorazione)* Kürschnerei *(f)*. **3** *(negozio)* Pelzgeschäft *(n)*.

pelliccia *(f)* **1** Pelz *(m)*, Fell *(n)*. **2** *(cappotto di pelliccia)* Pelzmantel *(m)*.

pellicciaio *(m; f* **-a***)* ~ Kürschner *(m; f* -in*)*.

pellicola *(f)* **1** *(di plastica o metallo)* Folie *(f)*. **2** *(fotogr/cinem)* Film *(m)*. ◆ **(far) sviluppare una pellicola** einen Film entwickeln (lassen*).

pelo *(m)* **1** Haar *(n)*. **2** *(pelliccia, mantello)* Fell *(n)*, Pelz *(m)*. ◆ **sacco a pelo** Schlafsack *(m)*. ◆ **pelo d'acqua** Wasseroberfläche *(f)*. ◆ **a pelo lungo** langhaarig *(agg)*. ◆ **a un pelo da** knapp vor. ◆ **per un pelo** um ein Haar, um Haaresbreite.

peloso *(agg)* **1** behaart, haarig. **2** *(con pelliccia)* pelzig.

peluche *(m)* **1** Plüsch *(m)*. **2** *(animale giocattolo)* Plüschtier *(n)*.

peluria *(f)* ~ Flaum *(m)* *(anche bot)*.

pena *(f)* **1** *(sofferenza)* Leid *(n)*, Qual *(f)* ♦ *quel pover'uomo mi fa pena* der arme Mann tut mir Leid ♦ *era una pena dover assistere* es war eine Qual, das ansehen zu müssen. **2** *(compassione)* Mitleid *(n)*. **3** *(sanzione)* Strafe *(f)* ♦ *scontare la propria pena (in prigione)* seine Strafe (im Gefängnis) absitzen ♦ *infliggere una pena a qcn* über jmdn eine Strafe verhängen ♦ *pena detentiva* Freiheitsstrafe, Gefängnisstrafe ♦ *pena di morte* Todesstrafe. ◆ **essere in pena per qcn** sich Sorgen um jmdn machen. ◆ **valere la pena** sich lohnen. ◆ **che vale la pena** *(degno di)* -wert *(suff)* ♦ *che vale la pena di essere raccontato* erzählenswert.

penale[1] *(agg)* ~ strafrechtlich, Straf-.

penale[2] *(f)* ~ *(multa)* Bußgeld *(n)*, Strafgeld *(n)*.

penalista *(m)* ~ Strafrechtler *(m)*.

penalità *(f)* ~ *(sport)* Strafe *(f)*.

penalizzare *(vt)* **1** bestrafen *(vt)*. **2** *(svantaggiare)* benachteiligen *(vt)*. **3** *(sport)* strafen *(vt)*.

penare *(vi)* **1** *(soffrire)* leiden* *(vi*, hat*)*. **2** *(affaticarsi)* sich abmühen *(vr)*.

pendaglio *(m)* ~ Gehänge *(n)*.

pendente *(agg)* **1** *(appeso)* hängend, Hänge-. **2** *(sospeso)* schwebend. **3** *(inclinato, curvo)* schief ♦ *la torre pendente di Pisa* der schiefe Turm von Pisa.

pendente *(m)* ~ Gehänge *(n)*.

pendenza *(f)* **1** Steigung *(f)*, Gefälle *(n)* ♦ *una pendenza del 10 per cento* eine Steigung von 10% (zehn Prozent). **2** *(dir)* schwebende Sache *(f)*.

pendere *(vi)* **1** hängen* *(vi*, hat*)* ♦ *pendere dalle labbra di qcn* an jmds Lippen hängen. **2** *(essere inclinato)* schief stehen* *(vi*, hat*)*.

pendice ~ **alle pendici (di un monte)** am Berghang.

pendio *(m)* ~ Hang *(m)*.

pendola *(f)* ~ Pendeluhr *(f)*.

pendolare *(m/f)* ~ Pendler *(m; f* -in*)*. ◆ **fare il pendolare** pendeln *(vi*, ist*)*.

pendolo *(m)* ~ Pendel *(n)*. ◆ **orologio a pendolo** Pendeluhr *(f)*.

pene *(m)* ~ *(anat)* Penis *(m)*, Glied *(n)*.

penetrante *(agg)* ~ penetrant, durchdringend.

penetrare[1] *(vi)* **1** ein|dringen *(vi*, ist*)*. **2** *(luce e sim)* (her)ein|fallen* *(vi*, ist*)*.

penetrare[2] *(vt)* durchdringen* *(vt)*.

penetrazione *(f)* **1** Eindringen *(n)*, Durchdringung *(f)*. **2** *(della luce)* Einfall *(m)*.

penicillina *(f)* ~ Penizillin *(f)*.

penisola *(f)* ~ Halbinsel *(f)*.

penitente[1] *(agg)* ~ reuevoll.

penitente[2] *(m/f)* ~ Büßer *(m; f* -in*)*.

penitenza **1** *(relig)* Buße *(f)*. **2** *(fig)* Strafe *(f)*.

penitenziario *(m)* ~ Haftanstalt *(f)*, Strafanstalt *(f)*.

penna *(f)* **1** *(piuma)* Feder *(f)*. **2** *(per scrivere)* Federhalter *(m)*, Feder *(f)* ♦ *penna stilografica* Füllfederhalter. ◆ **penna a sfera** *(biro)* Kugelschreiber *(m)*, *(fam)* Kuli *(m)*.

pennarello *(m)* ~ Farbstift *(m)*, Filzstift *(m)*.
pennellare *(vt/vi)* ~ pinseln *(vt/vi*, hat*)*.
pennellata *(f)* ***1*** Pinselstrich *(m)*. ***2*** *(modo di dipingere)* Pinselführung *(f)*.
pennello *(m)* ~ Pinsel *(m)*.
pennino *(m)* ~ Feder *(f)*.
pennone *(m)* ***1*** *(naut)* Rahe *(f)*. ***2*** *(portabandiera)* Fahnenstange *(f)*.
pennuto *(m)* ~ Vogel *(m)*.
penombra *(f)* ~ Halbschatten *(m)*.
penoso *(agg)* ***1*** *(doloroso)* schmerzlich, qualvoll. ***2*** *(imbarazzante)* peinlich.
pensabile *(agg)* ~ denkbar, erdenklich.
pensare[1] *(vi)* ***1*** denken* *(vi*, hat*)* *pensa di essere un grande artista* er denkt, ein großer Künstler zu sein ◆ *penso di sì* ich denke schon ◆ *penso di no* ich denke nicht/nein ◆ *dare da pensare a qcn* jmdm zu denken geben ◆ *pensa sempre alla sua famiglia* er denkt immer an seine Familie ◆ *non ci penso nemmeno!* ich denke nicht daran! ***2*** *(provvedere)* {~ *a qcn/qcs*} sich um jmdn/etwas *(Acc)* kümmern. ***3*** {~ *riflettere su qcs*} über etwas *(Acc)* nach|denken, sich etwas überlegen *(vr)*.
pensare[2] *(vt)* ***1*** denken* *(vt)* ◆ *chi l'avrebbe mai pensato!* wer hätte das gedacht! ***2*** {~ *qcs di qcn/qcs*} etwas von jmdm/etwas halten* *(vt)* ◆ *che ne pensi?* was hältst du davon? ***3*** *(essere dell'opinione)* meinen, glauben *(vt)* ◆ *che ne pensi?* was meinst du dazu? ***4*** *(immaginare)* {~ *qcs*} sich *(Dat)* etwas vor|stellen *(vr)* ◆ *pensa un po', ho vinto al lotto!* stell dir vor, ich habe im Lotto gewonnen!
pensata *(f)* ~ Idee *(f)*, Einfall *(m)*.
pensatore *(m; f* **-trice***)* ~ Denker *(m; f* -in*)*.
pensiero *(m)* ***1*** Gedanke *(m)* ◆ *immerso nei pensieri* in Gedanken versunken ◆ *il pensiero di ciò mi fa paura* der Gedanke daran macht mir Angst. ***2*** *(preoccupazione)* Sorge *(f)*, Kummer *(m)* ◆ *il pensiero per qcn* der Kummer um/über jmdn. ***3*** *(opinione)* Meinung *(f)*. ***4*** *(dottrina, sistema)* Lehre *(f)*. ***5*** *(regalino)* Kleinigkeit *(f)*. ◆ **stare in pensiero per qcn/qcs** um jmdn/etwas besorgt sein*.
pensieroso *(agg)* ~ nachdenklich, gedankenvoll.
pensile *(agg)* ~ hängend, Hänge-. ◆ **giardino pensile** hängender Garten, Dachgarten *(m)*.
pensilina *(f)* ***1*** Schutzdach *(n)*. ***2*** *(alla stazione)* Bahnsteigüberdachung *(f)*.
pensionabile *(agg)* ~ Renten-, Pensions- ◆ *età pensionabile* Rentenalter *(n)*.
pensionante *(m)* ~ Pensionsgast *(m)*.
pensionato[1] *(m; f* **-a***)* ~ Pensionär *(m; f* -in*)*, Rentner *(m; f* -in*)*.
pensionato[2] *(m)* ***1*** *(casa di riposo)* Seniorenheim *(n)*. ***2*** *(per studenti e sim)* Wohnheim *(n)*.
pensione[1] *(f)* ***1*** *(somma garantita)* Rente *(f)*, Pension *(f)* ◆ *pensione minima* Grundrente ◆ *pensione sociale* Sozialrente *(f)*. ***2*** *(ritiro dal lavoro)* Ruhestand *(m)* ◆ *andare in pensione* in den Ruhestand gehen. ◆ **essere in pensione** *(spec dipendenti pubblici, militari)* außer Dienst sein*. ◆ **mandare in pensione** *(spec dipendenti pubblici)* pensionieren *(vt)*.
pensione[2] *(f)* ~ *(piccolo albergo)* Pension *(f)* ◆ *mezza pensione* halbe Pension, Halbpension ◆ *pensione completa* volle Pension, Vollpension.
pensoso *(agg)* ~ gedankenvol, nachdenklich.
pentagono *(m)* ~ *(geom)* Fünfeck *(n)*.
pentagramma *(m)* ~ *(mus)* Liniensystem *(n)*, Notenlinie *(f)*.
pentathlon *(m)* ~ *(sport)* Fünfkampf *(m)*.
Pentecoste *(f)* ~ *(relig)* Pfingsten *(n)*.
pentimento *(m)* ~ Reue *(f)*.
pentirsi *(vr)* ~ {~ *di qcs*} etwas bereuen *(vt)* ◆ *mi pento di non essere andato* ich bereue es, nicht mitgefahren zu sein.
pentito *(agg)* ~ reuig, reuevoll.
pentola *(f)* ~ Kochtopf *(m)* ◆ *pentola a pressione* Dampfkochtopf.
pentolino *(m)* ~ Töpfchen *(n)*.
penultimo *(agg)* ~ vorletzt.
penuria *(f)* ~ Armut *(f)*, Not *(f)*.
penzolare *(vi)* ~ baumeln *(vi*, hat*)*.
penzoloni *(avv)* ***1*** baumelnd. ***2*** *(sporgendo)* heraushängend.
peonia *(f)* ~ Pfingstrose *(f)*.
pepare *(vt)* ~ pfeffern *(vt)*.
pepe *(m)* ***1*** Pfeffer *(m)*. ***2*** *(pianta)* Pfefferstrauch *(m)*. ***2*** *(mordente)* Würze *(f)*.

peperoncino *(m)* ~ Paprika *(m)*, Chilischote *(f)*. ◆ **peperoncino piccante** Peperoni *(f)*.

peperone *(m)* ~ Paprika *(m/f)*, Paprikaschote *(f)*.

pepita *(f)* ~ Klumpen *(m)*.

per[1] *(prep)* **1** *(generic)* für ♦ *i fiori sono per te* die Blumen sind für dich ♦ *una ricetta per quattro persone* ein Rezept für vier Personen ♦ *vai per me alla posta, per favore?* gehst du bitte für mich zur Post? **2** *(durata)* spesso non tradotto; lang *(posp)*, über *(anche posp)* ♦ *andrò per una settimana al mare* ich werde eine Woche ans Meer fahren ♦ *è stata due settimane in ospedale* sie lag zwei Wochen (lang) im Krankenhaus ♦ *sein (ganzes) Leben lang* per tutta la (sua) vita ♦ *andiamo in montagna per Natale, per il fine settimana* wir fahren über Weihnachten, übers Wochenende in die Berge ♦ *per tutto il giorno* den ganzen Tag über. **3** *(durata, tempo previsto)* für, auf; durch *(anche posp)* ♦ *voglio restare in Germania (per) due anni* ich will für zwei Jahre in Deutschland bleiben ♦ *per oggi* für heute ♦ *per sempre* auf/für immer ♦ *è andato in viaggio per una settimana* er ist auf eine Woche verreist ♦ *per molti anni durch viele Jahre* ♦ *per tutto il pomeriggio* den ganzen Nachmittag durch. **4** *(occasione)* zu ♦ *per Natale* zu Weihnachten ♦ *per il mio compleanno vorrei dare una festa* zu meinem Geburtstag möchte ich eine Party geben. **5** *(entro)* bis ♦ *bis nächsten Freitag muss die Arbeit fertig sein* per venerdì prossimo il lavoro deve essere pronto. **6** *(causa)* wegen *(+ Gen/Dat)* ♦ *per la pioggia* wegen des Regens/*(fam)* wegen dem Regen ♦ *per affari* wegen Geschäften ♦ *per soldi* wegen des Geldes ♦ *per me (per quanto mi riguarda; a causa mia)* wegen mir. **7** *(causa)* aus; vor *(+ Dat)* ♦ *per questo motivo* aus diesem Grund ♦ *per paura che* aus Angst, dass ♦ *per la gioia non riuscivo a parlare* vor Freude konnte ich nicht sprechen. **8** *(scopo)* zu ♦ *carta per scrivere* Papier zum Schreiben ♦ *per divertimento* zum Spaß. **9** *(contro)* gegen ♦ *pastiglie per il mal di testa* Tabletten gegen Kopfschmerzen. **10** *(per amore di)* um... *(+ Gen)* willen ♦ *per amore di mio fratello* um meines Bruders willen ♦ *per l'amor di Dio!* um Gottes willen! **11** *(direzione)* nach ♦ *quando parte il prossimo treno per Bonn?* wann fährt der nächste Zug nach Bonn? **12** *(attraverso)* durch ♦ *siamo andati a passeggio per il parco* wir sind durch den Park spazieren gegangen. **13** *(estensione)* non tradotto ♦ *ho cavalcato per tre chilometri* ich bin drei Kilometer geritten. **14** *(in rapporto a)* für ♦ *è molto giudizioso per la sua età* er ist sehr vernünftig für sein Alter. **15** *(prezzo)* für, um, zu ♦ *gli ho venduto la mia bicicletta per cinquanta euro* ich habe ihm mein Fahrrad für/um fünfzig Euro verkauft ♦ *per un prezzo di dieci euro* zu einem Preis von 10 Euro. **16** *(in cambio di)* gegen ♦ *il bambino ha scambiato il suo berretto per un pallone* das Kind hat seine Mütze gegen einen Ball getauscht. **17** *(distributivo)* pro ♦ *la camera costa cento euro per persona* das Zimmer kostet hundert Euro pro Person. **18** *(dopo)* für ♦ *parola per parola* Wort für Wort. ◆ **per la strada** auf der Straße *(stato)*, auf die Straße *(moto)*. ◆ **per esempio** zum Beispiel. ◆ **per fortuna** zum Glück. ◆ **per metà** zur Hälfte. ◆ **per terra** auf dem Boden *(stato)*/auf den Boden *(moto)*. ◆ **per la prima**, **l'ultima volta** zum ersten, letzten Mal.

per[2] *(congiunz)* **1** *(finale)* um... zu ♦ *vado al mare per rilassarmi* ich fahre ans Meer, um mich zu entspannen. **2** *(consecutivo)* um... zu, als dass... ♦ *è troppo bello per essere vero* es ist zu schön, um wahr zu sein. **3** *(causale)* weil, da ♦ *la lodo per aver detto ciò* ich lobe sie, weil sie das gesagt hat. **4** *(concessivo)* so, wie, soviel ♦ *per poco che sia, è sempre qualcosa* so wenig es ist, ist es immer etwas.

per[3] *(m)* ~ *(mat)* mal *(avv)* ♦ *tre per due fa sei* zwei mal drei ist sechs.

pera *(f)* ~ Birne *(f)*.

peraltro *(avv)* ~ übrigens.

perbacco *(esclam)* ~ Donnerwetter.

perbene[1] *(agg)* ~ anständig, ordentlich.

perbene[2] *(avv)* ~ sorgfältig.

perbenista *(m/f)* ~ *(spreg)* Spießbürger *(m; f -in)*.

percento *(m)* ~ Prozent *(n)* ♦ *il trenta per cento degli alunni* dreißig Prozent der Schüler.

percentuale[1] *(agg)* ~ Prozent-, prozentual.

percentuale[2] *(f)* ***1*** *(parte)* Prozentsatz *(m)*. ***2*** *(provvigione)* Provision *(f)*.

percepibile *(agg)* ~ wahrnehmbar, spürbar.

percepire *(vt)* ***1*** wahr|nehmen* *(vt)*, merken *(vt)* ♦ *percepire un movimento* eine Bewegung wahrnehmen. ***2*** *(al tatto)* spüren *(vt)*. ***3*** *(stipendi e sim)* beziehen* *(vt)*.

percettibile *(agg)* ***1*** *(sensibile)* merkbar. ***2*** *(udibile)* hörbar.

percezione *(f)* ***1*** Wahrnehmung *(f)*. ***2*** *(sensazione)* Empfindung *(f)*.

perché[1] *(avv interr)* ***1*** warum, weshalb, wieso ♦ *non so perché non è voluto venire* ich weiß nicht, warum er nicht kommen wollte ♦ *perché no?* warum nicht? ♦ *perché non glielo dici?* wieso sagst du es ihm nicht? ***2*** *(a che scopo)* wozu ♦ *"Ho bisogno di un coltello" "Perché?"* „Ich brauche ein Messer" „Wozu?".

perché[2] *(congiunz)* ***1*** *(causale)* weil, denn, da ♦ *"Perché non sei venuto?" "Perché sono malato"* „Warum bist du nicht gekommen?" „Weil ich krank bin". ***2*** *(finale)* damit ♦ *questo te lo dico perché tu riconosca il tuo errore* das sage ich dir, damit du deinen Irrtum einsiehst. ***3*** *(consecutiva)* als dass *(+ cong)* ♦ *è troppo giovane perché possa capirlo* er ist zu jung, als dass er das verstehen könnte.

perciò *(congiunz)* ~ deshalb, deswegen, daher.

percorrenza *(f)* ~ Strecke *(f)*. ◆ **tempo di percorrenza** Fahrzeit *(f)*.

percorrere *(vt)* ***1*** *(coprire distanze)* zurück|legen *(vt)*; laufen* *(vi, ist)*. ***2*** *(attraversare) (con un mezzo)* durch|fahren* *(vt)*; *(a piedi)* durch|laufen* *(vt)*. ***3*** *(strade)* begehen* *(vt)*, befahren* *(vt)*. ***4*** [~ *qcn*] jmdn überlaufen* *(vt)* ♦ *un brivido mi percorse* ein Schauer überlief mich.

percorribile *(agg)* ~ begehbar, befahrbar, zurücklegbar.

percorso *(m)* ***1*** *(distanza)* Strecke *(f)*. ***2*** *(direzione)* Verlauf *(m)*, Weg *(m)*.

percossa *(f)* ~ Schlag *(m)*.

percuotere *(vt)* ~ schlagen *(vt)*, verprügeln *(vt)*.

percuotersi *(vr)* ~ sich schlagen *(vt)*.

percussione *(f)* ***1*** *(strumento)* Schlaginstrument *(n)*. ***2*** *(pl)* Schlagzeug *(n)*.

percussionista *(m/f)* ~ Schlagzeuger *(m; f -in)*.

perdente *(m/f)* ~ Verlierer *(m; f -in)*.

perdere *(vt)* ***1*** verlieren* *(vt) (anche fig)* ♦ *perdere la pazienza* die Geduld verlieren ♦ *abbiamo perso la partita* wir haben das Spiel verloren ♦ *ha perso credibilità* er hat an Glaubwürdigkeit verloren. ***2*** *(sprecare)* versäumen *(vt)*, verpassen *(vt)* ♦ *abbiamo perso molto tempo* wir haben viel Zeit versäumt. ***3*** *(mezzi)* verpassen *(vt)* ♦ *ho perso l'autobus* ich habe den Bus verpasst. ***4*** *(liquidi)* rinnen* *(vi, ist)*, tropfen *(vi/vt, hat)*. ◆ **lasciamo perdere!** lassen wir das! ◆ **perdere la vita** ums Leben kommen*.

perdersi *(vr)* ***1*** *(smarrirsi)* sich verirren *(vr)*, sich verlaufen* *(vr)*. ***2*** *(dilungarsi; immergersi)* sich verlieren* ♦ *perdersi in qcs* sich in etwas *(Dat)* verlieren. ***3*** *(lasciarsi sfuggire)* versäumen *(vt)*, verpassen *(vt)*. ◆ **perdersi di vista** aus den Augen verlieren*.

perdigiorno *(m)* ~ Taugenichts *(m)*.

perdita *(f)* ***1*** Verlust *(m)*, Einbuße *(f) (anche fig)* ♦ *perdite finanziarie* finanzielle Verluste ♦ *perdita di prestigio* Einbuße an Ansehen. ***2*** *(di liquidi, gas, ecc)* Ausströmen *(n)*.

perdizione *(f)* ***1*** *(rovina)* Verderben *(n)*. ***2*** *(relig)* Verdammnis *(f)*.

perdonare *(vt)* ***1*** [~ *qcs a qcn*] jmdm etwas verzeihen* *(vt)*, vergeben* *(vt)*. ***2*** *(scusare)* entschuldigen *(vt)*.

perdono *(m)* ***1*** Verzeihung *(f)*, Vergebung *(f)* ♦ *chiedere perdono a qcn* jmdn um Verzeihung bitten. ***2*** *(scusa)* Entschuldigung *(f)*.

perdurare *(vi)* ~ an|dauern *(vi, hat)*, an|halten *(vi, hat)* ♦ *lo stato critico perdura* der kritische Zustand hält an.

perdutamente *(avv)* ~ leidenschaftlich.

perduto *(agg)* ***1*** verloren *(anche fig)*. ***2*** *(moralmente)* gefallen. ◆ **andare perduto** verloren gehen*, abhanden kommen* ♦ *la lettera è andata perduta* der Brief ist verloren gegangen.

peregrinazione *(f)* ~ Irrfahrt *(f)*.

perenne *(agg)* ***1*** ewig. ***2*** *(continuo)* dauernd.
perentorio *(agg)* ***1*** entschieden, deutlich. ***2*** *(dir)* endgultig.
perfettamente *(avv)* ***1*** perfekt, fehlerfrei. ***2*** *(del tutto)* vollkommen, ganz.
perfetto[1] *(agg)* ***1*** *(completo)* perfekt, vollkommen. ***2*** *(impeccabile)* einwandfrei, fehlerfrei. ◆ **perfetto!** wunderbar.
perfetto[2] *(m)* ~ *(gramm)* Perfekt *(n)*.
perfezionamento *(m)* ***1*** Vervollkommnung *(f)*. ***2*** *(studio, professione)* Weiterbildung *(f)*, Fortbildung *(f)*. ◆ **corso di perfezionamento** Fortbildungskurs *(m)*.
perfezionare *(vt)* ***1*** vervollkommnen *(vt)*. ***2*** *(completare)* vollenden *(vt)*.
perfezionarsi *(vr)* ***1*** *(dopo gli studi)* sich fortbilden *(vr)*. ***2*** {~ *in qcs*} sich in etwas *(Dat)* vervollkommnen *(vr)*.
perfezione *(f)* ~ Perfektion *(f)*, Vollkommenheit *(f)*. ◆ **alla perfezione** perfekt, volkommen.
perfidia *(f)* ~ Hinterlist *(f)*, Heimtücke *(f)*.
perfido *(agg)* ~ heimtückisch.
perfino *(avv)* ~ selbst, sogar ♦ *perfino io lo sapevo* sogar ich wusste es.
perforare *(vt)* ***1*** durch|bohren *(vt)*. ***2*** *(carta)* lochen *(vt)*. ***3*** *(di proiettili e sim)* durch|schlagen *(vt)*.
perforatrice *(f)* ***1*** Bohrmaschine *(f)*. ***2*** *(per fogli)* Locher *(m)*.
perforazione *(f)* ***1*** Durchbohrung *(f)*. ***2*** *(di carta e sim)* Lochung *(f)*. ***3*** *(med)* Durchbruch *(m)*.
pergamena *(f)* ~ Pergament *(n)*.
pergolato *(m)* ~ Laube *(f)*.
pericolante *(agg)* ***1*** *(edifici e sim)* baufällig. ***2*** *(fig)* unstabil.
pericolo *(m)* ~ Gefahr *(f)* ♦ *a proprio rischio e pericolo* auf eigene Gefahr ♦ *essere in/fuori pericolo* in/außer Gefahr sein ♦ *pericolo di vita* Lebensgefahr ♦ *pericolo incombente* eine drohende Gefahr ♦ *esporre qcn/esporsi a un pericolo* jmdn/sich einer Gefahr aussetzen. ◆ **in pericolo** gefährdet.
pericolosità *(f)* ~ Gefährlichkeit *(f)*.
pericoloso *(agg)* ***1*** gefährlich. ***2*** *(per la vita)* lebensgefährlich.
periferia *(f)* ***1*** Peripherie *(f)*. ***2*** *(margine della città)* Stadtrand *(m)*, Randgebiet *(n)*. ***3*** *(sobborgo)* Vorstadt *(f)*.
periferica *(f)* ~ *(elab)* Peripheriegerät *(n)*.
periferico *(agg)* ~ peripher, Rand-.
perifrasi *(f)* ~ Umschreibung *(f)*.
perimetro *(m)* ***1*** Umfang *(m)*. ***2*** *(estens)* Begrenzungslinie *(f)*.
periodico[1] *(agg)* ~ periodisch *(anche mat)*. ◆ **sistema periodico** *(chim)* Periodensystem *(n)*.
periodico[2] *(m)* ~ *(rivista)* Zeitschrift *(f)*.
periodo *(m)* ***1*** Zeit *(f)*, Zeitabschnitt *(m)* ♦ *nel periodo dell'Illuminismo* zur Zeit der Aufklärung ♦ *periodo natalizio* Weihnachtszeit. ***2*** *(di tempo)* Zeitraum *(m)* ♦ *in un periodo di quattro mesi* in einem Zeitraum von vier Monaten. ***3*** *(gramm)* Satzgefüge *(n)*. ***4*** *(chim/mus)* Periode *(f)*.
perire *(vi)* ~ um|kommen* *(vi, ist)*.
periscopio *(m)* ~ Sehrohr *(n)*.
perito *(m; f* **-a***)* ~ Gutachter *(m; f* -in*)*, Sachverständige *(m/f)*.
perizia *(f)* ***1*** *(maestria)* Meisterschaft *(f)*. ***2*** *(di esperto)* Gutachten *(n)* ♦ *rilasciare una perizia su qcs* ein Gutachten über etwas *(Acc)* abgeben. ◆ **sottoporre a perizia** begutachten *(vt)*.
perla *(f)* ~ Perle *(f)* ♦ *infilare perle* Perlen aufreihen ♦ *una collana di perle* eine Kette aus Perlen, eine Perlenkette.
perlaceo *(agg)* ~ perlfarben.
perlina *(f)* ~ Perle *(f)*.
perlomeno *(avv)* ~ wenigstens, mindestens.
perlopiù *(avv)* ~ meistens.
perlustrare *(vt)* ~ durchkämmen *(vt)*, erkunden *(vt)*.
permaloso *(agg)* ~ überempfindlich, übelnehmerisch.
permanente[1] *(agg)* ~ ständig, permanent, Dauer- ♦ *effetto permanente* Dauerwirkung.
permanente[2] *(f)* ~ Dauerwelle *(f)*.
permanenza *(f)* ***1*** Andauern *(n)*. ***2*** *(soggiorno)* Aufenthalt *(m)*.
permeabile *(agg)* ~ durchlässig, permeabel.
permeare *(vt)* ~ durchziehen* *(vt)*, durchdringen *(vt)*.
permesso[1] *(agg)* ~ erlaubt, gestattet. ◆ **è permesso?** Sie gestatten?

permesso[2] *(m)* ***1*** Erlaubnis *(f)*, Genehmigung *(f)* ♦ *chiedere il permesso a qcn* jmdn um Erlaubnis bitten ♦ *permesso di soggiorno* Aufenthaltserlaubnis ♦ *permesso di lavoro* Arbeitserlaubnis. ***2*** *(burocr)* Urlaub *(m)*. ◆ **dare un permesso** *(dal lavoro)* jmdm frei|geben* *(vt)*.

permettere *(vt)* ***1*** {~ *qcs a qcn*} jmdm etwas erlauben *(vt)*, jmdm etwas gestatten *(vt)* ♦ *mi ha permesso di usare la sua auto* er hat mir erlaubt, sein Auto zu benutzen ♦ *permette?* erlauben Sie? ***2*** *(ammettere)* zu|lassen* *(vt)*, genehmigen *(vt)* ♦ *non possiamo permettere un tale comportamento* ein solches Verhalten können wir nicht zulassen. ***3*** *(rendere possibile)* {~ *qcs a qcn*} jmdm etwas ermöglichen *(vt)*.

permettersi *(vr)* ***1*** {~ *qcs*} sich *(Dat)* etwas erlauben. ***2*** *(essere in grado economicamente)* {~ *qcs*} sich *(Dat)* etwas leisten ♦ *non posso permettermi il viaggio* ich kann mir die Reise nicht leisten.

permissivo *(agg)* ~ freizügig, lax.

permuta *(f)* ~ Umtausch *(m)*, Eintausch *(m)*.

pernice *(f)* ~ *(zool)* Feldhuhn *(n)*, Rebhuhn *(n)*.

perno *(m)* ***1*** Stift *(m)*. ***2*** *(fondamento)* Stütze *(f)*. ◆ **fare perno su qcs** sich auf etwas *(Acc)* stützen.

pernottamento *(m)* ~ Übernachtung *(f)*.

pernottare *(vi)* ~ übernachten *(vi*, hat*)*.

però *(congiunz)* ***1*** aber, jedoch, doch. ***2*** *(ciononostante)* trotzdem, dennoch.

pero *(m)* ~ Birnbaum *(m)*, Birne *(f)*.

perorare *(vt)* ~ befürworten *(vt)*.

perpendicolare[1] *(agg)* ~ *(geom)* senkrecht, lotrecht.

perpendicolare[2] *(f)* ~ Senkrechte *(f)*.

perpetuare *(vt)* ~ verewigen *(vt)*.

perpetuarsi *(vr)* ~ sich verewigen *(vr)*.

perpetuo *(agg)* ***1*** *(eterno)* ewig. ***2*** *(destinato a durare)* dauernd, ständig.

perplessità *(f)* ~ Ratlosigkeit *(f)*, Hilflosigkeit *(f)*.

perplesso *(agg)* ~ ratlos, hilflos.

perquisire *(vt)* ~ durchsuchen *(vt)*, untersuchen *(vt)* ♦ *perquisire i bagagli in cerca di armi* Koffer auf Waffen untersuchen.

perquisizione *(f)* ~ Durchsuchung *(f)*.

persecutore *(m; f* **-trice***)* ~ Verfolger *(m; f* -in*)*.

persecuzione *(f)* ~ Verfolgung *(f)*.

perseguire *(vt)* ~ verfolgen *(vt)*.

perseguitare *(vt)* ~ verfolgen *(vt)* ♦ *un pensiero mi perseguita* ein Gedanke verfolgt mich.

perseguitato *(m; f* **-a***)* ~ Verfolgte *(m; f* -tin*)*.

perseverante *(agg)* ~ beharrlich.

perseveranza *(f)* ~ Beharrlichkeit *(f)*, Ausdauer *(f)*.

perseverare *(vt)* ~ {~ *in qcs*} in/auf etwas *(Dat)* beharren *(vi*, hat*)*.

persiana *(f)* ~ *(imposta di finestra)* Fensterladen, Laden *(m)*; *(avvolgibile)* Rollladen *(m)*.

persiano *(m)* ***1*** *(gatto)* Perserkatze *(f)*. ***2*** *(tappeto)* Perserteppich *(m)*.

persino ~ *vedi* **perfino**.

persistente *(agg)* ~ anhaltend, nachhaltig.

persistere *(vt)* ***1*** beharren *(vi*, hat*)*. ***2*** *(protrarsi)* andauern *(vi*, hat*)*.

perso *(agg)* ~ verloren. ◆ **a tempo perso** nebenbei.

persona *(f)* ***1*** Person *(f)*, Mensch *(m)* ♦ *Rita è una persona gentile* Rita ist ein netter Mensch. ***2*** *(tipo)* Typ *(m)*, Wesen *(n)* ♦ *una persona allegra* ein fröhlicher Typ. ***3*** *(pl)* Leute *(pl)* ♦ *c'erano molte persone* viele Leute waren da. ◆ **in persona** in Person, in eigener Person, leibhaftig *(avv)*. ◆ **a persona** *(a testa)* pro Kopf.

personaggio *(m)* ***1*** *(personalità)* Persönlichkeit *(f)*. ***2*** *(lett/cinem)* Person *(f)*, Charakter *(m)*.

personale[1] *(agg)* ***1*** Personal- *(anche gramm)* ♦ *dati personali* Personaldaten, Personalangaben ♦ *pronome personale* Personalpronome. ***2*** *(privato; particolare)* persönlich ♦ *faccende personali* persönliche Angelegenheiten.

personale[2] *(m)* ***1*** *(dipendenti)* Belegschaft *(f)*, Personal *(n)*. ***2*** *(corpo)* Figur *(f)*. ◆ **personale di servizio** Bedienung *(f)*.

personalità *(f)* ***1*** *(personaggio)* Persönlichkeit *(f)*, Gestalt *(f)*. ***2*** *(carattere)* Charakter *(m)*. ◆ **avere personalità** Profil haben.

personalmente *(avv)* ~ persönlich *(avv)* ♦ *garantire personalmente per qcn* für jmdn persönlich bürgen.

personalizzare *(vt)* ~ {~ *qcs*} etwas *(Dat)* eine persönliche Note geben* *(vt)*.
personificare *(vt)* ~ verkörpern *(vt)*, personifizieren *(vt)*.
personificazione *(f)* ***1*** Verkörperung *(f)*. ***2*** *(incarnazione)* Inbegriff *(m)* ♦ *è la personificazione della bontà* er ist der Inbegriff der Güte.
persuadere *(vt)* ***1*** {~ *qcn a qcs*} jmdn zu etwas überreden *(vt)*. ***2*** {~ *qcn di qcs*} jmdn von etwas *(Dat)* überzeugen *(vt)*.
persuadersi *(vr)* ~ {~ *di qcs*} sich von etwas *(Dat)* überzeugen.
persuasione *(f)* ***1*** Überredung *(f)*. ***2*** *(convinzione)* Überzeugung *(f)*.
persuasivo *(agg)* ***1*** überzeugend. ***2*** *(argomenti e sim)* schlagkräftig.
persuaso *(agg)* ~ überzeugt.
pertanto *(congiunz)* ~ deshalb, daher, deswegen.
pertica *(f)* ~ Stange *(f)*.
pertinente *(agg)* ~ dazugehörend.
pertosse *(f)* ~ *(med)* Keuchhusten *(m)*.
pertugio *(m)* ***1*** *(foro)* Loch *(n)*. ***2*** *(passaggio)* Spalte *(f)*.
perturbazione *(f)* ~ *(meteor)* Störung *(f)* *(anche fig)*.
pervadere *(vt)* ~ erfüllen *(vt)*.
pervaso *(agg)* ~ erfüllt.
pervenire *(vi)* ~ {~ *a qcs*} zu etwas gelangen* *(vi*, ist*)*. ◆ **far pervenire qcs a qcn** jmdm etwas zukommen lassen*.
perversione *(f)* ~ Perversion *(f)*, Abartigkeit *(f)*.
perverso *(agg)* ***1*** pervers, abartig. ***2*** *(contro natura)* widernatürlich.
pervertito[1] *(agg)* ~ pervers.
pervertito[2] *(m)* ~ Perverse *(m)*.
pesante *(agg)* ***1*** schwer *(anche fig)* ♦ *una valigia pesante da portare* ein schwer zu tragender Koffer ♦ *un lavoro pesante* eine schwere Arbeit. ***2*** *(di indumenti)* warm*, dick. ***3*** *(rozzo, volgare)* übel. ***4*** *(duro, forte)* hart. ***5*** *(noioso)* langweilig.
pesantemente *(avv)* ~ schwer.
pesantezza *(f)* ***1*** Schwere *(f)* *(anche fig)*. ***2*** *(dell'aria, afa)* Schwüle *(f)*.
pesare[1] *(vi)* ***1*** wiegen* *(vi*, hat*)* ♦ *la valigia pesa quindici chili* der Koffer wiegt fünfzehn Kilo. ***2*** *(avere peso, essere importante)* von Gewicht sein* *(vi*, ist*)*. ***3*** *(gravare)* {~ *su qcn/qcs* } lasten auf jmdm/etwas *(vi*, hat*)* *(anche fig)*.
pesare[2] *(vt)* ***1*** wiegen* *(vt)*. ***3*** *(ponderare)* ab|wägen* *(vt)* ♦ *pesare le parole* seine Worte abwägen.
pesarsi *(vr)* ~ sich wiegen *(vr)*.
pèsca[1] *(f)* ~ *(bot)* Pfirsich *(m)*. ◆ **pesca noce** Nektarine *(f)*.
pésca[2] *(f)* ***1*** Fischfang *(m)*, Fischerei *(f)*. ***2*** *(con l'amo)* Angeln *(n)*.
pescare *(vt/vi)* ***1*** fischen *(vt/vi*, hat*)* *(anche fig)* ♦ *pescare nel torbido* *(fig)* im Trüben fischen. ***2*** *(con l'amo)* angeln *(vt/vi*, hat*)*. ***3*** *(nelle carte)* ziehen* *(vt)*.
pescatore *(m)* ***1*** Fischer *(m)*. ***2*** *(all'amo)* Angler *(m)*. ◆ **martin pescatore** Eisvogel *(m)*.
pesce *(m)* ***1*** Fisch *(m)* ♦ *pesce rosso* Goldfisch ♦ *pesce spada* Schwertfisch ♦ *sentirsi un pesce fuor d'acqua* sich wie ein Fisch auf dem Trocknen fühlen ♦ *non essere né carne né pesce* weder Fisch noch Fleisch sein. ***2*** *(pl)* *(astrol)* Fische *(pl)*.
pescecane *(m)* ~ Haifisch *(m)*.
peschereccio *(m)* ~ Fischerboot *(n)*.
pescheria *(f)* ~ Fischgeschäft *(n)*.
peschiera *(f)* ~ Fischteich *(m)*.
pescivendolo *(m)* ~ Fischverkäufer *(m)*.
pesco *(m)* ~ *(bot)* Pfirsichbaum *(m)*.
pesista *(m/f)* ~ *(sport)* Gewichtheber *(m; f* -in*)*.
peso *(m)* ***1*** Gewicht *(n)* *(anche fig/sport)* ♦ *tre chili di peso* drei Kilo Gewicht ♦ *vendere qcs a peso* etwas nach Gewicht verkaufen ♦ *attribuire molto, poco, nessun peso a qcs* etwas *(Dat)* viel, wenig, kein Gewicht beilegen/beimessen ♦ *peso corporeo* Körpergewicht ♦ *peso specifico* spezifisches Gewicht ♦ *peso netto, lordo* Nettogewicht, Bruttogewicht. ***2*** *(pesantezza)* Schwere *(f)*. ***3*** *(angoscia)* Belastung *(f)* Last *(f)* ♦ *essere di peso a qcn* *(fig)* jmdm zur Last fallen. ◆ **avere peso** *(essere importante)* schwer wiegen*. ◆ **dare troppo peso a qcs** *(prendersela per qcs)* etwas schwer nehmen*. ◆ **peso massimo** *(sport)* Schwergewichtler *(m; f* -in*)*. ◆ **lancio del peso** *(sport)* Kugelstoßen *(n)*.
pessimismo *(m)* ~ Pessimismus *(m)*.
pessimista[1] *(agg)* ~ pessimistisch.

pessimista² *(m/f)* ~ Pessimist *(m; f -in)*.
pessimo *(agg)* ~ sehr schlecht, miserabel.
pestaggio *(m)* ~ Zusammenschlagen *(n)*.
pestare *(vt)* ***1*** *(calpestare)* zertreten* *(vt)* ♦ *pestare i fiori* Blumen zertreten. **2** *(tritare)* zerstoßen* *(vt)*. **3** *(picchiare)* zusammenschlagen* *(vt)*.
peste *(f)* ***1*** *(morbo)* Pest *(f)*. **2** *(flagello)* Plage *(f)*. **3** *(bambino)* kleiner Teufel *(m)*.
pestello *(m)* ~ Stößel *(m)*.
pesticciare *(vi)* ~ stampfen *(vi*, hat*)*, trampeln *(vi*, ist/hat*)*.
pesticida *(m)* ~ Pestizid *(n)*.
pestifero *(agg)* ***1*** pestübertragend. **2** *(pestilenziale, odore)* pestartig. **3** *(persona)* unausstehlich.
pestilenza *(f)* ~ Pest *(f)*.
pestilenziale *(agg)* ~ pestartig.
petalo *(m)* ~ Blütenblatt *(n)*.
petardo *(m)* ~ Knallfrosch *(m)*.
petizione *(f)* ~ Eingabe *(f)*.
peto *(m)* ~ *(volg)* Furz *(m)*.
petroliera *(f)* ~ Öltanker *(m)*, Tankschiff *(n)*.
petroliere *(m)* ~ Erdölindustrielle *(m)*.
petrolifero *(agg)* ~ Erdöl-, Mineralöl-.
petrolio *(m)* ***1*** Erdöl, Öl *(n)* ♦ *petrolio greggio* Rohöl. **2** *(per illuminazione)* Petroleum *(n)*. ◆ **estrazione del petrolio** Erdölförderung *(f)*. ◆ **giacimento di petrolio** Erdölvorkommen *(n)*.
pettegolezzo *(m)* ~ *(spec pl)* Klatsch *(m)*, Gerede *(n)*.
pettinare *(vt)* ***1*** kämmen *(vt)*. **2** *(acconciare)* frisieren *(vt)*.
pettinarsi *(vr)* ***1*** sich kämmen *(vr)* ♦ *pettinarsi i capelli* sich *(Dat)* das Haar kämmen. **2** *(acconciarsi)* sich frisieren *(vt)*.
pettinato *(agg)* ~ gekämmt, Kamm-.
pettinatura *(f)* ~ Frisur *(f)*.
pettine *(m)* ~ Kamm *(m)*.
pettirosso *(m)* ~ *(zool)* Rotkehlchen *(n)*.
petto *(m)* ***1*** Brust *(f)* ♦ *stringere qcn al petto* jmdn an die Brust drücken. **2** *(seno)* Brust *(f)*, Busen *(m)*.
pettorale¹ *(agg)* ~ *(anat)* Brust-.
pettorale² *(m)* ***1*** *(sport)* Startnummer *(f)*. **2** *(anat)* Brustmuskel *(m)*.
pettorina *(f)* ~ Latz *(m)*.
petulante *(agg)* ~ aufdringlich.
petulanza *(f)* ~ Aufdringlichkeit *(f)*.
pezza *(f)* ***1*** *(straccio)* Lappen *(m)*. **2** *(toppa)* Flicken *(m)*. **3** *(rotolo di stoffa)* Stoffballen *(m)*.
pezzato *(agg)* ~ gescheckt, gefleckt.
pezzente *(m/f)* ***1*** Bettler *(m; f -in)*. **2** *(avaro, taccagno)* Geizhals *(m)*.
pezzo *(m)* ***1*** Stück *(n)* *(anche arte/mus)*, Teil *(m)* ♦ *un pezzo di pane* ein Stück Brot ♦ *tagliare qcs a pezzi* etwas in Stücke schneiden ♦ *smontare qcs pezzo per pezzo* etwas in seine Teile zerlegen ♦ *pezzo singolo* Einzelteil ♦ *pezzo di ricambio* Ersatzteil ♦ *pezzo unico* Einzelstück. **2** *(di strada)* Strecke *(f)*. **3** *(giornalistico)* Artikel *(m)*. ◆ **pezzo per pezzo** stückweise *(avv)*. ◆ **da un pezzo** längst *(avv)*. ◆ **andare in pezzi** in Stücke gehen, in Scherben gehen. ◆ **cadere a pezzi** auseinander fallen* *(vi)*.
phon *(m)* ~ *vedi* **fon**.
piacente *(agg)* ~ gut aussehend, gefällig.
piacere¹ *(m)* ***1*** *(gioia)* Vergnügen *(n)*, Freude *(f)* ♦ *ho il piacere di comunicarLe che* es ist mir eine Freude, Ihnen mitzuteilen, dass ♦ *con piacere!* mit Vergnügen! ♦ *con chi ho il piacere (di parlare)?* mit wem habe ich das Vergnügen? **2** *(voluttà, godimento)* Lust *(f)*, Genuss *(m)*. **3** *(favore)* Gefallen *(m)* ♦ *fare un piacere a qcn* jmdm einen Gefallen tun ♦ *fammi il piacere! (ironico)* tu mir den Gefallen! ◆ **per piacere** bitte. ◆ **a piacere** beliebig *(avv)*, nach Belieben. ◆ **con piacere** *(volentieri)* gern(e)*. ◆ **piacere** (**di conoscerLa**) es freut mich (Sie kennen zu lernen). ◆ **piacere!** angenehm! *(avv)*. ◆ **far piacere a qcn** jmdn freuen *(vt)* ♦ *la tua visita mi ha fatto piacere* dein Besuch hat mich gefreut.
piacere² *(vi)* ***1*** {~ *a qcn*} jmdm gefallen* *(vi*, hat*)* ♦ *il film mi è piaciuto* der Film hat mir gut gefallen. **2** *(gradire)* mögen* *(vt)*, lieben *(vt)* ♦ *Le piace Brahms?* mögen Sie Brahms? ♦ *non mi piace che si litighi* ich liebe es nicht, wenn man sich streitet. **3** *(fare volentieri)* verbo + gern(e) *(avv)* ♦ *mi piace leggere* ich lese gern ♦ *le piace nuotare* sie schwimmt gern ♦ *mi piacerebbe proprio sapere chi* ich möchte gerne wissen, wer. **4** *(cibo)* {~ *a qcn*} jmdm schmecken *(vi*, hat*)* ♦ *ti è*

piaciuto il dolce? (wie) hat dir der Kuchen geschmeckt?
piacevole *(agg)* ~ angenehm, wohltuend, gefällig.
piacimento *(m)* ~ **a piacimento** beliebig *(avv)*, nach Belieben.
piaga *(f)* ***1*** Wunde *(f)*. **2** *(sociale)* Übel *(n)*.
piagato *(agg)* ~ voll(er) Wunden.
piagnucolare *(vi)* ~ wimmern *(vi, hat)*.
piagnucoloso *(agg)* ~ weinerlich, rührselig.
pialla *(f)* ~ Hobel *(m)*.
piallare *(vt)* ***1*** ab|hobeln *(vt)*. **2** *(lisciare)* glatt hobeln *(vt)*.
piana *(f)* ~ Flachland *(n)*.
pianale *(m)* ~ *(di camion)* Pritsche *(f)*.
pianeggiante *(agg)* ~ flach.
pianerottolo *(m)* ~ Treppenabsatz *(m)*.
pianeta *(m)* ~ Planet *(m)*.
piangere[1] *(vi)* ~ weinen *(vi, hat)* ♦ *piangere di gioia* vor Freude weinen ♦ *piangere per qcn/qcs* um jmdn/etwas weinen. ◆ **piangere a dirotto** in Tränen schwimmen.
piangere[2] *(vt)* ~ beweinen *(vt)*.
pianificare *(vt)* ~ planen *(vt)*.
pianificato *(agg)* ~ Plan-, geplant.
pianificazione *(f)* ~ Planung *(f)*.
pianista *(m/f)* ~ Klavierspieler *(m; f -in)*, Pianist *(m; f -in)*.
piano[1] *(agg)* ***1*** flach, eben *(anche geom)*. **2** *(semplice, chiaro)* einfach, verständlich.
piano[2] *(avv)* ***1*** *(a bassa voce)* leise. **2** *(lentamente)* langsam.
piano[3] *(m)* ***1*** *(superficie)* Fläche *(f)*, Ebene *(f)* *(anche geom)*. **2** *(di edificio)* Stock *(m)*, Stockwerk *(n)*, Geschoss *(n)*, Etage *(f)* ♦ *abitiamo al primo piano* wir wohnen im ersten Stock ♦ *la casa ha cinque piani* das Haus hat fünf Stockwerke ♦ *piano superiore* Obergeschoss. **3** *(livello)* Niveau *(n)*, Ebene *(f)*. **4** *(progetto)* Plan *(m)*, Planung *(f)*, Projekt *(n)* ♦ *piano regolatore* Bebauungsplan ♦ *piano di studi* Studienplan. ◆ **secondo il piano** plangemäß *(avv)*. ◆ **a due piani** zweistöckig, doppelstöckig *(agg)*. ◆ **di primo piano** führend ♦ *un ruolo di primo piano* eine führende Rolle. ◆ **passare in primo piano** in den Vordergrund treten*. ◆ **stare in secondo piano** im Hintergrund stehen*.
pianoforte *(m)* ~ Klavier *(n)*. ◆ **pianoforte a coda** Flügel *(m)*.
pianoterra *(m)* ~ Erdgeschoss *(n)* ♦ *al pianoterra* im Erdgeschoss.
pianta *(f)* ***1*** Pflanze *(f)* *pianta da vaso* Topfpflanze. **2** *(medicinale, aromatica)* Kraut *(n)*. **3** *(cartina)* Stadtplan *(m)*. **4** *(di edificio)* Grundriss *(m)*. **5** *(anat)* Sohle *(f)* *pianta del piede* Fußsohle.
piantagione *(f)* ~ Pflanzung *(f)*, Plantage *(f)*.
piantare *(vt)* ***1*** pflanzen *(vt)*, bepflanzen *(vt)*. **2** *(conficcare)* schlagen* *(vt)*, treiben* *(vt)* ♦ *piantare dei chiodi in un'asse* Nägel in ein Brett schlagen. **3** *(fam)* *(abbandonare)* stehen lassen* *(vt)*, sitzen lassen* *(vt)*. ◆ **piantare in asso** im Stich lassen*. ◆ **piantala!** hör auf!
pianterreno *(m)* ~ Erdgeschoss *(n)*.
piantina *(f)* ***1*** *(cartina)* Plan *(m)*. **2** *(di edificio)* Grundriss *(m)*.
pianto *(m)* ~ Weinen *(n)*.
pianura *(f)* ~ Ebene *(f)* ♦ *pianura padana* Poebene.
piastra *(f)* ***1*** Platte *(f)*. **2** *(fornello)* Kochplatte *(f)*.
piastrella *(f)* ~ Fliese *(f)*, Kachel *(f)* ♦ *mettere le piastrelle* Fliesen legen.
piastrellare *(vt)* ~ kacheln *(vt)*.
piastrina *(f)* ***1*** *(med)* Blutplättchen *(n)*. **2** *(di riconoscimento)* Erkennungsmarke *(f)*.
piattaforma *(f)* ***1*** Plattform *(f)* *(anche fig)*. **2** *(girevole, per veicoli su rotaia)* Drehscheibe *(f)*.
piattino *(m)* ~ *(di tazza)* Untertasse *(f)*.
piatto[1] *(agg)* ~ flach, eben, platt.
piatto[2] *(m)* ***1*** Teller *(m)* ♦ *piatto piano, fondo* flacher, tiefer Teller. **2** *(pl)* Geschirr *(n)* ♦ *lavare i piatti* das Geschirr spülen. **3** *(pietanza, ricetta)* Speise *(f)* Gericht *(n)*. ◆ **piatto della bilancia** Waagschale *(f)*.
piazza *(f)* ***1*** Platz *(m)* ♦ *in piazza (stato)* auf dem Platz; *(moto)* auf den Platz. **2** *(mercato)* Handelsplatz *(m)*, Markt *(m)*. ◆ **fare piazza pulita** reinen Tisch machen, mit etwas auf|räumen.
piazzamento *(m)* ~ *(sport)* Platzierung *(f)*.
piazzare *(vt)* ***1*** platzieren *(vt)* *(anche sport)*; aus|stellen *(vt)*. **2** *(comm)* um|setzen *(vt)*.

piazzarsi *(vr)* ~ *(sport)* sich platzieren *(vr)*.

piazzato *(agg)* ***1*** *(corpulento)* stämmig. ***2*** *(sport/econ)* platziert. ***3*** *(finanziariamente)* gut situiert.

piazzista *(m/f)* ~ Handelsvertreter *(m, f* -in*)*.

piccante *(agg)* ***1*** *(gastr)* scharf*. ***2*** *(fig)* pikant.

picche *(m)* ~ *(nelle carte)* Pik *(n)*.

picchetto *(m)* ***1*** Pflock *(m)* ♦ *picchetto della tenda* Zeltpflock. ***2*** *(mil)* Wache *(f)*.

picchiare[1] *(vi)* ***1*** schlagen* *(vi,* hat/ist*)*. ***2*** *(bussare)* klopfen *(vi,* hat*)* ♦ *chi picchia alla porta?* wer klopft an die Tür? ***3*** *(sole)* prallen *(vi,* ist*)*.

picchiare[2] *(vt)* ***1*** schlagen**(vt)*, verprügeln *(vt)* ♦ *picchiare a sangue* blutig schlagen. ***2*** {~ *qcs contro qcs*} mit etwas gegen etwas stoßen *(vi,* ist*)*.

picchiarsi *(vr)* ~ {~ *(con qcn)*} sich (mit jmdm) schlagen *(vr)*.

picchiata *(f)* ~ *(aeron)* Sturzflug *(m)*.

picchiettare *(vi)* ~ *(fare un rumore)* trommeln *(vi,* hat*)*.

picchiettio *(m)* ~ Trommeln *(n)*.

picchio *(m)* ~ *(zool)* Specht *(m)*.

picciolo *(m)* ~ Stiel *(m)*.

piccionaia *(f)* ***1*** *(colombaia)* Taubenschlag *(m)*. ***2*** *(soffitta)* Dachgeschoss *(n)*. ***3*** *(teatr)* Galerie *(f)*.

piccione *(m)* ~ *(zool)* Taube *(f)*; *(maschio)* Tauber *(m)*.

picco *(m)* ***1*** *(di monte)* Gipfel *(m)*, Bergspitze *(f)*. ***2*** *(di misure, grafici)* Spitzenwert *(m)*. ◆ **a picco** steil, senkrecht *(agg/avv)*. ◆ **colare a picco** sinken* *(vi,* ist*)*.

piccolezza *(f)* ***1*** Kleinheit *(f)*. ***2*** *(inezia)* Kleinigkeit *(f)*. ***3*** *(piccineria)* Kleinlichkeit *(f)*.

piccolo *(agg)* ***1*** klein ♦ *una piccola offerta* eine kleine Spende ♦ *è piccolo e grasso* er ist klein und dick. ***2*** *(corto)* kurz. ***3*** *(esiguo)* gering, klein ♦ *una piccola differenza* ein geringer Unterschied. ***4*** *(meschino)* kleinlich, engherzig. ◆ **da piccolo** als Kind.

piccone *(m)* ~ Spitzhacke *(f)*.

piccozza *(f)* ~ Pickel, Eispickel *(m)*.

picnic *(m)* ~ Picknick *(n)*.

pidocchio *(m)* ~ *(zool)* Laus *(f)*.

piede *(m)* ***1*** Fuß *(m)* *(anche fig, unità di misura)* ♦ *dalla testa ai piedi* von Kopf bis Fuß ♦ *gettarsi ai piedi di qcn* sich *(Acc)* jmdm zu Füßen werfen ♦ *pestare i piedi a qcn (fig)* jmdm auf die Füße treten. ***2*** *(di animali)* Pfote *(f)*. ***3*** *(di oggetti, mobili, ecc)* Bein *(n)*, Fuß *(m)* ♦ *ai piedi della montagna, del letto* am Fuß des Berges, des Bettes. ◆ **piede di porco** Brecheisen *(n)*. ◆ **in piedi** stehend. ◆ **su due piedi** aus dem Stand, auf der Stelle. ◆ **andare a piedi** zu Fuß gehen*; laufen*. ◆ **a piedi nudi** mit bloßen Füßen, barfuß *(avv)*. ◆ **camminare in punta di piedi** auf den Zehen gehen*.

piedistallo *(m)* ~ Sockel *(m)*.

piega *(f)* ***1*** Falte *(f)* *(anche geol)* ♦ *piega dei pantaloni* Bügelfalte. ***2*** *(andamento)* Wendung *(f)*. ◆ **a pieghe** faltig. ◆ **messa in piega** Legen *(n)*.

piegamento *(m)* ~ Beugung *(f)*.

piegare[1] *(vi)* ~ ab|biegen* *(vi,* ist*)*.

piegare[2] *(vt)* ***1*** *(curvare, incurvare)* biegen* *(vt)*, beugen *(vt)* *(anche fig)* ♦ *piegare il braccio, la testa* den Arm, den Kopf beugen. ***2*** *(stoffa, carta)* falten *(vt)*, zusammen|legen *(vt)* ♦ *piegare un tovagliolo* eine Serviette zusammenlegen. ***3*** *(inclinare)* neigen *(vt)*, beugen *(vt)* ♦ *piegare la testa in segno di saluto* den Kopf zum Gruß neigen. ***4*** *(sottomettere)* bezwingen *(vt)*.

piegarsi *(vr)* ***1*** sich biegen* *(vr)*, sich beugen *(vr)* ♦ *piegarsi in due dal ridere* sich vor Lachen biegen. ***2*** *(cedere)* sich beugen *(vr)* ♦ *piegarsi di fronte a qcn/qcs* sich (vor) jmdm/etwas beugen.

piegato *(agg)* ***1*** gebogen. ***2*** *(ricurvo, storto)* krumm.

pieghevole *(agg)* ***1*** faltbar. ***2*** *(su se stesso)* zusammenklappbar, zusammenlegbar, Falt- Klapp- ♦ *sedia pieghevole* Klappstuhl *(m)*.

pieghevole *(m)* ~ *(dépliant)* Faltblatt *(n)*.

piena *(f)* ~ Hochwasser *(n)* ♦ *il fiume è in piena* der Fluss hat/führt Hochwasser.

pienezza *(f)* ~ Fülle *(f)*.

pieno[1] *(agg)* ***1*** voll ♦ *una bottiglia piena* eine volle Flasche ♦ *la piena verità* die volle Wahrheit ♦ *a prezzo pieno* zum vollen

Preis. **2** *(inoltrato, avanzato)* tief ♦ *in pieno inverno* tief in dem Winter. **3** *(sazio)* satt. ◆ **pieno di** voll mit, voll von; voller *(solo pred o posposto)* ♦ *una cesta piena di noci* ein Korb voller Nüsse ♦ *la stanza è piena di gente* das Zimmer ist voll von Leuten. ◆ **pieno zeppo** gedrängt voll, übervoll. ◆ **in pieno** völlig, genau. ◆ **in pieno** *(+ sost)* mitten in, voll in ♦ *in piena notte* mitten in der Nacht.

pieno[2] *(m)* ~ *(di carburante)* Tankfüllung *(f)*. ◆ **fare il pieno** voll tanken.

pietà *(f)* **1** Erbarmen *(n)*, Mitleid *(n)* ♦ *avere pietà di qcn* mit jmdm Erbarmen haben. **2** *(clemenza)* Gnade *(f)*. **3** *(sentimento religioso)* Frömmigkeit *(f)*. ◆ **senza pietà** gnadenlos.

pietanza *(m)* ~ Speise *(f)*, Gericht *(n)*.

pietoso *(agg)* **1** *(compassionevole)* barmherzig, mitleidig. **2** *(miserevole)* erbärmlich. **3** *(clemente)* gnädig.

pietra *(f)* **1** Stein *(m)* ♦ *pietra tombale* Grabstein ♦ *pietra miliare (anche fig)* Eckstein, Meilenstein. **2** *(preziosa)* Edelstein *(m)*. ◆ **di pietra** steinern, aus Stein *(anche fig)*.

pietrisco *(m)* ~ Rollsplitt *(m)*, Schotter *(m)*.

pietroso *(agg)* ~ steinig, Stein-.

pieve *(f)* ~ Pfarrei *(f)*.

piffero *(m)* ~ *(mus)* Pfeife *(f)*.

pigiama *(m)* ~ Schlafanzug *(m)*.

pigiare *(vt)* **1** pressen *(vt)*, drücken *(vt)* ♦ *pigiare i vestiti nello zaino* die Kleider in den Rucksack pressen ♦ *pigiare un bottone* (auf) einen Knopf drücken. **2** *(spingere via)* drängen *(vt)*.

pigiato *(agg)* ~ zusammengepresst.

pigiatura *(f)* **1** Drücken *(n)*. **2** *(di uva)* Keltern *(n)*.

pigione *(f)* ~ Miete *(f)*.

pigna *(f)* ~ *(bot)* Zapfen *(m)*.

pignolo[1] *(agg)* ~ kleinlich, pedantisch.

pignolo[2] *(m; f* **-a***)* ~ Pedant *(m/f)*.

pignoramento *(m)* ~ Pfändung *(f)*.

pignorare *(vt)* ~ pfänden *(vt)*. ◆ **pignorare i beni di qcn** jmdn pfänden.

pigolare *(vi)* **1** piep(s)en *(vi*, hat*)*. **2** *(fig)* quengeln *(vi*, hat*)*.

pigrizia *(f)* ~ Trägheit *(f)*, Faulheit *(f)*.

pigro *(agg)* ~ faul, träg(e).

pigrone *(m; f* **-a***)* ~ Faulenzer *(m; f* -in*)*, Faulpelz *(m)*.

pila *(f)* **1** *(mucchio)* Stapel *(m)* ♦ *una pila di lettere, di panni* ein Stapel Briefe, Wäsche. **2** *(elettrica)* Batterie *(f)*. **3** *(lampada da tasca)* Taschenlampe *(f)*.

pilastro *(m)* **1** Pfeiler *(m)*, Säule *(f)*. **2** *(fig)* Stütze *(f)*.

pillola *(f)* **1** Tablette *(f)*, Pille *(f)* ♦ *pillole per il mal di testa* Tabletten gegen Kopfschmerzen ♦ *pillola di sonnifero* Schlaftablette *(f)*. **2** *(anticoncezionale)* Pille *(f)*.

pilone *(m)* **1** Pfeiler *(m)*. **2** *(di bandiera e sim)* Mast *(m)*.

pilota *(m/f)* **1** Pilot *(m; f* -in*)* ♦ *pilota automatico* Autopilot. **2** *(di auto)* Rennfahrer *(m; f* -in*)*. **3** *(di navi)* Lotse *(m)*.

pilotaggio *(m)* ~ Steuerung *(f)*, Lenkung *(f)*.

pilotare *(vt)* **1** *(auto)* fahren* *(vt)*, führen *(vt)*. **2** *(aerei)* fliegen* *(vt)*, steuern *(vt)*. **3** *(navi)* lotsen *(vt)*, steuern *(vt)*.

piluccare *(vt/vi)* **1** naschen *(vt/vi*, hat*)*. **2** *(uva)* zupfen *(vt)*.

pina ~ *vedi* **pigna**.

pinacoteca *(f)* ~ Pinakothek *(f)*.

pineta *(f)* ~ Pinienwald *(m)*.

ping-pong *(m)* ~ Tischtennis *(n)*, Pingpong *(n)*.

pinguino *(m)* ~ *(zool)* Pinguin *(m)*.

pinna *(f)* **1** *(zool)* Flosse *(f)*. **2** *(per il nuoto)* Schwimmflosse *(f)*.

pino *(m)* ~ *(bot)* Kiefer *(f)* ♦ *pino marittimo* Strandkiefer. ◆ **pino silvestre** Föhre *(f)*.

pinolo *(m)* ~ Pinienkern *(m)*.

pinza *(f)* **1** Zange *(f)*. **2** *(chela)* Schere *(f)*.

pinzetta *(f)* ~ Pinzette *(f)*.

pioggia *(f)* ~ Regen *(m)* *(anche fig)* ♦ *pioggia acida* saurer Regen ♦ *in caso di pioggia* bei Regen.

piolo *(m)* **1** *(paletto)* Pflock *(m)*. **2** *(della scala)* Leitersprosse *(f)*.

piombare *(vi)* **1** *(precipitare)* fallen* *(vi*, ist*)*, herunter|stürzen *(vi*, ist*)*. **2** *(avventarsi)* {~ *addosso a qcn/qcs*} sich auf jmdn/etwas stürzen *(vr)*. **3** *(giungere improvvisamente)* schneien *(vi*, ist*)*.

piombino *(m)* **1** *(del filo a piombo)* Lot *(n)*, Senkblei *(n)*. **2** *(dell'amo)* Angelblei *(n)*.

piombo *(m)* ~ Blei *(n)*. ◆ **a piombo** senkrecht, lotrecht. ◆ **senza piombo** *(benzi-*

na) bleifrei. ◆ **di piombo** bleiern *(anche fig)*.

pioniere *(m)* ~ Pionier *(m)*; *(fig)* Wegbereiter *(m)*.

pioppeto *(m)* ~ Pappelhain *(m)*.

pioppo *(m)* ~ *(bot)* Pappel *(f)* ◆ *pioppo tremulo* Zitterpappel ◆ *pioppo bianco* Silberpappel.

piovere *(vi)* ~ regnen *(v meteor*, hat*)* ◆ *stanotte è piovuto* heute Nacht hat es geregnet. ◆ **piove a catinelle** es gießt wie aus Kannen, es regnet in Strömen.

piovigginare *(vi)* ~ nieseln *(v meteor*, hat*)*, tröpfeln *(v meteor*, hat*)*.

piovosità *(f)* ***1*** Niederschlag *(m)*. ***2*** *(quantità di pioggia)* Regenmenge *(f)*.

piovoso *(agg)* ~ regnerisch, Regen-. ◆ *tempo piovoso* Regenwetter *(n)*.

piovra *(f)* ~ Krake *(m)*, Polyp *(m)*.

pipa *(f)* ~ Pfeife *(f)*.

pipì *(f)* ~ Pipi *(n)*. ◆ **fare pipì** *(fam)* Pipi machen *(vt)*, pinkeln *(vi*, hat*)*.

pipistrello *(m)* ~ *(zool)* Fledermaus *(f)*.

piramide *(f)* ~ Pyramide *(f)*.

pirata *(m)* ~ Pirat *(m)*, Seeräuber *(m)*.

pirateria *(f)* ~ Seeräuberei *(f)*, Piraterie *(f)*.

piroga *(f)* ~ Einbaum *(m)*.

piromane *(m)* ~ Brandstifter *(m)*.

piroscafo *(m)* ~ Dampfer *(m)*.

pirotecnico *(agg)* ~ Feuer-, Feuerwerk-.

pisciare *(vt)* ~ *(volg)* pissen *(vi*, hat*)*.

piscina *(f)* ~ Schwimmbad *(n)* ◆ *piscina all'aperto* Freibad ◆ *piscina coperta* Hallenbad, Schwimmhalle *(f)*.

pisello *(m)* ~ Erbse *(f)*.

pisolare *(vi)* ~ schlummern *(vi*, hat*)*.

pisolino *(m)* ~ Schläfchen *(m)*.

pista *(f)* ***1*** Bahn *(f)*, Piste *(f)*, Weg ◆ *pista da sci* Skipiste ◆ *pista d'atterraggio* Landebahn ◆ *pista ciclabile* Fahrradweg. ***2*** *(traccia)* Fährte *(f)*, Spur *(f)* ◆ *seguire una pista* eine Fährte verfolgen.

pistacchio *(m)* ~ *(pianta, frutto)* Pistazie *(f)*.

pistillo *(m)* ~ *(bot)* Stempel *(m)*.

pistola *(f)* ~ Pistole *(f)*.

pistone *(m)* ***1*** Kolben *(m)*. ***2*** *(mus)* Ventil *(n)*.

pitone *(m)* ~ Python *(m)*, Pythonschlange *(f)*.

pittore *(m)* ~ Maler *(m; f* -in*)*.

pittoresco *(agg)* ~ malerisch.

pittura *(f)* ***1*** *(arte; dipinto)* Malerei *(f)*. ***2*** *(colore, tinta)* Farbe *(f)*, Anstrich *(m)*.

pitturare *(vt)* ~ bemalen *(vt)*; *(verniciare)* an|streichen* *(vt)*.

più[1] *(avv)* ***1*** mehr ◆ *vorrei avere più tempo* ich möchte mehr Zeit haben ◆ *oggi ho mangiato di più (di ieri, di te)* heute habe ich mehr gegessen (als gestern, als du) ◆ *pretese 100 euro in più* er verlangte 100 Euro mehr ◆ *più o meno* mehr oder weniger/minder ◆ *sono più che contenta* ich bin mehr als zufrieden ◆ *non ho più soldi* ich habe kein Geld mehr ◆ *non c'era più nessuno* es war niemand mehr da ◆ *niente di più* nichts mehr ◆ *mai più* nie mehr, nie wieder. ***2*** *(compar) (si traduce con la forma compar di agg e avv)* ◆ *è diventata più grande* sie ist größer geworden ◆ *sono più ricchi di noi* sie sind reicher als wir. ***3*** *(comparando due agg o avv)* mehr, eher ◆ *è timido più che scortese* er ist eher schüchtern als unfreundlich. ***4*** *(in correlazione comparativa)* je (mehr) *(+ compar)* desto + *compar* ◆ *più la conosco, più la apprezzo* je besser ich sie kenne, desto mehr schätze ich sie ◆ *più siamo, meglio è* je mehr, desto besser. ***5*** *(superl rel) (si traduce con la forma di superl di agg e avv)* ◆ *è il film più bello che abbia visto quest'anno* das ist der schönste Film, den ich dieses Jahr gesehn habe ◆ *lavora più veloce (di tutti)* er arbeitet am schnellsten. ***6*** *(di tempo)* länger ◆ *resterò di più* ich werde länger bleiben. ***7*** *(con avv di luogo)* weiter ◆ *più a sinistra* weiter links ◆ *più in avanti* weiter vorne. ***8*** *(aggiunta)* und, plus *(anche mat)* ◆ *due più tre fa cinque* zwei und (plus) drei ist fünf. ***9*** *(con in più)* zuzüglich *(prep* + Gen*)* ◆ *più le spese di spedizione* zuzüglich der Versandkosten. ◆ **sempre (di) più** mehr und mehr, immer mehr ◆ *sempre più forte* stärker und stärker. ◆ **ora più che mai** jetzt erst recht. ◆ **per lo più** meistens, zumeist *(avv)*. ◆ **più volte** mehrmals *(avv)*. ◆ **non più di**, **tutt'al più** höchstens *(avv)* ◆ *ci saranno state non più di venti persone* es waren höchstens zwanzig Leute da.

più[2] *(m)* ***1*** *(sovrappiù, eccedenza)* Mehr *(n)*. ***2*** *(pl) (parecchi)* mehrere. ***3*** *(maggior parte)* grösster Teil *(m)*.

piuccheperfetto *(m)* ~ Plusquamperfekt *(n)*.
piuma *(f)* ***1*** Feder *(f)*, Daune *(f)*. ***2*** *(pl) (piumaggio)* Flaum *(m)*, Gefieder *(n)*.
piumaggio *(m)* ~ Gefieder *(n)*.
piumino *(m)* ***1*** *(di uccelli)* Daunen *(pl)*. ***2*** *(coperta)* Daunendecke *(f)*. ***3*** *(giacca)* Daunenjacke *(f)*. ***4*** *(per spolverare)* Staubwedel, Wedel *(m)*.
piumone *(m)* ~ Federbett, Daunenbett *(n)*.
piuttosto[1] *(avv)* ***1*** *(preferibilmente)* lieber, eher ♦ *non ho sete, mangerei piuttosto un panino* ich bin nicht durstig, ich esse lieber ein Brötchen. ***2*** *(anzi)* vielmehr ♦ *questo non lo credo, sono piuttosto dell'opinione che* das glaube ich nicht, vielmehr bin ich der Meinung, dass. ***3*** *(alquanto)* ziemlich, einigermaßen ♦ *qualità piuttosto buona* einigermaßen gute Qualität. ◆ **o piuttosto** oder besser.
piuttosto[2] *(congiunz)* ~ **piuttosto che** (an)statt zu *(+ inf)*. ◆ **piuttosto di** lieber.
pizza *(f)* ~ Pizza *(f)*.
pizzaiolo *(m; f* **-a***)* ~ Pizzabäcker *(m; f* -in*)*.
pizzeria *(f)* ~ Pizzeria *(f)*.
pizzicare *(vi)* ~ *(prudere)* jucken *(vi,* hat*)* ♦ *mi pizzica la mano* es juckt mich an der Hand.
pizzicare *(vt)* ***1*** *(dare un pizzico)* zwicken *(vt)* ♦ *pizzicare qcn sulla guancia* jmdn in die Wange zwicken. ***2*** *(insetti)* stechen* *(vt)*. ***3*** *(mus)* zupfen *(vt)*.
pizzico *(m)* ***1*** Prise *(f)*, Bisschen *(n)*, ♦ *un pizzico di sale* eine Prise Salz. ***2*** *(pizzicotto)* Kniff *(m)*.
pizzicotto *(m)* ~ Kniff *(m)*. ◆ **dare un pizzicotto** kneifen* *(vt)*, zwicken *(vt)* ♦ *dare un pizzicotto a qcn sulla guancia, nel braccio* jmdn in die Wange, in den Arm kneifen.
pizzo *(m)* ***1*** Spitze *(f)*. ***2*** *(barba)* Spitzbart *(m)*.
placare *(vt)* ***1*** *(soddisfare)* stillen *(vt)*. ***2*** *(calmare)* besänftigen *(vt)*, beruhigen *(vt)*.
placarsi *(vr)* ~ sich beruhigen *(vr)*.
placca *(f)* ***1*** Platte *(f)*. ***2*** *(targhetta)* Plakette *(f)*. ***3*** *(med)* Belag *(m)* ♦ *placca dentaria* Zahnbelag.
placenta *(f)* ~ *(anat)* Mutterkuchen *(m)*.
placido *(agg)* ~ beschaulich, ruhig, still.
plafoniera *(f)* ~ Deckenlampe *(f)*.
planare *(vi)* ~ gleiten* *(vi,* ist*)*.
planata *(f)* ~ Gleitflug *(m)*.
planetario *(agg)* ***1*** Planeten-. ***2*** *(mondiale)* weltweit.
planetario *(m)* ~ Planetarium *(n)*.
planimetria *(f)* ~ Flächenmessung *(f)*, Planimetrie *(f)*.
planisfero *(m)* ***1*** Planisphäre *(f)*. ***2*** *(del cielo)* Himmelskarte *(f)*.
plasma *(m)* ~ *(biol)* Plasma *(n)*.
plasmare *(vt)* ~ formen *(vt)*, modellieren *(vt)*.
plastica *(f)* ***1*** Plastik *(n)*, Kunststoff *(m)*. ***2*** *(med)* Plastik *(f)*. ◆ **plastica facciale** Gesichtsplastik *(f)*.
plasticità *(f)* ***1*** Formbarkeit *(f)*. ***2*** *(arte)* Plastizität *(f)*.
plastico[1] *(agg)* ~ plastisch.
plastico[2] *(m)* ***1*** *(pianta a rilievo)* Reliefkarte *(f)*, Relief *(n)*. ***2*** *(esplosivo)* plastischer Sprengstoff *(m)*.
plastificare *(vvt)* ~ plastifizieren *(vt)*.
plastificato *(agg)* ~ Plastik-.
platano *(m)* ~ *(bot)* Platane *(f)*.
platea *(f)* ***1*** Parkett *(n)*, Zuschauerraum *(m)*. ***2*** *(pubblico)* Publikum *(n)*, Zuschauer *(m)*.
plateale *(agg)* ~ grob.
platino *(m)* ~ *(chim)* Platin *(n)*.
platonico *(agg)* ~ platonisch.
plausibile *(agg)* ~ plausibel, stichhaltig.
plauso *(f)* ~ Beifall *(m)*.
plebaglia *(f)* ~ Pöbel *(m)*.
plebe *(f)* ~ *(stor)* Plebs *(f)*.
plebiscito *(m)* ***1*** Volksabstimmung *(f)*. ***2*** *(fig)* Einstimmigkeit *(f)*.
plenario *(agg)* ~ Voll-, Plenar-.
plenilunio *(m)* ~ Vollmond *(m)*.
plettro *(m)* ~ Plektron *(n)*.
pleura *(f)* ~ *(anat)* Rippenfell *(n)*.
pleurite *(f)* ~ *(med)* Rippenfellentzündung *(f)*.
plico *(m)* ***1*** *(documenti)* Aktenbündel *(n)*. ***2*** *(spedizione)* Sendung *(f)*.
plotone *(m)* ~ *(mil)* Zug *(m)*. ◆ **plotone di esecuzione** Hinrichtungskommando *(n)*.
plumbeo *(agg)* ~ bleifarben, bleiern.

plurale[1] *(agg)* ~ pluralisch, Plural-.
plurale[2] *(m)* ~ *(gramm)* Plural *(m)*, Mehrzahl *(f)*.
pluralità *(f)* ~ Pluralität *(f)*, Vielfalt *(f)*.
pluri- *(pref)* ~ mehr-, vielfach, mehrfach, mehrmals ♦ *plurilingue* mehrsprachig ♦ *pluricellulare* mehrzellig ♦ *pluridecorato* mehrmals ausgezeichnet.
pluriennale *(agg)* ~ mehrjährig.
plurimo *(agg)* ~ mehrfach.
plusvalore *(m)* ~ Mehrwert *(m)*.
Plutone *(m)* ~ *(astron)* Pluto *(m)*.
plutonio *(m)* ~ *(chim)* Plutonium *(n)*.
pluviale *(agg)* ~ Regen-. ◆ **foresta pluviale** Regenwald *(m)*.
pneumatico[1] *(agg)* **1** *(ad aria)* Luft-, Pressluft- ♦ *martello pneumatico* Luftpresshammer *(m)*. **2** *(filos/relig/med)* pneumatisch.
pneumatico[2] *(m)* ~ Reifen *(m)*.
po' ~ *vedi* **poco**.
pochezza *(f)* ~ Kleinheit *(f)*.
pochino ~ **un pochino** ein (kleines) bisschen.
poco[1] *(agg indef)* **1** wenig, nicht viel ♦ *ne ho poca voglia* ich habe wenig Lust dazu ♦ *con poche parole* mit nicht vielen Worten. **2** *(esiguo)* gering, knapp ♦ *un orologio di poco valore* eine Uhr von geringem Wert. **3** *(tempo)* kurz, nicht lang ♦ *da poco tempo* seit kurzer Zeit. **4** *(spazio)* kurz, nicht weit. ◆ **in poche parole** kurz und gut.
poco[2] *(pron indef)* **1** *(cose)* wenig ♦ *ha bisogno di soldi ma io ne ho pochi* er braucht Geld, aber ich habe nur wenig. **2** *(persone)* wenige ♦ *pochi si sono fatti vivi* wenige haben sich gemeldet. ◆ **un poco, un po'** ein wenig, ein bisschen, etwas ♦ *parla un po' di tedesco* er spricht etwas Deutsch. ◆ **un bel po'** ganz schön viel; *(di tempo)* ganz schön lange. ◆ **nemmeno un po'** nicht im Geringsten. ◆ **accontentarsi di poco** mit wenig(em) zufrieden sein*. ◆ **troppo poco** zu wenig ♦ *meglio troppo che troppo poco* besser zu viel als zu wenig.
poco[3] *(avv)* **1** wenig, nicht sehr ♦ *ho dormito poco* ich habe wenig geschlafen ♦ *è poco più alta di me* sie ist wenig größer als ich. **2** *(di tempo)* kurz, nicht lang ♦ *mi trattengo poco* ich bleibe nur kurz. **3** *(di luogo)* kurz, nicht weit. **4** *(quasi)* fast, beinahe *(+ cong II)* ♦ *per poco non sono caduto* beinahe wäre ich gestürzt ♦ *c'è mancato poco che lo investissi* ich hätte ihn fast überfahren. ◆ **a poco a poco** allmählich, langsam, nach und nach. ◆ **da poco** *(di tempo)* neu, neuerdings, seit kurzem. ◆ **poco fa** vor kurzem. ◆ **fra poco** bald. ◆ **poco prima** kurz bevor, kurz vorher. ◆ **poco dopo** kurz darauf. ◆ **poco dopo (di)** kurz nach. ◆ **poco dopo che** kurz nachdem. ◆ **poco prima di** kurz vor. ◆ **a poco** *(a buon prezzo)* billig.
podere *(m)* ~ Bauerngut *(n)*.
poderoso *(agg)* **1** kräftig. **2** *(voluminoso)* gewaltig.
podio *(m)* **1** Podium *(n)*, Podest *(n/m)*. **2** *(per discorsi)* Pult *(n)*.
poema *(m)* **1** Gedicht *(n)*. **2** *(ironico)* Meisterwerk *(n)*. ◆ **poema epico** Epos *(n)*.
poesia *(f)* **1** *(componimento)* Gedicht *(n)*, Dichtung *(f)* ♦ *poesia epica* Heldendichtung. **2** *(arte poetica)* Dichtung *(f)*, Dichtkunst *(f)*.
poeta *(m; f* **poetessa***)* ~ Dichter *(m; f* -in*)*.
poetare *(vi)* ~ dichten *(vi, hat)*.
poetico *(agg)* ~ dichterisch, poetisch.
poggiare *(vi)* ~ *(stare, essere basato)* {~ *su qcs*} auf etwas *(Acc)* ruhen *(vi, hat)*.
poggiare *(vt)* **1** *(mettere su)* legen *(vt)*, stellen *(vt)*. **2** *(appoggiare)* lehnen *(vt)*.
poggiarsi *(vr)* **1** sich lehnen *(vr)*. **2** *(sostenersi)* {~ *su qcs*} sich auf etwas *(Dat)* stützen.
poggiatesta *(m)* ~ *(in auto)* Kopfstütze *(f)*.
poi *(avv)* **1** *(dopo)* später, dann. **2** *(in un secondo momento)* nachher. **3** *(dopo di ciò)* danach, hierauf, anschließend. **4** *(inoltre)* außerdem. **5** *(correttivo/avversativo)* eigentlich, überhaupt. ◆ **da allora in poi** von da an. ◆ **d'ora in poi** von nun an.
poiché *(congiunz)* ~ weil, da.
poker *(m)* ~ Poker *(n/m)*.
polare *(agg)* ~ polar, Pol-, Polar- ♦ *circolo polare* Polarkreis *(m)* ♦ *stella polare* Polarstern *(m)*.
polemica *(f)* ~ Polemik *(f)*, Angriff *(m)*.
polemico *(agg)* ~ polemisch.

polemizzare *(vi)* ~ {~ *contro qcn/qcs*} gegen jmdn/etwas polemisieren *(vi*, hat*)*.
polenta *(f)* ~ Maisbrei *(m)*, Polenta *(f)*.
poliedrico *(agg)* ***1*** *(geom)* polyedrisch. ***2*** *(fig)* vielseitig.
poliglotta[1] *(agg)* ~ mehrsprachig, vielsprachig.
poliglotta[2] *(m/f)* ~ Vielsprachige *(m/f)*.
poligono *(m)* ~ *(geom)* Vieleck *(n)*. ◆ **poligono di tiro** Schießstand *(m)*.
polipo *(m)* ~ *(med/zool)* Polyp *(m)*.
polistirolo *(m)* ~ Polystirol *(n)*.
politecnico *(m)* ~ *(scuola)* Technische Hochschule *(f)*.
politeismo *(m)* ~ Polytheismus *(m)*.
politica *(f)* ~ Politik *(f)* ♦ *politica interna, estera* Innenpolitik, innere Politik; Außenpolitik, äußere Politik.
politico[1] *(agg)* ~ politisch.
politico[2] *(m; f* **-a***)* ~ Politiker *(m; f* -in*)*.
polizia *(f)* ~ Polizei *(f)* ♦ *chiamare la polizia* die Polizei holen ♦ *polizia criminale* Kriminalpolizei *(abbrev* Kripo*)* ♦ *polizia stradale* Verkehrspolizei. ◆ **polizia scientifica** Erkennungsdienst *(m)*. ◆ **della/dalla polizia** polizeilich.
poliziesco *(agg)* ***1*** polizeilich, Polizei-. ***2*** *(film, libri e sim)* Kriminal- ♦ *film poliziesco* Kriminalfilm *(m)*.
poliziotto *(m; f* **-a***)* ~ Polizist *(m; f* -in*)*.
polizza *(f)* ***1*** Schein *(m)*. ***2*** *(assicurazione)* Police *(f)* ♦ *polizza assicurativa* Versicherungspolice.
pollaio *(m)* ~ Hühnerstall *(m)*.
pollame *(m)* ~ Geflügel *(n)*.
pollice *(m)* ***1*** Daumen *(m)*. ***2*** *(unità di misura)* Zoll *(m)*.
polline *(m)* ~ Blütenstaub *(m)*, Pollen *(m)*.
pollo *(m)* ***1*** Huhn *(n)* ♦ *allevare polli* Hühner halten. ***2*** *(persona sciocca)* dummes Huhn *(n)*. ◆ **pollo arrosto** Brathähnchen *(n)*. ◆ **brodo di pollo** Hünerbrühe *(f)*. ◆ **petto di pollo** Hünerbrust *(f)*.
polmonare *(agg)* ~ Lungen-.
polmone *(m)* ~ Lunge *(f)* ♦ *polmone d'acciaio (med)* eiserne Lunge.
polmonite *(f)* ~ *(med)* Lungenentzündung *(f)*.
polo *(m)* ***1*** *(geogr/fis)* Pol *(m)* ♦ *polo positivo, negativo* positiver, negativer Pol ♦ *Polo Nord, Polo Sud* Nordpol, Südpol ♦ *polo opposto* Gegenpol. ***2*** *(fig)* Zentrum *(n)* ♦ *polo finanziario* finanzielles Zentrum. ***3*** *(fig) (sport)* Polospiel *(n)*.
polpa *(f)* ~ Fruchtfleisch *(n)*.
polpaccio *(m)* ~ *(anat)* Wade *(f)*.
polpetta *(f)* ~ Frikadelle *(f)*, Fleischkloß *(m)*.
polpo *(m)* ~ Krake *(m)*, Polyp *(m)*.
polposo *(agg)* ~ fleischig.
polsino *(m)* ~ Manschette *(f)*.
polso *(m)* ***1*** *(anat)* Handgelenk *(n)*. ***2*** *(med)* Puls *(m)* ♦ *tastare il polso a qcn (anche fig)* jmdm den Puls fühlen. ***3*** *(di vestiti)* Manschette *(f)*. ***4*** *(decisione, forza)* Energie, Tatkraft *(f)*.
poltiglia *(f)* ~ Brei *(m)*.
poltrona *(f)* ***1*** Sessel *(m)* ♦ *poltrona girevole* Drehsessel. ***2*** *(in teatro)* Parkettplatz *(m)*.
poltroncina *(f)* ~ Armstuhl *(m)*.
polvere *(f)* ***1*** Staub *(m)*. ***2*** *(estens)* Pulver *(n)* ♦ *polvere da sparo* Schießpulver.
polveriera *(f)* ***1*** *(mil)* Pulverkammer *(f)*. ***2*** *(fig)* Pulverfass *(n)*.
polverizzare *(vt)* ***1*** pulverisieren *(vt)*. ***2*** *(annientare)* vernichten *(vt)*. ***3*** *(nebulizzare)* zerstäuben *(vt)*.
polverizzarsi *(vr)* ~ stäuben *(vi*, hat*)*, zu Staub werden* *(vi*, ist*)*.
polveroso *(agg)* ~ staubig, verstaubt. ◆ **essere polveroso** stauben *(vi*, hat*)*.
pomata *(f)* ~ Salbe *(f)*, Paste *(f)* ♦ *mettere della pomata su una ferita* Salbe auf eine Wunde streichen.
pomello *(m)* ~ Knauf *(m)*, Knopf *(m)*.
pomeridiano *(agg)* ~ Nachmittags-, nachmittäglich.
pomeriggio *(m)* ~ Nachmittag *(m)* ♦ *nel pomeriggio* am Nachmittag ♦ *nel primo pomeriggio* früh am Nachmittag/am frühen Nachmittag. ◆ **di pomeriggio** *(ogni pomeriggio)* nachmittags *(avv)*.
pomice *(f)* ~ Bimsstein *(m)*.
pomo *(m)* ***1*** *(mela o sim)* Apfel *(m)*. ***2*** *(pomello)* Knauf *(m)*, Knopf *(m)*. ◆ **pomo d'Adamo** Adamsapfel *(m)*.
pomodoro *(m)* ~ *(pianta e frutto)* Tomate *(f)*.
pompa[1] *(f)* ***1*** Pumpe *(f)* ♦ *pompa dell'acqua* Wasserpumpe ♦ *pompa da bicicletta* Fahrradpumpe. ***2*** *(distributore di carbu-*

rante) Zapfsäule *(f)*. ◆ **pompa antincendio** Feuerspritze *(f)*.

pompa² *(f)* ~ *(sfarzo, lusso)* Pomp *(m)*, Pracht *(f)* ♦ *in pompa magna* in voller Pracht. ◆ **impresa di pompe funebri** Bestattungsinstitut *(n)*.

pompare *(vt)* ***1*** auf|pumpen *(vt)*. ***2*** *(esagerare)* auf|bauschen *(vt)*.

pompelmo *(m)* ~ *(albero, frutto)* Pampelmuse *(f)*.

pompiere *(m)* ***1*** Feuerwehrmann *(m)*. ***2*** *(pl) (servizio dei pompieri)* Feuerwehr *(f)* ♦ *chiamare i pompieri* die Feuerwehr alarmieren.

pomposo *(agg)* ***1*** pompös, hochtrabend. ***2*** *(spreg)* prunkvoll.

ponderare *(vt)* ***1*** *(meditare)* erwägen* *(vt)*, ab|wägen* *(vt)* ♦ *ponderare i pro e i contro* das Für und Wider abwägen. ***2*** *(soppesare)* überlegen *(vt)* ♦ *ponderare le proprie parole* seine Worte überlegen.

ponderato *(agg)* ***1*** *(meditato)* überlegt, bedacht. ***2*** *(cauto, riflessivo)* besonnen, reiflich.

ponente *(m)* ***1*** West *(m)*. ***2*** *(vento)* Westwind *(m)*.

ponte *(m)* ***1*** Brücke *(f)* ♦ *attraversare un ponte* über eine Brücke fahren/gehen ♦ *ponte levatoio* Fallbrücke ♦ *ponte dentario* Zahnbrücke. ***2*** *(di nave)* Deck *(n)*. ***3*** *(di auto)* Achse *(f)*.

pontefice *(m)* ~ Papst *(m)*.

pontificato *(m)* ~ Papsttum *(n)*.

pontificio *(agg)* ~ päpstlich.

pontile *(m)* ~ Steg *(m)*, Landungsbrücke *(f)*.

pony *(m)* ***1*** *(zool)* Pony *(n)*. ***2*** *(corriere)* Kurierdienst *(m)*.

popolamento *(m)* ~ Besied(e)lung *(f)*.

popolare¹ *(agg)* ***1*** *(del popolo)* Volks- ♦ *referendum popolare* Volksabstimmung ♦ *festa popolare* Volksfest. ***2*** *(popolaresco)* volkstümlich. ***3*** *(amato, stimato)* populär, beliebt.

popolare² *(vt)* ~ besiedeln *(vt)*, bevölkern *(vt)*.

popolarsi *(vr)* ~ {~ *(di qcn/qcs)*} sich (mit jmdm/etwas) bevölkern *(vr)*.

popolarità *(f)* ~ Popularität *(f)*.

popolazione *(f)* ~ Bevölkerung *(f)*.

popolo *(m)* ~ Volk *(n)* ♦ *un uomo del popolo* ein Mann aus dem Volk.

poppa *(f)* ~ *(di nave)* Heck *(m)* ♦ *a poppa (stato in luogo)* am Heck.

poppante *(m)* ~ Säugling *(m)*.

poppare *(vt/vi)* ~ saugen* *(vt/vi hat)*.

porcata *(f)* ~ *(volg)* Sauerei *(f)*, Schweinerei *(f)*.

porcellana *(f)* ~ Porzellan *(n)*.

porcellino *(m)* ***1*** *(zool)* Ferkel *(n)* Spanferkel *(n)*. ◆ **porcellino d'India** Meerschweinchen *(n)*.

porcheria *(f)* ***1*** *(sporco)* Dreck *(m)*, Schmutz *(m)*. ***2*** *(volg) (porcata)* Sauerei *(f)*, Schweinerei *(f)*. ***3*** *(cosa fatta male)* Schund *(m)*, Mist *(m)*.

porcile *(m)* ~ Schweinestall *(m)*.

porcino *(m)* ~ *(fungo)* Steinpilz *(m)*.

porco *(m)* ***1*** Schwein *(n)*. ***2*** *(carne)* Schweinefleisch *(n)*. ***3*** *(fig/volg)* Schwein *(n)*, Sau *(f)*.

porcospino *(m)* ~ Stachelschwein *(n)*.

porgere *(vt)* ***1*** reichen *(vt)*, hin|halten* *(vt)*, *(verso chi parla)* her|halten *(vt)* ♦ *porgimi il tuo bicchiere, per favore* halt bitte dein Glas her. ***2*** *(dare, offrire)* geben* *(vt)*, bieten *(vt)* ♦ *porgere la mano a qcn* jmdm die Hand bieten. ◆ **porgere a qcn le condoglianze** jmdm sein Beileid aussprechen*.

pornografia *(f)* ~ Pornografie *(f)*.

pornografico *(agg)* ~ pornografisch *(f)*.

poro *(m)* ~ Pore *(f)*.

poroso *(agg)* ***1*** *(ricco di pori)* porig. ***2*** *(permeabile)* porös.

porpora *(f)* ***1*** Purpur *(m)*. ***2*** *(colore)* Purpurrot *(n)*.

porre *(vt)* ***1*** *(poggiare) (in verticale)* stellen *(vt)*; *(in orizzontale)* legen *(vt)*. ***2*** *(fissare)* setzen *(vt)*. ***3*** *(rivolgere)* stellen *(vt)* ♦ *porre una domanda* eine Frage stellen. ***4*** *(supporre)* an|nehmen* *(vt)*.

porsi *(vr)* ***1*** *(collocarsi)* sich stellen *(vr)*; *(in orizzontale)* sich legen *(vr)*. ***2*** *(mettersi, sedersi)* sich setzen *(vr)*. ◆ **porsi un problema** sich eine Frage stellen.

porro *(m)* ***1*** *(bot)* Lauch *(m)*, Porree *(m)*. ***2*** *(med)* Warze *(f)*.

porta *(f)* ***1*** Tür *(f)* ♦ *la porta è aperta, chiusa* die Tür ist auf/zu ♦ *porta di casa* Haustür; *(di appartamento)* Wohnungstür ♦ *porta scorrevole* Schiebetür ♦ *porta girevole* Drehtür ♦ *porta a vetri* Glastür

◆ *porta di servizio (sul retro)* Hintertür ◆ *mettere qcn alla porta (fig)* jmdn vor die Tür setzen. **2** *(della città)* Tor *(n) (anche sport)*. **3** *(portiera di auto e sim)* Schlag *(m)*, Tür *(f)*. **4** *(apertura, ingresso)* Pforte *(f)*, Tor *(n)*. ◆ **a porte chiuse** *(dir)* unter Ausschluss der Öffentlichkeit; hinter verschlossenen Türen.

portabagagli[1] *(agg)* ~ Gepäck-, Koffer- ◆ *carrello portabagagli* Kofferkuli *(m)*.

portabagagli[2] *(m)* **1** Gepäckträger *(m)*. **2** *(in auto)* Kofferraum *(m)*, Gepäckraum *(m)*.

portacenere *(m)* ~ Aschenbecher *(m)*.

portachiavi *(m)* ~ Schlüsselanhänger *(m)*, Schüsselring *(m)*.

portadocumenti *(m)* ~ Brieftasche *(f)*.

portaerei *(f)* ~ Flugzeugträger *(m)*.

portafoglio *(m)* ~ Beutel *(m)*, Geldbeutel *(m)* ◆ *metter mano al portafoglio* den Beutel ziehen. ◆ **ministro senza portafoglio** Minister ohne Geschäftsbereich.

portafortuna[1] *(agg)* ~ Glück bringend, Glücks-.

portafortuna[2] *(m)* ~ Glücksbringer *(m)*.

portagioie *(m)* ~ Schmuckkasten *(m)*.

portalampada *(m)* ~ Lampenfassung *(f)*, Fassung *(f)*.

portale *(m)* ~ Portal *(n)*, Pforte *(f)*.

portalettere *(m)* ~ Briefträger *(m)*.

portamatite *(m)* ~ Bleistiftetui *(n)*.

portamento *(m)* **1** *(postura)* Haltung *(f)* ◆ *un portamento eretto, curvo* eine aufrechte, gebückte Haltung. **2** *(andatura)* Gang *(m)*.

portamonete *(m)* ~ Geldtasche *(f)*, Portmonee *(n)*.

portante *(agg)* ~ tragend, Trag-. ◆ **muro portante** Hauptmauer *(f)*.

portantina *(f)* **1** Sänfte *(f)*. **2** *(barella)* Tragbahre *(f)*, Trage *(f)*.

portare *(vt)* **1** tragen* *(vt)* ◆ *portare in braccio un bambino* ein Kind auf dem Arm/auf den Armen tragen ◆ *portare gli occhiali* eine Brille tragen ◆ *portare i capelli lunghi* das Haar lang tragen. **2** *(recare; arrecare; condurre)* bringen* *(vt)*; *(portare con sé)* mitbringen* *(vt)* ◆ *portare aiuto a qcn* jmdm Hilfe bringen ◆ *portare fortuna a qcn* jmdm Glück bringen ◆ *posso portare un paio di amici?* darf ich ein paar Freunde mitbringen? **3** *(indossare)* tragen* *(vt)*, an|haben *(vt)*. **4** *(trasportare, con un veicolo)* fahren* *(vt)* ◆ *portare qcn a casa (in auto)* jmdn nach Hause fahren. **5** *(indurre)* {~ *qcn a (fare) qcs*} jmdn zu etwas bringen* *(vt)*, treiben* *(vt)*. **6** *(accompagnare; anche di strade)* führen *(vt)* ◆ *portare qcn a spasso* jmdn spazieren führen ◆ *questo non porta a niente* das führt zu nichts. ◆ **portare via** **1** *(sottrarre)* weg|nehmen*. **2** *(condurre via)* weg|führen, weg|fahren*. ◆ **portare qcs a termine** etwas zu Ende führen* *(vt)*. ◆ **portare avanti** *(continuare, proseguire)* fort|setzen *(vt)*, fortführen *(vt)*.

portarsi *(vr)* **1** *(recarsi, andare)* sich begeben* *(vr)*, gehen* *(vi*, ist*)*. **2** *(portare con sé)* mit|bringen* *(vt)*, mitnehmen* *(vt)*.

portariviste *(m)* ~ Zeitschriftenständer *(m)*.

portasciugamano *(m)* ~ Handtuchhalter *(m)*.

portasigarette *(m)* ~ Zigarettenetui *(n)*.

portata *(f)* **1** *(raggio d'azione)* Reichweite *(f)*, Tragweite *(f)* ◆ *questo è fuori dalla mia portata* das liegt außerhalb meiner Reichweite bar. **2** *(importanza)* Tragweite *(f)*, Bedeutung *(f)* ◆ *un evento di grande portata* ein Ereignis von großer Tragweite. **3** *(capacità di carico)* Tragfähigkeit *(f)*. **4** *(di acqua)* Wassermenge *(f)*. **5** *(gittata di armi)* Schußweite *(f)*. **6** *(a tavola)* Gang *(m)*. ◆ **a portata di mano** in Reichweite, greifbar *(agg)*. ◆ **a portata d'orecchio** in Hörweite. ◆ **di ampia portata** weit reichend. ◆ **portata massima** *(di ascensori e sim)* zulässige Beanspruchung *(f)*.

portatile[1] *(agg)* ~ tragbar.

portatile[2] *(m)* ~ *(elab)* Laptop *(m)*.

portato *(agg)* **1** *(dotato)* begabt, veranlagt ◆ *essere portato per le lingue* sprachbegabt sein. **2** *(a fare qcs)* bereit, geneigt.

portatore *(m; f* **-trice***)* **1** Lastträger *(m; f -in)*, Kuli *(m)*. **2** *(med)* Überträger *(m; f -in)*. **3** *(comm)* Inhaber *(m; f -in)*, Überbringer *(m)* ◆ *pagabile al portatore* an den Überbringer zahlbar.

portatovagliolo *(m)* ~ Serviettenring *(m)*.

portauovo *(m)* ~ Eierbecher *(m)*.

portavivande *(m)* ***1*** *(carrello)* Servierwagen *(m)*. ***2*** *(contenitore)* Speisebehälter *(m)*.

portavoce *(m/f)* ~ Sprecher *(m; f* -in*)*, Wortführer *(m; f* -in*)* ♦ *farsi portavoce di qcs* sich *(Acc)* zum Wortführer etwas *(Gen)* machen.

portico *(m)* ~ *(colonnato)* Säulengang *(m)*.

portiera *(f)* ***1*** *(di auto)* Wagentür *(f)*, Tür *(f)*. ***2*** *(portinaia)* Pförtnerin *(f)*.

portiere *(m; f* **-a***)* ***1*** *(di condominio)* Hausmeister *(m; f* -in*)*, Pförtner *(m; f* -in*)*. ***2*** *(di hotel e sim)* Portier *(m)*. ***3*** *(sport)* Torwart *(m)*.

portinaio *(m; f* **-a***)* ~ Pförtner *(m; f* -in*)*.

portineria *(f)* ***1*** Pförtnerloge *(f)*. ***2*** *(in albergo e sim)* Portierstelle *(f)*.

porto[1] *(m)* ***1*** Hafen *(m)* ♦ *uscire dal porto* aus dem Hafen auslaufen ♦ *entrare nel porto* in den Hafen einlaufen ♦ *porto mercantile* Handelshafen *(m)*. ***2*** *(città portuale)* Hafenstadt *(f)*. ◆ **andare in porto** *(fig)* klappen *(vt)*.

porto[2] *(m)* ~ *(spese di trasporto)* Fracht *(f)*. ◆ **porto d'armi** Waffenschein *(m)*.

portone *(m)* ~ Tor *(m)*; Eingang *(m)*.

portuale *(agg)* ~ Hafen- ♦ *città portuale* Hafenstadt *(f)*.

porzione *(f)* ***1*** *(parte)* Teil *(m)*, Partie *(f)*. ***2*** *(di cibo)* Portion *(f)*. ◆ **in porzioni** portionsweise *(avv)*.

posa *(f)* ***1*** *(collocazione)* Auslegung *(f)*, Legen *(n)*. ***2*** *(atteggiamento)* Pose *(f)* Positur *(f)* ♦ *mettersi in posa* sich *(Acc)* in Pose setzen.

posacenere *(m)* ~ Aschenbecher *(m)*.

posare[1] *(vi)* ~ *(stare in posa)* sitzen* *(vi)* ♦ *posare per un artista* einem Künstler sitzen.

posare[2] *(vt)* ***1*** ab|stellen *(vt)*, ab|legen *(vt)*; *(deporre)* nieder|legen *(vt)* ♦ *posare un bicchiere sul tavolo* ein Glas auf dem Tisch abstellen. ***2*** *(cavi, pavimentazione e sim)* ein|betten *(vt)*, verlegen *(vt)*.

posarsi *(vr)* ~ sich setzen *(vr)*, sich nieder|lassen* *(vr)*.

posata *(f)* ***1*** Besteckteil *(n)*. ***2*** *(pl)* Besteck *(n)*, Essbesteck *(n)*.

posato *(agg)* ***1*** *(calmo)* gesetzt, ausgeglichen. ***2*** *(riflessivo)* besonnen, bedächtig.

positivo *(agg)* ~ positiv.

posizionare *(vt)* ~ positionieren *(vt)*.

posizione *(f)* ***1*** Position *(f)*, Stellung *(f)* Lage *(f)* ♦ *trovarsi in una posizione di forza* sich in einer starken Position befinden. ***2*** *(ubicazione)* Standort *(m)*. ***3*** *(portamento)* Haltung *(f)*; *(a sedere)* Sitz *(m)*. ***4*** *(in classifica)* Platz *(m)*. ***5*** *(opinione)* Meinung *(f)* Stellung *(f)* ♦ *prendere posizione riguardo a qcs* zu etwas Stellung nehmen.

posporre *(vt)* ***1*** nach|stellen *(vt)* *(anche gramm)*. ***2*** *(differire)* verschieben* *(vt)*, auf|schieben *(vt)*.

possedere *(vt)* ***1*** besitzen *(vt)*, haben* *(vt)*. ***2*** *(conoscere a fondo)* beherrschen *(vt)*.

possedimento *(m)* ***1*** *(proprietà terriera)* Besitzung *(f)*. ***2*** *(di stato)* Hoheitsgebiet *(n)*.

possessivo *(agg)* ~ possessiv.

possesso *(m)* ~ Besitz *(m)*, Eigentum *(n)* ♦ *entrare in possesso di una cosa* in den Besitz etwas *(Gen)* kommen ♦ *prendere possesso di qcs* von etwas Besitz ergreifen/nehmen. ◆ **presa di possesso** Besitzergreifung *(f)*, Besitznahme *(f)*.

possessore *(m)* ***1*** Besitzer *(m)*, Inhaber *(m)*. ***2*** *(di veicoli, animali domestici)* Halter *(m)*.

possibile[1] *(agg)* ~ möglich ♦ *mi telefoni oggi, se possibile/se le è possibile* rufen Sie mich bitte heute an, wenn möglich/wenn es Ihnen möglich ist ♦ *è possibile che abbia perso il treno* es ist möglich, dass sie den Zug verpasst hat. ◆ **(il) più... possibile** so... wie möglich, möglichst ♦ *più velocemente possibile* so schnell wie möglich ♦ *meglio, prima possibile* so gut, so bald wie möglich. ◆ **rendere possibile qcs (a qcn)** (jmdm) etwas ermöglichen.

possibile[2] *(m)* ~ Mögliche *(n)* ♦ *tutto il possibile* alles/das Mögliche.

possibilità *(f)* ***1*** Möglichkeit *(f)* ♦ *c'è la possibilità che* es besteht die Möglichkeit, dass. ***2*** *(prospettiva, speranza)* Aussicht *(f)*. ***3*** *(pl)* *(econ)* Möglichkeiten *(pl)*. ◆ **vivere al di sopra delle proprie possibilità** über seine Verhältnisse leben.

possibilmente *(avv)* ***1*** möglicherweise, möglichst. ***2*** *(assolutamente)* tunlichst.

posta *(f)* ***1*** Post *(f)* ♦ *oggi non ho ricevuto posta* heute habe ich keine Post bekommen ♦ *posta giacente* lagernde Post ♦ *posta aerea* Luftpost ♦ *per posta* durch die/per Post. ***2*** *(ufficio postale)* Postamt *(n)*, Post *(f)* ♦ *lavora alle poste* sie arbeitet bei der Post ♦ *poste centrali* Hauptpostamt. ***3*** *(al gioco)* Einsatz *(m)*. ◆ **fermo posta** postlagernd *(avv)*. ◆ **posta elettronica** elektronische Post; E-Mail *(f)*.

postale *(agg)* ~ Post- ♦ *vaglia postale* Postanweisung *(f)* ♦ *timbro postale* Poststempel *(m)*.

posteggiare *(vt)* ~ *vedi* **parcheggiare**.

posteggio *(m)* ~ *vedi* **parcheggio**.

poster *(m)* ~ Plakat *(n)*, Poster *(n/m)*.

posteri *(m pl)* ~ Nachwelt *(f)*.

posteriore *(agg)* ***1*** Hinter- ♦ *uscita posteriore* Hinterausgang *(m)* ♦ *zampa posteriore* Hinterbein *(n)* ♦ *lato posteriore* Hinterseite *(f)*. ***2*** *(di tempo)* nachfolgend, später. ◆ **luce posteriore** *(di veicolo)* Schlusslicht *(n)*.

posteriormente *(avv)* ~ nachträglich.

postfazione *(f)* ~ Nachwort *(n)*.

posticcio *(agg)* ~ falsch, künstlich.

posticipare *(vt)* ~ verschieben* *(vt)*, verlegen *(vt)*.

posticipo *(m)* ~ Verschiebung *(f)*.

postilla *(f)* ***1*** *(aggiunta)* Nachtrag *(m)*, Zusatz *(m)*. ***2*** *(nota)* Anmerkung *(f)*.

postino *(m; f* **-a***)* ~ Briefträger *(m; f* -in*)*.

posto *(m)* ***1*** Platz *(m)* ♦ *prenotare un posto (a sedere)* einen Platz reservieren ♦ *l'armadio prende molto posto* der Schrank nimmt viel Platz ein ♦ *posto auto* Stellplatz ♦ *posto in piedi* Stehplatz. ***2*** *(sedile)* Sitz *(m)*. ***3*** *(località)* Ort *(m)*, Gegend *(f)*. ***4*** *(condizione, posizione)* Stelle *(f)*, Platz *(m)* ♦ *occupare il primo posto (in classifica)* den ersten Platz belegen ♦ *come ti comporteresti al posto mio?* wie würdest du dich an meiner Stelle verhalten? ***5*** *(impiego)* Stelle *(f)* *cercare, trovare, perdere un posto* eine Stelle suchen, finden, verlieren. ***6*** *(spazio)* Raum *(m)* ♦ *fare posto per qcs* Raum für etwas schaffen. ◆ **sul posto** an Ort und Stelle, vor Ort. ◆ **in nessun posto** *(stato)* nirgendwo, nirgends; *(moto)* nirgend(wo)hin. ◆ **in qualche posto** *(stato)* irgendwo; *(moto)* irgendwohin. ◆ **a posto** *(in ordine, persona o cosa)* in Ordnung ♦ *è proprio un tipo a posto* er ist echt in Ordnung. ◆ **rimettere a posto** *(sistemare)* in Ordnung bringen*, auf|räumen *(vt)*. ◆ **al posto di** anstelle *(prep* + Gen*)*, anstatt *(prep* + Gen*)* ♦ *al posto di suo fratello* anstatt seines Bruders.

postumo[1] *(agg)* ~ nachgelassen, Nach-. ◆ **opera postuma** Nachlass *(m)*.

postumo[2] *(m)* ~ *(spec pl)* Nachwirkungen *(pl)*.

postura *(f)* ~ Körperhaltung *(f)*.

potabile *(agg)* ~ trinkbar. ◆ **acqua potabile** Trinkwasser *(n)*.

potare *(vt)* ~ stutzen *(vt)*, aus|schneiden* *(vt)*.

potassio *(m)* ~ Kalium *(n)*.

potatura *(f)* ~ Ausschnitt *(m)*.

potente[1] *(agg)* ***1*** *(forte)* stark, kräftig. ***2*** *(influente)* mächtig, einflußreich. ***3*** *(ottica)* scharf*. ***4*** *(mecc)* leistungsfähig.

potente[2] *(m)* ~ Mächtige *(m)*.

potenza *(f)* ***1*** Macht *(f)*, Gewalt *(f)*. ***2*** *(nazione)* Macht *(f)* ♦ *le potenze occidentali* die westlichen Mächte ♦ *grande potenza (pol)* Großmacht. ***3*** *(fis)* Kraft *(f)*, Leistung *(f)*. ***4*** *(mat)* Potenz *(f)* ♦ *elevare un numero alla seconda, ennesima potenza* eine Zahl in die zweite, n-te Potenz erheben. ***5*** *(sessuale)* Potenz *(f)*. ◆ **potenza elettrica** Stromstärke *(f)*.

potenziale[1] *(agg)* ~ potenziell.

potenziale[2] *(m)* ~ Potenzial *(n)*.

potenzialità *(f)* ***1*** Kapazität *(f)*. ***2*** Möglichkeit *(f)*.

potenziamento *(m)* ~ Potenzierung *(f)*.

potenziare *(vt)* ~ verstärken *(vt)*, potenzieren *(vt)*.

potere[1] *(m)* ***1*** *(autorità; forza)* Macht *(f)*, Vermögen *(n)* ♦ *esercitare un potere su qcn/qcs* Macht über jmdn/etwas ausüben ♦ *arrivare al potere* an die Macht kommen. ***2*** *(dir/pol)* Gewalt *(f)* ♦ *il potere dello stato* Staatsgewalt ♦ *potere legislativo, giudiziario, esecutivo* gesetzgebende, richterliche, vollziehende Gewalt. ***3*** *(dominio)* Herrschaft *(f)* ♦ *sotto il potere di qcn* unter jmds Herrschaft.

4 (influsso, influenza) Einfluß *(m)*. ◆ **presa di potere** Machtergreifung *(f)*.

potere² *(v mod)* **1** *(essere in grado)* können* *(v mod)*, imstande sein* *(vi, ist)* ♦ *mi può aiutare?* können Sie mir helfen? ♦ *sente di poterlo fare* er fühlt sich imstande, es zu tun. **2** *(avere il permesso)* dürfen* *(v mod)* ♦ *posso entrare?* darf ich eintreten? ♦ *questo non puoi raccontarlo in giro* das darfst du nicht weitererzählen. **3** *(supposizione) (spec al cong)* dürfen* *(v mod)*, mögen* *(v mod)*, können* *(v mod)* ♦ *potrebbero essere le sei* es dürfte so gegen sechs (Uhr) sein ♦ *non può essere vero!* das darf doch nicht wahr sein! **4** *(ottativo)* mögen ♦ *che tu possa vivere cent'anni!* mögest du hundert Jahre alt werden! ◆ **può darsi che** es kann sein, dass; es könnte sein, dass. ◆ **si può?** ist es gestattet? ◆ **non poterne più** nicht mehr können* ♦ *non ne posso più* ich kann nicht mehr.

potestà *(f)* ~ Macht *(f)*, Gewalt *(f)* ♦ *patria potestà* väterliche Gewalt.

poveramente *(avv)* ~ kümmerlich, dürftig.

povero¹ *(agg)* **1** arm *(anche fig)*. **2** *(privo)* {~ *di qcs*} an etwas *(Dat)* arm.

povero² *(m)* ~ Arme(r) *(m)*.

povertà *(f)* **1** Armut *(f)*, Elend *(n)*, Not *(f)* ♦ *cadere, vivere in povertà* in Armut geraten, leben. **2** *(mancanza, difetto)* Mangel *(m)* ♦ *povertà di qcs* Mangel an etwas *(Dat)*.

pozza *(f)* ~ Lache *(f)*, Pfütze *(f)*.

pozzanghera *(f)* ~ Lache *(f)*, Pfütze *(f)*.

pozzetto *(m)* ~ Gully *(f)*.

pozzo *(m)* **1** Schacht *(m)*, Grube *(f)* ♦ *pozzo nero* Senkgrube. **2** *(di acqua)* Brunnen *(m)*. ◆ **pozzo petrolifero** Ölquelle *(f)*.

prammatica *(f)* ~ **di prammatica** obligat, pflichtschuldig.

pranzare *(vi)* ~ zu Mittag essen* *(vi, hat)*.

pranzo *(m)* ~ Mittagessen *(n)*, Essen *(n)* ♦ *il pranzo è pronto* das Essen ist fertig. ◆ **tavolo da pranzo** Esstisch *(m)*. ◆ **sala da pranzo** Esszimmer *(n)*.

prateria *(f)* ~ Prärie *(f)*.

pratica *(f)* **1** *(l'esercitare qcs)* Ausübung *(f)*, Ausüben *(n)*. **2** *(contrapposta a teoria)* Praxis *(f)* ♦ *nella pratica* in der Praxis. **3** *(esperienza, metodo)* Erfahrung *(f)*. **4** *(pl) (oscure, trame)* Praktiken *(pl)*. **5** *(burocr)* Vorgang *(m)*. ◆ **mettere in pratica** anwenden* *(vt)*, zur Anwendung bringen* *(vt)*. ◆ **far pratica** *(in un lavoro)* sich ein|arbeiten *(vr)*.

praticabile *(agg)* **1** begehbar, befahrbar. **2** *(fattibile)* ausführbar.

praticamente *(avv)* **1** *(in sostanza)* praktisch. **2** *(per così dire)* quasi, so gut wie.

praticante¹ *(agg)* ~ ausübend, praktizierend.

praticante² *(m/f)* ~ Praktikant *(m; f -in)*, Volontär *(m; f -in)*.

praticare *(vt)* **1** *(esercitare)* treiben* *(vt)*, aus|üben *(vt)*. **2** *(mettere in atto)* in die Praxis um|setzen *(vt)*. **3** *(eseguire)* durch|führen *(vt)*, machen *(vt)*. **4** *(metodi; professione)* praktizieren *(vt/vi)*.

pratico *(agg)* **1** *(esperto)* erfahren ♦ *essere pratico di qcs* in etwas *(Dat)* erfahren sein. **2** *(funzionale)* zweckmässig, rationell, praktisch. **3** *(concreto)* praktisch. ◆ **pratico del posto** ortskundig.

prato *(m)* **1** Wiese *(f)*. **2** *(curato, lavorato)* Rasen *(m)*.

preannunciare *(vt)* ~ im Voraus bekannt geben* *(vt)*.

preavvisare *(vt)* ~ im Voraus benachrichtigen *(vt)*.

preavviso *(m)* **1** Benachrichtigung *(f)*. **2** *(di licenziamento)* Kündigungsfrist *(f)*, Kündigung *(f)*. ◆ **senza preavviso** fristlos *(agg/avv)*.

precarietà *(f)* ~ Unsicherheit *(f)*.

precario *(agg)* **1** unsicher, prekär. **2** *(traballante)* wack(e)lig.

precauzionale *(agg)* ~ vorsorglich, Vorsicht-.

precauzione *(f)* **1** Vorsicht *(f)*. **2** *(pl) (cautele)* Vorsichtsmaßnahmen *(pl)*, Vorkehrungen *(pl)* ♦ *prendere precauzioni* Vorkehrungen treffen *(vt)*. ◆ **per precauzione** vorsichtshalber *(avv)*, zur Vorsicht.

precedente¹ *(agg)* **1** vorhergehend, vorig, Vor- ♦ *il giorno precedente* am Vortag *(m)*. **2** *(nel testo)* vorstehend.

precedente² *(m)* **1** Präzedenzfall *(m)*. **2** *(penale)* Vorstrafe *(f)*. ◆ **senza prece-**

denti *1* beispiellos *(agg/avv)*. *2* *(dir)* ohne Vorstrafen.

precedentemente *(avv)* ~ vorstehend.

precedenza *(f)* *1* *(stradale)* Vorfahrt *(f)* ♦ *rispettare la precedenza* die Vorfahrt beachten ♦ *avere la precedenza* (die) Vorfahrt haben. *2* *(priorità)* Vorzug *(m)*, Vorrang *(m)*. ◆ **diritto di precedenza** Vorfahrtsrecht *(n)*. ◆ **in precedenza** vorstehend *(avv)*.

precedere *(vt)* *1* {~ *qcn/qcs*} jmdm/etwas voran|gehen* *(vi, ist)*. *2* *(nel tempo)* {~ *qcs*} etwas *(Dat)* vorher|gehen* *(vi, ist)*, voraus|gehen* *(vi, ist)*. *3* *(anticipare, prevenire)* {~ *qcn/qcs*} jmdm/etwas zuvor|kommen* *(vi, ist)* ♦ *precedere qcn in qcs* jmdm bei/in etwas zuvorkommen.

precettare *(vt)* *1* *(mil)* ein|berufen. *2* *(al lavoro)* zur Arbeit verpflichten *(vt)*.

precetto *(m)* *1* Vorschrift *(f)*, Regel *(f)*. *2* *(morale)* Gebot *(n)*.

precettore *(m; f* **-trice***)* ~ Privatlehrer *(m; f* -in*)*, Hauslehrer *(m; f* -in*)*.

precipitare[1] *(vi)* *1* ab|stürzen *(vi, ist)* herab|stürzen *(vi, ist)* ♦ *l'aereo è precipitato* das Flugzeug ist abgestürzt. *2* *(situazioni, affari, ecc)* nieder|gehen* *(vi, ist)*. *3* *(fig)* versinken* *(vi, ist)*.

precipitare[2] *(vt)* *1* übereilen *(vt)*, überstürzen *(vt)*. *2* *(chim)* fällen *(vt)*.

precipitarsi *(vr)* *1* stürzen *(vi, ist)*, sich stürzen *(vr)* ♦ *si precipitò verso la porta* er stürzte sich zur Tür. *2* *(affrettarsi)* eilen *(vi, ist/hat)*, sich eilen *(vr)*.

precipitazione *(f)* *1* *(meteor)* Niederschlag *(m)*. *2* *(fretta)* Übereilung *(f)*.

precipitoso *(agg)* ~ voreilig, überstürzt.

precipizio *(m)* ~ Abgrund *(m)*.

precisamente *(avv)* *1* genau, präzis(e). *2* *(proprio)* gerade. *3* *(ovvero)* und zwar.

precisare *(vt)* ~ genau(er) bestimmen *(vt)*, präsizieren *(vt)*.

precisione *(f)* ~ Genauigkeit *(f)*, Präzision *(f)*. ◆ **con la massima precisione** haarscharf *(avv)*. ◆ **lavoro di precisione** Kleinarbeit *(f)*, Präzisionsarbeit *(f)*.

preciso *(agg)* *1* genau, präzis(e). *2* *(puntuale)* pünktlich. *3* *(dettagliato)* klar, bestimmt. *4* *(nitido)* scharf*. ◆ **di preciso** genau *(avv)*.

precludere *(vt)* ~ verbauen *(vt)*.

precludersi *(vr)* ~ {~ *qcs*} sich *(Dat)* etwas verbauen *(vr)*.

preclusione *(f)* ~ Verhinderung *(f)*.

precoce *(agg)* *1* frühreif. *2* *(anticipato)* früh, frühzeitig.

precocità *(f)* *1* Frühreife *(f)*. *2* Frühzeitigkeit *(f)*.

preconcetto *(m)* ~ Vorurteil *(n)*.

precorrere *(vt)* ~ {~ *qcn/qcs*} jmdm/ etwas zuvor|kommen* *(vi, ist)*. ◆ **precorrere i tempi** seiner Zeit voraus sein*.

precotto *(agg)* ~ vorgekocht.

precursore *(m)* ~ Vorläufer *(m; f* -in*)*, Wegbereiter *(m; f* -in*)*.

preda *(f)* ~ Beute *(f)*. ◆ **essere in preda a qcs** *(fig)* von etwas *(Dat)* gepackt sein*.

predatore[1] *(agg)* ~ räuberisch, Raub-.

predatore[2] *(m)* *1* Raubtier *(n)*. *2* *(uccello)* Raubvogel *(m)*.

predecessore *(m)* ~ Vorgänger *(m)*.

predellino *(m)* ~ Trittbrett *(n)*.

predestinato *(agg)* ~ vorher|bestimmt ♦ *essere predestinato a qcs* zu etwas vorherbestimmt sein.

predeterminare *(vt)* ~ vorher|bestimmen *(vt)*, vorher festlegen *(vt)*.

predica *(f)* ~ Predigt *(f)*.

predicare *(vt/vi)* ~ predigen *(vt/vi)*.

predicativo *(agg)* ~ prädikativ.

predicato *(m)* ~ *(gramm)* Prädikat *(n)*, Aussage *(f)*.

predicatore *(m)* ~ Prediger *(m)*.

prediletto *(agg)* ~ Lieblings-, bevorzugt.

predilezione *(f)* ~ Vorliebe *(f)*.

prediligere *(vt)* ~ vor|ziehen* *(vt)*.

predire *(vt)* ~ voraus|sagen *(vt)*, vorher|sagen *(vt)*.

predisporre *(vt)* ~ vor|bereiten *(vt)*, veranlassen* *(vt)*.

predisporsi *(vr)* ~ {~ *a qcs*} sich auf etwas *(Acc)* vorbereiten *(vr)*.

predisposizione *(f)* *1* *(attitudine)* Veranlagung *(f)*, Neigung *(f)*. *2* *(preparazione)* Vorbereitung *(f)*. *3* *(med)* Anfälligkeit *(f)*.

predisposto *(m)* *1* *(che ha attitudine)* geneigt. *2* *(preparato)* vorbereitet. *3* *(med)* anfällig ♦ *essere predisposto a qcs* für etwas anfällig sein.

predizione *(f)* ~ Vorhersage *(f)*.

predominante *(agg)* ~ herrschend, vorherrschend.

predominare *(vi)* ~ {~ *su qcn/qcs*} über jmdn/etwas vor|herrschen *(vi*, hat*)*.
predominio *(m)* ~ Vorherrschaft *(f)*.
prefabbricato[1] *(agg)* ~ vorgefertigt, Fertig-.
prefabbricato[2] *(m)* ~ Fertigbau *(m)*, Fertighaus *(n)*.
prefazione *(f)* ~ Vorwort *(n)*.
preferenza *(f)* ~ Vorliebe *(f)*, Vorzug *(m)*. ◆ **di preferenza** vorzugsweise *(avv)*.
preferenziale *(agg)* ~ Vorzugs-, Präferenz-.
preferibile *(agg)* ~ besser, vorzuziehend.
preferibilmente *(avv)* **1** lieber, vorzugsweise. **2** *(possibilmente)* eher, womöglich, wenn möglich.
preferire *(vt)* **1** vor|ziehen* *(vt)*, bevorzugen *(vt)* ♦ *preferisco il caffè al tè* ich ziehe Kaffee dem Tee vor. **2** {~ *fare qcs*} etwas lieber tun ♦ *preferisco andare a casa* ich gehe lieber nach Hause ♦ *preferirei restare* ich würde lieber bleiben.
preferito *(agg)* ~ Lieblings- ♦ *la mia canzone preferita* mein Lieblingslied.
prefiggersi *(vr)* ~ {~ *qcs*} sich *(Dat)* etwas vor|nehmen* *(vr)*.
prefisso *(m)* **1** *(gramm)* Präfix *(n)*, Vorsilbe *(f)*. **2** *(telefonico)* Vorwahlnummer *(f)*.
pregare *(vt)* **1** *(chiedere)* bitten* *(vt)* ♦ *pregare qcn di (fare) qcs* jmdn um etwas bitten. **2** *(relig)* beten *(vt)* *(anche assol)* ♦ *pregare per qcn* für jmdn beten ♦ *pregare Dio* zu Gott beten. ◆ **(La) prego** bitte, ich bitte Sie.
preghiera *(f)* **1** *(richiesta)* Bitte *(f)*. **2** *(relig)* Gebet *(n)* ♦ *dire una preghiera* ein Gebet sprechen.
pregiato *(agg)* ~ wertvoll, hochwertig.
pregio *(m)* **1** Vorzug *(m)*, Vorteil *(m)*. **2** *(valore)* Wert *(m)*, gute Eigenschaft *(f)*.
pregiudicare *(vt)* ~ beeinträchtigen *(vt)*.
pregiudicato[1] *(agg)* **1** *(dir)* einschlägig, vorbestraft. **2** *(compromesso)* beeinträchtigt.
pregiudicato[2] *(m; f* **-a***)* ~ Vorbestrafte(r) *(m/f)*.
pregiudizio *(m)* ~ Vorurteil.
pregno *(agg)* **1** *(di animali)* trächtig, tragend. **2** *(fig)* voll. ◆ **pregno di conseguenze** folgenschwer.
prego *(interiez)* ~ bitte ♦ *"Molte grazie!" "Prego!"* „Vielen Dank!" „Bitte (sehr/schön)!" ♦ *prego, si accomodi!* bitte, nehmen Sie Platz!
pregustare *(vt)* ~ im Voraus schmecken *(vt)*, im Voraus genießen* *(vt)*.
preistoria *(f)* ~ Vorgeschichte *(f)*, Urgeschichte *(f)*.
preistorico *(agg)* ~ vorzeitlich, urgeschichtlich. ◆ **uomo preistorico** Urmensch *(m)*.
prelazione *(f)* ~ *(econ)* Vorkauf *(m)* Vorzug *(m)*.
prelevare *(vt)* **1** *(econ)* ab|heben* *(vt)*. **2** *(med)* entnehmen* *(vt)*. **3** *(catturare)* fast|nehmen* *(vt)*.
prelibato *(agg)* ~ köstlich.
prelievo *(m)* **1** *(econ)* Abhebung *(f)*. **2** *(med)* Entnahme *(f)* ♦ *prelievo di sangue* Blutentnahme.
preludere *(vi)* ~ {~ *a qcs*} auf etwas hin|deuten *(vi*, hat*)*.
preludio *(m)* **1** *(mus)* Präludium *(n)*. **2** *(introduzione)* Einführung *(f)*, Vorrede *(f)*. **3** *(segno iniziale)* Vorzeichen *(n)*, Auftakt *(m)*.
prematuro[1] *(agg)* **1** *(precoce)* frühzeitig, früh. **2** *(affrettato)* voreilig, verfrüht, vorzeitig.
prematuro[2] *(m)* ~ *(neonato)* Frühgeborene(r) *(m/f)*.
premeditare *(vt)* ~ planen *(vt)*.
premeditato *(agg)* **1** aus/mit/voll Vorbedacht. **2** *(dir)* vorsätzlich.
premeditazione *(f)* **1** Vorbedacht *(m)* ♦ *con premeditazione* aus/mit/voll Vorbedacht. **2** *(dir)* Vorsätzlichkeit, Vorsatz *(m)*.
premere[1] *(vi)* ~ {~ *su qcs*} **1** auf etwas drücken *(vi*, hat*)*. **2** *(gravare)* auf etwas lasten *(vi*, hat*)*. **3** {~ *contro qcn/qcs*} gegen jmdn/etwas drängen *(vi*, hat*)*. **4** *(stare a cuore)* am Herzen liegen* *(vi*, hat*)*.
premere[2] *(vt)* ~ {~ *qcs*} (auf) etwas drücken *(vt)*, auf etwas treten* *(vi*, ist*)* ♦ *premere un bottone* (auf) einen Knopf drücken. **2** *(incalzare)* bedrängen *(vt)*.
premessa *(f)* **1** *(prefazione)* Vorwort *(n)*. **2** *(presupposto)* Voraussetzung *(f)*.
premettere *(vt)* ~ {~ *qcs a qcs*} etwas *(Dat)* etwas voraus|setzen *(vt)*. ◆ **premesso che** vorausegesetzt, dass.
premiare *(vt)* **1** *(dare un premio)* aus|zeichnen *(vt)*. **2** *(ricompensare)* belohnen *(vt)*.

premiazione *(f)* ~ Preisverleihung *(f)*.
preminente *(agg)* ~ leitend, herausragend.
premio *(m)* ***1*** Preis *(m)* ♦ *vincere, istituire un premio* einen Preis gewinnen, stiften ♦ *premio di consolazione* Trostpreis. ***2*** *(ricompensa)* Lohn *(m)*. ***3*** *(alla lotteria, vincita)* Gewinn *(m)* ♦ *primo premio* Hauptgewinn. ***4*** *(assicurativo, comm)* Prämie *(f)*. ◆ **premio d'assicurazione** Versicherungsbeitrag *(m)*.
premonitore *(agg)* ~ prophetisch.
premonizione *(f)* ~ Vorwarnung *(f)*.
premura *(f)* ***1*** *(cura)* Aufmerksamkeit *(f)*, Sorge *(f)*. ***2*** *(fretta)* Eile *(f)*. ***3*** *(cortesia)* Zuvorkommenheit *(f)*.
premuroso *(agg)* ***1*** *(attento)* sorgsam, aufmerksam. ***2*** *(cortese)* zuvorkommend, liebevoll.
prendere *(vt/vi)* ***1*** nehmen* *(vt)* ♦ *prese il portafoglio dalla borsa* sie nahm den Geldbeutel aus der Tasche ♦ *prendere qcn per mano* jmdn bei der Hand nehmen ♦ *prendiamo la macchina o l'autobus?* nehmen wir das Auto oder den Bus? ***2*** *(afferrare, cogliere)* fassen *(vt)*, ergreifen* *(vt)* ♦ *prendere qcn per il braccio* jmdn am/beim Arm fassen ♦ *prendere al volo un'occasione* eine Gelegenheit beim Schopf fassen. ***3*** *(catturare)* fangen* *(vt)*, fassen *(vt)* ♦ *prendere un ladro* einen Dieb fangen. ***4*** *(medicine)* nehmen* *(vt)*, einnehmen* *(vt)*. ***5*** *(ricevere)* bekommen* *(vt)*. ***6*** *(decisioni e sim)* treffen* *(vt)* ♦ *prendere una decisione* eine Entscheidung treffen. ***7*** *(malattie)* {~ *qcs*} sich *(Dat)* etwas zu|ziehen* *(vt)*, bekommen* *(vt)* ♦ *ho preso un raffreddore* ich habe mir einen Schnupfen zugezogen. ***8*** *(andare o venire a prendere)* ab|holen *(vt)*, holen *(vt)* ♦ *ti vengo a prendere alla stazione* ich hole dich vom Bahnhof ab ♦ *prendere il vino in cantina* den Wein aus dem Keller holen. ***9*** *(scambiare, confondere)* {~ *qcn/qcs per qcn/qcs*} jmdn/etwas mit jmdm/etwas verwechseln *(vt)* ♦ *l'ho presa per sua sorella* ich habe sie mit ihrer Schwester verwechselt. ***10*** *(canale radio, tv)* empfangen* *(vt)*. ***11*** *(sentimenti, sensazioni)* ergreifen* *(vt)*, packen *(vt)* ♦ *fu preso dalla paura* er wurde von Angst gepackt. ***12*** *(considerare)* nehmen* *(vt)*, halten *(vt)* ♦ *prendere qcs sul serio* etwas ernst nehmen. ***13*** *(portando via)* mitnehmen* *(vt)* ♦ *prendi un ombrello!* nimm doch einen Regenschirm mit! ***14*** *(strada, direzione, ecc)* ein|schlagen* *(vt)*, nehmen* *(vt)* ***15*** *(vi)* *(piante)* schlagen* *(vi*, hat*)*. ***16*** *(vi)* *(fuoco)* brennen* *(vi*, hat*)*. ◆ **prendere possesso di qcs** von etwas Besitz ergreifen*. ◆ **prender male qcs** etwas übel vermerken.
prendersi *(vr)* ***1*** *(addossarsi)* auf sich *(Acc)* nehmen* *(vt)* ♦ *si prese la colpa* er nahm die Schuld auf sich. ***2*** *(malattie)* sich *(Dat)* zu|ziehen* *(vt)* ♦ *mi sono preso un raffreddore* ich habe mir einen Schnupfen zugezogen. ***3*** *(irritarsi)* sich ärgern *(vr)*.
prenotare *(vt)* ***1*** *(riservare)* vor|bestellen *(vt)*, reservieren *(vt)*, bestellen *(vt)* ♦ *abbiamo prenotato i biglietti* wir haben die Karten vorbestellt ♦ *prenotare un tavolo* einen Tisch reservieren. ***2*** *(viaggi)* buchen *(vt)*.
prenotazione *(f)* ***1*** Reservierung *(f)*. ***2*** *(di un viaggio)* Buchung *(f)*.
preoccupante *(agg)* ~ Besorgnis erregend, beängstigend.
preoccupare *(vt)* ~ bekümmern *(vt)*, beunruhigen *(vt)*.
preoccuparsi *(vr)* ***1*** {~ *per qcn/qcs*} sich *(Dat)* um jmdn/etwas Sorgen machen *(vt)*, sich um jmdn/etwas beunruhigen *(vr)*. ***2*** *(occuparsi)* sich sorgen *(vr)*.
preoccupato *(agg)* ~ besorgt, bekümmert ♦ *essere preoccupato per qcn/qcs* um jmdn/etwas besorgt sein.
preoccupazione *(f)* ~ Sorge *(f)*, Kummer *(m)* ♦ *la preoccupazione per qcn* der Kummer um/über jmdn ♦ *dare preoccupazioni a qcn* jmdm Kummer bereiten/machen. ◆ **che desta preoccupazione** Besorgnis erregend. ◆ **senza preoccupazioni** *(spensierato)* sorglos *(agg/avv)*.
preparare *(vt)* ***1*** vor|bereiten *(vt)* ♦ *preparare i bagagli per il viaggio* das Gepäck für die Reise vorbereiten ♦ *preparare gli studenti per l'esame* die Schüler auf die Prüfung vorbereiten. ***2*** *(cibi, medicine)*

zu|bereiten *(vt)* ♦ *preparare il pranzo* das Essen zubereiten. **3** {~ *qcs a qcn*} jmdm etwas bereiten *(vt)* ♦ *preparare il pranzo a qcn* jmdm das Essen bereiten. ◆ **preparare il caffè** Kaffee machen.

prepararsi *(vr)* **1** sich bereit|machen *(vr)*. **2** {~ *a qcs*} sich zu etwas bereiten *(vr)*. **3** {~ *per qcs*} sich auf etwas *(Acc)* vor|bereiten *(vr)* ♦ *mi preparo per l'esame di tedesco* ich bereite mich auf die Deutschprüfung vor.

preparativo *(m)* ~ Vorbereitung *(f)*, Anstalten *(pl)*.

preparato[1] *(agg)* **1** vorbereitet. **2** *(pronto)* bereit.

preparato[2] *(m)* ~ Präparat *(n)*.

preparazione *(f)* **1** Vorbereitung *(f)*. **2** *(cibi, medicine, ecc)* Zubereitung *(f)*. **3** *(formazione)* Bildung *(f)*.

preponderante *(agg)* ~ überwiegend.

preponderanza *(f)* ~ Übergewicht *(n)*.

preporre *(vt)* **1** voranstellen *(vt)*. **2** *(preferire)* vor|ziehen.

preporsi *(vr)* ~ {~ *qcs*} sich *(Dat)* etwas vor|nehmen* *(vt)*.

preposizione *(f)* ~ *(gramm)* Präposition *(f)*.

prepotente *(agg)* ~ anmaßend, rechthaberisch.

prepotenza *(f)* ~ Anmaßung *(f)*.

prerogativa *(f)* ~ Sonderrecht *(n)*.

presa *(f)* **1** *(assunzione)* Übernahme *(f)*. **2** *(il prendere)* Griff *(m)*, Ergreifung *(f)* ♦ *la presa del potere* die Ergreifung der Macht. **3** *(sale, tabacco, ecc)* Prise *(f)*. ◆ **presa di possesso** Inbesitznahme *(f)*. ◆ **presa di posizione** *(opinione)* Stellungnahme *(f)*. ◆ **presa di corrente** Steckdose *(f)*. ◆ **far presa** greifen*.

presagio *(m)* **1** *(segno)* Vorzeichen *(n)*. **2** *(presentimento)* Vorahnung *(f)*.

presagire *(vt)* **1** voraussehen *(vt)*. **2** *(presentire)* vorausahnen *(vt)*.

presbiopia *(m)* ~ *(med)* Weitsichtigkeit *(f)*.

presbite[1] *(agg)* ~ *(med)* weitsichtig.

presbite[2] *(m)* ~ Weitsichtige *(m)*.

prescegliere *(vt)* ~ auswählen *(vt)*.

prescelto[1] *(agg)* ~ ausgewählt.

prescelto[2] *(m)* ~ Ausgewählte(r) *(m)*.

prescindere *(vi)* ~ {~ *da qcs*} von etwas ab|sehen* *(vi, hat)* ♦ *se si prescinde dal fatto che* wenn man davon absieht, dass. ◆ **a prescindere da qcs** abgesehen von etwas ♦ *a prescindere dal fatto che* abgesehen davon, dass.

prescrivere *(vt)* **1** vor|schreiben* *(vt)*. **2** *(cure e sim)* verschreiben* *(vt)*.

prescrizione *(f)* **1** Vorschrift *(f)*, Bestimmung *(f)*. **2** *(med)* Verschreibung *(f)*. **3** *(dir)* Verjährung *(f)*. ◆ **cadere in prescrizione** verjähren *(vi, ist)*.

preselezione *(f)* **1** Vorauswahl *(f)*. **2** *(tel)* Vorwahl *(f)*.

presentare *(vt)* **1** *(introdurre)* {~ *qcn a qcn*} jmdm jmdn vor|stellen *(vt)*, jmdn bei jmdm ein|führen *(vt)* ♦ *posso presentarle il signor Schulz?* darf ich Ihnen Herrn Schulz vorstellen? **2** *(TV, radio)* moderieren *(vt)*. **3** *(esibire documenti)* vor|zeigen *(vt)*, vor|weisen* *(vt)*. **4** *(sottoporre)* vor|legen *(vt)*, ein|reichen *(vt)* ♦ *presentare un progetto a qcn* jmdm einen Plan vorlegen ♦ *presentare le dimissioni* den Rücktritt einreichen.

presentarsi *(vr)* **1** {~ *(a qcn)*} sich (bei jmdm) vor|stellen *(vr)* ♦ *posso presentarmi?* darf ich mich vorstellen? **2** *(comparire)* sich ein|stellen* *(vr)*, auf|treten* ♦ *si sono presentati dei problemi* Probleme haben sich eingestellt. **3** {~ *a qcs*} zu etwas an|treten* *(vi, ist)* ♦ *presentarsi al lavoro* zur Arbeit antreten. **4** *(offrirsi)* {~ *a qcn*} sich jmdm dar|bieten* *(vr)* ♦ *ci si presentò, una buona occasione* uns bot sich, eine gute Gelegenheit dar.

presentatore *(m, f* **-trice***)* ~ Moderator *(m, f* -in*)*.

presentazione *(f)* **1** Vorstellung *(f)*. **2** *(esibizione di documenti e sim)* Vorlage *(f)*, Einreichung *(f)*. **3** *(introduzione)* Einführung *(f)*. **4** *(di programmi tv, film, ecc)* Vorschau *(f)*; *(di spettacoli)* Ansage *(f)*.

presente[1] *(agg)* **1** anwesend ♦ *i presenti* die Anwesenden. **2** *(attuale)* gegenwärtig, derzeitig ♦ *la situazione presente* die derzeitige Lage. **3** *(esistente)* gegeben. **4** *(questo)* vorliegend. ◆ **far presente qcs a qcn** jmdn auf etwas *(Acc)* hin|weisen* *(vt/vi, hat)* ♦ *vorrei far presente che* ich möchte darauf hinweisen, dass. ◆ **tenere presente qcs/qcn** jmdn/etwas berücksichtigen. ◆ **facendo presente qcs** un-

ter Hinweis auf etwas *(Acc)*. ◆ **essere presente** *(esserci)* dabei|sitzen* *(vi,* hat*)*.
presente[2] *(m)* ***1*** Präsens *(n)*, Gegenwart *(f) (anche gramm)*. **2** *(persona)* Anwesende(r) *(m)*. **3** *(regalo)* Geschenk.
presentimento *(m)* ~ Vorahnung *(f)*, Vorgefühl *(n)*.
presentire *(vt)* ~ ahnen *(vt)*, vorahnen *(vt)*.
presenza *(f)* ***1*** Anwesenheit *(f)*, Gegenwart *(f)* ♦ *in presenza di qcn, alla presenza di qcn* in jmds Anwesenheit ♦ *la tua presenza non è gradita* deine Gegenwart ist nicht erwünscht ♦ *presenza di spirito* Geistesgegenwart. **2** *(disponibilità)* Vorhandensein *(n)*. **3** *(aspetto)* Aussehen *(n)*.
presenziare *(vt)* ~ {~ *a qcs*} etwas *(Dat)* bei|wohnen *(vi,* hat*)*.
presepe *(m)* ~ Weihnachtskrippe *(f)*.
preservare *(vt)* ~ bewahren *(vt)*.
preservativo *(m)* ~ Kondom *(n)*, Präservativ *(n)*.
preside *(m/f)* ~ Schulleiter, Leiter *(m; f* -in*)*.
presidente *(m/f)* ***1*** Vorsitzende(r) *(m/f)*. **2** *(pol)* Präsident *(m; f* -in*)* ♦ *presidente federale* Bundespräsident ♦ *Presidente del Consiglio* Ministerpräsident.
presidenza *(f)* ***1*** Vorsitz *(m)*, Präsidium *(n)* ♦ *avere la presidenza di una ditta* den Vorsitz einer Firma haben. **2** *(pol)* Präsidentschaft *(f)*.
presidenziale *(agg)* ~ Präsidial-, Präsidenten- ♦ *elezione presidenziale* Präsidentenwahl *(f)*.
presidiare *(vt)* ***1*** *(mil)* in Garnison liegen* *(vi,* hat*)*. **2** *(controllare)* überwachen *(vt)*.
presidio *(m)* ***1*** *(mil)* Garnison. **2** *(comando territoriale)* Standort.
presiedere *(vt)* ~ *(dirigere)* {~ *qcs*} etwas *(Dat)* vor|sitzen *(vi,* hat*)*.
presina *(f)* ~ *(per pentole)* Topflappen *(m)*.
pressa *(f)* ~ Presse *(f)*.
pressante *(agg)* ***1*** *(insistente)* inständig. **2** *(urgente)* dringend.
pressappoco *(avv)* ~ mehr oder weniger, etwa, ungefähr.
pressare *(vt)* ***1*** pressen *(vt)*. **2** *(assillare)* bedrängen *(vt)*.
pressione *(f)* ***1*** Druck *(m) (anche fig)* ♦ *pressione sanguigna* Blutdruck ♦ *alta, bassa pressione (atmosferica)* Hochdruck, Tiefdruck ♦ *tenere, mettere qcn sotto pressione* jmdn unter Druck halten, setzen ♦ *essere sotto pressione* unter Druck stehen. ◆ **fare pressione su qcn** in jmdn dringen* *(vi,* ist*)*. ◆ **fare pressione a qcn** *(perché faccia qcs)* jmdn drängen (etwas zu tun).
presso *(prep)* ***1*** *(stato) (di luoghi)* bei *(+ Dat)*, neben *(+ Dat)*, in *(+ Dat)*, in der Nähe von *(+ Dat)* ♦ *presso Roma* bei Rom. **2** *(stato) (di persone, istituzioni)* bei *(+ Dat)* ♦ *vive presso di noi* er lebt bei uns ♦ *lavoro presso una filiale della banca* ich arbeite bei einer Niederlassung der Bank. **3** *(moto a luogo)* neben *(+ Acc)*, in die Nähe von *(+ Acc)*. ◆ **l'uno presso l'altro** *(accanto, vicino)* beieinander *(avv)*. ◆ **nei pressi di** in der Nähe von ♦ *vive nei pressi di Berlino* er lebt in der Nähe von Berlin.
pressoché *(avv)* ~ nahezu.
prestabilito *(agg)* ~ im voraus festgesetzt.
prestanome *(m)* ~ Strohmann *(m)*.
prestante *(agg)* ~ stattlich.
prestare *(vt)* ~ leihen* *(vt)*, aus|leihen* *(vt)*, borgen *(vt)* ♦ *puoi prestarmi la tua bicicletta, cento euro?* kannst du mir dein Fahrrad, hundert Euro leihen? ◆ **prestare attenzione a qcn/qcs** jmdm/etwas Aufmerksamkeit schenken. ◆ **prestar fede a qcn** jmdm Glauben schenken. ◆ **prestare aiuto a qcn** jmdm Hilfe leisten.
prestazione *(f)* ~ Leistung *(f)* ♦ *una buona prestazione sportiva* eine gute sportliche Leistung ♦ *prestazione in denaro, in natura* Leistung in Geld, in Naturalien.
prestigiatore *(m; f* **-trice***)* ~ Taschenspieler *(m; f* -in*)*.
prestigio *(m)* ~ Prestige *(n)*, Ansehen *(n)* ♦ *acquistare prestigio* sich *(Dat)* Ansehen verschaffen. ◆ **gioco di prestigio** Zaubertrick *(m)*.
prestigioso *(agg)* ~ namhaft.
prestito *(m)* ***1*** Leihe *(f)*, Ausleihe *(f)* ♦ *dare, prendere qcs in prestito* etwas in Leihe geben, nehmen. **2** *(econ)* Darlehen *(n)* ♦ *contrarre, concedere un prestito* ein Darlehen aufnehmen, gewähren. **3** *(ling)* Lehnwort *(n)*. ◆ **in prestito** leihweise

(*avv*) ♦ *dare qcs in prestito a qcn* jmdm etwas leihweise überlassen. ◆ **dare in prestito qcs a qcn** jmdm etwas leihen* (*vt*). ◆ **prendere in prestito qcs da qcn** sich (*Dat*) etwas bei/von jmdm leihen ♦ *ho preso in prestito la bicicletta da mio fratello* ich habe mir das Fahrrad von meinem Bruder geliehen.

presto (*avv*) **1** früh ♦ *stamattina presto* heute früh ♦ *alzarsi presto* früh aufstehen ♦ *più presto possibile* möglichst früh, so früh wie möglich ♦ *presto o tardi* früher oder später. **2** (*tra poco*) bald ♦ *torno presto* ich komme bald wieder ♦ *più presto possibile* so bald wie möglich ♦ *a presto!* auf bald!, bis bald! **3** (*rapidamente*) schnell, rasch ♦ *bisogna fare presto* wir sollen schnell machen. ◆ **arrivederci a presto!** auf baldiges Wiedersehen! ◆ **al più presto** (*più velocemente possibile*) schnellstens (*avv*). ◆ **al più presto** (*non prima di*) frühestens (*avv*).

presumere (*vt*) **1** (*supporre*) vermuten (*vt*), an|nehmen* (*vt*), schätzen (*vt*) ♦ *questo fa presumere che* das lässt vermuten, dass ♦ *presumo che sia già a casa* ich schätze, er wird schon zu Hause sein. **2** (*pretendere*) sich an|maßen (*vr*) ♦ *presumere di sapere tutto* sich anmaßen, alles zu wissen.

presumibile (*agg*) ~ vermutlich. ◆ **è presumibile che** es ist anzunehmen, dass.

presunto (*agg*) ~ mutmaßlich, vermutlich.

presuntuoso (*agg*) ~ anmaßend, eingebildet.

presunzione (*f*) **1** Anmaßung (*f*), Überheblichkeit (*f*). **2** (*dir*) Vermutung (*f*).

presupporre (*vt*) **1** vermuten (*vt*). **2** (*implicare*) voraus|setzen (*vt*).

presupposto (*m*) ~ Voraussetzung (*f*), Grundlage (*f*) ♦ *creare i presupposti per qcs* die Grundlagen für etwas schaffen. ◆ **partire da un presupposto** von etwas aus|gehen* (*vi*, ist) ♦ *se partiamo dal presupposto che* wenn wir davon ausgehen, dass.

prete (*m*) ~ (*cattolico*) Priester (*m*).

pretendente (*m/f*) ~ Anwärter (*m*; *f* -in) ♦ *pretendente al trono* Anwärter auf den Thron.

pretendere (*vt*) **1** verlangen (*vt*) ♦ *pretendono da me riservatezza assoluta* sie verlangen absolute Geheimhaltung von mir. **2** (*presumere*) sich an|maßen (*vr*) ♦ *pretendere di sapere tutto* sich anmaße, alles zu wissen. **3** (*accampare pretese*) {~ *qcs*} Anspruch auf etwas (*Acc*) erheben* (*vt*).

preterito (*m*) ~ (*gramm*) Präteritum (*n*).

pretesa (*f*) ~ Anspruch (*m*), Anforderung (*f*), Forderung (*f*) ♦ *accampare una pretesa* eine Forderung geltend machen. ◆ **di poche pretese** genügsam (*agg*).

preteso (*agg*) ~ angeblich.

pretesto (*m*) ~ Vorwand (*m*), Ausrede (*f*) ♦ *prendere qcs a pretesto* etwas zum Vorwand nehmen ♦ *con il pretesto che* unter dem Vorwand, dass.

pretore (*m*; *f* **-a**) ~ Amtsrichter (*m*; *f* -in).

pretura (*f*) ~ Amtsgericht (*n*).

prevalente (*agg*) ~ vorherrschend, überwiegend.

prevalenza (*f*) ~ Übergewicht (*n*). ◆ **in prevalenza** überwiegend (*avv*).

prevalere (*vi*) **1** (*predominare*) vor|herrschen (*vi*, hat). **2** {~ *su qcs*} etwas überwiegen* (*vt*).

prevedere (*vt*) ~ voraus|sehen* (*vt*), vorher|sagen (*vt*) ♦ *prevedere il futuro* die Zukunft voraussehen. ◆ **far prevedere qcs** auf etwas (*Acc*) hin|deuten (*vi*, hat) ♦ *questo non fa prevedere uno sviluppo positivo* das deutet auf keine gute Entwicklung hin.

prevedibile (*agg*) ~ voraussichtlich, vorhersehbar.

prevendita (*f*) ~ Vorverkauf (*m*).

prevenire (*vi*) **1** {~ *qcs*} etwas (*Dat*) vor|beugen (*vi*, hat), vor|bauen (*vi*, hat) ♦ *prevenire un'infezione* einer Infektion vorbeugen. **2** (*precedere*) {~ *qcn/qcs*} jmdm/etwas zuvor|kommen* (*vi*, ist) ♦ *prevenire una domanda* einer Frage zuvorkommen.

preventivare (*vt*) ~ veranschlagen* (*vt*), ein|planen (*vt*).

preventivo[1] (*agg*) ~ vorbeugend.

preventivo[2] (*m*) ~ (*econ*) Anschlag (*m*), Ansatz (*m*).

prevenuto (*agg*) ~ voreingenommen ♦ *essere prevenuto nei confronti di qcn* jmdm gegenüber voreingenommen sein.

prevenzione *(f)* ***1*** *(di malattie e sim)* Vorbeugung *(f)*, Vorsorge *(f)*. ***2*** *(l'essere prevenuto)* Eingenommenheit *(f)*.
previdente *(agg)* ~ vorausschauend, vorsichtig.
previdenza *(f)* ***1*** Voraussicht *(f)*. ***2*** *(ente)* Fürsorge *(f)*. ◆ **previdenza sociale** Sozialversicherung *(f)*.
previo ~ **previo accordo** nach vorheriger Vereinbarung.
previsione *(f)* ~ Voraussicht *(f)*, Vorhersage *(f)*. ◆ **previsioni del tempo** Wettervorhersage *(f)*.
previsto[1] *(agg)* ~ vorausgesehen.
previsto[2] *(m)* ~ Erwartung *(f)*. ◆ **prima del previsto** früher als vorgesehen.
prezioso[1] *(agg)* ~ kostbar, wertvoll *(anche fig)* ♦ *un consiglio prezioso* ein wertvoller Ratschlag. ◆ **pietra preziosa** Edelstein *(m)*. ◆ **metallo prezioso** Edelmetall *(n)*.
prezioso[2] *(m)* ~ Schmuchstück *(n)*. ◆ **fare il prezioso** *(fam)* sich zieren.
prezzemolo *(m)* ~ *(bot)* Petersilie *(f)*.
prezzo *(m)* ***1*** Preis *(m)* ♦ *prezzo all'ingrosso* Großhandelspreis ♦ *prezzo base* Grundpreis ♦ *prezzo fisso* Festpreis ♦ *prezzo di costo* Einkaufspreis ♦ *prezzo di fabbrica* Erzeugerpreis, Fabrikpreis ♦ *prezzo di favore* Vorzugspreis ♦ *a metà prezzo* zum halben Preis ♦ *prezzo singolo* Einzelpreis ♦ *prezzo d'acquisto* Kaufpreis. ***2*** *(fascia di prezzo)* Preislage *(f)* ♦ *televisori di tutti i prezzi* Fernseher in allen Preislagen. ◆ **di prezzo**, **relativo al prezzo** preislich *(agg)* ♦ *una differenza di* prezzo ein preislicher Unterschied.
prigione *(f)* ~ Gefängnis *(n)* ♦ *andare in prigione* ins Gefängnis kommen ♦ *essere in prigione* im Gefängnis sitzen ♦ *prendersi tre anni di prigione* drei Jahre Gefängnis bekommen.
prigionia *(f)* ~ Gefangenschaft *(f)*.
prigioniero[1] *(agg)* ~ gefangen ♦ *fare prigioniero (mil)* gefangen nehmen.
prigioniero[2] *(m; f* **-a***)* ~ Gefangene(r) *(m/f)* ♦ *prigioniero di guerra* Kriegsgefangene(r).
prima[1] *(avv)* ***1*** *(in precedenza, in passato)* vorher, zuvor, früher ♦ *il giorno prima* am Tag vorher ♦ *poco prima* kurz vorher ♦ *non l'ho mai vista prima* ich habe sie nie zuvor gesehen ♦ *il giorno prima* am Tag zuvor ♦ *prima vivevamo in campagna* früher lebten wir auf dem Land ♦ *non ho potuto farmi vivo prima* ich konnte mich nicht früher melden. ***2*** *(per prima cosa)* zuvor, erst, vorher ♦ *prima mi vorrei presentare* ich möchte mich erst einmal vorstellen. ***3*** *(stato in luogo, avanti)* davor, erst, zuerst. ***4*** *(stato in luogo, più sopra)* vorig, oben ♦ *come già detto prima* wie oben gesagt. ◆ **poco prima** kurz vorher/zuvor. ◆ **poco prima di** kurz vor. ◆ **prima o poi** früher oder später, irgendwann. ◆ **di prima** *(ex, di una volta)* früher, ehemalig. ◆ **prima possibile** so bald/früh wie möglich.
prima[2] *(prep)* ~ **prima di** *(prep)* vor *(+ Dat)* ♦ *prima di tutto* vor allem. ◆ **non prima di** frühestens ♦ *verrò non prima delle undici* ich werde frühestens um 11 kommen.
prima[3] *(congiunz)* ~ **prima di**, **che** bevor, ehe ♦ *prima di partire* bevor ich abreise. ◆ **molto**, **poco prima che** lange, kurz bevor ♦ *molto prima che venisse* lange bevor sie kam.
prima[4] *(f)* ~ *(teatr/cinem)* Erstaufführung *(f)*, Premiere *(f)*.
primario[1] *(agg)* ***1*** primär. ***2*** *(essenziale)* wesentlich.
primario[2] *(m)* ~ Chefarzt *(m; f* -ärztin*)*.
primato *(m)* ***1*** *(supremazia)* Vorrang *(m)*, Überlegenheit *(f)*. ***2*** *(record)* Rekord *(m)*.
primavera *(f)* ~ Frühling *(m) (anche fig)*, Frühjahr *(n)* ♦ *in primavera* im Frühling.
primitivo *(agg)* ***1*** *(originario)* ursprünglich, Ur- ♦ *uomo primitivo* Urmensch *(m)*. ***2*** *(rozzo)* primitiv.
primizia *(f)* ~ *(di frutta)* Frühobst; *(di ortaggi)* Frühgemüse.
primo[1] *(num ord)* ***1*** erste(r, -s) ♦ *abito al primo piano* ich wohne im ersten Stock ♦ *la prima guerra mondiale* der erste/Erste Weltkrieg ♦ *la prima volta* das erste Mal ♦ *il primo del mese* am ersten des Monats ♦ *il primo maggio* am ersten Mai ♦ *una merce di prima qualità* eine Ware von erster Qualität ♦ *viaggiare in prima classe* erster Klasse fahren ♦ *prestare i primi soccorsi* erste Hilfe leisten. ***2*** *(di due)* erstere(r, -s) *(agg/pron)*. ***3*** *(presto)*

früh ♦ *di primo mattino* am frühen Morgen ♦ *nella prima infanzia* in früher Kindheit. **4** *(il più vicino)* nächstgelegen *(solo attr)*. ◆ **numero primo** *(mat)* Primzahl *(f)*. ◆ **il primo che capita** der/die/das erste Beste. ◆ **il primo/la prima... che capita** der/die/das erstbeste(r, -s), der/die/das erste beste ♦ *la prima occasione che capita* die erstbeste Gelegenheit. ◆ **in primo luogo...** zum Ersten. ◆ **la prima cosa** das Erste. ◆ **in primo luogo** in erster Linie. ◆ **come prima cosa** als Nächstes. ◆ **per prima cosa** vorab, erstens. ◆ **per la prima volta** erstmals.

primo[2] *(m)* ~ Erste *(m)* ♦ *la prima portata, il primo* ertser Gang *(m)*.

primogenito[1] *(agg)* ~ erstgeboren.

primogenito[2] *(m)* ~ Erstgeborene(r) *(m/f)*.

primordiale *(agg)* ~ Ur- ♦ *forza primordiale* Urkraft, Urgewalt *(f)*.

primula *(f)* ~ *(bot)* Primel *(f)*.

principale[1] *(agg)* ~ hauptsächlich, Haupt- ♦ *entrata principale* Haupteingang *(m)* ♦ *ruolo principale* Hauptrolle *(f)* ♦ *cosa principale* Hauptsache *(f)* ♦ *proposizione principale (gramm)* Hauptsatz *(m)*. ◆ **problema principale** Kernproblem *(n)*. ◆ **punto principale** Kernpunkt *(m)*.

principale[2] *(m)* ~ Chef *(m)*.

principato *(m)* **1** *(territorio)* Fürstentum *(n)*. **2** *(titolo)* Fürstentitel *(m)*.

principe *(m)* ~ Fürst *(m)*, Prinz *(m)* ♦ *principe ereditario* Erbprinz ♦ *principe elettore* Kurfürst.

principesco *(m)* ~ fürstlich.

principessa *(f)* ~ Prinzessin *(f)*, Fürstin *(f)*.

principiante *(m/f)* ~ Anfänger *(m; f -in)*, Neuling *(m)*.

principio *(m)* **1** *(inizio)* Beginn *(m)*, Anfang *(m)* ♦ *al principio* am Anfang ♦ *dal principio* seit Anfang/Beginn. **2** *(fondamento)* Grundsatz *(m)*, Prinzip *(n)* ♦ *rimanere fedele ai propri principi* an seinen Grundsätzen festhalten ♦ *per principio* aus Prinzip. ◆ **da principio** von vorn *(avv)* ♦ *cominciare da principio* von vorn anfangen. ◆ **fin da principio** von Anfang an, von vornherein *(avv)*. ◆ **di principio** prinzipiell *(avv)*. ◆ **per principio, in linea di principio** grundsätzlich *(avv)*, im Prinzip ♦ *sono contrario per principio* ich bin grundsätzlich dagegen. ◆ **principio attivo** *(med)* Wirkstoff *(m)*.

priorità *(f)* ~ Priorität *(f)*, Vorrang *(m)* ♦ *questo lavoro ha la priorità su tutto il resto* diese Arbeit hat (den) Vorrang vor allem anderen.

prioritario *(agg)* ~ vordringlich, vorrangig.

privacy *(f)* ~ Privatsphäre *(f)*.

privare *(vt)* ~ {~ *qcn di qcs*} jmdn etwas *(Gen)* berauben *(vt)*.

privatizzare *(vt)* ~ privatisieren *(vt)*.

privato *(agg)* ~ *(personale; non pubblico)* privat, Privat- ♦ *faccende private* private Angelegenheiten ♦ *proprietà privata* privates Eigentum ♦ *scuola privata* private Schule.

privazione *(f)* ~ Beraubung *(f)*, Entziehung *(f)*.

privilegiare *(vt)* **1** favorisieren *(vt)*. **2** *(favorire)* bevorzugen *(vt)*.

privilegiato *(agg)* ~ bevorzugt.

privilegio *(m)* **1** Privileg *(n)*, Vorrecht *(n)* ♦ *godere di privilegi particolari* besondere Vorrechte genießen. **2** *(onore)* Ehre *(f)*.

privo *(agg)* ~ {~ *di*} frei von, -los, ohne *(+ Acc)* ♦ *privo di pregiudizi* frei von Vorurteilen ♦ *privo di mezzi* mittellos.

pro[1] *(prep)* **1** *(distributivo)* pro *(+ Acc)* ♦ *cento euro pro capite* hundert Euro pro Person. **2** *(a favore)* für *(+ Acc)*, zugunsten *(+ Gen)* ♦ *votare pro o contro una proposta* für oder gegen einen Vorschlag stimmen. ◆ **sei pro o contro?** bist du dafür oder dagegen?

pro[2] *(m)* ~ *(vantaggio, utile)* Für *(n)*, Pro *(n)*, Vorteil *(m)* ♦ *i pro e i contro di un progetto* das Pro und (das) Kontra eines Vorhabens.

probabile *(agg)* ~ wahrscheinlich, voraussichtlich.

probabilità *(f)* **1** Wahrscheinlichkeit *(f)*, Voraussicht *(f)*. **2** *(possibilità)* Möglichkeit *(f)*. ◆ **con ogni probabilità** aller Wahrscheinlichkeit nach, höchstwahrscheinlich *(avv)*.

problema *(m)* **1** Problem *(n)* *(anche mat)*, Frage *(f)* ♦ *risolvere un problema* ein Problem lösen ♦ *non c'è problema!* kein

Problem! **2** *(preoccupazione)* Sorge *(f)* ♦ *problemi sul lavoro* berufliche Sorgen ♦ *problemi finanziari* finanzielle Sorgen. ◆ **senza problemi** problemlos *(agg/avv)*.

problematica *(f)* ~ Problematik *(f)*.

problematico *(agg)* ~ problematisch.

proboscide *(f)* ~ Rüssel *(m)*.

procacciare *(vt)* ~ besorgen *(vt)*, beschaffen *(vt)*.

pro capite *(agg invar)* ~ Pro-Kopf-.

procedere *(vi)* **1** voran|gehen* *(vi,* ist*)*; *(con veicoli)* weiter|fahren* *(vi,* ist*)*. **2** *(progredire)* voran|gehen* *(vi,* ist*)*, fort|kommen* *(vi,* ist*)* ♦ *come procede il lavoro?* wie geht es mit der Arbeit voran? **3** *(passare a)* {~ *a qcs*} zu etwas schreiten* *(vi,* ist*)* ♦ *procedere alla votazione* zur Wahl schreiten. **4** *(dir)* vor|gehen* *(vi,* ist*)*, verfahren* *(vi,* ist*)*.

procedimento *(m)* **1** Vorgang *(m)*, Vorgehen *(n)*. **2** *(dir)* Verfahren *(n)* ♦ *procedimento disciplinare* Disziplinarverfahren. ◆ **procedimento fallimentare** Konkurs *(m)*, Konkursverfahren *(n)*.

procedura *(f)* **1** Prozedur *(f)* *(anche elab)*. **2** *(dir)* Verfahren *(n)*.

procedurale *(agg)* **1** *(dir)* Verfahrens-, prozessual. **2** *(metodico)* methodisch.

processare *(vt)* ~ {~ *qcn*} gegen jmdn prozessieren *(vi,* hat*)*.

processione *(f)* ~ Prozession *(f)*.

processo *(m)* **1** *(dir)* Prozess *(m)*, Verfahren *(n)* ♦ *istruire un processo contro qcn* ein Verfahren gegen jmdn einleiten ♦ *processo penale* Strafprozess ♦ *processo per direttissima* beschleunigtes Verfahren. **2** *(procedimento)* Prozess *(m)*, Vorgang *(m, e)* ♦ *processo evolutivo* Entwicklungsprozess *(m)*. ◆ **intentare un processo contro qcn** gegen jmdn prozessieren *(vi,* hat*)*.

procinto ~ **in procinto** im Begriff ♦ *essere in procinto di fare qcs* im Begriff sein, etwas zu tun.

proclama *(m)* ~ Aufruf *(m)*.

proclamare *(vt)* **1** aus|rufen* *(vt)* ♦ *proclamare re qcn* jmdn zum König ausrufen. **2** *(dichiarare)* erklären *(vt)* ♦ *proclamare qcn innocente* jmdn für unschuldig erklären.

proclamazione *(f)* **1** Ausrufung *(f)*. **2** *(annuncio)* Bekanntgabe *(f)*.

procreare *(vt)* ~ zeugen *(vt)*.

procreazione *(f)* ~ Zeugung *(f)*.

procura *(f)* **1** *(delega)* Vollmacht *(f)* ♦ *conferire a qcn la procura per qcs* jmdm die Vollmacht für etwas/zu etwas erteilen ♦ *per procura (firma di un documento)* in Vollmacht *(abbrev* **i.V.***)*. **2** *(ufficio)* Anwaltschaft *(f)*.

procurare *(vt)* **1** *(fornire, procacciare)* verschaffen *(vt)*, besorgen *(vt)*, beschaffen *(vt)* ♦ *procurare un lavoro a qcn* jmdm eine Arbeit verschaffen. **2** *(causare)* bereiten *(vt)* ♦ *procurare gioia, difficoltà a qcn* jmdm Freude, Schwierigkeiten bereiten.

procurarsi *(vr)* ~ {~ *qcs*} sich *(Dat)* etwas verschaffen *(vr)*, beschaffen *(vt)*.

procuratore *(m/f)* **1** *(comm)* Handlungsbevollmächtigte(r) *(m/f)*. **2** *(dir)* Staatsanwalt *(m)*.

prode[1] *(agg)* ~ tapfer, kühn.

prode[2] *(m/f)* ~ Held *(m; f* -in*)*.

prodigalità *(f)* ~ Verschwendung *(f)*.

prodigare *(vt)* **1** *(spendere)* verschwenden *(vt)*. **2** *(distribuire)* spenden.

prodigarsi *(vr)* ~ {~ *per qcn*} sich für jmdn auf|opfern *(vr)*.

prodigio *(m)* ~ Wunder *(n)*. ◆ **bambino prodigio** Wunderkind *(n)*.

prodigioso *(agg)* ~ wunderbar, Wunder-.

prodigo *(agg)* **1** verschwenderisch. **2** *(fig)* großzügig ♦ *essere prodigo di consigli* mit Ratschläge großzügig sein.

prodotto *(m)* ~ Produkt *(n)* *(anche mat)*, Erzeugnis *(n)* ♦ *prodotti chimici* chemische Produkte ♦ *prodotto agricolo* landwirtschaftliches Erzeugnis ♦ *prodotto nazionale* Sozialprodukt ♦ *prodotto interno lordo* Bruttosozialprodukt. ◆ **prodotto di fabbrica** Fabrikware *(f)*.

produrre *(vt)* **1** *(creare)* hervor|bringen* *(vt)*. **2** *(fabbricare)* erzeugen *(vt)*, produzieren *(vt)*, her|stellen *(vt)* ♦ *produrre calore* Wärme erzeugen ♦ *produrre qcs a macchina, in serie, a mano* etwas maschinell, serienmäßig, von Hand herstellen. **3** *(suscitare effetti)* verursachen *(vt)*. **4** *(dir)* bei|bringen**(vt)* ♦ *produrre un testimone* einen Zeugen bei|bringen.

prodursi *(vr)* ~ entstehen* *(vi,* ist*)*.

produttività *(f)* ~ Produktivität *(f)*.

produttivo *(agg)* ~ fruchtbar, produktiv.

produttore[1] *(agg)* ~ produzierend, Herstellungs- ♦ *ditta produttrice* Herstellungsfirma.
produttore[2] *(m; f* **-trice***)* ***1*** Erzeuger *(m; f* -in*)*, Hersteller *(m; f* -in*)*. ***2*** *(film, dischi, ecc)* Produzent *(m; f* -in*)*.
produzione *(f)* ***1*** *(fabbricazione)* Produktion *(f)*, Herstellung *(f)*, Erzeugung *(f)* ♦ *produzione in serie* Serienherstellung *(f)*. ***2*** *(creazione)* Schaffung *(f)*. ***3*** *(film, dischi, ecc)* Produktion *(f)*. ◆ **costi di produzione** Fertigungskosten *(pl)*.
profanare *(f)* ***1*** schänden *(vt)*. ***2*** *(sconsacrare)* entweihen *(vt)*.
profanazione *(f)* ~ Entweihung *(f)*, Schändung *(f)*.
profano[1] *(agg)* ***1*** profan, weltlich. ***2*** *(incompetente)* laienhaft.
profano[2] *(m)* ***1*** Profane *(n)*, Weltliche *(n)*. ***2*** *(incompetente)* Laie *(m)*. ◆ **da profano** laienhaft.
proferire *(vt)* ~ aussprechen* *(vt)*.
professare *(vt)* ***1*** *(fede)* bekennen* *(vt)*. ***2*** *(esercitare)* ausüben *(vt)*.
professarsi *(vr)* ~ sich bekennen *(vr)*.
professionale *(agg)* ***1*** beruflich, Beruf- ♦ *scuola professionale* Berufsschule *(f)*. ***2*** *(professionistico)* professionell.
professione *(f)* ~ Beruf *(m)* ♦ *esercitare una professione* einen Beruf ausüben ♦ *di professione fa il cuoco* er ist von Beruf Koch. ◆ **professione di fede** *(relig)* Glaubensbekenntnis *(n)*.
professionista[1] *(agg)* ~ professionell ♦ *sportivo professionista* professioneller Sportler.
professionista[2] *(m)* ***1*** Berufstatige *(m/f)*. ***2*** *(sport)* Berufssportler *(m)*. ◆ **libero professionista** Freiberufler *(m; f* -in*)*. ◆ **da/di libero professionista** freiberuflich *(agg/avv)*. ◆ **lavorare come libero professionista** freiberuflich tätig sein.
professore *(m; f* **-ressa***)* ***1*** *(insegnante)* Lehrer *(m; f* -in*)*. ***2*** *(universitario)* Professor *(m; f* -in*)* ♦ *professore ordinario* ordentlicher Professor ♦ *professore di filosofia* Professor der/für Philosophie.
profeta *(m)* ~ Prophet *(m)*.
profetico *(agg)* ~ prophetisch.
profetizzare *(vvt)* ~ prophezeien *(vt)*.
profezia *(f)* ~ Prophezeiung *(f)*.
proficuo *(agg)* ~ nutzbringend, nützlich.
profilare *(vt)* ***1*** konturieren *(vt)*. ***2*** *(fig)* umreißen *(vt)*, darstellen *(vt)*.
profilarsi *(vr)* ~ sich ab|zeichnen *(vr)* ♦ *profilarsi all'orizzonte* am Horizont abzeichnen.
profilassi *(f)* ~ *(med)* Vorbeugung *(f)*.
profilattico *(m)* ~ Präservativ *(n)*, Kondom *(n)*.
profilo *(m)* ***1*** *(del viso)* Profil *(n)* ♦ *di profilo* im Profil. ***2*** *(contorno) (spec pl)* Kontur *(f)*, Umriss *(m)*. ***3*** *(ritratto)* Porträt *(n)*.
profittare *(vi)* ~ {~ *di qcs*} von etwas profitieren *(vi*, hat*)*.
profitto *(m)* ~ Profit *(m)*, Gewinn *(m)* *(anche fig/econ)* ♦ *trarre profitto da qcs* Profit aus etwas schlagen/ziehen ♦ *profitti e perdite* Gewinn und Verlust.
profondamente *(avv)* ~ tief ♦ *respirare profondamente* tief atmen.
profondersi *(vr)* ~ {~ *in qcs*} sich in etwas *(Dat)* ergehen* *(vr)*.
profondità *(f)* ***1*** Tiefe *(f)*. ***2*** *(fig)* Tiefe *(f)*, Innigkeit *(f)* ♦ *nella profondità del mio cuore* in der Tiefe meines Herzens. ◆ **in profondità** tief *(avv)*.
profondo[1] *(agg)* ***1*** tief ♦ *l'acqua è profonda dieci metri* das Wasser ist zehn Meter tief ♦ *una ferita profonda* eine tiefe Wunde. ***2*** *(fig)* tief, innig ♦ *profonda gioia* innige Freude.
profondo[2] *(m)* ~ *(intimo)* Tiefe *(f)* ♦ *nel profondo del mio cuore* in der Tiefe meines Herzens. ◆ **dal profondo del cuore** aus tiefstem Herzen.
profugo *(m; f* **-a***)* ~ Flüchtling *(m)*, Heimatvertriebene(r) *(m/f)*.
profumare[1] *(vi)* ~ duften *(vi*, hat*)*, gut riechen* *(vi*, hat*)* ♦ *l'asciugamano profuma di sapone* das Handtuch duftet nach Seife ♦ *la torta profuma (di buono)* der Kuchen riecht gut.
profumare[2] *(vt)* ~ parfümieren *(vt)*.
profumarsi *(vr)* ~ sich parfümieren *(vr)*.
profumato *(agg)* ~ duftend.
profumo *(m)* ***1*** *(odore gradevole)* Duft *(m)*. ***2*** *(cosmetico)* Parfüm *(n)*. ◆ **c'è profumo di qcs** es riecht nach etwas *(impers)*. ◆ **sentire il profumo di qcs** etwas riechen* *(vt)*.

profusione *(f)* ~ Schwall *(m)*. ◆ **a profusione** reichlich *(avv)*, in Hülle und Fülle.
progenitore *(m)* ~ Urvater *(m)*.
progettare *(vt)* **1** planen *(vt)*, vor|haben *(vt)* ♦ *progettiamo di costruire una nuova casa* wir planen, ein neues Haus zu bauen ♦ *progettare un viaggio* eine Reise vorhaben. **2** *(abbozzare)* entwerfen* *(vt)*.
progettazione *(f)* ~ Planung *(f)*.
progetto *(m)* **1** *(piano)* Plan *(m)*, Vorhaben *(n)* ♦ *fare progetti* Pläne machen/schmieden. **2** *(tecn)* Plan *(m)*, Entwurf *(m)*, Projekt *(n)*. ◆ **avere in progetto** planen *(vt)*.
prognosi *(f)* ~ *(med)* Prognose *(f)*. ◆ **fare una prognosi** eine Prognose stellen.
programma *(m)* **1** Programm *(n)* ♦ *secondo i programmi* nach Programm ♦ *programma televisivo* Fernsehprogramm. **2** *(progetto)* Programm *(n)*, Plan *(m)*, Vorhaben *(n)*.
programmare *(vt)* **1** *(pianificare)* planen *(vt)*, verplanen *(vt)*. **2** *(elab)* programmieren *(vt)*.
programmatore *(m)* ~ *(elab)* Programmierer *(m, f* -in*)*.
programmazione *(f)* **1** *(TV/cinem)* Planung *(f)*. **2** *(elab)* Programmierung *(f)*.
progredire *(vi)* ~ fort|schreiten* *(vi*, ist*)*, fort|kommen* *(vi*, ist*)*.
progredito *(agg)* ~ fortgeschritten, fortschrittlich.
progressione *(f)* **1** Fortschreiten *(n)*. **2** *(mat)* Reihe *(f)*.
progressista *(agg)* ~ fortschrittlich.
progressista *(m/f)* ~ Fortschrittler *(m; f* -in*)*.
progressivo *(agg)* ~ *(numerazione e sim)* fortlaufend, progressiv.
progresso *(m)* ~ Fortschritt *(m)* ♦ *fare progressi* Fortschritte machen.
proibire *(vt)* ~ verbieten* *(vt)*, untersagen *(vt)*.
proibitivo *(agg)* **1** Verbots-. **2** *(prezzo)* unbezahlbar. **3** *(tempo)* ungünstig.
proibito *(agg)* ~ verboten, untersagt.
proibizione *(f)* ~ Verbot *(n)*, Verbieten *(n)*.
proiettare *(vt)* **1** *(luci, ombre)* werfen* *(vt)*; projizieren *(vt)* *(anche geom)*. **2** *(film)* vor|führen *(vt)*.
proiettile *(m)* ~ Geschoss *(n)*.
proiettore *(m)* ~ Projektor *(m)*, Vorführgerät *(n)*.
proiezione *(f)* **1** *(di film)* Vorführung *(f)*. **2** *(geom)* Projektion *(f)*. **3** *(calcolo)* Hochrechnung *(f)*.
prole *(f)* ~ Nachwuchs *(m)*, Kinder *(pl)*.
proletariato *(m)* ~ Proletariat *(n)*.
proletario[1] *(agg)* ~ proletarisch.
proletario[2] *(m; f* **-a***)* ~ Proletarier *(m; f* -in*)*.
proliferare *(vt)* **1** *(biol)* wuchern *(vi*, ist*)*. **2** *(moltiplicarsi)* sich vermehren *(vr)*. **3** *(diffondersi)* sich verbreiten *(vr)*.
prolificare *(vt)* ~ sich fort|pflanzen *(vr)*.
prolifico *(agg)* ~ fruchtbar.
prolissità *(f)* ~ Breite *(f)*.
prolisso *(agg)* ~ weitschweifig.
prologo *(m)* ~ Prolog *(m)*.
prolunga *(f)* **1** Verlängerung *(f)*. 2 *(elettr)* Verlängerungsschnur *(f)*.
prolungamento *(m)* ~ Verlängerung *(f)*, Ausdehnung *(f)*.
prolungare *(vt)* ~ verlängern *(vt)*.
prolungarsi *(vr)* ~ *(di tempo)* sich in die Länge ziehen* *(vr)*.
promemoria *(m)* ~ Merkblatt *(n)*.
promessa *(f)* ~ Versprechen *(n)* ♦ *mantenere una promessa* ein Versprechen (ein)halten/einlösen.
promettente *(agg)* ~ viel versprechend, Erfolg versprechend.
promettere *(vt)* ~ versprechen* *(vt)*, zu|sagen *(vt)* ♦ *mi ha promesso che verrà* sie hat mir versprochen, dass sie kommen wird.
prominente *(agg)* ~ prominent.
promiscuità *(f)* ~ Vermischung *(f)*.
promiscuo *(agg)* ~ gemischt.
promontorio *(m)* ~ Kap *(n)*.
promosso *(agg)* ~ versetzt.
promotore[1] *(m)* ~ Förder- ♦ *comitato promotore* Förderkomitee.
promotore[2] *(m; f* **-trice***)* ~ Förderer *(m, f* -in*)*.
promozione *(f)* **1** *(in carriera)* Beförderung *(f)*. **2** *(scolastica)* Versetzung *(f)*. **3** *(sport)* Aufstieg *(m)*. **4** *(incentivo, sovvenzione)* Förderung *(f)*.
promuovere *(vt)* **1** *(favorire)* fördern *(vt)* ♦ *questa legge promuove il piccolo commercio* dieses Gesetz fördert den Kleinhandel. **2** *(scolari)* versetzen *(vt)* ♦ *è sta-*

to promosso alla sesta classe er ist in die sechste Klasse versetzt worden. **3** *(nella carriera)* befördern *(vt)* ♦ *fu promosso direttore* er wurde zum Direktor befördert.

pronipote *(m)* **1** *(di nonno)* Urenkel *(m; f* -in*)*. **2** *(di prozio)* Großneffe *(m; f* -nichte*)*. **3** *(pl)* Nachkommen *(pl)*.

pronome *(m)* ~ *(gramm)* Pronomen *(n)*, Fürwort *(n)*. ♦ *pronome indefinito* unbestimmtes Pronomen.

pronominale *(agg)* ~ pronominal.

pronosticare *(vt)* ~ voraussagen *(vt)*.

pronostico Voraussage *(f)*, Prognose *(f)* ♦ *fare un pronostico* eine Prognose stellen.

prontamente *(avv)* ~ prompt.

prontezza *(f)* **1** Promptheit *(f)*. **2** *(nel rispondere)* Schlagfertigkeit *(f)*.

pronto *(agg)* **1** fertig ♦ *il pranzo è pronto* das Essen ist fertig. **2** *(preparato, disposto)* bereit, fertig ♦ *sono pronto per partire* ich bin fertig zur Abreise ♦ *siamo pronti ad andare* wir sind bereit zu gehen. **3** *(immediato)* prompt; baldig; *(di risposta e sim)* schlagfertig ♦ *augurare pronta guarigione a qcn* jmdm baldige Genesung wünschen. ◆ **pronti, attenti, via** Achtung/auf die Plätze, fertig, los. ◆ **pronto?** *(telefono)* hallo?

pronuncia *(f)* **1** Aussprache *(f)*. **2** *(dir)* Urteilsspruch *(m)*.

pronunciare *(vt)* **1** aus|sprechen* *(vt)* *(anche dir)* ♦ *come si pronuncia questa parola?* wie spricht man dieses Wort aus? **2** *(dire, annunciare)* halten^ *(vt)*, verkünden *(vt)*.

pronunciarsi *(vr)* ~ sich aus|sprechen* *(vr)* ♦ *pronunciarsi a favore di/contro qcs* sich für/gegen etwas aussprechen.

pronunciato *(agg)* **1** ausgesprochen. **2** *(spiccato)* markant, ausgeprägt.

propaganda *(f)* ~ Propaganda *(f)* *(anche pol)*; Werbung *(f)* ♦ *la propaganda di un nuovo prodotto* die Werbung für ein neues Produkt.

propagandare *(vt)* ~ propagandieren *(vt)*, werben *(vt)*.

propagandista *(m/f)* ~ Propagandist *(m; f* -in*)*.

propagare *(vt)* ~ verbreiten *(vt)*.

propagarsi *(vr)* **1** *(diffondersi)* sich verbreiten *(vr)*, sich aus|breiten *(vr)* ♦ *si è propagata una notizia* eine Nachricht hat sich ausgebreitet. **2** *(moltiplicarsi, riprodursi)* sich fort|pflanzen *(vr)*.

propagazione *(f)* **1** Verbreitung *(f)*. **2** *(biol)* Fortpflanzung *(f)*.

propellente[1] *(agg)* ~ Treib- ♦ *gas propellente* Treibgas.

propellente[2] *(m)* ~ Treibstoff *(m)*.

propendere *(vi)* ~ {~ *per qcs*} zu etwas *(Dat)* neigen *(vi*, hat*)*, etwas *(Dat)* zu|neigen *(vi*, hat*)*.

propensione *(f)* ~ Neigung *(f)*, Zuneigung *(f)*.

propiziarsi *(vr)* ~ **propiziarsi il favore di qcn** jmds Gunst erwerben^ *(vt)*.

propizio *(agg)* ~ günstig.

proponimento *(m)* ~ Vorsatz *(m)*.

proporre *(vt)* **1** vor|schlagen* *(vt)*. **2** *(presentare)* auf|werfen* *(vt)*. **3** *(offrire)* an|bieten* *(vt)*.

proporsi *(vr)* **1** *(prefiggersi)* sich etwas *(Dat)* vor|nehmen* *(vr)*. **2** *(offrirsi)* sich an|bieten *(vr)*.

proporzionale *(agg)* ~ proportional *(anche mat)* ♦ *essere proporzionale a qcs* zu etwas proportional sein.

proporzionato *(agg)* **1** proportioniert. **2** *(adeguato)* angemessen.

proporzione *(f)* **1** *(anche mat)* Proportion *(f)*, Verhältnis *(n)*. **2** *(pl)* *(estensione)* Ausmaße *(pl)* ♦ *le proporzioni di una catastrofe* die Ausmaße einer Katastrophe. ◆ **in proporzione** verhältnismäßig *(avv)*.

proposito *(m)* **1** *(intenzione)* Vorsatz *(m)*, Absicht *(f)*, Vorhaben *(n)* ♦ *buoni propositi* gute Vorsätze. **2** *(argomento)* Thema *(n)*. ◆ **di proposito** absichtlich, mit Absicht. ◆ **a proposito** übrigens, apropos ♦ *a proposito, hai parlato con Birgit?* übrigens, hast du mit Birgit gesprochen? ♦ *a proposito di vacanze* apropos Urlaub. ◆ **capitare a proposito** recht kommen. ◆ **a proposito di qcs** in Bezug auf etwas *(Acc)*, was etwas betrifft.

proposizione *(f)* ~ *(gramm)* Satz *(m)* ♦ *proposizione principale, secondaria* Hauptsatz, Nebensatz.

proposta *(f)* ~ Vorschlag *(m)*; *(di leggi e sim)* Vorlage *(f)* ♦ *rifiutare, accettare una proposta* einen Vorschlag ablehnen, annehmen ♦ *su proposta di qcn* auf Vorschlag von jmdm.

proprietà *(f)* **1** *(possesso)* Besitz *(m)*, Eigentum *(n)* ♦ *il terreno è di mia proprietà* das Grundstück ist mein Eigentum ♦ *diventare proprietà di qcn* in jmds Besitz kommen, übergehen. **2** *(caratteristica)* Eigenschaft *(f)*. ◆ **proprietà terriera** Grundbesitz *(m)*, Landgut *(n)*.

proprietario *(m; f* **-a***)* **1** Besitzer *(m; f* -in*)*, Eigentümer *(m; f* -in*)*; *(titolare)* Inhaber *(m; f* -in*)* ♦ *proprietario terriero* Grundbesitzer ♦ *proprietario di negozio* Geschäftsinhaber. **2** *(di veicoli, animali domestici)* Halter *(m)*.

proprio[1] *(agg)* **1** *(caratteristico)* eigen, typisch, besonders ♦ *essere proprio di qcn* jmdm eigen sein ♦ *con la puntualità che gli è propria* mit der ihm eigenen Pünktlichkeit ♦ *il senso dell'umorismo che gli è proprio* der ihm eigentümliche Sinn für Humor. **2** *(personale)* eigen ♦ *avere un'opinione propria* eine eigene Meinung haben.

proprio[2] *(agg/pron poss)* ~ eigen, sein, ihr ♦ *a proprio rischio e pericolo* auf eigene Gefahr ♦ *con le proprie forze* aus eigener Kraft ♦ *pagare qcs di tasca propria* etwas aus eigener Tasche bezahlen *(anche fig)* ♦ *vedere qcs con i propri occhi* etwas mit (seinen) eigenen Augen sehen.

proprio[3] *(avv)* **1** *(precisamente)* eben, genau, gerade, ausgerechnet ♦ *proprio di questo ho bisogno* genau das brauche ich. **2** *(veramente)* wirklich ♦ *è proprio bello* es ist wirklich schön. **3** *(+ neg)* bestimmt, überhaupt ♦ *non è proprio intelligente* er ist bestimmt nicht klug. ◆ **proprio adesso** soeben. ◆ **proprio lì/là** ebenda. ◆ **proprio così!** das kann man wohl sagen! ◆ **in proprio** selb(st)ständig. ◆ **mettersi in proprio** sich *(Acc)* selbständig machen.

propugnare *(vt)* ~ verteidigen *(vt)*, verfechten *(vt)*.

propulsione *(f)* ~ Antrieb *(m)*.

propulsore *(m)* ~ Triebwerk *(n)*.

prora *(f)* ~ Bug *(m)*.

proroga *(f)* ~ Aufschub *(m)*, Verlängerung *(f)*.

prorogare *(vt)* ~ verlängern *(vt)*, auf|schieben *(vt)*.

prorompere *(vt)* **1** *(straripare)* über|treten* *(vi*, ist*)*. **2** *(fig)* {~ *in qcs*} in etwas *(Dat)* aus|brechen* *(vi*, ist*)*.

prosa *(f)* ~ Prosa *(f)*.

prosciugare *(vt)* **1** *(essiccare)* aus|trocknen *(vt)*. **2** *(terreni e sim)* entwässern *(vt)*. **3** *(fig)* auf|brauchen *(vt)*.

prosciugarsi *(vr)* ~ aus|trocknen *(vi*, ist*)*.

prosciutto *(m)* ~ Schinken *(m)* ♦ *prosciutto cotto, affumicato* gekochter, geräucherter Schinken. ◆ **panino col prosciutto** Schinkenbrot *(n)*.

prosecuzione *(f)* ~ Fortsetzung *(f)*.

proseguimento *(m)* ~ Fortsetzung *(f)*.

proseguire *(vi)* ~ *(andare avanti)* weiter|gehen* *(vi*, ist*)*, weiter|fahren* *(vi*, ist*)*.

proseguire *(vt)* ~ *(portare avanti)* fort|setzen *(vt)*, fort|führen *(vt)* ♦ *proseguire il lavoro* die Arbeit fort|setzen.

prosperare *(vi)* ~ gedeihen* *(vi*, ist*)*, blühen *(vi*, hat*)*.

prosperità *(f)* ~ Wohlstand *(m)*.

prospero *(agg)* **1** ertragreich. **2** *(fig)* blühend. **3** *(favorevole)* günstig.

prosperoso *(agg)* ~ üppig.

prospettare *(vt)* ~ in Aussicht stellen *(vt)*.

prospettarsi *(vr)* ~ bevorstehen* *(vi*, hat*)*.

prospettiva *(f)* **1** Perspektive *(f)* *(anche arte)* ♦ *da una prospettiva economica* aus ökonomischer Perspektive. **2** *(possibilità)* Aussicht *(f)* *(spec pl)* ♦ *una prospettiva di successo* eine Aussicht auf Erfolg. ◆ **in prospettiva** perspektivisch *(agg/avv)*.

prospetto *(m)* **1** *(veduta)* Vorderansicht *(f)*. **2** *(edil)* Aufriss *(m)*. **3** *(tabella, schema)* Übersicht *(f)*. **4** *(dépliant)* Prospekt *(m)*.

prossimamente *(avv)* ~ demnächst, nächstens.

prossimità *(f)* ~ Nähe *(f)* ♦ *in prossimità di qcs (luogo)* in der Nähe von etwas *(Dat)*/etwas *(Gen)*. ◆ **in prossimità di** *(tempo)* kurz (o unmittelbar) vor *(+ Dat)*.

prossimo[1] *(agg)* **1** *(nel tempo)* nächste(r, -s), kommend ♦ *la settimana prossima* nächste Woche ♦ *la prossima volta* das nächste Mal ♦ *il prossimo fine settimana* am kommenden Wochenende. **2** *(nello spazio)* nächste(r, -s) ♦ *la prossima fermata* die nächste Haltestelle.

prossimo[2] *(m)* **1** Nächste *(m)* ♦ *avanti il prossimo!* der Nächste, bitte! ♦ *chi è il prossimo?* wer kommt als Nächster? **2** *(simile)* Mitmensch *(m)*. ◆ **essere il prossimo** an die Reihe kommen*.

prostata *(f)* ~ *(anat)* Vorsteherdrüse *(f)*.

prostituirsi *(vr)* ~ sich prostituieren *(vr)*.

prostituta *(f)* ~ Prostituierte *(f)*, Dirne *(f)*.

prostituzione *(f)* ~ Prostitution *(f)*.

prostrare *(vt)* ~ nieder|werfen* *(vt)*.

prostrarsi *(vr)* ~ sich nieder|werfen *(vr)*.

prostrazione *(f)* ~ Erschöpfung *(f)*.

protagonista *(m)* **1** Protagonist *(m)*. **2** *(attore)* Hauptdarsteller *(m, f -in)*.

proteggere *(vt)* **1** {~ *qcn/qcs da qcn/qcs*} jmdn/etwas vor jmdm/etwas beschützen *(vt)*, schützen *(vt)*, bewahren *(vt)*. **2** *(elab)* sichern *(vt)*. **3** *(favorire)* fördern ♦ *proteggere le arti* die Künste fördern.

proteggersi *(vr)* ~ {~ *da qcs*} sich vor etwas schützen *(vr)*.

proteina *(f)* ~ Protein *(n)*, Eiweiß *(n)*.

protendere *(vt)* ~ hin|strecken *(vt)*.

protendersi *(vr)* ~ sich hin|strecken *(vr)*.

protesi *(f)* ~ Prothese *(f)*. ◆ **protesi dentaria** Zahnersatz *(m)*.

proteso *(agg)* ~ ausgestreckt, gespannt.

protesta *(f)* ~ Protest *(m)*; *(lagnanza)* Klage *(f)* ♦ *sollevare una protesta contro qcn/qcs* gegen jmdn/etwas Protest erheben.

protestante[1] *(agg)* ~ *(relig)* evangelisch, protestantisch.

protestante[2] *(m/f)* ~ *(relig)* Protestant *(m, f -in)*.

protestare *(vi)* ~ {~ *contro qcn/qcs*} gegen jmdn/etwas protestieren *(vi, hat)*.

protestare *(vt)* ~ *(econ)* protestieren *(vt)*.

protesto *(agg)* ~ *(econ)* Protest *(m)*.

protettivo *(agg)* ~ Schutz- ♦ *occhiali protettivi* Schutzbrille *(f)* ♦ *vernice protettiva* Schutzfarbe *(f)*.

protetto[1] *(agg)* ~ geschutzt.

protetto[2] *(m)* ~ Schützling *(m)*.

protettore[1] *(agg)* ~ Schutz- ♦ *santo protettore* Schutzheilige *(m/f)*.

protettore[2] *(m)* **1** Beschützer *(m)*. **2** *(magnaccia)* Zuhälter *(m)*.

protezione *(f)* **1** Schutz *(m)* ♦ *offrire, fornire protezione* Schutz bieten, gewähren ♦ *prendere qcn sotto la propria protezione* jmdn in Schutz nehmen ♦ *protezione antincendio* Feuerschutz. **2** *(estens)* Protektion *(f)*. **3** *(elab)* Sicherung *(f)*.

protezionismo *(m)* ~ Schutzzollpolitik *(f)*.

proto- *(pref)* ~ Ur-, ur- ♦ *protogermanico* urgermanisch.

protocollo *(m)* ~ *(verbale; etichetta)* Protokoll *(n)*.

protone *(m)* ~ *(fis)* Proton *(n)*.

prototipo *(m)* **1** Prototyp *(m)*, Urbild *(n)*. **2** *(quintessenza)* Inbegriff *(m)* ♦ *è il prototipo dell'artista* er ist der Inbegriff des Künstlers.

protrarre *(vt)* ~ *(prolungare)* hin|ziehen* *(vt)*.

protrarsi *(vr)* ~ sich hin|ziehen *(vr)*.

protuberanza *(f)* ~ Wulst *(m)*.

prova *(f)* **1** Probe *(f)* *(anche teatr/mat)* ♦ *superare la prova* die Probe bestehen ♦ *prova generale* Hauptprobe ♦ *prova del fuoco* Feuerprobe ♦ *mettere alla prova qcn/qcs* jmdn/etwas auf die Probe stellen ♦ *assumere qcn in prova* jmdn auf Probe nehmen. **2** *(tentativo)* Versuch *(m)*. **3** *(esame, controllo)* Prüfung *(f)*, Test *(m)*. **4** *(segno, dimostrazione)* Beweis *(m)*, Nachweis *(m)*; *(segno)* Zeichen *(n)* ♦ *fornire, addurre una prova di qcs* einen Beweis für etwas beibringen ♦ *prova contraria* Gegenbeweis. **5** *(sport)* Leistung *(f)* ♦ *una buona prova sportiva* eine gute sportliche Leistung. **6** *(di indumenti)* Anprobe *(f)*. ◆ **per prova**, **in prova** probehalber *(avv)* .

provare *(vt)* **1** probieren *(vt)* ♦ *prova un po' se va il motore* probier mal, ob der Motor geht. **2** *(testare)* erproben *(vt)*, testen *(vt)*. **3** *(tentare)* versuchen *(vt/vi, hat)* ♦ *prova un po' la mia* versuch es mal mit meinem. **4** *(dimostrare)* beweisen* *(vt)*, nachweisen* *(vt)* ♦ *provare la propria innocenza* seine Unschuld beweisen ♦ *sono in grado di provarti che ti sei sbagliato* ich kann dir beweisen, dass du dich geirrt hast ♦ *è provato che* es ist bewiesen, dass. **5** *(sensazioni o sentimenti)* fühlen *(vt)*, empfinden* *(vt)*. **6** *(esperire)* erleben ♦ *provare una delusione* eine Enttäuschung erleben. **7** *(teatr)* proben *(vt)*. **8** *(indumenti)* an|probieren *(vt)*. **9** *(assaggiare)* kosten *(vt)*.

provato *(agg)* ***1*** *(collaudato)* erprobt. ***2*** *(dimostrato)* nachweislich. ***3*** *(affaticato)* erschöpft.
provenienza *(f)* ~ Herkunft *(f)*.
provenire *(vi)* ~ {~ *da qcn/da qcs*} von jmdm/aus etwas stammen *(vi, hat)*.
provento *(m)* ~ Ertrag *(m)*.
proverbio *(m)* ~ Sprichwort *(m)*.
provetta *(f)* ~ Reagenzglas *(n)*. ◆ **in provetta** *(artificiale)* Retorten-.
provincia *(f)* ~ Provinz *(f)*; *(in Germania)* Landkreis *(m)*.
provinciale *(agg)* ***1*** Provinz-. ***2*** *(spreg)* provinziell, kleinstädtisch.
provino *(m)* ***1*** *(film, tv)* Probeaufnahme *(f)*. ***2*** *(fotogr)* Probefoto *(n)*.
provocante *(agg)* ~ aufreizend.
provocare *(vt)* ~ ***1*** *(causare)* verursachen *(vt)* ♦ *provocare un incidente* einen Unfall verursachen. ***2*** *(suscitare)* erregen *(vt)*, provozieren *(vt)*; *(irritare)* reizen *(vt)*. ***3*** *(sfidare)* heraus|fordern *(vt)*.
provocatore[1] *(agg)* ~ herausfordernd, aufreizend.
provocatore[2] *(m)* ~ Aufwiegler *(m)*.
provocatorio *(agg)* ~ herausfordernd.
provocazione *(f)* ~ Herausforderung *(f)*.
provvedere *(vt)* ***1*** {~ *a qcn/qcs*} für jmdn/etwas sorgen *(vi, hat)*, sich um jmdn/etwas kümmern *(vr)* ♦ *provvede da sola alla sua famiglia* sie sorgt alleine für ihre Familie ♦ *provvedere al cibo* für das Essen sorgen. ***2*** {~ *a qcs*} etwas versehen* *(vt)*. ***3*** {~ *qcn di qcs*} jmdn mit etwas versehen* *(vt)*.
provvedimento *(m)* ~ Maßnahme *(f)* ♦ *prendere provvedimenti contro qcs, in merito a qcs* Maßnahmen gegen etwas, zu etwas ergreifen/treffen ♦ *provvedimento disciplinare* Disziplinarmaßnahme.
provveditorato *(m)* ~ Verwaltungsbehörde *(f)*.
provveditore *(m)* ~ Amtsleiter *(m)*.
provvidenza *(f)* ~ *(divina)* Vorsehung *(f)*.
provvidenziale *(agg)* ~ günstig, gelegen.
provvigione *(f)* ~ *(comm)* Provision *(f)*.
provvisorio *(agg)* ~ vorläufig, provisorisch, vorübergehend.
provvista *(f)* ~ Vorrat *(m)* ♦ *le nostre provviste alimentari* unser Vorrat an Lebensmitteln ♦ *fare provvista di qcs* etwas auf Vorrat kaufen.
provvisto *(agg)* ~ {~ *di qcs*} mit etwas versehen.
prozia *(f)* ~ Großtante *(f)*.
prozio *(m)* ~ Großonkel *(m)*.
prua *(f)* ~ Bug *(m)*.
prudente *(agg)* ~ vorsichtig, behutsam.
prudenza *(f)* ~ Vorsicht *(f)*, Behutsamkeit *(f)* ♦ *usare prudenza* Vorsicht üben.
prudere *(vt)* ~ jucken *(vt)* ♦ *mi prude il naso* die Nase juckt mich/es juckt mich an der Nase.
prugna *(f)* ~ Pflaume *(f)* ♦ *prugne secche* getrocknete Pflaumen.
pruno *(m)* ~ Dornbusch *(m)*.
pruriginoso *(agg)* ***1*** juckend. ***2*** *(fig)* aufreizend.
prurito *(m)* ***1*** Juckreiz *(m)*. ***2*** *(fig)* Kitzel *(m)*. ◆ **dare prurito a qcn** jmdn jucken *(vt)* ♦ *questo golf mi dà prurito* dieser Pullover juckt mich.
pseudonimo *(m)* ~ Pseudonym *(n)*, Deckname *(m)*.
psiche *(f)* ~ Psyche *(f)*.
psichiatra *(m/f)* ~ Psychiater *(m; f -in)*.
psichiatria *(f)* ~ Psychiatrie *(f)*.
psichiatrico *(agg)* ~ psychiatrisch.
psichico *(agg)* ~ psychisch, seelisch.
psico- *(pref)* ~ Psycho- ♦ *psicofarmaco* Psychopharmakon *(n)*.
psicologia *(f)* ~ Psychologie *(f)*.
psicologico *(agg)* ~ psychologisch, seelisch.
psicologo *(m; f* **-a***)* ~ Psychologe *(m; f -login)*.
psicosi *(f)* ~ Psychose *(f)*.
pub *(m)* ~ Kneipe *(f)*, Pub *(n/m)*.
pubblicare *(vt)* ~ veröffentlichen *(vt)*, heraus|geben* *(vt)*.
pubblicazione *(f)* ***1*** Veröffentlichung *(f)*, Herausgabe *(f)*. ***2*** *(opera)* Publikation *(f)*. ***3*** *(di matrimonio)* Aufgebot *(n)*. ◆ **luogo di pubblicazione** Druckort *(m)*.
pubblicità *(f)* ***1*** Werbung *(f)*, Reklame *(f)* ♦ *la pubblicità di un nuovo prodotto* die Werbung für ein neues Produkt. ***2*** *(spot pubblicitario)* Werbespot *(m)*. ***3*** *(divulgazione)* Verbreitung *(f)*. ◆ **fare pubblicità a qcs** für etwas werben*/Reklame machen.
pubblicitario[1] *(agg)* ~ Werbe- ♦ *annuncio pubblicitario* Werbeanzeige *(f)* ♦ *campa-*

gna pubblicitaria Werbekampagne *(f)* ♦ *spot pubblicitario* Werbespot *(m)*.

pubblicitario[2] *(m; f* **-a***)* ~ Werbefachmann *(m; f* -frau*)*.

pubblicizzare *(vt)* ~ {~ *qcs*} *(reclamizzare)* für etwas werben* *(vi,* hat*)*.

pubblico[1] *(agg)* ***1*** öffentlich ♦ *telefono pubblico* öffentlicher Fernsprecher ♦ *mezzi di trasporto pubblici* öffentliche Verkehrsmittel ♦ *edificio pubblico* öffentliches Gebäude. **2** *(statale)* staatlich. ◆ **pubbliche relazioni** Öffentlichkeitsarbeit *(f)*. ◆ **dominio pubblico** Öffentlichkeit *(f)* ♦ *rendere qcs di dominio pubblico* etwas an/vor die Öffentlichkeit bringen. ◆ **rendere pubblico** veröffentlichen *(vt)*.

pubblico[2] *(m)* ***1*** Öffentlichkeit *(f)* ♦ *in pubblico* in aller Öffentlichkeit. **2** *(spettatori)* Publikum *(n)*, Zuschauer *(pl)*.

pube *(f)* ***1*** *(regione pubica)* Schamgegend *(f)*. **2** *(osso)* Schambein *(n)*.

pubertà *(vt)* ~ Pubertät *(f)*.

pudico *(agg)* ***1*** *(vergognoso)* schamhaft. **2** *(riservato)* zurückhaltend.

pudore *(m)* ~ Schamgefühl *(n)*, Scham *(f)*.

puericultura *(f)* ~ Säulingspflege *(f)*.

puerile *(agg)* ~ *(spreg)* kindisch.

puerpera *(f)* ~ Wöchnerin *(f)*.

pugilato *(m)* ~ Boxen *(n)*. ◆ **praticare il pugilato** boxen *(vi,* hat*)*.

pugile *(m)* ~ Boxer *(m)*.

pugnalare *(vt)* ~ erdolchen *(vt)*, erstechen *(vt)*. ◆ **pugnalare qcn alle spalle** *(fig)* jmdm einen Dolchstoß von hinten/in den Rücken versetzen.

pugnalata *(m)* ~ Dolchstoß *(m)*.

pugnale *(m)* ~ Dolch *(m)*.

pugno *(m)* ***1*** Faust *(f)* ♦ *serrare il pugno/la mano a pugno* die Faust/die Hand zur Faust ballen ♦ *prendere a pugni qcn* mit den Fäusten auf jmdn losgehen. **2** *(cazzotto)* Faustschlag *(m)* ♦ *dare un pugno a qcn* jmdm einen Faustschlag versetzen. **3** *(manciata)* Hand *(f)* voll. ◆ **di proprio pugno** eigenhändig *(agg/avv)* ♦ *scrivere qcs di proprio pugno* etwas eigenhändig schreiben.

pulce *(f)* ~ *(zool)* Floh *(m)* ♦ *mettere una pulce nell'orecchio a qcn* jmdm einen Floh ins Ohr setzen. ◆ **mercato delle pulci** Flohmarkt *(m)*.

pulcino *(m)* ~ Küken *(n)*.

puledro *(m)* ~ *(zool)* Fohlen *(n)*.

puleggia *(f)* ~ Riemenschiebe *(f)*.

pulire *(vt)* ***1*** putzen *(vt)*, sauber machen *(vt)*, reinigen *(vt)* ♦ *pulire le scarpe* Schuhe putzen. **2** *(strofinando)* wischen *(vt)* ♦ *pulire il pavimento* den Boden wischen.

pulirsi *(vr)* ***1*** sich putzen *(vr)*. **2** {~ *qcs*} sich *(Dat)* etwas putzen *(vr)*.

pulito *(agg)* ***1*** sauber *(anche fig)*, rein ♦ *lenzuola pulite* saubere Betttücher. **2** *(ecologico)* umweltfreundlich.

pulitura *(f)* ***1*** Reinigung *(f)*. **2** *(tecn)* Polieren *(n)*.

pulizia *(f)* ***1*** Sauberkeit *(f)* *(anche fig)*, Reinheit *(f)*. **2** *(lavaggio)* Säuberung *(f)*, Reinigung *(f)* ♦ *pulizia delle strade* Straßenreinigung. ◆ **donna delle pulizie** Putzfrau *(f)*.

pullman *(m)* ~ Reisebus *(m)*, Omnibus *(m)*.

pullover *(m)* ~ Pullover *(m)*, Pulli *(m)*.

pulpito *(m)* ~ Kanzel *(f)*.

pulsante *(agg)* ~ Druckknopf *(m)*.

pulsare *(vt)* ~ pulsieren *(vt)*.

pulsazione *(f)* ~ Pulsschlag *(m)*.

pulsione *(f)* ~ Trieb *(m)* ♦ *controllare le proprie pulsioni* seine Triebe beherrschen.

pulviscolo *(m)* ~ (feiner) Staub *(m)*.

pungente *(agg)* ***1*** stechend. **2** *(gelido)* beißend, scharf*. **3** *(fig)* bissig, ätzend ♦ *ironia pungente* ätzende Ironie.

pungere *(vt)* ~ stechen* *(vt)*, beißen* *(vt)* ♦ *mi ha punto una vespa* eine Wespe hat mich gestochen.

pungiglione *(m)* ~ Stachel *(m)*.

pungolo *(m)* ~ Stachel *(m)*.

punibile *(agg)* ~ strafbar.

punire *(vt)* ***1*** bestrafen *(vt)*, strafen *(vt)*.

punitivo *(agg)* ~ strafend, Straf- ♦ *spedizione punitiva* Strafexpedition *(f)*.

punizione *(f)* ~ Strafe *(f)*, Bestrafung *(f)* ♦ *infliggere una punizione a qcn* jmdm eine Strafe auferlegen.

punta *(f)* ***1*** Spitze *(f)* ♦ *punta delle dita* Fingerspitze ♦ *punta del piede* Fußspitze ♦ *la punta dell'iceberg (fig)* die Spitze des Eisbergs. **2** *(cima)* Spitze *(f)*, Gipfel *(m)*.

3 *(geogr) (di costa)* Landzunge *(f)*. **4** *(sfumatura)* Unterton *(m)* ♦ *con una punta d'ironia* mit einem Unterton von Ironie. **5** *(massima intensità)* Höchstmaß *(n)*.

puntare *(vi)* **1** *(avvicinarsi)* zulsteuern *(vi, ist)* ♦ *puntare verso/a sud* nach Süd zusteuern. **2** *(mirare)* {~ *a qcs*} nach etwas streben *(vi, hat)*.

puntare *(vt)* **1** *(appoggiare con forza)* stemmen *(vt)*, stützen *(vt)* ♦ *puntare i gomiti sul tavolo* die Ellbogen auf den Tisch stemmen. **2** *(arma; sguardo)* richten *(vt)* ♦ *puntare il fucile sull'obiettivo* das Gewehr aufs Ziel richten ♦ *puntare il proprio interesse su qcs* sein Interesse auf etwas richten. **3** *(scommettere)* setzen *(vt)* ♦ *puntare su un cavallo* auf ein Pferd setzen.

puntata[1] *(f)* ~ *(scommessa)* Wette *(f)*, Einsatz *(m)*.

puntata[2] *(f)* ~ *(di telefilm, storie, ecc)* Folge *(f)*, Fortsetzung *(f)*.

punteggiatura *(f)* ~ *(interpunzione)* Zeichensetzung *(f)*.

punteggio *(m)* ~ Wertung *(f)*, Punktzahl *(f) (anche sport)*.

puntellare *(vt)* ~ stützen *(vt)*.

puntellarsi *(vr)* ~ sich stützen *(vr)*, sich stemmen *(vr)*.

puntello *(m)* ~ Stütze *(f)*.

punteruolo *(m)* ~ Stachel *(m)*.

puntiglio *(m)* ~ Starrsinn *(m)*.

puntiglioso *(agg)* ~ starrsinnig.

puntina *(f)* ~ *(da disegno)* Reißzwecke *(f)*.

puntino *(m)* ~ Tüpfelchen *(n)*, Pünktchen *(n)*. ◆ **puntino sulla i** i-Punkt *(m)*, i-Tüpfelchen *(n)*. ◆ **puntini di sospensione** Auslassungspunkte *(pl)*. ◆ **a puntino** vollkommen *(agg/avv)*.

punto *(m)* **1** Punkt *(m) (anche fig)* ♦ *mettere un punto* einen Punkt setzen ♦ *punto per punto* Punkt für Punkt ♦ *arrivare a un punto morto* an einem toten Punkt ankommen. **2** *(punteggiatura)* Punkt *(m)*, Zeichen *(n)* ♦ *due punti* Doppelpunkt ♦ *punto (finale)* Schlusspunkt. **3** *(luogo)* Punkt *(m)*, Stelle *(f)*, Platz *(m)* ♦ *in questo punto (stato)* an diesem Punkt ♦ *un punto fangoso del sentiero* eine schlammige Stelle auf dem Weg. **4** *(momento)* Punkt *(m)*, Zeitpunkt *(m)*. **5** *(su dadi, carte, ecc)* Auge *(n)*. **6** *(chirurgico)* Wundklammer, Klammer *(f)*, Faden *(m)* ♦ *togliere i punti a qcn* jmdm die Fäden ziehen. **7** *(di cucito)* Stich *(m)* ♦ *cucire a grossi punti* mit großen Stichen nähen. ◆ **punto e virgola** Semikolon *(n)*. ◆ **punto cardinale** Himmelsrichtung *(f)*. ◆ **in punto** Punkt *(avv) (con indicazione dell'ora)*, pünktlich *(avv)* ♦ *la conferenza comincia alle dieci in punto* der Vortrag beginnt Punkt 10 Uhr/pünktlich um 10 Uhr. ◆ **di punto in bianco** kurzerhand *(avv)*. ◆ **su questo punto** hierbei *(avv)*, hierin *(avv)* ♦ *su questo punto hai ragione* hierin hast du Recht. ◆ **fino a che punto** *(avv interr)* inwieweit. ◆ **punto di vista** Anschauung *(f)*, Gesichtspunk ♦ *da questo punto di vista* von diesem Gesichtspunkt aus, unter diesem Gesichtspunkt. ◆ **dal punto di vista di** von... her ♦ *dal punto di vista della struttura questo manuale è fatto bene* von der Gestaltung her ist dieses Lehrbuch gut gemacht. ◆ **essere sul punto di fare qcs** drauf und dran sein/nah(e) daran sein, etwas zu tun. ◆ **mettere i punti** *(med)* nähen *(vt)*. ◆ **mettere a punto** *(macchinari)* regulieren *(vt)*, nachstellen *(vt)*.

puntuale *(agg)* **1** pünktlich. **2** *(esatto)* genau.

puntualità *(f)* ~ Pünktlichkeit *(f)*.

puntualizzare *(vt)* ~ präzisieren *(vt)*.

puntura *(f)* **1** *(di insetto e sim)* Stich *(m)*; *(di un ago)* Nadelstich *(m)*. **2** *(iniezione)* Spritze *(f)* ♦ *fare una puntura a qcn* jmdm eine Spritze geben.

punzecchiare *(vt)* ~ {~ *qcn*} gegen jmdn sticheln *(vt)*.

punzecchiatura *(f)* ~ Stich *(m)*.

pupa *(f)* ~ *(zool)* Puppe *(f)*.

pupazzo *(m)* ~ Puppe *(f) (anche fig)*. ◆ **pupazzo di neve** Schneemann *(m)*.

pupilla *(f)* ~ *(anat)* Pupille *(f)*.

pupillo *(m)* **1** *(dir)* Mündel *(m)*. **2** *(estens)* Liebling *(m)* .

puramente *(avv)* ~ rein, lediglich.

purché *(congiunz)* ~ wenn nur, nur wenn; vorausgesetz, dass ♦ *puoi rimanere purché tu stia zitto* du darfst bleiben, vorausgesetz, dass du ruhig bist.

pure[1] *(avv)* ***1*** *(anche)* ebenfalls, auch. ***2*** *(rafforzativo)* doch, nur, ruhig ♦ *resta pure* bleib doch ♦ *si sieda pure* setzen Sie sich doch.
pure[2] *(congiunz)* ***1*** *(sebbene)* obwohl, obgleich ♦ *pur essendo molto stanco, ho lavorato tutta la notte* obwohl ich sehr müde war, habe ich die ganze Nacht gearbeitet. ***2*** *(tuttavia, eppure)* trotzdem. ◆ **pur di** *(prep finale)* nur um... zu *(+ inf)* ♦ *pur di non vederlo* nur um ihn nicht zu sehen.
purè *(m)* ~ Püree *(n)*; *(di patate)* Kartoffelpüree *(n)*.
purezza *(f)* ***1*** *(genuinità)* Reinheit *(f)*. ***2*** *(castità)* Keuschheit *(f)*.
purga *(f)* ***1*** *(med)* Abführmittel *(n)*. ***2*** *(pol)* Säuberung *(f)*.
purgante[1] *(agg)* ~ abführend, Abführ- .
purgante[2] *(m)* ~ *(med)* Abführmittel *(n)*.
purgatorio *(m)* ~ *(relig)* Fegefeuer *(n)*.
purificare *(vt)* ~ reinigen *(vt)*, klären *(vt)*.
purificazione *(f)* ~ Reinigung *(f)*, Klärung *(f)*.
puro *(agg)* ***1*** rein, pur *(anche fig)* ♦ *pura lana* reine Wolle ♦ *aria pura* reine Luft ♦ *oro puro* reines Gold ♦ *la pura verità* die reine Wahrheit ♦ *per puro caso* aus purem Zufall ♦ *questa è pura follia!* das ist reiner Wahnsinn! ***2*** *(casto)* keusch, unschuldig.
purtroppo *(avv)* ~ leider ♦ *purtroppo no* leider nein/nicht.
purulento *(agg)* ~ eiterig, eiternd.
pus *(m)* ~ Eiter *(m)*. ◆ **formare pus** eitern *(vi)*.
pustola *(f)* ~ *(med)* Pustel *(f)*.
putrefarsi *(vr)* ~ verwesen *(vi*, ist*)*.
putrefazione *(f)* ~ Verwesung *(f)*.
putrido *(agg)* ~ verwest.
puttana *(f)* ~ *(volg)* Hure *(f)*, Nutte *(f)*. ◆ **figlio di puttana** *(volg)* Hurensohn *(m)*. ◆ **andare a puttane** *(volg)* huren *(vi*, hat*)*.
puzzare *(vi)* ~ stinken* *(vi*, hat*)*, riechen* *(vi*, hat*)* ♦ *la camicia puzza di sudore* das Hemd stinkt nach Schweiß.
puzzle *(m)* ~ Puzzle *(n)*. ◆ **fare puzzle** puzzeln *(vi)*.
puzzo *(m)* ~ Gestank *(m)*. ◆ **c'è puzzo di** *(impers)* es stinkt/riecht nach etwas *(impers)* ♦ *qui c'è puzzo di gas* hier riecht es nach Gas.
puzzola *(f)* ~ *(zool)* Stinktier *(n)*.
puzzolente *(agg)* ~ stinkend.

qua *(avv)* ***1*** *(stato in luogo)* hier, da ♦ *è già qua?* ist er schon hier? ♦ *abito non lontano da qua* ich wohne nicht weit von hier ♦ *non posso rimanere qua più a lungo* ich kann nicht länger hier bleiben. ***2*** *(moto a luogo)* hierhin; *(verso chi parla)* hierher ♦ *siediti qua* setz dich hierhin ♦ *vieni qua!* komm (hier)her! ***3*** *(tempo)* seit ♦ *da quando in qua?* seit wann? ♦ *da un anno in qua* seit einem Jahr. ◆ **qua e là** hier und da, da und dort; *(moto)* hin und her, hierhin und dorthin. ◆ **al di qua di** diesseits *(+ Gen)*. ◆ **al di qua** *(stato)* auf dieser Seite; *(moto)* auf diese Seite.

quaderno *(m)* ~ Heft *(n)*.

quadrangolare *(agg)* ~ viereckig.

quadrante *(m)* ~ *(di orologio)* Zifferblatt *(n)*.

quadrare *(vi)* ***1*** *(corrispondere)* {~ *con qcs*} etwas *(Dat)* entsprechen* *(vi*, hat*)*, mit etwas überein|stimmen *(vi*, hat*)*. ***2*** *(essere esatto)* stimmen *(vi*, hat*)* ♦ *il conto quadra* die Rechnung stimmt.

quadrato[1] *(agg)* ***1*** quadratisch, Quadrat- ♦ *radice quadrata* Quadratwurzel *(f)* ♦ *chilometro quadrato* Quadratkilometer *(m)*. ***2*** *(fig) (robusto)* stämmig; *(equilibrato)* ausgeglichen.

quadrato[2] *(m)* ~ Viereck *(n)*, Quadrat *(n)* ♦ *elevare un numero al quadrato* eine Zahl ins Quadrat erheben ♦ *cinque al quadrato* fünf zum Quadrat.

quadretto *(m)* ~ Kästchen *(n)*. ◆ **a quadretti** kariert *(agg)* ♦ *un quaderno a quadretti* ein kariertes Heft ♦ *un foglio a quadretti piccoli* ein klein kariertes Blatt.

quadriennale *(agg)* ***1*** *(che dura quattro anni)* vierjährig. ***2*** *(ogni quattro anni)* vierjährlich.

quadrifoglio *(m)* ~ Glücksklee *(m)*, vierblättriges Kleeblatt *(n)*.

quadrilatero *(m)* ~ *(geom)* Viereck *(n)*.

quadrimestrale *(agg)* ***1*** *(che dura quattro mesi)* viermonatig. ***2*** *(ogni quattro mesi)* viermonatlich.

quadrimestre *(m)* ~ vier Monate *(pl)*.

quadro[1] *(agg)* ***1*** *(mat/geom)* Quadrat- ♦ *metro quadro* Quadratmeter *(m)*. ***2*** quadratisch, eckig ♦ *parentesi quadre* eckige Klammern. ◆ **a quadri** kariert.

quadro[2] *(m)* ***1*** *(dipinto)* Bild *(n)*, Gemälde *(n)*. ***2*** *(fig)* Bild *(n)*, Schilderung *(f)* ♦ *quadro complessivo* Gesamtbild. ***3*** *(di comando)* Tafel *(f)*. ***4*** *(contesto)* Rahmen *(m)* ♦ *nel quadro di un'azione internazionale* im Rahmen einer internationalen Aktion. ***5*** *(pl) (seme delle carte)* Karo *(n)*.

quadrupede[1] *(agg)* ~ vierbeinig.

quadrupede[2] *(m/f)* ~ Vierbeiner *(m)*.

quadruplicare *(vt)* ~ vervierfachen *(vt)*.

quadruplice *(agg)* ~ vierfach.

quadruplo[1] *(agg/avv)* ~ vierfach.

quadruplo[2] *(m)* ~ Vierfache *(n)*.

quaggiù *(avv)* ***1*** *(stato)* hier unten, da unten. ***2*** *(moto)* herunter, hinunter.

quaglia *(f)* ~ *(zool)* Wachtel *(f)*.

qualche *(agg indef)* ***1*** einige *(pl)*, ein paar *(indecl)*, wenige *(pl)* ♦ *devo comprare an-*

cora qualche regalo ich muss noch einige Geschenke kaufen ♦ *fra qualche giorno* in ein paar Tagen/in einigen Tagen. **2** *(qualsiasi)* irgendein ♦ *troverò una qualche idea* ich werde irgendeine Idee finden. **3** *(un po')* etwas ♦ *ho qualche soldo in borsa* ich habe etwas Geld in der Tasche. **4** *(un certo)* gewiss ♦ *per qualche tempo* für eine gewisse Zeit.

qualcosa¹ *(pron indef)* ~ etwas; *(fam)* was ♦ *hai bisogno di qualcosa?* brauchst du etwas? ♦ *e di' qualcosa!* na, sag doch was! ♦ *qualcosa di nuovo* etwas Neues ♦ *qualcosa di simile* so etwas.

qualcosa² *(m)* ~ Etwas *(n)* ♦ *un (certo) qualcosa* ein gewisses Etwas.

qualcuno *(pron indef)* **1** jemand, irgendeiner ♦ *c'è qualcuno?* ist da jemand? ♦ *qualcuno dirà che...* irgendeiner wird sagen, dass... **2** *(alcuni)* einige ♦ *qualcuno di noi* einige von uns. **3** *(riferito a cose)* einige, irgendeiner ♦ *ho visto qualcuno dei suoi film* ich habe einige seiner Filme gesehen.

quale¹ *(agg)* **1** *(interr)* welcher; *(che tipo di)* was für ein ♦ *quale giacca devo mettermi?* welche Jacke soll ich anziehen? ♦ *quale pullover vuoi comprare?* was für einen Pullover willst du kaufen? ♦ *volevo chiederti quale giorno possiamo incontrarci* ich wollte dich fragen, an welchem Tag wir uns sehen können. **2** *(rel)* wie ♦ *città quali Berlino e Dresda* Städte wie Berlin und Dresden. **3** *(esclam)* welch ♦ *quale fortuna!* welch ein Glück!

quale² *(pron)* **1** *(interr)* welcher; *(che tipo di)* was für ein ♦ *ecco i maglioni, quale vuoi metterti?* hier sind die Pullover, welchen willst du anziehen? ♦ *"Vorrei un maglione" "Quale?"* „Ich möchte einen Pullover" „Was für einen?". **2** *(pron rel)* der; *(per evitare ripetizioni)* welcher ♦ *tutti coloro i quali si devono ancora iscrivere* alle die, welche sich noch einschreiben müssen ♦ *tutti quelli dei quali non conosciamo il nome* alle die, von welchen wir den Namen nicht kennen.

qualifica *(f)* **1** Bezeichnung *(f)*. **2** *(professionale)* Qualifikation *(f)*, Berufsbezeichnung *(f)*. ◆ **ottenere la qualifica di perito** sich als/zum Gutachter qualifizieren.

qualificabile *(agg)* ~ qualifizierbar.

qualificante *(agg)* ~ qualifizierend.

qualificare *(vt)* **1** *(definire)* {~ *qcn/qcs in un certo modo*} jmdn/etwas als etwas bezeichnen *(vt)*. **2** *(professionalmente)* aus|bilden *(vt)*.

qualificarsi *(vr)* **1** *(provare la propria identità)* sich aus|weisen* *(vr)*. **2** *(ottenere la qualifica)* sich erweisen* *(vr)*. **3** *(sport)* sich qualifizieren *(vr)*.

qualificativo *(agg)* ~ qualifizierend. ◆ **aggettivo qualificativo** *(gramm)* Eigenschaftswort *(n)*.

qualificato *(agg)* **1** qualifiziert. **2** *(adatto, dotato)* geeignet.

qualificazione *(f)* **1** Qualifikation *(anche sport)*. **2** *(titolo)* Titel *(m)*.

qualità *(f)* **1** Qualität *(f)* ♦ *merce di buona, prima qualità* Ware (von) guter, erster Qualität. **2** *(caratteristica)* Eigenschaft *(f)* ♦ *le qualità di una persona* die Eigenschaften eines Menschen. **3** *(varietà)* Sorte *(f)*. ◆ **in qualità di** als. ◆ **di prima qualità** erstklassig *(agg)*.

qualitativo *(agg)* ~ qualitativ, Qualitäts-.

qualora *(congiunz)* ~ wenn, falls.

qualsiasi *(agg indef)* **1** *(a scelta)* beliebig ♦ *un esempio qualsiasi* ein beliebiges Beispiel. **2** *(ogni)* jeder ♦ *a qualsiasi prezzo, condizione* zu jedem Preis, jeder Bedingung. **3** *(qualunque)* irgendwelcher, irgendein ♦ *sulla prima pagina di qualsiasi giornale* auf der Titelseite irgendwelcher Zeitschriften. **4** *(insignificante)* unbedeutend ♦ *è un attore qualsiasi* er ist ein unbedeutender Schauspieler. ◆ **qualsiasi cosa** alles, was auch immer. ◆ **in qualsiasi momento** wann auch immer.

qualunque *(agg indef)* ~ vedi **qualsiasi**.

quando¹ *(avv)* ~ wann ♦ *quando vieni a trovarmi?* wann kommst du mich besuchen? ♦ *da quando a quando hai le ferie?* von wann bis wann hast du Urlaub? ♦ *non so ancora quando* ich weiß noch nicht, wann ♦ *fino a quando* bis wann ♦ *da quando* seit wann. ◆ **di quando in quando** ab und zu.

quando² *(congiunz)* **1** *(al presente)* wenn ♦ *quando so qualcosa di più preciso, vi farò sapere* wenn ich Näheres weiß, werde ich euch Bescheid sagen. **2** *(ogni volta che)* wenn ♦ *quando andiamo dalla nonna lei* *ci fa sempre un dolce* wenn wir zu unserer Oma gehen, bäckt sie immer einen Kuchen für uns. **3** *(al passato)* als ♦ *quando io ero un bambino, abitavamo a Roma* als ich ein Kind war, wohnten wir in Rom.

quantificare *(vt)* ~ quantifizieren *(vt)*.

quantità *(f)* **1** Menge *(f)*, Anzahl *(f)* ♦ *una determinata quantità di metallo* eine bestimmte Menge (an) Metall. **2** *(gran numero)* Menge *(f)*, Unmenge *(f)* ♦ *una (grande) quantità di soldi* eine Menge Geld ♦ *una (grande) quantità di bei libri* eine Menge guter Bücher/von guten Büchern. **3** *(mat/fis)* Größe *(f)*.

quantitativo[1] *(agg)* ~ quantitativ, mengenmäßig.

quantitativo[2] *(m)* ~ Menge *(f)*.

quanto[1] *(agg)* **1** *(interr)* wie viel ♦ *quanti soldi hai ancora?* wie viel Geld hast du noch? ♦ *quanti figli ha?* wie viele Kinder hat sie? ♦ *quanto tempo durerà?* wie lange wird es dauern? **2** *(esclam)* wie viel, so viel ♦ *quante sorprese!* so viele Überraschungen! **3** so viel... wie ♦ *prendi quanto pane vuoi* nimm so viel Brot, wie du willst.

quanto[2] *(avv)* **1** wie viel, wie *(+agg/avv)* ♦ *quanto costa (quella borsa)?* wie viel kostet (die Tasche)? ♦ *quanto è profonda l'acqua?* wie tief ist das Wasser? ♦ *quanto (tempo) sono rimasti?* wie lange sind sie geblieben? **2** *(esclam)* wie sehr, wie *(+ agg/avv)* ♦ *quanto mi piace!* wie sehr es mir gefällt! ♦ *quanto sono contento!* wie froh ich bin! **3** so viel... wie; *(tempo)* so lange ♦ *ti darò quanto è possibile* ich werde dir so viel wie möglich geben ♦ *rimani quanto vuoi* bleib, so lange du willst. **4** *(correlato a tanto)* genauso (viel)... wie, ebenso (viel)... wie ♦ *mangia tanto quanto te* er isst genauso viel wie du ♦ *ha tanta fame quanta sete* er hat ebensoviel Hunger wie Durst. **5** *(compar)* so... wie ♦ *è alta quanto me* sie ist so groß wie ich. ◆ **quanto più... tanto più...** je *(+ compar)* ... desto *(+ compar)*... ◆ **per quanto ne so** soweit/soviel ich weiß. ◆ **quanto a me** was mich betrifft. ◆ **quanti ne abbiamo oggi?** den Wievielten haben wir heute? ◆ **da quanto** seit wann, wie lange ♦ *da quanto studi il tedesco?* wie lange lernst du schon Deutsch? ◆ **ogni quanto** wie oft.

quanto[3] *(pron)* **1** *(interr)* wie viel, wie viele ♦ *quanti ne vuoi?* wie viel möchtest du (davon)? **2** *(di tempo)* wie lange ♦ *quanto durerà?* wie lange wird es dauern? **3** das, was; *(pl)* alle, die ♦ *ho quanto mi serve* ich habe das, was ich brauche.

quantomeno *(avv)* ~ wenigstens.

quaranta[1] *(agg num)* ~ vierzig *(vedi anche* **cinque***)*.

quaranta[2] *(m)* ~ Vierzig *(f)*.

quarantena *(f)* ~ Quarantäne *(f)*.

quarantenne *(agg)* ~ vierzigjährig.

quarantesimo[1] *(agg num ord)* ~ vierzigst.

quarantesimo[2] *(m)* **1** Vierzigste *(m)*. **2** *(frazione)* Vierzigstel *(n)*.

quarantina *(num)* ~ etwa vierzig; *(età)* vierzig. ◆ **essere sulla quarantina** um die Vierzig sein*.

quaresima *(f)* ~ Fastenzeit *(f)*.

quartetto *(m)* ~ *(mus)* Quartett *(n)*.

quartiere *(m)* ~ *(rione)* Stadtviertel, Viertel *(n)*, Stadtteil *(m)* ♦ *quartiere residenziale* Wohnviertel ♦ *quartiere commerciale* Geschäftsviertel. ◆ **quartier generale** *(mil)* Hauptquartier *(n)*.

quarto[1] *(agg num ord)* ~ vierte.

quarto[2] *(m)* **1** Vierte *(m)*. **2** *(frazione)* Viertel *(n)* *(anche nelle indicazioni orarie)* ♦ *sono le otto e un quarto, meno un quarto* es ist Viertel nach acht, vor acht. ◆ **quarto d'ora** Viertelstunde *(f)*. ◆ **tre quarti d'ora** Dreiviertelstunde *(f)*, drei Viertelstunden ♦ *la lezione dura tre quarti d'ora* der Unterricht dauert eine Dreiviertelstunde. ◆ **quarti di finale** *(sport)* Viertelfinale *(n)*.

quarzo *(m)* ~ Quarz *(m)*. ◆ **orologio al quarzo** Quarzuhr *(f)*.

quasi[1] *(avv)* **1** fast, beinah(e) ♦ *quasi tutto* fast alles ♦ *quasi sempre* fast immer. **2** *(per poco non)* fast, quasi ♦ *sono quasi inciampato* fast wäre ich gestolpert/ich wäre fast gestolpert. ◆ **quasi quasi** vielleicht.

quasi[2] *(congiunz)* ~ *(come se)* als ob, als.

quassù *(avv)* **1** *(stato in luogo)* hier oben. **2** *(moto a luogo verso chi parla)* herauf, hinauf.

quattrino *(m)* ~ Heller *(m)* ♦ *non avere il becco di un quattrino* keinen roten Heller haben.

quattro[1] *(agg num)* ~ vier *(f) (vedi anche* **cinque***)* ♦ *a quattr'occhi* unter vier Augen. ◆ **in quattro e quattr'otto** in Null Komma nichts.
quattro[2] *(m)* ~ Vier *(f)*.
quattrocento[1] *(agg num)* ~ vierhundert.
quattrocento[2] *(m)* ***1*** Vierhundert *(f)*. ***2*** *(secolo)* fünfzehntes Jahrhundert *(n)*.
quello[1] *(agg dimostr)* ~ jener; der… da/dort ♦ *in quella casa (stato)* in jenem Haus ♦ *dammi quella bottiglia* gib mir die Flasche da ♦ *portami quella sedia* bring mir den Stuhl dort.
quello[2] *(pron dimostr)* ***1*** der… (da/dort) ♦ *"Quale uomo?" "Quello con il naso grosso"* „Welcher Mann?" „Der (da) mit der großen Nase" ♦ *"Quale bottiglia?" "Quella"* „Welche Flasche?" „Die da". ***2*** *(questo/a, quello/a; ciò)* das ♦ *è quello il tuo libro?* ist das dein Buch? ♦ *quella è mia sorella* das ist meine Schwester. ***3*** *(seguito da rel)* der; derjenige ♦ *quella che hai visto…* die(jenige), die du gesehen hast… ***4*** *(seguito da comparativo)* non si traduce ♦ *è più alta di quello che pensavo* sie ist größer als ich dachte. ◆ **quello che** das… was; was ♦ *quello che hai visto* das, was du gesehen hast.
quercia *(f)* ~ Eiche *(f)*.
querela *(f)* ~ *(dir)* Klage *(f)*, Strafantrag *(m)* ♦ *sporgere querela (contro qcn)* (gegen jmdn) Klage erheben.
querelante *(m/f)* ~ *(dir)* Kläger *(m; f -in)*.
querelare *(vt)* ~ verklagen *(vt)*.
querelato *(m)* ~ Verklagte *(m)*.
quesito *(m)* ~ Frage *(f)*, Problem *(n)*.
questionare *(vi)* ~ diskutieren *(vi, hat)*.
questionario *(m)* ~ Fragebogen *(m)*.
questione *(f)* ***1*** *(problema)* Frage *(f)* ♦ *una questione politica* eine politische Frage ♦ *è solo questione di tempo* es ist nur eine Frage der Zeit. ***2*** *(cosa, faccenda)* Sache *(f)*, Angelegenheit *(f)* ♦ *è una questione di gusti* das ist eine Sache des Geschmacks/Geschmackssache. ***3*** *(discussione)* Auseinandersetzung *(f)*.
questo *(agg/pron)* ***1*** *(dimostr)* dieser… (hier/da), der… (hier/da) ♦ *questo libro* dieses Buch ♦ *in questa stanza* in diesem Zimmer ♦ *queste forbici sono rotte* die Schere hier ist kaputt ♦ *ecco il golf, proprio questo cercavo* hier ist der Pulli, gerade diesen hatte ich gesucht ♦ *"Conosci questi ragazzi?"* „Kennst du diese Jungen?" ♦ *"Quale lapis?" "Questo"* „Welcher Bleistift?" „Dieser hier/da" ♦ *"Quali forbici?" "Queste"* „Welche Schere?" „Die hier". ***2*** *(pron dimostr)* das ♦ *è questo il tuo libro?* ist das dein Buch? ♦ *questa è mia sorella* das ist meine Schwester. ***3*** *(con preposizioni)* da- *(+ la prep corrispondente)* ♦ *abbiamo parlato di questo* davon haben wir gesprochen ♦ *di questo ci siamo già occupati* darum haben wir uns schon gekümmert. ◆ **tutto questo** das alles; all(es) das.
questore *(m)* ~ Polizeipräsident *(m; f -in)*.
questura *(f)* ~ Polizeipräsidium *(n)* .
qui *(avv)* ***1*** *(stato in luogo)* hier, da ♦ *è già qui?* ist er schon da? ♦ *da qui l'autobus va direttamente alla stazione* von hier fährt der Bus direkt zum Bahnhof ♦ *non sono di qui* ich bin nicht von hier/ich bin hier fremd. ***2*** *(moto a luogo)* hierhin; *(verso chi parla)* hierher ♦ *siediti qui* setz dich hierhin ♦ *vieni qui!* komm hierher! ***3*** *(fig) (in questo)* hier, da, nun ♦ *qui hai ragione* hier hast du Recht. ***4*** *(dalle nostre parti)* hierzulande, hier zu Lande. ◆ **da qui in avanti** *(spazio)* von hier ab; *(tempo)* von nun an. ◆ **fin qui** *(spazio)* bis hierher; *(tempo)* bis jetzt. ◆ **di qui a poco** bald. ◆ **di qui a un mese** in einem Monat.
quietare *(vt)* ~ beruhigen *(vt)*.
quietarsi *(vr)* ~ sich beruhigen *(vr)*.
quiete *(f)* ~ Ruhe *(n)*, Stille *(f)*.
quieto *(agg)* ~ ruhig.
quindi *(avv)* ~ dann, danach.
quindi *(congiunz)* ~ also, daher.
quinquennale *(agg)* ***1*** *(che dura cinque anni)* fünfjährig. ***2*** *(ogni cinque anni)* fünfjährlich.
quinquennio *(m)* ~ Jahrfünft *(n)*.
quinta *(m)* ~ *(teatr)* Kulisse *(f)* ♦ *dietro le quinte* hinter den Kulissen.
quintale *(m)* ~ Doppelzentner *(m)* ♦ *mezzo quintale* Zentner.
quintessenza *(f)* ~ *(fig)* Inbegriff *(m)* ♦ *è la quintessenza dell'artista* er ist der Inbegriff des Künstlers.

quintetto *(m)* ~ *(mus)* Quintett *(n)*.
quinto[1] *(agg num ord)* ~ fünfte ♦ *Enrico quinto* Heinrich der Fünfte.
quinto[2] *(m)* ***1*** Fünfte *(m)*. ***2*** *(frazione)* Fünftel *(n)*.
quintuplo[1] *(agg)* ~ fünffach.
quintuplo[2] *(m)* ~ Fünffache *(n)*.
quisquilia *(f)* ~ Lappalie *(f)*.
quiz *(m)* ~ Quiz *(n)*.
quota *(f)* ***1*** Anteil *(m)*, Quote *(f)*. ***2*** *(altitudine)* Höhe *(f)*.
quotare *(vt)* ***1*** *(econ)* quotieren *(vt)*, notieren *(vt)*. ***2*** *(stimare)* schätzen *(vt)*.
quotazione *(f)* ~ *(econ)* Börsenkurs, Kurs *(m)* ♦ *le quotazioni scendono, salgono* die Kurse fallen, steigen ♦ *avere una quotazione alta* hoch im Kurs sein.
quotidiano[1] *(agg)* ***1*** *(giornaliero)* täglich ♦ *visite quotidiane* tägliche Besuche. ***2*** *(ordinario)* alltäglich.
quotidiano[2] *(m)* ~ *(giornale)* Tageszeitung, Zeitung *(f)* ♦ *leggere il quotidiano* die Zeitung lesen.
quoziente *(f)* ~ *(mat)* Quotient *(m)*. ♦ **quoziente d'intelligenza** Intelligenzquotient *(m)*.

rabbia *(f)* ***1*** Ärger *(m)* ♦ *sfogare la propria rabbia su qcn/qcs* seinen Ärger an jmdm/etwas auslassen. ***2*** *(ira)* Wut *(f)*, Zorn *(m)*. ***3*** *(med)* Tollwut *(f)*.

rabbino *(m)* ~ Rabbiner *(m)*.

rabbioso *(agg)* ***1*** wutend, zornig. ***2*** *(med)* tollwütig.

rabbonire *(vt)* ~ besänftigen *(vt)*.

rabbonirsi *(vr)* ~ sich beruhigen *(vr)*.

rabbrividire *(vi)* ~ schaudern *(vi, hat)*.

rabbuiarsi *(vr)* ~ sich verdunkeln *(vr)*, sich verfinstern *(vr)*.

raccapezzarsi *(vr)* ~ sich zurecht|finden* *(vr)*.

raccapricciante *(agg)* ~ schaudererregend, grauenhaft.

raccapriccio *(m)* ~ Entsetzen *(n)*, Schauder *(m)*.

raccattare *(vt)* ~ auf|lesen* *(vt)*, auf|heben* *(vt)*.

racchetta *(f)* ***1*** *(da tennis)* Tennisschläger *(m)*. ***2*** *(da sci)* Skistock *(m)*.

racchiudere *(vt)* ~ ein|schließen* *(vt)*, schließen* *(vt)*.

raccogliere *(vt)* ***1*** sammeln *(vt)*, ein|sammeln *(vt)* ♦ *raccogliere i pensieri* seine Gedanken sammeln. ***2*** *(da terra)* auf|lesen* *(vt)*, auf|heben* *(vt)*. ***3*** *(frutti e sim)* sammeln *(vt)*, lesen* *(vt)*; ernten *(vt)* *(anche fig)* ♦ *raccogliere le patate* Kartoffeln ernten. ***4*** *(fig)* zusammen|nehmen* *(vt)* ♦ *raccogliere tutto il coraggio, le proprie forze* all seinen Mut, seine Kräfte zusammennehmen. ***5*** *(collezionare)* sammeln *(vt)*.

raccogliersi *(vr)* ***1*** *(radunarsi)* sich versammeln *(vr)*. ***2*** *(concentrarsi)* sich sammeln *(vr)*.

raccoglimento *(m)* ~ Andacht *(f)*.

raccoglitore *(m)* ~ Ordner *(m)*.

raccolta *(f)* ***1*** Sammlung *(f)*. ***2*** *(di frutti e sim)* Lese *(f)*, Ernte *(f)*. ***3*** *(di scritti)* Sammelwerk *(n)*. ***4*** *(ritiro)* Einsammlung *(f)*. ◆ **raccolta differenziata** Mülltrennung *(f)*. ◆ **chiamare a raccolta** versammeln.

raccolto *(m)* ~ Ernte *(f)*.

raccomandabile *(agg)* ~ empfehlenswert.

raccomandare *(vt)* ***1*** *(consigliare)* empfehlen* *(vt)*, an|raten* *(vt)*. ***2*** *(affidare)* an|vertrauen *(vt)*. ***3*** *(favorire)* begünstigen *(vt)*.

raccomandarsi *(vr)* ~ sich an|vertrauen *(vt)*.

raccomandata *(f)* ~ Einschreiben *(n)*. ◆ **fare una raccomandata** einen Brief einschreiben lassen*.

raccomandazione *(f)* ~ *(consiglio; favoritismo)* Empfehlung *(f)*.

raccontare *(vt)* ***1*** erzählen *(vt)* ♦ *mi ha raccontato che* er hat mir erzählt, dass. ***2*** *(spifferare)* weiter|erzählen *(vt)*.

racconto *(m)* ~ Erzählung *(f)*; *(lett)* Novelle *(f)*.

raccordo *(m)* ***1*** Verbindungsstück *(n)*. ***2*** *(svincolo)* Zubringer *(m)*, Zubringerstraße *(f)* ♦ *raccordo autostradale* Autobahnzubringer. ◆ **raccordo ferroviario** Gleisanschluss *(m)*.

rada *(f)* ~ Reede *(f)*.

radar *(m)* ~ Radar *(m/n)*, Radargerät *(n)*.
raddolcirsi *(vr)* ***1*** *(clima)* milder werden* *(vi,* ist*)*. ***2*** *(persona)* sanfter werden* *(vi,* ist*)*.
raddoppiamento *(m)* ~ Verdoppelung *(f)*.
raddoppiare *(vt)* ~ verdoppeln *(vt) (anche fig)*.
raddrizzare *(vt)* ***1*** gerade richten *(vt)*. ***2*** *(fig)* berichtigen *(vt)*.
raddrizzarsi *(vr)* ~ sich auf|richten *(vr)*.
radente *(agg)* ~ streifend.
radere *(vt)* ~ rasieren *(vt)*. ◆ **radere al suolo un edificio** ein Gebäude dem Erdboden gleich|machen *(vt)*.
radersi *(vr)* ~ sich rasieren *(vr)*.
radiare *(vt)* ~ aus|stoßen* *(vt)*.
radiatore *(m)* ***1*** Heizkörper *(m)*. ***2*** *(di auto)* Kühler *(m)*.
radiazione *(f)* ***1*** *(fis)* Strahlung *(f)*. ***2*** *(espulsione)* Ausstoßung *(f)*.
radicale *(agg)* ***1*** *(energico)* radikal, einschneidend. ***2*** *(pol)* radikal. ***3*** *(bot)* Wurzel- ♦ *apparato radicale* Wurzelwerk.
radicalmente *(avv)* ~ radikal; völlig; von Grund auf/aus.
radicare ~ *(bot)* wurzeln *(vi,* hat*)*, Wurzeln schlagen* *(vt)*. ◆ **essere radicato in qcs** *(fig)* in etwas *(Dat)* verwurzelt sein* *(vi,* ist*)*, wurzeln *(vi,* hat*)*.
radicato *(agg)* ***1*** *(bot)* verwurzelt. ***2*** *(fig)* eingewurzelt.
radice *(f)* ***1*** Wurzel *(f) (anche fig/mat)* ♦ *radice del capello* Haarwurzel ♦ *radice cubica* Kubikwurzel ♦ *fare la radice (quadrata) di un numero* die Wurzel aus einer Zahl ziehen. ***2*** *(ling)* Stamm *(m)*.
radio[1] *(f)* ***1*** *(radiodiffusione)* Radio *(n)*, Rundfunk *(m)* ♦ *ascoltare la radio* Radio hören ♦ *lavora alla radio* er arbeitet beim Rundfunk. ***2*** *(apparecchio)* Radioapparat *(m)*, Radio *(n)* ♦ *spegnere, accendere la radio* das Radio ausschalten, einschalten. ***3*** *(tecn)* Funk *(m)* ♦ *via radio* über Funk. ◆ **stazione radio** Sender, Radiosender *(m)*. ◆ **radio pirata** Geheimsender *(m)*.
radio[2] *(m)* ***1*** *(anat)* Speiche *(f)*. ***2*** *(chim)* Radium *(n)*.
radioascoltatore *(m; f* **-trice***)* ~ Hörer *(m; f* -in*)*.
radioattività *(f)* ~ Radioaktivität *(f)*.
radioattivo *(agg)* ~ radioaktiv ♦ *scorie radioattive* radioaktiver Müll.
radiocomandare *(vt)* ~ fern|steuern *(vt)*.
radiodramma *(m)* ~ Hörspiel *(n)*.
radiografare *(vt)* ~ *(med)* röntgen *(vt)*; durchleuchten *(vt) (anche fig)*.
radiografia *(f)* ~ Röntgenaufnahme *(f)*.
radiologia *(f)* ~ Radiologie *(f)*.
radiosveglia *(f)* ~ Radiowecker *(m)*.
radioso *(agg)* ~ strahlend.
radiotecnica *(f)* ~ Rundfunktechnik *(f)*.
radioterapia *(f)* ~ Strahlentherapie *(f)*, Bestrahlung *(f)*.
radiotrasmettere *(vt)* ~ funken *(vt)*, im Radio senden* *(vt)*.
rado *(agg)* ~ *(vegetazione, capelli, ecc)* spärlich, licht, schütter.
radunare *(vt)* ***1*** *(persone)* versammeln *(vt)*. ***2*** *(oggetti)* zusammen|packen *(vt)*.
radunarsi *(vr)* ~ sich versammeln *(vr)*, zusammen|treten* *(vi,* ist*)*.
raduno *(m)* ~ Treffen *(n)*, Versammlung *(f)* ♦ *raduno motociclistico* Motorradtreffen.
radura *(f)* ~ Lichtung *(f)*.
rafano *(m)* ~ *(bot)* Meerrettich *(m)*.
raffermo *(agg)* ~ altbacken.
raffica *(f)* ***1*** *(meteor)* Bö(e) *(f)*, Windstoß *(m)*. ***2*** *(di mitra)* Garbe *(f)*. ***3*** *(fig)* Schwall *(m)*.
raffigurare *(vt)* ~ dar|stellen *(vt)*.
raffigurazione *(f)* ~ Darstellung *(f)*, Abbildung *(f)*.
raffinare *(vt)* ***1*** *(tecn)* raffinieren *(vt)*. ***2*** *(fig)* verfeinern *(vt)*.
raffinarsi *(vr)* ~ sich verfeinern *(vr)*.
raffinatezza *(f)* ~ Feinheit *(f)*, Finesse *(f)*.
raffinato *(agg)* ***1*** *(educato, colto)* kultiviert. ***2*** *(fine, elegante)* fein. ***3*** *(scelto)* erlesen ♦ *un pubblico raffinato* ein erlesenes Publikum.
raffineria *(f)* ~ Raffinerie *(f)*.
rafforzamento *(m)* ***1*** Verstärkung *(f)*. ***2*** *(fig)* Stärkung *(f)*, Festigung *(f)*, Befestigung *(f)*.
rafforzare *(vt)* ***1*** verstärken *(vt)*. ***2*** *(fig)* verstärken *(vt)*, befestigen *(vt)*, bestärken *(vt)* ♦ *questo rafforza la mia convinzione* das bestärkt meine Überzeugung.
rafforzarsi *(vr)* ***1*** sich verstärken *(vr)*. ***2*** *(fig)* sich festigen *(vr)*, sich verstärken

(*vr*) ♦ *la sua salute si è rafforzata* seine Gesundheit hat sich gefestigt.
raffreddamento (*m*) ~ (*tecn*) Kühlung (*f*).
raffreddare (*vt*) ~ ab|kühlen (*vt*).
raffreddarsi (*vr*) **1** ab|kühlen (*vi*, ist), erkalten (*vi*, ist) (*anche fig*). **2** (*prendere il raffreddore*) sich erkälten (*vr*).
raffreddore (*m*) ~ Erkältung (*f*), Schnupfen (*m*) ♦ *raffreddore da fieno* Heuschnupfen. ◆ **prendere il raffreddore** sich erkälten, sich (*Dat*) eine Erkältung zu|ziehen*.
raffrescarsi (*vr*) ~ (*meteor*) ab|kühlen (*vi*, ist).
raffrontare (*vr*) ~ gegenüber|stellen (*vt*), vergleichen* (*vt*).
raffronto (*m*) ~ Gegenüberstellung (*f*), Vergleich (*m*).
ragazza (*f*) **1** Mädchen (*n*), junge Frau (*f*). **2** (*fidanzata*) Freundin (*f*).
ragazzata (*f*) ~ Jugendstreich (*m*).
ragazzina (*f*) ~ kleines Mädchen (*n*).
ragazzino (*m*) ~ kleiner Junge (*m*).
ragazzo (*m*) **1** Junge (*m*); (*adolescente*) Bursche (*m*). **2** (*fidanzato*) Freund (*m*; *f* -in).
raggelare (*vi*) ~ (*fig*) erstarren (*vi*, ist).
raggiante (*agg*) ~ strahlend, leuchtend ♦ *raggiante di gioia* freudestrahlend.
raggiera (*f*) ~ **a raggiera** strahlenförmig (*agg/avv*).
raggio (*m*) **1** Strahl (*m*) (*anche fis*) ♦ *raggio di sole* Sonnenstrahl ♦ *raggi ultravioletti* ultraviolette Strahlen, UV-Strahlen ♦ *raggi X* Röntgenstrahlen. **2** (*di ruota*) Speiche (*f*). **3** (*geom*) Radius (*m*). **4** (*estens*) Umkreis (*m*) ♦ *in un raggio di cento metri* im Umkreis von hundert Metern.
raggirare (*vt*) ~ überlisten (*vt*), hintergehen* (*vt*).
raggiro (*m*) ~ Überlistung (*f*).
raggiungere (*vt*) **1** erreichen (*vt*) erzielen (*vt*) (*anche fig*) ♦ *raggiungemmo Bonn* wir erreichten Bonn ♦ *raggiungere un'alta velocità* eine hohe Geschwindigkeit erreichen ♦ *raggiungere il proprio scopo* seinen Zweck erzielen. **2** (*inseguendo qcn*) ein|holen (*vt*) (*anche sport*). **3** (*venire dopo*) nach|kommen* (*vi*, ist) ♦ *vai avanti, ti raggiungo subito* geh schon vor, ich komme gleich nach. **4** (*bersaglio, obiettivo*) treffen* (*vt*).
raggiungibile (*agg*) ~ erreichbar, zugänglich.
raggiungimento (*m*) ~ Erreichung (*f*).
raggomitolare (*vt*) ~ auf|wickeln (*vt*).
raggomitolarsi (*vr*) ~ sich kuscheln (*vr*).
raggrinzire (*vi*) ~ runz(e)lig werden* (*vi*, ist).
raggrinzirsi (*vr*) ~ sich runzeln (*vr*).
raggrinzito (*agg*) ~ runz(e)lig.
raggrumarsi (*vr*) ~ gerinnen* (*vi*, ist), klumpen (*vi*, hat).
raggruppamento (*m*) ~ Gruppierung (*f*).
raggruppare (*vt*) ~ gruppieren, zusammen|legen (*vt*).
raggrupparsi (*vr*) ~ sich gruppieren (*vr*).
ragguagliare (*vt*) ~ informieren (*vt*).
ragguaglio (*m*) ~ Information (*f*).
ragguardevole (*agg*) **1** erheblich, beachtlich. **2** (*persona*) angesehen.
ragionamento (*m*) ~ Gedankengang (*m*).
ragionare (*vi*) **1** (*riflettere*) denken* (*vi*, hat), nach|denken* (*vi*, hat). **2** (*scambiare opinioni*) vernünftig reden (*vi*, hat).
ragione (*f*) **1** (*raziocinio*) Vernunft (*f*), Verstand (*m*) ♦ *ricondurre qcn alla ragione* jmdn zur Vernunft bringen. **2** (*motivo*) Grund (*m*), Ursache (*f*) ♦ *per quale ragione?* aus welchem Grund? ♦ *la ragione del suo nervosismo* die Ursache für seine Nervösität. **3** Recht (*n*) ♦ *avere ragione* Recht behalten/haben ♦ *a ragione* zu Recht.
ragionevole (*agg*) **1** vernünftig ♦ *sii ragionevole!* sei vernünftig! **2** (*giustificato*) berechtigt.
ragionevolezza (*f*) ~ Vernünftigkeit (*f*).
ragioniere (*m*; *f* **-a**) ~ Buchhalter (*m*; *f* -in).
ragliare (*vi*) ~ iahen (*vi*, hat).
ragnatela (*f*) ~ Spinnennetz, Netz (*n*).
ragno (*m*) ~ (*zool*) Spinne (*f*).
rallegrare (*vt*) ~ erfreuen (*vt*), erheitern (*vt*).
rallegrarsi (*vr*) **1** {~ *di qcs*} sich an etwas (*Dat*) erfreuen, sich über etwas (*Acc*) freuen (*vr*). **2** {~ *con qcn per qcs*} jmdm zu etwas gratulieren (*vi*, hat).
rallentamento (*m*) ~ Verlangsamung (*f*).
rallentare[1] (*vi*) ~ langsamer fahren* (*vi*, ist).
rallentare[2] (*vt*) **1** verlangsamen (*vt*). **2** (*ostacolare*) hemmen (*vt*).

rallentatore *(m)* ~ Zeitlupe *(f)* ♦ *al rallentatore* in Zeitlupe.
ramaiolo *(m)* ~ Schöpflöffel *(m)*, Kelle *(f)*.
ramanzina *(f)* ~ Strafpredigt *(f)*.
rame *(m)* ~ Kupfer *(n)*. ◆ **color rame** kupferfarben *(agg)*.
ramificarsi *(vr)* ~ sich verzweigen *(vr)*.
ramificazione *(f)* ~ Verzweigung *(f)*.
rammaricarsi *(vr)* ~ bedauern *(vt)* ♦ *me ne rammarico* das bedauere ich.
rammarico *(m)* ~ Bedauern *(n)*.
rammendare *(vt)* ~ stopfen *(vt)*, flicken *(vt)*.
rammendo *(m)* ~ Stopfen *(n)*.
rammentare *(vt)* **1** {~ *qcs*} sich an etwas *(Acc)* erinnern *(vr)*. **2** {~ *qcs a qcn*} jmdn an etwas *(Acc)* erinnern *(vt)* ♦ *non me lo rammentare!* erinnere mich bitte nicht daran!
rammentarsi *(vr)* ~ {~ *di qcn/qcs*} sich an jmdn/etwas *(Acc)* erinnern *(vr)*.
rammollire *(vt)* **1** erweichen *(vt)*. **2** *(fig)* verweichlichen *(vt)*.
rammollirsi *(vr)* ~ *(fig)* sich verweichlichen *(vr)*.
rammollito[1] *(agg)* ~ weichlich.
rammollito[2] *(m)* ~ *(fam)* Schlappschwanz *(m)*.
ramo *(m)* **1** Ast *(m)*; Zweig *(m)* *(anche fig)*. **2** *(di fiume)* Arm *(m)*. **3** *(branca, settore)* Gebiet *(n)*, Branche *(f)*, Sparte *(f)*.
ramoscello *(m)* ~ Zweig *(m)*.
rampa *(f)* **1** *(di scale)* Treppe *(f)*. **2** *(tecn)* Rampe *(f)*.
rampante *(agg)* ~ ehrgeizig.
rampicante *(m)* ~ *(bot)* Kletterpflanze *(f)*.
rampollo *(m)* ~ Spross *(m)*.
rana *(f)* ~ *(zool)* Frosch *(m)*.
rancido *(agg)* ~ ranzig.
rancore *(m)* ~ Groll *(m)* ♦ *covare rancore contro qcn* gegen jmdn Groll hegen. ◆ **provare rancore (verso qcn)** (jmdm) grollen. ◆ **senza rancore** nichts für ungut.
randagio[1] *(agg)* ~ streunend.
randagio[2] *(m)* ~ Streuner *(m)*.
randellata *(f)* ~ Keulenschlag *(m)*.
randello *(m)* ~ Knüppel *(m)*, Keule *(f)*.
rango *(m)* **1** *(mil)* Reihe *(f)*. **2** Rang *(m)*, Stand *(m)*.
rannicchiarsi *(vr)* ~ sich kauern *(vr)*, sich klein machen *(vr)*.
rannuvolamento *(m)* ~ Bewölkung *(f)*.
rannuvolarsi *(vr)* **1** sich bewölken *(vr)*. **2** *(fig)* sich verfinstern *(vr)*.
rantolare *(vi)* ~ röcheln *(vi, hat)*.
ranuncolo *(m)* ~ *(bot)* Hahnenfuß *(m)*.
rapa *(f)* ~ *(bot)* Rübe *(f)*.
rapace[1] *(agg)* ~ räuberisch, Raub- ♦ *animale rapace* Raubtier.
rapace[2] *(m)* ~ Raubvogel *(m)*, Greifvogel *(m)*.
rapare *(vt)* ~ glatt scheren* *(vt)*.
raparsi *(vr)* ~ sich scheren lassen* *(vr)*.
rapida *(f)* ~ Stromschnelle *(f)*.
rapidamente *(avv)* ~ schnell, rasch.
rapidità *(f)* ~ Raschheit *(f)*, Schnelligkeit *(f)*.
rapido *(agg)* ~ schnell, rasch ♦ *a passi rapidi* mit schnellen Schritten ♦ *un movimento rapido* eine rasche Bewegung.
rapimento *(m)* ~ *(dir)* Entführung *(f)*, Raub *(m)*.
rapina *(f)* ~ Raub *(m)*, Beraubung *(f)*; *(in banca)* Banküberfall *(m)*.
rapinare *(vt)* ~ aus|rauben *(vt)*.
rapinatore *(m; f* **-trice***)* ~ Räuber *(m; f* -in*)*.
rapire *(vt)* **1** entführen *(vt)*, kidnappen *(vt)*. **2** *(affascinare)* hin|reißen* *(vt)*.
rapitore *(m; f* **-trice***)* ~ Räuber *(m; f* -in*)*, Kidnapper *(m; f* -in*)*.
rappacificare *(vt)* ~ versöhnen *(vt)*.
rappacificarsi *(vt)* ~ sich versöhnen *(vr)*.
rappacificazione *(f)* ~ Versöhnung *(f)*.
rappezzare *(vt)* ~ stückeln *(vt)*.
rappezzatura *(f)* ~ Stückelung *(f)*.
rapporto *(m)* **1** Verhältnis *(n)*, Beziehung *(f)*, Verkehr *(m)*, Verbindung *(f)* ♦ *stringere rapporti con qcn* Beziehungen zu jmdm an|knüpfen ♦ *rapporto d'affari* Geschäftsverbindung *(f)*. **2** *(collegamento)* Zusammenhang *(m)* ♦ *mettere qcs in rapporto con qcs* etwas mit etwas in Zusammenhang bringen ♦ *essere in rapporto con qcs* im/in Zusammenhang mit etwas stehen. **4** *(mat)* Verhältnis *(n)*. **5** Bericht; *(mil)* Rapport *(m)* ♦ *fare rapporto a qcn (su qcs)* jmdm (über etwas) Bericht erstatten ♦ *presentarsi a rapporto* sich um Rapport melden. ◆ **rapporti sessuali** Intimverkehr, Geschlechtsverkehr, Verkehr *(m)*; *(dir)* Beischlaf *(m)*.

rapprendersi *(vr)* ~ gerinnen* *(vi,* ist*)*.
rappresentante *(m/f)* ~ *(dir/pol)* Vertreter *(m; f* -in*)* *(anche comm)*, Vertrauensmann *(m)* ♦ *rappresentante di commercio* Handelsvertreter.
rappresentanza *(f)* ~ Vertretung *(f)*. ♦ *in rappresentanza di qcn* in Vertretung von jmdm.
rappresentare *(vt)* ***1*** *(raffigurare)* dar|stellen *(vt)*. ***2*** *(costituire)* dar|stellen *(vt)*, bedeuten *(vt)*. ***3*** *(fare le veci)* vertreten* *(vt)*, repräsentieren *(vt)* ♦ *rappresentare gli interessi di qcn* jmds Interessen vertreten. ***4*** *(teatr)* auf|führen *(vt)*, zur Aufführung bringen* *(vt)*.
rappresentativo *(agg)* ***1*** *(arte/teatr)* darstellerisch. ***2*** *(pol)* repräsentativ.
rappresentazione *(f)* ***1*** Darstellung *(f)*. ***2*** *(teatr)* Aufführung *(f)*, Vorstellung *(f)*.
rarefare *(vt)* ~ *(fis)* verdünnen *(vt)*.
rarefarsi *(vr)* ~ *(fis)* sich verdünnen *(vr)*.
rarefazione *(f)* ~ *(fis)* Verdünnung *(f)*.
rarità *(f)* ~ Rarität *(f)*, Seltenheit *(f)*.
raro *(agg)* ~ rar, selten.
rasare *(vt)* ***1*** rasieren *(vt)*. ***2*** *(tosare)* scheren* *(vt)*. ***3*** *(falciare)* mähen *(vt)*. ◆ **rasare a zero** kahl scheren. ◆ **perfettamente rasato** glatt rasiert.
rasarsi *(vt)* ~ sich rasieren *(vr)*.
rasatura *(f)* ~ Rasur *(f)*.
raschiare *(vt)* ~ ab|kratzen *(vt)*, schaben *(vt)* ♦ *raschiare via qcs da qcs* etwas aus/von etwas schaben.
raschietto *(m)* ~ Schabeisen *(n)*.
rasentare *(vt)* ***1*** streifen *(vt)*. ***2*** *(fig)* grenzen *(vi,* hat*)* ♦ *questo rasenta il miracolo* das grenzt an ein Wunder.
rasente *(avv)* ~ dicht. ◆ **rasente a** dicht an *(+ Dat)*.
rasoio *(m)* ***1*** Rasierer *(m)*; *(elettrico)* Rasierapparat *(m)*.
raspa *(f)* ~ Raspel *(f)*.
raspare *(vt)* ***1*** *(levigare)* raspeln *(vt)*, schaben *(vt)*. ***2*** *(animali)* scharren *(vi,* hat*)*.
rassegna *(f)* ***1*** *(panoramica)* Schau *(f)*, Querschnitt *(m)*. ***2*** *(mostra)* Ausstellung *(f)*. ◆ **passare in rassegna qcs** etwas überprüfen *(vt)*.
rassegnare *(vt)* ~ nieder|legen *(vt)*. ◆ **rassegnare le dimissioni** zurück|treten* *(vi,* ist*)*.
rassegnarsi *(vr)* ***1*** resignieren *(vi,* hat*)*. ***2*** {~ *a qcs*} sich in etwas *(Acc)* schicken *(vr)*.
rassegnazione *(f)* ~ Resignation *(f)*, Ergebenheit *(f)*.
rasserenante *(agg)* ~ erheiternd.
rasserenare *(vt)* ~ auf|heitern *(vt)*, erheitern *(vt)*, auf|hellen *(vt)*.
rasserenarsi *(vr)* ~ sich auf|heitern *(vr)*, sich auf|hellen *(vr)* *(anche fig)*.
rassettare *(vt)* ~ auf|räumen *(vt)*.
rassicurante *(agg)* ~ beruhigend.
rassicurare *(vt)* ~ beruhigen *(vt)*.
rassicurarsi *(vr)* ~ sich beruhigen *(vr)*.
rassicurazione *(f)* ~ Beruhigung *(f)*; Ermutigung *(f)*.
rastrellamento *(m)* ***1*** Harken *(n)*. ***2*** *(della polizia)* Razzia *(f)*.
rastrellare *(vt)* ***1*** harken *(vt)*. ***2*** *(fig)* durch|kämmen *(vt)*.
rastrelliera *(f)* ~ *(per fucili)* Ständer *(m)*.
rastrello *(m)* ~ Harke *(f)*.
rata *(f)* ~ Rate *(f)*. ◆ **a rate** auf Raten; ratenweise *(avv)*.
rateale *(agg)* ~ Raten- ♦ *pagamento rateale* Ratenzahlung.
ratifica *(f)* ***1*** *(conferma)* Bestätigung *(f)*. ***2*** *(dir)* Ratifikation *(f)*.
ratificare *(vt)* ***1*** *(conferma)* bestätigen *(vt)*. ***2*** *(dir)* ratifizieren *(vt)*.
ratto *(m)* ***1*** *(zool)* Ratte *(f)*. ***2*** *(rapimento)* Entführung *(f)*.
rattoppare *(vt)* ~ flicken *(vt)*.
rattrappirsi *(vr)* ~ sich verkrampfen *(vr)*.
rattristare *(vt)* ~ betrüben *(vt)*, traurig machen *(vt)*.
rattristarsi *(vr)* ~ traurig werden* *(vi,* ist*)*.
rattristato *(agg)* ~ betrübt ♦ *essere rattristato per qcs* über etwas *(Acc)* betrübt sein.
raucedine *(f)* ~ Rauheit *(f)*.
rauco *(agg)* ~ heiser, rau.
ravanello *(m)* ~ *(bot)* Radieschen *(n)*.
ravvedersi *(vr)* ~ bereuen *(vt)*, sein Unrecht ein|sehen* *(vt)*.
ravvedimento *(m)* ~ Einsicht *(f)*; Reue *(f)*.
ravviarsi *(vr)* ~ **ravviarsi i capelli** sich *(Dat)* die Haare ordnen *(vt)*, richten *(vt)*.
ravvivare *(vt)* ~ beleben *(vt)*.
ravvivarsi *(vr)* ~ auf|leben *(vi,* ist*)*; sich beleben *(vr)*.
raziocinio *(m)* ~ Vernunft *(f)*.

razionale *(agg)* ***1*** rational. ***2*** *(funzionale)* rationell.
razionalità *(f)* ***1*** Vernünftigkeit *(f)*. ***2*** *(funzionalità)* Zweckmäßigkeit *(f)*.
razionalizzare *(vt)* ~ rationalisieren *(vt)*.
razionamento *(m)* ~ Rationierung *(f)*.
razionare *(vt)* ~ rationieren *(vt)*.
razione *(f)* ~ Ration *(f)*, Zuteilung *(f)*.
razza *(f)* ***1*** Rasse *(f)*. ***2*** *(genia)* Menschenschlag *(m)*. ◆ **di razza** Rasse-, rassig *(agg)*. ◆ **che razza di** was für ein.
razzia *(f)* ***1*** *(scorreria)* Raubzug *(m)*. ***2*** *(ruberia)* Diebstahl *(m)*, Erbeutung *(f)*.
razziale *(agg)* ~ rassisch.
razziare *(vt)* ~ erbeuten *(vt)*, stehlen* *(vt)*.
razzismo *(m)* ~ Rassismus *(m)*.
razzista *(m/f)* ~ Rassist *(m; f -in)*.
razzistico *(agg)* ~ rassistisch.
razzo *(m)* ~ Rakete *(f)*.
razzolare *(vt)* ~ scharren *(vi, hat)*.
re[1] *(m)* ***1*** König *(m)* *(anche fig, nelle carte, scacchi)*. ◆ **i tre re magi** die Heiligen Drei Könige.
re[2] *(mus)* ~ d, D *(n)*. ◆ **re bemolle** des, Des *(n)*. ◆ **re diesis** dis, Dis *(n)*.
reagire *(vi)* ***1*** {~ *a qcs*} auf etwas *(Acc)* reagieren *(vi, hat)*. ***2*** *(chim)* reagieren *(vi, hat)*.
reale[1] *(agg)* ***1*** wirklich, real. ***2*** *(dir)* dinglich. ***3*** *(effettivo)* tatsächlich, faktisch.
reale[2] *(agg)* ~ königlich, Königs-.
reale[3] *(m)* ~ Wirklichkeit *(f)*.
realismo *(m)* ~ Realismus *(m)*. ◆ **realismo politico** Realpolitik *(f)*.
realista *(agg)* ~ realistisch.
realisticamente *(avv)* ~ realistisch; *(obiettivamente)* sachlich.
realistico *(agg)* ~ realistisch; *(obiettivo)* sachlich; *(aderente alla realtà)* lebensnah.
realizzabile *(agg)* ~ realisierbar.
realizzare *(vt)* ***1*** verwirklichen *(vt)*, realisieren *(vt)*. ***2*** *(eseguire)* durch|führen *(vt)* ♦ *realizzare un progetto* einen Plan durchführen. ***3*** *(econ)* realisieren *(vt)*, erzielen *(vt)*. ***4*** *(sport)* erzielen *(vt)*. ***5*** *(capire)* begreifen* *(vt)*.
realizzarsi *(vr)* ~ sich verwirklichen *(vr)* ♦ *realizzarsi in qcs* sich in etwas *(Dat)* verwirklichen.
realizzazione *(f)* ***1*** Verwirklichung *(f)*, Realisierung *(f)*. ***2*** *(attuazione)* Ausführung *(f)* ♦ *la realizzazione di un progetto, di un lavoro* die Ausführung eines Plans, einer Arbeit. ***3*** *(di desideri, sogni)* Erfüllung *(f)*. ◆ **realizzazione scenica** Inszenierung *(f)*.
realmente *(avv)* ~ wirklich, tatsächlich.
realtà *(f)* ~ Wirklichkeit *(f)*, Realität *(f)*. ◆ **in realtà** eigentlich *(avv)*, in der Tat. ◆ **fuori dalla realtà** weltfremd *(agg)*.
reame *(m)* ~ Königreich *(n)*.
reato *(m)* ~ *(dir)* Delikt *(n)*, Straftat *(f)*.
reattore *(m)* ***1*** *(aeron)* Düsenflugzeug *(n)*. ***2*** *(fis)* Reaktor *(m)*.
reazionario[1] *(agg)* ~ reaktionär.
reazionario[2] *(m)* ~ Reaktionär *(m)*.
reazione *(f)* ~ Reaktion *(f)* ♦ *reazione a catena* Kettenreaktion. ◆ **aereo a reazione** Düsenflugzeug *(n)*. ◆ **motore a reazione** Düsenmotor *(m)*.
rebus *(m)* ~ Bilderrätsel *(n)*.
recalcitrante *(agg)* ***1*** bockig, widerspenstig. ***2*** *(animale)* störrisch.
recapitare *(vt)* ~ zu|stellen *(vt)*, aus|tragen* *(vt)*.
recapito *(m)* ***1*** Anschrift *(f)*. ***2*** *(consegna)* Zustellung *(f)*.
recare *(vt)* ***1*** bringen* *(vt)*, überbringen* *(vt)* *(anche fig)*. ***2*** *(causare)* bereiten *(vt)*.
recarsi *(vr)* ~ sich begeben* *(vr)*, gehen* *(vi, ist)* ♦ *recarsi a casa* sich nach Hause begeben.
recedere *(vi)* ~ {~ *da qcs*} von etwas zurück|treten* *(vi, ist)*.
recensione *(f)* ~ Rezension *(f)*, Besprechung *(f)*.
recensire *(vt)* ~ rezensieren *(vt)*, besprechen* *(vt)*.
recente *(agg)* ~ neu, jüngst. ◆ **di recente** vor kurzem, kürzlich, neulich *(avv)*.
recentemente *(avv)* ~ vor kurzem, kürzlich, neulich.
recepire *(vt)* ~ empfangen* *(vt)*, auf|nehmen* *(vt)*.
reception *(f)* ~ Empfang *(m)*.
recessivo *(agg)* ~ *(econ)* rückläufig.
recidere *(vt)* ***1*** ab|schneiden* *(vt)*. ***2*** *(fig)* ab|brechen* *(vt)*.
recidivo *(agg)* ~ *(med/dir)* rückfällig.
recingere *(vt)* ~ umgeben* *(vt)*, umschließen* *(vt)*.
recintare *(vt)* ~ ein|zäunen *(vt)*, ein|fassen *(vt)*.

recinto *(m)* ~ Zaun *(m)*, Gatter *(n)*; *(per animali)* Gehege *(n)*.
recinzione *(f)* ~ Einzäunung *(f)*, Einfassung *(f)*, Zaun *(m)*.
recipiente *(m)* ~ Gefäß *(n)*.
reciprocamente *(avv)* ~ gegenseitig.
reciprocità *(f)* ~ Gegenseitigkeit *(f)*.
reciproco *(agg)* ~ wechselseitig, gegenseitig ♦ *aiuto reciproco* gegenseitige Hilfe.
recita *(f)* ~ Aufführung *(f)*, Vorstellung *(f)*.
recitare[1] *(vi)* **1** *(teatr/cinem)* spielen *(vi*, hat*)*. **2** *(dir/burocr)* lauten *(vi*, hat*)* ♦ *la comunicazione recita quanto segue* die Mitteilung lautet wie folgt.
recitare[2] *(vt)* **1** auf|sagen *(vt)* ♦ *recitare una poesia* ein Gedicht aufsagen. **2** *(declamare)* vor|tragen* *(vt)*. **3** *(teatr/cinem)* spielen *(vt)* ♦ *recitare nella parte di Amleto* den Hamlet spielen.
recitazione *(f)* ~ Vortrag *(m)*. ◆ **scuola di recitazione** Schauspielschule *(f)*.
reclamare[1] *(vi)* ~ sich beschweren *(vr)*, reklamieren *(vi*, hat*)*.
reclamare[2] *(vt)* **1** fordern *(vt)*, verlangen *(vt)*. **2** *(avere bisogno)* erfordern *(vt)*, verlangen *(vt)*. **3** *(consegne e sim)* reklamieren *(vt)*, ein|fordern *(vt)*. **4** *(dir)* ein|klagen *(vt)*.
réclame *(f)* ~ Reklame *(f)*, Werbung *(f)* ♦ *la reclame di un nuovo prodotto* die Werbung für ein neues Produkt.
reclamizzare *(vt)* ~ {~ *qcs*} für etwas werben* *(vi*, hat*)*.
reclamo *(m)* **1** *(protesta formale)* Beschwerde *(f)*, Reklamation *(f)* ♦ *presentare un reclamo* eine Reklamation erheben. **2** *(di pagamenti, consegne, ecc)* Beanstandung *(f)*.
reclusione *(f)* **1** Haft *(f)*. **2** *(dir)* Freiheitsstrafe *(f)*.
recluso *(m; f* **-a***)* ~ Häftling *(m)*.
recluta *(f)* ~ *(mil)* Rekrut *(m)*.
reclutamento *(m)* **1** *(mil)* Einberufung *(f)*. **2** *(estens)* Einstellung *(f)*, Anwerbung *(f)*.
reclutare *(vt)* **1** *(mil)* ein|berufen* *(vt)*, werben* *(vt)*. **2** *(estens)* an|werben* *(vt)*.
recondito *(agg)* ~ verborgen, hintergründig.
record *(m)* ~ Rekord *(m)* ♦ *record mondiale* Weltrekord.
recuperare *(vt)* **1** wieder|bekommen* *(vt)*. **2** *(distacco, ritardo)* auf|holen *(vt)*, nach|holen *(vt)*; *(ore di lavoro)* nach|arbeiten *(vt)* ♦ *devo recuperare mezza giornata* ich muss einen halben Tag nacharbeiten. **3** *(cose)* sicher|stellen *(vt)*; *(persone)* bergen* *(vt)*. **4** *(crediti)* ein|treiben* *(vt)*. **5** *(riciclare)* (zu etwas) verwerten *(vt)*. **6** *(alla società)* wieder ein|gliedern *(vt)*.
recupero *(m)* **1** *(di cose)* Sicherstellung *(f)*. **2** *(di persone)* Bergung *(f)*. **3** *(di crediti)* Eintreibung *(f)*. **4** *(riciclaggio)* Verwertung *(f)*.
redattore *(m; f* **-trice***)* **1** Redakteur *(m; f* -in*)*. **2** *(estens)* Verfasser *(m; f* -in*)*.
redazione *(f)* **1** *(stesura)* Abfassung *(f)*, Redaktion *(f)*. **2** *(ufficio)* Redaktion *(f)*.
redditizio *(agg)* ~ einträglich, rentabel.
reddito *(m)* ~ Einkommen *(n)* ♦ *reddito fondiario* Einkommen aus Grundbesitz ♦ *reddito annuo* Jahreseinkommen. ◆ **dichiarazione dei redditi** Einkommen(s)steuererklärung *(f)*. ◆ **imposta sul reddito** Einkommen(s)steuer *(f)*. ◆ **ad alto reddito** einkommensstark *(agg)*. ◆ **a basso reddito** einkommensschwach *(agg)*.
redentore *(m)* ~ *(relig)* Heiland *(m)*, Erlöser *(m)*.
redenzione *(f)* ~ *(relig)* Erlösung *(f)*.
redigere *(vt)* ~ verfassen *(vt)*, redigieren *(vt)*.
redine *(f)* ~ Zügel *(m)* ♦ *mettere le redini a un cavallo* einem Pferd die Zügel anlegen ♦ *prendere le redini (fig)* die Zügel an sich reißen.
reduce *(m/f)* ~ Heimkehrer *(m; f* -in*)*.
referente *(m/f)* ~ Referent *(m; f* -in*)*.
referenza *(f)* ~ Empfehlung *(f)*, Referenz *(f)* ♦ *fornire buone referenze* gute Referenzen beibringen. ◆ **lettera di referenze** Empfehlungsschreiben *(n)*.
referto *(m)* ~ *(med)* Befund *(m)*.
refrattario *(agg)* **1** feuerfest, feuerbeständig. **2** *(fig/med)* unempfindlich.
refrigerante *(m)* ~ *(tecn)* Kühlmittel *(n)*.
refrigerare *(vt)* ~ kühlen *(vt)*.
refrigerazione *(f)* ~ Kühlung *(f)*.
refrigerio *(m)* ~ Erfrischung *(f)*.
regalare *(vt)* **1** {~ *qcs a qcn*} jmdm etwas schenken *(vt)*; jmdn (mit etwas) beschenken *(vt)* ♦ *regalare qcs per il compleanno, per Natale* etwas zum Geburts-

tag, zu Weihnachten schenken. **2** *(dare via gratuitamente)* verschenken *(vt)*.
regale *(agg)* ~ königlich.
regalo *(m)* ~ Geschenk *(n)* ♦ *regalo di compleanno* Geburtstagsgeschenk ♦ *regalo di Natale* Weihnachtsgeschenk ♦ *un regalo per, di mio fratello* ein Geschenk für meinen, von meinem Bruder. ◆ **articolo da regalo** Geschenkartikel *(m)*.
reggente *(f)* ~ *(gramm)* Hauptsatz *(m)*.
reggere[1] *(vi)* ~ *(resistere)* halten* *(vi,* hat*)*, standǀhalten* *(vi,* hat*)* ♦ *la fune regge* das Seil hält ♦ *questa relazione non reggerà* diese Beziehung wird nicht halten. ◆ **non reggere** hinken *(vi,* hat*)* ♦ *il paragone non regge* der Vergleich hinkt.
reggere[2] *(vt)* **1** *(tenere)* halten* *(vt)* ♦ *reggere in mano qcs* etwas in der Hand halten. **2** *(sostenere)* halten* *(vt)*, tragen* *(vt)*. **3** *(sopportare, persone o cose)* vertragen* *(vt)*, ertragen* *(vt)* ♦ *non regge la birra* sie verträgt kein Bier. **4** *(gramm)* regieren *(vt)*. ◆ **reggere il paragone con qcs** den Vergleich (mit etwas) ausǀhalten* *(vt)*.
reggersi *(vr)* ~ sich festǀhalten* *(vr)* ♦ *reggiti a me* halt dich an mir fest ♦ *reggiti forte! (c'è una novità) (fam)* halt dich fest!
reggia *(f)* ~ Königspalast *(m)*, Königsschloss *(n)*.
reggicalze *(m)* ~ Strumpfhalter *(m)*.
reggimento *(m)* ~ Regiment *(n)*.
reggipetto, **reggiseno** *(m)* ~ Büstenhalter *(m)*; *(fam)* BH *(m)*.
regia *(f)* ~ Regie *(f)*.
regime *(m)* **1** *(pol)* Regime *(n)*. **2** *(alimentare)* Diät *(f)*. **3** *(mecc)* Touren *(pl)* ♦ *andare a pieno regime (anche fig)* auf vollen Touren laufen.
regina *(f)* **1** Königin *(f) (anche fig/zool)*. **2** *(negli scacchi e nelle carte)* Dame *(f)*.
regionale *(agg)* ~ regional, Regional-.
regione *(f)* **1** *(geogr)* Region *(f) (anche pol)*; Gebiet *(n)*, Gegend *(f)*. **2** *(anat)* Gegend *(f)*.
regista *(m/f)* ~ Regisseur *(m; f* -in*)*.
registrare *(vt)* **1** *(burocr)* einǀtragen* *(vt)*, registrieren *(vt)*. **2** *(rilevare)* registrieren *(vt)*, verzeichnen *(vt)*. **3** *(su nastro magnetico)* aufǀnehmen* *(vt)*, aufǀzeichnen *(vt)*. **4** *(econ)* buchen *(vt)*. **5** *(tecn)* einǀstellen *(vt)*.
registrarsi *(vr)* ~ sich einǀtragen* *(vr)*.
registrato *(agg)* **1** *(nastro)* bespielt. **2** *(depositato)* eingetragen ♦ *marchio registrato* eingetragenes Warenzeichen.
registratore *(m)* **1** *(a cassette)* Kassettenrekorder *(m)*; *(a nastro)* Tonbandgerät *(n)*. **2** *(di cassa)* Registrierkasse *(f)*.
registrazione *(f)* **1** Eintragung *(f)*, Registrierung *(f)*. **2** *(ripresa)* Aufnahme *(f)*. **3** *(econ)* Buchung *(f)*. **4** *(tecn)* Einstellung *(f)*.
registro *(m)* **1** Register *(n) (anche mus)*. **2** *(di classe)* Klassenbuch *(n)*.
regnare *(vi)* ~ herrschen *(vi,* hat*) (anche fig)*.
regno *(m)* ~ Königreich, Reich *(n)* ♦ *regno animale* Tierreich ♦ *regno dei cieli* Himmelreich.
regola *(m)* ~ Regel *(f) (anche relig)* ♦ *di regola* in der Regel ♦ *a regola d'arte* nach allen Regeln der Kunst ♦ *regola monastica* Klosterregel. ◆ **in piena regola** regelrecht *(agg)*.
regolabile *(agg)* ~ regelbar.
regolamentazione *(f)* ~ Regelung *(f)*.
regolamento *(m)* ~ Ordnung *(f)*, Regelung *(f)*. ◆ **regolamento di conti** Abrechnung *(f)*.
regolare[1] *(agg)* **1** regelmäßig, ebenmäßig ♦ *controlli regolari* regelmäßige Kontrollen. **2** *(secondo la norma)* regelmäßig, regulär ♦ *verbi regolari* regelmäßige Verben ♦ *una procedura regolare* ein regulärer Vorgang. **3** *(puntuale)* regelmäßig, pünktlich.
regolare[2] *(vt)* **1** regulieren *(vt)*, regeln *(vt)* ♦ *regolare una controversia* einen Streitfall regeln. **2** *(apparecchi e sim)* regulieren *(vt)*, stellen *(vt)*, einǀstellen *(vt)* ♦ *regolare la sveglia alle sette* den Wecker auf sieben Uhr stellen ♦ *regolare il volume* die Lautstärke einstellen. **3** *(tecn)* regulieren, nachǀstellen *(vt)*. **4** *(un conto)* begleichen *(vt)*.
regolarità *(f)* **1** Regelmäßigkeit *(f)*. **2** *(uniformità)* Gleichförmigkeit *(f)*.
regolarizzare *(vt)* ~ *(secondo la legge)* gesetzlich regeln *(vt)*.
regolarmente *(avv)* ~ regelmäßig.
regolarsi *(vr)* **1** sich verhalten* *(vr)*, sich richten *(vr)* ♦ *regolarsi secondo qcn/qcs* sich nach jmdm/etwas richten. **2** *(moderarsi)* sich mäßigen *(vr)*.

regolazione *(f)* ~ *(tecn)* Einstellung *(f)*.
regredire *(vi)* ~ zurück|gehen* *(vi, ist)*.
regresso *(m)* ~ Rückgang *(m)*, Rückschlag *(m)*.
relativamente *(avv)* ~ relativ, verhältnismäßig ♦ *relativamente di rado* relativ selten. ◆ **relativamente a** bezüglich *(prep + Gen; al plurale + Dat, se il Gen non è marcato)* ♦ *relativamente alla Sua offerta* bezüglich Ihres Angebotes.
relativo *(agg)* **1** {~ *(a qcn/qcs)*} (auf jmdn/etwas) bezüglich. **2** *(limitato)* relativ, begrenzt. **3** *(gramm/mat)* Relativ-. **4** *(corrispondente)* einschlägig, dazugehörig ♦ *un romanzo e la relativa letteratura critica* ein Roman und die dazugehörige Literatur.
relatore *(m; f* **-trice***)* ~ Referent *(m; f* -in*)*.
relax *(m)* ~ Entspannung *(f)*, Erholung *(f)*.
relazione *(f)* **1** Zusammenhang *(m)*, Verbindung *(f)* ♦ *mettere qcs in relazione con qcs* etwas mit etwas in Zusammenhang bringen. **2** *(rapporto)* Verhältnis *(n)*, Beziehung *(f)* ♦ *relazione amorosa* Liebesbeziehung. **4** *(di scuola)* Referat *(n)*. **5** *(resoconto, rapporto)* Bericht *(m)*.
religione *(f)* ~ Religion *(f)*.
religioso[1] *(agg)* **1** religiös, Glaubens- ♦ *libertà religiosa* Glaubensfreiheit ♦ *comunità religiosa* Glaubensgemeinschaft. **2** *(della chiesa)* kirchlich ♦ *matrimonio religioso* kirchliche Trauung. **3** *(devoto)* fromm, religiös.
religioso[2] *(m)* ~ Geistliche(r) *(m)*.
reliquia *(f)* ~ Reliquie *(f)*.
reliquiario *(m)* ~ Heiligenschrein *(m)*.
relitto *(m)* ~ *(naut)* Wrack *(n)* *(anche fig)*.
remare *(vi)* ~ rudern *(vi, hat)*.
rematore *(m; f* **-trice***)* ~ Rud(e)rer *(m; f* -in*)*.
remissivo *(agg)* ~ gefügig, willfährig.
remo *(m)* ~ Ruder *(n)*.
remoto *(agg)* **1** *(nel tempo)* weit zurückliegend, fern ♦ *in tempi remoti* in fernen Zeiten. **2** *(nello spazio)* entfernt, fern ♦ *fino alle parti più remote del paese* bis in die entferntesten Teile des Landes.
remunerare *(vt)* ~ belohnen *(vt)*.
remunerativo *(agg)* ~ einträglich.
remunerato *(agg)* ~ dotiert ♦ *un impiego ben remunerato* eine gut/hoch dotierte Stellung.
remunerazione *(vt)* ~ Belohnung; *(per singole prestazioni)* Entlohnung *(f)*.
rena *(f)* ~ Sand *(m)*.
rendere *(vt)* **1** *(restituire)* zurück|geben* *(vt)*, wieder|geben* *(vt)*. **2** *(fruttare)* ein|bringen* *(vt)*, sich rentieren *(vr)* *(anche fig)*. **3** *(onore e sim)* erweisen* *(vt)* ♦ *rendere un servizio a qcn* jmdm einen Dienst erweisen. **4** *(esprimere, rappresentare)* wieder|geben* *(vt)*, aus|drücken *(vt)*. **5** *(+ agg)* machen *(vt)* ♦ *mi rendi felice* du machst mich glücklich ♦ *rendere possibile* möglich machen. **6** *(assol)* leisten *(vt)*.
rendersi *(vr)* ~ **rendersi utile** sich nützlich machen *(vt)*. ◆ **rendersi conto di qcs** Rechenschaft über etwas *(Acc)* ab|legen*.
rendimento *(m)* **1** Leistung *(f)*. **2** *(econ)* Ertrag *(m)*.
rendita *(f)* ~ Rente *(f)*; *(interesse)* Zins *(m)* ♦ *rendita fondiaria* Grundrente.
rene *(m)* ~ *(anat)* Niere *(f)*.
renitente *(m)* ~ **renitente alla leva** Wehrdienstverweigerer *(m)*.
renitenza *(f)* ~ **renitenza alla leva** Wehrdienstverweigerung *(f)*.
renna *(f)* ~ *(zool)* Ren *(n)*.
reo[1] *(agg)* ~ schuldig.
reo[2] *(m; f* **-a***)* ~ Täter *(m; f* -in*)*.
reparto *(m)* **1** Abteilung *(f)*. **2** *(mil)* Truppenteil *(m)*, Abteilung *(f)*. **3** *(ospedaliero)* Station *(f)* ♦ *reparto di terapia intensiva* Intensivstation. ◆ **reparto speciale** *(mil)* Kommando *(n)*.
repellente *(agg)* ~ abstoßend, garstig.
repentaglio *(m)* ~ **mettere a repentaglio la propria vita** *(fig)* sein Leben in die Schanze schlagen*.
repentino *(agg)* ~ plötzlich, unvermittelt.
reperibile *(agg)* **1** *(cose)* erhältlich. **2** *(persone)* erreichbar.
reperto *(m)* **1** Fund *(m)*. **2** *(med)* Befund *(m)*. **3** *(dir)* Beweisstück *(n)*.
repertorio *(m)* **1** Repertoire *(n)*; *(teatr)* Spielplan *(m)*. **2** *(raccolta)* Sammlung *(f)*.
replica *(f)* **1** *(teatr, tv)* Wiederholung *(f)*. **2** *(obiezione)* Widerrede *(f)*, Widerspruch *(m)* ♦ *non ammettere repliche* keinen Widerspruch dulden.

replicare *(vt)* ***1*** wiederholen *(vt)*. ***2*** erwidern *(vt)*, entgegnen *(vt)* ♦ *replicare a una domanda* auf eine Frage erwidern.
reportage *(m)* ~ Bericht *(m)*.
reporter *(m/f)* ~ Reporter *(m; f* -in*)*.
repressione *(f)* ~ Unterdrückung *(f)*.
reprimere *(vt)* ***1*** unterdrücken *(vt)*. ***2*** *(pol)* nieder|werfen* *(vt)* ♦ *reprimere una sollevazione* einen Aufstand unterdrücken. ***3*** *(psicol)* zurück|drängen *(vt)* ♦ *reprimere i propri sentimenti* seinen Gefühle zurückdrängen.
repubblica *(f)* ~ Republik *(f)*.
repubblicano[1] *(agg)* ~ republikanisch.
repubblicano[2] Republikaner *(m; f* -in*)*.
repulsione *(f)* ***1*** *(avversione)* Abneigung *(f)*, Abstoßung *(f)*. ***2*** *(fis)* Abstoßung *(f)*.
reputare *(vt)* ~ halten* *(vt)*, erachten *(vt)*.
reputarsi *(vr)* ~ sich halten* *(vr)*, sich schätzen *(vr)* ♦ *si reputa particolarmente intelligente* er hält sich für besonders klug.
reputazione *(f)* ~ Ruf *(m)*.
requisire *(vt)* ~ beschlagnahmen *(vt)*.
requisito *(m)* ***1*** Erfordernis *(n)*. ***2*** *(pl)* *(qualità)* Fähigkeiten *(pl)*.
resa *(f)* ***1*** *(mil)* Übergabe *(f)*, Kapitulation *(f)*. ***2*** *(restituzione)* Rückgabe *(f)*. ***3*** *(rendimento)* Leistung *(f)*. ***4*** *(rappresentazione)* Wiedergabe *(f)*.
residence *(m)* ~ *(complesso residenziale)* Wohnanlage *(f)*.
residente *(agg)* ~ wohnhaft, ansässig ♦ *è residente a Firenze* er ist in Florenz wohnhaft.
residenza *(f)* ~ Wohnort *(m)*, Wohnsitz *(m)*.
residenziale *(agg)* ~ Wohn- ♦ *edificio residenziale* Wohngebäude ♦ *quartiere residenziale* Wohnviertel.
residuo *(m)* ~ Rückstand *(m)*; Abfall *(m)*.
resina *(f)* ~ Harz *(n)*.
resistente *(agg)* ***1*** widerstandsfähig *(anche fig)*. ***2*** *(robusto, di oggetti)* strapazierfähig, haltbar; *(di animali o piante)* zählebig ♦ *una stoffa resistente* ein haltbarer Stoff. ◆ **resistente all'acqua** wasserfest. ◆ **resistente alle intemperie** wetterfest.
resistenza *(f)* ***1*** Widerstand *(m)* ♦ *opporre resistenza a qcn* jmdm Widerstand leisten ♦ *incontrare resistenza* auf Widerstand stoßen ♦ *resistenza armata* bewaffneter Widerstand. ***2*** *(di persone)* Widerstandskraft *(f)*. ***3*** *(di materiali)* Festigkeit *(f)*, Haltbarkeit *(f)*. ***4*** *(stor)* Widerstandsbewegung *(f)*. ◆ **senza opporre/incontrare resistenza** widerstandslos *(avv)*.
resistere *(vi)* ***1*** *(opporre resistenza)* widerstehen* *(vi*, hat*)*, stand|halten* *(vi*, hat*)* ♦ *resistere a una tentazione* einer Versuchung widerstehen. ***2*** *(sopportare)* ertragen* *(vt)*.
resoconto *(m)* ~ Bericht *(m)*.
respingente *(m)* ~ Puffer *(m)*.
respingere *(vt)* ***1*** zurück|drängen *(vt)*, zurück|schlagen* *(vt)*, zurück|stoßen* *(vt)* ♦ *respingere il nemico* den Feind zurückdrängen. ***2*** *(rifiutare)* zurück|weisen* *(vt)* *(anche burocr)*, ab|weisen*, ab|lehnen *(vt)* ♦ *respingere un progetto* einen Plan abweisen ♦ *respingere un'offerta* ein Angebot zurückweisen.
respirare *(vi/vt)* ~ atmen *(vt/vi*, hat*)*, ein|atmen *(vt/vi*, hat*)*; *(fare un respiro)* auf|atmen *(vi*, hat*)*.
respirazione *(f)* ~ Atmung *(f)*. ◆ **respirazione artificiale** Beatmung *(f)*. ◆ **fare la respirazione artificiale** beatmen *(vt)*.
respiro *(m)* ~ Atem *(m)*; *(singolo)* Atemzug *(m)* ♦ *fare un respiro (profondo)* (tief) Atem holen ♦ *fino all'ultimo respiro* bis zum letzten Atemzug.
responsabile[1] *(agg)* ***1*** verantwortlich ♦ *essere responsabile di un'azione* für eine Tat verantwortlich sein. ***2*** *(scrupoloso)* verantwortungsbewusst ♦ *una persona responsabile* ein verantwortungsbewusster Mensch. ***3*** *(burocr)* zuständig. ***4*** *(dir)* haftbar ♦ *essere responsabile di qcs* für etwas haftbar sein.
responsabile[2] *(m/f)* ***1*** Verantwortliche(r) *(m/f)*. ***2*** *(colpevole)* Schuldige(r) *(m/f)*.
responsabilità *(f)* ***1*** Verantwortung *(f)*; Verantwortlichkeit *(f)* ♦ *sotto la mia responsabilità* auf meine Verantwortung. ***2*** *(burocr)* Zuständigkeit *(f)*. ***3*** *(dir)* Haftung *(f)*. ◆ **responsabilità civile** *(dir)* Haftpflicht *(f)*, Haftung *(f)*. ◆ **di responsabilità** verantwortlich, verantwortungsvoll *(agg)*. ◆ **assumersi la responsabilità di qcs** die Folgen von etwas tragen*.
ressa *(f)* ~ Gedränge *(n)*.
restante *(agg)* ~ restlich, übrig.

restare *(vi)* ***1*** bleiben* *(vi, ist)* ♦ *restare a casa* zu Hause bleiben ♦ *restare amici* Freunde bleiben ♦ *restare sveglio* wach bleiben. ***2*** *(avanzare)* übrig bleiben* *(vi, ist)* ♦ *della torta resta ancora un pezzo* von der Torte bleibt noch ein Stück übrig. ◆ **restare (d'accordo)** verbleiben* *(vi, ist)*. ◆ **restarci male** enttäuscht sein*.
restaurare *(vt)* ***1*** restaurieren; *(edifici)* renovieren *(vt)*. ***2*** *(fig/pol)* wieder|herstellen *(vt)*.
restaurazione *(f)* ~ *(pol)* Restauration *(f)*.
restauro *(m)* ~ Restauration; *(di edifici)* Renovierung *(f)*.
restio *(agg)* ***1*** *(animali)* störrisch. ***2*** *(persona)* widerwillig, widerstrebend. ◆ **essere restio** es widerstrebt jmdm *(impers)* ♦ *sono restio a fare questo* es widerstrebt mir, das zu tun.
restituire *(vt)* ***1*** zurück|geben* *(vt)*, wieder|geben* *(vt)*. ***2*** *(denaro)* zurück|zahlen *(vt)*. ***3*** *(contraccambiare)* erwidern *(vt)*.
restituzione *(f)* ***1*** Rückgabe *(f)*, Wiedergabe *(f)*. ***2*** *(denaro)* Rückerstattung *(f)*.
resto *(m)* ***1*** Rest *(m)* *(anche mat)* ♦ *per il resto della mia vita* für den Rest meines Lebens. ***2*** *(denaro)* Wechselgeld *(n)*. ***3*** *(pl)* Reste, Überreste *(pl)*. ◆ **il resto** *(le altre cose)* das Übrige. ◆ **per il resto** ansonsten *(avv)* ♦ *per il resto non ho niente di nuovo da raccontare* ansonsten habe ich nichts Neues zu erzählen. ◆ **dare il resto** heraus|geben* *(vt)*. ◆ **dover avere il resto** zurück|bekommen* *(vt)*. ◆ **del resto** übrigens *(avv)*.
restringere *(vt)* ***1*** *(stringere)* verengen *(vt)*. ***2*** *(limitare)* ein|engen *(vt)*, begrenzen *(vt)*.
restringersi *(vr)* ***1*** sich verengen *(vr)* ♦ *là la strada si restringe* dort verengt sich die Straße. ***2*** *(abiti)* ein|gehen* *(vi, ist)*, ein|laufen* *(vi, ist)* ♦ *restringersi nel lavaggio* beim Waschen eingehen.
restrittivo *(agg)* ~ beschränkend.
restrizione *(f)* ~ Beschränkung *(f)*.
resurrezione *(f)* ~ *(relig)* Auferstehung *(f)*.
resuscitare[1] *(vi)* ~ auf|erstehen* *(vi, ist)*.
resuscitare[2] *(vt)* ~ erwecken *(vt)*.
retata *(f)* ~ *(di polizia)* Razzia *(f)*.
rete *(f)* ***1*** Netz *(n)* ♦ *una rete fitta, a maglie larghe* ein dichtes, weitmaschiges Netz ♦ *finire nella rete di qcn (fig)* in jmds Netz fallen ♦ *rete elettrica* Stromnetz. ***2*** *(metallica)* Drahtgeflecht *(n)*, Drahtzaun *(m)*. ***3*** *(sport)* Tor *(n)*. ***4*** *(televisiva)* Sender *(m)*.
reticella *(f)* ~ *(per capelli)* Netz *(n)*.
reticolato *(m)* ***1*** Drahtzaun *(m)*. ***2*** *(intreccio)* Netzwerk *(n)*.
retìna[1] *(f)* ~ *(per capelli)* Netz *(n)*.
rètina[2] *(f)* ~ *(anat)* Netzhaut *(f)*.
retino *(m)* ~ *(per farfalle, da pesca)* Kescher *(m)*.
retorica *(f)* ~ Rhetorik *(f)*.
retorico *(agg)* ~ rhetorisch.
retribuire *(vt)* ***1*** entlohnen *(vt)*, bezahlen *(vt)*. ***2*** *(ricompensare)* belohnen *(vt)*.
retribuzione *(f)* ~ Entgelt *(n)*, Entlohnung *(f)*.
retro *(m)* ~ Rückseite *(f)*; *(rovescio)* Kehrseite *(f)*. ◆ **porta sul retro** Hintertür *(f)*. ◆ **sul retro (della pagina)** umstehend *(agg/avv)*.
retroattività *(f)* ~ Rückwirkung *(f)*.
retroattivo *(agg)* ~ rückwirkend ♦ *avere valore retroattivo* rückwirkend gelten. ◆ **con effetto retroattivo** mit Rückwirkung *(f)*.
retrocedere *(vi)* ***1*** zurück|weichen* *(vi, ist)*. ***2*** *(sport)* ab|steigen* *(vi, ist)*.
retrocessione *(f)* ~ *(sport)* Abstieg *(m)*.
retrodatare *(vt)* ~ zurück|datieren *(vt)*.
retrogusto *(m)* ~ Nachgeschmack *(m)*.
retromarcia *(f)* ~ Rückwärtsgang *(m)* ♦ *andare in retromarcia* im Rückwärtsgang fahren. ◆ **in retromarcia** rückwärts. ◆ **fare retromarcia** rückwärts fahren*.
retroscena *(m)* ~ Hintergrund *(m)*.
retrospettiva *(f)* ~ Rückblick *(m)*.
retroterra *(m)* ~ Hinterland *(n)*.
retrovia *(f)* ~ *(mil)* Etappe *(f)*.
retrovisore *(m)* ~ Rückspiegel *(m)*.
retta[1] *(f)* ~ **dare retta a qcn** auf jmdn hören *(vi, hat)*.
retta[2] *(f)* ~ Pension *(f)*; *(di ospedale)* Pflegesatz *(m)*.
retta[3] *(f)* ~ *(geom)* Gerade *(f)*.
rettangolare *(agg)* ~ rechteckig.
rettangolo[1] *(agg)* ~ rechtwinklig ♦ *triangolo rettangolo* rechtwinkliges Dreieck.
rettangolo[2] *(m)* ~ Rechteck *(n)*.
rettifica *(f)* ~ Richtigstellung *(f)*, Berichtigung *(f)*.

rettificare *(vt)* ~ berichtigen *(vt)*, richtig stellen *(vt)*.
rettile *(m)* ~ Reptil *(n)*; *(con zampe)* Echse *(f)*.
rettilineo[1] *(agg)* ~ geradlinig.
rettilineo[2] *(m)* ~ Gerade *(f)*.
rettitudine *(f)* ~ Redlichkeit *(f)*.
retto[1] *(agg)* ***1*** gerade ♦ *una linea retta* eine gerade Linie. ***2*** *(onesto)* rechtschaffen, recht ♦ *deviare dalla retta via* vom rechten Wege abweichen. ◆ **angolo retto** *(geom)* rechter Winkel.
retto[2] *(m)* ~ *(anat)* Mastdarm *(m)*.
rettore *(m)* ~ Rektor *(m)*.
reumatismo *(m)* ~ Rheumatismus *(m)*, Rheuma *(n)*.
reverendo *(m)* ~ Hochwürden *(m)*.
revisionare *(vt)* ***1*** *(tecn)* überholen *(vt)*. ***2*** *(burocr)* überprüfen *(vt)*.
revisione *(f)* ***1*** *(tecn)* Überholung *(f)*. ***2*** *(di bozze)* Korrektur *(f)*, Überarbeitung *(f)*. ***3*** *(burocr)* Überprüfung *(f)*.
revisore *(m; f* **-a***)* ***1*** Überprüfer, Prüfer *(m; f* -in*)*. ***2*** *(di bozze)* Korrektor *(m; f* -in*)*.
revoca *(f)* ~ Widerruf *(m)*, Entzug *(m)*.
revocabile *(agg)* ~ widerruflich, auflösbar.
revocare *(vt)* ***1*** widerrufen* *(vt)*, rückgängig machen *(vt)* ♦ *revocare un permesso* eine Erlaubnis widerrufen. ***2*** *(da una carica)* ab|setzen *(vt)*, entheben* *(vt)*.
revolver *(m)* ~ Revolver *(m)*.
ri- *(pref)* ~ wieder-, Wieder-.
riabilitare *(vt)* ~ rehabilitieren *(vt)*.
riabilitazione *(f)* ~ Rehabilitation *(f)*.
riagganciare *(vt)* ~ *(tel)* auf|legen *(vt)*.
rialzamento *(m)* ~ Erhöhung *(f)*.
rialzare *(vt)* ***1*** *(di nuovo)* wieder auf|richten *(vt)*. ***2*** *(di più)* erhöhen *(vt)*.
rialzarsi *(vr)* ~ sich auf|richten *(vr)*.
rialzo *(f)* ***1*** Erhöhung *(f)*. ***2*** *(econ)* Hausse *(f)*.
rianimarsi *(vr)* ~ sich (wieder) beleben *(vr)* *(anche fig)*.
rianimazione *(f)* ~ *(med)* Wiederbelebung *(f)*.
riarmare *(vt)* ~ *(mil)* auf|rüsten *(vt)*.
riarmo *(m)* ~ Aufrüstung *(f)*, Wiederbewaffnung *(f)*.
riassumere *(vt)* ~ *(riepilogare)* zusammen|fassen *(vt)*.
riassunto *(m)* ~ Zusammenfassung *(f)*.
riattaccare *(vt)* ~ *(tel)* auf|legen *(vt)*.
riavere *(vt)* ~ *(indietro)* wieder|haben* *(vt)*, zurück|bekommen* *(vt)*.
riaversi *(vr)* ~ wieder zu sich kommen* *(vi*, ist*)*.
riavvolgersi *(vr)* ~ *(di nastro)* zurück|laufen* *(vi*, ist*)*.
ribadire *(vt)* ~ bekräftigen *(vt)*.
ribalta *(f)* ~ *(teatr)* Rampe *(f)*. ◆ **luci della ribalta** Rampenlicht *(n)*.
ribaltamento *(m)* ~ Umkippen *(n)*, Umlegung *(f)*.
ribaltare *(vt)* ~ klappen *(vt)*, um|kippen *(vt)*; *(in posizione orizzontale)* um|legen *(vt)*.
ribaltarsi *(vr)* ~ um|kippen *(vi*, ist*)*, sich überschlagen* *(vr)* ♦ *la sedia si è ribaltata* der Stuhl ist gekippt.
ribasso *(m)* ~ *(sconto)* Abschlag *(m)*, Rabatt *(m)*.
ribattere *(vt)* ***1*** *(respingere)* zurück|weisen* *(vt)*; *(sport)* zurück|schlagen* *(vt)*. ***2*** *(replicare)* versetzen *(vt)*, entgegnen *(vt)*.
ribellarsi *(vr)* ***1*** {~ *contro qcn/qcs*} gegen jmdn/etwas rebellieren *(vi*, hat*)*, sich gegen jmdn/etwas erheben* *(vr)*. ***2*** *(opporsi)* sich auf|lehnen *(vr)*.
ribelle[1] *(agg)* ***1*** aufständisch, rebellisch. ***2*** *(disubbidiente)* widerspenstig ♦ *capelli ribelli* widerspenstige Haare.
ribelle[2] *(m/f)* ~ Rebell *(m; f* -in*)*.
ribellione *(f)* ***1*** Rebellion *(f)*, Aufstand *(m)*. ***2*** *(opposizione)* Auflehnung *(f)*.
ribes *(m)* ~ *(bot)* Johannisbeere *(f)*.
ribollire *(vi)* ***1*** brodeln *(vi*, hat*)*. ***2*** *(fermentare)* gären* *(vi*, hat*)*. ***3*** *(fig)* kochen *(vi*, hat*)*.
ribrezzo *(m)* ~ Abscheu *(m)*, Ekel *(m)* ♦ *provare ribrezzo per qcs* vor etwas Ekel empfinden.
ributtante *(agg)* ~ eklig.
ributtare *(vt)* ~ *(rilanciare)* zurück|werfen* *(vt)*.
ricacciare *(vt)* ***1*** *(respingere)* zurück|schlagen* *(vt)*. ***2*** *(reprimere)* unterdrücken *(vt)* ♦ *ricacciare (indietro) le lacrime* die Tränen unterdrücken.
ricadere *(vi)* ***1*** *(scendere, cadere)* fallen* *(vi*, ist*)* ♦ *i capelli le ricadono fino alle spalle* die Haare fallen ihr bis auf die Schultern. ***2*** *(fig)* zurück|fallen* *(vi*, ist*)*,

verfallen* *(vi, ist)* ♦ *il sospetto ricadde su di lei* der Verdacht fiel auf sie zurück.
ricaduta *(f)* ~ Rückfall *(m) (anche med)*.
ricalcitrante *(agg)* ~ *vedi* **ricalcitrante**.
ricamare *(vt)* ~ sticken *(vt)*.
ricambiare *(vt)* ~ erwidern *(vt)*.
ricambio *(m)* ***1*** Austausch *(m)*. ***2*** *(sostituzione)* Ersatz *(m)*. ***3*** *(per penna)* Patrone *(f)*. ◆ **pezzo di ricambio** Ersatzteil *(n)*.
ricamo *(m)* ~ Sticken *(n)*.
ricattare *(vt)* ~ erpressen *(vt)*.
ricattatore *(m; f* **-trice***)* ~ Erpresser *(m; f* -in*)*.
ricatto *(m)* ~ Erpressung *(f)*.
ricavare *(vt)* ***1*** gewinnen* *(vt) (anche fig)*. ***2*** *(econ)* verdienen *(vt)*, erlösen *(vt)*.
ricavo *(m)* ~ Erlös *(m)*, Ertrag *(m)*.
ricchezza *(f)* ***1*** Reichtum *(m)* ♦ *accumulare ricchezze* Reichtümer sammeln. ***2*** *(pl) (patrimonio)* Schätze *(pl)*; *(beni)* Vermögen *(n)*.
riccio[1] *(agg)* ~ kraus, lockig ♦ *capelli ricci* krauses Haar.
riccio[2] *(m)* ***1*** *(zool)* Igel *(m)*. ***2*** *(mare)* Seeigel *(m)*. ***3*** *(castagna)* Schale *(f)*.
ricciolo *(m)* ~ Locke *(f)*.
riccioluto *(agg)* ~ lockig.
ricco[1] *(agg)* ***1*** reich ♦ *ricco di vitamine* reich an Vitamin. ***2*** *(abbondante)* reichlich, üppig. ***3*** *(prezioso)* wertvoll.
ricco[2] *(m; f* **-a***)* ~ Reiche(r) *(m/f)*.
ricerca *(f)* ***1*** Suche *(f)* ♦ *mettersi alla ricerca di qcn/qcs* sich *(Acc)* auf die Suche nach jmdm/etwas machen. ***2*** *(scientifica)* Erforschung, Forschung *(f)* ♦ *la ricerca delle cause* die Forschung nach den Ursachen. ***3*** *(indagine)* Untersuchung *(f)*. ***4*** *(della polizia)* Fahndung *(f)* ♦ *la ricerca dei colpevoli* die Fahndung nach den Tätern. ◆ **istituto di ricerca** Forschungsinstitut *(n)*.
ricercare *(vt)* ***1*** erforschen *(vt)*, forschen *(vi, hat)* ♦ *ricercare le cause* nach den Ursachen forschen. ***2*** *(fare ricerche)* forschen *(vi, hat)*. ***3*** *(malviventi, refurtiva, ecc)* fahnden *(vi, hat)* ♦ *la polizia ricerca i colpevoli* die Polizei fahndt nach den Tätern.
ricercato *(agg)* ~ ausgesucht, gewählt.
ricercatore *(m; f* **-trice***)* ~ Erforscher *(m; f* -in*)*, Forscher *(m; f* -in*)*.
ricetrasmittente *(f)* ~ CB-Funk *(m)*.
ricetta *(f)* ***1*** *(di cucina)* Kochrezept *(n)*, Gericht *(n)*. ***2*** *(med)* Rezept *(n)*, Verschreibung *(f)* ♦ *fare una ricetta a qcn* jmdm ein Rezept schreiben ♦ **da vendersi dietro presentazione di ricetta medica** rezeptpflichtig *(agg)*.
ricevente *(agg)* Empfang-. ◆ **apparecchio ricevente** Empfänger *(m)*.
ricevere *(vt)* ***1*** bekommen* *(vt)*, erhalten* *(vt)*; *(fam)* kriegen *(vt)* ♦ *ricevere posta, uno schiaffo* Post, eine Ohrfeige bekommen ♦ *ricevere qcs in prestito, per posta, in regalo* etwas geborgt, geschickt, geschenkt bekommen. ***2*** *(accogliere)* empfangen* *(vt)*, auf|nehmen* *(vt)* ♦ *ricevere qcn freddamente* jmdn kühl aufnehmen. ***3*** *(radio, tv)* empfangen* *(vt)*. ***4*** *(assol) (di medici, insegnanti, ecc)* Sprechstunde haben* *(vt)*.
ricevimento *(m)* ***1*** Erhalt *(m)* ♦ *pagabile dopo il ricevimento della merce* zahlbar nach Erhalt der Ware. ***2*** *(festa)* Empfang *(m)*.
ricevitore *(m)* ***1*** *(tel)* Hörer *(m)*, Muschel *(f)*. ***2*** *(radio, tv)* Empfangsgerät *(n)*.
ricevuta *(f)* ~ Quittung *(f)*; *(scontrino)* Beleg *(m)*.
ricezione *(f)* ~ *(radio, tv)* Empfang *(m)*.
richiamare *(vt)* ***1*** zurück|rufen* *(vt)* ♦ *richiamare qcs alla memoria* jmdm etwas ins Gedächtnis zurückrufen ♦ *ti richiamo più tardi* ich rufe dich später zurück. ***2*** *(da una carica)* ab|berufen* *(vt)*. ***3*** *(attirare)* an|locken *(vt)*. ***4*** *(rimproverare)* tadeln *(vt)*, ermahnen *(vt)*. ***5*** *(mil)* ein|berufen* *(vt)*. ◆ **richiamare qcn all'ordine** jmdn zur Ordnung rufen*.
richiamarsi *(vr)* ~ [~ *a qcs*] sich auf etwas berufen* *(vr)*.
richiamo *(m)* ***1*** Ruf *(m)* ♦ *richiamo all'ordine* Ruf zur Ordnung. ***2*** *(da una carica)* Abberufung *(f)*. ***3*** *(allettamento)* Verlockung *(f)*. ***4*** *(rimprovero)* Tadel *(m)*. ***5*** *(mil)* Einberufung *(f)*. ***6*** *(di uccello)* Vogelruf *(m)*. ***7*** *(per uccelli)* Lockruf *(m)*. ◆ **uccello da richiamo** Lockvogel *(m)*.
richiedere *(vt)* ***1*** *(esigere)* verlangen *(vt)*, fordern *(vt)*, erfordern *(vt)* ♦ *richiedere molto spazio, tempo* viel Platz, Zeit verlangen. ***2*** *(burocr)* beantragen *(vt)* ♦ *ri-*

chiedere un visto ein Visum beantragen. **3** *(dir)* {~ *qcs*} auf/für etwas *(Acc)* plädieren *(vi*, hat*)*.

richiesta *(f)* **1** Anfrage *(f)*, Bitte *(f)*, Wunsch *(m)* ♦ *ulteriori informazioni su richiesta* Näheres auf Anfrage ♦ *una richiesta d'aiuto* eine Bitte um Hilfe ♦ *su richiesta di qcn* auf Wunsch von jmdm. **2** *(pretesa)* Forderung *(f)*; Verlangen *(n)*. **3** *(burocr)* Antrag *(m)*. **4** *(comm)* Anfrage *(f)*.

richiesto *(agg)* **1** begehrt, gefragt. **2** *(necessario)* erforderlich ♦ *le conoscenze richieste* die erforderlichen Kenntnisse.

riciclabile *(agg)* ~ wieder verwertbar.

riciclaggio *(m)* ~ Verwertung *(f)*, Recycling *(n)*. ◆ **riciclaggio di denaro sporco** Geldwäsche *(f)*.

riciclare *(vt)* ~ recyceln *(vt)*, (wieder) verwerten *(vt)*.

ricognizione *(f)* ~ *(mil)* Erkundung *(f)*.

ricominciare *(vi/vt)* wieder an|fangen* *(vt/vi*, hat*)*, wieder beginnen* *(vt/vi*, hat*)*. ◆ **ricominciare da capo** von vorn, von neuem beginnen*.

ricompensa *(f)* ~ Belohnung *(f)*, Lohn *(m)* ♦ *come ricompensa* als/zur Belohnung.

ricompensare *(vt)* ~ belohnen *(vt)*.

ricomporre *(vt)* ~ *(liti e sim)* bei|legen *(vt)*.

ricomporsi *(vr)* ~ sich wieder fassen *(vr)*.

riconciliare *(vt)* ~ versöhnen *(vt)*, aus|söhnen *(vt)*.

riconciliarsi *(vr)* ~ sich versöhnen *(vr)*, sich aus|söhnen *(vr)*.

riconciliazione *(f)* ~ Versöhnung *(f)*.

ricondurre *(vt)* ~ zurück|führen *(vt)* *(anche fig)* ♦ *ricondurre qcs a qcs* etwas auf etwas *(Acc)* zurück|führen.

riconoscente *(agg)* ~ dankbar, erkenntlich.

riconoscenza *(f)* ~ Dankbarkeit *(f)*.

riconoscere *(vt)* **1** erkennen* *(vt)*; *(dopo tanto tempo)* wieder|erkennen* *(vt)* ♦ *l'ho riconosciuto dalla voce* ich habe ihn an der Stimme erkannt. **2** *(ammettere)* zu|geben* *(vt)*, ein|sehen* *(vt)* ♦ *riconoscere il proprio errore* seinen Fehler zugeben. **3** *(accettare)* an|erkennen* *(vt)* ♦ *riconoscere un diploma universitario, un figlio* ein Diplom, ein Kind anerkennen. **4** *(distinguere)* unterscheiden* *(vt)*. ◆ **non riconoscere** **1** *(mettere in discussione)* ab|sprechen* *(vt)* ♦ *non riconoscere a qcn un diritto, una capacità* jmdm ein Recht, eine Fähigkeit absprechen. **2** *(non ammettere)* verkennen* *(vt)*.

riconoscersi *(vr)* **1** {~ *in qcn/qcs*} sich mit jmdm/etwas identifizieren *(vr)*. **2** *(dichiararsi)* sich bekennen* *(vr)* ♦ *riconoscersi colpevole* sich schuldig bekennen.

riconoscibile *(agg)* ~ erkennbar.

riconoscimento *(m)* **1** Erkennung *(f)*. **2** *(ricompensa; ammissione)* Anerkennung *(f)*. ◆ **segno di riconoscimento** Erkennungszeichen *(n)*.

riconosciuto *(agg)* ~ *(valido)* anerkannt.

riconquista *(f)* ~ Zurückeroberung *(f)*; *(mil)* Wiedereroberung *(f)*.

riconquistare *(vt)* ~ zurück|erobern *(vt)*, wieder|erobern *(vt)*.

ricontare *(vt)* ~ nachzählen *(vt)*.

ricontrollare *(vt)* ~ nachprüfen *(vt)*.

riconversione *(f)* ~ Umstellung *(f)*.

ricopiare *(vt)* ~ ab|schreiben* *(vt)* ♦ *ricopiare degli appunti* Notizen abschreiben.

ricoprire *(vt)* **1** bedecken *(vt)*, decken *(vt)* *(anche fig)* ♦ *ricoprire qcn di baci* jmdn mit Küssen bedecken. **2** *(rivestire)* überziehen* *(vt)*, beziehen* *(vt)*. **3** *(una carica)* bekleiden *(vt)*.

ricordare *(vt)* **1** {~ *qcn/qcs*} sich an jmdn/etwas erinnern *(vr)*. **2** {~ *qcn/qcs a qcn*} jmdn an jmdn/etwas erinnern *(vt)*, jmdn wegen etwas mahnen *(vt)* ♦ *mi ricorda suo padre* er erinnert mich an seinen Vater. **3** *(menzionare)* erwähnen *(vt)* ♦ *come già ricordato* wie oben erwähnt.

ricordarsi *(vr)* ~ {~ *di qcn/qcs*} sich an jmdn/etwas erinnern *(vr)*.

ricordo *(m)* **1** Erinnerung *(f)* ♦ *il ricordo di questa cosa mi rattrista* die Erinnerung an diese Sache macht mich traurig. **2** *(oggetto)* Andenken *(n)* ♦ *questo libro è un ricordo* das Buch ist ein Andenken. ◆ **in ricordo di qcn/qcs** *(formula di dedica)* zur Erinnerung an jmdn/etwas. ◆ **per ricordo** zum Andenken.

ricorrente *(agg)* ~ wiederkehrend.

ricorrenza *(f)* ~ *(anniversario)* Jahrestag *(m)*.

ricorrere *(vi)* **1** {~ *a qcs*} zu etwas greifen* *(vt)*, auf etwas zurück|greifen* *(vi*, hat*)* ♦ *ricorrere a mezzi estremi* zum Äußersten greifen. **2** {~ *a qcn*} sich an jmdn wenden* *(vr)*. **3** *(nel tempo)* sich jähren *(vr)*, sein* *(vi*, ist*)*.

ricorso *(m)* **1** *(uso)* Anwendung *(f)*; Gebrauch *(m)* ♦ *fare ricorso a qcs* von etwas Gebrauch machen. **2** *(dir)* Einspruch *(m)*, Berufung *(f)* ♦ *fare ricorso contro qcs* gegen etwas Einspruch erheben/Berufung einlegen.

ricostituente *(m)* ~ Stärkungsmittel *(n)*.

ricostruire *(vt)* **1** wieder auf|bauen *(vt)*. **2** *(dedurre)* rekonstruieren *(vt)*.

ricostruzione *(f)* **1** *(edil)* Wiederaufbau *(m)*. **2** *(fig)* Rekonstruktion *(f)*.

ricotta *(f)* ~ Quark *(m)*.

ricoverare *(vt)* ~ ein|liefern *(vt)* ♦ *ricoverare qcn in ospedale* jmdn ins Krankenhaus einliefern.

ricoverato *(m; f* **-a***)* ~ Insasse *(m; f* Insassin*)*.

ricovero *(m)* **1** Einlieferung *(f)*, Unterbringung *(f)*. **2** *(ospizio)* Heim *(n)*.

ricreare *(vt)* ~ reproduzieren *(vt)*.

ricreazione *(f)* ~ Pause *(f)*.

ricreativo *(agg)* ~ erholend.

ricredersi *(vr)* ~ seine Meinung ändern *(vr)*.

ricucire *(vt)* **1** flicken *(vt)*; nähen *(vt)* *(anche med)*.

ricurvo *(agg)* ~ krumm.

ricusare *(vt)* ~ ab|lehnen *(vt)* *(anche dir)*.

ridacchiare *(vi)* ~ kichern *(vi*, hat*)*.

ridare *(vt)* ~ wieder|geben* *(vt)*, zurück|geben* *(vt)*.

ridente *(agg)* ~ lieblich, fröhlich.

ridere *(vi)* ~ lachen *(vi*, hat*)* ♦ *ridere di qcn/qcs* über jmdn/etwas lachen ♦ *non c'è niente da ridere* da gibt es nichts zu lachen ♦ *ridere di cuore* herzlich lachen. ◆ **da ridere** lächerlich. ◆ **sganasciarsi dal ridere** sich vor Lachen aus|schütten *(vr)*.

ridestare *(vt)* **1** wieder auf|wecken *(vt)*. **2** *(fig)* wieder wecken *(vt)*.

ridicolizzare *(vt)* ~ lächerlich machen *(vt)*.

ridicolo *(agg)* **1** lächerlich ♦ *rendersi ridicolo* sich lächerlich machen. **2** *(irrisorio)* lachhaft ♦ *un'offerta ridicola* ein lachhaftes Angebot.

ridimensionare *(vt)* **1** verkleinern *(vt)*. **2** *(aspettative e sim)* herunter|schrauben *(vt)*, zurück|schrauben *(vt)*.

ridire *(vi)* **1** *(ripetere)* wiederholen *(vt)*. **2** *(criticare)* aus|setzen *(vt)*, bemängeln *(vt)* ♦ *ha da ridire su tutto* sie hat an allem etwas zu bemängeln.

ridotto *(agg)* ~ reduziert, gekürzt; *(prezzo, tariffa, ecc)* ermäßigt ♦ *biglietto ridotto* ermäßigte Fahrkarte.

ridurre *(vt)* **1** *(diminuire)* reduzieren *(vt)*, kürzen *(vt)*, vermindern *(vt)*, verringern *(vt)* ♦ *ridurre la velocità* die Geschwindigkeit vermindern. **2** *(accorciare)* verkürzen *(vt)* ♦ *ridurre l'orario di lavoro* die Arbeitszeit verkürzen. **3** *(prezzi, tariffe, ecc)* ermäßigen *(vt)*. **4** *(limitare)* ein|schränken *(vt)*; *(potenza, ecc)* drosseln *(vt)*. **5** *(rimpicciolire)* verkleinern *(vt)*. **6** *(adattare)* um|arbeiten *(vt)*, bearbeiten *(vt)*. **7** *(posti di lavoro)* ab|bauen *(vt)*. **8** *(mat/chim)* reduzieren *(vt)*. ◆ **ridurre qcn al silenzio** jmdn zum Schweigen bringen*.

ridursi *(vr)* **1** *(deperire)* herunter|kommen* *(vi*, ist*)*. **2** *(diminuire)* sich vermindern *(vr)*, sich verringern *(vr)*, sich reduzieren *(vr)*. ◆ **ridursi in miseria** in Not geraten* *(vi*, ist*)*.

riduttivo *(agg)* ~ mindernd, einschränkend.

riduttore *(m)* ~ *(elettr)* Reduktor *(m)*.

riduzione *(f)* **1** Verringerung *(f)*, Kürzung *(f)* ♦ *riduzione dello stipendio* Gehaltskürzung. **2** *(accorciamento)* Verkürzung *(f)*. **3** *(rimpicciolimento)* Verkleinerung *(f)*. **4** *(sconto)* Ermäßigung *(f)*. **5** *(limitazione)* Einschränkung *(f)*; *(di potenza, ecc)* Drosselung *(f)*. **6** *(adattamento)* Bearbeitung *(f)*. **7** *(di posti di lavoro)* Abbau *(m)*. **8** *(calo)* Rückgang *(m)*.

riecheggiare *(vt)* ~ {~ *qcs*} an etwas *(Acc)* an|klingen* *(vi*, hat*)*.

riedizione *(f)* **1** Neuauflage *(f)*, Neuausgabe *(f)*. **2** *(teatr)* Wiederaufnahme *(f)*.

rieducare *(vt)* ~ um|erziehen *(vt)*; rehabilitieren *(vt)* *(anche med)*.

rieducazione *(f)* **1** Umerziehung *(f)*. **2** *(med)* Rehabilitation *(f)*.

rielaborare *(vt)* ~ überarbeiten *(vt)*, neu bearbeiten *(vt)*, um|arbeiten *(vt)*.

rielaborazione *(f)* ~ Neubearbeitung *(f)*, Überarbeitung *(f)*.

riempimento *(m)* ~ Füllung *(f)*.

riempire *(vt)* **1** füllen *(vt)*; *(fino all'orlo)* voll füllen *(vt)*. **2** *(compilare)* aus|füllen *(vt)* ♦ *riempire una tabella* eine Tabelle ausfüllen. ***3*** *(fig)* erfüllen *(vt)* ♦ *la sua visita mi riempì di gioia* sein Besuch erfüllte mich mit Freude.

riempirsi *(vr)* ***1*** {~ *di qcs*} sich mit etwas füllen *(vr)* ♦ *il teatro si riempì di spettatori* das Theater füllte sich mit Zuschauern. ***2*** *(mangiare troppo)* {~ *di qcs*} sich *(Dat)* mit etwas voll stopfen *(vt)*.

riempitivo *(m)* ~ Füllsel *(n)*.

rientrare *(vi)* ***1*** *(tornare)* zurück|kommen* *(vi,* ist*)*; *(a casa)* nach Hause kommen* *(vi,* ist*)*, heim|kommen* *(vi,* ist*)*. ***2*** *(presentare una rientranza)* zurück|springen* *(vi,* ist*)*. ***3*** {~ *in qcs*} unter etwas *(Acc)* fallen* *(vi,* ist*)*.

rientro *(m)* ***1*** Rückkehr; *(a casa)* Heimkehr *(f)*; *(viaggio di ritorno)* Heimreise *(f)*. ***2*** *(tipogr)* Einzug *(m)*.

riepilogare *(vt)* ~ zusammen|fassen *(vt)*.

riepilogo *(m)* ~ Zusammenfassung *(f)*.

riesame *(m)* ~ Nachprüfung *(f)*.

riesaminare *(vt)* ~ nach|prüfen *(vt)*.

riesumare *(vt)* ***1*** *(cadaveri)* exhumieren *(vt)*. ***2*** *(fig)* wieder aus|graben *(vt)*.

riesumazione *(f)* ~ Exhumierung *(f)*.

rifacimento *(m)* ***1*** *(edil)* Wiederaufbau *(m)*. ***2*** *(rielaborazione)* Neubearbeitung *(f)*.

rifare *(vt)* ***1*** *(ripetere)* wiederholen *(vt)*. ***2*** *(rimettere a nuovo)* erneuern *(vt)*. ***3*** *(imitare)* nach|ahmen *(vt)*, nach|machen *(vt)*. ***4*** *(rielaborare)* neu bearbeiten *(vt)*. ***5*** *(mettere in ordine)* auf|räumen *(vt)*; *(letto)* machen *(vt)*. ***6*** *(conti)* durch|rechnen *(vt)*.

rifarsi *(vr)* ***1*** *(recuperare)* auf|holen *(vi,* hat*)*. ***2*** *(riferirsi)* {~ *a qcn/qcs*} sich auf jmdn/etwas beziehen *(vr)*. ***3*** {~ *con qcn di qcs*} etwas an jmdm aus|lassen* *(vt)* ♦ *perché te la rifai sempre con me?* warum lässt du es immer an mir aus? ◆ **rifarsi vivo** sich wieder melden.

riferimento *(m)* ~ *(accenno)* Verweis *(m)*, Hinweis *(m)*. ◆ **punto di riferimento** Anhaltspunkt *(m)*. ◆ **in riferimento a** bezüglich *(+ Gen; al plurale + Dat, se il Gen non è marcato)*; in Bezug auf etwas *(Acc)*. ◆ **far riferimento a (qcn)/qcs** auf etwas *(Acc)* Bezug nehmen* *(vt)*, sich auf jmdn/etwas beziehen* *(vr)*.

riferire[1] *(vi)* ~ {~ *a qcn su qcs*} jmdm über jmdn/etwas Bericht erstatten *(vt)*, berichten *(vi,* hat*)*.

riferire[2] *(vt)* ***1*** berichten *(vt)*; *(discorsi di altri)* weiter|erzählen *(vt)*. ***2*** *(ricondurre)* etwas auf etwas *(Acc)* zurück|führen *(vt)*.

riferirsi *(vr)* ***1*** sich beziehen* *(vr)* ♦ *mi riferisco alla Sua ultima comunicazione* ich beziehe mich auf Ihre letzte Mitteilung. ***2*** *(intendere)* meinen *(vt)* ♦ *a quale film ti riferisci?* welchen Film meinst du? ♦ *non mi riferivo a te* ich habe dich nicht gemeint.

rifilare *(vt)* ***1*** *(tagliare)* beschneiden* *(vt)*. ***2*** *(affibbiare)* verpassen *(vt)* ♦ *gli ho rifilato uno schiaffo* ich habe ihm eine Ohrfeige verpasst.

rifinire *(vt)* ***1*** *(portare a termine)* vollenden *(vt)*. ***2*** *(ritoccare)* fein bearbeiten *(vt)*, nach|arbeiten *(vt)*.

rifinitura *(f)* ***1*** Nacharbeit *(f)*. ***2*** *(dotazione)* Ausstattung *(f)*. ***3*** *(decorazione)* Verzierung *(f)*. ◆ **dare l'ultima rifinitura** den letzten Schliff geben*.

rifiorire *(vi)* ~ *(fig)* auf|blühen *(vi,* ist*)*.

rifiutare *(vt)* ***1*** ab|lehnen *(vt)*, zurück|weisen* *(vt)* ♦ *rifiutare un'offerta* ein Angebot ablehnen. ***2*** *(negare)* verweigern *(vt)* ♦ *rifiutare un favore a qcn* jmdm eine Bitte abschlagen.

rifiutarsi *(vr)* ~ sich weigern *(vr)*.

rifiuto *(m)* ***1*** Ablehnung *(f)*; Verweigerung *(f)*, Weigerung *(f)*. ***2*** *(risposta negativa)* Absage *(f)* ♦ *ricevere un rifiuto* eine Absage bekommen. ***3*** *(pl)* Müll *(m)*, Abfall *(m)* ♦ *rifiuti tossici* Giftmüll *(m)*. ◆ **bidone per i rifiuti** Mülltonne *(f)*. ◆ **rifiuto della società** Abschaum *(m)*.

riflessione *(f)* ***1*** Überlegung *(f)*, Bedenken *(n)*. ***2*** *(considerazione)* Betrachtung *(f)*. ***3*** *(fis)* Reflexion *(f)*.

riflessivo *(agg)* ***1*** nachdenklich, besonnen. ***2*** *(gramm)* reflexiv.

riflesso *(m)* ***1*** Widerschein *(m)* ♦ *il riflesso del fuoco* der Widerschein des Feuers. ***2*** *(immagine riflessa)* Spiegelung *(f)*. ***3*** *(fig)* Folge *(f)*; *(effetto)* Niederschlag *(m)*. ***4*** *(med)* Reflex *(m)*.

riflettente *(agg)* ~ reflektierend.

riflettere[1] *(vi)* ~ {~ *su qcs*} über etwas *(Acc)* nach|denken* *(vi,* hat*)*, (sich) *(Dat)* etwas überlegen *(vt)* ♦ *riflettici bene!* überleg es dir gut! ♦ *ci rifletterò* ich werde es mir überlegen. ◆ **senza riflettere** ohne Überlegung *(f)*.

riflettere[2] *(vt)* ***1*** *(fis)* reflektieren *(vt)*. ***2*** *(rispecchiare)* zurück|werfen* *(vt)*, wider|spiegeln *(vt)*.

riflettersi *(vr)* ~ {~ *in qcs*} sich in etwas *(Acc)* wider|spiegeln *(vr)*.

riflettore *(m)* ~ Scheinwerfer *(m)*.

rifocillamento *(m)* ~ Stärkung *(f)*.

rifocillare *(vt)* ~ stärken *(vt)*.

rifocillarsi *(vr)* ~ sich stärken *(vr)*.

rifondere *(vt)* ~ *(risarcire)* ersetzen *(vt)*, vergüten *(vt)*.

riforma *(f)* ***1*** Reform *(f)*. ***2*** *(relig)* Reformation *(f)*.

riformare *(vt)* ~ reformieren *(vt)*.

riformatorio *(m)* ~ Jugendstrafanstalt *(f)*.

rifornimento *(m)* ~ Versorgung *(f)*. ◆ **fare rifornimento di benzina** tanken *(vi/vt*, hat*)*.

rifornire *(vt)* ***1*** versehen* *(vt)*, versorgen *(vt)*; *(negozi)* beliefern *(vt)*. ***2*** *(alimentare impianti)* speisen *(vt)*.

rifornirsi *(vr)* ~ {~ *di qcs*} sich mit etwas ein|decken *(vr)*.

rifrangere *(vt)* ~ *(fis)* brechen* *(vt)*.

rifrangersi *(vr)* ~ sich brechen* *(vr)*.

rifrazione *(vt)* ~ Brechung *(f)*.

rifuggire *(vi/vt)* ~ scheuen *(vt)*, meiden* *(vt)*.

rifugiarsi *(vr)* ~ sich flüchten *(vr)*.

rifugiato *(m; f* **-a***)* ~ Flüchtling *(m)*. ◆ **rifugiato politico** Asylant *(m; f* -in*)*, politischer Flüchtling *(m)*.

rifugio *(m)* ***1*** Zuflucht *(f)*, Unterschlupf *(m)*. ***2*** *(mil)* Bunker *(m)*. ***3*** *(baita)* Hütte *(f)*.

riga *(f)* ***1*** Linie *(f)*, Strich *(m)*. ***2*** *(su stoffa)* Streifen *(m)*. ***3*** *(di scrittura)* Zeile *(f)* ♦ *scrivere due righe a qcn* jmdm ein paar Zeilen schreiben ♦ *leggere (qcs) fra le righe* (etwas) zwischen den Zeilen lesen. ◆ **rompere le righe** *(mil)* weg|treten* *(vi*, ist*)*.

rigagnolo *(m)* ***1*** *(per strada)* Rinnsal *(n)*. ***2*** *(ruscelletto)* Bächlein *(n)*.

rigare *(vt)* ***1*** *(graffiare)* ritzen *(vt)*. ***2*** *(solcare)* rinnen* *(vi*, ist*)*. ◆ **rigare diritto** spuren *(vi*, hat*)*.

rigattiere *(m; f* **-a***)* ~ Trödler *(m; f* -in*)*; *(negozio)* Trödelladen *(m)*.

rigettare *(vt)* ***1*** *(rifiutare)* ab|lehnen *(vt)*. ***2*** *(vomitare)* erbrechen* *(vt)*; *(assol)* sich übergeben* *(vr)*.

rigetto *(m)* ***1*** *(med)* Abstoßung *(f)*. ***2*** *(rifiuto)* Ablehnung *(f)*.

righello *(m)* ~ Lineal *(n)*.

rigidezza *(f)* ***1*** *(fis)* Festigkeit *(f)*. ***2*** *(severità)* Starrheit *(f)*, Strenge *(f)*.

rigidità *(f)* ***1*** *(del clima)* Rauheit *(f)*, Strenge *(f)*. ***2*** *(med)* Steifheit *(f)*. ***3*** *(severità)* Strenge *(f)*. ***4*** *(econ)* Starrheit *(f)*.

rigido *(agg)* ***1*** steif, starr ♦ *una rigida gerarchia* eine starre Hierarchie. ***2*** *(clima)* rau, streng, hart. ***3*** *(severo)* streng. ***4*** *(econ)* starr.

rigirare *(vt)* ***1*** *(rivoltare)* schwenken *(vt)*. ***2*** *(fig)* {~ qcs} etwas *(Dat)* eine andere Wendung geben* ♦ *rigirare il discorso* dem Gespräch eine andere Wendung geben.

rigo *(m)* ***1*** *(di scrittura)* Zeile *(f)*. ***2*** *(musicale)* Notenlinie *(f)*.

rigoglio *(m)* ~ Üppigkeit *(f)*.

rigoglioso *(agg)* ***1*** üppig. ***2*** *(fig)* blühend.

rigonfiamento *(m)* ~ Schwellung *(f)*.

rigonfio *(agg)* ~ geschwollen, angeschwollen.

rigore *(m)* ***1*** *(del clima)* Rauheit *(f)*, Strenge *(f)*. ***2*** *(inflessibilità)* Strenge *(f)*, Härte *(f)*. ***3*** *(precisione)* Strenge *(f)*, Genauigkeit *(f)*. ***4*** *(sport)* Elfmeter *(m)*. ◆ **a rigor di logica** logischerweise *(avv)*.

rigoroso *(agg)* ***1*** streng. ***2*** *(preciso)* genau. ***3*** *(conseguente)* folgerichtig.

rigovernare *(vt)* ~ spülen *(vt)*.

rigovernatura *(f)* ~ Spülen *(n)*.

riguadagnare *(vt)* ~ *(tempo)* (wieder) ein|holen *(vt)*.

riguardante *(agg)* ~ betreffend.

riguardare *(vt)* ***1*** *(rivedere)* durch|sehen* *(vt)*; *(conti)* durch|rechnen *(vt)*. ***2*** *(concernere)* betreffen* *(vt)*, an|gehen* *(vt)* ♦ *per quanto mi riguarda* was mich betrifft ♦ *per quanto riguarda la tua domanda* was deine Frage angeht.

riguardarsi *(vr)* ~ sich schonen *(vr)*.

riguardo *(m)* ***1*** *(rispetto)* Rücksicht *(f)* ♦ *avere riguardo di qcn/qcs* auf jmdn/etwas Rücksicht nehmen ♦ *per riguardo* aus Rücksicht. ***2*** *(cura)* Schonung *(f)* ♦ *trat-*

tare qcn/qcs con riguardo jmdn/etwas mit Schonung behandeln. ◆ **mancanza di riguardo** Rücksichtslosigkeit *(f)*. ◆ **riguardo a qcs** in Hinsicht/in Bezug auf etwas *(Acc)*; hinsichtlich *(prep + Gen)*, bezüglich *(prep + Gen; al plurale + Dat, se il Gen non è marcato)* ♦ *riguardo alla sua proposta* hinsichtlich Ihres Vorschlags ♦ *riguardo alla Sua offerta* bezüglich Ihres Angebotes.

riguardoso *(agg)* ~ rücksichtsvoll, respektvoll, diskret.

rilanciare *(vt)* ***1*** *(dare nuovo impulso)* wieder|beleben *(vt)*. ***2*** *(nelle carte)* erhöhen *(vt)*.

rilancio *(m)* ***1*** *(econ)* Aufschwung *(m)*. ***2*** *(rinascita)* Wiederbelebung *(f)*. ***3*** *(sport)* Abwurf *(m)*. ***4*** *(nelle carte)* Erhöhung *(f)*.

rilasciare *(vt)* ***1*** *(documenti e sim)* aus|stellen *(vt)*. ***2*** *(liberare)* frei|lassen* *(vt)*. ***3*** *(membra)* entspannen *(vt)*. ***4*** *(dichiarazione)* ab|geben* *(vt)*.

rilascio *(m)* ***1*** *(di documenti e sim)* Ausstellung *(f)*. ***2*** *(liberazione)* Freilassung *(f)*. ***3*** *(di una dichiarazione)* Abgabe *(f)*.

rilassamento *(m)* ***1*** Entspannung *(f)*. ***2*** *(fig)* Lockerung *(f)*.

rilassante *(agg)* ~ entspannend.

rilassare *(vt)* ~ entspannen *(vt)*, lockern *(vt)*.

rilassarsi *(vr)* ***1*** sich entspannen. ***2*** *(fig)* sich lockern *(vr)*.

rilassato *(agg)* ~ entspannt, locker.

rilegare *(vt)* ~ binden* *(vt)*.

rilegatore *(m; f* **-trice***)* ~ Buchbinder *(m; f* -in*)*.

rilegatura *(f)* ~ Einband *(m)*.

rileggere *(vt)* ***1*** noch mal lesen* *(vt)*. ***2*** *(rivedere)* durch|lesen* *(vt)*.

rilevamento *(m)* ***1*** *(di attività commerciali)* Übernahme *(f)*. ***2*** *(di dati)* Erhebung *(f)*.

rilevante *(agg)* ~ relevant.

rilevanza *(f)* ~ Bedeutung *(f)*.

rilevare *(vt)* ***1*** *(osservare)* fest|stellen *(vt)*. ***2*** *(attività commerciali)* übernehmen* *(vt)*. ***3*** *(dati)* erheben* *(vt)*.

rilievo *(m)* ***1*** *(geogr)* Höhe *(f)*, Erhebung *(f)*. ***2*** *(osservazione)* Feststellung *(f)*. ***3*** *(arte)* Relief *(n)*. ◆ **mettere in rilievo** heraus|heben* *(vt)*, hervor|heben* *(vt)*.

rilucere *(vi)* ~ glänzen *(vi*, hat*)*.

riluttante *(agg)* ~ widerwillig, widerstrebend.

riluttanza *(f)* ~ Widerwille *(m)*.

rima *(f)* ***1*** Reim *(m)*. ***2*** *(pl) (estens)* Verse *(pl)*. ◆ **fare rima con qcs** sich auf etwas *(Acc)* reimen *(vr)*.

rimandare *(vt)* ***1*** *(indietro)* zurück|schicken *(vt)*. ***2*** *(rinviare)* auf|schieben* *(vt)*, verschieben* *(vt)* ♦ *abbiamo rinviato l'appuntamento al 10 marzo* wir haben den Termin auf den 10. März verschoben. ***3*** *(fare riferimento)* {~ *a qcs*} auf etwas *(Acc)* verweisen* *(vt)*.

rimando *(m)* ~ *(in un testo)* Verweis *(m)*.

rimaneggiare *(vt)* ~ um|arbeiten *(vt)*.

rimanente *(agg)* ~ übrig, restlich.

rimanenza *(f)* ***1*** Rest *(m)*. ***2*** *(comm)* Restposten *(m)*.

rimanere *(vi)* ***1*** bleiben* *(vi*, ist*)* ♦ *rimanere sveglio* wach bleiben ♦ *non mi rimane altra scelta* mir bleibt keine andere Wahl. ***2*** *(avanzare)* übrig bleiben* *(vi*, ist*)* ♦ *non mi rimase altro che accettare* es blieb mir nichts anderes übrig, als zu akzeptieren. ◆ **rimanere (d'accordo)** verbleiben* *(vi*, ist*)* ♦ *come siete rimasti?* wie seid ihr verblieben? ◆ **rimanerci male** enttäuscht sein*.

rimare *(vi/vt)* ~ reimen *(vi/vt*, hat*)*.

rimarginarsi *(vr)* ~ *(med)* verheilen *(vi*, ist*)*.

rimbalzare *(vi)* ~ ab|prallen *(vi*, ist*)*; *(indietro)* zurück|prallen *(vi*, ist*)*.

rimbalzo *(m)* ~ Abprall *(m)*.

rimboccare *(vt)* ~ um|krempeln *(vt)*, auf|krempeln *(vt)*.

rimboccarsi *(vr)* ~ sich *(Dat)* um|krempeln *(vt)* ♦ *rimboccarsi le maniche* sich *(Dat)* die Ärmel umkrempeln.

rimbombare *(vt)* ~ dröhnen *(vi*, hat*)*, hallen *(vi*, hat*)*.

rimborsare *(vt)* ***1*** zurück|zahlen *(vt)*. ***2*** *(risarcire)* zurück|erstatten *(vt)*, vergüten *(vt)*.

rimborso *(m)* ~ Erstattung, Rückerstattung *(f)* ♦ *rimborso spese* Kostenerstattung.

rimediare[1] *(vi)* ~ { ~ *a qcs*} etwas *(Dat)* ab|helfen* *(vi*, hat*)*; etwas (wieder) gut|machen *(vt)* ♦ *come posso rimediare?* wie kann ich das wieder gutmachen?

rimediare[2] *(vt)* ***1*** (wieder) gut|machen *(vt)*. ***2*** *(fam) (procurarsi)* sich *(Dat)* beschaffen *(vt)*.

rimedio *(m)* ***1*** Abhilfe *(f)* ♦ *porre rimedio a qcs* gegen etwas Abhilfe schaffen. ***2*** *(med)* Heilmittel *(n)*.

rimessa *(f)* ***1*** *(capannone)* Schuppen *(m)*. ***2*** *(perdita)* Verlust *(m)*. ***3*** *(invio)* Lieferung *(f)*; *(di denaro)* Überweisung *(f)*.

rimettere *(vt)* ***1*** *(affidare)* an|vertrauen *(vt)*; *(demandare)* überlassen* *(vt)*. ***2*** *(condonare)* erlassen* *(vt)*. ***3*** *(vomitare) (assol)* sich übergeben* *(vr)*. ***4*** *(inviare)* senden*; *(denaro)* überweisen* *(vt)*. ◆ **rimettere in ordine** (wieder) in Ordnung bringen* *(vt)*. ◆ **rimettere qcs al suo posto** zurecht|stellen, zurück|legen *(vt)*. ◆ **rimetterci** verlieren* *(vt)*, ein|büßen *(vt)*; *(denaro)* drauf|zahlen *(vt)*.

rimettersi *(vr)* ***1*** {~ *da qcs*} sich von etwas erholen *(vr)*. ***2*** {~ *a qcn*} sich jmdm an|vertrauen *(vr)*.

rimirare *(vt)* ~ betrachten *(vt)*.

rimirarsi *(vr)* ~ sich betrachten *(vr)*. ◆ **rimirarsi allo specchio** sich im Spiegel besehen* *(vr)*.

rimmel *(m)* ~ Wimperntusche *(f)*.

rimodernare *(vt)* ~ erneuern *(vt)*, auf|frischen *(vt)*.

rimontare *(vt)* ~ *(svantaggio, ritardo, ecc)* auf|holen *(vt)*.

rimorchiare *(vt)* ~ ab|schleppen *(vt)* ♦ *rimorchiare un'auto* ein Auto abschleppen.

rimorchiatore *(m)* ~ *(naut)* Schlepper *(m)*.

rimorchio *(m)* ~ Anhänger *(m)*.

rimorso *(m)* ~ Reue *(f)*, Gewissensbiss *(m)* ♦ *provare rimorso per qcs* Reue über etwas *(Acc)* empfinden/fühlen.

rimostranza *(f)* ~ Vorhaltung *(f)*, Einwand *(m)*.

rimozione *(f)* ***1*** Entfernung *(f)*, Beseitigung *(f)*. ***2*** *(esonero da una carica)* Suspension *(f)*, Absetzung *(f)*. ***3*** *(psicol)* Verdrängung *(f)*.

rimpatriare[1] *(vi)* ~ heim|kehren *(vi*, ist*)*, in die Heimat zurück|kehren *(vi*, ist*)*.

rimpatriare[2] *(vt)* ~ in die Heimat zurück|schicken *(vt)*.

rimpatrio *(m)* ~ Heimkehr *(f)*.

rimpiangere *(vt)* ***1*** {~ *qcs/qcn*} jmdm/etwas nach|trauern *(vi*, hat*)* ♦ *non rimpiango i vecchi tempi* ich trauere den alten Zeiten nicht nach. ***2*** *(pentirsi)* bereuen *(vt)*.

rimpiazzare *(vt)* ~ ersetzen *(vt)*.

rimpicciolire *(vt)* ~ verkleinern *(vt)*, klein machen *(vt)*.

rimpicciolirsi *(vr)* ~ sich verkleinern *(vr)*.

rimpinzarsi *(vr)* ~ sich satt essen* *(vt)*.

rimproverare *(vt)* ***1*** tadeln *(vt)* ♦ *l'ha rimproverato aspramente per il suo comportamento* er hat ihn wegen seines Verhaltens scharf getadelt. ***2*** *(rinfacciare)* {~ *qcs a qcn*} jmdm etwas vor|werfen* *(vt)*, jmdm Vorwürfe machen *(vt)*.

rimprovero *(m)* ~ Vorwurf *(m)*, Tadel *(m)*. ◆ **di rimprovero** vorwurfsvoll *(agg)*

rimuginare *(vi)* ~ {~ *su qcs* } über etwas *(Dat)* brüten *(vi*, hat*)*; über etwas *(Acc)* grübeln *(vi*, hat*)*.

rimuginare *(vt)* ~ brüten *(vt)*.

rimunerare *(e derivati)* ~ *vedi* **remunerare** *(e derivati)*.

rimuovere *(vt)* ***1*** beseitigen *(vt)*, entfernen *(vt)*. ***2*** *(da incarichi e sim)* ab|setzen *(vt)*, entfernen *(vt)*. ***3*** *(psicol)* verdrängen *(vt)*. ***4*** *(auto)* ab|schleppen *(vt)* ♦ *rimuovere un'auto (in divieto di sosta)* ein Auto abschleppen.

rinascere *(vi)* ~ *(fig)* wieder auf|leben.

rinascimento *(m)* ~ *(arte)* Renaissance *(f)*.

rinascita *(f)* ***1*** Wiedergeburt *(f)*. ***2*** *(fig)* Renaissance *(f)*; *(rilancio)* Wiederbelebung *(f)*.

rinato *(agg)* ~ neugeboren.

rincalzo *(m)* ~ Stutze *(f)*.

rincarare[1] *(vi)* ~ sich verteuern *(vr)*, sich erhöhen *(vr)*.

rincarare[2] *(vt)* ~ verteuern *(vt)*, erhöhen *(vt)*.

rincaro *(m)* ~ Teuerung *(f)*, Erhöhung *(f)*.

rincasare *(vi)* ~ nach Hause kommen* *(vi*, ist*)*.

rinchiudere *(vt)* ~ ein|schließen* *(vt)*, ein|sperren *(vt)*.

rinchiudersi *(vr)* ~ sich ein|sperren *(vr)*.

rincorsa *(f)* ~ Anlauf *(m)*.

rincrescere *(vi)* ~ {~ *a qcn*} jmdm Leid tut *(impers)* ♦ *mi rincresce di non poter venire* es tut mir Leid, dass ich nicht kommen kann.

rincrescimento *(m)* ~ Bedauern *(n)* ♦ *con mio grande rincrescimento* zu meinem großen Bedauern.

rinculo *(m)* ~ Rückschlag *(m)*.
rinfacciare *(vt)* ~ vor|werfen* *(vt)*, vor|halten* *(vt)*.
rinforzare *(vt)* ~ befestigen *(vt)*, verstärken *(vt)*.
rinforzarsi *(vr)* ~ sich verstärken *(vr)*, sich stärken *(vr)*.
rinforzo *(m)* ~ Verstärkung *(f)*.
rinfrescante *(agg)* ~ erfrischend.
rinfrescare[1] *(vi)* ~ kühler werden* *(vi, ist)*.
rinfrescare[2] *(vt)* ***1*** erfrischen; *(mettere in fresco)* kühlen *(vi, hat)*. ***2*** *(fig)* auf|frischen *(vt)* ♦ *devo rinfrescare le mie conoscenze di tedesco* ich muss meine Deutschkenntnisse auffrischen.
rinfrescarsi *(vr)* ~ sich erfrischen *(vr)*.
rinfrescata *(f)* ***1*** Erfrischung *(f)*. ***2*** *(fig)* Auffrischung *(f)*.
rinfresco *(m)* ~ Büfett *(n)*, Empfang *(m)*.
ring *(m)* ~ *(sport)* Matte *(f)*, Ring *(m)*.
ringhiare *(vi)* ~ knurren *(vi, hat)*.
ringhiera *(f)* ~ Geländer *(n)*.
ringiovanire *(vi)* ~ sich verjüngen *(vr)*.
ringiovanire *(vt)* ~ jünger machen *(vt)*, verjüngen *(vt)*.
ringiovanito *(agg)* ~ verjüngt.
ringraziamento *(m)* ~ Dank *(m)*.
ringraziare *(vt)* ~ {~ *qcn (per qcs)*} jmdm (für etwas) danken *(vi, hat)*; sich bei jmdm (für etwas) bedanken *(vr)* ♦ *La ringrazio anticipatamente per la Sua risposta* ich bedanke mich im Voraus für Ihre Antwort.
rinnegare *(vt)* ~ verleugnen *(vt)*.
rinnovamento *(m)* ~ Erneuerung *(f)*.
rinnovare *(vt)* ~ erneuern *(vt)*; *(rimodernare)* auf|frischen *(vt)*.
rinnovato *(agg)* ~ erneut, neu.
rinnovo *(m)* ~ Erneuerung *(f)*.
rinoceronte *(m)* ~ *(zool)* Nashorn *(n)*, Rhinozeros *(n)*.
rinomato *(agg)* ~ berühmt, namhaft.
rinsaldare *(vt)* ~ festigen *(vt)*, stärken *(vt)*.
rinsavire *(vi)* ~ wieder zu Verstand kommen* *(vi, ist)*.
rintanarsi *(vr)* ~ sich verkriechen* *(vr)*.
rintoccare *(vi)* ~ an|schlagen* *(vi, hat)*.
rintocco *(m)* ~ Schlag *(m)*; *(di campane)* Glockenschlag *(m)*.
rintracciabile *(agg)* ~ auffindbar; *(al telefono)* erreichbar.
rintracciare *(vt)* ~ auf|finden* *(vt)*; *(al telefono)* erreichen *(vt)* ♦ *mi può rintracciare a questo numero* Sie können mich unter dieser Nummer erreichen.
rinuncia *(f)* ~ Verzicht *(m)*, Aufgabe *(f)*.
rinunciare *(vi)* ~ verzichten *(vi, hat)* ♦ *non poter rinunciare a qcn/qcs* auf jmdn/etwas nicht verzichten können.
rinvenimento *(m)* ~ *(ritrovamento)* Auffindung *(f)*, Entdeckung *(f)*, Fund *(m)*.
rinvenire[1] *(vi)* ***1*** wieder zu sich kommen *(vi, ist)*. ***2*** *(di legumi)* quellen* *(vi, ist)*.
rinvenire[2] *(vt)* ~ *(trovare)* auf|finden* *(vt)*, entdecken *(vt)*.
rinviare *(vt)* ~ *vedi* **rimandare**.
rinvigorirsi *(vr)* ~ erstarken *(vi, ist)* *(anche fig)*.
rinvio *(vt)* ***1*** Verschiebung *(f)*, Aufschub *(m)*; *(aggiornamento)* Vertagung *(f)*. ***2*** *(in un testo)* Verweis *(m)*.
rione *(m)* ~ Stadtviertel *(n)*.
riordinare *(vt)* ~ auf|räumen *(vt)* ♦ *riordinare una stanza* ein Zimmer aufräumen.
riottoso *(agg)* ~ widersetzlich.
ripagare *(vt)* ***1*** *(ricompensare)* vergelten* *(vt)*, belohnen *(vt)* ♦ *ripagare il male con il male* Böses mit Bösem vergelten. ***3*** *(risarcire)* entschädigen *(vt)*.
riparare *(vt)* ***1*** reparieren *(vt)*, aus|bessern *(vt)*. ***2*** *(proteggere)* {~ *qcn/qcs da qcs*} jmdn/etwas vor etwas schützen *(vt)*. ***3*** *(fig)* (wieder) gut|machen *(vt)* ♦ *riparare un torto* ein Unrecht (wieder) gutmachen.
ripararsi *(vr)* ~ {~ *da qcs*} sich gegen etwas schützen *(vr)*.
riparazione *(f)* ***1*** Reparatur *(f)*. ***2*** *(risarcimento)* Wiedergutmachung *(f)*.
riparo *(m)* ***1*** Schutz *(m)* ♦ *il muro offre riparo dal vento* die Mauer bietet Schutz vor dem Wind/gegen den Wind. ***2*** *(rifugio)* Unterschlupf *(m)* ♦ *trovare riparo presso qcn* bei jmdm Unterschlupf finden.
ripartire[1] *(vi)* ~ weiter|fahren* *(vi, ist)*.
ripartire[2] *(vt)* ***1*** *(distribuire)* verteilen *(vt)* *(anche econ)*. ***2*** *(suddividere)* ein|teilen *(vt)*.
ripartizione *(f)* ***1*** *(distribuzione)* Verteilung *(f)* *(anche econ)*. ***2*** *(suddivisione)* Einteilung *(f)*.

ripassare[1] *(vi)* ~ *(ritornare)* wieder vorbei|kommen* *(vi,* ist*)*, zurück|kehren *(vi,* ist*)*.
ripassare[2] *(vt)* **1** *(contorni e sim)* nach|ziehen* *(vt)*. **2** *(ripetere, rivedere)* wiederholen *(vt)* ♦ *devo ripassare i vocaboli* ich muss die Vokabeln wiederholen.
ripensare *(vi)* **1** {~ *a qcn/qcs*} an jmdn/etwas zurück|denken* *(vi,* hat*)*. **2** *(riflettere)* {~ *su qcs*} über etwas *(Acc)* nach|denken* *(vi,* hat*)*. ◆ **ripensarci** sich *(Dat)* etwas anders überlegen ♦ *ci ho ripensato* ich habe es mir anders überlegt.
ripercuotersi *(vr)* **1** {~ *su qcn/qcs*} sich auf jmdn/etwas aus|wirken *(vr)*. **2** *(suoni)* wider|hallen *(vi,* hat*)*.
ripercussione *(f)* **1** Auswirkung *(f)*. **2** *(di suoni)* Widerhall *(m)*.
ripetere *(vt)* ~ wiederholen *(vt)* ♦ *potresti ripetere?* könntest du mal wiederholen? ♦ *ripetere l'anno (a scuola)* die Klasse wiederholen.
ripetersi *(vr)* ~ sich wiederholen *(vr)*.
ripetitivo *(agg)* ~ eintönig.
ripetizione *(f)* **1** Wiederholung *(f)*. **2** *(lezione privata)* Nachhilfestunde *(f)*.
ripetuto *(agg)* ~ wiederholt.
ripiano *(m)* ~ *(di mobile)* Fach *(n)*.
ripido *(agg)* ~ steil, schroff.
ripiegare[1] *(vi)* **1** {~ *su qcs*} auf etwas *(Acc)* aus|weichen* *(vi,* ist*)*. **2** *(retrocedere)* zurück|weichen* *(vi,* ist*)*.
ripiegare[2] *(vt)* ~ zusammen|legen *(vt)*, zusammen|falten *(vt)*.
ripiego *(m)* ~ Ausweg *(m)*.
ripieno *(vi)* **1** Füllung *(f)*. **2** *(gastr)* Farce *(f)*.
riporre *(vt)* **1** *(conservare)* ab|stellen *(vt)* ♦ *riporre delle vecchie cose in cantina* alte Sachen im Keller abstellen. **2** *(speranza, fiducia)* {~ *in qcn/qcs*} in jmdn/auf etwas setzen *(vt)*.
riportare *(vt)* **1** *(indietro)* zurück|bringen* *(vt)*, wieder|bringen* *(vt)* ♦ *quando mi riporti il mio libro?* wann bringst du mir mein Buch zurück? **2** *(danni, ferite, ecc)* ab|bekommen*, davon|tragen* *(vt)*. **3** *(riferire)* berichten *(vt)*.
riporto *(m)* ~ *(comm/mat)* Übertrag *(m)*.
riposante *(agg)* ~ erholsam.
riposare[1] *(vi)* **1** sich aus|ruhen *(vr)*. **2** *(essere sepolto)* ruhen *(vi,* hat*)* ♦ *riposare in pace* in Frieden ruhen. ◆ **riposare sugli allori** sich auf seinen Lorbeeren aus|ruhen.
riposare[2] *(vt)* ~ aus|ruhen *(vt)* ♦ *riposare le gambe* die Beine ausruhen.
riposarsi *(vr)* **1** sich aus|ruhen *(vr)*. **2** *(rilassarsi)* sich erholen *(vr)*.
riposo *(m)* **1** Ruhe *(n)*. **2** *(relax)* Erholung *(f)*. ◆ **giorno di riposo settimanale** Ruhetag *(m)*. ◆ **casa di riposo** Wohnheim *(n)*.
ripostiglio *(m)* ~ Abstellraum *(m)*.
riprendere[1] *(vi)* **1** wieder an|fangen* *(vi,* hat*)*. **2** *(dopo un'interruzione)* fort|fahren* *(vi,* hat*)* ♦ *riprenda (a parlare), prego* fahren Sie bitte fort (zu reden).
riprendere[2] *(vt)* **1** *(prendere indietro)* zurück|nehmen* *(vt)*. **2** *(ricominciare)* wieder|aufnehmen* *(vt)*. **3** *(rimproverare)* tadeln *(vt)*. **4** *(filmare)* auf|nehmen* *(vt)*. **5** *(distacco, ritardo)* auf|holen *(vt)*.
riprendersi *(vr)* **1** {~ *da qcs*} sich von etwas erholen *(vr)*. **2** *(calmarsi, ricomporsi)* sich fassen *(vr)*.
ripresa *(f)* **1** Wiederaufnahme *(f)* ♦ *la ripresa delle trattative* die Wiederaufnahme der Verhandlungen. **2** *(econ)* Wirtschaftsaufschwung *(m)*, Erholung *(f)*. **4** *(video)* Aufnahme *(f)*. **5** *(sport)* zweite Halbzeit *(f)*.
ripristinare *(vt)* ~ *(ristabilire)* wieder|herstellen *(vt)*.
ripristino *(m)* ~ Wiederherstellung *(f)*.
riprodurre *(vt)* **1** reproduzieren *(vt)*; *(su un modello)* nach|bilden *(vt)*. **2** *(rappresentare)* dar|stellen *(vt)*. **3** *(suoni)* wieder|geben* *(vt)*.
riprodursi *(vr)* **1** *(biol)* sich reproduzieren *(vr)*. **2** *(moltiplicarsi)* sich fort|pflanzen *(vr)*, sich vermehren *(vr)*.
riproduzione *(f)* **1** *(biol)* Fortpflanzung *(f)*, Reproduktion *(f)*. **2** *(copia)* Imitation *(f)*, *(su un modello)* Nachbildung *(f)*. **3** *(di suoni)* Wiedergabe *(f)*.
riprovare[1] *(vi)* ~ noch einmal/wieder versuchen *(vi,* hat*)*.
riprovare[2] *(vt)* **1** wieder versuchen *(vt)*. **2** *(lett) (biasimare)* missbilligen *(vt)*.
riprovazione *(f)* ~ Missbilligung *(f)*, Verwerfung *(f)*.
riprovevole *(agg)* ~ verwerflich, abscheulich.

ripudiare *(vt)* ***1*** *(persone)* verstoßen* *(vt)*. ***2*** *(cose)* verleugnen *(vt)*.
ripugnante *(agg)* ~ widerlich, widerwärtig.
ripugnare *(vi)* ~ widerstehen *(vi*, hat*)* ♦ *mi ripugna parlare con lui* es widersteht mir, mit ihm zu sprechen.
ripulire *(vt)* ~ (wieder) säubern *(vt)*.
riquadro *(m)* ~ Feld *(n)*.
risalire *(vi)* ***1*** *(riandare)* zurück|gehen* *(vi*, ist*)* ♦ *risalire alle fonti* auf die Quellen zurückgehen. ***2*** *(avere origine)* zurück|liegen* *(vi*, hat*)*, zurück|gehen* *(vi*, ist*)* ♦ *il fatto risale a più di tre giorni fa* das Ereignis liegt mehr als drei Tage zurück.
risaltare *(vi)* ~ hervor|treten* *(vi*, ist*)*, sich ab|heben* *(vr)*.
risalto *(m)* ~ Hervorhebung *(f)*. ◆ **mettere in risalto** hervor|heben* *(vt)*.
risanamento *(m)* ~ Sanierung *(f)*.
risanare *(vt)* ~ sanieren *(vt) (anche econ)*.
risaputo *(agg)* ~ bekannt.
risarcimento *(m)* ~ *(indennizzo)* Entschädigung *(f)*, Ersatz *(m)* ♦ *richiedere un risarcimento per qcs* Ersatz für etwas beantragen/fordern ♦ *risarcimento danni* Schadenersatz.
risarcire *(vt)* ~ entschädigen *(vt)*.
risata *(f)* ~ Gelächter *(n)*, Lachen *(n)*.
riscaldamento *(m)* ~ Heizung *(f)* ♦ *riscaldamento centralizzato* Zentralheizung. ◆ **impianto di riscaldamento** Heizanlage *(f)*.
riscaldare[1] *(vi)* ~ heizen *(vi*, hat*)*.
riscaldare[2] *(vt)* ***1*** erwärmen *(vt)*, wärmen *(vt)*. ***2*** *(cibi o bevande)* auf|wärmen *(vt)*. ***3*** *(ambienti)* heizen *(vt)*, ein|heizen *(vt)*. ***4*** *(fig)* erhitzen *(vt)*.
riscaldarsi *(vr)* ***1*** sich wärmen *(vr)* ♦ *riscaldarsi le mani alla stufa* sich *(Dat)* die Hände am Ofen wärmen. ***2*** *(sport)* sich auf|wärmen *(vr)*. ***3*** *(fig)* sich erhitzen *(vr)*.
riscattare *(vt)* ***1*** *(ostaggi e sim)* los|kaufen *(vt)*, aus|lösen *(vt)*. ***2*** *(pegni)* ein|lösen *(vt)*, aus|lösen *(vt)*.
riscatto *(m)* ***1*** *(di pegni)* Einlösung *(f)*. ***2*** *(denaro)* Lösegeld *(n)*.
rischiarare *(vt)* ~ erhellen *(vt)*, erleuchten *(vt)*.
rischiararsi *(vr)* ***1*** sich erhellen *(vr) (anche fig)*. ***2*** *(meteor)* sich auf|klären *(vr)*.
rischiare *(vt)* ~ riskieren *(vt)*, wagen *(vt)*.
rischio *(m)* ~ Risiko *(n)*, Gefahr *(f)* ♦ *a proprio rischio e pericolo* auf eigene Gefahr ♦ *c'è il rischio che* es besteht die Gefahr, dass ♦ *correre il rischio di fare qcs* Gefahr laufen, etwas zu tun. ◆ **(anche) a rischio di** (auch) auf die Gefahr hin, dass.
rischioso *(agg)* ~ riskant, gefährlich.
risciacquare *(vt)* ~ spülen *(vt)*.
risciacquo *(m)* ~ Spülung *(f)*.
riscontrare *(vt)* ***1*** *(confrontare)* vergleichen* *(vt)*. ***2*** *(rilevare)* fest|stellen *(vt)*. ***3*** *(controllare)* überprüfen *(vt)*.
riscontro *(m)* ***1*** *(confronto)* Vergleich *(m)*. ***2*** *(rilievo)* Feststellung *(f)*. ***3*** *(controllo)* Überprüfung *(f)*. ***4*** *(burocr/comm)* Antwort *(f)*.
riscossione *(f)* ~ Eintreibung *(f)*, Einziehung *(f)*.
riscrivere *(vt)* ~ *(rielaborare)* um|schreiben* *(vt)*.
riscuotere *(vt)* ~ ein|treiben* *(vt)*, ein|ziehen* *(vt)*, ein|lösen *(vt)* ♦ *riscuotere un assegno* einen Scheck einlösen.
risentimento *(m)* ~ Groll *(m)*.
risentire[1] *(vi)* ~ {~ *di qcs*} durch etwas leiden* *(vi*, hat*)*, an etwas *(Dat)* kranken *(vi*, hat*)* ♦ *gli alberi da frutto hanno risentito della grandinata* die Obstbäume haben durch den Hagelschlag gelitten.
risentire[2] *(vt)* ***1*** *(di nuovo)* wieder hören *(vt)*. ***2*** *(la lezione)* ab|hören *(vt)*.
risentirsi *(vr)* ~ *(offendersi)* {~ *con qcn*} jmdm grollen *(vi*, hat*)*. ◆ **a risentirci!** auf Wiederhören!
riserbo *(m)* ~ Reserve *(f)*, Zurückhaltung *(f)*.
riserva *(m)* ***1*** Reserve *(f)*, Vorrat *(m)* ♦ *riserva aurea* Goldreserve ♦ *siamo in riserva* wir fahren auf Reserve. ***2*** *(naturale)* Naturschutzgebiet *(n)*; *(boschiva)* Schonung *(f)*; *(di caccia)* Jagdrevier *(n)*. ***3*** *(mil)* Reserve *(f)*. ***4*** *(sport)* Ersatzspieler *(m)*. ***5*** *(obiezione, dubbio)* Vorbehalt *(m)* ♦ *senza riserve* ohne Vorbehalt.
riservare *(vt)* ***1*** *(prenotare)* reservieren *(vt)*, belegen *(vt)*. ***2*** *(in sorte)* {~ *qcs a qcn*} jmdm etwas bescheren *(vt)* ♦ *riservare una cattiva sorpresa a qcn* jmdm eine böse Überraschung bescheren.

riservarsi *(vr)* ~ {~ *qcs*} sich *(Dat)* etwas vor|behalten* *(vt)* ♦ *riservarsi il diritto di fare qcs* sich *(Dat)* das Recht vorbehalten, etwas zu tun.
riservatezza *(f)* **1** Reserviertheit *(f)*. **2** *(discrezione)* Zurückhaltung *(f)*.
riservato *(agg)* **1** *(schivo)* reserviert, zurückhaltend. **2** *(confidenziale)* privat, vertraulich. **2** *(persona)* zurückhaltend. **3** *(destinato)* vorbehalten. ◆ **tutti i diritti riservati** alle Rechte vorbehalten.
risiedere *(vi)* ~ ansässig sein* *(vi, ist)*.
riso[1] *(m)* ~ *(bot)* Reis *(m)*.
riso[2] *(m)* ~ Gelächter *(n)*, Lachen *(n)*.
risollevare *(vt)* ~ hoch|bringen* *(vt)*.
risolubile *(agg)* ~ auflösbar, lösbar.
risolutamente *(avv)* ~ entschieden.
risolutezza *(f)* ~ Entschiedenheit *(f)*, Entschlossenheit *(f)*.
risolutivo *(agg)* ~ entscheidend.
risoluto *(agg)* ~ entschieden, entschlossen.
risoluzione *(f)* **1** *(soluzione)* Lösung *(f)*, Auflösung *(f)*. **2** *(il risolvere)* Auflösen *(n)*. **3** *(decisione)* Entschluss *(m)*, Resolution *(f)*. **4** *(di contratti)* Auflösung *(f)* *(anche ottica)*.
risolvere *(vt)* **1** lösen *(vt)*. **2** *(dir)* auf|lösen *(vt)*. **3** *(contrasti)* schlichten *(vt)*, bei|legen *(vt)*. **4** *(decidere)* beschließen* *(vt)*.
risolversi *(vr)* **1** *(chiarirsi)* sich bereinigen *(vr)*, sich klären *(vr)* ♦ *la faccenda si è già risolta* die Sache hat sich schon geklärt. **2** *(decidersi)* sich entschließen* *(vr)*.
risolvibile *(agg)* ~ auflösbar, lösbar.
risonante *(agg)* ~ klingend.
risonanza *(f)* **1** *(fis)* Resonanz *(f)*. **2** *(fig)* Echo *(n)*, Widerhall *(m)*.
risorgere *(vi)* ~ *(relig)* auf|erstehen* *(vi, ist)*.
risorsa *(f)* **1** Ressource *(f)*. **2** *(capacità)* Fähigkeit *(f)*.
risparmiare *(vt)* **1** sparen *(vt)* ♦ *risparmiare denaro, tempo* Geld, Zeit sparen. **2** *(mettere da parte, denaro)* zurück|legen *(vt)*. **3** *(evitare)* {~ *qcs a qcn*} jmdm etwas ersparen *(vt)*, jmdn mit etwas verschonen *(vt)* ♦ *risparmiami scherzi del genere* verschone mich mit solchen Witzen. **4** *(salvare)* verschonen *(vt)*.
risparmiarsi *(vr)* **1** sich schonen *(vr)*. **2** {~ *qcs*} sich *(Dat)* etwas ersparen *(vt)*, sparen *(vt)* ♦ *ti puoi risparmare la fatica* du kannst dir die Mühe sparen. ◆ **non risparmiarsi per fare qcs** keine Mühe scheuen, etwas zu tun.
risparmiatore[1] *(agg)* ~ sparsam.
risparmiatore[2] *(m; f* **-trice***)* ~ Sparer *(m; f -in)*.
risparmio *(m)* ~ Ersparnis *(f)* ♦ *il risparmio di lavoro, di tempo* die Ersparnis an Arbeit, an Zeit. ◆ **cassa di risparmio** Sparkasse *(f)*. ◆ **libretto di risparmio** Sparbuch *(n)*.
rispecchiare *(vt)* ~ wider|spiegeln *(vt)*.
rispecchiarsi *(vr)* ~ sich wider|spiegeln *(vr)*.
rispettabile *(agg)* ~ ehrenwert, respektabel.
rispettabilità *(f)* ~ Ehrwürdigkeit *(f)*.
rispettare *(vt)* **1** respektieren *(vt)*, vor jmdm Respekt haben *(vt)*. **2** *(scadenze)* ein|halten* *(vt)*. **3** *(impegni)* etwas *(Dat)* nach|kommen* *(vi, ist)*. **4** *(leggi, opinioni)* beachten *(vt)*. ◆ **farsi rispettare** sich *(Dat)* Respekt verschaffen.
rispettivamente *(avv)* ~ beziehungsweise *(abbrev* bzw.*)* ♦ *hanno rispettivamente uno e due figli* sie haben eins beziehungsweise zwei Kinder.
rispettivo *(agg)* **1** jeweilig ♦ *gli insegnanti con le rispettive classi* die Lehrer mit den jeweiligen Klassen. **2** *(relativo)* dazugehörig.
rispetto *(m)* **1** *(stima)* Respekt *(m)*, Achtung *(f)* ♦ *avere rispetto di qcn* vor jmdm Respekt haben. **2** *(riguardo)* Rücksicht *(f)* ♦ *avere rispetto di qcn/qcs* auf jmdn/etwas Rücksicht nehmen ♦ *per rispetto verso qcn/qcs* aus Rücksicht auf jmdn/etwas. **2** *(di leggi, opinioni)* Beachtung *(f)*. ◆ **mancanza di rispetto** Respektlosigkeit *(f)*, Rücksichtslosigkeit *(f)*. ◆ **rispetto a qcs** *1* In Bezug auf etwas *(Acc)*. **2** *(in confronto a qcn/qcs)* im Vergleich zu jmdm/etwas.
rispettoso *(agg)* ~ respektvoll, ehrfürchtig.
risplendere *(vi)* ~ glänzen *(vi, hat)*, leuchten *(vi, hat)*.
rispolverare *(vt)* ~ *(fig)* auf|frischen *(vt)* ♦ *devo rispolverare le mie conoscenze di tedesco* ich muss meine Deutschkenntnisse auffrischen.

rispondere *(vi)* ***1*** antworten *(vi,* hat*)*, beantworten *(vt)*; *(affermativamente)* bejahen *(vt)*; *(negativamente)* verneinen *(vt)* ♦ *rispondere qcs a qcn* jmdm etwas antworten ♦ *rispondere a una domanda* auf eine Frage antworten, eine Frage beantworten ♦ *rispondere di sì/di no a una domanda* eine Frage bejahen/verneinen. **2** {~ *di qcn/qcs*} für jmdn/etwas haften *(vi,* hat*)*, jmdn/etwas verantworten *(vt)* ♦ *rispondere di una decisione* eine Entscheidung verantworten. **3** *(reagire)* reagieren *(vi,* hat*)*. ◆ **non rispondiamo di eventuali errori** alle Angaben erfolgen ohne Gewähr.

risposta *(f)* ***1*** Antwort *(f) (anche fig)*; Beantwortung *(f)* ♦ *la risposta a una domanda* die Beantwortung einer Frage ♦ *la risposta a una lettera* die Antwort auf einen Brief. **2** *(replica)* Entgegnung *(f)*. **3** *(ad annunci e sim)* Zuschrift *(f)*. ◆ **senza risposta** unbeantwortet *(agg)*.

rissa *(f)* ~ Schlägerei *(f)*.

ristabilimento *(m)* ~ Wiederherstellung *(f)*.

ristabilire *(vt)* ~ wieder|herstellen *(vt)*, her|stellen *(vt)* ♦ *ristabilire l'ordine* Ordnung wieder herstellen.

ristabilirsi *(vr)* ~ sich erholen *(vr)*.

ristagnare *(vt)* ***1*** sich stauen *(vr)*. **2** *(econ)* stagnieren *(vi,* hat*)*.

ristagno *(m)* ***1*** Stau *(m)*, Stauung *(f)*. **2** *(econ)* Stagnation *(f)*.

ristampa *(f)* ***1*** *(procedimento)* Nachdruck *(m)*. **2** *(libro)* Neuauflage *(f)*.

ristampare *(vt)* ~ nach|drucken *(vt)*, neu auf|legen *(vt)*.

ristorante *(m)* ~ Restaurant *(n)*.

ristoratore *(m; f* **-trice***)* ~ Gastwirt *(m; f* -in*)*.

ristoro *(m)* ~ **posto di ristoro** Raststätte *(f)*.

ristrettezza *(f)* ***1*** Enge *(f)*. **2** *(di vedute)* Beschränktheit *(f)*, Enge *(f)*. ◆ **vivere in condizioni di ristrettezza** in beschränkten Verhältnissen leben.

ristretto *(agg)* ***1*** eng, beschränkt. **2** *(di vedute)* kleinlich. ◆ **caffè ristretto** starker Kaffee.

ristrutturare *(vt)* ~ *(edil)* um|bauen *(vt)*, renovieren *(vt)*, sanieren *(vt)*.

ristrutturazione *(f)* ***1*** *(edil)* Umbau *(m)*, Renovierung *(f)*. **2** *(fig)* Sanierung *(f)*.

risucchio *(m)* ~ Sog *(m)*.

risultare *(vi)* ***1*** *(emergere)* hervor|gehen* *(vi,* ist*)*, sich ergeben* *(vr)* ♦ *ne risulta che* daraus geht hervor, dass. **2** *(rivelarsi)* sich heraus|stellen *(vt)* ♦ *la notizia è risultata falsa* die Nachricht hat sich als falsch herausgestellt. ◆ **non mi risulta** das ist mir nicht bekannt.

risultato *(m)* ~ Ergebnis *(n)* ♦ *risultato finale* Endergebnis.

risuolare *(vt)* ~ neu besohlen *(vt)*.

risuonare *(vi)* ***1*** erklingen* *(vi,* ist*)*, dröhnen *(vi,* hat*)*, tönen *(vi,* hat*)* ♦ *la sua voce risuonava nella sala* seine Stimme tönte im Saal. **2** *(stanze e sim)* dröhnen *(vi,* hat*)*, wider|hallen *(vi,* hat*)* ♦ *il teatro risuona di applausi* das Theater dröhnt von Beifall.

risurrezione *(f)* ~ vedi **resurrezione**.

risuscitare *(vi/vt)* ~ vedi **resuscitare**.

risvegliare *(vt)* ***1*** wieder auf|wecken *(vt)*, wieder wecken *(vt)*. **2** *(fig)* wach|rufen* *(vt)*, erwecken *(vt)* ♦ *risvegliare l'interesse* das Interesse erwecken.

risveglio *(m)* ~ Erwachen *(n)*, Aufwachen *(n)*.

risvolto *(m)* ***1*** Aufschlag *(m)*; *(di giacca)* Revers *(n)*; *(di manica)* Stulpe *(f)*; *(di pantaloni)* Umschlag *(m)*. **2** *(lato, aspetto)* Kehrseite *(f)*.

ritagliare *(vt)* ~ aus|schneiden* *(vt)*.

ritaglio *(m)* ***1*** Ausschnitt *(m)* ♦ *un ritaglio di un giornale* ein Ausschnitt aus einer Zeitung. **2** *(pezzetto)* Schnipsel *(n/m)*.

ritardare[1] *(vi)* ~ sich verspäten *(vr)*.

ritardare[2] *(vt)* ~ *(rallentare)* verzögern; *(posticipare)* hinaus|zögern *(vt)* ♦ *ritardare i lavori* die Arbeiten verzögern.

ritardatario *(m; f* **-a***)* ~ Nachzügler *(m; f* -in*)*.

ritardato *(agg)* ~ zurückgeblieben ♦ *ritardato mentale* geistig zurückgeblieben.

ritardo *(m)* ***1*** Verspätung *(f)* ♦ *il treno ha venti minuti di ritardo* der Zug hat zwanzig Minuten Verspätung. **2** *(rallentamento)* Verzögerung *(f)*.

ritenere *(vt)* ***1*** *(essere dell'opinione)* meinen *(vt)*, denken* *(vt)* ♦ *ritiene che non ne valga la pena* er meint, dass es sich nicht lohne ♦ *ritengo di sì* ich denke schon ♦ *ritengo di no* ich denke nicht/nein. **2** *(considerare)* halten* *(vt)* ♦ *questo lo ritengo improbabile* das halte ich für unwahrscheinlich.

ritenersi *(vr)* ~ sich schätzen *(vr)*, sich halten* *(vr)* ♦ *si ritiene particolarmente intelligente* er hält sich für besonders klug ♦ *può ritenersi fortunata* sie kann sich glücklich schätzen.

ritenuta *(f)* ~ Abzug *(m)* ♦ *ritenuta sullo stipendio* Lohnabzug.

ritenzione *(f)* ~ *(med)* Verhaltung *(f)*.

ritirare *(vt)* **1** *(ritrarre)* zurück|ziehen* *(vt)*. **2** *(requisire)* entziehen* *(vt)*. **3** *(denaro dalla circolazione)* ein|ziehen* *(vt)*. **4** *(ritrattare)* zurück|nehmen* *(vt)* ♦ *ritirare un'offerta* ein Angebot zurücknehmen. **5** *(prelevare)* ab|holen *(vt)* ♦ *ritirare una lettera alla posta* einen Brief von/auf der Post abholen.

ritirarsi *(vr)* **1** sich zurück|ziehen* *(vr)* *(anche mil)* ♦ *si è ritirata in convento* sie hat sich in ein Kloster zurückgezogen. **2** *(restringersi, di tessuto)* schrumpfen *(vi, ist)*, ein|laufen* *(vi, ist)*. **3** *(rientrare nell'alveo)* zurück|treten* *(vi, ist)*. **4** *(da scuola, incarichi, ecc)* ab|gehen* *(vi, ist)*.

ritirata *(f)* ~ *(mil)* Rückzug *(m)* ♦ *battere in ritirata* den Rückzug antreten.

ritirato *(agg)* ~ zurückgezogen ♦ *fare una vita ritirata* ein zurückgezogenes Leben führen.

ritiro *(m)* **1** *(di patente)* Entziehung *(f)*. **2** *(il ritirare)* Zurücknahme *(f)*, Rücknahme *(f)*. **3** *(dalla circolazione)* Einziehung *(f)*. **4** *(da una carica)* Rücktritt *(m)*. **5** *(di un pacco, ecc)* Abholung *(f)*. **6** *(raccolta)* Einsammlung *(f)*.

ritmico *(agg)* ~ rhythmisch.

ritmo *(m)* **1** *(mus)* Rhythmus *(m)*, Takt *(m)*. **2** *(estens)* Tempo *(n)*.

rito *(m)* ~ Ritus *(m)*.

ritoccare *(vt)* **1** *(per migliorare)* nach|bessern *(vt)*, nach|arbeiten *(vt)*. **2** *(fotogr)* retuschieren *(vt)*.

ritocco *(m)* ~ *(fotogr)* Retusche *(f)*.

ritornare *(vi)* **1** *(indietro)* zurück|kehren *(vi, ist)*, zurück|kommen* *(vi, ist)*; *(con un veicolo)* zurück|fahren* *(vi, ist)* ♦ *ritornare sull'argomento* zum Thema zurückkehren. **2** *(a casa, in patria)* heim|kehren *(vi, ist)*. **3** *(di nuovo)* wieder|kehren, wieder|kommen* *(vi, ist)*. **4** *(diventare di nuovo)* wieder werden* *(vi, ist)*.

ritornello *(m)* ~ Refrain *(m)*.

ritorno *(m)* **1** Rückkehr *(f)*; *(con un veicolo)* Rückfahrt *(f)* ♦ *al ritorno, sulla strada del ritorno* auf dem Rückweg. **2** *(a casa, in patria)* Heimkehr *(f)*. **3** *(periodico)* Wiederkehr *(f)*. ◆ **andata e ritorno** hin und zurück.

ritrarre *(vt)* **1** zurück|ziehen* *(vt)*. **2** *(raffigurare)* ab|bilden *(vt)*, ab|zeichnen *(vt)*; *(fotogr)* auf|nehmen* *(vt)*. **3** *(distogliere)* ab|wenden* *(vt)* ♦ *ritrarre lo sguardo* den Blick abwenden.

ritrattare *(vt)* **1** *(ritirare)* zurück|nehmen* *(vt)*. **2** *(smentire)* widerrufen* *(vt)*.

ritrattazione *(f)* ~ Widerruf *(m)*.

ritratto *(m)* **1** Porträt *(n)*. **2** *(estens)* Abbild *(n)*, Ebenbild *(n)* ♦ *è il ritratto di suo padre* er ist das Ebenbild seines Vaters. **3** *(descrizione)* Schilderung *(f)*.

ritrosia *(f)* ~ Sprödheit *(f)*, Sprödigkeit *(f)*.

ritroso *(agg)* ~ spröd(e), scheu. ◆ **a ritroso** rückläufig *(avv)*.

ritrovamento *(m)* ~ Fund *(m)*, Auffindung *(f)*. ◆ **luogo di ritrovamento** Fundort *(m)*.

ritrovare *(vt)* **1** wieder|finden* *(vt)*, zurück|finden* *(vt)* ♦ *ritrovare la strada* den Weg zurückfinden. **2** *(rinvenire)* auf|finden* *(vt)* ♦ *fu ritrovato morto* er wurde tot aufgefunden.

ritrovarsi *(vr)* ~ *(radunarsi)* sich ein|finden* *(vr)*, sich zusammen|finden* *(vr)*.

ritrovo *(m)* **1** *(raduno)* Treffen *(n)*. **2** *(punto d'incontro)* Treffpunkt *(m)*.

ritto *(agg)* aufrecht, gerade.

rituale[1] *(agg)* ~ kultisch.

rituale[2] *(m)* ~ Ritual *(n)*.

riunificazione *(f)* ~ Wiedervereinigung *(f)* ♦ *la riunificazione della Germania* die Wiedervereinigung Deutschlands.

riunione *(f)* ~ Sitzung *(f)*, Versammlung *(f)* ♦ *essere in riunione* Sitzung haben.

riunire *(vt)* **1** *(unire, accorpare)* zusammen|legen *(vt)*, zusammen|fassen *(vt)*. **2** *(radunare)* sammeln *(vt)* ♦ *riunire i propri seguaci* seine Anhänger sammeln. **3** *(accentrare)* vereinigen *(vt)*.

riunirsi *(vr)* ***1*** *(congiungersi)* sich vereinigen *(vr)*, sich zusammen|setzen *(vr)*. ***2*** *(radunarsi)* sich sammeln, sich zusammen|finden* *(vr)*.
riuscire *(vi)* ***1*** gelingen* *(vi, ist)* ♦ *(non) ci riesco* es gelingt mir (nicht) ♦ *non sono ancora riuscito/a a convincerlo* es ist mir noch nicht gelungen, ihn zu überzeugen. ***2*** *(potere)* können *(v mod)* ♦ non riesco a vederlo ich kann ihn nicht sehen. ***3*** *(avere successo)* Erfolg haben *(vt)*. ◆ **non riuscire (a qcn)** *(fallire)* (jmdm) misslingen*, missraten * *(vi, ist)* ♦ *il suo progetto non è riuscito* der Plan ist ihm misslungen.
riuscita *(f)* ~ Dienst *(m)*, Erfolg *(m)*.
riva *(f)* ~ Ufer *(n)* ♦ *sull'altra riva (stato in luogo)* am anderen Ufer ♦ *raggiungere l'altra riva (con un'imbarcazione)* ans andere Ufer fahren.
rivale *(m/f)* ***1*** Rivale *(m*; -in*)*, Konkurrent *(m*; -in*)*. ***2*** *(in amore)* Nebenbuhler *(m*; -in*)*.
rivalità *(f)* ~ Rivalität *(f)*.
rivalutare *(vt)* ~ auf|werten *(vt)*.
rivangare *(vt)* ~ *(rispolverare)* auf|rühren *(vt)*, auf|wärmen *(vt)*.
rivedere *(vt)* ***1*** wieder|sehen* *(vt)* ♦ *quando ci rivediamo?* wann sehen wir uns wieder? ***2*** *(controllare)* durch|sehen* *(vt)*, überprüfen *(vt)*. ***3*** *(bozze di stampa)* korrigieren *(vt)*. ***4*** *(ripetere)* wiederholen *(vt)*.
rivelare *(vt)* ~ verraten* *(vt)*, eröffnen *(vt)*, offenbaren *(vt)* ♦ *rivelare un segreto* ein Geheimnis verraten.
rivelarsi *(vr)* ~ sich erweisen* *(vr)* ♦ *si è rivelato falso che* es hat sich als falsch erwiesen, dass.
rivelazione *(f)* ***1*** Offenbarung *(f)*. ***2*** *(smascheramento)* Enthüllung *(f)*.
rivendere *(vt)* ~ weiter|verkaufen *(vt)*.
rivendicazione *(f)* ~ Forderung *(f)*.
riverente *(agg)* ~ ehrfürchtig.
riverenza *(f)* ***1*** *(rispetto)* Ehrfurcht *(f)*. ***2*** *(inchino)* Bückling *(m)*, Knicks *(m)*.
riversare *(vt)* ~ aus|gießen* *(vt)*.
riversarsi *(vr)* ~ sich ergießen* *(vr)*.
rivestimento *(m)* ***1*** Verkleidung *(f)*. ***2*** *(fodera)* Bezug *(m)*. ***3*** *(copertura)* Belag *(m)*. ***4*** *(tecn)* Überzug *(m)*.
rivestire *(vt)* ***1*** verkleiden *(vt)* ♦ *rivestire una parete di legno* eine Wand mit Holz verkleiden. ***2*** *(divani e sim)* beziehen* *(vt)*. ***3*** *(carica e sim)* bekleiden *(vt)*.
rivincita *(f)* ***1*** *(sport)* Revanche *(f)* ♦ *concedere la rivincita a qcn* jmdm Revanche geben. ***2*** *(vendetta)* Vergeltung *(f)*. ◆ **prendersi la rivincita** sich revanchieren *(vr)*.
rivista *(f)* ***1*** Zeitschrift *(f)*, Magazin *(n)*, Nachrichtenmagazin *(n)* ♦ *rivista femminile* Frauenzeitschrift *(f)*. ***2*** *(spettacolo teatrale; pubblicazione)* Revue *(f)*. ◆ **rivista illustrata** Illustrierte *(f)*.
rivolgere *(vt)* ~ *(fig) (puntare)* richten *(vt)*, wenden* *(vt)* ♦ *rivolgere il proprio interesse su qcs* sein Interesse auf etwas richten ♦ *rivolgere lo sguardo verso qcn* den Blick zu jmdm wenden. ◆ **rivolgere la parola a qcn** das Wort an jmdn richten, jmdn an|sprechen*.
rivolgersi *(vr)* ***1*** sich wenden* *(vr)* ♦ *a chi mi devo rivolgere?* an wen soll ich mich wenden? ♦ *rivolgersi contro qcn/qcs* sich gegen jmdn/etwas wenden. ***2*** *(voltarsi)* sich hin|wenden* *(vr)* ♦ *rivolgersi verso qcn* sich nach/zu jmdm hinwenden. ***3*** *(essere diretto)* sich richten *(vr)* ♦ *l'appello si rivolge a tutta la popolazione* der Aufruf richtet sich an die ganze Bevölkerung.
rivolo *(m)* ~ Bach *(m)*.
rivolta *(f)* ~ Aufruhr *(m)*, Aufstand *(m)*, Revolte *(f)*.
rivoltare *(vt)* ***1*** *(girare)* wenden* *(vt)*. ***2*** *(rovesciare)* um|kehren *(vt)* ♦ *rivoltare un calzino* eine Socke umkehren.
rivoltarsi *(vr)* ***1*** *(rigirarsi)* sich herum|drehen. ***2*** *(sollevarsi)* revoltieren *(vi, hat)*.
rivoltella *(f)* ~ Revolver *(m)*.
rivoltoso *(m; f* **-a***)* ~ Aufrührer *(m; f* -in*)*.
rivoluzionario[1] *(agg)* ~ revolutionär, bahnbrechend.
rivoluzionario[2] *(m; f* **-a***)* ~ Revolutionär *(m; f* -in*)*.
rivoluzione *(f)* ***1*** Revolution *(f)* ♦ *la Rivoluzione Francese* die Französische Revolution. ***2*** *(astron)* Umlauf *(m)*.
rizzare *(vt)* ***1*** auf|richten *(vt)*, heben *(vt)*. ***2*** *(arruffare pelo, penne)* sträuben *(vt)*.
rizzarsi *(vr)* ***1*** sich auf|richten *(vr)*. ***2*** *(pelo, penne, capelli)* sich sträuben *(vr)*.
roba *(f)* ~ *(cose, oggetti)* Sachen *(pl)*, Zeug *(n)*.

robivecchi *(m/f)* ~ Trödler *(m; f -in)*.
robot *(m)* ~ Roboter *(m)*, Automat *(m)*.
robustezza *(f)* ***1*** Stärke *(f)*. ***2*** *(resistenza)* Haltbarkeit *(f)*.
robusto *(agg)* ***1*** kräftig, stark. ***2*** *(muscoloso)* robust. ***3*** *(di oggetti)* strapazierfähig.
rocca *(f)* ~ Burg *(f)*.
roccaforte *(f)* ~ Hochburg *(f)*.
rocchetto *(m)* ~ *(di filo)* Spule *(f)*, Wickel *(m)*.
roccia *(f)* ~ Felsen *(m)*, Fels *(m)*, Gestein *(n)*. ◆ **saldo come la roccia** felsenfest *(agg)*.
roccioso *(agg)* ~ Felsen-, felsig ◆ *costa rocciosa* Felsenküste.
roco *(agg)* ~ rau.
rodere *(vt)* ***1*** {~ *qcs*} an jmdm/etwas nagen *(vi, hat)*. ***2*** *(fig)* {~ *qcn*} an jmdm zehren *(vi, hat)*, nagen *(vi, hat)* ◆ *un dubbio mi rode* ein Zweifel zehrt an mir.
roditore *(m)* ~ Nagetier *(n)*.
rododendro *(m)* ~ *(bot)* Alpenrose *(f)*.
rogna *(f)* ~ *(med)* Krätze *(f)*, Räude *(f)*.
rognone *(m)* ~ *(gastr)* Niere *(f)*.
rognoso *(agg)* ~ räudig.
rollare[1] *(vi)* ~ *(nave)* rollen *(vi, ist)*.
rollare[2] *(vt)* ~ *(sigarette)* drehen *(vt)*.
rollerblade *(m)* ~ Inlineskate *(n)*.
romanico[1] *(agg)* ~ romanisch.
romanico[2] *(m)* ~ Romanik *(f)*.
romanticismo *(m)* ~ *(arte/lett)* Romantik *(f)*.
romantico *(agg)* ~ romantisch.
romanzesco *(agg)* ~ Roman-, romanhaft.
romanziere *(m; f* **-a***)* ~ Romanautor *(m; f -in)*, Romanschriftsteller *(m; f -in)*.
romanzo *(m)* ~ Roman *(m)*.
rombare *(vi)* ~ *(motori)* dröhnen *(vi, hat)*.
rombo *(m)* ***1*** *(geom)* Raute *(f)*. ***2*** *(rumore)* Dröhnen *(n)*.
rompere *(vt)* ***1*** brechen* *(vt)* *(anche fig)*, zerbrechen* *(vt)*, kaputt|machen *(vt)*, zerschlagen* *(vt)* ◆ *rompere il silenzio* das Schweigen brechen ◆ *ho rotto il piatto* ich habe den Teller zerbrochen. ***2*** *(aprire rompendo, spaccare)* auf|schlagen* *(vt)* ◆ *rompere una noce* eine Nuss aufschlagen. ***3*** *(contratti)* auf|lösen *(vt)*. ◆ **rompere le scatole, le palle** *(volg)* jmdm auf dem Geist, auf die Eier gehen*. ◆ **rompere con qcn** mit jmdm Schluss machen. ◆ **rompere le righe** *(mil)* weg|treten*.
rompersi *(vr)* ***1*** *(spezzarsi, spaccarsi)* brechen* *(vi, ist)*, zerbrechen* *(vi, ist)*, auseinander gehen* *(vi, ist)*, kaputt|gehen* *(vi, ist)* ◆ *il ramo si è rotto* der Zweig ist gebrochen ◆ *la bottiglia si è rotta* die Flasche ist zerbrochen ◆ *lo sgabello si è rotto* der Schemel ist auseinander gegangen ◆ *il mio orologio si è rotto* meine Uhr ist kaputtgegangen. ***2*** *(ossa)* sich *(Dat)* etwas brechen *(vr)*, ab|brechen* *(vi, ist)* ◆ *mi sono rotto un braccio* ich habe mir einen Arm gebrochen.
ronda *(f)* ~ Runde *(f)*, Patrouille *(f)* ◆ *fare la ronda* auf Patrouille gehen.
rondine *(f)* ~ *(zool)* Schwalbe *(f)*.
rondone *(m)* ~ *(zool)* Mauersegler *(m)*.
ronzare *(vi)* ~ summen *(vi, hat)*, sirren *(vi, hat/ist)*, brummen *(vi, hat)* ◆ *mi ronzano le orecchie* mir summt es in den Ohren *(impers)*.
ronzino *(m)* ~ Gaul *(m)*, Mähre *(f)*.
ronzio *(m)* ~ Summen *(n)*.
rosa[1] *(agg)* ***1*** rosa *(indecl)* ◆ *una sciarpa rosa* ein rosa Schal. ***2*** *(fosforescente)* pink.
rosa[2] *(f)* ***1*** *(fiore, pianta)* Rose *(f)* ◆ *rosa canina* Heckenrose ◆ *un mazzo di rose rosse* ein Strauß roter Rosen. ***2*** *(colore)* Rosa *(n)*.
rosario *(m)* ~ Rosenkranz *(m)* ◆ *dire il rosario* den Rosenkranz beten.
roseo *(agg)* ~ rosig, rosarot ◆ *un futuro roseo* eine rosige Zukunft.
roseto *(m)* ~ Rosengarten *(m)*.
rosicchiare *(vt)* ~ {~ *qcs*} etwas knuspern *(vt)*; an etwas *(Dat)* nagen *(vi/vt, hat)*, knabbern *(vi, hat)*.
rosmarino *(m)* ~ *(bot)* Rosmarin *(m)*.
rosolare *(vt)* ~ bräunen *(vt)*.
rosolarsi *(vr)* ~ bräunen *(vi, ist)*.
rosolia *(f)* ~ *(med)* Röteln *(pl)*.
rospo *(m)* ~ *(zool)* Kröte *(f)*.
rossetto *(m)* ~ Lippenstift *(m)*.
rossiccio *(agg)* ~ rötlich.
rosso[1] *(agg)* ***1*** rot ◆ *il Mar Rosso* das Rote Meer ◆ *Croce Rossa* rotes Kreuz ◆ *avere gli occhi rossi* rote Augen haben. ***2*** *(dai capelli rossi)* rothaarig. ***3*** *(per la vergogna)* schamrot.
rosso[2] *(m)* ~ *(colore rosso)* Rot *(n)*, Röte *(f)* ◆ *essere vestito di rosso* in Rot gekleidet sein. ◆ **rosso scarlatto** Scharlach

(m). ◆ **rosso d'uovo** Eigelb *(n)*, Eidotter *(m/n)*. ◆ **vino rosso** Rotwein *(m)*.
rossore *(m)* ~ Röte *(f)*.
rotaia *(f)* ~ Schiene *(f)*.
rotazione *(f)* ***1*** Umdrehung, Drehung *(f)* ♦ *rotazione della terra* Erdumdrehung. **2** *(intorno)* Kreislauf *(m)*, Kreisbewegung *(f)*. **3** *(di 180°)* Wende *(f)*.
roteare *(vt)* ~ rollen *(vt)* ♦ *roteare gli occhi* die Augen/mit den Augen rollen.
rotella *(f)* ~ Rolle *(f)*.
rotolare[1] *(vi)* ~ rollen *(vi, ist)*; *(giù)* hinunter|rollen *(vi, ist)*.
rotolare[2] *(vt)* ~ wälzen *(vt)* ♦ *rotolare una botte* ein Fass wälzen.
rotolarsi *(vr)* ~ sich kugeln *(vr)*, sich wälzen *(vr)* ♦ *rotolarsi dal ridere* sich vor Lachen wälzen.
rotolo *(m)* ~ Rolle *(f)* ♦ *un rotolo di carta* eine Rolle Papier. ◆ **la situazione (di qcn/qcs) va a rotoli** es geht (mit jmdm/etwas) bergab.
rotondeggiante *(agg)* ~ rundlich.
rotondo *(agg)* ***1*** *(circolare)* rund, kreisrund ♦ *un tavolo rotondo* ein runder Tisch. **2** *(sferico)* kugelig. **3** *(grassoccio)* rund.
rotta[1] *(f)* ~ *(di aereo o nave)* Kurs *(m)* ♦ *tenere la rotta* den Kurs halten ♦ *deviare dalla rotta* vom Kurs abkommen ♦ *cambiare rotta* den Kurs ändern. ◆ **cambiamento di rotta** Kursänderung *(f)*. ◆ **far rotta verso qcs** nach etwas steuern *(vi, ist)*.
rotta[2] *(f)* ~ **essere in rotta** mit jmdm zerfallen sein*.
rottame *(m)* ***1*** Schrott *(m)*. **2** *(di aereo, nave, ecc)* Trümmer *(pl)*.
rotto *(agg)* ~ kaputt, gebrochen.
rottura *(f)* ~ Bruch, Abbruch *(m)* ♦ *la rottura di un'amicizia* der Bruch einer Freundschaft.
roulotte *(f)* ~ Wohnwagen *(m)*.
round *(m)* ~ *(sport)* Runde *(f)*.
routine *(f)* Routine *(f)*. ◆ **di routine** routinemäßig *(agg/avv)*.
rovente *(agg)* ~ glühend. ◆ **essere rovente** glühen *(vi, hat)*.
rovesciamento *(m)* ***1*** Umlegung *(f)*. **2** *(politico)* Umsturz *(m)*.
rovesciare *(vt)* ***1*** um|kehren *(vt)*, um|schlagen* *(vt)*, stülpen *(vt)* ♦ *rovesciare un calzino* eine Socke umkehren ♦ *rovesciare il bavero* den Kragen umschlagen. **2** *(pol)* um|stürzen *(vt)*. **3** *(versare)* gießen* *(vt)*, vergießen* *(vt)*, schütten *(vt)* ♦ *rovesciare il vino sulla tovaglia* Wein über das Tischtuch gießen. **4** *(ribaltare)* um|wälzen *(vt)*, um|kippen *(vt)*.
rovesciarsi *(vr)* ~ *(ribaltarsi)* um|fallen* *(vi, ist)*, um|kippen, *(vi, ist)*.
rovesciato *(agg)* ~ *(speculare)* seitenverkehrt.
rovescio *(m)* ***1*** *(retro)* Kehrseite *(f)* ♦ *il rovescio della medaglia* die Kehrseite der Medaille. **2** *(meteor)* Schauer *(m)*. ◆ **alla rovescia** verkehrt, verkehrt herum *(agg/avv)* ♦ *il quadro è appeso alla rovescia* das Bild hängt verkehrt.
rovina *(f)* ***1*** *(macerie)* Trümmer *(pl)*, Überreste *(pl)*, Ruinen *(pl)*. **2** *(morale; economica)* Ruin *(m)*, Verfall *(m)*. **3** *(crollo)* Zusammenbruch *(m)*. ◆ **in rovina** verfallen *(agg)*. ◆ **mandare in rovina qcn/qcs** jmdn/etwas zu Fall bringen*, zugrunde richten. ◆ **andare in rovina** *(fig)* verfallen* *(vi, ist)*, zugrunde gehen*.
rovinare[1] *(vi)* ~ *(crollare)* ein|stürzen *(vi, ist)*, zusammen|fallen* *(vi, ist)*.
rovinare[2] *(vt)* ***1*** verderben* *(vt)*, ruinieren *(vt)*, zugrunde richten *(vt)* ♦ *rovinare il divertimento a qcn* jmdm den Spaß verderben ♦ *rovinare qcn economicamente* jmdn wirtschaftlich zugrunde richten. **2** *(danneggiare)* beschädigen *(vt)*.
rovinarsi *(vr)* ~ drauf|gehen* *(vi, ist)*.
rovinato *(agg)* ***1*** *(danneggiato)* schadhaft. **2** *(fig)* ruiniert.
rovistare *(vi)* ~ wühlen *(vi, hat)*, stöbern *(vi, hat)*, kramen *(vi, hat)* ♦ *rovista nel cassetto in cerca di calzini* er stöbert in der Schublade nach Socken.
rovo *(m)* ~ Brombeere *(f)*.
rozzezza *(n)* ~ Derbheit *(f)*, Grobheit *(f)*.
rozzo *(agg)* ~ grob, primitiv, unkultiviert, derb.
rubare *(vt)* ***1*** stehlen* *(vt)*. **2** *(con la violenza)* rauben *(vt)*.
rubinetto *(m)* ~ Wasserhahn *(m)* ♦ *aprire il rubinetto* den Hahn aufdrehen/öffnen ♦ *chiudere il rubinetto* den Hahn schließen/zudrehen.
rubino *(m)* ~ Rubin *(m)*.
rublo *(m)* ~ Rubel *(m)*.

rubrica *(f)* ***1*** Verzeichnis *(n)*. ***2*** *(sezione di giornale)* Rubrik *(f)*, Kolumne *(f)*.
rude *(agg)* ~ roh, rüde, knorrig.
rudimentale *(agg)* ~ primitiv.
ruffianeria *(f)* ~ Schönrederei *(f)*.
ruffiano *(m; f* **-a***)* ~ Schmeichler *(m; f* -in*)*, Schönredner *(m; f* -in*)*.
ruga *(f)* ~ Falte *(f)*, Runzel *(f)*.
ruggine *(f)* ~ Rost *(m)*.
rugginoso *(agg)* ~ rostig.
ruggire *(vi)* ***1*** brüllen *(vi*, hat*)*. ***2*** *(di orso)* brummen *(vi*, hat*)*.
rugiada *(f)* ~ Tau *(m)*.
rugoso *(agg)* ***1*** *(grinzoso)* faltig, runz(e)lig. ***2*** *(corrugato)* kraus.
rullino *(m)* ~ Film *(m)* ♦ *(fare) sviluppare un rullino* einen Film entwickeln (lassen).
rullo *(m)* ***1*** *(di tamburo)* Wirbel *(m)*, Trommelschlag *(m)*. ***2*** *(rotolo, cilindro)* Rolle *(f)*. ***3*** *(meccanico)* Walze *(f)*.
rum *(m)* ~ Rum *(m)*.
ruminante *(m)* ~ Wiederkäuer *(m)*.
ruminare *(vt)* ~ wieder|käuen *(vt)*.
rumore *(m)* ***1*** Lärm *(m)*, Geräusch *(n)*, Krach *(m)*. ***2*** *(scalpore)* Geschrei *(n)*. ◆ **tanto rumore per nulla** *(fig)* viel Lärm um nichts. ◆ **fare rumore** lärmen *(vi*, hat*)*, klappern *(vi*, hat*)*.
rumoreggiare *(vi)* ***1*** lärmen *(vi*, hat*)*, toben *(vi*, hat*)*. ***2*** *(acque)* rauschen *(vi*, hat*)*, tosen *(vi*, hat*)*.
rumoroso *(agg)* ~ laut, unruhig.
runa *(f)* ~ Rune *(f)*.
runico *(agg)* ~ runisch.
ruolo *(m)* ~ *(funzione)* Rolle *(f)* *(anche teatr)* ♦ *il ruolo degli insegnanti* die Rolle der Lehrer ♦ *svolgere un ruolo in qcs* bei etwas eine Rolle spielen ♦ *ruolo secondario* Nebenrolle.
ruota *(f)* ***1*** Rad *(n)* ♦ *ruota dentata* Zahnrad. ***2*** *(del vasaio)* Drehscheibe *(f)*. ◆ **ruota di scorta** Ersatzreifen *(m)*. ◆ **essere l'ultima ruota del carro** ein Dreck/der letzte Dreck sein*.
ruotare[1] *(vi)* ~ kreisen *(vi*, ist*)* *(anche fig)* ♦ *la terra ruota intorno al sole* die Erde kreist um die Sonne.
ruotare[2] *(vt)* ***1*** drehen *(vt)* ♦ *ruotare la testa* den Kopf drehen. ***2*** *(manopole e sim)* drehen *(vi*, hat*)* ♦ *ruotare la manopola della radio* am Radio drehen.
rupe *(f)* ~ Felsen *(m)*.
rurale *(agg)* ~ ländlich, dörflich ♦ *una zona rurale* eine ländliche Gegend.
ruscello *(m)* ~ Bach *(m)*.
ruspa *(f)* ~ Bagger *(m)*.
russare *(vi)* ~ schnarchen *(vi*, hat*)*.
rustico *(agg)* ***1*** bäuerlich, dörflich. ***2*** *(semplice)* rustikal.
ruta *(f)* ~ *(bot)* Raute *(f)*.
ruttare *(vi)* ~ auf|stoßen* *(vi*, hat*)*, rülpsen *(vi*, hat*)*.
rutto *(m)* ~ Rülpser *(m)*. ◆ **fare un rutto** rülpsen *(vi*, hat*)*.
ruvidamente *(avv)* ~ *(bruscamente)* rau.
ruvidezza *(f)* ***1*** Rauheit *(f)*. ***2*** *(grossolanità)* Derbheit *(f)*.
ruvidità *(f)* ~ Rauheit *(f)*.
ruvido *(agg)* ***1*** *(scabro)* rau, kratzig ♦ *una stoffa ruvida* ein rauer Stoff. ***2*** *(materiali e sim)* derb, grob.
ruzzolare *(vi)* ~ hinunter|stürzen *(vi*, ist*)* ♦ *ruzzolare giù per le scale* die Treppe hinunterstürzen.

S

sabato *(m)* ~ Samstag *(m)* *(vedi anche* **domenica***)*.
sabbia *(f)* ~ Sand *(m)*. ◆ **granello di sabbia** Sandkorn *(n)*. ◆ **banco di sabbia** Sandbank *(f)*.
sabbioso *(agg)* ~ sandig.
sabotaggio *(m)* ~ Sabotage *(f)*.
sabotare *(vt)* ~ sabotieren *(vt)*.
sacca *(f)* ~ Sack *(m)* *(anche med)*.
saccente[1] *(agg)* ~ besserwisserig, vorwitzig.
saccente[2] *(m/f)* ~ Besserwisser *(m; f* -in*)*.
saccheggiare *(vt)* ~ plündern *(vt)*.
saccheggio *(m)* ~ Plünderung *(f)*.
sacchetto *(m)* ~ Tüte *(f)*, Beutel *(m)* ◆ *sacchetto di plastica* Plastiktüte.
sacco *(m)* ***1*** Sack *(m)* ◆ *due sacchi di noci* zwei Sack Nüsse ◆ *sacco a pelo* Schlafsack. ***2*** *(fig)* Menge ◆ *un sacco di soldi* eine Menge Geld.
sacerdotale *(agg)* ~ priesterlich.
sacerdote *(m)* ~ Priester *(m; f* -in*)*.
sacerdozio *(m)* ~ Priestertum *(n)*.
sacramento *(m)* ~ Sakrament *(n)*.
sacrestia *(f)* ~ Sakristei *(f)*.
sacrificare *(vt)* ~ opfern *(vt)*.
sacrificarsi *(vr)* ~ sich opfern *(vr)*.
sacrificio *(m)* ~ Opfer *(n)* *(anche relig)* ◆ *fare un sacrificio per qcn* ein Opfer für jmdn bringen. ◆ **spirito di sacrificio** Opferbereitschaft *(f)*.
sacrilegio *(m)* ~ Sakrileg *(n)* ◆ *commettere un sacrilegio* ein Sakrileg begehen.
sacrilego *(agg)* ~ sakrilegisch.
sacro *(agg)* ~ heilig ◆ *la sacra Scrittura* die Heilige Schrift ◆ *un sacro orrore* eine heilige Scheu. ◆ **osso sacro** *(anat)* Kreuzbein *(n)*.
saetta *(f)* ***1*** Pfeil *(m)*. ***2*** *(fulmine)* Blitz *(m)*.
saga *(f)* ~ Sage *(f)*.
sagace *(agg)* ~ klug.
sagacia *(f)* ~ Klugheit *(f)*.
saggezza *(f)* ~ Weisheit *(f)*.
saggiamente *(avv)* ~ weise.
saggio[1] *(agg)* ~ weise, klug ◆ *una saggia decisione* eine weise Entscheidung.
saggio[2] *(m)* ~ Weise(r) *(m/f)*.
saggio[3] *(m)* ~ *(trattato)* Aufsatz *(m)*, Essay *(m/n)*.
Sagittario *(m)* ~ *(astrol)* Schütze *(m)*.
sagoma *(f)* ***1*** *(profilo, contorno)* Profil *(n)*, Kontur *(f)* *(spec pl)*. ***2*** *(bersaglio)* Zielscheibe *(f)*. ***3*** *(persona divertente)* komischer Kauz *(m)*, Marke *(f)* ◆ *essere una sagoma* eine Marke sein.
sagra *(f)* ~ *(festa paesana)* Kirchweih *(f)*.
sagrato *(m)* ~ Kirchplatz *(m)*.
sagrestano *(m)* ~ Kirchendiener *(m; f* -in*)*.
saio *(m)* ~ Mönchskutte *(f)*.
sala *(f)* ***1*** Saal *(m)* ◆ *sala d'aspetto* Wartesaal ◆ *sala operatoria* Operationssaal. ***2*** *(salotto)* Wohnzimmer *(n)*. ***3*** *(per esposizioni, spettacoli, ecc)* Halle *(f)*. ◆ **sala da pranzo** Esszimmer *(n)*.
salamandra *(f)* ~ *(zool)* Salamander *(m)*.
salame *(m)* ~ Salami *(f)*.

salamino *(m)* ~ Wurst *(f)*.
salamoia *(f)* ~ Lake *(f)*. ◆ **mettere in salamoia** pökeln *(vt)*.
salare *(vt)* ~ salzen* *(vt)*.
salario *(m)* ~ Lohn *(m)* ♦ *salario di base* Grundlohn.
salassare *(vt)* ~ *(med)* schröpfen *(vt)* *(anche fig)*.
salasso *(m)* ~ Aderlass *(m)* *(anche fig)*.
salatino *(m)* ~ Salzstange *(f)*.
salato *(agg)* ~ gesalzen *(anche fig)*, salzig.
saldamente *(avv)* ~ fest.
saldare *(vt)* **1** *(metalli)* schweißen *(vt)*. **2** *(econ)* begleichen* *(vt)*. **3** *(fig)* vereinigen *(vt)*.
saldarsi *(vr)* ~ sich verbinden *(vr)*.
saldatore *(m)* ~ Schweißer *(m)*.
saldo[1] *(agg)* ~ fest *(anche fig)* ♦ *il gancio non è saldo* der Haken ist nicht fest ♦ *una fede salda* ein fester Glauben ♦ *un'opinione salda* eine feste Meinung.
saldo[2] *(m)* **1** *(del conto)* Kontostand *(m)*. **2** *(econ)* Ausgleich *(m)*, Saldo *(m)*. **3** *(pl)* *(svendita)* Schlussverkauf *(m)* ♦ *saldi di fine stagione* *(estiva)* Sommerschlussverkauf, *(invernale)* Winterschlussverkauf.
sale *(m)* ~ Salz *(n)* *(anche chim)* ♦ *sale fino, grosso* feines, grobes Salz ♦ *sale marino* Meersalz ♦ *sale da cucina* Kochsalz. ◆ **grano di sale** Salzkorn *(n)*. ◆ **mettere sotto sale** in Salz legen.
salice *(m)* ~ *(bot)* Weide *(f)*.
saliera *(f)* ~ Salzstreuer *(m)*.
salino *(agg)* ~ salzhaltig.
salire *(vi)* **1** steigen* *(vi, ist)*; *(lontano da chi parla)* hinauf|steigen* *(vi, ist)*, hinauf|gehen* *(vi, ist)*; *(verso chi parla)* herauf|steigen* *(vi, ist)*, herauf|kommen* *(vi, ist)* ♦ *salire su una scala* auf eine Leiter steigen ♦ *salire le scale* die Treppe hinaufgehen ♦ *salire sulla bicicletta* aufs Fahrrad steigen ♦ *i prezzi salgono* die Preise steigen ♦ *la temperatura sale* die Temperatur steigt ♦ *salire di grado* *(fig)* im Rang steigen. **2** *(su un veicolo)* ein|steigen* *(vi, ist)*, steigen* *(vi, ist)* ♦ *salire in macchina, sull'autobus, sul treno* ins Auto, in den Bus, in den Zug einsteigen. **3** *(essere in salita)* an|steigen* *(vi, ist)*, steigen* *(vi, ist)* ♦ *il sentiero sale* der Pfad steigt an. **4** *(alzarsi)* auf|steigen* *(vi, ist)*. **5** *(arrampicandosi)* klettern *(vi, ist)* ♦ *salire su un albero* auf einen Baum klettern. ◆ **salire al trono** *(fig)* den Thron besteigen.
saliscendi *(m)* ~ Riegel *(m)*.
salita *(f)* **1** *(il salire)* Aufstieg *(m)*. **2** *(tratto in salita)* Steigung *(f)*. **3** *(apertura da cui si sale su veicoli)* Einstieg *(m)*. ◆ **in salita** bergauf *(avv)* ♦ *andare in salita* bergauf gehen/fahren.
saliva *(f)* ~ Speichel *(m)*.
salivazione *(f)* ~ Speichelfluss *(m)*.
salma *(f)* ~ Leiche *(f)*.
salmo *(m)* ~ Psalm *(m)*.
salmone *(m)* ~ Lachs *(m)*.
salone *(m)* **1** Saal *(m)*; *(di luoghi pubblici, alberghi e sim)* Halle *(f)*. **2** *(salotto)* Saal *(m)*, Salon *(m)*, Wohnzimmer *(n)*. **3** *(di bellezza; fiera)* Salon *(m)*, Messe *(f)* ♦ *salone di bellezza* Schönheitssalon ♦ *salone dell'auto* Automobilsalon.
salotto *(m)* ~ Wohnzimmer *(n)*.
salpare *(vi)* **1** aus|laufen* *(vi, ist)*. **2** *(fig)* ab|fahren* *(vi, ist)*.
salsa *(m)* ~ Soße *(f)*, Sauce *(f)* ♦ *salsa di pomodoro* Tomatensoße.
salsiccia *(f)* ~ Wurst *(f)*.
saltare[1] *(vi)* **1** springen* *(vi, ist/hat)* ♦ *saltare oltre un fosso* über einen Graben springen ♦ *saltare in alto* in die Höhe springen ♦ *saltare in aria* (in die Luft) springen ♦ *saltare per la gioia* vor Freude springen. **2** *(lezione, appuntamento e sim)* aus|fallen* *(vi, ist)* ♦ *la riunione è saltata* die Sitzung fiel aus. ◆ **saltare fuori** heraus|springen* *(vi, ist)* *(anche fig)*. ◆ **saltare giù** hinunter|springen* *(vi, ist)*, springen* *(vi, ist)* ♦ *saltare dalla finestra* aus dem Fenster (hinunter)springen. ◆ **saltare su** *(balzare)* auf|springen* *(vi, ist)* ♦ *saltare su dal letto* aus dem Bett aufspringen. ◆ **saltare agli occhi** in die Augen springen*, ins Auge fallen*. ◆ **far saltare in aria** (in die Luft) sprengen *(vt)*. ◆ **saltare addosso** *(aggredire)* an|springen* *(vt)* ♦ *il cane saltò addosso al ladro* der Hund sprang den Dieb an.
saltare[2] *(vt)* **1** {~ *qcs*} über etwas springen* *(vi, ist/hat)*, etwas überspringen* *(vt)* ♦ *saltare un fosso* über einen Graben

springen ♦ *ha saltato sette metri (sport)* sie ist/hat sieben Meter gesprungen. **2** *(fig) (tralasciare)* überspringen* *(vt)*.

saltatore *(m; f* **-trice***)* ~ Springer *(m; f* -in*)* ♦ *saltatore con l'asta (sport)* Stabhochspringer.

saltellare *(vi)* ~ hoppeln *(vi,* ist*)*.

salto *(m)* ~ Sprung *(m) (anche fig)*; *(balzo)* Satz *(m)* ♦ *fare un salto* einen Satz machen ♦ *fare un salto al di là di una pozzanghera* einen Sprung über eine Pfütze machen ♦ *salto in alto, in lungo, con l'asta (sport)* Hochsprung, Weitsprung, Stabhochsprung. ◆ **salto mortale** Überschlag *(m)*. ◆ **fare un salto da qcn** *(fam)* bei jmdm vorbei|kommen* *(vi,* ist*)*, zu jmdm vorbei|gehen* *(vi,* ist*)* ♦ *faccio un salto da lui* ich gehe zu ihm vorbei.

saltuario *(agg)* ~ gelegentlich.

salubre *(agg)* ~ gesund.

salume *(m)* ~ *(pl)* Wurst *(f)*.

salutare[1] *(agg)* ~ gesund; *(cura e sim)* heilbringend.

salutare[2] *(vt)* **1** grüßen *(vt)*; *(quando ci si incontra)* begrüßen *(vt)* ♦ *saluta la tua famiglia da parte mia* grüße deine Familie von mir ♦ *Peter mi ha detto di salutarti* ich soll dich von Peter grüßen. **2** *(fare cenno con la mano)* winken *(vi,* hat*)*. **3** *(congedarsi)* sich verabschieden *(vr)*.

salutarsi *(vr)* ~ sich grüßen *(vr)*.

salute *(f)* ~ Gesundheit *(f)* ♦ *essere in buona salute* bei guter Gesundheit sein. ◆ **salute!** *(quando qcn starnutisce)* Gesundheit! ◆ **alla salute!** *(esclam)* prosit!, zum Wohl! ◆ **bere alla salute di qcn** auf jmds Wohl/Gesundheit trinken. ◆ **di salute** gesundheitlich *(agg/avv)*. ◆ **per motivi di salute** aus gesundheitlichen Gründen. ◆ **stato di salute** Gesundheitszustand *(m)*.

saluto *(m)* ~ Gruß *(m)* ♦ *(tanti) cari saluti (formula epistolare)* (viele) liebe Grüße ♦ *cordiali saluti (formula epistolare)* mit freundlichen/herzlichen Grüßen ♦ *...e porgiamo cordiali saluti (formula epistolare)* ...und verbleiben mit freundlichen Grüßen ♦ *in segno di saluto* zum Gruß. ◆ **portare a qcn i saluti di qcn** jmdn von jmdm grüßen.

salvadanaio *(m)* ~ Sparschwein *(n)*.

salvagente *(m)* ~ Rettungsring *(m)*.

salvaguardare *(vt)* ~ schützen *(vt)*.

salvaguardia *(f)* ~ Schutz *(m)* ♦ *salvaguardia dell'ambiente* Umweltschutz.

salvare *(vt)* **1** retten *(vt)* ♦ *salvare la vita a qcn* jmdm das Leben retten ♦ *salvare qcn dalla morte, dal fuoco* jmdn vor dem Tod, aus dem Feuer retten. **2** *(proteggere)* schützen *(vt)*. **3** *(preservare)* wahren *(vt)* ♦ *salvare le apparenze* den Schein wahren. **4** *(mettere in salvo, portare al sicuro)* bergen* *(vt)*. **5** *(elab)* speichern *(vt)*.

salvarsi *(vr)* ~ sich retten *(vr)* ♦ *salvarsi da un incendio* sich vor einem Brand retten ♦ *si salvi chi può* rette sich, wer kann.

salvataggio *(m)* **1** Rettung *(f)*. **2** *(recupero)* Bergung *(f)*. **3** *(elab)* Speicherung *(f)*.

salvatore *(m; f* **-trice***)* **1** Retter *(m; f* -in*)*. **2** *(relig)* Heiland *(m)*.

salve *(interiez)* ~ hallo, grüß dich/euch ♦ *salve, come va?* hallo, wie geht's?

salvezza *(f)* **1** Rettung *(f)*. **2** *(relig)* Heil *(n)*.

salvia *(f)* ~ *(bot)* Salbei *(m)*.

salvo[1] *(agg)* **1** unversehrt ♦ *siamo arrivati salvi a casa* wir sind unversehrt zu Hause angekommen. **2** *(relig)* gerettet. ◆ **mettere in salvo qcn/qcs** jmdn/etwas bergen*.

salvo[2] *(prep)* ~ außer *(prep + Dat)* ♦ *nessuno salvo me lo sa* niemand außer mir weiß es.

sambuco *(m)* ~ *(pianta e frutto)* Holunder *(m)*.

sanare *(vt)* ~ heilen *(vt)*.

sanarsi *(vr)* ~ heilen *(vi,* ist*)*.

sanatoria *(f)* ~ Straferlass *(m)*.

sancire *(vt)* **1** fest|legen *(vt)*. **2** *(confermare)* bestätigen* *(vt)*.

sandalo *(m)* **1** *(bot)* Sandelbaum *(m)*. **2** *(legno di sandalo)* Sandelholz *(n)*. **3** *(calzatura)* Sandale *(f)*.

sandwich *(m)* ~ Brötchen *(n)*, Sandwich *(n)*.

sangue *(m)* ~ Blut *(n) (anche fig)* ♦ *fare un prelievo di sangue a qcn* jmdm Blut abnehmen ♦ *donare il sangue* Blut spenden ♦ *mantenere il sangue freddo* kaltes Blut bewahren. ◆ **analisi del sangue**

Blutuntersuchung *(f)*. ◆ **a sangue freddo, caldo** kaltblütig *(agg) (anche fig)*; warmblütig *(agg)*. ◆ **animale a sangue caldo, freddo** Warmblüter *(m)*, Kaltblüter *(m)*.

sanguinare *(vi)* ~ bluten *(vi*, hat*)* ◆ *sanguinare dal naso* aus der Nase bluten.

sanguinario *(agg)* ~ blutrünstig.

sanguinoso *(agg)* ~ blutig.

sanguisuga *(f)* ~ Blutegel *(m)*.

sanità *(f)* ~ Gesundheitswesen *(n)*.

sanitario[1] *(agg)* ~ sanitär, Gesundheits- *(f)* ◆ *articoli sanitari* sanitäre Artikel.

sanitario[2] *(m)* ~ Sanitäter *(m)*.

sano *(agg)* **1** *(in salute; salutare)* gesund *(anche fig)* ◆ *un aspetto sano* ein gesundes Aussehen ◆ *uno sviluppo sano* eine gesunde Entwicklung ◆ *sano come un pesce* kerngesund. **2** *(salvo)* heil, unversehrt. ◆ **mangiare in modo sano** sich gesund ernähren.

santità *(f)* ~ Heiligkeit *(f)* ◆ *Sua Santità* Seine Heiligkeit.

santo[1] *(agg)* ~ *(relig)* heilig *(anche fig)* ◆ *lo Spirito Santo* der Heilige Geist ◆ *San Francesco* der heilige Franz ◆ *la Terrasanta* das Heilige Land. ◆ **fare santo qcn** *(relig)* jmdn heilig sprechen*. ◆ **santo cielo!** *(esclam)* (ach) du lieber Himmel!

santo[2] *(m; f* **-a***)* ~ Heilige(r) *(m/f) (anche fig)* ◆ *santo protettore, santo patrono* Schutzheilige(r).

santuario *(m)* **1** *(luogo)* Heiligtum *(n)*. **2** *(chiesa)* Wallfahrtskirche *(f)*.

sanzionare *(f)* **1** *(ratificare)* {~ *qcs*} zustimmen *(vi*, hat*)*. **2** *(punire)* sanktionieren *(vt)*.

sanzione *(f)* **1** *(ratifica)* Zustimmung *(f)*. **2** *(ammenda)* Sanktion *(f) (spec pl)*.

sapere[1] *(vt)* **1** wissen* *(vt)* ◆ *non so quando posso venire* ich weiß nicht, wann ich kommen kann ◆ *lo so!* ich weiß (es)! ◆ *come fai a saperlo?* woher weißt du das? ◆ *come faccio a saperlo?* woher soll ich das wissen? ◆ *non ne voglio sapere niente* ich will nichts davon wissen. **2** *(venire a sapere)* erfahren* *(vt)* ◆ *ho saputo dal giornale, per caso che* ich habe durch die Zeitung, durch Zufall erfahren, dass. **3** *(conoscere)* kennen *(vt)*; *(aver imparato)* können *(vt)* ◆ *sai il suo nome?* kennst du ihren Namen? ◆ *so il tedesco* ich kann Deutsch. ◆ **far sapere qcs a qcn** jmdn etwas wissen lassen*. ◆ **non che io sappia** nicht, dass ich wüsste. ◆ **che ne so!** was weiß ich! ◆ **chissà, lo sa il cielo** weiß der Himmel. ◆ **fammelo sapere!** sag mir Bescheid!

sapere[2] *(vi)* **1** *(avere un sapore)* schmecken *(vi*, hat*)* ◆ *il vino sa di tappo* der Wein schmeckt nach Korken. **2** *(avere un odore)* riechen *(vi*, hat*)* ◆ *sapere di fumo* nach Rauch riechen. **3** *(pensare)* glauben ◆ *mi sa che non verrà* ich glaube er/sie kommt nicht. **4** *(essere al corrente di qcs)* um etwas/von etwas wissen *(vi*, hat*)* ◆ *non ne so niente* ich weiß nichts davon. ◆ **per quanto ne so** soweit/soviel ich weiss.

sapere[3] *(v mod)* **1** *(essere capace)* können *(v mod)* ◆ *sapere nuotare, leggere* schwimmen, lesen können. **2** *(essere in grado)* wissen* *(vt)* ◆ *sa controllarsi* er weiß sich zu beherrschen.

sapere[4] *(m)* ~ Wissen *(n)*.

sapiente *(agg)* **1** *(dotto)* gelehrt. **2** *(saggio)* weise.

sapienza *(f)* ~ Weisheit *(f)*.

sapone *(m)* ~ Seife *(f)*.

saponetta *(f)* ~ Seife *(f)*.

sapore *(m)* ~ Geschmack *(m)* ◆ *la salsa ha un sapore di peperoni* die Soße hat einen Geschmack nach Paprika.

saporito *(agg)* **1** schmackhaft. **2** *(piccante)* würzig.

sarcasmo *(m)* ~ Sarkasmus *(m)*.

sarcastico *(agg)* ~ sarkastisch.

sardina *(f)* ~ *(zool)* Sardine *(f)*. ◆ **stare stretti come le sardine** wie die Heringe stehen*.

sarto *(m; f* **-a***)* ~ Schneider *(m; f* -in*)*.

sartoria *(f)* **1** *(atelier)* Schneiderei *(f)*. **2** *(arte del sarto)* Schneiderhandwerk *(n)*.

sassata *(f)* ~ Steinwurf *(m)*. ◆ **prendere qcn a sassate** jmdn mit Steinen bewerfen*.

sasso *(m)* ~ Stein *(m)* ◆ *restare di sasso* zu Stein werden/erstarren. ◆ **duro come un sasso** steinhart *(agg)*.

sassofono *(m)* ~ Saxophon *(n)*.

sassoso *(agg)* ~ steinig.

Satana *(m)* ~ Satan *(m)*.

satanico *(agg)* ~ satanisch, teuflisch.
satellite[1] *(agg)* ~ Satelliten- ♦ *stato satellite* Satellitenstaat *(m)*.
satellite[2] *(m)* ~ Satellit *(m)*, Trabant *(m)*.
satira *(f)* ~ Satire *(f)*.
satireggiare *(vt)* ~ verspotten *(vt)*.
satirico *(agg)* ~ satirisch.
saturare *(vt)* ~ *(econ/chim)* sättigen *(vt)*.
Saturno *(m)* ~ *(astron)* Saturn *(m)*.
sauna *(f)* ~ Sauna *(f)*.
savana *(f)* ~ Savanne *(f)*.
saziare *(vt)* ~ sättigen *(vt)* *(anche fig)*.
saziarsi *(vr)* ~ {~ *con/di qcs*} sich an/von etwas *(Dat)* sättigen *(vr)*, von etwas satt werden* *(vi, ist)*.
sazietà *(f)* ~ Sättigung *(f)*, Sattheit *(f)* *(anche fig)*. ◆ **mangiare a sazietà** sich satt essen*.
sazio *(agg)* ~ satt.
sbadataggine *(f)* ~ Zerstreutheit *(f)*, Unachtsamkeit *(f)*.
sbadato *(agg)* ~ unachtsam, zerstreut.
sbadigliare *(vi)* ~ gähnen *(vi, hat)*.
sbagliare[1] *(vi)* ~ sich irren *(vr)*, einen Fehler machen *(vt)* ♦ *se non sbaglio* wenn ich mich nicht irre.
sbagliare[2] *(vt)* ~ verfehlen *(vt)* ♦ *abbiamo sbagliato strada (a piedi)* wir haben den Weg verfehlt. ◆ **sbagliare il conto** *(contare male)* sich verzählen *(vr)*, sich verrechnen *(vr)*. ◆ **sbagliare numero** *(al telefono)* sich verwählen *(vr)*. ◆ **sbagliare strada** *(in auto)* sich verfahren* *(vr)*.
sbagliarsi *(vr)* ~ sich irren *(vr)* ♦ *mi sono sbagliato sulla data* ich habe mich im Datum geirrt ♦ *se non mi sbaglio* wenn ich mich nicht irre.
sbagliato *(agg)* ~ falsch ♦ *un'impressione sbagliata* ein falscher Eindruck ♦ *una risposta sbagliata* eine falsche Antwort. ◆ **in modo sbagliato** falsch *(avv)*.
sbaglio *(m)* ~ Fehler *(m)*. ◆ **per sbaglio** fälschlicherweise *(avv)*.
sbalordimento *(m)* ~ Verblüffung *(f)*, Fassungslosigkeit *(f)*.
sbalordire *(vt)* ~ verblüffen *(vt)*.
sbalorditivo *(agg)* **1** *(sconcertante)* verblüffend. **2** *(meraviglioso)* erstaunlich.
sbalordito *(agg)* **1** *(sconcertato)* verblüfft. **2** *(meravigliato)* erstaunt. **3** *(senza parole)* sprachlos.
sbalzare *(vt)* ~ schleudern *(vt)*.
sbalzo *(m)* ~ Ruck *(m)*.
sbandare *(vi)* ~ schleudern *(vi, ist/hat)*. ◆ **cominciare a sbandare** ins Schleudern geraten.
sbaragliare *(vt)* ~ zerschlagen* *(vt)*.
sbaraglio *(m)* ~ **mandare qcn allo sbaraglio** jmdn einer Gefahr aus|setzen.
sbarazzarsi *(vr)* ~ {~ *di qcn/qcs*} sich jmds/etwas *(Gen)* entledigen *(vr)*.
sbarazzino *(agg)* ~ neckisch.
sbarcare[1] *(vi)* ~ landen *(vi)*.
sbarcare[2] *(vt)* ~ an Land bringen* *(vt)*.
sbarra *(f)* **1** Schranke *(f)* *(anche fig)* ♦ *sbarra di passaggio a livello* Bahnschranke. **2** *(spranga)* Stange *(f)*.
sbarramento *(m)* ~ Sperre *(f)*, Sperrung *(f)*.
sbarrare *(vt)* ~ versperren *(vt)*, ab|sperren *(vt)* ♦ *sbarrare una strada (con transenne)* einen Weg versperren.
sbattere[1] *(vi)* **1** schlagen* *(vi, ist)*. **2** *(urtare)* stoßen* *(vi, ist)* ♦ *ha sbattuto contro la porta* sie ist gegen die Tür gestoßen. **3** *(con rumore)* klappern *(vi, hat)* ♦ *la porta sbatte* die Tür klappert.
sbattere[2] *(vt)* **1** *(chiudere sbattendo)* zu|schlagen* *(vt)*, schlagen* *(vt)*. **2** *(urtare)* stoßen* *(vi, ist)* ♦ *sbattere il gomito nella porta* mit dem Ellbogen gegen die Tür stoßen. **3** *(gettare)* werfen* *(vt)* ♦ *sbattere qcn a terra, in prigione* jmdn zu Boden, ins Gefängnis werfen. **4** *(uova)* rühren *(vt)*.
sbattersi *(vr)* ~ sich (sehr) bemühen *(vr)*. ◆ **me ne sbatto!** ich pfeife darauf!, das ist mir scheißegal!
sbavare *(vt/vi)* **1** sabbern *(vi, hat)*. **2** *(inchiostro, colori)* verwischen *(vt)*. ◆ **sbavare dietro a qcn** auf jmdn/etwas scharf sein.
sberla *(f)* ~ Ohrfeige *(f)*.
sbiadire[1] *(vi)* **1** verblassen *(vi, ist)* *(anche fig)* ♦ *il colore è sbiadito* die Farbe ist verblasst. **2** *(tessuti)* verbleichen* *(vi, ist)*.
sbiadire[2] *(vt)* ~ aus|bleichen *(vt)*.
sbiadirsi *(vr)* ~ verblassen *(vi, ist)* *(anche fig)*.
sbiadito *(agg)* **1** verblasst *(anche fig)*. **2** *(incolore)* farblos.

sbiancare[1] *(vi)* ~ weiß werden* *(vi, ist)* ♦ *sbiancare in volto* weiß im Gesicht werden.
sbiancare[2] *(vt)* **1** weiß machen *(vt)*. **2** *(candeggiare)* bleichen *(vt)*.
sbieco *(agg)* ~ schräg, schief. ◆ **di sbieco** schief *(avv)*.
sbigottimento *(m)* **1** *(sbalordimento)* Fassungslosigkeit *(f)*. **2** *(sgomento)* Bestürzung *(f)*.
sbigottire *(vt)* **1** *(sbalordire)* verblüffen *(vt)*. **2** *(sgomentare)* bestürzen *(vt)*.
sbilanciare *(vt)* ~ aus dem Gleichgewicht bringen* *(vt)*.
sbirciare *(vt)* ~ {~ *qcn/qcs*} auf jmdm/etwas schielen *(vi, hat)*
sbirro *(m)* ~ *(spreg)* Bulle *(m)*.
sbizzarrirsi *(vr)* ~ tollen *(vi, hat)*, sich auslton *(vr)*.
sbloccamento *(m)* ~ Freigabe *(f)*.
sbloccare *(vt)* ~ *(liberare, aprire)* freilgeben* *(vt)*.
sbloccarsi *(vr)* ~ *(mecc)* sich lösen *(vr)*.
sblocco *(m)* ~ Freigabe *(f)*.
sboccare *(vi)* **1** münden *(vi, hat)* ♦ *la strada sbocca sulla piazza del mercato* die Straße mündet auf den Marktplatz. **2** *(fiume)* fließen* *(vi, ist)* ♦ *il fiume sbocca nel mare* der Fluss fließt ins Meer.
sbocciare *(vi)* ~ auflblühen *(vi, ist)*.
sbocco *(m)* **1** *(geogr)* Mündung *(f)*. **2** *(uscita)* Ausgang *(m)*.
sbornia *(f)* ~ Rausch *(m)*.
sbottare *(vi)* ~ auslbrechen* *(vi, ist)* ♦ *sbottare a ridere* in Gelächter ausbrechen.
sbottonare *(vt)* ~ auflknöpfen; *(staccando)* abknöpfen ♦ *sbottonarsi la camicia* sich *(Dat)* das Hemd aufknöpfen.
sbottonarsi *(vr)* **1** sich auflknöpfen *(vr)*. **2** *(lasciarsi andare)* sich gehen lassen* *(vr)*.
sbranare *(vt)* **1** zerfleischen *(vt)*. **2** *(fig)* zerreißen* *(vt)*.
sbriciolare[1] *(vi)* ~ krümeln *(vi, hat)*.
sbriciolare[2] *(vt)* ~ zerkrümeln *(vt)*.
sbriciolarsi *(vr)* ~ krümeln *(vi, hat)*.
sbrigare *(vt)* ~ erledigen *(vt)* ♦ *sbrigare un incarico, la posta* einen Auftrag, die Post erledigen.
sbrigarsi *(vr)* ~ sich beeilen *(vr)* ♦ *sbrigati!* beeil dich doch! ◆ **sbrigarsela con qcn/qcs** mit jmdm/etwas fertig werden*.
sbrigativo *(agg)* ~ eilig, schnell.
sbrinare *(vt)* ~ abltauen *(vt)*.
sbrodolare *(vt)* ~ kleckern *(vt)* ♦ *sbrodolare la camicia di gelato* das Eis auf das Hemd kleckern.
sbrodolarsi *(vr)* ~ kleckern *(vi, hat)* ♦ *sbrodolarsi mangiando* beim Essen kleckern.
sbrogliare *(vt)* **1** entwirren *(vt)*. **2** *(risolvere)* lösen *(vt)*, entwirren *(vt)*.
sbronza *(f)* ~ Rausch *(m)*.
sbronzo *(agg)* ~ besoffen.
sbucare *(vi)* ~ herauslkommen* *(vi, ist)*.
sbucciare *(vt)* ~ schälen *(vt)*.
sbucciarsi *(vr)* ~ schürfen *(vt)* ♦ *mi sono sbucciato il gomito* ich habe mir den Ellbogen geschürft.
sbuffare *(vi)* ~ schnauben *(vi, hat)* *(anche fig)*.
scabbia *(f)* ~ *(med)* Krätze *(f)*.
scabro *(agg)* **1** *(ruvido)* rau. **2** *(stile)* nüchtern.
scabrosità *(f)* ~ *(ruvidezza)* Rauheit *(f)*.
scabroso *(agg)* ~ heikel.
scacchiera *(f)* ~ Schachbrett *(n)*.
scacciare *(vt)* ~ vertreiben* *(vt)*, verjagen *(vt)* ♦ *scacciare qcn dal suo paese* jmdn aus seinem Land vertreiben.
scacco *(m)* **1** Schach *(n)* ♦ *dare scacco* Schach bieten. **2** *(pl)* Schach *(n)*, Schachspiel *(n)* ♦ *giocare a scacchi* Schach spielen. ◆ **scacco matto!** (Schach und) matt!
scadente *(agg)* **1** *(di poco valore)* minderwertig. **2** *(di cattiva qualità)* schlecht.
scadenza *(f)* **1** *(perdita di validità)* Ablauf *(m)*, Verfall *(m)*. **2** *(tempo, periodo fissato)* Frist *(f)* ♦ *per questa scadenza il lavoro deve essere finito* zu dieser Frist muss die Arbeit erledigt sein. **3** *(econ)* Fälligkeit *(f)*. ◆ **a lunga, breve scadenza** langfristig *(agg/avv)*, kurzfristig *(agg/avv)*. ◆ **in scadenza** fällig *(agg)*. ◆ **data di scadenza** *(di alimenti)* Verfallsdatum *(n)*.
scadere *(vt)* **1** verfallen* *(vi, ist)*, fällig werden* *(vi, ist)*, fällig sein* *(vi, ist)* ♦ *la cambiale scade alla fine del mese* der Wechsel ist am Ende des Monats fällig. **2** *(perdere validità)* auslaufen* *(vi, ist)*, ablaufen* *(vi, ist)* ♦ *il mio abbonamento,*

il mio passaporto è scaduto mein Abonnement, mein Pass ist abgelaufen. ***3*** *(perdere pregio)* herab|sinken* *(vi, ist)*.

scaduto *(agg)* ***1*** verfallen. ***2*** *(senza validità)* ungültig.

scaffale *(m)* ~ Regal *(n)*.

scafo *(m)* ~ *(naut)* Schiffsrumpf *(m)*.

scagionare *(vt)* ~ entlasten *(vt)*.

scagionarsi *(vr)* ~ sich weiß|waschen* *(vr)*.

scaglia *(f)* ***1*** *(zool/med)* Schuppe *(f)*. ***2*** *(scheggia)* Splitter *(m)*.

scagliare *(vt)* ~ schleudern *(vt)*, werfen* *(vt)*.

scagliarsi *(vr)* ***1*** {~ *su qcn*} *(anche fig)* auf jmdn stürzen *(vr)* ♦ *scagliarsi sul nemico* sich auf den Feind stürzen. ***2*** *(fig)* {~ *contro qcs*} gegen etwas wettern *(vi)*.

scaglionamento *(m)* ~ Staffelung *(f)*.

scaglionare *(vt)* ~ staffeln *(vt)*.

scaglione *(m)* ~ *(mil)* Staffel *(f)*. ◆ **a scaglioni** staffelweise *(avv)*.

scala *(f)* ***1*** Treppe *(f)* ♦ *salire le scale* die Treppe hinaufgehen/hinaufsteigen ♦ *scendere le scale* die Treppe hinuntergehen/hinuntersteigen ♦ *scala di servizio* Hintertreppe ♦ *scala mobile* Rolltreppe ♦ *scala a chiocciola* Wendeltreppe. ***2*** *(a pioli)* Leiter *(f)*. ***3*** *(proporzione)* Maßstab *(m)* ♦ *in scala uno a diecimila* im Maßstab 1: (zu) 10000. ***4*** *(di misurazione)* Skala *(f)* *(anche fig)*. ***5*** *(musicale)* Tonleiter *(f)*. ◆ **scala di emergenza** Notleiter *(f)*. ◆ **in scala** maßstab(s)gerecht *(agg/avv)*.

scalare *(vt)* ***1*** besteigen* *(vt)*, erklimmen* *(vt)* *(anche fig)* ♦ *scalare una montagna* einen Berg besteigen. ***2*** *(econ)* {~ *qcs da qcs*} etwas mit etwas verrechnen *(vt)*.

scalata *(f)* ~ Besteigung *(f)*.

scalatore *(m; f* **-trice***)* ~ Bergsteiger *(m; f* -in*)*.

scaldabagno *(m)* ~ Boiler *(m)*.

scaldare *(vt)* ~ erwärmen *(vt)*; erhitzen *(vt)* *(anche fig)*.

scaldarsi *(vr)* ***1*** sich wärmen *(vr)*. ***2*** *(fig)* sich erhitzen *(vr)*.

scalfire *(vt)* ~ schrammen *(vt)*, ritzen *(vt)*.

scalfittura *(f)* ~ Schramme *(f)*.

scalinata *(f)* ~ Treppe *(f)*.

scalino *(m)* ~ Stufe *(f)*.

scalo *(m)* ***1*** *(aeron)* Anflughafen *(m)*. ***2*** *(tappa intermedia)* Zwischenlandung *(f)*. ◆ **fare scalo** *(aereo)* zwischen|landen *(vi*, ist; *spec all'inf e part pass)*, an|fliegen* *(vt)* ♦ *dobbiamo fare scalo a Parigi* wir müssen in Paris zwischenlanden.

scalogno *(m)* ~ *(bot)* Schalotte *(f)*.

scalpellare *(vt)* ~ meißeln *(vt)*.

scalpellino *(m)* ~ Steinmetz *(m)*.

scalpello *(m)* ~ Meißel *(m)*.

scalpitare *(vi)* ***1*** stampfen *(vi*, hat/ist*)*. ***2*** *(fig)* ungeduldig sein* *(vi*, ist*)*.

scalpore *(m)* ~ Aufsehen *(n)* ♦ *suscitare scalpore* Aufsehen erregen.

scaltrezza *(f)* ~ Schlauheit *(f)*, List *(f)*.

scaltro *(agg)* ~ verschlagen, listig, schlau.

scalzo *(agg)* ~ barfuß, barfüßig ♦ *camminare scalzo* barfuß laufen.

scambiare *(vt)* ***1*** tauschen *(vt)*, ein|tauschen *(vt)* ♦ *scambiare qcs con qcs* etwas gegen etwas tauschen. ***2*** *(inavvertitamente)* vertauschen *(vt)*, verwechseln *(vt)* ♦ *abbiamo scambiato i nostri ombrelli* wir haben unsere Schirme vertauscht. ***3*** *(confondere)* verwechseln *(vt)* ♦ *l'ho scambiata per sua sorella* ich habe sie mit ihrer Schwester verwechselt. ***4*** *(a vicenda)* aus|tauschen *(vt)* ♦ *scambiare regali, opinioni, informazioni* Geschenke, Meinungen, Informationen austauschen.

scambiarsi *(vr)* ~ tauschen *(vt)* *(anche fig)* ♦ *scambiarsi sguardi* Blicke tauschen ♦ *scambiarsi i ruoli con qcn* mit jmdm die Rollen tauschen.

scambievole *(agg)* ~ wechselseitig.

scambio *(m)* ***1*** Tausch *(m)* ♦ *fare uno scambio* einen Tausch machen. ***2*** *(per errore, confusione)* Verwechslung *(f)*. ***3*** *(opinioni, esperienze, ecc)* Austausch *(m)*. ***4*** *(ferroviario)* Weiche *(f)* ♦ *manovrare gli scambi* die Weichen stellen. ◆ **scambio di opinioni** Auseinandersetzung *(f)*.

scampanio *(m)* ~ Glockengeläute *(n)*.

scampare[1] *(vi)* ***1*** {~ *a qcs*} etwas *(Dat)* entrinnen* *(vi*, ist*)*, etwas überleben *(vt)*. ***2*** *(sfuggire)* {~ *a qcs*} etwas *(Dat)* entkommen* *(vi*, ist*)*.

scampare[2] *(vt)* ~ {~ *qcs*} etwas *(Dat)* entgehen* *(vi*, ist*)*. ◆ **scamparla** davon|kommen* *(vi*, ist*)*.

scampo[1] *(m)* ~ Rettung *(f)*, Ausweg *(m)* ♦ *non c'è più scampo* es gibt keine Rettung mehr.
scampo[2] *(m)* ~ *(gastr) (pl)* Scampi *(pl)*.
scampolo *(m)* ~ *(di stoffa)* Stoffrest *(m)*.
scanalatura *(f)* **1** *(solco)* Rille *(f)*. **2** *(mecc)* Nut *(f)*.
scandalizzare *(vi)* ~ {~ *qcn*} bei jmdm an|stoßen* *(vi*, ist*)*, Anstoß erregen *(vt)*.
scandalizzarsi *(vr)* ~ {~ *di qcs*} an etwas *(Dat)* Anstoß nehmen* *(vt)*.
scandalo *(m)* ~ Anstoß *(m)*, Skandal *(m)* ♦ *suscitare scandalo* Anstoß erregen.
scandaloso *(agg)* ~ skandalös.
scandire *(vt)* ~ deutlich aus|sprechen* *(vt)*.
scannare *(vt)* ~ ab|stechen* *(vt)*.
scanner *(m)* ~ *(elab)* Scanner *(m)*.
scannerizzare *(vt)* ~ *(elab)* scannen *(vt)*.
scansafatiche *(m)* ~ Faulpelz *(m)*.
scansare *(vt)* **1** *(spostare)* ab|rücken *(vt)*. **2** *(schivare)* {~ *qcn/qcs*} jmdm/etwas aus|weichen* *(vi*, ist*)*.
scansarsi *(vr)* ~ zur Seite treten* *(vi*, ist*)*.
scantinato *(m)* ~ Keller *(m)*.
scapola *(f)* ~ *(anat)* Schulterblatt *(n)*.
scapolo[1] *(agg)* ~ ledig.
scapolo[2] *(m)* ~ Junggeselle *(m)*.
scappamento *(m)* ~ Auspuff *(m)*.
scappare *(vi)* **1** weg|laufen* *(vi*, ist*)*, fliehen* *(vi*, ist*)*, entlaufen* *(vi*, ist*)* ♦ *scappare dalla guerra* vor dem Krieg fliehen ♦ *scappare all'estero* ins Ausland fliehen ♦ *il cane è scappato* der Hund ist weggelaufen. **2** *(sfuggire)* {~ *a qcn/qcs*} jmdm/etwas entgehen* *(vi*, ist*)*. **3** *(parlando)* {~ *a qcn*} jmdm entfahren* *(vi*, ist*)* ♦ *gli è scappata una parolaccia* ihm ist ein Schimpfwort entfahren. ◆ **farsi scappare qcs** etwas verlieren* *(vt)*, verpassen *(vt)* ♦ *farsi scappare un'occasione* eine Gelegenheit verpassen.
scappata *(f)* ~ *(salto, breve gita)* Rutsch *(m)*.
scappatella *(f)* ~ Seitensprung *(m)*.
scappatoia *(f)* ~ Ausweg *(m)*.
scappellotto *(m)* ~ Klaps *(m)*.
scarabeo *(m)* ~ *(zool)* Mistkäfer *(m)*.
scarabocchiare *(vt)* ~ kritzeln *(vt)*, bekritzeln *(vt)*, schmieren *(vt)*.
scarabocchio *(m)* ~ *(pl)* Geschmier *(n)*, Kritzelei *(f)*.
scarafaggio *(m)* ~ *(zool)* Kakerlak *(m)*, Schabe *(f)*.
scaramuccia *(f)* ~ Geplänkel *(n) (anche mil)*.
scaraventare *(vt)* ~ schleudern *(vt)*, werfen* *(vt)*.
scaraventarsi *(vr)* ~ sich werfen *(vr)*.
scarcerare *(vt)* ~ entlassen* *(vt)*, frei|lassen* *(vt)*.
scarcerazione *(f)* ~ Haftentlassung *(f)*.
scardinare *(vt)* ~ aus|hängen *(vt)*, aus den Angeln heben* *(vt)*.
scardinarsi *(vr)* ~ aus den Angeln gehen* *(vi*, ist*)*.
scaricamento *(m)* ~ Entladung *(f)*.
scaricare *(vt)* **1** entladen* *(vt)*, ab|laden* *(vt)*, aus|laden* *(vt)* ♦ *scaricare la merce dal camion* die Ware aus dem LKW ausladen. **2** *(elab)* herunter|laden* *(vt)*, downloaden *(vt)*. **3** *(elettr; armi)* entladen* *(vt)*. **2** *(fig)* {~ *qcs su qcn*} etwas auf jmdn ab|wälzen *(vt)*, ab|laden* *(vt)*.
scaricarsi *(vr)* **1** *(elettr)* sich entladen* *(vr)*. **2** *(fig)* sich entlasten *(vr)*.
scarico[1] *(agg)* **1** unbeladen, leer *(anche elettr)*. **2** *(arma)* nicht geladen.
scarico[2] *(m)* **1** *(di mezzo di trasporto, arma, batteria)* Entladung *(f)*, Ausladung *(f)*. **2** *(di liquido)* Abfluss *(m)*; *(di gas)* Auslass *(m)*. **3** *(scolo)* Auslauf *(m)*.
scarlattina *(f)* ~ *(med)* Scharlach *(m)*.
scarlatto[1] *(agg)* ~ scharlachfarben.
scarlatto[2] *(m)* ~ *(colore)* Scharlachrot *(n)*.
scarno *(agg)* ~ hager, sehr mager.
scarpa *(f)* ~ Schuh *(m)* ♦ *un paio di scarpe* ein Paar Schuhe ♦ *mettersi, togliersi le scarpe* die Schuhe anziehen, ausziehen ♦ *scarpa da ginnastica* Turnschuh, Sportschuh ♦ *scarpa da tennis* Tennisschuh ♦ *scarpa ortopedica* Gesundheitsschuh. ◆ **numero di scarpe** Schuhgröße *(f)*.
scarpata *(f)* ~ Böschung *(f)*.
scarpone *(m)* **1** *(da montagna)* Bergschuh *(m)*. **2** *(da sci)* Skistiefel *(m)*.
scarrozzare *(vt)* ~ herum|fahren* *(vt)*.
scarseggiare *(vt)* **1** mangeln *(impers)* ♦ *qcs scarseggia* es mangelt an etwas *(Dat)*. **2** {~ *di qcs*} an etwas *(Dat)* mangeln *(vi*, hat*)*.
scarsità *(f)* ~ Knappheit *(f)*, Mangel *(m)* ♦ *la scarsità di provviste* die Knappheit an Vorräten.

scarso *(agg)* ***1*** *(esiguo)* knapp, gering. ***2*** *(misero)* dürftig, spärlich ♦ *un risultato scarso* ein spärliches Ergebnis. ***3*** *(voto scolastico)* mangelhaft. ***4*** *(tempo, misura, ecc)* knapp ♦ *due metri scarsi* knapp zwei Meter ♦ *un'ora scarsa* eine knappe Stunde ♦ *due ore scarse* knapp zwei Stunden.

scartare *(vt)* ***1*** *(svolgere)* auf|wickeln *(vt)*, aus|packen *(vt)*. ***2*** *(respingere)* verwerfen* *(vt)*. ***3*** *(eliminare)* aus|scheiden* *(vt)*, aus|sondern *(vt)*, aus|sortieren *(vt)*.

scarto *(m)* ***1*** *(lo scartare)* Aussortieren *(n)*. ***2*** *(merce di scarto)* Ausschuss *(m)*.

scassato *(agg)* ~ klapp(e)rig.

scassinare *(vt)* ~ auf|brechen* *(vt)*.

scassinatore *(m; f* **-trice***)* ~ Einbrecher *(m; f* -in*)*.

scatenare *(vt)* ***1*** entfesseln *(vt)*. ***2*** *(sentimenti e sim)* entflammen *(vt)*.

scatenarsi *(vr)* ***1*** *(cose)* sich entfesseln *(vr)*, los|brechen* *(vi, ist)*. ***2*** *(persone)* sich aus|toben *(vr)* ♦ *i bambini si scatenano nel giardino* die Kinder toben sich im Garten aus.

scatenato *(agg)* ~ tobend, unbändig.

scatola *(f)* ***1*** Schachtel *(f)*. ***2*** *(spec rotonda)* Dose *(f)*. ***3*** *(barattolo; lattina)* Büchse *(f)*. ◆ **carne in scatola** Dosenfleisch *(n)*. ◆ **cibo in scatola** Konserve *(f)*.

scatoletta *(f)* ~ *(per alimenti)* Dose *(f)*.

scattare[1] *(vi)* ***1*** *(balzare)* schnellen *(vi, ist)*. ***2*** *(aprirsi/chiudersi con uno scatto)* schnappen *(vi, ist)*. ***3*** *(sport)* spurten *(vi, ist/hat)*. ***4*** *(persone)* springen *(vi, ist)*.

scattare[2] *(vt)* ~ *(fotografie)* schießen* *(vt)*.

scatto *(m)* ***1*** *(mecc)* Schnellen *(n)*. ***2*** *(sport)* Spurt *(m)*. ***3*** *(tel)* Einheit *(f)*. ***4*** *(sussulto, balzo)* Ruck *(m)*, Ausbruch *(m)* ♦ *scatto d'ira* Zornesausbruch. ◆ **a scatti** ruckartig *(agg/avv)*. ◆ *(tecn/fotogr)* **dispositivo di scatto** Auslöser *(m)*.

scaturire *(vi)* ***1*** quellen* *(vi, ist)*. ***2*** *(fig)* {~ *da qcs*} etwas *(Dat)* entspringen* *(vi, ist)*.

scavalcare *(vt)* ***1*** *(ostacoli)* überspringen* *(vt)*. ***2*** *(salendo)* übersteigen* *(vt)*.

scavare *(vt)* ***1*** aus|heben* *(vt)*, graben* *(vt)* ♦ *scavare un fossato* einen Graben ausheben. ***2*** *(con ruspa e sim)* baggern *(vt)*. ***3*** *(raspando)* scharren *(vt)* ♦ *scavare un buco raspando* ein Loch scharren. ***4*** *(in archeologia)* aus|graben *(vt)*. ***5*** *(approfondire)* nach|forschen *(vt)*.

scavo *(m)* ***1*** *(luogo)* Grube *(f)*. ***2*** *(lo scavare)* Graben *(n)*. ***3*** *(archeologico)* Ausgrabung *(f)*.

scegliere *(vt)* ***1*** wählen *(vt)* ♦ *scegliere una professione, un libro, il momento giusto* einen Beruf, ein Buch, den richtigen Augenblick wählen. ***2*** *(selezionare)* aus|sortieren *(vt)*, aus|suchen *(vt)*, aus|lesen* *(vt)* ♦ *ho scelto un paio di scarpe* ich habe ein Paar Schuhe ausgesucht.

sceglìersi *(vr)* ~ {~ *qcn/qcs*} (sich) *(Dat)* jmdn/etwas aus|suchen *(vt)*.

sceicco *(m)* ~ Scheich *(m)*.

scellino *(m)* ~ Schilling *(m)*.

scelta *(f)* ***1*** Wahl *(f)* ♦ *fare una scelta* eine Wahl treffen ♦ *non ho altra scelta* ich habe keine andere Wahl. ***2*** *(selezione)* Auswahl *(f)*, Auslese *(f)* ♦ *operare una scelta* eine Auslese treffen ♦ *una scelta di racconti* eine Auswahl von Erzählungen. ***3*** *(decisione)* Entscheidung *(f)* ♦ *essere di fronte a una scelta* vor einer Entscheidung stehen. ◆ **a scelta** wahlweise *(avv)*.

scelto *(agg)* ***1*** gewählt. ***2*** *(pregiato)* erlesen, auserlesen.

scemenza *(f)* ~ Dummheit *(f)*.

scemo[1] *(agg)* ~ dumm*, blöd(e).

scemo[2] *(m)* ~ Dummkopf *(m)*, Schwachkopf *(m)*.

scena *(f)* ***1*** Szene *(f)* ♦ *la scena politica* die politische Szene. ***2*** *(teatr)* Bühne *(f)* *(anche fig)* ♦ *portare in scena un'opera teatrale* ein Stück auf die Bühne bringen. ***3*** *(quinta)* Kulisse *(f)*. ***4*** *(vista, immagine)* Szene *(f)*, Bild *(n)* ♦ *una scena terribile* ein schreckliches Bild. ***5*** *(scenata)* Szene *(f)*, Theater *(n)* ♦ *non fare scene!* mach kein Theater! ◆ **messa in scena** Inszenierung *(f)*. ◆ **mettere in scena** *(spettacoli)* inszenieren *(vt)*.

scenario *(m)* ~ Bühne *(f)*, Szene *(f)*.

scenata *(f)* ~ Szene *(f)*, Theater *(n)* ♦ *fare una scenata a qcn* jmdm eine Szene machen.

scendere *(vi)* ***1*** hinunter|gehen* *(vi, ist)*; *(verso chi parla)* herunter|kommen* *(vi, ist)*. ***2*** *(con un veicolo)* hinunter|fahren* *(vi*, ist*)*. **3** *(da un veicolo)* aus|steigen* *(vi*, ist*)* ◆ *scendere dalla macchina* aus dem Auto aussteigen. **4** *(smontare)* ab|steigen* *(vi*, ist*)* ◆ *scendere dalla bicicletta, da cavallo* vom Fahrrad, vom Pferd absteigen. **5** *(degradare)* bergab gehen* *(vi*, ist*)*. **6** *(calare, diminuire)* fallen* *(vi*, ist*)* ◆ *la temperatura è scesa* die Temperatur ist gefallen.

scendiletto *(m)* ~ Bettvorleger *(m)*.

sceneggiato *(m)* ~ Fernsehfilm *(m)*.

sceneggiatura *(f)* ~ Drehbuch *(n)*.

scenico *(agg)* ~ *(teatr)* szenisch, Bühnen-.

scenografia *(f)* ~ Bühnenbild *(n)*.

scervellarsi *(vr)* ~ [~ *su qcs*] sich über etwas den Kopf zerbrechen *(vt)*.

scetticismo *(m)* ~ Skepsis *(f)*.

scettico[1] *(agg)* ~ skeptisch.

scettico[2] *(m; f* **-a***)* ~ Skeptiker *(m; f* -in*)*.

scettro *(m)* ~ Zepter *(n) (anche fig)*.

scheda *(f)* ~ Karte *(f)* ◆ *scheda telefonica* Telefonkarte. ◆ **scheda elettorale** Stimmzettel *(m)*.

schedare *(vt)* ~ registrieren *(vt)*.

schedario *(m)* ~ Kartei *(f)*.

scheggia *(f)* ~ Splitter *(m)* ◆ *scheggia di vetro* Glassplitter.

scheggiarsi *(m)* ~ splittern *(vi*, hat*)*.

scheletro *(m)* **1** *(anat)* Skelett *(n)*. **2** *(struttura)* Gerippe *(n)*.

schema *(m)* **1** *(modello)* Schema *(n)* ◆ *costringere qcs in uno schema* etwas in ein Schema pressen. **2** *(abbozzo)* Entwurf *(m)*.

schematico *(agg)* ~ schematisch.

scherma *(f)* ~ *(sport)* Fechten *(n)*, Fechtsport *(m)*. ◆ **tirare di scherma** fechten* *(vi*, hat*)*. ◆ **incontro di scherma** *(sport)* Fechtkampf *(m)*.

schermaglia *(f)* ~ Geplänkel *(n)*.

schermare *(vt)* ~ ab|schirmen *(vt)*.

schermidore *(m; f* **-trice***)* ~ *(sport)* Fechter *(m; f* -in*)*.

schermo *(m)* **1** *(cinem)* Leinwand *(f)*. **2** *(monitor)* Bildschirm *(m)*. **3** *(protettivo)* Schirm *(m)*.

schernire *(vt)* ~ {~ *qcn/qcs*} über jmdn/etwas spotten *(vt)*, jmdn/etwas höhnen *(vt)*.

scherno *(m)* ~ Gespött *(n)*, Spott *(m)*, Hohn *(m)*. ◆ **di scherno** spöttisch *(agg)*, höhnisch *(agg)*.

scherzare *(vi)* ~ scherzen *(vi*, hat*)*. ◆ **non sto affatto scherzando** es ist mein bitterer Ernst damit.

scherzo *(m)* ~ Scherz *(m)*, Spaß *(m)*, Streich *(m)* ◆ *per scherzo* aus/zum Spaß ◆ *non saper stare allo scherzo* keinen Spaß verstehen ◆ *fare uno scherzo* einen Scherz machen ◆ *fare scherzi a qcn* seinen Scherz mit jmdm treiben ◆ *scherzi a parte!* Scherz beiseite!

scherzoso *(agg)* ~ scherzhaft.

schiaccianoci *(m)* ~ Nussknacker *(m)*.

schiacciante *(agg)* **1** erdrückend, überwältigend ◆ *con una maggioranza schiacciante* mit überwältigender Mehrheit. **2** *(convincente, di prova)* schlagend.

schiacciare *(vt)* **1** *(spiaccicare)* quetschen *(vt)*, zerquetschen *(vt)*, zerdrücken *(vt)* ◆ *mi sono schiacciato il dito nella finestra* ich habe mir den Finger im Fenster gequetscht ◆ *schiacciare le patate* Kartoffeln zerdrücken. **2** *(premere)* drücken *(vt)*. **3** *(opprimere)* erdrücken *(vt)*.

schiacciato *(agg)* **1** zerquetscht, zerdrückt. **2** *(fig)* erdrückt.

schiaffare *(vt)* ~ klatschen *(vt)*.

schiaffeggiare *(vt)* ~ ohrfeigen *(vt)*.

schiaffo *(m)* ~ Ohrfeige *(f)*.

schiamazzare *(vi)* ~ kreischen *(vi*, hat*)*.

schiantare *(vi)* ~ platzen *(vi*, ist*)* ◆ *schiantare d'invidia* vor Neid platzen.

schiantarsi *(vr)* ~ zerschellen *(vi*, hat*)* zerbrechen *(vi*, ist*)*.

schianto *(m)* ~ Krach *(m)*, Knall *(m)*.

schiarire *(vt)* ~ auf|hellen *(vt)*, heller machen *(vt)* ◆ *schiarire i capelli* das Haar aufhellen.

schiarirsi *(vr)* ~ sich auf|hellen *(vt) (anche meteor)*, heller werden* *(vi*, ist*)*. ◆ **schiarirsi la voce** sich räuspern.

schiavitù *(f)* ~ Sklaverei *(f)*.

schiavo *(m; f* **-a***)* ~ Sklave *(m; f* Sklavin*)*.

schiena *(f)* ~ Rücken *(m)* ◆ *una schiena larga, curva* ein breiter, krummer Rücken ◆ *dormire sulla schiena* auf dem Rücken schlafen. ◆ **mal di schiena** Rückenschmerzen *(pl)*. ◆ **di schiena** rücklings *(agg/avv)*.

schienale *(m)* ~ Lehne *(f)*.

schiera *(f)* ~ Schar *(f)*, Reihe *(f)*. ◆ **casa a schiera** Reihenhaus *(n)*.

schieramento *(m)* ***1*** *(mil/sport)* Aufstellung *(f)*. ***2*** Lager *(n)*.
schierare *(vt)* ~ auf|stellen *(vt)*.
schierarsi *(vr)* ***1*** sich auf|stellen *(vr)*. ***2*** *(in fila)* sich auf|reihen *(vr)*.
schiettezza *(f)* ~ Offenheit *(f)*.
schietto *(agg)* ***1*** ehrlich, offenherzig. ***2*** *(puro)* pur, rein.
schifezza *(f)* ***1*** Ekelhaftigkeit *(f)*. ***2*** *(fig/volg)* Scheiße *(f)*.
schifo *(m)* ~ Ekel *(m)*, Abscheu *(m)*. ◆ **da fare schifo** *(ironico)* stink- ♦ *ricco da fare schifo* stinkreich. ◆ **fare schifo a qcn** jmdn ekeln.
schifoso *(agg)* ***1*** ekelhaft, eklig; *(di persona)* widerlich. ***2*** *(ripugnante)* fies.
schioccare[1] *(vi)* ~ knallen *(vi, hat)*, schnalzen *(vi, hat)*.
schioccare[2] *(vt)* ~ {~ *qcs*} mit etwas knallen *(vi, hat)*, schnalzen *(vi, hat)* ♦ *schioccare le dita, la frusta* mit den Fingern, mit der Peitsche schnalzen ♦ *far schioccare la frusta* mit der Peitsche knallen.
schiocco *(m)* ~ Knall *(m)*.
schioppo *(m)* ~ Flinte *(f)*.
schiudere *(vt)* ~ halb öffnen *(vt)*.
schiudersi *(vr)* ~ sich öffnen *(vr)*; auf|gehen* *(vi, ist)* *(anche bot)*.
schiuma *(f)* ~ Schaum *(m)*.
schiumare *(vi)* ~ schäumen *(vi, hat)*.
schiumoso *(agg)* ~ schaumig.
schivare *(vi)* ~ {~ *qcn/qcs*} jmdm/etwas aus|weichen* *(vi, ist)* ♦ *schivare un colpo* einem Stoß ausweichen.
schivo *(agg)* ~ scheu.
schizzare[1] *(vi)* ***1*** *(sprizzare, sgorgare)* spritzen *(vi, ist/hat)*. ***2*** *(balzare su)* springen *(vi, ist)*.
schizzare[2] *(vt)* ***1*** *(bagnare o sporcare)* bespritzen *(vt)* ♦ *schizzato di sangue* mit Blut bespritzt. ***2*** *(abbozzare)* entwerfen* *(vt)*. skizzieren *(vt)*.
schizzinoso *(agg)* ~ wählerisch, zimperlich.
schizzo *(m)* ***1*** *(macchia)* Spritzer *(m)*. ***2*** *(abbozzo)* Entwurf *(m)*, Skizze *(f)*.
sci *(m)* ***1*** *(attrezzo)* Ski *(m)*. ***2*** *(sport)* Skisport *(m)*, Skifahren *(n)*. ***3*** *(d'acqua)* *(sport; attrezzo)* Wasserski *(m)*.
scia *(f)* ~ Kielwasser *(n)*.
sciabola *(f)* ~ Säbel *(m)* *(anche sport)*.
sciabolata *(f)* ~ Säbelhieb *(m)*.
sciabordare *(vi)* ~ schwappen *(vi, hat)*.
sciacallo *(m)* ~ Schakal *(m)*.
sciacquare *(vt)* ~ spülen *(vt)*, schwenken *(vt)*.
sciacquone *(m)* ~ Spülung *(f)*.
sciaguattare *(vi)* ~ schwappen *(vi, hat)*.
sciagura *(f)* ~ Unglück *(n)* ♦ *sciagura aerea* Flugzeugunglück.
scialacquare *(vt)* ~ vergeuden *(vt)*, verprassen *(vt)*.
scialbo *(agg)* ~ schal, fad(e).
scialle *(m)* ~ Schal *(m)*.
scialuppa *(f)* ~ Boot *(n)* ♦ *scialuppa di salvataggio* Rettungsboot.
sciamare *(vi)* ~ {~ *intorno a qcs*} etwas umschwärmen *(vt)*.
sciame *(m)* ~ Schwarm *(m)*.
sciarpa *(f)* ~ Schal *(m)* ♦ *sciarpa di lana* Wollschal.
sciatica *(f)* ~ *(med)* Ischias *(m/n)*.
sciatore *(m; f* **-trice***)* ~ Skiläufer *(m; f* -in*)*.
sciatto *(agg)* ~ schlampig, nachlässig.
scientifico *(agg)* ~ wissenschaftlich.
scienza *(f)* ~ Wissenschaft *(f)* ♦ *scienze economiche, naturali* Wirtschaftswissenschaft, Naturwissenschaft.
scienziato *(m; f* **-a***)* ~ Wissenschaftler *(m; f* -in*)*.
scimmia *(f)* ~ Affe *(m)*.
scimmiottare *(vt)* ~ nachäffen *(vt)*.
scimpanzé *(m)* ~ *(zool)* Schimpanse *(m)*.
scindersi *(vr)* ~ sich auf|spalten *(vr)*.
scintilla *(f)* ~ Funke *(m)* ♦ *sprizzare scintille* Funken sprühen.
scintillante *(agg)* ~ funkelnd, glänzend.
scintillare *(vi)* ~ funkeln *(vi, hat)*, glitzern *(vi, hat)*.
scintillio *(m)* ~ Glanz *(m)*, Glitzern *(n)*.
scioccare *(vt)* ~ schockieren *(vt)*.
sciocchezza *(f)* ***1*** Dummheit *(f)*. ***2*** *(piccola cosa)* Kleinigkeit *(f)* ♦ *l'ho pagato una sciocchezza* ich habe eine Kleinigkeit dafür bezahlt.
sciocco[1] *(agg)* ~ dumm*, albern.
sciocco[2] *(m)* ~ Dummkopf *(m)*.
sciogliere *(vt)* ***1*** *(slegare)* lösen *(vt)*. ***2*** *(liberare slegando)* los|binden* *(vt)* ♦ *sciogliere un cane* einen Hund losbinden. ***3*** *(fondere, liquefare)* schmelzen* *(vt)*. ***4*** *(disciogliere)* auf|lösen *(vt)*, lösen *(vt)* ♦

sciogliere lo zucchero nell'acqua Zucker im Wasser auflösen. **5** *(contratti, riunioni, ecc)* auf|lösen *(vt)*. **6** *(legami e sim)* lösen *(vt)*, entbinden *(vt)*. **7** *(alimenti)* zerlassen* *(vt)*.

sciogliersi *(vr)* **1** *(slegarsi)* sich lösen *(vr)*, auf|gehen* *(vi, ist)* ♦ *il nodo si è sciolto* der Knoten hat sich gelöst. **2** *(disciogliersi)* sich auf|lösen *(vr)*, sich lösen *(vr)* ♦ *lo zucchero si scioglie nell'acqua* Zucker löst sich im Wasser. **3** *(liquefarsi)* schmelzen* *(vi, ist)* ♦ *la neve si è sciolta* der Schnee ist geschmolzen. **4** *(chim)* sich zersetzen *(vr)*. **5** *(acquistare disinvoltura)* aus sich heraus|gehen* *(vi, ist)*.

scioglimento *(m)* **1** Lösung *(f)*. **2** *(liquefazione)* Schmelze *(f)*. **3** *(annullamento)* Auflösung *(f)*. **4** *(chim)* Zersetzung *(f)*.

sciolto *(agg)* **1** *(slegato)* ungebunden *(agg)*. **2** *(liquefatto)* geschmolzen. **3** *(foglio)* fliegend. **4** *(sfuso)* lose ♦ *merce sciolta* lose Ware.

scioperare *(vt)* ~ streiken *(vi, hat)*.

sciopero *(m)* ~ Streik *(m)* ♦ *entrare in sciopero* in den Streik treten ♦ *sciopero della fame* Hungerstreik.

scipito *(agg)* ~ fad(e) *(anche fig)*.

scirocco *(m)* ~ Schirokko *(m)*.

sciroppo *(m)* **1** *(di frutta; melassa)* Sirup *(m)*. **2** *(med)* Saft *(m)*.

scisma *(m)* **1** *(pol)* Spaltung *(f)*. **2** *(relig)* Kirchenspaltung *(f)*.

sciupare *(vt)* **1** *(rovinare)* beschädigen *(vt)*. **2** *(sprecare)* verschwenden *(vt)*.

scivolare *(vi)* **1** gleiten* *(vi, ist)*, rutschen *(vi, ist)* ♦ *il bicchiere mi è scivolato di mano* das Glas ist mir aus der Hand gerutscht. **2** *(sdrucciolare)* aus|rutschen *(vi, ist)* ♦ *è scivolato su una buccia di banana* er ist auf einer Bananenschale ausgerutscht. **3** *(infilarsi)* schlüpfen *(vi, ist)* ♦ *scivolare sotto le coperte* unter die Decken schlüpfen.

scivolo *(m)* ~ Rutschbahn *(f)*; Rutsche *(f)*.

scivolone *(m)* ~ Rutscher *(m)*.

scivolosità *(f)* ~ Glätte *(f)*.

scivoloso *(agg)* ~ rutschig, schmierig.

sclerotizzarsi *(vr)* ~ *(cultura, mentalità, ecc)* erstarren *(vi, ist)*.

scoccare *(vt)* **1** *(freccia)* ab|schießen* *(vt)*. **2** *(ore)* schlagen *(vt)*.

scodella *(f)* ~ Schüssel *(f)*, Suppenteller *(m)*.

scodinzolare *(vi)* ~ wedeln *(vi, hat)*.

scogliera *(f)* ~ Klippe *(f)*, Riff *(n)*.

scoglio *(m)* ~ Klippe *(f)* *(anche fig)*; Felsen *(m)*.

scoiattolo *(m)* ~ Eichhörnchen *(n)*.

scolapasta *(f)* ~ *vedi* **colapasta**.

scolapiatti *(m)* ~ Abtropfbrett *(n)*.

scolare[1] *(vi)* ~ ab|tropfen *(vi, hat)*.

scolare[2] *(vt)* **1** *(liquidi, cibi cotti)* ab|gießen* *(vt)* ♦ *scolare la pasta* die Nudeln abgießen. **2** *(bottiglia)* leeren *(vt)*.

scolaro *(m; f* **-a***)* ~ *(fino alle scuole superiori)* Schüler *(m; f* -in*)*.

scolastico *(agg)* ~ schulisch.

scollare[1] *(vt)* ~ *(staccare)* ab|lösen *(vt)*.

scollare[2] *(vt)* ~ *(abiti)* aus|schneiden* *(vt)*.

scollarsi *(vr)* ~ sich ab|lösen *(vr)*.

scollato *(agg)* **1** *(staccato)* abgelöst. **2** *(abito)* ausgeschnitten.

scollatura *(f)* ~ Halsausschnitt *(m)*.

scollo *(m)* ~ Ausschnitt *(m)*.

scolo *(m)* ~ *(condotto)* Abfluss *(m)*, Ablass *(m)*; *(di fiumi, canali, ecc)* Ausfluss *(m)*.

scolorire[1] *(vi)* **1** *(sbiadire)* verbleichen* *(vi, ist)*, ab|färben *(vi, hat)*. **2** *(impallidire)* erblassen *(vi, ist)*.

scolorire[2] *(vt)* ~ entfärben *(vt)*.

scolorirsi *(vr)* ~ verblassen *(vi, ist)* *(anche fig)*.

scolpire *(vt)* **1** meißeln *(vt)*. **2** *(incidere)* ein|hauen^ *(vt)*.

scommessa *(f)* ~ Wette *(f)* ♦ *fare una scommessa* eine Wette abschließen.

scommettere *(vt/vi)* ~ wetten *(vt/vi, hat)* *(anche fig)* ♦ *scommettere cinquanta euro su un cavallo* fünfzig Euro auf ein Pferd wetten ♦ *scommettere dieci euro* um zehn Euro wetten ♦ *quanto vogliamo scommettere?* worum/um wie viel wollen wir wetten?

scomodo *(agg)* ~ unbequem.

scompaginare *(vt)* ~ durcheinander bringen* *(vt)*.

scompaginarsi *(vr)* ~ in Verwirrung geraten* *(vi, ist)*.

scomparire *(vi)* ~ verschwinden* *(vi, ist)* *(anche fig)* ♦ *il dolore è scomparso* der Schmerz ist verschwunden.

scomparsa *(f)* ***1*** *(sparizione)* Verschwinden *(n)*. ***2*** *(morte)* Ableben *(n)*.
scompartimento *(m)* ***1*** *(treno)* Abteil *(n)*. ***2*** *(scomparto)* Fach *(n)*.
scomparto *(m)* ~ Fach *(n)*.
scompigliare *(vt)* ***1*** verwirren *(vt)*. ***2*** *(capelli)* zerzausen *(vt)*.
scompigliato *(agg)* ~ verwirrt; zerzaust.
scomporre *(vt)* ***1*** zerlegen *(vt)* *(anche gramm)*. ***2*** *(turbare)* aus der Fassung bringen* *(vt)*.
scomporsi *(vr)* ~ *(turbarsi)* die Fassung verlieren *(vt)*.
scomposizione *(f)* ***1*** Zerlegung *(f)*. ***2*** *(gramm)* Zergliederung *(f)*.
scomunica *(f)* ~ Kirchenbann *(m)*.
scomunicare *(vt)* ~ bannen *(vt)*.
sconcertante *(agg)* ~ verblüffend, befremdend.
sconcertare *(vt)* ***1*** verblüffen *(vt)*. ***2*** *(sconvolgere)* erschüttern *(vt)*.
sconcertato *(agg)* ~ verblüfft.
sconcerto *(m)* ***1*** Verblüffung *(f)*, Befremden *(n)*. ***2*** *(sgomento)* Erschütterung *(f)*.
sconcio *(agg)* ~ unanständig; schmutzig ♦ *una barzelletta sconcia* ein schmutziger Witz.
sconfiggere *(vt)* ***1*** *(battere)* schlagen* *(vt)* *(anche sport)*. ***2*** *(vincere, superare)* besiegen *(vt)* *(anche fig)*.
sconfinato *(agg)* ~ grenzenlos, endlos.
sconfitta *(f)* ~ Niederlage *(f)* ♦ *subire una sconfitta* eine Niederlage erleiden.
sconfortante *(agg)* ~ entmutigend, trostlos.
sconfortato *(agg)* ~ mutlos.
sconforto *(m)* ~ Mutlosigkeit *(f)*.
scongelare *(vi)* ~ auf|tauen *(vt)*.
sconnesso *(agg)* ***1*** zusammenhanglos. ***2*** *(accidentato)* holp(e)rig.
sconosciuto[1] *(agg)* ***1*** unbekannt ♦ *un pittore sconosciuto* ein unbekannter Maler. ***2*** *(estraneo)* fremd ♦ *l'inganno gli è sconosciuto* Betrug ist ihm fremd.
sconosciuto[2] *(m; f* **-a***)* ~ Fremde(r) *(m/f)*.
sconsideratezza *(f)* ~ Unüberlegtheit *(f)*, Leichtsinn *(m)*.
sconsiderato *(agg)* ~ unüberlegt, leichtsinnig, unbedacht.
sconsigliare *(vt)* ~ {~ *qcs a qcn*} jmdm (von etwas) ab|raten* *(vi*, hat*)* ♦ *mi hanno sconsigliato questo investimento* man hat mir von dieser Investition abgeraten.
sconsolato *(agg)* ***1*** *(inconsolabile)* untröstlich. ***2*** *(triste)* trostlos.
scontare *(vt)* ***1*** *(dir)* büßen *(vt)*, verbüßen *(vt)*. ***2*** *(prezzo)* herab|setzen *(vt)*, ermäßigen *(vt)*.
scontato *(agg)* ***1*** *(pena)* verbüßt. ***2*** *(prezzo)* ermäßigt. ***3*** *(ovvio)* selbstverständlich ♦ *è scontato che* es ist selbstverständlich, dass. ◆ **dare per scontato** von etwas aus|gehen* *(vi*, ist*)*.
scontentezza *(f)* ~ Unzufriedenheit *(f)*.
scontento *(agg)* ~ unzufrieden ♦ *essere scontento di qcn/qcs* mit jmdm/etwas unzufrieden sein.
sconto *(m)* ***1*** Ermäßigung *(f)*, Rabatt *(m)* ♦ *fare lo sconto del 10% su una merce* 10 % (zehn Prozent) Rabatt auf eine Ware geben/gewähren. ***2*** *(comm)* Skonto *(n/m)*. ***3*** *(econ)* Diskont *(m)*. ◆ **tasso di sconto** Diskontsatz *(m)*.
scontrarsi *(vr)* ***1*** zusammen|stoßen* *(vi*, ist*)*. ***2*** *(divergere, opinioni)* kollidieren *(vi*, hat*)*. ***3*** *(imbattersi)* {~ *con qcn*} auf jmdn stoßen *(vi*, hat*)*.
scontrino *(m)* ~ Beleg *(m)*, Kassenzettel *(m)*.
scontro *(m)* ***1*** *(collisione)* Zusammenstoß *(m)*. ***2*** *(confronto)* Auseinandersetzung *(f)*, Konfrontation *(f)*.
scontroso *(agg)* ~ mürrisch.
sconveniente *(agg)* ~ unanständig, ungehörig, unpassend.
sconvolgente *(agg)* ~ überwältigend, erschütternd.
sconvolgere *(vt)* ***1*** *(sconcertare)* bestürzen *(vt)*, erschüttern *(vt)*. ***2*** *(devastare)* verwüsten *(vt)*.
sconvolto *(agg)* ~ bestürzt, erschüttert.
scooter *(m)* ~ Motorroller *(m)*, Mofa *(n)*.
scopa *(f)* ~ Besen *(m)*.
scopare *(vt)* ***1*** *(spazzare)* kehren *(vt)*, fegen *(vt)*. ***2*** *(volg)* bumsen *(vt/vi)*.
scoperchiare *(vt)* ~ ab|decken *(vt)*.
scoperta *(f)* ***1*** Entdeckung *(f)* ♦ *fare una scoperta* eine Entdeckung machen. ***2*** *(rinvenimento, ritrovamento)* Fund *(m)*.
scoperto *(agg)* ***1*** *(senza coperchio, tetto)* abgedeckt. ***2*** *(senza copertura)* ungedeckt, offen *(anche assegno)*. ***3*** *(senza co-*

perta) unbedeckt. **4** *(nudo)* bloß *(agg)* ♦ *a capo scoperto* mit bloßem Kopf.
scopo *(m)* ~ Zweck *(m)*, Ziel *(n)* ♦ *a questo scopo* zu diesem Zweck ♦ *a che scopo?* zu welchem Zweck? ♦ *servire a uno scopo* zu einem Zweck dienen ♦ *scopo finale* Endzweck ♦ *porsi uno scopo* sich *(Dat)* ein Ziel setzen. ◆ **a che scopo** wozu ♦ *a che scopo ti servono le forbici?* wozu brauchst du die Schere?
scoppiare *(vi)* **1** platzen *(vi, ist)*, auf|platzen *(vi, ist)*, bersten* *(vi, ist)* ♦ *il palloncino è scoppiato* der Luftballon ist geplatzt. **2** *(incendi, epidemie, ecc)* aus|brechen* *(vi, ist)* ♦ *scoppiare a ridere, in lacrime* in Gelächter, in Tränen ausbrechen. **3** *(temporale)* los|brechen* *(vi, ist)*. **4** *(fig)* {~ *per qcs*} vor etwas *(Dat)* platzen *(vi, ist)* ♦ *scoppiare d'invidia* vor Neid platzen.
scoppiettare *(vi)* ~ *(fuoco)* knistern *(vi, hat)*, prasseln *(vi, ist)*.
scoppio *(m)* **1** Platzen *(n)*. **2** *(fragore)* Knall *(m)*. **3** *(fig)* Ausbruch *(m)*. ◆ **motore a scoppio** Verbrennungsmotor *(m)*.
scoprire *(vt)* **1** entdecken *(vt)* ♦ *scoprire un ladro* einen Dieb entdecken. **2** *(arrivare a scoprire)* heraus|finden* *(vt)*. **3** *(liberare da una copertura)* enthüllen *(vt)* ♦ *scoprire un monumento* ein Denkmal enthüllen. **4** *(scoperchiare)* ab|decken *(vt)*. ◆ **scoprire le carte** die Karten aufdecken.
scopritore *(m; f* **tricc***)* ~ Entdecker *(m; f -in)*.
scoraggiamento *(m)* ~ Entmutigung *(f)*, Mutlosigkeit *(f)*.
scoraggiante *(agg)* ~ entmutigend, mutlos.
scoraggiare *(vt)* ~ entmutigen *(vt)*.
scoraggiarsi *(vr)* ~ verzagen *(vi, ist)*.
scoraggiato *(agg)* ~ mutlos, niedergeschlagen.
scorbutico *(agg)* ~ mürrisch.
scorciatoia *(f)* ~ Abkürzung *(f)* ♦ *prendere una scorciatoia* eine Abkürzung gehen, nehmen.
scordare[1] *(vt)* ~ vergessen* *(vt)* ♦ *ho scordato il suo nome* ich habe ihren Namen vergessen.
scordare[2] *(vt)* ~ *(mus)* verstimmen *(vt)*.
scordarsi *(vr)* **1** {~ *di qcsn/qcs*} jmdn/etwas vegessen *(vt)*. **2** *(mus)* sich verstimmen *(vr)*.
scoreggiare *(vi)* ~ *(volg)* furzen *(vi, hat)*.
scoria *(f)* ~ Schlacke *(f)*. ◆ **scorie radioattive** radioaktive Abfälle.
Scorpione *(m)* ~ *(zool/astrol)* Skorpion *(m)*.
scorrazzare *(vt)* ~ sich tummeln *(vr)*, herum|laufen* *(vi, ist)*.
scorreggia *(f)* ~ *(volg)* Furz *(m)*.
scorrere *(vi)* **1** *(fluidi)* fließen* *(vi, ist)*, rinnen* *(vi, ist)*, strömen *(vi, ist)* ♦ *sulle sue guance scorrevano le lacrime* Tränen flossen ihr über die Wangen. **2** {~ *verso qcs*} etwas *(Dat)* zu|fließen* *(vi, ist)* ♦ *il fiume scorre verso il mare* der Fluss fließt dem Meer zu. **3** *(traffico)* fließen* *(vi, ist)*. **4** *(tempo)* vergehen* *(vi, ist)*.
scorrere *(vt)* ~ *(dare una scorsa)* überfliegen *(vt)*.
scorrettezza *(f)* **1** *(slealtà)* Unkorrektheit *(f)*. **2** *(inesattezza)* Unrichtigkeit *(f)*.
scorretto *(agg)* **1** *(sleale)* unkorrekt, unfair. **2** *(sbagliato)* fehlerhaft.
scorrevole *(agg)* **1** Schiebe- ♦ *porta scorrevole* Schiebetür *(f)*. **2** fließend, flüssig ♦ *traffico scorrevole* fließender Verkehr.
scorrevolezza *(f)* ~ Flüssigkeit *(f)*.
scorrevolmente *(avv)* ~ fließend.
scorsa *(f)* ~ **dare una scorsa** überfliegen *(vt)* ♦ *dare una scorsa a una lettera* einen Brief überfliegen.
scorso *(agg)* ~ letzt, vorig, vergangen ♦ *venerdì scorso* am vergangenen Freitag ♦ *la settimana scorsa* letzte Woche ♦ *l'anno scorso* letztes Jahr.
scorta *(f)* **1** *(di polizia e sim)* Eskorte *(f)*. **2** *(provviste)* Vorrat *(m)*. **3** *(di magazzino)* Lagerbestand *(m)*. ◆ **fino a esaurimento delle scorte** solange der Vorrat reicht. ◆ **ruota di scorta** Ersatzrad *(n)*.
scortecciare *(vt)* ~ schälen *(vt)*.
scortese *(agg)* ~ unhöflich, unfreundlich.
scortesia *(f)* ~ Unfreundlichkeit *(f)*, Unhöflichkeit *(f)*.
scorticare *(vt)* ~ ab|häuten *(vt)*.
scorza *(f)* ~ Schale *(f)*.
scosceso *(agg)* ~ steil, abschüssig.
scossa *(f)* **1** *(scossone)* Ruck *(m)*, Stoß *(m)*. **2** *(elettr)* Schlag *(m)* ♦ *prendere la*

scossa einen (elektrischen) Schlag bekommen. **3** *(di terremoto)* Erdstoß *(m)*.
scossone *(m)* ~ Ruck *(m)*.
scostumato *(agg)* ~ sittenlos *(agg)*.
scottante *(agg)* ~ brennend. ◆ **di scottante attualità** brandheiß.
scottare[1] *(vi)* **1** brennen* *(vi, hat)*. **2** *(per la febbre)* glühen.
scottare[2] *(vt)* **1** verbrennen *(vt)*. **2** *(con acqua)* ab|brühen *(vt)*.
scottatura *(f)* **1** *(ustione)* Verbrennung *(f)*. **2** *(solare)* Sonnenbrand *(m)*.
scovare *(vt)* ~ auf|spüren *(vt)*.
screanzato *(agg)* ~ rüpelhaft, ruppig.
screditare *(vt)* ~ {~ *qcn*} jmdn in Misskredit bringen* *(vt)*.
screditarsi *(vr)* ~ sich *(Acc)* in Misskredit bringen* *(vr)*; in Misskredit geraten* *(vi, ist)*/kommen* *(vi, ist)*.
screpolare *(vt)* ~ rissig machen *(vt)*.
screpolarsi *(vr)* ~ rissig werden* *(vi, ist)*.
screpolato *(agg)* ~ rissig.
screpolatura *(f)* ~ Riss *(m)*.
scribacchiare *(vt)* ~ kritzeln *(vt)*.
scricchiolare *(vi)* ~ *(legno e sim)* knarren *(vi, hat)*; *(spec ghiaccio o neve)* knirschen *(vi, hat)*.
scricciolo *(m)* ~ *(zool)* Zaunkönig *(m)*.
scrigno *(m)* ~ Schrein *(m)*.
scriminatura *(f)* ~ Scheitel *(m)*.
scriteriato *(agg)* ~ unvernünftig.
scritta *(f)* ~ Aufschrift *(f)*.
scritto[1] *(agg)* ~ schriftlich ◆ *esame scritto* schriftliche Prüfung. ◆ **scritto a mano** handgeschrieben.
scritto[2] *(m)* **1** *(testo scritto)* Schrift *(f)*, Schriftstück *(n)*. **2** *(esame)* schriftliche Prüfung *(f)*. **3** *(opera)* Werk *(n)*.
scrittoio *(m)* ~ Sekretär *(m)*.
scrittore *(m; f* **-trice***)* ~ Schriftsteller *(m; f* -in*)*.
scrittura *(f)* **1** *(alfabeto, testo scritto)* Schrift *(f)* ◆ *scrittura cinese* chinesische Schrift ◆ *la Sacra Scrittura* die Heilige Schrift. **2** *(calligrafia)* Handschrift *(f)*. **3** *(di artisti)* Engagement *(n)*.
scritturare *(vt)* ~ *(artisti)* engagieren.
scrivania *(f)* ~ Schreibtisch *(m)*.
scrivere *(vt/vi)* **1** schreiben* *(vt/vi, hat)* ◆ *scrivere un libro, una lettera* ein Buch, einen Brief schreiben ◆ *scrivere a mano* mit der Hand schreiben ◆ *questa penna scrive bene* dieser Kuli schreibt gut. **2** *(lavorare a qcs di scritto)* {~ *qcs*} an etwas *(Dat)* schreiben *(vi)* ◆ *scrivere una relazione* an einem Referat schreiben.
scroccare *(vt)* ~ schinden* *(vt)*.
scroccone *(m; f* **-a***)* ~ Schmarotzer *(m; f* -in*)*.
scrofa *(f)* ~ *(zool)* Sau *(f)*.
scrollare *(vt)* ~ schütteln *(vt)* ◆ *scrollare la testa* den Kopf schütteln. ◆ **scrollare le spalle** mit den Schultern zucken.
scrollarsi *(vr)* ~ **scrollarsi di dosso qcs** etwas von sich ab|schütteln *(vt)*.
scrosciante *(agg)* ~ prasselnd; *(risa)* schallend ◆ *applausi scroscianti* prasselnder Beifall.
scrosciare *(vi)* **1** *(acque)* rauschen *(vi, hat)*, tosen *(vi, hat)*. **2** *(pioggia)* prasseln *(vi, ist)*. **3** *(fig)* brausen *(vi, hat)*.
scroscio *(m)* **1** Rauschen *(n)*. **2** *(di pioggia, grandine)* Schauer *(m)*. ◆ **scroscio di applausi** Beifallssturm *(m)*.
scrupolo *(m)* **1** Skrupel *(m)* ◆ *non avere scrupoli* keine Skrupel haben/kennen. **2** *(esitazione)* Bedenken *(n)* ◆ *farsi degli scrupoli a fare qcs* Bedenken hegen, etwas zu tun. **2** *(precisione)* Gewissenshaftigkeit *(f)*. ◆ **senza scrupoli** skrupellos *(agg)*.
scrupolosità *(f)* **1** Gewissenshaftigkeit *(f)*. **2** *(precisione)* Genauigkeit *(f)*.
scrupoloso *(agg)* ~ gewissenhaft.
scrutare *(vt)* **1** beobachten *(vt)*. **2** *(indagare)* mustern *(vt)*.
scucire *(vt)* ~ auf|trennen *(vt)*, ab|trennen *(vt)* ◆ *scucire le maniche* die Ärmel abtrennen.
scucirsi *(vr)* ~ auf|gehen* *(vi, ist)*.
scuderia *(f)* ~ *(di cavalli)* Reitstall *(m)*.
scudo *(m)* **1** Schild *(m)* *(anche zool)*. **2** *(protezione)* Schutz *(m)*.
sculacciare *(vt)* ~ {~ *qcn*} jmdm den Hintern versohlen *(vt)*.
sculettare *(vi)* ~ schwänzeln *(vi, hat/ist)*.
scultore *(m; f* **-trice***)* ~ Bildhauer *(m; f* -in*)*.
scultoreo *(agg)* ~ plastisch.
scultura *(f)* **1** *(arte)* Bildhauerei *(f)*, Bildhauerkunst *(f)*. **2** *(opera scolpita)* Skulptur *(f)*.

scuoiare *(vt)* ~ häuten *(vt)*.

scuola *(f)* **1** Schule *(f)* ♦ *scuola pubblica, privata* öffentliche, private Schule ♦ *andare a scuola* in die/zur Schule gehen ♦ *domani non c'è scuola* morgen fällt die Schule aus ♦ *marinare la scuola* die Schule schwänzen ♦ *scuola elementare* Grundschule ♦ *scuola media* Mittelschule ♦ *scuola superiore* Hauptschule; *(a indirizzo tecnico)* Realschule ♦ *scuola professionale* Berufsschule ♦ *scuola alberghiera* Hotelfachschule ♦ *scuola speciale (per handicappati)* Sonderschule ♦ *scuola di recitazione* Schauspielschule ♦ *scuola guida* Fahrschule. **2** *(materna)* Kindergarten *(m)*. **3** *(sistema scolastico)* Schulwesen *(n)*.

scuolabus *(m)* ~ Schulbus *(m)*.

scuotere *(vt)* **1** schütteln *(vt)*, rütteln *(vt/vi*, hat*)* ♦ *scuotere qcn dal sonno* jmdn aus dem Schlaf rütteln ♦ *scuotere la testa* den Kopf schütteln ♦ *scuotere qcn per il braccio* jmdn am Arm schütteln. **2** *(per svuotare, rimuovere)* aus|schütteln *(vt)* ♦ *scuotere le briciole dalla tovaglia* die Krümel vom Tischtuch ausschütteln. **3** *(ridestare)* wach|rütteln *(vt)*, auf|rütteln *(vt)*. **4** *(turbare)* erschüttern *(vt)*.

scuotersi *(vr)* **1** ab|schütteln *(vt)* ♦ *scuotersi di dosso qcs* etwas von sich ab|schütteln. **2** *(turbarsi)* erschüttert sein* *(vi*, ist*)*.

scure *(f)* ~ Beil *(n)*.

scurire¹ *(vi)* ~ dunkel werden* *(vi*, ist*)*.

scurire² *(vt)* ~ ab|dunkeln *(vt)*.

scurirsi *(vr)* ~ dunkeln *(vi*, ist*)*.

scuro *(agg)* ~ dunkel; finster.

scurrile *(agg)* ~ schlüpfrig.

scusa *(f)* **1** Entschuldigung *(f)*, Verzeihung *(f)* ♦ *chiedere scusa a qcn* jmdn um Entschuldigung bitten. **2** *(pretesto)* Vorwand *(m)*, Ausrede *(f)* ♦ *avere sempre una scusa pronta* immer eine Ausrede bereit haben ♦ *non c'è scusa che tenga* da gilt keine Ausrede ♦ *con la scusa che* unter dem Vorwand, dass. ◆ **chiedo scusa!** Verzeihung!

scusare *(vt)* **1** entschuldigen *(vt)*, verzeihen *(vt)* ♦ *scusa!* entschuldige bitte! ♦ *scusi!* entschuldigen Sie (bitte)!, verzeihen Sie. **2** *(giustificare)* rechtfertigen *(vt)*.

scusarsi *(vr)* ~ {~ *con qcn per qcs*} sich bei jmdm für etwas entschuldigen *(vr)* ♦ *vorrei scusarmi con lei per il ritardo* ich möchte mich bei Ihnen für die Verspätung entschuldigen.

sdebitarsi *(vr)* **1** seine Schulden bezahlen *(vt)*. **2** *(fig)* sich revanchieren *(vr)* ♦ *sdebitarsi con qcn per qcs* sich bei jmdm für etwas revanchieren.

sdegnare *(vt)* **1** *(disdegnare)* verschmähen *(vt)*. **2** *(provocare sdegno)* entrüsten *(vt)*.

sdegnarsi *(vr)* ~ {~ *per qcs*} sich über etwas *(Acc)* entrüsten *(vr)*.

sdegno *(m)* ~ Entrüstung *(f)*.

sdentato *(agg)* ~ zahnlos.

sdoganare *(vt)* ~ verzollen *(vt)*.

sdolcinato *(agg)* ~ süßlich.

sdraiarsi *(vr)* ~ sich legen *(vr)*, sich hin|legen *(vr)* ♦ *sdraiarsi sulla schiena* sich auf den Rücken legen.

sdraiato *(agg)* ~ liegend. ◆ **essere**, **stare sdraiato** liegen* *(vi*, hat*)* ♦ *essere sdraiato a letto* im Bett liegen.

sdrucciolare *(vi)* ~ aus|rutschen *(vi*, ist*)*, rutschen *(vi*, ist*)*.

sdrucciolevole *(agg)* ~ rutschig, glatt, schlüpfrig.

se¹ *(congiunz)* **1** *(condizionale)* wenn, falls ♦ *se piove* falls es regnet ♦ *se dovesse piovere* falls es regnen sollte ♦ *se l'avessi saputo, sarei andato subito da lui* wenn ich das gewusst hätte, wäre ich sofort zu ihm gegangen. **2** *(interr indiretta)* ob ♦ *non so se posso venire* ich weiß nicht, ob ich kommen kann ♦ *chiedigli se domani ha tempo* frag ihn, ob er morgen Zeit hat. **3** *(ottativo)* wenn, wenn… doch ♦ *se (solo) fosse più parsimonioso!* wenn er doch sparsamer wäre! ◆ **anche se** wenn… auch ♦ *anche se il viaggio è stato molto caro, ne è valsa la pena* wenn die Reise auch sehr teuer war, hat sie sich doch gelohnt. ◆ **solo se** höchstens wenn. ◆ **se no**, **sennò** sonst, wenn nicht. ◆ **se non altro** immerhin ♦ *se non altro ho vinto il terzo premio* ich habe immerhin den dritten Preis gewonnen.

se² *(pron pers)* ~ *vedi* **si²**.

sé *(pron pers)* ~ sich, sich selbst ♦ *questo può farlo da sé* das kann er selbst machen ♦ *questo si capisce da sé* das versteht sich von selbst ♦ *essere fuori di sé* außer sich sein ♦ *in sé, di per sé* an sich ♦ parlare tra sé e sé mit sich sprechen.

sebbene *(congiunz)* ~ obwohl, obgleich, obschon ♦ *sebbene fosse malato andò al lavoro* obwohl er krank war, ging er zur Arbeit.

secca *(f)* ~ *(di fiume e sim)* Untiefe *(f)*.

seccante *(agg)* ~ leidig, ärgerlich, lästig.

seccare *(vt)* ***1*** aus|trocknen *(vt)*. ***2*** *(frutta, fiori)* dörren *(vt)*. ***3*** *(prosciugare)* trocken|legen *(vt)*. ***4*** *(infastidire)* belästigen *(vt)*. ◆ **ti secca se** macht es dir etwas aus, wenn.

seccarsi *(vr)* ***1*** vertrocknen *(vi*, ist*)*. ***2*** *(piante, frutti, ecc)* ein|trocknen *(vi*, ist*)*, verdorren *(vi*, ist*)*. ***2*** *(prosciugarsi)* trocknen *(vi*, ist/hat*)*.

seccato *(agg)* ~ sauer, genervt.

seccatura *(f)* ~ Belästigung *(f)*, Ärgernis *(n)* ♦ *avere delle seccature con qcn* mit jmdm Ärgernis haben.

secchezza *(f)* ~ Trockenheit *(f)*.

secchiello *(m)* ***1*** *(per spiaggi)* Sandeimer *(m)*. ***2*** *(portaghiaccio)* Kühler *(m)*.

secchio *(m)* ~ Eimer *(m)*.

secchione *(m)* ~ Streber *(m)*.

secco *(agg)* ***1*** trocken ♦ *un clima secco* ein trockenes Klima ♦ *foglie secche* trockene Blätter. ***2*** *(frutta)* gedörrt. ***3*** *(vino)* herb, trocken. ***4*** *(morto, di pianta)* tot. ***5*** *(magro, ossuto)* mager. ***6*** *(netto)* entschieden, hart. ***7*** *(pane e sim)* altbacken. ◆ **pulitura a secco** chemische Reinigung.

secernere *(vt)* ~ *(med)* aus|scheiden* *(vt)*, ab|sondern *(vt)*.

secolare *(agg)* ***1*** jahrhundertelang. ***2*** *(laico)* weltlich.

secolo *(m)* ***1*** Jahrhundert *(n)*. ***2*** *(fig)* Ewigkeit *(f)*. ◆ **di/per secoli** jahrhundertelang *(agg/avv)*.

seconda ~ **a seconda di** je nach, gemäß ♦ *a seconda dell'età* je nach dem Alter je nachdem. ◆ **a seconda che** je nachdem, ob ♦ *a seconda che abbia voglia* je nachdem, ob er Lust hat ♦ *a seconda! dipende!* je nachdem!

secondaria *(f)* ~ *(gramm)* Nebensatz *(m)*.

secondario *(agg)* ~ Neben-, sekundär ♦ *strada secondaria* Nebenstraße *(f)* ♦ *ruolo secondario* Nebenrolle *(f)* ♦ *uscita secondaria* Nebenausgang *(m)*.

secondo[1] *(agg num ord)* ***1*** zweite(r, -s) ♦ *la Seconda Guerra Mondiale* der Zweite Weltkrieg ♦ *per la seconda volta* zum zweiten Mal(e) ♦ *di seconda mano* aus zweiter Hand. ***2*** *(di due)* letztere(r, -s) ♦ *nel secondo caso* im letzteren Falle. ◆ **in secondo luogo**, **secondo** zum Zweiten, zweitens *(avv)*.

secondo[2] *(m)* ***1*** der, die, das Zweite. ***2*** Sekunde *(f)*. ***3*** *(gastr)* Hauptgericht *(n)*. ◆ **un secondo!** einen Augenblick! ◆ **per qualche secondo** sekundenlang *(agg)*. ◆ **decimo di secondo** Zehntelsekunde *(f)*.

secondo[3] *(congiunz)* ~ je nachdem ♦ *secondo come, dove, che* je nachdem wie, wo, ob. ◆ **secondo quanto** soweit.

secondo[4] *(prep)* ***1*** nach *(+ Dat)*, gemäß *(posp + Dat)* ♦ *secondo il Suo desiderio* Ihrem Wunsch gemäß. ***2*** *(a seconda di)* je nach ♦ *secondo l'età* je nach dem Alter. ***3*** *(sulla base di)* laut *(+ Dat)* ♦ *secondo le loro testimonianze* laut ihren Aussagen. ***4*** *(in seguito a)* zufolge *(+ Gen; posp + Dat)* ♦ *secondo un ordine* zufolge eines Befehls, einem Befehl zufolge. ◆ **secondo me** meiner Meinung nach.

secrezione *(f)* ~ *(med)* Ausscheidung *(f)*, Absonderung *(f)*.

sedano *(m)* ~ *(bot)* Sellerie *(m/f)*.

sedativo *(m)* ~ Beruhigungsmittel *(n)*.

sede *(f)* ***1*** Sitz *(m)*. ***2*** *(di circolo e sim)* Heim *(n)*. ◆ **sede sociale** Geschäftssitz *(m)*. ◆ **sede centrale** Stammhaus *(n)*.

sedentario *(m)* ~ sesshaft.

sedere[1] *(m)* ~ Hintern *(m)*, Gesäß *(n)*; *(fam)* Po *(m)*.

sedere[2] *(vi)* ~ *(stare seduto)* sitzen* *(vi*, hat*)* ♦ *sedere su una sedia* auf einem Stuhl sitzen ♦ *è stato seduto tutto il giorno alla scrivania* er hat den ganzen Tag lang am Schreibtisch gesessen. ◆ **posto a sedere** Sitzplatz *(m)*.

sedersi *(vr)* ***1*** *(mettersi a sedere)* sich setzen *(vr)*, sich hinsetzen *(vr)*, sich niederlassen *(vr)* ♦ *sedersi alla scrivania, su* *una panchina* sich an den Schreibtisch, auf eine Bank setzen ♦ *sedersi a tavola (per mangiare)* sich zu Tisch setzen. ***2*** *(accomodarsi)* Platz nehmen *(vt)*, sich setzen *(vr)* ♦ *prego, si sieda!* bitte nehmen Sie Platz! ♦ *siediti*! setz dich!

sedia *(f)* ~ Stuhl *(m)* ♦ *essere seduto su una sedia* auf einem Stuhl sitzen ♦ *sedersi su una sedia* sich auf einen Stuhl setzen ♦ *sedia a dondolo* Schaukelstuhl ♦ *sedia a rotelle* Rollstuhl ♦ *sedia elettrica* elektrischer Stuhl ♦ *sedia pieghevole* Klappstuhl ♦ *sedia girevole* Drehstuhl.

sedicente *(agg)* ~ so genannt.

sedile *(m)* ***1*** Sitz *(m)* ♦ *sedile del guidatore* Führersitz ♦ *sedile posteriore, anteriore (in auto)* Rücksitz, Vordersitz. ***2*** *(ribaltabile, al cinema e sim)* Klappsitz *(m)*.

sedimento *(m)* ~ Bodensatz *(m)*, Depot *(n)*.

sedizioso *(agg)* ~ aufrührerisch.

seducente *(agg)* ~ reizend, verführerisch.

sedurre *(vt)* ~ verführen *(vt)*.

seduta *(f)* ~ *(riunione)* Sitzung *(f)* ♦ *convocare, aprire una seduta* eine Sitzung einberufen, eröffnen.

seduto *(agg)* ~ sitzend.

seduttore *(m)* ~ Verführer *(m)*.

seduzione *(f)* ~ Verführung *(f)*.

sega *(f)* ~ Säge *(f)*. ◆ **farsi una sega** *(volg)* wichsen *(vi*, hat*)*.

segale *(f)* ~ *(bot)* Roggen *(m)*. ◆ **pane di segale** Roggenbrot *(n)*.

segare *(vt)* ~ sägen *(vt)*.

segatura *(f)* ~ Sägemehl *(n)*, Sägespäne *(pl)*.

seggio *(m)* ***1*** *(in parlamento)* Sitz *(m)*. ***2*** *(papale)* Stuhl *(m)*. ◆ **avere un seggio** *(in parlamento e sim)* sitzen* *(vi*, hat*)*.

seggiolino *(m)* ~ *(per bambini in auto o bicicletta)* Kindersitz *(m)*.

seggiovia *(f)* ~ Sesselbahn *(f)*, Sessellift *(m)*.

segheria *(f)* ~ Sägewerk *(n)*.

segmento *(m)* ~ *(geom)* Strecke *(f)*.

segnalare *(vt)* ~ signalisieren *(vt)* ♦ *la luce rossa segnala che* das rote Licht signalisiert, dass.

segnalazione *(f)* ~ *(dir)* Meldung *(f)*.

segnale *(m)* ***1*** Zeichen *(n)*, Anzeichen *(n)*, Signal *(n)* ♦ *il segnale della partenza* das Zeichen zur Abfahrt ♦ *non ci sono segnali di una crisi* es gibt keine Anzeichen für eine Krise ♦ *segnale d'allarme* Warnsignal. ***2*** *(stradale)* Schild *(n)*, Verkehrszeichen *(n)*, Hinweisschild *(n)* ♦ *segnale di pericolo (stradale)* Warnschild, Warnzeichen. ***3*** *(cenno, indicazione)* Fingerzeig *(m)*.

segnalibro *(m)* ~ Lesezeichen *(n)*.

segnare *(vt)* ***1*** *(indicare)* {~ *qcs*} auf etwas *(Acc)* weisen* *(vi*, hat*)* ♦ *la lancetta segna le cinque* der Zeiger weist auf fünf. ***2*** *(annotare)* an|merken *(vt)*. ***3*** *(marcare)* markieren *(vt)*, an|streichen* *(vt)* ♦ *segnare gli errori* Fehler anstreichen. ***4*** *(di strumenti di misurazione)* an|zeigen *(vt)*. ◆ **segnare un gol** ein Tor erzielen.

segnato *(agg)* ***1*** gezeichnet. ***2*** *(destino)* vorgezeichnet. ***3*** *(volto)* verlebt.

segno *(m)* ***1*** Zeichen *(n)*, Anzeichen *(n)* ♦ *questo è un buon segno* das ist ein gutes Zeichen ♦ *fare il segno della croce* das Zeichen des Kreuzes machen/schlagen ♦ *mettere i segni di interpunzione* Zeichen setzen ♦ *segno zodiacale* Tierkreiszeichen ♦ *in segno (di)* zum Zeichen. ***2*** *(cenno)* Wink *(m)*. ***3*** *(contrassegno)* Marke *(f)*. ***4*** *(particolare)* Kennzeichen *(n)*. ***5*** *(prova)* Beweis *(m)*. ***6*** *(mat)* Vorzeichen *(n)*. ◆ **lingua dei segni** Zeichensprache *(f)*. ◆ **segno di riconoscimento** Merkmal *(n)*.

segretamente *(avv)* ~ insgeheim.

segretario *(m; f* **-a***)* ***1*** Sekretär *(m; f* -in*)*. ***2*** *(di partito)* Vorsitzende(r) *(m/f)*.

segreteria *(f)* ***1*** Sekretariat *(n)*. ***2*** *(telefonica)* Anrufbeantworter *(m)*.

segretezza *(f)* ~ Geheimhaltung *(f)*, Heimlichkeit *(f)*.

segreto[1] *(agg)* ~ Geheim-, geheim, heimlich ♦ *agente segreto* Geheimagent ♦ *servizi segreti* Geheimdienst ♦ *un messaggio segreto* eine geheime Botschaft ♦ *un incontro segreto* ein heimliches Treffen. ◆ **voto a scrutinio segreto** geheime Wahl.

segreto[2] *(m)* ***1*** Geheimnis *(n)* ♦ *confidare un segreto a qcn* jmdm ein Geheimnis anvertrauen. ***2*** *(segretezza)* Geheimhaltung *(f)* ♦ *sono tenuto al segreto* ich bin zur Geheimhaltung verpflichtet. ***3*** *(affari segreti)* Heimlichkeit *(f)*. ◆ **in segreto**

heimlich *(avv)*, insgeheim *(m)*, im Geheimen.
seguace *(m)* ~ Anhänger *(m)*, Jünger *(m)*; *(pl)* Gefolgschaft *(f)*.
seguente[1] *(agg)* ~ folgend, nachfolgend ♦ *il giorno seguente* am folgenden Tag ♦ *i seguenti atleti si sono qualificati* folgende Athleten haben sich qualifiziert. ◆ **nel modo seguente** folgendermaßen *(avv)*.
seguente[2] *(m/f)* ~ Nächste *(m/f)*.
segugio *(m)* ~ Spürhund *(m)*.
seguire *(vt/vi)* ***1*** folgen *(vi,* ist*)*, verfolgen *(vt)*, nachgehen *(vi,* ist*)* ♦ *seguire qcn fino a casa* jmdm bis nach Hause folgen ♦ *seguire la moda, un consiglio* der Mode, einem Rat folgen ♦ *non ti seguo* ich kann dir nicht folgen. ***2*** *(ascoltare)* hören *(vi,* hat*)* ♦ *seguire un consiglio* auf einen Rat hören. ***3*** *(attenersi)* befolgen *(vt)* ♦ *seguire un ordine* einen Befehl befolgen. ***4*** *(venire immediatamente dopo)* sich an etwas *(Acc)* an|schließen* *(vt)* ♦ *al film seguì una conferenza* an den Film schloss sich eine Konferenz an. ***5*** *(come conseguenza di qcs)* erfolgen *(vi,* ist*)* ♦ *seguì una sparatoria* darauf erfolgte eine Schießerei. ◆ **seguire il corso di qcn** *(all'università)* bei jmdm hören. ◆ **come segue** wie folgt, folgendermaßen *(avv)*.
seguito *(m)* ***1*** *(scorta)* Gefolge *(n)*, Anhang *(m)*. ***2*** *(seguaci)* Gefolgschaft *(f)*. ***3*** *(periodo seguente)* Folgezeit *(f)*, Folge *(f)* ♦ *in seguito* in der Folgezeit, für die Folge. ***4*** *(puntata seguente)* Fortsetzung *(f)*. ◆ **di seguito** in Folge, hintereinander *(avv)*, nachfolgend *(agg)* ♦ *qui di seguito* im Nachfolgenden ♦ *tre volte di seguito* dreimal hintereinander. ◆ **in seguito a** infolge *(+ Gen)*; zufolge *(prep + Gen; posp + Dat)* ♦ *in seguito al terremoto* infolge des Erdbebens ♦ *in seguito a un ordine* einem Befehl zufolge.
sei[1] *(agg num)* ~ sechs *(vedi anche* **cinque***)*.
sei[2] *(m)* ~ Sechs *(f)*.
seicento[1] *(agg num)* ~ sechshundert.
seicento[2] *(m)* ***1*** Sechshundert *(f)*. ***2*** *(secolo)* siebzehntes Jahrhundert.
selciato *(m)* ~ Straßenpflaster *(n)*.
selezionare *(vt)* ~ aus|wählen *(vt)*, aus|sortieren *(vt)*, aus|lesen* *(vt)*.
selezionato *(agg)* ~ ausgewählt, sortiert.
selezione *(f)* ~ Auswahl *(f)*, Auslese *(f)* ♦ *fare una selezione* eine Auswahl treffen ♦ *una selezione di racconti* eine Auswahl von Erzählungen.
self-service *(m)* ~ Selbstbedienung *(f)*.
sella *(f)* ~ Sattel *(m)*.
sellare *(vt)* ~ satteln *(vt)*.
sellino *(m)* ~ *(di moto o bicicletta)* Sattel *(m)*.
selva *(f)* ~ Wald *(m)*.
selvaggina *(f)* ***1*** *(cacciagione)* Wild *(n)*. ***2*** *(carne)* Wildbret *(n)*.
selvaggio *(agg)* ~ wild ♦ *parcheggio selvaggio* wildes Parken ♦ *sciopero selvaggio* wilder Streik. ◆ **luogo selvaggio** Wildnis *(f)*.
selvatico *(agg)* ~ wild.
selz *(m)* ~ Selters(wasser) *(n)*.
semaforo *(m)* ~ Ampel *(f)*.
sembrare *(vt)* ***1*** *(parere)* scheinen* *(vi,* hat*)*, vor|kommen* *(vi,* ist*)*, erscheinen* *(vi,* ist*)* ♦ *sembra felice* sie scheint glücklich zu sein ♦ *così sembra* so scheint es ♦ *la telefonata mi sembra sospetta* der Anruf kommt mir verdächtig vor ♦ *questo mi sembra sensato* das erscheint mir sinnvoll. ***2*** *(apparire)* aus|sehen* *(vi,* hat*)* ♦ *sembra più giovane (di quanto non sia)* er sieht jünger aus (als er ist) ♦ *sembra vecchio, malato, stanco* er sieht alt, krank, müde aus ♦ *sembra un'attrice* sie sieht wie eine Schauspielerin aus. ◆ **sembra che** es sieht danach aus, als ob; jmdm ist, als ob ♦ *mi sembra che qcn abbia gridato* mir ist, als ob jemand geschrien hätte.
seme *(m)* ***1*** Samen *(m)*, Saat *(f)* ♦ *il seme germoglia* der Samen keimt. ***2*** *(di frutta)* Kern *(m)*. ***3*** *(di carte da gioco)* Farbe *(f)*.
semente *(f)* ~ Saat *(f)*, Saatgut *(n)*.
semestrale *(agg)* ***1*** *(che dura sei mesi)* halbjährig. ***2*** *(ogni sei mesi)* halbjährlich.
semestre *(m)* ***1*** Halbjahr *(n)*, Jahreshälfte *(f)*. ***2*** *(universitario)* Semester *(n)*.
semi- *(pref)* ~ halb, halb- ♦ *semivuoto* halb leer ♦ *semiaperto* halb offen ♦ *semipieno* halb voll ♦ *seminudo* halb nackt.
semicerchio *(m)* ~ Halbkreis *(m)*.
semifinale *(f)* ~ *(sport)* Halbfinale *(n)*.
semilavorato *(m)* ~ Halbfabrikat *(n)*.

semina *(f)* ~ Saat *(f)*, Aussaat *(f)*.
seminare *(vt)* **1** säen *(vt)*, besäen *(vt)*, aus|säen *(vt)* ♦ *seminare discordia* Zwietracht säen ♦ *seminare di fiori un'aiuola* ein Beet mit Blumen besäen. **2** *(spargere qua e là)* verstreuen *(vt)*. **3** *(inseguitori) (fam)* ab|hängen *(vt)*.
seminario *(m)* **1** *(relig)* Seminar *(n)*. **2** *(universitario)* Kolleg *(n)*, Seminar *(n)* ♦ *seguire, tenere un seminario* ein Kolleg besuchen, halten.
semitono *(m)* ~ *(mus)* Halbton *(m)*.
semmai[1] *(avv)* ~ *(tutt'al più)* höchstens, allenfalls.
semmai[2] *(congiunz)* ~ *(qualora)* falls je... *(+ cong)*, wenn je... *(+ cong)*.
semolino *(m)* **1** Grieß *(m)*. **2** *(pappa)* Grießbrei *(m)*.
semplice *(agg)* **1** einfach, leicht, simpel ♦ *biglietto di corsa semplice* einfache Fahrkarte ♦ *un compito semplice* eine leichte Aufgabe. **2** *(sobrio)* schlicht. **3** *(modesto)* bescheiden ♦ *una persona semplice* ein bescheidener Mensch.
semplicemente *(avv)* ~ einfach, schlicht.
semplicione *(agg)* ~ einfältig.
semplicione *(m)* ~ Tropf *(m)*.
semplificare *(vt)* ~ vereinfachen *(vt)*.
semplificazione *(f)* ~ Vereinfachung *(f)*.
sempre *(avv)* **1** immer ♦ *ha sempre fame* er hat immer Hunger ♦ *come sempre* wie immer. **2** *(+ compar)* immer *(+ compar)* ♦ *sempre più bello* immer schöner ♦ *sempre più tardi* immer später ♦ *sempre meglio* immer besser. **3** *(ogni volta)* stets ♦ *rispondono sempre con puntualità* sie antworten stets pünktlich. **4** *(in ogni momento)* jederzeit. ◆ **da sempre** *(da molto tempo)* seit eh und je, von jeher. ◆ **pur sempre** immerhin ♦ *ho pur sempre vinto il terzo premio* ich habe immerhin den dritten Preis gewonnen.
sempreverde *(agg)* ~ immergrün.
senape *(f)* ~ Senf *(m)*.
senato *(m)* ~ Senat *(m)*.
senatore *(m)* ~ Senator *(m)*.
senilità *(f)* ~ Altersschwäche *(f)*.
senno *(m)* ~ Verstand *(m)*, Einsicht *(f)*.
sennò *(avv)* ~ *vedi* **se**[1].
seno *(m)* **1** Busen *(m)*, Brust *(f)* ♦ *stringere qcn al seno* jmdn an die Brust drücken. **2** *(grembo materno)* Schoß *(m)* ♦ *in seno alla famiglia* im Schoß der Familie.
sensato *(agg)* ~ sinnvoll, vernünftig.
sensazionale *(agg)* ~ Aufsehen erregend, sensationell.
sensazione *(f)* **1** Gefühl *(n)*. **2** *(dell'animo)* Empfindung *(f)*. **3** *(scalpore)* Aufsehen *(n)*, Sensation *(f)*.
sensibile *(agg)* **1** *(percepibile)* wahrnehmbar, merkbar. **2** *(notevole)* merklich, spürbar ♦ *un sensibile miglioramento* eine merkliche Verbesserung. **3** *(a uno stimolo)* empfindlich ♦ *una pelle sensibile* eine empfindliche Haut. **4** *(persona)* empfindsam, feinfühlig, sensibel.
sensibilità *(f)* **1** Gefühl *(n)*, Empfindlichkeit *(f)* ♦ *non ho più sensibilità ai piedi* ich habe kein Gefühl mehr in den Füßen. **2** *(d'animo)* Empfindsamkeit *(f)*, Sensibilität *(f)*, Feingefühl *(n)*. **3** *(capacità di capire)* Verständnis *(n)* ♦ *(non) avere sensibilità per qcs* für etwas (kein) Verständnis haben.
sensibilizzare *(vt)* ~ sensibilisieren *(vt)*.
sensibilmente *(avv)* ~ wesentlich.
senso *(m)* **1** Sinn *(m)* ♦ *i cinque sensi* die fünf Sinne ♦ *in che senso?* in welchem Sinn(e)? ♦ *in questo senso* in diesem Sinn(e) ♦ *in senso lato* im weiteren Sinne ♦ *nel senso vero e proprio (della parola)* im eigentlichen Sinn(e) ♦ *non ha senso aspettare ancora* es hat keinen Sinn, noch länger zu warten ♦ *senza alcun senso* ohne Sinn und Verstand. **2** *(capacità di intendere)* Gefühl *(n)*, Sinn *(m)* ♦ *(non) avere il senso dell'umorismo* (keinen) Sinn für Humor haben. **3** *(direzione)* Richtung *(f)* ♦ *un nuovo tentativo in questo senso* ein neuer Versuch in dieser Richtung. **4** *(pl) (coscienza, conoscenza)* Besinnung *(f)* ♦ *riprendere i sensi* wieder zu Besinnung kommen. ◆ **a senso** sinngemäß *(agg/avv)* ♦ *una traduzione a senso* eine sinngemäße Übersetzung. ◆ **in un certo senso** in gewisser Hinsicht. ◆ **senso orario** Uhrzeigersinn *(m)* ♦ *in senso orario* im Uhrzeigersinn ♦ *in senso antiorario* entgegen dem Uhrzeigersinn.
sensoriale *(agg)* ~ sinnlich.
sensuale *(agg)* ~ sinnlich.

sensualità *(f)* ~ Sinnlichkeit *(f)*, Sinnenfreude *(f)*.
sentenza *(f)* **1** *(dir)* Urteil *(n)* ♦ *pronunciare una sentenza* ein Urteil aussprechen/fällen. **2** *(massima)* Weisheit *(f)*.
sentiero *(m)* ~ Pfad *(m)* *(anche fig)*, Weg *(m)* ♦ *un sentiero pianeggiante* ein ebener Weg.
sentimentale *(agg)* **1** sentimental, gefühlvoll. **2** *(sdolcinato)* schmalzig.
sentimentalismo *(m)* ~ Empfindsamkeit *(f)*, Schmalz *(m)*.
sentimento *(m)* ~ Gefühl *(n)*, Empfindung *(f)* ♦ *ferire i sentimenti di qcn* jmds Gefühle verletzen ♦ *sentimenti contrastanti* gemischte Gefühlen.
sentinella *(f)* ~ *(mil)* Wache *(f)*, Wachposten *(m)*.
sentire *(vt)* **1** *(udire)* hören *(vt)* ♦ *sentire un rumore* ein Geräusch hören ♦ *l'ho sentita piangere* ich habe sie weinen hören ♦ *ho sentito che litigava con lui* ich habe gehört, wie sie sich mit ihm stritt. **2** *(provare sensazioni o sentimenti)* empfinden* *(vt)*, fühlen *(vt)*, verspüren *(vt)*, spüren *(vt)* ♦ *sentire fame, freddo* Hunger, Kälte empfinden ♦ *sentire il peso degli anni* sein Alter spüren. **3** *(avere notizie)* von jmdm hören *(vi*, hat*)*. **4** *(notare)* merken *(vt)* ♦ *non si sente che è italiana* man merkt nicht, dass sie Italienerin ist. **5** *(assaggiare)* probieren *(vt)*. ◆ **sentir dire** hören *(vt)* ♦ *ho sentito (dire) che* ich habe gehört, dass. ◆ **sentirci** hören *(vi*, hat*)* ♦ *ci sente bene, male (da tutte e due le orecchie)* er kann (auf beiden Ohren) gut, schlecht hören. ◆ **farsi sentire** *(farsi vivo)* von sich hören lassen*, sich melden ♦ *fatti sentire prima o poi* lass mal etwas von dir hören ♦ *la fame si fa sentire* der Hunger meldet sich. ◆ **non sentire** *(non far caso a qcs)* überhören *(vt)* ♦ *non ho sentito suonare* ich habe das Klingeln überhört.
sentirsi *(vr)* ~ sich fühlen *(vr)*, sich befinden* *(vr)* ♦ *sentirsi offeso, felice, triste* sich beleidigt, glücklich, traurig fühlen ♦ *qui mi sento a casa* hier fühle ich mich wie zu Hause ♦ *sentirsi bene* sich wohl befinden. ◆ (**non**) **sentirsela di fare qcs** (keine) Lust, Kraft, (keinen) Mut haben, etwas zu tun. ◆ **cominciare a sentirsi** jmdm wird *(impers)* ♦ *mi sento male* mir wird schlecht.
sentito *(agg)* **1** gehört. **2** *(percepito)* vergraben*. **3** *(sentimenti e sim)* innig.
senza[1] *(prep)* ~ ohne *(prep + Acc)*, -los, -frei ♦ *senza di te sarei perduto* ohne dich wäre ich verloren ♦ *senza cuore* herzlos ♦ *senza alcol* alkoholfrei. ◆ **senz'altro** durchaus *(avv)*, ohne weiteres ♦ *questo è senz'altro giusto* das ist durchaus richtig. ◆ **l'uno senza l'altro** ohneeinander *(avv)*.
senza[2] *(congiunz)* ~ ohne zu; *(senza che)* ohne dass ♦ *andò via senza salutare* er ging weg, ohne sich zu verabschieden ♦ *l'uomo morì senza che noi potessimo aiutarlo* der Mann starb, ohne dass wir ihm helfen konnten.
senzatetto *(m/f)* ~ Obdachlose(r) *(m/f)*.
separabile *(agg)* ~ trennbar.
separare *(vt)* ~ trennen *(vt)*, scheiden* *(vt)*, ab|sondern *(vt)* ♦ *dividere un bambino dai suoi genitori* ein Kind von seinen Eltern trennen.
separarsi *(vr)* ~ scheiden* *(vi*, ist*)*; sich trennen *(vr)* *(anche dir)*.
separato *(agg)* ~ getrennt, separat.
separazione *(f)* **1** Trennung *(f)* *(anche dir)* ♦ *separazione dei beni* Gütertrennung. **2** *(partenza)* Abschied *(m)*.
sepolcro *(m)* ~ Grab *(n)*, Grabstätte *(f)*.
sepoltura *(f)* ~ Beerdigung *(f)*, Bestattung *(f)*.
seppellire *(vt)* **1** begraben* *(vt)*, beerdigen *(vt)*. **2** *(cose)* vergraben* *(vt)*. **3** *(ricoprire)* *(frana o sim)* verschütten *(vt)*.
seppia *(f)* ~ *(zool)* Tintenfisch *(m)*.
sequenza *(f)* ~ Folge *(f)*, Ordnung *(f)*, Sequenz *(f)* ♦ *in rapida sequenza* in rascher Folge.
sequestrare *(vt)* **1** *(confiscare)* beschlagnahmen* *(vt)*. **2** *(rapire)* entführen *(vt)*, kidnappen *(vt)*.
sequestratore *(m)* ~ Kidnapper *(m)*.
sequestro *(m)* **1** *(confisca)* Beschlagnahme *(f)*. **2** *(di beni)* Arrest *(m)* ♦ *porre qcs sotto sequestro* etwas unter Arrest stellen. **3** *(rapimento)* Entführung *(f)*.
sequoia *(f)* ~ *(bot)* Mammutbaum *(m)*.
sera *(f)* ~ Abend *(m)* ♦ *la sera prima* am Abend vorher, am Abend zuvor ♦ *una se-*

ra eines Abends ♦ *buona sera* guten Abend ♦ *ieri/domani sera* gestern/morgen Abend ♦ *stasera* heute Abend. ◆ **di sera** am Abend, abends, spät *(avv)* ♦ *alle 8 di sera* abends (um) 8 Uhr; (um) 8 Uhr abends. ◆ **da mattina a sera** von früh bis spät. ◆ **far sera** *(imbrunire)* dämmern *(vi,* hat*)* ♦ *cala la sera* der Abend dämmert.

serata *(f)* ~ Abend *(m)* ♦ *una serata piacevole* ein gemütlicher Abend.

serbare *(vt)* ~ behalten* *(vt)*.

serenata *(f)* ***1*** Ständchen *(n)* ♦ *fare una serenata a qcn* jmdm ein Ständchen bringen. ***2*** *(mus)* Serenade *(f)*.

serenità *(f)* ~ Seelenruhe *(f)*, Heiterkeit *(f)*.

sereno *(agg)* ***1*** *(tempo)* heiter, klar, wolkenlos. ***2*** *(tranquillo)* sanft ♦ *una morte serena* ein sanfter Tod. ***3*** *(allegro)* heiter, unbeschwert.

seriamente *(avv)* ~ ernst, ernsthaft, ernstlich.

serico *(agg)* ~ seidig, Seiden-.

serie *(f)* ***1*** *(catena, collana di pubblicazioni)* Reihe *(f)*; Serie *(f)*, Folge *(f)*. ***2*** *(gruppo, set)* Satz *(m)* ♦ *una serie di francobolli* ein Satz Briefmarken. ***3*** *(sport)* Liga *(f)* ♦ *serie A, B* erste, zweite Liga. ***4*** *(tv)* Serie *(f)* ♦ *serie televisiva* Fernsehserie. ◆ **in serie** serienweise *(avv)*, in Serie ♦ *fabbricare qcs in serie* etwas serienweise herstellen. ◆ **prodotto in serie** fabrikmäßig. ◆ **di serie** serienmäßig *(agg/avv)* ♦ *un'auto con ABS di serie* ein Auto mit ABS serienmäßig.

serietà *(f)* ~ Ernst *(m)* ♦ *in tutta serietà* in allem/vollem Ernst.

serio *(agg)* ***1*** ernst, ernsthaft ♦ *la situazione è molto seria* die Lage ist sehr ernst ♦ *intenzioni serie* ernsthafte Absichten. ***2*** *(onesto, perbene)* solid(e), seriös ♦ *una ditta seria* eine seriöse Firma. ***3*** *(preoccupante)* bedenklich. ◆ **fare sul serio** es ernst meinen, Ernst machen. ◆ **prendere sul serio qcn/qcs** jmdn/etwas ernst nehmen*, etwas wichtig nehmen*. ◆ **dici sul serio?** ist das dein Ernst? ◆ **sul serio** im Ernst ♦ *dire qcs sul serio* etwas im Ernst meinen.

serpe *(f)* ~ *(zool)* Natter *(f)*, Schlange *(f)*.

serpeggiare *(vt)* ~ sich winden* *(vr)*, sich schlängeln *(vr)*.

serpente *(m)* ~ *(zool)* Schlange *(f)* *(anche fig)* ♦ *un serpente velenoso* eine giftige Schlange, Giftschlange ♦ *serpente a sonagli* Klapperschlange.

serra *(f)* ~ Treibhaus *(n)*, Gewächshaus *(n)*. ◆ **effetto serra** Treibhauseffekt *(m)*.

serraglio *(m)* ~ Zwinger *(m)*.

serrare *(vt)* ***1*** *(sprangare)* verriegeln *(vt)*. ***2*** *(sbarrare)* versperren *(vt)*. ***3*** *(viti)* an|ziehen* *(vt)*.

serrarsi *(vr)* ***1*** *(stringersi, avvicinarsi)* zusammen|rücken *(vi,* ist*)*. ***2*** *(contrarsi)* sich krampfen *(vr)* ♦ *mi si serra lo stomaco* mein Magen krampft sich.

serrata *(f)* ~ Aussperrung *(f)*.

serrato *(agg)* ***1*** verriegelt. ***2*** *(ritmo e sim)* rasch.

serratura *(f)* ~ Schloss, Türschloss *(n)* ♦ *la chiave è nella serratura* der Schlüssel steckt im Schloss.

servile *(agg)* ***1*** *(da servo)* Knecht-. ***2*** *(spreg)* unterwürfig, kriecherisch.

servilismo *(m)* ~ Kriecherei *(f)*, Unterwürfigkeit *(f)*.

servire[1] *(vi)* ***1*** nützen *(vi,* hat*)*, dienen *(vi,* hat*)* ♦ *questo non serve a nessuno* das nützt niemandem ♦ *a cosa deve servire questo?* wozu soll das nützen? ♦ *l'edificio serve da magazzino* das Gebäude dient als Lager ♦ *servire da passatempo, da monito a qcn* jmdm als/zum Zeitvertreib, als/zur Warnung dienen ♦ *non servire a niente* zu nichts nütze sein. ***2*** *(essere utile)* brauchen *(vt)* ♦ *questo mi può servire* das kann ich gut brauchen ♦ *questo non mi serve più* das kann ich nicht mehr brauchen.

servire[2] *(vt)* ***1*** {~ *qcn/qcs*} jmdm/etwas dienen *(vi,* hat*)* *(anche assol)* ♦ *servire la comunità, lo stato* der Allgemeinheit, dem Staat dienen ♦ *in che cosa posso servirla?* womit kann ich Ihnen dienen? ***2*** *(clienti)* bedienen *(vt)*. ***3*** *(a tavola)* servieren *(vt)*.

servirsi *(vr)* ***1*** *(a tavola)* sich bedienen *(vr)*, zu|greifen* *(vi,* hat*)*. ***2*** *(utilizzare)* {~ *di qcs*} etwas benutzen *(vt)*, etwas zu Hilfe nehmen* *(vt)*. ***3*** *(sfruttare)* {~ *di qcn*} jmdn aus|nutzen *(vt)*.

servito[1] *(agg)* ***1*** *(a tavola; nel gioco)* bedient. ***2*** *(pranzo)* aufgetragen.
servito[2] *(m)* ~ *(di posate, piatti, ecc)* Garnitur *(f)*, Service *(n)*.
servitore *(m)* ~ *(domestico)* Diener *(m; f -in)* *(anche fig)* ♦ *un servitore dello stato* ein Diener des Staates.
servitù *(f)* ~ *(domestici)* Dienerschaft *(f)*. ◆ **servitù della gleba** Leibeigenschaft *(f)*.
servizievole *(agg)* ***1*** *(zelante)* dienstbeflissen; dienstbereit. ***2*** *(disponibile)* hilfsbereit.
servizio *(m)* ***1*** *(lavoro)* Dienst *(m)* ♦ *essere al servizio di qcn* bei jmdm in Dienst stehen ♦ *prendere qcn al proprio servizio* jmdn in Dienst nehmen ♦ *entrare in servizio* zum Dienst antreten ♦ *il servizio pubblico* der öffentliche Dienst ♦ *in servizio* im Dienst ♦ *essere di servizio (di turno)* Dienst haben ♦ *servizio di notte* Nachtdienst ♦ *al servizio di* im Dienst *(+ Gen)*. ***2*** *(prestazione d'opera, aiuto)* Dienstleistung *(f)*, Dienst *(m)* ♦ *offrire i propri servizi a qcn* jmdm seine Dienste anbieten. ***3*** *(a tavola)* Bedienung *(f)* ♦ *il servizio è compreso* die Bedienung ist inbegriffen. ***4*** *(televisivo)* Bericht *(m)*. ***5*** *(pl)* *(econ)* Dienstleistung *(f)*. ***6*** *(assistenza)* Service *(m/n)*. ***7*** *(pl)* *(igienici)* Badezimmer *(n)* ♦ *appartamento con doppi servizi* Wohnung mit zwei Badezimmern. ***8*** *(di piatti e sim)* Service *(n)*; *(di piatti)* Geschirr *(n)*; *(di posate)* Garnitur *(f)* ♦ *il servizio buono* das gute Geschirr. ◆ **servizio militare** Wehrdienst *(m)*, Militärdienst *(m)* ♦ *prestare servizio militare* den Wehrdienst (ab)leisten. ◆ **servizio civile** Zivildienst *(m)*. ◆ **area di servizio** Rastplatz *(m)*, Raststätte *(f)*. ◆ **servizi segreti** Geheimpolizei *(f)*. ◆ **orario di servizio** Dienstzeit *(f)*. ◆ **porta di servizio** Hintertür *(f)*. ◆ **servizio di guardia** Wache *(f)*. ◆ **personale di servizio** *(commessi, camerieri, ecc)* Bedienung *(f)*. ◆ **fuori servizio** ***1*** außer Dienst, außer Betrieb. ***2*** *(in pensione)* *(dipendenti pubblici, militari)* außer Dienst. ◆ **di servizio** *(ufficiale)* dienstlich *(agg)*. ◆ **per ragioni di servizio** dienstlich *(avv)*.
servo *(m)* ~ Knecht *(m)*; *(serva)* Magd *(f)*. ◆ **servo della gleba** Leibeigene *(m/f)*.
sessanta[1] *(agg num)* ~ sechzig *(vedi anche* **cinque***)*.
sessanta[2] *(m)* ~ Sechzig *(f)*.
sessantenne *(agg)* ~ sechzigjährig.
sessantesimo[1] *(agg num ord))* ~ sechzigste(r, -s).
sessantesimo[2] *(m)* ***1*** Sechzigste *(m)*. ***2*** *(frazione)* Sechzigstel *(n)*.
sessantina *(num)* ~ etwa sechzig; *(età)* sechzig. ◆ **essere sulla sessantina** um die Sechzig sein*.
sesso *(m)* ***1*** *(genere; organo sessuale)* Geschlecht *(n)* ♦ *il sesso maschile, femminile* das männliche, weibliche Geschlecht. ***2*** *(sessualità, rapporti sessuali)* Sex *(m)* ♦ *fare sesso con qcn* mit jmdm Sex haben/machen.
sessuale *(agg)* ~ geschlechtlich, sexuell, Geschlechts-, Sexual- ♦ *atto sessuale* Geschlechtsakt *(m)* ♦ *educazione sessuale (a scuola)* Sexualkunde *(f)* ♦ *vita sessuale* Sexualleben *(n)*.
sessualità *(f)* ~ Sexualität *(f)*.
sessualmente *(avv)* ~ geschlechtlich.
sesto[1] *(agg num ord)* ~ sechste(r, -s).
sesto[2] *(m)* ***1*** der, die, das Sechste. ***2*** *(frazione)* Sechstel *(n)*.
sesto[3] *(m)* ~ **rimettere in sesto** etwas wieder in Ordnung bringen. ◆ **arco a sesto acuto, a tutto sesto** *(archit)* Spitzbogen *(m)*, Rundbogen *(m)*.
set *(m)* ***1*** *(servizio, completo)* Set *(n/m)*, Satz *(m)* ♦ *un set di pentole* ein Satz Kochtöpfe. ***2*** *(di tennis)* Satz *(m)* ♦ *vincere in tre set* in drei Sätzen gewinnen. ***3*** *(cinem)* Drehort *(m)*.
seta *(f)* ~ Seide *(f)*. ◆ **di seta** seidig *(agg)*. ◆ **baco da seta** Seidenraupe *(f)*.
setacciare *(vt)* ~ sieben *(vt)*, durch|sieben *(vt)* *(anche fig)*.
setaccio *(m)* ~ Sieb *(n)*. ◆ **passare al setaccio** durch|sieben *(vt)*.
sete *(f)* ~ Durst *(m)* ♦ *avere sete* Durst haben ♦ *mi è venuta sete* ich habe Durst bekommen ♦ *avere sete di qcs (bevande)* Durst auf etwas haben. ◆ **morire di sete** verdursten *(vi, ist)*.
setola *(f)* ~ Borste *(f)*.
setta *(f)* ~ Sekte *(f)*.
settanta[1] *(agg num)* ~ siebzig *(vedi anche* **cinque***)*.

settanta² *(m)* ~ Siebzig *(f)*.
settantenne *(agg)* ~ siebzigjährig.
settantesimo¹ *(agg num ord)* ~ siebzigste(r, -s).
settantesimo² *(m)* ***1*** Siebzigste *(m)*. ***2*** *(frazione)* Siebzigstel *(n)*.
settantina *(num)* ~ etwa siebzig; *(età)* siebzig. ◆ **essere sulla settantina** um die Siebzig sein*.
sette¹ *(agg num)* ~ sieben *(vedi anche* **cinque***)*.
sette² *(m)* ~ Sieben *(f)*.
settecento¹ *(agg num)* ~ siebenhundert.
settecento² *(m)* ***1*** Siebenhundert *(f)*. ***2*** *(secolo)* achtzehntes Jahrhundert.
settembre September *(m)* ♦ *a settembre* im September.
settentrionale *(agg)* ~ nördlich.
settentrione *(m)* ~ Norden *(m)*.
setticemia *(f)* ~ *(med)* Blutvergiftung *(f)*.
settimana *(f)* ~ Woche *(f)* ♦ *la settimana prossima* nächste/in der nächsten Woche ♦ *la settimana scorsa* letzte Woche ♦ *due volte la settimana* zweimal in der Woche ♦ *all'inizio, a metà della settimana* Anfang, Mitte der Woche ♦ *durante la settimana (lavorativa)* in der Woche/während der Woche ♦ *settimana santa* Karwoche. ◆ **fine settimana** Wochenende *(n)* ♦ *il fine settimana* am Wochenende. ◆ **per/di settimane** wochenlang *(agg/avv)*.
settimanale¹ *(agg)* ~ wöchentlich, Wochen-.
settimanale² *(m)* ~ *(rivista)* Wochenzeitung *(f)*.
settimo¹ *(agg num ord)* ~ siebte(r, -s).
settimo² *(m)* ***1*** der, die, das Siebte. ***2*** *(frazione)* Siebtel *(n)*.
setto *(m)* ~ **setto nasale** Nasenscheidewand *(f)*.
settore *(m)* ***1*** Sektor *(m)* *(anche geom)*. ***2*** *(campo, ambito, dominio)* Bereich *(m)*, Fach *(n)*, Gebiet *(n)*. ***3*** *(reparto)* Abteilung *(f)*.
severamente *(avv)* ~ streng.
severità *(f)* ~ Strenge *(f)*, Härte *(f)*.
severo *(agg)* ~ streng, hart* ♦ *un'educazione severa* eine strenge Erziehung.
sevizia *(f)* ~ Misshandlung *(f)*; Folter *(f)*.
seviziare *(vt)* ***1*** misshandeln *(vt)*. ***2*** *(violentare)* vergewaltigen *(vt)*.
sexy *(agg)* ~ aufreizend, sexy.
sezionare *(vt)* ***1*** *(scomporre)* zergliedern *(vt)*, zerteilen *(vt)*. ***2*** *(med)* sezieren *(vt)*.
sezione *(f)* ***1*** Abschnitt *(m)*, Teil *(m)*. ***2*** *(geom)* Schnitt *(m)* ♦ *sezione trasversale* Querschnitt.
sfaccettatura *(f)* ~ Facette *(f)* *(anche fig)*.
sfacchinare *(vi)* ~ schuften *(vi*, hat*)*.
sfacciataggine *(f)* ~ Frechheit *(f)*, Unverschämtheit *(f)*.
sfacciatamente *(avv)* ~ frech.
sfacciato *(agg)* ~ frech, unverschämt ♦ *una risposta sfacciata* eine freche Antwort.
sfamare *(vt)* ***1*** den Hunger stillen *(vt)*. ***2*** *(nutrire)* ernähren *(vt)*.
sfarzo *(m)* ~ Pracht *(f)*, Prunk *(m)*.
sfarzoso *(agg)* ~ prachtvoll, prunkvoll.
sfasciare *(vt)* ~ zerbrechen *(vt)*, zusammen|schlagen* *(vt)*.
sfasciarsi *(vr)* ~ zerbrechen *(vi*, ist*)*.
sfaticato *(m*; f **-a***)* ~ Faulenzer *(m*; f -in*)*.
sfavillante *(agg)* ~ funkelnd, glitzernd.
sfavore *(m)* ~ Ungunst *(f)*. ◆ **a sfavore di** zuungunsten *(prep + Gen, posp + Dat)*. ◆ **a vostro sfavore** zu euren Ungunsten.
sfavorevole *(agg)* ***1*** *(avverso)* ungünstig *(anche del tempo)* ♦ *condizioni sfavorevoli* ungünstige Bedingungen. ***2*** *(mal disposto)* abgeneigt ♦ *essere sfavorevole a una cosa* etwas *(Dat)* abgeneigt sein.
sfavorire *(vt)* ~ benachteiligen *(vt)*.
sfera *(f)* ***1*** *(geom)* Kugel *(f)*. ***2*** *(ambito)* Sphäre *(f)*, Bereich *(m)*.
sferico *(agg)* ~ kugelförmig, kugelig.
sferragliare *(vi)* ~ rasseln *(vi*, hat*)*, rattern *(vi*, hat*)*.
sferrare *(vt)* ~ versetzen *(vt)* ♦ *sferrare un calcio a qcn* jmdm einen Fußtritt versetzen.
sferzare *(vt)* ~ peitschen *(vt)*.
sferzata *(f)* ~ Peitschenhieb *(m)*, Peitschenschlag *(m)*.
sfiancamento *(m)* ~ Erschöpfung *(f)*.
sfiancare *(vt)* ~ ab|hetzen *(vt)*.
sfiancarsi *(vr)* ~ sich ab|hetzen *(vr)*.
sfida *(f)* ~ Herausforderung *(f)* *(anche sport)*. ◆ **guanto di sfida** Fehdehandschuh *(m)*. ◆ **raccogliere la sfida** den Fehdehandschuh auf|nehmen*.
sfidante *(m/f)* ~ Herausforderer *(m*; *f* -derin) *(anche sport)*.

sfidare *(vt)* ~ herauslfordern *(vt) (anche sport)* ♦ *sfidare qcn a duello* jmdn zum Zweikampf herausfordern.
sfiducia *(f)* ~ Misstrauen *(n)*.
sfigurare[1] *(vi)* ~ *(fare una brutta figura)* aus der Rolle fallen* *(vi,* ist*)*; *(fam)* blamieren *(vt)* ♦ *non farmi sfigurare* blamiere mich nicht.
sfigurare[2] *(vt)* ~ *(deturpare)* verunstalten *(vt)*, entstellen *(vt)*.
sfilacciarsi *(vr)* ~ fasern *(vi,* ist*)*.
sfilare[1] *(vi)* ~ vorbeilziehen* *(vi,* ist*)*; *(mil)* vorbeilmarschieren *(vi,* ist*)*.
sfilare[2] *(vt)* **1** *(togliere)* streifen *(vt)* ♦ *sfilare un anello dal dito* einen Ring vom Finger streifen. **2** *(indumenti)* auslziehen *(vt)*. **3** *(da un filo)* ablziehen* *(vt)*. **4** *(estrarre)* herauslziehen* *(vt)*, ablziehen* *(vt)* ♦ *sfilare la chiave* den Schlüssel abziehen.
sfilata *(f)* ~ *(mil)* Parade *(f)*. ◆ **sfilata di moda** Modenschau *(f)*. ◆ **sfilata di carnevale** Karnevalsumzug *(m)*.
sfinimento *(m)* ~ Erschöpfung *(f)*.
sfinire *(vt)* ~ ablhetzen *(vt)*, erschöpfen *(vt)*.
sfinirsi *(vr)* ~ sich ablmühen *(vr)*.
sfinito *(agg)* ~ erschöpft.
sfioramento *(m)* ~ Berührung *(f)*.
sfiorare *(vt)* **1** streifen *(vt)* ♦ *sfiorare il braccio di qcn* jmdm am Arm streifen ♦ *la pallottola l'ha solo sfiorato* die Kugel hat ihn nur gestreift. **2** *(fig)* streifen *(vt)*, anltippen *(vt)* ♦ *sfiorare un argomento* ein Thema antippen.
sfiorire *(vi)* ~ verblühen *(vi,* ist*)*.
sfitto *(agg)* ~ leer, leer stehend.
sfocato *(agg)* ~ *(fotogr)* unscharf, unklar.
sfociare *(vi)* **1** *(gettarsi)* münden *(vi,* hat*)*, einlmünden *(vi,* hat/ist*)* ♦ *il Reno sfocia nel Mare del Nord* der Rhein mündet in die Nordsee. **2** *(tradursi in qcs)* {~ *in qcs*} in etwas *(Acc)* münden *(vi,* hat*)*, in etwas *(Dat)* enden *(vi,* hat*)*.
sfogare *(vt)* **1** auslassen* *(vt)*, ablladen* *(vt)* ♦ *sfoga la sua frustrazione sui suoi figli* er lässt seine Frust an seinen Kindern aus. **2** *(dare sfogo)* etwas *(Dat)* Luft machen ♦ *sfogare la propria delusione* seiner Enttäuschung Luft machen.
sfogarsi *(vr)* **1** {~ *su qcn*} sich auf/über jmdn entladen* ♦ *la sua ira si sfogò su di me* sein/ihr Zorn entlud sich auf mich. **2** {~ *con qcn*} bei jmdm ablladen* *(vt)*, jmdm sein Herz auslschütten *(vt)* ♦ *si è sfogato con me delle sue preoccupazioni* er lud seine Sorgen bei mir ab. **3** *(dare sfogo)* Dampf ablassen* *(vt)*.
sfoglia *(f)* **1** Folie *(f)*. **2** *(ripiena di carne, pesce, ecc)* Pastete *(f)*. **3** *(pasta sfoglia)* Blätterteig *(m)*.
sfogliare *(vt)* **1** *(insalata, fiori)* zerpflücken *(vt)*. **2** *(dare una scorsa)* blättern *(vi,* hat*)*, durchlblättern *(vt)* ♦ *sfogliare un libro* in einem Buch blättern.
sfogo *(m)* **1** Abzug *(m)*; *(d'acqua)* Abfluss *(m)*. **2** *(fig)* Ausbruch *(m)*. **3** *(cutaneo)* Ausschlag *(m)*.
sfollare *(vt)* ~ auslsiedeln *(vt)*.
sfollato *(m)* ~ Aussiedler *(m)*.
sfondamento *(m)* ~ Durchbruch *(m)*.
sfondare *(vt)* ~ durchlbrechen* *(vt)*, durchlschlagen* *(vt)*.
sfondo *(m)* **1** Hintergrund *(m)*. **2** *(in palcoscenico)* Prospekt *(m)*. **3** *(di pittura)* Untergrund *(m)*.
sforacchiare *(vt)* ~ durchllöchern *(vt)*.
sformato *(m)* ~ *(gastr)* Auflauf *(m)*.
sfornare *(vt)* ~ backen* *(vt)*. ◆ **appena sfornato** frisch gebacken.
sfortuna *(f)* ~ Unglück *(n)*, Pech *(n)* ♦ *avere sfortuna* Unglück haben ♦ *per colmo di sfortuna* zu allem Unglück.
sfortunato *(agg)* ~ unglücklich.
sforzare *(vt)* ~ anlstrengen *(vt)*, anlspannen *(vt)*.
sforzarsi *(vr)* ~ sich bemühen *(vr)*, sich anstrengen *(vr)*.
sforzo *(m)* ~ Mühe *(f)*, Bemühung *(f)*, Anstrengung *(f)* ♦ *sforzi inutili* vergebliche Bemühungen.
sfracellare *(vt)* ~ zerschmettern *(vt)*.
sfracellarsi *(vr)* ~ zerschellen *(vi,* ist*)*.
sfratto *(m)* ~ Kündigung *(f)*. ◆ **avviso di sfratto** Kündigungsfrist *(f)*. ◆ **dare lo sfratto a qcn** jmdm kündigen *(vi,* hat*)*.
sfrecciare *(vi)* ~ sausen *(vi,* ist*)*, zischen *(vi,* hat*)*.
sfregamento *(m)* ~ Reibung *(f)*.
sfregare *(vt)* ~ scheuern *(vi,* hat*)*, reiben* *(vt)* ♦ *la cintura di sicurezza mi sfrega il collo* der Sicherheitsgurt scheuert an meinem Hals.

sfregarsi *(vr)* ~ sich reiben* *(vr)*.
sfregio *(m)* ~ Schmiss *(m)*.
sfrenato *(agg)* ~ ausgelassen, hemmungslos.
sfrigolare *(vi)* ~ zischen *(vi*, hat*)*.
sfrontatezza *(f)* ~ Frechheit *(f)*, Dreistigkeit *(f)*.
sfrontato *(agg)* ~ frech, dreist.
sfruttamento *(m)* ~ Ausbeutung *(f)*, Nutzung *(f)*. ◆ **sfruttamento della prostituzione** Zuhälterei *(f)*.
sfruttare *(vt)* **1** *(risorse naturali)* aus|beuten *(vt)*, erschließen* *(vt)*. **2** *(trarre vantaggio)* aus|nutzen *(vt)*, benutzen *(vt)*, nutzen *(vt)* ♦ *sfruttare un'occasione* eine Gelegenheit ausnutzen ♦ *sfrutta i suoi operai* er nutzt seine Arbeiter aus.
sfruttatore *(m)* ~ Ausbeuter *(m)*.
sfuggire[1] *(vi)* **1** entgehen* *(vi*, ist*)*, entlaufen* *(vi*, ist*)*, entkommen* *(vi*, ist*)* ♦ *sfuggire a un inseguitore* einem Verfolger entgehen. **2** *(passare inosservato)* entgehen* *(vi*, ist*)* ♦ *questo errore di stampa è sfuggito a tutti* dieser Druckfehler ist allen entgangen. ◆ **lasciarsi sfuggire** verpassen* *(vt)* ♦ *lasciarsi sfuggire un'occasione* eine Gelegenheit verpassen.
sfuggire[2] *(vt)* ~ fliehen* *(vt)*, meiden* *(vt)*.
sfuggita *(f)* ~ **di sfuggita** im Vorbeigehen.
sfumare[1] *(vt)* **1** *(svanire)* verfliegen* *(vi*, ist*)*. **2** *(confondersi)* verschwimmen* *(vi*, ist*)*. **3** *(colori)* spielen *(vi*, hat*)*.
sfumare[2] *(vt)* **1** *(colori)* schattieren *(vt)*. **2** *(capelli)* stufig schneiden* *(vt)*.
sfumatura *(f)* **1** Färbung *(f)*, Nuance *(f)*. **2** *(nel tono di voce)* Unterton *(m)*.
sfuso *(agg)* ~ lose ♦ *sigarette sfuse* lose Zigaretten.
sgabello *(m)* **1** Hocker *(m)*, Schemel *(m)*. **2** *(girevole)* Drehstuhl *(m)*.
sgambettare *(vi)* ~ zappeln *(vi*, hat*)*, strampeln *(vi*, hat*)*.
sgambetto *(m)* ~ **fare lo sgambetto a qcn** jmdm ein Bein stellen.
sganasciarsi *(vr)* ~ **sganasciarsi dal ridere** sich vor Lachen wälzen *(vr)*.
sganciare *(vt)* **1** ab|haken *(vt)*. **2** *(treno)* ab|kuppeln *(vt)*.
sganciarsi *(vr)* **1** *(mecc)* aus|rasten *(vi*, ist*)*. **2** *(liberarsi)* sich loslösen *(vr)*.
sgancio *(m)* ~ *(di bombe)* Abwurf *(m)*.
sgangherato *(agg)* ~ klapp(e)rig.
sgarbatamente *(avv)* ~ derb, grob.
sgarbato *(agg)* ~ derb, grob*, unhöflich.
sgarbo *(m)* ~ Unhöflichkeit *(f)*.
sgattaiolare *(vi)* ~ schlüpfen *(vi*, ist*)*, durch|schlüpfen *(vi*, hat*)* ♦ *sgattaiolare attraverso la porta* durch die Tür schlüpfen.
sgelare *(vi)* ~ auf|tauen *(vi*, ist*)*.
sgelarsi *(vr)* ~ auf|tauen *(vi*, ist*)*.
sghembo *(agg)* ~ schief.
sghignazzare *(vi)* ~ hohnlachen *(vi*, hat*)*.
sgobbare *(vi)* ~ schuften *(vi*, hat*)*.
sgocciolare *(vi)* ~ tröpfeln *(vi*, ist*)*, tropfen *(vi*, ist*)*.
sgocciolare[1] *(vt)* ~ tropfen lassen* *(vt)*.
sgomberare[2] *(vt)* ~ *vedi* **sgombrare**.
sgombero *(m)* ~ Räumung *(f)*.
sgombrare *(vt)* ~ aus|räumen *(vt)*, räumen *(vt)*.
sgombro[1] *(agg)* ~ frei, leer. ◆ **tenere sgombro qcs da qcs** etwas von etwas frei|halten *(vt)*.
sgombro[2] *(m)* ~ *(zool)* Makrele *(f)*.
sgomento[1] *(agg)* ~ bestürzt. ◆ **lasciare sgomento** bestürzen *(vt)*.
sgomento[2] *(m)* ~ Bestürzung *(f)*.
sgominare *(vt)* ~ versprengen *(vt)*, zerschlagen* *(vt)*.
sgonfiare *(vt)* ~ entleeren *(vt)*.
sgonfio *(agg)* ~ *(pneumatico)* platt.
sgorgare *(vi)* ~ quellen* *(vi*, ist*)*, sprudeln *(vi*, ist*)*.
sgradevole *(agg)* ~ unangenehm, ungemütlich.
sgradito *(agg)* ~ unwillkommen. ◆ **essere sgradito a qcn** jmdm missfallen* *(vi*, hat*)*.
sgranocchiare *(vt)* ~ knabbern *(vt)*, knuspern *(vt)*.
sgrassare *(vt)* ~ entfetten *(vt)*.
sgravare *(vt)* ~ erleichtern *(vt)*.
sgravio *(m)* ~ Entlastung *(f)*.
sgretolarsi *(vr)* ~ bröckeln *(vi*, ist*)*, verrotten *(vi*, ist*)*.
sgridare *(vt)* ~ an|schreien* *(vt)*, schelten* *(vt)*.
sgrossare *(vt)* ~ behauen* *(vt)*.
sguainare *(vt)* ~ zücken *(vt)*.
sgualcire *(vt)* ~ zerknittern *(vt)*.
sgualcirsi *(vr)* ~ knüllen *(vi*, hat*)*.

sgualcito *(agg)* ***1*** faltig. ***2*** *(libro e sim)* zerlesen.
sgualdrina *(f)* ~ Schlampe *(f)*.
sguardo *(m)* ~ Blick *(m)*, Einblick *(m)* ♦ *distogliere lo sguardo* den Blick abwenden ♦ *rivolgere lo sguardo a qcn/qcs* den Blick auf jmdn/etwas richten ♦ *seguire qcn/qcs con lo sguardo* jmdn/etwas mit den Blicken verfolgen.
sguazzare *(vi)* ~ planschen *(vi, hat)*.
sguinzagliare *(vt)* ~ los|lassen *(vt)* ♦ *sguinzagliare un cane contro qcn* einen Hund auf jmdn loslassen.
sgusciare[1] *(vi)* ~ *(sgattaiolare)* schleichen* *(vi, ist)*, schlüpfen *(vi, ist)*.
sgusciare[2] *(vt)* ~ schälen *(vt)* ♦ *sgusciare le uova* Eier schälen.
shock *(m)* ~ Schock *(m)*.
show *(m)* ~ Show *(f)*.
si[1] *(m)* ~ *(mus)* h, H *(n)*. ◆ **si bemolle** b, B *(n)*.
si[2] *(pron pers)* ***1*** *(rifl)* sich ♦ *si lava* er wäscht sich. ***2*** *(reciproco)* einander, sich ♦ *non si scrivono più* sie schreiben einander nicht mehr ♦ *si incontrano al cinema* sie treffen sich im Kino. ***3*** *(impers)* man ♦ *si dice che* man sagt, dass ♦ *da qui si va in aereo a Londra in due ore* von hier kann man in zwei Stunden nach London fliegen ♦ *non si sa mai!* man kann nie wissen!
si[3] *(pron impers)* ~ man ♦ *si dice che* man sagt, dass ♦ *da qui si va in aereo a Londra in due ore* von hier kann man in zwei Stunden nach London fliegen ♦ *non si sa mai!* man kann nie wissen!
sì[1] *(avv)* ***1*** ja, jawohl ♦ *"Vieni anche tu?" "Sì!"* „Kommst du auch mit?" „Ja!" ♦ *credo di sì* ich glaube, ja ♦ *ma sì! certo!* aber ja! ♦ *oh, sì!* ach, ja! ♦ *naturalmente sì!* ja natürlich! ***2*** *(certo)* zwar, freilich ♦ *quella macchina è bella, sì, ma anche cara* das Auto ist zwar schön, aber auch teuer. ◆ **dire di sì a qcs** zu etwas ja sagen, bejahen *(vt)* ♦ *rispondere di sì a una domanda* eine Frage bejahen. ◆ **sì invece, invece sì** *(come risposta affermativa a domande negative)* doch ♦ *"Non hai fratelli?" "Sì, invece"* „Hast du keine Geschwister?" „Doch!".
sì[2] *(m)* ***1*** Ja *(n)* ♦ *votare sì* mit Ja stimmen. ***2*** *(al matrimonio)* Jawort *(n)*.
sia *(congiunz)* ~ **sia... sia..., sia... che...** sowohl... als auch... ♦ *sia ragazze che ragazzi* sowohl Mädchen als auch Jungen. ◆ **sia... sia** ob... ob ♦ *sia poveri che ricchi, tutti* ob Arm, ob Reich.
sibilare *(vi)* ***1*** pfeifen* *(vt/vi, hat)*. ***2*** *(vento)* brausen *(vi, hat)*, sausen *(vi, ist)*. ***3*** *(serpenti)* zischen *(vi, hat)*.
siccità *(f)* ~ Dürre *(f)*.
siccome *(congiunz)* ~ da ♦ *siccome sono molto occupata, non posso venire* da ich sehr beschäftigt bin, kann ich nicht kommen.
sicura *(f)* ~ *(blocco di sicurezza)* Sicherungsvorrichtung *(f)*. ◆ **mettere, togliere la sicura a qcs** etwas (ent)sichern *(vt)*.
sicuramente *(avv)* ~ sicherlich, bestimmt, gewiss.
sicurezza *(f)* ~ Sicherheit *(f)*, Gewissheit *(f)* ♦ *pubblica sicurezza* öffentliche Sicherheit ♦ *sicurezza di sé* Selbstsicherheit. ◆ **cassetta di sicurezza** Bankfach, Schließfach *(n)*. ◆ **per sicurezza** *(per precauzione)* sicherheitshalber *(avv)*.
sicuro *(agg)* ***1*** sicher, gewiss ♦ *un posto (di lavoro) sicuro* eine sichere Stelle ♦ *sono sicuro che* ich bin sicher, dass ♦ *puoi essere sicuro del mio appoggio* du kannst meiner Unterstützung gewiss sein. ***2*** *(protetto)* geborgen, gefahrlos. ◆ **sicuro di sé** selbstsicher. ◆ **essere al sicuro** *(cose)* unter Dach und Fach sein*. ◆ **mettere qcn/qcs al sicuro** jmdn/etwas in Sicherheit bringen*. ◆ **essere al sicuro** in Sicherheit sein*.
siderurgico *(agg)* ~ Eisen schaffend, Eisen verarbeitend ♦ *industria siderurgica* Eisen schaffende Industrie. ◆ **industria siderurgica** Eisenindustrie *(f)*, Stahlindustrie *(f)*.
sidro *(m)* ~ Apfelwein *(m)*.
siepe *(f)* ~ Hecke *(f)*.
siero *(m)* ~ *(biol/med)* Serum *(n)*.
sieropositivo *(agg)* ~ HIV-positiv.
sigaretta *(f)* ~ Zigarette *(f)* ♦ *un pacchetto, una stecca di sigarette* eine Schachtel, eine Stange Zigaretten.
sigaro *(m)* ~ Zigarre *(f)*.
sigillare *(vt)* ~ siegeln *(vt)*, versiegeln *(vt)*.
sigillo *(m)* ~ Siegel *(n)*, Plombe *(f)*.
sigla *(f)* ~ Abkürzung *(f)*, Sigel *(n)*.

significare *(vt)* ***1*** *(voler dire)* bedeuten *(vt)*, heißen* *(vi,* hat*)* ♦ *cosa significa questa parola?* was bedeutet dieses Wort? ♦ *questo non significa niente* das will nichts heißen. ***2*** *(dire, avere un significato)* sagen *(vt)* ♦ *questo vorrà pur significare qualcosa!* das will schon etwas sagen! ◆ **significare molto per qcn** jmdm viel wert sein ♦ *il tuo aiuto significa molto per me* deine Hilfe ist mir viel wert.

significativo *(agg)* ~ bedeutend, inhaltsreich.

significato *(m)* ***1*** Bedeutung *(f)*. ***2*** *(importanza)* Wert *(m)* ♦ *attribuire grande significato a un avvenimento* einem Ereignis großen Wert beimessen.

signora *(f)* ***1*** Frau *(f)* ♦ *la signora Schmidt* Frau Schmidt. ***2*** *(donna)* Frau *(f)*, Dame *(f)* ♦ *una signora di mezza età* eine ältere Frau ♦ *signore e signori!* meine Damen und Herren!

signore *(m)* ***1*** Herr *(m)* ♦ *ha telefonato un signore* ein Herr hat angerufen ♦ *(il) signor Schulz* Herr Schulz ♦ *(il) signor direttore* Herr Direktor ♦ *il Signore Gesù* Herr Jesus. ***2*** *(sovrano)* Herrscher *(m)*. ***3*** *(Dio)* Herrgott *(m)*. ◆ **signori** Herrschaften *(pl)* ♦ *i signori desiderano?* was wünschen die Herrschaften?

signorile *(agg)* ~ herrschaftlich.

signorina *(f)* ***1*** Fräulein *(n)* *(anche alloc)*. ***2*** *(donna giovane)* junge Frau *(f)*.

silenziatore *(m)* ~ Schalldämpfer *(m)*.

silenzio *(m)* ~ Ruhe *(n)*, Stille *(f)*, Schweigen *(n)*, Stillschweigen *(n)* ♦ *silenzio, per favore!* Ruhe, bitte! ♦ *fare silenzio* Ruhe halten ♦ *mantenere il silenzio su qcs* über etwas *(Acc)* Stillschweigen bewahren ♦ *ridurre qcn al silenzio* jmdn zum Schweigen bringen. ◆ **in silenzio** *(senza parlare)* wortlos *(avv)*.

silenziosamente *(avv)* ~ lautlos, leise.

silenzioso *(agg)* ***1*** still, ruhig, leise, schweigsam ♦ *una strada silenziosa* eine stille Straße. ***2*** *(macchina e sim)* geräuschlos, lautlos.

silhouette *(f)* ~ Schattenriss *(m)*.

sillaba *(f)* ~ Silbe *(f)*.

sillabare *(vt)* ~ buchstabieren *(vt)*.

sillabario *(m)* ~ Fibel *(f)*.

sillabazione *(f)* ~ Silbentrennung *(f)*.

sillabico *(agg)* ~ silbisch.

silofono *(m)* ~ Xylophon *(n)*.

silos *(m)* ~ Silo *(n/m)*.

silurare *(vt)* ~ torpedieren *(vt)*.

siluro *(m)* ~ Torpedo *(m)*.

simbolico *(agg)* ~ symbolisch, sinnbildlich.

simbolo *(m)* ***1*** Symbol *(n)*, Sinnbild *(n)* ♦ *essere il simbolo di qcs* ein Symbol für etwas sein. ***2*** *(emblema)* Zeichen *(n)*.

simile[1] *(agg)* ~ ähnlich, dergleichen, gleichartig ♦ *essere simile a qcn/qcs* jmdm/etwas ähnlich sein ♦ *qualcosa di simile* etwas Ähnliches ♦ *niente di simile* nichts dergleichen ♦ *in modo simile* auf ähnliche Weise ♦ *e simili* und Ähnliches.

simile[2] *(m/f)* ~ Mitmensch *(m)*.

similoro *(m)* ~ Talmi *(n)*.

similpelle *(f)* ~ Kunstleder *(n)*.

simmetria *(f)* ~ Symmetrie *(f)*.

simmetrico *(agg)* ~ symmetrisch.

simpatia *(f)* ~ Sympathie *(f)*, Zuneigung *(f)* ♦ *provare simpatia per qcn* Sympathie für jmdn empfinden.

simpatico *(agg)* ~ sympathisch, nett ♦ *essere simpatico a qcn* jmdm sympathisch sein.

simpatizzante *(m/f)* ~ Mitläufer *(m; f* -in*)*.

simposio *(m)* ~ Symposium *(n)*.

simulare *(vt)* ***1*** vor|täuschen *(vt)*, heucheln *(vt)*. ***2*** *(tecn)* simulieren *(vt/vi,* hat*)*. ***3*** *(imitare)* nach|ahmen *(vt)*.

simulatore *(m)* ~ Heuchler *(m)*.

simulazione *(f)* ~ Heuchelei *(f)*.

simultaneamente *(avv)* ~ gleichzeitig.

simultaneità *(f)* ~ Gleichzeitigkeit *(f)*.

simultaneo *(agg)* ~ simultan, gleichzeitig.

sinagoga *(f)* ~ Synagoge *(f)*.

sinceramente *(avv)* ~ ehrlich, offen, ernst ♦ *detto sinceramente* ehrlich gesagt.

sincerarsi *(vr)* ~ sich versichern *(vr)*, sich vergewissern *(vr)* ♦ *ho voluto sincerarmi della sua affidabilità* ich habe mich seiner Zuverlässigkeit versichert.

sincerità *(f)* ~ Aufrichtigkeit *(f)*, Ehrlichkeit *(f)*.

sincero *(agg)* ~ aufrichtig, ehrlich ♦ *essere sincero verso qcn* aufrichtig zu jmdm/gegen jmdn sein.

sincronico *(agg)* ~ synchron.

sincronizzare *(vt)* ~ synchronisieren *(vt)*.
sincronizzazione *(f)* ~ Synchronisierung *(f)*.
sindacale *(agg)* ~ gewerkschaftlich, Gewerkschafts- ♦ *confederazione sindacale* Gewerkschaftsbund *(m)*. ◆ **paga sindacale** Tariflohn *(m)*.
sindacalista *(m)* ~ Gewerkschaft(l)er *(m)*, Gewerkschaftsführer *(m)*.
sindacato *(m)* ~ Gewerkschaft *(f)*.
sindaco *(m)* ~ Bürgermeister *(m)*.
sindrome *(f)* ~ Syndrom *(n)*.
sinfonia *(f)* ~ Sinfonie *(f)*, Symphonie *(f)*.
singhiozzare *(vi)* ~ schluchzen *(vi*, hat*)*.
singhiozzo *(m)* ~ Schluckauf *(m)*. ◆ **a singhiozzo** sprunghaft *(avv)*.
single *(m/f)* ~ Single *(m)*.
singolare[1] *(agg)* ~ eigenartig, ungewöhnlich ♦ *una persona singolare* ein eigenartiger Mensch.
singolare[2] *(m)* ~ *(gramm)* Einzahl *(f)*, Singular *(m)* ♦ *al singolare* in der Einzahl, im Singular.
singolarità *(f)* ~ Eigentümlichkeit *(f)*.
singolo[1] *(agg)* ~ einzeln, Einzel- ♦ *camera singola* Einzelzimmer *(n)*.
singolo[2] *(m)* ***1*** Einzelne(r) *(m/f)*. ***2*** *(sport)* Einzel *(n)*, Single *(n)*. ***3*** *(disco)* Single *(f)*.
sinistra *(f)* ~ Linke *(f)* *(anche pol)* ♦ *essere seduto alla sinistra di qcn* jmdm zur Linken sitzen. ◆ **a sinistra** links *(avv)* ♦ *svoltare a sinistra* links abbiegen. ◆ **andare a sinistra** nach links gehen*. ◆ **venire da sinistra** von links kommen*. ◆ **essere di sinistra** *(pol)* links stehen*. ◆ **di sinistra** *(pol)* linke(r, -s). ◆ **di estrema sinistra** linksradikal.
sinistro[1] *(agg)* ***1*** link ♦ *la mano sinistra* die linke Hand ♦ *lato sinistro* linke Seite. ***2*** *(inquietante)* finster, ominös.
sinistro[2] *(m)* ~ Unfall *(m)*.
sinonimo[1] *(agg)* ~ synonym, sinnverwandt.
sinonimo[2] *(m)* ~ Synonym *(n)*.
sintassi *(f)* ~ Syntax *(f)*, Satzlehre *(f)*.
sintattico *(agg)* ~ syntaktisch.
sintesi *(f)* ~ Synthese *(f)*, Auszug *(m)*.
sintetico *(agg)* ~ synthetisch.
sintomo *(m)* ~ Anzeichen *(n)*, Symptom *(n)* *(anche med)* ♦ *i sintomi di una malattia* die Symptome einer Krankheit.
sintonizzare *(vt)* ~ ab|stimmen *(vt)*.
sinusite *(f)* ~ *(med)* Stirnhöhlenentzündung *(f)*.
sipario *(m)* ~ Vorhang *(m)* ♦ *si apre il sipario* der Vorhang geht auf/öffnet sich.
sirena *(f)* ~ Sirene *(f)*. ◆ **sirena dell'ambulanza** Martinshorn *(n)*.
siringa *(f)* ~ Spritze *(f)* ♦ *siringa monouso* Einwegspritze ♦ *siringa per iniezioni* Inijektionsspritze.
sismologia *(f)* ~ Erdbebenforschung *(f)*.
sismologo *(m)* ~ Erdbebenforscher *(m)*.
sistema *(m)* ~ System *(n)* ♦ *sistema nervoso* Nervensystem. ◆ **sistema finanziario** Finanzwesen *(n)*. ◆ **sistema monetario** Währung *(f)*. ◆ **sistema economico** Wirtschaftsform *(f)*.
sistemare *(vt)* ***1*** *(risolvere)* erledigen *(vt)*, regeln *(vt)*. ***2*** *(collocare)* stellen *(vt)*, unter|bringen* *(vt)* ♦ *sistemare le valigie nel bagagliaio* das Gepäck im Kofferraum unterbringen. ***3*** *(riordinare)* in Ordnung bringen* *(vt)*. ***4*** *(in un posto di lavoro)* jmdn unter|bringen* *(vt)*.
sistemarsi *(vr)* ***1*** *(collocarsi)* sich stellen *(vr)* ♦ *si sistemò (in piedi) accanto alla porta* er stellte sich neben die Tür. ***2*** *(professionalmente)* sich etablieren *(vr)*. ***3*** *(andare a posto)* sich regeln *(vr)*. ***4*** *(vestirsi, mettersi a posto)* sich zurecht|machen *(vr)*.
sistematicità *(f)* ~ Planmäßigkeit *(f)*.
sistematico *(agg)* ~ planmäßig, systematisch.
sistemazione *(f)* ***1*** Anordnung *(f)*. ***2*** *(alloggio)* Unterkunft *(f)*, Unterbringung *(f)* ♦ *sistemazione in hotel* Unterkunft im Hotel. ***3*** *(disbrigo)* Erledigung *(f)*.
sito[1] *(agg)* ~ befindlich.
sito[2] *(m)* ***1*** Stätte *(f)*, Lage *(f)* ♦ *un sito archeologico* eine archäologische Stätte. ***2*** *(elab)* Internet-Seite *(f)*.
situato *(agg)* ~ befindlich. ◆ **essere situato** liegen* *(vi*, hat*)* ♦ *la casa è situata sul mare* das Haus liegt am Meer.
situazione *(f)* ***1*** Lage *(f)*, Situation *(f)* ♦ *trovarsi in una situazione difficile* sich *(Acc)* in einer schwierigen Lage befinden. ***2*** *(stato di cose, fatti)* Zustand *(m)*, Konstellation *(f)*.
skateboard *(m)* ~ Rollerbrett *(n)*.

slanciato *(agg)* ~ schlank.
slancio *(m)* ***1*** Schwung *(m)*. **2** *(impulso)* Elan *(m)*.
slargare *(vt)* ~ aus|weiten *(vt)*.
slavato *(agg)* ~ verwaschen, bleich.
sleale *(agg)* ~ treulos, unfair.
slealmente *(avv)* ~ falsch.
slealtà *(f)* ~ Treulosigkeit *(f)*, Falschheit *(f)*.
slegare *(vt)* ~ los|binden* *(vt)*, ab|binden* *(vt)* ♦ *slegare una barca, un cane* ein Boot, einen Hund losbinden.
slegarsi *(vr)* ~ sich lösen *(vr)*.
slegato *(agg)* ~ ungebunden.
slip *(m)* ~ Slip *(m)*, Höschen *(n)*.
slitta *(f)* ~ Rodelschlitten *(m)*. ◆ **andare in slitta** rodeln *(vi*, ist/hat*)*.
slittare *(vt)* ***1*** ab|rutschen *(vi*, ist*)*, schlittern *(vi*, ist/hat*)*. **2** *(data e sim)* sich verschieben* *(vr)*.
slittino *(m)* ~ Schlitten *(m)* ♦ *andare in slittino* Schlitten fahren.
slogan *(m)* ~ Schlagwort *(n)*, Losung *(f)*.
slogare *(vt)* ~ verrenken *(vt)*, verstauchen *(vt)* ♦ *mi sono slogato la caviglia* ich habe mir das Fußgelenk verrenkt.
slogarsi *(vr)* ~ sich verstauchen *(vr)* ♦ *mi sono slogato il piede sinistro* ich habe mir den linken Fuß verstaucht.
slogatura *(f)* ~ Verrenkung *(f)*.
smacchiare *(vt)* ~ {~ *qcs*} von etwas die Flecken entfernen *(vt)*.
smacco *(m)* ~ Schmach *(f)*.
smagliatura *(f)* ***1*** *(calze e sim)* Laufmasche *(f)*. **2** *(pelle)* Dehnungsstreifen *(m)*.
smagrito *(agg)* ~ abgemagert, dürr.
smaltare *(vt)* ~ lackieren *(vt)*, glasieren *(vt)*.
smaltatura *(f)* ~ Glasur *(f)*.
smaltimento *(m)* ~ *(di rifiuti)* Entsorgung *(f)*.
smaltire *(vt)* ***1*** *(rifiuti)* entsorgen *(vt)*. **2** *(con il sonno sbornie e sim)* aus|schlafen *(vi*, hat*)*.
smalto *(m)* ***1*** Glasur *(f)*, Emaille *(f)*, Email *(n)*. **2** *(per unghie)* Nagellack *(m)*. **3** *(dei denti)* Zahnschmelz *(m)*. ◆ **darsi lo smalto alle unghie** sich *(Dat)* die Fingernägel lackieren.
smanceria *(f)* ~ Gehabe *(n)*, Getue *(n)*.
smania *(f)* ~ Tobsucht *(f)*.
smaniare *(vi)* ~ rasen *(vi*, hat*)*.
smantellamento *(m)* ~ Demontage *(f)*.
smantellare *(vt)* ~ demontieren *(vt)*, ab|bauen *(vt)*.
smarrire *(vt)* ~ verlieren* *(vt)*.
smarrirsi *(vr)* ~ sich verirren *(vr)*, sich verlaufen* *(vr)*.
smarrito *(agg)* ~ verloren. ◆ **ufficio oggetti smarriti** Fundbüro *(n)*.
smascheramento *(m)* ~ Enthüllung *(f)*, Aufdeckung *(f)*.
smascherare *(vt)* ~ enthüllen *(vt)*, entlarven *(vt)* ♦ *smascherare qcn come un bugiardo* jmdn als Lügner enthüllen.
smascherarsi *(vr)* ~ sich demaskieren *(vr)*.
smembrare *(vt)* ~ zergliedern *(vt)*.
smemorato *(agg)* ~ vergesslich.
smentire *(vt)* ~ wider|rufen* *(vt)*, dementieren *(vt)* ♦ *smentire una notizia* eine Nachricht widerrufen.
smentita *(f)* ~ Widerruf *(m)*, Dementi *(n)*.
smeraldo *(m)* ~ Smaragd *(m)*.
smercio *(m)* ~ Absatz *(m)* ♦ *avere smercio* Absatz finden.
smerdare *(vt)* ~ bescheißen* *(vt)*.
smerigliare *(vt)* ~ schleifen* *(vt)*.
smettere[1] *(vi)* ***1*** auf|hören *(vi*, hat*)*, unterlassen *(vt)* ♦ *smettere di lavorare* mit der Arbeit aufhören ♦ *smettila!* hör auf! **2** *(cattiva abitudine)* sich *(Dat)* etwas ab|gewöhnen *(vt)* ♦ *ho smesso di fumare* ich habe mir das Rauchen abgewöhnt.
smettere[2] *(vt)* ~ ab|legen* *(vt)* ♦ *smettere il lutto* die Trauer ablegen.
smidollato *(m)* ~ Schlappschwanz *(m)*.
smilzo *(agg)* ~ hager.
sminare *(vt)* ~ entminen *(vt)*.
sminuire *(vt)* ~ herab|würdigen *(vt)*, schmälern *(vt)*.
sminuzzare *(vt)* ~ zerkleinern *(vt)*.
smistare *(vt)* ~ sortieren *(vt)*, rangieren *(vt)*.
smisurato *(agg)* ~ maßlos, unermesslich.
smodato *(agg)* ~ unmäßig.
smog *(m)* ~ Smog *(m)*.
smoking *(m)* ~ Smoking *(m)*.
smontabile *(agg)* ~ zerlegbar.
smontaggio *(m)* ~ Ausbau *(m)*, Demontage *(f)*.
smontare *(vt)* ***1*** aus|bauen *(vt)*, zerlegen *(vt)*, auseinander nehmen *(vt)* ♦ *smonta-*

re un motore einen Motor ausbauen ♦ *smontare un tavolo* einen Tisch zerlegen. **2** *(criticare punto per punto)* zerpflücken *(vt)*. **3** *(da cavallo)* ab|sitzen* *(vi*, ist*)*.

smorfia *(f)* ~ Grimasse *(f)* ♦ *fare smorfie* Grimassen schneiden/ziehen.

smorto *(agg)* ~ fahl, farblos, blass.

smorzare *(vt)* ~ dämpfen *(vt)*, ab|schwächen *(vt)*.

smorzarsi *(vr)* **1** sich ab|schwächen *(vt)*. **2***(suoni)* ab|klingen* *(vi*, ist*)*.

smunto *(agg)* ~ eingefallen.

smuovere *(vt)* ~ auf|wühlen *(vt)*, auf|lockern *(vt)*.

smussare *(vt)* ~ ab|stumpfen *(vt)*, ab|runden *(vt)*.

smussato *(agg)* ~ stumpf.

snack *(m)* ~ Nascherei *(f)*, Snack *(m)*.

snellezza *(f)* ~ Schlankheit *(f)*.

snello *(agg)* ~ schlank, dünn ♦ *una ragazza snella* ein schlankes Mädchen.

snervante *(agg)* ~ nervenaufreibend.

sniffare *(vt)* ~ *(cocaina e sim)* schnupfen *(vt/vi*, hat*)*.

snob[1] *(agg)* ~ snobistisch.

snob[2] *(m)* ~ Snob *(m)*.

snodare *(vt)* ~ entknoten *(vt)*.

snodarsi *(vr)* **1** *(percorsi e sim)* sich durch|winden* *(vr)*. **2** *(sentieri, fiumi)* sich schlängeln *(vr)*.

snodato *(agg)* ~ gelenkig.

soave *(agg)* ~ lieblich.

soavità *(f)* ~ Weichheit *(f)*.

sobbalzare *(vi)* **1** *(procedere a sobbalzi)* holpern *(vi*, hat*)*. **2** *(per la paura)* auf|schrecken* *(vi*, ist*)*.

sobborgo *(m)* ~ Vorort *(m)*, Vorstadt *(f)*.

sobillare *(vt)* ~ auf|hetzen *(vt)*, auf|wiegeln *(vt)*.

sobillatore *(m)* ~ Hetzer *(m)*.

sobriamente *(avv)* ~ dezent ♦ *vestirsi sobriamente* sich dezent kleiden.

sobrietà *(f)* ~ Bescheidenheit *(f)*, Enthaltsamkeit *(f)*.

sobrio *(agg)* ~ nüchtern, dezent.

soccombere *(vi)* ~ erliegen* *(vi*, ist*)*, unterliegen* *(vi*, ist*)* ♦ *soccombere all'avversario* dem Gegner erliegen ♦ *soccombere a una malattia* einer Krankheit erliegen.

soccorrere *(vt)* ~ {~ *qcn*} jmdm zur Hilfe kommen* *(vi*, ist*)*.

soccorritore *(m)* ~ Helfer *(m)*.

soccorso *(m)* ~ Hilfe *(f)*, Hilfeleistung *(f)* ♦ *primo soccorso, pronto soccorso* erste Hilfe ♦ *prestare soccorso a qcn* jmdm Hilfe leisten ♦ *omissione di soccorso (dir)* unterlassene Hilfeleistung. ◆ **pronto soccorso** *(ospedaliero)* Unfallstation *(f)*. ◆ **soccorso stradale** Pannendienst *(m)*.

socialdemocratico[1] *(agg)* ~ sozialdemokratisch.

socialdemocratico[2] *(m; f* **-a***)* ~ Sozialdemokrat *(m; f* -in*)*.

sociale *(agg)* ~ sozial, gesellschaftlich; Gesellschafts- ♦ *previdenza sociale* soziale Fürsorge ♦ *classe sociale* Gesellschaftsklasse ♦ *sistema sociale* Gesellschaftssystem. ◆ **ufficio per l'assistenza sociale** Sozialamt *(n)*.

socialismo *(m)* ~ Sozialismus *(m)*.

socialista[1] *(agg)* ~ sozialistisch.

socialista[2] *(m/f)* ~ Sozialist *(m; f* -in*)*.

socialmente *(avv)* ~ gesellschaftlich.

società *(f)* **1** Gesellschaft *(f)* ♦ *la buona società* die gute Gesellschaft ♦ *società a responsabilità limitata (Srl)* Gesellschaft mit beschränkter Haftung *(abbrev* GmbH*)* ♦ *società per azioni (s.p.a.)* Aktiengesellschaft *(abbrev* AG*)*. **2** *(associazione; circolo)* Verein *(m)* ♦ *società sportiva* Sportverein. ◆ **gioco di società** Gesellschaftsspiel *(n)*.

socievole *(agg)* ~ gesellig, umgänglich.

socievolezza *(f)* ~ Geselligkeit *(f)*.

socio *(m)* **1** *(econ)* Geschäftspartner *(m)*, Teilhaber *(m)*. **2** *(di associazioni)* Mitglied *(n)*. ◆ **essere socio di qcs** an etwas *(Dat)* beteiligt sein ♦ *essere socio di una ditta* an einer Firma beteiligt sein.

sociologia *(f)* ~ Gesellschaftslehre *(f)*.

soddisfacente *(agg)* ~ befriedigend, zufriedenstellend.

soddisfare *(vt)* ~ befriedigen *(vt)*, zufrieden stellen *(vt)* ♦ *il suo lavoro (non) lo soddisfa* seine Arbeit befriedigt ihn (nicht).

soddisfatto *(agg)* ~ zufrieden ♦ *essere soddisfatto di qcn/qcs* mit jmdm/etwas zufrieden sein.

soddisfazione *(f)* **1** Befriedigung *(f)*, Erfüllung *(f)* ♦ *dare soddisfazione a qcn* jmdm Befriedigung bereiten/gewähren.

2 *(riparazione)* Genugtuung *(f)*. 3 *(compiacimento)* Wohlgefallen *(n)*.
sodio *(m)* ~ *(chim)* Natrium *(n)*.
sodo[1] *(agg)* ~ fest, hart, straff. ◆ **uovo sodo** hart gekochtes Ei.
sodo[2] *(avv)* ~ fest, hart ◆ *lavorare sodo* hart arbeiten.
sofà *(m)* ~ Sofa *(n)*.
sofferente *(agg)* ~ leidend.
sofferenza *(f)* ~ Leiden *(n)*, Qual *(f)* ◆ *confidare a qcn le proprie sofferenze* jmdm sein Leid klagen.
soffiare[1] *(vi)* **1** blasen* *(vi*, hat*)* *(anche vetro)* ◆ *soffiare sul fuoco* ins Feuer blasen. **2** *(vento)* wehen *(vi*, hat*)* ◆ *il vento soffia da Nord, sulla spiaggia* der Wind weht aus Norden, über den Strand. **3** *(animali)* fauchen *(vi*, hat*)*.
soffiare[2] *(vt)* **1** blasen* *(vt)* *(anche vetro)*. **2** *(soffiare via)* ab|blasen* *(vt)* ◆ *soffiare via la polvere* den Staub abblasen. **3** *(qcn/qcs a qcn) (fam)* jmdm jmdn/etwas weg|schnappen *(vt)* ◆ *gli ha soffiato la ragazza* er hat ihm seine Freundin weggeschnappt.
soffiarsi *(vr)* ~ **soffiarsi il naso** sich schnäuzen *(vr)*, sich *(Dat)* die Nase schnäuzen *(vt)*.
soffice *(agg)* ~ weich.
soffio *(m)* ~ Blasen *(n)*. ◆ **soffio al cuore** *(med)* Herzgeräusch *(m)*.
soffitta *(f)* ~ Speicher *(m)*, Dachboden *(m)*.
soffitto *(m)* ~ Decke *(f)* ◆ *soffitto a cassettoni* Kassettendecke.
soffocamento *(m)* ~ Erstickung *(f)*.
soffocante *(agg)* ~ stickig, drückend.
soffocare[1] *(vi)* ~ ersticken *(vi*, hat*)*; *(respirare a fatica)* schwer atmen *(vi*, hat*)*.
soffocare[2] *(vt)* **1** ersticken *(vt)*, erdrücken *(vt)* *(anche fig)* ◆ *soffocare una sommossa* einen Aufruhr ersticken. **2** *(reprimere)* unter|drücken *(vt)* ◆ *soffocare i propri sentimenti* seinen Gefühle unterdrücken.
soffrire *(vt)* ~ leiden* *(vi*, hat*)* *(anche fig)* ◆ *soffrire la sete, la fame* Durst, Hunger leiden ◆ *soffre per la sua solitudine* er leidet unter seiner Einsamkeit ◆ *non poter soffrire qcn/qcs* jmdn/etwas nicht leiden können.
soffuso *(agg)* ~ sanft.
sofisticato *(agg)* **1** *(alterato)* verfälscht. **2** *(ricercato)* gesucht.
software *(m)* ~ *(elab)* Software *(f)*.
soggettivamente *(avv)* ~ einseitig.
soggettività *(f)* ~ Einseitigkeit *(f)*.
soggettivo *(agg)* ~ subjektiv, einseitig ◆ *un giudizio soggettivo* ein subjektives Urteil.
soggetto[1] *(agg)* **1** verpflichtet. **2** *(predisposto)* anfällig. **3** *(sottoposto)* -pflichtig ◆ *soggetto a dazio* zollpflichtig.
soggetto[2] *(m)* **1** Subjekt *(n)*. **2** *(argomento)* Thema *(n)*.
soggezione *(f)* ~ Befangenheit *(f)*.
sogghignare *(vi)* ~ grinsen *(vi)*.
soggiacere *(vi)* ~ unterliegen* *(vi*, ist*)*.
soggiogare *(vt)* ~ unterjochen *(vt)*.
soggiornare *(vi)* ~ sich auf|halten* *(vr)*.
soggiorno *(m)* **1** Aufenthalt *(m)* ◆ *durante il mio soggiorno a Colonia* während meines Aufenthalts in Köln. **2** *(salotto)* Wohnzimmer *(n)*. ◆ **permesso di soggiorno** Aufenthaltserlaubnis *(f)*.
soggiungere *(vt)* ~ hinzu|fügen *(vt)* ◆ *"Sì, ma", soggiunse* „Ja, aber", fügte er hinzu.
soglia *(f)* ~ Schwelle *(f)*.
sognante *(agg)* ~ träumerisch.
sognare *(vt)* ~ träumen *(vi*, hat*)* ◆ *ti ho sognato* ich habe von dir geträumt ◆ *sogna di diventare famosa* sie träumt davon, berühmt zu werden.
sognatore *(m; f* **-trice***)* ~ Träumer *(m; f* -in*)*, Schwärmer *(m; f* -in*)*.
sogno *(m)* ~ Traum *(m)* ◆ *in sogno* im Traum ◆ *nemmeno per sogno (fig)* nicht im Traum. ◆ **da sogno** traumhaft.
soia *(f)* ~ *(bot)* Sojen *(f)*, Sojabohne *(f)*.
sol *(m)* ~ *(mus)* g, G *(n)*. ◆ **sol bemolle** ges, Ges *(n)*. ◆ **sol diesis** gis, Gis *(n)*.
solaio *(m)* ~ Speicher *(m)*, Dachboden *(m)*.
solare *(agg)* ~ solar, Sonnen- ◆ *energia solare* solare Energie ◆ *crema solare* Sonnenschutzcreme *(f)*.
solcare *(vt)* ~ pflügen *(vt)*.
solco *(m)* ~ Furche *(f)*, Rille *(f)* ◆ *tracciare solchi* Furchen ziehen.
soldatesco *(agg)* ~ soldatisch.
soldato *(m)* ~ Soldat *(m)* ◆ *soldato semplice* gemeiner Soldat.

soldo *(pl)* ***1*** Geld *(n)* ♦ *spendere, risparmiare, guadagnare, cambiare, mettere da parte soldi* Geld ausgeben, sparen, verdienen, wechseln, zurücklegen ♦ *non ho soldi* ich habe kein Geld. **2** *(spiccioli)* Wechselgeld *(n)*.

sole *(m)* ~ Sonne *(f)* ♦ *il sole sorge, tramonta* die Sonne geht auf, geht unter ♦ *oggi c'è il sole* heute scheint die Sonne ♦ *essere seduto al sole* in der Sonne sitzen. ◆ **colpo di sole** Sonnenstich *(m)* ♦ *prendere un colpo di sole* einen Sonnenstich bekommen. ◆ **chiaro come il sole** sonnenklar.

solenne *(agg)* ~ feierlich, festlich.

solennità *(f)* ~ Feierlichkeit *(f)*, Festlichkeit *(f)*.

solerte *(agg)* ~ eifrig, emsig.

solerzia *(f)* ~ Eifer *(m)*, Emsigkeit *(f)*.

solidale *(agg)* ~ solidarisch.

solidarietà *(f)* ~ Solidarität *(f)*. ◆ **spirito di solidarietà** Gemeinschaftsgeist *(m)*.

solidarizzare *(vi)* ~ sich solidarisieren *(vr)* ♦ *solidarizzare con qcn* sich mit jmdm solidarisieren.

solidificarsi *(vr)* ~ fest werden* *(vi, ist)*, erstarren *(vi, ist)*.

solidificazione *(f)* ~ Erstarrung *(f)*.

solidità *(f)* ~ Festigkeit *(f)*, Stabilität *(f)*.

solido *(agg)* ***1*** fest, solid(e), gediegen ♦ *alimenti solidi* feste Nahrung ♦ *una ditta solida* eine solide Firma. **2** *(in grado di reggere un peso)* tragfähig.

soliloquio *(m)* ~ Selbstgespräch *(n)*.

solista *(m/f)* ~ *(mus)* Solist *(m; f -in)*.

solitario[1] *(agg)* ~ zurückgezogen, einsam ♦ *fare una vita solitaria* ein zurückgezogenes Leben führen.

solitario[2] *(m)* ***1*** *(persona)* Einzelgänger *(m)*, Außenseiter *(m)*. **2** *(brillante)* Solitär *(m)*. **3** *(gioco di carte)* Patience *(f)* ♦ *fare un solitario* eine Patience legen.

solito *(agg)* ~ gewohnt, üblich ♦ *il nostro solito punto di ritrovo* unser gewohnter Treffpunkt. ◆ **di solito** gewöhnlich. ◆ **diverso dal solito** anders als sonst. ◆ **come al solito** wie üblich.

solitudine *(f)* ~ Einsamkeit *(f)*.

sollecitare *(vt)* ***1*** betreiben* *(vt)*, mahnen *(vt)*. **2** *(stimolare)* {~ *qcn a qcs*} jmdn zu etwas treiben* *(vt)*. **3** *(troppo)* über|belasten *(vt)*.

sollecitazione *(f)* ***1*** Beanspruchung *(f)*. **2** *(di macchinari e sim)* Inanspruchnahme *(f)*.

sollecito[1] *(agg)* ~ baldig, bereitwillig ♦ *una risposta sollecita* eine baldige Antwort.

sollecito[2] *(m)* ~ Mahnung *(f)*.

sollecitudine *(f)* ~ Hilfsbereitschaft *(f)*.

solleticare *(vt)* ***1*** kitzeln *(vt)*. **2** *(fig)* reizen *(vt)* ♦ *solleticare la vanità di qcn* jmds Eitelkeit reizen.

solletico *(m)* ~ Kitzel *(m)*. ◆ **soffrire il solletico** kitzelig sein*. ◆ **fare il solletico a qcn** jmdn kitzeln *(vt)*.

sollevamento *(m)* ~ Heben *(n)* ♦ *sollevamento pesi (sport)* Gewichtheben.

sollevare *(vt)* ***1*** heben* *(vt)*, erheben* *(vt)*, auf|heben* *(vt)*, ab|heben* *(vt)* ♦ *sollevare un peso* ein Gewicht heben ♦ *sollevare il braccio* den Arm erheben ♦ *sollevare una protesta* Protest erheben ♦ *sollevare lo sguardo* den Blick aufheben ♦ *sollevare il coperchio* den Deckel abheben. **2** *(polvere e sim)* auf|treiben* *(vt)*. **3** *(tirare su)* auf|richten *(vt)* ♦ *sollevare un malato* einen Kranken aufrichten. **4** *(dispensare)* {~ *qcn da qcs*} jmdn etwas *(Gen)* entheben* *(vt)*. ◆ **sollevare una questione** eine Frage auf|werfen*.

sollevarsi *(vr)* ***1*** sich erheben* *(vr)*. **2** *(rivoltarsi)* revoltieren *(vi, hat)*.

sollevato *(agg)* ~ erleichtert.

sollevazione *(f)* ~ Aufstand *(m)*.

sollievo *(m)* ~ Erleichterung *(f)*, Linderung *(f)*.

solo[1] *(agg)* ***1*** *(senza nessuno)* allein; *(abbandonato)* einsam ♦ *lasciare solo qcn* jmdn allein lassen ♦ *essere solo in casa* allein zu Hause sein ♦ *mi sento solo* ich fühle mich einsam. **2** *(semplicemente)* bloß ♦ *il solo pensiero mi fa paura* der bloße Gedanke macht mir Angst. **3** *(singolo)* einzeln. ◆ **da solo** allein ♦ *fare qcs da solo* etwas allein machen. ◆ **completamente solo** mutterseelenallein.

solo[2] *(avv)* ***1*** *(soltanto)* nur, allein ♦ *ho solo venti euro* ich habe nur 20 Euro ♦ *solo lei lo sa* nur sie weiß es ♦ *posso restare solo fino a domani* ich kann nur bis morgen bleiben. **2** *(già, soltanto)* schon ♦ *solo l'idea mi irrita* schon der Gedanke daran nervt mich. **3** *(non prima di, non più* *di)* erst ♦ *arriviamo solo domani* wir kommen erst morgen an ♦ *verrò solo quando...* ich komme erst dann, wenn... ♦ *ha solo vent'anni* er ist erst zwanzig Jahre alt. **4** *(in frasi esclam)* nur, nur erst, bloß ♦ *se solo lei fosse qui!* wenn sie nur hier wäre! ♦ *se solo l'avessi saputo prima!* wenn ich es bloß früher gewusst hätte! ◆ **ancora solo** nur noch ♦ *ho ancora solo tre giorni di vacanza* ich habe nur noch drei Tage Urlaub. ◆ **non solo... ma anche...** nicht nur... sondern auch... ◆ **solo così** *(tanto per fare) (fam)* nur so ♦ *ho chiesto solo così* ich habe nur so gefragt. ◆ **solo ed esclusivamente** einzig und allein. ◆ **già solo** *(di per sé)* (schon) allein.

solo[3] *(congiunz)* ~ aber, nur. ◆ **solo che** aber, nur ♦ *il lavoro mi piace, solo che devo fare molti straordinari* die Arbeit gefällt mir, aber ich muss viele Überstunden machen. ◆ **solo se**, **solo nel caso che** höchstens wenn.

solo[4] *(m)* ~ Einzige *(m)* ♦ *siamo stati i soli a farlo* wir waren die Einzigen, die es gemacht haben.

solstizio *(m)* ~ Sonnenwende *(f)*.

soltanto *(avv/congiunz)* ~ *vedi* **solo**[2-3].

solubile *(agg)* ~ löslich, auflösbar.

solubilità *(f)* ~ Löslichkeit *(f)*, Lösbarkeit *(f)*.

soluzione *(f)* ~ Lösung *(f)*, Auflösung *(f)* *(anche mat/chim)* ♦ *trovare la soluzione a qcs* eine Lösung für etwas finden.

solvente[1] *(agg)* **1** lösend, auflösend. **2** *(econ)* zahlungsfähig.

solvente[2] *(m)* ~ Lösungsmittel *(n)*.

solvibile *(agg)* ~ zahlungsfähig.

soma *(f)* ~ Last *(f)*.

somaro *(m)* ~ Esel *(m)* *(anche spreg)*.

somatico *(agg)* ~ somatisch.

somigliante *(agg)* ~ ähnlich.

somiglianza *(f)* ~ Ähnlichkeit *(f)*.

somigliare *(vi)* ~ {~ *a qcn/qcs*} jmdm/etwas ähneln *(vi*, hat*)*; *(molto)* jmdm/etwas gleichen* ♦ *somiglia a sua madre* sie ähnelt ihrer Mutter.

somigliarsi *(vr)* ~ *(reciproco)* sich ähneln. ◆ **somigliarsi come due gocce d'acqua** sich/einander gleichen wie ein Ei dem anderen.

somma *(f)* **1** *(mat)* Summe *(f)*. **2** *(quantità di denaro)* Summe *(f)*, Betrag *(m)* ♦ *somma di denaro* Geldsumme ♦ *somma enorme* Unsumme. **2** *(l'insieme)* Gesamtheit *(f)*. ◆ **tirare le somme** *(fig)* das Fazit ziehen*.

sommare *(vt)* **1** *(addizionare)* zusammen|zählen *(vt)*, summieren *(vt)*. **2** *(mettere insieme, aggiungere)* zusammen|ziehen* *(vt)*, dazu|rechnen *(vt)*.

sommario[1] *(agg)* **1** *(breve, schematico)* summarisch. **2** *(dir)* Schnell- ♦ *processo sommario* Schnellverfahren *(m)*.

sommario[2] *(m)* **1** *(indice)* Inhaltsverzeichnis *(n)*. **2** *(riassunto)* Zusammenfassung *(f)*.

sommarsi *(vr)* ~ *(avvenimenti)* zusammen|kommen* *(vi*, ist*)*.

sommergere *(vt)* **1** überschwemmen *(vt)*, überfluten *(vt)*. **2** *(fig)* überhäufen *(vt)*.

sommergibile *(agg)* ~ Unterseeboot *(n)*, U-Boot *(n)*.

sommerso *(agg)* **1** überschwemmt, überflutet. **2** *(fig)* überhäuft.

sommesso *(agg)* ~ leise.

somministrare *(vt)* **1** *(med)* verabreichen *(vt)*. **2** *(viveri, sacramenti)* aus|teilen *(vt)*, erteilen *(vt)*.

somministrazione *(f)* **1** Verabreichung *(f)*. **2** *(estens)* Austeilung *(f)*.

sommità *(f)* ~ Gipfel *(m)*, Spitze *(f)*.

sommo[1] *(agg)* ~ höchst. ◆ **per sommi capi** in großen Zügen.

sommo[2] *(m)* ~ Gipfel *(m)*, Spitze *(f)*.

sommossa *(f)* ~ Aufruhr *(m)*, Revolte *(f)*.

sommozzatore *(m; f* **-trice***)* ~ Taucher *(m; f* -in*)*; *(mil)* Froschmann *(m)*.

sonaglio *(m)* ~ Klapper *(m)*, Rassel *(f)*.

sonante *(agg)* ~ klingend *(anche fig)* ♦ *moneta sonante* klingende Münze.

sonata *(f)* ~ Sonate *(f)* *(mus)*.

sonda *(f)* ~ Sonde *(f)* *(anche med)*.

sondaggio *(m)* **1** Sondierung *(f)* *(anche med)*. **2** *(inchiesta)* Umfrage *(f)*.

sondare *(vt)* ~ sondieren *(vt)*.

sondino *(m)* ~ Sonde *(f)* *(med)*.

sonetto *(m)* ~ Sonett *(n)*.

sonnambulismo *(m)* ~ Schlafwandeln *(n)*.

sonnambulo[1] *(agg)* ~ schlafwandlerisch. ◆ **essere sonnambulo** nachtwandeln *(vi*, hat/ist*)*, schlafwandeln *(vi*, hat/ist*)*.

sonnambulo[2] *(m; f* **-a***)* ~ Nachtwandler *(m; f* -in*)*, Schlafwandler *(m; f* -in*)*.
sonnecchiare *(vi)* ~ schlummern *(vi,* hat*)*; *(fam)* dösen *(vi,* hat*)*.
sonnellino *(m)* ~ Schläfchen *(n)*.
sonnifero *(m)* ~ Schlafmittel *(n)*; *(pillola)* Schlaftablette *(f)*.
sonno *(m)* ~ Schlaf *(m)* ♦ *non riuscire a prendere sonno* keinen Schlaf finden. ◆ **avere sonno** müde sein*.
sonnolento *(agg)* ~ schläfrig.
sonnolenza *(f)* ***1*** Schläfrigkeit *(f)*. ***2*** *(fig)* Trägheit *(f)*.
sonoramente *(agg)* ~ hellauf ♦ *ridere sonoramente* hellauf lachen.
sonoro *(agg)* ***1*** *(fis)* Schall-. ***2*** *(dal suono pieno)* sonor; *(vibrante, scrosciante)* schallend. ***3*** *(fon)* stimmhaft. ***4*** *(film)* Ton- ♦ *cinema sonoro* Tonfilm.
sontuosità *(f)* ~ Pracht *(f)*.
sontuoso *(m)* ~ prächtig, prunkvoll.
sopore *(m)* ~ Schlummer *(m)*.
soporifero *(agg)* ~ einschläfernd.
soppesare *(vt)* ***1*** erwägen* *(vt)*. ***2*** *(fig)* ab|wägen* *(vt)* ♦ *soppesare i pro e i contro* das Für und Wider abwägen.
soppiantare *(vt)* ~ verdrängen *(vt)*.
soppiatto *(m)* ~ **di soppiatto** heimlich. ◆ **entrare di soppiatto** schleichen* *(vi,* ist*)*.
sopportabile *(agg)* ~ tragbar, erträglich.
sopportare *(vt)* ***1*** tragen* *(vt)*, aus|halten* *(vt)* ♦ *sopportare dolori, la fame* Schmerzen, Hunger aushalten. ***2*** *(tollerare)* vertragen *(vt)* ♦ *sopporto bene il caldo* ich kann die Hitze gut vertragen. ***3*** *(persone)* aus|stehen* *(vt)*, leiden* *(vt)* ♦ *non poter sopportare qcn/qcs* jmdn/etwas nicht ausstehen können.
sopportazione *(f)* ***1*** Ertragen *(n)*. ***2*** *(pazienza)* Geduld *(f)*.
soppressione *(f)* ***1*** *(eliminazione)* Beseitigung *(f)*. ***2*** *(annullamento)* Aufhebung *(f)*.
sopprimere *(vt)* ***1*** *(eliminare)* beseitigen *(vt)*; *(animali)* ein|schläfern *(vt)*. ***2*** *(sciogliere, terminare)* aufheben* *(vt)*.
sopra[1] *(avv)* ~ *(stato o moto)* oben, obenauf, obendrauf ♦ *l'agenda sta sopra (a una pila di libri o sim)* die Agenda liegt obendrauf ♦ *come sopra citato* wie oben erwähnt ♦ *vedi sopra* siehe oben. ◆ **lì, là sopra** da, dort oben *(stato)*. ◆ **qua sopra** hier oben *(stato)*. ◆ **da sopra** von oben *(moto)*. ◆ **come sopra** *(burocr/fam)* dito.
sopra[2] *(prep)* ***1*** *(con contatto) (stato)* auf *(+ Dat)*; *(moto)* auf *(+ Acc)* ♦ *ho messo le scatole sopra l'armadio* ich habe die Schachteln auf den Schrank gestellt. ***2*** *(senza contatto) (stato)* über *(+ Dat)*; *(moto)* über *(+ Acc)* ♦ *la foto è appesa sopra il letto* das Foto hängt über dem Bett. ◆ **al di sopra di** *(stato)* oberhalb *(prep + Gen)*, oberhalb von.
sopra[3] *(m)* ~ Oberteil *(m/n)*, Oberseite *(f)*.
soprabito *(m)* ~ Überzieher *(m)*.
sopracciglio *(m)* ~ Augenbraue *(f)* ♦ *aggrottare le sopracciglia* die Augenbrauen runzeln.
sopraelevare *(vt)* ~ auf|stocken *(vt)*.
sopraelevata *(f)* ~ *(strada)* Hochstraße *(f)*; *(ferrovia)* Hochbahn *(f)*.
sopraffare *(vt)* ~ überwältigen *(vt)*.
sopraffazione *(f)* ***1*** Überwältigung *(f)*. ***2*** *(repressione)* Unterdrückung *(f)*. ***3*** *(sopruso)* Übergriff *(m)*.
sopraffino *(agg)* ***1*** *(gastr)* feinst. ***2*** *(fig)* äußerst fein, außerordentlich.
sopraggiungere *(vi)* ~ plötzlich kommen* *(vi,* ist*)*; *(anche estens)* hinzu|kommen* *(vi,* ist*)*, dazu|kommen* *(vi,* ist*)*.
soprammobile *(m)* ***1*** Nippfigur *(f)*. ***2*** *(pl)* Nippes *(pl)*.
soprannaturale[1] *(agg)* ~ übernatürlich; *(sinistro)* dämonisch.
soprannaturale[2] *(m)* ~ Übernatürliche *(m)*.
soprannome *(m)* ~ Beiname *(m)*, Spitzname *(m)*.
soprannominare *(vt)* ~ einen Beinamen geben* *(vt)*.
soprano[1] *(agg)* ~ Sopran-.
soprano[2] *(m)* ***1*** Sopranstimme *(f)*. ***2*** *(cantante)* Sopran *(m)*, Sopranistin *(f)*.
soprappensiero *(m)* ~ gedankenverloren.
soprassalto *(m)* ~ Satz *(m)*. ◆ **di soprassalto** plötzlich.
soprassedere *(vi)* ~ auf|schieben* *(vt)*.
soprattassa *(f)* ~ Steuerzuschlag *(m)*, *(postale)* Nachgebühr *(f)*.
soprattutto *(avv)* ***1*** vor allem. ***2*** *(in particolare)* besonders.

sopravanzare *(vi)* ~ {~ *qcn/qcs*} jmdm/etwas voraus sein* *(vi,* ist*)*.
sopravvalutare *(vt)* ~ überschätzen *(vt)*.
sopravvalutazione *(f)* ~ Überschätzung *(f)*.
sopravvenire *(vi)* ***1*** plötzlich kommen* *(vi,* ist*)*. **2** *(accadere)* plötzlich geschehen* *(vi,* ist*)*.
sopravvento *(m)* ~ **prendere il sopravvento su qcn/qcs** die Oberhand über jmdn/etwas gewinnen*.
sopravvissuto[1] *(agg)* ~ überlebend.
sopravvissuto[2] *(m; f* **-a***)* ~ Überlebende(r) *(m/f)*.
sopravvivenza *(f)* ~ Überleben *(n)* ♦ *la lotta per la sopravvivenza* der Kampf ums Überleben.
sopravvivere *(vi)* ***1*** *(assol)* überleben *(vi,* hat*)*. **2** {~ *a qcn/qcs*} jmdn/etwas überleben *(vt)* ♦ *è sopravvissuto all'incidente* er hat den Unfall überlebt ♦ *è sopravvissuta ai suoi figli* sie hat ihre Kinder überlebt. ***3*** *(fig)* *(nella memoria)* fort|leben *(vi,* hat*)*.
soprintendente *(m)* ~ Oberintendant *(m)*.
sopruso *(m)* ~ Übergriff *(m)*.
soqquadro ~ **a soqquadro** durcheinander *(avv)*. ◆ **mettere a soqquadro** durcheinander bringen*, um|krempeln *(vt)*.
sorba *(f)* ~ *(bot)* Vogelbeere *(f)*.
sorbetto *(m)* ~ Sorbett *(m/n)*.
sorbire *(vt)* ~ *(sorseggiare)* schlürfen *(vt)*.
sorbirsi *(vr)* ~ *(scherzoso)* ertragen *(vt)* ♦ *sorbirsi una predica* eine Predigt ertragen.
sorbola *(f)* ~ *(bot)* Vogelbeere *(f)*.
sordamente *(avv)* ~ *(cupamente)* dumpf.
sordido *(agg)* ***1*** schmutzig, dreckig. **2** *(fig)* gemein.
sordina *(f)* ~ *(mus)* Dämpfer *(m)*.
sordità *(f)* ***1*** Taubheit *(f)*; *(parziale)* Schwerhörigkeit. **2** *(tono di un rumore)* Dumpfheit *(f)*.
sordo[1] *(agg)* ***1*** taub *(anche fig)*, gehörlos; *(parzialmente)* schwerhörig ♦ *essere sordo dall'orecchio destro* auf dem rechten Ohr taub sein ♦ *rimase sordo a tutte le richieste* er blieb gegen alle Bitten taub. **2** *(rumore)* dumpf. ***3*** *(fon)* stimmlos.
sordo[2] *(m)* ~ Taube *(m/f)*, Gehörlose *(m/f)*.
sordomuto[1] *(agg)* ~ taubstumm.
sordomuto[2] *(m)* ~ Taubstumme *(m)*.
sorella Schwester *(f)* ♦ *sorella gemella* Zwillingsschwester.
sorellastra *(f)* ***1*** Stiefschwester *(f)*. **2** *(pl)* Halbgeschwister *(pl)*.
sorgente *(f)* ~ Quelle *(f)* *(anche fig)*.
sorgere[1] *(vi)* ***1*** *(astri)* auf|gehen* *(vi,* ist*)*, herauf|kommen* *(vi,* ist*)*. **2** *(ergersi)* sich erheben. ***3*** *(svilupparsi, nascere)* entstehen* *(vi,* ist*)*, auf|kommen* ♦ *sorgono dei dubbi* Zweifel kommen auf.
sorgere[2] *(m)* ***1*** *(di astri)* Aufgang *(m)*. **2** *(insorgere)* Entstehen *(n)*.
sormontare *(vt)* ***1*** überragen *(vt)*. **2** *(sforzi, difficoltà, ecc)* überwinden* *(vt)*.
sorpassare *(vt)* ~ überholen *(vt)*.
sorpassato *(agg)* ~ überholt.
sorpasso *(m)* ~ Überholung *(f)*. ◆ **manovra di sorpasso** Überholmanöver *(n)*. ◆ **divieto di sorpasso** Überholverbot *(m)*.
sorprendente *(agg)* ~ erstaunlich, überraschend.
sorprendere *(vt)* ***1*** überraschen *(vt)* ♦ *vennero sorpresi dal buio* die Dunkelheit überraschte sie. **2** *(cogliere sul fatto)* ertappen *(vt)*.
sorprendersi *(vr)* ***1*** *(trovarsi)* sich ertappen *(vr)*. **2** *(stupirsi)* sich überraschen *(vr)*.
sorpresa *(f)* ~ Überraschung *(f)* *(anche fig)* ♦ *ho una sorpresa per te* ich habe eine Überraschung für dich ♦ *con mia grande sorpresa* zu meiner großen Überraschung. ◆ **di sorpresa** überraschend *(avv)*. ◆ **fare una sorpresa a qcn** jmdn überraschen *(vt)*.
sorpreso *(agg)* ~ überrascht ♦ *essere sorpreso di qcs* über etwas *(Acc)* überrascht sein.
sorreggere *(vt)* ~ stützen *(vt)*.
sorreggersi *(vr)* ***1*** sich stützen *(vr)*. **2** {~ *a qcs*} sich auf etwas *(Acc)* auf|lehnen *(vr)*.
sorridente *(agg)* ~ lächelnd.
sorridere *(vi)* ***1*** lächeln *(vi,* hat*)* ♦ *sorridere di qcs* über etwas *(Acc)* lächeln. **2** {~ *a qcn*} jmdn an|lächeln *(vt)*, jmdm zu|lächeln *(vi,* hat*)*.
sorriso *(m)* ~ Lächeln *(n)*.
sorsata *(f)* ~ Zug *(m)*, Schluck *(m)*.
sorseggiare *(vt)* ~ schlürfen *(vt)*.
sorso *(m)* ~ Schluck *(m)*, Zug *(m)* ♦ *un sorso d'acqua* ein Schluck Wasser ♦ *in un sorso solo* in einem Zug.

sorta *(f)* ~ Sorte *(f)*, Art *(f)* ♦ *vini di ogni sorta* Weine aller Sorten/in allen Sorten. ◆ **una sorta di** eine Art (von).
sorte *(f)* ~ Schicksal *(n)*, Los *(n)* ♦ *decidere qcs a sorte* etwas durch das Los entscheiden. ◆ **tentare la sorte** sein Glück probieren. ◆ **tirare a sorte** losen *(vt)*.
sorteggiare *(vt)* ~ aus|losen *(vt)* ♦ *sorteggiare un candidato* einen Preis, einen Kandidaten auslosen.
sorteggio *(m)* ~ Auslosung *(f)*.
sortilegio *(m)* ~ Zauber *(m)*.
sortire *(vt)* ~ erzielen *(vt)*.
sortita *(f)* ~ *(mil)* Ausfall *(m)*.
sorvegliante[1] *(agg)* ~ Wach-, Aufsichts-.
sorvegliante[2] *(m)* ~ Wächter *(m)*, Aufseher *(m)*.
sorveglianza *(f)* ~ Überwachung *(f)*, Bewachung *(f)*, Aufsicht *(f)* ♦ *mettere qcn/qcs sotto sorveglianza* jmdn/etwas unter Bewachung stellen.
sorvegliare *(vt)* ~ überwachen *(vt)*, bewachen *(vt)*.
sorvolare *(vt)* ***1*** überfliegen *(vt)*. ***2*** *(fig)* {~ *su qcs*} über etwas *(Acc)* hinweg|gehen* *(vi, ist)*.
sosia *(m/f)* ~ Doppelgänger *(m; f -in)*.
sospendere *(vt)* ***1*** *(interrompere)* unterbrechen *(vt)*, ein|stellen *(vt)*. ***2*** *(rimuovere, esonerare)* suspendieren *(vt)*, *(temporaneamente)* beurlauben *(vt)* ♦ *sospendere qcn da un incarico* jmdn von einem Amt suspendieren.
sospensione *(f)* ***1*** *(interruzione)* Unterbrechung *(f)*, Einstellung *(f)*. ***2*** *(chim)* Suspension *(f)*. ***3*** *(rinvio)* Aussetzung *(f)* *(anche dir)* ♦ *sospensione della pena* Strafaussetzung. ***4*** *(pl)* *(mecc)* Federung *(f)*. ◆ **sospensione della patente** Fahrverbot *(n)*. ◆ **puntini di sospensione** Auslassungspunkte *(pl)*.
sospeso[1] *(agg)* ***1*** *(pendente)* hängend, *(anche fig)* schwebend. ***2*** *(interrotto)* unterbrochen. ***3*** *(rinviato)* verschoben.
sospeso[2] *(m)* ~ *(econ)* unerledigte Angelegenheit *(f)*. ◆ **avere un conto in sospeso con qcn** eine Rechnung mit jmdm zu begleichen haben. ◆ **in sospeso** ***1*** in der Schwebe, offen *(agg/avv)*, unentschieden *(agg/avv)* ♦ *lasciare qcs in sospeso* etwas in der Schwebe lassen ♦ *rimanere in sospeso* offen bleiben ♦ *lasciare in sospeso* offen lassen. ***2*** *(inevaso)* unerledigt *(agg)*.
sospettare *(vt)* ***1*** {~ *qcn di qcs*} jmdn etwas *(Gen)* verdächtigen *(vt)* ♦ *sospettare qcn di omicidio* jmdn des Mordes verdächtigen. ***2*** *(supporre)* vermuten *(vt)*.
sospettato[1] *(agg)* ~ verdächtig ♦ *è sospettato di furto* er ist des Diebstahls verdächtig.
sospettato[2] *(m)* ~ Verdächtige *(m)*.
sospetto[1] *(agg)* ~ verdächtig ♦ *il suo comportamento è sospetto* sein Benehmen ist verdächtig.
sospetto[2] *(m)* ***1*** Verdacht *(m)* ♦ *destare sospetto* Verdacht erregen ♦ *essere al di sopra di ogni sospetto* über jeden Verdacht erhaben sein. ***2*** *(persona sospetta)* Verdächtige *(m)*.
sospettoso *(agg)* ~ argwöhnisch, mißtrauisch.
sospingere *(vt)* ~ treiben* *(vt)*.
sospirare[1] *(vi)* ~ seufzen *(vi, hat)*.
sospirare[2] *(vt)* ~ *(desiderare)* ersehnen *(vt)*.
sospiro *(m)* ~ Seufzer *(m)*. ◆ **tirare un sospiro di sollievo** auflatmen *(vi, hat)*.
sosta *(f)* ***1*** *(fermata)* Halt *(m)*, Anhalten *(n)*. ***2*** *(pausa)* Pause *(f)*, Rast *(f)*. ◆ **fare una sosta** *(in escursioni o viaggi in auto)* rasten *(vi, hat)*. ◆ **senza sosta** rastlos, pausenlos *(agg/avv)*.
sostantivo *(m)* ~ *(gramm)* Substantiv *(n)*, Hauptwort *(n)*.
sostanza *(f)* ***1*** *(essenza)* Wesen *(n)*, Substanz *(f)*. ***2*** *(materia, materiale)* Stoff *(m)*, Substanz *(f)*, Mittel *(n)* ♦ *sostanza vegetale* pflanzlicher Stoff ♦ *sostanza tossica* Schadstoff ♦ *sostanza nutritiva* Nährstoff. ◆ **sostanza chimica** chemisches Mittel, Chemikalie *(f)*. ◆ **in sostanza** praktisch *(avv)*, im Wesentlichen.
sostanziale *(agg)* ~ wesentlich.
sostanzialmente *(avv)* ~ im Wesentlichen.
sostanzioso *(agg)* ***1*** *(nutriente)* nahrhaft, kräftig. ***2*** *(fig)* gehaltreich.
sostegno *(m)* ***1*** *(appoggio)* Stütze *(f)*; *(fig)* Stützung *(f)*, Halt *(m)* ♦ *lei è il suo unico sostegno* sie ist sein einziger Halt. ***2*** *(supporto, base)* Ständer *(m)*. ***3*** *(rinforzo)* Versteifung *(f)*. ***4*** *(fig)* Unterstützung *(f)*, Rückhalt *(m)*.

sostenere *(vt)* ***1*** stützen *(vt)*. ***2*** *(fig)* unterstützen *(vt)* ♦ *sostenere qcn in un progetto* jmdn bei einem Plan unterstützen. ***3*** *(affermare, asserire)* behaupten *(vt)* ♦ *sostiene di non essere stata là* sie behauptet, nicht dort gewesen zu sein ♦ *sostiene che suo marito non è stato là* sie behauptet, dass ihr Mann nicht dort gewesen sei. ***4*** *(opinioni, posizioni, ecc)* vertreten* *(vt)*. ***5*** *(farsi carico di spese)* bestreiten *(vt)*, tragen* *(vt)*. ***6*** *(sopportare)* aus|halten* *(vt)*. ***7*** *(aiutare)* {~ *qcn*} jmdm bei|stehen *(vi*, hat*)*.
sostenersi *(vr)* ~ {~ *a qcn/qcs*} sich auf jmdn/etwas stützen *(vr)*.
sostenibile *(agg)* ***1*** *(teorie e sim)* haltbar. ***2*** *(spesa)* tragbar.
sostenitore *(m; f* **-trice***)* ~ *(di opinioni e sim)* Verfechter *(m; f* -in*)*.
sostentamento *(m)* ~ Lebensunterhalt *(m)*.
sostentare *(vt)* ***1*** unterhalten *(vt)*. ***2*** *(nutrire)* ernähren *(vt)*.
sostentarsi *(vr)* ~ sich erhalten *(vr)*, sich ernähren *(vr)*.
sostenuto *(agg)* ***1*** *(persona)* zurückhaltend. ***2*** *(ritmo e sim)* getragen. ***3*** *(elevato)* erhöht.
sostituibile *(agg)* ~ ersetzbar.
sostituire *(vt)* ***1*** ersetzen *(vt)*, aus|wechseln *(vt)*, aus|tauschen *(vt)* ♦ *sostituire un giocatore* einen Spieler auswechseln. ***2*** *(fare le veci)* {~ *qcn*} jmdn vertreten* *(vt)*; *(temporaneamente)* für jmdn ein|springen ♦ *qui sostituisco il direttore* ich vertrete hier den Leiter.
sostituirsi *(vr)* ~ {~ *a qcn*} an jmds Stelle treten* *(vi*, ist*)*.
sostituto *(m; f* **-a***)* ~ Stellvertreter *(m; f* -in*)*, Ersatzmann *(m)*.
sostituzione *(f)* ***1*** Ersetzung *(f)*, Auswechslung *(f)*. ***2*** *(persone)* Vertretung *(f)*. ◆ **in sostituzione** ersatzweise *(avv)*.
sottaceto *(m)* ~ in Essig eingelegt. ◆ **mettere qcs sottaceto** etwas in Essig legen.
sottana *(f)* ~ Rock *(m)* ♦ *portare la sottana* einen Rock tragen.
sotterfugio *(m)* ~ Winkelzug *(m)*.
sotterraneo[1] *(agg)* ~ unterirdisch.
sotterraneo[2] *(m)* ~ Untergeschoss.
sotterrare *(vt)* ***1*** ein|graben* *(vt)*. ***2*** *(cose)* vergraben* *(vt)*.
sottigliezza *(f)* ***1*** Dünne *(f)*, Dünnheit *(f)*, Feinheit *(f)*. ***2*** *(fig)* Haarspalterei *(f)*.
sottile *(agg)* ***1*** dünn ♦ *un filo sottile* ein dünner Faden ♦ *una pioggia sottile* ein dünner Regen. ***2*** *(magro)* schmal*. ***3*** *(fig)* fein, scharf ♦ *una sottile differenza* ein feiner Unterschied.
sottilizzare *(vt)* ~ Haarspaltereien treiben* *(vt)*.
sottilmente *(avv)* ~ fein.
sottintendere *(vt)* ***1*** nicht erwähnen *(vt)*. ***2*** *(implicare)* ein|schließen *(vt)*, ein|beziehen *(vt)*.
sottinteso *(agg)* ~ selbstverständlich.
sotto[1] *(agg)* ~ untere ♦ *il foglio sotto* das untere Blatt.
sotto[2] *(avv)* ***1*** *(stato in luogo)* unten ♦ *abitano di sotto* sie wohnen unten. ***2*** *(moto a luogo)* nach unten, *(verso chi parla)* herunter; *(lontano da chi parla)* hinunter. ◆ **vedi sotto** siehe unten. ◆ **qui sotto** hierunter *(avv)*.
sotto[3] *(prep)* ***1*** unter *(stato + Dat; moto + Acc)*. ***2*** *(gerarchia)* unter *(+ Dat)* ♦ *avere tre impiegati sotto di sé* drei Angestellte unter sich haben. ***3*** *(condizione, modo)* unter *(+ Dat)* ♦ *sotto falso nome* unter falschem Namen. ***4*** *(non oltre, meno di)* unter *(+ Dat)* ♦ *non ho trovato alberghi sotto i cento euro per notte* ich habe kein Hotel unter hundert Euro gefunden. ◆ **al di sotto di** unterhalb *(prep + Gen)*.
sotto[4] *(m)* ~ Unterteil *(m/n)*, Unterseite *(f)*.
sotto- *(pref)* ~ unter-, unter, Unter-.
sottobanco *(avv)* ~ unter der Hand ♦ *vendere qcs sottobanco* etwas unter der Hand verkaufen.
sottobicchiere *(m)* ~ Untersetzer *(m)*, Bierdeckel *(m)*.
sottobosco *(m)* ~ Unterholz *(n)*.
sottobraccio *(avv)* ~ unter den Arm.
sottocoperta *(m)* ~ Unterdeck *(n)*.
sottocutaneo *(agg)* ~ hautnah, subkutan.
sottofondo *(m)* ***1*** Unterbau *(m)*. ***2*** *(tv, radio)* Hintergrund *(m)*. ◆ **musica di sottofondo** Hintergrundmusik *(f)*.
sottolineare *(vt)* ***1*** unterstreichen* *(vt)*. ***2*** *(fig)* unterstreichen* *(vt)*, betonen *(vt)* ♦

vorrei sottolineare che ich möchte betonen, dass.

sottolineatura *(f)* ***1*** Unterstreichung. ***2*** *(fig)* Betonung.

sottomano *(avv)* ***1*** *(a portata di mano)* griffbereit, bei der Hand. ***2*** *(a disposizione)* zur Verfügung.

sottomarino[1] *(agg)* ~ unterseeisch.

sottomarino[2] *(m)* ~ U-Boot *(n)*, Unterseeboot *(n)*.

sottomesso *(agg)* ***1*** unterworfen. ***2*** *(arrendevole)* ergeben.

sottomettere *(vt)* ~ unterwerfen* *(vt)*.

sottomettersi *(vr)* ~ {~ *a qcn/qcs*} sich jmdm/etwas unterwerfen* *(vr)*.

sottomissione *(f)* ~ Unterwerfung *(f)*.

sottopassaggio *(m)* ~ Unterführung *(f)*.

sottopentola *(m)* ~ Topfuntersetzer *(m)*.

sottoporre *(vt)* ***1*** unterziehen* *(vt)*, unterwerfen* *(vt)* ♦ *sottoporre qcn a un esame* jmdn einer Prüfung unterwerfen. ***2*** *(presentare)* vor|legen *(vt)* ♦ *sottoporre un progetto a qcn* jmdm einen Plan vorlegen.

sottoporsi *(vr)* ~ {~ *a qcs*} sich etwas *(Dat)* unterziehen* *(vr)*.

sottoposto[1] *(agg)* ~ untergeben. ◆ **essere sottoposto a qcn** jmdm unterstehen* *(vi*, hat*)*.

sottoposto[2] *(m)* ~ Untergebene *(m)*.

sottoprodotto *(m)* ~ Nebenprodukt *(m)*.

sottoproletariato *(m)* ~ Lumpenproletariat *(n)*.

sottoscala *(m)* ~ Raum *(m)* unter der Treppe.

sottoscritto[1] *(agg)* ~ unterzeichnet, unterschrieben.

sottoscritto[2] *(m)* ~ Unterzeichnete *(m)*.

sottoscrivere *(vt)* ***1*** *(approvare)* unterschreiben* *(vt)*. ***2*** *(documenti ufficiali)* unterzeichnen *(vt)*. ***2*** *(econ)* zeichnen *(vt)*.

sottoscrizione *(f)* ***1*** *(di documenti ufficiali)* Unterzeichnung *(f)*. ***2*** *(econ)* Zeichnung *(f)* ♦ *la sottoscrizione di azioni* die Zeichnung von Aktien.

sottosegretario *(m)* ~ Untersekretär *(m)*.

sottosopra *(avv)* ***1*** *(capovolto)* umgekehrt. ***2*** *(in disordine)* durcheinander ♦ *essere sottosopra (fam)* durcheinander sein.

sottostante *(agg)* ~ unten stehend.

sottostare *(vi)* ***1*** {~ *a qcn*} jmdm unterstehen *(vi*, hat*)*. ***2*** {~ *a qcs*} etwas *(Dat)* unterliegen* *(vi*, ist*)*.

sottosuolo *(m)* ~ Untergrund *(m)*. ◆ **risorse del sottosuolo** Bodenschätze *(pl)*.

sottosviluppato *(agg)* ~ unterentwickelt.

sottosviluppo *(m)* ~ Unterentwicklung *(f)*.

sottoterra *(avv)* ~ *(stato)* unter der Erde; *(moto)* unter die Erde.

sottotitolare *(vt)* ~ untertiteln *(vt)*.

sottotitolo *(m)* ~ Untertitel *(m)*.

sottovalutare *(vt)* ~ unterschätzen *(vt)*.

sottovaso *(m)* ~ Untersetzer *(m)*.

sottoveste *(f)* ~ Unterrock *(m)*, Unterkleid *(n)*.

sottovoce *(avv)* ~ leise ♦ *parlare sottovoce* leise sprechen.

sottovuoto[1] *(agg)* ~ Vakuum-.

sottovuoto[2] *(avv)* ~ vakuumverpackt.

sottrarre *(vt)* ***1*** {~ *qcs a qcn*} jmdm etwas entziehen* *(vt)*, ab|nehmen* *(vt)*. ***2*** *(salvare)* entreißen *(vt)* ♦ *sottrarre qcn al pericolo* jmdn der Gefahr entreißen. ***3*** *(mat)* subtrahieren *(vt)*.

sottrarsi *(vr)* ~ {~ *a qcn/qcs*} sich jmdm/etwas entziehen* *(vr)*.

sottrazione *(f)* ***1*** *(mat)* Subtraktion *(f)*. ***2*** *(indebita)* Unterschlagung *(f)*.

sottufficiale *(m)* ~ *(mil)* ***1*** Unteroffizier *(m)*. ***2*** *(della marina)* Maat *(m)*.

souvenir *(m)* ~ Andenken *(n)*, Souvenir *(n)*.

sovraccaricare ~ überlasten *(vt)*, überladen *(vt)*.

sovraccarico[1] *(agg)* ~ überlastet, überladen.

sovraccarico[2] *(m)* ~ Überbelastung *(f)*.

sovraffaticare *(vt)* ~ überanstrengen *(vt)*.

sovraffaticarsi *(vr)* ~ sich überanstrengen *(vr)*.

sovraffollamento *(m)* ~ Überfüllung *(f)*.

sovraffollato *(agg)* ~ überfüllt.

sovrana *(f)* ~ Königin *(f)*.

sovranità *(f)* ~ Souveränität *(f)*, Hoheit *(f)*. ◆ **diritto di sovranità** *(pol)* Hoheitsrecht *(n)*.

sovrannaturale *(agg)* ~ überirdisch.

sovrano[1] *(agg)* ~ souverän, hoheitlich ♦ *stato sovrano* souveräner Staat.

sovrano[2] *(m)* ***1*** *(re)* König *(m)*. ***2*** *(assolu-*

to) Souverän *(m)*. **3** *(signore)* Herrscher *(m; f* -in*)*.

sovrappeso *(m)* ~ Übergewicht *(n)* ♦ *essere in sovrappeso* Übergewicht haben.

sovrappopolamento *(m)* ~ Übervölkerung *(f)*.

sovrappopolato *(agg)* ~ übervölkert.

sovrapporre *(vt)* ~ übereinander setzen *(vt)*; *(in posizione orizzontale)* übereinander legen *(vt)*, *(in posizione verticale)* übereinander stellen *(vt)*.

sovrapporsi *(vr)* ~ sich überlagern *(vr)*.

sovrapposizione *(f)* ~ Überlagerung *(f)*.

sovrapposto *(agg)* ~ übereinander liegend, überlagert.

sovrapprezzo *(m)* ~ Aufpreis *(m)*.

sovrastante *(agg)* ~ überragend.

sovrastare *(vt)* ~ überragen *(vt)*, beherrschen *(vt)* ♦ *la torre sovrasta il villaggio* der Turm beherrscht das Dorf.

sovrastruttura *(f)* ~ *(edil)* Oberbau *(m)*.

sovrattassa *(f)* ~ Zuschlag *(m)*.

sovreccitare *(vt)* ~ überreizen *(vt)*.

sovreccitarsi *(vr)* ~ sich übermäßig erregen *(vr)*.

sovreccitato *(agg)* ~ überreizt.

sovreccitazione *(f)* ~ Überreiztheit *(f)*.

sovrumano *(agg)* ~ übermenschlich *(anche fig)* ♦ *uno sforzo sovrumano* eine übermenschliche Anstrengung.

sovvenzionare *(vt)* ~ fördern *(vt)*.

sovvenzione *(f)* ~ Förderung *(f)*; *(sussidio)* Zuschuss *(m)*.

sovversivo[1] *(agg)* ~ subversiv, umstürzlerisch.

sovversivo[2] *(m)* ~ Subversive *(m)*, Umstürzler *(m)*.

s.p.a. *(f)* ~ AG *(abbrev di* Aktiengesellschaft*)*.

spaccare *(vt)* **1** *(in due, dividere)* spalten* *(vt)*, zerschlagen* *(vt)*, brechen* *(vt)*; *(pietre)* klopfen *(vt)*; *(gusci)* knacken *(vt)* ♦ *spaccare la legna* Holz spalten ♦ *spaccare una noce* eine Nuss knacken. **2** *(fig)* spalten *(vt)* ♦ *l'elezione del presidente ha spaccato il partito* die Wahl des Vorsitzenden hat die Partei gespalten.

spaccarsi *(vr)* **1** *(fendersi, dividersi)* sich spalten* *(vr)*. **2** *(rompersi, spezzarsi)* brechen* *(vi, ist)*, zerbrechen* *(vi, ist)* ♦ *la bottiglia si è spaccata* die Flasche ist zerbrochen. **3** *(screpolarsi)* auf|reißen* *(vi, ist)*. **4** *(cadendo)* auf|schlagen* *(vt)* ♦ *spaccarsi un ginocchio* sich *(Dat)* ein Knie aufschlagen. **5** *(stufarsi)* sich spalten* *(vr)*, zerbrechen* *(vi, ist)*.

spaccato[1] *(agg)* **1** *(diviso)* gespaltet. **2** *(rotto)* zerbrochen. **3** *(screpolato)* rissig.

spaccato[2] *(m)* ~ *(sezione)* Querschnitt *(m) (anche fig)*.

spaccatura *(f)* **1** *(divisione)* Spaltung *(f) (anche fig)*. **2** *(spacco, crepa)* Riss *(m)*. **3** *(screpolatura della pelle)* Schrunde *(f)*.

spacciare *(vt)* **1** *(vendere)* vertreiben* *(vt)*. **2** *(droghe)* puschen *(vt)*. **3** [~ *qcn/qcs per qcn/qcs*] jmdn/etwas als/für jmdn/etwas aus|geben* *(vt)* ♦ *lo spaccia per suo fratello* er gibt ihn als/für seinen Bruder aus.

spacciarsi *(vr)* ~ [~ *per qcn/qcs*] sich *(Acc)* als jmd/etwas, für jmdn/etwas aus|geben* *(vr)* ♦ *si spaccia per il manager dell'attore* er gibt sich für den Manager des Schauspielers aus.

spacciatore *(m; f* **-trice***)* ~ Pusher *(m; f* -in*)*.

spaccio *(f)* **1** *(vendita al pubblico)* Direktverkauf *(m)*. **2** *(vendita illecita)* Handel *(m)*. **3** *(negozio)* Verkaufsstelle *(f)*.

spacco *(m)* **1** Spaltung *(f)*. **2** *(spaccatura, crepa)* Riss *(m)*. **3** *(di gonna e sim)* Schlitz *(m)*.

spaccone *(m; f* **-a***)* ~ Großsprecher *(m; f* -in*)*.

spada *(f)* ~ Schwert *(n)*, Degen *(m)* ♦ *sguainare la spada* das Schwert ziehen. ◆ **pesce spada** *(zool)* Schwertfisch *(m)*.

spaesato *(agg)* ~ verwirrt, orientierungslos.

spaghetti *(m pl)* ~ Spaghetti *(pl)*.

spago *(m)* ~ Schnur *(f)*, Bindfaden *(m)*. ◆ **dare spago a qcn** jmdn zu Reden ermuntern.

spaiato *(agg)* ~ einzeln.

spalancare *(vt)* ~ auf|reißen* *(vt)* ♦ *spalancare gli occhi, la porta* die Augen, die Tür aufreißen. ◆ **spalancare le braccia** die Arme ausbreiten.

spalancarsi *(vr)* ~ auf|gehen* *(vi, ist)*.

spalare *(vt/vi)* ~ schaufeln *(vt/vi, hat)*.

spalla *(f)* **1** Schulter *(f)*, Achsel *(f)* ♦ *stringersi nelle spalle* die Schultern einziehen

♦ *scrollare le spalle* die Schultern/mit den Schultern zucken ♦ *spalla a spalla (anche fig)* Schulter an Schulter ♦ *alzare le spalle* mit den Achseln zucken. **2** *(schiena, dorso)* Rücken *(m)* ♦ *coprire le spalle a qcn (fig/fam)* jmdm den Rücken decken ♦ *voltare le spalle a qcn/qcs* jmdm/etwas den Rücken drehen/wenden ♦ *dietro le spalle di qcn (fig)* hinter jmds Rücken. ◆ **alle spalle** *(da dietro)* rücklings *(avv)*, hinterrücks *(avv)*, im Rücken ♦ *assalire qcn alle spalle* jmdn hinterrücks überfallen ♦ *avere qcn alle spalle* jmdn/etwas im Rücken haben. ◆ **mettere qcn con le spalle al muro** *(fig)* jmdm die Pistole auf die Brust setzen. ◆ **mettere in spalla** schultern *(vt)* ♦ *mettere in spalla il fucile* das Gewehr schultern.

spalletta *(f)* ~ Brüstung *(f)*.

spalliera *(f)* **1** Rückenlehne *(f)*. **2** *(ginnastica)* Sprossenwand *(f)*.

spallina *(f)* ~ Träger *(m)*.

spalmare *(vt)* **1** schmieren *(vt)*, streichen* *(vt)*, bestreichen* *(vt)* ♦ *spalmare un panino col burro* ein Brötchen mit Butter schmieren ♦ *spalmare il burro sul pane* Butter aufs Brot streichen. **2** *(di crema)* ein|cremen *(vt)* ♦ *mi sono spalmata la crema sulle mani* ich habe mir die Hände eingecremt.

spandere *(vt)* **1** *(gettare qua e là)* verstreuen *(vt)*, streuen *(vt)*; *(liquidi)* vergießen* *(vt)*. **2** *(diffondere)* verbreiten *(vt)*.

spandersi *(vr)* ~ aus|laufen* *(vi, ist)*.

spanna *(f)* ~ Spanne *(f)*.

sparare *(vt/vi)* **1** schießen* *(vt/vi, hat)* ♦ *sparare a un nemico* auf einen Feind schießen. **2** *(fig) (cominciare a raccontare)* los|schießen* *(vi, hat/ist)* ♦ *spara!* schieß los!

spararsi *(vr)* ~ sich erschießen* *(vr)*.

sparatoria *(f)* ~ Schießerei *(f)*.

sparecchiare *(vt)* ~ abdecken *(vt)* ♦ *sparecchiare la tavola* den Tisch abdecken.

spareggio *(m)* **1** *(sport)* Entscheidungsspiel *(n)*.

spargere *(vt)* **1** *(gettare qua e là)* verstreuen *(vt)*, streuen *(vt)*; *(polvere e sim)* stäuben *(vt)*; *(liquidi)* vergießen* *(vt)* ♦ *spargere sangue* Blut vergießen ♦ *spargere cacao in polvere su un dolce* Kakaopulder über einen Kuchen stäuben. **2** *(diffondere)* verbreiten *(vt)*.

spargimento *(m)* ~ *(diffusione)* Streuung *(f)*. ◆ **spargimento di sangue** Blutvergießen *(f)*.

sparire *(vi)* ~ verschwinden* *(vi, ist)* ♦ *la mia borsa è sparita* meine Tasche ist verschwunden ♦ *il dolore è sparito* der Schmerz ist verschwunden. ◆ **essere sparito** weg/fort sein* ♦ *i miei occhiali sono spariti* meine Brille ist weg.

sparizione *(f)* ~ Verschwinden *(n)*.

sparlare *(vi)* ~ {~ *di qcn*} über jmdn lästern *(vi, hat)*, schlecht sprechen* *(vi, hat)*.

sparo *(m)* ~ Schuss *(m)* ♦ *uno sparo contro un bersaglio* ein Schuss auf eine Zielscheibe ♦ *lo sparo è andato a segno* der Schuss hat getroffen.

sparpagliare *(vt)* ~ zerstreuen *(vt)*.

sparpagliarsi *(vr)* ~ sich zerstreuen *(vr)* ♦ *i manifestanti si sono sparpagliati* die Demonstranten haben sich zerstreut.

sparso *(agg)* **1** verstreut. **2** *(distribuito)* verteilt. **3** *(sciolto)* lose. ◆ **in ordine sparso** verstreut.

spartire *(vt)* ~ teilen *(vt)*.

spartirsi *(vr)* ~ teilen *(vt)* ♦ *i bambini si sono spartiti le caramelle* die Kinder haben die Bonbons untereinander geteilt.

spartito *(m)* ~ *(mus)* Partitur *(f)*.

spartitraffico *(m)* ~ Verkehrsinsel *(f)*.

spartizione *(f)* ~ Teilung *(f)*, Verteilung *(f)*.

sparuto *(agg)* **1** *(emaciato)* schmächtig, hager. **2** *(esiguo)* spärlich.

sparviero *(m)* ~ *(zool)* Sperber *(m)*.

spasimante *(m/f)* ~ Vereherer *(m; f -in)*.

spasimare *(vi)* ~ {~ *per qcn*} nach jmdm schmachten *(vi, hat)*.

spasimo *(m)* **1** Zuckung *(f)*, Qual *(f)*. **2** *(med)* Krampf *(m)*.

spasmo *(m)* ~ Krampf *(m)*; *(convulsione)* Zuckung *(f)*.

spasmodico *(agg)* ~ krampfhaft.

spassionato *(agg)* ~ unbefangen.

spasso *(m)* ~ Spaß *(m)* ♦ *era uno spasso vedere come...* es war ein Spaß zu sehen, wie... ◆ **andare a spasso** spazieren gehen*. ◆ **portare a spasso** aus|führen *(vt)* ♦ *portare a spasso il cane* den Hund ausführen. ◆ **portare a spasso qcn** *(con un veicolo o sim)* jmdn aus|fahren*.

spassoso *(agg)* ~ unterhaltsam, lustig.

spatola *(f)* ~ Spatel *(m)*, Spachtel *(m/f)*.

spauracchio *(m)* ~ Schreckgespenst *(m)*.

spaurire *(vt)* ~ erschrecken* *(vt)*, ängstigen *(vt)*.

spaurirsi *(vr)* ~ erschrecken* *(vi*, ist*)*, sich ängstigen *(vr)*.

spaurito *(agg)* ~ erschrocken.

spavalderia *(f)* ~ Dreistigkeit *(f)*, Frechheit *(f)*.

spavaldo *(agg)* ~ dreist, frech.

spaventapasseri *(m)* ~ Vogelscheuche *(f)*.

spaventare *(vt)* ~ erschrecken *(vt)*.

spaventarsi *(vr)* ~ {~ *di fronte a qcn/per qcs*} vor jmdm/über etwas *(Acc)* erschrecken* *(vi*, ist*)*.

spaventato *(agg)* ~ erschrocken.

spavento *(m)* ~ Schrecken *(m)*, Schreck *(m)* ◆ *essere pallido per lo spavento* vor Schrecken bleich sein.

spaventosamente *(avv)* ~ furchtbar *(anche fig)*.

spaventoso *(agg)* ~ schrecklich, erschreckend, furchtbar *(anche fig)* ◆ *un viaggio spaventoso* eine schreckliche Reise.

spaziale *(agg)* ***1*** *(di spazio)* räumlich. ***2*** *(astronautico)* Raum-, Weltraum- ◆ *stazione spaziale* Raumstation *(f)*.

spaziare *(vi)* ***1*** umher|schweifen *(vi*, ist*)*. ***2*** *(sguardi, pensieri)* hin|gehen* *(vi*, ist*)*.

spazieggiare *(vt)* ~ sperren *(vt)*.

spazientirsi *(vr)* ~ die Geduld verlieren* *(vt)*.

spazio *(m)* ***1*** *(posto)* Raum *(m)*, Platz *(m)*; *(interstizio)* Zwischenraum *(m)* ◆ *questo tavolo occupa molto spazio* dieser Tisch nimmt viel Raum ein ◆ *fare spazio a qcn* jmdm Platz machen ◆ *spazio vitale* Lebensraum. ***2*** *(cosmo)* Weltraum *(m)*, Raum *(m)*. ***3*** *(di tempo)* Zeitraum *(m)*. ***4*** *(barra spaziatrice)* Leertaste *(f)*. ***5*** *(tipogr)* Ausschluss *(m)*.

spazioso *(agg)* ~ geräumig.

spazzacamino *(m)* ~ Schornsteinfeger *(m)*.

spazzaneve *(m)* ~ Schneeräumer *(m)*, Schneepflug *(m)*.

spazzare *(vt)* ~ kehren *(vt)*, fegen *(vt)*.

spazzatura *(f)* ~ Müll *(m)*.

spazzino *(m; f* **-a***)* ~ Straßenkehrer *(m; f* -in*)*.

spazzola *(f)* ~ Bürste *(f)*.

spazzolare *(vt)* ~ bürsten *(vt)*, aus|bürsten *(vt)*, abbürsten *(vt)* ◆ *spazzolare i capelli a qcn* jmdm/sich die Haare bürsten.

spazzolarsi *(vr)* ~ sich *(Dat)* bürsten *(vt)*, aus|bürsten *(vt)*, abbürsten *(vt)* ◆ *spazzolarsi i capelli* jmdm/sich die Haare bürsten.

spazzolino *(m)* ~ Bürstchen *(n)*. ◆ **spazzolino da denti** Zahnbürste *(f)*.

spazzolone *(m)* ~ Schrubber *(m)*.

specchiarsi *(vr)* ~ sich spiegeln *(vr)*, sich im Spiegel betrachten *(vr)* ◆ *specchiarsi nell'acqua* sich im Wasser spiegeln.

specchietto *(m)* ~ Handspiegel *(m)*. ◆ **specchietto retrovisore** Rückspiegel *(m)*.

specchio *(m)* ~ Spiegel *(m)* ◆ *guardarsi allo specchio* sich im Spiegel betrachten ◆ *specchio d'acqua* Wasserspiegel.

speciale *(agg)* ~ besonder, speziell, Sonder- ◆ *un'occasione speciale* eine besondere Gelegenheit ◆ *offerta speciale* Sonderangebot ◆ *niente di speciale* nichts Besonderes.

specialista *(m/f)* ***1*** *(esperto)* Fachmann *(m)*, Spezialist *(m; f* -in*)*. ***2*** *(medico)* Facharzt *(m; f* -ärztin*)*.

specialistico *(agg)* ~ fachmännisch, fachlich, Fach- ◆ *testo specialistico* Fachbuch *(n)* ◆ *letteratura specialistica* Fachliteratur *(f)*.

specialità *(f)* ~ Spezialität *(f)* *(anche gastr)* ◆ *la storia dell'arte è la sua specialità* Kunstgeschichte ist ihre Spezialität. ◆ **specialità gastronomiche** Feinkost *(f)*, Delikatessen *(pl)*.

specializzare *(vt)* ~ *(nello studio o nella professione)* fort|bilden *(vt)*.

specializzarsi *(vr)* ~ sich fort|bilden *(vr)*, sich spezialisieren *(vr)*.

specializzato *(agg)* ~ *(qualificato)* qualifiziert.

specializzazione *(f)* ~ Fortbildung *(f)*, Fachausbildung *(f)*. ◆ **corso di specializzazione** Fortbildungskurs *(m)*.

specialmente *(avv)* ~ besonders, insbesondere.

specie *(f)* ~ Art *(f) (anche biol)* ♦ *specie animale* Tierart. ◆ **una specie di** so eine Art, so etwas wie ♦ *è una specie di computer* das ist so eine Art Rechner ♦ *una specie di ostello* so etwas wie eine Jugendherberge. ◆ **di molte specie** vielerlei *(agg/pron indecl)*.
specificamente *(avv)* ~ im besonderen, besonder.
specificare *(vt)* ~ spezifizieren *(vt)*.
specifico *(agg)* **1** *(distinto, preciso)* spezifisch ♦ *peso specifico (fis)* spezifisches Gewicht. **2** *(determinato)* bestimmt.
speck *(m)* ~ Speck *(m)*.
speculare[1] *(agg)* ~ spiegelbildlich, Spiegel-.
speculare[2] *(vi)* ~ *(econ)* spekulieren *(vi, hat)* ♦ *speculare sul caffé, al rialzo, in borsa* mit Kaffee, auf Hausse, an der Börse spekulieren.
speculatore *(m; f* **-trice***)* ~ *(econ)* Spekulant *(m; f* -in*)*.
speculazione *(f)* ~ *(econ)* Spekulation *(f)*.
spedire *(vt)* ~ senden* *(vt)*, schicken *(vt)*, ab|senden* *(vt)*, verschicken *(vt)* ♦ *spedire qcs a qcn* jmdm etwas schicken ♦ *spedire biglietti di Natale* Weihnachtskarten verschicken.
spedito *(agg)* **1** *(veloce)* schnell. **2** *(senza difficoltà)* mühelos. **3** *(lingua)* geläufig.
spedizione *(f)* **1** Einsendung *(f)*; *(di merci)* Versand *(m)*, Spedition *(f)*. **2** *(esplorazione)* Expedition *(f)*. ◆ **spese di spedizione** Versandkosten *(pl)* ◆ **spedizione scientifica** Forschungsreise *(f)*.
spedizioniere *(m; f* **-a***)* ~ Spediteur *(m; f* -in*)*.
spegnere *(vt)* **1** *(fiamme)* aus|löschen *(vt)*, löschen *(vt)* ♦ *spegnere un incendio, una candela* einen Brand, eine Kerze löschen. **2** *(elettr)* aus|schalten *(vt)*, ab|stellen *(vt)*; *(girando)* aus|drehen *(vt)* ♦ *spegnere la radio* das Radio ausdrehen.
spegnersi *(vr)* **1** *(fiamma)* erlöschen* *(vi, ist) (anche fig)* ♦ *l'odio si è spento* der Hass ist erloschen. **2** *(suoni)* verhallen *(vi, ist)*. **3** *(apparecchi)* sich ab|schalten *(vr)*.
spegnimento *(m)* **1** *(fiamme)* Löschung *(f)*. **2** *(elettr)* Ausschalten *(n)*.
speleologia *(f)* ~ Höhlenkunde *(f)*, Speläologie *(f)*.
speleologo *(m; f* **-a***)* ~ Höhlenforscher *(m; f* -in*)*, Speläolog(e) *(m/f)*.
spellare *(vt)* ~ enthäuten *(vt)*, häuten *(vt)*.
spellarsi *(vr)* ~ sich schälen *(vr)* ♦ *mi si spellano le mani* meine Hände schälen sich.
spelonca *(f)* ~ Spelunke *(f)*.
spendaccione *(agg)* ~ verschwenderisch.
spendere *(vt)* ~ aus|geben* *(vt) (anche fig)*.
spengere *(vt)* ~ *vedi* **spegnere**.
spennare *(vt)* **1** rupfen *(vt)* ♦ *spennare un pollo* ein Huhn rupfen. **2** *(fam) (far pagare troppo)* rupfen *(vt)*, schröpfen *(vt)*.
spensieratezza *(f)* ~ Sorglosigkeit *(f)*, Unbekümmertheit *(f)*.
spensierato *(agg)* ~ sorglos, sorgenfrei, unbekümmert.
spento *(agg)* **1** *(fiamma)* erloschen. **2** *(elettr)* aus, ausgeschaltet ♦ *la luce è spenta* das Licht ist aus. **2** *(inespressivo)* erloschen, *(suono)* tonlos ♦ *una voce spenta* eine tonlose Stimme.
speranza *(f)* **1** Hoffnung *(f)* ♦ *speranza di guarigione, di salvezza* Hoffnung auf Genesung, Rettung ♦ *abbandonare ogni speranza* jede Hoffnung aufgeben ♦ *riporre le proprie speranze in qcn/qcs* seine Hoffnung auf jmdn/etwas setzen ♦ *con la speranza di/che* in der Hoffnung, dass. **2** *(persona in cui si ripongono le speranze)* Hoffnungsträger *(m; f* -in*)*. ◆ **senza speranza** hoffnungslos *(agg/avv)*.
speranzoso *(agg)* ~ hoffnungsvoll.
sperare *(vt/vi)* ~ hoffen *(vt/vi, hat)* ♦ *spero di poter venire domani* ich hoffe, morgen kommen zu können ♦ *spero che possa venire* ich hoffe, dass er kommen kann ♦ *spero molto in te* ich hoffe sehr auf dich ♦ *speriamo in un miglioramento* wir hoffen auf eine Verbesserung. ◆ **spero (che)**, **speriamo (che)** hoffentlich *(avv)* ♦ *speriamo che possa venire da noi* hoffentlich kann er zu uns kommen ♦ *speriamo (di no)!* hoffentlich (nicht)!
sperduto *(agg)* **1** verloren. **2** *(luogo)* einsam.
spergiurare *(vt)* ~ einen Meineid schwören *(vt)*.
spergiuro[1] *(agg)* **1** *(che giura il falso)* meineidig. **2** *(che rompe un giuramento)* eidbrüchig.

spergiuro[2] *(m)* **1** *(chi giura il falso)* Meineidige *(m)*. **2** *(chi rompe un giuramento)* Eidbrüchige *(m)*. **3** *(giuramento falso)* Meineid *(m)*, Eidbruch *(m)*.
spericolato *(agg)* ~ halsbrecherisch.
sperimentale *(agg)* ~ experimentell, Experimental-, Versuchs-. ◆ **in via sperimentale** versuchsweise *(avv)*.
sperimentare *(vi)* ~ Versuchen durch|führen *(vt)*.
sperimentare *(vt)* **1** versuchen *(vt)*, erproben *(vt)*. **2** *(fig)* erfahren *(vt)*, erleben *(vt)*.
sperimentarsi *(vr)* ~ {~ *in qcs*} sich an etwas *(Dat)* versuchen *(vr)*.
sperimentazione *(f)* ~ Experimentieren *(n)*, Versuchen *(pl)*.
sperma *(m)* ~ Sperma *(n)*, Samen *(m)*.
spermatozoo *(m)* ~ *(biol)* Samenfaden *(m)*.
speronare *(vt)* ~ rammen *(vt)*.
sperone *(m)* ~ *(di cavaliere o di nave)* Sporn *(m) (spec pl)*.
sperperare *(vt)* ~ verschwenden *(vt)*.
sperpero *(m)* ~ Verschwendung *(f)*.
spesa *(f)* **1** *(uscita)* Ausgabe *(f)* ◆ *spese correnti* laufende Ausgaben. **2** *(costi)* Kosten *(pl)*, Spesen *(pl)* ◆ *coprire le spese* die Kosten decken ◆ *non badare a spese* keine Kosten scheuen ◆ *sostenere le spese di qcs* die Kosten für etwas tragen ◆ *a spese della ditta* auf Geschäftskosten. **3** *(acquisto)* Einkauf *(m)*; *(pl)* Einkäufe *(pl)*. ◆ **a spese di qcn/qcs** *(anche fig)* auf jmds Kosten, auf Kosten von jmdm/ etwas ◆ *hanno mangiato a spese mie* sie haben auf meine Kosten gegessen ◆ *questo va a spese della tua salute* das geht auf Kosten deiner Gesundheit. ◆ **fare la spesa** ein|kaufen *(vi)*.
spesare *(vt)* ~ {~ *qcn*} jmdm die Spesen bezahlen *(vt)*.
spesso[1] *(agg)* ~ dick ◆ *l'asse è spessa cinque cm* das Brett ist fünf cm dick.
spesso[2] *(avv)* ~ oft*, häufig ◆ *sempre più spesso* immer öfter ◆ *molto spesso* soundso oft.
spessore *(m)* **1** *(grossezza)* Dicke *(f)*. **2** *(levatura, livello)* Format *(n)* ◆ *una persona di spessore* ein Mensch von Format.
spettacolare *(agg)* ~ spektakulär, großartig.
spettacolo *(m)* **1** *(cinem/teatr)* Vorstellung *(f)*, Aufführung *(f)* ◆ *l'ultimo spettacolo* die letzte Vorstellung. **2** *(veduta straordinaria)* Anblick *(m)*, Schauspiel *(n)*.
spettare *(vi)* **1** *(competere)* zu|fallen* *(vi, ist)*, zu|stehen* *(vi, hat)*. **2** *(essere compito)* {~ *a qcn*} jmds Aufgabe/Sache sein* *(vi, ist)*.
spettatore *(m)* **1** Zuschauer *(m; f* -in*)*; *(di concerto e sim)* Zuhörer *(m; f* -in*)*. **2** *(testimone)* Zeuge *(m)*.
spettegolare *(vi)* ~ {~ *su qcn/qcs*} über jmdn/etwas klatschen *(vi, hat)*, tratschen *(vi, hat)*.
spettinare *(vt)* ~ zerzausen *(vt)*.
spettinarsi *(vr)* ~ sich *(Dat)* die Haare zerzausen *(vr)*.
spettinato *(agg)* ~ zerzaust, *(fam)* strubbelig.
spettrale *(agg)* ~ gespenstisch.
spettro *(m)* **1** Gespenst *(n)*. **2** *(fis/chim)* Spektrum *(n)*.
spezia *(f)* ~ Gewürz *(n)*.
speziare *(vt)* ~ würzen *(vt)*.
spezzare *(vt)* **1** brechen* *(vt) (anche fig)*. **2** *(frantumare)* zerbrechen* *(vt)*.
spezzarsi *(vr)* ~ brechen* *(vi, ist)*; *(schiantarsi)* krachen *(vi, ist)* ◆ *il ghiaccio si è spezzato* das Eis ist gekracht ◆ *a qcn si spezza il cuore* jmdm bricht das Herz.
spezzettare *(vt)* ~ *(fare a pezzi)* zerstückeln *(vt)*, zerkleinern *(vt)*.
spia *(f)* **1** Spion *(m; f* -in*)*. **2** *(informatore)* Spitzel *(m)*. **3** *(tecn)* Anzeiger *(m)*. **4** *(fig)* Anzeichen *(n)*, Hinweis *(m)*. ◆ **fare la spia** spionieren *(vi, hat)*.
spiaccicare *(vt)* ~ quetschen *(vt)*, zerdrücken *(vt)*.
spiacente *(agg)* ~ **essere spiacente di qcs** etwas *(Acc)* bedauern *(vt)*.
spiacere *(vt)* **1** *(impers)* bedauern *(vt)*, leid tun *(impers)* ◆ *mi spiace* es tut mir leid ◆ *mi spiace di non poter venire* ich bedauere, dass ich nicht kommen kann. **2** *(in formule di cortesia)* etwas dagegen haben ◆ *le spiace se fumo?* haben Sie etwas dagenen wenn ich rauche?
spiacevole *(agg)* **1** *(sgradevole)* unerfreulich. **2** *(sensazioni e sim)* ungemütlich,

unangenehm. *3* *(increscioso)* bedauerlich.

spiacevolmente *(avv)* ~ unangenehm.

spiaggia *(f)* ~ Strand *(m)* ♦ *andare sulla spiaggia* an den Strand gehen.

spianare *(vt)* *1* *(livellare)* ebnen *(vt)* ♦ *spianare la strada a qcn (fig)* jmdm den Weg ebnen. *2* *(lisciare)* glätten *(vt)*. *3* *(impasto)* rollen *(vt)*. *4* *(armi)* fällen *(vt)*. *5* *(fig)* aus|gleichen* *(vt)* ♦ *spianare delle tensioni* Spannungen ausgleichen. ◆ **tenere il fucile spianato** das Gewehr im Anschlag halten.

spiano *(m)* ~ **a tutto spiano** tüchtig, mit Volldampf.

spiantato[1] *(agg)* ~ ruiniert.

spiantato[2] *(m)* ~ Habenichts *(m)*.

spiare *(vt)* *1* aus|spionieren *(vt)*. *2* *(scrutare)* spähen *(vi, hat)*. *3* *(pedinare)* beschatten *(vt)*.

spiazzo *(m)* *1* freier/offener Platz *(m)*. *2* *(radura)* Lichtung *(f)*.

spiccare[1] *(vi)* ~ *(risaltare)* sich ab|heben* *(vr)*, sich herausheben* *(vr)*.

spiccare[2] *(vt)* *1* *(frutti, fiori)* pflücken *(vt)*. *2* *(dir)* erlassen* *(vt)* ♦ *spiccare un mandato di cattura* einen Haftbefehl erlassen. ◆ **spiccare il volo** auf|fliegen* *(vi, ist)*.

spiccato *(agg)* *1* *(notevole)* ausgeprägt. *2* *(pronunciato, marcato)* markant.

spicchio *(m)* ~ Scheibe *(f)*, Stück *(n)*; *(d'aglio)* Zehe *(f)*.

spicciare *(vt)* ~ *vedi* **sbrigare**.

spicciarsi *(vr)* ~ *vedi* **sbrigarsi**.

spiccio *(agg)* ~ *(fam)* eilfertig.

spicciolo[1] *(agg)* *1* Klein-, Wechsel- ♦ *moneta spicciola* Wechselgeld. *2* *(sbrigativo)* einfach.

spicciolo[2] *(m)* ~ *(pl)* Kleingeld *(n)* ♦ *non ho spiccioli* ich habe kein Kleingeld.

spicco *(m)* ~ **di spicco** hervorragend *(agg)*.

spidocchiare *(vt)* ~ lausen *(vt)*.

spiedino *(m)* ~ Schaschlik *(m/n)*.

spiedo *(m)* ~ Spieß *(m)* ♦ *pollo arrostito allo spiedo* am Spieß gebratenes Huhn.

spiegabile *(agg)* ~ erklärlich.

spiegamento *(m)* *1* *(apertura)* Entfaltung *(f)*. *2* *(mil)* Aufstellung *(f)*. *3* *(impiego)* *(di truppe, mezzi, ecc)* Aufgebot *(n)* ♦ *un grande spiegamento di poliziotti, di uomini e mezzi* ein starkes Aufgebot von Polizisten, an Menschen und Material.

spiegare *(vt)* *1* *(dispiegare)* entfalten *(vt)*, ausbreiten *(vt)* ♦ *spiegare una cartina* eine Landkarte entfalten ♦ *spiegare le ali* die Flügel ausbreiten. *2* *(far capire)* erklären *(vt)* ♦ *spiegare un concetto, una teoria* einen Begriff, eine Theorie erklären. *3* *(chiarire)* erläutern *(vt)*, klären *(vt)* ♦ *spiegare un equivoco* ein Missverständnis klären. *4* *(interpretare)* aus|legen *(vt)* ♦ *spiegare un testo* einen Text auslegen.

spiegarsi *(vr)* *1* *(trovare una giustificazione)* sich erklären ♦ *questo si spiega con il fatto che* das erklärt sich aus der Tatsache, dass. *2* *(esprimersi)* sich ausdrücken *(vr)*. ◆ **ora mi spiego perché** jetzt verstehe ich/ist es mir klar warum.

spiegazione *(f)* *1* Erklärung *(f)*, ♦ *pretendo una spiegazione per questo ritardo* ich verlange eine Erklärung für diese Verspätung. *2* *(chiarimento)* Erläuterung *(f)*, Klärung *(f)*. *3* *(esposizione, argomentazione) (spec pl)* Ausführung *(f)*.

spiegazzare *(vt)* ~ zerknittern *(vt)*, knüllen *(vt)*.

spiegazzarsi *(vr)* ~ knittern *(vi, hat)*, knüllen *(vi, hat)*.

spietatamente *(agg)* ~ gnadenlos.

spietatezza *(f)* ~ Herzlosigkeit *(f)*.

spietato *(agg)* *1* erbarmungslos. *2* *(inesorabile)* unerbittlich.

spifferare *(vt)* ~ aus|plaudern *(vt)*.

spiffero *(m)* ~ *(fam)* Luftzug *(m)*.

spiga *(f)* ~ Ähre *(f)*.

spigliatezza *(f)* ~ Unbefangenheit *(f)*.

spigliato *(agg)* *1* unbefangen. *2* *(vivace)* keck.

spigolo *(m)* ~ Kante *(f)*, Ecke *(f)*.

spigoloso *(agg)* ~ kantig, eckig *(anche fig)*.

spilla *(f)* *1* *(spillo)* Nadel *(f)*. *2* *(gioiello)* Brosche *(f)*.

spillare *(vt)* *1* *(vino, birra)* zapfen *(vt)*, an|zapfen *(vt)*. *2* *(fig)* ab|zapfen *(vt)* ♦ *spillare soldi a qcn* jmdm Geld abzapfen. *3* *(con spillatrice)* zusammen|heften *(vt)*, an|klammern *(vt)*.

spillo *(m)* ~ Nadel *(f)*.

spilluzzicare *(vt)* ~ {~ *qcs*} an/von etwas *(Dat)* naschen *(vt/vi,* hat*)*.

spilorcio[1] *(agg)* ~ kanus(e)rig.

spilorcio[2] *(m)* ~ Knauser *(m)*.

spina *(f)* ***1*** Dorn *(m)* ♦ *essere una spina nel fianco per qcn* jmdm ein Dorn im Auge sein. **2** *(aculeo)* Stachel *(m)*. **3** *(di pesce)* Gräte *(f)*. **4** *(elettrica)* Stecker *(m)*. ◆ **spina dorsale** *(anat)* Rückgrat *(n)*. ◆ **birra alla spina** Bier vom Fass, Fassbier *(n)*.

spinacio *(m)* ~ *(bot)* Spinat *(m)*.

spinale *(agg)* ~ *(anat)* spinal, Spinal-. ◆ **midollo spinale** Rückenmark *(n)*.

spingere[1] *(vi)* ~ *(dare spinte)* drängen *(vi,* hat*)*.

spingere[2] *(vt)* ***1*** schieben* *(vt)*, stoßen* *(vt)* ♦ *abbiamo dovuto spingere l'auto* wir mussten das Auto schieben ♦ *spingere qcn in un angolo* jmdn in die Ecke stoßen. **2** *(nella folla, in coda, ecc)* drängeln *(vt)* ♦ *spingere qcn verso la parete* jmdn an die Wand drängeln. **3** *(premere)* drücken *(vt)* ♦ *spingere un bottone* einen Knopf drücken. **4** *(a forza)* pressen* *(vt)*. **5** *(indurre)* {~ *qcn a qcs*} jmdn zu etwas treiben* *(vt)*, antreiben* *(vt)* ♦ *spingere qcn alla disperazione* jmdn zur Verzweiflung treiben. **6** *(portare)* bewegen* *(vt)* ♦ *spingere qcn a fare qcs* jmdn bewegen, etwas zu tun. ◆ **spingere in avanti** vor|schieben* *(vt)*. ◆ **spingere indietro** zurück|stoßen* *(vt)*. ◆ **spingere fuori** heraus|rücken *(vt)*; *(lontano da chi parla)* hinaus|schieben* *(vt)*. ◆ **spingere giù** hinunter|stürzen *(vt)*. ◆ **spingere su** hinauf|treiben* *(vt)*.

spingersi *(vr)* ~ vordringen *(vi,* ist*)*. ◆ **spingersi troppo in là con qcs** *(fig)* etwas zu weit treiben*.

spinoso *(agg)* ***1*** dornig, stachelig. **2** *(difficile, delicato)* heikel ♦ *una faccenda spinosa* eine heikle Angelegenheit.

spinta *(f)* ***1*** Stoß *(m)*, Schub *(m)*. **2** *(fis)* Trieb *(m)*. **3** *(moto interiore)* Drang *(m)*; *(slancio)* Schwung *(m)*. **4** *(raccomandazione)* Beziehungen *(pl)*. ◆ **dare una spinta a qcn** jmdn puffen *(vt)*. ◆ **dare una spinta** *(aiuto)* {~ *a qcn*} jmdm/etwas nachhelfen* *(vi,* hat*)*.

spintarella *(f)* ***1*** *(colpetto)* Schiebung *(f)*, Stups *(m)*. **2** *(raccomandazione)* Beziehungen *(pl)*.

spinto *(agg)* ***1*** *(licenzioso)* schmutzig. **2** *(esagerato)* übertrieben.

spionaggio *(m)* ~ Spionage *(f)*.

spioncino *(m)* ~ Spion *(m)*.

spiovente *(agg)* ~ abfallend.

spiovere *(vi)* ~ zu regnen auf|hören *(vi,* hat*)*.

spiraglio *(m)* ***1*** *(fessura)* Spalt *(m)* ♦ *aprire la porta di uno spiraglio* die Tür einen Spalt weit öffnen. **2** *(fig)* Lichtblick *(m)*.

spirale[1] *(agg)* ~ Spiral-.

spirale[2] *(f)* ***1*** Spirale *(f)*; *(voluta)* Schnecke *(f)*. **2** *(anticoncezionale)* Pessar *(n)*. ◆ **a spirale** spiralförmig *(agg)*.

spirare *(vi)* ***1*** *(soffiare)* wehen *(vi,* hat*)*, blasen* *(vi,* hat*)*. **2** *(morire)* hin|scheiden *(vi,* ist*)*.

spiritello *(m)* ~ *(folletto)* Kobold *(m)*.

spiritico *(agg)* ~ spiritisch.

spirito[1] *(m)* ***1*** *(anima, carattere, intendimento)* Geist *(m)*, Gemüt *(n)* ♦ *lo spirito dei tempi* der Geist der Zeit ♦ *è uno spirito nobile* er/sie ist ein edler Geist ♦ *lo Spirito Santo (relig)* der Heilige Geist ♦ *spirito libero* Freigeist. **2** *(disposizione d'animo)* Stimmung *(f)*. **3** *(spettro)* Geist *(m)*, *(demone)* Dämon *(m)*. **4** *(umore)* Humor *(m)*, Witz *(m)* ♦ *prendere qcs con spirito* etwas mit Humor nehmen ♦ *fare dello spirito* Witze machen.

spirito[2] *(m)* ~ *(alcol)* Spiritus *(m)*, Sprit *(m)*.

spiritosaggine *(f)* ***1*** *(senso dell'umorismo)* Witzigkeit *(f)*. **2** *(battuta)* Witz *(m)*.

spiritoso *(agg)* ~ humorvoll, witzig.

spirituale *(agg)* ***1*** geistig, spirituell. **2** *(relig)* geistlich ♦ *padre spirituale* geistlicher Vater.

spiritualità *(f)* ~ Geistigkeit *(f)*.

spiritualmente *(agg)* ~ geistig.

splendente *(agg)* ~ glänzend, leuchtend *(anche fig)*.

splendere *(vi)* ***1*** *(del sole)* scheinen* *(vi,* hat*)*; *(astri e sim)* leuchten *(vi,* hat*)*. **2** *(brillare)* glänzen *(vi,* hat*)*, strahlen *(vi,* hat*)* ♦ *l'oro splende* das Gold glänzt.

splendido *(agg)* ***1*** *(radioso)* strahlend. **2** *(fig)* prächtig, wunderbar ♦ *una vista splendida* ein wunderbarer Anblick.

splendore *(m)* ***1*** Glanz *(m)*, Hochglanz *(m)*. ***2*** *(fig)* Glanz *(m)*, Pracht *(f)*, Herrlichkeit *(f)* ♦ *in tutto lo splendore* in vollem Glanz(e).
spodestare *(vt)* ~ *(destituire)* absetzen *(vt)*.
spoglia *(f pl)* ~ **sotto mentite spoglie** verkappt, unter falschem Namen.
spogliare *(vt)* ***1*** aus|ziehen* *(vt)*, entkleiden *(vt)*. ***2*** *(fig)* {~ *qcn di qcs*} jmdn/etwas etwas *(Gen)* berauben *(vt)*.
spogliarello *(m)* ~ Striptease *(m/n)*. ◆ **fare spogliarelli** strippen *(vi, hat)*.
spogliarsi *(vr)* ***1*** sich aus|ziehen* *(vr)*. ***2*** *(privarsi)* {~ di qcs} sich etwas *(Gen)* entledigen *(vr)*, entäußern *(vr)*. ***3*** *(alberi)* kahl werden* *(vi, ist)*.
spogliatoio *(m)* ~ Umkleideraum *(m)*.
spoglio[1] *(agg)* ***1*** kahl, nackt ♦ *pareti spoglie* nackte Wände. ***2*** *(scarno)* nüchtern. ◆ **spoglio di** ohne *(+ Acc)*, frei von *(Dat)*.
spoglio[2] *(m)* ~ *(di voti)* Auszählung *(f)*.
spola *(f)* ~ Spule *(f)*. ◆ **fare la spola** pendeln *(vi, ist)*.
spolpare *(vt)* ***1*** entfleischen *(vt)*. ***2*** *(fig)* auf|saugen *(vt)*.
spolverare *(vt)* ~ ab|stauben *(vt)*, den Staub wischen *(vt)*.
sponda *(f)* ***1*** Ufer *(n)* ♦ *sull'altra sponda (stato)* am anderen Ufer; *(moto)* ans andere Ufer. ***2*** *(del letto)* Bettkante *(f)*. ◆ **raggiungere l'altra sponda** über|setzen *(vi, hat)*. ◆ **trasportare sull'altra sponda** über|setzen *(vt)*.
sponsor *(m)* ~ Sponsor *(m)*.
sponsorizzare *(vt)* ~ sponsern *(vt)*.
sponsorizzazione *(f)* ~ Sponsern *(n)*.
spontaneamente *(avv)* ~ spontan.
spontaneità *(f)* ~ Spontaneität *(f)*, Natürlichkeit *(f)*.
spontaneo *(agg)* ***1*** *(carattere e sim)* natürlich; *(comportamento e sim)* ungezwungen, spontan. ***2*** *(volontario, libero)* freiwillig, spontan ♦ *uno sviluppo spontaneo* eine spontane Entwicklung. ***3*** *(vegetazione e sim)* urwüchsig.
spopolamento *(m)* ~ Entvölkerung *(f)*.
spopolare *(vt)* ***1*** entvölkern *(vt)*. ***2*** *(far furore)* Furore machen *(vt)*.
spopolarsi *(vr)* ***1*** sich entvölkern *(vr)*. ***2*** *(estens)* sich leeren *(vr)*.
spopolato *(agg)* ~ menschenleer.
spora *(f)* ~ Spore *(f)*.
sporadicamente *(avv)* ~ vereinzelt, dünn.
sporadicità *(f)* ~ Seltenheit *(f)*.
sporadico *(agg)* ~ sporadisch, vereinzelt.
sporcare *(vt)* ***1*** beschmutzen *(vt)*, schmutzig machen *(vt)*. ***2*** *(macchiare)* beflecken *(vt)*, kleckern *(vt)*.
sporcarsi *(vr)* ~ sich schmutzig machen *(vt)*, sich *(Dat)* beschmutzen *(vt)* ♦ *sporcarsi la giacca* die Jacke beschmutzen.
sporcizia *(f)* ***1*** Unsauberkeit *(f)*, Schmutzigkeit *(f)*. ***2*** *(sporco, sudicio)* Schmutz *(m)*, Dreck *(m)*.
sporco[1] *(agg)* ~ schmutzig, dreckig, unsauber *(anche fig)* ♦ *mani sporche* schmutzige Hände ♦ *una barzelletta sporca* ein dreckiger Witz.
sporco[2] *(m)* ~ Schmutz *(m)*, Dreck *(m)*.
sporgente *(agg)* ~ vorstehend, hervorragend.
sporgenza *(f)* ***1*** *(aggetto)* Vorsprung *(m)*. ***2*** *(di edificio)* Überhang *(m)*.
sporgere[1] *(vi)* ***1*** *(aggettare)* vor|stehen* *(vi, hat)*, hervor|stehen* *(vi, hat)*. ***2*** *(non aderire)* ab|stehen* *(vi, hat)*.
sporgere[2] *(vt)* ***1*** hinaus|strecken *(vt)*, strecken *(vt)*. ◆ **sporgere denuncia** eine Anzeige erstatten.
sporgersi *(vr)* ~ sich lehnen *(vr)* ♦ *sporgersi dalla finestra* sich aus dem Fenster lehnen.
sport *(m)* ~ Sport *(m)*, Sportart *(f)* ♦ *fare sport* Sport treiben ♦ *sport acquatico* Wassersport ♦ *sport invernale* Wintersport.
sporta *(f)* ~ Einkaufstasche *(f)*.
sportello *(m)* ***1*** *(auto e sim)* Tür, Autotür *(f)*. ***2*** *(battente)* Flügel *(m)*. ***3*** *(banca, posta, ecc)* Schalter *(m)*. ***4*** *(bancomat)* Bankautomat *(m)*.
sportivamente *(avv)* ~ fair, sportlich.
sportivo[1] *(agg)* ***1*** *(di/da sport)* sportlich, Sport- ♦ *abbigliamento sportivo* sportliche Kleidung ♦ *disciplina sportiva* Sportart *(f)* ♦ *scarpa sportiva* Sportschuh *(m)*. ***2*** *(casual)* salopp.
sportivo[2] *(m)* ***1*** *(atleta)* Sportler *(m; f -in)*. ***2*** *(appassionato)* Sportfreund *(m)*.
sposa *(f)* ~ Braut *(f)*. ◆ **abito da sposa** Hochzeitskleid *(n)*.

sposalizio *(m)* ~ Hochzeit *(f)*.
sposare *(vt)* ***1*** heiraten *(vt)* ♦ *ha sposato il suo vicino* sie hat ihren Nachbarn geheiratet. **2** *(unire in matrimonio)* trauen *(vt)*.
sposarsi *(vr)* ***1*** heiraten *(vi,* hat*)*, sich trauen lassen* *(vr)* ♦ *si è sposata a venti anni* sie hat mit zwanzig geheiratet ♦ *sposarsi con rito civile* standesamtlich heiraten. **2** {~ *con qcn*} sich mit jmdm verheiraten *(vr)* ♦ *si è sposata con un ingegnere* sie hat sich mit einem Ingenieur verheiratet.
sposato *(agg)* ~ verheiratet ♦ *Lei è sposato?* sind Sie verheiratet?
sposo *(m)* ***1*** Bräutigam *(m)*. **2** *(pl)* Brautpaar *(n)*.
spossante *(agg)* ~ ermüdend, mühselig.
spossare *(vt)* ~ entkräften *(vt)*, ermüden *(vt)*.
spossarsi *(vr)* ~ ermüden *(vi,* ist*)*.
spossatezza *(f)* ~ Kraftlosigkeit *(f)*.
spossato *(agg)* ~ kraftlos, übermüdet.
spostamento *(m)* ***1*** *(rinvio)* Verschiebung *(f)*. **2** *(cambiamento di posto)* Umstellung *(f)*. **2** *(trasferimento)* Umlegung *(f)*.
spostare *(vt)* ***1*** *(spingendo)* verschieben* *(vt)*, rücken *(vt)* ♦ *spostare un armadio* einen Schrank verschieben. **2** *(cambiare posto)* verstellen *(vt)*, um|stellen *(vt)*, um|legen *(vt)* ♦ *chi ha spostato i miei CD?* wer hat meine CD's verstellt? ♦ *ho spostato l'enciclopedia (in un altro posto)* ich habe das Lexikon umgestellt. **3** *(trasferire, persone o attività)* verlegen *(vt)*, versetzen *(vt)*. **4** *(posticipare, rinviare)* verschieben* *(vt)*, verlegen *(vt)* ♦ *abbiamo spostato l'appuntamento al 10 marzo* wir haben den Termin auf den 10. März verschoben ♦ *la conferenza è stata spostata a domani* die Konferenz ist auf morgen verlegt worden. ◆ **spostare indietro** zurück|stellen *(vt)* ♦ *spostare indietro una sedia* einen Stuhl zurückstellen ♦ *spostare indietro l'orologio di cinque minuti* die Uhr fünf Minuten zurückstellen. ◆ **spostare in avanti** vor|rücken *(vt)*, vor|stellen *(vt)* ♦ *spostare in avanti una sedia* einen Stuhl vorrücken ♦ *spostare in avanti l'orologio* die Uhr vorstellen.
spostarsi *(vr)* ***1*** *(muoversi)* sich bewegen *(vr)*. **2** *(scostarsi)* rücken *(vi,* ist*)* ♦ *spostarsi da un lato (farsi da parte)* zur Seite rücken. **3** *(cambiare posizione)* sich verstellen *(vr)*.
spot *(m)* ~ *(pubblicitario)* Werbespot *(m)*.
spranga *(f)* ***1*** Stange *(f)*. **2** *(per porte e finestre)* Riegel *(m)*.
sprangare *(vt)* ~ verriegeln *(vt)*.
spray *(m)* ~ Spray *(m/n)*.
sprazzo *(m)* ***1*** *(raggio)* Strahl *(m)* ♦ *sprazzo di luce* Lichtstrahl. **2** *(momento)* Blitz *(m)*.
sprecare *(vt)* ~ verschwenden *(vt)*, vergeuden *(vt)*; *(tempo)* vertun* *(vt)* ♦ *sprecare fatica, tempo per qcs* Mühe, Zeit an etwas *(Acc)*/für etwas verschwenden.
sprecarsi sich verausgaben *(vr)* *(anche ironico)*, seine Kräfte verschwenden *(vt)*.
spreco *(m)* ~ Verschwendung *(f)*, Vergeudung *(f)*.
spregevole *(agg)* ~ verachtenswert.
spregiativo[1] *(agg)* ***1*** verächtlich. **2** *(gramm)* abwertend.
spregiativo[2] *(m)* ~ *(gramm)* Pejorativum *(n)*.
spregiudicato *(agg)* ***1*** vorurteilslos. **2** *(senza scrupoli)* skrupellos.
spremere *(vt)* ~ pressen *(vt)*, aus|pressen *(vt)*, aus|drücken *(vt)*, heraus|drücken *(vt)* ♦ *spremere un limone* eine Zitrone auspressen ♦ *spremere il succo da un limone* den Saft aus einer Zitrone ausdrücken.
spremiagrumi *(m)* ~ Zitronenpresse *(f)*.
spremitura *(f)* ~ Ausressung *(f)*; *(estens)* Pressung *(f)*.
spremuta *(f)* ***1*** Pressung *(f)*. **2** *(succo)* Saft *(m)* ♦ *spremuta di frutta, d'arancia* Fruchtsaft, Orangensaft.
sprezzante *(agg)* ~ verächtlich, geringschätzig.
sprezzare *(vt)* ~ verachten *(vt)*.
sprezzo *(m)* ***1*** *(disprezzo)* Verachtung *(f)*. **2** *(indifferenza)* Missachtung *(f)*.
sprigionare *(vt)* ~ aus|strömen *(vt)*.
sprigionarsi *(vr)* ~ aus|strömen *(vi,* ist*)*.
sprint *(m)* ~ *(sport)* Spurt *(m)*, Sprint *(m)*. ◆ **fare uno sprint** sprinten *(vi,* ist*)*.
sprizzare *(vt)* ~ spritzen *(vi,* ist/hat*)*, sprühen *(vi,* ist*)* *(anche fig)* ♦ *i suoi occhi*

sprizzavano gioia ihre Augen sprühten vor Freude.

sprofondare *(vi)* ***1*** *(affondare)* versinken* *(vi, ist)*, einsinken* *(vi, ist)*; *(crollare)* ein|brechen* *(vi, ist)* *(anche fig)* ♦ *sprofondare nella neve* im Schnee einsinken ♦ *sprofondare nei pensieri* in Gedanken versinken. ***2*** *(terreno e sim)* nach|geben *(vi, hat)*, sacken *(vi, hat)*. ◆ **avrei voluto sprofondare** *(fig)* da wäre ich am liebsten in den Erdboden versunken.

sprofondarsi *(vr)* ***1*** versinken* *(vi, ist)* ♦ *si è sprofondato nella poltrona* er ist in den Sessel versunken. ***2*** *(fig)* {~ *in qcs*} sich in etwas *(Acc)* versenken *(vr)* ♦ *sprofondarsi nella lettura* ins Lesen sich versenken.

spronare *(vt)* ***1*** an|spornen *(vt)*. ***2*** {~ *qcn a qcs*} jmdn zu etwas an|treiben* *(vt)*. ◆ **spronare il cavallo** dem Pferd die Sporen geben*.

sprone *(m)* ***1*** Sporn. ***2*** *(fig)* Ansporn *(m)*. ◆ **a spron battuto** spornstreichs *(avv)*.

sproporzionato *(agg)* ~ unverhältnismäßig groß/klein, unproportioniert.

sproporzione *(f)* ~ Missverhältnis *(n)*.

spropositato *(agg)* ***1*** voller Fehler. ***2*** *(smisurato)* ungeheuer; *(esagerato)* übertrieben.

sproposito *(m)* ***1*** *(stupidaggine)* Dummheit *(f)*; *(errore)* Fehler *(m)* ♦ *ha commesso uno sproposito* er hat eine Dummheit begangen. ***2*** *(quantità enorme)* Unmenge *(f)*. ◆ **a sproposito** ungelegen *(agg/avv)*.

sprovveduto *(agg)* ***1*** *(incapace)* unbegabt. ***2*** *(impreparato)* unvorbereit. ***3*** *(inesperto)* unerfahren.

sprovvisto *(agg)* ~ {~ *di qcs*} ohne etwas. ◆ **alla sprovvista** unvorbereitet, unversehens. ◆ **prendere qcn alla sprovvista** jmdn überraschen.

spruzzare *(vt)* ***1*** *(acqua e sim)* spritzen *(vt)*, sprühen *(vt)*; *(nebulizzare)* zerstäuben *(vt)*. ***2*** {~ *di qcs*} mit etwas *(Dat)* bespritzen *(vt)*.

spruzzarsi *(vr)* ~ sich bespritzen *(vr)*.

spruzzata *(f)* ~ Schuss *(m)* *(anche fig)*.

spruzzatore *(m)* ~ Sprühflasche *(f)*.

spruzzo *(m)* ~ Spritzer *(m)*.

spudoratamente *(avv)* ~ frech.

spudoratezza *(f)* ~ Schamlosigkeit *(f)*, Unverschämtheit *(f)*, Frechheit *(f)*.

spudorato *(agg)* ~ schamlos, unverschämt, frech.

spugna *(f)* ***1*** Schwamm *(m)* *(anche zool)*. ***2*** *(panno di spugna per lavarsi)* Waschlappen *(m)*. ***3*** *(tessuto di spugna)* Frottee *(m/n)*. ◆ **gettare la spugna** das Handtuch werfen*.

spugnoso *(agg)* ~ schwammig.

spulciare *(vt)* ***1*** *(spidocchiare)* flöhen *(vt)*. ***2*** *(fig)* durch|forsten *(vt)*.

spuma *(f)* ~ *(schiuma)* Schaum *(m)*; *(di mare)* Gischt *(m/f)*.

spumante *(m)* ~ Sekt *(m)*.

spumare *(vi)* ~ schäumen *(vi, hat)*.

spumeggiante *(agg)* ***1*** schäumend. ***2*** *(brioso, brillante)* sprühend.

spumeggiare *(vi)* ~ schäumen *(vi, hat)*, sprudeln *(vi, hat)*.

spuntare[1] *(vi)* ***1*** *(germogliare)* sprießen *(vi, ist)*, aus|treiben* *(vi, hat)*. ***2*** *(apparire all'improvviso)* erscheinen* *(vi, ist)*, auftauchen *(vi, ist)*. ***3*** *(astri)* herauf|kommen* *(vi, ist)*; *(sole)* auf|gehen* *(vi, ist)*; *(giorno, mattino)* dämmern *(vi, hat)* *(impers)* ♦ *spunta il mattino* der Morgen dämmert. ***4*** *(spuntarla)* {~ *con qcn*} jmdm bei|kommen* *(vi, ist)*. ◆ **spuntare fuori (da qcs)** (aus etwas) hervor|schießen* *(vi, ist)*.

spuntare[2] *(vt)* ***1*** *(rompere la punta)* ab|brechen* *(vt)*, *(smussare)* ab|stumpfen *(vt)*. ***2*** *(tagliare la punta)* ab|schneiden *(vt)*. ***3*** *(accorciare)* stutzen *(vt)* ♦ *spuntare la barba a qcn* jmdm den Bart stutzen. ***4*** *(nomi da una lista)* ab|haken *(vt)*.

spuntare[3] *(m)* ~ **allo spuntare del giorno** bei Tagesanbruch. ◆ **allo spuntare del sole** bei Sonnenaufgang.

spuntarsi *(vr)* ***1*** ab|stumpfen *(vi, ist)*. ***2*** *(accorciare)* stutzen *(vt)* ♦ *spuntarsi la barba* sich *(Dat)* den Bart stutzen.

spuntato *(agg)* ~ stumpf.

spuntino *(m)* ~ Imbiss *(m)*, Zwischenmahlzeit *(f)* ♦ *fare uno spuntino* einen Imbiss (ein)nehmen.

spunto *(m)* ~ Anregung *(f)*.

spurgare *(vt)* ***1*** *(canale, fogna)* ausspülen

(*vt*), reinigen (*vt*). **2** (*med*) aus|werfen* (*vt*).

spurgo (*m*) **1** Reinigung (*f*). **2** (*materia spurgata*) Auswurf (*m*).

sputare (*vt/vi*) ~ spucken (*vt/vi*, hat) ♦ *sputare su qualcosa* auf etwas spucken.

sputo (*m*) ~ Spucke (*f*).

squadra (*f*) **1** Team (*n*). **2** (*sport*) Mannschaft (*f*) ♦ *squadra di calcio* Fußballmannschaft. **3** (*mil*) Trupp (*m*); (*aeron/naut*) Staffel (*f*), Geschwader (*n*). **4** (*da disegno*) Winkelmaß (*n*).

squadrare (*vt*) **1** quadratisch zu|schneiden* (*vt*). **2** (*osservare, scrutare*) mustern (*vt*).

squadriglia (*f*) ~ (*mil*) (*aeron/naut*) Staffel (*f*), Geschwader (*n*) ♦ *squadriglia aerea* Fliegerstaffel.

squalifica (*f*) **1** Disqualifizierung (*f*). **2** (*sport*) Sperre (*f*).

squalificare (*vt*) **1** disqualifizieren (*vt*). **2** (*sport*) sperren (*vt*).

squalificarsi (*vr*) ~ sich in Misskredit bringen* (*vr*).

squallido (*agg*) **1** trostlos, elend ♦ *una vita squallida* ein trostloses Leben. **2** (*sciatto*) schäbig, ungepflegt. **3** (*spoglio*) kahl. **4** (*meschino*) gemein.

squallore (*m*) **1** Düsterkeit (*f*); (*di luoghi*) Öde (*f*). **2** (*abbandono*) Verlassenheit (*f*). **3** (*miseria*) Elend (*n*).

squalo (*m*) ~ (*zool*) Haifisch (*m*).

squama (*f*) ~ Schuppe (*f*).

squamare (*vt*) ~ schuppen (*vt*).

squamarsi (*vr*) ~ sich schuppen, sich schälen (*vr*).

squamato (*agg*) ~ schuppig.

squarciagola ~ **a squarciagola** lauthals (*avv*).

squarciare (*vt*) **1** (*spaccare*) zerreißen* (*vt*). **2** (*lacerare*) auf|reißen* (*vt*).

squarciarsi (*vr*) ~ sich zerreißen (*vr*), auf|brechen.

squarcio (*m*) ~ Riss (*m*).

squartare (*vt*) **1** (*macellare*) aus|schlachten (*vt*). **2** (*estens*) zerreißen (*vt*).

squattrinato[1] (*agg*) ~ abgebrannt.

squattrinato[2] (*m*; *f* **-a**) ~ Abgebrannte (*m/f*).

squilibrato[1] (*agg*) **1** unausgewogen. **2** (*med*) geistig gestört.

squilibrato[2] (*m*; *f* **-a**) ~ Geistesgestörte (*m/f*).

squilibrio (*m*) **1** Ungleichgewicht (*n*). **2** (*sproporzione*) Missverhältnis (*n*). **3** (*med*) Geistesstörung (*f*).

squillante (*agg*) **1** (*suono*) klingend, schrill ♦ *una voce squillante* eine klingende Stimme. **2** (*colori*) grell.

squillare (*vi*) **1** (*telefono*) klingeln* (*vi*, hat). **2** (*tromba e sim*) schmettern (*vi*, ist).

squillo (*m*) ~ Klang (*m*); (*telefono*) Klingeln (*n*). ◆ **squillo di tromba** Trompetenstoß (*m*).

squisitezza (*f*) ~ Köstlichkeit (*f*).

squisito (*agg*) **1** köstlich, lecker. **2** (*fig*) fein.

squittire (*vi*) ~ (*topo*) quiek(s)en (*vi*, hat).

sradicare (*vt*) **1** (*piante e sim*) entwurzeln (*vt*), heraus|reißen* (*vt*). **2** (*eliminare, estirpare*) entwurzeln (*vt*), aus|rotten (*vt*) ♦ *sradicare il male alla radice* das Übel an der Wurzel ausrotten.

sradicato (*agg*) ~ entwurzelt (*anche fig*), wurzellos.

sregolato (*agg*) ~ ungeregelt, regellos.

s.r.l. (*f*) ~ GmbH (*abbrev di* Gesellschaft mit beschränkter Haftung).

srotolare (*vt*) ~ entrollen (*vt*), auf|rollen (*vt*).

srotolarsi (*vr*) ~ sich auf|rollen (*vr*).

stabile[1] (*agg*) **1** (*saldo*) stabil, standfest. **2** (*fisso, regolare*) fest ♦ *prezzi stabili* feste Preise ♦ *un posto di lavoro stabile* eine feste Stellung. **3** (*durevole*) dauerhaft, stabil.

stabile[2] (*m*) **1** (*edificio*) Gebäude (*n*). **2** (*teatro*) feste Theatergruppe (*f*).

stabilimento (*m*) ~ (*impianto, fabbrica*) Werk (*n*). ◆ **stabilimento tessile** Weberei (*f*). ◆ **stabilimento metallurgico** Hütte (*f*). ◆ **stabilimento balneare** Strandbad (*n*).

stabilire (*vt*) **1** (*fissare*; *accertare*) fest|setzen (*vt*), fest|legen (*vt*) ♦ *stabilire una data* ein Datum festlegen ♦ *stabilire una causa* eine Ursache feststellen. **2** (*decidere*) bestimmen ♦ *stabilire un appuntamento* einen Termin bestimmen. **3** (*disporre, ordinare*) disponieren (*vt*). ◆ **stabilire un record** einen Rekord auf|

stellen. ◆ **stabilire un record di nuoto** einen Rekord schwimmen*.

stabilirsi *(vr)* ~ *(andare a vivere)* sich nieder|lassen* *(vt)*, sich an|siedeln *(vr)* ♦ *si sono stabiliti in Germania* sie haben sich in Deutschland niedergelassen ♦ *stabilirsi in città* sich in der Stadt ansiedeln.

stabilità *(f)* **1** Stabilität *(f)* *(anche fig)*, Festigkeit *(f)*. **2** *(durata)* Bestand *(m)*.

stabilito *(agg)* ~ bestimmt ♦ *un luogo stabilito* ein bestimmter Ort. ◆ **essere stabilito** *(fissato, deciso)* fest|stehen* *(vi*, hat*)*, fest|liegen* *(vi*, hat*)* ♦ *il giorno dell'esame non è ancora stabilito* der Tag der Prüfung steht noch nicht fest.

stabilizzare *(vt)* ~ stabilisieren *(vt)* *(anche fig)*.

stabilizzarsi *(vr)* **1** sich stabilisieren. **2** *(ritmi, metodi, ecc)* sich ein|spielen.

stabilizzazione *(f)* ~ Stabilisierung *(f)*.

staccare[1] *(vi)* ~ *(dal lavoro)* Feierabend machen *(vt)*.

staccare[2] *(vt)* **1** lösen *(vt)*, los|lösen *(vt)*; *(strappare)* los|reißen* *(vt)*; *(con delicatezza)* ab|lösen *(vt)*; *(con un morso)* ab|beißen *(vt)* ♦ *staccare un francobollo dalla busta* eine Briefmarke vom Umschlag lösen. **2** *(qcs che è appeso)* ab|hängen *(vt)* ♦ *staccare un quadro dalla parete* ein Bild von der Wand abhängen. **3** *(tagliare via)* ab|trennen *(vt)*, ab|stechen* *(vt)*. **4** *(elettr)* aus|schalten *(vt)* ♦ *staccare la corrente* den Strom ausschalten.

staccarsi *(vr)* **1** *(venire via)* ab|gehen* *(vi*, ist*)*, sich ablösen *(vr)*. **2** *(bottoni e sim)* ab|reißen* *(vi*, ist*)* ♦ *mi si è staccato un bottone* mir ist ein Knopf abgerissen. **2** {~ *da qcn/qcs*} sich von jmdm/etwas trennen *(vr)*, lösen *(vr)*.

staccionata *(f)* ~ Lattenzaun *(m)*.

stacco *(m)* **1** Pause *(f)*. **2** *(distacco)* Abtrennung *(f)*.

stadio *(m)* **1** *(sportivo)* Stadion *(n)*. **2** *(grado, livello)* Stufe *(f)* ♦ *primo stadio* Vorstufe. ◆ **a due stadi** zweistufig *(agg)*.

staff *(m)* ~ Stab *(m)*.

staffa *(f)* ~ Steigbügel *(m)*.

staffetta *(f)* **1** *(sport)* Staffel *(f)*. **2** *(gara)* Staffellauf *(m)*. **3** *(fig)* Wechseln *(n)*.

staffile *(m)* ~ Knute *(f)*.

stage *(m)* ~ Praktikum *(n)*.

stagionale[1] *(agg)* **1** jahreszeitlich. **2** Saison-, saisonal ♦ *lavoro stagionale* Saisonarbeit.

stagionale[2] *(m/f)* Saisonarbeiter *(m*; -in*)*.

stagionare *(vi)* ~ *(cibi)* lagern *(vi*, hat*)*, ab|lagern *(vi*, hat*)*.

stagionarsi *(vr)* ~ lagern *(vi*, hat*)*, ab|lagern *(vi*, hat*)*.

stagione *(f)* **1** Jahreszeit *(f)* ♦ *le quattro stagioni* die vier Jahreszeiten. **2** *(meteor/teatr/sport)* Saison *(f)* ♦ *alta, bassa stagione* Hochsaison, Nebensaison.

stagista *(m/f)* ~ Praktikant *(m*; *f* -in*)*.

stagliarsi *(vr)* ~ sich ab|heben* *(vr)*, sich ab|zeichnen *(vr)*.

stagnante *(agg)* **1** stehend ♦ *acqua stagnante* stehendes Gewässer. **2** *(econ)* stagnierend.

stagnare[1] *(vi)* **1** *(ristagnare)* still|stehen *(vi*, hat*)*. **2** *(econ)* stagnieren *(vi*, hat*)*.

stagnare[2] *(vt)* **1** *(rivestire di stagno)* verzinnen *(vt)*. **2** *(chiudere ermeticamente)* hermetisch verschließen* *(vt)*.

stagnazione *(f)* ~ *(econ)* Stagnation *(f)*.

stagno[1] *(agg)* ~ *(impermeabile)* wasserdicht.

stagno[2] *(m)* ~ *(chim)* Zinn *(n)*.

stagno[3] *(m)* ~ *(laghetto)* Teich *(m)*, Tümpel *(m)*.

stagnola *(f)* ~ *(carta)* Stanniol *(n)*, Silberpapier *(n)*.

stalagmite *(f)* ~ Stalagmit *(m)*.

stalattite *(f)* ~ Stalaktit *(m)*.

stalla *(f)* ~ Stall *(m)*.

stallatico *(m)* ~ *(concime)* Stalldung *(m)*.

stalliere *(m)* ~ Stallbursche *(m)*.

stallone *(m)* ~ Hengst *(m)*.

stamattina *(avv)* ~ heute Morgen, heute Vormittag.

stambecco *(m)* ~ *(zool)* Steinbock *(m)*.

stamberga *(f)* ~ Spelunke *(f)*.

stampa *(f)* **1** *(operazione; riproduzione)* Druck *(m)*, Abdruck *(m)* ♦ *dare, andare in stampa* in Druck geben, gehen. **2** *(stampe, invio postale)* Drucksache *(f)*. **3** *(giornali)* Presse *(f)* ♦ *la stampa estera* die ausländische Presse. ◆ **rassegna stampa** Presseschau *(f)*. ◆ **ufficio stampa** Pressestelle *(f)*.

stampante[1] *(agg)* ~ Druck-.

stampante[2] *(f)* ~ *(elab)* Drucker *(m)*.
stampare *(vt)* ***1*** drucken *(vt)*, aus|drucken *(vt)*. ***2*** *(pubblicare)* ab|drucken *(vt)*, veröffentlichen. ***3*** *(fotogr)* abziehen* *(vt)*.
stampatello[1] *(agg)* ~ Block- ♦ *lettera stampatello* Blockbuchstabe.
stampatello[2] *(m)* ~ Blockschrift *(f)*.
stampato[1] *(agg)* ~ gedruckt.
stampato[2] *(m)* ***1*** *(modulo)* Vordruck *(m)*, Formular *(n)*. ***2*** *(volantino)* Druckschrift *(f)*. ***3*** *(tessuto)* Druckstoff *(m)*.
stampatore *(m)* ~ Drucker *(m)*.
stampella *(f)* ~ Krücke *(f)* ♦ *camminare con le stampelle* an Krücken gehen.
stamperia *(f)* ~ Druckerei *(f)*.
stampo *(m)* ***1*** Form *(f)*. ***2*** *(tecn)* Gussform *(f)*. ***3*** *(specie, razza)* Schlag *(m)* ♦ *un insegnante (di) vecchio stampo* ein Lehrer alten Schlages.
stanare *(vt)* ~ auf|spüren *(vt)*.
stancante *(agg)* ~ beschwerlich.
stancare *(vt)* ~ ermüden *(vt)*, ab|hetzen *(vt)*. ***2*** *(annoiare, seccare)* lästig fallen* *(vt)*.
stancarsi *(vr)* ~ ermüden *(vi, ist)*; müde werden* *(vi, ist)* *(anche fig)* ♦ *stancarsi di qcn/qcs* jmds/etwas müde werden.
stanchezza *(f)* ~ Müdigkeit *(f)*.
stanco *(agg)* ~ müde ♦ *hai l'aria stanca* du siehst müde aus. ◆ **essere stanco di qcn/qcs** *(fig)* jmds/etwas müde sein*.
standard[1] *(agg)* ~ Standard- ♦ *modello standard* Standardausführung *(f)*. ◆ **lingua standard** Hochsprache *(f)*. ◆ **della lingua standard** hochsprachlich *(agg)*.
standard[2] *(m)* ~ Standard *(m)*.
standardizzare *(vt)* ***1*** standardisieren *(vt)*. ***2*** *(fig)* vereinheitlichen *(vt)*.
stanga *(f)* ***1*** Stange *(f)*, Latte *(f)*. ***2*** *(di carro)* Deichsel *(f)*.
stangare *(vt)* ***1*** verprügeln *(vt)*, mit einer Stange schlagen* *(vt)*. ***2*** *(fig)* übervorteilen *(vt)*.
stangata *(f)* ***1*** Schlag mit der Stange. ***2*** *(fig)* Aderlass *(m)*.
stanghetta *(f)* ~ *(di occhiali)* Bügel *(m)*.
stanotte *(avv)* ~ heute Nacht *(f)*.
stante[1] *(agg)* ~ **a sé stante** für sich. ◆ **seduta stante** auf der Stelle.
stante[2] *(prep)* ~ wegen *(+ Gen)*, angesichts *(+ Gen)*.
stantio *(agg)* ***1*** *(cibo, bevanda)* abgestanden; *(ammuffito)* dumpf. ***2*** *(fig)* veraltet.
stantuffo *(m)* ~ Kolben *(m)*.
stanza *(f)* ~ *(camera)* Zimmer *(n)* ♦ *è nella sua stanza* er ist in seinem Zimmer; *(in hotel)* er ist auf seinem Zimmer ♦ *stanza da bagno* Badezimmer. ***2*** *(mil)* Standort *(m)*.
stanziale *(agg)* ~ sesshaft.
stanziamento *(m)* ***1*** Bereitstellung *(f)*. ***2*** *(insediamento)* Niederlassung *(f)*.
stanziare *(vt)* ~ *(somme di denaro)* bereit|stellen *(vt)*, aus|werfen* *(vt)*.
stanziarsi *(vr)* ~ sich nieder|lassen* *(vr)*.
stanzino *(m)* ~ *(ripostiglio)* Nebenraum *(m)*, Kammer *(f)*.
stappare *(vt)* ***1*** entkorken *(vt)*. ***2*** *(aprire)* auf|machen *(vt)*, öffnen *(vt)*.
stare *(vi)* ***1*** bleiben* *(vi, ist)*, sein* *(vi, ist)* ♦ *stai fermo lì* bleib ruhig da ♦ *il pomeriggio sta a casa* er bleibt nachmittags zu Hause. ***2*** *(in posizione verticale)* stehen* *(vi, hat)* ♦ *le bottiglie stanno sul tavolo* die Flaschen stehen auf dem Tisch ♦ *dove sta questo libro?* wo steht dieses Buch? ♦ *stava (in piedi) vicino alla finestra* er stand neben dem Fenster. ***3*** *(in posizione orizzontale)* liegen* *(vi, hat)* ♦ *stare a letto* im Bett liegen ♦ *il libro sta sul tavolo* das Buch liegt auf dem Tisch. ***4*** *(seduto)* sitzen* *(vi, hat)* ♦ *stare alla cassa* an der Kasse sitzen. ***5*** *(abitare)* wohnen *(vi, hat)* ♦ *sta al primo piano* er wohnt im ersten Stock. ***6*** *(consistere)* {~ *in qcs*} in etwas *(Dat)* bestehen ♦ *la differenza sta nel fatto che* der Unterschied besteht darin, dass. ***7*** *(impers)* *(essere il turno)* dran sein* *(vi, ist)*, an der Reihe sein* *(vi, ist)* ♦ *quando sta a me?* wann bin ich dran? ***8*** *(dipendere)* liegen ♦ *sta solo a te accettare o meno l'offerta* es liegt nur an/bei dir, ob du das Angebot annimst. ***9*** *(abiti)* {~ *a qcn*} jmdm passen *(vi, hat)* ♦ *ti stanno le scarpe?* passen dir die Schuhe? ***10*** *(sentirsi)* jmdm geht es *(+ avv)* *(impers)*, sich fühlen *(vr)* ♦ *come stai?* wie geht es dir? ♦ *non sto molto bene* mir geht es nicht besonders gut. ***11*** *(abbinarsi)* {~ *con qcn/qcs*} zu jmdm/etwas passen *(vi, hat)* ♦ *la borsa non sta (bene) con queste scarpe* die Tasche passt nicht zu den

Schuhen ♦ *il coperchio non sta con la pentola* der Deckel passt nicht auf den Topf. ***12*** *(mat)* sich verhalten* *(vr)* ♦ *due sta a quattro come tre sta a sei* zwei verhält sich zu vier wie drei zu sechs. ***13*** *(+ gerundio)* gerade *(+ ind)* ♦ *sto leggendo la lettera di Sandra* ich lese gerade Sandras Brief. ◆ **stare bene a qcn** *(meritare)* jmdm recht geschehen* ♦ *ti sta bene!* das geschieht dir recht! ◆ **stammi bene!** *(fam)* mach's gut! ◆ **lasciar stare qcn/qcs** jmdn/etwas sein lassen*. ◆ **stare bene insieme** *(armonizzarsi)* zusammen|passen. ◆ **stare lì (in piedi)** da|stehen*. ◆ **stare lì (seduto)** da|sitzen*. ◆ **stare lì (disteso)** da|liegen*. ◆ **stare nel mezzo** *(anche fig)* dazwischen|stehen*. ◆ **stare alla base di qcs** etwas *(Dat)* zugrunde/zu Grunde liegen*. ◆ **stare alla larga** sich fern halten *(vr)*. ◆ **stare per fare qcs** im Begriff sein, etwas zu tun; nah daran sein, etwas zu tun. ◆ **stare sveglio** wachen. ◆ **starci** ***1*** *(capacità)* hinein|gehen* *(vi,* ist*)* ♦ *nella bottiglia ci sta un litro* in die Flasche geht ein Liter hinein. ***2*** *(partecipare)* mitspielen *(vi,* hat*)*.

starna *(f)* ~ *(zool)* Rebhuhn *(n)*.

starnazzare *(vi)* ~ *(oche e sim)* schnattern *(vi,* hat*)*; *(anatra)* quaken *(vi,* hat*)*.

starnutire *(vi)* ~ niesen *(vi,* hat*)*.

starnuto *(m)* ~ Niesen *(n)*.

stasera *(avv)* ~ heute Abend *(m)*.

stasi *(f)* ***1*** *(med)* Stauung *(f)*. ***2*** *(fig)* Stillstand *(m)*.

statale[1] *(agg)* ~ *(nazionale)* staatlich, Staats- ♦ *impiego statale* Staatsdienst *(m)*.

statale[2] *(m)* ***1*** *(impiegato)* Beamter *(m)*, staatlicher Angestellte *(m)*. ***2*** *(strada)* Staatsstraße *(f)*.

statalizzare *(vt)* ~ nationalisieren *(vt)*.

statalizzazione *(f)* ~ Nationalisierung *(f)*.

staticità *(f)* ***1*** statischer Charakter *(m)*. ***2*** *(fig)* Unbeweglichkeit *(f)*, Starrheit *(f)*.

statico *(agg)* ~ *(fis)* statisch *(anche fig)*.

statista *(m)* ~ Staatsmann *(m)*.

statistica *(f)* ~ Statistik *(f)*.

statistico *(agg)* ~ statistisch.

stato *(m)* ***1*** *(condizione)* Zustand *(m)*, Lage *(f)*, Stand *(m)* ♦ *lo stato del paziente è peggiorato* der Zustand des Kranken hat sich verschlechtert ♦ *lo stato delle cose* der Stand der Dinge ♦ *essere in buono stato* gut im Stand(e)/in gutem Stand(e) sein ♦ *stato di salute* Gesundheitszustand ♦ *stato di veglia* Wachzustand ♦ *stato civile* Familienstand. ***2*** *(stato d'animo, umore)* Stimmung *(f)* ♦ *non essere nel giusto stato d'animo per fare qcs* nicht in der Stimmung sein, etwas zu tun. ***3*** *(stor)* Stand *(m)* ♦ *il terzo Stato* der dritte Stand. ***4*** *(nazione, governo)* Staat *(m)* ♦ *stato assistenziale* Wohlfahrtsstaat ♦ *Stato della Chiesa* Kirchenstaat. ◆ **allo stato attuale delle cose** unter diesen Umständen. ◆ **affare di stato** Staatsaffäre *(f)*. ◆ **fare un affare di stato di qcs** eine Staatsaffäre aus etwas machen *(fig/fam)*.

statua *(f)* ~ Statue *(f)*, Standbild *(n)*. ◆ **statua di cera** Wachsfigur *(f)*.

statuario *(agg)* ***1*** statuarisch. ***2*** *(fig)* stattlich.

statuetta *(f)* ~ Figur *(f)*.

statura *(f)* ~ Größe *(f)*, Körpergröße *(f)*.

statuto *(m)* ~ Statut *(n)*, Satzung *(f)*.

stavolta *(avv)* ~ diesmal.

stazionario *(agg)* ~ stationär.

stazione *(f)* ***1*** Bahnhof *(m)* ♦ *andare a prendere qcn alla stazione* jmdn vom Bahnhof abholen ♦ *il treno ferma in tutte le stazioni* der Zug hält auf/an allen Bahnhöfen ♦ *stazione centrale* Hauptbahnhof. ***2*** *(radio, tv)* Sender *(m)*, Station *(f)* ♦ *ricevere una stazione* einen Sender empfangen. ***3*** *(balneare, termale)* Badeort *(m)*.

stazza *(f)* ~ Schiffsraum *(m)*.

stecca *(f)* ***1*** Stab *(m)*. ***2*** *(da biliardo)* Queue *(n)*. ***3*** *(med)* Schiene *(f)*. ***4*** *(di sigarette)* Stange *(f)*; *(di cioccolata)* Riegel *(m)*. ***4*** *(mus)* falscher Ton *(m)*.

steccare[1] *(vi)* ***1*** *(cantando)* falsch singen* *(vi,* hat*)*. ***2*** *(suonando)* sich verspielen *(vr)*.

steccare[2] *(vt)* ***1*** *(recintare)* ein|zäunen *(vt)*. ***2*** *(med)* anschienen *(vt)*. ***3*** *(mus)* falsch spielen *(vt)*, falsch singen *(vt)*.

steccato *(m)* ~ Zaun *(m)*.

stecchino *(m)* ~ Zahnstocher *(m)*.

stella *(f)* ***1*** Stern *(m)* ♦ *le stelle brillano* die Sterne funkeln/leuchten ♦ *un hotel a tre* *stelle* ein Hotel mit drei Sternen ♦ *stella fissa* Fixstern ♦ *stella polare* Leitstern. **2** *(star, celebrità)* Star *(m)*, Filmstar *(m)*. ♦ **stella cadente** Sternschnuppe *(f)*. ♦ **sotto le stelle** unter freiem Himmel. ♦ **stella alpina** *(bot)* Edelweiß *(n)*. ♦ **stella di Natale** *(anche bot)* Weihnachtsstern *(m)*. ♦ **stella filante** Papierschlange *(f)*.

stellare *(agg)* ~ Stern-, sternförmig.

stellato *(agg)* ~ sternhell, sternklar.

stelo *(m)* ~ *(bot)* Stiel *(m)*, Stängel *(m)*.

stemma *(m)* ~ Wappen *(n)*, Schild *(m)*.

stemperare *(vt)* **1** auf|lösen *(vt)*, verdünnen *(vt)*. **2** *(tecn)* weich machen *(vt)*, enthärten *(vt)*.

stemperarsi *(vr)* ~ sich auf|lösen *(vr)*, weich werden* *(vi, ist)*.

stendardo *(m)* ~ Standarte *(f)*, Banner *(n)*.

stendere *(vt)* **1** *(braccia, gambe, ecc)* aus|strecken *(vt)*, strecken *(vt)* ♦ *stendere la mano verso qcn/qcs* die Hand nach jmdm/etwas ausstrecken. **2** *(distendere, dispiegare, anche braccia, ali, ecc)* aus|breiten *(vt)*, aus|spannen *(vt)* ♦ *stendere una cartina* eine Karte ausbreiten ♦ *stendere un telo* ein Tuch ausspannen. **3** *(bucato)* auf|hängen *(vt)*. **4** *(distribuire, colore)* verteilen *(vt)*. **5** *(spalmare)* auf|tragen* *(vt)*; *(di crema)* ein|cremen *(vt)*. **6** *(redigere)* erstellen* *(vt)*, aus|arbeiten *(vt)*, an|fertigen *(vt)* ♦ *stendere una lista* eine Liste anfertigen.

stendersi *(vr)* **1** *(sdraiarsi)* sich aus|strecken *(vr)*, sich hin|strecken *(vr)*, sich strecken *(vr)* ♦ *si stese sul letto* sie streckte sich auf dem Bett aus. **2** *(estendersi)* sich spannen *(vr)*.

stendibiancheria *(m)* ~ Wäscheständer *(m)*.

stenodattilografo *(m; f* **-a***)* ~ Stenotypist *(m; f* -in*)*.

stenografare *(vt/vi)* ~ stenographieren *(vt/vi, hat)*.

stenografia *(f)* ~ Stenographie *(f)*, Kurzschrift *(f)*.

stenografo *(m; f* **-a***)* ~ Stenograph *(m; f* -in*)*.

stentare *(vi)* ~ *(essere in difficoltà economiche)* sich mühsam durch|schlagen* *(vr)*. ♦ **stentare a fare qcs** Mühe haben, etwas zu tun.

stentato *(agg)* ~ mühsam, mühselig.

stento *(m)* ~ Mühe *(f)*, Anstrengung *(f)*. ♦ **a stento** **1** *(a malapena)* knapp, kaum *(avv)*. **2** *(difficilmente, con difficoltà)* schwer *(avv)*.

steppa *(f)* ~ Steppe *(f)*.

sterco *(m)* ~ Mist *(m)*.

stereo *(m)* ~ *(impianto)* Stereoanlage *(f)*.

stereofonia *(f)* ~ Stereophonie *(f)*.

stereofonico *(agg)* ~ stereophon, Stereo-.

stereotipato *(agg)* ~ stereotyp, formelhaft.

stereotipo[1] *(agg)* ~ stereotyp.

stereotipo[2] *(m)* ~ Stereotyp *(n)*.

sterile *(agg)* **1** *(biol)* unfruchtbar. **2** *(estens)* unfruchtbar, fruchtlos. **3** *(med)* steril.

sterilità *(f)* **1** *(biol)* Unfruchtbarkeit *(f)*. **2** *(estens)* Fruchtlosigkeit *(f)*. **3** *(med)* Sterilität *(f)*.

sterilizzare *(vt)* **1** sterilisieren *(vt)*; *(bollendo)* ab|kochen *(vt)*. **2** *(castrare)* sterilisieren *(vt)*.

sterilizzazione *(f)* ~ Sterilisation *(f)*.

sterlina *(f)* ~ *(britannica)* Pfund *(n)*.

sterminare *(vt)* ~ aus|rotten *(vt)*, vernichten *(vt)*.

sterminato *(agg)* ~ *(immenso)* endlos, unübersehbar.

sterminio *(m)* ~ Vernichtung *(f)*. ♦ **campo di sterminio** Vernichtungslager *(n)*.

sterno *(m)* ~ *(anat)* Brustbein *(n)*.

sterpaglia *(f)* ~ Gestrüpp *(n)*, Dickicht *(n)*.

sterrare *(vt)* ~ ab|tragen* *(vt)*.

sterzare *(vi)* ~ ein|schlagen* *(vt)*; *(repentinamente)* herum|werfen* *(vt)* ♦ *quando vide il pedone, sterzò di scatto* als er den Fußgänger sah, warf er das Steuer herum.

sterzata *(f)* ~ Wendung *(f)*.

sterzo *(m)* **1** Lenkung *(f)*. **2** *(volante)* Lenkrad *(n)*. **3** *(manubrio)* Lenkstange *(f)*.

stesso[1] *(agg)* ~ derselbe, dieselbe, dasselbe; *(dopo prep art)* selbe; gleich ♦ *avere lo stesso scopo* dasselbe Ziel haben ♦ *essere della stessa opinione* derselben Meinung sein ♦ *lo stesso giorno* am selben Tag ♦

portano la stessa giacca sie tragen die gleiche Jacke ♦ *avere la stessa età* im gleichen Alter sein ♦ *nello stesso momento* zur gleichen Zeit. ◆ **dello stesso colore** gleichfarbig.

stesso[2] *(pron)* ~ **lo stesso** *(persona o cosa)* der, die, das Gleiche ♦ *sei sempre lo stesso!* du bist immer der Gleiche! ♦ *vorrei ordinare lo stesso (la stessa cosa che ha ordinato lui)* ich möchte das Gleiche bestellen (wie er). ◆ **lo stesso** *(altrettanto)* ebenso *(avv)*. ◆ **lo stesso** *(ugualmente)* ohnedies *(avv)*, ohnehin *(avv)* ♦ *non ce lo possiamo permettere lo stesso* das können wir uns ohnehin nicht leisten.

stesso[3] *(agg/pron indecl)* ~ *(in persona)* selbst ♦ *il capo stesso (il capo in persona)* der Chef selbst ♦ *io stesso so che* ich selbst weiß, dass. ◆ **se stesso** sich selbst *(rifl)* ♦ *parlare fra sé e sé* mit sich selbst sprechen ♦ *pensi sempre solo a te stesso* du denkst immer nur an dich selbst.

stesura *(f)* **1** *(di documenti e sim)* Ausstellung *(f)*, Ausfertigung *(f)*. **2** *(forma, versione)* Fassung *(f)* ♦ *la prima stesura di un romanzo* die erste Fassung eines Romans.

stetoscopio *(m)* ~ Hörrohr *(n)*.

steward *(m)* ~ Steward *(m)*.

stia *(f)* ~ Hühnerkäfig *(m)*.

stigmatizzare *(vt)* ~ brandmarken *(vt)*.

stilare *(vt)* ~ ab|fassen *(vt)*, auf|setzen *(vt)*.

stile *(m)* ~ Stil *(m)* ♦ *una chiesa in stile gotico* eine Kirche im gothischen Stil ♦ *uno stile ricercato* eine gewählter Stil. ◆ **in grande stile** großen Stils/im großen Stil. ◆ **caduta di stile** Entgleisung *(f)*.

stilista *(m)* ~ Modeschöpfer *(m)*.

stilistico *(agg)* ~ stilistisch.

stilizzare *(vt)* ~ stilisieren *(vt)*.

stilizzazione *(f)* ~ Stilisierung *(f)*.

stima *(f)* **1** *(valutazione)* Schätzung *(f)*, Wertung *(f)*. **2** *(econ)* Ansatz *(m)*. **3** *(calcolo approssimativo)* Hochrechnung *(f)*. **4** *(considerazione)* Achtung *(f)*, Hochachtung *(f)* ♦ *avere una grande stima di qcn* eine hohe Achtung vor jmdm haben. ◆ **avere grande stima di qcn** jmdn hoch|achten *(vt)*.

stimabile *(agg)* ~ *(valutabile)* schätzbar.

stimare *(vt)* **1** achten *(vt)* ♦ *stimare molto, poco qcn* jmdn hoch, gering achten. **2** *(valutare)* ein|schätzen *(vt)*, bewerten *(vt)*, schätzen *(vt)* ♦ *stimare una casa 300000 euro* ein Haus mit 300000 Euro bewerten ♦ *stimare il danno in mille euro* den Schaden auf tausend Euro schätzen.

stimato *(agg)* **1** *(in vista)* anerkannt, angesehen. **2** *(amato)* beliebt.

stimolante[1] *(agg)* ~ anregend; *(incoraggiante)* ermunternd.

stimolante[2] *(m)* ~ Reizmittel *(m)*.

stimolare *(vt)* **1** *(eccitare)* an|regen *(vt)*, an|reizen *(vt)* *(anche med)* ♦ *stimolare la curiosità* die Neugier anreizen. **2** {~ *qcn a qcs*} jmdn zu etwas ermuntern *(vt)*, an|spornen *(vt)* ♦ *il successo lo stimolò a nuove sfide* der Erfolg ermunterte ihn zu neuen Herausforderungen.

stimolatore *(m)* ~ **stimolatore cardiaco** Herzschrittmacher *(m)*.

stimolazione *(f)* ~ Reiz *(m)*, Anregung *(f)*.

stimolo *(m)* **1** *(biol)* Reiz *(m)* ♦ *uno stimolo chimico* ein chemischer Reiz. **2** *(incitamento)* Ansporn *(m)*, Anreiz *(m)*.

stinco *(m)* ~ *(anat)* Schienbein *(n)*.

stingere[1] *(vi)* ~ *(scolorire)* ab|färben *(vi, hat)*, verbleichen* *(vi, ist)*.

stingere[2] *(vt)* ~ entfärben *(vt)*.

stipare *(vt)* ~ pferchen *(vt)*, zwängen *(vt)*, ein|zwängen *(vt)*.

stiparsi *(vr)* ~ sich zwängen *(vr)*.

stipendiare *(vt)* ~ {~ *qcn*} jmdm Gehalt bezahlen *(vt)*.

stipendiato[1] *(agg)* ~ entlohnt.

stipendiato[2] *(m; f* **-a***)* ~ Gehaltsempfänger *(m; f* -in*)*.

stipendio *(m)* ~ Gehalt *(n)*, Lohn *(m)* ♦ *alzare, abbassare gli stipendi* die Löhne erhöhen, senken ♦ *stipendio base* Grundgehalt.

stipite *(m)* ~ *(della porta)* Türpfosten *(m)*; *(della finestra)* Fensterpfosten *(m)*.

stipulare *(vt)* ~ abschließen *(vt)*.

stipulazione *(f)* ~ Abschluss *(m)*.

stiramento *(m)* ~ *(med)* Zerrung *(f)* ♦ *stiramento muscolare* Muskelzerrung.

stirare *(vt)* **1** *(bucato)* bügeln *(vt)*. **2** *(distendere)* *(arti)* aus|strecken *(vt)*. **3** *(med)* zerren *(vt)*.

stirarsi *(vr)* ***1*** sich strecken *(vr)*. ***2*** *(med)* {~ *qcs*} sich *(Dat)* etwas zerren *(vr)*.
stiratura *(f)* ~ Bügeln *(n)*.
stirpe *(f)* ~ Stamm *(m)*, Geschlecht *(n)*.
stitichezza *(f)* ~ *(med)* Verstopfung *(f)*.
stiva *(f)* ~ Laderaum *(m)*.
stivale *(m)* ~ Stiefel *(m)* ♦ *stivale di gomma* Gummistiefel.
stivare *(vt)* ~ verladen *(vt)*.
stizza *(f)* ~ Ärger *(m)*, Zorn *(m)*.
stizzire *(vi)* ~ ärgern *(vt)*.
stizzirsi *(vr)* ~ sich ärgern *(vr)*.
stizzoso *(agg)* ~ ärgerlich, zornig.
stoccafisso *(m)* ~ Stockfisch *(m)*.
stoccaggio *(m)* ~ Lagerung *(f)*.
stoccata *(f)* ~ *(scherma)* Stich *(m)*.
stoffa *(f)* ***1*** Stoff *(m)*. ***2*** *(tessuti, materiali tessili)* Textilien *(pl)*. ◆ **animale di stoffa** Kuscheltier *(n)*. ◆ **avere la stoffa per qcs** das Zeug zu etwas haben ♦ *ha la stoffa dello sportivo* er hat das Zeug zum Sportler.
stoicismo *(m)* ~ Stoizismus *(m)* *(anche fig)*.
stoico *(agg)* ~ stoisch *(anche fig)*.
stoltezza *(f)* ~ Torheit *(f)*, Dummheit *(f)*.
stolto[1] *(agg)* ~ töricht.
stolto[2] *(m)* ~ Tor *(m)*.
stomaco *(m)* ~ Magen *(m)* ♦ *essere debole di stomaco* einen schwachen Magen haben ♦ *il dolce mi è rimasto sullo stomaco* der Kuchen liegt mir schwer im Magen ♦ *a stomaco vuoto* auf leeren Magen. ◆ **mal di stomaco** Magenschmerzen *(pl)*. ◆ **a qcn si rivolta lo stomaco** *(impers)* es kommt jmdm hoch *(anche fig)* ♦ *mi si rivolta lo stomaco quando vedo cose del genere* es kommt mir hoch, wenn ich so etwas sehe.
stomatologia *(f)* ~ Stomatologie *(f)*.
stonare *(vt/vi)* ***1*** *(di cantanti)* falsch singen* *(vt/vi*, hat*)*; *(di musicisti)* falsch spielen *(vt/vi*, hat*)*. ***2*** *(fig)* {~ *con qcs*} zu etwas nicht passen *(vi*, hat*)*.
stonato *(agg)* ***1*** *(mus)* falsch, verstimmt ♦ *una nota stonata* eine falsche Note. ***2*** *(fig)* nicht passend.
stonatura *(f)* ***1*** *(di musicista)* Falschspielen *(n)*; *(di cantante)* Falschsingen *(n)*. ***2*** *(nota)* Misston *(m)* *(anche fig)*.
stop[1] *(m)* ***1*** *(fermata di un veicolo)* Stopp *(m)*. ***2*** *(segnale stradale)* Stoppschild *(n)*. ***3*** *(luci dell'auto)* Bremslicht *(n)*.
stop[2] *(interiez)* ~ stopp, halt.
stoppa *(f)* ~ Werg *(n)*.
stoppia *(f)* ~ Stoppel *(f)*.
stoppino *(m)* ***1*** *(di candela o lume)* Docht *(m)*. ***2*** *(miccia)* Zündschnur *(f)*.
stopposo *(agg)* ***1*** strohig. ***2*** *(tiglioso, di carne)* sehnig.
storcere *(vt)* ***1*** *(piegare nel modo sbagliato)* verbiegen* *(vt)*. ***2*** *(distorcere, deformare)* verzerren *(vt)*, verziehen* *(vt)* ♦ *storcere la bocca per il dolore* den Mund vor Schmerz verzerren. ***3*** *(arti)* verrenken *(vt)*, verdrehen *(vt)*.
storcersi *(vr)* ***1*** *(piegarsi nel modo sbagliato)* sich verbiegen* *(vr)*. ***2*** *(deformarsi)* sich verziehen* *(vr)*. ***3*** *(arti e sim)* sich verrenken *(vr)*.
stordimento *(m)* ~ Betäubung *(f)*; *(da droghe)* Rausch *(m)*.
stordire *(vt)* ~ betäuben *(vt)*.
stordirsi *(vr)* ~ sich betäuben.
stordito *(agg)* ~ betäubt; *(confuso)* verwirrt.
storia *(f)* ***1*** Geschichte *(f)* ♦ *la storia tedesca* die deutsche Geschichte ♦ *storia antica, medioevale, moderna, contemporanea* Alte, Mittlere, Neue, Neueste Geschichte ♦ *raccontare, leggere, scrivere una storia* eine Geschichte erzählen, lesen, schreiben ♦ *storia d'amore* Liebesgeschichte ♦ *passare alla storia* in die Geschichte eingehen. ***2*** *(ricerca storica)* Geschichtsforschung *(f)*. ***3*** *(faccenda)* Geschichte *(f)*, Angelegenheit *(f)*. ***4*** *(pl)* Märchen *(pl)*, Geschichten *(pl)* ♦ *sono tutte storie!* das sind alles nur Geschichten! ***5*** *(flirt)* Affäre *(f)*.
storico[1] *(agg)* ***1*** historisch, geschichtlich. ***2*** *(memorabile)* denkwürdig. ◆ **data storica** Geschichtszahl *(f)*.
storico[2] *(m; f* **-a***)* ~ Historiker *(m; f* -in*)*, Geschichtsforscher *(m; f* -in*)*.
storione *(m)* ~ *(zool)* Stör *(m)*.
stormire *(vi)* ~ rauschen *(vi*, hat*)* ♦ *le foglie stormiscono al vento* die Blätter rauschen im Wind.
stormo *(m)* ***1*** *(di uccelli)* Schwarm *(m)*, Vogelschar *(f)*. ***2*** *(mil)* Geschwader *(n)*. ***3*** *(estens)* Schar *(f)*.

stornare *(vt)* ***1*** {~ *qcn/qcs da qcs*} jmdn/etwas von etwas ab|wenden* *(vt)*. ***2*** *(comm)* stornieren *(vt)*.
storno[1] *(m)* ~ *(zool)* Star *(m)*.
storno[2] *(m)* ~ *(comm)* Storno *(m)*.
storpiare ***1*** verkrüppeln *(vt)*. ***2*** *(pronunciare male)* entstellen *(vt)*.
storpiatura *(f)* ~ Entstellung *(f)*.
storpio[1] *(agg)* ~ verkrüppelt, lahm.
storpio[2] *(m)* ~ Krüppel *(m)*.
storta *(f)* ***1*** *(slogatura)* Verrenkung *(f)*. ***2*** *(alambicco)* Retorte *(f)*.
storto *(agg)* ***1*** *(ricurvo, piegato)* krumm *(anche anat)*, verdreht ♦ *un chiodo storto* ein krummer Nagel. ***2*** *(sbieco)* schief. ◆ **gambe storte** *(fam)* X-Beine *(pl)*. ◆ **con le gambe storte** x-beinig. ◆ **andare storto** *(fig)* quer/schief gehen*. ◆ **guardare storto qcn** jmdn schief ansehen*.
stoviglie *(f pl)* ~ Geschirr *(n)*.
strabico[1] *(agg)* ~ schielend. ◆ **essere strabico** schielen *(vi, hat)* ♦ *è strabica dall'occhio destro* sie schielt mit dem rechten Auge.
strabico[2] *(m)* ~ Schielende *(m)*.
strabismo *(m)* ~ *(med)* Schielen *(n)*.
stracciare *(vt)* ~ reißen* *(vt)*.
stracciarsi *(vr)* ~ zerreißen* *(vi, ist)*.
straccio *(m)* ~ Lappen *(m)*, Lumpen *(m)*. ◆ **sentirsi uno straccio** sich elend fühlen.
straccione *(m)* ~ Bettler *(m)*.
straccivendolo *(m)* ~ Lumpensammler *(m)*.
stracolmo *(agg)* ~ übervoll, überfüllt.
strada *(f)* ***1*** Straße *(f)* ♦ *attraversare la strada* die Straße überqueren/über die Straße gehen ♦ *girare per le strade* durch die Straßen gehen ♦ *in strada, per la strada (stato)* auf der Straße; *(moto)* auf die Straße ♦ *strada a senso unico* Einbahnstraße ♦ *strada carrozzabile* Fahrstraße ♦ *strada di campagna* Landstraße ♦ *strada di grande comunicazione* Fernstraße ♦ *strada secondaria* Nebenstraße ♦ *essere in mezzo alla strada (non avere lavoro o casa)* auf der Straße liegen/sitzen. ***2*** *(percorso)* Weg *(m)*, Straße *(f)*, Anfahrt *(f)* ♦ *accorciare la strada, prendere una scorciatoia* den Weg abkürzen ♦ *ci incontriamo a metà strada* wir treffen uns auf halbem Weg(e) ♦ *sulla strada per Milano* auf dem Weg nach Mailand ♦ *potrebbe mostrarmi la strada per la stazione?* könnten Sie mir den Weg zum Bahnhof zeigen? ***3*** *(varco, passaggio)* Weg *(m)*, Durchgang *(m)* ♦ *aprirsi una strada attraverso i cespugli* sich *(Dat)* einen Weg durch das Gebüsch bahnen ♦ *questa è l'unica strada per la fortezza* das ist der einzige Weg zur Burg. ***4*** *(fig)* Weg *(m)*, Bahn *(f)* ♦ *spianare la strada a qcn* jmdm den Weg ebnen ♦ *andare per la propria strada* seinen Weg gehen ♦ *la strada per il successo è dura* der Weg zum Erfolg ist hart. ◆ *spianare la strada a qcn/qcs* jmdm/etwas die Bahn ebnen, jmdm/etwas Bahn brechen* ♦ *sbarrare la strada a qcn* jmdm in den Weg treten ♦ *farsi strada* sich *(Dat)* Bahn brechen. ◆ **per strada** unterwegs *(avv)* ♦ *arrivo presto, sono per strada* ich komme bald an, ich bin unterwegs. ◆ **perdere la strada**, **sbagliare strada** sich verlaufen*, *(con un veicolo)* sich verfahren*. ◆ **finire su una cattiva strada** *(fig)* auf die schiefe Bahn geraten/kommen, auf Abwege geraten. ◆ **essere fuori strada** *(fig)* auf dem Holzweg sein*.
stradale[1] *(agg)* ~ Straßen-, verkehrs- ♦ *lavori stradali* Straßenarbeiten *(pl)*.
stradale[2] *(m)* ~ Verkehrspolizei *(f)*.
strafare *(vt)* ~ übertreiben* *(vt)*.
straforo ~ **di straforo** außer der Reihe.
strage *(f)* ~ Massenmord *(m)*. ◆ **compiere una strage** Amok laufen* ♦ *l'evaso entrò in una birreria e fece una strage* der Ausbrecher ging in eine Kneipe und lief Amok.
stralciare *(vt)* ~ streichen* *(vt)*, aus|ziehen* *(vt)*.
stralcio *(m)* ~ Auszug *(m)*.
stralunato *(agg)* ~ verdreht; *(sconvolto)* verwirrt.
stramazzare *(vi)* ~ hin|stürzen *(vi, ist)*.
stramberia *(f)* ~ Sonderbarkeit *(f)*.
strambo *(agg)* ~ sonderbar.
stranamente *(avv)* ~ seltsamerweise.
stranezza *(f)* ~ Seltsamkeit *(f)*, Merkwürdigkeit *(f)*.
strangolamento *(m)* ~ Erwürgen *(n)*.
strangolare *(vt)* ***1*** erwürgen *(vt)*, erdrosseln *(vt)*. ***2*** *(estens)* würgen *(vt)*.
strangolatore *(m; f* **-trice***)* ~ Würger *(m; f* -in*)*.

straniero[1] *(agg)* **1** fremd, ausländisch, Fremd- ♦ *paesi stranieri* fremde Länder. **2** *(di una lingua straniera)* fremdsprachlich ♦ *una parola straniera* ein fremdsprachliches Wort. ◆ **lavoratore straniero** Gastarbeiter *(m; f -in)*.

straniero[2] *(m; f* **-a***)* ~ Fremde(r) *(m/f)*, Ausländer *(m; f -in)* ♦ *è straniero* er ist Ausländer.

stranito *(agg)* ~ benommen, betäubt.

strano[1] *(agg)* **1** *(singolare, insolito)* sonderbar, eigenartig, seltsam, merkwürdig ♦ *una strana sensazione* ein seltsames Gefühl. **2** *(stravagante, di persona o cosa)* sonderlich, wunderlich. ◆ **in modo strano** eigenartig, merkwürdig *(avv)*.

strano[2] *(m)* ~ Merkwürdige *(n)*.

straordinarietà *(f)* ~ Außergewöhnlichkeit *(f)*.

straordinario[1] *(agg)* **1** außerordentlich; *(speciale)* Sonder- ♦ *una riunione straordinaria* eine außerordentliche Versammlung ♦ *edizione straordinaria* Sonderausgabe *(f)* ♦ *caso straordinario* Sonderfall *(m)*. **2** *(eccezionale)* außergewöhnlich; *(incomparabile)* unvergleichlich, einzigartig.

straordinario[2] *(m)* ~ Überstunde *(f)* ♦ *fare gli straordinari* Überstunden machen.

strapazzare *(vt)* **1** *(maltrattare)* misshandeln *(vt)*. **2** *(affaticare)* strapazieren *(vt)*, überanstrengen *(vt)*, schinden* *(vt)*.

strapazzarsi *(vr)* ~ sich überanstrengen *(vr)*.

strapazzo *(m)* ~ Strapaze *(f)*, Überanstrengung *(f)*.

strapieno *(agg)* ~ überfüllt, übervoll.

strapiombo *(m)* ~ Überhang *(m)*. ◆ **a strapiombo** überhängend *(agg)*.

strapotere *(m)* ~ Übermacht *(f)*.

strappalacrime *(agg)* ~ rührselig.

strappare *(vt)* **1** *(stracciare)* zerreißen* *(vt)* ♦ *strappare un foglio in pezzi* ein Blatt in Stücke reißen ♦ *ha strappato la lettera* er hat den Brief zerrissen. **2** *(tirare via)* reißen* *(vt)*, ab|reißen* *(vt)*, aus|reißen* *(vt)* ♦ *strappare un foglio da un blocco* ein Blatt von einem Block abreißen ♦ *strappare le erbacce* Unkraut reißen ♦ *strappare a qcn qcs dalle mani* jmdm etwas aus den Händen reißen. **3** *(capelli, penne)* zupfen *(vt)*, rupfen. **4** *(sottrarre)* {~ *qcn/qcs a qcn/qcs*} jmdm/etwas jmdn/etwas entreißen* *(vt) (anche fig)* ♦ *strappare qcn alla morte* jmdn dem Tod entreißen.

strapparsi *(vr)* **1** *(lacerarsi)* zerreißen* *(vi, ist)* ♦ *questa stoffa si strappa facilmente* dieser Stoff zerreißt leicht. **2** *(staccarsi)* reißen* *(vi, ist)*, ab|reißen* *(vi, ist)*, aus|reißen* *(vi, ist)* ♦ *lo spago si è strappato* die Schnur ist gerissen ♦ *la cucitura si è strappata* die Naht ist ausgerissen.

strappo *(m)* **1** Riss *(m)* ♦ *uno strappo nel cappotto* ein Riss im Mantel ♦ *strappo muscolare* Muskelriss *(m)*. **2** *(strattone)* Ruck *(m)*. **3** *(fig) (rottura)* Bruch *(m)*. **4** *(med)* Zerrung *(f)*. **5** *(passaggio in auto)* Mitnehmen *(n)*. ◆ **fare uno strappo alla regola** eine Ausnahme machen. ◆ **dare uno strappo a qcs** an etwas *(Dat)* rucken. ◆ **dare uno strappo a qcn** jmdn mit|nehmen*.

straripante *(agg)* ~ überströmend, überschäumend.

straripare *(vi)* ~ über|treten* *(vi, ist)*, über die Ufer treten* *(vi, ist)*, über|strömen *(vi, ist) (anche fig)*.

strascicare *(vt/vi)* ~ schleifen *(vt/vi, hat)*, schlurfen *(vi, ist)* ♦ *il vestito da sposa strascica per terra* das Brautkleid schleift am Boden.

strascicato *(agg)* ~ schleppend.

strascico *(m)* **1** *(di vestito)* Schleppe *(f)*. **2** *(fig)* Nachwirkung *(f)*.

stratagemma *(m)* ~ List *(f)*, Trick *(m)*.

stratega *(m)* ~ Stratege *(m)*.

strategia *(f)* ~ Strategie *(f)*.

strategico *(agg)* ~ strategisch.

stratificare *(vt)* ~ schichten *(vt)*.

stratificarsi *(vr)* ~ sich schichten *(vr)*.

stratificazione *(f)* ~ Schichtung *(f)*.

strato *(m)* ~ Schicht *(f) (anche geol)*. ◆ **a strati** schicht(en)weise *(avv)*.

stratosfera *(f)* ~ Stratosphäre *(f)*.

stratosferico *(agg)* **1** stratosphärisch. **2** *(esorbitante)* astronomisch; *(eccezionale)* phantastisch.

strattone *(m)* ~ Ruck *(m)*. ◆ **a strattoni** ruckweise *(avv)*.

stravagante[1] *(agg)* ~ extravagant, sonderlich.

stravagante[2] *(m)* ~ *(tipo originale)* Sonderling *(m)*.
stravaganza *(f)* ~ Extravaganz *(f)*.
stravedere *(vi)* ~ {~ *per qcn/qcs*} nur für jmdn/etwas Augen haben.
straviziare *(vi)* ~ *(gozzovigliare)* schwelgen *(vi,* hat*)*.
stravolgere *(vt)* ***1*** *(distorcere, travisare)* verdrehen *(vt)*; *(volto)* verzerren *(vt)*. ***2*** *(turbare)* verwirren *(vt)*.
stravolgimento *(m)* ~ *(spec politico)* Umbruch *(m)*.
stravolto *(agg)* ~ verdreht; *(in volto)* verzerrt. ***2*** *(sconvolto)* verwirrt.
straziante *(agg)* ~ qualvoll, herzzerreißend.
straziare *(vt)* ***1*** zerfleischen *(vt)*, zerfetzen *(vt)*. ***2*** *(addolorare)* quälen *(vt)*.
straziato *(agg)* ***1*** zerfetzt ♦ *corpo straziato* zerfetzter Körper. ***2*** *(tormentato)* gequält.
strazio *(m)* ***1*** Zerfleischung *(f)*. ***2*** *(tormento)* Qual *(f)*.
strega *(f)* ~ Hexe *(f)*. ◆ **caccia alle streghe** *(anche fig)* Hexenjagd *(f)*. ◆ **colpo della strega** Hexenschuss *(m)*.
stregare *(vt)* ~ verzaubern *(vt)*.
stregone *(m)* ~ Hexenmeister *(m)*, Zauberer *(m)*.
stregoneria *(f)* ~ Hexerei *(f)*. ◆ **fare stregonerie** hexen *(vi,* hat*)*.
stregua *(f)* ~ **alla stregua di** (gleich) wie. ◆ **alla stessa stregua** auf die gleiche Art wie.
stremare *(vt)* ~ erschöpfen *(vt)*.
stremato *(agg)* ~ erschöpft.
stremo *(m)* ~ **essere allo stremo delle forze** am Rand/Ende seiner Kräfte sein*.
strenna *(f)* ~ Geschenk *(n)* ♦ *strenna natalizia* Weihnachtsgeschenk.
strepitare *(vi)* ~ rumoren *(vi,* hat*)*, poltern *(vi,* hat*)*.
strepito *(m)* ~ Lärm *(m)*.
strepitoso *(agg)* ***1*** *(rumoroso)* lärmend, geräuschvoll. ***2*** *(fig)* glänzend, großartig.
stress *(m)* ~ Stress *(m)*.
stressante *(agg)* ~ stressig, hektisch.
stressare *(vt)* ~ stressen *(vt)*.
stressarsi *(vi)* ~ unter Stress stehen* *(vi,* hat*)*.
stretta *(f)* ~ **stretta di mano** Handschlag *(m)*, Händedruck *(m)*. ◆ **essere alle strette** ins Gedränge kommen*. ◆ **mettere qcn alle strette** *(fig)* jmdn in die Enge treiben*.
strettamente *(avv)* ***1*** eng. ***2*** *(severamente)* streng. ***3*** *(assolutamente)* unbedingt.
strettezza *(f)* ***1*** Enge *(f)*. ***2*** *(fig)* Mangel *(m)*.
stretto[1] *(agg)* ***1*** eng, schmal* ♦ *un vicolo stretto* eine enge Gasse ♦ *un passaggio stretto* ein schmaler Gang ♦ *in senso stretto* im engeren Sinne. ***2*** *(rigoroso, categorico)* streng, scharf* ♦ *una dieta stretta* eine strenge Diät. ***3*** *(serrato)* fest. ***4*** *(intimo)* nah(e)*; *(amico)* eng, eng befreundet ♦ *essere in stretti rapporti con qcn* in naher Beziehung mit jmdm stehen ♦ *un parente stretto* ein naher Verwandter. ◆ **stare stretti** räumlich beengt sein*. ◆ **stretti l'uno accanto all'altro** eng beieinander.
stretto[2] *(m)* ~ *(marino)* Meerenge *(f)*.
strettoia *(f)* ~ Engpass *(m)*.
stria *(f)* ~ Streifen *(m)*.
striato *(agg)* ~ gestreift.
striatura *(f)* ~ Streifung *(f)*.
stridente *(agg)* ***1*** *(suono)* schrill. ***2*** *(contrasto e sim)* grell.
stridere *(vi)* ***1*** kreischen *(vi,* hat*)*, quietschen *(vi,* hat*)* ♦ *i freni stridono* die Bremsen quietschen. ***2*** *(fig)* im Widerstand stehen* *(vi,* hat*)*.
stridore *(m)* ~ Kreischen *(n)*, Quietschen *(n)*.
stridulo *(agg)* ~ schrill.
strigliare *(vt)* ***1*** striegeln *(vt)*. ***2*** *(pettinare energicamente)* durch|kämmen *(vt)*. ***3*** *(fig)* schimpfen *(vi,* hat*)*.
strigliata *(f)* ~ Striegeln *(n)*. ◆ **dare una strigliata a qcn** mit jmdm schimpfen.
strillare *(vi)* ~ schreien* *(vi,* hat*)*.
strillo *(m)* ~ Schrei *(m)*.
strimpellare *(vi)* ~ klimpern *(vi,* hat*)* ♦ *strimpellare la chitarra* auf der Gitarre klimpern.
strinare *(vt)* ~ sengen *(vt)*.
stringa *(f)* ***1*** Schnürsenkel *(m)*. ***2*** *(da scarpe)* Schuhband *(n)*.
stringatezza *(f)* ~ Knappheit *(f)*.
stringato *(agg)* ~ knapp, gedrängt.

stringere[1] *(vi)* ***1*** *(essere stretto)* eng sein* *(vi,* ist*)*. ***2*** *(incalzare)* drängen *(vi,* hat*)* ♦ *il tempo stringe* die Zeit drängt.

stringere[2] *(vt)* ***1*** drücken *(vt)* ♦ *stringere la mano a qcn* jmdm die Hand drücken. ***2*** *(a sè)* schließen* *(vt)*, nehmen* *(vt)* ♦ *stringere qcn fra le braccia* jmdn in die Arme schließen. ***3*** *(serrare)* zusammen|pressen *(vt)*, zusammen|beißen* *(vt)* ♦ *stringere le labbra* die Lippen zusammenpressen ♦ *stringere i denti* die Zähne zusammenbeißen. ***4*** *(stipulare)* schließen* *(vt)* ♦ *stringere amicizia con qcn* mit jmdm Freundschaft schließen. ***5*** *(sintetizzare)* kürzen *(vt)*. ***6*** *(restringere)* enger machen *(vt)*. ***7*** *(mecc)* an|ziehen* *(vt)*, fest|ziehen* *(vt)*. ***8*** *(tirando)* zu|ziehen* *(vt)* ♦ *stringere un fiocco* eine Schleife zuziehen. ***9*** *(abbracciare)* umfassen *(vt)*, umschließen* *(vt)*. ***10*** *(stare stretto, di abiti)* ein|engen *(vt)*, drücken *(vt)* ♦ *questa camicetta mi stringe* diese Bluse engt mich ein ♦ *la scarpa mi stringe* der Schuh drückt mich. ◆ **stringersi al petto qcn** jmdn an seine Brust pressen.

stringersi *(vr)* ***1*** *(avvicinarsi, serrarsi)* zusammen|rücken *(vi,* ist*)*; *(per occupare meno spazio)* sich *(Acc)* dünn(e) machen. ***2*** *(accostarsi)* sich drücken *(vr)*. ***3*** *(restringersi)* eng werden* *(vi,* ist*)*.

striptease *(m)* ~ Striptease *(m/n)*.

striscia *(f)* ~ Streifen *(m)* ♦ *strisce pedonali* Zebrastreifen *(m)*. ◆ **a strisce** gestreift ♦ *un golf a strisce bianche e rosse* ein rotweiß gestreifter Pullover.

strisciante *(agg)* ***1*** kriechend. ***2*** *(lento)* schleichend ♦ *inflazione strisciante* schleichende Inflation. ***3*** *(servile)* kriecherisch.

strisciare *(vi)* ~ kriechen* *(vi,* ist*)* ♦ *il serpente strisciò sotto il fogliame* die Schlange kroch unter das Laub.

striscione *(m)* ~ Transparent *(n)*, Spruchband *(n)*.

stritolare *(vt)* ~ zermalmen *(vt)*, zerquetschen *(vt)*.

strizzare *(vt)* ~ wringen* *(vt)*, aus|drücken *(vt)* ♦ *strizzare il bucato* Wäsche wringen ♦ *strizzare una spugna* einen Schwamm ausdrücken ♦ *strizzare un limone* eine Zitrone ausdrücken.

strizzata *(f)* ~ Auswringen *(n)*. ◆ **strizzata d'occhio** Augenzwinkern *(n)*.

strofa *(f)* ~ Strophe *(f)*.

strofinaccio *(m)* ~ Putzlappen *(m)*, Lappen *(m)*.

strofinamento *(m)* ~ Reibung *(f)*.

strofinare *(vt)* ~ reiben* *(vt)*, ab|reiben* *(vt)*, scheuern *(vt)*.

strofinarsi *(vr)* ~ sich reiben *(vr)*.

strombazzare *(vi)* ~ *(clacson)* laut hupen *(vi,* hat*)*.

stroncare *(vt)* ***1*** ab|brechen* *(vt)* ♦ *stroncare un ramo* einen Zweig abbrechen. ***2*** *(dubbi, sospetti, ecc)* nieder|schlagen^ *(vt)*. ***3*** *(criticare)* verreißen *(vt)*.

stroncatura *(f)* ~ *(critica)* Verriss *(m)*.

stronzata *(f)* ~ *(volg)* Scheiß *(m)*.

stronzo *(m)* ~ *(volg)* Dreckskerl *(m)*, Arschloch *(n)*.

stropicciare *(vt)* ***1*** zerknittern *(vi,* hat*)*. ***2*** *(sfregare)* sich reiben *(vr)*.

stropicciarsi *(vr)* ***1*** knittern *(vr)*. ***2*** *(sfregarsi)* reiben *(vt)* ♦ *stropicciarsi gli occhi* sich *(Dat)* die Augen reiben.

strozzare *(vt)* ***1*** *(stringere alla gola)* erwürgen *(vt)*, würgen *(vt)*. ***2*** *(soffocare)* ersticken *(vt)*. ***3*** *(reprimere)* ab|würgen *(vt)*.

strozzarsi *(vr)* ~ [~ *con qcs*] *(non riuscire ad inghiottire qcs)* an etwas *(Dat)* würgen *(vi,* hat*)*.

strozzato *(agg)* ***1*** erwürgt. ***2*** *(soffocato)* erstickt ♦ *voce strozzata* erstickte Stimme.

strozzatura *(f)* ~ Verengung *(f)*.

strozzinaggio *(m)* ~ *(usura)* Wucher *(m)*.

strozzino *(m; f* **-a***)* ~ Wucherer *(m; f* -in*)*.

struccare *(vt)* ~ ab|schminken *(vt)* ♦ *mi sono struccata il viso* ich habe mir das Gesicht abgeschminkt.

struccarsi *(vr)* ~ sich ab|schminken *(vr)* ♦ *mi sono struccata* ich habe mich abgeschminkt.

strudel *(m)* ~ *(gastr)* Strudel *(m)*.

struggente *(agg)* ~ verzehrend, sehnsüchtig ♦ *nostalgia struggente* verzehrende Sehnsucht.

struggere *(vt)* ***1*** *(fondere)* schmelzen *(vt)*. ***2*** *(fig)* verzehren *(vt)*.

struggersi *(vr)* ~ sich verzehren *(vr)* ♦ *struggersi per qcn/qcs* sich nach jmdm/etwas verzehren.

struggimento *(m)* ~ Sehnsucht *(f)*.
strumentale *(agg)* **1** instrumental. **2** *(per un fine particolare)* funktionell.
strumentalizzare *(vt)* ~ aus|nutzen *(vt)*, instrumentalisieren *(vt)*.
strumentalizzazione *(f)* ~ Instrumentalisierung *(f)*.
strumentazione *(f)* **1** *(mus)* Instrumentierung. **2** *(tecn)* Instrumentenausrüstung *(f)*.
strumento *(m)* **1** Werkzeug *(n)*, Instrument *(n)* ♦ *strumenti medici* medizinische Instrumente. **2** *(mus)* Instrument *(n)* ♦ *suonare uno strumento* ein Instrument spielen ♦ *strumento musicale* Musikinstrument ♦ *strumento a corda* Saiteninstrument ♦ *strumento a percussione* Schlaginstrument ♦ *strumento a pizzico* Zupfinstrument ♦ *strumento ad arco* Streichinstrument ♦ *strumento a fiato* Blasinstrument. **3** *(mezzo)* Mittel *(n)*.
strusciare[1] *(vi)* ~ schleifen *(vi*, hat*)*.
strusciare[2] *(vt)* ~ scheuern *(vt)*, streifen *(vt)*.
strusciarsi *(vr)* **1** sich reiben *(vr)*. **2** *(l'un l'altro)* sich streifen *(vr)*.
strutto *(m)* ~ Schmalz *(n)*, Fett *(n)*.
struttura *(f)* **1** Struktur *(f)*, Gliederung *(f)*, Gefüge *(n)* ♦ *la struttura di una poesia* die Struktur eines Gedichts. **2** *(edil)* Bau *(m)*, Gerüst *(n)*.
strutturale *(agg)* ~ strukturell, Struktur-.
strutturare *(vt)* ~ strukturieren *(vt)*, gliedern *(vt)*.
strutturarsi *(vr)* ~ gegliedert sein* *(vi*, ist*)*.
strutturato *(agg)* ~ gegliedert, strukturiert.
strutturazione *(f)* ~ Gliederung *(f)*.
struzzo *(m)* ~ *(zool)* Strauß *(m)*.
stuccare[1] *(vt)* ~ kitten *(vt)*; *(col gesso)* gipsen *(vt)*.
stuccare[2] *(vt)* ~ *(nauseare)* satt haben *(vt)*.
stuccatore *(m)* ~ Stuckateur *(m)*.
stucchevole *(agg)* **1** *(di cibi)* Ekel erregend. **2** *(fig)* süßlich.
stucco *(m)* ~ Stuck *(m)*, *(mastice)* Kitt *(m)*. ◆ **rimanere di stucco** verblüfft sein*.
studente *(m; f* **-tessa***)* **1** *(di scuola)* Schüler *(m)*. **2** *(universitario)* Student *(m; f* -in*)*, Hochschüler *(m; f* -in*)* ♦ *studente di chimica* Student der Chemie. ◆ **studente di liceo** Gymnasiast *(m; f* -in*)*. ◆ **casa dello studente** Wohnheim *(n)*.
studentesco *(agg)* ~ *(di scuola)* Schüler-; *(degli studenti universitari)* Studenten-, studentisch.
studiare *(vt)* **1** lernen *(vt)* *(anche assol)*; *(all'università)* studieren *(vt)* ♦ *studio il tedesco* ich lerne Deutsch; *(all'università)* ich studiere Deutsch ♦ *questo pomeriggio devo studiare* ich muss heute Nachmittag lernen. **2** *(esercitarsi)* üben *(vt)* ♦ *studiare la chitarra* Gitarre üben ♦ *studiare i verbi irregolari* die unregelmäßigen Verben üben. **3** *(teatr)* ein|studieren *(vt)*. **4** *(esaminare, analizzare)* studieren *(vt)*, beobachten *(vt)*; *(indagare)* erforschen *(vt)*.
studiarsi *(vr)* ~ sich betrachten *(vr)* ♦ *studiarsi allo specchio* sich im Spiegel betrachten.
studio *(m)* **1** *(apprendimento)* Lernen *(n)*, Studium *(n)* ♦ *interrompere gli studi* sein Studium abbrechen ♦ *terminare gli studi* sein Studium abschließen/beenden ♦ *studi universitari* Universitätsstudium. **2** *(stanza)* Arbeitszimmer *(n)*. **3** *(medico)* Praxis *(f)* ♦ *studio dentistico* Zahnarztpraxis. **4** *(televisivo)* Fernsehstudio *(n)*, Studio *(n)*; *(di radio)* Funkhaus *(n)*. **5** *(di avvocato)* Kanzlei *(f)*. **6** *(scientifico)* Erforschung *(f)*. **7** *(analisi, saggio, bozzetto)* Studie *(f)*. ◆ **borsa di studio** Stipendium *(n)*.
studioso[1] *(agg)* ~ fleißig.
studioso[2] *(m; f* **-a***)* ~ Forscher *(m; f* -in*)*.
stufa *(f)* ~ Ofen *(m)*.
stufare *(vt/vi)* **1** *(gastr)* schmoren *(vt/vi*, hat*)*. **2** *(annoiare)* langweilen *(vt)*.
stufarsi *(vr)* ~ {~ *di qcn/qcs*} jmds/etwas müde werden* *(vi*, ist*)*.
stufato *(m)* ~ *(con carne e verdure)* Eintopfgericht *(n)*.
stufo *(agg)* ~ **essere stufo di qcn/qcs** jmdn/etwas satt haben, jmds/etwas müde sein* ♦ *sono stufo delle tue bugie* ich habe deine Lügen satt.
stuoia *(f)* ~ Matte *(f)*.
stuolo *(m)* ~ Schar *(f)*, Menge *(f)*.
stupefacente[1] *(agg)* ~ erstaunlich.

stupefacente[2] *(m)* ~ Rauschmittel *(n)*, Rauschgift *(n)*, Droge *(f)*.
stupefatto *(agg)* ~ erstaunt.
stupendo *(agg)* ~ wunderbar, herrlich, wundervoll.
stupidaggine *(f)* ***1*** Dummheit *(f)*, Unsinn *(m)* Quatsch *(m)*, ♦ *dire stupidaggini* Quatsch reden. ***2*** *(piccolezza)* Kleinigkeit *(f)*.
stupidità *(f)* ~ Dummheit *(f)*.
stupido[1] *(agg)* ~ dumm*, blöd(e) ♦ *un'azione stupida* eine dumme Tat.
stupido[2] *(m)* ~ Dummkopf *(m)*.
stupire *(vt)* ~ erstaunen *(vt)*, wundern *(vt)*, verwundern *(vt)* ♦ *(non) mi stupisce che* es wundert mich (nicht), dass.
stupirsi *(vr)* ~ staunen *(vi*, hat*)*, sich wundern *(vr)* ♦ *mi stupii che ce l'avesse fatta* ich staunte, dass er es geschafft hatte ♦ *stupirsi di qcn/qcs* sich über jmdn/etwas wundern.
stupito *(agg)* ~ erstaunt, überrascht ♦ *essere stupito di qcs* über etwas *(Acc)* überrascht sein.
stupore *(m)* ~ Erstaunen *(n)*, Überraschung *(f)*, Verwunderung *(f)* ♦ *con mio grande stupore* zu meinem großen Erstaunen.
stuprare *(vt)* ~ vergewaltigen *(vt)*.
stupratore *(m)* ~ Vergewaltiger *(m)*.
stupro *(m)* ~ Vergewaltigung *(f)*.
sturare *(vt)* ***1*** *(stappare)* entkorken *(vt)*. ***2*** *(sgorgare)* frei machen *(vt)*.
stuzzicadenti *(m)* ~ Zahnstocher *(m)*.
stuzzicante *(agg)* ***1*** anregend, reizend. ***2*** *(di cibo)* appetitanregend.
stuzzicare *(vt)* ***1*** reizen *(vt)*. ***2*** *(fig)* *(risvegliare)* an|regen *(vt)*, erregen *(vt)*.
su[1] *(avv)* ***1*** *(stato)* oben, darauf. ***2*** *(moto)* nach oben; *(lontano da chi parla)* hinauf; *(verso chi parla)* herauf. ◆ **su e giù** auf und nieder, auf und ab ♦ *andare su e giù* auf und nieder gehen. ◆ **più su** höher *(avv)*.
su[2] *(interiez)*. ◆ **su!** *(esclam)* hoch!, hopp! ♦ **su!** auf! los! ♦ *auf, geht's!* su, via! ♦ *su, andiamo* los, gehen wir. ◆ **su!** *(vieni! dai!)* komm!
su[3] *(prep)* ***1*** auf *(stato + Dat; moto + Acc)* ♦ *il libro è sulla scrivania* das Buch liegt auf dem Schreibtisch ♦ *ha messo la bottiglia sul tavolo di cucina* sie hat die Flasche auf den Küchentisch gestellt ♦ *stava sdraiato sulla schiena* er lag auf dem Rücken ♦ *su un'isola deserta* auf einer einsamen Insel *(stato)*. ***2*** in *(stato + Dat; moto + Acc)* ♦ *sul treno* im Zug *(stato)*/in den Zug *(moto)* ♦ *sul giornale* in der Zeitung. ***3*** *(senza contatto)* über *(stato + Dat; moto + Acc)* ♦ *c'è nebbia sulla valle* Nebel liegt über dem Tal. ***4*** *(argomento)* über *(+ Acc)* ♦ *una relazione sulla poesia romantica* ein Referat über die romantische Dichtung. ***5*** *(fra, di)* von ♦ *su venti alunni ne sono bocciati tre* von zwanzig Schülern sind drei durchgefallen. ***6*** *(consiglio, richiesta, ecc)* auf *(+ Acc)* ♦ *su suo desiderio* auf seinen Wunsch (hin). ***7*** *(fiumi, laghi)* an ♦ *Francoforte sul Meno* Frankfurt am Main ♦ *sul lago di Costanza* *(moto)* an den Bodensee. ***8*** *(in aggiunta, dopo)* auf, über ♦ *errori su errori* Fehler über Fehler.
suadente *(agg)* ~ überzeugend, schmeichelnd.
sub *(m/f)* ~ Taucher *(m*; f -in*)*.
subacqueo[1] *(agg)* ~ Unterwasser-, Tauch- ♦ *sport subacqueo* Unterwassersport *(m)*.
subacqueo[2] *(m*; f **-a***)* ~ Taucher *(m*; f -in*)*.
subaffittare *(vt)* ***1*** untervermieten *(vt)*, weiter|vermieten *(vt)*. ***2*** *(prendere in subaffitto)* zur Untermiete wohnen *(vi*, hat*)*.
subaffitto *(m)* ~ Untermiete *(f)* ♦ *abitare in subaffitto presso qcn* bei jmdm in/zur Untermiete wohnen. ◆ **dare in subaffitto** untervermieten *(vt)*.
subalterno *(agg)* ~ subaltern, untergeordnet, untergeben.
subbuglio *(m)* ~ Aufregung *(f)*.
subconscio[1] *(agg)* ~ unterbewusst.
subconscio[2] *(m)* ~ Unterbewusstsein *(n)*.
subdolo *(agg)* ~ hinterlistig, tückisch.
subentrare *(vi)* ***1*** nachrücken *(vi*, ist*)* ♦ *è subentrato al posto del direttore del personale* er ist auf die Stelle des Personalleiters nachgerückt. ***2*** *(sostituire)* {~ *a qcn*} jmdn ab|lösen *(vt)*.
subire *(vt)* ***1*** *(fraseologico)* erfahren* *(vt)*, erleiden *(vt)* ♦ *subire un trattamento* eine Behandlung erfahren ♦ *subire una modi-*

fica eine Änderung erfahren. **2** *(sopportare)* ertragen* *(vt)*.

subissare *(vt)* ~ {~ *qcn di qcs*} jmdn mit etwas überhäufen *(vt)*.

subito *(agg)* ~ sofort, gleich *(anche di spazio)* ♦ *torno subito* ich bin gleich wieder da ♦ *subito dopo pranzo* gleich nach dem Essen ♦ *subito dietro alla porta* gleich hinter der Tür.

sublimare *(vt)* ~ *(chim/psicol)* sublimieren *(vt)*.

sublimarsi *(vr)* ~ sich sublimieren *(vr)*.

sublimazione *(f)* **1** *(chim)* Sublimation *(f)*. **2** *(psicol)* Sublimierung *(f)*.

sublime *(agg)* ~ erhaben, sublim.

sublimità *(f)* ~ Hoheit *(f)*.

subnormale *(agg)* ~ minderbegabt.

subodorare *(vt)* ~ ahnen *(vt)*.

subordinare *(vt)* ~ unter|ordnen *(vt)* *(anche gramm)*, unterstellen *(vt)*.

subordinato *(agg)* **1** untergeordnet *(anche gramm)* ♦ *essere subordinato a qcn* jmdm untergeordnet sein. **2** *(dipendente)* abhängig ♦ *avere un lavoro subordinato* in abhängiger Stellung arbeiten.

subordinazione *(f)* **1** *(il subordinare)* Unterordnung *(f)*, Unterstellung *(f)*, Abhängigkeit *(f)*. **2** *(gramm)* Subordination *(f)*, Unterordnung *(f)*.

succedere *(vi)* **1** *(subentrare)* {~ *a qcn/qcs*} jmdm/etwas folgen *(vi*, ist*)*, auf jmdn/etwas folgen *(vi*, ist*)* ♦ *il principe successe a suo padre* der Prinz folgte seinem Vater. **2** *(accadere)* {~ *(a qcn)*} (jmdm) passieren *(vi*, ist*)*, (jmdm) geschehen* *(vi*, ist*)*, (jmdm) vor|kommen* *(vi*, ist*)* ♦ *mi è successo un incidente* mir ist ein Unfall passiert ♦ *cosa è successo?* was ist passiert? ♦ *cosa gli è successo?* was ist ihm geschehen? ♦ *questo succede abbastanza spesso* das kommt öfters vor. ◆ **e ora che succederà?** was soll jetzt werden? ◆ **che gli è successo?** *(che ne è stato di lui?)* was ist ihm geworden? ◆ **come può succedere che?** wie kommt es, dass? ◆ **che succede qui?** was ist hier los? ◆ **che ti succede?** was ist los mit dir?

succedersi *(vr)* ~ aufeinander folgen *(vi*, ist*)*.

successione *(f)* **1** *(in una carica o sim)* Nachfolge *(f)*. **2** *(eredità)* Erbfolge *(f)*. **3** *(sequenza, serie)* Folge *(f)*, Reihe *(f)* ♦ *in rapida successione* in rascher Folge. ◆ **diritto di successione** Erbrecht *(n)*. ◆ **tassa di successione** Erbschaft(s)steuer *(f)*.

successivamente *(avv)* ~ später, danach, nachher.

successivo *(agg)* ~ nachfolgend, nachstehend, nächst.

successo *(m)* ~ Erfolg *(m)*, Zuspruch *(m)* ♦ *(non) avere successo nel lavoro, nella vita* im Beruf, im Leben (keinen) Erfolg haben. ◆ **di successo** erfolgreich *(agg)*.

successore *(m)* ~ Nachfolger *(m; f -in)*.

succhiare *(vt)* ~ saugen* *(vt)*, lutschen *(vt)* ♦ *succhiare una caramella* ein Bonbon lutschen ♦ *le api succhiano il nettare* die Bienen saugen Nektar. ◆ **succhiare il pollice** am Daumen lutschen.

succhiotto *(m)* ~ Sauger *(m)*, Schnuller *(m)*.

succitato *(agg)* ~ oben erwähnt, oben stehend.

succo *(m)* **1** Saft *(m)* ♦ *succo d'arancia* Orangensaft ♦ *succo di frutta* Fruchtsaft, Obstsaft. **2** *(fig)* Kern *(m)* ♦ *il succo del discorso* der Kern des Gespräch. ◆ **privo di succo** saftlos *(agg)*.

succoso *(agg)* **1** saftig. **2** *(fig)* gehaltvoll.

succube[1] *(agg)* ~ hörig ♦ *essere succube di qcn/qcs* jmdm/etwas hörig sein.

succube[2] *(m)* ~ Hörige *(m)*.

succulento *(agg)* **1** saftig. **2** *(fig)* köstlich, lecker.

succursale *(f)* ~ Nebenstelle *(f)*, Tochterfirma *(f)*.

sud[1] *(agg)* ~ Süd- ♦ *Polo sud* Südpol.

sud[2] *(m)* **1** Süden *(m)* ♦ *a sud, nel sud (stato)* im Süden ♦ *a sud, verso sud (moto)* nach Süden ♦ *viene dal sud* er kommt aus dem Süden ♦ *a sud di Monaco* im Süden von München. **2** *(naut/meteor)* Süd *(indecl, senza art)*. ◆ **a sud** südlich *(avv)*. ◆ **a sud di** südlich *(prep + Gen)*, südlich von ♦ *a sud di Monaco* südlich von München.

sudare *(vt/vi)* ~ schwitzen *(vt/vi*, hat*)* ♦ *sudare in tutto il corpo* am ganzen Körper schwitzen ♦ *sudare per il caldo* vor

Hitze schwitzen ♦ *sudare freddo* Blut und Wasser schwitzen.

sudata *(f)* ~ *(fig)* Anstrengung *(f)*.

sudaticcio *(agg)* ~ schweißig.

sudato *(agg)* **1** *(madido di sudore)* schweißbedeckt. **2** *(fig) (ottenuto con fatica)* mit Mühe verdient.

suddetto[1] *(agg)* ~ besagt, oben erwähnt, oben gennant ♦ *il suddetto testimone* besagter Zeuge.

suddetto[2] *(m)* ~ Obengenannte *(m)*.

sudditanza *(f)* ~ Untertänigkeit *(f)*.

suddito *(m)* ~ Untertan *(m)*.

suddividere *(vt)* ~ unterteilen *(vt)*, untergliedern *(vt)* ♦ *suddividere una somma fra i vincitori* eine Summe unter die Gewinner unterteilen.

suddividersi *(vr)* ~ {~ *in qcs*} sich in etwas *(Acc)* gliedern, verteilen *(vr)* ♦ *il libro si suddivide in dieci capitoli* das Buch gliedert sich in zehn Kapitel.

suddivisione *(f)* ~ Unterteilung *(f)*, Verteilung *(f)*, Untergliederung *(f)*, Gliederung *(f)* ♦ *la suddivisione di un libro in capitoli* die Gliederung eines Buches in Kapitel.

suddiviso *(agg)* ~ geteilt.

sudicio[1] *(agg)* ~ schmutzig, dreckig.

sudicio[2] *(m)* ~ Schmutz *(m)*.

sudiciume *(m)* ~ Dreck *(m)*, Schmutz *(m)*.

sudorazione *(f)* ~ Schwitzen *(n)*.

sudore *(m)* ~ Schweiß *(m)* ♦ *asciugarsi il sudore* sich *(Dat)* den Schweiß trocknen.

sudorifero *(agg)* ~ schweißtreibend.

sufficiente *(agg)* **1** genügend, ausreichend, hinreichend ♦ *sufficienti conoscenze di tedesco* ausreichende Deutschkenntnisse. **2** *(voto scolastico)* ausreichend, Vier *(f)*. ◆ **essere sufficiente** (a **qcn**) (jmdm) genügen.

sufficientemente *(avv)* ~ genug, ausreichend.

sufficienza *(f)* **1** Genüge *(f)*. **2** *(voto scolastico)* Ausreichend *(n)*. **3** *(altezzosità)* Süffisanz *(f)*. ◆ **a sufficienza** genug *(agg)*, genügend *(agg)*, zur Genüge ♦ *ho denaro a sufficienza* ich habe genug Geld. ◆ **di sufficienza** *(sprezzante)* süffisant *(agg)* ♦ *un sorrisetto di sufficienza* ein süffisantes Lächeln.

suffisso *(m)* ~ *(gramm)* Suffix *(n)*, Nachsilbe *(f)*.

suffragare *(vt)* ~ untermauern *(vt)*.

suffragio *(m)* **1** Wahlrecht *(n)* ♦ *suffragio universale* allgemeines Wahlrecht. **2** *(voto)* Stimme *(f)*; *(consenso)* Zustimmung *(f)*.

suggellare *(vt)* **1** siegeln *(vt)*. **2** *(fig)* besiegeln *(vt)*.

suggello *(m)* **1** Siegel *(n)*. **2** *(fig)* Besiegelung *(f)*. ◆ **a suggello di** zur Besiegelung *(+ Gen)*.

suggerimento *(m)* **1** *(consiglio)* Rat *(m)*, Ratschlag *(m)*. **2** *(proposta)* Vorschlag *(m)*. **3** *(a scuola)* Vorsagen *(n)*.

suggerire *(vt)* **1** *(consigliare)* raten *(vt)*. **2** *(proporre)* vorschlagen *(vt)*. **3** *(a scuola)* vor|sagen *(vt)*.

suggestionare *(vt)* ~ beeinflussen *(vt)*.

suggestione *(f)* ~ Suggestion *(f)*, Beeinflussung *(f)*.

suggestivo *(agg)* ~ eindrucksvoll, suggestiv.

sughero *(m)* **1** Kork *(m)*. **2** *(tappo)* Korken *(m)*. ◆ **quercia da sughero** Korkeiche *(f)*.

sugna *(f)* ~ Schmer *(m/n)*, Flaum *(m)*.

sugo *(m)* **1** *(salsa)* Soße *(f)*. **2** *(succo)* Saft *(m)* ♦ *senza sugo* *(fig)* ohne Saft und Kraft.

suicida[1] *(agg)* ~ selbstmörderisch.

suicida[2] *(m/f)* ~ Selbstmörder *(m; f -in)*.

suicidarsi *(vr)* ~ sich um|bringen* *(vr)*.

suicidio *(m)* ~ Selbstmord *(m)(anche fig)*.

suino[1] *(agg)* ~ Schweine- ♦ *carne suina* Schweinefleisch.

suino[2] *(m)* ~ Schwein *(n)* *(anche volg)*.

sulfureo *(agg)* ~ schwef(e)lig, schwefelhaltig.

sultano *(m)* ~ Sultan *(m)*.

summit *(m)* ~ Gipfeltreffen *(n)*.

suo[1] *(agg poss)* **1** *(di lui)* sein; *(di lei)* ihr ♦ *sua moglie* seine Frau ♦ *suo marito* ihr Mann ♦ *il bambino e sua madre* das Kind und seine Mutter. **2** *(di cortesia)* Ihr ♦ *come sta sua moglie/suo marito?* wie geht es Ihrer Frau/Ihrem Mann? **3** *(in posizione predicativa)* seiner, seine, seines; ihrer, ihre, ihres ♦ *questo libro è suo (di lei)* dieses Buch ist ihres. ◆ **Sua Maestà** Seine Majestät.

suo² *(pron poss)* ~ *(di lui)* seiner, seine, seines; *(di lei)* ihrer, ihre, ihres ♦ *se non hai l'ombrello puoi prendere il suo* wenn du keinen Regeschirm hast, kannst du seinen nehmen. ◆ **i suoi (parenti)** die Seinen; die Ihren.

suocera *(f)* ~ Schwiegermutter *(f)*.

suocero *(m)* ***1*** Schwiegervater *(m)*. ***2*** *(pl)* Schwiegereltern *(pl)*.

suola *(f)* ~ Sohle *(f)*.

suolare ~ *vedi* **risuolare**.

suolatura *(f)* ~ Besohlung *(f)*.

suolo *(m)* ~ Erdboden *(m)*, Grund *(m)*.

suonare¹ *(vi)* ***1*** *(mus)* spielen *(vi*, hat*)*. ***2*** *(campanelli)* klingeln *(vi*, hat*)*, läuten *(vi*, hat*)* ♦ *suona il telefono* das Telefon klingelt. ***3*** *(battere, di orologi, campane)* schlagen* *(vi*, hat/ist*)* ♦ *suona mezzanotte* Mitternacht schlägt. ***4*** *(sembrare)* klingen* *(vi*, hat*)*, sich an|hören *(vr)* ♦ *la tua proposta non suona affatto male* dein Vorschlag klingt sich gar nicht schlecht. ◆ **suonano** *(impers)* es läutet, es klingelt ♦ *suonano alla porta* es läutet an der Tür ♦ *hanno suonato* es hat geklingelt.

suonare² *(vt)* ***1*** spielen *(vt)*; *(strumenti a fiato)* blasen* *(vt)*; *(strumenti a corde o a percussione)* schlagen* *(vt)* ♦ *suonare la chitarra* Gitarre spielen ♦ *suonare una canzone* ein Lied spielen. ***2*** *(il campanello)* klingeln *(vt)*, läuten *(vt)*. ***3*** *(mus) (dischi, nastri, ecc)* ab|spielen *(vt)*. ***4*** *(battere, di orologi, campane)* schlagen* *(vt)* ♦ *l'orologio suona la mezzanotte* die Uhr schlägt Mitternacht. ◆ **suonare il tamburo** trommeln *(vi*, hat*)*. ◆ **suonare la tromba** trompeten *(vi*, hat*)*.

suonatore *(m; f* **-trice***)* ~ Musikant *(m; f* -in*)*.

suoneria *(f)* ***1*** *(di orologio)* Schlagwerk *(n)*. ***2*** *(di telefono)* Klingel *(f)*.

suono *(m)* ***1*** Ton *(m)*, Klang *(m)* ♦ *un suono sordo, chiaro, metallico* ein dumpfer, klarer, metallischer Klang ♦ *non emettere suono* keinen Ton von sich geben. ***2*** *(ling)* Laut *(m)*.

suora *(f)* ~ Nonne *(f)*, Schwester *(f)*. ◆ **farsi suora** ins Kloster gehen.

super *(agg)* ~ Super-.

superabile *(agg)* ~ übertreffbar, überwindbar.

superamento *(m)* ***1*** *(di difficoltà, ostacoli)* Überwindung *(f)*. ***2*** *(di esami)* Bestehen *(n)*. ***3*** *(di limiti)* Überschreiten *(n)*.

superare *(vt)* ***1*** *(in quantità)* überschreiten *(vt)* ♦ *superare qcs di 5 chili* etwas um 5 Kilo überschreiten. ***2*** *(in altezza)* überragen *(vt)* ♦ *superare qcs di 5 metri* etwas um 5 Meter überragen. ***3*** *(sorpassare)* überholen *(vt)*. ***4*** *(essere superiore)* überragen *(vt)*, übertreffen* *(vt)* ♦ *nessuno la supera quanto a puntualità* niemand kann sie an Pünktlichkeit übertreffen. ***5*** *(andare oltre)* überschreiten *(vt)*; *(fig)* übertreffen* *(vt)* ♦ *questo supera tutte le mie aspettative* das übertrifft all meine Erwartungen ♦ *superare il limite di velocità* die Geschwindigkeit überschreiten. ***6*** *(prove, esami, ecc)* bestehen* *(vt)*. ***7*** *(fig) (ostacoli, malattie, difficoltà)* überwinden* *(vt)*, überstehen* *(vt)* ♦ *non ha superato l'operazione* er hat die Operation nicht überstanden. ◆ **superare le proprie remore** sich überwinden *(vr)*.

superato *(agg)* ***1*** überholt. ***2*** *(polveroso, antiquato)* verstaubt.

superbia *(f)* ~ Stolz *(m)*.

superbo *(agg)* ***1*** überheblich. ***2*** *(magnifico)* großartig.

superficiale *(agg)* ~ oberflächlich, äußerlich ♦ *una ferita superficiale* eine oberflächliche Wunde ♦ *nozioni superficiali* oberflächliche Kenntnisse.

superficialità *(f)* ~ Oberflächlichkeit *(f)* *(anche fig)*.

superficie *(f)* ~ Fläche *(f)* *(anche geom)*, Oberfläche *(f)* ♦ *superficie utilizzabile* Nutzfläche ♦ *galleggiare in superficie* auf der Oberfläche schwimmen.

superfluo¹ *(agg)* ~ überflüssig, entbehrlich.

superfluo² *(m)* ~ Überflüssige *(m)*.

superiore¹ *(agg)* ***1*** *(più alto)* obere(r, -s), oberste(r, -s), höher ♦ *i piani superiori* die oberen Stockwerke ♦ *un prezzo superiore* ein höherer Preis. ***2*** *(fig) (per potenza)* übermächtig; *(in autorità)* übergeordnet ♦ *essere superiore a qcn* jmdm übergeordnet sein. ***3*** *(distaccato, migliore)* überlegen, überragend ♦ *essere superiore a qcn/qcs* jmdm/etwas überlegen sein. ◆ **scuola superiore** höhere Schule (*f*). ◆ **superiore alla media** überdurchschnittlich *(agg)*. ◆ **essere superiore a qcn/qcs** *(fig)* darüber|stehen* *(vi*, hat*)* ◆ *tu dovresti essere superiore* solltest du darüber|stehen.

superiore[2] *(m)* ~ Vorgesetzte(r) *(m/f)* ◆ *il mio superiore* mein Vorgesetzter. **2** *(relig)* Obere *(m)*.

superiorità *(f)* **1** Übermacht *(f)*; *(distacco, maggior valore)* Überlegenheit. **2** *(numerica)* Überzahl *(f)*. ◆ **essere in superiorità (numerica)** in der Übermacht sein.

superlativo *(m)* ~ *(gramm)* Superlativ *(m)*.

supermercato *(m)* ~ Supermarkt *(m)*.

superpotenza *(f)* ~ Supermacht *(f)*.

superstite[1] *(agg)* **1** überlebend. **2** *(che resta)* verblieben.

superstite[2] *(m)* ~ Überlebende.

superstizione *(f)* ~ Aberglaube *(m)*.

superstizioso[1] *(agg)* ~ abergläubisch.

superstizioso[2] *(m)* ~ abergläubischer Mensch *(m)*.

superstrada *(f)* ~ Schnellstraße *(f)*.

superuomo *(m)* ~ Übermensch *(m)*.

supervisione *(f)* **1** Oberaufsicht *(f)*. **2** *(cinem/teatr)* künstlerische Leitung.

supervisore *(m)* **1** Oberleiter *(m)*. **2** *(cinem/teatr)* künstlerischer Leiter *(m)*.

supino *(agg)* ~ rücklings *(avv)*, auf dem Rücken.

suppellettile *(f)* ~ Hausrat *(m)*.

supplementare *(agg)* ~ zusätzlich, Ergänzungs-. ◆ **tempi supplementari** *(sport)* Verlängerung *(f)*.

supplemento *(m)* **1** Ergänzung *(f)*. **2** *(sovrapprezzo)* Zuschlag *(m)*. **3** *(di giornali o riviste)* Beilage *(f)*.

supplente[1] *(agg)* **1** Aushilfs-. **2** *(scuola)* vertretend.

supplente[2] *(m/f)* **1** Aushilfskraft *(f)*. **2** *(di scuola)* Hilfslehrer *(m; f -in)*.

supplenza *(f)* ~ Vertretung *(f)*.

suppletivo *(agg)* ~ zusätzlich, ergänzend.

supplica *(f)* ~ Bitte *(f)*, Flehen *(n)*.

supplicante[1] *(agg)* ~ flehend, bittend.

supplicante[2] *(m)* ~ Bittsteller *(m)*.

supplicare *(vt)* ~ {~ *qcn*} zu jmdm flehen *(vi*, hat*)*.

supplice[1] *(agg)* ~ flehend, bittend.

supplice[2] *(m)* ~ Flehende *(m)*.

supplichevole *(agg)* ~ flehentlich.

supplire[1] *(vi)* ~ {~ *a qcs (con qcs)*} etwas durch etwas aus|gleichen* *(vt)*, etwas durch etwas wett|machen *(vt)*.

supplire[2] *(vt)* ~ *(persone)* vertreten* *(vt)*.

supplizio *(m)* ~ Qual *(f)*, Quälerei *(f)*.

supporre *(vt)* ~ an|nehmen* *(vt)*, vermuten *(vt)* ◆ *supponiamo che sia così* nehmen wir an, dass es so sei ◆ *questo fa supporre che* das lässt vermuten, dass. ◆ **supponendo che** angenommen, dass.

supporto *(m)* **1** *(sostegno)* Stütze *(f)* *(anche fig)*. **2** *(base)* Unterlage *(f)*. Halter *(m)*.

supposizione *(f)* ~ Annahme *(f)*, Vermutung *(f)*.

supposta *(f)* ~ Zäpfchen *(n)*.

suppurare *(vi)* ~ vereitern *(vi*, hat*)*, eitern *(vi*, hat*)*.

suppurazione *(f)* ~ Eiterung *(f)*.

supremazia *(f)* ~ Vorherrschaft *(f)*.

supremo *(agg)* ~ höchste(r), oberste(r, -s).

surf *(m)* **1** Surfing *(n)*. **2** *(tavola)* Surfbrett *(n)*. ◆ **fare surf** surfen *(vi*, ist/-hat*)*.

surgelare *(vt)* ~ tiefkühlen *(vt)*, tiefgefrieren* *(vt, solo inf e part pass)*.

surgelato[1] *(agg)* ~ tiefgekühlt.

surgelato[2] *(m)* ~ Tiefkühlkost *(f)*.

surgelazione *(f)* ~ Tiefkühlung *(f)*.

surplus *(m)* **1** *(eccedenza)* Überhang *(m)*. **2** *(econ)* Überschuss *(m)*, Surplus *(n)*.

surreale *(agg)* ~ surreal.

surrealismo *(m)* ~ Surrealismus *(m)*.

surriscaldamento *(m)* ~ *(fis)* Überhitzung *(f)*.

surriscaldare *(vt)* **1** überheizen *(vt)*. **2** *(fis)* überhitzen *(vt)*.

surrogare *(vt)* ~ *(sostituire)* ersetzen *(vt)*.

surrogato *(m)* ~ Ersatz *(m)*, Ersatzmittel *(n)*.

suscettibile *(agg)* **1** *(permaloso)* empfindlich. **2** *(passibile)* {~ *di qcs*} zu etwas *(Dat)* fähig, -fähig ◆ *suscettibile di miglioramento* Besserungs fähig.

suscettibilità *(f)* ~ Empfindlichkeit *(f)*, Reizbarkeit *(f)*.

suscitare *(vt)* ~ erregen *(vt)*, hervor|rufen* *(vt)*, aus|lösen *(vt)*, erwecken *(vt)*.

susina *(f)* ~ Pflaume *(f)*, Zwetsche *(f)*.

susino *(m)* ~ Zwetschenbaum *(m)*.

suspence *(f)* ~ Spannung *(f)*. ◆ **pieno di suspence** spannend *(agg)*.
susseguente *(agg)* ~ darauffolgend, nachfolgend.
susseguire *(vi)* ~ etwas *(Dat)* folgen *(vi, ist)*.
susseguirsi *(vr)* ~ aufeinander folgen *(vi, ist)*.
sussidiario *(agg)* ~ Hilfs- ♦ *truppe sussidiarie* Hilfstruppen.
sussidio *(m)* ***1*** *(economico)* Unterstützungsgeld *(n)*, Beihilfe *(f)*, Zuschuss *(m)* ♦ *fare domanda per un sussidio* einen Zuschuss beantragen. ***2*** Unterstützung *(f)*, Hilfsmittel *(pl)*. ◆ **sussidio per donne in maternità** Erziehungsgeld *(n)*.
sussiego *(m)* ~ würdevolle Haltung *(f)*.
sussistente *(agg)* ***1*** vorhanden, bestehend. ***2*** *(valido)* triftig.
sussistenza *(f)* ***1*** Bestehen *(n)*. ***2*** *(sostentamento)* Unterhalt *(m)*.
sussistere *(vi)* ~ bestehen* *(vi, hat)*.
sussultare *(vi)* ~ zucken *(vi, hat)*.
sussulto *(m)* ~ Zucken *(n)*, Ruck *(m)*.
sussurrare[1] *(vi)* ***1*** wispern *(vi, hat)*. ***2*** lispeln *(vi, hat)*; *(vento)* säuseln *(vi, hat)*.
sussurrare[2] *(vt)* ~ flüstern *(vt)*, wispern *(vt)*.
sussurro *(m)* ~ Flüstern *(n)*, Murmeln *(n)*.
sutura *(f)* ~ *(med)* Naht *(f)*.
suturare *(vt)* ~ *(med)* nähen *(vt)*.
suvvia *(interiez)* ~ komm (doch)!, los!
svagare *(vt)* ~ ablenken *(vt)*.
svagarsi *(vr)* ~ sich ab|lenken *(vr)*, sich zerstreuen *(vr)*.
svagato *(agg)* ~ zerstreut, fahrig.
svago *(m)* ~ Zerstreuung *(f)*, Abwechs(e)lung *(f)* ♦ *per svago* zur Abwechslung.
svaligiare *(vt)* ~ plündern *(vt)*.
svaligiatore *(m)* ~ Plünderer *(m)*.
svalutare *(vt)* ***1*** *(moneta)* ab|werten *(vt)*, entwerten *(vt)*. ***2*** *(sminuire)* herabwürdigen *(vt)*.
svalutazione *(f)* ~ Entwertung *(f)*.
svanire *(vi)* ***1*** *(sparire)* verschwinden* *(vi, ist)*. ***2*** *(odori)* verfliegen* *(vi, ist)*; *(suoni)* verklingen *(vi, ist)*.
svanito *(agg)* ***1*** *(scomparso)* geschwunden. ***2*** *(odori)* verflogen. ***3*** *(svampito)* benommen, betäubt.
svantaggiato *(agg)* ~ benachteiligt.
svantaggiare *(vt)* ~ benachteiligen *(vt)*.
svantaggio *(m)* ~ Nachteil *(m)*, Benachteiligung *(f)* ♦ *questo ha lo svantaggio che* das hat den Nachteil, dass ♦ *essere in svantaggio* im Nachteil sein ♦ *trovarsi in svantaggio* sich *(Acc)* im Nachteil befinden ♦ *a svantaggio di qcn* zu jmds Nachteil, zum Nachteil von jmdm. ◆ **finire in svantaggio** *(in una competizione o sim)* ins Hintertreffen geraten*/kommen*.
svantaggioso *(agg)* ~ nachteilig.
svaporare *(vi)* ***1*** verfliegen* *(vi, ist)*, verdunsten *(vi, ist)*. ***2*** *(fig)* schwinden* *(vi, ist)*.
svariato *(agg)* ~ verschieden.
svastica *(f)* ~ Hakenkreuz *(n)*.
sveglia *(f)* ***1*** *(risveglio)* Wecken *(n)* ♦ *la sveglia è alle otto* das Wecken ist um acht Uhr. ***1*** *(apparecchio)* Wecker *(m)* ♦ *suona la sveglia* der Wecker klingelt ♦ *ho messo la sveglia (alle sette)* ich habe den Wecker (auf sieben) gestellt.
svegliare *(vt)* ~ wecken *(vt)*, auf|wecken *(vt)* ♦ *vorrei essere svegliato alle sette* ich möchte um 7 (sieben) Uhr geweckt werden. ***2*** *(scuotere)* auf|rütteln *(vt)*.
svegliarsi *(vr)* ~ aufwachen *(vi, ist)* *(anche fig)*, erwachen *(vi, ist)*, wach werden* *(vi, ist)*.
sveglio *(agg)* ***1*** wach ♦ *sono rimasto sveglio fino alle quattro di mattina* ich bin bis vier Uhr morgens wach geblieben. ***2*** *(vivace, intelligente)* aufgeweckt. ◆ **stare sveglio** wachen *(vi, hat)*. ◆ **tenere sveglio qcn** jmdn wach halten*.
svelare *(vt)* ~ enthüllen *(vt)*, verraten* *(vt)*, lüften *(vt)* ♦ *svelare un segreto* ein Geheimnis verraten.
svelarsi *(vr)* ~ sich enthüllen *(vr)*.
sveltezza *(f)* ***1*** *(rapidità)* Schnelligkeit *(f)*, Raschheit *(vt)*. ***2*** *(prontezza)* Aufgeweckheit *(f)*.
sveltire *(vt)* ***1*** beschleunigen *(vt)*. ***2*** *(semplificare)* vereinfachen *(vt)*.
sveltirsi *(vr)* ~ schneller werden* *(vi, ist)*.
svelto *(agg)* ***1*** *(rapido, lesto)* schnell, rasch ♦ *un movimento svelto* eine rasche Bewegung. ***2*** *(pronto)* flink. ◆ **alla svelta** rasch *(avv)*, geschwind *(avv)* ♦ *decidersi alla svelta* sich rasch entscheiden.

svenare *(vt)* ***1*** {~ *qcn*} jmdm die Adern aufschneiden* *(vt)*. ***2*** *(per le spese)* aussaugen* *(vt)*.
svenarsi *(vr)* ***1*** sich *(Dat)* die Adern aufschneiden *(vt)*. ***2*** *(per le spese)* aus|bluten *(vi*, ist*)*.
svendere *(vt)* ***1*** *(vendere sotto costo)* verschleudern *(vt)*. ***2*** *(liquidare)* aus|verkaufen *(vt)*.
svendita *(f)* ***1*** *(liquidazione)* Ausverkauf *(m)*. ***2*** *(di fine stagione)* Schlussverkauf *(m)*.
svenevole *(agg)* ~ zimperlich, geziert.
svenimento *(m)* ~ Ohnmacht *(f)*, Bewusstlosigkeit *(f)*.
svenire *(vi)* ~ in Ohnmacht fallen* *(vi*, ist*)*, ohnmächtig werden* *(vi*, ist*)*.
sventare *(vt)* ~ vereiteln *(vt)*.
sventatezza *(f)* ~ Leichtsinn *(m)*.
sventato *(agg)* ~ leichtsinnig.
sventola *(f)* ~ *(ceffone)* Ohrfeige *(f)*. ◆ **orecchie a sventola** abstehende Ohren, Segelohren.
sventolare *(vi)* ~ flattern *(vi*, ist/hat*)*, wehen *(vi*, hat*)* ◆ *le bandiere sventolano al vento* die Fahnen wehen im Wind.
sventolare *(vt)* ~ schwenken *(vt)*.
sventolarsi *(vr)* ~ sich fächeln *(vr)*.
sventura *(f)* ~ Unglück *(n)*, Unheil *(n)*. ◆ **compagno di sventura** Leidensgefährte *(m*; *f* -fährtin*)*, Leidensgenosse *(m*; *f* -nossin*)*.
sventurato[1] *(agg)* ~ unglücklich, unheilvoll.
sventurato[2] *(m)* ~ Unglückliche *(m)*.
svenuto *(agg)* ~ ohnmächtig, bewusstlos.
sverginare *(vt)* ~ entjungfern *(vt)*.
svergognare *(vt)* ***1*** beschämen *(vt)*. ***2*** *(smascherare)* bloß|stellen *(vt)*.
svergognato *(agg)* ~ schamlos.
svernare *(vi)* ~ überwintern *(vi*, hat*)*.
svestire *(vt)* ~ aus|ziehen *(vt)*.
svestirsi *(vr)* ~ sich aus|ziehen *(vr)*.
svestito *(agg)* ~ ausgezogen.
svezzamento *(m)* ~ Entwöhnung *(f)*, Abstillen *(n)*.
svezzare *(vt)* ~ entwöhnen *(vt)*, ab|stillen *(vt)*.
svezzarsi *(vr)* ~ {~ *da qcs*} sich *(Dat)* etwas abgewöhnen *(vt)*.
sviare *(vt)* ***1*** {~ *qcn da qcs*} jmdn von etwas ab|führen *(vt)*. ***2*** *(fig)* ab|lenken *(vt)* ◆ *sviare l'attenzione* die Aufmerksamkeit ablenken.
sviarsi *(vr)* ~ vom richtigen Weg(e) ab|kommen* *(vi*, ist*)*.
svignarsela *(vr)* ~ sich davon|machen *(vr)*, sich verdrücken *(vr)*.
svigorire *(vt)* ~ entkräften *(vt)*, schwächen *(vt)*.
svigorirsi *(vr)* ~ kraftlos werden* *(vi*, ist*)*, schwach werden* *(vi*, ist*)*.
svigorito *(agg)* ~ energielos.
svilire *(vt)* ***1*** herabwürdigen *(vt)*. ***2*** *(svalutare)* ab|werten *(vt)*.
sviluppare *(vt)* ***1*** *(elaborare)* entwickeln *(vt)*; *(ampliare)* aus|bauen *(vt)* ◆ *sviluppare una teoria* eine Theorie entwickeln. ***2*** *(fotogr/chim)* entwickeln ◆ *(far) sviluppare un rullino* einen Film entwickeln (lassen).
svilupparsi *(vr)* ***1*** sich entwickeln *(vr)* *(anche biol)*. ***2*** *(espandersi)* sich aus|dehnen *(vr)*.
sviluppato *(agg)* ~ entwickelt.
sviluppo *(m)* ***1*** Entwicklung *(f)* *(anche fotogr/chim)*. ***2*** *(ampliamento)* Ausbau *(m)*. ***3*** *(andamento)* Fortgang *(m)*; *(evoluzione)* Werdegang *(m)*. ***4*** *(elaborazione)* Entwicklung *(f)*, Ausarbeitung *(f)*. ***5*** *(potenziamento)* Entfaltung *(f)*. ***6*** *(crescita)* Wachstum *(n)*. ◆ **paese in via di sviluppo** Entwickungsland *(n)*.
svincolare *(vt)* ***1*** *(econ/dir)* frei|geben* *(vt)*, befreien *(vt)*. ***2*** *(comm)* verzollen *(vt)*.
svincolarsi *(vr)* ~ sich befreien *(vr)*.
svincolo *(m)* ***1*** *(econ/dir)* Befreiung *(f)*. ***2*** *(comm)* Verzollung *(f)*. ***3*** *(autostradale)* Autobahnkreuz *(n)*, Auffahrt *(f)*.
svista *(f)* ~ Versehen *(n)*.
svitare *(vt)* ~ ab|schrauben *(vt)*, auf|drehen *(vt)*.
svitarsi *(vr)* ~ sich lockern *(vr)*.
svitato[1] *(agg)* ***1*** *(di viti)* locker. ***2*** *(di pezzi)* abgeschraubt. ***3*** *(strambo)* verschroben.
svitato[2] *(m)* ~ *(fam)* Spinner *(m)*.
svogliatezza *(f)* ~ Unlust *(f)*, Faulheit *(f)*.
svogliato *(agg)* ~ lustlos, faul.
svolazzare *(vi)* ~ flattern *(vi*, ist/hat*)*, wehen *(vi*, hat*)*.

svolazzo *(m)* ~ *(ghirigoro)* Schnörkel *(m)*. ◆ **pieno di svolazzi** schnörkelig *(agg)*.

svolgere *(vt)* ***1*** *(dipanare)* ab|wickeln *(vt)*, entrollen *(vt)*. ***2*** *(scartare)* auf|wickeln *(vt)*. ***3*** *(trattare, sviluppare)* behandeln ◆ *svolgere un tema* ein Thema behandeln. ***4*** *(esercitare attività)* aus|üben *(vt)*. ***5*** *(compiti, doveri, ecc)* erfüllen *(vt)*. ***6*** *(condurre)* durch|führen *(vt)*.

svolgersi *(vr)* ***1*** *(srotolarsi)* ab|rollen *(vi*, ist*)*. ***2*** *(compiersi, realizzarsi)* sich ab|spielen *(vr)*, ab|laufen* *(vi*, ist*)*, verlaufen* *(vi*, ist*)* ◆ *la manifestazione si svolse senza problemi* die Veranstaltung lief problemlos ab. ***3*** *(avere luogo)* statt|finden* *(vi*, hat*)*. ***4*** *(essere ambientato)* spielen *(vi*, hat*)* ◆ *il dramma si svolge nell'antica Roma* das Drama spielt im alten Rom.

svolgimento *(m)* ***1*** Abrollen *(n)*. ***2*** *(di compiti, doveri, ecc)* Erfüllung *(f)*. ***3*** *(esecuzione)* Durchführung *(f)*. ***4*** *(trattazione)* Behandlung *(f)*.

svolta *(f)* ***1*** Abbiegung *(f)*. ***2*** *(curva)* Kurve *(f)*. ***3*** *(fig) (cambiamento)* Wende *(f)*, Schwenkung *(f)*, Wendepunkt *(m)* ◆ *una svolta in meglio, in peggio* eine Wende zum Besseren, zum Schlechteren ◆ *una svolta storica* ein Wendepunkt der Geschichte.

svoltare *(vi)* ~ ab|biegen* *(vi*, ist*)*, biegen* *(vi*, ist*)*, ein|biegen* *(vi*, ist*)* ◆ *svoltare a destra, a sinistra* nach rechts, links abbiegen.

svuotamento *(m)* ~ Entleerung *(f)*.

svuotare *(vt)* ~ leeren *(vt)*, entleeren *(vt)*; *(completamente)* aus|leeren *(vt)*.

svuotarsi *(vr)* ~ sich leeren *(vr)*.

t

tabaccaio *(m; f* **-a***)* ~ Tabakwarenverkäufer *(m; f* -in*)*.
tabaccheria *(f)* ~ Tabakwarenladen *(m)*.
tabacco *(m)* ***1*** *(pianta, prodotto)* Tabak *(m)*. ***2*** *(pl)* Tabakwaren *(pl)*.
tabella *(f)* ~ Tabelle *(f)*, Tafel *(f)*. ◆ **tabella di marcia** Zeitplan *(m)*.
tabellina *(f)* ~ Einmaleins *(n)* ♦ *la tabellina del sette* das Einmaleins von sieben.
tabellone *(m)* ~ Tafel *(f)*.
tabernacolo *(m)* ~ Tabernakel *(n/m)*.
tabù[1] *(agg)* ~ tabu.
tabù[2] *(m)* ~ Tabu *(n)* *(anche fig)*.
tabulatore *(m)* ~ Tabulator *(m)*.
tac, TAC *(f)* ~ Computertomographie *(f)*.
tacca *(f)* ***1*** *(spec nel legno)* Kerbe *(f)*. ***2*** *(spec su una lama)* Scharte *(f)*.
taccagno[1] *(agg)* ~ geizig, knauserig.
taccagno[2] *(m)* ~ Geizhals *(m)*.
tacchino *(m)* ~ *(zool)* Truthuhn *(m)*, Pute *(f)*. ◆ **carne di tacchino** Putenfleisch *(n)*. ◆ **petto di tacchino** Putenbrust *(f)*.
tacco *(m)* ~ Absatz *(m)* ♦ *tacchi alti, bassi* hohe, flache Absätze ♦ *tacco a spillo* Pfennigabsatz. ◆ **alzare i tacchi** sich davon|machen *(vr)*.
taccuino *(m)* ~ Notizbuch *(n)*.
tacere[1] *(vi)* ***1*** *(non parlare)* schweigen* *(vi,* hat*)* ♦ *tacere su qcs* über etwas *(Acc)* schweigen. ***2*** *(cessare di parlare)* verstummen* *(vi,* ist*)*. ◆ **mettere a tacere** vertuschen *(vt)*.
tacere[2] *(vt)* ~ verschweigen *(vt)* ♦ *mi ha taciuto che è stato in prigione* er hat mir verschwiegen, dass er im Gefängnis war.
tachimetro *(m)* ~ Tachometer *(m)*.
tacito *(agg)* ~ stillschweigend.
taciturno *(agg)* ~ schweigsam.
tafferuglio *(m)* ~ Krawall *(m)*.
taglia *(f)* ***1*** *(di indumenti)* Größe *(f)* ♦ *un paio di pantaloni di taglia 44* eine Hose in der Größe 44. ***2*** *(ricompensa)* Kopfgeld *(n)* ♦ *mettere una taglia su un criminale* ein Kopfgeld auf einen Verbrecher aussetzen.
tagliacarte *(m)* ~ Brieföffner *(m)*.
taglialegna *(m)* ~ Holzfäller *(m)*.
tagliando *(m)* ~ Abschnitt *(m)*, Coupon *(m)*. ◆ **fare il tagliando della macchina** einen Wagen zur Inspektion bringen*.
tagliare[1] *(vi)* ***1*** schneiden* *(vi,* hat*)* ♦ *il coltello non taglia bene* das Messer schneidet nicht gut. ***2*** *(abbreviare un percorso)* ab|kürzen *(vi,* hat*)* ♦ *tagliamo per di qua* hier entlang kürzen wir ab. ◆ **taglia corto!** mach's kurz!
tagliare[2] *(vt)* ***1*** schneiden* *(vt)*, ab|schneiden* *(vt)* ♦ *tagliare una fetta di pane* Scheibe Brot abschneiden ♦ *tagliare una curva* eine Kurve schneiden. ***2*** *(abbreviare; ridurre)* kürzen *(vt)* ♦ *tagliare i fondi* das Budget kürzen. ***3*** *(gas, acqua, ecc)* sperren *(vt)* ♦ *gli hanno tagliato il gas* ihm wurde das Gas gesperrt. ***4*** *(posti di lavoro)* ab|bauen *(vt)*. ***5*** *(alberi)* fällen *(vt)*. ***6*** *(erba)* mähen *(vt)*. ***7*** *(amputare)* ab|neh-

men* *(vt)*, amputieren *(vt)*. ◆ **tagliare la corda** sich *(Acc)* aus dem Staub machen. ◆ **tagliare il traguardo** durchs Ziel gehen*.

tagliarsi *(vr)* ~ sich schneiden* *(vr)* ♦ *mi sono tagliato* ich habe mich geschnitten ♦ *tagliarsi i capelli* sich *(Dat)* die Haare schneiden lassen.

tagliente *(agg)* ~ scharf*. ◆ **avere una lingua tagliente** eine spitze Zunge haben.

tagliere *(m)* ~ Hackbrett *(n)*.

taglio *(m)* **1** *(il tagliare)* Schnitt *(m)* ♦ *taglio di capelli* Haarschnitt. **2** *(ferita)* Schnittwunde *(f)*. **3** *(a un testo)* Streichung *(f)*. **4** *(alle spese)* Abstrich *(m)*. **5** *(pezzo di carne)* Stück *(n)*. **6** *(di lama)* Schneide *(f)*. ◆ **banconote di piccolo, di grosso taglio** kleine, große Banknoten. ◆ **un'arma a doppio taglio** ein zweischneidiges Schwert. ◆ **taglio dello stipendio** Gehaltskürzung *(f)*.

tagliola *(f)* ~ Fußangel *(f)*.

tailleur *(m)* ~ Kostüm *(n)*.

talco *(m)* **1** *(minerale)* Talk *(m)*. **2** *(polvere)* Talkum *(n)*.

tale[1] *(agg)* **1** *(dimostr)* solche, derartig, solch ein ♦ *un tale caos* ein solches Chaos ♦ *in tali casi* in solchen Fällen ♦ *una tale sfacciataggine è incredibile* eine derartige Frechheit ist unglaublich. **2** *(indef)* gewiss ♦ *un tale signor Bianchi* ein gewisser Herr Bianchi. ◆ **tale che, da** derartig, dass...; dermaßen, dass.... ◆ **tale e quale a** genau wie.

tale[2] *(pron)* **1** *(dimostr)* der, derjenige ♦ *là c'è il tale che ti aspetta* da ist derjenige, der auf dich wartet. **2** *(indef)* jemand, einer ♦ *c'è un tale che vuole parlarti* da ist einer, der dich sprechen will. ◆ **in quanto tale** als solche(r, -s) ♦ *il rischio in quanto tale* das Risiko als solches.

talento *(m)* ~ Talent *(n)* ♦ *(non) avere talento per qcs* (kein) Talent zu/für etwas haben. ◆ **di talento** talentiert *(agg)*, begabt *(agg)*.

tallonare *(vt)* ~ {~ *qcn*} jmdm auf den Fersen sein* *(vi, ist)*.

tallone *(m)* ~ Ferse *(f)*.

talora *(avv)* ~ manchmal, ab und zu.

talmente *(avv)* ~ dermaßen, so ♦ *è talmente nervoso che* er ist so aufgeregt, dass.

talpa *(f)* ~ *(zool)* Maulwurf *(m)*.

talvolta *(avv)* ~ manchmal, ab und zu.

tamburellare *(vi)* ~ trommeln *(vi, hat)*.

tamburino *(m)* ~ Trommler *(m)*.

tamburo *(m)* ~ Trommel *(f)* *(anche di pistola)* ♦ *suonare il tamburo* die Trommel schlagen.

tamponamento *(m)* ~ Auffahrunfall *(m)*.

tamponare *(vt)* **1** *(chiudere)* ab|dichten *(vt)*, stopfen *(vt)* ♦ *tamponare una falla* ein Leck abdichten. **2** *(una ferita)* tamponieren *(vt)*. **3** *(asciugare)* tupfen *(vt)*. **4** *(in auto)* {~ *qcs*} auf etwas auffahren* *(vi, ist)*.

tampone *(m)* **1** *(cotone, garza)* Tupfer *(m)*. **2** *(assorbente interno)* Tampon *(m)*. **3** *(per inchiostro)* Stempelkissen *(n)*.

tana *(f)* ~ Höhle *(f)*, Bau *(m)*.

tandem *(m)* ~ Tandem *(n)*.

tanfo *(m)* ~ Gestank *(m)*.

tangente[1] *(agg)* ~ *(geom)* tangential.

tangente[2] *(f)* **1** *(geom)* Tangente *(f)*. **2** *(bustarella)* Schmiergeld *(n)*; *(pizzo)* Schutzgeld *(n)*.

tangenziale *(f)* ~ *(autostradale)* Autobahnring *(m)*.

tangibile *(agg)* ~ greifbar ♦ *una prova tangibile* ein greifbarer Beweis.

tanica *(f)* ~ Kanister *(m)*.

tanto[1] *(agg indef)* **1** *(quantità)* viel ♦ *ha tanti libri* sie hat viele Bücher. **2** *(intensità)* groß ♦ *ho tanta fame* ich habe großen Hunger. **3** *(tempo, spazio)* lang ♦ *dopo tanto tempo* nach langer Zeit ♦ *dopo tanta strada* nach einer langen Strecke. ◆ **tanto... che; tanto... da** so viel..., dass.... ◆ **tanto... quanto...** genauso viel... wie ♦ *lei ha tanti vestiti vestiti quanto me* sie hat genauso viel Kleider wie ich. ◆ **tante volte** oft. ◆ **tanti saluti** schöne Grüße. ◆ **tante grazie!** danke schön!

tanto[2] *(pron indef)* **1** *(quantità)* viel, sehr viel ♦ *guadagna tanto* er verdient sehr viel ♦ *ho mangiato tanto* ich habe viel gegessen ♦ *ho tanto da fare* ich habe viel zu tun. **2** *(tempo)* lange ♦ *ci manca tanto?* wie lange braucht man noch? ♦ *abbiamo aspettato tanto* wir haben lange gewartet. **3** *(spazio)* weit ♦ *ci manca tanto?* wie weit ist es noch? **4** *(molte persone)* viele ♦ *tanti la pensano diversamente* viele sind anderer Meinung. ***5*** *(un tot)* soundso viel ♦ *costa un tanto al litro* das kostet soundso viel pro Liter.

tanto[3] *(avv)* ***1*** sehr ♦ *sono tanto felice* ich bin sehr glücklich. ***2*** *(così)* so ♦ *è tanto semplice!* es ist doch so einfach! ◆ **tanto... che, da** so..., dass... ◆ **tanto... quanto**... genauso... wie. ◆ **tanto... tanto...** *(sia... sia...)* sowohl... als auch... ♦ *tanto uomini che donne* sowohl Männer als auch Frauen. ◆ **tanto meglio** umso besser. ◆ **di tanto in tanto, ogni tanto** hin und wieder, ab und zu.

tanto[4] *(congiunz)* ~ *(comunque)* ohnehin, sowieso ♦ *tanto non ce lo possiamo permettere* das können wir uns ohnehin nicht leisten ♦ *tanto devo andare alla posta* ich muss sowieso zur Post. ◆ **tanto più che** zumal *(congiunz subord)* ♦ *non posso permettermi il viaggio, tanto più che ora sono disoccupato* ich kann mir die Reise nicht leisten, zumal ich jetzt arbeitslos bin.

tappa *(f)* ***1*** *(sosta)* Station *(f)* *(anche fig)* ♦ *fare una tappa in un luogo* an einem Ort Station machen. ***2*** *(sport)* Etappe *(f)*. ◆ **a tappe** *(gradualmente)* etappenweise *(avv)*.

tappabuchi *(m/f)* ~ Lückenbüßer *(m; f* -in*)*.

tappare *(vt)* ***1*** *(con un tappo)* verschließen *(vt)*; *(di sughero)* verkorken *(vt)*. ***2*** *(chiudere, otturare)* verstopfen *(vt)*, zu|halten* *(vt)*.

tapparsi *(vr)* ***1*** verstopfen *(vi*, ist*)*. ***2*** sich *(Dat)* zu|halten* *(vt)* ♦ *tapparsi le orecchie* sich *(Dat)* die Ohren zuhalten.

tapparella *(f)* ~ Rollladen *(m)*.

tappeto *(m)* ***1*** Teppich *(m)* ♦ *battere il tappeto* den Teppich klopfen. ***2*** *(sport)* Matte *(f)*; *(nella boxe)* Bretter *(pl)* ♦ *mandare al tappeto* jmdn auf die Bretter schicken.

tappezzare *(vt)* ~ *(rivestire pareti)* tapezieren *(vt)*.

tappezziere *(m)* ***1*** *(di divani)* Polsterer *(m)*. ***2*** *(di pareti)* Tapezierer *(m; f* -in*)*.

tappo *(m)* ***1*** Stöpsel *(m)*; Pfropfen *(m)*; *(di sughero)* Korken *(m)* ♦ *sapere di tappo* nach Korken schmecken. ***2*** *(persona bassa)* Stöpsel *(m)*.

tara *(f)* ~ Tara *(f)*.

tarantola *(f)* ~ *(zool)* Tarantel *(f)*.

tarare *(vt)* ***1*** tarieren *(vt)*. ***2*** *(tecn)* eichen *(vt)*.

taratura *(f)* ~ *(tecn)* Eichung *(f)*.

tarchiato *(agg)* ~ untersetzt, stämmig.

tardi *(avv)* ***1*** spät ♦ *alzarsi tardi* spät aufstehen ♦ *è troppo tardi* es ist zu spät. ***2*** *(in ritardo)* zu spät ♦ *arrivare tardi* zu spät kommen. ◆ **più tardi** später. ◆ **a più tardi!** bis später! ◆ **al più tardi** spätestens *(avv)* ♦ *ti telefono al più tardi stasera* ich rufe dich spätestens heute Abend an. ◆ **meglio tardi che mai** besser spät als nie.

tardivo *(agg)* ~ spät.

tardo *(agg)* ~ spät, Spät- ♦ *fino a tarda notte* bis in die späte Nacht ♦ *il tardo Rinascimento* die Spätrenaissance.

targa *(f)* ***1*** *(automobilistica)* Kennzeichen *(n)*, Autokennzeichen *(n)*. ***2*** *(di metallo)* Schild *(n)*.

targhetta *(f)* ~ Schild *(n)*.

tariffa *(f)* ~ *(prezzo stabilito)* Tarif *(m)* ♦ *tariffe telefoniche* Telefontarife. ◆ **tariffe ferroviarie** Bahnpreise *(pl)*.

tarlato *(agg)* ~ wurmstichig.

tarlo *(m)* ~ *(zool)* Holzwurm *(m)*.

tarma *(f)* ~ *(zool)* Motte *(f)*.

tartagliare *(vi)* ~ stottern *(vi*, hat*)*.

tartaro *(m)* ***1*** *(dei denti)* Zahnstein *(m)*. ***2*** *(persona)* Tatar *(m; f* -in*)*.

tartaruga *(f)* ~ *(zool)* Schildkröte *(f)*.

tartassare *(vt)* ~ *(tormentare)* traktieren *(vt)*, plagen *(vt)*.

tartina *(f)* ~ Schnittchen *(n)*.

tartufo *(m)* ~ *(bot)* Trüffel *(f)*.

tasca *(f)* ~ Tasche *(f)*. ◆ **conoscere qcs come le proprie tasche** etwas wie seine eigene Westentasche kennen. ◆ **averne le tasche piene** die Nase voll haben.

tascabile *(agg)* ~ Taschen- ♦ *libro tascabile* Taschenbuch.

taschino *(m)* ~ Tasche *(f)*.

tassa *(f)* ***1*** *(singolo tributo)* Gebühr *(f)*, Steuer *(f)* ♦ *tasse universitarie* Studiengebühren. ***2*** *(imposta)* Steuer ♦ *pagare, evadere le tasse* Steuern zahlen, hinterziehen.

tassabile *(agg)* ~ steuerpflichtig.

tassare *(vt)* ~ besteuern *(vt)*.

tassazione *(f)* ~ Besteuerung *(f)*.

tassello *(m)* ***1*** *(per fissare qcs)* Dübel *(m)*. ***2*** *(pezzo)* Stück *(n)*.

tassista *(m/f)* ~ Taxifahrer *(m; f* -in*)*.

tasso[1] *(m)* ***1*** *(comm)* Satz *(m)* ♦ *tasso di sconto* Diskontsatz ♦ *tasso d'interesse* Zinssatz. **2** *(indice)* Rate *(f)* ♦ *tasso d'inflazione* Inflationsrate. ***3*** *(med)* Spiegel *(m)* ♦ *tasso di colesterolo* Cholesterinspiegel.
tasso[2] *(m)* ~ *(bot)* Eibe *(f)*.
tasso[3] *(m)* ~ *(zool)* Dachs *(m)*.
tastare *(vt)* ~ betasten *(vt)*, fühlen *(vt)* ♦ *tastare il polso a qcn* jmdm den Puls fühlen.
tastiera *(f)* ***1*** *(mus/elab)* Tastatur *(f)*. ***2*** *(organo elettronico)* Keyboard *(n)*.
tasto *(m)* ~ Taste *(f)* ♦ *premere un tasto* eine Taste drücken.
tastoni *(avv)* ~ **andare tastoni** tappen *(vi, ist)*.
tattica *(f)* ~ Taktik *(f)*.
tattico *(agg)* ~ taktisch.
tatto *(m)* ***1*** *(senso del tatto)* Tastsinn *(m)*. **2** *(discrezione)* Takt *(m)*, Taktgefühl *(n)* ♦ *(non) avere tatto* (keinen) Takt haben. ◆ **privo di tatto** taktlos *(agg)*. ◆ **mancanza di tatto** Taktlosigkeit *(f)*.
tatuaggio *(m)* ~ Tätowierung *(f)*.
tatuare *(vt)* ~ tätowieren *(vt)*.
taverna *(f)* ~ Taverne *(f)*.
tavola *(f)* ***1*** Tisch *(m)* ♦ *apparecchiare, sparecchiare la tavola* den Tisch decken, abdecken ♦ *a tavola (stato)* bei Tisch ♦ *a tavola!* zu Tisch! **2** *(asse)* Brett *(n)*. ***3*** *(dipinto)* Bild *(n)*. ***4*** *(illustrazione, tabella)* Tafel *(f)*. ◆ **tavola pitagorica** Einmaleins *(n)*. ◆ **tavola rotonda** Gesprächsrunde *(f)*.
tavoletta *(f)* ~ Tafel *(f)*.
tavolino *(m)* ~ Tischchen *(n)*; *(di bar)* Tisch *(m)*. ◆ **a tavolino** *(in astratto)* am grünen Tisch.
tavolo *(m)* ~ Tisch *(m)* ♦ *tavolo da gioco* Spieltisch ♦ *tavolo delle trattative* Verhandlungstisch.
tavolozza *(f)* ~ Palette *(f)*.
taxi *(m)* ~ Taxi *(n)*.
tazza *(f)* ~ Tasse *(f)* ♦ *una tazza di tè* eine Tasse Tee ♦ *tazza da tè* Teetasse.
tazzina *(f)* ~ *(da caffè)* Espressotasse *(f)*.
te *(pron pers)* ~ dir, dich ♦ *quando viene da te?* wann kommt er zu dir? ♦ *è per te la lettera?* ist der Brief für dich? ♦ *te lo dico* ich sage es dir! ♦ *te lo ha dato* er hat es dir gegeben. **2** *(in espressioni esclam e compar)* du ♦ *è più alta di te* sie ist größer als du. ◆ **secondo te** deiner Meinung nach.
tè *(m)* ~ *(pianta; bevanda)* Tee *(m)* ♦ *una tazza di tè* eine Tasse Tee.
team *(m)* ~ Team *(n)*.
teatrale *(agg)* ***1*** Theater- ♦ *rappresentazione teatrale* Theateraufführung *(f)*. **2** *(fig)* theatralisch. ◆ **stagione teatrale** Spielzeit *(f)*.
teatro *(m)* ***1*** Theater *(n)* ♦ *andare a teatro* ins Theater gehen. **2** *(fig)* Schauplatz *(m)* ♦ *il teatro degli avvenimenti* der Schauplatz der Ereignisse.
teca *(f)* ***1*** Schaukasten *(m)*. **2** *(reliquiario)* Schrein *(m)*.
tecnica *(f)* ~ Technik *(f)*.
tecnicamente *(avv)* ~ technisch.
tecnico[1] *(agg)* ***1*** technisch. **2** *(specialistico)* fachlich, Fach- ♦ *linguaggio tecnico* Fachsprache *(f)*.
tecnico[2] *(m)* ***1*** Techniker *(m; f* -in) ♦ *tecnico del suono* Tontechniker. **2** *(esperto)* Fachmann *(m)*.
tecnologia *(f)* ~ Technologie *(f)*; *(tecnica)* Technik *(f)* ♦ *alta tecnologia* Hochtechnologie.
tecnologico *(agg)* ~ technologisch.
tedesco[1] *(agg)* ~ deutsch. ◆ **di lingua tedesca** deutschsprachig.
tedesco[2] *(m)* ***1*** *(persona)* Deutsche(r) *(m/f)* ♦ *i tedeschi* die Deutschen. **2** *(lingua)* Deutsch *(n)* ♦ *sa il tedesco* er kann Deutsch ♦ *in tedesco* auf Deutsch ♦ *alto tedesco (tedesco standard)* Hochdeutsch(e) ♦ *basso tedesco* Niederdeutsch(e).
tedio *(m)* ~ Überdruss *(m)*.
tegame *(m)* ***1*** Kochtopf *(m)*. **2** *(padella)* Bratpfanne *(f)*.
teglia *(f)* ~ *(per sformati e sim)* Auflaufform *(f)*; *(del forno)* Blech *(n)*.
tegola *(f)* ~ Dachziegel *(m)*.
teiera *(f)* ~ Teekanne *(f)*.
tela *(f)* ***1*** *(tessuto)* Gewebe *(n)*. **2** *(per dipingere)* Leinwand *(f)*. ***3*** *(quadro)* Gemälde *(n)*.
telaio *(m)* ***1*** *(tessile)* Webstuhl *(m)*. **2** *(struttura)* Gestell *(n)*; *(di veicolo)* Fahrgestell *(n)*; *(di finestra)* Rahmen *(m)*.
telecamera *(f)* ~ Kamera *(f)*; *(di studio tv)* Fernsehkamera *(f)*.
telecomando *(m)* ~ Fernbedienung *(f)*.

telecomunicazioni *(f pl)* ~ Fernmeldewesen *(n)*.
telefax *(m)* ~ Telefax *(n)*.
telefilm *(m)* ~ Fernsehserie *(f)*.
telefonare *(vi)* ~ {~ *a qcn*} jmdn an|rufen* *(vt)* ♦ *ti telefono stasera* ich rufe dich heute Abend an.
telefonata *(f)* ***1*** *(chiamata)* Anruf *(m)*. ***2*** *(colloquio telefonico)* Telefongespräch *(n)*. ◆ **telefonata urbana** Ortsgespräch *(n)*.
telefonicamente *(avv)* ~ telefonisch.
telefonico *(agg)* ~ telefonisch, Telefon- ♦ *cabina telefonica* Telefonzelle *(f)* ♦ *scheda telefonica* Telefonkarte *(f)*.
telefonino *(m)* ~ Handy *(n)*.
telefono *(m)* ~ Telefon *(n)*. ◆ **telefono cellulare** Mobiltelefon *(n)*, Handy *(n)*. ◆ **bolletta del telefono** Telefonrechnung *(f)*. ◆ **numero di telefono** Telefonnummer *(f)*. ◆ **per telefono** telefonisch *(avv)*.
telegiornale *(m)* ~ Tagesschau *(f)*, Nachrichten *(pl)*.
telegrafare *(vt)* ~ telegrafieren *(vt)*.
telegrafo *(m)* ~ Telegraf *(m)*.
telegramma *(m)* ~ Telegramm *(n)*.
teleschermo *(m)* ~ Bildschirm *(m)*.
telescopio *(m)* ~ Teleskop *(n)*.
telescrivente *(f)* ~ Fernschreiber *(m)*.
televisione *(f)* ***1*** Fernsehen *(n)* ♦ *in televisione* im Fernsehen ♦ *televisione via cavo* Kabelfernsehen. ***2*** *(televisore) (fam)* Fernseher *(m)*. ◆ **guardare la televisione** fern|sehen* *(vi*, hat*)*, *(fam)* Fernsehen gucken.
televisivo *(agg)* ~ Fernseh-.
televisore *(m)* ~ Fernsehapparat *(m)*, Fernseher *(m)*.
telo *(m)* ~ Tuch *(n)* ♦ *telo da bagno* Badetuch.
telone *(m)* ~ *(impermeabile)* Plane *(f)*.
tema *(m)* ***1*** *(argomento)* Thema *(n) (anche mus)* ♦ *rimanere in tema* beim Thema bleiben. ***2*** *(scolastico)* Aufsatz *(m)*.
temerarietà *(f)* ~ Kühnheit *(f)*.
temerario *(agg)* ~ wagemutig.
temere[1] *(vi)* ~ *(preoccuparsi)* {~ *per qcn/qcs*} für/um jmdn/etwas fürchten *(vi*, hat*)*.
temere[2] *(vt)* ***1*** *(avere paura)* fürchten *(vt)*. ***2*** *(prevedere)* fürchten *(vt)*, befürchten *(vt)* ♦ *temo di non poter venire* ich fürchte, dass ich nicht kommen kann.
temperamatite *(m)* ~ Bleistiftspitzer *(m)*.
temperamento *(m)* ~ *(carattere)* Temperament *(n) (anche mus)*.
temperare *(vt)* ***1*** *(mitigare)* mildern *(vt)*. ***2*** *(appuntire)* spitzen *(vt)*.
temperatura *(f)* ~ Temperatur *(f) (anche med)*; *(del forno)* Hitze *(f)* ♦ *temperatura ambiente* Raumtemperatur ♦ *temperatura minima* Tiefsttemperatur.
temperino *(m)* ~ Taschenmesser *(n)*.
tempesta *(f)* ~ Sturm *(m)* ♦ *la tempesta infuria, si placa* der Sturm tobt, legt sich.
tempestare *(vt)* ~ bestürmen *(vt)* ♦ *tempestare qcn di domande* jmdn mit Fragen bestürmen.
tempestivamente *(avv)* ~ prompt.
tempestività *(f)* ~ Promptheit *(f)*.
tempestivo *(agg)* ~ prompt.
tempestoso *(agg)* ~ stürmisch.
tempia *(f)* ~ *(anat)* Schläfe *(f)*.
tempio *(m)* ~ Tempel *(m) (anche fig)*.
tempo *(m)* ***1*** Zeit *(f)* ♦ *il tempo passa* die Zeit vergeht ♦ *il tempo stringe* die Zeit drängt ♦ *ho solo un'ora di tempo* ich habe nur eine Stunde Zeit ♦ *non ho tempo* ich habe keine Zeit ♦ *da molto tempo* seit langer Zeit ♦ *poco, molto tempo fa* vor kurzer, langer Zeit ♦ *è passato molto tempo (da quando...)* es ist lange her, (seit wann) ♦ *ai miei tempi* zu meiner Zeit ♦ *tempo libero* Freizeit. ***2*** *(atmosferico)* Wetter *(n)* ♦ *brutto, bel tempo* schlechtes, schönes Wetter. ***3*** *(mus)* Takt *(m)* ♦ *tenere il tempo* den Takt halten. ***4*** *(gramm)* Tempus *(n)*, Zeitform *(f)* ♦ *tempi semplici, composti* einfache, zusammengesetzte Tempora. ***5*** *(sport)* Halbzeit *(f)* ♦ *nel primo tempo* in der ersten Halbzeit. ◆ **perdita di tempo** Zeitverlust *(m)*. ◆ **senza tempo** zeitlos *(agg)*. ◆ **un tempo** *(allora)* früher *(avv)*. ◆ **nello stesso tempo** zugleich *(avv)*. ◆ **per tempo** *(presto)* frühzeitig *(avv)*. ◆ **da quanto tempo?** wie lange? ♦ *wie lange lernst du schon Deutsch?* da quanto tempo studi il tedesco? ◆ **a tempo (in)determinato** (un)befristet *(agg)* ♦ *assumere qcn a tempo determinato* jmdn befristet einstellen.

temporale[1] *(agg)* **1** *(cronologico)* zeitlich. **2** *(terreno)* weltlich.
temporale[2] *(m)* ~ Gewitter *(n)*.
temporalesco *(agg)* ~ gewitterig.
temporaneo *(agg)* ~ vorübergehend, zeitweilig.
temprare *(vt)* **1** *(metalli)* stählen *(vt)*. **2** *(irrobustire)* ab|härten *(vt)* ♦ *temprare il fisico* den Körper abhärten.
tenace *(agg)* **1** *(resistente)* widerstandsfähig. **2** *(perseverante)* hartnäckig, beharrlich.
tenacia *(f)* ~ Zähigkeit *(f)*, Hartnäckigkeit *(f)*.
tenaglia *(f)* ~ *(spec pl)* Zange *(f)*.
tenda *(f)* **1** *(di finestra)* Vorhang *(m)* ♦ *aprire, chiudere le tende* die Vorhänge aufziehen, zuziehen. **2** *(da campo)* Zelt *(n)*. ◆ **tendina** *(di finestra)* Gardine *(f)*.
tendenza *(f)* **1** Tendenz *(f)* *(anche moda)* ♦ *essere di tendenze progressiste* fortschrittlich eingestellt sein. **2** *(inclinazione)* Hang *(m)*, Neigung *(f)* ♦ *avere la tendenza a esagerare* einen Hang zur Übertreibung haben.
tendere[1] *(vi)* **1** *(avere una inclinazione)* neigen *(vi, hat)* ♦ *tende alla depressione* er neigt zu Depressionen. **2** *(mirare)* {~ *a qcs*} nach etwas streben *(vi, hat)*.
tendere[2] *(vt)* **1** *(tirare)* spannen *(vt)* ♦ *tendere un arco, una fune* einen Bogen, ein Seil spannen. **2** *(braccia, gambe, ecc)* aus|strecken *(vt)*. **3** *(porgere)* {~ *qcs a qcn*} jmdm etwas hin|reichen *(vt)*. ◆ **tendere una trappola a qcn** jmdm eine Falle stellen.
tendersi *(vr)* ~ sich spannen *(vr)*.
tendine *(m)* ~ *(anat)* Sehne *(f)*.
tendone *(m)* ~ Zelt *(n)* ♦ *tendone da circo* Zirkuszelt.
tenebra *(f)* ~ Finsternis *(f)*, Dunkelheit *(f)*.
tenente *(m)* ~ *(mil)* Oberleutnant *(m)*.
teneramente *(avv)* ~ zärtlich.
tenere[1] *(vi)* **1** *(resistere, reggere)* halten* *(vi, hat)* ♦ *la fune tiene* das Seil hält. **2** {~ *a qcs*} Wert auf etwas *(Acc)* legen *(vt)*; {~ *a qcn*} an jmdm hängen* ♦ *tengo molto alla puntualità* ich lege viel Wert auf Pünktlichkeit. ♦ *tiene molto a lui* sie hängt sehr an ihm. **3** *(fare presa)* zusammen|halten* *(vi, hat)*. **4** *(essere impermeabile)* dicht halten* *(vi, hat)*. ◆ **tenere duro** durch|halten* *(vi, hat)*. ◆ **tenere caldo** warm halten*.
tenere[2] *(vt)* **1** halten* *(vt)* ♦ *tenere in mano qcs* etwas in der Hand halten ♦ *tenere qcn per un braccio* jmdn am Arm halten. **2** *(lasciare)* halten* *(vt)*, lassen* *(vt)* ♦ *tenere chiusa la porta* die Tür geschlossen halten. **3** *(mantenere)* behalten* *(vt)*, halten* *(vt)* ♦ *tenere la rotta* den Kurs halten ♦ *tenere in ordine* in Ordnung behalten. **4** *(lezioni, conferenze, ecc)* halten* *(vt)*, ab|halten* *(vt)*. **5** *(trattare)* halten* *(vt)*, behandeln *(vt)* ♦ *l'auto è tenuta molto bene* das Auto ist sehr gut gehalten. **6** *(gestire)* führen *(vt)*. ◆ **tener testa a qcn** jmdm die Stirn bieten*. ◆ **tenere a freno qcn/qcs** jmdn/etwas zügeln *(vt)*. ◆ **tenere lontano** *(qcs di fastidioso)* ab|halten* ♦ *tenere lontano le mosche* die Fliegen abhalten. ◆ **tieni!/tenga!** bitte ♦ *"Potrebbe darmi il giornale?" "Tenga!"* „Könnten Sie mir die Zeitung geben" „Bitte!".
tenerezza *(f)* **1** *(affetto)* Zärtlichkeit *(f)* ♦ *scambiarsi tenerezze* Zärtlichkeiten austauschen. **2** *(morbidezza)* Zartheit *(f)*, Weichheit *(f)*.
tenero *(agg)* **1** *(affettuoso)* zärtlich, zart ♦ *sguardi teneri* zärtliche Blicke. **2** *(delicato, morbido)* zart, weich ♦ *carne tenera* zartes Fleisch.
tenersi *(vr)* **1** *(reggersi)* {~ *a qcn/qcs*} sich (an jmdm/etwas) fest|halten* *(vr)*. **2** *(per sé)* behalten* *(vt)* ♦ *puoi tenerti le foto* du darfst die Fotos behalten. ◆ **tenersi pronto** sich bereit halten*. ◆ **tenersi sulla sinistra**, **sulla destra** sich links, rechts halten*.
tenia *(f)* ~ *(zool)* Bandwurm *(m)*.
tennis *(m)* ~ Tennis *(n)* ♦ *giocare a tennis* Tennis spielen. ◆ **campo da tennis** Tennisplatz *(m)*. ◆ **palla da tennis** Tennisball *(m)*. ◆ **racchetta da tennis** Tennisschläger *(m)*.
tennista *(m/f)* ~ Tennisspieler *(m; f -in)*.
tenore *(m)* **1** *(mus)* Tenor *(m)*. **2** *(fig)* Tenor *(m)*, Ton *(m)*. ◆ **tenore di vita** Lebensstandard *(m)*.
tensione *(f)* **1** *(di corda e sim)* Spannung *(f)* *(anche elettr)* ♦ *alta tensione* Hochspannung *(f)*. **2** *(contrasto, nervosismo)*

Spannung *(f)*, Stress *(m)* ♦ *essere in tensione* unter Stress stehen.
tentacolo *(m)* ~ *(zool)* Fangarm *(m)*, Tentakel *(m/n)*.
tentare *(vt)* ***1*** versuchen *(vt)* ♦ *ho già tentato di tutto* ich habe schon alles versucht. ***2*** *(invogliare)* locken *(vt)*, reizen *(vt)* ♦ *la tua proposta mi tenta* dein Angebot reizt mich.
tentativo *(m)* ~ Versuch *(m)* ♦ *al primo tentativo* beim ersten Versuch.
tentazione *(f)* ~ Versuchung *(f)*.
tentennamento *(m)* ~ Schwanken *(n)*. ◆ **dopo molti tentennamenti** nach langem Hin und Her.
tentennare *(vi)* ***1*** *(oscillare)* wackeln *(vi, hat)*. ◆ **un dente che tentenna** ein wackeliger Zahn. ***2*** *(esitare)* schwanken *(vi, hat)*, zögern *(vi, hat)*.
tentoni *(avv)* ~ **procedere a tentoni** sich tasten *(vr)*.
tenue *(agg)* ***1*** *(delicato, di colore)* zart, sanft. ***2*** *(fioco, luce)* schwach.
tenuta *(f)* ***1*** *(podere)* Anwesen *(n)*. ***2*** *(divisa) (sport)* Dress *(m)*; *(da lavoro)* Montur *(f)*; *(uniforme)* Uniform *(f)*. ◆ **tenuta di strada** Straßenlage *(f)*. ◆ **a tenuta stagna** dicht *(agg)*.
tenuto *(agg)* ~ verpflichtet ♦ *essere tenuto a fare qcs* verpflichtet sein, etwas zu tun.
teologia *(f)* ~ Theologie *(f)*.
teologico *(agg)* ~ theologisch.
teologo *(m; f* **-a***)* ~ Theologe *(m; f* -gin*)*.
teorema *(m)* ~ Lehrsatz *(m)*.
teoria *(f)* ***1*** Theorie *(f)*. ***2*** *(opinione)* Meinung *(f)*. ◆ **in teoria** theoretisch *(avv)*.
teoricamente *(avv)* ~ theoretisch.
teorico *(agg)* ~ theoretisch.
teppista *(m/f)* ~ Rowdy *(m)*, Wandale *(m; f* -lin*)*.
terapeuta *(m/f)* ~ Therapeut *(m; f* -in*)*.
terapeutico *(agg)* ~ therapeutisch.
terapia *(f)* ~ Therapie *(f)*.
tergicristallo *(m)* ~ Scheibenwischer *(m)*.
tergiversare *(vi)* ~ herum|reden *(vi, hat)*.
terme *(f pl)* ~ Therme *(f)*, Thermalbad *(n)*.
termico *(agg)* ~ thermisch. ◆ **energia termica** Wärmeenergie *(f)*.
terminal *(m)* ~ *(aeron)* Terminal *(n)*.
terminale *(m)* ~ *(elab)* Terminal *(n)*.
terminare[1] *(vi)* ***1*** *(finire, concludersi)* enden *(vi, hat)* ♦ *la conferenza terminò alle undici* der Vortrag endete um 11 Uhr. ***2*** *(gramm)* aus|gehen* *(vi, ist)*.
terminare[2] *(vt)* ~ beenden *(vt)* ♦ *terminare un lavoro* eine Arbeit beenden.
termine *(m)* ***1*** *(fine)* Ende *(n)* ♦ *al termine della strada* am Ende der Straße ♦ *portare a termine qcs* etwas zu Ende bringen. ***2*** *(scadenza)* Frist *(f)* ♦ *entro i termini stabiliti* zur festgesetzten Frist. ***3*** *(pl) (condizioni)* Bedingungen *(pl)*. ***4*** *(vocabolo)* Wort *(n)*, Ausdruck *(m)* ♦ *termine tecnico* Fachausdruck. ◆ **contratto a termine** befristeter Vertrag *(m)*, Zeitvertrag *(m)*. ◆ **termine di consegna** Liefertermin *(m)*. ◆ **a breve termine** kurzfristig *(agg/avv)*. ◆ **a lungo termine** langfristig *(agg/avv)*. ◆ **senza mezzi termini** unverblümt *(agg/avv)*.
termite *(f)* ~ Termite *(f)*.
termometro *(m)* ~ Thermometer *(m)*.
termos *(m)* ~ Thermosflasche *(f)*.
termostato *(m)* ~ Thermostat *(m)*.
terra *(f)* ***1*** *(mondo)* Erde *(f)* *(anche astron)*; Welt *(f)*. ***2*** *(materiale)* Erde *(f)* *(anche elettr)* ♦ *terra fertile, arida* fruchtbare, trockene Erde. ***3*** *(suolo)* Boden *(m)* ♦ *per, in terra (stato)* auf dem Boden; *(moto)* auf den Boden ♦ *essere a terra (fig)* auf den Boden zerstört sein. ***4*** *(terraferma; terreno)* Land *(n)* ♦ *per mare e per terra* zu Lande und zu Wasser. ◆ **a terra** ***1*** am Boden. ***2*** *(pneumatico)* platt *(agg)*. ◆ **terra terra** niveaulos *(agg)*.
terracotta *(f)* ~ Terrakotta *(f)*, Ton *(m)*.
terraferma *(f)* ~ Land *(n)*, Festland *(n)*.
terrapieno *(m)* ~ Erdwall *(m)*.
Terrasanta *(f)* ~ Heiliges Land *(n)*.
terrazza *(f)* ~ Terrasse *(f)*; *(balcone)* Balkon *(m)*.
terremoto *(m)* ~ Erdbeben *(n)*. ◆ **scossa di terremoto** Erdstoß *(m)*.
terreno[1] *(agg)* ~ weltlich, irdisch.
terreno[2] *(m)* ***1*** *(suolo)* Boden *(m)* *(anche fig)* ♦ *terreno fertile* fruchtbarer Boden ♦ *guadagnare, perdere terreno* (an) Boden gewinnen, verlieren. ***2*** *(appezzamento)* Grundstück *(n)*.
terreo *(agg)* ~ erdfarben.
terrestre *(agg)* ~ Erd-, Land- ♦ *globo terrestre* Erdkugel *(f)* ♦ *superficie terrestre*

Erdoberfläche *(f)* ♦ *animale terrestre* Landtier *(n)*.
terribile *(agg)* ~ schrecklich, entsetzlich, fürchterlich.
terribilmente *(avv)* ~ furchtbar, schrecklich *(anche fig)* ♦ *è terribilmente tardi* es ist furchtbar spät.
terriccio *(m)* ~ Blumenerde *(f)*.
terrificante *(agg)* ~ entsetzlich, gruselig.
territoriale *(agg)* ~ territorial. ◆ **acque territoriali** Hoheitsgewässer *(pl)*.
territorio *(m)* ***1*** Gebiet *(n)*. ***2*** *(di uno stato)* Territorium *(n)*, Hoheitsgebiet *(n)*.
terrore *(m)* ~ Schrecken *(m)*, Grauen *(n)* ♦ *incutere terrore* Schrecken einjagen.
terrorismo *(m)* ~ Terrorismus *(m)*, Terror *(m)*.
terrorista *(m/f)* ~ Terrorist *(m; f -in)*.
terroristico *(agg)* ~ terroristisch, Terror- ♦ *attentato terroristico* Terroranschlag *(m)*.
terrorizzare *(vt)* ~ terrorisieren *(vt)*.
terrorizzato *(agg)* ~ zu Tode erschrocken.
terroso *(agg)* ~ erdig.
terziario *(m)* ~ *(econ)* Dienstleistungsbereich *(m)*.
terzo[1] *(agg num ord)* ~ dritte(r, -s). ◆ **il terzo mondo** die Dritte Welt.
terzo[2] *(m)* ***1*** der, die, das Dritte. ***2*** *(frazione)* Drittel *(n)*.
tesa *(f)* ~ *(di cappello)* Krempe *(f)*.
teschio *(m)* ~ *(anat)* Schädel *(m)*.
tesi *(f)* ~ *(principio, opinione)* These *(f)*. ◆ **tesi di laurea** Diplomarbeit *(f)*. ◆ **tesi di dottorato** Doktorarbeit *(f)*, Dissertation *(f)*.
teso *(agg)* ***1*** straff ♦ *una fune tesa* ein straffes Seil. ***2*** *(nervoso; conflittuale)* gespannt, angespannt ♦ *nervi tesi* angespannte Nerven.
tesoriere *(m; f* **-a***)* ~ Schatzmeister *(m; f -in)*.
tesoro *(m)* ***1*** Schatz *(m)* *(anche fig)* ♦ *sei un tesoro!* du bist ein Schatz! ◆ **buono del Tesoro** Schatzanweisung *(f)*. ◆ **caccia al tesoro** Schnitzeljagd *(f)*.
tessera *(f)* ***1*** *(di associazioni e sim)* Ausweis *(m)* ♦ *tessera della biblioteca* Bibliotheksausweis. ***2*** *(per autobus e sim)* Karte *(f)* ♦ *tessera (d'abbonamento) mensile* Monatskarte. ***3*** *(di partito)* Parteibuch *(n)*.
tessere *(vt)* ***1*** weben* *(vt)*. ***2*** *(inganni e sim)* spinnen* *(vt)*. ◆ **tessere le lodi di qcn** ein Loblied auf jmdn anstimmen.
tessile *(agg)* ~ textil, Textil- ♦ *industria tessile* Textilindustrie *(f)* ♦ *fibra tessile* Textilfaser *(f)*.
tessitore *(m)* ~ Weber *(m; f -in)*.
tessitura *(f)* ***1*** *(lavorazione)* Weben *(n)*. ***2*** *(industria)* Weberei *(f)*.
tessuto *(m)* ***1*** *(stoffa)* Gewebe *(n)*, Stoff *(m)*. ***2*** *(anat/biol)* Gewebe *(n)* ♦ *tessuto adiposo* Fettgewebe. ***3*** *(pl)* *(materiali tessili)* Textilien *(pl)*.
test *(m)* ~ Test *(m)* ♦ *test psicologico* psychologischer Test ♦ *test attitudinale* Eignungstest.
testa *(f)* ***1*** Kopf *(m)* ♦ *testa o croce* Kopf oder Zahl? ♦ *dalla testa ai piedi* von Kopf bis Fuß ♦ *una testa fina* ein heller Kopf ♦ *avere la testa dura* einen dicken Kopf haben ♦ *avere in testa qcs* etwas im Kopf haben ♦ *mettersi in testa qcs* sich *(Dat)* etwas in den Kopf setzen; *(cose non vere)* sich *(Dat)* etwas ein|bilden ♦ *andare a testa alta* den Kopf hoch tragen ♦ *togliersi dalla testa qcs* sich *(Dat)* etwas aus dem Kopf schlagen. ***2*** *(persona singola)* Kopf *(m)*, Person *(f)* ♦ *50 Euro a testa* 50 Euro pro Kopf. ***3*** *(estremità)* Spitze *(f)* *(anche sport)*. ◆ **mal di testa** Kopfschmerz *(m)* (spec *pl)* ♦ *ho mal di testa* ich habe Kopfschmerzen. ◆ **colpo di testa** *(sport)* Kopfball *(m)*. ◆ **a testa in giù** kopfüber *(avv)*.
testamento *(m)* ~ Testament *(n)* ♦ *fare testamento* sein Testament machen ♦ *l'Antico, il Nuovo Testamento (relig)* das Alte, Neue Testament.
testardaggine *(f)* ~ Sturheit *(f)*, Starrsinn *(m)*.
testardo *(agg)* ~ stur, dickköpfig.
testardo *(m)* ~ Dickkopf *(m)*.
testare *(vt)* ~ testen *(vt)*.
testata *(f)* ***1*** *(colpo con la testa)* Kopfstoß *(m)*. ***3*** *(giornale)* Zeitung *(f)*; *(titolo del giornale)* Kopf *(m)*. ***2*** *(mil)* Sprengkopf *(m)* ♦ *testata nucleare* atomarer Sprengkopf.
testicolo *(m)* ~ *(anat)* Hoden *(m)*.
testimone ***1*** *(m/f)* Zeuge *(m; f -gin)* *(anche dir)* ♦ *testimone oculare* Augenzeuge ♦

essere testimone di un incidente Zeuge eines Unfalls sein. **2** *(sport)* Staffelstab *(m)*. ◆ **Testimoni di Geova** Zeugen Jehovas.

testimonianza *(f)* **1** *(deposizione)* Zeugenaussage *(f)*. **2** *(attestazione)* Zeugnis *(n)*.

testimoniare[1] *(vi)* ~ aus|sagen *(vi,* hat*)* ♦ *testimoniare in tribunale* vor Gericht als Zeuge aussagen.

testimoniare[2] *(vt)* **1** *(dichiarare)* bezeugen *(vt)*. **2** *(dimostrare)* {~ *qcs*} von etwas zeugen *(vi,* hat*)* ♦ *il suo lavoro testimonia grande esperienza* seine Arbeit zeugt von großer Erfahrung.

testo *(m)* ~ Text *(m)*. ◆ **libro di testo** Lehrbuch *(n)*.

testuale *(agg)* **1** *(letterale)* wörtlich. **2** *(del testo)* Text- ♦ *analisi testuale* Textanalyse *(f)*.

tetano *(m)* ~ *(med)* Wundstarrkrampf *(m)*, Tetanus *(m)*.

tetro *(agg)* ~ düster, finster.

tetta *(f)* ~ *(volg)* Titte *(f)*.

tetto *(m)* ~ *(di un edificio)* Dach *(n)*; *(tettoia)* Überdachung *(f)*. ◆ **il tetto massimo** die oberste Grenze. ◆ **senza tetto** obdachlos *(agg)*.

tettoia *(f)* ~ Überdachung *(f)*; *(sopra una porta)* Vordach *(n)*.

thermos *(m)* ~ Thermosflasche *(f)*.

thriller *(m)* ~ Thriller *(m)*.

ti *(pron pers)* **1** dir, dich ♦ *ti ha scritto una lettera* er hat dir einen Brief geschrieben ♦ *non ti ha riconosciuto* sie hat dich nicht erkannt. **2** *(rifl)* dich ♦ *ti annoierai* du wirst dich langweilen ♦ *ti lavi* du wäschst dich. **3** *(rifl indiretto)* dir ♦ *ti lavi le mani* du wäschst dir die Hände.

tibia *(f)* ~ *(anat)* Schienbein *(n)*.

tic *(m)* ~ Tic *(m)*, Tick *(m)*.

ticchettare *(vi)* ~ ticken *(vi,* hat*)*.

ticchettio *(m)* ~ Ticken *(n)*.

ticket *(m)* **1** *(buono)* Gutschein *(m)*. **2** *(sui medicinali)* Rezeptgebühr *(f)*.

tiepido *(agg)* **1** lauwarm, lau. **2** *(fig)* kühl ♦ *è stata un'accoglienza tiepida* der Empfang war kühl.

tifo *(m)* ~ *(med)* Typhus *(m)*. ◆ **fare il tifo per qcn/qcs** Fan von jmdm/etwas sein*.

tifone *(m)* ~ Taifun *(m)*.

tifoso *(m)* ~ Fan *(m)*.

tiglio *(m)* ~ *(bot)* Linde *(f)*.

tiglioso *(agg)* ~ zäh ♦ *carne tigliosa* zähes Fleisch.

tignola *(f)* ~ *(zool)* Motte *(f)*.

tigrato *(agg)* ~ getigert.

tigre *(f)* ~ *(zool)* Tiger *(m)*.

timbrare *(vt)* **1** stempeln *(vt)*, ab|stempeln *(vt)*. **2** *(obliterare)* entwerten *(vt)*.

timbro *(m)* **1** *(utensile, bollo)* Stempel *(m)* ♦ *apporre un timbro a un documento* eine Urkunde mit einem Stempel versehen. **2** *(mus)* Klangfarbe *(f)*, Klang *(m)*.

timidezza *(f)* ~ Schüchternheit *(f)*.

timido[1] *(agg)* ~ schüchtern, scheu ♦ *un timido tentativo* ein schüchterner Versuch.

timido[2] *(m)* ~ schüchterner Mensch.

timo *(m)* ~ *(bot)* Thymian *(m)*.

timone *(m)* ~ *(naut/aeron)* Ruder *(n)*, Steuer *(n)*.

timoniere *(m)* ~ Steuermann *(m)*.

timore *(m)* **1** Furcht *(f)* ♦ *il timore della morte* die Furcht vor dem Tode ♦ *incutere timore a qcn* jmdm Furcht einjagen. **2** *(soggezione)* Scheu *(f)* ♦ *essere pieno di timore di fronte a qcn/qcs* voller Scheu vor jmdm/etwas sein.

timoroso *(agg)* ~ ängstlich, furchtsam.

timpano *(m)* **1** *(mus)* Pauke *(f)*. **2** *(anat)* Trommelfell *(n)*.

tingere *(vt)* ~ färben *(vt)*; *(una parete)* streichen* *(vt)*.

tingersi *(vr)* ~ sich färben *(vr)* ♦ *mi sono tinta i capelli di biondo* ich habe meine Haare blond gefärbt.

tino *(m)* ~ Bottich *(m)*.

tinozza *(f)* ~ Kübel *(m)*.

tinta *(f)* ~ Farbe *(f)*. ◆ **vedere tutto a tinte fosche** *(fig)* alles grau in grau sehen. ◆ **a tinta unita** einfarbig *(agg)*, uni *(agg indecl)* ♦ *una camicetta a tinta unita* eine uni Bluse.

tintinnare *(vi)* ~ klirren *(vi,* hat*)*.

tinto *(agg)* ~ gefärbt.

tintore *(m)* ~ Färber *(m; f* -in*)*.

tintoria *(f)* **1** *(lavanderia)* Reinigung *(f)*. **2** *(stabilimento per la tintura di stoffe)* Färberei *(f)*.

tintura *(f)* **1** *(colorazione)* Färbung *(f)*. **2** *(preparato)* Tinktur *(f)* ♦ *tintura di jodio* Jodtinktur.

tipico *(agg)* ~ typisch ♦ *essere tipico di qcn/qcs* typisch für jmdn/etwas sein.
tipo *(m)* ~ *(persona; carattere)* Typ *(m)* ♦ *un tipo allegro* ein fröhlicher Typ ♦ *è un tipo simpatico* er ist ein netter Typ. **2** *(genere, specie)* Art *(f)*, Sorte *(f)* ♦ *vini di tutti i tipi* Weine aller Sorten. ◆ **un tipo di** eine Art (von) ♦ *un tipo di stoffa* eine Art Stoff ♦ *un tipo di libri* eine Art von Büchern. ◆ **che tipo di** was für ein ♦ *che tipo di cappello vorresti comprare?* was für einen Hut möchtest du kaufen?
tipografia *(f)* **1** *(laboratorio)* Druckerei *(f)*. **2** *(tecnica)* Typografie *(f)*.
tipografico *(agg)* ~ typografisch.
tipografo *(m)* ~ Drucker *(m)*.
tiraggio *(m)* ~ Zug *(m)*.
tiranneggiare *(vt)* ~ tyrannisieren *(vt)*.
tirannia *(f)* ~ Tyrannei *(f)*.
tirannico *(agg)* ~ tyrannisch.
tiranno *(m)* ~ Tyrann *(m; f -in)*.
tirare[1] *(vi)* **1** *(soffiare, vento)* wehen *(vi, hat)*. **2** *(caminetto e sim)* ziehen* *(vi, hat)*. **3** *(sparare)* {~ *(a qcn/qcs)*} (auf jmdn/etwas) schießen* *(vi, hat)*. **4** *(stringere)* spannen *(vi, hat)* ♦ *il vestito tira sui fianchi* das Kleid spannt über den Hüften. ◆ **tirare avanti** sich durchs Leben schlagen*. ◆ **tirare sul prezzo** (um den Preis) feilschen *(vi, hat)*. ◆ **tirare via** *(lavorare male)* schludern *(vi, hat)*, schlampen *(vi, hat)*.
tirare[2] *(vt)* **1** *(muovere)* ziehen* *(anche fig)* ♦ *i cavalli tirano il carro* die Pferde ziehen den Wagen ♦ *tirare qcn dalla propria parte* jmdn auf seine Seite ziehen ♦ *tirare una linea* eine Linie ziehen ♦ *tirare il freno di emergenza* die Notbremse ziehen. **2** *(tendere)* dehnen *(vt)*, spannen *(vt)* ♦ *tirare una fune* ein Seil spannen. **3** *(lanciare)* {~ *qcs*} etwas werfen* *(vt)*, mit etwas werfen* *(vi, hat)*; *(palla con i piedi)* schießen* *(vt)*. **4** *(sparare, un colpo, ecc)* ab|feuern *(vt)*. ◆ **tirare la cinghia** *(fig)* den Gürtel enger schnallen. ◆ **tirare dentro** herein|ziehen* *(vt)*. ◆ **tirare fuori** heraus|holen *(vt)*, ziehen* *(vt)*. ◆ **tirare qcn fuori dai guai** jmdm aus der Patsche helfen* *(vi, hat)*. ◆ **tirare giù** herunter|lassen* *(vt)* ♦ *tirare giù l'avvolgibile* das Rollo herunterlassen. ◆ **tirare su** **1** *(alzare)* hoch|ziehen* *(vt)*. **2** *(raccogliere)* auf|heben* *(vt)*. **3** *(allevare, bambini)* groß|ziehen* *(vt)*. **4** *(fare coraggio)* auf|richten *(vt)*. ◆ **tirare via** *(trascinare via)* fort|ziehen* *(vt)*.
tirarsi *(vr)* **1** *(reciproco)* sich gegenseitig ziehen* *(vr)*. **2** *(su di sé)* {~ *qcs*} sich *(Dat)* etwas zuziehen *(vr)*. ◆ **tirarsi dietro** *(trascinare)* hinter sich *(Dat)* her|ziehen* *(vt)*. ◆ **tirarsi indietro** *(fig)* einen Rückzieher machen. ◆ **tirarsi su** *(riprendersi)* sich fangen* *(vr)*.
tiratore *(m; f* **-trice***)* ~ Schütze *(m; f -zin)*.
tiratura *(f)* ~ *(edit)* Auflage *(f)*.
tirchio[1] *(agg)* ~ geizig.
tirchio[2] *(m)* ~ Geizhals*(m)*.
tiro *(m)* **1** *(trazione)* Zug *(m)*. **2** *(sport) (lancio)* Wurf *(m)*; *(a calcio)* Schuss *(m)* ♦ *un tiro in porta* ein Schuss ins Tor. **3** *(sparo)* Schuss *(m)*. **4** *(mil) (fuoco)* Beschuss *(m)* ♦ *sotto tiro* unter Beschuss. **5** *(boccata di fumo)* Zug *(m)* ♦ *un tiro di sigaretta* ein Zug an der Zigarette. **6** *(scherzo)* Streich *(m)* ♦ *giocare un tiro a qcn* jmdm einen Streich spielen. ◆ **tiro alla fune** Tauziehen *(n)*. ◆ **tiro a segno** Scheibenschießen *(n)*.
tirocinante *(m/f)* ~ Praktikant *(m; f -in)*, Auszubildende(r) *(m/f)*.
tirocinio *(m)* **1** *(in un ufficio)* Praktikum *(n)*. **2** *(apprendistato)* Lehre *(f)*.
tiroide *(f)* ~ *(anat)* Schilddrüse *(f)*.
tisana *(f)* ~ *(infuso)* Aufguss *(m)*; *(alle erbe)* Kräutertee *(m)*.
tisi *(f)* ~ Schwindsucht *(f)*.
titolare[1] *(vt)* ~ *(mettere un titolo)* betiteln *(vt)*.
titolare[2] *(m)* **1** *(che ha titolo)* Inhaber *(m; f -in)* ♦ *titolare di una carica* Amtsinhaber. **2** *(proprietario)* Eigentümer *(m; f -in)*. **3** *(sport)* Stammspieler *(m; f -in)*.
titolo *(m)* **1** Titel *(m)*, Überschrift *(f)*. **2** *(qualifica, grado)* Titel *(m)* ♦ *titolo nobiliare* Adelstitel. **3** *(econ)* Wertpapier *(n)*. ◆ **titolo di studio** Schulabschluss *(m)*. ◆ **titoli di testa**, **di coda** Vorspann *(m)*, Nachspann *(m)*.
titubante *(agg)* ~ unschlüssig, zögerlich.
titubare *(vi)* ~ zögern *(vi, hat)*.
tizio *(m)* ~ *(fam)* Kerl *(m)*, Typ *(m)*.
toast *(m)* ~ Toast *(m)*.

toccante *(agg)* ~ rührend.

toccare[1] *(vi)* **1** *(spettare)* {~ *a qcn*} jmdm zu|stehen *(vi,* hat*)* ♦ *le tocca la metà dell'eredità* ihr steht die Hälfte des Erbes zu. **2** *(impers) (essere il turno)* dran sein* *(vi,* ist*)*, an der Reihe sein* *(vi,* ist*)* ♦ *quando tocca a me?* wann bin ich dran? **3** *(impers) (essere costretto)* müssen* *(v mod)* ♦ *mi tocca andare a piedi* ich muss zu Fuß gehen.

toccare[2] *(vt)* **1** berühren *(vt)*, an|fassen *(vt)* ♦ *è proibito toccare la merce* die Waren dürfen nicht berührt werden. **2** *(commuovere)* treffen* *(vt)*, rühren *(vt)* ♦ *la notizia mi ha toccato profondamente* die Nachricht hat mich tief getroffen. **3** *(riguardare)* betreffen* *(vt)* ♦ *queste accuse non mi toccano* diese Vorwürfe betreffen mich nicht. **4** *(accennare a un argomento)* streifen *(vt)*.

toccato *(agg)* ~ *(costernato, colpito)* betroffen.

tocco *(m)* **1** Berührung *(f)*. **2** *(impronta)* Note *(f)*, Stil *(m) (anche arte)* ♦ *un tocco personale* eine persönliche Note.

togliere *(vt)* **1** *(spostare, levare)* weg|nehmen* *(vt)*, ab|nehmen* *(vt)*, weg|räumen *(vt)* ♦ *togli i tuoi libri dal tavolo, per favore?* räumst du bitte deine Bücher vom Tisch weg? ♦ *togliere qcs a qcn* jmdm etwas weg|nehmen. **2** *(rimuovere)* entfernen *(vt)*. **3** *(vestiti)* aus|ziehen* *(vt)*; *(cappello, occhiali)* ab|nehmen* *(vt)*. **4** *(organi)* heraus|nehmen* *(vt)*; *(denti)* heraus|ziehen* *(vt)*. **5** *(mat)* ab|ziehen* *(vt)* ♦ *togli 5 da 50* zieh 5 von 50 ab. ◆ **togliere la parola a qcn** jmdm das Wort entziehen*. ◆ **togliere l'appetito, il respiro a qcn** jmdm den Appetit, den Atem verschlagen. ◆ **togliere di mezzo qcn** *(fig)* jmdn aus dem Weg räumen.

togliersi *(vr)* ~ *(abiti)* {~ *qcs*} sich *(Dat)* etwas aus|ziehen* *(vt)*; *(cappello, occhiali)* ab|nehmen* *(vt)* ♦ *mi sono tolta il golf* ich habe mir den Pullover ausgezogen. ◆ **togliersi di mezzo, dai piedi** ab|hauen* *(vi,* hat*)*, sich verziehen* *(vr)* ♦ *togliti dai piedi!* verzieh dich!

toilette *(f)* ~ Toilette *(f)* ♦ *andare alla toilette* auf die/zur Toilette gehen.

tollerabile *(agg)* ~ erträglich.

tollerante *(agg)* ~ tolerant.

tolleranza *(f)* **1** Toleranz *(f)*. **2** *(per una medicina, ecc)* Verträglichkeit *(f)*.

tollerare *(vt)* **1** *(sopportare)* dulden *(vt)*; *(persona)* ertragen* *(vt)*. **2** *(altre idee, opinioni)* tolerieren *(vt)*. **3** *(medicine, ecc)* vertragen* *(vt)*.

tomba *(f)* ~ Grab *(n)*; *(monumentale)* Grabmal *(n)* ♦ *tomba di famiglia* Familiengrab.

tombino *(m)* ~ Gully *(m/n)*.

tomo *(m)* ~ *(volume)* Band *(m)*.

tonaca *(f)* ~ *(di prete)* Talar *(m)*; *(di frate)* Kutte *(f)*; *(di monaca)* Schwesterntracht *(f)*.

tonale *(agg)* ~ *(mus)* tonal.

tonalità *(f)* **1** *(di colore)* Farbton, Ton *(m)*. **2** *(mus)* Tonart *(f)*.

tondeggiante *(agg)* ~ rundlich.

tondo *(agg)* ~ rund ♦ *una cifra tonda* eine runde Summe. ◆ **chiaro e tondo** klipp und klar.

tonfo *(m)* **1** *(in terra)* Plumps *(m)*. **2** *(nell'acqua)* Klatsch *(m)*. **3** *(fig) (flop)* Reinfall *(m)*.

tonico *(agg)* **1** *(corroborante)* tonisch. **2** *(gramm)* betont ♦ *sillaba tonica* betonte Silbe.

tonificante *(agg)* ~ kräftigend, stärkend.

tonificare *(vt)* ~ kräftigen *(vt)*, stärken *(vt)*.

tonnellata *(f)* ~ Tonne *(f)*. ◆ **a tonnellate** tonnenweise *(avv)*.

tonno *(m)* ~ *(zool)* Thunfisch *(m)*.

tono *(m)* **1** *(di discorso, mus)* Ton *(m)* ♦ *non permetto che si usi questo tono con me!* ich verbitte mir diesen Ton! ♦ *toni acuti* hohe Töne. **2** *(di colore)* Farbton *(m)*.

tonsilla *(f)* ~ *(anat)* Mandel *(f)*.

tonsillite *(f)* ~ *(med)* Mandelentzündung *(f)*.

tonto[1] *(agg)* ~ dumm, trottelig.

tonto[2] *(m)* ~ Trottel *(m)*. ◆ **fare il finto tonto** sich *(Acc)* dumm stellen.

topazio *(m)* ~ Topas *(m)*.

topless *(m)* ~ Oben-ohne-Badeanzug *(m)* ♦ *essere in topless* oben-ohne sein.

topo *(m)* ~ *(zool)* Maus *(f)* ♦ *topo di campagna* Feldmaus. ◆ **topo d'albergo** Hoteldieb *(m; f* -in*)*. ◆ **topo di biblioteca** Leseratte *(f)*.

topografia *(f)* ~ Topographie *(f)*.

topografico *(agg)* ~ topographisch.
toponimo *(m)* ~ Ortsname *(m)*.
toppa *(f)* ***1*** *(pezza)* Flicken *(m)*. ***2*** *(serratura)* Schloss *(n)*.
torace *(m)* ~ *(anat)* Brustkorb *(m)*.
torba *(f)* ~ Torf *(m)*.
torbido *(agg)* ~ *(liquido)* trüb(e). ◆ **pescare nel torbido** *(fig)* im Trüben fischen.
torcere *(vt)* ***1*** *(piegare, curvare)* biegen* *(vt)*. ***2*** *(storcere, contorcere)* verdrehen *(vt)* ♦ *torcere un braccio a qcn* jmdm den Arm verdrehen. ◆ **non torcere neppure un capello a qcn** jmdm kein Haar krümmen.
torchiare *(vt)* ***1*** *(comprimere)* pressen* *(vt)*. ***2*** *(fig)* {~ *qcn*} jmdn in die Mangel nehmen* *(vt)*.
torchio *(m)* ~ Presse *(f)*. ◆ **mettere qcn sotto torchio** *(fig)* jmdn in die Mangel nehmen*.
torcia *(f)* ***1*** Fackel *(f)*. ***2*** *(elettrica)* Taschenlampe *(f)*.
torcicollo *(m)* ~ steifer Hals *(m)*.
tordo *(m)* ~ *(zool)* Drossel *(f)*.
torero *(m; f* **-a***)* ~ Stierkämpfer *(m; f* -in*)*.
tormenta *(f)* ~ Schneesturm *(m)*.
tormentare *(vt)* ~ *(dolore, dubbi, ecc)* quälen *(vt)*, plagen *(vt)* ♦ *il (quel) pensiero la tormenta* der Gedanke quält sie ♦ *la sete ci tormentava* uns plagte der Durst.
tormentarsi *(vr)* ~ {~ *con/per qcs*} sich mit etwas quälen *(vr)*.
tormento *(m)* ~ *(fisico, morale)* Qual *(f)*, Plage *(f)*.
tornaconto *(m)* ~ Vorteil *(m)*, Eigennutz *(m)* ♦ *mira solo al proprio tornaconto* er ist nur auf seinen Vorteil bedacht.
tornado *(m)* ~ Tornado *(m)*.
tornante *(m)* ~ Kehre *(f)*.
tornare *(vi)* ***1*** *(indietro)* zurück|kommen* *(vi*, ist*)*; *(con un veicolo)* zurück|fahren* *(vi*, ist*)* ♦ *non è ancora tornato* er ist noch nicht zurückgekommen. ***2*** *(di nuovo)* wieder|kommen* *(vi*, ist*)* ♦ *potrebbe tornare domani?* können Sie bitte morgen wiederkommen? ***3*** {~ *su qcs*} auf etwas *(Acc)* zurück|kommen* *(vi*, ist*)*. ***4*** *(essere esatto)* stimmen *(vi*, hat*)* ♦ *il conto torna* die Rechnung stimmt.
torneo *(m)* ~ *(sport)* Turnier *(n)*.
tornio *(m)* ~ Drehbank *(f)*; *(del vasaio)* Drehscheibe *(f)*.
tornire *(vt)* ~ *(legno)* drechseln *(vt)*; *(metalli)* drehen *(vt)*.
tornitore *(m)* ~ *(di legno)* Drechsler *(m; f* -in*)*; *(di metalli)* Dreher *(m; f* -in*)*.
toro *(m)* ~ *(zool/astrol)* Stier *(m)*.
torpore *(m)* ***1*** *(sonnolenza)* Schläfrigkeit *(f)*. ***2*** *(apatia)* Trägheit *(f)*.
torre *(f)* ~ Turm *(m)* *(anche scacchi)*. ◆ **torre di controllo** Kontrollturm *(m)*, Tower *(m)*.
torrente *(m)* ~ Wildbach *(m)*.
torrenziale *(agg)* ~ *(pioggia, ecc)* strömend.
torretta *(f)* ~ *(di guardia)* Wacht(t)urm *(m)*.
torrido *(agg)* ~ brütend heiß.
torsione *(f)* ***1*** *(rotazione)* Drehung *(f)*. ***2*** Windung *(f)*.
torso *(m)* ~ *(anat)* Oberkörper *(m)*.
torsolo *(m)* ~ Kerngehäuse *(n)*.
torta *(f)* ~ Kuchen *(m)*, Torte *(f)* ♦ *fare una torta* einen Kuchen backen.
torto *(m)* ~ Unrecht *(n)* ♦ *fare (un) torto a qcn* jmdm (ein) Unrecht antun ♦ *avere torto* Unrecht haben ♦ *a torto* zu Unrecht.
tortora *(f)* ~ *(zool)* Turteltaube *(f)*.
tortuoso *(agg)* ***1*** *(strada, ecc)* gewunden. ***2*** *(fig)* vertrackt.
tortura *(f)* ***1*** Folter *(f)*. ***2*** *(fig)* Tortur *(f)*, Qual *(f)*.
torturare *(vt)* ***1*** foltern *(vt)*. ***2*** *(fig)* quälen *(vt)*, foltern *(vt)*.
torturarsi *(vr)* ~ *(fig)* sich quälen *(vr)*.
torvo *(agg)* ~ finster.
tosaerba *(m)* ~ Rasenmäher *(m)*.
tosare *(vt)* ~ scheren* *(vt)*.
tosatura *(f)* ~ Schur *(f)*.
tosse *(f)* ~ Husten *(m)* ♦ *tosse canina* Keuchhusten.
tossico[1] *(agg)* ~ giftig, toxisch, Gift- ♦ *rifiuti tossici* Giftmüll *(m)*. ◆ **sostanza tossica** Schadstoff *(m)*.
tossico[2] *(m)* ~ *(fam)* Fixer *(m; f* -in*)*.
tossicodipendente[1] *(agg)* ~ drogenabhängig.
tossicodipendente[2] *(m/f)* ~ Drogenabhängige(r) *(m/f)*, Süchtige(r) *(m/f)*.
tossicodipendenza *(f)* ~ Drogenabhängigkeit *(f)*.
tossicomane *(agg)* ~ rauschgiftsüchtig.

tossicomania *(f)* ~ Rauschgiftsucht *(f)*.
tossina *(f)* ~ Giftstoff *(m)*.
tossire *(vi)* ~ husten *(vi,* hat*)*.
tostapane *(m)* ~ Toaster *(m)*.
tostare *(vt)* ~ *(caffè)* rösten *(vt)*; *(pane)* toasten *(vt)*.
tosto *(agg)* ~ *(duro)* hart. ◆ **avere una bella faccia tosta** ganz schön frech sein*.
tot *(agg/pron indef)* ~ soundso viel *(avv)*.
totale[1] *(agg)* **1** *(completo, pieno)* völlig, total ◆ *fiducia totale* völliges Vertrauen. **2** *(complessivo)* gesamt, Gesamt- ◆ *l'importo totale* der Gesamtbetrag. ◆ **in totale** insgesamt.
totale[2] *(m)* **1** *(somma)* Summe *(f)*, Endsumme *(f)*. **2** *(importo totale)* Gesamtbetrag *(m)*.
totalità *(f)* ~ Gesamtheit *(f)*.
totalitario *(agg)* ~ *(pol)* totalitär.
totalitarismo *(m)* ~ *(pol)* Totalitarismus *(m)*.
totalizzare *(vt)* ~ *(sport, punti)* insgesamt erzielen *(vt)*.
totalmente *(avv)* ~ völlig, vollkommen.
totocalcio *(m)* ~ Toto *(m/n)* ◆ *vincere al totocalcio* im Toto gewinnen.
tournée *(f)* ~ Tournee *(f)*.
tovaglia *(f)* ~ Tischdecke *(f)*.
tovagliolo *(m)* ~ Serviette *(f)*.
tozzo[1] *(agg)* **1** *(persona)* gedrungen. **2** *(edificio)* klotzig.
tozzo[2] *(m)* ~ **un tozzo di pane** ein Stück Brot.
tra *(prep)* **1** *(tra due persone o cose)* zwischen *(stato = Dat; moto = Acc)* ◆ *la finestra è tra l'armadio e la scrivania* das Fenster ist zwischen dem Schrank und dem Schreibtisch ◆ *ho messo il manuale tra i vocabolari* ich habe das Lehrbuch zwischen die Wörterbücher gestellt ◆ *l'autobus circola tra la stazione e l'aeroporto* der Bus verkehrt zwischen dem Bahnhof und dem Flughafen ◆ *mettersi in mezzo tra due litiganti* zwischen zwei Streitende treten ◆ *tra i due prodotti non c'è una grande differenza* zwischen den beiden Produkten ist kein großer Unterschied. **2** *(tra più persone o cose)* *(con)* unter *(+ Dat)* ◆ *tra le vittime c'era anche un turista italiano* unter den Opfern war auch ein italienischer Tourist ◆ *tra i suoi libri ci sono molti volumi preziosi* unter seinen Büchern sind viele wertvolle Bände ◆ *vogliamo parlare della cosa tra noi* wir wollen die Sachen unter uns besprechen ◆ *uno tra tanti* einer unter vielen. **3** *(tempo)* in *(+ Dat)* ◆ *tra due anni* in zwei Jahren. **4** *(tempo)* zwischen *(+ Dat)* ◆ *tra il 10 e il 20 maggio* zwischen dem 10. und dem 20. Mai ◆ *tra Natale e Capodanno* zwischen Weihnachten und Neujahr. ◆ **tra poco** bald. ◆ **tra l'altro** unter ander(e)m. ◆ **tra le lacrime** unter Tränen.
traballante *(agg)* ~ wackelig ◆ *un tavolo traballante* ein wackeliger Tisch.
traballare *(vi)* ~ wackeln *(vi,* hat*)*.
traboccante *(agg)* **1** *(colmo)* randvoll. **2** *(fig)* überströmend.
traboccare *(vi)* **1** *(liquido; recipiente)* über|laufen* *(vi,* ist*)* ◆ *l'acqua, la vasca da bagno è traboccata* das Wasser, die Badewanne ist übergelaufen. **2** *(fig)* über|strömen *(vi,* ist*)* ◆ *traboccare di gioia* von/vor Freude überströmen.
trabocchetto *(m)* ~ Falle *(f)*. ◆ **domanda (a) trabocchetto** Fangfrage *(f)*.
traccia *(f)* **1** Spur *(f)* *(anche fig)* ◆ *non lasciare tracce* keine Spuren hinterlassen ◆ *essere sulle tracce di qcn* jmdm auf der Spur sein. **2** *(abbozzo, schizzo)* Entwurf *(m)*.
tracciare *(vt)* **1** ziehen* *(vt)* ◆ *tracciare una linea* eine Linie ziehen. **2** *(abbozzare)* um|reißen* *(vt)* ◆ *tracciare il quadro della situazione* die Situration um|reißen.
tracciato *(m)* **1** *(di strada e sim)* Trasse *(f)*. **2** *(di gara)* Strecke *(f)*.
trachea *(f)* ~ *(anat)* Luftröhre *(f)*.
tracollo *(m)* ~ *(finanziario, fisico)* Zusammenbruch *(m)*.
tracotante *(agg)* ~ anmaßend, arrogant.
tracotanza *(f)* ~ Anmaßung *(f)*, Arroganz *(f)*.
tradimento *(m)* **1** Verrat *(m)* ◆ *alto tradimento* Hochverrat. **2** *(infedeltà coniugale)* Betrug *(m)*, Untreue *(f)*. ◆ **a tradimento** hinterrücks *(avv)*.
tradire *(vt)* **1** verraten* *(vt)* ◆ *tradire un amico* einen Freund verraten ◆ *la sua voce tradiva la sua inquietudine* seine Stimme verriet seine Unruhe. **2** *(partner)* betrügen* *(vt)*.

tradirsi *(vr)* ~ sich verraten* *(vr)*.
traditore[1] *(agg)* ***1*** verräterisch. ***2*** *(ingannevole)* trügerisch.
traditore[2] *(m)* ~ Verräter *(m; f* -in*)* ♦ *traditore della patria* Vaterlandesverräter.
tradizionale *(agg)* ***1*** traditionell ♦ *feste tradizionali* traditionelle Feste. ***2*** *(consueto)* herkömmlich ♦ *un metodo tradizionale* ein herkömmliches Verfahren.
tradizionalmente *(avv)* ***1*** traditionell. ***2*** *(come vuole la tradizione)* traditionsgemäß.
tradizione *(f)* ***1*** Tradition *(f)*, Brauch *(m)*. ***2*** *(di cultura)* Überlieferung *(f)*.
tradurre *(vt)* ~ übersetzen *(vt)*, übertragen* *(vt)* ♦ *tradurre una poesia dal tedesco all'italiano* ein Gedicht aus dem Deutschen ins Italienische übersetzen ♦ *tradurre alla lettera* wörtlich übersetzen.
traduttore *(m)* ~ Übersetzer *(m; f* -in*)*. ◆ **traduttore simultaneo** Simultandolmetscher *(m; f* -in*)*.
traduzione *(f)* ~ Übersetzung *(f)*, Übertragung *(f)* ♦ *una traduzione dal francese al tedesco* eine Übersetzung aus dem Französischen ins Deutsche ♦ *traduzione libera* freie Übersetzung. ◆ **traduzione simultanea** Simultandolmetschen *(n)*.
trafelato *(agg)* ~ atemlos.
trafficante *(m)* ~ Händler *(m; f* -in*)* ♦ *trafficante d'armi, di droga* Waffenhändler, Drogenhändler.
trafficare *(vi)* ***1*** *(commerciare)* {~ *in qcs*} mit etwas handeln *(vi,* hat*)*. ***2*** *(armeggiare)* basteln *(vi,* hat*)*, werkeln *(vi,* hat*)*.
traffico *(m)* ***1*** *(commercio)* Handel *(m)* ♦ *traffico di droga* Drogenhandel. ***2*** *(movimento di mezzi)* Verkehr *(m)* ♦ *c'è molto traffico* es herrscht viel Verkehr ♦ *traffico aereo* Flugverkehr.
trafiggere *(vt)* ~ durchbohren *(vt)*.
traforare *(vt)* ~ durch|bohren *(vt)*.
traforo *(m)* ~ *(galleria)* Tunnel *(m)*.
trafugare *(vt)* ~ *(rubare)* stehlen* *(vt)*.
tragedia *(f)* ~ Tragödie *(f)*.
traghettare *(vt)* ***1*** *(portare all'altra sponda)* über|setzen *(vt)*. ***2*** *(il fiume)* überqueren *(vt)*.
traghetto *(m)* ~ Fähre *(f)*.
tragicità *(f)* ~ Tragik *(f)*.
tragico *(agg)* tragisch.
tragitto *(m)* ***1*** *(viaggio)* Fahrt *(f)*. ***2*** *(percorso)* Strecke *(f)*.
traguardo *(m)* ~ Ziel *(n)* *(anche fig)*.
traiettoria *(f)* ~ Bahn *(f)*.
trainare *(vt)* ***1*** *(rimorchiare)* ab|schleppen *(vt)*. ***2*** *(tirare)* ziehen* *(vt)*.
traino *(m)* ***1*** *(azione)* Ziehen *(n)*. ***2*** *(veicolo trainato)* Anhänger *(m)*.
tralasciare *(vt)* ~ *(omettere)* aus|lassen* *(vt)*, weg|lassen* *(vt)*, unterlassen* *(vt)*.
traliccio *(m)* ~ Mast *(m)*.
tram *(m)* ~ Straßenbahn *(f)*.
trama *(f)* ***1*** *(tessuto)* Schussfaden *(m)*. ***2*** *(di romanzo e sim)* Handlung *(f)*. ***3*** *(intrigo)* Intrige *(f)*.
tramandare *(vt)* ~ überliefern *(vt)*.
tramandato *(agg)* ~ überliefert.
tramare *(vt)* ~ *(inganni e sim)* an|zetteln *(vt)*, an|stiften *(vt)*.
trambusto *(m)* ~ Getümmel *(n)*, Trubel *(m)*.
tramezzino *(m)* ~ Sandwich *(n)*.
tramezzo *(m)* ~ *(parete divisoria)* Zwischenwand *(f)*.
tramite[1] *(prep)* ~ mittels (+ *Gen*), durch (+ *Acc*).
tramite[2] *(m)* ~ *(intermediario)* Vermittlung *(f)*.
tramontana *(f)* ~ Nordwind *(m)*.
tramontare *(vi)* ~ unter|gehen* *(vi,* ist*)* *(anche fig)*.
tramonto *(m)* ***1*** Sonnenuntergang *(m)*. ***2*** *(fig)* Untergang *(m)*.
trampolino *(m)* ***1*** Sprungbrett *(n)*. ***2*** *(sci)* Schanze *(f)*.
trampolo *(m)* ~ Stelze *(f)*.
tramutare *(vt)* ~ {~ *qcn in qcn/qcs*} jmdn in jmdn/etwas verwandeln *(vt)*.
tramutarsi *(vr)* ~ {~ *in qcn/qcs*} sich in jmdn/etwas verwandeln *(vr)*.
trance *(f)* ~ Trance *(f)*.
trancia *(f)* ***1*** *(macchina)* Schneidemaschine *(f)*. ***2*** *(gastr)* Tranche *(f)*.
tranciare *(vt)* ~ schneiden* *(vt)*.
tranello *(m)* ~ Falle *(f)* ♦ *tendere un tranello a qcn* jmdm eine Falle stellen.
trangugiare *(vt)* ~ *(cibo)* hinunter|schlingen* *(vt)*; *(bevanda)* hinunter|schlucken *(vt)*.
tranne *(prep)* ~ außer (+ *Dat*), ausgenommen *(anche posp* + *Acc)* ♦ *nessuno tranne me lo sa* niemand außer mir weiß es ♦

vennero tutti, tranne mio fratello es kamen alle, ausgenommen mein Bruder/meinen Bruder ausgenommen. ◆ **tranne che** *(congiunz)* außer, außer dass ◆ *parla con tutti, tranne che con me* sie spricht mit allen, außer mit mir.

tranquillamente *(avv)* ~ ruhig *(anche fig)*.

tranquillante *(m)* ~ Beruhigungsmittel *(n)*.

tranquillità *(f)* ~ Ruhe *(f)* ◆ *in tutta tranquillità* in aller Ruhe.

tranquillizzare *(vt)* ~ beruhigen *(vt)*.

tranquillizzarsi *(vr)* ~ sich beruhigen *(vr)*.

tranquillo *(agg)* ~ ruhig ◆ *stare tranquillo* ruhig bleiben.

transatlantico[1] *(agg)* ~ transatlantisch.

transatlantico[2] *(m)* ~ Ozeandampfer *(m)*.

transazione *(f)* **1** *(dir)* Vergleich *(m)*. **2** *(compravendita)* Transaktion *(f)*.

transenna *(f)* ~ Sperre *(f)*, Schranke *(f)*.

transennare *(vt)* ~ ab|sperren *(vt)*.

transessuale *(m/f)* ~ Transsexuelle(r) *(m/f)*.

transetto *(m)* ~ *(archit)* Querschiff *(n)*.

transigere *(vi)* ~ nach|geben* *(vi, hat)* ◆ *non transigere su qcs* bei etwas nicht nachgeben.

transitare *(vi)* ~ *(a piedi)* vorbei|gehen* *(vi, ist)*; *(con un veicolo)* vorbei|fahren* *(vi, ist)*.

transitivo *(agg)* ~ *(gramm)* transitiv.

transito *(m)* ~ *(a piedi)* Durchgang *(m)*; *(con veicoli)* Durchfahrt *(f)* ◆ *divieto di transito* Durchfahrt verboten!

transitorio *(agg)* ~ vorübergehend. ◆ **fase transitoria** Übergangsphase *(f)*.

transizione *(f)* ~ Übergang *(m)*. ◆ **periodo di transizione** Übergangszeit *(f)*.

tranvia *(f)* ~ Straßenbahn *(f)*.

tranviere *(m)* ~ Straßenbahnfahrer *(m; f -in)*.

trapanare *(vt)* ~ durch|bohren *(vt)*; *(un dente)* bohren *(vt)*.

trapanazione *(f)* ~ Bohrung *(f)*.

trapano *(m)* ~ Bohrer *(m)*.

trapassare *(vt)* ~ durchbohren *(vt)* ◆ *trapassare qcn con lo sguardo* jmdn mit Blicken durchbohren.

trapassato *(m)* ~ **trapassato prossimo, remoto** *(gramm)* Plusquamperfekt *(n)*.

trapasso *(m)* **1** *(passaggio)* Übergang *(m)*. **2** *(morte)* Ableben *(n)*.

trapelare *(vi)* **1** *(filtrare)* {~ *da qcs*} durch etwas dringen* *(vi, ist)*. **2** *(notizie e sim)* durch|sickern *(vi, ist)* ◆ *sono trapelate alcune informazioni* einige Informationen sind durchgesickert.

trapezio *(m)* ~ *(geom/sport)* Trapez *(n)*.

trapiantare *(vt)* **1** *(piante, ecc)* verpflanzen *(vt)*, um|pflanzen *(vt)*. **2** *(med)* verpflanzen *(vt)*, transplantieren *(vt)*.

trapianto *(m)* **1** *(di piante)* Verpflanzung *(f)*. **2** *(di organi)* Transplantation *(f)*, Organtransplantation *(f)*.

trappola *(f)* ~ Falle *(f)* *(anche fig)* ◆ *trappola per topi* Mausefalle ◆ *mettere una trappola* eine Falle aufstellen ◆ *tendere una trappola a qcn* jmdm eine Falle stellen ◆ *essere in trappola* in der Falle sitzen.

trapunta *(f)* ~ Steppdecke *(f)*.

trarre *(vt)* **1** *(tirare)* ziehen* *(vt)* *(anche fig)* ◆ *da ciò si può trarre la conclusione che* daraus kann man den Schluss ziehen, dass. **2** *(estrapolare)* entnehmen* *(vt)* ◆ *la citazione è tratta da un romanzo* das Zitat ist aus einem Roman entnommen.

trasalire *(vi)* ~ {~ *a/per qcs*} vor etwas *(Dat)* zusammen|fahren* *(vi, ist)*.

trasandato *(agg)* ~ ungepflegt, schlampig.

trascendentale *(agg)* ~ *(filos)* transzendental. ◆ **non è niente di trascendentale!** das ist nichts Besonderes.

trascendenza *(f)* ~ *(filos/mat)* Transzendenz *(f)*.

trascinare *(vt)* **1** *(tirare a fatica)* schleppen *(vt)* *(anche fig)* ◆ *trascinare una valigia* einen Koffer schleppen ◆ *trascinare qcn in tribunale* jmdn vor Gericht schleppen. **2** *(fig)* *(entusiasmare)* mit|reißen* *(vt)* ◆ *trascinare il pubblico* das Publikum mitreißen. ◆ **trascinare via** weg|schleppen *(vt)*, fort|reißen* *(vt)*.

trascinarsi *(vr)* **1** *(procedere a fatica)* sich fort|schleppen *(vr)*, sich dahin|schleppen *(vr)*. **2** *(fig)* sich hin|ziehen* *(vr)*.

trascorrere[1] *(vi)* ~ vergehen* *(vi, ist)*.

trascorrere[2] *(vt)* ~ verbringen* *(vt)* ◆ *abbiamo trascorso l'estate in campagna* wir haben den Sommer auf dem Land verbracht.

trascrivere *(vt)* **1** *(copiare)* ab|schreiben* *(vt)*. **2** *(dir)* ein|tragen* *(vt)*.

trascrizione *(f)* ***1*** *(atto del copiare)* Abschreiben *(n)*; *(copia)* Abschrift *(f)*. ***2*** *(dir)* Eintragung *(f)*.

trascurabile *(agg)* ~ unerheblich, unbedeutend.

trascurare *(vt)* ~ vernachlässigen *(vt)* ♦ *trascura la famiglia* er vernachlässigt seine Familie.

trascurarsi *(vr)* ~ sich vernachlässigen *(vr)*, sich gehen lassen* *(vr)*.

trascuratezza *(f)* ~ Nachlässigkeit *(f)*.

trascurato *(agg)* ***1*** *(negligente, sciatto)* nachlässig. ***2*** *(mal tenuto)* ungepflegt.

trasferibile *(agg)* ~ *(assegno)* übertragbar.

trasferimento *(m)* ***1*** *(cambiare posto di lavoro)* Versetzung *(f)*. ***2*** *(di cose)* Verlegung *(f)*. ***3*** *(trasloco)* Umzug *(m)*. ***4*** *(trasporto)* Transport *(m)*, Überführung *(f)*. ***5*** *(econ) (di capitali)* Transfer *(m)*. ***6*** *(dir) (di un diritto)* Übertragung *(f)*. ◆ **trasferimento dati** Datenübertragung *(f)*. ◆ **trasferimento bancario** Banküberweisung *(f)*.

trasferire *(vt)* ***1*** *(lavoratori)* versetzen *(vt)*; *(cose, attività)* verlegen *(vt)*. ***2*** *(trasportare, persone)* überführen *(vt)*. ***3*** *(soldi)* überweisen* *(vt)* ♦ *trasferire una somma su un conto* eine Summe auf ein Konto überweisen. ***4*** *(dir) (proprietà)* {~ *qcs a qcn*} jmdm etwas übertragen* *(vt)*.

trasferirsi *(vr)* ~ *(cambiare casa)* um|ziehen* *(vi*, ist*)*, ziehen* *(vi*, ist*)* ♦ *ci siamo trasferiti a Roma* wir sind nach Rom umgezogen.

trasferta *(f)* ~ *(sport)* Auswärtsspiel *(n)*. ◆ **giocare in trasferta** auswärts spielen.

trasfigurare *(vt)* ***1*** *(mutare)* verändern *(vt)*. ***2*** *(relig)* verklären *(vt) (anche fig)* ♦ *l'arte trasfigura la realtà* die Kunst verklärt die Realität.

trasfigurazione *(f)* ***1*** *(trasformazione)* Veränderung *(f)*. ***2*** *(relig)* Verklärung *(f) (anche fig)* ♦ *trasfigurazione di Cristo* Verklärung Christi.

trasformare *(vt)* ***1*** *(completamente)* verwandeln *(vt)*, verändern *(vt)*. ***2*** *(nella sua funzione)* {~ *qcs in qcs*} etwas in etwas *(Acc)* um|wandeln *(vt)* ♦ *trasformare una stanza in ufficio* einen Raum in ein Büro umwandeln. ***3*** *(chim/fis)* {~ *qcs in qcs*} etwas in etwas *(Acc)* um|wandeln *(vt)*, um|setzen *(vt)*. ***4*** *(lavorare materiali)* {~ *qcs in qcs*} etwas zu etwas verarbeiten *(vt)*.

trasformarsi *(vr)* ~ {~ *(in qcn/qcs)*} sich (in jmdn/etwas) verwandeln *(vr)*, sich verändern *(vr)*; zu etwas werden* *(vi*, ist*)* ♦ *il principe si trasformò in un rospo* der Prinz verwandelte sich in einen Frosch ♦ *il vino si è trasformato in aceto* der Wein ist zu Essig geworden.

trasformazione *(f)* ***1*** *(cambiamento, metamorfosi)* Verwandlung *(f)*, Veränderung *(f)*. ***2*** *(di materiali)* Verarbeitung *(f)*. ***3*** *(chim/fis)* Umsetzung *(f)*, Umwandlung *(f)*.

trasfusione *(f)* ~ Transfusion *(f)*, Bluttransfusion *(f)*.

trasgredire *(vt)* ~ übertreten* *(vt)*, verletzen *(vt)*.

trasgressione *(f)* ~ Übertretung *(f)*, Verletzung *(f)*.

trasgressore *(m; f* **-greditrice***)* ~ Gesetzesbrecher *(m; f* -in*)*.

traslare *(vt)* ~ *(salma)* um|betten *(vt)*.

traslato *(agg) (ling) (figurato)* übertragen ♦ *in senso traslato* im übertragenen Sinne.

traslocare *(vi)* ~ um|ziehen* *(vi*, ist*)*.

trasloco *(m) (vt)* ~ Umzug *(m)* ♦ *fare il trasloco* den Umzug machen.

trasmettere *(vt)* ***1*** *(trasferire)* übertragen* *(vt) (anche fis)* ♦ *la malattia non può essere trasmessa all'uomo* die Krankheit kann nicht auf den Menschen übertragen werden. ***2*** *(in tv, radio)* senden* *(vt)*, übertragen* *(vt)* ♦ *l'intervista verrà trasmessa domani* das Interview wird morgen gesendet. ***3*** *(inoltrare)* weiter|leiten *(vt)* ♦ *la Sua richiesta è stata trasmessa all'ufficio di competenza* Ihre Anfrage wurde an das zuständige Amt weitergeleitet.

trasmettersi *(vr)* ~ {~ *a qcn/qcs*} sich auf jmdn/etwas übertragen* *(vi*, ist*)*.

trasmissibile *(agg)* ~ übertragbar.

trasmissione *(f)* ***1*** *(di malattie)* Übertragung *(f) (anche fis)*. ***2*** *(tv, radio)* Sendung *(f)* ♦ *trasmissione televisiva* Fernsehsendung. ◆ **albero di trasmissione** Antriebswelle *(f)*.

trasmittente *(f)* ~ *(apparecchio)* Sendegerät *(n)*.

trasognato *(agg)* ~ verträumt.

trasparente *(agg)* ~ durchsichtig, transparent.

trasparenza *(f)* **1** Durchsichtigkeit *(f)*. **2** *(pol)* Transparenz *(f)*.

trasparire *(vi)* **1** *(luce)* durch|scheinen* *(vi, hat)*. **2** *(fig) (trapelare)* aus|strahlen *(vt)*.

traspirare *(vi)* ~ transpirieren *(vi, hat)*.

traspirazione *(f)* ~ Transpiration *(f)*.

trasportare *(vt)* **1** *(persone o cose con un veicolo)* transportieren *(vt)*, befördern *(vt)* ◆ *il malato fu trasportato in ospedale* der Kranke wurde ins Krankenhaus transportiert. **2** *(a mano, tirare)* tragen* *(vt)*, schleppen *(vt)* ◆ *trasportare una valigia pesante* einen schweren Koffer tragen. **3** *(fig)* versetzen *(vt)* ◆ *il poeta ci trasporta in tempi lontani* der Dichter versetzt uns in eine entfernte Zeit. ◆ **lasciarsi/farsi trasportare** sich mit|reißen lassen* *(vr)* ◆ *mi sono fatto trasportare dall'ira* ich habe mich vom Zorn mitreißen lassen.

trasporto *(m)* **1** *(di cose o persone)* Beförderung *(f)*, Transport *(m)* ◆ *trasporto aereo* Lufttransport. **2** *(entusiasmo)* Begeisterung *(f)*. **3** *(impeto)* Überschwang *(m)*. ◆ **mezzi di trasporto** Trasportmittel *(pl)*, Verkehrsmittel *(pl)*. ◆ **trasporti pubblici** öffentliche Verkehrsmittel *(pl)*.

trastullarsi *(vi)* ~ trödeln *(vi, hat)*.

trasudare[1] *(vi)* ~ aus|schwitzen *(vi, hat)* ◆ *l'umidità trasuda dal muro* Feuchtigkeit schwitzt aus der Mauer aus.

trasudare[2] *(vt)* ~ aus|schwitzen *(vt)* ◆ *il muro trasuda umidità* die Mauer schwitzt Feuchtigkeit aus.

trasversale *(agg)* ~ quer, Quer- ◆ *via trasversale* Querstraße *(f)* ◆ *linea trasversale* Querlinie *(f)*.

tratta *(f)* **1** *(percorso)* Strecke *(f)*. **2** *(comm)* Tratte *(f)*, gezogener Wechsel *(m)*. ◆ **tratta degli schiavi** Sklavenhandel *(m)*.

trattamento *(m)* **1** *(lavorazione; terapia)* Behandlung *(f)* ◆ *trattamento dei tumori* Krebsbehandlung. **2** *(servizio)* Bedienung *(f)*, Bewirtung *(f)*. **3** *(retribuzioni)* Vergütung *(f)*. ◆ **trattamento elettronico dei dati** *(elab)* elektronische Datenverarbeitung *(f)*.

trattare[1] *(vi)* **1** *(contrattare)* handeln *(vi, hat)* ◆ *trattare sul prezzo* um den Preis handeln. **2** *(avere per argomento)* {~ *di qcn/qcs*} von jmdm/etwas handeln *(vi, hat)*.

trattare[2] *(vt)* **1** behandeln *(vt)* ◆ *trattare qcn bene, male, come un amico* jmdn gut, schlecht, als Freund behandeln ◆ *trattare le piante con l'insetticida* Pflanzen mit Insektengift behandeln ◆ *trattare approfonditamente un tema* ein Thema ausführlich behandeln. **3** *(contrattare)* {~ *qcs con qcn*} mit jmdm über etwas *(Acc)* verhandeln *(vi, hat)*.

trattarsi *(impers)* ~ {~ *di qcn/qcs*} es handelt sich um jmdn/etwas *(impers)*, es geht um jmdn/etwas *(impers)* ◆ *si tratta della tua* famiglia es handelt sich um deine Familie ◆ *di che si tratta?* worum handelt es sich?

trattativa *(f)* ~ Verhandlung *(f)*.

trattato *(m)* **1** *(pol)* Abkommen *(n)*, Vertrag *(m)*, Pakt *(m)* ◆ *trattato internazionale* internationales Abkommen ◆ *trattato di pace* Friedensvertrag. **2** *(saggio, trattazione)* Abhandlung *(f)* ◆ *un trattato di biologia* eine biologische Abhandlung.

trattazione *(f)* **1** *(esposizione)* Behandlung *(f)*. **2** *(trattato)* Abhandlung *(f)*.

tratteggiare *(vt)* **1** *(una linea, ecc)* stricheln *(vt)*; *(una superficie)* schraffieren *(vt)* ◆ *le isole linguistiche sono tratteggiate* Sprachinseln sind schraffiert. **2** *(descrivere sommariamente)* skizzieren *(vt)*, umreißen* *(vt)*.

tratteggio *(m)* ~ *(tecnica grafica)* Schraffur *(f)*, Schraffierung *(f)*.

trattenere *(vt)* **1** *(un certo tempo)* auf|halten* *(vt)*, zurück|halten* *(vt)* ◆ *non voglio trattenerla oltre* ich will Sie nicht länger aufhalten. **2** *(tenere fermo)* fest|halten* *(vt)* ◆ *trattenere qcn per un braccio* jmdn am Arm fest|halten. **3** *(sentimenti)* unterdrücken *(vt)* ◆ *non riusciva a trattenere la collera* sie konnte ihre Wut nicht unterdrücken. **4** *(detrarre, una somma, ecc)* ab|ziehen* *(vt)*.

trattenersi *(vr)* **1** *(frenarsi, contenersi)* sich beherrschen *(vr)*, sich zurück|halten* *(vr)*. **2** *(soggiornare)* sich auf|halten* *(vr)*.

trattenuta *(f)* ~ Abzug *(m)* ◆ *trattenuta sullo stipendio* Lohnabzug.

trattino *(m)* ~ *(gramm/edit)* Strich *(m)*, Gedankenstrich *(m)*; *(d'unione)* Bindestrich *(m)*.
tratto *(m)* ***1*** *(linea)* Strich *(m)* ♦ *disegnare qcs con tratti veloci* etwas in schnellen Strichen zeichnen. **2** *(lineamenti; aspetto del carattere)* Zug *(m)* ♦ *i tratti del volto* die Gesichtszüge. **3** *(porzione di percorso)* Stück *(n)*, Abschnitt *(m)* ♦ *fare un tratto di strada a piedi* ein Stück zu Fuß gehen. ◆ **a tratti** streckenweise *(avv)*. ◆ **ad un tratto** plötzlich *(avv)*.
trattore *(m)* ~ Traktor *(m)*.
trattoria *(f)* ~ Gaststätte *(f)*, Wirtschaft *(f)*.
trattrice *(f)* ~ Zugmaschine *(f)*.
trauma *(m)* ~ Trauma *(n)*, Schock *(m)*.
traumatico *(agg)* ~ traumatisch.
traumatizzante *(agg)* ~ traumatisierend, schockierend.
traumatizzare *(vt)* ~ traumatisieren *(vt)*, schockieren *(vt)*.
travaglio *(m)* ***1*** *(tormento interiore)* Qual *(f)*, Leiden *(n)*. **2** *(doglie)* Wehen *(pl)*.
travasare *(vt)* ~ um|füllen *(vt)*.
trave *(f)* ~ Balken *(m)*.
traversa *(f)* ***1*** *(barra)* Querlatte *(f)*; *(trave)* Querbalken *(m)*. **2** *(strada)* Querstraße *(f)*. **3** *(sport)* Latte *(f)* ♦ *colpire la traversa* die Latte treffen.
traversata *(f)* ~ Überquerung *(f)*; *(naut)* Überfahrt *(f)*; Überflug *(m)*.
traversia *(f)* ~ Widrigkeiten *(pl)*, Wechselfälle *(pl)*.
traverso *(agg)* ~ Quer-, quer ♦ *via traversa* Querstraße *(f)*. ◆ **per vie traverse** *(fig)* auf Umwege. ◆ **di traverso** quer *(avv)*, schräg *(avv)* ♦ *mettersi di traverso* sich quer stellen *(vr)* ♦ *guardare qcn di traverso* jmdn schräg an|sehen*. ◆ **andare di traverso** sich an etwas *(Dat)* verschlucken *(vr)* ♦ *gli è andata di traverso la minestra* er hat sich an der Suppe verschluckt.
travestimento *(m)* ~ Verkleidung *(f)*.
travestire *(vt)* ~ verkleiden *(vt)*.
travestirsi *(vr)* ~ sich verkleiden *(vr)* ♦ *si è travestito da clown* er hat sich als Clown verkleidet.
travestito *(m)* ~ Transvestit *(m)*.
traviare *(vt)* ~ {~ *qcn*} jmdn vom rechten Weg ab|bringen* *(vt)*.
travisamento *(m)* ~ Verfälschung *(f)*, Entstellung *(f)*.
travisare *(vt)* ~ entstellen *(vt)*, verfälschen *(vt)* ♦ *travisare la realtà* die Wirklichkeit verfälschen.
travolgente *(agg)* ***1*** *(violento)* ungebändigt. **2** *(fig) (irresistibile)* überwältigend, umwerfend.
travolgere *(vt)* ***1*** *(abbattere con violenza)* fort|reißen* *(vt)*. **2** *(investire)* überfahren* *(vt)* ♦ *è stato travolto da un auto* er wurde von einem Auto überfahren. **3** *(sopraffare)* überwältigen *(vt)* ♦ *è stata travolta dalla passione* die Leidenschaft überwältigte sie.
trazione *(f)* ***1*** Zug *(m)*, Ziehen *(n)*. **2** *(tecn)* Antrieb *(m)* ♦ *trazione elettrica* elektrischer Antrieb ♦ *trazione anteriore, posteriore* Vorderradantrieb, Hinterradantrieb.
tre[1] *(agg num)* ~ drei *(vedi anche* **cinque***)*.
tre[2] *(m)* ~ Drei *(f)*.
trebbiare *(vt)* ~ dreschen* *(vt)*.
treccia *(f)* ~ *(pettinatura)* Zopf *(m)* ♦ *farsi le trecce* sich *(Dat)* Zöpfe flechten.
trecento[1] *(agg num)* ~ dreihundert.
trecento[2] *(m)* ***1*** Dreihundert *(f)*. **2** *(secolo)* vierzehntes Jahrhundert.
tredicesima *(f)* ~ dreizehntes Monatsgehalt *(n)*.
tredici *(agg/m num)* ~ dreizehn.
tregua *(f)* ***1*** *(in guerra)* Waffenstillstand *(m)*. **2** *(pausa)* Ruhe *(f)*, Pause *(f)* ♦ *i dolori non gli danno tregua* die Schmerzen lassen ihm keine Ruhe.
tremante *(agg)* ~ zitternd.
tremare *(vi)* ***1*** zittern *(vi*, hat*)* ♦ *tremavo dal freddo* ich zitterte vor Kälte ♦ *la sua voce tremava* seine Stimme zitterte. **2** *(sussultare)* beben *(vi*, hat*)* ♦ *la terra trema* die Erde bebt.
tremendamente *(avv)* ~ schrecklich, furchtbar *(anche fig)*.
tremendo *(agg)* ~ furchtbar, schrecklich *(anche fig/fam)* ♦ *una guerra tremenda* ein furchtbarer Krieg ♦ *avere una fame tremenda* schrecklichen Hunger haben.
tremito *(m)* ~ Beben *(n)*, Zittern *(n)*.
tremolante *(agg)* ~ zittrig, zitternd ♦ *scrittura tremolante* zittrige Schrift.
tremolare *(vi)* ~ *(voce)* zittern *(vi*, hat*)*; *(fiamma, luce)* flackern *(vi*, hat*)*.

tremolio *(m)* ~ *(della voce)* Zittern *(n)*; *(della fiamma, ecc)* Flackern *(n)*.
tremore *(m)* ~ Zittern *(n)*.
treno *(m)* ~ Zug *(m)* ♦ *il treno per Amburgo* der Zug nach Hamburg ♦ *il treno (non) ferma in tutte le stazioni* der Zug hält (nicht) an allen Stationen ♦ *prendere, perdere il treno* den Zug nehmen, verpassen ♦ *viaggiare in treno* mit dem Zug fahren ♦ *salire sul treno* in den Zug steigen ♦ *scendere dal treno* aus dem Zug steigen ♦ *treno merci* Güterzug. ◆ **treno di pneumatici** Reifensatz *(m)*.
trenta[1] *(agg num)* ~ dreißig *(vedi anche* **cinque***)*.
trenta[2] *(m)* ~ Dreißig *(f)*.
trentennale *(agg)* ***1*** *(che dura trent'anni)* dreißigjährig. ***2*** *(ogni trent'anni)* dreißigjährlich.
trentenne *(agg)* ~ dreißigjährig.
trentesimo[1] *(agg num ord)* ~ dreißigste(r, -s).
trentesimo[2] *(m)* ***1*** Dreißigste *(m)*. ***2*** *(frazione)* Dreißigstel *(n)*.
trentina *(num)* ~ etwa dreißig; *(età)* dreißig. ◆ **essere sulla trentina** um die Dreißig sein*.
trepidare *(vi)* ~ {~ *per qcn/qcs*} um jmdn/etwas bangen *(vi)*.
trepidazione *(f)* ~ Sorge *(f)*.
treppiede *(m)* ~ Stativ *(n)*.
triangolare *(agg)* ~ dreieckig.
triangolo *(m)* ***1*** *(geom)* Dreieck *(n)*. ***2*** *(mus)* Triangel *(m)*. ***3*** *(segnale di pericolo su auto)* Warndreieck *(n)*.
tribù *(f)* ~ Stamm *(m)*, Volksstamm *(m)* ♦ *le tribù germaniche* die germanischen Stämme.
tribuna *(f)* ***1*** *(podio)* Pult *(n)*. ***2*** *(gradinata)* Tribüne *(f)*.
tribunale *(m)* ~ Gericht *(n)* ♦ *testimoniare, comparire in tribunale* vor Gericht aussagen, erscheinen ♦ *tribunale penale* Strafgericht.
tributare *(vt)* ~ {~ *qcs a qcn*} jmdm etwas zollen *(vt)*, jmdm etwas erweisen* *(vt)*.
tributario *(agg)* ~ *(fiscale, del fisco)* steuerlich.
tributo *(m)* ***1*** *(imposta)* Abgabe *(f)*, Steuer *(f)*. ***2*** *(fig)* Tribut *(m)* ♦ *rendere tributo a qcn/qcs* jmdm/etwas Tribut zollen.
tricheco *(m)* ~ *(zool)* Walross *(n)*.
triciclo *(m)* ~ Dreirad *(n)*.
tricolore *(agg)* ~ dreifarbig.
tridimensionale *(agg)* ~ dreidimensional.
triennale *(agg)* ***1*** *(che dura tre anni)* dreijährig. ***2*** *(ogni tre anni)* dreijährlich.
trifoglio *(m)* ~ Klee *(m)*.
triglia *(f)* ~ *(zool)* Seebarbe *(f)*.
trillare *(vi)* ~ trillern *(vi*, hat*)*.
trilogia *(f)* ~ Trilogie *(f)*.
trimestrale *(agg)* ***1*** *(che dura tre mesi)* vierteljährig, dreimonatig. ***2*** *(ogni tre mesi)* vierteljährlich, dreimonatlich.
trimestre *(m)* ~ Vierteljahr *(n)*, Quartal *(n)*.
trina *(f)* ~ Spitze *(f)*.
trincea *(f)* ~ *(mil)* Schützengraben *(m)*.
trincerare *(vt)* ~ *(mil)* verschanzen *(vt)*.
trincerarsi *(vr)* ~ sich verschanzen *(vr)* ♦ *trincerarsi dietro a qcs (fig)* sich hinter etwas *(Dat)* verschanzen.
trinità *(f)* ~ *(relig)* Dreifaltigkeit *(f)*.
trionfale *(agg)* ~ triumphal.
trionfante *(agg)* ~ triumphierend.
trionfare *(vi)* ~ { ~ *su qcn/qcs*} über jmdn/etwas triumphieren *(vi*, hat*)*, siegen *(vi*, hat*)*.
trionfo *(m)* ~ Triumph *(m)*.
triplicare *(vt)* ~ verdreifachen *(vt)*.
triplice *(agg)* ~ dreifach ♦ *in triplice copia* in dreifacher Ausfertigung.
triplo[1] *(agg)* ~ dreifach. ◆ **salto triplo** *(sport)* Dreisprung *(m)*.
triplo[2] *(m)* ~ Dreifache *(n)*.
triste *(agg)* ~ traurig *(agg)* ♦ *essere triste per qcs* über etwas *(Acc)* traurig sein.
tristezza *(f)* ~ Traurigkeit *(f)*.
tritacarne *(m)* ~ Fleischwolf *(m)*.
tritare *(vt)* ***1*** zerkleinern *(vt)*. ***2*** *(cibo)* hacken *(vt)*.
tritato *(agg)* ***1*** zerkleinert. ***2*** *(cibo)* gehackt, Hack-. ◆ **carne tritata** Hackfleisch *(n)*.
trito *(agg)* ***1*** *(tritato)* gehackt. ***2*** *(banale)* abgedroschen.
tritone *(m)* ~ *(zool)* Molch *(m)*.
triturare *(vt)* ~ zerkleinern *(vt)*.
trivella *(f)* ~ Bohrer *(m)*.
trivellare *(vt)* ~ bohren *(vt)*.
trivellazione *(f)* ~ Bohrung *(f)*.
triviale *(agg)* ~ ordinär, vulgär.
trivialità *(f)* ~ Vulgarität *(f)*.
trofeo *(m)* ~ Trophäe *(f)*.

trogolo *(m)* ~ Trog *(m)*.
troia *(f)* ***1*** *(zool)* Sau *(f)*. ***2*** *(fig/volg)* Nutte *(f)*.
tromba *(f)* ***1*** *(mus)* Trompete *(f)*. ***2*** *(delle scale)* Treppenhaus *(m)*. ◆ **tromba d'aria** Windhose *(f)*.
trombare *(vi/vt)* ~ *(volg)* vögeln *(vi/vt, hat)*, bumsen *(vi, hat)*.
trombettista *(m/f)* ~ *(mus)* Trompeter *(m; f -in)*.
trombone *(m)* ~ *(mus)* Posaune *(f)*.
trombonista *(m/f)* ~ *(mus)* Posaunist *(m; f -in)*.
trombosi *(f)* ~ *(med)* Thrombose *(f)*.
troncare *(vt)* ~ ab|brechen* *(vt)* ♦ *troncare un discorso* ein Gespräch abbrechen.
tronco[1] *(agg)* ~ *(interrotto)* abgebrochen. ◆ **licenziare qcn in tronco** jmdm fristlos kündigen.
tronco[2] *(m)* ***1*** *(fusto)* Stamm *(m)*. ***2*** *(anat)* Rumpf *(m)*. ***3*** *(tratto di binari)* Abschnitt *(m)*.
troncone *(m)* ~ *(ceppo tagliato; moncherino)* Stumpf *(m)*.
troneggiare *(vi)* ***1*** *(sedere maestosamente)* thronen *(vi, hat)*. ***2*** *(spiccare)* hervor|ragen *(vi, hat)*.
trono *(m)* ~ Thron *(m)* ♦ *salire al trono* den Thron besteigen.
tropicale *(agg)* tropisch, Tropen- ♦ *pianta tropicale* Tropenpflanze *(f)*.
tropico *(m)* ***1*** *(geogr)* Wendekreis *(m)* ♦ *tropico del Cancro, del Capricorno* Wendekreis des Krebses, Steinbocks. ***2*** *(pl)* Tropen *(pl)*.
troppo[1] *(agg/pron indef)* ~ *(sing)* zuviel; *(pl)* zu viele ♦ *ho messo troppo zucchero nel caffè* ich habe zu viel Zucker in den Kaffee getan ♦ *c'era troppa gente* es waren zu viele Leute da ♦ *sapere troppo* zu viel wissen ♦ *ne ha troppi* er hat schon zu viele.
troppo[2] *(avv)* ***1*** *(+ verbi) (quantità)* zu viel; *(intensità)* zu sehr ♦ *ho mangiato troppo* ich habe zu viel gegessen. ***2*** *(+ agg/avv) (quantità)* zu ♦ *la valigia è troppo piccola* der Koffer ist zu klein ♦ *è troppo tardi* es ist zu spät ♦ *ho dormito troppo poco* ich habe zu wenig geschlafen. ***3*** *(di tempo)* zu lange ♦ *il film è durato troppo* der Film hat zu lange gedauert. ***4*** *(di spazio)* zu weit. ◆ **troppo... per** zu *(+ agg)* als dass ♦ *è troppo giovane per viaggiare da solo* er ist zu jung, als dass er alleine verreisen könnte. ◆ **questo è troppo!** das geht zu weit!
trota *(f)* ~ *(zool)* Forelle *(f)*.
trottare *(vi)* ~ traben *(vi, ist/hat)*.
trotterellare *(vi)* ~ leicht traben *(vi, ist/hat)*.
trotto *(m)* ~ Trab *(m)* ♦ *andare al trotto* im Trab reiten.
trottola *(f)* ~ Kreisel *(m)*.
trovare *(vt)* ***1*** finden* *(vt) (anche estens)* ♦ *non riesco a trovare il giornale* ich kann die Zeitung nicht finden ♦ *ha trovato una soluzione, un lavoro* er hat eine Lösung, eine Arbeit gefunden ♦ *questo lo trovo ridicolo* das finde ich lächerlich ♦ *trovo che* ich finde, dass ♦ *trovare ascolto* Gehör finden ♦ *trovare impiego* Verwendung finden. ***2*** *(rintracciare)* erreichen ♦ *sei riuscito a trovarlo?* hast du ihn erreichen können? ***3*** *(inaspettatamente)* {~ *qcn/qcs*} auf jmdn/etwas stoßen* *(vi, ist)*. ◆ **andare/venire a trovare** *(fare visita)* besuchen ♦ *andare a trovare un amico* einen Freund besuchen.
trovarsi *(vr)* ***1*** *(essere situato)* liegen* *(vi, hat)*, sich befinden* *(vr)* ♦ *Firenze si trova in Toscana* Florenz liegt in der Toskana ♦ *la casa si trova sul mare* das Haus liegt am Meer ♦ *dove si trova il parcheggio?* wo befindet sich der Parkplatz? ***2*** *(essere in una certa situazione)* sich befinden* *(vr)* ♦ *trovarsi in difficoltà* sich in Schwierigkeiten befinden. ***3*** *(sentirsi)* sich fühlen *(vr)* ♦ *mi trovo bene qui* ich fühle mich wohl hier. ***4*** *(reciproco: incontrarsi)* sich treffen* *(vr)* ♦ *ci troviamo stasera al ristorante* wir treffen uns heute abend im Restaurant.
trovata *(f)* ~ *(idea)* Einfall *(m)*, Idee *(f)*.
trovatello *(m)* ~ Findelkind *(n)*.
truccare *(vt)* ***1*** *(imbellettare)* schminken *(vt)*. ***2*** *(carte da gioco)* zinken *(vt)*. ***3*** *(motori; bilancio)* frisieren *(vt)*. ***4*** *(una partita, le elezioni, ecc)* manipulieren *(vt)*.
truccarsi *(vr)* ~ *(farsi il trucco)* sich schminken *(vr)*.
trucco *(m)* ***1*** *(make-up)* Schminke *(f)*, Make-up *(n)*. ***2*** *(stratagemma)* Trick *(m)*, Kniff *(m)*. ◆ **farsi il trucco** sich schmin-

ken. ◆ **conoscere tutti i trucchi** alle Schliche kennen.

truce *(agg)* ***1*** *(sguardo)* finster, grimmig. ***2*** *(persona)* grausam.

trucidare *(vt)* ~ grausam ermordern *(vt)*.

truciolo *(m)* ~ Span *(m)*; *(di legno)* Holzspan *(m)*.

truffa *(f)* ~ Betrug *(m)* *(anche dir)*; Schwindel *(m)* ◆ *commettere una truffa* einen Betrug verüben.

truffare *(vt)* ~ betrügen* *(vt)*.

truffatore *(m)* ~ Betrüger *(m)*.

truppa *(f)* ~ *(mil)* Truppe *(f)* ◆ *truppe di occupazione* Besatzungstruppen.

t-shirt *(f)* ~ T-Shirt *(n)*.

tu *(pron pers)* ***1*** du. ***2*** *(impers)* man ◆ *se pensi che* wenn man denkt, dass. ◆ **dare del tu a qcn** jmdn duzen *(vt*, hat*)* ◆ *posso darle del tu?* darf ich Sie duzen?

tuba *(f)* ***1*** *(cappello)* Zylinderhut *(m)*. ***2*** *(mus)* Tuba *(f)*.

tubare *(vi)* ~ girren *(vi*, hat*)*, gurren *(vi*, hat*)*, turteln *(vi*, hat*)* *(anche fig/fam)*.

tubatura *(f)* ~ Rohrleitung *(f)*. ◆ **tubatura dell'acqua** Wasserleitung *(f)*.

tubercolosi *(f)* ~ *(med)* Tuberkulose *(f)*.

tubero *(m)* ~ *(bulbo)* Knolle *(f)*.

tubetto *(m)* ~ *(di dentifricio, ecc)* Tube *(f)*.

tubo *(m)* ~ Rohr *(n)*, Röhre *(f)* ◆ *tubo di scappamento* Auspuffrohr ◆ *tubo di scarico* Abflussrohr. ◆ **tubo digerente** *(anat)* Verdauungstrakt *(m)*. ◆ **tubo di gomma** Schlauch *(m)*. ◆ **non me ne importa un tubo!** *(fig)* das kümmert mich nicht die Bohne!

tubolare *(agg)* ~ röhrenförmig.

tuffarsi *(vr)* ~ springen* *(vi*, ist*)* ◆ *tuffarsi in acqua* ins Wasser springen. ***2*** *(fig)* sich vertiefen *(vr)*, sich versenken *(vr)* ◆ *si tuffò nella lettura* er vertiefte sich in die Lektüre.

tuffo *(m)* ~ Sprung *(m)* ◆ *tuffo carpiato* Hechtsprung.

tufo *(m)* ~ Tuff *(m)*.

tugurio *(m)* ~ Loch *(n)*, Hütte *(f)*.

tulipano *(m)* ~ *(bot)* Tulpe *(f)*.

tumefatto *(agg)* ~ aufgedunsen, angeschwollen.

tumefazione *(f)* ~ *(med)* Schwellung *(f)*.

tumido *(agg)* ~ geschwollen; *(labbro)* wulstig.

tumore *(m)* ~ *(med)* Tumor *(m)*, Geschwulst *(f)*, Krebs *(m)* ◆ *tumore benigno, maligno* gutartiger, bösartiger Tumor ◆ *tumore al seno* Brustkrebs.

tumulo *(m)* ~ Grabhügel *(m)*.

tumulto *(m)* ***1*** Tumult *(m)*. ***2*** *(fig)* Aufruhr *(m)* ◆ *il suo cuore era in tumulto* sein Herz war in Aufruhr.

tumultuoso *(agg)* ~ stürmisch, tumultartig.

tundra *(f)* ~ Tundra *(f)*.

tunica *(f)* ~ Tunika *(f)*.

tunnel *(m)* ~ Tunnel *(m)*.

tuo[1] *(agg poss)* ***1*** dein ◆ *tuo figlio* dein Sohn ◆ *non è stata colpa tua* es war nicht deine Schuld. ***2*** *(in posizione predicativa)* deiner, deine, deines ◆ *questo libro è tuo* dieses Buch ist deines.

tuo[2] *(pron poss)* ~ deiner, deine, deines ◆ *se non ha l'ombrello può prendere il tuo* wenn er keinen Regeschirm hat, kann er deinen nehmen. ◆ **i tuoi (parenti)** die deinen *(anche* die Deinen*)*.

tuonare ***1*** *(meteor)* donnern *(vi*, hat*)* ◆ *tuona* es donnert. ***2*** *(inveire)* wettern *(vi*, hat*)*.

tuono *(m)* ~ Donner *(m)*.

tuorlo *(m)* ~ Dotter *(m/n)*, Eigelb *(n)*.

turacciolo *(m)* ~ Stöpsel *(m)*, *(di sughero)* Korken *(m)*.

turare *(vt)* ~ *(tappare)* verschließen* *(vt)*, *(con il sughero)* verkorken *(vt)*.

turarsi *(vr)* ***1*** *(chiudersi)* verstopfen *(vi*, ist*)*. ***2*** *(il naso, le orecchie)* {~ *qcs*} sich *(Dat)* etwas zulstopfen *(vr)*.

turbamento *(m)* ***1*** Verwirrung *(f)*. ***2*** *(disturbo)* Störung *(f)* ◆ **turbamento dell'ordine pubblico** Landfriedensbruch *(m)*.

turbare *(vt)* ***1*** *(confondere)* verwirren *(vt)*, beunruhigen *(vt)*. ***2*** *(disturbare)* stören *(vt)*.

turbarsi *(vr)* ~ *(confondersi)* in Verwirrung geraten* *(vi*, ist*)*.

turbina *(f)* ~ Turbine *(f)*.

turbinare *(vi)* ~ wirbeln *(vi*, ist*)*.

turbine *(m)* ***1*** *(vento)* Wirbelwind *(m)*. ***2*** *(tumulto)* Wirbel *(m)*.

turbinio *(m)* ~ Wirbel *(m)*.

turbo *(m)* ~ *(motore)* Turbomotor *(m)*.

turbolento *(agg)* ***1*** *(epoca, tempi)* bewegt, turbulent. ***2*** *(gruppo, discussione)* stürmisch.

turbolenza *(f)* ***1*** *(meteo)* Turbulenz *(f)*. ***2*** *(irrequietezza)* Unruhe *(f)*.

turchese[1] *(agg)* ~ türkis.

turchese[2] *(m)* ~ *(colore, pietra)* Türkis *(n)*.

turchino[1] *(agg)* ~ tiefblau.

turchino[2] *(m)* ~ *(colore)* Tiefblau *(n)*.

turco *(m)* ~ **fumare come un turco** wie ein Schlot rauchen.

turgido *(agg)* ~ prall.

turismo *(m)* ~ Tourismus *(m)*. ◆ **ente del turismo** Fremdenverkehrsamt *(n)*.

turista *(m/f)* ~ Tourist *(m; f -in)*.

turistico *(agg)* ~ touristisch, Reise- ◆ *guida turistica* Reiseführer *(m)*.

turno *(m)* ***1*** *(di lavoro)* Schicht *(f)* ◆ *fare i turni* Schicht arbeiten ◆ *turno di notte* Nachtschicht. ***2*** *(servizio)* Dienst *(m)*; *(notturno)* Nachtdienst *(m)* ◆ *questa farmacia oggi è di turno, fa il turno di notte* diese Apotheke hat heute Dienst, Nachtdienst. ***3*** *(di elezioni)* Wahlgang *(m)*, Durchgang *(m)*. ***4*** *(sport)* Spielrunde *(f)*.

tuta *(f)* ***1*** *(da lavoro)* Overall *(m)*. ***2*** *(sportiva)* Trainingsanzug *(m)*; *(da sub)* Taucheranzug *(m)*. ◆ **tuta mimetica** Tarnanzug *(m)*.

tutela *(f)* ***1*** Schutz *(m)* ◆ *sotto la tutela della legge* unter dem Schutz des Gesetzes ◆ *tutela dell'ambiente* Umweltschutz. ***2*** *(di minorenne)* Vormundschaft *(f)* ◆ *porre sotto tutela (persone)* unter Vormundschaft stellen.

tutelare *(vt)* ***1*** schützen *(vt)*. ***2*** *(interessi e sim)* wahr|nehmen* *(vt)*.

tutore *(m)* ~ *(di minorenne)* Vormund *(m)*.

tutt'al più *(avv)* ~ *(al massimo)* höchstens, allenfalls.

tuttavia *(congiunz)* ~ trotzdem, dennoch, allerdings.

tutto[1] *(agg indef)* ***1*** *(intero) (solo sing)* ganz ◆ *ho letto tutto il libro* ich habe das ganze Buch gelesen ◆ *tutto il mondo* die ganze Welt ◆ *tutti i miei soldi* mein ganzes Geld ◆ *per tutto il giorno* den ganzen Tag ◆ *in tutta la Germania* in ganz Deutschland. ***2*** *(pl)* all *(davanti a articoli e possessivi non si declina)* ◆ *tutti i paesi* alle Länder ◆ *tutta la gente* alle Leute ◆ *tutti i soldi* all das Geld ◆ *tutti i miei libri* all meine Bücher ◆ *tutti e tre* alle drei. ***3*** *(ogni)* jede(r, -s) ◆ *tutti i giorni* jeden Tag ◆ *tutte le settimane* jede Woche.

tutto[2] *(pron indef)* ***1*** alles ◆ *questo è tutto* das ist alles ◆ *ho già tutto ciò che voglio* ich habe schon alles, was ich will. ***2*** *(pl)* alle ◆ *tutti insieme* alle zusammen ◆ *sono tutti d'accordo* alle sind damit einverstanden ◆ *questi libri li ho letti tutti* diese Bücher habe ich alle gelesen. ◆ **tutto sommato** alles in allem. ◆ **tutto il possibile** alles Mögliche. ◆ **tutto ciò** das alles; all(es) das.

tutto[3] *(avv)* ~ ganz ◆ *è tutto diverso* es ist ganz anders. ◆ **del tutto** ganz (und gar) ◆ *non sono del tutto sicuro/a* ich bin mir nicht ganz sicher. ◆ **in tutto** zusammen *(avv)* ◆ *in tutto fa dieci Euro* das macht zusammen zehn Euro.

tuttora *(avv)* ~ noch, immer noch.

u

ubbidiente *(agg)* ~ gehorsam, folgsam.
ubbidienza *(f)* ~ Gehorsam *(m)*.
ubbidire *(vi)* ~ {~ *a qcn*} jmdm gehorchen *(vi,* hat*)*.
ubicazione *(f)* ~ Position *(f)*, Lage *(f)*.
ubriacare *(vt)* ~ berauschen *(vt)*, betrunken machen *(vt)*.
ubriacarsi *(vr)* ~ sich betrinken* *(vr)*.
ubriacatura *(f)* ~ Rausch *(m)*.
ubriachezza *(f)* ~ Betrunkenheit *(f)*, Trunkenheit *(f)*. ◆ **guida in stato di ubriachezza** Trunkenheit am Steuer.
ubriaco *(agg)* ~ betrunken *(agg)* ♦ *ubriaco fradicio* sinnlos/völlig betrunken.
ubriacone *(m; f* **-a***)* ~ Säufer *(m; f* -in*)*.
uccello *(m)* ***1*** Vogel *(m)* ♦ *uccello canoro* Singvogel ♦ *uccello migratore* Zugvogel. ***2*** *(volg)* Schwanz *(m)*.
uccidere *(vt)* ***1*** töten *(vt) (anche fig)*, um|bringen* *(vt)*, ums Leben bringen* *(vt)*. ***2*** *(assassinare)* ermordern. ***3*** *(abbattere selvaggina)* schießen* *(vt/vi,* hat*)*.
uccidersi *(vr)* ~ sich umbringen* *(vr)*.
uccisione *(f)* ~ Tötung *(f)*.
ucciso *(agg)* ~ getötet; *(assassinato)* ermordet.
udibile *(agg)* ~ hörbar, wahrnehmbar.
udienza *(f)* ***1*** Audienz *(f)*. ***2*** *(dir)* Verhandlung *(f)*.
udire *(vt)* ~ hören *(vt)*.
udito *(m)* ~ Gehör *(n)*.
uditore *(m; f* **-trice***)* ***1*** Zuhörer *(m; f* -in*)*. ***2*** *(a scuola, università)* Gasthörer *(m; f* -in*)*.
uditorio *(m)* ~ Hörerschaft *(f)*.
ufficiale[1] *(agg)* ***1*** *(di ufficio, incarico pubblico)* amtlich ♦ *un certificato ufficiale* eine amtliche Bescheinigung ♦ *incarico ufficiale* amtlicher Auftrag. ***2*** *(pubblico; formale)* offiziell ♦ *una notizia ufficiale* eine offizielle Nachricht ♦ *un invito ufficiale* eine offizielle Einladung.
ufficiale[2] *(m)* ~ *(mil)* Offizier *(m)* ♦ *ufficiale di stato maggiore* Stabsoffizier. ◆ **ufficiale giudiziario** Gerichtsvollzieher *(m; f* -in*)*.
ufficialmente *(avv)* ~ offiziell.
ufficio *(m)* ***1*** *(privato)* Büro *(n)* ♦ *in ufficio (stato)* im Büro; *(moto)* ins Büro. ***2*** *(reparto)* Abteilung *(f)* ♦ *ufficio del personale* Personalabteilung. ***3*** *(pubblico)* Amt *(n)*, Stelle *(f)* ♦ *ufficio postale* Postamt ♦ *ufficio di collocamento* Arbeitsamt.
ufficiosamente *(avv)* ~ inoffiziell, halbamtlich.
ufficioso *(agg)* ~ inoffiziell, halbamtlich.
ugola *(f)* ***1*** *(anat)* Gaumenzäpfchen *(n)*. ***2*** *(estens)* Kehle *(f)*.
uguaglianza *(f)* ~ Gleichheit *(f) (anche mat)*.
uguagliare *(vt)* ***1*** *(rendere uguale)* gleich|machen *(vt)*. ***2*** {~ *qcn/qcs*} jmdm/etwas gleich|kommen* *(vi,* ist*)*. ***2*** *(record)* ein|stellen *(vt)*.
uguale *(agg)* ***1*** gleich, derselbe ♦ *indossare vestiti uguali* gleiche Kleider tragen. ***2*** *(indifferente)* gleichgültig, egal ♦ *per me è uguale* das ist mir egal. ***3*** *(omogeneo)* gleichförmig. ***4*** *(mat)* gleich.
ugualmente *(avv)* ***1*** *(nello stesso modo)* gleich, gleicherweise. ***2*** *(in ugual misura)*

gleichermaßen. **3** *(ciononostante)* dennoch ♦ *volle ugualmente venire con noi* er wollte dennoch mitkommen.
ulcera *(f)* ~ *(med)* Geschwür *(n)*.
ulivo *(e derivati)* ~ *vedi* **olivo** *(e derivati)*.
ulteriore *(agg)* ~ weiter ♦ *per ulteriori informazioni* für weitere Auskünfte.
ultimamente *(avv)* ~ neulich, letztlich, in der letzten Zeit.
ultimare *(vt)* ~ vollenden *(vt)*, beenden *(vt)*.
ultimatum *(m)* ~ Ultimatum *(n)*.
ultimazione *(f)* ~ Fertigstellung *(f)*.
ultimo[1] *(agg)* **1** *(di una serie; restante)* letzt ♦ *l'ultimo tentativo* der letzte Versuch ♦ *gli ultimi posti liberi* die letzten freien Plätze ♦ *all'ultimo momento* im letzten Augenblick ♦ *per l'ultima volta* zum letzten Mal(e) ♦ *negli ultimi tempi* in letzter Zeit, in der letzten Zeit. **2** *(più recente)* jüngste, neueste ♦ *l'ultima moda* die neueste Mode ♦ *il suo ultimo romanzo* sein jüngster Roman. **3** *(estremo)* äußerst ♦ *il termine ultimo* der äußerste Termin. **4** *(dell'ultima volta)* letztmalig *(agg)* ♦ *il nostro ultimo colloquio* unser letztmaliges Gespräch. ◆ **per ultimo, da ultimo** zuletzt *(avv)*, als Letzter. ◆ **quest'ultimo** (**di due**) letztere(r, -s) ♦ *in quest'ultimo caso* im letzteren Falle.
ultimo[2] *(m; f* **-a***)* ~ der, die, das Letzte ♦ *l'ultimo del mese* der Letzte der Monats, der Monatsletzte.
ultrasuono *(m)* ~ *(fis)* Ultraschall *(m)*.
ultraterreno *(agg)* ~ überirdisch; *(dell'aldilà)* jenseitig.
ululare *(vi)* ~ heulen *(vi, hat)*.
ululato *(m)* ~ Heulen *(n)*.
umanamente *(avv)* ~ menschlich.
umanesimo *(m)* ~ Humanismus *(m)*.
umanista *(m/f)* ~ Humanist *(m; f -in)*.
umanistico *(agg)* ~ humanistisch.
umanità *(f)* **1** *(genere umano)* Menschheit *(f)*. **2** *(natura umana)* Menschlichkeit *(f)*. **3** *(benevolenza)* Menschlichkeit *(f)*, Humanität *(f)*.
umanitario *(agg)* ~ humanitär.
umano[1] *(agg)* **1** *(dell'uomo)* menschlich, Menschen- ♦ *la natura umana* die menschliche Natur. **2** *(comprensivo, benevolo)* menschlich, human.
umano[2] *(m)* ~ *(spec pl)* Mensch *(m)*.
umettare *(vt)* ~ befeuchten *(vt)*.
umidificare *(vt)* ~ befeuchten *(vt)*.
umidità *(f)* ~ Feuchtigkeit *(f)*.
umido *(agg)* ~ feucht; *(bagnato)* nass ♦ *aria umida* feuchte Luft ♦ *l'erba è ancora umida di rugiada* das Gras ist noch nass vom Tau.
umile *(agg)* **1** *(semplice, modesto)* bescheiden ♦ *una condizione di vita umile* bescheidene Lebensverhältnisse. **2** *(socialmente basso)* niedrig. **3** *(sottomesso)* demütig.
umiliante *(agg)* ~ erniedrigend, demütigend.
umiliare *(vt)* ~ demütigen *(vt)*, erniedrigen *(vt)*.
umiliarsi *(vr)* ~ sich demütigen *(vr)*, sich erniedrigen *(vr)*.
umiliazione *(f)* ~ Demütigung *(f)*, Erniedrigung *(f)*.
umiltà *(f)* ~ Demut *(f)*.
umore *(m)* **1** *(biol)* Körpersaft *(m)*. **2** *(bot)* Pflanzensaft *(m)*. **3** *(fig)* Laune *(f)*, Stimmung *(f)* ♦ *mettere qcn di buono, cattivo umore* jmdn in gute, schlechte Stimmung versetzen. ◆ **essere di buono, cattivo umore** gute/schlechte Laune haben, gut/schlecht gelaunt sein*.
umorismo *(m)* ~ Humor *(m)* ♦ *(non) avere il senso dell'umorismo* (keinen) Humor haben.
umorista *(m/f)* ~ Humorist *(m; f -in)*.
umoristico *(agg)* ~ humoristisch.
un *(art)* ~ *vedi* **uno**.
una *(f)* ~ *(nelle indicazioni orarie)* ein Uhr, eins ♦ *all'una* um ein Uhr/um eins ♦ *dopo, prima dell'una* nach, vor eins.
unanime *(agg)* ~ einstimmig, einhellig.
unanimità *(f)* ~ Einstimmigkeit *(f)*. ◆ **all'unanimità** einstimmig *(agg)*, einhellig *(agg)*.
uncinato *(agg)* ~ hakenförmig, Haken- ♦ *croce uncinata* Hakenkreuz *(n)*.
uncinetto *(m)* ~ Häkelnadel *(f)*. ◆ **lavorare all'uncinetto, fare l'uncinetto** häkeln *(vt/vi, hat)*.
uncino *(m)* ~ Haken, Widerhaken *(m)*.
undicenne *(agg)* ~ elfjährig.
undicesimo[1] *(agg num ord)* ~ elfte(r, -s).
undicesimo[2] *(m)* **1** Elfte *(m)*. **2** *(frazione)* Elftel *(n)*.
undici[1] *(agg num)* ~ elf *(vedi anche* **cinque***)*.
undici[2] *(m)* ~ Elf *(f)*.
ungere *(vt)* **1** ein|fetten *(vt)* *(anche assol)*. **2** *(sporcare)* mit Fett beschmutzen *(vt)*. **3** *(lubrificare, ingrassare)* schmieren *(vt)*

(anche fig), ein|schmieren; *(oliare)* ein|ölen. **4** *(relig)* salben *(vt)*.

unghia *(f)* ~ Fingernagel, Nagel *(m)* ♦ *darsi lo smalto alle unghie* sich *(Dat)* die Fingernägel lackieren.

unguento *(m)* ~ Salbe *(f)*.

unicamente *(avv)* ~ ausschließlich, nur.

unicità *(f)* **1** *(quantità)* Einmaligkeit *(f)*. **2** *(qualità singolari)* Einzigartigkeit *(f)*.

unico[1] *(agg)* **1** einzig, Einzel- ♦ *pezzo unico* Einzelstück *(n)* ♦ *questa è l'unica soluzione possibile* das ist die einzig mögliche Lösung. **2** *(irripetibile)* einzigartig, einmalig ♦ *pagamento unico* einmalige Zahlung ♦ *un'esperienza unica* ein einmaliges Erlebnis. ◆ **l'unica cosa** das Einzige *(n)* ♦ *era l'unica cosa che potessi fare* das war das Einzige, was ich tun konnte.

unico[2] *(m; f* **-a**) ~ Einzige *(m/f/n)* ♦ *essere l'unico a fare qcs* der Einzige sein, der etwas tut.

unicorno *(m)* ~ Einhorn *(n)*.

unificabile *(agg)* ~ vereinbar.

unificare *(vt)* ~ vereinigen *(vt)*.

unificarsi *(vr)* ~ sich vereinigen *(vr)*.

unificazione *(f)* ~ Vereinigung *(f)*.

uniformare *(vt)* **1** gleich|machen *(vt)*. **2** *(adattare)* an|passen *(vt)* ♦ *uniformare le proprie azioni alla situazione* seine Handlungen den Verhältnissen anpassen.

uniformarsi *(vr)* ~ sich an|passen *(vr)*.

uniforme[1] *(agg)* ~ gleichförmig, gleichmäßig.

uniforme[2] *(f)* ~ Uniform *(f)*.

uniformità *(f)* **1** Gleichförmigkeit *(f)*, Gleichmaß *(n)*. **2** *(di intenti)* Übereinstimmung *(f)*.

unilaterale *(agg)* ~ einseitig *(anche dir)* ♦ *decisione unilaterale* einseitige Entscheidung.

unilateralità *(f)* ~ Einseitigkeit *(f)*.

unione *(f)* **1** Vereinigung *(f)*, Verbindung *(f)*. **2** *(unità, concordia)* Einheit *(f)*, Einigkeit *(f)* ♦ *l'unione fa la forza* Einigkeit macht stark. **3** *(alleanza)* Verband *(m)*, Vereinigung *(f)*, Union *(f)* ♦ *Unione Europea* Europäische Union. **4** *(associazione, di aziende, imprese)* Verbund *(m)*, Verein *(m)*.

unire *(vt)* **1** *(associare)* vereinigen *(vt)*, vereinen *(vt)* ♦ *unire le forze* die Kräfte vereinen. **2** *(collegare)* verbinden* *(vt)*. **3** *(avvicinare)* zusammen|stellen *(vt)* ♦ *unire due letti* zwei Betten zusammenstellen. **4** *(mettere insieme)* zusammen|setzen *(vt)*. **5** *(allegare)* bei|legen *(vt)*.

unirsi *(vr)* **1** *(associarsi, allearsi)* sich vereinigen *(vr)*, sich vereinen *(vr)*. **2** *(collegarsi)* sich verbinden* *(vr)*. **3** {~ *(con qcn)*} sich (mit jmdm) zusammen|schließen* *(vt)*, sich jmdm an|schließen* *(vr)*.

unisono *(m)* ~ **all'unisono** im Einklang, einstimmig.

unità *(f)* **1** Einheit *(f)* ♦ *unità politica* politische Einheit. **2** *(unificazione)* Einheit *(f)*, Vereinigung *(f)*. **3** *(di misura)* Maßeinheit *(f)*. **4** *(concordia)* Einigkeit *(f)*, Übereinstimmung *(f)*. **5** *(mat)* Einer *(m)*. **6** *(mil)* Truppenteil *(m)*, Einheit *(f)*.

unitario *(agg)* ~ einheitlich, Einheits- ♦ *sindacato unitario* Einheitsgewerkschaft *(f)* ♦ *prezzo unitario* Einheitspreis *(m)*.

unito *(agg)* **1** *(collegato)* verbunden. **2** *(pol)* vereint, vereinigt ♦ *le Nazioni Unite* die Vereinten Nationen ♦ *gli Stati Uniti d'America* die Vereinigten Staaten von Amerika. **3** *(accostato)* zusammengestellt. **4** *(allegato)* beiliegend. **5** *(concorde)* einig.

universale *(agg)* **1** Welt- ♦ *storia universale* Weltgeschichte. **2** *(estens)* universell, Universal-. **3** *(di tutti)* allgemein.

università *(f)* **1** Universität *(f)* ♦ *l'università di Berlino* die Universität (zu) Berlin. **2** *(ad indirizzo tecnico)* Fachhochschule *(f)*. ◆ **fare l'università** studieren *(vt/vi*, hat*)*.

universitario *(agg)* ~ Universitäts-, Hochschul- ♦ *studi universitari* Universitätsstudium *(n)*.

universo *(m)* ~ Universum *(n)*, Weltall *(n)*.

univocità *(f)* ~ Eindeutigkeit *(f)*.

univoco *(agg)* ~ eindeutig.

unno *(m)* ~ Hunne *(m)*.

uno[1] *(art indet)* **1** ein, eine, ein ♦ *un tavolo* ein Tisch ♦ *con un'amica* mit einer Freundin ♦ *un mio amico* ein Freund von mir. **2** *(circa)* etwa, rund ♦ *mancherà un dieci chilometri* noch etwa zehn Kilometer.

uno[2] *(pron indef)* **1** einer, eine, eines ♦ *uno di loro* einer von ihnen ♦ *uno dei miei amici* einer meiner Freunde ♦ *"Hai ancora i tuoi cani?" "Ne ho ancora solo uno"* „Hast du noch deine Hunde?" „Ich habe nur noch einen" ♦ *l'uno o l'altro* der eine oder der andere. **2** *(qualcuno)* jemand; einer, eine, eines ♦ *c'è uno che ti* *chiama* da ist jemand, der nach dir ruft. ***3*** *(impers)* man; einer, eine, eines ◆ *se uno crede che* wenn man glaubt, dass.

uno[3] *(agg num)* ***1*** eins *(invar posp)*; ein, eine, ein *(variabile prep)* ◆ *a pagina uno* auf Seite eins ◆ *è durato una settimana* es hat eine Woche gedauert ◆ *avere un anno* ein Jahr alt sein. ◆ **uno e mezzo** anderthalb *(num)* ◆ *un mese e mezzo* anderthalb Monate. ◆ **a uno a uno** einzeln.

uno[4] *(m)* ~ Eins *(f)* ◆ *prendo l'uno fino alla stazione* ich fahre mit der Eins bis zum Bahnhof.

unto[1] *(agg)* ~ fettig, ölig; schmierig.

unto[2] *(m)* ~ Schmiere *(f)*, Fett *(n)*.

untuosità *(f)* ~ Schmiere *(f)*.

untuoso *(agg)* ~ fettig; schmierig.

unzione *(f)* ~ *(consacrazione)* Salbung *(f)* ◆ *estrema unzione (relig)* Krankensalbung.

uomo *(m)* ***1*** *(essere umano)* Mensch *(m)*. ***2*** *(di sesso maschile)* Mann *(m) (anche fig)* ◆ *si è dimostrato uomo* er hat sich als Mann gezeigt ◆ *un uomo di mondo* ein Mann von Welt/ein Weltmann. ***3*** *(signore)* Herr *(m)*. ***4*** *(persona, individuo)* Mensch *(m)*, Mann *(m)* ◆ *l'uomo della strada* der Mann von der Straße.

uovo *(m)* ***1*** Ei *(n)* ◆ *uova fresche* frische Eier ◆ *assodare un uovo* ein Ei kochen ◆ *un uovo alla coque* ein weiches Ei ◆ *uovo al tegamino* Spiegelei ◆ *uovo sbattuto* Rührei. ***2*** *(pl) (di pesci, rane, ecc)* Laich *(m)*.

uragano *(m)* ~ Orkan *(m)*.

uranio *(m)* ~ Uran *(n)*.

Urano *(m)* ~ *(astron)* Uranus *(m)*.

urbanistica *(f)* ~ Städtebau *(m)*.

urbanistico *(agg)* ~ städtebaulich.

urbano *(agg)* ~ städtisch, Stadt- ◆ *trasporti urbani* städtische Verkehrsmittel.

uretra *(f)* ~ *(anat)* Harnröhre *(f)*.

urgente *(agg)* ~ dringend, dringlich. ◆ **urgente!** *(su lettere e sim)* eilt!

urgentemente *(avv)* ~ dringend.

urgenza *(f)* ~ Dringlichkeit *(f)*, Eile *(f)* ◆ *(non) avere urgenza* (keine) Eile haben.

urina *(f)* ~ Harn *(m)*, Urin *(m)*.

urinare *(vi)* ~ urinieren *(vi, hat)*.

urlare *(vi)* ~ brüllen *(vi, hat)*, schreien* *(vi, hat)*.

urlo *(m)* ***1*** Schrei *(m)* ◆ *un urlo di gioia, di dolore* ein Schrei der Freude, des Schmerzes ◆ *emettere un urlo* einen Schrei ausstoßen. ***2*** *(pl -a)* Geschrei *(n)*, Schreie *(pl)*.

urna *(f)* ***1*** Urne *(f)* ◆ *urna elettorale* Wahlurne. ***2*** *(cineraria)* Aschenkrug *(m)*.

urtare[1] *(vi)* ~ {~ *contro qcs*} gegen etwas stoßen* *(vi*, ist*)*, prallen *(vi*, ist*)* ◆ *ha urtato contro la porta* sie ist gegen die Tür gestoßen.

urtare[2] *(vt)* ***1*** an|stoßen* *(vt)*, stoßen* *(vt)* ◆ *ha urtato la mano contro la porta* sie hat die Hand gegen die Tür gestoßen. ***2*** *(ferire, innervosire)* verletzen *(vt)*, irritieren *(vt)*.

urto *(m)* ***1*** *(colpo, botta)* Stoß *(m)*, Aufprall *(m)*. ***2*** *(attrito, contrasto)* Streit *(m)* ◆ *essere in urto con qcn* mit jmdm im Streit sein.

usanza *(f)* ~ Sitte *(f)*, Brauch *(m)*.

usare[1] *(vi)* ~ es ist üblich *(impers)* ◆ *da noi si usa così* bei uns ist es üblich.

usare[2] *(vt)* ***1*** *(utilizzare)* benutzen *(vt)*, gebrauchen *(vt)*. ***2*** *(impiegare)* verwenden* *(vt)*, an|wenden* *(vt)* ◆ *usare i propri soldi per qcs* sein Geld für etwas verwenden. ***3*** *(esercitare)* üben *(vt)* ◆ *usare violenza* Gewalt üben. ***4*** *(sfruttare)* ein|setzen *(vt)*, aus|nutzen *(vt)* ◆ *usare tutte le proprie energie* all seine Kräfte. ◆ **usa e getta** Einweg- ◆ *rasoio usa e getta* Einwegrasierer.

usato *(agg)* ***1*** gebraucht, Gebraucht- ◆ *un'auto usata* ein gebrauchtes Auto, ein Gebrauchtwagen *(m)*. ***2*** *(di seconda mano)* aus zweiter Hand.

uscio *(m)* ~ Tür, Haustür *(f)*.

uscire *(vi)* ***1*** *(fuori)* hinaus|gehen* *(vi*, ist*)*, hinaus|kommen* *(vi*, ist*)*; *(con un veicolo)* hinaus|fahren* *(vi*, ist*)* ◆ *uscirono dal negozio* sie gingen aus dem Laden hinaus. ***2*** *(verso chi parla)* heraus|kommen* *(vi*, ist*)*; *(con un veicolo)* heraus|fahren* *(vi*, ist*)* ◆ *uscì con la moto dal garage* er fuhr mit dem Motorrad aus der Garage heraus ◆ *non è ancora uscito dalla sua stanza* er ist aus seinem Zimmer noch nicht herausgekommen. ***3*** *(lasciare un luogo)* gehen* *(vi*, ist*)*, verlassen* *(vt)*; *(con un veicolo)* fahren* *(vi*, ist*)* ◆ *esco dall'uffiico alle sei* um sechs Uhr gehe ich aus dem Büro/verlasse ich das Büro. ***4*** *(per divertimento)* aus|gehen* *(vi*, ist*)* ◆ *vogliamo uscire stasera?* wollen wir heute Abend ausgehen?

5 (sul mercato; pubblicazioni) herausǀkommen* *(vi,* ist*)*, erscheinen* *(vi,* ist*)*. *6 (cavarsela)* davonǀkommen* *(vi,* ist*)*. *7 (liquidi)* ausǀfließen* *(vi,* ist*)*. *8 (da associazioni e sim)* {*~ da qcs*} aus etwas ausǀtreten* *(vi,* ist*)*. *9 (essere estratto)* gezogen werden* *(vi,* ist*)* ♦ *è uscito il nove* die Neun ist gezogen worden. ◆ **fare, lasciare uscire** hinausǀlassen* *(vt)*.

uscita *(f)* *1* Ausgang *(m)* ♦ *uscita posteriore* hinterer Ausgang, Hinterausgang ♦ *uscita secondaria* Nebenausgang ♦ *uscita di emergenza* Notausgang ♦ *uscita laterale* Seitenausgang. *2 (di o con un veicolo; anche di autostrada)* Ausfahrt *(f)* ♦ *l'uscita di Mannheim-Süd* die Ausfahrt Mannheim-Süd. *3 (comm/elab)* Ausgabe *(f)* ♦ *entrate e uscite* Ausgaben und Einnahmen. *4 (edit)* Erscheinung *(f)*. *5 (teatr)* Abgang *(m)*. *6 (da associazioni e sim)* Austritt *(m)*. ◆ **via d'uscita** Ausweg *(m)*. ◆ **senza via d'uscita** ausweglos *(agg)*.

usignolo *(m)* ~ *(zool)* Nachtigall *(f)*.

uso *(m)* *1 (utilizzo)* Benutzung *(f)*, Gebrauch *(m)*; *(impiego)* Verwendung *(f)* ♦ *dopo, prima dell'uso* nach, vor Gebrauch ♦ *entrare in uso* in Gebrauch kommen ♦ *far uso di qcs* von etwas Gebrauch machen. *2 (scopo)* Verwendungszweck *(m)* ♦ *per tutti gli usi* für alle Verwendungszwecke. *3 (usanza)* Sitte *(f)*, Brauch *(m)*. *4 (pratica)* Übung *(f)*. *5 (dir)* Nießbrauch *(m)*. *6 (ling)* Sinn *(m)*. ◆ **fuori uso** *1 (non usato)* außer Gebrauch. *2 (fuori servizio)* außer Betrieb. *3 (inutilizzabile)* unbrauchbar *(agg)*. ◆ **di uso** *1* gebräuchlich *(agg)*. *2 (abituale)* üblich *(agg)*. ◆ **istruzioni per l'uso** Gebrauchsanweisung *(f)*.

ustionare *(vt)* ~ verbrennen* *(vt)*.

ustionarsi *(vr)* ~ sich verbrennen* *(vr)*.

ustione *(f)* ~ Verbrennung *(f)* ♦ *ustioni di terzo grado* Verbrennungen dritten Grades.

usuale *(agg)* ~ üblich, gewöhnlich.

usufruire *(vi)* *1 (dir)* nutznießen *(vi,* hat*)*. *2 (fig)* genießen *(vt)*.

usufrutto *(m)* ~ *(dir)* Nießbrauch *(m)*, Nutznießung *(f)*.

usufruttuario *(m)* ~ *(dir)* Nutznießer *(m; f* -in*)*.

usura[1] *(f)* ~ *(strozzinaggio)* Wucher *(m)* ♦ *praticare l'usura* Wucher treiben.

usura[2] *(f)* ~ *(logoramento)* Verschleiß *(m)*.

usuraio *(m; f* **-a***)* ~ *(strozzino)* Wucherer *(m; f* -in*)*.

usurare *(vt)* ~ *(logorare)* verschleißen *(vt)*.

usurarsi *(vr)* ~ *(logorarsi)* verschleißen* *(vi)*.

usurpare *(vt)* ~ usurpieren *(vt)*.

usurpatore *(m; f* **-a***)* ~ Usurpator *(m; f* -in*)*.

utensile[1] *(agg)* ~ Werkzeug-.

utensile[2] *(m)* ~ *(attrezzo)* Werkzeug *(n)*, Gerät *(n)*.

utente *(m)* *1* Benutzer *(m; f* -in*)*. *2 (gas, luce)* Abnehmer *(m; f* -in*)*. *3 (elab)* Anwender *(m; f* -in*)*.

utero *(m)* ~ Gebärmutter *(f)*.

utile[1] *(agg)* *1* nützlich ♦ *un consiglio utile* ein nützlicher Ratschlag. *2 (di persona)* hilfreich, nützlich ♦ *essere utile a qcn in qcs* jmdm bei/in/mit etwas nützlich sein ♦ *come posso esserti utile?* wie kann ich dir nützlich sein? ♦ *rendersi utile in qcs* sich bei/in etwas *(Dat)* nützlich machen. *3 (funzionale)* zweckmäßig.

utile[2] *(m)* *1 (vantaggio, tornaconto)* Vorteil *(m)*. *2 (econ)* Gewinn *(m)*, Profit *(m)*.

utilità *(f)* ~ Nützlichkeit *(f)*, Nutzen *(m)* ♦ *essere di (grande) utilità* von (großem) Nutzen sein. ◆ **di pubblica utilità** gemeinnützig *(agg)*.

utilitaria *(f)* ~ Kleinwagen *(m)*.

utilizzabile *(agg)* ~ nutzbar, benutzbar, verwendbar.

utilizzare *(vt)* *1 (usare)* benutzen *(vt)*, gebrauchen *(vt)*. *2 (impiegare)* verwenden* *(vt)*, anǀwenden* *(vt)*. *3 (sfruttare)* einǀsetzen *(vt)*, ausǀnutzen *(vt)*.

utilizzazione *(f)* *1* Benutzung *(f)*, Verwendung *(f)*. *2 (sfruttamento)* Ausnutzung *(f)*.

utilizzo *(m)* ~ *vedi* **utilizzazione**.

uva *(f)* ~ Trauben *(pl)* ♦ *uva bianca, nera* grüne, blaue Trauben. ◆ **grappolo d'uva** Weintraube *(f)*. ◆ **chicco d'uva** Weinbeere *(f)*. ◆ **uva spina** Stachelbeere *(f)*. ◆ **uva passa** Rosinen *(pl)*, Korinthen *(pl)*.

uvetta *(f)* ~ Rosinen *(pl)*.

V

vacante *(agg)* ~ vakant.
vacanza *(f)* ***1*** Urlaub *(m)*, Ferien *(pl)* ♦ *vacanze scolastiche* Schulferien ♦ *vacanze di Natale* Weihnachtsferien ♦ *andare in vacanza* in die Ferien/auf/in Urlaub fahren ♦ *essere in vacanza* auf/in/im Urlaub sein ♦ *vacanza al mare, in montagna* Urlaub am Meer, im Gebirge.
vacanziere *(m; f* **-a***)* ~ Urlauber *(m; f* -in*)*.
vacca *(f)* ~ *(zool)* Kuh *(f)*.
vaccinare *(vt)* ~ impfen *(vt)* ♦ *vaccinare qcn contro qcs* jmdn gegen etwas impfen.
vaccinato *(agg)* ~ geimpft.
vaccinazione *(f)* ~ Impfung *(f)* ♦ *la vaccinazione contro il morbillo* die Impfung gegen Masern ♦ *vaccinazione antitetanica* Tetanusschutzimpfung. ♦ **certificato di vaccinazione** Impfausweis *(m)*; *(internazionale)* Impfpass *(m)*.
vaccino[1] *(agg)* ~ Kuh-.
vaccino[2] *(m)* ~ Impfstoff *(m)*.
vacillante *(agg)* ~ schwankend.
vacillare *(vi)* ~ wanken *(vi,* ist*)*, schwanken *(vi,* hat*)* ♦ *la sua sicurezza vacillò* sein Selbstbewusstsein wankte.
vacuità *(f)* ~ Leere *(f)*.
vacuo *(agg)* ~ leer ♦ *uno sguardo vacuo* ein leerer Blick.
vaffanculo *(interiez)* ~ *(volg)* leck mich am Arsch!
vagabondaggio *(m)* ~ Landstreicherei *(f)*.
vagabondare *(vi)* ***1*** *(estens)* vagabundieren *(vi,* hat*)*, sich herum|treiben *(vr)*. ***2*** *(di animali)* streunen *(vi,* hat*)*.
vagabondo *(m; f* **-a***)* ***1*** Landstreicher *(m; f* -in*)*, Vagabund *(m; f* -in*)*. ***2*** *(fig)* Penner *(m; f* -in*)*.
vagamente *(avv)* ~ vage ♦ *mi ricordo di lui solo vagamente* ich kann mich nur vage an ihn erinnern.
vagare *(vi)* ***1*** umher|ziehen* *(vi,* ist*)*, streifen *(vi,* ist*)* ♦ *vagare per il mondo* durch die Welt umherziehen. ***2*** *(fig)* umher|irren *(vi,* ist*)*.
vagheggiare *(vt)* ~ {~ *qcs*} sich nach etwas sehnen *(vr)*, sich *(Dat)* etwas erträumen *(vt)*.
vagina *(f)* ~ *(anat)* Scheide *(f)*.
vaglia *(f)* ~ Anweisung *(f)* ♦ *vaglia postale* Postanweisung.
vago *(agg)* ~ *(indefinito)* vage, unklar, dunkel ♦ *rimanere nel vago* sich vage äußern.
vagone *(m)* ~ Wagon *(m)*, Wagen *(m)* ♦ *vagone letto* Schlafwagen ♦ *vagone merci* Güterwagen.
vaiolo *(m)* ~ *(med)* Pocken *(pl)*.
valanga *(f)* ~ Lawine *(f)*.
valchiria *(f)* ~ Walküre *(f)*.
valere *(vi)* ***1*** *(avere valore)* wert sein* *(vi,* ist*)* ♦ *questo dipinto vale molto* dieses Gemälde ist viel wert ♦ *l'anello non vale niente* der Ring ist nichts wert. ***2*** *(essere valido)* gelten* *(vi,* hat*)*, gültig sein* *(vi,* ist*)* ♦ *questo non vale!* das gilt nicht! ♦ *per quanto vale ancora l'abbonamento?* wie lange ist das Abo noch gültig? ***3*** *(contare, significare)* zählen *(vi/vt,* hat*)*, bedeuten

(*vt*) ◆ *la tua opinione vale molto per me* deine Meinung bedeutet viel für mich. *4* (*essere capace*) taugen (*vi*, hat). ◆ **(non) ne vale la pena** etwas lohnt sich (nicht), etwas ist der/die Mühe (nicht) wert. ◆ **far valere qcs** etwas geltend machen.

valevole (*agg*) ~ gültig.

valicare (*vt*) ~ überschreiten (*vt*), übersteigen* (*vt*).

valico (*m*) *1* Pass (*m*). *2* (*il valicare*) Überschreiten (*n*).

validità (*f*) ~ Gültigkeit (*f*). *2* (*efficacia*) Wirksamkeit (*f*).

valido (*agg*) *1* gültig ◆ *un passaporto valido* ein gültiger Pass. *2* (*capace*) tüchtig. *3* (*efficace*) wirksam.

valigetta (*f*) ~ (*ventiquattr'ore*) Aktenkoffer (*m*).

valigia (*f*) ~ Koffer (*m*). ◆ **fare la valigia** ein|packen (*vi*, hat); den Koffer packen (*vt*). ◆ **disfare la valigia** (den Koffer) aus|packen (*vi*, hat).

valle (*f*) ~ Tal (*n*). ◆ **a valle** (*moto*) ins Tal; (*stato*) im Tal.

vallo (*m*) ~ (*bastione*) Wall (*m*).

valore (*m*) *1* Wert (*m*) ◆ *un anello del valore di duemila euro* ein Ring im Wert(e) von zweitausend Euro ◆ *valore affettivo* Erinnerungswert ◆ *valore commerciale* Kaufwert. *2* (*significato*) Wert (*m*), Bedeutung (*f*) ◆ *attribuire grande valore a un avvenimento* einem Ereignis großen Wert beimessen. *3* (*validità*) Geltung (*f*). *4* (*coraggio*) Tapferkeit (*f*). ◆ **valore bollato** Wertzeichen (*n*). ◆ **di valore** (*prezioso*) wertvoll (*agg*), Wert- ◆ *oggetto di valore* Wertgegenstand (*m*). ◆ **senza valore** wertlos (*agg*).

valorizzare (*vt*) *1* (*far risaltare*) {~ *qcs*} etwas zur Geltung bringen* (*vt*). *2* (*rivalutare*) auf|werten (*vt*).

valorizzarsi (*risaltare*) ~ zur Geltung kommen* (*vi*).

valorosamente (*avv*) ~ tapfer.

valoroso (*agg*) ~ (*coraggioso*) tapfer.

valuta (*f*) *1* Währung (*f*); (*straniera*) Devisen (*pl*) ◆ *valuta nazionale* Landeswährung. *2* (*econ*) Valuta (*f*).

valutabile (*agg*) ~ schätzbar.

valutare (*vt*) *1* ab|schätzen (*vt*), schätzen (*vt*) ◆ *valutare la distanza* die Entfernung schätzen. *2* (*giudicare*) ein|schätzen (*vt*), beurteilen (*vt*) ◆ *valutare la qualità di una merce* die Qualität einer Ware einschätzen. *3* (*stimare*) bewerten (*vt*) ◆ *valutare una casa 300000 euro* ein Haus mit 300000 Euro bewerten. *4* (*considerare*) betrachten (*vt*) ◆ *valutare oggettivamente qcs* etwas objektiv betrachten.

valutazione (*f*) *1* (*stima*) Schätzung (*f*), Bewertung (*f*). *2* (*giudizio*) Beurteilung (*f*), Einschätzung (*f*).

valvola (*f*) *1* (*mecc*) Ventil (*n*), Klappe (*f*). *2* (*anat*) Klappe (*f*) ◆ *valvola cardiaca* Herzklappe.

valzer (*m*) ~ Walzer (*m*).

vampata (*f*) ~ Wallung (*f*).

vampiro (*m*) ~ Vampir (*m*).

vandalismo (*m*) ~ Wandalismus (*m*). ◆ **compiere atti di vandalismo** randalieren (*vi*, hat).

vandalo (*m*) ~ Wandale (*m*).

vaneggiare (*vi*) ~ fantasieren (*vi*, hat).

vanga (*f*) ~ Spaten (*m*).

vangelo (*m*) ~ Evangelium (*n*) (*anche fig*) ◆ *il vangelo secondo Marco* das Evangelium nach Markus.

vaniglia (*f*) ~ (*bot*) Vanille (*f*).

vanità (*f*) *1* Eitelkeit (*f*). *2* (*inefficacia*) Vergeblichkeit (*f*).

vanitoso (*agg*) ~ eitel.

vano[1] (*agg*) *1* (*inutile*) vergeblich. *2* (*senza risultato*) ergebnislos, erfolglos.

vano[2] (*m*) *1* (*stanza*) Raum (*m*), Zimmer (*n*). *2* (*dell'ascensore*) Schacht (*m*).

vantaggio (*m*) *1* Vorteil (*m*), Nutzen (*m*) ◆ *trarre vantaggio da qcs* Nutzen/einen Vorteil aus etwas ziehen ◆ *i vantaggi e gli svantaggi di un'impresa* die Vor- und Nachteile eines Unternehmens ◆ *la cosa ha il vantaggio che* die Sache hat den Vorteil, dass. *2* (*sport*) Vorsprung (*m*) ◆ *avere dieci metri di vantaggio* zehn Meter Vorsprung haben.

vantaggiosamente (*avv*) ~ günstig.

vantaggioso (*agg*) ~ günstig, vorteilhaft.

vantare (*vt*) *1* (*ostentare*) heraus|kehren (*vt*). *2* {~ *qcs*} sich etwas (*Gen*) rühmen (*vr*).

vantarsi (*vr*) ~ {~ *di qcs*} mit etwas prahlen (*vi*, hat), sich mit etwas brüsten (*vr*).

vanto (*m*) *1* Prahlen (*n*). *2* (*motivo d'orgoglio*) Stolz (*m*).

vapore *(m)* ***1*** Dampf *(m)* ♦ *vapore acqueo* Wasserdampf. ***2*** *(pl) (estens)* Dunst *(m)*. ◆ **esalare vapore** dampfen *(vi,* ist/hat*)*.

varare *(vt)* ***1*** *(naut)* vom Stapel lassen* *(vt)*. ***2*** *(leggi)* verabschieden *(vt)*.

varcare *(vt)* ~ überschreiten *(vt)* ♦ *varcare il confine, la soglia* die Grenze, die Schwelle überschreiten.

varco *(m)* ~ *(passaggio)* Durchgang *(m)*. ◆ **aspettare qcn al varco** jmdn auf|lauern *(vt)*.

variabile *(agg)* ~ veränderlich, wechselhaft.

variante *(f)* ~ Abänderung *(f)*.

variare *(vt/vi)* ***1*** ab|ändern *(vt)*. ***2*** *(rendere vario)* variieren *(vt/vi,* hat*)*.

variazione *(f)* ***1*** Veränderung *(f)*, Schwankung *(f)*. ***2*** *(mus)* Variation *(f)*.

varicella *(f)* ~ *(med)* Windpocken *(pl)*.

varietà[1] *(f)* ***1*** *(molteplicità)* Vielfältigkeit *(f)*, Vielseitigkeit *(f)*. ***2*** *(abbondanza)* Reichtum *(m)*.

varietà[2] *(m)* ~ *(teatr)* Varietee *(n)*.

vario *(agg)* ***1*** abwechslungsreich. ***2*** *(molteplice)* vielfältig, vielseitig, verschieden ♦ *ha vari interessi* er hat vielseitige Interessen. ***2*** *(non regolare)* unregelmäßig. ***2*** *(pl)* verschiedene, mehrere ♦ *varie persone pensano che* verschiedene Leute denken, dass. ◆ **varie ed eventuali** Sonstige *(n)*.

variopinto *(agg)* ~ farbenreich, bunt.

varo *(m)* ***1*** *(di nave)* Stapellauf *(m)*. ***2*** *(approvazione)* Verabschiedung *(f)*.

vasaio *(m)* ~ Töpfer *(m; f* -in*)*.

vasca *(f)* ***1*** Becken *(n)*. ***2*** *(da bagno)* Badewanne *(f)*. ***3*** *(di piscina e sim)* Schwimmbecken *(n)*.

vascello *(m)* ~ Schiff *(n)*.

vasetto *(m)* ~ *(di vetro)* Glas *(n)* ♦ *un vasetto di marmellata* ein Glas Marmelade.

vasino *(m)* ~ *(per bambini)* Töpfchen *(n)*.

vaso *(m)* ***1*** Topf *(m)*, Vase *(f)* ♦ *vaso di/da fiori* Blumentopf ♦ *vaso da notte* Nachttopf. ***2*** *(di vetro)* Glas *(n)*. ***3*** *(anat)* Gefäß *(n)* ♦ *vaso sanguigno* Blutgefäß. ◆ **vasi comunicanti** kommunizierende Röhren *(pl)*.

vassallo *(m)* ~ Lehnsmann *(m)*.

vassoio *(m)* ~ Tablett *(n)*.

vastità *(f)* ~ Weite *(f)*.

vasto *(agg)* ***1*** *(spazi)* weit, breit, ausgedehnt ♦ *una vasta pianura* eine weite Ebene. ***2*** *(ampio, esteso)* umfangreich, umfassend ♦ *una vasta cultura* eine umfassende Kultur.

ve *(pron pers pl)* ~ euch ♦ *ve lo dico* ich sage es euch.

vecchiaia *(f)* ~ Alter *(n)*.

vecchio[1] *(agg)* ***1*** alt* ♦ *un vecchio armadio* ein alter Schrank. ***2*** *(di lunga data)* alt*, langjährig ♦ *un nostro vecchio collaboratore* ein langjähriger Mitarbeiter von uns. ***3*** *(ex, di un tempo)* ehemalig, früher ♦ *il vecchio municipio* das ehemalige Rathaus.

vecchio[2] *(m; f* **-a***)* ~ Alte(r) *(m/f)*, alter Mann *(m; f* alte Frau*)*.

veci *(f pl)* ~ **fare le veci di qcn** jmdn vertreten* *(vt)*.

vedere *(vt)* ***1*** sehen* *(vt)* ♦ *vedi quella casa là?* siehst du das Haus dort? ♦ *l'ho vista ballare* ich habe sie tanzen sehen ♦ *vedere qcs da lontano, da vicino* etwas von weitem, von nahem sehen ♦ *vedere un film* einen Film sehen ♦ *come vedi la sua decisione?* wie siehst du ihre Entscheidung? ♦ *vederci bene, male* gut, schlecht sehen ♦ *non vederci da un occhio* auf einem Auge nicht sehen. ***2*** *(guardare)* an|sehen* *(vt)*. ***3*** *(incontrare)* treffen *(vt)* ♦ *l'ho visto alla festa* ich habe ihn auf der Fete getroffen. ***4*** *(mostre, città)* besichtigen *(vt)*. ***5*** *(fare in modo di)* zu|sehen* *(vi,* hat*)*, versuchen *(vt)* ♦ *dobbiamo vedere di sbrigare il lavoro entro domani* wir müssen zusehen, dass wir die Arbeit bis morgen erledigen. ◆ **vedremo**, **vedremo!** *(esclam)* wir werden schon sehen! ◆ **si vedrà**, **staremo a vedere** mal sehen! ◆ **vedi** *(imperat)* siehe ♦ *vedi sopra* siehe oben ♦ *vedi pagina...* siehe Seite... ◆ **da vedere** sehenswert *(agg)* ♦ *questo museo è veramente da vedere?* ist dieses Museum wirklich sehenswert? ◆ **far vedere** *(mostrare, esprimere, dimostrare)* zeigen *(vt)* ♦ *mi ha fatto vedere la strada* er hat mir den Weg gezeigt ♦ *far vedere a qcn il proprio amore* jmdm seine Liebe zeigen.

vedersi *(vr)* ***1*** sich sehen *(vr)*. ***2*** *(incontrarsi)* sich sehen *(vr)*, sich treffen *(vr)* ♦ *quando ci vediamo?* wann sehen wir uns? ♦ *ci vediamo domani* wir treffen uns morgen.

vedetta *(f)* ~ Wache *(f)*.

vedova *(f)* ~ Witwe *(f)* ♦ *vedova nera (zool)* schwarze Witwe.
vedovo[1] *(agg)* ~ verwitwet.
vedovo[2] *(m)* ~ Witwer *(m)*.
veduta *(f)* ***1*** Aussicht *(f)*, Blick *(m)*. ***2*** *(fig)* Ansicht *(f)*. ◆ **di vedute limitate** engstirnig.
veemente *(agg)* ~ heftig, hitzig.
veemenza *(f)* ~ Heftigkeit *(f)*.
vegetale[1] *(agg)* ~ pflanzlich.
vegetale[2] *(m)* ~ Pflanze *(f)*.
vegetare *(vi)* ***1*** *(crescere, piante)* gedeihen* *(vi,* ist*)*. ***2*** *(vivacchiare)* vegetieren *(vi,* hat*)*.
vegetariano[1] *(agg)* ***1*** vegetarisch. ***2*** *(cibo)* pflanzlich.
vegetariano[2] *(m)* ~ Vegetarier *(m; f* -in*)*.
vegetazione *(f)* ~ Vegetation *(f)*.
veggente *(m/f)* ~ Seher *(m; f* -in*)*.
veglia *(f)* ~ Wache *(f)* ♦ *veglia notturna* Nachtwache. ◆ **stato di veglia** Wachzustand *(m)*.
vegliare[1] *(vi)* ~ *(stare sveglio)* wachen *(vi,* hat*)*. ***2*** *(vigilare)* {~ *su qcn*} über jmdn/etwas wachen *(vi,* hat*)*.
vegliare[2] *(vt)* ~ {~ *qcn*} bei jmdm wachen *(vi,* hat*)* ♦ *vegliare un malato* bei einem Kranken wachen.
veicolo *(m)* ~ *(vettura)* Fahrzeug *(n)*.
vela *(f)* ~ Segel *(n)* ♦ *issare, ammainare le vele* die Segel aufziehen, einziehen ♦ *a gonfie vele (fig/fam)* mit vollen Segeln.
velame *(m)* ~ Takelage *(f)*.
velare *(vt)* ***1*** *(coprire con velo e sim)* verhüllen *(vt)*, verschleiern *(vt) (anche fig)*. ***2*** *(nascondere)* verbergen* *(vt)*.
velarsi *(vr)* ~ sich verschleiern *(vr) (anche fig)* ♦ *il cielo si è velato* der Himmel hat sich verschleiert.
velato *(agg)* ***1*** verschleiert, verhüllt. ***2*** *(celato)* versteckt ♦ *un velato rimprovero* ein versteckter Vorwurf.
veleggiare *(vi)* ~ segeln *(vi,* ist/hat*)*.
veleno *(m)* ~ Gift *(n)* ♦ *veleno per topi* Rattengift.
velenoso *(agg)* ~ giftig, Gift- ♦ *serpente velenoso* Giftschlange *(f)* ♦ *sostanza velenosa* Giftstoff *(m)*. ***2*** *(pungente, critica e sim)* giftig, bissig.
velivolo *(m)* ~ Flugzeug *(n)*, Luftfahrzeug *(n)*.
vello *(m)* ~ *(di lana)* Vlies *(n)*.
vellutato *(agg)* ~ samten, samtig.
velluto *(m)* ~ Samt *(m)*.
velo *(m)* ***1*** Schleier *(m)*. ***2*** *(traccia, strato sottile)* Hauch *(m) (anche fig)* ♦ *un velo di tristezza* ein Hauch von Traurigkeit. ◆ **prendere il velo** *(farsi suora)* den Schleier nehmen.
veloce *(agg)* ***1*** schnell, geschwind ♦ *un'auto veloce* ein schnelles Auto ♦ *veloce come il lampo* schnell wie der Blitz. ***2*** *(frettoloso)* flüchtig ♦ *una visita veloce* ein flüchtiger Besuch.
velocemente *(avv)* ***1*** schnell ♦ *andare velocemente* schnell gehen. ***2*** *(frettolosamente)* flüchtig. ◆ **più velocemente possibile** *(al più presto)* schnellstens.
velocità *(f)* ~ Geschwindigkeit *(f)* ♦ *a grande velocità* mit großer Geschwindigkeit ♦ *a una velocità di* mit einer Geschwindigkeit von. ◆ **limite di velocità** Geschwindigkeitsbeschränkung *(f)*. ◆ **superamento dei limiti di velocità** Geschwindigkeitsüberschreitung *(f)*. ◆ **controllo elettronico della velocità** *(su strade)* Radarkontrolle *(f)*.
velocizzazione *(f)* ~ Beschleunigung *(f) (anche fis)*.
vena *(f)* ***1*** *(anat)* Vene *(f)*, Ader *(f) (anche fig/geol)* ♦ *vena poetica* poetische Ader ♦ *vena varicosa* Krampfader. ***2*** *(stato d'animo)* Stimmung *(f)*. ◆ **essere in vena di** zu etwas aufgelegt sein* ♦ *non essere in vena di scherzi* nicht zum Scherzen aufgelegt sein.
venale *(agg)* ~ käuflich.
venalità *(f)* ~ Käuflichkeit *(f)*.
venatura *(f)* ***1*** *(anat)* Äderung *(f) (anche del marmo)*, Ader *(f)*. ***2*** *(del legno e sim)* Maserung *(f)*.
vendemmia *(f)* ~ Weinlese *(f)*.
vendemmiare *(vt)* ~ Wein lesen* *(vt)*.
vendere[1] *(vi)* ~ sich verkaufen *(vr)* ♦ *un modello che vende bene* ein Modell, das sich gut verkauft.
vendere[2] *(vt)* ~ {~ *qcs a qcn*} jmdm/an jmdn etwas verkaufen *(vt)*.
vendersi *(vr)* ~ sich verkaufen *(vr) (anche fig)* ♦ *questa merce si vende bene* diese Ware verkauft sich gut.
vendetta *(f)* ~ Rache *(f)* ♦ *per vendetta* aus Rache.

vendicare *(vt)* ~ rächen *(vt)* ♦ *vendicare la morte di un amico* den Tod eines Freundes rächen.
vendicarsi *(vr)* **1** sich rächen *(vr)*. **2** {~ *di qcn*} an jmdm Rache nehmen* *(vt)*.
vendita *(f)* **1** Verkauf *(m)* ♦ *mettere, essere in vendita* zum Verkauf anbieten, stehen. **2** *(comm)* Absatz *(m)*. ◆ **in vendita** käuflich *(agg)*.
venditore *(m; f* **-trice***)* ~ Verkäufer *(m; f* -in*)*, Händler *(m; f* -in*)* ♦ *venditore ambulante* Straßenhändler.
venduto *(agg)* **1** verkauft. **2** *(fig)* gekauft.
venerabile *(agg)* ~ *(relig)* ehrwürdig.
venerando *(agg)* ~ ehrwürdig.
venerare *(vt)* ~ verehren *(vt) (anche fig)*.
venerazione *(f)* ~ Verehrung *(f)*.
venerdì *(m)* ~ Freitag *(m) (vedi anche* **domenica***)*. ◆ **venerdì santo** Karfreitag.
Venere *(f)* ~ *(mitol/astron)* Venus *(f)*.
veniale *(agg)* **1** *(relig)* lässlich. **2** *(fig)* verzeihlich.
venire *(vi)* **1** kommen* *(vi, ist)* ♦ *quando può venire da noi?* wann können Sie zu uns kommen? ♦ *vengo subito* ich komme gleich. **2** *(provenire)* kommen* *(vi, ist)*, her|kommen* *(vi, ist)* ♦ *vengo dal medico, da casa* ich komme gerade vom Arzt, von zu Hause ♦ *Lei da dove viene? (di dov'è?)* wo kommen Sie denn her? **3** *(avere origine)* stammen *(vi, hat)* ♦ *queste olive vengono dalla Spagna* diese Oliven stammen aus Spanien. **4** *(manifestarsi)* bekommen* *(vt)* ♦ *mi è venuta fame* ich habe Hunger bekommen ♦ *gli sono venuti i capelli bianchi* er hat graue Haare bekommen ♦ *sono venuti dei buchi nella coperta* die Decke hat Löcher bekommen. **5** *(festività e sim)* fallen* *(vi, ist)* ♦ *quest'anno la Pasqua viene in aprile* Ostern fällt dieses Jahr in den April. **6** *(riuscire)* heraus|kommen* *(vi, ist)*, gelingen* *(vi, ist)* ♦ *il quadro ti è venuto bene* das Bild ist dir gut gelungen. **7** *(prezzi, conti)* machen *(vt)* ♦ *in totale viene dieci euro* das macht zusammen 10 Euro. **8** *(crescere)* wachsen* *(vi, ist)* ♦ *l'albero è venuto su bene* der Baum ist gut gewachsen. **9** *(arrivare)* werden* *(vi, ist)* ♦ *viene, è venuto il momento (è l'ora)* es wird Zeit ♦ *viene freddo (comincia a fare freddo)* es wird kalt *(impers)*. **10** *(aux per il passivo)* werden* *(vi, ist)* ♦ *venne ucciso* er wurde getötet. ◆ **quanto viene?** wie teuer ist das? ◆ **venire in mente** ein|fallen* *(vi, ist)*. ◆ **vieni!** *(dai! su!)* komm! ◆ **vieni qui!** komm her! ◆ **a venire** kommend *(agg)* ♦ *l'anno a venire* im kommenden Jahr. ◆ **venire dietro** folgen *(vt)*. ◆ **venire a conoscenza di qcs/venire a sapere qcs** etwas erfahren*. ◆ **venire a prendere** ab|holen *(vt)* ♦ *ti vengo a prendere alla stazione* ich hole dich vom Bahnhof ab.
venoso *(agg)* ~ venös.
ventaglio *(m)* ~ Fächer *(m)* ♦ *aprire il ventaglio* den Fächer aufklappen.
ventata *(f)* ~ Windstoß *(m)*.
ventennale *(agg)* **1** *(che dura vent'anni)* zwanzigjährig. **2** *(ogni vent'anni)* zwanzigjährlich.
ventenne *(agg)* ~ zwanzigjährig.
ventesimo[1] *(agg num ord)* ~ zwanzigste(r, -s).
ventesimo[2] *(m)* **1** Zwanzigste *(m)*. **2** *(frazione)* Zwanzigstel *(n)*.
venti[1] *(agg num)* ~ zwanzig *(vedi anche* **cinque***)*.
venti[2] *(m)* ~ Zwanzig *(f)*.
ventilare *(vt)* ~ lüften *(vt)*.
ventilato *(agg)* ~ luftig *(agg)*.
ventilatore *(m)* ~ Ventilator *(m)*, Lüfter *(m)*.
ventilazione *(f)* ~ Lüftung *(f)*.
ventina *(num)* ~ etwa zwanzig; *(età)* zwanzig. ◆ **essere sulla ventina** um die Zwanzig sein*.
vento *(m)* ~ Wind *(m)* ♦ *vento leggero, forte* leichter, starker Wind ♦ *soffia il vento* der Wind bläst/weht ♦ *vento contrario* Gegenwind ♦ *(veloce) come il vento (fig)* wie der Wind. ◆ *ai quattro venti (fig)* in alle Winde. ◆ **giacca a vento** Windjacke *(f)*. ◆ **manica a vento** Windsack *(m)*. ◆ **mulino a vento** Windmühle *(f)*.
ventosa *(f)* ~ Saugnapf *(m)*.
ventoso *(agg)* ~ windig.
ventre *(m)* **1** Bauch *(m)*. **2** *(grembo)* Leib *(m)* ♦ *basso ventre* Unterleib.
venturo *(agg)* ~ kommend ♦ *l'anno venturo* im kommenden Jahr.
veramente *(avv)* **1** *(davvero)* wirklich, echt. **2** *(in realtà)* eigentlich.

veranda *(f)* ~ Veranda *(f)*.
verbale¹ *(agg)* ***1*** *(orale)* mündlich. ***2*** *(gramm)* verbal, Verbal-.
verbale² *(m)* ~ Protokoll *(n)* ♦ *stendere il verbale* das Protokoll führen ♦ *mettere a verbale qcs* etwas zu Protokoll nehmen.
verbo *(m)* ***1*** *(gramm)* Verb *(n)* Zeitwort *(n)* ♦ *verbo ausiliare* Hilfsverb. ***2*** *(relig)* Wort *(n)*.
verde¹ *(agg)* ~ grün *(anche bot/pol)*.
verde² *(m)* ~ Grün *(n)* *(anche bot)*. ◆ **essere al verde** abgebrannt sein*. ◆ **zona verde** *(in città)* Grünanlage *(f)*. ◆ **verde pubblico** öffentliche/städtische Anlagen.
verdeggiare *(vi)* ~ grünen *(vi*, hat*)*.
verdetto *(m)* ~ *(dir)* Urteilsspruch *(m)*.
verdura *(f)* ~ Gemüse *(n)*.
verga *(f)* ***1*** *(bacchetta)* Rute *(f)*, Gerte *(f)*. ***2*** *(di metallo)* Barren *(m)*.
vergine¹ *(agg)* ~ *(illibato; intatto)* jungfräulich, unberührt. ◆ **foresta vergine** Urwald *(m)*.
vergine² *(f)* ~ Jungfrau *(f)* *(anche astrol)* ♦ *la santa Vergine* die heilige Jungfrau.
vergogna *(f)* ***1*** Scham *(f)* ♦ *arrossire dalla vergogna* vor Scham erröten. ***2*** *(onta, disonore)* Schande *(f)* ♦ *è una vergogna che* es ist eine Schande, dass.
vergognarsi *(vr)* ***1*** sich schämen *(vr)* ♦ *mi vergogno del mio comportamento* ich schäme mich meines Benehmens ♦ *dovresti vergognarti* du solltest dich schämen ♦ *vergognati!* schäm(e) dich! ♦ *mi vergogno davanti a lui* ich schäme mich vor ihm. ***2*** *(essere imbarazzato)* sich genieren *(vr)*.
vergognosamente *(avv)* ~ beschämend.
vergognoso *(agg)* ***1*** *(pudico)* schamhaft, verschämt. ***2*** *(ignobile; indecente)* schändlich.
veridicità *(f)* ~ Wahrhaftigkeit *(f)*.
verifica *(f)* ~ Überprüfung *(f)*, Prüfung *(f)*.
verificare *(vt)* ***1*** *(controllare)* überprüfen *(vt)*, prüfen *(vt)* ♦ *verificare un conto* eine Rechnung prüfen ♦ *verificare la refrattarietà del materiale* das Material auf Feuerfestigkeit prüfen. ***2*** *(rilevare, riscontrare)* fest|stellen *(vt)*.
verificarsi *(vr)* ***1*** *(accadere, avvenire)* sich ereignen. ***2*** *(avverarsi)* ein|treten* *(vi*, ist*)*.
verità *(f)* ~ Wahrheit *(f)* ♦ *la verità nuda e cruda* die nackte Wahrheit. ◆ **conforme alla verità** wahrheitsgemäß *(agg)*. ◆ **in verità** ehrlich gesagt.
veritiero *(agg)* ~ wahr.
verme *(m)* ~ Wurm *(m)*. ◆ **nudo come un verme** *(fam)* splitternackt *(agg)*.
vermut *(m)* ~ Wermut *(m)*.
vernacolo¹ *(agg)* ~ mundartlich.
vernacolo² *(m)* ~ Mundart *(f)*.
vernice *(f)* ***1*** Lack *(m)*. ***2*** *(pittura)* Anstrich *(m)*.
verniciare *(vt)* ***1*** lackieren *(vt)*. ***2*** *(pitturare)* streichen* *(vt)*.
verniciatura *(f)* ***1*** *(strato di vernice)* Anstrich *(m)*. ***2*** *(il verniciare)* Anstreichen *(n)*.
vero *(agg)* ***1*** wahr *(anche fig)* ♦ *una storia vera* eine wahre Geschichte ♦ *è troppo bello per essere vero* das ist zu schön, um wahr zu sein. ***2*** *(vero e proprio)* richtig. ***3*** *(autentico, puro; sincero)* echt, wahr ♦ *un vero amico* ein echter Freund. ***4*** *(reale)* wirklich ♦ *questo non ha niente a che fare con la vita vera* das hat nichts mit dem wirklichen Leben zu tun. ◆ **essere vero** stimmen *(vi*, hat*)* ♦ *questo non è vero* das stimmt nicht ♦ *non è vero che…* es stimmt nicht, dass… ◆ **è vero!** ***1*** *(dico sul serio!)* echt! ***2*** *(giusto! esatto!)* stimmt! ◆ **vero? non è vero?** nicht wahr?, stimmt's?, oder? ♦ *anche tu studi medicina, vero?* du studierst auch Medizin, oder?
vero *(m)* ~ *(verità)* Wahrheit *(f)*. ◆ **a dire il vero** ehrlich gesagt. ◆ **conforme al vero** wahrheitsgemäß *(agg)*.
verosimile *(agg)* ~ wahrscheinlich.
verro *(m)* ~ *(zool)* Eber *(m)*.
verruca *(f)* ~ Warze *(f)*.
versamento *(m)* ***1*** *(di denaro)* Einzahlung *(f)*. ***2*** *(contributo)* Beitrag *(m)*. ***3*** *(med)* Erguss *(m)*.
versare¹ *(vi)* ***1*** tropfen *(vi*, hat*)* ♦ *il rubinetto versa* der Wasserhahn tropft. ***2*** *(trovarsi)* sich befinden *(vr)* ♦ *versare in difficoltà* sich in Schwierigkeiten befinden.
versare² *(vt)* ***1*** gießen* *(vt)*, ein|gießen* *(vt)*, ein|schenken *(vt)* ♦ *gli versai un bicchiere di vino* ich goss ihm ein Glas Wein ein. ***2*** *(rovesciare)* verschütten *(vt)*, schütten *(vt)* ♦ *ho versato il caffè sul libro* ich habe Kaffee über das Buch geschüttet. ***3*** *(fig)* vergießen* *(vt)* ♦ *versare lacrime* Tränen vergießen. ***4*** *(denaro)* ein|

zahlen ♦ *versare una somma su un conto* eine Summe auf ein Konto einzahlen.

versarsi *(vr)* ***1*** *(spargersi)* sich schütten *(vr)*. ***2*** *(da bere)* {~ *qcs*} sich *(Dat)* etwas ein|schenken *(vr)*.

versatile *(agg)* ~ vielseitig.

versatilità *(f)* ~ Vielseitigkeit *(f)*.

versetto *(m)* ~ *(della Bibbia)* Vers *(m)*.

versione *(f)* ***1*** *(traduzione)* Übersetzung *(f)*. ***2*** *(interpretazione)* Version *(f)*. ***3*** *(modello)* Version *(f)*, Modell *(n)* ♦ *la nuova versione di un'auto* die neue Version eines Autos. ***4*** *(forma, stesura)* Fassung *(f)* ♦ *la prima versione di un romanzo* die erste Fassung eines Romans.

verso[1] *(m)* ***1*** *(di poesia)* Vers *(m)* ♦ *mettere qcs in versi* etwas in Verse setzen. ***2*** *(di animale)* Laut *(m)*, Ruf *(m)* *(spec di uccelli)*. ***3*** *(smorfia)* Grimasse *(f)*. ***4*** *(direzione)* Richtung *(f)*. ***5*** *(retro)* Rückseite *(f)*. ◆ **trovare il verso giusto** den Dreh heraushaben/finden*. ◆ **per l'altro verso** anders herum.

verso[2] *(prep)* ***1*** *(moto a luogo)* in Richtung; nach *(+ Acc)* ♦ *verso nord* nach Norden ♦ *andiamo verso il centro* wir gehen in Richtung Zentrum. ***2*** *(stato in luogo)* in der Nähe von; bei *(+ Dat)* ♦ *abita verso lo stadio* er wohnt in der Nähe von dem Stadion. ***3*** *(tempo)* gegen ♦ *verso le tre* gegen drei Uhr. ***4*** *(nei confronti di)* zu *(+ Dat)* ♦ *è stato gentile verso di noi* er war höflich zu uns.

vertebra *(f)* ~ *(anat)* Wirbel *(m)*.

vertebrale *(agg)* ~ Wirbel- ♦ *colonna vertebrale* Wirbelsäule *(f)*.

vertebrato *(agg)* ~ *(zool)* Wirbeltier *(n)*.

vertenza *(f)* ~ Streitfall *(m)*.

vertere *(vi)* ~ {~ *su qcs*} sich um etwas drehen ♦ *la conversazione verte sul fatto che* das Gespräch dreht sich darum, dass.

verticale[1] *(agg)* ~ senkrecht, vertikal.

verticale[2] *(f)* ~ *(esercizio ginnico)* Handstand *(m)*.

vertice *(m)* ***1*** *(geom)* Gipfel *(m)*; Spitze *(f)* *(anche fig)* ♦ *essere ai vertici di un'impresa* an der Spitze eines Unternehmens stehen. ***2*** *(pol)* Gipfel *(m)*; *(conferenza)* Gipfelkonferenz *(f)*; *(incontro)* Gipfeltreffen *(n)*. ***4*** *(di traiettoria e sim)* Scheitelpunkt *(m)*.

vertigine *(f)* ~ Schwindel *(m)* ♦ *soffrire di vertigini* an Schwindel leiden. ◆ **qcn ha le vertigini** jmdm ist/wird schwindlig *(impers)*.

vertiginoso *(agg)* ~ atemberaubend.

vescica *(f)* ~ *(anat)* Blase *(f)* ♦ *vescica urinaria* Harnblase.

vescovo *(m)* ~ Bischof *(m)*.

vespa *(f)* ~ *(zool)* Wespe *(f)*.

vespaio *(m)* ~ Wespennest *(n)* ♦ *sollevare un vespaio* in ein Wespennest greifen/stechen.

vespro *(m)* ***1*** Abend *(m)*. ***2*** *(relig)* Vesper *(f)*.

vessare *(vt)* ~ schikanieren *(vt)*.

vessillo *(m)* ~ Banner *(n)*.

vestaglia *(f)* ~ Morgenrock *(m)*.

veste *(f)* ~ *(vestito)* Kleid *(n)*, Gewand *(n)* *(spec pl)*. ◆ **in veste (di)** in Eigenschaft *(+ Gen)* ♦ *in veste ufficiale* in amtlicher Eigenschaft.

vestiario *(m)* ~ Kleidung *(f)*.

vestigia *(f)* ~ Spur *(f)*, Überreste *(pl)*.

vestire[1] *(vi)* ~ sich kleiden *(vr)* ♦ *vestire elegante, sportivo* sich elegant, sportlich kleiden.

vestire[2] *(vt)* ***1*** an|ziehen* *(vt)*, kleiden *(vt)*. ***2*** *(stare bene addosso)* {~ *qcn*} jmdn kleiden *(vt)* ♦ *la giacca ti veste bene* die Jacke kleidet dich (gut). ***3*** *(indossare)* tragen* *(vt)*.

vestirsi *(vr)* ***1*** sich an|ziehen* *(vr)*, sich kleiden *(vr)* ♦ *vestirsi di rosso, pesante* sich in Rot, warm kleiden ♦ *vestirsi da inverno* sich winterlich kleiden. ***2*** *(travestirsi)* sich verkleiden *(vr)* ♦ *si è vestito da clown* er hat sich als Clown verkleidet.

vestito[1] *(agg)* ~ gekleidet, angezogen.

vestito[2] *(m)* ***1*** *(da uomo)* Anzug *(m)*. ***2*** *(da donna)* Kleid *(n)* ♦ *vestito invernale* Winterkleid. ***3*** *(pl)* Kleider *(pl)*, Kleidung *(f)* ♦ *togliersi i vestiti* die Kleider ablegen.

veterano *(m)* ~ Veteran *(m)*.

veterinario[1] *(agg)* ~ Tier-.

veterinario[2] *(m; f* **-a***)* Tierarzt *(m; f* -ärztin*)*.

veto *(m)* ~ Veto *(n)* ♦ *porre il proprio veto a qcs* sein Veto gegen etwas einlegen.

vetraio *(m; f* **-a***)* ~ Glaser *(m; f* -in*)*.

vetrata *(f)* ~ Glasfenster *(n)*.

vetrato *(agg)* ~ Glas-. ◆ **carta vetrata** Schleifpapier *(n)*.

vetreria *(f)* ***1*** *(negozio)* Glaserei *(f)*. ***2*** *(stabilimento)* Glashütte *(f)*.

vetrina *(f)* ***1*** Schaufenster *(n)* ♦ *essere esposto in vetrina* im Schaufenster liegen/stehen. ***2*** *(credenza)* Glasschrank *(m)*, Vitrine *(f)*.

vetro *(m)* ***1*** Glas *(n)* ♦ *vetro antiproiettile* kugelsicheres Glas. ***2*** *(della finestra)* Fensterscheibe *(f)*. ***3*** *(coccio)* Glasscherbe *(f)*. ◆ **porta a vetri** Glastür *(f)*. ◆ **di vetro** *(anche fig)* gläsern *(agg)*.

vetta *(f)* ~ Gipfel *(m)*.

vettore *(m)* ~ *(mat/fis)* Vektor *(m)*.

vettura *(f)* ***1*** *(del treno)* Wagon *(m)*. ***2*** *(veicolo)* Fahrzeug *(n)*, Wagen *(m)*.

vezzeggiare *(vt)* ~ {~ *qcn*} mit jmdm schmeicheln *(vi*, hat*)*.

vezzeggiativo *(m)* ***1*** Kosename *(m)*. ***2*** *(gramm)* Koseform *(f)*.

vezzo *(m)* ***1*** *(abitudine)* Angewohnheit *(f)*. ***2*** *(pl) (smancerie)* Getue *(n)*.

vi *(pron pers pl)* ~ euch ♦ *vorrei invitarvi* ich möchte euch einladen ♦ *chi vi ha scritto la cartolina?* wer hat euch die Karte geschrieben? ♦ *vi conoscete già?* kennt ihr euch schon?

via[1] *(f)* ***1*** *(strada)* Straße *(f)* ♦ *una via larga, stretta, breve, lunga* eine breite, enge, kurze, lange Straße. ***2*** *(percorso)* Weg *(m)* *(anche fig)* ♦ *sulla via per Milano* auf dem Weg nach Mailand ♦ *la via per il successo* der Weg zum Erfolg ♦ *le vie del Signore* die Wege des Herrn. ***3*** *(possibilità)* Weg *(m)*, Möglichkeit *(f)*. ◆ **per via...** auf... Weg(e) ♦ *per via legale* auf gesetzlichem Weg(e) ♦ *per via aerea* auf dem Luftweg ♦ *per vie traverse* auf Umwegen. ◆ **via di mezzo** *(fig)* Mittelweg *(m)*. ◆ **Via Crucis** *(relig)* Kreuzweg *(m)* *(anche fig)*. ◆ **Via Lattea** *(astron)* Milchstraße *(f)*. ◆ **passare alle vie di fatto** tätlich werden*.

via[2] *(prep)* ***1*** *(attraverso)* über, via ♦ *da Milano a Berlino via Monaco* von Mailand nach Berlin über München. ***2*** *(mezzo)* per *(prep + Acc)* ♦ *via e-mail* per E-mail ♦ *via fax* per Fax.

via[3] *(avv/interiez)* ***1*** *(avv)* weg, fort ♦ *via le mani dalla torta!* Hände weg vom Kuchen! ♦ *via! butta via!* weg damit! ♦ *via da qui!* fort von hier! ***2*** *(come primo elemento di verbi separabili)* weg- ♦ *andare via* weg|gehen* ♦ *andare via (con un veicolo)* weg|fahren* ♦ *andare via (in aereo)* weg|fliegen* ♦ *buttare via qcs* etwas weg|werfen*, weg|schmeißen* ♦ *era già andata via quando arrivai* sie war schon weg, als ich ankam ♦ *è via da casa da un anno* er ist seit einem Jahr von zu Hause weg. ***3*** *(interiez)* los, komm ♦ *via, andiamo* los, gehen wir. ◆ **e così via, e via dicendo** und so fort *(abbrev* usf*)*.

via[4] *(m)* ~ *(sport) (segnale di partenza)* Start *(m)*, Startschuss *(m)* ♦ *dare il via (a qcs)* den Startschuss (für etwas) geben *(anche fig)*.

viadotto *(m)* ~ Viadukt *(m)*.

viaggiare *(vi)* ~ reisen *(vi*, ist*)*; *(di veicolo)* fahren* *(vi*, ist*)* ♦ *viaggiare per affari* geschäftlich reisen ♦ *viaggiare in treno* mit dem Zug reisen/fahren.

viaggiatore *(m; f* **-trice***)* ~ Reisende(r) *(m/f)*.

viaggio *(m)* ***1*** Reise *(f)* ♦ *un viaggio in auto, aereo, treno* eine Reise mit dem Auto, dem Flugzeug, dem Zug ♦ *mettersi in viaggio* eine Reise antreten ♦ *andare, essere in viaggio* auf Reisen gehen, sein ♦ *in, durante il viaggio* auf der Reise ♦ *buon viaggio!* gute Reise! ♦ *viaggio organizzato* Gesellschaftsreise ♦ *viaggio d'affari* Geschäftsreise ♦ *viaggio di piacere* Vergnügungsreise ♦ *viaggio in aereo* Flugreise ♦ *viaggio di nozze* Hochzeitsreise. ***2*** *(tragitto, corsa)* Fahrt *(f)* ♦ *il viaggio è durato cinque ore* die Fahrt dauerte fünf Stunden. ***3*** *(gita)* Trip *(m)*. ◆ **essere in viaggio** auf der Fahrt sein*, unterwegs sein* ♦ *sono in viaggio per Colonia* sie sind auf der Fahrt nach Köln. ◆ **andare in viaggio, fare un viaggio** reisen *(vi*, ist*)* ♦ *hanno fatto un viaggio a Berlino* sie sind nach Berlin gereist.

viale *(m)* ~ Allee *(f)*.

viandante *(m/f)* ~ Wandersmann *(m; f* -leute*)*.

viavai *(m)* ~ Hin und Her *(n)*, Getriebe *(n)*.

vibrante *(agg)* ***1*** *(oscillante)* schwingend. ***2*** *(sonoro, scrosciante)* schallend.

vibrare *(vi)* ~ vibrieren *(vi*, hat*)*; schwingen* *(vi*, ist*)*.

vibrazione *(f)* ~ Schwingung *(f)*, Vibration *(f)*.

vice *(m)* ~ Stellvertreter *(m; f -in)*.
vice- *(pref)* ~ stellvertretend ♦ *il vicedirettore* der stellvertretende Leiter.
vicenda *(f)* *1* Geschichte *(f)*, Begebenheit *(f)*. *2 (serie)* Reihe *(f)*. ◆ **a vicenda** gegenseitig *(avv)*.
vichingo[1] *(agg)* ~ wikingisch.
vichingo[2] *(m; f* **-a***)* ~ Wikinger *(m; f -in)*.
vicinanza *(f)* ~ Nähe *(f)* ♦ *la sua vicinanza mi dà fastidio* seine Nähe stört mich ♦ *vive nelle vicinanze di Berlino* er lebt in der Nähe von Berlin ♦ *nelle immediate vicinanze* in unmittelbarer Nähe.
vicinato *(m)* ~ *(vicini; zona vicina)* Nachbarschaft *(f)*.
vicino[1] *(agg)* *1* nah* ♦ *il villaggio vicino* das nahe Dorf. *2 (adiacente)* angrenzend, nebenan *(posp)* ♦ *il palazzo vicino* das Gebäude nebenan. *3 (confinante)* benachbart, Nachbar- ♦ *città vicina* Nachbarstadt *(f)*. ◆ **il Vicino Oriente** der Nahe Osten. ◆ **essere vicini a qcn** *(nel dolore)* mit jmdm mit|fühlen. ◆ **l'uno vicino all'altro** beieinander *(avv)*.
vicino[2] *(m; f* **-a***)* *1 (di casa)* Nachbar *(m; f -in)*. *2 (in una fila o sim)* Nebenmann *(m)*.
vicino[3] *(prep)* ~ **vicino a** *1 (stato)* neben *(+ Dat)*, nah an *(+ Dat)*, dicht an *(+ Dat)*; *(nelle vicinanze)* in der Nähe von *(+ Dat)* ♦ *l'università si trova vicino alla stazione* die Universität liegt nah am Bahnhof ♦ *vicino alla casa* neben dem Haus. *2 (accanto)* nebenan. *3 (moto)* neben *(+ Acc)*; *(nelle vicinanze)* in die Nähe von *(+ Dat)* ♦ *posso sedermi vicino a te?* darf ich neben dich setzen?
vicino[4] *(avv)* *1* nah*; *(a stretto contatto)* dicht ♦ *vieni più vicino* komm näher. *2 (nelle vicinanze)* in der Nähe ♦ *abitiamo qui vicino* wir wohnen hier in der Nähe. ◆ **da vicino** von nahem.
vicolo *(m)* ~ Gasse *(f)* ♦ *nel vicolo (stato)* auf der Gasse ♦ *vicolo cieco* Sackgasse *(anche fig)*.
video[1] *(agg)* ~ Video-.
video[2] *(m)* ~ *(schermo)* Bildschirm *(m)*.
videocassetta *(f)* ~ Kassette *(f)*.
videogioco *(m)* ~ Computerspiel *(n)*.
videoregistratore *(m)* ~ Videorekorder *(m)*.
vietare *(vt)* ~ verbieten* *(vt)*, untersagen *(vt)*.
vietato *(agg)* ~ verboten, untersagt ♦ *vietato fumare* Rauchen verboten.
vigente *(agg)* ~ geltend ♦ *la legge vigente* das geltende Gesetz.
vigilante[1] *(agg)* ~ wachsam.
vigilante[2] *(m)* ~ Wächter *(m)*.
vigilanza *(f)* *1* Wachsamkeit *(f)*. *2 (sorveglianza)* Überwachung *(f)*.
vigilare[1] *(vi)* ~ wachsam sein* *(vi, ist)*.
vigilare[2] *(vt)* ~ überwachen *(vt)*.
vigile[1] *(agg)* ~ wachsam.
vigile[2] *(m/f)* *1 (urbano)* (städtischer) Polizist *(m; f -in)*. ◆ **vigile del fuoco** Feuerwehrmann *(m)*; *(pl)* Feuerwehr *(f)*.
vigilia *(f)* ~ Vorabend *(m)*. ◆ **vigilia di Natale** Heiligabend *(m)*.
vigliaccamente *(avv)* ~ feige.
vigliaccheria *(f)* ~ Feigheit *(f)*.
vigliacco[1] *(agg)* ~ feige.
vigliacco[2] *(m)* ~ Feigling *(m)*.
vigna *(f)* ~ Weingarten *(m)*.
vignetta *(f)* ~ Vignette *(f)*.
vigore *(m)* ~ Kraft *(f)* *(anche burocr)* ♦ *non essere più in vigore* außer Kraft treten ♦ *essere, entrare in vigore* in Kraft sein, treten. ◆ **in vigore** *(agg)* geltend ♦ *la legge in vigore* das geltende Gesetz.
vigorosamente *(avv)* ~ kräftig.
vigoroso *(agg)* ~ kraftvoll, kräftig.
vile *(agg)* *1 (vigliacco)* feige. *2 (ignobile, meschino)* gemein, schnöde.
villa *(f)* ~ Villa *(f)*.
villaggio *(m)* ~ Dorf *(n)* ♦ *abitare in un villaggio* auf dem Dorf wohnen.
villania *(f)* *1 (scortesia)* Ungezogenheit *(f)*. *2 (offesa)* Grobheit *(f)*.
villano[1] *(agg)* ~ grob*.
villano[2] *(m; f* **-a***)* ~ *(speg)* Flegel *(m; f -in)*, Lümmel *(m; f -in)*.
villeggiante *(m/f)* ~ Urlauber *(m; f -in)*, Feriengast *(m)*.
villeggiatura *(f)* ~ Ferien *(pl)* ♦ *andare in villeggiatura* in die Ferien fahren. ◆ **casa di villeggiatura** Ferienhaus *(n)*. ◆ **luogo di villeggiatura** Ferienort *(m)*.
vilmente *(avv)* ~ feige.
viltà *(f)* *1* Feigheit *(f)*. *2 (meschinità)* Gemeinheit *(f)*.
vimini *(m)* ~ Weidenrute *(f)*. ◆ **di vimini** Weiden- ♦ *cesto di vimini* Weidenkorb *(m)* ♦ *poltrona di vimini* Weidensessel *(m)*.

vinacce *(f pl)* ~ Trester *(pl)*.
vinaio *(m)* ~ Weinhändler *(m)*.
vincere[1] *(vi)* ~ gewinnen* *(vt)*, siegen *(vi, hat)* ♦ *vincere a carte* beim Kartenspiel gewinnen ♦ *vincere contro qcn* über jmdn siegen.
vincere[2] *(vt)* **1** *(uscire vittorioso)* gewinnen* *(vt)* ♦ *vincere una guerra, una partita, una scommessa* einen Krieg, ein Spiel, eine Wette gewinnen. **2** *(sconfiggere, superare)* besiegen *(vt)* ♦ *vincere il nemico, la paura* den Feind, die Angst besiegen. **3** *(sopraffare)* überwältigen *(vt)* ♦ *fu vinto dalla stanchezza* er wurde von Müdigkeit überwältigt.
vincersi *(vr)* ~ sich überwinden *(vr)*.
vincita *(f)* ~ Gewinn *(m)*.
vincitore[1] *(agg)* ~ siegreich, Sieger-.
vincitore[2] *(m; f* **-trice***)* **1** *(in battaglia, sport)* Sieger *(m; f* -in*)*. **2** *(nel gioco)* Gewinner *(m; f* -in*)*. **3** *(di un premio)* Preisträger *(m; f* -in*)* ♦ *vincitore del premio Nobel* Nobelpreisträger.
vincolante *(agg)* ~ verbindlich. ◆ **non vincolante** unverbindlich.
vincolare *(vt)* **1** *(obbligare)* binden* *(vt)*, verpflichten *(vt)* ♦ *vincolare qcn con un giuramento* jmdn durch Eid verpflichten. **2** *(econ)* fest|legen *(vt)* ♦ *vincolare una somma per dieci anni* einen Betrag auf zehn Jahre festlegen.
vincolato *(agg)* ~ gebunden. ◆ **essere vincolato** *(econ)* fest|liegen* *(vi, hat)*.
vincolo *(m)* ~ Bindung *(f)*.
vino *(m)* ~ Wein *(m)* ♦ *vino bianco* weißer Wein, Weißwein ♦ *vino rosso* roter Wein, Rotwein ♦ *un bicchiere di vino* ein Glas Wein ♦ *una bottiglia di vino novello* eine Flasche jungen Weins. ◆ **bottiglia di vino** Weinflasche *(f)*. ◆ **lista dei vini** *(al ristorante)* Weinkarte *(f)*.
viola[1] *(agg)* ~ violett.
viola[2] *(f)* **1** *(bot)* Veilchen *(n)*. **2** *(mus)* Viola *(f)*. ◆ **viola del pensiero** *(bot)* Stiefmütterchen *(n)*.
violare *(vt)* **1** *(patto, segreto, legge)* brechen* *(vt)*, verletzen *(vt)*. **2** *(profanare)* entweihen *(vt)*.
violazione *(f)* ~ Verletzung *(f)*, Bruch *(m)*.
violentare *(vt)* ~ vergewaltigen *(vt)* *(anche fig)*.
violentemente *(avv)* ~ gewaltsam, heftig.
violento *(agg)* **1** *(azione e sim)* gewaltsam. **2** *(persona)* gewalttätig. **3** *(intenso)* heftig ♦ *una passione violenta* eine heftige Leidenschaft ♦ *una pioggia violenta* ein heftiger Regen.
violenza *(f)* **1** Gewalt *(f)*. **2** *(impeto, intensità)* Heftigkeit *(f)*, Gewalt *(f)*. **3** *(stupro)* Vergewaltigung *(f)*.
violetta *(f)* ~ *(bot)* Veilchen *(n)*.
violetto *(m)* ~ *(colore)* lila.
violinista *(m/f)* ~ *(mus)* Geiger *(m; f* -in*)*.
violino *(m)* ~ *(mus)* Geige *(f)*, Violine *(f)*.
violoncellista *(m/f)* ~ Cellist *(m; f* -in*)*.
violoncello *(m)* ~ Cello *(n)*.
viottolo *(m)* ~ Pfad *(m)*, Feldweg *(m)*.
vip *(m)* ~ Prominente *(pl)*.
vipera *(f)* ~ *(zool)* Viper *(f)*, Otter *(f)*.
virale *(agg)* ~ Virus-.
virare *(vi)* **1** *(naut/aeron)* ab|drehen *(vi, hat/ist)* ♦ *l'aereo ha virato* das Flugzeug hat/ist abgedreht. **2** *(fig)* den Kurs ändern *(vt)*.
virata *(f)* ~ *(naut/aeron)* Abdrehung *(f)*.
virgola *(f)* ~ *(gramm/mat)* Komma *(n)*. ◆ **punto e virgola** Semikolon *(n)*.
virgoletta *(f)* ~ *(spec pl)* Anführungszeichen *(n)* *(spec pl)* ♦ *mettere fra virgolette* in Anführungszeichen setzen.
virile *(agg)* ~ männlich, viril.
virilità *(f)* **1** Männlichkeit *(f)*. **2** *(coraggio)* Mannhaftigkeit *(f)*.
virtù *(f)* ~ Tugend *(f)*.
virtuale *(agg)* ~ virtuell.
virtuoso *(agg)* **1** tugendhaft. **2** *(sport/mus/arte)* virtuos.
virus *(m)* ~ Virus *(n)* *(anche elab)*.
viscere *(f pl)* **1** *(anat)* Eingeweide *(pl)*. **2** *(fig)* Innere *(n)*.
vischio *(m)* ~ *(bot)* Mistel *(f)*.
vischiosità *(f)* ~ Klebrigkeit *(f)*.
vischioso *(agg)* ~ leimig, klebrig.
viscido *(agg)* **1** schlüpfrig, schleimig. **2** *(untuoso, scivoloso)* glitschig, schmierig. **3** *(subdolo)* schleimig.
viscosa *(f)* ~ Viskose *(f)*.
viscoso *(agg)* ~ dickflüssig, zähflüssig.
visibile *(agg)* **1** sichtbar. **2** *(di emozioni)* sichtlich.
visibilità *(f)* **1** Sichtbarkeit *(f)*. **2** *(possibilità di vedere)* Sicht *(f)* ♦ *buona visibilità* gute Sicht.

visiera *(f)* ~ Visier *(n)*.
visionare *(vt)* ***1*** *(film)* sich *(Dat)* an|sehen. ***2*** *(esaminare)* sichten *(vt)* *(fig)*.
visionario *(m; f* **-a***)* ~ Visionär *(m; f* -in*)*.
visione *(f)* ***1*** *(vista)* Anblick *(m)*. ***2*** *(esame)* Ansicht *(f)*, Einsicht *(f)* ♦ *prendere visione di qcs* in etwas *(Acc)* Einsicht nehmen ♦ *mandare in visione* zur Ansicht schicken. ***3*** *(concetto)* Vorstellung *(f)*, Anschauung *(f)* ♦ *visione del mondo* Weltanschauung. ***4*** *(apparizione)* Vision *(f)*, Erscheinung *(f)*. ◆ **film in prima visione** Erstaufführung *(f)*. ◆ **visione d'insieme** Überblick *(m)*.
visita *(f)* ***1*** Besuch *(m)* ♦ *fare una visita a qcn* jmdm einen Besuch machen ♦ *essere in visita (da qcn)* (bei jmdm) auf/zu Besuch sein. ***2*** *(di città, musei, ecc)* Besichtigung *(f)*. ***3*** *(medica)* Untersuchung *(f)*; *(a domicilio)* Hausbesuch *(m)*. ◆ **biglietto da visita** Visitenkarte *(f)*. ◆ **visita guidata** Führung *(f)*.
visitare *(vt)* ***1*** *(andare a trovare; far visita)* besuchen *(vt)*. ***2*** *(città, musei, ecc)* besichtigen *(vt)*. ***3*** *(malati)* untersuchen *(vt)*. ***4*** *(viaggiando)* bereisen *(vt)*.
visitatore *(m; f* **-a***)* ~ Besucher *(m; f* -in*)*.
visivo *(agg)* ~ Seh-, visuell ♦ *facoltà visiva* Sehvermögen *(n)*.
viso *(m)* ~ Gesicht *(n)*.
visone *(m)* ***1*** *(zool)* Nerz *(m)*. ***2*** *(pelliccia di visone)* Nerzmantel *(m)*.
vispo *(agg)* ~ lebhaft.
vissuto *(agg)* ~ *(esperto, pratico)* erfahren.
vista *(f)* ***1*** *(facoltà visiva)* Sehkraft *(f)*, Sehvermögen *(n)*. ***2*** *(panorama)* Ausblick *(m)*, Blick *(m)*, Aussicht *(f)*. ***3*** *(immagine, scena)* Anblick *(m)* ♦ *una vista terribile* ein schrecklicher Anblick. ***4*** *(sguardo)* Blick *(m)*, Anblick *(m)* ♦ *a prima vista* beim ersten Anblick ♦ *amore a prima vista* Liebe auf den ersten Blick. ◆ **in vista di qcs** im Hinblick auf etwas *(Acc)*. ◆ **in vista** ***1*** *(visibile)* in Sicht. ***2*** *(stimato)* angesehen.
visto *(m)* ~ *(per l'espatrio)* Visum *(n)* ♦ *richiedere un visto* ein Visum beantragen. ◆ **visto che...** da... ♦ visto che è tardi... da es spät ist...
vistoso *(agg)* ~ auffällig, auffallend.
visuale *(f)* ~ Sicht *(f)* ♦ *fuori dalla visuale* außer Sicht.
vita[1] *(f)* ***1*** Leben *(n)* ♦ *la vita e la morte* Leben und Tod ♦ *ha lavorato duro tutta la vita* er hat sein ganzes Leben lang hart gearbeitet ♦ *vita politica, economica* politisches, wirtschaftliches Leben ♦ *condurre una vita modesta, ritirata* ein bescheidenes, zurückgezogenes Leben führen ♦ *così è la vita!* so ist das Leben! ♦ *togliersi la vita* sich *(Dat)* das Leben nehmen ♦ *rimanere, essere in vita* am Leben bleiben, sein. ***2*** *(vitalità)* Lebendigkeit *(f)*. ***3*** *(vita quotidiana)* Alltag *(m)*. ◆ **da una vita** schon ewig, seit einer Ewigkeit ♦ *ci conosciamo da una vita* wir kennen uns schon ewig. ◆ **per tutta la vita** lebenslang *(agg/avv)*, auf Lebenszeit *(f)*. ◆ **a vita** *(dir)* lebenslänglich *(agg/avv)* ♦ *reclusione a vita* lebenslängliche Freiheitsstrafe.
vita[2] *(f)* ~ *(anat)* Taille *(f)* ♦ *una vita sottile* eine schlanke Taille.
vitale *(agg)* ***1*** Lebens- ♦ *spazio vitale* Lebensraum *(m)* ♦ *di importanza vitale* lebenswichtig *(agg)*. ***2*** *(in grado di vivere)* lebensfähig. ***3*** *(fig)* vital.
vitalità *(f)* ~ Lebendigkeit *(f)*, Lebenskraft *(f)*.
vitamina *(f)* ~ Vitamin *(n)*.
vite[1] *(f)* ~ *(bot)* Weinrebe *(f)*, Weinstock *(m)*.
vite[2] *(f)* ~ *(mecc)* Schraube *(f)* ♦ *stringere, allentare una vite* eine Schraube anziehen, lockern.
vitello *(m)* ~ Kalb *(n)*.
viticoltore *(m; f* **-trice***)* ~ Weinbauer *(m; f* -bäuerin*)*, Winzer *(m; f* -in*)*.
viticoltura *(f)* ~ Weinbau *(m)*.
vitigno *(m)* ~ Weinstock *(m)*.
vitreo *(agg)* ***1*** gläsern. ***2*** *(fig)* glasig ♦ *uno sguardo vitreo* ein glasiger Blick.
vittima *(f)* ~ Opfer *(n)* *(anche fig)*, Todesopfer *(n)* ♦ *essere vittima di un omicidio* das Todesopfer eines Mordes werden ♦ *cadere vittima di qcn/qcs* jmdm/etwas zum Opfer fallen.
vitto *(m)* ~ Kost *(f)*, Verpflegung *(f)* ♦ *vitto e alloggio* Kost und Logis.
vittoria *(f)* ~ Sieg *(m)* *(anche fig)* ♦ *riportare una vittoria su qcn/qcs* einen Sieg über jmdn/etwas erringen.
vittorioso *(agg)* ~ siegreich. ◆ **uscire vittorioso da qcs** aus etwas siegreich/als Sieger hervor|gehen*.

viva *(interiez)* ~ lebe hoch!, es lebe...! ♦ *viva la libertà!* es lebe die Freiheit! ♦ *viva il vincitore!* der Sieger lebe hoch!

vivace *(agg)* ***1*** lebendig, lebhaft, munter ♦ *un bambino vivace* ein lebendiges Kind ♦ *una discussione vivace* eine lebhafte Diskussion. ***2*** *(vivido)* rege, lebhaft ♦ *un'immaginazione vivace* eine lebhafte Einbildungskraft. ***3*** *(colori)* grell, lebhaft.

vivacità *(f)* ~ Lebendigkeit *(f)*, Lebhaftigkeit *(f)*. ***2*** *(luce, colori)* Grelle *(f)*.

vivacizzare *(vt)* ~ beleben *(vt)*.

vivamente *(avv)* ~ lebhaft. ◆ **congratularsi vivamente con qcn** jmdm herzlich gratulieren.

vivanda *(f)* ~ Essen *(n)*, Speise *(f)*.

vivente *(agg)* ~ lebend, Lebe- ♦ *essere vivente* Lebewesen *(n)*.

vivere[1] *(vi)* ~ leben *(vi*, hat*)* ♦ *Heine visse nel XIX secolo* Heine lebte im 19 Jahrhundert ♦ il *suo esempio vive ancora nelle sue opere* sein Beispiel lebt noch in seinen Werken ♦ *vive a Lubecca* sie lebt in Lübeck ♦ *vive ancora con i suoi genitori* er lebt noch bei seinen Eltern ♦ *vivere del proprio lavoro* von seiner Arbeit leben ♦ *vivere per qcn/qcs* für jmdn/etwas leben.

vivere[2] *(vt)* ***1*** leben *(vt)*, führen *(vt)* ♦ *vivere una vita felice* ein glückliches Leben leben/führen. ***2*** *(passare)* erleben ♦ *vivere ore di gioia* frohe Stunden erleben.

viveri *(m pl)* ~ Lebensmittel *(pl)*.

vivido *(agg)* ***1*** rege, lebhaft ♦ *un'immaginazione vivida* eine lebhafte Einbildungskraft. ***2*** *(colori)* grell, lebhaft.

vivo *(agg)* ***1*** lebendig, lebend ♦ *vivo o morto* lebend oder tot ♦ *lingue vive* lebende Sprachen. ***2*** *(vivace)* lebhaft *(anche fig)* ♦ *colori vivi* lebhafte Farben. ***3*** *(vivido)* rege. ◆ **essere vivo** leben *(vi*, hat*)* *(anche fig)* ♦ *il suo esempio è ancora vivo nelle sue opere* sein Beispiel lebt noch in seinen Werken. ◆ **farsi vivo** sich melden *(vr)*, von sich hören lassen* *(vt)* ♦ *fatti vivo* lass mal etwas von dir hören.

viziare *(vt)* ***1*** *(abituare male)* verwöhnen *(vt)*. ***2*** *(educare male)* verziehen* *(vt)*.

viziato *(agg)* ***1*** *(abituato male)* verwöhnt. ***2*** *(aria e sim)* verbrauchte, stickig.

vizio *(m)* ***1*** Laster *(n)*. ***2*** *(difetto)* Fehler *(m)* ♦ *vizio di forma* Formfehler.

vizioso *(agg)* ~ lasterhaft. ◆ **circolo vizioso** Teufelskreis *(m)* ♦ *finire in un circolo vizioso* in einen Teufelskreis geraten.

vocabolario *(m)* ***1*** *(dizionario)* Wörterbuch *(n)*. ***2*** *(lessico)* Wortschatz *(m)*, Vokabular *(n)* ♦ *vocabolario di base* Grundwortschatz.

vocabolo *(m)* ~ Vokabel *(f)*, Wort *(n)*.

vocale[1] *(agg)* ***1*** *(della voce)* stimmlich. ***2*** *(mus)* vokal.

vocale[2] *(f)* ~ *(fon)* Vokal *(m)*.

vocazione *(f)* ~ Berufung *(f)* *(anche fig)*.

voce *(f)* ***1*** Stimme *(f)* *(anche mus/fig)* ♦ *una voce acuta, grave* eine hohe, tiefe Stimme ♦ *la voce dei cittadini* die Stimme der Bürger ♦ *parlare a mezza voce* mit halber Stimme sprechen. ***2*** *(diceria)* Gerücht *(n)* ♦ *corre voce che* es geht das Gerücht, dass ♦ *mettere in giro voci* Gerüchte in Umlauf setzen. ***4*** *(lemma)* Stichwort *(n)*. ***5*** *(di animale)* Laut *(m)*. ***6*** *(in un elenco)* Posten *(m)*. ◆ **a voce** mündlich *(agg/avv)*. ◆ **a voce bassa, alta** leise *(avv)*, laut *(avv)* ♦ *parlare a bassa voce* leise sprechen ♦ *leggere a voce alta* laut lesen.

vociare[1] *(vi)* ~ schreien* *(vi*, hat*)*.

vociare[2] *(m)* ~ Geschrei *(n)*.

vodka *(f)* ~ Wodka *(m)*.

voga *(f)* ***1*** *(naut)* Rudern *(n)*. ***2*** *(moda)* Mode *(f)* ♦ *essere in voga* in Mode sein. ◆ **in voga** beliebt *(agg)*.

voglia *(f)* ***1*** Lust *(f)* ♦ *avere voglia di qcs* Lust auf etwas *(Acc)*/zu etwas haben ♦ *non ne ho voglia* ich habe keine Lust dazu ♦ *avrei voglia di fare un viaggio* ich hätte Lust, eine Reise zu machen. ***2*** *(sulla pelle)* Muttermal *(n)*, Leberfleck *(m)*.

voi *(pron pers pl)* ***1*** *(sogg)* ihr ♦ *di dove venite?* woher kommt ihr? ♦ *voi venite con noi* ihr kommt mit uns. ***2*** *(compl)* euch ♦ *posso venire da voi?* darf ich zu euch kommen? ♦ *ha visto lui, ma non voi* er hat ihn, aber nicht euch gesehen.

volano *(m)* ~ *(sport)* *(badminton)* Federball *(m)*.

volante[1] *(agg)* ***1*** fliegend, Flug-. ***2*** *(sciolto)* fliegend ♦ *fogli volanti* fliegende Blätter.

volante[2] *(m)* ~ Steuer *(n)*, Lenkrad *(n)* ♦ *essere al volante* am Steuer sitzen.

volantino *(m)* ~ Flugblatt *(n)* ♦ *distribuire volantini* Flugblätter verteilen.

volare *(vi)* ***1*** fliegen* *(vi,* ist*)* ♦ *volare fuori all'esame* durch die Prüfung fliegen. ***2*** *(correre, sbrigarsi)* eilen *(vi,* ist*)*. ◆ **il tempo vola** die Zeit verfliegt.

volata *(f)* ~ *(sport)* Spurt *(m)*.

volatile[1] *(agg)* ~ *(chim)* flüchtig.

volatile[2] *(m)* ~ Federvieh *(n)*.

volatilizzarsi *(vr)* ~ sich verflüchtigen *(vr)*.

volente *(agg)* ~ **volente o nolente** wohl oder übel.

volenteroso *(agg)* ~ willig, eifrig.

volentieri *(avv)* ~ gern(e)* ♦ *accetto volentieri la Sua offerta* ich nehme Ihr Angebot gerne an. ◆ **sì, volentieri!** aber gern!, ja, gern!

volere[1] *(v mod)* ***1*** wollen* *(vt/vi,* hat*)* ♦ *voglio andare a casa* ich will nach Hause (gehen) ♦ *voglio che tu mi lasci in pace* ich will, dass du mich in Ruhe lässt ♦ *se vuoi ti mando le foto* wenn du willst, schicke ich dir die Fotos ♦ *sa ciò che vuole* er weiß, was er will ♦ *fa' ciò che vuoi* mach, was du willst. ***2*** *(desiderare) (spec cong)* mögen *(v mod)*, wünschen *(vt)* ♦ *vorrei poter venire anch'io* ich wünschte, ich könnte auch kommen ♦ *vorrei che questo non fosse successo* ich möchte, das wäre nicht passiert. ◆ **voler dire** heißen* *(vi,* hat*)*, meinen *(vt)* ♦ *(con questo) cosa vuoi dire?* was meinst du damit?

volere[2] *(vt)* ***1*** wollen* *(vt)*, mögen* *(vt)* ♦ *non voglio soldi da lui* ich will kein Geld von ihm. ***2*** *(desiderare)* (sich) *(Dat)* etwas wünschen *(vt)*, mögen* *(vt) (spec cong)*, gern haben *(al cong)* ♦ *vorrei un bicchiere d'acqua* ich möchte/hätte gern ein Glas Wasser ♦ *per il suo compleanno vuole una cravatta* er wünscht sich eine Krawatte zum Geburtstag. ***3*** *(aver bisogno, necessitare)* brauchen ♦ *questi fiori vogliono luce* diese Blumen brauchen Licht. ◆ **volerci** ***1*** *(necessitare)* brauchen *(vt)*, nötig sein* *(vi,* ist*)*. ***2*** *(tempo)* dauern, (bis) ♦ *non ci volle molto perché lui capisse tutto* es dauerte nicht lange, bis ihm alles klar wurde.

volere[3] *(m)* ~ *(volontà)* Wille *(m)*, Willen *(m)* ♦ *contro, secondo il volere di qcn* gegen/nach jmds Willen.

volgare *(agg)* ***1*** *(ling)* vulgär. ***2*** *(grossolano, rozzo)* derb, vulgär.

volgarità *(f)* ~ *(rozzezza)* Vulgarität *(f)*, Derbheit *(f)*.

volgere[1] *(vi)* ***1*** *(evolvere)* sich wenden* *(vr)* ♦ *la situazione volge al meglio* die Lage wendet sich zum Guten/zum Besseren. ***2*** *(tempo)* werden* *(vi,* ist*)* ♦ *il tempo volge al meglio* das Wetter wird schön.

volgere[2] *(vt)* ~ *(dirigere)* wenden* *(vt)*, richten *(vt) (anche fig)* ♦ *volgere lo sguardo su qcn/qcs* seinen Blick auf jmdn/etwas richten.

volgere[3] *(m)* ~ **con il volgere degli anni** im Lauf(e) der Jahre.

volgersi *(vr)* ~ sich wenden* *(vr)*, sich zu|wenden* *(vr)*.

voliera *(f)* ~ Vogelhaus *(n)*.

volitivo *(agg)* ~ willensstark.

volo *(m)* ***1*** Flug *(m)* ♦ *in volo* im Flug ♦ *prenotare un volo per Londra* einen Flug nach London buchen ♦ *è in volo da Roma a Berlino* er ist auf dem Flug von Rom nach Berlin. ***2*** *(caduta)* Fall *(m)*, Sturz *(m)*. ◆ **al volo** mit einem Griff.

volontà *(f)* ~ Wille *(m)*, Willen *(m)* ♦ *contro la volontà di qcn* gegen jmds Willen ♦ *buona volontà* guter Wille ♦ *(pur) con tutta la buona volontà* beim besten Willen ♦ *ultime volontà (testamento)* letzter Wille. ◆ **forza di volontà** Willenskraft *(f)*. ◆ **senza volontà** *(abulico)* willenlos *(agg)*.

volontariamente *(avv)* ***1*** freiwillig. ***2*** *(intenzionalmente)* willentlich.

volontario[1] *(agg)* ***1*** *(libero, spontaneo)* freiwillig. ***2*** *(intenzionale)* willentlich. ***3*** *(med)* willkürlich ♦ *un movimento volontario* eine willkürliche Bewegung.

volontario[2] *(m; f* **-a***)* ~ *(anche mil)* Freiwillige(r) *(m/f)*.

volpe *(f)* ~ *(zool)* Fuchs *(m) (anche fig)*.

volpone *(m)* ~ *(fig)* Schlauberger *(m)*.

volta[1] *(f)* ~ Mal *(n)* ♦ *è la prima volta che vado all'estero* es ist das erste Mal, dass ich ins Ausland fahre ♦ *la prossima volta* das nächste Mal ♦ *diverse volte* einige Male ♦ *un paio di volte* ein paar Mal ♦ *ogni due volte, una volta sì e una no* ein Mal über das andere, ein Mal ums andere ♦ *di volta in volta* von Mal zu Mal. ◆ **ogni volta** jedes Mal, jedesmal *(avv)*. ◆ **ogni volta che** wenn *(congiunz)*, jedesmal wenn *(congiunz)*, sooft *(congiunz)* ♦ *ogni* *volta che posso* sooft ich kann. ◆ **questa volta** diesmal *(avv)*. ◆ **per l'ultima volta** zum letzten Mal(e), letztmals *(avv)*. ◆ **per la prima volta** zum ersten Mal(e), erstmals *(avv)*. ◆ **nemmeno una volta** kein einziges Mal, keinmal *(avv)*. ◆ **una sola volta** nur einmal *(avv)*, ein einziges Mal ♦ *te lo dirò una volta sola* das werde ich dir nur einmal sagen. ◆ **qualche volta, a volte** manchmal *(avv)*, ab und zu, dann und wann. ◆ **una volta o l'altra** irgendwann *(avv)*. ◆ **di volta in volta** jeweils *(avv)*. ◆ **(tutto) in una volta** auf einmal ♦ *ha mangiato tutto in una volta* er hat alles auf einmal gegessen. ◆ **una volta per tutte** ein für allemal, ein für alle Mal. ◆ **ancora una volta** noch einmal ♦ *leggilo ancora una volta* lies es noch einmal. ◆ **una volta** *(in passato)* einmal ♦ *c'era una volta un re* es war einmal ein König. ◆ **quante volte?** wie oft? *(avv)* ♦ *quante volte ci sei già stato?* wie oft warst du schon dort? ◆ **...volte** -mal ♦ *una, cinque, dieci volte* einmal, fünfmal, zehnmal ♦ *due volte al giorno* zweimal täglich, zweimal am Tag. ◆ **un'altra volta** ***1*** *(di nuovo)* wieder *(avv)* nochmals *(avv)*. ***2*** *(non ora)* ein andermal *(avv)*, ein anderes Mal ♦ *ci incontreremo un'altra volta* wir werden uns ein anderes Mal treffen.

volta² *(f)* ~ *(arcata)* Gewölbe *(n)*.

voltaggio *(m)* ~ *(elettr)* Spannung *(f)*.

voltare¹ *(vi)* ~ ab|biegen* *(vi, ist)*, ein|biegen* *(vi, ist) voltare a sinistra* nach links abbiegen.

voltare² *(vt)* ***1*** *(girare, rovesciare)* wenden* *(vt)*, um|drehen *(vt)* ♦ *voltare le pagine* die Seiten wenden. ***2*** *(in un'altra direzione)* wenden* *(vt)*, drehen *(vt)* ♦ *voltare la testa* den Kopf drehen ♦ *voltare le spalle a qcn* jmdm den Rücken wenden. ***3*** *(dirigere)* richten *(vt)* ♦ *voltare lo sguardo verso qcn/qcs* seinen Blick auf jmdn/etwas richten. ◆ **voltare l'angolo** um die Ecke biegen.

voltarsi *(vr)* ~ *(girarsi)* sich um|drehen *(vr)*, sich um|wenden* *(vr)*, sich wenden* *(vr)* ♦ *voltarsi verso qcn/qcs* sich nach jmdm/etwas umdrehen, zu jmdm wenden ♦ *voltarsi di lato* sich zur Seite wenden.

volteggio *(m)* ~ *(sport)* Flanke *(f)*, Umschwung *(m)*.

volto¹ *(agg)* ~ gerichtet.

volto² *(m)* ~ Gesicht *(n)* ♦ *volti noti* bekannte Gesichter.

voltura *(f)* ~ Umschreibung *(f)*.

volubile *(agg)* ~ wankelmütig, unbeständig.

volubilità *(f)* ~ Unbeständigkeit *(f)*.

volume *(m)* ***1*** *(geom/fis)* Volumen *(n)*. ***2*** *(libro)* Band *(m)* ♦ *un'enciclopedia in dieci volumi* ein Lexikon in zehn Bänden. ***3*** *(del suono)* Lautstärke *(f)*. ◆ **volume d'affari** Umsatz *(m)*, Handelsvolumen *(n)*.

voluminosità *(f)* ~ Umfang *(m)*.

voluminoso *(agg)* ~ umfangreich.

voluta *(f)* ***1*** *(spirale)* Spirale *(f)*. ***2*** *(archit)* Schnecke *(f)*.

voluttà *(f)* ~ Wollust *(f)*. ***2*** *(estens)* Genuss *(m)*.

voluttuario *(agg)* ~ Genuss- ♦ *bene voluttuario* Genussmittel *(n)*.

vomitare¹ *(vi)* ~ sich erbrechen* *(vr)*.

vomitare² *(vt)* ~ erbrechen* *(vt)*.

vongola *(f)* ~ Venusmuschel *(f)*.

vorace *(agg)* ~ gefräßig.

voracità *(f)* ~ Gefräßigkeit *(f)*.

voragine *(f)* ~ Abgrund *(m)*.

vorticare *(vi)* ~ wirbeln *(vi, ist)*, strudeln *(vi, ist)*.

vortice *(m)* ~ Strudel *(m)*, Wirbel *(m)* ♦ *il vortice delle passioni* der Strudel der Leidenschaften.

vostro¹ *(agg poss)* ***1*** euer ♦ *la vostra casa* euer Haus ♦ *di vostra madre, a vostro fratello* eu(e)rer Mutter, eu(e)rem Bruder. ***2*** *(in posizione predicativa)* eurer, eure, eures ♦ *questo libro è vostro* dieses Buch ist eures. ◆ **da parte vostra** eurerseits *(avv)*.

vostro² *(pron poss)* ~ eurer, eure, eures ♦ *la nostra casa è più piccola della vostra* unser Haus ist kleiner als eures. ◆ **i vostri (genitori)** die Eu(e)ren.

votare¹ *(vi)* ~ stimmen *(vi, hat)* ♦ *votare a favore, contro qcn/qcs* für/gegen jmdn/etwas stimmen.

votare² *(vt)* ***1*** {~ *qcs*} über etwas ab|stimmen *(vi, hat)* ♦ *votare un disegno di legge* über einen Gesetzentwurf abstimmen. ***2*** *(un candidato)* wählen *(vt)*.

votarsi *(vr)* ~ sich verschreiben* *(vr)* ♦ *votarsi al lavoro* sich der Arbeit verschreiben.
votazione *(f)* ***1*** Abstimmung *(f)*. ***2*** *(scolastica)* Noten *(pl)*, Zensuren *(pl)*.
voto *(m)* ***1*** *(dir)* Stimme. ***2*** *(votazione)* Abstimmung *(f)*. ***3*** *(scolastico)* Note *(f)*, Zensur *(f)* ♦ *voto complessivo* Gesamtnote. ***4*** *(relig)* Gelübde *(n)*. ◆ **diritto al voto** Wahlberechtigung *(f)*.
vulcanico *(agg)* ~ vulkanisch.
vulcano *(m)* ~ Vulkan *(m)* ♦ *vulcano spento, attivo* erloschener, tätiger Vulkan ♦ *il vulcano ha eruttato* der Vulkan ist ausgebrochen.
vulnerabile *(agg)* ~ verletzlich.
vuotare *(vt)* ~ leeren *(vt)*.
vuotarsi *(vr)* ~ sich leeren *(vr)*.
vuoto[1] *(agg)* ***1*** leer *(anche fig)* ♦ *la bottiglia è vuota* die Flasche ist leer ♦ *mezzo vuoto* halb leer ♦ *uno sguardo vuoto* ein leerer Blick. ***2*** *(cavo)* hohl. ***3*** *(di contenuti)* inhaltsleer, inhaltslos. ◆ **a vuoto** umsonst *(avv)*. ◆ **vuoto a rendere, vuoto a perdere** *(bottiglia)* Pfandflasche *(f)*, Einwegflasche *(f)*.
vuoto[2] *(m)* ***1*** Leere *(f)* *(anche fig)*. ***2*** *(lacuna)* Lücke *(f)* ♦ *avere un vuoto di memoria* eine Gedächtnislücke haben.

w x y

wafer *(m)* ~ Waffel *(f)*
water *(m)* ~ Toilettenbecken *(n)*, Klobecken *(n)*.
walkman *(m)* ~ Walkman *(m)*.
watt *(m)* ~ *(fis)* Watt *(n)*.
WC *(m)* ~ WC *(n)*.
web *(m)* ~ *(elab)* Web *(n)*.
weekend *(m)* ~ Wochenende *(n)*.
welfare state *(m)* ~ Wohlfahrtsstaat *(m)*.
western *(m)* ~ *(cinem)* Western *(m)*.
whisky *(m)* ~ Whisky *(m)*.
windsurf *(m)* ~ Windsurfen *(n)*. ◆ **fare il windsurf** windsurfen *(vi, ist/hat)*.
würstel *(m)* ~ Wurst *(f)*, Würstchen *(n)*.

xenofobia *(f)* ~ Ausländerfeindlichkeit *(f)*, Fremdenhass *(m)*.
xenofobo[1] *(agg)* ~ ausländerfeindlich.
xenofobo[2] *(m)* ~ Ausländerfeind *(m)*.
xilofonista *(m/f)* ~ Xylofonspieler *(m; f -in)*.
xilofono *(m)* ~ Xylofon *(n)*.
xilofografia *(f)* ~ *(tecnica e quadro)* Holzschnitt *(m)*.

yacht *(m)* ~ Jacht, Yacht *(f)*.
yen *(m)* ~ Yen *(m)*.
yeti *(m)* ~ *(uomo delle nevi)* Yeti *(m)*.
yiddisch[1] *(agg)* ~ jiddisch.
yiddisch[2] *(m)* ~ Jiddisch *(n)*.
yoga *(m)* ~ Joga, Yoga *(m/n)*.
yogurt *(m)* ~ Jogurt, Joghurt *(m/n)*.
yo-yo *(m)* ~ Jo-jo *(n)*.
yukka *(f)* ~ *(bot)* Yukka *(f)*.
yuppie *(m)* ~ Yuppie *(m)*.

Z

zafferano *(m)* ~ Safran *(m)*.
zaffiro *(m)* ~ Saphir *(m)*.
zaffo *(m)* ~ *(tappo)* Zapfen *(m)*.
zaino *(m)* ***1*** Rucksack *(m)*. ***2*** *(mil)* Tornister *(m)*.
zampa *(f)* ***1*** Bein *(n)*, Fuß *(m)*. ***2*** *(di cane, gatto, ecc)* Pfote *(f)*. ***3*** *(di animali feroci)* Pranke *(f)*; *(di orso)* Tatze *(f)*.
zampettare *(vi)* ~ mit den Beinen zappeln *(vi,* hat*)*.
zampillare *(vi)* ~ *(sgorgare)* sprudeln *(vi,* ist*)*.
zampillo *(m)* ~ Strahl *(m)*.
zampogna *(f)* ~ Dudelsack *(m)*.
zanna *(f)* ~ Stoßzahn *(m)*.
zanzara *(f)* ~ *(zool)* Mücke, Stechmücke *(f)*.
zanzariera *(f)* ~ Mückenetz *(n)*.
zappa *(f)* ~ Hacke *(f)*. ◆ **darsi la zappa sui piedi** *(fig)* den Ast sägen, auf dem man sitzt; sich ins eigene Fleisch schneiden*.
zappare *(vt)* ~ hacken *(vt)*.
zapping *(m)* ~ *(tv)* Zappen *(n)* ♦ *fare lo zapping* zappen *(vi,* hat*)*.
zar *(m)* ~ Zar *(m)*.
zarina *(f)* ~ Zarin *(f)*.
zattera *(f)* ~ Floß *(n)*
zavorra *(f)* ~ Ballast *(m)* *(anche fig)*.
zebra *(f)* ***1*** *(zool)* Zebra *(n)*. ***2*** *(pl)* *(strisce pedonali)* Zebrastreifen *(pl)*.
zecca[1] *(f)* ~ *(conio)* Münzstätte *(f)*, Präge *(f)*.
zecca[2] *(f)* ~ *(zool)* Zecke *(f)*.
zefiro *(m)* ~ Zephir *(m)*.
zelante *(agg)* ~ fleißig, eifrig
zelo *(m)* ~ Eifer *(m)*. ◆ **con zelo** eifrig *(avv)*
zenit *(m)* ~ Zenit *(m)*, Scheitelpunkt *(m)*.
zenzero *(m)* ~ *(bot)* Ingwer *(m)*.
zeppa *(f)* ~ *(cuneo)* Keil *(m)*.
zeppo *(agg)* ***1*** voller ♦ *un cesto zeppo di frutta* ein Korb voller Früchte. ***2*** *(di luogo)* überfüllt ♦ *una stanza piena zeppa* ein überfülltes Zimmer.
zerbino *(m)* ~ Fußmatte *(f)*.
zero[1] *(num)* ~ null ♦ *zero virgola cinque* null Komma fünf ♦ *abbiamo perso due a zero* wir haben zwei zu null verloren ♦ *zero gradi* null Grad ♦ *due gradi sopra/sotto lo zero* zwei Grad über/unter null.
zero[2] *(m)* ***1*** Null *(f)*. ***2*** *(fis; strumenti)* Nullpunkt *(m)*.
zia *(f)* ~ Tante *(f)*.
zibellino *(m)* ~ *(zool)* Zobel *(m)*.
zigano[1] *(agg)* ~ Zigeuner-.
zigano[2] *(m; f* **-a***)* ~ Zigeuner *(m; f* -in*)*.
zigomo *(m)* ~ Backenknochen *(m)*.
zigzag *(m)* ~ *(linea a zigzag)* Zickzack *(m)*.
zigzagare *(vi)* ~ im Zickzack gehen*/laufen* *(vi,* ist*)*.
zimbello ***1*** Lockvogel *(m)*. ***2*** *(fig)* Gespött *(n)* ♦ *diventare lo zimbello (di tutti)* zum Gespött werden.
zincare *(vt)* ~ verzinken *(vt)*.
zinco *(vt)* ~ Zink *(n)*.
zingaro *(m; f* **-a***)* ~ Zigeuner *(m; f* -in*)*.
zio *(m)* ~ Onkel *(m)*
zip *(f)* ~ *(cerniera lampo)* Reißverschluss *(m)*.

zircone *(m)* ~ Zirkon *(m)*.
zitella *(f)* ***1*** unverheiratete Frau. ***2*** *(spreg)* Jungfer *(f)* ♦ *vecchia zitella* alte Jungfer.
zitto *(agg)* ~ still ♦ *zitto zitto* still und leise. ◆ **sta' zitto!** sei ruhig! ◆ **stare zitto** still|schweigen*.
zizzania *(f)* ~ *(fig)* Zwietracht *(f)*.
zoccolo *(m)* ***1*** *(di legno)* Holzschuh *(m)*. ***2*** *(di animale)* Huf *(m)*. ***3*** *(basamento di costruzioni)* Sockel *(m)* *(anche geol)*.
zodiacale *(agg)* ~ Tierkreis- ♦ *segno zodiacale* Tierkreiszeichen *(n)*.
zodiaco *(m)* ~ Tierkreis *(m)*.
zolfo *(m)* ~ *(chim)* Schwefel *(m)*.
zolla *(f)* ~ Erdscholle *(f)*, Scholle *(f)*.
zolletta *(f)* ~ Stückchen *(n)* ♦ *una zolletta di zucchero* ein Stückchen Zucker.
zona *(f)* ***1*** Gegend *(f)*, Zone *(f)*, Gebiet *(n)* ♦ *zona vietata* Sperrgebiet ♦ *zona pedonale* Fußgängerzone. ***2*** *(distretto)* Bezirk *(m)*.
zonzo *(m)* ~ **andare a zonzo** bummeln *(vi*, ist/hat*)*.
zoo *(m)* ~ Tiergarten *(m)*, Zoo *(m)*.
zoologia *(f)* ~ Zoologie *(f)*, Tierkunde *(f)*.
zoologico *(agg)* ~ zoologisch. ◆ **giardino zoologico** Tiergarten *(m)*.
zoologo *(m; f* **-a***)* ~ Zoologe *(m; f* -login*)*.
zoom *(m)* ~ Zoomobjektiv *(n)*.
zoppicare *(vi)* ***1*** hinken *(vi*, hat*)* ♦ *zoppicare dalla gamba destra* auf/mit dem rechten Bein hinken ♦ *il paragone zoppica* der Vergleich hinkt. ***2*** *(in una materia)* hapern *(v impers*, hat*)* ♦ *zoppica in matematica* es hapert bei ihm in Mathematik. ***3*** *(traballare)* wackeln *(vi*, hat/ist*)*.
zoppo *(agg)* ***1*** hinkend. ***2*** *(traballante)* wackelig. ***3*** *(debole)* schwach ♦ *un ragionamento zoppo* eine schwache Argumentation
zotico[1] *(agg)* ~ grob.
zotico[2] *(m)* ~ Rüpel *(m)*.
zucca *(f)* ***1*** *(bot)* Kürbis *(m)*. ***2*** *(fig)* Birne *(f)*. ◆ **seme di zucca** Kürbiskern *(m)*.
zuccherare *(vt)* ~ zuckern *(vt)*.
zuccherato *(agg)* ***1*** zuckerig, Zucker-. ***2*** *(fig)* zuckersüß.
zuccheriera *(f)* ~ Zuckerdose *(f)*.
zucchero *(m)* ~ Zucker *(m)* ♦ *una cucchiaiata di zucchero* ein Löffel (voll) Zucker ♦ *zucchero a velo* Puderzucker ♦ *zucchero caramellato* Karamellzucker. ◆ **canna da zucchero** *(bot)* Zuckerrohr *(n)*.
zuccheroso *(agg)* ~ zuckersüß.
zucchina, zucchino *(f)* ~ Zucchini *(f)*.
zuccone *(m)* ~ Holzkopf *(m)*
zuffa *(f)* ***1*** Handgemenge *(n)*. ***2*** *(polemica)* Wortgefecht *(n)*.
zuppa *(f)* ~ Suppe *(f)*.
zuppiera *(f)* ~ Suppenschüssel *(f)*.
zuppo *(agg)* ~ durchnässt.
zuzzurellone *(m)* ~ Kindskopf *(m)*.